בנימין גולדברג

Benjamin Goldberg

Aramaic-Hebrew-English Dictionary

of the Babylonian Talmud

Aramaic-Hebrew-English Dictionary

of the Babylonian Talmud

by

Ezra Tziyon Melamed

The Samuel and Odette Levy Foundation
Jerusalem 5765 / 2005

Representative in Israel:
Rabbi Ezriel Levy
7/2 Daf Hayomi St. Beitar Ilit, Israel 99879
tel: 972-2-572-5847

Typesetting:
Sadarit - Kahn
22 Ha'admor MiGur St. Bnei Brak, Israel
tel: 972-3-579-5369

Distributor:
Feldheim Publishers
P.O.B. 43163
Jerusalem, Israel

208 Airport Executive Park
Nanuet, N.Y. 10954 USA

Printed in Israel

TABLE OF CONTENTS

Preface to the Aramaic-Hebrew-English Edition

The Samuel and Odette Levy Foundation has great pleasure in presenting to the English-speaking public the Aramaic-Hebrew-English Dictionary of the Babylonian Talmud.

When he compiled the original Aramaic-Hebrew edition, the late Rabbi Ezra Tsion Melamed had a multi-purpose project in mind. For a beginner in studying Talmud the dictionary is an indispensable aid. It presents each word in the form in which it occurs, so that there is no need to be an expert in Aramaic who is able to find the root, as with other dictionaries. For the more advanced, it provides the precise translation of each word; and the scholar can find the correct form and spelling. Rabbi Melamed made a high-level scientific study of the text, comparing manuscripts and old printed editions and making scholarly decisions. As a result the dictionary has been accepted at all levels of society and nearly 60,000 copies have been printed.

Rabbi Melamed's charming personality and his humility impressed itself on all he met, scholar or student, religious or not yet religious, "loving all people and bringing them close to the Torah." The extent of his knowledge of Talmudic literature was amazing. He was further helped by his expertise in ancient languages (Persian, Arabic, Greek and Latin) to grasp accurately the language of the Talmudic sages.

Following the immense success of the Aramaic-Hebrew-French edition of the dictionary, the Foundation decided to produce a similar edition for the benefit of English-speakers.

We wish to thank first of all the translators, Rabbi Issachar Dov Lederman and Rabbi Chone Horlik, world-famous experts, who with admirable dedication took immense trouble over the accuracy of each individual entry. May the merit of the many Torah students be a blessing to them, and may they receive from Above the desires of their hearts.

Our thanks to Rabbi and Mrs. Binyamin Kahn for their dedicated work in the typesetting. They have accompanied the dictionary from the start through all its various versions, Hebrew, French and now English.

Using his expertise in the English language and his insistence on accuracy and clarity, Alan Smith has helped considerably in the presentation of the prefaces in that language, and consented to add a preface on the use of Aramaic in Torah studies. May his efforts in spreading Torah studies in the English language from a new angle be granted every success.

We would also like to express our gratitude to Feldheim Publishers, who also published the original Aramaic-Hebrew dictionary, for their professional assistance in the production and distribution of this Aramaic-Hebrew-English edition.

We wish to remember here our uncle Yitzhak (ben Morenu Rav Shmuel Shaul) Levy, of Bnei Brak, who departed this life on the 5th of Adar, 5764. He dedicated himself to Judaism and to the spread of Torah study, both in France and following his immigration to Eretz Yisrael.

We also wish to express our deep gratitude to our uncle the philanthropist Hugo (Tsevi) Koschland, Honorary President of the Foundation in Israel.

Last but not least, I wish to thank my dear father, Reb 'Haim ben Morenu Rav Shmuel Shaul, dedicated World President of the Foundation. May he be preserved in good health to continue his fine work for many years to come.

May we be granted to increase the honor of the Torah and its students.

Ezriel Levy
Fondation Samuel et Odette Levy

Preface to the Original Aramaic-Hebrew Dictionary

I feel obliged to express my boundless gratitude to Hashem for sustaining me to this day on which this dictionary, after many years of preparation and printing, finally reaches publication.

The young student, or anyone else newly exposed to the richness of the Talmud, encounters difficulties in studying the Talmud for a number of reasons, for example:

Unfamiliarity with the language. Although Aramaic and Hebrew are sister languages with countless roots of nouns, verbs and adjectives in common, the newcomer is baffled by those that are totally different.

Definitions found exclusively in Talmudic and Rabbinic sources are unclear to beginners.

The way of life in Eretz Yisrael and Babylonia at the time of the Talmud differed from that elsewhere in later times, making it difficult for the modern student to understand references to certain everyday customs and standard household or other equipment mentioned in the Talmud.

When I taught Talmud in the *Bet Midrash LeMorim* (Teachers' Training College) I prepared study aids for my students, starting in the year 5706 (1946) with *Eshnav HaTalmud* (Window on the Talmud), a booklet that included definitions of a number of Hebrew and Aramaic terms and phrases together with a list of Talmudic measurements, weights and coins. In the revised edition (5736/1976) I added a dictionary for the chapter *HaMafkid* of *Bava Metsia.* Using this dictionary along with Rashi's commentary a student can study this chapter on his own.

In 5730 (1970) I produced a small Babylonian-Aramaic dictionary for my elementary school students.

At the same time, I concerned myself with the difficulties of those studying *Tanakh* (Bible) who need assistance in understanding the *Targumim* (Aramaic translations). For this purpose an "Aramaic-Hebrew Dictionary for the Onkelos Targum" appeared (5731/1971).

Later, a much larger "Aramaic-Hebrew Dictionary for the *Targumim* and for the Aramaic in the Bible" was published, containing four sections:

(a) *Targum Onkelos* on the Torah and *Targum Yonatan* on the *Neviim.*

(b) *Targumim* on the Books of *Tehillim* and *Iyov.*

(c) *Targum* on the Book of *Mishlei* (which I had analysed extensively in an article that appeared in *Mechkarim BaMikra, BaTargumav UviMefareshav* pp. 242-315).

(d) Aramaic in the Bible.

In the light of the success of these dictionaries and their being exceptionally user-friendly, I decided to return to helping students of the Talmud, hence the present dictionary, for which I consulted the following sources:

(1) As the basis, the forty-one volumes of *Otsar Leshon HaTalmud* (5714-5742/1954-1982), the *magnum opus* of Rabbi Chaim Yehoshua Kosovsky, an outstanding individual, whose son Rabbi Binyamin Kosovsky continued and completed his work. Rabbi Binyamin's son, Mr. Eliyahu Kosovsky, produced the Index volume, published at the end of 5749 (1989), which I was sadly unable to use as by then my dictionary was completely set up.

Otsar Leshon HaTalmud is arranged according to the text of the Berdichev Edition of the Talmud, and not according to the widely-used Vilna Rom Edition. Rabbi Binyamin referred only in a few places to the Munich Manuscript text.

(2) *Dikdukey Soferim* (which compares different texts of the Talmud). In those tractates that this does not cover, I compared the text with the Munich Manuscript. I did not always rely on *Dikdukey Soferim* but checked with the Munich Manuscript, indicating changes not listed in *Dikdukey Soferim* by writing *mem* (Munich) and *shin tet* (Stark).

(3) The Venice Edition of the Talmud, of which I had before me a facsimile.

(4) *Ein Yaakov* and its predecessor *Haggadot HaTalmud* (in facsimile), about which, incidentally, I wrote in the introduction to my book *Midrash Halakhah Shel HaTanna'im BeTalmud Bavli* (pp.71-78).

(5) *Yalkut Shim'oni* (the Salonika Edition, in facsimile), on whose

method of citing references I commented, ibid. pp. 68-70.

(6) My knowledge of Aramaic grammar has been acquired primarily from the lectures given by my teacher Professor Y.N. Epstein, whose lectures on "The Grammar of Babylonian Aramaic" were published posthumously as a book (which I edited) by Magnes (Jerusalem) and Dvir (Tel Aviv).

Although *Otsar Leshon HaTalmud* includes Tractate *Shekalim* of the Jerusalem Talmud (which appears in printed editions of the Babylonian Talmud), this is not included in this dictionary, as the Aramaic used in the Jerusalem Talmud differs quite a lot from that of the Babylonian.

My original plan was to publish this dictionary in the form of facsimiles of my manuscript, and I had already prepared three pages with that intent in mind. "Many designs are in a man's heart, but the counsel of Hashem alone will prevail" (*Mishlei* 19:21). Fortunately Hashem sent me Rabbi Ezriel Levy, who joyfully announced that the *Fondation Samuel et Odette Levy*, of which he is a director, was prepared to publish the dictionary in print (and not in photocopy), to which I agreed. The *Fondation* in turn handed the manuscript over to Rabbi Binyamin Kahn, who undertook the task of typesetting.

Sadly, at that period my wife became seriously ill, and I took care of her, thus delaying the proof-reading, until her last day on earth (7th of Tevet 5750, Jan 4th 1990).

My mourning weakened me both physically and mentally; it was heartbreaking to part from the woman who had assisted me for sixty-five years and suffered with me the burden of earning a living always cheerfully, such that we were satisfied with our lot in life.

My wife grew up in a hassidic home. Her father, R' Menahem Mendel b'r' Dov Rothman, was a true follower of both the teachings and customs of Habbad. It was her mother, Tsillah bat R' Chaim Leib, who persuaded her husband to make *aliyah* to Eretz Yisrael, and not to emigrate to the shores of America like the other refugees from the Czarist pogroms. They arrived at the small port of Jaffa, where she frequently visited the home of Rabbi Kook, at that time the Rabbi of Jaffa. There she acquired a love of both Torah and Eretz Yisrael, which she impressed on the kindergarten of both Torah and Eretz Yisrael, which she impressed on the kindergarten children that she taught and on her own children. At her graveside, in the presence of the many who came to honour her, my eldest son said "One thing I can tell you - it was my mother who bestowed on us a love of Eretz Yisrael".

"Had your Torah not been my delight, I should have perished in my suffering" (*Tehillim* 119:92). In my solitude as a widower I returned to my proof-reading. Reading proofs containing foreign words in Hebrew characters with vowel points is no easy task. In addition to my reading the proofs two or three times, they were further checked by selected yeshivah students, Michel Sizel, Dan Sizel and Itamar Simon, on whom I bestow the heartfelt blessing of a Cohen. May they succeed in their Torah studies and good deeds, and be granted to build homes loyal to our Holy Torah.

The man undoubtedly most worthy of praise is Rabbi Ezriel Levy, who went through the entire book both in its manuscript stage and in its draft print. His amendments and notes, emanating from an erudite Torah scholar and exceptional researcher, were an eye-opener. Rabbi Ezriel also volunteered to undertake the task of carrying the proofs back and forth, to and from the typesetter. I can honestly say that he was "the two main pillars" of support in the printing of the dictionary.

I dedicate this dictionary to the memory of my beloved father, who taught me from childhood how to precisely translate the Torah into the Jewish Persian language. He was instinctively a linguist, despite having had no academic training. All his attainments were due to his own efforts. He studied spoken Hebrew, and served as a translator for representatives of Jewish communities and instutions who came from the Holy Land to Shiraz in Persia and delivered *derashot* (sermons) in Hebrew in the synagogues. He studied the Babylonian Talmud, which was not studied in Persia because they regarded the study of *Ein Ya'akov* (called *Mamar* in their language) as being sufficient for their needs. He also compiled dictionaries to the tractates that he studied.

My father was engaged considerably in lexicography. His book *Hayyey Rahamim* (Jerusalem 5679/1919), a commentary on the *Zohar*, is my father's engagement in lexicography subconsciously influenced me in compiling dictionaries.

"The crown of grandparents are the grandchildren" (*Mishlei* 17:6) and I underwent the same experience as that of Rab with his son Hiyya, about which he said "At times the son teaches wisdom to the father" (*Yevamot* 63a). My two sons, the first Aryeh Chaim and the second (named after his grandfather) Rahamim, arranged the current dictionary. They compared the manuscript with the card index and found a large number of entries that were overlooked in the course of being copied for print. They checked the translations of the words, the definitions, and the notes, and suggested changes and amendments. They also added annotations that would assist a contemporary student. May both be blessed by a father's blessing.

My close friend Rabbi Yitzhak Frank used my card file in preparing the Aramaic-English "Practical Talmud Dictionary" which I assisted in editing, and called my attention to missing entries, missing references, and so on. May he be blessed from Above with success in teaching the Talmud by means of his work in this field.

The typesetter, Rabbi Benjamin Kahn, performed his task with love and humility, setting the type, reading and correcting over and over again. May he receive the Priestly Blessing with love.

Rava quoted a saying to the effect: "The wine belongs to its owner, but the appreciation is received by the waiter," i.e. those who drink express their appreciation to the person who serves them the drink. The same applies to a published work - the book is written by the author, but appreciation belongs to the publisher. Appreciation is due, both from myself and from the reader who will use the dictionary, to the Samuel and Odette Levy Foundation and to its trustees: Yitzhak Yvan Levy, Tzvi Koschland and Rabbi Ezriel Levy, who live in the Holy Land, and René Levy and Pierre Levy, who reside in France. "*Zekhut* (merit) is transmitted by those who are *zakkai* (worthy)" (*Shabbat* 32a) because all the deeds of this institution and its trustees are carried out solely for the sake of Heaven - to disseminate Torah and its wisdom among the Jewish People. May Hashem give them a long life in good health, and may His pleasantness be on them and on all of their blessed deeds.

I wish to end with a prayer to the One who gave us the Torah. "Just as I have had the merit to complete this work, so may I have the merit to publish all my other manuscripts. May this be my consolation for the departure of the wife of my youth and the love of my heart, Shoshanah of blessed memory. May her soul rest in pleasantness and may her offspring inherit the earth."

Jerusalem, 4th Shevat 5752,
on the sixtieth anniversary of the passing of the crown of my head,
my father of blessed memory.

In expectation of the complete redemption,
Ezra Tziyyon
the son of Rabbi Rahamim Melamed HaCohen

The Aramaic Language

Laban "the Aramaean" spoke Aramaic, calling the cairn *yegar sahaduta* (a heap of stones to act as a witness or as evidence). Jacob called it *gal-ed*, the same in Hebrew. Over a thousand years later, in the time of Zerubbabel, letters between the local (Persian) governors of Judaea and the Persian Emperors were exchanged in Aramaic (Ezra, chapters 4-6). The Persians had their own quite different language, but had "inherited" Aramaic as the main official language of their vast empire, which covered approximately what is today known as the Middle East. About a thousand years later still, when the Babylonian Talmud was written down, Aramaic was still the main language spoken by the majority of Jews in the area, much as Yiddish was spoken by Jews throughout Europe a hundred years ago. And the language, unlike Latin, is not dead even yet, but is still spoken to this very day - I have personally heard it often - by the Jews who come from Kurdistan, as well as by a limited number of Kurdish tribes. At least four thousand years of continuous everyday use, without having (like Hebrew and Greek) to be artificially revived!

In the Tanakh, there are large sections of text in Aramaic in the books of Daniel and Ezra, one verse in Jeremiah, and odd words scattered throughout.

No widely-used language can survive even five hundred years without undergoing many changes. Nor can it be used over a wide area without developing dialects. It is interesting to note that even the Aramaic of the Book of Daniel was written in one dialect, and then modified so as to be read in a different dialect by means of *ketiv ukeri*. (Unlike *ketiv ukeri* elsewhere, the modifications follow fixed grammatical rules.) The only thing that has survived without change is the alphabet, which has even replaced the original Hebrew alphabet.

To students of Torah in the widest sense, four dialects of Aramaic are of primary interest. The first is the Biblical Aramaic of Daniel and

Ezra, the second the "Western Aramaic" of the Jerusalem Talmud, the third the language of the *Targumim* - Onkelos on the Torah and Jonathan ben Uzziel on the *Neviim*, and the fourth the "Eastern Aramaic" of the Babylonian Talmud, which also contains a large admixture of Hebrew. It is the last-mentioned, the language of the Babylonian Talmud, with which this dictionary is concerned, and one must expect to find many differences in words, spelling and grammar between this and the other three dialects.

Aramaic has both directly and indirectly influenced Mishnaic and Modern Hebrew, both in words and phrases (much as French has influenced English) and in grammar, the syntax especially differing greatly from that of Classical Hebrew.

Although Hebrew and Aramaic are sister languages with much in common, there are major differences which apply to much the same extent in all the dialects. The chief difference in grammar is that while Classical Hebrew uses aspects and word order to create tenses, Aramaic uses tense forms, a system which Mishnaic and Modern Hebrew have copied. In a dictionary, however, we are mainly concerned with similarities and differences in the roots. The similarities are blatant for all to see, and the student who is at all familiar with Hebrew should take careful note of them. The differences are of two types.

First there are many cases where Hebrew has a commonly used word (such as איש for "man") and another meaning more or less the same thing but used rarely (such as גבר for "man"). The commonly used word in Aramaic is the one that exists in Hebrew but is rarely used there.

The second group of differences involves changes in one particular letter. Here are the main ones:

Hebrew צ often becomes either ט or ע in Aramaic. (צבי becomes טבי, צאן becomes עאן).

Hebrew שׁ (*shin*, not *sin*) often becomes ת in Aramaic. (שלש becomes תלת).

Hebrew ז often becomes ד in Aramaic. (מזבח becomes מדבח).

In Hebrew, ו and י are often interchanged and so too in Aramaic, but in

Aramaic א and י, especially in root letters, are very often interchanged.

The silent ה at the end of a Hebrew word is often replaced in Aramaic by א. The extent to which this is done depends a lot on the dialect.

A Hebrew שׂ (*sin*, not *shin*) is often replaced in Aramaic by ס (but not in names). The extent of this also depends on the dialect, and in many cases even on the copyist scribe (i.e. whether you find a שׂ or a ס in a particular place in a particular book may depend on the edition).

There are two particular tendencies in vowel changes.

The Hebrew *holem* tends to change to a *kamets* in Aramaic. Not always, but often.

The Hebrew *kamets* often changes to a *patach* in Aramaic.

A difference which stands astride grammar and spelling, but which is very important, is the use of the definite article. Here the Hebrew ה *prefix* is replaced in Aramaic by an א *suffix*, and there may be vowel changes. For example, Hebrew סֵפֶר becomes סְפַר, but הַסֵּפֶר becomes סִפְרָא. However, the important thing to note is that in Aramaic the definite form is very often used when quite unnecessary, and when English would certainly not use it. This happens occasionally in Biblical Hebrew, but it is rare - in Aramaic it is extremely common.

If you are a beginner, you cannot be expected to remember all this, but should refer back often and bear these rules in mind. As you gradually gets used to them, you will begin to associate roots with corresponding Hebrew ones, and find it much easier to remember the words you learn.

A.S.

The Arrangement of the Dictionary: Where to Find What You Are Looking for – Notes for the User

Arrangement, spelling and alphabetical order

1. This dictionary (as with all others that I have compiled) is arranged not according to the roots, but according to the form of the words as they appear in the Talmud, without the six common prefixes *bet, dalet, vav, kaf, lamed, mem*. Other prefixes, such as pronouns, *are* included.

For example, *teyma* (from the root *amar*) is listed under *tav*, not *aleph*; *bishlama* is listed under *shin* and not (as in the *Otsar*) under *bet*; *be'anpay* under *aleph*; but *agav* under *aleph*, not *gimel*.

2. Verbs whose roots are not obvious are listed followed by the Aramaic root in parenthesis.

For example *mappik (nafak), teima (amar), teylif (yalaf), tahikhu (hokh)*.

3. The entries in the dictionary are written with additional letters representing vowels, for example *yod* in *dilma*, as is usual in the Babylonian Talmud, even if occasionally the word appears in the Talmud without the additional vowels.

However, such letters when serving merely as vowel indicators and not as part of the root are disregarded in the alphabetical order.

Thus when looking for the entry *dilma* the student must disregard the *yod* (as if it had been written *dlma*) and will then find what he is looking for immediately after *delkhon*.

Similarly, on page 1 in the first column of the dictionary the entries *eivdok, ibbaddur, ibbaddorey, ibbaddek, eivdekeih, eivdekinkhu* are all written with the additional vowel indicator, but arranged alphabetically as if there had been no *yod* following the *aleph*.

4. Expressions composed of two (or more) words are listed, and sometimes even translated and explained, in both places, but at times translated or explained only in the principal place, to which the others

contain a cross-reference.

For example *shufta detuma* appears and is translated both under *shin* and under *tav*.

bar oroti. Under *aleph* there is a cross-reference "see *bar*". Under *bet* it is translated with reference to a footnote.

sagi nahor. Under *nun* "see *sagi*". Under *samekh* it is translated literally as "much light", while a footnote explains that this is a euphemism for a person who is blind, with a similar expression in Hebrew.

5. The dictionary does not contain Hebrew terms that are included in Aramaic phrases.

6. The vocalisation used follows the preferred Sefardi tradition, except for two words which they pronounce incorrectly: *tappey* (instead of *t'fey*), and *shemme* (instead of *shemma*).

Textual variations in different editions

7. Where an incorrect form has arisen from a copyist's or printer's error, the reader is referred to the correct form which is given alongside together with its source (i.e. the print or manuscript where the correct form appears). The translation and explanation are given under the entry for the correct form.

8. Occasionally I have made an amendment using my own judgement on the basis of comparing different versions of the text, and marked the amendment צ"ל (*tsarikh lihyot* - "it should be ...") or in a note "I have amended". If I have erred, the responsibility is mine.

9. Where a form appears only once or twice in the Talmud, the locations are mentioned.

10. Where a form appears several times in the Talmud, always incorrectly, but correctly in a manuscript, all the locations are mentioned, and in the footnotes the name of the printed version and alongside it the name of the manuscript (or old printed version).

My son, study Torah for its own sake,
and G-d will put light in your eyes.

Aramaic-Hebrew-English Dictionary

of the Babylonian Talmud

– א –

1

אארא דליבני (נוס׳ הערוך) ר׳ אוירא Cf.

אַבָּא אָב, הָאָב, אָבִי Father, the father, my father

אַבָּא מָרִי אֲדוֹנִי אָבִי

My father (who is also) my teacher

אַבָּא שמם הפרטי של רב[1], רבה ורבא (=רב אבא)

First name of Rav, Rava, and Raba

אַבָּא דְאַבָּא אֲבִי הָאָב Paternal grandfather

אַבָּא דַאֲבוּהוֹן אֲבִי־אֲבִיהֶם

Their paternal grandfather

אִבָּא (סו׳: עִבָּא[2]) יַעַר Forest

אָבְדָה (ב״מ כז ב) אוֹבֶדֶת It (*f.*) will be lost

אַבְדוֹלֵי (פס׳ קז א) (לְ)הַבְדִּיל[3] (To) recite the havdalah

לְאַבְדוֹלֵי (פס׳ קג ב) לְהַבְדִּיל To recite the havdalah

אבדומא ר׳ אברומא Cf.

אֶיבְדוֹק נַפְשַׁאי (יב׳ סה א) אֶבְדֹּק עַצְמִי

I shall examine myself

אִיבַּדּוּר (פס׳ קי ב, סנ׳ ח א) נִתְפַּזְּרוּ

They were dispersed

אִיבַּדּוֹרֵי (גט׳ לג ב) (לְ)הִתְפַּזֵּר (To) be dispersed

אָבְדִי (ב״ב קמו א) אוֹבְדִים Those that are lost

וְאַבְדֵיהּ[4] **לְמַפְתְּחֵיהּ** (סנ׳ קיג סע״א) וְאִבֵּד אֶת־מַפְתְּחוֹ

And he lost his key

אַבְדִּיל הִבְדִּיל He separated

אבדיל (פס׳ קד ב) רשב״ם: מבדיל Cf.

אָבְדִין (סנ׳ קיא א) אוֹבְדִים They are lost

אבדינהו (גט׳ נז ב) מ׳: אובדינהו Cf.

אַבְדַּלְתָּא (ב״מ מב א[5]) הַבְדָּלָה Havdalah

אִיבַּדַּק[6] (נדה נח רע״א) נִבְדַּק It was checked

אֶיבְדְּקֵיהּ (קידו׳ ח ב) אֶבְחַן אוֹתוֹ I shall test him

אֶיבְדְּקִינְכוּ (סנ׳ צג א) אֶבְחַן אֶתְכֶם I shall test you

אבדתא (ע״ז כט א) ר׳ אברתא Cf.

בַּר אֲבָהָן (מנ׳ נג א) בֶּן־אָבוֹת (=מיוחס)

Of noted lineage

אֲבָהָתָא הָאָבוֹת The fathers

אֲבָהָתִי (–תַי) אֲבוֹתַי My fathers

אֲבָהָתֵיהּ אֲבוֹתָיו His fathers

אֲבָהָתַיְיהוּ (מג׳ טו א) אֲבוֹתֵיהֶם Their fathers

אֲבָהָתִין (פס׳ נ ב, ב״ב ז א) אֲבוֹתֵינוּ Our fathers

אֲבָהָתָךְ אֲבוֹתֶיךָ Your fathers

אֲבָהָתַן (ב״ב ז א) אֲבוֹתֵינוּ Our fathers

אֲבָהָתָנָא (פס׳ נ ב[7]) אֲבוֹתֵינוּ Our fathers

אַבּוּבָא אַבּוּב An oboe

אבודי (ב״מ נא א) מ׳ ה׳: אובודי Cf.

אֲבוּהּ אָבִיו His father

אֲבוּהּ דְּאַבָּא אֲבִי אָבִי My paternal grandfather

אֲבוּהּ דַּאֲבוּהּ אֲבִי אָבִיו His paternal grandfather

אֲבוּהּ דַּאֲבוּךְ אֲבִי אָבִיךָ Your paternal grandfather

אֲבוּהָ[8] אָבִיהָ Her father

אֲבוּהָ דְאִמֵּיהּ אֲבִי אִמּוֹ His maternal grandfather

אֲבוּהָ דְאִמָּךְ אֲבִי אִמְּךָ Your maternal grandfather

אֲבוּהָא[9] אָבִיהָ Her father

אֲבוּהוֹן אֲבִיהֶם Their father

אֲבוּהוֹן דְּכוּלְּהוּ (שבת כב א) אֲבִי־כֻלָּם[10]

Source of them all

אֲבוּהִי (כתו׳ סג א 2, נזיר ל א) אָבִיו His father

אבוורנקא — אַבְנֵי

אבוורנקא (עירו׳ כה ב) ר׳ אכוורנקא Cf.

אֲבוּךְ אָבִיךָ, אָבִיךְ Your (sing.) father

---

1) בפי חברו שמואל (רגיל, בפי ר׳ יוחנן (למשל חולין פד א) ובפי רב הונא (יומא פז א) ובפי רב כהנא (ברכ׳ סב א).

2) ירמי׳ ד כט: באו בעבים — ת״י: חורשיא (ועי׳ רש״י ורד״ק).

3) לומר ברכות ההבדלה.

4) מ׳: ואבי׳, ד׳: ואבדה.

5) בשאר המקומות: קידושא ואבדלתא.

6) מ׳, ד׳: מבדק.

7) מ׳, ד׳: אבהתין.

8) בכמה מקומות בדפו׳: אביה.

9) שבו׳ מז א, אבל ר״ח ורש״י: אבוה, מ׳: אבו׳.

10) רש״י: שילמדו כולם ממנו.

אֲבוּכוֹן אֲבִיכֶם — Your (pl.) father

אִבּוּלָא (ב"ב נח סע"א[11]) שַׁעַר — City gate

בָּבָא דְאִבּוּלָא (מ"ק כב א) פֶּתַח הַשַּׁעַר — Entrance to city gate

מֵאִיבּוּלָא וְעַד סִיכְרָא (מג' כט א, כתו' יז א) מִן הַשַּׁעַר[12] וְעַד הַקֶּבֶר — From city gate (mourner's house) until graveyard

אִבּוּלָאֵי (נדה סז ב) שׁוֹעֲרִים — Gatekeepers

אִבּוּלֵי (עירו' ו ב) שְׁעָרִים[13] — City gates (roof of alleys)

אבולי (ב"ב קמג א) ר' בולי — Cf.

אֲבוּן (ברכ' יח ב, פס' לא א = כתו' צב א) אָבִינוּ — Our father

אֲבוּנָא (ב"מ לד ב) אָבִינוּ — Our father

אבונגרי (מ"ק יב א) ר' אכוונגרי — Cf.

אבורגני (עירו' סב א) ר' אברונגי — Cf.

אִיבְזַע (בכו' לו א) נִקְרַע, נִסְדַּק — Torn, cracked

אַבְזָקַת (ב"מ עח ב) תּוֹלַעַת רִקָּבוֹן, עָשׁ (פ"א: תְּבַלּוּל בָּעַיִן) — mite, moth (growth in eye)

ויש קוראים: **אַבְזְקַת** (בזק?) הַבְרִיקָה — Moth-eaten garments

אַבַּטָא[14] (ע"ז לד רע"ב) חֵמַת-עוֹר — Leather pouch

אַבְטְחִינְהוּ (פס' צא א) הִבְטִיחָם — He promised them

אַבְטְחָךְ (סנ' צח א) הִבְטִיחֲךָ, הִבְטִיחַ לְךָ — He promised you

אֲ(י)בַטֵּיל (עירו' סח סע"א — מ') אֲבַטֵּל — I shall rescind my ownership/share

אֵיבַטְּלִינְהוּ (בכו' כג א) אֲבַטְּלֵם — I shall cause it to lose its separate identity by mixing it with another substance

אֲבַטְלִינֵיהּ (גט' לו ב) אֲבַטְּלֶנּוּ — I would repeal it

אבי גובר ר' בי כנשתא — Cf.

אֲבִיבָא אָבִיב — Spring

זִימְנָא דַּאֲבִיבָא (סנ' יא ב) זְמַן הָאָבִיב — Springtime

אָבֵידְנָא (שבת קנב א) אָבֵד מִמֶּנִּי — He was lost from me

אֲבֵידְתָא אֲבֵדָה — lost object

אַבִיזָרָאָה (מנ' עג ב[15]) הַשַּׁיָּךְ לָהּ[16] — Appertaining to it

אַבִיזָרַיְיהוּ (סנ' עד ב) הַשַּׁיָּךְ לָהֶם — Appertaining to them

אֲבֵילוּתָא אֲבֵלוּת — Mourning

אֲבִילֵי (סוטה לה א) אֲבֵלִים — Mourners

אביסנא דגירדאי (שבת קנא ב) ר' אכסנא — Cf.

אֲבִיק (ע"ז יד ב) דָּבוּק, צָמוּד — Stuck to, attached to

אֲבִיק לְהוֹ (מנ' מב א) מְחַבְּרָם, עוֹנְבָם — He attaches them, ties them

אַבִיקוּ (סנ' סג ב ועוד) נִצְמְדוּ, נִתְקַשְּׁרוּ — They have become attached, tied

אַבִיקֵי (ע"ז יד ב[17]) דְּבוּקִים, נִצְמָדִים — Attached to, tied to

אבישנא (פס' לט ב, מ א) ר' קמחא — Cf.

אבלושי (ב"מ עז א) ר' אכלושי — Cf.

אֶבְלֵיהּ (מ"ק כא א) אֶבְלוֹ — His mourning

אַבְלַע (ב"ק קיג ב ועוד) הִבְלִיעַ — He incorporated into the sale

אַבְלַע (ב"מ סד א) הַבְלַע (צ) — Incorporate it into the sale

אִיבְּלַע (שבת קלד א ועוד) נִבְלַע — It was absorbed

אִבַּלְעָא לִי (ברכ' כד ב) נִבְלְעָה לִי (=בלעתי) — I swallowed

אִבַּלְעוּ (סנ' קי א) נִבְלְעוּ — They were swallowed

אֶבֶן אֶבֶן — stone

אֶבֶן טָבָא אֶבֶן טוֹבָה — precious stone

אַבְנָא אֶבֶן — stone

אַבְנָא דְכוּחְלָא (קידו' יב א) אֶבֶן הַכְּחוֹל — Blue marble

אבנגר (שבת קט ב) ר' כנגר — Cf.

אַבְנֵי אֲבָנִים, אַבְנֵי־ — stones, stones of

---

(11) מ' ה' פ' אה"ת וע"י: אבבא דאבולא (אה"ת: דאכולא).

(12) ע' מפרש: מבית האבל.

(13) ע': תקרה של מבואות.

(14) ע': אכטא (בכ"ף!).

(15) ערוך ורש"י בסנ' עד ב, ק': אבזרהא, ר': אבזרה, ד': חברתה.

(16) מלשון ערבית.

(17) ר"ח, כ"י ספ': אבקין (והוגה: אביקין), מ': אביקו, ד': אביקו.

אַבְנֵי דְאַכַּפָּא (ב״ב סט רע״א)
אַבְנֵי־כָתֵף, אֲבָנִים שֶׁעַל עֳמָרִים[18]
Ballast, stones placed on sheaves of grain in field to prevent their being dispersed in wind

אַבְנֵי זוּטְרָתָא (תמיד כו ב) אֲבָנִים קְטַנּוֹת
Small stones

אַבְנֵי כּוּחְלָא (ב״ב ד א) אַבְנֵי כְּחוֹל
Blue marble

אַבְנֵי רַבְרְבָתָא (תמיד כו ב) אֲבָנִים גְּדוֹלוֹת
Large stones

אַבְנֵי שֵׁישָׁא (סוכה ד א) אַבְנֵי שַׁיִשׁ
Marble stones

אִיבְּנֵי (סוכה מא א, ר״ה ל א) נִבְנָה
It will be built

אֶיבְנְיֵיהּ (גט׳ סח ב, ב״ב ז א) אֶבְנֶה אוֹתוֹ
I shall build it

אבנתא (מג׳ כד ב) כי״י: אובנתא

אִיבַּסּוּם (מג׳ ז ב, סנ׳ לח א) נִשְׁתַּכְּרוּ
They became intoxicated

לְ[אִ]בַּסּוּמֵי[19] (מג׳ ז ב) לְהִשְׁתַּכֵּר
To become intoxicated

אַבַּע (נבע) (תע׳ כה ב) הַבַּע[20] (צ)
Issue out! *(m., s., imp.)*

איבעאי (סוטה מח א) ר׳ איבעי
Cf.

איבעו[21] (סנ׳ סד א) ר׳ איבעי
Cf.

אִיבְּעוֹיֵי אִיבַּעֲיָא לַן (ב״מ נד ב, ערכ׳ ה א)
נִשְׁאַל (=שאלה) נִשְׁאֲלָה לָנוּ
We were asked

אִיבְּעוֹיֵי [קָא][22] **מִיבָּעֲיָא לֵיהּ** (ב״ק מג ב)
נִשְׁאֹל (=שאלה) נִשְׁאֶלֶת לוֹ
He was asked

אִ[י]בְּעוּל (יומא יט סע״ב — מ׳) נִבְעֲלוּ
Sexual intercourse was conducted with them

אִיבְּעוּת (מג׳ ג סע״א, סנ׳ צד רע״א) נִבְעֲתוּ
They were frightened

אִיבָּעֵי[23] (סוטה מח א) נִתְבַּקֵּשׁ
It was requested

אִיבָּעֵי[24] **לֵיהּ** (יומא נג ב, חגי׳ יא א, ב״מ לו ב, מב ב) הָיָה צָרִיךְ
He needed

דְּאִיבָּעֵי [לֵיהּ] (ב״ק לב ב[25], זב׳ פט ב[26]) שֶׁהָיָה צָרִיךְ
He should have

איבעי ליה (ע״ז מז א) ד״ו: איבעיא

אִיבְעֵי (ב״ק נט ב ועוד) אֶשְׁאַל
I will ask

אִיבָּעֵי נִתְבַּקֵּשׁ, הָיָה צָרִיךְ
It was demanded, needed

לָא אִיבָּעֵי לִי (גט׳ מה ב) לֹא הָיִיתִי צָרִיךְ
I should not have

אִיבָּעֵי לָךְ (יומא עח א) הָיִיתָ צָרִיךְ
You should have

אִיבָּעֵי לֵיהּ (עירו׳ י א ועוד) הָיָה צָרִיךְ
It was needed to

אִיבָּעֵי לְכוּ (פס׳ סו א, ב״מ צב ב, זב׳ קא רע״ב[27]) הֱיִיתֶם צְרִיכִים
You should have

כִּדְאִיבָּעֵי לֵיהּ (ב״מ נו א) כְּ(שִׁיעוּר) שֶׁהָיָה צָרִיךְ לוֹ
As much as it was necessary

אִיבַּעְיָא לֵיהּ נִשְׁאֲלָה לוֹ (=נסתפקה לו)
He was undecided

אִיבָּעֵי(א) לְכוּ (שבת פח א — מ׳) הֱיִיתֶם צְרִיכִים
You should have

איבעיא להו (זב׳ קא רע״ב) מ׳: איבעי לכו

אִיבַּעְיָא לְהוּ[28] נִשְׁאֲלָה לָהֶם
They were asked

כִּי (קָא) אִיבַּעְיָא לָן הָכִי [הוּא דְ]אִיבַּעְיָא לַן
(ב״ק צה א — כי״י) כְּשֶׁנִּשְׁאֲלָה לָנוּ כַּךְ נִשְׁאֲלָה לָנוּ
When we were asked, this was what we were asked

איבעיא (פס׳ פו ב) כל כי״י: מיבעיא

אִיבָּעֵית (= אי בעית) אֵימָא אִם נַפְשְׁךָ אֱמֹר
If you wish, say

אַבְעִית נַפְשֵׁיהּ (ב״ק צא א) הִבְעִית (=הפחיד) אֶת־עַצְמוֹ
He frightened himself

אִיבַּעִית (מ״ק כה סע״א) נִבְעַת (=נפחד)
He was frightened

אִיבַּעִיתוּ (מג׳ ג סע״א) נִבְעֲתוּ
They were frightened

דְּאִיבַּעֲלָה לֵיהּ[29] (בכו׳ מז סע״א) שֶׁנִּבְעֲלָה לוֹ
That she had sexual intercourse with him

אַבְצִיל (עירו׳ כט רע״ב) הוֹצִיא עָלִים
It sprouted leaves

אַבְקָא אָבָק
Dust

(18) אבנים, ששמים על העמרים בשדה, שלא יתפזרו ברוח.
(19) כי״י ורש״י, מ׳: למיבסומי, אה״ת: לבסומי נפשיה.
(20) מלי׳ נובע.
(21) מ׳: איבעי, רש״י: נתבקשה, וצ״ל: איבעיא.
(22) מ׳ וה׳.
(23) מ׳ וע״י, ד׳: איבעאי, אה״ת: קס.
(24) בכמה ד״ח בכולם: איבעיא.
(25) פ״א — מ׳ וה׳, פ״ב — ד׳, ה׳: דבעי, מ׳ יש השמטה.
(26) כל כי״י (חוץ מן מ׳).
(27) מ׳, ד׳: איבעיא להו.
(28) פתיחת בעיא, שלא נזכר בה לא שם השואל ולא שם הנשאל.
(29) הב״ח, מ׳ ד׳: דאי בעיל לה.

אַבְקֵיהּ (ברכ׳ נו א) אֲבָקוֹ — His dust

אִבְּקַע (ברכ׳ נו א) נִבְקַע — It cracked

אַבַקְתָּא (מנ׳ לג א) אִבְקָה, לוּלָאָה
Hole in door case that hinges turn on, loop

אַבַקְתָּא (עירו׳ יא ב) פּוֹתָה (כלים יא ב[30])
Hole in door case that hinges turn on, loop

אַבַקָתָא (מכות כג א) אֲבָקוֹת, לוּלָאוֹת — Hinges, loops

אֲבַר גּוּאַלְקֵי[31] (שבת קנד ב) עַל הַשָּׂקִים[32]
Two sacks connected only by metal ring

אַבָּרָא[33] (פס׳ קד א) אֱמֶת[34] — True

אֲבָרָא אֲבָר, עוֹפֶרֶת — Lead

אַבָּרַאי (=א בראי) (מנ׳ פא א ועוד) בַּחוּץ — Outside

איברא (פס׳ קד א ועוד) ר׳ אברא — Cf.

אִיבְרָא (שבת צ ב) זְרוֹעַ — Arm

אִיבְרָא דְבִישְׂרָא (יומא כה סע״ב) אֵיבָר שֶׁל בָּשָׂר
Limb of meat

אברַאי (אַבָּרָאֵי?) בַּחוּץ — Outside

מֵאַבְּרַאי מִבַּחוּץ — From outside

אִיבָּרַאי מִמָּרָהּ (נדה נ ב) נַעֲשֵׂית מִדְבָּרִית מֵאֲדוֹנֶיהָ
It *(f.)* has run away from its master (רש״י)

אִיבַּרַאי[35] **נַפְשָׁךְ** (תע׳ כא סע״ב) הַבְרִיא אֶת עַצְמְךָ
Heal yourself

אִיבְּרוּ נִבְרְאוּ — They were created

אַבְרָוָרֵי[36] (ב״ב כד רע״ב) שְׁוּוּי מַשָּׂא[37] — Counterbalance

אַבְרוּחֵי (נדר׳ לג א) (ל)הַבְרִיחַ — To drive away

לְאַבְרוּחֵי (נדר׳ סב ב, ב״מ עב ב) לְהַבְרִיחַ
To drive away, to smuggle

לְאַבְרוּחִינְהוּ (ב״ק פח ב) לְהַבְרִיחָם
To withhold, to cause him not to inherit

[לְאַבְרוּיֵי][38] (מ״ק כו סע״ב) לְהַבְרוֹת (אֲבֵלִים)
To strengthen mourners, to give food to mourners

לְאַבְרוּיֵי אִילָנֵי (סוכה מד ב ועוד) לְהַבְרוֹת אִילָנוֹת[39]
To stengthen the trees, to loosen the soil on roots to soften them

אַבְרוּמָא[40] (סוכה יח א[41]) מין דג קטן, טָרִית
species of a small fish

אֲבַרְוַנְגֵי[42] (עירו׳ סב א) שְׁלוּחִים[43] — Deputies

אֲוַרְוָרֵי (שבת יא רע״א) חוֹמוֹת — Ramparts

[אַבְרוּשַׁךְ][44] (ברכ׳ לז א) חֲבִיץ קְדֵרָה[45]
dish composed of flour, honey, and oil

אַבַּרְזִין[46] (ב״ק סו ב) אֶצְבַּע (של שור)
פ״א: שְׁטִיחַ עוֹר שֶׁעַל הָאֻכָּף
Finger (of ox); leather rug put on saddle

אַבְרַחִי (ב״מ קח ב) הִבְרַחְתִּי — I chased away

אִבְּרֵי (ברכ׳ סא א ועוד) נִבְרָא (ע) — It was created

ואי אברי (ב״ב קנה ב) ר׳ ברי — Cf.

אַבְרֵי (ב״ק לו ב) אַבְרִיא — I shall heal

אֵיבְרֵיהּ (ב״מ פד א) אֶבְרוֹ — His limb

אֶיבְרֵיהּ (ברכ׳ ס סע״א, מכות יא ב וש״נ) זְרוֹעוֹ (רש״י)
His arm

אַבְרֵיהּ (חול׳ קיב א) נְקָבוֹ[47] — Blood soaked through

אַבְרְיוּהּ (יב׳ צז א[48], ב״ב קנה ב[49], נדה מז ב)
הִבְרִיאוּ אוֹתוֹ[50] — They fed him and gave him to drink until he became healthy and fat

30) רש״י: חור שציר הדלת סובב בו.
31) ערוך (ע׳ חבר), ד׳: חבר אגלווקי, מ׳: גאלקי, א״פ גלווקי.
32) ע״פ ערוך ע׳ חבר.
33) כנוסי הערוך. ברוב המקומות ביו״ד: איברא.
34) מלשון פרסית.
35) מ׳ ומ׳ ב, ע״י: איברי, ד׳: בריא.
36) מ׳ וע׳, ד׳: אברורי.
37) מלשון פרסית. כשמכביד המשא לצד אחד מוסיפין נוד קטן לצד השני לשווי משקל.
38) כנוסי תג״ק (ע׳ יעה״ש ע׳ בר ח׳).
39) ערוך (ע׳ אברזיי): מזבלין האילנות, שהן בריה להן כלומר מאכל.
40) מלשון יונית, מ׳: אבדומא, ע׳: אב רומה וע׳ עה״ש).
41) דרש ר׳ יהודה ב״ר אלעאי אברומא שריא (ארמית בפי רבי יהודה!) ואולי השם עברי!.
42) כהגהת קוהוט, ע׳: אברוגני, מ׳ ד׳: אבורגני.
43) ע׳: פי׳ רה״ג ז״ל בל׳ פרסי שלוחים.
44) ערוך וכ״י (ע׳ ד״ס אות ל׳), מלשון פרסית.
45) עשוי מקמח, דבש ושמן.
46) מלשון פרסית.
47) הדם חדר בו ועברו.
48) מ׳, ד׳: אבריוהו.
49) מ׳, ה׳: אברוה, ד׳: ליברי.
50) רש״י: האכילוהו והשקוהו עד שיהא בריא ושמן.

אֶיבָרֵיךְ אֲנָא[51] (ברכ׳ כב ב 3) אֲבָרֵךְ אֲנִי
I shall recite the benediction
אֲבָרֵיךְ (ברכ׳ מח א) אֲבָרֵךְ — I shall recite the benediction
אֲבַרְנִים (פס׳ מא א) חֲצִי צָלוּי[52] — Incompletely grilled
אִיבָּרַר (בכור׳ נט א-ב) הִתְבָּרֵר — Chosen, selected
אַבְרְתָא (שבת קכח א[53]) אֵזוֹב — Hyssop
אַבְשׁוּנָא (מג׳ ז ב) שְׂעוֹרִים קְלוּיוֹת ור׳ קמחא
Toasted barley
אִיבַּשִּׁיל (ע״ז ל א) נִתְבַּשֵּׁל — It was cooked
אברתא וכו׳ ר׳ בתרא — Cf.
אַגַּב (=א-גב) עַל גַּב, עַל יְדֵי, עִם
On back of, through an intermediary, with
אַגַּב אוֹרְחִי (כתו׳ קה ב 2) בִּדְרָכַי
By the way, incidentally
אַגַּב אוֹרְחֵיהּ בְּדַרְכּוֹ, לְפִי דַּרְכּוֹ
By the way, incidentally
אַגַּב אוֹרְחָךְ (סנ׳ צה ב) בְּדַרְכְּךָ — Along your journey
אַגַּב דּוֹחֲקָא עַל יְדֵי הַדֹּחַק — With difficulty
אַגַּב רִיפְתָּא (שבת קמג א) עַל כִּכָּר
On the loaf of bread
אַגְבַּהּ (גבה) (כתו׳ סט א, ב״ב סז א) הַגְבֵּה אוֹתָהּ, הַגְבֶּהָּ
Collect it *(m., s., imp.)*
אַגְבַּהּ (גבה) (ב״ק קיח ב, ב״ב פח א) הִגְבִּיהַּ
He lifted
אַגְבְּהַהּ (חול׳ קלט א) הִגְבִּיהָהּ (הגביה אותה)
He lifted (it, her)
אַגְבְּהוּהּ (ב״מ ב ב, ג א) הִגְבִּיהוּהוּ — They lifted it
אַגְבְּהֵיהּ (סוכה מד ב ועוד, כתו׳ ל ב 2[54]) הִגְבִּיהוֹ
He lifted it
אַגְבְּהִינְהוּ (ב״מ סז ב 2[55], חול׳ קלט א) הִגְבִּיהָם
He lifted them
אַגְבַּהְתַּהּ (זב׳ צ ב) הִגְבִּיהָה אוֹתָהּ — She lifted it up
אַגְבּוּ (ב״ק יא ב) הִגְבּוּ — They collected

לְאַגְבּוּיַהּ (נדה יב ב) לְהַגְבּוֹתָהּ — To collect it
אַגְבּוּיֵי (ל)הַגְבּוֹת — (To) collect
לְאַגְבּוּיִנְהוּ[56] (ב״ק ח ב) לְהַגְבּוֹתָם
To collect from them
אַגְבֵּי הִגְבָּה — He lifted, he collected
אגבי להו (ב״ק ח ב) מ׳: לאגבויינהו
אַגְבֵּיהּ הִגְבָּהוּ — He collected it
אגביה (כתו׳ ל ב 2) מ׳: אגבהיה — Cf.
אַגְבְּיַהּ (כתו׳ סט א) הִגְבָּה אוֹתָהּ — He collected it
אַגְבְּרוּ (סנ׳ לח א) הַגְבִּירוּ — Increase *(m., s., imp.)*
אֻגְדָּא[57] (ביצה ל א, ב״מ פג א) מוֹט — Pole
אֶיגְדְּרֵיהּ[58] (ב״ב לג ב, לו א) אֲגַדְּנוּ[59] — I shall pluck it
אַגְדֵיהּ (סוכה לג ב) אֲגָדוֹ — He bound it
אַגְדְּנָה (ע״ז כט א) מִין עשב מר (גיד? לענה?)
A bitter herb (sinew? gall?)
איגדריה (ב״ב לג ב) ר׳ איגדדיה — Cf.
אַגַּדְתָּא אַגָּדָה, הַגָּדָה (של פסח)
Allegorical teaching, Hagaddah of Pesach
אַגַּדְתָּא (סנ׳ ק א, חול׳ צב א) דְּרָשָׁה — sermon
אַגַּדְתָיךְ (חול׳ ס ב) אֲגָדָתְךָ[60]
In your collection of allegorical teachings
גוד או אגוד (ב״ב יג א ועוד) ר׳ גוד — Cf.
אֱגוֹזָא (כתו׳ עז ב) אֱגוֹז — nut
אִיגּוּם אִיגּוּמֵי (גמם) (חול׳ מד א, בכור׳ מד א)
נִגְמוֹם נִגְמְמוּ, נֶחְתְּכוּ, נִמּוֹקוּ
Razed, cut down, decayed
לאגונה (נדר׳ נ א) ע׳, ר׳: לאגנוייה — Cf.
אַגּוֹנֵי (גנן) (ל)הָגֵן — To protect
אַגּוּר (גט׳ עג א) שָׂכְרוּ — They hired
לאגורה (ב״מ עג א) ר׳ לאוגורה — Cf.
אֲגוּרוּ (גט׳ עג א) שִׂכְרוּ — Rent *(m., p., imp.)*
לאגורי (ב״מ עט א 3) רש״י ואו״ז: למיגר
אגורי (ב״מ עז א, צב א, סנ׳ עג א) ר׳ אגירי — Cf.

51) מ׳ פי ב״נ ורא״ה, ד׳: לברוך.
52) מלשון פרסית.
53) וכן בע״ז כט א במ׳ וע׳, ד׳: אבדתא.
54) מ׳, ד׳: אגביה.
55) ה׳ ורש״י, ד׳: אגבהנהו.
56) מ׳, ד׳: אגבי להו.
57) כי״ וע׳, ד׳: אגרא.
58) כצ״ל. ד׳: איגדריה, מ׳ וה׳: אגזריה.
59) = אקטוף תמריו.
60) = ספר האגדה שלך.

אַאֲגוּרַיְיהוּ[61] (סנ׳ כט א) עַל שׂוֹכְרֵיהֶם
On those who hired them

אֵיגַזְזֵיךְ (סנ׳ צו רע״א) אֲגַלֶּחְךָ — I shall shave you

איגזרה (ב״ב לו א) ר׳ איגדדיה — Cf.

לְאַגָּחָא קְרָבָא (סוטה לב א) לְהִלָּחֵם — To fight

אָגֵיד (סוכה יב א) אוֹגֵד — He ties

אַגִּיד (נגד) (פס׳ קו א) הִמְשִׁיךְ (=האריך)
He recited it at length

אֲגִידָא אֲגוּדָה, קְשׁוּרָה — It is tied, attached

אֲגִידֵי אֲגוּדִים, קְשׁוּרִים — They are tied, attached

אִיגַּיּוּר (ע״ז יא א כ״פ) נִתְגַּיְּרוּ
They converted to Judaism

לְאִיגַּיּוֹרֵי (יב׳ לה א ועוד) לְהִתְגַּיֵּר
To convert to Judaism

אגיז (זב׳ יח רע״ב) שמ״ק: גאיז — Cf.

אִיגַּיַּר (ברכ׳ יז ב ועוד) נִתְגַּיֵּר
He has converted to Judaism

אִיגַּיְּירָה (מג׳ יד ב) נִתְגַּיְּרָה — She converted to Judaism

אַגֵּין (גנן) הֵגֵן — He protected

אֲגִיר (כתו׳ כח א, ב״מ צב א[62]) שָׂכוּר — Rented

אגיר (ב״מ פ ב, קיא א) ר׳ אגר — Cf.

אֲגִירָא (שבת קנ ב) שָׂכִיר — Hired

אֲגִירָא (ב״מ קב א) שְׂכוּרָה, מֻשְׂכֶּרֶת — Rented

אֲגִירֵי שְׂכִירִים — Hired workers

אֲגִירֵי[63] (תענ׳ כד א) שְׂכוּרִים — Hired

אָגַ(י)רְנָא[64] (ב״ב ז א) אֲנִי שׂוֹכֵר, אֶשְׂכֹּר
I rent, I shall rent

אִיגַּלַּאי (חגי׳ יג ב, חול׳ נו ב) נִתְגַּלְּתָה — It became revealed

אִיגַּלַּאי[65] מִילְּתָא נִתְגַּלְגֵּל הַדָּבָר
The fact became known

אגלוקי (שבת קנד ב) ר׳ חבר — Cf.

אַגְלוּיֵי (ב״ק לח א) (ל)הַגְלוֹת — (To) exile

לְאִיגַּלּוּיֵי לְהִתְגַּלּוֹת — To become revealed

איגלויי (ע״ז ל א) מ׳ וכ״י ספ׳: איגלי

אֲגַלְּחֵיהּ אֲגַלְּחֶנּוּ — I shall shave him

אֶגְלֵי (ברכ׳ נו סע״א) אֶגְלֶה — I shall go into exile

אַגְלֵי לְהוֹ (סנ׳ צד סע״א) הֶגְלָה אוֹתָם — He exiled them

אֶיגַלֵּי (שבת קכט סע״א) אֲגַלֶּה — I shall reveale

אִיגַּלֵּי (כתו׳ סה א, ע״ז ל א — מ׳, חול׳ מט ב) נִתְגַּלָּה
It was revealed

אִיגַּלֵּי גַּפָּא (ב״מ קח א, ב״ב ח א) שַׁעֲרֵי הַחוֹמָה
City gates and wall

אַגְלֵי גַּפָּא (ב״מ קח א, ב״ב ח א) שַׁעֲרֵי הַחוֹמָה
The city gates and wall

איגלי מילתא (יומא יג סע״א, גט׳ עז ב) מ׳: איגלאי — Cf.

איגליא מילתא (פס׳ ז א) ר׳ איגלאי — Cf.

אִגְלִיד (סוכה לה סע״ב, חול׳ מו סע״א) נִקְלַף, הָפְשַׁט[67]
Peeled, stripped off

אִיגַּלְיָא[68] (סנ׳ קז א) נִתְגַּלְּתָה — It was revealed

איגלייא (גט׳ נו ב) מ׳ ואה״ת וע״י: איגליין — Cf.

איגליה (סנ׳ קז א) ר׳: איגליא — Cf.

אִיגַּלְיָין (גט׳ נו ב) נִתְגַּלּוּ — Revealed

אַגְלִינְהוּ הֶגְלָם (=הגלה אותם) — He exiled them

אַגְמָא אֲגַם[69] — Pond, meadow

אַגְמָא דְסַמְקִי אֲגַם סַמְקִי — Pond of Samki

אַגְמוֹרֵי (ב״ק לז א ועוד) (ל)לַמֵּד — To teach

לְאַגְמוֹרֵי לְלַמֵּד — To teach

לְאַגְמוֹרַן (ברכ׳ כד א) לְלַמְּדֵנוּ — To teach us

אַגְמֵי (שבת צו ב) אֲגַמִּים — Ponds

אַגְמַ(י)רוּ (ברכ׳ יג ב — מ׳) לַמְּדוּ — Teach *(m., p., imp.)*

אגמע (סוכה לט ב) מ׳: מגמע — Cf.

אֶגְמַר (נדה מח א) אֶלְמַד — I shall learn

אֶגְמְרַהּ (ביצה כז א, מ״ק כב א, חול׳ נ א) אֶלְמְדֶנָּה
I shall learn it

(61) רש״י ד״ו, שה״ג: אוגרייהו.

(62) מ׳ וה׳, ד׳: אוגיר, פ׳: מיתגר.

(63) מ׳ ואה״ת, ד׳: אגרי.

(64) הגהתי, מ׳ וה׳: אוגרנא.

(65) פס׳ ז א — א״פ, ד׳: איגליא, יומא יג סע״א — מ׳, ד׳: איגלי. גט׳ עז ב — מ׳, ד׳: איגלי.

(66) ב״ב ורש״י בב״מ, ע׳ ומ׳ וה׳ בב״מ: גלי, פ׳: ליגלי, ד׳ ב״מ: איגלי.

(67) ניטל עורו או קרומו העליון.

(68) אה״ת, ע״י: אגלייה, ד׳: איגליה, מ׳ לי׳.

(69) בשתי ההוראות: מקוה — מים ואחו.

אגמרה[70] (ע״ז כז א) ר׳ גמרה — Cf.

אַגְמְרוּ לְהוּ לִמְּדוּ אוֹתָם — They taught them

אַגְמְרוּהּ (חגי׳ יג א[71], ב״ב קנה ב[72]) לִמְּדוּהוּ

They teach it

אַגְמְרוּן (חגי׳ יג א) לַמְּדוּנִי — Teach me

אגמרי (סוטה לו סע״ב) מ׳ וע״י: אגמרן

אַגְמְרֵיהּ לִמְּדוֹ, לַמֵּד אוֹתוֹ

He taught him, teach him *(m., s., imp.)*

אַגְמְרָךְ אֲלַמֶּדְךָ — I shall teach you

אַגְמְרָךְ (עירו׳ כח ב) לִמֶּדְךָ — He taught you

אַגְמְרַן (סוט׳ לו סע״ב) לַמְּדֵנִי — Teach me

אַגָּנָא אַגָּן, עֲרֵבָה (ללישה ולרחיצה)

Basin, dough-trough (used for kneading and washing)

דאיגנבא (ב״מ לו ב) כל כי״י: דגנבה (עב׳)

אִיגְּנַבוּ (סנ׳ עב א) נִגְנְבוּ — They were stolen

אִיגְּנוּב נִגְנְבוּ — They were stolen

אִיגְּנוּבֵי (ב״מ צז א) (ל)הִגָּנֵב — (To) be stolen

אִיגַּנְדּוֹרֵי (ב״ק לה א[73], נא א][74]) (ל)הִתְגַּלְגֵּל — (To) roll

אִיגַּנְדַּר (ב״ק נא א) נִתְגַּלְגֵּל — It rolled

לְאַגְנוּיֵיהּ[75] (נדר׳ נ א) לְהַשְׁכִּיבָהּ

To lay down for her (to sleep on it)

אִיגְּנַז (מנ׳ פח א) נִגְנַז — Hidden away

אַגָּנֵי אַגָּנִים, עֲרֵבוֹת (ללישה)

Basins, dough-troughs (for kneading)

באגני (ב״ק סא רע״ב) כי״י וד״י: נגאני — Cf.

אֶיגְנֵי (שבת קי ב) אֶשְׁכַּב — I shall lay down (to sleep)

אַגְנֵי (גט׳ נו א) הַשְׁכֵּב (צ) — Lay down (to sleep) (imp.)

אִיגְּנִיב נִגְנַב — It was stolen

אַ(ו)גְנְיַין (ב״מ פד ב) הַשְׁכִּיבֵנִי — Lay me (to sleep)

אַגְנִינְהוּ (סוכה י ב) הִשְׁכִּיבָם — Laid them (to sleep)

אַ(ו)גְנִיתֵיהּ (ב״מ פד ב — מ׳ ואה״ת) הִשְׁכִּיבַתּוּ

She laid him (to sleep)

אַגַּע (סנ׳ לג ב[76], בכו׳ כח ב) הִגִּיעַ[77] — He made him touch

אגעי (סנ׳ לג ב) מ׳: אגע

אֲגַר שָׂכַר, שָׂכָר, שְׂכֹר — Salary, hired, hire

אֲגַר (ב״מ עו א[78], קיא א[79]) שְׂכֹר — Hire *(imp.)*

אגר (כתו׳ כז ב, ב״מ סה א) מ׳: אוגר — Cf.

אֲגַר בְּטֵילָא (כתו׳ קה ב) שְׂכַר בַּטָּלָה

Wages for being idle from working

אֲגַר בֵּיתָא (ב״מ עג ב) שְׂכַר הַבַּיִת, שְׂכַר דִּירָה

Rent for house, rent for apartment

אֲגַר דִּינָא (כתו׳ קה א) שְׂכַר הַדִּין — Wages for ruling

אֲגַר טִירְחֵיהּ (ב״מ צט ב) שְׂכַר טָרְחוֹ

Wages for his effort

אֲגַר יְדֵיהּ שְׂכַר יָדוֹ, שְׂכַר עֲבוֹדָתוֹ

Wages for his work

אֲגַר נְטִירָא (ב״ב ה ב) שְׂכַר שְׁמִירָה

Wages for guarding

אֲגַר נְטִירוּתָא (ב״ב ה ב) שְׂכַר שְׁמִירָה

Wages for guarding

אֲגַר נָטַר (ב״מ סג ב ועוד) שְׂכַר הַמְתָּנָה[80]

Wages for waiting

אֲגַר נְטַר לִי שְׂכַר שְׁמֹר (=הַמְתֵּן) לִי

Wages for waiting for me

אִיגַּר שׁוּרָא (סנ׳ קט ב) גַּג הַחוֹמָה — Roof of wall

שׁוּר אִיגַּר (מג׳ ה ב, ערכ׳ לב א) חוֹמַת גַּג

The roofs (of the houses in the city) form its wall

אִיגָּרָא גַּג — Roof

אַגְרָא שָׂכָר — Wages

אַגְרָה שָׂכְרָה — She hired

אגרא (מעי׳ יז ב)מ׳ ואה״ת: איגרתא — Cf.

אגרא (ביתה ל א, ב״מ פג א) כי״י וע׳: אגדא — Cf.

(70) כך ״ואגמרה״ גם במ׳ וכ״י ספ׳. ונ״ל שהאל״ף נוספה בהשואה לפעלים הסמוכים לה לפניה. ומעניין, שבילי בר׳ רמז פא אין המשפט ״ואבע״א אתיא איהי ואתחלה ואתא משה ואגמרה״. ואולי גליון הוא?.

(71) מ׳ אה״ת, ד׳: אגמרון.

(72) ה׳ וד״ו, ד״ח: אגמרוהו, כ״י אחרים — נ״א.

(73) כל כ״י, ד׳: איגנדר.

(74) כל כ״י וד״י.

(75) ד׳: לאגונה.

(76) מ׳, ד׳: אגעי.

(77) = גרם לנגוע.

(78) מ׳, ד׳: אוגר.

(79) כצ״ל, ד׳: אגיר, מ׳ וה׳: אוגר.

(80) תרגום מדויק: שכר שומר (=ממתין). הוא מקבל תוספת

אִיגַּרְדַּם (מנ׳ לח ב) נִפְסַק — Cut

אִיגַּרְדּוּם אִיגַּרְדּוֹמֵי (מנ׳ לט א) נִפְסַק נִפְסְקוּ — It has been cut

אגרדום (ב״ק צח א) שמו של ערבי (טייעא) — Name of Arab (merchant)

אַגְרַהּ שְׂכָרָהּ (=שכר שלה) — Her (its) wages

אַגְרַהּ שְׂכָרָהּ (=שכר אותה) — He rented (hired) her (it)

אגרו (ב״מ יב רע״ב) מ׳: אגרי — Cf.

לְאִיגָּרוֹיֵי לְהִתְגָּרוֹת — To provoke

אִיגָּרוֹעֵי (תמו׳ יג ב) (ל)הִגָּרַע — It *(m.)* becomes worse

אִיגָּרוֹשֵׁי (גט׳ עח א, פד א) (ל)הִתְגָּרֵשׁ — To become divorced

אָגְרֵי (תע׳ כד א) שׂוֹכְרִים — They hire

אגרי (ב״מ קיז א) מ׳ ואה״ת: אגירי

אֲגַרִי שָׂכַרְתִּי — I hired

אגרי (ב״מ קיז א) ה׳: אוגרי

אִיגָּרֵי (קידו׳ סג ב) גַּגּוֹת — Roofs

אִיגָּרֵי (גט׳ נב א) הִתְגָּרָה — He provoked

אִיגָּרֵי (גט׳ נו ב) הִתְגָּרֵה (צ) — Provoke *(imp.)*

בֵּי אִיגָּרֵי (פס׳ קיא רע״ב) בֵּין הַגַּגּוֹת, בַּגַּגּוֹת — Among the roofs, in the roofs

אִיגָּרֵיה (כתו׳ עז ב) גַּגּוֹ — His roof

אַגְרֵיה שְׂכָרוֹ (שכר שלו, שכר אותו) — He hired him (his wages, hired him)

אגריי (ב״מ עז א) כי״י: אגרא[81]

אַגְרַיְיהוּ שְׂכָרָם (=שכר שלהם) — Their wages

אַגְרַייכוּ שְׂכַרְכֶם (=שכר שלכם) — Your wages

אגרינא (עירו׳ סה ב) מ׳: אגרינן

אַגְרִינְהוּ שְׂכָרָם (=שכר אותם) — He hired (rented) them

אגרינן (ב״ב כט א) ה׳: אגרנוה

אָגְרִינַן[82] (עירו׳ סה ב) אָנוּ שׂוֹכְרִים — We rent

אגריתו (ב״מ פג ב) ה׳ ופ׳: איתגרו — Cf.

אִיגָּרָךְ (ב״ב נט א) גַּגְּךָ — Your roof

אָגַרְנָא[83] אֲנִי שׂוֹכֵר, אֶשְׂכֹּר — I rent, I shall rent

אֲגַרְנוּהּ (ב״ב כט א) שְׂכַרְנוּהוּ — We rented it

אִיגָּרַע (תמו׳ יג ב) נִגְרַע — It is worse

אִיגָּרְשָׁה נִתְגָּרְשָׁה — She was divorced

אגרת (פס׳ קיא א) שם שֵׁדָה — Name of female demon

אִיגַּרְתָּא (שבת קטו א ועוד, מעי׳ יז ב[84]) אִגֶּרֶת — A letter

אִיגַּרְתָּא (ב״ב נד ב) שְׁטָר[85] — A deed

אַגְרְתָא (פס׳ נ ב) שְׂכִירוּת — Rent

אגרתי (ב״מ ו א) ר״ח: אוגרתה

אִגַּרְתֵּיהּ (יומא עז א ועוד) אִגַּרְתּוֹ — His letter

אִיגָּרָת (גט׳ פה ב) גַּגּוֹת — Roofs

אִיגַּרְתָּא הָאִגֶּרֶת — The letter

אִיגַּרְתֵּיהּ אִגַּרְתּוֹ — His letter

איגרתיך (חול׳ ס ב) ר׳ אגדתיך — Cf.

אדאני[86] (שבת לה ב) ר׳ ארוני — Cf.

לְאִידַּבּוֹקֵי לְהִדָּבֵק — To cling to

אַדְבּוֹרֵי (ב״ב טז ב) (ל)הַנְהִיג — To lead

אַדְבֵּיק (יומא פד א) הַדְבֵּק (צ) — Cling to, attach to *(imp.)*

אֶדְבַּק (פס׳ מט ב) אֶדְבַּק — I shall cling to

אִידְּבַק (גט׳ ס א) נִדְבַּק — It was attached

אִידַּבְּקוּ (ברכ׳ נד ב, זב׳ קיג ב) נִדְבְּקוּ — They were attached

אִידְּבַקְנָא (סנ׳ כט רע״א) נִדְבַּקְתִּי — I was attached

אַדְבְּרֵיהּ ... וְדָרֵשׁ הִנְהִיגוֹ[87] וְדָרַשׁ — He presented an interpretation

אִידְּגַן נִדְגַּן — The wheat was piled together

אִידַּדּוּ (ביצה יא א) הִדַּדּוּ — They hopped, walked slowly

אִידַּדּוֹיֵי (ביצה יא א) הִדַּדּוּת (=הָלוֹךְ לְאַט) — Hopping, walking slowly

אִידְהַן (שבו׳ מז ב) הִמָּשַׁח בְּשֶׁמֶן טוֹב (צ) — Anoint with fragrant oil *(imp.)*

בשביל שהוא מקבל את המגיע לו באיחור, ויש כאן רבית.

(81) יעב״ץ הגיה: אגרייכו.

(82) מ׳, ד׳: אגרינא.

(83) רצ״ל גם בב״מ ז א, (ד׳: אוגר, אגדנא).

(84) מ׳ ואה״ת, ד׳: אגרא, רש״י ביומא נז א: איגרות.

(85) והשוה ״כתבו אגרת (=גט) ותנו לה״ (גטין פ״ו מ״ד).

(86) ערוך (ע׳ הרני): הרני... ויש שגורסים ארוני.

(87) בעברית שבפינו היו אומרים: הציגו. ועי׳ פי׳ רש״י בביצה

אִידְוָותָא דְיַמָּא (סוכה נא ב, ב״ב ד א) גַּלֵּי הַיָּם
Waves of the ocean

אַדּוֹיֵי (ש׳ דדי) זָרוֹק — Throw

אֵידוּן (כתו׳ נה ב, קה א) אָדוּן — I shall judge

אֵדוּר (כתו׳ פו ב) אָדוּר — I shall live

אֵדוּשׁ (ב״מ קה א) אָדוּשׁ — I shall thresh

אִידְּחַאי (זב׳ לב סע״ב) נִדְחֲתָה — Rejected

אִידְּחוּ נִדְחוּ — They were rejected

אִידְּחֵי נִדְחָה — It (he) was rejected

אֶידְחֵי[88] (קידו׳ כ ב) אֶדְחֶה — I shall push on (him)

אַדְחוּהּ(ו) (ב״ב עג ב) דְּחוּהוּ — They pushed it

אַדֵּי (נדי) הִזָּה — He sprinkled, sprayed

קָא אַדֵי (זב׳ מב רע״ב) כל כ״י ורש״י: מדי

אַדִיהוּ (דיה) (נדה כ א) הִדְהוּ[89]
He made its color fainter, duller

אַדְיֵיהּ (סנ׳ ז א) הֱרִימוֹ — He lifted it

אַדְיֵיהּ אַדּוֹיֵי (ביצה לט א, ב״ק יט ב, כב א) גַּלְגֵּל גִּלְגְּלוֹ
He threw it, rolled it

אֲדִימֵי (ביצה כד ב) אֲדֻמִּים — Red

אֲדִישׁ[90] (סנ׳ ז א) שָׁתַק — He was quiet

אַדְכּוֹרֵי (ר״ה לב ב) (ל)הַזְכִּיר — (To) mention

לְאַדְכּוֹרֵי לְהַזְכִּיר — To mention

לְאַדְכּוֹרֵיהּ לְהַזְכִּירוֹ — To mention to him

אִידְּכוֹרֵי (ברכ׳ יח ב[91], ב״ב קעה א) (ל)הִזָּכֵר
To remind, to remember (him)

אֲדַכֵּי (ב״מ טו א) אֲטַהֵר
I shall purify (from any appeal)

אִ[י]דַּכֵּי (ברכ׳ ב רע״ב — מ׳) טָהַר
It was cleared away, done, past

אִידְּכַּר נִזְכַּר — He recalled

אִידְּכַּר (ע״ז עו סע״ב) הִזָּכֵר (צ) — Remember! (*imp.*)

אַ(י)דְכַּר (שבו׳ מב א — ר״ח) הִזְכִּיר — He mentioned...

אַדְכְּרוּ (סנ׳ צה א) הִזְכִּירוּ — They mentioned

אַדְכְּרֵיהּ (כתו׳ סב א) הִזְכִּירוֹ — He reminded him

אַ[י]דְּכַרִי (כתו׳ כ ב — מ׳) נִזְכַּרְתִּי — I remember

אַדְכְּרֵיהּ רַב לִגְמָרֵיהּ (סנ׳ פב א—ב) נִזְכַּר רַב בְּתַלְמוּדוֹ
Rav recalled what he had learned

אַדְכַּרְתָּא (ר״ה יח ב) אַזְכָּרָה[92]
Mentioning Hashem's name

אַדְכַּרְתַּן הִזְכַּרְתַּנִי — You reminded me

אַדְלוֹקֵי (שבת כב ב) (ל)הַדְלִיק — (To) light, kindle

אִידְּלֵי (ב״ב טז ב, תמיד לב ב) גָּבַהּ, הִתְרוֹמֵם — It rised

אַדְלִיק הִדְלִיק — He lit, kindled

אַדְלִיקוּ (גט׳ נז א) הִדְלִיקוּ — They lit, kindled

אַדְלְקַהּ (שבת כב סע״ב) הִדְלִיקָהּ — He lit it

אדמוה (ע״ז לח ב) כ״י ספ׳: הדמוה

אדמויי (ע״ז לח ב) כ״י ספ׳ מ׳ וע׳: הדומי

אִידְּמוּיֵי (גט׳ סו א) (ל)הִדָּמוֹת — (To) resemble

אִידְּמוּ נִדְמוּ — They resembled

אִידְּמֵי נִדְמָה — It resembled

אֲדַנְדְּקֵי[93] (חול׳ ס ב) (אנשים) חֲשׁוּבִים
Important people

אדני (שבת לה ב) ר׳ ארוני — Cf.

אַדַּר (סנ׳ סג ב) הִדֵּר — He glorified

אָדְרָא (שבת סז סע״א) עֶצֶם הַדָּג[94] — Fish bone

אַדְרָא (ביצה טו ב ועוד) אֶדֶר (מעצי המחט)
Coniferous tree, evergreen

אַדְרָא (ב״ב עג א) נֵס, מִפְרָשׂ — Sail, banner

אַדְּרַבָּה גְּדוֹלָה מִזּוֹ, לְהֵיפֶךְ — On the contrary

אַדְּרַהּ (נדר) הִדִּירָהּ
He imposed a vow upon himself

אַדְּרַהּ (גט׳ לה א) הַדִּירָהּ — He imposed a vow upon her

אַדְרוֹמֵי (ב״ב כה ב) (ל)הַדְרִים, פָּנֹה לְדָרוֹם
(To) turn to the south

כ״ט א.

88) מ׳, ד׳: לידחי.

89) = החלישו את הצבע.

90) הש׳ ״דוש״, וכן בירוש׳ פאה פ״א טו ע״ג וש״נ: אכול ואדיש דכלביא אכלין ומדשין.

91) אה״ת, ד׳: לאדכוריה. בכל שאר הנוס׳ לי׳, ובהם נ״א (עי׳ ד״ס אות ח׳).

92) =אזכרת שם שמים.

93) נוס׳ הערוך, ד׳: ארונקי (ע״ש).

94) וז״ל הערוך: שני עצמות יש בצוארו של דג, ועקומין הן, ושני צידי ראשיהן דקין, ואם ח״ו נכנס לתוך פיו של אדם אינו נמשך עם האוכלים מפני עקמומיות שבו, אלא

אִדְּרוּנָא (ב״ב ז א) חֶדֶר[95], ור׳ אינדרונא — Room

אַדְרוּתָא (ברכ׳ נו רע״ב) הָדָר — Honor, splendor

אדרי (ברכ׳ סב ב, מג׳ כט א) ר׳ דרי — Cf.

אִידְרֵי (ב״מ קה ב) אֱזָרֶה — I shall scatter

אִידְּרֵי (דרי) (ע״ז נט ב, ס ב) קָפַץ, הִתְנַשֵּׂא — He jumped, lifted himself

אדריבא (עירו׳ קב א) ר׳ ארדבא — Cf.

אַדְּרֵיה (נדר) הִדִּירוֹ — He imposed a vow upon him

אַדְרִימוּ (ב״ב כה ב) הַדְרִימוּ, פְּנוּ לַדָּרוֹם — Turn to the south

אַדְרְכֵיה (כתו׳ ס ב, ע״ז טו ב) הִדְרִיכוֹ, הִשִּׂיגוֹ[96] — He led him

אַדְרַכְתָּא (ב״מ לה ב) אַדְרָכָה[97] — Right of seizure

אַדְרַכְתִּיךְ (כתו׳ קד ב) אַדְרַכְתֵּךְ — Your right of seizure

אֶדְרָעֵיה (ברכ׳ ו ב) זְרוֹעוֹ — His arm

אַדַּרְתַּהּ (נדר׳ כא ב) הִדִּירָה אוֹתָהּ — She imposed a vow upon her

אַדַּרְתַּהּ (נדר׳ כא ב) הִדַּרְתְּ אוֹתָהּ — You *(f.)* imposed a vow upon her

אַדַּרְתַּהּ (נדר׳ כג א) הִדַּרְתָּ אוֹתָהּ — You *(m.)* imposed a vow upon her

אַדַּרְתַּן (כתו׳ ע ב 2) הִדַּרְתַּנִי — You imposed a vow on me

אִהֲדוּקֵי (חגי׳ כא רע״ב, חול׳ מט ב) (ל)הַהֲדֵק — Attached tight

אהדור (מג׳ יד ב) כי״י וד״י: הדור

אַהֲדוּר[98] (כתו׳ פד ב) הֶחֱזִירוּ — They returned (it)

לְאַהֲדוּרַהּ לְהַחֲזִירָהּ — To return it

אַהֲדַ(ו)רוּ (ב״מ סב א — ה׳) הַחֲזִירוּ — Return *(imp.)*

אַהֲדוּרֵי (ל)הַחֲזִיר, (ל)הָשִׁיב — (To) return, (to) reply

לְאַהֲדוּרֵי לְהַחֲזִיר, לְהָשִׁיב — To return, to reply

לְאַהֲדוֹרֵי (ברכ׳ יג ב) לַחֲזֹר — To look for

בְּנֵי אַהְדוֹרֵי (ב״מ סב א) בְּנֵי הַחְזָרָה (=חייבים להחזיר) — Must be returned

לְאַהֲדוֹרֵיה לְהַחֲזִירוֹ — To return it

לְאַהֲדָ[ו]רִינְהוּ (ב״ק קיח א — מ׳ וה׳) לְהַחֲזִירָם — To return them

אַהְדְּמוּ (גט׳ סז ב) נַתְּחוּ — Set up the slices of meat

אַהְדַּר (בך) (ב״ב קיא א — ה׳) הַחֲזֵר — Retract

אֶיהֲדַר אֶחֱזֹר — I shall return, resume

אֶהְדַּר בִּי אֶחֱזֹר בִּי — I shall retract

אַהֲדַר הֶחֱזִיר, הַחֲזֵר (צ) — He returned, return *(imp.)*

אַהְדַּר (מנ׳ קג ב) אַחֲזִיר — I shall answer

אַהְדְּרָא לֵיה (תע׳ כג א) הִקִּיפָה אותו — It surrounded him

אַהַדְרַהּ הֶחֱזִירָהּ — She returned it

אַהַדְרַהּ (חגי׳ ד סע״ב) אַחֲזִירֶנָּה — I shall return it back (to life)

אַהַדְרוּ הֶחֱזִירוּ, הֵשִׁיבוּ, הַחֲזִירוּ — They returned, they responded, return!

אַהַדְרוּהּ הֶחֱזִירוּהוּ — They returned it

אַהַדְרוּהּ(ו) (יומא פג ב — מ׳) הִקִּיפוּהוּ — They surrounded it

אַהַדְרוּהּ(ו) (נדר׳ נה א — מ׳) הֶחֱזִירוּהוּ — They brought him back

אַהֲדַרִי (עירו׳ מה ב, סנ׳ צה א) הֶחֱזַרְתִּי — I responded

אי אהדרי (חול׳ לד א) מ׳ שט׳ ר׳ א וד״ש: אהדרו

ואהדרי לתלמודאי (מ״ק כח א) ר׳ מהדר — Cf.

אַהַדְרֵיה הֶחֱזִירוֹ, הַחֲזֵר אוֹתוֹ — He returned him, return him!

יועץ בגרונו.

95) מלשון פרסית.

96) השוה ״הדריכוהו״ (שופ׳ כ מג). ועי׳ רש״י שם.

97) כך נקרא יפוי כח שמוסר בי״ד למלוה להחזיק בנכסי הלוה שלא פרע את חובו. וז״ל הערוך: פי׳ אדרכתא דהמפקיד: סדר הדין מוציא המלוה שטרו בב״ד ומקיימו ומחייבין הלוה לפורעו. לא פרע קורעין לו שטר חובו וכותבין למלוה אדרכתא על נכסי הלוה ומכריזין. ואחר ההכרזה שמין נכסי הלוה ומחליטין למלוה. לא מצא נכסין בני חורין כותבין לו טרפא, ואחר שיטרוף קורעין הטרפא וכותבין אדרכתא על הנכסין הללו. ואח״כ קורעין האדרכתא, וכותבין לו שומא על שדה זו ומחליטין אותה למלוה. אביי אמר בחתימת העדים על האדרכתא מיד זכה המלוה בשדה. רבא אמר הכי שלמין יומי אכרזתא (=משיגמרו ימי ההכרזה). וקיימא לן כרבא. עכ״ל.

98) אולי צ״ל: ואהדרו, כרגיל.

אַהְדְּרִינְהוּ הֶחֱזִירָם — He returned them

[אַ]הַדְרִינְהוּ (חול׳ קלט רע״א — כ״י וד״י) הֶחֱזִירָם

He returned them

אַהַדְרִינְהוּ (גט׳ מה א) אַחֲזִירֵם — I shall return them

אַהַדְרִינָךְ (כתו׳ נא ב) אֲשִׁיבֵךְ — I shall return you

[אַ]הַדַרְתִּינְהוּ (ב״ב לב ב — א״פ וה׳) הֶחֱזַרְתִּים

I returned them

אֶהֱוֵי (נזיר לג א[99], ב״מ ד ב, ח א) אֶהְיֶה — I shall be

אַהוּרְוָרֵיהּ (שבת קיג ב, מג׳ יב ב, ב״ב פה א)

שׁוֹמֵר אוּרְווֹת שֶׁלּוֹ[1] — Stable attendant

אהורמיז (סנ׳ לט א) כ״י: אהורמין

אַהוּרְמִין[2] (סנ׳ לט א) אֱלֹהֵי הָרַע — God of evil

אהייא (ברכ׳ יח א ועוד) ר׳ הייא — Cf.

אַהִינָא (ב״מ קיג רע״ב) כַּפְנִיָּה (פַּג־תָּמָר) — Unripe date

אַהִינָא סוּמָקָא (חול׳ מו רע״ב) תְּמָרָה אֲדֻמָּה — Red date

אַהִינֵי (ע״ז לח ב) פַּגֵּי תְמָרִים — Unripe dates

אַהֲלָא[3] אָהָל, בּוֹרִית — Soap

אַהֲלָא תוֹלְעָנָא[4] (שבת קי ב ועוד) אָהָל אָדֹם כְּתוֹלַעַת שָׁנִי

Purple colored aloe

אַהֲלוֹיֵי (נדר׳ צא ב, ב״מ פא א) מוֹכְרֵי אָהָל

Sellers of aloe

אֲהָלֵיהּ (כתו׳ עז ב) אָהֳלוֹ — His tent

אַהֲנַאי הוֹעַלְתִּי, הוֹעִילָה

I was useful, it (she) was useful

אַהֲנוֹ הוֹעִילוֹ — It benefited him

אַהֲנֵי הוֹעִיל — Benefited

אַהֲנֵי (=א הני) עַל אֵלֶּה — For these

אַהַנְיָא הוֹעִילָה — Was useful

אהנייא (כתו׳ יז א) מ׳: אהניא

אַהַנְיָיתִי (כתו׳ סז ב) אַהֲנָאָה שֶׁלִּי[5]

The benefit that I bring (them)

אַהֲנֵית הוֹעַלְתָּ — You were useful

אוֹבָא טְמְיָא (ברכ׳ נט א) אוֹב עֲצָמוֹת[6]

Necromancy of Ov over bones

אוֹבְדִינְהוּ[7] (גט׳ נז ב) אֲאַבְּדֵם — I shall destroy them

א[וֹ]בוּדֵי (ב״מ נא א — מ׳ וה׳) (ל)אַבֵּד — (To) lose

אוֹבֵיד (ב״מ נא א) אִבֵּד — He lost

אוֹבִילוּ (גט׳ סז ב) הוֹלִיכוּ (צ) — Haul *(m., p., imp.)*

אוֹבִיר (ב״מ קד ב) אוֹבִיר (אשאיר את השדה בורה)

I shall leave fallow

אוֹבַ(י)ר (ב״מ קד ב — ע״פ מ׳) הוֹבִיר — He left fallow

אוֹבְלָא דְקַצָּרָא[8] עֲרֵבַת הַכּוֹבְסִים — Laundry basin

אוֹבַנְתָּא דְלִבָּא (מג׳ כד ב[9], ע״ז כח ב) הֲבָנַת הַלֵּב

Speculative faculty, intuitive understanding

אובצנא ר׳ אוכצנא — Cf.

אוֹגוֹרָהּ (מג׳ כו ב) (ל)הַשְׂכִּירָהּ — (To) rent it out

לְאוֹגוֹרָהּ[10] (ב״מ עט ב) לְהַשְׂכִּירָהּ — To rent it out

לְאוֹגוֹרֵי (עירו׳ עה ב[11], ב״מ עט א כ״פ[12]) לְהַשְׂכִּיר

To rent out

אוּגְיָא (ברכ׳ ו רע״א[13], נדר׳ ו ב[14]) עֲרוּגָה, עוּגִיָּה, פ״א:

שְׁבִיל הַשָּׂדֶה — Round ditch or ridge of soil around vines

אוגיר (ב״מ עז א 2) מ׳ וה׳: אגר

אוגיר (עירו׳ פ א) מ׳ שא׳: אוגר (כמו במעשה הראשון)

אוגיר (ב״מ צב א) מ׳ וה׳: אגיר

אוגנא (ב״מ סט ב) מ׳:אגנא — Cf.

אוגניין (ב״מ פד ב) מ׳ ואה״ת: אגניין

אוֹגְנִין (ב״מ כה א) אֲגָנִים (של כלי) — Rims (of vessel)

אוֹגַר (ב״מ צז א) הִשְׂכִּיר — He rents

99) מ׳ והגר״ב, ד׳: אי הוי.

1) בלשון פרסית = ארוה.

2) הוא לפי אמונת הפרסים.

3) תרגום איוב ט ל: בר = אהלא.

4) גט׳ סט ב וע״ז כח ב: תולאנא, ועי׳ עה״ש ע׳ תלן.

5) = מה שאני מהנה.

6) רש״י (ע״פ דברי רה״ג במס׳ כלים), וז״ל הערוך: שם ע״ז והיה שם שד, והשד היה עונה לו, ולשד היו עובדין.

7) מ׳, ד׳: אבדינהו, אה״ת: אכלינהו.

8) גיר׳ הערוך בשבת קכג ב׳, נדר׳ כג א וסני׳ צב א, קד א.

9) כ״י, ד׳: אבנתא.

10) הגהתי, ד׳: לאגורה, ור׳ ח״ג שם.

11) מ׳: אוגור, ד״ו: אגורי.

12) ד׳: לאגורי.

13) ע׳: אגיא, מ׳ גל׳: עוגיא.

14) מ׳ וע׳: אגיא.

אוֹגַר (עירו' פ א 2[15]) הַשְׂכֵּר (צ) — Rent out *(imp.)*

א[וֹ]גַר (כת' כז ב — מ', ב"מ סה א — כ"י) הִשְׂכִּיר — He rented out

לאוגר (ב"מ צב א) מ': ניגר

אוגר (ב"מ עו א) מ': אגר

אוֹגַר[16] (ב"ב ז רע"א) אֶשְׂכֹּר — I shall rent

א[וֹ]גַרִי (ב"מ קיז א — ה') הִשְׂכַּרְתִּי — I rented out

אוֹגְרֵיה (ב"מ סה א) הִשְׂכִּירוֹ — He rented to him

אוגרייהו (סנ' כט א) רש"י ד"ו: אגורייהו

אוֹגַרְתַּהּ[17] (ב"מ ו ב) הִשְׂכַּרְתִּיהָ — I rented it out

אוֹדְדָא[18] מוֹךְ — Fluffy wool, down

אוֹדְדָא[19] **דְנָרָא**[20] (ע"ז כח ב)

מוֹכִין (הַצְּבוּעִים בְּמֵי קְלִפַּת) רִמּוֹן[21]

Wool (dyed in juice of pomegranate's peel)

אוֹדְדֵי מוֹכִין — Pieces of fluffy wool, down

אוֹדוּ הוֹדוּ (ע, צ) — They thanked

אוֹדוֹיֵי (ל)הוֹדוֹת — (To) thank

לְאוֹדוֹיֵי לְהוֹדוֹת — To thank, to admit

אוֹדוֹעֵי ((ל)הוֹדִיעַ — (To) inform

לְאוֹדוֹעֵי להוֹדִיעַ — To inform

לְאוֹדוֹעֵיהּ לְהוֹדִיעוֹ — To inform him

לְאוֹדוֹעִינְהוּ (מ"ק כא ב) לְהוֹדִיעָם — To inform them

לְאוֹדוֹעַן (ב"מ מב ב) לְהוֹדִיעֵנוּ — To inform us

אוּדֵי אוּדִים — Firebrands

אוֹדֵי הוֹדָה, הוֹדֵה (צ)

He has admitted (confessed), admit (confess) *(imp.)*

אוֹדְיָא (ב"מ כח ב) אַרְנָקִי (כ"י ה') — Purse

אוֹדִיי (סנ' ל ב) הוֹדֵיתִי — I admitted (confessed)

אוֹדִיק (ב"מ סז א, חול' צה ב) הִשְׁגִּיחַ, הִבִּיט

He supervised, he looked

אוֹדֵית (ב"מ ק ב) הוֹדֵיתָ — You admitted (confessed)

אוֹדִיתָא (ב"מ קמט ב, מנ' כט ב — ל א) הוֹדָאָה[22]

Document declaring ownership of money or possession

אוּדְנָא אֹזֶן — Ear

אוּדְנַהּ (בכו' מד ב) אָזְנָהּ — Her ear

אוּדְנֵי (סנ' קו סע"א) אָזְנַיִם — Ears

אוּדְנִי (גט' לה א) אָזְנִי — My ear

אוּדְנֵיה אָזְנוֹ — His ear

אוּדְנַיְיהוּ אָזְנֵיהֶם — Their ears

אוּדְנַיְיכוּ אָזְנֵיכֶם — Your ears

אוֹדְעוּהַ (סנ' פט ב) הוֹדִיעוּהוּ — They informed him

אוֹדְעֵיה הוֹדִיעוֹ — He informed him

אוֹדְעִינְהוּ (ב"ק קב ב) הוֹדִיעָם — He informed them

אוֹדַעְתְּ[23] (חול' נח רע"ב) הוֹדַעְתָּ — You informed

אוֹדַעְתִּינְהוּ[24] (סנ' קז א) הוֹדַעְתִּים — I informed them

אוֹדַעְתַּן (ב"מ קא ב) הוֹדַעְתַּנִי — You informed me

אודרא (ברכ' נו א, שבת מח א, קמא א, ב"מ כו א, ב"ב נח א, מנ' מב ב) כ"י ונוס': אודדא

אודרא דנרא (ע"ז כח ב) ע': אודדא דנרא

אוהרי (מ"ק יא רע"א[25], גט' ס סע"ב[26]) ר' אוחרי — Cf.

אֲוָוזָא (נדר' סו ב ועוד) אַוָּז — Goose

בַּר אֲוָוזָא (שבת קכח א) בַּרְוָז — Duck

אֲוָוזֵי (סוטה מח א ועוד) אַוָּזִים — Geese

אַוָּנָא[27] (תע' יא א ועוד, נזיר ז א) תַּחֲנָה, מְלוֹן-לַיְלָה

Station, night-lodging (shelter)

אַוָּנָא[28] **דְמַיָּא** (שבת קנז ב) אַמְבָּטֵי שֶׁל מַיִם

Bathtub of water

אֲוונְכָּרֵי[29] (סוכה ל ב) עוֹשֵׂי מְלָאכָה

Workers, small traders

אֲווּשׁ[30] (כתו' נ ב[31]) רָעַשׁ — It made an uproar

---

15) במעשה הראשון — מ' שטי, ד': אוגיר.

16) מ' ה': אגרנא = אני שוכר, אשכור.

17) ר"ח, מ': אגרת', ד': אגרתי.

18) ד': אודרא, ועי' ח"ג שם.

19) ע', ד': אודרא.

20) ע' (ע' נר ד), מ': נורא, ד': נדא.

21) בלשון פרסית רמון.

22) שטר, שבו מודה אדם, שחייב לפלוני כך וכך, או שנכסים שבידו הם של פלוני.

23) ה', מ' ור' א: אודעתן, ד': הודעת.

24) אה"ת, מ' ד': הודעתינהו.

25) ע' (ע' אהרי): אוחרי.

26) כ"י ו': אותרי.

27) מלשון יונית.

28) ערוך: אודנא "ויש ספרים כתוב בהן אוונא דמיא".

29) מלשון פרסית.

30) מלשון פרסית = קול.

31) בב"מ פו א בד"ו: ואווש, מ': דאווש, ד"ח: ואויש.

אָוְושָׁא רוֹעֶשֶׁת, מַשְׁמִיעָה קוֹלוֹת She makes a noise

אֲוַושׁוּ (ברכ׳ נ ב) רָעֲשׁוּ They made an uproar

אֲוַושׁוּ (נדר׳ ב ב) דָחֲקוּ They are numerous

אָוְושִׁי (ברכ׳ נ א, עירו׳ מח א) רוֹעֲשִׁים

They make a lot of noise

אָוְושִׁי בְרָכוֹת[32] (ר״ה לה ב) מְרֻבּוֹת הַבְּרָכוֹת

Many *berachos*

לְאוֹזוֹזַהּ (מנ׳ פח ב) לְהַזִיזָהּ To move it

לְא[וֹ]זוֹזֵי (חול׳ לח רע״א) לְהָזִיז, לְפַרְכֵּס

To move, to convulse

אוֹזוֹלֵי ((ל)הַזֵּל (=להוריד מחיר) To reduce price

אוֹזוֹפִינְהוּ (מג׳ כו ב) לְהַלְווֹתָם To lend them

אוזוקי (ברכ׳ לה ב) ר׳ אזוקי Cf.

לאוזוקי (גט׳ נג א) ר׳ לאזוקיה Cf.

אוֹזְיָא (ביצה כט א) נֵתַח[33] Cut of meat

אוֹזִיל (כתו׳ צח ב — צט א כ״פ) הִזִּיל[34] He sold cheap

אוֹזִילוּ (ב״מ עז א) הִזִּילוּ They sold it cheap

אוֹזִילְתָּא (עירו׳ כח סע״ב) אֲגֻדָּה (של ירק)

Bunch (of vegetables)

אוֹזִינְקָא (ב״ק ו ב) הוֹצָאוֹת Expenses

אוֹזִיף הִלְוָה He loaned

אוזיף (ב״מ מד ב, סג ב) כי״י: יזיף

אוזיף (ב״מ סב ב) כי״י: דאוזפיה

אוֹזִיפוּנְהוּ (ע״ז עא א) הַלְווּם Lend them *(imp.)*

אוֹדִיפְתָּךְ (שבו׳ מא ב) הִלְוֵיתִיךָ I lent you

אוזלי (עירו׳ ח א, גט׳ ס סע״ב) כי״י: איזלי

אוֹזְלֵיהּ (ב״ק פו ב) הִזִּילוֹ (=זלזל בו) He disparaged him

אוזפי (סנ׳ כה ב) ר״ח וד״ו: אוזפן

אוֹזְפֵיהּ הִלְוָהוּ He lent him

אוֹזְפֵיהּ (ב״מ סט ב) הַלְוֵהוּ (=הלוה אותו)

Lend him *(imp.)*

אוֹזְפִינְהוּ (ב״מ סט ב) הַלְוֵם (=הלוה אותם)

Lend them *(imp.)*

אוֹזְפַן (שבת סו ב, סנ׳ כה א[35]) הִלְוַנִי Lend me

לאוזפן (ב״מ סט ב) כי״י: לוזפן

אוזפתינהו (ב״ב לב ב) רשב״ם: יזפתינהו

אוֹחֳרָא[36] (ב״מ יז א, זבח׳ פד א) אַחֵר Another

יוֹמָא אוֹחֳרָא (עירו׳ מ ב[36*], מכות כב ב, זב׳ נו ב)

יוֹם אַחֵר Another day

מִילֵּי אוֹחֲרֵי (קידו׳ מז א) דְבָרִים אֲחֵרִים (=ענין אחר)

Another subject

אוֹחֲרֵי (מ״ק יא א, גט׳ ס סע״ב) רְשָׁתוֹת[37]

Nets made out of palm branches

אֲוֵירָא אֲוִיר Air, open space

אֲוֵירָא[38] **דְלִיבְנֵי** (עירו׳ לד א, ביצה לא ב, לו א) אֲוִיר שֶׁבֵּין הַלְּבֵנִים[39] Pile of non-cemented bricks with openings between them

אויריא[40] (שבו׳ כד סע״ב) שם מקום Name of place

אויש (ב״מ פו א) מ׳ וד״ו: אווש

לְאוֹכוּלֵי (יב׳ סח א[41], גט׳ נה א[42]) לְהַאֲכִיל To feed

אוֹכְלָא אֹכֶל Food

אוֹכְלָא (ביצה כב א ועוד) חוֹלִי (עיניים) Eye disease

דְאוֹכְלָא[43] (שבת קנה ב) שֶׁהֶאֱכִילָהּ Who fed it

אוֹכְלָא דְקַצָּרֵי (שבת קכג ב, נדר׳ כג א, סנ׳ צב א, קד א)

עֲרֵבָה שֶׁל כּוֹבְסִים[44] Launderer's basin

אוכלה (ב״ב לג א) צ״ל: איכול

אוכלוזא (ב״מ קח א, ב״ב ח א) כי״י וע׳: כלוזא

32) הגר״א משמיט אותה, מ׳: קראי, ועי׳ ד״ס.

33) פי׳ אחר בערוך: ששית הבהמה.

34) = מכר בזול.

35) ד״ו ור״ח, ד״ח: אוזפי, מ׳: אוזיף.

36) ר׳ הערות ב״חרא״.

36*) [ד׳: וליום אוחרא (ע. ל.)].

37) עשויות מחריות של דקל.

38) נוס׳ הערוך: אארא דליבני. ולפי בעל עה״ש — מלשון פרסית = לסדר.

39) הסדורות זו על גבי זו בלא טיט ביניהן.

40) רב אשי מאוירא, מ׳ לי׳, פ׳ לי׳ (ובל׳: מחוזרייא), חי׳ הר״ן מיגש: מחוזיריא. ד׳ לובלין: מאוירא.

41) מ׳: לאו כולי (=לאוכולי) ד׳: לאכולי.

42) מ׳ ד׳: לאכולי.

43) מ׳, ד׳: דאכלה.

44) רש״י: כלי נחושת העשוי כנפה נקבים נקבים, והוא של כובסים, ונותנו על הבגדים ומזלף בו המים עליהן. ויש מפרשים שמגמרין מוגמר מתחתיו, והבגדים מונחים עליו ומתגמרין (=מקבלים ריח טוב) דרך הנקבים.

אוּכְלוּסָא[45] (פסח׳ עב א ועוד) הֲמוֹן עָם — Multitude

אוּכְלֵיהּ (שבת קח א ועוד) הֶאֱכִילוֹ — He fed him

אוּכְלִיךְ (עירו׳ נג ב) אַאֲכִילֵךְ — I shall feed you

אוּכְלַן (שבת קמה ב) הֶאֱכִילַנִי — He fed me

אוּכָם, אוּכָּמָא (נדר׳ נ ב) שָׁחוֹר — Black

אוּכָּמֵי שְׁחוֹרִים — Black *(pl.)*

אוּכַּמְתָּא שְׁחוֹרָה — Black *(fem.)*

אוּכַּמְתָּא דְאַרְבָּא (שבת כ ב) שְׁחוֹר הַסְּפִינָה[46]

Seaweed that grows about a boat hull

אוּכַּמְתָּא דַחֲרִיצֵי (שבת כ ב) שְׁחוֹר (=ירוקת) שֶׁל חֲרִיצִים

Seaweed that grows on water in narrow channels

אוּכַּמְתִּי שְׁחוֹרָה — Black *(fem.)*

אוכמתי (חול׳ סב סע״א) ה׳ גל׳: אוכמי

אוּכָּפָא אֻכָּף — Saddle

אוּכְצָנָא[47] עֲיֵפוּת — Fatigue

לְאוֹלוּדָהּ (סוטה יא ב) לְהוֹלִידָהּ

To assist her in giving birth

אוֹלוּדֵי (ל)הוֹלִיד — (To) assist in giving birth

לְאוֹלוּדֵי (שבת קמ א) לְהוֹלִיד — To produce

אוֹלִיד הוֹלִיד, יָלַד, הוֹלֵד (צ)

He gave birth, he beget, give birth *(imp.)*

והא מילד אוליד (בכו׳ יט ב) מ׳ ל״י

אוֹלִידָא/ה (ב״ב קלג ב, סנ׳ סט ב) יָלְדָה — She gave birth

אוּלְלָא (ב״מ קה ב) קוֹרָה[48] — Heavy winepress beam

אוּלְמָא (שבת קלד א) עֳבִי, רֹחַב — Thick, width

מַאי אוּלְמֵיהּ מַה כֹּחוֹ, מַה חָזְקוֹ, מַה יִּתְרוֹנוֹ

In what way is it stronger (superior) than

מִשְּׁמֵיהּ דְאוּלְפָנָא[49] (עירו׳ סז סע״א) מִשֵּׁם הַתַּלְמוּד[50]

What he heard as a part of transmitted tradition

אומא (פס׳ מב סע״א) ר׳ קומניתא — Cf.

אומדן דעתא (כתו׳ נו א) מ׳: אומדנא

אוּמְדָנָא אֹמֶד — Evaluation

אוּמְדָנֵי אֳמָדִים — Evaluations

אוּמֵּי אֻמּוֹת — Nations

אוּמָּנָא אֻמָּן (=מקיז דם) — Professional bloodletter

אוּמָּנוּתָא (שבת קג א ועוד) אֻמָּנוּת — Craftsman

אוּמָּנוּתַיְיהוּ (קידו׳ פב א) אֻמָּנוּתָם — Their craft, trade

אוּמָּנֵי (ב״ב כג א) אֻמָּנִים (=מקיזי דם)

Professional bloodletters

אוּמָּנֵי (מג׳ טז א) אֻמָּנִים (=סַפָּרִים)[51]

Bloodletters (barbers)

אוּמְצָא בָּשָׂר (חי) — (Raw) meat

אוּמְצֵי (גט׳ סט א) חֲתִיכוֹת בָּשָׂר — Cuts of meat

אוּמָּתֵיהּ (כתו׳ יז א) אֻמָּתוֹ — His nation

אוּנָא (=אודנא) אֹזֶן — Ear

אוּנָא דְזִיקָא (גט׳ סט ב) אֹזֶן שֶׁל נֹאד

Handle of leather wine pouch

אוּנָא דְחַצְבָּא (שבת קח רע״א) אֹזֶן הֶחָצָב (=כלי), רש״י: שְׂפַת הַדְּלִי

Handle of earthenware jar, the edge of pail

אוּנַאי (חול׳ קה ב) אָזְנִי — My ear

א[וֹ]נוֹפֵי (ע״ז כה ב — מ׳) (ל)הָנִיף

(To) toss, to swing

א[וֹ]נוֹקֵי (ע״ז כו סע״א — מ׳ וכ״י ספ׳) (ל)הֵינִיק

(To) breastfeed

אוּנֵי אָזְנַיִם, אונות שֶׁל הָרֵיאָה — Ears, lung lobes

אוּנֵי[52] (סנ׳ קו סע״א) אָזְנַיִם — Ears

אוּנֵיהּ אָזְנוֹ — His ear

אוּנַיְיכוּ אָזְנֵיכֶם — Your ears

אוֹנִיתָא (ב״ב כב א) אוֹנָאָה — Painful embarrassment

אוֹנִיתָךְ (שם) אוֹנָאָתֵךְ — Your painful embarrassment

אוֹנִיתַן (ב״ב פד א 3) הוֹנֵיתַנִי

You tricked me, defrauded me

(45) מלשון יוונית.

(46) = ירוקה שעל פני המים (משנה שבת פ״ב מ״א).

(47) כך נוסח הערוך בכל מקום (שבת קו ב, ב״מ לו ב, עח א), ד׳ ומ׳ וה׳: אובצנא, ה׳ (ב״מ לו ב): אובצאנא.

(48) = קורת בית הבד, ערוך: אללא, פי׳ אללא עללא כדמתרגמינן והיה בתבואות (בראשית מז כד) ויהי באעולי עללתא״.

(49) מ׳ וס׳ העתים: משמיה דאילפא (עי׳ ד״ס אות ש׳). ב״אוצר לשון התלמוד״ לא מצאתי.

(50) רש״י: שמע מרבו ורבו מרבו.

(51) הספרים היו גם מקיזים דם.

(52) כ״י ואה״ת, ד׳: אודני.

אוּנָךְ אָזְנְךָ Your ear

אוּנְסָא אֹנֶס Unintentional incident, rape

אונסי (ב״מ קח ב) כי״י: אונסא

אוּנְסֵיה (עירו׳ יח ב ועוד) אֲנָסוֹ Against his will

אוּנְקָא (=עונקא) (שבת קמ ב) בְּשַׂר צַוָּאר Meat of neck

אוֹסוֹפֵי, לְאוֹסוֹפֵי לְהוֹסִיף To add

אוּסֵי (שבת סז א) נְחִירַיִם Nostrils

אוּסְיָא (פס׳ קיב רע״א) נְחִיר(ים) Nostrils

אוסיא (פס׳ קיא א) שם שֵׁד Name of demon

אוּסְיֵיה (ב״ב עג ב, חול׳ סז ב) נְחִירָיו His nostrils

אוֹסִיף הוֹסִיף He added

אוֹסִיפוּ (בכו׳ נ א) הוֹסִיפוּ They added

אוֹסֵפִית (כתו׳ מג ב, סנ׳ יא א – ב) הוֹסַפְתִּי I added

אוסקניתא[53] (סנ׳ סז ב) ר׳ גמלא Cf.

אוסריניה (ע״ז נד רע״א) כ״י ספ׳ ומ׳: אסרנא ליה

אוּפֵי (ברכ׳ מד ב ועוד) בִּקְעוֹת גֶּזַע הַדֶּקֶל

Twigs of palm trees

אופיי (גט׳ סא א) מ׳: אופי

אוּפְיָא קֶצֶף (על פני המים) Foam (on water)

אוּפְתָּא בְּקַעַת (של עץ) Knotless chunk of wood

אוציתא (ב״ב מא רע״ב) ר׳ אציאתא Cf.

אוּקְדִינ[וּ]ן[54] (ר״ה כב ב – מת״י) שְׂרָפָם He burned them

אוקדן (סנ׳ צג סע״א) אה״ת ויל׳: אוקידו

לאוקולי (שבת קכט ב) מ׳ ורש״י: אקולי

לְאוֹקוֹמַהּ[55] לְהַעֲמִידָהּ

Ascribe to a specific case or specific author

אוֹקוֹמֵי, לְאוֹקוֹמֵי לְהַעֲמִיד[56]

Ascribe to a specific case or specific author

אוקומי (ע״ז מג ב) מ׳ וכ״י ספ׳: אוקימו

לְאוֹקוֹמֵיה[57] לְהַעֲמִידוֹ

Ascribe to a specific case or specific author

אוֹקֵי הֶעֱמִיד, הַעֲמֵד[58]

He ascribed to a specific case or specific author, ascribe to a specific case or specific author *(imp.)*

אוקי (תע׳ כא א) מ׳ ומ׳ ב: אקיים

אוֹקִידוּ[59] (סנ׳ צג סע״א) שָׂרְפוּ, הִבְעִירוּ

They burned

אוֹקִים[60] הֶעֱמִיד

He ascribed to a specific case or specific author

אוקים (פס׳ קכ ב) מ׳ ב: נוקי

אוקים (ב״מ קה ב) מ׳ וה׳: איקום

אוֹקִימוּ (ב״ב פט א, ע״ז נ א) הֶעֱמִידוּ

They appointed, established

אוֹקִימְנָא הֶעֱמַדְנוּ We appointed

אוֹקִיר הוּקַר (=התייקר)

אוקימנא (ב״מ פה ב) מ׳ שמ״ק: מוקימנא

אוקימנן (ב״ק י ב) מ׳: אוקימנא

אוקימנן (חול׳ מ סע״ב) מ׳ ורש״י: אוקימנא

אוֹקִימְתָּא/ה הֶעֱמַדְתָּהּ, הֶעֱמִידָה אוֹתָהּ

You, (she) appointed it

אוֹקִימְתּוּן (הור׳ י ב) הֶעֱמַדְתֶּם (=למדתם)

You mastered fully

אוֹקִימְתֵּיה (מ״ק כה סע״א[61], ב״מ מב ב) הֶעֱמַדְתִּיו

Set it up, put it

אוֹקִימְתֵּיה (הור׳ יב א) הֶעֱמַדְתָּ אוֹתוֹ You ascribed it

אוֹקִיר הוּקַר (=התייקר) Its price rose

אוֹקִירוּ (ב״מ נט א) כַּבְּדוּ Honor *(m., p., imp.)*

לאוקמא (ב״מ פה ב) מ׳ וה׳: לאוקומי

אוֹקְמַהּ/א הֶעֱמִידָהּ

He appointed it, ascribed, established

אוקמה (נזיר י ב) רש״י: לוקים לה

אוֹקְמַהּ/א הַעֲמִידֶנָּה

Appoint *(m., s., imp.)* it *(f.)*, ascribed, establish

אוֹק[וֹ]מַהּ (נזיר י ב 3 – הגהתי) (לְ)הַעֲמִידָהּ

(To) make (the cow) stand up

וְלָא אוֹקְמַהּ (נזיר י ב) וְלֹא הֶעֱמִידָהּ

And he did not make the cow stand up

(53) ע׳, ד׳: דוסקניתא.

(54) הגהתי. בכל כ״י לי׳ מאי משמע...״, ״וכנראה הוספה מאוחרת היא״ (ד״ס).

(55) בכמה מקומות בד׳: לאוקמה/א.

(56) ברוב המקומות בד׳: לאוקמי.

(57) בכמה מקומות בד׳: לאוקמיה.

(58) ר׳ הע׳ ל״אוקים״.

(59) אה״ת ויל׳, מ׳: אוקדו, ד׳: אוקדן.

(60) בכמה מקומות נמצא בד׳: אוקים לצווי, אבל בכ״י נ״א.

(61) מ׳: אוקימיתיה, ד׳: אוקמתיה.

אוֹקְמוּ[62] (סנ׳ ז ב) הֶעֱמִידוּ — They appointed

אוקמו (ב״ב לב ב) מ׳ וה׳: קיימי

אוֹקְמוּהָ הֶעֱמִידוּהוּ — Established (it, him) preserved, sustained

אוֹקְמוּהָ(ו) (נזיר לב ב, ב״ב קסד ב) הֶעֱמִידוּהוּ — They appointed, ascribed to a school of thought

אוֹקְמוּהָ (סנ׳ קט ב ועוד) הֶעֱמִידוּהָ — They placed it

לאוקמי ר׳ לאוקומי — Cf.

אוקמי (ע״ז מג ב) מ׳ וכ״י ספ׳: אוקימו

אוֹקְמֵיה הֶעֱמִידוֹ — He preserved, sustained, ascribed to specific case or author

אוקמינא (סנ׳ עב א) מ׳ וק׳: אוקמינהו

אוֹקְמִינְהוּ הֶעֱמִידָם — He placed them

אוֹקְמִינְהוּ (נדה סט א) אַעֲמִידֵם — I will presume the continuance of previous condition

אוֹקְמִינְהוּ (סנ׳ לט א) הַעֲמִידֵם — Stop them *(m., s., imp.)*

אוֹקְמִינְכוּ (קידו׳ נח א) הֶעֱמִידְכֶם — You *(m., s.)* ascribed to a specific case

אוקמינכי (קידו׳ נח א) מ׳: אוקמינכו — Cf.

אוקמינן (שבו׳ כד ב) מ׳: אוקימנ׳

אוֹקְמַן[63] (ברכ׳ ל א, ב״ב כה ב) הַעֲמִידֵנִי — Help me stand up

אוקמן[64] (כתו׳ כג סע״א) הֶעֱמִידוּ — They *(m.)* put them *(f.)*

אוקמתיה (מ״ק כה סע״א) ר׳ אוקימתיה — Cf.

בֵּינֵי אוּרְבֵי בֵּין שׁוּרוֹת הַלְּבֵנִים — Between the rows of bricks

אוּרְבָּנֵי (שבת קא א, סנ׳ פב ב) גֹּמֶא — Thin willow, bulrush

צְרִיפָא דְאוּרְבָּנֵי צְרִיף שֶׁל עַנְפֵי עֲרָבָה — Hut made up of willow branches

אוּרְדֵי (קידו׳ יב סע״א) מוֹכִין — Soft wool, down

אוֹרוּ (קידו׳ לב א ועוד) הוֹרוּ — They taught

אוּרְוָותָא (נדר׳ כה א, שבו׳ כט ב) אֲבוּסִים (ר׳ של אֵבוּס) — Stables, mangers

לְאוֹרוֹחֵי (ברכ׳ מג א[65], עירו׳ מ א) לְהָרִיחַ — To smell

אוֹרוֹיֵי, לְאוֹרוֹיֵי לְהוֹרוֹת — To teach

לְאוֹרוֹעֵי (כתו׳ מד א, ב״ב לד א) לְרוֹעֵעַ (לְקַלְקֵל) — To harm

לְאוֹרוֹעֵי נַפְשֵׁיה (גט׳ ג א 2, ערו׳ כז רע״ב) לְרוֹעֵעַ (לְקַלְקֵל) עַצְמוֹ — To harm oneself

אורוקי (ע״ז נח ב) ר׳ מוריק — Cf.

בר אורותי (ב״ב קלא א) ר׳ בר — Cf.

אורזילא (עירו׳ כה רע״ב) ע׳: ארזלא

אוּרְזִילָא דְרֵימָא (ב״ב עג רע״ב[66], זב׳ קיג ב) עֹפֶר הָרְאֵם — Young ram

אוֹרַח אַרְעָא דֶּרֶךְ אֶרֶץ — Custom, good manners

אוֹרְחָא דֶּרֶךְ — Path, byway

אוֹרְחָא (כתו׳ סה א, סוטה יב ב) דַּרְכָּהּ — Her way

אוֹרְחָא דְמִילְּתָא (יומא נג ב) דַּרְכּוֹ שֶׁל דָּבָר — The accepted custom

אוֹרְחָא דְמִלְּתָא קָתָנֵי דַּרְכּוֹ שֶׁל דָּבָר הוּא שׁוֹנֶה[67] — He is referring to a common situation

אוֹרְחַהּ דַּרְכָּהּ — Its (her) way

אורחי ופרחי (כתו׳ סא א 3) ר׳ ארחי — Cf.

אוֹרְחֵיהּ דַּרְכּוֹ — Its (his) way

כִּי אוֹרְחֵיהּ, כְּאוֹרְחֵיהּ כְּדַרְכּוֹ — In his ordinary manner

אוֹרְחֵיהּ דִקְרָא דַּרְכּוֹ שֶׁל כָּתוּב — The manner of the verse

אוֹרְחִין רַחִיקָא (סוכה נב א) דַּרְכֵּנוּ רְחוֹקָה — We have a long way (to go)

אוֹרְחָתָא[68] **דְאִימֵּיהּ** (ב״ב ט רע״ב) דַּרְכֵי אִמּוֹ — His mother's ways

אוֹרֵי הוֹרָה — He taught

אורי (כרי׳ יג סע״ב) ר״ג: אורויי — Cf.

אוּרְיָא (מ״ק י ב) אֻרְוָה — Stable

אוֹרְיָאן (שבת פח א) תּוֹרָה — The Torah

62) כך גם מ׳ ואה״ת וע״י, וצ״ל: אוקימו.
63) בשני המקומות: רב ששת אומר לשמשו.
64) מ׳: אוקמיה = אוקמוה.
65) מ׳, ד׳: לארוחי.
66) ע׳ ואה״ת, מ׳: דימי (=רימי), ד׳ ה׳ לי׳.
67) במשנה: דברו חכמים בהוה (שבת ו׳ ו׳, ט׳).
68) ה׳, מ׳: אורחתי׳, אה״ת: אורחתיה, ד׳: ארחתיה.

אוֹרְיָה (ב״ב כה א) מַעֲרָב (רש״י ותוס׳) West

אוּרְיֵיהּ (סנ׳ צח ב) אֻרְוָתוֹ His stable, manger

אוֹרָיְיתָא תּוֹרָה Torah

דְּאוֹרָיְיתָא מִן הַתּוֹרָה Originates from the Torah

מִדְּאוֹרָיְיתָא[69] מִשֶּׁל תּוֹרָה Torah-ordained

אוֹרָיְיתָא נְבִיאֵי וּכְתִיבֵי (קידו׳ מט א[70]) תּוֹרָה נְבִיאִים וּכְתוּבִים Torah, Prophets, and Writings (Hagiography)

אוֹרָיְיתָא דְמֹשֶׁה תּוֹרַת מֹשֶׁה The Torah of Moshe

אוֹרָיְיתַן (קידו׳ עא ב) תּוֹרָתֵנוּ Our Torah

אוֹרִיךְ (ארך) (מג׳ טז א) הִמְתִּין He waited

אורינהו (זב׳ קטז ב) מ׳: אורויי

אוּרְכָּא אֹרֶךְ Length

אוּרְכֵּיהּ (שבת צח ב) אָרְכּוֹ His (its) length

אוּרְכַּיְיהוּ (שם) אָרְכָּם Their length

אוּרְכִּיךְ (יב׳ סג א) אָרְכֵּךְ Your length

אוּרְכְּתָא (ב״ק ע א) הַרְשָׁאָה Authorization

אוּרְנָסֵי[71] (שבת צא ב) חֲבִילוֹת מִדְּבָרִים אֲרֻכִּים[72] Long bunches of roots or reeds or long cinnamon peel

אוּרְשִׁינָה (סנ׳ קח סע״ב) חוֹל (שם עוף) Phoenix

אוּרְתָּא תְּחִילַּת הַלַּיְלָה Beginning of the night, evening

אוֹרְתַהּ (ב״מ טז״א, לה א[73]) הוֹרִישָׁהּ Bequeathed it

אוֹרְתֵיהּ (ב״מ קא ב) הוֹרִישׁוֹ They bequeathed

לְאוֹשׁוֹלֵי לְהַשְׁאִיל To lend

אוּשְׁכָּפָא סַנְדְּלָר, רַצְעָן Shoemaker, leather worker

אוּשְׁכָּפֵי (שבת קיב א 2, פס׳ קיג ב) סַנְדְּלָרִים Shoemakers

חַרְבָּא דְאוּשְׁכָּפֵי (שבת קכג ב) חֶרֶב (=סַכִּין) שֶׁל רַצְעָנִים Shoemakers' knife

חַרְתָּא דְאוּשְׁכָּפֵי (שבת קד ב ועוד) קַנְקַנְתּוֹם Black paint

מַחֲטָא דְאוּשְׁכָּפֵי (חול׳ לא א 4) מַחַט שֶׁל רַצְעָנִים Shoemakers' needle

פְּרוֹרָא דְאוּשְׁכָּפֵי (פס׳ מב ב 2) קוֹלָן (=דבק) שֶׁל רַצְעָנִים Shoemakers' glue

אושלא (יומא עט א) כי״י וע׳: חושלא

אוֹשְׁלַהּ (גט׳ עז ב, עט א) הִשְׁאִילָהּ He lent her

אוֹשְׁלַן (שבת קי ב ועוד) הַשְׁאִילֵנִי Lend me *(imp.)*

אושפזיכתיה (ברכ׳ יח ב) ר׳ בת אושפיזכניה Cf.

אוּשְׁפִּיזָא (ברכ׳ ס ב ועוד) מְקוֹם לִינָה Lodging place

אוּשְׁפִּיזָא[י] (שבת כג א — מ׳ וא״פ) מְאָרֵחַ Innkeeper, lodging provider

אוּשְׁפִּיזַאי (ברכ׳ נה א) מְקוֹם לִינָתִי My lodging place

אוּשְׁפִּיזָךְ (מו״ק ט ב 3, חול׳ קכז א) מְקוֹם לִינָתְךָ Your lodging place

אוּשְׁפִּיזֵיהּ (מ״ק טז ב ועוד) מְקוֹם לִינָתוֹ His lodging place

אוּשְׁפִּיזְכָן מְאָרֵחַ Innkeeper

אוּשְׁפִּיזְכָנִי (סנ׳ ז ב) מְאָרְחִי My innkeeper (host)

אוּשְׁפִּיזְכָנֵיהּ מְאָרְחוֹ His innkeeper (host)

אושפיזכנין (יומא עח א) כי״י: אושפיזכניה

בר אושפזתי (תע׳ כד ב) ע׳: בר אושפרתי

אוֹתְבַהּ הוֹשִׁיבָהּ He placed, seated (it, him)

לאותבה (ב״מ לו ב) כי״י ורש״י: לאותוביה

לאותבה (ב״מ פא ב) ה׳: לאותוביה

אוֹתְבַהּ (יומא מט א, ר״ה טו ב) הֱשִׁיבָהּ (=הִקְשָׁה את הקושיא) He asked the question (refuted, raised an objection)

אוֹתְבוּהּ הוֹשִׁיבוּהוּ They placed, seated (him, it)

אוֹתְבַ(ו)הּ (קידו׳ פא סע״א — מ׳) הוֹשִׁיבָהּ He seated her

69) בניגוד ל״דרבנן״ מדרבנן״ = של דבריהם.

70) בעירובין יז א — לשון שבועה.

71) מלשון ערבית.

72) קנים וכדומה.

73) ה׳ הב״ח, מ׳: אורת׳, ד׳: אורתא.

אוֹתְבוּהָ (מג׳ כו ב) הַנִיחוּהָ — Put it down

אוֹתְבִי[74] (תע׳ כא א) יושבים(?) — They sat

אוֹתְבֵיה הוֹשִׁיבוֹ — He placed, seated, it, him

לאותביה (ב״ב יב ב) ר׳ לאותוביה — Cf.

אוֹתְבֵיה (גט׳ סז ב) הַנִּיחֵהוּ — Place it *(imp.)*

אוֹתְבֵיה (פס׳ סט א ועוד) הֱשִׁיבוֹ — He asked him

אוֹתְבִנְהוּ הוֹשִׁיבָם — He answered them

הֵיכָא **אוֹתַבִינְהוּ** (ב״מ לה סע״א, מב סע״א) הֵיכָן הִנַּחְתִּים

Where I placed them

אוֹתְבִינַהּ(ו)[75] (ב״ב עד ב) הִנַּחְנוּהָ — We placed it

אוֹתְבִינְהוּ (פס׳ כג ב) הֲשַׁבְנוּם

We quoted all the sources to refute this opinion

אוֹתְבִינֵיהּ (מ״ק כז א, סנ׳ כ א) הוֹשַׁבְנוּהוּ

We sat him down

אוֹתְבִנֵּיהּ (סנ׳ כח ב) אוֹשִׁיבֶנּוּ[76] — I shall resolve it,

I shall confirm it, I shall substantiate it

וְלָא אוֹתְבִינֵיהּ חֲדָא זִימְנָא? (עירו׳ ל א ועוד)

וְלֹא הֲשַׁבְנוּהוּ (=הקשינו לו) פַּעַם אַחַת?

Didn't we once refute his opinion?

אוֹתְבִינָךְ (כתו׳ נב א) אוֹשִׁיבֵךְ — I shall take (marry) you

אוֹתְבִינְכוּ (גט׳ מז א) אוֹשִׁיבְכֶם — I shall return you *(p.)*

אוֹתְבִיתֵיהּ (ב״מ יב א, זב׳ עו א) הֲשִׁיבוֹתִיו

(=הקשיתי לו) — I questioned, refuted his opinion

אוֹתְבִיתַן[77] (ב״ב לא ב) הֲשַׁבְתַּנִי (=הקשית לי)

You questioned my opinion

אוֹתְבַן (שבו׳ ל ב) הוֹשִׁיבַנִי — He seated him

אוֹתְבַן (פס׳ קי א, ב״ב לא ב) הֱשִׁיבַנִי (=הקשה לי)

He questioned my opinion

אוֹתְבַן (עירו׳ צג א) הֲשִׁיבֵנִי (=הַקשה לי)

You should have questioned me

אוֹתְבַן (שבת פא סע״ב, חול׳ קה ב) הוֹשִׁיבוּנִי

Let me sit (with you)

אוֹתַבְ(י)תֵיהּ (שבת קט ב — מ׳) הוֹשַׁבְתּוּ

She placed him

אוֹתוֹבֵי (פס׳ נה ב) (ל)הוֹשִׁיב

(To) put the eggs under the hen for it to brood over

לְאוֹתוֹבֵי לְהָנִיחַ — To put

לְאוֹת[וֹ]בֵי (ב״ק פה ב — ה׳) לְהָנִיחַ — To put

לְאוֹתוֹבֵיהּ לְהוֹשִׁיבוֹ, לַהֲנִיחוֹ — To sit him down

לְאוֹת[וֹ]בֵיהּ (ב״ב יב ב — אה״ת) לְהוֹשִׁיבוֹ

To appoint him

לְאוֹתוֹבֵיהּ (עירו׳ סז ב[78], יב׳ קי ב[79], ב״מ סז א[80], זב׳ קטו ב)

לַהֲשִׁיבוֹ (=להקשות לו) — To question his opinion

לְאוֹתוֹבָךְ (יב׳ צ רע״ב) לַהֲשִׁיבְךָ (=להקשות לך)

To refute your opinion

לְאוֹתוֹבָךְ[81] (גט׳ נו ב) לְהוֹשִׁיבְךָ — To appoint you

אוֹתִיב הוֹשִׁיב — He placed

אוֹתִיב (כתו׳ סז ב) הַנַּח, שִׂים — Place, put *(imp.)*

אוֹתִיב מִמַּתְנִיתִין (חול׳ עו ב, נדה סה ב)

הָשֵׁב (=הקשה) מִמִּשְׁנָתֵנוּ

He raised an objection based on our Mishnah

אוֹתִיב (יב׳ יז א 2) מ׳: קאי

אותיבא (ע״ז יז ב) מ׳ ואה״ת: יתיב

אוֹתִיבוּ (גט׳ לד א) הַנִּיחוּ, שִׂימוּ — Place, put *(p., imp.)*

אוֹתִיבוּ (ע״ז כג ב, כד א) הֲשִׁיבוּ (=הקשו)

They questioned (the opinion)

אוֹתִיבוּ הוֹשִׁיבוּ, שָׂמוּ — They placed, put

אוֹתִיבוּן[82] (שבת פא סע״ב) הוֹשִׁיבוּנִי (צ)

Sit me down *(imp.)*

אוֹתִיבִי (ביצה ו א, טז ב 2) הִנַּחְתִּי — I put

לאותיבך (גט׳ נו ב) ר׳ לאותובך — Cf.

אוֹתִיבְנָא (שבת קכא ב) הֲשִׁיבוֹתִי (=הקשיתי)

I questioned (the opinion)

אוֹתִיבְנָךְ (יומא עח א) הֲשַׁבְנוּךָ (=הקשינו לך)

We questioned (your opinion)

אותיבת [83] (חול׳ נח רע״ב) ר׳ יתבת — Cf.

---

74) מ׳: יתבי, אה״ת: איתיבי.

75) כהגהת ר״ש אברמסון, כ״י ואה״ת — נ״א.

76) איישב אותו, אאשר אותו, אבסס אותו.

77) מ׳, ה׳: אותבינן, ד׳: אותיבתן.

78) מ׳ ור״ח: לאותובי, ד׳: לאותביה.

79) כצ״ל, גם מ׳ בלא וי״ו ב׳.

80) ה׳, ד׳: לאותביה,מ׳: דאותבי׳.

81) מ׳ אה״ת, ד׳: לאותיבך.

82) מ׳, ד׳: אותבן.

83) מ׳: יתיבת, ה׳: אותבת, וצ״ל: יתבת.

אותיבתן (ב"ב לא ב) מ': אותביתן

אֶיזְבּוּן (ב"מ קח א, ב"ב ל ב) אֶקְנֶה — I shall purchase

איזבן (נדר' לא ב) מ': אזדבן

אֲזָדָא הָלְכָה — She went

אָזְדָא הוֹלֶכֶת — She goes

אִיזְדַּבּוֹנֵי (בכו' לב ב 2, ערכ' כט ב) (ל)הִמָּכֵר — To be sold

אִידַּבַּל ע"ז מט א) נִזְדַּבֵּל — It was enriched with fertilizers

אִיזְדַּבַּן (זבן) נִמְכַּר — It was sold

אִיזְדַּבַּן (קידו' סט א) הִמָּכֵר (צ) — Sell yourself *(imp.)*

אִזְדַּבְּנָא (ב"מ פא א) נִמְכְּרָה — It was sold

לְאִיזְדְּהוֹרֵי (ב"ב קיח א) לְהִזָּהֵר — To be careful

אִיזְדְּהַר נִזְהַר, הִזָּהֵר (צ)
He was careful, be careful *(imp.)*

אִידְּהַ(ו)ר (קידו' סט ב — מ') נִזְהַר[84] — He was careful of

אִיזְדְּהַרוּ (ב"ב קלה ב 2, נדה מז א) הִזָּהֲרוּ — Beware of

אִיזְדְּהַר(ו) (ב"מ לא א — פ') נִזְהַר — He was careful of

אֲזַדוּ הָלְכוּ — They went

וְאָזְדוּ לְטַעֲמַיְיהוּ וְהוֹלְכִים לְשִׁיטוֹתֵיהֶם
They follow their reasons (principles)

אִזְדַּעְזְעָה (מג' ג א 2) נִזְדַּעְזְעָה — It *(f.)* trembled

אִיזְדְּקוּקֵי (ערכ' כב א—ב) (ל)הִזָּקֵק
To attend to, be involved with

אִיזְדַּקּוּר (גט' נז א) קָפְצוּ וְרָקְדוּ
They jumped and danced

אִזְדְּקִיפוּ (מג' טז ב) נִתְלוּ — They were hung

אִיזְדְּקִיק (נדר' עז א) נִזְקַק — He had to resort to

אִיזְדְּקִיקוּ נִזְקְקוּ — They got involved with

אִיזְדְּקִ[י]קִינַן[85] (ערכ' כב א) נִזְקַקְנוּ — We got involved with

אִזְדַּקְּרָה (נדה יז ב, נז ב) הִתְפַּרְקְדָה, נָפְלָה לַאֲחוֹרֶיהָ (ע')[86]
She *(f.)* fell backward

אִיזְדְּרִיק נִזְרַק — It was thrown

איזהור (קידו' סט ב) מ': איזדהר — Cf.

לְאַזְהוֹרֵי (מכות כג א 2) לְהַזְהִיר — To warn

לְאַזְהוֹרֵיהּ (שם[87]) לְהַזְהִירוֹ — To warn him

אַזְהַר (כתו' ל א, סנ' סו א) הִזְהִיר — He warned

אַזְהֲרֵיהּ (ב"מ נא א) הִזְהִירוֹ — The Torah forbade him

אַזְהָרָתֵיהּ אַזְהָרָתוֹ — His warning

אַזְהַרְתְּ[י]ךְ (נדר' נא א — מ') הִזְהַרְתִּיךָ — I warned you

לאזוזי (חול' לח א) מ': לאוזוזי

אִיזוּטַר[88] (סנ' צח א) הָקְטַן — It became smaller

אֲזוּל[89] הָלְכוּ — They went, they died,
they followed, it became exhausted

אַזּוֹקֵי (ברכ' לה ב[90]) (ל)הַזִּיק
(To) cause damage, to cause him sorrow

לְאַזּוֹקֵי (ב"ק מח א, נז ב) לְהַזִּיק — To cause damage

לְאַזּוֹקֵיהּ[91] (גט' נג א) לְהַזִּיקוֹ — To cause him damage

אָזֵיל הוֹלֵךְ — He goes

אזיל (שבת קטז א[92], קמח א, קנו ב) ר' אזל — Cf.

אזיל (מגי' יב סע"ב) מ' אה"ת הב"ח: ליזיל

אָזֵילְנָא אֲנִי הוֹלֵךְ, אֵלֵךְ
I go (walk), I shall go (walk)

הֲוָא אָזֵילְנָא (עירו' ל א) הָיִיתִי הוֹלֵךְ
I would go (walk)

אזילנא (ב"ק יז ב) כי"י: אזלינן

אַזִּיק הִזִּיק — He caused damage

אַזִּ[י]קְתֵּיהּ (ב"ק סב א — מ' ה') הִזַּקְתָּ אוֹתוֹ
You caused him damage

אַזִּיקְתָּךְ (ב"ק מז א) הִזַּקְתִּיךָ — I caused you damage

אַזִּיקְתַּן (ב"ק מו ב) הִזִּיקַתְנִי
Has caused me damage

(84) הכוונה.
(85) כצ"ל: מ': מזדקיקינן.
(86) רש"י: נזדקפה לצד אחוריה כגון פרקדנית.
(87) [כ"ה בד"ו בפעם שניה של הערך הקודם (ע. ל.)].
(88) אה"ת: אידזוטר, מ': אדזטוטר, וצ"ל: איזדוטר.
(89) גם בהוראת "מתו" (למשל בכו' ט רע"א) כמו בעברית "הלך לו" (מני סח ב).
(90) מ' פי, ד': לאוזוקי.
(91) מ', ד': לאוזוקי, רש"י: לצעוריה.
(92) מ': אזל.

אֶזְכֵּי (ביצה כז א ועוד) אֶזְכֶּה — I shall merit

דְאֶזְכֵּי[93] (עירו׳ נד סע״ב) שֶׁאֶזְכֶּה — That I shall merit

אזכה (נדה מח א) מ׳: אי זכאי

אזכרתן (בכו׳ יא ב) שט״מ והב״ח: אדכרתן

אֲזַל הָלַךְ — He went (walked)

אֲזַלָא/ה הָלְכָה — She went (walked)

אָזְלָא/ה הוֹלֶכֶת — She goes (walks)

כְּמַאן אָזְלָא הָא דִתְנַן כְּמִי הוֹלֶכֶת זוֹ שֶׁשָּׁנִינוּ,
כלומר: כְּדַעְתּוֹ שֶׁל מִי הִיא מִשְׁנָה זוֹ

According to what opinion do we teach, with whose opinion is this Mishnah compatible

אִיזְלָא (חול׳ נא ב) רֶשֶׁת — Net

אֲזַלוּ הָלְכוּ — They went

אָזְלוּיֵי (ב״מ כד סע״ב) טוֹוִים — Hunters weaving nets

אָזְלֵי הוֹלְכִים — They go, walk

אזלי (ב״מ עג א) כ״י ורש״י: אזלן

אֲזַלִי (פס׳ קד ב ועוד) הָלַכְתִּי — I went (walked)

אזלי (ב״מ כד סע״ב) כ״י: איזלי

אִיזְלֵי (מ״ק יא א) רְשָׁתוֹת — Nets

אָזְלִין (נזיר כא א, ע״ז י ב, ערכ׳ טז א) הוֹלְכִים

They go (walk)

אזלין (פס׳ נ סע״ב) מ׳ ואה״ת: (הוי) אזלי

אזלין (ב״ב כה סע״ב) ה׳ ור׳: אתו — cf.

אזלין (מעי׳ יז ב) ע״י: אזלית

אזלינא (מ״ק יז א, ב״ק יז ב 2) מ׳: אזלינן

אזלינא (ב״מ פו א, סנ׳ ח א, עב א, תמיד לב א)
כ״י: אזילנא

אָזְלִינַן[94] אָנוּ הוֹלְכִים, נֵלֵךְ — We go, we will go

אֲזַלִית[95] (מעי׳ יז ב) הָיִיתִי הוֹלֵךְ — I would go

אָזְלִיתוּ אַתֶּם הוֹלְכִים — You go (walk)

אָזְלָן (ברכ׳ נו א[96]) הוֹלְכוֹת — They go (walk) *(f.)*

אָזְלַת אַתָּה הוֹלֵךְ, תֵּלֵךְ

You go (walk), you will go (walk)

אֲזַלְתְּ הָלַכְתָּ — You went (walked)

אזלת (פס׳ קיא סע״א) שם שֵׁדָה

Name of a demon *(f.)*

אַזְמוּן (ברכ׳ נ ב 3) זִמְּנוּ (ברכו ברכת זימון)

They made a *zimun* (they recited the beracha of italics)

אַזְמוּנְהוּ[97] (ב״ק עג ב, עד ב, עה א 2) הֵזַמּוּם[98]

They were convicted for not being able to be witnesses since they were somewhere else at the time of the crime

אַזְמוֹנֵי (סנ׳ ח א) (לְ)הַזְמִין — (To) summon

אַזְמִין (ברכ׳ מז ב 2) זִמֵּן (צירף לזימון)

He recited the *zimun* (included him as participant in the *zimun*)

אַזְמִין (ביצה כו ב כ״פ) הִזְמִין — He prepared

אזמינהו (ב״ק עג ב ועוד) ר׳ אזמונהו — Cf.

אַזְמִינְתֵּיהּ (סנ׳ קט א) הִזְמַנְתִּיו — I invited him

אַזְמְנַהּ (ב״ק קיג א) הִזְמִינָהּ — He summoned her

אַזְמְנוּהָ (ר״ה לא ב) הִזְמִינוּהָ — They summoned her

אַזְמְנֵיהּ הִזְמִינוֹ — He invited him

אַזְמְנָךְ (סנ׳ קט ב) הִזְמִינְךָ — He invited you

אַזְמַנְתַּן[99] (שם) הִזְמַנְתַּנִי — You invited me

אִיזַּקּוּן (זבח׳ נט א) הִזְקִינוּ (פ״ע)

They became old

אזקונה (נדה מז סע״א) מ׳: אזקינא

אַזְקֵיהּ (ב״ק יג ב כ״פ) הִזִּיקוֹ — He caused him damage

אַזְקִינָא[1] (נדה מז סע״א) הִזְקִינָה — She became old

אַזְקָךְ (ב״ק לו א) הִזִּיקְךָ — He caused you damage

אַזְקַן (ב״ק לד א) הִזִּיקַנִי — He caused me damage

אַזְקְנוּן (עירו׳ נו א) הִזְקִינוּנִי — They made me old

אַזְקְפַהּ[2] (קידו׳ ו ב) זְקָפָהּ (את המלוה)

He incorporated the interest into the body of the loan

אַזַּקְתֵּיהּ (ב״ק סב א) הִזַּקְתָּ אוֹתוֹ

You caused him damage

93) אה״ת, מ׳: דאיזכו, ד׳: דניזכו.
94) ב״ב קמו ב: מאן תנא דאזלינן — ר׳ תוס׳ ר״ג דאזיל.
95) ע״י, ד׳: אזלין, מ׳ ואה״ת ליי.
96) ב״מ עג א — ד׳: אזלי, כ״י ורש״י: אזלן.
97) ה׳, ד׳: אזמינהו.
98) העידו בהם, שהם עדים זוממים.
99) ע״י, ד׳: זמנתן, כ״י — נ״א. באה״ת נשמט ענין זה.
1) מ׳, ד׳: אזקונה.
2) מ׳ ליי. ונ״ל שצ״ל: דזקפה, ובהשפעת ״דאמרי״ הסמוכה באה ״דאזקפה״. אבל בכ״י ספ׳ בע״ז יח רע״ב: אזקפוה (מ׳

אַזְרוּעֵי (נדה מג א) (ל)הַזְרִיעַ — (To) impregnate
אִיזְּרִיק (מעי׳ ד א 3[3]) נִזְרַק — It was thrown
אֶזְרַע (ב״מ קה א) אֶזְרַע — I shall sow
אזרעָן (חול׳ צג רע״ב) מ׳ ור׳ ב: זרען
אֲחָא אָח — Brother
אִיתְחַבּוּרֵי (מנ׳ ע א) (ל)הִתְחַבֵּר — (To) join
אֲחַד(א) (ע״ז ע א — ד״פ) סָגַר[4] — He closed
אָחֲדָא (פס׳ קיא א—ב) אוֹחֶזֶת — She holds
אָחֲדָא (עירו׳ סז רע״א) סוֹגֶרֶת — Closes
אַחֲדֵיהּ (יומא פג ב 3[5], חגי׳ ג סע״ב, גט׳ ע ב) אֲחָזוֹ
He held him
אַחֲדֵיהּ (סנ׳ כו א) סְגָרוֹ — He closed it
אַחַדְתֵּיהּ (יב׳ סד ב) אָחֲזָה אוֹתוֹ — It (she) held him
אַחֲהָא (ב״ב קמא א) אַחֶיהָ — Her brothers
אֲחוּהּ אָחִיו — His brother
אֲחוּהּ (=אֲחוּהִי) (ב״ב קנא א) אֶחָיו — His brothers
אֲחוּהָ (ב״מ פה א) אָחִיהָ — Her brothers
אֲחוּהִי אֶחָיו — His brothers
אַחְווֹ (גט׳ נב א) הֶרְאוּ
They showed (to him)
אחווה (=אֲחוּהִי) (מג׳ טז ב) אֶחָיו — His brothers
אַחֲוָנָא (שבת כ סע״א) אַחְוָה, עֲרָבָה (עֵץ) — Willow
אַחְוּוֹיֵי (ב״ק קטז ב, קיז א,ב[6]) (ל)הַרְאוֹת — (To) show
לְאַחְוּוֹיֵי (שבת סה א) לְהַרְאוֹת — To show
אַחְוּוֹרֵי אַפֵּי (ב״מ נח ב) הַלְבָּנַת פָּנִים
Embarrassing him until he becomes pale
אַחְוְורֵיהּ (ב״ק פה ב) הִלְבִּינוֹ
He caused him to become pale
אַחְוָותָא אֲחָיוֹת — Sisters
אַחְוָותִי (שבת נז א) אַחְיוֹתַי — My sisters
אַחְוָתֵיהּ (שבת יג א) אַחְיוֹתָיו — His sisters

אַחְוֵי הֶרְאָה, אַרְאֶה, הַרְאֵה (צ)
He showed, I shall show, show *(imp.)*
אַחְוִיאוּ (יומא כב ב) הֶרְאוּ — They showed
אַחוּיֵי (פס׳ סח א) (ל)הַחֲיוֹת
(To) resurrect a dead person
אַחְוְיֵיהּ (ב״מ פז סע״א, חול׳ קי א) הֶרְאָהוּ
He pointed him out
אַחְוֵי(י)ת (חגי׳ ה ב — אה״ת וע״י) הֶרְאֵיתָ — You showed
אַחְוֵינָא (חול׳ קי ב) הֶרְאֵיתִי — I showed
אַחְוִינָא[7] (שבת כ ב) עֲרָבָה (עֵץ) — Willow
אֲחוּךְ אָחִיךָ — Your brother
אחוך (נדר׳ נא א) ר׳ אחיך — Cf.
אחוך (ב״ק קיז א) ר׳ אחוכי — Cf.
אֲחוּכוֹן אֲחִיכֶם — Your brothers
אַחוּכֵי[8] (חוך) (ב״ק קיז א) (ל)שְׂחֹק — (To) laugh
אַחוּלֵי (ל)מְחֹל — (To) forgive
בַּר אַחוּלֵי (כתו׳ קד א) בֶּן־מְחִילָה (=יכול למחול)
Capable *(m.)* of forgiving
בַּת אַחוּלֵי (שם) בַּת־מְחִילָה — Capable *(f.)* of forgiving
אַחוּלֵי (תע׳ יז ב ועוד) (ל)חַלֵּל (גם כרם רבעי)
(To) desecrate (also to redeem grapes of fourth year)
לְאַחוּלֵי לְחַלֵּל — To desecrate, to redeem
אֲחוּנָא אָחִינוּ — Our brother
אחורא (ברכ׳ נא א) מ׳: אחוריה
אֲחוֹרֵי אֲחוֹרֵי — Behind
אַחוּרֵי (ב״ק עד א) (ל)אַחֵר — (To) come late
אֲחוֹרֵיהּ אַחֲרָיו — After him
אחוריה[9] (עירו׳ לא א) ר׳ חודיה — Cf.
אֲחוֹרֵיהּ (ע״ז ס א) מֵאֲחוֹרָיו — From behind him
לַאֲחוֹרֵיהּ לַאֲחוֹרָיו — Behind him
מֵאֲחוֹרֵיהּ (גט׳ ס א, חול׳ צא א) מֵאֲחוֹרָיו — From behind him

ד׳: אסקוה) אזקיפא (מ׳: לזקיפ׳, ד״ו: לזקיפא).

3) מ׳, ד׳ רק פעם א׳, פ״ב ופ״ג: זקי׳. פסחים פח ב: איזדריק (מ׳ ומ׳ ב), איזדריק (מ׳).

4) וכך דרשו חז״ל שמו של המלך אחז: למה נקרא אחז שאחז (=שסגר) בתי כנסיות ובתי מדרשות (ב״ר פמ״ב ב׳).

5) מ׳, ד׳: אחזיה.

6) מ׳, ד׳: אחויי.

7) התלמוד מזהה בה ״פתילת האידן״ שבמשנה.

8) מ׳ וה׳, ד׳: אחוך.

9) א״פ ור״ח וד׳ שונ׳: אחודיה, מ׳: אחודה.

לְאַחוֹרֵיהּ[10] (שבת קיט סע״א) לְאַחֲרוֹ — To delay it

אֲחוֹרַיי (ע״ז ע סע״א) אֲחוֹרַי — In back of me

אַחוֹתֵי, לְאַחוֹתֵי (נחת) לְהוֹרִיד — To lower

אַחְזוֹ (ברכ׳ כח א 2) הֶרְאוּ — They showed

אִי[י]חֲזוֹ (ביצה כו ב כ״פ[11]) נִרְאוּ (=היו ראויים) — They were fitting

אַחְזוּק הֶחֱזִיקוּ — They took possession of, they held

אחזוקו (גט׳ סב א 2) מ׳: חזקו[12]

אַחְזוֹקֵי, לְאַחְזוֹקֵי לְהַחֲזִיק, לְחַזֵּק — To hold, to strengthen

אִיחֲזֵי נִרְאָה (=נהיה ראוי) — Became fitting

אֶיחֱזֵי, אֶחֱזֵי אֶרְאֶה — I shall see

אַחְזֵי (קידו׳ ע ב) הֶרְאָה — He showed

אַחְזִי (כתו׳ כב ב) הַרְאִי — Show *(f., imp.)*

אַחְזְיָא (ב״ק צט ב) הֶרְאֲתָה — She showed

אִיחַזְיָא (יבמ׳ ח א, ל א) נִרְאֲתָה (=נהיתה ראויה) — She was fitting, qualified

אחזיה (יומא פג ב) מ׳: אחדיה

אחזיה (מנ׳ סז א) מ׳: איחזייה

אֶיחְזְיֵיהּ אֶרְאֵהוּ — I shall show him

אַחְזְיֵיהּ (ביצה כו ב) הֶרְאָהוּ — He showed him

אֶיחְזִינְהוּ (כתו׳ סג א) אֶרְאֵם — I shall see them

אַחְזִיק הֶחֱזִיק — He held, he took possession

אחזיק (סוטה כ א) א״פ: אחזיקה — Cf.

אחזיק (ב״ב כג א) כי״י וד״י: אחזוק — Cf.

אַחְזִיקָה[13] (יבמ׳ קטו א) הֶחֱזִיקָה — Its existence was established

אַחְזִיקוּ הֶחֱזִיקוּ — They held, they took possession

אַחְזִיקִי (נדר׳ כב א, ב״ק קיב א[14], ב״ב מא א) הֶחֱזַקְתִּי — I strengthened, held in possession

אַחְזִיקַתְּ (ב״ב נד א) הֶחֱזַקְתְּ — You gained possession

אַחְזִיתֵיהּ (ב״ק צט ב) הֶרְאִיתִיו — I showed it

איחזק (יבמ׳ קיט סע״א) תוס׳: איחזקה

אִיחַזְקָה (יב׳ קטו רע״א, קיט סע״א) הָחְזְקָה — Its existence was established

אחזקי (ב״ק קיב סע״א) ר׳ אחזיקי — Cf.

אַחְזְקֵיהּ (נדה כ ב) הֶחֱזִיקוֹ — It was presumed, held for

אַחֵי אַחִים — Brothers

אָחֵיד (ע״ז סט ב) סוֹגֵר — He closes

אֲחִידָא[15] (ע״ז מז א) סְגוּרָה — Closed

אֶחְיֶה[16] (מג׳ כח א) אֶחְיֶה — I shall live

אִיחַיּוּבֵי (מנ׳ ע א) (ל)הִתְחַיֵּיב — (To) be bound, to be obligated

לְאִיחַיּוּבֵי (יבמ׳ לד א, שבו׳ כה ב) לְהִתְחַיֵּיב — To bound, to obligate oneself, to undertake

אִיחַיַּיב נִתְחַיֵּב — To obligate oneself, he is bound to, is obligated

אִיחַיְּיבָא נִתְחַיְּבָה — She is bound to, is obligated

איחייבין (מ״ק כו א) ר׳ איחייבנא — Cf.

אִיחַיַּבְנָא[17] (מ״ק כו א) נִתְחַיַּבְנוּ — We are bound, obligated

אִיחַיַּבְתְּ (ב״מ ל ב) נִתְחַיַּבְתָּ — You are obligated

[**אַ]חְיֵיהּ** (כתו׳ סב ב — מ׳) הֶחֱיָה — He brought him back to life

אַחְיֵיהּ הֶחֱיָהוּ, הַחֲיֵהוּ — He brought him back to life, bring him back to life *(imp.)*

אֶיחַיְּטֵיהּ (בכו׳ ח ב) אֶתְפְּרֵהוּ — I shall sew it

אַחִיךְ[18] (חוך) שָׂחַק — He laughed

(10) מ׳ וד״ו: ד״ח: לאחרוה (בהשוואה לצווי הסמוך: אחרוה).
(11) מ׳ בכולם: איחזי.
(12) רש״י פירש: תחזקנה ידיכם.
(13) מ׳ ורש״י, ד׳: איחזקה.
(14) מ׳ (אחזיקו) ר׳ והג׳ בכי״ה, ד׳: אחזקי.
(15) מ׳ וד׳ פיז׳, ד״ח: אחיזא.
(16) בתוך קטע, שאינו בכל כה״י, וכנראה שבאה צורה עברית בהיקש לכתוב ״ושונא מתנות יחיה״.
(17) ע״י: איחייבנא, מ׳: מיחייבין (=מיחייבינן!), ד׳: איחייבין.
(18) וכ״ה באה״ת גם בנדר׳ נא רע״א, ד׳ וע״י: אחוך, מ׳: אוחיך.

אַחִיכוּ שָׂחֲקוּ — They laughed

אַחֵיכְתְּ שָׂחַקְתְּ — You laughed

אַחִיל מָחַל — He forgave, he pardoned

אַחֵיל (ערכ׳ כט א) חַלֵּל (צ) — Redeem *(imp.)*

אַחִילוּ (שבת קנו א) חִלְּלוּ — They desecrated

אַחִילוּ (ברכ׳ יב ב, ב״ק קיא א) מָחֲלוּ — They forgave

אַחִילְתָּא מָחֲלָה אוֹתָהּ

She gave it up, forwent, renounced

אחילתא (כתו׳ נג א) מ׳: אחילתיה

אַחִילְתֵּיה (כתו׳ מב רע״א, נג א[19]) מָחֲלָה אוֹתוֹ

She gave it up, forwent, renounced

אַחִילְתֵּיה (קידו׳ מו ב) מְחָלַתִּיו — He waived it

אַחִים (חמם) חִמֵּם, חַמֵּם (צ) — Heated, heat it *(imp.)*

אחים (נחת) (שבת קנג א) ר׳: חאים — Cf.

אַחִית (נחת) (תמיד כז ב) הַנַּח

Put it down *(m., s., imp.)*

אחית (כתו׳ סב ב) מ׳: אחתה

גּוּד אַחִית מְחִיצָתָא (שבת קא א כ״פ, עירו׳ פז א, חגי׳ יט סע״א בלא "מחיצתא") מְשֹׁךְ הוֹרֵד הַמְּחִיצוֹת

Pull and bring the partitions down

אַחִיתוּ (מ״ק כה ב) הוֹרִידוּ — They brought down

אַחִיתוּ... טוּמְאָה (שבת טז א) הוֹרִידוּ... טֻמְאָה[20]

They brought impurity upon it, they decreed impurity

אַחִיתוּן (נדר׳ נ ב) הוֹרִידוּ — They lowered it into

אַחֲלָה (ב״ב קמד א) מָחֲלָה

She forwent, waived, renounced

אַחֲלָהּ (גט׳ עד ב) מָחַל לָהּ

He rescinded his demand from her

אִיחַלּוּפֵי, לְאִיחַלּוּפֵי לְהִתְחַלֵּף — To change

אִיחַלַּט (ערכ׳ לג א) הֻחְלַט[21]

Belongs in perpetuity to him

אַחֲלֵיהּ מְחָלוֹ — He forgave him

אַחֲלֵיהּ (סוטה כה א) מְחָלֵהוּ (=מחול לקינוי)

Rescind *(m., s., imp.)* your warning

אַחְלֵיהּ (גט׳ נט ב) חִלְּלוֹ — He desecrated it

אַחְלֵיהּ (ברכ׳ לה ב) חִלְּלוֹ (כרם רבעי)

He redeemed it *(kerem reva'i)*

אַחְלִישְׁתֵּיהּ לְדַעְתֵּיהּ (ברכ׳ יח ב, סנ׳ צד סע״ב)

הֶחֱלַשְׁתָּ אֶת דַּעְתּוֹ, צִעַרְתָּ אוֹתוֹ

You caused him to become depressed, discouraged, upset, to lose his confidence

אַחֲלָךְ (קידו׳ נב ב) מָחַל לְךָ

He rescinded (his ownership) in your favor

אִיחַלַּף (עירו׳ עה ב, ב״מ נט ב) נִתְחַלֵּף — It was changed

אַחְלְפוּהָ (כתו׳ סב ב 2) הֶעֱבִירוּהָ

They walked her past (the *chassan*)

אַחְלְפֵיהּ (סנ׳ קי סע״א) הֶעֱבִירוֹ — He moved it past

אִיחַלַּשׁ (שבת קלד ב, מ״ק יז א) חָלָה — He became sick

אַחֲ[י]לְתְּ[22] (ב״מ מ ב 2) מָחַלְתְּ

You renounced your right

אַחֲלְתַּהּ (סנ׳ סו סע״ב) חִלּוּלָהּ — Her desecration

אִ[י]חַמּוּמֵי (נדה יג א 2 — מ׳, מג א) הִתְחַמֵּם (=קישוי)

He became sexually excited

אַחְמוּר (נדה סו א 3) הֶחְמִירוּ — They were stringent

אַחְמוּרֵי (ל)הַחֲמִיר — (To be) stringent

אִיחְמִינֵיהּ (סנ׳ צח ב 2[23]) אֶרְאֵהוּ — I shall witness it

אַחְמִיץ[24] הֶחֱמִיץ

It turned into vinegar, he became sour (irreligious)

אַחְמִיר הֶחְמִיר — He acted stringently

אַחְמִירוּ הֶחְמִירוּ — They acted stringently

אִיחַמַּם (שבת קי ב) נִתְחַמֵּם — He became warm

אֲחַנָא אַחֵינוּ — Our brothers

אִיחַנּוּכֵי (מנ׳ נ א) (ל)הֶחָנֵךְ (בנין) — To inaugurate

אִיחַנַּנָא (גט׳ סח ב) הִתְחַנְּנָה — She entreated

אַחְסַנְתָּא נַחֲלָה — Legacy, inheritance

אַחְסַנְתֵּיהּ (זב׳ נד א — מת״א) נַחֲלָתוֹ

His legacy, inheritance

אַחְצוֹד (ב״מ קה ב) אֶקְצֹר — I shall reap

19) מ׳, ד׳: אחילתא.

20) = גזרו... טומאה.

21) = היה לצמיתות.

22) ה׳ — ב״פ, ד׳ פ״ב: אחלית.

23) בפי ר׳ יוחנן ועולא.

24) בר״ה ד א 3 — על אדם!

אִיחַצַף (נדר׳ סד ב) נִתְחַצֵּף He was insolent

אַחְרְבֵיהּ (יומא סט ב, סנ׳ סד א) הֶחֱרִיבוֹ He destroyed it

אַחַרוּ[25] (ברכ׳ כח סע״א) אֵחֲרוּ

They were late, missed the appointed time

לְ[אַ]חֲרוּבֵי (תענ׳ כט רע״א — אה״ת, גט׳ נו א — כי״י)

לְהַחֲרִיב To destroy

אַחֲרוּהּ (שבת קיט סע״א) אַחֲרוּהוּ

Delay it, make it later *(imp.)*

לאחרוה (שם) ר׳ לאחוריה Cf.

אִיחֲרוּכֵי (ל)הֵחָרֵךְ (To) scorch, singe

איחרוכי (סנ׳ צג א) אה״ת: איחרכו

אַחְרִיבְתּוּהָ (כתו׳ קיב א) הֶחֱרַבְתֶּם אוֹתָהּ

You destroyed it

אַחֲרָיוּתַיְיהוּ (קידו׳ יג א) אַחֲרָיוּתָם

Their responsibility

אַחֲרִינָא אַחֵר Another

אחרינא (שבת קיז סע״ב, נזיר ב ב) מ׳: אחריתי

אַחֲרִינֵי אֲחֵרִים Others

אחריני אתא (ב״מ פה א) כי״י: אחרנייתא

אחריניתא (יב׳ סד ב) ר׳ אחריתא Cf.

אַחְרִיפוּ (סנ׳ ע ב) הַקְדִּימוּ

Come before (precede) the appointed time

אחריתא (תע׳ כד ב, יב׳ נז א, סה סע״ב, ב״מ מח א, ב״ב ג ב, נז ב, קסז ב, סנ׳ לד ב) כי״י וד״י: אחריתי

הֵי מִינַּיְיהוּ [דְ]אַחֲרִיתָא (יב׳ סד ב[26], מנ׳ נב א[27], חול׳ פו ב[28]) אֵיזוֹ מֵהֶם אַחֲרוֹנָה Which is last?

אַחֲרִיתִי אַחֶרֶת Another *(f.)*

אִיחֲרַךְ (ב״ב עד א, סנ׳ קי א, נדה כח א[29]) נֶחֱרַךְ

It was scorched, singed

אִיחֲרַכוּ (ב״מ פה א) נֶחֶרְכוּ

They were scorched, singed

איחרכי[30] (נדה כח א) ר׳ איחרך Cf.

אַחְרְמִינְהוּ (ערכ׳ כט א) הֶחֱרִימָם[31]

He consecrated them for priestly or Temple use

אַחַרְנוּהוּ (ב״ב קעא סע״ב בנוס׳ שטר) אֵחַרְנוּהוּ

We postdated it

אַחֲרָנְיָיתָא (מ״ק ג א ועוד) אֲחֵרוֹת Others *(f.)*

אחרניתא (ב״ב טז א) ר׳ אחרנייתא Cf.

אַחְשְׁבַהּ (שבת ה א 2, זב׳ ד ב) הֶחֱשִׁיבָהּ

He accorded it importance

אַחְשְׁבֵיהּ (שבת קמד ב 2 ועוד) הֶחֱשִׁיבוֹ

He accorded it importance

אַחְשְׁבִינְהוּ (שבת קמד ב 2 ועוד) הֶחֱשִׁיבָם

He accorded them importance

אִיחֲשַׁד (בכו׳ ל א) נֶחֱשַׁד He was suspected

אַחְשׁוּבֵי (שבו׳ כד רע״ב[32], חול׳ קכ א) (ל)הַחֲשִׁיב

(To) accord importance

לְאַחְשׁוּבִינְהוּ (כתו׳ קה ב, ב״ב ח א) לְהַחֲשִׁיבָם

To accord them importance

אִיחֲשַׁךְ (סנ׳ צו רע״א) הֶחֱשִׁיךְ It was already evening

אֲחָתָא אָחוֹת Sister

אַחֲתָה (נחת) (עירו׳ לא א) הִנִּיחָה She put down

אֲחָתַאי (מג׳ יג ב ועוד) אֲחוֹתִי My sister

אַחֲתָה[33] (נחת) (כתו׳ סב ב) הוֹרִידָה She let fall (a tear)

אַחֲתוּהּ (ב״מ פד ב, ע״ז יח ב) הוֹרִידוּהוּ

They brought him down

איחתום (גט׳ יח א) מ׳: איחתימ׳

אִיחַתּוּנֵי (כתו׳ מז ב) (ל)הִתְחַתֵּן (To) marry

אַחֲתֵיהּ (נחת) הוֹרִידוֹ He brought it down

אַחֲתֵיהּ (מ״ק יז רע״א) שִׂים אוֹתוֹ Put it

אֲחָתֵיהּ אֲחוֹתוֹ His sister

אחתיה דאימא (יב׳ צז ב) מ׳ רק אחתא

אחתיוה (סנ׳ צג א) כי״י: אייתינהו

אֲחָתַיְיהוּ (סוטה מג ב) אֲחוֹתָם Their sister

(25 כדמתרגם רב יוסף (צפניה ג יח), בת״י שלפנינו — נוסח אחר.

(26 ד׳: אחרנייתא, מ׳: דאחרייתא.

(27 כל כי״י, רש״י: דאחריתי.

(28 מ׳ ר׳ א וב׳ ורש״י.

(29 רש״י, מ׳: נחרך, ד׳: דאיחרכי.

(30 רש״י: איחרך, מ׳: נחרך.

(31 = עשה אותם חרם.

(32 מ׳ ורש״י, ד׳: חשובי.

(33 מ׳, ד׳: אותית.

אִיחֲתִימָא[34] (גט׳ יח א) נֶחְתְּמָה
It was signed

אַחֲתִינְהוּ (נחת) (פס׳ עד ב) הִנִּיחָם
He put them

אַחֲתִינְהוּ (ב״מ עד ב) הוֹרִידָם (לפני התיבה)
He lowered them before the reader's pulpit

אַחֲתִינֵיה הוֹרַדְנוּהוּ
We lowered it

אַחֲתִינַן (כתו׳ כו ב) הוֹרַדְנוּ
We lowered

אִיחֲתַנוּ[35] (כתו׳ מז ב) הִתְחַתְּנוּ
They married

אחתני (שם) מ׳: איחתנו

אִיחֲתַרוּ (מ״ק כה ב) נֶחְתְּרוּ
They were dug

אחתרין (סנ׳ קט סע״א) מ׳ וע״י: איחתרן

אִיהַתְרַן (שם) נֶחְתְּרוּ
They were dug

אַטְבָּא[36] (מנ׳ לב א) אָטָב[37]
A wooden clamp holding parchment of Torah Scroll

אֶטְבּוֹל (פס׳ צב א) אֶטְבֹּל
I shall immerse myself *(in a mikveh)*

אַטְבּוֹלֵי[38] (פס׳ קיד רע״ב) (ל)טַבֵּל
(To) dip

לְאַטְבּוֹלֵי (פס׳ מו א ועוד) לְהַטְבִּיל
To immerse *(in a mikveh)*

לְאַטְבּוֹלֵיה (ביצה יח א ועוד) לְהַטְבִּילוֹ
To immerse it (in a mikveh)

לאטבועי (ב״ק קיז ב) מ׳ ר׳: למטבע

אַטְבִּיל (סוטה טז ב) הַטְבֵּל (צ)
Immerse it *(imp.)*

אִיטְבַ(י)ל לְהוּ (ב״מ פט סע״ב — ה׳, צב ב — מ׳ וה׳)
הָטְבְּלוּ (=נעשו טבל)
He caused them to become *tevel* (forbidden to be eaten until *ma'aseros* and *terumos* are separated and removed)

אַטְבְּלָה (חול׳ לא סע״ב) הִטְבִּילָה
She was immersed (by others in a mikveh)

אַטְבְּלַהּ (יב׳ מה ב, חול׳ קכג א) הִטְבִּילָהּ
He immersed her (in a mikveh)

אַטְבְּלֵיה (ע״ז עה ב) הִטְבִּילוֹ
He immersed it (in a mikveh)

אַטְבְּלִינְהוּ (כתו׳ יא א) הִטְבִּילָם
He immersed them (in a mikveh)

אַטְבְּלִינַן (נדה ל רע״א) הִטְבַּלְנוּ
We immersed (in a mikveh)

אַטְבְּלִי[נַ]נְהוּ (ע״ז נב ב — מ׳ וד״י) הִטְבַּלְנוּם
We immersed them (in a mikveh)

אטבע (יב׳ קכא רע״א) מ׳: טבע

אַטְבֵּ(ע)י (שבת צח סע״א — ע׳) מִסְגְּרוֹת[39]
Frames (of wagons)

אִיטְּהַר (כרי׳ ח א) נִטְהַר
He became purified

אַטּוּ כְּלוּם ? מִשּׁוּם
Is it really? Because of

איטווא (פס׳ עו ב) מ׳ ורש״י: איטוי

לאטווינהו (ביצה ד א) מ׳: למיטוינהו

אִיטְוֵי[40] (פס׳ עו ב) נִצְלָה
It was grilled

אִיטּוּם (טמם) (מג׳ כז סע״ב) נִתְכַּסָּה
It was covered

אֲטוּנֵי[41] **דְכִיתָּנָא** (ר״ה כג א) חַבְלֵי פִשְׁתָּן
Bundles of flax

אטורנגא (כתו׳ סא סע״א) מ׳ וע׳: אכוונגרא

אטחו (זב׳ צה ב) כי״י: טחו

אָטֵיף (=טָאֵיף, מן "טוף"?) (פס׳ מה ב) צָף
Floats

אֲטְ[י]פֵי (ע״ז לה ב — ע׳) חוֹרִים (בגבינה)[42]
Holes (in cheese)

אִטְלוּלָא (עירו׳ סח ב) מִשְׂחָק
Jest

אִיטַּלַּלִיתוּ (קידו׳ כא ב) שִׂחַקְתֶּם
You jested, made fun

אִיטְלַע (סוכה נג א וש״נ) נִצְלַע (=נהיה צוֹלֵעַ)
He became lame

אָ(י)טְלַע[43] (יב׳ לט ב 2) הוֹצֵא, הוֹצִיא[44]
Let him (the foot) move, it (the foot) moved

אַטְמָא (מג׳ ז א ועוד) יָרֵךְ
Thigh

אַטְמָא (קידו׳ ע ב) סְתִימָה
A dam

איטמא (שבו׳ יח ב, חול׳ ב סע״ב) מ׳: איטמי

אִיטַּמַּאי (זב׳ קא א) נִטְמְאָה
She became ritually impure

34) מ׳, ד׳: איחתום.
35) מ׳, ד׳: איחתני.
36) מלשון פרסית
37) עץ [סדוק], שאוחזין בו הקלף, שלא יתהפך (ע׳).
38) כך גם בכל כי״י, וצ״ל: טבולי! [וכ״ה בכ״י קולומביה ובכ״י תימן. (ע. ל.)].
39) ועי׳ תוס׳ ופי׳ ר״ח.
40) מ׳ ורש״י, ד׳: איטווא.
41) ת״א ל״מיתרים״, והשוה ״אטון מצרים״ (משלי ז טז).
42) ע׳: כיון שיש כפילות בתוך הגבינה..., ועי׳ עה״ש.
43) מ׳ (פ״א) ורש״י.
44) מל״א, רש״י: הצדד.

אַטְמְאָתָא (חול׳ צז ב) יְרֵכוֹת The thighs

אַטְמְאָתָא דְשׁוּרָא (עירו׳ נז סע״ב) יַרְכוֹת הַחוֹמָה

Buttresses

אִיטַּמּוּ נִטְמְאוּ They became (ritually) impure

אִיטַּמּוֹיֵי (ל)הִטַּמֵּא (To) become (ritually) impure

לְ[אִי]טַּמּוֹיֵי (מעי׳ ח א — מ׳ ורש״י) לְהִטַּמֵּא

To become (ritually) impure and make others similarly impure (Rashi)

לְאַטְמוֹנֵי (שבת קמו ב) לְהַטְמִין To hide, sheathe

(in insulation to retain its heat for Shabbos)

אִ[י]טַּמּוּרוּ (ב״ב מ ב — מ׳ וע׳) הִסְתַּתְּרוּ Hide away!

אִטַּמּוּרוּ (גט׳ לג ב) הִסְתַּתְּרוּ Hide away!

אִיטַּמּוֹרֵי (גט׳ לג ב, ב״ק עט ב) (ל)הִסְתַּתֵּר To hide

אַטְמֵי (שבת מט א, חול׳ ח סע״א) יְרֵכוֹת Thighs

אִיטַּמֵּי נִטְמָא He became (ritually) impure

אִיטַּמְיָא (עירו׳ לא רע״א) נִטְמְאָה

She became (ritually) impure

אַטְמֵיה (ב״ב עד ב) יְרֵכוֹ His thigh

אַטְמִין (שבת נא א) הַטְמֵן Hide, sheathe

(in insulation to retain its heat for Shabbos)

אִיטְמִישָׁא (סוכה י רע״ב) נִטְבְּלָה, נִרְטְבָה

It became immersed, soaked in water

אִיטַּמַּר (יב׳ מה א) הִסְתַּתֵּר (צ) Hide!

אִיטַּמְרָה (מג׳ יב ב) הִסְתַּתְּרָה She hid

אַטְמְרִינְכוּ (נדה סא א) אַסְתִּירְכֶם I shall hide you

אַטְמָתָא (סנ׳ נט ב) יְרֵכוֹת Thighs

אַטְעוֹ (ב״מ עו א) הִטְעוּ They misled

אַטְעוֹיֵי (ב״ב קנג א) (ל)הַטְעוֹת (To) mislead

אַטְעְיֵיהּ (שבת קכ א[45], נזיר לא א 2) הִטְעָהוּ He misled him

אַטְעִינַהּ[46] (שבת קנה ב) הִטְעִינָהּ He loaded it

אַטְעִינְהוּ (ב״מ עו א) הִטְעָה אוֹתָם He misled them

אַטְעִיתֵיהּ (עירו׳ ב ב ועוד) הִטְעֲתָה אוֹתוֹ

(It, she) misled him

אַטְפוּךְ (סוכה נג א) הֱצִיפוּךְ, טִבְּעוּךְ

They inundated you, they drowned you

אִיטַּפַּל בּ־ (סוטה מט א) טִפֵּל בּ־

He took care of, raised

אִיטַּפַּל בּ־ (כתו׳ כג א) טַפֵּל בּ־ (צ)

Cling to, to marry *(imp.)*

אִיטַּפַּ(י)ל בַּהֲדַיְיהוּ (סנ׳ כו א — מ׳) נִטְפַּל עִמָּהֶם

(=נִלְוָה לָהֶם) He accompanied them

אִיטַּפַּל לַהּ (נדה כ ב) נִטְפַּל אֵלֶיהָ

Walked over to her to start taking care of the matter

אַטֵּיפְתְּ (סוכ׳ נג א) הֵצַפְתָּ, טִבַּעְתָּ

You inundated, you drowned

אִיטְּרוּד (כתו׳ סג א) נִטְרְדוּ

They were bothered, troubled

אִטְרוֹדֵי, לְאִיטְּרוֹדֵי (יומא יד א), לְהִטָּרֵד

To be preoccupied, worried

אַטְרוֹחֵי, לְאַטְרוֹחֵי (פס׳ ד א) לְהַטְרִיחַ

To bother, to disturb

לְאַטְרוֹחִינַן[47] (פס׳ פט ב) לְהַטְרִיחֵנוּ To bother us

אֶטְרַח אֶטְרַח I shall bother

אַטְרְחוּהּ הִטְרִיחוּהוּ They bothered him

אַטְרְחוּנְהוּ (יומא ט א) הִטְרִיחוּם He bothered them

אַטְרְחֵיהּ (ב״ק קח א, ב״מ לה א) הִטְרִיחוֹ

He bothered him

אַטְרַחְתַּן (קידו׳ מ א) הִטְרַחְתַּנִי You bothered me

אִיטְּרִיד (מ״ק טז ב, חגי׳ טו א) נִטְרַד He was bothered

אִטְּרִידוּ (בר׳ לב ב, סוטה לה א) נִטְרְדוּ

They were bothered

אַ(י)טְרִיף (סנ׳ צה א — מ׳) חָבַט בִּכְנָפָיו

It struck with its wings

אַטְרָף (גט׳ סט ב), אַטְרְפָא (שם) עָלֶה Leaf

אִיטַּרְפָא (חול׳ כט א) נִטְרְפָה (=נעשתה טריפה)

Became *treif* (forbidden to be eaten because of fatal lesion)

איטשא (ע״ז ע א) כ״י ספ׳: טשא

אִי אִם, אִלּוּ, אִלְמָלֵא If, if it were not for

אִי הָכִי אִם כֵּן, אִם כָּךְ If this is so

אִי לָא אִלְמָלֵא לֹא If not

אִי נַמֵי אוֹ[48] גַּם Or else, even if

45) רש״י, מ׳: אטעי׳, ד׳: אטעיה.
46) מ׳ (נ׳ תלויה עי״א), רש״י: אטענה, ד׳: אטעינא.
47) רש״י, ד׳: למטרח לן,

48) רש״י בויקרא ד כג: או הודע כמו אם הודע הדבר. הרבה ״או״ יש שמשמשין בלשון אם ואם במקום או. וכן ״או נודע כי שור נגח הוא״ (שמות כא לו).

אִיאַבּוּל (גט' נז א) הִתְאַבְּלוּ
They mourned

איאושי (ב"מ כא ב) מ' וה': יאושי

אִיבָּעֵית (=אי בעית) אֵימָא אִם רְצוֹנְךָ אֱמֹר[49]
If you want, I can say (introducing another solution)

אִידִי וְאִידִי כַּאן וְכַאן, זֶה וָזֶה, זוֹ וָזוֹ, אֵלּוּ וָאֵלּוּ
Here and there, this one and that one, these and these, in both cases

אֵידֵין (תמיד ב א 4) אֵיזֶה, מִי
Which, who

אִידָךְ הַשֵּׁנִי, הָאַחֵר, הָאַחֶרֶת
The second, the other

תַּנְיָא אִידָךְ שְׁנוּיָה (ברייתא) אַחֶרֶת
It has been learned in another Beraitha

הָאִידָנָא (=האי עידנא) עַכְשָׁיו, עַתָּה
Now, today

כִּי הָאִידָנָא כָּעֵת הַזּאת, כְּמוֹ עַכְשָׁיו
Like now

עַד הָאִידָנָא עַד עַכְשָׁיו
Until now

אִיהוּ הוּא
He, him

אִיהוּ הוּא הוּא הוּא
That's he

אִיהִי הִיא
She

איזו (ב"מ צח ב, סנ' ל ב) כי"י: איזי

אִיזִי (שבת קלח ב ועוד) אֵיפוֹא (רשב"ם לבראשית כז לג)
Then, now, a form of address, instead of Mr., Sir, etc.

אֵיזִיל (אזל) אֵלֵךְ
I shall go

אֵיזִילוּ (בכו' ט א) לְכוּ
Go *(m., p., imp.)*

אֵיחוּת (נחת) (ב"מ טו ב) אֵרֵד
I shall go down

אֵיחֵי (חול' מד ב) אֶחְיֶה
I shall live

אִיַּיאוּשׁ (ב"ק קיג ב, ב"מ כב א) נִתְיָאֲשׁוּ
They despaired of

אִיַּאַשׁ (ב"ק סח ב 3) נִתְיָאֵשׁ
He despaired

אַיְּדֵי (=א־ידי) עַל יְדֵי, בִּשְׁבִיל
By means of, through, by the way

אִיַּזְן (סנ' קו סע"א) זוֹנָה (?)
She practiced prostitution

אַיָּל קַמְצָא (ע"ז לז א ועוד) מין חגב
A species of locust

אַיַּלְתָּא (סוטה יג א, בכו' ז ב) אַיָּלָה
A gaselle

אִיַּעַד הוּעַד (=נַעֲשָׂה מוּעָד)
It *(m.)* became prone (to gore)

אִיַּיקוּר הִתְיַקְּרוּ
Their price rose

אִיַּיקַר הִתְיַקֵּר
Its price rose

אִיַּקַּר (=אתעקר) (ברכ' יח ב, ב"ב ט ב[50], ע"ז מו ב)
נֶעֱקַר (=נִשְׁכַּח)
It was forgotten

אִיַּקְּרָא (=אתעקרא) לֵיהּ[51] (מנ' ז א)
נֶעֶקְרָה לוֹ (=נשכחה ממנו)
It was lost from his memory

אַיְּרֵי בּ־ עוֹסֵק בְּ־, דָּן בְּ־
He is involved (in)

איירינן (ב"ק ל ב) ר' ארינן
Cf.

אֲיַּשַּׁר חֵילִי (גט' לו ב) אֲחַזֵּק כֹּחִי, אֶתְחַזֵּק
I will have the power

אַיְתָא הֵבִיאָה
He brought (it)

לְאַיְתָאָה (סוטה לג א — לשון א"י) לְהָבִיא
To bring

אַיְתַהּ (מג' יב ב) הֵבִיא אוֹתָהּ
He brought her

אַיְתוֹ הֵבִיאוּ, הָבִיאוּ
They brought, bring *(imp.)*

אַיְתוּהּ[52] הֱבִיאוּהוּ
They brought him

אַיְתוּיֵי (מ"ק יא א) (ל)הָבִיא
(To) bring

אִיְּתוּר נוֹתְרוּ[53]
They remained

אַיְתֵי[54] הֵבִיא, אָבִיא, הָבֵא
He brought, I shall bring, bring *(imp.)*

אַיְתֵי[55](מכות ה ב 2) הֵבִיאָה
She brought

אייתי (ב"מ כ ב) מ': מייתי

אַיְתְיָא[56] (נדר' צא סע"א) הֵבִיאָה
She brought

אַיְתְיאָה[57] (גט' סד ב, סה א) הֵבִיאָה
She brought

אַיְתְיֵהּ הֵבִיאוֹ
He brought him (it)

אַיְתְיוּהּ (שבת קכא ב, גט' נז ב — מ') הֱבִיאוּהוּ
They brought him (her, it)

אַיְתֵינָא הֵבֵאנוּ
We brought

אייתינא (כתו' קג ב) צ"ל: מייתינא

אַיְתִינַהּ (סוטה ל א) הֵבֵאנוּ אוֹתָהּ
We have brought her

49) פתיחה לתירוץ שני.
50) פ', ה' ור': איעקר, ד': אתיקר, מ' לי'.
51) ר' א ושט"מ, ד': אתעקרא אתעקר ליה
52) בדפוסים — כרגיל: אייתוהו (בהשוואה לעברית).
53) א) נשארו (למשל ביצה לא ב).
ב) היו מיותרים (למשל שבת סד א).
54) כתובות סד ב — מ', ד': אתיא.
55) מ', ד' בפ"א: אתאי.
56) מ', ד': אתיא.
57) מ', ד': אתיא. קידושין ד א — ד': אתיא, מ': מתיא.

אַיְיתִינְהוּ הֱבִיאָם, הָבִיאֵם

He has brought them, bring them *(imp.)*

אַיְיתִינְהוּ[58] (סנ׳ צג א) הֱבִיאָם He has brought them

אַיְיתִינוּן (נדר׳ נ ב) הֱבִיאוּם They have brought them

אַיְיתֵית הֵבֵאתָ You have brought

אַיְיתֵ[י]ת (גט׳ נב ב — מ׳) הֵבֵאתָ You have brought

אַיְיתֵית[59] (מג׳ כז ב) הֵבֵאתָ You have brought

אַיְיתִיתַהּ (חגי׳ ה א) הֲבֵאתִיהָ I have brought her

אַיְיתֵיתֵיהּ (ברכ׳ מח א, חגי׳ ו ב) הֱבִיאָה אוֹתוֹ

She has brought him

אַיְיתֵיתִינְהוּ (סנ׳ צה ב) הֵבֵאתָ אוֹתָם

You have brought them

אַיְיתַר נוֹתַר[60] Remained, superfluous

אייתרה (נדה ל ב) ד״ו והב״ח: אתרח

אַיְיתְרוּ נוֹתְרוּ (=היו מיותרים)

They were superfluous

אִיכָּא (=אית כא) יֵשׁ כַּאן, יֵשׁ There is (here)

אִיכָּא בֵּינַיְיהוּ[61] יֵשׁ בֵּינֵהֶם[62]

The point of their disagreement

אִיכָּא לְמֵימַר יֵשׁ לוֹמַר One can say

מַאי אִיכָּא לְמֵימַר מַה יֵּשׁ לוֹמַר? What can be said?

מִי אִיכָּא כְּלוּם יֵשׁ? Is there?

אִיכָּא דְאָמַר (יב׳ פח ב, צג ב, צז ב, ב״ק ע א) יֵשׁ שֶׁאוֹמֵר

Another opinion is

אִיכָּא דְאָמְרֵי יֵשׁ אוֹמְרִים Others are of the opinion

אֵיכְדֵין (ב״ק ג ב — מתרגום רב יוסף) אֵיךְ? How then

אִיכּוּ אִלּוּ If, if that

אִיכּוּ (סנ׳ קז א) הַלְוַאי I wish it were true

אֵיכוּל אֹכַל I shall eat

אֵיכוּל בְּהוּ קוּרְצָא (גט׳ נו א) אַלְשִׁין עֲלֵיהֶם[63]

I shall have a meal with a government official, meaning I shall inform on [someone]

אַיָּל קַמְצָא (עדיות ח ד) מִין חגב

A grasshopper, locust species

אַיָּלָא (בכור׳ ז ב) אַיִל Ram

אַיָּלָא דִסְפִינְתָא (נדר׳ נ א) אַיִל הַסְפִינָה[64]

Ram-head shaped bow-piece of a ship

אַיָּלָא דְעִינְבָא (שבת צ א) אַיָּל הָעֵנָב[65] Grape worm

אִילְיָיא (ערכ׳ יא ב, יב א) קִינָה Lamentation

אִילֵימָא (=אי לימא, מן ״אמר״) אִם נֹאמַר

Should we assume that

אִילָנָא אִילָן Tree

אִילָנֵי אִילָנוֹת Trees

אִילָנַיָּא (מ״ק כה ב) הָאִילָנוֹת The trees

אִילָנָךְ (ב״ב לז א) אִילָנְךָ Your tree

אֵימָא (אמר) אֹמַר I shall say

אֵימָא בֵּיהּ (גט׳ לו ב) אוֹמַר בּוֹ

Let us say concerning it

אֵימָא לָךְ (ברכ׳ כו ב ועוד) אֹמַר לְךָ I will tell you *(s.)*

אֵימָא לֵיהּ (שבת נא ב ועוד) אֹמַר לוֹ I will tell him

אֵימָא לְהוּ (ע״ז י א) אֹמַר לָהֶם I will tell them

אֵימָא לְכוּ (ברכ׳ טז א ועוד) אֹמַר לָכֶם

I will tell you *(p.)*

אֵימָא... וְאֵימָא (עירו׳ ח ב, קידו׳ ט ב) אֹמַר... וְאֹמַר...

I will say ... and I will say

אֵימָא אֱמֹר (צ) Say *(imp.)*

אֵימָא לִי (ברכ׳ נו א) אֱמֹר לִי Tell me

אֵימָא לְהוּ (פס׳ נ ב) אֱמֹר לָהֶם Tell them

אֵימָא לֵיהּ (עירו׳ מח א) אֱמֹר לוֹ Tell him

אֵימָא לַן (שבת קכ א ועוד) אֱמֹר לָנוּ Tell us

וְאֵימָא (ברכ׳ נד ב) וֶאֱמֹר

And say, and let us say, and maybe we can say

---

58) מ׳ פ׳, אה״ת ויל׳: אייתי להו, ד׳: אחתיוה.

59) א״פ ויל׳: ואיתיית, אה״ת: אתית, ע״י: ואתיתי, מ׳: ואיתא = ואיתאי, ד׳: ואתאי.

60) א) נשאר (למשל עירובין מט א).
ב) מיותר (למשל ברכות לה א).

61) תשובה לשאלה: מאי בינייהו.

62) בין נותני הטעמים השונים.

63) השוה דניאל ג ח, ו כה ורש״י לויק׳ יט טז.

64) בו היו מצניעים דינרי זהב.

65) = תולעת שבענבים.

וְאֵימָא לַהּ (ברכ׳ יח ב) וֶאֱמֹר לָהּ
And tell her

וְאֵימָא הָכִי נַמֵּי וֶאֱמֹר אַף כַּךְ[66]
Why, indeed, don't you say so?

אֵימוּר אֱמֹר
Say

אֵימַר אֱמֹר
Say

אימר (ב״ב קמב ב) כי״י והקבלות: אימא
Cf.

אֵימַר (שבת פט ב, נדר׳ נא א, ב״מ יט ב) אֹמַר
I shall say

ואימר (נדה נה ב) הב״ח: ואימא
Cf.

אֵימַת אֵימָתַי
When

כָּל־אֵימַת כָּל־זְמַן, כָּל־פַּעַם
Every time, at every occasion

מֵאֵימַת מִמָּתַי, מֵאֵימָתַי
Since what time, since when

עַד אֵימַת עַד מָתַי
Until what time, until when

אֵימְתָא אֵימָה
Fright

אֵימְתָא דְמַלְכוּתָא (ע״ז סה ב) מוֹרָא מַלְכוּת
Fear of governing authority

אֵימְתָא/אֵימְתֵיהּ דְרַבֵּיהּ (ב״ק כח א) מוֹרָא רַבּוֹ
Awe, awe of his teacher

אֵימְתָא דִשְׁמַיָּא (שבת קנו ב) מוֹרָא שָׁמַיִם, יִרְאַת שָׁמַיִם
Awe of Heaven

אֵימְתֵיהּ (כתו׳ כח א) מוֹרָאוֹ
Fear of him

אִין הֵן, כֵּן
Yes, indeed

אִין הָכִי נַמֵּי הֵן, כַּךְ הוּא
Yes, this is indeed so

אִינְהוּ הֵם
They

אִינְהוּ הוּא— הֵם הֵם —
The same persons, objects

אִינְהִי הֵן
They *(f.)*

אִינוּן הֵם
They *(m.)*

אִינִי (=אין היא) כַּךְ הִיא?
Is that so? Can it be?

אִינָךְ הָהֵם, הָאֲחֵרִים
Those, the others

אֵיפוּךְ[67] הֲפֹךְ, הַחֲלֵף (צ)
Invert (it), change (it) for the opposite (imp.)

אֵיפוּךְ אֲנָא אֶהֱפֹךְ
I shall invert (it), change (it) for the opposite

איפוך[68] (כרי׳ ג א) ר׳ איפכא
Cf.

אִיפוּמָא (עירו׳ ק א ועוד) אֲרֻבָּה
Vertical shaft inside a house

אֶיפְכָא(י) (מג׳ צג א - כי״י) אֶהֱפֹךְ אוֹתָהּ
I shall invert it, her

אִיפַּרְכֵי[69] (מג׳ יב א) אִיפַּרְכִים[70]
Heads of provinces, governors

אִיפַּרְכֵיהּ (שבו׳ ו ב) אִיפַּרְכוֹ (=שלטונו)
His governance

אִיצָא[71] (גט׳ סט ב) אַצָּה[72]
Seaweed

אִיצְצָא[73] דֹּחַק
Squeeze, cramped, pressure, squeezing

אִיצְצָא (מ״ק יא א) שְׁטִיפָה
Squeezing out, rinsing

אִיצְצֵי (שם) שְׁטִפוֹת
Rinses

אִיקָא[74] **שְׁלִיפָא** (שבת קנב א) תַּיִשׁ[75] נָתוּק בֵּיצִים
Gutless billy-goat, castrated buck

אַיְיקוּר (קידו׳ יב א ועוד) נִתְיַקְּרוּ
Their price rose

לָא אִירְיָא (שבת מח א ועוד) אֵין תְּפִיסָה
There is no contradiction or difficulty

מַאי אִירְיָא (ברכ׳ טז א ועוד) מַה תְּפִיסָה
Why was this singled out?

מִידֵי אִירְיָא (שבת קא א ועוד) כְּלוּם תְּפִיסָה הִיא?
Are they at all comparable?

אִית יֵשׁ
There is

אִית דְּאָמַר (יב׳ פה א ועוד) יֵשׁ אוֹמֵר
Someone is of the opinion

אִית דְּאָמְרִי (פס׳ עב ב ועוד) יֵשׁ אוֹמְרִים
Some are of the opinion

אִיתָא, אִיתַהּ יֶשְׁנָהּ
It exists

אִם אִיתָא (שבת נט ב ועוד) אִם יֶשְׁנָהּ[76]
If his assumption is true, if what the Amora said is true

(66) כמו שעלתה על דעתך לומר, ולמה דחית!
(67) מצוי מאד בהחלפת חלקי בר׳, הסותרת בר׳ אחרת.
(68) ד׳: ניתנהו איפוך, מ׳: ליתני איפכא.
(69) מלשון יונית.
(70) = מושלים, שלטונות.
(71) ע׳: אצא.
(72) ע׳: עשב שגדל בנהר סוכר נהר בעלים שלו, ועי׳ עה״ש.
(73) כך הנוסח בשבת קמד ב בכ״י ה׳ (מ׳: איציצא, ע׳: אצצא) ובכתובות ק׳ ב׳ בכ״י מ׳.
(74) ע׳ ור״ח, ד׳: עיקרא, מ׳: עיקרי, א״פ: עיקר, אה״ת: עקר.
(75) תרגום של ״עזי״ בשבעים.
(76) כלומר: אם הנחתנו נכונה, אם דברי האמורא נכונים.

אַיְתַאי[77] (מעי׳ כ ב 2) הֵבֵאתִי	I brought
איתאי (נדר׳ פא א) מ׳: אתינא	
איתבו (שבת לג ב) אה״ת: איתיבו	
אֵיתוֹ (תע׳ כג ב 2) בּוֹאוּ	Come *(imp.)*
דאיתו אנן[78] (פס׳ נ א) ר׳ חשיבינן	Cf.
איתוב (חול׳ נג סע״א) כי״י: יתיב	
איתובי (שבת קכח ב) מ׳ א״פ: יתובי	
אַיְתוֹיֵי, לְאַיְתוֹיֵי לְהָבִיא, לְרַבּוֹת	To bring, to include
לְאַיְתוֹיִינְהוּ לַהֲבִיאָם	To bring them
אִיתּוֹתַב (תע׳ יז ב — ממגלת תענית) נִקְבַּע	It was established
אִיתּוֹתַב הוּשַׁב[79]	He was refuted
אִיתּוֹתַב דַּעְתֵּיהּ (סוטה מ א) נִתְיַשְּׁבָה דַּעְתּוֹ	His mind was set at ease
איתותב (שבת נב רע״א) א״פ ורש״י ד״ו: תיתותב	
אִיתּוֹתְבוּ (ב״ב קכט רע״א) הוּשְׁבוּ[80]	They were refuted
אִיתּוֹתַר (פס׳ פג ב) נוֹתַר	Remained
אֵיתֵי (שבת מא א ועוד) אָבוֹא	I shall come
אֵיתִיב (ע״ז מא ב) יָשַׁב	He sat (down)
אִיתֵּיב אֵשֵׁב	I shall sit (down)
אֵיתִיב (יומא פז א) יָשַׁב	He sat down
אֵיתִיב[81] (שבת מו סע״א) יָשַׁב	He sat down
אֵיתִיב (יב׳ פ ב) אֶתֵּן	I shall give (in marriage)
אִיַּתִּיב דַּעְתֵּיהּ[82] (שבת לג ב) נִתְיַשְּׁבָה דַּעְתּוֹ	His mind was set at ease
אִיַּתִּ[י]ב (שבת קנו א — מ׳ ואה״ת) הֻנַּח	He (it) was put down
איתיב (נדר׳ צא ב) מ׳: יתיב	Cf.
אִיתִּ[י]בוּ (שבת לג ב — אה״ת) יָשְׁבוּ	They sat (down)
אִיתִּיבוּ (שם) יָשְׁבוּ	They sat (down)
אֵיתִיבֵיהּ הֵשִׁיבוֹ (=הקשה לו)	His opinion was questioned
איתיבת (שבו׳ מב א) פ׳: יתבת	
אִיתֵיהּ יֶשְׁנוֹ	There exists (is)
וְאִיתֵימָא (אמר) וְאִם תֹּאמַר, וְיֵשׁ אוֹמְרִים	If you wish to say, some say
אִיתִינּוּן (הור׳ ו א, מעי׳ ז א) יֶשְׁנָם	There exist (are)
אִיתִינְכוּ (פס׳ פז ב) יֶשְׁכֶם, אַתֶּם נִמְצָאִים	You exist, you are here
איתינן (פס׳ נ א) כ״י ואה״ת: חשבינן, וצ״ל: חשיבינן	
אִיתַּנְהוּ יֶשְׁנָם	There exist (are)
אִיתַּנְהוֹן (כרי׳ ה א) יֶשְׁנָם	There exist (are)
לא איתנון (מעי׳ ה ב) מ׳: ליתנהו	
כִּי אִיתַּנְכוּ (יב׳ קטז א 2) כְּשֶׁאַתֶּם נִמְצָאִים	When you are (in)
אֶכְבְּשֵׁיהּ (ב״ב לג א) אֶכְבְּשֶׁנּוּ (=אסתירהו[83])	I shall hide, conceal it
אִיכַּוַּון[84] נִתְכַּוֵּן	He had the intention
אַכְוַנְגְּרָא[85] (כתו׳ סא סע״א) מְסַדֵּר הַשֻּׁלְחָן, מֶלְצָר	Waiter
אַכְוַנְגָּרֵי[86] (מ״ק יב א) מְסַדְּרֵי שֻׁלְחָנוֹת, מֶלְצָרִים	Waiters
אִיכַּוַּונִי (קידו׳ פא ב) נִתְכַּוַּנְתִּי	I intended
אַכְוָרַנְקָא[87] (עירו׳ כה ב) בֵּית מִשְׁתֶּה[88]	Feasting hall
אִיכַּוֵּין[89] (ר״ה כט רע״א, לג רע״ב) הִתְכַּוֵּן (צ)	Have the intention to (*imp.*)
אֱכוֹל (עירו׳ נד א ועוד) אֱכֹל (צ)	Eat *(imp.)*
אכול (קידו׳ מ רע״א) מ׳ אה״ת וע״י: אכיל	
אֲכוּל (ברכ׳ מד ב ועוד) אָכְלוּ	They ate
לאכולי (יב׳ סח א) מ׳: לאוכולי	
אַכְחוּשֵׁי (סנ׳ סט א) (ל)הַכְחִישׁ	(To) contradict

(77 מ׳, ד׳: אתאי: פ״ב — מ׳: ואייתי, ד׳: ואתאי.
(78 מ׳: איתנן, שאר כ״י ואה״ת: דחשבינן, וצ״ל דחשיבינן.
(79 = הביאו קושיא לדבריו, ולא מצא לה תירוץ.
(80 הביא קושיות לדבריהם, ולא מצאו להם תירוצים.
(81 מ׳, א״פ: אותיב, ד״ו: אתיב, ד״ח: אתיבי.
(82 אה״ת, ד׳: יתיב דעתייהו, מ׳ וד״ש לי׳.
(83 השוה: הכובש את נבואתו (סנ׳ פ״א מ״ה). כבשו פניהם בקרקע (סנ׳ יט ב).
(84 בכמה מקומות בד׳: איכוין (כמו בצווי).
(85 מ׳ וע׳, ד׳: אטרנגא (ט=כו), והוא מלשון פרסית.
(86 ע׳ ורש״י ד״ו וכת״י, ד׳: אכונגרי, מ׳: אכוורנגרי.
(87 כ״י, ע׳: אכורנקי, ד׳: אבוורנקא.
(88 פ״א: אילן ריחני.
(89 מ׳, ד׳: איכוון.

לְאַכְחוֹשֵׁי (ר״ה כ ב, בכו׳ כח ב) לְהַכְחִישׁ — To contradict

אַכְחוֹשֵׁי (שבת כה א-ב, ב״ב כז ב) (ל)הַחֲלִישׁ — (To) weaken

אַכְחֲשׁוּהַ (יב׳ צג ב, צד א) הִכְחִישׁוּהוּ[90]

They contradicted him

אַכְחֲשׁוּהַ (יב׳ צז א[91], נדה מז ב) הַכְחִישׁוּהוּ

Contradict him *(imp.)*

אכטא ר׳ אבטא — Cf.

אָכֵיל אוֹכֵל — He eats

אָכִיל לְכוּ (שבת פב א) אַתֶּם אוֹכְלִים

You are eating *(m. p.)*

לָא אָכִיל לְכוּ (חול׳ קה ב) אֵינְכֶם אוֹכְלִים

You are not eating *(m., p.)*

אָכֵילְנָא אֲנִי אוֹכֵל, אֹכַל — I am eating, I shall eat

הֲוָה אָכֵילְנָא הָיִיתִי אוֹכֵל — I would have eaten

אֲכִילָתֵיהּ (כרי׳ יב ב) אֲכִילָתוֹ — His eating

אֲכַל אָכַל — He ate

אֲכַל קוּרְצֵי[הּ] (ברכ׳ נח א — מ׳) הִלְשִׁין עָלָיו

He had a meal with a government official, meaning informed on (someone)

אַכְלָא (סנ׳ כח ב, בכו׳ מג א) מְגוּפָה (=מכסה של חבית)

Barrel cover

אַכַלְבָּא[92] (תע׳ כד א) אוֹצַר תְּבוּאָה — Granary

אַכַלְבַּאי (ב״מ סג א) אוֹצָרֵי

אַכַלְבֵּי (ב״מ עב ב) אוֹצָרוֹת — Granaries

אֲכַלָה אָכְלָה — She ate

אַכְלַהּ אֲכָלָהּ — She ate it up

אָכְלָה אוֹכֶלֶת — She is eating

אכלה (שבת קנה ב) מ׳: אוכלא

אָכְלָה טִינָא[93] (ב״ב עג ב) כִּילְכִית[94] — Fish parasite

אֲכַלוּ אָכְלוּ — They ate

אָכְלוּ אוֹכְלִים — They are eating

אֲכַלוּ קוּרְצָא (ב״מ עג ב) הִלְשִׁינוּ

They had a meal with a government official meaning informed on [someone]

אֲכַלוּהּ אֲכָלוּהוּ — They ate it (up)

אֲכַלוּהָ (סנ׳ קט ב) אֲכָלוּהָ — They ate her (up)

לְאַכְלוּיֵי (כלי) (ב״ב ה א) לִגְעֹר — To scold, yell at

אַכְלוּשֵׁי[95] (ב״מ עז א) כַּתָּפִים — Porters

אָכְלֵי אוֹכְלִים — They are eating

אֲכַלִי אָכַלְתִּי — I ate

אַכְלֵיהּ אֲכָלוֹ — He ate it

אַכְלֵיהּ (בר׳ לה א) אֱכֹל אוֹתוֹ — Eat it

אָכְלִין אוֹכְלִים — They are eating

אַכְלִינְהוּ אֲכָלָם — He ate them

אֲכַלִית (ב״ב כט ב, קנט ב) אָכַלְתִּי — I ate

אִיכַּלַּל רַבָּה בְּרֵיהּ (מג׳ כז ב) רַבָּה בְּנוֹ נָשָׂא אִשָּׁה

Rabba, his son, took a wife (=עשה כלולות)

אָכְלָן (כתו׳ קיא ב) אוֹכְלוֹת — They eat

אֲכַלְנָא אָכַלְנוּ — We ate

אֲכַלְתְּ (בכו׳ יח א) אָכַלְתָּ — You ate

אָכְלַת אַתָּה אוֹכֵל, תֹּאכַל — You are eating, you will eat

הֲוָה אָכְלַת (ב״מ קא א) הָיִיתָ אוֹכֵל

I would have eaten

אֲכַלְתַּהּ (שבת כו א) אָכְלָה אוֹתָהּ, שָׂרְפָה אוֹתָהּ

It consumed it *(f.)*, it burned it *(f.)*

אַכַלְתֵּיהּ (פס׳ ט א) אָכְלָה אוֹתוֹ — She ate it

אַכַלְתֵּיהּ (מ״ק יז א ועוד) שָׂרְפָה אוֹתוֹ — It *(f.)* burned it down

אֲכַלְתֵּיהּ (ב״ב ל א ועוד) אֲכַלְתִּיו — I ate it

אֲכַלְתִּינְהוּ (חול׳ קי א) אֲכַלְתִּים — I ate them

אֲכַלְתִּנּוּן[96] (נדר׳ סח א) אָכְלָה אוֹתָם — She ate them

אַכְמִין (סנ׳ כט ב) הִכְמִין[97] — He concealed

אַכְמַר (כמר) (קידו׳ פא רע״ב) הִשְׁתַּעֵל — He coughed

אכנדיכי (פס׳ ל א) ר׳ כנדיכי — Cf.

אֶכְנוּס[98] (כתו׳ סב ב) אֶכְנֹס — I shall marry (her)

90) גרמו לו שיהא כחוש.

91) ד׳: אכחשוהו.

92) נ״א: אכלכא. והוא מלשון פרסית

93) = אוכלת טיט.

94) שרץ קטן, שאימתו מוטלת על לויתן (אברמסון).

95) מלשון יונית. ע׳: יש ספרים שכתוב בהן אבלושי בבי״ת (מלשון פרסית).

96) מ׳ בעברית: אכלתן.

97) השוה סנ׳ פ״ז מ״י: מכמינין לו עדים.

98) הגהתי, ד׳: איכניס, מ׳: אכניס.

אִיכַּנִּיף (סנ׳ ח סע״א) נִתְכַּנֵּס (ע׳)
He assembled

אִיכַּנְעָא*[98] (מ״ק טז ב) נִכְלְמָה
She was embarrassed

אִיכַּנְעָן[99] (ע״ז יז רע״ב) נִכְלְמוּ
They were embarrassed

אַכְסָא (גט׳ סט א) שׁוֹטֶה
Mad

אִיכַּסַּאי (כתו׳ סג א) הִתְכַּסִּי
Drape yourself *(f., s., imp.)*

אַכְסוּהָ (כתו׳ עז א) הַלְעִיסוּהוּ, הִלְעִיסוּהוּ[1]
Give him to chew, they gave him to chew

אִיכַּסּוּיֵי (פס׳ לא ב, ב״מ מב א) (ל)הִתְכַּסּוֹת
(To) cover

לְאִיכַּסּוּיֵי (מנ׳ מא א) לְהִתְכַּסּוֹת
To cover, for the purpose of covering

אִיכְסוּף (גט׳ כט ב) בּוֹשׁוּ (ע)
Be embarrassed *(m., s., imp.)*

איכסופו (גט׳ כט ב) כ״י וד״י: איכסוף

אִיכַּסֵּי[2] (סוף סנ׳) נִתְכַּסָּה
Covered, concealed

אִיכַּסֵּי (ר״ה כא א) הִתְכַּסֵּה (צ)
Cover yourself (imp.)

אַכְסִיגָרוֹן[3] (ברכ׳ לה סע״ב) מֵי שְׁלִיקַת יְרָקוֹת
Water in which vegetables were cooked

אִיכְּסִיף נִתְבַּיֵּשׁ
He was embarrassed

אכסיפו[4] (תע׳ כב רע״א) ר׳ כסיפא
Cf.

אַכְסָנָא דְגַרְדָאֵי[5] (שבת קנא סע״ב) מְנוֹר אוֹרְגִים[6]
Weaver's pin

אִיכְּסְפָה (תע׳ כה א) נִתְבַּיְּשָׁה
She was embarrassed

איכסתינהו (כתו׳ נד א) מ׳: כסיתינהו

אַכַּפָּא (ביצה ל רע״א) כָּתֵף
Shoulder, hand

אַבְנֵי דְאַכַּפָּא (ב״ב סט א) אַבְנֵי כָּתֵף
Ballast stones

חמרא דאכפא (שבת סו רע״ב) ר׳ חמרא
Cf.

אַכְפַּהּ (כתו׳ סג ב) כָּפָה אוֹתָהּ[7]
He forced her

אכפה (ברכ׳ נו א) כ״י: אכפת

אִיכַּפּוּל (ב״ב קיח ב) הָכְפְּלוּ
They became replicated

אִיכַּפּוּל[8] (ב״ק צד א) הָכְפְּלוּ (=טרחו)
They made an effort, repeated the same act

אִיכַּפּוּלֵי (יב׳ יז א, ב״ק צב א) הָכְפֵּל (מ)
Mentioning twice *(imp.)*

אִיכַּפּוּר (מעי׳ ט ב) נִתְכַּפְּרוּ
They have been granted atonement

אכפיה (ב״ב ד סע״א) כ״י: כייף

אַכְפְּיֵיהּ (כתו׳ נג רע״א, ב״ב ח ב) כָּפָה אוֹתוֹ
He forced him

אִיכַּפַּל (ב״ק צב א, ב״ב קיז ב) הָכְפַּל
It was mentioned twice

אִיכַּפַּל (ב״ב צא א) טְרְחִי
Make an effort, repeat a previous act

אִיכַּפַּל כּוּלֵּי עָלְמָא (ב״ק קיב רע״ב) טָרְחוּ כָּל־הָעוֹלָם
Everybody made an effort, repeated the same act

אִיכַּפַּל תַּנָּא (שבת ה א ועוד) טָרַח הַתַּנָּא
The Tanna made an effort, repeated the same act

אִיכַּפַּלִי (שבו׳ מח ב) טָרַחְתִּי
I made an effort

אִיכַּפַּר נִתְכַּפֵּר
He was pardoned, atoned

אִיכְפַּת לֵי׳ אִיכְפַּת ל־[9]
It concerns (someone)

אַכְפַּת[10] (ברכ׳ נו א) כָּפְתָה
She forced

אַכְרוּז הִכְרִיזוּ
They proclaimed, announced

אַכְרוּזֵי, לְאַכְרוּזֵי לְהַכְרִיז
To proclaim, announce

אכרזו (מנ׳ סד ב) כ״י ורש״י: אכרוז

אכרזינן (סנ׳ כו ב) מ׳: אכריזנן

אַכְרַזְתָּא הַכְרָזָה
Proclamation, announcement

אִיכָּרֵי (עירו׳ כח סע״ב) אִכָּרִים
Farm workers

אִיכָּרֵיהּ (סנ׳ כו ב) אִכָּרוֹ
His farm worker

אַכְרֵיז הִכְרִיז, הַכְרֵז (צ)
He announced, announce *(imp.)*

אַכְרִיזוּ (נדר׳ מ א) הַכְרִיזוּ
Proclaim, announce *(imp.)*

אַכְרְזִינַן (סנ׳ כו ב) הִכְרַזְנוּ
We have proclaimed, announced

---

*98) [דפו״י, ד׳ וילנא: איכנעה (ע. ל.)].

99) מ׳ כ״י אה״ת וע״י, ד׳: איתכנעו.

1) בדיוק: תנו לו לכסוס, נתנו לו לכסוס.

2) מ׳, ד׳: איכסיי.

3) כ״י וע״י והקב׳ (ד׳: אנסיגרון), מלשון יונית

4) מ׳ מ״ב ע״י ורש״י: כסיפא להו מילתא (מ׳ לי״)

5) א״פ וע׳, מ׳: אכסניא וגרדאי, ד׳: אביסנא דגירדאי.

6) וכן תרגם יונתן בש״א יז ז. והוא מלשון יונית

7) השוה ״כי אכף עליו פיהו״ (מש׳ טז כו).

8) כל כ״י וד״י, ד״ח: איכפל.

9) השוה ״מה אכפת להן לעכברים״ (ב״מ פ״ג מ״ז).

10) פ׳ וב״נ, ד׳: אכפה. גידו׳ מה ב: כפתיה.

אִיכָּרְיָיתָא (עירו׳ פב ב) אִכָּרִיּוֹת (=של אכרים)
Of farm workers

אִיכָּרַךְ (שבת קי ב, חול׳ נח ב) נִכְרַךְ, נִתְעַטֵּף
He draped himself

אִיכָּרַכְתְּ (כתו׳ עז ב) נִכְרַכְתָּ, נִתְחַבַּרְתָּ
You have become attached, associated with

אִיכְּרַפוּ (נדה מח רע״ב) נִמְעַכוּ[11], מֹעֲכוּ
They were developed, rounded (Rashi), swelled, crushed

אִיכַּשּׁוּר דָּרֵי (יב׳ לט ב, חול׳ צג ב) הָכְשְׁרוּ הַדּוֹרוֹת
The (present) generation bettered (the previous one)

לְאַכְשׁוּרַהּ לְהַכְשִׁירָהּ
To prepare her, to make her ready

אַכְשׁוּרֵי, לְאַכְשׁוּרֵי לְהַכְשִׁיר
To prepare, to make ready

לְאַכְשׁוּרֵיהּ (סנ׳ כה א, כרי׳ ח ב) לְהַכְשִׁירוֹ
To declare one fit

אַכְשׁוּרֵי אוּכְלָא (יומא פ סע״ב) הַכְשָׁרַת אֹכֶל[12]
Food seasoning

אַכְשְׁלֵיהּ פּוּמֵיהּ (גט׳ נז א) פִּיו הִכְשִׁילוֹ
He had a slip of the tongue

איכשר (סנ׳ קד א) כי״י וד״י: איפשר

אַכְשַׁר הִכְשִׁיר — He prepared, made fit

אַכְשְׁרַהּ הִכְשִׁירָהּ — He prepared her (it), made her (it) fit

אַכְשַׁרִי הִכְשַׁרְתִּי — I prepared, made fit

אַכְשְׁרֵיהּ הִכְשִׁירוֹ — He prepared him (it), made him fit

אַכְשְׁרִינְהוּ הִכְשִׁירָם
He prepared them, made them fit

אִיכְּתַב נִכְתַּב — It was (is) written

אֶכְתּוֹב אֶכְתֹּב — I shall write

אִיכְּתוּב (זב׳ ב ב) נִכְתְּבוּ — It was written

איכתוב (גט׳ יח א) מ׳: אכתיב׳

דאיכתוב (סוט׳ כ ב) מ׳: דכת׳

אַכַּתִּי עֲדַיִן — Untill

איכתיב (מג׳ ז א 2) כי״י ורש״י: כתב

איכתיב (סנ׳ כב א) אה״ת וע״י: איכתב

דאיכתיב (עירו׳ יג א) מ׳: דכתיב

אִיכְּתִיבָא[13] (גט׳ יח א) נִכְתְּבָה — It was written

אַלְבִּישׁ (תמיד לב א) הִלְבִּישׁ — He dressed

אַלְבְּשַׁהּ (כתו׳ נא ב, קידו׳ פא ב) הִלְבִּישָׁה
Lit., it (f.) dressed (him), i.e. it overpowered (him)

אַלְבְּשֵׁיהּ[14] (מג׳ טז א) הִלְבִּישׁוֹ — He dressed him

אֶלְבְּשֵׁיהּ (ברכ׳ כח א) אֲלְבָּשֶׁנּוּ — I shall dress him

אֱ־לָהָא (יומא ט ב) אלקים (=לשון שבועה)
Expression of oath

אֱ־לָהָא רַבָּא (סנ׳ צו א) הָאֵ־ל הַגָּדוֹל — The Great G-d

אֱ־לָהָא דֶאֱ־לָהֵי[15] (מנ׳ קי א) אֱלֹ־הֵי הָאֱ־לֹהִים
The G-d of gods

אֱ־לָאָה דִידַן (חול׳ ס א) אֱ־לֹהֵינוּ — Our G-d

אֱ־לָאָה דִיהוּדָאֵי (גט׳ נו ב) אֱ־לֹהֵי הַיְהוּדִים
The G-d of the Jews

אֱ־לָאָה דְיִשְׂרָאֵל אֱ־לֹהֵי יִשְׂרָאֵל — The G-d of Israel

אֱלָהֵיהּ (סנ׳ צג א) אֱלֹהָיו — His G-d

אֱ־לָהַיְכוּ[15*] אֱ־לֹהֵיכֶם — Your *(p.)* G-d

אֱ־לָהֵיכוֹן (חול׳ ס א) אֱ־לֹהֵיכֶם — Your *(p.)* G-d

אַלְוָא[16] (גט׳ סט ב) מין עשב מר כלענה [=אַלְוַי]
Aloe

אַלְוְיֵיהּ לִוָּהוּ — He accompanied him

אַלְוָותָא (ב״ב עג א) אַלּוֹת, מַקְלוֹת — Staffs. sticks

אַלּוּמֵי (ל)חַזֵּק — (To) strengthen

אֲלוּנְכֵי (מל״י) (גט׳ ע רע״א) רֹמַח — Spear. lance

אֲלוּנְקִי (ביצה כה סע״ב) כִּסֵּא לְמוֹשַׁב אָדָם[17]
Palladium chair

לְאַלּוּפֵי (אלף) (נזיר ד רע״א) לְלַמֵּד — To teach

(11) ע׳: רפו ונטו ונתקשקשו. רש״י: כשהתחילו לגדל ולעקוץ.
(12) תוספת למאכל לתת טעם.
(13) מ׳: אכתיב׳, ד׳: איכתוב.
(14) כי״י ואה״ת וע״י, ד׳: לבשינהו.

(15) מ׳ וע״י, ד׳: דא — להא.
(15*) [סנהדרין לט א, בחולין נט ב וס א: ביו״ד אחד (ע. ל.)].
(16) ע׳, מ׳ ד׳: אילווא (מלשון פרסית).
(17) ונישא בידי בני אדם (ע׳ רש״י). ע׳: מרדעת של כתפים.

אַלוּתָא[18] (ביצה לג ב) מַקֵּל Baton, twigs

אִילְחִישׁ(א)[19] (יומא פב ב) נִלְחַשׁ[20]

It (m.) was calmed by whispered words

אַלְטְיֵיהּ אֲקַלְלֶנּוּ I shall curse him

אליבא דִּי ר׳ ליבא Cf.

אַלְיוֹנָא (גט׳ סט א) בֹּהֶן Thumb

אִילְיָיא (ערכ׳ יא ב) קִינָה A lamentation

אַלִּים חָזָק Strong

אַלִּים (שבת קיד א) רָחָב, עָב Corpulent *(m.)*

אַלִּימָא חֲזָקָה Strong

אַלִּימָא (חול׳ עו ב, בכו׳ מ ב) עָבֶה, עָבָה Corpulent *(f.)*

אלימא (ב״ק קיב ב) מ׳ ה׳: אלמא

אלימא (ב״מ לט ב) כל כי״י: אלמא

אַלִּימֵי תַּקִּיפִים Aggressive, powerful (plural)

אַלִּימֵי (שבת קה ב, ב״ק קיט ב, מנ׳ לח ב) עָבִים Thick

אַלִּימֵי (קידו׳ נט א) אַלָּמִים, בַּעֲלֵי זְרוֹעַ (רש״י)

Strongmen

אלימי (ב״מ לט ב) כל כי״י: אלמי

אַלִּימְתָא (ב״מ יא ב) חֲזָקָה Strong *(f.)*

אַלִּימְתָא (יב׳ מג א, חול׳ מח ב) עָבָה Thick *(f.)*

אִילֵּין אֵלּוּ These

אָלֵים (גט׳ ע א) לוֹעֵס He chews

אליש (קידו׳ מו ב) ר׳ לאיש Cf.

אַלְיְתָא (פס׳ קיד א ועוד) אַלְיָה Fat tail (of sheep)

אַלְיְיתֵיהּ (שבת נד ב, חול׳ קכז א) אַלְיָתוֹ His fat tail

אַלַכְסוֹנָא אֲלַכְסוֹן Diagonal

אַלְמָא הֲרֵי שׁ־ It is thus seen that

אַלָּמָא (מו״ק יז א ועוד) אַלָּם, תַּקִּיף

Aggressive, powerful *(s.)*

אַלְמָה[21] לָמָּה Why?

אַלְמוּהּ (כתו׳ נט ב) חִזְּקוּהוּ

They strengthened (it), reinforced him (it)

אִלְּמֵי (חגי׳ ג א) אִלְּמִים Mute persons

אַלָּמֵי (כתו׳ כז ב, ב״מ לט ב[22]) תַּקִּיפִים Strongmen

אַלְמֵיהּ (יב׳ כה א) חִזְּקוֹ

He strengthened, reinforced him (it)

אַלְמֵיהּ יִצְרֵיהּ (שבת קנו ב) תְּקָפוֹ יִצְרוֹ

His bad inclinations overpowered him, attacked him

אָלַס (ב״ק פד א) לָעַס He chewed

אֲלַף אַלְפִין (חגי׳ יג סע״ב — מדניאל ז׳ י׳) אֶלֶף אֲלָפִים

Thousand of thousands (a million)

אַלְפָא אֶלֶף Thousand

אַלְפָא וּמָאתַן (כתו׳ קו א) אֶלֶף וּמָאתַיִם

One thousand and two hundred

אַלְפָא וַחֲמֵשׁ מְאָה וּתְלָתִין וְשִׁיתָא (קידו׳ יב א) 1536

One thousand, five hundred and thirty six

אִילְפָא (עירו׳ נג ב, ע״ז י ב) סְפִינָה A boat, ship

אִ[י]לְפוּהּ (נדה יט ב — מ׳) לְמָדוּהוּ (צ)

It was derived by

אַלְפוּהָ (יב׳ קטז ב) לִמְּדוּהָ She was instructed (to)

אַלְפֵי אֲלָפִים Thousands

תְּרֵי אַלְפֵי[23] וּמָאתַן (כתו׳ קו א) אַלְפַּיִם וּמָאתַיִם

Two thousand and two hundred

מְאָה אַלְפֵי[24] (בכו׳ ח ב) מֵאָה אֶלֶף

Hundred thousand

תְּלָת מְאָה אַלְפֵי (גט׳ נז א) שְׁלֹשׁ מֵאוֹת אֶלֶף

Three hundred thousand

אַלְפִין (נדר׳ נ סע״ב) אֲלָפִים Thousands

(18 ואולי הוא ״אליתא״ בלשון חכמים (יומא מה א ועוד) = ״עצים קטנים להלהיב בהם עצי המערכה״ (ע׳).

(19 כי״י, ואעובר קאי.

(20 העובר קיבל את הלחש, ופסק מתאוותו.

(21 בכמה מקומות בא בד״ח: אלמא.

(22 כל כי״י, ד׳: אלימי.

(23 מ׳, ד׳: אלפן.

(24 אה״ת, ד׳: אלפא.

אלפן (כתו' קו א) מ' ואה"ת: אלפי

אַלְקַפְּטָא (זב' צו ב, שבו' ו ב) תֹּאַר שְׂרָרָה פַּרְסִי[25]
Title of Persian official

אַלְשִׁין (שבת נו א) הִלְשִׁין
He informed (on someone to the authorities)

לְאַלְתַּר (=על אתר) מִיָּד — Immediately

מֵאַלְתַּר (נדר' ד א) מִיָּד — Immediately

אִימָּא הָאֵם, אֵם, אִמִּי
The mother, mother, my mother

אִימָּא רַבָּתִי (יב' כא ב) אֵם גְּדוֹלָה, סַבְתָּא
Grandmother

אִימָּא דְאִימָּא אֵם אִמָּהּ, אֵם אִמִּי
Maternal grandmother, my maternal grandmother

אִימָּא דְאִימָּךְ (מ"ק ט ב) אֵם אִמְּךָ
Your maternal grandmother

אַמַּאי (=א מאי = על מה) לָמָּה — Why?

דִּכְתִיבָא אַמַּאי (שבת עט סע"ב) עַל מַה (הִיא) כְּתוּבָה
On what is it written?

אימאים (ב"ק צד א) כל כי"י: מאיס

אַמְבּוּהָא (יומא פז א, סוכה נה א) (מל"פ) הָמוֹן, חֲבוּרָה גְּדוֹלָה
Crowd, multitude, large group

אַמְבּוּהָא דְסָפְרֵי (סוכה נה א, סנ' ז ב) חֲבוּרַת סוֹפְרִים
Group of scribes

אַמְבָּרָא (כתו' קה א) (מל"פ) אוֹצָר
Warehouse, storehouse

אַמְבָּרֵי (גט' נו א) אוֹצָרוֹת — Warehouses, storehouses

אַמְגּוּזָא אֱגוֹז — Nut

אַמְגּוּזֵי אֱגוֹזִים — Nuts

אַמְגּוּשָׁא אַמְגּוּשִׁי[26] — Magician, sorcerer

אַמְגּוּשֵׁי אַמְגּוּשִׁים — Magicians, sorcerers

[אַ]מְגוּשְׁתָא[27] (שבת עה א) מְכַשֵּׁף, מָגוּשׁ[28]
Magician, sorcerer

אָמְדָה אוֹמֶדֶת — She evaluates (the situation)

אַמְדוּהּ (יומא פד ב, גט' יב ב) אֲמָדוּהוּ
They assessed him

אַמְדִינְהוּ (מנ' ע א) אֲמָדָם (=אמד אותם)
He assessed them

אָמְדִינַן אָנוּ אוֹמְדִים, נֶאֱמֹד
We assess, we shall assess

[אַ]מְדְּלָא[29] (שבת קנה א) עַרְסָל, מְלוּנָה
Watchman's lodge on high poles

אֲמַדְתִּיךְ (כתו' ק א, בכו' סא א) אֲמַדְתִּיךָ — I assessed you

אִימַּהּ אִמָּהּ — Her mother

אִימַּהּ דְּאִימֵּיהּ (ב"ב קי א) אֵם אִמּוֹ
His maternal grandmother

אַמְהָתָא אֲמָהוֹת (=שפחות) — Female slaves

אַמְהָתָא (ב"ב ג א ועוד) אַמּוֹת — Cubits

אִמְּהָתָא (קידו' פב א) אִמָּהוֹת — Mothers

אמוד (גט' נב ב) מ': אמיד

אָמוֹדַאי[30] (ר"ה כג א) צוֹלֵל, אָמוֹדַי — Diver

אמודי (נדר' ט סע"ב) מ' ו"רש"י" לי'

אֲמוּר אָמְרוּ — They stated

אֲמוּר רַבָּנָן אָמְרוּ חֲכָמִים — The Rabbis stated

אָמוֹרָא מְתֻרְגְּמָן
Expounder of Tannaic teachings, Amorai

בַּר אֱמוֹרָאָה (כתו' קיב א) בֶּן אֱמוֹרִי[31]
Son of the Emori nation

אָמוֹרָאֵי אָמוֹרָאִים
Expounders of Tannaic teachings, Amoraim (p.)

אָמוֹרָאֵי נִנְהוּ וְאַלִּיבָּא דְר' יוֹחָנָן[32] (שבת קיב ב ועוד)
אָמוֹרָאִים הֵם ו(חלוקים הם) עַל דַּעַת ר' יוֹחָנָן
These Amoraim disagree as to what Rabbi Yochanan said

25) בפ' ×§££ =.
26) כהן דת פרסי, מכשף.
27) מ' וא"פ וע', רש"י ותוס': אמגושא.
28) ע' (ע' מגוש): היא הנודעת בל' ישמעאל זמזמה, שהמגושין בשעת סעודתן שותקין ואין מוציאין דבר מפיהם אלא מוציאן קול שאינו מחותך בנעימות והנעימות בלבן. עכ"ל. והשוה "ראטין מגושא וכו'" (סוטה כב רע"א).
29) ע' ורש"י ד' שונ', מ': אמידלא.
30) מ' וע' וע"י א', ד': אמוראי.
31) השוה "בן לוי" = לוי.
32) גם בשבת ה' ב': "ואליבא דר' יוחנן" בכ"י א"פ.

אֱמוֹרָאֵי (ברכ׳ נד א, שבת סז א) אֱמוֹרִיִּים

Expounders of Tannaic teachings, Amoraim *(p.)*

בר אמוראי (ר״ה כג א) מ׳ וע׳: אמודאי

אָמוֹרֵי הָמֵר (עָשָׂה תְּמוּרָה)

He substituted an animal for one already sanctified

אָ(י)מוֹרֵי (תמו׳ י ב — ר״ג ורש״י) (ל)הָמִיר

To substitute an animal for one already sanctified as a sacrificial animal

אָמוֹרֵיהּ מְתֻרְגְּמָנוֹ (של הדרשן)

Expounder (of a lecturer)

אֵימְזְגֵיהּ (עירו׳ נד א) אֶמְזְגֶנּוּ

I shall dilute it in the sense of pouring

אֵימְזוֹג[33] (עירו׳ נד א) אֶמְזֹג

I shall dilute in the sense of pouring

אֶמְזֵיג (נדר׳ נה א) אֶמְזֹג

I shall dilute in the sense of pouring

אימחא (ב״מ קי א) כי״י: מחי

לְ[אַ]מְחוֹיֵי (שבת סא רע״ב — א״פ ורש״י) לַעֲשׂוֹתוֹ מֻמְחֶה

I shall make him into an expert

אמחוק (סוטה יט סע״ב) צ״ל: אימחיקא

אֶמְחְיֵ[י]הּ[34] (גט׳ מז א) אַכֵּהוּ — I shall beat him

[אִי]מְחִיק (יומא עז א — מ׳ ואה״ת) נִמְחַק

It was obliterated

אִימְחִיקָא (סוטה יד רע״ב, יט סע״א[35]) נִמְחֲקָה

It was erased

אַמְטַאי הֵבֵאתִי — I brought

אַמְטוֹ (סנ׳ קט א) הֱבִיאוֹ — They brought him

אַמְטוֹ[36] (ע״ז י ב) הֵבִיאוּ — They brought

אמטו (פס׳ צא א) כי״י ורש״י: דמעיילי

אַמְטוֹ (ברכ׳ נו סע״א) בִּשְׁבִיל — For the sake of

אַמְטוֹ לְהָכִי[37] (פס׳ לא א) מִשּׁוּם כָּךְ — For this reason

אמטוהו (ב״מ פה א) ה׳ אה״ת: אמטיוה

אַמְטוֹיֵי (עירו׳ לד א) (ל)הָבִיא — (To) bring

לְאַמְטוֹיֵי (ביצה יב ב, כתו׳ ק ב) לְהָבִיא — To bring

אַמְטוֹיֵי וְאַתּוֹיֵי (ב״ק קיט ב ועוד)
(ל)הוֹלִיךְ וּ(ל)הָבִיא, הוֹלָכָה וַהֲבָאָה

Double point (sewing)

לְאַמְטוֹיֵיהּ (זב׳ טו ב) לַהֲבִיאוֹ — To bring him, it

אַמְטוֹיַ[יהּ] (שבת קכט א — מ׳ וא״פ ועוד) הֱבִיאוּהָ

They brought her

לְאַמְטוֹיִינְהוּ (ברכ׳ י סע״א[38]) לַהֲבִיאָם — To bring them

אַמְטוּל (זב׳ ס ב) בִּשְׁבִיל, מִשּׁוּם — For, because

אַמְטוּל הָכִי מִשּׁוּם כַּךְ, לְפִיכָךְ

For this reason, hence

אַמְטוּל (ל)הָכִי (כרי׳ טו א — מ׳) מִשּׁוּם כַּךְ, בְּגִין כַּךְ

For this reason, because of this

אַמְטוּלְתֵיהּ (כתו׳ זס ב) בְּגִינוֹ, בִּשְׁבִילוֹ

For him, because of him

אמטי (תע׳ כא סע״א) מ׳ ואה״ת: אמטאי

אַמְטֵי הֵבִיא — He brought

אַמְטֵי (ב״ק קיז א ועוד) הָבֵא (צ) — Bring *(imp.)*

אמטי להכי (ע״ז ט א) ד״ו: אמטול הכי
(מ׳: משום הכי)

אַמְטְיֵיהּ הֱבִיאוֹ, הֲבִיאֵהוּ, הוֹלִיכֵהוּ

They brought it, bring it *(imp.)*, convey it (imp.)

אמטיו (ע״ז י ב) אה״ת: אמטו

אַמְטְיוּהּ (כתו׳ קג סע״ב[39], ב״מ פד ב, פה א[40], ב״ב ק ב)
הֱבִיאוּהוּ — They brought it

אַמְטְיוּהּ (שבת קיט א) הֱבִיאוּהוּ — They brought it

אמטיוהי (כתו׳ קג סע״ב) מ׳: אמטיוה

אַמְטְיִית (ברכ׳ ט ב) הֵבֵאתִי — I brought

אַמְטִינְהוּ (תע׳ כא סע״א) הֱבִיאוּם

Lit. he brought them, i.e., it

אַמְטִינְהוּ (גט׳ לז ב, קידו׳ כב ב) הֲבִיאֵם

Bring *(m., s., imp.)* them (referring to money)

אַמְטִינְהוּ (גט׳ לז ב) הֱבִיאָם — He brought them

(33 ד״ש וילי כ״י, ד׳: אימזגיה, מ׳ לי״.
(34 הגהתי, מ׳: נימחייה, אה״ת: נימחי.
(35 ר׳, מ׳: אימחוק, ד׳: אמחוק.
(36 אה״ת, מ׳: אייתו, ד׳: אמטיו.
(37 = אמטול הכי.
(38 בקטע שהוסיף הב״ח מתוך ע״י.
(39 מ׳, ד׳: אמטיוהי.
(40 ה׳ אה״ת, ד׳: אמטוהו.

אַמְטִית הֵבֵאתָ — You brought

אֲמֵיד (נדר׳ ט ב) אוֹמֶד — Assessment, evaluation

אֲמִיד[41] אָמוּד, עָשִׁיר — Wealthy, rich *(m.)*

אֲמִידָא (ב״ב נב א) אֲמוּדָה, עֲשִׁירָה — Wealthy, rich *(f.)*

אֲמִיד(ניה)[42] (כתו׳ סח סע״א — כ״פ) **אָמוּד** — Assessed *(m.)*

אִימֵּיה אִמּוֹ — His mother

אִימַּיְיהוּ (תמו׳ כה א) אִמָּם — Their mother

אַמִּין אַמּוֹת — Cubits

אָמֵינָא (אמר) אֲנִי אוֹמֵר, אֹמַר, אָמַרְתִּי

I say, I shall say, I said

הֲוָא אָמֵינָא הָיִיתִי אוֹמֵר — I would have said

(a preliminary opinion that is subsequently rejected)

מְנָא אָמֵינָא לַהּ מִנַּיִן אֲנִי אוֹמֵר אוֹתָהּ[43]

What is the source of my statement, opinion

לָא קָאָמֵינָא אֵינִי אוֹמֵר — I do not say, think (so)

לָא הֲוָא קָאָמֵינָא (כתו׳ סט א) לֹא הָיִיתִי אוֹמֵר

I would have not said it, I would have not expressed this opinion

אֲמִיר (אמר) אָמוּר — Said, stated

אֲמִיר (חול׳ מא סע״ב ועוד) הֵמִיר

He substituted an animal for one already sanctified as a sacrificial animal

אֲמִירָא אֲמוּרָה — Said, stated

אִימָּךְ אִמְּךָ — Your mother *(m.)*

אִמָּךְ (קידו׳ יב ב, ב״מ פד ב) אִמֵּךְ — Your mother *(f.)*

אֲבוּהָ דְאִמָּךְ אֲבִי־אִמְּךָ — Your maternal grandfather

אִימְּלוּכֵי, לְאִימְּלוּכֵי לְהִמָּלֵךְ, לְהִוָּעֵץ

To think it over, to ask for advice

אִימְּלַח (חול׳ קיב ב) נִמְלַח — It was salted

אִימַּלַ(י)חוּ (חול׳ צז רע״ב — מ׳) נִמְלְחוּ — They were salted

אֲ(י)מַלֵּי (ב״מ פה סע״ב — מ׳) אֲמַלֵּא — I shall fill

אִימַּלְיָא (גט׳ מה ב) נִתְמַלְּאָה — It *(f.)* became filled

אימליחו (חול׳ צז רע״ב) מ׳: אימלחו

אִימְּלִיךְ נִמְלַךְ, נוֹעַץ

He thought it over, he asked for advice

אִימְּלִיךְ (ברכ׳ כז סע״ב) אֶמָּלֵךְ, אִוָּעֵץ

I shall think it over, I shall ask for advice

אַמְלִיךְ (ב״מ טו א) הִמָּלֵךְ (צ), הִוָּעֵץ (צ)

Think it over, ask for advice *(imp.)*

אַמְלִיכְתֵּיה (בר׳ יג ב) הִמְלַכְתּוֹ

You proclaimed his kingdom

אִימְּלְכִי (ב״ב ל ב) נִמְלַכְתִּי — I sought counsel

אִימְּלְכְתְּ (ב״ב יז ב) נִמְלַכְתָּ — You changed your mind

אִימְּנוֹ נִמְנוּ

They were counted, they associated themselves

לְאַמְנוּיֵי (פס׳ צט א) לְהַמְנוֹת

To be counted as a participant

לְאִימְּנוּעֵי לְהִמָּנַע — To refrain

אִימְּנֵי נִמְנָה

He was counted as a participant, he associated himself

אימנינהו (קידו׳ ל א) מ׳: לימנינהו

אַמְנִינְהוּ (פס׳ פט א 2, גט׳ כה א 2) הִמְנָה אוֹתָם

He included them as participants

אִימְּסַר (מ״ק כח א) נִמְסַר — It was transferred to

אִימַּעוּט נִתְמַעֲטוּ — They diminished

אִימַּעֵט נִתְמַעֵט — It diminished

אַמְצוּרֵי (ב״ב ו ב — ע׳, ע״ז ע ב) הִתְמוֹדֵד, הִתְמַתֵּחַ

I stretched out my hand to measure

אַמְצֵי לֵיהּ נַפְשֵׁיהּ (מ״ק כ ח סע״א, סנ׳ יד א)

הִמְצִיא[44] לוֹ נַפְשׁוֹ — I shall present myself to him

אִימְּצֵי (כתו׳ סב א, נדר׳ פט ב[45]) יָכֹל — He is able to

אֶמְצָעִיתָא (בר׳ ג א) אֶמְצָעִית — Middle one

41) גט׳ נב ב: ד׳ אמוד, מ׳ וד״ו ורש״י: אמיד.

42) כך במ׳ בכולם.

43) = את ההלכה. ומביא ראיה ממשנה או מברייתא או מדברי אמורא מדור קודם.

44) השוה ״מיצוי הנפש״ (ספרי דברים ע״ג), ואולי יש לתרגם: המצה?

45) מ׳, ד׳: אמצי.

אֶמְצָעֲיָיתָא (תע׳ יג ב) אֶמְצָעִיּוֹת — Middle ones

אֲמַר אָמַר — He said, stated

אָמַר אוֹמֵר — He says, states

אָמַר לָךְ אוֹמֵר לְךָ, יֹאמַר לְךָ (כלומר: יָכוֹל לוֹמַר לְךָ) — I can say, reply, postulate

מַאן דְּאָמַר מִי שֶׁאוֹמֵר — The one who said, the one who expressed the opinion

אֲמַר מַר אָמַר מַר (פתיחה להבאה ממשנה או ברייתא או מדברי אמורא) — The master said (opening statement that introduces a previously stated opinion)

אֲמַר קְרָא אָמַר הַכָּתוּב — Scriptures states

אֲמַר רַחְמָנָא אָמְרָה תוֹרָה (בדיוק: אמר הרחמן=ה׳) — The Torah (Pentateuch) states, the Passionate One said

אִימַּר (קידו׳ נג ב) כֶּבֶשׂ, טָלֶה — Lamb

אימר (ב״מ עז א) מ׳: אימרי

אִימְּרָא (פס׳ נז א ועוד) כֶּבֶשׂ, טָלֶה — Lamb

אִימְּרָא דְצוֹמָא (תמו׳ כט רע״א) כֶּבֶשׂ שֶׁל צוֹם[46] — Lean, undernourished lamb

אִימְּרָא[י] (חול׳ נח רע״ב — כי״י) מָרְדָה — Lit., it *(f.)* rebelled, i.e., it ran away

אִימָּרְדָה (כתו׳ סג ב, ב״מ פד ב) נִתְמָרְדָה, מָרְדָה — She was rebellious, rebelled

אֲמַרָה אָמְרָה — She says

אֲמַרָהּ אֲמָרָהּ — He said it

אֱמַרָהּ (ב״ק צב ב) אֱמֹר אוֹתָהּ — Say *(m., imp.)* it

אָמְרָה אוֹמֶרֶת — She says

אֲמַרוּ אָמְרוּ — They said

אִימְּרוּ (מרי) (ב״מ עז א) מָרְדוּ, הִמְרוּ (=חזרו בהם) — They rebelled, they retracted

אִימַּרוּד (יב׳ קח א) נִתְמָרְדוּ, מָרְדוּ — They rebelled

אֲמַרוּהּ אֲמָרוּהוּ — They said it

אִימַּרְטוּטֵי אִימַּרְטַט (ע״ז סט א, נדה נו ב) נִמְרַט נִמְרַט — Fragmented

אָמְרִי[47] אוֹמְרִים — It is said

אָמְרִי לַהּ[48] יֵשׁ אוֹמְרִים — Another opinion is offered (to the effect)

הוה אמרי (שבת קיד ב[49], סוכה נד ב[50]) ר׳ אמרינן — Cf.

אִיכָּא דְאָמְרִי יֵשׁ אוֹמְרִים — Others are of the opinion

דְּאָמְרִי תַּרְוַיְיהוּ שֶׁאוֹמְרִים שְׁנֵיהֶם (שְׁנֵי בְנֵי הַמַּחֲלֹקֶת[51] אוֹ שְׁנֵי אַחִים[52]) — Are jointly of the opinion

אָמְרִי אֱינָשֵׁי אוֹמְרִים אֲנָשִׁים[53] — As the saying goes

אֲמַרִי אָמַרְתִּי — I said

הֲוָה אֲמַרִי (שבת קיד רע״ב ועוד) הָיִיתִי אוֹמֵר — I was of the opinion, I used to say

אִימְּרֵ[י] (מרי) (ב״מ עז א — מ׳) הִמְרָה, מָרַד (=חזר בו) — He backed out, reneged

אִימְּרֵי כְּבָשִׂים, טְלָאִים — Lambs

אִימְּרֵי רַבְרְבֵי (חול׳ נג א) כְּבָשִׂים גְּדוֹלִים — Grown-up, mature lambs

אִימַּרְיָא דַעֲדְקִין[54] (סנ׳ יא סע״א וע״ב) הַטְּלָאִים קְטַנִּים — Young, immature lambs

אִמְרְיָא[55] **(מרי)** (ב״מ פד ב) כָּעֲסָה — She got angry

אֲמַרֵיהּ (יב׳ טז ב) אֲמָרוֹ — (He) said it

מַאן אַמְרְיָיךְ דְּאִימַּרְיַית (סוטה לה רע״ב) מִי הִכְעִיסְךָ שֶׁכָּעַסְתְּ — Who caused you to become angry?

אָמְרִין אוֹמְרִים — They say

אֲמַרִינְהוּ אֲמָרָם — He said (those thing)

אָמְרִינַן אָנוּ אוֹמְרִים, נֹאמַר — We say, let us say

אֲמָרֵיק (ב״מ טו א) אַשְׁלִים — I shall complete

46) = כבש כחוש (ר״ג). כבש רעב (רש״י).

47) בהרבה מקומות־ציון לדברי סתם התלמוד.

48) בין שתי מסורות בשם או בהלכה, למשל: ר׳ אחאי ואמרי לה ר׳ אחא (ברכות ב׳ ב׳). אר״פ שערו כבגדו דמי ואמרי לה כגופו דמי (שם מג ב). א״ר אבהו ואמרי לה במתניתא תנא (שם נא ב).

49) א״פ וד״י: הוה אמרינן, מ׳: הוה אמינא.

50) מ׳ ב ורש״י: הוה אמרינן, מ׳: הוה אמינא.

51) למשל: רב ושמאול דאמרי תרוייהו, אביי ורבא דאמרי תרוייהו.

52) למשל: אביי בר אבין ורב חנינא בר אבין דאמרי תרוייהו (עירובין פז ב).

53) פתיחה למשל עממי (בעברית — הפתיחה: משל הדיוט אומר).

54) ד׳: דערקין.

55) ע׳, שה״ג: אימרדה.

אֲמַרִית אֲמַרְתִּי — I said, it was said

אֲמַרִיתַהּ אֲמַרְתִּיהָ — I made this statement (to)

אמריתה (שבת קנה סע״ב) מ׳ וד״י: אמרית

אָמְרִיתוּ אַתֶּם אוֹמְרִים, תֹּאמְרוּ — You say, you state

אָמְרִיתוּן (פס׳ לד ב, נדר׳ כה א, סה א, סנ׳ צא א 2) אַתֶּם אוֹמְרִים — You say

אָמְרָן אוֹמְרוֹת — They say *(f.)*

אֲמַרָן אָמַרְנוּ — We said

אָמְרַת אַתָּה אוֹמֵר, אַתָּה מְפָרֵשׁ[56] — You say, you interpret

אֲמַרְתְּ אָמַרְתָּ, אָמַרְתְּ — You said (both male and female)

אֲמַרַת אָמְרָה — She said

לָא מָצֵית אֲמַרַת (עירו׳ יד ב ועוד) אֵינְךָ יָכוֹל לוֹמַר — It is incorrect (not acceptable) to say, state

אִימַּרְתָּא (חול׳ נא א) כִּבְשָׂה — Ewe, name of a woman

אִימְּשׁוֹכֵי (סנ׳ ע א) (ל)הִמָּשֵׁךְ — (To) be drawn, attracted

לְאִימְּשׁוֹכֵי לְהִמָּשֵׁךְ — To be drawn, attracted

אִימְּשַׁח (מעי׳ יט א) נִמְשַׁח — He was anointed

אַמְשְׁיֵיהּ (מְשִׁי) (סנ׳ קי סע״א) הִרְטִיבוֹ — He made it wet

אַמְשְׁיַיהּ[57] (ב״ב עד א) הִרְטִיבָהּ — She made it wet

אִימְּשִׁיךְ (שבת קמז ב) נִמְשַׁךְ — Drawn, attracted, pull out (from participation)

אַמְשִׁיכוּ (גט׳ נב סע״א) הִמְשִׁיכוּ[58] — They took possession by pulling the merchandise

אמשינה (ב״ב עד א) ר׳ אמשייה — Cf.

אַמְשִׁינְהוּ (ב״ב קנג סע״א) הִרְטִיבוּם, הִטְבִּילוּם — They dipped (in water), they made them wet, they immersed them in water

אַמַּת רֵיחַיָא (מ״ק י ב) אַמַּת הָרֵחַיִם[59] (עירו׳ פט א) — Grinding-stone trough

אַמְתָא אָמָה (=שפחה) — Female slave, maidservant

אַמְתָא אַמָּה — Cubit

אַמְּתָא דְרֵחַיָא (ברכ׳ יח ב) אַמַּת הָרֵחַיִם — Grinding-stone trough

אַמָּתָא (סוכה ח א) אַמּוֹת — Cubits

אַמְתוֹחֵי (ב״מ קז ב) מָתוֹחַ — To pull (a boat by a rope from the shore)

לְאַמְתוֹנֵי (יב׳ צא ב 2) לְהַמְתִּין — To wait

אַמְתֵיהּ אֲמָתוֹ, שִׁפְחָתוֹ — His female slave, maidservant

אַמָּתֵיהּ (מ״ק יז א) אַמָּתוֹ (=זכרותו) — His sexual organ

אִימְּתִילָא (שבת מט א[60], סנ׳ צה א) נִמְשְׁלָה — It *(f.)* is compared to

אַמְתִּין[61] (יב׳ סג א) הַמְתֵּן — Wait *(m., s., imp.)*

אָן (שבת ל א) אַיֵּה — Where is it?

לְאָן (ע״ז כו א) לְאָן — Where to?

אֲנָא אֲנִי — I

כִּי אֲנָא (פס׳ מט א) כָּמוֹנִי — Like myself

כְּגוֹן אֲנָא (יומא פו א ועוד) כָּמוֹנִי — Like I, like myself

כְּגוֹן אֲנָא וְאַתְּ (קידו׳ פא א) כָּמוֹנִי וְכָמוֹךָ — Like I and you

אִינְבָּא (תע׳ כב סע״ב[62], נזיר לט א) בֵּיצַת כִּנָּה — Lice egg

אַנְבַּג[63] (ב״ב נח רע״ב) כּוֹס, כְּלִי לִשְׁתִיָּה — Cup, drinking utensil

אַנְבְּגָא (קידו׳ ע סע״א) כּוֹס — Cup containing the fourth of a log

אִינַּבּוּ(י) (ב״ב טו רע״ב — כ״י) נִבְּאוּ — They prophesied

אִינַּבּוֹיֵי[64] (שם) (ל)הִנָּבֵא — (To) prophesize

אִינַּבִּי (ב״ב טו ב, סנ׳ צו ב) נִבָּא (ע) — He prophesied

אִינְגַּד[65] (גט׳ נח א) מְעַט — Small quantity

אִינְגִיד נֶאֱנַק — He sighed

אַנְגִיסְטֵר [66] (מ״ק יז א, נדה יז א) מִסְפָּרַיִם[67] · — Scissors

---

56) למשל ״את אמרת לשמעתתיה דרבי!״ (נדה כו ב) אתה מפרש את שמועותיו של רבי!

57) ה׳ מ׳: אמשייה, ד׳: אמשינה.

58) = מכרו ע״י משיכה.

59) =בנין למושה הריחים.

60) אה״ת, מ׳: אמתלי, א״פ, מתילא, ד׳: אימתיל.

61) הגהתי, ד׳: מתון, מ׳: מתי (א — מן ״ארעא״ שלפניה).

62) כ״י, ד׳: איניבא. ע׳: ויש ששונים אניכא ומפרשינן תולעת.

63) מלשון פרסית.

64) הגהתי, ד׳: אינבוי, ה׳ מ׳ ליי.

65) מלשון פרסית. מ׳: איננך, ו׳: אינך.

66) כצ״ל, כהצעת יסטרוב, ד׳: גנוסטרי, ע׳ ומ׳: נגוסטרי, ועי׳ ד״ס מ״ק שם אות ע׳, ועי׳ ע׳ שם.

67) לגזיזת צפרנים מלשון יונית

אִינַגְּעָה (חול׳ ס א) נִתְנַגְּעָה (=נִצְטָרְעָה)
She became afflicted with leprosy

אִינַדַּב (ערכ׳ ו א) הִתְנַדֵּב
He donated

אַנְדִּיסְקֵי (ב״ב נה ב) מל״פ: גּוֹבֵי הַמַּס
Tax collectors, royal monetary document writers

אִינְדְּרוֹנָא חֶדֶר (מל״פ)
Room

אַנְדַּרְטָא צוּרַת אָדָם
Statue

אַנְדַּרְטַיָּא (מ״ק כה סע״ב) צוּרוֹת אָדָם[68]
Statues

אַנְדְּרְפַּטָא: שְׁבוּר אנד׳, פִּירוּז אנד׳
(חול׳ סב ב) שמות עופות
Names of birds

אַנְהַר (סוטה ו א 2) הֵאִיר
He enlightened (us)

אַנְהֲרִינְהוּ (שבת קמז ב, עירו׳ יג ב) הֵאִיר אוֹתָם
He enlightened them

לְאַנּוֹחָהּ (שבת יב ב, ב״ק סב ב 2) לְהַנִּיחָהּ
To place it

אַנּוֹחֵי לְהָנִיחַ
To put on, put down

לְאַנּוֹחֵי דַעְתֵּיהּ (בר׳ כח ב) לְהָנִיחַ דַּעְתּוֹ
To put his mind at ease

אִינּוּן הֵם
They

אַנוּפֵי (ע״ז כה א) מ׳: אונופי

אַנוּקֵי (ע״ז כו סע״א) מ׳ וכ״י ספ׳: אונוקי

אַנַּח הִנִּיחַ
He put down, put on

אַנַּח בַּהּ סִימָנָא[69] (חול׳ נז ב) הִנִּיחַ בָּהּ סִימָן
He made a sign on it

אַנַּח (ב״מ פא ב) הַנַּח (צ)
Put down *(imp.)*

אַנְּחַהּ (סוכה יד ב, ב״ק כב א) הִנִּיחָהּ
He put it down

אַנְּחוּ (יב׳ מו א) הִנִּיחוּ
They put down

אַנְּחוּהּ (גט׳ סג ב) הַנִּיחוּהוּ
Place *(imp.)* it, put into it

אַנְּחִי (יומא מב א, ב״מ קטז א) הִנַּחְתִּי
I put, I put down, I laid down

אַנְּחֵיהּ (כרי׳ יד א) הִנִּיחוֹ
He placed it

אַנְּחֵיהּ (מג׳ כה ב) הַנִּיחֵהוּ
To place in

אַנְּחִינְהוּ (ב״מ כה א, ע״ז לג ב) הִנִּיחָם
He placed them

אַנְּחִינְהוּ (חול׳ נה ב 2) הַנִּיחֵם
Let it stay, let it lie

אֲנַחְנָא (ב״ב קסד א — בשטרות, סנ׳ יא א-ב — באגרות)
אֲנַחְנוּ
We

אַנַּחְנָא (ב״ב עד ב) הִנַּחְנוּ
We put down

אַנְחַת (ב״ב קכט א[70], חול׳ קלז ב) הֲנִיחוֹתָ
One (of your statements) is acceptable

אַנְחַתָא (חגי׳ ה א) הִנִּיחָה אוֹתָהּ
She placed it

אַנְחַתַּהּ[71] (ב״ב עד א) הִנַּחְתִּי אוֹתָהּ
I placed it

אנחתה (ב״ב קכט א) מ׳: אנחת

אַנְחֲתֵיהּ (נחת) (ב״ק קיז א) הוֹרִידוֹ
He moved him down

אִינְּטוֹרֵי (גט׳ עט א 3) (ל)הִשָּׁמֵר
(To) be guarded

אִינְטִילַת[72] (שבת קטז רע״ב) נִלְקְחָה
It was taken away, was rescinded

אַנְטָל[73] (ב״ב נח ב) כְּלִי לִמְדִידַת יַיִן
Wine-measuring utensil

אֶנְטַר (ב״מ פא ב) אֶשְׁמֹר
I shall watch (it)

אֵינְטַר (ב״מ פא ב, ב״ב כט א[74]) אֶשְׁמֹר
I shall watch (it)

(א)נְטַרוּ (ברכ׳ נג ב — מ׳) הַמְתִּינוּ[75]
Wait (for me) *(imp.)*

אַנְ(י)גָּרָא (ב״מ מו ב — כ״י) שם מקום[76]
Name of a place

אַנִיגָרוֹן (מל״י) (ברכ׳ לה ב) אֲנִיגָרוֹן[77]
A drink composed of fish sauce, wine and beet juice

אֲנִיגְרוֹן (שבת קט ב) מין עשב מר
Species of bitter herb

אניגרון (פס׳ קיב א) מלת לחש
An incantation

אֲנִינָא דַעְתַּאי (סוכה כט א, חול׳ קיב א)
דַּעְתִּי אֲנִינָה (=אני אנין הדעת)
I am fastidious, squeamish

אֲנִינָא דַעְתֵּיהּ (יומא ל א, חול׳ קיב א) דַּעְתּוֹ אֲנִינָה
(=הוא אנין הדעת)
He is fastidious, squeamish

68) מלשון יונית
69) אה״ת וה׳, מ׳ וד׳: אתנח ביה.
70) מ׳ ה׳ ד׳: אנחתת, ר׳: אתנחת.
71) ה׳, ד׳: אתנחתא.
72) מ׳ שט׳, ד׳: איתנטלי.
73) מלשון יונית = דלי.
74) כ״י, ד׳: לינטר.
75) בדיוק: שמרו. השוה ״שמרה עומדת על פתח חצרה״ (ב״ק פ״ח מ״ו). ועי׳ רש״י ל״ואביו שמר אתה דבר״ (בראשית לז יא).
76) = ££ (אנגורה בימינו) באסיא הקטנה.
77) משקה העשוי מציר דגים ויין ומי סלק.

אֲנִיס אָנוּס
Forced, constrained (*m.*)

אֲנִיסָא (יב׳ צא סע״א[78], ב״מ פו ב) אֲנוּסָה
Forced, constrained (*f.*)

אֲנִיסֵי (ר״ה לה א, סוטה לח ב) אֲנוּסִים
Constrained (*p.*)

אַנְ[י]קָא (ב״מ מו ב — כי״י) שם מקום באסיא הקטנה
A place in Asia Minor

אָנִיר (ב״מ קה א) אֶחֱרֹשׁ
I shall plow

אנירדפין (פס׳ קיב א) מלת לחש
An incantation

אִינַּכַּר (תמו׳ ז א) נִכַּר
It is recognizable

אֲנַן אָנוּ
We

אֲנַס (ע״ז לג א-ב) גָּזַל
He robbed

אַנְסְבַהּ הִשִּׂיאָהּ
He married her

אַנְסְבֵיהּ (יב׳ קיג א, נדר׳ פט סע״ב[79], ב״ב קמד א 2) הִשִּׂיאוֹ
He married him off

אִינְסֵבִי (יב׳ סב א) נִשֵּׂאתִי
I married

דאינסבן (כתו׳ נג ב) מ׳: אינסובי

אנסה (יב׳ צא סע״א) מ׳: אניסא

אַנְסָה (חול׳ לא סע״ב) אָנְסָה
She forced

לְאַנְסוֹבֵי (יב׳ קכ א) לְהַשִּׂיא
To marry off

אִינְסוֹבֵי, לְאִינְסוֹבֵי[80] לְהִנָּשֵׂא
To be married

אַנְסוּהָ (ב״ק פט ב) דְּחָקוּהָ
They impelled him

אַנְסוּ(ה) (ב״ק קטז ב — מ׳) גָּזְלוּ
They took away by force

אַנְסוּהּ (כתו׳ נג א ועוד) דְּחָקוּהוּ
They impelled him

אַנְסוּה(ו) (ב״ק קיז א) אֲנָסוּהוּ
They forced him

אַנְסוּה(ו) (ע״ז עב א) דְּחָקוּהוּ
They compelled him

(אי)נַסּוֹכֵי (ע״ז כט סע״ב — מ׳) (ל)נַסֵּךְ
(To) make non-kosher by libation (to an idol)

אֲנַסֵּי (סנ׳ צו ב) אֲנַסֶּה
I shall try

אָנְסִי (ב״ב קסח ב) גּוֹזְלִים
They take away by force

אָנְסִי (שבת לג א) דּוֹחֲקִים
They compell him

אַנְסִיב (קידו׳ עא ב) אַשִּׂיא (אשה)
I shall marry

אֵינְסִיב (יב׳ סה א) אֶשָּׂא (אשה)
I shall marry

אִינְסִיב נָשָׂא, נִשְּׂאָה
He married, she married

אינסיב (נדר׳ פט סע״ב) מ׳ ומפרשים: אנסביה

אִינְסִיבָא/ה נִשְּׂאָה
She married

אנסיגרון (ברכ׳ לה ב) ר׳ אכסיגרון
Cf.

אִינְסִיךְ (ע״ז עא ב) נִתְנַסֵּךְ
It became non-kosher by libation (to an idol)

אַנְסֵיהּ (ב״ב ע ב) דְּחָקוֹ
He prevented him

אָנְסִין (ערכ׳ טז א) גּוֹזְלִים
They take away by force

אַנְסָךְ (שבו׳ כו א) אֲנָסְךָ (=הטעה אותך)
He misled you

אֲנַס[ת]ה (חול׳ לא סע״ב) דְּחָקָה אוֹתָהּ, הֶחֱזִיקָה בָהּ בְּכֹחַ
She compelled her, she held her

בְּאַנְפַּאי (סנ׳ יא א-ב) בְּפָנַי
In front of me

בְּאַנְפַּהּ (ע״ז מז רע״א) בְּפָנֶיהָ
In front of her

עַל אַנְפּוֹהִי (סנ׳ צג א — מדניאל) עַל פָּנָיו
On his face

בְּאַנְפּוֹהִי (יב׳ לט ב) בְּפָנָיו
In front of him

אִינְפּוּל (מג׳ ד א) נָפְלוּ, נֶהֶרְסוּ
They fell, fell down, broke up, they were destroyed

לְאִינְפּוּלֵי (מ״ק ב א-ב) לִפֹּל, לֵהָרֵס
To fall, to fall down, to break up, to be destroyed

אִינְפַּח (שבת כו רע״א) נָפַח (= נשב כלפי-)
He blew toward her

בְּאַנְפֵּי (מ״ק ט ב, קידו׳ לב א, נדר׳ מה א, בכו׳ מד ב) בִּפְנֵי
In front of him, it

בְּאַנְפֵּי נַפְשַׁהּ (ב״מ כב ב, חול׳ קכא א) בִּפְנֵי עַצְמָהּ
Separately, independently (*s.*)

בְּאַנְפֵּי נַפְשַׁיְיהוּ (ב״ב קג רע״א, ערכ׳ כה א) בִּפְנֵי עַצְמָם
Separately, independently (*p.*)

עַל אַנְפֵּיהּ (מג׳ כב ב, ב״מ נט ב) עַל פָּנָיו
On his face

בְּאַנְפֵּיהּ (נד׳ יג א, ב״מ פו א, ערכ׳ טז ב) בְּפָנָיו
In front of him

אַאַנְפַּיְיהוּ (מג׳ כב א-ב) עַל פְּנֵיהֶם
On their faces

בְּאַנְפַּיְיהוּ (יב׳ סז א, כתו׳ ז ב) בִּפְנֵיהֶם
In front of them

בְּאַנְפָּנָא [81] (יב׳ קח רע״א, ב״ב קלו ע״א 2) בְּפָנֵינוּ
In front of us

(78) מ׳, ד׳: אנסה.

(79) מ׳ ומפרשים, ד׳: ואינסיב.

(80) וכן בכתובות נג ב בכי״מ, ד׳: דאינסבן.

(81) בשני המקומות — בנוסח שטר.

אַנְפָּק (קידו׳ ע א) כּוֹס לְיַיִן
Wine glass

אַנְפָּק (ב״ב נח ב) מִדָּה (=רביעית הלוג)
A measure (a quarter of a *log*)

אַנְפָּקָא (גט׳ סט ב ועוד) כּוֹס לְיַיִן
Wine glass

אַנְפָּקָא (שבת קט ב) מִדָּה (=רביעית הלוג)
A measure (a quarter of a *log*)

לְאִינְצוֹיֵי לָרִיב
To quarrel

אִינַּקְבָא (חול׳ מט א) נִקְבָה
It was pierced

אִינְקוּט (תע׳ כג ב) נִתְפְּשׂוּ
They got caught

אינקוט (ב״ק קיג ב) ר׳ למינקט (ועי׳ ד״ס)
Cf.

לְאַנְקוֹטֵיהּ (ב״ק פה ב) לְהַתְפִּישׁוֹ (=להחזיר לו)
To restore to him

אִינְקוֹרֵי (חול׳ נז רע״א) אַנְקוֹרִים[82], ור׳ נקורי
Lame fowl, a fowl with spotted forehead

אַנְקְטַהּ (ב״ק קיח רע״ב) הִתְפִּישָׂהּ (=הרגילה)
It got into the habit

אֶינְקְטֵיהּ[83] (חגי׳ טו ב) אֶתְפְּשֵׂהוּ
I shall hold him

אַנְקְטִינְהוּ (ב״ב פח א) הִתְפִּישָׂם (=הרגילם)
He got them into the habit

אִינְקִיב (חול׳ מה א, מח א 2[84], ב, נו א) נִקַּב
It was pierced

אֶנְקִיט (ב״ב לב ב 2) אֶתְפֹּשׂ
I shall hold

אֱינַשׁ, אֱינִישׁ אָדָם
A person

בַּר אֱינִישׁ בֶּן־אָדָם
A human being

אֱ[י]נָשָׁא (נדר׳ נ א — מ׳ ואה״ת) אָדָם
A person

בְּנֵי אֱינָשָׁא (תמיד לב א) בְּנֵי אָדָם
People

אִינְשַׁאי (בר׳ נג ב 3) שָׁכַחְתִּי
I forgot

אִינְשׁוֹ (תע׳ כד א) שָׁכְחוּ
They forgot

אִינְשֵׁי שָׁכַח
He forgot

אֱינָשֵׁי בְּנֵי אָדָם
People

בְּנֵי אֱינָשֵׁי (תע׳ כא ב) בְּנֵי אָדָם
People

אֱינָשֵׁי בֵיתִי אַנְשֵׁי בֵיתִי, בְּנֵי בֵיתִי
Members of my household

אֱינָשֵׁי בֵיתֵיהּ אַנְשֵׁי בֵיתוֹ, בְּנֵי בֵיתוֹ
Members of his household

אֱינָשֵׁי בֵיתֵיהּ (מנ׳ מג א ועוד) אַנְשֵׁי בֵיתוֹ (=אשתו)[85]
Members of his household in the sense of his wife

אֱינָשֵׁי דְבֵיתֵיהּ (ע״ז לט א 2) אַנְשֵׁי בֵיתוֹ
Members of his household

אִנַּשְׁיוּהּ (נדר׳ נ א, חול׳ צג ב) שְׁכָחוּהוּ
They forgot him, it

אִינַּשְׁיֵיהּ (סנ׳ פב א) שְׁכָחוֹ
He forgot him

אֱינָשִׁין (גט׳ מה א) אֲנָשֵׁינוּ, בְּעָלֵינוּ
Our men, husbands

אִינַּשְׁפָה[86] (מנ׳ נ סע״ב) הִתְיַבְּשָׁה[87]
It dried and swelled

אֶינְשְׁקֵיהּ (גט׳ נז ב) אֶשָּׁקֵיהוּ
I shall kiss him

אַנְתְּ אַתָּה
You

אַנְתָּא דְמִשְׁחָא (מנ׳ עח א) עִגּוּל שֶׁל שֶׁמֶן[88]
Thick piece of dough fried in oil, a round piece of coagulated oil

אַנְתּוּ (ב״מ לז א) אַתֶּם
You (*p.*)

לְאִינְתּוּ לְאִשָּׁה (תה״פ)
Become (my) wife

לְשׁוּם אִינְתּוּתָא[89] (גט׳ לח א) לְשֵׁם אִישׁוּת
For the purpose of matrimony

אִינְּתִיק נִתַּק
Detached

אִינְּתִיקָה (יומא מו ב) נִתְּקָה
She detached

אינתך (מ״ק ט ב) מ׳ ואה״ת: איתתך

אינתקיה (נדה סא ב) ד״ו: אי נתקיה

אִנְתַּת אַחוּהּ (כתו׳ קד ב) אֵשֶׁת אָחִיו
Brother's wife

אִינְתְּתָא[90] (מ״ק ט ב, יב׳ מה ב, נדר׳ צא ב) אִשָּׁה
A married woman

אִנְתְּתִי (יב׳ קטו ב, קטז א) אִשְׁתִּי
My wife

(82) רש״י: ובתשובות הגאונים מצאתי עוף שחור הוא ושל מים הוא ובמצחו חברבורות לבנות ועל שם כך נקרא אינקורי שהוא מנומר כמו ניקרו פוינטורא ÷ ובעיר הזאת יש מהן.

(83) מ׳ ב׳ אה״ת, ד׳: אי נקטיה.

(84) כל כי״י (חוץ מן מ׳), נקיב.

(85) השוה ״אויבי איש אנשי ביתו״. (סוטה מט ב).

(86) ע׳: אגשפה לה ס״א אינשפא לה. ר׳ ב: איכספה. ״ואולי הוא מלשון הכסיפו פניו בפסחים מח ב״ (ד״ס).

(87) תירגמתי ע״פ לשון ערבית (=יבש), ע׳: שניא צורתה, רש״י: נפוחה ברוח, ועי׳ עה״ש (ע׳ גשף).

(88) ע׳: ״שמן קרוש עגול כמין לחם״.

(89) מ׳, ד׳: לשום איתתא.

(90) מ׳ בכולם: איתתא.

(91) בנוסח גט.

אִינְתְּתֵיהּ (יב׳ צז רע״ב, נדר׳ נ א, נא א, צא ב, גט׳ פה סע״ב 2[91])
אִשְׁתּוֹ — His wife

אַסָּא הֲדַס — Myrtle

אַסָּא דְּרָא[92] (פס׳ נו א, גט׳ סח ב) הֲדַס לַח
Moist (fresh) myrtle

אסא כלבא (גט׳ סט רע״א) מ׳ ו׳ וע׳: אשא

אַסָּא מִצְרָאָה (סוכה לג רע״א) הֲדַס מִצְרִי[93]
Egyptian myrtle

צִיפְּתָא דְּאַסָּא (קידו׳ יב ב) מַחְצֶלֶת שֶׁל הֲדַס
Myrtle mat

שׁוּטִיתָא דְּאַסָּא (קידו׳ יב ב) שֵׁבֶט (=בַּד) שֶׁל הֲדַס
A myrtle branch

לְאַסָּאָה (שבת סז א, נדר׳ מט א) לְרַפֵּא — To heal

אַסְּבוּהָ(ו) (נסב) (כתו׳ י א — מ׳ וע׳) הִלְקוּהוּ
Flog him (*imp.*)

אַסְּבֵיהּ עֵצָה (ב״ב ג ב) הִשִּׂיאוֹ עֵצָה — Counseled him

לָא אַסְבַּר לְהוּ/לָן אַפֵּיהּ (תע׳ כג ב) לֹא הִסְבִּיר לָהֶם/לָנוּ פָּנִים/פָּנָיו
Did not receive us pleasantly

אֶסְבְּרָא מִדַּעְתִּי (יב׳ כא ב) אֲבִינֶנָּה מִדַּעְתִּי
I shall understand him myself

אַסְבְּרַהּ לִי נִיהֲלִי הִסְבִּירָהּ לִי
He explained the matter to me

אַסְבְּרַהּ נִיהֲלֵיהּ (סנ׳ סח א) הִסְבִּירָהּ לוֹ, הֱבִינוֹ
He explained the matter to him

אַסְבְּרַהּ לָךְ אַסְבִּירֶנָּה לָךְ, אֲבִינְךָ
I shall explain (this, it) to you

אַסְבְּרֵיהּ (ב״מ לג א) הִסְבִּיר לוֹ
He explained to him

אַסְבְּרִית נִיהֲלֵיהּ[94] (נדה מב סע״א) הֲבַנְתִּי (פ״י) לוֹ
I expained to him

אַסְבְּרַן (ב״מ לג א) הִסְבִּיר לִי, הֲבִינַנִי
He explained, clarified this, it to me

אַסְבְּרְתֵּהּ נִיהֲלֵיהּ (ב״ב קמב סע״ב, נדה מב סע״א[95])
הִסְבַּרְתִּיהָ לוֹ — I explained the matter to him

אַאִיסָדַן (=א אסדן) (ברכ׳ נו א) לִמְרַאֲשׁוֹתַי
At my head

אַסְהֲדוּתֵיהּ עֵדוּתוֹ — His testimony

אִם כֵּן (אִי הָכִי) מַאי אַסְהֲדוּתֵיהּ (ברכ׳ יד סע״ב[96], יבמ׳ סד ב, ע״ז לו א, תמו׳ יח ב) אִם כֵּן מַה (הוֹעִילָה) הַעֲדָאָתוֹ (=עֵדוּתוֹ)
If this is so, what is the use of his testimony?

אַסְהֲדַתְּ (פס׳ קיג ב, שבו׳ לב ב) הֵעַדְתְּ — You testified

לְאַסְהוֹדֵי לְהָעִיד — To testify

לאסהיד (ב״ב מג ב) ר״ג ורא״ש: לאסהודי

אַסְהִיד הֵעִיד — He testified

אַסְהִיד (ר״ה כא א) הָעֵד (צ) — Testify (*imp.*)

אַסְהִידוּ הֵעִידוּ — They testified

אַסְהֲ[י]דוּ (ב״ק עג א 2 — ה׳) הֵעִידוּ — They testified

אָסוּ (=אסותא) (ב״ק פו רע״א) רְפוּאָה — Healing

אַסּוּבֵי יְנוּקָא (שבת קכג א) (ל)עַצֵּב (אֵיבְרֵי) תִּינוֹק[97]
(To) align properly a child's limbs

אָסְוָון (ב״ב נח ב) רְפוּאוֹת — Medications

אָסְוָותָא (גט׳ נו ב) רוֹפְאִים — Physicians

אַסּוּחֵי (ל)הַסִּיחַ — (To) distract

אַסּוּיֵי (ב״ק פו א) (ל)רַפֵּא — (To) cure

לְאַסּוּיֵיהּ[98] (נדר׳ מט סע״א) לְרַפְּאתוֹ — For his cure

אַסּוּכֵי (ב״ב קסו סע״ב) (ל)סַכֵּם — (To) total up

אַסּוּקֵי, לְאַסּוּקֵי (סלק) לְהַעֲלוֹת
To bring up to a conclusion, to elevate

אִיבָּעֵי לֵיהּ אַסּוּקֵי אַדַּעְתֵּיהּ (ב״ק לב ב 2, נב א-ב 2) הָיָה לוֹ לְהַעֲלוֹת עַל דַּעְתּוֹ
He should have contemplated the possibility

אִיבָּעֵי לְכוּ אַסּוּקֵי אַדַּעְתַּיְיכוּ (ב״מ צב ב 2) הָיָה לָכֶם לְהַעֲלוֹת עַל דַּעְתְּכֶם
You should have contemplated the possibility

---

92) מלשון פרסית = לח.
93) רש״י: גדל על המצר של שדה... לי״א... הדס מצרי.
94) מ׳: אסברי ניהלך (!), וצ״ל: אסברתה ניהליה, כמו בב״ב קמב ב.
95) ד׳: אסברית, מ׳: אסבר.
96) ד׳: אסהדתיה, מ׳: אסהידתיה (והוגה ביהי״ש: סהדותיה).
97) רש״י: להחליק סדר איבריו. ע׳: כנפלה ערלת הגרון (=פי הושט?) של תינוק משימה החיה (=המילדת) אצבעה בפיו ומסלקת אותה הערלה ופעמים שמקיא התינוק.
98) מ׳ (לאסויי) ד׳: לאסיה, ד״ו: לאסיה.

לְאַסּוּקֵי אַדַּעְתֵּיהּ[99] (ב״ק כא ב) לְהַעֲלוֹת עַל דַּעְתּוֹ
To contemplate the possibility

לְאַסּוּקֵי עַל דַּעְתָּא (נדר׳ יד א) לְהַעֲלוֹת עַל הַדַּעַת
To contemplate the possibility

אַסּוּקֵיהּ (מ״ק יא א) (ל)הַעֲלוֹתוֹ
(To) bring up, to elevate

לְאַסּוּקֵיהּ (גט׳ פא ב) לְהַעֲלוֹתוֹ — To elevate him

לְאַסּוּקִינְהוּ (כתו׳ כד ב 2, קידו׳ סט ב) לְהַעֲלוֹתָם
To elevate them

אסוקינהו (קידו׳ סט ב) מ׳: אסקינהו

אַסּוּר (ברכ׳ נו ב) קָשְׁרוּ — They tied (to)

אִיסּוּרָא אִסּוּר — Prohibition

אִיסּוּרָא דְאוֹרָיְיתָא אִסּוּר מִן הַתּוֹרָה
Torah prohibition

אִיסּוּרָא קַלִּילָא (עירו׳ לב ב) אִסּוּר קַל
Slight, not so serious, prohibition

אִיסּוּרָא רַבָּה (שם) אִסּוּר גָּדוֹל, אִסּוּר חָמוּר
Serious prohibition

אִיסּוּרָא דְרַבָּנָן אִסּוּר מִדִּבְרֵיהֶם
Rabbinical prohibition

אִיסּוּרַהּ אִסּוּרָהּ — Her, its prohibition

כְּאִיסּוּרֵי אִסּוּרִים — Prohibitions

אִיסָּ(ו)רֵי (קידו׳ יב א 3 — מ׳) אִיסָּרִים
Issarim, small coins

אִיסּוּרֵיהּ אִסּוּרוֹ — His, its prohibition

אִיסּוּרַיְיהוּ אִסּוּרָם — Their prohibition

אִיסּוּרְיָיתָא חֲבִילוֹת — Bundles

אָסוּתָא מַרְפֵּא, רְפוּאָה — Cure, remedy

אָסוּתֵיהּ רְפוּאָתוֹ — His cure, remedy

אָסוּתַיְיהוּ (ב״מ קיג ב) רְפוּאָתָם — Their cure, remedy

אַסַּח דַּעְתֵּיהּ (נסח) הִסִּיחַ דַּעְתּוֹ
His mind strayed, his attention was diverted

אסחאי (עירו׳ נג ב) מ׳ ע״י ויל׳ כ״י: אסחנא

אַסַּח(ה ל)דַּעְתֵּיהּ (שבת מה סע״א — מ׳ שט׳) הִסִּיחַ דַּעְתּוֹ
His mind strayed, his attention was diverted

אַסַּח(יה ל)דַּעְתֵּיהּ (פס׳ קטו ב — מ׳) הִסִּיחַ דַּעְתּוֹ
His mind strayed, his attention was diverted

אַסְחֵיהּ (סחי) (מג׳ טז א) הִרְחִיצוֹ — He washed him

אַסַּח(י)תוּ[1] **דַּעְתַּיְיכוּ** (פס׳ קג רע״ב) הַסַּחְתֶּם דַּעְתְּכֶם
Your mind strayed, your attention was diverted

אַסַּחְנָא[2] **לְדַעְתַּאי** (עירו׳ נג ב) הֵסַחְתִּי אֶת־דַּעְתִּי
My mind strayed, my attention was diverted

אַסַּחְתִּינְהוּ מִדַּעְתַּאי[3] (תע׳ כב רע״א) הֵסַחְתִּים מִדַּעְתִּי
I took it off my mind (as belonging to me and I devoted them to charity)

לְאַסְטוּנֵי (יומא כ א) לְהַשְׂטִין, לְקַטְרֵג — To accuse

אִסְטָמָא[4] **לְפַרְזְלָא** (בר׳ סה רע״ב) פְּלָדָה לְבַרְזֶל (עי׳ ע׳)
Immersion of hot iron in water

איסטמאי (שבת סז א) **שם שד זכר (בנוסח של לחש)**
Name of male demon (as a part of an incantation)

אסטמורי (ב״ק נח ב) ה׳ רש״י ד״י: אסתמורי

אִיסְטַנְדְּרָא[5] (גט׳ פ ב) שִׁלְטוֹן הָעִיר
Town administration

איסטרוגי (ב״ב קמג א — כ״פ) כ״י: איסטרטיגי

אִיסְטַרְטִיגֵי[6] (שם — כ״י) הַנְהָלַת הַמָּחוֹז
Regional administration

אַסֵּי (שבת סא ב) רִפֵּא — He healed

אָסְיָא רוֹפֵא — Physician

לאסיוה (נדר׳ מט סע״א) מ׳: לאסוייה

אָסְיֵיהּ (ב״מ פה סע״ב) רוֹפְאוֹ — His physician

אָסְיָיךְ (ב״ק פה סע״א) רוֹפַאֲךָ (=רופא שלך)
Your physician

אֲסִינֵי[7] (פס׳ קז א) שֵׁכָר (הֶעָשׂוּי מִן) סְנֶה — Berry drink

אסינתא (שבת קט ב) מ׳ ורש״י ד״ש: אסניתא

אֲסִינְתָּא (כתו׳ ח א) עֲרֵבָה, גִּיגִית, קְעָרָה
Bowl for grain

99) ד׳: דעתא.

1) הגהתי. בכל כ״י לי ״מ״ט דאסחיתו דעתייכו״.

2) מ׳ ע״י ויל׳ כ״י, ד׳: אסחאי.

3) מ׳, מ׳ ב׳ וע״י: לדעתאי, ד״י: דעתי.

4) מלשון יונית

5) בע׳ ובקידושין עב ב — בת״י.

6) מלשון יונית.

7) מ׳ א״פ, ד׳: אסני, מ׳ ב: אהיני.

אסינתי (ע"ז ח ב) ע' וכ"י ספ': אסינתא

אֲסֵיסְנָא[8] (פס' ד א) אֲנִי מְיַסֵּד

I would have established

אסיפא דביתי (ב"ק קד ב ועוד) ר' סיפא — Cf.

אַסִּיק (סלק) הֶעֱלָה, הַעֲלֵה

He elevated, raise (*imp.*)

אַסִּיק אַדַּעְתֵּיהּ (ב"ק מה ב) הֶעֱלָה עַל דַּעְתּוֹ

He considered the possibility

אַסִּיקוּ לֵי' (מ"ק כה ב, יב' קכא ב, נדר' כה א, ב"מ פד ב, הור' יג ב) הֶעֱלוּ (קָרְאוּ שֵׁם) — They named

אַסִּיקוּ (בכו' ח ב) הַעֲלוּ — Bring (*imp.*) it up

אַסִּיקְתֵּיהּ (גט' סח ב) הֶעֱלֵיתָ אוֹתוֹ — I brought it up

אֲסִיר אָסוּר — Prohibited

אסיר (סנ' צח סע"א) מ' ואה"ת: אסר

אֲסִירָא אֲסוּרָה — Prohibited (*f., s.*)

אֲסִירֵי אֲסוּרִים — Prohibited (*m., p.*)

ואסירי (סנ' צח סע"א) מ' ואה"ת: ואסרו

אֲסִירָן אֲסוּרוֹת — Prohibited (*f., p.*)

אֲסִירַתְּ (סנ' כב א) אַתְּ אֲסוּרָה — You are prohibited

אֲסִיתָא מַכְתֵּשׁ, מְדוֹכָה — Mortar

אֲסִיתָא דִנְחָשָׁא (נדה לו סע"ב) מַכְתֵּשׁ נְחֹשֶׁת

A copper mortar

אֲסִיתָא (חול' נב א) חוֹר שֶׁבַּחוּלְיָא (רש"י)

Depression in vertebra serving to hold the rib

אַסְכֵּים (גט' ו ב) הִסְכִּים — He agreed

אַסְכִּימוּ (מכות כג ב) הִסְכִּימוּ — They agreed

אַ(י)סַלְּקִינֵּיהּ (גט' נב ב — מ') אֲסַלְּקֶנּוּ

I shall remove him

אַסְמוֹכֵי[9] (מ"ק יג ב 2) (ל)עַבּוֹת

(To) thicken (a liquid)

אֶיסְמְיֵיהּ (יב' מ א ועוד) אֶמְחָקֵהוּ, אַשְׁמִיטֵהוּ[10]

I shall erase it, remove it

אַסְמִיק הֶאְדִּים — He reddened

אַסְמְכֵהּ אַקְּרָא (יומא עא ב ועוד) הִסְמִיכָהּ עַל הַכָּתוּב[11]

Supported it by a Biblical verse, rooted it in a Biblical verse

אַסְמְכֵי בְּרַבִּי (ב"מ פה א) הִסְמִיכוּ בְּ"רַבִּי"[12]

Titled him ""Rabbi", ordained his as a rabbi

אַסְמְכֵיהּ אַזּוּזֵי (ב"מ סו ב) הִסְמִיכוּ עַל מָעוֹת[13]

They promised him to give money

אסמכיה (חול' קיב א) מ' ה' ר' א וב: סמיכתא

אַסְמְכִינְהוּ רַבָּנָן אַקְּרָאֵי (עירו' ד ב ועוד)
הִסְמִיכוּם חֲכָמִים עַל מִקְרָאוֹת

The Rabbis supported it by a Biblical verse, rooted it in a Biblical verse

אַסְמַכְתָּא אַסְמָכָה (בשתי ההוראות[14])

Supportive inference (from a Biblical verse lacking validated derivation); declaration of intention (short of binding obligation)

אַסְמַכְתַּיְיהוּ (כתו' סז א 2) אַסְמַכְתָּם, בִּטְחוֹנָם

Their dependence, trust

אֲסַנָא (ע"ז כח א) סְנֶה — Thorn-bush, bramble

אֲסַנָא (ע"ז כח ב) אֶסֶן[15] — Senna seeds

אסני (פס' קז א) מ' וא"פ: אסיני

אֲסַנִיתָא[16] (שבת קט ב) סְנֶה — Thorn-bush

אַסְפְּדַהּ (מג' כח ב) הִסְפִּידָהּ — He eulogized her

אַסְפְּדִיקָא[17] (גט' סט ב) כֶּסֶף חַי — Mercury

לְאַסְפּוּדֵיהּ (מ"ק כה ב) לְהַסְפִּידוֹ — (To) eulogize him

אַסְפֵּי[18] (מן "ספי") לֵיהּ כְּתוֹרָא (ב"ב כא א)
הַלְעִיטֵהוּ כְּשׁוֹר

Gorge *(imp.)* him (with food) like an ox

ליבון אספיר (סנ' קו א) שם מקום[19] — Name of place

(8) כנוסי' ע' (ע' כף ב), והוא מלשון ערבית, שה"ג: אסיסני.

(9) פי' ל"מעבין".

(10) מן הברייתא שהבאתי.

(11) מצא סמך להלכה בכתוב.

(12) נתן לו תואר "רבי".

(13) הבטיח לתת לו כסף.

(14) א) אסמכתא בעלמא — רמז בכתוב להלכה, שאינה מפורשת בתורה.
ב) התחייבות אדם לשלם סכום־מה לחבירו מבלי לקבל תמורתו לא חפץ ולא עבודה או שרות, ומבלי שגרם נזק לחבירו.

(15) ע': גרעינים של דקל ושמו אסני (-£).

(16) מ' ורש"י ד' שונ', ד': אסינתא.

(17) ע' (מ': אספריכא, ד': אספירכא) והוא מל"פ.

(18) כל הנוסי', והיא יחידאית, כי בכל מקום בבנין קל. "מספין" (שבת קנו רע"א) הוא בעברית: גובלין ולא מספין. מספינן (יומא פג סע"א) ר' בערכו.

(19) ועי' עה"ש ח"א עמ' קצא—ב.

אספירכא (גט׳ סט ב) ר׳ אספדיכא וח״ג שם — Cf.

אַסְפְּלִידָא[20] (ב״ב ז א כ״פ) מְעָרָה, אַכְסַדְרָה
Exedra, a room formed by an open or columned recess, terrace, cave

אַ(י)סְפְּלִידֵי (מנ׳ לג ב — ח׳) אַכְסַדְרוֹת
Exedrae, rooms formed by an open or columned recess, terraces, caves

אִיסְפְּלָנִיתָא[21] (שבת קלג ב) אִסְפְּלָנִית
Poultice, medicated bandage

אַסְפַּסְתָּא[22] חָצִיר, מַאֲכָל בְּהֵמָה — Hay, fodder

אִיסְפְּקָא[23] (גט׳ יד סע״א) גָּבִיעַ
Drinking vessel, wine vessel

אִסְפְּרְוָוה[24] **דִּידֵיהּ** (כתו׳ ג ב) נוֹשְׂאֵי מַשְׂאוֹתָיו
His porters

אִיסְפְּרַמָקֵי[25] בְּשָׂמִים
Perfumes, good smelling substances

אֵיסַּק, אֶסַּק (סלק) אֶעֱלֶה — I shall raise, bring up

אַסְּקָא (ב״ב קלה ב) הֶעֶלְתָה
She has raised, brought up

אַסְּקוּה(ו) הֶעֱלוּהוּ
They have raised him, brought him up

אַסְּקוּה (זב׳ קטז ב) הֶעֱלוּהוּ — They have brought him up

אֶסְקוּטְלָא[26] (תע׳ כה א) מַכַּת אֶצְבַּע צְרָדָה[27]
Snapping one's finger

אֶסְקוּטְלֵי[28] (ע״ז כח סע״א) מַכּוֹת אֶצְבַּע צְרָדָה
Snapping one's finger (*p.*)

איסקומדרי (קידו׳ כא ב) מ׳ וע׳: איסקונדרי

אִיסְקוּנְדְּרֵי (נדר׳ כה א, קידו׳ כא ב[29], שבו׳ כט א) פְּסִיפָסִים[30]
Mosaics, dog cubs

אַסְקוּפָּתָא (יומא נג סע״א) אַסְקֻפּוֹת, מִפְתָּנִים
Thresholds, doorsteps

אַסְּקֵיה (סלק) הֶעֱלָהוּ
He has raised him, brought him up

אַסְּקֵיה[31] (תע׳ כד א) הֶעֱלָהוּ
He has raised him, brought him up

אַסְּקֵיה... לְדַעְתֵּיה (ברכ׳ לח א) הֶעֱלָה עַל דַּעְתּוֹ
He considered the possibility

אַסְּקִינְהוּ הֶעֱלוּם — They raised them, brought them up

אַסְּקִינֵיה (כתו׳ כו ב, ב״ב לב א) הֶעֱלֵינוּ אוֹתוֹ
We have elevated him (to the Priestly state)

אַסְקָרָא[32] (חול׳ סה א) זָחָל — A reptile

אַסְקַרְיָא[33] תֹּרֶן — A mast

אסקרין (חול׳ סה א) כ״י וד״ר: אסקרא

אֲסַר (סנ׳ קה ב, חול׳ קה ב) קָשַׁר — He tied (to something)

אֲסַר אָסַר — He prohibited

אָסַר אוֹסֵר — Prohibits

אָסַר (ברכ׳ ס ב) חוֹגֵר — He belts

אָסַר (שבת פב א) קוֹשֵׁר — He ties

אָסַר[34] (סנ׳ צח סע״א) חוֹבֵשׁ, קוֹשֵׁר — He ties, wraps

אִיסָּרָא (פס׳ קיא ב) שַׂר (בשמים), מַלְאָךְ
Celestial prince, angel

אָסְרָא (ע״ז לז ב) הָאוֹסֵר
The one who prohibits (*m.*)

אסרא (תע׳ טז ב) ד״ו: אסרי

אָסְרָה אוֹסֶרֶת — The one who prohibits (*f.*)

אָסְרָה[35] (יב׳ כו א) אוֹסֶרֶת
The one who prohibits (*f.*)

אַסְרַהּ אֲסָרָהּ — He prohibited it (her)

20) מלשון יונית = מערה.
21) מלשון יונית = רטיה.
22) מלשון פרסית.
23) מלשון יונית.
24) מלשון פרסית (עה״ש).
25) מלשון יונית.
26) מלשון יונית.
27) מדביק אצבעו באגודלו, ושומט את האגודל, והאצבע מכה.
28) מ׳ וע׳ וד״י, ד״ח: איתקוטלי.
29) מ׳ וע׳, ד׳: איסקומדרי.
30) פי׳ ר״ח: גורי כלבים.
31) כ״י ואה״ת וע״י א׳, ד׳: שדיתיה.
32) כ״י וד״י, ד״ח: אסקרין.
33) מלשון יונית.
34) מ׳ ואה״ת, ד׳: אסיר.
35) מ׳, ד׳: אסרן.

וְאַסְרוּ[36] (סנ׳ צח סע״א) וְקוֹשְׁרִים, וְחוֹבְשִׁים
And they tie, wrap

אֲסָרוּהּ (ע״ז לה רע״א) אֲסָרוּהוּ
They prohibited him

אֲסָרוּהָ (ביצה ד ב ועוד) אֲסָרוּהָ
They prohibited her

[אַ]סְרוּחֵי[37] **מַסְרְחָא** (סוכה לו א) הַסְּרֵחַ מַסְרַחַת
It decomposes, decays

אַ(י)סְרוּחֵי מַסְרְחָ[י] (חול׳ קכ א — מ׳) הַסְּרֵחַ מַסְרִיחִים
They decompose, decay

אַסְרַח (נזיר נ סע״א 2[38]) הִסְרִיחַ
It *(m.)* decomposed, decayed

אַסְרְחָא (תמו׳ לא א) הִסְרִיחָה
It *(f.)* decomposed, decayed

אָסְרִי אוֹסְרִים
They prohibit

אָסְרִי (תע׳ טז א[39], גט׳ נח א) קוֹשְׁרִים
They tie

אִיסָּרֵי (שבת קיב ב) חֲבָלִים
Ropes

אַסְרֵיהּ אֲסָרוֹ
He prohibited it

אִיסָּרֵיהּ (ע״ז מא ב) שַׂר שֶׁלּוֹ, מַלְאָךְ שֶׁלּוֹ
His angel, his heavenly prince

אָסַרְ(י)נָא[40] (ע״ז מ א) אֲנִי אוֹסֵר
I prohibit

אַסְרִינְהוּ (נדר׳ מח ב, חול׳ צה ב) אֲסָרָם
He prohibited them

אָסְרִינַן (גט׳ פח סע״ב) אָנוּ אוֹסְרִים
We prohibit

אָסְרִינַן (מ״ק טז א) אָנוּ אוֹסְרִים, (בבית מאסר), אָנוּ קוֹשְׁרִים
We imprison, we tie down.

אֲסַרְ(י)תַּהּ (יב׳ צה א — מ׳) אֲסַרְתִּיהָ
I have prohibited it

אָסְרָן אוֹסְרוֹת
They *(f.)* prohibit

אָסְרָן[41] (יב׳ כו א) אוֹסְרוֹת
They *(fem.)* prohibit

אָסַרְנָא (תע׳ כב א) אֲנִי קוֹשֵׁר, אֲנִי אוֹסֵר (=שָׂם בְּמַאֲסָר)
I tie down, I imprison

אסרנא (יב׳ צב א) מ׳: אסרנוה[42]

אָסַרְנָא (סנ׳ ק א, ע״ז מ א[43], נז א[44]) אֲנִי אוֹסֵר
I prohibit

אֲסַרְנַהּ[45] (יב׳ צב א) אֲסַרְנוּהָ
We have prohibited it

אָסְרַת (קידו׳ יב א) אַתָּה אוֹסֵר
You prohibit, you will prohibit

דאסרת (קידו׳ יב רע״ב) מ׳: דאסר׳[46]

אָסְרַת (קידו׳ יב א) אַתְּ אוֹסֶרֶת, תַּאַסְרִי
You prohibit, you will prohibit

אֲסָרָתַהּ (שבת פא ב) קָשְׁרָה אוֹתָהּ
He tied her down

אֲסַרְתִּינְהוּ (ע״ז לג ב) אֲסַרְתִּים
I prohibited them

אֲסַרְתִּינְהוּ (מג׳ טז א) קָשְׁרָה אוֹתָם, סָגְרָה אוֹתָם
She tied them, she locked them up

אִיסְתָּאַב (נזיר מג א) נִטְמָא
Became ritually impure

אִסְתְּבַר טַעְמֵיהּ (ר״ה לא ב) הוּבַן טַעְמוֹ
His reasoning was accepted

אִיסְתְּגַר[י][47] (ב״ק מ א) נִסְגַּרְתִּי, נִשְׁתַּתַּקְתִּי
I shut myself in, I was silenced

אֶסְתַּדִירָא[48] (שבת קיא ב) תֹּרֶן הַסְּפִינָה
Ship mast

אִיסְתְּוִיט (נדר׳ מא א) פָּחַד וְנִבְהַל[49]
It was frightened and panicked

אִיסְתַּוִירָא (יב׳ קג א ועוד) עֶצֶם הַיּוֹרֵד מִן הַשּׁוֹק עַד הֶעָקֵב
Knucklebone, the length of the foot from the ankle

אִיסְתּוּמְכָא[50] (ע״ז כט א[51], חול׳ נ ב) פִּי הַכֶּרֶס
Opening of the stomach

אִיסְתְּיוֹעֵי (סנ׳ יח סע״ב) (ל)הִסְתַּיֵּעַ
(To) be assisted (by)

אִסְתַּיְּעָא מִילְּתָא (כתו׳ ח א[52], קידו׳ לא ב[53], נדה כ ב[54])
נִסְתַּיֵּעַ הַדָּבָר
It worked out

(36) מ׳ ואה״ת, ד׳: ואסירי.
(37) מ׳גל׳, ושם: קמסרח.
(38) פ״ב —מ׳, ד׳: אסרוח.
(39) ד״ו, ד״ח: אסרא, מ׳ ואה״ת — בעברית: אסרו.
(40) מ׳ כ״י ספ׳ ד״ו ור״ח.
(41) מ׳: אסר׳ = אסרה (וזה מתאים ל״שכיבתן״).
(42) = עברית? ואולי צ״ל: אסרנה.
(43) ד״ח: אסרינא. מ׳ וכ״י ספ׳: אסרנא ליה.
(44) ד׳: אוסריניה.
(45) הצעתי, ד׳: אסרנא, מ׳: אסרנוה.
(46) = דאסרה — שאוסרת.
(47) פ׳, ה׳: אסתיגר, ע׳: אסתניד (פי׳ חליתי).
(48) ע׳ ורש״י ד״ש, א״פ: איסטדירא, ד׳: איסטרידא.
(49) ע׳, ר״ן: אחזתה רוח שטות... מלשון סטיא רוח של שגעון וכדאמר בעלמא (ב״ק לז ב) סיוטה הוא דנקטיה.
(50) מלשון יונית (=כרס). ע׳: אסטומכא.
(51) לדעת בעל עה״ש כאן הכוונה למחלת אסטמה.
(52) מ׳, ד׳: אסתייע.
(53) שם: מילתיה.
(54) ע״י, מ׳ ד׳: אסתייע.

אִיסתייעא מילתייהו (סנ׳ יח סע״ב) ר׳ מסתייעא — Cf.

אַסְתִּירָא, אִיסְתִּירָא, אִיסְתְּרָא אַסְתָּר[55] (חֲצִי זוּז)

A Roman coin equal to a half a *zuz*

אַסְתִּירֵי אַסְתָּרִים — Roman coins

לְאִיסְתַּכּוּלֵי[56] לְהִסְתַּכֵּל — To look, stare

אִיסְתַּכֵּי (סנ׳ צז ב) צַפֵּה (צ)

Look forward, expect (*imp.*)

אִיסְתַּכַּל הִסְתַּכֵּל (ע) — He looked

אִסְתַּכַּל (חול׳ ס א) הִסְתַּכֵּל (צ) — Look (*imp.*)

לאיסתכלא (חול׳ ס רע״א) אה״ת: לאסתכולי — Cf.

אִיסְתַּכַּלִי (מג׳ כח א, ב״ב פה ב) הִסְתַּכַּלְתִּי — I looked (at)

אִיסְתַּכַּן (פס׳ קיא ב, קיב ב) הִסְתַּכֵּן

He endangered himself

אִיסְתַּכַּנִי (כתו׳ סא א) הִסְתַּכַּנְתִּי — I endangered myself

אִיסְתְּכַר (גט׳ עג א, ב״מ קו ב) נִסְתַּם — Became plugged up

איסתלוק (עירו׳ ס רע״א) ד״ש: איסתלקו

אִיסְתַּלּוֹקֵי (ל)הִסְתַּלֵּק — (To) depart, leave

אִיסְתַּלַּ(י)ק (כתו׳ פ א — רש״י) נִסְתַּלֵּק — He departed, left

אִיסְתַּלַּ(י)קוּ (שם — רש״י) נִסְתַּלְּקוּ — They departed, left

אסתליקתו (ב״ק קח ב) כל כי״י: אסתלקיתו

אִיסְתַּלַּק נִסְתַּלֵּק (ע) — He departed, left

אִיסְתַּלַּק (כתו׳ צא ב 2) הִסְתַּלֵּק (צ) — Depart, leave (*imp.*)

אִיסְתַּלְּקָא (כתו׳ צט א) נִסְתַּלְּקָה — She departed, left

אִסְתַּלַּקוּ (כתו׳ פ א, ב״ק פא ב) נִסְתַּלְּקוּ

They departed, left

אִיסְתַּלַּקִיתוּ[57] (ב״ק קח ב) נִסְתַּלַּקְתֶּם

You absented yourself

לְאִיסְתַּמּוֹרֵי[58] (ב״ק נח ב) לְהִשָּׁמֵר — To treat it with care

לְאִסְתַּמּוֹרֵי[59] (ב״ב צט א) לְהִשְׁתַּמֵּר (=שישתמרו)

To preserve, to conserve

אִסְתְּמִיךְ[60] (סנ׳ ל ב) נִסְמַךְ

He has received Rabbinical ordination

אִסְתָּן[61] (כתו׳ כג א ועוד) צָפוֹן — North

אִסְתָּנָא רוּחַ צְפוֹנִית — North wind

איסתנדרא (קידו׳ עב ב) ר׳ איסטנדרא — Cf.

איסתנים (פס׳ קח א) מ׳ וא״פ: אסטניס

אִיסְתְּנִיסַת[62] (גט׳ נו א) חָלְתָה[63] — She fell ill

לְאִסְתַּפּוּקֵי מִינַהּ (שבת כט ב) לְהִסְתַּפֵּק מִמֶּנָּה

To utilize it

אִיסְתְּפִי (סנ׳ צב ב) פָּחַד — He was afraid

איסתפיק (עירו׳ ז א) מ׳: אסתפק

אִסְתַּפַּק (ב״מ מ א 2) הִסְתַּפֵּק (במזון)

He kept himself supplied

לָא אִסְתַּפַּק (שבת קלג ב) לֹא הִסְפִּיק

Did not have the time (for)

גְּמָרֵיהּ אִסְתַּפַּק לֵיהּ (ר״ה יד ב, יב׳ טו א) הָיָה לוֹ סָפֵק בְּתַלְמוּדוֹ

He was unsure of the teaching

אִיסְתַּפַּק[א] לְהוּ מִילְּתָא (בכו׳ ל ב — מ׳)

הָיָה לָהֶם סָפֵק בְּדָבָר (=בהלכה)

They were unsure of the ruling

אִיסְתַּפְּקָא לְהוּ לְרַבָּנָן בִּקְדוּשָּׁתֵיהּ (יומא נא ב)

הָיָה לָהֶם לַחֲכָמִים סָפֵק בִּקְדֻשָּׁתוֹ

The Rabbis were unsure of its sanctity

אֶיסְתְּרֵיהּ (ב״ב ז א) אֶסְתְּרֶנּוּ, אֲהַרְסֶנּוּ

I shall wreck it, I shall destroy it

אִסְתְּתוֹמֵי אִסְתְּתוּם (ר״ה כג ב) נִסְתֹּם נִסְתְּמוּ

Became blocked up (*pl.*)

אִיסְתְּתִים (יב׳ עה סע״ב) נִסְתַּם — Became plugged up

אִיסְתְּתַם (כתו׳ קו א) נִסְתַּתֵּם — Became silenced

(meaning that he did not know what to reply)

אִיסְתַּתַּר[64] (יב׳ נח א 2, סוטה ב ב 2) נִסְתַּתְּרָה

She concealed herself (with a man)

אִיסְתַּתָּר[א] (כתו׳ יג ב - מ׳) נִסְתַּתְּרָה

She concealed herself (with a man)

(55) מטבע רומי, הנקרא £.

(56) וכן באה״ת בחולין ס׳ רע״א, מ׳ וילי לי׳, ר׳ א: למיחזי, ד׳: לאיסתכלא.

(57) כל כי״י, ד׳: אסתליקתו.

(58) הי רש״י ד״י, ר׳ ד״ח — בטי״ת (ועי׳ ד״ס).

(59) הי, ד׳: לאשתמורי, ר׳: כי היכי דמנטרי, מ׳: כי היכי דנינגדו.

(60) כי״י, ד׳: כיון דסמיך סמיך.

(61) במטבע: ״עידיה בצד אסתן״.

(62) אה״ת, רש״י מ׳ ע׳ לי׳, ד׳: איתניסא.

(63) בדיוק: נסטנסה = נעשתה אסטנסית.

(64) כך בכולם גם במ׳.

אֶעֱבוֹר (מג׳ ד א) אֶעֱבֹר
I shall complete

לַאו בַּת אִיעַבּוּרֵי (יב׳ מא ב) אֵינָהּ בַּת עִבּוּר[65]
She is not capable of becoming pregnant

בְּאַעְבּוּרֵי[66] **אַחְסַנְתָּא** (ב״ב קלג ב) בְּהַעֲבָרַת נַחֲלָה
In a place where an inheritance is transferred

(א)עַבּוּרֵי שֵׂעָר (נז׳ סא א 2 — מ׳ ורש״י) הַעֲבָרַת שֵׂעָר
Removal of hair

אֶיעֱבֵיד אֶעֱשֶׂה
I shall do

אַעֲבֵיד אֶעֱשֶׂה
I shall do

אִיעַבַּר[67] נִתְעַבְּרָה
She became pregnant

אִיעַבְּרָא (יב׳ לד רע״ב) נִתְעַבְּרָה
She became pregnant

אִעַבְּרָא/ה[68] (יב׳ לה ב, מא ב, מב רע״ב, מה א) נִתְעַבְּרָה
She became pregnant

אֵיעוּל (בר׳ סב ב ועוד) אֶכָּנֵס
I shall walk in, go to

אַעוֹלֵי וְאַפּוֹקֵי (נדר׳ נו ב, סנ׳ כ ב) (ל)הַכְנִיס וּ(ל)הוֹצִיא
To bring in and take out

אעיילא (שבת קטז רע״ב) מ׳ וא״פ: עיילא

אַעְיִילוּהַ(ו) (יומא עז א — מ׳) הִכְנִיסוּהוּ
They brought him in

אַעְיְילֵיהּ (בכו׳ ח ב) אַכְנִיסֶנּוּ
I will bring it in

אַעֵיל (נז׳ מג רע״א, רש״י: עַיֵּיל) הִכְנִיס
He entered

אַעִילוּ (עירו׳ מד ב 3) הִכְנִיסוּ
They brought in

אִיעַכַּב נִתְעַכֵּב
He, it was delayed, was late

אִיעַכַּב לִי (כתו׳ סב ב) הַמְתֵּן לִי
Wait for me *(imp.)*

לָא אִיעַכַּב(א) לֵיהּ (שם — מ׳) לֹא הִמְתִּין לוֹ
He did not wait for him

אִיעַכַּב (סנ׳ צח א) אֶתְעַכֵּב
I will be delayed

לָא אִיעַכַּבִי (חול׳ קו רע״א) לֹא הָיִיתִי מִתְעַכֵּב
I would have not have waited

אִיעַכַּבְתְּ (חול׳ קה סע״ב) נִתְעַכַּבְתָּ
You were delayed

אִיעַכַּל(א) (בכו׳ ז סע״ב — מ׳ ורש״י) נִתְעַכֵּל
It was digested

אִיעַלּוֹמֵי (חול׳ צה ב) (ל)הִתְעַלֵּם
Not to pay attention

איעלים (שם) כי״י: עלים

אַעֲלִינְהוּ (עירו׳ מד ב) הִכְנִיסוּם
They have brought it over

אִיעַלַּם (פס׳ סו ב) נִתְעַלֵּם (ע)
He forgot, lost from his memory

אִיעַלְּמָא (ב״מ פה ב) נִתְעַלְּמָה
It was lost from his memory

אַעֲמִיקוּ לֵיהּ (נדה כ א) הֶעֱמִיקוּ לוֹ[69]
They deepened his red color

אַעַמַּר (ב״מ קה א) אֲעַמֵּר
I shall set up sheaves (of wheat, etc.)

אִיעֲנוּ (תע׳ כג ב) הֶעֱנוּ (=נהיו עניים)
They became poor

אִיעַנוּשׁ נֶעֶנְשׁוּ
They were punished

אִיעֲנֵי (תע׳ יד ב) נַעֲנָה
His requests were granted

אִיעַנַ(י)שׁ (עירו׳ סג א — מ׳) נֶעֱנַשׁ
He was punished

אִיעַנְשָׁה (גט׳ לה א) נֶעֶנְשָׁה
She was punished

אִיעַנְשׁוּ (סוכה נא ב) נֶעֶנְשׁוּ
They were punished

אֶעֶנְשֵׁיהּ (בר׳ לא ב) אֶעֱנֹשׁ אוֹתוֹ
I shall punish him

לְאִיעַסּוֹקֵי בֵּיהּ (ב״מ פד ב, פו א) לְהִתְעַסֵּק בּוֹ[70]
To be occupied with his (funeral) needs

לְאִיעַסּוֹקֵי בֵּיהּ (ב״מ קד ב) לְהִתְעַסֵּק בּוֹ[71]
To use it to do business

אִיעַסַּק (גט׳ סז ב) נִתְעַסֵּק
He was employed

אִיעַסַּק לֵיהּ לִבְרֵיהּ (כתו׳ יז ב ועוד) נִתְעַסֵּק לוֹ לִבְנוֹ (לקדש לו אשה)
He was occupied with his son (to marry him off)

אִיעַסְקָא[72] (נדה נט א) נִתְעַסְּקָה
She was handling

אִיעַסְקוּ (סוטה יג ב) נִתְעַסְּקוּ
They were occupied with (his funeral)

אִיעַסַּקְתְּ (כתו׳ עז ב) נִתְעַסַּקְתָּ
You were occupied with (Torah study)

(65) היא קטנה ואינה עשויה להרות.

(66) מ׳, ד׳ ה׳: בי עבורי.

(67) כך בכל המקומות גם במ׳. רש״י — פ״א (סנ׳ סט א): איעברא.

(68) מ׳ בכולם: מיעברא/ה (מא ב — גם רש״י).

(69) = הביאור לפניו דם אדום עמוק.

(70) = לטפל בקבורת המת.

(71) = לעשות עסק בכסף.

(72) מ׳, ד״ו: אתעסקא, ד״ח: אתעסקה.

איעפושי (ל)התעפש (To) become moldy

לאיעצולי (פס׳ פה א) להתעצל

To be laggard, procrastinate

א[י]עציבו (בר׳ לא רע״א 2 — מ׳) נתעצבו

They were saddened

איעקור (חול׳ מד א) נעקרו They became detached

איעקורי (שם) (ל)העקר (To) become detached

איעקר נעקר

He, it became detached, uprooted, pulled out

איעקר (שבת קמז ב ועוד) נשכח It was forgotten

איעקר (בר׳ נד ב) אעקר I shall uproot

איעקר מפרקיה (יב׳ סב ב, סד ב 3) נעקר מפרקו[73]

He became sterile (could not have children)

איעקרא (כתו׳ סב ב) נעקרה[74]

She became sterile (could not have children)

איעקר (פס׳ קיא רע״ב) מ׳ וא״פ: איתעקורי

איעקרו (מ״ק כה ב) נעקרו They became uprooted

איערב, איעריב נתערב It became mixed in

איערב (בר׳ ב ב) העריב (=שקע) Set (sun)

איערבב (ר״ה טז א) נתערבב, נתבלבל

It (Satan) became confused

איערבי[75] (קידו׳ עב א) נתערבו

They became mixed in, added to

איערוב נתערבו They became mixed in, added to

איערובי (ל)התערב (To) become mixed in

איערובי (מנ׳ פט ב) מ׳: לערובי

לאיערובי[76] (עירו׳ מט סע״א) ר׳ לערובי Cf.

איערומא (מכות כג ב) מ׳ וע״י: איערומי

איערומי/אערומי מערים הערם מערים

He deceives

אערומי/איערומי מערמא (כתו׳ פז ב, כמות כג ב)

הערם מערימה She deceives

לאערומי להערים To deceive

אערומי (שבת קכט א) הערמות Deceptions

איערערא[77] (כתו׳ צא ב) ר׳ ערערא Cf.

איעתר (כתו׳ קג ב, נדר׳ נ א) נתעשר

She became wealthy

איעתרו (תע׳ כג ב) נתעשרו They became wealthy

איעתרי נתעשרתי I became wealthy

איעתריתו (הור׳ י ב) נתעשרתם You became wealthy

אף על גב אף על פי Even though

אפא צבוע (בע״ח) A hyene

אפא דיכרא (יומא פד א) צבוע זכר A male hyene

אפאי (ב״ב נט ב) פני My face

לאפ[א]י (קידו׳ כט ב — מ׳) את־פני My face

לאפאי (סנ׳ עב א) נגדי Facing me, toward me

לאפ[א]י (חול׳ צה ב — מ׳ ורש״י) לקראתי Toward me

איפגולי (ל)התפגל To impart it the state of *pigul*

(that makes it unfit for the sacrificial service)

בר איפגומי (מעי׳ יט א) עלול להפגם

Susceptible to damage

אפגורי (נדה סו א) (ל)שרט (To) scratch

איפגים (חול׳ י ב 3) נפגם It became damaged

איפגר (כתו׳ קיא ב) התבטל He idled away

איפגר (תע׳ כג ב) אתבטל I shall waste time

איפגרת (כתו׳ קיא ב 2) התבטלת You were idle

אפגריה (כתו׳ קג ב) אבטלו I shall waste his time

אפדנא אפדן, ארמון (ע׳: חצר)

Palace. *(Aruch)* courtyard

אפדני (כתו׳ צא ב, צז א) אפדנים, ארמונות Palaces

אפדניה אפדנו, ארמונו His palace

אפדנייהו אפדניהם, ארמונותיהם Their palaces

אפדנייכו אפדניכם, ארמונותיכם Your palaces

אפה פניה Her face

73) = נעשה עקר מדרשה בצבור שלו, שלא יכול לצאת להטיל מימי רגליו.

74) = נהייתה עקרה.

75) כך גם מ׳, ואולי צ״ל: איערבו!

76) צ״ל: לערובי, מ׳: מערב.

77) מ׳ באשגרה מן הסמוך: מערערא. וצ״ל: ערערא.

אַאַפַּהּ (=א אפה) (סוטה כב א) עַל פָּנֶיהָ On her face

בְּאַפַּהּ בְּפָנֶיהָ In front of her

בְּלָא אַפַּהּ (מ״ק כ ב) שֶׁלֹּא בְּפָנֶיהָ In her absence

לְאַפַּהּ (כתו׳ ס א) אֶת־פָּנֶיהָ Her face

דְּלָא בְּאַפַּהּ (כתו׳ צ ב) שֶׁלֹּא בְּפָנֶיהָ In her absence

אָפוּ (מנ׳ צה ב) אוֹפִים They bake

אפודרים (נדה כח א) ר׳ פודרא Cf.

אפוזיינו (שבת נז ב) ע׳ וא״פ: אפזייני

אֶפּוּטְרוֹפָּא אֶפִּיטְרוֹפּוֹס Guardian, proxy

לְאַפּוֹכֵי בִזְכוּתָא (כתו׳ קט ב) לְהַפֵּךְ בִּזְכוּת
To look for one's merits

לְאַפּוֹכִינְהוּ (סוכה לא ב) לְהָפְכָם
To turn them over, change over

אַפּוֹלֵי אַפִּיל (=אפילה) (גט׳ לח א, חול׳ מב רע״א) הַפֵּל הִפִּילָה
To let himself fall (into the hands), to miscarry

אַפּוֹלֵי (יב׳ לה ב[78]) (ל)הַפִּיל (To) miscarry

אַפּוֹסֵי (סוכה נה ב) (ל)הָפִּיס To throw lots

אֵיפּוּק (פס׳ לח ב, גט׳ נו א 2) אֵצֵא I shall go out

לְאַפּוֹקַהּ לְהוֹצִיאָהּ To chase her out, to carry out, to prevent (an undesirable occurrence)

אַפּוֹקֵי, לְאַפּוֹקֵי לְהוֹצִיא To carry out, to remove

אַפּוֹקֵי יוֹמָא (בר׳ נב א) מוֹצָאֵי יוֹם (השבת)
Termination of the (Sabbath) day

אַפּוֹקֵי שַׁבְּתָא (שבת קיח א, קיט ב, ר״ה כב ב) מוֹצָאֵי שַׁבָּת
Sabbath evening

לְאַפּוֹקֵיהּ (שבת צד ב) לְהוֹצִיאוֹ To carry it out (to)

לְאַפּוֹקִינְהוּ (קידו׳ נה א, מנ׳ יב א[79]) לְהוֹצִיאָם
To carry them out, to take them out

לְאַפּוֹקַן[80] (ב״מ קיז רע״א) לְהוֹצִיאֵנִי (=שתוציאני)
To move me out

אַפּוּשֵׁי, לְאַפּוּשֵׁי (נפש) לְהַרְבּוֹת To multiple

אַפּוּתָא (שבת פ ב, פס׳ קיב רע״א) מֵצַח Forehead

אפותא[81] (ע״ז כו א) ר׳ אפותיה Cf.

אַפּוּתַאי (תע׳ כה א) מִצְחִי My forehead

אַפּוּתֵיהּ מִצְחוֹ His forehead

אַפְזָיָינֵי[82] (שבת נז ב) צִיץ לְנָשִׁים (=טוֹטֶפֶת),
פ״א: עִגּוּל לְשֵׂעַר הָרֹאשׁ
A woman's ornament worn on the forehead, headband

אפחות (ב״מ נב ב) ר׳ פחתה Cf.

אַפְחָזָיְיהוּ (פס׳ נ ב) נֶפַח שֶׁלָּהֶם Their volume

אִיפַּחִית נִפְחַת (=נשבר הבנין) Collapsed (*m.*)

אִיפַּחֲתָא (כתו׳ סב א) נִפְחֲתָה Collapsed (*f.*)

אַפְחֲתַהּ הִפְחִיתָהּ He diminished it, reduced

אַפְחֲתֵיהּ (ב״ק פה ב) הִפְחִיתוֹ He diminished it, reduced

אִיפַּטּוּר (מ״ק ט א) נִפְטְרוּ (=נפרדו זה מזה)
They parted

איפטור (יב׳ יט רע״א) רש״י: מיפטרא

אַפְטוֹרֵי (מג׳ לא א) לְהַפְטִיר[83] To read the *haftarah*

לְאִיפְּטוֹרֵי מִינֵּיהּ (יומא עא ב) לְהִפָּרֵד מִמֶּנּוּ
To part from him

אֶיפְּטַר (ב״מ ד ב, ח א) אֶפָּטֵר
I shall not be culpable, responsible

אִיפְּטַר (ב״מ פג א) הִפָּטֵר (=הֱיֵה פָּטוּר)
Be relieved of your responsibility

אִיפְּטַר (בר׳ לג א, ב״ק נו ב, סנ׳ עג ב) נִפְטַר (=נִהְיָה פָּטוּר)
He was relieved of his responsibility

אִיפְּטַר (מ״ק ט ב, סנ׳ קז ב) נִפְטַר (=נפרד) He parted

אִיפְּטַר לְבֵי(ת) עָלְמֵיהּ (ב״ב קנג סע״א — כי״י)
נִפְטַר לְבֵית עוֹלָמוֹ (=מת) He passed away (died)

אִיפְּטַרוּ (בכו׳ נט א-ב) נִפְטְרוּ (=נהיו פטורים)
They became exempt

אִיפְּטַרִיתוּ (מ״ק ט א) נִפְטַרְתֶּם (=נפרדתם)
You took leave

אֶפְטְרָךְ (ב״ק צט ב) אֶפְטֹר אוֹתְךָ
I shall relieve you of responsibility

78) כמה דו״ח: מפולי.
79) מי ורש״י, ד׳: ולפקינהו.
80) ה׳, ד׳: לאפקינן.
81) מי וכ״י ספ׳: אפותיה, וצ״ל: אאפותיה (א׳ נבלעה בין שתי אלפיי״ן אחרות: ידא אפותיה).
82) א״פ וע׳ (בע׳ אב א: אבזייני), מי ורש״י: אפוזייני, דו״ח: אפוזיינו, ד״י: אפידיינו.
83) = לקרוא הפטרה.

אַפְטַרְתָּא (פס׳ קיז ב) הַפְטָרָה The *haftarah*

סִפְרָא דְאַפְטַרְתָּא (גט׳ ס א) סֵפֶר הַפְטָרוֹת

The book of *haftaroth*

אַפֵּי (סוכה ה ב) פָּנִים Face

אַחְוּורֵי אַפֵּי (ב״מ נח ב) הַלְבָּנַת פָּנִים

Insult (publicly)

בְּאַפֵּי בִּפְנֵי In front of me, in my presence

לְאַפֵּי (מג׳ ו ב) לִקְרַאת, מוּל Toward me

לאפי (קידו׳ כט ב) מ׳: לאפאי

בְּאַפֵּי נַפְשַׁהּ בִּפְנֵי עַצְמָהּ Separately, independently

באפי נפשיה (שבת נד א, סוכה מה ב, ביצה ל ב)

מ׳ בכולם: נפשה

בְּאַפֵּי נַפְשַׁיְיהוּ (קידו׳ סא א) בִּפְנֵי עַצְמָם

Separately, independently (*p.*)

בְּאַפֵּי סָהֲדֵי בִּפְנֵי עֵדִים

In front of witnesses, in the presence of witnesses

אָפֵי אוֹפֶה He bakes

ולא אפי (פס׳ ט ב) א״פ ורש״י: ולא אפו

אֱפֵי (ב״מ פא א) אֱפֵה Bake (*imp.*)

אפיא (ב״ב יג ב) ר׳ מיפא Cf.

אָפְיָא (בר׳ מ א, מנ׳ מג א) אוֹפָה She bakes

אפיה[84] (יב׳ פ רע״א) ר׳ אפיא Cf.

אַפֵּיהּ פָּנָיו His face

אַאַפֵּיהּ (ב״ק נג א, זב׳ פב ב) עַל פָּנָיו On his face

בְּאַפֵּיהּ בְּפָנָיו In front of him, in his presence

בְּאַפֵּיהּ (יומא פה א, סוטה מה ב) בְּאַפּוֹ (=בְּחָטְמוֹ)

In his nose

לְאַפֵּיהּ אֶת פָּנָיו, כְּנֶגְדּוֹ, לִקְרָאתוֹ

In front of him, toward him

אַפַּיְיהוּ (פס׳ קיא א) פְּנֵיהֶם Their faces

בְּאַפַּיְיהוּ בִּפְנֵיהֶם

In front of them, in their presence

לְאַפַּיְיהוּ אֶת־פְּנֵיהֶם, לִקְרָאתָם

Toward them, to their faces

אַפַּיְיכוּ (מ״ק כב א) פְּנֵיכֶם Your faces

אָפְיָין (ברכ׳ נח ב) אוֹפוֹת (ב) They *(f.)* bake

אִיפַּיַּים נִתְפַּיֵּס He became reconciled

אִיפַּיְּיסָא (גט׳ ל א 3) נִתְפַּיְּסָה She became reconciled

אֲפַיְּיסֵיהּ (בר׳ כח א, עירו׳ נד א) אֲפַיְּסֶנּוּ

I shall apologize, beg his pardon

אִיפַּיַּיסְתְּ (סוטה לה ב) נִתְפַּיַּסְתָּ You have accepted

my apologies, you have forgiven me

אָפְיָיתָא (בר׳ נח ב 2) אוֹפוֹת (ש) Bakers (*f.*)

אֲפֵיךְ הָפַךְ He reversed, turned over

אֲפֵיךְ (סנ׳ צה א) הֲפֹךְ (צ) Reverse, turn over (*imp.*)

אָפֵיךְ (ע״ז סט ב) הוֹפֵךְ He reverses, turns over

אָפֵיכְנָא (יב׳ סג סע״א) אֲנִי הוֹפֵךְ I have reversed

אַפּוּלֵי אַפִּיל (=אפילה) (חול׳ מב רע״א) הַפֵּל הִפִּילָה

She miscarried

אפולי אפיל (גט׳ לח א) כי״י: מפיל

אַפִּילָה (יב׳ סה רע״ב כ״פ) הִפִּילָה She miscarried

אַפִּילוּ (חול׳ נט ב) הִפִּילוּ They miscarried

אֲפִילוּ הָכִי אַף־עַל־פִּי־כֵן Nevertheless

תמניא אפין (בר׳ ד ב) ר׳ תמניא Cf.

אָפֵינָא (ב״מ פא א) אֲנִ אוֹפֶה I bake

אֲפִנַן (ב״ב עג ב) אָפִינוּ We baked

[אַ]פִּפְיוֹרָא[85] (ע״ז יא רע״א) אַפִּפְיוֹר

Minor Roman official, litter carrier

אֲפִיץ (=עפיץ) (גט׳ יט א, כב א) עָפוּץ

(מְעֻבָּד בָּעֲפָצִים) Processed by means of gull-nuts

אֲפִיצָן (מנ׳ לא ב) עֲפוּצוֹת

Processed by means of gull-nuts (*p.*)

אַפִּיק הוֹצִיא, הוֹצֵא (צ), אוֹצִיא

He carried out, carry out (*imp.*), I shall carry out

אפיק (בר׳ כד ב) מ׳ פ׳: איסק

אַפִּיקָא (ב״מ נט ב) הוֹצִיאָה She carried out

אַפִּיקוּ הוֹצִיאוּ (ע, צ)

They carried out, carry out (*imp., pl.*)

אפיקורוסא (חגי׳ ה ב) כי״י וד״י: מינא

אפיקורוסין (שם) כי״י וד״י: מינאי

84) ד״ו: אפי, מ׳: אפייא.

85) ילי ד״ש, אה״ת: אפיפרא, מ׳: לאפי פיפורא.

אֶפִּיקוֹרֵי (נדר׳ כג א) חֲצוּפִים — Insolent persons

אַפִּיקִינוּן (מעי׳ ב א) הוֹצִיאָם — He released them

אַפֵּיקִית (בר׳ לח א) הוֹצֵאתִי — I carried, took out

אפיקת (שבת קנא סע״ב) מ׳: אפק׳

אַפִּיקְתַּהּ הוֹצִיאָה אוֹתָהּ — She carried, took her out

אַפִּיקְתֵּיה הוֹצִיאָה אוֹתוֹ — She carried, took him out

אַפִּיקְתֵּיהּ (ביצה כה ב) הוֹצֵאתִיו — I carried, took him out

אַפִּיקְתֵּיה (שבת סד א ועוד) הוֹצֵאתוֹ — He carried, took him out

אַפִּישׁ (נפש) הִרְבָּה — He caused to multiply

קָא אָפִיתוּ (מנ׳ צה ב) אַתֶּם אוֹפִים — You are baking

אַפָּךְ (פס׳ פו א) פָּנֶיךָ — Your face

בְּאַפָּךְ (בר׳ נו א) בְּפָנֶיךָ — Lit., in front of you, i.e. to you

לְאַפָּךְ (ב״מ מז א) כְּנֶגְדְּךָ — Toward you

אִיפְּכָא הֵפֶךְ, חִלּוּף — Converse, the other way around

אִיפְּכָא מִסְתַּבְּרָא מִסְתַּבֵּר חִלּוּף — The converse is more logical

אִיפְּכָא תָּנֵי שׁוֹנֶה חִלּוּף (הַדְּבָרִים) — Switched over the text

איפכאי (מנ׳ צג רע״א) ק׳: איפכה

אַפְּכַהּ (כתו׳ פה א, בכו׳ ח ב 2) הֲפָכָהּ — He switched it over

אַפְכַהּ[86] (ב״ק סט א) הֲפֹךְ אוֹתָהּ — Switch it over

אֵיפְכַהּ (מנ׳ צג רע״א) אַחֲלִיף אוֹתָהּ — I shall switch it over

אַפְכוּהּ (גט׳ לה א 2) הִפְכוּהוּ, הֲפָכוּהוּ — Switch (*p., imp.*) it over, they switched it over

אַפְכוּהּ וְשַׁדְּרוּהּ (גט׳ נט א, קידו׳ מד ב) הֶחֱלִיפוּהוּ וּשְׁלָחוּהוּ[87] — They switched it over and sent it

אַפְכוּנְהוּ[88] (ב״ק עג ב, עד א) הֶחֱלִיפוּם — They switched over (the testimony of the first set of witnesses)

אָפְכִי הוֹפְכִים, מַחֲלִיפִים — They interchange (the names)

אָפְכִי (ע״ז לא רע״ב) עוֹבְרִים וְשָׁבִים[89] — Passersby

אַפְכֵיהּ (חול׳ מג ב) הֲפָכוֹ — He turned it over

אֶפְכֵיהּ (תע׳ כה א) אֶהֱפֹךְ אוֹתוֹ — I shall overturn it

אָפְכִינַן אָנוּ הוֹפְכִים, נַהֲפֹךְ — We turn over, let us turn over

אֲפַכִית (ב״ב עג סע״ב) הֶחֱלַפְתִּי — I have switched

אָפְכִיתוּ אַתֶּם הוֹפְכִים / מַחֲלִיפִים — You switch, change

אֲפַכַן (חול׳ קא ב) הָפַכְנוּ — We switched over

אֲפַכְתְּ הָפַכְתָּ, הֶחֱלַפְתָּ — You have switched, changed

אָפְכַת אַתָּה הוֹפֵךְ / מַחֲלִיף — You switch, change

מִי מָצֵית אָפְכַת (שבת קכ ב, מנ׳ כה ב) וְכִי יָכוֹל אַתָּה לְהַחֲלִיף — How can you change?

אַפְלָא אָפִיל (בניגוד ל״בכיר״) — Late crop

אִיפְּלַג[90] (תמו׳ טז רע״א) נֶחֱלַק — He differs, disputes

אִיפְּלַגוּ[91] נֶחֶלְקוּ — They became divided, differed, disputed

אפלגי (ב״מ מה א) מ׳: איפלוג

אפלה (יב׳ סה רע״ב) מ׳: אפילה

אֶפְלוֹג[92] (ב״מ ב ב) אֶחְלֹק (=אטול חלק) — I shall take (possession of) a part (of an article)

אִיפְּלוּג (ב״מ מד ב, מה א — מ׳) נֶחֶלְקוּ[93] — They differed, disputed

אִיפְּלוּג (ב״ב קכא ב 2, קכב א) נִתְחַלְקוּ[93] — They disagreed

אִיפְּלוּגֵי, לְאִיפְּלוּגֵי לַחֲלֹק — To differ, disagree

לְ(אִי)פְּלוּגֵי[94] (כתו׳ לה ב) לְחַלֵּק — To differ, differentiate

אפלוגי (ב״מ מה א) מ׳ ה׳: איפלוג

מפלאי אפלויי (בר׳ כה א) ר׳ מפלאי — Cf.

אַפְלֵי (תע׳ ג ב ועוד) אֲפִילִים — Late crop

כֵּיוָן דְּאַפְלִיג אַפְלִיג[95] (גט׳ כח א) כֵּיוָן שֶׁהִפְלִיג

---

86) ה׳ מנוקד: אפכה

87) עי׳ רש״י בקידושין (שם).

88) ה׳ גל׳, ד׳: אפכינהו.

89) ר״ח: אזלי ואתו... (ולהלן:) העוברים והשבים.

90) מ׳, ד׳: איפליג.

91) בכמה מקומות הנוסח: איפליגו.

92) מ׳ ה׳, ד׳: אתפליג.

93) בא כאן רבים מסמיכות ״שבטים״, כמו ״אמת המים יוכיחו״.

94) הגהתי.

95) הגהתי. ד״ו: כיון דאיפליג אפליג, תוס׳ רי״ד: כיון דאפלוג איפלוג פי׳ כיון דאפלג וכו׳. ד״ח ורש״י: כיון דאיפליג איפליג. כי״מ ווטי׳: כין דפלג פלג.

96) מלשון ״זקן מופלג״.

הִפְלִיג[96] Since he reached a ripe age, we assume that he is still alive

אִיפְלִיג (ר"ה לד ב) כל כי"י: הוה פליג

אִיפְלִיג (ע"ז נז סע"ב) מ' וכל ד"י: איפלוג

אִיפְלִיג (תמו' טז רע"א) מ': איפלג

אִיפְלִיגוּ (שבת קנו א) נִתְחַלְּקוּ — They divided, split

אִפְלִיגֵי (סוכה טו א) מ': איפלוגי[97]

אַפְּלִית (יב' סה ב) הִפַּלְתִּי — I miscarried

אַפְּלְתְּ (יב' סה רע"ב) הִפַּלְתְּ — You miscarried

אַפְלָתָא (ר"ה ח א) אֲפִילוֹת — Late crop

אַפְנוּ (זב' קיג סע"א) פֻּנּוּ — They were removed, were cleared away

אַפְנוּיֵי, לְאַפְנוּיֵי לְהַפְנוֹת[98] — Redundant, superfluous

לְאִפְּנוּיֵי (בר' סב א[99], פס' קיא ב ועוד) לְהִפָּנוֹת (=לעשות צרכיו) — To relieve oneself

אִיפַּנֵּי (זב' קיג ב) פֻּנָּה — It was removed, cleared away

אִיפַּנְיָא (עירו' נט ב) פֻּנְּתָה — It was removed, cleared away

אַפַּנְיָא דְמַעֲלֵי שַׁבְּתָא (שבת קיט א ועוד) לִפְנוֹת עֶרֶב שֶׁל עֶרֶב שַׁבָּת — Toward the evening of the Sabbath eve (of Friday)

אַפְנְיֵהּ (נדה כג א) הִפְנָהוּ[1] — He added a redundant term

אַפַּנְתָּא (בר' מג ב, תע' יב רע"ב) פֶּנֶת, פָּנִים שֶׁל מִנְעָל מִלְמַעְלָה (ע) — Soleless shoe, soft shoe

אֲפֵס (ב"ב קיא א) עֲזֹב (צ) — Disregard, leave alone (*imp.*)

אַפְסְדַהּ (יב' מ א) הִפְסִידָהּ — He made it unfit for

אַפְסְדוּהּ (ב"מ ז ב, ח א) הִפְסִידוּהוּ — They made it unfit

אַפְסְדֵיהּ הִפְסִידוֹ — He made it unfit, caused a loss

אפסדינהו (ב"ק פט סע"א) כי"י: מפסדינן ליה

אפסדיניה (ב"ק פט סע"א) כי"י: אפסודיה

אפסדינך (ב"ק פט א) ר' אפסדנוך — Cf.

אַפְסַדְנוּךְ (ב"ק פט א) הִפְסַדְנוּךָ[3] — We caused you a loss

אַפְסַדְתְּ (כתו' סא ב[4], קידו' עג א) קִלְקַלְתָּ — You ruined

אַפְסַדְתְּ (כתו' צח סע"א) הִפְסַדְתְּ — You lost, spoiled

אַפְסַדְתִּינְהוּ (ב"ק צא א, ב"מ עז ב) הִפְסַדְתֶּם — You (*p.*) caused them a loss, damage

אַפְסַדְתָּךְ (בכו' לז א) הִפְסַדְתִּיךָ — I caused you a loss, damage

אַפְסַדְתַּנִי (ב"ק קטז א) הִפְסַדְתַּנִי — You have caused me a loss damage

אַפְסוּדֵי (שבת קח ב) (ל)הַפְסִיד — (To) cause loss, damage

לְאַפְסוּדֵי (שבת קיט ב) לְהַפְסִיד — To cause loss, damage

אַפְסוּדֵיהּ[5] (ב"ק פט סע"א) (ל)הַפְסִידוֹ — (To) cause him loss, damage

אפסולי (בכו' לט א) מ': איפסולי

אִיפְּסוּלֵי, לְאִיפְּסוּלֵי לְהִפָּסֵל — To disqualify, to become disqualified, unfit

אִיפְּסוּק[6] (חול' עו רע"ב) נִפְסְקוּ — They broke, tore

אַפְסוּקֵי (יומא לג ב, מ"ק כג ב, ב"ק סה ב) (ל)הַפְסִיק — (To) interrupt, separate

אפסוקי (יב' קו ב) ע' ותוס': אסוקי

לְאַפְסוּקֵי (סוכה לח א) לְהַפְסִיק — To stop, interrupt

לְאַפְסוּקִינְהוּ (תע' כח ב) לְהַפְסִיקָם — To stop them

אַפְסִיד הִפְסִיד — He lost

אַפְסִיד (ב"מ צד ב) אַפְסִיד — I shall lose

אַפְסִידָה (כתו' קז ב) הִפְסִידָה — She caused her own loss

אַפְסִידוּ הִפְסִידוּ — They lost

אפסידתא (קידו' עג א) מ': אפסדת

אִיפְּסִיל נִפְסַל — It became disqualified, unfit

לא איפסיל (בכו' לט א) מ': לא מיפסיל

אִיפְּסִילָא/ה נִפְסְלָה — She became disqualified, unfit

אִיפְּסִילוּ נִפְסְלוּ — They became disqualified, unfit

אַפְּסִינְתִּין[7] (ע"ז ל סע"א) לַעֲנָה — Wormwood, absinth

97) מ' ב' וד"י: אי הכי תרתי למה לי (ולי' "איפלוגי"), ור' ס"ז אות פ'.
98) לומר שהוא מופנה (=יתור לשון).
99) פי, מ' — נ"א, ד': למפני.
1) אמר שהוא מופנה ללמוד ממנו.
2) תוס' בתע': מנעל שאין לו סוליה.
3) =גרמנו לך הפסד.
4) מ', ד': אפסידתא.
5) כי"י: ה': אפסדיה, ד': אפסדיניה.
6) מ': איפסוק קטיני, ד': איפסיק.
7) מלשון יונית.
8) ע"י, מ' ד': איפסיק.

אַפְסִיק[8] (כתו׳ סג א) הִפְסִיק[9]
He ate the last meal preceding the Yom Kippur fast

אַפְסִיק (ב״מ קח ב, נדה לז א) הִפְסִיק
He interrupted, interposed

אפסיק (כתו׳ יז א) מ׳: מיפסק

אִיפְּסִיק נִפְסַק
It was interrupted, severed, broken off

איפסיק (חול׳ עו רע״ב — פ״ב) מ׳: איפסוק

איפסיק (כתו׳ סג א 2[10], כרי׳ יב סע״ב[11]) ר׳ אפסיק
Cf.

אִיפְּסִיק בֵּיהּ (שבת סו סע״ב) נִפְסַק בּוֹ[12]
It stopped (his sickness stopped through whispering that Kabalistic charm)

אִיפְּסִיקָא (מנ׳ כט ב) נִפְסְקָה
It (*f.*) was cut off, interrupted

אַפְסִיקָא (ב״מ צח ב, קה ב) הִפְסִיקָה
It (*f.*) interrupted (it)

אַפְסִיקוּ (מג׳ כג ב) הַפְסִיקוּ
Stop (*imp.*)

אפסיקתיה (יב׳ קכ ב) רש״י: אפסקיה

אַפְסִירָא[13] (קידו׳ פא א) אַפְסָר, רֶסֶן
Halter (headstall usually with noseband and throatlatch to which a lead may be attached)

אַפְסִירָא דְאַרְעָא (קידו׳ כז א, ב״ב נג ב[14]) רֶסֶן הַקַּרְקַע
Halter of land property

אִיפְּסַל נִפְסַל
(It, he) became disqualified, unfit

אִיפַּסְלָא נִפְסְלָה
(It, she) became disqualified, unfit

אִיפַּסְלוּ נִפְסְלוּ
They became disqualified, unfit

אַפְסְקַהּ (ב״ב קלג סע״א) הִפְסִיקָהּ
He discontinued it, cut it off

אַפְסְקוּהּ (עירו׳ כג א כ״פ) הִפְסִיקוּהוּ
They interrupted it

אַפְסְקֵיהּ (יב׳ כד ב כ״פ) הִפְסִיקוֹ
He stopped it, interrupted it

אפסקיה (חול׳ נא סע״א) כל כי״י: פסקית

אַפְסְקִינְהוּ (פס׳ קיא א) הִפְסִיקָם
He separated them

אִיפַּצּוֹלֵי (יומא עא ב 2) (ל)הִתְפַּצֵּל
To split up

אַפְקְדַהּ (ב״ק צג א) הִפְקִידָהּ
He entrusted it (to)

אַפְקְדִינְהוּ (ב״מ לו א 2) הִפְקִידָם
He entrusted them

אַפְּקַהּ הוֹצִיאָהּ, הוֹצֵא אוֹתָהּ
He took it out, take it out (*imp.*)

אַפְּקָה (נדר׳ ז ב) הוֹצִיאָה (מפיה)
She uttered

אפקו ליה (יב׳ כה א) מ׳: אפקוה

אִיפַּקּוּד (שבת פז ב, סנ׳ נו ב 2) נִצְטַוּוּ
They were commanded

אִיפַּקּוֹדֵי[15] (סוטה כא א) (ל)הִצְטַוּוֹת
(To be) commanded

אַפְּקוּהּ[16] הוֹצִיאוּהוּ (ע׳, צ׳)
They removed it, remove it (*imp.*)

אַפְקוּהָ (ב״ק נו רע״ב) הוֹצִיאוּהָ
They took it out

אַפְקוֹעֵי אִיסּוּרָא (בכו׳ יב א) (ל)הַפְקִיעַ אִסּוּר
To annul a prohibition

לְאַפְקוֹעֵי אִיסּוּרֵיהּ (בכו׳ ט ב) לְהַפְקִיעַ אִסּוּרוֹ
To annul its prohibition

לְאַפְקוֹעֵי[17] (ב״ק קיב רע״ב) לְהַפְקִיעַ (ממון)
To expropriate

לְאַפְקוֹעֵי מָמוֹנָא (גט׳ לו ב ועוד) לְהַפְקִיעַ (=להוציא) מָמוֹן
To expropriate money

אַפְקוֹעֵי תַּרְעָא (ב״ב צ א, מנ׳ עז א) הַפְקָעַת הַשַּׁעַר
Overcharging, charging in excess of the set price

לְאַפְקוֹעִינְהוּ (ב״ב פב א) לְהַפְקִיעָם (=לְפָטְרָם)
To free from obligation (of separating *ma'aseros*)

לאפקוען (ב״ק קיב רע״ב) כל כי״י: לאפקועי

אַפְקוֹרֵי (ל)הַפְקִיר
(To) renounce one's ownership of property

(9) = אכל סעודה המפסקת.
(10) עי׳: אפסיק.
(11) רש״י בפירושו: הפסיק.
(12) כלומר: נפסק בו חליו באותו לחש.
(13) מ׳: אפסיר׳. ד׳: אפסירה.
(14) ה׳, ד׳: אפסרא, א״פ: מוסרא, מ׳ לי׳.
(15) מ׳ ואה״ת, ד׳: פקודי.
(16) בכמה מקומות נוספה בדפוס ו׳ (בהשפעת הסיומת בעברית): אפקוהו, אבל מ׳ בכולם: אפקוי.
(17) כל כי״י, ד׳: לאפקוען.

אַפְּקוּתָא דְדִיקְלָא (סוכה יג א, נדה כד א[18]) מוֹצָא הַדֶּקֶל[19]

The trunk of the palm

אַפְקִיד הִפְקִיד — He entrusted

אַפְקִידוּ (כתו׳ צח א, ב״מ לז א) הִפְקִידוּ — They entrusted

אַפְּקֵיהּ (נפק) הוֹצִיאוֹ

He took it out, he removed it

אַפְּקֵי[הּ] (מכ׳ כ רע״א — מ׳) הוֹצִיאוֹ

He took it out, he removed it

אַפְּקֵיהּ[20] (ב״ב מו רע״ב) הוֹצֵא אוֹתוֹ — Take it out (*imp.*)

אַפְּקִינְהוּ הוֹצִיאָם — He took them out

אפקינהו (ב״ב מו רע״ב) כל כ״י ועוד: אפקיה

אַפְּקִינֵיהּ (ב״ב מו סע״א) הוֹצֵא אוֹתוֹ — Take it out (*imp.*)

לאפקינן (ב״מ קיז רע״א) ה׳: לאפוקן

אֶפְקִירוּתָא[21] (עירו׳ סג א ועוד) הֶפְקֵרוּת — Impudence

אֶפְקִירוּתָא (כתו׳ ס ב[22], סנ׳ ק א) חֻצְפָּה — Insolence

אַפְקַע (בכו׳ ד א) הִפְקִיעַ (=פָּטַר)

He lifted the obligation

אִיפַּקְעָה (ע״ז ס רע״ב) נִסְדְּקָה, נִבְקְעָה

It was cracked, broken into parts

אַפְקְעֵיהּ לְשִׁעְבּוּדֵיהּ (יב׳ מו רע״א) הִפְקִיעַ אֶת־שִׁעְבּוּדוֹ

He annulled his subjugation, servitude

אַפְקְעִינְהוּ רַבָּנַן לְקִידוּשֵׁיהּ מִינֵּיהּ (יב׳ צ ב ועוד)
הִפְקִיעוּ חֲכָמִים אֶת־קִידוּשָׁיו מִמֶּנּוּ

The rabbis annulled his act of *kiddushin*

אַפְקְעִינְהוּ נִיהֲלַן (גט׳ עג סע״א) הַפְקִיעוּם (=הוֹרִידוּם) לָנוּ

Take them away

אַפְקְעִינְהוּ (גט׳ לו א) פִּרְסְמוּם — He made them public

אַפְקַעְתָּא דְמַלְכָּא (ב״מ לט א, קו א, קט א)
הַפְקָעַת הַמֶּלֶךְ (=הקב״ה) — Expropriation by the King (the Holy One Blessed be He)

אַפְקַעְתַּא לְזִיקָה (יב׳ נב סע״ב, נג רע״א[23])
הִפְקִיעָה אֶת־הַזִּקָּה

It (*f.*) annulled the link (the bond)

אַפְקַעְתֵּיהּ (שבו׳ מח ב) הִפְקִיעָה אוֹתוֹ

It (*f.*) annulled it

אפקעתיה (יב׳ נג רע״א) מ׳: אפקעת׳

אַפְקַר (ב״ק ל ב) הִפְקִיר

He renounced his ownership over property

אַפְקַר (סוכה מד ב) הַפְקֵר (צ)

Renounce your ownership over property (*imp.*)

אַפְקְרָא (יב׳ סט ב) הִפְקִירָה

Morally abandoned herself

אַפְקְרַהּ (נדר׳ מב ב, ב״מ ל ב) הִפְקִירָהּ

He renounced his ownership over it (*f.*)

אַפְקְרֵיהּ הִפְקִירוֹ

He renounced his ownership over it (*m.*)

אַפְקְרִינְהוּ הִפְקִירָם

He renounced his ownership over them

אַפְקַר[י]נְהוּ (ב״מ ל ב 2 — ע״י) הִפְקַרְתִּים

I renounced my ownership over them

אפקרנהו (שם 2) פ׳ ורא״ש: מיפקר

אַפְקַת (נפק) הוֹצֵאתָ — You took out

אפקתא (נדה כד א) מ׳: אפקותא

אִיפְּרַד נִפְרַד — It was separated

אִיפְּרוֹד אִיפְּרוֹדֵי[24] (סוכה לב א) נִפְרֹד נִפְרְדוּ

They were spread apart

אִיפָּרוֹכֵי (ל)הִתְפָּרֵךְ, (ל)הִתְפּוֹרֵר — (To) crumble

אִפָּרוֹעֵי (ב״מ טז א) (ל)הִפָּרַע (חוב) — (To) repay (debt)

אִפָּרוֹק אִפָּרוֹקֵי (חול׳ מד סע״א) נִפְרֹק נִפְרְקוּ, נֵעָקֹר נֶעֶקְרוּ — They were detached, uprooted

אִיפָּרוֹק (מג׳ יא ב, יט א) נִגְאֲלוּ — They were saved

אִיפָּרוֹקֵי (בכו׳ לב ב) (ל)הִגָּאֵל, (ל)הִפָּדוֹת

(To) be saved, redeemed

לְאִיפָּרוֹקֵי (מג׳ כז א, בכו׳ לט א) לְהִפָּדוֹת

To be redeemed

(18) מ׳, ד׳: אפקתא.
(19) = חלקו התחתון של הדקל לפני שהוא מתפצל.
(20) כל כ״י ועוד, ד׳: אפקינהו.
(21) מו״ק טז א — ד׳ וע׳: אפיקרותא.
(22) ויש שמקשרים אותה ל״אפיקורוס״, (ע׳ ע׳).
(23) מ׳: אפקעת׳, ד׳: אפקעתיה.
(24) מ׳ ורש״י, ד׳: אפרודי.
(25) בכת״י וע׳: ארופתא.

אַפְרוּשֵׁי (ל)הַפְרִישׁ To separate from

אַפְרוּשֵׁי אַפְר(ו)שִׁינְהוּ (קידו׳ סט ב — מ׳)

הַבְדֵּל הִבְדִּילָם He separated them

לְאַפְרוּשֵׁי לְהַפְרִישׁ To separate from

אַפְרַזְתָּא (ב״ק מז ב[25], ב״ב כ א[26]) הַרְדוּפְנִין[27]

An edible herb poisonous for animals

אַפְרַח (שבו׳ ל ב) הַפְרַח (צ) Fly away (*imp.*)

אַפְרְחֵיהּ (שבת קיט א) הִפְרִיחוֹ

It (the wind) blew it (the precious stone) away

אַפְרִי(ו)ן[28] (ב״מ קיט א) בְּרָכָה Blessing, palanquin

אַפְרִיזָא[29] (ב״ב ו א) אַמַלְתְּרָא[30]

Thick beam supporting the planks of ceiling

אִיפְּרִיךְ (ב״ק כה א[31], הור׳ יד א) נִשְׁבַּר (ק״ו)

The *kal vechomer* is refuted

אַפְרִישׁ (ר״ה כו א כ״פ ועוד) הִפְרִישׁ He set aside

אַפְרִישׁ (מג׳ טו א) הִבְדִּיל He separated

אפרישנו (כרי׳ כו סע״ב) ר׳ אפרשינון Cf.

אִיפָּרַךְ[32] **אִיפָּרוּכֵי** (נדה נה א) הִתְפּוֹרֵר It crumbled

איפרכא (עירו׳ קג א) מ׳ וא״פ וד״ש: מיפרכא

אִיפַּרְכֵיהּ דְנַפְשֵׁיהּ (שבו׳ ו ב) אִיפַּרְכוֹ[33] שֶׁלּוֹ

His province, district

אִיפַּרְכֵי (מג׳ יב א, שבו׳ ו ב) אִיפַּרְכִים

The provinces, districts

אֲפַרְסְמָא דָּכְיָא (הור׳ יא ב, יב א, כרי׳ ה ב[34])

אֲפַרְסְמוֹן טָהוֹר (נָקִי) Pure persimmon

אִיפַּרְסְמָא (ר״ה כד א ועוד) נִתְפַּרְסְמָה

It became publicly known

אֲפַרְסְקָא (כתו׳ קיב א) אֲפַרְסֵק A peach

אֶפְרַע (חול׳ קה ב) אֶפְרַע (חוב) I shall pay (a debt)

אִפָּרַע (ב״ק מו ב ועוד) אֶפָּרַע (חוב)

I shall be paid (a debt)

אִיפַּרְעוּ מִינֵּיהּ (שבת כב ב ב״פ) נִפְרְעוּ מִמֶּנּוּ (=נֶעֱנַשׁ)

He was punished

אֶ(י)פְרְעֵיהּ (ב״ב ה סע״א — מ׳) אֶפְרָעֶנּוּ

I shall pay him

אִיפְּרַק (גט׳ לה א, ב״ב קנג א) נִגְאַל, נִצַּל

He was redeemed, saved

אִיפְּרַק (כתו׳ מב ב, נדה מב רע״ב[35]) נִפְרַק, תֹּרַץ

It was resolved

אִיפַּרְקָה (ב״ק סו ב) נִפְרְקָה, תֹּרְצָה It (*f.*) was resolved

אַפַּרְקִיד (ברכ׳ יג ב, ב״ב עד רע״א, נדה יד רע״א) פְּרַקְדָּן[36]

Rest on back with face turned upward

אֶפְרְקִינָךְ (גט׳ מז א) אֶפְדְּךָ I shall redeem you (*m.*)

אֶפְרְקִינָךְ (כתו׳ נא ב) אֶפְדֵּךְ I shall redeem you (*f.*)

אַפְרְשַׁהּ (ב״ק קי ב) הִפְרִישָׁהּ He separated it (*f.*)

אַפְרְשֵׁיהּ הִפְרִישׁוֹ He separated (*m.*) it

אַפְרְשִׁינְהוּ הִפְרִישָׁם He separated them

אַפְרְשִׁינְהוּ מֵאִיסוּרָא (סוכה יב א) אַפְרִישֵׁם מֵאִסּוּר

I shall distance them from doing something forbidden

אַפְרְשִׁינוּן[37] (כרי׳ כו סע״ב) הִפְרִישָׁם He set them aside

אוּכְלָא דְאִיפְּרַת אֹכֶל שֶׁנִּפְרַשׂ

Food that was broken up and separated

אִיפְשׁוֹט (זב׳ צו ב[38], בכו׳ כד ב) אֶפְשֹׁט (בעיא)

I shall resolve (a problem)

אִיפְּשַׂח (קידו׳ פא א) נִפְשַׂח (=פִּסֵּק רַגְלָיו)

He spread out his feet far apart

26) ה׳ (והוגה) יד רמ״ה ושמ״ק: ארזפתא.
27) מין שיח שפירותיו מזיקים לבהמה (חולין פ״ג מ״ה).
28) כ״י וד״י (והוא מלשון פרסית, ע׳: אפרייא.
29) מלשון פרסית.
30) מלשון יונית = הקורה העבה, שעליה נשענות קורות התקרה.
31) ה׳, ד׳: אפריך.
32) מ׳, ד׳: פריך, רש״י: מפרך.
33) מלשון יונית.
34) תע׳ כה א: אפרסמון. דכיין — לי׳ בכל הנוס׳.
35) מ׳, ד׳: איפריק.
36) = שוכב על גבו ופניו למעלה.
37) שמ״ק, ד׳: אפרישנו, מ׳: אפרשינהו.
38) מ׳, ד׳: איפשיט.

וְלָא אִיפְּשַׁט לְהוּ (ברכ׳ נא א, סנ׳ קו ב)
וְלֹא נִפְתַּר לָהֶם (הבעיא), וְלֹא פָּתְרוּ
And they could not resolve the problem

אַפְשְׁטֵיהּ (זב׳ קג ב) הִפְשִׁיטוֹ — He skinned it

אִיפְשִׁיט (זב׳ צו ב) מ׳: איפשוט

אִיפְשִׁיטָא (בר׳ כה ב, שבת ד ב, י א) נִפְשְׁטָה, נִפְתְּרָה (הבעיא)
It (the problem, *f.*) was solved

אִיפְשִׁיט(א) (מנ׳ מא א — מ׳ ורש״י) נִפְשַׁט (הכפל)
It (the fold) was uncreased

אַפְשִׁילוּ חַבְלֵי (בכו׳ ח ב) הַפְשִׁילוּ (=פִּתְלוּ) חֲבָלִים
Braid cords

אַפְשַׁת (נפש) (בר׳ ה ב) הִרְבֵּיתָ — You increased

אַפְתָּא (ב״ב סא א, חול׳ צב סע״א) יָצִיעַ
Lean-to, building extension

אַפְתָּא(י) (ב״ב ס רע״א — כי״י) יָצִיעַ
Lean-to, building extension

לְאִיפְּתוֹחֵי (גט׳ סט א) לְהִפָּתֵחַ[39]
To be opened so puss can emerge

אֶפְתַּח (זב׳ ה א) אֶפְתַּח — I shall open

אִיפְתַּח (סנ׳ צו ב) נִפְתַּח — It was opened

אַפְתָּקָא[40] (סנ׳ לט א) צַוָּאר (רש״י) — Neck

אִיצְבֵּית לֵיהּ נַהֲמָא (חול׳ ס א)
אַתְקִין לוֹ לֶחֶם (=סעודה)
I shall prepare a meal for him

אצבעיה (ע״ז כט א) ר׳ אצבעתיה — Cf.

אֶצְבַּעְתָּא אֶצְבַּע — A finger

אֶצְבַּעְתִּי (בר׳ נו א) אֶצְבָּעִי — My finger

אֶצְבָּעָתִי (בר׳ נו א) אֶצְבְּעוֹתַי — My fingers

אֶצְבַּעְתֵּיהּ[41] אֶצְבָּעוֹ — His finger

אֶצְבָּעָתֵיהּ (ע״ז כט א) אֶצְבְּעוֹתָיו — His fingers

אצדודי ר׳ מצדד — Cf.

אַצְוָוא דְדִיקְלָא (פס׳ לט א[42], כתו׳ נ א[43]) סִיב הַדֶּקֶל
מִסָּבִיב לַדֶּקֶל —)eert mlap fo srepeerc(eert
mlap eht dnuora sworg taht rebiF

אֶצְוַח (ב״ב קלח א, חול׳ לט ב) אֶצְוַח, אֶצְעַק
I shall cry out, yell

אצוותא דדיקלא (פס׳ לט א, כתו׳ נ א) ר׳ אצוואא — Cf.

אַצְוָותָא חֲרוּזִיאָתָא (עירו׳ כו סע״ב) סִיב הַגֶּדֶל
מִסָּבִיב לְדֶקֶל וְדוֹמֶה לְמַחֲרוֹזוֹת — Fiber that grows around the palm tree and resembles a string of beads

אַצּוֹלַהּ (סוטה כא ב) (ל)הַצִּילָהּ — (To) save her

אַצּוֹלֵי, לְאַצּוֹלֵי לְהַצִּיל — To save

לְאַצּוֹלֵיהּ (חגי׳ טו ב, סנ׳ עד ב) לְהַצִּילוֹ — To save him

לְאַצּוֹלִינְהוּ (שבת סא ב) לְהַצִּילָם — To save them

לְאַצּוֹלָן (קידו׳ ח ב) לְהַצִּילֵנוּ — To save us

אִיצְטַבֵּי (פס׳ סה ב, זב׳ לה א) אִצְטַבָּאוֹת — Ledges

אִצְטַבָּתָא (תמיד כו ב) אִצְטַבָּאוֹת — Ledges

אִיצְטְלִיק (בר׳ נו ב) נִבְקַע, נִפְצַע — Split into two

אִצְטְמִיד (בר׳ כב רע״ב) נִצְמַד (=נתחברו חלקיו)
The parts became joined together

אִצְטַנּוֹעֵי, לְאִצְטַנּוֹעֵי לְהִצְטַנֵּעַ
To protect my privacy

אִצְטְנִיאַת[44] (שבת קכט ב) נִצְטַנְּנָה — She became cold

אֶיצְטַנַּע (ב״ב ג א) אֶצְטַנֵּעַ (=אהיה צנוע)
I shall protect my privacy

לְאִיצְטַעוֹרֵי (מנ׳ קט ב 2) לְהִצְטַעֵר — To suffer

אֶצְטַעַר (תע׳ כה א) אֶצְטַעֵר — I shall suffer

אִצְטַעַר (ר״ה יב ב) הִצְטַעֵר — He suffered

עַד דְּאִיצְטַעֲרוּן (שבת קמ ב) עַד שֶׁיִּצְטַעֲרוּ
Until they will suffer

אִיצְטְרוֹיֵי אִצְטְרוּ (יב׳ יז א) נִבְקַע נִבְקְעוּ (רַחֲמֵיהֶן)
(Their uteruses) split

(39) רפואה לאבעבועה, שתיפתח ותצא המוגלה.
(40) מלשון פרסית — מקבת. מ׳ פ׳ ע׳: הפתקיה, אה״ת: אופתיה.
(41) ע״ז כט א פ״ב — מ׳, ד׳: אצבעיה. כ״י ספ׳ גם פ״א: אצבעיה.
(42) א״פ וד״ו וע׳, מ׳ ב: אצוא, ר״ח: אסוא, מ׳: אציתא, ד׳: אצוותא.
(43) מ׳: אצוא, ד׳: אצותא.
(44) צ״ל: אצטנינת, מ׳ וא״פ ור״ף וד״ש לי׳.

אִיצְטְרוֹבְלֵי[45] **דְרֵיחַיָיא**[46] (כתו׳ סט א, ב״ב סז רע״א)

מוֹשַׁב הָרֵיחַיִם — The base of the grindstone

אִצְטָרוֹפֵי, לְאִצְטָרוֹפֵי לְהִצְטָרֵף — To join

אִיצְטְרִיךְ הָצְרַךְ — It was necessary

אצטריך (קידו׳ יב ב) מ׳ ורש״י: אצרכה

אִיצְטְרִיכָא הָצְרְכָה — It (*f.*) was necessary

אִיצְטְרִיכוּ הָצְרְכוּ — They needed

אִיצְטְרִיכִי (גט׳ נח א) הָצְרַכְתִּי — I needed

אִיצְטְרִיכִי (גט׳ עב ב — גם מ׳) צ״ל: איצטריכו

אֲצִיאָתָא (ב״ב יב א, מא רע״ב[47]) אֲמָנִים (=שורות) — Rows

אַצִּילְתֵּיהּ (ב״ב נה א) הִצִּילַתּוּ — It (*f.*) saved him

אציפא (גט׳ פט סע״א) ע׳: אצפא

אֲצִיצָא[48] **דְבֵית הַכִּסֵּא** (מג׳ טז א) עָצִיץ שֶׁל בֵּית הַכִּסֵּא

Toilet potty

אֲצִיצָא[49] **דְהַרְסָנָא** (ב״ב קמד א) עָצִיץ שֶׁל דָּגִים מְטֻגָּנִים[50]

Pot of fried fish

אַצֵּית (צית) (ב״ב עד א, סנ׳ קי סע״א) הַקְשֵׁב

Listen (*imp.*)

אַצֵּית[51] (שבו׳ יח א) אֶשְׁמַע ל- — Assent, be able to

אַצְּלָה (ע״ז מא ב) הִצִּילָה — She saved

אַצְלוֹיֵי (בר׳ לד ב, ביצה יד א, מג׳ כג רע״א) (ל)הַטּוֹת

(To) tilt or lean on a side

לְאַצְלוֹיֵי לְהַטּוֹת — To tilt or lean on a side

אַצְלַח (מנ׳ מג א) הִצְלִיחַ — He succeeded

אַצְלַחוּ (ע״ז כו א) הִצְלִיחוּ — They succeeded

אַצְלֵי (ביצה יד א) הִטָּה, הַטֵּה (צ) — He turned or tilted over on side, turn or tilt over on side (*imp.*)

אֲצַלֵּי (בר׳ ל א) אֶתְפַּלֵּל — I shall pray

אַצְנוֹעֵי (ב״ב כד א, נדה נו ב) (ל)הַצְנִיעַ — (To) hide

לְאַצְנוֹעֵיהּ (שבת קלט ב) לְהַצְנִיעוֹ

To put it aside, to hide it

אַצְנְעֵיהּ הִצְנִיעוֹ — He put it aside, he hid it

אַצְנְעִינְהוּ הִצְנִיעָם — He put them aside, he hid them

אֲצַעֲרָךְ (סנ׳ קח ב) אֲצַעֶרְךָ — I shall cause you to suffer

אַצְפָּא[52] **דְתוּחְלָא** (גט׳ פט סע״א)

כְּלִי מָלֵא שַׁחֲלַיִם[53], פ״א: גַּרְעִינָהּ שֶׁל תְּמָרָה

Basket full of unripe dates

אָצַר פֵּירֵי (יומא פג א) אוֹצֵר פֵּרוֹת (=תבואה)

Produce hoarder (for speculation)

אֱצַר (ב״ב צ ב) אֱצֹר (צ) — Store up (*imp.*)

אָצַר (בכו׳ כא ב) עוֹצֵר — It (the womb) contracts

אִיצְרָא (גט׳ סט ב) עֲצִירָה, סְחִיטָה — Squeezing

אַצְרוּךְ (גט׳ ב ב, ג א) הִצְרִיכוּ — They required

אַצְרוֹכֵי (זב׳ צב ב[54], נדה ח א[55]) (ל)הַצְרִיךְ

To need, require

אצריכי[56] (נדה מא א) ר׳ אצטריך — Cf.

אַצְרִיכַן (זב׳ עא א) הִצְרִיכַנִי[57]

He taught me that the two teachings are necessary

אַצְרְכַהּ, —רְבָא הִצְרִיכָהּ, חִיְּבָהּ — He obligated her

אַצְרְכַהּ[58] (קידו׳ יב ב) הַצְרִיכֶנָּה — Require (*imp.*) it

אצרכו (נדה ח א) מ׳: אצרוכי

אַצְרְכוּהּ (עירו׳ ו ב[59], פס׳ מו ב ועוד) הִצְרִיכוּהוּ

They required him

אַצְרְכֵיהּ (גט׳ לד א) הִצְרִיכוֹ, חִיְּבוֹ

He put him under an obligation

45) מ׳ כתו׳, ד׳: איצטרובלא. ה׳ ב״ב: איצטרובל, מ׳ (סוף שורה): איצטרו.

46) כתו׳ מ׳, ד׳ לי׳. ב״ב ד״ו: דריחייא, א״פ: דריחיא, ד״ח: דריחים, מ׳ ה׳ לי׳. ע׳ (מכתו׳) אסטרובלי דריחיא.

47) ה׳, מ׳ ר׳: איצייית׳, ד׳: אוצייתא.

48) ע׳, מ׳: עציצי, ד׳ עציצא, א״פ: עסיסא, כ״י ה״ש: עציצא דצואה דביה״כ.

49) מ׳ ה׳ ה״ג וע׳, ד׳: עציצא.

50) רשב״ם: כלי מלא דגים מטוגנים בשמן (צ״ל: בשומן). ע׳ הרסנא. וקשה, שבכל מקום: עציץ — לזרעים, או לבית הכבוד: שקלה עציצא דבית הכסא וכו׳ (מג׳ טז א). ולכאן שייך ״שותה בעציצו״ (כתו׳ פ״ג מ״ד—מ״ה, רע״ב: בכלי מאוס שבחר לו).

51) ד״ח: מצית.

52) ע׳, ד׳: אציפא, מ׳: צפ׳, א׳: איצפא.

53) = תמרים שלא בשלו כל צרכם.

54) מ׳ ורש״י, ד׳: אצרוכיה.

55) מ׳, ד׳: אצרכו.

56) תוס׳: איצטריך, מ׳: אצטרי׳.

57) כלומר: לימד אותי, ששתי ההלכות צריכות להאמר.

58) מ׳ ורש״י, ד׳: אצטריך.

59) ד׳: אצרכוהו.

לָא אַצְרְכֵיה (עירו׳ ז ב ועוד) לֹא הִצְרִיכוֹ, לֹא חִיְּבוֹ
He didn't require it

אַצְרְכִינְהוּ (חגי׳ כד ב, חול׳ ח ב) הִצְרִיכוּם, חִיְּבוּם
They obligated them (to have)

אַצְרְכִינֵיה (חול׳ ח ב) הִצְרַכְנוּהוּ, חִיַּבְנוּהוּ
We required it

לְאַקְבּוּלֵי אַפֵּי– (סוכה כז ב) לְהַקְבִּיל פְּנֵי-
To greet, welcome

לְאַקְבּוּלֵי אַפֵּיה (שבת קח א) לְהַקְבִּיל פָּנָיו
To go out to welcome him (=לָצֵאת לִקְרָאתוֹ)

לְאִקְבּוּעֵי (ב״ב כב א 3, כרי׳ ט ב) לְהִקָּבַע
To conduct on a permanent basis

אִיקְּבוּר (סנ׳ מו ב, מז ב) נִקְבְּרוּ They were buried

אַקְבֵּיל אַפֵּיה (חגי׳ ה ב, נדה לג ב) אֲקַבֵּיל פָּנָיו
I shall welcome him

אֱיקַבֵּיל (כתו׳ סה סע״ב) אֲקַבֵּל I shall receive

אֲקַבְּלַהּ (פס׳ מח א) אֲקַבְּלֶנָּה I shall accept it

אִיקְּבַע נִקְבַּע Was set, was made permanent

אקבעו (כתו׳ מא ב) רש״י ב״ק טו ב: קבעו Set (*imp.*)

אִיקַּבְרָא (סנ׳ קד א) נִקְבְּרָה
It (*f.*, the skull) let itself to be buried

אֶקְבְּרִינְהוּ (ב״מ מב ב) אֶקְבְּרֵם I shall bury them

לְאַקְדּוּחֵי[59*] (מ״ק ד סע״ב) לְהַקְדִּיחַ
To dredge a sandbank in middle of river

לְאַקְדּוּמַהּ (שבת כג ב) לְהַקְדִּימָהּ
To advance it in time

אַקְדּוּמֵי (ל)הַקְדִּים, הַקְדָּמָה To advance it in time

לְאַקְדּוּמֵי לְהַקְדִּים To advance in time

לְאַקְדּוּמֵיה (סנ׳ ח א) לְהַקְדִּימוֹ To advance it in time

לְאַקְדּוּמִינְהוּ (בר׳ ח ב) לְהַקְדִּימָם
To read them (the *parshiyos hashavu'a*) earlier

אִיקַּדּוּשׁ (ערכ׳ י ב) נִתְקַדְּשׁוּ They were sanctified

אַקְדּוּשֵׁי (ל)הַקְדִּישׁ To sanctify

לְאַקְדּוּשֵׁי (תמו׳ י ב) לְהַקְדִּישׁ To sanctify

לְאַקְדּוּשֵׁיה (ערכ׳ י ב) לְהַקְדִּישׁוֹ To sanctify it

אַקְדִּים הִקְדִּים He came earlier

אַקְדִּים (נדר׳ ג א) הַקְדֵּם (צ) Advance (*imp.*)

אַקְדִּימוּ (בר׳ נ רע״ב) הִקְדִּימוּ They did earlier

אַקְדִּימִי (שבת קנא ב) הַקְדִּימִי Greet him first (*imp.*)

אקדירו (פס׳ קיח ב) א״פ וע״י א: אקדימו

אַקְדִּישׁ הִקְדִּישׁ He sanctified

אקדיש (תמו׳ ב ב) רש״י: מקדיש

אקדיש (קידו׳ ז ב, ט ב, יב א 2, ב) מ׳: קדיש

אִיקַּדִּישׁ (ערכ׳ י ב) נִתְקַדֵּשׁ It became sanctified

אִיקַּדְ(י)שָׁה[60] (יב׳ קי א) נִתְקַדְּשָׁה
She became married (through *kiddushin*)

אַקְדִּישׁוּנְהוּ[61] (ע״ז נב ב) הִקְדִּישׁוּם
They sanctified them

אקדישננהו (שם) ד׳ אקדישונהו Cf.

אַקְדְּמַהּ הִקְדִּימָהּ He went first, he gave him priority

אַקְדְּמוּהּ (שבת קיט סע״א) הַקְדִּימוּהוּ Make it earlier (*imp.*)

אַקְדְּמֵיה הִקְדִּימוֹ He advanced it, he gave it priority

אקדמתך (קידו׳ סט א) מ׳: קדמתיך

אִיקַּדַּשׁ (נדר׳ לא א, חול׳ קלח ב) נִתְקַדֵּשׁ
It was sanctified

אִיקַּדְשָׁא/ה (כתו׳ סב סע״ב ועוד) נִתְקַדְּשָׁה
She became married (through *kiddushin*)

אַקְדְּשַׁהּ הִקְדִּישָׁהּ He sanctified it (*f.*)

אִיקַּדְשָׁה (גט׳ פט א) נִתְקַדְּשָׁה
She was married (through *kiddushin*)

אַקְדְּשֵׁיה הִקְדִּישׁוֹ He sanctified it (*m.*)

אַקְדְּשִׁינְהוּ הִקְדִּישָׁם He sanctified them

אקהתא (יב׳ קי ב) ד׳ מקוו Cf.

אקוותא (שם) ד׳ מקוו Cf.

אִיקּוּט (נדה סז סע״ב) נִתְקוֹטְטוּ She quarreled

לְאַקּוּלֵי (שבת פו א ועוד) לְהָקֵל To be lenient

אַ(י)קוּלֵי (שבת קכט ב — מ׳ ורש״י) (ל)הָקֵל
To lighten himself (from blood making him feel heavy)

---

*59) ע׳: לפנות השרטון שבאמצע הנהר.

60) הגהתי ע״פ מ׳ (איקדש).

61) ד׳: אקדישננהו, מ׳: אקדישונהו (וי״ו א׳ תלויה:), כ״י ספ׳: אקדשונהו.

אֵיקוּם אָקוּם, אֶעֱמוֹד I shall get up, I shall stand

אַקוּן (תע׳ יט סע״א, גט׳ ל סע״א) הִקְנוּ[62]

(The wheat) has shoot out of stem

אַקוּפֵי (שבת עה ב) נִימֵי אָרִיג[63]

Threads hanging from fabric

אַקוּפֵי (שבת ק ב) (ל)הַקִּיף (To) go around it, to circle

לְאַקוּפֵי (שבת לד רע״א) לְהַקִּיף (=ללכת סביב)

To go around it

לְאַקוּפֵי (ע״ז סג ב) לְהַקִּיף (=למכור בהקפה)

To sell on credit

אֵיקוּץ (ב״מ קז ב ועוד) אֶקְצֹץ, אֶכְרֹת I shall cut down

אַקוֹרֵי (פס׳ עו א 2 ועוד) (ל)הָקֵר (=לצנן)

(To) cool down

לְאַקוֹרֵי נַפְשַׁיְיהוּ/נַפְשִׁין (שבת ק ב, ב״ב עג ב) לְהָקֵר עַצְמָם/עַצְמֵנוּ

To cool themselves/ourselves down

אַקוּשָׁא (שבת סה א ועוד) קָשֶׁה Hard

איקושא (שבת עד א) כי״י: אקיש

לְאַקוּשַׁהּ (קידו׳ סח א) לְהַקִּישָׁהּ

To establish an analogy for it (*f.*)

אַקוּשֵׁי (שבת קנה א ועוד) קָשִׁים Hard (*p.*)

אַקוּשֵׁי, לְאַקוּשֵׁי לְהַקִּישׁ

To compare, to establish an analogy

לְאַקוּשֵׁיהּ (ר״ה ד ב) לְהַקִּישׁוֹ

To establish an analogy for it (*m.*)

לְאַקוּשִׁינְהוּ (יב׳ ח א) לְהַקִּישָׁם To compare them, to establish an analogy between them

אִיקְטוּל (יב׳ קיד ב, סנ׳ מז א-ב) נֶהֶרְגוּ

Those who were killed

איקטופי (פס׳ ח א) ר׳ מקטף Cf.

אַקְטוּרַהּ[64] (פס׳ סד ב) (ל)הַקְטִירָהּ

To burn it (*f.*) as incense

אַקְטוּרֵי (מנ׳ קו א) (ל)הַקְטִיר To burn incense

לְאַקְטוּרֵי (פס׳ נט ב) לְהַקְטִיר To burn incense

אִיקְטִיל (יב׳ סא א, גט׳ נט א, סנ׳ לו א) נֶהֱרַג

He was killed

אֶקְטְלֵיהּ (שבו׳ מו א) אֶכְרֹת אוֹתוֹ

I shall cut it (*m.*) down

אֶקְטְלִינְהוּ (בר׳ נד ב, סנ׳ צו ב) אֶהֶרְגֵם I shall kill them

אקטר (זב׳ עו ב) מ׳ שט׳ ורש״י ד״ו: מקטר

אִיקְטַר (מנ׳ לט א) נִקְשַׁר It was tied

אַקְטְרִינְהוּ (פס׳ צו א) הִקְטִירָם They sacrificed them

אַקְטַרְתָּא (תע׳ כד סע״ב) אַקְטָרָה[65]

A substance that gives off smoke when ignited

לאיקיומא (סנ׳ מז א) ד״ו: לאיקיומי

לְאִיקַּיּוּמֵי (שם) לְהִתְקַיֵּם To fulfill the prophecy

אֲקַיֵּים (תע׳ כא א[66]) אֲקַיֵּם I shall fulfill

אִיקַּיֵּים נִתְקַיֵּם It was fulfilled

אֲקַיְּימִ[י]נַהּ[67] (גט׳ לו ב 2) אֲקַיְּמֶנָּה I shall support it (*f.*)

אֲקִיל הֵקֵל He was lenient

אֲקִיל (עירו׳ י סע״א) הָקֵל (צ) Be lenient (*imp.*)

אֲקִילוּ הֵקֵלּוּ They were lenient

אֲקֵילְתְּ (עירו׳ י סע״א) הֲקַלְתָּ You were lenient

אַקִּיף (עירו׳ ה א ועוד) הַקֵּף (=סֹב) Circle (*imp.*)

אַקִּיף זָקָן (סנ׳ סט א) הִקִּיף זָקָן

Hairs showing puberty have grown

אַקִּיקָא (גט׳ סט ב) מין בשם

A type of perfume, a thorny acacia

אַקִּישׁ[68] (שבת עד ב) נִתְקַשָּׁה It hardened

אַקִּישׁ (שבו׳ כז א, זב׳ מט ב 2) הִקִּישׁ, הַקֵּשׁ (צ)

He established an analogy, establish an analogy (*imp.*)

אִיקְּלוּ (סנ׳ צג א) נִשְׂרְפוּ They were burned

אִיקְּלוּדֵי[69] מִיקְּלִיד (חול׳ צג ב) מִתְפַּתֵּל, "חוֹזֵר וְנִכְנָס" (רש״י) Twists, reenters

אִיקְּלוּף אִיקְּלוּפֵי (סוטה טו ב) נִקְלַף נִקְלְפוּ

They were pealed

62) = עלו בקנה השבולת.

63) = נימין הניתקין מן האריג ותלויים בבגד.

64) א״פ: הקטרה.

65) דלק מעלה עשן.

66) מ׳ ומ׳ ב, ד׳: אוקי.

67) הגהתי, מ׳: אוקימיניי.

68) ד״ח: איקרשא, ור׳ ח״ג שם.

69) רש״י: אקלודי לשון מפתח הנכנס בפותחת.

אַקְלוּשֵׁי (מ״ק יג ב) (ל)הַקְלִישׁ[70] (To) cover with branches spread far apart from one another

אַקְלוּשֵׁי מַקְלִישׁ[71] (זב׳ קי סע״א) הַחֲלֵשׁ מַחֲלִישׁ

It weakens

אִיקְלַט (סוכה מט ב, מעי׳ יא סע״ב 2[72]) נִקְלַט

It was caught

אַקְלִידָא[73] (סנ׳ קיג א 2, ע״ז ע ב[74]) מַפְתֵּחַ A key

כַּבָא דְאַקְלִידָא (שבת פט ב, מנ׳ נז א 2[75]) שֵׁן שֶׁל מַפְתֵּחַ

Tooth of key, key-bit

אַקְלִידֵי (פס׳ קיט א ועוד) מַפְתְּחוֹת Keys

אֶיקְלְיֵיהּ (ר״ה ד א) אֶשְׂרְפֶנּוּ I shall burn it

אִיקְלִיף (חול׳ סב ב 2) נִקְלַף It peeled off

אִיקְּלַע נִזְדַּמֵּן He happened to arrive

איקלע (שבת קיט א) ד״י ומ׳: : מיקלע

אִיקְּלַעוּ נִזְדַּמְּנוּ They happened to arrive

אִיקְלַעִי נִזְדַּמַּנְתִּי I happened to arrive

אִיקַּלְעִינַן (חול׳ מט א, קיא רע״א[76]) נִזְדַּמַּנּוּ

We happened to arrive

אִיקְּלַעִית (שבת קמה ב 2) נִזְדַּמַּנְתִּי I happened to arrive

איקלען (חול׳ קיא רע״א) ר׳ איקלעינן (וח״ג שם) Cf.

לְאִיקַּלְקוּלֵי (עירו׳ מט א, ביצה ד סע״א[77]) לְהִתְקַלְקֵל

To become ruined, spoiled

אַקְמַח (נדה נה א) הַקְמִיחַ[78] Ground as fine as flour

אַקְמַח אַקְמוּחֵי (נזיר נג ב) הַקְמֵחַ הִקְמִיחַ[79]

It was ground very fine

אֶקְמְטִינְכוּ (גט׳ מז א) אֶקְשָׁרְכֶם I shall tie you up

אַקְנָא (בר׳ ז ב) מ׳: איקני

אַקְנַאי (ב״מ לד ב) הִקְנֵיתִי I transferred the ownership

אַקְנוּ (גט׳ כ א) הִקְנוּ They transferred the ownership

אַקְנוּיֵי, לְאַקְנוּיֵי לְהַקְנוֹת To transfer the ownership

אִיקְנוּיֵי[79*] (ב״מ מה ב 2) לְהִקָּנוֹת

To become acquired

לְאִיקַּנּוּיֵי[80] (בר׳ כח א) לְהִתְקַנֵּא To be jealous

אִיקְנֵי אֶקְנֶה I shall acquire

אַקְנֵי הִקְנָה He transferred the ownership

אַקְנֵי (יב׳ קג ב) הַקְנֵה (צ)

Transfer the ownership (*imp.*)

אַקְנֵי (עירו׳ סח א) אַקְנֶה I shall transfer the ownership

אִיקַּנֵּי (בר׳ ז ב[81], מג׳ טז א) נִתְקַנָּא He was jealous

איקניא (סנ׳ צג ב) מ׳ ואה״ת: איקני

אַקְנְיֵיה הִקְנָהוּ He transferred the ownership to him

אַקְנְיַהּ[82] (תמו׳ כט רע״ב) הִקְנָהּ, הִקְנָה לָהּ

He transferred the ownership to her

אקנייתא (ע״ז יא ב) שֵׁם חג בבלי

Name of Babylonian festival

אַקְנְיָיתָא, אַקְנָיָאתָא[83] (ב״ב קלו א) הַקְנָיָה

Transferal of ownership

שְׁטָרֵי אַקְנְיָיתָא שְׁטָרֵי הַקְנָיָה

Documents for transferal of ownership

אַקְנִינְהוּ הִקְנָה אוֹתָם He transferred the ownership

אַקְנֵית (ב״ב קגג א) הִקְנֵיתָ

You (*s.*) transferred the ownership

אַקְנִיתָא (גט׳ כ ב) הִקְנְתָה אוֹתָהּ

She transferred (the ownership of the tablet on which the (*get*) was written)

אקניתא (ב״ב קלו א 2) ר׳ אקנייתא Cf.

אַקְנִיתָא[84] (ע״ז יא ב) שֵׁם חג בבלי (עי׳ עה״ש)

Name of Babylonian festival

(70 = לכסות בענפים ברווח ביניהם.
(71 כ״י ורש״י, ד׳: קלושי מיקלש.
(72 ע׳ והב״ח, ד׳: דאי קלט.
(73 מלשון יונית.
(74 מ׳, ד׳: איקלידא, כ״י ספ׳: מפתחא (ובגליון עי״א: נ״א איקלידא).
(75 ר׳ ר״ג וע׳, ד׳: בבא.
(76 או״ז ור׳ ב, מ׳: איקלענו, ד׳: איקלען.
(77 ד׳: לאקלקולי.
(78 = נעשה דק כקמח.
(79 = נטחן דק כקמח.
*79) [פ״א בכ״ר ובקטע גניזה, כתי״י וד׳: אקנויי (ע. ל.)]
(80 פ׳, ד״ו: לאקנויי, ד״ח: לקנאויי.
(81 מ׳, ד׳: אקנא, ע״י: איקנא.
(82 ד׳: אקניה ניהליה, מ׳: יהבה ניהליה, ולפ״ד צ״ל: אקנייה ניהלה (=הקנהו את הטלה לה).
(83
(84 כ״י ספ׳, מ׳: אקניית׳, ד׳: אקניתיה.

אַקְנִיתוּ[85] (ב"ב קעב רע"א) הִקְנֵיתֶם

You (*p.*) transferred the ownership or the possession

אַקְנִיתֵיהּ (ב"ב קלז א) הִקְנְתָה אוֹתוֹ

She transferred its (the palm tree's) ownership

Cf. **אקניתיה** (ע"ז יא ב) ר' אקנייתא

I shall penalize him **אֶיקְנְסֵיהּ** (ב"ק צו ב) אֶקְנְסֶנּוּ

אָקַנְתָּא (תע' יט סע"א, גט' ל סע"א) הַקְנָאָה[86]

The wheat shooting out a stem

He was annoyed, angry, insulted **אִיקְפַּד** הִקְפִּיד, כָּעַס

אִיקְפַּדוּ[87] (ב"מ לג א) הִקְפִּידוּ

They were annoyed, angry, insulted

Cf. **אִיקְפַּדִי** (שם) ר' איקפדו

He wrapped her around **אַקְפַהּ** (סנ' נב רע"ב) הִקִּיפָהּ

אַקְפוּ (קפי) **יְדַיְיכוּ** (חגי' טז סע"ב) הָצִיפוּ יְדֵיכֶם[88]

Let your hands float over the sacrifices (without applying pressure)

אַקְפוּיֵי מַקְפוּ (חגי' כא רע"ב) הָצֵף מְצִיפִים (=מגביהים)

The waters flooded it and raise it

אִיקְפּוּלֵי[89] **מִיקְפַל** (יב' עו א) נִקְלַף נִקְלַף

It was peeled off

It flooded **אַקְפֵי** (קידו' עב א, ב"מ יב ב) הֵצִיף

אַקְפֵי (ב"מ י ב) הַקִּיפִי[90]

Cut around the hair on his head (*f.*, *imp.*)

אקפיד (ב"מ צז א) מ': איקפד

Cf. **איקפיד** (יומא פז ב, קידו' עט ב, ב"מ צז א) ר' איקפד

He surrounded it **אַקְפֵיהּ** (ב"ב ה א) הִקִּיפוֹ

אַקְפֵּיהּ (קפי) (חול' קכ א) הִקְפָּהוּ

He caused it to congeal

אַקְפִינְהוּ (חול' נ א) הִקִּיפָם[91]

Put one next to the other to compare them

אַקְּפָךְ[92] (חול' מח סע"א) אַקִּיפְךָ[93]

I shall sell you on credit

It (was) peeled off **אִיקְּפַל** (מ"ק ו א) נִקְלַף

אִיקְּפַל אִיקְּפּוּלֵי (חול' מד סע"א) נִקְלַף נִקְלַף

Peeled off the meat

אַקְפַן (ע"ז נח א) הִקִּיף אוֹתִי

He surrounded me with questions

אקפן (חול' מח סע"א) כי"י: אקפך

אַקְצוֹיֵי מַקְצְיָא (יומא יז א) הַקְצוֹת מַקְצָה[94]

Extends from one wall to another

אַקְצְיֵיהּ (סוכה לז ב 2, ע"ז כב ב, תמו' ל רע"ב[95]) הִקְצָהוּ

He designated it

אַקְצִינְהוּ (שבת קכד ב, ביצה לא ב) הִקְצָם (=הקצה אותם)

He designated them

אַקְרָא[96] 1) מִבְצָר, 2) שם מקום בבבל, 3) נסמך על שמות כמה ערים בבבל.

1) Fortress, 2) Name of place in Babylonia, 3) An introductory term before names of Babylonian cities, e.g.:

A city in Babylonia **אַקְרָא דְאַגְמָא** עיר בבבל[97]

אַקְרַאי בְּעָלְמָא הוּא (יומא כג א ועוד) מִקְרֶה הוּא

It was coincidental

בֵּי דִינָא דְאַקְרַאי (ר"ה כט סע"ב) בֵּית דִּין עֲרַאי

A provisional rabbinical court

אַכְסַנְיָא[98] **דְאַקְרַאי** (ער' טז ב) אַכְסַנְיָא עֲרָאִית

A temporary lodging

אִיקְּרַאי (פס' עב ב 2[99], חול' קיז א 2) נִקְרְאָה

It (*f.*) is called

אִיקָּרְבָא דַעְתָּא/דַעְתֵּיהּ (כתו' נו רע"א, קה ב, סנ' כח ב) נִתְקָרְבָה דַּעְתָּהּ/דַּעְתּוֹ[1]

An attachment, rapprochement, meeting of minds has been established

85) תוס', מ' ור' ורשב"ם: אקניתון, ה' וד': קניתו.

86) צמיחת קנה השבולת.

87) ר"ח, ד': איקפדי, כל כי"י — נ"א.

88) כלומר: סמכו לא בכח.

89) מ' ורש"י, ד': מיקפולי.

90) מענין "לא תקיפו פאת ראשכם".

91) =העמידם זה אצל זה להשוותם.

92) ר' ר"ג ורש"י כי"י, ד': אקפן.

93) — אמכור לך בהקפה.

94) ע' (ע' קץ ו'): פי' מוקצה היתה מקרנים ולא היתה במקצוע צפונית מערבית ולא במקצוע מערבית דרומית אלא באמצע רוח מערבית וכו' (עי"ש).

95) רש"י, ד': אקציה, מ' ליתא.

96) מלשון יונית = תרגום של לוא בשבעים.

97) ע' מביא מסנה' לה ב: אגמא דיוקרא.

98) מ', ד': אכסנאי.

99) מ' ב, ד': איקרי.

1) =דעתה/דעתו נוטה כלפי.

אַקְרְבַהּ (סוטה יט א, מנ׳ נז א) הִקְרִיבָהּ
He sacrificed it (*f.*)

אַקְרְבַהּ (ערכ׳ ה ב) אַקְרִיבֶנָּה — I shall sacrifice it (*f.*)

אַקְרְבוּהּ (ר״ה ו סע״א) הִקְרִיבוּהוּ — They sacrificed it

אַקְרְבוּנְהוּ[2] (תמו׳ טו ב 2) הִקְרִיבוּם
They sacrificed them

אַקְרְבֵיהּ (ר״ה ה א 3, נזיר כה ב[3]) הִקְרִיבוֹ
He sacrificed it (*m.*)

אַקְרְבִינְהוּ (חגי׳ ח ב 3) הִקְרִיבָם — He sacrificed them

אקרבינהו (תמו׳ טו ב) מ׳: אקרבונהו

אַקְרְבִינָךְ (ב״מ פד א) קֵרַבְתִּיךָ — I brought you closer

אקרבנהו (תמו׳ טו ב) מ׳: אקרבינהו

אַקְרְבַת (יב׳ לט ב) קֵרְבָה, הִקְרִיבָה
She came closer, brought him closer

אַקְרוֹ (ב״מ פה ב) הַקְרִיאוּ
Teach each other verses of the Bible

אִיקְרוּ[4] (כתו׳ כו א) קָרוּ, אֵרְעוּ — It happened by chance

אִיקְרוּ[5] נִקְרְאוּ — They were called

אַקְרוּב (קידו׳ לח א, זב׳ טז סע״א[6]) הִקְרִיבוּ
They offered a sacrifice

אַקְרוֹבֵי, לְאַקְרוֹבֵי לְהַקְרִיב — To offer sacrifice

לְאַקְרוֹבֵי[7] (ב״ק קי א) לְהַקְרִיב — To offer sacrifice

אִיקָּרוֹבֵי דַעְתָּא (כתו׳ נו א, סנ׳ כח ב) קֵרוּב דַּעַת
Rapprochement, coming together, meeting of minds

אַקְרוֹיֵי (בר׳ יז א) (ל)הַקְרִיא — To read to

לְאַקְרוֹיֵי (יב׳ צא ב 4) לְהַקְרִיא — To read to

אִיקְּרוֹיֵי (ב״ב ל א, קנט ב) (ל)הִקָּרֵא[8] — It is called

אַקְרוּקְתָּא (נדר׳ מא א, ב״ב עג ב) צְפַרְדֵּעַ — Frog

אִיקָּרוֹרֵי דַעְתָּא (כתו׳ ה א כ״פ, ט ב) הִתְקָרְרוּת הַדַּעַת
Anger being cooled down

לְאִיקָּרוֹרֵי (פס׳ קיח ב) לְהִתְקָרֵר — To become cooled

אִיקְּרֵי קָרָה, אֵרַע — It happened

אִיקְּרֵי[9] (ב״מ מ ב ועוד) הִקָּרֵא (צ) — Be regarded as *(imp.)*

אִיקְּרֵי[10] (בר׳ לה א ועוד) נִקְרָא (עבר) — Is called

אִיקְּרֵי[11] **כַּאן** קְרָא כַּאן — Apply the verse here

אַקְרֵיב הִקְרִיב — He sacrificed

אקריב (זב׳ טז סע״א) רש״י: אקרוב

לָא (אִי)קָּרֵיב (מנ׳ פא רע״ב — כל כי״י) אֵינוֹ קָרֵב
Cannot be sacrificed

אַקְרִיבוּ הִקְרִיבוּ — They offered a sacrifice

אִקְּרִיבוּ (זב׳ פו א) נִתְקָרְבוּ — They were sacrificed

אקריביה (נזיר כה ב) מ׳: אקרבי׳

אַקְרִיבְתּוּהָ (זב׳ קא א 2) הִקְרַבְתֶּם אוֹתָהּ
You sacrificed it (*f.*)

אַקְרִיבְתֵּיהּ (ע״ז סג א) הִקְרִיבָה אוֹתוֹ
She sacrificed it (*m.*)

אַקְרְיוּהּ[12] הִקְרִיאוּהוּ (בחלום)
They read it to him (in a dream)

אַקְרְיוּן (בר׳ נו א ועוד) הִקְרִיאוּנִי — They read it to me

אַקְרְיֵיהּ (ב״מ פד א) הִקְרִיאוֹ (=לימדו מקרא)
They taught him Torah

אַקְרְיָיךְ[13] הִקְרִיאֲךָ — He taught you

אַקְרְיַין (בר׳ נו א ועוד) הִקְרִיאָנוּ
Lit. he read to us, i.e. the (verse) applies to

אקריך (ב״ב קכג ב 2) ר׳ אקרייך — Cf.

אקרים (ב״ב צה ב, ע״ז ל סע״א) כי״י: אקריס

2) מ׳, ד׳: אקרובינהו, אקרבינהו.
3) מ׳, ד׳: אקריביה.
4) לפ״ד צ״ל: איקרי.
5) בכמה מקומות בא בד׳: איקרי (ביו״ד), אבל ברובם בכ״י בוי״ו. ולפעמים בא ביחיד כמספרו של הנושא (למשל: הני הוא דאיקרי קהל, הור׳ ג א).
6) רש״י, מ׳ ד׳: אקריב.
7) כל כי״י, ד׳: לקרובי.
8) ור׳ ליקרויי.
9) בפתגם ״זבון וזבין תגרא איקרי״.
10) בכמה מקומות בד׳ במקום ״מיקרי״, ובכ״י כהלכה: עירו׳ כט ב — מ׳: הכא שיכרא מיקרי, פסי׳ קי א׳ — מ׳: ומלכא לא מיקרי מזיק, יב׳ נה ב — מ׳ ורש״י: שארו מיקרי (מ׳: מיקריי), חולי׳ לז א — ר׳ ב ג: לא קרייה רחמנא, מ׳ ה׳ ר׳ א ד׳ שוני׳ וויני׳ לי׳ ״מחיים לא אקרי נבילה״, נדה כג א — מ׳: ההוא גוש מיקריא.
11) יב׳ יג ב, ק א — מ׳: קרי, יומא מז ב — לי׳: קרי ביה, ב״ק צד ב — מ׳ ה׳: קרי.
12) בכמה מקומות בא בד׳ (בהיקש לעברית): אקריוהו.
13) ב״ב קכ״ג ב: דאקריך, אקריך — מ׳ ה׳: דאקרייך, מ׳: אקרייך.

אקרינהו (יב׳ לט ב) מ׳: אקרינוהי

אַקְרִינוּהָ (יב׳ קו ב 2) הִקְרֵאנוּהָ — We read it to her

אַקְרִינוּהִי (יב׳ לט ב[14], קו ב[15]) הִקְרֵאנוּהוּ

We read it to him

אַקְרִינַן (בר׳ נו א כ״פ) הִקְרִיאָנוּ — He read to us

אַקְרִים (כ״ב צה ב, ע״ז ל סע״א) הִקְרִיס[16]

It became sourish

אַקְרִיתַן (כ״ב כא ב) הִקְרֵאתַנִי[17]

You taught me to read

אִיקְּרַע (יב׳ פג ב) נִקְרַע — It was ripped open

א[י]קַּרְעָן (קידו׳ ע ב — מ׳ ורש״י) נִקְרְעוּ

They were ripped

אַקְרְפִיטָא[18] (מ״ק י רע״ב) אִצְטְבָא

A raised upholstered seat

אַקְשֵׁה הִקִּישָׁה — He established an analogy

אַקְשַׁה (קידו׳ סח א) הַקִּישָׁה (צ)

Establish an analogy (*imp.*)

א[י]קְּשׁוּ (בכו׳ ט רע״א — רש״י) הִתְחַצְּפוּ

They were insolent

אִיקַּשׁוּיֵי לָא אִיקַּשׁוּ[19] (זב׳ קטז רע״ב) הִתְקַשּׁוּת

(האיברים) לֹא נִתְקַשּׁוּ — They lacked penile erection

לְאַקְשׁוּיֵי (גט׳ כז ב, ב״מ יח ב) לְהַקְשׁוֹת

To pose a question

לאקשויי (זב׳ מט ב) מ׳: לאקושיה

לאקשויי (כרי׳ כה סע״ב) מ׳: לאקושי

אִיקַּשְׁטָא[20] (שבת כו רע״א) נִתְקַשְּׁטָה

She adorned herself

אִיקַּשְׁטִי[20] (שם) הִתְקַשְּׁטִי — Adorn yourself (*imp.*)

אַקְשֵׁי (ב״מ קט ב) הַקְשֵׁה (צ) — Pose a question (*imp.*)

אַקְשֵׁי הִקְשָׁה — He posed a question

אַקְשֵׁיהּ הִקִּישׁוֹ — He established an analogy with it

אִיקַּשְׁיָא (בכו׳ לא ב) הָקְשְׁתָה (=היתה קשה)

It was difficult

אֶיקַּשֵּׁיט נַפְשָׁאִי (קידו׳ מ א) אֲקַשֵּׁט עַצְמִי, אֶתְקַשֵּׁט

I shall adorn myself

איקשיט (שבת כו רע״א 2) מ׳: איקשטי, איקשטא

אַקְּשִׁינְהוּ (יב׳ ח א) הַקִּישֵׁם

Establish an analogy between them

אַקְשִׁינַן (חול׳ קלט ב) הִקְשֵׁינוּ

We have posed a question

אַקַּשְׁתְּ (יב׳ ח א, זב׳ ה ב[21]) הִקַּשְׁתָּ

You established an analogy

אַקְשַׁת (חול׳ קלז ב) הִקְשִׁיתָ — You posed a question

אָרָא (סנ׳ כה א-ב) צַיַּד יוֹנִים[22] — Fowler, pigeons hunter

(who uses a specially trained pigeon)

ארא(ה)[23] (ע״ז מ רע״א) מִין דג — Species of fish

אַרְיָא אָרְבָא (ב״ק פה א ועוד) אֲרִי אוֹרֵב

Lion waiting to ambush

אַרְבָא עֲרֵבָה, סְפִינָה — Barge, boat

אַרְבּוּנָא (פס׳ קיא סע״ב) עִוָּרוֹן

Blindness, defective eye-sight

אִירַבֵּי (ב״ק עח א) נִתְרַבָּה — It is included

אַרְבֵי סְפִינוֹת — Barges, boats

אַרְבֵי (פס׳ מ רע״ב) עֲרֵבוֹת (=כלים) — Troughs

אַרְבֵּיהּ סְפִינָתוֹ — His barge, boat

ארבילא (סנ׳ לט א) מ׳ ואה״ת: ארבלא

אַרְבֵּסַר אַרְבָּעָה עָשָׂר, אַרְבַּע עֶשְׂרֵה

Fourteen (both *m.* and *f.*)

אַרְבְּלָא[24] (ב״מ כו ב ועוד) כְּבָרָה — Sieve

אַרְבַּסְרֵי (ערכ׳ יב רע״ב) אַרְבַּע עֶשְׂרֵה — Fourteen (*f.*)

אַרְבַּע אַרְבַּע — Four (*f.*)

אַרְבַּע סְרֵי (שבת צח ב) אַרְבַּע עֶשְׂרֵה — Fourteen (*f.*)

(14) מ׳, ד׳: אקרינהו.

(15) הגהתי, ד׳: אקרינוהו. מ׳לי׳ כל הקטע ״אקרינוה... ואקרינוה לדידיה״.

(16) כך בעברית בסמ״ך בכ״י ובע׳ בכל המקומות (ברכ׳ מ׳ ב׳, ב״ב צה ב, סג׳ יד ב), בד — במ״ם. ופירושו: התקלקל קצת, נוטה להחמיץ.

(17) = לימדת אותי לקרוא.

(18) מלשון יונית. מ׳: אקרפיטרא, ועי׳ קרפיטא.

(19) אה״ת ורש״י, ד׳: אק—, אק—

(20) מ׳, ד׳: איקשיט.

(21) וכן במ׳ בתע׳ כז רע״א וקידו׳ סח רע״א, ד׳: מקשת.

(22) ע״י יונה מאולפת לכך (עי׳ אוצה״ג עמ׳ רג).

(23) ד׳ פיזרו, מ׳: נירי.

(24) מלשון ערבית.

אַרְבְּעָה אַרְבָּעָה Four (*m.*)
אַרְבְּעוּנַהּ[25] (בכור׳ ח רע״ב) הִרְבִּיעוּהָ They mated it
אַרְבְּעֵי אַרְבַּע Four (*f.*)
אַרְבְּעִין אַרְבָּעִים Forty
אַרְבְּעִין זִימְנִין (בכור׳ כח א ועוד) אַרְבָּעִים פְּעָמִים
Forty times
ארבעינהו (בכור׳ ח רע״ב) מ׳: ארבעונה
אַרְבַּע(י)תְּ (ב״ק קיד א — ה׳) הִרְבַּצְתָּ
You have poised a lion on the ground
ארבתא (שבת כ ב) מ׳ וא״פ: ערבתא
אַרְגְּוָון (תמיד לב א) אַרְגָּמָן Purple
לְאַרְגּוֹזֵי (סנ׳ קג ב) לְהַרְגִּיז To irritate, to annoy
לְאַרְגּוֹלֵי (ע״ז לז א) לְהַרְגִּיל To seduce
אָרְגֵי (סנ׳ מח ב) אוֹרְגִים They weave
אַרְגִּיל (יב׳ כו א, קטז ב) הִרְגִּיל He initiated
אַרְגִּילָה (שם) הִרְגִּילָה She initiated
אַרְגִּישׁ (שבת קכט א, תע׳ כ ב) הִרְגִּישׁ He felt, sensed
אַרְגִּישָׁה[26] (נדה נד ב כ״פ) הִרְגִּישָׁה She felt, sensed
אַרְגֵּשִׁית (סנ׳ צה א — מת״י) רִגַּשְׁתִּי[27]
I stirred up, set in motion, roused
אַרְדַּבָּא (עירו׳ קב א[28]) אַרְדַּב[29] (=חצי לתך[30])
A *letach*, a dry measure
אַרְדִּי (כתו׳ סא א, ע״ז לח רע״א) כְּמֵהִין Truffles
ארדיליא[31] (בר׳ מז א) ר׳ ארדי Cf.
ארדילאי (פס׳ קיט ב) ר׳ ארדי Cf.
אַרְהֲטֵיהּ (שבת קט ב) הֱרִיצוֹ He made him run
אַרְהִיטַנִי (ע״ז מח ב 3) הֲרִיצֵנִי
Pull me past rapidly (*imp.*)
אַרְוַוח לַהּ זִימְנָא (קידו׳ ו ב) הִרְחִיב לָהּ זְמַן[32]
He delayed his due date
אַרְוַוח [בַּהּ][33] אַרְווֹחֵי לרה״ר (ב״ק נ א)
הַרְחֵב הִרְחִיב בָּהּ לרה״ר[34]
He enlarged the public domain (by addition of his private land)
אַרְוַוחִי[35] (כתו׳ צח סע״א) הִרְוַחְתִּי I gained
אַרְווֹחֵי (מ״ק י א) (ל)הַרְוִיחַ, (ל)רַוֵּחַ
To enlarge, to expand
לְאַרְווֹחֵי (שבת קמו רע״ב[36]) לְהַרְחִיב, לְרַוֵּחַ
To enlarge, to expand
אַרְוְ[ו]חֵיהּ (עירו׳ עח רע״א — מ׳) רְוְּחוֹ
He enlarged it, expanded it
ארווחנא (כתו׳ צח סע״א) מ׳: ארווחי
אָרוּזָא אֹרֶז Rice
ארוח (ב״ב נג א) מ׳ ה׳ ורשב״ם: פתח
לארוחי (שבת קמו רע״ב) ר״ח: לארווחי
לארוחי (בר׳ מג א) מ׳: לאורוחי
אֲרְוִיסָא (יב׳ מו א) חֶבֶל[37], פ״א: שַׁלְשֶׁלֶת
Rope, a halter, a chain
אַרְוִיתֵיהּ (סנ׳ קט ב) שִׁכְּרַתּוּ She made him drunk
ארומאי (גט׳ יז א) מ׳ ד״ו אה״ת וע״י: רומאי
אֲרוֹנָא (מג׳ ו א) אָרוֹן (של מת) Coffin
אֲרוֹנַהּ (קידו׳ לא ב) אֲרוֹנָהּ (של מתה) Her coffin
ארוני (שבת לה ב) מין עשב[38]
A sort of grass, common mallow, malva plant
אֲרוֹנֵיהּ (מ״ק כה א) אֲרוֹנוֹ (של מת) His coffin
אֲרוּנְקֵי (חול׳ ס ב) (אנשים) חֲשׁוּבִים
They are the important ones
אֲרוּקְתָא (שבת נט ב) מַטְלִית, רְצוּעַת אָרִיג
A band decorated with gold and precious jewels
אֲרוּרֵי (מג׳ לא ב) אֲרוּרִים[39] The curses (verses of the Torah starting with word *aror*)

(25) מ׳, ד׳: ארבעינהו.
(26) בד׳ כ״פ: ארגשה, מ׳ — ברוב: ארגיש.
(27) מלשון ״ילמה רגשו גוים״.
(28) רי״ף כ״י וע׳, נוס׳: אדריבא.
(29) כך נוסח הערוך בב״מ פ׳ ע״ב, ד׳: אדריב.
(30) לפי רש״י: לתך. היוני תרגם חמר (ישעי׳ ה׳ י׳).
(31) צ״ל: ארדי לי (ראה ד״ס שם ושם ובעה״ש).
(32) נתן לה ארכה לפרעון החוב.
(33) ה׳ רש״י, מ׳ ר׳: ביה.
(34) =הרחיב את רה״ר.
(35) מ׳, ד׳: ארווחנא.
(36) ר״ח, מ׳ ד׳: לארוחי.
(37) =חבל שזור מחוטים עבים.
(38) וז״ל הערוך (ע׳ הרנקי): ״אי נמי הרני פי׳ אשב הוא ועלה שלו עגול, ומצד אחד הוא פתוח, ובלילה כפיפה בקרקע, וכשחמה זורחת היא עומדת ופתחה למולה (=למול החמה), וכשחמה מסבבת פניה למולה היא מתעגלת עמה עד ששוקעת החמה. ואותו החריץ שהוא פתוח כנגד החמה לעולם, וכשחמה שוקעת היא נכפפת בקרקע ובלעז שמה מלנא. ויש שגורסים ארוני. פי׳ ירקות שדה הן בבקר

אַרְזָא אֶרֶז Cedar

אַרְזֵי אֲרָזִים Cedar trees

אַרְזִילֵי דִימָא[40] (ב״ב עד ב) עָפְרֵי הַיָּם Sea-antelopes

אַרְזִינָא[41]. (תע׳ כד ב) אֹרֶז Rice, name of place (*Rashi*)

כִּי אַרְזְלָא[42] (עירו׳ כה רע״ב) כְּעַרְסָל, (ת״י ל״מְלוּנָה״) מְלוּנָה

Hammock-like, both sides slanting toward center

אַרְזַנְיָיתָא[43] (גט׳ ע א) גְּדוֹלוֹת וְטוֹבוֹת Big and good

אַרְזַפְתָּא (מג׳ כה א, גט׳ נו ב) קֻרְנָס (של נפחים)

Blacksmith's hammer

אַרְזַפְתָּא[44] (ב״ק מז ב) הַרְדוּפָנִין[45]

A herb that is poisonous for animals

אָרַח (בר׳ מג א) הֵרִיחַ He smelled

אָרְחָא (יומא פב ב 2) הֵרִיחָה She smelled

אַרְחֵי (ב״ק כא ב, ב״ב ג א) אֲרִיחִים Half-bricks

אַרְחֵי וּפָרְחֵי (כתו׳ סא א 3[46], סד ב 3)

אוֹרְחִים ופוֹרְחִים (=עוברי אורח) Transient visitors

אָרְחֵיהּ (נדה כ ב 2) הֱרִיחוֹ He smelled it

אַרְחִיקוּ לְהוּ (חול׳ יז רע״א) הִרְחִיקוּ (פ״ע), הִתְרַחֲקוּ

They removed (*vi*), they moved away

אַרְחִיקִי לִי (ב״ב כו א) הִרְחַקְתִּי (פ״ע), הִתְרַחַקְתִּי

I removed (*vi*), I moved away

אָרְחָן דְתַקְנָן (סוכה מד ב) דְּרָכִים טובות

Good ways, righteous acts

ארחתיה (ב״ב ט רע״ב) ה׳: אורחתא

אֲרִי (שבת סז א) אֲרִי Lion

אֲרֵי (מ״ק ב א, נדר׳ לח א — מת״י) הֲרֵי Here is, behold

אָרֵי תּוֹפֵס He plucks

וּדְקָאָרֵי לַהּ מַאי קָאָרֵי לַהּ (יומא ל ב ועוד)

וְהַתּוֹפֵס אוֹתָהּ מַה־תּוֹפֵס אוֹתָהּ[47] He who asked

the question, how could he raise it at all

אַרְיָא אַרְיֵה Lion

כְּאַרְיָא אָרְבָא (ב״ק פה א ועוד) כַּאֲרִי אוֹרֵב[48]

Like a lion in ambush

בַּר אַרְיָא (יומא עח א, ע״ז לא ב) בֶּן־אֲרִי[49]

The son of a lion (denoting the son of a great man)

אַרְיָוָתָא אֲרָיוֹת Lions

אֲרִיחָא אָרִיחַ (=חצי לבנה) Half-brick

אֲרִיךְ אָרֹךְ Long

אֲרִיךְ וְקַטִּין (עירו׳ כב א ועוד) אָרֹךְ וָצַר

Long and narrow

אֲרִיךְ (סוכה מד א, ב״מ עה א) כָּשֵׁר, מֻתָּר

Proper, right, befitting

אָרִיךְ (שבת לג ב) מְנַקֶּה, מֵיטִיב. רש״י: מתקן ומחליק

He cleanses, he improves. Rashi: He fixes and smoothes

אֲרִיכָא הָאָרֹךְ, אֲרֻכָּה The long, long (*f.*)

אֲרִיכָא וְקַטִּינָא (עירו׳ נה א) אֲרֻכָּה וְצָרָה

Long and narrow (*f.*)

אֲרִיכֵי אֲרֻכִּים Long (*p.*)

יוֹמֵי אֲרִיכֵי (ע״ז ח א) יָמִים אֲרֻכִּים Long days

יוֹמֵי דַאֲרִיכֵי וְקַטִּינֵי (עירו׳ סה א)

יָמִים שֶׁ(הֵם) אֲרֻכִּים וּקְצָרִים (=לאחר המות)

Long (to sleep) and short (to study Torah) days (after one dies)

אֲרִיכְנָא (כתו׳ קג ב, ב״מ פה ב) אֲנִי מְתַקֵּן, אֲתַקֵּן

I fix, I shall fix

אֲרִיכְתָא אֲרֻכָּה Long (*f.*)

יוֹמָא אֲרִיכְתָא (סוכה מה סע״ב[49*], ביצה ל סע״ב[49**])

A long day

מתפתחין ומתפשטין ומבין השמשות מתכווצין ונראין כסתומין״. לדעת בעל עה״ש הוא ״עשב הנקרא בלשון יונית ורו׳ ולפי פירש״י: חמניות (?).

39) פסוקי ״ארור״ (דברים כז).

40) תלי: את התנינים הגדולים הכא תרגימו ארזילי דימא.

41) ע׳, ד׳: פרזינא, ועי׳ ד״ס אות ד׳.

42) כנוס׳ ע׳, נוס׳: אורזילא.

43) מלשון פרסית.

44) כי״ ועי׳, ד׳: אפרזתא.

45) חולין פ״ג מ״ה, והוא מין שיח, שפירותיו מזיקים לבהמה.

46) מ׳ (בפ״א: אורחיה ופרחיה), ד׳: אורחי.

47) רש״י ביומא: ״מי שעוסק במשנה (=ברייתא) זו להשיב (=להקשות) ממנה בביהמ״ד, למה נתעסק, הלא טעם מפורש בה. ועי׳ גם דבריו בכתו׳ לו א.

48) השוה ״דב אורב״ (איכה ג י).

49) כינוי חיבה לבנו של אדם גדול.

49*) [מ׳, ד׳ ושאר כתי״: אריכא (ע. ל.)]

49**) ד׳ וכ״י גוטינגן, שאר כתי״ (גם מ׳!): אריכא (ע. ל.)]

אֲרֵינַן[50] (ב״ק ל ב) תָּפַסְנוּ

We seized, we raised the question

אֲרִיסָא אֲרִיס — A sharecropper

אֲרִיסוּתָא אֲרִיסוּת — Sharecropping

אריסותא (מ״ק כב ב) ר׳ ארישתא — Cf.

אריסותא (ב״ב נה א) ר׳ אריש‍ן — Cf.

אֲרִיסוּתֵיה אֲרִיסוּתוֹ — His sharecropping

אֲרִיסֵי אֲרִיסִים — Sharecroppers

אֲרִיסֵיה אֲרִיסוֹ — His sharecropper

אֲרִיסֵיה (ר״ה כט ב) אֲרִיסָיו — His sharecroppers

אֲרִיסַיְיהוּ (ע״ז סא ב) אֲרִיסֵיהֶם — Their sharecroppers

אֲרִישָׁן[51] (ב״ב נה ב) חֲזָקָה[52] — Right of possession

אָרֵישְׁתָּא[53] (מ״ק כב ב) סְעֻדָּה מוּכָנָה[54] — A meal given for free so that later others will also do so

אֲרִיתָא[55] דְדַלָּאֵי אַמַּת הַמַּיִם (להשקאה), יְאוֹרֵי הַמַּשְׁקִים

An aqueduct, irrigation canals

אַרְכְּבֵיה הִרְכִּיבוֹ

He mounted him, esp. on his shoulders

אַרְכְּבֵיה אַתְּרֵי רִיכְשֵׁי (כתו׳ נה ב 2, ב״ב קנב א 2)

הִרְכִּיבוֹ עַל שְׁנֵי רְכָשִׁים (=סוּסִים)

He mounted him on two horses (handed him a doubly fortified document)

[אַרְכְּבִינְהוּ][56] (ברכ׳ י סע״א) הִרְכִּיבָם

He mounted them on his shoulders

אַרְכַּבְתָּא (ב״מ קג ב) אַרְכָּבָה[57]

Third row added on fence of a field

אִרְכּוֹסֵי (נדר׳ צא ב) אָבוֹד (מ) — To hide himself

אַרְכָּן[58] (ב״ב קסד ב) מוֹשֵׁל, שִׁלְטוֹן

Governor, magistrate, ruler

אַרְכָּנוּתֵיה (שם) רָאשׁוּתוֹ, שְׁלִיטָתוֹ

His office, authority, governance

אִירְכַּס אָבַד — It was lost

חֲמִירָא אַרְכְּסָא (מנ׳ ג א 2) שְׂאוֹר קָשֶׁה

Thick barley-flour leaven

אִירַכְסוּ (יב׳ קיג ב, סנ׳ סא א) אָבְדוּ — They were lost

אֲרַמָּאָה אֲרַמִּי, גּוֹי — An Aramanian, a non-Jew

אֲרַמָּאֵי גּוֹיִם — Non-Jews

ארמאי (ר״ה כג א) כל כי״י וד״י: רומאי

אֲרַמָּאִין (שבת קלט סע״א) גּוֹיִם — Non-Jews

אֲרַמָּאִית[59] (פס׳ קיב רע״ב) גּוֹיָה — A non-Jewess

אַרְמוֹיֵי אַרְמְיֵיה[60] (פס׳ י ב) הַשְׁלֵךְ הִשְׁלִיכוֹ

He threw it away

ארמיאתא (שבת כט א) מ׳ ור״ח: ארמייתא

אֲרַמְיוּתָךְ (ע״ז ע א) גּוֹיוּתֵנוּ

Our being non-Jews, our heathendom

בַּר אֲרַמַיְיתָא (יב׳ מה סע״ב) בֶּן־הַגּוֹיָה

The son of a non-Jewess

אֲרַמַּיְיתָא (שבת כט א[60*], קמג א) (תמרים) אֲרַמִּיּוֹת

Aramanian dates

ארמינא (שבת קנו ב) א״פ ואה״ת: מרמינא

אַרְמְלוּ (יב׳ קיח ב ועוד) אַלְמְנוּת — Widowhood

ארמלות חיות (נדר׳ נ א) מ׳: אלמנות

אַרְמְלוּתִיךְ (כתו׳ קג א) אַלְמְנוּתֵךְ — Your widowhood

אַרְמַלְתָּא אַלְמָנָה — A widow

אִירְמַס (ע״ז יז ב) נִרְמַס — It was trampled

אֲרָנָא[61] (שבת לב סע״א) הָאָרוֹן[62]

Chest meaning the Holy Ark

---

(50) ע׳ וד״י, ד״ח: איירינן.

(51) ע׳ וכי״י (עי׳ ד״ס), ד׳: אריסותא.

(52) מלשון פרסית.

(53) ע׳, רי״ף ורש״י כי״: ארישותא, מ׳: באריש‍ותא, ד׳: באריסותא.

(54) ״רש״י״: ״היינו שמתחיל אחד מהם לעשות סועה ומלוה לכולם כדי שיעשו גם הם כך״.

(55) תר׳ של יאור, אגם.

(56) בקטע שמוסיף הב״ח, ואין בד׳.

(57) =שכבה שלישית, שוסיפים על גדר—השדה.

(58) מלשון יונית.

(59) מ׳ ב אה״ת וע״י: רמית.

(60) ארמויי — מ׳, ארמייה — מ׳ ורש״י, ד׳: ארמוייה ארמיה. בכ״י א׳ בדל״ת: אדמויי אדמיה.

(60*) [מ׳ ור״ח, ד׳: ארמיאתא].

(61) כך קרא עמי הארץ לארון הקודש.

(62) רש״י: כך היו קורין מגדלות (=ארונות) שלהם... אין קורין

אַרְנְבָא חַיְיָא[63] (נדר׳ סה א) אַרְנֶבֶת חַיָּה — Live hare

אַרְנְקָא אַרְנָקִי[64] — A purse, money bag

אַרְנָקֵי (כתו׳ סז א, ב״מ פד ב ועוד) אַרְנָקִים
Purses, money bags

אַרְנְקָא דְמוֹחֵיהּ (בר׳ יט א) גֻּלְגָּלְתּוֹ[65]
His membrane of the brain, skull

אָרַע נַפְשֵׁיהּ רוֹעַע עַצְמוֹ, קִלְקֵל לְעַצְמוֹ
He ruined it for himself

אַרְעָא אֶרֶץ, קַרְקַע — Land, earth

אַרְעָא דְיִשְׂרָאֵל אֶרֶץ יִשְׂרָאֵל — The Land of Israel

אַרְעָא דְמִצְרַיִם אֶרֶץ מִצְרַיִם — The Land of Egypt

אַרְעַאי אַדְמָתִי — My land

אַרְעֲהוֹן (יומא סט ב, קידו׳ עב ב) אַרְצָם — Their land

אָרְעוּהּ (ב״ק נב א-ב) רוֹעֲעוּהוּ — They ruined it

אַרְעֵיהּ אַדְמָתוֹ, קַרְקָעוֹ — His land, his earth

אַרְעַיְיהוּ (סנ׳ סד א ועוד) אַרְצָם — Their land

אַרְעַיְיכוּ (בר׳ נח א, סנ׳ צד סע״א) אַרְצְכֶם — Your (*p.*) land

אַרְעִיךְ אַדְמָתֵךְ — Your (*f.*, s.) soil

אַרְעִין (בר׳ נח א, סנ׳ צד א) אַרְצֵנוּ, אַדְמָתֵנוּ
Our land, our soil

אַרְעִית (זב׳ כד א 2) תַּחְתִּית — Bottom

אַרְעִיתָא (כתו׳ עז ב) תַּחְתִּית — Bottom

אַרְעִיתָא דְמָנָא (מנ׳ יא א) תַּחְתִּית הַכְּלִי[66]
Bottom of utensil

אַרְעִיתֵיהּ (יומא מח א, ע״ז עא ב) תַּחְתִּיתוֹ — Its bottom

אַרְעֲכוֹן (שבת קטז ב, כתו׳ קיב א) אַרְצְכֶם
Your (*p.*) land

אַרְעָתָא קַרְקָעוֹת — Land parcels

אַרְעָתֵיהּ שְׂדוֹתָיו — His fields

אַרְפּוּ (יב׳ מו א 2) הִרְפּוּ — They loosened it

אִירַפַּט (מג׳ כו ב) נִתְרַפֵּט, נִתְקַלְקֵל — It fell apart

אַרְפְּסִינְהוּ[67] לְעֵינֵיהּ (בכו׳ לו ב) פָּקַח־אֶת־עֵינָיו בְּכֹחַ
He forcibly opened his eye

ארפסיניה (שם) ר׳ ארפסינהו — Cf.

אַרְצוֹ (חגי׳ יד ב כ״פ) הִרְצוּ (דברים)
Made a presentation

אַרְצוֹיֵי[68] (זב׳ יא ב) (ל)רַצּוֹת (=להיות קרבן לרצון)
To serve as a sacrifice to appease Hashem

אַרְצוֹיֵי אַרְצִי(יה) (קידו׳ מה רע״ב — מ׳)
הַרְצוֹת הִרְצָה (=הִבִּיעַ רְצוֹנוֹ) — He expressed his wish

אַרְצוּתַהּ (סוטה ד א 2) רִצּוּיָהּ, פִּיּוּסָהּ
Her acquiescence (to sin)

אַרְצֵי (חגי׳ יד ב כ״פ) הִרְצָה (דברים)
He made a presentation

אַרְצֵי זוּזֵי (ב״ב מח ב 2) הִרְצָה מָעוֹת (=מָנָה כֶּסֶף)
He counted coins

ארצי (פס׳ סב ב) מ׳ ב: אירצי

ארצי (ב״מ טז א 2) לי׳ כל כי״י ורי״ף

אִירַצֵּי (פס׳ סב ב[69], ערכ׳ כא ב 2) נִתְרַצָּה — He agreed

אַרְקִיב[70] (נזיר נא-ב 4) הִרְקִיב — It became rotten

אַרְקְתָא (יב׳ קב א) רְצוּעָה — Shoelace, shoe-thong

אַרְקָתָא (שבת קט ב) תּוֹלַעַת הַכָּבֵד, (פ״א: ירקון)
Parasite worm in the bowels, jaundice

אַרְתּוֹחֵי (שבת נא א) (ל)הַרְתִּיחַ — To boil

אִירְתוֹתֵי מִירְתַת (קידו׳ סג ב, ב״ב קכח ב[71], ע״ז לט ב, מ ב)
פּוֹחֵד פַּחַד — He is afraid

אַרְתַּח (שבת עד ב) הִרְתִּיחַ — He boiled

אַרְתְּחַהּ (ע״ז עו ב) הִרְתִּיחָהּ — He boiled it (*f.*)

אַרְתַּחוּ (ע״ז עד ב) הַרְתִּיחוּ — They boiled

אִירְתַת (חול׳ צו א[72]) פָּחַד — He was afraid

אירתת (ב״ב קכח ב) כי״י: מירתת

אִישָּׁא (מנ׳ נג א — בפי אמורא א״י) אֵשׁ — Fire

אותו ארון הקודש.

63) מ׳ ואה״ת, ד׳: חיה.

64) מלשון יונית.

65) רש״י: כיס, שהמוח מונח בו.

66) רש״י: כגון שהיה לכלי בית קיבול מאחוריו.

67) רש״י, ר״ג: ארפיסינהו, מ׳: איפסינהו, ד׳: ארפסיניה.

68) מ׳ ר׳ א וב׳, ד׳: ריצויי.

69) מ׳ ב׳, ד׳: ארצי.

70) מ׳: אי — בפ״א, ד׳: א— רק בג׳.

71) כי״י, ד׳: אירתותי אירתת.

72) וכך צ״ל במג׳ טז א, ד׳: מירתח.

בְּעוֹרִין דְּאִשָּׁא (ב״מ פה ב) לַפִּידֵי אֵשׁ — Torches of fire

אִשָּׁא[73] **כַּלְבָּא** (גט׳ סט רע״א) כֶּלֶב זָקֵן — An old dog

אַשְׁבּוֹחֵי מַשְׁבַּח (יב׳ קז א ועוד) הַשְׁבֵּחַ מַשְׁבִּיחַ (פ״י, פ״ע)

It, he improves it

(א)שַׁבּוֹחֵי[74] **מְשַׁבַּח** (סנ׳ מב סע״א) שַׁבֵּחַ מְשַׁבֵּחַ

He praises, speaks highly of

אַשְׁבַּח הִשְׁבִּיחַ (פ״ע, פ״י) — It increased in value

אַשְׁבַּחוּ (ב״מ קי ב) הִשְׁבִּיחוּ (פ״י)

They improved its value (*vt*)

אַשְׁבְּחֵיהּ (כרי׳ כז א 2) הִשְׁבִּיחוֹ

He improved its value

אַשְׁבַּע (שבו׳ לח ב 2) הִשְׁבִּיעַ

He made (someone) swear

אַשְׁבְּעַהּ (גט׳ לה א) הַשְׁבַּע אוֹתָהּ

Make her swear (*imp.*)

אַשְׁבְּעֵיהּ (קידו׳ פא א, חול׳ ס ב) הִשְׁבִּיעוֹ

He made him swear

אַשְׁבְּעִינְהוּ (שבו׳ לו א) הִשְׁבִּיעָם

He made them swear

אַשְׁבְּעַן (תע׳ כד א) הִשְׁבִּיעָנוּ — He satisfied us

אַשְׁבַּעְתִּיכוּ (תע׳ כד א) הִשְׁבַּעְתִּיכֶם — I made you swear

אֶשְׁבְּקֵיהּ (ע״ז י ב) אֶעֱזֹב אוֹתוֹ, אַנִּיחֶנּוּ

I will leave him alone, I won't bother him

אֶשְׁבְּקִינְהוּ (גט׳ נז א) אַנִּיחֵם

I will leave them alone, I won't bother them

אִישְׁבְּקָךְ (בכו׳ ח ב) אַנִּיחֲךָ

I will leave you alone, I won't bother you

אישבשא (יב׳ קח ב) הב״ח: אישתבשא

אַשְׁגּוֹחֵי לָא אַשְׁגַּח בֵּיהּ (ב״ק כ ב) הַשְׁגֵּחַ לֹא הִשְׁגִּיחַ בּוֹ

He ignored, disregarded him

לָא אַשְׁגַּח בְּ– לֹא הִשְׁגִּיחַ

He ignored, disregarded him

לָא אַשְׁגְּחָה בֵּיהּ (מ״ק כז ב) לֹא הִשְׁגִּיחָה בּוֹ

She ignored, disregarded him

לָא אַשְׁגַּחוּ בֵּיהּ (סנ׳ נב ב) לֹא הִשְׁגִּיחוּ בוֹ

They ignored, disregarded him

לָא אַשְׁגְּחִיתוּ בַּהּ (סוכה לא א) לֹא הִשְׁגַּחְתֶּם בּוֹ

You ignored, disregarded him

אישדוף (ב״מ קה סע״ב) ה׳: אשתדוף

אֶישְׁדֵּי (בר׳ נד ב, גט׳ נז ב) אַשְׁלִיךְ — I shall throw

אֲ(י)שַׁדַּר (סנ׳ צח א — מ׳ ואה״ת) אֶשְׁלַח — I shall send

לאשהוייה (ב״ק כד ב) כל כי״י: לשהוייה

אַשְׁווּ (יומא עו א) הִשְׁווּ, יֵשְׁרוּ

They (the waters) became level with

(א)שָׁווּ[75] **לַהֲדָדֵי** (חול׳ לו א) שָׁוִים זֶה לָזֶה

There are equal to each other

אַשְׁווּ (פס׳ ל א, סוכה לד ב) מִכְרוּ בְּזוֹל

Sell it according to its worth

אַשְׁוּוּיֵי גוּמוֹת (שבת קמו ב) הַשְׁוָאַת גוּמוֹת

Filling holes to make them level with the ground

לְאַשְׁוּוּיֵי גוּמוֹת (שבת צה א ועוד) לְהַשְׁווֹת גוּמוֹת

To fill holes to make them level with the ground

אשווי אוכלא (מנ׳ קא א) כי״י לי׳[76]

אֲשׁוּחֵי (שבת קנז א, ביצה ל א) אֲשׁוּחִים — Fir trees

אֲ(י)שַׁוְּיֵיהּ (יב׳ מט ב — מ׳) אֶעֱשֵׂהוּ

I shall make him into

אשון (חול׳ קכב א, קלו ב) מ׳ וע׳: אשין

אשונא[77] (שבת קנה ב) ר׳ אשינא — Cf.

אשוני (נדר׳ מט א, חול׳ עו סע״א) ע׳: אשיני

אַשׁוּר הַיְּיָא אַשׁוּר הַיְּיָא (שבת קיט א)

חַזְּקוּ (=הזדרזו) מְהֵרָה — Make haste

אַשׁוּר הָבוּ לַהּ הַיְּיָא (גט׳ לד א) (=הזדרזו) תְּנוּ לָהּ מְהֵרָה — Give it quickly to her

אַשְׁחוּר (סוכה לג ב 3) הִשְׁחִירוּ — They became black

אַשְׁחוּרֵי מַשְׁחַר (מנ׳ פח סע״ב) הַשְׁחֵר מַשְׁחִיר (פ״י)

Blacken

לְאַשְׁחוּרֵי (סוכה מח ב) לְהַשְׁחִיר (פ״י) — To blacken (*vt*)

אישחיט (חול׳ ל רע״ב) כי״י: אישתחיט

---

(73) מ׳ וע׳, ד׳: אסא.

(74) הגהתי.

(75) כל כי״י וד׳ שונצינו.

(76) ״ופי׳ היה והובא בפנים״ (ד״ס).

(77) מ׳: אשוני, וצ״ל ״אשינא״ כנוסח הע׳ בע״א: אף שחת דאשינא (מיגל׳: דאשונה, בנוסח שלנו: דאקושי).

אֶשְׁטַר לָךְ מִשְׁטָר (ב"מ פה סע"ב) אֶמְרַח לְךָ ("הסם")
I shall spread an ointment on you מָרוֹחַ

אשיבתא (נדר' י ב) כינוי לשבועה
An expression of an oath

אֲשֵׁיד דְּמָא (שבת קנו א) שׁוֹפֵךְ דָּם
Someone who spills blood

אֲשַׁיְּילָהּ (יב' כא ב) אֶשְׁאָלֶנָּה
I shall ask it (the question)

אֲישַׁיְּילֵיהּ (חול' לב א, פו ב) אֶשְׁאָלֶנּוּ
I shall pose (the problem to him)

Walls אָשְׁיָיתָא (ב"ק כ ב) כְּתָלִים

Hard (*m.*) אַשִּׁין[78] (חול' קכב א, קלו ב 2) קָשֶׁה

Hard (*f.*) אַשִּׁינָא (שבת קנה ב) קָשָׁה

Hard (*p.*) אַשִּׁינֵי[79] (נדר' מט א, חול' עו סע"א) קָשִׁים

Jar, jug אֲשִׁישָׁא (ב"ב קמד א) פַּךְ, צִנְצֶנֶת

Wall אֲשִׁיתָא כּוֹתֶל

אֲשִׁיתָא דְּבֵיתֵיהּ (ברכ' כח א) כָּתְלֵי בֵיתוֹ
Walls of his house

My wall אֲשִׁיתַאי (ב"ב ו א ועוד) כָּתְלִי

Your wall אֲשִׁיתָךְ (ב"ב ו ב) כָּתְלְךָ

סַכִּינָא דְאַשְׁכַּבְתָּא[80] (שבת קכג ב, ב"מ קטז א)
Butcher's knife, slaughterer's knife סַכִּין שֶׁל קַצָּבִים

אַשְׁכַּבְתֵּיהּ (כתו' קג ב) אַשְׁכָּבָתוֹ (=פטירתו)
His demise

אַשְׁכּוֹחֵי מַשְׁכַּחַת לַהּ (יב' ט ב, כח ב)
You find such a situation מָצוֹא אַתָּה מוֹצֵא אוֹתָהּ

He found אַשְׁכַּח מָצָא

He found (her, it) אַשְׁכְּחַהּ מְצָאָהּ

She found אַשְׁכְּחָה (כתו' סט א) מָצְאָה

They found אַשְׁכַּחוּ מָצְאוּ

They found it (*m.*) אַשְׁכְּחוּהּ[81] מְצָאוּהוּ

They found it (*f.*) אַשְׁכְּחוּהָ (גט' סח רע"א) מְצָאוּהָ

I found אַשְׁכַּחִי מָצָאתִי

He found (him, it) אַשְׁכְּחֵיהּ מְצָאוֹ

אשכחיה (קיד' ס ב) מ': אשכחתי'

He found them אַשְׁכְּחִינְהוּ מְצָאָם

אַשְׁכְּחֵי(נִי)הּ (סנ' קח ב — מ' פ' ואה"ת) מְצָאוֹ
He found (him, it)

We found אַשְׁכְּחִינַן (שבת ל ב, שבו' מח א) מָצָאנוּ

I found אַשְׁכְּחִית (ב"מ ב א) מָצָאתִי

I found it אַשְׁכַּח(י)תַּהּ (ב"ב עד ב — מ') מְצָאתִיהָ

אַשְׁכַּח(י)תֵּיהּ (שבת קיד רע"ב, ב"ק נג א) מְצָאתִיו
I found (him, it)

We found אַשְׁכְּחַן מָצָאנוּ

They found אַשְׁכְּחָן (נדה מח א) מָצְאוּ (נ)

אשכחנא (שבת ה ב, פס' ב ב 2, קיד' סח ב) כי"י: אשכחן

You found אַשְׁכַּחְתְּ (ב"מ סג ב) מָצָאתָ

אשכחתון (שבת סז א) כי"י: אשכחתיה

I found (him, it) אַשְׁכַּחְתֵּיהּ[82] מְצָאתִיו

אַשְׁכַּחְתֵּיהּ (עירו' נ ב, ב"מ נט ב) מָצְאָה אוֹתוֹ
She found him

אשכחתינא (פס' קיז ב) מ' מ' ב וא"פ: אשכחתינהו

אַשְׁכַּחְתִּינְהוּ (פס' שם[83], סוכה יז א ועוד) מְצָאתִים
I found them

אשכי ובושכי (שבת סז ב) מלת לחש[84]
A word in a charm formula meaning day and night

Rope אַשְׁלָא חֶבֶל

אַשְׁלָגָא (נדה סב א) אַשְׁלָג
Potash, an alkali or mineral used as a soap

לְאַשְׁלוֹמֵי (עיר' מ ב) לְהַשְׁלִים (תענית)
To complete (the fast)

לְאַשְׁלוֹמִינְהוּ (בר' ח ב, תע' כה ב) לְהַשְׁלִימָם
To complete them

I shall send אֶשְׁלַח (ב"ב קיא א, ע"ז לו א) אֶשְׁלַח

He skinned them אַשְׁלְחִינוּן (נז' ד ב) הִפְשִׁיטָם

You skinned it אַשְׁלַחְתֵּיהּ (בר' נו ב) הִפְשַׁטְתָּ אוֹתוֹ

78) ד': אשון.

79) ד': אשוני.

80) מלשון פרסית.

81) בכמה מקומות בד"ח: אשכחוהו, כמו בעברית.

82) קידושין ס ב — מ', ד': אשכחיה.

83) כי"י, ד': אשכחתינא.

84) פי' יום ולילה (רש"י), ע' (ע' גד א') : שיכול בשיכול, כלומר: בכח בכל יכולת.

אַשְׁלֵי חֲבָלִים — Ropes

אַשְׁלֵי רַבְרְבֵי (ביצה כז א) אִילָנוֹת גְּדוֹלִים (=חכמים גדולים) — Strong ropes, tall trees (eminent sages)

אשליהן (ב״מ קז ב) מ׳: אשלייהו

אַשְׁלַיְיהוּ חַבְלֵיהֶם — Their ropes

אַשְׁלִים (יומא פג ב) מָסַר — He passed on, handed over

אַשְׁלִימוּ (בר׳ ח ב) הַשְׁלִימוּ, סַיְּמוּ — Finish, terminate (*imp.*)

אַשְׁלִימוּ (יומא פג ב) מָסְרוּ — They passed on, handed over

אַשְׁלִימִי (ב״ב קעג ב) מָסַרְתִּי — I passed on, handed over

אַשְׁלִימְתְּ (שם) מָסַרְתָּ — You passed on, handed over

אַשְׁלִימַת (תע׳ כט רע״א) מָסְרָה — She passed on, handed over

אַשְׁלְמֵיהּ (ב״מ פה א) מְסָרוֹ — He passed it on, handed it over

אַשְׁלְמִינְהוּ (ב״מ מב א-ב) מְסָרָם — He passed them on, handed them over

לְאַשְׁמוֹעֵי (סוטה לג א) לְהַשְׁמִיעַ — Let one hear, know

לְאַשְׁמוֹעִינַן[85] לְהַשְׁמִיעֵנוּ, לְלַמְּדֵנוּ — To let us hear, to teach us

אֶשְׁמַע אֶשְׁמַע — I shall hear

אַשְׁמַע (תע׳ כב א) אַשְׁמִיעַ, אוֹדִיעַ — I shall inform, I shall let know

אֶשְׁמְעָהּ (ערכ׳ ה א) אֶשְׁמָעֶנָּה — I shall hear it

אֲשַׁמְעֵיהּ[86] (מג׳ כח סע״ב) אֲשַׁמְשֶׁנּוּ — I shall serve it

אשמעינן (שם) ר׳ אשמעיה — Cf.

אשמעינן (שבת יב א) מ׳: אשמען

אַשְׁמְעִינַן[87] הִשְׁמִיעָנוּ — He informed us, he taught us

אשמעינן (פס׳ מ ב) כ״י לי׳[88]

אַשְׁמְעָן[89] (שבת יב א) הַשְׁמִעֶנָּה — Let (me) hear (*imp.*)

לְאַשְׁנוּיֵי[90] (מ״ק כה ב) לְשַׁנּוֹת, לְהַעֲבִיר — To change, to transmit

אַשְׁנֵי[91] (חול׳ קכז א) שַׁנֵּה — Change (*imp.*)

אֶישַׁנֵּי (סנ׳ צו רע״א) אֲשַׁנֶּה[92] — I shall disguise myself

אֶישַׁנֵּי (שבת קלד ב) אֲתָרֵץ — I shall respond

אשפא (כתו׳ עז ב) ר׳ גירדא — Cf.

לְאַשְׁפּוֹרֵי (ע״ז כ ב) לְמַשְׁפְּרֵי בְגָדִים — To improve the clothing

אֲשַׁפֵּי (ב״מ טו א) אַשְׁקִיט (את המערערים) — I am going to calm down (the contesters)

אַשְׁפְּלוּ (יב׳ קכא א, חול׳ נא ב) הִשְׁפִּילוּ — They (the waves) carried him down

אַשְׁפְּלוּהָ (ב״ב צט ב) הִשְׁפִּילוּהָ — (The water) lowered (the land)

אשקוהו (ב״מ פו א) ר׳ אשקיוה — Cf.

אַשְׁקוּיֵי, לְאַשְׁקוּיֵי לְהַשְׁקוֹת — To irrigate, to give to drink

לְאַשְׁקוּיֵיהּ (סנ׳ סז ב) לְהַשְׁקוֹתוֹ — To give him to drink

אֶשְׁקוֹל אֶטֹּל — I shall take

אשקולו[93] (קידו׳ פא א) ר׳ שקולו — Cf.

אַשְׁקֵי (גט׳ ס ב) הִשְׁקָה — He gave to drink, he watered

אַשְׁקֵי (גט׳ ס ב, קידו׳ ט א) הַשְׁקֵה (צ) — Give to drink (*imp.*)

אַשְׁקְיוּהּ[94] (גט׳ נו ב, ב״מ פג ב, פו א, ע״ז לח ב) הִשְׁקוּהוּ — They gave him to drink

אַשְׁקְיוּהּ (גט׳ סח ב, ב״מ פו א) הַשְׁקוּהוּ — Give him to drink (*imp.*)

אַשְׁקְיוּן[95] (סנ׳ סז ב) הַשְׁקוּנִי — Give me to drink (*imp.*)

85) בכמה מקומות נדפס ״לאשמעינן״ (בלא וי״ו) בהיקש ל״אשמעינן״ בעבר, בנדה נ״ב סע״א בדפו׳: ואשמועי׳.

86) רש״י, ד׳: אשמעינן, מ׳ א״פ ואה״ת: אשתמש.

87) בכמה מקומות נדפס ״אשמועינן״ (בוי״ו) בהיקש למקור ״לאשמועינן״.

88) מ׳ וא״פ לי׳ ״כי אשמעינן ליה לר׳ יוסי״, ועי׳ ד״ס.

89) מ׳, ד׳: אשמעינן.

90) רש״י בריי״ף לשנויי.

91) ר׳ ב ורא״ש ע״ז פ״ה סי׳ יט: שני.

92) =אתחפש, שלא יכרוני.

93) אה״ת: אמר שקול, עי״: אמר שקילו, מ׳ חסר ״אשקולו דרגא מקמייהו״.

94) ד״ח: אשקיוהו.

95) אה״ת ועי״, ק׳: אשקיו לי, מ׳: אשקיין, ד׳: אשקין.

אַשְׁקְיֵיה הִשְׁקָהוּ
He gave him to drink, he watered it

אַשְׁקְיֵיה[96] (ב״ב קמו א) הִשְׁקָהוּ — He gave him to drink

אַשְׁקְיֵיה (סנ׳ סז ב) הִשְׁקָה אוֹתָהּ
He gave (the donkey) to drink

אַשְׁקְיָיךְ (ב״מ צז א) אַשְׁקְךָ — I shall give you to drink

אַשְׁקְיַין (כתו׳ קד ב, סוטה מט א ועוד) הַשְׁקֵנִי
Give me to drink (*imp.*)

אַשְׁקְיַין (שבת קמ א, קמה ב) הִשְׁקַנִי
He gave me to drink

אישקיל (ב״ק קג א) מ׳ אשקול

אַשְׁקֵיל עֲלֵיהּ (סנ׳ עז ב, חול׳ טז א) הֵטִיל עָלָיו
He aimed (the water stream) at him

אשקין (סנ׳ סז ב) ר׳ אשקיון — Cf.

אַשְׁקִינְהוּ (תע׳ כא ב, נדה ל ב) הִשְׁקָה אוֹתָם
He gave them to drink

אַשְׁקִינֵיהּ (מ״ק כז א, סנ׳ כ א) הִשְׁקִינוּ אוֹתוֹ
We gave him to drink

אַשְׁקִינַן (ע״ז נח א-ב) הַשְׁקֵנוּ — Give us to drink

אשקיקא (נדר׳ י ב) כינוי שבועה
An (incorrect) synonym for an oath

אַשְׁקִיתֵיהּ (סנ׳ קט ב) הִשְׁקְתָה אוֹתוֹ
She gave him to drink

אַ(י)שְׁקִיתֵיהּ (שבת קט ב — מ׳) הִשְׁקְתָה אוֹתוֹ
She gave him to drink

אֶ(י)שְׁקְלַהּ (סנ׳ סד א — מ׳ ורש״י) אֶטְלֶנָּה
I shall take it (*f.*)

אֶשְׁקְלֵיהּ (ב״מ ב ב, ע״ז ו ב) אֶטְלֶנּוּ
I shall take it (*m.*)

אַשְׁקְלֵיהּ גִּיטָּא (גט׳ לג ב — לד א כ״פ)
הֵטִיל עָלָיו (לתת) גֵּט
He ordered him to give a divorce

אַשְׁקְלֵיהּ לְמִיטְרַפְסֵיהּ (פס׳ נז ב) הֵטִיל עָלָיו עָנְשׁוֹ
He administered to him his punishment

אַשְׁקַלְתָּא (ב״ב מח ב 4) שְׁטָר מֶכֶר — Bill of sale

אַשֵּׁר (גט׳ ל רע״ב) חַזֵּק (=הַאֲמֵן) — Validate (*imp.*)

אַשְׁרַאי הַקָּפָה — Credit

אַשְׁרוּצֵי אַשְׁרִיץ (בכו׳ ז ב 2) הַשְׁרֵץ הִשְׁרִיץ
It developed (in its body)

אַשְׁרוּשׁ הִשְׁרִישׁוּ — They took root

אֶשְׁרֵי (ב״מ כט רע״ב) אַתִּיר — I shall permit

אַשְׁרֵי שְׁכִינְתֵּיהּ (שבת סז א) הִשְׁרָה שְׁכִינָתוֹ
G-d caused His Divine Presence to dwell

אישרייה (ע״ז נז רע״א) מ׳ וכ״י ספ׳: שרינא ליה

אַשַׁרְנוּהִי (כתו׳ כא א) אִשַּׁרְנוּהוּ[97]
We verified it (the document)

אַשַׁרְתָּא (גט׳ סב א) אַשְׁרָה, חִזּוּק
Be strong! A greeting of encouragement

אֲשַׁרְתָּא (גט׳ יד א) הַקָּפָה, אַשְׁרַאי — Credit

אַשַׁרְתָּא דְּדַיָּינֵי אַשְׁרַת הַדַּיָּנִים[98]
Validation by the *dayanim*

אִישָּׁתָא אֵשׁ, קַדַּחַת — Fire, flu

אִישָּׁתָא בַּת יוֹמָא (שבת סו ב) קַדַּחַת בַּת יוֹמָהּ
A fever of one day

אִישָּׁתָא צַמִירְתָּא (שבת סז רע״ב) קַדַּחַת חַמָּה
High-temperature fever

אִישָּׁתָא תִּילְתָּא (שם) קַדַּחַת שְׁלִשִׁית
Tertian fever, a fever that recurs every three days

אִישְׁתְּבָא(י) (גט׳ מה א — אה״ת) נִשְׁבָּה
He was captured

אִישְׁתְּבַאי (גט׳ לח א ועוד) נִשְׁבְּתָה — She was captured

אִשְׁתַּבּוּחֵי מִשְׁתַּבַּח (פס׳ נ ב ועוד) הִשְׁתַּבֵּחַ מִשְׁתַּבֵּחַ
It (the verse) praises him

אִשְׁתְּבוּעֵי (ל)הִשָּׁבַע — (To) swear

96) מ׳, ד׳: אשקיה, ה׳ ליי.
97) בדקנו ומצאנו, שחתימותיו נכונות.
98) =חתימות דיינים לאשר, שחתימות העדים שבשטר אינן מזויפות.

לְאִשְׁתְּבוּעֵי (יב׳ לג א, ב״מ ד א) לְהִשָּׁבַע — To swear

אִשְׁתַּבּוּשׁ[99] (פס׳ יז א כ״פ) טָעוּ — They were mistaken

אִשְׁתַּבְיָין (כתו׳ כג א, גט׳ מה א) נִשְׁבּוּ (נ) — They (*f.*) were captured

אִשְׁתְּבַע נִשְׁבַּע, הִשָּׁבַע (צ) — He swore, swear (*imp.*)

אִשְׁתְּבַעִי (סנ׳ קט ב, שבו׳ כו א) נִשְׁבַּעְתִּי — I swore

אישתבש (פס׳ יז א כ״פ) ר׳ אישתבוש — Cf.

אִישְׁתַּבְשָׁא[1] (יב׳ קח ב) טָעֲתָה — She was mistaken

אִישְׁתַּבַּשְׁתְּ טָעִיתָ — You were mistaken

אִישְׁתַּדּוּ (נדה מח ב) הָשְׁלְכוּ, גָּדְלוּ — Dried up, fully developed breasts

אִישְׁתַּדּוּף נִשְׁתַּדְּפוּ — They dried out, withered

אישתהא (יב׳ מב א) מ׳ ורש״י: אישתהי

אִישְׁתַּהוּיֵי (ל)הִשְׁתַּהוֹת — To tarry

אִישְׁתַּהֵי נִשְׁתַּהָה — He tarried

אִשְׁתּוּ (שבת מא א) שְׁתוּ — Drink (*imp.*)

אֶשְׁתּוֹמָא (חול׳ פד א) דָּבָר מַתְמִיהַּ — Something astonishing

אֶשְׁתּוֹמַם (שבת מז א — מדניאל ד טז) הִשְׁתּוֹמֵם — He was astonished, amazed

לְאַ(י)שְׁתּוּנֵי (ב״ב יט ב — מ׳ וה׳) לְהַשְׁתִּין — To urinate

לְאִישְׁתְּחוּטֵי[2] (בכו׳ לט א) לְהִשָּׁחֵט — To be slaughtered

אִישְׁתְּחִיט נִשְׁחַט — It was slaughtered

אִישְׁתְּחִיטַת (נז׳ כח ב) נִשְׁחֲטָה — It (*f.*) was slaughtered

אִישְׁתַּחְרוּר (יב׳ צז ב) נִשְׁתַּחְרְרוּ — They were freed

אִישְׁתַּטַּח (תע׳ כג ב) נִשְׁתַּטַּח — Prostrated himself (on the grave)

אשתטחא (סוכה י ב) מ׳ ב ור״ח: שטחה

אִשְׁתַּטַּחִי (ב״מ פה ב) נִשְׁתַּטַּחְתִּי — I prostrated myself

אִשְׁתַּטֵּי (מג׳ יב ב) נִשְׁתַּטָּה — He acted foolishly

אִישְׁתֵּי שָׁתָה — He drank

אֶשְׁתֵּי (פס׳ קז א 2) אֶשְׁתֶּה — I shall drink

אִשְׁתֵּי (עירו׳ נד א, מ״ק יא א, ע״ז כט א) שְׁתֵה — Drink (*imp.*)

אִישְׁתְּיָא (יב׳ סה סע״ב) שָׁתְתָה — She drank

אִישְׁתְּיוּר נִשְׁאֲרוּ — They remained

לְאִשְׁתְּיוּרֵי (ב״מ קו א) לְהַשְׁאִיר — To leave (for you)

אִישְׁתְּיָימָא (ע״ז מא א) שׁוֹמֵר חוֹתַם הַמֶּלֶךְ — A messenger who carries the sender's seal

אִישְׁתְּיֵיר נִשְׁאַר — It (*m.*) remained

אִישְׁתַּיְירָא (ב״ב ג ב) נִשְׁאֲרָה — She remained

אִישְׁתַּיְירִי (ב״מ פד א) נִשְׁאַרְתִּי — I remained

אַשְׁתִּין (בכו׳ מד ב) הִשְׁתִּין — He urinated

אִישְׁתִּיק שָׁתַק — He was silent

אִישְׁתִּיק וְלָא אֲמַר לֵיהּ מִידִי[3] שָׁתַק וְלֹא אָמַר לוֹ כְּלוּם — He was silent and didn't say anything

אִישְׁתִּיקָא/ה שָׁתְקָה — She was silent

אִישְׁתִּיקוּ שָׁתְקוּ — They were silent

אִישְׁתִּיק(ן)[4] (כתו׳ קד ב) שָׁתַק (?) — He was silent

אִישְׁתִּיתֵיהּ (פס׳ פו א) שָׁתִיתָ אוֹתוֹ — You drank it

אִשְׁתְּכוּחֵי (פס׳ י ב ועוד) (ל)הִמָּצֵא — To be found

לְאִשְׁתְּכוּחֵי (נדה נט ב) לְהִמָּצֵא — To be found

אִשְׁתַּכּוּר (בר׳ ט א) נִשְׁתַּכְּרוּ — They became intoxicated

אִשְׁתְּכַח נִמְצָא (עבר) — It was found

אשתכח (סנ׳ צה סע״א) אה״ת: תשכח

אִשְׁתְּכַח (תמו׳ טו ב) נִשְׁכַּח — It was forgotten

אשתכחה (נדה נו רע״ב) מ׳: אשתכח

אִשְׁתַּכַּחוּ (שבת קי רע״א, ב״ב כד סע״א[5]) נִמְצְאוּ — They were found

אשתכחן (ב״ב כד סע״א) מ׳: אשתכחו

אִשְׁתְּלַאי (ביצה ד ב) שָׁכַחְתִּי — I forgot

אִשְׁתְּלוּיֵי אִשְׁתְּלֵי (יב׳ קטו ב, ב״ק קיג א) שָׁכוֹחַ שָׁכַח — He forgot

99) כל כ״י, ר״ח: אישתבוש, ד׳ בכולם: אישתבש.

1) הב״ח, מ׳: אישתבש, רש״י: אשתבש, ד׳: אישבשא.

2) רש״י, מ׳: לאשתחוטי, ד׳ לאישחוטי.

3) רגיל (י״ג פעמים!).

4) מ׳, ועי׳ נדר׳ עז סע״א ופי׳ ר״ן שם.

5) מ׳ ה׳: אשתכוח, ד׳: אשתכחן.

לְאִשְׁתַּלּוּמֵי לְהִשְׁתַּלֵּם (=לקבל תשלום) To be paid

אִשְׁתְּלַחוּ (שבת סז א) נִשְׁלְחוּ They were sent

אִשְׁתְּלֵי שָׁכַח, שָׁגַג
He forgot, he did it inadvertently

אִשְׁתְּלֵין[י]ן (כתו׳ לג א — מ׳) שָׁכַחְנוּ, שָׁגַגְנוּ
We forgot, we did it inadvertently

אִשְׁתְּמוּד (קידו׳ עב סע״א) נִשְׁתַּמְּדוּ (=המירו את דתם)
They renounced their religion

אִשְׁתְּמוֹדַעִינְהוּ (יב׳ לט ב) הִכַּרְנוּם
We recognized them

אִשְׁתְּמוֹדַעְנָא (ידע) (כתו׳ קד ב) הִכַּרְנוּ
We recognized

אִשְׁתַּמּוֹטֵי, לְאִשְׁתַּמּוֹטֵי[6] לְהִשְׁתַּמֵּט
To shirk, to slip away

לאשתמורי (ב״ב צט א) ה׳: לאסתמורי

לְאִשְׁתַּמּוֹשֵׁי לְהִשְׁתַּמֵּשׁ To use

אשתמטין (ב״ק יב רע״א) מ׳ ה׳: אישתמיטן

אִשְׁתְּמִיט (יומא סט ב, סנ׳ סד א) נִשְׁמַט, נִתְלַשׁ
It fell out, detached, slipped away

אִשְׁתְּמִיט (זב׳ נט א) נִשְׁמַט, נִשְׁכַּח
Slipped away from, forgotten

אִשְׁתְּמִיט (גט׳ יד א) הִתְחַמֵּק He evaded

אִשְׁתְּמִיט (יומא פז ב, מ״ק יב ב, נדר׳ נ רע״ב, ב״ב י א) נִשְׁמַט
He slipped away

אֶשְׁתַּמֵּיט (ב״ק קה סע״ב[7], קז א) אֶשְׁתַּמֵּט I will evade

אִשְׁתְּמִיטַן[8] (ב״ק יב רע״א) נִשְׁמַט מִמֶּנִּי
It slipped away from me (my memory)

אֶשְׁתַּמֵּיט(נא) (ב״ק קה סע״ב — ה׳ ר׳) אֶשְׁתַּמֵּט
I shall evade

אִשְׁתְּמִיטְתֵּיהּ נִשְׁמַט מִמֶּנּוּ, נִשְׁכַּח מִמֶּנּוּ
Slipped away from him, forgotten from him

אִשְׁתְּמַע*[8] נִשְׁמַע It was heard

אִישְׁתְּמַע (סנ׳ צה ב) הַשְׁמַע (צ)[9]
Make yourself heard, warn and frighten him (*imp.)*

אִישְׁתַּמַּשׁ[10] הִשְׁתַּמֵּשׁ He used

אִישְׁתַּמַּשׁוּ (ע״ז נב ב) הִשְׁתַּמְּשׁוּ They used

אִישְׁתַּנַּאי (מנ׳ מג א) נִשְׁתַּנְּתָה It (*f.*) changed

אִשְׁתַּנּוּ נִשְׁתַּנּוּ They were changed

אִשְׁתַּנֵּי נִשְׁתַּנָּה (She, it) was changed

אִשְׁתַּעְבֵּד הִשְׁתַּעְבֵּד He became enslaved, subjugated

אִישְׁתַּעְבְּדוּ (ע״ז ב ב, ח ב, ט א) נִשְׁתַּעְבְּדוּ
They were controlled by, enslaved, subjugated

אישתעבדי (בכו׳ מח ב) מ׳: אשתעבידו

אשתעבדן[11] (בכו׳ מח א) ר׳ אשתעבידו Cf.

אִשְׁתַּעְבּוּדֵי אִישְׁתַּעְבּוּד (ערכ׳ כ רע״ב)
הִשְׁתַּעְבֵּד הִשְׁתַּעְבְּדוּ Mortgaged property

אִישְׁתַּעְבִּידוּ (בכו׳ מח א[12], ב[13]) שֻׁעְבְּדוּ
Mortgaged property

אִשְׁתַּעוּ (שעי) (ב״ב עג א) סִפְּרוּ They related

אִישְׁתַּעוּ צַלְמָנַיָּא (שעע) (מ״ק כה ב)
נָמוֹחוּ הַצְּלָמִים, הַפְּסִילִים
The faces of the idols dissolved

אִישְׁתַּעוֹיֵי (בר׳ מו ב) (ל)שׂוֹחֵחַ To speak, to converse

לְאִישְׁתַּעוֹיֵי לְדַבֵּר, לְסַפֵּר
To speak, to converse, to relate

לְאִישְׁתַּעוֹיֵי דִּינָא לַעֲמֹד בְּדִין To stand trial

אִישְׁתַּעֵי סִפֵּר, דִּבֵּר He spoke, told

אִישְׁתַּעֵי דִּינָא בַּהֲדַיְיהוּ (ב״ב לג א) עָמַד עִמָּהֶם בְּדִין
Stand trial with them

אִישְׁתַּעְיָא (ב״מ פד ב) סִפְּרָה She told

אישתעיה[14] (בכו׳ יא ב) ר׳ לאישתעויי Cf.

אִישְׁתְּפוּךְ נִשְׁפְּכוּ
It (water, pl. in Arameic) was spilled

אִשְׁתְּפוּכֵי (ב״מ כו א) (ל)הִשָּׁפֵךְ (To) be washed down

6) ברכות מג ב: לאשתמוטי נפשיה — מ׳: לשמוטי נפשיה (כמו בתע׳ יב א).

7) ה׳ ר׳, ד׳: אשתמיטנא.

8) מ׳ ה׳, ד׳: אשתמטין.

*8) [ב״מ פג ב: אישתמע (ע. ל.)]

9) =השמע את קולך. רש״י: התראה והפחידו.

10) פס׳ ח ב — ד׳: אישתמיש.

11) מ׳: אשתעבידו, הב״ח: אשתעבדו, תוס׳: אישתעבדי, רש״י: אישתעבד[ו] (שט״מ), שט״מ (בגמ׳): אשתעבד.

12) מ׳, תוס׳: אישתעבדו, רש״י: אישתעבד, ד׳: אישתעבדן.

13) מ׳, ד׳: אישתעבדי.

14) מ׳: לאישתעויי, הב״ח: אישתעויי (ואוליצ״ל: מציתמישתעית?).

אִשְׁתְּפִיךְ (עירו׳ סז ב ועוד) נִשְׁפַּךְ — It spilled over

אישתפך (נדר׳ כה א) מ׳: אשתפוך

אִשְׁתַּקּוּר (מכות ה ב) נִמְצְאוּ שַׁקְרָנִים

Found guilty of lying by contradicting themselves when *beis din* interrogated them

אִישְׁתְּקִיל (ע״ז נט ב, חול׳ עז א) נִטַּל

Was removed, taken away

אִישְׁתְּקִיל מִילּוּלֵיהּ (חגי׳ ב ב, גט׳ עא א)

נִטַּל דִּבּוּרוֹ, נֶאֱלַם — He became mute

אִישְׁתַּקַּלוּ (ערכ׳ יח ב) נִשְׁתַּקְּלוּ (הכתובים),

נִהְיוּ שְׁקוּלִים — (The verses) became identical

אִישְׁתְּרַא[י] (יב׳ ז ב — מ׳) הֻתְּרָה (=נהייתה מותרת)

It was permitted

אִישְׁתַּרְבֵּב נִשְׁתַּרְבֵּב, נִגְרַר — It was pulled, dragged, enlarged, prolonged, stretched, entwined

אִישְׁתַּרְבּוּב (ביצה יא א) נִשְׁתַּרְבְּבוּ, נִגְרְרוּ

The pigeons dragged themselves along and descended

אִישְׁתַּרְבּוּבֵי (ל)הִשְׁתַּרְבֵּב

To enlarge, prolong, stretch, entwine

אשתרבובי (קידו׳ מט ב) מ׳ ואה״ת: אישתרבב

אִישְׁתְּרוּ (חול׳ טז ב) הֻתְּרוּ (=נהיו מותרים)

They became permitted

אִישְׁתְּרוּיֵי, לְאִישְׁתְּרוּיֵי לִהְיוֹת מֻתָּר

To be permitted

אִישְׁתְּרוּף (פס׳ פב סע״ב[15], זב׳ טז א) נִשְׂרְפוּ

They were burned

אִישְׁתְּרוּקֵי הוּא*[15] דְּאִישְׁתְּרוּק (ברק) (ע״ז מ ב)

הַחֵלֶק הוּא שֶׁהֶחְלְקוּ — They glided, slipped over

אִישְׁתְּרִי (שרי) הֻתַּר — It was permitted

אשתריא (סנ׳ נא א 2) מ׳: אשתרי

ואישתריא (קדו׳ כא ב) מ׳: ואשתרי

אישתריא (זב׳ כג ב) כי״י: אשתרי

אִישְׁתָּרַשׁ(י) לַהּ (גט׳ לה א — ע׳) הִרְוִיחָה — She profited

אִישְׁתַּתַּף (חול׳ קלב ב) הִשְׁתַּתֵּף (צ) — Join (*imp.*)

אַתְּ אַתָּה, אַתְּ — You (*m.* and *f.*)

אֲתָא בָּא — He came

קאתא, קא אתא[16] ר׳ אתי — Cf.

לְאִיתְאַבּוּלֵי (ב״ק נט ב) לְהִתְאַבֵּל — To mourn

אֲתַאי בָּאָה, בָּאתִי — She came, I came

אתאי[17] (מג׳ כז ב) ר׳ אייתית — Cf.

אתאי (מכות ה ב) מ׳: אייתי

אתאי (מעי׳ כ ב) מ׳: איתאי

אתאי (שם) מ׳: אייתי

איתאמר[18] (מנ׳ קי רע״א) ר׳ יתאמר — Cf.

אִיתְאַמְרָה (בר׳ מה ב) נֶאֶמְרָה — It (*f.*) was said

אִיתְאַמְרָן (עירו׳ מג סע״א) נֶאֶמְרוּ (נ)

They (*f.*) were said

אֲתָאן[19] בָּאנוּ — We came

אָתְאָן (גטין מה סע״א — מ׳, כרי׳ כו סע״א) בָּאוֹת

They (*f.*) come

אִיתְבַד (=איתאבד) לֵיהּ (חול׳ צה ב 3) אָבַד לוֹ

He lost

אִיתְּבוּר (יומא ד ב, ב״מ קטז ב 2) נִשְׁבְּרוּ — They broke

אִיתְבְּלִישׁ (ב״ק ג ב - מת״י לעוב׳) נֶחְפַּשׂ — Searched for

אֶתְבְּעֵיהּ (ב״מ נא א 2) אֶתְבָּעֶנּוּ

I will press a lawsuit against him

אִיתְּבַר נִשְׁבַּר — It (*m.*) was broken

אִיתַּבְרָא (ב״מ מג ב) נִשְׁבְּרָה — It (*f.*) was broken

אִיתְּגוּרֵי (יב׳ צב ב ועוד) (ל)הִשָּׂכֵר — To profit, to gain

לְאִיתְּגוּרֵי (ב״מ עו א) לְהִשָּׂכֵר — To hire ourselves out

אִיתְגַּיַּיר (סנ׳ צו ב) נִתְגַּיֵּר

He was converted to Judaism

אִיתְגַּיִּירוּ (ע״ז סד א) הִתְגַּיְּרוּ (צ)

Convert to Judaism (*p.*, *imp.*)

15) ד״ח: נשתרוף.

16) פסי׳ צו ב — מי׳: קאתיא, כתוי׳ קג ב — מי׳: וקאתי, נדרי׳ ני א — מי׳: קם ואתא. ב״מ פא א — מי׳: קהדר, הי׳: הדר ואתי, ב״ב קס בי — מי והי׳, ורי ודי״פ: דאתא, שבוי׳ לב אמי׳: לשבועה (הוא דקא) אתא... לממון הוא דאתא. רק בכתוי׳ קג ב נשמר במי׳: וקא אתא (וצ״ל: וקם ואתא, כמו בסמוך שם).

17) א״פ וי״לי: ואיתיית, אה״ת: ואתית, ע״י: ואתיתי, מי׳: ואיתא (=ואיתאי!).

18) אה״ת: יתאמר, וכ״ה בכל הנוסי׳ בת״י לישעי׳ יט יח, וכן במובא ברש״י לירמי׳ מג יג.

19) מני׳ פד ב: וסיפא (דקרא) (לי׳ כל כי״י וילי׳) אתאן.

אתגלגל (ב״מ נד א) כי״י: איגלגל

אִתְגַּלְיָן (מ״ק ג ב — מת״י לעוב׳) נִגְלוּ

They were revealed, unveiled

אִיתְגַר (יב׳ צב ב ועוד[20]) נִשְׂכַּר — He was hired

אִיתְגְרוּ[21] (ב״מ פג ב) הִשָּׂכְרוּ — Hired yourself out

לְאִיתְגָּרוּיֵי (סנ׳ מה א, מנ׳ סב סע״א) לְהִתְגָּרוֹת

To arouse temptation, to incite

דאיתגרון (שבו׳ מה סע״א) רש״י: ליתגרו

אִיתְגְרִיתוּ[22] (ב״מ פג ב) נִשְׂכַּרְתֶּם — You (*p.*) hired yourself out

אִיתַגַּרְתְּ[23] (יומא כ ב) נִשְׂכַּרְתָּ

If you (*sing.*, *m.*) hired yourself out

אִיתְדוּן (ר״ה טז א) נִדּוֹנוּ — They were judged

לָא אִיתְדַר לֵיהּ (קידו׳ נ א) לֹא יָכוֹל לָדוּר

He cannot live there

לְאִיתְהַנוּיֵי (נדר׳ פד ב 3, ב״ק סט א) לֵיהָנוֹת

To benefit from, have pleasure from

אִיתְהֲנֵי נֶהֱנָה — He benefited from, had pleasure from

אִיתְהֲנִית (ב״ק כ ב) נֶהֱנֵיתָ

You (*m.*) benefited from, had pleasure from

אִתְהֲפוּךְ (מ״ק כה ב) נֶהֶפְכוּ — They turned over

אִתְהֲפוּךְ (ביצה י ב) נִתְחַלְּפוּ — They were exchanged

אִתְהֲפוּכֵי (שם) (ל)הִתְחַלֵּף — To exchange

אִתְהֲפִיךְ (ב״ק נג א, ב״ב עג ב) נִתְהַפֵּךְ

(He, it) turned over

אִתְהֲפִיכָא (מ״ק כה א, מנ׳ לה ב[24]) נֶהֶפְכָה

It (*f.*) turned over

אִתְהֲפִיכוּ נֶהֶפְכוּ — They turned over

אֲתוֹ בָּאוּ — They came

אָתוּ בָּאִים — They are coming

אֱתוֹ[25] (בר׳ כה א) בּוֹאוּ — Come (*imp.*)

אִיתַוַּוס(אִי) (שבת קכד ב — ע׳) נִתְלַכְלֵךְ

It became dirty, soiled

אָתוּיֵי (שבת קיז א ועוד) (ל)הָבִיא, הֲבָאָה

(To) bring, bringing

לְאָתוּיֵי לְהָבִיא, לְרַבּוֹת — To bring, to include

לְאָתוּיֵיהּ לַהֲבִיאוֹ — To bring (him, it)

לְאָתוּיִינְהוּ לַהֲבִיאָם — To bring them

אַתּוּן אַתֶּם — You (*m., p.*)

אַתּוּנָא כִּבְשָׁן — Furnace

אִיתּוֹסַף נוֹסַף — It was added

אִיתּוֹסְפָא נוֹסְפָה — It (*f.*) was added

אִיתּוֹסְפוּ (בר׳ כח א, נדה לט ב) נוֹסְפוּ — They were added

אִיתּוֹקַם (תע׳ יז ב ועוד — ממג״ת) הָעֳמַד

The *halacha* was established that the *tamid* comes from the *terumas halishkah* and not from individuals

אִיתּוֹתַב הוּשַׁב[26]

(What he said) was completely refuted on all counts

איתותב (שבת נב רע״א) א״פ ורש״י ד״ו: תיתותב

אִיתּוֹתְבוּ (ב״ב קכט רע״א) הוּשְׁבוּ[27]

(What they said) was refuted on all counts

אִיתַּזוּם הוּזְמוּ

They were convicted for testifying about an event they could not witness because they were proven to be somewhere else at the time of the crime or act

אִיתַּזַם (סנ׳ כז ב, מכות ג א — מ׳) הוּזַם

He was convicted for testifying about an event they could not witness because they were proven to be somewhere else at the time of the crime or act

(20) ב״מ קיב ב — כל כי״י ורש״י: מיתגר = נשכר.

(21) ה׳ פ׳, ר׳ ב: איתגריתו, מ׳ ר׳ א ד׳: אגריתו.

(22) ר׳ א, ה׳ פ׳: איתגרו, מ׳ ר׳ ב ד׳: אגריתו.

(23) כי״י וד״י, ד״ח: אי תגרת.

(24) מ׳, ד׳: איתהפכא.

(25) מ׳: פוק, פ׳: פוקו.

(26) =הביאו קושיא לדבריו, ולא מצא לה תירוץ.

(27) =הביאו קושיות לדבריהם, ולט מצאו להן תירוצים.

אִיתַּזַּמּוּ (ב״ק עג א 2) הוּזְמוּ

They were convicted for testifying about an event they could not witness because they were proven to be somewhere else at the time of the crime or act

לְאִיתְזוֹנֵי (סנ׳ כו ב) לִיזּוֹן (=להיות ניזון)

To be fed, nourished

אִיתְּזַק נִזַּק — It (*m.*) suffered damage

אִיתַּזְקָא (ב״ק נז א) נִזְּקָה — It (*f.*) suffered damage

אִיתַּזַּקְתְּ (בר׳ ט ב) נִזַּקְתָּ — You (*m.*) suffered damage

אִיתַּזַּקִי (בר׳ ט ב) נִזַּקְתִּי — I suffered damage

אַתְחוּלֵי (ל)הַתְחִיל, הַתְחָלָה

To commence, a beginning

מִכִּי אַתְחוּל(י)[28] (ב״מ פח ב) מִשֶּׁהִתְחִילוּ

From when they started (blossoming)

אִתַּחוּלֵי (נזיר מג א) (ל)הִתְחַלֵּל — To become profaned

אִיתְחֲזַאי (יומא סב א 2) נִרְאֲתָה (=הָיְתָה רְאוּיָה)

It was fitting (when the *kupah* was full)

אִיתְחֲזֵ(א)י (ב״מ פד ב — כי״י) נִרְאָה

He appeared (in dream)

אִיתְחֲזוֹיֵי (ערכ׳ ט א) (ל)הֵרָאוֹת

(To) be seen, (to) appear

לְאִיתְחֲזוֹיֵי לְהֵרָאוֹת — To be seen, to appear

אִיתְחֲזֵי (מ״ק כח א 2, ערכ׳ ט א) נִרְאָה, נִגְלָה

Seen, revealed

אִיתַּחֲזֵי (ב״ק קד א) הֵרָאֵה (צ)

Show yourself (before him) (*imp.*)

אִיתְחֲזֵי נִרְאָה (=הָיָה רָאוּי) — It was fitting

אִיתַּחֲזֵי לְחָכָם (ביצה כו ב) הָרְאָה לְחָכָם

It was seen by a Torah scholar

אִיתַּחֲזַק הָחְזַק

It was presumed to retain its previous status

אִתַּחַזְקָה (נדה י א) הָחְזְקָה

It (*f.*) was presumed to retain its previous status

אִיתְּחִיד (אחד) (חול׳ נב ב) נִסְגַּר — It closed

אִיתְחַיַּיב נִתְחַיֵּב

He was convicted, condemned, obligated

אִיתְחַיַּיבַת (נדר׳ נ ב) נִתְחַיְּבָה

She was convicted, condemned, obligated

אַתְחִיל הִתְחִיל — He started

איתחיל[29] (מ״ק י סע״א) ר׳ ליתחל — Cf.

אִיתַּחִיל (נזיר מג א, כרי׳ ז א 2) הִתְחַלֵּל — He was profaned

אַתְחִילָה[30] (יב׳ עט סע״ב, גט׳ ע ב) הִתְחִילָה

It (*f.*) began

אַתְחִילוּ (עירו׳ סג א) הִתְחִילוּ — They began, commenced

אַתְחִילוּ (מ״ק כב א) הַתְחִילוּ — Commence (*p.*, *imp.*)

אַתְחֲלָא (בכו׳ מה ב 2) הִתְחִילָה

It (*f.*) began, commenced

אַתְחֲלָה[31] (ע״ז כז א) הִתְחִילָה — She began, commenced

אַתְחֲלִינָן (בר׳ יד ב) הִתְחַלְנוּ — We began, commenced

אַתְחַלְתָּא הַתְחָלָה — Beginning, start

אִתְחַמִיאוּ (מ״ק כה א) נִרְאוּ — They appeared

אָתֵי בָּא (ב) — He comes

דאתי (כתו׳ סב ב) מ׳: דאיתי

אָתְיָא[32] בָּאָה (ב) — She comes

אתיא (קידו׳ ד סע״א 2) מ׳: מתי׳

אתיא (גט׳ סד ב 2, סה א 2) מ׳: אייתיא׳

אתיא (כתו׳ סז ב) מ׳: מתיא, אה״ת: ואייתי

אתיא (יב׳ סד ב) מ׳: הוה אתיא

אתיא (כתו׳ סד ב) מ׳: אייתי

אתיא (נדר׳ צא א) מ׳: אייתיא

אתיא (חול׳ נא א) כי״י: אתיוה

אתיא (חול׳ נז א) מ׳: אתא

אתיבי (שבת מו סע״א) מ׳: איתיב

אִתְיְהִיב נִתַּן — It was given

אִתְיְהִיבָא (חגי׳ טו א) נִתְּנָה — It (*f.*) was given

אִתְיְהִיבַת (שבת קטז ב) נִתְּנָה — It (*f.*) was given

28) כך נ״ל להגיה. ה׳: מכי מתחיל, ר׳ א: מדמתחלי, מ׳ ר׳ ב: מדמתחלן, פ׳: משמתחיל אתחולי.

29) מ׳: אתחיל, וצ״ל ליתחל, כמו בעירובין (קד א) (ד״ס).

30) אולי בהשפעת הצורה העברית!

31) גם כ״י ספ׳ בה״א, מ׳: אתחל׳.

32) במקומות הרבה באה בד׳ צורה זו לעבר, אבל כמעט בכולם

אַתְיוּהָ(וּ) הֱבִיאוּהוּ They brought it

אַתְיֵיהּ[33] הֵבִיאוֹ

He brought it, him (over), he came

אִיתְיְידַע נוֹדַע It was known, became known

אִיתְיילדן (נדר׳ ל ב) הב״ח: מתיילדן, מ׳ לי׳

לְאִיתְיַלּוֹדֵי (גט׳ פה א) לְהִוָּלֵד To be born

אִיתְיְלִיד נוֹלַד It, he was (*m.*) born

אִיתְיְלִידָא נוֹלְדָה It, she was (*f.*) born

אָתְיָין בָּאוֹת They (*f.*) come

אִתְיַיקּוֹרֵי (מג׳ כח א 2, חול׳ מה א) (ל)הִתְכַּבֵּד

(To) be honored

אָתֵינָא אֲנִי בָא, אָבוֹא I come, I shall come

אתינא (תע׳ כד סע״א) כ״י ואה״ת: מייתינא

אֲתֵינַן בָּאנוּ We came

אָתֵינַן אָנוּ בָּאִים, נָבוֹא We come, we will come

אתיקר (ב״ב ט ב) פ׳: אייקר

אֲתֵית בָּאתָ, בָּאת You came (*m. and f.*)

הָשְׁתָּא דַאֲתֵית לְהָכִי (בר׳ טו סע״א ועוד) עַכְשָׁיו שֶׁבָּאתָ לְכָךְ (כלומר שתרצת כך)

Now that you have come to this (that you answered in such a manner)

אֲתֵיתוּ בָּאתֶם You (*p.*) came

אֲתֵיתִי בָּאתִי I came

אִיתְכְּחוּשׁ (סנ׳ ט ב, פא ב) הָכְחֲשׁוּ

They were contradicted

אִיתְכַּחַשׁ הָכְחַשׁ (He, it) was contradicted

אִתְכַּחַשׁוּ (ב״ק עד א) הָכְחֲשׁוּ They were contradicted

אִיתְכַּלַיָא (חול׳ צב א) אַשְׁכּוֹלוֹת Bunches of grapes

אִיתְכַּן (חול׳ יד א-ב) הוּכַן It (*m.*) was prepared

אִיתְכְּנַעוּ[34] (ע״ז יז רע״ב) נִכְלְמוּ

They were embarrassed

לְאִיתְכַּסָּאָה[35] (עירו׳ נ ב) לְהִתְכַּסּוֹת

To be slaughtered

אִתְכַּשּׁוּר (מ״ק יג ב) הָכְשְׁרוּ (לקבל טומאה) They were conditioned (made fit) to become ritually impure

אִיתְכַּשּׁוּרֵי (גט׳ סח ב) הָיָה כָּשֵׁר Let it be valid

אִתְכַּשַּׁר הָכְשַׁר (לקבל טומאה)

It was made fit to become ritually impure

נוּרָא אִיתְלַאי [בֵּיהּ][36] (יב׳ קטו א) אֵשׁ נִדְלְקָה (נֶאֶחְזָה) בּוֹ It caught fire

אַתְלַאִ[י][37] (שבת כו רע״א) הִדְלִיקָה She lit

אַתְלוֹ שְׁרָגָא (שבת לה ב) הַדְלִיקוּ אֶת־הַנֵּר

Light the lamp (*imp.*)

אִיתְלוֹ (שבת קנו א) נִתְלוּ They were suspended, hung

אִיתְלַווּ (נדר׳ כב א) נִתְלַווּ They accompanied

אִיתְלַוֵּי (ב״ב עג ב) נִתְלָוָּה He accompanied (us)

אַתְלֵי בֵּיהּ נוּרָא (ביצה לט א) הִדְלִיק (הֶאֱחִיז) בּוֹ אֵשׁ

It caught fire

אַ(י)תְלֵי בֵּיהּ נוּרָא (סנ׳ צו רע״א — ע״י) הַדְלֵק (הַאֲחֵז) בּוֹ אֵשׁ It caught fire

אַ(י)תְלִי שְׁרָגָא (שבת כו רע״א — מ׳) הַדְלִיקִי אֶת־הַנֵּר

Light (*f.*, *imp.*) the fire

אִיתְלֵי בֵּיהּ נוּרָא (מ״ק יז א ועוד) נֶאֶחְזָה בּוֹ אֵשׁ

It caught fire

איתליא (יב׳ קטו א) מ׳: איתלאי

אַתְלַ(י)ע (מכות ז ב 3 — מ׳ וד״ו) הִתְלִיעַ

It became worm-eaten

איתמהויי (סנ׳ כ א) מ׳ אה״ת וע״י: אתמוהי

אַתְמוֹהֵי קָא מַתְמַהּ (ט׳ נז א ועוד) תָּמוֹהַּ תָּמֵהַּ

He was amazed

אַ(י)תְמוֹהֵי[38] קָא מַתְמַהּ (פס׳ יז א) תָּמוֹהַּ תָּמֵהַּ

He was amazed

אִיתְמוֹחֵי לִהְיוֹת נִמּוֹחַ It melted

אִיתְּמַ[וּ]ר (מנ׳ מג א — מ׳) נֶאֶמְרוּ They have been said

אִיתְּמַח (גט׳ סט א, נדה כד ב 2) נִמּוֹחַ (ע) It melted

אִיתְּמַחוּ (שבת קיג ב) נִמּוֹחוּ They melted

במ׳ ואחרים: אתאי.

33) חגיגה ד׳ ב׳ — מ׳: אייתי, ו׳ א׳ — מ׳: איתיתיה, הב״ח: אייתיה: בכו׳ נה רע״א — מ׳: ומייתיה, שט״מ: לאתוייה.

34) מ׳ כ״י ספ׳ אה״ת וע״י: איכנען.

35) לפי הענין צ״ל: לאתנכסא (=להישחט). ואולי הפועל שלפנינו נבנה מן הציווי ״כוס״ (פס׳ סא א, סנה׳ פב)! רש״י כ״י הוגה: לנכסא (ד״ס).

36) מ׳, ד׳: איתליא.

37) השלמתי יו״ד ע״פ נוס׳ מ׳: איתלאי.

38) הגהתי ע״פ מיומ׳ ב (ובשניהם: אתמוה).

אימחויי[39] (שבת קיג ב) צ"ל: איתמוחי

אִיתְמַחֵי (שבת סא ב כ"פ) הִתְמַחָה (=נעשה מומחה)

He, it became validated

אִיתְמַעִיט (כרי' ד ב) נִתְמַעֵט

It was excluded

אִתְּמַר[40] נֶאֱמַר

It was stated

אִיתְּמַר[41] (תמו' ט ב) הוּמַר

It was (already) substituted by another animal

אָתְןָ (גט' מה א — מ': אתאן) בָּאוֹת

They come (*f.*)

וְדַאֲתַן[42] עֲלַהּ מִיהָא (מ"ק טז ב, ב"ב ט ב[43], סנ' צט ב) וְשֶׁבָּאנוּ עָלֶיהָ מִכָּל־מָקוֹם

But since we came upon it anyway

איתנא קתני (בכו' מג ב) מ' ושמ"ק: מיתנא קתני

אִיתְנַבֵּי (סנ' צד ב) נִתְנַבֵּא

He prophesized

אִיתְנְגִיד (פס' נ א, סנ' לט א) נֶאֱנַק

He (fainted and) underwent a near-death experience

לְאִיתְנַדּוֹבֵי (ערכ' כ א) לְהִתְנַדֵּב

To volunteer to offer a sacrifice

אַתְנוֹ (מג' יב א) הִתְנוּ

They stipulated

אַתְנוֹ (חול' קז א) הַתְנוּ

Make a condition (*imp.*)

אִיתְנוֹ[44] (סנ' נט רע"ב) נִשְׁנוּ (=נכתבו שנית)

Repeated, written again

אִיתְנוֹחֵי אִיתְנְחָא לֵיהּ (קידו' מה ב) הוּנַח הוּנַח לוֹ

He agreed to it

אַתְנוּיֵי גַּבְרַיְיהוּ (בר' יז א) (ל)הַשְׁנוֹת בַּעְלֵיהֶן[45]

They send their husbands to study Torah

אַתְנוּיֵי (מג' יב א ועוד) (ל)הַתְנוֹת

(To) stipulate

לְאַתְנוּיֵי (כתו' ב ב) לְהַתְנוֹת

To stipulate

אִיתְנוּסֵי (ל)הֵאָנֵס

(To) be forced

אִיתְנוּפֵי (יב' סג א) הִתְנוֹפֵף

To be winnowed

אִתְּנַח (ביצה לא א) הֻנַּח

It was placed

אתנח (חול' נז ב) ה' ואה"ת: אנח

אִיתְנַח (בר' נח ב ועוד) נֶאֱנַח

He sighed

אֶתְנַח (שם) אֶאֱנַח

I shall sigh

איתנחא (קידו' מה ב) ר' איתנוחי

Cf.

אַתְנְחֵיהּ (גט' כד א) הַנִּיחֵהוּ

Put it (*imp.*)

אתנחתא (ב"ב עד א) ר' אנחתא

Cf.

אִיתְנְטִילוּ (סנ' צא א) נִטְּלוּ, הוּסְרוּ

They were taken away, removed

איתנטלי' (שבת קטז רע"ב) ר' אינטילת

Cf.

אִיתְנֵי (תני) (סנ' נט רע"ב) נִשְׁנָה (=נכתב שנית)

Repeated, written a second time

איתני (שם) פ' ורש"י: איתנו

אַתְנֵי (כתו' קג ב) הַשְׁנֵה (=לַמד משנה)

Study the Mishnah (*imp.*)

אַתְנֵי לָ(י)ךְ[46] (עירו' נד ב) אַשְׁנֶה לְךָ (=אלמד אותך)

I shall teach you

אַתְנֵי[47] (יב' מח ב ועוד) הִתְנָה

He stipulated

אַתְנֵי (כרי' יח ב) הַתְנֵה

Stipulate (*imp.*)

אַתְנֵי(ה) (קידו' נ א — מ') הִתְנָה

He stipulated

אַתְנְיוּהּ (מנ' יז א) הִשְׁנוּהוּ (=לימדוהו)

They taught it

איתנייא (קידו' לב א) מ': איתנייה

אֶתְנְיֵיהּ (שבת קכא רע"ב, קידו' לב א[48], סנ' פ ב) אֶשְׁנֵהוּ (אלמד אותו)

I shall teach it

אֶתְנְיֵיהּ[49] (מג' ד א) אֶשְׁנֵהוּ[50]

I shall study it again

אַתְנְיֵיהּ הִשְׁנָהוּ (=לימדו)

He taught him

אַתְנְיֵיהּ (עירו' כ א) הַשְׁנֵהוּ (=לַמד אותו)

Teach it

אַתְנְיָיךְ (יב' מ א) הִשְׁנָה אוֹתְךָ (=לימדך)

He taught you

אִיתְנִיס נֶאֱנַס

Compelled by *force majeure*

אִיתְנִיסָא/ה (נדר' צ ב, נדה ד ב) נֶאֱנְסָה

Raped, compelled by *force majeure*

39) מ' א"פ ויל' כ"י ורי"ף ד"ק לי' "והא ודאי...", א"פ גל': איתמחו.

40) כמונח: פתיחה למחלוקת אמוראים.

41) בשמ"ק — מ"ם בקמ"ץ.

42) בלא אל"ף בא רק בלשון זה ובמקומות אלו.

43) כל כ"י, ד': ודאתאן עלה.

44) פ' ורש"י, ד': איתני.

45) כלומר: שולחות את בעליהן לביהמ"ד ללמוד.

46) מ' אה"ת.

47) בסנ' קט ב צ"ל: אתנו (כל הקטע לי' במ' ובאה"ת ובד"י). במנ' כא ב — מ': אתנו.

48) ד': הכי איתנייא, מ': היכי איתנייה.

49) ד': אתניה, מ': איתנייה.

50) =אקרא אותה (את הפרשה) שנית.

איתניסא (גט׳ נו א) ר׳ איסתניסת וח״ג שם — Cf.

אִיתְנִיסוּ נֶאֶנְסוּ

They were raped, compelled by *force majeure*

אַתְנִיתֵיה (זב׳ ל ב) הִשְׁנֵיתִיו (=לימדתיו)

I taught him

אַתְנִיתָךְ (שם) הִשְׁנֵיתִיךָ — I taught you

לְאִיתַּכְּסָאָה[51] **(נכס?)** (עירו׳ נג ב) לְהִשָּׁחֵט

To be slaughtered

אֶתְנָנִיךְ (ע״ז סג א) אֶתְנַנֵּךְ (=אתנן שלך)

Your wages for prostitution

לְאִיתְנַסְּבָא לְהִנָּשֵׂא — To be married

אִיתְנַסִּי (שבת קמה ב) הָיִיתִי נֶאֱנָס (להקיא)

I was forced (to vomit)

אִיתְנַסִּיבָה (נדר׳ נ א) נִשְּׂאָה — She married

אִיתְנַצַ[וּ]ל[52] (סנ׳ צג א) נִצְּלוּ — They were saved

אִיתַּסַּאִי (אסי) נִרְפֵּאתִי — I was cured

אִיתַּסּוּ (חגי׳ ג א) נִרְפְּאוּ — They were cured

אִיתַּסּוּיֵי (גט׳ יב ב) (ל)הֵרָפֵא — To be cured

אִיתְּסוּרֵי (אסר) (ל)הֵאָסֵר — To be forbidden

לְאִיתְּסוּרֵי לְהֵאָסֵר — To be forbidden

אִיתַּסֵּי נִרְפָּא (ע) — He was cured

איתסי[53] (בכו׳ מא א) ר׳ מיתסי — Cf.

אתסי (נדה סו א) מ׳: איתסאי

אִתַּסְּיָא (גט׳ סט ב) נִרְפְּאָה — She was cured

אִיתַּסִּיאַת (כתו׳ סא ב, סב ב) נִרְפְּאָה — She was cured

אִיתְּסַר (אסר) נֶאֱסַר — (It, he) became forbidden

אִיתַּסְרָה נֶאֶסְרָה — (It, she) became forbidden

אִיתְּסַרוּ נֶאֶסְרוּ — They became forbidden

אִתְעֲבִיד, אִית— נַעֲשָׂה — It (*m.*) was done

אִתְעֲבִידָא, אִית— נֶעֶשְׂתָה — It (*f.*) was done

לְאִיתְעוּרֵי (בר׳ ד א) לְהִתְעוֹרֵר — To awaken

אִתְעַכּוּלֵי (חול׳ נד ב) (ל)הִתְעַכֵּל — To be digested

אתעסקה[54] (נדה נט א) ר׳ איעסקא — Cf.

אִיתְעֲקוּר (בכו׳ מד סע״א) נֶעֶקְרוּ — They became sterile

אִיתְעֲקוּרֵי (פס׳ קיא רע״ב[55], בכו׳ מד א) (ל)הֵעָקֵר

To become uprooted (the tree), to become sterile

אִיתְעֲקַר נֶעֱקַר, נִשְׁכַּח

It was uprooted, it was forgotten

אִיתְעַקְרָא לֵיהּ שְׁרָגָא (פס׳ קא א) כָּבְתָה לוֹ הַנֵּר

The lamp was extinguished

איתעקרא איתעקר ליה[56] (מנ׳ ז א) ר׳ אייקרא — Cf.

אִיתְעַקַּרוּ[57] (מ״ק כה סע״ב) נֶעֶקְרוּ

They were uprooted

אִיתְּעַר הִתְעוֹרֵר — He awakened

אִיתְעָרַב (ע״ז מט ב) נִתְעָרֵב — It was mixed

אִיתְעַתַּר[58] (גט׳ ל ב) הִתְעַשֵּׁר — He became rich

לְאִיתְפּוּחֵי (חול׳ קה ב) לָנוּחַ, לְהִנָּפֵשׁ

To rest, to relax

אֶיתְפּוֹס[59] (ב״מ ב ב) אֶתְפֹּס — I shall grab

אִיתְפּוּס[60] (נזיר לד א) נִתְפְּסוּ

They seized on to what the other said

לְאַתְפּוּסֵי (נזיר כא א) לְהַתְפִּיס

To seize on to what the other said

לְאִ[י]תְּפוּסֵי (כתו׳ ח ב — מ׳) לְהִתָּפֵס

To be caught, i.e., punished (for the sin of the generation)

אִיתְּפַח[61] (בר׳ מו א ועוד) נִתְרַפָּא, הִבְרִיא

He became cured, became well

אתפיס (ב״מ ב ב) ר׳ איתפוס — Cf.

איתפיס (נזיר לד א) ר׳ איתפוס — Cf.

אַתְפִּיס (נדר׳ כז ב[62], עה ב) הִתְפִּיס

(His rights) were seized, latched on to (an oath)

אִיתְפְּלַג (סוכה יז ב) הָפְלַג — It was separated

אִיתְפְּלִיג (יב׳ כא סע״ב[63], זב׳ נד ב[64]) הָפְלַג

Relationship became more distant

(51) לפענ״ד כך צ״ל לפי הענין, ד׳: לאתכסאה, ועי׳ לעיל הע׳ 65.

(52) הגהתי ע״פ נוס׳ אה״ת: איתצול.

(53) כך גם מ׳, ולפ״ד ז״ל: מיתסי

(54) ד״ו: אתעסקא, מ׳: איעסקי.

(55) מ׳ וא״פ, ד׳: איעקר.

(56) ר׳ א ושמ,ק: אייקרא, מ׳ ק׳ ור׳ ב: יקירא.

(57) מ׳ ועי׳ וע״י ומנוה״מ, ד׳: איתקצצו.

(58) מ׳, א׳ ו׳: איעתר, ד׳: איתעשר.

(59) ה׳, מ׳ לי׳, ד׳: אתפיס.

(60) מ׳, ד׳: איתפיס, ״רש״י״: איתפיסו.

(61) בד׳ כ״פ בלא יו״ד.

(62) ד׳: מיתפסן.

(63) רש״י: איתפלג נתרחקה קורבה.

(64) כל כי״י ונוס׳, ד׳: מתפליג.

אתפליג (ב״מ ב ב) מ׳ וה׳: איפלוג

אַתְפְּסוּהָ (כתו׳ ז א) הַתְפִּיסוּהָ (=מִסְרוּ לָהּ)

Hand over to her (*imp.*)

אַתְפּוּסֵי[65] (תמו׳ כו ב — כז א כ״פ) (ל)הַתְפִּיס

(To) latch on to the *kedushah* of *korban*

לְאַתְפּוּסֵי (שבו׳ לח ב[66], תמו׳ כז א 3) לְהַתְפִּיס

To hold on to a sacred article (for a vow), latch on to the *kedushah* of *korban*

צְרָרֵי אַתְפְּסַהּ (כתו׳ קז א) צְרוֹרוֹת הִתְפִּיסָהּ[67]

He deposited bundles of money by her

צְרָרֵי אַתְפְּסֵיהּ (ב״ב קעד ב, ערכ׳ כב א) צְרוֹרוֹת הִתְפִּיסוֹ

He deposited bundles of money by him

צְרָרֵי אַתְפְּסִינְהוּ (כתו׳ קב ב) צְרוֹרוֹת הִתְפִּיסָם

He deposited bundles of money (with his wife)

אַתְפַּסְתֵּיהּ לְתוֹרַאי (ב״ק מ ב, מה א[68]) הִתְפַּסְתָּ (=מסרת) אֶת-שׁוֹרִי

You have caused my ox to be seized

אִיתְפַּקַר (מ״ק טז א) הִתְחַצֵּף — He was insolent

אִיתְפָּרְקָא לֵיהּ אַשִׁיתָא (בר׳ נד א) נִפְרַץ לוֹ כֹּתֶל[69]

The wall next to him became breached

אִיתְצוֹדֵי (ל)הִצּוֹד, לִהְיוֹת נִצּוֹד

To be captured, caught

אִיתְּצִיד (עירו׳ לט א) נִצּוֹד — He was captured, caught

אִיתְּצַ(י)ל (סוטה מו ב — מ׳) נִצַּל — He was saved

אִיתְּצַל (בר׳ נד א) נִצַּל — He was saved

אִיתְּצַד (נזיר נא ב) נוֹצַר — It was created

אִי(ת)קַדְּשָׁה[70] (נדר׳ נ רע״א) נִתְקַדְּשָׁה — Married

איתקוטלי[71] (ע״ז כח סע״א) ר׳ איסקוטלי — Cf.

אתקון (גט׳ נ ב 2) מ׳: איתקון

אִיתְּקוּן (גט׳ נ ב 2[72], ב״ב קלא ב 4) נִתְקְנוּ

They were instituted

לאיתקוני (מנ׳ כט סע״ב) רש״י: לתקוני

אִיתַּקּוּשׁ הֻקְּשׁוּ — An analogy exists

אִיתַּקּוֹשֵׁי (סנ׳ סג א, שבו׳ ח ב) לִהְיוֹת נִלְמַד בְּהֶיקֵּשׁ

To infer by analogy

אתקיל (ב״ב נד א) כי״י וע׳: תקיל

אִיתְקִיל (נדר׳ טז א) נִכְשַׁל

He made a error caused by inattention

אִתְקִיל (ב״ק כט א) נִכְשַׁל — He stumbled

אִיתְקִילָא (ב״ק כט א[73], שבו׳ כ א) נִכְשְׁלָה

Slip of tongue, it stumbled

איתקיש (שבת פג ב 2) מ׳: איתקש

איתקיש (קידו לד א 2) מ׳: איתקוש

אַתְקִין הִתְקִין — He instituted

אַתַּקֵּין (שבת לג ב) אֲתַקֵּן

I shall perform a beneficial act

אַתְקִינוּ[74] (ברכ׳ כב ב) הִתְקִינוּ — They instituted

איתקל (שבת סו ב) מ׳ א״פ ורש״י: תקל

אִ[י]תַּקְנָה[75] (נדה יב ב) נִתַּקְּנָה

She was healed, she became healthy again

אַתְקַפְתְּ לָן (ב״ב קכט א) הִתְקַפְתָּ לָנוּ[76]

You refuted us

אַתְקַפְתָּא (חגי׳ ט ב, ב״ב קכט א) אַתְקָפָה (=קושיא)[77]

An objection

אִתְקְצַאי הֻקְצְתָה — It has been apportioned

(devoted to a certain use which precludes other uses)

איתקצצו (מ״ק כה סע״ב) מ׳ וע׳ וע״י: איתעקרו

אִיתְקְרוֹ (נדר׳ לא א) נִקְרְאוּ

They have been called, named

אִיתַּקַּשׁ הֻקַּשׁ — An analogy has been established (*m.*)

אִיתַּקְשָׁה (תמו׳ ג א) הֻקְשָׁה

An analogy has been established (*f.*)

אַתַּר (נתר) (שבת עג ב, מכות ח א 2) הִשִּׁיר

He caused to be shed

(65 כ״פ: איתפוסי.

(66 מ׳ ורש״י, ד׳ בשיי״ן, ר״ח: לאתפושיה.

(67 מסר בידה (בידו, בידם) צרורות כסף.

(68 מ׳ ה׳ בסמי״ך, ד׳ בשיי״ן.

(69 היתה פירצה בכותל להצילו.

(70 מ׳: איקדשי, אה״ת: איקדשא, ע״י: איתקדשת.

(71 מ׳ וע׳ וד״י: איסקוטלי, ר״ח: סקוטלי.

(72 מ׳, ד׳: אתקון.

(73 מ׳ ה׳, ד׳: אתקילה.

(74 מ׳ פ׳, ד׳: ואתו רבנן והתקינו.

(75 ע״פ מ׳ (ושם: דהדר(ה) ואיתקן).

(76 השארת לנו בקשיה.

(77 ר׳ הערה ל״מתקיף״.

אֲתַר, אַתְרָא מָקוֹם
Place, site

אִיתְרַבַּאי נִתְרַבְּתָה
It (*f.*) was included

אִיתְרַבּוּ נִתְרַבּוּ
They were included

אִיתְרַבֵּי נִתְרַבָּה
It (*m.*) was included

אַתְרַהּ מְקוֹמָהּ
Her place, location, site

אַתְרוּ הִתְרוּ
They warned (him)

אֶתְרוֹגָא אֶתְרֹג
An esrog

אֶתְרוֹגַיְיהוּ (קידו׳ עג א) אֶתְרֹגֵיהֶם
Their esrogs

אַתְרְוָותָא (גט׳ פט א) מְקוֹמוֹת
Locations (with different customs)

לְאַתְרוּיֵי (סוטה ז א, קידו׳ פא א) לְהַתְרוֹת
To warn

אֶתְרוֹנְגָא (קידו׳ ע א) אֶתְרוֹג
An esrog

אִיתְרוֹסֵי (יב׳ מג ב) (ל)הֵאָרֵס
To enter marriage (on a *kiddushin level*)

בַּת אִיתְרוֹסֵי (גט׳ מג א 2) יְכוֹלָה לְהֵאָרֵס
She is qualified to enter marriage (on a *kiddushin level*)

אִ[י]תְּרוּץ (נדה מד א — מ׳) נִתְיַשְּׁרוּ[78]
They were brought into agreement, were resolved

אַתְרַח (קידו׳ לא ב) הִמְתִּין
He waited

אַתְרַח[79] (נדה ל ב) הִמְתִּין
He waited

אַ(י)תְרַח[80] **לִי** (מ״ק כח א) הַמְתֵּן לִי
Wait for me (*imp.*)

לְאִיתְרְחוּשֵׁי לָךְ נִיסָּא (ב״מ קו א) לֵיעָשׂוֹת (=שֶׁיֵּעָשֶׂה) לְךָ נֵס
That a miracle should happen to you

אִיתְרְחִישׁ נִיסָּא נַעֲשָׂה נֵס, אֵרַע נֵס
A miracle happened

אִי אַ(י)תְרְחִיתוּ[81] (שבת קלו א) אִלּוּ הִמְתַּנְתֶּם
Had you waited

אַתְרִיגוּ (עירו׳ נג ב) ע׳ ומ׳ וא״פ: התריגו

אַתְרֵיהּ מְקוֹמוֹ
His place, location, site

אַתְרַיְיהוּ מְקוֹמָם
Their place, location, site

אַתְרַיְיתָא (חול׳ קלב ב) הַתְרָאוֹת
Warnings

אַתְרִין מְקוֹמֵנוּ
Our place, location, site

אַ(י)תְרִיסַת (ב״ב קיא סע״א — מ׳ ה׳) הִתְרַסְתָּ, הִתְחַצַּפְתָּ
You (*s.*) acted insolently

אַתְרִיסְתּוּן (תמ׳ לב א) הִתְרַסְתֶּם
You (*p.*) acted insolently

אַתְרָךְ מְקוֹמְךָ
Your place, location, site

איתרמאי (חול׳ ה א) מ׳ רש״י ויל׳: איתרמי

אִיתְרְמוּיֵי (ל)הִזְדַּמֵּן
It just so happened

אִי(ת)רְמוּס[82] (ע״ז יז ב) נִרְמְסוּ
They were trampled

אִיתְרְמֵי נִזְדַּמֵּן, נִתְמַנָּה, אֵרַע
It just so happened, he happened to have

איתרמי (בכור׳ ח ב) מ׳ אה״ת: מתרמי

אִיתְרַמְיָא (ב״מ נא א, ערכ׳ יא ב) נִזְדַּמְּנָה
It (*f.*) happened to be available

אִיתְרַע נִתְרוֹעַע, הוּרַע
It worsened

אִיתְרַע מַזָּלַהּ (חגי׳ ד ב) הוּרַע מַזָּלָהּ
Her luck worsened

אִיתְרַע בֵּיהּ מִילְּתָא (בר׳ מו ב, שבת קלו סע״א, מ״ק יא סע״ב, יח רע״א, כא א) אֵרְעוֹ דָבָר[83]
Something unfortunate happened

איתרעא (מ״ק כא א) רש״י: איתרע

אִיתְרַעַאי (חול׳ י א-ב) נִתְרוֹעֲעָה
Its standing worsened, weakened

אִיתְרְעִיאוּ (סנ׳ צד ב — מת״י לישע׳) נִתְרַצּוּ, בָּחֲרוּ
They consented to, they chose

אִיתְרַצַּאי (ב״ב ב ב) נִתְרַצֵּיתִי
I consented to, I accepted

לְאִתְרַשּׁוּלֵי (ב״ב כא א-ב) לְהִתְרַשֵּׁל
To be negligent

לְאִיתְשׁוּלֵי (שאל) לְהִשָּׁאֵל (על נדר להתירו)
To request annulment (of a vow)

אִיתְשִׁיל (יומא פ ב ועוד) נִשְׁאַל
The question was presented

איתשיל (פס׳ מו ב) ר״ח ורש״י ותוס׳: מתשיל

אִיתְשִׁיל (סוטה לו סע״ב) הִשָּׁאֵל (על נדר)

(78) =אין סתירה ביניהם.

(79) ד״ו (וכן הגיה הב״ח), ד״ח: אייתרה.

(80) הגהתי, ע׳: איתרה, מ׳: איתרך (=איתרח!).

(81) הגהתי ע״פ מ׳ (ושם: אתרחישו!).

(82) כ״י ספ׳ ואה״ת.

(83) =כינוי לאבל. רש״י: היה אבל.

He requested annulment (of a vow or oath), his vow or oath were annulled

אֶיתְשִׁיל[84] (שם) אֶשָּׁאֵל (על שבועה להתירה)

I shall request annulment (of a vow)

אִיתְשַׁלִי (נדר׳ סו ב) נִשְׁאַלְתִּי

My oath was annulled (at my request)

איתשלי (סוטה לו סע״ב) מ׳ אה״ת וד״ו: איתשיל

אֲתַת בָּאָה (ע) She, it came (*f.*)

אתת (כתו׳ סה א) מ׳: אתית

אִיתַּת (ב״ב קלד ב) אִשָּׁה woman

אִיתַּת אַבָּא (כתו׳ נב ב, נד ב) אֵשֶׁת הָאָב

One's father's wife

אִתְּתָא אִשָּׁה woman

לשום איתתא (גט׳ לח א) מ׳: אנתותא

אִתְּתִי (נדר׳ נ א) אִשְׁתִּי My wife

אִיתְּתִי[85] (יב׳ קטו ב) אִשְׁתִּי My wife

אִתְּתֵיהּ (יב׳ צז ב) אִשְׁתּוֹ His wife

דְּאִיתְּתֵיהּ[86] (נדר׳ צא ב) שֶׁל אִשְׁתּוֹ His wife's

אִתְּתָךְ (ב״מ נט א) אִשְׁתְּךָ Your wife

אִיתְּתָךְ[87] (מ״ק ט ב) אִשְׁתְּךָ

(84) מ׳ ואה״ת וד״ו, ד״ח: איתשלי.

(85) ע״פ מ׳ (ושם: איתתיי), ד׳: אנתתי.

(86) מ׳, ד׳: דאינתתא.

(87) מ׳, ד׳: אנתך.

– ב –

בָּאגָא[1] בִּקְעָה (=שטח שדות)
Field region, cultivated area, plain

בָּאגֵי, בָּגֵי בְּקָעוֹת (=שטחי שדות)
Field regions, cultivated areas, plains

באגני (ב״ק סא רע״ב) כי״י וד״י וע׳: נגאני

באושא (בר׳ כב סע״א) ע׳: באישא

באוזי (ב״ב לז א) ר׳ באזי — Cf.

בָּאזֵי בָּאזוֹיֵי[2] (ב״ב לז א) פִּזֵּר פִּזֵּר — He distributed

בָּאזְיָארָאן[3] (שבת צד א) צָדֵי עוֹפוֹת[4] (=בָּזְיָרִין — בעברית החדשה) — Fowlers, bird hunters

בָּאטֵי[5] (ע״ז לט א) מין דג טמא
A kind of non-kosher fish

בְּאֵיש (נדר׳ מ א) חָלָה — He fell ill

בְּאִישָׁא (בר׳ כב סע״א[6], שבת ל א) חוֹלֶה — A sick person

בָּאלָא (חול׳ פ א) יַעַר (רש״י), שֵׁם יַעַר (ע׳)
Forest, growth of grass, name of forest

בָּאלוֹשֵׁי (בר׳ מד א) מְחַפְּשִׂים, בַּלָּשִׁים
Searchers, detectives

בָּאלֵי וְאָתֵי (נדה כו ב) מְמַהֵר וָבָא — He came in haste

בָּאלֵי דִידְבֵי, פָּרוֹחֵי (נדה יז א) מַפְרִיחַ (מְגָרֵשׁ) זְבוּבִים, יַתּוּשִׁים — He chased away flies, mosquitoes

אַבָּב בִּזְיוֹנֵי (שבת לב א) בְּפֶתַח הַמּוֹכֵס
At the door of a sinister place

אַבָּב חוּטְרָא (שם) בְּפֶתַח הַגְּדֵרָה (=מכלא הצאן)
At the gate of the corral

אַבָּב חָנְוָאתָא (שם) בְּפֶתַח הֶחָנוּיוֹת
At the door of the store

בָּב נַהֲרָא (סוכה יח א, ע״ז לט א) שם נהר — Name of river

בָּבָא פֶּתַח — Door, entrance

בָּבָא דַאֲבוּלָא (מ״ק כב א) פֶּתַח הַשַּׁעַר — Gate entrance

בבא דאקלידרא (מנ׳ נז א) ר׳ ור״ג וע׳: ככא דאק׳

(א)בָבָא דְחָנוּתָא (ע״ז לא ב — מ׳) פֶּתַח הֶחָנוּת
At the door of the store

אַבָּבָא דִמְחוֹזָא (תמיד לב רע״ב) עַל שַׁעַר הָעִיר (רש״י)
On the city gates

בָּבֵי פְּתָחִים — Gates, doors

בָּבֵיהּ (תע׳ כ ב) פִּתְחוֹ — His door

בָּבִיתָא דְעֵינֵיהּ (גט׳ סט רע״א) בָּבַת עֵינוֹ
The pupil of his eye

בַּבְלָאָה בַּבְלִי — A Babylonian

בַּבְלָאִי (שבת ס סע״ב) בַּבְלִי — A Babylonian

בַּבְלָאֵי בַּבְלִיִּים — Babylonians

כיסי בבלייתא (שבת קמז א) ע׳ וא״פ: כישי

כַּרְשִׁינֵי בַּבְלָיְיתָא (שבת פא א) רְגָבִים בַּבְלִיִּים
Babylonian clod of soil

בְּגַר (כתו׳ נג ב) בָּגַר, בָּגְרָה
He (she) attained maturity

בְּגַר לַהּ קָלַהּ (ב״ב קסז סע״ב) נִתְעַבָּה קוֹלָהּ
Her voice became deeper

בָּדוֹחֵי (תע׳ כב א) מְשַׂמְּחִים — Joyful (people)

בַּדוּק בָּדְקוּ — They checked

בַּדוּק[7] (פס׳ ד ב) בָּדְקוּ — They checked

בְּדוֹק (פס׳ ג ב) בְּדֹק — Check (*imp.*)

בְּדוֹקוּ (קידו׳ עא ב) בִּדְקוּ — Check (*p., imp.*)

בדותא ר׳ ברותא — Cf.

בְּדַח (בר׳ ל ב, סוכה נג א) שָׂמֵחַ (ב) — He was happy

בְּדַחִי (שבת ל ב ועוד) שְׂמֵחִים — They were happy

מילי בדיאי (בכו׳ ח ב) מ׳ ע׳ ור״ג: מילי דכדי

בְּדִיחָא דַעְתַּאי (מ״ק יז א) לִבִּי שָׂמֵחַ
I am joyful at heart. I am in a good mood

---

1) מלשון פרסית = גן. רש״י (שבת ו א): בקעה שדות הרבה.
2) מ׳: בזי בזויי, ה׳: בזי באזויי, ד׳: באזוזי.
3) ע׳, מ׳: דבי זירין, ד׳: דבי ויאדן, ועי׳ ד״ס אות ז׳.
4) ערוך (ע׳ זיידן): ורה״ג ז״ל היה שונה סוסא דבאזיאראן וכך פי׳ הנץ וכיוצא בו, שהמלכים צדין בהן עופות קורין אותו באז (= נץ), והאדם העוסק בהן קורין אותו בלי׳ פרסי באזייר בזמן שהן יותר מאחד קורין אותו באזיאראן, ויש להם סוסים מיוחדין לשאת העופות הדורסין הנקראין באז.
5) מלשון יונית.
6) ע׳, ד׳: באושא.
7) מ׳ ור״ח, ד׳: בדקיניה.

בְּדִיחָא דַעְתַּהּ (נדר׳ צא ב) לִבָּהּ שָׂמֵחַ
She is joyful at heart, she is in a good mood

בְּדִיחָא דַעְתֵּיהּ (שבת עז ב) לִבּוֹ שָׂמֵחַ
He is joyful at heart, he is in a good mood

בִּבְדִיחוּתָא (ב״ב ט ב) בִּצְחוֹק
In a joking way, not seriously

מִלֵּי דִבְדִיחוּתָא (שבת ל ב ועוד) דִּבְרֵי צְחוֹק, דִּבְרֵי שַׁעֲשׁוּעִים
Jokes, frivolous sayings

בְּדִיחוּתֵיהּ (בר׳ נה סע״א) שִׂמְחָתוֹ, עֶלְצוֹנוֹ — His joy

בְּדִיחְנָא בְ— (חול׳ לב א) דַּעְתִּי גַּסָּה בְ—
Felt sufficiently bold (to ask)

בְּדִיחַתְּ (סוכה נג א) אַתָּה שָׂמֵחַ — You are joyous

בַּדְיָינָא[8] **דְמַלְכָּא** (בר׳ נו א) בֵּית הַמֶּכֶס שֶׁל הַמֶּלֶךְ
Royal jewelry depository

בָּדֵיל (בר׳ כז ב ועוד) בָּדֵל (ממלאכה)
He refrains from (work), keeps away from (work)

בְּדִיל (יומא עה ב) בִּשְׁבִיל — For the sake of

בְּדִיל מִינֵּיהּ (פס׳ יא א) בָּדֵל מִמֶּנּוּ
He stays away from it

בְּדִילֵי בְּדֵלִים — They stay away from

בְּדִילִין (מעי׳ ב ב, ג א) בְּדֵלִים — They stay away from

בָּדֵילְנָא (בר׳ כז ב, עירו׳ מ ב) אֲנִי בָדֵל, בָּדַלְתִּי (ממלאכה)
I stay away from, I refrained (from working)

בָּדֵיק בּוֹדֵק — He examines

בָּדֵיק לַן בּוֹדֵק אוֹתָנוּ, בּוֹחֵן אוֹתָנוּ
He is testing us, examining us

בָּדֵ[י]ק לַן (כתו׳ סא א, חול׳ קלג א — מ׳) בּוֹחֵן אוֹתָנוּ, בּוֹדֵק אוֹתָנוּ
He is testing us, examining us

בָּדֵיק נַפְשֵׁיהּ (נדר׳ ג ב ועוד) בּוֹדֵק אֶת־עַצְמוֹ
He checks himself

בדיק (נדה נו סע״א) מ׳: בדוק

לָא בְדִיקְ[י]תוּ לִי (תע׳ כג ב — מ׳) לֹא בָדַקְתִּי אֶתְכֶם (בדיוק: אינכם בדוקים לי)
I was not sure of you, I did not check you out

בְּדִיקוּתָא בְּדִיקָה — Examination, check

בָּדֵיקְנָא (פס׳ קיא ב) אֲנִי בוֹדֵק, בָּדַקְתִּי
I examined, checked

בָּדֵיקְנָא (פס׳ ז סע״ב) אֲחַפֵּשׂ — I shall search

בָּדֵיקְנָא נַפְשַׁאי (בר׳ נה א) אֲנִי בוֹדֵק אֶת־עַצְמִי
I check myself

בָּדְלָה (סוטה ב ב) בְּדֵלָה
She refrains from, keeps away from

בָּדְלִינַן (חול׳ קטז ב) אָנוּ בְדֵלִים
We distance ourselves, keep away from

בָּדְלַתְּ (בר׳ כז ב, עירו׳ מ ב) אַתָּה בָדֵל (ממלאכה)
You keep away (from work)

בְּדַק בָּדַק, חִפֵּשׂ — He checked, examined, searched for

בדק לן (כתו׳ סא א, חול׳ קלג א) מ׳: בדיק לן (כרגיל)

בדקא חלילה (ב״ב סא א) ר׳ ברקא — Cf.

בִּדְקָא שֶׁטֶף מַיִם, שִׁטָּפוֹן (?)
Stream (of water), flood (?)

בידקא[9] (חול׳ יז ב) ר׳ בידקה — Cf.

בַּדְקַהּ (ב״מ מח סע״א) תִּקְּנָהּ — He checked it

בַּדְקַהּ (חול׳ יז ב) בְּדָקָהּ — He examined it

בְּדַקַהּ (יב׳ קה ב) בְּדֹק אוֹתָהּ — Check it (*imp.*)

בָּדְקָה (נדה טו א) בּוֹדֶקֶת — She checks

בִּידְקַהּ[10] (חול׳ יז ב) בְּדֹק אוֹתָהּ — Check it (*imp.*)

בְּדַקוּ (בר׳ מד א) בָּדְקוּ, חִפְּשׂוּ
They searched, they checked

בדקו[11] (קידו׳ עו א) ר׳ בדקינן — Cf.

בִּידְקוּ (גט׳ סח א*11,ב) בִּדְקוּ — Examine (*imp.*)

בַּדְקוּהּ (תע׳ כא א ועוד) בְּדָקוּהוּ
They checked it, tested it

בָּדְקֵי בּוֹדְקִים — They check indications

בִּידְקֵי (עירו׳ כא א 2) שִׁטְפֵי מַיִם — Streams (of water)

בַּדְקֵיהּ בְּדָקוֹ — He checked, examined it

בדקיניה (פס׳ ד ב) מ׳ ור״ח: בדוק

בָּדְקִינַן אָנוּ בוֹדְקִים — We check, we examine

בָּדְקִיתוּ (כתו׳ סא רע״ב) אַתֶּם בּוֹדְקִים, בְּדַקְתֶּם
You are checking, examining, you have checked, examined

---

8) ב״נ: בי זונא, פ׳: בזיונא, מ׳: מזונא (=בי זונא?) מלשון פרסית = מוכס.

9) מ׳ וד׳ שו׳: בידקה, ד״ו: בידקי.

10) מ׳ וד״ש, ד״ו: בידקי, ד״ח: בידקא.

11) ד״ו: בדקי, מ׳: בדקי.

*11) [ד״ש וע״י, מ׳: בידקו, ר׳ ב׳: בדקוה, ד׳ וכי״י: בדקו (ע. ל.)]

בָּדְקָן (נדה מח א) בָּדְקוּ (נ) They (*f.*) checked

בְּדַקְנָא בָּדַקְנוּ We have checked

בַּדַּר (ע״ז כח ב) פִּזֵּר He spread, distributed, scattered

בַּדְּרוּהּ[12] (גט׳ נו סע״ב) פַּזְּרוּהוּ Scatter (*imp.*)

בדרי (חול׳ נד א) ר׳ מבדרי Cf.

בַּדְּרִינְהוּ (ע״ז נג ב) פִּזְּרָם, הֱפִיצָם He scattered them

בַּדְּרִינְהוּ (ע״ז סב ב) פַּזְּרֵם Scatter them (*imp.*)

בַּדַּרְת(ה)וֹן[13] (ע״ז י ב) פִּזַּרְתִּים I have scattered them

בַּדַּרְתִּינְכוּ (תע׳ ג ב) פִּזַּרְתִּי אֶתְכֶם I have scattered you

בַּהּ בָּהּ In her, it

בהדי ר׳ הדי Cf.

בְּהוּ, בְּהוֹן בָּהֶם With them, in them

בְּהַתָּא*[13] (כתו׳ סב א) בּוּשָׁה, תְּמֵהָה (רש״י)

Ashamed, confounded

ביתא דבהתא (כרי׳ ה ב) ר׳ הברא Cf.

סָבֵי דְבָהֲתָא (סנ׳ קב ב 2) זִקְנֵי בּוּשָׁה[14]

Elders of disgrace

בְּהַתַיְיהוּ (חול׳ נו ב) בָּשְׁתָּם (=לִקּוּיָם)

Their shame, shortcomings

בּוּכְיָא[15] (שבת כט א, פס׳ ל ב, זב׳ צה סע״ב[16]) מַחֲבַת[17]

Ceramic baking oven, ceramic baking mold

בּוּבִיתָא דְמַיָּא (חול׳ פה ב) מִשְׁרָה Flax-soaking water

בּוּדְיָא[18] מַחְצֶלֶת Mat of reeds

בּוּדְיָתָא[19] (סוכה כ ב) מַחְצָלוֹת

Mats of rush, mats of reeds

בּוּטֵי (גט׳ לו ב) בנוטריקון של ״פרוזבול״

A component of the expression for *Prusbul*

בּוּטִיטֵי דְנוּרָא (ב״מ פה ב[20]) נִיצוֹצוֹת שֶׁל אֵשׁ

Sparks of fire

בּוּטִיתָא[21] (חול׳ נט א) אֶבְיוֹנוֹת (פרי הצלף) Capers

בּוּטְמֵי (ר״ה כג א) אַלּוֹנִים Oaks

בוטני[22] (ב״ב פ סע״ב) ר׳ בוטמי Cf.

בּוּכָאנֵי (ב״ק צג ב) עֱלָיִים (ר׳ של עלי) Pestles

בוכיא ר׳ בוביא Cf.

בּוּכְנָא עֱלִי (לכתישה) Pestle

בּוּכְנָא דְפַרְזְלָא (נדה לו ב) עֱלִי שֶׁל בַּרְזֶל Iron pestle

בּוּכְרָא בְּכוֹר Firstborn

בּוּכְרָא דְאִמָּא (יב׳ כד א, ב״ב קכו ב כ״פ) בְּכוֹר מֵאֵם

Mother's firstborn

בּוּכְרָא סַכְלָא (ב״ב קכו ב 2) בְּכוֹר סָכָל, בְּכוֹר שׁוֹטֶה[23]

Stupid firstborn

בּוּכְרְתָא בַת בּוּכְרְתָא (בר׳ ו א) בְּכוֹרָה (ת׳) בַּת בְּכוֹרָה

Firstborn the daughter of a firstborn (*f.*)

בּוּלֵי[24] (ב״ב קמג א) חַבְרֵי הַמּוֹעֲצָה[25] Wealthy people

בּוּלְסָא[26] (שבת קנד ב) חֲתִיכַת בַּרְזֶל (רש״י: חתיכות זכוכית)

Plate glass

בּוּלְרָא[27] אַרְעָא (ב״ק קיג ב) מַס קַרְקַע[28] Land tax

בונא (גט׳ סט סע״א) ר׳ כונא Cf.

בוני (גט׳ סט א 3) ר׳ כוני Cf.

בּוּנְיָא (חול׳ סב סע״ב) שם עוף טהור

Name of kosher fowl

בּוּסְתְּנָא פַּרְדֵּס, גַּן אִילָנוֹת Orchard, garden

בּוּסְתְּנֵי (מג׳ טז א, ב״מ לט ב, ב״ב סא ב 2) גַּנִּים Gardens

בּוּסְתְּנֵיהּ (עירו׳ כה ב) גַּנּוֹ His garden

בּוּעֵי (חול׳ מו ב) אֲבַעְבּוּעוֹת Boils, pustules

בוציאתא (ב״ב עג א) ר׳ ביציאתא Cf.

בּוּצִין (בר׳ מח א 2) קִשּׁוּת Pumpkin, winter squash

בּוּצִינָא (סוכה נו ב ועוד) קִשּׁוּת Pumpkin, winter squash

בּוּצִינָא דִנְהוֹרָא (כתו׳ יז א, סנ׳ יד א) נֵר הַמָּאוֹר

Illuminating lamp

(12) מ׳, ד׳: ליבדרי.

(13) ד״י, אה״ת: תתבדרון. ״דכתיב...״ לי׳ כ״י ספ׳ ומ׳, וכנראה נוסף בנוסחאותינו מתע׳ ג ב, וכן נוסף בכ״י ספ׳ בגליון ע״א.

*13) [כ״י, ד׳: בהתה (ע. ל.)]

(14) השוה ״זקן אשמאי״ (קידו׳ לב ב).

(15) כ״י וע׳, ד׳: בוכיא.

(16) ע׳, מ׳: כוכיא, ד׳: כוביא.

(17) טיגן של חרס, שמסיקין תחתיו ואופין עליו עוגות (ר״ח).

(18) לדעת קוהוט נכון יותר: בוריא (עי״ש).

(19) מ׳: ביריתא, מ׳ ב: בריתא, ועי׳ עה״ש.

(20) ולפי גירסת הע׳ (ע׳ בטט) גם בברכ׳ נח א.

(21) ע׳, ד׳: ביטיתא.

(22) מ׳ ה׳ ר׳ רשב״ם ועוד: בוטמי.

(23) רש״י לבראשית מב לח מב״ר פצ״א, תיאודור־אלבק עמ׳ 1132 ועי׳ הע׳ 6 שם.

(24) כ״י, ד׳: אבולי.

(25) מלשון יונית, ועי׳ מ״ש ג׳ אלון בתרביץ שי״ד, 145.

(26) רש״י כ״י, מ׳: בולי, ע׳: בלוסא, ד׳: כולסא.

(27) ע׳, רש״י: בורלא, ד׳: ברלא, מ׳ פ׳: כולרה, ר׳: כלומדה.

(28) ביונית.

בוצינא דנורא (שבת ל א) ר' בוצינא דנהורא — Cf.

בּוּצִינָא דְרֵיחַיָּא (פס' צד ב) צִיר הָרֵיחַיִם — Mill axle

בּוּצִינֵי (מג' יב ב, נדר' סו ב) קִשּׁוּאִים — Zucchini

בּ[וּ]צְלֵי (קידו' סב רע"א — מ') בְּצָלִים — Onions

בּוּצְלָ(נ)א[29] (קידו' סב ב) בָּצָל, בְּצוּל[30]
Onion-like plant, sprouting leaves

בּוּקָא דְאַטְמָא[31] (חול' מב ב ועוד) כַּף הַיָּרֵךְ,
קוּלִית הַיָּרֵךְ — Femur

בּוּקֵי סְרִיקֵי (ב"ב ז א ועוד) כַּדִּים רֵיקִים,
פ"א: בַּקְבּוּקִים רֵיקִים — Empty jugs, empty bottles

בּוֹר זִינְקָא (שבת עז ב) "בור זה נקי" (תל')[32]
Dry hole, empty well

בורדיקי (פס' מ ב) ע': כורדקי

בּוּרְטְיָא (שבת קמו א, סנ' כז ב) מַקְדֵּחַ, וי"א רֹמַח (ע')
Drill, spear

בּוֹרֵיה[33] (ב"ב צט סע"א) בּוֹרוֹ — (The water) of his hole

בּוּרְכָא (כתו' סג ב, שבו' יב ב, חול' פח ב) בּוּרוּת[34]
Improper, incorrect, ignorant (statement), ignorance

בּוּרְכֵי[35] (תמיד ל רע"א) עֲנָפִים — Branches

בּוּרְכְתָא הַבּוּרוּת — Ignorance

בּוּרְכְתֵיה בּוּרוּתוֹ — His ignorance

בושכי (שבת סז ב) מלת לחש — Word in an incantation

בּוּשְׁלָא[36] (שבת עט סע"א) עוֹר לַח[37]
Wet, unseasoned skin

בּוּשְׁלֵי כַ[וּ]מְרָא[38] (בר' מ ב — מא א, כ"פ) פַּגֵּי תְּמָרִים,
נוֹבְלוֹת[39] — Unripe dates

בז בזייה (שבת סז א) מלות לחש
Words of incantations

בזאי (סנ' צה א) ר' שכור — Cf.

בַּזְבְּזֵיה (כתו' סז ב) בִּזְבְּזוֹ — He spent it

בַּזְבָ(י)נָא[40] (ב"ב קסז א) מוֹכֵס — Customs collector

בַּזְגָא[41] (חול' נב רע"א 2) חֲבִילָה — Package

בְּזוֹזֵי וּבְזוֹזֵי דְבָזוֹזֵי[42] (כתו' קיב ב, סנ' צד א) בּוֹזְזִים
וּבוֹזְזֵי בּוֹזְזִים — One bunch of robbers after another

לביזוי (סנ' סד א) מ': לבזוייה

בַּזוֹיֵי (שבת כב ב) (ל)בַזּוֹת
To treat disrespectfully, to humiliate

לְבַזוֹיֵי (נדר' צא א, סנ' פב א) לְבַזּוֹת — To humiliate

לְבַזוֹיֵיה (מג' כה ב, נדר' נ ב, סנ' סד א[43]) לְבַזּוֹתוֹ
To humiliate him

בַּזְיָא מִילְתָא/מִילְתַיְיהוּ (תמו' ז א) הַדָּבָר/דְּבָרָם בָּזוּי
The matter, their matter is disgraceful

בִּזְיוֹנָא (סנ' מו ב 2) בִּזָּיוֹן — Disgrace

בזיוני (סנ' כ רע"ב) ר' ביזייני — Cf.

בזיוני (סנ' מה א) ר' בזיוניה — Cf.

בִּזְיוֹנֵיה (סוטה ח ב 2, סנ' מה א[44]) בִּזְיוֹנוֹ — His humiliation

בזיז ר' כזיז — Cf.

בזיזא ר' כזיזא — Cf.

בַּזְיָיא (=בְּזִיעָא) (פס' קי סע"א) קָרוּעַ — Torn

בַּזְיָנֵי[45] (שבת נז סע"ב) מִין צָעִיף[46]
Headband (that imprisons the curls)

בזיני (נדר' נו ב) ר' ביזייני — Cf.

בְּזִיעַ (חול' קז א) בָּקוּעַ — Split, cut through, rented

בְּזִיעָא (תע' כא ב) סְדוּקָה — Split, cut through, rented

בזך בזיך בזבזיך (שבת סז א) מלות לחש
An incantation

בִּיזְלֵי (ב"ב סח ב 2) חֶלְקוֹת שָׂדֶה — Field parcels

29) מ' רש"י ע' (ע' אגב).
30) = הוצאת עלים.
31) ע' (ע' בקה): פי' בוכנא דהיא באסיתא של ירך. אבל בע' פטס ב' הוא מעתיק: האי בוכנא דשף מדוכתיה.
32) פי' נקי שאין בו מים (ע' ע' בר ז).
33) צ"ל: ביריה, מ' — נ"א, ועי' ד"ס אות ד'.
34) ע': דבר בורות הוא, ובור הוא בעולם מי שאמרו.
35) ר"ג, מ': כורכי, ד"ו: בירכי, הרא"ש: סוכי, רש"י: סיכי ל"א בריכי.
36) ע' וד"י (עי' ד"ס אות ה), ד"ח: בבישולא.
37) סמוך להפשטו, משמש לחיפוי משקלות (עי' ע' ע' בשל א).
38) פי' הי"ג וע', וכן הוגה במ'.
39) ע': תמרים פגים שאין נכשרים לאכילה כלל, וכומרים אותן בעפר להתבשל.
40) ע', והוא מלשון פרסית.
41) מלשון פרסית, ע' (פ"א גם מ'): ביזגא (בהשפעת "תיבנאי" הסמוך).
42) תני רב יוסף לפסוק [בוגדים בגדו ובגד בוגדים בגדו] (מ' ואה"ת (ישעי' כד טז).
43) מ', ד"ש: לבזויי, ד': לביזוי.
44) מ' ורש"י, ד': בזיוני.
45) נ"א: ביזייני, ביזיני, ד': ביזיוני.
46) ע' (ע' כל) מפי' ר"ח: חוטין הרבה ממיני צבעונין ותולין אותן בפני הכלה שלא יצערוה הזבובים שמתביישת להסיר

בְּזַע קְרַע, בָּקַע, פָּצַע — He tore, he split, he wounded

בָּזַע קוֹרֵעַ, פּוֹצֵעַ — He tears, he wounds

בזעא (בר׳ יט רע״א) כי״י: למבזעיה

בִּיזְעָא (ע״ז ע רע״א 2) סֶדֶק — Crack, opening

בִּיזְעָא[*46] **דְדָשָׁא** (חול׳ צה ב) סֶדֶק הַדֶּלֶת — Crack in the door

בִּיזְעֵי (ב״ב עד א, סנ׳ קי רע״א) בְּקִיעִים, סְדָקִים — Cracks, fissures

בַּזְעֵיהּ (שבת קג רע״א) קְרָעוֹ — He pierced it, tore it

בָּזְעִינַן (חול׳ מז רע״א) אָנוּ קוֹרְעִים, נִקְרַע — We tear, torn

בִּיזְרָא[47] (חול׳ נא סע״ב) זֶרַע — Bundles of flax

בִּיזְרָא דְכִיתָּנָא (ע״ז לח ב) זֶרַע פִּשְׁתָּן — Flax seed

ביזרא דקרא (שבת קג א) מ׳ וע׳: בירא דקרא

ביזרי (חול׳ נא סע״ב) ר׳ ביזרא — Cf.

ביזרי (ב״מ כא ב) כל כי״י והב״ח: בי דרי

בִּיזְרָנֵי (חול׳ ס ב) זְרָעִים — Seeds

בְּחִירְתָא (בר׳ כז א ועוד) כינוי למס׳ עֵדִיּוֹת — Surname for the tractate of Eduyos

בָּחֵישׁ (שבת ל רע״ב) בּוֹחֵשׁ, מְנַעְנֵעַ — He shook, looked for, searched for

בחישא (ב״ב עד סע״א, צ״ל: בָּחֲשָׁא) מְחַפֶּשֶׂת — It searches by digging

בָּחֵישְׁנָא (שבת קנב א, ב״מ ה ב[48]) אֲנִי מְחַפֵּשׂ, אֲחַפֵּשׂ — I am looking for, I shall look for

בְּחַ(י)שׁ (ב״מ פו א — ע׳) חִפֵּשׂ — He looked (for him)

בחנוני[49] (ע״ז יא ב) שם חג בבלי — Name of Babylonian holiday

בַּחְשָׁא (פס׳ קיא ב, סנ׳ לט א) מַבְחֶשֶׁת[50] — Stirring ladle, hot ashes, embers

בָּחֲשִׁי (ב״ק צז ב) מְחַפְּשִׂים — They search

בְּחַשִׁי (שבת קמ א) בָּחַשְׁתִּי — I stirred

בָּחֲשָׁן (גט׳ מה א) בּוֹחֲשׁוֹת — They stir (*f.*)

בטדא (חול׳ נ רע״ב) ר׳ בטרא — Cf.

בטדי (חול׳ עו א) ר׳ בטרי — Cf.

בְּטוּל (ר״ה יח ב, יט א) בָּטְלוּ — They was annulled

בִּיטּוּלָא (ע״ז נג ב) בִּטּוּל — Annulment

לְבַטּוּלַהּ (שם) לְבַטְּלָהּ — To annul it

בַּטּוּלֵי, לְבַטּוּלֵי לְבַטֵּל — To annul it

בְּ(י)טּוּלֵי (סוכה טו א — מ׳ ורש״י) (ל)בַטֵּל — Annulment

לְבַטּוּלֵיהּ (גט׳ לו ב) לְבַטְּלוֹ — To annul it

בטוליה (שבת צא רע״ב) מ׳: בטולי

בַּטּוּנֵי[51] (חול׳ נא סע״ב) חֲבִילוֹת — Stacks (of flax)

לְבַטּוּשֵׁי (ב״ק קיב א) לְבְעֹט — To thread (on clothing for laundry purposes)

בְּטַח (תע׳ כב ב) בּוֹטֵחַ — Depends on, believes in

בַּטֵּיל (שבת כח ב) בִּטֵּל — He annulled

בָּטִיל (בָּטִיל) בָּטֵל — It is annulled, inactive

בְּטֵילָא (כתו׳ קה א כ״פ) בַּטָּלָה — Inactivity

אֲגַר בְּטֵילָא (שם) שְׂכַר בַּטָּלָה — Payment for abstaining from work

בַּטִּילוּ (עירו׳ סג ב) בַּטְּלוּ — Rescind your ownership (in favor of the neighbors) (*imp.*)

בְּטֵילַת (ר״ה יח ב, סוטה לג א) בָּטְלָה — It was discontinued, cancelled, stopped

בָּטְלָא (ב״מ מה א) בּוֹטֶלֶת — It (*f.*) becomes cancelled, its validity is rescinded

בָּטְלָה[52] (יב׳ יח א) בְּטֵלָה — It (*f.*) becomes annulled

בַּטְלַהּ (גט׳ לד א, ע״ז נג א) בִּטֵּל אוֹתָהּ — He invalidated

בַּטְלוּהָ בִּטְלוּהָ — They annulled it

בַּטְלוּהּ(ו) (תע׳ יח ב 3) בִּטְלוּהוּ — They annulled it

בָּטְלֵי בְּטֵלִים — They are annulled, they are inactive

בַּטְלֵיהּ (שבת כב ב ועוד) בִּטְּלוֹ — He rescinded its independent status

בַּטְלִינְהוּ בִּטְלָם — He rescinded their (independent status) by becoming a part of a larger or more important entity

---

הזבובים מעליה ותולין זה בפניה ונקראת כליא דידבי.

46*) הגהת העורך זצ״ל, ד׳: בזעא.

47) מ׳, ד׳: ביזרי.

48) מ׳ וע׳, ד׳: בחשנא.

49) מ׳: כמני, כ״י ספ׳: קנוני, ועי׳ עה״ש ע׳ אקניתא.

50) כף גדולה שבוחשין בה.

51) מלשון פרסית, ונבלעה השיין (עה״ש).

52) מ׳, ד׳: בטלת.

בַּטְלִינֵיה (תע׳ יח א) **בַּטַּלְנוּהוּ** We annulled it

בַּטְלָנֵי (בר׳ יז ב וש״נ) בַּטְלָנִים

Idle persons, unemployed persons

בטלת (יב׳ יח א) מ׳: בטלה

בָּטְנָאִי (חול׳ סג א) **שם עוף**

Name of a non-kosher bird

בָּטְנֵי (חול׳ סג א) **שם עוף טהור**

Name of a kosher bird

בַּטְרָא[53] (חול׳ נ רע״ב) רֹחַב ד׳ אֶצְבָּעוֹת

A finger's width (Rashi), four-finger's width (Tosafos)

אַרְבְּעָה בַּטְרֵי[54] (חול׳ עו א) רֹחַב י״ו אֶצְבָּעוֹת

Four fingers' width (Rashi), sixteen fingers' width (Tosafos)

בְּטַשׁ[55] (מג׳ טז א) בָּעַט He kicked

בָּטְשָׁא[56] (בר׳ סא א) בּוֹעֶטֶת It (*f.*) kicks

בִּיטְשָׁא (ב״ק צט א, ב״מ קיב א) בְּעִיטָה, דְּרִיכָה

Kicking, trampling

בְּטַשָׁה (עירו׳ נד רע״א) בָּעֲטָה She kicked

בִּיטְשֵׁי (ב״ק צט א) בְּעִיטוֹת, דְּרִיכוֹת

Kicking, trampling

א) בֵּי — בֵּית[57] The house of, the place of

ב) בֵּי — בֵּית מִדְרָשׁ[58] The house of study of

ג) בֵּי — בֵּין[59] Between

ד) בֵּי בא לפני מספר המציין קבוצת אנשים:

Word preceding the number of people present or involved

בֵּי תרי (בר׳ סב א ועוד), **בי תלתא** (מ״ק טז א ועוד), **בי ארבעה** (שבו׳ מב א), **בי חמשה** (יב׳ קא ב), **בי עשרה** (בר׳ ל א ועוד), **בי עשרין ותלתא** (סנ׳ ח א), **בי מאה** (בר׳ מד א ועוד)

בֵּי אַבָּא (בכו׳ ח ב) בֵּית אַבָּא The father's house

בֵּי אַבָּא רַבָּה (יב׳ כו ב) בֵּית אַבָּא הַגָּדוֹל

Extended paternal family

בֵּי אִימָּא רַבָּתִי (שם) בֵּית אִמָּא הַגְּדוֹלָה

Extended maternal family

בֵּי אֲבִידָן (שבת קטז א כ״פ) בֵּית וַעַד לַחֲכָמִים בְּפָרַס (עי׳ עה״ש)

Meeting place for sages in Persia

בֵּי אֶבְלָא (מ״ק כז ב) בֵּית אֵבֶל A mourner's house

בֵּי(ה)[60] **אָזְלוֹיֵי** (ב״מ כד סע״ב) בֵּית הַטּוֹוִים

Place where hunters weave hunting nets

בֵּי אֶ[י]בְיוֹנֵי (ב״ק קיז א — מ׳ ה׳) **שם מקום בבבל**[61]

Name of a locality in Babylonia

בֵּי בָאנֵי/בָנֵי בֵּית מֶרְחָץ Bathhouse

בי בדיא (סנ׳ צה א) ר׳ בי סדיא Cf.

בי בוסתני (ב״ב סא ב) רוב כי״י רק: בוסתני

בי בוציני (סוטה י א) מ׳ ואה״ת: בבוציני

[בֵּי] בִזְיוֹנֵי (שבת לב א — א״פ) בֵּית הַמֶּכֶס[62]

Customs house

בי בטניתא (ב״מ פו ב) ר׳ בת בטניתא Cf.

בֵּי בְלִיעֵי (בכו׳ ט רע״א) בֵּית בְּלוּעִים[63]

A place that swallows (an allusion to the ocean that swallows all the world's waters)

בֵּי בָרוּךְ (בר׳ מד ב) בֵּית בָּרוּךְ[64]

The place of the blessing (the animal's throat, where the slaughtering, over which a blessing was made, takes place)

בֵּי גַבְרֵי (עירו׳ סח א, מג׳ לג א) בֵּית הַגְּבָרִים

Men's place (room or location within one's house allocated to men)

בֵּי גוּפְנֵי (קידו׳ לט א, ב״ק צב א) בֵּין הַגְּפָנִים

Between vines

בֵּי גַזָּא בֵּית הָאוֹצָר Treasure house

גִּילְדָּנָא דְבֵי גִילֵי (בר׳ מד ב, כתו׳ קה סע״ב)

דָּגִים קְטַנִּים שֶׁבֵּין קְנֵי הַסּוּף

Small fish that live among reeds

53) עי׳ ור׳ וכי״י רש״י, ד׳: בטדא.

54) עי׳ ומ׳ ור״ג, ר״ג: פטרי, ר״א: בטרא, ד׳: בטדא.

55) אה״ת עי״ ילי כי״י מיב גלי, ד׳: בעט.

56) עי׳ (עי׳ נכת) ב״נ ופי׳, ד׳: בעטא.

57) למשל: בי אביי (בר׳ מב ב) = בית אביי, בי אבלא (מ״ק כז ב) = בית אבל.

58) למשל: בי ר׳ חייא ובי ר׳ אושעיא (חולי קמא א) בית מדרשו של ר״ח ובית מדרשו של ר׳ אושעיא.

59) למשל: בי גופני (קידו׳ לט א) בין הגפנים.

60) ר״ח ור״א.

61) ועי׳ עה״ש ע׳ בי אבידן.

62) עי׳ ערוך ע׳ בב.

63) מים שבאוקינוס, שבולעים כל מימות שבעולם וכו׳ (רש״י, תוס׳: שם מקום).

64) מקום השחיטה בצואר, שמברכים עליה.

בֵּי גִנְזָא (סנ׳ קט א) בֵּית גְּנָזִים, אוֹצָר Treasure house

בֵּי גִנְזֵיהּ (תע׳ כא א) בֵּית גְּנָזָיו, אוֹצָרוֹ
His treasure house

בֵּי גְנָנָא (שבת קנו ב) חֻפָּה
Wedding canopy, wedding day

בֵּי גְנָנֵיהּ (פס׳ קא א) חֻפָּתוֹ
His wedding canopy, wedding day

בֵּי גַרְגוּתָא[65] (ב״מ קג א, ב״ב נו א) בֵּית בּוֹר (=מקום לחפירת בור)
Place for (digging) a well

בֵּי דָאלוּ (ב״ב יב א) מִדְלֶה (=שיעור דלייה להשקאה)
Quantity of water needed for irrigation

בֵּי דָאלוּ יוֹמָא (שם) מִדְלֶה לְיוֹם (=שטח שאפשר להשקותו ביום אחד)
Area that can be irrigated in one day

בֵּי דָגִים (פס׳ ח א) בֵּית דָּגִים (=בֵּיבָר של דגים)
Fish pond

בֵּי דָוָואר[66] (שבת יט א ועוד) בֵּית מִשְׁפָּט שֶׁל מַלְכוּת פָּרַס
Persian government house that, among others, houses the circuit court and postal service

בֵּי דוּגֵי (חול׳ קיא ב) כְּלִי הַנִּתָּן תַּחַת הַנִּצְלֶה בָאֵשׁ
Vessel placed beneath something that is roasted

בֵּי דוֹדֵי (יב׳ כא ב) בֵּית דּוֹדִים
One of a uncle's relations

בֵּי דוּדֵי (שבת מא א) בֵּית דְּוָדִים[67]
Large, double-bottomed vessel, with coals between the two bottoms and water on top

בֵּי דַיְּרָא (ר״ה ט ב) מָדוֹר, בֵּית דִּירָה[68], ור׳ מדייר
Place where to live

בֵּי דִינָא בֵּית דִּין Court

בֵּי דִינָא רַבָּה (קידו׳ סה ב ועוד) בֵּית דִּין הַגָּדוֹל
High, supreme court

בֵּי דַיְסָא (ב״מ כד ב) בֵּית גְּרִיסִים[69], ור׳ שוקא
Groats store

בֵּי דִירָא[70] (שבת לב א) בֵּית הַדִּיר
Threshing barn, sheep pen

בֵּי דָנֵי (ע״ז ע אב) בֵּין הֶחָבִיּוֹת Between barrels

בֵּי דַפֵּי (ב״מ עד א) בֵּין הַדַּפִּים (=קוֹרוֹת בֵּית הַבַּד)
Between the beams (of the oil press)

אַרְעָא בֵּי דִיקְלֵי (ב״ב סט ב) קַרְקַע בֵּית דְּקָלִים (=חלקה שיש בה דקלים, פ״א: קרקע לנטיעת דקלים)
Palm grove, land for planting palms

בֵּי דָרֵי[71] בֵּית הַגְּרָנוֹת Threshing barn

בֵּי דָרֵי (יומא פד א, ע״ז כח א) בֵּין שׁוּרוֹת הַשִּׁנַּיִם, הַחֲנִיכַיִם
The back of the row of teeth, gums

בֵּי הִלּוּלָא בֵּית מִשְׁתֶּה (שֶׁל חֲתֻנָּה) Wedding hall

בֵּי הִלּוּלֵי (בר׳ ו ב) מ׳ ואה״ת וע״י: דבי הלולא

בֵּי הִנְדְּוָאֵי (בר׳ לו ב, יומא פא ב) הֹדּוּ
India, - Kush (a country in Africa) (Rashi)

בֵּי הַרְזִיקֵי (מנ׳ לג ב) התל׳ מגדיר: בֵּית שַׁעַר הַפָּתוּחַ לְחָצֵר, וּבָתִּים פְּתוּחִים לְבֵית־שַׁעַר
Entrance booth that opens into a yard, and houses that open into the entrance booth

בי וייאדן[72] (שבת צד א) ר׳ באזיאראן Cf.

בֵּי וַורְדֵי (ב״ב צח ב) בֵּין וְרָדִים Between roses

בֵּי וַורְדֵי (ב״ב פד א) בֵּית וְרָדִים Rose garden

בֵּי זַרְדְּתָא (פס׳ קיא ב) בֵּין הָעוּזְרָרִים[73]
Between bushes of sorb

בֵּי חֲדְיֵהּ (קידו׳ ע ב) חֵיקוֹ His lap, bosom

אַבֵּי חֲדַיְיהוּ (שבת יג א, ע״ז יז א) עַל בֵּין חָזֵיהֶן (=בֵּין שְׁדֵיהֶן)[74]
On their laps, bosoms

בֵּי חָלָתָא (שבת קו א, ב״מ כו ב) בֵּין הַחוֹלוֹת
Between sands

בֵּי חַמְרָא (בר׳ ז א, ע״ז ע א) בֵּית הַיַּיִן, מַרְתֵּף שֶׁל יַיִן
Wine cellar

(65) עי׳ עה״ש, המנקד גרגיתא.
(66) מלשון פרסית.
(67) יורה גדולה עושין לה ב׳ שולים, ונותנים גחלים בין שניהם (רש״י).
(68) רש״י: כמדייר בי דיירא — מי שהוא ברשותו לגור בכל מקום שירצה. ועי׳ ערוך ע׳ דר ג׳.
(69) מקום שגרוסות מוכרים גריסי חטים ושעורים.
(70) כך נ״ל להגיה ״בי דריי״ שבתל׳.
(71) ב״מ כא ב — ד: ביזרי.
(72) מ׳: בי זירין, א״פ: בי זייארין, רש״י ד׳ שונ׳: זיידין, ד״י: וייארן, תוס׳ ד״י: ויאדן.
(73) בנוס׳: עוזרדין. ולדעת קוהוט היא בפרסית מעצי הסרק.
(74) השוה ״בין שדי ילין״ (שיר א יג).

בֵּי חָרָאתָא (כתו׳ עה א) בֵּין הַחוֹרוֹת[75]
Among the (princesses who are) free women

בֵּי חָרָתָא (יב׳ קיח סע״ב) בֵּין הַחוֹרוֹת
Among (princesses who are) free women

בֵּי טַבָּחָא (ב״ב כב א ועוד) חָנוּת שֶׁל טַבָּח (=קצב)
Butcher shop, usu. also slaughterhouse

בֵּי טַבָּחֵי (סנ׳ קיג א = חול׳ ה א) בֵּית הַמְּבַשְּׁלִים[76]
Kitchen

בי טבחי[77] (מג׳ ג א) ר׳ בי טבחא
Cf.

בֵּי טַמְיָא (בר׳ ו ב ועוד) בֵּית אֵבֶל[78]
Mourner's house

בֵּי יְאוֹרֵי (ב״מ קג ב) בֵּית יְאוֹרִים[79]
Canals for bringing irrigation water from the river

בֵּי יְדֵי[80] (מ״ק י ב) בָּתֵּי יָדַיִם
Sleeves

בֵּי יְדֵיהּ (גט׳ יט סע״ב) בֵּית יָדוֹ, חֵיקוֹ
His sleeve, his lap

בֵּי יְדַיְיהוּ (שבת יג א, ע״ז יז א) בֵּין יְדֵיהֶן, זְרוֹעוֹתָן
Between their hands, arms

בֵּי יֵשׁוּעַ הַבֵּן (ב״ק פ א) בֵּית הֻלֶּדֶת הַבֵּן,
פ״א: בֵּית פִּדְיוֹן הַבֵּן
At the house of the newborn boy, at the house of redemption of a firstborn from the Cohen

בֵּי כִּיבְשָׁא (קידו׳ סב ב) שְׂדֵה בֵּית הַבַּעַל[81]
Rain-irrigated field

בי כדא דכמכא (פס׳ קיא ב) כי״י: בכדא...[82]
בֵּין הַקַּנְקַנִּים, פ״א: בֵּין הַחֲנֻיּוֹת
Among the jugs, among the stores

בֵּי כּוּבֵּי (סוכה כו ב ועוד) שם מקום בבבל
Name of a place in Babylonia

בֵּי כַּוֵּי (ב״ב ו א, צח ב) בֵּית חַלּוֹנוֹת[83]
Slots in wall for placement of ceiling beams

בֵּי כּוֹכְבֵי (שבת קי א, ע״ז כט א) בֵּין כּוֹכָבִים (=תחת כִּפַּת הַשָּׁמַיִם)
Under the stars, under the open sky

בֵּי כּוּרְסַיָא (יב׳ פג ב, קי א) כִּסֵּא חֻפָּה
Surgery chair, wedding-canopy chair

בֵּי כּוּתָאֵי בֵּין הַכּוּתִים
Among the Cuths

בֵּי כִּירֵי (שבת מא א 3) בֵּית כִּירַיִם[84]
The coal loading side of a stove

בֵּי כַּכֵּי (ע״ז כח א) בֵּין הַשִּׁנַּיִם
Between the teeth

בֵּי כְּנִישְׁתָּא בֵּית כְּנֶסֶת
Synagogue

בֵּי כְּנִישְׁתָּא דַאֲבִי גּוֹבָר (בר׳ נ א[85], עירו׳ סא ב[86], מג׳ כא ב) בֵּית כְּנֶסֶת שֶׁל אֲבִי גוֹבָר
Avi Govar's synagogue

בי כנישתא, בי כנישתי (חגי׳ טו ב 2) כי״י ואה״ת: בי מדרשא

בֵּי כָּסֵי (שבת לו א ועוד) בֵּית הַכּוֹסוֹת[87]
Reticulum (second stomach of ruminants)

בֵּי כְּרָבָא (חול׳ סג א ועוד) מַעֲנִית*[87]
A furrow

בי כרעיה (שבת מו א) מ׳ וא״פ רק: כרעיה

בי כיתנא ר׳ כיתנא
Cf.

בי לועא (שבת נד ב) מ׳ וא״פ וע׳: בר לועא

בי מדבחיא ר׳ משקי בי מדבחיא
Cf.

[בֵּי][88] **מִדְרֵי דְבָבֶל** (שבת קמה ב, בכו׳ מד ב*[88])
מִדְרוֹנוֹת שֶׁל בָּבֶל[89]
The Babylonian slopes

בֵּי מִדְרְשָׁא בֵּית הַמִּדְרָשׁ
House of study

בֵּי מְהוֹלָא (כתו׳ ח סע״א) בֵּית הַמּוֹהֵל (לסעודת ברית מילה)
Circumcision feast

בֵּי מִטְבְּחַיָא (קידו׳ ע א, ע״ז לז ב) בֵּית הַמִּטְבְּחַיִם
Slaughterhouse, slaughtering site in the Temple

75) = הַשָּׂרוֹת (נקבה של ״החורים והסגנים״).
76) השוה ״לטבחות״ (ש״א ח יג).
77) מ׳ ומ׳ ב: טבחא (כמו בסנ׳ צד א), אה״ת: טיבחא.
78) ועי׳ עה״ש ע׳ טם א׳.
79) חריצים לתעלות, המוליכות מים מן הנהר להשקות השדות.
80) כנוסי ב״י, מ׳: בידי (ועי׳ ד״ס אות נ׳).
81) = שדה השותה מי גשמים.
82) עי׳ ד״ס.
83) = חור בכותל להניח בו ראשי קורות.
84) = חלל יש בכירה, שהגחלים נתונים בו, ומים נתונים בחלל השני (עי״פ רש״י).
85) מ׳, ד׳: דאבי גיבר.
86) מ׳, ד׳: דבי אגובר.

בֵּי מִלְחֵי (פס' ח א) בֵּית הַמֶּלַח[89*] Salt warehouse

בֵּי מִלְחֵי (ע"ז לג א) מַמְלֵחָה (כלי) Salt shaker

בֵּי מַלְכָּא בֵּית הַמֶּלֶךְ Royal house

בי מלכותא (ב"ב עג רע"ב) מ' ה' ר' ואה"ת לי' "בי"

בי מללי דנורא (שבת קט ב) ר' מללי Cf.

תנא דבי מנשיא (שבת נב א, קמה ב, כתו' ח א)

בכי"י בכולם: מנשה

בֵּי מַסּוּתָא (=מסחותא) בֵּית מֶרְחָץ Bathhouse

בֵּי מַסְחוּתָא (קידו' לג א 2) בֵּית מֶרְחָץ Bathhouse

בֵּי מַעֲצַרְתָּא בֵּית הַבַּד Oil press

בֵּי מְצִעֵי (ב"מ ז א-ב, נדה נט א) בָּאֶמְצַע In the middle

בֵּי מְצָרֵי (ב"ק פא ב, ע"ז לה סע"ב) בֵּין הַמְּצָרִים (=בֵּין תְּחוּמֵי הַשָּׂדוֹת)

Between the boundaries of the fields

בֵּי מַקְדְּשָׁא (מג' יא ב 3) בֵּית הַמִּקְדָּשׁ Holy Temple

בֵּי מַרְבַּעְתָּא (ב"ב עג ב) בֵּית רְבִיצַת, מִרְבָּץ

Resting place, den

בֵּי מַרְבַּעְתָּא דְרֵישֵׁיהּ (ב"ב עג ב) מִרְבַּץ רֹאשׁוֹ מְרַאֲשׁוֹתָיו

Place where he rest his head

בֵּי מַרְבַּעְתֵּיהּ (ב"ב עג א) מִרְבָּצוֹ Its resting place

בֵּי מַרְזֵיחָא (כתו' סט סע"א 2) בֵּית אֵבֶל[90]

A mourner's house

בֵּי נוּרָא (נדר' סב ב) בֵּית הָאֵשׁ[91] The house of fire

(a temple of the worshippers of fire in Persia)

בֵּי נַפָּחָא (גט' סט ב כ"פ) בֵּית מְלָאכָה שֶׁל נַפָּח

Workshop of a smith

בֵּי נַצְרְפֵי (שבת קטז א ועוד) בֵּית פּוּלְחָן[92]

Persian house of worship that also serves as a meeting place for their sages

בֵּי נָשָׁא (ב"ב יב ב) בֵּית אָבִיהָ, בֵּית חָמִיו

Her father's house, her father's in law house

בֵּי נָשַׁאי (יב' קיז א 2) בֵּית אָבִי My father's house

בֵּי נָשֵׁי (עירו' סח א, מנ' לג א) בֵּית הַנָּשִׁים

Women's place (room or location within one's house allocated to women)

בֵּי נְשִׂיאָה בֵּית הַנָּשִׂיא Nasi's (Prince's) house

בֵּי נָשֵׁיהּ (שבת קנו רע"א, ב"ב יב ב) בֵּית חָמִיו[93]

House of his father in law, the house of his father

בֵּי נָשַׁיְיהוּ (יב' לה א) בֵּית חֲמִיהֶם

Wife's family (the husband's father-in-law)

בֵּי סַדְוָותָא[94] (שבת קכד רע"ב) כְּסָתוֹת[95] Pillows

בֵּי סַדְיָא כֶּסֶת[95] Pillow

בֵּי סַדְיָיא (סנ' צה א) כֶּסֶת (אוֹ כַּר) Pillow (or cushion)

בי סדיותא (שבת קכד רע"ב) ר' בי סדוותא Cf.

בֵּי[95*] סוּדָנָא (פס' קיג א) בֵּית עוֹשֵׂה שֵׁכָר

Beer brewery

בֵּי סִיקְלֵי[96] (שם) בֵּית אוּמָן Artisan's house

בֵּי סִיתְוָוא (ב"ב ג ב) בֵּית הַחֹרֶף Winter house

בי סלקי (ב"מ פד א) ר' בי סיקלי Cf.

בי עבורי אחסנתא (ב"ב קלג ב) ר' אעבורי Cf.

בי עורבתי (קידו' ע ב) שם משפחה

The House of the Raven (family appellation)

בי עילאי (חול' נט ב כ"פ) שם יער Name of forest

בֵּי עַכְבְּרִים (בכו' כט ב) מָקוֹם (כִּרְסוּם) עַכְבָּרִים

The place where mice gnawed

בֵּי עַמּוּדֵי (עירו' כב ב) בֵּין הָעַמּוּדִים

Between the columns

לְבֵי עַנְיֵי (כתו' סז ב) לְבֵין עֲנִיִּים Among the poor

בֵּי עָקְתָא[97] (שבת עז ב) בֵּית צָרָה

Narrow (small) house

אַבֵּי פּוּקְרֵי[ה] (יב' עו א — מ') עַל פִּי־הַטַּבַּעַת שֶׁלּוֹ

On his anus

בֵּי פִּילֵי דְאַרְעָא (ב"ב נד א) בִּבְקָעִים שֶׁל שָׂדֶה

In the furrows of the field

87) מאיברי העיכול — נזכר בחולין פ"ג מ"אמ"ב.

*87) קו חריש, מלשון "האריכו למעניתם" (תה' קכט ג).

88) ערוך (ע' בי מרדי) מ' וא"פ בשבת.

*88) מ' ושמ"ק, ד': מדורי.

89) ר' עה"ש.

*89) מזווה ששומרים בו מלח.

90) כך פירשו בתלי (שם) "בית מרזח" (ירמי' טז ה), וע' רש"י ורד"ק שם.

91) כך נקרא בית פולחנם של עובדי האש בפרס.

92) בית פולחן לדת פרס, ושימש להם גם בית ועד לחכמים.

93) וי"מ: בית אביו. וכן פירש רש"י בשבת קנו רע"א.

94) ערוך (ע' סד ג) רש"י ד"י, ד': סדיותא, מ': מסדייתא (והוגה: ביסדייתא), א"פ: הנהו בי סירייתא.

95) =תחת הראש.

*95) [כי"י, ד': בית (ע. ל.)]

96) ערוך (ע' סקל ג), ד': סילקי, מ': ניקלי, ה': סקולאי.

97) פירוש ל"ביקתא".

בֵּי פְּסָקֵיהּ (פס׳ עד א 2, חול׳ קיב רע״א) מְקוֹם חִתּוּכוֹ

Place of the cut

בֵּי פָּרְחֵי (פס׳ קיא ב) מין שד[98]

Among caper trees, the demons that dwell among the caper trees are called Ruchi

בֵּי פַּרְסָאֵי (ר״ה כג א) בֵּין הַפַּרְסִים

Among the Persians

בי צוארא ר׳ חללא

Cf.

בֵּי צִיבֵי (פס׳ ח א, ב״ב ז א) בֵּית הָעֵצִים

Woodshed

בֵּי צִיבֵי (יומא עה ב) בֵּין הָעֵצִים

Among trees

בֵּי צִינְיָתָא[99] (בר׳ לא א, סוטה מו ב) שם מקום[1]

Name of palm-tree grove in Babylonia

בי קארי (סוטה י א) מ׳ ואה״ת: בקארי

בֵּי קִבְרֵי בֵּית הַקְּבָרוֹת

Cemetery

בי קיבריה[2] (יומא פג ב) ר׳ קברא

Cf.

בי קופאי (ב״ב כד סע״א) שם מקום[3]

Name of place (Tosafos), between vines (Rashi)

בֵּי קַיְיטָא (ב״ב ג ב) בֵּית הַקַּיִץ

Summer place (for synagogue)

בֵּי קִירֵי (פס׳ ח א) בֵּית הַשַּׁעֲוָה[4]

Wax (candles) storage room

בי קרנא דעיזא[5] (פס׳ קיא ב) ר׳ קרנא

Cf.

בֵּי רַב בֵּית מִדְרָשׁוֹ שֶׁל רַב, בֵּית הַמִּדְרָשׁ

Rav's house of study, house of study

בֵּי רִבִּי בֵּיתוֹ שֶׁל רִבִּי, בֵּית מִדְרָשׁוֹ שֶׁל רִבִּי

Rebbi's house, Rebbi's house of study

בֵּי רַבָּנָן בֵּית הַמִּדְרָשׁ

House of study

בֵּי רָדוּ (ב״ב יב א) בֵּית חֲרִישָׁה[6]

Plowing area

בֵּי רָדוּ יוֹמָא (שם) בֵּית חֲרִישַׁת יוֹם[7]

Area that can be plowed in one day

בֵּי רַחְיָא (ביצה לו ב, כתו׳ ס ב) בֵּית הָרֵחַיִם, טַחֲנָה

Millhouse, mill

בֵּי רֵישׁ גָּלוּתָא בֵּית רֹאשׁ הַגּוֹלָה

House of the Exilarch

בֵּי שִׁיבְבֵי (שבת קט ב) בֵּין הַשְּׁמָשׁוֹת[8]

Twilight, at a neighbor's house

בֵּי שָׁבוּעַ הַבֵּן (ב״ק פ א) יוֹם הַמִּילָה

The location of a circumcision

בֵּי שִׁמְשֵׁי לֵילֵי שַׁבָּת (בדיוק: בין השמשות)[9]

Twilight period of Friday night

בֵּי שַׁקְיָא (קידו׳ סב ב) שְׂדֵה בֵּית הַשְּׁלָחִין

Artificially irrigated field

בֵּי תִיבְנָא (עירו׳ ס א, נדר׳ נ א) בֵּית הַתֶּבֶן

Straw storehouse

בי תורי (עירו׳ כו א, ס א) ר׳ פירא

Cf.

בֵּי תַמְרֵי (פס׳ ח א) בֵּית הַתְּמָרִים[10]

Date storehouse

בֵּי תַעֲנִיתָא (תע׳ יב ב, נדר׳ מט ב) בֵּית תַּעֲנִית[11]

Synagogue where people assemble to pray on a fast day

בֵּי תָפֵי[12] (בר׳ לט א, עירו׳ כט א) מִשְׁפָּת[13]

The place where the pot is seated (on the oven)

בֵּי תְפִלָּה (גט׳ לט ב) בֵּית כְּנֶסֶת[14]

Synagogue, house of prayer

בֵּי תַרְבּוּ (יומא עז ב, ב״ק כג ב) שם כפר (סמוך לפומבדיתא)

Name of a village in the vicinity of Pompeditha

בֵּי תְרֵי שְׁנַיִם

Two persons

בֵּיבָרֵי דְנָרֶשׁ (חול׳ קכז א) בֵּיבָרִים שֶׁל נָרֶשׁ

The vivarium (ponds) of Narash

98) בתלי: בריה שאין לה עינים.
99) מ׳ (בשני המקומות) ואה״ת: צינייתא.
1) רש״י: מקום הוא ובו דקלים הרבה כמו ציני הר הברזל (סוכה פ״ג מ״א).
2) ד״ו: בי קיברי, א״פ: בקבריה, מ׳ גלי לי או״ז: בקברא.
3) ע׳: שם מקום ... וי״מ בין הגפנים.
4) = בית אוצר לנרות שעוה.
5) ד״ו: ביה קרנא, מ׳ ומ״ב: כקרנא דעיזא.
6) =שטח חרישה. ערוך (ע׳ כד ט): כי רדי יומא פי׳ כשיעור מה שחורש הפועל ביומו.
7) = שטח בשדה, שחורשים אותו ביום אחד.
8) רש״י: ״בין השמשות ... ל״א בי שבבי בבית אחד משכניו״.
9) רש״י (גט׳ נב א): בי שמשי של ערב שבת. שבת פו רע״ב: לילי שבת קרי בי שמשא בכל דוכתא מפני שבין השמשות שלו חלוק מכל ימים.
10) = בית אוצר לתמרים.
11) = בית כנסת, שמתאספים בו ביום תענית.
12) מלשון פרסית.
13) = מקום שפיתת קדירה.
14) השוה ״בית תפלה״ (ישע׳ נו ג).

בֵּיהּ בּוֹ — In it, concerning it, concerning him

לְבִיזָּא (סוטה מח ב, סנ׳ יא א) לָבַז — To be subject to looting

בִּיזְיָינֵי[15] (נדר׳ נו ב, סנ׳ כ רע״ב) (=בזעני ?) בְּקָעִים, נְקָבִים — Cracks, holes

ביטיתא (בר׳ לו ב) ע׳: בוטיתא

בִּיָּיא, בִּיָּיא (יומא סט ב, יב׳ צז ב) וַי, וַי ! — Misfortune, misfortune, Woe! Woe!

בַּיָּידָא[16] (חול׳ סג א) בַּדָּאי — Liar, a fabricator

בָּיֵיל (בלל) (מנ׳ סה ב) בּוֹלֵל — He mixes up

בָּיְירִי (תע׳ ו ב) בּוּרִים (=לא עבודים), שׁוֹמְמִים — Not cultivated, desolate

בַּיְישֵׁיהּ (ב״ק פו ב) בִּיְּשׁוֹ — He embarrassed him

בָּיֵית (בות) (עירו׳ עג א, עד ב) לָן (ב) — He stays overnight

בָּייתוּ (שם) לָנִים — They stay overnight

בַּיְיתֵּיהּ (יב׳ קט רע״ב 2) בֵּיתוֹ — His house

בִּיךְ בָּךְ — In you

בילק ר׳ חילק — Cf.

בִּימָסָא (ע״ז נג ב) בִּימוֹס[17] — Altar that is not for G-d's sake

בִּינָא (גט׳ סח ב) עֲרָבָה (פ״א: אֶשֶׁל) — Willow, tamarisk

בֵּינֵי בֵּין — Between

בֵּינֵי־בֵּינֵי, בֵּינֵי וּבֵינֵי בֵּינְתַיִם — Meanwhile

בִּינֵי (שבת סז א) שְׂעָרוֹת — Hairs

בִּינֵי (ע״ז כח ב) גַּרְגְּרִים — Grains

בִּינֵי דְמַיָּא (גט׳ סט ב) עֲלוּקוֹת הַמַּיִם — Water leeches

בֵּינֵי אוּרְבֵּי בֵּין הַשּׁוּרוֹת — Between rows

בֵּינֵי אי[י]טְפֵי[18] (ע״ז לה ב) בְּתוֹךְ הַגּוּמוֹת[19] — Within the holes (of the cheese)

בֵּינֵי שִׁמְשֵׁי (שבת פו רע״ב) מ׳ וא״פ ורש״י: בֵּי שִׁמְשֵׁי

מִבֵּינַיָּא (שבת קלב ב ועוד) מִבֵּינַיִם (=מבין שניהם) — From between the two of them

בֵּינַיְיהוּ בֵּינֵיהֶם — Between them

אִיכָּא בֵּינַיְיהוּ יֵשׁ בֵּינֵיהֶם[20] — They differ with respect to this

מַאי בֵּינַיְיהוּ מַה בֵּינֵיהֶם[21] — With respect to what do they differ?

מִבֵּינַיְיהוּ (שבת ג א) מִבֵּינֵיהֶם (=מִבֵּין שְׁנֵיהֶם) — From between the two of them

נְפַק מִילְּתָא מִבֵּינַיְיהוּ (שבת קכא ב ועוד) יָצָא דָבָר (=דבר תורה) מִבֵּינֵיהֶם — A matter (of Torah) came out from the two of them

בִּינִיתָא שַׂעֲרָה — Hair

בִּינִיתָא (פס׳ עו ב ועוד) דָּג — Fish

בִּינִיתָא[22] (בר׳ ח א) שַׂעֲרָה — Hair

בינכיהון[23] (כרי׳ ג ב 2) ר׳ כנהיהון — Cf.

בֵּינַן (יומא סט ב, סנ׳ סד א) בֵּינֵינוּ — Between us

בֵּינָנָא (חגי׳ טו ב) בֵּינֵינוּ — Between us

בִּינְתָא (שבת קמ א, נזיר לט א כ״פ, ע״ז לח ב) שֵׂעָר — Hair (of the head)

בִּינְתָא (גט׳ סט ב ועוד) גַּרְגִּיר — Grain

בֵּינָתַיְיהוּ בֵּינוֹתָם — Between them

בִּיסֵי[24] (שבת עז ב) קוֹצִים — Thorns

הַבֵּיעָא[25] (בר׳ מד רע״ב) הַבֵּיצָה — The egg

בִּיעוּרָא בִּיעוּר — Elimination, destruction

ביעי (סוכה כו סע״א) ר׳ ביצעי — Cf.

בֵּיעֵי בֵּיצִים — Eggs

בֵּיעֵי דְדִיכְרָא (ביצה ז רע״א) בֵּיצִים מְזֻכָּר[26] — Rooster (impregnated) eggs

בֵּיעִין (עירו׳ פג ב) בֵּיצִים — Eggs

---

15) ק׳ בסני, מ׳ נדר׳: בי זייני, מ׳ סנה׳ הוגה: בי זיני, פ׳ סנ׳: בזני.

16) ילי׳: בדאה, ר׳ א׳ וכ׳: בראה (= בדאה?), רש״י ד״ח: בדייה, ר׳ ג: בדאי ושקרן.

17) מלשון יונית. כך תירגמו השבעים: במה ומזבח (שאינו לשם ה׳).

18) מ׳, כ״י ספ׳: ביני יטפי.

19) רש״י: בתוך הגומות שבגבינה. ר״ח: דקאי ביני ביני בגבינה כמין טיפין.

20) כלומר: בדבר זה הם חלוקים.

21) כלומר: במה הם חלוקים!

22) מ׳ וע׳, ד׳: בניתא.

23) מ׳ וד׳, ערוך (ע׳ כן א׳): כנהיהון.

24) ע׳, מ׳: בוצי, ילי׳ כ״י: בסיסי, ד׳: כיסי.

25) בתוך מאמר בעברית, לפיכך באה ה״א הידיעה.

26) רש״י: שילדתן תרנגולת מתרנגול.

בִּיעֲתָא בֵּיצָה Egg

בִּיעְתָא (ב״ק נה א — פ״ב) מ׳ וה׳: ביעי

בֵּיעֲתָא מְגוּלְגַלְתָּא[27] (בר׳ מד ב) בֵּיצָה מְגֻלְגֶּלֶת

Hard-boiled egg

בִּיעֲתוּתָא בְּעָתָה (=פחד) Fright

בִּיעֲתוּתֵיהּ (מ״ק כח א[28], סנ׳ צד ב, חול׳ נג רע״ב[29]) בְּעָתָתוֹ

His fright

בִּצִיאָתָא[30] (שבת קא א, ב״ב עג א) בִּיצִיּוֹת (=דוּגִיּוֹת)[31]

Small boats

בִּיצוּעֵי (שבת קמ ב) פְּרוּסוֹת (לחם) Bread slices

בִּי[צְ]עֵי[32] (סוכה כו סע״א) פְּרוּסוֹת, חֲתוּכוֹת

Morsels, bits

בִּיקְרָא (ע״ז כח ב) מ׳ וע׳: ברק׳

בִּיקְתָא (שבת עז ב) בַּיִת קָטָן, בִּקְתָה

Small house, cabin

בַּת בִּיקְתָא[33] (יב׳ פד סע״א) שְׁכֶנְתָּהּ הַסְּמוּכָה לָהּ

Its adjoining (statement)

בְּנֵי חֲדָא בִיקְתָא אִינוּן (מעי׳ יז ב) בְּנֵי בַיִת אֶחָד הֵם[34]

Lit., they are from the same hut,

i.e., they have the same origin

בְּנֵי בִיקְתָא דַהֲדָדֵי נִינְהוּ (מנ׳ כד ב) בְּנֵי בַיִת מְשֻׁתָּף הֵם

Lit., they are from the same hut,

i.e., they have the same origin

בִּיקְתִי (כתו׳ נד א, קג א) בִּקְתָתִי, בֵּיתִי הַקָּטָן

My hut, my small and cramped house

בִּיר (בר׳ ה ב, ב״ב קטז א — בפי ר׳ יוחנן) בֵּן Son

בִּירָא בּוֹר Pit

בִּירָא (ב״מ קה סע״ב) בּוּרָה (=שדה לא עבודה)

Field left fallow

בִּירָא דְקָרָא[35] (שבת קג ב) גּוּמָא שֶׁל דְּלַעַת (ע׳)

Hole for seeding a pumpkin seed

בִּירָ(א)תָא (פס׳ ד א — מ׳ וע׳) בִּירָה Palace

בִּירֵי (סנ׳ ז א) בּוֹרוֹת Pits

בִּירִי (מ״ק י ב) ר׳ בי ידי Cf.

קִירִי בִּירִי (חול׳ קלט ב) ר׳ קירי וכירי Cf.

בִּירֵיהּ[36] (ב״ב צט סע״א) בּוֹרוֹ His pit

בִּירָךְ (ב״ק יג א, נג א) בּוֹרְךָ Your pit

בִּישׁ, בִּישָׁא רַע Bad, poor

בִּישׁ גַּדָא (סנ׳ קה א) רַע־הַמַּזָּל Bad luck

לִישָׁנָא בִישָׁא לָשׁוֹן הָרַע Slander

עֵינָא בִישָׁא עַיִן הָרַע Evil eye

לְבִישׁוּ (שבת קנו א) לָרַע (תה״פ) On the evil side

בִּישׁוּת (פס׳ נג ב ועוד) בְּרֹעַ (תה״פ), בְּכַעַס[37]

With displeasure, with anger

בִּישׁוּתָא (ב״ק קטו א, ע״ז סה א) רָעָה (ש) Misfortune

בִּישׁוּתֵיהּ (בר׳ נו א, ע״ז יז ב) רָעָתוֹ His misfortune

בִּישׁוּתִין (מנ׳ נב א) רָעָתֵנוּ Our misfortune

בִּישֵׁי רָעִים Evil ones

בִּישְׁתָא רָעָה (ת) Evil, bad (*f.*)

בִּישְׁתֵיהּ (סנ׳ ז א) רָעָתוֹ His misfortune

בִּית (עירו׳ נב א) לִין Stay overnight (*imp.*)

בֵּית גְּנָנָא (נדר׳ נ ב) חֻפָּה Wedding expenses

בית דינא (ב״ב קלח סע״ב, ע״ז לז רע״א) כי״י: בי דינא

בֵּית וַועֲדָא (בר׳ כד ב) בֵּית הַוַּעַד

Meeting place (for Sages)

בֵּית חַבְרַיָּא[38] (בר׳ סב סע״א) בֵּית הַחֲבֵרִים

House of friends

בית מדרשא (תע׳ כג סע״א, קידו׳ ל א) מ׳ ואה״ת: בי מדרשא

בֵּית מוֹתְבָא רַבָּא (בכו׳ ה רע״ב) בֵּית הַמִּדְרָשׁ הַגָּדוֹל

Large house of study

27) בוי״ו גם במ׳, כמו בעברית.

28) מ׳ ואה״ת, ד׳: בעיתותיה.

29) מ׳, ד׳: בעתותיה.

30) ד׳: בוציאתא, ע׳: בוציתא, נ״א בוצייתא.

31) ערוך: ספינות קטנות שמהלכות לפני הגדולות במקום מים מועטין שאין הגדולות יכולות ללכת שם ונכנסין בקטנה ויוצאין ליבשה והיא קלה ומהלכת אפי׳ בביצה ולכן נקרא בוצית.

32) מ׳ ורש״י והעטור.

33) מלשון יונית אמצעית (עה״ש, וע״ש).

34) כלומר: בדבר זה שוים הם.

35) ע׳ ומ׳, ד׳: ביזרא דקרא.

36) כצ״ל, ד׳: בוריה, מ — נ״א (עי׳ ד״ס).

37) למשל: חזייה לרב יהודה בישות (נדה כו ב) = (שמואל) הסתכל ברב יהודה (= תלמידו) ברוע פנים (= בכעס).

38) פ׳: אחורי (בית) חבריא... [אחורי בית הכסא], ב״נ: אחורי בית הכסא, מ׳ נ״א: פנו דוכתא אחורי חבריא.

בית מטבחיא (פס׳ יז א) ר׳ משקי
Cf.

בֵּית מַלְכָּא (ר״ה ד א — מעז׳) בֵּית הַמֶּלֶךְ
Royal house

בֵּית מַקְדְּשָׁא (סנ׳ צה א) בֵּית הַמִּקְדָּשׁ
Holy temple

לבית נשא (ב״מ פד ב) כל כי״י: לבי נשא

לְבֵי(ת) עָלְמֵיהּ (ב״ב קנג סע״א — מ׳ ור׳, תע׳ יא א) לְבֵית עוֹלָמוֹ
To his eternal rest

בֵּית עָלְמִין[39] (סנ׳ יט א) בֵּית קְבָרוֹת
Cemetery

בֵּיתָא בַּיִת
House

ביתא דבהתא (כרי׳ ה ב) ר׳ הברה
Cf.

בֵּיתָא עַתִּיקָא (ב״ב ז א) בַּיִת יָשָׁן
Old house

בֵּיתָא רְעִיעָא (תע׳ כ ב) בַּיִת רָעוּעַ
Ramshackle house

בֵּיתָא דְרַבָּנָן (מג׳ כח ב) בֵּית הַמִּדְרָשׁ
House of study

בֵּיתַאי בֵּיתִי
My house

דְבֵיתְהוּ אִשְׁתּוֹ
His wife

בִּיתוּ (תע׳ כא סע״א, פס׳ מב א) לָנוּ (מל׳ לינה)
They have spent the night

בִּיתוּ (תע׳ כד ב) לִינוּ
Spend the night (*imp.*)

בֵּיתֵי (כתו׳ סט סע״א) בָּתֵּי[40]
Of the houses

בֵּיתֵיהּ, בֵּייתֵיהּ בֵּיתוֹ
His house

דביתיה (סוטה כב ב, מ א) מ׳ ואה״ת וע״י: דביתהו

דְבֵיתְכוּ[41] (נדר׳ נא א) אִשְׁתְּךָ
Your wife

בָּךְ בְּךָ
In you

בְּכְדִי (יב׳ לט ב, קח א) בְּחִנָּם, בְּלֹא כְלוּם
For free, for nothing

בְּכוֹ בָּכֶם
In you

בְּכוֹ (בר׳ ה ב, סוכה נב א) בָּכוּ
They cried

בָּכֵי בּוֹכֶה
He cries

בָּכְיָא בּוֹכָה
She cries

בְּכֵיי (סנ׳ קג ב) בָּכִיתִי
I cried

בָּכֵינָא (בר׳ ה ב, כתו׳ קג ב) אֲנִי בוֹכֶה
I cry

בַּכִּיר (סנ׳ יח ב) בָּכִיר (תבואה)
Early crop

בְּכֵירוּתָא (סוטה יג א) בְּכוֹרָה (ש)
Rights of the firstborn

בְּכִירוּתֵיהּ (בר׳ ז ב) בְּכוֹרָתוֹ
His rights of being firstborn

בָּכֵית אַתָּה בוֹכֶה
You cry

בְּכֵית (גט׳ סח ב) בָּכִיתָ
You cried

בְּלַאי (מנ׳ מא רע״ב) בָּלְתָה
It wore out

בְּלָאֵי[42] **בָבָא**[43] (נדר׳ צא ב) כִּפַּת הַשַּׁעַר (ע׳)
Guardhouse at the gate (Aruch), a curtain in front of the door (Rashi)

בלאני[44] (מג׳ טז א) ר׳ בנאי
Cf.

בְּלָה (מג׳ כו ב) בָּלָה
It wore out

בְּלוֹ (בכו׳ ט א) בָּלוּ
They wore out

בָּלוֹ (בר׳ ו א) בָּלִים
They are wearing out

בָּלוּטֵי (ר״ה כג א) אַלְמוּגִים[45]
Oaks

בִּילוֹנְיָא[46] **דְגוּשְׁפַּנְקָא** (גט׳ נז א, נח א) חוֹתָם שֶׁל טַבַּעַת
Seal of the ring

בלוסיא (פס׳ קיא א) שם שד
Name of demon

בלוספיין (נדר׳ מט ב) ר׳ בלופסין
Cf.

בְּלוּעֵי (ב״ב עד א, סנ׳ קי א) בְּלוּעִים
Swallowed one's

אִבַּלְעָה בַּלוּעֵי (בר׳ נד ב) נִבְלְעָה בַּלֶּעַ
It was swallowed

בְּלוּפְסִין[47] (נדר׳ מט ב) מין תאנים[48]
Fig species

בָּאלוּשֵׁי (בר׳ מד א) מְחַפְּשִׂים, בַּלָּשִׁים
Searchers, detectives

בָּלֵי (כתו׳ קא א) בָּלֶה
It is wearing out

39) בעב׳: בית עולמו. אבל ״בית עולמים״ — כינוי לביהמ״ק.
40) בהקבלה (ב״ב סז א).
41) מ׳, ד׳: דביתכי, אה״ת וע״י: דביתהו.
42) מלשון יונית.
43) ע׳, ד׳: כלאי בבא, מ׳: בבראי אבבא.
44) כי״י ואה״ת: בנאי, ועי׳ להלן הע׳ 51.
45) ואילו בב״ב פ׳ סע״ב: אלמונים בלוטי, ואחריו: אלמוגים כסיתא.
46) ע׳: ס״א ביליונא. מלשון יונית (מבלט) (ועי׳ עה״ש, ואין צורך להגיה, כהצעתו).
47) ע׳, וכ״ה במעשי פ״ב מ״ה ולהלן נ׳ ע״ב, ד׳ כאן: בלוספין, מ׳: כלוספין.
48) עושים מהם לפד (= לפתן — בעברית חדשה), נדר׳ נ ע״ב: מאי כלופסין מיני דתאיני ועבדין (מ׳, ד׳: דעבדין) מנהון לפדי.

בָּלֵי (בר׳ ה ב, ע״ז כ א) יִבָּלֶה	It will be worn out
בְּלִיטֵי (חול׳ עו א) בּוֹלְטִים	They stand out (*m.*)
בְּלִיטָן (חול׳ מה ב) בּוֹלְטוֹת	They stand out (*f.*)
בְּלִיעָא (חול׳ מה ב[*48], קיא א) בְּלוּעָה	Absorbed (*s.*)
בְּלִיעֵי בְּלוּעִים	Absorbed (*p.*)
בְּלִיעָן (עירו׳ צז ב) בְּלוּעוֹת	They were absorbed
בְּלִיתָא (קידו׳ מח סע״ב) מַטְלִית, סְמַרְטוּט	Rag
בְּלִי(י)תָא (יב׳ קכ א — מ׳ ורש״י) מַטְלִית	Rag
בְּלַם (חול׳ קז רע״ב) חָתַךְ[49]	He sliced, Rashi: he roasted
בְּלָמָא (ב״מ קג ב) בְּלִימָה (=סגירה)	Guarding, protecting
בְּלַע בָּלַע	He swallowed
בָּלַע בּוֹלֵעַ	He swallows
בלעא[50] (ב״ב עד ב) ר׳ בלע	Cf.
בַּלְעָהּ בְּלָעָהּ	He swallowed it
בָּלְעָה בּוֹלַעַת	She swallows
בָּלְעֵי בּוֹלְעִים	They swallow
בַּלְעֵי (ערכ׳ כב א ועוד) בָּלַעְתִּי	I absorbed
בַּלְעֵיהּ בְּלָעוֹ	He swallowed it
בלעיתה (נדר׳ נ ב) מ׳ ור״נ: בלע יתה	
בָּלַעַת (בר׳ נו א) אַתָּה סוֹפֵג (בּוֹלֵעַ)	You absorb, swallow
בְּלַעְתֵּיהּ (בר׳ נו ב) בְּלַעְתִּיו	I swallowed it
בְּלַעְתֵּיהּ (כתו׳ סא ב) בָּלְעָה אוֹתוֹ	She swallowed it
בְּלַעְתִּינְהוּ (קידו׳ פ ב, סנ׳ צו ב) בָּלְעָה אוֹתָם	It swallowed them
בַּלְשָׁא (נדה נב א) חַיָּל	A constable
בַּן בָּנוּ (מלעיל)	In us
בְּנָא (מנ׳ לג א, מעי׳ יד ב) בָּנָה	He constructed, built
בַּנָּאי[51] (מג׳ טז א) בַּלָּן	Bath attendant
בנאי (שבת קנו א 2) מ׳: בני	
בְּנַאי (ב״ב קמג א) בָּנַי	My sons
בְּנַאי בֵּיתָא[52] (תע׳ כה א) בָּנִיתִי בַּיִת	I built a house

בְּנָהּ (ב״ק פ ב) בָּנֶיהָ	Her son
בנה (יב׳ קיז סע״א) מ׳: ברה	
בָּנוּ (ב״ב ז א) בּוֹנִים	They build
בְּנוֹהִי (סנ׳ צו א) בָּנָיו	His sons
בָּנוֹיֵי (יומא י א) בּוֹנִים (ש)	Builders
בָּנֵי בּוֹנֶה	He builds
בְּנֵי (בכו׳ ח ב) בְּנֵה	Build (*imp.*)
בְּנֵי בָּנִים	Sons
בְּנֵי אַהְדּוֹרֵי (ב״מ סב א) בְּנֵי הַחְזָרָה (=חייבים להחזיר)	Obligated to return
בְּנֵי אוֹלוֹדֵי (יב׳ עו א, נדה יג ב[53]) בְּנֵי הוֹלָדָה (=יכולים להוליד)	Capable of giving birth
בְּנֵי אִטַּמּוּיֵי (פס׳ לה א) בְּנֵי הִטַּמֵּא (=עשויים לקבל טומאה), מְקַבְּלֵי טוּמְאָה	Susceptible to becoming ritually impure
בְּנֵי אִמְּרָנָא[54] (ר״ה יח א) בְּנֵי צֹאן, טְלָאִים	Lambs
בְּנֵי אֱינָשָׁא (תמיד לב א) בְּנֵי אָדָם	People
בְּנֵי אֱינָשֵׁי[55] (תע׳ כא ב) בְּנֵי אָדָם	People
בְּנֵי אַרְבֵּיסַר (תע׳ יח ב) בְּנֵי אַרְבָּעָה עָשָׂר[56]	Inhabitants of towns who read the *Megillah* on Adar 14
בְּנֵי בֵּי רַב תַּלְמִידֵי הַיְשִׁיבָה	Yeshiva students
בני בנתיה (ב״ב נא ב) כי״י: בני ברתיה	
בְּנֵי בְּרַת (חול׳ צה ב) בְּנֵי בִתִּי	My daughter's sons
בְּנֵי בְרָתָא (ב״ב נב א) בְּנֵי הַבַּת	The daughter's sons
בְּנֵי בְרָתִי (יב׳ סב ב) בְּנֵי בִתִּי	My daughter's sons
בְּנֵי בְרָתֵיהּ בְּנֵי בִתּוֹ	His daughter's sons
בְּנֵי גַזְלָנָא (ב״מ טז א) בְּנֵי הַגַּזְלָן	Robber's sons
בְּנֵי גָלְוָתָא (סנ׳ יא ב) בְּנֵי הַגָּלֻיּוֹת	The exiled
בְּנֵי גָלִילָא בְּנֵי הַגָּלִיל	Inhabitants of Galilee
בְּנֵי גָלִילָא עִילָּאָה (סנ׳ יא ב) בְּנֵי הַגָּלִיל הָעֶלְיוֹן	Inhabitants of the Upper Galilee

*48) ה׳ (= א״ל האי בליעא), מ׳ וד״י: בליען, ד״ח: בליעה.

49) פ״א: צלה, עי׳ רש״י.

50) ר׳ והב״ח: למבלע, ה׳ ואה״ת: קא (בעי) בלע, מ׳: קבלע.

51) כי״י ואה״ת ועוד (ונגזר מן ״בי באני״ = בית מרחץ), ד׳: בלאני.

52) מ׳ ומ״ב, ד׳: בניתי ביתי.

53) מ׳, ד׳: בנות אולודי.

54) תר׳ של ״בני מרון״ במשנה.

55) הגהת מהרש״א ע״פ תוס׳, ד״י: בשרא ודמא, מ׳: בשר ודם.

56) בני עיירות שקורין את המגלה בי״ד.

בְּנֵי גָלִילָא תַתָּאָה (שם) בְּנֵי הַגָּלִיל הַתַּחְתּוֹן
Inhabitants of the Lower Galilee

בְּנֵי גְנָנָא (עירו' מד ב, ב"ב קמה ב) בְּנֵי הַחֻפָּה (סוכה כה ב)
Wedding participants

בְּנֵי גַרְמִידָא[57] (ב"מ סד א) בְּנֵי אַמָּה — Cubit-sized

בְּנֵי דִינָא (כתו' קה ב) בְּנֵי דִין (=יושבים בדין) — Justices

בְּנֵי דֵעָה יֵשׁ לָהֶם דַּעַת
Intelligent creatures, those who posses intelligence

בְּנֵי דָרוֹמָא (סנ' יא ב) בְּנֵי הַדָּרוֹם
Inhabitants of the South

בְּנֵי הַבְלָא (ב"ק נד א) בְּנֵי חֹם (=ניזקים בחום)
Susceptible to damage by injurious air

בְּנֵי הַזָּאָה (נזיר נד ב) מִטַּהֲרִים בְּהַזָּאָה
They become ritually purified by sprinkling

בְּנֵי הַקְטָרָה (זב' פה ב) טְעוּנִים הַקְטָרָה
They require sacrificial combustion

בְּנֵי הַקְרָבָה (יומא סו א, מנ' עב ב) מַקְרִיבִים אוֹתָם
They are fit to be sacrificed

בְּנֵי הַרְצָאָה (זב' מה ב) מִתְרַצֶּה לָהֶם
They are qualified for atonement

בְּנֵי הַרְצָאָה (זב' כט רע"ב) הֵם מְכַפְּרִים וּמַרְצִים
They bring about atonement

בְּנֵי הַתְרָאָה (כתו' לג א) אֶפְשָׁר לְהַתְרוֹת בָּהֶם
In a position to be warned

בְּנֵי זֶרְתָא (ב"מ סד א) בְּנֵי זֶרֶת (=זֶרֶת אָרְכָּם)
Pinkie-sized, short people

בְּנֵי חַד מַזָּלָא (ב"ב יב א) בְּנֵי מַזָּל אֶחָד
Born under the same constellation of the zodiac

בְּנֵי חֲדָא בִיקְתָא (מעי' יז סע"ב) בְּנֵי בַיִת אֶחָד
They come from the same hut, (=סוג אחד)
i.e., belong to the same category

בְּנֵי חִיּוּבָא (סוכה ח ב, ב"מ י ב 3) חַיָּבִים (בדבר במצוה)
They are under an obligation (in some matter or *mitzvah*)

בְּנֵי חָיוּתָא (בכו' ג א) בְּנֵי חָיוּת (בניגוד לנפלים)
They posses living potential (as opposed to stillborn)

בְּנֵי חֵילָא (פס' ה ב ועוד, תע' כא רע"א[58]) חֵיל הַמַּצָּב
Members of the garrison force

בְּנֵי חֲלִיצָה וְיִבּוּם (יב' י ב ועוד) חוֹלְצִים וּמְיַבְּמִים
They are subject to the rules of levirate marriage, and the procedure of taking off the *yabam's* shoe

בְּנֵי חֲמֵיסַּר (תע' יח ב) בְּנֵי חֲמִשָּׁה עָשָׂר[59] — Inhabitants of fortified cities who read the *Megillah* on Adar 15

בְּנֵי חָרֵי בְּנֵי חוֹרִין
Freemen, non-mortgaged property

בְּנֵי טַמּוֹיֵי (עירו' כט א) מְטַמְּאִים (=עֲשׂוּיִים לְטַמֵּא)
They are capable of causing ritual impurity

בְּנֵי טַעֲנָה (ב"ק מה א) יְכוֹלִים לִטְעוֹן
They are capable of presenting an argument

בְּנֵי יַמָּא (בכו' ח א) בְּנֵי הַיָּם (=דולפנין, תלמוד שם)
Cetaceans, dolphins, sirens, mermaids

בְּנֵי יְקָרָא (סנ' מו ב) בְּנֵי כָבוֹד (=ראויים לכבוד)
They are deserving to be honored

לָאו בְּנֵי כִיבּוּשׁ נִינְהוּ (סנ' נט סע"א) אֵינָם בְּנֵי כִבּוּשׁ[60]
(They) were not permitted to conquer the Land of Israel

בְּנֵי כּוּפְרָא (ב"מ ע א) בְּנֵי כַפְרִי[61] (?)
Boat owners (Rashi), inhabitants of Kafri (Gaonim)

בְּנֵי כַלָּה (בר' נז א 3, ב"ק קיג א) בְּנֵי כַלָּה[62]
Participants in the Adar and Ellul learning seminars

בְּנֵי כַרְכּוּשְׁתָא (ב"מ פה א) בְּנֵי חֻלְדָּה — Baby rats

בְּנֵי כָרֵת (פס' צב ב) חַיָּבִים כָּרֵת
They are culpable to the punishment of *kareis*

לָאו בְּנֵי מְחִילָה נִינְהוּ (פס' נ ב ועוד) אֵינָם בְּנֵי מְחִילָה[63]
They are not capable of forfeiture (of their rights, etc.)

בְּנֵי מִיתָה (ב"ק נד א) עֲשׂוּיִים לָמוּת
Mortals

בְּנֵי מְלָאכָה (סנ' נט ב 2) יְכוֹלִים לַעֲשׂוֹת מְלָאכָה
They are capable of doing work

(57) = אורכם אמה. והשוה "גמד ארכה" (שופ' ג טז).
(58) ד': בני חילא דמחוזא, מ"ב: במחוזא, מ' לי, "רש"י": בני מחוזא.
(59) בני כרכים, שקוראים את המגלה בט"ו.
(60) לא הותר להם לכבוש (את ארץ ישראל).
(61) לפי הגאונים שם מקום: כפרי (נזכר בב"מ עג א).
(62) בחדש אדר ואלול, שבהם היו מתקבצים התלמידים מכל המקומות ובאים ויושבים לפני ראש הישיבה, ונושאים ונותנים במסכת, שנקבעה מראש.
(63) מחילתם אינה מחילה, שאינם יודעים למחול.

בְּנֵי מְלִילָה (ביצה לג ב) אֶפְשָׁר לְמָלְלָם They can be husked

בני ממזירי[64] (שבת ל סע״ב) צ״ל: בניה ממזירי

לָאו בְּנֵי מִיעְבַּד מִצְוָה נִינְהוּ (ב״ב קעד א, ערכ׳ כב א) אֵינָם חַיָּבִים לַעֲשׂוֹת מִצְוָה

They are not under obligation to perform commandments

לָאו בְּנֵי מִיעְבַּד וּמֵיכַל נִינְהוּ (קידו׳ כב א) אֵינָם ב״עוֹשֶׂה וְאוֹכֵל״[65]

They cannot work in exchange of their nourishment

לָאו בְּנֵי מְעִילָה נִינְהוּ (ר״ה כח א) אֵין בָּהֶם דִּין מְעִילָה[66]

The concept of sacrilege known as *me'ilah* does not apply to them

בְּנֵי מְעַלְיָא (קידו׳ לו א) בָּנִים טוֹבִים (מְעֻלִּים)

Good, choice sons

בְּנֵי מַעַרְבָא בְּנֵי אֶרֶץ־יִשְׂרָאֵל

Inhabitants of the Holy Land

בְּנֵי מִצְרָא (ב״מ קז א) בְּנֵי הַמֵּיצָר[67]

Owners of adjoining properties

בְּנֵי מַצְרָנֵי (ב״מ קח סע״ב) בְּנֵי מְצָרִים

Owners of adjoining properties

בְּנֵי מִיקַּדַּשׁ בִּבְכוֹרָה (בכו׳ ו א) יֵשׁ בָּהֶם קְדֻשַּׁת בְּכוֹרָה

Are fit to acquire the status of the firstborn

בְּנֵי מָתָא בְּנֵי הָעִיר Townsmen, town residents

בְּנֵי מָתֵיהּ בְּנֵי עִירוֹ Fellow townsmen

בְּנֵי נַהֲרָא (גט׳ ס ב) בְּנֵי הַנָּהָר (=בעלי שדות שעל שפת הנהר)

Fields on riverbanks

בְּנֵי נַחֲלָה (יב׳ סב א, בכו׳ מז א) בַּעֲלֵי זְכוּת לִנְחֹל (בארץ)

They are entitled to inherit land in the Holy Land

בְּנֵי נְשׂוּאִין (גט׳ פה א) מֻתָּרִים לָשֵׂאת

(Persons who) are permitted to marry

בְּנֵי סְחִיטָה (שבת קמד ב, ביצה יח א) רְגִילִים לִסְחֹט אוֹתָם

They are ordinarily squeezed (for their juice)

בְּנֵי סְקִילָה (נדה יג ב) חַיָּבִים סְקִילָה

They are culpable to the punishment of *sekilah*

בְּנֵי עֲבוֹדָה (ערכ׳ ג ב) חַיָּבִים לַעֲבֹד (במקדש)

They are obligated to serve in the Temple

בְּנֵי עֵדוּת (ב״ק קיד ב) כְּשֵׁרִים לְעֵדוּת

They are qualified to serve as witnesses

בְּנֵי עָלְמָא דְאָתֵי (תע׳ כב א) בְּנֵי הָעוֹלָם הַבָּא

They are entitled to a share in the World to Come

בְּנֵי עַמְמִין (יומא עא ב) בְּנֵי הָעַמִּים (=הַגּוֹיִם)

Non-Jews

בְּנֵי עֲנִיֵּי (תע׳ כד א) בְּנֵי עֲנִיִּים Children of paupers

בְּנֵי עַשׂוֹיֵי (גט׳ פח ב) יְכוֹלִים לָכֹף

They have the right to enforce

בְּנֵי עַשׂוֹרֵי (ביצה לה ב) חַיָּבִים בְּמַעֲשֵׂר

Ma'aser must be taken from it

בְּנֵי פְדִיָּה (בכו׳ טו ב) חַיָּבִים בְּפִדְיוֹן

They must be redeemed

בְּנֵי פְרִיָּה וּרְבִיָּה (יב׳ סב א) פָּרִים וְרָבִים[68]

They are obligated to have children (Rashi), they have children (Tosafos)

בְּנֵי פֵּרָעוֹן (ב״ק ח ב, ב״מ טז ב) חַיָּבִים לִפְרֹעַ

They are under obligation to pay, are payable

בְּנֵי פִירְקֵי (כתו׳ סב א) בְּנֵי פְּרָקִים[69]

Students who study before their Rav in their city and sleep at home

בְּנֵי קַבּוֹלֵי טוּמְאָה (שבת נב סע״א) מְקַבְּלִים טֻמְאָה

Capable of accepting ritual impurity

בְּנֵי קְטָלָא (בכו׳ מא א) חַיָּבֵי מִיתָה

Culpable to capital punishment

בְּנֵי קְנָסָא (כתו׳ כט רע״ב) חַיָּבִים בִּקְנָס

Culpable to payment of fines

בְּנֵי קָרְבָּן (כרי׳ כה ב) מְבִיאִים עֲלֵיהֶם קָרְבָּן

(Sins) for which a sacrifice can be offered

64) ד״ח, כ״י וד״י: דלאשוייה (מ׳ נו׳: איהו) ממזירא (ועי׳ ד״ס אות י).

65) כלומר: קטנים הם ואינם יכולים לעבוד.

66) כלומר: הנהנה מהם אינו מועל בהקדש.

67) = שכנים, שבתיהם או שדותיהם גובלים זה בזה.

68) עי׳ תוס׳ שם.

69) תלמידים השונים פרקם לפני רבם בעיר מגוריהם ובאים ולנים בבתיהם (ע״פ רש״י).

בְּנֵי קְרָיָיה (יב׳ קד ב) יְכוֹלִים לִקְרוֹא[70] (Persons) who are able to read (the verses associated with *chalitzah*)

בְּנֵי רִיגְלָא (ב״ק קיג א) בְּנֵי הָ״רֶגֶל״[71] Those who assemble in honor of the Exilarch and to be taught the laws of the festival

בְּנֵי שְׁחִיטָה (חול׳ כז ב, עד א) טְעוּנִים שְׁחִיטָה (Animals) that need be ritually slaughtered

בְּנֵי שְׁטָרָא (ב״ק עט רע״ב) נִקְנִים בִּשְׁטָר (Types of properties) that can be acquired by means of a written contract

בְּנֵי שַׁלּוֹמֵי (ב״ק קד ב) חַיָּבִים לְשַׁלֵּם Persons who are under obligation to pay

לָאו בְּנֵי שְׁלִיחוּת נִינְהוּ (קידו׳ מב א) אֵינָם יְכוֹלִים לְמַנּוֹת שָׁלִיחַ Cannot appoint a deputy (to act for them)

בְּנַיָּא (ב״ב קמב ב כ״פ) הַבָּנִים The sons

בְּנָיָא (תע׳ כה א) בּוֹנָה She built (*f.*)

בְּנֵיהּ (סנ׳ ע ב ועוד) בָּנָיו His sons

בניה (יב׳ כו א) מ׳: בנו

בניה (שבת קכא ב) מ׳ וא״פ: בריה

בניה (פס׳ נא א) כל כי״י ור״ח: בריה

בְּנָיֵיהּ בְּנָאוֹ He built it

בְּנַיְיהוּ בְּנֵיהֶם, בְּנֵיהֶן Their children (*m.* and *f.*)

בְּנַיִךְ (מ״ק כ א) בָּנַיִךְ[72] Your (*s.*) children

בְּנַיְיכוּ (בר׳ יג ב) בְּנֵיכֶם Your (*p.*) children

בִּנְיָינָא בִּנְיָן Building, structure

בִּנְיָינֵי (שבת קב ב) בִּנְיָנוֹת (ר׳ של בניין) Structures, parts of a structure

בָּנְיַית (ב״ב ד א) אַתָּה בּוֹנֶה, תִּבְנֶה You shall build it

בָּנְיִיתָא (בר׳ סא א ועוד) הַבּוֹנָה Who builds

בִּנְיָ[י]תָא (ביצה כח ב — ע׳) דָּגִים Species of fish

בְּנִין (בר׳ י א ועוד) בָּנִים Sons

בְּנִין דִּכְרִין[73] בָּנִים זְכָרִים Sons

בְּנֵינָא (ב״ב ז א כ״פ) אֲנִי בוֹנֶה, אֶבְנֶה I build, I shall build

בָּנֵינַן (ע״ז ב ב) אָנוּ בּוֹנִים, נִבְנֶה We build, we shall build

בניתא (בר׳ ח א, מ״ק כח א) ר׳ משחל Cf.

בניתי ביתי[74] (תע׳ כה א) ר׳ בנאי Cf.

בְּנָךְ בָּנֶיךָ Your sons

בַּנְכֵּי (מ״ק ד ב) עוּגִיּוֹת (תחת גפנים וזיתים להשקאה) Round ditch or ridge of soil around vines and olive trees for irrigations purposes

בְּנָן נוּקְבָן[75] (מש׳ כתו׳ ד יא) בָּנוֹת נְקֵבוֹת Daughters

בְּנָן דְמוֹרְיָין אִינּוּן (כתו׳ כג א) בְּנוֹת מוֹרֶה הוֹרָאָה הֵן Daughters of a prominent Rabbinical authority and expert in practical *halachah*

בְּנַנְהִי (מג׳ ד א) בָּנָה אוֹתָן He built them

בְּנָ(ו)ת[76] **אוֹלוּדֵי** (נדה יג ב) בְּנוֹת הוֹלָדָה[77] Capable of giving birth (*f.*)

בְּנָתָא בָּנוֹת Daughters

בְּנָתֵיהּ בְּנוֹתָיו His daughters

בְּנָתִיךְ (פס׳ קטז א) בְּנוֹתַיִךְ Your daughters

בְּנָתִין בְּנוֹתֵינוּ Our daughters

בְּנָתָךְ בְּנוֹתֶיךָ Your daughters

בנתן (ב״ב קמא א) כי״י: ברתא

רְווּחָא לְבָסוּמָא שְׁכִיחַ (עירו׳ פב ב[78], מג׳ ז ב[79]) רֶוַח לְבָסוּם[80] מָצוּי[81] Space for sweets is always available

לבסומי[82] (מג׳ ז ב) ר׳ לאיבסומי Cf.

לְבַסּוּמֵיהּ קָלָא (סוכה נא א ועוד) לְהַנְעִים קוֹל To make the sound more pleasant

בְּסִים טָעִים, עָרֵב, נָעִים Tasty, delicious, pleasant

(70) הקריאות הקשורות לחליצה.

(71) המתקבצים לרגל ראש הגולה בשבת ״לך לך״.

(72) בקטע מתרגום לנביאים.

(73) במטבע ״כתובת בנין דכרין״. גם בב״ב קלא א — בכי״י (ד׳ לי׳ ״כתובת״).

(74) מ׳: בנאי ביתא, מ׳ ב: בנאי לי ביתא, אה״ת ועוד: אית לי ביתא.

(75) כך בד״ר וד״נ וכ״י פר׳ ומ׳ וכי״ל, ק׳: נָקְבָּן, ד״ח: נוקבין. ״תנן נוקבין אע״ג דלא צריכא איידי דתנן בנין דכרין״ (תוי״ט, ועי״ש).

(76) הגהתי, מ׳: בני.

(77) = יכולות ללדת.

(78) א״פ, מ׳ וד״ש: לבסומי, ד׳: לבסימא.

(79) מ׳, ע׳ ואה״ת: לבסומי.

(80) = שתוי (שאינו שכור), ר״ח במג׳: שכור.

(81) רש״י במג׳: ריוח מצוי לדבר מתוק בתוך המעיים.

(82) כי״י ורש״י: לאבסומי, מ׳: למיבסומי, אה״ת: לבסומי נפשיה.

בְּסִימָא נְעִימָה, מְתוּקָה — Pleasant, sweet

בַּסְתּ[וּ]קָא[83] (חול׳ מט ב) כַּד — Jug, pitcher

בִּיסְתְּרְקֵי (מל״פ) מַצָּעוֹת — Mattresses, cushions, carpets

בְּעָא שָׁאַל, בִּקֵּשׁ — He asked

בְּעָא[84] **ר׳ פלוני** שָׁאַל ר׳ פלוני — Rabbi so-and-so asked

בְּעָא[85] **רַחֲמֵי** בִּקֵּשׁ רַחֲמִים (=הִתְפַּלֵּל)

He asked for compassion, he prayed

בעא (נדה נג ב) מ׳: בעאי

בְּעַאי בִּקַּשְׁתִּי, רָצִיתִי, שָׁאַלְתִּי — I asked, I wanted

בַּעְבּוּעֵי דִדְמָא (בכו׳ כא ב) אֲבַעְבּוּעוֹת שֶׁל דָּם

Bubbles of blood

בְּעוֹ שָׁאֲלוּ, בִּקְּשׁוּ; שַׁאֲלוּ, בַּקְּשׁוּ — They asked, asked, they wanted, ask, ask for (*imp., p.*)

בָּעוֹ שׁוֹאֲלִים, מְבַקְּשִׁים, חֲפֵצִים, דּוֹרְשִׁים, צְרִיכִים

They ask, want, demand, need

בעו (פס׳ לז סע״ב) כי״י: בעי

מבעיא בעו (מג׳ כ ב) ר׳ [מיבעיא] בעי — Cf.

בְּעוֹ בְּמַעֲרָבָא (שבת פה ב ועוד) שָׁאֲלוּ בְּאֶרֶץ יִשְׂרָאֵל

They asked in the Holy Land

בְּעוֹ רַחֲמֵי (סנ׳ סד א ועוד) בִּקְּשׁוּ רַחֲמִים

They implored for mercy

בָּעוֹ רַחֲמֵי (מג׳ ל ב) מְבַקְשִׁים רַחֲמִים

They implore for mercy

בְּעוֹטֵי (ע״ז ג ב) (ל)בְעֹט — (To) kick

לְבְעוֹטֵי (ב״ק כד ב, לא ב) לִבְעֹט — To kick

בעון רחמי (תע׳ כה א) מ׳: בעא רחמי

זְמַן בִּיעוּרָא (פס׳ ו ב) זְמַן בִּיעוּר (חמץ)

The time of elimination (of *chametz*)

זְמַן בִּיעוּרָא (סנ׳ יא ב) זְמַן בִּעוּר (מעשרות)

The time of final dispensation and removal (of *ma'aseros*)

בְּעוּרִין דְּאִשָּׁא (ב״מ פה ב) לַפִּידֵי אֵשׁ — Burning torches

בְּעוּתֵי (כתו׳ קו רע״א, חול׳ נג ב) (ל)הַבְעִית — To frighten

לְבָעוּתֵי (קידו׳ עו ב) לְהַבְעִית — To frighten

בעט[86] (מג׳ טז א) ר׳ בטש — Cf.

בעטא[87] (בר׳ סא א) ר׳ בטשא — Cf.

בָּעֵי שׁוֹאֵל, מְבַקֵּשׁ, רוֹצֶה, דּוֹרֵשׁ (מל׳ דרישה), צָרִיךְ

He asks, wants, demands, needs

דבעי מיניה (עירו׳ כ א) מ׳: דבעאי

בעי (חול׳ לג א) ר׳ בעאי — Cf.

בעי (ב״מ סז רע״א) מ׳ שמ״ק: בעאי

בָּעֵי[88] **ר׳ פלוני** שׁוֹאֵל ר׳ פלוני

Rabbi so-and-so asked

בְּעֵי (ב״ק נט ב ועוד) שְׁאַל — Ask (*imp.*)

בָּעֵי מִינָּךְ (ב״מ יח ב) יִשְׁאָלְךָ — He will ask you

בָּעֵי לַהּ מִינָּךְ (יב׳ סא ב) יִשְׁאָלְךָ אוֹתָהּ (=את ההלכה)

He will ask you about it (the law)

בְּעֵי (שבת לה א׳[89] ועוד) שָׁאַלְתִּי — I asked

בָּעֵי רַחֲמֵי (בר׳ י א) מְבַקֵּשׁ רַחֲמִים

Ask for compassion, pray (*imp.*)

בְּעֵי רַחֲמֵי (תמו׳ כד ב) בַּקֵּשׁ רַחֲמִים

Ask for compassion (*imp.*)

בַּעֲיָא שְׁאֵלָה — Qnoitseu

בָּתַר דְּבָעֲיָא הֲדַר פַּשְׁטָהּ (למשל מג׳ ג ב)

אַחַר שֶׁשְּׁאָלָהּ חָזַר וּפְשָׁטָהּ — After he has posed (the question) he resolved it (himself)

בָּעֲיָא מְבַקֶּשֶׁת, רוֹצָה, דּוֹרֶשֶׁת, צְרִיכָה

She asks, wants, demands, needs

בעיא ליה (ב״ק פו א) כי״י: דמיבעיא ליה

ובעיא (עירו׳ פ א) מ׳ וד״ש: ובעי

בעיא (סנ׳ קז א) מ׳: בעיי

בָּעֲיָא רַחֲמֵי (תע׳ כג ב) מְבַקֶּשֶׁת רַחֲמִים

She implored for mercy

בְּעַיוּהּ (עירו׳ נד ב) בִּקְּשׁוּהוּ (=הִזְמִינוּהוּ)

They called him away

בָּעֵיטְנָא (סנ׳ צא א) אֲנִי בּוֹעֵט, אֶבְעַט

I shall kick, I kick

(83) מ׳ ר׳ ג ורש״י, ע׳: בוסתקא.

(84) כשנזכר שם הנשאל, וע׳ ״בעי״.

(85) בכמה מקומות נדפס בד״ח: בעי.

(86) אה״ת ע״י ילי כ״י מ׳ ב גלי: בטש.

(87) ערוך (ע׳ נכת): בטשא, ב״נ ופ׳: בטשה, אה״ת לי׳.

(88) כשלא נזכר שם הנשאל. הבדל בולט בין ״בעא״ ל״בעי״ בחולין ע סע״א.

(89) שבת לה רע״א, עירו׳ כ א, סב ב 2, צג סע״ב (פ״ב), יב׳ סד סע״ב, סוטה מו א. בכולם — מ׳: בעאי. בחגי׳ יט סע״א — מ׳ מ׳ ב (ורש״י!): בעו, בשבת קמ סע״א — פ״א לי׳ מ׳,

בָּעֵיי (סנ׳ קו ב) שְׁאֵלוֹת

Questions

בְּעִי[י] (עירו׳ סז ב — מ׳, חול׳ נד ב — מ׳) בִּקַּשְׁתִּי, חָפַצְתִּי

I asked, I wanted

בָּעְיָין מְבַקְּשׁוֹת, צְרִיכוֹת

They (*f.*) ask, they need

בְּעָיַין (בר׳ יב א ועוד) שְׁאֵלָתֵנוּ

Our question

דבעיין (תע׳ כד ב) מ׳ ואה״ת: דבעו

בעיין (זב׳ ט ב) ר׳ בעינן

Cf.

בָּעֵיל (כתו׳ ו ב[90] ועוד) בּוֹעֵל

He has sexual intercourse

דאי בעיל לה (בכו׳ מז סע״א) הב״ח: דאיבעלה ליה

בעין רחמי (תע׳ כד ב) מ׳ ואה״ת: דבעו רחמי

בָּעֵינָא אֲנִי מְבַקֵּשׁ, אֲבַקֵּשׁ, אֲנִי רוֹצֶה, אֶרְצֶה

I ask, I shall ask, I want, I shall want

בָּעֵינָא (זב׳ צו ב) אֲנִי שׁוֹאֵל

I ask

לָא בָּעֵינָא (כתו׳ לט ב ועוד) אֵינִי חֲפֵצָה

I do not want, I do not desire (*f.*)

בָּעֵינָא רַחֲמֵי (בר׳ לא ב) אֲבַקֵּשׁ רַחֲמִים

I shall implore for mercy

בָּעֵינַן אָנוּ מְבַקְשִׁים, אָנוּ שׁוֹאֲלִים, אָנוּ רוֹצִים, אָנוּ צְרִיכִים

We ask, we want, we need

בָּעֵינַן[91] (זב׳ ט ב) אָנוּ שׁוֹאֲלִים

We ask

בָּעֵינַן רַחֲמִים (תע׳ ח ב, יב ב) אָנוּ מְבַקְשִׁים רַחֲמִים

We ask for compassion, we pray

בַּעִירוּ חֲמִירָא (פס׳ פ סע״ב, ר״ה כא סע״א) בַּעֲרוּ שְׂאוֹר

Eliminate the leaven *(imp.)*

בְּעִית (סנ׳ עא א ועוד) נִבְעַת

He was frightened

בְּעֵית (עירו׳ סז ב ועוד) בִּקַּשְׁתָּ, רָצִיתָ

You wanted

בָּעֵית[92] אַתָּה מְבַקֵּשׁ, אַתָּה רוֹצֶה, אַתָּה צָרִיךְ, אַתָּה חַיָּב

You ask, you want, you need, you must

בָּעֵית (ב״ב יב ב) אַתְּ רוֹצָה

You (*f.*) want

בְּעִיתָא (עירו׳ סא א ועוד) נִבְעֶתֶת

She was frightened

בָּעִיתוּ אַתֶּם מְבַקְשִׁים, אַתֶּם רוֹצִים, אַתֶּם צְרִיכִים

You (*p.*) ask, you want, you need

בְּעֵיתוּ (קידו׳ כה א ועוד) שְׁאַלְתֶּם

You asked

בעיתותא (סוטה כ ב) מ׳: ביעתותא

בְּעֵיתִי (נדר׳ לה סע״א 2) בִּקַּשְׁתִּי

I asked

בְּעִיתִי נִבְעָתִים

They are frightened

בְּעֵיתֵיהּ (ב״ב עד א) בִּקַּשְׁתִּיו (=חִפַּשְׂתִּיו)

I looked (for it)

בְּעַל (כתו׳ ו רע״ב) בָּעַל

He had sexual intercourse

בעל[93] (כתו׳ עג ב, עד ב) צ״ל: בעיל

בַּעַל אַרְעָא[94] (ב״ק צה רע״ב) בַּעַל הַקַּרְקַע

The owner of the land

בַּעַל דְּבָבָא (גט׳ נה ב) אוֹיֵב

An enemy

בַּעַל דְּבָבֵיהּ (שם) אוֹיְבוֹ

His enemy

בַּעַל דְּבָבָךְ (סנ׳ צה ב) אוֹיִבְךָ

Your enemy

בַּעַל דִּינָא (שבו׳ ל ב) בַּעַל דִּין

Party to a court proceeding

בַּעַל דִּינֵיהּ בַּעַל דִּינוֹ

His opponent in court

בַּעַל דִּינָךְ (פס׳ קיב ב) בַּעַל דִּינְךָ

Your opponent in court proceeding

בַּעֲלִיךְ (יב׳ קטז ב) בַּעֲלֵךְ

Your husband

בָּעַן (יב׳ קיז סע״א[95], תמו׳ כא א) שׁוֹאֲלִים

They ask, they pose the question

בְּעַן (בר׳ כא א) שָׁאַלְנוּ

We have posed the question

בָּעַת[96] (סוטה יב רע״ב) מְבַקֶּשֶׁת

She asks

בַּעֲתַהּ (נדה סו א 2) הַבְעֵת אוֹתָהּ, הִבְעִית אוֹתָהּ

Frighten (*imp.*) her, he frightened her

בִּיעֲתוּתָא (סוטה ב ב[97]) בְּעָתָה (=אימה)

Fright

ופ״ב: בעיא (= בעאי). בעירו׳ צג סע״ב פ״א גם מ׳: בעי.

90) להלן: דלא בעיל — מ׳: דלא מצי בעיל.

91) הגהתי, ר׳ וד״י: בענן, ד״ח: ובעיין. מ׳ נשמט.

92) נדר׳ כא סע״ב: כבעית — ר״נ: כדבעית = כמות שאתה רוצה.

93) בב׳ המקומות לי׳ במ׳ ״וכי קא בעל ... בעלי״, וכנראה לא היה גם לפני רש״י.

94) ר׳ ורשב״א: מרא קמא, מ׳ והי׳ לי׳ ״דאתא... ושבחיה״. הרגיל בבבלי: מרי ארעא.

95) מ׳, ד״ו: בעו, ד״ח: בעי.

96) הב״ח, ד׳: בעו = בע׳, מ׳ ואה״ת לי׳ כל הקטע הזה.

97) מ׳, ד׳: בעיתותא.

בעתותא[98] (ב"ב צג א) ר' בעתתיה — Cf.

בְּעָתְתֵיהּ (שם) בְּעָתְתוֹ (=אימתו) — Fear of him

בְּצוּעֵי (שבת קמ ב) פְּרוּסוֹת — Slices of bread

לְבַצּוֹרֵי (זב' לז ב) לִפְחוֹת, לְמַעֵט — To reduce, diminish

בַּצּוֹרְתָא (תע' יט ב, כתו' צז א) בַּצֹּרֶת — Famine

בְּצִיר פָּחוֹת — Less

בציר (ב"מ ע א) מ': בצרי

בַּצֵּיר (=מְבַצֵּר) (יומא לה א) מַפְחִית — He reduces, diminishes

בָּצִירָא (ע"ז ט א) פּוֹחֵת, פַּחְתָּן (?) — He reduces, it is less then, lessens

בְּצִירוּתֵיהּ (מג' טז ב) חֶסְרוֹנוֹ, פְּחִיתוּתוֹ, גֵּרְעוֹנוֹ — His lessening, his diminishing

בְּצִירָן (מג' יא ב, ע"ז ט א[99]) פְּחוּתוֹת, חֲסֵרוֹת — Are missing

בצלי (קידו' סב רע"א) ר' בוצלי — Cf.

בְּצַע בָּצַע[1] — He sliced (bread)

בָּצַע בּוֹצֵעַ, פּוֹרֵס — He slices (bread)

לָא הֲוָאִי[2] בָּצַעְנָא (שבת קמ ב) לֹא הָיִיתִי בּוֹצֵעַ (לחם) — I would not have sliced

בְּצַר (מנ' מב א) פָּחַת — He deducted, he diminished

בָּצַר (בר' לט רע"א ועוד) פּוֹחֵת, גּוֹרֵעַ — He diminishes, he deducts

בָּצְרָא (כתו' ז ב, כרי' ג א) פּוֹחֶתֶת — She diminishes, she deducts

בָּצְרוּ (יומא כו א ועוד) פּוֹחֲתִים, חֲסֵרִים — They diminish, they deduct, they make less

בַּצַּרוּ (מכות כב ב) פִּחֲתוּ — They have reduced, subtracted

בָּצְרִי, בָּצְרִי לְהוּ (תע' כד א, ב"מ ע א[3]) פּוֹחֲתִים, חֲסֵרִים — They are reducing, making (it) less

בַּצַּרִי (ב"מ קג ב) פִּחַתִּי — I reduced (my share) in your favor

בַּצְּרֵיהּ (מנ' לז ב) פִּחֲתוֹ, גְּרָעוֹ — He sliced it off

בַּצְּרֵיהּ בַּצּוֹרֵי (זב' נח א) הַפְּחֵת הַפְּחִיתוֹ, הַמְעֵט הַמְעִיטוֹ — He reduced it, he made it smaller

בַּצְּרִיתוּ (ב"מ עז א) אַתֶּם מַפְחִיתִים, תְּפַחִיתוּ — You are reducing, reduce

בצרן (ע"ז ט א) ר' בצירן — Cf.

בָּקָא (חול' נח ב) פִּשְׁפֵּשׁ — A mosquito

בְּקוּלְסֵי[4] (זב' קה ב) מַקְלוֹת[5] — A stick

בָּקֵי (שבת עז ב, סוכה כו א) יַתּוּשִׁים — Mosquitoes

בְּקִי (ב"מ פד ב) בְּדֹק, הִתְבּוֹנֵנִי — Check, look into *(imp.)*

בְּקִיאֵי בְּקִיאִים — They are proficient, competent

בְּקִיאִינַן (קידו' ל א) אָנוּ בְקִיאִים — We are proficient, competent

בְּקִיעַ (סנ' ה ב) בָּקִי — He is proficient, competent

בָּקְעֵי (עירו' ו א, כ א) בּוֹקְעִים (=עוֹבְרִים) — They cross, pass over

בַּקְרָא (ב"ק כד ב, מא א) עֵדֶר — A flock

בַּקָּרָא (כתו' פד ב ועוד) רוֹעֵה בָקָר — A cattle shepherd

בַּקְרָא דְתוֹרֵי (ב"מ פד רע"א) צֶמֶד שְׁוָרִים — A team of oxen

בַּקָּרֵי (סוטה מא א) רוֹעֵי בָּקָר — Cattle shepherds

בַּקְרָךְ (ב"ק כד ב, מא א) עֶדְרְךָ — Your flock

בַּקְתָּא (חול' נח ב) פִּשְׁפֵּשׁ (נ), פִּשְׁפְּשָׁה — A female bug

בַּר (בר' ו ב, סוכה מה א, סנ' צז ב) רְשׁוּת — Permission

בַּר מ חוּץ מ — Except for

בַּר מִינֵיהּ דְהַהוּא (חול' כט ב) חוּץ מִן הַהוּא[6] — Except for him (one should not learn anything from him)

כְּלַפֵּי בַר (זב' נה ב, תמיד כז א) כְּלַפֵּי חוּץ — Toward the outside, outward

לְבַר (בר' כו א ועוד) חוּץ — Except

לְבַר מ חוּץ מ — Except for

מִלְּבַר[7] מִבַּחוּץ — From the outside (including that which is added)

בַּר בֵּן — A son

---

98) מ' וה': בעתתיה, ד"ו: ביעתתיה.

99) מ' רש"י ואה"ת, ד': בצרן.

1) = בירך "המוציא" ופרס לחם לחלק למסובים.

2) הגהתי, ד': הואי, מ' ליי.

3) מ', ד': בציר.

4) רש"י ד"ו: בוקלסי, ע': קולסי, מ' ור' ב: קלסי, ר' א: קינסי, ק': קונסי.

5) מל"ר (עה"ש ע' בקלס).

6) = אין ללמוד ממנו (ראיה או קושיא).

7) למשל: שליש מלגיו או שליש מלבר (ב"ק יט ב) שליש מבפנים (יוסיף אחד על שלשה) או שליש מבחוץ (יוסיף אחד על שנים).

בר אבהן (מנ׳ נג א) ר׳ אבהן — Cf.

בַּר אוֹדוֹעֵי (ב״מ מח ב) צָרִיךְ לְהוֹדִיעוֹ

He has to be informed

בַּר אַוְוזָא בַּרְוָז — A duck

בַּר אוֹלוֹדֵי (יב׳ עו א) בֶּן־הוֹלָדָה[8]

Capable of giving birth

בַּר אוֹרוֹתֵי (ב״ב קלא א) בֶּן־הוֹרָשָׁה[9]

Having the capacity to cause one to inherit him

בַּר אוֹרְיָן (שבת לא ב ועוד) בֶּן־תּוֹרָה — Torah student

בר אושפזתי (תע׳ כד ב) ע׳: בר אושפרתי

בַּר אוּשְׁפַּרְתִּי[10] (תע׳ כד ב) בֶּן־אוּשְׁפַּרְתִּי[11]

The son of Ushpazti (Rav Papa)

בַּר אַחוּלֵי (כתו׳ קד סע״א) עָשׂוּי לִמְחֹל

Able to forgive (forfeit the payment)

בַּר אֲחָתֵיהּ בֶּן אֲחוֹתוֹ — Son of his sister

בַּר אֲחָתָיךְ (יב׳ צז ב) בֶּן־אֲחוֹתְךָ

Son of your sister

בַּר אֲחָתָךְ[12] (ב״מ צג ב) בֶּן־אֲחוֹתְךָ

Son of your sister

בַּר אִיטַמּוֹיֵי (נזיר מז ב, מכות כב א) מוּתָּר לְהִטַּמֵּא

Permitted to become ritually impure

בַּר אֱנִישׁ[13] בֶּן־אָדָם — Person

בַּר אֱנָשׁ בֶּן־אָדָם — Person

לֵית דֵּין בַּר אֱנָשׁ (עירו׳ כד א = שבת קיב ב[14])

אֵין זֶה בֶּן־אָדָם (רש״י: אלא מלאך)

He is not a human being (but an angel)

בַּר אִיפָּגוֹמֵי (מעי׳ יט א) עָלוּל לְהִפָּגֵם

Is subject to damage

בַּר אַיְתוֹיֵי כָּשֵׁר לְהָבִיא — He is fit to bring

בַּר אֲכִילָה רָאוּי לַאֲכִילָה — It is edible

בַּר אֲמוֹדָאֵי[15] (ר״ה כג א, ב״ב עד ב 2) צוֹלֵל — Diver

בַּר אֱמוֹרָאָה (כתו׳ קיב א) בֶּן־אֱמוֹרִי — Emorite

בר אמוראי ר׳ בר אמודאי — Cf.

בַּר אַרְבֵּיסַר (מג׳ ה ב) בֶּן־אַרְבָּעָה עָשָׂר[16] — Inhabitants of towns who read the *Megillah* on Adar 14

בַּר אַרְיָא (יומא עח א ועוד) בֶּן־אַרְיֵה[17] — Literally the son of a lion, i.e. the son of a Rabbinical scholar

בַּר אֲרַמָּאָה (יב׳ מה סע״ב) בֶּן־הַגּוֹי — Son of a non-Jew

בַּר אֲרַמַּיְיתָא (שם) בֶּן־הַגּוֹיָה — Son of a non-Jewess

בַּר אַרְמַלְתָּא (סנ׳ קט א, נדה סט א) בֶּן־הָאַלְמָנָה

Son of a widow

בַּר אַרְצוֹיֵי הוּא[18] (זב׳ יא ב) בֶּן־הַרְצָאָה הוּא, מְרַצֶּה הוּא

It is capable of bringing about atonement

בַּר בּוֹשֶׁת (ב״ק פו א ועוד) מִתְבַּיֵּשׁ

He is susceptible to being embarrassed

בַּר בֵּי רַב תַּלְמִיד יְשִׁיבָה — Yeshiva student

בַּר בָּבֶל (נדר׳ סו ב) בֶּן־בָּבֶל — Babylonian

בַּר בָּנִים (נדר׳ לז א) יָכוֹל לְהוֹלִיד

He is capable of giving birth (*m.*)

בַּר־בְּרָא בֶּן־הַבֵּן — Son of a son

בַּר בְּרֵיהּ (תע׳ כג א ועוד) בֶּן־בְּנוֹ — Son of his son

בַּר בְּרַתֵּיהּ בֶּן־בִּתּוֹ — Son of his daughter

בַּר בְּרָתָךְ (סוטה מט א) בֶּן־בִּתְּךָ

Son of your daughter

בַּר גִּיבּוּל (שבת יח א, קנה ב) אֶפְשָׁר לְגַבְּלוֹ

It is suitable for kneading

בַּר גּוֹזָלָא (פס׳ עד ב ועוד) (בן) גּוֹזָל — Young dove

בר גיהא (מ״ק ח ב) ר׳ גיהא — Cf.

בַּר גְּלִילָא (שבת פ ב, עירו׳ נג ב) בֶּן־הַגָּלִיל, גָּלִילִי

Inhabitant of the Galilee

בר דיניה (קידו׳ ע ב) מ׳: בעל דיניה

בַּר דֵּעָה (חגי׳ ב ב) יֵשׁ לוֹ דַּעַת — Intelligent being

בַּר דַּעַת (קידו׳ כד ב) בֶּן־דַּעַת (ב״ק נד ב)[19]

Person capable of reasoning

בַּר דַּרְכֵּי שָׁלוֹם (ב״מ קב א, חול׳ קמא ב) חַיָּב בְּדַרְכֵּי

8) = יכול להוליד.

9) זכאי להוריש, יש כח בידו להוריש.

10) ע׳, ד׳: אושפזתי, ועי׳ ד״ס.

11) לפי ע׳ — הכוונה לרב פפא, ועי׳ השגת בעל ד״ס.

12) מ׳, ד׳: אחתיך.

13) ע״ז י׳ ב: אה״ת: ילוד אשה, מ׳: ילוד איתתא.

14) חזקיה לר׳ יוחנן.

15) מ׳ ועי׳ ועוד, ד׳: אמוראי, ור׳ אמודאי.

16) הקוראים את המגלה בי״ד.

17) פניית כבוד לבנו של חכם.

18) מ׳ ר׳ א׳ וב׳, ד׳: ריצויי.

19) כל כ״י, ד׳: בר דעת.

שָׁלוֹם Obligated to perform an act for the sake of civil peace

בַּר דָּרוֹמָא (גט׳ נז א) בֶּן־הַדָּרוֹם
Inhabitant of the South

בַּר הַגְבָּהָה (ב״ב פו א) אֶפְשָׁר לְהַגְבִּיהוֹ
It can be lifted

בַּר הַגָּדָה (יומא עד רע״א) נֶאֱמָן לְהָעִיד
Acceptable as a witness

בַּר הֲוָיָה (סוטה כו ב, גט׳ פה א) יָכוֹל לְקַדֵּשׁ אִשָּׁה
Qualified to take a wife

בַּר הִינְג (שבת קט ב) מין אזוב — Species of hyssop

בַּר הֵיתֵּירָא (גט׳ כג א, קידו׳ מא ב) מוּתָּר בַּדָּבָר, הַדָּבָר נוֹהֵג בּוֹ
Person to whom the Jewish matrimonial law applies

לָאו בַּר הָכִי הוּא (שבת כג ב, יב׳ עט ב, קיא ב, סוטה כו א, כו ב) אֵינוֹ יָכוֹל לַעֲשׂוֹת כָּךְ
Incapable of performing this act

בַּר הֲמַג (שבת קט ב) מין אזוב — Species of hyssop

בַּר הַעֲמָדָה וְהַעֲרָכָה (ערכ׳ ו ב) אֶפְשָׁר לְהַעֲמִידוֹ (לפני הכהן) וְלִקְבֹּעַ אֶת־עֶרְכּוֹ (לפי שנותיו)
Can be stood up (in front of the Cohen)

בַּר הפרה ר׳ בר הקמה — Cf.

בַּר הֲקָמָה וּבַר הֲפָרָה (נדר׳ ע א) יָכוֹל לְקַיֵּם (את הנדר) וְיָכוֹל לְהָפֵר
Capable of fixing and dissolving a vow

בַּר הַרְצָאָה (ר״ה ה ב, זב׳ כט ב) (קרבן) מְרַצֶּה
Capable of bringing about atonement

בַּר זוּגֵיהּ (יב׳ ס ב, פג א) בֶּן־זוּגוֹ — His partner

בַּר זוּזָא (בר׳ מד ב ועוד) שָׁוֶה זוּז
Worth one zuz (a coin)

בַּר זְרִיעָה (פס׳ מו ב, ב״ב כט ב) מְקוֹם זֶרַע (=אפשר לזרוע בו) — Arable land

בַּר זְרִיקָה (תמו׳ כא א) רָאוּי לִזְרִיקָה (על גבי המזבח)
Suitable for throwing (onto the altar in the Temple)

בַּר חוּלְיָא (חול׳ נ א כ״פ) בֶּן חוּלְיָה[20], חוּלְיָה קְטַנָּה
The thinner part of the ring making up an animal's throat

בַּר חוֹרִין בֶּן־חוֹרִין — Freeman

בַּר חִיּוּבָא חַיָּב (=חובה עליו)
Being under obligation

בַּר חיור גווני[21] (סנ׳ צח א) ר׳ כאר — Cf.

בַּר חֲלוּקָה (ב״ב קמג א) רָאוּי לִיטוֹל חֵלֶק
Entitled to receive a part

בַּר חֲמֵיסַר (מג׳ ה ב) בֶּן חֲמִשָּׁה עָשָׂר[22] — Inhabitant of a town where they read the *Megillah* on Adar 15

בַּר חִימְצָא (חול׳ מט סע״ב) חֵלֶב שֶׁעַל הַקֵּיבָה (בְּצַד הַיֶּתֶר[23]) — Tallow on an animal's stomach

בַּר חֲמָרָא (בר׳ נו א, ועי׳ חול׳ עט א) עַיִר
Young donkey

בַּר חַמָּרָא (בר׳ נט א, תע׳ ו ב) (בֶּן־)הַחַמָּר
Son of donkey

בַּר חֶרְמֵשׁ (ב״מ פז ב, מנ׳ עא א) רָאוּי לִקְצִירָה
Suitable for reaping

בַּר טַבְיָא (חול׳ נט א) (בֶּן־)צְבִי — Young deer

בַּר טְבִילָה (בר׳ כא ב ועוד) יָכוֹל לִטְבֹּל
Obligated to submerse himself in a *mikveh*

בַּר טִיט (שבת סז א בתוך לחש) בֶּן־טִיט
Son of clay, mud, the name of a demon

בַּר טִינָא (שם) בֶּן־טִיט
Son of clay, mud, the name of a demon

בַּר טָמֵא (שבת סז ב — בתוך לחש) בֶּן־טָמֵא
Son of impurity (name of a demon)

בַּר טַעֲנְתָּא (ב״ק מה א) יָכוֹל לִטְעֹן
Capable of presenting an argument

בַּר יוּחָסִין (גט׳ פא ב) בֶּן־יוּחָסִין, מְיוּחָס (=יש לו

20) חוליה שאינה שלמה בקנה הריאה.
21) ע׳ (ע׳ כאר) כאר חיזר גווני.
22) = חייב לקרוא את המגלה בחמשה עשר.
23) ועי׳ ברש״י להלן (נ רע״א).

יחוס) Of distinguished lineage

בַּר יוֹכְנִי בֶּן־יוֹכְנִי[24] Gigantic bird

בַּר יוֹמָא (חול׳ נח ב) בֶּן־יוֹם One day old

בַּר יוֹמֵיה (שבת מט ב, ב״ב עג ב) בֶּן־יוֹמוֹ
One who just arrived or was born today

בַּר יוֹנָה (שבת קמב ב, זב׳ קח א) בֶּן־יוֹנָה
(Young) pigeon

בַּר יְרוּשָּׁה (ב״ב קמט א) רָאוּי לִירַשׁ
Qualified to inherit

בַּר יִשְׂרָאֵל בֶּן־יִשְׂרָאֵל (בניגוד לגוי) Jew

בַּר כָּבוֹד (מג׳ כד א) יֵשׁ לִכְבוֹדוֹ
Deserving of honor

בַּר כִּיבּוּס (זב׳ צד א) נִתָּן לְכַבְּסוֹ Washable

בַּר כַּוָּונָה (חגי׳ יט א) יָכוֹל לְכַוֵּן
Capable of paying attention

בַּר כִּיסוּפָא (ב״ק פו ב) מַרְגִּישׁ בַּחֶרְפָּה
Sensitive to embarrassment

בַּר כַּפָּרָה (פס׳ סב א ועוד) חַיָּב לְהָבִיא כַפָּרָה
Obligated to bring a sacrifice to atone for his sins

לָאו בַּר כַּפָּרָה (שם) אֵינוֹ חַיָּב לְהָבִיא כַפָּרָה
Not obligated to bring a sacrifice to atone for sins

בַּר כָּרֵת (שבו׳ יז א) חַיָּב כָּרֵת
Person culpable to the punishment of *kareis*

בַּר לוֹעָא[25] (שבת נד ב) בֶּן־לְחִי[26]
Ladder-like device that is tied to the cheeks of an injured animal to protect it from friction caused when it turns its head

בַּר לֵיוָאֵי (כתו׳ עז ב) ר׳ ליואי Cf.

בַּר מַגָּע (נדה מב סע״ב) אֶפְשָׁר לִנְגֹּעַ בּוֹ
Accessible to touch

בַּר מִהְדָּר (ב״מ יט ב) יָכוֹל לַחֲזוֹר בּוֹ
Able to withdraw, taking back

בַּר מהילא (יב׳ עא סע״א) ע׳: בר מילה

בַּר מְחֲוָונִיתָא (ב״ב סח אב) שׁוֹמֵר[27], מְצַיֵּן גְּבוּלוֹת גְּבוּלוֹת הַנְּכָסִים An official responsible for setting and providing information about the boundaries of fields surrounding a city

בַּר מְחִילָה (ב״ק קט א, סנ׳ נז א) נִתָּן לִמְחִילָה
In a position to forego (the payment of debt)

בַּר מִידָּע (נדר׳ פח א) בֶּן־דַּעַת Capable of reasoning

לָאו בַּר מִילָה[28] (יב׳ עא סע״א) אֵינוֹ בֶּן־מִילָה[29]
He cannot yet be circumcised

בַּר מִינַהּ (זב׳ ג ב) בֶּן מִינָהּ Of same species

בַּר מִינֵיהּ בֶּן־מִינוֹ Of same species

בַּר מִינֵּיהּ דְּרַב יְהוּדָה (בר׳ מג סע״א)
חוּץ מֵרַב יְהוּדָה[30] Except for Rav Yehudah (whose opinion I do not wish to follow)

בַּר מֵיעַל לְיַעַר (נדר׳ פח א) יָכוֹל לְהִכָּנֵס לַיַּעַר
Able to enter the forest

בַּר מִיקְדַּשׁ[31] (חול׳ עז סע״ב) אֶפְשָׁר לְהַקְדִּישׁוֹ
Can be sanctified (as a sacrifice)

בַּר מִישְׁמַע (נדר׳ עג א) שׁוֹמֵעַ (בניגוד לחֵרֵשׁ)
Able to hear (in contrast to a deaf person)

בַּר מִיתְנָא (יב׳ לז ב, לח א) בֶּן־הַמֵּת
Son of the dead person

בַּר מָךְ רַבְעַ (פס׳ מט סע״א) בֶּן־מְקַפֵּל רוֹבֵץ[32]
One who lies on folded (clothing) (an allusion to a drunkard who does not succeed in reaching his bed and hence folds his clothing and lies down on it)

בַּר מְמוֹנָא (סנ׳ עט ב) חַיָּב מָמוֹן Debtor

בַּר מְעִילָה (פס׳ כז ב) יֵשׁ בּוֹ דִּין מְעִילָה Subject to laws of sacrilege of sanctified property

בַּר מַעֲרְבָא בֶּן־אֶרֶץ יִשְׂרָאֵל
Inhabitant of the Land of Israel

(24) מין עוף ענק (אגדי?).

(25) מ׳ וא״פ וע׳, ד׳: בי לועא.

(26) תוספת סולם שבצואר החמור (הנזכר במשנה), ע׳: כשיש מכה לבהמה קושרים לה דף בצוארה אצל לחיים (צ״ל: לחייה?) כדי שלא תחזיר ראשה לחכך במכה.

(27) ערוך: עבדא דמרי מתא (עבדו של אדון העיר) שעומד ביער ויודע כל שדות העיר בסימניהן ובמצריהן (= ובגבולותיהן), וכל שדה ושדה ביד מי היא ומי עדים שלה, והכל יודע לחוות.

(28) מ׳, ד׳: מהילא.

(29) = לא הגיע זמנו למולו.

(30) רש״י: אל תביא לי ראיה מדבריו בזו.

(31) כ״י וד״ש ורש״י, ד״ו: מוקדש.

(32) רש״י: כך דרך המשתכרים אינו מספיק לילך לביתו ולשכב

בַּר מִפְרָשׁ (מנ׳ כג א) עָשׂוּי לִפְרֹשׁ
It is susceptible to separation

בַּר מַצְוָה בֶּן־מִצְוָה, חַיָּב בְּמִצְווֹת
Obligated to perform commandments

בר מצרא ר׳ דינא
Cf.

בַּר מִרְכָּב וּמוֹשָׁב (נדה לה ב, נד ב) מְטַמֵּא מִשְׁכָּב וּמוֹשָׁב
One who brings about ritual impurity by lying or sitting on an article

בַּר מַשָּׂא וּמַתָּן (קידו׳ לה א, ב״ק טו א) עוֹסֵק בְּמַשָּׂא וּמַתָּן
(Ordinarily) engaged in commerce

בַּר מְשִׁיכָה (ב״מ מח א, ב״ב פו א) בֶּן־מְשִׁיכָה, קוֹנֶה/נִקְנֶה בִמְשִׁיכָה
One who may acquire property by pulling

בַּר מָתָא בֶּן־הָעִיר
Townsperson

בַּר נְגִיעָה (קידו׳ כה א, שבו׳ ז ב) (מְטַמֵּא) בִּנְגִיעָה
One who brings about ritual impurity by contact

בַּר נִידָר וְנִידָּב (חול׳ מא ב ועוד) מוּבָא בְּנֶדֶר וּנְדָבָה, אֶפְשָׁר לִנְדֹּר וְלִנְדֹּב אוֹתוֹ
Sacrifice that can be brought on a voluntary basis

בר נטורי (ב״מ פא ב) ר׳ בר נטירותא
Cf.

בַּר נְטִיעָה (בר׳ לה א) נוֹטְעִים אוֹתוֹ
Substance that can be planted

בַּר נְטִירוּתָא[33] (ב״מ פא ב) מִשְׁתַּמֵּר
Space or area that can be guarded

בַּר נִירָא[34] (שבת נד ב) בֶּן־עֹל (עֹל קטן)
Small yoke

בַּר נַפְלֵי (סנ׳ צו ב) בֶּן־הֶעָנָן[35]
Appellation of the Messiah (in Greek)

בַּר נְצוֹיֵי (מג׳ כד א) יָכוֹל לָרִיב
One who is able to put up a fight

בַּר נָשׁ[36] (עירו׳ כד א[37], ב״מ כח ב[38]) בֶּן־אָדָם
Man

בַּר סַמְכָא (גט׳ ו ב, קידו׳ מד א) בֶּן־סֶמֶךְ[39]
Dependable person

בר סמכא (יב׳ סד ב) מ׳: דסמכא

בַּר סְקִילָה (כרי׳ ג א) חַיָּב סְקִילָה
Culpable to death by *sekilah*

בַּר עֲבוֹדָה (ביצה יא ב, נזיר מז ב) יָכוֹל לַעֲבֹד (בביהמ״ק)
Fit to serve in the Temple

בַּר עֲדוּת (מכות ח ב) כָּשֵׁר לְעֵדוּת
Qualified to serve as a witness

בַּר עוֹנָשִׁין (נזיר נז ב, תמו׳ ב ב) אֶפְשָׁר לַעֲנֹשׁ אוֹתוֹ
Punishable person

בַּר עָלְמָא דְאָתֵי (תע׳ כב א) בֶּן־הָעוֹלָם הַבָּא
One who merits the World to Come

בַּר עֲרוֹכֵי[40] (נזיר סב א) נֶעֱרָךְ (לְפִי שָׁנָיו)
(Child) suitable for valuation (according to his age)

בַּר עֲשׂוּרֵי חַיָּב בְּמַעֲשֵׂר
(Produce) subject to separation of *ma'aser* (the tithe) from it

בַּר פִּידְיוֹן הוּא (מעי׳ יב א) אֶפְשָׁר לִפְדּוֹתוֹ
(Animal) suitable to be redeemed

בַּר פְּדִיָּיה (מכות יט ב) נִפְדֶּה
(*Ma'aser sheini*) suitable to be redeemed

בַּר פַּחֲתֵי[41] (בר׳ יג ב, מג א, מו ב, שבת ג ב, נזיר נט א) בֶּן־פַּחוֹת, בֶּן־גְּדוֹלִים[42]
Son of pashas (high rank or office), son of great ancestors

בַּר פְּלוּגְתֵּיהּ (ב״מ לז ב) בֶּן־מַחְלָקְתּוֹ
Person who disputes him in Talmudic discussion, his disputant

בַּר קַבּוֹלֵי טוּמְאָה מְקַבֵּל טוּמְאָה
Susceptible to become ritually impure

על מיטתו, אלא מקפל לבושו תחתיו וישן.

33) כל כי״י, ד׳: נטורי.

34) הגדרת רב הונא ל״גימון״ שבמשנה (פ״ה מ״ד).

35) מלשון יונית, כינוי למשיח, ועי׳ עה״ש.

36) מצוי בירושלמי.

37) א״פ וד״ש: בר איניש. מ׳ לי׳ כל ״איכא דאמרי״.

38) כל כי״י וד״י: רומאה.

39) = אפשר לסמוך על דבריו.

40) מ׳ ורש״י, ד׳: עירוכי.

41) בכל מקום בפי ר׳ חייא לרב.

42) ערוך: פי׳ בר רברבני כדכתיב והפחות הראשונים (נחמ׳ ה טו).

בַּר קְטָלָא חַיָּב מִיתָה — Liable to capital penalty

בַּר קִנְיָן (יב׳ סח א[43]) קִנְיָנוֹ — קִנְיָן — His act of acquisition (a *kinyan*) is valid to acquire her

בַּר קָרְבָּן חַיָּב קָרְבָּן — Obligated to bring a sacrifice

בַּר קָשָׁא דְפוּמְבְּדִיתָא (שבת קי רע״א) בַּר קָשָׁא דְמָתָא (פס׳ קיא ב, ב״ב קי רע״ב) מוֹכֵס הָעִיר[44]

City tax collector (Aruch), governor of city (Rashi)

בַּר רִיצּוּי (זב׳ יא ב) (קרבן) מְרַצֶּה

Korban (sacrifice) that atones (appeases Hashem)

בַּר רָמֵי וּבַר רַבְרְבֵי הוּא[45] (מ״ק כח ב) בֶּן־רָמִים וּבֶן גְּדוֹלִים הוּא — Children of noble lineage

בַּר רְפוּאָה (חול׳ קכא א) מִתְרַפֵּא (=אפשר לרפאותו)

Paerson who can be cured

בַּר שִׁבְעָה (יב׳ לז א ועוד) בֶּן־שִׁבְעָה (=נולד לשבעה חדשים)

Child born prematurely in seventh month of pregnancy

בַּר שַׁוּוּיֵי[46] **שָׁלִיחַ** (גט׳ סב ב, סג א) יָכוֹל לַעֲשׂוֹת שָׁלִיחַ

Capable of appointing an agent

בַּר שׁוּרָא (פס׳ פו א) בֶּן־חוֹמָה, חֵיל[47] — Low wall

בַּר שַׁטְיָא (יב׳ לא א, כתו׳ כ א) בֶּן שׁוֹטֶה — Maniac

בַּר שֵׁידָא (חול׳ קה ב) (בֶּן) שֵׁד — Demon

בַּר שִׁילּוּחַ (ב״מ קב א) חַיָּב לְשַׁלֵּחַ (האם)

Obligated to send away (the mother bird)

בַּר שִׁימּוּר (נדר׳ לז א) זָקוּק לִשְׁמִירָה

In need of supervision

בַּר שַׁתָּא בֶּן־שָׁנָה — One year old

בַּר תּוֹרָה (קידו׳ לא ב) בֶּן־תּוֹרָה — Torah student

בַּר תְּשׁוּבָה (יב׳ כב ב) יָכוֹל לַחֲזוֹר בִּתְשׁוּבָה

Person capable of repentance

בַּר תַּשְׁלוּמִין חַיָּב לְשַׁלֵּם — Obligated to pay

בְּרָא בֵּן — Son

בְּרָא דְתוּמָא (שבת קלט ב, תע׳ כה א) שֵׁן שֶׁל שׁוּם

Clove of garlic

בְּרָא (בר׳ נב ב ועוד) בָּרָא — He created

בָּרָא חִיצוֹן — External

צִימְרָא בָּרָא (גט׳ סט ב) חֹם חִיצוֹן — External heat

תּוֹרָא בָּרָא (בכו׳ לח ב, לט א) שׁוּרָה חִיצוֹנָה — Outer row

תַּנָּא בָּרָא תַּנָּא חִיצוֹן (=שָׁנָה את הברייתא)

Author of the *Beraissa*

לְבָרָא הַחוּצָה — Outside

בְּרַאי (יב׳ לז ב ועוד) בְּנִי — My son

אַבָּרַאי (חול׳ קל סע״א ועוד) בַּחוּץ — Outside

בָּרָאֵי (בכו׳ ח ב ועוד) חִיצוֹנִים

Those outside

דְּבָרָאֵי הַחִיצוֹנִים — Those who are outside

לְבָרַאי לַחוּץ — Toward the outside

מִבָּרַאי מִבַּחוּץ — From outside

בַּרְדָּא (בר׳ יח א, נט א[48]) קֶרַח — Ice

בּרְדָא (שבת נ ב כ״פ) בֶּרֶד[49]

A face lotion composed of aloes, myrtle and violets

בַּרְדָּא (חול׳ סב ב) שם עוף טמא — Name of impure bird

ברדיוני (נדה סז רע״א) ר׳ דידיוני — Cf.

בְּרַהּ בְּנָהּ — Her son

בָּרוּ (סנ׳ פה ב) בּוֹרְאִים, יִבְרְאוּ

They create, they will create

בָּרוּךְ[50] (סוכה מז א) בֵּרְכוּ — They recited the benediction

ברוך (בר׳ מ רע״א) ר׳ בריך — Cf.

בָּרוֹכֵי (ל)בָרֵךְ — (To) bless, to recite the benediction

לְבָרוֹכֵי (פס׳ ז ב) לְבָרֵךְ — To recite the benediction

בְּרוּקְתִּי (פס׳ קיא סע״ב, גט׳ סט רע״א) מחלת עינים (רש״י: כליון עינים) — Eye disease

לְבָרוּרַהּ (כתו׳ כב סע״ב) לְבָרְרָהּ — To clarify it

ברושייאתא (גט׳ סט ב) ר׳ כרושייתא — Cf.

(43) בב״ב קנא ב אין כל המשפט בכ״י ועוד.
(44) ע׳: ״מוכס העיר וי״א ממונה על העיר״.
(45) מקינות נשי שכנציב.
(46) מ׳, ד׳: שויה, שויא.
(47) = חומה קטנה — איכה ב ח: חיל וחומה.

(48) ב״נ ואה״ת, ד׳: ברזא, מ׳: נורא.
(49) תלי שם: מאי ברדא? א״ר יוסף תילתא אהלא (= אָהָל) ותילתא אסא (= הדס) ותילתא סיגלי.
(50) מ׳, ד׳: בריכי.

בְּרוּתָא הִיא (ב"מ ט א ועוד) חִיצוֹנִית הִיא[51]
It is an external (false, rejected) opinion
בַּרְזָא (שבת קלט ב ועוד) נֶקֶב — A plug to close the hole
(in a barrel that serves as a faucet)
בַּרְזָא (חגי' ט ב) רְצוּעָה (של עור) — Strap (of leather)
ברזא (בר' נט א) ר' ברדא — Cf.
בַּרְזֵי (שבת קיז א) נְקָבִים — Hide cut strap-wise
בַּרְזֵיהּ (סנ' עו ב, חול' ח א) נְקָבוֹ — He pierced it
ברזיליה (ב"ק נו ב כ"פ) ר' כרזיליה — Cf.
בַּרְזִינָא (שבת קט ב) כּוֹס (מכילה 1/8 של רביעית)
A cup (containing 1/8 of *revi'is*)
ברזלא (שבת סו ב) מ': פרזלא
בַּרְזַנְיָיתָא (ב"מ מ ב, צט ב) הַנּוֹקְבִים (=עוֹשֵׂי חוֹרִים)
Those who perforate
בַּרְחָא עֵז, תַּיִשׁ — Goat, billy-goat
בַּרְחָא קַרְחָא (שבת קנב ב, סנ' סג ב) תַּיִשׁ קֵרֵחַ[52]
Bald buck, ram
בָּרֵי בּוֹרֵא — He creates
לָא מָצֵי בָּרֵי (סנ' סז ב) אֵינוֹ יָכוֹל לִבְרוֹא
He cannot create
בָּרֵי (ב"מ פד ב) הִבְרִיא — He became cured
בָּרִי[53] (ב"ב קנה ב) בָּרִיא (=שָׁמֵן) — Healthy (corpulent)
בְּרִי בְּנִי — My son
בְּרֵיא נַפְשָׁךְ (תע' כא סע"ב) הַבְרֵא עַצְמְךָ
Cure yourself (*imp.*)
בריאותא (נדה מז ב) מ': בריותא
בְּרֵיהּ בְּנוֹ — His son
בִּרְיוֹנֵי בִּרְיוֹנִים, פָּרִיצִים — Ruffians, hoodlums
בְּרִיוּתָא בְּרִיאוּת, שְׁמֵנוּת
Health, fleshiness, being corpulent
בָּרֵיז (סנ' נב ב) נוֹקֵב (=עושה חור)
He pierces (makes a hole)
בָּרֵיז[54] (גט' פד א) נוֹקֵב, דּוֹקֵר — He pierces, stabs
בריחי (שבת כא א, קמה ב) ר' כריהי — Cf.
בָּרְיֵי (כתו' סא רע"א) בְּרִיאִים — They are healthy
בָּרְיָיה[55] (יב' סה א) הִבְרִיאָה — She became well
בָּרְיָין (פס' קיב ב, חול' נה ב, צג ב) מַבְרִיאוֹת, בְּרִיאוֹת
They (*f.*) are becoming cured, healthy
בָּרְיָיתָא (ב"ק קיח ב) הַבְּרִיאוֹת — Plump (healthy) ones
בָּרַיְיתָא חִיצוֹנִית, (משנה) חִיצוֹנִית, בָּרַיְיתָא
External, external *Mishnah*, *Beraissa*
בִּרְיָיתָא (שבת פב א ועוד) הַבְּרִיּוֹת
Concerning health (matters)
ברייתא (יב' סה א) מ': ברייה
בְּשׁוּקֵי וּבְבָרָיָיתָא[56] (ב"ב מ ב) בַּשְּׁוָקִים וּבַחוּצוֹת
In the markets and the streets (ראה מלכים א' כ לד)
בִּרְיָיתֵיהּ (סוכה לב רע"א) בְּרִיָּתוֹ — Its natural way
בָּרֵיךְ בֵּרַךְ — He blessed, he recited a benediction
בְּרִיךְ בָּרוּךְ — He was blessed
בְּרִיךְ (שבת קנו ב ועוד) בְּנֵךְ — Your (*f.*) son
בְּרָיךְ (סוטה מט א, קידו' ל א) בִּנְךָ — Your (*m.*) son
בָּרֵיךְ[57] בָּרֵךְ (צ) — Bless, recite a benediction (*imp.*)
בָּרִיכִי (בר' מט א) בֵּרַכְתִּי — I recited a benediction
בריכי (סוכה מז רע"א) מ': ברוך
בָּרֵיכִינַן (בר' נח ב) אָנוּ מְבָרְכִים, בֵּרַכְנוּ
We recite a benediction, we recited a benediction
בָּרֵיכְנָא (שם) אֲנִי מְבָרֵךְ, בֵּרַכְתִּי
I recite a benediction, I recited a benediction
בָּרֵיק (בר' נט א) בּוֹרֵק (ברק) — It (lightning) flashes
בְּרִיר[58] (מנ' ח א, יא ב) בָּרוּר — Clear, evident
ברירי (פס' קיב א) מלת לחש — Term of incantation
בריתא[59] (ב"ב מ ב) ר' ברייתא — Cf.

(51 ע' (ע' בר ד): מקום שטעו חכמים ולא דיברו כהלכה לא רצו לגנותם ולומר טעו אלא אמרו ברותה כלומר: דעת חצונית היא.

(52 ע': עז זכר שהוא קרח, והוא שעיר עזים וי"א איל.

(53 מ': איברי (= אי ברי), ה': אי בריא, ד': ואי אברי.

(54 הגהתי, מ': בדין, ד': מבריז.

(55 מ', ד': ברייתא.

(56 מ', ה"ג ר"ח ועוד: בריאתא, ד': בשוקא ובבריתא.

(57 ברכ' מ' רע"א: טול ברוך. פירש"י: טול מפרוסת הברכה (השוה ברכ' מד ב: ואייתו לי ["אומצא"] מהיכא דמקרב לבי ברוך, ופרש"י: למקום שברכו על השחיטה), וכן הנוסח ("ברוך") בב"נ, אבל במ': בריך.

(58 ד': בריר ברירה, כל כ"י ושט"מ לי' ברירה.

(59 מ': ברייתי, ה"ג ר"ח ועוד: בריאתא.

בְּרָךְ (תע׳ כד א ועוד) בִּנְךָ	Your son
בִּרְכַּי (בר׳ ו א) בִּרְכַּיִם	Knees
אַבִּירְכַּי (פס׳ קח א) עַל בִּרְכַּיִם	On the knees
בָּרְכֵיהּ (מג׳ טו א 2) בֵּרְכוֹ	He blessed him
בָּרְכִינְהוּ[60] (מ״ק ט ב) בֵּרְכָם	He blessed them
בָּרְכָךְ (שם) בֵּרַכְךָ	He blessed you
ברכן (מ״ק ט ב) מ׳ אה״ת וע״י: ברכינהו	
בִּרְכַּת מְזוֹנָא בִּרְכַּת הַמָּזוֹן	Grace after meal
בִּרְכְתָא הַבְּרָכָה	The benediction
ברלא (ב״ק קיג ב) ר׳ בולרא	Cf.
בְּרַם (ב״ב נח ב 2)[61] אֲבָל	But, however
בְּרַנְהוּ (ר״ה יח א) בְּרָאָם	He created them
בַּרְסָם (גט׳ סט א, חול׳ קה ב[62]) מין חולי[63], דַּלֶּקֶת הַמּוֹחַ (?)	
	A sickness, serious cold, catarrh of head, meningitis(?)
בָּרְצוּהּ[64] (ע״ז נט ב) הוֹצִיאוּהוּ (את היין) (ע״פ ע׳)	
	They removed (the wine)
בֵּירְצַיְיהוּ (ע״ז עד ב) שׁוּלֵיהֶן	Their bottom
בַּרְקָא (בר׳ נט א כ״פ) בָּרָק	Flash of lightning
בַּרְקָא (שבת סו ב, סז א, ע״ז כח ב[65] ועוד) שֵׂעָר	Hair
ברקא (סנ׳ צח א) ר׳ סוסיא	Cf.
בַּרְקָא (עירו׳ טו א) יָצִיעַ	
	A porch, a gallery, a kind of piazza
בַּרְקָא חֲלִילָא[66] (ב״ב סא א) תָּא חָלוּל[67], מִגְדָּל חָלוּל	
	A hollow porch, gallery, portico
בְּרַת (כתו׳ נד א ועוד) בִּתִּי	My daughter
בְּרַתָּא בַּת	Daughter, girl
בְּרָתָא (ר״ה כג א, ב״ב פ ב[68]) בְּרוֹשׁ	A cypress tree
בְּרַתַּאי (ב״מ פה א) בִּתִּי	My daughter
בְּרַתַּהּ בִּתָּהּ	Her daughter
בְּרַתִּי בִּתִּי	My daughter
ברתי (ב״ב פ ב) ה׳ ור״ג: ברתא	
בְּרַתֵּיהּ בִּתּוֹ	His daughter
ברתיך (קידו׳ מה א) מ׳ ורש״י: ברתך	
בְּרַתָּךְ בִּתְּךָ, בִּתֵּךְ	
	Your (*m.*) daughter, your (*f.*) daughter
בְּרַתָ(י)ךְ (קידו׳ מה א — מ׳ ורש״י) בִּתְּךָ	
	Your (*m.*) daughter
בִּישׁוּלָא בִּשּׁוּל	Cooking
בישולא (שבת עט סע״א) ר׳ בושלא	Cf.
בַּשּׁוּלֵי (פס׳ מד ב, נזיר לז א, ב״ב יג ב, סנ׳ סט א) (ל)בַשֵּׁל	
	(To) cook
לְבַשּׁוּלֵי לְבַשֵּׁל	To cook
לְבַשּׁוּלֵי (גט׳ סט א) לְבַשֵּׁל[69]	To cause blisters to
	ripen to the point that the puss will emerge
בִּישׁוּלֵיהּ (בכו׳ ו ב) בִּשּׁוּלוֹ	Its being cooked
בְּשׁוּלַיְיהוּ (ביצה כז א) בִּשּׁוּלֵיהֶם	Their being cooked
בְּשׁוֹרְתָא טָבְתָא (ר״ה יט א, תע׳ יח א — ממג״ת)	
בְּשׂוֹרָה טוֹבָה	Good news
בְּשִׁיל בָּשֵׁל	Well-done
בְּשִׁיל וְלָא בְשִׁיל בָּשֵׁל וְלֹא בָשֵׁל	
	Imperfect (incompletely) cooked
בַּשֵּׁיל (יב׳ קכא סע״ב) בַּשֵּׁל (צ)	Cook (*imp.*)
בַּשִּׁילָה (נדר׳ סו ב) בִּשְּׁלָה	She cooked
בַּשִּׁילִי (שם) בַּשְּׁלִי	Cook (*imp.*)
בַּשְּׁלֵיהּ (פס׳ מא א) בִּשְּׁלוֹ	He cooked it
בַּשְׁלִינַן (ב״ב עג ב) בִּשַּׁלְנוּ	We cooked
לָא בַשְׁקְרוּהּ (יב׳ קכ א) לֹא הִכִּירוּהוּ	
	They did not recognize him
בִּישְׂרָא בָּשָׂר	Meat, flesh
בִּשְׂרָא וְדָמָא (תמיד לב ב) בָּשָׂר וָדָם	
	Flesh and blood
בִּישְׂרֵיהּ בְּשָׂרוֹ	His flesh

60) מ׳ אה״ת וע״י, ד׳: ברכן.

61) ורגיל בפתיחת משפט בעברית.

62) כ״י וע׳ ואה״ת, ד׳: כרסם.

63) רש״י: מורסן הבא (כנוס׳ אה״ת) מן החוטם. פ״א: נזלת (ע׳ עה״ש).

64) במ׳ — מקומה חלק.

65) מ׳ וע׳, ד׳: ביקרא.

66) כ״י וע׳ וראשונים, ד׳: בדקא חלילה.

67) תה״ג אסף, 138: ״מגדל העושין בחומה, והוא חלול מבפנים, ואם רצה פותח לו פתח לחוץ״ (אברמסון בפי׳ לב״ב).

68) ה׳ ור״ג, ד׳: ברתי.

69) בהשאלה לריכוך אבעבועות. רש״י: ״שתקבץ לחה שלהן לתוכן שתהא יוצאה כשיבקעו אותן״.

בִּישְׂרַיְיהוּ (שבת קכט ב, ב"מ פה ב) בְּשָׂרָם

Their meat, flesh

בִּשְׂרַיְיכוּ (גט' נז ב, סנ' צו ב) בְּשַׂרְכֶם Your flesh

בִּשָּׁשׁ (בר' מ א) לִפְתָּן Seasoning, relishes

בַּת אִיגְּרוּשֵׁי (גט' עח א) נִתָּן לְגָרְשָׁהּ

She can be divorced

בַּת אוּר (שבת כה רע"ב) רָאוּי לְהַסָּקָה (ע') Fit for fuel

בַּת אוּשְׁפִּיזְכָנֵיהּ[70] (בר' יח ב) בַּת מְאָרְחוֹ His hostess

בַּת אַחוֹלֵי (כתו' קד סע"א) עֲשׂוּיָה לִמְחֹל

Apt to renounce what she deserves to receive

בַּת אַיְתוֹיֵי (ערכ' ח ב) כְּשֵׁרָה לְהָבִיא

She is obligated to bring (the sacrifice)

בַּת אֲכִילָה רְאוּיָה לַאֲכִילָה Edible

לָאו בַּת אִיעַבּוּרֵי הִיא (יב' מא ב) אֵינָהּ מִתְעַבֶּרֶת

Not old enough to become pregnant

בַּת אַרְעָא (שבת סה א) (מכה) בַּת קַרְקַע[71]

Wound under sole of foot

בַּת אַתוֹיֵי קָרְבָּן (ערכ' ח ב) חַיֶּבֶת בְּקָרְבָּן

She is obligated to bring sacrifice

בַּת אִיתְרוֹסֵי (ארס) (גט' מג א) מִתְאָרֶסֶת, מִתְקַדֶּשֶׁת

Able to become an *arusah*

בַּת[72]**בַּטְנִיתָא** (ב"מ פו ב) בַּעֲלַת כֶּרֶס

Fat, corpulent (*f.*)

בַּת בִּיאָה (יב' קי א) רְאוּיָה לְבִיאָה (=לבעילה)

Fit for having sexual relations (*f.*)

בַּת בִּיקְתָּא[73] (יב' פד סע"א) שְׁכֶנְתָּהּ[74]

Her neighbor, a parallel case stated nearby

בַּת בִּירְתָּא (חול' קו א) חָרִיץ קָטָן Small furrow

לָאו בַּת גִּיזָּה הִיא (בכו' כה ב) אִי אֶפְשָׁר לִגְזֹז אוֹתָהּ

The prohibition of shearing is inapplicable

בַּת גֵּירָעוֹן (ער' כה ב) (נִתָּן לִפְדּוֹתָהּ עַל יְדֵי) גֵּרָעוֹן

Field redeemable by paying *hekdesh* through deducting from fixed fifty shekel rate according to years left until Jubilee year

בַּת גִּישְׁתָּא (ע"ז עב ב) ר' גישתא Cf.

בַּת דַּנְקָא (שבו' לז א) מְחִירָהּ שִׁשִּׁית הַדִּינָר (=מעה)

Its price is a sixth of a *dinar* (*ma'ah*)

בַּת הָכִי (סנ' כה ב) עֲשׂוּיָה לְכָךְ, רְאוּיָה לְכָךְ

Suitable for doing that

בַּת הֶפְשֵׁט וְנִתּוּחַ (זב' פה א) טְעוּנָה הֶפְשֵׁט וְנִתּוּחַ

Needs to be flayed and dissected

בַּת הַקְרָבָה רְאוּיָה לְקָרְבָּן Suitable for an offering

בַּת הִשְׁתַּחֲוָאָה (שבו' יז א) אֶפְשָׁר לְהִשְׁתַּחֲווֹת

Having the capability to prostrate

בַּת זַבּוֹנֵי[75] (כתו' סט ב 2) בַּת מְכִירָה (=ממכרה — ממכר)

She is legally capable of selling things

בַּת זביני (שם) מ': זבוני

בַּת חִיּוּבָא (סוכה מב א, מנ' מא א) חַיֶּבֶת (=חוֹבָה עָלֶיהָ)

She is obligated

מִי לָאו בַּת חֲלִיצָה וְיִבּוּם הִיא (יב' לה ב) כְּלוּם אֵינָהּ חַיֶּבֶת בַּחֲלִיצָה וְיִבּוּם?

Isn't she obligated to do *chalitzah* and *yibum*?

בַּת טְבִילָה (בר' כא ב) יְכוֹלָה לִטְבֹּל

Obligated to immerse herself in *mikveh*

בַּת טָהֳרָה (קידו' לה ב) מִטַּהֶרֶת

Purifying herself is applicable to her

בַּת טוּמְאָה (שם) נִטְמֵאת

Becoming ritually impure is applicable to her

בַּת טַמּוֹיֵי (חול' קכג ב) מִטַּמְּאָה, עֲשׂוּיָה לְטַמֵּא

It (*f.*) can become ritually impure

בַּת יוֹמָא (פס' מד ב ועוד) בַּת יוֹמָהּ[76]

A pot in which something was cooked within 24 hours

לָאו בַּת יְעָדָה הִיא (ב"ב קי ב) אֵינוֹ יָכוֹל לְיַעֲדָהּ

Yi'ud (lit. designation, e.g., the owner or his son marries his previous maidservant) cannot be done with her

לָאו בַּת יְרוּשָּׁה הִיא (כתו' צא א ועוד) אֵין לָהּ זְכוּת יְרֻשָּׁה

She has no inheritance rights

(70) מ' ואה"ת, ד': אושפיזכתיה.

(71) רש"י: מכה שהיא תחת פרסת הרגל.

(72) ה', מ' אה"ת: בר, ד': בי.

(73) מ' וע', ד': בוקתא.

(74) ערוך (בסוף ע' בקתא) ושני עניינים לביקתא: יש לשון שכנות ויש לשון בית. ועי' ע' ביקתא.

(75) מ', ד': זביני.

(76) קדרה שבישלו בה בתוך מעת לעת.

לָאו בַּת כַּפָּרָה הִיא (יומא ב א) אֵינָהּ מְכַפֶּרֶת

It (the cow) cannot bring atonement

בַּת מֵיהְדַּר (סוטה מג ב) אֶפְשָׁר לַחֲזֹר עָלֶיהָ[77]

It releases him from his military obligations

בַּת מְזְגָא חַמְרָא (חול׳ סג רע״א) בַּת מוֹזֶגֶת יַיִן (שם עוף טהור)

Little wine mixer (*f.*) (name of *tahor*, clean, bird)

בַּת מֵיכַל וּמֵיעֲבַד (קידו׳ כב א) עוֹשָׂה וְאוֹכֶלֶת

She is capable of working and thus receiving food from her husband for her work

בַּת מֵימַר שִׁירָה (חול׳ סד ב) יְכוֹלָה לוֹמַר שִׁירָה

It (*f.*) can say *shirah*--a song of praise to Hashem

בַּת מְעִילָה (ר״ה כח א) מוֹעֲלִים בָּהּ

Subject to inappropriate use of *hekdesh*-- sacred property

לָאו בַּת מִצְוָה (ב״ק טו א) אֵינָהּ חַיֶּבֶת בְּמִצְוָה

She is not obligated to do mitzvos

בַּת מִיקְדַּשׁ (בר׳ ו א ועוד) רְאוּיָה לִהְיוֹת קֹדֶשׁ

Capable of becoming *kodesh*-sacred

בַּת מְשׁוּלַּחַת (נדה סט סע״ב) בַּת מַחֲזִיר גְּרוּשָׁתוֹ[78]

A girl born from a couple who remarried after being previously divorced but that woman had married another man between the divorce and remarriage

בַּת מִשְׁכָּב וּמוֹשָׁב (נדה נד ב) מְטַמְּאָה מִשְׁכָּב וּמוֹשָׁב

She causes the object on which she rests or sits ritually impure

בַּת מִשְׁתְּיָא (ר״ה ד א) יְכוֹלָה לִשְׁתּוֹת

It (*f.*) is capable of drinking wine

בַּת מִשְׁתְּיָא (יב׳ נח א) מוּתֶּרֶת לִשְׁתּוֹת

She is subject to the requirement to drink the bitter water

בַּת נְטוּרֵי (ב״מ פא ב) ר׳ נטירותא

Cf.

בַּת נְטִירוּתָא[79] (שם) מִשְׁתַּמֶּרֶת

It can be guarded

בַּת[80] **נִירָא** (שבת קה סע״א) בַּת הַנִּיר[81]

Warp thrums in weaving the edge of the warp string, tied to the upper loom's weight

בַּת נַעֲמִיתָא (מ״ק כו סע״א) בַּת הַיַּעֲנָה

An ostrich

בַּת נִישׂוּאִין (סנ׳ כא א) מוּתֶּרֶת לְהִנָּשֵׂא

Her marriage is valid

בַּת נשקי (גט׳ מג ב) ר׳ נשקי

Cf.

בַּת סְקִילָה חַיֶּבֶת סְקִילָה

Obligated to be punished by *sekilah*

בַּת עֵינָא (מ״ק י א) בַּת-עַיִן[82]

Hole in the middle of millstone through which the grains fall

לָאו בַּת פֵּירָעוֹן הִיא (ב״מ ז ב) אֵינָהּ יְכוֹלָה לְהִפָּרַע

It (the *kesuvah*) is not usually payable

בַּת צִידְעָא (שבת פ ב, נזיר ג א, ב״ב ס ב) בַּת-צֶדַע[83]

The hair close to the temples left when making a bun

לָאו בַּת קַבּוּלֵי טוּמְאָה הִיא (זב׳ צד א) אֵינָהּ מֻכְשֶׁרֶת לְקַבֵּל טֻמְאָה

Incapable of becoming ritually impure

בַּת קָלָא (כתו׳ עז ב ועוד) בַּת קוֹל

A Divine call

לָאו בַּת קְמִיצָה הִיא (מנ׳ יח ב) אֵינָהּ טְעוּנָה קְמִיצָה

Kemitzah (taking a fistful of the meal offering in certain prescribed way) does not have to be done on it

בַּת קָרְבָּן הִיא (נזיר י א) רְאוּיָה לְקָרְבָּן

It (the cow) is suitable for a sacrifice

לָאו בַּת קָרְבָּן הִיא (נדר׳ לו א) אֵינָהּ חַיֶּבֶת קָרְבָּן

She is not obligated to bring a sacrifice

בַּת רְבִיעְתָא (חול׳ קז א) מַחֲזֶקֶת רְבִיעִית

It contains a *revi'is* (a liquid measure of a quarter of a *log*)

לָאו בַּת שְׁבוּעָה הִיא (ב״מ ד ב, שבו׳ מ ב) אֵין נִשְׁבָּעִים עָלֶיהָ

Not subject to a *shevu'ah* (oath)

לָאו בַּת שְׂרֵפָה הִיא (סנ׳ נב סע״ב) אֵינָהּ חַיֶּבֶת שְׂרֵיפָה

She isn't condemned to *sereifah*

(77) מי שנטע נטיעה ילדה (= צעירה) — אם חוזר עליה מן המלחמה.

(78) ישראל שהחזיר גרושתו לאַחַר שנישאת לאַחֵר (והלה גירשה או מת) וילדה לו בת.

(79) כל כ״י, ד׳: נטורי.

(80) כ״י וע׳ ורש״י והב״ה, ד״י: בבי, ד״ח: בבתי.

(81) היינו: הרווח שנוצר (למעבר חוט הערב) בין חוטי השתי שהורמו בהנפת אחד הנירים לבין החוטים המושחלים בניר האחר. ועי׳ ערוך ע׳ בת נירא.

(82) רש״י: נקב באמצע הריחים, שהתבואה נופלת לתוכו.

(83) ע׳: ״כשהאשה קולעת שערה כולן משיירת ממנו דבר מועט בין אזניה לפדחתה כנגד צדעיה וכו׳״.

(to have her inner organs burned after being forced to swallow a heated wick of lead)

בַּת שְׂרֵיפָה הִיא (פס׳ פב סע״א, בכו׳ יב ב) טְעוּנָה שְׂרֵפָה
It (the *korban*) must be burned

בַּת תַּשְׁמִישׁ הִיא? (כתו׳ סג סע״א) מוּתָר לִשְׁכַּב עִמָּהּ?
Can one have relations with her?

בַּת תִּיהָא (ע״ז סו רע״ב) בַּת־רֵיחַ[84]
Small hole on the cover of barrel to enable smelling the wine to ascertain its quality

בָּת (בות) לָן — He lodged at night

בַּתְוָותָא[85] **דְמֵשָׁרָא**[86] (שבת קי ב) אֶמְצַע עֲרוּגָה (ע׳)
Middle of flower bed

בְּתוּלְתָא (יומא יט ב, מ״ק ב א) בְּתוּלָה — Virgin

בָּתֵּי בָּתִּים — Houses

בָּתֵּי בָרָאֵי (חגי׳ ה ב ועוד) בָּתִּים חִיצוֹנִים — Outer houses

בָּתֵּי גַוָּאֵי (שם) בָּתִּים פְּנִימִיִּים — Inner houses

בָּתֵּי גְחִינֵי (שבת מג רע״א) בָּתִּים נְמוּכִים — Low houses

בָּתֵּי כְסָאֵי[87] (בר׳ כו א) בָּתֵּי כִסְאוֹת — Toilets

בתי נירא (שבת קה סע״א) ר׳ בת נירא — Cf.

בָּתַיְיכוּ (פס׳ ה סע״ב) בָּתֵּיכֶם — Your (*p.*) houses

בָּתַר אַחַר — After

לְבָתַר לְאַחַר — Afterward

בָּתְרָא אַחֲרוֹן — Last

אַבָּתְרָא (ביצה כד א) אַחֲרֶיהָ — After it

בָּתְרָאָה הָאַחֲרוֹן — The last one

בָּתְרַאי אַחֲרַי — After me, behind me

אַבָּתְרַאי (קידו׳ ע ב ועוד) אַחֲרַי — To fetch me

בָּתְרָאֵי אַחֲרוֹנִים — Last ones

בָּתְרַהּ, אַבָּתְרַהּ אַחֲרֶיהָ — After it, her

בָּתְרֵיהּ, אַבָּתְרֵיהּ אַחֲרָיו — After it, him

אַבָּתְרִיךְ (יב׳ לד ב) אַחֲרַיִךְ
Lit. after you: about you (*f.*)

בָּתְרַיְיהוּ, אַבָּתְרַיְיהוּ אַחֲרֵיהֶם — After them

בָּתְרַיְיתָא אַחֲרוֹנָה — Last one (*f.*)

בָּתְרָיָיתָא אַחֲרוֹנוֹת — Last ones (*f.*)

בָּתְרִין (מ״ק כה א) אַחֲרֵינוּ — After us

בָּתְרָךְ (ע״ז י ב ועוד) אַחֲרֶיךָ — After you

---

84) = נקב קטן שעושים במגופת החבית להריח את היין לידע טיבו (עי׳ ערוך ע׳ תה ד).
85) ע׳, ד׳: כבתותא, ועי׳ ח״ג שם.
86) מ׳: דמשארי, רש״י ד״ש: דמשארא.
87) מ׳ (שט׳): בית הכסא!

– ג –

גָּאדֵיל כְּלִילֵי (ב״ב קלג ב) קוֹלֵעַ כְּתָרִים He braids crowns

לְגָאו, לְגָיו (ב״מ כו א ועוד) לִפְנִים, כְּלַפֵּי פְּנִים

Inside, toward the inside

גאזי דפאטי (ע׳) ר׳ גזירפטי Cf.

גָּאֵיז (גט׳ ג א, סז ב, זב׳ יח רע״ב[1]) חוֹתֵךְ (=מְקַצֵּר)

He cuts, cuts short, shortens

גָּאֵים (גמם) (חול׳ צב ב, צג א, צו א) גּוֹמֵם, חוֹתֵךְ

He cuts down

גָּאֵים (גט׳ סה ב) פּוֹגֵשׁ He meets

גְּאמוּ (=גמעו) (חול׳ קיא א) הַאֲכִילוּ, הַלְעִיטוּ[2]

Feed him, force him to swallow (*imp.*)

גָּאנֵי (ב״ב נח א) שׁוֹכֵב He rests, lays down

גַּב, אגב ר׳ אגב Cf.

גַּבָּא (יב׳ סג ב) גַּבָּהּ Her back

גַּבַּאי אֶצְלִי, לִי[3], בְּיָדִי[4] By me, for me, in my hand

לְגַבַּאי אֶצְלִי By me

גִּבָּא דְעַמְרָא גִּזַּת צֶמֶר Shearing of wool

גִּבְּבֵי דְעַמְרָא (גט׳ סח א) גִּזּוֹת צֶמֶר (רש״י)

Shearings of wool

גְּבַהּ (חול׳ ז ב ועוד) גָּבַהּ It rose high

גַּבַּהּ, לְגַבַּהּ אֶצְלָהּ By her

גַּבַּהּ (חגי׳ יז א) גַּבָּהּ Its back

גָּבוּ גּוֹבִים They collect

גְּבוּרְתָא גְּבוּרָה Might

גַּבֵּי אֵצֶל, בּ־ Near, at...

לְגַבֵּי אֵצֶל[5], כְּלַפֵּי[6], ל־[7] Near, opposite, for

גְּבֵי (ב״ק ו ב ועוד) גְּבֵה Collect (*imp.*)

גָּבֵי גּוֹבֶה He collects

גָּבְיָא גּוֹבָה She collects

גְּבִיָּא בְּעֵיָ[א] (פס׳ קיג א) צְרִיכָה גְּבִיָּה

Needs to be collected

גביא גילא (שבת קי א) מ׳: מגביא

גַּבֵּי(א)ת גְּבִ(א) (כתו׳ מג סע״ב 2 — מ׳) אַתְּ גּוֹבָה

(תִּגְבִּי) גְּבִי You shall collect, collect (*imp., fem.*)

גַּבֵּיהּ אֶצְלוֹ, בְּיָדוֹ[8], לוֹ[9]

By him, by him (lit., in his hand), for him

לְגַבֵּיהּ אֶצְלוֹ[10] By him

אַגַּבֵּיהּ (כתו׳ פט ב ועוד) עַל גַּבּוֹ On its back

גְּבִיהָא[11] (נדר׳ מא א) גָּבוֹהַּ Tall

גביהון (מ״ק ט סע״א) מ׳ ואה״ת: לגבייהו

גביהון (נזיר נז א) מ׳: גביהו

גְּבִיהִי (שבת ז א, תמיד כו רע״ב) גְּבוֹהִים

They (*masc.*) are high

גְּבִיהָן (ב״מ כג א) גְּבוֹהוֹת They (*fem.*) are high

גְּבִיהַת (שבת סז א) אַתָּה גָּבוֹהַּ You are tall

גַּבָּיוּתָא (סנ׳ כה ב) גַּבָּאוּת (=גביית מסים)

Collection of taxes

גַּבַּיְיהוּ, לְגַבַּיְיהוּ אֶצְלָם By them

עַל גַּבַּיְיהוּ (בר׳ נז סע״ב) עַל גַּבָּם On their backs

גַּבַּיְיכוּ אֶצְלְכֶם By you (*masc., pl.*)

לְגַבַּיְיכוּ (יומא עז ב) אֶצְלְכֶם By you (*m., pl.*)

לְגַבַּיְיכוּ (גט׳ סח ב) אֶצְלְכֶן By you (*fem., p.*)

גַּבִּיךְ (ב״ק צב ב, ב״מ נב א) גַּבְּךָ Your back

גַּבִּיךְ (ע״ז סג א) אֶצְלֵךְ, בְּיָדֵךְ

By you, in your hand (f.)

גביכון (ע״ז ד א) מ׳ ואה״ת: גבייכו

גַּבֵּיל (בר׳ מ א, ב״מ סט א) עַרְבֵּב מִסְפּוֹא (צ)

Mix the fodder (*imp.*)

1) שמ״ק, ד׳: אגיז, מ׳: מיגד אגידן.
2) רש״י: הגמיאוהו והאכילוהו.
3) למשל: בני מבואה מחלין גבאי (ב״מ טז ב) = בני מבוי מוחלין לי.
4) למשל: לֵית לך גבאי כלום (ב״ק קא א) = אין לך בידי כלום.
5) למשל: אזל לגבי אחאב (בר׳ י א).
6) למשל: מ״ט פשוטה כרעיה דג׳ לגבי ד׳ (שבת קד א).
7) למשל: לגבי משה מילתא זוטרתי היא (בר׳ לג ב).
8) למשל: ממונא אית ליה גביה (ב״מ מט א).
9) למשל: אחולי אחיל גביה (ב״מ נא א) = מחול מחל לו.
10) למשל: עול לגביה (סוכה יד ב) = נכנסו אצלו.
11) מ׳: גביה׳, ד׳: גבוה.

גַּבֵּיל (שבת קנו א, סנ׳ קח ב) מְעַרְבֵּב מִסְפּוֹא

He mixes the fodder

גְּבִיל (בר׳ לז סע״ב) לוּשׁ (ב׳ פעול), מְעֹרְבָּב

Kneaded, mixed

Cheeses — **גְּבִינֵי** (בכו׳ ח ב) גְּבִינוֹת

His eyebrows — **גְּבִינֵיהּ** (ב״ק קיז א) גְּבִינָיו, גַּבּוֹת עֵינָיו

By you, in your hand — **גַּבָּךְ** אֶצְלְךָ, בְּיָדְךָ[12]

גַּבְלָא (שבת קנו א) גַּבָּל (=מגבל מספוא)

The one who mixes fodder

They (*m.*) develop (from it) — **גָּבְלֵי** (חול׳ סז ב) גְּדֵלִים

גַּבְלֵיהּ (שבת עט א) גְּבָלוֹ (את הַטִּיט)

He kneaded it (the clay)

גָּבְלִין (שבת קנו א) גּוֹבְלִים (=לָשִׁים, מְעַרְבְּבִין)

They knead, they mix

They (f.) develop — **גָּבְלָן** (חול׳ סז סע״ב) גְּדֵלוֹת

By us — **גַּבַּן, לְגַבַּן** אֶצְלֵנוּ

The Gibeonites — **גִּבְעוֹנָאֵי** (קידו׳ ע ב) הַגִּבְעוֹנִים

He wins, he overpowers — **גָּבַר** גּוֹבֵר

He won, he overpowered, a man — **גְּבַר** גָּבַר, גֶּבֶר

A man — **גַּבְרָא** אִישׁ

גְּבַר(א)[13] **בְּגַבְרִין**[14] (בר׳ לא ב) אִישׁ בָּאֲנָשִׁים

A man among men (a person important enough to be counted among men)

גַּבְרָא רַבָּא אָדָם גָּדוֹל (=תלמיד חכם)

Important person (an eminent Torah scholar)

הַהוּא גַּבְרָא[15] אוֹתוֹ הָאִישׁ, מַעֲשֶׂה בְּאָדָם

That person, it happened about a person

גַּבְרַאי (יב׳ סו א, קטו א) אִישִׁי, בַּעְלִי

My man, my husband

Her man, her husband — **גַּבְרַהּ** (כתו׳ עח ב) אִישָׁהּ, בַּעְלָהּ

Cf. — **גברוותא** (בר׳ לא סע״א) ר׳ הלכתא

Men — **גַּבְרֵי** אֲנָשִׁים

בְּלָא גַּבְרֵי (שבת קיא רע״ב) בְּלֹא אֲנָשִׁים[16]

Not mentioning the names of the *Amoraim* who transmitted the *halachah*

גַּבְרֵי רַבְרְבֵי אֲנָשִׁים גְּדוֹלִים (=ת״ח)

Eminent people (Torah scholars)

His men — **גַּבְרֵיהּ** (חול׳ ז ב) אֲנָשָׁיו

גַּבְרַיְיהוּ (בר׳ יז א ועוד) אִישֵׁיהֶן, בַּעֲלֵיהֶן

Their men, their husbands

גַּבְרַיְיכוּ (שבת קמ ב) אִישֵׁיכֶן, בַּעֲלֵיכֶם

Your men, your husbands

Mighty men — **גִּיבָּרִין** (סנ׳ קב ב) גִּבּוֹרִים

גַּבְרִי[ן] גִּיבָּרִין (סנ׳ ק ב — מ׳ אה״ת) אֲנָשִׁים גִּבּוֹרִים

Mighty men

His roof — **גַּגֵּיהּ** גַּגּוֹ

Luck, chance — **גַּד** (שבת סז ב) מַזָּל

Cf. — **בִּישׁ גַּדָּא** ר׳ ביש

Cf. — **ערסא דגדא** ר׳ ערסא

Cf. — **גדגלידא** (בכו׳ מג ב) ר׳ גרגלידא

גָּדְדִינַן[17] (כתו׳ קיב א) אָנוּ גוֹדְדִים[18]

We are picking dates

You are picking dates — **גָּדְדִיתוּ**[19] (שם) אַתֶּם גּוֹדְדִים

Cf. — **גדודא** (עירו׳ ק רע״ב) ר׳ גרודא

Mounds — **גִּידוּדֵי** (שבת סא א) גַּבְשׁוּשִׁיּוֹת[20]

Curse — **גִּידוּפָא** (ב״ק לח א) גִּדּוּף

גָּדוֹפֵי (שבת עה רע״א 2) מְגַדְּפִים

People who always curse Hashem

Making a stack — **גְּדוֹשׁ** (ב״ק נט ב) גְּדֹשׁ (=עֲשֵׂה גדיש)

My luck, chance — **גַּדִּי** (שבת סז ב) מַזָּלִי

12) למשל: קבא דמוריקא אית לי גבך (גט׳ יד א) = קב של כרכום יש לי בידך.

13) מ׳ ואה״ת.

14) מ׳: בגברין, שאר הנוס׳: בגברי.

15) מטבע זה משמש גם לכינוי. עי׳ מ״ש בענין זה בספרי ״עיונים בספרות התלמוד״, עמ׳ 275.

16) רש״י: בלא אמוראים האומרים בשמם, אלא הם עצמם נחלקו בה.

17) כצ״ל, מ׳ ד׳: גזרינן.

18) קוטפים תמרים.

19) כצ״ל, ד׳: גדריתו, מ׳: גזריתון.

20) ע׳: כשנפרץ הכותל חתיכות חתיכות, ונשארו מן הכותל חתיכות קטנות, עומדין כמין יתדות דרכים ולא ניחא ליה להלוכי ביה.

גַּדְיָא גְּדִי — My kid
גָּדֵיד (ב״ב ה א[21], לג ב[22]) גּוֹדֵד[23] — He picks dates
גַּדְיֵיהּ (נדה לו ב) כָּרְתֵהוּ (=כינוי לנידוי)
He excommunicated him
גָּדֵיל (שבת קיט א) שׁוֹזֵר — He interlaces, interweaves
גָּדֵיל (פס׳ פב א) קוֹלֵעַ — He braids
גָּדֵיל (גט׳ ז א) עוֹשֶׂה — He makes
גְּדִילָא (מנ׳ לט רע״ב) הַגָּדִיל (=הציצית)
Fringe of *tzitzis*
גָּדֵילְנָא (ב״מ פה ב) אֲנִי קוֹלֵעַ — I weave
גָּדַ(ו)ר (ע״ז מז ב — מ׳) גּוֹדֵר — I make a hedge
גְּדֵירָא (ב״ק כג ב) גָּדֵר — A fence, barrier, partition
גְּדַל (שבת קיט ב ועוד) גָּדַל — He grew up
גָּדֵל (נזיר נט א) גָּדֵל — It grows
גְּדַלָה (יב׳ קי א) גָּדְלָה — She matured
גְּדְלָה גְּדֵלָה — She, it grew
לְכִי גָדְלָה (יב׳ סא א) לִכְשֶׁתִּגְדַּל — When she will mature
גָּדְלֵי (יב׳ קט ב ועוד) גְּדֵלִים — They are growing
גְּדְלִיתוּ (סוכה לז א) אַתֶּם קוֹלְעִים — You braid
גִּידְמָא דְדִיקְלָא (גט׳ לז א) גֶּזַע הַדֶּקֶל[24]
Trunk of palm tree, branch of palm tree
גִּידְמֵי (שבת קי א) עֲנָפִים, חֲרָיוֹת — Branches
גְּדַנְפָא מִסְגֶּרֶת — Frame, rim
גַּדְפָא כָּנָף, נוֹצָה — A wing, a feather
גַּ(י)דְפֵי (חול׳ לא רע״א — מ׳) נוֹצוֹת — Feathers
גַּדְפֵיהּ (חול׳ קמא ב) נוֹצָתוֹ — His feather
גַּדְפַיְיהוּ (ב״ב עג ב) נוֹצוֹתֵיהֶם — Their feathers
גדפינהו (סוכה ה ב) מ׳: כנפייהו
גדר (ב״ב ה א) צ״ל: גדיד
גַּדְרַהּ (ב״מ קא א) גְּדָרָהּ — He fenced it
גִּידְרוֹנָא[25] (נדר׳ מא א) עַיִר[26] — A mule
גְּדַרִי (ב״ב ה א) גָּדַרְתִּי — I fenced
גדריתו (כתו׳ קיב א) צ״ל: גדדיתו
גְּהִיט (בר׳ נו ב) חָסֵר — Erase

בְּגוֹ בְּתוֹךְ — Within, about
לְגוֹ לְתוֹךְ — Into, inside
מִיגוֹ מִתּוֹךְ — Because, out of, since
גַּוָּא (שבת עח א) פְּנִימִי — Internal
גַּוָּאזָא[27] (שבת קנב א) סָרִיס
An eunuch, castrated man, emasculated man
גואזא (שבת קנד ב) מ׳ וד״י: גווזא
גַּוָּאזֵי (מג׳ כח א[28], קידו׳ לג סע״א[29]) סָרִיסִים
Eunuchs, castrated men, emasculated men
גַּוָּאזֵי, גַּוָּואזֵי (שבת קנה א) קוֹרוֹת — Pegs
גַּוַּאי (פס׳ סג ב, סנ׳ קט ב ועוד) בִּפְנִים (תה״פ) — Inside
גַּוָּאֵי (בכו׳ ח ב ועוד) פְּנִימִיִּים — Internal
אַגַּוַּאי (חול׳ קל רע״ב) בִּפְנִים — Inside
בְּגַוַּאי (חול׳ ע א) בִּפְנִים — Inside
לְגַוַּאי (עירו׳ כה ב ועוד) לִפְנִים (תה״פ) — For inside
לְגַוָּאֵי (זב׳ נב א ועוד) לַפְּנִימִיִּים
Switched it to be internal
מִגַּוַּאי (שבת פה סע״א ועוד) מִבִּפְנִים — From inside
גואלקי (תע׳ כג ב) ר׳ גולקא — Cf.
גּוּבָּא דְאַרְיָוָתָא (ב״ב ד א) גּוֹב הָאֲרָיוֹת (אה״ת)
Lions' den
גּוֹבָאֵי (קידו׳ ע ב) גִּבְעוֹנִים (בבבל)
The Gibeonites (in Babylonia)
גּוֹבְהָא (עירו׳ עז א) גֹּבַהּ — Height
גּוֹבְהַיְיהוּ (תע׳ כ ב) גָּבְהָם — Their height
גּוּבֵי דִדִיקְנָא (מ״ק כד א) גּוּמוֹת הַזָּקָן[30]
Dimples on cheek
גּוּבֵי (שבת קט ב 4, קנו ב, ב״ק צו א 3) חֲתִיכוֹת — Pieces, parts
גּוֹבְיינָא גְּבִיָּה — Collecting
גּוּבְלָא (בר׳ לח רע״א) גֹּבֶל (=גוש של בצק)
Lump of dough
גּוּבְרֵיהּ גְּבוּרָתוֹ — His might
גַּ(ו)בְרַיְיהוּ (מ״ק ט ב — מ׳ ואה״ת, כתו׳ נא ב — מ׳)
אִישֵׁיהֶן, בַּעֲלֵיהֶן — Their men, husbands

21) כצ״ל, מ׳ ה׳ ד׳: גדר.
22) כצ״ל, ה׳ ד׳: דגזר, מ׳: דיגזר.
23) = קוטף תמרים.
24) כשהוא מחובר. פ״א: ענף דקל.
25) מ׳ וע׳, ד׳: גירדונא, אה״ת: גינדרנא.
26) ״ירש״י״ ור״ין: פרד.
27) ע׳, מ׳ ד׳: גוזאה, אה״ת: גוזה.
28) ע׳, ד׳: גווזי, מ׳ אה״ת: גוזאי.
29) ע׳, מ׳ ד׳: גוזאי.
30) ירוש׳ נדה פ״ג נ ע״ג, רש״י: גומות שבלחי למטה מפיו.

גוּבְרִין (בר׳ לא ב ועוד) אֲנָשִׁים — Men

גוּבְרִין (גטין מה סע״א) אֲנָשֵׁינוּ, בְּעָלֵינוּ — Our men, husbands

גוּבְתָּא צִנּוֹר, שְׁפוֹפֶרֶת (ועי׳ עה״ש) — Pipe, tube

גוּבְתָּא דִנְחָשָׁא (שבת סו ב, צ ב, יומא פד א) שְׁפוֹפֶרֶת שֶׁל נְחֹשֶׁת — Copper tube

גוּבְתַּאי (בר׳ יח ב) שְׁפוֹפַרְתִּי — My tube

גּוּד מְשֹׁךְ — Pull

גּוּד אוֹ אֲגוּד (ב״ב יג א ועוד) מְשֹׁךְ אוֹ אֶמְשֹׁךְ[31] — Pull or I shall pull, either acquire my part or I shall acquire yours

גּוּד אַחִית מְשֹׁךְ הוֹרֵד — Extend and bring the partitions down (regard them as extending to the floor)

גּוּד אַסִּיק מְשֹׁךְ הַעֲלֵה[32] — Extend and bring the partitions up (regard them as extending to the ceiling)

גּוּדָא כֹּתֶל, שְׂפַת־הַבּוֹר, גְּדוֹת נָהָר, חוֹף־יָם — Wall, edge of pit, river banks, seashore

גּוּדָא (סוכה מח ב) נֹאד — Wineskin

גּוּדָא דְגַמְלָא (שבת ק ב ועוד) נֶסֶר שֶׁל גֶּשֶׁר צַר — Beam of narrow bridge

גּוּדָא דִרְבִיתָא (חול׳ ס א) גְּדוֹת (הַנָּהָר) רְבִיתָא — Banks of Revisa River

גודריתא דקני (עירו׳ יט ב כ״פ) ר׳ גורדייתא — Cf.

גּוּדְשָׁא (שבת לה א, עירו׳ יד ב) גֹּדֶשׁ — Overflow above vessel's top

גּוּהָא (בר׳ נט א כ״פ) צְעָקָה (פ״א: רְעָדָה) — Cry, rumbling

גּוּהַרְקָא[33] (תע׳ כ ב ועוד) אַפִּרְיוֹן, שִׁדָּה (לָשֵׂאת בָּהּ בֶּן־אָדָם) — Palladium chair

[**גּוּהַרְקֵי**][34] (ב״מ פה ב) שִׁדּוֹת, כִּסְאוֹת — Palladium chairs

גוהרקי (פס׳ כה ב, נזיר לד ב) ר׳ גורקי — Cf.

גּוּהַרְקֵיה[35] (שם) כִּסְאוֹ — His palladium chair

מִגַּוָּ(ו)א דְחֵיוָתָא (גט׳ סט א — מ׳) מִתּוֹךְ הַבְּהֵמָה — From within the animal

בְּגַוָּהּ, בְּגַוַּהּ בְּתוֹכָהּ, בָּהּ — Inside it

לְגַוַּהּ לְתוֹכָהּ — Into it

מִגַּוֵּיהּ דְמָנָא (מנ׳ צ א) מִתּוֹךְ הַכְּלִי — From within the vessel

גַּוּוּ (עירו׳ סא ב) הַעֲמִיקוּ, הַכְנִיסוּ פְּנִימָה — Put it deeper, insert it *(imp.)*

גַּוָּואזֵי (שבת קנה א 2) עֲנָפִים — Pegs

גְּוָזָא (ב״ק כב ב ועוד) עֵצִים יְבֵשִׁים (להסקה) — Dry wood

גְּוָזָא (בר׳ מ סע״ארע״ב, ע״ז לה ב) עֲנַף עֵץ — A branch of a tree

גְּוָזָא (נדר׳ נ סע״א) תֵּבָה — Box made from hollowed out trunk

גוזי (מג׳ כח א) ע׳: גואזי

בְּגַוֵּיהּ, בְּגַוֵּיהּ בְּתוֹכוֹ, בּוֹ — Within it, in him (it)

לְגַוֵּיהּ דְבֵיתָא (שבת קנב ב) הַבַּיְתָה — (Go) home

לְגַוֵּיהּ דְלֶחֶם (מנ׳ צו א) כְּלַפֵּי חֲלַל הַלֶּחֶם — Toward the inside of the bread

לְגַוֵּיהּ דְמָנָא (מנ׳ ז א) אֶל תּוֹךְ הַכְּלִי — Toward the inside of the utensil

דְגַוֵּיהּ דְמָנָא (ע״ז עב ב) מָה־שֶּׁבְּתוֹךְ הַכְּלִי — That which is within the utensil

מִגַּוֵּיהּ דְבֵיתַאי (ביצה יד א) מִתּוֹךְ בֵּיתִי — From within my house

בְּגַוַּיְיהוּ בְּתוֹכָם, בָּהֶם — Within them, in them

בְּגַוַּיְיכוּ (ב״ב עג ב) בָּכֶם — Among you

גוולקי (שבת קנד ב) ר׳ חבר — Cf.

31) כלומר: קנה אתה את חלקי או אני אקנה את חלקך.

32) ע׳: כלומר: הבן בלבך כאילו חתכת והעלית מחיצות מזה העמוד.

33) מלשון פרסית.

34) כי״י ואה״ת וע׳.

35) ע׳, מ׳: גוהרקי, שה״ג: גוהרקא.

גַּוָּ(נ)א[36] (גט' סט סע"ב) פְּנִימִי
Inner

גַּוְּנָא (ב"ק פה ב ועוד) צֶבַע
A color

כְּהַאי (כִּי הַאי) גַּוְּנָא כְּגוֹן זֶה
Like this, in such a case

תְּרֵי גַּוְּנֵי שְׁנֵי מִינִים
Two types, species

גּוּז (פס' כ א) חֲתֹךְ
Cut (*imp.*)

גּוּזָא (שבת קנב א) סָרִיס
An eunuch, castrated man, emasculated man

גּוּזָאָה (שם) הַסָּרִיס
The eunuch, castrated man, emasculated man

גוזאי (קידו' לג סע"א) ר' גואזי
Cf.

בַּר גּוֹזָלָא גּוֹזָל
Fledgling

גּוֹזְלַיָּא (בר' מז א, פס' קיט ב) הַגּוֹזָלוֹת
The fledglings

גּוּזְמָא הֲבַאי, הַפְלָגָה בְּדָבָר
Exaggeration

גויאתא (עירו' כה ב) מ': גואי

בְּגַוֵּיהּ דְּבֵיתָא (כתו' סז ב) בְּתוֹךְ הַבַּיִת
Inside the house

לְגַוֵּיהּ דְּבֵיתָא (שבת קנב ב) לְתוֹךְ הַבַּיִת, לַבַּיִת
(Go) home

גוייאתא (פס' ח ב) מ': גוייתא

גַּוָּיָ(א)תָא דְגַוָּיָ(א)תָא (פס' ח סע"ב) פְּנִימִית שֶׁבִּפְנִימִית
The innermost

גַּוָּיְתָא (יומא י א ועוד) פְּנִימִית
Inner

גַּוַּיְתָא דִידַיְיהוּ וְגַוַּיְתָא דְכַרְעַיְהוּ (שבת סו ב) כַּף יְדֵיהֶם וְכַף רַגְלֵיהֶם
Palm of their hands and sole of their feet

גְּוִילֵי (נדר' יד ב, סנ' כח ב) גְּוִילִים (לס"ת)
Roll of parchment (for *sefer Torah*)

גולאי (זב' קטז ב) כי"י ורש"י: גילאי

גּוּלְבָא (פס' לה א, מנ' ע ב) כֻּסֶּמֶת
Spelt

גּוּלְגָּלְתָּא גֻּלְגֹּלֶת
Skull

גולדני (תמיד לב רע"ב) ר' גילדני
Cf.

גּוּלְהָא (פס' יג רע"א[37], סנ' מב ב[38]) נֹגַהּ
Radiance

גולמוהרג (סנ' צה א) ר' גילמוהרג
Cf.

גּוּלְמֵישׁ[39] (ר"ה כג א[40], סנ' קח ב[41]) מִין אֶרֶז
Species of cedar

גּוּלְפָּא[42] כַּד (שֶׁל חֶרֶס)
Earthenware pitcher

גּוּלְפֵי כַּדִּים
Pitchers

גּוּלְקָא[43] (תע' כג ב) שַׂק
Haversack

גּוּלְקֵי (סוכה כ ב) שַׂקִּים
Haversacks

גּוּלְתָא (שבת עז ב) מְעִיל
(Beautiful) coat

גּוּלְתָא דְדַהֲבָא (ב"מ פה ב) מְעִיל זָהָב
Coat of gold, a gold-trimmed coat

גּוּלְתֵיהּ (ב"ב קיא א) מְעִילוֹ
His coat

גּוּלְתַיְיכוּ (ביצה לח רע"ב) מְעִילְכֶם (אבל עי' רש"י)
Your (*p.*) cloak

גּוּם (גמם) (חול' נ א) חֲתֹךְ
Cut (*imp.*)

גּוּמְרֵי גֶּחָלִים
Coals, embers

גּוּמַרְתָּא (פס' פד ב, חול' יא א) גַּחֶלֶת
Coal, ember

גּוּנְדָּא (בר' נח א גט' נז א)) גּוּנְדָּה, גְּדוּד
Troop, brigade

גּוּנְדָּא[44] (שבת קיט א) בֶּגֶד שָׁחוֹר יָפֶה
Black garment used to protect one's clothes

גּוּנְדֵי (סוטה כב ב) גּוּנְדּוֹת, גְּדוּדִים
Troops, brigades

גּוּנְדְּלִית (גט' פז ב) בְּסֵדֶר הָפוּךְ[45]
Alternately writing Hebrew from left to right as in Greek and then Greek from right to left as in Hebrew

גּוּנְדְּרֵי (ב"מ פ א) אַדְמַת טְרָשִׁים
Rocky ground

גּוּנְדָּרִיתָא (קידו' ע א) מַעֲקֶה
Banister, parapet, balustrade

גּוּפָא גוּף, עַצְמָהּ
Body, herself, itself

גּוּפָא גופה[46]
The thing itself, introducing previously quoted text of Amora or *Beraissa*

הָא גוּפָא קַשְׁיָא זוֹ עַצְמָהּ קָשָׁה[47]
Isn't this self-contradictory?

(36) מ', אוצה"ג: גוה.

(37) מ' ב וא"פ: גולהא, ע': גלוהי, ד' בגילויי.

(38) מ' פ': גולהא, ע': גלוהי, ד' ק': גילויא.

(39) תרגום שה"ש ה טו: בחור כארזים — חסין כגלמושין.

(40) ד' מיני ארזים הן ארז קתרוס... ואמרי לה גולמיש.

(41) מאי גופר... ואמרי לה זו גולמיש.

(42) מלשון ערבית ויונית.

(43) מ' ב וע"י, ע': גואלקא, ד' גואלקי.

(44) ובעברית: גּוּנְדּוֹ (גט' סח ב = סנ' כ ב).

(45) כותב בעברית משמאל לימין (ובואר= ראובן) וביונית מימין לשמאל ועי' ערוך.

(46) פתיחה למשנה או ברייתא או מימרא, (שכבר הובא חלק ממנה), לשאת ולתת בה או להשלימה.

(47) כלומר: בין חלקי משנה זו או ברייתא זו יש סתירה (הנראית מתוך דקדוק בחלקיה).

גּוּפָא/פַּה דְּאַרְעָא גּוּף הַקַּרְקַע — The ground itself
גּוּפַאי גּוּפִי — My body
גּוּפֵי גּוּפוֹת — Bodies
גּוּפֵיה גּוּפוֹ, — עַצְמוֹ — His body, himself
מִגּוּפֵיה דִּקְרָא מִן הַכָּתוּב עַצְמוֹ — From the verse itself
גּוּפַיְיהוּ גּוּפָם, עַצְמָם — Their bodies, themselves
גּוּפַיְיכוּ (ב״מ לז א) עַצְמְכֶם — Yourselves
גּוּפָךְ גּוּפְךָ — Your body
גּוּפְנָא גֶּפֶן — A vine
עֲמַר גּוּפְנָא צֶמֶר גֶּפֶן — Cotton
גּוּפְנֵי גְּפָנִים — Vines
גּוּצָא (מג׳ כז ב ועוד) גּוּץ — Short (man), dwarf
גּוּצֵי (סוטה לח ב, חול׳ סג א) גּוּצִים — Short people, dwarfs
גּוּצ[יְ]א (ב״מ נט א — אה״ת) גּוּצָה — Short woman
גּוּרְגְּדָנָא (ערכ׳ י סע״ב) מין תוף[48] — A percussion-type musical instrument
גּוּרְגֵי (ע״ז עה א) עֲקָלִים[49] — Cords of shoots encircling the grapes or olives to prevent them from spreading out when squeezed with beam
גורדא (שבת קט ב) מ׳: גירדא
גּוּרְדִּיתָא דְקָנֵי (שבת נ סע״ב, עירו׳ יט ב כ״פ[50]) עִיקָּרֵי הַקָּנִים[51] — Hedge of reeds spreading from common stem
גּוּרְיָא (יומא סט ב, סנ׳ סד א) גּוּר (כלבים) — Lion cub
גּוּרְיָין (סנ׳ צה סע״א) גּוּרִים (של כלבים) — Cubs
גּוּרַיְיתָא (עירו׳ פו א ועוד) גּוּרָה (של כלבים) — Female puppy
גּוּרְסָנָא[52] (יב׳ קיז א) מָמוֹן (ע׳), יְגִיעַ (רש״י) — Money, fruit of labor
גּוּרְסָנַאי (שם) יְגִיעִי — Fruit of my labor
גורסני דאם (שם) מ׳: גורסנא דאם
גּוּרַקִי[53] (פס׳ כה ב, נזיר לד ב) בֹּסֶר — Unripe fruit

גּוּשָׁא (נזיר יט ב ועוד) גּוּשׁ — Lump of soil
גּוּשַׁיְיהוּ (נדה כ א) גּוּשֵׁיהֶם — When they are attached to soil
גּוּשְׁפַּנְקָא[54] חוֹתָם — Seal, signet-ring
גּוּשְׁפַּנְקֵי (שבת סו ב, צ ב) חוֹתָמוֹת — Seals
גּוּשְׁפַּנְקֵיה (גט׳ סח א 2) חוֹתָמוֹ — His seal
גושפקי (גט׳ ע סע״ב — נוסח הערוך) = גלופקרי
גּוּשְׁקְרָא[55] (גט׳ נו א 2) פַּת סוּבִּין — Bran bread, flour of second course
גּוּשְׁקְרָא (שבת כ ב) פְּסֹלֶת שֶׁל מֶשִׁי — Residue of silk
גַּז (חול׳ קלה א[56], נדה יז א) גָּזַז — He sheared, cut
גַּזָּא (הור׳ ט א) אוֹצָר — Treasure
בֵּי גַזָּא (יומא נא ב) בֵּית הָאוֹצָר — Treasure house
בגזאי (שבת סג רע״א) מ׳ וא״פ: בי גזא
לְגִזְבְּרֵי [דְבֵי מַקְדְּשָׁא][57] (ב״ב קלג ב) לַגִּזְבָּרִים שֶׁל בֵּית הַמִּקְדָּשׁ — To the treasurers of the *Beis HaMikdash*
גַּזוּ (עירו׳ מ א) קָצְצוּ, חָתְכוּ — They cut
לְגַזוֹיֵי (פס׳ קיא ב) לְעַקֵּל הַדֶּרֶךְ (ע׳), לַעֲבֹר, לִבְרֹחַ מִפְּנֵי — To by-pass way, to run away from
גַּזוּר גָּזְרוּ — They decreed
גַּזוּר... אַטּוּ... (בכו׳ לא סע״ב) גָּזְרוּ... מִשּׁוּם... — They decreed...because of...
גזז (חול׳ קלה א) מ׳ ור׳ ב וד״י: גז
גזי (פס׳ קיא ב) ר׳ גזייה — Cf.
גזיא (ב״ב נח א) מ׳: גזיי׳
גְּזִיזֵי דְבַרְדָּא (בר׳ יח א, נט א[58]) חֲתִיכוֹת קֶרַח — Pieces of ice
גְּזִיזֵי דְפַחְרָא (יומא עח ב) שִׁבְרֵי חֶרֶס — Fragments of earthenware
גְּזִיזֵיה (ב״ק פ א, מב ב, סנ׳ ז א) כְּלִי זֵינוֹ (רש״י: אֶגְרוֹפוֹ) — His weapon (Rashi: his fist)

48) פ״א: עוגב, רש״י: זוג ועינבל.
49) חבלים של נצרים וכיוצא, שמקיפים בהם את גל הענבים כדי שלא יתפזרו בשעת הסחיטה בקורה. פ״א הכפיפה שעוצרים בו הזיתים וכו׳ (ערוך ע׳ עקל).
50) ע׳ חי׳ הריטב״א ומ׳ (ב׳ פעמים האחרונות), ד׳: גודרייתא.
51) ע׳: עיקר של קנים שמחובר בקרקע ויש בו קנים הרבה המדובקין זו בזו כגון אילן.
52) מ׳, ד׳: גירסנא, ע׳: גורסינא, וכן בכולם. עה״ש גוזר מלשון רומית £, יסטרוב גוזר מן גְּרֶשׂתֵיכֶם (יחז׳ מה ט), ולי״נ מש׳ ״גרסי״ = טחן (כפי רש״י).
53) ע׳ ומ׳ בנזיר, ר״ח בפס׳: גרקי, שאר הגירסאות: גוהרקי, והוא מלשון פרסית.
54) עה״ש: מלשון פרסית (= טבעת עם חותם).
55) מלשון פרסית.
56) כ״י וד״י, ד״ח: גזז.
57) אה״ת וע״י, מ׳ וה׳: לגזבר׳.
58) ד׳: דברזא.

גזיזן (סנ׳ קו סע״א) ר׳ גזינהו Cf.

גַּזְ[יָה][59] (פס׳ קיא ב) עֲקַל הַדֶּרֶךְ (ע׳), עֲבָרוֹ, בָּרַח מִפָּנָיו He by-passed the way, he passed over it, he fled from it

גַּזְיֵיהּ (ב״ב נח א[60], סנ׳ צו א) גִּלְּחוֹ He shaved him

גַּזְיֵיהּ (גט׳ יז ב, פז ב) חֲתָכוֹ He cut him

גזיין (סנ׳ קו סע״א) ר׳ גזינהו Cf.

גְּזָיָיתָא (פס׳ יט ב, קיג א, ב״מ צט א) שְׁבִילִים עֲקֻמִּים[61] Winding paths

גָּזֵים (ב״מ קד ב, שבו׳ מו א) מְאַיֵּם, "מְחָרֵף" (ע׳) He exaggerates, threatens, he curses, blasphemes

גַּזְיְנְהוּ (סנ׳ קו סע״א[62], חול׳ קמא ב) קְצָצָם He cuts them

גָּזַ(י)ר (מכות יא א — מ׳) מָל He circumcised

גְּזִירְפָּטֵי[63] (שבת קלט א = סנ׳ צח א, תע׳ כ א) שׁוֹטְרִים Members of a special police force

גְּזֵירְתָא גְּזֵרָה Decree

גְּזֵירְתֵיהּ (שבת לג ב) גְּזֵרָתוֹ His decree

גְּזֵירְתַיְיהוּ (תע׳ כב א, כט א) גְּזֵרָתָם Their decree

גְּזַל גָּזַל He stole

דִּגְזַ(י)ל (ב״מ צט ב — מ׳ ה׳) שֶׁגָּזַל Who stole

גַּזְלָהּ (ב״מ מג א) גְּזָלָהּ He stole it

גָּזְלָה (ב״ב נב ב, חול׳ ו ב) גּוֹזֶלֶת She steels

גַּזְלוּהּ (ב״ק קג א) גְּזָלוּהוּ They stole it

גַּזְלֵיהּ גְּזָלוֹ He stole it

גְּזַלִי(נָא) (ב״מ טז א — כ״י) גָּזַלְתִּי I stole

גְּזַלַן (ר״ה כו רע״ב) גְּזָלַנִי He stole me

גַּזְלָנָא גַּזְלָן Thief

גַּזְלָנוּתָא גַּזְלָנוּת Theft, robbery

גַּזְלָנֵי (ב״ק עט ב) גַּזְלָנִים Thieves

גְּזַר גָּזַר He decreed

גָּזַר גּוֹזֵר He decrees

גזר (ב״ב לג ב) ר׳ גדד Cf.

גְּזַר דִּינַיְיהוּ (ר״ה יז ב) גְּזַר דִּינָם Their verdict

גִּיזְרָא (שבת נד ב) רְצוּעַת־מָגֵן[64] A ring or strap on the foot of animal preventing the feet from knocking against each other

גִּיזְרָא דְפַרְזְלָא (ב״ק פא ב) מַגְזֵרָה[65] שֶׁל בַּרְזֶל Iron ax

גְּזַרוּ גָּזְרוּ They decreed

גָּזְרֵי גּוֹזְרִים They decree

גָּזְרִינַן גּוֹזְרִין, אָנוּ גּוֹזְרִים They decree, we decree

גזרינן (כתו׳ קיב א) ר׳ גדדינן Cf.

גְּזִרְתָא דְאִצְטַבְתָּא (תמיד כו ב) גִּזְרַת[66] הָאִצְטְבָא Depression in the sidewall of a platform for ascending the latter

גְּזַרְתִּינְהוּ (ב״ק פא ב) קְצַצְתִּים I cut them

גיחורי (בר׳ נט ב) ר׳ גחירי Cf.

גחיך (נדה כג א) מ׳ (בעברית): גחך

גְּחֵין שָׁחָה, כָּרַע He bent down, he bowed

גָּחֵין שׁוֹחֶה, כּוֹרֵעַ He bends down, he bows

גְּחִין (גט׳ נז ב, ב״מ נט א) שְׁחֵה, כְּרַע Bend down, bow (*imp.*)

בָּתֵּי גְחִינֵי (שבת מג רע״א) בָּתִּים נְמוּכִים Low houses

גְּחִירֵי[67] (בר׳ נט ב) גְּחוֹרִים[68] Red

גִּיטָּא גֵּט Divorce

גִּיטָּא דְחֵירוּתָא גֵּט שִׁחְרוּר Document of liberation

גִּיטָּא דַחֲלִיצְתָא (יב׳ קו ב) גֵּט חֲלִיצָה, שְׁטָר חֲלִיצָה Document that certifies that the woman has performed *chalitzah*

גִּיטֵּי גִּטִּין Divorces

גִּטֵּיהּ (קידו׳ כג ב) גִּטּוֹ (=גט שחרורו) His document of liberation from slavery

גִּידָא (יומא עה א) גַּד (צמח) Coriander

(59 רש״י ורשב״ם, א״פ ומ׳: גייז ליה.

(60 מ׳: גזיי, אה״ת: גזייא, ד׳: גזיא.

(61 ע׳, ומוסיף: ורב האי פי׳ ... מקום העברה.

(62 פ׳, מ׳: גזיוה, אה״ת וילי כ״י: גזרו, ד״ו: גזיין, ד״ח: גזיזן.

(63 ערוך (ע׳ גז ז): גאזי דפאטי פי׳ שוטרים שחובטין בני אדם ולוקחים ממונם. ר״ב: שוטרי השרים. מ׳ — שבת: גיזרפטי, גוזפטי, מ׳ תע׳: גזיר פטי (בב׳ שורות), אוצה״ג (שבת): גהר פטי, אה״ת (סנ׳): גזר פאטי, רש״י ד״ש (שבת): גזיר פטי.

(64 ערוך: פי׳ בהמה המזקת רגל אחד בחברתה עושין לה רצועה שלא יזיק. פ״א אם תהיה פרסה של בהמה סדוקה קושרין אותה ברצועה להתרפא.

(65 ש״ב יב לא: ובמגזרות הברזל.

(66 יחז׳ מא יג: וְהַגִּזְרָה.

(67 ע׳, מ׳: גחורי, פ׳: גיהרי (= גהירי), ד׳: גיחורי.

(68 בכו׳ מה ב: גיחור חוורא (= לבן) ... אלא ... גיחור סומקא (= אדום).

גידא דרביתא (חול׳ ס א) כי״י ר׳: גודא

גִּידָא נַשְׁיָא (חול׳ נד א, צז ב) גִּיד הַנָּשֶׁה

Sinew of femoral vein

Tendons — **גִּידֵי** (חול׳ צ ב) גִּידִים

גִּיהָא[69] **וּבַר גִּיהָא** (מ״ק ח ב) בְּרֵכָה וְנִבְרֶכֶת[70]

Pond in a yard to collect waste waters and a small pool near it to receive the overflow of the larger pond

Red — **גִּיהְיָא**[71] (בכו׳ מה ב) אָדֹם

Cf. — **לגיו** ר׳ לגאו

Proselyte — **גִּיּוֹרָא** גֵּר

Proselytes — **גִּיּוֹרֵי** (קידו׳ עג א) גֵּרִים

To convert to Judaism — **גַּיּוֹרֵי** (יב׳ עו א) (ל)גַיֵּר

A woman proselyte — **גִּיּוֹרְתָּא** (בר׳ ח ב ועוד) גִּיּוֹרֶת

A cut — **גִּיזוּזָא** (ב״ב ד א) חִתּוּךְ, קִצּוּץ

Cf. — **גיחיא** (בכו׳ מה ב) ר׳ גיהיא

גַּיִּידֵיהּ (יב׳ קכ ב, סנ׳ סז ב) גִּידוֹ (=חֲתָכוֹ לִנְתָחִים)

He cut it to pieces

He cuts, he shortens — **גָּיֵיז** חוֹתֵךְ, מְקַצֵּר

Troop, horde — **גַּיְיסָא** גַּיִס

גַּיְיסָא בֵּיהּ (קידו׳ פא א) לִבָּהּ גַּס בּוֹ

She is familiar with him

גַּיְיסִי בַּהֲדָדֵי (כתו׳ כח א) לִבָּם גַּס זֶה בָּזֶה

They are familiar with each other

גַּיֵּיפְתָּא[72] **לְאִמַּהּ** (סנ׳ פב ב) הִנְאִיפָה אֶת־אִמָּהּ[73]

She gave her mother a reputation as being a prostitute

They gnaw — **גָּיְיצִי** (הור׳ יג א – ב) מְכַרְסְמִים

He converted her — **גַּיְירַהּ** (יב׳ עז א) גִּיְּרָהּ

He converted him — **גַּיְירֵיהּ** (שבת לא א) גִּיְּרוֹ

Straw — **גִּילָא** קַשׁ

גִּילָא דְחִיטְתָא (גט׳ סט א 2, חול׳ נו רע״ב, נדה כו ב)

Wheat straw — קַשׁ שֶׁל חִטָּה

Cf. — **חילפא גילא** (סוכה לד א) ר׳ חילפא

Of one age — **גִּילָאֵי**[74] (זב׳ קטז ב) בְּנֵי גִיל אֶחָד

Cf. — **גילהי** (תע׳ ג סע״ב) ר׳ גלוהי

Straws, pieces of straw — **גִּילֵי** קַשִּׁים, חֲתִיכוֹת קַשׁ

Their straw — **גִּילַיְיהוּ** (סוכה יד א) קַשֵּׁיהֶם (=קש שלהם)

גִּילְמוֹהְרַג[75] (סנ׳ צה א) חוֹתָם שֶׁל טִיט

Piece of wall, decrepit stone from the wall (Rashi), seal of clay (Aruch)

גִּיס בֵּיהּ (כתו׳ פה ב) לִבּוֹ גַּס בּוֹ, רש״י: רָגִיל אֶצְלוֹ

He is familiar with him. Rashi: He is accustomed to be with him

גִּיס בַּהּ (יב׳ קיא ב) לִבּוֹ גַּס בָּהּ

He is familiar with her

Side, brother-in-law — **גִּיסָא** צַד, גִּיס

On the side — **אַגִּיסָא** (בכו׳ מד ב) בַּצַּד

Other side, on the other hand — **אִידָךְ גִּיסָא** צַד שֵׁנִי

This side — **הַאי גִּיסָא** צַד זֶה

That side, the former side — **הָךְ גִּיסָא** הַצַּד הָאַחֵר

One side — **חַד גִּיסָא** צַד אֶחָד

גִּיסֵי (סנ׳ כח ב) גִּיסִים (=נשואים לשתי אחיות)

Brothers-in-law (married to two sisters)

גִּיסֵי בְהוּ [**ו בְ**]**רַבָּנָן**[76] (קידו׳ לג סע״א) לִבָּם גַּס בַּחֲכָמִים, רְגִילִים בַּחֲכָמִים

They are familiar with the sages

Arrow — **גִּירָא** חֵץ

Chest disease — **גִּירָא** (גט׳ סט ב) חוֹלִי הֶחָזֶה (עה״ש)

גִּירָא דְלוּלְתָא[77] (שם) חֵץ נוֹפֵל[78] (?)

Falling arrow (wedge-shaped stone that falls with hail)

גִּירָ[אה] (פס׳ כח ב — רש״י ומ׳ ב) עוֹשֵׂה חִצִּים

Arrow maker

גִּירוּתָא (חול׳ סב ב ועוד) גִּירוּת (מן העופות הדורסים)

Girusa (bird of prey)

Arrows — **גִּירֵי** חִצִּים

His arrow, his arrows — **גִּירֵיהּ** חִצּוֹ, חִצָּיו

Cf. — **גִּירֵי דְרוּבְיָא** (שבת קט ב) א״פ: גידי, ור׳ רוביא

---

(69) מלשון ערבית.

(70) ערוך: פי׳ גיהא בריכה גדולה שעושין בחצר שיכנסו בה כל השופכין, בר גיהא בקיע והיא נברכת קטנה, שעושין סמוך לגדולה כדי שיכנסו בה המים היוצאין מן הגדולה לקטנה כשהיא מלאה.

(71) ע׳, רש״י: גוהיא, ד׳: גיהיא, מ׳ ליי.

(72) אה״ת, ד׳: גפתה, מ׳: גפת.

(73) רש״י: הנאיפה אמה, כלומר: הוציאה שם גפייתה (= זנותה) על אמה, שכיון שזינתה קורין אותה זונה בת זונה.

(74) כי״י ו״רש״י״, ד׳: גולאי, מ׳: מלאי.

(75) כצ״ל: והוא מלשון פרסית. ע׳: גלמהרג, פ׳: גולמא הרג, אה״ת: גילמו הדג טינא (= גילמו הרג טינא), מ׳: גומלי הרג, ד׳: גולמו הרג.

(76) מ׳: גייסי בה רבנן.

(77) ע׳ מ׳ וכ״י וטיקן: דלולייתא, ד׳: דלילתא, רש״י: דליליתא.

(78) ע׳ ורש״י: אבן העשוי כחץ ונופל עם הברד.

בְּגֵיתֵי (ב״ק קיד א) בְּגֵאוּת, בִּזְרוֹעַ

With pride and with force

מָרֵי גֵיתֵי (נדר׳ לח סע״א — מתר׳ לעמוס ז יד) בַּעַל מִקְנֶה

Owner of cattle

גְּלָא[79] (בר׳ נו סע״א) גָּלָה — He went into exile

גַּלָּא הַגַּל — The wave

גְּלַאי (פס׳ מט א) גָּלִיתִי — I went into exile

גַּלְגִּילָא (גט׳ סט א) גַּרְגִּיר (מעשרות ד ה) — A grain

גַּלְגִּילְנָא (כתו׳ ע ב) גִּלְגַּלְתִּי

I rolled along (lit.), I was willing to bear with it

גַּלְגְּלָא (בר׳ נט א) גַּלְגַּל — A wheel

גַּלְגְּלָא דְעֵינֵיהּ (ב״ב עג ב) גַּלְגַּל עֵינוֹ

Pupil of his eye

גַּלְגְּלָא דְרָקִיעַ (ב״ב עד א) גַּלְגַּל הָרָקִיעַ

Celestial sphere

גִּילְגְּלָא (עירו׳ קו א, יומא לז א, זב׳ כא ב) גַּלְגַּל (לשאיבת מים)

Pulley (to draw water)

גלגלתא (גט׳ מז א) כי״י וע׳: גללתא

גִּילְדָּא (בר׳ מג ב) עֲקֵב הַנַּעַל — Shoe sole

גִּילְדָּא[80] (פס׳ קיט א, סנ׳ קי א) עוֹר — Leather, skin, hide

גִּלְדֵ(א)י (ב״מ לח רע״ב — כי״י) עוֹרוֹת

Leathers, skins, hides

שׁוּקָא דְגִלְדָאֵי שׁוּק שֶׁל מוֹכְרֵי עוֹרוֹת, פ״א: רַצְעָנִים

Market of leather sellers, leather workers

גִּילְדֵי גִּילְדֵי (ר״ה כו א, חול׳ מו סע״ב) גְּלָדִים גְּלָדִים (קליפות, שכבות)

Layers upon layers

גִּילְדָּנָא[81] (ב״ב עג ב ועוד) מִין דָּג קָטָן, גִּלְדָּן — Small fish

גילדנא דבי גילי ר׳ בי גילי — Cf.

גִּילְדָּנֵי מְלִיחֵי[82] (תמיד לב רע״ב) דָּגִים קְטַנִּים מְלוּחִים

Small salted fish

גָּלוּ[83] (פס׳ מט א) גּוֹלִים (ב) — They go into exile

גַּלּוֹ (סנ׳ צו ב) גַּלֵּהוּ — Reveal it (*imp.*)

גַּלּוֹ אַדַּעְתַּיְיהוּ (ע״ז נג ב, בכו׳ נו ב[84]) גִּלּוּ אֶת דַּעְתָּם

They revealed their view, opinion

גַּלּוֹ מַסֶּכְתָּא (עירו׳ נג סע״א) גִּלּוּ (=לִמְּדוּ) מַסֶּכֶת

They taught Torah to others, explained what they have learned and analyzed carefully its reason

גְּלוֹהִי (פס׳ יג רע״א[85], תע׳ ג סע״ב[86], סנ׳ מב א[87]) נֹגַהּ, זֹהַר

Flashes in the night, glowing horizon before sunrise

גָּלְוָתָא (סנ׳ יא ב) גּוֹלִים, גָּלֻיּוֹת

Exiled people, the exiles of the Diaspora

גָּלְוָתָא [בְּנֵי גָלְוָתָא][88] (חול׳ ס סע״ב) גּוֹלִים בְּנֵי גּוֹלִים

Exiled people the sons of exiled people

גַּלּוֹחֵי (נזיר יז ב) (ל)גַלֵּחַ — (To) shave

לְגַלּוֹחֵי (מ״ק יז ב) לְגַלֵּחַ — To shave

גִּילּוּי דַּעְתָּא גִּלּוּי דַּעַת — Revealing his opinion, making his intentions clear, intimation of meaning

גִּילּוּי מִילְּתָא גִּלּוּי דָּבָר — Revelation, an indication

גִּלּוּיָא גִּלּוּי (יין וכדומה)

Leaving (wine and certain other beverages) uncovered

גִּילּוּיָא מַחֲלַת גִּלּוּי[89] — A sickness contracted from drinking uncovered beverages

גילויא (פס׳ יג רע״א, סנ׳ מב א) ר׳ גולהא וגלוהי — Cf.

גַּלּוֹיֵי (יב׳ קב א, סנ׳ יב א) (ל)גַלּוֹת — (To) reveal

לְגַלּוֹיֵי לְגַלּוֹת — To reveal

[ל]גַלּוֹיֵי רֵישֵׁיהּ (שבת קנו ב — מ׳) לְגַלּוֹת רֹאשׁוֹ

To go bare headed

גַּלּוֹיֵ[י][90] (עירו׳ פח א) (ל)גַלּוֹת — To reveal

גַּלּוֹיֵ[י] דַּעְתָּא בְּגִיטָּא (גט׳ לד א כ״פ — מ׳) גִּלּוּי דַּעַת בְּגֵט

Revealing his intention that he wants to annul a *get*

לגלויי (שבת י ב) מ׳ ואה״ת: לאיגלויי

גִּילּוּיֵיהּ (זב׳ לח ב) גִּלּוּיוֹ

Uncluttered part of the altar

(79) ד״ו, ד״ח: גלי.

(80) מלשון ערבית, גלדי (איוב טז טו).

(81) השבעים מתרגמים בו ״סיס״.

(82) ד׳: גולדני (ד״ו: גולדנא) דמלחא, רש״י ומ׳: גילדני, אה״ת: גלדני, מ׳: מולחי, אה״ת: מלוחי וצ״ל: מליחי.

(83) מ׳ ואה״ת, ד׳: גלי.

(84) הב״ח, מ׳ ד׳: דעתייהו.

(85) ע׳, מ׳ ב ואי״פ: בגולהא, ד׳: בגילויא, מ׳ לי׳.

(86) ע׳, מ׳ מ׳ ב ורש״י: בגולהי, ד׳: גילהי.

(87) ע׳, מ׳: בגולהי, פ׳: בגולהא, ד׳ וק׳: בגילויא.

(88) כי״י ואה״ת ורש״י.

(89) = מחלה הבאה ע״י שתיית משקה שהיה מגולה.

(90) כצ״ל, רש״י ד״ו: גילוי, כי״י וד״ש לי׳.

גְלוּפְקְרֵי (גט׳ ע סע״ב) גְּלוּפְקְרִין[91]
Thick woolen covers or blankets

גַ(י)לְחָה[92] (נזיר כח סע״א) גִּלְּחָה She shaved

גַלְחֵיה (נז׳ נח א) גִּלְּחוֹ He shaved him

גְלָטוֹרֵי[93] (שבת קג ב) רָאשֵׁי תֵבוֹת (?)
Acronyms, initials

גַלֵי גִּלָּה He revealed

גַלֵי דַעְתֵּיה גִּלָּה דַעְתּוֹ He revealed his opinion

גַלֵי אַדַעְתֵּיה גִּלָּה אֶת־דַּעְתּוֹ He revealed his opinion

גַלֵי קְרָא (כרי׳ כג ב) גִּלָּה הַכָּתוּב The verse revealed

גַלֵי רַחֲמָנָא גִּלָּה הַכָּתוּב The verse revealed

גָלֵי (מכות ט א) גּוֹלֶה
He is exiled (to the cities of refuge)

גְלֵי (יב׳ מה א, מנ׳ לז א) גְּלֵה
Exile yourself (*imp.*) where you are unknown

גלי[94] (בר׳ נו סע״א) ר׳ גלא Cf.

גלי (פס׳ מט א) מ׳ ואה״ת: גלו

גַלֵי (שבת עז ב, יב׳ צז א, תמיד כז ב) גַּלֵּה Reveal, uncover

גַלֵי מַסֶּכְתָּא (עירו׳ נג סע״א) גִּלָּה (לִמֵּד) מַסֶּכֶת
He taught Torah to others, explained what he has learned and analyzed carefully its reason

גַלֵי[95] עוּקְצִין[96] (הור׳ יג ב) גַּלֵּה (=לַמֵּד) עוּקְצִין
Teach us (*imp.*) the tractate *Uksin*

גַלֵי[97] (בר׳ כח א, ב״ק קיב א, ע״ז נח א) דְּלָתוֹת Doors

גלי גפא ר׳ אגלי גפא Cf.

גַלְיָא קַמֵּי קוּבְ״ה (שבת צז א) גָּלוּי לִפְנֵי הקב״ה
It is revealed before the Holy One Blessed be He

קַמֵּי שְׁמַיָּא גַלְיָא (פס׳ פח סע״ב) גָּלוּי לִפְנֵי שָׁמַיִם
It is revealed before Heaven

גַלְיָא (מג׳ יג א כ״פ) גִּלְּתָה She revealed

גַלְיָא[98] (ע״ז כח א) גִּלְּתָה She revealed

גליא (עירו׳ מח ב, ע״ז נג ב) מ׳: גלי

גְלִידָ(י)ן[99] (שבת קנב רע״א) קְרוּחוֹת (=מלאות קרח)
Full of ice

גַלֵיה[1] (סנ׳ קיג א) דַּלְתּוֹ His door

גַלְיֵיה (בר׳ ה ב, גט׳ סח א) גִּלָּהוּ He revealed it

גליה (ע״ז כח א) מ׳: גליא

גַלְיָין[2] (שבת קנו א) גְּלוּיִים They are revealed

גָלִילָא הַגָּלִיל The Galilee, northern Eretz Yisrael

גְלִילָאָה הַגָּלִילִי Galilean

גְלִימָא טַלִּית Cloak, garment

גְלִימָא דְהוּטְבֵי (נדר׳ מט סע״ב) טַלִּית עָבָה וְקָשָׁה
Cloak or garment made of thick and hard material

גְלִימַאי טַלִּיתִי My cloak, garment

גְלִימֵי טַלִּיתוֹת Cloaks, garments

גְלִימֵיה טַלִּיתוֹ His cloak, garment

גְלִימַיְיהוּ טַלִּיתוֹתֵיהֶם Their cloaks, garments

גְלִימָךְ טַלִּיתְךָ Your (*masc.*) cloak, garment

גְלִינַן (בר׳ נח א) גָּלִינוּ We went into exile

גַלֵית דַעְתָּךְ גִּלִּיתָ דַעְתְּךָ You revealed your opinion

גַלֵית אַדַעְתָּיךְ גִּלִּיתָ אֶת־דַּעְתְּךָ
You revealed your opinion

גְלִיתוּן (שבת קטז ב) גְּלִיתֶם You (*pl.*) went into exile

גְלָלָא (סנ׳ קט ב, ע״ז כב ב, חול׳ סג א[3]) אֶבֶן גָּלָל, שַׁיִשׁ
Untrimmed stone, cobble

גְלָלֵי (ב״ק צב ב) חֲלוּקֵי אֲבָנִים Pebbles

תְּרֵי גַלְלֵי מִלְחָא (חול׳ קיב א) שְׁנֵי גַלְגְלֵי מֶלַח[4]
Two lumps of salt

מלחא גללניתא ר׳ מלחא Cf.

גללניתא (שבת מז רע״ב) ר׳ מטה גיליתא Cf.

גְלַלְתָּא[5] (גט׳ מז א) אֶבֶן גָּלָל
Round stone, round chunk of lead

גָמְדָא (גט׳ נז א, חול׳ מג א) מִתְכַּוֶּצֶת[6]
It contracts, shrinks

(91) בברייתא (שבת נא א) — ״כסות עבה של צמר״ (ע׳).
(92) ע״פ מ׳ (ושם: גלח).
(93) מלשון יונית. ״קמיעין שכותבין בהן אותיות כגון אא וכיוצא בהן. פ״א כותבין א״א במקום אמן אמן״ (ערוך ע׳ א א).
(94) ד״ו: גלא, ד״ח: גלי, מ׳: גליא.
(95) אה״ת: תני לן.
(96) מ׳ ואה״ת, ד׳: עוקצים.
(97) תמיד עם פעל ״טרק״.
(98) מ׳, ד׳: גלייה.
(99) אה״ת, מ׳: גליד׳.
1) גם כאן עם ״טרק״. ראה הע׳ 97.
2) רש״י, ד׳: גלין, מ׳: גלן.
3) ד׳: גלל, מ׳: גללא, ר׳ ב וג׳: גלנא, ה׳: גלגלא.
4) משי שבת ו׳ ה׳: גרגיר מלח, בבבלי: גלגל מלח.
5) כ״י וע׳, אה״ת: גלילתא, ד׳: גלגלתא.
6) ועי׳ ע׳ נמטא.

גַּמּוּד (פס׳ קיא א) נִתְכַּוְּצוּ
They shrank, became too tight

גַּמּוֹעֵי (פס׳ עד ב, סוכה מט ב) גַּמֵּעַ
To drink deeply, quaff

גַּמּוֹעֵי (ל)גְמֹעַ To drink deeply, quaff

גְּמוֹר לָמַד Study

גְּמוֹרוּ[7] (ע״ז טז ב) לָמְדוּ They learned

צַדִּיקֵי גְּמוּרֵי (בר׳ סא ב[8], סוטה לא א) צַדִּיקִים גְּמוּרִים
Complete *tzaddikim* (righteous men)

רַשִׁיעֵי גְּמוּרֵי (בר׳ סא ב) רְשָׁעִים גְּמוּרִים
Complete *resha'im* (wicked men)

גְּמִיר (גט׳ כח ב[9]) גָּמוּר Finished, decided

גְּמִיר (חול׳ יב א ועוד) מְלֻמָּד (רש״י) Erudite, learned

גְּמִיר וּסְבִיר (הור׳ ב רע״ב כ״פ) מְלֻמָּד וּמֵבִין
Erudite and discerning

וְגָמֵ(י)ר (בר׳ לח ב — מ׳) וְלוֹמֵד And he learns, derives

גְּמִיר לַהּ לָמַד He learned, derived

לָא גְּמִיר לֹא לָמַד He didn't learn, derive

גמירא (חגי׳ טו א, ב״ק טו ב) כי״י: גמירי

גמירו (ע״ז טז ב) ר׳ גמורו Cf.

גְּמִירֵי לְמֵדִים They are learned, derived

גְּמִירֵי[10] (תמו׳ טו ב) לְמֵדִים[11]
They were learned, derived (from tradition)

גְּמִירֵי אוֹרָיְיתָא (ב״מ פד א) מְלֻמְּדֵי־תוֹרָה[12]
Well-versed in Torah

וְלָא גְּמִירֵי (יומא נז סע״א) וְאֵינָם לוֹמְדִים
They do not learn

גְּמִירִין (במס׳ נדרים ונזיר) לְמֵדִים They are learned

גמירן להו (תמו׳ טו ב) רש״י: ודגמירי[13]

גְּמִירְנָא לָמַדְתִּי I learned

לָא גְּמִירְנָא[14] (בר׳ מט א) לֹא לָמַדְתִּי I didn't learn

גְּמִירַת (סנ׳ קב רע״ב) לָמַדְתָּ You learned

גמירתא (חגי׳ יג א) מ׳: גמירנא

גְּמַ(י)רְתֵּיהּ[15] (שבת כא רע״ב) לְמַדְתִּיו I learned it

גָּמֵישׁ (יומא סז א) מְכוֹפֵף It bends

גַּמְלָא גָּמָל Camel

גַּמְלָא פָּרְחָא (מכ׳ ה א) גָּמָל פּוֹרֵחַ (=מָהִיר)
Fast camel

גַּמְלָא[16] (מ״ק יא ב) צֶמֶד[17] Team (of oxen)

גַּמְלָא (מ״ק ו ב ועוד) גֶּשֶׁר צַר שֶׁל נְסָרִים
Narrow bridge of planks, cross board

גַּמְלָא (שבת סו סע״ב, יב׳ עו א) גָּדוֹל Large

גַּמְלָא דְאוּסְקַנִיתָא[18] (סנ׳ סז ב) גֶּשֶׁר נְסָרִים[19]
Bridge of planks

גַּמְלַאי (ר״ה כו ב, מג׳ יח א) גְּמַלִּי My camel

גַּמְלֵי גְּמַלִּים Camels

גַּמְלֵיהּ גְּמַלּוֹ His camel

גַּמְלֵיהּ (מ״ק יא ב) צִמְדּוֹ His team (of cattle)

גַּמְלָנִיתָא (ע״ז כח ב) גְּדוֹלָה, גַּמְלוֹנִית[20] Large, giant

גַּמַּע (זב׳ עד ב) גְּמַע Swallowing

גְּמַר נִגְמַר, גָּמַר, לָמַד
It *(m.)* is finished, he finished, he studied

גָּמַר גּוֹמֵר, לוֹמֵד He is finishing, he is studying

גָּמַר[21] (בכו׳ לב א 3) לוֹמֵד He is learning

גְּמַר דִּינָא גְּמַר־הַדִּין Verdict

גְּמַר פֵּירָא גְּמַר הַפְּרִי Ripening of fruit

גְּמָרָא תַּלְמוּד, קַבָּלָה (=מסורת)
Talmud, the tradition

גְּמָרַ[א]י (שבת קל ב — מ׳) תַּלְמוּדִי My study

גְּמָרָה נִגְמֶרֶת, גּוֹמֶרֶת
She (it) is finished, she (it) finishes

גָּמְרָה (פס׳ סב ב — כי״י, זב׳ ח א ועוד) לוֹמֶדֶת She studies

7) מ׳ (שטארק): גמור׳, ד׳: גמירו. כ״י ספ׳: גמור (יו״ד תלוי עי״א).
8) מ׳ לי׳. חגי׳ ט ב: צדיקי גמורי, מ׳: צדיקים גמורים.
9) בשאר המקומות — בכי״י: גמר (ב״מ סו א, צד א — מ׳ ה׳, עא ב — כל כי״י, ע״ז מט א — מ׳, סנ׳ טו ב — מ׳.
10) רש״י, ד׳: גמירן להו.
11) רש״י בפסחים נב ב: מסורת מאבותינו.
12) על משקל ״מלמדי מלחמה״ (שיר ג ח).
13) מ׳: ודאגמרו לא הוו גמירי כמשה.
14) מ׳, ד׳: גמירנא.
15) א״פ, מ׳: קבילתיה (ובשניהם לי׳ ״לשמעתיה״).
16) מלשון רומית ÷.
17) ״דתוראי״ לי׳ במ׳ וע׳ ועוד.
18) ע׳, מ׳: איסקנית׳, אה״ת וע״י וילי׳ כ״י: אסקוניתא, ד׳: דוסקניתא.
19) עי׳ עה״ש ע׳ אוסקניתא.
20) עי׳ כלאים פ״ב מ״ח.
21) מ׳, ד׳: יגמר.

גְּמַרַהּ (סנ׳ פח א) לְמָדָהּ
He studied it

גְּמַרַהּ[22] (ע״ז כז א) גְּמָרָהּ
He finished it

גְּמַרוּ (עירו׳ נג א) לָמְדוּ
They studied

גָּמְרִי גּוֹמְרִים, לוֹמְדִים
They are finishing, they are studying

בָּתַר דְּגָמְרִי[23] (בר׳ מב א) לְאַחַר שֶׁגָּמְרוּ
After they finished

לְגַמְרֵי כָּלִיל
Completely

גְּמָרֵיהּ תַּלְמוּדוֹ
His study

גַּמְרֵיהּ (חגי׳ כג א כ״פ) גְּמָרוֹ
He finished it

אַגְּמָרֵיהּ סְמַךְ (חול׳ מד ב, נדה כ ב) עַל תַּלְמוּדוֹ סָמַךְ
He relied on what he learned

גמרינא (בר׳ מט א) מ׳: גמירנא

גַּמְרִינְהוּ (חגי׳ כג א) גְּמָרָם
He finished them

גָּמְרִינַן אָנוּ לְמֵדִים, לָמַדְנוּ
We are studying, we studied

גָּמְרִינַן (בר׳ יד ב, פס׳ נה א, ב) (אָנוּ) גּוֹמְרִים
We are finishing

גמרינן (מ״ק יד ב) מ׳: וגמרי ליה לדיניה

גָּמְרִיתוּ (פס׳ סו א) אַתֶּם לוֹמְדִים
You learn

לָא גָּמְרִיתוּ (שם) לֹא לְמַדְתֶּם
You didn't learn

גְּמָרָךְ (שבת קל ב) תַּלְמוּדְךָ
Your study

גָּמְרָן (יומא נט א) נִגְמָרוֹת
They are terminated

גָּמְרָן (זב׳ נח ב) לוֹמְדוֹת
They learn out, derive

גַּמְרָנָא (פס׳ קה ב) לַמְדָן
Erudite person

גְּמַרְתְּ (בכו׳ נא ב) גָּמַרְתָּ
You decided unequivocally

גְּמַרְתְּ (בר׳ סב ב, תמיד כז ב) לָמַדְתָּ
You learned

גָּמְרַת (חול׳ עד ב) אַתָּה לוֹמֵד
You learn

גְּנָא שָׁכַב
He rested, laid down

גינא (ע״ז י סע״א) אה״ת: גינתא

גנאה (ב״ק צב ב) מ׳: מיגניא

גִּינָּאָה (שבת פב א, קי ב*[23], ב״מ סד א, חול׳ קה ב 2) גַּנָּן
Gardener

גִּינָּאֵי גַּנָּנִים
Gardeners

גְּנַב גַּנָּב
Thief

גנב (שבת קנו א) מ׳: גניב

גָּנְבָא (גט׳ סב רע״א) גּוֹנֶבֶת
She steals

גַּנָּבָא גַּנָּב
Thief

גְּנַבוּ (כתו׳ נא ב) גָּנְבוּ
They stole

גְּנַבוּהּ (ב״ק צג א) גְּנָבוּהוּ
They stole it

גְּנַבוּךְ (עירו׳ נג ב) גְּנָבוּךָ
They stole you

גְּנַבִי (ב״ק סה ב) גָּנַבְתִּי
I stole

גָּנְבִי גּוֹנְבִים
They steal

גַּנָּבֵי גַּנָּבִים
Thieves

גָּנְבִין[24] (ב״מ צ רע״ב) גּוֹנְבִים
They steal

גַּנְבִינְהוּ[25] (נדר׳ סב א) גְּנָבָם
He stole them

גנבן (שם) מ׳: גנבינהו

גִּינְבְּרָא (גט׳ פו א) זַנְגְּבִיל
Ginger

גְּנַבְתְּ (בר׳ נו ב ועוד) גָּנַבְתָּ
You stole

גַּנְדְּרוֹפּוֹס[26] (חגי׳ ג סע״ב) הַתְקָפַת שִׁגָּעוֹן[27]
Attack of madness, melancholy, lycanthropy

גָּנוּ שׁוֹכְבִים
They lay down, rest

גְּנוֹב (בר׳ ה ב ועוד) גְּנֹב (צ)
Steal (*imp.*)

גנובא (כתו׳ יט א) מ׳: גנבא

גַּנּוֹבֵי (ל)גַנֵּב
(To) steal

עֲבוּד גְּנוּבְתָא[28] (ע״ז כו רע״א) עָשׂוּ גְּנֵבָה,
עָסְקוּ בִגְנֵבָה, גָּנְבוּ
They committed a theft

גְּנוּבְתָא (מ״ק יז א) זָנָב
Tail

גְּנוּבְתֵיהּ זְנָבוֹ
His tail

גנובתיה, גנובתה[29] (ע״ז מד ב כ״פ) ר׳ גניבותה
Cf.

גַּנּוֹחֵי (ר״ה לג ב, לד סע״א כ״פ) (ל)גְנֹחַ
(To) moan

גִּינּוּנִיתָא (בר׳ מג ב) גִּנָּה
Garden

גִּינּוּנְיָיתָא (ב״ב סח א—ב ועוד) גִּנּוֹת
Gardens

גנוסטרי/א (מ״ק יח א, נדה יז א) ר׳ אנגיסטר וח״ג שם
Cf.

(22) כצ״ל, נוס׳: אגמרה (ועי׳ שם הערה 11).

(23) אולי צ״ל: דגמרו!

*(23) [א״פ ור׳, ד״ח: גינאי, ד״י: גינאי׳ (ע. ל.)]

(24) לשון א״י: שלחו ליה לאבוה דשמואל.

(25) מ׳, שה״ג: גנבן.

(26) [כ״י גטינגן, ד׳: גנדריפס, (ע. ל.)] מ׳ ב: גינדרופס, ע׳: גנדרפוס, רש״י ד״ק וד״ו: גנדרופס. ירושי׳ גטין רפ״ז מ ע״ג: קניטרופיס.

(27) מלשון יונית. ערוך: חולי של שטות וכשעובר החולי הוי פקח. ר״ב: ובעל חולי זה לן בבית הקברות אוכל בשר מתים ונושך כמו כלב. ועי׳ ע׳ קנטרופוס.

(28) מ׳, וכן בכ״י ספ׳, והוגה עי״א: גניבותא, ד׳: גניבתא.

(29) בכ״י ספ׳ בכולן: גניבותה, מ׳ בכולן: גנובי׳ (= גנובה, נמשך ל״תשובה גנובה״ שלפניה).

גְּנוּתָא (סנ׳ צג ב) גְּנוּת — Defamation

גְּנוּתֵיהּ (סוטה לה ב, בכו׳ מה ב) גְּנוּתוֹ — His defamation

גנזא ר׳ בי גנזא

גנזיה ר׳ בי גנזיה — Cf.

לְגִנְזֵיהּ (מעי׳ יז ב) לְאוֹצָרוֹ — To his treasure room, storehouse

גְּנַח*[29] (בר׳ נט א) גָּנַח — He moaned

גָּנַח (ר״ה לג ב, לד סע״א כ״פ) גּוֹנֵחַ — He moans

גָּנְחִין[30] (ב״מ צ ב) מְסָרְסִים — They castrate

גָּנֵי שׁוֹכֵב — He lays down

גְּנֵי שְׁכַב — Lay down (*imp.*)

גניאן (שבת סה סע״א) מ׳ ורש״י: גניין

גָּנֵיב גּוֹנֵב — He steals

גְּנֵיבוּתָא (ב״ק קטו א) גְּנֵבָה — Theft

גְּנֵיבוּתַהּ[31] (ע״ז מד ב כ״פ) גְּנֵבָתָהּ — Her theft

גניבותך (ב״ק ע ב כ״פ) ה׳ בכולם: גנובתך (עב׳)

גְּנֵיבְתָא (ע״ז כו רע״א) גְּנֵבָה — Theft

גְּנִיחוּתֵיהּ[32] (חול׳ נא ב) גְּנִיחָתוֹ — His moaning

גָּנְיָין[33] (שבת סה סע״א) שׁוֹכְבוֹת — They (*fem.*) are lying down

לָא גָּנֵינָא (סנ׳ קט ב) אֵינִי שׁוֹכֵב — I am not lying down

גְּנָנָא (בר׳ טז א, גט׳ נז א) חֻפָּה — Wedding canopy, wedding

גִּינְתָא גִּנָּה — Garden

גִּינְ[תָ]א (ע״ז י סע״א — אה״ת) גִּנָּה — Garden

גִּינְתֵיהּ (קידו׳ פא ב) גִּנָּתוֹ — His garden

גָּס בֵּיהּ (פס׳ קי ב) פָּגַשׁ בּוֹ — He met him

גָּס לֵיהּ דַּעְתֵּיהּ[34] (בר׳ מז א — מ׳) דַּעְתּוֹ גַּסָּה, הֵגִיס דַּעְתּוֹ (מג׳ יג ב) — He became haughty

איגלי גפא ר׳ איגלי — Cf.

גַּפָּא דְּרוֹמִ(א)י[35] (פס׳ פז ב) גַּפָּה שֶׁל רוֹמִי[36] (מנ׳ מד א) — Name of idolatry, the capital of Rome

גַּפָּא (חול׳ נב א) כָּנָף — Wing

גַּפָּא (נדר׳ פט סע״ב) גַּרְזֶן (פ״א: מַקֵּל) — Hatchet (a stick)

גַּפַּהּ (חול׳ קמא ב) כְּנָפָהּ — His wing

גִּיפּוּפֵי (עירו׳ כה ב, פט ב) גִּפּוּפִים[37] — Projecting parts of wall

גַּפֵּי (חול׳ נב א) כְּנָפַיִם — Wings

גפתה (סנ׳ פב ב) אה״ת: גייפתא

גרבא[38] **דארעא** (ב״מ טו ב) ר׳ גריוא — Cf.

גַּרְבָּא דְחַמְרָא גָּרָב (=כד, נבל) שֶׁל יַיִן — A jug of wine

אֲתָא גַּרְבָא בְּלֵילְיָא וְגַרְבַהּ לְמָתָא (בר׳ ס סע״ב — ע׳[39]) בָּא שׁוֹדֵד בַּלַּיְלָה וְשָׁדַד הָעִיר — Robber came at night and robbed the city

גַּרְבוּהָ(ו) (חגי׳ ה רע״ב — ע׳) שְׁלָלוּהוּ — They looted it

גָּרְבִי (בר׳ נו רע״א[40], גט׳ מו סע״ב) שׁוֹבִים — They kidnap, seize

גַּרְבֵי דְמַיָּא (סנ׳ צה א) גַּרְבֵי (=כַּדֵּי) מַיִם — Jugs, bottles, kegs of water

גַּרְבֵי מִשְׁחָא (ב״ב עג ב) גַּרְבֵי שֶׁמֶן (שבת יג ב ועוד) — Jugs, bottles, kegs of oil

גַּרְבֵיהּ (שבת קמח רע״א) מַשְׁכְּנוֹ — Seize (*m., s., imp.*) it (as security for his appearance)

גַּרְבְתִּיךְ (שם) מִשְׁכַּנְתִּיךְ — I seized a security for a loan from you

גַּרְגּוּתָא בְּאֵר (להשקאה) — Well (for irrigation)

רֵישׁ גַּרְגּוּתָא רֹאשׁ הַבְּאֵר[41] — Official in charge of well

גַּרְגּוּתֵי (ב״מ קג א) בְּאֵרוֹת (להשקאה) — Wells (for irrigation)

---

*29) [בערכי ״גנח״ במהדורא ראשונה חל שבוש, ותקנתי כמיטב הבנתי (ע. ל.)]

30) כ״י וע׳, ד׳: מגנחין.

31) כ״י ספי בכולן, ד׳: גנובתה, מ׳ בכולן: גנובי (= גנובה, נמשך ל״תשובה גנובה״ שלפניה).

32) ה׳ ר׳ ב רש״י ועוד, מ׳: גחינתיה, ד׳: נגיחותיה.

33) מ׳ ורש״י, ד׳: גניאן.

34) בכל שאר המקומות — בעברית: לבו/לבה גס ב

35) מ׳, אה״ת: גפה דרומה.

36) עי׳ עה״ש ע׳ גפא.

37) בעברית עירו׳ צב ב. ״מסגרת״ (שמ׳ כה כה) — תר׳ ירוש׳: גיפוף.

38) פ׳: גריבא, ר׳ ב ג: גריוא, מ׳ ה׳: גרויא.

39) בגמרא שלפנינו (גם מ׳!) אתא גייסא שבייה למתא.

40) מ׳: וגרבי לך, ד׳: בך.

41) משגיח על סדר השקאת השדות.

גַּרְגִּירָא (שבת קט א, ע"ז י ב) גַּרְגִּיר[42] Berry

גַּרְגִּירָא מַצְרָ(נ)אָה (יומא יח רע"ב) גַּרְגִּיר הַמִּצְרִי
Egyptian berry

גַּרְגִּישְׁתָּא[43] עָפָר נָקִי[44] Clay

רִישׁ גרגיתא (בר' נח סע"א) ר' גרגותא Cf.

גַּרְגְּלִידָא[45] **דְּלִיפְתָּא** (בכו' מג ב) רֹאשׁ לֶפֶת
Head of turnip

גַּרְגְּלִידֵי דְלִיפְתָּא (בר' לט א, נו א, כתו' סא א) רָאשֵׁי לְפָתוֹת
Heads of turnip, thin round pieces of turnip

גִּרְדָּא[46] (שבת קלד א) חוּט (היוצא מן הבגד)
Thread sticking out of a garment

גַּרְדָּא דְסַרְבְּלָא (מ"ק כג א, ב"ק צט א, ב"מ קיב א) גֶּרֶד סַרְבָּל[47]
Large smoothed out pants, old white ironed clothes, combed woolen clothes

גִּירְדָּא דֶאֱגוֹזָא (כתו' עז ב) קְלִפַּת עֵץ אֱגוֹז
Bark of nut tree

גִּירְדָּא דַּאֲסָנָא (ע"ז כח א) קְלִפַּת הַסְּנֶה
Bark of bramble

גִּירְדָּא[48] **דַּאֲסִינְתָּא** (שבת קט ב) קְלִפַּת הַסְּנֶה[49]
Bark of bramble

גִּירְדָּא דְאַשְׁפָּא (כתו' עז ב) גְּרִידָה שֶׁל עוֹר
Scraping from hide

גִּירְדָּא דְדִיקְלָא (פס' קיא רע"ב, ב"מ פו א) גֶּזַע קָצוּץ שֶׁל דֶּקֶל
Cut off trunk of palm

גִּירְדָּא דְיַבְלָא (ע"ז כח א) גְּרִידַת הַיַּבָל (מין עשב)
Scraped root of cynodon

גַּרְדָּאֵי גַּרְדִּיִּים (=אוֹרְגִים) Weavers

גַּרְדּוּמֵי (בכו' מד א) גַּרְדּוּמִים[50] Residue of eyebrows

גירדונא (נדר' מא א) מ' וע': גידרונא

גָּרְדִי (שבת קטו רע"א) קוֹנְבִים[51] They cut into small parts

גָּרְדִי (בכו' ח ב) חוּטִים (היוצאים מן הבגד) (ר"ג: פְּתִילִים)
Threads sticking out of a garment

גִּירְדָּנָא (ע"ז כו א) קֵרֵחַ (פ"א: בַּעַל גָּרָב) Weaver

בְּנֵי גִירְדָּנֵי (כתו' ס ב) בָּנִים קֵרְחִים Bald sons

גָּרוּ (בכו' ל רע"א) נִמְשָׁכִים Attracted to

גָּרוֹדָא[52] (עירו' ק רע"ב) אִילָן קֵרֵחַ[53]
Tree that lost all its leaves

גָּרוֹיֵי[54] (נזיר ד סע"ב) יָרָה (חֵץ)
He threw (a jawbone at them)

גָּרְ(ו)מִיתָא[55] **זְעֵירְתָּא** (חול' קג ב) עֶצֶם קְטַנָּה
Small bone

גָּרוֹמָ[נַ]י[56] (ב"ב פט רע"ב) מוֹכְרֵי עַשְׁתוֹת בַּרְזֶל
Ironsmiths and coppersmiths (Rashbam), iron and copper merchants (Rambam)

גְּרוֹנֵיהּ (סוכה מט ב) גְּרוֹנוֹ His throat

גְּרוֹסוּ (כרי' ו רע"ב 2) שַׁנְּנוּ, לִמְדוּ
Repeat, study well (*imp.*)

גָּרוֹעֵי (ל)גָרֵעַ (To) deduct

לְגָרוֹעֵי (בכו' ג א) לְגָרֵעַ (סוכה ו ב)
In order to reduce (the share in the *bechor*)

גָּרוֹשֵׁי (יב' קיג ב) (ל)גָרֵשׁ
(To) repudiate (divorce) a woman

גָּרֵי (נז' ד סע"ב) יָרָה He shot (arrows)

גָּרֵי (בכו' ל א) מוֹשֵׁךְ Are attracted to

גריבי (גט' סט סע"ב) מ' וע': גריוי

גָּרֵיד (יב' עה סע"ב) מוֹשֵׁךְ[57] It ejects

גָּרֵיד[58] (חול' פג ב) מְגָרֵד He scrapes it off

גָּרֵיד[59] (בר' לה ב ועוד) מְגָרֵד (=מגדיל התאבון)
It excites the appetite

42) יומא יח רע"ב: ללקט אורות (מ"ב ד לט) תנא משמיה דר"מ זה גרגיר.
43) ע' גרגשתא, מ' (חוץ מע"ז): גרגושתא, וכן בד' בכתו' ס ב וכן בכ"י ספ' בע"ז.
44) לזריעה ולעשיית כלי חרס.
45) ע', מ': גולגלידא, ד': גלגלידא, מיונית.
46) ע' גירדא, מ': גרדא, הב"ח: גרדתא.
47) מכנסים רחבים, שגירדום והחליקום.
48) מ', רש"י ד"ו: גירדה, ד': גורדא.
49) רש"י: קליפה גרודה מן הסנה.
50) = שיריים של חוט או שער שנחתך.
51) = חותכים לפת וכיוצא בו לחתיכות קטנות.
52) מ': גריד', ע': גרדא... ס"א גרודא, ג': גדודא.
53) = שאין לו לא אמירן ולא עלין (ע').
54) מ' ד' ותוס', ע' ורש"י: גרדויי גרד (ועי' פירושיהם).
55) ע' מ' ה' ורש"י כ"י, ד"י ר' א: גרומתא, ר' ב: גרמותא.
56) כ"י ה"ג וד"פ, ע': גרמיני.
57) ועי' פירש"י וע' גרד א'.
58) ע', נוס': גריר.
59) ע', נוס': גריר.

גְּרִידָא (שבת קט ב) גְּרוּדָה — Scrapped off

גְּרִידָא לְבַדּוֹ — Alone

בְּזָב גְּרִידָא (נדה לד סע"ב) בְּזָב בִּלְבָד (שאינו מצורע)

Only about a *zav*, gonorrheal, (who is not a leper)

גְּרִידוּתָא (יב' עה סע"ב) מְשִׁיכָה — It is rubbing

גְּרִידֵי[60] (סנ' קיב רע"א 2) נִמְשָׁכִים

They are pulled, attracted

גְּרִידֵי לְבַדָּם — Themselves

גרידיא דובלא[61] (סוטה י א) ר' גריוא דחלפי וגריוא דיבלי — Cf.

גְּרִידְתָא לְבַדָּהּ — She is alone

עֲשִׂיָּה גְּרִידְתָא (ר"ה כד ב) עֲשִׂיָּה בִּלְבָד — Only making it

גָּרֵידְתֵּיהּ[62] (סנ' צו רע"א) גֵּרַדְתּוֹ

You scrapped him, you shaved him

גְּרִיוָא מִדָּה בְּנֶפַח (סאה) וּבְשֶׁטַח (בית סאה)

A dry measure of volume (a *sa'ah*), a measure of land (a *beis sa'ah*)

גְּרִיוָא דְאַרְעָא (ב"ק צו ב, ב"מ טו ב[63], קי ב)

חֶלְקַת אֲדָמָה — Parcel of land

גְּרִיוָא דְחִלְפֵי[64] (סוטה י א) מִדָּה שֶׁל חֲלָפִים[65]

Measure of rush (kind of cereal)

גְּרִיוָא דִיבְלֵי[64] (סוטה י א) מִדָּה שֶׁל עֲשָׂבִים

Measure of grass

גְּרִיוֵי מִדּוֹת (סְאִים) — Dry measures (equal to *sa'ah*)

גָּרְיֵיהּ (נדה לו ב) גְּרֹר אוֹתוֹ, מָשְׁכֵהוּ

Pull him, persuade him

גָּרֵים גּוֹרֵם — It causes

גָּרֵים מְשַׁנֵּן, לוֹמֵד, מְלַמֵּד — He reviews, learns, teaches

גָּרֵים בְּאוֹרָיְיתָא (סנ' פח ב) עוֹסֵק בַּתּוֹרָה

He is engaged in Torah study

גריסיתו (כרי' ו רע"א) מ' ואה"ת: גרסיתו

גְּרִיסָן (מג' יח סע"ב, מנ' לב ב — מ') מְשֻׁנָּנוֹת, שְׁגוּרוֹת

Committed to memory

גָּרֵיסְנָא (בר' ח א) אֲנִי מְשַׁנֵּן, אֲנִי לוֹמֵד

I repeat, I study

גְּרִיעַ (מנ' קח ב) גָּרוּעַ — Inferior quality (*masc.*)

גְּרִיעָא (מנ' קט רע"א ועוד) גְּרוּעָה — Inferior quality (*fem.*)

גְּרִיעוּתָא (ב"ק צט ב ועוד) גְּרִיעוּת

Disadvantage, flaw, harm

גְּרִיעַ[י] (בר' לו א — מ') גְּרוּעִים

Inferior, worse (*masc., pl.*)

גְּרִיעָן (פס' מח א) גְּרוּעוֹת — Inferior, worse (*fem., pl.*)

גְּרִיצִין[66] (סנ' ק ב) גְּרִיצִים — Braided bread

גריר (חול' פג ב) ר' גריד — Cf.

גְּרִיר נִגְרָר, נִמְשָׁךְ — Pulled, dragged

גָּרֵיר[67] (זב' פז ב) מוֹשֵׁךְ, גּוֹרֵר — He pulls, drags

גריר (בר' לה ב ועוד) ר' גריד — Cf.

גְּרִירָא (ע"ז ע א) נִגְרֶרֶת, נִמְשֶׁכֶת — Pulled, dragged

גְּרִירֵי[68] (סנ' קיב רע"א) נִמְשָׁכִים — Being pulled, dragged

גְּרִירִין (ב"ק יח סע"ב) נִמְשָׁכִים — Being pulled, dragged

גְּרִ[י]רִינַן[69] (תע' כד א) אָנוּ נִמְשָׁכִים

We are pulled, dragged

גרירתיה (סנ' צו רע"א) מ' פ' ואה"ת: גרידתיה

גָּרְמָא (פס' קד ב) גּוֹרֶמֶת — It causes

גְּרָמָא (נדה כ ב ועוד) גָּרְמָה, גְּרָמָהּ[70]

It (*fem.*) caused, it caused it

גְּרָמָא גֶּרֶם (=גרימה) — Cause

גַּרְמָא עֶצֶם — Bone

גְּרַמוּ גָּרְמוּ — They caused

גָּרְמוּ (ב"ק נט א) גּוֹרְמִים — They cause

גָּרְמֵי גּוֹרְמִים — They cause

דִּינָא דְגַרְמֵי דִּין שֶׁל גְּרִימָה

The law of indirect causes of damage

גַּרְמֵי עֲצָמוֹת — Bones

---

(60) "רש"י": בדל"ת נמשכין (עי"ש).

(61) ערוך (ע' רפק) ואה"ת: גריוא דחילפי, ונר' שכך היה גם לפני רש"י, מ': גריחיא דיבלי, במד"ר פי"ט: גרידא דיבלא.

(62) מ' פ' ואה"ת, ד': גרירתיה, ע': גרעיתיה = גילחת אותו.

(63) ר' ב ג, מ' ה' נשתבש: גרויא, ד': גרבא.

(64) ר' ח"ג בהע' 61.

(65) ע': קמי רפוקא גריוא דחלפי, בפני חופרי שדות גדישי דשאים. ור' הערה ל"חלפי".

(66) מ' ואה"ת, ד': גריצים (ביצה פ"ה מ"ו) = ככרות.

(67) מ', ד': נגד.

(68) ועי' גרידי.

(69) הגהתי, מ': האזלינן.

אֶשָּׁתָא דְגַרְמֵי (בר׳ לב א) אֵשׁ שֶׁל עֲצָמוֹת (מחלה)
Bone inflammation

תַּבְרָא גַּרְמֵי (ביצה יא א) שׁוֹבֶרֶת עֲצָמוֹת, קוֹפִיץ
Bone breaker, butcher's block, hatchet

גַּרְמִידָא[71] (פס׳ קיא ב, ב״מ סד א) אַמָּה — An *amah* (cubit)

גַּרְמִידֵי אַמּוֹת[72] — *Amos* (cubits)

לְגַרְמֵיה הוּא דַּעֲבַד (בר׳ מח א ועוד) לְעַצְמוֹ הוּא שֶׁעָשָׂה[73]
He does it on his own initiative
(and the *halachah* is not like him)

גרמיה (ב״ב קטז א) ה׳ ומ׳: גרמא

גְּרַמְתְּ גָּרַמְתָּ — You caused

גְּרַס (הור׳ יג ב) שָׁנָה, לָמַד — He reviews, studies

גִּירְסָא שִׁנּוּן (בע״פ), לִמּוּד (בע״פ)
Reviewing, studying by heart

גִּירְסָא דְיַנְקוּתָא (שבת כא ב) לִמּוּד בִּימֵי הַיַּלְדוּת
Knowledge acquired during youth

גִּירְסַאי (עירו׳ סח א) לִמּוּדִי — My study

גַּרְסַהּ (שם) שְׁנָנָהּ, לְמָדָהּ — He reviewed it, studied it

גְּרַסוּ (הור׳ יב א) לִמְדוּ, שַׁנְּנוּ — Study, review (*imp.*)

גָּרְסֵי בְּאוֹרָיְיתָא (תע׳ כא א) עוֹסְקִים בַּתּוֹרָה
They are engaged in Torah study

גִּירְסֵיה לִמּוּדוֹ — His study

גִּירְסַיְיהוּ (גט׳ ו א, ב״ב כב א) לִמּוּדָם — Their study

גַּרְסִינְהוּ (קידו׳ ו א) שְׁנָנָם, לְמָדָם
They reviewed, studied them

גָּרְסִיתוּ (הור׳ יב א, כרי׳ ו רע״א[74]) אַתֶּם מְשַׁנְּנִים, לוֹמְדִים
You are reviewing, studying

גירסנא (יב׳ קיז א) מ׳: גורסנא

גָּרַע[75] גּוֹרֵעַ (=גָּרוּעַ)
He (it) subtracts, deducts (inferior) (*masc.*)

גרע (בר׳ לו א) מ׳: גריעי

גָּרְעָה גּוֹרַעַת (=גְּרוּעָה)
She (it) subtracts, deducts (inferior) (*fem.*)

גַּרְעַהּ (ב״מ לו א-ב) גְּרָעָהּ
He made it even worse

גריעי (פס׳ קכ א) מ׳ ב: גרע

גריעי (כתו׳ קב ב) מ׳: גרע

גַּרְעַ(י)הּ (ב״ק יא ב 2 — כי״י) גְּרָעָהּ
He made it even worse

גַּרְעִינֵיהּ (בר׳ לח ב) גַּרְעִינוֹ — Its pit

גַּרְעִינ(וּת)יהּ[76] (בר׳ לט רע״א) גַּרְעִינוֹ — Its pit

גַּרְעְתַּהּ/א (סוכה ו ב ועוד) גָּרְעָה אוֹתָהּ — It reduced it

גְּרַפְתֵּיהּ (שבת קט ב) גְּרָפָתוֹ (את התנור)
He removed ashes and coal from oven

גְּרַר (שבת כט ב) גָּרַר (=מָשַׁךְ) — He pulled, dragged

אַגַּב גְּרָרָא (ב״מ ד סע״ב, שבו׳ מ ב, זב׳ יא ב[77]) עַל יְדֵי גְּרִירָה
(Lit., through pulling, dragging)
incidentally, by the way

גְּרָרָה[78] (פס׳ ט ב) גָּרְרָה — It dragged

גררום (שם) מ׳: גררה

גָּרַשׁ(ה)[79] (ערכ׳ כג ב) גֵּרַשׁ — He divorced

גָּרְשַׁהּ (פס׳ קי ב ועוד) גֵּרְשָׁהּ — He divorced her

גִּשׁ(וּ)רֵי[80] (שבת סז רע״א) גְּשָׁרִים — Bridges

גָּשׁוֹשָׁאֵי (ב״מ מב ב) גָּשׁוֹשׁוֹת[81]
People who search for buried treasures

גָּשׁוֹשֵׁי (שבת ק סע״ב) גָּשׁוֹשׁוֹת[82]
Sailors who stick poles into water before a ship arrives
to determine the depth of the water

גַּשְׁמָה (עירו׳ קד א) פּוֹתָה[83]
Iron bars, bolts (connecting the door's boards)

גִּשְׁרָא גֶּשֶׁר — Bridge

גִּישְׁרָא דְ(בֵי) פְּרָת (קידו׳ עא סע״ב — רש״י)
גֶּשֶׁר שֶׁל פְּרָת — Bridge of Euphrates

גִּשְׁרֵי (ב״ק קיג ב, ב״ב עג ב) גְּשָׁרִים — Bridges

גָּשְׁרֵי (ב״ק קיג ב) גּוֹשְׁרִים (=בונים גשרים)
They build bridges

(70) רגיל במטבע ״מ״ע שהזמן גרמא״.
(71) תרגום ״גֹמֶד״ (שופ׳ ג טז).
(72) אמות מרובעות (ב״ב כו ב) וגם אמות מעוקבות (עירו׳ יד ב).
(73) כלומר: אין הלכה כמותו.
(74) מ׳ ואה״ת, ד׳: גריסיתו.
(75) מצוי במטבעות ״מי גרע״, ״לא גרע״, ״מיגרע גרע״. פס׳ קכ א — מ׳ ב׳, כתו׳ קב ב — מ׳, ד׳: גרעי.
(76) פי׳ מ׳ גל׳ ועוד.
(77) ר׳ ב ורש״י בשמ״ק, מ׳: אגב, ד׳: אגררא.
(78) מ׳, ד׳: גררום.
(79) מ׳: וגרש, ד׳: וקא גרשה.
(80) מ׳, ונוספה הוי״ו בד׳ בהשואה ל״כשורי״ הסמוכה.
(81) מגששים קרקע בשפודים של ברזל ומגלים המטמונות (פי׳ ב״מ).
(82) ע׳: מרגלין שגוששין את המקום ברגליהם או בעץ ארוך.
(83) = בית קיפול הציר, מלשון פרסית.

גְּשַׁשַּׁה (ב"ב קא א) מִשְׁשָׁה He grouped, touched it

גְּשַׁשֵׁיה (שבת קנב ב, גט' סז ב) מִשְׁשׁוֹ He touched him

גִּישְׁתָּא (שבת קז ב, חול' מז רע"ב, קכב ב) מִשּׁוּשׁ The sense of touching, feeling

גִּישְׁתָּא וּבַת גִּישְׁתָּא (ע"ז עב ב) גִּשְׁתָּה[84] Large and small tubes (siphons)

84) מלשון פרסית. קנה של זכוכית ארוך וכפוף, ומכניס ראשו אחד בתוך הכלי ומוצץ בפיו עד שעולה היין וכדומה וזורם. החלק שבכלי הנשאב ממנו נקרא בת גישתא, והחלק בכלי ששואבים אליו נקרא גישתא.

– ד –

דָא זֹאת — This (f.)

דָא וְדָא אַחַת הִיא (שבת נב ב כ"פ) זוֹ וָזוֹ אַחַת הִיא (=דִּין אֶחָד לִשְׁתֵּיהֶן) — Both of them are one (both have the identical *halachah*)

דָא דָא (פס' קיב ב) קריאת זירוז לגמלים — Call of camel drivers for the camels to get on the way

דָאוֵי (שבת לה א) מַבִּיט — He looks

דָאֵיב (דוב) (פס' עד ב ועוד) זָב (דם) — (Blood) drips, oozes out

דָאֵיג(א)[1] (שבת קנו ב) דּוֹאֵג — He worries

דאיגי (שבת פו ב) מ' ב: דייגי

דָאֵין (דון) דָּן (ב) — He judges

דאיני (ב"ב כט סע"א) מ' ה' ורשב"ם: דייני

דָאֵינְנָא (כתו' כז ב, ב"ב ה א) אֲנִי דָן, אָדוּן — I judge, I shall judge

ד(א)יסְקַרְתָּא (עיר' נט א — כל כ"י) כְּפָר קָטָן (ע': עיר) — Small village (Aruch: city)

דָאֵיר (דור) (יב' נב א) דָּר (ב) — He resides

דָאצִיפֵי[2] (חול' סב א) מין תור — Species of doves

דָאֵירְנָא (ב"ב ו סע"ב, ז סע"א) אֲנִי דָר, אָדוּר — I reside, I shall reside

דבבא ר' בעל דבבא — Cf.

לְדַבּוֹיֵי (שבת קו ב[3], ביצה כד א[4]) לֶאֱרֹב — To escape

לְדַבּוֹקֵי[5] (בר' לט א) לְדַבֵּק — To cling to, to stick to

דִּיבּוּרָא דִּבּוּר — Speech

דִּיבּוּרֵיהּ דִּבּוּרוֹ — His speech

דִּיבּוּרַיְיהוּ דִּבּוּרָם — Their speech

דִּבְחָא (יומא כז א) זֶבַח — Sacrifice

דִּבְחָא (שבת קי א, קמז ב, פס' מב ב) "זֶבַח" (כינוי לחג הפסח) — A sacrifice (nickname for Pesach holiday)

דַּבֵּיק (ע"ז כח א) דַּבֵּק (צ) — Cling (*imp.*)

דְּבֵיתְהוּ אִשְׁתּוֹ — His wife

דביתיה (סוטה כב ב, מ א) מ' אה"ת וע"י: דביתהו

דביתכי (נדר' נא א) אה"ת וע"י: דביתהו

דַּבֵּק (יב' קכ ב) דִּבֵּק — He pasted, joined, stuck, combined

דִּיבְקָא[6] (מעי' טז ב) דֶּבֶק — Deduction

דַּבְקֵיהּ דִּבְּקוֹ — He pasted, joined, stuck, combined it

דְּבַר (שבת קנב רע"ב) נָהַג (=לקח אנשים) — He led (took people)

דְּבַר (יב' קיד א) נְהַג — Lead (take with you) (*imp.*)

דָּבַר נוֹהֵג, מוֹלִיךְ — He leads, he conducts

עַמָּא דָּבַר הָעָם נוֹהֵג (=מנהג העם) ור' "פוק" — The people act

דַּבַּר עֲלֵיהּ (מג' כב א) הִנְהִיגוּ עָלָיו[7] — He honored him to pass before him

דָּבְרָא (כתו' כ ב) נוֹהֶגֶת (=לוקחת בני אדם) — She leads (takes people)

דַּבְרָא[8] שָׂדֶה (בניגוד לעיר) — Open space (as opposed to a city)

דְּבַרוּ (זב' קטז ב) נַהֲגוּ (=קחו עמכם) — Lead (take with you) (m.,p.*imp.*)

דִּבְרוּנָא דְנַהֲרָא[9] (ע"ז מז סע"א) מַהֲלַךְ הַנָּהָר[10] — Course of river, Rashi: River current

דָּבְרִי (פס' קיג רע"א) נוֹהֲגִים (=לוקחים) — They are leading (taking)

דַּבְרְיָאתָא*[10] (סוטה מח ב — בקטע מתר') דְּבוֹרִים — Bees

דַּבְרֵיהּ (כתו' ח ב, ב"מ קיד ב) נְהָגוֹ (=הוֹלִיכוֹ) — He took, led him

1) א"פ ואה"ת וד"י, מ': דאית!

2) מ' ר' ג: דיוצפי, ה': דיוציפי, ע' ד"ר: דייציפי (= שעירת רגלים, ע"י עה"ש).

3) ע' מ' וא"פ, ד': לרבויי.

4) ע' ומ', ד': לרבויי.

5) בכתו' קיא ב — מ': להדבק, אה"ת: לידבק.

6) ע' (וכך גרס גם בעירו' סו ב), ד': דיוקא, מ': דוקא.

7) כלומר: כיבדו שילך לפניו.

8) השוה דָּבְרָם (ישעי' ה יז).

9) מ' כ"י ספי' ר"ח ורש"י, ד': דמיא.

10) פ"א: מוֹצָא הנהר, ר"ח: עיקר הנהר. רש"י: קילוח של נהר.

*10) [כ"ה בדפוסים ישנים, ד' וילנא: דבריאתה].

דְּבָרִים בְּגוֹ (כתו׳ קיא א 2, קידו׳ מד ב) דְּבָרִים בְּתוֹךְ[11]
There is something within it (the teaching presents a difficulty)

דִּבְרְתָא (תע׳ כא ב) דֶּבֶר — Pestilence

דִּיגְלָא (ביצה ל א[12], ב״מ פג א) דֶּגֶל[13]
Wooden carrying pole split at the ends that are placed on shoulders

דִּיגְלַת חִדֶּקֶל — Tigris

דְּגַר (חול׳ נא א) קָפַץ — He jumped

דִּיגְרוּמִי (ב״ב פט רע״ב) כי״י: גרומני

דִּידְבָא (בר׳ מד א[14], חול׳ נח ב) זְבוּב — Fly

דִּידְבֵי (כתו׳ עז ב, נדה יז א) זְבוּבִים — Flies

דִּידְבְתָא[15] דְּבֵינֵי כֵיפֵי (גט׳ פו א) זְבוּבִית שֶׁבֵּין עֳמָרִים
Large fly found among sheaves

דַּדּוּיֵי (שבת קכח ב) (ל)דַדּוֹת — To hop

דְּהַב, דַּהֲבָא זָהָב — Gold

דַּהֲבָא פְּרִיכָא (כתו׳ סז א ועוד) זָהָב פָּרוּךְ (=חתיכות זהב)
Pieces of gold

דְּהִינָא (שבו׳ מז ב) מָשׁוּחַ (בשמן הטוב)
Anointed (with a good oil)

תְּמַרְתָּא דְהִינוּנִיתָא (כתו׳ סא א[16], סוטה מט א[17]) תְּמָרָה שְׁמֵנָה
Sort of fat and strong perfumed dates

דּוֹ בַר (בר׳ ו ב) שְׁתֵּי רָשׁוּיוֹת (מל״פ) — Two gods

דּוּבָּא דֹּב — Bear

דּוּבֵּי דֻּבִּים — Bears

דובלא (סוטה י א) ר׳ גרידיא — Cf.

דובלי (בר׳ מ סע״ב) כי״י: דולבי

דּוּבְשָׁא דְּבַשׁ — Honey

דּוּבְשָׁא דְתַמְרֵי (בר׳ לח א) דְּבַשׁ תְּמָרִים
Honey from dates

דּוּבְשָׁנִיתָא (גט׳ סט א) דּוּבְשָׁנִית — Sweetened, honey-like

דוגזר[18] (יב׳ עט סע״א) ר׳ רוזגר — Cf.

דּוּדָא דּוּד — Cauldron, pot

דּוּדָא דַאֲבָרָא דּוּד שֶׁל עֹפֶרֶת — Lead cauldron, pot

דודבא (בר׳ מד א) ר׳ דידבא והע׳ 14 — Cf.

דּוּדֵי דְּוָדִים — Cauldrons, pots

בֵּי דוּדֵי (שבת מא א) בֵּית דְּוָדִים[19]
Large cauldron with two bottoms in which coals are put in-between and water is put above

בֵּי דוֹדֵי (יב׳ כא ב) בֵּית דּוֹדִים — Branches of uncles

דָּווּ (שבת נג סע״ב) מַבִּיטִים — They look

דַּוּוֹלָא דְּלִי (להשקאה) — Pail (for irrigation)

דַּוְולָאתָא[20] (גט׳ עד ב) דְּלָיִים — Pails

דַּוְושָׁא (ב״ב כב ב ועוד) דְּרִיסַת רֶגֶל
Stamping the ground

דַּוְושֵׁיהּ (ב״ק קטז ב) הֶרְגֵּלוֹ — His habit

דּוּחֲקָא דֹּחַק
Squeezing, forcing, pushing, crowded state, difficulty

דּוּחֲקֵיהּ דָּחְקוֹ — His squeezing, forcing, pushing, crowded state, difficulty

דָּוֵי מַבִּיט — He looks

דַּוְיָא (סנ׳ ק ב) דְּוָי[21], דְּאָגָה
Sad, sorrowed, depressed, worried

דְּוִיל יְדֵיהּ (פס׳ כח א) מַעֲשֵׂה יָדָיו[22]
(From) his raising his hands and his work, i.e., his own doing

דּוּךְ פְּלָן[23] מָקוֹם פְּלוֹנִי — Certain place

דוכנא (ב״ב כא א) ר׳ ריש — Cf.

דּוּכָּסָא (ע״ז יא א) דּוּכָּס — Medium-rank official

דּוּכְרָן פִּיתְגָּמֵי (ב״ב קלו א, סנ׳ כט ב) זִכְרוֹן דְּבָרִים
Agreement memorandum without *kinyan*

דּוּכְרָנִית (כתו׳ יא א) אַיְלוֹנִית (=עֲקָרָה מִלֵּדָה)
Woman congenitally incapable of conception

דּוּכְתָּא מָקוֹם — Place

(11) ע׳: כלומר דברים יש לומר ולהקשות בדבר זה.

(12) ערוך (ע׳ ג ג), ד׳: רגלא.

(13) = עץ מפוצל בראשו וקושר בו משא שני בני־אדם, ומכניס ראשו בין שני פצליו, המוטלים על שני כתפיו (פי׳ ב״מ).

(14) ב״נ ערוך (ע׳ שרק, אבל בע׳ דדב: דדבא) ואו״ז, פ׳: דירבא, ד׳: דודבא, מ׳: דורבא.

(15) ערוך (שם): דדבתא, אביי מזהה בה ״קרצית (מ׳: קראצית) שבעמירי״.

(16) ע׳, מ׳: דהנוניתא, ד׳: דחנוניתא.

(17) מ׳, ד׳: דחינוניתא.

(18) ר׳ ח״ג ב״רונגר״.

(19) כלומר: עשוי כדוד, ור׳ הע׳ 67 ב״בי״.

(20) מ׳, ד׳: דלוותא.

(21) השוה איכה א כב: כי רבות אנחותי ולבי דוי.

(22) דַּיֵל בסורית־פעל, עשה.

(23) בר׳ יח ב (אה״ת: פלאן), ב״מ מב סע״א, כתו׳ קה ב.

דוּכְתָּא פְּלָנִיתָא (בר׳ מב סע״ב ועוד) מָקוֹם פְּלוֹנִי
Certain place

דוּכְתַאי מְקוֹמִי
My place

דוּכְתַהּ מְקוֹמָהּ
Her place

דוכתי (ב״מ קא ב) מ׳: דוכת׳

דוּכְתֵיהּ[24] מְקוֹמוֹ
His place

דוּכְתַיְיהוּ מְקוֹמָם
Their place

דוּכְתָךְ, דוּכְתָיךְ מְקוֹמְךָ
Your place

דוּלְבָּא (סוכה לב ב) עַרְמוֹן
Chestnut tree

דוּלְבֵי (ר״ה כג א ועוד) עַרְמוֹנִים
Chestnut trees

[תְּאֵנֵי] דוּלְבֵי[25] (בר׳ מ סע״ב) בְּנוֹת שִׁקְמָה
Species of figs or sycamore

דוּלְלֵי (חול׳ ס א) חוּטֵי אֲרִיגָה[26]
Skeins, loosely coiled lengths of yarn or thread wound on a reel

דוּלְפָּנֵי (כתו׳ ס סע״ב) זוֹלְפָנִים[27]
Continually tearing eyes

דוּמָה בַּת דוּמָה (גט׳ סט ב) חֲשׁוּדָה[28] בַּת חֲשׁוּדָה
Woman of ill repute born of a mother of ill repute

דוּמִי (מ״ק יח סע״ב, יב׳ כה א) לַעַז, רִנּוּן
Slander, gossip, evil report

דוּמְיָא ד— בְּדוֹמֶה ל—
Similar to

דוּן[29] דּוּן (צ)
Judge (*m.,s.imp.*)

דּוּן (כתו׳ נ ב, פד ב) דָּנוּ
They judged

דוּנוּ (פס׳ ד א) דּוּנוּ
Judge (*m.,p. imp.*)

דוּנוּ דָּנֵי (שבת סז רע״ב) הִתְחַזְּקוּ חֲבִיּוֹתַי (מלות לחש)
Reinforce my barrels (incantation)

דוסקניתא (סנ׳ סז ב) ר׳ גמלא
Cf.

דופניה (יומא מח רע״א) מ׳: דפניה

דוּץ (שבת צ א, יב׳ קט ב, נדה סב א) ר׳ שלוף
Cf.

דוּק דַּקְדֵּק (צ)
Deduce (*imp.*)

דוּק (שבת קנב א) טְחַן, לְעַס
Grind, crush, chew (*s. imp.*)

דַּוְקָא דַּוְקָא
Precisely, exactly, exclusively

דוּקְיָא דִּקְדּוּק
Deduction through attentive analysis of the text

דַּוְקָנָא (ע״ז י א) דַּיְקָן
Accurate scholar (who counts the years of Greek kingdom differently)

דַּוְקָנֵי (יב׳ מג א, מנ׳ כט ב) דַּיְקָנִים
(Those who are) punctilious

דּוּקְרֵי דְקָנֵי (סוכה יג א) קָנִים הַדּוּקְרָנִין[30] (עיר׳ יא ב)
Pronged reeds

דּוֹר שִׁינֵי (שבת סה א) פי׳ חֳלִי שֶׁל שִׁנַּיִם,
פ״א: עִיקָּרָן שֶׁל שִׁנַּיִם (ע׳)
Dental malady (another explanation: root of teeth)

דוּרָא (ב״ק צב ב) מַשָּׂא
Load

דּוּרָא (פס׳ מ א) כְּפָר
Village

דּוּרָא דְרַעֲוָתָא כְּפַר רוֹעִים, נְוֵה רוֹעִים
Village of shepherds

דוראי (פס׳ כב ב ועוד) ר׳ מרי
Cf.

דוּרְדְיָא (מל״פ) שְׁמָרִים
Dregs

דוּרְדְיֵיהּ (מג׳ יב ב) שְׁמָרָיו
His dregs

לדורשיני (שבת סה א) ערוך (ע׳ דר ה׳): לדור שיני

דְּחָה (יב׳ נא א, סוטה מז א, סנ׳ מז א, קז ב) דָּחָה
He rejected, suspended, pushed away, thrust

דָּחוּ (שבת קלג א ועוד) דּוֹחִים
They reject, suspended, push away, thrust

דְּחוּיָא (בר׳ כג א) דָּחוּי
Rejected, *(m.,s.)* suspended, pushed away, thrust

24) בברכות (כו א) מפרש רש״י: מקום מטתו.
25) מ׳ ב״נ ר״ש והרא״ש, פ׳: לולבי, ד׳: דובלי.
26) ועי׳ ערוך ע׳ סתר.
27) רש״י: עיניהם זולפות תמיד.
28) יצא עליה לעז.
29) רגיל במטבעות: א) ״דון מינה ומינה״ — דון ממנה וממנה — אם למדת ענין א׳ מענין ב׳ לכל פרטיו למד אותו. ב) ״דון מינה ואוקי באתרה״ = דון ממנה והעמד במקומה — אם למדת ענין א׳ מענין ב׳ לפרט מסוים, אל תלמד ממנו גם לשאר הפרטים, אלא השאר את ענין א׳ במסגרתו שלו.
30) עקר הקנים שנתלשו, ויש בהם קנים הרבה, הדבוקים בעיקר.

חַד דִּיחוּיָא... תְּרֵי דִּיחוּיֵי[31] (זב׳ לב סע״ב) דִּחוּי
אֶחָד... שְׁנֵי דִחוּיִין One cause of disqualification... two causes of disqualification

דַּחוֹיֵי (ל)דְחוֹת (To) reject, suspend, push away, thrust

דחי (חגי׳ יט א) מ׳ מ׳ ב: דחויי

דָּחֵי דּוֹחֶה He rejects, suspends, pushes away, thrusts

דְּחִי[32] (בר׳ כג א) דָּחוּי
Rejected, suspended, pushed away, thrust

דָּחֲיָא דּוֹחָה
She rejects, suspends, pushes away, thrusts

דַּחְיֵיהּ דָּחָהוּ
He rejects it, *(m.)* suspends it, pushes it away, thrusts it

דָּחֵיל פּוֹחֵד He is afraid

דחינוניתא (סוטה מט א) מ׳: דהינוניתא

דָּחֵינַן אָנוּ דוֹחִים
We reject, suspend, push away, thrust

דָּחֵים (יב׳ קב א, קג א) לוֹחֵץ (את הרגל)
(The foot) rests, presses on it

דָּחֵיק דּוֹחֵק He presses

דְּחִיק דָּחוּק
Tight, *(m.)* crowded, squeezed, forced, far-fetched

דְּחִיקָא (עירו׳ נה ב, נז ב) דְּחוּקָה
Tight, *(f.)* difficult, (circumstances), crowded (conditions)

דְּחִיקָא (תע׳ כד א) עֲנִיָּה Difficult (circumstances)

דְּחִיקָא לֵיהּ מִילְּתָא (תע׳ כה א, ב״ב קעד ב, חול׳ קלב ב[33], קלג א) הוּא חַי בְּדֹחַק
He lives under difficult circumstances

דְּחִיקָא לִי מִילְּתָא (ב״מ קיד ב) אֲנִי חַי בְּדֹחַק
I live under difficult circumstances

דְּחִיקָא לְהוּ מִילְּתָא (תע׳ כא א) הֵם חַיִּים בְּדֹחַק
They live under difficult circumstances

שִׁינּוּיָא דְּחִיקָא תֵּרוּץ דָּחוּק
Farfetched, unlikely resolution (of problem)

דְּחִיקֵי דְּחוּקִים
Farfetched, unlikely resolutions (of problems)

שִׁינּוּיֵי דְּחִיקֵי (כתו׳ מב ב ועוד) תֵּרוּצִים דְּחוּקִים
Farfetched, unlikely resolutions of problems

דַּחְלוּלֵי (ב״ב כז ב) דַּחְלוּלִים, מְגוֹרִים
Scarecrows (Tosafos), thinning out of branches (Rashi)

דָּחֲלֵי (ב״מ לט ב) פּוֹחֲדִים
They are afraid

דַּחְסָא[34] (יב׳ מב סע״א) לְחִיצָה, מְעִיכָה
Pressing, crushing

דחסה (שם) ע׳: דחסא

דְּחַפָּה[35] (ב״מ צג ב) דָּחֲפָה It pushed *(f.)*

דָּחֲפוּ (ע״ז צ ב) דּוֹחֲפִים
They will push him, he will be pushed

דָּחֲקוּ (תע׳ כג ב) דּוֹחֲקִים
They are pressing, they are pushing

דָּחֲקֵי דּוֹחֲקִים They are pressing, they are pushing

דַּחְקֵיהּ (בר׳ סב ב) דְּחָפוֹ He pushed him (out)

דָּחֲקִינַן (קידו׳ סג ב, מנ׳ נה א) אָנוּ דוֹחֲקִים We present a farfetched, unlikely resolution (of the problem)

דָּחֲקַתְּ (מ״ק כח א) אַתָּה דוֹחֵק You are pushing (the feet of Bar Natan, i.e., you are preventing him from taking over the position of Rosh Yeshiva)

דְּחַתָּהּ[36] (ב״מ צג ב) דָּחֲתָה She pushed

דִּי (מג׳ טז א, סנ׳ צו ב) אֲשֶׁר, שֶׁ-, Which, that

דיאנה (מנ׳ עז א) ע׳ ועוד: זיינא

דֵּיבָא[37] (חול׳ עה ב) זְאֵב Wolf

סָנְיָא דֵּיבֵי (חול׳ נ ב ועוד) הַכָּרֵס הַפְּנִימִית
The inner stomach

דִּידַהּ שֶׁלָּהּ It is hers

בְּדִידַהּ בָּהּ, בְּשֶׁלָּהּ With her, in her affairs

לְדִידַהּ לָהּ, אוֹתָהּ To her, herself

דִּידְהוּ שֶׁלָּהֶם Their

אַדִּידְהוּ עַל עַצְמָם Upon themselves

בְּדִידְהוּ בָּהֶם, בְּשֶׁלָּהֶם In them, in their case

לְדִידְהוּ לָהֶם, אוֹתָם To them, themselves

(31 מ׳ ור׳ ב׳, ד׳: שתי דחיות (חוץ ממקום זה אין ״דחיות״).
(32 מ׳, ד׳: דחויא.
(33 מ׳ ורש״י, ד׳: דחיק.
(34 ע׳, ד׳: דחסה, מ׳: דידחיסא!
(35 כל כ״י: דחתה, ה׳: דחפיתה.
(36 כל כ״י, ד׳: דחפה.
(37 מ׳ ור׳ א, ד׳: דובא.

נַעַבְדִינְהוּ לְדִידְהוּ דְּזָהָב (יומא לז סע"א) נַעֲשֶׂה אֶת־(הַכֵּלִים) עַצְמָם שֶׁל זָהָב	
Let's make them (the handles of the utensils) of gold	
בְּדִידְהִי (כתו' ב ב) בָּהֶן	Concerning them
דִּידִי שֶׁלִּי	Of mine, mine
בְּדִידִי בִּי, בְּשֶׁלִּי	With me, in my affairs
לְדִידִי לִי, אוֹתִי, לְדַעְתִּי	
To me, myself, after me, according to my opinion	
לְדִידִי חֲזִי לִי אֲנִי רָאִיתִי	I saw
לדידי מיפרשא לי ר' מיפרשא	Cf.
דִּידֵיהּ שֶׁלּוֹ	Of his, his, its (*m.*)
וְר' יוֹחָנָן דִּידֵיהּ אָמַר[38] וְר' יוֹחָנָן עַצְמוֹ אוֹמֵר	
And Reb Yochanan himself said	
וּפְלִיגָא דִידֵיהּ אַדִּידֵיהּ וַ(הֲלָכָה) שֶׁלּוֹ חֲלוּקָה עַל (הֲלָכָה) שֶׁלּוֹ[39]	
And he contradicts himself (by making two halachic statements that (appear to) contradict one another)	
בְּדִידֵיהּ בְּשֶׁלּוֹ, בּוֹ	With him, in his affairs
לְדִידֵיהּ לוֹ, לְעַצְמוֹ, אוֹתוֹ	
To him, to himself, himself	
דידיה (חול' עז א 2) ע': ריריה	
דידיוני[40] (נדה סז רע"א) גַּלִּים	
Waves, motion of water caused by wading	
דִּידָךְ שֶׁלְּךָ	It is yours (*s.*)
לְדִידָךְ לְךָ, לְדַעְתְּךָ	To you, (*s.*) in your opinion
דִּידְכוּ שֶׁלָּכֶם	Yours (*p.*)
בְּדִידְכוּ (מג' טז א) בָּכֶם	Concerning you (*f.*)
לְדִידְכוּ לָכֶם, לְדַעְתְּכֶם	To you, in your opinion (*p.*)
דִּידַן שֶׁלָּנוּ	Ours
תַּנָּא דִידַן תַּנָּא שֶׁלָּנוּ (=תנא של המשנה)	
The *Tanna* (author) of our *Mishnah*	

בְּדִידַן בָּנוּ, בְּשֶׁלָּנוּ	In us, in ours
לְדִידַן לָנוּ, לְדַעְתֵּנוּ	
To us, in our opinion, as far as we are concerned	
דַּיּוֹ (ב"מ כד ב) דַּיָּה (מהעופות הדורסים)	
Bird of prey	
דיוקא (מעי' טז ב) ע': דיבקא	
דִּיּוּקָא[41] דִּקְדּוּק	Deduction
דִּיּוּקֵיהּ (ב"מ ח א) דִּקְדּוּקוֹ	His deduction
דַּיּוֹרָא (תע' כא א, סנ' קט א) כְּפָר קָטָן	An inn
דַּיּוֹרָאֵי (תע' כא א) דַּיּוֹרִים[42] (סוכה פ"א מ"ב)	
Inhabitants	
דַּיּוֹרֵי (סנ' קט א) דַּיּוֹרִים	Inhabitants
דְּיוֹתָא דְּיוֹ	Kind of ink
דְּיוֹתְקֵיהּ[43] (ב"מ נט סע"ב) מִשְׁפַּחְתּוֹ	
His family records	
דָּיֵיב זָב (דם)	It drips, oozes (blood)
דָּיְבִי זָבִים (דם)	They drip, ooze (blood)
דָּיְגִי (שבת פו ב[44], מ"ק כח א, נדה לד ב) דּוֹאֲגִים[45]	
They worry, feel anxious	
דָּיְיכַתְּ (ביצה יד א) אַתָּה דָּךְ	You pound
דַּיָּילָא מְלַצָּר, שַׁמָּשׁ בִּסְעֻדָּה	Waiter
דַּיָּילָא (יומא יח א) מוֹכֵס	Customs agent
דַּיֵּים (יב' נב א) חָשׁוּד	Suspect (*m.*)
דַּיַּימָא חֲשׁוּדָה	Suspect (*f.*)
דָּיֵין (בר' נח א, נדה נ א) דָּן (ב)	He judges
דַּיָּינָא דַּיָּן	Judge
דיינו (מס' לא סע"ב[46], מכות ז סע"א[47]) ר' דייני	Cf.
דַּיְינוּ (סנ' ח א, לא ב) דּוּנוּ	Judge (*imp.*)
דַּיְינוּהָ (מג' יב ב, סנ' לא ב) דּוּנוּהוּ	Judge her
דַּיָּינֵי דַּיָּנִים	Judges
דָּיְינִי (בר' נו א, כתו' קה ב, ב"ב כט א[48]) דָּנִים	They judge

38) תמיד אחרי מאמר, שהאמורא הביאו בשם רבו.
39) כלומר יש סתירה בין שני מאמריו של אותו חכם.
40) ערוך (ע' אדוותא), מ': רידיוני, ד': רדיוני. בעל עה"ש סובר שהב"ית שרשית, והיא מלשון פרסית.
41) כתו' לא ב — מ': דוקייא.
42) = תושבי כפר קטן.
43) ח"ג מרובים בשם זה: ה': בדוקתיה, אה"ת: בדוקסיה, פ': בדותקיה, ר' א ב: ברותקיה, מ': בריסתקי.
44) מ': דיגי, א"פ: דייגי, ד': דאיגי.
45) רש"י בנדה: יראים וחרדים במצות, ומתוך דאגתן מתחממין.
46) מ': דייני.
47) ד"ו: דייני.
48) מ' ה' ורשב"ם, ד': דאיני.

דַּיְינֵי דְחַצְצְתָּא (ב״ב קלג רע״ב) דַּיָּנֵי חֲצָצָה, דַּיָּנֵי פְּשָׁרָה[49], פ״א: דַּיָּנֵי בֵּית הַקְּבָרוֹת[50] (ר״ח)

Compromising judges, cemetery judges

דַּיְינֵי דְשַׁפִּילֵי (ב״ב כט סע״א) דַּיָּנִים שְׁפָלִים[51]

Incompetent judges

דַּיְינֵיהּ (סנ׳ ח רע״א) דּוּן אוֹתוֹ — Judge him (*m.s. imp.*)

דָּיְינִין (כתו׳ קה ב — סיפור א״י) דָּנִים — They judge

דָּיְינִינָא (ב״מ לט ב[52]) אֲנִי דָן — I judge

דָּיְינִינַן אָנוּ דָנִים — We judge

דָּיְינַת אַתָּה דָן, תָּדוּן — You judge, you will judge

דַּייסָא דַּיְסָה[53] — Porridge

דָּיֵיק מְדַקְדֵּק — He derives, he is precise

דָּיֵיק (ב״מ עד א) מֵדֵק, כּוֹתֵשׁ — He crushes

דָּיֵיק (שבת כ ב, חול׳ נא ב) כָּתוּשׁ, מוּדָק — It is crushed

דויק (סוכה יב ב כ״פ) מ׳: דיק

דָּיְיקָא (שבת קנה סע״א) מַדֶּקֶת, לוֹעֶסֶת — It chews to a fine size

דָּיְיקָא מְדַקְדֶּקֶת — It (*f.*) is particular

מַתְנִיתִין נַמִּי דָּיְיקָא אַף מִשְׁנָתֵנוּ מְדַקְדֶּקֶת

(The wording of) our *Mishnah* also supports this interpretation

דָּיְיקָא מַתְנִיתִין כְּוָתֵיהּ (עירו׳ טז ב) מ׳: דקאי

דָּיְיקִי (ב״ב כה ב) כּוֹתְשִׁים — They crush

דָּיְיקִי מְדַקְדְּקִים

They derive, they are precise

דָּיְיקִינַן (עירו׳ מח א, פס׳ יב א) אָנוּ מְדַקְדְּקִים, נְדַקְדֵּק

We derive, we are precise, to be precise, we will be precise

לָא דָּיְיקִיתוּ (יומא פג ב) אֵינְכֶם מְדַקְדְּקִים

You have not given it precise consideration

דָּיְיקַת אַתָּה מְדַקְדֵּק, תְּדַקְדֵּק

You are precise, you will be precise

דַּיֵּיר (קידו׳ פא א) מְסַדֵּר שׁוּרוֹת (שֶׁל קָנִים לַעֲשׂוֹת חַיִץ)

One who arranges sticks in a row

דָּיֵיר דָּר (ב) — He lives

דָּיְירָא (שבת עז ב) דָּרָה (ב) — She lives

דַּיָּרָא בַּר דַּיַּרְתָּא (גט׳ נד א[54], בכו׳ ל א) גֵּר בֶּן־גִּיּוֹרֶת

A male proselyte who is a son of a female proselyte

דָּיְירוּ (בר׳ נט ב) דָּרִים — They live

דָּיְירִי דָּוִים — They live

דַּיַּיר(י)[61] (סוכה מד ב) גָּר — I live, I reside

דוירי (ב״ק קיג ב) מ׳ וה׳: דמידיירי

דַּיַּירְנָא אֲנִי דָר, אָדוּר

I live, I reside; I shall live, I shall reside

דָּיֵישׁ (ב״מ יד ב ועוד) דּוֹרֵךְ — He tramples

דָּיֵישׁ (יומא ל ב) רָגִיל — He is used to

דָּיְישִׁי (שם) רְגִילִים — They are used to

דָּיְישִׁי (מ״ק יב ב) דָּשִׁים — They trample (*m.*)

דָּיְישָׁן (ע״ז כד ב ועוד) דָּשׁוֹת — They trample (*f.*)

דֵּיכִי (ב״מ קד א) זֶה, ור׳ מרי — This one, Cf.

דֵּיכֵי[56] (ב״ב ד רע״ב) רָאשֵׁי קָנִים

The tips of the sticks

דִּילַהּ שֶׁלָּהּ — Hers

דִּילְהוֹן שֶׁלָּהֶם — Theirs

דִּילִי שֶׁלִּי — Mine

דִּילֵיהּ שֶׁלּוֹ — His

בֵּין דִּילֵיהּ לְדִילֵיהּ (שבו׳ מא ב) בֵּינוֹ לְבֵינוֹ

Between themselves, between the two of them

דִּילָךְ שֶׁלְּךָ — Yours (*s.*)

דִּילְכוֹן שֶׁלָּכֶם — Yours (*p.*)

דִּילַן שֶׁלָּנוּ — Ours

תַּנָּא דִּילַן (נדר׳ מט א) תַּנָּא שֶׁלָּנוּ (=התנא של משנתנו)

Our *Tanna (the Tanna)* (author) of our *Mishnah*

דִּימַת (נדה סו א) רִנּוּן, לַעַז — Slander

(49) רשב״ם: שאין בקיאין בדין וחוצצין: מחצה לזה ומחצה לזה.

(50) ״כי המות יפריד בין החיים ובין המתים״.

(51) שאינם בקיאים בדין.

(52) בב״ק צא א: מ׳ וה׳: דיינינן.

(53) תבשיל מחטים (או שעורים) כתושות.

(54) מ׳ ורש״י: ד׳: דייר.

(55) מ׳ ב וד״י, רש״י: דאיר, מ׳ לי׳.

(56) מ׳ ר׳ וע׳, ד׳: ירכי.

דֵּין זֶה — This one

דְּדֵין (ר״ה כד ב ועוד) שֶׁל זֶה — Of this one

כְּדֵין (סוכה מד ב) כָּזֶה — Like this one

דִּינָא דִּין — Judgment, law

דִּינָא וְדַיָּינָא (שבת קמח ב) דִּין וְדַיָּן — Judgment and judge

לָא דִינָא וְלָא דַיָּנָא (יומא עב א, ב״מ צו א 2, חול׳ נט ב)
אֵין דִּין וְאֵין דַּיָּן (כלומר: אין ספק בדבר)
There is neither a judgment nor a judge (i.e., there is no doubt about this point)

דִּינָא הָכִי? כַּךְ הַדִּין — Is this the law?

דִּינָא דְאוֹרָיְיתָא (ב״מ ע א) דִּין תּוֹרָה
The law of the Torah (as compared with the law postulated by the Rabbis)

דִּינָא דְּבַר מַצְרָא דִּין שֶׁל מַצְרָן[57]
The law that applies to owners of adjoining properties

דִּינָא דְגוּד אוֹ אֲגוּד (ב״ב יג א – ב) דִּין שֶׁל ״מְשֹׁךְ אוֹ אֶמְשֹׁךְ״[58]
The law of "either you buy from me or I buy from you"

דִּינָא דְגַרְמֵי (ב״ק סב א ועוד) דִּין שֶׁל גּוֹרְמִים (בנזק)
The law of a specific form of indirect damage

דִּינָא דְמָגוּסְתָא (ב״ק קיד א[59], ב״מ ל ב[60]) דִּין שֶׁל הֶדְיוֹטוֹת[61]
The judgment of village (incompetent) judges

דִּינַאי (ב״ב ל ב) דִּינִי — My judgment

דִּינִי (פס׳ ד א) דִּינִי — My judgment

דִּינֵי דִּינִים — Judgments, laws

דיני דגרמי (ב״ק צח ב) מ׳ ה׳: דינא דגרמי

דִּינֵיהּ דִּינוֹ — His judgment, the law that applies to him

דִּינַיְיהוּ דִּינָם
Their judgment, the law that applies to them

דִּינַיְיכוּ (ב״ק ח א) דִּינְכֶם
The law that applies to you (*p.*)

דִּינָךְ (ב״ק ז ב) דִּינְךָ — The law that applies to you (*s.*)

דִּינָנָא (ב״ב קטו ב) דִּינֵנוּ — Our (original) law

דִּינָרָא דִּינָר — Dinar

דִּינָרֵי דִּינָרִים — Dinars

דִּיסָנָא (קידו׳ ל א) סָדִין — A sheet (of textile material)

דִּיסְקָא אִגֶּרֶת (של ב״ד) — A court document

דִּיסְקֵי אִגְּרוֹת (של ב״ד) — Court documents

דִּיסְקָא[62] **דְּהַזְמָנוּתָא** (קידו׳ ע ב 2) אִגֶּרֶת הַזְמָנָה (לדין)
Summons to appear in the court

דִּיסְקַרְתָּא (עירו׳ נט א) כְּפָר (ע׳: עיר)
Village (Aruch), town

דִּיסְתְּנָא (בר׳ מב א[63], שבת קנו ב[64], גט׳ סז סע״ב[65])
מְנָת (הָאֹכֶל) — (Food) portion

דיסתנא (תע׳ כב א) ע׳: דשתנא

דִּיעֲבַד (=דְּאִיעֲבַד)[66] שֶׁנַּעֲשָׂה (בניגוד ל״לכתחילה״)
Ex post facto (after it has been done, after the fact)

דִּיצָא (=דעיצא?) (ביצה כב א = ע״ז כח ב) נַעֲצֶת[67]
An ailment, causing one to feel stabs in his eye

דִּיק[68] (סוכה יב ב כ״פ) כָּתוּשׁ — Crushed *(m.)*

דִּיקָא מְדֻקְדֶּקֶת — Established with precision *(f.s.)*

מַתְנִיתִין נַמֵּי דִּיקָא אַף מִשְׁנָתֵנוּ מְדֻקְדֶּקֶת
(The wording of) our *Mishnah* also supports this interpretation

דֵּיקָא (בר׳ נו ב) עֲשָׂרָה — Ten *(m.)*

דְּ[י]רֵי (ב״ק קיג ב — מ׳ ה׳) דִּירִים — Barns

דִּירַיְיהוּ (תע׳ כא א) כְּפָרָם — Their village

דִּירְתָּא (ב״ב סז א) דִּירָה — Apartment

דִּירְתֵּיהּ (ב״ב ג ב) דִּירָתוֹ — His house

דישאי (זב׳ קטז ב) שמ״ק: דשתאי

דִּישֵׁיהּ (גט׳ סב א ועוד) דִּישׁוֹ — His plowing

דִּישָׁנָא[69] (סנ׳ צד ב) מִנְחָה, דּוֹרוֹן — Present

---

57) = ששדהו (או ביתו) גובל בשדה חבירו (או ביתו) ויש לו זכות קדימה בקנייתו.

58) ר׳ לעיל ב״גוד״.

59) מ׳ ר׳ וע׳, ד׳: דמגיסתא [ד׳ וילנא: דיני דמגיסתא].

60) כי״י, ד׳: דמגיזתא.

61) = הדנים בגסות ובעוות הדין.

62) מ׳, ד׳: טסקא.

63) מ׳ ע׳ וד״י, ד״ח: ריסתנא.

64) מ׳ ע׳ ויל׳, א״פ: דיסתנאי, ד׳: ריסתנאי.

65) מ׳ וע׳, ד׳: ריסתנא.

66) פס׳ לג ב: דאי עבד — ר״ח: דאיעבד, מ׳: דיעבד.

67) מחלה בעין, שהחולה מרגיש כעין דקירת מחט.

68) מ׳, ד׳: דייק.

69) ע׳ אה״ת ועוד, ד׳: רישנא (עי׳ בח״ג שם).

דַּכּוּיֵי (חול׳ כז א, נדה לא ב) (ל)טַהֵר — To (ritually) purify

דַּכֵּי טִהַר — He (ritually) purified

דכי (ע״ז עד ב) מ׳: מדכי

דכיא ר׳ ״אפרסמא״ ו״מירא״ — Cf.

דכיין כפרת ודיגלת (תע׳ כה א) תוספת בדפוסים, ולי׳ בכל הנוס׳

דַּכְיָיתָא (יומא עו ב) נְקִיּוּת — Cleanliness

דְּכִיר זָכוּר — It (m.) is remembered

דְּכִירִי זְכוּרִים — They are remembered

דְּכִירִי[70] (יב׳ לא ב) זְכוּרִים — They are remembered

דְּכִירְנָא אֲנִי זָכוּר, זְכוּרַנִי — I remember

דָּכָן טְהוֹרוֹת — Pure ones (f.)

דְּכַר[71] זָכַר — He remembered, mentioned

דכרין (נזיר לד סע״ב) ר׳ כדום — Cf.

דִּיכְרָא אַיִל, זָכָר שֶׁל רְחֵלִים[72] — Ram, male of the ewe

דִּיכְרֵי אֵילִים, זְכָרִים — Rams, males

דְּכִ[י]רְנָא (ב״מ טז ב — מ׳ ה׳ ר״ח) זְכוּרַנִי — I remember, I recall

ודכרנן (ב״מ ח ב) כל כי״י: ודכירנא

דַּל הָסֵר (צ), הַפְחֵת (צ) — Remove, reduce ((m.,s. imp.)

דַּל בְּדַל (סוכה נו רע״ב) הָסֵר כְּנֶגֶד הָסֵר (עי׳ רש״י) — Rescind (this law) so that (the law) is rescinded

דל (תע׳ ט א[73], כתו׳ סב ב[74]) ר׳ דלי ודליא — Cf.

דְּלַאי (יב׳ צב ב וש״נ) הֵרַמְתִּי — I lifted

דלאי (שבת ח רע״ב) מ׳: דלייה

דַּלָּאֵי (יב׳ צז ב) דַּלָּאִים[75] — Irrigation workers

דְּלָה (גט׳ עד ב) דָּלָה (להשקאה) — He irrigated

דלהון (סוכה מד סע״א) מ׳: דילהון

דָּלוּ (שם) דּוֹלִים — They draw water

דְּלוֹ (בר׳ נו א, ב״ק קיז א) הֵרִימוּ — They lifted up

דְּלוֹ (ב״ק קיז א) הָרִימוּ — Lift up (p. imp.)

דָּלוּ מַיָּא (שבת קח א) הַמַּיִם מִתְרוֹמְמִים — The waters rise

דַּלּוּגֵי (סוכה נה א, תע׳ כח ב) (ל)דַלֵּג — To skip

דַּלְוָותָא (גט׳ עד ב) דְּלָיִים (להשקאה) — Pails

דַּלּוּיֵי (בר׳ ו ב, נז א) (ל)הַגְבִּיהַּ — To raise (the voice)

לְדַלּוּיֵי (מ״ק כה א, ב״מ צז א) לְהָרִים — To lift

דַּלוּף (ביצה לו ב) דָּלְפוּ — They oozed, trickled

דָּלֵי (כתו׳ קה א, ב״ק כז ב) דּוֹלֶה (להשקאה) — He draws water (for irrigation)

דָּלֵי דַּוּולָא (מ״ק ד סע״א, ב״ק פה ב) דּוֹלֶה דְּלִי להשקאה) — He draws water with a pail (for irrigation)

דְּלֵי (גט׳ עד ב) דְּלֵה (להשקאה) — Draw water (for irrigation) (*m. s. imp.*)

דְּלֵי (ב״מ ל ב) הַטְעֵן — Load (onto something) (*imp.*)

דַּלֵּי (נדר׳ נ רע״א, ב״ב לה א) הִגְבִּיהַּ — He lifted

דָּלֵי רֵישֵׁיה (יב׳ מו א) מֵרִים רֹאשׁוֹ — He lifts his head

דַּלֵּי כַּרְגָּא (מג׳ יג א) הֵטִיל מַס — He rescinded

דַּלֵּי[76] (קידו׳ לב רע״ב 2) הֵרִים, הִגִּישׁ — He lifted, served

דַּלֵּי[77] עֵינֵיה (תע׳ ט א) נָשָׂא עֵינָיו — He lifted his eyes

דַּלְיָא[78] עֵינַהּ (כתו׳ סב ב) נָשְׂאָה עֵינֶיהָ — She lifted her eyes

דַּלְיָ[א][79] (ב״ב עג ב) הִגְבִּיהָה — It lifted

דליה[80] (סוכה נא ב) ר׳ דלי — Cf.

דַּלְיוּהּ הִגְבִּיהוּהוּ, הֱסִירוּהוּ — They lifted it *(m.)* they removed it

דַּלְיֵיהּ הִגְבִּיהוֹ, הַגְבִּיהֵהוּ — He picked it *(m.)* up, pick (*m.,s. imp.*) it up

דַּלְיַיהּ (סוכה י רע״ב) הָרֵם אוֹתָהּ, הָסֵר אוֹתָהּ — Pick (*m.,s. imp.*) it *m.* up, remove (*m.,s.,imp.*) it

דְּלֵינָא אֲנִי מֵרִים, אָרִים — I lift, I shall lift

דַּלְיִנְהוּ (תע׳ כג ב, ב״ק פו ב[x]) הִגְבִּיהָם — He picked them up

דְּלֵיקְתָא (תע׳ כא ב, נדה לו ב) דְּלֵקָה — Fire

דָּלֵית (ב״ק צב ב) אַתָּה מֵרִים, תָּרִים — You pick up, you will pick up

דלכון (סוכה מד סע״א) מ׳: דילכון

---

(70) מ׳ ורש״י: ד׳: זכירי.

(71) תמיד במטבע ״מאן דכר שמיה״.

(72) ב״ק נ א, והושה מלאכי א׳ יד: ויש בעדרו זכר.

(73) מ׳ אה״ת: דלי.

(74) מ׳: דלי.

(75) פועלים העוסקים בהשקאה.

(76) פי״א, ד׳: דל, מ׳: ודילי.

(77) מ׳ אה״ת, ד׳: דל.

(78) הגהתי. מ׳: דלי, ד׳: דל.

(79) מ׳ ה׳ אה״ת רשב״ם.

(80) אה״ת: דלי, מ׳ ב: דלא, מ׳ ליי.

(81) מ׳, ה׳: דלי להו, ד׳: כרכינהו.

דִּילְמָא[82] שֶׁמָּא — Maybe, possibly

דִּילְפָּא (יומא כח ב) דֶּלֶף — Drip, trickle

דָּלְפִי (שבת מג א) דוֹלְפִים — They leak

דָּלְפָן (כתו' עז ב) (עינים) זוֹלְפוֹת — They are tearful

דָּלְקָא[83] (מג' יב ב) בּוֹעֶרֶת — It *(f.)* is burning

דְּמָא דָּם — Blood

דָּמָא (ביצה כב א, ע״ז כח סע״ב) דִּמּוּם[84] (?) — Severe eye disease, eye congestion

דָּמוּ דוֹמִים — Regarded as, similar to *(p.)*

דַּמּוֹיֵי (ב״ב קל ב) (ל)דַמּוֹת — (To) compare

לְדַמּוֹיֵי לְדַמּוֹת — To compare

דֵּימוֹנִיקֵי[85] (סנ' עד ב) מַחְתָּה[86] — Urn filled with burning-coals

דֵּימוֹסְנָאֵי[87] (סנ' צא א — ממג״ת) פְּקִידֵי מִסִּים — Contesters, wrongful objectors

דְּמוּתֵיהּ (ע״ז יח ב) דְּמוּתוֹ — Likeness (of person), a drawing, painting of person

דָּמֵי דוֹמֶה — Similar to, resembles *(s.)*

דְּמֵי (גט' נז ב) דָּמִים — (Kinds of) blood

דְּמֵי דָּמִים (=מחיר) — Price

דְּמֵי כֶּלֶב (תמו' ל א) מְחִיר כֶּלֶב — Price of dog

דְּמֵי כְלִילָא (ב״ב ח א, קמג א) מַס עֲטָרָה[88] — Crown tax

דְּמֵי קְלִילֵי (ב״ב קלג ב) דָּמִים מוּעָטִים — Cheap

דָּמְיָא דוֹמָה — Regarded as, similar to, resembles

דְּמֵיהּ דָּמוֹ — His blood

דְּמֵיהּ דָּמָיו (=מחירו) — Its price

דְּמַיְיהוּ (בר' נד ב, שבת קכט ב) דָּמָם — Their blood

דְּמַיְיהוּ (ב״ב פח א) דְּמֵיהֶם (=מחירם) — Their price

דָּמְיָין דּוֹמוֹת — They are regarded as, resemble *(f.)*

דָּמֵינַן (תע' יד ב 3) אָנוּ דוֹמִים — We are regarded as

דָּמֵית עֲלַי כִּי אַרְיָא (כְּאַרְיָא) אָרְבָא (ב״ק פה א, ב״מ קא ב, ב״ב קסח א) אַתָּה דוֹמֶה עָלַי כְּאַרְיֵה אוֹרֵב — You appear to me as a lion lying in ambush

דָּמִיתוּ (תע' יד ב) אַתֶּם דוֹמִים, — You *(p.)* are regarded as, you regard it as, you compare it to, you resemble

דְּמָךְ (קידו' פא א) דָּמְךָ — Your *(s.)* blood

דִּמְעֵי[89] (שבת לג ב) דְּמָעוֹת — Tears

דמעת (שם) ר' דמעי — Cf.

דִּמְעָתָא דִּמְעָה — Tear, she is tearing continuously (Rashi)

דָּן דָּן (ב) — He judges

דַּנָּא חָבִית — A barrel

דְּנָא (תמיד במטבע:) מִן קַדְמַת דְּנָא[90] מִלְּפְנֵי כֵן — At a previous time, for a long time now

בְּדַנְבֵי (סנ' לז א) בִּזְנָבוֹת[91] — In the rear (seats)

דַּנֵּי חָבִיּוֹת — Barrels

בֵּי דַנֵּי, בֵּינֵי דַנֵּי בֵּין חָבִיּוֹת — Between the barrels

דָּנָךְ (כתו' קד ב) דָּן אוֹתְךָ — He judged you

דָּנַן (שם) דָּן אוֹתָנוּ — He judged us

דְּנַן[92] זֶה — This (one)

דַּנְקָא שְׁתוּת, שִׁשִּׁית (1/6) — Sixth

דַּנְקֵי שִׁשִּׁיּוֹת — Sixths

דַּסְתּוּדָר[93] (שבת מח רע״א) מִטְפַּחַת יָד — Kerchief

דִּיסְתּוּרָא (קידו' ס ב) אֲרִיסוּת — Sharecropping

דִּיסְתּוּרָן (ערכ' כח א) אֲרִיסוּת — Sharecropping

דַּסְתְּנָא[94] (בר' נ ב) מָנָה (של מאכל) — Portion

דיסתנא (תע' כב א) מ' מ' ב וע': דשתנא

דַּעֲדְקִין[95] (סנ' יא סע״א—רע״ב) קְטַנִּים — Small ones

דְּעֲצִי(ת)הּ[96] (ב״ב עד א) נְעָצוֹ — He stuck it (onto)

דַּעְתָּא דֵּעָה — Opinion, knowledge

אַדַּעְתָּא עַל דַּעַת, לְשֵׁם — On the premise, for the purpose of

82) = שְׁלֹמֹה, שיר א ז.
83) מ' ואה״ת, ד': דלקה.
84) = מחלת־עינים קשה.
85) עי' עה״ש.
86) מחתה לעבודת האש של אלילי פרס.
87) =
88) בדיוק: מחיר כתר הוא מס הכתר ÷£ 4.
89) ד״ח: דמעת, ד״ו: דמע', אה״ת ומ': דמעיה.
90) וכן בכ״י גם בגט' פה סע״ב, ד': מן קדם.
91) = בסוף השורה — בניגוד ל״ברישא״.
92) נמצא רק בשטרות: שטרא דנן (ג״פ), גיטא דנן (ב״פ), יומא דנן, עבדא דנן, זבינא דנן.
93) מלשון פרסית. מ' וע': סודרא, פרש״י: סודר של ראש.
94) מלשון פרסית = מלוא היד. קשה פירש״י: מנה של בשר, שהרי נאמר ״אייתו לקמייהו תמרי ורמוני״ (מ' פ' וב״נ: רומנא, ועי' ד״ס).
95) מ' פ' ועוד, וכן בתרגומים, ד': דערקין, ערקין.
96) ה': דחציה, אה״ת וע': דצייה (נבלעה ע'), מ' וע״י:

לַאו אַדַּעְתָּא דְהָכִי (עירו׳ טו רע״א) לֹא עַל דַּעַת כַּךְ
This was not the intention

אַדַּעְתָּא דְנַפְשֵׁיהּ עַל דַּעַת עַצְמוֹ
Based on his own opinion, on his responsibility

אַדַּעְתָּא דְאַרְעָא עַל דַּעַת (לזכות) בַּקַּרְקַע
With the intention (of gaining possession) of the land

דַּעְתַּאי דַּעְתִּי — My intention, my thinking, my opinion

לָאו אַדַּעְתַּאי (בר׳ כו רע״א ש״נ) לֹא נָתַתִּי לִבִּי[97]
I did not think of this, I forgot, not on my request, against my opinion, it was not my idea

דַּעְתַּהּ דַּעְתָּהּ — Her idea, her opinion, her intention

דַּעְתִּי דַּעְתִּי — My idea, my opinion, my intention

דַּעְתֵּיהּ דַּעְתּוֹ — His idea, his opinion, his intention

דַּעְתֵּיהוֹן (תמו׳ לב א) דַּעְתָּם
Their mind, their opinion, their intention

דַּעְתַּיְיהוּ דַּעְתָּם
Their idea, their opinion, their intention

דַּעְתַּיְיכוּ דַּעְתְּכֶם
Your idea, your opinion, your intention (*p.*)

דַּעְתִּין דַּעְתֵּנוּ — Our idea, our opinion, our intention

דַּעְתָּךְ דַּעְתְּךָ
Your idea, your opinion, your intention (*s.*)

גַּלִּית אַדַּעְתָּךְ[98] גִּלִּיתָ אֶת־דַּעְתְּךָ
You have indicated your intention, opinion

מַאי דַּעְתָּךְ[98] מַה־דַּעְתְּךָ — What is your opinion?

דַּפָּא (מג׳ כז א) דַּף — Page

דַּפָּא (ב״ב יד ב, סנ׳ צו א) קֶרֶשׁ — Board

דַּפֵּי (שבת עז ב, סוכה לו רע״ב) קְרָשִׁים[99] — Boards

בֵּי דַּפֵּי (ב״מ עד א) בֵּין הַדַּפִּים[1]
Between the boards (beams)

דַּפְנָא דֹּפֶן — Wall, partition

דַּפְנָא (פס׳ נו א) עַרְמוֹן — Laurel (tree)

הוּצָא וְדַפְנָא (סוכה כג סע״א ועוד) חוּץ (=כפות תמרים) ו(ענפי) עַרְמוֹן
Branches of palm and laurel trees

דַּפְנוּהּ(וּ)[2] (ב״מ קז סע״ב) הִכּוּהוּ[3] — They beat him up

דפנו (גט׳ לד א) ע׳: דפנוה

דַּ(וּ)פְנֵיהּ (יומא מח רע״א — מ׳) דָּפְנוֹ — His wall, his partition

דַּפְנֵיהּ (מנ׳ יא א) דָּפְנוֹ — His wall, his partition

דַּפְנָתָא (זב׳ לז סע״ב) דְּפָנוֹת — Walls, partitions

דַּפְקָא (ב״מ כג רע״ב) כְּסָלִים — Flanks (of an animal)

דָּץ (=דעיץ) (חול׳ צג ב ועוד) נָעַץ — He stuck it (into)

דָּצַהּ (שבת נ ב ועוד) נְעָצָהּ — She stuck it (into)

דַּצְיֵיהּ[4] (ב״ב עד א) נְעָצוֹ — He stuck it (into)

דַּצְתַּהּ[5] (שבת קנו ב) נָעֲצָה אוֹתָהּ — She stuck it (into)

דָּק דַּיֵּק — He derived, he was precise

דַּקְדַּקְתָּא (חול׳ נא סע״ב) (נְעֹרֶת) דַּקָּה מִן הַדַּקָּה
Thoroughly crushed flax stalks

דַּקוּ דַּיְּקוּ — They derived, they was precise

דִּיקוּלָא סַל נְצָרִים, קֶלֶת (גט׳ רפ״ח) — Wicker basket

דִּיקוּלָא דְמַיָּא (פס׳ מ רע״א) רְתִיחַת הַמַּיִם (רש״י)
Boiling of water

דִּיקוּלָאֵי (ב״ב כב א) עוֹשֵׂי סַלִּים — Basket weavers

דִּיקוּלֵי סַלִּים — Baskets

דְּקוּרֵי דְהַרְפַּנְיָא (שבת קכז א, ב״מ פד א) כַּדִּים שֶׁל הַרְפַּנְיָא — Jugs of Harpanya

דַּקַּיָּא[6] (נזיר נט סע״ב) (המעיים) הַדַּקִּים
The small (intestines)

דקיה (שם) ר׳ דקיא — Cf.

דַּקִּינְהוּ (ב״ק קא א) הֲדַקָּם, כְּתָשָׁם
He crushed them into fine pieces

דְּקֶל בִּישׁ (ע״ז יד ב) דֶּקֶל רַע (מין דקל)
Poor-quality palm

דְּקֶל טָב (שם) דֶּקֶל טוֹב (מין דקל)
High-quality palm

ואנחיתיה.

97) רש״י בשבת (צה א): לא הייתי זכור. ורבותי פירשו לא סבירא לי.

98) לרוב — ביו״ד: דעתיך. סימן לרבים!

99) וכן ת״א ״קרשים״ של המשכן.

1) = בין קורות בית הבד.

2) ע׳ וה׳, מ׳: ודפני׳.

3) וכן בעב׳: דַּפְנוֹ (יב׳ פא ב).

4) ע׳ אה״ת, ה׳: דחציה, ד׳: דעציתה, מ׳: אנחיה.

5) מ׳, ד׳: דצתא.

6) ערוך, מ׳: דקי׳, דפו׳: דקיה.

High-quality palm

דִיקְלָא דֶקֶל — Palm

לביני דיקלא (שבת לב א) מ׳ ורש״י: לביני דקלי

דִיקְלָא אֲרַמָּאָה (ב״ק נט א) דֶקֶל אֲרַמִּי (מין לא משובח)
Low-quality (Aramaic) palm

דִיקְלָא בִּישָׁא (ב״ק צב ב, ב״ב סט ב) דֶקֶל רַע
Poor-quality palm

דִיקְלָא דְדַהֲבָא (בר׳ נה סע״ב) דֶקֶל שֶׁל זָהָב
Golden palm

דִיקְלָא טָבָא (ב״ב סט ב) דֶקֶל טוֹב
High-quality palm

דִיקְלָא פַּרְסָאָה (ב״ק נט א) דֶקֶל פַּרְסִי (מין משובח)
High-quality (Persian) palm

דיקלא (ב״ב כב א) ע׳ ומ׳: דיקולי

רִיכְבָא דְדִיקְלָא[7] (ב״מ קח ב ועוד) רֶכֶב דְקָלִים[8]
Rows of intertwined palms

דִיקְלֵי דְקָלִים — (Fruit-bearing) palms

דִיקְלִין (ב״ב סט ב — בשטר) דְקָלִים
(Fruit-bearing) palms

דִיקְנָא זָקָן — Beard

דִיקְנְהוֹן (נד׳ לט א) זְקָנָם — Their beard

דִיקְנֵיה זְקָנוֹ — His beard

דִיקְנָנֵי (ב״מ לט א, ע א[9]) בַּעֲלֵי זָקָן (=מבוגרים)
Bearded men (adults)

דַקְרֵי דְפַרְזְלָא (פס׳ קיח ב) דְקָרֵי בַרְזֶל (למלחמה)
Lances

דַקְתָא (ב״ב כו א[10], חול׳ נא סע״ב) נְעֹרֶת (של פשתן)
(Chaff of) once broken flax stalks

דָר דָר (ע) — He lived (in)

דרא (פס׳ נו א, גט׳ סח ב) ר׳ אסא — Cf.

דָרָא דוֹר, שׁוּרָה — A generation, a row

דְרָא נָשָׂא — He carried

דראתא (שבת צח א) כי״י: דרא תתאה

דָרָא תַתָּאָה (שם) שׁוּרָה תַחְתּוֹנָה[11] — The bottom row

דַרְבְנָאֵי[12] (בכור׳ ח ב) שׁוֹמְרִים[13]
Guards (Rashi: ravens)

דַרְגָא מַדְרֵגָה, סֻלָּם, מַדְרְגוֹת — Step, ladder, steps

דַרְדוּגֵי מִשְׁחָא (כתו׳ יז ב) יְצִיקַת שֶׁמֶן (על הראש למשיחה)
Anointing by oil

דַרְדֵיג מִשְׁחָא (שם) יָצַק שֶׁמֶן (על הראש למשיחה)
He anointed by oil

דַרְדַקָא (ב״מ סו א) קָטָן, תִּינוֹק — Minor, small child

דַרְדַקֵי קְטַנִּים, תִּינוֹקוֹת — Minors, small children

מַקְרֵי דַרְדְקֵי מְלַמֵּד תִּינוֹקוֹת
Teacher of small children

מְגַדְלָא דַרְדַקֵי (חגי׳ ד סע״ב) גּוֹדֶלֶת (=קולעת שער של) קְטַנִּים
Hairdresser of small children, baby nurse

דַרְדָרָא (גט׳ ע א) דַּרְדָּר — Thorn

דָרוּ נוֹשְׂאִים — They carry

דָרוֹמָא הַדָּרוֹם (=הַנֶּגֶב) — The South (the Negev)

דָרוֹמָאֵי (ב״ב צו א, זב׳ כב ב) זִקְנֵי דָרוֹם
The Sages of the South

דְרוּפְתְּקֵי (סנ׳ צט ב) נַרְתִּקִים (ע׳)[14]
Receptacles, containers (Rashi: toilers)

דַרוּשׁ דָּרְשׁוּ — They interpreted it (to mean)

דְרוּשׁ דְּרֹשׁ (צ) — Interpret it (*m.s.imp.*)

דָרִי(י)[15] (עירו׳ נד סע״ב) דוֹרִי — My generation

דָרֵי דוֹרוֹת — Generations

דָרֵי (בר׳ כח א) שׁוּרוֹת — Rows

דָרֵי (בר׳ סב ב[16], מג׳ כט א) שׁוּרוֹת בָּתִּים
Rows of houses

דָרֵי דָרֵי (ביצה טו ב, תמו׳ טו ב) דוֹרֵי דוֹרוֹת
Generations upon generations (i.e., a long time period)

דָרֵי דָרֵי (מג׳ יב א) שׁוּרוֹת שׁוּרוֹת — Rows upon rows

דָרֵי בָתְרָאֵי (שבת עה ב) דוֹרוֹת אַחֲרוֹנִים

(7) וכן גם בכתו׳ קט ב — מ׳ ורש״י, ד׳: דדיקלי.
(8) = ״שורת דקלים קלועים זה בזה״.
(9) מ׳, ד׳ וה׳: דקנני.
(10) כי״י ועוד, ד׳: רקתא.
(11) = שהיא ראשונה בהנחה (עי׳ תוס׳).
(12) מלשון פרסית (= שומר הפתח), אה״ת: דרבני, ע׳: דרבוני, מ׳: ארבונאי.
(13) רש״י: אורבים, ר״ג: סובין.
(14) פ״א: עמלים (ע״פ רש״י).
(15) א״פ וד״ש, אה״ת: ודאי (=ודאריז), מ׳ לי׳.
(16) אדמקיפנא אדרי (= א דרי).

דָּרֵי עָלְמָא (גט׳ לו ב) דּוֹרוֹת עוֹלָם
Later generations

דָּרֵי נוֹשֵׂא
Future generations

דְּרֵי (מג׳ כח א ועוד) שָׂא
He carries

דָּרְיָא (ב״ב כ סע״א) נוֹשֵׂאת
Carry (*m.s. imp.*)

דָּרֵיהּ דּוֹרוֹ
She carries

דריה (יומא פד א) משובש (ועי׳ ד״ס אות ז׳)
His generation

דָּרֵיךְ (פס׳ לג ב) דּוֹרֵךְ (ענבים)
He tramples (grapes)

דְּרִיכָא לֵיהּ (שבת קט א) דָּרַךְ אוֹתוֹ
He (it) trampled him

דָּרֵיכְנָא (בר׳ נו ב) אֲנִי דוֹרֵךְ
I trample

דָּרֵינָא אֲנִי נוֹשֵׂא
I carry

דָּרֵינָא[17] (חגי׳ ה רע״א) אֲנִי נוֹשֵׂא
I carry

דָּרֵינַן (ב״ב כט א) דַּרְנוּ
We lived (there)

דָּרֵים דּוֹרֵס (=טוֹרֵף)
It (*m.*) tears (its prey)

דָּרֵים (חול׳ ט א) דּוֹרֵס (בשחיטה)[18]
He presses on the knife while slaughtering

דָּרֵישׁ דּוֹרֵשׁ
He interprets, preaches

דָּרֵישְׁנָא (סוכה לד ב, סנ׳ קב ב) אֲנִי דּוֹרֵשׁ, אֶדְרוֹשׁ
I interpret, I shall interpret

דָּרֵית (מג׳ כח א) אַתָּה נוֹשֵׂא
You carry

דָּרָךְ דּוֹרְךָ
Your generation

דַּרְכָּא דֶּרֶךְ
Road, way

דַּרְכָּא אַחֲרִיתִי[19] (ב״ב נו ב 3) דֶּרֶךְ אַחֶרֶת
Different road, different path

דִּירְכָּא אַחֲרִינָא דֶּרֶךְ אַחֶרֶת
Different road, different path

דִּירְכַּהּ (קידו׳ כב סע״א) דַּרְכָּהּ
Her custom, her manner of behavior

דְּרַכוּ (סנ׳ צו ב) דָּרְכוּ (=בעטו)
They trampled

דַּרְכֵי (ר״ה כג ב) דְּרָכִים
Ways, roads

דַּרְכֵּיהּ דַּרְכּוֹ
His custom, his manner of behavior

דַּרְכַּיְיהוּ (בכו׳ כה סע״ב) דַּרְכָּם
The way it happens

דִּירְכַּיְיהוּ (קידו׳ כה סע״א) דַּרְכָּם
Their custom, their manner of behavior

דַּרְנָא (שבת עה א, קב ב) דֶּרֶן (מין תולעת)
Species of worm

דַּרְנֵי דִבְשְׂרָא (חול׳ סז ב) תּוֹלָעִים שֶׁבַּבָּשָׂר
Worms (found) in meat

דְּרַס (נדה לב ב ועוד) דָּרַס
He trampled

דְּרָסָה (חול׳ סב ב, נדה נ ב) דּוֹרֶסֶת (=טורפת)
It tears its prey

דָּרְסִי דּוֹרְסִים, דּוֹרְכִים
They trample, they tread

דְּרָעָא זְרוֹעַ
Arm

דְּרָעוֹהִי (ב״ב צא ב) זְרוֹעוֹתָיו
His arms

דְּרָעֵיהּ זְרוֹעוֹ
His arm

דרעינא (חגי׳ ה רע״א) אה״ת: דרינא

דַּרְזִינִי[20] (שבת סה א) קִנָּמוֹן
Cinnamon

דְּרָקוֹן, דְּרָקוֹנָא (בר׳ סב ב ועוד) נָחָשׁ[21], דְּרָקוֹן
Large serpent, dragon

דְּרָרָא דְטוּמְאָה (חגי׳ כא ב) זִקַּת טוּמְאָה
Association with ritual impurity

דְּרָרָא דְמָמוֹנָא הֶפְסֵד מָמוֹן
Monetary loss

דְּרַשׁ[22] דָּרַשׁ
He interpreted

דְּרָשָׁא מִדְרָשׁ
An interpretation, a derivation

דְּרַשַׁהּ דְּרָשָׁהּ
He interpreted, he derived it

דָּרְשִׁי דּוֹרְשִׁים
They interpret, derive

דַּרְשָׁיָא (סוכה לח ב) דַּרְשָׁנִים
Interpreters of the law

דְּרַשֵׁיהּ דְּרָשׁוֹ
He interpreted, derived it (*f*)

דָּרְשִׁינָא (בר׳ נח א, פס׳ ל א, נדר׳ נא א 2) אֲנִי דוֹרֵשׁ, אֶדְרוֹשׁ
I interpret, I shall interpret

דַּרְשִׁינְהוּ דְּרָשָׁם
He interpreted them

דָּרְשִׁינַן אָנוּ דוֹרְשִׁים, נִדְרֹשׁ
We interpret, we shall interpret

לָא דָרְשִׁיתוּן (בר׳ י א) אֵינְכֶם דּוֹרְשִׁים
You do not interpret, do not derive from

דָּרְשַׁת אַתָּה דוֹרֵשׁ, תִּדְרֹשׁ

17) אה״ת, מ׳ ב ויל׳: רעינא, ד׳: דרעינא.

18) חותך בלחיצת הסכין, ואינו מוליך ומביא.

19) ד״ו — ג״פ, מ׳: אחריתי, אחריני׳: ה׳ ג״פ: אחרינא.

20) מלשון פרסית. ע׳: דרצין, מ׳: דורציני, א״פ: דראצין, ד׳: דרצונא.

21) ״בלשון יוני ורומי מין נחש ארכו לפעמים עשרים אמות ולמרחוק יביטו עיניו״ (ר״ב בערוך).

22) זב׳ סט ב — ב״פ: וקדרש — מ׳: ודרש.

דַּרְתָּא חָצֵר — Yard, court
דַּרְתֵּיהּ חֲצֵרוֹ — His yard, court
דָּשׁ (גט׳ נו ב ועוד) הִתְרַגֵּל — He got used to
דָּשָׁא דֶּלֶת — Door
דָּשׁוּ (ע״ז נו ב) דָּרְכוּ (ענבים) — They trampled (grapes)
דָּשׁוּ (שבת קכט ב, יב׳ עב א) הָרְגְּלוּ — They got used to
דָּשֵׁי (שבת קיב א, מנ׳ לג א) דְּלָתוֹת — Doors

דַּשְׁנַן (כתו׳ סב א) הִתְרַגַּלְנוּ — We got used to
דִּישְׁרָא (פס׳ לה א, מנ׳ ע ב) שִׁיפוֹן — Rye
דִּשְׁתָּאֵי (ע״ז כד ב[23], זב׳ קטז ב[24], מנ׳ כב א) דָּשׁוֹשׁוֹת (=דשים תבואה) — They thresh (grain crops)
דַּשְׁתָּנָא[25] (תע׳ כב א) נִדָּה[26] — Woman who has her monthly period

23) כיי״, ד׳ ליי.
24) שמי״ק, מ׳: דשיתאי, ד׳: דישאי.
25) מ׳ מ׳ ב וע׳, ד׳: דיסתנא.
26) מלשון פרסית (רש״י).

- ה -

הָא הֲרֵי, הֲלֹא, אֲבָל, זֹאת — Here, let's suppose that, surely, is it not so? but, this is

הָא בְהָא תַלְיָא (שבת קלה רע״ב, מג׳ ו ב, נז׳ יח ב, תמו׳ יח א) זוֹ תְלוּיָה בְזוֹ — One depends on the other

כִּי הָא כָּזֹאת — Like this (*f.*)

הָא מִילְּתָא דָּבָר זֶה — This matter

הָא מַנִּי (הֲלָכָה) זוֹ (שֶׁל) מִי הִיא, כְּדַעְתּוֹ שֶׁל מִי הִיא — This (law, statement) is based on the opinion of

דְּהָא שֶׁהֲרֵי — Since this (is so)

הַאי זֶה — This, the latter, because

כִּי הַאי כָּזֶה — Like this (*m.*)

הַאי מַאי זֶה מַהוּ(?) — What is this?

כּוּלֵּי הַאי כֹּל זֶה, כָּל־כַּךְ — So much, to this extent

הַאי נַמֵּי אַף זֶה — This also

הָאִידָּנָא (האי עידנא) עַכְשָׁיו — Now

הַאיְךְ[1] הֲלָה, אוֹתוֹ, הַהוּא — That one, him, it

לְהַאיְךְ לִישָּׁנָא לְאוֹתוֹ לָשׁוֹן — According to that version

האמנתיה (ב״מ ג א) כי״י: הימנתיה

הַב תֵּן — Give (*m.*, s. *imp.*)

הב (כתו׳ סא ב[2], ע״ז עו ב[3]) ר׳ יהב, יהיב — Cf.

הַבַהּ[4] תְּנַהּ (=תֵּן אוֹתָהּ) — Let me have her, give her to me

הַבוּ תְּנוּ — Give (*p.*, *imp.*)

הבו (פס׳ קו א—ב[5], גט׳ סח ב[6], סנ׳ קט א[7], קיג א[8], חול׳ נ א[9]) ר׳ יהבו, יהביה — Cf.

הַבוּהּ[10] (גט׳ נז ב) תְּנוּהוּ — Give (*p.*, *imp.*) it

הַבִי (גט׳ לה א) תְּנִי — Give (*f.*, *s.*, *imp.*)

הַבֵיהּ (גט׳ יד א, כט ב — מ׳) תֵּן אוֹתוֹ — Give (*m.*, s. *imp.*) it (*m.*)

הַבִינְהוּ (גט׳ יד א — מ׳) תֵּן אוֹתָם — Give (*imp.*) them

הַבְלָא הֶבֶל, חֹם — Warmth, vapor

הַבְלֵיהּ (שבת לח ב 2, ב״ב עג א) חֻמּוֹ — His warmth

הַבְלַיְיהוּ (שבת מ רע״ב) חֻמָּם — Their warmth

הַבְרָא אֲפֵלָה — Darkness

בֵּיתָא דְהַבְרָא[11] (כרי׳ ה ב) בֵּית הָאָפֵל (נגע׳ ב ג) — Slightly dark house

הֶגְמוֹנָא (ע״ז יא א) הֶגְמוֹן — Ruler, governor

הִיגְתָא רוּמִיתָא (שבת קי ב) הִיגָה[12] רוֹמִית — Thorny (Roman) bush

הָדָא (במס׳ נדר׳ וחברותיה) זֹאת — This one (*f.*)

בְּאַרְעָא הָדָא[13] (סוכה מד ב) בָּאָרֶץ הַזֹּאת — In this country

הָדָא דִכְתִיב[14] (מג׳ יא א) זוֹ שֶׁכָּתוּב — This is what is written

הָדָא זִימְנָא (גט׳ נו ב) הַפַּעַם הַזֹּאת — This time, once

בְּהַהוּא... וּבְהָדָא...[15] (עירו׳ מג א) בְּהַהוּא... וּבַזֹּאת... — In this matter ... and in that matter

להדא (ע״ז כח ב) מ׳ שט׳: להדי

בַּהֲדַאי עִמִּי — Together with me

הֲדָדֵי, אַהֲדָדֵי[16] זֶה/זוֹ עַל זֶה/זוֹ, זֶה/זוֹ אֶת זֶה/זוֹ[17] — Together, as one, both

1) בכמה מקומות נשתבש בדפוס: היאך.
2) מ׳: יהיב.
3) כך גם מ׳, וצ״ל: יהב.
4) וכצ״ל בסנ׳ קט ב, ד׳: יהבה, מ׳: הבי׳, אה״ת: הבייה.
5) כל כי״י לי׳.
6) מ׳: יהבו, אה״ת: יהיבו.
7) מ׳: יהבו.
8) פ׳: יהבו, מ׳ ואה״ת ועוד לי׳.
9) מ׳: יהביה.
10) מ׳, אה״ת: הבוהו, ד׳: יהבוהו.
11) ע׳, מ׳: דחבריה, ד׳: דבהתא, הור׳ יב א: דחברא.
12) = מין שיח קוצני.
13) בפי ר״א ברי צדוק. מ׳: הדין (בהשואה ל״ארבעין שנין״).
14) מ׳ אה״ת וילי כ״י: מה שכתוב בתורה, מ׳ ב וכ״י ה״ש: מה שכתוב.
15) מ׳ א״פ ר״ח וד״ש: התם... והכא (ועי׳ ד״ס אות י׳)
16) בכמה מקומות בא בדפוסים בטעות, ובכי״י: להדדי: מ״ק כה רע״ב — מ׳, יב׳ כה א רש״י (מ׳ לי׳ ״שפיר דמי אהדדי״), כתובי קב ב — מ׳, ב״ק סד ב — מ׳ (ה׳ ופי ורש״י לי׳), ב״מ עה א — כל כי״י, צ ב — כל כי״י, הורי יא רע״ב — מ׳, זבי מד א — מ׳ ר׳ אב (רש״י לי׳). מרמזי אהדדי (תעי ט סע״א) — רש״י: אחוו (= מחוו) להדדי מראין ומביטין זה לזה (ועי׳ ד״ס)
17) למשל: דחזו אהדדי (יומא לג רע״ב) = שרואים זה את זה.

בהדי הדדי (יומא יט סע"א) מ׳: גבי הדדי, מ׳ ב: כהדדי

בַּהֲדָדֵי[18] זֶה בָּזֶה, זוֹ בָּזוֹ
One with the other, together

גַּבֵּי הֲדָדֵי[19] זֶה אֵצֶל זֶה, זוֹ אֵצֶל זוֹ
One next to the other

דַּהֲדָדֵי זֶה שֶׁל זֶה[20]
Of one another, within one another

כִּי הֲדָדֵי כְּאֶחָד — As a single entity

כִּי הֲדָדֵי נִינְהוּ (בר׳ נ א ועוד) שָׁוִים הֵם
They are alike

כהדדי (סוכה נד א, ר"ה יח א, חגי׳ יט ב, יב׳ לט ב, ב"ק לב א, סנ׳ פט א) מ׳ בכולם: כי הדדי

לַהֲדָדֵי זֶה לָזֶה[21] — One to another

מֵהֲדָדֵי זֶה מִזֶּה[22] — From one to another

בַּהֲדַהּ עִמָּהּ — With her

הַדּוֹמֵי (עירו׳ ל א, ע"ז לח ב[23]) (ל)נַתֵּחַ — To cut up

לְהַדּוֹקַהּ לְהַדְּקָהּ — To force it (*f.*) in

הַדּוֹקֵי (פס׳ קט ב) (ל)הַדֵּק — (To) force in

לְהַדּוֹקֵיהּ (שבת קיא ב ועוד) לְהַדְּקוֹ — To force it (*m.*) in

הדור חָזְרוּ — They returned

הדור בְּהוּ (סוכה י ב, ע"ז כד א) חָזְרוּ בָּהֶם (=התחרטו)
They retracted

הֲדוֹרָא דְּכַנְתָּא (חול׳ מח ב, קיג א[24]) הַמֵּעַיִם הַדַּקִּים הַמְּכוּנָּנִים[25]
Small intestines wound around the intestinal fat

הֲדוֹרוֹת[26] (עברית? חול׳ נט ב 2) עֲגֻלּוֹת[27]
Pointing upward (Rashi), round

הַדּוֹרֵי, לְהַדּוֹרֵי לְחַזֵּר
To repeat, to return to the same thing

הָדוֹרֵי (ב"ב יב א) חָזוֹר (=חורש ושונה) — He re-plows

להדורי (מנ׳ מה א — ק׳ ל״) צ"ל: לאהדורי

בַּהֲדֵי עִם — With

בַּהֲדִי (ב"מ כו א, סנ׳ צג סע"א) עִמִּי — With me

בַּהֲדֵי הֲדָדֵי זֶה עִם זֶה, בְּיַחַד, כְּאֶחָד
Together, one with another

לְבַהֲדֵי (בכו׳ נז א ועוד) כְּנֶגֶד — In lieu of, instead of

לַהֲדֵי מוּל — Facing

לַהֲדֵי יוֹמָא (שבת קלד א ועוד) מוּל הַשֶּׁמֶשׁ
Facing the sun

בְּהֶדְיָא בְּפֵרוּשׁ, בְּגָלוּי — Explicitly

לְהֶדְיָא בְּגָלוּי, מִיָּד, כֵּיוָן (תה"פ)
Openly, immediately, since

בַּהֲדֵיהּ עִמּוֹ — With him

לַהֲדֵיהּ (גט׳ סט ב, חול׳ מח א) כְּנֶגְדּוֹ, מוּלוֹ — Facing him

בהדיהן (בכו׳ כ סע"ב) [מ׳: בהדיהון] עִמָּהֶם — With them

הֶדְיוֹטָא (ע"ז נב ב) הֶדְיוֹט — Layman

בַּהֲדַיְיהוּ עִמָּהֶם — With them

לַהֲדַיְיהוּ (יומא לג רע"ב) מוּלָם — Facing them

בַּהֲדַיְיהוּ עִמָּכֶם — With you (*p.*)

הָדֵין (במס׳ נדר׳ וחברותיה[28]) זֶה — This

בְּהָדֵין עָלְמָא (כתו׳ קג א ועוד) בָּעוֹלָם הַזֶּה
In this world

הֲדִיר לַהּ (ב"ב עד ב) מֲקַף לָהּ (=מַקִּיף אוֹתָהּ)
Surrounds it (*f.*)

בַּהֲדָךְ עִמְּךָ — With you (*s.*)

הַדְמוּהּ[29] (ע"ז לח ב) נִתְּחוּהוּ — They cut it up

הַדְמֵי (גט׳ סז ב) נְתָחִים — Pieces, slices

הַדְמֵיהּ (קידו׳ עג ב) אֵבָרָיו — His organs

---

18) בכמה מקומות קיצרו המדפיסים והדפיסו "בהדדי" תי׳ "בהדי הדדי" (פס׳ לט א — כל כ"י, מד ב — כל כ"י, נז א — מ׳ וא"פ, מג׳ יב א — אה"ת, מנ׳ לח ב — כל כ"י, כרי׳ כג ב — מ׳ ור"ג).
או תי׳ "כי הדדי" (ב"מ ז א — מ׳, נדה סא ב — מ׳ ורש"י). או תי׳ "אהדדי" (שבת נד ב — מ׳ וא"פ).

19) פס׳ מה ב: ונפלי גבי הדדי — ר"ח ורש"י: אהדדי.

20) למשל: ברוקא דהדדי (שבת צט ב) = זה ברוקו של זה; זגינן אבירכי דהדדי (פס׳ קח א) = נשענו זה על ברכו של זה.

21) למשל: דשפכי מיא להדדי (בר׳ נט א) = ששופכים מים זה לזה. דלא שוו שיעורייהו להדדי (עיר׳ פג רע"א) = ששעוריהם אינם שווים זה לזה.

22) למשל: ולא מיכספי מהדדי (קידו׳ פ ב) = ואינם בושים זה מזה.

23) כ"י ספ׳ מ׳ וע׳, ד׳: אדמויי.

24) מ׳ ר׳ א ב וע׳, ד׳: הדרא.

25) השוה "המכנן את החבל" (פרה ז ז).

26) כ"י וע׳, ד׳: חדורות.

27) ע׳, וע׳ רש"י.

28) וכן בתרגומים ובספורי ארץ ישראל.

29) כ"י ספ׳, מ׳: הדמו׳, ע׳: הדמיה, ד׳: אדמוה.

בַּהֲדַן עִמָּנוּ — With us

הַדְקַהּ (שבת קכה ב) הִדְקָהּ — He fastened it *(f.)*

הדקיה (ב״ק פה ב) ר׳ הרזקיה — Cf.

הֲדַר חָזַר, חֲזֹר (צ)

He returned, retracted, return, retract *(imp.)*

הָדַר חוֹזֵר — He returns, retracts

וַהֲדַר וְאַחַר־כָּךְ — And then

הֲדַר בֵּיהּ[30] חָזַר בּוֹ — He retracted

הֲדַר בָּךְ חֲזֹר בְּךָ — Retract *(s., imp.)*

דְּהָדַר[31] (פס׳ פו סע״ב) שֶׁחָזַר (=חיפש)

That he informed

הדר (ב״ק קה א, ב״ב מא א 2, מנ׳ יח א) כי״י: אהדר

שקול זוזך והדר גלימא (ב״ק קטו א)

מ׳ ה׳ וה״ג: זיל הב ליה ושקול גלימא

הֲדַרָא/ה חָזְרָה — She returned

הָדְרָא/ה חוֹזֶרֶת — She is returning

הֲדִרָה לֵיהּ עַכְנָא (ב״ק קיז ב, ב״מ פה א) נָחָשׁ כָּרוּךְ לוֹ (לפתח המערה)

A serpent was coiled (in front of the cave)

הֲדַרוּ חָזְרוּ — They returned

הדרו (סנ׳ כו א) מ׳ פ׳: אהדרינהו

הֲדַרוּ בְּהוּ חָזְרוּ בָּהֶם — They retracted

הֲדַרוּ בִּי (סנ׳ כו רע״א) חָזְרוּ בִּי (עי׳ רש״י)

They reneged on their promise to me

הדרוה (ב״מ יט א — גליון, גט׳ מה א) כי״י: אהדרוה

הָדְרֵי חוֹזְרִים — They return

הָדְרֵי בְּהוּ חוֹזְרִים בָּהֶם — They retract their promise

הָדְרֵי לַהּ (ב״ב עד א) מַקִּיפוֹת אוֹתָהּ — They surround it

הֲדַרִי (קידו׳ פא ב) חָזַרְתִּי — I returned

הדרי (ב״ב ג ב) ר׳ הרדי — Cf.

הֲדַרִי בִּי חָזַרְתִּי בִּי — I retracted

דִּינָרָא הַדְרְיָינָא (ע״ז נב ב, בכו׳ נ א) דִּינָר הַדְרְיָנִי

A Hadrian dinar

הָדְרִין בְּהוֹן (נדר׳ מד א) חוֹזְרִים בָּהֶם — They retract

הדרינהו (חול׳ קלט רע״א) ר׳ אהדרינהו — Cf.

הָדְרִיתוּ (קיד׳ כו א) אַתֶּם חוֹזְרִים, תַּחְזְרוּ

You retract, you will retract *(p.)*

הָדְרָן (עיר׳ לג ב 2) מַקִּיפוֹת — They *(f.)* surround

הָדְרָן (גט׳ מה א, חול׳ נה ב) חוֹזְרוֹת — They *(f.)* returned

הֲדַרַן (ב״מ עג ב, עד ב) חָזַרְנוּ — We returned

הָדַרְנָא אֲנִי חוֹזֵר, אֶחֱזֹר — I return, I shall return

הַדְרָנָא (כתו׳ נג א) חַזְרָן (=רגיל לחזור בו)

One that habitually retracts *(m.)*

הָדַרְנָא בִּי אֲנִי חוֹזֵר בִּי, אֶחֱזֹר בִּי

I retract, I shall retract

הַדְרָנִיתָא (כתו׳ צז א) חַזְרָנִית (=רגילה לחזור בה)

One *(s.)* that habitually retracts *(f.)*

הֲדַרְתְּ (ב״ב לב ב) חָזַרְתָּ — You returned

הָדְרַתְּ בֵּיהּ (ב״מ יט ב 2 — גליון) אַתָּה חוֹזֵר בּוֹ

You *(s.)* retract the promise

הָדְרַתְּ בִּי(ה) (כתו׳ צט א — מ׳) אַתָּה חוֹזֵר בִּי

You *(s.)* retract the promise to me

הָדְרַתְּ בָּךְ אַתָּה חוֹזֵר בְּךָ, תַּחֲזֹר בְּךָ — You *(s.)* retracted your promise, retract your promise *(imp.)*

הדרתינהו (ב״ב לב ב) א״פ וה׳: אהדרתינהו

הָהּ דְּרוּמָנֵי (שבת צ א) תּוֹלַעַת שֶׁל רִמּוֹנִים

Pomegranate parasite

הוּא הוּא — He

וְהוּא בראש משפט בא לצמצם: בתנאי

On the condition that, provided that

הוא מיהו (ע״ז מא א) מ׳ וכ״י ספ׳: הוא ניהו

הוּא נִיהוּ הוּא הוּא — This is he

הוּא נַמֵּי אַף הוּא — He also

הַהוּא— אוֹתוֹ — — Him

הַהוּא גַּבְרָא[32] אוֹתוֹ הָאִישׁ, מַעֲשֶׂה בְּאָדָם[33]

That person, it is told that a person

הֲוַאי[34] הָיִיתִי, הָיְתָה — I was, she was

הואי (ב״ב סא ב) מ׳: הויין

מיהוה הואי (שבת קד א) מ׳: הוה

הואי ידענא (ב״ב ד א) מ׳ ואה״ת: הוה ידענא

30) מיהדר הדר ביה קרא (פס׳ קכ א) — א״פ ור״ח: אהדרה קרא, מ׳ ב: הדר אהדריה קרא.

31) מ׳ ב ור״ח וע׳, ד׳: דרגש, מ׳: דגש.

32) ונמצא גם בקצור: ההוא.

33) בפתיחת ספור.

34) סנ׳ קא סע״ב: מורד במלכות הואי (מ׳ ואה״ת: הוא).

הוּבְלִילָא (שבת לו א = סוכה לד א, חול' נח ב) הֶמְסֵס[35]
The third stomach of ruminants
הוּגְנֵי (סנ' נב א) בְּכָרִים (=גמלים צעירים)
Young female camel
הודעת (חול' נח רע"ב) ה': אודעת
I informed them **הוֹדַעְתִּינְהוּ**[36] (סנ' קז רע"ב) הוֹדַעְתִּים
Cf. **הורדי** (ב"ב ג ב, ז א) ר' הורדי
The surroundings **הוּדְרָנָא** (שבת עז ב) סְבִיבוֹת
Its surroundings **הוּדְרָנֵיהּ** (פס' עו א) סְבִיבוֹתָיו
הוה אתו (כתו' מט ב 2, סנ' ו ב) מ': הוו אתו
הוה נפצי (ב"ב כו רע"א) ה' א"פ וד"י: הוו נפצי
דהוה לה (חול' נח ב) מ': דהויא לה
It was **הֲוָה** הָיָה
מַאי הֲוָה עֲלַהּ מֶה הָיָה עָלֶיהָ[37]
What happened to it? (to the question that was posed)
מַאי דַהֲוָה הֲוָה מַה שֶּׁהָיָה הָיָה
Whatever happened, happened
Did it happen? **מִי הֲוָה** כְּלוּם הָיָה?
Similar (to) **מִידִי דַהֲוָה א—** בְּדוֹמֶה ל —[38]
I would have said **הֲוָה אָמֵינָא** הָיִיתִי אוֹמֵר[39]
(a preliminary opinion, usually refuted)
הוה אמרי (שבת קיד ב, סוכה נד ב) מ': הוה אמינא
הֲוָה יָדְעִיתוּן (שבת קיט א) הֱיִיתֶם יוֹדְעִים
You *(m.,p.)* would have known *(m.)*
הֲוָה יָדְעַתְּ (נדר' כב א) הָיִיתָ יוֹדֵעַ
You *(m.,s.)* would have known
הֲוָה (מ: הוית) **יָדְעַתְּ** (נדר' כא ב) הָיִית יוֹדַעַת
You *(s.)* would have known *(f.)*
הֲוָה קָרְעְנָא (חגי' טו ב) הָיִיתִי קוֹרֵעַ
I would have cut it up

הֲווּ[40] הָיוּ, הֱיוּ, הֵם (למשל: ששה — שבעה הוו, (מנ' עא ב), ששה שבעה הם)
They were (for example: Six? No, they were seven), they lived, they
They are, they will be **הָווּ** הוֹוִים, יִהְיוּ
She was **הֲוַות, הֲוַת** הָיְתָה
The present, it is, will be **הָוֵי** הוֹוֶה, הוּא[41], יְהֵא
לָא הָוֵי (בר' נב א ועוד) אֵינוֹ, לֹא יְהֵא
Does not exist, will not be
He questioned it *(f.)* **הֲוֵי בַּהּ** הִקְשָׁה בָּהּ
So what? **מַאי הָוֵי** מַה יֵּשׁ
מַאי הָוֵי עֲלַהּ מַה יְהֵא עָלֶיהָ[42]
What happened to it? (to the question that was posed)
Is it? Is this? **מִי הָוֵי** כְּלוּם יִהְיֶה?
הוי (נזיר לד א, גט' ז א, סנ' כח ב) בכולם מ': הוו
Be *(imp.)* **הֱוֵי** (בר' סג א, נדר' נ א, ב"מ קד א) הֱיֵה
She was, it was *(f.)* **הֲוְיָא** הָיְתָה
It was, she was, would be **הָוְיָא** הוֹיָה, הִנֶּהָ
(She, it) is not, will not be **לָא הָוְיָא** אֵינָהּ, לֹא תִהְיֶה
הָוְיָן הָיוּ (נ), הוֹוֹת, יִהְיוּ, (בסוף משפט:) הֵן
They were, are, will be, they *(f.)*
I was, we were **הֲוֵינָא** הָיִיתִי, הָיִינוּ
I shall be **הֶוֵינָא** (כתו' עז ב 3 ועוד) אֶהְיֶה
We were **הֲוֵינַן** הָיִינוּ
וְהָוֵינַן בַּהּ וְהִקְשֵׁינוּ בָהּ
And we asked, questioned (the statement)
Cf. **הוית**[43] (תע' ט א) ר' הוה
הֲוֵית (בר' יא א, שבת סז א, נדר' כא ב[44], ב"ב קסח א[45], סנ' קב ב[46])
You *(s.)* were הָיִיתָ
You *(s.)* were **הֱוֵית** (בר' נו א ועוד) תִּהְיֶה

35) רש"י בשבת: הוא הסמוך לבית הכוסות סגלגל כמין כדור, ובתוכו קליפות קליפות הרבה כגלגל של רחיים... ודופנו דק מאד.
36) אה"ת: אודעתינהו. עי': הודענא.
37) מה פתרון הבעיא, שעמדה לפנינו, והמשא ומתן כמעט שהשכיחה.
38) למשל בר' סב ב: מידי דהוה אמנעל = בדומה למנעל.
39) וכך בכל הפעלים:
אר': הוה + בינוני + כינוי.
עב': הוה + כינוי + בינוני.
40) במקומות הרבה נשתבש בדפוס ל"הוה" ו"הוי".
41) למשל: נהי דחמץ גמור לא הוי נוקשה מיהא הוי (מנ' נד רע"א) = יהי (כן) שאיננו חמץ גמור, מכל מקום נוקשה הוא.
42) = מה יהא פתרון הבעיא, שעמדה לפנינו, והמו"מ כמעט שהשכיחה אותה.
43) מ' ב: אי הוה מטינא... לא הוה צריכנא לך. ד': אי הות מטי... לא הות צריכנא לך.
44) מ', ד': הוה.
45) מ' ה', ד': הות.
46) מ': הוית נקיטת, אה"ת: הוית נקטת, ד': הות נקיטנא.

הֲוֵית (עירו׳ נג ב[47] בעגה, קידו׳ יב רע״ב[48]) הָיְתָה — She had

הָוֵיתוּ (בר׳ מח א) תִּהְיוּ — You will be

הֲוֵיתִי (סוכה מד ב — בסיפור א״י) הָיִיתִי — I was

הוּלא, הוּליא[49] (פס׳ קיב ב) מלות זרוז של מושכי ספינה — Boat pullers' cry

הוּצָא חוּץ[50] — Palm branch leaves

הוּצָא דְּיַרְקָא (שבת קמ רע״ב) חוּץ יָרוֹק — Green leaves

הוּצָא וְדַפְנָא (סוכה כג א ועוד) חוּץ וְדַפְנָה[51]

Hedges made out of interlaced laurel and palm leaves

הוּצֵי חוּצִים (=עלים שבכפות התמרים)

Palm branches leaves

דְּהוּצֵי (יומא עח ב) (סנדלים עשויים מ)חוּצִים

(Sandals) made of palm leaves

הוּרְדֵי (ב״ב ג ב[52], ו א, ז א[52]) רָהִיטִים[53] — Slanting beams

הוּרְמִיז (סנ׳ לט א) אֱלוֹהֵי הַטּוֹב (לפי אמונת הפרסים)

The G-d of good (in the Persian religion)

הֲוַת הָיְתָה — (She, it) was

הוּת (ב״ק פט א [54], סנ׳ קב ב[52]) ר׳ הוה — Cf.

הֲוֵת טְרִידָא (סנ׳ קח סע״ב) הָיִיתָ טָרוּד

You were occupied

הֶיזֵּיקָא הֶזֵּק — Damage

הֶ[י]זֵּיקָךְ (כתו׳ מא ב — מ׳) הֶזֵּקְךָ

Your *(s.)* damage (the object that causes damage)

הַזְמָנָא (קידו׳ ע א) הַזְמָנָה (לדין)

Summons (to appear in court)

הַזְמָנוּתָא (קידו׳ ע ב 2) הַזְמָנָה (לדין)

Summons (to appear in court)

הֵי (מג׳ כח ב) הוֹי (ור׳ יחזקאל ב י) — Alas

הֵי אֵיזֶה, אֵיזוֹ — Which one (*m.*) (*f.*)?

הֵי מִינַּיְיהוּ אֵיזֶה מֵהֶם ?[56], מִי מֵהֶם ?

Which two, which of them?

הֵי מִינַּיְיכוּ (ב״ב נח א) מִי מִכֶּם ? — Which one of you? *(p.)*

הֵי נִיהוּ (חול׳ מג ב ועוד) אֵיזֶהוּ ? — Which is it?

הֵי נִינְהוּ (ר״ה לב א ועוד[57]) אֵלּוּ הֵם ? — Which are they?

הֵי רַבִּי (שבת ד ב) אֵיזוֹ (הלכה של) רַבִּי ?

From what *Mishnah* or *Beraissa* of Rebbi?

הֵי ר׳ יְהוּדָה (חול׳ יד רע״א ועוד) מֵאֵיזוֹ (מִשְׁנָה שֶׁל) ר׳ יְהוּדָה ?[58]

From what *Mishnah* or *Beraissa* of Reb Yehudah?

הֵי תֵּיתֵי (קידו׳ ה א ועוד) אֵיזוֹ תָּבוֹא ?[59]

Which one should be deduced?

מֵהֵי תֵּיתֵי (יב׳ ה ב ועוד) מֵאֵיזוֹ תָּבוֹא ?

From which (Biblical) verse(s) should it be deduced?

הַהִיא הַהִיא, אוֹתָהּ — That one (*f.*)

וְלָא הִיא אֵין הַדָּבָר כַּךְ — But this is not so

הַהִיא אִיתְּתָא אוֹתָהּ אִשָּׁה[60] — That woman

הִיאַךְ ר׳ האיך[61] — Cf.

הִיאַךְ (ה״ב כא רע״ב) מ׳ ה׳ ע׳ אה״ת: היכי

הִיגָא (בכו׳ יז סע״א) מ׳: היזמי והיגי

הִיגֵי (סוכה יג א ועוד) הֲגִין (עירו׳ לד ב)[62]

A kind of thorn bush

הֵידָא[63] **מִבַּעְיָא לֵיהּ** (כרי׳ טז סע״א) אֵיזוֹ נִשְׁאֶלֶת לוֹ

Which question was asked of him?

הֵידֵין[64] (נדר׳ כו ב, כרי׳ ג סע״ב) אֵיזֶה — Which one?

הִיזְמֵי וְהִיגֵי הִזְמִים וְהִיגִים[65]

Species of thorn bushes

הִיטָנֵי (יומא עח ב) קָנִים (רש״י: שעם)

Reeds *(Rashi:* cork oaks)

הַיָּיא מְהֵרָה — Fast, rapidly

(47) ד׳ ווילנא, ד״ו: דהות, מ׳: הוה.

(48) מ׳ וד״ו: הויא.

(49) מ׳ מ״ב א״פ וע״י לי׳.

(50) = עלים של כפות תמרים.

(51) פי׳ עושים לחיים של גדר מן הדפנא ומגדלים (= וקולעים) אותה מהיצי הדקל (ע״פ הערוך בע׳ דפנא).

(52) ד׳: הידרי.

(53) = קנים שמסדרים על קורות התקרה (שה״ש א יז: קורות בתינו ארזים רהיטנו ברותים).

(54) מ׳: הוית, ה׳: הוה.

(55) מ׳: הוית, הוה נקיטת; אה״ת: הוית, הות נקטת.

(56) מאלו שתי הלכות נוכל ללמוד את השלישית.

(57) יב׳ מב ב (4) ובכו׳ ח ב — ד׳: הי ניהו, מ׳ ורש״י; הי נינהו.

(58) רש״י: מאיזו משנה של ר׳ יהודה שמע רבה.

(59) איזו משלוש ההלכות נוכל ללמדה מן השתים האחרות?

(60) בפתיחת מעשה = מעשה באשה. ונמצא גם ״ההיא״ בלבד.

(61) בכמה מקומות נדפס ״היאך״ ת׳ האיך.

(62) מין שיח קוצני.

(63) שמ״ק (אות י״ח), מ׳: היכא, ד׳: היכי מיבעי.

(64) כך מנוקד בשמ״ק בכרי׳.

(65) מיני שיחים קוצניים, ע׳: סנה וקוצים, רש״י: קוצים וברקנים.

אַהֵיָּא (בר׳ יח א ועוד) עַל אֵיזוֹ ?[66]
Concerning what, on which? (To what part of the sentence or *Beraissa* does this detail or comment (or dissenting opinion) refer?)

הַיְידָן[67] (מנ׳ קט רע״א 2) אֵיזֶה — Which one?

הַיְינוּ (האי ניהו) זֶהוּ — This one

הַיְינוּ (שבת עג סע״ב ועוד) כמו הַי נִיהוּ (רש״י) אֵיזֶהוּ[68] — Which one?

היינו בור היינו דות (ב״ב סד א 2) ה׳ הב״ח (וכן הגיה ברשב״ם): הינו, הינו

הַיְינוּ הַךְ זֶהוּ זֶה — This is the same as that

הֵיכָא הֵיכָן ? — Where, in what case?

הֵיכָא ד— בְּמָקוֹם שֶׁ—, בִּזְמַן שֶׁ—
In a case where, in a place where, at a time when

כָּל הֵיכָא ד— כָּל מָקוֹם שֶׁ— — In all cases when

אַהֵיכָא ד— (ערכ׳ טז א) עַל הַמָּקוֹם שֶׁ—
On the place where it is (located)

אַהֵיכָא קָאֵי (קידו׳ לז א, זב׳ קיא ב) עַל מַה מוּסַבִּים דְּבָרָיו ?[69]
Concerning what was his statement made, what is he referring to?

דְּהֵיכָא שֶׁל אֵיזֶה מָקוֹם ? — Of what place?

דְּהֵיכָא ד— שֶׁבִּמְקוֹם שֶׁ—
That in a case that, that in a place where

לְהֵיכָא לְאָן — Where to?

לְהֵיכָא ד— לְמָקוֹם שֶׁ— — To a place where

מֵהֵיכָא מֵאַיִן — From where?

מֵהֵיכָא ד— מִמָּקוֹם שֶׁ— — From the place that

הֵיכִי[70] אֵיךְ — How?

כִּי הֵיכִי ד— כְּדֵי, כְּשֵׁם שֶׁ—
In order to, just as, in the same manner

כִּי הֵיכִי ד— (בשיעורים) כְּמוֹ שֶׁ—
Just as, in the same manner

כָּל הֵיכִי (גט׳ עח ב, חול׳ לח א) כָּל כַּךְ
So much?, to that extent?

כָּל הֵיכִי ד—[71] בְּכָל אֹפֶן שֶׁ— — In any manner (that)

הֵיכִי דָמֵי כֵּיצַד — What was the case? how?

הֶיכֵּירָא הֶכֵּר — Distinguishing feature

הֶיכֵּרֵי (זב׳ כא סע״ב) הֶכֵּרִים — Distinguishing features

הֵיכָלָא הַהֵיכָל — The (Temple) sanctuary

הֵיכָלֵיה (יומא סט ב) הֵיכָלוֹ
His (the Omnipotent's) sanctuary

הילוק (פס׳ קיב ב — כ״י ל״) בין מלות הזירוז של מושכי הספינה
Boat pullers' cry

הֵימוֹנֵי (ל)הַאֲמִין — To believe

לְהֵימוֹנֵיה (ב״ב קלד ב) לְהַאֲמִינוֹ — To believe him

הֵימְנַהּ (אמן) (קידו׳ סג ב, סנ׳ לא א) הֶאֱמִינָהּ
He believed her

הֵימְנוּהּ(וּ)[72] (כתו׳ כב ב, כח א) הֶאֱמִינוּהוּ
They believed him

הֵימְנוּהָ[73] (קידו׳ סה א) הֶאֱמִינוּהָ — (They) believed her

הימנוה (ע״ז יז ב) כי״י: הימוני

הֵימָנוּתָא אֱמוּנָה — (Religious) faith

הֵימָנוּתֵיהּ אֱמוּנָתוֹ — His faithfulness

הֵימָנוּתַיְיהוּ אֱמוּנָתָם — Their faithfulness

הֵימְנֵיהּ הֶאֱמִינוֹ — He believed him

הֵימְנִינְהוּ[74] (פס׳ ד ב) הֶאֱמִינָם — They believed them

הימנק (סוכה לב א) ר׳ המנק — Cf.

הֵימַנְתֵּיהּ[75] (ב״מ ג א) הֶאֱמַנְתּוֹ — (You) believed him

הֵינוּ בּוֹר הֵינוּ דוּת[76] (ב״ב סד א 2) אֵיזֶהוּ בּוֹר וְאֵיזֶהוּ דוּת (רשב״ם)
Which is a pit and which is a cistern?

הֵיקֵישָׁא הֶקֵּשׁ — An analogy

---

66) פרט זה או הערה זו (או דברי החולק) לאיזה חלק מן המשי׳ או הברי׳ קשור הוא.

67) ד״ו רפט: הי דין, שמ״ק ורש״י: הי, מ׳: אי הא, ר׳ ק׳: אי הוה.

68) היינו צדיק היינו עובד אלקים (תגי׳ ט ב) — רש״י: מי הוא צדיק ומי הוא עובד אלקים הלא אחד הוא.

69) לפענ״ד גם בראש ברכות ובראש תענית: תנא היכא קאי = תנא אהיכא קאי, ונבלעה האל״ף ב״תנא״.

70) היכי שוו (תע׳ כב רע״א) לי׳ כל כי״י.

71) בכו׳ יז ב: ובכל היכי דמצית למיעבד, ר״ג: עביד כי היכי דיכלת, מ׳: עביד כדכתי׳.

72) מ׳, תע׳ כג א 2 — מ׳: הימניה, פס׳ ד׳ ב׳ — מ׳: הימנינהו.

73) ד״ו: הימנו, מ׳: הימני׳.

74) מ׳, ד׳: הימנוהו.

75) כי״י, ד׳: האמנתיה.

76) פ׳, וכן הגיה הב״ח בגמרא וברשב״ם. מ׳ ד׳: היינו, והיינו.

הֵיתַיִת (נדה סט ב — מדני׳ ו יח) הוּבְאָה — It (*f.*) was brought

הַךְ הַלֵּזוּ, אוֹתָהּ, הַהִיא, הַלָּז, אוֹתוֹ, הַהוּא
That one, her, that one (*f.*), him

הַךְ אִיתְּתָא אוֹתָהּ הָאִשָּׁה — That woman

הַךְ גַּבְרָא (פס׳ ב ב) אוֹתוֹ הָאִישׁ — That man

הַךְ ד— זוֹ שֶׁ— — That one that

הַךְ לִישָּׁנָא אוֹתוֹ לָשׁוֹן — This expression

הַךְ תַּנָּא אוֹתוֹ תַּנָּא — This *Tanna*

הָכָא כָּאן — Here

דְּהָכָא שֶׁבְּכָאן, שֶׁל כָּאן — That here, of here

הָכָא בְּמַאי עָסְקִינַן כָּאן בַּמֶּה אָנוּ עֲסוּקִים
What we are concerned here with

הָכָא נַמֵּי אַף כָּאן — Also in this (our) case

הָכָא תַרְגִּימוּ[77] כָּאן (=בבבל) פֵּרְשׁוּ
This is the way it was explained here (in Babylonia)

כְּתִיב הָכָא... וּכְתִיב הָתָם...
נֶאֱמַר כָּאן... וְנֶאֱמַר לְהַלָּן
It is written here .... and it is written there

מַה הָתָם... אַף הָכָא... מַה לְהַלָּן... אַף כָּאן
Just as it was there ... so it is here

הָכִי כָּךְ — Here, so, thus, in this manner

הָכִי קָאָמַר כָּךְ הוּא אוֹמֵר[78] — What he said is this

כָּל הָכִי (ר״ה כד א, סנ׳ קז א, שבו׳ לח א) כָּל כָּךְ
That much? In such a manner?

מִשּׁוּם הָכִי מִשּׁוּם כָּךְ — Because of this

אַדְּהָכִי עַד כֹּה, בֵּינְתַיִם — Meanwhile

אַהָכִי (פס׳ יט א) עַל כָּךְ — For this

אַהָכִי (בנדר׳ וחברותיה[79]) מִשּׁוּם כָּךְ — For this reason

הָכִי הַשְׁתָּא כָּךְ עַכְשָׁיו[80]
Now, is this so? (is the analogy correct?)

הָכִי נַמֵּי אַף כָּךְ [הוּא] — Indeed so

הָכִי נַמֵּי ד— אַף כָּךְ הוּא שֶׁ—? — Is this also (the case)?

הָכִי נַמֵּי מִסְתַּבְּרָא אַף כָּךְ מִסְתַּבֶּרֶת
It also stands to reason (that his is so)

אִין הָכִי נַמֵּי הֵן, כָּךְ הוּא — Indeed, this is so

וְכִי תֵּימָא הָכִי נַמֵּי וְאִם תֹּאמַר כָּךְ הוּא
And should you say that this is indeed so

הָכִי קָתָנֵי כָּךְ הוּא שׁוֹנֶה (=זו כוונת התנא)
This is what he (actually) said

הָכֵין (נדר׳ נא א) כֵּן — Yes

הכרא (פס׳ קיב ב) מ׳ מ׳ ב וע׳: הברא

הֶכְשֵׁירָא הֶכְשֵׁר — Fitness

הֲלָא (סנ׳ צה א 2 — מתר׳) הֲלֹא — Is this indeed?

הִלּוּכָא הִלּוּךְ — A walk

הַלּוֹכֵי (יומא סח ב ועוד) (ל)הַלֵּךְ — To walk

הִלּוּלָא מִשְׁתֶּה[81], חֻפָּה — A (wedding) feast

הִלּוּלֵי (מ״ק כח א, גט׳ נז א) חֻפּוֹת — Weddings

הִילּוּלֵי וְחִינְגֵּי (גט׳ נז א) חֻפּוֹת וּמְחוֹלוֹת
Weddings and dances

הִילּוּלֵיהּ חֻפָּתוֹ — His marriage (day)

הַלֵּילָא הַהַלֵּל (תהלים קיג — קיח)
The *Hallel* prayer (Psalms 113-118)

הַלֵּילָא מִצְרָאָה (בר׳ נו א) הַלֵּל הַמִּצְרִי (תהלים קיג — קיח)
The (Egyptian) *Hallel* - recited during the Pessach Seder (Psalms 113-118)

הָלֵין (בנדר׳ וחברותיה[82]) אֵלֶּה — These

---

77) אחריו: במערבא אמרי (תעי׳ י ב, נדרי׳ לח ב, גטי׳ סח א, סני׳ קג ב, זבי׳ צ ב), במערבא אמרי ואיתימא ר׳ יצחק (יבמות עז א), שמעון בן אבטולמוס (ב״ב סח א), ר׳ יוחנן (ב״ב עד ב), ריש לקיש (ר״ה יח א), עולא (ב״ב סט א), ר׳ ירמיי (ב״מ כ א), ר׳ ירמיי בר אבא (ב״ב קסח א), ר׳ יעקב (ב״ק נב א), זעירי א״ר כהנא (ב״מ ס ב), ר׳ אבא (סוטה כב א, ב״מ עח ב, ד׳: רבא!), ר׳ זירא (ר״ה ל ב), ר׳ חמא בר אושעיא (סני׳ כה א).
לברור: 1) פסי׳ מב ב פ״א, ואחריו אין הקבלה, ובמי׳ ב׳ לי׳ ״הכא תרגימו״. 2) שם פ״ב — אחריו: רב שימי מחוזנאה. 3) ב״ב סא א — אחריו: רב יוסף. 4) מני׳ מג א, ואחריו רב יהודה (ואולי באשגרה מן הסמוך: רב יהודה הוה...).
לפי סדרם בתלמוד: פסי׳ מב ב 2(!), ר״ה יח א, ל ב, תעי׳ י ב, יבי׳ עז א, נדרי׳ לח ב, סוטה כב א, גטי׳ סח א, ב״ק נב א, ב״מ כ א, ס ב, עח ב, ב״ב סא א, סח א, סט א, עד ב, קסח א, סני׳ כה א, קג ב, זבי׳ צ ב, מני׳ מג א.

78) = כך פירוש הדבר, ולפעמים — פתיחה להגהה.

79) פעם א׳ בהוריות י׳ א׳, אבל במי׳ לי׳ כל הלשון (ועי׳ רש״י, ועי׳ ד״ס).

80) כלום שוים שני הדברים, שאתה משוה אותם!

81) ע״פ רוב של חתונה. השוה ״ובתולותיו לא הוללו״ (תה׳ עח סג) כפי׳ רש״י וראב״ע.

82) ב״מ צ׳ סע״א — בלשון בני א״י. ב״ב קמט סע״א — מ׳

הִלְכָּךְ[83] הוֹאִיל וְכַךְ[84]
This being so, therefore, accordingly

הִלְכְתָא[85] הֲלָכָה
The religious law (in contrast to *Aggadah*)

הִלְכְתָא הֲלָכוֹת
The religious laws

הִלְכְתָא גִּיבָּרְתָא (סוכה לח רע״ב) הֲלָכוֹת גְּדוֹלוֹת
Religious laws of major importance

הִלְכְתָא גִּבְרָ(וו)תָא[86] (בר׳ לא סע״א) הֲלָכוֹת גְּדוֹלוֹת
Religious laws of major importance

הִלְכְתָא לִמְשִׁיחָא (סנ׳ נא ב, זב׳ מה א) הֲלָכָה לְ(יְמוֹת) הַמָּשִׁיחַ
A religious law that will be applicable only when the Messiah will come (not applicable at present)

הִלְכְתָא פְּסִיקָתָא (ב״ק קב א, ע״ז ז א) הֲלָכוֹת פְּסוּקוֹת
Definitely decided religious laws

הִלְכְתָא רַבָּתִי (שבת יב א) הֲלָכָה גְּדוֹלָה
A religious law of major importance

לְמַאי הִלְכְתָא לְמַה הַהֲלָכָה (כלומר: לאיזה ענין נאמרה ההלכה)
To what does this law apply?

הִלְכָתֵיהּ (כתו׳ פד א, ערכ׳ ה ב) הִלְכָתוֹ
The law promulgated by him

הילני (פס׳ קיב ב) בין מלות הזירוז של מושכי הספינה
Boat pullers' cry

הִמְיָינָא (שבת נט ב, ב״ק קיט ב[87]) אַבְנֵט
Sash, (belt worn about the waist as an emblem of honorary order)

הִמְיָינַאי (מג׳ כז ב, זב׳ יט א) אַבְנֵטִי
My sash

הִמְיָינֵי (שבת נט ב, ב״ק קיט ב) אַבְנֵטִים
Sashes

הִמְיָינֵיהּ אַבְנֵטוֹ
His sash

הַמְלָטָה[88] (ב״ב ו א) מַלְבֵּן[89]
Casing for beams in wall openings

הַמְלָתָא (בר׳ לו סע״ב, יומא פא ב[90]) זַנְגְּבִיל
Porridge made of ginger

הַמְנֵק (סוכה לב א[91], ב״מ כה ב[92]) מַזְלֵג
Fork

הן הן (פס׳ קיב ב) קריאת גערה לשור
Hey, hey (an urging call for an ox)

הֲנָאָתַיְיהוּ (קידו׳ ח א) הֲנָאָתָם
Their benefit

הינגי (ע״ז מז ב) מ׳ וע׳: היגי

הִינְדָּא (בכו׳ לז ב) כַּרְשִׁינִין
Legume-kind plant

הִינְדְּבֵי (פס׳ לט רע״א) עוּלְשִׁין
Endives

הִינְדְּוּאָה (ע״ז טז א) הֹדִי
Indian (*Rashi:* Cushite)

מִבֵּי הִנְדְּוּאֵי (בר׳ לו סע״ב, יומא פא ב) מִבֵּין הַהֹדִים
From among the Indians (Rashi: Cushites)

הַנְדָּזָא[93] (גט׳ ס ב) מִדָּה שָׁוָה
An arbitrary quantity

נַהֲמָא דְהַנְדְקָא (בר׳ לז ב) לֶחֶם שֶׁל הֹדּוּ
Indian bread, bread that is baked on a spit while continuously smearing it with oil with an oil-egg mixture

הַנְדְּקוֹקֵי (עירו׳ כח א) גֻּדְגְּדָנִיּוֹת
Cherries

הַנְהוּ הָהֵם, אוֹתָם
Those, them

הָנוּ... וְהָנוּ...[94] (קידו׳ לב רע״ב) אֵלוּ... וְאֵלוּ
These ... and those

הָנֵי אֵלוּ
These

הָנֵי מִילֵּי דְּבָרִים אֵלוּ, בַּמֶּה דְבָרִים אֲמוּרִים
These words apply in the case

מְנָא הָנֵי מִילֵּי מִנַּיִן דְּבָרִים אֵלוּ
Where do we know this from?

ה׳ ר׳: דהני. עירו׳ קב א — מ׳ לי׳.

83) הגאונים כותבים: הולכך, וכך הכתיב בכמה כ״י של התלמוד.

84) רש״י (חולי סה א): הואיל ואמירנן כך.

85) קידו׳ לח ב: הלכתא מדינה — ד״ו: הילכת, מ׳: הלכת. חגי׳ ג ב: הלכתא למשה מסיני — מ׳ מ׳ ב וע״י: הלכה למשה מסיני.

86) מ׳ פ׳ ה״ג סרע״ג פסקי רי״ד, אה״ת: גיברוותא.

87) רש״י ד״ו, ה׳: בהמינא (ה — על גרד ע״ע, א זעירא על גרד ע״א), מ׳: בהמיי, ד״ו: במיוני.

88) ע׳ ורד״ק: ד׳: הימלטי, מ׳: חמולטי.

89) מלבן בחור הכותל להניח בו ראש הקורה.

90) מ׳ ומ״ב: חמלתא, ד׳: הימלתא.

91) ע׳, מ׳: הימניק, ד׳: הימנק.

92) ע׳ ר״ח ר׳ אב, מ׳: הימנק, ד׳: המניק.

93) מלשון פרסית.

94) הנו רבנן רבנן, והנו רבנן לאו רבנן. מ׳ לי׳ ״הנו״ ״והנו״. ובעלי המלונים לא הביאון.

לָא הָנֵי וְלָא מֵהָנֵי[95] (בר׳ סב סע״א) לֹא אֵלּוּ וְלֹא מֵאֵלּוּ
Neither these, nor from those, neither all of them or part of them (Rashi)

Benefit **הֲנָיְיתָא** (נדר׳ פט ב) הֲנָאָה

Her benefit **הֲנָיְיתַהּ** הֲנָאָתָהּ

His benefit **הֲנָיְיתֵיהּ** (תע׳ כג ב) הֲנָאָתוֹ

Those, them **הָנָךְ** הָהֵם, אוֹתָם

Those people **הָנָךְ אֱינָשֵׁי** אוֹתָם הָאֲנָשִׁים, הָאֲנָשִׁים הָהֵם

הַנְפָּק[96] אִשְׁרוּר[97]
Authentication (of a legal document) by a court

An eulogy **הֶסְפֵּידָא** הֶסְפֵּד

הֲפוֹכוּ (ב״מ עג א 2) הִפְכוּ
Turn (something) over (so that you will not be standing idle, but doing something) *(p., imp.)*

To turn over **לְהַפּוֹכֵי** (מעי׳ י א) לְהַפֵּךְ

לְהַפּוֹכֵי מַטַּרְתָּא (כתו׳ קו א) לְהַחֲלִיף שַׂקִּים[98] (שעל גבי בהמה)
Lit. to switch bags of equal weight from one side of the donkey to another - expressing the futility of replacing one item by another that is identical to it

הַפּוֹכֵי בְּעִיסְקָא (יב׳ סג א) (ל)הַפֵּךְ בְּעֵסֶק[99]
(To) be involved in an act of commerce

הֲפֵיךְ (קידו׳ נט א — גם מ׳) הָפַךְ
He was negotiating (the purchase)

He turned it over **הַפֵּיךְ** (עירו׳ צט א) הִפֵּךְ

Handle them *(p. imp.)* **הַפִּיכוּ** (פס׳ מ א) הַפְכוּ

I switch **הָפֵיכְנָא** (שבת קיב א) אֲנִי הוֹפֵךְ

He turned it over **הַפְכֵיהּ** (ר״ה כז ב, מנ׳ יא א) הֲפָכוֹ

Material loss **הֶפְסֵידָא**[1] (ב״ק קטו ב) הֶפְסֵד

הֶפְקֵירָא הֶפְקֵר
Abandonment, decadence, debauchery

הַפַּרְכֵי[2] (ע״ז ח ב) הַפַּרְכִים, שִׁלְטוֹנוֹת
A provincial governor

He appointed **הֲקִים** (מג׳ יא ב — מדני׳) הֶעֱמִיד

Perimeter **הֶקֵּיפָא** (ב״ק כ ב) הֶקֵּף

To set him up **לַהֲקָמוּתֵהּ** (פס׳ קיג ב — מדני׳) לְהַעֲמִידוֹ

הַרְדֵי[3] (ב״ב ג ב) מְשֻׁפִּים (פ״א: עֲרוּכִים)
Trimmed, ready *(p.)*

הַרְהוּר[4] (סנ׳ לז א) הִרְהֲרוּ
They have reflected (upon this matter)

הִרְהוּרָא (סוטה ח א, סנ׳ מה א) הִרְהוּר
A reflection, a thought

לְהַרְהוֹרֵי (שבת מא א, נדה יג א) לְהַרְהֵר
To reflect, to think

כֵּיוָן דְהִרְהֵר[5] **בְּדַעְתֵּיהּ לְמֵיהְדַר** (סנ׳ צה רע״ב) כֵּיוָן שֶׁהִרְהֵר בְּלִבּוֹ לַחֲזֹר
Since he thought about returning

הירהרו (סנ׳ לז א) מ׳: הרהור

Convenience, comfort, gain, ease **הַרְוָוחָה**[6] הַרְוָחָה

לְהַרְוִיחָא[7] (מ״ק יד א כ״פ) לְהַרְוָחָה[8]
In order to gain (more)

הרוני (שבת לה ב) ע׳: ארוני

He imprisoned him **הַרְזְקֵיהּ**[9] (ב״ק פה ב) כְּלָאוֹ

הַרְחָקָה[10] (פס׳ ב ב, ע״ז לא ב) הַרְחָקָה
To separate (by distance)

הרי (נדה נד רע״א) מ׳ ותוס׳: הני

בַּהֲרִיקַאי[11] (כתו׳ סא א, קה א) בִּמְקוֹמִי, תַּחְתַּי
In my place, instead of me

95) בתוך מלוח לחש, ופירש רש״י: לא כולן ולא מקצתן.
96) משי ״ינפק״ על יסוד לשון האשור: ״שטרא דנן נפק לקדמנא וכו״ (ערוך)
97) = אשור חתימת העדים בידי הדיינים.
98) ר׳ מטרתא.
99) = לעסוק במסחר.
1) פי ר׳: הפסד, תוס׳: פסידא.
2) מלשון יונית.
3) ד׳: הדרי.
4) מ׳, ד׳: הרהרו.
5) פ׳ ואה״ת, מ׳ דהירהר, ד׳: שהרהר.
6) תמיד בתוך משפט ארמי. ור׳ הרחקה.
7) מ׳ בכולם: להרווחה.
8) ר״ח: פי׳ להתעשר.
9) ה׳ ר׳ ע׳ ור״ח, ד׳: הדקיה, ד״ש: חדקיה.
10) בשני המקומות — במשפט ארמי, ור׳ הרווחה.
11) לדעת קוהוט (ע׳ בהר): הב״ית שרשית.

בַּהֲרִיקֵיהּ (יומא עז א) בִּמְקוֹמוֹ, תַּחְתָּיו
In his place, instead of him

בַּהֲרִיקִין (ערכ׳ כז ב 2) בִּמְקוֹמֵנוּ, תַּחְתֵּינוּ
In our place, instead of us

הַרְמָנָא[12] **דְמַלְכָּא** מִצְוַת הַמֶּלֶךְ — Royal edict

הַרְמָנָא[13] **דְרַחֲמָנָא** (תמו׳ ד סע״ב) מִצְוַת ה׳
Heavenly edict

הרמנא (עירו׳ נט א) ע׳: קהרמנא

הרמניא (ב״ב מו ב) ע׳ ורמ״ה: קהרמנא

הַרְנוּגָא (חול׳ סב ב) הַרְנוּג[14]
Species of non-kosher bird

הַרְנוּגָא[15] (שבת קי ב) מין צמח קוצני
Species of a thorny plant

הַרְסָנָא הַרְסָן (מין דגים קטנים)
Species of small fish

כָּסָא דְהַרְסָנָא כּוֹס שֶׁל הַרְסָן[16] — A Dish of small fish rolled in flour and vinegar and fried in oil

עציצא דהרסנא (ב״ב קמד ב) כי״י וע׳: אציצא

הַרְפַּתְקֵי[17] (ר״ה טז א, קידו׳ לג א) מִקְרִים, מְאֹרָעוֹת
Events, happenings, occurrences

הַשְׁלְמַהּ (סנ׳ כב א — מדני׳ ה כו) מְסָרָהּ
Brought it to an end, terminated it

הָשְׁתָּא (=הא שעתא)[18] עַכְשָׁיו — Now, this year

כִּי הָשְׁתָּא כְּמוֹ עַכְשָׁיו — Like now

הָשְׁתָּא... מִיבַּעְיָא/לָא כָּל־שֶׁכֵּן עַכְשָׁיו... צָרִיךְ לוֹמַר/לֹא כָּל־שֶׁכֵּן[19] (נוסח של קו וחומר)
Now that (a more complicated case has been decided) there is no question (about a similar, less complicated, case)

הָשְׁתָּא דְאָתֵית לְהָכִי עַכְשָׁיו שֶׁאַתָּה בָּא לְכָךְ[20]
Now that you have arrived (at this conclusion)

הִשְׁתְּכַחַת (סנ׳ כב א — מדני׳) נִמְצֵאתָ — It was found

הָתָם (=הא תם) שָׁם — There

כִּי הָתָם כְּמוֹ לְהַלָּן — Like elsewhere

לְהָתָם[21] לְשָׁם, שָׁמָּה — To there, there

תְּנַן הָתָם שָׁנִינוּ (שָׁם) לְהַלָּן
We have learned elsewhere

לְהִתְנַסְבָא (גט׳ פה ב — בנוסח הגט) לְהִנָּשֵׂא
To be married

לְהִתְעַנָּאָה (תע׳ יז ב ועוד ממג״ת) לְהִתְעַנּוֹת — To fast

התקינו (בר׳ כב רע״ב) מ׳ פ׳: תקינו

הֶיתֵּירָא הֶתֵּר — Permission

הִתְרוֹמַמְתְּ (ר״ה ד א = מג׳ יא ב — מדני׳ ה כג) הִתְגַּדַּלְתָּ
You have elevated yourself

הַתְרִיגוּ[22] (עירו׳ נג ב) הָאֲדִימוּ[23] — Cause *(p.. imp.)* (the coals) to flame up, and become red

(12) מלשון פרסית.
(13) נוסח הערוך. לפנינו (גם מ׳): אמימרא.
(14) מן העופות הטמאים.
(15) ד״י וע׳, א״פ: הרגונא, מ׳: הרגנא, ד״ח: חרנוגא.
(16) תבשיל של דגים קטנים בקמח וחומץ ומטוגנים בשומן.
(17) מלשון פרסית.
(18) השתא בפתיחת הגדה של פסח = הא שתא = שנה זו.
(19) למשל: השתא אחד רץ ואחד מהלך פטור, שניהם רצין מיבעיא (ב״ק לב א) = מעתה... צריך לומר!; השתא לפני מלך ב״ו אין עושין כן, לפני ממ״ה הקב״ה לא כל שכן (פסי׳ עה ב).
(20) כלומר: עכשיו שאתה מתרץ כך (או: שאתה מפרש כך), תרץ אף...
(21) עם הפעלים ״סלקי״ ו״שלחוי״ — הכוונה לא״י.
(22) מ׳ וא״פ וע׳, ד׳: אתריגו.
(23) ע׳: האדימו כאתרוג (הגחלים)

– ו –

וִידוּיָא (יומא פז ב) וִדּוּי
Confession

וַוי אוֹי
Woe!, alas (interjection)

וַטְיַב[1] (שבו' יח א) אֵבֶר הַזָּכָר
Membrum virile (Aruch), and well is it with him (Rashi)

בי וייאדן[2] (שבת צד א) ר' באזיאראן
Cf.

וְלָדָהּ וְלָדָהּ
Her little one

וּוסְתַּיְיהוּ (כתו' ב ב) וְסְתָּן
Their menstrual period

וַורְדָא (ע"ז סה א) וֶרֶד
Rose

וורדא[3] (ב"ב סט א) ר' בי ורדי
Cf.

וַרְדָא חִיוָּרָא (גט' סח ב) וֶרֶד לָבָן
White rose

וַרְדָא סוּמָקָא (ב"מ פד א) וֶרֶד אָדֹם
Red rose

בֵּי וַרְדֵי (ב"ב סט א, פד א) בֵּית וְרָדִים
Rose house

קוּבְּתָא בֵי וַורְדֵי (ב"ב צח ב) קֻבָּה בֵּין וְרָדִים
VIP reception hall, arbor, a rose-decorated tent or hut

וַורְדִינָא (שבת סז רע"א) סְנֶה
Thorn bush

וַורְדִינֵי (ב"ק פ א) סְנָאִים (ר' של סנה)
Thorn bushes

וַרְצוּצָא[4] (בכו' ח ב) אֶפְרוֹחַ
Young chicken

וַורְשְׁכָּא (קידו' יג א) מַרְגָּלִית (ר"ח), מִצְנֶפֶת (ר"ג), קְשׁוּרֵי מֶשִׁי (רש"י), חֲגוֹרָה (עה"ש)
Pearl (Rach), turban (Rabbeinu Gershom), silk band (Rashi), sash (Aruch Hashalem)

וַורְשְׁכֵי (קידו' יג א, ב"מ נא א) מַרְגָּלִיּוֹת, קְשׁוּרֵי מֶשִׁי (רש"י)
Pearls, silk bands

וָותִיקָא (פס' לט ב) דַּיְסָא (העשויה מקמח, שמן ומלח)
Porridge (made of flour, oil and salt)

1) ע' מ' וד': וטוביה, על גזרון המלה עי' עה"ש.
2) ד"י: וייארן, מ': זירין, א"פ: זייארין.
3) מ': בי ורד', פ' ור': בי וורדי, ה': בי ורדי.
4) הוי"ו מן השם (ר' י"נ אפשטיין, מחקרים בספי התל'... ח"א, עמ' 38).

– ז –

זָאזָא (שבת כ ב) עָנָף שֶׁל אִילָנוֹת[1], פ״א: טַפְסָן (?)[2]
Branch of a tree, a tree-climbing weed

זְבוּגֵי[3] (נדה נו א) צַבִּים — Turtles

זַבוּחַ (חול׳ ד ב) שָׁחֲטוּ — They slaughtered

זְבַ(ו)ח עוֹבַדְיָ׳ (שם — מ׳ ר׳ א) שָׁחַט עוֹבַדְיָ׳
Abadya slaughtered

זיבולא (בר׳ ח א) ע׳ ופ׳: זבילא

זְבוּן קָנוּ — They purchased

זְבוֹן (יב׳ סג א) קְנֵה — Purchase *(s.imp.)*

זְבוֹן וְזַבֵּין (ב״מ מ ב, ב״ב צ א — מ׳ ה׳, מנ׳ עז א — ק׳)
קְנֵה וּמְכֹר — Buy *(s.imp.)* and sell

זְבוֹנָא (פס׳ לב א — מ׳, ב״ק פט א — מ׳, ב״מ טו א — ה׳, נדה ח ב — מ׳ וד׳ 4) לָקוֹחַ (ש) — Customer

זַבּוֹנַהּ (מג׳ כו ב) (ל)מָכְרָהּ — To sell it *(f.)*

לְזַבּוֹנַהּ/נָא (ע״ז טו ב, ל ב) לְמָכְרָהּ — To sell it *(f.)*

זַבּוֹנֵי, לְזַבּוֹנֵי לִמְכֹּר — To sell

לְזַבּוֹנֵיהּ לְמָכְרוֹ — To sell it *(m.)*

לְזַבּוֹנִינְהוּ (פס׳ מ ב[4], חול׳ נג ב[5], ע״ז סה ב) לְמָכְרָם
To sell them

זִיבּוּרָא דְּבוֹרָה — Bee

זִיבּוּרֵי (סנ׳ קט ב) דְּבוֹרִים — Bees

זִיבּוּרְ(י)תָא (ע״ז יב — מ׳ ורש״י) דְּבוֹרָה (נ) — Female bee

זִיבּוּרְתָא (מג׳ יד ב) דְּבוֹרָה (נ) — Female bee

זַבְזְגֵי[6] (מ״ק כח ב) קִנִּים[7] — Brood

זִיבְחָא זֶבַח — Sacrifice

זְבִילָא (בר׳ ח א[8], תע׳ כא ב, ב״מ קג ב) מַשְׁפֶּלֶת[9] — Shovel

זְבִילֵי דְחוּמָּשֵׁי (מג׳ כו ב) נַרְתִּיקֵי הַחוּמָּשִׁים
Chumash covers

זָבֵין קוֹנֶה — He purchases

זְבֵין קְנֵה — Purchase *(m.s.imp.)*

זַבֵּין מָכַר, מְכֹר — He sold, sell *(m.s.imp.)*

זבין (פס׳ קיג א 2) פ״ב — כי״י: תזבין

זבין (ב״מ סז א, פג א, ב״ב ל ב) ה׳: זבון

זבין (ב״מ עג ב, ב״ב קלג ב) מ׳ ה׳: זבן

זבין (כתו׳ קג א — מ׳, גט׳ נח ב 2 — רש״י, ב״ק ח ב — מ׳, קיט א — מ׳ ה׳, ב״מ יד א — ה׳ ר״ח, עג ב — מ׳ ה׳, ב״ב קיב א 3 — מ׳ ה׳, קלג ב — מ׳ ר׳) ר׳ זבן — Cf.

זבין (פס׳ לא א) כי״י — נ״א

זבין (ב״ק ח ב — פ״ב) מ׳ ה׳ לי׳

זבין (ב״מ סט א) ה׳: אשתתף

זבין (כרי׳ כז א) מ׳ נשמט ע״י הדומות

זבין (ערכ׳ כד א) מ׳: מזבין

זְבַ(י)ן מִגּוֹי וְזַבֵּין לְגוֹי (ב״ק קיד א — מ׳ ה׳)
קָנָה מִגּוֹי וּמָכַר לְגוֹי
He bought from a non-Jew and sold to a non-Jew

זבין (ב״ב נה א) ר״ג ורמ״ה: זבינן

דזבין (כתו׳ צח ב) מ׳: דזבנה

ארמלתא דזבין (כתו׳ צז א, ק א) מ׳: דזבינא

זבינא מְכוּרָה — Sold *(f.)*

זבינא[10] (ב״ב ל ב 2) ר׳ זבינתה — Cf.

---

1) ע׳ (וממשיך: כגון אילני תמרים ופרושים ודורמסקנין משברין מראש ענפיהן כשהן יבשין ומציתין בהם את האויר ומתחממין בהן בימות הגשמים).
2) ע׳: וי״א שגדל סביב האילן כמו שערות.
3) ע׳: זבזגי, מ׳: זביני (=זביגי).
4) מ׳ ב ור״ח, ד׳: לזבינהו.
5) מ׳, ד׳: לזבנינהו.
6) בפתגם: אחנא תגרי אזבזגי מיבדקו (מ׳ נשמט פתגם זה).
7) ע׳: כלומר במקום סחורתם נבדקים הנאמנין הן אם לאו.
8) ע׳ ופ׳, ד׳: זיבולא.
9) = קופה להוצאת עפר וזבל.
10) פ״א: מ׳: זבנת׳, ה״ג: זבנתה, פ׳: זבנתא, ה׳: זבינתא;

זבינא[11] (עירו׳ פג א) ר׳ זביננא — Cf.

זַבֵּינָא[12] (כתו׳ צז א, ק א) מָכְרָה — She sold

זָבֵינָא (עירו׳ כט ב 2, פס׳ לב א, ב״ק פט א, ב״מ טו א, ע״ז כד רע״ב) לָקוֹחַ (ש) — Customer

זְבִינָא (נדר׳ לא א-ב) סְחוֹרָה, מִמְכָּר — Merchandise, sale

זְבִינָא[13] (ב״ב ל ב) מְכוּרָה — Sold (*f.*)

זַבִּינָ[א] (כתו׳ צז א — מ׳, ק א — מ׳) מָכְרָה — She sold

זבינא ברוב המקומות בכי״י: זביני[14]

זְבִינָא חֲרִיפָא (נדר׳ לא סע״א, רע״ב) מִקָּח מָכִיר (=קופצים עליו) — Merchandise in great demand

זְבִינַהּ (קיד׳ ד א, ב״ב נ א, קכה א-ב) מִמְכָּרָהּ — Her sale, her transaction

זבינהו (כתו׳ צא ב 2) מ׳: זבנינהו

זבינהו (ב״ב נה א) מ׳ ה׳: זביניהו

זְבִינוּ (פס׳ ל א) קְנוּ — Purchase (*p. imp.*)

זַבִּינוּ מִכְרוּ — Sell (*p. imp.*)

זַבִּינִי[15] מָכַרְתִּי — I sold

זביני[16] (פס׳ ל א) ר׳ זבינייכו — Cf.

זביני (ב״מ פג א) ה׳: זבנית (מ׳ לי׳)

זביני (כתו׳ צב א) מ׳: זבני

זביני (ע״ז לט א) כ״י ספ׳: וזבני׳ (=וזבנית)

זְבִינֵי מִקָּח, מִמְכָּר — Purchase, sale

זְבִינֵיהּ מִקָּחוֹ, מִמְכָּרוֹ — His purchase, his sale

זביניה (פס׳ לב א 2) מ׳: זבונא

זְבִינַיְהוּ[17] (ב״ב נה א) מִמְכָּרָם — Their sale, their transaction

זְבִינַיְיכוּ[18] (פס׳ ל א) מִמְכַּרְכֶם, סְחוֹרַתְכֶם — Your sale, your merchandise (*p.*)

זְבִינָךְ (פס׳ קיג א) מִמְכָּרְךָ, סְחוֹרָתְךָ — Your sale, your merchandise (*s.*)

זָבֵינְנָא אֲנִי קוֹנֶה, אֶקְנֶה — I am purchasing, I shall purchase

לָא הֲוָא זָבֵינְנָא (ב״מ עג ב) לֹא הָיִיתִי קוֹנֶה — I would have not purchased

זַבֵּינְתְּ (ב״ב פב א) מָכַרְתְּ — You sold

זבינתא[19] (ב״מ נא א 2) ר׳ זבינא — Cf.

זְבַ(י)נְתַּהּ[20] קְנִיתִיהָ — I have purchased it, acquired it

זְבַנְתַּהּ[21] (ב״ב ל ב) קָנִיתָ אוֹתָהּ — You have purchased it

זַבֵּינְתַּהּ (סוטה יג א, ב״מ יט ב — מ׳, ב״ב נ ב) מָכְרָה אוֹתוֹ — She sold it

זְבִינְתֵּיהּ (ב״מ נא א 4) מִמְכָּרוֹ, מִקָּחוֹ — His sale, his purchase

זבינתיה (ב״ב כט ב) מ׳ ה׳: זבנתה

זִבְלָא זֶבֶל — Manure, trash, garbage

זִיבְלֵיהּ (סוטה מב ב) זִבְלוֹ, צוֹאָתוֹ — His trash ,his excretion

זְבַן[22] קָנָה — He purchased

זבן (מעי׳ כא רע״ב) מ׳: זְבִין = קְנֵה — Purchase (*imp.*)

זְבַן... וְזַבֵּין (ב״ק קיד א) קָנָה... וּמָכַר — He bought ... and sold

דזבן (תמו׳ ח ב) מ׳: דְזַבֵּין = שֶׁמָּכַר — That he sold

זבנא (גט׳ נב א) כי״י: מזבנא

דזבנא (ב״מ נא א) מ׳: דזבנ׳, ה׳: דזבניה

דזבנא (ב״מ לח א) כי״י: מזבנא

זְבַנַהּ/נָא קְנָאָהּ — She purchased it

זְבֵנָהּ קְנֵה (קְנֵה אוֹתָהּ) — Purchase (her, it) (*imp.*)

זַבְנַהּ מְכָרָהּ — He sold it

זַבְנָא/ה מָכְרָה — She sold

זַבְנַהּ (ב״ב קסט ב) מְכֹר אוֹתָהּ — Sell (*imp.*) it

זַבְנָה[23] (גט׳ נב ב) מָכְרָה — She sold

זבנה[24] ליה (ב״ב מא א 2) ר׳ זבינא — Cf.

פ״ב: פי׳: זבנתא, ה׳: זבינתה, מ׳ לי׳.

11) ד״ש: זבנינא, מ׳: זבינה, ד״ו ורש״י: זביננא.

12) מ׳, ד׳: דזבין.

13) מ׳ ה׳ ורשב״ם, ד׳: זבני.

14) נדר׳ פו א — מ׳, קידו׳ ד׳ א׳ — מ׳, יב א — מ׳: זביניה, ב״ק קטו א — מ׳ ה׳.

15) סוטה יג א 2 — מ׳: זבין, ב״ב ז א — ה׳: זבני (מ׳: אמרי), ב״ב לח א — מ׳: זבני, מד ב — ה׳: זבין, מה א — ה׳: זבין.

16) כל כי״י ורש״י: זבינייכו, ר״ח: זבינו.

17) מ׳ ה׳, ד׳: זבינהו.

18) כל כי״י ורש״י, ר״ח: זבינו, ד׳: זביני.

19) פ״א — פי׳ ר׳ אב: זבינא; פ״ב — ה׳ פי׳: זבינא.

20) כך בכי״י כמעט בכל המקומות.

21) מ׳ ה׳, ד׳: זבינתה.

22) בכמה מקומות נשתבש בד׳: זבין.

23) [illegible] ד׳: מזבנא.

24) מ׳ ה״ג ורמ״ה: זבינא, ה׳: זבינה.

זבנו (חול׳ מד ב) ג׳ כי״י ר׳: מזבין	
זבנו (ב״ב כב א) מ׳ ה׳: זבינו	
זְבַנִי (ב״ב לג ב) קָנִיתִי	I purchased
זַבֵּנִי (חול׳ קלח רע״ב) מָכַרְתִּי	I sold
זבני (ב״ב ל ב) מ׳ ה׳ ורשב״ם: דזבינא לי	
זבני (ב״ק קג א) כל כי״י: מזבני	
זָבְנִי קוֹנִים	They purchase
זַבְנֵיהּ קְנָאוֹ	He purchased it
זַבְּנֵיהּ מְכָרוֹ	He sold it
זַבְּנֵיהּ (כתו׳ קי ב) מָכְרֵהוּ (=מכור אותו)	Sell *(m.s. imp.)* it *(m)*
זַבְנַ(י)הּ[25] (בר׳ ז ב) מְכָרָהּ	He sold it
זַבְנֵיהּ (מג׳ כו רע״ב) קֹנֶה אוֹתוֹ	Purchases *(imp.)* it
זבנינא (ב״מ עח ב 2) ר׳ זבינננא[26]	Cf.
זַבְּנִינְהוּ מְכָרָם	He sold them
זַבְנִינְהוּ (יב׳ עא א) קְנָאָם	He purchased them
זָבְנִינַן אָנוּ קוֹנִים, נִקְנֶה	We purchase, we shall purchase
זְבַ[נִי]נַן[27] (הור׳ י ב) קָנִינוּ	We purchased
זְבַנִית (ב״ב לג ב) קָנִיתִי	I purchased
זבנית (ב״מ נא א) כי״י וד״י: זבנת	
זָבְנִיתוּ (סוכה ל א) אַתֶּם קוֹנִים, תִּקְנוּ	You purchase, you will purchase
זִיבְנַן (ב״מ ס ב) קְנֵה אוֹתִי	Purchase me (for a slave)
זבנן (הור׳ י ב) ר׳ זבנינן	Cf.
זְבַנְתְּ קָנִיתָ	You purchased
זְבַנְתַּהּ (ב״ב ל ב 2 ועוד) קְנִיתִיהָ	I purchased it
זַבֵּנְתַּהּ (ב״מ יט סע״ב) מָכְרָה אוֹתָהּ	She sold it
זַבֵּנְתֵּיהּ (בר׳ נו ב) מְכַרְתּוֹ	You sold him
זְבַנְתֵּיהּ (ב״ב ל א) קְנִיתִיו	I purchased it
דִּזְבַנְתִּינְהוּ לְנִכְסַיְיהוּ[28] (ב״ב קכו סע״א) שֶׁקְּנִיתוּם אֶת־נִכְסֵיהֶם	(That) you have purchased their property

זָג (ב״מ קיג ב) מֵסֵב	He reclines on, lies down on
זג (כתו׳ סא ב) ר׳ זיגא	Cf.
זְגָא (סנ׳ פה ב, מעי׳ יד ב 2) הֵסֵב, נִשְׁעַן	He leaned, he reclined
זָגֵי (נדה יז א) זוֹגִים (=פעמונים)	Bells
זָגֵיד (חול׳ סב סע״ב) זָקוּף (?)[29]	Stood upright (in a brooding position)
[הֲוָה] **זָגֵינַן** (פס׳ קח א — כי״י) הָיִינוּ נִשְׁעָנִים	We have leaned
זַגְתָּא אוּכַּמְתִּי (ב״מ פו ב, בכו׳ ח ב) תַּרְנְגֹלֶת שְׁחוֹרָה	Black hen
זַגְתָּא חִיוַּרְתִּי (בכו׳ ח ב) תַּרְנְגֹלֶת לְבָנָה	White hen
זה–זה (פס׳ קיב א) הברות־געורה באריה	Lion's roar
זִיהוּמֵי[30] (ע״ז נ ב) זֵהוּמִים[31]	Medicated tree-illness bandages
חוּטָא דִזְהוֹרִיתָא (גט׳ סט ב) חוּט שֶׁל זְהוֹרִית	Scarlet thread
זְהִימָא[32] (נדה כ ב) מְזֹהֶמֶת	It is soiled
זהיר ר׳ מזהר	Cf.
זְהִירֵי זְהִירִים, נִזְהָרִים	Careful (persons), are careful
זיהמומי (ע״ז נ ב) ר׳ זיהומי	Cf.
זִיהֲרָא אֶרֶס, כַּעַס	Venom, anger
בְּזִיהֲרָא (בר׳ נא ב) בְּכַעְסָהּ	In her anger
זִיהֲרָא[33] (ב״ב סא סע״ב) נַחֲלָה	Land properties
זַהֲרוּרָא[34] (פס׳ יג רע״א, סנ׳ מב א) זַהֲרוּר, נִצְנוּץ	Glitter, twinkle
זַהֲרוּרֵי (ב״מ פד א) זַהֲרוּרִים, נִצְנוּצִים	Glitters, twinkles
זַהֲרוּרֵי (ב״ב נה א) בַּעֲלֵי נַחֲלוֹת, פ״א: פְּקִידֵי מַס קַרְקָעוֹת	Owners of property purchased from land-tax collectors who expropriated it from those unable to pay the tax
דזהרי רבנן[35] (ב״ב ד א) ר׳ זהירי	Cf.

25) עי׳, מ׳ ואה״ת: זבין.
26) כצ״ל, מ׳ ה׳ לי׳ ״דאמרי אינשי...״.
27) מנוה״מ, ע״י א: זבנינא, מ׳ משובש (איזכן?).
28) ה׳: דזבניתהו (צ״ל: דזבניתו?) לנכסיה.
29) עי׳ עה״ש ע׳ זרג.
30) מ׳ ור״ח וד״פ, ד׳: זיהמומי.
31) רש״י: כשיש מכה באילן ונשרה קצת קליפתו מדביקין שם זבל וקושרין שלא ימות.
32) כך צריך להגיה לפענ״ד: איידי דזהימא (נזיר כח ב) ״דזוהמאי״ (מ׳: זוהמי).
33) מ׳ ה׳ וד״פ: זיהרי = נחלתי.
34) ע׳, מ׳: זהרוריה (פס׳), זהרורי, מ׳ ב (פס׳): זהרירי.
35) ד׳ לובלין של״ן: דזהירי, מ׳ ר׳ אה״ת וע״י — נ״א: אי הוה ידענא דצניעיתו כולי האי.

זִיהֲרֵיהּ אַרְסוֹ
Its venom

זוֹבִיךְ (שבת קי ב כ״פ) זוֹבֵךְ
Your fluid discharge

זוּגָא זוג
Pair

זוּגָא (ע״ז כט סע״א) זוּג שֶׁל סַפָּרִים (לחתוך בו)
Barber's scissors

זוּגָא[36] (מג׳ טז א) מִסְפָּרַיִם, זוּג שֶׁל סַפָּרִים
Pair of scissors

זוּגֵי זוּגוֹת
Pairs

זוּגֵי זוּגֵי[37] (כתו׳ עו א) זוּגוֹת זוּגוֹת
In pairs

זוּגִיתָא חִיוַּרְתִּי[38] (בר׳ לא רע״א[39] ועוד) זְכוּכִית לְבָנָה[40]
White glass

זוהמא דשימשא (יומא כח סע״ב) ר׳ זוהרא ור׳ זיהרא

זוּהֲמֵיהּ (יומא יא א 3) זֻהוּמוֹ
Its filth

זוּהֲרָא[41] **דְשִׁימְשָׁא** (יומא כח סע״ב) זַהֲרוּרִית הַשֶּׁמֶשׁ
The sun's glitter

זווא וזווי (ע׳ וכי״י) ת׳ זוגא וזוגי

זוודא (תע׳ כא ב) מ׳: זוודתא

זְוָדָא דְאוּדְדֵי[42] (קידו׳ יב א) שַׂק שֶׁל מוֹכִין
A sack filled with pieces of any soft material

זְוָדַאי (כתו׳ סז ב) צֵידָתִי[43]
My supplies (i.e., my good deeds)

זְוָדֵיהּ (מ״ק כח ב) צֵידָתוֹ
His supplies

זְוָדְתָא[44] צֵידָה[45]
His supplies (usu. the burial shroud)

זְוֵוי (שבת קכט ב 2, עירו׳ צז א) זוּגוֹת
Pairs

זַוִּידוּ (ע״ז יז א) הִצְטַיְּדוּ (=הֵכִינוּ צֵידָה)
They have prepared supplies

זַוִּקָאנֵי[46] (ע״ז לא סע״ב) נְפוּחִים (כְּנֹאד)
Blown up (like a leather pouch)

זוּזָא (זב׳ מו ב) זוּג
Pair

זוּזָא דְרַבָּנָן (כתו׳ קה ב 2) זוּג חֲכָמִים
Pair of Sages

זוזא (מג׳ טז א) ר׳ זוגא
Cf.

זוּזָא זוּז (מטבע)
Zuz (a coin)

זוּזָא חִיוָּרָא (פס׳ עד ב 2) זוּז לָבָן
White zuz
(i.e., from purified, refined metal, freshly minted

זוזא חריפא ר׳ חריפי
Cf.

זוּזָא מְכָא / מָאכָא זוּז שָׁחוּק
Worn-out zuz

זוּזַאי מָעוֹתַי, כַּסְפִּי
My coins, my money

זוּזֵי (יב׳ קב רע״ב) זוּגוֹת
Pairs

זוּזֵי זוּזֵי (שבת קיט ב, עירו׳ לז א) זוּגוֹת זוּגוֹת
In pairs

זוּזֵי זוּזִים, מָעוֹת (שם כולל)
Coins, money

זוּזֵיהּ מָעוֹתָיו, כַּסְפּוֹ
His coins, his money

זוּזָךְ מָעוֹתֶיךָ, כַּסְפְּךָ
Your coins, your money

זוּטָא קָטָן
Small

בֵּי כְנִישְׁתָּא זוּטָא[47] (מג׳ כו א) בֵּית כְּנֶסֶת קָטָן
Small synagogue

זוּטֵי (ע״ז ח א[48], י ב[49]) קְטַנִּים
Short, small, of lowest stature

זוּטַר קָטָן, מוּעָט
Small one, few, small quantity

מִי זוּטַר? וְכִי קָטָן?
Is it unimportant?

אַדְזוּטַר (תע׳ ה ב, חגי׳ ה א) בְּעוֹדֶנּוּ צָעִיר
While still young

זוּטְרָא קָטָן
Small child

זוּטְרֵי (ע״ז ח א 3[50], י ב[51] ועוד) קְטַנִּים
Small children

זוטרין (שבת מ ב, שבו׳ ג א) מ׳: זוטרן

זוּטְרָן (חול׳ עט א, בכו׳ יג א) קְטַנּוֹת, מוּעָטוֹת
Small, few (*f., p.*)

כִּי זוּטְרַת (קידו׳ יב רע״ב) כְּשֶׁאַתְּ קְטַנָּה
When you were still a minor (*f.*) (= כשהיית קטנה)

זוּטְרָתָא (עירו׳ י ב) קְטַנּוֹת
Small ones (*f., p.*)

זוּטַרְתִּי[52] קְטַנָּה
Insignificant, small, pinkie

בְּזוּטַרְתִּי[53] (עירו׳ י ב) בִּקְטַנָּה (=בזרת)
With the pinkie

זְוִיקוּ (חול׳ קט סע״ב) שִׁפְדוּ[54] (=צְלוּ בְּשִׁפּוּד)
Barbeque, roast (*imp.*)

36) כל כי״י ואה״ת, מ׳ וד״י וע׳: זיוא.
37) כך גם מ׳, ע׳: זווי זווי.
38) ד׳ ברוב: חיורתא.
39) ע׳: דזגוגיתא (ולי׳ חיורתי).
40) כך במ׳ בב״מ כט ב.
41) א״פ, ע״י: זיהרא, ע׳ ולי׳: זיהא, מ״ב: זיחא, ד׳: זוהמא.
42) ד׳: אורדי.
43) כלומר: מצוות ומעשים טובים שעשיתי.
44) וכן בתע׳ כא ב בכ״י מ׳, ד׳: זוודא.
45) כמעט בכל המקומות — כנוי לתכריכין.
46) ד״י, ד״ח זוקני, מ׳: זוקיני.
47) מ׳, ד׳: זוטי.
48) מ׳ ואה״ת: זוטרי.
49) אה״ת: זוטרי.
50) מ׳ ואה״ת, ד׳: זוטי.
51) אה״ת, ד׳: זוטי.
52) בכמה מקומות בד׳: זוטרתא.
53) רש״י, מ׳ ד׳: זוטרתא.

זָוִיתָא (תע׳ כג ב 3) זָוִית — Corner

זוֹל הוּזְלוּ (=ירד מחירם) — They became less expensive

זוּלָא זוֹל — Low price

זולטא דטינא (יב׳ מו א) ר׳ זילתא — Cf.

זוּן (כתו׳ נ א) זוּן (צ) — Feed, provide food (*imp.*)

זוקאני (ע״ז לא סע״ב) ד״י: זווקאני

זוקתא (ב״מ צד א) כל כי״י וע׳: זיקתא

מֵי זוֹרְיוֹן[55] (פס׳ קז א) מֵי מִשְׁרַת פִּשְׁתָּן — Linen-soaking water

זִיג (פס׳ עד ב 4 ועוד) צָלוּל, זָךְ — Clear, lucid (*s.*)

זִיגָא[56] (כתו׳ סא ב) נְפוּחָה וּשְׁקוּפָה — Blown up and transparent (*f.*)

זִיגָא (עירו׳ ק סע״ב) מְעִיל (פ״א: חליפה) — Coat, robe

זִיגֵי (חול׳ טז ב, עו רע״ב) צְלוּלִים, זַכִּים — Clear, lucid (*p.*)

זִיהָא[57] **דְשִׁימְשָׁא** (יומא כח סע״ב) חֲמִימוּת הַשֶּׁמֶשׁ[58] — Warmth of the sun

זִיוָא (ר״ה יא א) זִיו, הוֹד — Glory, splendor

זִיוֵיה (בר׳ נח ב) זִיווֹ, הוֹדוֹ — Its glory, its radiance

זִיוּנָא (בר׳ מד א) זוּנָה (=דבר מאכל) — Food

זיונא (כתו׳ סו ב 2) ר׳ זיינא — Cf.

זִיוּנֵי (שבת קה רע״א) זִיוּנִין (שבת קד ב) = תגין לאותיות — Crownlets, embellishments of certain Hebrew letters

זִיוּפָא (ע״ז סט ב) זִיוּף — Forgery

זִיוּפֵי (כתו׳ כ א, לו ב, ב״ב ז ב) (ל)זַיֵּף — (To) forge

לזיופי (יב׳ קכ ב) מ׳: לזייופי, רש״י: לזיופא

זִיוְתָן (שבת קנו א) בַּעַל הוֹד, זִיוְתָּן — The brilliant one

זִיוְתָנֵי (כתו׳ סא א) בַּעֲלֵי הוֹד, זִיוְתָנִים — Brilliant ones

זִיזָא (ב״מ פג א, ב״ב ס א) זִיז — Protrusion

קָא זִיחָא דַעְתֵּיה (סנ׳ צו ב) זָחָה דַעְתּוֹ — He was proud of himself, he was satisfied with himself

זָיְלִין (ב״ק צז ב) זוֹלִים — Inexpensive

זָיֵין זָן (ב) — He feeds, he provides food

זְיָינָא[59] (כתו׳ סו ב[60], מנ׳ עז א[61]) הֶפְסֵד — Expenses, responsibility, loss

זיינא (גט׳ נו א) מ׳: זיינן׳ לכו

זיינוה[62] (ביצה לב ב) ר׳ זנו — Cf.

זָיְנִי (בר׳ יב א, עירו׳ ל א) זָנִים — They nourish, provide nourishment

זַיְנֵיה (ב״מ פד ב, סנ׳ קג א) (כלי) זֵינוֹ — His arms

זַיְנָךְ (ב״ב ד א) (כלי) זֵינְךָ — Your arms

זָיְנְנָא[63] (גט׳ נו א) אֲנִי זָן, אָזוּן — I feed, I shall feed

זַיֵּיף זִיֵּף — He forged

שטרא זייפא ר׳ שטרא — Cf.

זַיְּפוּ (כתו׳ לו ב) זִיְּפוּ — They forged

זייפי (סנ׳ קט ב) כנויו של אחד מדייני סדום — The appellation of one of the judges in Sodom

זַיְּפֵיה (ב״ב ז ב) זִיְּפוֹ — He forged it

זַיְפָנָא (ע״ז יא ב כ״פ) כַּזְבָן — A liar

זַיְפָנוּתֵיה (שם) כַּזְבָנוּתוֹ — His falsehood, his lie

זַיֵּיפְתְּ (ב״ב קסז א) זִיַּפְתָּ — You falsified, forged

זַיֵּיפְתֵּיה (גט׳ כב ב) זִיְּפָה אוֹתוֹ — She falsified, forged it

זָיֵיר (ב״מ טו ב) כּוֹבֵשׁ (=משאיר בידו) — He retains in his hand

(מַעְצְרָא) זָיְירָא[64] (ע״ז ס א) (גַּת) כּוֹבֶשֶׁת[65] — A press

זָיָרֵי[66] (שבת קכג א) מַכְבֵּשִׁים[67] — Beams used to press clothes (Tosafos), shafts of the warp (Rashi)

---

(54) ועי׳ פי׳ הערוך בערכו.

(55) לפענ״ד מענין ״לא זֹרו״ (ישעיה א ו), ופי׳: מי סחיטה.

(56) מ׳, ד׳: זג.

(57) ע׳ ול׳, מ׳ ב: זיחא, ע״י: זיהרא, א״פ: זוהרא, ד׳: זוהמא.

(58) ע׳ (וממשיך:) אחרי שסר ועבר השמש מאותו מקום, וסימנך דנא דחלא, כלומר: אחר שתריק החומץ ממנו ריחו חזק יותר מן החומץ.

(59) מלשון פרסית.

(60) כהצעת בעל עה״ש, ד׳: זיונא.

(61) ק׳ ועי׳ ור״ג ורש״י כ״י, ר״ב ושט״מ: זיאנא, ר״א: זיאנה, ד׳: דיאנה.

(62) אה״ת, ד׳: זינוהו, מ׳: זנו ליה.

(63) מ׳ (ושם: לכו), ד׳: זיינא.

(64) רש״י (שבת קכג א ד״ה בסיכי): מעצרתא זייארא, ע׳ (זר ו׳) מצרא זירא... פי׳ גוי שעוצר חרצנים של ישראל.

(65) רש״י: גת דאין דורכין אלא כובשין בקורה.

(66) מ׳: זרי, ע׳: זיארי, ד״י: זירי.

(67) ע׳: כלי עץ כגון קרשים שכובשין בהן את הבגדים כדתנן מכבש של בעלי בתים (שבת כ׳ ה׳).

זִיל (אזל) לֵךְ Go (s., imp.)

זִיל (ב״מ מד ב, מה א) מוּזָל Inexpensive

זִיל (ב״ק צו ב, צח א) מ׳: זול

זִיל (קידו׳ פב א, ע״ז מא א, מנ׳ מד רע״א) מְזֻלְזָל

Unrespectable, despised

זִילָא זוֹלָה Inexpensive

זִילָא (ב״מ סד א) מוּזֶלֶת Reduced-price

זִילָא בֵּיהּ[68] מִלְּתָא בּוֹשׁ בַּדָּבָר

He is ashamed to do it

אֱינִישׁ זִילָא (ב״מ ט ב) אָדָם פָּחוּת (בניגוד ל״חשוב״) Base person

גַּבְרָא זִילָא (ער׳ יט ב) אִישׁ פָּחוּת Base person

זִילוּ[69] (אזל) לְכוּ Go (p., imp.)

זִיל(וּ) (ע״ז מא א — מ׳) מְזֻלְזָל Unrespectable, despised

זִילוּתָא זִלְזוּל, זֻלּוּת (תה׳ יב ט)

Contempt, disregard, disgrace, baseness

זִילוּתֵיהּ (סנ׳ מח א) זִלְזוּלוֹ, זֻלּוּתוֹ

His contempt, disregard, disgrace, baseness

זִילוּתַיְיכוּ (ב״ק קב ב) זִלְזוּלְכֶם, זֻלּוּתְכֶם

Your (p.) contempt, disregard, disgrace, baseness

זִילֵי (ב״מ נב סע״ב) זִלְזוּלִים, זֻלִּיּוֹת

Contempt, disregard, disgrace, baseness (p.)

זִילֵי (ב״ק מו ב) מוּזָלִים Lost their value (p.)

זִילֵי (סנ׳ כט א) מְזֻלְזָלִים

Contemptible, disregarded, disgraceful, base (p.)

זִילִי (אזל) לְכִי Go (f., s.)

זִילְתָא דְטִינָא[70] (יב׳ מו א) קוּפָּה שֶׁל טִיט (=מלאה טיט) Box full of clay

זִימֵיהּ (ב״ב עד א) נְחִירָיו His nostrils

זִינָא (סנ׳ קח סע״ב) אה״ת: זיינא

זִינֵי זִינֵי (ב״ק טז ב) ר׳ זני Cf.

זֵינַיְיהוּ (ע״ז טז רע״א 2) (כְּלֵי) זֵינָם

Their arms, weapons

זָ(י)נְתֵיהּ (סנ׳ קח סע״ב — מ׳ וד״ו) זָנָה אוֹתוֹ

It nourished it

זִיפֵּיהּ (בכו׳ מד א 2[71]) רִיסָיו His eyelashes

זִיקָא רוּחַ Wind

תַּמְרֵי דְזִיקָא (בר׳ מ ב ועוד) תְּמָרִים שֶׁ(נָּשְׁרוּ בָ)רוּחַ

Dates knocked down by the wind

זִיקָא (ב״ב עד ב, ע״ז כח סע״ב[72], ס א) נֹאד

Skin wine pouch

אוּנָּא דְזִיקָא (גט׳ סט ב) אֹזֶן שֶׁל נֹאד

Handle of skin wine pouch

זִיקֵי נֹאדוֹת Skin wine pouches

בְּזִיקֵיהּ (כתו׳ עז ב) בְּרוּחוֹ[73] On windward side

זֵיתָא זַיִת Olive

כְּזֵיתָא (פס׳ פה ב, חול׳ צח א) כַּזַּיִת Size of an olive

פַּלְגָא דְזֵיתָא (חול׳ צח א) חֲצִי זַיִת

Size of a half an olive

זֵיתֵי (ב״מ כא ב) זֵיתִים Olives

פַּלְגֵי דְזֵיתֵי[74] (חול׳ צח א) חֲצָאֵי זֵיתִים Olive halves

זֵיתַיָּא[75] (סוכה מד ב 3) זֵיתִים Olives

זְכָא[76] זָכָה He has merited, he has gained possession

אִי זְכַאי (שבת כא ב, יב׳ סד ב, נדה מח א[77]) אִלּוּ זָכִיתִי

Had I the merit

זְכַאי (בכו׳ ס א) זָכְתָה She had the merit

זְכוֹ זָכוּ They merited, they acquired

קָא זָכוּ (ביצה כא א ועוד) זוֹכִים They obtain, gain

זַכְוָותָא זְכֻיּוֹת Rights, merits

זַכְוָותַאי (נדר׳ כז א) זְכֻיּוֹתַי

Documents proving my claims

זַכְוָותֵיהּ (נדר׳ כז א-ב) זְכֻיּוֹתָיו

Documents proving his claims

זְכוּתָא[78] זְכוּת Merit

---

68) כתו׳ נד סע״א — ד׳: זילא לן, מ׳: בן. גט׳ פי רע״ב: ד׳: זילא להו, רש״י ד״י: בהו, מ׳: קילי להו.

69) בכתו׳ נב ב ונד ב — ד׳: איזלו, מ׳: זילו.

70) מ׳ (ושם: ריטבא!), ע׳: זלתא, ד׳: זולטא.

71) ד׳ פ״ב — זיפין.

72) ר״ח וע׳, ד׳: צינא, מ׳: ציני. ערוך (ע׳ חם ו): וסילקא לזיקה... תרדין יפין לרוח שהיא בכריסו של אדם.

73) = בצד, שהרוח הנושבת באה מכיוונו.

74) מ׳, ד׳: דזיתא.

75) בפי בן ארץ ישראל.

76) ד׳: זכה, אבל בכמה מהם במ׳ באל״ף.

77) מ׳, ד׳: אזכה.

78) כתו׳ קג סע״א — ד״ו וע״י: זכותא דרבי, רש״י: זכותיה דרבי, מ׳ יש השמטה, ד״ח: זכותו דרבי.

זְכוּתַאי[79] (ב"ב קסח א) זְכוּתִי

Documents proving my claim

זכותי (שם) ר' זכותאי — Cf.

זְכוּתֵיהּ זְכוּתוֹ — His merit, his right

זְכְוָתֵיהּ (נדר' כז ב) זְכֻיּוֹתָיו

Documents proving his claims

זְכוּתַיְיהוּ (קידו' עד א, חול' פו א) זְכוּתָם

Documents proving their claims

זְכוּתָךְ (ב"ב קסח ב) זְכוּתְךָ

Documents proving your claims

זכותך (נדר' כז ב) מ' ורש"י: זכותיה

זָכֵי זוֹכֶה — He obtains, gains

זְכֵי זְכֵה (צ) — Take possession (*imp.*)

מָצֵי זָכֵי יָכוֹל לִזְכּוֹת — He can take possession

זָכִי זִיכְיָא (מ"ק י ב, ב"ב נד רע"א) מְטַאֲטֵא[80]

A broom used to remove twigs and weeds

זַכֵּי (חול' קלג א) זַכֵּה — Give, transfer the rights to it (*imp.*)

זָכְיָא זוֹכָה — She obtains, gains, takes possession

זָכְיָין (בר' יז א) זוֹכוֹת — They (*f.*) have the merit

זָכֵינָא (ב"ק קטו ב) אֲנִי זוֹכֶה

I take possession, obtain, gain

זָכֵינָא (כתו' קיב א) אֶזְכֶּה

I shall take possession, shall obtain

אִי זָכֵינָא לְכוּ[81] (בכו' ח ב) אִם אֲנִי נוֹצֵחַ (אֶנְצַח) אֶתְכֶם

If I shall defeat you

זַכִינְהוּ (קיד' יח א[82], חול' לא ב[83], נדה לח ב, נב ב) נְצָחָם

He defeated them

זַכִינְהוּ (בכו' ח ב) נַצַּח אוֹתָם — Defeat them (*imp.*)

זְכִירֵי (יב' לא ב) רש"י: דכירי

אִי זָכִיתוּ [לִי][84] (בכו' ח ב) אִם תְּנַצְּחוּנִי

If you will defeat me

זכנהו (קיד' יח א, נדה נב ב) מ': זכינהו

זַכְרוּתָא דְדָמָא (בכו' נה א) עִיקָּרוֹ שֶׁל הַדָּם

The fountain-head of the blood

זַכְרוּתָא דְמַיָּא (בכו' נה א) מְקוֹרָם שֶׁל הַמַּיִם

Source of water

בזכרותא (זב' סג רע"א) כי"י: בזכרותו, ד"י לי'

זַכְרוּתֵיהּ (בכו' כט ב) זַכְרוּתוֹ — His male genitals

זַכְרוּתֵיהּ דְיַרְדְּנָא (בכו' נה א) עִיקָּרוֹ שֶׁל הַיַּרְדֵּן

Supplier (of water) for Jordan

זכתה (ב"מ יא א) כי"י: זכיא

זָל הוּזַל (=ירד מחירו) — Its price was reduced

זָלוֹחָאֵי (חול' ס א) זָלוֹחוֹת[85], מְזַלְּפִים — Those who spray water at home to prevent dust from rising

זַלְזוּלֵי (ב"ב פז רע"א) (ל)זַלְזֵל (=להוריד מחיר)

To lower the price

לְזַלְזוּלֵי לְזַלְזֵל — To despise, to disregard

לְזַלְזוּלִינְהוּ (גט' מה ב) לְזַלְזְלָם

To despise, disregard them

זַלְזֵיל (סוטה מח א) זִלְזֵל — He disregarded

זַלְזְ[י]ל (ב"מ קז ב — ה' ר' א) זַלְזֵל (צ)

Disregard them (and don't enlarge them) (*imp.*)

זַלְזְלָנֵי (כתו' ס ב) זוֹלְלִים — Gluttons

זִילְחָא (שבת צה א) זִלּוּף[86]

Sprinkling water so that dust won't rise

זִילְחָא דְמִיטְרָא (מג' כח ב) שֶׁטֶף מָטָר — Rain shower

זָלַת (בר' סג א) הוּזְלָה — Its price was reduced

זְמוֹרְתָא (שבת קו ב וש"נ) זְמִירָה (=זִמְרָה)

A song

זַמְזוּמֵי (עירו' קד א) חֲלִילִים

Tingling instrument (bells, cymbals)

זְמִינָא (נדר' כד א 2) הַמְזֻמָּן — An invitee

זְמִינוּתָא[87] (קיד' ע ב 3) הַזְמָנָה (לדין)

Summons to appear before *beis din*

זַמֵּינְתֵיהּ (מג' טו סע"ב, יט סע"א) הִזְמִינַתּוּ

She invited him

זְמָמָא (שבת קיא ב, סנ' קז א) מֶתֶג

Camel's ring in which a rope is sometimes tied

79) מ' ויד רמ"ה, ה': זכותא דידי, ד': זכותי.

80) מכבד ומטהר את השדה מקיסמים ומעשבים רעים (רשב"ם).

81) מ' ואה"ת, ד': בכו.

82) מ', ד': זכנהו.

83) הגהתי, מ' ד': זכנהו.

84) מ' אה"ת, רש"י: בי.

85) = מרביצי מים.

86) = ריבוץ מים בקרקע, שלא יעלה אבק.

87) מ' וע', ד': הזמנותא.

זְמָמָא דְפַרְזְלָא (שבת נא ב) מֶתֶג שֶׁל בַּרְזֶל
Iron ring of camel

זִימְנָא זְמַן, פְּעָמִים — A time, sometimes

זִימְנָא אַחֲרִינָא (כתו׳ נו א, פט ב[88]) פַּעַם אַחֶרֶת
Another time

זִימְנָא אַחֲרִיתִי פַּעַם אַחֶרֶת — Another time

חַד / חֲדָא זִימְנָא פַּעַם אַחַת — One time

זִימְנָא חֲדָא (בפתיחת סיפור) פַּעַם אַחַת
One time (starting a story), once upon a time

זִימְנֵי פְּעָמִים — Sometimes

זִמְנֵי (בר׳ כח סע״א) זְמַנֵּי — Dates of

זִימְנֵיה זְמַנּוֹ — His time

זִמְנֵיהוֹן (כתו׳ נג ב — בנוסח כתובה) זְמַנָּן — Their (*f.*) time

זִמְנַיְיהוּ (תע׳ ב ב, ע״ז עו א) זְמַנָּם — Their (*m.*) time)

זִימְנִין פְּעָמִים, פַּעַם אַחֶרֶת — Sometimes, another time

זִמְנִין סַגִּיאִין פְּעָמִים רַבּוֹת — Many times

זִימְנִין (סַגִּיאִין[89]) (נדה נג ב) פַּעַם אַחֶרֶת (רש״י)
Another time *(Rashi)*

זְ[י]מְנָךְ[90] (חול׳ קה סע״ב) זְמַנְּךָ — Your time

זַמִּנְתַּן (סנ׳ קט ב) הִזְמַנְתַּנִי — You invited me

זָמַר (סנ׳ כו א) זוֹמֵר (בכרם) — He prunes (a vineyard)

זְמָר (יומא כ ב) זֶמֶר — Flute performance of a song

זִמְרָא זֶמֶר — Song

פְּסוּקֵי דְזִמְרָא (שבת קיח ב) פְּסוּקֵי זִמְרָה[91] — Verses of praise (recited at *Shacharis*, the morning services)

זָמְרֵי גַּבְרֵי (סוטה מח א) מְזַמְּרִים גְּבָרִים — Men sing

זָמְרָן[92] נָשֵׁי (שם) מְזַמְּרוֹת נָשִׁים — Women sing

זָן (כתו׳ נ ב) זָן (ע) — He fed, sustained, supported

זַנַּאי זָנְתָה — She offered herself indiscriminately for sexual intercourse

זַנַּאי (שבת קנו א) זוֹנֶה, זַנַּאי — Adulterer

זַנְגְּבִילָא זַנְגְּבִיל — Spice, probably ginger

זַנְדּוּקָא[93] (תע׳ כב א) שׁוֹמֵר בֵּית הַסֹּהַר
Prison guard, jailer

זנדוקנא[94] (שם) ר׳ זנדוקא — Cf.

זָנַהּ (כתו׳ קד ב) זָן אוֹתָהּ
He fed, sustained, supported her

זְנוֹ לֵיהּ[95] (ביצה לב ב) זָנוּ אוֹתוֹ
They fed, sustained, supported him

זְנוּהּ[96] (כתו׳ נ רע״א) זָנוּהוּ
They fed, sustained, supported him

זַנּוֹיֵי (סוטה כו א) (ל)זְנוֹת — (To) commit adultery

זְנוּתָא (סוטה ג ב) זְנוּת — Adultery

זָנֵי (בר׳ לב א) מִינִים — Many kinds

זָנֵי זָנֵי[97] (ב״ק טז ב) מִינִים מִינִים
Numerous types (of aromatic herbs)

זניא (יב׳ מד ב 2) צ״ל: זנאי

לזניה (כתו׳ נ א) מ׳: וזנוה

זְנִיתַהּ (כתו׳ קד ב) זַנְתִּי אוֹתָהּ
I fed, sustained, supported her

זינקא (שבת עז ב) ר׳ ביר — Cf.

זָנְתֵיהּ (יב׳ עא ב 2) זָנָה אוֹתוֹ — It sustained him

זְעֵירָא (סנ׳ צה א — מתרג׳) קְטַנָּה — Small (*f.*)

זְעִירִין (תע׳ י א) מוּעָטִים — Few

זְעֵירְתָא (חול׳ קג ב) קְטַנָּה — Small (*f.*)

זַעֲפָא רוּחַ סְעָרָה — Tempest, storm, tidal wave

זִיפְתָא (שבת כ ב) זֶפֶת — Pitch

זִיקוּקִין דְנוּר (ב״מ פה ב, חול׳ קלז ב) זִיקֵי אֵשׁ
Darts of light

זָקֵיף זוֹקֵף — He sits or stands up straight

זְקִיף (סוכה נה ב) זָקוּף — Standing vertical

זְקִיף (ב״מ נט ב) תָּלוּי, צָלוּב — (Person) hung

זְקֵיף (שם) תְּלֵה (צ) — Hang (*imp.*)

זְקִיפָא (שם) הַתָּלוּי — The one who was hung

זְקִיפָא (פס׳ מ א, ב״ב עד א) זְקוּפָה
It stands upright with opening above

(88) סוכה מו א — הקטע לי׳ בכי״י ועוד.

(89) מ׳, רש״י: ל״ג סגיאין, וכן לי׳ בשבת קל ב.

(90) אה״ת ועי״.

(91) (מ״ברוך שאמר״) לפני ברכות ק״ש בשחרית.

(92) עי״, ד׳: זמרי, מ׳: זימרי׳ (!)

(93) ע׳: זנדוקנא (עי׳ ח״ג שם), ועי׳ עה״ש. ועיקרו בלשון פרסית = בית סוהר.

(94) ע׳, מ׳ ב: זנדקנא, אה״ת: זנדיקא, עי״ א׳ ויל׳ ועוד: זנדוקא (עי׳ ד״ס אות נ׳).

(95) מ׳ ד׳: זינוהו, אה״ת: זיינוה.

(96) מ׳, ד׳: לזניה.

(97) כי״י ועוד, ד׳: זיני זיני.

זְקִיפָא (מג׳ טז ב, ע״ז יח ב[98]) עֵץ־תְּלִיָּה
Scaffold, gallows, pole

זְקִיק (יב׳ כב ב) זָקוּק (לייבום) — Levirate relation

זְקִירָא (ב״ק כב א) קְפִיצָה — Jump, leap

זְקִיתָא (סנ׳ קח ב) זְקִית — Chameleon

זִקְנוּתֵיהּ (ב״מ מד א 2) זִקְנוּתוֹ — His old age

זְקַף (ביצה כב א) זָקַף — He put up, erected

זַקְפָא (בר׳ נה ב, פס׳ קי א) בֹּהֶן הַיָּד — Thumb

זַקְפַהּ (בכו׳ ח ב) זְקֹף אוֹתָהּ — Put *(s. imp)* it up, erect it

זַקְפוּהּ (יומא פז ב 2, ב״מ פג ב 3[99]) תְּלוּהוּ
They hung him up

זָקְפֵי זוֹקְפִים — They put up, erect

זַקְפֵיהּ (שבת ח ב, מ״ק כה א) זְקָפוֹ — He set it up, erected it

זָקְפִיתוּ (סנ׳ ל ב) אַתֶּם זוֹקְפִים, תִּזְקְפוּ
You are setting (them) up, you will set them up

זִיקָתָא[1] (ב״מ צד א) דָּרְבוֹנוֹת — Sharp-shooters

זַרְדָּא (שבת סב א) שִׁרְיוֹן
Armor (a coat covered by steel plate)

זַרְדְּתָא עֵץ הָעֻזְרָד (נכון יותר: הָעֲזָרָר), פ״א: עֲצֵי סְרָק (עה״ש)
Hawthorn, sorb bush, trees bearing non-edible fruit

לְזָרְ[וֹ]זַהּ (גט׳ עד ב — מ׳) לְזָרְזָהּ — To urge, prod her

זָרוֹזֵי (יב׳ קב ב, נדר׳ ח א) (ל)זָרֵז — (To) urge, stimulate

לְזָרוֹזֵיהּ (קידו׳ ס ב) לְזָרְזוֹ — To urge him

לְזָרוֹזִינְהוּ (כתו׳ ע א) לְזָרְזָם — To urge them

זָרוֹיֵי (ע״ז מד א) (ל)זְרוֹת — To winnow, to disperse in air

זִירְזָא דְקָנֵי (שבת ח ב, יב׳ קא ב 2) חֲבִילָה שֶׁל קָנִים
Bundle of long reeds

זַרְזִיפֵי[2] **דְמַיָּא** (יומא פז א) נְתִיזוֹת מַיִם[3]
Squirting of waste water

זְרִיזוּתֵיהּ (חול׳ טז א) זְרִיזוּתוֹ — His agility, swiftness

זְרִיזוּתַיְיהוּ (פס׳ סה א) זְרִיזוּתָם — Their swiftness

זְרִיעַ (שבת עט א, צ ב) זָרוּעַ — Sown

זָרֵיף (שבת קלד א) חוֹרֵץ (=עושה חריץ) — He grooves

מִיזְרַף זָרֵיף (יב׳ עו א, ע״ז כח ב, חול׳ עז א) חָרוֹץ חוֹרֵץ
It wounds, scratches, causes inflammation

זָרֵיק זוֹרֵק — He throws

לְכִי זָרֵיק (מעי׳ ד א) לִכְשֶׁיִּזָּרֵק — When it will be thrown

זַרְנוּקָא נֹאד — Skin wine pouch

זְרַע זָרַע — He sowed

זְרַע (יב׳ סג א) זְרַע (צ) — Sow *(imp.)*

זָרַע זוֹרֵעַ — He sows

זַרְעָא זֶרַע (=בנים), זְרִיעָה — Descendants, seeding

זַרְעָא מְעַלְיָא (פס׳ מט ב, ב״ק קיט א) בָּנִים טוֹבִים
Good children

זְרַעַהּ זְרָעָהּ — He sowed it

זַרְעַהּ (מג׳ כו ב, ב״מ קו א-ב) זָרְעֶנָּה — Sow it *(imp.)*

זַרְעַהּ (יב׳ צא ב) זַרְעָהּ — Her children, descendants

זָרְעֵי זוֹרְעִים — They sow

זַרְעֵיהּ זַרְעוֹ — His children, descendants

זַרְעַיְיהוּ (סוטה מו ב) זַרְעָם — Their children, descendants

זַרְעִיךְ (שבת סז א) זַרְעֵךְ
Your (*f.*) children, descendants

זַרְעִינְהוּ זְרָעָם — He sowed them

זַרְעָךְ (יב׳ ק ב) זַרְעֲךָ
Your (*m.*) children, descendants

זָרְעָן[4] (חול׳ צג רע״ב) זוֹרְעוֹת (רש״י: יש בהן זרע)
Having inside them sperm

זָרַעְנָא (קידו׳ סא א) אֲנִי זוֹרֵעַ, אֶזְרַע — I sow, I shall sow

הֲוָה זָרַעְנָא (ב״מ קא א) הָיִיתִי זוֹרֵעַ — I would sow

זְרַעְתַּהּ (ב״מ קז א) זְרַעְתִּיהָ, זְרַעְתָּהּ
I sowed it, you sowed it

זִירְפָּא (שבת סז א) אֲבַעְבּוּעָה
Pustule, blister, inflammation of wound

98) ד״ח: לזקיפה.

99) ה׳ אה״ת, ד׳: זקפוהו.

1) כל כ״י וע׳, ד׳: זוקתא.

2) א״פ: זרזיפתא, מ׳ ב וע״י א — נוסח אחר, שאין בו "זרזיפי" (ונראה שגם לפני בעל הערוך לא היה!).

3) רש״י: התזת טיפי שופכין... ודומה לו כרביבים זרזיף ארץ בספר תהלים (עב ו).

4) מ׳ ר׳ ב, ד׳: אזרען.

זְרַק (גט׳ יט ב, עז ב) זָרַק	He threw
זרק (מעי׳ ד א[5] 2) ר׳ איזריק	Cf.
זַרְקֵיהּ (שבת צא ב) זְרָקוֹ	He threw it
זַרְקִינְהוּ (מ״ק יח א) זְרָקָם	He threw them
זָרְקִינַן (פס׳ עט א, צ ב 3) אָנוּ זוֹרְקִים	We throw

זִירְתָא (עירו׳ כט ב, ב״מ סד א) זֶרֶת
Span from pinky to thumb of spread hand (according to R. Chaim Na'eh 9.45' (24 cm.); according to Chazon Ish 11.34' (28.8 cm:)

5) פ״א גם בד׳: איזריק.

– ח –

חָאִים[1] (שבת קנג א 3[2]) חָם (=מתרגש בהספד)
He is moved (by an eulogy)

חַבּוֹבֵי (שבת קל א כ״פ, חול׳ קלג א 2) (ל)חַבֵּב
(To) love, like, esteem, honor

לְחַבּוֹבֵי (שבת שם) לְחַבֵּב — For love, esteem, honor of

חֲבוֹט (עירו׳ ט א) הַשְׁפֵּל (רש״י) — Lower (*imp.*)

חבוטו[3] (ב״ב נח סע״א) ר׳ חבטו

חבוטו (תע׳ כד א) נוס׳: טריוה

חַבּוֹטֵי (כתו׳ לו ב) (לַ)חֲבֹט — (To) knock down

חַבּוֹיֵי (ב״ק ס ב) (לְ)הֵחָבֵא — (To) hide oneself

חִיבּוּלְיָא (מ״ק כח ב) מַשְׁכּוֹן (פ״א: נֶשֶׁךְ)
Security (other explanation: usury, interest)

חִיבּוּצָא דְתַמְרֵי (כתו׳ פ רע״א[4], ב״מ צט ב[5]) עִגּוּל שֶׁל תְּמָרִים — Circular batch of pressed dates

חַבּוּר עֲלֵיהּ (ב״מ צז א) חָבְרוּ עָלָיו
They united against him

חַבּוּרֵי מְחַבְּרֵי (גט׳ לח א) מִתְחַבְּרִים — They unite

(דָּם) חַבּוּרֵי מִיחַבַּר (שבת קלג ב, כתו׳ ה ב 2, ו א) יוֹצֵא ע״י חֲבוּרָה — (Blood) discharged as a result of a wound

חַבּוּרְתָא חֲבוּרָה — Wound

חֲבוּרָתָא (מו״ק כז ב[6], קידו׳ מד סע״א[7]) חֲבוּרוֹת
Groups (of Sages)

חֲבוּשָׁא (בר׳ מג ב, כתו׳ ס ב) חָבוּשׁ (פרי) — Quince

חֲבוּשֵׁי (סנ׳ לט א) חֲבוּשִׁים (פרי) — Quinces

חֲבָטָא חֲבָטָה — Blow, stroke

חִבְטוּ[8] (ב״ב נח סע״א) חִבְטוּ — Knock, strike, hit (*imp.*)

חבטיה (שבת סז א) א״פ: חבטתיה

חַבְטִינְהוּ (בר׳ י סע״א — הב״ח, מ״ק יח א, חול׳ ז רע״ב) חֲבָטָם — He knocked, stroke, hit them

חֲבַטְ[תֵּ]יהּ (שבת סז א — א״פ) הִפַּלְתִּיו — I threw it down

חביא מחבא (בכו׳ מג ב) צ״ל: חבויי מיחבא (?)

חֲבִיבָא/ה חָבִיב — Cherished, beloved

חֲבִיבוּתָא חִבָּה — Affection, love

חֲבִיבוּתֵיהּ (יומא כד ב, כה ב) חִבָּתוֹ — His affection, love

חֲבִיבִי[9] דּוֹדִי
My beloved (this is how Rav called his uncle R' Chiya)

חֲבִיט (סוכה מד ב 4) חָבַט — He knocked, stroke, hit

חֲבִיטָא (שבת קלח א, כתו׳ י א) חֲבוּטָה
Thrown down, lying on the ground

חֲבִיל (ב״ק פז א, סנ׳ פד ב) חוֹבֵל — He wounds

חֲבִיל וּמִית (ב״ק מח א, ב״מ צז א) נִתְחַמֵּם וָמֵת
Its temperature rose (became sick) and it died

חֲבִיל גּוּפַיְיהוּ (שבת פו ב ועוד) גּוּפָם חַם, נִתְחַמֵּם גּוּפָם
Their bodies are warm, their bodies warmed up

חֲבִיל לָן/לְהוּ עָלְמָא (ר״ה כ א 2) הָעוֹלָם חָם לָנוּ/לָהֶם[10]
The air where we/they live is hot for us/them

חֲבִלָּא (מ״ק כח רע״ב 2) חָבוּל, מְמֻשְׁכָּן[11]
Injury, loss, mortgaged

חֲבִלֵיהּ (בכו׳ ח סע״ב) נִזְקוֹ, הֶפְסֵדוֹ
His damage, his loss

חֲבִיצָא (בר׳ לז ב, מנ׳ עה ב) חֲבִיצָה[12]
A dish made up of flour, dates, and butter; a dish cooked in a pot with bread crumbs

חביצא (ב״מ צט ב) ר׳ חִיבּוּצא — Cf.

חֲבֵירְתַּהּ חֲבֶרְתָּהּ — Her friend (*f.*)

חֲבֵירְתִּי (ב״ב עג א) חֲבֶרְתִּי — My friend (*m.*)

חֲבִיתָא חָבִית — Barrel

חֲבַל חָבַל (=גרם נזק) — He caused damage

חֲבַל (ב״מ קטז א) חָבַל (=לקח משכון)
He took security

חַבְלָא חֶבֶל — Rope

חֲבָל (סנ׳ צג ב — מדני׳) חַבָּלָה — Injury

---

1) מ׳ ואה״ת, ד׳: אחים.
2) [ד׳: 4 פעמים אחים, אה״ת: חאים חאים חאים מחים, מ׳: אחים חאים חאים חאים. והוא קרוב לרי״ף: אחים חאים חאים מחאים. (ע. ל.)]
3) מ׳: חבטוה, ה׳ ואה״ת: חבטו, רשב״ם ד״ו: חיבטו.
4) ע׳, ד׳: חובצא, מ׳: חיצבא.
5) ע׳, מ׳ ד׳: חביצא, ה׳: הוצצא.
6) רש״י: חבורות הן.
7) מ׳ (רש״י: חבורות), ד׳: חברותא.
8) ה׳ ואה״ת, רשב״ם ד״ו: חיבטו, מ׳: חבטוה.
9) כך מכנה רב את ר׳ חייא דודו.
10) אויר מקומנו/מקומם חם.
11) ערוך ע׳ וה.
12) = תבשיל עשוי מקמח, תמרים וחמאה (עה״ש).

חַבְלָא (ב״ק עד א, סנ׳ צג ב) חַבָּלָה — Injury

לְחַבְלָא (סנ׳ ק ב) לְאַבּוֹד, לְהֶפְסֵד — To be destroyed, to be lost

חֲבַלָה (ב״ק פט סע״א) חָבְלָה (=הזיקה) — She caused damage

חָבְלֵי חוֹבְלִים — They injure

חַבְלֵי חֲבָלִים — Ropes

חַבְלֵי דְצוּרֵי (ע״ז עה סע״א) חֲבָלִים שֶׁל נְצָרִים — Palm-wood wicker ropes

חַבְלֵיה (ב״ק פט ב כ״פ) חַבָּלָתוֹ — His damage

חֲבָסָא (ב״מ קטז ב) חֲבִיסָה (=רציצה) — Crushed by pressure

חַבְקָהּ (ע״ז ס רע״ב) חִבְּקָהּ — He embraced it (*f.*)

חַבְקֵיה (פס׳ קי ב, קיא ב) חִבְּקוֹ — He embraced it (*m.*)

חֶבֶר גּוּאלְקִי[13] (שבת קנד ב) טֹעַן שַׂקִּים[14] — A load of two sacks balanced equally on both sides of the animal

חברא (הור׳ יב א) ר׳ הברא — Cf.

חַבְּרָא (גט׳ יז א) חַבָּר[15] — A Persian fire worshipper

חַבְרָא חָבֵר — A friend

חַבְרַאי חֲבֵרִי — My friend

חֲבֵרַאי חֲבֵרַי — My friends

חַבְרוֹהִי חֲבֵרָיו — His friends

חַבְרְוָותָא (חול׳ נז ב) חֲבֵרִים (רש״י), חֲבוּרוֹת — Friends (Rashi), groups

חַבְרוּךְ (כתו׳ סה א) חַבְרֵי חֲבֵרֶיךָ[16] — Friends of your friends

חַבְרוּתָא חֲבֵרוּת — Friendship

חַבְרוּתָךְ (פס׳ קיח ב) חַבְרֵי חֲבֶרְךָ (רשב״ם) — Friends of your friends (Rashbam)

חַבָּרֵי (שבת מה א ועוד) חַבָּרִים[15] (יב׳ סג ב) — Persian fire worshipper

חברי דאיוב (ב״ב טז ב) כי״: חבריה

חברי (ב״ב קעג ב) מ׳: חבראי

חבירי דאבוך (סנ׳ קב ב) אה״ת: חברא

חַבְרַיָּא הַחֲבֵרִים — The friends

חַבְרֵיהּ חִבְּרוֹ — He attached it

חַבְרֵיהּ חֲבֵרוֹ — His friend

חֲבֵרֵיהּ (נזיר מד ב ועוד) חֲבֵרָיו — His friends

חַבְרֵיהוֹן (קידו׳ יג א — מתרג׳) חַבְרֵיהֶם — Their friends

חבריך (בכו׳ י ב) שט״מ: חברין

חַבְרִין חֲבֵרֵנוּ, חֲבֵרֵינוּ — Our friend, friends

בַּר חַבְרִין (ביצה כה א) בֶּן־חֲבֵרֵנוּ — The son of our friend

חַבְרִין בַּבְלָאֵי[17] חֲבֵרֵינוּ הַבַּבְלִיִּים — Our friends the Babylonians

חַבְרָךְ חֲבֵרְךָ — Your friend

חַבְשׁוּהָ[18] חֲבָשׁוּהוּ — They imprisoned him

חַגָּא (חגי׳ י ב כ״פ) חַג — A festival

חַגָּא (ע״ז ג ב) הֶחָג (=סוכות) — The festival (Sukkos)

חַגָּא דְשָׁבוּעַיָּא חַג הַשָּׁבוּעוֹת — The Festival of Shavu'os

בִּלְעָם חֲגִירָא (סנ׳ קו ב) בִּלְעָם הַחִגֵּר — Bilam the Lame

פַּרְעֹה חֲגִירָא (מג׳ ג א = מ״ק כח ב — מתרג׳) פַּרְעֹה נְכֹה — Pharaoh Neco, lit. Pharaoh the Lame (II *Melachim* 23:29)

חגרא[19] (שבת לב רע״א) ר׳ מחגרא — Cf.

חַגְּתָא דְטַיְּיעֵי (ע״ז יא סע״ב 2) יוֹם אֵידָם שֶׁל עַרְבִיִּים (ע׳) — Festival day of Arabs

חַד אֶחָד — One

יוֹמָא חַד[20] יוֹם אֶחָד — One day

חַד בְּשַׁבָּא אֶחָד בְּשַׁבָּת (=יום ראשון) — Sunday

חַד סְרַ אַחַד עָשָׂר — Eleven (*m.*)

חַד סְרֵי אַחַת עֶשְׂרֵה — Eleven (*f.*)

חֲדָא אַחַת — One (*m.*)

לְחָדָא (סנ׳ יח סע״ב) מְאֹד[21] — Very much

(13) ע׳, רש״י: גוואלקי, מ׳: גוולקי, ד״י: אגלווקי.

(14) טוען של שני שקים משני צדי הבהמה, המחוברים בחבל (עי׳ ערוך ע׳ חבר א).

(15) עובדי האש בפרס.

(16) ראה עה״ש.

(17) וכן בזבי׳ לי ב׳ — מ׳ ור׳, ד׳: בבלאה.

(18) ד״ח בכולם: חבשוהו.

(19) מ׳ שט׳ ור״ח: מחגרא, ואולי צ״ל: חגירא!

(20) בכמה מקומות בד׳: יומא חדא, אבל במ׳ ואה״ת בכולם: יומא חד.

(21) וכן בעברית: היה חביב לו (ביותר) עד (ל)אחת (מני יח א, והוגה ע״פ כי״, ד״ס אות ב).

חֲדַאי (פס׳ סח ב 2) שְׂמְחִי

Rejoice, be happy (*f., imp.*)

חַדֵּד (שבת לב א) חַדֵּד (צ) — Sharpen (*imp.*)

חָדוּ (גט׳ נז א) שְׂמֵחִים — They rejoice, are happy

חֶדְוָא דְלִבָּךְ (בר׳ נו א 2) שִׂמְחַת לִבְּךָ

Joy of your heart

לְחַדּוֹדֵי לְחַדֵּד — To sharpen

חֶדְוֵיהּ (בר׳ נה א) שִׂמְחָתוֹ — His joy

חֶדְוָותָא (גט׳ סח ב) חֶדְוָה, שִׂמְחָה — Happiness, joy

חדורות (חול׳ נט ב) כי״י וע׳: הדורות

לחדושי (בר׳ כט ב) א״פ: לחדותי

חִידּוּשֵׁיהּ[22] (נדר׳ ד א—ב, נזיר לז א) חִידּוּשׁוֹ — Its novelty

לְחַדּוֹתֵי[23] (בר׳ כט ב) לְחַדֵּשׁ — To innovate

חָדֵי שָׂמֵחַ — He rejoices, is happy

חֲדֵי (סוכה כח ב 2) שָׂמַחְתִּי — I rejoiced, was happy

בֵּי חָדְיֵהּ (קידו׳ ע ב) חֵיקוֹ — His bosom

חָדַיי (ב״ב ט ב) חָזַי (שדיים שלי) — My breasts, bosoms

אַבֵּי חָדַיְיהוּ (שבת יג א, ע״ז יז א) עַל בֵּין חָזֵיהֶן

(=עַל שְׁדֵיהֶן) — On their breasts, bosom

חַדֵּית (כתו׳ מה א) חִדֵּשׁ — He innovated

חִדְקָאָה (עירו׳ קא א) חִדְקִי (=קוֹצִי) — My thorn

חִידְקֵי (שבת מו א 3) חֲרִיצִים — Grooves

חַדְקִינְהוּ (יומא עב א) הַדְּקֵם

Fasten them, tie them well (*imp.*)

חֲדַת חָדָשׁ — New

חֲדַתָּא חֲדָשָׁה, הֶחָדָשׁ — New (*f.*), the new (*m.*)

חַדְתִּי (בר׳ ג ב ועוד) חֲדָשָׁה — New (*f.*)

חַדְתֵּי חֲדָשִׁים — New (*m., p.*)

חַדְתָּתָא חֲדָשׁוֹת — New (*p., f.*)

חוֹבֵי דָרָא (יומא סו ב) עֲוֹנוֹת הַדּוֹר

Sins of the generation

חובצא (כתו׳ פ רע״א) ר׳ חיבוצא — Cf.

חוֹבְתָא (ב״מ כח ב) חוֹבָה

Disadvantage, handicap, incriminating evidence

חוֹבְתֵיהּ (סנ׳ לג ב 3) חוֹבָתוֹ — His disadvantage

יְדֵי חוֹבְתַיְיהוּ (תע׳ כד א) יְדֵי חוֹבָתָם

Of their obligation

חוגא (חגי׳ י רע״ב) מ׳: חגא, וצ״ל: חוגו

חוֹגוּ חַגָּא (חגי׳ י ב 3) חֹגּוּ חָג

Celebrate the festival (*p., imp.*)

לְחוּד.. לְחוּד[24] לְבַד... לְבַד — Separately... separately

בִּלְחוּד (תמו׳ כח סע״ב) בִּלְבַד — Only

חוּדָא דְכוֹבָעָא (חול׳ יח ב) שִׁפּוּי כּוֹבָע[25]

The protrusion of the windpipe

לְחוּדַאי[26] (קידו׳ פא סע״א 2) לְבַדִּי — Alone, by myself

לְחוּדַהּ לְבַדָּהּ — Alone, by herself

אַחוּדֵיהּ[27] (עירו׳ לא א) עַל חֻדּוֹ — On its edge

לְחוּדֵיהּ לְבַדּוֹ, יְחִידִי — Alone, by himself

לְחוּדֵיהוֹן[28] (קידו׳ יג סע״א) לְבַדָּם

Alone, by themselves

לְחוּדַיְיהוּ לְבַדָּם — Alone, by themselves

לְחוּדָךְ (פס׳ קיג ב) לְבַדְּךָ — By yourself

חוּדָן (שבת צח א) חֻדָּן — Their edge

חֲוַור אַפֵּיהּ (כתו׳ סא רע״ב) חָוְרוּ (=הִלְבִּינוּ) פָּנָיו

His face became pale

חִיוָּור לָבָן — White (*m.*)

חִיוָּורָא לְבָנָה — White (*f.*)

חוורא (בר׳ ז א[29], ע״ז ד ב[30]) ר׳ חוורא — Cf.

חָוְורָא מַלְבִּינָה (פ״ע) — It whitens (*v.i.*)

חִיוָּורֵי לְבָנִים — White (*p.*)

חַוּוֹרֵי (ב״ק צג ב) (ל)כַבֵּס — (To) whiten

חַוְּורֵיהּ (ב״מ ס ב) רְחָצוֹ — He washed it

חַוְּורֵיהּ (ב״ק צג ב) כִּבְּסוֹ — He whitened it

לְחַוּוֹרֵיהּ (שבת קמ ב) לְכַבְּסוֹ — To launder, wash

---

22) מ׳ בנדר׳ בכולם: חידושי, בנזיר חסר קטע.

23) א״פ, מ׳ וד׳: לחדושי.

24) מציין תמיד אי זהות. למשל: עני שיעורא לחוד וכהן שיעורא לחוד (בר׳ ב ב). כלומר: שיעורי העני והכהן שונים הם, ואינם זהים.

25) רש״י: כמין כובע יש למעלה מן הקנה... ומאמצעיתו ולמעלה הולך וכלה ונעשה חדוד.

26) מ׳: לחודאיי. ב״ק לח א — כי״י וד״י: לחודיה, ד״ח: לחודאי.

27) ד״ח: אחוריה, ועי׳ ח״ג שם.

28) מ׳: לכולהו, ע״י: לחודייהו.

29) ע״י: חוורא, מ׳: חורא, אה״ת: בחוורא.

30) מ׳: כי חוור׳, כ״י ספ׳: כי חורא.

חָוְור[י]ן[31] (נזיר לט סע״א) מַלְבִּינִים (פ״ע)
They whiten (*m., v.i.*)

חִיָּוורֵי(ן)[32] (גט׳ מה א) לְבָנִים
White (*p.*)

לָא חַוּורִיתוּ (קידו׳ לט א) לֹא הִלְבַּנְתֶּם (=לא ברורתם)
You haven't clarified (become enlightened in that subject)

חָוְורָן (נזיר לט סע״א[33], חול׳ ז ב) מַלְבִּינוֹת (פ״ע)
They whiten (*fem, v.i.*)

חִיוַּורְתָּא (גט׳ נו א) (קמח) לָבָן
White (flour)

חִיָּוורָתָא (בר׳ כח א כ״פ) (שערות) לְבָנוֹת
White (hairs)

חִיוַּורְתִּי לְבָנָה
White (*f.*)

חוּזָאָה (פס׳ קה ב) חוֹזֶה, נָבִיא
A clairvoyant, a prophet, a foreteller

חוּזָאָה תושב ״בי חוזאי״[34]
One who lives in Choza'i

מוֹרִיקָא דְחוֹהֵי (גט׳ ע א) כַּרְכֹּם (שֶׁגָּדֵל בֵּין הַחוֹחִים (ע׳)
Crocus or saffron (that grows among the thorns)

קורטמי דחוהי (גט׳ ע א) ר׳ חרי
Cf.

חוּטָא חוּט
Thread

חוּטָא דִזְהוֹרִיתָא (גט׳ סט ב) חוּט שֶׁל זְהוֹרִית
Thread (string) of scarlet (crimson)

חוּטָא דְכִיתָּנָא (נדה סא ב) חוּט שֶׁל פִּשְׁתָּן
Thread (string) of flax

חוּטֵי חוּטִים
Threads

חוּטֵיה (מנ׳ לז ב) חוּטוֹ (של ציציתו)
His string (of *tzitzis*)

חוּטְמַיְיהוּ (שבת נג ב) חוֹטְמֵיהֶם
Their noses

חוּטְרָא מַקֵּל, חֹטֶר
Stick, staff, scepter

חוּטְרָא (שבת לב א) גְּדֵרָה (לצאן)
Enclosure, pen (for sheep)

חוּטְרָנָא (שבת קי ב) בַּעַל חֲטוֹטֶרֶת (רש״י: מנומר)
Humpback *(Rashi:* striped, spotted, checkered pig)

חוּכָא שְׂחוֹק
Laughter

חוּכָא וְאִטְלוּלָא (עירו׳ סח ב) שְׂחוֹק וּמִשְׂחָק (רש״י: ליצנות)
Laughter and jest

חוּכְמָא (שבת צ ב) חָכְמָה
Wisdom

חוּכְמָתֵיהּ (מ״ק כח א) חָכְמָתוֹ
His wisdom

חוּלָּא דְמוֹעֲדָא חֹל הַמּוֹעֵד
Intermediate days of Jewish festivals

חוּלֵי[35] חֻלִּין
Profane matters

חוּלְיָא (מג׳ ז ב, ע״ז ל סע״א, מנ׳ פז א 2) מָתוֹק, מְתִיקוּת
Sweet, sweetness

חוּלְיָא (חול׳ נ א) חֻלְיָה
Vertebra of spinal column

חוּלְיֵי (ע״ז לח ב) מְתוּקִים
Sweet (*p.*)

חוּלְשָׁא חֻלְשָׁה, מַחֲלָה
Weakness, weariness, sickness

חוּלשא (יומא ע ב) כי״י ורש״י לי׳

חוּלְשָׁא[36] **דְאוֹרְחָא** חֻלְשַׁת הַדֶּרֶךְ
Weariness from traveling

חוּלְשָׁא דְלִבָּא (בר׳ מ א, חגי׳ ו א) חֻלְשַׁת הַלֵּב
Cardiac weakness

חוּלְשֵׁיהּ (נדר׳ מ א) חָלְיוֹ
His sickness

חוּמַטְרִיָא (שבת קט ב) אֲבוּב רוֹאֶה[37] (במשנה)
Plant used to stop bleeding

חוּמְרָא חֹמֶר, חֻמְרָה
Severity, strictness, gravity

חוּמְרָא זוּטָא (יב׳ ז א) חֹמֶר קָטָן
Slight severity, gravity

חוּמְרָא רַבָּה חֹמֶר גָּדוֹל
Great severity, gravity

---

(31) הגהתי ע״פ מ׳: חיורי.

(32) כי״י, הנו״ן שבד׳ — דיטוגרפיה של ״נינהו״.

(33) מ׳ שטי׳ ועי״, ד׳: חיוורן.

(34) בפי הגאונים: הוזאה (ר׳ ב״צ אשל, ישובי היהודים בבבל וכו׳, עמ׳ 58).

(35) כך בכי״י במקומות הרבה.

(36) יב׳ עא ב: חולשיה, וצ״ל: חולשא (מ׳: חוליא), ובסוף העמוד: חולשא (מ׳: חולייא).

(37) נ״א: אבוב רועה. לפי עה״ש הוא צמח, שמשתמשים בו לעצירת הדם.

חוּמְרֵי מַתְנְיָיתָא (שבת קלח רע"א, ע"ז מב ב) כְּלָלוֹת שֶׁל מִשְׁנָיוֹת[38]

General rules of the *Mishnayos* (*Rashi: Beraissos*)

Severities — **חוּמְרֵי** חֲמָרִים, חֲמֻרוֹת

Rings — **חוּמְרֵי** (שבת עג ב) קְשׁוּרִים

חוּמְרֵי פְּתַכְיָיתָא (קידו' ט א) קְשׁוּרֵי חֲרוּזִים

Decorative trinkets of glass stringed in necklace

שַׁב חוּמְרֵי (גט' סט רע"א) שֶׁבַע חוּלְיוֹת[39]

Seven vertebra of the spinal column (striped, spotted in seven colors)

חוּמְרֵי שִׁדְרָה (שבת קמז סע"ב) חוּלְיוֹת שִׁדְרָה

Vertebra of the spinal column

חוּמְרֵיהּ (עירו' ו ב — ז א כ"פ) חֻמְרוֹ

His stringent way of interpreting the Halacha

Its sum total — **חוּמְרֵיהּ** (ע"ז ט א—ב כ"פ) קְשׁוּרוֹ, סִכּוּמוֹ

חוּמְרֵיהוֹן (עירו' ו ב וש"נ) חֻמְרֵיהֶם

Their stringent interpretations of the Halacha

Their severity — **חוּמְרַיְיהוּ** (יב' כא א) חֻמְרֵיהֶם

חוּמַרְתָּא (גט' סט סע"ב) אֶבֶן קְטַנָּה עֲגֻלָּה

A small round rock

חוּמַרְתָּא (כתו' י רע"ב) אֶבֶן עֲגֻלָּה (משפשפים בה כביסה)

A round rock (used to rub the laundry)

Loop — **חוּמַרְתָּא** (שבת קיב א, יב' קב א) לוּלָאָה

Wine-press beam drive — **חוּמַרְתָּא** (ב"ב סז ב) גַּלְגַּל

חוּמַרְתָּא דִכְשׁוּתָא (גט' סט א) פֶּרַח שֶׁל כְּשׁוּת

Flower of cuscuta

חוּמַרְתָּא דְמָדוּשָׁא (עירו' סט א, מ"ק יב ב 2) טַבַּעַת שֶׁל אַלְמוֹג

Ring of coral

חוּמַרְתָּא דְפִילוֹן (גט' סט ב, שבת סב א) צְרוֹר שֶׁל פִּילוֹן

Charm containing phyllon

חוּמַרְתָּא דְקְטִיפְתָּא (שבת נז ב) צְרוֹר (כעין קמיע) נֶגֶד עַיִן הָרַע

Charm against Evil Eye

His wheel — **חוּמַרְתֵּיהּ** (זב' כא ב) גַּלְגַּלוֹ

Fifth — **חוּמְשָׁא** חֹמֶשׁ

חוּמָּשֵׁי (מג' כו ב, ב"מ פה ב) חוּמָּשִׁים (של תורה)

Books of Pentateuch

His fifth — **חוּמְשֵׁיהּ** חֻמְשׁוֹ

Their fifth — **חוּמְשַׁיְיהוּ** (ב"מ צט ב) חֻמְשָׁם

Fifths — **חוּמְשְׁיָיתָא** (ב"מ סד רע"א) חֲמִשּׁוֹת

חוּמָּשִׁין (מג' כו ב) חוּמָּשִׁים (של תורה)

Books of Pentateuch

Pellitory plant — **חוּמְתִי** (גט' סט א 2) שם עשב חם[40]

חוּסְכָא דִנְחָשָׁא (ב"מ ע א) פְּחַת הַנְּחֹשֶׁת[41]

Depreciation of copper due to its being burned

חוּפְיָא (בר' ו א) חִכּוּךְ (במשהו)

Rubbing (on something)

Broom — **חוּפְיָא** (סוכה לב א, ב"ק צו א 2) מַטְאֲטֵא

Insolence — **חוּצְפָּא** חֻצְפָּה

Hole — **חוּרָא** חור

Destruction — **חוּרְבָא** (סוטה מח א 2) חֹרֶב (=חֻרְבָּן)

נָפֵיק חוּרְבָא מִינֵּיהּ (שבת כט ב ועוד) יוֹצֵאת תַּקָּלָה מִמֶּנּוּ

A destructive or detrimental spiritual situation

Destruction — **חוּרְבָּנָא** חֻרְבָּן

חוּרְבָּתָא סְגִירְתָא (סנ' עא סע"א) חֻרְבָּה מְנֻגַּעַת (בצרעת הבית)

Wreckage of a *tzara'as* plagued house

חוּרְגֵיהּ (סוטה יא סע"ב[42], תמו' טז א) חוֹרְגוֹ (=בן אשתו)

His wife's son, stepson

חוּרְגְתָא[43] (סוטה מג סע"ב) חוֹרֶגֶת (=בת אשתו)

His wife's daughter, stepdaughter

Perforated — **חוּרֵי חוּרֵי**[44] (מג' יב א) חוֹרִים חוֹרִים

Sharpness of mind — **חוּרְפָא**[44*] חֲרִיפוּת

חוּרְפָּא דְסַכִּינָא (סנ' נו א, חול' יז ב) חִדּוֹ שֶׁל סַכִּין

Sharp edge of knife

My sharpness of mind — **חוּרְפַאי** (חול' ק ב) חֲרִיפוּתִי

חוּרְפִי (ע"ז עה א, בכו' נז סע"ב) כי"י: חרפי

His sharpness of mind — **חוּרְפֵיהּ**[45] חֲרִיפוּתוֹ

---

38) עי' פי' רש"י בשבת.

39) מנומר בשבעה גוונים.

40) "ולכן נקרא בל"י עשב של אש" (ר"ב).

41) על ידי השימוש.

42) מ' אה"ת וע"י, ד': חורגו.

43) בתוך משפט, שכולו עברית.

44) א"פ ופ' ואה"ת וע"י, מ' ד': חרי חרי.

44*) בלשון "לפום חורפא שבשתא" בפי רבא על בעיא של רמי בר חמא (ב"מ צו ב ונדה לג רע"ב), ועי' "חורפיה".

45) "אגב חורפיה לא עיין בה" אומר רבא על בעיא של רמי

חוּרְפֵי[הּ][46] (שבת קח ב) חֲרִיפוּתוֹ — Its sharpness of taste

חוּרְשַׁיָּא (שבו' ו א) חֳרָשִׁים (=יערות) — Forests

חוּרְתָּא (שבת קג רע"א) חוֹר — Hole

חוּשׁ (ב"ב קלה א 2) חֲשׁשׁ (צ)

Take (*imp.*) into consideration

חוּשׁוּ (קידו' יג א) חִשְׁשׁוּ (צ)

Take into consideration (*p., imp.*)

חוּשְׁבָּנָא חֶשְׁבּוֹן — Calculation, measurement

חוּשְׁבָּנַאי (כתו' סז ב) חֶשְׁבּוֹנִי

My accounting (of money)

חוּשְׁבָּנֵיהּ חֶשְׁבּוֹנוֹ — His calculation, measurement

חוּשְׁבָּנַיְיהוּ (סנ' יח ב, כו א) חֶשְׁבּוֹנָם

Their calculation, measurement

חוּשְׁכָא (ביצה לב רע"ב) פֶּחָם (בראש הפתילה) — Soot

חוּשְׁלָא שְׂעוֹרִים קְלוּפוֹת[47] — Peeled barley grains

חוּשְׁלָא(י)[48] (מ"ק טז ב) שְׂעוֹרִים קְלוּפוֹת

Peeled barley grains

חושלי (ב"ק ל סע"ב) = חושלא

לחות (ב"ב עג ב) ה': למיחת

חוּת (נחת) רֵד — Go down, descend (*imp.*)

חוּתוּ רְדוּ — Go down, descend (*p., imp.*)

חֲזָא רָאָה — He saw

חֲזַאי רָאִיתִי, רָאֲתָה — I saw, she saw

חזאי (נדר' ו רע"ב) מ': חזי

חָזוּ רוֹאִים — They see

חֲזוּ רְאוּיִים — Capable, fitting (*p.*)

חֲזוֹ רְאוּ, רָאוּי — See (*imp.*), capable, fitting (*s.*)

תּוֹ חֲזוֹ[49] (סנ' ק רע"ב) בּוֹאוּ וּרְאוּ

Come and see (*p., imp.*)

חָזוּתָא מַרְאֶה, חָזוּת — Appearance

חָזוּתֵיהּ (מנ' מג א כ"פ) חָזוּתוֹ, מַרְאֵהוּ — His appearance

חֲזָזִיתָא (גט' ע א) חֲזָזִית — Skin disease

חָזֵי רוֹאֶה — He sees

חֲזִי רָאוּי, נִרְאֶה (ב), רְאֵה (צ)

Capable, it seems, see (*imp.*)

תָּא חֲזִי בּוֹא וּרְאֵה — Come and see

חֲזִי[50] (נדר' ו רע"ב, נ א) רְאִי — See (*f., imp.*)

כִּדְחֲזִי (בר' מז ב, כתו' כא א) כָּרָאוּי — Correctly, properly

לְדִידִי חֲזִי לִי אֲנִי רְאִיתִיו — I saw (it, him)

חָזְיָא רוֹאָה — She sees

חַזְיָא רְאוּיָה, רָאֲתָה — Capable, fitting (*f.*), she saw

לְדִידִי חַזְיָא לִי[51] אֲנִי רְאִיתִיהָ — I saw (it, her)

חזיא מ' ואה"ת: חזייה

חַזְיוּהּ[52] רָאוּהוּ — They saw (it, him)

חֲזִי(ו)נְהוּ[53] (יומא עא ב) רָאוּם (=ראו אותם)

They saw them

חֲזִיזָא (בכו' מד א) צֶמֶחַ (=אזניו ארוכות)

Long ears deflected downward

חֲזְיֵיהּ רָאָהוּ — He saw (it, him)

חֲזְיָהּ (בר' כ א, סנ' קי רע"א ועוד) רָאָה אוֹתָהּ — He saw her

חָזְיָין רוֹאוֹת — They (*f.*) see

חַזְיָין רְאוּיוֹת — They (*f.*) are capable

לְדִידִי חַזְיָין (יב' כב רע"א, חול' קלט ב) אֲנִי רְאִיתִין

I saw them (*f.*)

חָזֵינָא = חָזֵי אֲנָא (עירו' מא א) אֲנִי רוֹאֶה — I see

חזינא (פס' ט רע"א) כי"י ר"ח ורש"י: חזינן

חֲזֵינָא (נדר' צ ב, ב"מ קו א—ב) אֲנִי רָאוּי

I am capable, fitting (to eat *terumah*)

לָא הֲוָה חֲזֵינָא (ב"מ קו א) לֹא הָיִיתִי רָאוּי

I wasn't worthy of, deserving

חזינא בכמה מקומות לפני "א" = חזינן

חֲזֵינָא רָאִיתִי — I saw

חֲזִינְהוּ[54] רָאוּם — They saw them

חֲזִינֵיהּ רְאִינוּהוּ — We saw (it, him)

חֲזִינָךְ (בר' נח ב) רְאִינוּךָ — We saw you

חָזֵינַן אָנוּ רוֹאִים, נִרְאֶה — We see, we will see

בר חמא (עירו' צג רע"א וב"ב קטז רע"ב), ועי' "חורפא".

(46) א"פ וד"י.

(47) יומא עט א: "שלא בקליפתה חושלא (כ"י וע', ד': אושלא) מקרי".

(48) הגהתי, מ' רי"ף ורא"ש לי' "וקא מניפה חולשאי".

(49) מ' וק', ד': תחזו, אה"ת ומנוה"מ: חזו.

(50) מ', ד': חזאי.

(51) תע' כב ב — מ': חזי, ב"ב עג ב — מ' ה': חזי, יב' כא ב — מ': לדידי חזאי (לי).

(52) כ"פ בד': חזיוהו.

(53) הגהתי, א"פ מ' וע"י: חזיוה.

(54) ביבמ' קטו רע"ב ובסוטה לה א — מ': חזונהו.

חֲזֵינַן (בר׳ נו א כ״פ[55], ב״ב עד ב[56]) רָאִינוּ
We saw

חֲזִירָא (שבת קנה ב) חֲזִיר
Pig, swine

חֲזִירֵי[57] חֲזִירִים
Pigs, swine

חֲזִירֵי[58] (בר׳ נו א) חֲזִירִים
Pigs, swine

חֲזִירְתָא (חול׳ ע ב) חֲזִירָה (ע״ז כ ב)
Sow (female swine)

חָזֵית אַתָּה רוֹאֶה, תִּרְאֶה
You see, you will see

הֲוָא חֲזֵית (ב״מ קו א) הָיִיתָ רָאוּי
(Had) you been worthy

חזית (ע״ז ב ב) ר׳ חזת
Cf.

חֲזֵיתַהּ (סנ׳ פב ב, קד א) רָאֲתָה אוֹתָהּ
She saw it

חָזִיתוּ אַתֶּם רוֹאִים
You (*p.*) see

חֲזֵיתוּ רְאִיתֶם
You (*p.*) saw

חָזִיתוּן (נדר׳ סה א) אַתֶּם רוֹאִים
You (*p.*) see

חֲזֵיתֵיהּ רָאִיתָ אוֹתוֹ, רָאִיתִי אוֹתוֹ, רָאֲתָה אוֹתוֹ
You (*s.*) saw him, I saw him, she saw him

חֲזֵיתֵי[הּ] (ביצה כח ב 2 — מ׳ וד״ו) רָאִיתִי אוֹתוֹ
I understood it (lit. I saw it)

חֲזֵיתֵי[הּ] (ר״ה כו ב — מ׳) רָאֲתָה אוֹתוֹ
She saw him

חֲזֵיתִינְהוּ (יב׳ קכב ב, ר״ה כו ב[59]) רָאֲתָה אוֹתָם
She saw them

חֲזִתִינְהוּ (ב״ב עג ב) רָאִיתִי אוֹתָם
I saw them

חֲזֵיתִינְכוּ (בר׳ נח ב) רְאִיתִיכֶם
I saw you (*p.*)

חֲזֵיתִינַן (כתו׳ עב ב) רָאֲתָה אוֹתָנוּ
She saw us

חֲזֵיתִינַן (ב״ב י ב) רָאִיתָ אוֹתָנוּ
You saw us

חֲזֵיתָךְ (ב״ק צ ב, סנ׳ קח ב[60], חול׳ צו א) רְאִיתִיךָ
I saw you

חֲזֵיתַן[61] (ב״מ סז רע״א 2) הראנו (רש״י)
He showed us

חזן (בר׳ נו א כ״פ) ר׳ חזינן
Cf.

חַזַּן מָתָא (ב״מ צג ב) שׁוֹמֵר הָעִיר
City guard

חַזָּנָא חַזָּן (=שַׁמָּשׁ)
Verger, beadle, attendant

חַזָּנֵי מָתָא (ב״מ צג ב) שׁוֹמְרֵי הָעִיר
City guards

חַזָּנֵי דְפוּמְבְּדִיתָא (ערכ׳ ו ב) חַזָּנִים שֶׁל פּוּמְבְּדִיתָא
Vergers, attendants of Pombedita

חַזָּנַיָּא (סוטה מט א) הַחַזָּנִים (=הַשַּׁמָּשִׁים)
The vergers, beadles, attendants

חֲזַנְהוּ[62] רָאָה אוֹתָם
He saw them

חזנהו (ב״ב עד ב) ר׳ ואה״ת: חזינן

חֶזְקַהּ (יב׳ קטו רע״א) חֶזְקָתָהּ
She established the existence (of a war)

חֶזְקֵי חֲזָקוֹת (ר׳ של חֲזָקָה — ש׳)
Presumption of persistence of pre-existing condition, continuing previous status until evidence of change is produced, *status quo ante*, ways of acquisition

חֶזְקֵיהּ חֶזְקָתוֹ
Previous entry as applied to an individual

חֶזְקַיְיהוּ (כתו׳ כד סע״ב 2, נדה סט א) חֶזְקָתָם
Previous entry in plural

חזקתיה (יב׳ קטו רע״א) מ׳ ותוס׳: חזקה

חֶזְקַ(ת)יְיהוּ (קידו׳ סט ב — מ׳ ורש״י) חֶזְקָתָם
Previous entry in plural

חזר[63] (הור׳ יב א) ר׳ הדר
Cf.

חִיזְרָא (ב״מ ס ב, סנ׳ קח ב[64]) סוּבִּין
Bran

חִיזְרָא קוֹץ, עֲנַף־שְׁפּוּד*[64]
Thorn, pointed branch for spit

חִיזְרֵי[65] קוֹצִים
Thorns

חֲזַת (ב״ב ג ב ועוד, ע״ז ב ב[66]) רָאֲתָה
She saw

חַט(א)[67] (פס׳ כח ב) חָטַט, חָקַק
He scratched, carved

חֲטָא (פס׳ קיג ב ועוד) חָטָא
He sinned

חַטָּאָה (בר׳ ס א) חַטָּא (=חוטא)
Sinner

חֲטַאי (כרי׳ כד סע״א) חָטָאתִי
I sinned

חֶטְאֵיהּ חֶטְאוֹ
His sin

עֵיצַת חֶטְאִין (ע״ז יז רע״ב — מת״א[68])

55) כי״י וע׳, ד׳: חזן.
56) ר׳ ואה״ת, מ׳: חזננהי, ד׳: חזנהו.
57) ור׳ ע׳ קדלי.
58) כי״י, ד׳: שקצי, ועי׳ בהע׳ שם.
59) כצ״ל, מ׳: חזיתנהו, ד׳: חזתנהו.
60) מ׳, ד׳: חזיתיך.
61) מ׳: חזות׳, ה׳: חזיתין, ריב: חזתן, ריטב״א לי׳. ואיני יודע לפרש צורה זו, ואולי צ״ל: אחזיתן = אחזייתן.
62) בכמה מקומות בד׳: חזינהו.
63) מ׳ אה״ת ועי׳׳ הדר, וכן בכרי׳ ה׳ סע״ב.
64) וכן בפס׳ מב ב (כי״י וע׳, ד׳: חורא).
64*) פס׳ פ״ז מ״א: שפוד של רמון. רש״י (ביצה לג א): ענף שהוא חד כקוץ. ר״ח: ממיני קוצים.
65) בפתגם ״שקילא טיבותיך ושדיא אחיזרי״ (שבת סג ב ושי״ן).
66) ד״ו, מ׳: דחזי, ד״ח: דחזית.
67) מ׳ וע׳ ור״ח ורש״י בד״ו, א״פ ורש״י כ״י: דחק.
68) תר׳ של ״זמה״.

עֲצַת חֲטָאִים Sinners' plot

חָטָאן (ב״ב צא ב) חוֹטְאִים (ב) They sin

חַטוּטֵי (יב׳ סג ב, חול׳ צג א) (ל)חַטֵּט

(To) dig out, exhume

חֲטוֹף חֲטֹף (צ) Snatch (*imp.*)

חָטֵיף חוֹטֵף He snatches

חָטֵי (מנ׳ עד א) חוֹטֵא He sins

בֵּינֵי חִיטֵּי (כתו׳ סט רע״א) בֵּין הַתְּפָרִים (ר״ח), בֵּין הַשִּׁיטִין (רש״י)

Between the stitches *(Rach)*, Between the lines *(Rashi)*

חִיטֵּי חִטִּים Grains of wheat

מָרֵי חִיטַּיָּא (בר׳ סד א ועוד) בַּעַל חִטִּים, בַּעַל שְׁמוּעוֹת (=יש בידו הלכות של ראשונים)

Owner of wheat (knowledgeable of *halachos* of ancient sages)

חָטֵיט שִׁכְבֵי (ב״ב נח א) חוֹטֵט מֵתִים

Digs out (exhumes) the dead from their graves

הֲוָה חָטֵיפְנָא... לָא חָטֵיפְנָא[69] (חול׳ קלג א) הָיִיתִי חוֹטֵף... אֵינִי חוֹטֵף I would snatch...I don't snatch

חֲטַף חָטַף He snatches

חַטְפַהּ חֲטָפָהּ He snatched (it, her)

חֲטַפִי חָטַפְתִּי I snatched

חָטְפִי (סנ׳ כה ב) חוֹטְפִים They snatch

חָטְרִי (מנ׳ כט ב 2) זוֹקְפִים (כמקל) They extend a vertical line, like a rod (on roof's edge of *ches*)

חֲטַרְתֵּיהּ[70] (שבת סז א) הִלְקֵיתִיו I hit, struck him

חִיטְּתָא (חול׳ מג ב) חִטָּה Wheat

גִּילָא דְחִיטְּתָא (גט׳ סט א 2, חול׳ נו רע״ב, נדה כו ב) קַשׁ שֶׁל חִטָּה Wheat straw

חֲיָה חָיָה, נִתְרַפָּא He became well, was cured

חיה (נדר׳ סה א, נזיר לט א) מ׳: חייא

חיואי (יב׳ קכא סע״ב) מ׳: חיותאי

חִיּוּבָא חִיּוּב Obligation

חיובא (ב״ק צט ב) מ׳ ה׳: לחיובי

חִיּוּבֵי מִיחַיַּיב חַיָּב וּמְחֻיָּב Obligated, required to do

לְחַיּוּבֵי לְחַיֵּב To obligate, to convict

לחיובי (יב׳ לד א) רש״י: לאיחיובי

חִיּוּבֵי חִיּוּבִים Obligations

חִיּוּבֵיהּ חִיּוּבוֹ His obligation

חִיּוּבַיְיהוּ (מג׳ ה א) חִיּוּבָם Their obligation

חִיוַאי (ב״ק כג ב) נְחָשִׁי (=נחש שלי)

My snake, serpent

חֵיוֵי בָרָיְיתָא (חול׳ מג ב ועוד) בַּהֲמוֹת הַבָּר[72]

Animals that pasture in meadows and forests, healthy and fat animals

חִיוְיָא נָחָשׁ Snake, serpent

חיור גווני (סנ׳ צז א) ר׳ חיזר גווני Cf.

חיור ר׳ חיוור Cf.

חיורא ר׳ חיוורא Cf.

חיורי ר׳ חיוורי Cf.

חיורי (פס׳ מב ב) כי״י וע׳: חיזרי

חַיּוּתָא חַיּוּת Vitality, energy

חֵיוָתָא בְּהֵמוֹת[73] Herd (of cattle)

חֵיוָ[תַ]אי (יב׳ קכא סע״ב — מ׳) בַּהֲמוֹתַי (רש״י)

My cattle

חַיּוּתָהּ (חול׳ עה א) חַיּוּתָהּ Its vitality, energy

חַיּוּתִי (ב״ב כא ב 2) חַיּוּתִי My livelihood

חַיּוּתֵיהּ חַיּוּתוֹ, חַיָּיו (Its, his) vitality, life

חַיּוּתַיְיהוּ (חול׳ עה א) חַיּוּתָם Their power of living

חַיּוּתַיְיכוּ (ב״ב כב א) חַיּוּתְכֶם (=פרנסתכם)

Your livelihood

חֵיזַר[74] **גַּוְונֵי** (סנ׳ צח א) אֶלֶף צְבָעִים

Multi-colored (lit., a hundred shades of colors)

חָיֵי[75] חַי (ב), יִחְיֶה It lives, it will live

חַיֵּי חַיִּים Life

חַיִי (תע׳ כה א) חָיִיתִי I lived

חַיַּיָּא (סנ׳ צח ב 2) הַחַיִּים The living

חַיָּיא חַי (לא מזוג, לא מבושל)

Pure, unprocessed (undiluted) wine

(69) ״מיחטף...״ לי׳ מ׳ ועוד.

(70) מן ״חוטרא״ = מקל.

(71) בנדה הכונה: בשאלות מועטות (רש״י שם).

(72) בדיוק: בהמות חיצונות ״הרועות באפר״ (רש״י), פי״א: ״בריאות ושמנות״ (רש״י).

(73) רש״י (בבר׳ ח ב): מקנה.

(74) מלשון פרסית (=אלף), ד׳: חיורי.

(75) ב״מ קז ב — מ׳ והי׳: עבדי ליה (ד׳: להו) סמא וחיי.

חַיָּא[76] חַי (ת) — Living

חַמְרָא חַיָּא יַיִן חַי (=לא מזוג)

Pure, unprocessed (undiluted) wine

חָיֵי(א)[77] (נדה נה א) מִתְרַפֵּא — He is becoming cured

לְחַיֵּי לְחַיִּים (כלומר: אני מסכים) — I agree (lit. for life)

בִּשְׁלָמָא.. לְחַיֵּי אֶלָּא... בְּשָׁלוֹם... לְחַיִּים אֶלָּא[78]

This stands to reason ...but

חַיֵּיב חִיֵּב — He obligated, condemned

חַיְּבַהּ (ב״ק מח א) חִיְּבָהּ — He obligated her

חַיְּבוּהִ(ו)[79] (ב״ב קה סע״ב) חִיְּבוּהוּ

They obligated him (to pay)

חַיָּבַיָּא (סנ׳ צא א 3) רְשָׁעִים — Wicked people

חַיְּבֵיהּ חִיְּבוֹ — He obligated, condemned him

חַיְּבִינְהוּ חִיְּבָם — He obligated, condemned them

בְּחַיֵּיהּ (מ״ק כה א) בְּחַיָּיו — In his life

חייה (כתו׳ סב ב) מ׳: אחייה

חָיֵיט (מנ׳ מא ב) תּוֹפֵר — He sews

חַיָּטָא חַיָּט — A tailor

חָיְטֵי[80] (ע״ז עה סע״א) תּוֹפְרִים — They sew

חַיְטֵיהּ תְּפָרוֹ — He sews it

חַיְטֵיהּ (בכו׳ ח ב) תְּפֹר אוֹתוֹ (צ) — Sew it (*imp.*)

חָיֵיךְ (חוך) שׂוֹחֵק — He laughs

חייך (מ״ק יז א) מ׳ ע׳ ורי״ף: אחיך

חָיֵיךְ (חכך)(שבת נד ב) חוֹכֵךְ (=מגרד) — He scratches, rubs

חָיְכִי[81] (סנ׳ קג א) שׂוֹחֲקִים — They laugh

חָיְכַתְּ (תע׳ כה א) אַתָּה שׂוֹחֵק — You laugh

חָיֵיל (חול) חָל (ב) — It (*m.*) takes effect

חָיְלָא/ה חָלָה (ב) — It (*f.*) takes effect

חיילא (יב׳ קב א) מ׳: חילא

חָיְלִי חָלִים — They take effect

חָיְלִין (נדר׳ ונזיר) חָלִים — They take effect

חָיֵים (חמם) חַם (ב) — It is hot

וחיים ליה (יומא עד ב) הב״ח: וחמים

חָיְמָא (חול׳ ח ב 2) חַמָּה (ב) — It (*f.*) is hot

חָיִין (סנ׳ צא א כ״פ) חַיִּים — They become resurrected

חָיֵינָא (תע׳ כה א) אֲנִי חַי, אֶחְיֶה — I live, I shall live

חָיֵים יַחַס, יִחוּס — Relation, lineage, filiations

חָיֵים (חוס) חָס (ב) — He has pity

חָיֵיף (חפף) **רֵישֵׁיהּ** חוֹפֵף רֹאשׁוֹ — He scrubs his head

חָיֵיף (יומא פד א) מִתְחַכֵּךְ (במשהו)

He scratches himself (against something)

חָיְפָא רֵישַׁהּ (סנ׳ צז א, קז א) חוֹפֶפֶת רֹאשָׁהּ

She cleanses her head

חָיֵיץ (חצץ) חוֹצֵץ — It (*m.*) separates, divides

חָיְצָא חוֹצֶצֶת — It (*f.*) separates, divides

חָיְצִי חוֹצְצִים — They separate, divide

חָיֵיק (חקק) (שבת קמט א, סנ׳ נו א) חוֹקֵק

He carves, inscribes

חָיֵיק לִזְכְרוּתֵיהּ (בכ׳ כט ב) חוֹקֵק אֶת־זִכְרוּתוֹ[82]

He excises (the animal's) male organ (to make appear to be a female)

חָיְקִי (מ״ק טז ב) חוֹקְקִים[83]

A lower place was prepared for him

חָיֵישׁ חוֹשֵׁשׁ — He fears, he takes into consideration

חָיְשָׁא חוֹשֶׁשֶׁת

She fears, she takes into consideration

חָיְשִׁי חוֹשְׁשִׁים

They fear, they take into consideration

חָיְישִׁינַן אָנוּ חוֹשְׁשִׁים[84]

We fear, we take into consideration

חָיֵישְׁנָא (ע״ז כ ב) אֲנִי חוֹשֵׁשׁ

I fear, I take into consideration

---

76) כך במ׳ בנדרי סה א, וכצ״ל בנזיר לט א (מ׳: היי), ד׳ בשניהם: חיה.

77) הגהתי, מ׳ ליי.

78) מובא פרט שאין חולק עליו, ושואלים על הפרט השני הנזכר עמו, למשל: בשלמא ונהי בעינינו כחגבים אלא וכן היינו בעיניהם (במ׳ יג לג) מנא הוו ידעי.

79) הגהתי, מ׳: חייבי, ה׳ ליי.

80) מ׳ וע׳, ד׳: חיטי.

81) כך (בינוני), אה״ת: חייכו. בראש הפתגם: בכו (מ׳ אה״ת ועוד), ד׳: בכיי.

82) חותך לזכרותיה (=את זכרותו) ועושה כעין נקבות (רש״י).

83) רש״י: מנמיכין לו מקום.

84) רש״י בשבת קנא א ד״ה ושמואל: וחיישינן נמי אמרינן לקולא כדאמרינן במס׳ חגיגה (טו א) גבי בתולה שעיברה חיישינן שמא באמבטי עיברה ומותרת לכהונה.

חָיְישַׁת אַתָּה חוֹשֵׁשׁ
You fear, you take into consideration
חָיִית (תע׳ כה א) חָיִיתָ You lived
חָיֵית (תע׳ כג א) אַתָּה חַי, תִּחְיֶה
You live, you will live
חָיִית (חול׳ ז ב — עב׳) חָיְתָה, נִתְרַפְּאָה It was cured
חַיְיתָא (שבת יח ב) חַיָּה (לא מבושלת)
Raw, not cooked
חַיְיתָּא (גט׳ מה ב, מז א כ״פ, חול׳ מה א) שַׂק, כִּיס
Small sack, pocket
חַיְיתָּא דְּקִיטְרֵי שַׂק שֶׁל קְשָׁרִים (=מלא קשרים)
Sack sealed with ties
חֵיל (גט׳ לו ב 2) כֹּחַ Power
חֵילָא (שבת קנו א, יב׳ קב א[85], נזיר לט א) כֹּחַ Power
בְּנֵי חֵילָא חַיָּלִים, אַנְשֵׁי צָבָא, חֵיל הַמַּצָּב
Soldiers, military, garrison
חֵילַאי (מג׳ טז א) כֹּחִי My power
חֵילְוָותֵיהּ (חול׳ ס א) חֵילוֹתָיו His armies
חֵילֵיהּ כֹּחוֹ His power
חֵילָךְ (ב״מ פד א) כֹּחֲךָ Your (*s.*) power
חִילֵק וּבִילֵק (סנ׳ צח ב, חול׳ יט א) חִלֵּק וּבִילֵק[86]
Chilek and Bilek (either two fictitious names, or names of two judges of Sedom - Rashi)
חִיק (פס׳ קיא א) מלת לחש An incantation
חִירְגָא דְּיוֹמָא (יומא כ סע״ב, נדר׳ ח ב) זַהֲרוּרִית הַשֶּׁמֶשׁ[87]
Sun-radiated specks
לְחֵירוּתָא (גט׳ לח ב) לְחֵרוּת To freedom
גִּיטָּא דְּחֵירוּתָא גֵּט שִׁחְרוּר Writ of emancipation
חֲכִים לֵיהּ (מעי׳ יז א) חָכַם, הֶחְכִּים
He has attained a higher level of understanding
חַכִּים, חַכִּימָא חָכָם Sage
חַכִּימָא(ה) (פס׳ קה ב — כי״י) חָכָם Sage
חַכִּימֵי חֲכָמִים Sages
טוּבְיָנָא דְּחַכִּימֵי (כתו׳ מ א ועוד) מְאֻשָּׁר שֶׁבֵּין הַחֲכָמִים
The happiest among the sages
חַכִּימַיָּא (סוכה לח ב, סוטה מט א) הַחֲכָמִים Sages
חֲכִימִינַן (בכו׳ ח ב) חָכַמְנוּ, הֶחְכַּמְנוּ
We became more sagacious
חֲכִימ[י]תוּ (גט׳ נו ב — מ׳, סנ׳ קב ב — אה״ת) חֲכַמְתֶּם, הֶחְכַּמְתֶּם
You have attained a higher level of understanding
חֲכִימַת (בר׳ נח ב ועוד) הֶחְכַּמְתָּ You (*s.*) have attained a higher level of understanding
חכימת (בכו׳ ח ב) מ׳ ואה״ת: חכימיתו
חֲכִירֵי (ב״מ סח א) חֲכוּרוֹת (=חוכרים)
People who lease land for a set price
חֲכִימִיתוּ (בר׳ נו א 2) חֲכַמְתֶּם, הֶחְכַּמְתֶּם
You (*p.*) have attained a higher level of understanding
חֲכַם דִּינָא (סנ׳ מב א) הַדִּין חָכַם[88]
The law has become clear
חָכְמְתָא (בכו׳ ח ב, נדה כ ב) חָכְמָה Wisdom
חֲכָרַהּ (ב״מ מח א 2) חֲכָרָהּ He leased it
חַכְרָנוּתָא (ב״מ קד א 3) חֲכִירָה Leasing for set price
חָל חָל (ע) It took effect
חָלָא חוֹל Sand
חַלָּא חֹמֶץ Vinegar
חַלָּא בַּר חַמְרָא (חול׳ קה א) חֹמֶץ בֶּן־יַיִן[89]
Vinegar the son of wine (a son less worthy than father)
חַלָּא[90] דְּקְרִישׁ (חול׳ קכ א) מֹהַל שֶׁנִּקְרַשׁ
Fluid, juice, sauce emitted by meat
חַלָּא מְתַמְהָא (פס׳ עד סע״ב) חֹמֶץ קָלוּשׁ[91]
Weak vinegar
חַלָּא דְּחַמְרָא (גט׳ סח א) חֹמֶץ שֶׁל יַיִן
Wine-derived vinegar
חַלָּאתָא (ע״ז עה א) כַּבָּרוֹת
Wine strainers made of palm reeds
חלב דקריש (חול׳ קכ א) ר׳ חלא Cf.
חֲלָבָא חָלָב Milk

(85) מ׳, ד׳: חיילא.
(86) שמות שני אנשים פחותים, ששימשו דוגמא רעה, עי׳ עה״ש ע׳ חילק ובילק.
(87) ע׳: מה שמתנסר מן הרקיע שנראה בחמה. רש״י (יומא): והאי פסולת הנסורות והוא נראה בעמוד של חמה. ר״נ (נדר׳): אבק הנראה בחמה כשהיא נכנסת דרך חלון.
(88) = נתברר לנו הדין. רש״י: יפה העמדנו על בוריו.
(89) משל לאדם שמדקדק במעשיו פחות מאביו.
(90) כ״י וד״י ושט״מ, ד״ח: חלב.
(91) ערוך (ע׳ חל כ״ב): פי׳ תמד שלא החמיץ כל צרכו, וכל

חֶלְבְּנִיתָא דוּבְשָׁנִיתָא (גט׳ סט א) חֶלְבְּנָה דוּבְשָׁנִית (צמח)
Galbanum (aromatic and sweet plant)

חֲלָה חָלָה (ע) He was sick

חָלָה חָלָה (ב) He is sick

חֲלוּזָךְ (פס׳ קיג א) חָתְלָךְ[92] Your wicker basket

חִילּוּפָא חִלּוּפָהּ The contrary, reverse

חַלּוֹפַהּ (מג׳ כו ב) (ל)הַחֲלִיפָהּ To change it

חַלּוֹפֵי, לְחַלּוֹפֵי לְהַחֲלִיף To change

חִלּוּפֵי (שבת סב סע״ב) חֲלִיפֵי
In place of, in exchange for

חִילּוּפֵיהּ (חגי׳ ה א, ב״ב קכז ב) חִלּוּפוֹ Its reverse

חִילּוּפַיְיהוּ (מג׳ יא ב, סנ׳ מה ב) חִלּוּפָם, תַּחְתֵּיהֶם
Instead of them

חַלּוֹפִינְהוּ (מג׳ כו ב) (ל)הַחֲלִיפָם To change them

חֲלוֹץ חֲלֹץ (=קַיֵּם מצות חליצה)
Fulfill the mitzvah of *chalitzah* (*imp.*)

חֲלוֹצוּ (יב׳ קיב א) חִלְצוּ (כנ״ל)
Fulfill (*p., imp.*) the mitzvah of *chalitzah*

חַלְחוֹלֵי (ל)חַלְחֵל (To) penetrate, imbue

חָלְטִי (חול׳ קיא א) חוֹלְטִים (=שָׂמִים בחומץ)
They put them in vinegar

חַלְטֵיהּ (יב׳ מ א) חֲלָטוֹ (=שפך עליו מים רותחים)
He poured boiling water on it

חָלְטִינַן (פס׳ עד ב) אָנוּ חוֹלְטִים (=שָׂמִים בחומץ)
We put it in vinegar

חֲלֵי (ערכ׳ י ב) מָתוֹק, עָרֵב Sweet, pleasant

חלי[93] (ב״מ פז א) בנוס׳ לי׳

לָא חָלֵי (יומא כב ב, ב״ק כ ב) אֵינוֹ חוֹלֶה[94]
He is not sick

חֲלֵי דִיחְמוּרְתָא (בכו׳ ז ב) הַפְּרָשָׁה שֶׁל יַחְמוּרָה[95]
Secretion of fallow-deer

חַמְרָא (מ׳ לי׳) חַלְיָא (ע״ז ל סע״א) יַיִן מָתוֹק
Sweet wine

חָלֵיט (פס׳ עד ב 2, חול׳ קיא א) חוֹלֵט (=שָׂם בחומץ)
He puts in vinegar

חֲלָיֵיהּ (פס׳ עד ב 2) מוֹהַל שֶׁלּוֹ, מִיץ שֶׁלּוֹ
Its sauce, juice

חֲלָיֵיהּ (פס׳ קטו רע״ב) מְתִיקוּתוֹ Its sweetness

חֲלִיל (ב״ב יב ב — מת״א) חָלוּל Hollow

חלילא (ע״ז י ב) ר׳ קמוניא Cf.

חלילה (ב״ב סא א) ר׳ ברקא Cf.

חֲלִילָתָא (שבת נז א) חֲלוּלוֹת Hollow (*f., p.*)

חָלֵים (חול׳ קכג ב כ״פ ועוד) דָּבֵק, מִתְחַבֵּר It is joined, sound

חָלֵים (יומא כח ב) חוֹלֵם He dreams

חָלִין חָלִים They take effect

חֲלֵיף עָבַר He passed

חָלֵיף עוֹבֵר He passes

חָלֵיף וְאָזֵיל עוֹבֵר וְהוֹלֵךְ He passes by

חָלֵיף וְתָנֵי (שבת כג ב) עוֹבֵר וְשׁוֹנֶה (כלומר עוֹבר תמיד) רש״י
He would always pass by

חֲלֵיף (חול׳ מג א) הֶחֱלִיף It changes to the opposite

חָלֵיץ (פס׳ פג ב) חוֹלֵץ (=מוציא) He extracts

חָלֵיץ (מ״ק כה ב ועוד) חוֹלֵץ (ליבמה)
He (the *yavam*) does *chalitzah*
(taking off his shoe before the *yevamah*)

חֲלִיץ (יב׳ קב ב) נֶחֱלַץ
He (the *yavam*) did *chalitzah* (taking off his shoe before the *yevamah*)

לָא הֲוָא חָלֵיצְנָא (יב׳ קב א) לֹא הָיִיתִי חוֹלֵץ
I would only perform *chalitzah* with...

חֲלִיקוּסְתָא[96] (ב״ק לא רע״א) עִצּוּרֵי תְּמָרִים
Refuse of pressed dates, a variety of beautiful and aromatic grass

חֲלִישׁ (ב״מ פז א) חוֹלֶה Sick

הֲוָה חֲלִישׁ (בר׳ נה ב ועוד) הָיָה חוֹלֶה He was sick

הֲוָה חֲלִישׁ מִגִּירְסֵיהּ (בר׳ כח א ועוד) הָיָה חַלָּשׁ מִתַּלְמוּדוֹ
He became sick (weakened) because of his study

חֲלִישׁ לִיבַּאי (בר׳ כח ב, תע׳ ז א) לִבִּי חָלוּשׁ
My heart is weak

מידי דבטיל וקאים קרי ליה ארמית מתמהא.

92) כך הנוסח (חותלך) באה״ת, והוא סל קלוע מחריות של דקל לשום בו תמרים.

93) ״מכלל דחלה חלי אחריתי״ אין בכ״י ואה״ת ורש״י.

94) השוה ״ואין חלה מכם עלי״ (ש״א כב ח).

95) פי׳ הענין — בערוך ע׳ חלי.

96) ה׳ וע׳ ס״א, שה״ג: סליקוסתא (״חליקא״ — חרוסת שעושים מתמרים״ (סרע״ג), וכן בפי יהודי פרס: חלקיא

הוה (קא) חֲלִישׁ לִיבַּיְיהוּ[97] (שבת י א) הָיָה לִבָּם חָלוּשׁ
They felt bad, lit. their hearts were weak

סַכִּינָא דְחַלִישׁ פּוּמֵיהּ (חול׳ מח א) סַכִּין שֶׁפִּיו קֵהֶה (=אינו חד)
A knife with a very fine edge

חֲלִישׁ לֵיהּ עָלְמָא (ר״ה יז א, גט׳ סז ב[98]) פָּג לִבּוֹ (רש״י), הִתְעַלֵּף, גָּסַס (?)
His heart is weak, he has fainted, his heart failed, he has expired

חֲלִיתָא (שבת קט ב) מְתוּקָה
Sweet (*f.*)

חֲלָלָא (יומא נב א) חָלָל
Space

חֲלָלָא דְבֵי צַוָּארָא (שבת סו ב, סז א, ע״ז כח רע״ב) חֲלַל בֵּית הַצַּוָּאר[99]
Neck-hole of garment

חֲלָלֵי (יב׳ לז א, קידו׳ סט ב) חֲלָלִים (=בנים שנולדו לכהן מאשה אסורה לכהונה)
Children born from a Cohen with a *chalalah* (woman forbidden to Cohanim)

כָּל חֲלָלֵי עָלְמָא (שבת עז ב, ב״מ מט א[1], סנ׳ צז א[2]) כׇּל חֲלָלֵי הָעוֹלָם (=העולם ומלואו)
The entire world

חַלְלֵיהּ (חול׳ קיג א 2) רְחָצוֹ (את הבשר)
He rinsed it (the meat)

חַלְלֵיהּ (כרי׳ ז א) חִלְּלוֹ
He made him profane

חֲלַם[3] (ב״ב עד ב) נִתְחַבֵּר (עור או בשר שנבקע)
Connected, joined closely (broken skin or flesh) as before

חֶלְמָא[4] חֲלוֹם
Dream

חֶלְמַאי חֲלוֹמִי
My dream

מְקוֹם חֶלְמָה[5] (שבת צא סע״ב) מְקוֹם חִבּוּר (רש״י: מקום התפירה)
The junction (seam) where joined (sown - *Rashi*)

חֶלְמֵי חֲלוֹמוֹת
Dreams

חלמי (תע׳ כד ב) מ׳: חילמין

חֶלְמֵיהּ חֲלוֹמוֹ
His dream

חֶלְמַיְיהוּ (הור׳ יג ב) חֲלוֹמָם
Their dream

חֶלְמִין (בר׳ נו א 2, תע׳ כד ב[6]) חֲלוֹמֵנוּ
Our dream

חֲלַף (שבת קכט א) תַּחַת
Instead of

חֲלַף (סנ׳ צד ב — מת״י) יַעַן
Because of, since

חֲלַף עָבַר
It passed

חֲלַפָא/ה (מ״ק כח א, קידו׳ פא ב) עָבְרָה, חָלְפָה
(It, she) passed

חָלְפָא/ה (גט׳ נז א, קידו׳ פא א, ב״ב פד א 2) עוֹבֶרֶת
(It, she) passes

חִילְפָא (גט׳ סח ב) עֲרָבָה
A poplar

חִילְפָא גִילָא (סוכה לד א 2) עֲרָבָה מַגָּלִית (ע״פ רש״י)
A willow with sickle-shaped leaves

חַלְפוּהּ (סנ׳ ז א) עֲבָרוּהוּ (=עָבְרוּ עָלָיו)
They passed over him

חִילְפֵי (ב״מ כג ב ועוד) חִלְפִים[7]
Shoots

חִילְפֵי דִימָא (גט׳ סח ב) חִלְפֵי הַיָּם (מין גמי, ע׳: רוזמרין)
Sea rush

חָלְפִי עוֹבְרִים
They pass

חַלְפֵיהּ (גט׳ יט ב) הֶחֱלִיפוֹ
He exchanged it

חַלְפֵיהּ (ב״ק צט ב) הַחֲלִיפֵהוּ
Change it (*imp.*)

חַלְפִינְהוּ (בכו׳ יא ב 4) הֶחֱלִיפָם
He exchanged them

חֲלַפִית (ע״ז י ב) חָלַפְתִּי
I passed by

חֲלַפְתָּא (סוכה לד א 2) צַפְצָפָה
Poplar

חֲלַץ חָלַץ (ליבמה)
He did *chalitzah* (letting the *yevamah* take off the *yavam's* shoe)

חֲלִצָה חוֹלֶצֶת (ליבם)
She (the *yavamah*) carried out *chalitzah* (taking off the *yavam's* shoe)

חַלְצִינְהוּ (פס׳ פג א—ב) חֲלָצָם
He removed the bone marrow from them (the bones)

=חרוסת).

97) מ׳ גלי נוסף: ג״א הוה קחלשא דעתייהו (עי׳ ד״ס שם). ונראה לי שנוסח זה היה לפני רש״י, שמפרש: ״מצטערין שלא עסקו אותו היום בתורה״.

98) מ׳ ורש״י, ד׳: חליש עלמא עילויה.

99) חתיכות שגוזרין מחלוק לעשות לו בית צואר.

1) מ׳ ה׳, ד׳: חללא דעלמא.

2) מ׳ אה״ת, ד׳: דעלמא.

3) השוה ״ותחלימני״ (ישעי׳ לח טז).

4) בכמה מקומות — חילמא: שבת נו ב (מ׳ ה׳ לי׳), ב״ב י א (מ׳ ה׳ אה״ת: חלמא), מנ׳ סז א (ר״ג: חלמא), בכו׳ ה׳ א׳ (מ׳: בחלמאי), נו א.

5) עברית במשפט ארמי: והאיכא מקום חלמה.

6) מ׳: חילמין, ד׳: חלמי.

7) מין עשב ממשפחת הדגניים.

חֲלַק חֲלַק — He divided, split up

חַלְקֵיהּ (חול׳ ה ב) חֲלָקוֹ — He divided, split it up

חִילְקַיְיהוּ*[7] (מ״ק יג ב) חֲלָקָם[8] — Their smooth surface

חֲלַשׁ חָלָה — He fell ill

חֲלַשׁ דַּעְתַּהּ (כתו׳ סב ב) הִצְטָעֲרָה

She was disturbed, discouraged, upset, grieved

חֲלַשׁ דַּעְתֵּיהּ הִצְטָעֵר

He was disturbed, discouraged, upset, grieved

חֲלַשׁ לִבֵּיהּ (תע׳ כד ב, כה א) חָלַשׁ לִבּוֹ

His heart felt weak, fainted

חֲלַשָׁא (ב״ב קנא ב) חָלְתָה — She fell sick

הֲוַת חָלְשָׁא (שם) הָיְתָה חוֹלָה — She was sick

חֲלַשָׁא דַּעְתִּי (ב״ק קיז ב) נִצְטַעַרְתִּי

I was disturbed, discouraged, upset, grieved

חָלְשָׁא דַּעְתֵּיהּ מִצְטָעֵר, יִצְטָעֵר

He was disturbed, discouraged, upset, grieved; he will be disturbed, discouraged, upset, grieved

חֲלָשָׁא (סנ׳ צה א — מת״י לישעי׳) חֲלָשָׁה

Feeble, weak (*f.*)

חַלְשֵׁי[9] (ב״מ עז א) נֶחֶלְשִׁים — They became weak

חלשי (ע״ז טז רע״א) ר׳ חשלי — Cf.

חַלְּתָא (עירו׳ פג א 2) חַלָּה

Chalah given to the Cohen

חַלְּתָא (שבת לה א ועוד, סנ׳ קז א) כַּוֶּרֶת — Beehive

חָלְתָא (ב״ב עג ב) חוֹלָה (=שכבת חול)

Layer of sand

בֵּי חָלָתָא (שבת קו א, ב״מ כו ב) בֵּין הַחוֹלוֹת

Between the sands

חִילְתִּיתָא חִלְתִּית (צמח)

Plant having pungent taste

חִילְתִּיתֵיהּ (ע״ז לט א) חִלְתִּיתוֹ

His *chiltis*, v. previous entry

חָמָא (פס׳ קטז א, ע״ז כח ב[10]) צְנוֹן — Radish

חֲמָאָן[11] (קידו׳ לא ב) רָאָה אוֹתָם — He saw them

חֲמָאת (נדר׳ כב רע״א — בפי ר׳ יוחנן) רָאֲתָה — She saw

חֶמְדֵּיהּ (שבת קנב א) חֶמְדָּתוֹ (=תאות בשרים)

His desire

חָמוּהּ חוֹתְנוֹ (בל׳ תורה), חָמִיו (בל׳ חכמים)

His father-in-law

חַמּוֹעֵי (פס׳ מא א 2) (ל)חַמֵּץ — (To) leaven

חִימוּצְתָא (מ״ק כג סע״א) חָלוּק — A garment, gown, robe

חָמִי (תע׳ כג ב) חָמִי, חוֹתְנִי — My father-in-law

חָמֵי (ע״ז יא ב 4) רוֹאֶה — He sees

חַמִּים (שבת קמז ב) חַם (ת) — Hot (*m.*)

חַמִּימָא חַמָּה (ת) — Hot (*f.*)

חַמִּימֵי חַמִּים (ת) — Hot (*p.*)

חַמִּימֵיהּ (עירו׳ סז ב, סח א 2) מֵימָיו הַחַמִּים

His hot water

חַמִּימֵי חַמִּימֵי (יומא פד א) חַמֵּי חַמִּים

Overheated water

חַמִּימֵי דְּחַמִּימֵי (פס׳ קיב ב) חַמֵּי חַמִּים[12]

Overheated water

חַמִּימוּתָא (פס׳ עו א 2) חֲמִימוּת — Heat, warmth

חַמִּימְתָּא[13] (גט׳ סט א) יוֹנָה — Dove, pigeon

חַמִּיסִין (כתו׳ יז א, סנ׳ יד א) חָמוּסוֹת[14]

Those who say a fifth of the reason (Rashi), those who learn a fifth of a tractate (Aruch)

חֲמֵיסַר חֲמִישָּׁה עָשָׂר — Fifteen (*m.*)

חֲמֵיסְרֵי (שבת צט א, קיח א, ב״ב קו רע״ב[15]) חֲמֵשׁ עֶשְׂרֵה

Fifteen (*f.*)

---

*7) [מ׳ (ושם: דשוי חילקייהו) ור׳ ב (ושם: דשדי חילקייהו), ד׳: (דשקיל) חלקיהו (ע. ל.)]

8) = חֲלָק שלהם, ועי׳ עה״ש.

9) מ׳ וד׳ ורש״י בחולין יז ב ד״ה מחלישי: חשלי.

10) מ׳, ד׳: חמה.

11) בפי ר׳ יוחנן — במשפט עברי: אשרי מי שלא חמאן.

12) = חמים יותר מדאי.

13) מלשון ערבית.

14) ע׳: חוטפים את הדבר... פ״א... ששונין חומשה של מסכת.

15) הגהתי, ד׳: חמיסרא, מ׳: חמיסי, ה: חמשי סרי.

חֲמִיר חָמוּר — Grave, severe

חֲמִירָא חֲמוּרָה, שְׂאוֹר — Grave, leaven, yeast

חֲמִירָא אַרְכְתָא (מנ׳ מג א) שְׂאוֹר קָשֶׁה

Compressed, condensed, hard leaven, yeast

חֲמִירֵי חֲמוּרִים — Grave, severe (*p.*)

חֲמִירְתָא הַחֲמוּרָה — That which is grave, severe

חֲמִיתִי[16] (סוכה מד ב) רָאִיתִי — I saw

חֲמִיתֵיה (יב׳ קב א — בפי רב) רְאִיתִיו — I saw him

חֲמִיתֵיה (שבת סז א — בהשבעה) רָאֲתָה אוֹתוֹ

It (the *Shechinah*) showed it (the fire)

חָמְסִי (יומא כד סע״ב) חוֹמְסִים, חוֹטְפִים

They rob, snatch

חִימְצָא (חול׳ מט סע״ב) חֵלֶב שֶׁעַל הַקֶּשֶׁת בַּקֵּבָה

Fat on curved side of stomach

בַּר חִימְצָא (שם) חֵלֶב שֶׁעַל הַיֶּתֶר בַּקֵּבָה

Fat on straight side of stomach

חִימְצֵי (יב׳ סג א, חול׳ נב א) חִמְצִים[17] — Type of small peas

חֲמַר יַיִן — Wine

חֲמַר מְדִינָה (פס׳ קז א, ע״ז ל סע״א) ״יַיִן״ מְדִינָה[18]

A drink locally used as substitute for wine

חֲמַר... חֲמָר (עירו׳ נג ב) יַיִן... חֲמוֹר — Donkey... wine

חֲמָרָא חֲמוֹר — Donkey

חֲמָרָא לוּבָא (שבת נא ב ועוד) חֲמוֹר לוּבִי — Libyan donkey

חֲמָרָא דְאַכַּפָּא[19] (שבת סו רע״ב) חֲמוֹר שֶׁ(נִּשָּׂא) עַל כָּתֵף[20]

Imitation donkey carried on the shoulders

חֲמָרָא דְיַמָּא (ע״ז לט א) חֲמוֹר הַיָּם (מין דג טהור)

Sea donkey (species of *tahor* fish)

חֲמָרָא דְרֵיחַיָּא (מ״ק י ב) חֲמוֹר הָרֵיחַיִם[21]

Workman's seat made out of wood

בַּר חֲמָרָא (בר׳ נו א, חול׳ עט א 3) בֶּן־אָתוֹן

Young donkey (foal of she-ass)

עִילָא בַּר חֲמָרָא (שבת קי ב) עַיִר בֶּן־אָתוֹן[22]

Small donkey (foal of she-ass)

בַּר חַמָּרָא (בר׳ נט א, תע׳ ו ב) בֶּן־הַחַמָּר

Small donkey (foal of donkey)

חֲמָרָא חִיוַּרְתִּי (שבת קט סע״ב) חֲמוֹרָה (במקרא: אתון) לְבָנָה — White she-ass

חַמְרָא יַיִן — Wine

חַמְרָא חַדְתָּא יַיִן חָדָשׁ — New wine

חַמְרָא חַיָּיא (גט׳ סז ב 2, סט ב 2, ע א) יַיִן חַי (=לא מזוג)

Pure, unprocessed (undiluted) wine

חַמְרָא מְזִיגָא יַיִן מָזוּג — Diluted (watered down) wine

חַמְרָא מַרְקָא (עירו׳ כט סע״ב ועוד) יַיִן מָזוּג

Diluted (watered down) wine

חַמְרָא מְבַשְּׁלָא (עירו׳ כט א, ע״ז ל א) יַיִן מְבֻשָּׁל

Boiled wine

כְּחַמְרָא (דְיָתֵיב)[23] **עַל דוּרְדְיֵיהּ** (מג׳ יב ב) כְּיַיִן עַל שְׁמָרָיו — Like wine with its dregs

חַמְרָא נְקִידָא (גט׳ סט א—ב) יַיִן נָקִי וְצָלוּל

Clean limpid (not red) wine

16) בסיפור א״י.

17) = מין אפונה (מלשון ערבית). בעל עה״ש כותב: מין עדשים.

18) = משקה המשמש תחליף ליין באותו מקום.

19) תרגום של לוקטמין (נ״א אנקטמין, שבת פ״ו מ״ח).

20) רש״י: חמור הנישא בכתפיים. הליצנים עושים אותו, ונראה כמי שרוכב עליו. ערוך (ע׳ אנקטמין): מביאין ב׳ עצים ארוכים דקים ה׳ אמות ויש בהן בד׳ אמות מקום הרגלים ואמה העליונה אגודה עם שוקיו, ועומד עליהן למעלה ומהלך בהן ומרקד בהם. ר״ח: גידם — מי שידיו קצוצות עושין לו יד של עץ, ונקרא חמרא דאכפי.

21) עצים המסודרים ככסא, ועליהם הריחיים ״ואדם יושב כנגדה במקום גבוה ורגליו מתוחות למטה ומסבב הגלגל ברגליו וטוחן... וכל כלי שנסמך עליו דבר נקרא בטיית (=בערבית) חמאר״ (ערוך ע׳ חמר א׳).

22) רש״י: עַיִר בֶּן אֲתוֹנוֹת (זכ׳ ט ט).

חַמְרָא רֵיחָתָנָא (שבת קי א) יַיִן רֵיחָנִי (=רֵיחוֹ טוֹב וְנָעִים) — Fragrant wine

חַמְרָא עַתִּיקָא (גט׳ ע א, ע״ז סו א) יַיִן יָשָׁן — Old wine

חַמָּרֵי (ב״מ עג א) חַמָּרִים — Donkey-drivers

חֲמָרֵי חִיוָּרָתָא (שבת קי רע״א, ב״ב עד א[24]) אֲתוֹנוֹת (חֲמוֹרִים) לְבָנוֹת — White donkeys

חֲמָרֵי לוּבָּאֵי (תמיד לב א) חֲמוֹרִים לוּבִּיִּים — Libyan donkeys

חֲמָרֵיהּ חֲמוֹרוֹ — His donkey

חַמְרֵיהּ יֵינוֹ — His wine

חַמְרַייהוּ (ע״ז לב א) יֵינָם — Their wine

חַמְרָךְ (בר׳ נו א 2, ב״ב צח א) יֵינְךָ — Your wine

חֲמָרְתָא (בר׳ נח א, ב״ק מט א) חֲמוֹרָה (במקרא: אתון) — She-ass

חֲמֵשׁ חָמֵשׁ — Five (*f.*)

חַמְשָׁא/ה חֲמִשָּׁה — Five (*m.*)

חַמְשִׁין חֲמִשִּׁים — Fifty

חמת (סנ׳ קא א) שם שד — Name of demon

מֵחֲמַת מֵחֲמַת — Because of

חֲמָתָא (שבת כו רע״א) חָמוֹת — Mother-in-law

חמתא (גט׳ סז סע״ב) ר׳ חנקא — Cf.

חֲמָתֵיהּ (יב׳ נב א ועוד) חֲמוֹתוֹ — His mother-in-law

מֵחֲמָתֵיהּ מֵחֲמָתוֹ — Because of him

חֲמָתָךְ חֲמוֹתְךָ — Your mother-in-law

חִינָּא חֵן — Grace, favor

חִינְגָּא (פס׳ קיא ב) מָחוֹל (=כלי נגינה בפרסית) — Dance (name of Persian musical instrument)

חִינְגָּא (שבת נד א–ב, ביצה לג א) שׁוּק הַקָּשׁוּר לַחֲגִיגָה — A festival-associated fair

חינגי (גט׳ נז א) ר׳ הילולי — Cf.

חֲנְוָאתָא חֲנֻיּוֹת — Stores

חֲנְוָאתִי[25] (סנ׳ ז ב) חֲנֻיּוֹתַי — My stores

חֶנְוָואָה חֶנְוָנִי — Store keeper

חִ[י]נּוּכֵי (יומא פב א — מ׳) חִנּוּכִים — Ways of training

חֲנוּכְתָא (שבת מה א) חֲנֻכָּה — Chanukah lamp

חינוניתא (כתו׳ סא סע״א, סוטה מט א) ר׳ דהינוניתא — Cf.

לְחַנּוּפֵי (שבו׳ ל ב) לְהַחֲנִיף — To flatter

חֲנוּתָא חָנוּת[26] — Store (also served as restaurant)

חנותאי (סנ׳ ז ב) ר׳ חנואתי — Cf.

חֲנַטוּ (תע׳ ה ב) חָנְטוּ (מתים) — They embalmed

חֲנָטַיָּא (שם) הַחוֹנְטִים — Those who embalm

חַנֵּיפִי (מ״ק יז א) הֶחֱנַפְתִּי — I flattered

חִינְכֵי (כתו׳ לט ב, גט׳ סט א) חֲנִיכַיִם — Gums

חִינְכֵיהּ (ב״ק לה א) חֲנִיכָיו — His gums

חִינָּנֵי (כתו׳ סא רע״א) חַנָּנִים (=בעלי חן) — Charming people

חנני וחננכי... וחננכי (פס׳ קי ב) מלות השבעה נגד מכשפות — Formula of words in incantation to protect from witches

חֲנַק (גט׳ סח ב) חָנַק — He strangled

חַנְקָא חֲמְתָא (גט׳ סז סע״ב) חֶנֶק־חֵמֶת[27] — Small hip bone with which one risks strangulation when swallowed

חַנְקֵיהּ (שבו׳ יג ב) חֲנָקוֹ — He choked on it (lit., it choked him)

חַנְקִינְהוּ (חול׳ נג ב) חֲנָקָם — He strangled them

חַנְקִינוּן (מעי׳ ב א–ב 3) חֲנָקָם — He strangled them

חָנְקָן (כתו׳ ס ב) חוֹנְקוֹת — They (*f.*) strangle

חֲנַקְתֵּיהּ חֲנַקְתּוֹ — He strangled (him, it)

חָס חָס (ע) — He had pity

חָס לִי (ערכ׳ טז ב) חָלִילָה לִי — Far from me!

חָס לֵיהּ (קידו׳ מד ב, חול׳ קיא ב) חָלִילָה לוֹ — Far from him!

חַסָּא חֲזֶרֶת — Lettuce

קַפָּא דְחַסָּא (פס׳ קטז א) נְפוּחַ הַחֲזֶרֶת[28] — Flatulence of the lettuce (Another explanation: noxious substance found in lettuce)

חִסְדָאִין (גט׳ ז א) חֲסוּדִים — Gracious, graceful (*p.*)

(23) כי״י ל׳ ופ׳ ואה״ת.

(24) אה״ת, מ׳: חיורתי, ד׳: חיורתי, ה׳: לובייתא.

(25) מ׳ שט׳ ואה״ת, ד׳: חנותאי.

(26) דע: בתקופת המשנה והתלמוד גם אכלו ושתו בחנות (כמסעדה בימינו).

(27) רש״י: ״עצם קטן שעל כף הירך, שאדם בולעו ונחנק״. ועי׳ השערת בעל עה״ש.

(28) ערוך (ע׳ קף ט״ז) [בשם רה״ג, והפירושים הנוספים

חַסּוּרֵי מִיחַסְּרָא חַסֵּר מְחֻסֶּרֶת[29]

It is deficient (and should be read as follows)

חֲסִידָא חָסִיד — A pious man

חֲסִידוּתֵיהּ (סנ׳ קי ב) חֲסִידוּתוֹ — His piety

חֲסִידֵי חֲסִידִים — Pious people

חֲסִיכְתָא[30] (פס׳ מח א 3) דַּקּוֹת וְרָזוֹת — Lean and slim

חֲסִיסֵי (פס׳ מ ב 2, נדר׳ מט ב) חֲסִיסִים[31]

Flour made from parched grains

חַסִּיר (חול׳ מז א) חָסֵר (ת) — Missing (*m.*)

חַסִּירָא חֲסֵרָה — Missing (*f.*)

חַסִּירוּתָא (נזיר ו סע״ב) חִסָּרוֹן — Absence

חַסִּירֵי (ר״ה כא א, ב״מ סט רע״ב) חֲסֵרִים — Missing (*p.*)

חַסִּירְתָא (שבת עז ב) חֲסֵרָה (ת) — Missing (*f.*)

חָסְמִין לִי (סוטה לה א) מְשַׁתְּקִים אוֹתִי (רש״י)

They silence me (lit., muzzle)

חָסְמִינַן לְהוּ (סנ׳ לב ב) אָנוּ מְשַׁתְּקִים אוֹתָם

We silenced (lit., muzzle) them

חַסְפָּא חֶרֶס — Clay vessel

חַסְפֵּי (ע״ז לב א) חֲרָסִים — Parts of broken clay vessel

חַסְפָּא דְאוּמָּנָא (גט׳ סט א) חֶרֶס הַיּוֹצֵר — Potters' clay

חַסְפְּנִיתָא (שבת קלד א, ע״ז כט א) גָּרָב (=מין שחין)[32]

A species of scab (Rashi), a type of ulcer (Aruch)

חֲסַר חָסַר — It lessened, decreased

חָסַר חָסֵר (ב) — It is becoming less, diminishing (*m.*)

חַסַּר (שבו׳ יח א) חַסֵּר (צ) — Remove, delete (*imp.*)

חָסְרָא חֲסֵרָה (ב) — It is lessening, diminishing (*f.*)

חָסְרָה לַהּ (נדה סט ב) הִיא חֲסֵרָה — She is missing it

חַסְּרַהּ (גט׳ נ א ועוד) חִסְּרָהּ

She did not lose it (anything)

וַחֲסַרוּ לְהוּ שִׁירַיִם (מנ׳ קו סע״א) וְיֶחְסְרוּ שִׁירַיִם

The *minchah* portion left over after *kemitzah* is missing

חַסְּרוּהּ (ר״ה כ ב 2) חִסְּרוּהוּ

They decided that the month will be missing one day and will be 29 days long

חָסְרִי חֲסֵרִים (ב) — They are missing

חַסְּרֵיהּ (ב״ק צא א) חִסְּרוֹ — It diminishes it

חַסְּרֵיהּ לְגַנָּבָא (סנ׳ כב א) חִסְּרֵהוּ לַגַּנָּב (רש״י: כשהגנב חסר [כלומר: לא הצליח])

When the thief is lacking (i.e., he was unsuccessful)

חָסַרְתְּ (נדה סח רע״א) אַתְּ חֲסֵרָה (=אֵין לָךְ)

You (*f.*) are missing

חַסַּרְתִּיךְ (ב״ק כ א, לג ב) חִסַּרְתִּיךְ — I made you lose

חַף (יומא פד א, גט׳ סח א) נִתְחַכֵּךְ (במשהו)

It rubbed (against something)

חִיפָּא[33] (שבת צו ב) מַסְרֵק שֶׁל הָאוֹרְגִים

Edge of garment

חָפוּ (ב״מ מ א 2) חוֹפִים (=טָחִים)

They cover, overlay, plaster over

חָפוּ (סוטה כב ב) מִתְעַטְּפִים (רש״י: מתכסים)

They cover themselves, wrap themselves up

חפויה (גט׳ סח ב) ר׳ חפיוה — Cf.

חִיפּוּפֵי (שבת ו א ועוד) חִפּוּפִים[34]

Small pegs staked in front of wall where wagons rub to prevent the wagons from knocking down the wall

חֲפוּרָה (יב׳ סג א, ב״ב קכד סע״א, בכו׳ נב רע״ב) שַׁחַת (רש״י), חֲזִיז (ר״ג)

Hay (Rashi), type of vegetable (Rabbeinu Gershom)

חִיפּוּשָׁא (ע״ז לט א) חִפּוּשׁ (דג טמא)

Type of non-kosher (unclean) fish

חִיפּוּשְׁתָא (ע״ז כח ב) חִפּוּשִׁית — Beetle, bug

חִיפּוּשְׁתָא גַמְלָנִיתָא (שם) חִפּוּשִׁית גְּדוֹלָה, גַּמְלוֹנִית[35] — Large beetle, bug

לְכִי חָפֵי (סנ׳ צט רע״א) לִכְשֶׁיְּכַסֶּה

When it will be covered

מובאים להלן ע׳ קפא]: ופי׳ קפא דחסא חמא הרוח והניפוח שיש בחזרת פוקעת ונטרדת בצנון.

29) מונח המציין קיצור לשון במשנה או בברייתא. ולהסיר את הקושיא יש להשלים בה או להוסיף בה פרט מסוים.

30) כך תירגם אונקלוס ״הדלות״ (בר׳ מא כ).

31) = קמח מתבואה קלויה. ״ויי״מ מיני עדשים״ (ע׳).

32) ע׳: כעין קרום הצומח בעור הפנים ומתקלף.

33) א״פ ומ׳, ע׳: חיפה, ד״י: חפה, רש״י ד״ו: חפא, ד״ח: חפת.

34) רש״י: נועצים יתדות קטנות לפני הכותל (״ברה״ר״), שיחופו שם עגלות וקרונות ולא יחופו בכותל ויפילוהו. ע׳: מביאין אבנים שיש להם קרנים וקובעין אותן בכותל ומוציאין את ראשיהן מעט לרה״ר שלא יתחככו בכותל.

35) ר׳ כלאים פ״ב מ״ח.

חַפְּיוּהָ (יומא סט ב, גט׳ סח ב[36]) חַפּוּהוּ — Cover it (*imp.*)

חַפְיֵיה (נדר׳ נא א, ע״ז לט א) חִפָּהוּ — He covered it

חפיפותא (כתו׳ יז ב) ר׳ משחא — Cf.

חֲפִיר (שבת קנב א) חָפוּר — Dug up

חָפְנִי (יומא מא ב וש״נ) חוֹפְנִים — They take handfuls

חֶפְצָא חֵפֶץ — An object

חֶפְצָא (שבו׳ לח ב) חֵפֶץ קָדוֹשׁ לְהִשָּׁבַע בּוֹ ("נקיטת חפץ") — Sacred object a person holds when he swears

חֶפְצֵי[37] (חול׳ נב א) מין קטנית — Type of peas

חֲפַר (ב״ב יז ב, כו א) חוֹפֵר — He digs

חֲפַרוּ חָפְרוּ — They dug

חָפַרְנָא (ב״ב ז ב, כו א) אֲנִי חוֹפֵר, אֶחְפֹּר — I dig, I shall dig

חֲפַרְתְּ (ב״ב יז ב) חָפַרְתָּ — You dug

חפת (שבת צו ב) ר׳ חיפא — Cf.

חֲצַב[38] (פס׳ קיא ב) גָּדַל — He grew

חִצְבָא[39] (שם 2) חָצָב (צמח) — A *chatzav*, plant with straight roots that indicate boundaries

חַצְבָא חָצָב (כלי)[40] — Earthenware jar

חַצְבֵי חֲצָבִים (כלים) — Jars

חַצְבֵּיה (בר׳ כב ב) חֲצָבוֹ (=חצב שלו) — His jar

חַצְבַּייהוּ חַצְבֵיהֶם — Their jars

חֲצָדָא (מ״ק יב ב 3) קָצִיר — Harvest

חָצְדָא (תע׳ י א) קוֹצֶרֶת, תִּקְצֹר[41] — She (Babylonia) produces a harvest, she will produce a harvest

חֲצַדוּ (מ״ק יב ב 2) קָצְרוּ — They harvested

חַצְדִינְהוּ (ב״מ נו ב וש״נ) קָצַר אוֹתָם — He harvested them

חֲצוּבָא (ביצה כה רע״ב, ב״מ נו א 2) חָצָב (צמח) — A *chatzav*, plant with straight roots used for boundary demarcation

חֲצוֹצַרְתָא (שבת לו א וש״נ) חֲצוֹצְרָה — Trumpet

חֲצִינָא כַּשִּׁיל, מַעֲצָד[42] — Pick axe, carpenter's plane

חֲצִינֵי כַּשִּׁילִים, מַעֲצָדִים — Pick axes, carpenter's planes

חֲצִיף חָצוּף — Insolent (*m.*)

חֲצִיפָא (מ״ק טז ב) חֲצוּפָה — Insolent (*f.*)

חֲצִיפָא (ב״מ קח א 2) הֶחָצוּף — Insolent

חציפה (כתו׳ כב ב) מ׳: מיחצפא ביה

חֲצִיפֵי חֲצוּפִים — Insolent (*p.*)

חציצא (ב״ב עג ב) כי״י וד״ר: חצינא

חצצתא (ב״ב קלג ב) ר׳ דייני — Cf.

חֲצַר מָוֶת (בר׳ יח ב 2) בֵּית הַקְּבָרוֹת (רש״י) — Cemetery

חַק חָקַק — He engraved

חֻקּוֹקָאָה (פס׳ ג ב, יג א) בֶּן־חֻקוֹק (יהושע יט לד) — A resident of the city of Chukok

חֲקִיק (גט׳ סח א, ב[43] ועוד) חָקוּק — Engraved

חַקְלָא (בר׳ סב ב) שָׂדֶה — Field

חַקְלָאָה (מג׳ ז ב) אִישׁ־שָׂדֶה — Farmer (field worker), villager (Rashi)

נַחְמָן־חַקְלָאָה[44] (כתו׳ עט א) נַחְמָן הַכַּפְרִי, הַחַקְלַאי — Nachman the villager, farmer, ignoramus (Rashi)

בִּנְיַן חַקְלָאָה[45] (שבת קמא א) בִּנְיָן כַּפְרִי[46] — Rustic construction (temporary, makeshift, non-durable)

חַקְלָאֵי (בר׳ לז ב) בְּנֵי כְּפָר (רש״י) — Villagers

(בני) חַקְלָ[י]תָא (שבת יב א — מ׳) כַּפְרִיִּים, חַקְלָאִים — Villagers, field workers (farmers)

צָעֵי חַקְלָיְתָא (ביצה לב סע״א) קְעָרוֹת שֶׁל כַּפְרִיִּים — Village-quality (unbaked) table earthenware

חֲקַקוּ (ע״ז יח ב) חָקְקוּ — They engraved

חַר (שבת קג רע״א) חָרַר (=קדח חור) — He drilled a hole

---

36) מ׳ ואה״ת, ד׳: חפויה.

37) ע׳: הפצי עפצים (וע׳ הע׳ ר״ב שם).

38) פעל נבנה מן "חָצָב".

39) פ״א — א״פ ורשב״ם ד׳: חצובא.

40) גדול מכד וקטן מחבית (ע׳ מנחות ח ז וכלים ב ב).

41) כלומר: יקצרו בה (=בבבל).

42) ב״ק קיט ב: באתרא דתנא דידן איכא תרתי חציני לרבתי קרי לה כשיל ולזוטרתי קרי לה מעצד. (=במקום התנא שלנו יש שני חצינים לגדול קוראים כשיל ולקטן קוראים מעצד).

43) מ׳ שט׳, ד׳: חקוק.

44) כך מכנהו רב ענן. רש״י: אינו בקי בדינין.

45) מ׳ וד״ו: חקלא.

46) = בנין שלא יעמוד.

יוֹמָא חָרָא (ב״מ יז א[47], זב׳ פד א[48]) ר׳ יומאחרא ויומא אוחרא
Cf.

בֵּי חָרָאתָא (כתו׳ עה א) בֵּין הַחוֹרוֹת (=הַשָּׂרוֹת)
Among the princesses

חֲרַב (נז׳ לב ב) חָרַב
It was destroyed

חָרַב (בר׳ נח ב) חָרַב, יֶחֱרַב
It was destroyed, it will be destroyed

חַרְבָּא חֶרֶב
Sword

חַרְבָּא דְאוּשְׁכָּפֵי (שבת קכג ב) חֶרֶב (=סַכִּין) שֶׁל רַצְעָנִים (=סַנְדְּלָרִים)
Knife of shoemakers, leather workers

חֲרַבָה (שבת יא א 2, יב׳ יז א — מ׳) חָרְבָה (ע)
It (*f.*) was destroyed

חֲרַבוּ (בר׳ נו סע״א) חָרְבוּ (=נתקלקלו)
They were ruined

חרבי (יב׳ יז א) מ׳: חרבה

חַרְבֵּי (סנ׳ קח ב, קט א) חֲרָבוֹת
Swords

חַרְדְּלָא חַרְדָּל
Mustard

חֲרוּב חָרְבוּ, נֶחֱרַב (?)
They were destroyed, it was destroyed

חֲרוּבָא חָרוּב (עץ)
Carob tree

לחרובי (תע׳ כט רע״א, גט׳ נו א) ר׳ לאחרובי
Cf.

חרוזיאתא (עירו׳ כו סע״ב) ר׳ אצוותא
Cf.

חֲרוּכָא שָׂרוּף
Burnt

חֲרוּרֵי (יב׳ לז א = מש׳ קידו׳ רפ״ד) מְשֻׁחְרָרִים
Freed, liberated slaves

חֲרוּרֵי (גט׳ פו רע״א) צַד חֵרוּת (ערוך ע׳ טצהר)
Freedom,
liberation, freeman status (claims of liberation)

חָרוּתָא (סוכה לב א ועוד) חָרוּת[49]
A *lulav* (palm) whose leaves are split and have hardened

חָרוּתָא[50] דִדְיוּתָא (נדה כ א) שַׁחְרוּרִית הַדְּיוֹ
Blackness of the ink

חֶרְוָתָא[51] (פס׳ פב א) חֲרָיוֹת (של דקל)
Palm branches

חַרְזָא[52] = חַרְצָא[53] (ב״ק פ א) חֻלְדַּת הַסְּנָאִים
Marten, an animal that digs

חַרְזֵיה סִילְוָא (יב׳ עה ב, ע״ז כח ב) דְּקָרוֹ קוֹץ
A thorn pierced (it)

חָרֵי (יומא כ ב) חוֹרִים (=שָׂרִים)
Princes

קוּרְטְמֵי דְחָרֵי[54] (גט׳ ע א) כַּרְכּוֹם יַעֲרִי[55]
Saffron of forests

חרי חרי (מג׳ יב א) ר׳ חורי חורי
Cf.

חָרֵי (פס׳ קי א) צוֹאָה[56]
Excrement

חַרְיָא דְעִיזֵי (תע׳ ט ב) גְּלָלֵי (=צוֹאַת) הָעִזִּים
Goat excrement

חֲרִיב (יב׳ יז א 3, גט׳ נז א 2, סנ׳ צו ב) נֶחֱרַב, יֵחָרֵב
It was destroyed, it will be destroyed

חַרְיָו[א]תָא[57] (פס׳ פב א) חֲרָיוֹת
Palm branches

חָרֵיךְ (ע״ז לח א) חוֹרֵךְ
He scorches, parches, singes

חֲרִיכָא[58] (תע׳ כה רע״א) נִשְׂרֶפֶת
It is burnt, singed

חֲרִיךְ שָׁקֵי (בר׳ מו א) חֲרוּךְ שׁוֹקַיִם (ור׳ קטינא)
Burnt-legs (and Cf.)

חָרִיף (הור׳ יד א) חָרִיף
Person with a keen mind

חָרִיף (ב״מ מד ב כ״פ) סָחִיר (=עובר לסוחר)
Acceptable currency, easily circulated

חָרִיפָא חַדָּה, חֲרִיפָה
Pointed, biting, spicy (*f.*)

זוזא חריפא (כתו׳ ק ב) ר׳ חריפי
Cf.

חריפותא דנהרא (כתו׳ פה רע״א) ר׳ חריפתא
Cf.

חָרִיפֵי חֲרִיפִים
Biting, spicy (*p.*)

זוּזֵי חָרִיפֵי[59] (כתו׳ ק ב) מָעוֹת חֲרִיפִים (=מזומנים)
Cash (not credit)

(47 רש״י וד״ו: יומאחרא, כ״י ר׳ וה׳: יומא אוחרא, פ׳: יומא אחרינא, מ׳: וליומ׳ חד׳. רש״י: וליומאחרא שתי תיבות הן וליום אחרא (כצ״ל, ד׳: אחרת) וקיצור סופרים הוא.
(48 ר׳ ב וק׳: וליומחרא, מ׳: ולמיוחד, (!), שט״מ: וליומא אוחרא.
(49 = לולב שנתפצל ועליו נתקשו.
(50 ע׳: חריותא, פיה״ג לנדה: חריתות (ע׳ עמ׳ 111 הע׳ 15).
(51 מ׳, מ׳ ב: חרוותא, ע׳: חרייתא, א״פ: חרתא, ד״ו: חריואתא, ד״ח: חריותא.
(52 מ׳ ה׳ וד״ח, ד״ו: שרצא.
(53 ר׳ ותוס׳.
(54 ערוך ע׳ חרד (ורש״י?), מ׳: דחריי, ד׳: דחוחי.
(55 ר״ב בע׳ קרטם. רש״י: הגדל בקרקע מזובל בזבל הצאן.
(56 השוה: חריהם (כ׳), צואתם (ק׳) (מ״ב יח כז).
(57 ד״ו, מ׳ ב: חרוותא, מ׳: חרותא, א״פ: חרתא, ע׳: חרייתא.
(58 מ׳ מ׳ ב אה״ת ע״י א׳ ויל׳. [בכ״י ״ריפתא״ או ריפתיד״ במקום ״לחמיד״ שבד׳, וכמ״ש להלן ע׳ לחמיד (ע. ל.)].
(59 מ׳, ד׳: זוזא חריפא.

חָרִיפֵי (ב"מ מד רע"ב, מה א) סְחִירִים (=עוברים לסוחר)
Acceptable currency, easily circulated

חָרִיפַת (חול' קי ב) אַתָּה חָרִיף — You are sharp-minded

חָרִיפְתָא חֲרִיפָה — Biting, spicy (*f.*)

חָרִיפְתָא דְנַהֲרָא (כתו' פה רע"א[60], קידו' עג ב, ב"ב כד א[61])
שִׁבֹּלֶת הַנָּהָר — Navigable, middle part, of river

מִיחְרָץ חָרֵיץ (גט' כ א 3, בכו' מא א) חָרוֹץ חוֹרֵץ
(=עושה חריץ) — He grooves into (it)

חֲרִיץ (בכו' מא א) חָרוּץ (מום) — Mutilated, blemished

חֲרִיצֵי (שבת כ ב, קמ ב) חֲרִיצִים — Grooves

מַיָּא דַחֲרִיצֵי (שבת קמ ב) מַיִם שֶׁ(נִּקְווּ בַּ)חֲרִיצִים
Water that has accumulated in the grooves

חָרֵיק[62] (שבת עח ב) חוֹרֵץ (=עושה חריצים)
It makes grooves

בחריקאי (כתו' סא א, קה א) ע': בהריקאי

בחריקיה[63] (יומא עז א) ר' הריקיה — Cf.

בחריקין (ערכ' כז ב 2) ר' הריקין — Cf.

חרנוגא (שבת קי ב) ר' הרנוגא — Cf.

חָרְפָּא (ר"ה טז א, מ"ק ו ב) בְּכִירָה (=זריעה מוקדמת)
Early seeding

תַּרְעָא חָרְפָּא (ב"ב צ ב 3) שַׁעַר בָּכִיר (=לפני הקציר)
Pre-harvest price

חָרְפֵי מֻקְדָּמִים, בְּכִירִים — Early (*p., m.*)

חַרְפָּיְיתָא (ר"ה ח א) בְּכִירוֹת, מַקְדִּימוֹת — Early (*f., p.*)

שרצא חרצא (ב"ק פ א) ר' חרזא — Cf.

חַרְצִיה חֲלָצָיו, מָתְנָיו — His hips

חִירְקַיְיהוּ (חול' נט ב) חֲרִיצֵיהֶם — Their grooves

חֲרַקִינְהוּ[64] **לְשִׁינֵיה** (גט' מז א) חָרַק אֶת שִׁנָּיו
He ground his teeth

חרקיניה (שם) ר' חרקינהו — Cf.

חֶרְשָׁא (מנ' סד ב 2) חֵרֵשׁ — Deaf

חַרָשָׁא (בר' סב סע"א) מְכַשֵּׁף — Sorcerer, wizard

חַרְשֵׁי (שם 2) כְּשָׁפִים — Enchantments, spells

חָרָשֵׁי (שבת עה א) מְכַשְּׁפִים — Sorcerers

חָרַשְׁיָי[תָ]א[65] (פס' קי סע"א) מְכַשְּׁפוֹת — Witches

חָרָשִׁין (ב"מ כט ב וש"נ) מְכַשְּׁפִים — Sorcerers, wizards

חָרַשְׁתָּא (בר' סב סע"א) מְכַשֵּׁפָה — Witch

חָרְתָא[66] (נדר' נ רע"ב) חוֹר — Hole

בֵּי חָרָתָא (יב' קיח סע"ב) בֵּין הַחוֹרוֹת (=הַשּׂרוֹת)
Among the princesses

חַרְתָא דְאוּשְׁכָּפֵי[67] (שבת קד ב וש"נ) חֶרֶת (=צבע שחור) שֶׁל רַצְעָנִים
Black ink of shoemakers, leather workers

חָשׁ בְ— חָשׁ (ע, ב) — He felt, he feels

חָשׁ חָשַׁשׁ — He was afraid

חָשָׁא (חגי' ו רע"א) חָשְׁשָׁה — She was afraid

חישב (מנ' יז רע"א 3) מ': חשיב

חשבה (קידו' יב א) מ': חשיבא

חָשְׁבִי (פס' צד א) חוֹשְׁבִים — They think

חַשְׁבִינְהוּ (יומא כא א 2, חול' מב ב 3) חֲשָׁבָם
He considered them

חַשְׁבִינְהוּ (חול' מב ב) חָשְׁבֵם (=חֲשֹׁב אוֹתָם)
Consider them (*imp.*)

חָשְׁבִינַן (ע"ז י א) אָנוּ חוֹשְׁבִים, נַחֲשֹׁב
We count, consider, we will count, consider

חָשְׁבִינַן (כרי' י ב) אָנוּ מְחַשְּׁבִים — We count, consider

חָשְׁבִיתוּ לֵיהּ[68] (ב"מ פד סע"ב) אַתֶּם חוֹשְׁבִים אוֹתוֹ
You consider him

חָשְׁבַת (חול' מב ב) אַתָּה חוֹשֵׁב (=מונה) — You count

חֲשַׁבְתִּינְכוּ (בר' נח ב) חֲשַׁבְתִּיכֶם[69]
You were important in my eyes, I esteemed you

חֲשָׁדָא חֲשַׁד — Suspicion

חֲשַׁדוּ[70] (שבת קיח ב) חָשְׁדוּ — They suspected

חַשְׁדוּן (מ"ק יח סע"ב) חֲשָׁדוּנִי — They suspected me

---

60) הגהתי, ד': חריפותא, מ' חסר דפים אלו.
61) כי"י, ד': חריפא.
62) מ': חירקי, א"פ וע': חדיק. ע': פי' כיון דחבל קשה הוא נכנס ויוצא בנקב של נפה ושל כברה אוכל בנקב של עץ עד שנפרץ.
63) מ': בהריקי, אה"ת: בסדיקיה, א"פ מ' ב ע"י ויל': בדוכתיה.
64) מ' ע' כ"י אה"ת וע"י, ד': חרקיניה.
65) מ' ב רש"י ורשב"ם, א"פ: חרישתא, מ': חרושתא.
66) הב"ח: חורתא.
67) תר' של "קנקנתום" במשנה.
68) ה': חשיבו לי = החשיבוני.
69) = הייתם חשובים בעיני.
70) מ', ד' חשדן.

חַשְׁדֵיהּ (ב״מ לג א) חֲשָׁדוֹ — He suspected him

חשדך (שבת קיח ב) מ׳: חשדו

חֲשַׁדְתְּ (ב״מ ו א) חָשַׁדְתָּ — You suspected

חֲשַׁדְתִּינַן (תע׳ כה רע״א) חֲשַׁדְתָּנוּ — You suspected us

חֲשׁוּ (עירו׳ ח ב ועוד) חָשְׁשׁוּ

They took (his opinion) into consideration

חֲשׁוֹב (מג׳ יא ב) חֲשֹׁב (צ) — Count (*imp.*)

חֲשׁוֹבֵי (סנ׳ יב א) (לְ)חַשֵּׁב — (To) count

חשובי (שבו׳ כד רע״ב) ר׳ אחשובי — Cf.

חשובי (ע״ז י סע״א – רע״ב, יז סע״ב) ר׳ חשיבי — Cf.

חֲשׁוּךְ (תע׳ י א) חָשְׁכוּ — They grew dark, darkened

חֲשׁוֹכָא חֹשֶׁךְ — Darkness

חֲשׁוֹכַיָּא (סוכה מד ב) עֲנִיִּים — Poor people

חֲשַׁ(וֹ)ר[71] מֵימָךְ (תע׳ כה ב) שְׁפֹךְ מֵימֶיךָ

Pour out your water

חֲשַׁי (שבת קמ א) חַשְׁתִּי (רש״י: הִרְגַּשְׁתִּי) — I felt

חֲשֵׁי[72] (שבת קכח א 2) קוֹרָנִית (צמח) — Thyme

חֲשִׁיב חִשֵּׁב — He counted

חֲשִׁיב חוֹשֵׁב — He thinks, he counts

חֲשִׁיב חָשׁוּב — Important (*m.*)

חֲשִׁיבָא חֲשׁוּבָה — Important (*f.*)

חֲשִׁיבוּתָא חֲשִׁיבוּת, שֶׁבַח

Importance, merit, significance

חֲשִׁיבוּתֵיהּ (ב״ב קמה ב, בכו׳ לא א) חֲשִׁיבוּתוֹ, שִׁבְחוֹ

His importance, merit, significance

חֲשִׁיבֵי חֲשׁוּבִים — Important (*p.*)

חֲשִׁיבֵי[73] (ע״ז י סע״א – רע״ב, יז סע״ב) חֲשׁוּבִים

Important (people) (*p.*)

חֲשִׁ[י]בִינַן[74] (ב״ב י ב 2) אָנוּ חֲשׁוּבִים

We are important

חֲשִׁ[י]בִיתוּ (תע׳ ז סע״א[75], טו ב) אַתֶּם חֲשׁוּבִים

You are important (*p.*)

חֲשִׁיבָן (עירו׳ צג א) חֲשׁוּבוֹת — Significant (*f.*)

חֲשֵׁיבְנָא (מג׳ יא ב 2) אֲנִי מְחַשֵּׁב, אֲחַשֵּׁב

I calculate, I will calculate

חֲשִׁיבְנָא אֲנִי חָשׁוּב — I am important

חֲשִׁיבַתְּ (בר׳ יח ב, כתו׳ ח ב[76], ב״ק נט ב) אַתָּה חָשׁוּב

You are important (enough)

חֲשִׁיבְתָא בְּאַפֵּי נַפְשָׁהּ (ב״ב צה רע״א)

חֲשׁוּבָה בִּפְנֵי עַצְמָהּ — Important for itself (*f.*)

חֲשִׁיד חָשׁוּד — Suspected (*m.*)

חֲשִׁידֵי חֲשׁוּדִים — Suspected (*p.*)

חֲשִׁידְנָא (ברכ׳ ה ב) אֲנִי חָשׁוּד — I am suspected

חֲשֵׁיךְ (תמיד כז ב) הַעֲרֵב (צ)

Remain until late at night (*imp.*)

חֲשִׁיכוּ (בר׳ ח א) הַעֲרִיבוּ

Remain until late at night (*imp., p.*)

חֲשִׁילְתָּא (בר׳ לח א) דָּבָר מָעוּךְ (רש״י)

Something squashed

בֵּיעֵי חֲשִׁילָתָא (חול׳ צג א – ב) בֵּיצִים מְעוּכוֹת[77]

Mashed testicles

חשיש (עירו׳ סב א) כי״י וד״י: חייש

בַּחֲשֶׁכְתָּא (ב״מ ל ב) בַּחֲשֵׁכָה, בְּהַעֲרָבָה[78]

During dusk (after sunset)

חָשְׁלֵי דוּדֵי (כתו׳ עז א) מְרַדְּדֵי דְוָדִים

Hammering down (flattening) copper to make pots

דְּחָשְׁלִי[79] מִינַּיְיהוּ כְּלֵי זַיִן (ע״ז טז רע״א)

שֶׁמְּרַדְּדִים (אוֹתָם וְעוֹשִׂים) מֵהֶם כְּלֵי זַיִן — Hammering them down (flattening them) to make weapons

דלא חשש לי (פס׳ קיא ב) לי׳ מ׳ מ׳ ב אה״ת וע״י

חֲשָׁשָׁא חֲשָׁשׁ — Fear

חִישְׁתָּא (פס׳ מ רע״ב) סְבַךְ קָנִים[80]

Entanglement of reeds, name of river (Rashi)

חתה (ע״ז לח רע״ב) מ׳: חתי

חַתּוֹיֵי (ע״ז לח רע״ב) (לַ)חְתּוֹת

(To) fan the fire, stir up the coals

71) מ׳, מ׳ ב: אשד.

72) ע׳: חשאי, וקוהוט מגיה: חאשי. (=אזוב בלשון פרבסית).

73) ד׳: חשובי.

74) ה׳ ואה״ת (וכך צ״ל גם בקידו׳ עב ב), מ׳ וע״י: איתינן.

75) מ׳ וע״י, ד׳: דחשביתו.

76) מ׳, ד׳: חשיב את.

77) ביצי בהמה שנתמסמסו (ע׳).

78) = לאחר השקיעה.

79) מ׳ וד״ו ורש״י בחולין יז ב ד״ה מחליש.

80) השוה "כחושים של קנים" (ב״ב קמג ב). "במות יער" (ירמ׳ כו יח, מיכה ג יב) ת״י: חישת חורשא.

לְחַתּוֹיֵי (שבת יח ב) לַחְתּוֹת — To stir up the coals

חִיתּוּכָא (חול׳ מז ב ועוד) חִתּוּךְ — Cut, incision

חיתוכי (חול׳ מח א) מ׳ ועוד: חיתוכא

חַתּוּם (גט׳ יח ב פ״א) חָתְמוּ — They signed

חתום (שם פ״ב) מ׳: חתים

חֲתוּמוּ (כתו׳ יט רע״א[81] ועוד) חִתְמוּ — Sign (*imp.*)

חתומי (שם) ר׳ חתומו — Cf.

חַתֵּי[82] (ע״ז לח רע״ב) חָתָה (באש)
He fanned the fire, stirred up the coals

חָתֵיךְ חוֹתֵךְ — He cuts

חֲתִיכָא[83] (שבת קמו ב 2) חֲתוּכָה — Cut (*f.*)

חָתֵים חוֹתֵם, מְסַיֵּים — He signs, concludes

חֲתִים חָתוּם — Signed (*m.*)

חֲתִימָא (ע״ז לא א, חול׳ צה ב) חֲתוּמָה — Signed (*f.*)

חֲתִימוּ (כתו׳ יט א[84], סנ׳ כט ב[85]) חִתְמוּ — Sign (*p., imp.*)

חֲתִימוּת יְדָא (גט׳ ו א ועוד) חֲתִימַת יַד — Signature

חֲתִימוּת יְדֵיהּ (ב״ב קסז א) חֲתִימַת יָדוֹ — His signature

חֲתִימוּת יְדַיְיהוּ (כתו׳ פה א) חֲתִימַת יָדָם
Their signature

חֲתִימִי (ב״ב קסז א) חָתַמְתִּי — I signed

חֲתִימִי חֲתוּמִים — Signed (*p.*)

חֲתִ[י]מִיתוּ (כתו׳ יט א — מ׳) אַתֶּם חֲתוּמִים
You are signed

חַתְכַהּ (חגי׳ כג א כ״פ) חֲתָכָהּ — He cut it (*f.*)

חַתְכֵיהּ (פס׳ עד ב 2, חול׳ צג א) חֲתָכוֹ — He cut it (*m.*)

חַתְכִינְהוּ (פס׳ עד ב) חֲתָכָם — He cut them

חֲתַם חָתַם, סִיֵּם — He signed, concluded

חתמא (יומא עז א 2[86]) ר׳ חתים וחתימא — Cf.

חתמו (סנ׳ כט ב) מ׳: חתימו

חתמו (כתו׳ יט א, גט׳ פז רע״א) כי״י: חתימי

חָתְמִי חוֹתְמִים — They sign

חַתְמֵיהּ (גט׳ סה א) חֲתָמוֹ (בחותם)
He sealed it (with a seal)

חַתְמִינַן (גט׳ נב ב) חָתַמְנוּ — We signed

חָתְמִינַן (פס׳ קד א) אָנוּ חוֹתְמִים (=מסיימים)
We conclude (the *berachah*)

חַתְמִיתוּ[87] (כתו׳ יט רע״א) חֲתַמְתֶּם — You signed

חָתְמִיתוּ (סנ׳ קא ב) אַתֶּם חוֹתְמִים, תַּחְתְּמוּ
You (*p.*) sign, you (*p.*) will sign

חֲתַמְנָא (ב״ב קסד א 2) חָתַמְנוּ — We signed

חַתְנָא חָתָן — Son-in-law

חַתְנָוָותָא (שבת כג ב, ב״מ קט א) חֲתָנִים — Sons-in-law

חַתְנָוָותֵיהּ (ב״ב קיד ב) חֲתָנָיו — His sons-in-law

חַתְנֵיהּ חֲתָנוֹ — His son-in-law

---

81) הגהתי, ד׳: חתומי, מ׳: חתימו.
82) מ׳, ד׳: חתה.
83) מ׳, ד׳: חתיכה.
84) מ׳, ד׳: חתומו.
85) מ׳, ד׳: חתמו, ר״ח: חתומו.
86) בקטע שהשמיטוהו בד״ח: פ״א — חתים, פ״ב — חתימא (עי׳ ד״ס).
87) מ׳: חתימיתו = אתם חתומים.

– ט –

קוּלְפֵי טָאבֵי (מנחות ז א, ערכין כב א) מַכּוֹת טוֹבוֹת (=חזקות) — Strong blows

טַאטֵי (ר"ה כו ב, מג' יח סע"א) טַאֲטִי (בלשון חכמים: כַּבְּדִי) — Sweep (*s, imp.*)

טָאטִיתָא (ר"ה כו ב, מג' יח סע"א) מַטְאֲטֵא, מַכְבֵּד (בלשון חכמים) — Broom

טָאֵים (טום) (ב"ק ג א) מְסַתְּם[1] — He filled them up, plugged up

טָב טוֹב (ת' ועבר) — Good, it was good

טָבָא טוֹב, הַטּוֹב — Good, the good

טַבְהָקֵי[2] (עירובין כט סע"ב) צָלִי — Roasted meat

טְבוֹל (סנ' קז ב) טְבֹל (צ) — Dip (*imp.*)

טְבוֹלוּ (בר' כ א[3], ע"ז לז ב) טִבְלוּ — Immerse (*s., imp.*) (in a *mikveh*)

טַבּוֹלֵי (שבת קח ב) (ל)טַבֵּל — (To) dip

טִיבּוּלֵי (פס' קיד ב כ"פ) טִבּוּלִים — Dippings

טִיבּוּרָא[4] (שבת סו ב) טַבּוּר — Navel

טִיבּוּרֵיהּ (סוטה מה ב) טַבּוּרוֹ — His navel

טָבוּת[5] (מעי' יז א 3) טוֹב (תה"פ) — Good

טָבַח שׁוֹחֵט — He slaughters

טַבָּחָא טַבָּח (קצב ושוחט) — Butcher and slaughterer

טַבָּחֵי טַבָּחִים — Butchers, chefs, cooks, slaughterers

רֵישׁ טַבָּחַיָּא (חול' נ ב, נח ב[6]) רֹאשׁ הַשּׁוֹחֲטִים — Chief chef, slaughterer

טָבְחַתְּ (בר' נו א) אַתָּה טוֹבֵחַ (=מְבַשֵּׁל), תִּטְבַּח (=תְּבַשֵּׁל) — You cook, you will cook

טָבֵי טוֹבִים — Good (*p.*)

טַבְיֵי (כתו' קג ב, ב"מ פה ב) צְבָאִים — Gazelles

טַבְיָא צְבִי — Gazelle

בַּר־טַבְיָא בֶּן־צְבִי, עֹפֶר — Fawn

טְבֵיל (יומא ל ב ב"פ) טָבַל — He dipped

טָבֵיל טוֹבֵל (במים) — He immerses himself (in water)

טָבֵיל[7] (מכות יז רע"א 2) טוֹבֵל (=עושה אותו טבל) — It makes the crop *tevel* and forbidden to eat until *terumos u-ma'aseros* are separated

טַבֵּיל (פס' קיד ב) טִבֵּל — He dipped

טְבֵיל לֵיהּ (שם) טָבַל (בחרוסת) — He dipped it (in *charosses*)

טבילו[8] (בר' כ א) ר' טבולו — Cf.

טְבִילוּתָא (בר' כב א 2, סנ' לט א 2) טְבִילָה — Immersing oneself in a *mikveh*

טְבִילֵי טְבוּלִים (=היו טבל) — Their consumption was prohibited because they were *tevel* (that the *terumos u-ma'aseros* were not yet separated)

טבילין (כרי' ח סע"א) מ': טבילות

טְבִילָן (כרי' י א) טְבוּלוֹת — They (*f.*) immersed themselves in a *mikveh*

טָבִין (ב"מ מד ב) טוֹבִים — Good (*p.*)

טְבִיעוּת עֵינָא טְבִיעוּת עַיִן — Impression of object without definite signs allowing a lost object to be returned to a Torah scholar

טבית (מעי' יז א 3) מ' ואה"ת: טבות

טְבַל טָבַל — He immersed himself in a *mikveh*

טַבְלָא תֹּף — Drum *(Aruch)*, bell *(Rashi)* (*Sotah* 49B)

טַבְלָא גּוּרְגְּדָנָא (ערכ' י סע"ב) תֹּף עוּגָב[9] — A bell *(Rashi)*; organ *(Tosafos)*, hydraulically-operated musical instrument

טָבְלָא/ה (שבת קכט א, מג' כ א) טוֹבֶלֶת — She immerses herself in a *mikveh*

1) "סְתָמוּם פלשתים" (בראשית כו טו) ת"א טַמּוּנוּן.
2) ע': טבהק. והוא מלשון פרסית.
3) כהגהתי. מ' וד"ח: טבילו (עי' ח"ג שם).
4) מ' א"פ, ד': טיבורי.
5) מ' ואה"ת, ד': טבית.
6) ד': רב טבחיא.
7) מ' ורש"י, ד': טובלו.
8) מ' וד"ח, ד"ו: טבלה, ב"נ: טבילה, וצ"ל: טבולו, ועי' ד"ס אות ש'.
9) ע': בלעז אורגנן, קולו עבה ומערבב את הנעימה.

טָבְלָא[10] (חול׳ קלד ב, בכור׳ נח רע״א) טוֹבֶלֶת (=עושה טבל)
It forbids it by making it *tevel*

טָבְלָא לַהּ (מנ׳ ע א) נֶעֶשְׂתָה טֶבֶל
It has become forbidden by coming *tevel*

טִיבְלָא (שם) טֶבֶל
Tevel (untithed produce)

טִיבְלַהּ (קידו׳ מו ב) טִבְלָהּ (=בעודה טבל)
In the state of *tevel*

טְבַלָה (שבת קכט א, פס׳ צ ב, נדה טו ב) טָבְלָה
She immersed herself in a *mikveh*

טָבְלָה (בכו׳ נח רע״א) טוֹבֶלֶת (עושה אותו טבל)
It causes it to become forbidden by making it *tevel*

טבלה[11] (בר׳ כ א) ר׳ טבולו
Cf.

טָבְלִי (שבת יד א) טוֹבְלִים
They immerse themselves in a *mikveh*

לָא טָבְלִי (חול׳ קלד ב) אֵינָם טוֹבְלִים (=אינם עושים טבל)
Do not cause (the animal) to become *tevel*

טִיבְלֵיהּ טִבְלוֹ
His *tevel*

בְּטִיבְלַיְיהוּ בְּטִבְלָם (=בעודם טבל)
While still in the *tevel* state

טְבַע (שבת קח ב, יבמות קכא רע״א ועוד) טָבַע
He drowned

טָבַע (שבת קח רע״ב ועוד) טוֹבֵעַ
He drowns

טִיבְעָא (ב״ב קנג א) טְבִיעָה
Sinking

טִיבְעָא (ב״מ מד א כ״פ ועוד) מַטְבֵּעַ
Coin

טִיבְעָא (נדה כ ב כ״פ) טֶבַע
The nature

טְבַעָא (פס׳ מ רע״ב) טָבְעָה
(That) sank

טָבְעָה (סוטה כא ב) טוֹבַעַת
She drowns

טַבְעֵיהּ טִבְעוֹ
His nature

הֲוָה טָבְעִינַן (ב״ב עג ב) הָיִינוּ טוֹבְעִים
We would have drowned

טָבַעְנָא (תע׳ כא א, כתו׳ סט א) אֲנִי טוֹבֵעַ, אֶטְבַּע
I am drowning, I shall drown

טְבַעַת (נדר׳ נ א) טָבְעָה
(It) sank

בְּשׂוֹרְתָא טָבְתָא (ר״ה יט א, תע׳ יח א) בְּשׂוֹרָה טוֹבָה
Good tidings, good news

טִיגְנָא (ע״ז כח סע״א) טִגּוּן
Frying

טִיגְנֵי (קידו׳ מד א) טִגּוּנִים (פ״א: שם מקום)
For frying (Rashi); name of place (Rach)

לְטַהוֹרֵי לְטַהֵר
To purify

לְטַהוֹרֵיהּ (חול׳ סט א 2[12], ע ב) לְטַהֲרוֹ
To purify him

לְטַהֲ[וֹ]רִינְהוּ (ע״ז נב סע״א — ד״ו) לְטַהֲרָם
To purify them

טְהַר (בר׳ ב א–ב) טָהַר
He, it became purified

טְהַר טִיהֲרָא (יומא טו א וש״נ) צָהַר צָהֳרַיִם (=הגיעה שעת הצהרים)
Noon arrived

טִיהֲרָא צָהֳרַיִם
Noon

טָהֲרֵי לְהוּ (בכו׳ כב א) טָהֲרוּ
They became purified

טַהֲרֵיהּ (שבת לד א, נדה ט א) טִהֲרוֹ
He purified him

לטהריה (חול׳ סט א 2) ר׳ לטהוריה
Cf.

טַהֲרִינְהוּ (ב״מ פד ב) טִהֲרָם
He purified them (i.e., declared them to be pure)

לטהרינהו (ע״ז נב סע״א) ר׳ לטהורינהו
Cf.

טַהַרְתִּינְהוּ (קידו׳ סט א) טִהַרְתִּים
I shall cause your children to become "kosher" (i.e., lose their *mamzeir* status)

טוּבָא מְאֹד, הַרְבֵּה
Very, many

טוּבָא שְׁגָגוֹת (שבת ע רע״א) הַרְבֵּה שְׁגָגוֹת
Many unintentional transgressions

טובי (בר׳ ו סע״א) ד״ו: טוב׳

טוּבֵיהּ (תע׳ כד ב) טוּבוֹ
His bounty

טוּבֵיהּ (סנ׳ ז א, צט ב) אַשְׁרָיו
Happy is the one

וטוביה (שבו׳ יח א) ר׳ וטיב
Cf.

טוּבְיָנָא דְחַכִּימֵי[13] (כתו׳ מ א וש״נ) מְאֻשָּׁר שֶׁבַּחֲכָמִים (רש״י)
The happiest of the Sages

טוּ(ו)זִיג[14] (ע״ז יד סע״א) סְבֹלֶת[15]
Social feast

טְוִוי צְלֵה (צ)
Broil, grill (*imp.*)

טַוְיָא (מ״ק יא א 2) צָלִי
Broiled, grilled meat

טַוְיָא (חול׳ קלג א) צָלִי
Broiled, grilled meat

שריקא טויא (שבת קט א) ר׳ שירקא
Cf.

טַוָּוסָא (שבת קל א, חול קטז סע״א[16]) טַוָּס
Peacock

טְוָות (בר׳ נה סע״א, פס׳ קז א) בְּתַעֲנִית (תה״פ)
In a fast

(10) מ׳ — בשני המקומות, ד׳: טבלה.
(11) ד״ו, מ׳ וד״ח: טבילו, ב״נ: טבילה.
(12) מ׳, ד׳: לטהריה. פ״ב — מ׳: לטהרה (עברית). ד׳: לטהריה.
(13) כינוי לר׳ אלעזר (בן שמוע) בפי רב.
(14) ע׳, מ׳: טווזא.
(15) בלשון יונית: משתה בחבורה.
(16) ד׳: טיוסא.

טוותא[17] (שבת קל א) ר' טווסא — Cf.

טוּט (מ"ק טז א 2) קוֹל תְּקִיעָה (בשופר)

The sound of a *shofar*

טוֹטַפְתָּא (יומא לג ב 2) טוֹטֶפֶת (תפלה של ראש)

The *tefilin* (worn) on the head

טוֹטַפְתֵּיה (מ"ק כו א) טוֹטַפְתּוֹ

His *tefilin* (worn) on the head

טוינהו[18] (עירו' צו ב) ר' שדינהו — Cf.

טְוֵינַן (ב"ב עד ב) צָלִינוּ — We broiled, grilled

טְבִיתִינְהוּ (חול' קי א) צָלִיתָ אוֹתָם

You have broiled, grilled them

טוּל (סנ' יח ב) צֵל — Shadow

טוּלָא צֵל — Shadow

טוּלָא דְדִיקְלָא (פס' קיא ב) צֵל הַדֶּקֶל

The shadow of a palm

טוּלָא[19] (מעי' יח א) מַטְלִית בְּצוּרַת אֶצְבָּעוֹן[20]

Finger-shaped protective sheath

טוּלֵי צְלָלִים — Shadows

טוּלֵיה צִלּוֹ — His shadow

טוּלָךְ (גט' יז א) צִלְּךָ — Your shadow

ט[וּ]לְמֵי [דְנַהֲמָא][21] (מגי' טו רע"ב) כִּכְּרוֹת לֶחֶם

Loaves of bread

טוּלְשֵׁי (בר' מ סע"ב) עֻזְרָרִים[22] — Hawthorns

טוּם (יב' סג א) סְתֹם — Plug up (*imp.*)

טוּנָא (=טוענא) טֹעַן (=מַשָּׂא) — Burden

בטוני (חול' נא סע"ב) ר' בטוני (באות ב') — Cf.

טוּנֵיה (=טועניה[23]) (שבת קנו ב, ב"מ קז א) מַשָּׂאוֹ

His burden

מִטּוּנָךְ (ר"ה ד א, זב' לב ב, חול' קלב א) מִמַּשָּׂאֲךָ[24]

From your burden (i.e., from your own argument)

טוּעניה (ב"מ עט ב) מ': טעוניה

טוּפְיָינָא (ב"מ סג ב, תמו' ל סע"א[25]) יָתֶרֶת (=תּוֹסֶפֶת)

Excess

טוּפָנָא (סנ' צו א) הַמַּבּוּל — The deluge

טוּפְסָא (גט' פח א, ב"ב מד ב) טֹפֶס — Blank form

טוּפְרָא צִפֹּרֶן — Nail (hand or foot)

טופראי (גט' סט א) מ' ורש"י: טופרא

טוּפְרַהּ (שבת קי א) צִפָּרְנָהּ — Her nail

טוּפְרֵיה (מ"ק יח רע"א 3[26] ועוד) צִפָּרְנָיו — His nails

טוּר הַר — Mountain

טוּר מַלְכָּא הַר הַמֶּלֶךְ

The king's mountain, the royal mountain

טוּרָא הַר — Mountain

טוּרְזִינָא (עירו' פ א, ב"ב ח א[27]) שׁוֹמֵר כְּלֵי זַיִן

Guardian of (the king's) arms

טורזינא (בר' נו א 3) ע': טרזיא

טוּרֵי הָרִים — Mountains

טורין (שבת צח ב) ע': טריז

טֶ(וּ)רְמִיסִין[28] (כתו' יז א, סנ' יד א) יוֹדֵעַ שְׁלֹשָׁה חֲלָקִים[29]

Unlearned people

טחאי (חול' קיא א) ר' א: טחיי — Cf.

טְחוֹ (פס' ל א, זב' צה ב — כי"י) טָחוּ (בשומן)

They smeared, coated

טְחוֹן (כתו' קג א 2, סנ' צו א) טְחַן (צ) — Grind (*imp.*)

טַחְיֵי (שבת קיט רע"א, חול' קיא א[30]) רְקִיקִים[31]

Coated cakes

---

17) מ' וע' וד"ו: טווסא, א"פ: טאוסא.

18) ד"ח, ד"ש: שדינהו, וכן א"פ וע', מ' וד"ו: שרינהו, וע' ד"ס אות צ'.

19) ע' (ע' טל ב), מ': נוולא, ד': נוולה.

20) וז"ל הערוך (העתיק מר"ג): "ראוי הוא אותו משהו בגד לאורגים שכשהוא מחליק את המטוה של אריגה בסובין או בכלום דבר כדי לחזקו כורך משהו בגד על האצבע ומחליק את הטווי, ואותו סמרטוט שעל אצבעו משמר אצבעו שאינו מחתכו החוט, ואותו שכורך באצבעו נקרא טולא".

21) מ' ב וע"י ורש"י, וכן הגיה הב"ח.

22) כך (בשתי רישיין) במ' וע'.

23) = ת"א ל"משאו" (שמ' כג ה).

24) כלומר: נשיב עליך ממה שאתה טוען.

25) מ' ר"ג ושמ"ק, ד': טיפונא.

26) פ"א — מ' וע"י, ד': טופרי.

27) ד': טרזינא.

28) מ' בב' המקומות, והוא מלשון רומית tremisis מטבע = 3/4 איסר.

29) כך כינו אדם, שידיעותיו לא היו שלימות, ועי' ע' חמס.

30) ר' א, ד': טחאי, מ': טחווי.

31) רש"י: רקיקין טחין פניהם בשומן אליה או בשמן (שבת,

טְחִינָא (בר׳ מג א 2, מנ׳ צו ב) טָחוּן — Ground

טחינא (כתו׳ קג א 2) מ׳: טיחנא

טָחֵינְנָא (שם 2) אֲנִי טוֹחֵן — I grind

טָחֵינַת (סנ׳ צו ב) אַתָּה טוֹחֵן, תִּטְחַן — You grind, you will grind

טְחָלָא טְחוֹל — Spleen

טְחָלֵי טְחוֹלִים — Spleens

טחליא (גט׳ סט ב 2) מ׳: טחליה

טְחָלֵיהּ טְחוֹלוֹ — His spleen

טְחַן (סנ׳ צו א) טָחַן — He ground

טִיחְנָא[32] (כתו׳ קג א 2) טַחַן[33] — Material to be ground

טָחֲנוּ (פס׳ מב ב) טוֹחֲנִים — They grind

טָחֲנוֹהִי (שבת קנב א) טוֹחֲנָיו[34] — His grinders (i.e., teeth)

טָחֲנֵי טוֹחֲנִים — They grind

טַטְרוּגֵי[35] (עירו׳ סו א) (ל)הַכּוֹת, (ל)חֲבוֹט — (To) beat, hit, bang

טִיבוּ (שבת קנו א, תמיד לב א) טוֹבָה (ש) — Beneficence, goodness

טִיבוּתָא טוֹבָה (ש) — Beneficence, goodness

טִיבוּתֵיהּ (סנ׳ מא ב) טוֹבָתוֹ — His beneficence, goodness

טִיבוּתָיךְ טוֹבָתֵךְ — Your beneficence, goodness

טִיבוּתִין (מנ׳ נב א 2) טוֹבָתֵנוּ — Our beneficence, goodness

טִיוּטָא (ב״ב קסג א כ״פ) טִשְׁטוּשׁ[36] — Blurring (rending blank space useless by ink dots)

טיוסא (חול׳ קטז סע״א) כי״י וד״י וע׳: טווסא — Peacock

טִיחְיָא (פס׳ ל א, מ״ק יז א, זב׳ צה ב) טִיחָה, מְרִיחָה (בשומן) — Smearing, coating (with fats)

טָיְיזָא עָנָיו — Modest person

טייזן (ע״ז כו רע״א) כ״י ספ׳ ואה״ת: טייזא

טַיָּיעָא עֲרָבִי, בֶּדְוִי — Arab, Bedouin

טַיָּיעוּת (פס׳ סה ב) כְּדֶרֶךְ עֲרָבִים — In the Arab manner

טַיָּיעֵי עֲרָבִים — Arabs, Bedouins

טַיַּיעְתָּא (גט׳ מה ב) עַרְבִיָּה — Arab woman

טָיֵיף (כתו׳ קיא סע״ב — מ׳ לי״ו) צָף (?) — Oozes

טִילָא (ע״ז ל א) יַיִן חַד (=חָרִיף) — Sharp (strong) wine

טִילְיָא (גט׳ ע א 2, ע״ז כח א[37]) יַיִן חַד (=חריף) — Sharp (strong) wine

טִימָן (טמם) (עירו׳ ו ב) סְתוּמִים, מְכֻסִּים — Plugged up, covered up

טִינָא טִיט — Clay

טִינָא בַּר טִינָא (יומא כט א) טִיט בֶּן טִיט[38] — Clay made from old ground clay

טִינַיְיהוּ (סוכה יח א) טִיט שֶׁלָּהֶם — Their clay

טִיף לַהֲדֵי טִיף (פס׳ לט סע״ב, ע״ז ל ב) טִפָּה אַחַר טִפָּה[39] — Drop after drop

טִיף טִיף (פס׳ קיא ב, ע״ז ל ב) (יַיִן הַמְטַפְטֵף) טִפִּין טִפִּין — Wine dripping drop after drop

טיפונא (תמו׳ ל סע״א) מ׳ ור״ג ושמ״ק: טופיינא

טִיפְּתָא טִפָּה — Drop

טַלָּא (שבת קמז א) טַל — Dew

טְלוֹפְחֵי (יב׳ סג א 2) עֲדָשִׁים — Lentils

טִלְטוּלָא (כתו׳ כח א[40], סנ׳ כו א) טִלְטוּל — Moving from place to place

לְטַלְטוּלַהּ (שבת לה א 2, מד ב, מו א 3) לְטַלְטְלָהּ — To move it (*f.*)

טַלְטוּלֵי, לְטַלְטוּלֵי לְטַלְטֵל — To move

טלטולי[41] **בעלמא** (פס׳ סט א) ר״ח: טלטול

טִלְטוּלֵי[42] (כתו׳ כח א) טִלְטוּלִים — Movements

לְטַלְטוּלֵיהּ (שבת מו א) לְטַלְטְלוֹ — To move it (*m.*)

לְטַלְטוּלִינְהוּ לְטַלְטְלָם — To move them

טִילְטֵל[43] (שבת מו א[44], עירו׳ צב א) טִלְטֵל — He moved

פת נקיה פניה טוחין בשמן ודבש (חולין).

32) מ׳: טיחנא, טחנא: ט׳: טחינא.

33) חומר לטחינה.

34) = שִׁנַּיִם, השוה ״ובטלו הטוחנות״ (קה׳ יב ג).

35) לדעת קוהוט מלשון יונית.

36) ע״י נקודות דיו במקום החלק שבשטר.

37) ד״ח: טילייא.

38) = טיט שגבלו אותו מטיט ישן יבש.

39) רש״י בפסחי, ובע״ז: הטפות רודפות זו את זו ותכופות.

40) מ׳, ד׳: טלטולי.

41) ד״ו: טלטולי, מ׳ — נ״א.

42) מ׳: טלטולא, כמו בסנ׳ כו א.

43) צורה עברית במשפט ארמי (ת׳ טַלטל)

44) רש״י: טלטל, ד״ש: מטלטל, מ׳ שט׳: טלטלינן.

טִילְטְלַהּ[45] (שבת מה ב) טִלְטְלָהּ — He moved it (*f.*)

לטלטלי (עירו׳ כ א) מ׳: לטלטולי

טְלֵי (יב׳ קיד רע״א — מ׳: טליא) נַעַר, תִּינוֹק

A young child, a baby (*m.*)

טְלֵי[46] **כְסַף, טְלֵי דְהַב** (ב״מ עח ב, ועי׳ כתו׳ סח א)

כְּלֵי כֶסֶף (=בגדי פשתן), כְּלֵי זָהָב (=בגדי צמר מאדמים)

Silver tools (linen garments), gold tools (red dyed wool garments)

טַלְיָא (יב׳ קיד רע״א) תִּינוֹקֶת

Young child (*f.*), baby girl

טַלְיָא (מג׳ ה ב, ב״ב צא ב, קמב ב 3) תִּינוֹק, נַעַר

Young child (*m.*), baby boy, lad

טַלְיָא (סוטה לג א) נְעָרִים — Young boys

טְלִיקָא[47] **דְסָבֵי** (גט׳ כח א, ב״מ כ ב) תַּרְמִיל שֶׁל זְקֵנִים

Old men's bag

טַלְיְיתָא (ב״ב צא ב) תִּינוֹקֶת

Young child (*f.*), baby girl

טְלָלָא תִּקְרָה — Ceiling

טלמי (מג׳ טו רע״ב) ר׳ טולמי — Cf.

טְלָפְחָא (ב״ב סז ב) עֲדָשָׁה[48]

A round shaped mass used to press oil from olives

טְלָפְחֵי עֲדָשִׁים — Lentils

טַלְפֵי[49] (נדר׳ סו ב) רַגְלַיִם (של בהמה) — Hoofs, paws

טַלְפֵי[50] (שם) עֲדָשִׁים — Lentils

טַמוּיֵי, לְטַמוּיֵי[51] לְטַמֵּא

To declare her *halachically* impure

לטמויי (מעי׳ ח א) מ׳ ״רש״י״ ותוס׳: לאיטמויי

לְטַמוּ[יַ]יהּ (נדה לז א — מ׳) לְטַמְּאָהּ

To declare her *halachically* impure

טַמּוֹרֵי (חול׳ ד ב) (ל)הִסְתַּתֵּר

To hide oneself, to conceal oneself

טַמֵּי (נדה כ ב 2) טִמֵּא

He declared her to be *halachically* impure

טמיא (מנ׳ נט א—ב) מ׳ ור׳: טמא

טְמִימָא (מ״ק ד ב) טָמוּם, סָתוּם

Plugged up

טַמְינְהוּ (גט׳ סח א) סִתְּמָם — Plugged them up

טְמִירְתָא (ב״ב מ ב 2) טְמוּנָה — Concealed, hidden

טָמֵישׁ (ע״ז כח רע״ב) טוֹבֵל — He dips

טַמִּיתֵיהּ (חול׳ ג רע״א) טִמְּאַתּוּ

Renders him *halachically* impure

טַמִּיתִנְהוּ (נדה ז א) טִמְּאָתַם (=טימאה אותם)

She rendered them *halachically* impure

טַמְנַהּ (ב״ב ג ב 3) טְמָנָהּ (=טמן אותה)

He concealed her

טַמַּרוּ נַפְשַׁיְיכוּ (נדה סא א) הַסְתִּירוּ עַצְמְכֶם, הִסְתַּתְּרוּ

Conceal yourself (*imp., p.*)

טַמַשׁ (ע״ז יח ב) טָבַל (אצבע) — He dipped (his finger)

טַן־דּוּ[52] (יב׳ קיח ב וש״נ) שְׁנֵי גוּפוֹת — Two bodies

טַנְבּוּרָא[53] (סוטה מט ב) תֹּף — Drum

טְנִיפָא (שבת נז א) מְטֻנֶּפֶת — Dirty (*f., s.*)

טְנִיפָן (שם) מְטֻנָּפוֹת — Dirty (*f., p.*)

טִינָּרָא (גט׳ סח א) סֶלַע — Rock

טִינָּרֵי (חול׳ מח רע״ב) סְלָעִים[54]

Rock-hard pulmonary growths

טַסָּא (שבת סה א) טַס — Plate (of silver)

טַסְקָא (מג׳ ז ב 2, גט׳ עח א) סַל — Basket

טַסְקָא מַס קַרְקַע — Land tax

טַסְקָא דְהַזְמָנוּתָא (קידו׳ ע ב) אִגֶּרֶת שֶׁל הַזְמָנָה

Summons

טַעַאי (יבמ׳ קכא א — מ׳, ב״מ נא א) טָעִיתִי

I was mistaken

טְעָה טָעָה — He was mistaken

קָא טעה (שבת עג א) מ׳: קטעי = טוֹעֶה

He is mistaken

טְעוֹ טָעוּ — They were mistaken

45) מ׳ בלא יו״ד.
46) עי׳ ערוך (ע׳ טלי) ועה״ש, ול״נ שהוא קיצור של ״טלית״.
47) מלשון יונית = שק וכיס.
48) = מְכֻבָּד עָגוֹל כעדשה ש״נותנין על הזיתים בבית הבד כדי שיוכתשו ויצא שמנם״ (ע׳).
49) מ׳: טלפוחי, ״רש״י״ בשם אית דגרסי: טלופחי (ומפרש: עדשים).
50) הב״ח ואה״ת: טלפחי, מ׳ טלופחי.
51) נדה לד א 2 — מ׳: ליטמייה.
52) מלשון פרסית (=גוף שנים).
53) מערבית.
54) צמחים בְּרֵיאָה קשים כסלעים.

טָעוּ טוֹעִים — They are mistaken

טְעוֹם[55] (בר׳ ה ב) טְעַם (צ) — Tastes *(m., s., imp.)*

טַעוּן (ב״מ מ רע״ב) טָעֲנוּ (=בָּלְעוּ) — They have absorbed

טַעוּן (מ״ק כה ב) טָעֲנוּ (פירות)
(The trees) bore (thorns) (Rashi)

טעון (זב׳ ד ב, כרי׳ כא ב) מ׳: טעין

טְעוּנָא (סוטה לד א, ע״ז ד רע״ב[56]) מַשָּׂא — Burden

טְעוּנַאי (שבת סו ב) מַשָּׂאִי — My burden

טְעוּנַהּ (ב״מ צז א) מַשָּׂאָהּ — Its burden

טעונה[57] (ב״ק נה א 2) ר׳ טעינא — Cf.

טְעוּנֵיהּ (סוטה לד א, ב״מ עט ב[58]) מַשָּׂאוֹ — His burden

טְעוּנַיְיהוּ (ב״מ לב א) מַשָּׂאָם — Their burden

טְעוּנָךְ (שבת סו ב) מַשָּׂאֲךָ — Your burden

טָעוּתָא טָעוּת — Mistake, error

טָעוּתַיְיהוּ (פס׳ יב א) טָעוּתָם
Their mistake, their error

טָעֵי טוֹעֶה — He errs, is lost

טְעֵים טָעַם — He tasted

טָעֵים טוֹעֵם — He tastes

טעים (בר׳ ה ב) מ׳: טעום

לָא טְעִים לִי (עירו׳ ל א) לֹא טָעַמְתִּי
I have not eaten (enough) (lit. tasted)

לָא טְעִים לֵיהּ (חגי׳ ה ב) לֹא טָעַם
He has not tasted (eaten)

טְעִימוּ (פס׳ קא א) טַעֲמוּ — Taste *(p., imp.)*

טעימיה (ב״ב צו א) ה׳: טעמיה — Cf.

טָעֵימְנָא (נדר׳ מט ב) אֲנִי טוֹעֵם — I am tasting

לָא טָעֵימְנָא (נדר׳ מט ב) לֹא אֶטְעַם, אֵינִי טוֹעֵם
I shall not taste, I do not taste

לָא טָעֵימַת (שם) לֹא תִטְעַם, אֵינְךָ טוֹעֵם
Do not taste, you are not tasting

טָעֵין טוֹעֵן[59]
Bears fruit, carries a burden, presents an argument

טְעִין (מג׳ ח א) טָעוּן — It is carried

טָעֵין טָהֳרוֹת (בכו׳ ל ב) נוֹשֵׂא טָהֳרוֹת
He carries ritually pure substances *(tohoros)*

טְעִין[60] **לֵיהּ** (זב׳ ד ב, כרי׳ כא ב) טוֹעֵן (=נוֹשֵׂא)
He carries

טעינא (יב׳ קכא א) מ׳: טעאי

לָא טָעֵינָא (ערו׳ יג א) אֵינִי טוֹעֶה — I am not mistaken

לָא טָעֵינָא (מג׳ יא ב 2) לֹא אֶטְעֶה — I shall not err

טעינא (סנ׳ קה רע״ב) אה״ת: טעינה, מ׳: טעינ׳

טעינו (פס׳ סב ב) מ׳ ב: טעון

טְעִינֵי (סנ׳ נב א) טְעוּנִים (=נוֹשְׂאִים)
They carry, they are loaded with

קָטָעִינַן (פס׳ יב א) אָנוּ טוֹעִים — We are mistaken

טָעֵינְנָא (כתו׳ צד א) אֲנִי טוֹעֵן, אֶטְעַן
I argue, I shall argue

קָטָעֵית (נדה ג ב) אַתָּה טוֹעֶה — You are mistaken

טְעַם טָעַם — He tasted

טַעֲמָא טַעַם — Reason

מַאי טַעֲמָא מַה־טַּעַם — What is the reason?

טָעֲמָא (שבת קנב א) טוֹעֶמֶת — She tastes

טְעַמִי (גט׳ סח א) טָעַמְתִּי — I tasted

טָעֲמִי (בר׳ יד א) טוֹעֲמִים — He may taste

טַעֲמֵיהּ (פס׳ קז א, ב״מ ס א) טָעַם אוֹתוֹ — He tasted it

טַעֲמֵיהּ טַעֲמוֹ — His reason, the reason for this

לְטַעֲמֵיהּ לְטַעֲמוֹ, לְשִׁיטָתוֹ — According to his argument, according to his way of thinking

טַעֲמַיְיהוּ טַעֲמָם — Their reason

לְטַעֲמַיְיהוּ לְטַעֲמָם, לְשִׁיטָתָם — According to their explanation, according to their way of thinking

וְלִיטְעָמָיךְ וּלְטַעַמְךָ, וּלְשִׁיטָתְךָ — According to your explanation, according to your way of thinking

טַעֲמִינְהוּ (גט׳ ס ב) טָעַם אוֹתָם — He tasted them

טַעֲמִינוּן (נדר׳ צא ב) טָעַם אוֹתָם — He tasted them

טָעֲמִינַן (מנ׳ מב ב) אָנוּ בּוֹדְקִים — We test

טְעַן טָעַן — He advanced an argument

---

38) עם העשרות: תלתין יומין, ארבעין יומין. אבל: ארבעין וחד יומא.
39) פאפי יונאה, מ׳: יובא׳, א״פ: יוכאה, ה׳ פ׳ ויד רמה ורי״ף: יוכנאה. ובכולם: פפי (בלא אל״ף).
40) רש״י: ״פאפי יונאה — כך שמו על שם מקומו״.
41) = קבוצה של ז׳ כוכבים בראש מזל שור.
42) בתשובת אבוה דשמואל (לא״י?).
*42) ראה לעיל אוזפתינהו.
43) פס׳ קיא רע״ב — ד׳: יחידא, מ׳ ואה״ת: יחידאה.
44) במ׳ כל השאלה בעברית: מה יעשה אדם ויחיה.
45) מן החיות הטהורות (דב׳ יד ה).
46) ת״א ל״יְיָרֵשׁ הצלצל״ (דב׳ כח מב).
47) א״פ וד״ש: ליטלטל, מ׳: ניטלטל.
48) מ׳, אה״ת: ליחוסיה, ד׳: ליחוסא.

טָעֲנָה (כתו׳ לו א, חול׳ נח א) טוֹעֶנֶת
She presents an argument (*Kesuvos* 36A), it (the bird) initiates egg laying

טָעֲנוּ (ר״ה כג א) טוֹעֲנִים — They load

טַעֲנוּהּ (קידו׳ עג א) טְעָנוּהוּ (=הִלְבִּישׁוּהוּ)
They dressed him

טָעֲנִינַן אָנוּ טוֹעֲנִים, נִטְעַן
We advance an argument, we will present an argument

טענת (מג׳ כח סע״ב) כי״י: מרכבת

טַעֲנְתָּא טַעֲנָה — Argument

טַעֲנָתָא (כתו׳ יח א, גט׳ נא ב) טְעָנוֹת — Arguments

שְׁטָרֵי טַעֲנָתָא (ב״מ כ א, ב״ב קסח א) שְׁטָרֵי טְעָנוֹת[61]
Arguments (of sides) recorded by the Rabbinical court recording secretary

טַעֲנְתֵּיה טַעֲנָתוֹ — His argument

טַעֲנְתַּיְיהוּ (כתו׳ יג א) טַעֲנָתָם — Their argument

טְפָא (ב״מ פג א) הוֹסִיף — He added, he increased

טְפַאי (ב״מ פג א, קג ב) הוֹסַפְתִּי — I added, I increased

טְפוֹ (תע׳ כד א) הוֹסִיפוּ — They added, they increased

טָפוֹחָאֵי (ב״מ מב א) טָפוֹחוֹת[62]
Tapping (to detect voids in walls)

לְטַפּוּיֵי לְהוֹסִיף, לְרַבּוֹת — To add, to increase

טְפַח טָפַח (=הִכָּה) — He slapped

טִפְחָא[63] (ב״ב יד ב) טֶפַח
A *tephach* (a measure of length)

טָפְחִי (שבת י א) טוֹפְחִים (=דופקים בדלת)
They knock (on the door)

טַפְחִינְהוּ (ע״ז נט א) טְפָחָם (=הִכה אותם)
He slapped them

טָפֵי (קידו׳ יז א ועוד) מוֹסִיף — He adds, he increases

טְפֵי (בר׳ יג א ועוד) נוֹסָף, מְרֻבֶּה, יוֹתֵר
Additional, a large amount, more

זִיל טְפֵי (מנ׳ מד א) זוֹל (=מזולזל) יוֹתֵר
It is less expensive

טָפְיָא (ע״ז ט סע״ב) מוֹסִיפָה — She adds, she increases

טְפִיָּתָא[64] (ב״מ עג ב) טְפוּפוֹת (=מדוקדקות)
On their own (of their own free will)

טְפַל[65] (פס׳ עד רע״ב) טָפַל[66]
He rolled meat in dough and fried

טִפְלָא (שבת פ ב וש״נ) טִפּוּל[67] — Anointment

טַפְלַהּ (שם) טְפָלָהּ[68] — He anointed

טְפָלוּ (פס׳ עד ב) טָפְלוּ[69]
They rolled meat in dough and fried

טַפְלֵי (חול׳ יח א) טְפָלִים, טַף — Small children, lads

טפליה (פס׳ עד רע״ב) מ׳ ומ׳ ב: טפל ליה

טִפְלֵיהּ (שם) טִפּוּלוֹ[70] — Its crust that is produced by rolling meat in dough and frying

טפסא (יב׳ מו א, ב״מ עג ב) ר׳ ספטא — Cf.

טִפְקָא (שבת קכה א) רְעָפִים[71]
Tiles (used for cooking and grilling)

טַפְשָׁאֵי טִפְּשִׁים — Fools

טַפְשָׁאֵי דְטַפְשָׁאֵי (יומא נז סע״א) טִפְּשִׁים שֶׁבְּטִפְּשִׁים
Extreme fools

טָפַת (ב״מ עג א) אַתָּה מוֹסִיף, תּוֹסִיף
You add, you will add

טְפַת (ב״מ פג א) הוֹסַפְתָּ — You have added, increased

טְפָתָא (ב״מ קג ב) מוּסָף (=נוֹסָף)
Additional, supplementary

טִיפְּתָא (נדה כ ב) טִפָּה (של דם) — Drop (of blood)

טִפְּתָא דְדְמָא (ב״ק פו א, צח א) טִפָּה שֶׁל דָּם
Drop of blood

טצדקא ר׳ טצדקי — Cf.

---

(61) טענות בעלי הדין, שנכתבו בידי סופרי בי״ד.

(62) המטפחים בכותל לדעת אם יש שם חלל.

(63) במקום ״יתרי טפחאי״ בכי״י: משני טפחים (עי׳ ד״ס).

(64) כצ״ל, מ׳ ד׳: כופיתא, ר׳ א׳ ריי״ף כי״י: טופיתא, ה׳: טופיאתא.

(65) מ׳ ומ׳ ב: טפל ליה, ד׳: טפליה.

(66) עטף את הצלי (לפני צלייתו) בבצק, שבלילתו רכה.

(67) משיחת איברי הנערה בסיד וכדומה.

(68) =משח איבריה בעיסת סיד.

(69) עי׳ הע׳ 66.

(70) בצק שבלילתו רכה, ועוטפים בו את הדבר הצלוי לפני צלייתו.

(71) שמסיקים אותם ואופים עליהם או צולים, ר׳ ביהצ פ״ד מ״ז: אין מלבנין את הרעפים לצלות בהן.

טַצְדְקֵי (ב״ק נו סע״א[72], מנ׳ מא א) תַּחְבּוּלוֹת
Stratagems, cleverly contrived tricks

טַצְהַר (גט׳ פו א) אַרְבַּע (מל״פ) Four

טְרָא בְּאַפֵּיה (תמיד לב ב) נָתַן בְּפָנָיו (רחץ פניו)
He washed his face

טִרְדָא טִרְדָה Preoccupation, disturbance

טָרְדָא (ב״ב קנג א) טוֹרֶדֶת She harassed (him)

טָרְדוּ (ב״ב קסב ב) טוֹרְדִים They harassed (him)

טִירְדֵיה (ע״ז לג א) טִרְדוֹ His preoccupation

טַרְדִינְהוּ (ב״מ פה ב) טְרָדָם
He agitated them, confused them

(שקלו) וטרו (חגי׳ יא ב) ר׳ שקלו Cf.

טָרוֹדָא (סנ׳ כו א) טָרוּד (=טרדן)
A troublesome person, a nuisance, a harasser

טָרוּזָא (שבת קט א) מִין קִישׁוּת (צמח)
A species of pumpkin

טְרוּחַ (חול׳ צד ב) טָרְחוּ To make an effort

טְרוֹף (חול׳ קמא סע״ב, קמב רע״א) הַקֵּשׁ בְּיָדְךָ (רש״י)
Knock with your hand (*imp.*)

טָרוֹפָאֵי (חול׳ מח ב, מט א, נה רע״ב) טְרוּפוֹת[73]
Rabbinical authorities specializing in deciding matters of *treifos*

טְרוֹק (ע״ז נח א) סְגֹר (דלתות) Close (*s.*) (the door)

טְרוֹקוּ (בר׳ כח א) סִגְרוּ (דלתות) Close (*f.*) (the door)

טְרַזְיָא[74] (בר׳ נו א) בִּגְדֵי רִקְמָה
Royal treasurer (Rashi), royal wardrobe keeper

טְרַח (שבת קנג א ועוד) טָרַח, טְרַח (צ)
He, she made an effort, exerted himself, make an effort, exert yourself (*imp.*)

טָרַח (כתו׳ סא א ועוד) טוֹרֵחַ[75]
He makes an effort, exerts himself

טרח (חול׳ נא א) ר׳ טרייה Cf.

טָרְחָא טוֹרַחַת She makes an effort, exerts herself

טִירְחָא טֹרַח Effort, exertion

טִירְחַהּ (ב״מ לג ב) טָרְחָהּ (=טֹרַח שלה)
Her effort, her exertion

טָרְחוּ (ערכ׳ טז א) טוֹרְחִים
They make an effort, they exert themselves

טְרַחוּ (ע״ז יז א) טִרְחוּ
Make an effort (lit.), prepare (*imp.*)

טְרַחוּ[76] (חול׳ צד סע״ב) טָרְחוּ To make an effort

טְרַחִי טָרַחְתִּי I made an effort

טָרְחִי (עירו׳ צו ב) טוֹרְחִים They make an effort

טִירְחֵיהּ טָרְחוֹ (=טֹרַח שֶׁלּוֹ) His effort, his exertion

טִירְחַיְיהוּ טָרְחָם (=טֹרַח שלהם)
Their effort, their exertion

טְרַחִין[77] (פס׳ קז א) טָרַחְנוּ We made an effort

טָרְחִינַן אָנוּ טוֹרְחִים We make an effort

טָרַחְנָא אֲנִי טוֹרֵחַ, אֶטְרַח
I make an effort, I shall make an effort

טרחנא (פס׳ קז א) מ׳ ומ׳ ב: טרחין ליה

טָרְחַת[78] (פס׳ פט ב) אַתָּה טוֹרֵחַ, תִּטְרַח
You exert yourself, you will exert yourselves

טְרַחַת (ב״מ קה א) טָרַחְתָּ You made an effort

(שקיל) וטרי ר׳ שקיל Cf.

טְרִיד טָרוּד He is preoccupied

טְרִידָא (חול׳ עב א) טְרוּדָה She is preoccupied

טְרִידִי טְרוּדִים They are preoccupied

טְרִידְנָא (עירו׳ סח א) אֲנִי טָרוּד I am preoccupied

הֲוָה טְרִידְנָא (ב״ב ל א) הָיִיתִי טָרוּד
I was preoccupied

טְרִידַת (סנ׳ קח סע״ב) אַתָּה טָרוּד You are preoccupied

---

(72) ד׳: טצדקא.

(73) =העוסקים בדיני טרפות, רש״י (בדף נה): מורי הוראות על הטרפות.

(74) ע׳, ד׳: טורזינא.

(75) ומי טרח מטרחינן (יומא יט סע״א) — מ׳: ומי מטרחינן.

(76) ע״י, ד׳: טרוח, מ׳: אצטעור.

(77) מ׳ (טרחין ליה) ומ׳ ב, ד׳: טרחנא, וצ״ל: טרחינן!

(78) מ׳ ב, ד׳: נטרחך.

טְרִיוּהָ[79] (תע׳ כד א) הַשְׁלִיכוּהוּ — Throw down (*imp.*)

טְרִיז[80] (שבת צח ב) טְרִיז, קוֹנוּס[81] — Cone

טְרִיחַ לֵיהּ (כתו׳ ג א, ח א) טָרַח (=הֵכִין)

He prepared, it was prepared

טְרִיחָא לִי מִילְּתָא טֹרַח לְ- הַדָּבָר

It is too much of an effort for me

טְרִיחָא לָן (ביצה כא ב) טָרַחְנוּ (=הֵכַנּוּ)

We have prepared

טְרִיחוּתָא (שבת י רע״א) טֹרַח גָּדוֹל — Great deal of effort

טִירְיָיא (ב״ב יח א, כ ב) נִדְנוּד — Vibration

טַרְיֵיהּ (חול׳ מה ב) הִכָּהוּ, חֲבָטוֹ — He beat him, hit him

טְרָה[82] **טַרְיֵיהּ**[83] (חול׳ נא א) מַכֶּה הִכַּתְהוּ

So much effort, I exerted myself for nothing

טִירְיָנָא[84] **דְּתַמְרֵי** (פס׳ פח רע״א) כַּלְכָּלָה שֶׁל תְּמָרִים

Basket of figs

טִירְיָיסְקִי (ע״ז יא ב) אחד מחגי הפרסים[85]

Persian festival

טְרִימָא[86] (בר׳ לח א 3) מִמְעָךְ[87] — Pitless crushed dates

טָרֵיף לְהוּ יְדָא אַגַּבַּיְיהוּ (בר׳ נז סע״ב) טוֹפֵחַ יָדוֹ עַל גַּבָּם — He patted them on the back

טָרֵיף אַבָבָא (מ״ק כח סע״א) דּוֹפֵק בַּדֶּלֶת

He knocks on the door

טָרֵיף (חול׳ יט סע״א) מַטְרִיף — He declares it to be *treif*

טָרֵיף טוֹרֵף[88] — He attaches, he seizes, he impounds (property in lieu of debt)

טְרִיף (שבו׳ כט ב) מְנֻמָּר

Spotted, striped, speckled, flecked (*s.*)

טְרִיפָא מִיטְרָף[89] (בר׳ נט רע״א) מֻכֶּה (ל)הַשְׁווֹת[90]

Pounded to flatten

טְרִיפָא (בכו׳ מה א) שְׁטוּחָה (כאילו מֻכָּה)

Flattened (as if pounded)

טְרִ[י]פֵי (נדר׳ כה א — מ׳) מְנֻמָּרִים

Spotted, striped, speckled, flecked (*f.*)

טְרִיפִין (שבו׳ כט ב) מְנֻמָּרִים

Spotted, striped, speckled, flecked (*f.*)

טְרֵיפְנָא (חול׳ יט סע״א) אֲנִי מַטְרִיף

I declare it to be *treif*

טְרֵיפְתָא טְרֵפָה

A *treif* animal (an animal prohibited to be consumed even after ritual slaughtering because of a certain condition that will cause it to die)

טָרֵיק (שבת קנו ב 2) נוֹשֵׁךְ — It stings (lit., bites)

טָרֵיק (כתו׳ נ א) עוֹקֵץ — It stings (*masc.*)

טָרְ(י)קָא[91] (בר׳ נח סע״ב) עוֹקֶצֶת — It stings (*fem.*)

טְרַקָא (כתו׳ נ א, נדר׳ מא א) עָקְצָה — It stung

טְרִיתָא (בר׳ לז ב) טְרִית[92] — Flour-based food product

טְרַף אַבָבָא (בר׳ כח א, חול׳ צה ב) דָּפַק בַּדֶּלֶת

He knocked on the door

טְרַף לֵיהּ בְּטַבְלָא (סנ׳ סז ב) הִכָּה לוֹ בְּתֹף

He rang a bell

טְרַף (חול׳ י ב) הִטְרִיף — He declared it to be *treif*

טַרְפָּא טָרָף (=עָלֶה) — Leaf, rapping

טַרְפָא (ע״ז כח ב) מ׳: טרפי

טַרְפָא (בר׳ נט רע״א) ר׳ מיטרף — Cf.

טְרַפָא אַבָבָא (תע׳ כה א) דָּפְקָה בַּדֶּלֶת

She knocked on the door

טְרַפָא אַדַּשָּׁא (סנ׳ צז א) דָּפְקָה בַּדֶּלֶת

She knocked on the door

טִירְפָּא טֶרֶף[93] — Court-issued writ of attachment, impoundment, seizure (of property in lieu of debt)

---

79) מ׳ ב אה״ית ועוד, ד׳: חבוטו.

80) ע׳, ד׳: טורין.

81) דבר המתקצר והולך למעלה (ע״פ הערוך).

82) מ׳ ד״ש ור״ג, ר׳ א: מיטרא... ל״א מיטרא, ר׳ ב ג ודפו׳: טרח.

83) ה׳ ר׳ ב: טרחיה (וכן ל״א בר׳ א). ר׳ ג: טריח.

84) מלשון פרסית ומלשון ערבית.

85) ועי׳ עה״ש בערכו.

86) מלשון יונית.

87) תמרים וכיו״ב, שהוציאו את גרעיניהם ומעכו אותם.

88) =מלוה הלוקח נכסי הלוה מאת מי שקנהו (אחרי יום ההלואה) לכסוי החוב.

89) ע׳, ד׳: טרפא דטריף.

90) ע׳ כמו שמכה בפטיש על ברזל להרחיבו ולהשוותו.

91) אה״ית וע״י, מ׳: טריק (ושם: חיויא).

92) ע׳ קמח שנותנים אותו לתוך מים רותחים.

93) הרשאה שנותן בית דין למלוה לטרוף נכסי-לוה, שהיו לו ביום שלוה, ומכרם לפני שפרע את חובו.

טְרְפָא דְנְחִירָא (בר׳ נה ב) מְחִיצַת הַנְּחִירַיִם[94]

Partition separating the nostrils, the left wall of the nose (Rashi)

בטרפא דטריף (בר׳ נט רע״א) ע׳: טריפא מיטרף

טָרְפָא טוֹרֶפֶת[95]

She attaches (property sold by the husband after their marriage, in payment of her *kesubah*)

טָרְפָא (כתו׳ צא ב, ב״מ יד א) טָרַף אוֹתָהּ[96]

He (the lender) seized (property that was sold by the borrower after the loan date)

He declared it to be *treif* **טַרְפַהּ** (ב״ק צט ב) הִטְרִיפָהּ

טָרְפוּ (ב״מ סה ב, סו א) טוֹרְפִים, יִטְרְפוּ[97]

They seize, they will seize (property in lieu of debt)

Leaves **טַרְפֵי** עָלִים

They declare it to be *treif* **טָרְפִי** (חול׳ מח ב) מַטְרִיפִים

טרפי (נדר׳ כה א) מ׳: טריפי

טַרְפֵיהּ (ב״ק נ ב, צט ב) הִטְרִיפוֹ

He declared it to be *treif*

טַרְפַיְיהוּ (סוכה יג א) עֲלֵיהֶם (=עָלִים שֶׁלָּהֶם)

Their leaves

טִירְפָךְ (כתו׳ צג א ועוד) טַרְפְּךָ[98]

Your court-issued writ of attachment, impoundment, seizure (of property in lieu of debt)

טרפן (נדה כ א) מ׳: טרפי

טִירְפַן (ב״ב קסט א) טָרְפֵנִי

Seize (the property for me in lieu of debt)

טַרְפְּשָׁא דְלִבָּא (חול׳ מט סע״ב) טַרְפַּשׁ הַלֵּב[99]

Fatty tissue surrounding the heart

טְרַפְשֵׁיה (חול׳ מו א) יוֹתַרְתּוֹ (=יותרת הכבד)

Diaphragm with the fat attached to it

He closed **טְרַק** (ב״ק קיב א) סָגַר

It bit him, it stung him **טְרַקִיהּ** עֲקָצוֹ, נְשָׁכוֹ

טַרְקֵיהּ (ב״מ פו א, סנ׳ קיג א) סְגָרוֹ (את הפתח)

He closed (the opening)

טְרַקְתֵּיהּ (ב״ב עג ב) עֲקָצָה אותו

It bit him, it stung him

טָרְשָׁא (ב״מ סה א 3) (רבית) חֲרֶשֶׁת[1]

"Quiet" interest (selling merchandise during the low season at the price of the high season)

Cf. **טרשי** (ב״מ סה א 3) ר׳ טרשא

טַרְשֵׁיהּ (ב״ק צח א) חֵרְשׁוֹ[2]

He obliterated the coinage by impact

He hid **טְשָׁא**[3] נֶחְבָּא

They hid **טְשׁוּ** נֶחְבְּאוּ

טַשְׁטָקֵי[4] (נדה סח א) עֲרֵבוֹת (=גִּיגִיּוֹת)

Folding bath chairs (Rashi), combs (Rabbeinu Saadia), buckets (Aruch)

He hides **טָשֵׁי** (פס׳ קיד רע״א) נֶחְבָּא (ב)

I am hiding **טָשֵׁינָא**[5] (ע״ז ע א) אֲנִי נֶחְבָּא

---

94) רש״י: דופן השמאלי של חוטמו.

95) גובה כתובתה מן הנכסים שמכר בעלה לאחר יום נשואיהם.

96) המלוה לקח נכסי הלוה מאת מי שקנהו לאחר יום ההלואה.

97) ר׳ הע׳ ב״טרף״.

98) ר׳ הע׳ ב״טרפא״.

99) = שומן העוטף את הלב.

1) נותן לו הפירות במרחשוון ומתנה עמו לפרוע לו את מחירם באייר כשער אייר, שהוא גבוה (ע״פ הערוך)

2) =עשאו כאבן חלקה.

3) בקידו׳ פא רע״ב לי׳ ״נפשיה״ במ׳ ואה״ת וע״י.

4) מלשון פרסית.

5) כ״י ספ׳: טשאי = נחבאתי.

– י –

יָאָה[1] (מג׳ יד ב, חגי׳ ט ב, כתו׳ קיב א) יָפָה
Beautiful (*f.*)

יָאוֹשֵׁי (ב״מ כא ב[2], כב ב) (ל)הִתְיָאֵשׁ — (To) despair

יָאוּת[3] יָפֶה (תה״פ) — Beautiful (*m.*)

יָאֵי נָאֶה — Beautiful (*m.*)

יָאלֵי (שבת נד ב, ב״ב ד רע״א[4]) עֲלוּקוֹת — Leeches

יָאנִיבָא (חול׳ פו א, פח ב) תּוֹלַעַת־הַפִּשְׁתָּן — Linen worm

יארוד (כתו׳ מט ב, סנ׳ נט סע״ב) מ׳ וע׳: יארור

יָארוֹר (כתו׳ מט ב) תַּן — Jackal

יָארוֹר נָאלָא (סנ׳ נט סע״ב) תַּן שׁוֹטֶה — Mad jackal

יְבָבָא (ר״ה לג ב — מתר׳) תְּרוּעָה — Specific *shofar* sound

לְיַבּוֹמַהּ (יב׳ לט ב[5], כתו׳ קיא א[6]) לְיַבְּמָהּ
To enter into levirate marriage with her

יַבּוֹמֵי, לְיַבּוֹמֵי לְיַבֵּם — To enter into levirate marriage

יַבּוֹשֵׁי (ב״מ עד א) (ל)יַבֵּשׁ — (To) dry

יַבִּישׁ (גט׳ סט ב) יָבֵשׁ — Dry (*s.*)

יַבִּישֵׁי (סנ׳ צג א) יְבֵשִׁים — Dry (*p.*)

יַבִּישְׁתָּא[7] יְבֵשָׁה — Dry (*f.*)

יִבְכּוּן (מ״ק ח א, נדר׳ פג ב) יִבְכּוּ — They will cry

יַבְלָא (גט׳ סח ב, ע״ז כח א) יָבָל[8] (מין עשב)
A species of grass

יַבְלֵי (יומא עח ב, חול׳ קה ב) עֲשָׂבִים — Grasses

יַבְמִינְהִי[9] (יב׳ כח ב) יִבְּמוּ אוֹתָן
Levirate marriage was entered with them

יִבְעוֹן רַחֲמֵי[10] (חול׳ צב א) יְבַקְשׁוּ רַחֲמִים
They will ask for mercy (pray)

יַבְרוּחֵי (סנ׳ צט ב) דּוּדָאִים — Mandragora, mandrake

יָבְשֵׁי (סוכה יג ב, גט׳ ס ב) יְבֵשִׁים (ב) — Dry, become dry

יַבֶּשְׁתָּא יַבָּשָׁה — The land, *terra firma*

יַבִּשְׁתָּא[11] יְבֵשָׁה — Dry

יגמר (בכו׳ לב א 3) מ׳: גמר

יְגַר שָׂהֲדוּתָא (שבת קטו ב, מג׳ ט א — מן בראשית לא מז) (גַּל עֵד = עֵדוּת)
Testimonial pile

יְדָא יָד — A hand

יִדְאוּן (עירו׳ נג ב) יִדְאוּ, יָעוּפוּ (=ילכו)
They will fly, go

יְדַאי יָדִי — My hand

יְדַהּ יָדָהּ — Her hand

יְדֵי (חול׳ נ א ועוד) יָדַיִם, יְדֵי — — Hands, hands of...

אַיְּדֵי עַל יְדֵי, בִּשְׁבִיל — By means of, for

יְדִי יָדִי — My hand

יְדֵיהּ יָדוֹ, יָדָיו — His hand, his hands

יְדַיְיהוּ יְדֵיהֶם — Their hands

יְדַיְיכוּ יְדֵיכֶם — Your hands

יְדִיעַ יָדוּעַ — Known (*m.*)

לָא יְדִיעַ[12] **לִי מִידִי** (חול׳ צה ב) לֹא יָדוּעַ לִי דָּבָר[13]
I know nothing (that he does not know)

יְדִיעָא יְדוּעָה — Known (*f.*)

יְדִיעֵי יְדוּעִים — Known (*p.*)

יְדַכֵּי (נדה לא ב — מת״א) יְטַהֵר
He will declare it (the house) pure

יִדְכְּרִינָךְ (שבת יב ב) יִזְכָּרְךָ — He will remember you

דְ(י)דַל יִדְלוּנֵיהּ (מ״ק כח ב[14], כתו׳ עב א) הַנּוֹשֵׂא (קוֹלוֹ בַּהֶסְפֵּד) יִשְׂאוּ לוֹ (קולם בהספד)[15]
One who eulogizes emotionally will be eulogized emotionally

---

1) בתרגומים: יאיא.
2) מ׳ ה׳, ד׳: איאושי.
3) תמיד עם הפועל ״עבד״.
4) מ׳ וע״י, ד׳: יילי, אה״ת: יילא.
5) מ׳, ד׳: אי צבית ליבם.
6) הגהתי, ד׳: ליבמה, מ׳ ליי.
7) במ׳ כמעט כולן ביו״ד, ובכמה מהם: יבישׁ׳ (=יבישא).
8) לפי ע׳: יבלית, חצוב.
9) מ׳, ד׳: יבמינהו.
10) כל כי״י ואה״ת (לשון א״י), ד׳: ליבעי רחמי.
11) ר׳ הע׳ 7.
12) מ׳ ורש״י, ד׳: ידע.
13) ועי׳ פירוש רש״י.
14) כנוסח הערוך.
15) ועי׳ פי׳ הערוך ע׳ דל ב׳.

יִדְמוֹךְ (סנ׳ יח ב) יִשְׁכַּב
He will lie down (to cool himself in the shade)

יְדַן יָדֵנוּ, יָדֵינוּ — Our hand, our hands

יְדַע יָדַע — He knew

יָדַע יוֹדֵעַ — He knows

יָדַע (גט׳ כט ב) מַכִּיר — He is familiar with, he knows

לא ידע לי מידי (חול׳ צה ב) מ׳ ורש״י: ידיע

יְדַעָהּ (שבת סט ב) יְדָעָהּ
He knew (the Sabbath prohibitions)

יָדְעָה/א יוֹדַעַת — She knows

מְנָא יְדַעָה (בר׳ י ב, סוטה ט ב, יב ב, זב׳ קטז רע״ב) מִנַּיִן יָדְעָה
How did she know?

יְדַעִי (מ״ק כח א ועוד) יָדַעְתִּי — I knew

יָדְעִי יוֹדְעִים, מַכִּירִים
They know, they are familiar with

יָדְעִין יוֹדְעִים — They know

הֲוָא יָדַעְ(י)נָא (ר״ה כו ב — כל כי״י) הָיִיתִי יוֹדֵעַ
I used to know

יְדַעִינְהוּ (קידו׳ סט ב) יְדָעָם (=ידע אותם)
He knows them

יָדְעִינַן[16] אָנוּ יוֹדְעִים, אָנוּ מַכִּירִים
We know, we are familiar with

אִילּוּ יָדְעִינַן אִלּוּ יָדַעְנוּ — Had we known

יָדְעִיתוּ אַתֶּם יוֹדְעִים, אַתֶּם מַכִּירִים
You know, you are familiar with

יָדְעִיתוּן אַתֶּם יוֹדְעִים, אַתֶּם מַכִּירִים
You know, you are familiar with

יָדַעְנָא אֲנִי יוֹדֵעַ — I know

לָא יָדַעְנָא אֵינִי יוֹדֵעַ — I do not know

לָא יָדַעְנָא (גט׳ כט ב) אֵינִי מַכִּיר — I do not know (him)

הֲוָה יָדַעְנָא הָיִיתִי יוֹדֵעַ, יָדַעְתִּי
I used to know, I knew

יְדַעְתְּ יָדַעְתָּ — You knew

יָדְעַתְּ אַתָּה יוֹדֵעַ — You know

הֲוָה יָדְעַתְּ הָיִיתָ יוֹדֵעַ — I knew

יְהֵא יִהְיֶה — Let it be

יְהֵא רַעֲוָא יְהִי רָצוֹן — May it be the (Heavenly) will

יְהַב נָתַן — He gave

יַהֲבַהּ נְתָנָהּ (=נתן אותה) — He gave it (*f.*)

יְהַבָה נָתְנָה — She gave

יָהֲבָא/ה נוֹתֶנֶת — She gives

יהבה[17] (סנ׳ קט ב) ר׳ הבה — Cf.

יְהַבוּ נָתְנוּ — They gave

ויהבו (סוכה ל סע״א) מ׳: וליתבו

יַהֲבוּהָ (קידו׳ נט א) נְתָנוּהָ — They gave it to her

יהבוהו (גט׳ נז ב) מ׳: הבוה

יְהַבִי (ב״ב קלז א) נָתַתִּי — I gave

יָהֲבִי[18] נוֹתְנִים — They give

יַהֲבֵיהּ נְתָנוֹ — He gave it

יהביה (גט׳ יד א, כט ב) מ׳: הביה

יְהָבָ(י)ךְ (ר״ה כו ב — מ׳, מג׳ יח סע״א — מ׳) מַשָּׂאֲךָ
Your burden

יַהֲבִינְהוּ נְתָנָם — He gave them

יהבינהו ליה (גט׳ יד א) מ׳: יהבו׳ ניהלי׳

יָהֲבִינַן אָנוּ נוֹתְנִים, נִתֵּן — We give, we shall give

יהבינן (ב״ב עג ב 2) מ׳: יהיבנ׳

יְהַבִית (שבת קה א, ע״ז י ב) נָתַתִּי — I have

יַהְבְ(י)תְּ[19] (כתו׳ פה א) נָתַתְּ — You gave

יהבית (תמו׳ כט ב) מ׳: יהב

יהבית (שבת קנו ב) מ׳: הבו

קָיָהֲבִיתוּ (נדה כד א) אַתֶּם נוֹתְנִים — You give

יַהַבְ(י)תֵּיהּ (קידו׳ ח ב — מ׳) נְתָנַתּוּ (=נתנה אותו)
She gave it

יַהֲבָךְ (בר׳ נד סע״ב 2) נְתָנְךָ (=נתן אותך) — He gave you

יְהַבַת נָתַתָּ — You gave (*s.*)

יָהֲבַת (גט׳ מח ב) אַתְּ נוֹתֶנֶת, תִּתְּנִי
You are giving, give (*imp.*)

יְהַבַת (נדר׳ נ א) נָתְנָה — She gave

16) כגון אנן דידעינן (פסי נא סע״ב) כי״י ור״ח ותוס׳: אנא דידענא.
17) מ׳: הבי׳, אה״ת: הבייה.
18) בר׳ נח א, ס׳ ב׳, חול׳ ס א — מ׳: יהבו.
19) הגהתי, מ׳ חסר דף זה.

יְהַבְתָּא (ב״מ יט ב) נְתַתִּיהָ I gave (it)

יְהַבְתַּהּ (שם) נְתַתָּהּ (=נתת אותה) You (*s.*) gave it

יְהַבְתֵּיהּ (שבת קנו ב) נְתַתִּיו I gave (it) to him

יְהַבְתֵּיהּ (יומא סט ב, ב״מ יט ב, סנ׳ סד א) נְתַתּוֹ

You gave it

יְהוּדָאָה (תע׳ כב א) יְהוּדִי Jew

יְהוּדָאֵי יְהוּדִים Jews

יְהוּדָאִין (שבת קלט א) יְהוּדִים Jews

יְהוּדְיִיתָא (ע״ז כו א 2) יְהוּדִיָּה

A Jewish woman, a Jewess

יֶהֶווֹן[20] (ב״ב קלא א) יִהְיוּ They will, that you will have

יֶהֱוֵי (בר׳ נה ב) יִהְיֶה He will be

יהוין[21] (ב״ב קלא א) ר׳ יהוון Cf.

יֶהֶוְיָין (כתו׳ נג ב) תִּהְיֶינָה They will (*f.*)

יָהֵיב נוֹתֵן He gives

יְהִיבָא (ב״ק ס ב) נְתוּנָה Given

יְהִיבָא (שבת קח א[22]) נְתוּנָה Given

יְהַ(י)בוּ (חול׳ צב א — מ׳ ואה״ת) נָתְנוּ They gave

יְהִיבִי[23] (חול׳ קיא א) נָתַתִּי I gave

יְהִיבְ[י]תֵיהּ (בכו׳ לו ב — מ׳) נְתַתִּיו I gave it

יְהִיבְנָא (תע׳ כג ב, ב״ב עג ב 2[24]) נָתַנּוּ We gave

יָהֵיבְנָא[25] אֲנִי נוֹתֵן, אֶתֵּן I give, I shall give

יְהַ(י)בְתְּ (ב״ק קטו א — כל כי״י) נָתַתָּ You gave

יְהִיבַת (סנ׳ כב א — מדני׳) נְתוּנָה Given

יְהִיבְתֵיהּ[26] (בכו׳ לו ב) נְתַתִּיו I gave it

יְהִירוּתָא (מג׳ יד ב) יְהִירוּת Arrogance, conceit

יְהִירֵי יְהִירִים Arrogant, conceited (*m., p.*)

יְהִירָן (מג׳ יד ב) יְהִירוֹת Arrogant, conceited (*f. p.*)

יוֹבְלָא (ר״ה כו א 2) יוֹבֵל

A term used in Arab lands to designate a male

יוֹבְלֵי יוֹבְלוֹת

Jubilees, the fiftieth years in the *Shmitta- Yovel* cycle

יוֹהֲרָא יְהִירוּת Arrogance, conceit

יְוָונָאֵי יְוָנִים Greeks

יוכב (שבת סז א) מלת לחש An incantation term

יוֹם אוֹחֲרָא[27] (עירו׳ מ ב) יוֹם אַחֵר Another day

יוֹמָא יוֹם Day

יוֹמָא (פס׳ יב ב ועוד) שֶׁמֶשׁ Sun

יוֹמָא (תמיד כז ב) מַסֶּכֶת יוֹמָא

The talmudic tractate *Yuma*

קְדֵירָה בַּת יוֹמָא (פס׳ מד ב 2, נזיר לז ב 2, ע״ז סז ב 2, עה ב, עו א 2) מטבע עברי: קְדֵרָה בַּת יוֹמָהּ

A pot used within 24 hours

יומא אוחרא ר׳ אוחרא Cf.

יוֹמָא דְנָן (גט׳ פה ב) הַיּוֹם הַזֶּה This day

יוֹמָא טָבָא יוֹם טוֹב Festival

יוֹמָא דְכִפּוּרֵי יוֹם הַכִּפּוּרִים

The Day of Atonement, Yom Kippur

יוֹמָא דַעֲצַרְתָּא (שבת קכט ב, פס׳ סח ב) יוֹם הָעֲצֶרֶת (=שבועות)

The Day of Assembly, the Shavuos Festival

יוֹמָא רַבָּה (ר״ה כא א) הַיּוֹם הַגָּדוֹל (=יום הכפורים)

The Grand Day (Yom Kippur)

יוֹמָא דְשׁוּקָא (ב״מ צט ב ועוד) יוֹם הַשּׁוּק[28]

Market day

יוֹמָא דִשְׁפָמֵי (שבת קכט ב) יוֹם הַשְּׁפָמִים[29]

The mustache day (day off from studies)

יוֹמָא חָרָא[30] (ב״מ יז א, זב׳ פד א) יוֹם אַחֵר Another day

20) ר״ג, מ׳: יהוו, ה׳: יהון, ד׳: יהוין.

21) ר״ג: יהוון, מ׳: יהוו, ה׳: יהון.

22) קידושין ס סע״א — מ׳: יהב׳.

23) מ׳: יהב׳.

24) מ׳, ד׳: פ״א — יהיבנן, פ״ב — יהבינן.

25) בכמה מקומות בתלמוד נשתבש בדפוסים: יהבינא.

26) מ׳: יהיביתיה (ושם כהוגן: ניהלך ת׳ לך).

27) מ׳ א״פ: יומא אחרינא.

28) אולי יש לכתוב בעברית ״יום הכניסה״ (מגילה פ״א מ״א).

29) = כינוי ליום חופש, ״שהיו התלמידים מתעצלים מלבוא לביהמ״ד״ (רש״י). ר״ח: ״לתקן הזקן וליטול השפם לא היה מנהג ליקח האומן כלום... ויום שהיה עושה האומן שפמות לא היה נוטל שכר והיה הולך לביתו ריקם. ועל כן היה למשל כל מי שהיה יגע ולא היה עולה בידו שכר היה קורא אותו יומא דשפמי״.

30) עי׳ הע׳ ב״חרא״.

יוֹמֵי יָמִים Days
בְּיוֹמֵי[31] בִּימֵי — In the days of ...
כל יומי (ב״מ ה א) מ׳ ה׳: כל יומא
יוֹמֵי אֲרִיכֵי יָמִים אֲרֻכִּים Long days
יוֹמֵי זוּטֵי (ע״ז ח א) יָמִים קְצָרִים Short days
יוֹמֵי אַכְרַזְתָּא (כתו׳ קד ב[32], ב״מ לה ב[33]) יְמֵי הַהַכְרָזָה[34]
The days of announcement
יוֹמֵי פּוּרַיָא (תע׳ יח ב, מג׳ ה ב) יְמֵי הַפּוּרִים
The Purim days
יוֹמַיָא הַיָּמִים The days
יוֹמֵיהּ יוֹמוֹ His day
בַּר יוֹמֵיהּ (ב״ב עג ב) בֶּן־יוֹמוֹ[35] The day of his birth
בַּר יוֹמֵיהּ (שבת מט סע״ב) בֶּן־יוֹמוֹ[36]
The day he first came to the house of study
יוֹמֵיה(ן)[37] (ביצה ב סע״ב) יוֹמוֹ His day
יוֹמַיְיהוּ (ביצה ד ב) יוֹמָם (=יום שלהם) Their day
יוֹמִין[38] יָמִים Days
יוֹן (סנ׳ כה א—ב) יוֹנָתִי My dove
יוֹנָאָה[39] (ב״ב כה סע״ב) הַיּוֹנִי[40]
Hailing from the town of Yona
יוֹנָה דְדַהֲבָא (בר׳ נג ב) יוֹנָה שֶׁל זָהָב A golden dove
יוֹנֵי יוֹנִים Doves
יוֹנָךְ (סנ׳ כה א—ב) יוֹנָתְךָ Your dove
יוֹקֶר (סוטה מט ב) יֹקֶר Rise of prices
יוּקְרָא יֹקֶר Expensiveness
יוּקְרָא (סוכה נב ב, מנ׳ צד ב) כֹּבֶד Heaviness
יוּקְרָא דְלִבָּא (שבת קמ א, גט׳ סט ב) כֹּבֶד־הַלֵּב
Heaviness of the heart, weakness (=חֻלְשָׁה)
יוּקְרֵיהּ (יב׳ קה ב) כָּבְדוֹ His heaviness, his being heavy
יוֹתָא (בר׳ נח סע״ב) עָשׁ[41] A seven-star cluster at the vertex of the constellation of Taurus
יִזְדַבְּנוּן[42] (ב״מ צ רע״ב) יִמָּכְרוּ They will be sold
יִזְדְהַר (ע״ז כח ב 2) יִזָּהֵר
He will be cautious, guard himself
יזופתא (מ״ק כח ב) מ׳ ב וע׳: יזיפתא
יָזֵיף לוֹוֶה (ב) He loans
יְזִיף לָוָה He loaned
יְזִיפְתָּא (מ״ק כח ב) הַלְוָאָה A loan
יְזַפִּי (שבו׳ לז ב) לָוִיתִי I loaned
יָזְפֵי לוֹוִים They loan
יְזַפְתְּ לָוִיתָ You loaned
יְזַפְתִּינְהוּ*[42] (ב״ב לב ב) לָוִיתָ אוֹתָם You loaned them
יַחֲדִינְהוּ (שבת פד ב) יִחֲדָם
He dedicated them, he set them aside
יַחוּדֵי (יומא יח ב, יב׳ לז ב) (ל)יַחֵד
To dedicate them, to reserve them
לְיַחוּדֵי לְיַחֵד To dedicate to a particular function
יחוי (חגי׳ ה רע״ב) אה״ת ומ׳ ב: מחוי
יחוסא (קידו׳ עא ב) מ׳: מיחסות׳
יחוסא (מג׳ יב ב) מ׳: לייחוסי
יְחִידָאָה[43] יְחִידִי Single, unique (*m.*)
יְחִידָאֵי (ר״ה ל א, ב״ק פא ב) יְחִידִים Single individuals
יְחִידְתָּא (נדר׳ נא א) יְחִידָה Single, unique (*f.*)
יְחְיֶה[44] (תמיד לב א) יִחְיֶה He will live
יַחְמוּרְתָּא (בכו׳ ז ב) יַחְמוּר[45]
An (unknown) kosher animal
יַחֲסוּתָא (קידו׳ עא ב) יִחוּס Lineage
יַחְסִין (ב״ב קמח ב — בבר׳ בבלית) יִנְחַל (He) will inherit
יַחֲסִינְהוּ (יב׳ סב א 2) יִחֲסָם
He listed them (by their name) and their fathers' name

31) בכמה מקומות בד׳: בימי.
32) מ׳ ה׳, ד׳: ימי.
33) רש״י, ד׳: יומא, מ׳ נשמט קטע ע״י שויון סופות.
34) ר׳ הערה ל״אדרכתא״.
35) =ביום שנולד.
36) ״אותו היום בא לביהמ״ד תחלה״ (רש״י).
37) ד״ו, מ׳: יום טוב.
38) עם העשרות: תלתין יומין, ארבעין יומין. אבל: ארבעין וחד יומא.
39) פאפי יונאה, מ׳: יובא׳, א״פ: יוכאה, ה׳ פ׳ ויד רמה ורי״ף: יוכנאה. ובכולם: פפי (בלא אל״ף).
40) רש״י: ״פאפי יונאה — כך שמו על שם מקומו״.
41) = קבוצה של ז׳ כוכבים בראש מזל שור.
42) בתשובת אבוה דשמואל (לא״י?).
*42) ראה לעיל אוזפתינהו.
43) פסי׳ קיא רע״ב — ד׳: יחידא, מ׳ ואה״ת: יחידאה.
44) במ׳ כל השאלה בעברית: מה יעשה אדם ויחיה.
45) מן החיות הטהורות (דב׳ יד ה).

יַחְסְנוּן (פס' סח א — מתר') יִירְשׁוּ — They will inherit

יַחְסְנִינֵיהּ[46] (ב"ק קטז ב) יִירָשֶׁנּוּ — He *(m.)* will inherit it

יִחְרוּב (נזיר לב ב) יֶחֱרַב — It *(m.)* will be destroyed

יְטוּפוּן (סוכה נג א) יָצוּפוּ, פ"א: יִטְבְּעוּ — They will float, they will drown

יטלטל[47] (עירו' צ ב) ר' ליטלטל — Cf.

יִטְעַן (מ"ק כח ב) יִטְעַן (מַשָּׂא) — He will load (a burden)

יִטְעֲנוּנֵיהּ (מ"ק כח ב, כתו' עב א) יְטַעֲנוּהוּ — He will be assisted in lifting the load (lit. he will be loaded)

יֵיבָא (ב"ב קמו א) צָעִיף — Shawl

יַיבֵּם (יב' לט ב ועוד) יַבֵּם (צ) — Perform a levirate marriage (*imp.*)

יַיבְּמִינַן (=מייבמינן) (יב' מא ב) אָנוּ מְיַבְּמִים, נְיַבֵּם — We perform a levirate marriage, we shall perform a levirate marriage

ייזיל (אזל) (תע' כא א, סנ' צג א) יֵלֵךְ — He will go

יַיחֵד (ב"ב נא א) יִחֵד — He set aside, he reserved, he devoted

לְיַיחוּסֵי[48] (מג' יב ב) לְיַחֵס — To establish family lineage

יילי (ב"ב ד רע"א) מ' וע"י: יאלי

יילידו (נדר' ל סע"ב) מ': ילידי

יילפי (ב"מ ק ב 2) ה' פ' ר' א: ליפי

יֵימַר[49] (אמר) יֹאמַר — He will say, can say

יִינֵץ (סנ' יח ב) יִצְמַח, יְנֻבַּט — He will sprout

יִיסַּק[50] (סלק) (פס' נז ב, כרי' כח ב) יַעֲלֶה — Let it rise (to the Altar)

יֵיסַר (תע' יב א) יֵאָסֵר — It will become prohibited

ייתון (אתא) (יומא לב ב, עא ב) יָבוֹאוּ — They come, they may arrive

יֵיתֵי (אתא) יָבוֹא — Let him come, will come

יְכֵיל[51] יָכוֹל (ב) — He can

יְכִיל יָכֹל (ע) — He could

יְכִילוּ (ע"ז ח ב) יָכְלוּ — They could overpower

יְכִילִי יָכֹלְתִּי — I could

יְכִילִי(ת)[52] (ב"ב עג סע"ב) יָכֹלְתִּי — I was able

יָכֵילְנָא אֲנִי יָכוֹל, יְכוֹלַנִי — I am able, I was able

לָא יָכֵילְנָא אֵינִי יָכוֹל — I am unable

יָכְלָה (ע"ז כו א 2) יְכוֹלָה — She is able

יָכְלִי יְכוֹלִים — They are able

לָא יָכְלִי אֵינָם יְכוֹלִים — They are unable

יָכְלִין (קידו' פא א) יְכוֹלִים — They are able

יְכָלְתְּ יָכֹלְתָּ — You were able

יָכְלַתְּ אַתָּה יָכוֹל, תּוּכַל — I are able, you will be able

יִכְתּוֹב יִכְתֹּב — He will write

יָלְדָה יוֹלֶדֶת (ב) — She gives birth

יַלְדוּתֵיהּ (ב"מ מד א 3) יַלְדוּתוֹ (=בחרותו) — His young years

יָלְדָן יוֹלְדוֹת (ב) — They give birth

יְלַדַת (יב' סה ב, נדר' נ א) יָלְדָה — She gave birth

יְלַדְתְּ (ב"ב צא א) יָלַדְתְּ — You gave birth

יְלַוּוּנֵיהּ (כתו' עב א) יְלַוּוּהוּ — They will accompany him

יְלַוֵּי[53] (כתו' עב א) יְלַוֶּה — He will accompany

יַלּוּלֵי יְלֵיל (ר"ה לג ב, לד א כ"פ) יְלֵל יְלֵל — It laments

יְלִידָה יָלְדָה — She gave birth, a baby girl

יְלִידֵי[54] (נדר' ל סע"ב) יְלוּדִים — Born in the house

יְלִידְתֵּיהּ יָלְדָה אוֹתוֹ — She gave birth to him

יָלֵיף לוֹמֵד — He studies

יָלֵיפְנָא[55] (יומא ד א, מנ' פב א) אֲנִי לוֹמֵד — I study

יליפת (תמיד לב רע"ב) אה"ת: ילפית

יָלְפָא לוֹמֶדֶת — She studies

יָלְפִי לוֹמְדִים, לְמֵדִים — They study, infer

יָלְפִינַן אָנוּ לוֹמְדִים — We study

יְלֵפִית[56] (תמיד לב רע"ב) לָמַדְתִּי — I have learned, I have been taught

יָלְפַתְּ אַתָּה לוֹמֵד — You study

יַמָּא יָם — Sea

46) ת"א ל"יְיָרֵשׁ הצלצל" (דב' כח מב).

47) א"פ וד"ש: ליטלטל, מ': ניטלטל.

48) מ', אה"ת: ליחוסיה, ד': ליחוסא.

49) ורגיל יותר בשאלה: מי יימר = מי יאמר.

50) בסיפור ארץ ישראלי. [בפסי ד': יסק].

51) בכמה מקומות העתיקו המעתיקים והדפיסו המדפיסים: יכול.

52) מ' שט', א"פ ור' ואה"ת: יכילנא.

53) ע"י, אה"ת: ילווה, מ' וד': לואי.

54) מ', ד': יילידו.

55) ד"ח: ילפינא.

56) אה"ת, מ': יליפית, ד': יליפת.

יַמָּא דִסְדוֹם (שבת קח ב) יָם הַמֶּלַח, יַמָּהּ שֶׁל סְדוֹם
The Dead Sea

יִמְטֵי (כתו׳ נג ב 2 — בנוסח כתובה) יַגִּיעַ — It will arrive

יַמֵּי (גט׳ נו ב — נז א) יַמִּים — Seas

ימי אכרזתא (ב״מ לה ב) מ׳ ה׳: יומי אכרזתא

מימי תעניתא (מג׳ טז א) כל הנוס׳: מתעניתא

ימי שכירותיה (ב״מ לה ב) מ׳ ה׳: יומי

בימי ר׳ זירא (תע׳ ח ב) מ׳: ביומי

בימי ר׳ שמואל בר נחמני (שם) מ׳: ביומי

בימי ר׳ אמי (שבו׳ מח א) מ׳: קמיה דר׳ אמי

יַמִּינָא יָמִין — Right hand

יַמִּינֵיהּ יְמִינוֹ — His right hand

יִמְלוֹךְ (ע״ז י א) יִמְלֹךְ — He will reign

יְמָמָא יוֹם (בניגוד ללילה)[57]
Daytime, diurnal part of the day

יְמָמֵי (עירו׳ סה א, הור׳ ד א) יָמִים (בניגוד ללילות)
Days (in the sense of daytime)

יַמָּתִי (מנ׳ סד ב) יַמָּתִי — My flow

יְנוּקָא תִּינוֹק — Child, infant

יְנוּקָא דְבֵי רַב (עירו׳ כח ב) תִּינוֹק שֶׁל בֵּית רַב
School child

יְנוּקָא קַשִּׁישָׁא (תע׳ כג ב) הַיֶּלֶד הַגָּדוֹל — The oldest child

יְנוּקֵי תִּינוֹקוֹת — Children, infants

יְנוּקֵיהּ (שבת קיב א, תע׳ ט א) תִּינוֹקוֹ — His child

יְנוּקְתָא תִּינוֹקֶת — Baby girl

יָנִיבָא (חול׳ כח רע״א) תּוֹלַעַת הַפִּשְׁתָּן — Linen worm

יניכא (חול׳ כח רע״א) מ׳: יניבא

יָנִּיק (קידו׳ לב ב כ״פ) צָעִיר — Young man

ינפק[58] (קידו׳ פא א) ר׳ נפיק — Cf.

יִינַק יָנַק — He sucked

יַנְקוּתָא (שבת כא א, קנב א) יַלְדוּת — Childhood

יַנְקוּתֵיהּ (תע׳ כ ב) יַלְדוּתוֹ — His childhood

יָנְקִי (ביצה לז ב, ב״ב עא ב) יוֹנְקִים (ב) — They suck

יִסְבוּן (נסב) (כתו׳ נה א, ב״ב קלא א 3 — בנוסח הכתובה) יִטְלוּ
They will take

יִסְגֵּא, יִסְגֵּי יִרְבֶּה — He will increase

יִסּוּרֵי יִסּוּרִין — Suffering

יְסִיף[59] (תע׳ לא א, ב״ב קכא ב) יָסוּף
He will perish (in midlife)

יַסְמִין (שבת קנ ב) יַסְמִין — Jasmine

יִסְנֵי (תמיד לב א) יִשְׂנָא — He will loath

יִסְפְּדוּן לֵיהּ (נדר׳ פג ב) יַסְפִּידוּ אוֹתוֹ
He will be eulogized (by others)

יִסְפְּדוּנֵיהּ (מ״ק כח ב, כתו׳ עב א) יַסְפִּידוּהוּ
He will be eulogized (by others)

יַעֲבִיד (תמיד לב א 3) יַעֲשֶׂה — One should do

יִיַעֲדוּהּ (ב״ק פד ב) הֶעִידוּהוּ[60]
They gave him the status of a *mo'ad* (a goring ox)

יְעֲדִי (עירו׳ נג ב — בפי שפחה בבית רבי) יָסוּר
Remove

לָא יְעֲדֵי (יומא נג ב, תע׳ כד ב, בר׳ מט י — ת״א) לֹא יָסוּר
It *(m)* should not be removed, should not be taken away

יַעוֹדֵי (קידו׳ יח ב) (ל)יַעֵד — To marry off a maidservant to her master or to the master's son

לְיַיעוֹדֵי לְהָעִיד (=לעשותו שור מועד)
To give him the status of a *mo'ad* (a goring ox)

לָא יְעִידוּן[61] (ר״ה יט א, תע׳ יח א) לֹא יָסוּרוּ
They will not detach themselves

יעקר ואתי[62] (ע״ז טז א) ר׳ עקר — Cf.

יִפּוּק[63] (ב״ב קסט א) יֵצֵא — It *(m.)* will be issued

יִפַּח (סנ׳ יח ב) יִפַּח — Exhalation

יִפְּקוּן[63] (ב״ב קסט א) יֵצְאוּ — They will be issued

יפקע (ב״מ קיב ב) ד״י ור׳ א: נפקע

יִפָּרְקִינַהּ (ע״ז נ ב 3) יְפָרְקֶנָּה, יְיַשֵּׁב אוֹתָהּ
He will take it (the question) apart, he will resolve it

יַצִּיבָא[64] אֶזְרָח — Resident

יִצְרָא יֵצֶר — Inclination

יִצְרֵיהּ יִצְרוֹ — His inclination

יִצְרִין יִצְרֵנוּ — Our inclination

יִקְבַּר (מ״ק כח ב ועוד) יִקְבֹּר — He will bury

(57) יממה בעב׳ החדשה: מעת לעת.

(58) דינפק = די נפק, מ׳: נפיק.

(59) כ״י: יאסף. יסיף באבות פ״א מי״ג, ועי׳ בח״ג שם.

(60) עשו אותו שור מועד.

(61) כך גם במי׳ ובמגלת תענית = יעדון.

(62) כ״י ספי׳: (וסבר) ועקר ואתא, מ׳: סבר אעקר ואייתי.

(63) בנוסח מוצע לשובר.

(64) רק בפתגם ״יציבא בארעא וגיורא בשמי שמיא״ (עירו׳ טא).

יְקַבְּרוּנֵיהּ (מ״ק כח ב ועוד) יְקַבְּרוּהוּ (=יעסקו בקבורתו)
He will be buried (by others)
יְקוֹד (ר״ה כב סע״ב) שְׂרֵפָה — Fire
יְקוּמוּן (חגי׳ יג ב — מדני׳) יַעַמְדוּ
They will rise up, they will be resurrected
יָקִיד (סנ׳ לג ב) יוֹקֵד, בּוֹעֵר — It blazes, burns
יַקִּיר (שבת נט סע״א) כָּבֵד — Heavy
יַקִּיר עֲלֵיהוֹן עָלְמָא (נדר׳ לז ב) כָּבֵד עֲלֵיהֶם הָעוֹלָם
The world weighs (ר״נ: אבריהם כבדים עליהם)
heavy on them (i.e., their limbs feel heavy)
יַקִּירָא (סנ׳ צד סע״א) נִכְבָּד — Honored
יַקִּירָא (שבת י ב, ב״ב קד א) יְקָרָה — Dear (*s.*)
יַקִּירֵי (ב״מ נא א) יְקָרִים (=חביבים) — Dear (*p.*)
יַקִּירֵי (סוכה נב סע״ב, חול׳ כו רע״ב) כְּבֵדִים — Heavy (*p.*)
יַקִּירָן לֵיהּ אוּדְנֵיהּ (סוטה יג א) אָזְנָיו כְּבֵדוֹת
(רש״י: כבדו אזניו משמוע)
His ears are heavy (he has difficulty hearing, *Rashi*)
יְקָרָא כָּבוֹד — Honor
יְקָרָא רַבָּה (תע׳ כא א) כָּבוֹד גָּדוֹל — Great honor
יְקָרָא דִבְרִיָּיתָא (ע״ז כ ב) כְּבוֹד הַבְּרִיּוֹת
Respect of people
יקרא (ב״ק ז ב) ה׳: יקרן
יְקָרֵב (ע״ז לז א—ב כ״פ) יִגַּע
He who touches, he who will touch
יְקָרֵיהּ כְּבוֹדוֹ — His honor
יְקָרַיְיהוּ (סנ׳ מז א) כְּבוֹדָם — Their honor
יְקָרַיְיכוּ (ב״ק קב ב) כְּבוֹדְכֶם — Your honor (*p.*)
יְקָרָן[65] (ב״ק ז ב) יְקָרוֹת — Expensive, costly (*f., p.*)
יַרְדְּנָא יַרְדֵּן — The Jordan River
יְרוּקָא יָרֹק — Green
ירוקא (ב״ק מד א, מח ב, ערכ׳ לא ב) מ׳: ירקא
יְרוּקֵי יְרֻקִּים — Green ones
יַרְחָא יֶרַח, חֹדֶשׁ — Month
יַרְחֵי חֳדָשִׁים — Months
יַרְחִין (נזיר ה א 3) חֳדָשִׁים — Months

יריכי (ב״ב ד רע״ב) מ׳ ר׳ וע׳ ועוד: דיכי
יָרֵית יוֹרֵשׁ — He inherits, a heir
ירנקא (ע״ז ל סע״א) מ׳ וה״ג ור״ח: ירקונא
יַרְקָא יָרָק — Vegetable
ירקא (שבת קט ב, יב׳ סד ב, כתו׳ סא ב) מ׳: ירוקא
ירקא אפיה (שבת קכט סע״א) מ׳: ירקי
יֶרָקוֹנָא (שבת קי א—ב, בכו׳ ז ב) יֵרָקוֹן (=צהבת) — Hepatitis
יַרְקוֹנָא[66] (ע״ז ל סע״א) מין יין — Kind of wine
יַרְקֵי (עירו׳ נו א, פס׳ קז ב) יְרָקוֹת — Vegetables
יָרְקֵי[67] אַפֵּיהּ (שבת קכט סע״א) מוֹרִיקִים פָּנָיו
His face turns green
יַרְקַיָּא (ר״ה כ א כ״פ) הַיְּרָקוֹת — The vegetables
ירקת (יב׳ לט ב) מ׳: רקת
[יֵ]רַת[68] (ב״ב קמח סע״ב) יִירַשׁ — He will inherit
יָרְתָאי (ב״ב קכה ב) יוֹרְשַׁי — My heirs
יַרְתָהּ (ב״ב קיב א, קיג א) יְרָשָׁהּ — He inherited her
יְרַתוּ (ב״ב קיח ב) יָרְשׁוּ — They inherited
יִרְתוּן יִירְשׁוּ — They will inherit
יָרְתֵי יוֹרְשִׁים (ב) — They inherit
יָרְתַי (ב״ב קכה ב) יוֹרְשַׁי — My heirs
יָרְתֵי יָרְתַי (שם) יוֹרְשֵׁי יוֹרְשַׁי — The heirs of my heirs
יְשֵׁיזְבִינָךְ (מג׳ טו א) יַצִּילְךָ — He will rescue you
יַשְׁלַח (סנ׳ יח ב) יַפְשִׁיט
It will shed (his skin because of heat)
יְשַׁמְּשׁוּנֵיהּ (חגי׳ יג ב 4 — מדני׳) יְשַׁמְּשׁוּהוּ, יְשָׁרְתוּהוּ
They will serve Him
יִשְׁפַּר (סוטה כ ב ועוד — מדני׳) יִיטַב
It will be agreeable, acceptable
יַשְׁרוּתֵיהּ (סוטה ט ב) יַשְׁרוּתוֹ
His perception of propriety
יָת[69] אֶת — A term introductory to a direct object
יִתְאֲמַר[70] (מנ׳ קי רע״א) יֵאָמֵר — It will be said
יִתְאַמְרוּ (יב׳ פ א) יֵאָמְרוּ
They (good words) will be said
יָתְבָא/ה יוֹשֶׁבֶת — She sits

(65) ה׳ (הגהה על ״אקר...״?), ד׳: יקרא, רש״י ותוס׳: יקרי.
(66) מ׳ ה״ג ור״ח, ד׳: ירנקא.
(67) מ׳, ד״ו: ירקה, ד״ח: ירקא.
(68) הגהתי, ה׳: יירש.
(69) בשטרות. נדה לא ב — מת״א.
(70) אה״ת, וכ״ה בתר׳ ישעי׳ יט יח בכל הנוסח׳, וכן במובא ברש״י לירמ׳ מג יג, ד׳: איתאמר.

הוו יתבו (סנ׳ כ ב) כי״י: קיימן

הוו יתבו (ע״ז נח א) מ׳: יתבי

יתבו (סנ׳ סד א) מ׳: יתיבו

יתבו (ע״ז סד ב) מ׳: יתבי

יתבו (מג׳ יב ב) אה״ת ע״י ויל׳: יתבי

יתבו (מנ׳ נב א) מ׳ והקב׳: יתבי

יִתְבוּן (קידו׳ עב ב — מת״י) יֵשְׁבוּ
They will sit, they will reside

יְתֵבִי (חול׳ נט א) יָשַׁבְתִּי — I sat

יָתְבִי יוֹשְׁבִים (ב)
They sit, they are located, they reside

יָתְבֵי מָתָא (ב״ב ח א[71], קיב א) יוֹשְׁבֵי הָעִיר
City residents

יָתְבִין (נזיר מד ב, כרי׳ כח ב) יוֹשְׁבִים — They were sitting

הֲוֵינָא יָתְבִין (נדה כה ב) הָיִינוּ יוֹשְׁבִים — We sat

יַתְבִינַן אָנוּ יוֹשְׁבִים — We sit

הֲוָה[72] יָתְבִינַן (ב״ק י ב) הָיִינוּ יוֹשְׁבִים — We sat

יָתְבִיתוּ אַתֶּם יוֹשְׁבִים, תֵּשְׁבוּ — You sit, sit (*imp.*)

יָתְבָן יוֹשְׁבוֹת — They sit (*f.*)

יָתְבָן (ב״מ קטז ב) יוֹשְׁבוֹת, מוּנָחוֹת
They are located (*f.*)

יתבן (קידו׳ ע ב) אה״ת: יתבי

יָתְבַתְּ (פס׳ פו ב, שבו׳ מב א[73], חול׳ נח רע״ב[74]) יָשַׁבְתָּ
You sat down

יָתְבַת (בר׳ יח ב) אַתָּה יוֹשֵׁב — You sit

יָתְהוֹן[75] אוֹתָם — Them

יַתּוֹבֵי דַעְתָּא (יומא פא א ועוד) (ל)יַשֵּׁב הַדַּעַת
To calm down, restore peace of mind

לְיַתּוֹבֵי דַעְתֵּיהּ (בר׳ כח א, סוכה כה ב, ב״מ פד א[76])
To put his mind at peace — לְיַשֵּׁב דַּעְתּוֹ

יתובי מתא (ב״ב ח א) כי״י: יתבי

לְיַתּוֹבֵי לְיִצְרֵיהּ (ב״ב ג ב) לְיַשֵּׁב (=להשקיט) אֶת יִצְרוֹ
To calm down his (evil) inclination

יַיתּוּרֵי (תמו׳ ט א) (ל)יַתֵּר — They are superfluous

יִתּוּרֵי קְרָאֵי (חול׳ לו א) יִתּוּרֵי מִקְרָאוֹת (=מקראות מיותרים)
Superfluous phrases (in the Torah)

יָתִי (בר׳ נד ב) אוֹתִי — Me

יתיב דעתייהו[77] (שבת לג ב) ר׳ איתיב — Cf.

יְתֵיב יָשַׁב — He sat

יָתֵיב יוֹשֵׁב — He sits

הֲוָה יָתִיב (ע״ז נז ב) הָיָה מֻנָּח — It was lying

יתיב בראש (שבת נט ב) מ׳: ישב בראש

יְתִיבָא (כתו׳ סב ב, נדר׳ מא א) יוֹשֶׁבֶת, יְשׁוּבָה
She sat, it sat

יְתִיבוּ (יב׳ קה ב, כתו׳ סב ב, ב״ב קיד רע״ב) יָשְׁבוּ
They sat

יְתִיבִי (ע״ז ע א 2, מנ׳ צח ב) יְשׁוּבִים (=יוֹשְׁבִים)
They are sitting

יתיבינן (ב״מ צג סע״ב) ה׳: יתבינן

יָתֵיבְנָא אֲנִי יוֹשֵׁב, אֵשֵׁב — I sit, I shall sit

הֲוָה יָתֵיבְנָא הָיִיתִי יוֹשֵׁב — I sat

יָתֵיהּ אוֹתוֹ — Him

יַתַיְיכוּ (נדה סא א) אֶתְכֶם — You (*p.*)

יִתְיַיתְּבוּן (מ״ק כ א — מת״י) יִתְיַשְּׁבוּ (בדעתם)
They will consider it

יְתֵירָא יָתֵר — Superfluous (*s.*)

יְתֵירֵי יְתֵרִים — Superfluous (*p.*)

יְתֵירֵי (מ״ק כו א) מֵיתָרִים (של כנור)
Strings (of a string instrument)

יְתֵירְתָא יְתֵרָה — Superfluous, supplementary (*f., s.*)

בָּכְיָא בִּיתֵירְתָא (מ״ק כז ב) בּוֹכָה בְּיוֹתֵר (=יותר מדאי)
Weeps excessively

---

(71) כי״י, ד״ח: יתובי.
(72) מ׳ ה׳, ד׳: הוי.
(73) פ׳, ד׳: איתיבת.
(74) מ׳: יתיבת, ה׳: אותבת, ד׳: אותיבת.
(75) הרוב (14) בנדרים, כרי׳ — 2, תמיד — 1, וב״מ צ רע״ב — מא״י.
(76) הגהתי, ד׳: ליתבי, מ׳: ניתבי, ה׳: דמיתבא, אה״ת: דאותביה.
(77) אה״ת: איתיב דעתיה, מ׳ וד״ש לי׳.

יְתֵירָתָא (ב״ק קי א ועוד) יְתֵרוֹת
Reinforced, additional, supplementary

יָתָךְ (ב״מ פה א — בפי רבי) אוֹתְךָ
You (*m., s.*)

יָתְכוֹן (בר׳ לח א, תמיד לב א) אֶתְכֶם
You (m., p.)

יַתְמָא יָתוֹם
Orphan

מִזְמוֹרָא יַתְמָא (ע״ז כד ב) מִזְמוֹר יָתוֹם[78]
An anonymous song

יַתְמֵי יְתוֹמִים
Orphans

יִתְנַסְּבָא[79] (גט׳ פה ב) יִנָּשֵׂא
She will get married

יִתְקַבַּל (תמיד לב א) יִתְקַבֵּל
He will be accepted

יִתְקַיֵּים בִּידָךְ[80] (עירו׳ נב רע״א) יִתְקַיֵּם בְּיָדְךָ
It will remain with you

יִתְקַלַּס (סוטה מ א) יִתְקַלֵּס, יִשְׁתַּבֵּחַ
It will be glorified

יתקלקלו (ר״ה יט ב) מ׳: ליתקלקלו

יִתְקְרֵי (ב״מ פו א) יִקָּרֵא
He will be called

יִתְרָא (סנ׳ מב א) יֶתֶר (של קשת)
String (of bow)

אַיִּיתְרָא (פס׳ נא א, חול׳ נ א) (חלב ש)עַל הַיֶּתֶר[81]
The tallow on the arched part of the stomach

יְתֵרִין (נזיר יד רע״א) יְתֵרִים
Remaining (*m., p.*)

78) = מזמור שלא צוין שם מחברו.
79) במו״מ על כתיבה של ״להתנסבא״ בגט.
80) מ׳ ואה״ת, ד״ו: דתקיים ביך, ד״ח: תתקיים ביך.
81) החלב שעל הקיבה העשויה כקשת.

– כ –

כָּאֵיב כּוֹאֵב — It hurts

כָּאֵיבָא (ב״ק מו ב) כְּאֵב — Pain

כָּאֵיבִין (שבת סז ב — בתוך לחש) פְּצָעִים — Wounds

כָּאר הֵיזַאר גַּוְונֵי[1] (סנ׳ צח א) חֲמוֹר מֵאֶלֶף גְּוָונִים (ע׳) — Multicolored

כבא[2] (זב׳ קיג ב) ר׳ כופתא — Cf.

כְּבָאסָא (מכות ח א) סַנְסַן (=אשכול) תְּמָרִים — Cluster, bunch (of dates)

כְּבָבָא (זב׳ מו ב) (חתיכות) צָלִי — (Pieces of) grilled, broiled meat

כַּבְדָא כָּבֵד (אבר בגוף) — Liver

כַּבוּד[3] (נדה נו סע״א) כִּבְּדוּ (=נִקּוּ) — They cleaned

כַּבוּיֵי[4] (עירו׳ כט סע״ב) גְּלָלִים — Excrements

לְכַבּוּיֵי[5] לְכַבּוֹת — To put out, to shut off

כְּבוֹשׁוּ כַּבְשֵׁי (עירו׳ לד ב) כִּבְשׁוּ כְּבָשִׁים[6] — Bend over (reeds) (*imp.*)

כביד (נדה נו סע״א) מ׳: כבוד

כַּבְיֵיהּ כִּבָּהוּ — He extinguished it

כָּבֵישׁ (מנ׳ נ ב) כּוֹבֵשׁ (=טוֹמֵן) — He covers

כָּבֵישׁ (ב״ב לה ב, לח א) כּוֹבֵשׁ (=מסתיר) — He hides

כְּבִישׁ (נדר׳ נא ב) כָּבוּשׁ (בחומץ וכיו״ב) — Pickled

כְּבִישָׁא (בר׳ מג סע״א) כָּבוּשׁ[7] — Pickled

כְּבִישֵׁי (ביצה כד ב) כְּבוּשִׁים (=טמונים) — Hidden

כָּבֵישְׁנָא (ב״מ עב א, ב״ב מ ב) אֲנִי כּוֹבֵשׁ (=מסתיר), אֶכְבֹּשׁ — I hide (something), I shall hide (something)

כַּבְלָא כֶּבֶל — A chain

כַּבְלָא (שבת נד א) פֶּרֶק הַתַּחְתּוֹן שֶׁל הָרֶגֶל (=מקום הנחת כבלים) — An ankle

כַּבְלֵי (ב״ק קיט א) כְּבָלִים (של זהב לתכשיט) — Jewelry chains

כַּבְרוּיֵי (ב״ק צג ב) (ל)גַפֵּר — (To) sulphurize

לְכַבְרוּיֵי (בר׳ כז ב) לְגַפֵּר — To sulphurize

כַּבְרֵיהּ (ב״ק צג ב 2) גִּפְּרוֹ — He sulphurized it

כַּבְרִיתָא גָּפְרִית — Sulfur

כִּיבְשָׁא (שבת קי ב) כֶּבֶשׁ (=כבוש בחומץ) — (A) pickled (substance)

כִּיבְשָׁא (חול׳ צג ב) הַטְמָנָה (ברמץ) — Ensconcing (in cinders)

כָּבְשָׁה (נדה לט ב) כּוֹבֶשֶׁת[8], עוֹצֶרֶת — Withholds, holds back, inhibits

כַּבְשׁוּהּ (תע׳ כא א) כְּבָשׁוּהוּ — They conquered it

כַּבְשׁוּהָ (סנ׳ קט א) כְּבָשׁוּהָ — They conquered it

כָּבְשֵׁי (ב״ב סז ב) כּוֹבְשִׁים[9] — Oil-press boards

כָּבְשֵׁי[10] (בר׳ י סע״א) כְּבָשִׁים — Pickled (substances)

כבשי (עירו׳ לד ב) ר׳ כבושו — Cf.

כַּבְשֵׁיהּ (ב״מ קי א) כְּבָשׁוֹ (=הסתירו) — He hid (it)

כַּבְשִׁינְהוּ (גט׳ סח א 2) כְּבָשָׁם (=לְחָצָם), כָּבְשֵׁם (=לְחַץ אוֹתָם) — He put them under pressure, put them under pressure (*imp.*)

כַּבְשִׁינְהוּ (סנ׳ קד א) כְּבָשָׁם (=הסתירם) — He hid them

כַּבְשִׁית (סנ׳ צה א — מת״) כָּבַשְׁתִּי — I conquered

כְּבַשְׁתְּ (גט׳ סח ב) כָּבַשְׁתָּ — You conquered

1) ע׳ (והוא מלשון פרסית), ד׳: בר חיור גווני.

2) אה״ת: כפותא, מ׳: קלא (ועי׳ ד״ס), בב״ב עג ב: כופתא.

3) מ׳, ד׳: כביד, רש״י: כבדתיו (קרא: כבידי!).

4) מ׳: כפויי, וכן ע׳ (ומוסיף: ויש שגורסין כבויי).

5) וכן בשבת ל א בא״פ וד״ש ואה״ת וע״י, ד׳: לכבות.

6) רש״י: כפו הקנים (״שבאגם״) זה על זה הרבה כמין כסאות לישב עליהם.

7) תוס׳: פירש ר״ח שמענו מרבותינו, שכובשין שומשמין וורד ועצי בשמים זמן מרובה וקולטין בשומשמין ריח של בשמים וסוחטים וטוחנים אותם ויש בו ריח של בשמים.

8) = אינה מטילה את הביצה (כמו ״כובש עדותו״).

9) רש״י: נסרים שנותנים על הזיתים בבית הבד כשמורידים הקורה עליהן לכובשן.

10) בהדי כבשי דרחמנא = בסתרי הקב״ה. השוה ״כבשונו של עולם״ (חגי׳ יג א).

כְּבַשְׁתֵּיהּ (שם) כְּבַשְׁתּוֹ
You conquered him

כְּבַשְׁתִּינְהוּ[11] (כתו׳ ס א) כְּבָשָׁתַם (=הסתירה אותם)
She hid them

כבשתנהי (שם) ר׳ כבשתינהו
Cf.

כבתותא[12] (שבת קי ב) ר׳ בתוותא
Cf.

כַּגְנֵי (בר׳ נח א) כַּנֵּי כֵלִים[13]
Broken utensils *(Rashi),* bases for utensils *(Aruch)*

כַּד כַּאֲשֶׁר, כְּשֶׁ-, כְּמוֹ שֶׁ-(?)
When, like, in the same manner as..., like that which

כַּדָּא כַּד
Jug

בי כדא[14] (פס׳ קיא ב) ר׳ כדא
Cf.

כִּידְבָא[15] (בר׳ נט רע״א) כָּזָב
Falsehood

כַּדּוּ (סוכה מד ב[16], נדר׳ כא ב[17]) כְּבָר
Already

כַּדּוּ (עירו׳ נג ב, גט׳ פה ב[18]) עַתָּה (רש״י)
Now *(Rashi)*

כַּדּוּם (נז׳ לד סע״ב[19], לח ב[20], ב״מ קו ב) הִתְלִיעוּ[21]
They became wormy

-כְּדִי (גט׳ נה א 2, ב״ב נז ב) כְּמוֹת שֶׁהִיא, -בִּלְבַד
As is, sole, as much as needed for, as long as it takes to

כְּדִי (כדיב) נִסְבָהּ לְחִנָּם, לְלֹא צֹרֶךְ, תְּפָסָהּ[22]
It was cited without specific reason

מִילֵּי דִכְדִי[23] (בכו׳ ח ב) דִּבְרֵי כָזָב
False words

כַּפָּרָה בִכְדִי (זב׳ לז סע״ב) כַּפָּרָה בְּלֹא כְלוּם[24]
Atonement without any action

כדיב (בר׳ נט רע״א) מ׳: כידבא

כדיבין (שם) מ׳: כידבא

כַּהֲיוּתָא (בכו׳ מד א) כֵּהוּת[25]
Inability to see

כָּהֲלִין (סנ׳ כב א — מדני׳) יְכוֹלִים
They are able to

כָּהֲנָא כֹּהֵן
A priest (a *Cohen*)

כָּהֲנָא רַבָּא (ב״ב קלה א, סנ׳ קי א) כֹּהֵן גָּדוֹל
The High Priest

כָּהֲנֵי כֹּהֲנִים
Priests

כָּהֲנֵי רַבְרְבֵי (יומא יח א, יב׳ סא א) כֹּהֲנִים גְּדוֹלִים
High Priests

כָּהַנְתָּא כֹּהֶנֶת (ספ׳ אומרים: כָּהֶנֶת)
Daughter of a *Cohen*

כּוּ[26] (קידו׳ מח סע״א) אֵיפוֹא
Then, thus

כּוּבָא קַנְקַן
A jug

כובא (גט׳ סח סע״א) מ׳ וע׳: כוכא

כובא דארעא (בר׳ לז סע״ב, לח רע״א) ע׳: כוכא

כּוּבֵי קַנְקַנִּים
Jugs

כוביא (זב׳ צה סע״ב) ע׳: בוביא

כוביתא[27] (ר״ה כד א) ר׳ כוכיתא
Cf.

כּוּבְסָא (שבת סז סע״א[28], חול׳ עח רע״א) סַנְסָן (=אשכול) תְּמָרִים
Bunch of dates

כובסי (שבת סז סע״א) ר׳ כובסא
Cf.

כּוּבְסֵיהּ (ב״מ קא ב, שבו׳ מא א) מְבוּשָׁיו, אֲשָׁכָיו
His testicles

חודא דכובעא (חול׳ יח ב) ר׳ חודא
Cf.

כּוּדָא (ע״ז כט א) חֲלִי-לֵדָה[29]
Postpartum depression

כּוּדָנָא (שבת קי ב, ב״ב צא א) פֶּרֶד
Mule

כּוּדַנְיָאתָא[30] (ב״ב עג סע״א) פְּרָדוֹת
Mules

כּוּדַנְיָיתָא פְּרָדוֹת
Mules

כודנייתי (ב״ב עג סע״א) ה׳: כודניאתא

כּוּדַנְתָּא פִּרְדָּה
Mule

כַּוֵּי חַלּוֹנוֹת
Windows

כַּוֵּי דְבֵי זִיקָא (ב״ב עה א, סנ׳ ק א) חַלּוֹנוֹת שֶׁל רוּחַ[31]
Ventilation windows

---

11) מ׳: כבישתינהן, ד׳: כבשתנהי.

12) ע׳: בתוותא, מ׳: מכתוותא (= מבתוותא), רש״י ד״ש: בכתותא, א״פ: בובתא.

13) ערוך, ושם: ויש מפרשים כלים שבורים, ועי׳ ערך ״לייא״.

14) כ״י: בכדא, כבדא.

15) מ׳, ד׳: כדיב, כדיבין.

16) בפי ר״א בר׳ צדוק.

17) בספור א״י.

18) בנוסח הגט.

19) ע׳, ד׳: דכרין, מ׳: דברי׳.

20) ע׳ (ועי׳ עה״ש), מ׳ ד׳: דבין הביניים.

21) ע׳: ענבים שלקו בגפן קודם בצירה. ובעל עה״ש מעדיף נוסי׳ ״כרום״ (בריי״ש), והוא מלשון פרסית (= תולעת).

22) = הביא התנא פרט זה או חלק זה.

23) מ׳ ע׳ ור״ג, ע״י: דכדיבי, אה״ת: דכדיב׳, דכדיבא, ד׳: בדיאי.

24) רש״י: בלא מתן דמים.

25) רש״י: דאינו רואה.

26) ד׳: בו, מ׳ לי׳.

27) ע׳: כוכיתא, וכן מ׳ ב א״פ וד״ו, מ׳: כוכביתא.

28) מ׳, ד׳: כובסי, א״פ: כבסי.

29) ע׳: רוח הוא שאוחזת האשה לאחר לידתה, גליון כ״י ספ׳: צנה שאוחזת את האשה, ויש בו סכנה.

30) ה׳, ד׳: כודנייתי.

31) = העשויים לאויר ולאורה.

כֵּוִון דַּעְתֵּיהּ (בר׳ ל ב ועוד) כִּוֵּן דַּעְתּוֹ
He prayed (with proper) devotion
כַּוּוֹנֵי (פס׳ נה א) (ל)כַוֵּן
To pray (with proper) devotion
לְכַווֹנֵי (בר׳ יז ב) לְכַוֵּן — To pray (with proper) devotion
כַּוּוֹנְתָא (ב״ב קמט ב) כַּוָּנָה (=התאמה) — Compatibility
כְּווֹצָא (סוכה כג רע״ב) מִתְכַּוֶּצֶת — It shrinks
כְּווֹצֵי (חול׳ מו ב, מז ב) מִתְכַּוְּצִים — They (*m.*) shrink
כַּווֹצֵיהּ (שבת יט א) כִּוְּצוֹ — He shrunk it
כְּווֹצָן[32] (בכו׳ לט ב 2) מִתְכַּוְּצוֹת — They (*f.*) shrink
כְּוָורָא דָּג — Fish
כַּוְורֵי דָּגִים — Fishes
כַּוְותָא חַלּוֹן — Window
כְּוְותָא (סנ׳ פד ב) פֶּה לַאֲבַעְבּוּעָה[33]
Opening of a wound, a burn blister
כַּוְותָא[34] **דְדַשָּׁא** (מ״ק יא א) חַלּוֹן הַדֶּלֶת[35]
Wooden pins holding the door beam
כְּוָותַהּ כָּמוֹהָ — Like her
כְּוָותִי[36] כָּמוֹנִי — Like me
כְּוָותֵיהּ כָּמוֹהוּ — Like him
כְּוָותַיְיהוּ כְּמוֹהֶם — Like them
כְּוָותַיְיכוּ כְּמוֹכֶם (איוב יב ג) — Like you (*p.*)
כְּוָותִין כָּמוֹנוּ — Like us
כְּוָותָךְ[37] כָּמוֹךָ — Like you (*s.*)
כּוּזָא מל״פ כּוּז (תמיד פ״ג מ״ו) כַּד קָטָן (למים או ליין)
Small jug (for water or wine)
כּוּזֵי כּוּזִים, כַּדִּים קְטַנִּים (ר״ח: טפיחים) — Small jugs
כּוּזִינְתָא (שבת קלט סע״ב[38], מ״ק יב סע״א[39]) פַּךְ קָטָן[40]
Small pitcher

כּוּזְנֵי (שבת קלט סע״ב) ע׳: כוזינתא
כּוּזַנְתָא (ע״ז עא ב) פַּךְ קָטָן[41] — Small pitcher
כּוּזְתָא[42] (מ״ק יב סע״א) כּוּז קָטָן — Small pitcher
כּוּחֲלָא כְּחוֹל (לעין) — Kohl, a preparation used to darken the edges of the eyelids, stibium
כּוּחֲלָא (סוכה נא ב, ב״ב ד ב) שַׁיִשׁ שָׁחוֹר — Black marble
כַּוֵּין (תע׳ כה א) כַּוֵּן (צ)
Pray with (proper) devotion (*imp.*)
כָּוֵיץ (שבת כ סע״ב, נדה ג סע״א) מִתְכַּוֵּץ — It shrinks
כּוּכָא[43] (גט׳ סח סע״א) כּוּךְ (לדירה) — Shed, cabin
כּוּכָא[44] **דְאַרְעָא** (בר׳ לז סע״ב, לח רע״א) מין מאפה[45]
Floor-baked pastry
כְּכוּכָא[46] **דְצַיָּידֵי** (תע׳ כב סע״א) כְּכוּךְ שֶׁל צַיָּדִים
Like a hunters' cabin
כּוּכְבָא כּוֹכָב — Star
כּוּכְבֵי[47] כּוֹכָבִים — Stars
כוכי דצניידי (תע׳ כב סע״א) ר׳ כוכא — Cf.
כּוּכִיתָא[48] **דְעֵיבָא** (ר״ה כד א) חֲתִיכַת עָנָן (ע׳)
Cloud segment
כּוּל[49] (מנ׳ נז ב) מְדֹד — Measure (*imp.*)
כּוּלָּא הַכֹּל, כֹּל — Everything, whole, all
כּוּלְבָּא (ב״מ פד ב) נָבָל — Scoundrel
כּוּלַּהּ כֻּלָּהּ — Entire
כּוּלְּהוּ, כּוּלְּהוֹן כֻּלָּם — Everybody, all of you (*m.*)
כּוּלְּהִי כֻּלָּן — Everybody, all of you (*f.*)
כּוּלֵּי כָּל — — All, every
כּוּלֵּי הַאי כָּל־זֶה, כָּל־כָּךְ
So, in such a manner, so much
כּוּלֵּי עָלְמָא כָּל הָעוֹלָם — Everybody

---

32) מ׳ ר״ג ורש״י, ד׳: מיכווצן.
33) = פי כתית (שבת עז ב).
34) ע׳ (ע׳ כו ב) ורש״י כ״י, ד׳: קביותא.
35) ע׳: כשיוצאים המסמרים של עץ של קורה שעל הפתח בחולו של מועד לחוץ ונופלת הקורה מחזירין אותה ותוקעין המסמרים בחורין.
36) פסי׳ לג סע״א — ר״ח: כואתי, רש״י: כוותי כמותי (נ״ל, שלפני רש״י היה הנוסח: כוות, לפיכך הוצרך לפרש).
37) בכמה מקומות בד׳: כוותיך.
38) ע׳, ד׳: כוזני.
39) רש״י בע״ז (עא ב), ד׳: כוזתא, מ׳ ורש״י: כוזא.
40) לדלות יין מן החבית.
41) לשאוב בו יין מן החבית.
42) מ׳ ורש״י: כוזא, רש״י בע״ז עא ב: כוזינתא.
43) מ׳ וע׳, ד׳: כובא.
44) ע׳, ד׳: כובא.
45) ע׳ (ע׳ ככא): עושה גומא בכירה כמו שפירשנו בענין יורות הערביים, ומערב קמח ומים בתוכה ומשליך באותה גומא. ובע׳ יורה: הערביים חופרין בארץ ובונין שם קדירות ומניחין חול תחת הקדירות ומדליקין שם האש ומבשלין תחת הארץ.
46) מ׳ ורש״י. ד׳: ככוכי.
47) בר׳ נח סע״ב — נט רע״א — ד׳: ככבי.
48) ע׳ מ׳ ב א״פ ד״ו, ד״ח: כוביתא, מ׳: כוכביתא.
49) כך נ״ל להגיה, מ׳ ד׳: כייל — בהשוואה ל״כיילי״ (בינוני) הסמוך.

כּוּלֵיה כֻּלּוֹ
Entire

כּוּלְיָיתָא כְּלָיוֹת
Kidneys

כּוּלְיְתָא כִּלְיָה
Kidney

כּוּלְבָא (שבת כ ב) כָּלָךְ (מִין מֶשִׁי)
Silk-production residue, crude silk

כּוּלְכוּ כּוּלְּכֶם
All of you (*p.*)

כּוּלְכוֹן (גט׳ סז ב כ״פ) כֻּלְּכֶם
All of you (*p.*)

כּוּלָּנָא (תמיד לב א) כֻּלָּנוּ
All of us

כולסא (שבת קנד ב) רש״י כ״י: בולסא

כּוּמְתָא מִגְבַּעַת[50], כּוֹבַע[51]
Soft flat hat, beret

כּוּמְתַאי (שבת קמז א) מִגְבַּעְתִּי
My hat

כּוּמְתֵיהּ (גט׳ לט ב) מִגְבַּעְתּוֹ
His hat

כּוּנָא (שבת קי רע״ב, גט׳ סט סע״א[52]) קֹמֶץ[53]
Fistful

כּוּנָא (גט׳ ע א) כּוֹס
Glass, glassful

כּוּנֵי (גט׳ סט א 3) קְמָצִים (ר׳ של קומץ)
Fistfuls

כּוּנְתָא (מ״ק יג ב) כֻּסֶּמֶת
Buckwheat

כּוּס (נכס) (פס׳ סא א, סנ׳ פב ב[54]) שְׁחַט
Slaughter (*imp.*)

כּוּס כּוּס (חול׳ לז ב, מד ב) שְׁחַט שְׁחַט[55]
Slaughter fast (*imp.*) (before the animal dies)

כּוּסְבַּרְתָּא כֻּסְבָּר (דמאי א א)
Arab parsley

כּוּסִילְתָא (תע׳ כא סע״ב) אִזְמֵל הַקָּזָה
Bloodletters' scalpel

רִיבְדָא דְכוּסִילְתָא שְׂרִיטָה שֶׁל הַקָּזָה
Bloodletting gash

רִבְדֵי דְכוּסִילְתָא (נדה סז ב) שְׂרִיטוֹת שֶׁל הַקָּזָה
Bloodletting gashes

כּוּסְפָּא דְיִסְמִין (שבת נ ב) כּוּסְפָּן[56] שֶׁל יַסְמִין[57]
Jasmine residue

כּוּסְפָּא דְתַמְרֵי (תע׳ כד ב) כּוּסְפָּן שֶׁל תְּמָרִים[58]
Date-processing residue

כּוֹסְתָא (שבת קט ב) כּוֹסִית (=כוס קטנה)
Small glass

כּוֹסָתָא (שם) כּוֹסִיּוֹת
Small glasses

כּוּף[59] (שבת עז ב) כְּפֵה
Bend (*imp.*)

כּוּף (עירו׳ פז א) כְּפֹף
It (*f.*) should be bent over

כּוּפְיָא (פס׳ לט א) שם דג
Name of a fish

כופיתא[60] (ב״מ עג ב) ר׳ טפיתא
Cf.

כּוּפְרָא כֹּפֶר (תשלום, זפת)
Ransom, tar

כּוּפְרָא (ב״ק נט ב ועוד) כַּפְנִית[61]
Unripe date

בְּנֵי כוּפְרָא (ב״מ ע רע״א) סַפָּנִים[62]
Boat owners

כּוּפְרָא דִיכְרָא (פס׳ נו רע״א) עָנָף רַךְ שֶׁל דֶּקֶל זָכָר
Soft branch of male palm

כּוּפְרֵי (פס׳ נב ב, ב״ק נט ב[63]) כַּפְנִיּוֹת[64]
Unripe dates

כּוּפְרֵי (כתו׳ י א) חֲרָיוֹת שֶׁל דֶּקֶל
Palm branches

כּוּפְרֵי (שבת סז רע״א) חֲתִיכוֹת זֶפֶת
Lumps of tar

כּוּפְשָׁנֵי צוּצִיָּינֵי (חול׳ סב רע״ב 2) תּוֹרִים מְצֻיָּצִים[65]
Doves found in Tsutsiani, doves with head fringes

כּוּפְתָא (גט׳ לב רע״א) כְּפִיפָה (=סל)
Basket

כּוּפְתָא (ב״ב עג ב[66], סנ׳ קי רע״א) גְּלָל[67]
Excrement lump

כּוֹרָא כּוֹר (מדה)
Kor (a measure of volume) (according to Rav Chaim Na'eh - 248.83 liters (64.21 US gallons), according to Chazon Ish - 432 liters (111.48))

כּוֹרָא (שבת קמ ב) הַכּוֹר[68]
Euphemism for the female genitals

כּוּרְדָקִי[69] (פס׳ מ ב — מל״פ) נַחְתּוֹמִים הַמְּבַשְּׁלִים
Chefs

50) ע׳: מגבעת רכה, שהיא כמלא הראש, ואין עולה למעלה מן הראש.
51) רש״י בגטין לט ב.
52) ע׳ ודי״ש, ד״ח: בונא, מ׳: כינא.
53) רש״י: מלא אגרוף.
54) בשני המקומות בתוך משפט בעברית.
55) זירוז לשחיטת בהמה מסוכנת לפני שתמות.
56) ע״ז לח ב.
57) ע׳ (ע׳ כספן): פסולת של שומשמין שכובשין אותן בוורד של יסמין ומייבשין אותן ושוחקין אותן ורוחצין בהן ידים מזוהמות.
58) פסולת של תמרים לאחר שעשו מהן יי״ש.
59) נלע״ד, שצורה זו נגזרה לפי ״כופתא״ — כוף ותיב.

והנכון: כפי (מ״ק כב סע״ב).
60) ר׳ א רי״ף כ״י: טופיתא, ה׳; טופיאתא.
61) = תמרים שלא בשלו, כבוסר בענבים.
62) רש״י: בעלי ספינה קרי בני כופרא, לפי שזופתין אותה בזפת (= כופר).
63) ה׳, ד׳:כופרא.
64) ר׳ הע׳ לכופרא.
65) ע׳ (ע׳ צץ ג): שיש להן ציצית בראשיהן, רש״י: צוצייני על שם מקומן.
66) בזבח׳ קיג ב: כבא, ועי׳ ח״ג שם.
67) = צואה של בע״ח. לפענ״ד: בסנ׳ פי׳ כדור.
68) כינוי לערוות האשה.
69) ע׳, ד׳: בורדיקי, מ׳: בורדקאי.

כּוֹרֵי כּוֹרִים (מדה) Kors (measures of volume)

רֵישׁ כּוֹרֵי (קידו׳ עו ב) ר׳ רֵישׁ Cf.

כּוּרְכְּיָא[70] (קידו׳ מד סע״א) עָגוּר (עוֹף) Crane (bird)

כּוּרְכְּמָא (דְ)רִישְׁקָא כַּרְכּוֹם שֶׁל נֵרְדְּ[71]

Nard saffron

כּוּרְסְיָא כִּסֵּא Platform

בֵּי כּוּרְסְיָא (יב׳ פג ב, קי א 2) אָבְנַיִם (ליולדת)

Breech platform

כורסייא (חול׳ נט סע״ב) מ׳ ואה״ת: כורסייה

כּוּרְסְיֵיהּ (יב׳ קיח ב, כתו׳ עה א, גט׳ לה א[72], חול׳ נט סע״ב[73])

His seat, chair כִּסְאוֹ

כּוּשָׁאֵי (סוכה נג א) כּוּשִׁיִּים

Negroes, good-looking persons

כּוּשְׁרָא (ב״מ צג ב) כֹּשֶׁר Capability, proficiency

כּוּתָאֵי כּוּתִיִּים

Cutheans, members of the sect of Samaritans

כּוּתָּחָא כֻּתָּח[74]

Sour milk seasoned with salt and bread crumbs

כותייכו (בר׳ י א) מ׳ וע״י: כוותייכו

כּוּתְלֵי[75] (יומא כח ב 3) כְּתָלִים Walls

כּ[וּ]תְלֵי דַחֲזִירֵי (חול׳ יז א — מ׳) עֲרָפַיִם שֶׁל חֲזִיר

Swine cutlets

כיזבא[76] (מנ׳ סט ב) ר׳ ניזבא Cf.

כְּזִיז[77] (פס׳ עב ב, יב׳ כו א, קיב רע״א) בּוֹשׁ

He is embarrassed, he is bashful

כְּזִיזָא[78] (נדה טו ב) בּוֹשָׁה (=מתביישת)

She is embarrassed, she is bashful

כחושה, כחרשו (מנ׳ סט א) מ׳: כחישי

כְּחִישׁ[79] כָּחוּשׁ It weakens, causes weight loss

כְּחִישָׁא, כְּחִישָׁה[80] כְּחוּשָׁה, חַלָּשָׁה

Lean, meager, weak (*f., s.*)

כְּחִישׁוּתָא כְּחִישׁוּת (=חֻלְשָׁה) Weakness

כְּחִישֵׁי[81] כְּחוּשִׁים Lean, meager, weak (*p.*)

כְּחַל (ביצה כב א) כָּחַל (את העין)

He applied kohl (to his eyes)

כָּחַל כּוֹחֵל He applies kohl (to the eye)

כַּחֲלָא (חול׳ קיא א) כַּחַל (=עטין הבהמה) Udder

כָּחֲלֵי (שבת פ א) כּוֹחֲלִים (עין)

They apply kohl (to the eye)

כַּחֲלֵי (חול׳ קט ב, קי א) כְּחָלִים (=עטיני הבהמה)

Udders

כַּחֲלַיְיהוּ[82] (חול׳ קי א) כְּחָלִים, עֲטִינִים שֶׁלָּהֶם

Their udders

כַּחֲלִינְהוּ כְּחָלוּם (את עיניו)

They applied kohl (to his eyes)

כחלינהו (חול׳ קי א) כי״י: כחלייהו

כְּחַשׁ חֵילֵיהּ (סנ׳ צה א) תָּשַׁשׁ כּוֹחוֹ

His powers weakened

כַּחַשׁ גּוּפְנָא (ב״ק נט א) כַּחַשׁ (=רְזוֹן) הַגֶּפֶן

Exhaustion of the vine

כַּחְשָׁא דְאַרְעָא (ב״מ קא ב, קד ב) כַּחְשָׁהּ (=רְזוֹנָהּ) שֶׁל הַקַּרְקַע

Exhaustion of the soil

כַּחֲשָׁא (ב״ק לד א, צה א) כָּחֲשָׁה (רָזְתָה)

She weakened, she lost weight

כחשא (ב״מ קד ב) כל כי״י ונוס׳: תיכחוש

כחשה[83] (יב׳ סו ב) ר׳ כחישה Cf.

כָּחֲשִׁי כּוֹחֲשִׁים (=נהיים כחושים)

They become weak, lose weight

כִּי–, כְּ– כְּמוֹ, כְּשֶׁ- (לפני פועל)

Like, when (before verb)

כִּי חַד[84] (מנ׳ יז א) כְּאֶחָד As a single entity

כֵּיבָא פֶּצַע, כְּוִיָּה Burn, infected wound

70) ע׳ ורד״ק (עי׳ עה״ש), ד׳: כרוכיא.
71) = זעפראן (פיה״מ כלים טו ב).
72) בשלשתם — ד׳: כורסיה.
73) כי״י ואה״ת, ד׳: כורסייא.
74) חלב חמוץ מתובל במלח ובפרורי לחם.
75) בכמה מקומות החליפו הסופרים והמדפיסים ״כותלי״ הארמי ב״כותלים״ העברי.
76) מ׳: נזבא, ר׳ ב ק׳: ניזבא, ר׳ א: ניזכא. ע׳ (ע׳ עדי): רוסנין ס״א רוזינקא, ועי׳ עה״ש.
77) ע׳, ד׳: בזיז.
78) ע׳ ומ׳, ד׳: בזיזא.
79) בר׳ נז ב: הא מכחש כחיש — מ׳ פ׳ וב״נ: והא תשמיש המטה צער הוא.
80) ר׳ להלן הע׳ 83.
81) מנ׳ סט א — מ׳, ד״ח: כחושה, כחושו.
82) ה׳ ר׳ א, מ׳ ד׳: כחלינהו.
83) מ׳: בכחושה (= בכחישה) ובפחיתות (ד׳: ובנפחת) דמיה.
84) רש״י: כחד.

בְּשַׂר כִּיבָא (סנ׳ ע א) בְּשַׂר צָלִי — Broiled, grilled meat

כֵּיבֵי פְּצָעִים — Wounds

כייב (גט׳ סח סע״ב, סט א) כי״י: כאיב

כָּיְבִין (נדר׳ נד ב, ב״ק לה א[85], מעי׳ כ ב) כּוֹאֲבִים — They are hurt

כָּיֵיל כּוֹלֵל (כללים) — He includes, establishes rules

כָּיֵיל (כול) מוֹדֵד — He measures

כייל[86] (מנ׳ נז ב) ר׳ כול — Cf.

כָּיְלָא (ביצה לח ב[87], ב״ב צ ב 2) מִדָּה — Measure

כָּיְלָא זוּטָא (ב״מ מ א) מִדָּה קְטַנָּה — Small measure

כָּיְלָא רַבָּא (שם) מִדָּה גְדוֹלָה — Large measure

מָנָא דְכָיְלָא[88] (ביצה כט א) כְּלִי שֶׁל מִדָּה — Measuring vessel

כָּ(יי)לָא[89] (מנ׳ נז ב) מְדָדָהּ — He measured it

כַּיְלוּ[90] (ע״ז עא א) מִדְדוּ (צ) — Measure (*p.*, *imp.*)

כָּיְלִי מוֹדְדִים — They measure

כיילי (בכור׳ לו א) לי׳ מ׳ ואה״ת

כָּיְלִיתוּ (ע״ז עא א, עב ב) אַתֶּם מוֹדְדִים, תִּמְדְּדוּ — You measure, measure (*imp.*)

כיילן[90] (ע״ז עא א) ר׳ כיילו — Cf.

כָּיְלַת (גט׳ נב ב) אַתָּה מוֹדֵד — You measure

כָּיֵיף (קידו׳ מ א ועוד) כּוֹפֶה — He subjugates, suppresses

כָּיֵיף (ב״ב ד סע״א[91], ע״ז לא א, מנ׳ צו א) כּוֹפֵף — He bends

כָּיֵיף (בר׳ ח סע״א ועוד) כָּפוּף — Bent

כָּיְפָה (חול׳ לח א 2) כּוֹפֶפֶת — She bends

כייפו (מג׳ כב סע״א) מ׳ וא״פ: הוו כייפי

כָּיְפִי (ב״ב צט א) כּוֹפְפִים — They bend

כָּיְפִי (עירו׳ סא א ועוד) כְּפוּפִים — Bent (*p.*)

הוה כייפינא (סנ׳ קז א) מ׳: כפינא

כָּיְפִינַן (יב׳ לט א-ב, כתו׳ סג ב) אָנוּ כוֹפִים — We force

כָּיְפִינַן (פס׳ נא א, הור׳ יא ב, חול׳ יח ב) אָנוּ כְּפוּפִים — We are subordinate

הֲוָה כָּיֵיפְנָא (גט׳ לח א) הָיִיתִי כּוֹפֶה — I would have forced

כילא (ביצה כט א, לח ב 2) מ׳: כיילא

כִּילֵי (שבת קלח א) כִּלּוֹת (של מטות) — Canopies (of beds)

כִּילְתָא כִּלָּה (של מטה) — Canopy (of a bed)

כִּילְתֵיהּ כִּלָּתוֹ — His (bed) canopy

כִּינוּפְיָא קִבּוּץ, כִּנּוּס, אֲסֵפָה — Assemblage, assembly, meeting

בְּכִינוּפְיָא (יומא נא א כ״פ) בְּצִיבּוּר (רש״י: ברגלים) — In a public manner, publicly, in large numbers (during the Pilgrimages)

כִּינָּרָא[92] (פס׳ קיא רע״ב) כִּנּוֹר[93] — Tree with particularly sweet fruit

כִּינָּרָא[94] (מג׳ ו רע״א) כִּנּוֹר (לנגינה) — A string instrument

כִּינָּרָא (ב״ב מח ב) כְּנָר[95] — Lotus

כינרי (מג׳ ו רע״א) כי״י וע׳ ואה״ת: כינרא

כִּינָּרֵי[96] (בר׳ מ סע״ב) רִימִין, כְּנָרִים[97] — Eglantine fruits, lotus

כִּיסָא כִּיס — A pocket

כִּיסָאנֵי, כִּסָאנֵי (עירו׳ כט ב) קְלָיוֹת[98] — Grilled grain

כִּיסוּיָא (תע׳ כב ב) כִּסּוּי — Cover

כִּיסוּיָא (כתו׳ סח א, נדר׳ מט ב) כְּסוּת — Vestments, clothing

כִּיסוּפָא בּוּשָׁה — Embarrassment

כִּיסֵי (ב״מ מב סע״ב — מג רע״א) כְּשׁוּת גְּרוּעָה (שמעורבים בה קוצים) — Inferior quality hops (mixed with thorns)

כיסי (שבת עז ב) ע׳: ביסי

כִּיסֵי (ב״ב ח ב, ע״ז ע א) כִּיסִים — Pockets

---

85) כל כי״י, ד׳: כיבין.

86) לפ״ד צ״ל: כול, כייל — ט״ס באשגרה מן ״כייל״ הסמוך, שהוא בינוני.

87) מ׳, ד׳: כילא.

88) מ׳: סילא (= כיילא), ד׳: כילא.

89) מ׳ שט׳ ר׳ א ק׳, ר׳ ב: כיילה.

90) תוס׳, ד׳: כיילן, כ״י ספ׳: כאילו, מ׳: קאילו (היש ללמוד מחי״ג זה, שקרא (או קראו לפניו) וכתב, ולא הבחין בין כ׳ לק׳?)

91) ד׳: אכפיה, ועי׳ ח״ג שם.

92) מ׳ ועוד, ד׳: כנדא.

93) עץ, שפריו מתוק, ודומה לעזררים.

94) כי״י וע׳ ואה״ת, ד׳: כינרי.

95) מלשון פרסית, הוא לוטוס (עי׳ עה״ש).

96) ע׳, ד׳: כנדי, מ׳ ליי.

97) ר׳ הע׳ 95.

98) א) אוכלים בסעודה, ב) זורקים לפני חתן וכלה (ר׳ הע׳ 1 להלן).

כִּיסֵיהּ כִּיסוֹ
His pocket

כִּיסֵי בַּבְלָיָיתָא (שבת קמז א) כִּיסִים בַּבְלִיִּים[99]
Babylonian pockets

כִּיסַיְיהוּ (יומא פג ב) כִּיסֵיהֶם
Their pockets

כִּיסַיְיכוּ (גט' סג ב) כִּיסֵיכֶם
Your (*p.*) pockets

כִּיסָ(י)ךְ (פס' קיג א — מ' אה"ת וע"י) כִּיסְךָ
Your (*s.*) pocket

כִּ[י]סְלָא (בר' ו רע"א — מ') פָּצִים[100]
Circular trough (Rashi), wooden stakes for fence (Aruch)

כִּ[י]סְלָא (בר' נח ב כ"פ — ב"נ ופ') כְּסִיל (קבוצת כוכבים)
The constellation of Orion

כִּיסַן (יומא פג ב) כִּיסֵנוּ
Our pocket

כִּיסָנֵי (כתו' יז ב) קְלָיוֹת
Roasted grains

לֵית לַהּ כִּיסָנֵי (כתו' יז ב) אֵין לָהּ קְלָיוֹת[1]
She is not showered with grain (because she is not a virgin)

כִּיסְתָא (בר' כד סע"א, שבת קה רע"ב[2]) תִּיק
Bag

כִּיסְתָא (כתו' צח א, ב"מ פה א) מִסְפּוֹא
Fodder

כִּיסְתֵיהּ (כתו' נ א, גט' יח א) תִּיקוֹ
His bag

כִּיסְתָ(ת)א (שבת קלד א — מ') כִּיס קָטָן
Small pocket

כֵּיף יַמָּא (פס' ד א, נדר' נ א) חוֹף הַיָּם
Seashore

כִּיפָה[3] (שבת סז ב) מַחֲלַת הָאֲבַעְבּוּעוֹת אוֹ מַחֲלַת הַנְּפִילָה (עי' רש"י)
Chicken pox or epilepsy

כִּיפֵי (עירו' ק א 3) כְּפוּפִים
Bent (*m., p.*)

כִּיפֵי (פס' מ א ועוד) עֳמָרִים
Sheaves of corn

כִּיפֵי (ב"מ לה א כ"פ ועוד) נְזָמִים
Nose rings

כֵּיפֵי (הור' יב א, כרי' ה ב) סְלָעִים
Rocks

כִּיפֵי דְאַרְבָּא (עירו' קב א) סְכָכוֹת הָאֳנִיָּה[4]
Boat canopies

כֵּיפֵי דְבַרְדָּא (מ"ק כה סע"ב) אַבְנֵי־בָרָד
Hailstones

כֵּיפֵי דִדִגְלַת (שם) כִּפּוֹת הַגֶּשֶׁר שֶׁל חִדֶּקֶל
Arches of the bridge over the Tigris

כִּיפֵי דְכִיתָּנָא (נדר' מח ב) אֲנִיצֵי פִּשְׁתָּן
Linen fibers

כֵּיפֵי דְעַכּוֹ (כתו' קיב א) סַלְעֵי עַכּוֹ
The rocks of Acre

כֵּיפֵי דִפְרָת (מ"ק כה סע"ב) כִּפּוֹת הַגֶּשֶׁר שֶׁל פְּרָת
Arches of the bridge over the Euphrates

כֵּיפֵיהּ (שבת סה ב ועוד) סַלְעוֹ (=מְקוֹרוֹ), גְּדוֹתָיו
His source, his wellspring

כִּירִי[5] (עירו' נג ב) אֲדוֹנִי
My master, my sir

כִּישָׁא אֲגֻדָּה (שֶׁל יָרָק)
Bundle (of vegetables)

כִּישָׁא דְיַרְקָא (קידו' מה ב, ב"ב קמו ב) אֲגֻדָּה שֶׁל יָרָק
Bundle of vegetables

כִּישֵׁי כִּישֵׁי[6] (שבת קח ב) חֲתִיכוֹת חֲתִיכוֹת[7]
Completely cut up into pieces

כִּישֵׁי[8] **בַּבְלָיָיתָא** (שבת קמז א) אֲגֻדּוֹת (של ירק) בַּבְלִיּוֹת
Babylonian (vegetable) bundles

כישתא דירקא (שבת קמ רע"ב) כ"י ועוד: הוצא

כִּיתֵּי סָהֲדֵי (ב"ק כד א) כִּתֵּי עֵדִים
Sets of witnesses

כַּכָּא (פס' קיג א, ב"ק צב ב, מ"ק כח ב) שֵׁן, טוֹחֶנֶת
Tooth, molar

כַּכָּא (גט' סט א) שֵׁן חוֹלָה
Sick tooth

כַּכָּא דְאַקְלִידָא (שבת פט ב, מנ' נז א[9]) שֵׁן שֶׁל מַפְתֵּחַ
Tooth of a key

כַּכְּבִין[10] **דְנֵרְדְּ** (ב"מ פו סע"א) קְדֵרוֹת שֶׁל נֵרְדְּ[11]
Pots of nard

כַּכֵּי (שבת קנב א, יומא פד א) שִׁנַּיִם
Teeth

בֵּי כַכֵּי (ע"ז כח א) בֵּין הַשִּׁנַּיִם
Between the teeth

כַּכֵּי וְשִׁינֵּי טוֹחֲנוֹת וְחוֹתְכוֹת
Molars and incisors

כַּכֵּיהּ (יומא פד א) שִׁנָּיו
His teeth

כַּכֵּיהּ וְשִׁינֵּיהּ (מ"ק כה ב) טוֹחֲנוֹתָיו וְשִׁנָּיו
His molars and his teeth

כַּכָּיךְ (חול' קכז א) שִׁנֶּיךָ
Your teeth

כַּכָּיךְ וְשִׁנָּיךְ (סנ' לט א) טוֹחֲנוֹתֶיךָ וְשִׁנֶּיךָ
Your molars and your teeth

---

99) = יצירת "מרזב" בקפול הבגד על הכתף.

100) = יתד עץ לגדר (ר' שבת ח ז), ועי' דברי ר"ב בערוך ע' אגיא.

1) חילוק קליות ביהודה בשעת כניסה לחופה היה רק לבתולה.

2) מ', ד': כסתא.

3) מ' ד', א"פ: לביסא, רש"י ד"ש: לכיסה, רש"י ד"ו: לנוסה. ע' (ע' כב ג): לכיבא, (ע' כס ז): לכיסא.

4) עי' רש"י.

5) שיבוש של לשון יונית.

6) ס"א (ערוך), ד': כישרי כישרי.

7) קוהוט גוזרו מן לשון פרסית, ופתרונו: איש איש.

8) א"פ ור"ח וע', מ': כושי, ד': כיסי.

9) ר' ר"ג וע', ד': בבא.

10) ע', נוס': ככרין.

11) ע': פי' בלשון יון קורין לקדירה ככבי. ר"ב: וכן בל"ר

כַּכְּרֵי כַּסְפָּא (מג׳ טז א) כִּכְּרֵי כֶּסֶף

Talents (weights) of silver

כַּכְּרִין דְּנֵרְדְּ (ב״מ פו סע״א) כִּכָּרִים שֶׁל נֵרְדְּ[12]

Talents' worth of nard (an aromatic herb)

כָּל־דְּהוּ/דְהוּא כָּל־שֶׁהוּא

Minute quantity

כֹּל בְּמִינֵיהּ הַכֹּל הֵימֶנּוּ[13]?

Is it within his power? Is everything from him?

לָאו כֹּל בְּמִינֵיהּ לֹא הַכֹּל הֵימֶנּוּ

Not everything is within his power, not everything is from him

לָאו כֹּל בְּמִינַהּ לֹא הַכֹּל הֵימֶנָּה

Not everything is within her power, not everything is from her

לָאו כֹּל בְּמִינַיְיהוּ (ב״ב ט ב) לֹא הַכֹּל מֵהֶם

Not everything is within their power, not everything is from them

כֹּל בְּמִינֵיהוֹן (נז׳ כט א) הַכֹּל מֵהֶם?

Everything is within their power? Everything is from them?

לָאו כֹּל בְּמִינָךְ (גט׳ פט א ועוד) לֹא הַכֹּל מִמְּךָ

Not everything is within your power, not everything is from you

כָּל (כול) **מִלְחָא** (חול׳ קה ב) מָדַד מֶלַח

He measured salt

כְּלַאי (בכו׳ ג ב) כָּלְתָה

It (*f.*) died

כלאי בבא (נדר׳ צא ב) ע׳: בלאי

כַּלְבָּא כֶּלֶב

Dog

כַּלְבַּאי כַּלְבִּי

My dog

כַּלְבּוֹהִי (שבת קנב א) כְּלָבָיו[14]

His dogs (alluding to voice of old man)

כַּלְבּוּס (ב״ק ק סע״ב) צֶבַע כָּאוּר[15]

Bad quality paint (residues of paint left in pot)

כַּלְבֵּי כְּלָבִים

Dogs

כַּלְבֵּיהּ כַּלְבּוֹ

His dog

כַּלְבְּתָא (ר״ה ד א כ״פ) כַּלְבָּה

Female dog, bitch

כַּלְבְּתָא[16] (מ״ק י א) הַכְלָבָה

Cross stitches

כַּלְדָּאֵי (פס׳ קיג ב) כַּלְדִּיִּים (=חוזים בכוכבים)

Chaldeans (astrologers)

כְּלָה (סנ׳ צה ב) כָּלָה (ע)

It ended

כַּלָּה כַּלָּה (=שורת תלמידים בישיבות)

Assembly of Babylonian Jews on *Shabbos* and during the entire months of Elul and Adar for Torah study

רֵישׁ כַּלָּה (ב״ב כב א) רֹאשׁ כַּלָּה, רֹאשׁ לִבְנֵי כַלָּה (בר׳ נז א 3)[17]

Head of *Kallah* (v. entry above)

רֵישֵׁי כַלֵּי (חול׳ מט א) רָאשֵׁי כַלּוֹת

Heads of those who would announce to the public what another Amora would expound (Rashi)

יוֹמֵי דְכַלָּה (מ״ק טז ב, ב״מ צז א[18]) יְמֵי כַלָּה[19]

Days of public study during Elul and Adar

כְּלוּזָא[20] (ב״מ קח א, ב״ב ח א) פְּלוּגוֹת עֲבוֹדָה

Work groups

כָּלְיָא כָּלָה (ב), נִגְמֶרֶת, מוֹנַעַת

It is finishing, preventing

כָּלְיָא עוֹרֵב כּוֹלֵאת עוֹרֵב[21]

Device for driving away ravens

כָּלְיָא פָּרוּחֵי (שבת נז סע״ב) (רֶשֶׁת) כּוֹלֵאת (שערות) פּוֹרְחוֹת

Hair net

כְּלְיָא דְתַנּוּר (ב״ב כ ב[22]) בְּלִיטַת הַתַּנּוּר[23]

Projection of oven

כְּלִיל מַלְכָּא (כתו׳ עז ב) חֲבַצֶּלֶת

Queen's lily

כְּלִילָא עֲטָרָה

Crown

כְּלִילָא (שבת קט ב) וֶרֶד

Rose

כְּלִילָא דְוַורְדָּא (שבת נט ב) עֲטָרָה שֶׁל וְרָדִים

Crown of roses

כְּלִילָא דְחִילְפָא (שם) עֲטָרָה שֶׁל פֵּיגָם

Crown of willow rods (urticaceae, nettle)

כְּלִילֵי עֲטָרוֹת

Crowns

12) רש״י: אגודות של נרד והוא עשוי כשיבולין.

13) וכי בכוחו לעשות (או: לומר) כן?

14) כינוי מליצי ל״קול הזקן״.

15) ״כלומר שצבעו בשירי היורה עד שנעשה כעין מטלת, שמקנחין בה את היורות של צבעים״ (ר״ח) והוא פי׳ ״כפרא דודיי״ בגמרא.

16) פירוש ל״מכליב״ שבמשנה.

17) = היושב בראש השורה.

18) ה׳, מ׳: ביומי, ד׳: ביומא.

19) ימי למוד בצבור בחדש אדר וחדש אלול.

20) כ״י וע׳, ד׳: אוכלוזא.

21) מוט בראש הגג להפריח את העורבים מעל הגג, שלא יטנפו את הגג. וראה מפרשי המשנה מדות פ״ד מ״ו.

22) מש׳ (ב״ב פ״ב מ״א): ואת התנור שלשה מן הכליא.

23) ע׳: כליא בלי יון בטן, והוא אמצעית התנור, שבולט

כְּלִילֵי (שבת קט ב) וְרָדִים — Roses

כְּלָלָא כְּלָל — General rule, general principle

מַאי כְּלָלָא (יב׳ יט א) מַה הַכְּלָל?

What is the general rule, principle?

מֵאֵי כְּלָלָא[24] מֵאֵיזֶה כְּלָל? (רש״י)

From what general rule, principle? *(Rashi)*

וְאִי[25] **מִכְּלָלָא מַאי** (חול׳ צד א ועוד) וְאִם מִכְּלָל (לָמַדְתָּ) מַה (יש לך לומר)[26]?

And if you learned it from a general rule (principle) what do you wish to say?

כְּלָלָא דְמִילְּתָא כְּלָלוֹ שֶׁל דָּבָר

The general rule, principle

כְּלָלֵי כְּלָלוֹת — Rules, principles

כְּלָלֵי וּפְרָטֵי כְּלָלוֹת וּפְרָטוֹת

The general rules (principles) and particulars

כְּלָלֵיהּ (פס׳ צה א 3) כְּלָלוֹ — Its general rule is

כַּלְלֵיהּ לִבְרֵיהּ (ב״מ קא ב) הִשִּׂיא אֶת־בְּנוֹ

He married off his son

כַּלְמֵי (בר׳ נא ב, נדה כ ב) כִּנִּים — Lice

כַּלָּנְ[י]תָא (פס׳ לה א — א״פ) כַּלָּנִיּוֹת

Poppies *(Rashi)*, reeds (other opinions)

כלפי לייא ר׳ לייא — Cf.

כַּלְּתָא כַּלָּה — Daughter-in-law, an *arusah* (a woman who is halachicallybetrothed), a woman during her first year of marriage

כַּלְּתֵיהּ כַּלָּתוֹ — His daughter-in-law, his *arusah* (a woman who is halachicallybetrothed), his wife during her first year of marriage

כַּלָּתֵיהּ (מג׳ כז ב) כַּלּוֹתָיו — His daughters-in-law

כַּלָּתִיךְ (פס׳ קטז א[27], מעי׳ יט א) כַּלּוֹתֶיךָ

Your daughters-in-law

כְּמָא (סוטה מח ב — מת״א) כְּמוֹ — Like that

כמה ד... (חגי׳ טו ב) ד״י ומ׳ ב ואה״ת: כמאן

כְּמָה דְלָא... (חול׳ קמא א 2) כָּל זְמַן שֶׁלֹּא...

כמו (יומא פג ב — אין בכל הנוס׳[28]; סוכה מט א ומ״ק ו ב — פסוק; תע׳ יט ב — בנוס׳: כמה; נדה ז א — מ׳ ורש״י ותוס׳: כגון; ב״ב קמד א — כי״י ועוד: כמאן) — As long as he has not...

כַּמּוֹנָא כַּמּוֹן (תבלין) — Cumin (spice)

כַּמּוֹנָא כַּרְוְיָא (ע״ז כט א) מין כמון (תבלין)

A sort of cumin, caraway? (spice)

כמוניא (שבת סז רע״א) מ׳ ורש״י: כמונ׳

כְּמִישָׁא (עירו׳ מ א) כָּמוּשׁ — Withered, shriveled

כַּמְכָּא כָּמָךְ (נדה נא ב), כּוּתָּח[29]

Fermented (sour) milk

כמכא (כתו׳ ס סע״ב) ע׳: שמכא

בושלי כמכא (בר׳ מ ב כ״פ) ר׳ בושלי — Cf.

כמס (ב״ב קמה ב) ר׳ עתיר כמס — Cf.

כָּמְשִׁי (ב״ב טז ב) כְּמֵשִׁים — They wither, shrivel

כַּנָּא (כתו׳ צט רע״ב, מעי׳ כא ב) שם מדה

Name of measure

כַּנְגַּר[30] (שבת קט סע״ב) קָנֶרֶס, חַרְשָׁף[31] — Herb species

כנדא (פס׳ קיא רע״ב) א״פ: כינרא

כַּנְדוּקָאָ[ה][32] (חול׳ מט ב) מוֹכֵר כַּדִּים (?)[33]

Seller of pitchers, earthenware

כַּנְדֵי (פס׳ ל א) קְדֵרוֹת — Pots

כַּנְדֵי (חול׳ מח ב) שַׁלְפּוּחִיּוֹת[34] — Swollen blisters in lung (Aruch), large heavy growths in lung (Rashi)

כנדי (בר׳ מ סע״ב) ע׳: כינרי (מ׳ לי׳)

כנדיכי[35] (פס׳ ל א) צ״ל: כַּנְדַּיְכוּ קְדֵרוֹתֵיכֶם

Your pots (Rashi)

ויוצא בבטנו של אדם כששבע.

24) שבת לט ב, עירו׳ מו א, יב׳ ס ב, גטין לט ב 2, ובכולם (חוץ מעירו׳) בא אח״כ: ואי מכללא מאי...

25) מ׳: אי, ד׳: וכי.

26) רש״י: מה לנו אי איתמר מכלל אי בפירוש הא מהא כללא שפיר שמעינן ואמאי אשמעינן גמרא דלאו בפירוש איתמר ומה יש לנו לגמגם בכלל זה.

27) ד׳—בלא יו״ד.

28) והוספה מאוחרת היא.

29) ר׳ הערה ל״כותחא״.

30) ע׳ (מלשון פרסית), ד׳: אבנגר (ועי׳ ד״ס אות א׳).

31) עי׳ עה״ש סוף הערך.

32) ע׳ (ע׳ בסתק), מ׳: כנדיקא, ר׳ א: קנדוקא, ה׳: קנדקואה.

33) ואולי נקרא על שם מקומו.

34) ע׳ (ע׳ טנר): בועות נפוחות רכות בריאה.

35) כל כי״י לי׳, וכן לי׳ בר״ח ובתוס׳ סוכה לד א ד״ה ולידרוש.

כַּנְהֵיהוֹן[36] (כרי׳ ג ב) מְקוֹמוֹתָם — Their places

כָּנוּנָא (חול׳ קכא-קכב) אָח (לגחלים), מַחְתָּה — Hearth, censer, a portable brazier

כַּנוּף (ע״ז יט ב) נִקְהֲלוּ — They assembled

כַּנוּפֵי (גט׳ כ א) (ל)קַבֵּץ — To shape letters by forcing metal to flow into an engraved die

לְכַנוּפֵי (שבת קמז א) לְקַבֵּץ — To gather together (permanently)

כנופיאתא (גט׳ יא א) מ׳ רש״י תוס׳ רי״ד: כינופיא

כנופיכו (ב״ק קיג א) כי״י: כנופינהו

כַּנוּפִינְהוּ[37] (שם) כִּנַּסְנוּם — We assembled them

כָּנוּשָׁאֵי (חול׳ ס א) מְכַבְּדִים (=מטאטאים) — House sweepers

כַּנוּשֵׁי (סנ׳ ז א) (לְ)אֱסוֹף — (To) assemble, gather together

כַּנֵּי (כתו׳ צט רע״ב, מעי׳ כא ב) שם מדות — Name of small measure

כַּנֵּי[38] (שבו׳ לו א 2) כִּנֵּה[39] — Alternative designation

כַּנַּיְיהוּ (בר׳ נז א) כַּנָּם, מְקוֹמָם — In their place, connected to the earth

כָּנֵים (יומא יג א 2) כּוֹנֵס (=נושא אשה) — He marries

כָּנֵיף (שבת עג ב) צוֹבֵר — He gathers together

כְּנִיפֵי (סנ׳ כט ב) מְכֻנָּסִים, נִקְבָּצִים — We are assembled together

כָּנֵישׁ (פס׳ מה ב) מְכַבֵּד (=מטאטא) — He sweeps, lit., he gathers

כְּנִישְׁתָּא כְּנֶסֶת, עֵדָה, בֵּית כְּנֶסֶת — Assembly, community, synagogue

כְּנִישְׁתָּא[40] (ב״מ כא א-ב) כִּבּוּד[41] (=ניקוי) — Cleaning *(Aruch)*, gathering (for the purpose of removing) *(Rashi)*

כַּנְפַהּ (ב״ב נח א) כְּנָפָהּ (=חיקה) — Her bosom, between her hands *(Rashi)*, lit. her wing

כַּנְפֵּיה כְּנָפוֹ (=חיקו) — His, its wing (bosom)

כַּנְפֵיה (שבת ה א) כְּנַף בִּגְדוֹ — Fringe of his garment

כַּנְפַיְיהוּ[42] (סוכה ה ב) כַּנְפֵיהֶם — Their wings

כְּנָפָיךְ (פס׳ קיג א) כְּנָפֶיךָ (=רשותך) — In your possession, lit., your wing

כַּנְפִינְהוּ (סנ׳ כט ב 2) כִּנְּסָם, קִבְּצָם — They assembled them, convened them

כָּנְשָׁא (ב״מ פה א) מְכַבֶּדֶת (=מטאטאה) — She sweeps

כָּנְשִׁי (חול׳ קה ב) אוֹסְפִים — They gather (for the purpose of removing)

כַּנְשֵׁיהּ (חול׳ ס א) אֲסָפוֹ, טֵאטְאוֹ — He gathered it together, swept it together

כְּנִישְׁתָּא דשף ויתיב (ר״ה כד ב ועוד) שם בית כנסת בנהרדעא[43] — Name of synagogue in Neharda'ah, lit., a synagogue that was destroyed and rebuilt

כַּנְתָּא[44] סַלְסִלָּה — Basket

כַּנְתָּא (גט׳ סט א) פִּי הַטַּבַּעַת — Anus sphincter

כַּנְתָּא (בכו׳ ל ב) חֵלֶב טָהוֹר — Permitted fats

כנתי (יומא פד רע״א) מלת לחש — Incantation

כַּס (בר׳ לו ב, יומא פא ב) כָּסַס — He nibbled, gnawed

כס כסייה (שבת סז א) מלות לחש — Incantations

כָּסָא כּוֹס — Glass

כָּסָא דְבִרְכְתָא כּוֹס שֶׁל בְּרָכָה (ברכת המזון) — Glass of wine over which the Grace After Meals is recited

כסא דהרסנא ר׳ הרסנא — Cf.

כָּסָא דְמוֹקְרָא (בר׳ כח רע״א, לא רע״א) כּוֹס הַמְכֻבֶּדֶת (רש״י: כוס זכוכית יקרה) — Expensive glass goblet *(Rashi)*

כַּסּוּ (מ״ק כח רע״ב) כַּסּוּ (צ) — Cover *(imp.)*

כסו (סנ׳ צו ב) כי״י: נסי

---

(36) ע׳ (ע׳ כן א), מלשון פרסית = בית, מ׳ וד׳: בינכיהון.
(37) כי״י, ד׳: כנופיכו.
(38) אה״ת, מ׳ ד׳: כנה.
(39) מלשון כינוי. רש״י: הפוך דבריך כנגד אחרים. אמור יכהו (ת׳ יכך)... שלא תקללני.
(40) ע׳, נוס׳: מכנשתא.
(41) ע׳: כנישתא דבי דרי... כיבוד הגרנות כשמכבדין הגורן בשעה שמפנין התבואה מן הגורן.
(42) מ׳, מ׳ ב: כנפיהם, ד׳: גדפינהו.
(43) ע׳ רש״י בר״ה ועיין מג׳ כט א.
(44) סוכה כ׳ ב׳—ד׳: כינתא, מ׳ ורש״י: כנתא.

כַּסּוּיֵי (ב״ק נו א) (ל)כַּסּוֹת
(To) cover

לְכַסּוּיֵי לְכַסּוֹת
To cover

כַּסּוֹפֵי (סנ׳ מב סע״א) (ל)בַיֵּשׁ
(To) humiliate

כָּסַח (סנ׳ כו א) כּוֹסֵחַ[45]
He weeds

כַּסֵּי כַּסֵּה (צ)
Cover (*imp.*)

כַּסֵּי (תמיד לב רע״א) כִּסָּה (מְכַסֶּה ?)
He covered (he covers?)

כסי (כתו׳ קו א) מ׳: נסי

כָּסֵי כּוֹסוֹת
Glasses

כָּסֵיהּ (סנ׳ ק ב) כּוֹסוֹ
His glass

כַּסְּיוּהּ (סנ׳ סד א) כַּסּוּהוּ
Cover (*m.p. imp.*) it

כַּסְּיֵיהּ (עירו׳ סט סע״א) כִּסָּה אוֹתָהּ
He covered it

כַּסְּיֵיהּ כִּסָּהוּ
He covered it

כַּסְּיֵיהּ (תמיד לב ב) כַּסֵּהוּ
Cover (*m.s. imp.*) it

כַּסְּיַן (בר׳ נו א) כִּסַּנִי
It covered me

כסיין (שבת קנו א) א״פ: מכסן

כַּסְּינְהוּ (סנ׳ קי א) כַּסֵּם (=הַלְבִּישֵׁם)
Cover (*imp.*) them, dress (*imp.*) them

כְּסִיף בּוֹשׁ (ב)
He is embarrassed

כְּסִיפָא (קידו׳ ס ב[46], גט׳ עד א 2) בּוֹשָׁה
She is embarrassed

כְּסִיפָא לַהּ מִילְּתָא (קידו׳ מו ב — מז א) בּוֹשָׁה בַּדָּבָר
She is embarrassed

כְּסִיפָא לְהוּ מִילְּתָא[47] (תע׳ כב רע״א) בּוֹשִׁים בַּדָּבָר
They are embarrassed

כְּסִיפָא לֵיהּ מִילְּתָא (קידו׳ מו ב, מז א) בּוֹשׁ בַּדָּבָר
He is embarrassed

כְּסִיפוּתָא (ב״מ כב סע״א) בּוּשָׁה
Embarrassment

כסיפיה (שבת מו רע״ב) מ׳: כספיה

כסיפיתנן[48] (הור׳ יג סע״ב) ר׳: מכספיתו
Cf.

כַּסֵּיפְתִּינַן[49] (קידו׳ פא א) בִּיַּשְׁתָּנוּ
You embarrassed us

כְּסִיתָא (ר״ה כג א כ״פ, ב״ב פא א) אַלְמוּג[50]
Coral

כַּסִּיתֵיהּ (ב״ק נו א) כִּסִּיתִיו
I covered it

כַּסִּיתִינְהוּ[51] (כתו׳ נד א) כִּסְּתָה אוֹתָם (=התעטפה בהם)
They clothed (sheathed) her

לְכַסְכּוּסֵי לְכַסְכֵּס[52]
To rub, to brush

כַּסְפָּא כֶּסֶף
Money

כַּסְפֵּיהּ (גט׳ לט ב) כַּסְפּוֹ
His money

כַּסְפֵּיהּ (שבת מו רע״ב[53], יב׳ קה ב) בִּיְּשׁוֹ
He embarrassed him

כַּסְפְּתָא (ב״ק סב א, חול׳ קלג ב) כַּסֶּפֶת[54]
Safe

כַּסַּפְתֵּיהּ (שבת נ ב, חגי׳ פ א) בִּיַּשְׁתּוֹ
You embarrassed him

כָּף (מ״ק כה א, מנ׳ לב ב) כָּפָה (=הפך)
He turned over

כפא (גט׳ סח רע״ב) מ׳: כפה

כַּפָּא (שבת קמב ב 2, פס׳ כח רע״א) תַּרְוָד (=כף גדולה)
Ladle

כַּפָּא כָּתֵף (ר׳ אבני)
Shoulder

כַּפָּא כַּף, יָד
Palm, hand

כַּפָּא דִידָא (חול׳ נד א) כַּף הַיָּד
Palm of the animal's forefoot

כַּפָּא דְמוֹחָא (שם) כַּף הַקָּדְקֹד (ע׳)
Cranium

כַּפֵּהּ[55] (גט׳ סח רע״ב) כָּפַף אוֹתָהּ
He bent it

כְּפוֹ (ע״ז ח ב) כָּפוּ (=התגברו)
They subjugated

כְּפוֹ (כתו׳ מט ב) כְּפוּ (=הִפְכוּ)
Turn over (*imp.*)

כַּפּוּרֵי (כרי׳ כז ב) (ל)כַּפֵּר
(To) atone, to expiate

לְכַפּוּרֵי (גט׳ נד א, שבו׳ יג א-ב) לְכַפֵּר
To atone, to expiate

לְכַפּוּרֵי (גט׳ נו א) לְקַנֵּחַ (=לנקות)
To wipe his hands off (on that person (i.e., me) meaning to put the blame on me)

(45) השוה: קוצים כסוחים (ישעיה לג יב), כסוחה (תהלים פ יז).
(46) ד׳: כסיפא ליה, מ׳ לי׳ ליה.
(47) מ׳ (לי׳ מילתא) מ׳ ב ע״י ורש״י, ד׳: אכסיפו.
(48) מ׳: מכספיתו לי, ע״י: כסיפתון, אה״ת: כסיפתן.
(49) מ׳: כסיפינן מינך = אנו בושים ממך.
(50) ועי׳ עה״ש.
(51) מ׳, ד׳: איכסתינהו.
(52) = לשפשף בגד כדי לפורר ולהוריד טיט ולכלוך שעליו.
(53) מ׳, ד׳: כסיפיה.
(54) = ארגז ששומרים בו כספים.
(55) מ׳, ד׳: כפא.

כְּפוּתָא (שבת קי ב, סנ׳ צח ב[56]) גְּלָל (=רעי) — Excrement

כָּפֵי (מ״ק כו ב) כּוֹפֶה — He turns over

מָצֵי כָּפֵי (נז׳ סב ב 4) יָכוֹל לִכְפּוֹת — He can force him

כְּפֵי (מ״ק כב סע״ב) כְּפֵי (רש״י: הֲפֹךְ) — Turn over

כַּפֵּי דְתַמְרֵי (סוכה לב א) כַּפּוֹת תְּמָרִים — Palm branches

כַּפֵּיה (ב״ב קמה ב) כַּפּוֹ, יָדוֹ — His palm, his hand

כַּפְּיֵהּ כְּפָהוּ (=הכריחו) — He forced him

כַּפְּיֵהּ (שבת קנד ב) כְּפָפוֹ — He bent it

כפייה (פס׳ סב ב, כתו׳ מט ב, ב״ק צח ב) כי״י: אכפייה

כְּפֵילָא כָּפֵל — Double

כְּפֵילַהּ[57] (ב״מ לג ב) כְּפֵלָהּ — Her double

כְּפֵילֵי (ב״ק קח א) כְּפֵלוֹת — Payments of double the worth

כְּפֵ[י]לַיְיהוּ[58] (ב״מ לג ב) כְּפֵלָם — Their double payment

כְּפִילָן (זב׳ מ א 3) כְּפוּלוֹת — Repetitions

כָּפֵין רָעֵב (ב) — Hungry

הֲוָה כָּפֵינָא[59] לֵיהּ (סנ׳ קז א) הָיִיתִי כּוֹפֶה אוֹתוֹ — I would overpower (it)

כָּפֵינַן (יב׳ סה סע״ב 2, כתו׳ מט ב) אָנוּ כּוֹפִים — We force

כפינן (תע׳ כד א[60], ב״מ פג א[61]) ר׳ כפנינן — Cf.

כְּפִיתוּ (בר׳ נו רע״ב) כָּפְתוּ (=קשרו) — They tied

כְּפִיתֵי (שבת צד א) כְּפוּתִים — Tied, bound

כִּפְלָא (שבת צח סע״ב) כֶּפֶל — Part folded over

כפלא (חול׳ צג א) מ׳ ה׳ ור׳ א: כפלי

כַּפְלֵי כְּסָלִים (אבר) — Hips

כַּפְלֵיהּ כְּפָלוֹ — He stated both the negative and positive parts of the condition

כָּפְלִינַן (גט׳ סב א) אָנוּ כּוֹפְלִים — We repeat

כפן ר׳ נפיחי — Cf.

כַּפְנָא רָעָב — Famine

כַּפְנֵיהּ (ב״ק צב ב) רַעֲבוֹנוֹ — Its hunger

כַּפְנְיָיתָא כַּפְנִיּוֹת[62] — Dates that never ripen

כַּפְנִינַן[63] (תע׳ כד א) רְעֵבִים אָנוּ — We are hungry, starving

כָּפְנַתְּ (בר׳ סב ב) אַתָּה רָעֵב — You are hungry, starving

כְּפַר כָּפַר — He repudiated, denied

כָּפַר כּוֹפֵר — He repudiates, denies

כָּפַר (יב׳ קטו ב) מְקַנֵּחַ (=מנקה) — He cleans

דקא כפר (כרי׳ ז א) מ׳ ושט״מ: דהא כפר

כַּפְרָא דוּדֵי (ב״ק קא רע״א) מְקַנַּחַת יוֹרוֹת — He cleaned the vat (lit., the vats)

כָּפְרָה (שבו׳ לב ב) כּוֹפֶרֶת — It denies

כָּפְרֵי כּוֹפְרִים — They repudiate, deny

כַּפְרֵיהּ כְּפָרוֹ (כָּפַר לוֹ) — He denied (the claim against) him

כָּפְרַתְּ (מ״ק יח ב) אַתָּה כוֹפֵר — You repudiate, deny

כָּפְתֵי (גט׳ יד א) כּוֹפְתִים — They tie up (the hands and feet)

כַּפְתֵיהּ כְּפָתוֹ — He tied him up

כַּפְתֵּיהּ (קידו׳ מה ב) כְּפָתַתּוֹ (=הכריחה אותו) — She forced him

כָּפְתִינַן (מ״ק טז א) אָנוּ כּוֹפְתִים — We tie up

כְּרָא כָּרָה (בור) — He digs a hole

כְּרַב חָרַשׁ — He plowed

כְּרָבָא (ב״ק צב א) כְּרָב (=הענף העבה שבעיקר הדקל) — Central branch of palm tree

כְּרָבָא (יב׳ סג א ועוד) חָרִישׁ — Cabbage seed, furrow

בֵּי כְּרָבָא (חול׳ סג א) בֵּין הַתְּלָמִים — Between the furrows

כְּרָבָא כְּרוּב (ירק) — Cabbage (vegetable)

בֵּי כְּרָבָא (מכות טז ב 2, חול׳ סב ב[64]) בֵּין (עָלֵי) הַכְּרוּב — Between the cabbage (leaves)

כרבו (ב״ב לו ב) כי״י: כרבא

56) אה״ת, פ׳: נפוחא, ד׳: כופתא, מ׳: כיפתי.

57) ד״ח: כפילא.

58) מ׳, ה׳: כפליהו.

59) מ׳, ד׳: הוה כייפינא.

60) מ׳: כפנינן, וכן הגיה הב״ח.

61) לי׳ פי׳ ה׳ וה״ג.

62) ע׳: פרי של תמר שאינו מתבשל לעולם.

63) מ׳ והב״ח (וכך צ״ל גם בב״מ פג א), ד׳: כפינן.

64) מ׳, ד׳: כרבי, ערוך (כר יב): כירי (ד״ר: כורי).

כָּרְבִי חוֹרְשִׁים — They plough

כַּרְבַּלְתָּא כַּרְבֹּלֶת — Comb (of rooster)

כַּרְבַּלְתָּא (בר׳ כ א) בֶּגֶד אָדֹם (של נשים) — Red garment (of women)

כַּרְבַּלְתֵּיהּ (עירו׳ ק סע״ב) כַּרְבָּלְתּוֹ — Its comb (of rooster)

כְּרָגָא מַס גֻּלְגֹּלֶת — Per-capita tax

כְּרָגֵיהּ (סנ׳ כז ב) מַס־גֻּלְגָּלְתּוֹ — His per-capita tax

כְּרָגַיְיהוּ (יב׳ מו א) מַס־גֻּלְגְּלוֹתֵיהֶם — Their per-capita tax

כרה (ב״ק נא א) מ׳: כרא

כָּרוּ כּוֹרִים (=חופרים) — They dig

כְּרוֹ (גט׳ ס ב) כָּרוּ, כְּרוּ — They dug, dig (*imp.*)

כרו משא (פס׳ קיא ב 2) א״פ אה״ת וע׳: כרומשא

כרוייא (ער׳ כט א) ר׳ כמונא — Cf.

כְּרוֹךְ[65] (עירו׳ ח א) גָּלְלוּ — They rolled

כְּרוֹכוּ (בכו׳ ח ב) גָּלְלוּ (צ)[66] — Pull out (*imp.*)

כְּרוֹכוּ (תע׳ כג ב 2) אִכְלוּ[67] — Eat (*imp.*)

כרוכיא (קידו׳ מד סע״א) ע׳ ורד״ק: כורכיא

עִינְבֵי דְּכַרוּם[68] (ב״מ קו ב) עֲנָבִים שֶׁהִתְלִיעוּ — Grapes that became wormed

תַּמְרֵי דְּכַרוּם[69] (חול׳ נח רע״ב) תְּמָרִים שֶׁהִתְלִיעוּ — Dates that became wormed

כְּרוּמְשָׁא (פס׳ קיא ב 2) מין אילן — Type of tree

כָּרוֹפְיָיתָא (מ״ק יג סע״ב) מוֹכְרֵי בְשָׂמִים — Sellers of perfume

כָּרוֹשְׁיָיתָא[70] (גט׳ סט ב) חַלּוֹת, עוּגוֹת — Bread, cakes

כְּרוּשְׁתִּינָא (שבת עח א) תַּרְנְגֹל הַבַּיִת[71], פ״א: עֲטַלֵּף — Domesticated rooster, a type of bat

כְּרוֹת גִּיטָּא (גט׳ ט א, ב״ב קנ א) גֵּט גָּמוּר — Making the divorce final, definite

כְּרָזֵי (חול׳ סב ב) שְׁרָצִים (רש״י: חֲגָבִים) — Insects (According to Rashi: locusts)

כַּרְזִילֵיהּ[72] (ב״ק נו ב כ״פ) צוֹעֲרוֹ (=תלמידו של הרועה) — (Shepherd's) assistant, apprentice

בְּעַל כָּרְחָהּ בְּעַל כָּרְחָהּ — Against her will

בְּעַל כּוֹרְחִי (קידו׳ עד א) בְּעַל כָּרְחִי — Against my will

בְּעַל/עַל כָּרְחֵיהּ בְּעַל כָּרְחוֹ — Against his will

בְּעַל כָּרְחַיְיהוּ (קידו׳ סא ב, סט ב) בְּעַל כָּרְחָם — Against their will

בְּעַל/עַל כָּרְחָיךְ בְּעַל כָּרְחֵךְ — Against your will

כָּרֵי כּוֹרֶה — He digs (a hole)

כְּרֵי (ב״ק נא א) כְּרֵה (צ) — Dig (a hole) (*imp.*)

כְּרִיָא (גט׳ סח א) כְּרוּיָה — (A hole) dug

כַּרְיָא (ב״מ קי א 2, ב״ב ח א) כְּרִיָּה — Hole, pit

כַּרְיָא דְנַהֲרָא (ב״מ קח א) כְּרִיַּת הַנָּהָר — Dredging the river

כַּרְיָא דְפַתְיָא (ב״מ קח א, ב״ב ח א) כְּרִיַּת בּוֹר (לשתיית הרבים)[73] — Digging out a well (needed for public and animal water supply)

כַּרְיָא לְהוּצָא (תע׳ כד א) סוֹתֵר גֶּדֶר קוֹצִים — He breaks down a fence of prickly shrubbery (to look through the hole)

כַּרְיָא (נדר׳ לו ב, ב״מ קה א) כְּרִי (=עֲרֵמָה) — Pile, heap

כַּרְיָא דְחִיטֵּי (ב״ק קטז ב) כְּרִי שֶׁל חִטִּים — Pile, heap of wheat

כַּרְיָא דִכְשׁוּתָא (ב״מ מב ב) כְּרִי שֶׁל כְּשׁוּת[74] — Pile, heap of hops, of cuscutta

כַּרְיָא דְפֵירֵי (עירו׳ כד ב, סוכה כו א) כְּרִי שֶׁל פֵּרוֹת (=תבואה ?) — Pile, heap of fruit (crops, produce?)

כָּרֵיב חוֹרֵשׁ — He plows

כריבו (ב״ב לו ב) ה׳: כריב

כָּרֵיבְנָא (ב״מ קג ב, קה א) אֲנִי חוֹרֵשׁ, אֶחֱרֹשׁ — I plow, I shall plow

(65) מ׳, ד׳: כריך.

(66) רש״י: כרוכו לי גרדי מינה הוציאו לי ממנה (= מן הריחים) חוטים... אה״ת: ברומו, ואיני יודע לפרשו.

(67) לפני כן נזכר ״ריפתא״.

(68) ה׳ ר׳ ב ותוס׳ חולי נח רע״ב ד״ה הני תמרי, והוא מלשון פרסית (= תולעת), כדעת בעל עה״ש.

(69) תוס׳ (בשם רשב״ם): דכרים, שה״ג: דכדא.

(70) מ׳ ר׳ וע׳, ד׳: ברושייתא.

(71) מלשון פרסית, עי׳ עה״ש.

(72) ע׳ ופ׳, שה״ג בבי״ת.

(73) רש״י, תוס׳ בשם ר״ח: להסיר גבשושית רחוב העיר.

(74) צמח בר (£), שמטילים לתוך השֵּׁכָר.

כְּרִיהֵי[75] מַעֲרָבָא (שבת כא א, קמה ב) חוֹלֵי אֶרֶץ־יִשְׂרָאֵל
The sick of Eretz Yisrael

כַּרְיֵיהּ כָּרָהוּ (=כרה אותו) He dug it

כָּרֵיךְ כּוֹרֵךְ (=עוֹטֵף) He wraps

כריך (עירו׳ ח א) מ׳: כרוך

כָּרֵיךְ רִיפְתָּא (תע׳ כג א, ב 2) אוֹכֵל פַּת
He eats bread

כְּרִיכָא (ב״ק נ ב, בכו׳ ח ב) עֲגֻלָּה Round

כְּרִיכָא דְקַנְיָא[76] (בכו׳ ח ב) חֲבִילַת קָנִים
Bundle of reeds

כְּרִיכֵי דְשִׁירָאֵי (סנ׳ סז ב) חֲבִילוֹת שֶׁל שִׁירָאִים
Bundles of silk garments (=בגדי משי)

כְּרִיכָן (עירו׳ צז א) כְּרוּכוֹת Wrapped up

כריכתא (ב״ק פה א) ר׳ נאתא Cf.

כרין[77] (נז׳ לד ב) ר׳ כדום Cf.

כָּרִינַן (סוכה נג ב) אָנוּ כּוֹרִים We dig

כַּר[י]שָׁא[78] (ב״ב עד סע״א) כָּרִישׁ (בים) Shark

כְּרִיתֵיהּ (ב״ק לא ב) כְּרִיתִיו (=חפרתי אותו) I dug it

כְּרַךְ[79] רִיפְתָּא (בר׳ מ ב ועוד) אָכַל פַּת He ate bread

כַּרְכָּא (כְּרָכָא) כְּרָךְ, עִיר Large town, city

כְּרַכוּ רִיפְתָּא[80] (בר׳ נ ב) אָכְלוּ פַּת They ate bread

לְכַרְכּוּשֵׁי בָּקֵי (שבת עז ב) לְכַשְׁכֵּשׁ יַתּוּשִׁים[81]
To chase away mosquitoes

כַּרְכּוּשְׁתָּא חֻלְדָּה Weasel

כָּרְכֵי רִיפְתָּא (בר׳ מה ב, נ א, תע׳ כא א) אוֹכְלִים פַּת
They eat bread

כָּרְכֵי[82] (שבת לג ב) אוֹכְלִים They eat

כְּרַכֵּי עַמְמַיָּא (סנ׳ צה א — מתרגום) עָרֵי הַגּוֹיִם
Cities populated by non-Jews

כְּרָכֵי דְזוּגֵי[83] (שבת יט ב, קנו ב) זוּגֵי מַחְצְלָאוֹת[84]
Pairs of mats

כַּרְכֵיהּ כְּרָכוֹ (=כרך אותו) He wrapped, encircled it

כַּרְכִינְהוּ (תע׳ כב רע״א) גְּלָלוּם He wrapped them

כרכינהו (ב״ק פו ב) מ׳: דלינהו

כָּרְכִינַן (מג׳ כז א) אָנוּ כּוֹרְכִים (ספר)
We roll up (a Torah scroll)

כַּרְכֵּישׁ רֵישֵׁיהּ (עירו׳ סה ב, ב״ב קמג רע״א, נדה מב סע״א) כִּשְׁכֵּשׁ רֹאשׁוֹ[85]
He nods his head (as a sign of assent)

כַּרְכְּשָׁא (חול׳ מט סע״ב, צה סע״ב, קיג א) חַלְחֹלֶת
Rectum (=המעי הגס)

כַּרְכְּשֵׁיהּ (בר׳ סב ב, גט׳ נו א) חַלְחֹלֶת שֶׁלּוֹ His rectum

כַּרְכַּשְׁתָּא (שבת פב א) חַלְחֹלֶת (=המעי הגס) Rectum

כַּרְכָּשְׁתָּא (ב״מ ז א) אִמְרִיּוֹת[86] Fringes of garment

כַּרְכַּשְׁתָּא[87] (ב״ק נב רע״א) זוּג (=פעמון)
Bell (used by shepherd)

כָּרְכַת רִיפְתָּא (בר׳ מד ב) תֹּאכַל פַּת
You eat bread with

כְּרַכְתָּא (ב״מ כב ב) עֲטָרָה[88] (שביעית א ו)
Enclosure around field

כְּרַכְתֵּיהּ (ע״ז יח ב) חִבְּקַתּוּ (רש״י)
She hugged, embraced him

כַּרְמָא כֶּרֶם Vineyard

כַּרְמֵי (ב״ב יד א, סנ׳ כו א) כְּרָמִים Vineyards

כַּרְמַיָּא (סוכה מד ב) הַכְּרָמִים The vineyards

כַּרְמֵיהוֹן (מ״ק ד ב) כַּרְמֵיהֶם Their vineyards

כְּרֵיסָא כָּרֵס[89] Stomach

כְּרֵסַהּ (ב״מ עט ב) כְּרֵסָהּ Her stomach

75) ע׳, שה״ג: בריחי, ד״ש בדף קמה: כריחי.
76) רש״י: דקני.
77) ע׳: עינבי דכדום — ענבים שהתליעו.
78) ע׳, ע״י ורש״י: כירשא, מ׳: כריש, ה׳ ר׳: כרשי.
79) השתמשו בפועל זה לאכילה, כדרכם לכרוך הלפתן בפת.
80) מ׳ ופ׳ — נ״א. כצ״ל גם בבר׳ ב ב (ד׳: כרוך, מ׳: כריכו), מח א (ד׳: כרוכו, מ׳: כריכו).
81) = לגרשם בכשכוש זנבו.
82) ״ריפתא״ נזכר קודם, וכן בבר׳ מב סע״ב: בתר דכרכי, אבל מ׳ פ׳ וה״ג במקום זה: כי מטו להתם.
83) ע׳, בגמ׳: דזוזי, רש״י: ובתשובות הגאונים מצאתי כרכי דזיווי, ומפרש, שהוא לשון ספינה בלשון ארמי.
84) מחצלאות כרוכות שתים שתים זוגות זוגות, והן עשויות לסחורה להשתלח בספינות (ערוך ע׳ בד א).
85) = הניע ראשו לאות הסכמה.
86) = נימים שבקצות הבגד.
87) מ׳ ה׳ (והוגה) ע׳ ורי״ף, ר׳ וה״ג: כרכושתא, ד׳ (ע״פ רש״י): קרקשתא.
88) = גדר סביב (רע״ב).
89) כך יש לנקד בנפרד, כֶּרֶס — נסמך (וכן גָּדֵר — גֶּדֶר,

כְּרֵסֵיהּ כְּרֵסוֹ — His stomach
כְּרֵסַיְיהוּ כְּרֵסָם — Their stomach
כְּרֵיסָךְ (ב״מ נב א, ב״ב ז א) כְּרֶסְךָ — Your stomach
כרסם (חול׳ קה ב 3) כל הנוס׳: ברסם
כְּרֵיסָתָא (כתו׳ קג א) כְּרֵסוֹת — Stomachs
כְּרַע כָּרַע — He knelled, bowed
כָּרַע כּוֹרֵעַ — He knells, bows
כַּרְעָא רֶגֶל — Foot
כַּרְעַאי רַגְלִי, רַגְלַי — My foot, my feet
כַּרְעַהּ רַגְלָהּ, רַגְלֶיהָ — Her foot, her feet
כַּרְעַי (שבת קמ א) רַגְלִי — My feet
כַּרְעֵי רַגְלַיִם — Feet
כַּרְעֵי דְפוּרְיֵיהוּ (גט׳ נח א) כַּרְעֵי מִטּוֹתֵיהֶם
Legs of bedstead
כַּרְעֵי דְתַרְנְגוֹלְתָא (בר׳ ו א) כַּרְעֵי הַתַּרְנְגֹל
Feet of chicken
כַּרְעֵיהּ רַגְלוֹ, רַגְלָיו — His foot, his feet
כַּרְעַיְיהוּ רַגְלֵיהֶם — Their feet
כַּרְעָיךְ רַגְלְךָ, רַגְלֶיךָ — Your foot, your feet
כרען (חול׳ נט א) כי״י: כרעיה
כַּרְפְּסָא כַּרְפַּס (ירק) — Celery
כִּירְצָא (גטין סט ב) תּוֹלַעַת בְּנֵי מֵעַיִם — Intestinal worms
כְּרֵ[י]שָׁא (ב״ב עד סע״א — ע׳) כָּרִישׁ (דג) — Shark
כַּרְשִׁינֵי בְּבְלָיָיתָא (שבת פא א) רִגְבֵי עָפָר בַּבְלִיִּים (לקנח בהם)
Lumps of earth originating from Babylonia (used to cleansing oneself)
כַּרְתֵּי כְּרֵישִׁין, פ״א: חָצִיר — Leeks, hay
כַּרְתֵּי (גט׳ לא ב) יָרֹק (ככרתי) — Green (like leeks)
כָּרְתֵי כּוֹרְתִים (בעניני גט)
They cut, separate (concerning a *get*)
כְּשׁוּרָא קוֹרָה — Beam
כְּשׁוּרַאי (תע׳ כה א) קוֹרָתִי, קוֹרוֹתַי — My beams
כְּשׁוּרֵי קוֹרוֹת — Beams
כְּשׁוּרַיךְ (תע׳ כה א) קוֹרוֹתַיִךְ — Your beams
כְּשׁוּתָא (ב״מ מב ב ועוד) כְּשׁוּת[90] — Hops, cuscuta

כְּשֵׁ[י]רֵי (בר׳ ג רע״ב — מ׳) כְּשֵׁרִים
Kosher, complying to religious norm
כִּישְׁרֵי כִּישְׁרֵי[91] (שבת קח ב) חֲתִיכוֹת חֲתִיכוֹת
Piled up pieces
כְּשֵׁרָן[92] (קידו׳ עג רע״ב) כְּשֵׁרוֹת
Kosher, complying to religious norm
כְּשַׁרְתָּא (בר׳ מג סע״א) שֶׁמֶן עָרֵב[93] (רש״י: קושט)
Perfumed oil (Rashi: Fragrant root)
כְּתַב כָּתַב — He wrote
כְּתַב קְרָא בעב׳: אָמַר הַכָּתוּב
The Biblical text reads
כְּתַב רַחֲמָנָא בעב׳: אָמְרָה תוֹרָה
The Torah (lit. the Merciful) writes
לָמָּה לִי דכ׳ רח׳ בעב׳: לָמָּה נֶאֱמַר — Why is it said?
כְּתָב (ר״ה ד א — מעז׳ ו) כְּתָב — Written (Ezra 7:22, without prescribed limit, that no measure is written)
כְּתָבָא כְּתָב — Writing (n.)
כְּתַבָה כָּתְבָה — She wrote
כָּתְבָה כּוֹתֶבֶת — She writes
כְּתַבוּ כָּתְבוּ — They wrote
כָּתְבוּ כּוֹתְבִים — They write
כָּתְבֵי כּוֹתְבִים — They write
כְּתַבִי (זב׳ יט ב) כָּתַבְתִּי — I wrote
כַּתְבֵיהּ כְּתָבוֹ (=כתב אותו) — He wrote him (it)
כְּתָבֵיהּ כְּתָבוֹ (=כתב שלו) — His writing
כתבין (גט׳ י ב, סנ׳ לה א) מ׳: כתבי
כַּתְבִינְהוּ כְּתָבָם (=כתב אותם) — He wrote them
כָּתְבִינַן אָנוּ כּוֹתְבִים, נִכְתֹּב
We write, we will write
כָּתְבִיתוּ אַתֶּם כּוֹתְבִים, תִּכְתְּבוּ
You write, you will write
כתבן (נדר׳ לז סע״א — לח רע״ב) ר״נ ו״רש״י״: כתיבן
כתבנא (קידו׳ יח א) רש״י: כתבינן
כְּתַבְנוּהּ (ב״ב קעא סע״ב) כְּתַבְנוּהוּ (כתבנו אותו)
We wrote it

יָרֵךְ—יָרְךָ), למדתי מבעל ״מלאכת שלמה״.
90) מין הצמח בר (-4), שמטילים אותו לתוך השֵּׁכָר.
91) ע׳: כשרי כשרי (וקוהוט גוזרו מן לשון ערבית).
92) רש״י ביחיד: ברתין לא כשירה.
93) ע׳: עיקרו שמן, ומערבין בו כמה מינין מעצי בשמים שמכשירין אותו מעשה רוקח מפוטם.

כתבניה (שם) מ׳ ה׳: כתבנוה

כְּתַבְתְּ כָּתַבְתְּ
You wrote

כָּתְבַת (כ״ב מ ב) אַתָּה כּוֹתֵב, תִּכְתֹּב
You write, you will write

כְּתַבְתֵּיה (כ״ב קסד ב 2) כְּתַבְתִּיו (=כתבתי אותו)
I wrote it

כְּתַבְתֵּיהּ (ב״מ יט ב) כְּתַבְתּוֹ (=כתבת אותו)
You wrote it

כְּתַבְתִּינְהוּ כְּתָבָתַם (=כתבה אותם)
She wrote them

כְּתוּב כָּתְבוּ
They wrote

כְּתוֹבוּ כִּתְבוּ (צ)
Write (*p., imp.*)

כתובי ר׳ כתיבי
Cf.

כְּתוּבַּת בְּנִין דִּכְרִין כְּתֻבַּת "בָּנִים זְכָרִים"[94]
Marriage contract containing a clause about the male children

כְּתוּבָּתָא (קידו׳ ע ב) כְּתֻבּוֹת
Marriage contracts

כְּתוּבָּתַאי (כתו׳ פז א) כְּתֻבָּתִי
My marriage contract

כְּתוּבָּתַהּ כְּתֻבָּתָהּ
Her marriage contract

כְּתוּבָּתֵיהּ (גט׳ יח א) כְּתֻבָּתוֹ
His marriage contract

כְּתוּבָּתִיךְ כְּתֻבָּתֵךְ
Your marriage contract

כִּיתוּנָא (ר״ה כז ב) כֻּתֹּנֶת
Shirt, tunic

כִּיתוּנָא דְוַרְדָא (חול׳ מו סע״א) כֻּתֹּנֶת שֶׁל וֶרֶד[95]
Rose colored (interior) membrane on which the lungs lie

כִּיתּוּנִיתָא (שבת קמ ב 2) בֶּגֶד פִּשְׁתָּן
Linen garment

כִּתּוּנְתָּא (סוכה י רע״ב) כֻּתֹּנֶת
Shirt, tunic

כַּתּוּפֵי (שבת ח א) (ל)כַתֵּף
(To) rearrange burden on shoulder

כַּתּוּתֵי (ל)כַתֵּת
(To) crush

כָּתֵיב כּוֹתֵב
He writes

כְּתִיב כָּתוּב
It is written

כתיב (ב״מ יט ב 2) כי״י: כתוב

כְּתִיב... וּכְתִיב... כָּתוּב... וְכָתוּב...
בעב׳: נֶאֱמַר... וְנֶאֱמַר...
It is written...and it is written

הָא כְּתִיב, הָכְתִיב בעב׳: הֲרֵי נֶאֱמַר
Is it not written?

דִּכְתִיב שֶׁכָּתוּב, שֶׁנֶּאֱמַר
For it is written

מַאי דִּכְתִיב מַהוּ שֶׁכָּתוּב, מַה תַּלְמוּד לוֹמַר
What is written? What is it coming to teach us?

כְּתִיב הָכָא... וּכְתִיב הָתָם...
בעב׳: נֶאֱמַר כָּאן... וְנֶאֱמַר לְהַלָּן...
It is said (lit., written) here...and it is said (lit., written) later on...(*m.*)

כְּתִיבָא/ה כְּתוּבָה, נֶאֱמֶרֶת
Written, said (*f.*)

כתיבו (יומא עז א) אה״ת: כתובו

כְּתִיבֵי כְּתוּבִים
Written (*m., p.*)

כְּתַ(י)בִי (ב״מ קג א — מ׳ ה׳) כָּתַבְתִּי
I wrote

כְּתִיבֵי (עירו׳ יז א, תע׳ ט א[96], כתו׳ קו ב[97], קידו׳ מט סע״א, ב״ב ח א 2[98], קכג ב[99]) (ספרי) כְּתוּבִים
Writings, Hagiographa

כְּתִיבָן כְּתוּבוֹת
Written (*f., p.*)

כְּתִיבָן וְלָא קָרְיָין (נדר׳ לז ב) כְּתוּבוֹת וְאֵינָן נִקְרָאוֹת
Letters written in the Torah but are not read

כָּתֵיבְנָא אֲנִי כּוֹתֵב, אֶכְתֹּב
I write, I shall write

כָּתֵישׁ (ביצה ח ב) כּוֹתֵשׁ
He crushes

כְּתִישָׁא (ב״מ לח רע״ב) חַבּוּרָה
Wound

כְּתִיתָא (שבת קנד ב) כָּתִית (רש״י), מֻרְסָה (ע)
Dressing on wound (Rashi), abscess (Aruch)

כִּתְמֵי דְמָא (סנ׳ צה א) כִּתְמֵי דָם
Blood stains

כִּיתָּנָא פִּשְׁתָּן
Linen, flax

בֵּי כִיתָּנָא (ב״מ קז ב) בֵּין (גִבְעוֹלֵי) הַפִּשְׁתָּן
Between the flax stalks

בֵּי כִיתָּנָא (ב״מ יח ב) בֵּית מִמְכַּר פִּשְׁתָּן אוֹ מִשְׁרֵה פִּשְׁתָּן
A store that sells linen; a workshop that soaks the linen in water

כִּתָּנָא רוֹמָאָה (כתו׳ סא ב) פִּשְׁתָּן רוֹמִי
Roman linen

כִּתָּנָא רוֹמִיתָא (ב״מ כט ב, חול׳ פד ב) פִּשְׁתָּן רוֹמִי
Roman linen

כִּיתָּנֵיהּ (חול׳ פה סע״ב, פו רע״א) פִּשְׁתָּנוֹ
His linen

כִּיתָּנִיתָא (שבת קמ סע״א) בֶּגֶד פִּשְׁתָּן
Linen tunic

כַּתְפָּא כָּתֵף
Shoulder

כַּתְפַאי (יב׳ צז ב, כתו׳ קד ב) כְּתֵפִי
My shoulder

כַּתְפֵי (סוכה נג א, ב״מ קז ב 2) כְּתֵפוֹת, כְּתֵפַיִם
Shoulders, the two shoulders

כַּתְפֵּיהּ כְּתֵפוֹ
His shoulder

כַּתְפַיְיהוּ (בכו׳ ט א) כִּתְפֵיהֶם
Their shoulders

94) אדם שהיו לו שתי נשים, וכתב לאחת מהן "בנין דכרין וכו׳" (כתו׳ פ״ד מ״י) ועי׳ בפירושי לב״ק פט ב.

95) רש״י: מלבוש (= קרום) אדום, שהריאה מונחת בו.

96) מ׳ ואה״ת, ד׳: כתובי.

97) מ׳, ד׳: כתובי.

98) מ׳ ה׳ ואה״ת, ד׳: כתובי.

99) מ׳ וה׳, ד׳: כתובי.

– ל –

לָא לֹא — No, not, is it not?

אִי לָא אִם לֹא, אִלְמָלֵא (לפני שם), אִלְמָלֵא לֹא (לפני פועל) — If not, if it were not (before verb)

מִי לָא... כְּלוּם לֹא...? — Isn't it...?

וְלָא? וְאֵין הַדָּבָר כֵּן? — Isn't this so?

וְלָא הִיא (שבת קמו ב ועוד) וְאֵין הַדָּבָר כֵּן — And it isn't so

לָא אִיכָּא אֵין, אֵין כָּאן — There isn't, there isn't here

לָא אִית[1] אֵין — There isn't

לָא אִיתֵיהּ (ערכ׳ ד סע״ב ועוד) אֵינוֹ — It isn't

לָא אִירְיָא אֵין תְּפִיסָה (=אין קושיא) — There is no contradiction

לָא אִיתִינוּן (מעי׳ ז רע״א) אֵינָם — They aren't

לָא אִיתְנְהוּ (קידו׳ לה ב) אֵינָם — They aren't

לִיאַבְּלוּ (סנ׳ מז ב) יִתְאַבְּלוּ — They will mourn

לאגדיה ר׳ לוגדיה — Cf.

לִיאַדְּרַהּ (גט׳ לה א) יַדִּירֶנָּה — He will place a vow on her

לָאו לֹא, לֹא הוּא (?) — No, isn't it true that?

לָאו אַדַּעְתַּאי לֹא שַׂמְתִּי לִבִּי לְ- — I didn't pay attention to...

לָאו אַדַּעְתֵּיהּ לֹא שָׂם לִבּוֹ לְ- — He didn't pay attention to...

1) למשל מעי׳ יב סע״א, וסמוך לו: לית.

2) רש״י, וע׳ גוזרה מלשון יונית (=בן!), וקוהוט גוזרה מלשון פרסית (ע״ש).

לָאו אַדַּעְתָּא דְהָכִי לֹא עַל דַּעַת כָּךְ — Not for that intention

הָא לָאו הָכִי אִלְמָלֵא כָּךְ — If it would not be for that

מַאי לָאו... כְּלוּם לֹא...? — Is it not the case?, Is it not referring to?

בְּלָאו הָכִי בְּלֹא כָךְ — Without that

לָאוֵי לָאוִין (=מצוות לא תעשה) — Negative *mitzvos* (commandments)

לָאוֵיהּ לָאוּ (=לא תעשה שלו) — His negative *mitzvah* (commandment)

לאטה (סנ׳ מט רע״א) ק׳ וע׳: לטא

לָאֵי (מ״ק ב א — מת״א) יָגֵעַ — Weary, tired

לָאִיי (=לא היא — שד״ל) בֶּאֱמֶת[2] — Really! Indeed!

לָאֵישׁ[3] (קידו׳ מו ב) לָשׁ (ב) — He kneads

לאכלי׳ (יומא עה רע״ב) מ׳ ב: ניכלה

לְאַשְׁרֵי (קידו׳ עו ב) יַשְׁרֶה, יְאָרֵחַ — He should host, accommodate

לבא (פס׳ מב ב) כי״י: לכא

לִיבָּא לֵב — Heart

לִיבַּאי לִבִּי — My heart

לִיבַּהּ לִבָּהּ — Her heart

אַלִּיבָּא (=על לב) לְדַעַת-[4] — According to the opinion of

3) הגהתי, מ׳ ד׳: אליש.

4) למשל: אליבא דר״מ — לדעת ר״מ.

Concerning the exact significance of the prefixe "lamed" and "nun" see ""Babylonian Aramaic" written by Rabbi Epstein and edited by Rabbi Melamed (pages 31-32). In this dictionary Rabbi Melamed translated these prefixes into Hebrew using the future tense because Hebrew uses the future to express command, wish, or advice. In English, however, we have found that sometimes the modal auxiliary ""should" with the basic verb form, or ""may", ""let", ""please", or a simple command, are more appropriate, each case depending upon its specific context. If, of course, the""lamed" indicates the infinitive or is part of the root of the verb, the translation is made accordingly.

אַלִיבָּא רֵיקָנָא (חול׳ נט רע״א ועוד) עַל לֵב רֵיקָן
(רש״י: קודם אכילה) On an empty stomach
לבאי (מ״ק יא א) צף (?), פ״א: שם מקום
It floats (?), name of place
לִיבְדּוֹק (עירו׳ צז א, ע״ז מ א, חול׳ נט א, סג סע״ב, סד א 2, עט א, נדה מה ב) יִבְדֹּק, נִבְדֹּק
He should examine (check), one should examine, we should examine, check (*imp.*)
לִיבְדְּקַהּ (יב׳ מב א, זב׳ עד ב, נדה מה ב — מ׳) יִבְדְּקֶנָּה
He should examine (check) it
לִיבְדְּקוּהּ (מנ׳ ע א) יִבְדְּקוּהוּ
Let him examine (check) it, examine (check)(*p., imp.*) it
לִיבְדְּקֵיהּ (חול׳ ג ב) יִבְדְּקֶנּוּ
Let him examine (check) it, examine (*s., imp*) it
לִיבַּדַּר (ע״ז כח ב) יְפַזֵּר
Let him scatter, scatter (m., imp)
לִיבַּדְּרוּ (גט׳ לג ב) יִתְפַּזְּרוּ
Let them scatter (*m.*), scatter (*imp.*)
ליבדרי (גט׳ נו סע״ב) ר׳ בדרוה Cf.
לִיבַדְּרִינְהוּ (ע״ז סב ב) יְפַזְּרֵם
Let him scatter them, scatter (*m., imp.*) them
לִיבַּדְּרָן (סוכה יג ב) תִּתְפַּזֵּרְנָה
They (*f.*) should be scattered
ליבון אספיר ר׳ אספיר Cf.
כְּתָב לִיבּוֹנָאָה (סנ׳ כא ב) כְּתָב עִבְרִי Hebrew writing
לבוניה (שבת קד א) ר׳ מלבן Cf.
לְבוּשׁ (מג׳ טז א) לְבַשׁ (צ) Wear (*imp.*)
לְבוּשָׁא לְבוּשׁ Garment
לְבוּשַׁהּ (סנ׳ קיב א) לְבוּשָׁהּ Her garment
לְבוּשֵׁי (שבת קיד א) לְבוּשִׁים (ש)
Garments worm at home as opposed to *glimei*
לְבוּשׁ[י] (כתו׳ סג א — מ׳) לִבְשִׁי Dress yourself (*imp.*)
לְבוּשֵׁיהּ לְבוּשׁוֹ His garment
לְבוּשִׁין (תמיד לב א) לְבוּשִׁים (ש) Garments
לִיבַּזּוּ (כתו׳ צז ב) יִתְבַּזּוּ
They (her heirs) should be humiliated
לִיבְטִיל (גט׳ לב א) יִבְטַל Be it declared void
לִיבַטֵּיל (עירו׳ סו ב) יְבַטֵּל
He should rescind his ownership
לִיבַּטֵּיל (שבת קמא ב) יִבָּטֵל
Its independent status should be rescinded by becoming a part of a larger or more important entity
לְבַטֵּל (גט׳ לד א) יִתְבַּטֵּל
Let it (the divorce) be annulled
לִיבַטְּלוּ יְבַטְּלוּ They should annul
לִיבַּטְּלוּ יִתְבַּטְּלוּ They should be annulled
לִיבַּטְּלוּן (זב׳ לח א) יִתְבַּטְּלוּ Let them be annulled
ליבטלי (זב׳ קי א) מ׳: ניבטלו
ליבטלי (תמו׳ כח א) מ׳: ליבטלו
לִיבַטְּלֵיהּ (חול׳ פג ב) יְבַטְּלֶנּוּ
Rescind (*imp.*) its independent status to became a part of a large or more important entity
לבטליה (פס׳ ו ב) מ׳: ניבטלה
לִיבַּטְּלָן (נדר׳ כז א) תִּתְבַּטַּלְנָה
They (*f.*) should be annulled
לִיבֵּיהּ לִבּוֹ His heart
אַלִּיבֵּיהּ (שבת קי ב) עַל לִבּוֹ On his heart
אַלִּיבֵּיהּ (עירו׳ יג א, סוטה כ א) עַל דַּעְתּוֹ
According to his opinion
לִיבַּיְיהוּ לִבָּם Their heart
לביניא[5] (שבת קכט סע״א) ר׳ ליבני Cf.
לְבֵינְתָא לְבֵנָה Brick
לָבֵישׁ לוֹבֵשׁ He wears
לְבִישָׁא (בר׳ כ א) לְבוּשָׁה Dressed (*f.*)
לָבֵישַׁיְיהוּ[6] (שבת י ב) לוֹבְשָׁם (=לובש אותם)
He wears them
לְבַ(י)שְׁתִּינְהוּ (כתו׳ נד א — מ׳) לָבְשָׁה אוֹתָם
They dressed her
לִבָּךְ לִבְּךָ Your heart
לְבַלְבֵּל (מ״ק ט ב) יִתְבַּלְבֵּל He will be confused
לִיבְלוֹ (בלי) (שבת לג ב) יִבְלוּ They should wear out

5) ד״ו: לבניא, רש״י: לבני, מ׳ א״פ ויל׳ כ״י: ליבני.
6) מ׳ מנוקד: אַלְבְּשַׁיְיהִי, א״פ: אלובשיהו (צ״ל: אלְבּוֹשׁיִיהִ!).

לִיבְלַע (שבת קט ב) יִבְלַע He should swallow
לִיבְנוֹ (סנ׳ קט א) יִבְנוּ Let them build
לִיבְנֵי (מ״ק ו ב) יִבְנֶה He should build
לִיבְנֵי לְבֵנִים Bricks
רמי ליבני ר׳ רמי Cf.
לִיבְעוֹ (חול׳ נב א, נז ב) יִשְׁאֲלוּ Let them ask
לִיבְעוֹ רַחֲמֵי יְבַקְשׁוּ רַחֲמִים
They should ask for mercy
לִיבְעוֹל (סוטה כה א, סנ׳ ק ב) יִבְעַל Let him have sexual relations, one should have sexual relations
לִיבְעֵי יְבַקֵּשׁ, יְהֵא צָרִיךְ, יַצְרִיךְ
He should ask, he should need, it should be needed
לא ליבעי (ערכ׳ לב ב) מ׳ ור״ג: לא בעא
לִיבְעֵי (חול׳ נב א) נִשְׁאַל We will ask
לִיבְעֵי רַחֲמֵי יְבַקֵּשׁ רַחֲמִים Let him ask for mercy
לִיבְעֵי[7] רַחֲמֵי (תע׳ ח ב) נְבַקֵּשׁ רַחֲמִים
Let us ask for mercy
ליבעי רחמי (חול׳ צב א) כל כי״י ואה״ת: יבעון
לִיבְצַע (שבת קמ ב) יִבְצַע (=יפרוס לחם)
He will break (bread)
לִיבַצַּר[8] (קידו׳ יז א) יִפְחֹת He should diminish, deduct
לִיבְקֵי (גט׳ סט ב) יִבְדֹּק, יְחַפֵּשׂ
Let us examine, look for
לברוך (בר׳ כב ב 3) כי״י: איבריך אנא
לִיבְרוֹר (בכו׳ נז א) יִבְרֹר Let him select
וְלִבַ(ר)זוֹלֵיהּ[9] (שבת סו סע״ב) יְנַעְנְעֶנּוּ Let him shake it
לִיבְרֵי (בר׳ נט א) יִבְרָא Let Him (Hashem) create
לִיבְּרֵי (ב״ב קנה ב) יַבְרִיא Become healthy (*imp.*)
לְבָרֵיךְ יְבָרֵךְ He should bless
לְבָרְכוֹ (בר׳ נ א) יְבָרְכוּ Let them bless
לִיבָרְכוּךְ (מ״ק ט א–ב) יְבָרְכוּךְ They should bless you
לִיבָרְכִינְהוֹ (סנ׳ מב א) יְבָרְכֵם Let them bless them
לִיבָרְכַן (תע׳ ה ב) יְבָרְכֵנוּ Bless us (*imp.*)
לְבַשׁ (ב״ב קלט א) לָבַשׁ He put on (a garment)
לִיבַשֵּׁל (גט׳ סט א) יְבַשֵּׁל He should cook

לבשיה[10] (קידו׳ ל ב) ר׳ נלבשה Cf.
לבשינהן (מג׳ טז א) כי״י ואה״ת וע״י: אלבשיה
לִיגְבַּהּ[11] (כתו׳ קי א) יִגְבֶּנָּה Let him collect it
לַגְבְּהֵיהּ (סוכה לז ב) יַגְבִּיהֶנּוּ Let him pick it up
לִיגְבְּהֵיהּ (סנ׳ מה סע״א) יַגְבִּיהֶנּוּ Make it higher (*imp.*)
לִיגְבּוֹ (ב״ק ח א) יִגְבּוּ Let them collect
לִיגְבֵּי (כתו׳ קי א) יִגְבֶּה Let him collect
לִיגְבֵּי (שם) יַגְבֶּה Let him cause it to be collected
לִיגְבְּיַהּ (גט׳ לה א) יַגְבֶּנָּה Let him collect
לַגְבִּינְהוֹ (כתו׳ קי א) יַגְבֵּם Let us (*beis din*) collect them
לִיגְבְּלֵיהּ (שבת עט א) יִגְבְּלֶנּוּ (=ילוש אותו)
He kneads it
לִגְדּוֹר (ב״ק כג ב) יִגְדֹּר
Let him construct an enclosure, make a fence
לִיגּוֹז (סוכה לז ב, חול׳ קלה א 2[12]) יָקֹץ, יַחְתֹּךְ
Let him cut off
לִיגְזַהּ (בכו׳ כה א) יִגְזְזֶנָּה Sheas it (*imp.*)
ליגזוז (חול׳ קלה א 2) מ׳: ליגוז
לִגְזְזוּהּ[13] (סוכה ל א–ב) יִקְצְצוּהוּ Let them cut it
לִגְזַר נִגְזֹר, יִגְזֹר We should decree, he should decree
לִגְזְרוּ (בר׳ נה ב) יִגְזְרוּ
Let it be decreed concerning you
לָגֵי (יומא פג ב) לָגִינִין Jugs
לגי (יומא פג ב) מ׳ ופי׳ ר׳ אליקים: פלאגי
לָגִינָא לָגִין (גדול מכד וקטן מחבית)
Jugs (bigger than *kad* and smaller than *chavis*)
לִיגְלוֹ (מכות ב ב) יִגְלוּ Let them be exiled
לִיגַלַּח (שבת קי ב) יְגַלַּח Let him cut his hair
לִיגַלְּחֵיהּ (גט׳ סז ב) יְגַלְּחֶנּוּ Let him cut his hair
לִיגְלֵי יִגְלֶה He should be exiled
לְ[וִי]גַלֵּי (בר׳ נה ב – מ׳) יְגַלֶּה He should reveal
לגמור (ר״ה ז א, ח ב, מכות יג ב) מ׳: ליגמר
לגמור (שבת קלא ב, קלב א, סנ׳ נה א) מ׳: ליגמרו
לגמור לן (חגי׳ יג א) מ׳ אה״ת וע״י: ליגמרן
לִיגַמַּע (סוכה מט ב ועוד) יְגַמַּע Let him gulp

7) מ׳ אה״ת: ניבעי.
8) ד׳: מבצר.
9) רש״י ד״ש, מ׳ וד״ש: וליזבול.
10) צ״ל: נלבשה, כמו בכתו׳ נב ב, מ׳ לי׳.
11) מ׳, ד׳ (בהשואה לסמוך לו): ולגבינהו.
12) מ׳, ד׳: ליגזוז.
13) מ׳: ליגזו, ד״ו רפ״ו: לגזוה.

ליגְמַר יִלְמַד, נִלְמַד
He should study, we should study
לִגְמַר (ב"מ מז א) יִגְמֹר
He will make a firm decision
מִקַּמֵי דְלִיגְמַר (גט׳ כט א) לִפְנֵי שֶׁיִּגָּמֵר
Before it will be finished
ליגְמְרָהּ (יומא לד א, סוטה מה א) יִלְמְדֶנָּה
Let it be learned
ליגְמְרוּ יִלְמְדוּ
They should study
לגמרון (חגי׳ יג א) מ׳: ליגמרן
ליגְמְרֵיהּ (חגי׳ כג א) יִגְמְרֶנּוּ
He will finish it
ליגְמְרֵיהּ (סנ׳ לה א כ"פ) נִגְמְרֶנּוּ
We should finish it
ליגְמְרִינְהוּ[14] (עירו׳ נד א) יִלְמְדוּם
Let them teach it
ליגְמְרָן[15] (חגי׳ יג א 2) יְלַמְּדֵנוּ
Teach us (*s., imp*)
ליגְנְבוּ[16] (בר׳ יח סע"ב) יִגְנְבוּ
They will be stolen
ליגְנוֹב (נדר׳ פה א) יִגְנֹב
He will steal
ליגְנֵי (יומא עא ב) יִשְׁכַּב
He should go to sleep, (lit. lie down to sleep)
ליגְעַר[17] (קידו׳ פא רע"ב) יִגְעַר
Let Him (Hashem) reprove
לִגְרְבוּ (גט׳ מה א) יִשְׁבּוּ
They will capture
ליגְרְדֵיהּ[18] (חול׳ פג ב) יְגָרְדֶנּוּ
Let him scratch it
ליגְרוּהּ (אגר) (ב"מ קיב ב) יִשְׂכְּרוּהוּ
They will hire him
ליגְרוֹס[19] (ע"ז יט א) יְשַׁנֵּן, יִלְמַד
He should review, he should learn
ליגְרֵיהּ (אגר) (שבו׳ מה א) יִשְׂכְּרֵהוּ
He should hire him
ליגרים (ע"ז יט א) מ׳: ליגרוס
ליגְרְסוּ בַהּ[20] (בר׳ יג ב) יַעַסְקוּ בָהּ (בתורה)
They should study it (the Torah)
לִגְרְסִינְהוּ[21] (ע"ז ח ב) יְשַׁנְּנוּם, יִלְמְדוּם
Let them review them, let them study them

ליגרריה (חול׳ פג ב) ה׳ וה"ג: ליגרדיה
ליגָרֵשׁ (ערכ׳ כג א) יְגָרֵשׁ
He should repudiate, divorce
לידַבֵּיק (ע"ז כח ב) יַדְבִּיק
Let him join
לִידַדוּ (שבת צט א) יְדַדּוּ
They should shake
לְ[י]דוּץ[22] (סוכה לז רע"ב) יִנָּעֵץ, יִתָּחֵב
He should push in, stick in, insert
לידוּק (נדה מה ב) יְדַקְדֵּק
Let him deduce
לידְחוּ יִדְחוּ
They should push away
לידְחֵי יִדְחֶה
He should push away
לידְחֵי[23] (כתו׳ מ רע"א) יִדְחֶה
Let it push away
לידחי (קידו׳ כ ב) מ׳: אידחי
לידְחֲיֵיהּ יִדְחֶנּוּ
He should push him away
לידְחֲקוּ (שבת צט א) יִדְחֲקוּ
They should be too tight
לידְחֲקוּהּ[24] (ב"מ פד ב) יִדְחֲקוּהוּ
They should tire him out, (lit., press him)
לְדַיְנוּ (ב"מ ל ב) יָדוּנוּ
They should judge
לידַיְינוּ (שבו׳ לב ב) יָדוּנוּ
They should judge
לדייני (שבו׳ לב ב) מ׳: לידיינו
לידַיְינֵיהּ יְדוּנֶנּוּ
He should judge him
לִידְכְּרָךְ[25] (שבת יב ב) יִזְכָּרֵךְ
May He (Hashem) remember you
לידְלוֹג (תע׳ כז סע"ב) יִדְלֹג
Let him skip, jump
לידַמֵּי (ב"ב קסד ב) יְדַמֶּה
Let him compare
לידַמְיוּהּ[26] (כתו׳ יא ב) יְדַמּוּהוּ
Let one (us) compare her
לידַמְיַ[י]הּ[27] (גט׳ ע ב) יְדַמֵּהוּ
Let him compare it
לידַע (הור׳ יב א) יֵדַע
He should know
דבעי לידע (שם) אה"ת וע"י: למידע
לִדְרוּ (דרי) (ביצה ל א) יִשְׂאוּ
Let them carry
לִדְרוֹשׁ יִדְרֹשׁ
Let him interpret, expound

(14) אה"ת: לאגמורי = לְלַמֵּד, מ׳ — נ"א.
(15) כך מ׳ בשתיהן אה"ת: ליגמרן, ליגמר, ד׳: ליגמור לן, ליגמרון (!).
(16) מ׳, ד׳: מגנבו (=ניגנבו).
(17) מ׳ ואה"ת, ד׳: ניגער.
(18) ה׳ ה"ג, ע׳: נגרדיה, ד׳: ליגרריה.
(19) מ׳, אה"ת: יגרוס אדם, ד׳: ליגריס.
(20) מ׳, ד׳: בהו.
(21) מ׳: נגרסי, כמו בהקי׳ (סנ׳ יג ב).
(22) ע׳ מ׳ ורש"י.
(23) מ׳, ד׳: נדחה.
(24) בכמה ד"ח: לידחקוהו.
(25) מ׳, אה"ת: לידברך, ד׳: ידכרינך.
(26) מ׳ (ורבנן...), ד׳: נדמייה.
(27) ע"פ מ׳ (נידמייה).

לִידְרֵיהּ (דרי) (שבת סו ב) יִשָּׂאֶנּוּ — Let him carry it

לִידְרְשַׁהּ[28] (מנ׳ מ א) יִדְרֹשׁ אוֹתָהּ — Let him expound about it (teach it)

לַהּ לָהּ — To her, for her

לִיהַדַ(ו)ק (שבת קמא א — מ׳) יְהַדֵּק — He should force in

לִיהַדְקֵיהּ (שבת קי א) יִדְחָקֵהוּ — He will push it away

לִיהֲדַר יַחֲזֹר — He should return, recommence

לִיהֲדַר בֵּיהּ יַחֲזֹר בּוֹ — He should retract

לַהֲדַר, לִיהַדַּר (ביצה כ ב ועוד) יַחֲזִיר, יָשִׁיב — He should return

לַהֲדְרַהּ (עיר׳ כג א ועוד) יַחֲזִירֶנָּה — He should return her

לִיהַדְרַהּ נִיהֲלֵיהּ[29] (שם) יַחֲזִירֶנָּה לוֹ — He should return her to him

לִיהַדְרוּ יַחְזְרוּ — They should start again

לַהֲדְרֵיהּ, לִיהַדְרֵיהּ יַחֲזִירֶנּוּ — Let him return it

לְהוּ, לְהוֹן לָהֶם — To them, for them

לֶיהֱווּ יִהְיוּ — Let them be

לֶיהֱוֵי יְהִי — Let it be

לֶיהֶוְיָן (חול׳ לג ב) תִּהְיֶינָה — Let them be

לִיהֵימְנַהּ (אמן) יַאֲמִין לָהּ — He should believe her

לִיהֵמְנֵיהּ יַאֲמִין לוֹ — He should believe him

להימניה (יב׳ פח א) מ׳: מהימן

לִיהֵמְנִינְהוּ (פס׳ ד ב) יַאֲמִינוּ לָהֶם — They (one) should believe them

לְהֶן (ב״ב ד א, י ב — מדני׳) לָכֵן — Therefore

לְהֶן (תע׳ יב א — ממג׳ תע׳) לָכֵן — Therefore

לִיהַנֵּי יוֹעִיל — It should help, be useful

לוּאֵי[30] (כתו׳ עב א) ר׳ ילוי — Cf.

לוּגָא לֹג — Log (measure of volume)

לוּגְדֵיהּ[31] (אגד) (סוכה לג ב 2) יְאַגְּדֶנּוּ — He will attach it

לוּגֵי (מנ׳ פט א) לוֹגִים (מדה) — Logs (measure of volume)

לוּגַר (אגר) יַשְׂכִּיר — He should rent out

לוגר (עירו׳ סו א) א״פ ר״ח וד״ש: למיגר

לוּדָאָה (ע״ז לו א) לֻדִּי (=בן העיר לד) — Inhabitant of Lod

לוּדָאֵי (גט׳ לו א) לֻדִּיִּים (=בני העיר לד) — Inhabitants of Lod

לוּדָאֵי (גט׳ מו ב — מז א) לוּדִים (=בני ארץ לוד) — Inhabitants of the region of Lud

לוֹדֵי יוֹדֶה — He should admit

לוּדָנָא (כתו׳ עז ב) מין צמח מרפא (עי׳ עה״ש) — Medicinal plant, wormwood plant, ladanum

לוֹדְעֵיהּ יוֹדִיעֵהוּ — He should let him know

לוֹדְעִינְהוּ (ב״ב קעד א) יוֹדִיעֵם — He informed them

לַווּ (פס׳ נב ב) נִתְלַוּוּ — They joined, they accompanied

לָוְוה (חול׳ ז א) נִתְלַוָּה — He joined, he accompanied

דִּי לָוָה[32] יְלַוּוּנֵיהּ (כתו׳ עב א) מִי שֶׁלִּוָּה (מֵת) יְלַוּוּהוּ — One who participated in another person's funeral will have people participate in his funeral

לְוָטְתָא (סנ׳ קיג א 2) קְלָלָה — Curse

לָוֵוי[33] (תע׳ כא ב) מִתְלַוֶּה (רש״י) — He accompanies, he joins with

לוו (שם) מ׳: מילוו

לְוָותִי (ב״ק קיא ב, ב״מ סב ב) אֵלַי, לִקְרָאתִי — To me, to meet me

לוזיף (תע׳ יב א) מ׳: ליזוף

לוֹזְפַן[34] (ב״מ סט ב) יַלְוֵנִי — He should lend me

לוּחֵי (ב״ב יד ב) לוחות — Writing tablets, boards

---

28) מ׳, ד׳: לידרשא.

29) מ׳, ד׳: ולהדרה מיהדרי.

30) מ׳ ד׳, אה״ת: דילווי, ע״י: דילוי.

31) מ׳ (פ״ב: לאוגדיה), ד׳: לאגדיה. רש״י: אגדיה, ר״ח: לוגדיה, אגדיה.

32) אה״ת, מ׳ ד׳: לואי.

33) עי׳ ד״ס.

34) כ״י, ד׳: לאוזפן.

לוּחִין (ב"ב יב ב – מת"א) לוּחוֹת Writing tablets, boards

לוּחֵי (שבת יח א[35], גט' סא רע"א[36]) לוּחוֹת (לצַיד דגים[37])
Fishhooks

לוטא (סנ' מט רע"א) אה"ת וע"י: ליטא

לְוָיֵי (קידו' סט ב ועוד) לְוִיִּם Levites

לַוְיָיךְ (חול' קכז א) נִתְלַוָּה עִמָּךְ
He joined you, he accompanied you

לַוְיִנְהוּ (ב"ק קטז א) נִתְלַוָּה עִמָּהֶם
It (a lion) joined (accompanied) them

לוֹכְחִינְהוּ (שבת נה א 2) יוֹכִיחֵם Let him rebuke them

לוֹכִיל (יב' סח א, גט' נה א[38]) יַאֲכִיל He may feed

לוֹכְלֵיה (שבת קט ב) יַאֲכִילֵהוּ Let him feed him

לוּלָבָא לוּלָב (מד' המינים)
Lulav (of the Four Species)

לוּלִיבָא לוּלָב, לֶב־הַצֶּמַח
Palm branch, heart of palm tree

לוּלִיבָא דְכִיתָּנָא (נדר' מט א) פִּרְחֵי הַפִּשְׁתָּה
Flowers of the flax

לוּלִיבָא דְקְרָא (שם) לֵב הַדְּלַעַת
Heart of the pumpkin

לוּלִיתָא[39] (גט' סט רע"ב) אֶבֶן בָּרָק[40]
Arrow-shaped rock thrown by the female demon Lilith during a hailstorm

לוּמָא, לוּמֵי (ע"ז לד ב) שם מטבע (=מעה)
Coin (equivalent to a *ma'ah*)

לוֹסִיף יוֹסִיף He should add

לוֹסְפוּ[41] (עירו' נד ב) יוֹסִיפוּ There should be added

לוֹעָא (שבת סז א, חול' צג א) לֶחִי Jaw

בַּר לוֹעָא (שבת נד ב) בֶּן־לֶחִי[42] A board tied to a the neck of an animal that has a wound to prevent it from turning its head and rubbing it

לוֹעָךְ (סנ' יח ב) לֶחְיְךָ Your jaw

לוּפְתָא (ב"ב ו א) חִבּוּר (בבנין, עי' ע')
A lean-to built in the corner between an existing building and a wall separating two yards in a way that: one of the walls of the house and the wall between the yards serve as two of the walls of the new addition

לוקי (ב"מ צג סע"ב) רי"ף ורא"ש: ליקו

לוּקִיאָנֵי[43] (בכור' מה ב) לַבְקָנִים[44] Albinos

לוּקִים (קום) יַעֲמִיד He should set up, erect

לוּקִים לַהּ[45] (נז' י ב) יַעֲמִיד אוֹתָהּ
He set it up, establish it

לוּקְמָה/א יַעֲמִידֶנָּה
He should set it up, establish it, he should interpret it (the text to refer to a certain case)

לוקמו (ב"ב לב ב) מ': ליקום

לוקמו (ב"ב קנד רע"ב) ה': לוקמוה

לוּקְמוּהּ (נדר' לט ב) יַעֲמִידוּהוּ Let them stop it (the sickness, and through that cure him)

לוקמוה (שבת קח א) א"פ: ליקיימו

לוקמי (ב"ב לב ב) מ': תיקום

לוקמי[46] (שבו' מג א) ר' לוקמה Cf.

לוּקְמֵיהּ יַעֲמִידֶנּוּ
He should set it up, establish it, interpret it

לוּקְמִינְהוּ (ב"מ פה ב) יַעֲמִידֵם Let him stand them up

לוּקְמִינְהוּ (ב"ב לט ב) נַעֲמִידֵם
We should establish them

לוקשה (שבת פב ב) מ': ליקשיה

לוקשיה (שבת פג רע"א) מ': ליקשייה

לוֹרֵי (כרי' יג סע"ב) יוֹרֶה (הלכה)
He should teach the *halachah*

לוֹרְכֵיהּ (ארך) (גט' פה ב) יַאֲרִיכֶנּוּ Let him lengthen it

לוֹרְתִינְהוּ[47] (ב"ב קנט ב) יוֹרִישֵׁם
Let him bequeath to them

---

(35) א"פ וע', מ' ד': לחי.
(36) תוס' רי"ד, מ' ד': לחי.
(37) עי' ערוך ע' לח וע' קקר.
(38) מ', ד': לאכול.
(39) ע', מ': לולייתא, ד': לילתא, רש"י: ליליתא.
(40) ע': אבן עשוי כחץ הנופל עם הברד (=הברק).
(41) אה"ת, ד': ליספו, מ': ליתוספו.
(42) ע': פי' כשיש מכה לבהמה קושרין לה דף בצוארה אצל לחיים (=לחייה?) כדי שלא תחזיר ראשה לחכך במכה.
(43) ע': לווקאני, מ': לוקיאני, הב"ח: לובקיאני.
(44) מלשון יונית.
(45) רש"י, ד': אוקמה.
(46) מ': לוקמי, ד"ו: לוקמו (= לוקמי).
(47) ה', מ' ד': לירתינהו.

לוּשׁוּ (פס׳ לו א 2) לוּשׁוּ — Knead (*p., imp.*)

לוֹתְבַהּ יוֹשִׁיבֶנָּה, יַנִּיחֶנָּה

Let him set it down, put it down

לותבה[48] (כתו׳ פא ב) צ״ל: לותביה

לוֹתְבוּ (שבת קי א) יַנִּיחוּ — Let them put it

לוֹתְבֵיהּ (יתב) (שבת קט ב, קי ב, גט׳ סז ב[49]) יַנִּיחֵהוּ

Let him put it

לוֹתְבֵיהּ (תוב) (יב׳ לח ב, נדה כד א) יְשִׁיבֶנּוּ (=יַקְשֶׁה לוֹ)

Let him retort

לְ[וֹ]תְבִינְהוּ (גט׳ סט-ב — מ׳) יַנִּיחֵם — Let him put them

לוֹתְבַן (גט׳ ס ב) יוֹשִׁיבֵנִי — Let him sit me down

לוֹתִיב (יתב) (ביצה ו א, גט׳ סט ב) יַנִּיחַ

Let him lay (place, put) down

לוֹתִיב (תוב) (ר״ה כח ב ועוד) יָשִׁיב (=יַקְשֶׁה)

Let him ask against him

לְוָתֵיהּ (בכו׳ נח ב) אֵלָיו, לִקְרָאתוֹ — To him, toward him

לְוָתָיךְ (מ״ק ט ב) אֵילֶךְ — To you

לזבון (בכו׳ נח רע״א) מ׳: ליזבין[50]

ליזבון (סנ׳ צה א) ע״י: ליזבין

לִיזְבֵּין יִקְנֶה — He should buy

לִיזַבֵּין (סנ׳ צה סע״א[51], בכו׳ נח רע״א[52], ערכ׳ ל ב) יִמְכֹּר

He should sell *(Sanhedrin, Erichin)*, he should buy *(Bechoros)*

לזבינהו[53] (פס׳ מ ב) ר׳ ניזבנינהו — Cf.

ליזבן (ב״מ ב ב) ר׳ ליזבין — Cf.

לִיזַבְּנוּ (ב״ב כב א) יִמְכְּרוּ — Let them sell

לִיזְבְּנֵיהּ (תע׳ כ ב) יִקְנֵהוּ — Let him buy it

לִיזַבְּ(י)נִינְהוּ (חול׳ נג ב — מ׳) יִמְכְּרֵם — Let him sell them

אתו לזבנינהו (שם) מ׳: לזבונינהו

לִיזְדַּבְּנוּ (עירו׳ מז ב) יִמָּכְרוּ — Let them sell

לִיזְדְּהַר[54] (שבת קי ב) יִזָּהֵר — Be careful (*imp.*)

ליזהר (שם) מ׳: ליזדהר

לִיזְכֵּי בֵּיהּ[55] (ב״מ יא א) יִזְכֶּה בּוֹ

He should acquire it, take possession of it

לִיזַכֵּי לֵיהּ (חול׳ קלג א) יְזַכֶּה אוֹתוֹ

Let him transfer possession to him

לזילזולי[56] (שבת כג סע״א) צ״ל: ליזלזלו

לִיזַלְזְלוּ (יומא ב א) יְזַלְזְלוּ — They should belittle, degrade

לִיזַמַּר (זמר)[57] (סנ׳ ז א) יְזַמֵּר — Let him sing

לזניה (כתו׳ נ רע״א) מ׳: וזנוה

לִיזַקוּ (סנ׳ סה סע״א) יַזִּיקוּ — They should cause damage

לִיזְרַע יִזְרַע — He should sow

לִיזְרְעָהּ (ב״מ קז א) יִזְרָעֶנָּה — Let him sow it

לִיחְדוּ (חדי) (סוכה כה ב) יִשְׂמְחוּ

Let them rejoice, be happy

לִיחְדֵי (בר׳ נה ב, נדר׳ מ א) יִשְׂמַח

Let him rejoice, be happy

לְחוּד לְבָד — Alone

בִּלְחוּד (תמו׳ כח ב) בִּלְבָד — Only

לְחוּדָא (פס׳ קיד ב) לְבַדָּהּ — Itself

לְחוּדַאי (קידו׳ פא סע״א) לְבַדִּי — Myself

לחודאי (ב״ק לח א) כי״י וד״י ואה״ת: לחודיה

לְחוּדַהּ לְבַדָּהּ — Herself

לְחוּדֵיהּ לְבַדּוֹ — Himself

לְחוּדֵיהּ (ביצה כג סע״א) לְבַדּוֹ[58]

Himself (not in another's name)

לְחוּדֵיהוֹן (קידו׳ יג א) לְבַדָּם — Themselves

לְחוּדַיְיהוּ לְבַדָּם — Themselves

לַחְוֵי (ב״ב קסז א, חול׳ מה ב[59]) יַרְאֶה

Let him show (his signature) by signing

לֵיחוּל (חול) (תמו׳ כט א) יָחוּל

(This statute) should apply

לֵיחוּל אַדְמֵיהּ[60] (גט׳ מז א) יִמְחֹל עַל דָּמוֹ (רש״י)

He should forgive his blood *(Rashi)*

48) רש״י: אותיב.

49) וכך צ״ל בכתו׳ פא ב, ד׳: לותבה.

50) היו״ד השניה — בספק. ר״ג: מזבין להו.

51) עיי, ילי שלי: לזבן, שה״ג: ליזבון.

52) מ׳, ד׳: לזבון.

53) מ׳ ואי״פ: אמר רבא ניזבנינהו, מ׳ ב ור״ח: שרנהו לזבונינהו.

54) מ׳, רש״י: נזדהר, ד׳: ליזהר.

55) מ׳, ד׳: ליה.

56) מ׳: לזלזולי, ר״ח: ליזלזלי.

57) אה״ת, מ׳ פ׳: זמר. ובד׳ נתערבו ב׳ הנוס׳.

58) לא בשמו של אחר: אר״נ אמר שמואל ואמרי לה אר״נ לחודיה (כלומר: לא בשם שמואל).

59) מ׳ ד׳: ליחוי.

60) מ׳: ניחול דמי׳ = ימתק דמו. ערוך (ע׳ חל ד׳): כיון שעושין לו רצונו מתמתק דמו ויש להן בו טעם. פ״א

לְחוּשׁוּ (יומא פב ב) לַחֲשׁוּ (צ)
Whisper (*imp.*)

לחושו (שם 2) מ׳ ב: לחשו

לֵיחוּת[61] (נחת) (ב״ב עג ב) נֵרֵד — To go down

לֶיחֱזוּ (חול׳ ס א) יִרְאוּ — They will see

לֶיחֶזְוּהּ (שבת עה ב) יִרְאוּהוּ — They should see him

לֶיחֱזֵי יִרְאֶה, נִרְאֶה (ר׳) — He should see, we should see

לֶיחֶזְיוּהּ (שבת סז א[62], חול׳ עח א) יִרְאוּהוּ
They should see him

לֶיחֱזְיֵיהּ (שבת קלח סע״ב 2) נִרְאֵהוּ — Let us consider it

לֶיחֱזְיַיהּ (נז׳ ח א 2[63]) יִרְאֶנָּה — Let us see (consider) it

לֶיחֱזִינְהוּ (שבת קלא רע״א, ב״מ קטז ב) יִרְאֵם, נִרְאֵם
Let us consider them, let us look at them

לחי (שבת יח א) ע׳ (ע׳ לח) וא״פ: לוחי

לחי (גט׳ סא א) תוס׳ רי״ד: לוחי

לחיי ר׳ חיי — Cf.

לֶחְיָא לֶחִי[64] — A stake adjoining a wall serving as a part of an *eiruv* arrangement for an alley

פּוּמֵיהּ דְּלֶחְיָא (שבת קמא א ועוד) פִּי הַלֶּחִי[65]
Very near the *lechi* of the alley (see previous entry)

לִיחַיֵּיב יִתְחַיֵּב, יְהֵא חַיָּב
He should be committed, condemned, obliged

לִיחַיְּיבוּ יִתְחַיְּבוּ, יִהְיוּ חַיָּבִים
They should be committed, condemned, obliged

לָא לִיחַיְּיבֵיהּ (ב״ק סח סע״ב) לֹא יְחַיְּבֶנּוּ
Let him be obligated (to pay)

לִיחַיְיקֵיהּ (חקק) (שבת קט סע״ב) יַחְקְקֶנּוּ
Let him engrave it, carve into it

ליחיל (ב״מ מ א) ה׳: נחיל

לְחֵישׁ לָחַשׁ — He whispered

לָחֵישׁ (ב״ב לב ב 2) לוֹחֵשׁ — He whispers

לְחִישָׁא (בר׳ מה סע״ב) לַחַשׁ — A whisper

לְחִישָׁה (עירו׳ נג סע״ב) לַחַשׁ — A whisper

לִיחֲכוּ (חוך) (שבת עה רע״ב) יִשְׂחֲקוּ — They will laugh

לַחֲכוּהּ (ע״ז כח א) לְחָכוּהוּ, לִקְקוּהוּ — They cauterized it

לִיחַלְּלַהּ (בכור׳ כה א) יְחַלְּלֶנָּהּ — Let him redeem it

ליחלוט (פס׳ לח ב) יַחֲלֹט[66] — He should scald

ליחלוף[67] (גט׳ נו ב) יַעֲבֹר — Let him pass by

לִיחַלְטוּ (ערכ׳ לד א) יָחְלְטוּ — Let them be regarded definitely sold, let them have the status

לַחַלְטֵיהּ (ערכ׳ לא ב) יַחְלִיטֶנּוּ
Let it irrevocably become *hekdesh* property

לַחְלֵיהּ (סוטה כה א) יְמְחָלֶנּוּ — Let him revoke it

לִיחַלְּיֵהּ (מעי׳ יד ב) יְחַלְּלֶנּוּ — Let him redeem it

לִיחַלַּל (סוטה כו ב) יִתְחַלֵּל — He will be profaned

לחליף (גט׳ נו ב) מ׳: ליחלוף

לִיחַלְּפוּ (שבת נד ב) יִתְחַלְּפוּ
They should be mixed up, exchanged

לִיחַלְצוּ (יב׳ טו א) יַחְלְצוּ — Let them make *chalitzah*

לַחְמָא (נדר׳ מט רע״ב[68]) לֶחֶם — Bread

לַחְמָא[69] **דַאֲרַמָּאֵי** (ע״ז לה ב) פַּת נָכְרִים
Bread baked by non-Jew

לִיחְמְטָן אַלְיָתַיְיהוּ[70] (שבת נד ב) יִתְעַפְּשׁוּ אַלְיוֹתֵיהֶם
Their tails should be stricken, beaten

לַ(י)חְמִיר[71] (יב׳ פח א) יַחְמִיר
He should adopt a strict attitude

לחמיך[72] (תע׳ כה רע״א) ר׳ ריפתא — Cf.

לחמך (שבת קנב א) כי״י ועוד: נהמא

לִיחַמְּצֵיהּ (מנ׳ נד א) יְחַמְּצֶנּוּ — Let it ferment

לִיחְנְקִינְהוּ (חול׳ נג ב) יַחֲנֹק אוֹתָם
Let us strangle them

לְחֶנָתָךְ (ר״ה ד א — מדני׳ ה כג) פִּלַגְשֶׁיךָ — Your concubines

לִיחַסְּמוּ (סנ׳ לב ב) יָשְׁתְּקוּ
Let them be muzzled, not allowed to speak

לִיחֲרוּ (נחר) (גט׳ סט א) יִנָּחֲרוּ (=יִדְקְרוּ)
Let them pierce

שימחול על דמו.

(61) אה״ת וע״י: ניחות (ולי׳ ״ובעינך״, וכן לי׳ במ׳), ה׳: למיחת.

(62) מ׳ ורש״י, ד׳: ליחזייה.

(63) פ״ב — מ׳: לחזייה, ד׳: לחזיה.

(64) = קרש קבוע בצד פתח המבוי לשם עירוב.

(65) = סמוך מאוד ללחי.

(66) = ישפוך מים רותחים על —.

(67) מ׳, אה״ת: ליחלף, ד׳: לחליף.

(68) בשאר המסכתות (בר׳ מב ב — מג א, ע״ז לה ב) בכי״י ואה״ת: נהמא. בסנ׳ ק ב — אה״ת פ״א לי׳, פ״ב — נהמא. בתע׳ כה א — כי״י ועוד: ריפתא.

(69) מ׳: נהמא.

(70) מ׳ וע׳, ד׳: לחמטן אליתיה.

(71) ע״פ מ׳: לחמור.

(72) מ׳ מ׳ ב וע״י: ריפתיך, וצ״ל: ריפתא.

ליחְרוּב (מ"ק ט ב 2, גט' נו א[73]) יֶחֱרַב
May it be destroyed, be destroyed
ליחרוך (פס' מ רע"א) ר' ליחריך Cf.
ליחְרוֹק (שבת סז א 3) יַחֲרֹץ (=יעשה חריצים)
Let him groove, notch (them)
ליחְרֵיךְ[74] (פס' מ רע"א) יֵחָרֵךְ
It should be scorched, singed
לַחֲרִים (ערכ' כח א 2) יַחֲרִים He should dedicate
for sacred use, let him dedicate for sacred use
ליחְרְמֵי[75] (שם) יַחֲרִימוּ
Let them dedicate for sacred use
ליחְרְמֵיהּ (שם) יַחֲרִימֶנּוּ
He should dedicate it for sacred use
ליחְרְמִינְהוּ (שם) יַחֲרִימֵם
Let him dedicate them for sacred use
ליחְשְׁבַהּ (סנ' נח סע"ב) יִמְנֶה אוֹתָהּ
Let him count it, consider it to be, include it
ליחְשְׁדוּ (סוטה ז ב) יַחְשְׁדוּ They should suspect
לְחָשׁוּ[76] (יומא פב ב) לָחֲשׁוּ They whispered
ליחְשׁ[וֹ]ב[77] (שבת עד רע"א) יִמְנֶה, יֵחָשֵׁב
Let it be included
ליחְשׁוּב[78] יַחְשֹׁב, יִמְנֶה, יִפְרֹט
He should count, enumerate, let him count, enumerate
ליחשיב (נז' כא א 2, גט' לג א) ר' ליחשוב Cf.
ליחֲתָא דִּכַרְעֵיהּ (יב' קג א) לוּחַ רַגְלוֹ[79]
Splint bone, fibula
ליחְתּוֹךְ (חול' ח ב 2) יַחְתֹּךְ Let him cut
לִחְתּוֹם (בר' ו א, גט' כח ב) יַחְתֹּם
Let him seal (its opening), it should be signed
ליחְתְּכַהּ (חגי' כג א ועוד) יַחְתְּכֶנָּה He cuts it
לִחְתְּמֵיהּ (בר' ו א, שבת סו ב) יַחְתְּמֶנּוּ (בחותם)
Let him seal it

לָט (לוט) (כתו' נו א, סנ' קיג א) קִלֵּל He cursed
לָטָא[80] (סנ' מט רע"א) הַמְקַלֵּל One who curses
ליטְבּוֹל (מג' כ א) יִטְבֹּל
Let him immerse himself in a *mikveh*
ליטְבְּלַהּ (נדה כ א 3) יַטְבִּילֶנָּה
Let her immerse herself in a *mikveh*
ליטְבְּלוּ (שבת פו ב 2) יִטְבְּלוּ
Let them immerse themselves in *mikveh*
ליטְבְּלֵיהּ (יב' מו ב — מ') יַטְבִּילֶנּוּ
Let him immerse himself (in a *mikveh*)
ליטְבְּלִינְהוּ (נדה סז ב) יַטְבִּילֵם
Let him immerse them (in a *mikveh*
ליטְבַּע (ב"ב קנג א) יִטְבַּע Let it sink
ליטְהַר (נז' ג ב) יִטְהַר It should be regarded as pure
לְטוּתָא קְלָלָה Curse
לְטוּתֵיהּ (סנ' מח ב 2) קִלְלָתוֹ His curse
ליטְחַר[81] (שבת פב א) יִתְאַמֵּץ לְהִפָּנוֹת[82] He should
make an effort to clean himself from excrements
לְטָיֵיהּ קִלְּלוֹ He cursed him, it
ליטַיְּילוּ (יב' קיד רע"א) יְשַׂחֲקוּ Let them play
לְטִי(י)תֵיהּ[83] (ב"ב כב א) קִלַּלְתִּיו I cursed him
ליטַלְטֵל (עירו' טו ב, מב א, צ ב[84]) יְטַלְטֵל Let him carry
ליטַלְטֵל(י) (עירו' צ ב — מ') יְטַלְטֵל Let him carry
לְטַלְטְלִינְהוּ (ביצה כא ב) יְטַלְטְלֵם Let him carry them
ליטַמֵּא יִטְמָא He (it) should be rendered impure
ליטַמֵּא יְטַמֵּא He should rend it impure
לְ[י]טַמֵּא (בכו' כג א — מ' ורש"י) יְטַמֵּא
Let it impart impurity
ליטמא (שבת טז א) מ': ליטמו
ליטמא (זב' קה א) כ"י: ניטמו
ליטַמּוּ (בר' נב א) יְטַמְּאוּ Let them render impure
ליטַמּוּ יִטְמְאוּ They should be rendered impure

(73) אה"ת, ד': ליחרב, מ' לי'.
(74) מ', ר"ח: נחריך, ע': נחרוך, ד': ליחרוך.
(75) כך גם מ', וצ"ל: ליחרמו!
(76) מ' ב, מ': ליחשוה, ד': לחושו.
(77) מ', ר"ח: נחשוב.
(78) ורגיל בלשון "תנא כי רוכלא ליחשוב וליזיל" (נזיר כא א 2, גט' לג א — בד': ליחשיב בהיקש ל"ליזיל", אבל במ' בכולם: ליחשוב). בערכ' כג ב: ד': ניחשיב, מ' ורש"י: ליחשוב.
(79) ע' רגליו הפוכות: גביהן למטה ותחתיהן למעלה.
(80) ק' פי' ורש"י בד' שוני, ד': לאטה, אה"ת: מלטטא.
(81) ע' (השוה "טחורים"), ד': ליטרח.
(82) ע': יעצם עצמו מאד לצאת (= להיפנות).
(83) אה"ת ע"י, ה' ופ': לטתיה, מ' לי'.
(84) ד': יטלטל.

לִיטַמְּאוּ לְהוֹ (יב קיד סע״א) יְטַמְּאוּ אוֹתָם
They should render them impure
לִיטַמֵּי יִטְמָא He should be rendered impure
לְטַמְּיֵיה (חול׳ ג א) יְטַמְּאֶנּוּ Let him render it impure
לִיטַמְּיֵיה[85] (נדה לד א 2) יְטַמְּאֶנּוּ
Let it be rendered impure
לִטְמִישׁ (גט׳ סט א) יִטְבֹּל Let him immerse, dip
לִיטַּמַּע (קידו׳ כ ב, ערכ׳ ל ב) יִטַּמַּע
He should be mixed, become assimilated
לַטְמְרִינַן (נדה סא א) יַסְתִּירֵנוּ Hide us (*imp.*)
לִטְעוֹ יִטְעוּ They should be mistaken
לִטְעוּם (בר׳ כח ב) יִטְעַם He should taste
לִיטְעוּם (גט׳ סב סע״א) יִטְעַם
Partake of some food (*imp.*)
לִטְעוֹן (מ״ק יא א) יִטְעַן (משא)
Carry (*imp.*) (a load, referring to one's own body, i.e., to walk, or to one's bed, i.e., to sleep)
לִטְעוֹן (ב״מ יז ב, יח א) יִטְעַן (טענה)
Let him advance an argument, claim
לִיטְעוֹן (ב״ב כח ב) נִטְעַן (ר׳) We should argue, claim
לִיטְעֲמֵיה (חול׳ קיא ב 3) יִטְעָמֶנּוּ Let him taste it
לִיטַּרְדוּ[86] (ב״ב כב א) יִטָּרְדוּ They will be disturbed
לִיטְרְדַן (ב״מ סו ב) יִטְרְדֵנִי To bother me
לִיטְרוֹד[87] (ע״ז נח רע״א) יִטְרֹד Who disturb, bother
לִיטְרוֹף (כתו׳ צה א) יִטְרֹף[88] He should seize
לִיטְרוֹקִינְהוּ (שבת קי א) יְעָרְבֵם
Mix (*m., s., imp.*) them
לִיטְרַח יִטְרַח He should make an effort, labor
ליטרח (שבת פב א) ע׳: ליטחר
לִיטְרְחִינְהוּ (קידו׳ כז א) יַטְרִיחֵם
He should bother them
לִיטְרְפִינְהוּ (כתו׳ צ ב) יִטְרְפוּם[89] They should seize
לִי לִי To me, for me
לְיַבְּמִינְהוּ (יב׳ צח ב) יְיַבְּמֵן
He should carry out *yibum* (Levirate obligation)
לֵידַע (הור׳ יב א ועוד) יֵדַע To know
לֵידְעוּ (תע׳ כב א) יֵדְעוּ They should know
לֵידְעֵי (שבת קיד ב 2) ר״ח: נידעו
לֵיהּ לוֹ At him, for him
לֵיוָאָה (חול׳ קלא א) לֵוִי Levite
לֵיוָאֵי (חול׳ קו ב) לֵוִי Levite
בַּר לֵיוָאֵי[90] (כתו׳ עז ב) בֶּן־לֵוִי Descendant of Levi, the appellation of R' Yehoshua ben Levi
ליזול (ב״מ כח א) כל כ״י לי׳
לֵיזוּף[91] (יזף) (תע׳ יב ב) יִלְוֶה Borrow (*s., imp.*)
לֵיזִיל (אזל) יֵלֵךְ He should go
לֵיזִיף (יזף) (ערכ׳ ל ב) יִלְוֶה He should borrow
לֵיזְלוּ (אזל) יֵלְכוּ They should go
ליחוש יַחֲשֹׁשׁ He should be afraid
לֵיַחֲסֵיה (מג׳ יב סע״ב) יְיַחֲסֶנּוּ
Let him track his ancestry
לִיטָא (שבת סז א, סנ׳ מט רע״א[92]) אָרוּר, מְקֻלָּל Accursed
לְיָיא (בר׳ נח א) לְאָן, לְהֵיכָן To where
כְּלַפֵּי לְיָיא (פס׳ ה ב ועוד) כְּלַפֵּי הֵיכָן ?[93]
Lit., in which direction is this tending?, just the reverse is reasonable!
לְיַיבֵּם יְיַבֵּם Let him carry out the mitzvah of *yibum* (Levirate marriage)
לְיַיבְּמוּ (יב׳ כח ב) יְיַבְּמוּ Let them carry out the mitzvah of *yibum* (Levirate marriage)
לָיֵיט (לוט) מְקַלֵּל He curses
לָיְטֵי (בר׳ כט ב, נט א) מְקַלְּלִים They curse
לָיְטִינְהוּ (שבו׳ לו א 2) מְקַלְּלָם He curses them
לָיְטִינַן אָנוּ מְקַלְּלִים We curse
לָיְטַת (סנ׳ צט א, קיא א) אַתָּה מְקַלֵּל You curse
לָיֵיף מְחַבֵּר He binds, joins
לָיֵיף (חול׳ יא א 2) מְחֻבָּר Joined together
לָיְפֵי (חול׳ קז א) מְחַבְּרִים They join, bind

85) מ׳, ד׳: לטמויי.
86) כ״י וד״פ, ד״ח: אתי לטרדו.
87) מ׳ וריטב״א, ד׳: ניטריד.
88) ר׳ הע׳ ב״טריף״.
89) = יקחו מהם את הנכסים שקנו מיד החייב.
90) כך קורא אליהו הנביא לר׳ יהושע בן לוי.
91) מ׳, ד׳: לוזיף.
92) אה״ת וע״י, ד׳: לוטא.
93) רש״י (פס׳): כלפי היכן נוטה דבר זה הא איפכא מסתברא ... וחבירו בברכות בפרק הרואה (נח א) חצבי

לְייפִי (חול׳ יא א) מְחֻבָּרִים — Joined

לייפי (שבו׳ מג א 2) מ׳: ליפי

לייקרו (סנ׳ מו סע״ב) מ׳: ליתיקרו

לַייתוּ, לַיְתוּ יָבִיאוּ — Let them bring

לַייתוּהּ (אתא) (חגי׳ כה א) יְבִיאוּהוּ — Let them bring him

לַייתֵי, לַיְתֵי יָבִיא — He should bring

לַייתֵיהּ, לַיְתֵיהּ יָבִיא אוֹתוֹ — He should bring him (it)

לִיךְ לָךְ (נ) — For you (*f.*)

לִיכָּא (שבת קלד א) עִרְבּוּב — Mixing

לֵיכָּא (=לָא אִית כָּא) אֵין כָּאן, אַיִן

There isn't here, there is not, it is not

וְתוּ לֵיכָּא וְאֵין עוֹד? — And there is no more?

לֵיכוּל (אכל) יֹאכַל — He should eat

לֵיכְחוּל (נדה נה ב 2) יִכְחוֹל (עַיִן)

He should paint (the eye)

לֵיכְחוּשׁ (נז׳ סב ב, ב״ק מז א, ב״מ קד ב, ב״ב קנה ב) יִכְחַשׁ

He should become weaker, diminish

לֵיכְחוּשׁ חֵילֵיהּ (שבת סז א) יִכְחַשׁ (=יהיה כחוש) כּוֹחוֹ — He should diminish his power

לִיכִי (כתו׳ נג ב — בנוסח הכתובה, גט׳ פה ב ועוד — בנוסח הגט) לָךְ — To you, from you

שֶׁלִּיכִי (סוטה יב ב, ב״מ סח ב, מנ׳ קנ ב 2)[94] שֶׁלָּךְ — Yours

לֵיכְלַהּ (יומא עד סע״ב) יֹאכְלֶנָּה — He should eat it

לֵיכְלוּ (אכל) (סוכה כה ב 2) יֹאכְלוּ — Let them eat

לֵיכְלֵיהּ (שבת קט ב, גט׳ סח ב) יֹאכְלֵהוּ — He should eat it

לֵיכְלִינְהוּ יֹאכְלֵם — He should eat them

לילה (פס׳ ב א, קו א) מ׳: ליליא

לֵילוּף[95] **(לוף)** (שבת קלד א) יְעַרְבֵּב — He should mix

לֵילְוָתָא לֵילוֹת — Nights

לֵילֵי לֵילוֹת — Nights

לֵילְיָא לַיְלָה — Night

לילוף (ב״ב קכ רע״ב) רשב״ם: נילף

לילך (שבת קלד א) מ׳ ע׳: לילוך

לֵילַף (ילף) יִלְמַד — Let him derive

לֵילַף[96] (חול׳ קיג רע״ב) נִלְמַד — Let us derive

לילף (סוכה מג א) מ׳: נילף

לֵילְפָא (בר׳ סג רע״א) יִלְמַד אוֹתָהּ — Let him derive it

לֵילְפוּ יִלְמְדוּ — Let them derive

לֵילְפֵי[97] = לילפו

לֵילְפָן (שבת סה רע״ב) תִּלְמַדְנָה

They (*f.*) should learn, become familiar with it

לילתא (גט׳ סט רע״ב) ע׳: לוליתא

לֵימָא (אמר) יֹאמַר, נֹאמַר

Let it (the verse) say, let us say

לימא לן את (ע״ז ד א) כל הנוס׳: אימא

לֵימָא כְּתַנָּאֵי נֹאמַר כַּתַּנָּאִים[98]

Shall we say that the preceding dispute among the Amoraim is like the following dispute of Tannaim?

לֵימוּד (אמד) (גט׳ סז ב) יִטְבֹּל, יִצְלֹל

Let him immerse himself, let him dive into

לֵינִים (נום) (עירו׳ קד א) יִישַׁן — He naps

לֵיסַר (אסר) (עירו׳ מ א) יֶאֱסֹר

He should declare (it) prohibited

לֵיסְרִינְהוּ (חול׳ נג ב) יֶאֱסוֹר אוֹתָם (=יאמר שהם אסורים) — Let him declare them prohibited

לֵיסְרִינְהוּ (שבת קי א) יִקְשְׁרֵם — Let him tie them

לֵיפוּךְ (אפך) (ב״ב קנד סע״ב, תמו׳ יז ב) נַהֲפֹךְ, נַחֲלִיף

Let us turn (it) around, exchange (it)

לֵיפוּךְ[99] (ערכ׳ כט א) יַחֲלִיף

Let him turn (it) around, exchange (it)

לֵיפִי (ב״מ ק רע״ב 2[1], שבו׳ מג א 2[2]) מְחֻבָּרִים — Connected

לֵיפְכֵיהּ[3] (חול׳ כח רע״ב) יַהַפְכֶנּוּ — Let him turn it over

לֵיפַר (נדרים, נזיר) יָפֵר — Let him annul

לֵיצְנוּתָא לֵצָנוּת — Jesting, scoffing, sneering

לֵיצָנֵי (פס׳ קיב ב) לֵצָנִים — Jesters, scoffers

לֵירוּק (רקק) (שבת קמה ב) נָרֹק (ר) — Let us spit

לנהרא כגני לייא חרסים שבורים להיכן הולכים.

94) בכל המקומות: בתוך משפט עברי.

95) מ׳ וע׳, ד׳: לילך.

96) רש״י: נילף, ה׳: ליגמר.

97) יב׳ סא סע״ב — גם מ׳, סנ׳ עח ב — מ׳: לילפו, בכו׳ מג א — מ׳: לילפו, כרי׳ ו ב — רש״י ומ׳: ונילף.

98) כלומר: האמוראים חולקים באותה מחלוקת, שחלקו התנאים!

99) מ׳, ד׳: נפיך.

1) ר׳ א ה׳ פי׳, ד׳: יילפי.

2) מ׳, ד׳: לייפי.

3) הגהתי, מ׳: ליאפכיה, ד׳: לפכוה.

לֵירוּת (ירת) יִירַשׁ — Let him inherit

לֵירְתַהּ[4] (ב״ב קנט ב) יִירָשֶׁנָּה — Let him inherit it

לֵירְתוּ יִירְשׁוּ — They should inherit

לירתי (נדה מד סע״א) תוס׳: לירות

לֵירְתֵיה (ב״ב קנט ב) יִירָשֶׁנּוּ — Let him inherit it

לירתיה (שם פ״ב) מ׳: לירת׳

לֵירְתִינְהוּ (ב״ב קי ב) יִירָשֵׁם — Let him inherit them

לירתינהו (ב״ב קנט ב 2) ה׳: לורתינהו

לָישָׁא (גט׳ סג ב) לָשָׁה (ב) — She kneads

לִישָׁא עִסָּה — Dough

לישוף (שוף) יִמְרַח — He should spread

לִישַׁיְיהוּ (נדה ו ב) עִסָּתָם — Their dough

לֵית— (=**לא אית**) אֵין — — There is not, it is not

לֵית לַן בַּהּ אֵין לָנוּ בָּהּ, אֵין דָּבָר, לֹא אִכְפַּת — There is nothing in it for us, we have no objection, it does not matter

לֵיתָא (=**לא איתא**) אֵינָהּ — There is not, it is not, it has no validity

לֵיתֵב יֵשֵׁב — Let him sit down

ליתב (ערכ׳ ל ב 2, נדה סה א) מ׳: ליתן

ליתב[5] (ב״מ צב א) ר׳ ניתיב — Cf.

לֵיתֵב (גט׳ סז ב 2) יֵשֵׁב — Let him sit down

לֵיתֵב (נדה ח א) יֵשֵׁב — Let us give her

ליתב (שבו׳ מה סע״א 3) מ׳: ליתיב

ליתב[6] (ערכ׳ כז ב) ר׳ ליתן — Cf.

לֵיתְבַהּ (עירו׳ סח א) יִתְּנֶנָּה — To give it

ליתבה (עירו׳ סח א) מ׳: למיתבא

לֵיתְבוּ (כתו׳ קג א ועוד) יִתְּנוּ — Let them give

לֵיתְבוּ[7] (סוכה ל סע״א) יִתְּנוּ — Let them give

לֵיתְבוּ (סוכה כו א, כתו׳ כא ב) יֵשְׁבוּ — Let them sit

לֵיתְבוּהּ (גט׳ כד א) יִתְּנוּהוּ — Let them give it

לֵיתְבוּן[8] (נדר׳ נה א) יִתְּנוּ — They should give

לֵיתְבוּן (עירו׳ נג ב — סיפור א״י) יֵשְׁבוּ — They should sit down

לֵיתְבֵיהּ (עירו׳ מ ב, מג׳ כז סע״א[9] ועוד) יִתְּנֶנּוּ — Let him give it

ליתביה (תע׳ ח ב) מ׳ אה״ת: ניתיב

לֵיתְבֵיהּ (ב״ב כט סע״א) נִתֵּן אוֹתוֹ — Let us give it

לֵיתְבֵיהּ לְדַעְתֵּיהּ (ב״מ פד א) יְיַשֵּׁב אֶת־דַּעְתּוֹ — He should calm down

וְלֵיתְבִינְהוּ (גט׳ סט א) וְיִתְּנֵם — And let him give them

לֵיתְבִינְהוּ (גט׳ סט רע״א) יְשִׂימֵם — Let him give them

לֵיתְבִינֵיהּ (גט׳ כט ב) יִתְּנֵהוּ — Let him give it

לֵיתָהּ (עירו׳ נ א, תע׳ כו ב) אֵינָהּ — It (*f.*) is not

ליתוב (מו״ק ט ב[10], ע״ז כח ב[11]) ר׳ ליתיב — Cf.

ליתוב[12] (חול׳ קל ב) ר׳ לותיב — Cf.

לֵיתוֹהִי[13] (כתו׳ כב א ועוד) אֵינֶנּוּ — He is not here

לֵיתֵי[14] (**אתא**) (בר׳ כח רע״ב) יָבוֹא — Let him come

לֵיתֵי (ב״ק לג ב ועוד) יָבוֹא — Let him come

לֵיתִיב יֵשֵׁב — He should sit

לֵיתִיב תַּעֲנִיתָא (בר׳ לא ב ועוד) יֵשֵׁב בְּתַעֲנִית (=יָצוּם) — Let him fast

לֵיתִיב יִתֵּן — He should give

לֵיתִיב לֵיהּ (סוכה לט א ועוד) יִתֵּן לוֹ — Let him give him

לֵיתֵיהּ אֵינֶנּוּ — It is not, it is not valid

לֵיתֵן יִתֵּן — He should give

וליתן (יומא טו סע״א) מ׳ א״פ ויל׳: **וניתיב**

לֵיתַנְהוּ אֵינָם — They are not, they are not valid

לֵיתַנְ(י)הוּ[15] (זב׳ יח רע״ב) אֵינָם — They are not, they are not valid

לָךְ לְךָ — To you, for you

לַכָּא (פס׳ מב ב[16], חול׳ כח א) לַכָּה[17] — Lacquer

לִכְאוֹרָה (כתו׳ נד סע״א) בְּמַבָּט רִאשׁוֹן[18] — At first sight, superficially

(4) מ׳: לירת׳, ה׳ וד׳: לירתיה (באשגרה מן הקודמות).

(5) מ׳: ניתי׳, ה׳: ליתן.

(6) מ׳: ליתן (כמו בסמוך), רש״י: ליתיב.

(7) מ׳, ד׳: ויהבו.

(8) מ׳, ד׳: ליתנון.

(9) ד׳: נותבה, וראה ח״ג שם.

(10) פ״א — מ׳ וע״י: ליתיב, פ״ב — מ׳ ויל׳: ליתוב.

(11) מ׳: ליתיב.

(12) צ״ל: לותיב, ר׳ ב: ניקום ונותיב, מ׳ ר׳ א ורש״י: קמותיב.

(13) בנוסח קיום שטר.

(14) מ׳, ד׳: ולמיתי.

(15) הגהתי, מ׳ שט׳: ליתנו.

(16) מ׳ גלי א״פ ועוד, ד׳: לבא.

(17) = צבע אדום לעור.

(18) ע׳ (ע׳ כאורה): פי׳ כשאתה פותח בה קודם שתעיין בה

לִכְבְּשִׁינְהוּ (שבת קכח ב) יִכְבְּשֵׁם (=יַטְמִינֵם)
He should bury them, put them in, stick them in

לִיכְהֲיוּהּ (סנ׳ כז סע״א) יַכְהוּ אוֹתוֹ
Let them dim his eyes

לְכוּ, לְכוֹן לָכֶם To you, for you

לִיכַוֵּין (יומא לט א) יְכַוֵּן He should deliberately do

לִיכוּל[19] (כוּל) (נדר׳ נא א) יִמְדֹּד Measure (*imp.*)

לִיכְחוֹל (נדה נה ב) יִכְחֹל (עין) Let him paint (the eye)

לִיכְחוּשׁ (שבת סז א, נזיר סב ב, ב״מ קנה א) יִכְחַשׁ (=יחלַשׁ, יהי כחוש)
It should become weakened

לִיכְחוּשׁ (ב״ק מז א, ב״מ קד א) יְכַחֵשׁ (=יפסיד)
Let him lose

לִיכִיל (נדר׳ נא א) מ׳: ליכול

לִיכְנוֹס (כתו׳ ג ב) יִכְנֹס (=ישׂא אשה) To marry

לִיכְנוֹף גַּבֵּי הֲדָדֵי[20] (תע׳ כג ב) נִתְאַסֵּף יַחַד
Let us gather together

לִיכַנְּפֵי[21] (בר׳ ז סע״ב) יְכַנְּסוּ Let him assemble

ליכסוף (ערכ׳ טז ב) מ׳: ליכסיף

לִיכַסֵּי (חול׳ עט ב 3) יְכַסֶּה Let him cover

לְכַסְּיֵיהּ (ביצה ח א 3) יְכַסֶּנּוּ Let him cover it

לִיכַסְּיֵ[י]הּ (חול׳ פג סע״ב — מ׳) יְכַסֶּנּוּ Let him cover it

לִיכַסִּינְהוּ (חול׳ פד רע״א) יְכַסֵּם
Let him should cover them

לִיכַּסִּיף (שבת קד א, קנו ב, ערכ׳ טז ב[22]) יִתְבַּיֵּשׁ
He should be embarrassed

לִיכַּסְּפוּ (שבו׳ מז ב) יִתְבַּיְּשׁוּ
They should be embarrassed

לכפייה (יב׳ לט א) ר׳ ניכפינהו Cf.

ליכפיידהו (יב׳ לט ב) ר׳ ניכפינהו Cf.

לְכַפֵּר (כרי׳ ז א 3) יְכַפֵּר It should atone (for his sins)

לִיכַּפַּר (ערכ׳ כא א) יִתְכַּפֵּר He should be atoned

בָּעֵי דְלִיכַפְּרֵיהּ (כתו׳ יח א) רוֹצֶה לְכַפֵּר בּוֹ, בִּקֵּשׁ לְכַפֵּר בּוֹ
He wants to deny, renounce

לכרוז (ב״מ כג ב) ה׳: לכריז

לִיכְרֵי (שבת קי ב) יִכְרֶה Let him dig (a hole)

לַכְרִיז (קידו׳ פא א, ב״מ כג ב[23]) יַכְרִיז Let him proclaim

לִיכְרִיךְ (ע״ז כח רע״ב) יִכְרֹךְ Let him wrap

לִיכְרְכֵיהּ (סוטה מא א) יְגַלְלֶנּוּ (לס״ת)
Let him roll (the Torah scroll)

ליכרכיה (שבת קלד א) מ׳ גל׳ רש״י: ליפכיה

לַכְשַׁר (גט׳ פב א) יַכְשִׁיר Let him authorize

ליכשרו (זב׳ ז א) מ׳: ליתכשרו

לַכְשְׁרֵיהּ (חול׳ כח ב) יַכְשִׁירֶנּוּ
Let him render it permitted to be eaten

לַכְתָּא[24] (שבת קב א, קנד ב) חֲתִיכַת-עֵץ[25]
(ע׳: מִשְׁקֹלֶת) Block of wood, log, weight (Aruch)

לִיכְתְּבָא (מנ׳ לד סע״א) יִכְתְּבֶנָּה He should write it

לִיכְתְּבוּ יִכְתְּבוּ They should write

לִכְתְּבֵיהּ יִכְתְּבֶנּוּ He should write it

לִכְתְּבִינְהוּ יִכְתְּבֵם He should write them

לִכְתּוֹב יִכְתֹּב He should write

לִכְתּוֹב רַחֲמָנָא תֹּאמַר הַתּוֹרָה
The Torah should have written

לִכְתּוֹב קְרָא יֹאמַר הַכָּתוּב
The verse should have written

לִילְקוֹ (זב׳ קיד ב) יִלְקוּ
They should be flogged (by *beis din*)

לִילְקֵי יִלְקֶה He should be flogged (by *beis din*)

לַלְקֵי[26] (קידו׳ פא א) יַלְקֶה
Let him impose the penalty of flogging

לִימַּאֲסָא[27] (יב׳ טו א) תִּמָּאַסְנָה
They (*f.*) will become repulsive, loathsome

לַמְּדֵיהּ (מכות ח ב) לִמְּדוֹ He taught him

לִימְהֲלוּהּ (שבת קלד א) יָמוּלוּ אוֹתוֹ
Let them circumcise him

למודיה (נדר׳ מא א) מ׳ אה״ת ד״ר: תלמודיה

לֵימוּת יָמוּת He should die

לֵימוּתוּ יָמוּתוּ They should die

מעלה על דעתך שהיא... קוהוט: לפי ראות עין ובסקירה ראשונה.

19) מ׳, ד׳: ליכיל.

20) מ׳, ד׳: ניכניף [גבי — הב״ח] הדדי.

21) מ׳, ד׳: לכנפי, ואולי צ״ל: לכנפו! אה״ת: ליכנשיה ליה.

22) מ׳, ד׳; ליכסוף.

23) ה׳, מ׳ ד׳: לכרוז.

24) מלשון פרסית.

25) משמשת עזר לקשירת מטענים ע״ג בהמה, ועי׳ ערוך ורש״י.

26) מ׳: נילקי, ד״ו: מלקי (מ= ני!), ד״ח: לילקי.

27) מ׳, ד׳: לימאסן.

לְמְחוֹק (ב״ב קסד א 2) יִמְחַק (=יָשִׂים קמח)
Let him rub out, erase

לִימְחֵי[28] (פס׳ לט ב) יִקְמַח (=ישים קמח)
He should fold in flour

לִימַחֵי (ב״ב לט א) יְמַחֶה (מחאה) — Let him protest

לִמְחַיֵּיהּ יַכֵּהוּ — He should hit him

לִימְטֵי (שבו׳ מה ב) יַגִּיעַ — It arrives

לִימְטְיֵיהּ יַגִּיעוֹ — He (it) should arrive

לִימְטְיַין (סנ׳ ז ב 3) יַגִּיעֵנוּ — ???

לֵימִיץ (שבת קט ב) יִמְצֹץ — Let him suck

לִימַלוּ (שבת קמח א 2) יְמַלְאוּ, יִשְׁאֲבוּ
Let them fill, draw water

לִימְלְחַהּ (ב״ב עד ב) יִמְלָחֶנָּה — Let him salt it (*f.*)

לִימְלְחֵיהּ (ע״ז כח ב) יִמְלָחֶנּוּ
Let him should salt it (*m.*)

לִימַלֵי יְמַלֵּא — He should fill

לִימַלְיֵיהּ (שבת קט ב, ע״ז כח ב) יְמַלְאֶנּוּ — Let him fill it

לִימְנוֹ (מ״ק כב א, חול׳ ס ב) יִמְנוּ — Let them count

לימנויה (קידו׳ ל א) מ׳: לימנינהו

לִימְנֵי (נז׳ ז א—ב) יִמְנֶה — Let him count

לִימְנֵי (שבת מט ב) נִמְנֶה (ר) — Let us count

לִימְנִינְהוּ (קיד׳ ל א) נִמְנֵם (נמנה אותם)
Let us count them

לִימְנִינְהוּ[29] (שם) נִמְנֶה אוֹתָם — Let us count them

לִמְנְעַן (כתו׳ קה ב) יְמָנְעֵנִי — To prevent me

לִימְסַר (סנ׳ מג סע״א) נִמְסֹר — Let us give

לְ[י]מְסַר[30] (בר׳ נו סע״א) יִמָּסֵר
He should be delivered, handed over

לִמְעוֹל יִמְעַל — Lit., He should trespass (i.e., make inappropriate use of *hekdesh* - sacred property)

לַימְצֵי נַפְשֵׁיהּ (שבת קד א, תע׳ כט רע״ב) יַמְצִיא עַצְמוֹ
Let him show (present) himself

לִימְצִיוּהָ (שבת נד ב) יִינָקוּהָ — They should suck from it

לֵימְרַהּ (אמר) (מג׳ יח א) יֹאמְרֶנָּה — Let him say it

לֵימְרוּ יֹאמְרוּ — They should say

לִימְרוּ (זב׳ ו א) יָמִירוּ — Let them substitute

לִימְרִינְהוּ (בר׳ יא ב) יֹאמְרֵם — He should say them

לִימְשׁוֹךְ[31] (בכו׳ יג ב) יִמְשֹׁךְ — He should pull

לִימְשֵׁי (משי) (שבת קלד א) יִרְחַץ — Let him wash himself

לָן, לָנָא לָנוּ — At us, for us

לְנַגְדֵיהּ (פס׳ נב א) יַלְקֵהוּ
Let him impose the penalty of flogging on him

לִינַגֵּב (שבת קמא א) יְנַגֵּב — Let him dry, wipe himself

לִינְדּוֹר (מנ׳ פא א) יִדֹּר — Let him make a vow

לִינַוּוּל (ב״ב קנד ב כ״פ) יִתְנַוֵּל
Let him become demeaned, embarrassed

לינופינהו (חול׳ קל סע״א) מ׳: לינפינהו

לִינַח (גט׳ סח א) יָנוּחַ — Let him rest

לִינַּח יַנִּיחַ — He should place

לינח (שבת קנה א) מ׳: נח

לינחה (יב׳ לא ב 3) מ׳: לינחיה

לִינְחוֹת (שבת קי א, גט׳ סז ב 2) יֵרֵד
Let him descend to, go down to

לַנְחֵיהּ (עירו׳ מ ב) יַנִּיחֶנּוּ — Let him put it down

לַ(י)נְחֵיהּ (שבת קנה א 2 — מ׳, יב׳ לא ב 3[32]) יַנִּיחֶנּוּ
He should put it

לִינְטוֹל[33] (גט׳ סח סע״ב 2) יִשְׁפֹּךְ — Let him pour

לְנַטַר (ערכ׳ כב ב) יִשְׁמֹר (=יַמְתִּין[34]) — Let him wait

לִינָּטַר (עירו׳ עח ב) יִשָּׁמֵר — It should be guarded

לינטר (ב״ב כט א) כי״י: אינטר

לִנְטְרֵיהּ (ב״ק טו א) יִשְׁמְרֶנּוּ — He should watch over it

לֵינִיף (מנ׳ צד א 2) יָנִיף
Let him do the *tenufah* (waving)

לִינְסְבַהּ (סנ׳ עה א) יִשָּׂאֶנָּה — Let him marry her

לִינְסֵיב (ביצה כ א 3) יִשָּׂא (אשה) — Let him marry

לִינַעֲרִינְהוּ נַעוֹרֵי (שבת קמב א) נַעֵר יְנַעֲרֵם
Let him shake them

לִינְפוּ (מנ׳ צד א) יָנִיפוּ
Let them make the *tenufah* (waving)

לִינְפּוֹל (מג׳ כב ב 2[35]) יִפֹּל — He should fall

28) מן ״מיחא״ = קמח.
29) מ׳, ד׳: לימנויה, אימנינהו.
30) מ׳, ע״י: ליתמסר.
31) הגהתי, מ׳: לימשיך, ד׳: מימשך.
32) מ׳: לינחיה, ד׳: לינחה.
33) = פועל מן ״נטילה״.
34) השוה ״שמרה״ (ב״ק פ״ח מ״ו) — המתין לה.
35) פ״ב — ד׳: ליפול.

לִינְפַּח (גט׳ סט א) יִפַּח — Let him blow

לִינְפִינְהוּ (מנ׳ פא א[36], חול׳ קל סע״א[37]) יְנִיפֵם

Let him make the *tenufah* (waving) for them

לִינְפֵיהּ (שבת קלד א) יְנוֹפֵף עָלָיו

Let him wave on him

לִינְקוֹט יִתְפּוֹשׂ — He should catch, seize

לִינְקְ[וֹ]ט[38] (חול׳ מט א) יִקַּח (=יקנה) — Let him buy

לִינְקְטָהּ (שבת קי ב 2) יִתְפִּישֶׂנָּה — Let him hold it

לנקטיה (ב״מ קא ב) מ׳ ה׳ ר׳ ורש״י: נקטיה

לִינְקְטֵיהּ (שבת קלד א) יַחֲזִיקֵהוּ, יֹאחֲזֵהוּ

Let him grab it, hold it

לִינְקְטִינְהוּ (שבת קמ.ב) יִתְפְּשֵׂם — Let him grab them

לינקיט (סוכה לז א) מ׳ ורש״י: לינקוט

לִינְשׁוּף מְדוּכְתֵּיהּ (בר׳ נא א, מג׳ ג א, סנ׳ צד א) יָמוּשׁ מִמְּקוֹמוֹ

Let him move from his place

לִיסְבָּא לַהּ עֵצָה (כתו׳ פה סע״ב) יַשִּׂיאֶנָּה עֵצָה

To give her advice

לִיסְבָּהּ (שבת קי ב 3) יִטְּלֶנָּה — Let him pick it up, lift it

לִיסְבֵּיהּ עֵצָה[39] (ערכ׳ כג א) יַשִּׂיאֵהוּ עֵצָה

To give him advice

לִיסְבַּר (שבת סג א) יָבִין — Let him learn the reason

לִיסְהֲדוּ (יב׳ לא ב[40], גט׳ כו ב[41]) יָעִידוּ — Let them testify

ליסהדי (גט׳ כו ב) ר׳ ליסהדו — Cf.

ליסהוד (יב׳ לא ב) ר׳ ליסהדו — Cf.

לַ(י)סַח[42] דַּעְתֵּיהּ (נדר׳ מ א) יַסִּיחַ דַּעְתּוֹ

He should be distracted

לִיסְחוֹף... א— (שבת קי א, חול׳ ח ב) יַנִּיחַ... עַל—

He should put ... on

לִסְחֵי (גט׳ סט ב) יִרְחַץ (הגוף) — Let him wash (his body)

לִיסְטָאָה (ב״מ פד א, סנ׳ קו ב) לִסְטִים — Bandits

לִסְטִיוּתֵיהּ (ב״מ פד א) לִסְטִיּוּתוֹ — His banditry

לִיסַיֵּים (יומא עח ב) יִנְעַל (נעליים) — To put on (shoes)

לְ[י]סַיֵּיעַ (ב״מ נו א — מ׳ ה׳) יְסַיֵּעַ

Let him bring a proof

לִיסַכֵּךְ (סוכה יג ב) יְסַכֵּךְ — He should cover (the sukkah)

לִיסְלוֹק (שבת קי א) יַעֲלֶה — Let him ascend

לִיסְלֵיק (שבת קמא א, ר״ה כז א, כח א[43]) יַעֲלֶה

Let him ascend

לסליק (גט׳ סז ב 2) מ׳: ליסק

ליסלקו (ב״ב מג א) ר׳ ליסתלקו — Cf.

לִיסַלְּקִינְהוּ (בר׳ נא רע״א) יְסַלְּקֵם

Let him push aside, remove

לִסְמוֹךְ יִסְמוֹךְ — He should lean on

לסמוך (עירו׳ טו סע״א) מ׳: למיסמך

ליסמוך (יב׳ צא סע״ב) מ׳: ניסמוך

דְּלָא לִיסַמֵּא לְהוּ (שבת קי ב) שֶׁלֹּא יְסַמְּאֵם (=שלא יעוור אותם)

He should not blind them

לִיסַמְיֵהּ (שבת עז ב) יְסַמְּאֶנּוּ — He should blind him

דְּלָא לְסַמִּינְהוּ לְעֵינֵיהּ (גט׳ סח ב) שֶׁלֹּא יְסַמֵּא אֶת־עֵינָיו

It shouldn't blind his eyes

לִיסְמְכוּהּ (תע׳ ג א 2) יִסְמְכוּהוּ — They ordained him

לִיסְמְכֵיהּ (סנ׳ יד א, ל ב) יִסְמְכֶנּוּ

He should confer upon him Rabbinical ordination

ליסעוד (נדר׳ מ א) ר׳ ליסעור — Cf.

לִיסְעוֹר[44] (שם) יִפְקֹד, יְבַקֵּר — He should visit

לִיסְפְּדֵיהּ (מג׳ כח ב) יַסְפִּידֻהוּ — Eulogize him (*imp.*)

לִיסְפּוּ[45] (יומא פג א, יב׳ קיד א, ב״ק ז סע״א[46] ורע״ב) יַאֲכִילוּ

Let them feed

ליספו (עירו׳ נד ב) אה״ת: לוספו

לִיסְפֵּי (ב״ק ז סע״א, חול׳ קיא ב) יַאֲכִיל — Let one feed him

(36) מ׳, ד׳: לנפינהו.
(37) מ׳, ד׳: לינופינהו.
(38) רש״י, מ׳: לזבין, שאר כ״י: נשקול.
(39) ע״פ מ׳ (ליסברה= ליסביה), ד״ו דנסבי.
(40) מ׳, ד׳: ליסהוד.
(41) מ׳, ד׳: ליסהדי.
(42) הגהתי (ע״פ כ״י רומי: דלסח).
(43) מ׳ מ׳ ב וא״פ, ד׳: תיסלק.
(44) כצ״ל (מ׳ ד׳: ליסעוד), וכך יוצא מפי׳ ר״ן ו״רש״י״, שמביאים ראיה מתרגום של ״פקדת״.
(45) ונ״ל שמשרש זה ״מספוא״.
(46) כ״י, ד׳: ליספי.

לִיסַּק[47] (גט׳ סז ב 2) יַעֲלֶה — Let him ascend

לִיסַּק (ערכ׳ ל א) יַעֲלֶה, יִסְתַּלֵּק

Let him go away, depart (from it)

לִיסְּקוּ (חגי׳ ז א, סנ׳ מז א) יַעֲלוּ

They should ascend (to Yerushalayim)

לַסְּקֵיהּ (ביצה כו א) יַעֲלֵהוּ

Let him bring it up (i.e., remove it from the pit)

לִיסְרוּ (נז׳ נט ב) יַסְרִיחוּ

They should rot, become spoiled

לִסְרַח (ביצה יא ב) יַסְרִיחַ — It should rot, become spoiled

לִיסְרִינְהוּ (אסר) (שבת קי א) יִקְשְׁרֵם — Let him tie them

לִיסָרְסֵיהּ (ב״ב עד ב) יְסָרְסֶנּוּ — Let him castrate him

לִיסְתּוֹר יִסְתֹּר, יַהֲרֹס — Let him destroy

לִיסְתַּכַּן יִסְתַּכֵּן — He should be put in danger

לִיסְתַּלְּקוּ[48] (ב״ב מג א 3) יִסְתַּלְּקוּ

Let them remove themselves and not benefit from it

ליסתמיא (שבת סו סע״ב) ד׳ ליסתמיה — Cf.

לִיסְתְּמֵיהּ[49] (שם) יִסְתְּמֶנּוּ — Let him fill it

לִיסְתַּמֵּי(ה לעיניה) (נדה נה ב — מ׳) יִסְתַּמֵּא

(=יְהֵא עִוֵּר) — He should become blind

לִיסְתְּרֵי (ב״ק צז א 2) יִתְעַצֵּל — He should make him lazy

לִיסְתְּרֵיהּ (סוטה ה סע״ב) יִסְתְּרֶנּוּ, יַהַרְסֶנּוּ

He should destroy it

לֶיעֱבַד, לֶיעֱבֵיד יַעֲשֶׂה — He should do

לִיעָבֵד יֵעָשֶׂה — It should be done

לֶיעֶבְדוּ יַעֲשׂוּ — They should do

לעבדי (שבת קמח סע״א) מ׳: ליעביד

ליעבדי (סוכה כו א) מ׳: ליעבדו

ליעבור (נדר׳ ד א—ב) מ׳: ליעבר

לַעֲבֵיד יַעֲשֶׂה — He should do

הֵיכִי לֶיעֱבֵיד (שבת קיג ב ועוד) כֵּיצַד יַעֲשֶׂה

How should he do...

לעביר (סוכה נ א) רש״י: לעברינהו

לִיעֲבַר (שבת קי א, קיג ב, נדר׳ ד א—ב[50]) יַעֲבֹר

Let him pass over, transgress

לִיעַבַּר (גט׳ נד ב) יַעֲבִיר — Let him write over (it)

לעבר (סנ׳ י רע״ב) מ׳ ורש״י: מיעבר

לִיעַבְּרוּהּ (ר״ה כד א, כה ב) יְעַבְּרוּהוּ — It should be intercalated, a full (30 day) month should be declared

לַעַבְּרֵיהּ (ר״ה כ א 2) יְעַבְּרֶנּוּ (את החדש)

Let him intercalate (proclaim a full (30 day) month)

לִיעַבְּרֵיהּ (סנ׳ יג ב) יְעַבְּרֶנּוּ — Let him intercalate (the year by adding another month of Adar)

לִיעְבְרֵיהּ (בר׳ נא א) יַעַבְרֶנּוּ (=יעבור אותו)

Let him pass over it

לַעַבְרִינְהוּ[51] (סוכה נ א) יַעֲבִירֵם

Let him pass them through

לְעוֹזָא (גט׳ לו א) לָעוֹז[52]

Person who speaks a foreign language

לְעוֹזֵי (מכות ו ב) לָעוֹזוֹת

People who speak a foreign language

לֵיעוּל יִכָּנֵס — He should enter, let him enter

לִיעַיֵּיל (זב׳ לג א) יַכְנִיס — Let him insert

לְעַיֵּיל (שבת עד א) יַכְנִיס — He should include

לעייל (ב״ב לו ב) כי״י וע׳: ליעול

ליעייל (שבת קד ב) אה״ת: ליעול

ליעייל (מנ׳ כט ב) כי״י: ליעיילוה

לִיעַיְּילוּ (עירו׳ נד ב 2, גט׳ נו א) יִכָּנְסוּ — Let them enter

לִיעַיְּילוּהּ[53] (מנ׳ כט ב) יַכְנִיסוּהוּ — Let him enter that one

לעיילי (תמיד כו סע״ב) מ׳ ורש״י: ניעיילו

לִיעַיְּילֵיהּ (שבת קי ב) יַכְנִיסֵהוּ — Let them bring him in

לְעַיְּילִינְהוּ (עירו׳ צז א) יַכְנִיסֵם — Let him bring them in

לְעַיֵּין (בר׳ ה ב ועוד) יְעַיֵּן, יִתְבּוֹנֵן

Let him analyze, let him mediate about

47) מ׳, ד׳: לסליק.

48) כך ה׳ ג״פ, מ׳ בכולם: ליסלקי, ד׳: ליסלקו (2), לסתלקו.

49) מ׳ וד״ו, רש״י: לסתמייה, ד״ח: ליסתמיא.

50) מ׳, ד׳: ליעבור.

51) רש״י, ד׳: ליעביר, מ׳: לעביד.

52) = מדבר בלשון אחרת.

53) כי״י ועוד, ד״ח: ליעייל.

לִיעַיֵּין (קידו׳ עו ב 2) יָשִׂים לֵב, יַעֲסֹק
Let him pay attention, let him engage in

לִיעַיְּינוּ (חול׳ יח א) יְעַיְּנוּ — Let them examine

ליעיינן (שבת ל ב) מ׳: נעיין

לִיעַכֵּב יְעַכֵּב — He should prevent, delay

לִיעַכֵּב (יומא פד ב, כתו׳ נ ב, ב״ב ד א) יִתְעַכֵּב
He should wait until later, delay, tarry

לִיעַכְּבוּ (זב׳ יט ב) יְעַכְּבוּ — Let them be indispensable

לְ[י]עַכַּר[54] **מוֹחָךְ**[55] (ב״ק צט ב) יֶעְכַּר מוֹחֲךָ[56]
Let you head should become muddy, (i.e., disturbed)

לְעַכְּרִינְהוּ (בכו׳ ז א, נדה כ א) יַעְכְּרֵם
He should make them muddy

לִיעֲלוּן (נדר׳ לט סע״ב) יִכָּנְסוּ — They should enter

לִיעַנְבֵיהּ מִיעֲנָב (סוכה לג ב) עָנוֹב יַעַנְבֵהוּ
Let him tie it with a bow

לִיעַנְבִינְהוּ מִיעֲנָב (עירו׳ צז א) עָנוֹב יַעַנְבֵם
Let him tie them with a bow

לִיעֲנוּ (תע׳ כג ב) יֵעָנוּ (=יהיו עניים)
Let them become impoverished

לְ[י]עָנְשׁוּ (ביצה טז א — מ׳) יֵעָנְשׁוּ
They should be punished

לִיעַנְשֵׁיהּ[57] (מעי׳ יז רע״ב) יַעֲנֹשׁ אוֹתוֹ
He should punish him

לְעַסְיֵהּ (כתו׳ ל ב) לְעָסוֹ — He chewed it

לִיעַפַּשׁ (מנ׳ צז א) יִתְעַפֵּשׁ — It should become spoiled

ליעקציה[58] (בכו׳ לא ב) ר׳ תעקציה — Cf.

ליעקר[59] (ב״ב קב ב) ר׳ למיעקר — Cf.

לִיעַקְרֵיהּ (כתו׳ ג ב) נַעַקְרֶנּוּ (=נבטל אותו)
Let us annul it, let us uproot it

לִיעָרַב (עירו׳ ס א) יְעָרֵב (=יתקן עירוב)
Let him make an *eruv*

לִיעָרְבֵב (ר״ה כז א, כח א) יִתְעַרְבֵּב — It becomes mixed

לְעַרְבְּבוּ (ע״ז ב ב) יִתְעַרְבְּבוּ — They should be mixed

לערבו (בכו׳ נד ב) רש״י: לערובינהו

לִיעָרְבִינְהוּ וְלִיתְנִינְהוּ (עירו׳ טז א ועוד) יְעָרְבֵם וְיִשְׁנֵם[60]
Let him combine (the two parts of the Beraissa) and teach them (as one)

לְעָרִים (ביצה כו א) יַעֲרִים — Let him be crafty

לִיעַשֵּׂר (בכו׳ נח א) יְעַשֵּׂר — Let him separate the *ma'aser beheimah* (the tithe of the cattle)

לעשר (ב״מ ו סע״ב) ה׳: ליעשרינהו

לִיעַשְּׂרוּ (בכו׳ נג ב) יִתְעַשְּׂרוּ
They (the cattle) should be tithed

לִיעַשְּׂרִינְהוּ (ב״מ ו ב[61], בכו׳ נח א) יְעַשְּׂרֵם
Let him tithe them

לִיעַתְּרוּ (תע׳ כג ב) יִתְעַשְּׁרוּ
Let them become rich (*imp.*)

לִיפְגּוֹם[62] (ב״ב קעב א) יִפְגֹּם — He should invalidate

לִיפַּגְּלִי[63] (מנ׳ טו א) יִתְפַּגְּלוּ (=יהיו פיגול)
It should become *piggul* (cf. *Vayikra* 7:18)

לִפְגַּע (יב׳ מב א) יִפְגַּע
He should encounter, come in contact with

לִפְגְּעוּ (ב״מ פד א) יִפְגְּעוּ
Let them (*f.*) encounter (me)

לַפְדָּא (שבת לז ב, ב״מ פד ב 2) לֶפֶד[64]
Food made from figs

לַפְדֵי (נדר׳ נ ב 2) לְפָדִים[65]
Various foods made from figs

לִיפּוֹל (מג׳ כב ב, יב׳ צז ב, גט׳ לה א) יִפֹּל
Let it fall (*Meg.* and *Git.*), it fell (*Yev.*)

(54) מ׳ ה׳.
(55) ר׳ ושמ״ק כינו: מוחיה. ע׳ ס״א לעכל מוחך.
(56) ע׳ כלומר יתבלבל מוחו.
(57) רש״י: עניש ליה, וכנראה שכך היה גם לפני מ׳ (ואה״ת) ונשמט ע״י הדומות.
(58) רש״י: תעקציה, מ׳: עקצתיה, עקרב — נק׳ — משנה שבת טז ז.
(59) רשב״ם: למיעקרא, מ׳ ה׳: דמעקר.
(60) כלומר: יצרף את שני חלקי הברייתא כאחד.
(61) ה׳, מ׳: ליעשרי, ד׳: לעשר.
(62) פ״א — ר״ג רשב״ם, מ׳ ה׳: דלפגום, ד׳: דניפגם. פ״ב — מ׳ ה׳ ר״ג ורשב״ם, ד׳: דניפגום.
(63) גם מ׳ ביו״ד.
(64) תבשיל של תאנים (ע׳ ורש״י), ועי׳ מוסף הערוך ועה״ש.
(65) תבשילים שונים מתאנים.

לִיפּוּפָא (ב״ב ד א) חִבּוּר Extension

לַפּוּפֵי יְנוּקָא (שבת סו ב 2, קמז ב) (ל)חַתֵּל תִּינוֹק

To diaper a baby

לַפּוֹפֵי (ב״מ עד א) (ל)עַגֵּל (To) join, couple

לִיפּוּק יֵצֵא He should leave

לִיפּוּשׁ (נפש) (ר״ה ח ב ועוד) יִרְבֶּה It should increase

לִיפּוּשׁ[66] (סוטה כו א) ר׳ נפיש Cf.

לִיפְטַר (שבת לא ב) יִפְטֹר

Let it not make someone culpable

לִיפְטַר יִפָּטֵר Let him not be culpable

לִיפַּטְרוּ (יב׳ כז א, ב״ק מה א) יִפָּטְרוּ

Let them be released, absolved (of their obligation)

לִיפְטְרֵיהּ (זב׳ קטו א) יִפְטְרֶנּוּ He should be absolved

(of the sin of offering the improper sacrifice)

לִיפְטְרֵיהּ (ב״ב לד א ועוד) נִפְטֹר אוֹתוֹ

He should not be made to pay

לַפִּישׁ (נפש) (סנ׳ נב א) יַרְבֶּה

We should use a large quantity

לפכוה[67] (חול׳ כח ב) צ״ל: ליפכיה

לֵיפְכֵיהּ[68] (שבת קלד א) יַהַפְכֵהוּ One should turn over

לִיפְלְגוּ יַחַלְקוּ, יַחְלְקוּ Let them differ (concerning...)

לִיפְלְגִי (מעי׳ טז סע״ב) יְחַלְקוּ

Let them make a distinction

ליפלגי (בכו׳ יח א) שמ״ק: ליפלגו

לִיפְלְגִי[69] (גט׳ מא ב, עד ב, שבו׳ מג א) יַחְלְקוּ

Let them differ (concerning...)

ליפלגי (שבת קלו א) מ׳: ליפליגו, וצ״ל: ליפלגו

ליפלגי (עירו׳ עב ב, ב״מ מה א) מ׳: ליפלוג

לִיפְלוֹג יַחֲלֹק, יְחַלֵּק Let him differ

(concerning...), let him make a distinction

לִיפְלוֹג[70] (ב״מ קה א) נְחַלֵּק Let us divide

לִיפְלוּג[71] (בכו׳ יח א) יַחְלְקוּ Let them divide up

לִיפַּלוּג[72] (ע״ז יט רע״ב) יִתְחַלְקוּ They should

(be confused) by differences in the mode of expression

לפלוגי (ביצה ב ב) מ׳: נפלוג

לַפְנֵיהּ (שבת קלד א) יַפְנֵהוּ, יַהַפְכֵהוּ

It should be turned up

לִיפְסְדֵיהּ[73] (ערכ׳ ז א) יַפְסִידֶנּוּ

We should cause him a loss

לַפְסְדִינְהוּ (ב״מ לט א 2) יַפְסִידֵם

He should cause them a loss

לִיפְסוּד (ב״מ נח א[74], קט ב) יַפְסִיד He should have a loss

לִיפְסוֹל יִפְסֹל Let it become invalid, to invalidate

לִיפְס[וֹ]ל (גט׳ פח ב — מ׳, ב״ק סז א — מ׳ וה׳) יִפְסֹל

Let it become invalid, let it become halachically ineffective

לִיפְסוֹק (תע׳ כז ב, מנ׳ לז ב) יִפְסֹק, יַחֲתֹךְ

Let him stop, let him interrupt, he will unstitch

לִיפְסוֹק (בר׳ כה א, גט׳ סט א) יִפְסֹק

Let him stop, let him interrupt, let it stop

לפסיד (ב״מ נח א) ה׳: ליפסוד

לִיפְסִיל (זב׳ כז א[75], מנ׳ יא א) יִפָּסֵל

It should become halachically unfit

ליפסיל (סוכה יז א) מ׳: ניפסול

לִיפַּסְלוּ (זב׳ ד סע״ב — ה רע״א) יִפָּסְלוּ

Let them become halachically unfit

לִיפְסְלוּ יִפְסְלוּ Let them halachically disqualify

לִיפְסְלוּהּ (מכות ב א) יִפְסְלוּהוּ

Let them disqualify him (from the priestly status)

לִיפַּסְע[וּ]הָ[76] (שבת קי א) יְפַשְּׂקוּ (אֶת־רַגְלֶי)הָ

Let them spread (her feet) apart

ליפסק (חול׳ לז ב) כי״י: ליפסקיה

לִיפְסְקֵיהּ (שבת סז א, חול׳ לז ב[77]) יַחְתְּכֶנּוּ, יְקַצְּצֶנּוּ

Let him cut it, it should be cut

(66) ד״ו: ליפש, מ׳: ליפשי, רש״י ד״ו: ליפיש, קטע גניזה: נפיש.

(67) מ׳: ליאפכיה.

(68) מ׳ גלי׳ רש״י, ד׳: ליכרכיה.

(69) בהיקש ל״מיפלגי״.

(70) ה׳ ד׳, מ׳: נפלוג.

(71) מ׳, ד׳: ליפלגו.

(72) אה״ת וילי׳ כ״י: ליפגום, מ׳: ליטרח ב־(בלישניה).

(73) כך גם מ׳, וצ״ל: לפסדיה.

(74) ה׳, ד׳: לפסיד.

(75) מ׳, ד׳: ליפסל.

(76) מ׳ וא״פ (ורש״י!).

(77) מ׳ ר׳ פ׳, ד׳: ליפסק.

לַפְּקַהּ (נפק) (גט׳ ה א, בכו׳ כה א) יוֹצִיאֶנָּה Lit., let us make her leave, i.e., let us cancel (her married status to the second husband, its status of *hekdesh*)

לַ(י)פְּקַהּ (ב״ב מג סע״ב — מ׳) יוֹצִיאֶנָּה

Let us take it away (from him), disposes (him)

לַ(י)פְּקָא[78] (יב׳ קיג ב) יוֹצִיאֶנָּה They should make her leave (the house of the husband who divorced her)

לִיפְּקוּ יֵצְאוּ They should leave

לִיפְּקוּן (מ״ק ט ב) יֵצְאוּ They should leave

לַפְּקִיהּ (ב״מ יט ב[*78], זב׳ ג ב) יוֹצִיאֶנּוּ

Lit. it goes out, i.e., it will be presented (as proof of ownership), let it invalidate (the derivation)

ולפקינהו (מנ׳ יב א) מ׳ ורש״י: ולאפוקינהו

לַפְּקִינְהוּ[79] (בכו׳ נח ב) יוֹצִיאֵם Let them lead them out

לִפְקַע (ב״מ מ א) יִבָּקַע Let (the jug) crack

לִיפְּקַע (בכו׳ ד א כ״פ) יִפְקַע (קדושה)

Let it (the *kedushah*) lapse

לִפְרוֹךְ יִשְׁבֹּר, יַקְשֶׁה

Let him question, break into small pieces

לִפְרוֹס יְדֵיהּ (חול׳ קלג א) יִפְרֹשׂ כַּפָּיו (לברכת כהנים)

Let him extend his hands (in a priestly blessing)

לִיפְרוֹק יִפְדֶּה He should redeem, let him redeem

לִיפְרוֹקִינַן (ר״ה לב ב, סנ׳ קה א) יִגְאָלֵנוּ

Let Him redeem us

לִיפְרוֹשׁ (יומא יט א) יִפְרֹשׁ He should resign, retire

לִיפְרוֹשׁ (נדר׳ ב ב, נז׳ ב א—ב) יְפָרֵשׁ Let him explain

ליפרוש (סנ׳ קיא סע״ב) מ׳: ליפריש

לִפְרוֹשׁ[80] (שבו׳ יח ב) יִפְרֹשׁ (?)

He should separate himself

לפרוש (עירו׳ ל ב, ביצה יג א) צ״ל: לפריש

לַפְרִישׁ (שם ושם[81]) יַפְרִישׁ Let him tithe

לִיפָרֵישׁ[82] (סנ׳ קיא סע״ב) יְפָרֵשׁ Let him explain

ליפרסם (יב׳ קא סע״ב) מ׳ ורש״י: פרסומי

לִיפְרַע (תע׳ יב ב) יִפְרַע

Let him repay (fast at another time)

לִיפְרְקֵהּ (בכו׳ טז א) יִפְדֶּנָּה Should he redeem it?

לִיפַּרְקוּ (ערכ׳ יד סע״א) יִפָּדוּ Let them be redeemed

לִיפַּרְקוּ (ערכ׳ יד ב — מ׳ ור״ג ורש״י) יִפָּדוּ

Let them be redeemed

לִיפְרְקֵיהּ יִפְדֶּנּוּ Let him redeem it

לִיפְרְקִינְהוּ יִפְדֵּם Let him redeem them

לִיפְרְקִינַן (גט׳ מה סע״א) יִפְדּוּנוּ They will redeem us

לַ(ו)פְרְשׁוּ[83] (שבת יז רע״ב) יַפְרִישׁוּ They will tithe

לִיפְרְשׁוּ (ב״מ קיח סע״א) יִפְרְשׁוּ

They should move away from them, let them go

לִיפְשׁוּ (נפש) (כתו׳ צט א) יִרְבּוּ They should increase

לִפְשׁוֹט (גט׳ סט א) יִפְשֹׁט (יסיר) He should take off

לִפְשׁוֹט יִפְשֹׁט (בעיא) Let him resolve (a problem)

לִיפַשַּׁר (ע״ז כח ב) יְפַשֵּׁר, יָמֵס Let him dissolve

לִיפְתָּא לֶפֶת Turnip

לִפְתָא (בכו׳ מג ב) מ׳: לפתם[84]

לִיפְתַּח יִפְתַּח

He should open, start; let him open, start

לִיפְתְּחַהּ מִיפְתָּח[85] (שבת קמו א) פָּתוֹחַ יִפְתָּחֶנָּה

Let him open

לִיצַדֵּד (שבת קמא א) יְצַדֵּד[86] He should stabilize (the stone by moving it from one side to another)

לִיצְטַעַר (קידו׳ כ א, ב״מ פה ב) יִצְטָעֵר He should suffer

(78) הגהתי ע״פ מ׳ (לאפקה).

(78*) [כך הגיה קאסאווסקי באוצר לשון התלמוד. ד׳: נפיק, רשי״ל (דפו״ר של חכמת שלמה): ליפקה, דפו״ר ורוב כי״י: נפקא (ע. ל.)]

(79) מ׳: ליפק — (ושם כנכון: איהו ת׳ אינהו).

(80) מ׳ (ד׳: ניפרוש) ואין כאן ארמית.

(81) הגהתי, מ׳: ליפרוש, ניפרוש

(82) מ׳, ד׳: ליפרוש.

(83) הגהתי (לפניו: אפרושי!), מ׳, : ניפרשו.

(84) בנוסח המשנה, והתלי מגדיר אותו: דדמי רישיה לגדגלידא דליפתא (שראשו דומה לראש לפת).

(85) מ׳: לפתחי מיפתחה, ד׳: לפתוחי מיפתח.

(86) = יטה מצד לצד כדי ליצב בקרקע.

ליצְטָרֵף יִצְטָרֵף — Let him join, he should join

ליצְטָרְפוּ (שבת עא ב) יִצְטָרְפוּ — Let them combine

ליצְיְרֵיהּ (שבת סו ב) יִקְשְׁרֶנּוּ

He should tie it together

לִצְיַירִינְהוּ (שבת סז א) יְצָרֵם, יִקְשְׁרֵם

He should tie them together

לַצְיֵית (ב"מ לב א) יִשְׁמַע ל—, יְצַיֵּת

He should listen to, he should obey him

ליצִיל (שבת סו ב כ"פ ועוד) יִצְטַלֵּל (=יהי צלול)

It should be clear

ליציל (שבת עה סע"א) ע' ור"ח: ליצלח

ליצְלַח (שם) יִשְׁתַּפֵּר[87] — It (the color) should be better

ליצַלֵּי יִתְפַּלֵּל — Let him pray, he should pray

ליצְלָךְ (יב' סג א) יַצִּילְךָ — He should save you

רַחֲמָנָא לִיצְלַן הָרַחֲמָן יַצִּילֵנוּ

The Merciful should save us

ליצַנְנַהּ (ב"ב עד ב) יְצַנְּנָהּ — Let Him cool it

ליצְנְעִינְהוּ[88] (ב"ק כג ב) יַצְנִיעֵם (=ישמרם)

He should hide them (i.e., watch them)

לִצַעֲרוּ (בר' כח א) יְצַעֲרוּ — They should annoy

לָא לְצַעֲרַן (מ"ק כח א 2) אַל יְצַעֲרֵנִי

Do not annoy me, do not cause me distress

ליצַפֵּי(ה) (פס' ב ב — מ') יְצַפֶּה, יְקַוֶּה

He should look toward, expect

לַצְרְכַהּ (יב' לו א) נַצְרִיכֶנָּה — Let it be required

ליצְרְכַהּ (יב' לא א) נַצְרִיכֶנָּה

Let it be required, let she be required

לַ(י)צְרְכַהּ[89] (יב' קיט ב) נַצְרִיכֶנָּה — Let it be required

ליצָרְפֵיהּ (שבו' ה סע"ב 5) יְצָרְפֶנּוּ — Let him combine it

ליצָרְפִינְהוּ (סנ' ל א) יְצָרְפֵם — Let us combine them

לְקַבֵּל, לְקַבִּיל, לִיקַבֵּל יְקַבֵּל

To receive, he should receive

לְקַבְּלַהּ (ב"ב קסד סע"א) יְקַבְּלֶנָּה — Let him obtain it (*f.*)

ליקַבְּלוּ (שבת פח ב ועוד) יְקַבְּלוּ — Let them receive it

ליקבלו (יומא ב א) כל כ"י: מקבלי

לְקַבְּלֵיהּ (סוטה טז ב, ב"מ נב ב) יְקַבְּלֶנּוּ

He should receive it

לִיקַבְּלִינְהוּ (שבת לד א) יְקַבְּלוּם

They should accept it (from him)

לִיקְבַּע (גט' פב א, חול' קה ב) יִקְבַּע — Let him set

לִיקְבְּעַהּ (מנ' לד א) יִקְבָּעֶנָּה — Let him fix it

ליקַבְרוּ (סנ' מו ב, מז ב) יִקָּבְרוּ — Let them be interred

לִקְבְרִינְהוּ (יומא פד א, ע"ז סב ב) יִקְבְּרֵם

Let him bury them

לִיקְדּוּם (שבו' ל ב, זב' צ ב[90]) יִקְדֹּם — He should come earlier (before the other person) let him come earlier

לִיקַדּוּשׁ יְקַדֵּשׁ — Let him sanctify, he should sanctify

לִיקַדֵּים (ר"ה טז א, יב' מו א[91], בכו' נח א) יַקְדִּים

One should advance (the performance of an act)

לִיקַדֵּישׁ (פס' קי א) יְקַדֵּשׁ — (Please) make *kiddush*

לְקַדֵּם (מנ' מט סע"א[92] — רע"ב) יִקְדֹּם

He should be given priority

לִיקַדְּמַהּ (יב' ג א) יַקְדִּימֶנָּה

He should have listed earlier

לִיקַדְּמוּ (שבת קנא ב, מג' ד ב 2) יַקְדִּימוּ

One should advance, let them advance

ליקדמי (יומא לג ב 2) מ': נקדמיה

לִיקַדְּמֵיהּ (ב"ב יד ב כ"פ) יַקְדִּימֶנּוּ

Let us place (the book of that prophet) earlier (in the sequence of Prophets)

לִיקַּדֵּשׁ (בכו' יט ב, נג א 2) יִקָּדֵשׁ

Let him become sanctified

ליקדשא (סנ' י רע"ב) מ' ורש"י: ליקדשיה

לִיקַדְּשַׁהּ (בכו' כה א) יְקַדְּשֶׁנָּה — Let him sanctify it (*f.*)

לִיקַּדְּשׁוּ יִקָּדְשׁוּ — Let them become sanctified

לִיקַדְּשׁוּהּ יְקַדְּשׁוּהוּ — Let them sanctify it

ליקדשי (כתו' כא ב) מ': ליקדשו

לקדשו (ר"ה כה ב) ר"ח: ליקדשוה

---

87) ע' פי' לא ניחא ליה דתיפוק נשמה, דכל כמה דאית ביה נשמה טפי מצליח צבעיה, שצבעו מתעלה יפה ויהא צבעו יפה ובריא כמו כי אז תצליח (יהושע א ח).

88) מ' לי', ונוסף בגליון בידי מגיה מאוחר. ה': זיל צנעינהו (א"כ: הכוונה לבעליהם: נַדֵּה אותם!). ע': אצנעינהו פי' "הזהר לבעליהן שישמרו אותן" (מפי ר"ח).

89) הגהתי ע"פ מ': לא צריכה = לצריכה.

90) ד': ליקדים, מ': תקדום.

91) מ', ד': לקדים.

92) מ' ורש"י: ליקדם.

לִיקַדְּשֵׁיהּ (גט׳ נד ב, סנ׳ י רע״ב[93]) יְקַדְּשֶׁנּוּ

Let him sanctify it

לָקוּ[94] (כתו׳ לג א) לוֹקִים — They are flogged

לֵיקוּ (קום) יַעֲמֹד — Stand up (*imp.*)

לֵיקוּ[95] (יב׳ עו ב, צא סע״ב, זב׳ ו ב) נַעֲמֹד — Let us stand up

וְלֵיקוּ וְלֵימָא לֵיהּ לִקְרָא (זב׳ ו ב) וְנַעֲמֹד וְנֹאמַר לוֹ לַכָּתוּב ?

Should we get up and tell the (Biblical) verse?

לָקוֹטֵי (תע׳ ו ב = ב״מ כא ב) לָקוֹטוֹת (=לוקטי לקט)

Gleaners

לֵיקוּם[96] יַעֲמֹד — Stand up (*s., imp.*)

לֵיקוּם (גט׳ נד א 2, נדה לג א) נַעֲמֹד — Let us stand up

לֵיקוּמוּ (בר׳ מה סע״ב, שבת קיט סע״א) יַעַמְדוּ

Stand up (*p., imp.*)

ליקוף (שבת קיג רע״ב) מ׳: לקיף

לֵיקוּץ (ב״ב כו א) יִקְצֹץ, יִכְרֹת — Chop it down (*imp.*)

לָקוּתָא לָקוּת (=מכה) — Blow

לָקוּתֵיהּ (יומא עא ב) לָקוּתוֹ

His blow, his being pounded, trashed

לִיקְטוֹל (סנ׳ מג א) יַהֲרֹג — He should kill (himself)

לִיקְטוֹל[97] (סנ׳ עד ב) יִקְצֹץ — He should chop, cut

לִיקְטוֹל (סנ׳ פב ב) יֵהָרְגוּ — We should kill him

ליקטיל (סנ׳ עד ב) מ׳: ליקטול

לַ(י)קְטִינְהוּ[98] (גט׳ מז א 3) לִקְטָם — He gleaned them

לִקַטְלוּ[99] (סנ׳ פו ב) יֵהָרְגוּ

They should be punished by death

לִיקְטְלוּהַ(ו) (גט׳ נה ב — מ׳) יַהַרְגוּהוּ

He should be punished by death

לִיקְטְלוּךְ (פס׳ כה ב, סנ׳ עד א) יַהַרְגוּךְ — Let him kill you

לִיקְטְלֵיהּ (סנ׳ לה א 3, עד ב 2) יַהַרְגֵהוּ — Let us kill him

לִיקְטְלֵיהּ[1] (סנ׳ פב ב) יַהַרְגֵהוּ — He should be killed

ליקטליה (סנ׳ פו רע״ב) מ׳ פ׳: לקטלו

לִיקַטַּר (מנ׳ כו סע״א 2) יַקְטִיר

He should make a fire offering

לִיקְטַר (שבת סז א) יִקְשֹׁר — Let him attach

לָקֵי לוֹקֶה — He is subject to flagellation

לָקְיָא לוֹקָה — She is subject to flagellation

לָקֵיט (שבת קנא א) לוֹקֵט (לאכול) — He gleans

לְ[י]קַיֵּים[2] (ב״ק ל א) יְקַיֵּם — He should implement

לִיקַּיֵּים (סנ׳ צג א) יִתְקַיֵּם

It should be fulfilled (through me)

לְ[י]קַיְּימוּ[3] (ב״ב קנד רע״ב) יְקַיְּמוּ (=יְאַשְּׁרוּ)

Let them verify, validate

לִיקַּיְּימוּ[4] (שבת קח א) יִתְקַיְּמוּ — They should last

לַ(י)קֵיל (יב׳ פח א — מ׳) יָקֵל — He should be lenient

לַקִּיף[5] (שבת קיג רע״ב) יַקִּיף — He should go around

לַקִּיף זָקָן (סנ׳ סט א 2) יַקִּיף זָקָן

Lit., a beard surrounds (him), i.e., he grows a beard

לִיקִּישׁ (ר״ה ד ב[6], ערכ׳ כח ב[7]) יַקִּישׁ

Let him establish an analogy

לַקִּישׁ (ב״ק כד א) יַקִּישׁ — Let him establish an analogy

לִיקְלֵי יִשְׂרֹף — Let him burn

לִיקְלְיוּהּ (גט׳ נו ב) יִשְׂרְפוּהוּ — Let them incinerate him

לִיקְלְיֵיהּ יִשְׂרְפֶנּוּ — Let him incinerate him

לִיקְלְינְהוּ (ע״ז סב ב) יִשְׂרְפֵם

Let him incinerate them, it

לִיקַלְקְלוּ[8] (ר״ה יט ב) יִתְקַלְקְלוּ

They will become mixed up, disordered

93) מ׳ ורש״י, ד׳: ליקדשא.
94) מ׳, ד׳: לקי.
95) וכן בב״מ צג סע״ב בריי״ף ורא״ש, ד׳: לוקי.
96) גטין סט ב — א׳, מ׳: ניקו, ד׳: נוקי. ב״ב לב ב — מ׳, ד׳: לוקמו.
97) מ׳, ד׳: ליקטיל.
98) מ׳: לקטי, לקטיה, לקטינהו.
99) מ׳ פ׳, ד׳: ליקטליה.

1) מ׳ פ׳, ד׳: ליקטול.
2) כי״י ור״ח וד״ו.
3) הגהתי ע״פ מ׳ (ליקומי) וה׳ (ליקומו).
4) א״פ, ד׳: לוקמוה.
5) מ׳, ד״ו ואה״ת: ליקיף.
6) מ׳, ד׳: ליקש.
7) מ׳ ורש״י: לקיש.
8) מ׳, ד׳: יתקלקלו.

לָקָנָא (בר׳ סב א, שבת יב א, קמב א, ב״ק קיג ב) סֵפֶל[9] A cup

ליקנו יִקְנוּ Let them acquire, let them take possession

לַקְנוּ (ב״מ מה ב) יַקְנוּ Let them transfer possession

ליקני יִקְנֶה Let him acquire

ליקני (סנ׳ ו סע״א) נִקְנֶה He should perform an act that affects a binding obligation

ליקני[10] (תמו׳ כט ב 2) יִקָּנֶה
It (possession) should be acquired

לָא ליקני (סוכה מו ב) לֹא יַקְנֶה
He should not transfer the possession

לַקָּנֵי (חול׳ סג א) אחד מעופות המים
Species of water fowl

לַקְנֵי (ב״מ מז א) יַקְנֶה He should transfer possession

ליקנוה (סוכה ל ב) יִקְנוּהוּ
Let them acquire possession of it

ליקנייה (ב״מ צט א) יִקְנֵהוּ
He should acquire possession of it

לַקְנְיֵיה (נדר׳ מח ב, גט׳ מב א) יַקְנֵהוּ
Let him acquire possession of it

לַ(י)קְנְיֵיה (גט׳ עז ב — רש״י) יַקְנֶהָ
Let him transfer possession of it

ליקנינהו (ב״ב קמט א) יִקְנֵם
Let him acquire possession of them

לַקְנינהו (חול׳ קמא ב) יַקְנֵם
Let him transfer possession of them

ליקנינהו (חול׳ קמב א, בכו׳ נג סע״א) יַקְנֵם
Let him transfer possession of them

ליקנסוה (שבת ג ב 2) יִקְנְסוּהוּ
They should penalize (him)

ליקנסוה (יב׳ פט א) יִקְנְסוּהָ They should penalize her

ליקנסיה נִקְנְסֶנּוּ Let us penalize him

ליקנסינהו (עירו׳ ע א) נִקְנְסֵם Let us penalize them

לִקְסוֹם (גט׳ סח ב) יִקְסֹם To perform sorcery

ליקף (שבת קיג ב) מ׳: לקיף

לִקְפּוֹץ (ב״ק ז ב, ע״ז כד רע״ב[11]) יִקְפֹּץ
Lit., they should jump, i.e., they should readily buy

ליקצו (כרי׳ כח ב) יִקְטְעוּ Let them cut off

ליקצייה (גט׳ כא ב) יִקְצְצֶנּוּ Let him cut it off

ליקצר (ב״ק צא א) מ׳ ה׳: מיקצר

ליקרב (ר״ה ה ב[12], מנ׳ ה א[13], מה ב) יַקְרִיב Let him sacrifice

ליקרב (נדר׳ לט ב) יִקְרַב Let it come close to here

ליקרב יַקְרֵב (בקרבנות) Let him sacrifice

ליקרב יִתְקָרֵב Let him come close

ליקרב (סנ׳ ג ב, ע״ז עב ב) יִגַּשׁ, יִקְרַב
Let him come close, let him approach

ליקרבה (ר״ה ה ב 2, בכו׳ טז א[14]) יַקְרִיבֶנָּה
He should sacrifice it

ליקרביה (בכו׳ טז א) מ׳: ליקרבה

ליקרבינהו (בכו׳ טו ב) יַקְרִיבֵם Let him sacrifice them

ליקרו יִקְרְאוּ They should be called

ליקרוב (זב׳ קיז ב 2, קיח א 2) יִקְרְבוּ
They should be sacrificed

ליקרויי (=לאיקרויי) (מנ׳ קב ב) לְהִקָּרֵא
To be called, to be labeled as

ליקרי יִקְרָא He should read, let him read

ליקריב (ר״ה ה ב, מנ׳ ה א) ר׳ ליקרב Cf.

ליקריוה (ב״מ טו סע״ב[15], טז א[16], עב ב[16]) יִקְרָאוּהוּ
They should call him

ליקריוה(ו)[17] (ב״מ טז רע״א) יִקְרָאוּהוּ
They should call him

(9) כך תרגמו השבעים "ספלי" (שופ׳ ה כה, ו לח), וכן בת״י.
(10) מ׳, ד׳: ניקנו.
(11) ד׳: ליקפץ, מ׳: נקפוץ, כ״י ספ׳: ניקפוץ.
(12) מ׳, ד׳: ליקריב.
(13) מ׳, ד׳: לקריב.
(14) מ׳, ד׳: ליקרביה.
(15) כ״י, ד׳: נקרייה.
(16) ה׳, מ׳: ניקריו׳, ד׳: ניקרייה.
(17) ה׳, מ׳: ליקרי.

לִיקָרְיוּהּ[18] (חול׳ קלג א) יַקְרִיאוּהוּ
Let them apply this appellation
ליקריה (ב״מ טו ב) כ״י: ליקריוה
לקריין (חול׳ קלג א) מ׳: ליקריוה
Let him tear it **לִיקְרְעָהּ** (גט׳ סז ב) יִקְרָעֶנָּה
Let him tear it **לִיקְרְעֵיהּ** יִקְרָעֶנּוּ
לִיקְשׁוּ (עירו׳ מו א) יִקְשׁוּ
They should present a difficulty
לִיקַשְׁיֵיהּ[19] (שבת פב ב, פג רע״א) יַקִּישֶׁנּוּ
Let him establish an analogy
לָא לִירַבּוּ (תע׳ יז א, סנ׳ כב ב) לֹא יְגַדְּלוּ
They should not let grow
He should raise **לִירַבֵּי** (הור׳ יב א) יְגַדֵּל
Let him include **לִירַבֵּי** (חול׳ סו א) יְרַבֶּה
לרביא (בר׳ סב א) מ׳ ומנוה״מ: תרבי
Let him mate **לַרְבַּע** (חול׳ עט א) יַרְבִּיעַ
לִירַבְּעָא (עירו׳ נה א) יְרַבְּעֶנָּה (=יעשה אותה מרובעת)
He should square it
She should not get used to **לִירַגְּלוּ**[20] (נדר׳ סו ב) יִתְרַגְּלוּ
לַרְגְּשׁ[וּ]ן (גט׳ נו סע״א — ד״ו) יַרְגִּישׁוּ
They should detect, perceive
He should run **לִירְהוּט**[21] (שבת קי א) יָרוּץ
They should run **לִירְהֲטוּ**[22] (חול׳ נא א) יָרוּצוּ
He should make him run **לִירַהֲטֵיהּ** (שבת קט ב) יְרִיצֶנּוּ
לִירַחֵיק (מנ׳ מב א) יַרְחִיק
He should move it further away
לִירַחֲקִינְהוּ (גט׳ מה א) יַרְחִיקוּם
He should move them away (from here)
Let them insert (*tzitzis*) **לִרְמוֹ** (מנ׳ מ א) יָטִילוּ (ציצית)
Cf. **לרמיה**[23] (נדה כ סע״א) ר׳ לירמי
Let him insert **לִירְמֵי(ה)**[24] (שם) יָטִיל
He should shepherd **לִירְעֵי** (סנ׳ קט סע״א, נדה סט א) יִרְעֶה
לִרְעֵיהּ (ב״ב קעא סע״ב) יְרוֹעֲעֵהוּ (=יעשה אותו רעוע)
It will be weakened

לִירַצּוּ (מנ׳ ג א כ״פ ועוד) יְרַצּוּ
They should atone, let them atone
It should atone, let it atone **לִירַצֵּי** (מנ׳ ג א 2 ועוד) יְרַצֶּה
אַרְצוֹיֵי נַמֵּי לִירַצֵּי (זב׳ ה א) אַף לְרַצּוֹת יְרַצֶּה
It should also atone, let it also atone
לִירְשַׁע (שבת לא ב) יִרְשַׁע
He should perform wicked acts
Let Him be angry **לִירְתַּח** (ר״ה לב ב, סנ׳ קה א) יִכְעַס
לִשְׁאוֹל (עירו׳ סד רע״א) יִשְׁאַל (מקום)[25]
He should borrow (use the place for free)
לְ[י]שְׁאֲלוּ (סוטה לה א — מ׳) יִשְׁאֲלוּ
They should inquire
One should leave over **לִישְׁבוֹק** (שבת מג ב) יַנִּיחַ
לִישְׁבּוֹק[26] **לֵיהּ דְּמָא** (שבת קי ב) יַנִּיחַ לוֹ דָם
He should let his blood (=יקיז דם)
He should improve **לַשְׁבַּח** (גט׳ יב ב) יַשְׁבִּיחַ (פ״ע)
Cf. **לישביק**[27] (שבת קי ב) ר׳ לישבוק
Let Him make you swear **לַשְׁבַּע** (נדר׳ כה א כ״פ) יַשְׁבִּיעַ
He should satiate you **לִישַׂבְּעָךְ** (תע׳ כד א) יַשְׂבִּיעֲךָ
לִישְׁבְּקֵיהּ (פס׳ קה ב ועוד) יַנִּיחֶנּוּ
Let him leave it over, let him
He should leave **לִשְׁבְּקִינְהוּ** (גט׳ נו ב, ב״מ כה ב) יַנִּיחֵם
them alone, he should not do anything to them
They should spill it, throw it **לִישְׁדּוֹ** (גט׳ סט א) יִשְׁפְּכוּ
He should throw **לִישְׁדֵּי** יַשְׁלִיךְ, יָטִיל
לישדיה (שבת קי א, ב״מ פ ב) מ׳: לישדייה
They should throw him **לִשְׁדְיוּהּ** (סנ׳ לט א) יַשְׁלִיכוּהוּ
Let him throw it **לִישְׁדְּיֵיהּ** יַשְׁלִיכֵהוּ, יְטִילֵהוּ
לשדיין (שבת סו סע״ב) כ״י וד״י: לשדייה
Let him throw them **לִישַׁדְיִנְהוּ** יַשְׁלִיכֵם
לישדינן (שבת קיז א) מ׳: לישדינהו
He should send **לִישַׁדַּר** יִשְׁלַח, יְשַׁגֵּר
He should wait **לִישְׁהֵי** (שבת קכט ב) יִשְׁהֶה

18) מ׳, ד׳: לקריו.
19) מ׳ (ליקשיה, ליקשייה), ד׳: לוקשה, לוקשיה.
20) מ׳, ד׳: לתרגלי.
21) מ׳ וד״ו, ד״ח: לירהיט.
22) מ׳, ד׳: לירהיט.
23) מ׳: לירמו, וצ״ל: לירמי.
24) הגהתי ע״פ מ׳: לירמו.
25) = ישתמשו במקום בלא לשלם שכירות.
26) מ׳ וד״ו ורש״י, ד״ח: לישביק.
27) מ׳ ורש״י: לישבוק, ד״ו: לישבו׳.

לִישַׁהֲ[יָ]יה] (נדר' פה א — מ') יַשְׁהֶנּוּ

He should leave over

לישהייה (ב"ב קסד סע"א) מ': נשהייה

He should delay it — לִשַׁהֲיַיה (ב"ב קסח א) יַשְׁהֶנָּה

לְשַׁהִינְהוּ (פס' ל א, חול' נג ב, בכו' סא א[28]) יַשְׁהֵם

Let him leave them over

Cf. — לישואר (שבת קי א) ר' לישוור

He should skip over — לִישָׁוֵור[29] (שם) יְדַלֵּג

לישוי (ב"ב נא ב) רוב כי"י: משוי

Let him make it into — לִישַׁוְיַה (ע"ז יג ב) יַעֲשֶׂהָ

לְ[י]שַׁוְיַה (חול' כז א 3 — מ') יַעֲשֶׂהָ

Let him make it into

לְשַׁוְיֵיה (בר' נה ב ועוד) יַעֲשֵׂהוּ

He should make it into, turn it into

לִישַׁוְיֵיה (מג' טז א ועוד) יַעֲשֵׂהוּ

He should make it into, turn it into

Let him turn them into — לִישַׁוִינְהוּ (נז' סה ב) יַעֲשֵׂם

To slaughter, let him slaughter — לִשְׁחוֹט יִשְׁחַט

לִשְׁחֲטֵיה (ביצה כו א ועוד) יִשְׁחָטֶנּוּ

He should slaughter it

לִשְׁחֲקֵיה (בר' ו א) יִשְׁחָקֶנּוּ, יְכַתְּשֶׁנּוּ

He should grind it, grate it

לִישְׁחֲקִינְהוּ (שבת קי א) יִשְׁחָקֵם, יְכַתְּשֵׁם

He should grind them, grate them

He should ask him — לִישַׁיְילַהּ (שאל) (מג' כז א) יִשְׁאָלֶנָּה

לִישַׁיְילוּ בָּךְ (גט' נו א) יְבַקְּרוּךָ (ביקור חולים)

People will ask about you (about your health, i.e., they will come to visit you)

They should ask — לִישַׁיְילוּ (סנ' טז א) יִשְׁאֲלוּ

Let him ask him — לִישַׁיְילֵיה יִשְׁאָלֶנּוּ

Let him ask him — לִישַׁיְילֵיה[30] (פס' ד סע"א) יִשְׁאָלֶנּוּ

Let him ask them — לִישַׁיְילִינְהוּ (נדה יב ב) יִשְׁאָלֵם

לִישַׁיְימוּהּ[31] (ב"ב מו רע"ב) יְשׁוּמוּהוּ

Let it be evaluated

Let them evaluate it — לִשַׁיְימוּהָ (ב"ב קלג ב) יְשׁוּמוּהָ

לִשַׁיְימֵיה (תע' כב א) יְשׁוּמֶנּוּ (=ישום אותו)

Evaluate it (please) *(s., imp.)*

לשייפיה (שבת קלד א) מ': לישפייה

לָא לִשְׁכּוּב (ב"מ פה א) לֹא יִשְׁכַּב (=לא ימות)

He (Rab. Eliezer) should not die

He should find him — לִשְׁכַּחֵיה (גט' נו ב) יִמְצָאֵהוּ

He should find him — לַ(י)שְׁכַּחֵיה[32] (פס' ב ב) יִמְצָאֵהוּ

לִשַׁכְשֵׁיךְ (ע"ז נט ב) יְשַׁכְשֵׁךְ

It should be agitated, shook, splashed about

He should pull out — לִשְׁלוֹפִינְהוּ (שבת עז ב) יַעֲקְרֵם

Let him pull them out — לִשְׁלוֹפִינְהוּ (תמו' לד א) יִשְׁלְפֵם

He should blanch it — לִישְׁלוֹק (שבת קי ב 3) יִשְׁלֹק

לִישְׁלוֹקִינְהוּ (בר' מד ב[33], שבת קי ב, גט' סח ב) יִשְׁלְקֵם

He should blanch them

He should send them (the suggestion) — לִישְׁלַח יִשְׁלַח

לִישַׁלְחוּ (תע' יז א ועוד) יְשַׁלְּחוּ

She should let (her hair) grow long

They should unrobe — לִשְׁלְח[וּ][34] (סנ' קט ב) יַפְשִׁיטוּ

לָא לִישַׁלְחֲ(ו)פִינְהוּ מֵהֲדָדֵי (שבת צח ב — מ' ואה"ת) לֹא יַשְׁחְלְפֵם זֶה מִזֶּה[35]

They should not disarrange them

He should pay — לִשַׁלֵּם (חול' מג סע"ב ועוד) יְשַׁלֵּם

He should pay — לִישַׁלֵּם יְשַׁלֵּם

Let him blanch it *(f.)* — לִישְׁלְקַהּ (שבת קט ב) יִשְׁלְקֶנָּה

Let him blanch it *(m.)* — לִשְׁלְקֵיה (גט' סח ב) יִשְׁלְקֶנּוּ

לִישְׁמְטוּהּ לְאָמוֹרֵיהּ מִינֵּיהּ (חול' פד ב) יַשְׁמְטוּ מְתֻרְגְּמָנוֹ מִמֶּנּוּ[36]

Take away his interpreter from him

(28) מ', ד': לישהינהו.

(29) מ', ע': לשוור, ד': לישואר.

(30) מ', רש"י: למישייליה, ד': לשיוליה.

(31) כל כי"י, ד': שימינהו.

(32) הגהתי, ולפ"ד נוספה היו"ד בהיקש ל"יצפיי" (מ', ד': יצפיה) הסמוכה לה לפניה.

(33) מ', ד': לשלקינהו.

(34) פ' ורש"י, מ' ואה"ת לי' לכל הענין, ועי' ד"ס.

(35) ר"ח: לא יהיה קרש יוצא וקרש נכנס.

(36) כלומר: יקחו ממנו את המתורגמן, שמשמיע לקהל את דרשתו.

לשמטיה (ב״ב עד רע״ב) מ׳: למשמטיה

לִישְׁמְטֵ(ת)יהּ[37] (עירו׳ ק סע״ב) יִשְׁמְטֵהוּ

May it (*f.*) fall off

לִישְׁמַע (ב״ק מט ב 2) נִשְׁמַע (ר) — Let us infer

דלא לשמע ליה (ב״מ לב א) כל כ״י לי׳

לִישְׁמְעַהּ[38] (זב׳ כא ב) יַשְׁמָעֶנָּה

He should have them hear it

לִישְׁמְעוּ (בר׳ מה ב ועוד) יִשְׁמְעוּ — They should hear

לישמעי (גט׳ מה א) מ׳: לשמעו

לשמעי (זב׳ כא ב) מ׳: לישמעה

לישמעי (ב״מ קיח סע״א) ד״ו: לישמעו

לִשְׁמְעֵיהּ (שבת נא א 2) יִשְׁמָעֶנּוּ — He heard it

לִישְׁמְעִינְהוּ (סוטה יב סע״א) יַשְׁמִעֵם

That he should hear him

לִישְׁמַעִינַן יַשְׁמִיעֵנוּ, יְלַמְּדֵנוּ — He should have let us known, he should have taught us, he should teach us

לַשְׁמְעִינַן יַשְׁמִיעֵנוּ, יְלַמְּדֵנוּ — He should have let us known, he should have taught us, he should teach us

לְשַׁמְּתֵיהּ (מ״ק ד א, יז א 2) נְנַדֵּהוּ

Put him in *cherem*, excommunicate him

לִישָּׁן[39] **תְּלִיתָאי** (ערכ׳ טו ב) לָשׁוֹן שְׁלִישִׁית[*39]

Third tongue (a slanderer, who is the third between the person slandered and the one to whom the slander is told)

לִישָּׁנָא לָשׁוֹן — Tongue, language, speech

לִישָּׁנָא אַחֲרִינָא לָשׁוֹן אַחֵר (=נוסח אחֵר)

Another version

לִישָּׁנָא בִישָׁא לָשׁוֹן הָרָע — Slander

לִישָּׁנָא בָתְרָא לָשׁוֹן אַחֲרוֹן — The last version

לִישָּׁנָא יְתֵירָא לָשׁוֹן יָתֵר — Redundant statement

לִישָּׁנָא קַלִּילָא (ב״ק ו ב) לָשׁוֹן קַלָּה

Concise language, concise expression

לִישָּׁנָא קַמָּא לָשׁוֹן רִאשׁוֹן — First version

לישנאי קמאי (כתו׳ צא א) רש״י: לישני

לִישָּׁנֵי לְשׁוֹנוֹת — Versions

לִישַׁנֵּי יְתָרֵץ — Let him answer

לִישַׁנֵּי (זב׳ ב א, מנ׳ ב א) יְשַׁנֶּה — He should change

לִישָּׁנַיָּא (מג׳ יא ב — מדני׳) הַלְּשׁוֹנוֹת — Languages

לִישָּׁנֵיהּ לְשׁוֹנוֹ — His language

לְשַׁעֲרִינְהוּ (חול׳ צז ב) יְשַׁעֲרֵם — Let us assess them

לִשְׁפֵּי (חול׳ סז א) יִשְׁפֶּה (=יְעָרֶה בְשׁוּפִי)[41]

One should pour

לִשְׁפְּיַהּ (שבת קי ב) יִמְרָחֶנָּה — One should smear it

לִשְׁפְּיֵיהּ (שבת קי ב 3) יִמְרָחֶנּוּ — One should smear it

לִישְׁפְּיֵיהּ (שבת קלד א) יִמְרָחֶנּוּ — One should smear it

לִישְׁקוֹל יִטֹּל, יִקַּח — Let him take, one should take

לַשְׁקֵי (ביצה מ א) יַשְׁקֶה — One should give to drink

לַשְׁקְיֵיהּ (ע״ז יב ב) יַשְׁקֶנּוּ — Let him drink it

לישקלא (תמו׳ ח א) מ׳: לישקליה

לִשְׁקְלוּהּ[42] (תע׳ כה א) יִקָּחוּהוּ — It should be taken away

לִישְׁקְלֵיהּ יִטְּלֶנּוּ — One should take it

לִישְׁקְלִינְהוּ (ע״ז נב ב) יִטְּלוּם — We should take them

לְשַׁקְעֵיהּ (חול׳ קה ב) יְשַׁקְעֶנּוּ[43]

One should submerge it (in liquid)

לִישְׁרוֹף יִשְׂרֹף — One should incinerate, burn

לישרוף (סנ׳ נב סע״א) פ׳: לישתריף

לִישְׁרֵי יַתִּיר — Permit it (please)

לִישְׁרֵי (מ״ק טז א 2) נַתִּיר

Let us remove the prohibition (the *cherem*)

לִישְׁרֵי[44] (קידו׳ עו ב) יִשְׁרֶה, יְאָרֵחַ

One should locate, find a location (so that the guest would be comfortable)

לִישְׁרֵי (בר׳ מו א) יַתְחִיל, יִבְצַע (=יברך על הלחם)

(Please) start, (please) cut (initiate the cutting of bread)

37) כי״י וד״י ואה״ת (ועי׳ ד״ס).
38) מ׳, ד׳: לשמעי (= לשמעי׳).
39) מ׳, רש״י: לישנא, ד׳: לשון.
40) = לשון הרע.

41) בנחת, שלא יעברו השמרים.
42) מ״ב ואה״ת, ד׳: נשקלינהו.
43) = יטביל אותו עמוק.
44) מ׳ וע״י, ד׳: לאשרי.

לִישָׁרֵי לִי מָר בְּתִיגְרִי(ה)[45] (מ״ק טז ב) יַתִּיר לִי אֲדוֹנִי בְּרִיבִי[46]
Lit., my master, resolve my dispute, i.e., (please) permit me to return

לִישָׁרֵי (בר׳ לא א) יָשִׁיר — (Please) sing

לִישָׁרְיַ[י]הּ[47] (יב׳ קטז ב) יַתִּירֶנָּה
They (*Chazal*) should permit her (to marry)

לִישָׁרִינְהוּ (חול׳ נג ב) יַתִּירֵם
Let him permit them (to be eaten)

לִישָׁרְפוּ (בכו׳ מה א) יִשְׂרְפוּ
They should incinerate, burn

לִישָׁרְפִינְהוּ (מנ׳ מו ב 3) יִשְׂרְפֵם
We should incinerate them, burn them

לִישָׁרְקֵיהּ (שבת קלד א) יָטוּחַ אוֹתוֹ
One should smooth it out

לִשְׁתְּבַע יִשָּׁבַע — (He) should swear

לִישְׁתּוֹ (מ״ק ט א) יִשְׁתּוּ — Let them drink

לִישְׁתּוֹק יִשְׁתֹּק — He should keep quiet

לִישְׁתֵּי יִשְׁתֶּה — Let him drink

לִישְׁתְּכַח (נדר׳ מד א, ב״מ פה א) יִשָּׁכַח
It should be forgotten

לִישְׁתְּכַח (שבת פב סע״א 2) יִמָּצֵא — It should be found

לִישְׁתַּכְחוּ (חול׳ סז ב) יִמָּצְאוּ
They should be found, they should be located

לִישְׁתַּלֵּם (ב״ק לג ב, מב ב) יִשְׁתַּלֵּם (=יְקַבֵּל תַּשְׁלוּם)
He should be paid

לִשְׁתַּלְמוּ (ב״ק קח א) יִשְׁתַּלְמוּ (=יקבלו תשלום)
They should be paid

לִישְׁתַּלְשֵׁל (שבת קח א) יִשְׁתַּלְשֵׁל[48]
He should get diarrhea

לִישְׁתַּמֵּיט יִשְׁתַּמֵּט — He should evade

לִישְׁתַּמֵּיט[49] (תמו׳ ל רע״ב) יִשְׁתַּמֵּט — It did not abstain

לִישְׁתַּמַּע (זב׳ כא ב) יִשָּׁמַע — It should be heard

לִשְׁתַּמְעָ(ו)ן מִילֵּיהּ/מִילַּהּ (ב״ק יא ב[50], ב״ב לב רע״א[51])
יִשָּׁמְעוּ (=יתקבלו) דְּבָרָיו/דְּבָרֶיהָ — His words should be heard (i.e., his opinion should be accepted)

לִישְׁתַּמְעָן מִילֵּיהּ יִשָּׁמְעוּ (=יתקבלו) דְּבָרָיו
His words should be heard (i.e., his opinion should be accepted)

לִישְׁתַּמֵּישׁ יִשְׁתַּמֵּשׁ — Let him use

לִישְׁתַּנּוֹ (שני) (סנ׳ מב ב) יִשְׁתַּנּוּ — They should change

לִישְׁתַּנֵּי (סנ׳ מו ב, בכו׳ יז א) יִשְׁתַּנֶּה — It should change

לִשְׁתַּעְבֵּיד (ב״מ עג ב) יִשְׁתַּעְבֵּד
He should be subjugated

לָא לִישְׁתָּעוּ בִי (סנ׳ קז א) לֹא יְדַבְּרוּ בִי (=בגנותי)
They should not be involved with me (i.e., they should not discuss my misdeeds)

לִישְׁתָּעֵי מִילֵּיהּ (קידו׳ ע ב) יְדַבֵּר דְּבָרָיו
Speak your words (i.e., present your case) (*imp.*)

לִישְׁתַּתֵּף (בר׳ ל א) יִשְׁתַּתֵּף — One should associate

לִישְׁתְּרוֹ יֻתְּרוּ (=יהיו מותרים)
Let them be permitted

לִישְׁתְּרֵי יֻתַּר (=יהא מותר) — Let it be permitted

לִישְׁתְּרִיף[52] (סנ׳ נב סע״א) יִשָּׂרֵף
He should become incinerated

לְתָּא (יב׳ כט א) מַזָּל — Luck, fate

לְתָּאִי (ב״מ כ ב, קו א) מַזָּלִי — My luck, my fate

לְתָּאָךְ (ב״מ קו א–ב) מַזָּלְךָ — Your luck, your fate

לִיתְאֲכִיל (זב׳ נה א, נדה לג ב) יֵאָכֵל
It should be (permitted to be) eaten

45) כצ״ל ע״פ מי׳ וד״ו (מי׳: מ״ט לא שרי לי מר בתיגראי, ד״ו: ולא שרי לי מר בתיגרי).
46) כלומר: ירשה לי מר לחזור.
47) ע״פ מי׳ (לישדייה).
48) כלומר: האֹכֶל. ואולי יש להגיה: לישלשל. ר״ח כותב אכל המשלשל.
49) מי׳ ור״ג ותוס׳, ד׳: נישמוט.
50) מי׳ ה׳.
51) פ״א — מי׳ ורש״י, פ״ב — מי׳.
52) פ׳, מי׳ ד׳: לישרוף.

לִתְבוּהָ[53] (שבת קי א) יוֹשִׁיבוּהָ
They should seat her down

לִיתְבַּזוּ (כתו׳ צז ב) יִתְבַּזוּ — She should become disgraced

לתבינהו (גט׳ סט ב) מ׳: לותבינהו

לִיתְבְּעוּהָ (יב׳ סה א) יִתְבָּעוּהָ — They should sue her

לִתְבְּעֵיה (שבת קמח ב, ב״ב קעד א) יִתְבָּעֶנּוּ
He should sue him

לִתְבְּעִינְהוּ (ב״ב קעד ב) יִתְבָּעֵם — He has sued (them)

ליתבעיניה[54] (יב׳ מב רע״ב) ר׳ תיתבעינהו — Cf.

לִיתְּבַר (בר׳ כח א) יִשָּׁבֵר — Let it break

לִיתַּבְרוּ (שבת נד ב) יִשָּׁבְרוּ — They should not move (too far) (lit. they should not break away) (Rashi)

לִיתְבְּרֵיה (גט׳ סט א) יִשְׁבְּרֶנּוּ — He should break it

לִיתְבְּרִינְהוּ (ע״ז נב ב) יִשְׁבְּרוּם — Let us break them

לִיתַּגְּבְהוּ (חול׳ קמא ב, קמב א) יָגְבְּהוּ, יִתְרוֹמְמוּ
They should lift themselves

לִיתַּגְרוּ (אגר) (ב״מ קיב ב, שבו׳ מה סע״א[55]) יִשָּׂכְרוּ
They should hire themselves out

לִיתְהֲ(י)מַן (המן) (סוטה ב ב — מ׳) יֵאָמֵן, יְהִי נֶאֱמָן
Let (a single witness) be believed

לִיתְהֲנֵי יֵהָנֶה — He should derive a benefit

לִיתַּוּוֹם (שבת עה רע״ב) יִתְלַכְלֵךְ
It should be coated, besmeared

לִתּוֹקַם[56] (תע׳ יח רע״א) יֵעָמֵד (קרבן התמיד)
It should be established (the day of sacrificing)

לִיתַּזְלוּ (ב״ב מב א) יוּזְלוּ — They should depreciate

לִיתַּזְלָן (ב״ב קמא א) יִזְדַּלְזְלוּ — They should be slighted

לִיתַּזַּק (בר׳ ו א, חול׳ קמב א) יִנָּזֵק
It should become damaged

לִיתַּזְקוּ (ב״ק פב ב) יִנָּזְקוּ — They should become harmed

לִיתְחֲזֵי (מ״ק כח א 2) יִגָּלֶה — Let him show himself to me

לִיתַּחַל (עירו׳ קד א) יִתְחַלֵּל — It should become profaned

לִיתְיַיקְרוּ (סנ׳ מז א) יִתְכַּבְּדוּ
They should become respected

לָתֵית לוֹתֵת[57] — He moisturizes (the grain)

לתית (פס׳ לו א) א״פ: נלתות

לָתָךְ (ב״מ קו א — ב) מַזָּלְךָ — Your luck, your fate

לִיתְכָּא לֶתֶךְ (=חֲצִי כּוֹר)
Half a kor (measure of volume)

לִיתְכְּשַׁר יָכְשַׁר (=יהא כשר)
He should become qualified

לִיתַכַּשְׁרוּ[58] (חול׳ לג סע״א) יָכְשְׁרוּ (לקבל טומאה)
Let them become qualified (to acquire ritual impurity)

ליתכשרי (שם) מ׳: ליתכשרו

לִיתְלֵי[59] (גט׳ סט סע״ב 3) יִתָּלֶה — It should be hung

לִיתְלֵי בְּהוּ נוּרָא (ע״ז כח ב) יִתָּלֶה בָּהֶם אֵשׁ (=יַדְלִיק)
Let him ignite it (lit., let him hang fire on it)

לִיתְלְיֵיהּ (גט׳ סח ב, ע״ז כח ב) יִתְלֶנּוּ — Let him hang it

לִיתְמְעִיט (כרי׳ ד ב) יִתְמַעֵט — It should be exempted

לִיתֵּן[60] (ערכ׳ כו ב 2) יִתֵּן — Let him give

לִיתֵּן[60] (נדה סה א) נִתֵּן
Lit., let us give (her), i.e., let us consider it

לִיתְנוּ עֲלֵיהּ (מנ׳ עט רע״ב) יַתְנוּ עָלָיו
Let them stipulate, make a condition

ליתנון (נדר׳ נה א) מ׳: ליתבון

לִיתְנַח (שבת קנה א) יַנִּיחַ
He should put it down on, lean on

לִתְנֵי, לִיתְנֵי יִשְׁנֶה (משנה)
Let (the *Mishnah*) specify, say

לַתְנֵי (נדה ע א) יַתְנֶה
Let him stipulate, make a condition

ליתנייא (יב׳ ג רע״א) מ׳ ורש״י: ליתני

לִיתְנְיֵיה (כתו׳ יז ב ועוד) יִשְׁנֵהוּ (=יזכיר אותו במשנה)
Let him mention it, let him include it (in the *Mishnah*)

לִיתְנִינְהוּ (יב׳ ג ב ועוד) יִשְׁנֵם (=יזכיר אותם במשנה)
Let him mention them, let him include them (in the *Mishnah*)

(53) כך גם מ׳, וצ״ל: לותבוה.
(54) מ׳: ותיתבעינהי, וצ״ל: ותיתבעינהו.
(55) רש״י, מ׳: ניתגרו, ד׳: איתגרון.
(56) כ״י וד״י, ד״ח: מתוקם.

(57) = מרטיב את החטים לפני שיטחן אותן.
(58) מ׳ שט׳, ד׳: ליתכשרי.
(59) ד׳ — פ״א: לתלי.
(60) מ׳, ד׳: ליתב.

לִיעָרְבִינְהוּ וְלִיתְנִינְהוּ (עירו׳ טז א) יְעָרְבֵם וְיִשְׁנֵם[61]
Let him combine them and teach them

לִתַּסֵי (אסי) (ב״מ פו א) יִתְרַפֵּא
Let him become healthy, he should become healthy

לִיתְּסַר (אסר) יֵאָסֵר
Let it be prohibited, it should be prohibited

לִיתַּסְרוּ יֵאָסְרוּ
Let them be prohibited, they should be prohibited

לִיתַּסְרוּ[62] (מנ׳ נו ב) יֵאָסְרוּ
Let them be prohibited, they should be prohibited

לִיתַּסְר[וּ]ן[63] (נדר׳ עט סע״ב) יֵאָסְרוּ
Let them be prohibited, they should be prohibited

ליתסרי (מנ׳ נו ב) מ׳: ליתסרו

לִיתְעֲבֵיד (שבת קיז ב ועוד) יֵעָשֶׂה
Let there be performed

לִיתְּעַר (עירו׳ קד א) יָקִיץ, יִתְעוֹרֵר — He should wake up

לִיתְּפְסוּ[64] (יב׳ צב סע״ב) יִתְפְּסוּ
Let the (act of marriage) become effective

לִיתְפְּרַע (סוטה כב ב) יִפָּרַע, יֵעָנֵשׁ — It will collect the liability (i.e., will punish those who are culpable)

לִיתְצְדוּ (שבת מג ב) יִצּוֹדוּ — They should be captured

לִיתְקוּל (שבת סו ב) יִשְׁקֹל — Let him weigh out

לִיתְקוּן (סנ׳ מז א) מ׳ ורש״י: ליתקין

לִיתַקֵּין (יב׳ לא ב, סנ׳ מז א[65]) נְתַקֵּן — Let us institute

לִיתְקַלְקְלוּ[66] (ר״ה יט ב) יִתְקַלְקְלוּ
They will become mixed up, disordered

לִיתַקֵּן (חול׳ ח ב) יְתַקֵּן — Let him prepare

לִיתַקֵּן (יב׳ קיג א) נְתַקֵּן — Let us institute

לִיתַקְנֵי[67] (גט׳ מט ב) יְתַקְּנוּ — Let them institute

לִיתְקַע (שבת קיד ב 3) נִתְקַע — Let him blow the *Shofar*

לִיתְרַבֵּי (מנ׳ נה ב) יִתְרַבֶּה — It should be included

לתרגלי (נדר׳ סו ב) מ׳: לירגלו

לִיתְרְחוּ (שבת קלד א 2) יַמְתִּינוּ
They should wait, (meaning they should delay it)

ליתרייה (ע״ז יב ב) כ״י ספ׳: ננעריה

לָא לִיתְּרַע (כ״ב ו א) לֹא יִתְרוֹעַע (=לֹא יְהֵא רָעוּעַ)
It will not be weakened

לִתְרַע מַזָּלֵיה (בר׳ נה ב, נדר׳ מ א) יוּרַע מַזָּלוֹ
His luck should deteriorate

לָתְתִי (פס׳ מ א) לוֹתְתִים[68] — They moisturize (the grain)

לִיתַתֵּיה (שבת סז א) יַשְׁפִּילֶנּוּ — He should lower it

(61) כלומר: יצרף את שני חלקי המשנה או את שני הפרטים לאחד.
(62) מ׳, ד׳: ליתסרי.
(63) ר״נ ו״ירש״י״, מ׳: תסרון(!)
(64) מ׳, ד׳: ליתפסי.
(65) מ׳ ורש״י: ד׳: ליתקון.
(66) מ׳, ד׳: יתקלקלו.
(67) כך גם מ׳, וצ״ל: ליתקנו.
(68) מרטיבים את החטים לפני שיטחן אותן

– מ –

כְּמָא (סוטה מח ב — מת״א) כְּמוֹ — Like that, which

מְאַבִּילְנָא (ב״ק נט ב) אֲנִי מִתְאַבֵּל — I mourn

מְאָה מֵאָה — Hundred

מְאָה וְחַד מֵאָה וְאֶחָד — Hundred and one

מְאָה וּתְרֵי (סנ׳ יז ב) מֵאָה וּשְׁנַיִם — Hundred and two

מְאָה וְתַרְתֵּי(ן) (סנ׳ סט ב — מ׳ ופ׳) מֵאָה וּשְׁתַּיִם — Hundred and two

מְאָה וּתְלָת[1] (בר׳ ט ב) מֵאָה וְשָׁלֹשׁ — Hundred and three

מְאָה וּתְלֵיסַר וְתִלְתָּא (ב״ב קז ב) מֵאָה וּשְׁלֹשָׁה עָשָׂר וְשָׁלִישׁ — Hundred and thirteen and a third

מְאָה וְאַרְבֵּיסַר (סנ׳ יז ב) מֵאָה וְאַרְבָּעָה עָשָׂר — Hundred and fourteen

מְאָה וְשִׁיתְסַר (מג׳ יז א) מֵאָה וְשֵׁשׁ עֶשְׂרֵה — Hundred and sixteen

מְאָה וְעֶשְׂרִין מֵאָה וְעֶשְׂרִים — Hundred and twenty

מְאָה וְעֶשְׂרִין וְחַמְשָׁא/ה[2] (עירו׳ יד ב, ב״ק לד א) מֵאָה וְעֶשְׂרִים וַחֲמִשָּׁה — Hundred and twenty-five

מְאָה וְאַרְבְּעִין וְאַרְבַּע[3] (עירו׳ פג א) מֵאָה וְאַרְבָּעִים וְאַרְבַּע — Hundred and forty-four

מְאָה וְחַמְשִׁין מֵאָה וַחֲמִשִּׁים — Hundred and fifty

מְאָה וְשִׁבְעִין וּתְרֵין (נדר׳ לב סע״א) מֵאָה וְשִׁבְעִים וּשְׁנַיִם — Hundred and seventy-two

מְאָה וְשִׁבְעִין וּתְלָת[4] (עירו׳ פג א) מֵאָה וְשִׁבְעִים וְשָׁלֹשׁ — Hundred and seventy-three

תְּלָת מְאָה שְׁלֹשׁ מֵאוֹת — Three hundred

תְּלָת מְאָה וְעַשְׂרָה (סנ׳ ק א) שְׁלֹשׁ מֵאוֹת וַעֲשָׂרָה — Three hundred and ten

תְּלָת מְאָה וְתַמְנֵי סַר(י)[5] (סוכה לא א) שְׁלֹשׁ מֵאוֹת וּשְׁמֹנָה עָשָׂר — Three hundred and eighteen

תְּלָת מְאָה וְשִׁיתִּין וְאַרְבָּעָה (יומא כ א, נדר׳ לב ב) שְׁלֹשׁ מֵאוֹת וְשִׁשִּׁים וְאַרְבָּעָה — Three hundred and sixty-four

תְּלָת מְאָה וְשִׁיתִּין וְחַמְשָׁה (מג׳ ו ב) שְׁלֹשׁ מֵאוֹת וְשִׁשִּׁים וַחֲמִשָּׁה — Three hundred and sixty-five

אַרְבַּע מְאָה אַרְבַּע מֵאוֹת — Four hundred

אַרְבַּע מְאָה וְאַרְבְּעִין וְתַמְנֵי[6] (ע״ז ט א) אַרְבַּע מֵאוֹת וְאַרְבָּעִים וּשְׁמֹנֶה — Four hundred and forty-eight

אַרְבַּע מְאָה וְחַמְשִׁין (עירו׳ יד ב) אַרְבַּע מֵאוֹת וַחֲמִשִּׁים — Four hundred and fifty

חֲמֵשׁ מְאָה (עירו׳ יד ב) חֲמֵשׁ מֵאוֹת — Five hundred

שִׁית מְאָה שֵׁשׁ מֵאוֹת — Six hundred

שִׁית מְאָה וְחַד סְרֵי (מכות כד א) שֵׁשׁ מֵאוֹת וְאַחַת עֶשְׂרֵה — Six hundred and eleven

שִׁית מְאָה וְשִׁיתִּין וּשְׁבַע נְכֵי תִּילְתָּא (עירו׳ נז א) שֵׁשׁ מֵאוֹת וְשִׁשִּׁים וָשֶׁבַע חָסֵר שָׁלִישׁ — Six hundred sixty-seven less a third

שְׁבַע מְאָה שְׁבַע מֵאוֹת — Seven hundred

שְׁבַע מְאָה וְשִׁיתִּין וּתְמַנְיָא (ב״ב כז א) שְׁבַע מֵאוֹת וְשִׁשִּׁים וּשְׁמֹנֶה — Six hundred and seventy-eight

תַּמְנֵי מְאָה שְׁמֹנֶה מֵאוֹת — Eight hundred

תַּמְנֵי מְאָה וּתְלָתִין וּתְלָתָא וְתִילְתָּא (ב״ב כז א) שְׁמֹנֶה מֵאוֹת וּשְׁלֹשִׁים וְשָׁלֹשׁ וּשְׁלִישׁ — Eight hundred thirty-three and a third

תַּמְנֵי מְאָה וְחַמְשִׁין וְתַרְתֵּי (גט׳ פח ב, סנ׳ לח א[7]) שְׁמֹנֶה מֵאוֹת וַחֲמִשִּׁים וּשְׁתַּיִם — Eight hundred and fifty-two

מְאַוֵּוס[8] (ב״ק פב סע״א) מְלֻכְלָךְ — Dirty, soiled

מאוחרי (ב״ב קעא סע״ב) ר׳ שטרי — Cf.

1) מ׳, ד׳: ושלש.
2) מ׳, ד׳: ועשרים וחמשה.
3) מ׳, ד׳: קמ״ד.
4) מ׳, ד׳: קעג.
5) הגהתי (כמו בערכ׳ כב א), מ׳ לי׳.
6) מ׳, ד׳: וארבעים ותמניא.
7) מ׳, ד׳: ותרתין.
8) ד״ו, ה׳: דמאווס, ד״ח: מאוס.

מאוס[9] (ב״ק יח רע״א) ר׳ מתווס — Cf.

מאוס (ב״ק פב סע״א) ד״ו: מאווס

מְאַחַר מְאַחֵר — He is late

מְאַחֲרָה (שבת כג ב) מְאַחֶרֶת — She is late (in lighting the candles)

מְאַחֲרֵי (סוכה נו א) מְאַחֲרִים — Those who (stay up) late

מְאַחֲרִינַן אָנוּ מְאַחֲרִים — We are late

מַאי מַה? מַה הוּא? — What? Why? What does it mean?, that which

מַאי אִירְיָא מַה־תְּפִיסָה — Why only (in this case)?

מַאי ד— מַה שׁ— — That which ...

מַאי הֲוָה לֵיהּ לְמֵימַר/לְמֶעְבַּד מֶה הָיָה לוֹ לוֹמַר/לַעֲשׂוֹת — What (else) could he say/do?

מַאי הֲוָה עֲלַהּ מֶה הָיָה עָלֶיהָ[10] — What happened to it (what is the conclusion concerning the matter under discussion)?

מַאי הִיא מַה הִיא — What is it?

מַאי מַשְׁמַע מַה מַשְׁמָע?[11] — What is the basis for deducing this from the Biblical passage?

מַאי נִיהוּ מַה הוּא? — What is it?

מַאי נִינְהוּ מַה הֵם? — What are they?

מַאי נָפְקָא (לָךְ) מִינָהּ מַה־יּוֹצֵאת (לְךָ) מִמֶּנָּה[12] — What is the (halachic) difference (between the alternatives)?

מַאי עֲבִידְתֵּיהּ מַה־מַּעֲשֵׂהוּ?[13] — What is it doing (i.e., how does it fit into the present situation/discussion)?

מַאי עֲבִידְתַּיְיהוּ מַה־מַּעֲשֵׂיהֶם — What are they doing (i.e., how do they fit into the present situation/discussion)?

מַאי קָאָמַר מַה הוּא אוֹמֵר[14] — What does it say/mean? (refers to an unclear or contradictory statement)

מַאי קְרָאָה מַהוּ הַכָּתוּב?[15] — What is the verse (what is the Biblical reference for this statement)?

מַאי שְׁנָא מַה שָּׁנָה (=מה נשתנה) — What is the difference? What is the reason for the difference?

מַאי תַּקַּנְתֵּיהּ מַה־תַּקָּנָתוֹ — What is the rectification (i.e., how can the situation be rectified)?

בְּמַאי בַּמֶּה — By what means, concerning what, according to whom?

לְמַאי לְמַה — Concerning what, for what, what is the difference?

למאי הלכתא ר׳ הלכתא — Cf.

מִמַּאי מִמַּה (״אתה למד״) — What (is your) source?

לְאָתוּיֵי מַאי מַה־בָּא לְרַבּוֹת? — What is (thereby) included/added?

לְמַעוֹטֵי מַאי מַה־בָּא לְמַעֵט? — What is (thereby) excluded/deducted?

הַאי מַאי זֶה־מַהוּ?[16] — What does this statement mean? How can you possibly make such a statement?

מְאִים מָאוּס — Repugnant (*m.*)

מְאִים (פס׳ כח א[17], ב״ק צד א[18]) מָאוּס — Repugnant (*m.*)

מְאִיסָא מְאוּסָה — Repugnant (*f.*)

מְאִיסָה[19] (פס׳ כח א) מְאוּסָה — Repugnant (*f.*)

מְאִיסוּתָא מְאִיסוּת — Repugnant, repugnance, is repugnant

מְאִיסוּתַיְיהוּ (מנ׳ סט א) מְאִיסוּתָם — Their repugnancy

מְאִיסֵי מְאוּסִים — They are repugnant

9) פי׳ וע׳: דמתווס, ד״י: דמאווס, מ׳: דמאואס. פס׳ לג סע״ב: בכלי מאוס — צ״ל: מאווס.

10) = כיצד נפתרה הבעיא, שעמדה לפנינו?

11) איך לומדים זאת מפסוק זה?

12) = איזה הבדל יש (לך) בין שני הפרטים?

13) = מה עניינו לכאן?

14) שאלה על ברייתא (או פסוק), שאינה מובנת, או שחלקיה אינם מתאימים זה לזה.

15) מהו הכתוב, שממנו אתה למד. ויש קוראים: מֵאי קְרָאָה = מֵאֵיזֶה פָּסוּק.

16) תמיהה על השאלה או ההשואה, ועפ״ר בא אח״כ: בשלמא...

17) מ׳ ב וא״פ, ד׳: ממיס.

18) כל כ״י, ד׳: אימאיס.

19) מ׳ ב וא״פ, ד׳: ממיסה.

מָאִיסַן (שבת מו סע"א) א"פ: מיתווסאן

מְאִיסְתָּא (פס' לד רע"א 3) הַמְּאוּסוֹת

(They) became repugnant

מָאֵית מֵת (ב), יָמוּת
He will die, dies

זוּזָא מְאַכָּא (בכו' נא רע"א) זוּז מָעוּךְ[20]
Effaced coin

מַאֲכִילִינַן[21] (בכו' לח סע"ב) אָנוּ מַאֲכִילִים
We feed

מַאֲכִלְנָא (כתו' קג ב, ב"מ פה ב) אֲנִי מַאֲכִיל
I feed

מאכילנא (בכו' לח סע"ב) מ': מאכילינן

מְאַלִּימְנָא (קידו' מג א) אֲנִי מְחַזֵּק (=אני נותן תוקף)

I strengthen, I reinforce

מַאן מִי
Who?

מַאן דְּאָמַר מִי שֶׁאוֹמֵר

The one who says, the one who made the statement

אַמַּאן עַל מִי
Concerning whom?

כְּמַאן כְּמִי (=כדעתו של מי?)
According to whom?

כְּמַאן אָזְלָא הָא ד־ כְּמִי הוֹלֶכֶת זוֹ שׁ —[22]

Whose opinion (is followed by this statement)?, With what opinion is this statement compatible

לְמַאן לְמִי[23]

According to whose opinion (is this statement made)?

מַאן אִינוּן מִי הֵם?
Who are they? What are they?

מַאן נִיהוּ מִי הוּא?
Who is it?

מַאן נִינְהוּ מִי הֵם?
Who are they? What are they?

מַאן תְּנָא מִי שָׁנָה?
Who taught (this)?

מַאן תַּנָּא ד— מִי הַתַּנָּא שׁ —?

Who is the Tanna (behind this statement)?

מַאן קָתָנֵי לַהּ מִי שׁוֹנֶה אוֹתָהּ
Who taught (this)?

מַאן דְּהוּא מִי שֶׁהוּא
Someone

מָאנָא, מָנָא כְּלִי, בֶּגֶד
Object, utensil, garment

מָאנַהּ (שבת קי א) בִּגְדָהּ
Her garment

מָאנֵי, מָנֵי כֵּלִים
Objects, utensils, garments

מָאנֵיהּ, מָנֵיהּ כֵּלָיו, בִּגְדוֹ

His objects, utensils; his garments

מָאנֵי דְכִיתָּנָא (נדה יז א) כְּלֵי־פִשְׁתָּן
Cotton garments

מָאנַיָּיא (ר"ה ד א, מג' יא ב — מדני') הַכֵּלִים
Utensils

מָאנַיְיהוּ (פס' סב ב, זב' לה א) כְּלֵיהֶם, בִּגְדֵיהֶם

Their utensils, garments

מָאנִיךְ (יב' קטז ב) בִּגְדֵךְ
Your (*f.*) garments

מאנס (יב' צא סע"א) ר' מינס
Cf.

מַאַפְלַת (ב"ב ז א 2) אַתָּה מַאֲפִיל

You darken, you hide the light from me

מַאֲרִיךְ מַאֲרִיךְ
He prolongs, extends

מָאשֵׁי (שבת עז ב) רוֹחֵץ
He washes (himself)

מְאַשְּׁרָן (כתו' י סע"ב, גט' ע א) מְחַזְּקוֹת

They (*f.*) strengthen, they reinforce (*f.*)

מָאתָא עִיר
City

מָאתֵיהּ, מָתֵיהּ עִירוֹ
His city

מָאתִיךְ (מג' כח א) עִירֵךְ
Your city

מָאתִין (עירו' ס א, מג' כז א) עִירֵנוּ
Our city

מָאתַן מָאתַיִם
Two hundred

מָאתַן וְשִׁית (ע"ז ט א) מָאתַיִם וָשֵׁשׁ

Two hundred and six

מָאתַן וּשְׁבַע[24] (עירו' פג א) מָאתַיִם וָשֶׁבַע

Two hundred and seven

מָאתַן וְאַרְבֵּיסַר (מג' טו ב) מָאתַיִם וְאַרְבָּעָה עָשָׂר

Two hundred and fourteen

מָאתַן וּשְׁבַע עֶשְׂרֵה (עירו' פג א) מָאתַיִם וּשְׁבַע עֶשְׂרֵה

Two hundred and seventeen

מָאתַן וְעֶשְׂרִין וְחַד (יומא עו א) מָאתַיִם וְעֶשְׂרִים וְאֶחָד

Two hundred and twenty-one

מָאתַן וְעֶשְׂרִין[25] וְחַמְשָׁה (כתו' צג סע"א) מָאתַיִם וְעֶשְׂרִים וַחֲמִשָּׁה

Two hundred and twenty-five

מָאתַן וְאַרְבְּעִין מָאתַיִם וְאַרְבָּעִים

Two hundred and forty

מָאתַן וְחַמְשִׁין (ב"ב כו ב) מָאתַיִם וַחֲמִשִּׁים

Two hundred and fifty

מְבַדְּחִינַן (תע' כב א) אָנוּ מְשַׂמְּחִים

We cheer up, raise the spirits, gladden

20) רש"י: שנפחתה צורתו, ועי' מכא.

21) מ', ד': מאכילנא.

22) לדעתו של מי היא מתאימה!

23) לפי דעתו של מי היא!

24) מ', ד': ר"ז.

25) מ', ד': מאתים ועשרים.

מַבְדִיל (בר׳ לג ב, ביצה ד ב[26]) מַבְדִּיל He recites *havdalah*

מִיבְדַּל (ל)בְדוֹל (To) keep away (from)

מַבְדְלִינַן (פס׳ קז א) אָנוּ מַבְדִּילִים[27]
We recite the *havdalah* blessing

מִיבְדַּק (ל)בְדֹּק (To) check, (to) examine

לְמִיבְדַּק (הור׳ יג ב, חול׳ מו א) לִבְדֹּק
(To) check, (to) examine

מבדק[28] (נדה נח רע״א) ר׳ איבדק Cf.

מִיבַּדְקָא (נדה מה ב) נִבְדֶּקֶת (She) is checked, examined

לְמִיבְדְקַהּ (סוטה ב ב) לִבְדֹּק אוֹתָהּ To check her

מבדקה (נדה מה ב) מ׳: ליבדק׳

מִיבַּדְקוּ (מ״ק כח רע״ב) (מ׳ לי׳) נִבְדָּקִים
They are examined

מִיבַּדְקִי (שבת לב א) נִבְדָּקִים They are examined

לְמִיבְדְקֵיהּ לִבְדֹּק אוֹתוֹ To examine him

לְמִיבְדְקִינְהוּ (יב׳ קח א) לִבְדֹּק אוֹתָם To examine them

מְבַדַּר (ביצה לא א, ר״ה כו ב) מְפַזֵּר
He disperses, he scatters

מִיבַּדַּר (יומא כא ב) מִתְפַּזֵּר
It is dispersed, it is scattered

מְבַדְּרוּ (גט׳ נז רע״א) מְפַזְּרִים They disperse, scatter

מְבַדְּרִי (בר׳ מז ב) מְפֻזָּרִים Dispersed, scattered

[מ]בַדְּרִי (חול׳ נד א) מְפַזְּרִים They disperse, scatter

מ[י]בַדְּרָן[29] (שבת כ סע״א) מְפֻזָּרוֹת Scattered

מְבוֹאָה מָבוֹי Alley

בַּר מְבוֹאָה (ב״ב כא ב כ״פ) בֶּן־הַמָּבוֹי[30]
Inhabitant of the alley

בְּנֵי מְבוֹאָה (ב״ב ס א) בְּנֵי הַמָּבוֹי
Inhabitants of the alley

מַבּוֹרְיָא[31] (חול׳ צד א) סַפָּן, בַּעַל הַמַּעֲבֹרֶת
Ferry-boat owner and operator

מַבּוֹרָיָא[32] (ע״ז סה ב) סַפָּנִים
Ferry-boat owners and operators

מבוריה[33] (חול׳ צד א) ר׳ מבוריא Cf.

מְבַ(ו)שַׁלְתָּא (בר׳ מד ב — מ׳) מְבֻשָּׁלוֹת Cooked

מְבַזוּ (מג׳ יג ב) מְבַזִּים They despise, humiliate

מיבזז ר׳ מיכז Cf.

מְבַזֵּי (סנ׳ כו ב) מְבַזֶּה He humiliates

מ[י]בַּזֵּי (ב״ב ט א — ה׳) מִתְבַּזֶּה He is humiliated

מְבַזִּין (נדר׳ סה א) מְבַזִּים They humiliate

מִבְזַע (חול׳ לא א, מט א) (ל)קְרוֹעַ (To) tear

בְּעָא לְמִיבְזְעֵיהּ[34] (בר׳ יט רע״א) בִּקֵּשׁ לְבָקְעוֹ
He wanted to split open

מִיבְזַק (יומא כב ב) (ל)בְזֹק, (ל)פַזֵּר
(To) disperse, scatter

מִבְזָר (ב״ב עג ב) בֵּית זֶרַע (=שטח)
Measure of area

מְבַחֲרֵי (ב״מ עג ב) בּוֹחֲרִים They select

מְבַטִּילְנָא (עירו׳ כו ב כ״פ) אֲנִי מְבַטֵּל
I make it subservient, subordinate, cause it to lose its independent status

מִיבְטַל (ביצה לח ב) בָּטוֹל (מ) It loses its independent status, it becomes secondary to another entity

מְבַטֵּל, מְבַטֵּיל מְבַטֵּל It (*f.*) annuls, causes it to lose its independent status

מְבַטְּלָא (שבת ק א, מכות טז א) מְבַטֶּלֶת She, it annuls; she, it causes it to lose its independent status

מִבַּטְלָה (ע״ז נב סע״ב 2) מִתְבַּטֶּלֶת
Loses its status (as an idolatry object)

מְבַטְּלֵי מְבַטְּלִים
They cause it to lose its status

מְבַטְּלֵיהּ (עירו׳ קד א 2) מְבַטְּלוֹ
He causes it to lose its independent status

מְבַטְּלִינַן אָנוּ מְבַטְּלִים, נְבַטֵּל We annul, we cause it to lose its independent status, we shall annul, we shall cause it to lose its independent status

(26) כך צ״ל גם בפס׳ קד ב כנוס׳ רשב״ם, מ׳ ד׳: אבדיל.
(27) מברכים ברכות הבדלה.
(28) מ׳: איבדק (פ״ב ״דמובדק שפיר״ לי׳ במ׳).
(29) מ׳ ר״ן ורי״ף.
(30) בלשון חכמים רגיל: אחד מבני מבוי.
(31) ד״ש, ד״ח: מבוריה, ועי׳ הע׳ 33.
(32) ד״ו: מברוייא, מ׳: מבראי.
(33) ד״ש: לְמַבּוֹרְיָא (הניקוד נוסף בטופס, שהיה ביד בעל ד״ס). ה׳: מעבורא, מ׳: למעברוייה, ר׳ ב: למברוייה, רש״י כ״י: למובריה.
(34) מ׳ ועוד, ד׳: בזעא, ועי׳ ד״ס אות ט׳.

מְבַטְּלַת (עירו׳ עה ב) אַתָּה מְבַטֵּל
(You) cause it to lose its independent status, you cause it to become secondary to another entity

מְבִית (בות) (סנ׳ מז א) מֵלִין (מל׳ לינה)
He leaves it overnight

מְבַלְבֵּל (גט׳ כב א, ב״ב כז ב) מְבַלְבֵּל
He, it mixes up

מִ[י]בַּלְבֵּל (חול׳ סט א כ״פ — מ׳) מִתְבַּלְבֵּל
He becomes mixed up

מִיבַּלְבְּלִי (חול׳ כו רע״ב) מִתְבַּלְבְּלִים
They become mixed up

מְבַלְבְּלִיתָא (בכו׳ מד א) מְבֻלְבָּל לָבָן בְּשָׁחוֹר
Entry of white into the pupil of the eye

מְבַלְבְּלָן (בכו׳ כד א) מְבֻלְבָּלוֹת — Mixed (*f.*)

מַבְלִיגָא (ר״ה כג א, סנ׳ קח ב) שֵׁם-עֵץ[35] (מין ארז?)
A tree species (variety of the cedar tree)

מִבְּלַע (ב״ב סב ב) מֻבְלָע
Enclosed (by the other person's land)

מבלע (ב״ק צב ב) ה׳: בלע

מַבְלַע (זב׳ צה ב) מַבְלִיעַ
He mixes it with other substances

לְמִבְלַע (ב״ב עד ב) לִבְלֹעַ — To swallow

מִיבְלַע בָּלוּעַ (מ) — Swallowing

מִיבַּלְעָא (זב׳ צח א) מֻבְלַעַת — It is absorbed

מִבַּלְעֵי (עירו׳ נז סע״ב) מֻבְלָעִים — Protrude into

לְמִיבְלְעֵיהּ (שבת ל א ועוד) לְבָלְעוֹ — To swallow (him)

מִבַּלְעָן (עירו׳ כא א, מה א) מֻבְלָעוֹת — Protrude into

מַבְלַעְתָּא (חול׳ מג ב) בֵּית הַבְּלִיעָה — Pharynx

לְמִיבְנֵי (מג׳ יא ב, מ״ק י ב) לִבְנוֹת — To construct

דמבני (ר״ה ל סע״א) מ׳ ב ורש״י: דאיבני

לְמִבְנְיֵיהּ (זב׳ נד ב) לִבְנוֹתוֹ — To build it

לְמִבְנִינְהוּ (ב״ב עג ב) לִבְנוֹתָם — To build them

מִיבַּסְמִי (שבת סו ב, ב״ב עג ב) מִשְׁתַּכְּרִים
They become intoxicated

מַבַּע דְּמָא (כתו׳ צא א, ב״ב קנא ב) מוֹצִיא דָּם — It bleeds

וּבְעוֹ מִיבְעָא (בר׳ ב ב — מ׳) שָׁאוֹל שָׁאֲלוּ
They asked (concerning a certain law)

מִיבְעָא בָּעֵי (ב״ק פ ב[36], מנ׳ כ ב[37]) צָרִיךְ
He asked (concerning a certain law), let him require (putting salt)

מִיבְעָא בָּעֵי (שבת י א ועוד — כי״י) שׁוֹאֵל שְׁאֵלָה
(He) was in doubt

מְבַעֲטֵי (ע״ז ג ב) מְבַעֲטִים — (They) kick

לְמִבְעֵי בַּעְיֵי (סנ׳ קו ב) לִשְׁאֹל שְׁאֵלוֹת — To pose questions, to be in doubt (concerning a given law)

מבעי (מג׳ טז א) כי״י ועוד: בעי

מִבְעֵי רַחֲמֵי (בר׳ סב א[38]) בַּקָּשַׁת רַחֲמִים
Request of Heavenly mercy (prayer)

לְמִיבְעֵי רַחֲמֵי לְבַקֵּשׁ רַחֲמִים
To request Heavenly mercy (to pray)

מִיבָּעֵי נִצְרָךְ, צָרִיךְ — It is necessary

לָא מִיבָּעֵי אֵין צָרִיךְ לוֹמַר, אֵינוֹ צָרִיךְ
It is unnecessary, it goes without saying

כִּדְמִיבָּעֵי (תע׳ ו ב, כג ב) כְּמוֹ שֶׁצָּרִיךְ
As should be, to request

מִיבָּעֵי לֵיהּ צָרִיךְ[39], נִצְרַךְ לוֹ (ללימוד אחר)[40]
He has to, he needs it

מִיבָּעֵי לֵיהּ (בקשר לכתוב או למשנה) הָיָה לוֹ לוֹמַר[41]
He should have, said

מִיבָּעֵי לָךְ (בר׳ ט ב) אַתָּה צָרִיךְ — You should

לָא מִבָּעֵי לָךְ (קידו׳ ע א) אֵינְךָ צָרִיךְ — You don't need to

מִיבַּעְיָא (בסוף ק״ו) ...צָרִיךְ לוֹמַר?[42]
It is obvious (that this is so in this case)

לָא מִיבַּעְיָא... אֶלָּא אֲפִילוּ (בר׳ מב ב ועוד)
Not only ... but also — אֵין צָרִיךְ לוֹמַר... אֶלָּא אֲפִילוּ

מִיבַּעְיָא לִי (בר׳ כה ב ועוד) נִשְׁאֶלֶת לִי (=אני שואל)
I am asking, I am deliberating (concerning a matter of law)

35) מזוהה עם קתרוס בעב׳ וגופר, ועי׳ עה״ש ע׳ אדר.
36) מ׳, ד׳: מבעיא בעיא, ר׳ ב: בעיא.
37) מ׳, ד׳: מבעיא בעו (וש״נ המקומות).
38) בתע׳ כד ב לי׳ בכל הנוסי.
39) למשל — ברכ׳ ה א: אף ת״ח מיבעי ליה למימר חד פסוקא.
40) למשל — שבת קלא ב: ההוא מיבעי ליה ביום ולא בלילה. נדה כא ב: האי בבשרה מיבעי ליה שמטמאה מבפנים כבחוץ.
41) למשל ברכות ז ב: מזמור לדוד קינה לדוד מיבעי ליה, ב״ב ב ב: שרצו לעשות מחיצה שרצו לחצות מיבעי ליה.
42) למשל: ק״ו קי״ש דאורייתא פוסק הלל דרבנן מיבעיא (בר׳ יד א), השתא חמש שרי ארבע מיבעיא (שבת ס ב).

מִיבַּעְיָא לָךְ (חול׳ קי ב, תמו׳ כא א) נִשְׁאֶלֶת לְךָ
You are asking, you are deliberating (concerning a matter of law)

מִיבַּעְיָא לֵיהּ (בר׳ כו א ועוד) נִשְׁאֶלֶת לוֹ
He is asking, he is deliberating (concerning a matter of law)

מִיבַּעְיָא לַן (פס׳ פה סע״א ועוד) נִשְׁאֶלֶת לָנוּ
We are asking, we are deliberating (concerning a matter of law)

מִיבַּיְעָא לְהוּ (חול׳ נב א, בכו׳ ז א) נִשְׁאֶלֶת לָהֶם
They are asking, they are deliberating (concerning a matter of law)

מבעיא[43] בעו (מנ׳ כ ב) ר׳ מיבעא
Cf.

ולא מבעיא (ב״ק נט א) כי״י: ולא בעיא

מבעיא בעיא ליה (ב״ק פ ב) מ׳ וה׳: מיבעא בעי

לָא מִיבַּעְיָא (בראש משפט[44] או באמצעו[45]) (ואחריו: אדרבה) אֵין צָרִיךְ לוֹמַר
Not only (in the obvious case)... but also in the less obvious case

ובעו לה מיבעיא (בר׳ ב ב) מ׳: ובעו מיבעא

מיבעיא בעי (שבת ד ב) צ״ל: מיבעא בעי

מיבעיא בעי (שבת י א, כתו׳ ב א, סג ב, סד א, ב״ק ג ב, נג ב, פ ב, מכות ד א) בכולם בכי״י: מיבעא בעי

מִ[י]בָּעֵינָא[46] (סנ׳ צח א) אֲנִי מִתְבַּקֵּשׁ, אֶתְבַּקֵּשׁ
I will be called

מְ(י)בַעִית נַפְשֵׁיהּ (קיד׳ כד ב – מ׳) מַבְעִית אֶת־עַצְמוֹ
He frightens himself, he brings fright upon himself

מִיבַּעִית (בר׳ נח ב, יומא פד ב) נִבְעָת
He is frightened

לְמִיבְעַל (כתו׳ ו ב ועוד) לִבְעֹל
To engage in sexual intercourse

מַבְעָן... דְּמָא (שבת פח סע״א) מוֹצִיאוֹת... דָּם (=יוצא מהן דם)
They (his fingers) are bleeding

מְבַעֲרִינַן (ר״ה כא א) אָנוּ מְבַעֲרִים (את החמץ)
We eliminate (*chametz*)

מְבַעֲתוּ (מג׳ כט א) מַבְעִיתִים
They frighten

מְבַעֲתִי (חול׳ נג ב) מַבְעִיתִים
They frighten

מְבַעֲתַת (כתו׳ עז ב) אַתָּה מַבְעִית, תַּבְעִית
You frighten, you will frighten

מְבַצְבְּצָא (חול׳ מז ב כ״פ) מְבַצְבֶּצֶת
It oozes out

מִיבְצַר (קידו׳ יז א) (ל)פְחֹת
(To) reduce, decrease

לְמִבְצַר (נדה סה א 2) לִפְחֹת
To reduce, decrease

מְבַצַּר (עירו׳ ה ב ועוד) מַמְעִיט, מַפְחִית
He reduces, decreases

מבצר (קידו׳ יז א פ״ב) מ׳: ליבצר

לְמִיבְרָא (סנ׳ קי א) לִבְרֹא
To create

לְמִבְרָא[47] (חול׳ פז א) לִסְעֹד[48]
To recuperate (by taking a meal after a fast)

(ל)מִיבְרָא (בכו׳ ג ב – מ׳) (ל)הַבְרִיא
(To) recuperate, to get well again

מַבְרָא (=מעברא) מַעֲבֹרֶת[49], גֶּשֶׁר[50]
Ferry, bridge

מיברו (סנ׳ סה ב) מ׳: מיברי

מִיבְרָז (סנ׳ נב׳ב ועוד) נָקוּב (מ)
(To) pierce, perforate

לְמִבְרַז (שבת קמו א) לִנְקֹב (=לעשות חור)
(To) pierce, perforate

מַבְרֵי דְסוּרָא (ב״ב עד א) נְהָרוֹת שֶׁבְּסוּרָא (רש״י)
Rivers of Syria

מַבְרֵי (סוטה לה א) מַבְרִים (=מאכילים אבלים)
(They) feed mourners

מִיבְּרֵי (סנ׳ סה ב) נִבְרָא (ב)
They would create

מַ(י)בְרֵי (תמו׳ ח ב – ר״ג ורש״י) מַבְרִיא[51]
(It) promotes health

מבריז (גטין פד א) ר׳ בריז
Cf.

לְמִבְרְיֵ[י]הּ (סנ׳ קי א – מ׳ ואה״ת) לְבְרֹאתוֹ
To create it

מִיבָּרִיךְ (בכו׳ נה ב) מִתְבָּרֵךְ
Lit., it is blessed from, i.e., it emanates from, springs from

מִיבְּרַךְ (שבת סה ב) מִתְבָּרֵךְ
Lit., it is blessed from, i.e., it emanates from, springs from

מיברך[52] (חול׳ פז א) ר׳ למיברא
Cf.

(43) מ׳: מיבעא בעי, ר׳ ב: בעיא.

(44) למשל בר׳ מב ב: לא מבעיא פרפרת דלא פטרה להו פת, אלא אפילו מעשה קדרה נמי לא פטרה.

(45) ברכ׳ כד א: אשתו ולא מיבעיא אחר אדרבה.

(46) כ״י, אה״ת: מתבעינא.

(47) כ״י ונוס׳, מ׳: למיברי, ד״ו: למיבר׳, ד״ח: מיברך.

(48) רש״י, אחרי תענית של שלשה ימים.

(49) = סירה העוברת ברחבו של נהר משפתו אל שפתו.

(50) רש״י בביצה ז רע״ב ועוד.

(51) אבל ר״ג מפרש: שהוא ברי ושמן, וכן ברש״י.

(52) כ״י אה״ת ע״י ורש״י: למיברא, מ׳: למיברי. ד״ו: למיברי.

מְבָרֵיכְנָא (בר׳ נג ב) אֲנִי מְבָרֵךְ, אֲבָרֵךְ
I recite a blessing, I shall recite a blessing

מְבָרֵךְ מְבָרֵךְ — He recites a *berachah* (benediction)

מְבָרַךְ מְבֹרָךְ — He is blessed

מְבָרְכִי מְבָרְכִים — They recite a *berachah* (benediction)

מברכין (בר׳ לח א, מד סע״א) מ׳: מברכינן

מברכין (בר׳ מ א) מ׳: מברכי

מְבָרְכִינַן אָנוּ מְבָרְכִים, נְבָרֵךְ
We recite a *berachah* (benediction)

מְבָרְכִיתוּ (בר׳ מב א) אַתֶּם מְבָרְכִים
You recite a *berachah* (benediction)

מְבָרְכָן (יב׳ סג א) מְבֹרָכוֹת — They (*f.*) are blessed

מְבָרְכַת (בר׳ נג ב, נח א) אַתָּה מְבָרֵךְ, תְּבָרֵךְ
You recite a *berachah* (benediction), you will ...

מְבַשֵּׁל (פס׳ לט ב) מְבַשֵּׁל — He cooks

מְבַשְּׁלָא (בר׳ מד ב) מְבַשֶּׁלֶת — She cooks

מְבַשְּׁלָא (עירו׳ כט א, ע״ז ל א) מְבֻשָּׁל — Cooked

לָא מְבַשְׁקַר לֵיהּ (בקר) (עירו׳ יט א) אֵינוֹ מַכִּירוֹ
He does not recognize him

מְבַשַּׂר (ר״ה ד א) מְבַשֵּׂר — He announces

מְבַתֵּשׁ (חול׳ ז ב) מַפְצִיר — He entreats

מְגָאנֵי[53] (פס׳ קז א) מְגִיגִיּוֹת[54] — From basins

מִיגְבָא, לְמִיגְבָא לִגְבּוֹת — To collect (a payment)

מִגְבַּהּ (תמיד כו רע״ב) (ל)גְבֹּהַּ — To make tall

מַגְבַּהּ מַגְבִּיהַּ — He elevates, he raises

למיגבה (ב״ק קיב ב) ה׳: לְמיגבא

מַגְבוּ (כתו׳ קי א) מַגְבִּים — They make restitution

מַגְבֵּי מַגְבֶּה (=גורם לגבייה) — He institutes payment

מגבי (נדה סה ב) מ׳ ד״ו ורש״י: מגבהי

לְמיגבי[55] (ב״ב קסט ב) ר׳ למיגבא — Cf.

מַגְבְּיָא גִּילָא (שבת קי א[56], מנ׳ מב סע״ב) אָלוּם[57] — Alum

מַגְבֵינָא אֲנִי מַגְבֶּה — I collect

מַגְבִּינַן אָנוּ מַגְבִּים — We collect

מַגְבֵית (ב״ק כז ב ועוד) אַתָּה מַגְבֶּה — You collect

מִיגַּבַל (שבת עח א) מִתְגַּבֵּל (תע׳ יט ב[58])
It lends itself to kneading

לְמִיגְדַד[59] (ב״ב לו א) לָגֹד (=לִקְטֹף תמרים)
To pick dates

לְמִיגְדְדֵיה[60] (ב״ב קלז ב) לְגָדוֹ (=לִקְטוֹף תמריו)
To pick his dates

לְמִיגְדְדִינְהוּ[61] (מ״ק י ב) לָגֹד אוֹתָם[62]
To pick them, to halve them

מַגְדֵי (מנ׳ מג סע״ב) מְגָדִים — Sweet (tasting food)

מִיגְדַ(י)ל[63] (מנ׳ לט רע״ב) קָלוּעַ — Braided

לְמִיגְדַל תַּנּוּרֵי (מ״ק יא א) לַעֲשׂוֹת תַּנּוּרִים
To construct ovens

מְגַדְּלָא (שיער)[64] **נְשַׁיָּא** (חגי׳ ד סע״ב) קוֹלַעַת שְׂעַר נָשִׁים
She braids women's hair

מְגַדְּלָא דַרְדְּקֵי (שם) מְגַדֶּלֶת תִּינוֹקוֹת
She raises children

מְגַדְּלֵי (סוכה לז א) קוֹלְעֵי —
(Those who) bundle, tie into bundles

מְגַדֵּלְנָא[65] (כתו׳ קג ב) אֲנִי קוֹלֵעַ — I braid

מְגַדֵּף בַּהּ ר׳ אַבָּהוּ (שבת סב ב ועוד)[66] מַקְשֶׁה עָלֶיהָ
(Rab Abahu) raises an objection

מִיגְדַר מִילְּתָא (יב׳ צ ב) לַעֲשׂוֹת גָּדֵר לַדָּבָר — To erect a fence (i.e., prohibit an action that is permitted in order to guard one from committing an offence)

(53) ע׳ ומ׳ ב, א״פ ור״ח: מגאני, מ׳: אגני, ד׳: מגני.

(54) ע׳ (ע׳ מגג): ...מגני ס״א מגאני בתשובות במקומנו כך עושין שכר יש להן ג׳ גיגיות: ביום אחד נותנים באחת תמרים וכשות ומים, ולמחר נותנין תמרים וכשות בגיגית אחרת, ומטילין אותן המים שהטילו בגיגית ראשונה ביום ראשון עליהם, ונותנין על הראשונה מים אחרים, יום שלישי נותנין תמרים וכשות בגיגית ג׳, ומטילין אותם מים שהטילו ב׳ פעמים בגיגית ג׳. ובר יג מגאני שכר שמוטל י״ג פעמים מגיגית לגיגית. פ״א שכר מסונן בי״ג מסננות כלומר הורק מכלי אל כלי.

(55) ה׳: למגבא, מ׳: למיגב׳: ד״ו: למיגבה.

(56) א״פ וע׳, מ׳: מגבי, ד׳: גביא גילא.

(57) ע׳ עה״ש ע׳ מגביא.

(58) = טיט שאפשר לגבול אותו.

(59) כצ״ל, מ׳ ד׳: למיגזר, ה׳: למגזר.

(60) כצ״ל, נוס׳: למיגזריה.

(61) כצ״ל, נוס׳: למיגזרינהו.

(62) ר״ח: לחותכם מן הדקל. רש״י: לחותכן לשנים ולאכלם.

(63) רש״י, מ׳: מיגדלא.

(64) כ״י ואה״ת ועוד.

(65) בכ״י מ אין כל הענין, ונראה שנוסף מן ב״מ (שם: גדילנא).

(66) ע״ז לה א — ר׳ ירמי׳; שם מג א: ר׳ חנינא.

מַגְהֵי[67] (נגה) (נדה סה ב) מִתְאַחֲרִים — (It) entails delays

מִיגּוֹ מִתּוֹךְ — Since, being that

מגולגלתא (בר' מד ב) ר' ביעתא — Cf.

מָגוֹשָׁא (סוטה כב א) מָגוֹשׁ, מְכַשֵּׁף[68]
Magician, sorcerer

מגושתא (שבת עה א) כי"י וע': אמגושתא

מִיגְּזוּ[69] (סנ' כו רע"א) בּוֹרְחִים — They hide

לְמִגְזְיֵיהּ (סוכה לז א) לְקַצֵּץ אוֹתוֹ — To cut it (down)

לְמִגְזְיֵיהּ (גט' ג א) לְחָתְכוֹ (=לְקַצְּרוֹ)
To cut it, to shorten it

מִיגְזַל גָּזוֹל (מ) — Robbing

לְמִיגְזְלָהּ (ב"מ כו א) לִגְזֹל אוֹתָהּ — To rob her

מִגְּזַף (ע"ז נה א — ע'[70]) נִנְזַף[71] — He was scolded

לְמִיגְזַר לִגְזֹר — To issue a (safeguarding) prohibition

למיגזר (ב"ב לו א) ר' למיגדד — Cf.

למיגזריה (ב"ב קלז ב) ר' למיגדדיה — Cf.

למיגזרינהו (מ"ק י ב) ר' למיגדדינהו — Cf.

מְגִיזַת[72] **קֵסְרִי** (מ"ק כו א) מַעֲבַר קֵיסְרִי
Caesarian passage

מגיזתא (ב"מ ל ב) ר' דינא דמגוסתא — Cf.

מִיגַּיַּיר (בר' יז ב) מִתְגַּיֵּר — He converts to Judaism

מִגַּיְּירָא (ע"ז כ א) מִתְגַּיֶּרֶת — She converts to Judaism

מגיירה (יב' כג א 2) מ': מיגיירן, מיגיירא

מִיגַּיְּירִי (גט' פה א ועוד) מִתְגַּיְּרִים
They (*m.*) convert to Judaism

מִיגַּיְּירָן[73] (יב' כג א) מִתְגַּיְּרוֹת
They (*f.*) convert to Judaism

מְגִיסָא (זב' עג ב) קְעָרָה — Plate

מגיסתא (ב"ק קיד רע"א) ר' דינא דמגוסתא — Cf.

מְגִירָתִיךְ (נדר' כא סע"ב) שְׁכֵנוֹתַיִךְ — Your (*f.*) neighbors

יוֹם תְּבַר מַגָּל (תע' לא א, ב"ב קכא ב) יוֹם שֶׁבֶר מַגָּל[74]
Day of breaking the hatchet (i.e., the day on which the seasonal wood cutting for the Temple altar has terminated)

מַגָּלָא (ר"ה לג א ועוד) מַגָּל — Scythe

מְגַלְגַּל (בר' נח ב) מִתְגַּלְגֵּל[75] — It rolls

מְגַלְגְּלָא (כתו' ע ב) מְגַלְגֶּלֶת — She rolls along (lit.), she is willing to bear with it

מְגַלּוּ מְגַלִּים — They reveal

מִיגַּלּוּ מְגֻלִּים — Exposed (*p.*)

מגלו (ביצה ג א) מ': מיגלו

מגלו (ר"ה כא סע"א) מ': מגלי

מְגַלַּח מְגַלֵּחַ — He shears off his hair

מְגַלַּח (נזיר נט א) מְגֻלָּח — One whose hair was shorn

מְגַלְּחִין (נזיר ה א) מְגַלְּחִים — They are taking a haircut

מַגָּלֵי (מ"ק יא א) מַגָּלוֹת — Scythes

מְגַלֵּי מְגַלֶּה — He exposes

מִיגַּלֵּי מְגֻלֶּה — Exposed (*m., s.*)

מגליא (סוטה כב ב) מ': מיגלי'

מִיגַּלְיָא[76] מְגֻלָּה — Exposed (*f., s.*)

מִיגַּלְיָאמִתְגַּלָּה — It is revealed, exposed

מְגַלְיָא (לן) (שבת לג ב — מ' ואה"ת) מְגַלָּה
(She) will disclose (our whereabouts)

מִיגַּלְיָין מְגֻלּוֹת — They are exposed

מְגַלֵּינָא אֲנִי מְגַלֶּה, אֲגַלֶּה — I reveal, I shall reveal

מְגַלֵּינַן (ע"ז לא ב) אָנוּ מְגַלִּים — We leave it uncovered

מְגַלֵּית[77] אַתָּה מְגַלֶּה, תְּגַלֶּה
You reveal, you will reveal

דְּלָא מְגַלֵּית שֶׁלֹּא תְגַלֶּה — That you will not reveal

מגלת (סוטה לו ב, ע"ז כח א) מ': מגלית

מְגִילְתָּא מְגִלָּה (הקלף) — Parchment (roll)

מְגַמְגֵּם (חגי' טו ב, מג' לא ב) מְגַמְגֵּם
He stutters, stammers

מְגַמַּע (פס' עד ב, סוכה מט ב[78]) מְגַמֵּעַ (פיעל של "גמע")
He gulps

(67) מ' ד"ו ורש"י, ע' (נח ב): מגחי, ד"ח: מגבי, הב"ח: מהגי.

(68) ע': שכן בל"י קורין למכשף מגוס.

(69) מ' ופי, ד': מיגנזו.

(70) מ': מנדיף, אה"ת: מינזף, ע"י: מנגיב, ד': מצטריך.

(71) בער' קצף. ע': פי' כי איכא ריתחא בעלמא (= כשיש כעס בעולם).

(72) כצ"ל (משי' "גוזי"), נוס': מזיגת.

(73) מ', ד': מגיירה.

(74) תלי' (בב"ב): יום (= טו באב) שפוסקים בו מלכרות עצים למערכה.

(75) ערוך ע' ויל.

(76) נדרי' כז ב וסוטה כב ב — ד': מגליא.

(77) ע"ז כח א — ד': מגלת, מ': מגלית.

(78) רש"י, ד': אגמע, מ' ב: גמע, מ' לי'.

מִגְמַר, לְמִגְמַר לִגְמֹר, לִלְמֹד — To comprehend
דְמִיגְמַר (סנ׳ לב סע״ב) שֶׁנִּגְמַר, שֶׁיִּגָּמֵר — (Until) conclusion of judgment
מַגְמַר מְלַמֵּד — One who teaches
מִיגְמַר הֲווּ גָמְרִי (תמו׳ טו א) לִלְמֹד הָיוּ לוֹמְדִים — They were learning
מַגְמְרִי מְלַמְּדִים — They teach
מִיגְמְרִי (הור׳ יב א) מ׳: מיגמר
לְמִיגְמְרִי (שבת קלא סע״ב) מ׳: למיגמר
לְמִיגְמְרִינְהוּ (גט׳ ס ב) לְלָמְדָם — To learn from them, to derive from them
מַגְמְרִינַן (חגי׳ יג א, יומא נז א) אָנוּ מְלַמְּדִים — We teach
מַגָּן (ב״ק פה א כ״פ) חִנָּם — Gratis
מַגֵּין (גנן) מֵגֵן — He protects
מַגְּנָא מְגִנָּה — It, she protects
מִיגְנָא שָׁכוּב (מ) — Being recumbent
לְמִיגְנָא (סוכה כו א) לִשְׁכַּב — To lie
מִיגְנַב גָּנוּב (מ) — Stealing
מִיגְּנֵב נִגְנָב — It was stolen
מִגַּנְבָא (ב״מ לד א) נִגְנֶבֶת (=תִּגָּנֵב) — It will be stolen
מגנבו (בר׳ יח סע״א) מ׳: ליגנבו
מִגַּנְבִי (ב״ק ט א, ב״ב קמו א) נִגְנָבִים (=יִגָּנְבוּ) — They will be stolen
מִיגַּנְדַּר מִתְגַּלְגֵּל — It rolls
מִיגַּנְדְּרָא (שבת קמא סע״א) מִתְגַּלְגֶּלֶת — It will roll (toward him)
מִגַּנְדְּרָא (תע׳ כג סע״ב) מִתְגַּנְדֶּרֶת, מִתְגַּדֶּלֶת — (She) lords (over me)
מַגְנוּ (גט׳ סז ב) מַשְׁכִּיבִים — They lay him down
מַגְּנוּ (גנן) (מג׳ ה סע״ב) מְגִנִּים — They are protected
מִיגְנוּ (שם) מוּגָנִים — Protected
מִיגַּנְּזוּ (סנ׳ כו רע״א) מִתְחַבְּאִים — They hide

מגנחין (ב״מ צ ב) ר׳ גנחין — Cf.
מגני (פס׳ קז א) ר׳ מגאגי — Cf.
מַגְנְיָא (יב׳ סג א) מַשְׁכִּיבָה — She causes him to lie (on the ground)
מִיגַּנְיָא[79] (ב״ק צב ב) מְגֻנָּה — Indecent, disgraceful
מִיגַּנְיָא (גנן) (מג׳ ה סע״ב) מוּגֶנֶּת — Protected
מִגַּנְיָא (שבת סה א ועוד) מִתְגַּנָּה — She exposes herself to ridicule
למגניא[80] (שבת קמ ב) לגנותה ? — To disparage her
מִיגְּנִיב נִגְנָב — It was stolen
מַגְנִינָא (ב״מ פה ב) אֲנִי מַשְׁכִּיב — I (cause him to) lie down
מַגְנֵית (גנא) (יב׳ סג סע״א) אַתָּה מַשְׁכִּיב — You (cause him to) lie down
מַגְּנִית (גנן) (תע׳ כב א) אַתָּה מֵגֵן — You protect
מַגַּע (זב׳ סח א) מַגִּיעַ (=גורם לנגיעה) — He causes it to touch
מַגְּעַת (זב׳ ל ב) אַתָּה מַגִּיעַ (=מקרב) — You bring (them) closer (to one another)
מגר (כתו׳ קג א — ד׳ וילנא בלבד!) צ״ל מיגר
מִיגְּרַד[81] (פס׳ קז ב ועוד) גָּרֵד (=הרבות תאבון) — It stimulates the appetite
מַגְרַדְתָּא[82] (שבת קמז סע״ב) מַגְרֶדֶת[83] — Rubbing tool
מִיגָּרָה (ע״ז כב ב) מִתְגָּרָה — She excites it
מִיגָּרֵי מִתְגָּרֶה — It, him excites
מַגְרוּמְתָּא (ב״ק צט ב) מְגֻרֶמֶת[84] — Animal not slaughtered in proper area
מְגָרְמִיתוּ (ב״ב כב א) אַתֶּם מְגָרְמִים[85] — You chew
מִיגְרַס שַׁנֵּן (מ), לָמוֹד — Review, study (*imp.*)
לְמִיגְרַס (תע׳ י ב) לְשַׁנֵּן, לִלְמֹד — To review, to study
מַגְרַע (שבת קד א) מְגָרֵעַ (=מפחית) — He makes it worse, he ruins it

79) מ׳ אה״ת, ד׳: גנאה, שאר כ״י לי׳.
80) המלה קשה. מ׳: למגנא. וכל המשפט ״דילמא חזי ביה מידי ואתי למגניא״ לי׳ בא״פ ילי׳ כ״י רי״ף ומנוה״מ, ותוספת גליון היא.
81) מ׳ ב, מ׳ ד׳: מיגרר.
82) ר״ח, ע׳ ומ׳ גלי׳: מגרדא, ד׳: מגררתא.
83) = חלוק אבן מחוספסת (בתוך בית יד של מתכת) לגרד העור ב(בית ה) מרחץ.
84) ״שחט בטבעת העליונה שבקנה (לצד הראש) וחתך רוב הקנה בתוך הטבעת, ואח״כ הטה את הסכין ויצא מן הטבעת, והמשיך לשחוט מחוץ לטבעת לצד הראש, ונחלקו בזה במס׳ חולין (פ״א מ״ג, יח א): חכמים אוסרים ור׳ יוסי בר׳ יהודה מתיר״ (מפירושי לב״ק).
85) מכרסמים עצמות. במ׳ כד ח: ועצמותיהם יגרם.

מִיגְרַע (ל)גְרוֹעַ (To) diminish

מִ(י)גְרְעָא (קידו׳ יב רע״א — מ׳, ערכ׳ ל ב — מ׳) מְגָרַעַת (=מפחיתה)

She reduces (from the sum of the original payment)

מִיגְרַר (פס׳ ט ב) גָּרוֹר (מ), מָשׁוֹךְ (מ)

Pull (*imp.*), draw (*imp.*)

מיגרר (פס׳ קז ב) מ׳ ב: מיגרד

מגררתא (שבת קמז סע״ב) ר״ח: מגרדתא

מְגָרֵשׁ מְגָרֵשׁ He chases away

מִיגְּרְשָׁא/ה (יומא יג א ועוד) מְגֹרֶשֶׁת, מִתְגָּרֶשֶׁת

She is divorced

מיגרשא (יב׳ קיג ב) מ׳: מגרשה

מיגרשה (כתו׳ נט א) מ׳: מיגרישנא

לָא מְגָרְשָׁה[86] (יב׳ קיג ב) אֵינָהּ (מְגָרֶשֶׁת) [מְגֹרֶשֶׁת]

She is not divorced

מְגָרְשֵׁי מְגָרְשִׁים They chase away

לְכִי מִיגָּרִישְׁנָא[87] (כתו׳ נט א) לִכְשֶׁאֶתְגָּרֵשׁ

When I will be divorced

מְגָרְשַׁת (בר׳ נו א) אַתָּה מְגָרֵשׁ, תְּגָרֵשׁ

You are divorcing, you will divorce

מַדָא (בר׳ כח א 2) מַדִּים (=לבוש כבוד) Raiment

מָדָאָה (מג׳ יא ב, חול׳ נא א) מָדִי (מארץ מָדַי) Mede

מָדָאֵי (עירו׳ כח א) מָדַיִּים Medes

מַדָּאנֵי[88] **אַסָּא** (שבת לג סע״ב) בַּדֵּי הֲדַס Myrtle boughs

מַדְבְּחָא (זב׳ נד א — מתר׳) מִזְבֵּחַ (Temple) altar

מִידַּבִיק (שבת קלד א) נִדְבָּק It will stick

מַדְבְּקָא (בר׳ מ א) מַדְבִּיקָה She sticks (it)

מַדְבְּרָא מִדְבָּר Desert

מַדְבְּרֵי[89] **דְנוּרָא** (מ״ק יב סע״ב) אֲבוּקוֹת Torches

מַדְבְּרָנָא (כתו׳ יז א, סנ׳ יד א) דַּבָּר, מַנְהִיג

Leader, spokesman

מְדַבְּרַת (כתו׳ סג רע״א) אַתְּ מִתְנַהֶגֶת (רש״י)

You behave (as)

מִידְּגַן (נדר׳ נה א) נִדְגָּן (=נעשה דגן)

It becomes a cereal

מדדה (ביצה יא א) ר׳ מידדי Cf.

מִידַּדֵי (ביצה יא א[90], ב״ב כד א) מְדַדֶּה It hobbles, hops

מְדַדֵּינַן (שבת קכח ב) אָנוּ מְדַדִּים

We cause it to hobble, hop

מַדּוּ (יומא יד ב ועוד) מַזִּים They sprinkle

מִידְּווּ (חול׳ נא א) דּוֹאֲגִים וְכוֹאֲבִים (רש״י)

They are worried and suffering

מִידְּוִיל (ב״ב ח א ועוד) נִדְלֶה (ב) He draws water

מְדוּכְיָא (סוטה כב ב — בבר׳) בּוּכְנָה A pestle

מדוכרי דנורא (מו״ק יב סע״ב) ר׳ מדברי Cf.

מדורי (בכו׳ מד ב) ר׳ בי מדרי Cf.

מְדוּרְתָא (ביצה לב סע״ב) מְדוּרָה Bonfire

מדושא (עירו׳ סט א, מ״ק יב ב) ר׳ חומרתא Cf.

מִידְּחָא דָּחֹה (מ) Being rejected

מַדְחוּ דּוֹחִים They reject

מִידְּחוּ (סנ׳ לב ב) נִדְחִים They are rejected

מַדְחֵי דּוֹחֶה He rejects

מַדְחֲיָא (פס׳ ס רע״ב 3) דּוֹחָה She rejects

לְמִידְחֵי לִדְחוֹת To reject

מדחי (סוכה נד ב) רש״י: מידחא[91]

מִידְּחֵי נִדְחֶה (ב) He is rejected

מִידַּחְיָא נִדְחֵית She is rejected

מִדְחְיֵיהּ (ל)דְחוֹתוֹ (To) reject him

מַדְחֵינָא אֲנִי דּוֹחֶה I reject

מַדְחֵית (תמו׳ ח א) אַתָּה דּוֹחֶה You reject

מדחן (נדר׳ נ א) מ׳ ואה״ת: מדחו

לְמִדְחֲסֵיהּ (יב׳ קג א) לִלְחֹץ אוֹתוֹ[92]

To press it with his feet (into the ground)

(86) מ׳, ד׳: מיגרשא.

(87) מ׳, ד׳: לכי מיגרשה.

(88) ע׳: פי׳ מדן ע׳ מובלע והוא מעדן כדכתיב התקשר מעדנות כימה (איוב לח לא)... וכן המתיר ראשי מעדנים... (כלים פ״כ מ״ז). לפי זה פי׳ מדאני — חבילות, אגודות.

(89) ע׳, מ׳: מדבורי, ד׳: מדוכרי, שאילי׳: מדברני.

(90) מ׳: מידדה, מידדי, מידדה, ד׳ בכולם: מדדה.

(91) כ״י לי׳ כל המשפט (עי׳ ד״ס).

(92) ע׳: להכביד רגלו בקרקע ולהדחיק. רש״י: לדחוק רגלו בקרקע.

מְדַחֲפִי[93] (כתו' סג א) דּוֹחֲפִים — They push

לְמִדְחֲפֵיהּ (גט' נו א) לִדְחֹף אוֹתוֹ — To push him

מִידַּחֲקָא (מנ' נא סע"ב) נִדְחֶקֶת — It became hard-pressed (for funds)

מַדֵּי (נדי) מַזֶּה — He sprinkles

מְדַיֵּיר בֵּי דַיְירָא (ר"ה ט ב — בפי ר' יהודה!) דָּר בִּמְלוֹנוֹת (ע"פ רש"י) — He lives in inns

ד[מִי]דַּיְּירִי (ב"ק קיג ב — מ' ה') מְדַיְּרִים[94] — They pen the cattle

מִידַּיְּיתִי (פס' ל ב, ע"ז לד א) מְזִיעִים, פּוֹלְטִים — They disgorge, effuse

בְּמְדִינְחָ(ת)א[95] (פס' קיא סע"א) בַּמִּזְרָח — In the East

מַדִּינַן (פס' סט ב) אָנוּ מַזִּים — We sprinkle, spray

מְדִינְתָּא מְדִינָה — Province

מְדִינָתָא מְדִינוֹת — Provinces

מַדָּךְ (בר' כח א) מַדֶּיךָ (=מלבוש־כבוד שלך) — Your raiment

מְדַכֵּי (ע"ז עד ב — מ', נדה כ ב כ"פ) מְטַהֵר — He purifies, declares it to be pure

מְדַכָּן (בפי עולא — חגי' כה א = נדה ו ב) מְטַהֲרִים — They purify, declare it to be pure

מִדְּכַר זָכוֹר (מ) — Remembering

מַדְכַּר מַזְכִּיר — He reminds

מִדְּכַר נִזְכָּר — He reminds himself

מַדְכְּרוּ מַזְכִּירִים — They remind

וְכִי מַדְכְּרוּ לֵיהּ מִדְּכַר (פס' קכ ב וש"נ) וּכְשֶׁמַּזְכִּירִים לוֹ נִזְכָּר — When he is reminded he remembers, recalls

מַדְכְּרִי מַזְכִּירִים — They remind

מִדַּכְּרִי (עירו' ג סע"א) נִזְכָּרִים — They remind themselves

מַדְכְּרִינַן אָנוּ מַזְכִּירִים — We remind

מִדְּכַרְנָא (בר' מד ב) אֲנִי נִזְכָּר — I remind myself, I recall

מדלא (שבת קנה א) ר' אמדלא — Cf.

מְדַלֵּג (מג' כד א, גט' פב א) מְדַלֵּג — He skips

מְדַלְּגִי (תע' כח ב, סוכה נה א) מְדַלְּגִים — We skip

מְדַלּוּ (עירו' קב א, זב' לה א, חול' נג ב) מַגְבִּיהִים — They lifted

מִ[י]דַּלּוּ (בכו' ח ב — מ' ורש"י) מוּרָמִים — Elevated (i.e., more important)

מַדְלֵי (שם) מֵרִים, מַטְעִין — He lifts, he loads

מַדְלֵי (ר"ה יא א) מַחְסִיר — He deducts

מַדְלֵי (קידו' לא רע"ב) מֵרִים[96] — He lifts (it)

מַדְלֵי (פס' סה ב ועוד) מֵרִים, מַגְבִּיהַּ — He lifts (it) up

מדלי[97] (בר' נו א) ר' מידלי — Cf.

מִדְּלֵי (שבת עז ב, צט סע"ב ועוד) מוּרָם, מְגֻבָּה (רש"י: גבוה) — Raised, elevated (Rashi: tall)

מִידְּלֵי (שבת צב א) נִשָּׂא (מַשָּׂא) — It is carried

מִ[י]דַּלְיָא (שבת צט ב — מ') מוּרֶמֶת — It (*f.*) is lifted

מִידַּלְיָיא מוּרֶמֶת — It (*f.*) is lifted

מִדַּלְיָא[98] (בר' נז א) מוּרֶמֶת — It is elevated (at the level of the sea)

לְמִידְלְיֵיהּ (קידו' פא א) לַהֲרִימוֹ — To lift it

מדלייהו (פס' מ רע"א) ר' מיזלייהו וח"ג שם — Cf.

מִידַּלְיָין (בכו' נה רע"ב) מְגֻבָּהוֹת — They (*f.*) are elevated

מַדְלֵינַן (מ"ק יא א, זב' נד ב) אָנוּ מַגְבִּיהִים, מְרִימִים — We raise

מַדְלִיק מַדְלִיק — He ignites, lights

מדליקי (שבת כג א) מ': מדלקי

מַדְלָן (שם) מַדְלִים — They spread over

מַדְלָן (פס' קיג ב) מְרִימִים — They lift

מַדְלְקָא[99] (שבת כג ב) מַדְלִיקָה — She ignites, lights

מַדְלְקִי מַדְלִיקִים — They ignite

מדלקת (שבת כג ב) מ': מדלקא — She ignites, lights

מַדְלְקַתְּ[1] (פס' נט א) אַתָּה מַדְלִיק — You light

---

(93) אולי צ"ל: דחפי, מ' נשמטה תיבה זו.

(94) ר"ח (מ"ק יב א): פי' מכניסין הבהמות לדיר כדי שיטול זבלן לזבל השדות והאילנות.

(95) אה"ת, מ' וא"פ: בי מדינחא.

(96) מרים כוס ומגיש לי. מ': מזיג — מתאים ל"ואמא מזגא לי".

(97) מ': מידלייא, וצ"ל: מידלי.

(98) ד"ו, ד"ח: מדליה, פ': מדלייא, ב"נ: ממליא.

(99) מ', אה"ת: מדלקה, ד"ו: מדלק', ד"ח: מדלקת.

(1) ר"ח, ד"ו: מדלקות, יל': הדלקה, א"פ: הדלקת (?).

מְדַמּוּ מְדַמִּים — They compare

מְדַמֵּי[2] מְדַמֶּה — He compares

מְדַמְיָין (בר׳ נו א) נִדְמוֹת — They (*f.*) seem to you

מְדַמֵּינַן אָנוּ מְדַמִּים — We compare

מְדַמֵּית אַתָּה מְדַמֶּה — You (*s.*) compare

מְדַמֵּיתוּן (נדר׳ ל א) אַתֶּם מְדַמִּים — You (*p.*) compare

מִדְנָח (ב״ב צא ב) מִזְרָח — The East

מִידַּעַם כְּלוּם, דָּבָר — Nothing, something

לְמִדְקְרֵיהּ (גט׳ נו א) לִדְקֹר אוֹתוֹ — To stab him

מידר (נדר׳ כח א) מ׳ ו״רש״י״: מינדר

מִידְרָא (ב״מ עד א) (ל)זְרוֹת (תבואה) — (To) winnow (grain)

מַדְרָא (יומא כג א) שׁוֹט — Whip

מדרי (שבת קמה ב) ר׳ בי מדרי — Cf.

מִדְרִיד[3] (סוטה מד רע״א) מְדַרְדֵּר — It descends

מַדְּרִינַן אָנוּ מַדִּירִים — We (order him/her to) impose a vow upon themselves

מִדְּרִישׁ נִדְרָשׁ[4] — It is interpreted

מִידְרָס (שבת ח א) דָּרוֹס, דָּרוֹךְ — Trampling

לְמִידְרַס (ב״ק טז ב) לִדְרֹס, לִדְרֹךְ — To claw, to thread on

מִ[י]דַּרְסָא (ב״מ כג א — מ׳ ה׳) נִדְרָסוֹת — They (*f.*) are trampled

מִידְרַשׁ (תע׳ כו ב) (ל)דְרֹשׁ (דְּרָשׁ) — (To) interpret, explain

לְמִידְרַשׁ לִדְרֹשׁ (דְּרָשׁ) — To interpret, derive, explain, expound

במדרשא (כתו׳ סב ב) מ׳: בי מדרשא

לְמִידְרְשֵׁיהּ לִדְרֹשׁ אוֹתוֹ — To derive (from) it

לְמִידְרְשִׁינְהוּ לִדְרֹשׁ אוֹתָם — To derive (from) them

כמה (חגי׳ טו ב[5], מעי׳ ב א[6]) ר׳ כמאן — Cf.

כְּמַה (זב׳ כד א, מנ׳ יז א) כְּמוֹ, כְּמִי[7] — As, like

מִלְּתָא דְּלָא מְהַגְנָא (תע׳ כב ב) דָּבָר שֶׁאֵינוֹ מְהֻגָּן — An improper (statement)

מַהֲדוּרָא קַמָּא/בַּתְרָא (ב״ב קנז ב) מַחֲזוֹר רִאשׁוֹן/אַחֲרוֹן — First/last cycle

מְהַדּוּרֵי[8] (בר׳ נא ב) מְחַזְּרִים (על הפתחים) — (Persons) going from one town to another

מהדיק (ב״ק צא ב) ר׳ מהרזק — Cf.

מִיהֲדַק מְהֻדָּק — Held fast, tight

מִיהְדַּר, לְמִיהְדַּר לַחֲזֹר — To return

בַּר מִיהְדַּר (ב״מ יט ב 3 — גליון) בֶּן־חֲזָרָה (=אפשר להחזירו) — He can recant

בַּת מִיהְדַּר (סוטה מג ב) בַּת־חֲזָרָה (=אפשר להחזירה) — Its purpose can be changed

מְהַדַּר לִי תַּלְמוּדַאי (מ״ק כח א[9], כתו׳ עז ב[10]) אֲנִי חוֹזֵר עַל תַּלְמוּדִי — I repeat what I have studied

מְהַדַּר(ה) (שבת קד ב — מ׳ ואה״ת) מָחְזָר, פּוֹנֶה — It faces, it turns (to)

מְהַדַּר[11] מְחַזֵּר — It, he seeks

מַהְדַּר מַחֲזִיר — It, he returns

מהדר ביה (ב״ק לז א) מ׳ פ׳ ה׳: הדר ביה

מְהַדְּרָא מְחַזֶּרֶת — She seeks

מַהְדְּרָא (יב׳ סג ב, סנ׳ ק ב) מַחֲזִירָה, מַפְנָה — She turns (her back), it returns

מַהְדְּרוּ מַחֲזִירִים — They, we return

מְהַדְּרֵי (בר׳ לא ב ועוד) מְחַזְּרִים, פּוֹנִים — They approach, turn (to)

מַהְדְּרֵי מַחֲזִירִים, מְשִׁיבִים — They return, they respond

וליהדרה מיהדרי (ערכ׳ כג א) מ׳: וליהדרה ניהליה

וּמַהְדְּרִין[12] (נדר׳ מד א) וּמַחֲזִירִים — And they retract (their previous act)

מְהַדְּרִינַן אָנוּ מְחַזְּרִים — We search, we look for

2) בכמה מקומות בד״ח: מדמה.
3) רש״י: מידדי — נשמט. מ׳ משובש.
4) אפשר ללמוד ממנו מדרש.
5) אה״ת וע״י: כמאן, מ׳ לי׳.
6) מ׳ ורש״י: כמאן.
7) במטבע ״קלוטה כמה שהונחה״ הנוס׳ במ׳ (שטרק) בכל המקומות: כמי.
8) לפ״ד שינוי הנקוד: מהדורי ת׳ מהדרי נעשה לזווגו ל״סמרטוטי״.
9) הגהתי, ד׳: ואהדר לתלמודאי, מ׳: ואהדרה לי תלמודאי.
10) מ׳, ד׳: דנהדר תלמודאי.
11) בכמה מקומות נדפס בטעות: מיהדר (ביו״ד).
12) מ׳, ד׳: והדרין בהון.

מַהַדְרִינַן אָנוּ מַחֲזִירִים, נַחֲזִיר

We return, we shall return

מַהַדְרִיתוּ (מ״ק כב א) אַתֶּם מַחֲזִירִים, תַּחֲזִירוּ

You return, you shall (*p.*) return

מַהַדְרְנָא אֲנִי מַחֲזִיר, אַחֲזִיר — I return, I shall return

מְהוֹדְעִין (סנ׳ יא אב, באגרת הנשיא) מוֹדִיעִים — We inform

מִיהֲוָה הָיָה — It was, it existed

לְמִיהֱוֵי לִהְיוֹת — To be, to be regarded as

מַהוּל[13] (יב׳ עא ב) מָלוּ — They circumcised (themselves)

מְהוֹל (פס׳ סט ב) מוֹל (צ) — Circumcise (*s., imp.*)

מְהוֹלוּ (שם) מוֹלוּ (צ) — Circumcise (*p., imp.*)

מָהוֹלָא[14] (שבת קנו א) מוֹהֵל — A *mohel*

בֵּי מָהוֹלָא (כתו׳ ח א) בֵּית הַמּוֹהֵל[15] — Circumcision feast

מָהוֹלָאֵי (שבת קלה א) מוֹהֲלִים — *Mohels* (pl. of *mohel*)

מַהוֹלְתָא (ביצה כט ב, תע׳ ט ב, מ״ק יא א) נָפָה[16] — Sieve

מַהוֹלָתָא (ביצה כט ב) נָפוֹת — Sieves

מָהֵיל מָל (ב) — He circumcises

מְהִילָא (ע״ז כז א) מְהוּלָה (=מלו אותה)

(As if) she were circumcised

בַּר מְהִילָא (יב׳ עא סע״א) מ׳: בר מילה

מְהִילֵי (ע״ז כז א כ״פ) מוּלִים, מְהוּלִים — Circumcised ones

מהילי (יב׳ עא ב) ר׳ מהול — Cf.

מְהִ[י]לִינַן[17] (סנ׳ לט א) אָנוּ מְהוּלִים — We circumcise

מְהֵימָן (אמן) נֶאֱמָן — (One who is) trustworthy

מְהֵימַן (ב״ב קעג ב) מַאֲמִין — He is trusted

מְהֵימְנָא נֶאֱמֶנֶת — She is trusted

אֱ־לָאָה מְהֵימְנָא (שבת י ב) הָאֵ־ל הַנֶּאֱמָן

The trustworthy G-d

אִינִישׁ מְהֵימְנָא אָדָם נֶאֱמָן — Trustworthy person

לָא מְהֵימַנָא לָךְ (ב״מ פו ב) אֵינִי מַאֲמִין לְךָ

I don't trust you, I don't believe you

מְהֵימַנָא (ב״ב לג א — ה׳, קע א) אֲנִי נֶאֱמָן

I am trustworthy

מְהֵימְנֵי נֶאֱמָנִים, מַאֲמִינִים

They are trustworthy, they believe

מְהֵימְנִינַן (ב״ק קיב ב) אָנוּ מַאֲמִינִים — We believe

מְהֵימְנַנָא (ב״ב לג א[18], קע א[19]) אֲנִי נֶאֱמָן

I am trustworthy

מְהֵימַנְתְּ אַתָּה נֶאֱמָן

You are trustworthy, you are believed

מַהֲלֵיה (קידו׳ כט א) מָל אוֹתוֹ — He circumcised him

מָהֲלִינַן אָנוּ מָלִים — We circumcise

מהלינן (סנ׳ לט א) ר׳ מהילינן — Cf.

מָהֲלִיתוּ (סנ׳ לט א) אַתֶּם מָלִים, תָּמוּלוּ

You circumcise yourself, you will circumcise yourself

מְהַלְּכֵי (יומא סח ב) מְהַלְּכִים — (They) walk (around)

מַ(ה)לְקִיטִין[20] (שבת קנו א) מַלְקִיטִים[21] — We feed (it)

מְהַנְדְּזִי[22] (ב״ב פט ב) מַשְׁוִים הַמִּדּוֹת

They inspect, they check (the measures)

מִיהַנְדְּזִין (חול׳ מג א) מִשְׁתַּוִּים, מַקְבִּילִים

They line up

מהנדסי (ב״ב פט ב) ר׳ מהנדזי — Cf.

מְהַנֵּי מְהַנֶּה, מוֹעִיל — It is profitable, it is beneficial

מֵהָנֵי (=מן הני) מֵאֵלֶּה — From these

מְהַנְיָא מוֹעִילָה — She (it) is beneficial

מְהַנֵּינָא (נדר׳ כד א) אֲנִי מְהַנֶּה

I benefit (you), I grant (you)

מְהַנֵּית (שם) אַתָּה מְהַנֶּה

You benefit (me), you grant (me)

מְהַסֵּס (שבת קמז א[23], כתו׳ כ ב[24], ב״מ כג ב[25], חול׳ נ א[26])

מְפַקְפֵּק — He hesitates, doubts

מְהַפֵּךְ, מְהַפֵּיךְ מְהַפֵּךְ — He rummages

(13) רש״י, ד׳: מהילי, מ׳ — בעב׳: מלו.

(14) מ׳, ד׳: מוהלא.

(15) רש״י: סעודת מילה.

(16) מנפים בה את הקמח וכיוצא בזה.

(17) הגהת מהר״ן אפשטיין זצ״ל.

(18) מ׳ ב״פ, ה׳ ב״פ: מהימנא, ד׳ פ״א: מהימנא, ד״ו: מהימני.

(19) ד״ו, מ׳: מהימני אנא.

(20) א״פ וד״י, מ׳: מלקטין.

(21) = מאכילים, קרוב ל״מלעיטין״.

(22) כ״י וע׳, ד׳: מהנדסי. והוא מן בפר׳ = מדה.

(23) מ׳ וע׳, ד׳: מחסם.

(24) מ׳ וע׳, ד׳: מחסם.

(25) מ׳ וע׳, ה׳: מהסס, ד׳: מחסם.

(26) מ׳: מהסים, ד׳: מחסם. והצורה ״מהסס״ נכנסה בעברית

לְמַהְפִּיךְ[27] (קידו׳ עו ב) ר׳ מהפיך Cf.

לְמֶהְפְּכַ(י)הּ[28] (ב״מ פו ב) לַהֲפוֹךְ אוֹתָהּ (=את סדום)

To overturn it

מְהַפֵּיכְנָא בִזְכוּתֵיהּ (שבת קיט א) אֲנִי מְהַפֵּךְ בִּזְכוּתוֹ

I search for merit (in his claims)

מְהַפְּכִי (פס׳ מ סע״א, גט׳ סז ב) מְהַפְּכִים

They turn over, turn into

כִּי מְהַפְּכִיתוּ (פס׳ מ סע״א) כְּשֶׁאַתֶּם מְהַפְּכִים

When you turn over

מְהַקְרְבִין (ר״ה ד א, ב״ב י ב — מספר עזרא) מַקְרִיבִים

They offer sacrifices, they sacrifice

He imprisons **מְהַרְזֵק**[29] (ב״ק צא ב) כּוֹלֵא (שֵׂם בכלא)

He was hiding **מִיהַרְזַק**[30] (נדר׳ צא ב) כָּלוּא

He destroys, loses **מוֹבִיד** (אבד) מְאַבֵּד

He leads **מוֹבִיל** (ר״ה ט ב, סנ׳ צה א) מוֹלִיךְ

They lead **מוֹבִילִין** (סוכה נג א 2) מוֹלִיכִים

I lead, I shall lead **מוֹבִילְנָא** אֲנִי מוֹלִיךְ, אוֹלִיךְ

מוֹבַר (ב״ב כט א 2) מוֹבִיר (שדה)

He lets it (the field) lie fallow

They (the fields) are let lie fallow **מוֹבְרָה** (שם) מוֹבִירָהּ

They let it (the field) lie fallow **מוֹבְרִי** (שם) מוֹבִירִים

I let it **מוֹבַרְנָא** (ב״מ קד ב) אֲנִי מוֹבִיר, אוֹבִיר

(the field) lie fallow, I will let it (the field) lie fallow

Pus, purulence **מוּגְלָא** מֻגְלָה, לֵחָה

מוֹגַר (עירו׳ סב א 2, ב״מ סט ב, פ ב, ע״ז טו סע״א[31]) מַשְׂכִּיר

He rents out

They rent out **מוֹגְרִי** (ע״ז כא א) מַשְׂכִּירִים

You rent out **מוֹגְרַת** (ב״מ ו א) אַתָּה מַשְׂכִּיר

They consent, admit **מוֹדוּ** מוֹדִים

He consents, admits **מוֹדֵי**[32] מוֹדֶה

מוֹדְיָא (כתו׳ פה א, פז ב) מוֹדָה

She admits, confesses, consents

מוֹדֵינָא (ב״ק מ ב ועוד) אֲנִי מוֹדֶה, אוֹדֶה

I admit, I shall admit

הֲוָה מוֹדֵינָא (ב״ק ס ב ועוד) הָיִיתִי מוֹדֶה

I would have admitted

מוֹדֵית (ב״ב ל ב, שבו׳ מא ב) אַתָּה מוֹדֶה

You (*s.*) admit, you agree

מוֹדִיתוּ (שבת נז ב) אַתֶּם מוֹדִים

You (*p.*) admit, you agree

He informs **מוֹדַע** (ידע) מוֹדִיעַ

Protestation **מוֹדָעָא** מוֹדָעָה[33]

מוֹדָעָא רַבָּה לְאוֹרָיְיתָא (שבת פח א)

מוֹדָעָה גְּדוֹלָה לְ(קבלת) הַתּוֹרָה[34]

A great protestation (supporting the claim that the Torah was not accepted by free will)

They inform **מוֹדְעוּ** (יומא יח ב) מוֹדִיעִים

They inform **מוֹדְעֵי** מוֹדִיעִים

מוֹדָעֵיהּ מוֹדָעָה שֶׁלּוֹ

His announcement, his protestation

We inform **מוֹדְעִינַן** אָנוּ מוֹדִיעִים

I inform **מוֹדַעְנָא** (תע׳ כב א, סנ׳ קז א) אֲנִי מוֹדִיעַ

Its waters **מוֹהִי** (תע׳ י א) מֵימָיו

בְמוֹהִי (נדר׳ י ב, כב ב) כינוי לשבועה

Alternative designation for an oath

מוהלא (שבת קנו א) מ׳: מהולא

מוֹהֲרֵי (ב״ב קמה א) (מֹהֲרִים) סִבְלוֹנוֹת[35]

Post-betrothal (post-*kiddushin*) presents

מוהרן[36] (ע״ז יא ב) שם חג פרסי

Name of Persian holiday

מוהרנקי[37] (שם) שם חג פרסי

Name of Persian holiday

מוֹהַרְקֵי (עירו׳ סב א — מל״פ) חוֹתָמוֹת

Documents confirmed by seal

בפי חכמי ישראל הראשונים.

27) ד׳: דידע למהפיך, מ׳: דקמהפיך.

28) מ׳: למיהפכי, אה״ת: למהפכא.

29) ה׳: מיהרזק, מ׳: הרזיק, ד״ו: מהדיק, ד״ח: מחדק.

30) מ׳, ד׳: מהרזיק.

31) ר״ח וכ״י ספ׳, ד׳: מוגיר, מ׳: מוגרי.

32) בכמה מקומות כתבו הסופרים: מודה, וכן עשו המדפיסים.

33) גילוי דעת לבטול איזו פעולה. למשל: בעל שמוסר מודעא לבטל את הגט, שכופים אותו לתתו.

34) שאם יזמינם לדין למה לא קיימתם מה שקבלתם עליכם יש להם תשובה שקיבלוה באונס.

35) מתנות, שמביא החתן לכלתו לפני הנישואין.

36) מ׳: מוהרן, ד״י: מהורן, ע׳: מירון, כ״י ספ׳: ומותרון.

37) ע׳ וכ״י ספ׳: מוהרקני, ד״י: מהרנקי, מ׳: מוהרסנקי.

מוֹהַרְקַיְיהוּ (יב׳ מו א, ב״מ עג ב) חוֹתָמָם[38]
Their documents confirmed by seal

מְוַותֵּר (סנ׳ פא ב 2) מַפְקִיר (רש״י)
He renounced rights to property

מוֹזָא (קידו׳ נב רע״ב) קֹמֶץ — Handful

מוֹזָא דְשַׁמְכֵי (שם) קֹמֶץ שֶׁל בְּצָלִים, ע׳: רָאשֵׁי בְּצָלִים
Handful of onions (Rashi), onion bulbs (Aruch)

מוֹזִיל מַזִּיל (=מוריד המחיר) — He reduces the price

מוזילא (ב״מ קח סע״א) כל כי״י וד״י: מוזיל

מוֹזְלִי מַזִּילִים (=מורידים המחיר)
They reduce the price

מוֹזְפִי (יזף) מַלְוִים — They lend

מוֹזַרְתָּא (בכו׳ נו ב) (ביצה) הַמּוּזֶרֶת[39]
(An egg that) turned bad (and cannot produce a chick)

מוֹחָא מוֹחַ, קָדְקֹד — Brain, skull

מוֹחָהּ (סנ׳ צה א) מוֹחָהּ — Her skull

מוֹחֵיהּ מוחו, קָדְקֳדוֹ — His brain, his skull

(מוחילי) [מְחַלֵּי][40] (בכו׳ מה ב) מְחַלְּלִים
They invalidate, they profane

מוֹחָךְ (ב״ק צט ב) מוֹחֲךָ — Your brain

מוחתיה (שבת פ ב) ר׳ מחתיה — Cf.

מוֹךְ (בר׳ נט א, תע׳ ו ב) הַצַּע (צ)
Fold (your sack to sleep on it) (*imp.*)

מוֹכַח מוֹכִיחַ — He admonishes

מוֹכְחָא מוֹכִיחָה — She admonishes

מוֹכְחִי אַהֲדָדֵי (יב׳ כח ב) מוֹכִיחִים זֶה עַל זֶה
Each one proves the other

מוֹכְלִינַן (סנ׳ כ סע״א) אָנוּ מַאֲכִילִים — We feed (him)

מוֹכְסָא מוֹכֵס — Customs collector

מוֹלַדְתָּא (ע״ז כו א) מְיַלֶּדֶת — Midwife

מוֹלְדֵי (ע״ז ה א) מוֹלִידִים — They give birth

מוֹלְדִין (קידו׳ יג סע״א — מת״י) מוֹלִידִים — They give birth

מוֹלְיָא (מ״ק י ב, ב״ב נד א) תֵּל, גַּבְשׁוּשִׁית
Hillock, soil projection

מוֹלִיד מוֹלִיד — He gives birth

מוֹלְיָיתָא (עירו׳ נו א) תְּלִים, גַּבְשׁוּשִׁיּוֹת
Hillocks, soil projections

מוֹלְיָיתָא (פס׳ עד אב 3) מְלִית (=מַאֲכָל מְמֻלָּא)
Stuffing

מוּמָא מוּם — Defect

מומחא (שבת נח סע״א) מ׳: מימחא

מוֹמֵי (ב״מ פה א) שְׁבוּעָה — Oath

מוּמֵי מוּמִים — Defects

מוּמֵיהּ מוּמוֹ — His defect

מוּמַיְיהוּ (תמו׳ ח א) מוּמָם — Their defect

מוֹמָתָא (נדר׳ י ב, ב״ק קיד א) שְׁבוּעָה — Oath

מוֹמָתַיְיהוּ (פס׳ קיג ב) שְׁבוּעָתָם — Their oath

מוּנִיָּנֵי[41] צִיר שֶׁל דָּגִים — Fish sauce

מ[וֹ]נְפִי (ע״ז כה א — מ׳) מְנִיפִים — They wave

מוֹסִיף מוֹסִיף — He adds

מוֹסִיפְנָא (חגי׳ ה א) אֲנִי מוֹסִיף — I add

מוֹסְפָא (קידו׳ כ א) מוֹסִיפָה — It (*f.*) increases

מוּסְפֵי מוּסָפִין — The *Mussaf* sacrifices

מוּסְפֵי דְשַׁבַּתָּא (ר״ה לא א, סוטה לט ב) מוּסְפֵי שַׁבָּת
The Sabbath *Mussaf* sacrifices

מוֹסְפֵיהּ (קידו׳ ל א) מוֹסִיפוֹ
He adds (another verse)

מוֹסְפִינַן (שבת קלז ב) אָנוּ מוֹסִיפִים — We add

מוּסְתְּקֵי (ביצה לג ב) חָבִית רְעוּעָה
Cracked and re-cemented (clay) barrel

מוֹעֲדָא מוֹעֵד — Holiday

מוֹעֲדַיָּא (בר׳ כח סע״א — מת״י) הַמּוֹעֲדִים — The holidays

קָא מוֹעֵל (מעי׳ יד סע״ב) מ׳ ור״ג: מעיל

מוֹצְדַק לְעַבְדוּ (גט׳ פו רע״א) פָּסוּק לְעַבְדוּת
(ע׳, רש״י: דינו פסוק לעבדות)
His enslavement is justified

מוֹקְדָךְ (סנ׳ לג ב) מוֹקֶדְךָ — Your fire

מוֹקֵי (יב׳ קב ב, גט׳ סח ב) מוֹקַיִם[42]
Cloth shoes (Rashi), wooden shoes, clogs (Aruch)

מוֹקֵי (קום) מַעֲמִיד
He sets it (according to a given opinion)

---

38) רשימת מס גלגולת של כל אחד מהם.
39) מקולקלת מחמת הפסקת הדגירה.
40) הגהתי, מ׳ ורש״י לי׳.
41) ע׳: מינוני (= מי נוני).
42) ולפי הערוך: קבקבים, ובז״ל: פי׳ אלמוך בלי ישמעאל ועץ מלמטה.

מוקים מַעֲמִיד
He sets it (according to a given opinion)

מוקים אַזוּזֵי (ב״מ נב ב) מְדַקְדֵק עַל מָעוֹת
(One who) is particular about (the kind of) money

מוקִימְנָא אֲנִי מַעֲמִיד, אַעֲמִיד
I set it (according to a given opinion)

מוֹקִיר רַבָּנָן (שבת כג ב) מְכַבֵּד חֲכָמִים
One who respects, honors the Sages

מוֹקִיר שַׁבֵּי (שבת קיט א) מְכַבֵּד שַׁבָּתוֹת
One who respects, honors the Sabbath

מוֹקְמָה (ערכ׳ כה ב 2) מַעֲמִידָה
Places the land in the father's possession after having redeemed it during the *Yovel* year

מוֹקְמִי מַעֲמִידִים
They set it (according to a given opinion)

מוקמינא (שבת קנו רע״ב, פס׳ צ רע״א 2, זב׳ קג א)
מ׳: מוקימנא

מוקמינא (שבו׳ ד א) מ׳ פ׳ ורש״י: אוקימנא

מוֹקְמִינַן אָנוּ מַעֲמִידִים, נַעֲמִיד
We set it (according to a given opinion), we will set it (according to a given opinion)

מוקמית (עירו׳ נ ב, מנ׳ צ רע״א) מ׳: מוקמת

מוֹקְמִיתוּ (סנ׳ מד ב) אַתֶּם מַעֲמִידִים
You establish (it, set it up as meaning)

מוֹקְמָן (ב״ב סט א 3) מַעֲמִידוֹת — They set into the soil

מוֹקְמַת אַתָּה מַעֲמִיד, תַּעֲמִיד
You set it (according to a given opinion)

מוֹקַר (יקר) (חול׳ קי ב) מְכַבֵּד, מוֹקִיר
He honors, he respects

מוֹקְרָא[43] (בר׳ מח א) מְכַבֶּדֶת, מוֹקִירָה
She honors, she respects

כָּסָא דְמוֹקְרָא (בר׳ כח רע״א, לא רע״א) כּוֹס הַמְּכַבֶּדֶת[44]
Expensive goblet (made out of precious glass)

מוֹקְרָא (חול׳ צג א) מֹחַ — Brain, mind

מוֹקְרִי (בר׳ נו א) מוֹחִי — My brain

מוֹקְרַת (בר׳ מח א) אַתָּה מְכַבֵּד — You honor

מוקשה (יב׳ מ סע״א — בד״ח) ר׳ מיקשא — Cf.

מוֹרוּ מוֹרִים (ב) — They teach

מוֹרְגַיְיהוּ (תמו׳ יח א) מְרִעֵיהֶם (עי׳ עה״ש)
Their threshing sledge

מוֹרְדְיָא (מג׳ טז ב, ב״מ פז א) מָשׁוֹט — Rudder

מוֹרְזְמָא (חול׳ סג א) שם עוף[45] — Name of bird with long legs and red body regarded as being *tahor*

מוֹרַח (בר׳ מג ב ועוד, שבת קי א[46]) מֵרִיחַ — He smells

מורח(י)נָא (סוטה מט א — עי״ן) אֲנִי מֵרִיחַ — I smell

מוֹרֵי מוֹרֶה — He teaches, he rules

מוֹרְיָא מוֹרָה — She rules, decides

מוֹרְיָין (כתו׳ כג סע״א) מוֹרֶה הוֹרָאוֹת
A render of *halachic* decisions

מוֹרְיָינָא (מנ׳ קד רע״א) הַמּוֹרֶה הוֹרָאוֹת
The render of *halachic* decisions

מוֹרְיְיסָא מוּרְיָס (=מֵי מֶלַח) — Salt water, brine

מוֹרִיק אוֹרוֹקֵי (ע״ז נח ב) הָרֵק מֵרִיק — He empties out

מוֹרִיקָא כַּרְכּוֹם — Saffron

מוריקא (ב״מ מז ב) מ׳ ר׳ א ר״ח ורא״ש: מרוקא

מוֹרִיקָאֵי (ע״ז כב א) מְגַדְּלֵי כַּרְכּוֹם
Saffron growers

מוֹרִית (ירת) מוֹרִישׁ — He bequeaths

מוֹרְנָא (ע״ז כו ב, חול׳ מט א) תּוֹלַעַת — Worm

מוֹרְשָׁא (שבת צט ב) בְּלִיטָה בְּסֶלַע
Projection from a rock

מוֹרְשָׁא (חול׳ יז רע״ב) בְּלִיטָה, פְּגִימָה (בחוד הסכין)
Notch (in knife)

מוֹרְשָׁא (שבת עז ב) עֹקֶץ (=פי מכה) — Top (of scab)

מוֹרְשָׁא דְכוֹבַע (שבת כד רע״א) בְּלִיטַת הַכּוֹבַע
Bulge of cap (*tefillin* pouch)

מוֹרְשָׁא דְקַרְנָתָא (ב״ב ג א ועוד) רָאשֵׁי הַקְּרָנַיִם, בְּלִיטוֹת

43) מ׳, ד׳: מיקרא.
44) רש״י: כוס זכוכית יקרה.
45) עה״ש גוזרו מל״פ (= עוף) (= גדול ואדום). ע׳: לשון פרסי הוא, שכל דבר שהוא ארוך ואדום נקרא מורזמא.
46) מ׳, ד׳: מירח.

Projections of tops of rough stones, projection of corners of square inside circle (*Eruvin* 76b)

מוּרְשְׁהוֹן (שבת כד רע״א) בְּלִיטָתָם — Their bulge

מוּשׁ (ב״ק צב ב) מַשְׁמֵשׁ — Move over, shift *(imp.)*

מוֹשִׁיל (שאל) (תע׳ כא ב[47], ע״ז טו א) מַשְׁאִיל — He lends

מוֹשִׁיף נוּרָא (שבת קיט א) נוֹפֵחַ אֵשׁ — He fans the flame

לְמוֹשְׁכֵיהּ[48] (ב״ב קמג ב) לְמָשְׁכוֹ — To include her (in the inheritance)

מוֹשְׁלֵי מַשְׁאִילִים — They lend

מוֹת (מ״ק טז א — מעז׳) מָוֶת — Death

מוֹתָא מָוֶת — Death

מוֹתָב מוֹשָׁב — Sitting, session

מוֹתְבָא (ע״ז כח ב) מוּנַּחַת — Placed *(f.)*

מוֹתְבֵי מוֹשִׁיבִים, מַנִּיחִים — They place, put

מותבינא (חול׳ מג סע״ב) מ׳ ד״ו: מותיבנא

מוֹתְבִינַן[49] (תוב) אָנוּ מְשִׁיבִים (=מַקְשִׁים) — We raise an objection from a *Mishnah* or *Beraissa*

מוֹתְבִינַן (יתב) מוֹשִׁיבִים, מַנִּיחִים — They place, put

מוֹתְבִיתוּ (סנ׳ לז א) אַתֶּם מוֹשִׁיבִים — You *(p.)* place

מוֹתְבָךְ (פס׳ סב ב) מוֹשָׁבְךָ — Your residence

מוֹתְבַת (ב״ב נט א) אַתָּה מַנִּיחַ, שָׂם — You place, put

מוֹתְבַת (שבת כא א ועוד) אַתָּה מֵשִׁיב (=מַקְשֶׁה) — You raise an objection, point out a difficulty

מוֹתִיב מוֹשִׁיב, מַנִּיחַ — He places, puts

מוֹתִיב[50] מֵשִׁיב (=מַקְשֶׁה) — He raises an objection, points out a difficulty

מותיב[51] **דעתיה** (כתו׳ עא ב) ר׳ מייתבא — Cf.

מוֹתִיב פִּירְקֵי (עירו׳ לו ב) מוֹשִׁיב פְּרָקִים (=דַּרְשָׁן, ר״ח) — Someone who delivers a discourse publicly

מוֹתִיבְנָא (ב״מ קא ב) אֲנִי מוֹשִׁיב — I would place, put

מוֹתִיבְנָא[52] (חול׳ מג סע״ב) אֲנִי מֵשִׁיב (=מַקְשֶׁה) — I raise an objection, point out a difficulty

מוֹתָנָא דֶּבֶר — Plague

מִיזְבַּח זְבַח (חול׳ ד ב) שָׁחוֹט שָׁחַט — He slaughtered

מְזַבֵּין מוֹכֵר — He sells

מְזַבֵּינָא (חול׳ ז ב — מ׳, ב״ב ל רע״א[53], סא ב — ה׳) אֲנִי מוֹכֵר, אֶמְכֹּר — I sell, I shall sell

מְזַבֵּינְנָא אֲנִי מוֹכֵר, אֶמְכֹּר — I sell, I shall sell

מְזַבְּלִי (ע״ז סב ב) מְזַבְּלִים, יְזַבְּלוּ — They fertilize with manure, they will fertilize with manure

מַזְבְּלֵי (סוכה כ א) חוּצָלוֹת (=מחצלות, עדיות פ״ג מ״ד)[54] — Short pieces of matting, a shepherd's bag (also used for sleeping)

מִיזְבַּן קָנֹה — Buying

לְמִיזְבַּן לִקְנוֹת — To buy

מזבן (בר׳ סב ב, כתו׳ מז א 2) מ׳: מזבין

מְזַבְּנָא/ה מוֹכֶרֶת — She sells

וְלָא מַצְיָ[א] מְזַבְּנָא (ב״ק פט א — מ׳ ה׳) וְאֵינָהּ יְכוֹלָה לִמְכֹּר — And she cannot sell

מִזַּבְּנָא[55] (בכו׳ נ רע״א) נִמְכֶּרֶת — It *(f.)* is sold

מִיזַּבְּנָא[56] (ער׳ כט ב) נִמְכֶּרֶת — She is sold

מְזַבְּנֵי מוֹכְרִים — They sell

דמזבני (ב״ב סא ב) כל כי״י: דזבין

לָא מָצוּ מְזַבְּנֵי (מג׳ כו א) אֵינָם יְכוֹלִים לִמְכֹּר — They cannot sell

מִזַּבְּנֵי (ערכ׳ לג ב) נִמְכָּרִים — They are sold

מזבנינא (מג׳ כו א, קידו׳ נט א, ב״ב קנט ב) כי״י: מזביננא

מזבנינא[57] (ב״מ סג ב) צ״ל: זביננא

---

47) מ׳ ב, מ׳: משייל, ד׳: שייל.

48) בתוך קטע פירוש, שאינו בכל כי״י ורש״י וה״ג ורי״ף.

49) ״אשמעתין״ או ״תיובתא״.

50) לפי הקונק׳ יש 20 פעם. אבל ברובם הגדול במ׳ וה׳: מתיב. ורק במקומות מועטים (ב״מ י ב — מ׳, ב״ב מח א — מ׳, נא א — מ׳ וה׳) גם בכ״י: מותיב. אבל ב״ל-״: מותיב (וכן במטבע: הוא מותיב לה), וכן בוי״ו החבור (יוצא מן הכלל — כתו׳ יא ב: ומתיב ר״נ — באשגרה מן ״מתיב ר״נ״ בסמוך) וי״ד-״ וי״קא-״.

51) מ׳: מייתב.

52) מ׳ ד״ו, ד״ח: מותבינא.

53) מ׳ ה׳: מזביננא.

54) ועי׳ הע׳ ל״מרזובלי״.

55) מ׳: מזבנן, תוס׳: מזדבנא, רש״י: מיזדבן.

56) מ׳: מזבנא (ונתלתה ד עי״א), רש״י: מזדבנא.

57) מ׳ ה׳ לי׳ מן ״הוה...״, ובשאר כי״י — נ״א.

מזבנינא (חול׳ ז ב) מ׳: מזבינא

מְזַבְּנִינַן אָנוּ מוֹכְרִים — We sell

מזבנית (ב״מ עב א) מ׳: מזבנ׳

מזבננא (ב״ב סא ב) מ׳: מזבيננא

מְזַבְּנַת (ב״ק פט א) אַתָּה מוֹכֵר — You would have sold

מזבנת (ב״מ פג א) רי״ף ורא״ש: זבנת

מִזְגָּא (יומא לה ב) כּוֹס זְכוּכִית — Glass

מָזְגָא חַמְרָא (חול׳ סב סע״ב) שם עוף

Name of unclean bird (lit., wine mixer)

בַּת מָזְגָא חַמְרָא (חול׳ סג רע״א) שם עוף

Name of clean bird (lit., little wine mixer)

מיזגא (נדר׳ נה א) מ׳: מזיגא

מִזְגַּא[י] (ב״מ ס א — כי״י) מִזְגִי (=מה שאני מוזג)

The way I mix (the wine with water)

לְמִיזְגָּא (זגי) לְהָסֵב, לְהִשָּׁעֵן

To lie down, to recline, to lean

מָזְגָה (קידו׳ לא ב) מוֹזֶגֶת

She mixes (dilutes the wine with water)

מְזַגוּ (יומא פא ב) מָזְגוּ

They mixed (diluted the wine with water)

מַזְגֵּי[58] חַמְרָא[59] (סוכה נג א, ב״ב עג רע״ב)

כּוֹסוֹת זְכוּכִית שֶׁל יַיִן — Wine glasses

מָזְגֵי מוֹזְגִים — They mix (dilute the wine with water)

מַזְגֵיהּ מְזָגוֹ — He mixed it (diluted the wine with water)

לָא מְזַגֵּינָא[60] (זגי) (שבת קיט רע״א) אֵינִי מַשְׁעִין

I won't lay my head on the pillow

מִיזְדַּבַּן נִמְכָּר — It is sold

מִיזְדַּבְנָא נִמְכֶּרֶת, תִּמָּכֵר

It (*f.*) is sold, it (*f.*) will be sold

מיזדבנו (מכות ב ב 3) מ׳ ורש״י: מזדבני

מִזְדַּבְנִי נִמְכָּרִים — They (*m.*) are sold

לָא מִיזְדַּבְנִינַן (מכות ב ב) לֹא נִמָּכֵר, אֵין אָנוּ נִמְכָּרִים

We won't be sold, we aren't sold

מִזְדַּבְנַן (ב״מ צט רע״ב 2) נִמְכָּרוֹת — They (*f.*) are sold

הֲוָה מִיזְדַּבְנַת (מכות ב ב) הָיִיתָ נִמְכָּר

You would have been sold

לָא קָא מִזְדַּהֲמְנָא (ע״ז כו סע״א) אֵינִי מִזְדַּהֶמֶת

I don't desire to become offensive to my husband (through nursing), lit., I don't want to become filthy

מיזדהר זהירי (ב״ב קעג א) כל הנוס׳: מיזהר

מִזְדְּהַר נִזְהָר — He is careful

מִזְדַּהֲרָא (יב׳ פד סע״ב, ב״מ מב רע״ב) נִזְהֶרֶת

She is careful

הֲוָה מִזְדַּהַרְנָא (ב״ב כט א) הָיִיתִי נִזְהָר

I would have been careful

מִזְדּוֹטְרָא[61] (נדר׳ נ ב) מִתְקַטֶּנֶת — It (*f.*) shrinks

מִזְדַּעְזַע (תע׳ טז א) מִזְדַּעְזֵעַ — It trembles

מִזְדְּקִיק נִזְקָק — Take an interest, attend to, deal with

מִיזְדְּקִיקְנָא אֲנִי נִזְקָק, אֶזָּקֵק

We attend to it, deal with it (and consider it a *neder*)

מִיזְדַּקְקָא (בכו׳ ז ב) נִזְקֶקֶת (=מִזְדַּוֶּגֶת) — She mates

מזדקקו (קידו׳ סב רע״ב) מ׳ ורש״י: מזדקקי

מִזְדַּקְקִי (נדר׳ כ א, קידו׳ סב רע״ב[62]) נִזְקָקִים, יִזָּקְקוּ

They deal with, attend to, they will deal with, attend to

מִיזְדַּקְקִינַן (ערכ׳ כב א 2[63]) אָנוּ נִזְקָקִים

We deal with, attend to

מִזְדָּרֵ[י]ז[64] (יומא יג א) מִזְדָּרֵז

He is careful (not to become *tamei*), lit., hurries

מִזְדְּרֵיב (יומא עח א) נוֹזֵל נִתָּז[65] (ע״פ ע׳) מַחֲלִיק, וְנִשְׁמָט מִיָּדוֹ (רש״י)

A liquid that spills out, slides and falls out of his hand

מִיזְדְּרַע (ב״ב פג ב) נִזְרָע — It (*m.*) is sown

מִזְדַּרְעָא (ר״ה טז א) נִזְרַעַת — It (*f.*) is sown

מִזְדַּרְעָן (עירו׳ צג א) נִזְרָעוֹת — They (*f.*) are sown

מִזְדַּרְקִי (שבת עג א — מ׳ א״פ, צז ב) נִזְרָקִים

They are thrown

58) א״פ ור׳ וד״ל בב״ב: כסי.

59) ד׳ ב״ב: דחמרא, ה׳: מיא.

60) מ׳ וע׳, אה״ת: מזגנא, ד׳: מיזגנא.

61) ד״ו, ד״ח: מתזוטרא, מ׳: מיזרוטר׳.

62) מ׳ ורש״י, ד׳: מזדקקו.

63) פ״ב — ד׳: מיזדקקין.

64) ע״פ מ׳ (השתבש: מזרוין = מזדריז).

65) השוה ב״ר ספכ״ח: בעת יזורבו נצמתו — עיקר זריבתם

מַזְהַר מַזְהִיר He warns

מַזְהַר (בכו׳ כט רע״ב) מֻזְהָר He is warned

מִיזְהַר זְהִיר/זְהִירֵי זָהוּר זָהִיר/זְהִירִים

He is careful, they are careful

מְזַוְּרָן[66] (בכו׳ מד א) פּוֹזְלוֹת (=נוטות לצד)

They look obliquely

מוּזַרְתָּא (בכו׳ נז ב) (ביצה) מוּזֶרֶת Rotten egg

מְזוּזְתָא מְזוּזָה *Mezuzah*

מְזוּזָתָא מְזוּזוֹת *Mezuzos* (*p.*)

מְזוֹנָא מָזוֹן Food, nourishment

בִּרְכַּת מְזוֹנָא בִּרְכַּת הַמָּזוֹן Grace after meals

מְזוֹנֵי מְזוֹנוֹת Food, nourishment

מְזוֹנֵיהּ מְזוֹנוֹ His food, nourishment

מְזוֹנַיְיכוּ (בר׳ לה ב) מְזוֹנוֹתֵיכֶם

Your (*p.*) food, nourishment

מזור (בכו׳ מד א) ע׳: מזוורן

מָזוֹרֵי (שבת קכג א) מַחְבְּטִים[67]

Heavy wooden utensil that presses clothing

מַזֵּי (זב׳ פ א כ״פ) מַזֶּה He sprinkles

קָא מַזֵּי (שם) כי״י וד״י: קא מדי

מָזֵיג מוֹזֵג He mixes (dilutes wine with water)

מְזִיג מָזוּג It is mixed (the wine is diluted with water)

מְזִיגָא מְזוּגָה, הַמָּזוּג

Mixed (diluted), that which is mixed (diluted)

מְזִיגָא (עירו׳ נד א, נדר׳ נה א 2[68]) מֶזֶג

Mixed (diluted) drink (of wine)

מזיגי (ע״ז ל א) כ״י ספ׳: מזגי

מזיגנא (שבת קיט רע״א) ר׳ מזגינא Cf.

מזיגת קסרי (מ״ק כו א) ר׳ מגיזת Cf.

מַזְיָא שֵׂעָר Hair

מַזְיַהּ (שבת קי א, סנ׳ קי א) שְׂעָרָהּ Her hair

מַזְיֵיהּ שְׂעָרוֹ His hair

מַזַּיְיהוּ שְׂעָרָם Their hair

מַזְיֵיךְ (יב׳ קטז ב) שְׂעָרֵךְ Your (*s.*) hair

מַזַּיְיכוּ (סנ׳ קי א 2) שַׂעַרְכֶם Your (*p.*) hair

מְזַיֵּיף מְזַיֵּף He forges

מַזִּים לְהוּ (סנ׳ לב ב, מג א) מֵזִם אוֹתָם[69]

He refutes the witnesses' testimony by proving they weren't present when the act happened

מַזִּיק מַזִּיק He causes damage

מְזַכֵּי מְזַכֶּה He credits (someone)

לְמִיזְכֵּי לִזְכּוֹת To acquire

למזכיה[70] (ב״מ ל ב) ר׳ למיזכי Cf.

לָא מַדְכְּרִינַן[71] (שבת כד א) אֵין אָנוּ מַזְכִּירִים

We don't mention

מַזָּלָא מַזָּל Luck

מְזַלְזֵל מְזַלְזֵל He slights, disdains, degrades

מְזַלְזְלָה (מג׳ יב ב) מְזַלְזֶלֶת She degrades

מְזַלְזְלוּ (ע״ז לו א) מְזַלְזְלִים They degrade

מְזַלְזְלֵי מְזַלְזְלִים They degrade

מְזַלְזְלִינַן (ב״מ נב ב 2, ע״ז י ב) אָנוּ מְזַלְזְלִים

We degrade

מְזַלְזְלַתְּ (מ״ק יח א, כתו׳ כג א[72]) אַתָּה מְזַלְזֵל

You degrade

מַזָּלֵיהּ מַזָּלוֹ His good luck

מַזָּלַיְיהוּ מַזָּלָם Their good luck

מְזַלְּפֵי (כתו׳ סז סע״ב) מְזַלְּפִים They spray, sprinkle

מִזְמוֹרָא יַתְמָא[73] (ע״ז כד ב) מִזְמוֹר יָתוֹם

Unidentified song (chapter in *Tehillim*)

מַזְמִי לְהוּ (כרי׳ כד א) מְזִמִּים אוֹתָם[74]

They refute the witnesses' testimony by proving they weren't present when the act happened

מַזְמִין מַזְמִין He invites

מַזְמְנָא (נדר׳ כד א 2) הַמַּזְמִין The host

מַזְמְנִי (מג׳ כח א 2, סנ׳ כט ב, זב׳ צט ב, חול׳ מד ב) מַזְמִינִים

They invite

לחולטנות היתה (עי״פ עהי״ש).

66) ע׳, מ׳: מוזרן, ד׳: מזור.

67) ערוך (ע׳ זיירי): כלי עץ, שהכובס מכה בו את הבגדים על האבן בעת שמלבנן.

68) מ׳, ד׳: מיזגא.

69) מוכיח, שהם עדים זוממים.

70) ד״ח, ד״ו: למזכה, כ״י לי׳ (עי׳ ד״ס).

71) צ״ל: מדכרינן, כמו בסמוך, מ׳ ורא״ש: לא צריך.

72) מ׳: מי מזלזלת, ד׳: מי הוית מזלזל.

73) = שלא נזכר שם אומרו (רש״י). תוס׳: שלא הוזכר על מה נאמר.

74) מעידים עליהם, שהם עדים זוממים.

מַזְמְנִין (נדר׳ מט ב) מַזְמִינִים — They invite

מַזְמְנִינַן (מ״ק טז א 2) אָנוּ מַזְמִינִים — We invite

מַזְמְנַת (נדר׳ כד א) אַתָּה מַזְמִין, תַּזְמִין

You invite, you will invite

מְזַנּוּ (קידו׳ עג א) (מְזַנוֹת) [מְזַנִּים]

They fornicate, they indulge in illicit sexual intercourse

למזפא (ב״מ יז א) מ׳: למיזפ׳

מַזְּקָא מַזִּיקָה — It (*f.*) causes damage

מַזְּקִי מַזִּיקִים — They cause damage

מַזְּקִינַן (פס׳ קי א) אָנוּ מַזִּיקִים — We cause damage

מִיזַּקְנָא (ערכ׳ יט א) מִזְדַּקֶּנֶת — She is becoming old

מַזְקַפְתָּא (ב״מ ס ב) מַזְקֶפֶת[75]

Brushing animal's hair, scrapping (Rashi), scrapper with thick teeth (Aruch)

מִיזְקָק (יב׳ כב ב) הֱיוֹת זָקוּק

He is bound (to perform *yibom*)

לְמִיזְרַע (שבת קלט א) לִזְרֹעַ — To sow

מַזְרְעָא (נדה מג א) מַזְרַעַת — She impregnates

לְמִיזְרְעַהּ לְזָרְעָהּ — To sow it

מיזרף ר׳ זריף — Cf.

מִזְרָק (עירו׳ צח א) זָרוֹק (מ) — Throwing

לְמִזְרַק (מעי׳ ו א) לִזְרֹק — To throw

מִזְרְקֵי, מִיזְרְקֵי (פס׳ עד ב 2, חול׳ צג ב 2) וְרִידֵי בֵּית הַשְּׁחִיטָה

Veins found in the area where the animal is slaughtered

מיזרקא (שבת עג א) מ׳ א״פ: מזדרקי

לְמִזְרְקֵיהּ, לְמִיזְרְקֵיהּ לְזָרְקוֹ — To throw it

מְחָא[76] (שבת נח סע״א) אָרַג — He weaved

מְחָא (סנ׳ לט א) הִכָּה — He hit

מַחַאי (כתו׳ סח ב 4) מִחֲתָה (מל׳ מחאה) — She protested

מַחַאי (ב״מ פד ב) מִחִיתִי (כנ״ל) — I protested

מַחַאי[77] (ע״ז יח רע״א) מִחֲתָה (כנ״ל) — She protested

מְחַבֵּב (חול׳ קלג א) מְחַבֵּב — He is fond of

מְחַבְּבִינַן (פס׳ קה ב) אָנוּ מְחַבְּבִים — We are fond of

מִחַבַּט (ב״ק נא א 2) נֶחְבָּט — He was hit

מִיחַבְּטָן[78] (כתו׳ לו ב) נֶחְבָּטוֹת — They (*f.*) were hit

מִחַבֵּי חַבּוֹיֵי (ב״ק ס ב) נֶחְבָּא

It (the Angel of Death) hides itself

מְחַבֵּיבְנָא (חול׳ קלג א) אֲנִי מְחַבֵּב

I am fond of, cherish

מִיחְבָּל[79] (ב״ק פז א) חָבוֹל (מ) (=לְהַזִּיק)

Causing damage

מְחַבַּר מְחֻבָּר — Attached (*m.*)

מְחַבְּרָא מְחֻבֶּרֶת — Attached (*f.*)

מִיחַבְּרָא (מנ׳ ע א) מִתְחַבֶּרֶת — It (*f.*) is attached

מְחַבְּרִי מְחֻבָּרִים — Attached (*p.*)

מחברת[80] (שבת פג רע״ב) ר׳ מחברא — Cf.

מְחַגְּרָא (שבת לב רע״א[81], יב׳ קטז א[82] 2) פִּסֵּחַ — Lame

מִיחְדָא (חדי) (גט׳ נז א) שָׂמוֹחַ (מ)

Laughing at, ridiculing

מְחַדְּדִי (יב׳ יד א, נדה יד ב) מְחֻדָּדִים

Sharp-minded, keen (*m.*, *p.*)

מיחדדין (קידו׳ כט ב) מ׳: מחדדן

מְחַדְּדָן[83] מְחֻדָּדוֹת, חֲרִיפוֹת

Sharp-minded, keen (*f.*, *p.*)

מְחַדַּדְנָא (עירו׳ יג ב 2) אֲנִי מְחֻדָּד (=חריף)

I am sharp-minded, keen

קָמְחַדּוּ[84] (חדי) (גט׳ סח ב) מְשַׂמְּחִים

They gladden, cheer up

לְמִיחְדֵי (סוכה כה ב) לִשְׂמֹחַ

To rejoice, to be cheerful

קמחדי (גט׳ סח ב) מ׳ ואה״ת: קמחדו

מחה (ב״ב לט ב) ה׳: מחי

מיחה (ע״ז יח רע״א) אה״ת: מחאי

75) מגרדת ששיניה עבות ו״מקרדין את הבהמה וזוקפין את שערה״ (ערוך ע׳ חזרא).

76) מ׳ ורש״י וד״ו, א״פ: מאחי, ד״ח: מיחא.

77) אה״ת, ד׳: מיחה (ועי׳ ח״ג שם).

78) מ׳, ד׳: מיחבטי.

79) מ׳ ה׳, ד״ו: מחבל, ד״ח: מתחבל.

80) ד״ו: מחבר׳, מ׳: דלא מיתברא.

81) מ׳ ור״ח, ד׳: חגרא.

82) כינוי לענן בר חייא.

83) תמיד עם ״שמעתא״.

מַחוּ (גט׳ נו א) מְחוּ They protested

מָחוּ מַכִּים They hit

מחו (מג׳ יט רע״ב) מ׳: מחי

בְּמָחוֹג (בר׳ מו ב, חגי׳ ה ב) בְּרֶמֶז[85]

Through hand gestures

מַחוּהָ(ו) (בר׳ נו א — מ׳) הִכּוּהוּ They hit him

מַחְווּ מַרְאִים They show

בר מחווניתא (ב״ב סח א-ב) ר׳ בר Cf.

מִחְוָור (ע״ז ד ב) הַלָּבֵן (מ, פ״ע)

Whitens, becomes white

מְחַוַּור מְכַבֵּס, מַלְבִּין (פ״ע)

He launders (clothes), whitens

מְחַוַּור (חול׳ צה רע״ב) רוֹחֵץ[86] He washes (his head)

מְחַוְּורֵי (תמיד לב ב) מְכַבְּסִים

They wash (the fish to remove its saltiness)

מְחַוַּורְתָּא מְלֻבֶּנֶת, בְּרוּרָה Whitened, clear

מָחוֹזָאָה בֶּן־מָחוֹזָא Resident (*m.*) of Mechoza

מָחוֹזְיֵיתָא (קידו׳ עב ב) בַּת־מָחוֹזָא

Resident (*f.*) of Mechoza

מָחוֹזְנָאָה בֶּן־מָחוֹזָא Resident (*m.*) of Mechoza

מָחוֹזְנָאֵי (ב״מ סח א 2) מָחוֹזִיִּים (של בני מחוזא)

Residents of Mechoza

מַחְוֵי מַרְאֶה (ב) He shows

דְ(בעי ל)מַחְוֵי[87] (ב״ב קסז א) שֶׁמַּרְאֶה

Who wants to show

מַחְוְיָא מַרְאָה (ב) She shows

מחויאתה (ב״ב לט ב) כל כי״י ועוד: מחיתא

מְחוּהָ(ו) (בר׳ נו א — מ׳) הִכּוּהוּ They hit him

מַחוּיֵי (סנ׳ כ א) (ל)מַחוֹת (מחאה) (To) protest

לְמַחוּיֵי לְמַחוֹת (מחאה) To protest

לְמַחוּיֵי (שבת סא רע״ב) לְמַחוֹת (=לעשותו מומחה)

To render him an expert, to render it an approved and tried amulet

למחוייה (בר׳ נו א) כי״י: לממחייה

מַחֲוֵינָא אֲנִי מַרְאֶה, אַרְאֶה I show, I shall show

מַחֲוֵינָא וּמַחֲוֵינָא (ב״ק קיז א) אַרְאֶה וְאַרְאֶה

I shall point (it) out and I shall point (it) out (and it will be confiscated)

מַחְוֵית (סנ׳ לט א) אַתָּה מַרְאֶה, תַּרְאֶה

You show, you will show

מְחוֹנְהוּ הִכּוּם He hit them

מִיחְזָא רָאֹה To see

מִיחְזֵי רָאֹה, נִרְאֶה (ב) (=נהיה ראוי)

He will be qualified

לְמִיחְזֵי לִרְאוֹת To see

מִיחְזְיָא (יב׳ קח ב) נִרְאֵית She appears to be

לְמִיחְזְיֵיהּ לִרְאוֹתוֹ To see him

הֲוָה מַחֲזֵינָא (בכו׳ לז א) הָיִיתִי מַרְאֶה

I would have shown

לְמִיחְזִינְהוּ (בר׳ ו א) לִרְאוֹתָם To see them

מַ(י)חֲזֵית (חול׳ נט ב — ר׳ ג ורש״י) אַתָּה מַרְאֶה, תַּרְאֶה

You show, you will show

מחזק (בכו׳ יב ב) מ׳ ורש״י: מוחזק

מַחְזְקָא[88] מַחֲזִיקָה She wants others presume

מַחְזְקִי מְחַזְּקִים (=מאשרים את החתימה)

They authenticate the signature

לָא מַחְזְקִי (ב״ב לו א) אֵינָם מַחֲזִיקִים (=אין להם חזקה)

They cannot lay claim to ownership on the basis of continuous occupancy of the property

מַחְזְקִינַן אָנוּ מַחֲזִיקִים

We can lay claim to ownership on the basis of continuous occupancy of the property

לָא מַחְזְקִינַן (ב״ב לו א) אֵין אָנוּ מַחֲזִיקִים (=אין לנו חזקה)

We can not lay claim to ownership on the basis of continuous occupancy of the property

מחזקנא (נדר׳ י ב) מכינויי נזירות

A substitute expression (*kinu'i*) of accepting *nezirus*

מַחְזְקַתְּ (גט׳ פט א) אַתָּה מַחֲזִיק

You support the alibi, explanation

לָא מַחְזְקַתְּ (עירו׳ כה א) אֵינְךָ מַחֲזִיק

You do not take possession

מַחְטָא מַחַט Needle, pin

(84) מי ואה״ת, ע״י: מחדן, ד׳: קא מחדי.

(85) דו-שיח ע״י תנועות ידים באויר.

(86) רש״י (ע״פ ת״א ל״וקרבו וכרעיו ירחץ״): מחללו ומדיחו במים.

(87) ה׳ ור׳ וד׳ פיזרו.

(88) יב׳ סג רע״ב 2 — ד׳: מחזקה.

מַחֲטָא דְאוּשְׁכָּפֵי (חול׳ לא א) מַחַט שֶׁל רַצְעָנִים
Leather workers', shoemakers' pin or needle
מַחֲטָא דְתַלְמִיוּתָא (בר׳ סג א, קידו׳ פב ב) מַחַט שֶׁל סִדְקִית[89]
Very fine pin or needle used for quilting, making stitches like furrows and lines
מִיחְטָא (שבת נו רע״א, ב 2) חָטוֹא — To sin
מְחַטְטֵי שִׁכְבֵי (יב׳ סג ב) מְחַטְטִים מֵתִים
They exhume the dead
מִיחְטַף חָטוֹף (מ) — Catching
מַחְטְרָא[90] (שבת לב א) הַכָּאָה — Blow, beating
מָחֵי מַכֶּה — He hits
מָחֵי[91] (פס׳ מ ב) קוֹמֵחַ (=שָׂם קֶמַח)
He spread flour (in the pot)
מָחֵי[92] **לַהּ אַמּוֹחָא** (מג׳ יט רע״ב 2) מַכֶּה אוֹתָהּ עַל קָדְקֳדָהּ[93]
He hits it (*f.*) on her skull, i.e., he refuted part of what he taught
מַחֵי (ב״מ קי א[94], ב״ב לט ב[95]) מִחָה — He protested
מחיה (מכות ח א) מ׳: מחייה
מַחְיוּהּ(ו)[96] (ב״מ פד ב) הִכּוּהוּ — They hit him
מְחַיֵּי (פס׳ סח א) מְחַיֶּה — He resuscitates
מחיי (חול׳ נא סע״א) מ׳: מחייה
מִיחְיָא חָיֹה (מ) — To live
מְחַיֵּיב מְחַיֵּב — He condemns, sentences, obligates
מִחַיַּיב, מִיחַיַּיב מְחֻיָּב, חַיָּב — He is condemned, sentenced, found guilty, convicted, obligated
מחייב (מכות כב רע״א) מ׳ והב״ח: ליחייב
מְחַיְּיבָא (ב״ק קח א 2) מְחַיֶּבֶת
It (*f.*) obligates (to pay)
מִיחַיְּבָא מְחֻיֶּבֶת, חַיֶּבֶת — She is condemned, sentenced, found guilty, convicted, obligated
מיחייבו (הור׳ ב ב) רש״י: מיחייבי
מְחַיְּיבִי מְחַיְּבִים — They condemn, sentence, obligate
מִיחַיְּבִי מְחֻיָּבִים, חַיָּבִים — They are condemned, sentenced, found guilty, convicted, obligated
מִיחַיְּבִין (הור׳ ב סע״ב) מְחֻיָּבִים, חַיָּבִים
They are under obligation
מְחַיְּיבִינַן (ב״ק קו ב) אָנוּ מְחַיְּבִים
We obligate him (to bring a sacrifice)
מְחַיֵּיבְנָא (ב״ק כד ב) אֲנִי מְחַיֵּב
I am obligated (to pay for damage)
מ[י]חַיַּיבְנָא (קידו׳ ח סע״ב[97], יג רע״א[98]) אֲנִי חַיָּב, אֶתְחַיֵּב
I am obligated (to give charity)
מְחַיֵּיבַת אַתָּה מְחַיֵּב — You condemn, sentence
מִיחַיַּיבְתְּ אַתָּה חַיָּב
You are condemned, sentenced, convicted
מַחְיֵיהּ הִכָּהוּ — He hit him, it
מַחְיָין[הּ] (חול׳ נא סע״א — מ׳) הִכָּהוּ — He hit it
מַחְיָ[י]הּ (מכות ח א 2 — מ׳) הִכָּהוּ — It hit him
מַחֲיֵיךְ שׂוֹחֵק — He laughs
מַחֲיְכוּ (תע׳ כא א, ב״ב טז ב, כרי׳ ד סע״א) שׂוֹחֲקִים
They laugh
מַחַיְכִי (ב״ב טז ב, סנ׳ קט א) שׂוֹחֲקִים — They laugh
מְחַיֵּיכְנָא (מ״ק יז א) אֲנִי שׂוֹחֵק — I laugh
מְחַיֵּיכַת אַתָּה שׂוֹחֵק — You laugh
מְחַיְּילֵיהּ (ב״מ ס א) מְחַזְּקוֹ — He strengthens it
מַחְיַין (תע׳ כה א, חול׳ קז ב) הִכַּנִי — He hit me
מחיית (ב״ב יז ב) מ׳ ה׳: מחית
מָחֵיל מוֹחֵל — He forgives, he renounces
מַחִיל מְחַלֵּל — He profanes
מחילי עבודה (בכו׳ מה ב) מ׳ ור״ג ושמ״ק לי׳
מָחֵילְנָא (בר׳ נו א) אֲנִי מוֹחֵל — I forgive
מַחֵים תַּנּוּרֵי (פס׳ מט סע״א) מְחַמֵּם תַּנּוּרִים
Person tending fire in oven
מָחֵינָא (מג׳ כד א, ב״ב קנא ב) אֲנִי מַכֶּה, אַכֶּה
I hit, I shall hit
מָחִינַן אָנוּ מַכִּים, נַכֶּה — We hit, we will hit

89) ע׳, ״שאינה של תפירה אלא שמאחין בה את הקרעים, ודקה היא ביותר, ונקב שלה צר״.
90) מן ״חוטרא״ = מקל.
91) מן ״מיחא״ = קמח.
92) מ׳, ד׳: מחו.
93) רש״י: לאחר שאמר שמועה זו הכה על קדקדה, כלומר: סתר מקצתה ואמר: לא אמרו אלא...
94) כ״י, ד׳: ואימחא.
95) ה׳, מ׳: מחי, ד׳: מחה.
96) ד״ו, מ׳: מחיו׳, אה״ת: מחיוה ליה. גם במקומות אחרים נוס׳ ו״ו בד״ח.
97) כ״י מינכן.
98) מ׳, ד׳: מיתחייבנא.

מחינן (נדה ז ב) צ"ל: ממחינן[99]

מְחִיצָתָא מְחִיצוֹת — Separations, partitions, divisions

מָחֵיק מוֹחֵק — He erases

מחיק (יומא עז א) מ' אה"ת: אימחיק

מְחִיקְתָא (ב"מ פ ב) (מדה) מְחוּקָה — Leveled-out measure

מְחִית (ב"ב כט א, סנ' כ א 2) מָחִיתָ (מל' מחאה) — You protested

מַחֵית (נחת) מוֹרִיד, מַנִּיחַ — He brought down, he places

מַחֵית (תע' כא ב) מוֹשִׁיב — He seats

מַחֵית (מג' כו ב, נדר' מט א[1], נ א[2]) מֻנָּח — It is placed

מָחֵית (מחי) אַתָּה מַכֶּה — You hit

מְחִיתָא (בר' כד א, שבת קמח א, פס' מב א, חול' נח ב) אָרִיג — Fabric, web

והפתגם הוא:

אַטּוּ כּוּלְּהוּ בַּחֲדָא מְחִיתָא[3] מְחִיתַנְהוּ[4]

כְּלוּם בְּאָרִיג אֶחָד אָרַגְתָּ אֶת־כֻּלָּם?

Lit., you weaved them all in one fashion?, i.e., why did you put them in the same category?

מְחִיתָא[5] (ב"ב לט ב) מַחְאָה — Protest

מָחִיתוּ (ב"ב קכו א) אַתֶּם מַכִּים — You hit

מחיתנהו ר' מחיתא — Cf.

לְמֵחַךְ (=למיחך) (גט' פה ב) לִשְׂחֹק (מ) — To laugh

מַחֲכוּ[6] (חוך) שׂוֹחֲקִים — They laugh

מָחֲלָה מוֹחֶלֶת — She forgives, renounces, remits, foregoes

מְחַלְחֵל (פס' עד סע"א, יומא נח סע"א) מְחַלְחֵל — It (*m.*) permeates

מְחַלְחֲלָ[א][7] (פס' עד א) מְחַלְחֶלֶת — It (*f.*) permeates

מְחַלְחֲלָא (חגי' כב א) מְחַלְחֶלֶת — It (*f.*) permeates

מִיחַלְחֲלָא[8] (נדה עא ב) מִתְחַלְחֶלֶת — It (*f.*) permeates

מְחַלְחֲלֵי (בר' נט א, ב"ב צט ב[9]) מְחַלְחֲלִים — They permeate

מִיחַלַּט (ערכ' לא ב) מֻחְלָט (=לצמיתות) — Sold in perpetuity

מָחֲלֵי מוֹחֲלִים — They forgive, renounce, remit, forego

מַחְלֵי מְחַלְּלִים — They profane

מַחַלְיָא (ע"ז לט א) מַמְתִּיקָה — She sweetens

מחליין (בר' ו ב) מ' פ' ע': מחללי

מָחֲלִי(ן) (ב"ב ס סע"א — מ' ה') מוֹחֲלִים — They do not object

מַחֲלִיף מַחֲלִיף — He exchanges

מיחליף (יומא כח ב) מ': מיחלף

מחליף (גט' יא א 2) מ': מיחלף

מַחֲלִישׁ (חול' יז רע"ב 2) מַחֲלִישׁ (ועי' רש"י) — He weakens

מַחְלְלֵי (שבת קלג ב) מְחַלְּלִים — They desecrate

מַחְלְלִי(ן)[10] (שבת קמז א) מְחַלְּלִים — They desecrate

מַחְלְלִינַן אָנוּ מְחַלְּלִים — We desecrate

מִיחַלַּף מִתְחַלֵּף — It (*m.*) becomes confused with

מיחלף (פס' יא א) מ': מיחלפא

מִיחַלְּפָא/ה מִתְחַלֶּפֶת — It (*f.*) becomes confused with

מַחַלְּפָא (כתו' סא א) מַחֲלִיפָה — She changes (hands, using the left instead of right)

מְ(י)חַלְּפָא (גט' סב רע"א — מ') מַחֲלִיפָה — She exchanges

מַחְלְפוּ (ב"ב קסח א) מַחֲלִיפִים — They substitute

מַחְלְפֵי מַחֲלִיפִים — They exchange

דמחלפי (שבת כג סע"א) מ' וא"פ וד' שונ': דחלפי

מִיחַלְּפֵי מִתְחַלְּפִים — They (*m.*) are mixed up

מִיחַלְּפָן (נז' י א) מִתְחַלְּפוֹת — They (*f.*) may be mistaken for

מִיחְלַץ חָלוֹץ (מ) — Taking off clothes

לְמִיחְלַץ (מ"ק כב ב) לַחֲלֹץ (כתף)[11]

---

99) הצעתי, מ': מצינן למימחי.

1) מ', ד': מחת.

2) מ' ואה"ת, ד': מחת.

3) בבר' בד': מחתא.

4) בבר': מחתינהו, וכן בחול' בד', בפס': מחיתינהו, מ': מחתינהו.

5) כל כי"י ועוד, ד': מחויאתה.

6) רק בלשון "מחכו עלה במערבא" (גם בב"ב טז ב בכ"י מ' והי').

7) מ' א"פ ור"ח.

8) מ': מיחלחלי, ד': מחלחלה.

9) ד"ו ור' ועוד. ה' מ': מיחלחלי, ד"ח: מחלחולי.

10) מ' ור"ח ורש"י.

11) האבל חולץ את כתיפו כשנושא את ארון מתו. ופירש ר"ח: חליצת כתף מוציא ידו מתחת הקרע ונמצאת כתיפו חלוצה מן החלוק.

To bare his shoulder (as a sign of bereavement)

מַחְלְצַיָא*[11] (מ״ק כה ב) מַחְלְצִים (ר׳ משנה מ״ק א י׳)

The (engravings) became obliterated

מַחְלְשָׁא (חול׳ יז רע״ב) מַחֲלִישָׁה (עי׳ רש״י)

It (*f.*) weakens

למיחמא תנורא (תע׳ כד סע״ב) ע״י: דמחממת תנורא (ובכל הנוס׳ לי׳)

מְחַמְדָא (נדה סו סע״א) מְחַמֶּדֶת (=משתוקקת)

She desires, craves

מְחַמּוּ (שבת קנג א) מְחַמְּמִים   They warm up

מְחַמְ(י)מֵי (ב״ב יט א — כי״י) מְחֻמָּמִים   Warmed up (*p.*)

מַחֲמִיר מַחֲמִיר   He is stringent

מַחֲמִירֵי[12] מַחֲמִירִים   They are stringent

מְחַמְּמֵי (שבת קכב סע״א) מְחַמְּמִים   They warm up

מחממת[13] (תע׳ כא ב) ר׳ מייחמא   Cf.

מְחַמַּע (פס׳ לט ב, מא א) מְחַמֵּץ   It (*m.*) leavens it

מְחַמְּעָא (פס׳ מא א) מְחַמֶּצֶת   It (*f.*) leavens it

מְחַמְּעֵי[14] (פס׳ מ א) מְחַמְּצִים   They leaven it

מחמצי (פס׳ מ א) מ׳ ב ורש״י: מחמעי

מְחְמַר חֲמִיר (ב״ק מ א) חָמוּר

It (the *halachah*) is stringent (with him)

מַחְמְרֵי מַחְמִירִים   They are stringent

מ[י]חַנַּךְ (מנ׳ נ א — מ׳) נֶחֱנַךְ (בנין)   It was inaugurated

מְחַנְּכִינַן (חגי׳ ו א) אָנוּ מְחַנְּכִים (קטנים למצוות)

We educate (children to observe *mitzvos*)

מְחַנְּפֵי (קידו׳ ע ב) מַחֲנִיפִים   They flatter

מְחַנְּפִיתוּ (כתו׳ סג סע״ב[15], פד ב) אַתֶּם מַחֲנִיפִים

You flatter

לְמִחֶנְקִינְהוּ (חול׳ ג ב) לַחֲנֹק אוֹתָם   To strangle them

מַחְסוֹרְי(י)תָא (בכו׳ מד א — מ׳) מַחְסוֹרִית (=ראייה לקויה)   Deficient eyesight

מחסם ר׳ מהסם   Cf.

מְחַסַּר (גט׳ ס א, ב״ב קיב ב) מְחַסֵּר   He omits, leaves out

לְמִיחְסַר (ב״ב י א) לַחְסֹר (=לְהַפְסִיד)   To lose

מִיחַסַּר מְחֻסָּר   Lacking (*m.*)

מִיחַסְּרָא מְחֻסֶּרֶת   Lacking (*f.*)

מִיחַסְּרוּ (זב׳ פג ב 2) מְחֻסָּרִים   Lacking (*p.*)

מְחַסְּרֵי מְחֻסָּרִים   Lacking (*p.*)

מְחַסְּרִין (בכו׳ נח א) מְחַסְּרִים[16]

They fix the month to be only 29 days (lit., lessen it)

מְחַסְּרִינַן (ב״ק לט ב) אָנוּ מְחַסְּרִים   We lessen it

מ[י]חַסְּרָן (בכו׳ מד א — מ׳) מְחֻסָּרוֹת   Lacking (*f., p.*)

מְחַסְּרַת (נדר׳ ג א) אַתָּה מְחַסֵּר[17]

You suppose that words are missing from the *Mishnah*

מְחַפֵּי (ע״ז סא ב) מְחַפֶּה   He covers up

מְחַפֵּי (גט׳ נח א) מְחֻפִּים (=מכוסים)   Covered (*p.*)

מְחַפֵּי (כרי׳ כא ב) מְחֻפֶּה   Covered (*m., s.*)

לְמִיחְפַּר (ב״ב פב א 2) לַחְפֹּר   To dig

לְמִיחְצַד (ב״ב סט א) לִקְצֹר (תבואה)   To harvest (grain)

מחציף[18] (כתו׳ כד ב) ר׳ חציף   Cf.

מִיחַצְּפָא בֵּיהּ[19] (כתו׳ כב ב) מִתְחַצֶּפֶת כְּנֶגְדּוֹ

She is insolent to him

מְחָקָא מְחָק (=מקום שנמחק מעליו הכתב)

An erased place (on parchment, paper, any writing surface)

מְחָקָא (מג׳ יט רע״א) פַּפִּירוּס[20]   Papyrus

מְחָקָה (יב׳ לא ב) מוֹחֶקֶת, תִּמְחַק

She erases, she will erase

מְחָקֵי (סוטה יט ב 2) מוֹחֲקִים   They erase

מְחָקֵיהּ (ב״ב קסז א) מָחַק אוֹתוֹ   He erased it

מְחָקִינַן אָנוּ מוֹחֲקִים   We erase

מְחַר מָחָר   Tomorrow

לְמִיחֲרַב (מנ׳ קי א — מתר׳) לַחֲרֹב   To destroy

מַחְרְבַת (ב״מ פו א) אַתָּה מַחֲרִיב   You destroy

מִיחָרְטָא (יב׳ קט רע״ב) מִתְחָרֶטֶת, תִּתְחָרֵט

She regrets, she will regret

מְחָרְיָא (חרר) (חגי׳ ה רע״א) חוֹתָה, גּוֹרֶפֶת (תנור)

She rakes the ashes from the oven

*11) [ד׳: מחלצייא, כי״י: מחצליא, וראה דק״ס (ע. ל.)]

12) וכן בערכין כז סע״ב ב״פ במ׳ ושמ״ק, ד׳: מחמירן.

13) ד״ו: מחממי, ע״י: מחממא, מ׳ מייחמא.

14) מ׳ ב ורש״י, מ׳ ד׳: מחמצי.

15) מ׳, ד׳: מחניפיתו.

16) = קובעים, שהחדש חסר — בן כ״ט יום.

17) = אתה מניח, שהמשנה חסרה.

18) מ׳: חציף (ולי׳ ״אינש נפשיה...״).

19) מ׳, ד׳: חציפה.

20) רש״י: מין עשבים עשוי ע״י דבק. התלי׳ מזהה ב״מחקא״ את

He destroys מְחָרִיב מַחֲרִיב

מְחָרִיבְנָא (תע׳ כד ב) אֲנִי מַחֲרִיב, אַחֲרִיב

I destroy, I shall destroy

He scorches מְחָרֵיךְ (שבת קיט א וש״נ) חוֹרֵךְ

Scorched מִיחֲרַךְ (שבת כ סע״ב) נֶחֱרָךְ

They consecrate מַחְרְמִי (ערכ׳ כח א) מַחֲרִימִים

We excommunicate מַחְרְמִינַן (מ״ק טז א) אָנוּ מַחֲרִימִים

They come early מַחְרְפִי (שבת קטו א) מַקְדִּימִים

מִיחְרָץ (גט׳ כ א, בכו׳ מא א) חָרוּץ (=לעשות חריץ)

To groove

He intended to מְחַשֵּׁב מְחַשֵּׁב (בעבודת הקרבן)[21]

eat the sacrifice after the time allotted for eating it

מיחשב (תמיד לב רע״ב) אה״ת: מחשב, מ׳ רש״י לי׳

לְמִיחְשַׁב לַחֲשֹׁב, לִמְנוֹת

To consider, to count, to enumerate

Considered מִיחֲשַׁב (נז׳ יג א) נֶחֱשָׁב

They reckon מְחַשְׁבִי (סנ׳ יב א) מְחַשְּׁבִים

To count it לְמִיחְשְׁבֵיהּ (ב״ק ד א) לִמְנוֹת אוֹתוֹ

They think מְחַשְׁבִין (שבת קנו סע״א) מְחַשְּׁבִים

We calculate מְחַשְׁבִינַן (ב״מ סז א 2) אָנוּ מְחַשְּׁבִים

Thoughts מַחְשַׁבְתָּא (עירו׳ כט א) מַחֲשָׁבוֹת

His thought מַחְשַׁבְתֵּיהּ (זב׳ צד א, כרי׳ כ א) מַחֲשַׁבְתּוֹ

His thoughts מַחְשְׁבָתֵיהּ (שבת קנו א) מַחְשְׁבוֹתָיו

לְמִיחְשְׁדֵיהּ (ב״מ עח ב, בכו׳ כט א) לַחֲשֹׁד בּוֹ

To suspect him

מְחַשֵּׁיב [לֵיהּ][22] (ר״ה יז סע״א) מוֹנֶה אוֹתוֹ

He counts it

מחשכא (זב׳ ס סע״ב) מ׳: שמעתת׳ דמחשכן

(מְקַדְּמִי) וּמְחַשְׁכִי (מַשְׁכִּימִים) וּמַעֲרִיבִים

They go early in the morning and late at night

מְחַשְׁכִיתוּ (ב״מ פג א) אַתֶּם מַעֲרִיבִים, תַּעֲרִיבוּ

(=תעבדו עד אחרי השקיעה)

You work until sunset, you will work until sunset

מְחַשְׁכָן (פס׳ לד ב וש״נ, זב׳ ס סע״ב[23]) מַחֲשִׁיכוֹת

They are obscure, incorrect

מחת (נדר׳ מט א, נ א) מ׳ ואה״ת: מחית

She hit her מְחָתָא[24] (כתו׳ סה א) הִכְּתָה אוֹתָהּ

מַחֲתָא (בר׳ כד א ועוד) אָרִיג, ור׳ מחתינהו

Fabric, material

Placed, it is lying (*f.*) מַחֲתָא (נחת) מֻנַּחַת

He rakes (embers) מְחַתֵּי (שבת יח ב 2) חוֹתֶה

Placed (*m., p.*) מַחֲתֵי (נחת) (ב״ב ג ב 2) מֻנָּחִים

וּמְחָתֵיהּ[25] (מחי) (שבת פ ב) וְהִכְּתָה אוֹתוֹ

And she hit him

He signed him up מַחְתִּים[26] מַחְתִּים

Cf. מחתינהו ר׳ מחיתא

We lower מַחֲתִינַן (נחת) אָנוּ מוֹרִידִים

He cuts מְחַתֵּךְ, מְחַתֵּיךְ מְחַתֵּךְ

Cutting מִחְתָּךְ (שבת קמו ב) חָתוּךְ (מ)

To cut לְמִיחְתַּךְ (שם) לַחְתֹּךְ

מיחתך (חול׳ קלג א) מ׳: חתיך

She cuts מְחַתְּכָה (ע״ז כ ב) חוֹתֶכֶת

Cut (*p.*) מְחַתְּכִי (סנ׳ עח א 2) חֲתוּכִים

מְחַתַּם (בר׳ מד א, פס׳ קד א) חָתוּם (מ), סַיֵּם (מ)

Sealing, concluding

לְמִחְתַּם (בר׳ מט א, תע׳ יז א) לַחְתֹּם

To conclude (a *berachah*)

Signed מִיחֲתַם (גט׳ כח ב) נֶחְתָּם

מַחְתְּמִי (גט׳ סז א, עב א, קידו׳ עו ב) מַחְתִּימִים

They sign up

Placed (*f., p.*) מַחֲתָן (נחת) מֻנָּחוֹת

מַחֲתָנָא דְגָדֵר (עירו׳ כב ב) מוֹרָד שֶׁל גָּדֵר (מקום)

Declivity of fence or railing (name of place)

They marry מִיחַתְּנִי (כתו׳ קב ב) מִתְחַתְּנִים

He weaved them מַחֲתֵינְהוּ (בר׳ כד א ועוד) אָרַג אוֹתָם

מַחְתַּרְתָּא (מ״ק כה ב, סנ׳ קט סע״א) מַחְתָּרוֹת

(Breaks through by using) a subterranean passage

He arrived מְטָא הִגִּיעַ

הנייר.

21) חשב (וביטא בשפתיו) לאכול מן הקרבן לאחר זמן אכילתו הקבוע.

22) אה״ת, מ׳: מיחשב = נִמְנֶה.

23) מ׳, ד׳: שמעתא דמחשכא.

24) ״להּ״ אין במ׳.

25) ד״ח: מוחתיה.

26) בכתו׳ יח סע״ב: ד׳: מחתם.

מטא[27] (חול׳ קיב סע״א 2) ר׳ מטוי Cf.

מְטַאי הִגַּעְתִּי I arrived

מְטַאי (כתו׳ סג ב[28], ב״ב פט א, חול׳ נה ב) הִגִּיעָה

It (*f.*) reached

מַטְבִּיל מַטְבִּיל (טבילה)

He immerses himself (in *mikveh*)

מְטַבֵּיל (סוכה לו ב 2) מְטַבֵּל (טיבול)

He dips (something)

מְטַבֵּילְנָא (שבת קח ב ועוד) אֲנִי מְטַבֵּל I dip (something)

מְטַבֵּל (מנ׳ פו א) מְטַבֵּל He dips (something)

לְמִטְבַּל לִטְבֹּל To immerse oneself (in *mikveh*)

מטבלא (פס׳ קטז א) מ׳ וא״פ: מטבלינן

מַטְבְּלִי לֵיהּ[29] (פס׳ קט ב) מַטְבִּילִים אוֹתוֹ

They immerse him (in *mikveh*)

מַטְבְּלֵיהּ[30] (שם) מַטְבִּילוֹ He immerses it (in *mikveh*)

מטבליה (פס׳ ע רע״ב) כי״י: מטביל

מַטְבְּלִינַן (חגי׳ כב ב ועוד) אָנוּ מַטְבִּילִים

We immerse (in *mikveh*)

מְטַבְּלִינַן[31] (פס׳ קטז א) אָנוּ מְטַבְּלִים

We dip (something)

לְמִטְבַּע[32] (ב״ק קיז ב) לִטְבֹּעַ To drown

מְטַבַּע (ב״ב עג א) מְטַבֵּעַ It sinks

מְטַבְּעִי (ב״ב כד א) מְטַבְּעִים They sink

מטה ואתא (בר׳ יא א) מ׳: קא מטית ואתית ר׳ מטית Cf

מִטָּה גִילִיתָא[33] (שבת מז רע״ב) מִטָּה קַלָּה כְקַשׁ[34]

Folding bed, lit., bed of straw (because of its lightness and ability to be easily assembled and dissembled)

מְטַהֵר (חול׳ קכד ב, קכו א) מְטַהֵר

He renders it *tahor* (ritually purified)

מִטְּהַר (חול׳ קמא א) נִטְהָר He purifies himself

מִטַּהֲרָה (חול׳ פה ב) נִטְהֶרֶת, מִטַּהֶרֶת

It became *tahor* (ritually purified), it is *tahor*

מְטַהֲרִי מְטַהֲרִים They render it *tahor* (ritually pure)

מְטַהֲרִינַן (חול׳ קכג ב) אָנוּ מְטַהֲרִים

We render it *tahor* (ritually pure)

מְטַהַרְנָא (נדה כ ב) אֲנִי מְטַהֵר

I render *tahor* (ritually pure)

מְטַהֲרַת (ב״ק יא א) אַתָּה מְטַהֵר

You render it *tahor* (ritually pure)

מְטוֹ הִגִּיעוּ They arrived, reached

מְטוֹ (חגי׳ ה א) הִבְשִׁילוּ (הפירות)

(The fruits) became ripe

מָטוּ מַגִּיעִים They arrive, reach

לְמִטְוֵי (בר׳ י סע״א — הב״ח) לִצְלוֹת To grill, roast

מִטְוֵי (בר׳ מד ב כ״פ ועוד[35]) צָלוּי Grilled, roasted

מִטְוֵי[36] (חול׳ קיב סע״א 2) נִצְלֶה It is grilled, roasted

לְמִיטְוִינְהוּ[37] (טוי) (ביצה ד א) לִצְלוֹתָם

To grill them, to roast them

מִטַוְיָתָא (בר׳ מד ב) צְלוּיוֹת Grilled, roasted (*f.*, *p.*)

מטולתא (סוכה ג א) מ׳ מ׳ ב וד״ו: מטללתא

בְּמָטוּתָא בְּבַקָּשָׁה Please, I pray

מִיטְחַן (כתו׳ קג א) טָחוֹן (מ) To grind

לְמִיטְחֲ[נִ]ינְהוּ[38] (ע״ז סה סע״ב) לִטְחוֹן אוֹתָם

To grind them

מְטַחְתֵּיהּ (גט׳ סט ב 2) יְרֵכוֹ His hip, thigh, loin

מְטַטְרְגִי[39] (עירו׳ סא א) מַכִּים וְחוֹבְטִים[40]

They hit and kill

מָטֵי מַגִּיעַ He arrives, reaches

מָטְיָא מַגִּיעָה She arrives, reaches

מטיא (כתו׳ סג ב) ר׳ מטאי Cf.

מטייא[41] (יומא סט ב) ר׳ נטייה Cf.

מטייבא (מנ׳ פח ב) מ׳: מיתוטבא

(27) ר״ג: מיטוי (וכנראה שכך גרס גם רש״י, ופי׳: נצלה), ה׳ ר׳ א: בשיל.

(28) מ׳, ד׳: מטיא.

(29) ג׳ כי״י, ד׳: מטבליה.

(30) ג׳ כי״י: מטבלי ליה.

(31) מ׳ ומ׳ ב, ד׳: מטבלא.

(32) מ׳ ור׳, ד׳: לאטבועי.

(33) ע׳, מ׳: גלילתא, ד׳: גללניתא.

(34) ע׳: ... שהן רפויין על הרגלים ונוחין לתקן ולפרק כקש. והשוה ״כסא גלין״ (שבת קלח רע״א).

(35) פסח׳ פד ב צ״ל: דטוי (מ׳ וא״פ לי׳ כל המשפט).

(36) ר״ג, מ׳ ד׳: מטא, ה׳ ר׳ א: בשיל.

(37) מ׳, ד׳: לאטווינהו.

(38) כך נ״ל להגיה. בכ״י ספ׳ בלשון יחיד: למטחניה ולמפייה ולזבוניה.

(39) לדעת קוהוט מל״י.

(40) רש״י: מכין והורגין היו. ר״ח: מריבים עמהן ומכין אותן.

(41) מ׳ ומ׳ ב: נטייה, פי׳ ר״א: נטיא, א״פ: מסייעא, הגר״א:

מַטְיֵיהּ הִגִּיעוֹ — He reached him

מְטַיֵּיט[42] (ב״ב קסג א) מְטַשְׁטֵשׁ — He blurs (it)

מְטַיֵּיל (סוכה נג א) מְשַׂחֵק — He plays

מטייל[43] (ב״ק צב ב) ר׳ משייל — Cf.

מְטַיְּילִין (ב״ב צא ב) מְשַׂחֲקִים — They play

לְמִיטְיְימֵיהּ (טמם) (עירו׳ עט א) לְסָתְמוֹ — To fill it in

מַטְיָין (ב״מ טז א[44]) מַגִּיעִים — They arrive, reach

מְטָיְיפֵי (מג׳ יד ב[45], ב״ק צב ב) צוֹפִים — They look far away

מָטֵינָא אֲנִי ·מַגִּיעַ, אַגִּיעַ — I arrive, reach, I shall arrive, reach

מָטֵינַן (שבת קמ א) אָנוּ מַגִּיעִים, נַגִּיעַ — We arrive, reach, we will arrive, reach

מְטַיְּפָךְ (סוכה נג א) מְצִיפֶיךָ, מַטְבִּיעֶיךָ — Those who drowned you *(s.)*

מָטֵית אַתָּה מַגִּיעַ, תַּגִּיעַ — You arrive, reach, you will arrive, reach

מַטֵּית[46] (בר׳ יא א) אַתָּה מַטֶּה — You are inclined to

מְטִיתוּ (זב׳ קיט סע״א 2) הִגַּעְתֶּם — You reached

מְטַכְסָא[47] (ב״ק קיז ב ועוד) מֶשִׁי, שִׁירָאִין — A type of silk, garment made of a type of silk

מְטַלְטֵל מְטַלְטֵל — He carries

מְטַלְטְלָא[48] מִטַּלְטֵל — Movable property (refers to slaves) as opposed to fixed (real) property

מִיטַּלְטְלָא (מג׳ כו ב) מִטַּלְטֶלֶת — It (*f.*) is movable

מְטַלְטְלוּ (שבת קכח א) מְטַלְטְלִים — They move, carry

מִיטַּלְטְלִי מִטַּלְטְלִים, מִטַּלְטְלִין — They are movable

מְטַלְטְלֵי מִטַּלְטְלִים — Movable

מְטַלְטְלִינַן אָנוּ מְטַלְטְלִים — We carry, move

הֲוָה מְטַלְטְלִינַן הָיִינוּ מְטַלְטְלִים — We would carry

מִיטַּלַּל (טלל) (סנ׳ קי רע״א) מְשַׂחֵק — He makes fun (of you)

מְטַלְּלָא (ב״ק נ ב) מְקֹרָה (=יש לה תקרה) — It is roofed

מִיטַּלְלָא (כתו׳ סא ב) מְשַׂחֶקֶת — She plays

מְטַלְּלִי (שבת עח א 2) סוֹכְכִים, נִגְלָדִים — Cover, coagulate

מְטַלְּלִי (ב״מ פו א) סוֹכְכִים, מְצִלִּים — They cover, they shade

לָא מְטַלְּלִי (ב״ק נ ב) אֵינָם מְקֹרִים (=אין להם תקרה) — They are not roofed

מְטַלַּלְתָּא סֻכָּה — Sukkah

מַטְלַע (שבת נט ב, כתו׳ קג ב) צוֹלֵעַ — He limps

מַטְלַעְתָּךְ (כתו׳ קג ב) צַלְעַתְךָ[49] — Your limping

מיטמא (בכו׳ לד ב) מ׳: מטמי

מטמאו מ׳ בכולם: מטמו

מטמאו (מ״ק ח א 2, נדה לב ב 2) מ׳: מיטמו

מטמאי (עירו׳ קה א) מ׳ א״פ וד״י: מטמינן

מְטַמְּאֵי (כתו׳ י א, ב״ק סג א) מְטַמְּאִים — They render ritually impure

לאימת קא מיטמאי (פס׳ לג רע״ב) מ׳ ב ורש״י: לאימת מיטמו

מְטַמְּאִיתוּ (נדה יט ב 2) אַתֶּם מְטַמְּאִים — You render ritually impure

מִיטַּמּוּ (פס׳ לח א, נדה לב ב) נִטְמָאִים — They become ritually impure

מְטַמּוּ מְטַמְּאִים — They render ritually impure

מִיטַּמּוּ נִטְמָאִים — They are rendered ritually impure

מְטַמֵּי מְטַמֵּא — (He, its) renders ritually impure

מִיטַּמֵּי[50] (בכו׳ לד ב) נִטְמָא — It is rendered ritually impure

מְטַמְּיָא מְטַמְּאָה — She renders ritually impure

מִטַּמְּיָא (פס׳ לח א, בכו׳ יב ב, נדה לז ב) נִטְמֵאת — (It, she) is rendered ritually impure

מטמיא (בכו׳ לד ב) מ׳: מטמית ליה

מְטַמֵּינָא (נדה כ ב) אֲנִי מְטַמֵּא — I render ritually impure

---

מסייע. ״ויש לעיין ע״ז איך מביאין סייעתא מדרב מתנא לריב״ל, דהוה קדים ליה טובא״ (דו״ס).

42) ה׳ וד״פ: מטיט, ערוך (ע׳ דיו): מדיית... כלומר עושה נקודות של דיו בין העדים לאשרה.

43) אה״ת: משייל, ה׳: מְשָׁאַל, פ׳: משאיל, מ׳ ד׳: מטייל.

44) מ׳ פ׳ ר׳ א, ד׳: מתחלן.

45) מ׳, ד׳: מיטייפי, אה״ת: מיטפי.

46) מ׳, ד׳: מטה.

47) מל״י = משי מובחר.

48) תמיד ככינוי לעבד.

49) מלשון ״צולע״.

50) מ׳: מטמי, ד׳: מיטמא.

מְטַמְינַן (עירו׳ קה א[51] ועוד) אָנוּ מְטַמְּאִים
We render ritually impure

לָא מְטַמְינַן לַהּ (נדה י סע״א) אֵין אָנוּ מְטַמְּאִים אוֹתָהּ
We do not render her ritually impure

מִטְמִישׁ (ביצה ל א) נִרְטָב — It becomes wet

מְטַמֵּית (בכו׳ לד ב) אַתָּה מְטַמֵּא
You render ritually impure

מִיטַּמַּר (ב״ק נג א, עט ב[52], סנ׳ יד א) מִסְתַּתֵּר, נִטְמָן
He hides himself

מִטַּמְּרָא (סוכה כב ב) נִסְתֶּרֶת, נִטְמֶנֶת — It (*f.*) is hidden

מְטַמְּרָא (פס׳ ס ב) מַסְתִּירָה, מַטְמִינָה — It (*f.*) hides

מַטְמְרוֹהִי[53] (ב״ק ו ב) מַטְמוֹנָיו — His treasures

מטמרי (ב״ק ס ב) מ׳ ה׳: מיטמרי

מִיטַּמְּרִי מִסְתַּתְּרִים, נִטְמָנִים — They hide themselves

מִיטַּמְּרִי (ב״ב נד ב) טְמוּנִים — Hidden (*m.*, *p.*)

מטמרי (ב״ק עט ב) מ׳ ה׳: מיטמר

מִטַּמְּרָן (גט׳ נו ב) נִסְתָּרוֹת — Hidden (*f.*, *p.*)

מטניף (שבת ח ב) מ׳: מטנפי

מְ(י)טַנַּף[54] (ב״ב כ ב) מְטֻנָּף — Dirty

מְטַנְּפָה (נדה כט סע״א) מְטַנֶּפֶת — She soils

מְטַנְּפִי (שבת קנד ב, מ״ק יח א) מְטֻנָּפִים — Dirty (*m.*, *p.*)

מיטנפי (שבת מח ב, ק ב, ב״ב פב ב) מ׳: מטנפי

מִיטְעָא[55] טָעֹה (מ) — Being mistaken

מַטְעוּ מַטְעִים — They deceive

מַטְעֵי מַטְעֶה — He deceives

לְמִטְעֵי לִטְעוֹת — To be mistaken

מַטְעִינַן (חול׳ צד ב) אָנוּ מַטְעִים — We deceive

קָמַטְעֵית (ב״ב קנג סע״א) אַתָּה מַטְעֶה — You deceive

לְמִיטְעַם לִטְעֹם — To taste

לְמִטְעֲמֵיהּ (יב׳ פט א, חול׳ קיא ב) לִטְעֹם אוֹתוֹ — To taste it

לְמִטְפֵי (ב״מ כח א) לְהוֹסִיף — To add

מַטְפֵי (עירו׳ ה ב) מוֹסִיף — He adds

מַטְפֵינָא (ב״ב קז ב 2) אֲנִי מוֹסִיף — I add

מִטַּפֵּל בְּהוּ (קידו׳ עו ב 2) מְטַפֵּל בָּהֶם
He occupied himself, engaged himself with them

לְמִישְׁקַל וּלְמִיטְרָא (סוטה ז ב[56], ב״ק צב סע״א[57])
To give and take (in discussing Torah) לָשֵׂאת וְלָתֵת

מִיטְרָא מָטָר — Rain

מטראתא (ע״ז י ב) מ׳ אה״ת וע״י: מטרתא

מִטְרָד (פס׳ עב ב) טָרוּד (מ) — Being occupied

לְמִטְרַד (בר׳ כה ב) לִטְרֹד (=לְבַלְבֵּל)
To disturb, trouble

מִיטַּרְדִי (מג׳ ו ב) נִטְרָדִים — They are preoccupied

מִיטַּרִידְנָא אֲנִי נִטְרָד — I am preoccupied

מִיטְרָח[58] טָרוֹחַ — Bothering

לְמִיטְרַח לִטְרֹחַ — To bother

למיטרח (מג׳ כב ב) מ׳ ורש״י: מטרח

מַטְרַח (שם) מַטְרִיחַ — He bothers

למטרח לן (פס׳ פט ב) מ׳ ב: מטרחת

מיטרח (ב״ק צב סע״א) ר׳ למיטרא — Cf.

מיטרחא (שבת כא סע״ב) מ׳: מטרחת

מַטְרְחִינַן אָנוּ מַטְרִיחִים — We bother

מטרחינן (שבת קנה א) מ׳ א״פ: טרחינן

מַטְרַחְנָא (סנ׳ כג א) אֲנִי מַטְרִיחַ
I bother, weary, put to trouble

מַטְרַחַת (שבת כא סע״ב, פס׳ פט ב) אַתָּה מַטְרִיחַ, תַּטְרִיחַ
You bother, you will bother

מַטַּרְטֵין[59] (נדה יד א) מְאֻזָּן[60] — Riding in a balanced fashion with one leg on each side of the animal

מִטְרֵי (תע׳ ג ב) מְטָרִים, גְּשָׁמִים — Rain

מִיטְרִיד נִטְרָד — He was preoccupied

51) מ׳ א״פ וד״י, ד״ח: מטמאי.
52) מ׳ ה׳, ד׳: מטמרי.
53) = ת״י לְמַצְפֻּנָיו (עוב׳ ו).
54) מ׳, ה׳: מטונף.
55) פס׳ יב סע״א — ד״ח: מטעי, ד״ו: מטעא.
56) ה׳ אה״ת, ד״י: ומיטרה, ד״ח: ומטרח, מ׳: ולמיטרח.
57) אה״ת ושאילי, מ׳: למשקל ולמיטר, ד׳: משקל ומטרח.
58) יומא יט סע״א — ד׳: ומי טרח, כי״י רק: ומי.
59) מן טורטני (מל״י = קנה מאזנים).
60) ע׳: שרוכב כדרך זכר ירך אחד מכאן וירך אחד מכאן.

מִיטְרִיד(י) (יב׳ סב סע״ב — מ׳) נִטְרָד, יִטָּרֵד — He was bothered, disturbed, he will be bothered, disturbed

מִיטְרִידְנָא (נז׳ יב ב) אֲנִי נִטְרָד, אֶטָּרֵד — I was preoccupied, troubled, I shall be preoccupied, troubled

מִיטְרַיְיהוּ (תע׳ ט ב) גִּשְׁמֵיהֶם — Their rain

מִיטְרִיף (חול׳ נז א) נִטְרַף (=נעשה טְרֵפָה) — It has become a *treifah*

לְמִטְרַף לִטְרֹף[61] — To seize (the creditor takes back possessions sold to buyers after the seller borrowed money)

מִיטְרָף (נדר׳ כה א, שבו׳ כט ב) הָיָה מְנֻמָּר — It was spotted in the same manner as the olive-press beams are full of incisions

מִיטְרָף טְרִיף[62] (בר׳ נט רע״א) טָרוּף טוֹרֵף (=חסר) — Missing, lacking

מִיטָּרְפָא (חול׳ כט א ועוד) נִטְרֶפֶת (=נעשית טְרֵיפָה) — It (*f.*) has become *treifah*

מִטָּרְפָא (ב״ק ט א) נִטְרֶפֶת, תִּטָּרֵף[63] — It (*f.*) was seized for a debt, it will be seized for a debt

מִיטָּרְפָא לֵיהּ שַׁעְתָּא (בר׳ כט ב) נִטְרֶפֶת לוֹ הַשָּׁעָה (ע״י אונס, ויעבור זמן התפילה) — He may be prevented from praying within the *zman tefillah* (permitted time)

לְמִיטְרְפַהּ לְהַטְרִיפָהּ (=לוֹמַר שהיא טרפה) — To declare it *treifah*

מִטַּרְפִי (חול׳ קמ ב) נִטְרָפִים (=נעשים טרפה) — They became *treifah*

שְׁקַלְת לְמַ(י)טְרַפְסַהּ[64] (סנ׳ כא א) נָטְלָה גְמוּלָהּ — She received her retribution

שְׁקַל מַ(י)טְרַפְסֵיהּ[65] (פס׳ נז ב[66], כרי׳ כח ב, יב׳ קה ב) נָטַל גְּמוּלוֹ — He received his retribution

מַטְרְקָא (יומא כג א) שׁוֹט — Whip

מַטְרְשִׁי (חול׳ מו ב, מז ב) מַקְשִׁים, מְחַזְּקִים — They harden, they strengthen

מַטַרְתָּא[67] (כתו׳ קי א 3, ע״ז י ב) מַרְצוּפִין (=שַׂקִּים למשא על גבי חמור) — Leather bags (for carrying loads on top of donkey)

מִי...? כְּלוּם...? וְכִי...? — Who? (introduces a question)

מֵי בָּארֶג (ע״ז ל סע״א — ל״פ) יַיִן מְשֻׁבָּח — High-quality wine

מִי דָמֵי כְּלוּם דוֹמֶה? — Are they alike?

מֵי־זוּרְיוֹן (פס׳ קז א) מֵי מִשְׁרַת פִּשְׁתָּן — Water in which flax is soaked

מַיָּא מַיִם — Water

מִיַּאַשׁ מִתְיָאֵשׁ — He despairs

מִיַּאֲשִׁי מִתְיָאֲשִׁים — They despair

מֵיבַק (אבק) (ע״ז יד ב, מנ׳ מב א) חִבֵּר (מ), צָמוּד — Being joined, tied, attached

לְמֵיבַשׁ (ב״מ עד א) ליבוש (=להיות יָבֵשׁ) — To be dry

לְמֵיבַת (בות) (סנ׳ קט רע״א) לָלוּן — To lodge, to spend the night

מִיגַר ר׳ גר — Cf.

מֵיגַז (גזז) (נדר׳ סח א ועוד) קָצוּץ (=חָתוּךְ) — Cutting

לְמֵיגַז (ביצה ו א, ב״ק עח ב) לַחֲתֹךְ, לָגֹז — To cut, to shear

לְמֵיגַז(א) (שבת קנ ב[68], ב״ק עח ב[69]) לַחֲתֹךְ, לִגְזֹר — To cut

מֵיגַם (גט׳ סה ב) פָּגוּשׁ (מ) — Meeting

מֵיגַר (אגר) שָׂכוּר (מ) — Renting out, hiring

לְמֵיגַר[70] לִשְׂכֹּר — To rent out, to hire

מֵיגַר (ב״מ עו א) כל כי״י והב״ח: מיתגר

מֵיגַר (גור) (כתו׳ קג א) גּוּר (מ), דּוּר (מ) — Living, residing

לְמֵיגַר (אגר) **בֵּיתָא** (ר״ה ז רע״ב) לִשְׂכֹּר בַּיִת — To rent a house

מֵידַב (דוב) זוּב (דם) (מ) — Flowing, running of blood

61) = לקחת חמן הלקוחות (= הקונים) נכסים, שמכר להם הלוה לאחר יום ההלואה.

62) אה״ת וע״י א, פי ובי״נ: מיטרפא מיטרף. ל״א ברש״י: כדטרפא מטרף, ד׳: כטרפא דטריף.

63) = בעל חוב יקח אותה ממך.

64) ע״י, מ׳: מטרופס׳.

65) ע׳: מטפרסא, וע׳ עה״ש.

66) ע׳, מ׳: מטרופסא, אה״ת: מטור פסיה.

67) מל״י metrêtês = שם מדה. **En français: métréte**.

68) מ׳ ורש״י.

69) כל כי״י וד״י.

70) עירו׳ סו א — ד׳: לוגר.

מְדְוִיל, מִידְוִיל (ב"ב ח א 3, יב ב 2) נִדְלֶה (=נוֹבֵעַ מַיִם)
The water springs forth

מִידִי מַשֶּׁהוּ, כְּלוּם, דָּבָר — Something, a thing

וְלָא אֲמַר לֵיהּ וְלָא מִידִי וְלֹא אָמַר לוֹ וְלֹא כְּלוּם
And he didn't tell him anything

מִידִי דַהֲוָה אַ– דָּבָר שֶׁהָיָה עַל- (=בדומה ל-)
Something resembling...

מִידִי... (בפתיחת שאלה) כְּלוּם?
Is it? (introducing a question)

מִי אִיכָּא מִידִי ד־... כְּלוּם יֵשׁ כַּדָּבָר הַזֶּה
Is there anything like that...?

מִידִי אַחֲרִינָא דָּבָר אַחֵר — Something else

מִידִי אִירְיָא כְּלוּם תְּפִיסָה הִיא[71]
Are they similar enough to constitute proof?

לְמֵידַיְינֵיהּ לָדוּן אוֹתוֹ — To judge him

מידל (שבת קכח ב) ר' נידל — Cf.

מֵידָם (יב' נב א, קידו' יב ב) חָשׁוּד (מ) — Suspecting

מֵידָן דּוּן (מ) — Judging

לְמֵידַן לָדוּן — To judge

מִידַע יָדוּעַ (מ) — Being known

לְמִידַע לָדַעַת (בל"ח: לֵידַע) — To know

מֵידָק דַּקְדֵּק (מ) — Being extra meticulous

לְמֵידַק לְדַקְדֵּק — To be extra meticulous

מֵידָק (שבת קמא א, ב"מ עד א) הָדֵק (מ)
Crushing, grinding

לְמֵידַק (ב"מ ס ב) לְהָדֵק (=לחבוט במקלות עץ)
To fasten with sticks

לְמֵידַר לָדוּר — To live, reside, dwell

לְמֵידַשׁ (ב"מ עד א) לָדוּשׁ, לִדְרֹךְ
To walk on, to trample on, to stamp on

מֵיהָא (=מן הא) מִזּוֹ — From this

מֵיהָא (=מיהת) מִכָּל־מָקוֹם
However, nevertheless, at least, at any rate

מֵיהָב (יהב) נָתוֹן (מ) — Giving

לְמֵיהַב לָתֵת (בל"ח: לִיתֵּן) — To give

מֵיהֲבָא (בכור' כח א) נָתוֹן אוֹתָהּ — To allot

מֵיהֲבָה (קידו' ט רע"א 2) נָתוֹן אוֹתָהּ — Give it (*f.*)

מִיהוּ אֲבָל — But, however, in spite of everything

מִיהַר[72] (סוטה מז ב) מִתְיַהֵר — He is arrogant

מִיהַת מִכָּל־מָקוֹם
However, nevertheless, at least, at any rate

לְמֵיזַיְינִנְהִי[73] (יב' סה סע"א) לָזוּן אוֹתָן
To feed them (*f.*)

מֵיזָל (אזל) הָלוֹךְ — Going

לְמֵיזַל (אזל) לָלֶכֶת (בל"ח: לֵילֵךְ) — To go

לְמֵיזַל (זלל) (ב"ק ז ב) לָזוּל (=להיות זול)
To reduce the price

מֵיזָלַיְיהוּ[74] (אזל) (פס' מ רע"א) הִלּוּכָם — Their walking

מֵיזָן (זון) זוּן (מ) — Nourishing

לְמֵיזַן לָזוּן — To nourish

לְמֵיזַף (יזף) לִלְווֹת — To borrow

לְמֵיזְפָא[75] (ב"מ יז א) לִלְווֹת — To borrow

מֵיחָא (שבת לו ב) קֶמַח (דק?) — (Finely ground?) flour

מיחא[76] (שבת נח סע"א) ר' מחא — Cf.

מֵיחַד[77] (אחד) (מג' טז ב) תָּפוּשׂ(מ) — Holding on to

מְיַחֵד (עירו' סז סע"א) מְיַחֵד — To dedicate to

מֵיחָט (חוט) (מנ' מא ב) תָּפוּר (מ) — Sewing

מֵיחָל חוּל (מ)
Taking effect, becoming binding upon...

לְמֵיחַל (מנ' פג א, כרי' ח ב, כו א) לָחוּל
To take effect, to become binding upon...

כְּמֵיחַם[78] (ב"ב עג ב) כְּחֹם (מ) — As hot as

מֵיחָס (חוס) (פס' צב ב) חוּס (מ) — Having pity

לְמֵיחַף (חפף) (נדה סו ב) לַחֲפֹף (ראש)
To wash, cleanse (the head)

מֵיחָשׁ (חוש) (סוטה י א, סנ' מח ב) חוּשׁ (מ) — Feeling

מֵיחָשׁ (חשש) (עירו' יג א, נדה סא א 2) חָשׁוּשׁ (מ)
Fearing, taking into consideration

לְמֵיחַשׁ לַחֲשֹׁשׁ — To fear, to take into consideration

מֵיחָת (נחת) יָרוֹד (מ) — Descending

---

71) כלומר: אין קושיא, שהפרטים אינן שוים.
72) גם מ' וד"ו ביו"ד אחת, אה"ת וע"י — בב' יודי"ן.
73) מ': למיזיינינהו = לזון אותם.
74) מ' ב ואי"פ ורש"י כ"י, ע' (זל א') מזלייהו, מ': אזלייהו, ד': מדלייהו.
75) מ' ד': למזפא, ה': מוזפא.
76) מ' ורש"י וד"ו: מחא, אי"פ: מאחי.
77) בתוך קטע, שאין בכל הנוס', ותוספת מעתיק היא.
78) אה"ת: כי מיחם, ה': כי חם.

לְמֵיחַת (כתו׳ קז א, קיא א) לָרֶדֶת (בל״ח: לֵירֵד) Lit., to descend, to lower oneself, i.e., to take possession of, to carry out

מֵיטְבָא (ב״מ קד א) מֵיטָב The best (land)

מִיַּיאַשׁ מִתְיָאֵשׁ He despairs

מִיַּיאֲשִׁי מִתְיָאֲשִׁים They despair

מְיַיבֵּם מְיַבֵּם He performs *yibum*

מִיַּיבְּמָא/ה מִתְיַבֶּמֶת

מִיַּבְּמִי (יב׳ מ א) מְיַבְּמִים They perform *yibum*

מְיַיבְּשִׁי (ע״ז כח ב) מְיֻבָּשִׁים Dried out (*m.*, *p.*)

מַיָּיהוּ (גט׳ נו א) מֵימֵיהֶם Their waters

מְיַיחֵד מְיַחֵד He dedicates

מְיַיחֲדָא (חול׳ קלה ב) מְיֻחֶדֶת Belongs exclusively to

מְיַיחֲדִי (שבת קכב ב, יומא יח ב, יב׳ לז ב) מְיַחֲדִים They dedicate

מְיַיחֲדִי (יב׳ יז ב) מְיֻחָדִים Dedicated

מְיַיחֲדִינַן (ע״ז כב ב) אָנוּ מְיַחֲדִים (=מרשים להם להיות יחד) We allow them to be together

מְיַיחֲמָא[79] (תע׳ כא ב) מְחַמֶּמֶת She heats up

מְיַיחֲסוּתָא[80] (קידו׳ עא ב) מְיֻחָסוֹת Women of good lineage

מְיַיחֲסִי (קידו׳ עב א) מְיֻחָסִים Men of good lineage

מַיָּיךְ (ב״ב צט ב) מֵימֶיךָ Your water

מַיְכִי (ב״מ פד ב) מַצִּיעִים (מצעות) They spread his bed

מָיְכַת (שבת סז א) אַתָּה שָׁפֵל You are humble

מְיַיעֵד (קידו׳ יח ב) מְיַעֵד He designates the handmaid (to be the master's wife or to the master's son)

מְיַיעַד מוּעָד (=שהתרו בו) Warned

מְיַיעֲדִי (ב״ק כד ב) מְעִידִים (=בעדותם נעשה השור מועד) Through their testimony the bull becomes a *mu'ad* (a bull that is prone to gore)

מְיַיעֲדַת (ב״ק מ ב) אַתָּה מֵעִיד (=בעדותך נעשה השור מועד) Through your testimony the bull becomes a *mu'ad* (a bull that is prone to gore)

מָיֵיץ מוֹצֵץ He sucks

מָיֵיץ (שבת קח ב) עוֹצֵם (עיניו) (ע״פ רש״י) He closes his eyes

מָיְיצָא (ב״מ מ א) מוֹצֶצֶת She sucks

מָיְיצִי (ע״ז לב א) מוֹצְצִים They (*m.*) suck

מייצינהו (מ״ק י ב) מ׳ שט׳: מיצאנהי

מְיַיקַר (סנ׳ מו ב) מִתְכַּבֵּד, יִתְכַּבֵּד He is honored, he will be honored

מִיַּיקְּרִי (שם) מִתְכַּבְּדִים They are honored

מַיְרֵי בְּ— עוֹסֵק —, דָּן בְּ — Dealing with, connected with

מָיֵית מֵת (ב), יָמוּת He dies, he will die

מַיְיתָא[81] (אתא) (נדר׳ פב א 2, נזיר טז א, גט׳ ה ב, זב׳ כז א 2, מעי׳ ו ב, נדה כו א 2) מְבִיאָה She brings

מייתבא ר׳ מיתבא Cf.

מָיְיתָה מֵתָה (ב), תָּמוּת She dies, she will die

מַיְיתוּ (אתא) מְבִיאִים They bring

מַיְיתֵי מֵבִיא He brings

מַיְיתִי (שבת סו ב, עירו׳ מ א, פס׳ יג ב, נ א, סוכה מג ב, גט׳ נו א, ב״מ פה ב[82], קיח א — ה׳) מְבִיאִים They (*m.*) bring

מייתי[83] (שבת לג ב) אה״ת: מתיא

מָיְיתִי מֵתִים (ב) They (*m.*) die

מייתיה (מ״ק כז א) מ׳: מייתינן

מַיְיתִין (נזיר יא א, כרי׳ ז ב) מְבִיאִים They (*m.*) bring

מַיְיתֵינָא אֲנִי מֵבִיא, אָבִיא I bring, I shall bring

מַיְיתִינַן אָנוּ מְבִיאִים, נָבִיא We bring, we will bring

מַיְיתֵית אַתָּה מֵבִיא, תָּבִיא You bring, you will bring

מַיְיתָן (שבו׳ יד ב) מְבִיאוֹת They (*f.*) bring

מייתניה (פס׳ קיא ב) רש״י: מתנא

מְיַיתַּר מְיֻתָּר Superfluous (*m.*, *s.*)

מְיַיתְּרָא מְיֻתֶּרֶת Superfluous (*f.*, *s.*)

מְיַיתְּרִי מְיֻתָּרִים Superfluous (*m.*, *p.*)

מִיכַּז[84] (יב׳ קיב רע״א) בּוֹשׁ (מ) Being embarrassed

מֵיכַל, לְמֵיכַל לֶאֱכֹל To eat

למיכלא (זב׳ קא רע״ב) מ׳: למיכלה

79) מ׳, ד״ו: מחממי, ע״י: מחממא, ד״ח: מחממת.

80) מ׳, ד׳: יחוסא.

81) בכולם (חוץ מן זב׳) במ׳: מתיא!

82) אה״ת, ה׳: ומיתו.

83) כך גם מ׳.

84) ע׳, מ׳: מיכזז, ד׳: מיבזז.

מֵיכְלָא מַאֲכָל — Food

מָאנֵי מֵיכְלָא (סוכה מח א) כְּלֵי מַאֲכָל — Food utensils

לְמֵיכְלַהּ לֶאֱכֹל אוֹתָהּ — To eat it (*f.*)

מֵיכְלֵיהּ מַאֲכָלוֹ — His food

מֵיכְלֵיהּ (מ״ק יא א, תמו׳ יח ב) (לְ)אֱכֹל אוֹתוֹ — (To) eat it (*m.*)

לְמֵיכְלֵיהּ לֶאֱכֹל אוֹתוֹ — To eat it (*m.*)

לְמֵיכְלִינְהוּ (קידו׳ נה ב, ב״מ סא ב) לֶאֱכֹל אוֹתָם — To eat them

בָּעֵי מֵיכְלִינְהוּ (ב״ב פא ב) רוֹצֶה לֶאֱכֹל אוֹתָם — He wants to eat them

מֵיכְלָךְ (פס׳ קיד א) מַאֲכָלְךָ — Your food

מְ[י]כַּף[85] **(אכף)** (נדה יד א) מְאֻכָּף (=יש עליו אוכף) — It is saddled

מֵיכְפַּת (גט׳ סב א) מקור של הפעל ״איכפת״

מִילָא מִיל (מדת אורך) — Mil, a measure of distance designating 2000 cubits (according to Chazon Ish 1152 meters/1258 yards, according to Rav Chaim No'ah 960 meters/1049 yards)

מִמֵּילָא מֵאֵלָיו — By itself

מֵילַד (בכו׳ יט ב) יָלוֹד (מ) — Being born

לְמֵילַד (ב״ק נח א) לָלֶדֶת (בל״ח: לֵילֵד) — To give birth

מילחא גללניתא ר׳ גללניתא — Cf.

מֵילַט **(לוט)** (לְ)קַלֵּל — (To) curse

מִילֵי[86] (שבת קט ב 3) מִילִים (מדת אורך) — Mils (plural of mil)

מילינהו (זב׳ עז א) כל כי״י וד״י: מיכלינהו

מֵילַף **(לפף)** (חול׳ קז א) (לְ)חַבֵּר — (To) join, connect

מֵילַף **(אלף)** לָמוֹד (מ), לְמִידָה, לִמּוּד — Studying, study

לְמֵילַף לִלְמֹד — To study

לְמֵילַף נַפְשֵׁיהּ (תע׳ ד א) לְהַרְגִּיל עַצְמוֹ — To train himself (to be used to)

לְמֵילַשׁ (פס׳ ל ב, מנ׳ נז ב) לָלוּשׁ — To knead

מֵילָתָא[87] מֵילָת (=צמר רך מאד) — Very soft wool

מילתא (קידו׳ כא ב) מ׳ — בעב׳: מילת

מֵימָד **(אמד)** (ב״ק פד א) אָמוֹד (מ) — Evaluating

לְמֵימַד (ב״ק צא א) לֶאֱמֹד — To evaluate

לְמֵימַח[88] (פס׳ מ ב) לִקְמֹחַ (=לָשִׂים קמח) — To spread flour

לְמֵימַךְ (ביצה יד ב) לְהַצִּיעַ — To spread (underneath him)

מֵימָךְ תּוּתֵיהּ (תמיד כז ב) (לְ)הַצִּיעַ תַּחְתָּיו — To spread underneath him

לְמֵימַץ **(אמץ=עמץ)** לַעֲצֹם (עין) — To close (the eye)

מֵימָר **(אמר)** אָמוֹר (מ) — Saying

לְמֵימַר לוֹמַר — To say

מֵימְרָא[89] (גט׳ מב ב, ב״ב מח א) מַאֲמָר — Statement of an Amora (not a statement of a Tanna found in a *Mishnah* or *Beraissa*)

מֵימְרָא בָּעֵי (ב״ב פד ב) צָרִיךְ לוֹמַר? (לְאָמְרָהּ?) — Does it need to be said?

מֵימְרָא דְרַחֲמָנָא (תמו׳ ד ב, ה א) דְּבַר ה׳, דִּבְרֵי תוֹרָה — The word of Hashem, words of *divrei Torah* (Torah study)

לְמֵימְרָא לְאָמְרָהּ (=לוֹמַר אוֹתָהּ) — To say it

כְּמֵימְרֵיהּ (בר׳ ז א, שבו׳ טז ב) כַּאֲמִירָתוֹ — As His saying, as the verse says

לְמֵימְרֵיהּ (סנ׳ קא ב) לִדְבָרוֹ — To what he says

לְמֵימְרִינְהוּ לְאָמְרָם (=לוֹמַר אוֹתָם) — To say them

מֵימַת (גט׳ סח ב) (לְ)מוּת — (To) die

לְמֵימַת (יומא יג ב, ב״ב נח ב) לָמוּת — To die

מִינָא מִין — Heretic

מִינָאָה[90] מִין (=נוצרי) — Heretic (Christian)

מִינָאֵי (שבת קלג ב) מָנוֹת — Portions

מֵינָד **(נוד)** (עירו׳ מו רע״א 2) (לְ)נוּעַ — (To) move

---

(85) מ׳ וערוך (ע׳ טרטן ב׳).

(86) כתו׳ קיא סע״ב: שיתסר מילין אשיתסר מילין — מ׳: ששה עשר מיל על ששה עשר מיל.

(87) כ״י א״פ בשבת י יב: מילאתא.

(88) מ׳ (ד׳: לממחה), והוא מן ״מיח״ = קמח.

(89) דברי אמורא (לא משנה ולא ברייתא).

(90) בד״ח הוחלף מחמת הצנזורה ל״צדוקי״, אפיקורוס וכיו״ב.

מִינַהּ מִינָהּ Her (its) kind, her (its) species

מִינַהּ מִמֶּנָּה From her

מִינוּמִי (פס׳ קכ ב) א״פ: נמנומי

מֵינָח נוֹחַ (מ) Resting

לְמֵינַח (גט׳ עט א) לָנוּחַ To rest

מֵינָח נִיחָא ל— נוֹחַ ל—

It is convenient for me, it is pleasing for me...

דְּבָעֵי לְמֵינַח נַפְשֵׁיהּ (שבת ל ב) שֶׁצָּרַךְ לָנוּחַ נַפְשׁוֹ (=לְהִפָּטֵר, לָמוּת)

His soul had to come to rest, i.e., he had to die

מִינֵי מִינִים Types, species

מִינֵיהּ מִינוֹ His type, his species

מִינַיְיהוּ (שבו׳ כג ב, חול׳ נב א 2) מִינָם

Their type, their species

בַּת מִינָךְ (יב׳ מה א) בַּת מִינְךָ

A girl like you (of your halachic status)

מֵינָם יָשֵׁן (מ) Sleeping

לְמֵינַם (שבת קלט ב) לִישֹׁן To sleep

מֵינָס (אנס) (עירו׳ צט א ועוד[91]) אָנוּס (מ)

Being forced, being compelled

לְמֵינַס (ב״ב נז ב) לֶאֱנֹס To force, to compel

מֵינָק (בר׳ מ ב[92], נדר׳ נה ב) יָנוּק (מ)

Sucking (being breast-fed)

מינקי (בר׳ מ ב) פ׳: מינק

למיסם (יומא עח א) מ׳: למיסיים

מֵיסַר (אסר) אָסוּר (מ) Being forbidden

לְמֵיסַר לֶאֱסֹר To forbid

לְמֵיסַר (שבת י א) לַחֲגֹר (חגורה) To put on a belt

לְמֵיסַר (עירו׳ טו א) לִקְשֹׁר (בנין) To tie, to attach

לְמֵיסַר (גט׳ סט ב) לַעֲצֹר (שלשול) To stop diarrhea

לְמֵיסַר (סור=סער, תר׳ של ״פקד״) (ב״מ צז א 2)

לִבְדֹּק To check

לְמֵיסְרַהּ/רָא לְאָסְרָהּ (=לאסור אותה) To forbid it, her

מְיַסְּרַן (פס׳ קז א) מְיַסְּרֵנִי It discomforts me

מֵיעַל, לְמֵיעַל לְהִכָּנֵס To enter

מֵיעָף (עפף) (מנ׳ מב א) כָּפוּל (מ), קָפֵל (מ)

Doubling over, folding

יָדְעָא מֵיפָא[93] (ב״ב יג ב) יוֹדַעַת לֶאֱפוֹת

She knows how to bake

לְמֵיפָא (שבת סג ב ועוד) לֶאֱפוֹת To bake

לְמֵיפְיֵיהּ[94] (ע״ז סה ב) לֶאֱפוֹת אוֹתוֹ To bake it

לְמֵיפִינְהוּ[95] (ע״ז סה ב) לֶאֱפוֹת אוֹתָם To bake them

מֵיפָךְ הָפוּךְ (מ) Turning over

מֵיפַר (כתו׳ סג א[96], נדר׳ עג א) מֵפֵר He annuls (a vow)

מיפר (נדר׳ עג רע״א) מ׳ ו״רש״י״: הפר

מֵיצַד (מ״ק יא א) (ל)צוּד (To) hunt

מֵיצַר (ע״ז מב ב) (לָ)צוּר (צוּרָה) To create a shape

לְמֵיצַר (צרר) בֵּיהּ (בר׳ כג ב ועוד) לִצְרוֹר בּוֹ

To wrap inside of it

מֵיצַת (קיד׳ מו ב) שָׁמוֹעַ ל- (צַיֵּת) To obey

מְ(י)קַבְּלִי (תע׳ כג ב — מ׳ ורש״י) מְקֻבָּלִים

Acceptable, agreeable (*m., p.*)

לְמֵיקַט[97] (קנט) לְהַקְנִיט To vex

מִיקְטַר (ב״ק פב סע״א) נִקְשַׁר It was tied

מְ(י)קַטַּר[98] (מכות כג א) מְקַשֵּׁר He ties

מִיקַּיֵּים מִתְקַיֵּם It exists, it fulfills

לָא מְ(י)קַיֵּים (נדר׳ ד א — מ׳) אֵינוֹ מְקַיֵּם

He doesn't fulfill

מְ[י]קַיְּימִי (ב״מ כ — מ׳ שט׳) מְקֻיָּמִים[99] (The signatures of the witnesses) are verified (identified)

(91) וכן יב׳ צא סע״א — מ׳, ד׳: מאנס.

(92) פ׳, ד׳: מינקי, מ׳: מינקיי.

(93) כ״י, ד׳: אפיא.

(94) כ״י ספ׳, ועי׳ למיפינהו.

(95) הגהתי, ד׳: למפינהו, מ׳: לימפינהו, כ״י ספ׳: למיפייה.

(96) מ׳, ד׳: מפר.

(97) בתוך משפט עברי: שותק על מנת למיקט (נדר׳ עח ב — עט א כ״פ), לא תגנוב על מנת למיקט (ב״מ סא ב).

(98) הגהתי, מ׳: מקליט (= מצמצם!).

(99) חתימות העדים מאושרות בבי״ד.

מִיקַיֵּם (גט׳ לו ב) מְקַיֵּם[1]
I will validate (the *takanah* of *pruzbull* itself

מֵיקֵל מֵקֵל
He is lenient

מֵיקָם, לְמֵיקַם לַעֲמֹד
To stand, to be subject to

לְמֵיקַר (שבת קמ א) לְהִתְקָרֵר
To cool down

מֵיקַר הוּא דְּקַר (שבת קלד א) הִתְקָרֵר (מ) הוּא שֶׁהִתְקָרֵר
(The baby's lips) become cold (and he can't suck)

מֵיקַר (שבת נג ב ועוד) מְקָרֵר
He cools himself down

מיקרא (בר׳ מח א) מ׳: מוקרא

מֵיקַשׁ הוּא דְּקַשָׁא (ב״ב קסז סע״ב) הַזָּקֵן הוּא שֶׁהִזְקִינָה
She has become old

מֵירָא דַּכְיָא[2] (מגי׳ י ב[3], חול׳ קלט ב) מֹר (=בֹּשֶׂם) נָקִי
Pure myrrh

מירח (שבת קי א) מ׳: מורח

מֵירָק (יב׳ קה א, נדר׳ סו ב) רָקוֹק (מ)
Spitting

מֵישָׁט (ב״ק פג א ועוד) (ל)שׁוּט
(To) roam

לְמֵ[י]שַׁיְימֵיהּ (ב״ק פד סע״א — מ׳ ה׳) לָשׁוּם אוֹתוֹ
To evaluate it

מֵישַׁךְ שָׁיֵיךְ (שבת לה א ועוד) קָשׁוּר קָשׁוּר[4]
It is included

לְמֵישַׁם (ב״ק פו א) לָשׁוּם (שׁוּמָה)
To evaluate

מִישָׁנִית (קידו׳ עא סע״ב) (לשון מחוז) מִישָׁנִית (=דיאלקט מִישָׁנִי)
Mesenian dialect

לְמֵישַׁע (מ״ק יב א) לָגוּף[5], (פ״א:) לְהַחֲלִיק
To close a barrel with its cover, to smooth down

שָׁיֵיף מֵישַׁף (זב׳ יד סע״ב) שַׁפְשֵׁף מְשַׁפְשֵׁף (רגליו)[6]
He rubs (his legs), he scratches (his legs)

מִית מֵת (ע)
He died

מִית (מ״ק כז ב) מֵת (ש)
A dead person

מִית (שבת קכט א, סנ׳ קט ב) מ׳: מאית

מית (יב׳ קיז א, נדר׳ כז ב, גט׳ נ א) רש״י: מיית

מִיתָא הַמֵּת
The dead person

מִיתָא (מ״ק כז ב) מֵתָה (ע)
She died

לְמֵיתָא[7] (ב״ב קמה ב כ״פ) לָבוֹא
To come

מֵיתַב, לְמֵיתַב לָשֶׁבֶת (בל״ח: לֵישֵׁב)
To sit

לְמֵיתַב לָתֵת (בל״ח: לִיתֵּן)
To give

לְמֵיתְבָא/בַהּ[8] לָתֵת אוֹתָהּ
To give it

[לְ]מֵיתְבָא (ב״ק מ א — מ׳ ה׳) לָתֵת אוֹתָהּ
To give it

מְיַתְּבָא דַּעְתֵּיהּ דַּעְתּוֹ מְיֻשֶּׁבֶת
His mind is at ease

מֵיתְבָא לֵיהּ (קידו׳ עח סע״ב) לְתִתָּהּ לוֹ
To give it to him

בֵּיתָא [דְ]מְיַתְּבָא יָתֵיב (ב״ק כא א — מ׳ ה׳) בַּיִת הַמְיֻשָּׁב יוֹשֵׁב[9]
An inhabited house is well kept up

מְיַתְּבוּתָא (מ״ק ב א) מְיֻשָּׁבוֹת
Settled (*f.*, *p.*)

למיתבי (ב״ק פד א, פז ב) מ׳: למיתב

לְמֵיתְבֵיהּ (גט׳ עז ב) לָתֵת אוֹתוֹ
To give him

מֵיתְבִינְהוּ[10] (בכו׳ יא ב) לָתֵת אוֹתָם
To give them

קָא מִיתָה (ב״ב קנא ב, חול׳ נד ב[11]) מֵתָה (ב)
She dies

דְּמִ[י]תָה (גט׳ פה א — מ׳) שֶׁמֵּתָה, שֶׁתָּמוּת
That she died, that she will die

מִיתוּ (מ״ק כז ב) מֵתוּ
They died

מִיתוּתָא מִיתָה
The death

טַעֲמָא דְמִיתוּתָא (יומא עו ב) טַעֲמָהּ שֶׁל מִיתָה
The taste of death

מִיתּוֹתַב (מ״ק ב א — מת״י) מִתְיַשֵּׁב[12]
It will be settled

מֵיתֵי מֵתִים (ש)
The dead (*p.*)

מֵיתֵי (אתא) (ל)בוֹא
(To) come

לְמֵיתֵי (זב׳ נח ב כ״פ) לָבוֹא
To come

ולמיתי (בר׳ כח רע״ב) מ׳: וליתי

מיתיב (ב״ק עג ב) מ׳ ה׳: מיתב

מֵיתִיבִי מְשִׁיבִים (=מקשים)
They raise an objection

מיתיבי[13] (שבת קח רע״א) ר׳ מותיב
Cf.

מֵיתִיבִי(ה) (סוכה יג א — מ׳ וד״ו) מְשִׁיבִים
They object, they ask

1) חתימות העדים שבשטרות שנמצאו מאושרות בבי״ד.
2) = תרגום של ״מר דרור״ (שמות ל כג).
3) א״פ ולי׳ ואה״ת ועוד, מ׳: מרדכי, ד׳: מרי דכי.
4) רש״י בנדה נג רע״ב: מובלע הוא.
5) לסתום חבית במכסה (= מגופה).
6) רש״י: שמגרר עצמו לצד המזבח... שייף מגרר.
7) כך גם בה׳, מ׳: למיתי.
8) עירובין סח א — מ׳ ד׳: ליתבה.
9) = גרים בו ואינו פנוי אינו נהרס. רש״י: שהדרין בתוכו רואין מה שהוא צריך ומתקנין אותו.
10) מ׳ ורש״י, ד׳: מיתננהו.
11) מ׳: קמיתה, ד׳: דקא מתה.
12) מלשון ״ישוב הדעת״.
13) מ׳ וא״פ: מותיב, ד״ו: מיתיב, ד״ח: מתיב.

למיתיה גביה (סנ׳ קיג רע״ב) כ״י ואה״ת לי׳

מִיתְנָא[14] (בכו׳ מג ב) (ל)שְׁנוֹת (To) teach

מִיתְנָא[15] הַמֵּת (ש) The dead person (*s.*)

מִיתְנַן (בר׳ לא א) אָנוּ מֵתִים, נָמוּת We die, we will die

מִיתַת (סנ׳ קט ב) מֵתָה (ע) She died

מִיתַת (בר׳ נו ב 2) אַתָּה מֵת, תָּמוּת

You die, you will die

מָךְ (פס׳ מט א) מַצִּיעַ[16]

He spreads (his garment to sleep on top of it)

מָךְ (תע׳ כא ב) הִצִּיעַ He spread out under them

מָכָא (סנ׳ צה א) שָׁפְלָה

The soil became softer, became depressed

זוּזָא מָכָא (שבת קכט א, ב״ק לז א) זוּז מָעוּךְ[17]

A crushed, battered *zuz*

מכבדותא (ב״ק צא ב) ר׳ מכבדותי Cf.

מְכַבְּדוּתַי (ב״ק צא ב[18] ועוד) מְכַבְּדַי

Those who honor me

מְכַבֵּי (זב׳ צא ב) מְכַבֶּה It extinguishes

מַכַּבְלָא (שבת נד א) כְּבוּלָה[19] Barren (*f.*)

מַכְבַּנְתָּא (שבת סב א, קנו ב) כְּבֵנָה (=תכשיט לשערות)

Ornament for the hair, pin, clasp, brooch, buckle

מִיכְבַּשׁ[20] (שבת פח ב) כָּבוּשׁ (מ) (=דָּרוּךְ) Trampling on

מִיכְבַּשׁ (ב״מ קי א) כָּבוּשׁ (=להסתיר, להעלים)

To hide, to conceal

לְמִיכְבְּשַׁהּ (תע׳ כא א) לְכָבְשָׁהּ To conquer it (*f.*)

לְמִיכְבְּשֵׁיהּ (סנ׳ קט א) לְכָבְשׁוֹ To conquer it (*m.*)

מִכְּדִי מִכֵּיוָן שֶׁ—, מֵאַחַר שֶׁ—

Since, because, now that

מִיכַּוְּונָא/ה מִתְכַּוֶּנֶת She intends

מִיכַּוְּונִי מִתְכַּוְּנִים They intend

מְכַוְּונִי (יומא כח ב) מְכֻוָּנִים[21] Corresponded precisely

מְכַוְּונָן (פס׳ קיא א) מְכֻוָּנוֹת (=מקבילות) Parallel

מְכַוְּונָן (ב״ב קמט ב) מְכֻוָּנוֹת (=מדוייקות) Precise

מִכְוָוִיץ (שבת כ סע״ב, נדה ג סע״א) הִתְכַּוֵּץ (מ) It shrinks

מיכווצן (בכו׳ לט ב) מ׳ ר״ג רש״י: כווצן

מְכַוֵּין (מג׳ כה א ועוד) מְכַוֵּן (דעתו) He pays attention

עַד דִּמְכַוֵּין דַּעְתֵּיהּ (בר׳ לד א ועוד) עַד שֶׁיְּכַוֵּן דַּעְתּוֹ

Until he will pay attention

מְכַוֵּין (כתו׳ כ א ועוד) מְכַוֵּן (=מַתְאִים)

To forge (the handwriting) exactly

מְ(י)כַוֵּין[22] (מג׳ כד רע״ב) מְכַוֵּן He devotes attention

מִיכַּוֵּין מִתְכַּוֵּן He intends

מְכוֹכֵי (יומא פד א) (ל)הַצִּיעַ (To) spread out

מְכוֹעֲרֵי (כתו׳ ס סע״ב) מְכֹעָרִים Ugly (*m., p.*)

מָכוּתָא[23] סְפִינָה (ע), מִפְרָשׂ הַסְּפִינָה

Boat (Aruch), sail of ship

מַכְחִישׁ מַכְחִישׁ He denies, he contradicts

מַכְחִישׁ מִצְוָה (שבת כב רע״א) מַמְעִיט הַמִּצְוָה

He diminishes the *mitzvah* (it appears as if he has taken from its light and its oil--Rashi)

לְמִכְחַל לִכְחֹל (עין) To paint the eye blue

מִכְחָלֵי (גט׳ סט א) מִכְחוֹלוֹת Paint brushes

מִכְחָלְ(ת)א[24] (ב״ק קיז א) מִכְחוֹל Paint brush

מִכְחָשׁ כָּחוּשׁ (מ) Thinning out, weakening

מַ(י)כְחֲשָׁא (תמו׳ יא ב — מ׳) מַכְחֶשֶׁת (=עושה כחושה)

It (*f.*) thins out, weakens

מַכְחֲשָׁה[25] (יב׳ פח ב) מַכְחִישָׁה

She denies, she contradicts

מכחשו (סנ׳ לא רע״א) מ׳: מכחשי

מכחשו (ב״ב לז סע״א) מ׳ ה׳: מכחשי

מַכְחֲשִׁי מַכְחִישִׁים (=מחלישים), מַכְחִישִׁים (עדות)

They weaken, they contradict the testimony

מַכְחֲשַׁתְּ (ב״ק לד א) אַתָּה מַכְחִישׁ (אותה) (=אתה עושה אותה כחושה)

You cause the animal to become lean

מכחשתא (יב׳ פח ב) ר׳ מכחשה Cf.

---

14) מ׳ ושמ״ק, ד׳: איתנא.

15) ט״ז פעמים במס׳ יבמות, ורק פ״א בכתו׳ (קד ב) — בנוסח שטר.

16) רש״י: מקפל לבושו ורובץ וישן.

17) רש״י בשבת: זוז רע ופחות שאינו יוצא בהוצאה.

18) ה׳ פ׳ וד״ו, מ׳: מכבדותיי, ד״ח: מכבדותא.

19) = דלא עבדא (מ׳: עבדי) פירי = שאינה עושה פירות.

20) א״פ וע׳ וד״י, ד״ח: מכניש.

21) רש״י: לא היו זקופים בצמצום... שהחומה היתה רחבה מלמטה והולכת ומתקצרת ועולה.

22) הגהתי, מ׳ מ׳ ב וע״י א לי׳.

23) בכתו׳ סט ב — מ׳: דספינתא, רש״י שם: וילון.

24) ר׳ אה״ת, ה׳ (על גרד): מכחולא, מ׳: מיכחלתא.

25) מ׳, ד׳: מכחשתא.

מַכֵּיךְ[26] (=ממכיך) (בר׳ נד רע״ב) מַנְמִיךְ, מַצִּיעַ

He lowers (the mountains) and spreads them out

מְכִילְתָּא (פס׳ מח א, תמו׳ לג א) מִדָּה, מַסֶּכֶת

Collection of teachings

מְכִילְתָּיךְ (גט׳ מד א) מַסַּכְתְּךָ, מִדָּתְךָ (=תלמודך)

Your collection of teachings

מַ(י)כְלֵי[27] (ב״ב ה א) גּוֹעֵר He shouts, he protests

מְכַלֵּי לֵיהּ[28] (קידו׳ פא ב) מוֹנֵעַ (=מגרש) אוֹתוֹ

He chases them away

מְכַלְיָא מְכַלָּה, מְבַלָּה

She (it) destroys, she (it) wears out

מְכַלִּינַן (ב״מ עט א 4) אָנוּ מְכַלִּים We wear out

מכלליה[29] (קידו׳ פא ב) ר׳ מכלי ליה Cf.

מִיכְּלָם (ב״ק פו א-ב כ״פ) נִכְלָם He was embarrassed

מַכְלְמוּ[30] (שם) מַכְלִימִים They humiliate

מִכְמַר (פס׳ נח סע״א, ב״מ עד א) כָּמוּר (מ)[31] (ב״מ פט ב)

Heating up (by the sun)

לָא מְכַנִּינַן (שבו׳ לו א) אֵין אָנוּ מְכַנִּים[32] We must not modify the Biblical expression (to avoid disparaging)

מְכַנֵּיף (גט׳ כ א, סנ׳ ז ב 2) מְכַנֵּס He gathers together

מְכַנֵּיף (ביצה לג סע״ב) צוֹבֵר

He amasses, accumulates, hoards

מִיכַּנִיף (סנ׳ סז ב) מִתְקַבֵּץ He gathers together

מִיכְּנִיף (נדה כז ב) נִצְבָּר It is amassed together

מכניש[33] (שבת פח ב) ר׳ מיכבש Cf.

מְכַנְּפִי (בר׳ ל א) מְכַנְּסִים They assemble, gather

מְכַנְּפִי (ביצה לא א) אוֹסְפִים They gather

מְכַנְּפִי (בר׳ נח ב) מְכֻנָּסִים

Assembled, gathered together (*m.*, *p.*)

מְכַנְּפִין (נדר׳ ח רע״ב) מְכֻנָּסִים

Assembled, gathered together (*m.*, *p.*)

מְכַנְּשִׁי (מ״ק יח א[34], גט׳ נז א) אוֹסְפִים

They assemble, gather

מְכַנַשְׁתָּא (ב״מ כא א-ב) אָסִיף

Period of gathering grains from threshing floors

לְמֵיכַס (כסס) (מג׳ ז ב) לָכֹס (=ללעוס) To chew

מכסא (בר׳ נו ב) מ׳: מכסיית

מִיכְסָא מֶכֶס Customs

מִיכְסָא[35] (שבת עח סע״ב) מֶכֶס Customs

מיכסא (סנ׳ מד סע״ב) כי״י: מוכסא

מְכְסַאי[36] (ע״ז י סע״ב) מִכְסִי (=מכס שלי) My customs

מְכַסּוּ (חול׳ לא א) מְכַסִּים They cover

מִיכַּסּוּ (שבת לג ב) מִתְכַּסִּים They cover themselves

מְ(י)כַסּוּ[37] (נדר׳ ל ב 2) מְכַסִּים They cover

מְכַסֵּי מְכַסֶּה He covers

[מְ]כַסֵּי (כתו׳ קו א — מ׳) מְכַסֶּה He covers

מכסי (ע״ז י סע״ב) נוס׳: מכסאי

מִיכַּסֵּי נִכְסֶה (משנה סנ׳ רפ״ב), מִתְכַּסֶּה

He covers himself, hides himself

מִיכַּסֵּי מְכֻסֶּה Covered (*m.*, *s.*)

מיכסי (שבת סז ב, מכות כא ב) מ׳: מכסי

מְכַסְּיָא (סנ׳ מט סע״ב) מְכַסָּה It covers

מִיכַּסְיָא מְכֻסָּה Covered (*f.*, *s.*)

מִיכַּסְּיָא (נדר׳ מט ב) מִתְכַּסָּה She covers herself

מְ(י)כַסְיָא (ע״ז ל א — מ׳ וכ״י ספ׳) מְכַסָּה She covers

מִיכַּסְּיָא (שבת עז ב[38], גט׳ סח ב[39]) מְכֻסָּה

Covered (*f.*)

מִיכַּסְיָין (שבת כט א, עז ב) מְכֻסּוֹת

They (*m.*, *p.*) are covered

מְכַסְּיַית[40] (בר׳ נו ב) אַתָּה עָטוּף

You are clothed, covered

מְכַסֵּינַן (ביצה ח ב) אָנוּ מְכַסִּים We cover

(26 ב״נ ילי ושאילי, ד׳: ממיך.

(27 כצ״ל, רש״י: לאכלויי, ועי׳ ד״ס.

(28 מ׳, ע׳: להו, ד׳: מכלליה.

(29 מ׳: מכלי ליה, ע׳: מכלי להו.

(30 מ׳ ה׳ ר׳: מיכלמו, אולי צ״ל: מִיכַּלְמוּ!

(31 לחמם על ידי ערימה או הטמנה בעפר.

(32 כלומר: אומרים פסוק כצורתו, ואין אומרים ״ערות אביו״ ת׳ ״ערות אביך״ (ויקי׳ יח ז), ועי׳ הע׳ ל״כני״.

(33 א״פ ועי׳ וד״י: מיכבש, מ׳: מכמש, ועי׳ ד״ס אות ג׳.

(34 ר״ח, מ׳ ד׳: מיכנשי.

(35 ד׳: גברא דמוכס אנא, מ׳: דגברא דמוכס (והוגה ביה״ש עי״א: דמכוס) אנא, א״פ: דגברא מיכסא אנא, ר״ח: דגברא דמכס אנא (והוסיף פי׳: ורגילנא לשלומי מכס).

(36 אה״ת ע״י וכ״י ספ׳, מ׳: מיכסי, ד׳: מכסי.

(37 מ׳: מכסי.

(38 מ׳, ד׳: מכסינן.

(39 מ׳: מכסייה, אה״ת: מכסה.

(40 מ׳, ד׳: דמכסא, פ׳: דעלך.

מַכסינן (שבת עז ב) מ׳: מיכסיא

מִ(י)כַּסֵּיף (סנ׳ מב סע״א — מ׳) מְבַיֵּשׁ He embarrasses

מִיכַּסֵּיף מִתְבַּיֵּשׁ He is embarrassed

מְכַסָּן[41] (שבת קנו א) מְכֻסִּים Covered (*m., p.*)

מִיכַּסְּפָא מִתְבַּיֶּשֶׁת She is embarrassed

מַכְסְפִי (כתו׳ קד סע״ב) מַכְסִיפִים[42] They devaluate

מִיכַּסְּפִי (קידו׳ פ ב) מִתְבַּיְּשִׁים They are embarrassed

מְכַסְּפִיתוּ לִי[43] (הור׳ יג סע״ב) אַתֶּם מְבַיְּשִׁים אוֹתִי You embarrass me

מֵיכָף (כפף) כָּפוּף (מ) Bending, being subordinate

מיכפא (ב״ב ד סע״א) מ׳ ור׳ ור״ג: כייף

לְמִיכְפְּיֵיה, לְמִכְפְּיֵיה (יב׳ לט סע״א 2, סנ׳ קז א) לָכֹף אוֹתוֹ To force him

מַכְפִּין (כפן) (שבת לג א) מַרְעִיב He starves (himself)

מִיכְפָּל (ב״מ קד ב 2) כָּפוּל (מ) Doubling (the amount)

מִיכְּפַל (יב׳ יז א, ב״ק צב א) מֻכְפָּל (Same city) rebuilt elsewhere

מִיכְפָּר הֲוָה כָּפַר[44] (יב׳ קטו ב[45]) קָנֵחַ הָיָה מְקַנֵּחַ He would wipe off, erase

מְכַפֵּר מְכַפֵּר It atones

מִיכַּפַּר מִתְכַּפֵּר It receives atonement

מיכפר (זב׳ ה סע״ב) מ׳ ר׳ אב: תכפר

מְכַפֵּר (שבת קכד ב) מְקַנֵּחַ He cleans

מְכַפְּרָא מְכַפֶּרֶת It (*f., s.*) atones

מִיכַּפְּרָא (זב׳ ה ב 2[46]) מִתְכַּפֶּרֶת She receives atonement

מְכַפְּרָה (הור׳ ו א) מְכַפֶּרֶת It (*f.*) atones

מְכַפְּרִי מְכַפְּרִים They atone

מִכַּפְּרִי (מנ׳ צב א) מִתְכַּפְּרִים They receive atonement

לְמִיכְפְּרֵיה (חול׳ ח ב) לְקַנְּחוֹ To clean him

למכפריה (גט׳ נא ב) מ׳: דניכפרי׳

מִיכַּפַּרְנָא (כרי׳ כד א) אֲנִי מִתְכַּפֵּר, אֶתְכַּפֵּר I receive atonement, I shall receive atonement

מִיכְפַּת (גט׳ סב א) כָּפוּת It concerns him

לְמִיכְרָא (מ״ק ד ב, סנ׳ צג א) לִכְרוֹת (=לַחְפֹּר) To dig

מִכְרָב (שבת עג ב) חָרוּשׁ (מ), חָרִישׁ Plowing

מַכְרְזִי מַכְרִיזִים They proclaim

מַכְרְזִינַן אָנוּ מַכְרִיזִים We proclaim

מכרזן (פס׳ קיב סע״ב) מ׳ ואה״ת: מכרזי

מַכְרִיז מַכְרִיז He proclaims

מִיכַּרַ(י)ךְ[47] (פס׳ קיב ב) נִכְרָךְ Wrapped around (him)

מִיכְרַךְ (מג׳ כז א) כָּרוּךְ (ספר) Binding (a book)

מִכְרַךְ (נדה כו א) כָּרוּךְ (=לדבוק) To attach

מִיכְרַךְ רִיפְתָּא (ב״מ פו א) אָכוֹל פַּת To eat bread

מִכְּרַךְ (שבת קי א) נִכְרָךְ It (the snake) twists itself around them (the clothes)

מִיכְּרַךְ (שם) מִתְעַטֵּף It wraps itself

מִיכְּרַךְ (כתו׳ עז ב) נִכְרָךְ, מִתְחַבֵּר He attaches himself (to them)

מִכַּרְכִי (שבת צב רע״א) נִכְרָכִים They wind themselves around

מַכְשַׁר[48] מַכְשִׁיר He renders it kosher, capable, fit

מַכְשְׁרָא/ה מַכְשִׁירָה She renders it kosher, capable, fit

מַכְשְׁרִי מַכְשִׁירִים They render it kosher, capable, fit

מַכְשְׁרִינַן (סנ׳ לב א) אָנוּ מַכְשִׁירִים We render it kosher

מַכְשַׁרְנָא (חול׳ יט א) אֲנִי מַכְשִׁיר I render it kosher

מַכְשַׁרְתְּ (שם) אַתָּה מַכְשִׁיר You render it kosher

מִיכְתַּב, לְמִכְתַּב לִכְתֹּב To write

מִיכְּתַב (שבת צז ב, ב״מ צה א) נִכְתָּב It (*m.*) is written

מִיכַּתְבָא (עירו׳ יג א, כתו׳ פה א, גט׳ כו ב) נִכְתֶּבֶת It (*f.*) is written

לְמִכְתְּבָא לִכְתֹּב אוֹתָהּ To write it

מַכְתְּבָא[49] (ע״ז כב ב) מַכְתֵּב[50] Stylus, engraving tool, writing instrument

מִיכַּתְבִי (גט׳ יח א) נִכְתָּבִים They (*m.*) are written

מִכַּתְבָן (בר׳ ז א 2) נִכְתָּבוֹת They (*f.*) are written

לְמִכְתְּבִ[י]נְהוּ (ב״מ כ ב — ה׳) לִכְתֹּב אוֹתָם To write them

41) א״פ, ד׳: כסיין, מ׳ משובש.

42) = ערכם פוחת, ניגוד של ״נכסים משביחים״.

43) מ׳, ד׳: כסיפיתנן.

44) בקל נמצא עוד בחול׳ ח ב.

45) מ׳: מיגפר קא גפיר להו, השוה ב״ב צז ב וערוך ע׳ פטס.

46) פ״ב — מ׳ ור׳ א, ד׳: מתכפרא.

47) הגהתי, מ׳ ב: מתכרך, מ׳: מתכרכ׳.

48) בכמה מקומות נשתבש: מכשיר.

49) כך מנוקד בכ״י ספ׳.

50) במכתב חורתים בלוח האבן.

מכתיב (שבת צז סע״ב) מ׳: מיכתב	
מְכַתֵּיפְנָא (שבת קיט א) אֲנִי מְכַתֵּף	I am carrying on my shoulders
מְכַתֵּף (שם) מְכַתֵּף (=נושא על כתיפו)	He carries on his shoulders
מְכַתְּפֵי מְכַתְּפִים	They carry on their shoulders
מְכַתְּפִינַן (שבת קיט א) אָנוּ מְכַתְּפִים	We carry on our shoulders
[**מְכַתְשִׁינַן**] (שבו׳ ל ב, מ׳ וע׳ ור״ן) מְרִיבִים	They quarrel
מְכַתַּת מְכֻתָּת	Crushed
מְלָא מָלֵא (ע), מִלֵּא	Full, he filled
מְלָא[51] מְלֹא (ש)	Fullness
מלא (קידו׳ עג ב[52], פא א[53], ע״ז ל א[54]) ר׳ מלי	Cf.
מלא (ערכ׳ טו א) מ׳ (עב׳): נתמלא	
מְלָא בֵיהּ[55] (ב״ק קיז ב) נִתְמַלֵּא חֵמָה	He became angry, they pushed (according to our text)
מַלְ(א)וּ[56] (ב״ב עג ב) מִלְאוּ	They filled up
מלאינן (ע״ז נג סע״ב) מ׳ וכ״י ספ׳: מלינן	
מַלְאֲכָא מַלְאָךְ	Angel
מַלְאֲכָא דְמוֹתָא מַלְאַךְ הַמָּוֶת	Angle of Death
מַלְאֲכֵי מַלְאָכִים	Angels
מלאן (שבת סב ב) מ׳: מליין	
מְלַבְלְבֵי מְלַבְלְבִים	They are budding
מְלַבַּן לַבּוּנֵי(ה) (שבת קד א — כ״י) לַבֵּן מְלֻבָּן[57]	The base of the letters is similar to a row of bricks
מַלְבְּנָא (ב״מ קטז ב) מַלְבֵּן (=דפוס לבנה)	A rectangular brick
לְמִילְבַּשׁ (עירו׳ נג ב) לִלְבֹּשׁ	To make garments (Rashi)
מִלְּגָיו (ב״ב ד א ועוד) מִבִּפְנִים	Inside
שְׁלִישׁ מִלְּגָיו (ב״ק ט ב) שָׁלִישׁ מִבִּפְנִים (=הוסף על שלש אחת)	A third from inside (adding a third of the original value)

מִלָּה דָּבָר, דִּבּוּר	Thing, speech
מִילָּהּ דְּבָרֶיהָ	Her words
מְלוֹ מָלְאוּ	They filled up
מָלוּ מְלֵאִים, מְמַלְאִים	Full, they fill up
מַלוֹ מִלְאוּ	They filled up
מָלוֹגָא[58] **דִשְׁטָרֵי** (כתו׳ פה א, ב״ב קנא א[59]) תִּיק שֶׁל שְׁטָרוֹת	Bag containing documents
מלוה (סוטה מ א) ר׳ מלוי והע׳ 61	Cf.
מלנהו לסיפטיה (תע׳ כא א) מ׳ ואה״ת: ומלינהו לספטייהו	
מלוגנאה (פס׳ מח סע״א-רע״ב) ר׳ קבא	Cf.
מִילַוּוּ[60] (תע׳ כא ב) מִתְלַוִּים	They accompany
מְלַוִּינַן (שבת קיח א) אָנוּ מְלַוִּים	We accompany
מַלּוֹחֵי (כתו׳ פה רע״א) מַלֵּחַ (=נַוָּט סְפִינָה)	He navigates
מְלַוֵּי (מ״ק טז ב, סוטה מ א[61]) מְלַוֶּה	He accompanies
מַלוֹיֵי, לְמַלוֹיֵי לְמַלֵּא, לְהַשְׁלִים	To fill up, to complete
לְמַלוֹיֵיהּ (ב״ק מח א) לְמַלְּאתוֹ	To fill it
אִשְׁתְּקִיל מִילוּלֵיהּ (חגי׳ ב ב, גט׳ עא א) נִטַּל דִּבּוּרוֹ, נֶאֱלַם	He became mute
מַלוֹנְהוּ (תע׳ כא א, כד א) מִלְאוּם	They filled them
מְלַח (ב״ק קיז ב) דָּחַף, ועי׳ ״מלא״ והע׳ 55	He pushed
מְלַח (ר״ה ד א — מעזרא) מֶלַח	Salt
מְלַח (חול׳ קיא ב) מָלַח	He salted
מָלַח (שבת עה ב ועוד) מוֹלֵחַ	He salts
מִלְחָא, מִילְחָא מֶלַח	Salt
מִילְחָא גְלָלָנִיתָא (קידו׳ סב א, ע״ז כח ב, חול׳ קיג א) מֶלַח גַּרְגְּרִית, מֶלַח גַּסָּה	Lumpy salt, coarse salt
מְלַחוּ (ב״ב עג ב) מָלְחוּ	They salted
מַלָּחֵי מַלָּחִים	Sailors
בי מילחי ר׳ בי	Cf.
מָלְחֵי (שבת קח ב, בכו׳ ח ב) מוֹלְחִים	They salt
מַלְחֵיהּ מְלָחוֹ	He salted it

51) ברוב המקומות בכ״י: מלי (עם כ״ף רגיל יותר: כמלא).
52) מ׳ ורש״י: מלי.
53) אה״ת: מלי.
54) מ׳: מלי.
55) ה׳ ה״ג ד״ב ועוד, ד׳: מלח. ועי׳ בפירושי בב״ק.
56) מ׳, ה׳ ואה״ת — נ״א.
57) פי׳ רחב מלמטה כמו לבינה.
58) מל״י = ״שק של עור״ (ר״ב).
59) מ׳ ה׳, ד׳: דשטראי.
60) מ׳, ד׳: לווי, ועי׳ ד״ס אות מ׳.
61) מ׳: מלוי ליה, אה״ת: מלוייה, עי׳: מלויה בההדיה, ד׳: מלוה.

בַּר מְלַחֵיךְ פִּינְכֵי (פס׳ מט סע״א) בֶּן־מְלַקֵּק קְעָרוֹת
Son who licks plates

מַלְחִינְהוּ (פס׳ עד ב) מָלַח אוֹתָם — He salted them

הֲוָה מָלַחְנָא (שבת קח ב) הָיִיתִי מוֹלֵחַ — I was salting

מלחשי (ב״ב עד ב) ר׳ מלחשן — Cf.

מְלַחֲשָׁן[62] (שם) (גחלים) לוֹחֲשׁוֹת — Glowing (coals)

מִ[י]לְחֲתָא (שבת סו ב[63], עג ב[64]) מִלְחָה (?) (=בריכת המלח)
Pool of salt (where sun evaporates sea water)

מָלֵי מָלֵא (ב) — He fills ups

מְלֵי מִלּוּא (ש) — Filling

מִילֵּי דְּבָרִים, דִּבּוּרִים, עִנְיָנִים
Things, speeches, subjects

מַלֵּי (קידו׳ לט ב) מִלֵּא, מְמַלֵּא — He fills (up)

מַלֵּי (עירו׳ נז ב) מַלֵּא (צ) — Fill up (*imp.*)

מַלִּי (כתו׳ סב ב) מַלְּאִי — Fill up (*imp, f.*)

מַלְיָא[65] מְלֵאָה — Full (*f.*)

מִילֵּיהּ דְּבָרָיו — His words

מִילֵּיהּ (בר׳ ה ב) עִנְיָנוֹ — His matter

מַלְיוּהּ מִלְּאוּהוּ — They filled it up

מַלְיוּהּ (בכו׳ ט א) מַלְּאוּהוּ — Fill it up (*imp.*)

למליותיה (ב״מ קה א) ה׳: מליתיה

מְלִיחַ מָלוּחַ — Salted (*m., s.*)

מְלִיחָא מְלוּחָה — Salted (*f., s.*)

מְלִיחֵי מְלוּחִים — Salted (*m., p.*)

מַלְיֵיהּ מִלְּאָהוּ — He filled it up

מַלְיֵיהּ מַלְּאֵהוּ — Fill it up (*imp.*)

מִילַּיְיהוּ דִּבְרֵיהֶם — Their words

מַלְיָין (בר׳ כח א, שבת סב ב) מְלֵאוֹת, מְמַלְּאוֹת
Full (*m.*), they (*f.*) fill

מליין (עירו׳ מט א) כי״י ורש״י: מלא

מְלֵיךְ מוֹלֵךְ (נתמנה לראש ישיבה)
He was nominated Rosh Yeshivah (head of yeshiva)

מְלִיכָא (גט׳ פ א) מְלוּכָה (=מוֹלֶכֶת)[66] — It (*f.*) rules

מִילִּין (נדר׳ כב רע״א, ע״ז לח ב, חול׳ קלט ב) דְּבָרִים — Words

מילין בעלמא (מ״ק ט ב) מ׳ ואה״ת: מילתא

מַלְיִנְהוּ מִלֵּא אוֹתָם — He fills them

מַלְיִנְהוּ (חול׳ נה ב 2) מַלֵּא אוֹתָם — Fill them (*imp.*)

מַלְיַנַן (סוכה מח ב ועוד) מִלֵּאנוּ, אָנוּ מְמַלְּאִים
We filled, we fill

מָלֵיק מוֹלֵק — He beheads

מַלֵּיתֵיהּ[67] (ב״מ קה א) הִשְׁלַמְתָּ אוֹתוֹ — You completed it

מִילָּךְ דְּבָרֶיךָ — Your words

מְלַךְ מָלַךְ, הָיָה רֹאשׁ יְשִׁיבָה
He reigned, he was Rosh Yeshivah (head of yeshiva)

מַלְכָּא מֶלֶךְ — King

מַלְכָּא דְיִשְׂרָאֵל מֶלֶךְ יִשְׂרָאֵל — King of Israel

מַלְכוּ (תמיד לב א) מַלְכוּת — Kingdom, royalty

מְלַכוּ (ע״ז י א) מָלְכוּ — They reigned

מַלְכְוָותָא (גט׳ סח ב) מְלָכוֹת — Queens

מַלְכוּתָא מַלְכוּת — Kingdom, royalty

מַלְכוּתֵיהּ מַלְכוּתוֹ — His kingdom, royalty

מַלְכוּתַיְיהוּ מַלְכוּתָם — Their kingdom, royalty

מַלְכוּתָךְ (סנ׳ כב א — מדני׳) מַלְכוּתְךָ
Your kingdom, royalty

מִלְכִּי (סוטה כא א ועוד — מדני׳) עֲצָתִי — My advice

מָלְכִי (סנ׳ קג א, הור׳ יא ב) מוֹלְכִים — They reign

מַלְכֵי מְלָכִים — Kings

מַלְכַיָּא (שבו׳ לה ב) מְלָכִים — Kings

מְלַכְתְּ (בר׳ סד א) אַתָּה מוֹלֵךְ, תִּמְלֹךְ[68]
You reigned, you will reign (as Rosh Yeshivah)

מַלְכְּתָא מַלְכָּה — Queen

מִלְלָא דְנוּרָא (ע״ז כח ב) לְחִישַׁת הָאֵשׁ (=גחלים לוחשות)
Glowing coals, lit. whispering coals (as opposed to flaming coals)

מִלְלֵי דְנוּרָא (שבת קט ב) לְחִישׁוֹת הָאֵשׁ
Glowing coals, see previous entry

מלנהו (סנ׳ קט רע״א) מ׳: מלונהו

מַלְפָא (אלף) (ר״ה ד א) מְלַמֵּד אוֹתָהּ — He trains it (*f.*)

מַלְפָא[69] (כתו׳ סב א) מְלֻמֶּדֶת, רְגִילָה — Accustomed to

62) אה״ת הי׳ גליון, ד׳: מלחשי. ע״י: מחממי.
63) מ׳ — ביו״ד.
64) מ׳ ורש״י ביו״ד.
65) שבת צז סע״א: מליא — רש״י: מלי.
66) השוה רכוב = רוכב, זכור = זוכר.
67) ה׳, מ׳ ר׳ א ב ועוד: מלייתיה, ד׳: למליותיה.
68) = תהיה ראש ישיבה.
69) מ׳ אה״ת ורש״י, ד׳: מלפי.

מַלְפֵי (שם) ר׳ מלפא — Cf.

מְלַפֵּת[*69] (ביצה טז א 2) מְלַפֵּת — It (*m.*) seasons

מַלְפָךְ (יב׳ סג א) מְלַמֶּדְךָ — He teaches you

מַלְפָנָא (יב׳ כא ב) מְלַמֵּד (ש) — Teacher

מלפפה (ב״מ עד א) כי״י: מלפפן

מְלַפְּפָן (שם) מְעֻגָּלוֹת — Shaped (*f.* ,*p.*)

מְלַפְּתָא[**69] (ביצה טז א 4) מְלַפֶּתֶת — It (*f.*) seasons

מִילְקָא, לְמִילְקָא לִלְקוֹת — To receive *malkos* (lashes)

מַלְקוּ (חול׳ סג א) מַלְקִים — They mete out *malkos* (lashes)

מְלַקֵּט (תע׳ כג א, ב״מ יב א) מְלַקֵּט — He gleans

מְלַקְּטִי (ב״מ יב סע״א[70], כא ב) מְלַקְּטִים — They glean

מִילְקֵי (נז׳ יז א, זב׳ קיד ב) (ל)לְקוֹת

They are punished with *malkos* (lashes)

לְמִילְקֵי לִלְקוֹת — To be punished with *malkos* (lashes)

מַלְקֵי (קידו׳ פא א) מַלְקֶה — He mete out *malkos* (lashes)

מַלְקִינַן אָנוּ מַלְקִים — We mete out *malkos* (lashes)

מילתא (שבת י ב) ר׳ לעיל מילתא (ביו״ד) והע׳ 87 — Cf.

מִלְּתָא דָּבָר, דִּבּוּר — Thing, speech

לֵימָא בַּהּ מִילְּתָא (שבת פא ב ועוד) נֹאמַר בּוֹ דָּבָר

Let us say something about it (the *halachah*) (הֲלָכָה)

עֲבַד מִילְּתָא (שבת קכט א כ״פ ועוד) עָשָׂה דָּבָר

He had his blood let (=הקיז דם)

מִלְּתָא דְאַגַּדְתָּא (תע׳ ז א) דְּבַר אַגָּדָה

An *aggadical* (allegorical) teaching

לָאו מִילְּתָא הִיא (שבת סב ב) לֹא כְלוּם הִיא

It is nothing

לָאו מִילְּתָא הִיא דַּאֲמַרִי[71] לֹא כְלוּם הוּא (מה) שֶׁאָמַרְתִּי — What I said is incorrect

מִילְּתָא בְּעָלְמָא (מ״ק ט ב[72], כתו׳ נו א) דִּבּוּר בָּעוֹלָם (שאין לו חשיבות) — An unimportant statement

מִלְּתָהּ (סוכה ב א, בר׳ לג א) דְּבָרָהּ, עִנְיָנָהּ

Her word, her matter

מִלְּתֵיהּ דְּבָרוֹ, עִנְיָנוֹ — His word, his matter

מִלְּתַיְהוּ דִּבְרֵיהֶם, עִנְיָנָם — Their words, their matter

מִילְּתִיךְ (חול׳ ז ב) דְּבָרֵךְ, עִנְיָנֵךְ

Your word, your matter

מִילְתַּת (פס׳ לו א) (ל)לְתֹת[73] — To moisten (the wheat)

ממאיס (בר׳ נ ב, נא א, ב״ב יט ב) כי״י: מאיס

מְמַאֲנָה (יב׳ קיב סע״ב 2) מְמָאֶנֶת

She refuses to remain married

מִימְאָס (ע״ז סח ב) מָאוּס (מ) — Promoting repulsiveness

מִימַּאֲסָא[74] (יב׳ טו א) נִמְאָסוֹת

They (*f.*) are repulsive

מימאסי (יב׳ טו א) ר׳ מימאסא — Cf.

מימהיל (שבת קלו א) מ׳ ור״ח: מימהל

מִימְהַל, לְמִימְהַל לָמוּל — To circumcise

לְמִימְהֲלֵיהּ (קידו׳ כט א) לָמוּל אוֹתוֹ — To circumcise him

מְמוֹלָאֵי... מוֹלְיָיתָא[75] (ב״מ קט א ועוד) גְּדוֹלִים... גְּדוֹלוֹת — Big (*m.*, *p.*)...big (*f.*, *p.*),

i.e., from a certain place/background ... (speaks in a manner befitting)... that place/background

מְמוֹנָא מָמוֹן — Money

מְמוֹנַאי (ב״מ צו א) מָמוֹנִי — My money

מְמוֹנֵיהּ מָמוֹנוֹ — His money

מַמְזֵירָא מַמְזֵר

A child born as a result of an illicit sexual relationship (the type of which is a difference of opinion in Talmud)

מַמְזֵירֵי מַמְזֵרִים

Children born as a result of an illicit sexual relationship (the type of which is a difference of opinion in Talmud)

*69) [כיי״: מילפת! (ע. ל.)]

**69) [כיי״: מילפתא! (ע.ל.)]

70) ה׳ ור׳ א ג: בני דהאיך, מ׳ ד׳: בריה (מ׳: מלקיט!), ה׳: מנקטי.

71) בפי אביי (ד״פ) ורבא (ז״פ) ורב יוסף (ב״פ) ור׳ ירמיה רב נחמן ורב אשי כשהם חוזרים בהם מדבריהם.

72) מ׳ אה״ת וע״י, ד׳: מילין.

73) = להרטיב החטים במעט מים, כדי שיהיו נוחים לטחינה.

74) מ׳, ד׳: מימאסי.

75) ע׳: ממולייתא. הפתגם השלם הוא: משום דאתו ממולאי אמריתו מילי מולייתא. ופי׳ ע׳ (מל ז): פי׳ גאון זה נאמר על אדם גדול מפני שהוא גדול מדבר גדולות פ״א משום שאתם מבית עלי שהם חתוכי שָׁנים תאמרו דברים חתוכים, שאין להם ראש ואין להם טעם.

מִימְחָא[76] (שבת נח סע״א) (ל)אֱרֹג — (To) weave

מִימְחָא (ב״ב קכו א, חול׳ קז ב) (ל)הַכּוֹת — (To) hit

לממחה (פס׳ מ ב) מ׳: למימח

מְמַחֵי (נז׳ נ א) מְמַחֶה (=ממיס) — He dissolves (it)

מְמַחְיָיא[77] (כתו׳ יא א 2) מְמַחָה — Let her protest

לְמִמְחֲיֵיה[78] (בר׳ נו א) לְהַכּוֹתוֹ — To hit him

(מְ)מַחִינַן (נדה ז ב) אָנוּ מוֹחִים — We protest

מָצֵינַן (מְ)מַחִינַן אָנוּ יְכוֹלִים לְמַחוֹת — We can protest

מְמַחֵית (ב״ק צט ב) אַתָּה מֻמְחֶה — You are an expert

לְמִמְחַק (חגי׳ טו א) לִמְחֹק — To erase

מִמְטָא (סוטה לח ב) (ל)הַגִּיעַ — (To) arrive

מַמְטוּ מַמְצִיאִים, מְבִיאִים — They deliver, bring

מַמְטֵי מַמְצִיא, מֵבִיא — He delivers, brings

ממטי (סנ׳ קט ב) מ׳ אה״ת: ממטו

מַמְטְיָ[א] (כתו׳ נד א — מ׳) מְבִיאָה — She brings

מַמְטְיָאן (כתו׳ נא ב) מְבִיאוֹת — They (*f., p.*) bring

מַמְטֵינָא (ב״מ פא א) אֲנִי מֵבִיא, אָבִיא — I bring, I shall bring

מַמְטֵינַן (ב״ב כא א 3) אָנוּ מְבִיאִים — We bring

ממיך (בר׳ נד רע״ב) כי״י: מכיך

ממיס[79] (פס׳ כח א) ר׳ מאיס — Cf.

ממיסה[80] (שם) ר׳ מאיסה — Cf.

מְמַכֵּיךְ[81] (יומא פד ב) מַצִּיעַ[82] — He arranges (the embers)

מְמַכֵּיךְ[83] (בר׳ נד רע״ב) מַנְמִיךְ, מַצִּיעַ — He lowers, arranges

ממלא (ביצה לט ב 2, ב״ק נא ב 2) ר׳ ממלי — Cf.

מִמְלָא (עירו׳ יב סע״א) (ל)מַלֹּאת — (To) fill up

מַמְלָא (כתו׳ סז א) עַפְרוֹת זָהָב — Particles of gold

לְמִמְלָא (עירו׳ קד א) לְמַלֹּאת, לִשְׁאֹב — To fill up, to draw

ממלאינן (עירו׳ יב סע״א) מ׳: מלינן

מְ(י)מַלַּח (כתו׳ פה רע״א — רש״י) מְנַוֵּט הַסְּפִינָה — He navigates the boat

מִמְלַח (שבת קח ב, מ״ק יא א) מָלוֹחַ (מ) — Salting

לְמִימְלַח (מ״ק יא א) לִמְלֹחַ — To salt

לְמִמְלְחִינְהוּ (ביצה יא ב) לִמְלֹחַ אוֹתָם — To salt them

מְמַלֵּי מְמַלֵּא — He fills up

מְמַלֵּי (ביצה לט ב 2[84], ב״ק נא ב 2[85]) מְמַלֵּא — He fills up

ממלי (קידו׳ נ א 2) מ׳: ממללי

מְמַלְיָא (ב״מ צז א, כרי׳ כא ב) מְמַלֵּאת — She fills up

לְמִמְלְיֵיה (מ״ק י א) לְמַלְּאתוֹ — To fill it (*m.*) up

מִמְלִיךְ נִמְלַךְ — He changed his mind

מְמַלֵּינְהוּ (ע״ז לג ב) מְמַלְּאָם — He fills them

מִימַּלְכִי (סנ׳ סא ב) נִמְלָכִים — They take consul and change their mind

מִמְלַכְנָא (ב״ב יז ב) אֲנִי נִמְלָךְ, אֶמָּלֵךְ — I change my mind, I shall change my mind

מְמַלְלִי (קידו׳ נ א 2 — מ׳) מְדַבְּרִים — They speak

מִימְנָא מָנֹה (מ) — Counting

לְמִימְנָא (חול׳ לו רע״א[86]) לִמְנוֹת — To count

ממנה (שבת קמ רע״ב) מ׳ א״פ: מיניה

מִימְנוּ (פס׳ נב א 4, מ״ק יז א 2) נִמְנִים — They convened to carry out

מִימְּנֵי (פס׳ ס ב) נִמְנִים — They join as partners in

לְמִימְנֵי לִמְנוֹת — To count

ממניא (ב״ק יא א) מ׳ ה׳: מניא

לממנייה[87] (סוטה מ א) ר׳ למנוייה — Cf.

מִימְנַע נִמְנָע — He abstained

מִימַּנְעֵי נִמְנָעִים — They abstained

מְמַסְמֵס (חול׳ ד א, יח א) מְמַסְמֵס, מְלַכְלֵךְ — He squashes (it)

---

(76) מי, די: מומחא.

(77) מי-ב״פ: מחיא.

(78) ב״נ ופי, מי: למחייה, די: למחוייה.

(79) מי ב וא״פ: מאיס, מי וד״י: ממאיס.

(80) מי ב וא״פ: מאיסה, מי: ממאיס, ד״ו: ממאיסי.

(81) א״פ וע׳ ורש״י: מכיך.

(82) מיישר את הגחלים ומכינם לצלייה לערב (ע״פ רש״י).

(83) הגהתי, מי: ממיך.

(84) מי -פ״ב, די: ממלא; פ״א — גם מי: ממלא.

(85) מי -פ״ב, די: ממלא, פ״א גם מי: ממלא, ה״: מאלי (ב״פ).

(86) פס׳ כ א — מי ורש״י: למימני. חול׳ לז רע״א — מי: למימני.

(87) מי: למנוייה, אה״ת: לאותוביה = להושיבו.

מְמַסְמְסָם קוֹעֵיהּ (חול׳ כח א, נג ב) מְלֻכְלָךְ צַוָּארוֹ (רש״י)

Its neck is dirty

מְמַסְמְסָא מְמַסְמֶסֶת — She squashes

לְמִימְסַר לִמְסֹר — To deliver

מִימַסְרָא (גט׳ נו ב) נִמְסֶרֶת, תִּמָּסֵר

It (*f.*) is delivered, it (*f.*) will be delivered

לְמִימְסְרַהּ (כתו׳ מז א) לִמְסֹר אוֹתָהּ

To deliver her, to hand her over

מִימַסְרִי (סנ׳ כו א) נִמְסָרִים

They (*m.*) are handed over

מִימַסְרָן נִמְסָרוֹת — They (*f.*) are handed over

מְמַעֵט מְמַעֵט — He (it) diminishes

מְמַעֲטָא מְמַעֶטֶת — She (it) diminishes

מְמַעֲטוּ[88] (סנ׳ לד ב) מְמַעֲטִים — They diminish

מְמַעֲטֵי מְמַעֲטִים — They diminish

[מְ]מַעֲטֵי (בכו׳ מא ב — מ׳) מְמַעֲטִים — They exclude

ממעטינהו[89] (תמו׳ כט א) ר׳ למעוטינהו — Cf.

מְמַעֲטִינַן (שבו׳ ז א) אָנוּ מְמַעֲטִים — We exclude

[מְ]מַעֵיט (סוטה יז א — כ״י ר׳ ויל׳) מְמַעֵט

It (*m.*) excludes

מְמַעֵיטְנָא אֲנִי מְמַעֵט — I diminish, exclude

לְמִימְעַל (בכו׳ לט א) לִמְעֹל — He commits sacrilege

מַמְצֵי נַפְשֵׁיהּ (יומא פז סע״א[90], כתו׳ סז ב) מַמְצִיא (?) עַצְמוֹ

He presents himself

מַמְצִיָא (כתו׳ ס ב 2) מֵינִיקָה — She breastfeeds

מִימְצֵ(צ)י (בכו׳ ז סע״א — מ׳) נִמְצֶה

It is wrung out, drained

לְמִימְצַר (ב״ב סא ב) לְתַחֵם — To delimit the property

ממצרא (ע״ז ע ב) ר׳ ממצרנא — Cf.

מְמַצַּרְנָא (ב״ב ו ב — ע׳, ע״ז ע ב[91]) אֲנִי מִתְמוֹדֵד, מִתְמַתֵּחַ

I measure, I stretch myself

מִימְרְדָא (כתו׳ נז ב) מוֹרֶדֶת, תִּמְרֹד, מִתְמָרֶדֶת

She rebels, she will rebel

מַמְרוֹ (גט׳ סט א 2) מָמְרוֹר (=מין עשב מר)

Name of bitter herb

מְ[י]מַּרְטָא[92] (שבת מט א) נִמְרֶטֶת — It is plucked

מְמַרְטֵט (חול׳ צב ב) מְחַטֵּט, מְשָׁרֵשׁ

He digs up, he uproots

מַמָּשָׁא (שבת סב רע״ב ועוד) מַמָּשׁ — Substance

ממשא (ב״ק כב א) נוס׳: משׁשא

לְמִ[י]מְשָׁא (נדר׳ צא סע״א — מ׳) לִרְחֹץ

To wash themselves

לְמִימְשַׁח (כרי׳ ו ב) לִמְשֹׁחַ — To anoint

לְמִמְשְׁחִינְהוּ (פס׳ סו ב) לִמְשֹׁחַ אוֹתָם — To anoint them

לְמִימְשֵׁי (משי) (שבת קח ב) לִרְחֹץ — To wash oneself

מִימְשִׁיךְ נִמְשָׁךְ — Continued

לְמִמְשַׁךְ (ב״מ מח א) לִמְשֹׁךְ — To pull

מימשך (בכו׳ יג ב) מ׳: לימשיך, ור׳ לימשוך — Cf.

למימשך[93] (פס׳ קז סע״א) ר׳ מימשיך — Cf.

למימשך בתרייהו[94] (ע״ז כז ב) ר׳ לאימשוכי — Cf.

מִמַּשְׁכָה[95] (זב׳ סז א) נִמְשֶׁכֶת — It is drawn (to become)

מִימַשְׁכֵי נִמְשָׁכִים

They (*m.*) are drawn, pulled, extended

[מִי]מַּשְׁכָן[96] (הור׳ יב סע״א) נִמְשָׁכוֹת

They (*f.*) are drawn

מְמַשְׁמֵשׁ (ב״מ כא ב) מְמַשְׁמֵשׁ

He feels (searches for them)

מְמַשְׁמְשָׁא (חול׳ ט א, מט א) מְמַשְׁמֶשֶׁת — It (*f.*) touches

ממשמשו (חול׳ נ א) כ״י: משמישו

מְמַשְׁמְשֵׁי (סוכה מו א[97], ר״ה טו א) מְמַשְׁמְשִׁים

They touch

מְמַתַּח (כתו׳ פה א) מְמַתֵּחַ (=מוֹשֵׁךְ בְּחֶבֶל)

He pulls (with a rope)

מִימַתְּחָא (שבת קלח ב) נִמְתַּחַת — It (*f.*) stretches

לְמִימְתְּחַהּ (מג׳ טז ב) לִמְתֹּחַ אוֹתָהּ (=להאריך אותה)

To extend it (*f.*)

88) מ׳ ורש״י: ממעטי.

89) שמ״ק והב״ח: למעטינהו, מ׳ לי׳.

90) כ״י, ד׳: ממציא ליה.

91) מ׳: מצרנא, ד׳: ממצרא.

92) מ׳, ע׳ ור״ח: ממירטא, א״כ לפנינו שֵׁם, והמ״ם הראשונה = מן, וכך הבינו ע׳ (= ר״ח) ורש״י.

93) מ׳: דילמא (אתי ל) ממשיך.

94) צ״ל: לאימשוכי בתרייהו, כמו בבר׳ מג ב, עירו׳ יד א.

95) מ׳: מימשכי.

96) פ״ב — רש״י.

97) מ׳, ד׳: משמשי.

מְמַתְּחִי (ב"מ קז ב) מְמַתְּחִים — They stretch

מְמתיק (ב"מ פט ב) ה': מימתקי

מִימַתְּקִי[98] (שם) מִתְמַתְּקִים

They become sweetened, improved, softened

מַן (פס' קיא ב 2[99], קיח ב[1], ב"ב נח ב[2], קמו ב[3]) ר' **מאן** — Cf.

מְנָא (סנ' כב א — מדני") מָנָה, סָפַר

He counted, enumerated

מְנָא מִנְיָן — A count, an enumeration

מְנָא לֵיהּ/לָךְ/לַן מִנַּיִן לוֹ/לְךָ/לָנוּ (ממה למד/למדת/למדנו)

Where from does one, does you, do we (derive this)?

מָנָא, מָאנָא כְּלִי (גם בגד) — Vessel (also a garment)

מנא דכילא (ביצה כט א) ר' כיילא — Cf.

מָנָא דְמַרְדָּא[4] (ע"ז עה ב) כְּלֵי־גְלָלִים

Vessel made of mixture of cattle dung with soil

מִינַּאי מִמֶּנִּי — From me

לְמִנְגַּד (ב"מ עד א 2) לִמְשֹׁךְ (היין לבור)

To conduct the wine into the pit

נַגּוֹדֵי[5] **מְנַגְּדִי(ן)**[6] (ב"מ פו א) מַלְקִים הַלְקוֹת — They lash

מְנַגְּדִינַן[7] (כתו' כח א) אָנוּ מַלְקִים — We lash

מְנַגְּדָנָא (יומא טו א ועוד) מַצְלִיף — He whips

מִנְגָּח (ב"ב צג א) נָגוֹחַ (מ) — Goring

מְנַגַּח (ב"ק כא א ועוד) מְנַגֵּחַ — He gores

מִינְּגַח (גט' מב ב 2) מְנֻגָּח, יְנֻגַּח

He is gored, he be will gored

מְנַגֵּיד מַלְקֶה — He lashes

מנגיד (ב"מ עד א) כי"י: נגיד

מנגיד (מכות יא א) ר' מינגיד — Cf.

מִינְּגִיד (פס' קיג ב, מכות יא א[8]) לוֹקֶה — He is being lashed

מְנַגַּע (חול' ס א) נָגוּעַ (=צָרוּעַ)

One affected with leprosy

לְמִינְגַּע לִנְגֹּעַ — To touch

מְנַגְּפָן כַּרְעֵיהּ (יומא נג א) נִגָּפוֹת רַגְלָיו[9]

His feet were bruised

מְנַדֵּב (מג' טז א) מִתְנַדֵּב — One who commits himself to bringing a voluntary *minchah (meal- offering)*

מְנַדְּבִי (מנ' מו ב) מִתְנַדְּבִים

(They) commit themselves to bringing (a *todah* (thanksgiving offering) and its bread)

מִנְדָּה (נדר' סב ב, ב"ב ח א — מס' עזרא) מֶכֶס (?)

Kind of levy (Rashi)

לְמִינְדַּר (נדר' סו ב) לִנְדֹּר (בל"ח: לידר)

To make a vow

מִי[נְ]דַר נְדַר (נדר' כח א — מ' ורש"י) נוֹדֵר נֶדֶר

He makes a vow

מִינַּהּ מִמֶּנָּה — From her

לְמִינְהַג (בכו' כז א) לִנְהֹג — To conduct oneself

מִנְהָגָא מִנְהָג — Custom, habit

מִנְהָגֵיהּ (מג' כב ב) מִנְהָגוֹ — His custom

מִינַּהוֹן[10] מֵהֶם — From them

מְנַהֲמֵי עֲנָנֵי (בר' נט א) עֲנָנִים רוֹעֲמִים

Roar of clouds (Rashi)

מְנַהַרוּתָא[11] (נדר' לח ב) עַבְדוּת[12] — Servitude

מַנּוּ (=מאן הוא) מִי הוּא — Who is it, who is he, according to whose opinion has this been said

מָנוּ (מנ' סו א, כרי' י א) מוֹנִים — They count, enumerate

מְנוֹ (מ"ק כב א) מְנוּ — Count (*imp.*)

מַנּוּ (בר' נח א) מְמַנִּים — They appoint

מְנוּ בֵיתֵיהּ (ב"ב צא א) מְזֻמֶּנֶת בֵּיתוֹ*[12]

One (*f.*)in charge of his house

מְנַוֵּויל (סוטה ח ב) מְנַוֵּל — He uglifies (someone)

מִינַּוּול מִתְנַוֵּל — He becomes unsightly

98) ה', מ' ד': ממתיק.
99) פ"א — מ' מ' ב א"פ ואה"ת: מאן; פ"ב — מ' ב: מאן, מ' אה"ת לי.
1) מ' ואה"ת: למאן.
2) מ' ב אה"ת לי "ותו מן".
3) כי"י וד"י: מאן.
4) מ': דמרד', שאילי קפז: דפחרא.
5) מ' ע"י, ד': נגידי.
6) אה"ת.
7) וכצ"ל גם בשבועות מא א, ד': ונגדינן.
8) מ', ד': מנגיד.
9) השוה "פן תגף באבן רגלך" (תה' צא יב).
10) במסכות המיוחדות (נדר', נזיר, תמורה, כריתות ומעילה) ובסנ' צז א (סיפור א"י) ובמני קי א (מת"י לישע' יט יח).
11) מ' וע', ד': מנחרותא, ר"ן: מנקרותא.
12) "לפ"ד זו מלה נושנת עברית, וענינו מרוצה אל החפץ" (עה"ש).
*12) ור' עה"ש.

מְנַוּוֹלָא/ה (קידו׳ יב ב, ב״ב קלה א) מְנַוֶּלֶת
She makes herself ugly

מְנַוּוֹלְתָּא (תע׳ ו ב) מְנֻוֶּלֶת
(The roads are) messed up (by rain)

לְמַנּוּיֵיהּ (שבת קיד א, סוטה מ א[13]) לְמַנּוֹתוֹ — To appoint him

מַנַּח מַנִּיחַ, מֻנָּח
He places, lies (it) down, is placed, is laying (*m.*)

מַנְּחָא מַנִּיחָה, מֻנַּחַת
She places, lies (it) down, is placed, is laying (*f.*)

מַנְּחִי מַנִּיחִים, מֻנָּחִים
They place, lie (it) down, place it, are laying (*p.*)

ומנחי (שבת קמו ב) א״פ מ׳ ורי״ף: ומנח

מַנְּחִינַן אָנוּ מַנִּיחִים — We place

מְנַחֵם (סנ׳ יט א 2) מְנַחֵם — He consoles

מְנַחֲמִי (שם) מְנַחֲמִים — They console

מַנַּחְנָא אֲנִי מַנִּיחַ — I place, lay down

מנהרותא (נדר׳ לח ב) ר׳ מנהרותא — Cf.

מְנַחֲשִׁי (יב׳ קכ ב) מְנַחֲשִׁים
They are apprehensive (of divination)

מַנַּחַת (חול׳ קי א) אַתָּה מַנִּיחַ — You place, put down

מנחת[14] (ע״ז נג רע״ב) ר׳ מנחא — Cf.

מְנַחֲתָא (נחת) (שבו׳ ו א) יְרוּדָה — It is lower

מִנְחָתָא (זמן) מִנְחָה — Time of *Minchah* prayer

מְנַטַּר שׁוֹמֵר — He guards, watches

מְנַטַּר[15] (פס׳ קיב ב) מַמְתִּין — He waits

מִינְטַר (מ״ק ט א, גט׳ סח ב) הַמְתֵּן (מ) — Waiting, to wait

לְמִינְטַר (מ״ק ט א) לְהַמְתִּין — To wait

מִינְּטַר נִשְׁמָר — It, he is guarded

מְנַטְּרָא שׁוֹמֶרֶת — She guards

מְ(י)נַטְּרָא (ב״ק פ סע״א — מ׳ ה׳) שׁוֹמֶרֶת — She guards

מִינַּטְרָא נִשְׁמֶרֶת — She watches herself

מנטרא (ב״ב כב סע״א) כל כי״י: נטרנא

מְנַטְּרִי שׁוֹמְרִים — They guard

מְ(י)נַטְּרִי (ע״ז כו א 2 — מ׳) שׁוֹמְרִים — They guard

מִנַּטְרִי (עירו׳ צב א כ״פ) נִשְׁמָרִים
They (*m.*) are guarded

[מִי]נַּטְרָן (חגי׳ ה א — מ׳ ורש״י) נִשְׁמָרוֹת
They (*f.*) are guarded

מְנַטַּרְנָא (ב״מ פא ב) אֲנִי שׁוֹמֵר, אֶשְׁמֹר
I guard, I shall guard

מַנִּי (=מאן הוא) מִי הִיא — Who is she, it (*f.*)?

מַתְנִיתִין מַנִּי[16] מִשְׁנָתֵנוּ (של) מִי הִיא?[17]
Whose opinion does our *Mishnah* follow?

מָנֵי מוֹנֶה — He counts, enumerates

מְנִי (סנ׳ לט א, חול׳ קכז א) מְנֵה — Count, enumerate (*imp.*)

מִינַּי[18] מִמֶּנִּי — From me

מָנְיָא (ב״ק יא א[19], כרי׳ י ב) מוֹנָה — She counts, enumerates

מְנִיד (שבת קנה א, סנ׳ צה א — מתר׳, מנ׳ ז א) מֵנִיעַ
He shakes, moves, causes to shake, to move

מָנֵיהּ כֵּלָיו, בְּגָדָיו — His tools, garments

מִינֵּיהּ מִמֶּנּוּ — From him

מְנַיְידִי (חגי׳ ג רע״א) מְנִיעִים — They shake, move

מַנְּיֵיהּ (שבת קנד א, יב׳ מה ב) מִנָּהוּ — He appointed him

מִינַּיְיהוּ מֵהֶם — From them

מָנַיְיהוּ, מָאנַיְיהוּ כְּלֵיהֶם, בִּגְדֵיהֶם
Their tools, their garments

מָנַיְיכוּ כְּלֵיכֶם — Your (*p.*) tools, your garments

מִינַּיְיכוּ מִכֶּם — From you (*p.*)

מִנְיָנָא מִנְיָן — Number, count

מִנְיָנֵי מִנְיָנִים — Numbers, counts

מִנְיָנֵי (שבת סו ב) לְחִישׁוֹת[20] — Repeated incantations

מִנְיָנַיְיהוּ (גט׳ נט א, סנ׳ לו א) מִנְיָנֵיהֶם — (One) of their number (who expressed their opinion and voted)

מְנִיכָא[21] (תמיד לב א) רְבִיד — Necklace

מנינא (נדה לט ב) מ׳ ורש״י: מנינן

מְנִינְהוּ (סנ׳ לט א) מְנֵה אוֹתָם — Count them (*imp.*)

מְנָ[י]נְהוּ (בר׳ סב ב — מ׳ ואה״ת) מָנָה אוֹתָם
He counted them

13) מ׳, ד׳: לממנייא.
14) מ׳: מנחי, ד״ו: מנחה.
15) מ׳, ד׳: נטיר.
16) או ״מני מתניתין״, או בקיצור: מני?
17) מי שנה את משנתנו? או: כדעתו של מי נשנתה משנתנו?
18) זב׳ צו א — מ׳ ושמי״ק: מינאי.
19) מ׳ ה׳, ד׳: ממניא.
20) רש״י: כל מנייני — כל לחישות, ומפני שכופלין אותם: יש — ג׳ פעמים, ויש — יותר, קרי להו מנייני.
21) = המניכא בדניי׳ ה׳ ז׳.

מְנִינַן אָנוּ מוֹנִים — We count

מְנִיפָה מְנַפָּה (ב), כּוֹבֶרֶת — She sieves

מֵנִיקָה (ע״ז מג א, נדה י ב) מֵינִיקָה — She breastfeeds

מִינָּךְ מִמְּךָ, מִמֵּךְ — From you (*m.* and *f.*)

מְנַכּוּ (שבת קמ א) מְנַכִּים — They deduct

מִינְּכוֹן מִכֶּם — From you (*p.*)

מְנַכֵּי מְנַכֶּה — He deducts

מְנַכֵּינַן (ב״ק צז ב ועוד) אָנוּ מְנַכִּים — We deduct

מְנַכֵּישְׁנָא (ב״מ קה א) אֲנִי מְנַכֵּשׁ — I weed

מְנַכֵּית (ע״ז לה סע״ב) נוֹשֵׁךְ וְאוֹכֵל — He bites

מִינְּכַר נִכָּר — Discernable (*m.*)

מִינַּכְרָא נִכֶּרֶת — Discernable (*f.*)

מְנַכְּשֵׁי (ב״מ קג ב) מְנַכְּשִׁים — They weed

מְנַכְּתִינַן (יב׳ עו א) אָנוּ מַשִּׁיכִים (גורמים לנשיכה) — We let it bite

מְנָלֵיהּ = מְנָא לֵיהּ מִנַּיִן לוֹ — Where does he known it from?

מְנָלַן = מְנָא לָן מִנַּיִן לָנוּ — Where do we know it from?

מנמנה (כתו׳ יז ב) ר׳ מנמנמא — Cf.

מְנַמְנֵם (שבת נו ב ועוד) מְנַמְנֵם — He drowses

מְנַמְנֵם (מ״ק כח א) כינוי לגוסס — Euphemism for moribund

מְנַמְנְמָא[22] (כתו׳ יז ב) מְנַמְנֶמֶת — She drowses

מְנַמְנְמֵי (סוכה נג א) מְנַמְנְמִים — They drowse

מִינַּן מִמֶּנּוּ (=מֵאִתָּנוּ) — From us

מִינְסָב (יב׳ קי א) נָשׂוּא (מ) — Marrying by having intercourse

לְמִינְסַב לָשֵׂאת (בל״ח: לִישָּׂא) — To marry

מַנְסְבָא (נדר׳ כג א) מַשִּׂיאָה — He married her off

מנסבא[23] (ב״ב קכג א) ר׳ מנסבי — Cf.

מִינַּסְבָא נִשֵּׂאת — She marries

לְמִינְסְבַהּ (ב״ב ג ב) לָשֵׂאת אוֹתָהּ — To marry her

מַנְסְבֵי (מג׳ יג ב, ב״ב קכג א[24]) מַשִּׂיאִים — They marry off

מִינַּסְבִי (יב׳ קיג א, גט׳ נז א) נִשָּׂאִים — They marry

לְמִנְסְבֵיהּ (ב״מ מט ב) לִיטֹּל אוֹתוֹ — To take it

מַנְסְבִינַן (יב׳ קכ א כ״פ, ב״ב קיב א) אָנוּ מַשִּׂיאִים — We marry off

מִינַּסְבָן (בר׳ נו א) נִשָּׂאוֹת, תִּנָּשֶׂאנָה — They (*f.*) marry, they will marry

מִינַּסְבַת (מג׳ יג רע״ב[25], כתו׳ סא ב 2, ב״ב קכג א) אַתְּ נִשֵּׂאת, תִּנָּשְׂאִי — You (*f.*) marry, you will marry

מַנְסְבַת שֵׁם רָע (ב״מ קה א) אַתָּה מַשִּׂיא שֵׁם רָע — You tarnish my reputation

מַ(י)נְסְבַת (נדר׳ כג א — מ׳) אַתְּ מַשִּׂיאָה — You (*f.*) marry her off

מִינְּסוּ לִי (סנ׳ קז רע״א) מְנֻסִּים לִי (=נסיתי אותם) — They were tested by me (I tried them)

מַנְסִיב (מג׳ יג ב, קידו׳ סט א) מַשִּׂיא — He marries off

מַנְסִיב לֵיהּ עֵצָה (קידו׳ סט א) מַשִּׂיאוֹ עֵצָה — He advises him

מְנַסֵּינָא לָךְ (סנ׳ קז רע״א 2[26]) אֲנִי מְנַסֶּה אוֹתְךָ, אֲנַסֶּה אוֹתְךָ — I test you, I shall test you

למינסינהו (סנ׳ קא סע״ב) אה״ת: לנסויינכו

לָא מִינְּסֵ(י)ת לִי (סנ׳ קז רע״א — מ׳ ואה״ת) אֵינְךָ מְנֻסֶּה לִי (=לא נסיתיך) — You were not tested by me

מְנַסֵּךְ (ע״ז נו ב 2) מְנַסֵּךְ — He makes a (wine) libation

מְנַסְּכֵי מְנַסְּכִים — They make a (wine) libation

מינסנא (סנ׳ קז רע״א) ר׳ מנסינא — Cf.

מְנַסְּרֵי[27] (ב״ב עג ב ועוד) מְנַסְּרִים — They saw (wood, etc.)

מְנָעָךְ (ב״ק צט ב) מְנָעֲךָ — He prevented you

מְנַעֲלִי[ן] (שבת קנב א — מ׳ ואה״ת) מִנְעָלִים — Shoes

מְנַעְתַּן (חגי׳ ה ב) מְנַעְתַּנִי — You prevented me

מִינְּפַח (חול׳ קה ב) נָפוּחַ (מ) — Blowing at

מְנַפַּח (ב״ב קלד ב, סנ׳ מג א) מְנַפֵּחַ — He blows up

מנפי (ע״ז כה א) מ׳: מונפי

מְנַפֵּיץ (חול׳ קיג א) מְנַפֵּץ, מְנַעֵר — He shakes off

מְנַפְּצֵי (שבת קמז א) מְנַעֲרִים — They shake off

מנצו (קידו׳ עו ב) ר׳ מינצו — Cf.

22) ד״ו: מנמנמי, מ׳: מנמנא, ד״ח: מנמנה.

23) אה״ת: מינסבי, וצ״ל: מנסבי.

24) הגהתי (ע״פ אה״ת: מינסבי), ד׳: מנסבא.

25) בכמה ד״ח: מינסבא.

26) פ״א — ד׳: מינסבא (ד״ו: מינסיני).

27) ב״ב עה א — ד׳: מינסרי.

מִינְצוּ (קידו׳ עו ב[28] ועוד) נִצִּים, רָבִים They quarrel

מִינְצֵי (סנ׳ ה א) רָב (ב) (ריב) He quarrels

מִינַצְיָא (ב״מ פד ב) רָבָה (ב) She quarrels

מִינְצֵית (ב״מ פה ב[29]) אַתָּה רָב You quarrel

מינצת (כתו׳ קג ב) ר׳ מינצית Cf.

מְנַקֵּב[30] (חול׳ נח ב) מְנַקֵּב He perforates

מְנַקַּב (ב״ב כ רע״ב) מְנֻקָּב Perforated

מְנַקְּבָא (גט׳ סט ב) מְנַקֶּבֶת She perforates

מִינַקְבָא[31] (חול׳ מח ב 2) מְנֻקֶּבֶת Perforated (*f.*)

מינקבה (חול׳ נח ב) ר׳ מנקב Cf.

מְנַקְּדוּתָא[32] (ע״ז ל א, חול׳ קה ב) נִקָּיוֹן וְטָהֳרָה

Cleanliness, hygiene

מִינְקַט (גט׳ ה א 2, כרי׳ י א) תָּפוּשׂ Holds, to hold

לְמִינְקַט (סוכה יד א, ב״מ נז א) לִתְפֹּשׂ, לָקַחַת

To hold, to take

מְנַקְּטָא (פס׳ מ רע״ב) מְלַקֶּטֶת She gleans

מְנַקְּטָא פָּאַרֵי[33] (שבת נט ב) (רצועה) מַחֲזִיקָה שְׂעָרוֹת, מְלַקֶּטֶת שְׂעָרוֹת[34]

Ornamental garment worn on woman's chest

מְנַקֵּי (בר׳ טו א) מְנַקֶּה He cleans

מִנְּקִיב (חול׳ נו א) נִקַּב (ב), יִנָּקֵב

It is perforated, it shall be perforated

מְנַקֵּיט מְלַקֵּט He gleans

מנקירותא (חול׳ קה ב) ר׳ מנקדותא Cf.

מְנַקֵּית מִשְּׁבוּעֲתָא (כתו׳ פז א) אַתְּ מְנֻקָּה מִ(דִּין) שְׁבוּעָה

You (*f.*) are absolved from (the need) to swear

מִ[י]נַּקְפָן[35] (בר׳ ו א) נְקֻפּוֹת (=מֻכּוֹת) Worn out

מְנַקַּר רֵיחַיָּא (מ״ק י א) מְנַקֵּר רֵיחַיִם[36] He cleans the grindstone (by picking residue from the crevices)

מְנַקַּר אַטְמָא (חול׳ צו א) מְנַקֵּר יָרֵךְ[37]

Makes an incision in the hip (of cattle to remove the *gid hanasheh* (the sinew of femoral vein, *nervus ishiadicus*))

מנקרותא (ע״ז ל א) ר׳ מנקדותא Cf.

מְנַקַּשׁ (ב״ק נב ב) (לְ)הַקִּישׁ (=לדפוק) (To) knock

מְנָרְתָא מְנוֹרָה Lamp

מְנַשֵּׁב (בר׳ נט א) מְנַשֵּׁב It blows

מִינְּשׁוּ (סנ׳ לה א) שׁוֹכְחִים, יִשְׁכְּחוּ

They forget, they will forget

מִנְּשֵׁי (כתו׳ כ א, סנ׳ פב א, קד א) שׁוֹכֵחַ He forgets

מִנַּשְׁיָא (ב״ב לו א) שׁוֹכַחַת She forgets

מְנַשֵּׁק מְנַשֵּׁק He kisses

מְנַשְּׁקָא (כתו׳ סג א) מְנַשֶּׁקֶת She kisses

מנשתיה[38] (שבת קלד א 2) ר׳ משתים Cf.

מִינַשְׁתְּפָא (ב״מ כג ב 3) מִתְגַּלְגֶּלֶת

It rolls around (is being moved from place to place)

מְנָתָא מָנָה, חֵלֶק Part, portion

מְנָתָא (גט׳ סט א) מָנוֹת Parts, portions

מְנַתְּזָא (ב״ק יט א) מַתִּיזָה

It causes them (objects) to fly off

מְנַתַּח (ב״מ קיג א) שׁוֹמֵט (=מוציא מיד הלווה)

He grabs, takes by force, seizes (removes from the hands of the debtor)

מְנַתְּחָ[א][39] (שבת נב רע״א) שׁוֹמֶטֶת[40]

It tries to break away and jump in all directions to escape from him *(Rashi)*

מִינְּתַח (שבת כ א) מְנֻתָּח Cut into pieces (*adj., m.*)

מִנַּתְחִי מֵהֲדָדֵי (שבת קכט ב, ביצה י סע״ב, גט׳ נא סע״א[41]) מִתְנַתְּקִים זֶה מִזֶּה

They try to break away from one another

מְנָתֵיהּ (ב״מ כו ב) חֶלְקוֹ His part

מְנָתָיךְ (ב״מ קה א) חֶלְקְךָ Your part

מִינַּתְקָא (עירו׳ יג א, סוכה כ ב) נִתֶּקֶת It (the *megillah*

---

(28) מי, ד׳: מנצי.

(29) וכל הסיפור גם בכתו׳ קג ב (ומ׳ לי׳). ושם: מינצת.

(30) מ׳ (וכן גרס רש״י ופירש: נוקב), ד׳: מינקבה.

(31) מ׳, ד׳: מינקבה.

(32) ערוך (נקד ב׳) ור״ג. נוס׳: מנקירותא, מנקרותא.

(33) זיהוי ״קטלא״ שבמשנה.

(34) עי׳ דברי בעל עה״ש בסוף ע׳ ״מנקטא״.

(35) ע״פ מ׳ (ושם: מינפקן, והוגה ביה״ש: מנקפי).

(36) = מנקה את חריציהן של אבני הריחיים.

(37) = חוטט להוציא את גיד הנשה.

(38) ד״ו וע״י: מנשתי, מ׳: מנשתין, ולינשתין, א״פ וד״ש: מנשתים, רש״י כ״י: מנשים, ערוך (ע׳ שתם): משתים.

(39) רש״י, מ׳: מיתנחא (והוגה: דכי מיתנחא, וצ״ל: דכי מינתחא).

(40) רש״י: מתנתקת וקופצת אנה ואנה לברוח מידו.

(41) מ׳ לי׳, ו׳: מתנחי.

of the Sotah) is detached from (serving) one woman and hereby designated to serve another woman

מִנְתַּר נְתַר (נדה מח א, סא ב) נָשׁוֹר נָשַׁר
It fell out, dropped out

מִס מְסִיא (שבת סז א) מלות לחש
Incantations

מָסָא (תע׳ כה א, בכו׳ כז א) מִרְדֶּה (לרדות פת)
Baker's shovel

מִסָּאַב (ע״ז לז א-ב) נִטְמָא (ב)
It becomes ritually impure

מְסָאֲבָא (תמו׳ כב א) טְמֵאָה, מְסֹאֶבֶת (=בעלת מום)
It is ritually impure, it has a defect

מְסָאבְלֵי[42] **דְתוּמֵי** (ב״ב פו א) מַחֲרוּזוֹת שֶׁל שׁוּמִים
Strings of garlic

[מְ]סָאֵיב[43] (תע׳ יא סע״א) מְטַמֵּא
It rends (it) impure

מְסָאנָא נַעַל
Shoe

מְסָאנֵי נְעָלַיִם
Shoes

מְסָאנֵיהּ נְעָלָיו
His shoes

מְסָאנַי נְעָלַי
My shoes

מְסָאנַיְיהוּ נַעֲלֵיהֶם
Their shoes

לְמִיסַּב עֵצָה[44] (ב״ב ג סע״ב) לִטּוֹל עֵצָה
To ask for advice

מַסְּבִינַן (נסב) (כתו׳ י א) אָנוּ מַלְקִים
We mete out lashes

לְמִיסְבַּל (נדר׳ נא א) לִסְבֹּל
To bear, to withstand

מְסַבְּלִי (קידו׳ נ ב כ״פ) מְסַבְּלִים[45]
They send (customary) presents (to the betrothed)

מִסְבַּר (עירו׳ מה ב) (ל)הָבִין (ועי׳ הע׳ 46)
(To) understand

מסבר[46] (עירו׳ מה ב) כ״י ל״

מַסְבַּר מֵבִין (פ״י), מַסְבִּיר
He understands, *v.t.*, he explains

לְמִיסְבַּר קְרָאֵי (יומא ה ב) לְהָבִין הַמִּקְרָאוֹת
To understand the (Biblical) verses

מַסְבְּרִי מְבִינִים (פ״י), מַסְבִּירִים
They understand, explain

מִיסְגַּד (סנ׳ קיג א) (ל)הִשְׁתַּחֲווֹת
(To) prostrate oneself

מַסְגוּ מְהַלְּכִים
They are walking

מַסְגֵּי (יומא פח סע״א) מַרְבֶּה
He increases

מַסְגֵּי[47] הוֹלֵךְ, מְהַלֵּךְ
He walks, goes

מַסְגֵּי קַלִּי קַלִּי (עירו׳ נא רע״א) הוֹלֵךְ לְאַט לְאַט
He walks slowly

מַסְגְּיָא (ב״מ ט ב, עג ב 2) מְהַלֶּכֶת
She walks

מַסְגֵּינָא (יומא פו א) אֲנִי מְהַלֵּךְ
I walk

לָא [מְ]סַגֵּינָא (שבת קיח ב — מ׳ וע״י) אֵינִי מְהַלֵּךְ
I do not walk

כִּי הֲוָה מְסַגִּינַן (חול׳ מח א) כְּשֶׁהָיִינוּ מְהַלְּכִים
When we were walking

מַסְגָּן (שבת עז ב) הוֹלְכוֹת
They (*f.*) walk

מְסַדֵּר אַגַּדְתָּא (בר׳ י א) מְסַדֵּר אַגָּדָה
He prepared (the presentation of) Agadatah

מְסַדֵּר מַתְנִיתָא (ביצה טז ב) מְסַדֵּר מִשְׁנָה (חיצונית)
He presented the *Mishnah* (in an orderly way)

מְסַדֵּר צְלוֹתֵיהּ (ר״ה לה א) מְסַדֵּר תְּפִלָּתוֹ
He prepared his prayer of *Shemoneh Esreih*

מְסַדְּרִינַן (ב״מ קיג ב 2) אָנוּ מְסַדְּרִים (לבעל חוב)
We arrange (for a debtor, i.e., we do not impound his entire property but leave him with a reasonable quantity of necessities)

מסדרינן (תע׳ כד סע״א) ר׳ משדלנא
Cf.

קָמַסְהֲדוּ[48] (ב״ק כד א) מְעִידִים
They testify

מסהדינא (ב״ק נו א) ר׳ מסהידנא
Cf.

מַסְהֲדִי מְעִידִים
They testify

מַסְהִיד מֵעִיד
He testifies

מַסְהִידְנָא[49] (ב״ק נו א) אֲנִי מֵעִיד
I testify

מַסּוּ (אסי) (שבת עח א) מְרַפְּאִים
They heal

מָסוֹבִיתָא[50] (ע״ז ע ב) מוֹכֶרֶת יַיִן
Wine shopkeeper (*f.*)

42) מ׳ ד״פ, ע׳ וה׳: מסובלי, מסבלי, ד׳: מתאכלי.
43) מ׳ וע״י, אה״ת ר״ג: מסאב.
44) אה״ת, ד׳: למשקל עצה.
45) = שולחים סבלונות (= מתנות, ששולח החתן לארוסתו בעודה בבית אביה).
46) ד״ח: מסבר קא סבר, א״פ ומ׳ גל׳: אי קסבר, ד׳ פיז׳: מ׳ קא סבר, ריטב״א: מ י סבר, ר״ח: משום דקסבר.
47) שבת ק ב — מ׳: דמסגו, פס׳ סה ב — רש״י: דמסגו (מ׳ חסר דפים אלו).
48) מ׳: קא מסהדי.
49) ד׳: מסהידנא.
50) השוה "זולל וסובא" "סבאך מהול במים".

מְסוֹבַר (פס׳ קיב רע״א[51], נדר׳ נד ב[52] = מעי׳ כ ב[53]) מַקִּיז דָּם
Bloodletter

מְסוֹבְרָיָא[54] דְנַזְיָיתָא (שבת קיא א וש״נ) סְתִימַת כַּדִּים (של יין או של שכר)
Rag-wrapped wine or beer-barrel spout plug; such a plug made of rags

לָא מְסוֹבְרִינַן[55] (יב׳ עב א) אֵין אָנוּ מַקִּיזִים דָּם
We do not bloodlet

מְסַוֵּי (כתו׳ ס א) מַבִּיט — He looks

מסוכן (תמיד כז ב) מ׳ ושמ״ק: מסכן

מסוכר (פס׳ קיב רע״א, נדר׳ נד ב, מעי׳ כ ב) ר׳ מסובר — Cf.

מסוכריא, מסוכרייתא (שבת קיא א וש״נ) ר׳ מסובריא — Cf.

מסוכרינן (יב׳ עב א) ר׳ מסוברינן — Cf.

מְסוֹר (גט׳ כט ב 2) מְסֹר (צ) — Transmit (*imp.*)

מְסוּתָא (=מסחותא) (ב״מ ז א כ״פ ועוד) (בית) מֶרְחָץ
Bathhouse

מַסַּח (נסח) **דַּעְתֵּיהּ** מַסִּיחַ דַּעְתּוֹ
He takes the mind off of

מַסְחָה דַעְתָּהּ (חגי׳ כ א) מַסִּיחָה דַּעְתָּהּ
She takes (*f.*) the mind off of

בֵּי מַסְחוּתָא (קידו׳ לג א) בֵּית מֶרְחָץ — A bathhouse

מַסְחֵי דַעְתַּיְיהוּ (ב״מ יב א) מַסִּיחִים דַּעְתָּם
They take (*p.*) the mind off of

לְמִיסְחֵי (סחי) (פס׳ קיח ב) לִרְחֹץ (הגוף) — To bathe

מַסְחַתְּ דַּעְתָּךְ (ביצה מ א) אַתָּה מַסִּיחַ דַּעְתְּךָ
You take your mind off of

מְסַחְתָּא מאזְנַיִם — Scale

מַסֵּי (אסי) מְרַפֵּא — He heals

מַסְיָא מְרַפְּאָה — She heals

לְמִסְיַיִם[56] (יומא עח א) לִנְעֹל (נעליים)
To put on (shoes)

מְסַיֵּים מְסַיֵּם, גּוֹמֵר — He ends, terminates

מְסַיַּים (עירו׳ נ רע״א) מְסֻיָּם[57] — Specific, defined

מְסַיְּימָא (יומא כב סע״א, סוטה מד א) מְסֻיֶּמֶת (=ברורה)
Distinctly defined

למסיימא (גט׳ נו ב) מ׳: למיסיימיה

מְסַיְּמִי מְסַיְּמִים, גּוֹמְרִים, מְסֻיָּמִים (=ברורים)
They complete, end, are distinctly defined

מסיימי (תע׳ יב ב 2) מ׳: סיימי

וְלָא מְסַיְּימִי (שבת כד ב ועוד) וְאֵינָם מְסֻיָּמִים (=ברורים[58])
It is undefined, unclear

לְמִיסְיְימֵיהּ[59] (גט׳ נו ב) לִנְעֹל אוֹתוֹ (=את הנעל)
To put it (the shoe) on

מַסְיָין (גט׳ נו ב) מְרַפְּאִים — They heal

מְסַיַּיע מְסַיֵּעַ — He assists

מְסַיְּיעָא מְסַיַּעַת — She assists

מְסַיְּיעֵי מְסַיְּעִים — They (*m.*) assist

מְסַיְּיעֵי[נַ]ן (ב״ב כא א — ה׳) אָנוּ מְסַיְּעִים — We assist

מְסַיְּיעָן (כתו׳ סא א) מְסַיְּעוֹת — They (*f.*) assist

וּמְסַיְּמִין[60] (ע״ז יא ב) וְגוֹמְרִים, וְחוֹתְמִים
They end (their proclamation), they complete (their signatures)

מַסֵּיָא (אסי) (ב״ק פה א) אֲנִי מְרַפֵּא, אֲרַפֵּא
I heal, I shall heal

מַסִּיק מַעֲלֶה — He raises

מַסִּיק (פס׳ ו ב, גט׳ טו ב) מְסַיֵּם, גּוֹמֵר
He ends, terminates

מַסִּיק (הור׳ יד א) מַעֲלֶה (תוֹצָאוֹת)
He draws (conclusions)

מַסִּיק אַדַּעְתֵּיהּ מַעֲלֶה עַל דַּעְתּוֹ — He puts his mind to

מַסִּיק זוּזֵי נוֹשֶׁה מָעוֹת
He was owed money (he was a creditor)

מַסִּיקְנָא (זב׳ מג ב) אֲנִי מַעֲלֶה
I should carry it up (onto the altar)

מַסִּיקְנָא בָּךְ אֲנִי נוֹשֶׁה בְּךָ (=אתה חייב לי)
I am owed by you (you owe me)

מְסִיר (גט׳ סח ב) מָסוּר — It was transmitted

מְסִירָה (כתו׳ פד ב, ב״ב לו א) מְסוּרָה
It (*f.*) is handed over (*Kesuvos*), they are handed over (*Bava Basra*)

(51) מ׳ ע׳ ור״ח, ד׳: מסוכר.
(52) ע׳, ד׳: מסוכר.
(53) מ׳ וע׳, ד׳: מסוכר.
(54) מ׳ וע׳, ד׳: מסוכריא.
(55) ע׳, ד׳: מסוכרינן.
(56) מ׳, ד׳: למיסם, א״פ: וניסם מר.
(57) = מצויין וברור.
(58) רש״י: אין ניכר מי אוסר ומי מתיר.
(59) מ׳, אה״ת: למיסמא. ד׳: למסיימא.
(60) ד׳ וכ״י ספ׳, מ׳: ומסיימי, אה״ת: ומסקי.

מְסִירָן מְסוּרוֹת — They (*f.*) are handed over
מַסְּכִי[61] (ב״ב קסו סע״ב) מְסַכְּמִים — They sum up
מְסַכְּיָא (כתו׳ סב ב) מְצַפָּה — She looks forward, expects
קָא מְסַכֵּךְ (סוכה יט א) מְסַכֵּךְ
He covers with *schach* foliage
קָא מְסַכְּכִי (סוכה י ב) אָנוּ מְסַכְּכִים
We cover with *schach* foliage
מְסַכְּכִינַן (סוכה יג א) אָנוּ מְסַכְּכִים
We cover with *schach* foliage
מסכן (ב״ב קסו סע״ב) ר׳ מסכי — Cf.
מְסַכַּן[62] (תמיד כז ב) מְסֻכָּן — Dangerous
מְסַכְּנִין (נדה יז א) מְסַכְּנִים
They put their lives into danger
מִיסְכַּר (גט׳ ס ב 3) סָכוֹר (עשה סכר) — He dams up
דְּמִיסַּכַּר (ב״מ קו ב) שֶׁיִּסָּתֵם
That it will be dammed up
מַסֶּכְתָּא מַסֶּכֶת — Tractate
מַסֶּכְתֵּי (ב״ק קב א[63], ע״ז ז א) מַסֶּכְתּוֹת — Tractates
מַסֶּכְתֵּיהּ (שבת קיח ב) מַסַּכְתּוֹ
His tractate (the one he studied)
מְסַלֵּיק מְסַלֵּק — He removes
מְסַלֵּיקְנָא לָךְ אֲנִי מְסַלֵּק (אֲסַלֵּק) אוֹתְךָ — I remove you
מִיסְלַק (נז׳ נה א) עָלָה (מ) — It is included (in the count)
לְמִיסְלַק (ב״ק כ א, ב״מ קיז א) לַעֲלוֹת
To ascend (and live above)
מְסַלְּקִי מְסַלְּקִים — They remove
מְסַלְּקִי תַּכָּא (בר׳ מו ב) מְסִירִים אֶת־הַשֻּׁלְחָן
They remove the table
מְסַלְּקִי תְּפִילַּיְיהוּ (בר׳ מד ב) מְסִירִים (=חולצים) אֶת תְּפִילֵּיהֶם — They remove their *tefillin*
מסלקינך (ב״מ טו ב) ה׳ והק׳: מסליקנא לך
מְסַלְּקִינַן אָנוּ מְסַלְּקִים — We remove
מְסַלְּקִיתוּ (ב״מ עג ב) אַתֶּם מְסַלְּקִים — You remove
מסלקנא (ב״מ קט א) כל כי״י: מסתלקנא
מְסַלְּתִינַן סִילְתֵי (שבת קג ב, ביצה יט ב) אָנוּ מְחַתְּכִים קְסָמִים — We cut (twigs into) splinters
מְסַמּוֹסֵי (חול׳ ד א) (ל)מַסְמֵס — He crushes
מְסַמֵּית (סמי) (שבת נב א) אַתָּה מוֹחֵק, מַשְׁמִיט (מן הברייתא) — You erase, delete
מִיסְמַךְ, לְמִיסְמַךְ לִסְמֹךְ — To depend, lean (on)
מִסַּמְכָא (ע״ז כה סע״א) מֻסְמֶכֶת (=מונחת סמוך)
It is located nearby
לְמִיסְמְכֵיהּ לְסָמְכוֹ (=לסמוך אותו)
To ordain him as a rabbi
לְמִיסְמְכִינְהוּ (סנ׳ יד א) לִסְמֹךְ אוֹתָם
To ordain them as rabbis
לְמִיסְמְכִינְהוּ אַגּוּדָא (סוכה טז רע״א) לְהַשְׁעִינָם עַל כֹּתֶל — To lean them against the wall
לָא מְסַמְּנָא מִלְּתָא (קידו׳ נט א) הַדָּבָר אֵינוֹ מְסֻמָּן (טוב) (ע׳: אינו סימן יפה) — It is not a good sign
מְסַמְּנֵי (ב״מ כז ב) מְסַמְּנִים (סימן לא טוב)
It is regarded as an (unlucky) sign
מסמסיך (שבת סז א) מלת לחש — Incantation
מְסָנָא[64] (ב״ב כא א) נַעַל — Shoe
מִיסְנָא (פס׳ קיג ב[65], יב׳ צג ב, כתו׳ עא ב) שָׂנוֹא (מ)
He hates
מְסָנַאי (שבת סא א, קידו׳ כב סע״ב) נְעָלַי — My shoes
מסנן (כתו׳ קה ב[66]) צ״ל: מיסנא
מסני (פס׳ קיא א-ב) כי״י: מסאניה
מיסני (פס׳ קיג ב) ר׳ מיסנא — Cf.
למסניה (שם) ר׳ למיסנייה — Cf.
לְמִיסְנְיֵיהּ[67] (שם 2) לִשְׂנֹא אוֹתוֹ — To hate (him)
מְסָנַיְיהוּ (תע׳ יב ב) נַעֲלֵיהֶם — Their shoes
מְסַנְקָן (פס׳ ג ב) מְמֻלָּא, פ״א: עָיֵף (ע׳) — Stuffed, tired
מְסָעֵד סָעֵיד (בר׳ לה ב, פס׳ קח א) סָעוֹד סוֹעֵד
It satiates, nourishes
לְמִסְעַד (סנ׳ קט ב) לִסְעֹד — To eat, to dine
מִיסְפָּא (כתו׳ כו א) הַאֲכֵל (מ) — To give it to eat
מִיסְפַּד (שבת צ ב) סָפוֹד — Eulogizing the dead
לְמִיסְפַּד לִסְפֹּד — To eulogize

(61) ע׳ ור׳, ד׳: מסכן, ועי׳ ד״ס.
(62) מ׳ ושמ״ק, ד׳: מסוכן.
(63) מ׳ ה׳, ד׳: מסכתות.
(64) אה״ת ועי״: מסאנא, ה׳: מסאני.
(65) מ׳, ד׳: מיסני.
(66) מ׳ לי׳ (ושם לי׳ גם ״מרחם״) אה״ת לי׳ כל המאמר ״אמר רבא... סנו לי״.
(67) פ״א — מ׳ ורשב״ם, ד׳: למסניה. פ״ב — ילי׳ כ״י, ד׳:

מִסְפְּדָא מִסְפֵּד — Eulogy

לְמִסְפְּדֵיה (יב׳ עט רע״א) לְהַסְפִּידוֹ — To eulogize him

מִספינן (יומא פג סע״א) א״פ ור״ח: ספינן

למיספק (כתו׳ כו א) מ׳: מיספא

מְסַפְּקָא מְסֻפָּק — Doubtful

מְסַפְּקָא לִי/לֵיהּ (שבת מט ב) אֲנִי/הוּא מְסֻפָּק — I/he am/is in doubt

מספקו (קיד׳ לט רע״א) ר׳ ספוקי — Cf.

מספקין (נדה כט ב) ר׳ מספקינן — Cf.

מְסַפְּקְ(י)נָא (שבת קלג ב — מ׳) אֲנִי מַסְפִּיק, אַסְפִּיק — I complete in time, I will complete in time

מְסַפְּקִינַן (בכו׳ מט א[68], נדה כט ב[69]) אָנוּ מְסֻפָּקִים — We are in doubt

מְסַפְּקָן (שבת ו ב) מְסֻפָּקוֹת — They (*f.*) are in doubt

לָא מְסַפְּקַתְּ (שבת קלג ב) אֵינְךָ מַסְפִּיק, לֹא תַסְפִּיק — You are not completing it in time, you will not complete it in time

מְסַפֵּר (תע׳ יז רע״ב, סנ׳ כב ב) מִסְתַּפֵּר — He will take a haircut

מַסְפְּרָא (ב״ב נח א, סנ׳ צו רע״א 3) מִסְפָּרַיִם — Scissors

מספרתא (סנ׳ צו רע״א) ק׳ ואה״ת: מספרא

לְמִיסַּק (סלק) לַעֲלוֹת — To go up, come up

מַסְּקָא/ה אַדַּעְתַּהּ מַעֲלָה עַל דַּעְתָּהּ — She considers, she puts her mind to it

מַסְּקָא אַרְעָא שִׁירְטוֹן (בר׳ ס א, ב״ב פב א, זב׳ קטז ב) מַעֲלָה הָאָרֶץ שִׂרְטוֹן — The ground rose (to form) a sandbar

מסקב (ב״מ כז ב) ר׳ מסקיב — Cf.

מסקבא (ב״מ לא א כ״פ) ר׳ מסתקבא — Cf.

מַסְּקוּ (סלק) (סנ׳ ע ב) מַעֲלִים (עלה) — They bring them

מַסְּקוּ בִּי זוּזֵי (סנ׳ כט ב) נוֹשִׁים בִּי מָעוֹת (=אני חייב להם מעות) — They are owed money by me (I owe them money)

מַסְּקִי מַעֲלִים (מן "עלה") — They raise

מַסְּקִי (מג׳ כט ב, מנ׳ קח ב) מְסַיְּמִים — They finish

מַסְּקִי אַדַּעְתַּיְיהוּ (שבו׳ כט א) מַעֲלִים עַל דַּעְתָּם — They consider, they put their mind to it

מַסְּקִי בֵּיהּ זוּזֵי נוֹשִׁים בּוֹ מָעוֹת (=הוא חייב להם מעות) — They are owed money by him (he owes them money)

מַסְּקִי בִּשְׁמָהָתַיְיהוּ (גט׳ יא ב 2) מַעֲלִים (=קוראים) בִּשְׁמוֹתָם — They are called by (these) names

מַסְקֵיב (יב׳ קכ ב, ב״מ כז ב[70]) מְחַבֵּל, עוֹשֶׂה חַבּוּרָה — It damages, inflicts damage

בְּמִיסְּקֵיהּ (סלק) (נדר׳ כב סע״א) בַּעֲלוֹתוֹ — When he went up (to the Holy Land)

מַסְּקִינַן אָנוּ מַעֲלִים — We bring up

לָא מַסְּקִינַן בִּשְׁמַיְיהוּ (יומא לח ב) אֵין אָנוּ מַעֲלִים (=קוראים) בִּשְׁמָם — We do not call them by their names

מִיסְקָל (קידו׳ נו ב, ב״ק מא א) סָקוֹל (מ) — Killing by *sekilah*

מַסְּקָן (ר״ה כג א) מַעֲלוֹת — They (*f.*) bring up

מַסְקָנָא (מג׳ יד ב, ב״ק פד סע״ב, זב׳ פא ב) סוֹף — Conclusion

מְסַר מָסַר — He transmitted, handed over

מָסַר מוֹסֵר — He transmits, hands over

מַסְרָא סָרֵי (ע״ז לב א, לח ב[71], לט ב) הַבְאֵשׁ מַבְאִישׁ — It putrefies

מְסָרַג (בר׳ נז א) מְאֻכָּף (=יש עליו אוכף) — It is saddled

מְסָרְגָאן (ב״ב עג סע״א) מְאֻכָּפוֹת — Saddled (*f., p.*)

מְסַרָהּ (ב״ק קיז א) מְסָרָהּ — He handed it (*f.*) over

מָסְרָה מוֹסֶרֶת — She hands over

מְסַרְהֵב (בר׳ מז א, שבת י א) מְמַהֵר, נֶחְפָּז — He hurries

מְסַרְהֵיבְנָא (חול׳ ז ב) אֲנִי מְמַהֵר, נֶחְפָּז — I hurry

מְסַרוּהּ(ו)[72] (יומא סט ב) מְסָרוּהוּ — (They) handed him over (to them)

למשנייה (ור׳ ח״ג שם).

68) מ׳: מספקי, רש״י: מספקא.

69) ד״ו, ד״ח: מספקין.

70) מ׳, ד׳: מסקב.

71) מ׳: מיסרי, בכמה ד״ח: מיסרח.

72) מ׳ ואה״ת: מסריה, ע״י: אימסר.

מַסְרוּקָא[73] **דְּפַרְזְלָא** (סנ׳ צו ב) מַסְרֵק שֶׁל בַּרְזֶל
Iron comb

מַסְרוּקַאי[74] (בר׳ יח ב) מַסְרְקִי — My comb

מַסְרוּקֵי[75] **דְּפַרְזְלָא**[76] (גט׳ נז ב) מַסְרְקוֹת שֶׁל בַּרְזֶל
Iron combs

מַסְרַח מַסְרִיחַ
It (*m.*) emits a bad odor, it is putrefied

מַסְרְחָא מַסְרִיחָה
It (*f.*) emits a bad odor, it is putrefied

מַסְרְחִי (ביצה לג א, ב״מ פג ב) מַסְרִיחִים
They are putrefied

מַסְרְחִי גְבִינֵיה (ב״ק קיז סע״א) גְּבִינָיו סְרוּחִים[77]
His eyebrows hang down

סָמוּךְ לְמִיסְרְחֵיה (מ״ק יא א) קָרוֹב לְהֶסְרְחוֹ
Close to putrefaction (i.e., old)

מַסְרְחָן (חול׳ צג ב 2) מַסְרִיחוֹת
They (*f.*) are putrefied, emit a bad odor

מְסָרֵט (ב״ב כ א) מְסָרֵט — He scratches

לָא מְסָרְטָא (שם) אֵינָהּ מְסָרֶטֶת — She does not scratch

מְסָרְטִינַן (יב׳ עו א) אָנוּ מְסָרְטִים — We scratch

מְסַרִי (ב״ק קיז א) מָסַרְתִּי — I transmitted, handed over

מָסְרֵי מוֹסְרִים — We transmit, hand over

מַסְרֵיהּ מְסָרוֹ (=מסר אותו) — He handed him over

מִסְּרִיךְ (ב״ב עא סע״א ועוד) נִמְשָׁךְ — It clings to

מַסְרִיךְ (נדה סו רע״ב) מַדְבִּיק — It causes to cling

מָסְרִין (בכו׳ ג ב) מוֹסְרִים — They transmit, hand over

מַסְרִינְהוּ מְסָרָם (מסר אותם) — He handed them over

מָסְרִינַן אָנוּ מוֹסְרִים — We hand over

מסריקא (סנ׳ צו ב) אה״ת: מסרוקא

לְמִיסְרַךְ לְהִמָּשֵׁךְ, לְהִגָּרֵר, לְהִתְרַגֵּל
To be tugged, dragged, to become accustomed to

מִסְּרַךְ[78] (יב׳ קכא רע״ב) נִמְשָׁךְ — He clings to

מִסְּרַךְ בַּהּ סָרוֹכֵי (ב״מ ו א) אָחוּז נֶאֱחָז בָּהּ
Holds on weakly

חֲלָבָ[א] סָרוֹכֵי מִיסְּרַךְ[79] (חול׳ קיא סע״א) הֶחָלָב נִדְבַּק נִדְבָּק
The milk sticks to

[מִ]סַּרְכָא (ב״ב פו ב — כי״י) נִגְרֶרֶת
It (*f.*) is tugged, dragged

מסרכי[80] (פס׳ נא רע״א) ר׳ סרכי — Cf.

מְסָרְןָ (כתו׳ ג ב) מוֹסְרוֹת — They (*f.*) give themselves over

מְסָרְנָא (תע׳ כב א, סנ׳ צד ב) אֲנִי מוֹסֵר, אֶמְסֹר
I give myself over, I will give over

מְסָרֵס לֵיהּ לִקְרָא (מכות יז ב) מְסָרֵס אֶת הַכָּתוּב
Changes the word order in a (Biblical) verse

מסרקאי (בר׳ יח ב) אה״ת: מסרוקאי

מסרקי (גט׳ נז ב) מ׳ ו׳: מסרוקי

מסרקינא (שם) ר׳ סריקנא — Cf.

מְסַרְתֵּיהּ (ב״ק צח ב) מָסַרְתָּ אוֹתוֹ — You handed it over

מְסַרְתִּינְהוּ (מג׳ יג ב, ב״ב קכג א) מָסְרָה אוֹתָם
She handed them over

מִיסְּתַּאי (שבת קנג א ועוד) דַּיִּי — It is enough for me

מִסְתַּבַּר טַעֲמֵיהּ טַעֲמוֹ מוּבָן
His explanation stands to reason

מִסְתַּבַּר לְהוּ טַעֲמֵיהּ (סנ׳ מא א) מוּבָן לָהֶם טַעֲמוֹ
They understand his reasoning

מִסְתַּבְּרָא מִסְתַּבֶּרֶת — It seems logical

אִיפְּכָא מִסְתַּבְּרָא מִסְתַּבֶּרֶת חִלּוּף
The opposite seems logical

אַדְּרַבָּא אִיפְּכָא מִסְתַּבְּרָא גְּדוֹלָה מִזּוֹ, מִסְתַּבֶּרֶת חִלּוּף
On the contrary, the opposite seems more logical

מסתברי (בכו׳ לז א) מ׳: מסברי

לָא מִסְתַּגֵּי לֵיהּ (ב״ב עד א) אֵינוֹ יָכוֹל לָלֶכֶת
He cannot not go (move from his place)

לָא מִסְתַּגֵּי לְהוּ (שבת ז א, ב״מ קז ב, מנ׳ צח ב) אֵינָם יְכוֹלִים לָלֶכֶת
They cannot walk

לָא הֲוָה מִסְתַּגֵּי לַן (ב״ב עד א) לֹא יָכֹלְנוּ לָלֶכֶת
We could not go (move from our place)

(73) אה״ת, מ׳ ד׳: מסריקא.
(74) אה״ת, מ׳ ד׳: מסרקאי.
(75) מ׳ ו׳, ד׳: מסרקי.
(76) מ׳ (דפרזלי), ד׳: דפרזלי.
(77) = גבות עיניו גדולות ומכסות את עיניו.
(78) ע״פ מ׳ (ושם: מסרק!), ד׳: מסריך.
(79) ה׳ ועי׳: חלבא סריך, ר׳ א: מיסרך סריך חלבא.
(80) מ׳: סריכי, ר״ח: סרכי, מ׳ ב: מסרבי.

מַסְתּוּרִיתָא (חול׳ ס א כ״פ) כִּישׁוֹר (?) — Distaff, spool

מִיסְפָּקְיָא (שבת קכד א, ב״ב קכו א) דַּי — It is enough

מִיסְפָּקַיי (בר׳ נו ב) דַּיִּי — It is enough for me

מִיסְתַּייא (שבת קכד ב) ר׳ מיסתייהו — Cf.

מִיסְפָּקְיֵיה דַּיּוֹ — It is enough for him

מִיסְפָּקַיְיהוּ[81] (שבת קכד ב) דַּיָּם — It is enough for them

מִיסְפָּקְיָיךְ דַּיֶּךָ — It is enough for you

מסתייך (מ״ק יז א) מ׳ ע״י וריי״ף: מסתייה

מִסְתַּיְיעָא מִילְּתָא (בר׳ כה ב ועוד) הַדָּבָר מִסְתַּיֵּעַ (=מצליח) — The matter works out (properly)

מִסְתַּיְיעָא מִילְּתַיְיהוּ[82] (סנ׳ יח סע״ב) דִּבְרֵיהֶם מִסְתַּיְּעִים (מצליחים) — Their pronouncements were successful

מִסְתַּיַּיעַתְּ[83] (סנ׳ סז ב) אַתְּ מַצְלִיחָה — You are successful

מסתים (נדר׳ כג ב) ר׳ סתומי — Cf.

מִסְתַּכֵּל (ע״ז כ ב 2[84]) מִסְתַּכֵּל — He looks

מִסְתַּכְּלֵי מִסְתַּכְּלִים — They (*m.*) look

מִסְתַּכְּלָן (בר׳ כ א) מִסְתַּכְּלוֹת — They (*f.*) look

מִיסְתַּכֵּן מִסְתַּכֵּן — He puts himself into danger

מִיסְתַּלֵּק (ב״מ קט א 2) מִסְתַּלֵּק — He leaves

מִסְתְּלֵק לֵיהּ (עירו׳ עח רע״ב) יָכוֹל לַעֲלוֹת בּוֹ[85] — It is easy (for a person) to climb

מסתלקא[86] (סוטה ח סע״א) ר׳ מסתקלא — Cf.

מסתלקין להו (ב״מ קט א) כל כי״י: מסלקינן

מִסְתַּלְּקִיתוּ (שם) אַתֶּם מִסְתַּלְּקִים, תִּסְתַּלְּקוּ — You leave, leave (*imp.*)

מִסְתַּלַּקְנָא (ב״מ סז ב, קט א 2[87]) אֲנִי מִסְתַּלֵּק — I leave

מִיסְתָּם נָמֵי לָא סָתֵים (חול׳ נ א) אַף לִסְתֹּם אֵינוֹ סוֹתֵם?! — Does not even plug up?

לְמִסְתְּמַהּ/מא כְּרַבָּנַן (נדה ל ב, מט א) לִסְתֹּם אוֹתָהּ כַּחֲכָמִים[88] — To set it into conformance with majority opinion of the Sages

מִיסְתְּמִיךְ וְאָזֵיל (שבת קמ א ועוד) נִשְׁעָן וְהוֹלֵךְ — He leaned on and walked

מְסַתְּמָן סְתוּמוֹת — Vague (*f.*)

מִיסְתְּפֵי יָרֵא, פּוֹחֵד — He is afraid, scared

מִיסְתְּפֵינָא אֲנִי יָרֵא — I am afraid

הֲוָה מִסְתְּפִינָא מִנֵּיהּ (מ״ק כד א 2) הָיִיתִי יָרֵא מִמֶּנּוּ — I was afraid of him

לָא מִיסְתְּפִיתוּ (בר׳ סב א) אֵינְכֶם פּוֹחֲדִים — You (*p.*) are not afraid

מִסְתַּפְּקָא (מנ׳ קו א[89]) מְסֻפֶּקֶת — It (*f.*) is doubtful

מִסְ[תַּ]קְבָא (ב״מ לא א[90]) נֶחְבֶּלֶת — It (*f.*) is injured

מִסְתַּקְלָא[91] (סוטה ח סע״א) נִסְקֶלֶת — She is executed by *sekilah*

מִיסְתְּר (נז׳ ג א, נדה לז ב) סָתוּר, הָרוּס — It (the count) is invalidated

לְמִיסְתַּר (סוכה ג ב) לַהֲרֹס — To tear down

לְמִיסְתְּרֵיהּ (מג׳ כו ב, ב״ב ד א) לַהֲרֹס אוֹתוֹ — To tear it down

מִסְתְּרִין... שַׂעֲרֵיהוֹן (נדר׳ נ ב) סוֹתְרִים... שַׂעֲרוֹתֵיהֶם — They loosen their hair

לְמִיסְתְּרִינְהוּ (סתר) (ערכ׳ לד רע״א) לְהַחֲרִיבָם — To demolish them

מְסַתְּרָתָא (חגי׳ יב ב — מדני׳) הַנִּסְתָּרוֹת — The mysterious

מִסְתַּתְּמָן (שבו׳ ל ב 2) מִסְתַּתְּמוֹת — (His pleas are) thrown into disorder

מִסְתַּתְּרָא (סוטה ב ב) מִסְתַּתֶּרֶת, תִּסְתַּתֵּר — She hides, she will hide

(81) רש״י ורי״ף כ״י, מ׳: מסתיי, ד׳: מיסתייא.

(82) רש״י, ד׳: איסתייעא מילתייהו, מ׳: קמסתייעי למילתייהו.

(83) אה״ת: לא מסתייע, מדה״ג: לא מסתייעי מילת׳. רש״י: אם מסתייע מילתיך.

(84) בדף נ׳ א (שם) -- מ׳: מסתכלי (עי׳ תוס׳), רש״י: איסתכל.

(85) רש״י: נוח לעלות לאדם (= נוח לאדם לעלות).

(86) מ׳ (בסוף שורה): מסתלק.

(87) פ״א — ד׳: מסלקנא.

(88) = ללמדנו, שסתם משנה הוא כדעת חכמים.

(89) בכמה מהם במ׳ ור״ג ורשב״ם: מספקא. בב״ב קט רע״ב ב״פ — מ׳ ר׳ ר״ג ורשב״ם: וקא מיבעיא ליה. בשבת קלח סע״ב — מ׳: מספקא, פס׳ קי ב — מ׳: ואסתפק.

(90) כל כי״י ורש״י — בכולן.

(91) ד׳: מסתלקא, מ׳: מסתלק.

מִסְתַּתְּרֵי (ערכ׳ לד רע״א 2[92]) נֶהֱרָסִים
They are demolished

מִסְתַּתַּרְנָא (בר׳ לא ב) אֲנִי מִסְתַּתֶּרֶת, אֶסְתַּתֵּר
I (*f.*) hide, I will hide

מֶיעֱבַד עָשָׂה — To do

לְמֶיעֱבַד לַעֲשׂוֹת — To do

מִידִי דְּבַר מֶיעֱבַד[93] בֵּיהּ מַעֲשֶׂה (שבת נ סע״א 2)
דָּבָר שֶׁאֶפְשָׁר לַעֲשׂוֹת בּוֹ מַעֲשֶׂה
Something that lends itself to activity

לָאו בְּנֵי מֶיעֱבַד וּמֵיכַל נִינְהוּ (קידו׳ כב א) אֵינָם עוֹשִׂים וְאוֹכְלִים
They cannot work for their sustenance

בַּת מֵיכַל וּמֶיעֱבַד הִיא (שם) הִיא אוֹכֶלֶת וְעוֹשָׂה
She can work for her sustenance

לָאו בְּנֵי מֶיעְבַד מִצְוָה נִינְהוּ (ב״ב קעד ב, ערכ׳ כב א)
They are not under אֵינָם חַיָּבִים לַעֲשׂוֹת מִצְוָה
obligation to perform (Biblical) commandments

בַּר מֶיעְבַד עֲבוֹדָה הוּא (בכו׳ ד ב) חַיָּב לַעֲשׂוֹת
(A one year old boy firstborn) עֲבוֹדָה הוּא?
is allowed to participate in the Divine service?

מֶיעְבַּד(א בה)[94] מַעֲשֶׂה (שבת נ סע״א)
To perform an act לַעֲשׂוֹת מַעֲשֶׂה

מְעַבֵּד (גט׳ מ רע״א) מְעַשֶּׂה — Lit. to make it be, i.e., considers

מְעַבַּד(א)[95] (ב״מ קטז ב) מְעֻבָּד — Processed

מֶיעְבְּדַהּ (מג׳ כו ב) (ל)עֲשׂוֹתָהּ — To make it (*f.*) (into)

מְעַבְדֵי (גט׳ לח סע״א) מְעַשִּׂים — They make, perform

לְמֶיעְבְּדֵיהּ (מג׳ כו א ועוד) לַעֲשׂוֹתוֹ — To make it (into)

מִיעַבַט (ב״ק קיג ב) נֶעֱבָט, מִתְמַשְׁכֵּן
He pawns himself

מעביד (ע״ז טו רע״א) מ׳ ור״ח: עביד

מַעֲבַ(י)ר בְּמִילֵיהּ[96] (חגי׳ ה א) מַעֲבִיר עַל מִדּוֹתָיו
He is forbearing (רש״י)

מְעַבַּר מַעֲבִיר — He transmits

מִיעַבַּר (בכו׳ ח רע״ב) מִתְעַבֵּר (להשריץ)
It is impregnated (to subsequently spawn)

מִיעַבַּר[97] (סנ׳ י רע״ב) (החודש) מְעֻבָּר
The month is intercalated

מִיעְבַּר עָבוֹר (מ) — Passing

לְמִיעְבַּר לַעֲבֹר — To pass

מיעבר (ב״ק קא א) ה׳: מעבר

מְ(י)עַבְרָא (יב׳ סג ב — מ׳) מַעֲבִירָה
She acts with forbearance, lit., she overlooks (insult)

מְעַבְּרָא מְעֻבֶּרֶת — She is pregnant

מְעַבְּרָא שַׁתָּא (נדר׳ סג א-ב) שָׁנָה מְעֻבֶּרֶת
Intercalated year, leap year

מְעַבְּרָא מַעֲבִירָה — She passes over, transmits

מַעַבְּרָא מַעְבָּרָה (=גשר) — Ferry, bridge

מעברא (נדר׳ כז ב) מ׳: מברא

מעברא (יב׳ קו א — בברייתא!) מ׳: מעבורת (עב׳)

מִיעַבְּרָא מְעֻבֶּרֶת, מִתְעַבֶּרֶת
She is pregnant, she is becoming pregnant

מִיעַבְּרָה[98] (יב׳ מב רע״ב) מִתְעַבֶּרֶת, תִּתְעַבֵּר
She is becoming pregnant, she will become pregnant

מְעַבְּרֵי יַרְחֵי (פס׳ קיז ב) מְעַבְּרִים חֳדָשִׁים
They intercalate the months

מְעַבְּרֵי לֵיהּ לֶאֱלוּל (ביצה ו א, כב ב) מְעַבְּרִים אֶת־אֱלוּל
They intercalate the month of Ellul

מִיעַבְּרֵי (בכו׳ ח רע״ב) מְעֻבָּרִים — They are pregnant

לְמַעְבְּרֵיהּ (יומא עח א) לַעֲבֹר אוֹתוֹ — To transmit it (*m.*)

מְעַבְּרִי(ן)[99] לָךְ (בר׳ כח רע״א) מַעֲבִירִים אוֹתְךָ, יַעֲבִירוּ אוֹתְךָ
They will dismiss you

מְעַבְּרִינַן (ר״ה יט ב, כ א) אָנוּ מְעַבְּרִים — We intercalate

---

(92) ר״ג: אדמיסתתרי איסתורי (צ״ל: איסתתוריי).
(93) א״פ מ׳ גלי׳: מעבד, רש״י (ט״ד): מעביד.
(94) א״פ ועי׳ ד״ס.
(95) ה׳ ר׳ א ב, מ׳: מעבדי.
(96) מעבר — מ׳ שט׳ ואה״ת, מ׳: במילי, אה״ת: מיליה.
(97) מ׳ ורש״י, ד׳: לעבר.
(98) מ׳, ד׳: אעברה.
(99) מ׳ ואה״ת.

מְעַבְרִינַן (שבת קלג ב[1], יב׳ עו א, חול׳ יח א) אָנוּ מַעֲבִירִים, נַעֲבִיר

We dismiss, we pass, we will pass (in front of his eyes)

כִּי מְעַבְרִיתוּ (שבת קמז ב) כְּשֶׁאַתֶּם מַעֲבִירִים, כְּשֶׁתַּעֲבִירוּ

When you bring, when you will bring

מִיעַבְּרָן (יב׳ מו א, ע״ז נט א) מְעֻבָּרוֹת

They (*f.*) are pregnant, became pregnant

מְעַבַּרְנָא אֲנִי מַעֲבִיר, אַעֲבִיר

I transmit, I will transmit

מְעַבְּרַת (ב״ב קמא ב) אַתְּ מְעֻבֶּרֶת — You are pregnant

מעברת דגיזמא (קידו׳ עא סע״ב)

ר׳ מעברתא דגיזמא — Cf.

מְעַבַּרְתָּא (ב״ק מז א ועוד) מְעֻבֶּרֶת — Pregnant (*s.*, *f.*)

מְעַבְּרָתָא (חול׳ נט ב) מְעֻבָּרוֹת — Pregnant (*f.*, *p.*)

שַׁתָּא מְעַבַּרְתָּא (ר״ה ז א, סנ׳ יב ב) שָׁנָה מְעֻבֶּרֶת

Intercalated year, leap year

מַעְבַּרְתָּא[2] בְּדִיקְנֵיהּ (סנ׳ ק ב) מַעֲבֹרֶת בִּזְקָנוֹ[3]

Parting in beard (beard is separated into two parts)

מַעְבַּרְתָּא דְּגִיזְמָא[4] (קידו׳ עא סע״ב[5], עב א) שם

מקום בבבל — Name of place in Babylonia

מַעְבַּרְתָּא דִּתְפִילִּין (מנ׳ לה א) מַעֲבֹרֶת שֶׁל תְּפִלִּין[6]

Part of *tefillin* through which the straps are inserted

מִיעְגָּל (זב׳ סב ב, מנ׳ צד ב) עֻגַּל (=עָשָׂה עִגּוּל)

(Made) a circle

מְעַגֵּן (גט׳ כו ב 2) מְעַגֵּן (=משאיר אותה עגונה)

He leaves her as an *agunah* (an abandoned wife)

מִיעַגְּנָא (כתו׳ ג רע״א) מִתְעַגֶּנֶת (=נשארת עגונה)

She regards herself as an *agunah* (an abandoned wife)

מְעַוֵּ(א)י[7] (חול׳ נג סע״א) צוֹעֵק, נוֹהֵם

He yells, he growls

מְעוֹהִי (זב׳ ה רע״א — סיפור א״י) מֵעָיו — His intestines

מִיעוּטָא מִעוּט — Minority, exclusion

לְמַעוֹטַהּ (יומא ה א, סוטה כד ב) לְמַעֵט אוֹתָהּ

To exclude it (*f.*)

מַעוֹטֵי, לְמַעוֹטֵי לְמַעֵט — To exclude

מִיעוּטֵי מִעוּטִים — Exclusions

מעוטייהו (ע״ז יג ב) כי״י ספ׳: למעוטינהו

לְמַעוֹטִינְהוּ (ע״ז נד ב, מנ׳ צב ב[8], תמו׳ כט א[9]) לְמַעֵט אוֹתָם

To exclude them (*m.*)

מְעַוֵּי (שבת קלד א 2, יב׳ עא ב, סוטה יב א) צוֹעֵק, פּוֹעֶה

He cries, yells

מְעַוֵּית (נדה נג ב) מְעַוֵּת

He distorts, he complicates matters

מעטי (בכו׳ מא ב) מ׳: ממעטי

מַעֲטֵיהּ מִעֵטוֹ — He, it excludes it

מַ(י)עֲטֵיהּ (חול׳ עה סע״א — מ׳) מִעֲטוֹ

He, it excludes it

מַעֲטִינְהוּ מִעֵט אוֹתָם — He excluded them (*m.*)

מעטנא דזיתא[10] (סנ׳ יא רע״ב) ר׳ מעטני — Cf.

מַעְטַנֵי זֵיתַיָּא (שם) מַעְטַנֵּי הַזֵּיתִים[11]

Olive repository

מִעַטַּף (בר׳ נא סע״ב, ס ב, שבת קיט רע״א[12]) מִתְעַטֵּף

He wraps himself

מיעטף (שבת קיט רע״א) ר׳ מעטף — Cf.

מְעַטַּר (בר׳ נא סע״א) מְעַטֵּר — He decorates

מְעַטְּרָא (סוטה ה א) מְעַטֶּרֶת — She decorates

מָעֵי מָעוֹת (מטבע) — Coins

מֵעֵי, מֵעַיָּא מֵעַיִם — Entrails, intestines

מֵיעֵיהּ מֵעָיו — His entrails, intestines

מעיט (סוטה יז א) ר׳ ויל׳: ממעט — Cf.

מַעִיטְתֵיהּ[13] (נדה לב ב) מִעֲטָה אוֹתוֹ — She, it excluded

מֵעַיְיהוּ (תע׳ כא ב) מֵעֵיהֶם — Their entrails, intestines

1) מ׳ וא״פ, ד׳: עברינן.
2) ד״י ומדה״ג: מברתא, מ׳: מכות׳, ועי׳ נ״א ב״רש״י״.
3) ״רש״י״: זקנו מחולק ומפוצל, ויש בין שתי שיבולות כמין מעבר.
4) בפי ר׳ יוחנן!
5) מ׳ (מעברתי), ד׳: מעברת, ד״ו: דגידמא.
6) שהרצועה עוברת בה.
7) כל כי״י ורש״י בד״ש.
8) מ׳, ד׳: למעטינהו.
9) הגהתי, שמ״ק והב״ח: למעטינהו, מ׳ לי׳, ד׳ ממעטינהו.
10) ד״ו: מעטנ׳ דזית׳, מ׳: מעטני זיתיא.
11) = כלים שצוברים בהם את הזיתים לפני עצירתם.
12) מ׳ אה״ת, ד׳: מיעטף.
13) מ׳, ד׳: מיעטתיה.

מְעַיֵּיל מַכְנִיס — He brings in

מעייל[14] (פס׳ יא ב) ר׳ מיעל — Cf.

דקא מעייל[15] (יומא נג א) ר׳ עייל — Cf.

מְעַיְּילָא/ה (כתו׳ נז ב ועוד) מַכְנִיסָה — She brings in

מְעַיְּילִי מַכְנִיסִים — They bring in

מְעַיְּילִין (סוטה ז ב[16], ב״מ לח ב[17]) מַכְנִיסִים
They bring in

מְעַיְּילִינַן (בר׳ יח ב, זב׳ נה א) אָנוּ מַכְנִיסִים — We bring in

מְעַיֵּילְנָא (פס׳ ל ב, מ״ק כח א) אֲנִי מַכְנִיס — I bring in

מְעַיְּילַת (חול׳ עט א) אַתָּה מַכְנִיס — You (*s.*) bring in

מְעַיֵּין מְעַיֵּן, מִתְבּוֹנֵן — He scrutinizes, contemplates

מְעַיְּינָא (ב״מ פד ב[18], ב״ב נח א) מְעַיֶּנֶת, מִתְבּוֹנֶנֶת
She scrutinizes, contemplates

מַעְיָינָא (תמיד לב ב) מַעְיָן — Spring

מַעְיָינָא (תע׳ י סע״ב — יא א) בְּנֵי מֵעַיִם — Intestines

מַעְיָינַהּ (חול׳ נח ב) בְּנֵי מֵעֶיהָ — Her intestines

מעיינו (ב״מ יז א, ב״ב ו ב) מ׳: מעייני

מְעַיְּינִי מְעַיְּנִים, מִתְבּוֹנְנִים
They scrutinize, contemplate

מַעְיָינֵיהּ (גט׳ סט ב ועוד) בְּנֵי מֵעָיו — His intestines

מעיינינא[19] (סנ׳ יח ב) ר׳ מעיינינן — Cf.

מְעַיְּינִינַן (תע׳ יב ב, מג׳ ל ב, סנ׳ יח ב[20], ע״ז ד א[21])
אָנוּ מְעַיְּנִים — We scrutinize, contemplate

מעיינן (ע״ז ד א) ר׳ מעיינינן — Cf.

מְעַיְּינַת (שבת נו א ועוד) אַתָּה מְעַיֵּן, מְחַשֵּׁב
You check, reckon

מָעֵיל מוֹעֵל — He commits sacrilege

מעיננא (ב״מ פד ב) ר׳ מעיינא — Cf.

מְעַכֵּב מְעַכֵּב — He impedes, hinders

מעכב (מנ׳ לח רע״ב) כל כי״י: מעכבי

מְעַכְּבָא מְעַכֶּבֶת — She impedes, hinders

מעכבא (זב׳ מ א) מ׳ וק׳: מעכבן

מְעַכְּבִי מְעַכְּבִים — They impede, hinder

מְעַכְּבָן (כתו׳ ב ב, זב׳ מ א[22]) מְעַכְּבוֹת
They (*f.*) impede, hinder

מִיעַכְּלִי (שבו׳ יז ב 3) מִתְעַכְּלִים
They are becoming consumed

מִיעֲכַר (יב׳ מב רע״ב) נֶעְכָּר
It becomes exhausted, discontinued

מְעַל מָעַל — He committed sacrilege

מַעֲלַאי (כתו׳ נג א) כְּנִיסָתִי — My entrance

מְעַלּוּ טוֹבִים — Good *(m., p.)*

בְּנִין דִמְעַלּוּ (בר׳ י ב) בָּנִים טוֹבִים — Good children

בְּנִין דְלָא מְעַלּוּ (שם) בָּנִים שֶׁאֵינָם הֲגוּנִים
Unworthy children, bad children

גַּבְרֵי דְאַחְאָב הֲווֹ מְעַלּוּ (חול׳ ד ב) אַנְשֵׁי אַחְאָב
הָיוּ כְּשֵׁרִים — Achab's men were observant, pious

עַבְדֵי דְלָא מְעַלּוּ (גט׳ סח א) עֲבָדִים שֶׁאֵינָם כְּשֵׁרִים
Untrustworthy slaves

קִידּוּשֵׁי מְעַלּוּ[23] (גט׳ פט ב 2) קִדּוּשִׁין גְּמוּרִים
(Halachically) proper betrothal

מִמַּעֲלֵי יוֹמָא (שבו׳ טו ב) מִבְּעוֹד יוֹם
While it is still daytime

מַעֲלֵי יוֹמָא (פס׳ קו סע״א) עֶרֶב שַׁבָּת
Sabbath eve (the day before Sabbath)

מַעֲלֵי יוֹמָא טָבָא עֶרֶב יוֹם טוֹב
Holiday eve (the day before a holiday)

מַעֲלֵי יוֹמָא דְכִפּוּרֵי עֶרֶב יוֹם הַכִּפּוּרִים
Yom Kippur eve (the day before Yom Kippur)

מַעֲלֵי יוֹמָא דַעֲצַרְתָּא (שבת קכט ב) עֶרֶב (יוֹם) הָעֲצֶרֶת (=שבועות)
Shavuos eve (the day before Shavuos)

מַעֲלֵי יוֹמָא דְפִסְחָא (בר׳ כב ב) עֶרֶב פֶּסַח
Passover eve (the day before Passover)

מַעֲלֵי יוֹמָא דְרֵישׁ שַׁתָּא (עירו׳ מ ב) עֶרֶב רֹאשׁ הַשָּׁנָה
Rosh Hashanah eve (the day before Rosh Hashanah)

---

14) א״פ: ועייל, ולפ״ד צ״ל: מיעל — מתאים ל״במיפק״.
15) מ׳: דהא קא מעייל, מ״ב ורש״י: דעייל.
16) מ׳ ואה״ת: מעיילי, וכן במכות יא ב.
17) מ׳: מעיילי.
18) ה׳ אה״ת, מ׳: מעייני, ד׳: מעיננא.
19) ד״ו: מעייניני, מ׳ ק׳ ורש״י: מעיינינן.
20) ד״ו: ומעייניני, ד״ח: ומעיינינא.
21) מ׳ וכ״י ספ׳, ד״ח: מעיינן.
22) מ׳ וק׳, ד׳: מעכבא.
23) מ׳ (ב״פ), ד׳: מעליא.

מַעֲלֵי (יוֹמָא דְ)שַׁבְּתָא[24] (תע׳ כא סע״ב) עֶרֶב שַׁבָּת
Sabbath eve (the day before Sabbath)

מַעֲלֵי (דְ)שַׁבְּתָא (תע׳ כד סע״ב — מ׳) עֶרֶב שַׁבָּת
Sabbath eve (the day before Sabbath)

מַעֲלֵי שַׁבְּתָא עֶרֶב שַׁבָּת
Sabbath eve (the day before Sabbath)

מְעַלֵּי טוֹב, מוֹעִיל
Good, useful, beneficial

מְעַלְּיָא טוֹב, מְעֻלֶּה, גָּמוּר, מְשֻׁבָּח, כָּרָאוּי, כָּשֵׁר
Good, excellent, proper, suitable

אֵבֶר מְעַלְּיָא (חול׳ קכה א) אֵבֶר גָּמוּר
Complete (entire) limb

אֹהֶל מְעַלְּיָא (נדה סח ב) אֹהֶל מַמָּשׁ
(Halachically) proper roof

אֱינִישׁ מְעַלְּיָא (ב״מ קא ב) אָדָם טוֹב
Good, benevolent person

בְּכוֹר מְעַלְּיָא (נדה כט א) בְּכוֹר גָּמוּר
(Halachically) proper firstborn

בְּנֵי מַעֲלֵי(א) (קידו׳ לו א — מ׳) בָּנִים טוֹבִים
Good children

גְּזֵל מְעַלְּיָא גָּזֵל גָּמוּר
Pure and simple robbery

גִּיטָּא מְעַלְּיָא גֵּט כָּשֵׁר
(Halachically) proper bill of divorce

גֵּר מְעַלְּיָא (יב׳ עא א) גֵּר גָּמוּר
Fully qualified proselyte

וָלָד מְעַלְּיָא וָלָד גָּמוּר
Fully formed infant

זֶרַע מְעַלְּיָא זֶרַע כָּשֵׁר
Legitimate offspring

חליצה מעליא (יב׳ כו ב, מנ׳ נג א) מ׳: חליצה מעולה

חָמֵיץ מְעַלְּיָא (פס׳ ז א, מנ׳ נג א) חָמֵץ גָּמוּר
Doubtless *chametz*

חַמְרָא מְעַלְּיָא יַיִן טוֹב
Good quality wine

טָהוֹר מְעַלְּיָא (פס׳ יד ב, בכו׳ ו ב) טָהוֹר לְגַמְרֵי
Completely pure (ritually)

טָמֵא מְעַלְּיָא (פס׳ צ ב, זב׳ צט א, בכו׳ ו א) טָמֵא לְגַמְרֵי
Completely impure (ritually)

יִשְׂרָאֵל מְעַלְּיָא יִשְׂרָאֵל כָּשֵׁר
Complete Jew (halachically)

לָאו מְעַלְּיָא (יומא לו ב) לָאו גָּמוּר
Doubtless transgression

לְחִי מְעַלְּיָא (עירו׳ ח א) לְחִי גָּמוּר
(Halachically) proper *lechi* (stake)

לִישָּׁנָא מְעַלְּיָא לָשׁוֹן נְקִיָּה
Refined speech

מוּם מְעַלְּיָא מוּם גָּמוּר
(Halachically) recognized defect

מָמוֹנָא מְעַלְּיָא (גט׳ נג ב, ב״ק קה ב) מָמוֹן מְעֻלֶּה
Full compensation

נַרְגָּא מְעַלְּיָא (ב״ק יא א, ב״מ צו סע״ב) גַּרְזֶן טוֹב
Good quality hatchet

עֵז מְעַלְּיָא הוּא (בכו׳ יב א) עֵז גָּמוּר הוּא[25]
(Halachically) recognized goat

פֵּרָעוֹן מְעַלְּיָא (שבו׳ מא ב) פֵּרָעוֹן גָּמוּר
Fully acceptable payment

קידושי מעליא (גט׳ פט ב 2) מ׳: מעלו

קִנְיָן מְעַלְּיָא (גט׳ פב ב) קִנְיָן גָּמוּר
(Halachically) proper act of acquisition

שֶׂה מְעַלְּיָא (חול׳ עד ב, פ א, בכו׳ יב א) שֶׂה גָּמוּר
(Halachically) recognized sheep

שְׁטָרָא מְעַלְּיָא שְׁטָר כָּשֵׁר
Valid bill of sale, valid promissory note

תַּבְרָא מְעַלְּיָא (ב״ב ז ב) שׁוֹבָר טוֹב
Valid receipt (for the return of a loan)

תַּשְׁלוּמִין מְעַלְּיָא (יב׳ צ א, ב״ק כו א) תַּשְׁלוּמִין גְּמוּרִים
Full payment, proper payment

מַעַלְיוּתָא יִתְרוֹן, טוֹבָה
Advantage, goodness

מעליותא (ביצה כה א, חגי׳ יד רע״א, כתו׳ פה ב) כ״י: מעלייתא

אִשְׁתּוֹ מְעַלְיָ[יתָ]א[26] (יב׳ נח רע״ב) אִשְׁתּוֹ גְּמוּרָה[27]
His proper wife (as compared with one slated for levirate marriage)

מְחִיצָה מְעַלְיָ[יתָ]א (סוכה כד א — מ׳) מְחִיצָה (כְּשֵׁרָה) שְׁלֵמָה
(Halachically) valid partition

24) כי״י ואה״ת.
25) מדובר בבכור.
26) מ׳ תוס׳ תו״י תוס׳ הרא״ש וריטב״א, וכ״ה בסוטה כד ב 2.
27) [בנגוד ל״שומרת יבם״]

מַצָּה מְעַלְּיָ[יתָּ]א[28] (מנ׳ נג רע״א) מַצָּה מְעֻלָּה

(Halachically) acceptable matzah

מְשִׁיכָה מְעַלְּיָ[יתָּ]א (ב״מ מז א — מ׳ ה׳) מְשִׁיכָה גְמוּרָה

A (halachically) valid *meshichah* (act of acquisition by pulling the object)

סוּכָּה מְעַלְּיָ[יתָּ]א (סוכה ג רע״א — מ׳) סוּכָּה כְּשֵׁרָה

Kosher sukkah

הֲשָׁבָה מְעַלְּיָ[יתָּ]א (ב״מ ל ב — מ׳ ה׳) הֲשָׁבָה גְמוּרָה

Proper restitution

אוּמְצָא מְעַלְּיָיתָּא[29] (חול׳ מד ב) בָּשָׂר שָׁמֵן

High-quality (fat) meat

אִינְדְּרוֹנָא מְעַלְּיָיתָּא (מנ׳ לג ב) חֶדֶר נָאֶה

Nice room

בְּהֵמָה מְעַלְּיָיתָּא (חול׳ סט א, עה ב) בְּהֵמָה תְּמִימָה (לא בן פקועה)

Ordinarily born animal (as compared with a viable fetus extracted from a ritually slaughtered animal)

גְּאוּלָּה מְעַלְּיָיתָּא (בר׳ ד ב) גְּאֻלָּה שְׁלֵמָה

Complete redemption (by the Messiah)

דְּפָנוֹת מְעַלְּיָיתָּא (סוכה ז ב) דְּפָנוֹת כְּשֵׁרוֹת

(Halachically) valid (sukkah) walls

חִטֵּי/חִיטֵּי מְעַלְּיָיתָּא (פס׳ מח סע״א, ב״מ קה א)

Good-quality wheat חִטִּים יָפוֹת

חֲלִיצָה מְעַלְּיָיתָּא (יב׳ קב א[30], קו א) חֲלִיצָה כְּשֵׁרָה

(Halachically) valid *chalitzah*

חֲסִימָה מְעַלְּיָיתָּא (ב״מ צ ב) חֲסִימָה גְמוּרָה

Fully proper muzzling

טַעֲנְתָּא מְעַלְּיָיתָּא (קידו׳ כח א, ב״מ עט ב) טַעֲנָה חֲזָקָה

A strong argument

יְדִיעָה מְעַלְּיָיתָּא (שבו׳ יט ב) יְדִיעָה בְּרוּרָה

Clear knowledge

יִשְׂרְאֵלִית מְעַלְּיָיתָּא[31] (כתו׳ מד ב) יִשְׂרְאֵלִית גְּמוּרָה

Fully Jewish woman (halachically)

כַּוָּונָה מְעַלְּיָיתָּא (חול׳ לא ב) כַּוָּנָה שְׁלֵמָה

Proper intention

לֵידָה מְעַלְּיָיתָּא (נדה ח סע״ב) לֵדָה גְמוּרָה

Ordinary (not by Caesarian section) birth

מַחַט מְעַלְּיָיתָּא (נדה ד א) מַחַט טוֹבָה (לא חלודה)

Good-quality (not rusty) needle

מְחִיצוֹת מְעַלְּיָיתָּא (עירו׳ כב א) מְחִיצוֹת שְׁלֵמוֹת (תוס׳)

Proper (complete) partitions

מִלְּתָא מְעַלְּיָיתָּא דָּבָר טוֹב, דָּבָר נָאֶה

Good thing, a nice saying

מִילֵּי מְעַלְּיָיתָּא דְּבָרִים חֲשׁוּבִים, מַעֲשִׂים טוֹבִים, הֲלָכוֹת גְּדוֹלוֹת

Important matters, good deeds, major laws

מִנְחָה מְעַלְּיָיתָּא (נזיר ט ב) מִנְחָה טְהוֹרָה (מלאכי א יא)

(Halachically) proper *minchah* offering

עֵדוּת מְעַלְּיָיתָּא (גט׳ פט א) עֵדוּת בְּרוּרָה

Fully acceptable testimony, clear testimony

פֵּיאָה מְעַלְּיָיתָּא (נדר׳ ו ב) פֵּאָה כַּהֲלָכָה

(Halachically) valid *pei'ah* (the corner of field where the harvest is left for poor)

קְשִׁירָה מְעַלְּיָיתָּא (עירו׳ צז א, סוכה לג ב)

(Halachically) valid knot קְשִׁירָה גְמוּרָה

רִבִּית מְעַלְּיָיתָּא (קידו׳ ו ב) רִבִּית גְּמוּרָה

Definite (prohibited) interest

רִפְתָּא מְעַלְּיָיתָּא (ביצה כט ב, לב ב) לֶחֶם טוֹב

Good (quality) bread

שְׁחִיטָה מְעַלְּיָיתָּא שְׁחִיטָה כְּשֵׁרָה

(Halachically) valid slaughter

שַׂעֲרֵי מְעַלְּיָיתָּא שְׂעוֹרִים יָפוֹת Good-quality barley

תַּעֲנִית מְעַלְּיָיתָּא (תע׳ יב רע״א) תַּעֲנִית שְׁלֵמָה

Full-fledged fast

תְּרוּמָה מְעַלְּיָיתָּא (יב׳ פט ב, ב״ב קמג א) תְּרוּמָה נִבְחֶרֶת

(Halachically) valid *terumah*

תְּשׁוּבָה מְעַלְּיָיתָּא (בר׳ כג ב, חול׳ נא א) תְּשׁוּבָה שְׁלֵמָה

Sincere repentance

מעלייתא היא (תע׳ כד סע״ב) מ׳ וע״י: מעליותא

אגד מעלייתא (סוכה לג ב) כי״י: מעליא

28) ק׳, וכ״ה בחול׳ כג ב, מ׳ לי׳ (ועי׳ ד״ס).

29) בכ״י ר׳ ור״ג: שמינא.

30) ד׳: חליצתא, מ׳: חליצ׳.

31) מ׳: בת ישראל.

מְעַלִּין לָךְ (שבת סה א) טוֹבִים לְךָ — Good for you

מְעַלֵּינָא[32] (כתו׳ יב ב 2) אֲנִי מְעַלֶּה

I elevate you (to a higher status)

מְעַלֵּינַן (ב״ב יב ב) אָנוּ מְעַלִּים

We value it higher (than it actually is)

מעלינן (כתו׳ יב ב 2) מ׳: מעלינא

אֲנַן מְעַלֵּינַן מִינַּיְיכוּ (פס׳ פז ב) אָנוּ טוֹבִים מִכֶּם

We are superior to you

מְעַלְּן (חגי׳ ה א) טוֹבוֹת — Good (ones) (*p., f.*)

מַעֲלָנָא... וּמַפְּקָנָא (גט׳ נו ב) כְּנִיסָה וִיצִיאָה

Entrance ... and exit

מִיעֲמָא[33] (ב״ק ט ב) עָמוּם (=דעוך) — Abates, slackens

מעמיא (שם) ר׳ מיעמא — Cf.

קָא מַעֲמִיק (מ״ק ד ב) מַעֲמִיק — He deepens

מִיעַנְשָׁא/ה (יב׳ סד ב, שבו׳ לה ב) נֶעֱנֶשֶׁת

She is punished

מִיעֲנַב (עירו׳ צז א, סוכה לג ב) עָנוֹב (=לקשור)

To tie a bow

לָא מִיעַנְבִי (מנ׳ לח ב) אֵינָם נֶעֱנָבִים[34]

They do not lend themselves to being tied

מִתְעַנְּגַת (תע׳ כה א) אַתָּה מִתְעַנֵּג, תִּתְעַנֵּג

You take pleasure, you will take pleasure

מְעַנֵּי (בכו׳ ט א) מְעֻנִּים — Disheartened

מִיעֲנֵי מַעֲנֶה (אוֹ מַעֲנִי)(=נִהְיֶה עָנִי) — He becomes poor

לָא מְעַנֵּינַן לְדִינֵיהּ (ב״ק צא א) אֵין אָנוּ מְעַנִּים (=מַשְׁהִים) אֶת־דִּינוֹ

We do not torment (delay) his judgment

מִיעֲנַשׁ (מג׳ יז א) נֶעֱנַשׁ — He was punished

מִיעַסְּקִי בֵּיהּ (סוטה יג א-ב) מִתְעַסְּקִים בּוֹ[35]

They occupy themselves with (his internment)

מְעַסְּקִי בֵּיהּ (סנ׳ צז סע״א) מִתְעַסְּקִים בּוֹ[36]

They occupy themselves with (determining the time of Messiah's coming)

מִיעַפַּשׁ (שבת קכד א ועוד) מִתְעַפֵּשׁ — He becomes putrid

מִיעַפְּשָׁא (מג׳ כג סע״ב) מִתְעַפֶּשֶׁת — She becomes putrid

מִיעֲצַר (תע׳ ג א-ב) נֶעֱצָר — It stops

קָא (מ)עָצַר (שבת מח א — מ׳ א״פ ורש״י) סוֹחֵט

He squeezes

מַעֲצְרָא זְוִירָא (ע״ז ס א) גַּת סוֹחֶטֶת[37]

Beam-operated wine press

מִיעַצְרִי (תע׳ ג ב) נֶעֱצָרִים — They (*m.*) stop

מַעֲצַרְתָּא גַּת — Wine (or olive) press

בֵּי מַעֲצַרְתָּא בֵּית הַבַּד

Wine (or olive) press building

מַעֲצַרְתַּאי (ע״ז עד א) גִּתִּי (=גת שלי) — My wine press

מִיעְקַר, לְמִיעְקַר לַעֲקֹר — To uproot

מעקר (ביצה ח ב) מ׳: מיתעקר

מִיעֲקַר נֶעֱקַר, נִשְׁכַּח (ב) — It is uprooted, forgotten

מִיעֲקַר (שבת קי א-ב 3) נֶעֱקַר (=נהיה עָקָר), יֵעָקֵר (=יהיה עקר)

He became infertile, he will become infertile

מִיעַקְרָא (כתו׳ נב סע״ב, ב״ב עה סע״ב) נֶעֱקֶרֶת (נהיית עקרה)

She becomes infertile

וְלָא מִיעַקְרָא (שבת קי א) וְאֵינָהּ נֶעֱקֶרֶת, וְלֹא תֵעָקֵר (=ולא תהיה עקרה)

She does not become infertile, she will not become infertile

לְמִיעְקְרָא (שבו׳ מח ב) לַעֲקֹר אוֹתָהּ

To negate, to eradicate

מְעַקְּרִי[38] (גט׳ סט סע״ב) מְעַקְּרִים[39] — They render infertile

מיעקרי (שם) ר׳ מעקרי — Cf.

לְמִיעְקְרֵיהּ (נדה סד א) לַעֲקֹר אוֹתוֹ

To nullify it, to cancel it

מְעָרֵב מְעָרֵב (=מניח עירוב) — He places an *eiruv*

מְעָרַב (ביצה י ב, מנ׳ כד א) מְעֹרָב — Mixed in

מ(י)עָרֵב (ע״ז לט ב — מ׳) מְעָרֵב — He mixes in

מַתְחִיל שִׁמְשָׁא לְמִעְרַב (פס׳ נח א) מַתְחִיל הַשֶּׁמֶשׁ

32) מ׳, ד׳: מעלינן.
33) מ׳, ו״ה׳: מעמא, ד׳: מעמיא.
34) = אי אפשר לענוב אותם.
35) = עוסקים בקבורתו כראוי.
36) = מנסים לקבוע את יום בואו של המשיח.
37) עי׳ פירוש רש״י.
38) מ׳ ורש״י, ד׳: מיעקרי.
39) = עושים אותו עָקָר.

The sun starts setting לִשְׁקֹעַ

It mixes **מִיעָרַב** (שבת קנו א[40] ועוד) מִתְעָרֵב

מִיעָרְבָא (עירו׳ ו א-ב, נט ב) מִתְעָרֶבֶת[41]

An *eiruv* can be arranged in it

וּמִיעְרַב הוּא דְּלָא עָרֵיב[42] **לְהוּ** (תמו׳ לד סע״א)

וּלְעָרֵב הוּא שֶׁאֵינוֹ מְעָרֵב אוֹתָם

He does not combine them

מַעֲרָבָא מַעֲרָב, אֶרֶץ יִשְׂרָאֵל

The West, the Land of Israel

בְּנֵי מַעֲרָבָא בְּנֵי אֶרֶץ־יִשְׂרָאֵל

Inhabitants of the Land of Israel

בַּר מַעֲרָבָא (פס׳ מג א) בֶּן־אֶרֶץ־יִשְׂרָאֵל

Inhabitant of the Land of Israel

It becomes mixed with **מִיעַרְבַּב** (ר״ה כח א) מִתְעַרְבֵּב

מערבו (ביצה טז ב) מ׳: מערבי

They mix, they place an *eiruv* **מְעָרְבִי** מְעָרְבִים[43]

מערבין יתיה (כ״ב קעד א) מ׳ ה׳ ורשב״ם: ערבין ביה

מְעָרִים מַעֲרִים (מל׳ עָרְמָה)

He hoaxes, he uses chicanery

הֲוָה מַעֲרִיקְנָא לֵיהּ (ב״ק מ ב, מה א[44], צח ב) הָיִיתִי

I would have smuggled him out מַבְרִיחַ אוֹתוֹ

מִיעֲרַךְ (שבת קלו ב) נֶעֱרָךְ

It was assessed (it lends itself to assessment)

מִיעָרַם[45] מַעֲרִים (מל׳ עָרְמָה)

He hoaxes, he uses chicanery

מַעַרְמָא (כתו׳ פז ב, מכות כג ב[46]) מַעֲרִימָה

She hoaxes, she uses chicanery

מיערמא (מכות כג ב) אה״ת: מערמא

He disputes, he contests **מְעַרְעֵר** (גט׳ ג א ועוד) מְעַרְעֵר

מְעַרְעֲרָא (כתו׳ צא ב) מְעַרְעֶרֶת, תְּעַרְעֵר

She disputes, contests; she will dispute, contest

מְעַרְעֲרֵי מְעַרְעֲרִים

They dispute, they contest

Beheading **מִיעֲרַף** (זב׳ ע ב, בכו׳ י א) עָרוּף (מ)

Running away **מְעָרַק** (ע״ז סז א) בָּרוֹחַ (מ)

Cf. **מערקנא** (ב״ק מה א) ר׳ מעריקנא

Cave **מְעַרְתָּא** מְעָרָה

Caves **מְעַרְתָא** מְעָרוֹת

מערתא (ב״ב מב ב) כ״י וד״י: מעצרתא

מְעָרְתֵיהּ (ב״מ פה ב) מְעָרָתוֹ (שקבור בו)

His cave (in which he is buried)

מַעֲשֵׂה (ערכ׳ ו רע״ב) מְשַׁדֵּל

He persuades, he forces *(Rashi)*

He forces **מַעֲשֵׂה** (גט׳ פח ב) כּוֹפֶה

Their acts **מַעֲשַׂיְיהוּ** (הור׳ יד א - ספור א״י) מַעֲשֵׂיהֶם

He tithes **מְעַשֵּׂר** מְעַשֵּׂר

Tithe **מַעְשְׂרָא** מַעֲשֵׂר

They (*m.*) tithe **מְעַשְּׂרֵי** מְעַשְּׂרִים

They (*f.*) tithe **מְעַשְּׂרָן** (חול׳ ז ב) מְעַשְּׂרוֹת

Coin **מָעֲתָא** מָעָה (מטבע)

It enriches **מַעַתְרָא** (יומא כה ב, מנ׳ נ א) מַעֲשִׁירָה

He causes it to become **מְפַגֵּל** (מנ׳ טו א ועוד) מְפַגֵּל[47]

pigul (disqualifies the Temple sacrifice)

It (*m.*) becomes *pigul* **מִיפַּגַּל** (מנ׳ יד א 3) מִתְפַּגֵּל

(disqualified as Temple sacrifice)

It (*f.*) causes it **מְפַגְּלָא** (זב׳ לח ב, לט א) מְפַגֶּלֶת

(to become *pigul*) (disqualifies the Temple sacrifice)

Cf. **מפגלא** (מנ׳ טו א) ר׳ מיפגלא

It (*f.*) becomes **מִיפַּגְּלָא** (מנ׳ טו א 2[48]) מִתְפַּגֶּלֶת

pigul (disqualified as Temple sacrifice)

They cause it **מְפַגְּלֵי** (זב׳ מד א, מנ׳ יג א) מְפַגְּלִים

to become *pigul* (disqualify the Temple sacrifice)

They become *pigul* **מִיפַּגְּלֵי** (מנ׳ יד ב 2[49]) מִתְפַּגְּלִים

(disqualified as Temple sacrifice)

It (*m.*) becomes impaired **מִפְגַם** (ע״ז עו א) פָּגוּם (מ)

It (*f.*) is impaired **מִיפַּגְמָא** (ב״מ קטז א) נִפְגֶּמֶת

40) מ׳, ד׳: מערב.

41) = אפשר לעשות לה (= לרשות הרבים) עירוב.

42) רש״י, מ׳ וד׳: קעריב.

43) גם בהוראת הנחת עירוב.

44) מ׳ ה׳, ד׳: מערקנא.

45) כך במ׳ בכמה מקומות, ומתאים ל״איערומי״.

46) אה״ת, מ׳ ד׳: מיערמא.

47) ר׳ הע׳ 21 ל״מחשב״.

48) פ״א — ד׳: מפגלא.

49) פ״א: מפגלי, וכן מ׳.

אַפְגּוֹרֵי מַפְגְּרָא (נדה סו א) שָׂרוֹט שׂוֹרֶטֶת
It scratches

מְפַגְּרֵי (שבת קכט ב) מְפַגְּרִים, נֶחֱלָשִׁים, בְּטֵלִים
They were weak, they were absent

מַפּוּחָא (יומא מה א, תע׳ יב א) מַפּוּחַ
Blower

מפולי (יב׳ לה ב) מ׳ וד״י: אפולי

מיפחזנא (נדר׳ י ב) כינוי של קבלת נזירות
Alternate term for acceptance of the state of *nazirus*

מְפַחֵיד מְפַחֵד
He is afraid

מִיפַּחִית נִפְחָת (=ניזק, מתקלקל — בנין)
It becomes visibly damaged

מִיפְּחַת (כתו׳ סד סע״א) פָּחוֹת (מ)
Decreasing

לְמִיפְחַת (שבת קטז ב) לְפַחֹת
To subtract

דְּמְפַטְּיָא[50] **לֵיהּ** (שבת קמ ב) שֶׁתִּתְקַיֵּם לוֹ[51]
It will last for it

מְפַטֵּים (ב״מ סט א) מְפַטֵּם
He fattens (the animal)

[מְ]פַטֵּימְנָא (ב״ק סה א — ה׳ ותוס׳) אֲנִי מְפַטֵּם
I fatten (the animal)

מִיפַּטְמָא (תמו׳ לא א) מִתְפַּטֶּמֶת
It (*f.*) becomes fattened

מִפַּטְמִי מֵהֲדָדֵי[52] (פס׳ עו רע״ב) מִתְפַּטְּמִים זֶה מִזֶּה
They absorb fat from one another

מִיפְטַר פָּטֵיר[53] (יב׳ כב סע״א) פָּטוֹר (מ) פּוֹטֵר
He was relieved of his obligation

מִיפְּטַר נִפְטַר (=היה פטור)
He became relieved of his obligation

מִיפְּטַר מִינֵּיהּ (כתו׳ נב סע״ב) נִפְטַר מִמֶּנּוּ
He took leave of him

לְמִפְטַר לִפְטֹר
To relieve of the obligation

מִיפַּטְרָא/ה (יב׳ יט א, כז א, לה ב) נִפְטֶרֶת
She is relieved of her obligation

כִּי הֲוַת מִיפַּטְרָא מִינֵּיהּ (מג׳ יד ב) כְּשֶׁהָיְתָה נִפְטֶרֶת מִמֶּנּוּ
When she took leave of him

מפטרא (יב׳ כז א) מ׳ רי״ף ורא״ש לי׳

לְמִיפְטְרָא[54] (יב׳ יט רע״א) לִפְטֹר אוֹתָהּ
To relieve her of her obligation

לְמִיפְטְרָהּ (קידו׳ סד ב) לִפְטֹר אוֹתָהּ
To relieve her of her obligation

מיפטרו (מנ׳ לט ב) מ׳ ר׳: קפטרי

הֲווֹ מִפַּטְרֵי הָיוּ נִפְטָרִים (=נפרדים)
They took leave

מפטרי[55] (חול׳ קלב ב) ר׳ פטרת
Cf.

לְמִיפְטְרֵיהּ לִפְטֹר אוֹתוֹ
To relieve him of his obligation

[לְ]מִפְטְרֵי[הּ][56] (שבת עב סע״ב) לִפְטֹר אוֹתוֹ
To relieve him of his obligation

בְּעִידָּן מִפְטְרַיְיהוּ (בר׳ נג סע״ב) כְּשֶׁהֵם מַפְטִירִים[57]
When they read the *haftorah*

מפטרינא (ב״ק מ רע״ב) ה׳: מיפטרנא

מִיפְטְרִינְהוּ (סנ׳ עט ב) לִפְטֹר אוֹתָם
To relieve them of their obligation

מַפְטְרִינַן (מג׳ לא ב) אָנוּ מַפְטִירִים (״הפטרה״)
We read the *haftorah*

הֲוָה... מִיפְּטַרְנָא[58] (ב״ק מ רע״ב) הָיִיתִי... נִפְטָר
I would ... be acquitted

מִיפַּיַּים מִתְפַּיֵּס
He made peace with

מיפיים ולא פייסינהו[59] (יב׳ עט א) ר׳ מפייסו
Cf.

מְפַיֵּים מְפַיֵּס, מְרַצֶּה
He appeases, makes peace

מפיים[60] (פס׳ קז א) ר׳ מפיס
Cf.

מְפַיְּיסָה (גט׳ עד ב, עה א) מְפַיֶּסֶת
She appeases, makes peace

מְפַיְּיסָהּ (גט׳ יח רע״א) מְפַיֵּס אוֹתָהּ, יְפַיְּסֶנָּה
He appeases her, makes peace with her, he will appease her, make peace with her

(50) מ׳: מיפטיא, א״פ: ממטיא, רש״י כ״י: מטיא.

(51) רש״י (ובהמשך פירושו הוא כותב: ותפטיהו).

(52) כל כ״י ורי״ף (עי׳ ד״ס): דאזיל האי ומפטם להאיך והדר הך ומפטם ליה להאי (= שהולך זה ומפטם את ההוא, וחוזר ההוא ומפטם את זה).

(53) מ׳, ד׳: נפטר.

(54) רש״י, מ׳: איפטורי, ד׳: איפטור.

(55) ר׳ א ה״ג רי״ף ורא״ש: דפטרת להו, מ׳: דפטרת ליה, ר׳ ב: דמפטרת להו.

(56) ר״ח, א״פ: מפטריה, מ׳: פטור מכלום.

(57) רש״י: כשאומרים (״הקטנים״) ההפטרה, וְמברכים בתורה ובנביא.

(58) ה׳, מ׳: מפטרנא, ד׳: מפטירנא.

(59) מ׳ ואה״ת לי׳ ג׳ תיבות אלו, ע״י: פייסינהו ולא מפייסו (וצ״ל: ולא איפייסו).

(60) מ׳ א״פ ומ׳ ב: מיפיס, ע׳ ור״ח: מפיס פי׳ מסיר הדעת וכו׳

דְּמְפַיְּיסוּ[61] (יומא כג א) מְפַיְּסִים
They (*m.*) appease, make peace
פַּיְיסִינְהוּ וְלָא מִפַּיְּיסוּ[62] (יב׳ עט א) פִּיֵּס אוֹתָם וְאֵינָם מִתְפַּיְּסִים
He appeased them, but they would not be appeased
מְפַיְּיסִינַן (תע׳ כד א) אָנוּ מְפַיְּסִים
We appease, make peace
מפייסינן (ב״מ עז א) מ׳ ופ׳: פייסת
אִי לָא מְפַיְּיסִיתוּ (כתו׳ צא סע״א) אִם אֵין אַתֶּם מְפַיְּסִים
If you will not appease
מְפַיֵּיסְנָא אֲנִי מְפַיֵּס, אֲפַיֵּס — I appease, I make peace
[מְ]פַיֵּסַת (ב״ב ו א — מ׳ ורש״י) אַתָּה מְפַיֵּס, תְּפַיֵּס
You appease, you make peace
אַפּוּלֵי מַפִּיל[63] (גט׳ לח א) הַפֵּל מַפִּיל — Will he let himself fall (into the hands of the enemy's army)?
למפינהו (ע״ז סה ב) ר׳ למיפינהו — Cf.
מֵפִיס[64] (פס׳ קז א) מֵסִיר הַדַּעַת[65] — He appeases
מַפִּיק (נפק) מוֹצִיא
He takes out, he relieves one of his obligation
מפיקין (ע״ז לא ב) מ׳: מפקי
מַפִּיקְנָא (תע׳ כד א ועוד) אֲנִי מוֹצִיא
I relieve them of their obligation
מַפִּיקְנָא (בר׳ לח א) אוֹצִיא — I will take you out
מַפִּישׁ (נפש) מַרְבֶּה — He increases
מפיתנא (נדר׳ י ב) כינוי לקבלת נזירות
An alternate term for acceptance of the state of *nazirus*
מפכה (נדה כ סע״ב) ר׳ פכח — Cf.
מְפַכְּחָא (בר׳ נה א) מְפַכַּחַת, מְפִיגָה — It dissipates
מַפְּכִינַן (הפך) (שבו׳ מא א 3) אָנוּ מְהַפְּכִים
We switch over
לְמִיפַּל לִנְפֹּל (בל״ח: לִיפּוֹל) — To fall
מַפְּלָא[66] (נדה כג א 2) מַפֶּלֶת — She miscarries
אִי מַפְלְאֵי אַפְּלוּיֵי (בר׳ כה סע״א) אִם נִסְדְּקָה סָדוֹק
If it is full of cracks
מִיפְלַג חָלוּק (מ) (=לקחת חלק), חַלֵּק (מ)
To participate, divide (*imp.*)
לְמִיפְלַג לַחֲלֹק, לְחַלֵּק — To participate, to divide
לְמִיפְלְגַהּ (ביצה כא א 2) לְחַלֵּק אוֹתָהּ — To halve it
מִיפַּלְגֵי נֶחֱלָקִים — They disagree
בְּמַאי קָא מִיפַּלְגֵי בַּמֶּה הֵם חֲלוּקִים
What is the root of their disagreement?
מִיפַּלְגֵי (מנ׳ יד ב, תמיד נו ב[67]) מְחֻלָּקִים — They disagree
מַפַּלְגֵי (עירו׳ ט ב, י א) מְפֻלָּגִים — They disagree
קא מיפלגי[68] (מעי׳ יא א 2) ר׳ מפליג — Cf.
מפלגינא (ב״ב כא ב) מ׳: מפליגנא
לְמִיפְלְגִינְהוּ[69] (ב״ב י סע״ב) לְחַלְּקָם
To distribute them, to divide among
מְפַלְגִינַן (סנ׳ י רע״א) אָנוּ מְחַלְּקִים — We split
מִפַּלְגִינַן (ביצה ז סע״ב) אָנוּ חֲלוּקִים — We disagree
מפלגיתו[70] (תמו׳ כט א) ר׳ פליגיתו — Cf.
מִיפַּלְגִיתוּ (ביצה ז סע״ב, קידו׳ יב א) אַתֶּם חֲלוּקִים
You disagree
מִיפְלַח, לְמִפְלַח לַעֲבֹד (ע״ז) — To worship idols
מִיפְלָח (בר׳ כז סע״ב) עָבוֹד[71] (מ)
To worship at the king (allusion to bribery)
מפלחי (ע״ז מב ב) מ׳: מפלח
לְמִפְלְחִינְהוּ (ע״ז מא א) לְעָבְדָם
To worship them (the idols)

(ע״ש).
(61) רש״י: דמפייסי, מ׳: דמפיסי, אה״ת: דמפייס.
(62) ע״י, ד׳: מיפיס ולא פייסינהו, מ׳ ואה״ת לי׳ ג׳ תיבות אלו.
(63) כ״י, ד׳: אפיל.
(64) ר״ח וע׳, כ״י: מיפיס, ד׳: מפייס.
(65) ר״ח, מל׳ מפיס מורסא.
(66) מ׳, ד׳: מפלת.
(67) כך גם מ׳, רש״י: פלגי.
(68) מ׳: פליג (והוגה: מפליג), רש״י: קא מפליג בהו.
(69) כ״י ואה״ת: למיתבינהו.
(70) מ׳: מי פלגיתו, שמ״ק: קא פלגיתו, וצ״ל: מי פליגיתו.
(71) רמז למתן שוחד.

מִפְלָט לָא פָּלֵיט[72] (חול׳ קח ב 2) פָּלוֹט אֵינוֹ פּוֹלֵט
It doesn't discharge (into others)

מַפְלֵיג (חול׳ טו א, ערכ׳ יג א) מְחַלֵּק
He differentiates, distinguishes (Chulin), he apportions (Eirichin)

מַפְלֵיג (ב״מ נב ב ועוד) מְחַלֵּק (=מַבְחִין)
He differentiates, distinguishes

מַפְלֵיג נַפְשֵׁיהּ מִינֵּיהּ (חול׳ ה רע״א) מַפְלִיג (=מרחיק) עַצְמוֹ מִמֶּנּוּ
He distances himself from him

מַפְלֵיג[73] (ב״ב קב א 2) מֻפְלָג
Eminent

מיפליג (שבת קמב רע״ב[74], סוכה מא ב[75], ר״ה ל ב[74], תמו׳ טז רע״א[76]) ר׳ מיפלג
Cf.

מיפליג (מנ׳ קח ב) מ׳ וק׳: פליג

מפליג (סנ׳ מט ב) פ׳: פליג

מַפְלִיגֵי (בכו׳ כג ב) מ׳: מיפלג פליגי

מַפְלֵיגְנָא (ב״מ ס א, ב״ב כא ב[77]) אֲנִי מְחַלֵּק
I dispense

מפלת (נדה כג א 2) מ׳: מפלה, מפלא

מפנה (ע״ז כט א) ר׳ מפני
Cf.

מִפְּנֵי (פס׳ קיא ב ועוד, ע״ז כט א[78]) נִפְנֶה (=עוֹשֶׂה צרכיו
He attends to natural needs

מִפְּנִי (שבת קמ ב) נִפְנִים (=עוֹשִׂים צרכיהם)
They attend to natural needs

למפני[79] (בר׳ סב א) ר׳: לאפנויי
Cf.

מַפְנֵי מְפַנֶּה
He empties out, he removes

מִפְּנֵי[80] מוּפְנֶה
It is free, it is available

עַד דְמִיפְּנֵי פִּיסְחָא (קידו׳ סה א) עַד שֶׁיַּעֲבֹר הַפֶּסַח
Until Passover is over

מְפַנַּק עָנֹג, מְפֻנָּק
Indulgent, pampered (*m., s.*)

מְפַנְּקוּתָא (פס׳ נ ב, חגי׳ ו א) עִנּוּג, פִּנּוּק
Indulgence, pampering

מְפַנְּקֵי עֲנֻגִּים, מְפֻנָּקִים
Indulgent, pampered (*m., p.*)

מְפַנְּקָן (כתו׳ י ב, גט׳ ע א) מְעֻנָּגוֹת
Indulge, pamper (*f., p.*)

מִיפְּסַד (בכו׳ י ב) מָפְסָד
He is lacking, he is wanting

מַפְסְדָא מַפְסִידָה
She is lacking, wanting, she causes a loss

מַפְסְדוּ, מַפְסְדִי מַפְסִידִים
They will cause me to lose, they lose

מפסדינא (ב״מ קט א) מ׳ ה׳: מפסידנא

מַפְסְדִינַן (ב״ק פט א[81], ב״מ קיב ב[82]) אָנוּ מַפְסִידִים
We cause a loss

מַפְסְדִיתוּ[83] (ב״מ עג סע״א) אַתֶּם מַפְסִידִים
You cause a loss

מַפְסְדָן (תע׳ כא ב, כה א 2) מַפְסִידוֹת
They (*f.*) cause us damage

מפסדנא[84] (ב״מ קיב ב) ר׳ מפסדינן
Cf.

מַפְסַדְתְּ (חול׳ יט ב) אַתָּה מַפְסִיד, תַּפְסִיד
You cause damage, you will cause damage

מַפְסִיד מַפְסִיד
He causes damage, he will cause damage

מַפְסִידְנָא (שבת קח ב, ב״מ קט א[85]) אֲנִי מַפְסִיד
I cause it harm

מפסידתו (ב״מ עג סע״א) ה׳: מפסדיתו

מיפסיל (גט׳ פח ב, מנ׳ מב א) מ׳ ורש״י: מיפסל

מִיפְּסִיל נִפְסָל
It became disqualified

מַפְסִיק מַפְסִיק
He interrupts

מַפְסִיק (שבת מב א[86], ב״מ קב א 2[87], ב״ב כא א[88], ע״ז עה ב[89]) מַפְסִיק
He interrupts

מִיפְּסִיק נִפְסָק
It broke, it tore, it became disconnected

(72) פליט (ביו״ד) מ׳ פ״א ובהמשך דברי הוספות.
(73) פ״א — מ׳ ל״י, ר׳: פליג, אה״ת וע״י: מופלג. פ״ב — מ׳ ר׳: פליג, אה״ת וע״י ורשב״ם (ד״ו): מופלג.
(74) מ׳: מיפלג.
(75) מ׳ ורש״י: מיפלג.
(76) מ׳: איפלג פליג (באשגרה מן ״כי איפלג״ שלאחריו).
(77) מ׳, ה׳: מפליגנא, ד׳: מפלגינא.
(78) הגהתי, מ׳: מפני, ד׳: מפנה.
(79) פ׳: לאפנויי, מ׳ — נ״א.
(80) בד׳ השתבש: מופני, מופנה.
(81) כ״י, ד׳: אפסדינהו.
(82) ר׳ ב, ד׳: מפסדנא, שה״ג: קנסינן, קנסוה, קנסו ליה.
(83) ה׳, ד׳: מפסידתו.
(84) ר׳ הע׳ 82.
(85) מ׳ ה׳, ד׳: מפסידנא.
(86) מ׳ ותוס׳, ד׳: מיפסק.
(87) ה׳, שה״ג: מיפסק.
(88) בנוס׳ (מ׳ ה׳ וד׳): מפסק.
(89) מ׳ ורש״י, ד׳: מפסק.

מַפְסִיק (כתו׳ עז ב) מ׳: פסיק

מַפְסִיקָא[90] (שבת כט ב) מַפְסִיקָה — It is separated

מִיפְסַל, לְמִיפְסַל לִפְסֹל — To disqualify

מִיפְסַל (זב׳ פב ב, פט ב, בכו׳ לט א) מ׳: מיפסיל

מִיפַּסְלָא/ה נִפְסֶלֶת — It (*f.*) becomes disqualified

לְמִיפְסְלָהּ לִפְסֹל אוֹתָהּ — To disqualify her

מַפְסְלוּהָ[91] (יב׳ מא ב) פּוֹסְלִים אוֹתָהּ

They may disqualify her

מִיפַּסְלִי נִפְסָלִים

They are disqualified, they become disqualified

לְמִיפְסְלִינְהוּ (גט׳ כ א) לִפְסֹל אוֹתָם

To disqualify them

מַפְסַע (יב׳ קה ב 2, ב״ק פא ב[92]) מַפְסִיעַ

He steps over, he walks slowly

מִיפְסְעָ(י) (שבת ק ב — מ׳) פָּסוֹעַ (מ)

Stepping over, walking slowly

מפספסינן (שבת קנה א) ר׳ פספוסי — Cf.

מִיפְּסַק (בר׳ כא ב ועוד) פָּסוֹק, חָתוֹךְ (מ) — Cutting

מיפסק (שבת כט ב) מ׳: מפסיק

מִיפְסַק (פס׳ קה א 2) פָּסוֹק (=להפסיק) — To stop

מיפסק (שבת מב א, ב״מ קב א 2, ע״ז עה ב) ר׳ מפסיק — Cf.

מיפסק[93] (מנ׳ כד א) ר׳ מפסקן — Cf.

מִיפְּסַק[94] (כתו׳ יז א) נִפְסָק — It separates

לְמִיפְסַק דְּמָא (ע״ז כח א) לִפְסֹק (=לַעֲצֹר) הַדָּם

To stop (the bleeding)

מפסק (חול׳ נט א) ר׳ מפסקן — Cf.

מפסק (ב״ב כא א) ר׳ מפסיק — Cf.

מַפְסְקָא (סוטה לח ב, כרי׳ י א ועוד) מַפְסִיקָה

It interrupts, it discontinues

מיפסקא[95] (שבת כט ב) ר׳ מפסקא — Cf.

מַפְסְקָא קְרָאֵי (ב״ב קיא ב ועוד) מְפַסֶּקֶת (=מחלקת) מִקְרָאוֹת — It slices the (Biblical) verses apart

מַפְסְקוּ (ביצה ל ב 2) מַפְסִיקִים — They separate

מַפְסְקִי מַפְסִיקִים — They interrupt, they separate

מִיפְסְקֵיהּ (סנ׳ ח רע״א) לִפְסֹק אוֹתוֹ (=את הדין)

To render the judgment

לְמִיפְסְקֵיהּ (עירו׳ לה א ועוד) לַחֲתֹךְ אוֹתוֹ — To cut it

לָא מַפְסְקִינַן (פס׳ קה א) אֵין אָנוּ מַפְסִיקִים

We do not interrupt

מַפְסְקָן (מנ׳ כד א 2[96]) מַפְסִיקוֹת — They (*f.*) separate

מִפְּסְקָ[ן] (חול׳ נט א — כ״י וע״י) מְפֻסָּקוֹת

They were separated (i.e., paralyzed) (=משותקות)

מַפְסְקַתְּ (יומא לג ב) אַתָּה מַפְסִיק, תַּפְסִיק

You separate, you will separate

מפסקת (עירו׳ צח א) מ׳ שט׳ ור״ח: מפסקא

מִיפְעָא (עירו׳ עה ב) פָּעֹה (=לצעוק) — To yell

מפערין[97] (ע״ז נא ב) ר׳ פעורי — Cf.

מַפָּצֵי (שבת סה א ועוד) מַפָּצִים (מין מחצלת)

Kind of mat

מְפַצֵּי (כתו׳ צב א-ב, ב״ב מה א) מְפַצֶּה, מְפַיֵּס

To compensate

מִיפְצִיל (יומא עא ב, זב׳ יח ב) מְפֻצָּל — Split

מְפַצֵּינָא (כתו׳ צא ב) אֲנִי מְפַצֶּה, אֲפַצֶּה, אֲפַיֵּס

I compensate, I am indemnifying, I will compensate

מיפצל (זב׳ יח ב) מ׳: מיפציל

מיפצלא (יומא עא ב) מ׳: מפציל

מִיפַּצְלָא (חול׳ נט ב) מְפֻצֶּלֶת — Split (*f.*)

מְפַצְּלֵי (חול׳ צג א 2) מְפֻצָּלִים — Split (*m., p.*)

מִיפַּק, לְמִיפַּק לָצֵאת — To leave, to depart

מיפק (סוכה מה א) מ׳ מ׳ ב: מפקא

מַפְּקָא/ה מוֹצִיאָה — It brings forth, he states his dissent

מיפקד ר׳ פקיד, פקידי — Cf.

מְפַקֵּד (ב״מ עז א 2) מְצַוֶּה — He orders, he commands

מִפַּקְדָא (סוטה כא א) מְצֻוָּה — She is obligated

מִיפַּקְדָא (יב׳ סד ב[98], סו רע״א[99]) מְצֻוָּה — She is obligated

מַפְקְדֵי מַפְקִידִים — They deposit

(90) הגהתי ע״פ מ׳ (מפסיק), ד׳: מיפסקא.

(91) צורה חריגה, ובמ׳ במקום "ומפסלוה מן הכהונה": ואתו למימר קא שרו חלוצה לכהן גדול (= ויבואו לומר מתירים חלוצה לכה״ג).

(92) מ׳ ה׳, ד׳: מפסיע.

(93) מ׳ ר׳ א ב: מיפסקן, רש״י: מפסקי.

(94) מ׳, ד׳: אפסיק.

(95) מ׳: מפסיק, רש״י: מפסק, וצ״ל: מפסקא.

(96) פ״א — ד׳: מיפסק, מ׳ ר׳ אב: מיפסקן, פ״ב — כ״י וד׳: מיפסקן, רש״י: מפסקי.

(97) מ׳ וכ״י ספ׳: מפערי.

(98) מ׳, ד׳ — בלא יו״ד.

(99) מ׳, ד׳: מיפקדי.

מַפְקְדִי (בר׳ יח ב, כתו׳ פה א[1]) מֻפְקָדִים
They are deposited
מִיפַּקְדִי[2] (יב׳ סא א ועוד) מְצֻוִּים
They are obligated
מיפקדי (יב׳ סו רע״א) מ׳: מיפקדא
מִפַּקַּד(י)נָא (ב״ק פז א — כי״י) אֲנִי מְצֻוֶּה
I am obligated
מִפַּקְדִינַן (יב׳ מז ב, ע״ז יד א, כא סע״א) אָנוּ מְצֻוִּים
We are obligated
לָא מִפַּקְדִינַן (ע״ז יד א, כא א) אֵין אָנוּ מְצֻוִּים
We are not obligated
מִפַּקְדַת (בר׳ י סע״א) אַתָּה מְצֻוֶּה
You are obligated
לָא מִיפַּקְדַת (יב׳ סה ב 2, כתו׳ סד א 2[3]) אֵינֵךְ מְצֻוָּה
You (*f.*) are not obligated
מַפְּקוּ (ב״מ פג ב) מוֹצִיאִים
They (*m.*) remove
מְפַקֵּיד (גט׳ ע א ועוד) מְצַוֶּה
He orders, he commands
מְפַקֵּיד אַבֵיתֵיהּ (גט׳ ע א 2, ע״ז יב ב) מְצַוֶּה לְבֵיתוֹ (עַל בֵּיתוֹ)
He dictates his (last) will and testament
מִפְּקִיד דִּינָא עֲלַיְיהוּ (סוטה כא א) נִפְקָד הַדִּין עֲלֵיהֶם (=נענשים)
They are judged (punished)
מִיפְּקִיד דִּינָא עֲלֵיהּ (שבת לב א, ע״ז ד ב[4]) נִפְקָד הַדִּין עָלָיו (=נענש)
He is judged (punished)
לָא מִיפַּקִּידְנָא (קידו׳ לא סע״א) אֵינִי מְצֻוֶּה
I am not obligated
מַפְּקִי, מַפְּקִין מוֹצִיאִים
They take out, carry out, remove
מפקינא (חול׳ קלב ב) מ׳ ורש״י: מפיקנא
מַפְּקִינַן אָנוּ מוֹצִיאִים
We remove, we eliminate,
we remove her (from the second husband's house)
מַפְקְ(י)רִין (נדר׳ מד א — מ׳) מַפְקִירִים
They relinquish ownership
מַפְקָנָא (גט׳ נו ב) מוֹצָא (הצואה)
Discharge (of feces)
מפקנא (גט׳ מה א) מ׳: מפקענא
מִיפְּקַע פְּקַע (חול׳ נו א) בָּקוֹעַ נִבְקַע
It cracks
מְפַקַּע (שבת צב רע״א) מְקָרֵעַ
He tears

מַפְקַע מַפְקִיעַ (מקדושה, ממצוות וכיו״ב)
It (*m.*) annuls (the commandment, holy status, etc.)
מַפְקְעָא מַפְקִיעָה (מקדושה וכיו״ב)
It (*f.*) annuls (the commandment, holy status, etc.)
מִיפַּקְעֵי (ב״ק נד א) מִתְבַּקְּעִים
They crack
מַפְקַ[עְ]נָא[5] (גט׳ מה א) אֲנִי מַפְקִיעַ
I expropriate
מַפְקַעַת (תמו׳ כד ב) אַתָּה מַפְקִיעַ
You annul
מַפְקַר מַפְקִיר
He relinquishes ownership
מִיפַּקַר[6] (ב״מ ל ב) מֻפְקָר
Ownerless property
מַפְקְרֵי מַפְקִירִים
They relinquish ownership
מיפקרי (סנ׳ פב א) מ׳: מפקרי
מַפְקְרִינַן (מ״ק טז א) אָנוּ מַפְקִירִים
We relinquish ownership
מַפְקַרְנָא (חול׳ ז ב) אֲנִי מַפְקִיר, אַפְקִיר
I relinquish ownership, I shall relinquish ownership
מַפְּקַת (נפק) אַתָּה מוֹצִיא, תּוֹצִיא
You take out, remove; take out, remove (*imp.*)
מַפַּקְתֵּיהּ (שבת קלד א) מוֹצָאוֹ
His anus
מִיפַּרְזַל (גט׳ נז ב) מְפֻרְזָל (=קשור בשלשלת ברזל)
Straining at the iron chain
למפרח (ע״ז י סע״א) מ׳ ואה״ת: נפרחה
מַפְרְחָיָיתָא (שבת נט ב) מַפְרִיחוֹת[7]
(Shoulder) bands
מפרחן (חול׳ נג ב) ה׳ כי״י ר׳: פרחן
מְפָרֵיט חֲטָאֵיהּ (סוטה ז ב) מְפָרֵט חֲטָאָיו
He enumerates his transgressions
מִיפָּרֵיךְ אִיפָּרוֹכֵי (חול׳ פח א) הִתְפּוֹרֵר מִתְפּוֹרֵר
It crumbles
מִפְרֵיךְ ק״ו (ב״ק יח ב, כה א־ב, הור׳ יד) נִשְׁבָּר ק״ו
The inference from the lesser to the greater is refuted
מִיפְּרִיק[8] נִגְאַל
He was redeemed, he was ransomed
מְפָרֵיק[9] (גט׳ לח א) מַפְדֶּה
He redeems
מְפָרֵ(י)ק[10] (גט׳ סט רע״ב) מְפָרֵק[11]
It tears apart (his limbs)

1) רש״י (מ׳ חסר דפים אלו), ד׳: מיפקדי.
2) מ׳, ד׳ — בלא יו״ד.
3) ד׳: מפקדת.
4) ע״י א ועוד, ד׳ לי׳ עליה.
5) מ׳ (ע״פ רש״י ״הה״ג״!)
6) פי׳ ראי״ש, שאר כי״י: מפקר, ד׳: אפקרנהו, ע״י: אפקרינהו.
7) ר״ח: חתיכות יוצאות ועודפות ממנו (= מן חגור של עור) לימינו ולשמאלו.
8) קדו׳ כא סע״א — ד׳: מיפרק, מ׳: מפריק.
9) מ׳: מפרקי = פודים.
10) רש״י, כי״י: מפריש.
11) רש״י: מנתק אבריו.

מִיפְּרַ(י)ק (הור׳ יג ב — מ׳) נִפְרָק, מִתָּרֵץ

It was explained, was clarified

מְפָרֵיקְנָא (ב״מ פד א) אֲנִי מְתָרֵץ, אֲתָרֵץ

I answered, I shall answer

מְפָרֵיקְנָא (ע״ז נ רע״ב 2[12]) אֲנִי מְתָרֵץ, אֲתָרֵץ

I answer, I will answer

מִ[י]פָּרִיר[13] (פס׳ עד רע״ב) מִתְפּוֹרֵר — It crumbles

מַפְרִישׁ מַפְרִישׁ — I separate (a part from a whole)

מפריש (בכו׳ יא סע״א 2) שמ״ק: מופרש

הֲוָה... מְפָרֵישְׁנָא (יומא כ ב) הָיִיתִי מְפָרֵשׁ

I interpreted, I explained, I construed to mean

מפרך (פס׳ סח ב) ר׳ פריכא — Cf.

מִיפְרָךְ קָפְרֵיךְ (גט׳ פג ב) שָׁבוֹר שׁוֹבֵר, מֵשִׁיב עַל־

He refutes

אִיכָּא לְמִיפְרַךְ יֵשׁ לִשְׁבֹּר, יֵשׁ לְהָשִׁיב

It can be refuted

מִיפָּרְכָא[14] (עירו׳ קג א) מִתְפָּרֶכֶת — It (*f.*) crumbles

אִיפְּרוֹכֵי מִ[י]פָּרְכָן[15] (שבת כ סע״ב) הִתְפּוֹרֵר מִתְפּוֹרְרוֹת — It crumbles, they crumble

מַפְרַכְתָּא (ב״ב סז ב) מַפְרֶכֶת[16] — Olive crushing stone

מִיפַּרְמֵי (חול׳ לא רע״א) מְחֻתָּכִים (רש״י: כרותות)

Cut up into small pieces, minced

מְפַרְנֵיסְנָא (נדר׳ סה ב) אֲנִי מְפַרְנֵס, אֲפַרְנֵס

I provide for, I shall provide for

מְפַרְסַם (ר״ה יח ב[17] ועוד) מְפֻרְסָם — Well known

מיפרסם (ר״ה יח ב) ר׳ מפרסם — Cf.

מְפַרְסְמָא מִילְּתָא (הור׳ ד א 3, מנ׳ מ א[18])

הַדָּבָר מְפֻרְסָם — This matter is well known

מִיפְרַע פַּרְעֵיה (ב״מ יז א, ב״ב קעב א) פָּרוֹעַ פְּרָעוֹ (=את החוב)

He paid it (the debt)

מִיפְּרַע (כתו׳ פז ב) (החוב) נִפְרַע — It (the debt) was paid

לְמִפְרְעִינְהוּ (גט׳ מו ב) לִפְרֹעַ אוֹתָם

To pay them back

מִיפְּרַעְנָא (ע״ז ו ב) אֲנִי נִפְרָע, אֶפָּרַע

I pay back, I shall pay back

מַפְרַעְתָּא (חול׳ נ ב) מַפְרָעָה[19] — Part of entrails visible directly after opening an animal's belly

מְפָרֵק מְפָרֵק, מְיַשֵּׁב (את הקושי)

He resolves (the difficulty)

מְפָרֵק (ב״ב יא ב 3) מְפָרֵק (מַשָּׂא) — He unloads

מִיפְרַק (בכו׳ לז רע״ב) פָּדָה — We redeem

מִיפָּרַק (קידו׳ כא סע״א) נִפְדֶּה

It is redeemed (i.e., redeemable)

לְמִיפְרַק (קידו׳ כט א) לִפְדּוֹת — To redeem

מִיפַּרְקָא (ב״ק סט א, ערכ׳ ה א) נִפְדֵּית, נִגְאֶלֶת

It (*f.*) is redeemed (i.e., redeemable)

לְמִיפְרְקַהּ (ערכ׳ כו א-ב) לִגְאֹל אוֹתָהּ — To redeem it (*f.*)

מִיפַּרְקִי (מג׳ יא ב 2) נִגְאָלִים

They are rescued (i.e., returned to the Holy Land)

מִיפַּרְקִי (מנ׳ קא א, בכו׳ טז א) נִפְדִּים

They are redeemed

למיפרקיה (קידו׳ כט א) מ׳: למיפרק נפשיה

מְפָרְקִינַן (חול׳ מח רע״ב) אָנוּ מְפָרְקִים, מַפְרִידִים

We separate

מְפָרֵשׁ מְפָרֵשׁ — He, it explains

מִיפְרָשׁ (יב׳ לו ב, נז׳ נא א 2) פָּרוּשׁ (מ)

Distancing himself

בַּר מִיפְרַשׁ (מנ׳ כג א) עָשׂוּי לִפְרֹשׁ

Prone to detachment

לְמִיפְרַשׁ (ב״ק עח ב) לִפְרֹשׁ — To separate

מְפָרֵשׁ(א) (זב׳ מג ב — מ׳ ורש״י) מְפָרֵשׁ — He explains

מַפְרְשָׁא (בכו׳ כז א) מַפְרִישָׁה — She separates

מִיפָּרְשָׁא מְפֹרֶשֶׁת, מִתְפָּרֶשֶׁת

(The way) I understand (lit. it is explainable to me)

לְדִידִי מִיפָּרְשָׁא לִי שָׁמַעְתִּי בְּפֵרוּשׁ (שביעית פ״ו מ״ה-מ״ו)

I heard explicitly

מַפְרְשִׁי (פס׳ נ ב, סוטה מח א) מַפְרִישִׁים — They separate

מְפָרְשִׁי מְפָרְשִׁים — They explain

(12) כצ״ל. פ״א: ד׳: פריקנא. כ״י ספ׳: מפרקינא, מ׳: יפרקינ׳. פ״ב: ד׳: מפרקינא, כ״י ספ׳: מפרקינה, מ׳: מפרקני.

(13) רש״י, מ׳: מיפרק, א״פ ומ׳ ב: מפרד, ע׳: דאיפרד.

(14) מ׳ וא״פ ד״ש, ד׳: איפרכא.

(15) רש״י, מ׳: מיפרכא.

(16) = ממל במשנה, והיא אבן נקובה שמכניסין בה עץ שצדו אחד בקורה וטוחנין בה הזיתים (ע״פ הערוך).

(17) רש״י, ד׳: מיפרסם, מ׳: פרסם.

(18) ר׳ ניפרסמה.

(19) חלק הכרס הנראה מיד כשפותחין את גוף הבהמה להוציא

מְפָרְשִׁי (שבת סו ב כ״פ ועוד) מְפֹרָשִׁים
They are stated explicitly
איכא דמפרשי (ב״ק נו ב) כל כי״י: איכא דפריש
מַפְרְשִׁי לְהוּ (חול׳ קטז ב, נדה לב א 2) מַפְרִישִׁים אוֹתָם
They distance themselves
מַפְרְשִׁינַן (ביצה לז א) אָנוּ מַפְרִישִׁים (חלה)
We separate (*chalah*)
מַפְרְשִׁינַן לֵיהּ/לְהוּ (יומא ו א, ח ב, חול׳ קטז ב) אָנוּ מַפְרִישִׁים אוֹתוֹ/אוֹתָם
We separate him/them
מְפָרְשָׁן (בר׳ יב ב, מג׳ ג א) מְפֹרָשׁוֹת
They (*f.*) are stated explicitly
מְפָרְשַׁתְּ אַתָּה מְפָרֵשׁ, תְּפָרֵשׁ
You explain, you will explain
מִיפְּרַת (פרת) (זב׳ מג רע״ב, חול׳ ט רע״א[20]) נִפְרָשׁ
It is separated
מִיפַּרְתִי (פס׳ פה א, חול׳ עג א) נִפְרָשִׁים
They are separated
מַפְּשָׁא (נפש) מַרְבָּה — She increases, she does more
מַפְּשׁוּ מַרְבִּים — They increase, they do more
מְפַשַּׁח (ביצה לג ב) מְפַשֵּׁחַ (=מקצץ ענפים)
He trims away (branches)
מִיפְשַׁט, לְמִיפְשַׁט לִפְשֹׁט (בעיא)
To resolve (a problem)
מִפַּשְׁטֵי (סוטה טו ב) מִתְיַשְּׁרִים — They straighten out
לְמִפְשְׁטַ(י)הּ[21] (כרי׳ כו רע״א) לִפְשֹׁט אוֹתָהּ (=את הבעיא)
To resolve it (the problem)
מַפְּשֵׁי (נפש) מַרְבִּים — They increase, they do more
מִפַּשִּׁיט (ביצה כח ב) מִתְיַשֵּׁר — It straightens out
מיפשיט (סוכה לג א, זב׳ כ א) מ׳ ורש״י: מיפשט
לָא מַפְּשִׁינַן (ביצה ז א) אֵין אָנוּ מַרְבִּים
We do not increase, we do not add to
לָא מִיפְשַׁע פְּשַׁעוּ בָהּ (ב״מ צו א) פָּשׁוֹעַ לֹא פָּשְׁעוּ בָּהּ (=לא נתרשלו בשמירתה)
There was no negligence (in watching it)
לְמִפְשַׁע (שבת י א) לִפְשֹׁעַ (=להתרשל)
To be negligent, to commit negligence
מְפַשֵּׁר חֶלְמֵי (בר׳ נו א) פּוֹתֵר חֲלוֹמוֹת
An interpreter of dreams
מְפַשַּׁר (בר׳ נה א) (חלום) פָּתוּר — Interpreted
לְמִיפְתַּח (תע׳ כד א, סנ׳ פד ב) לִפְתֹּחַ — To open
לְמִיפְתַּח (שבת קח ב) לִפְקֹחַ — To lift (the eyelids)
מִיפְּתַח (תע׳ כד א) נִפְתָּח (ב) — It opens
בְּמִפְתַּח בָּבָא[22] (בר׳ נט א, תע׳ ו ב) בִּפְתִיחַת הַפֶּתַח
As you open the door
מַפְתְּחָהּ[23] (ע״ז ע ב) מַפְתְּחָהּ (=מפתח שלה) — Her key
מַפְתְּחֵי[24] (יב׳ קיג סע״ב) מַפְתְּחוֹת — Keys
מַפְתְּחֵיהּ (סנ׳ קיג א) מַפְתְּחוֹ (=מפתח שלו) — His key
מְפַתַּת[25] (חול׳ ט רע״א) מִתְפּוֹרֵר — It crumbles
לָא מְצַאי (ב״מ פה ב) לֹא יָכֹלְתִּי — I could not
מִיצָאנְהִי[26] (מ״ק י ב) לְכָבְשָׁן (=לכבש את התמרים)
To press them (the dates)
מצד (עירו׳ פ רע״ב) כי״י וד״י לי׳
מְצַדֵּד אַצְדּוּדֵי[27] מְצַדֵּד הַצְדֵּד
He moves away to the side
מְצַדְּדִי אַצְדּוֹדֵי (ב״ב צט א) הַצְדֵּד מְצַדְּדִים
They turn sidewise
מַצְדִּיק (עליה)[28] **דִּינָא אַנַּפְשֵׁיהּ** (תע׳ כב ב)
He justifies his judgment — מַצְדִּיק דִּין עַל עַצְמוֹ
מָצוּ יְכוֹלִים — They are able to
הֵיכִי מָצוּ מְבַטְּלִי (מ״ק ג ב) אֵיךְ יְכוֹלִים לְבַטֵּל
How are they able to annul?
מְצוּ[ו]בְיָיתָא[29] (שבת קה ב) אִמְרִיּוֹת[30] — Hem fringes
מְצוֹבִיתָא[31] (שבת קה א) קִירוֹס[32]
Pedal in men's spinning, weaving device

את קרביה (עי׳ רש״י וע׳).
(20) כי״י, ד׳: מפתח.
(21) מ׳, רש״י: למיפשט.
(22) כי״י, ד׳: בבי.
(23) במ׳ ורש״י לי׳, והוא גליון ל״איקלידא״, ובכל הראשונים יש ״מפתחא״ ואין ״איקלידא״ (ד״ס).
(24) מ׳: מפתחות, ד״ו: מפתח.
(25) מ׳ ה׳ ר׳ א: מיפרת (ור׳ שם).
(26) מ׳ שט׳, ד׳: מייצינהו.
(27) ע״ז ס א: צדודי, אבל כ״י ספ׳ ורש״י: אצדודי.
(28) כי״י ואה״ת לי׳.
(29) א״פ רי״ף רש״י, מנה״מ ד״ק: מצוביאתא, מ׳: מצובתא.
(30) חוטים בשפת הבגד.
(31) א״פ: מצובייתא, ד״י: מצומיתא.
(32) = עץ שעליו כרוכים חוטי השתי, והוא מל״י.

לְמִצְוַוח (ב״ב קיח א) לְצַעֵק — To yell

מְצַוְּוחָא (שבת לג ב) מַזְעִיקָה[33], מַכְאִיבָה

It caused him pain, it caused him to cry out

מְצַוְּוחִי[34] (ב״ק פו א) מַזְעִיקִים, מַכְאִיבִים

They (*m.*) cause pain

לָא מְצַוְּוחַת (עירו׳ ס א, ע״ז עד א) לֹא תַזְעִיק

You should not cause shouting (=לֹא תְגָרֵם לִזְעָקוֹת)

מְצַוַּת עָלְמָא (ב״מ כח א 2) הָעוֹלָם מְצֻוָּת[35]

Road company is available

מִצְוְותֵיהּ (יומא סה א ועוד) מִצְוָתוֹ

Its commandment (the one that applies to it)

מִצְוְותַיְיהוּ (מנ׳ לח ב) מִצְוָתָם

Their commandment (the one that applies to them)

מִצְוָח (בר׳ כ א) צָעוֹק (מ) — Crying out

מְצַוֵּי (ב״ב כד ב) מְיַבֵּשׁ — It dries out

מיצוי (זב׳ סה ב) ר׳ מצי — Cf.

מְצוֹיְינָא (שבת קנב א) אִישׁ מַצָּה, אִישׁ רִיב — Quarreler

מִצְוְתָא מִצְוָה — Commandment

מִיצְטַוְּותָא (צות) (ב״ב פ א 2) מִתְחַבֶּרֶת

She joins, she flocks together

מִצְטַעַר מִצְטַעֵר — He suffers

מִצְטַעֲרָא (ב״מ צ א) מִצְטַעֶרֶת — She suffers

מִצְטַעֲרִי (בר׳ יח רע״ב[36], נדר׳ כג א 3) מִצְטַעֲרִים

They suffer

מיצטערן (שבת קמ ב) א״פ: איצטערון

מִיצְטְרוּ (שבת קנד ב) נִבְקָעִים, יִבָּקְעוּ

They split, they will split

מִיצְטְרִיךְ נִצְרָךְ — It becomes necessary for him

מִיצְטְרִיכְנָא (יומא פד א) אֲנִי נִצְרָךְ, אֶצְטָרֵךְ

I need, I will need

לָא מִצְטָרֵיפְנָא (חגי׳ טז ב) אֵינִי מִצְטָרֵף, לֹא אֶצְטָרֵף

I do not join, I shall not join

מצטרך (בכו׳ נה א) מ׳: אצטרי׳

מִיצְטַרְכָא (חול׳ פו ב) נִצְרֶכֶת — He will need

מִצְטָרְכִי (גט׳ נב ב) נִצְרָכִים (=זְקוּקִים) — They need

מִצְטָרְכִי לִי זוּזֵי (כתו׳ פז א) אֶצְטָרֵךְ לְמָעוֹת

(בדיוק: נצרכים לי מעות) — I will need money

אִי לָא מִצְטָרְכִי לָךְ זוּזֵי (כתו׳ צט א) אִם לֹא תִצְטָרֵךְ לְמָעוֹת (בדיוק: אם לא נצרכים לך מעות)

If I will not need money

מִצְטָרֵף (בר׳ מח א ועוד) מִצְטָרֵף — He joins

מִצְטָרְפָא (נדה לד ב) מִצְטָרֶפֶת

It (*f.*) would have combined

מִצְטַרְפָה (מנ׳ טו סע״א) מִצְטָרֶפֶת — It (*f.*) joins

מִצְטָרְפִי מִצְטָרְפִים — They join

מָצֵי יָכוֹל[37] — He may, he can, he is able to

מָצֵי יְכוֹלִים — They may, they can, they are able to

מצי (ב״מ צז א) מ׳ וה׳: מצינא

מָצֵי[38] (מצה) (זב׳ סה ב) מוֹצֶה — He extracts (blood)

מָצְיָא[39] יְכוֹלָה — She is able to

מְצַיֵּין מְעָרָתָא (ב״ב נח א) מְצַיֵּן מְעָרוֹת[40]

He marks (funeral) caves

מְצַיֵּין נַפְשֵׁיהּ (בר׳ ל ב) מְקַשֵּׁט עַצְמוֹ (בבגדיו, רש״י)[41]

He adorns himself (by means of his garments)

מְצַיְּינֵי (נדר׳ כ ב) מְצֻיָּנִים — Distinguished (*p.*)

מציירי (נדה יז א) מ׳: ציירי

מַצִּילִינַן (שבת קטו א) אָנוּ מַצִּילִים

We rescue (from fire)

מַצִּילְנָא (תע׳ כב א, כט א) אֲנִי מַצִּיל — I rescue her

מַצִּילְנָא (סנ׳ קט ב) אֲנִי מַצִּילָהּ, אַצִּיל

I (*f.*) rescue, I shall rescue

מָצֵינָא אֲנִי יָכוֹל — I may, I can, I am able to

מָצֵינַן אָנוּ יְכוֹלִים — We may, we can, we are able to

מְצִיעָא אֶמְצָעִי — Middle one

מְצִיעֲתָא (מעי׳ יח א, נדה כ א) הָאֶמְצָעִי

The middle one (*m.*)

---

33) גורמת לזעקות מכאב.

34) רש״י, ד׳: צווחי (ועי׳ ד״ס).

35) ההולך בדרך מוצא לו חברים לדרך.

36) מ׳ פי ב״נ ואה״ת, ד׳: מצערי.

37) ואחריו בא הפועל הנעזר גם הוא בבינוני (במקום צורת המקור) למשל: מצי אמר = יכול לומר. מציא אמרה = יכולה לומר, מצו מערבי = יכולים לערב.

38) כל כ״י ושמ״ק, ד׳: מיצוי.

39) בכמה מקומות בא בד׳: ״מצי״ לנק׳, ובכולם במ׳: מציא (מצי׳).

40) עושה ציון למערות קברים.

41) באותה הוראה גם בשאלה ״מפני מה תלמידי חכמים מצוינים״ (שבת קמה סע״ב).

מְצִיעָאֵי אֶמְצָעִיִּים — Middle ones

מְצִיעֲתָא אֶמְצָעִית — The middle one (*f.*)

מְצִיעֲתֵיהּ אֶמְצָעִיתוֹ — Its middle

מְצִיצֵי עֵינָא (כתו׳ ס סע״ב) קְטַנֵּי עֵינַיִם (ע)
Small eyes (Aruch), blinking eyes

מָצֵית (מצי) (ב״ב ט ב, חול׳ נח רע״ב[42]) מָצִיתָ, יָנַקְתָּ
You sucked, you suckled

מָצֵית אַתָּה יָכוֹל
You (*s.*) may, you can, you are able to

מצית[43] (יב׳ סה א 2) ר׳ מציא — Cf.

מצית (שבו׳ יח א) ד״י ונוס׳: אצית

מָצֵיתוּ אַתֶּם יְכוֹלִים
You (*p.*) may, you can, you are able to

מַצְלָא מַצִּילָה — She rescues

מְצַלּוּ (צלי) מִתְפַּלְּלִים — They pray

מְצַלּוּ (צלל) **מַיָּא** (ע״ז לא ב) מְצוֹלְלִים אֶת־הַמַּיִם[44]
They clarify water (let it stand till the impurities settle)

מַצְלַח מַצְלִיחַ — He succeeds

מְצַלְּחִי צִיבֵי (שבת קיט א) מְבַקְּעִים עֵצִים
They cleave, split wood

מַצְלֵי מַטֶּה — He leans

מַצְלֵי אוּדְנֵיהּ (חגי׳ יא ב) מַטֶּה אָזְנוֹ
He lends his ear (listens attentively), lit., bends his ear

מַצְלֵי דִּינָא[45] (סנ׳ קט ב) מַטֶּה־דִּין — He distorts the law (nickname of one of Sedom's judges)

מְצַלֵּי מִתְפַּלֵּל — He prays

מְצַלַּיִין (ר״ה ד א, ב״ב י ב — מס׳ עזרא) מִתְפַּלְּלִים
They pray

מַצְלִין (ב״מ צג ב) מַצִּילִין — They rescue

מְצַלֵּינָא אֲנִי מִתְפַּלֵּל — I pray

מְצַלֵּינַן אָנוּ מִתְפַּלְּלִים — We pray

לְמִיצְמַד[46] (כרי׳ ג סע״ב) לִצְמֹד (=לחבר) — To attach

מְצַמְּדִי (ע״ז נה א) מְצֻמָּדִים (=מחוברים)
Attached (with properly attached limbs) (*p.*)

מַצְמַח (מ״ק ב ב) מַצְמִיחַ — It causes to sprout

(מ)צַמְצְמָא[47] (סנ׳ עו סע״ב) צִמְצְמָה (=דחקה וכבשה)
He immobilized

מִיצְמַת צָמוֹת (מ) (=לְכַוֵּץ) — To shrink

מַצְנַע מַצְנִיעַ — He hides (something)

מַצְנְעָא מַצְנִיעָה — She hides (something)

מַצְנְעֵי מַצְנִיעִים — They hide (something)

מִיצְעָא (נדר׳ לא רע״ב) אֶמְצָעִי, בֵּינוֹנִי
Middle one, the average one

מִיצְעָא (ב״מ קח א, כרי׳ ג א) אֶמְצַע — Middle

מַצְעָא לְהוּ (פס׳ קיא א) מִצְּעָה אוֹתָם[48]
She passed between (two men)

מִיצְעֵי (בר׳ יח ב) אֶמְצָעִיִּים — Middle ones

בְּמִיצְעֵי, בֵּי מִיצְעֵי בְּאֶמְצַע — In the middle of

מְצַעַר מְצַעֵר — He causes suffering

מְצַעֲרָא מְצַעֶרֶת — She causes suffering

מְצַעֲרוּ מְצַעֲרִים — They cause suffering

מְצַעֲרִי[49] מְצַעֲרִים
They cause suffering, grieve, vex, annoy, trouble

מצערי (בר׳ יח ב) מ׳ פ׳ ב״נ ואה״ת: מצטערי

מְצַעֲרִין (גט׳ סז ב, ע״ז י סע״א) מְצַעֲרִים
They cause suffering, grieve, vex, annoy, trouble

מְצַעֲרִינַן נַפְשִׁין (בר׳ כ א) אָנוּ מְצַעֲרִים אֶת־עַצְמֵנוּ
We make ourselves suffer

מְצַעֲרִיתוּ (ע״ז ד א) אַתֶּם מְצַעֲרִים — You cause suffering

מְצַעֲרָן[50] (נזיר יא א) מְצַעֲרִים
They cause suffering, vex, annoy

מְצַעֲרַן (שבת קח א) מְצַעֵר אוֹתִי
He is causing me to suffer, annoying me

מְצַעַרְנָא לֵיהּ (כתו׳ סג ב) אֲנִי מְצַעֶרֶת אוֹתוֹ, אֲצַעֵר אוֹתוֹ
I cause him to suffer, vex, annoy him,
I will cause him to suffer, vex, annoy him

(42) מ׳ [ור״ג], ד׳: מצת.

(43) מ׳ — פ״א: מציא, פ״ב לי׳.

(44) = משהים את המים עד שיהיו צלולים.

(45) כינוי לאחד מדייני סדום.

(46) מ׳: האי מאן דצמד (וכן במ׳ גם בסנה׳ סה סע״א, ד׳: דצמיד).

(47) הגהתי, מ׳: צימצ׳, ילי: צמצמיה.

(48) = עברה ביניהם. השוה "והממונה ממצעו (= את הכה״ג) בינו לבין העם" (סנ׳ פ״ב מ״א).

(49) בשבת קכא סע״ב בד״ח: מצערא.

קָא מְצַעֲרַת (תע׳ כד א) אַתְּ מְצַעֶרֶת
You (*f.*) make (people) suffer, annoy (people)
לָא מְצַעֲרַת לֵיהּ (בר׳ מח א) אַל תְּצַעֲרֵהוּ — Do not cause him to suffer, distress him, cause him pain
מְצַר (ב״ב סא ב) מָצַר (=סִימָן גבול)
He draws the boundaries
מִיצְרָא גְּבוּל — Boundary
מִיצְרָא חֶבֶל (תלוי מעל לגשר צר, להיאחז בו) — Rope (stretched across a narrow bridge that is held when crossing it)
מִצְרָאָה מִצְרִי — Egyptian
אָסָא מִצְרָאָה (סוכה לג א) הֲדַס מִצְרִי — Egyptian myrtle, myrtle that grows on boundary of field
הַלֵּלָא מִצְרָאָה (בר׳ נו א) הַלֵּל הַמִּצְרִי (תה׳ קיג-קיח)
Egyptian Hallel (*Tehillim* 113-118) in comp. to *Hallel HaGadol*, v. *Pesachim* 118a)
מִצְרָאֵי (סוטה יב א) מִצְרִיִּים — Egyptians
מִצְרַאי (ב״ק קיד א, ב״ב יב ב) גְּבוּלִי — My boundary
מְצָרֵי (ע״ז ל סע״א) מְבַקֵּעַ — It (*m.*) splits open, bursts
מִצְרֵי גְּבוּלוֹת — Boundaries
אַבֵּי מִצְרֵי[51] (ע״ז לה סע״ב) בֵּין הַמְּצָרִים[52]
Between the borders (in the fields near the borders)
מִיצְרִיךְ (סנ׳ מה ב) מ׳: אצטרי׳
מַצְרִיךְ מַצְרִיךְ — He requires, needs
מִיצְרִיךְ (ע״ז לג ב) עָשׂוּי מִצְרִיף (אלום) — Made of alum
מִיצְרַךְ צְרִיכֵי צָרוּךְ צְרִיכִים[53] — They are necessary (the two details, points, or two *halachos* need to be written and one can't be inferred from the other)
מַצְרְכִי (נדה יב ב) מַצְרִיכִים, מְחַיְּבִים
They require, necessitate
מַצְרְכִינַן (נדה ח א) אָנוּ מַצְרִיכִים[54]
We need (the two *halachos*)
מַצְרְכַת אַתָּה מַצְרִיךְ — You require, need
מַצְרָ(נ)אָה (יומא יח ב — כי״י ואנ״ת) גָּדֵל (יחידי) בַּגְּבוּל, פ״א: מִצְרִי — It grows on the balk; an Egyptian
מִצְרָנָהָא מְצָרֶיהָ, גְּבוּלֶיהָ — Its (*f.*) boundaries
בְּנֵי מִצְרָנֵי (ב״מ קח סע״ב) בְּנֵי מְצָרִים[55]
People living in or owning adjacent houses or fields
מְצָרַף (סוטה יז א) מְצֹרָף[56]
Joined (the letters -- *alefh* and *shin* -- are near each other without any letter between them)
מְצָרְפֵי (ע״ז לג סע״ב) עֲשׂוּיִים מִצְרִיף (אלום)
They (*m.*) are made from alum
מְצָרְפִינַן (ב״ב קסה ב ועוד) אָנוּ מְצָרְפִים — We combine
מצת (חול׳ נח רע״ב) מ׳ שט׳ [ור״ג]: מצית
מצתת צתותי (שבת קיט א) ר׳ צתותי — Cf.
מְקַבֵּיל מְקַבֵּל — He accepts, receives
מְקַבֵּילְנָא (כתו׳ קה סע״ב, ב״מ מ ב) אֲנִי מְקַבֵּל — I accept
מְקַבֵּל מְקַבֵּל — He accepts, receives
מְקַבַּל (כתו׳ סח א, סוטה מז ב[57]) מְקֻבָּל — Acceptable (*m.*)
מיקבל (סוטה מז ב) ר׳ מקבל — Cf.
לָא מְקַבְּלָא (ב״מ טו ב ועוד) אֵינָהּ מְקַבֶּלֶת, לֹא תְקַבֵּל
She doesn't accept, she won't accept
מְקַבְּלָהּ (ב״מ נב ב) מְקַבֵּל אוֹתָהּ — He receives it (*f.*)
(מ)קַבְּלוּהּ (יומא כ ב — כל כי״י ורש״י) קִבְּלוּהוּ
They accepted it (*m.*)
מְקַבְּלִי מְקַבְּלִים — They accept
מְקַבְּלִינַן אָנוּ מְקַבְּלִים — We accept
[מְ]קַבְּלִיתוּ (שבת פח סע״א[58], סנ׳ קא סע״ב[59]) תְּקַבְּלוּ, אַתֶּם מְקַבְּלִים
You will accept, you accept
לָא מְקַבְּלַת (ב״מ מ ב) אֵינֵךְ מְקַבֵּל — You do not accept
מִקְבַּע (נדה לט א) קָבוֹעַ (מ)
To establish, fix (as a date on which she usually becomes a *niddah*, a *veses kavu'ah*)
מִיקְבַּע נִקְבָּע — It is fixed, set
לְמִיקְבַּע (יב׳ קא ב) לִקְבֹּעַ — To designate (a place)
לְמִקְבְּעָה (נדה סד א) לִקְבֹּעַ אוֹתָהּ
To set it (as a date on which she usually becomes a

50) ״רש״י״: מצערין.
51) ר״ח: אבי מצרא דמתא.
52) רש״י: בשדות אצל המצרים (= הגבולות).
53) צריכים שני הפרטים (או שתי ההלכות) להאמר.
54) כלומר: אנו מניחים, ששתי ההלכות צריכות להאמר.
55) = שכנים בבתיהם או בשדותיהם.
56) האותיות סמוכות זו לזו, ואין אות מפסקת ביניהן.
57) מ׳ ואה״ת, ד׳: מיקבל, עי״: מתקבל.
58) כתב-יד מינכן.
59) עי״, ור׳ העי׳ ל״קבליתו״.

niddah, a *veses kavu'ah*)

(קא)[60] מִיקַּבְעֵי[61] (ב״ב עד סע״א) קְבוּעִים — Beset with

לְמִקְבְּעִינְהוּ (בר׳ יב א ועוד) לִקְבֹּעַ אוֹתָם

To establish them (as a permanent custom)

מִקְבְעִינַן[62] (כתו׳ מא ב) ר׳ קבעינן — Cf.

לְמִיקְבַּר (בר׳ כה ב) לִקְבֹּר — To bury

לְמִקְבְּרִינְהוּ (ב״מ מב א) לִקְבֹּר אוֹתָם[63]

To bury them (*m.*), to inter them

מִיקְדַּח (ר״ה כז ב) קָדוֹחַ (מ) (=לנקוב)

To bore, gouge, a hole

מִקַּדַּח[64] (זב׳ צד ב) צוֹמֵחַ, יִצְמַח — It grows, it will grow

מְקַדֵּים (בר׳ יד ב ועוד) מַשְׁכִּים

He rises early in the morning

מַקְדְּימָה[65] (נדר׳ צא סע״א) מַקְדִּימָה

She would first (do something)

מַקְדִּישׁ מַקְדִּישׁ — He consecrates

מְקַדֵּישׁ מְקַדֵּשׁ — He sanctifies

מקדיש (פס׳ קה רע״א) מ׳ מ׳ ב וא״פ: קדיש

מיקדיש (נדר׳ יג א) מ׳: מיקדש

מיקדיש (מנ׳ נ א) מ׳: קדיש

מִיקְדַּם (יומא יח ב, כתו׳ צ ב) קָדוֹם (מ) — Coming first

מְקַדֵּם (בכו׳ כו ב) מֻקְדָּם

The *halachah* of the first thing mentioned in second verse (a firste - born ox) is the same as the first thing mentioned in the first verse (*bikkurim* - first fruits)

מיקדמה (נדר׳ צא סע״א) מ׳: מקדימה

מְקַדְּמִי (בר׳ ח א, מג׳ כ ב) מַשְׁכִּימִים

They (*m.*) rise early in the morning

מַקְדְּמֵי (בר׳ ל א ועוד) מַקְדִּימִים

They (*m.*) would first...

מקדמי (יומא יח ב) מ׳: קדמי

מַקְדְּמִינַן (בר׳ נב א ועוד) אָנוּ מַקְדִּימִים

We make it come earlier

מִיקְדַּשׁ קָדוֹשׁ (מ) — To sanctify, consecrate

בַּר מִיקְדַּשׁ (חול׳ עז סע״ב) יָכוֹל לְהַקְדִּישׁוֹ

He can sanctify it, consecrate it

בַּת מִקְדַּשׁ (סוטה ו ב) יְכוֹלָה לְהַקְדִּישׁ

She can sanctify, consecrate

בְּנֵי/בַּר/בַּת מִיקְדַּשׁ בִּבְכוֹרָה (בכו׳ ו א כ״פ)

רְאוּיִים/רָאוּי/רְאוּיָה/ לְהַקְדִּישׁ בִּבְכוֹרָה

They, he, she are fit to become sanctified (consecrated) as first- born (*bechor*)

מִיקַּדַּשׁ (שבת קמח ב, נדר׳ יג א[66]) מֻקְדָּשׁ

It (*m.*) was sanctified, consecrated

לָא מְקַדְּשׁ לְכוּ (פס׳ קא א) אֵינְכֶם מְקַדְּשִׁים, לֹא תְקַדְּשׁוּ

You do not recite *kiddush*, you will not recite *kiddush*

מְקַדֵּשׁ (בר׳ לג ב ועוד) מְקַדֵּשׁ — He recites *kiddush*

מְקַדְּשָׁא מְקַדֶּשֶׁת — She sanctifies

מַקְדְּשָׁא (יומא סט ב, פס׳ קט א, זב׳ נד א) מִקְדָּשׁ

The *Mikdash* (Holy Temple)

בֵּי מַקְדְּשָׁא (מג׳ יא ב 3) בֵּית הַמִּקְדָּשׁ

The *Beis HaMikdash* (Holy Temple)

בֵּית מַקְדְּשָׁא (סנ׳ צה א — מתר״י) בֵּית הַמִּקְדָּשׁ

The *Beis HaMikdash* (Holy Temple)

מִיקַדְּשָׁא מְקֻדֶּשֶׁת, מִתְקַדֶּשֶׁת

Sanctified (*f.*), consecrated

מיקדשא (שבו׳ טו סע״ב) מ׳ ורש״י: מקדשא

מְקַדְּשֵׁי מְקַדְּשִׁים — They (*m.*) sanctify

מְקַדְּשֵׁי (קידו׳ יא א) מִתְקַדְּשׁוֹת

They (*f.*) marry (through *kiddushin*)

מיקדשי[67] (שבו׳ טו סע״ב) ר׳ מקדשי — Cf.

אִי מִקַּדְּשְׁנָא לָךְ (כתו׳ סב ב) אִם אֶתְקַדֵּשׁ לָךְ

If I will agree to marry you (through *kiddushin*)

מִיקַּדְּשַׁת אַתְּ מִתְקַדֶּשֶׁת, תִּתְקַדְּשִׁי

You become my wife (through *kiddushin*), you will become my wife (through *kiddushin*)

מקהו אקהתא (יב׳ קי ב) ר׳ מקוו — Cf.

מַקְוּו אַקְוָותָא[68] (יב׳ קי ב) מַקְהִילִים קְהִילוֹת

(60) מ׳ ה׳ ואה״ת לי׳.

(61) אה״ת: מקבעה, מ׳: מטבען, ה׳: מדבק.

(62) רש״י ובהקב׳ (ב״ק טו ב): קבעינן.

(63) = להטמין אותם בקרקע.

(64) רש״י: מיקדח.

(65) מ׳, ד׳: מיקדמה, רש״י: מקדמה (= משכימה).

(66) מ׳, ד׳: מיקדיש.

(67) מ׳: קמיקדשן, וצ״ל: מקדשי.

(68) מ׳: מקוי קוייאתא, רש״י לבראשית מט י ולי״א ביבמות: מקהו אקהתא, ע׳: מקהו קהייתא פי׳ מדקדק בשמועה זו

They would gather students around them who came to hear them; they were raising arguments

מְקוֹרַיְיהוּ (ב"ק צב רע"א) מְקוֹרֵיהֶם, שָׁרְשֵׁיהֶם[69]

Their sources, roots, uproot their roots

מִקָּחֵיהּ (ב"מ נא א) מְקָחוֹ His goods

מִקְטוֹרָךְ[70] (ע"ז נח סע"ב) מִקְטוֹרָנְךָ Your cloak

מְקַטְטֵי (ערכ' יג ב 2) מְצַעֲרִים They sing at high pitch

מִיקְטִיל נֶהֱרַג He was killed

מקטילנא (תמיד לב א) מ' אה"ת וע"י: קטילנא

מְקַטֵּיף קַטּוּפֵי (ע"ז עב ב) קָטוֹעַ קוֹטֵעַ (את הנצוק מכלי לכלי)

He breaks off, interrupts (the jet of water)

מְקַט(י)ר[71] (פס' סד ב 2) מַקְטִיר He offers incense

מִקְטַל, מִיקְטַל, לְמִיקְטַל לַהֲרֹג To kill

מקטלא (סנ' נה א) כ"י: ניקטלה

מִיקַטְלָא נֶהֱרֶגֶת She is killed

למקטלא (ב"ק לב ב) מ' ה': למקטליה

מְקַטְלָא (נדה כ א) הוֹרֶגֶת It (*f.*) kills

לְמִקְטְלִי (מג' טז א) לְהָרְגֵנִי To kill me

מִיקַטְלִי (סנ' מא א, מז ב 2) נֶהֱרָגִים They (*m.*) are killed

לְמִקְטְלֵיהּ לַהֲרֹג אוֹתוֹ To kill him (it)

ומיקטליה (סנ' מג א) פ': ניקטליה

לְמִקְטְלִינְהוּ (תע' כא א) לַהֲרֹג אוֹתָם To kill them (*m.*)

מְקַטַּע לַהּ/לְהוּ (שבת יב א) הוֹרֵג אוֹתָהּ/אוֹתָם (=את הכינים)

He kills it (*f.*), them (the louse)

מְקַטַּע רִגְלֵיהוֹן (ביצה כה ב כ"פ) מְקַצֵּץ רַגְלֵיהֶם

It (*m.*) cuts off (mutilates) their feet

מְקַטֵּף (נדה סו רע"ב) מְנַתֵּק (השיער)

It (*m.*) plucks (the hair)

מִיקַטַּף אִיקְטוּפֵי (פס' ח א) (האור) קָפוֹץ קוֹפֵץ

(The light) jumps, wavers, flickers

מַקְטַר מַקְטִיר He offers incense

מַקְטַר[72] (זב' עו ב) מַקְטִיר He offers incense

מִקְטַר (תמיד כט ב) נִקְשָׁר Tied (*m.*)

מיקטר (מכות כג א) מ': מקליט

מְ[י]קַטְּרָא (פס' נט א — רש"י) מֻקְטֶרֶת

Offered (*f.*) as incense

מַקְטְרִי (ע"ז יד א) מַקְטִירִים They offer incense

מקטרי (ב"מ כג ב, כה ב) כ"י: קטרי

לְמִיקְטְרֵיהּ לִקְשֹׁר אוֹתוֹ To tie it (*m.*)

מַקְטְרָן (בר' נג א) מַקְטִירוֹת They (*f.*) offer incense

מְקַיֵּים (גט' עד א ועוד) מְקַיֵּם He fulfills

מִקַּיַּים (בר' נה א ועוד) מִתְקַיֵּם It (*m.*) is realized

מְקַיְּימָא (גט' פג א ועוד) מְקַיֶּמֶת She fulfills

מִקַּיְּימָא מִתְקַיֶּמֶת It (*f.*) is realized

מְקַיְּימִינַן (גט' פה א) אָנוּ מְקַיְּמִים

We verify (the divorce document)

מְקַיְּימִיתוּ (נדר' כה א כ"פ) אַתֶּם מְקַיְּמִים, תְּקַיְּמוּ

You fulfill, you will fulfill

מקיימת (ערכ' טז א) מ' ושמ"ק: קיימת

מקיל[73] (מג' כב א) ר' מיקל Cf.

מְקִילִי מְקִלִּים They are lenient

מְקִילִינַן (חול' ד ב) אָנוּ מְקִלִּים We are lenient

מְקַיְּמְנָא (תע' כ ב) אֲנִי מְקַיֵּם I carry out

מַקִּיף לַהּ (עירו' כב ב) מַקִּיף אוֹתָהּ

It (*m.*) surrounds it (*f.*)

אַדְמַקִּיפְנָא (בר' סב ב, מג' כט א) עַד שֶׁאֲנִי מַקִּיף, עַד שֶׁאַקִּיף

Until I walk around

מַקִּישׁ (מנ' כח א ועוד) מַקִּישׁ He makes an analogy

מַקִּישֵׁי (מנ' כח א, בכו' יג א[74]) מַקִּישִׁים

They raise difficulties (*Bechoros*), they make an analogy (*Menachos*)

מִיקְלָא, מִקְלָא קָלֶה, שָׂרוּף (מ) Roasting, burning

לְמִיקְלָא (חגי' טו ב) לִשְׂרֹף To burn

מִיקְלָא[75] (ע"ז סו ב) ר' קלייה Cf.

מקלה[76] (ב"מ עד א) ר' מקלא Cf.

מִקְלַט קַלְטָה (חול' סה א) קָלוֹט קוֹלֶטֶת (מן האויר)

It (*f.*) intercepts (in the air)

עד אחריתה כאדם המדקדק הרבה בדבר.

69) כלומר: עקור את הדקלים.

70) כ"י ספי: מקטורנך.

71) א"פ (מ' חסר דפים אלו).

72) מ' שט' ורש"י ד"ו, ד': דאקטר.

73) ד"ו: מיקיל, מ': מקל.

74) מ', ד': מקשי.

75) כ"י ספי: מיקלא [קלייה ל] איסוריה (= שרוף שרף את איסורו), מ': דיקלי.

76) ה': מקלא, מ' וד"ו: מקלי.

מִקְלִי (ב״מ ע א) ר׳ מיקלי — Cf.

מִיקְלִי (ב״מ ע א[77], סנ׳ צו ב) נִשְׂרָף — It (*m.*) is burned

מיקלי (ב״ק קיז א) ה׳ ה״ג: מיקלא

למקלי (ב״ק ס ב) כי״י: למיקלא

מיקליד (חול׳ צג ב) ר׳ אקלודי — Cf.

מַקְלִיט לְהוֹ[78] (מכות כג א) מְכַוֵּץ אוֹתָם

He contracts them, diminishes them, shortens them

לְמִיקְלְיֵיהּ (ב״ק לה א) לִשְׂרֹף אוֹתוֹ — To burn it (*m.*)

מִיקַּלְיָין (כתו׳ סז ב, ב״מ פה ב[79]) נִשְׂרָפוֹת

They (*f.*) are burning

מיקלין (ב״מ פה ב) ר׳ מיקליין — Cf.

הֲוָה מִקְּלֵינַן (ב״ב עג א) הָיִינוּ נִשְׂרָפִים

We would have been burned

מקליף (חול׳ סב ב) ה׳: מיקלף

מְקַלְּסַת (כתו׳ כא ב) אַתָּה מְקַלֵּס, מְשַׁבֵּחַ

You extol, you praise

מִיקְלַע[80] מִזְדַּמֵּן — He happens to come

מִיקַּלְעִי מִזְדַּמְּנִים — They happen to come

מִקַּלְעִין[81] (שבת קיט א) מִזְדַּמְּנִים — They happen to come

מקלעינן (סוכה נד ב) ד״ו: מיקלע[82]

מִיקְּלַף (חול׳ סב ב 2[83]) נִקְלָף — It is peeled

מקלף (חול׳ סב ב) ר׳ מיקלף — Cf.

מְקַלְּפָא (בר׳ מ א, ביצה יג ב) מְקַלֶּפֶת — She peels

מִיקַּלְּפָא נִקְלֶפֶת — It (*f.*) is peeled

מִיקַּלְּפָן (מ״ק יג ב) נִקְלָפוֹת — They (*f.*) are peeled

מ[י]קַלְקַל (עירו׳ כ ב 2 — ח׳) מְקֻלְקָל — Spoiled (*m., s.*)

מִיקַּלְקַל (ר״ה יט ב) מִתְקַלְקֵל, יִתְקַלְקֵל

It (Rosh Hashanah) becomes/will become mis-scheduled (for those unaware that Elul was intercalated)

מְקַלְקְלָא (עירו׳ פח ב 2) מְקֻלְקֶלֶת — It (*f.*) is damaged

מִיקַּלְקְלָא (פס׳ ז ב) מִתְקַלְקֶלֶת, תִּתְקַלְקֵל

It (*f.*) spoils, make it unfit

מְקַלְקְלָא מְקֻלְקֶלֶת — It (*f.*) is damaged

מִקַּלְקְלִי (ביצה טז סע״ב) מִתְקַלְקְלִים, יִתְקַלְקְלוּ

They err, will err (and carry without an *eruv*)

מקלקלת[84] (נדה יב ב 2) ר׳ מקלקלא — Cf.

מקלש/מקליש קליש ר׳ קליש — Cf.

מקמיט (פס׳ מב ב) כל כי״י ורש״י: קמיט

מקמיץ (זב׳ עו ב) כל כי״י: קמיץ

מִיקְמַץ קָמוּץ (מ) — Taking a handful

לְמִקְמַץ (מנ׳ כג ב) לִקְמֹץ — To take a handful

מִיקַּמְצָא (מנ׳ עב ב) נִקְמֶצֶת — A handful (*f.*) is taken

מִיקְנָא, לְמִיקְנָא לִקְנוֹת — To buy, acquire

מִיקְנָא לָא קָנֵי (חול׳ קמא ב) קָנֹה אֵינוֹ קוֹנֶה

One doesn't acquire (it)

מְקַנְּבִי (שבת עג ב) מְקַנְּבִים[85]

They prepare vegetables for eating by removing rotten leaves and cutting them up into the proper size

מַקְנוּ מַקְנִים — They transfer property rights

מִיקְנוּ (גט׳ נב א 2[86], קידו׳ ח א, ב״מ מה ב) נִקְנִים

They (*m.*) are acquired

לָא מְקַנַּח לְכוּ (שבת פב א, חול׳ קה ב) אֵינְכֶם מְקַנְּחִים

You do not wipe yourselves off...

מְקַנְּחִי (שבת קמא א) מְקַנְּחִים — They wipe themselves off

מְקַנֵּי (סוטה כד א, כה א) מְקַנֵּא[87] — He suspects his wife (lit., is jealous) of improper conduct with another man

מַקְנֵי מַקְנֶה — He transfers property rights

מִיקַּנֵּי (שבת קי א, מג׳ יג א) מִתְקַנֵּא — He is jealous

מִיקְנֵי[88] (ב״ב עז ב) נִקְנֶה (ב) — It (*m.*) is acquired

מקני (גט׳ נב א 2) מ׳: מיקנו

מקני (ב״ק מט ב, ב״מ קג א) כי״י: מיקנא

77) מ׳, ד׳: מקלי.

78) מ׳, ד׳: מיקטר בה.

79) ה׳, ד׳: מיקלין, מ׳: מקלין.

80) בשבת קיט א — ד׳: איקלע, מ׳: מיקלע.

81) בנו״ן בסוף בהשפעת הסמוך: א״ד ר׳ אמי ור׳ אסי — אמוראי א״י.

82) הקטע ״כי מקלעינן ... מ״ט״ לי׳ בכי״י, ועי׳ ד״ס אות יו״ד.

83) פ״א — כי״י ורש״י, ד׳: מקלף. פ״ב — ה׳, מ׳: מיקליף, ד׳: מקליף.

84) פ״א: מקלקלי — מ׳, מקלקלת — ד״ו. פ״ב — מ׳ לי׳, ד״ו: מקלקלה.

85) חותכים ראשי לפתות וכדומה לחתיכות קטנות.

86) מ׳, ד׳: מקני.

87) מקנא לאשתו להשקותה מי סוטה.

88) ד׳: ניקני (ר׳ ח״ג שם).

דמקני (קידו׳ ב רע״ב) מ(?): דמקנו

למיקני (פס׳ קז א[89], ביצה יז א[90], יב׳ נב ב[91], ב״ק מט ב[92], ב״מ עד א[92], ב״ב נב ב[93]) ר׳ למיקנא — Cf.

לְמִקְנְיָא (ב״מ מז א 2 — בנוסח שטר) לִקְנוֹת — To acquire

למקניא (ב״מ עד רע״א) ה׳: למיקנא

מַקְנְיָא נַפְשַׁהּ (קידו׳ ז א ועוד) מַקְנָה עַצְמָהּ

She relinquishes possession of herself by availing herself to the act of *kiddushin*

מִיקַּנְיָא נִקְנֵית — It (*f.*) is acquired

מקניה (תמו׳ כט רע״ב) מ׳: ליקני

מִיקַּנְיָין[94] (ב״ב עז א) נִקְנוֹת — They (*f.*) are acquired

מיקנין (שם) ר׳ מיקניין — Cf.

מִקְפָּא קָפֵי (חול׳ צג ב) קָפוֹא קוֹפֵא[95]

(The blood) coagulates

מִיקְּפַד (ל)הַקְפִּיד — (To) be particular about, care for

מִיקְפַּד (חול׳ יט סע״א) מַקְפִּיד

He is angry, sensitive about

מקפה[96] (ב״מ צב ב 2) ר׳ מקפי — Cf.

מיקפולי (יב׳ עו א) מ׳ ורש״י: איקפולי

מַקְּפֵי (שבת קב ב) מַקִּיפִים

They circle, they circle around

מִקַּפֵּי[97] (ב״מ צב ב פ״א) קָפוּי-[98] — Congealed

מְקַפֵּי (שם פ״ב) מְקַפֶּה[99] — To remove the froth,

the pips and shells of grapes from top of wine

מַקְבְּיָא נַפְשַׁהּ (שבת קכח ב) מַכְבֶּדֶת עַצְמָהּ (ע׳, ורש״י פי׳:) מַגְבַּהַת עַצְמָהּ[1] — She makes herself heavy

(Aruch), she heaves herself up *(Rashi)*

מקפיד[2] (קידו׳ עט ב) ר׳ קפיד — Cf.

מְקַפֵּיל[3] (ב״ב ד רע״ב) קוֹלֵף, מְקַלֵּף — He peals

מְ(י)קַפֵּל[4] (שבת נח רע״א) מְקַפֵּל — He folds up

מִיקְּפֵל (יב׳ עו א) נִקְלָף — It peals off

מִיקַּץ (קצץ) (גט׳ נא א, ב״ק פה א[5], צג א) קָצוּץ (מ)

(=קָצוּב) — To fix

לְמִיקַץ לִקְצֹץ, לִכְרֹת — To cut

מקצה (פס׳ נו ב) מ׳ ומ׳ ב: מקצי

מַקְצֵי (שם) מַקְצֶה — He pushes away

לְמִיקְצְיֵיה (מ״ק יב ב, ב״ב כו א) לִקְצֹץ אוֹתוֹ, לִכְרֹת אוֹתוֹ

To cut it (*m.*), to chop it (*m.*) down

לְמִיקְצְיֵיה (גט׳ כא ב) לִקְטֹעַ אוֹתוֹ — To amputate it (*m.*)

מְקַצַּע לַהּ (זב׳ צד א) מְקַצֵּעַ אוֹתָהּ (=קוצץ קצותיה)

He trims it (*f.*)

לְמִקְצְצַהּ (נדה ח ב) לִקְצֹץ אוֹתָהּ — To chop it (*f.*) down

לְמִקְצְצֵיהּ (ב״ק צא ב) לִקְצֹץ אוֹתוֹ

To chop it (*m.*) down

מִיקַּצְצָן[6] (נדר׳ סא סע״ב 2) נִקְצָצוֹת

They (*f.*) are cut down

מִיקְצַר[7] (ב״ק צא א 2) חוֹלֶה (ב), יֶחֱלֶה

He is sick, he will become sick

מִקְצָתְהוֹן[8] (תע׳ יז ב, מנ׳ סה א) מִקְצָתָם — Part of them

מִקְצָתַיְיהוּ (יומא פד ב, גט׳ סז ב) מִקְצָתָם

Part of them

לְמִיקְרָא (סנ׳ כב א — מדני׳) לִקְרֹא — To read

למיקרא[9] (גט׳ יא סע״א) ר׳ למיקרי — Cf.

למיקרא (שבת קמז ב) כי״י: למימר

מִקָּרַב (יומא פו א, יב׳ כא ב, סנ׳ לז א) מִקָּרֵב

He moves nearer, he draws closer

מִקָּרַב (בר׳ מד ב ועוד, נדר׳ לט ב) מְקֹרָב, קָרוֹב — Near, close

מִיקָּרַב (כתו׳ ק ב ועוד) קָרוֹב (ת) — Nearby (*m.*)

לְמִקְרַב, לְמִיקְרַב (ב״מ פו א, מכות י א) לָגֶשֶׁת

To come near, approach

89) מ׳ ב: לנקוטי.
90) מ׳: למקנא.
91) מ׳ ה׳: למיקנא.
92) כל כי״י: ד(נהיגו למ)קני.
93) ה׳: למקנא, מ׳: דמקניי.
94) הגהתי, ד׳: מיקנין, מ׳: מיקני׳, ה׳: מקניא.
95) רש״י: כמו וכגבינה תקפיאני (איוב י י).
96) מ׳ ורש״י: מקפי, ה׳: מקפו, מקפה.
97) מ׳ רש״י, ד׳: מקפה.
98) ר׳ הע׳ הסמוכה.
99) = מסיר הקצף והחרצנים והזגים מעל פני היין.
1) ועי׳ עה״ש ע׳ קף ט״ו.
2) רש״י ותוס׳: (קא מ) קפיד, מ׳: קמיקפד.
3) כי״י, ד׳: קפיל.
4) רש״י ותוס׳, מ׳: מיקפיל, ר״ח: מכפל.
5) ה׳ וד״ו, ד״ח: מקץ.
6) מ׳ ור״ן: מקצצן, ״רש״י״: מקצצו.
7) פ״א — מ׳ ה׳, ד׳: ליקצר, פ״ב — מ׳ רש״י, ד׳: מקצר.
8) בציטוט ממגלת תענית.
9) מ׳: למקרי, רש״י: למיקרי.

מְקָרֵב (סנ׳ צו א, זב׳ פד א) מַקְרִיב (קרבן)
He offers (a sacrifice)

בַּר מִיקְרַב (ר״ה ה א) רָאוּי לְהַקְרִיב
It is fitting to be offered as a sacrifice

מִיקְרַב קָרְבָה (יומא נ ב, זב׳ ה ב) קָרוֹב (מ) קְרֵבָה
It (*f.*) is offered as a sacrifice

מִיקְרַב קָרְבִי (ר״ה ה ב, תמו׳ יד סע״א[10], יז ב) קָרוֹב (מ) קְרֵבִים
They are offered as sacrifices

לְמִיקְרְבָא (מ״ק כח סע״א) לָגֶשֶׁת
To come near, approach

מְקָרְבָא (שבת קכח ב) מְקָרֶבֶת — It (*f.*) befriends

מְקָרְבָא, מִיקָּרְבָא קְרוֹבָה (ת) — Nearby (*f.*)

מָצְיָא מַקְרְבָה (ע״ז סג א*[10], תמו׳ כט רע״ב) יְכוֹלָה לְהַקְרִיב
She can offer it (*f.*) as a sacrifice

מַקְרְבוּ (מנ׳ נ א) מַקְרִיבִים (קרבן) — They offer a sacrifice

מַקְרְבִי (מנ׳ עג ב, תמו׳ טו ב) מַקְרִיבִים (קרבן)
They offer a sacrifice

מְקָרְבִי (ביצה כט א) מַגִּישִׁים — They serve

מְקָרְבִי (ב״ק כא ב ועוד) קְרוֹבִים (ת) — They are nearby

מיקרבי[11] (תמו׳ יד סע״א) ר׳ קרבי — Cf.

מקרבין (גט׳ נו א) מ׳: מקרבי

לא מיקרבין ליה (ע״ז נא ב) מ׳ וכ״י ספ׳ לי׳

מְקָרְבִינַן (סנ׳ פא ב) אָנוּ מְקָרְבִים
We bring (him) nearer

מְקָרְבִינַן (גט׳ ס ב) אָנוּ מְקֹרָבִים, קְרוֹבִים — We are close

מַקְרְבִינַן (חגי׳ יז ב) אָנוּ מַקְרִיבִים
We offer them as sacrifices

מְקָרְבִיתוּ (שבת לז ב, ב״ב סה א) אַתֶּם מְקוֹרָבִים, קְרוֹבִים
You (*p.*) are near, close at hand, in the vicinity

מְקָרְבָן, מִיקַּרְבָן קְרוֹבוֹת — Near (*f., p.*)

מקרבן (תמו׳ כ א) מ׳: קרבן

מְקָרְבְנָא (ב״ב לג א) אֲנִי קָרוֹב — I am near

מְקָרְבַתְּ (ב״ק כא ב) אַתָּה מְקָרֵב, תְּקָרֵב
You bring nearer, you will bring nearer

מִיקְּרוּ נִקְרָאִים — They (*m.*) are called

מִיקְרוּ (יומא כד ב, מד ב 2, כתו׳ כ ב, ב״ב ז ב) קוֹרִים, יִקְרוּ, יֶאֶרְעוּ
It happens, occurs to them, it might happen, occur, to them

מִיקְרֵי קוֹרֶה, יִקְרֶה, יֶאֱרַע
It occurs to him, it happens to him, it will occur to him, it will happen to him

מִיקְרֵי (יב׳ עו א) נִקְרֶה[12] — He had a nocturnal pollution

מַקְרֵי מַקְרִיא — He reads to others, he teaches a lesson

מַקְרֵי (כתו׳ ח ב) מְלַמֵּד מִקְרָא — Bible teacher

מַקְרֵי דַרְדְּקֵי[13] (ב״ב כא ב) מְלַמֵּד תִּינוֹקוֹת
Teacher of children, primary school teacher

תְּרֵי מַקְרֵי דַרְדְּקֵי (שם) שְׁנֵי מְלַמְּדֵי תִינוֹקוֹת
Two teachers of children, two primary school teachers

מקרי ינוקא (שם) מ׳ ה׳ פ׳ ר׳: מקרי דרדקי

מַקְרֵי יְנוּקֵי[14] (גט׳ סו א 2, ב״ב כא א) מְלַמֵּד תִּינוֹקוֹת
Teacher of small children

מַקְרֵי שְׁמַע (עירו׳ לו ב) מַקְרִיא שְׁמַע[15]
One who reads the *Shma* (for the children, he teaches the children to pray)

מיקרי[16] (מג׳ כט סע״ב) ר׳ קרי — Cf.

לְמִיקְרֵי לִקְרֹא — To read, to name

מ(י)קְרֵי[17] **דַרְדְּקֵי** (תע׳ כד סע״א, סנ׳ פו א) מְלַמֵּד תִּינוֹקוֹת
Teachers of children, primary school teachers

מִיקְרֵי נִקְרָא (ב) — It is called, it is read

מיקרי[18] (יומא עט א 2) ר׳ קרו — Cf.

(10) מ׳ ורש״י: מקרב נמי קרבי, ד׳: קרובי מיקרבי.
(10*) [כ״פ, בשאר נוס׳: מצי]
(11) ד׳: קרובי מיקרבי, שמ״ק: קרובי נמי מיקרבי, מ׳ ורש״י: מיקרב נמי קרבי.
(12) = נהיה בעל קרי.
(13) כ״י, ד׳: ינוקא.
(14) מ׳ (פ״א), ד׳: ינוקא, מ׳ (פ״ב) ורי״ף: דרדקי.
(15) רש״י: מלמד תינוקות להתפלל.
(16) בר״ח בעי מיקרי — מ׳: קרי בדר״ח.
(17) מ׳, אבל גם אה״ת וע״י ביו״ד, ובסנ׳ גם מ׳ ביו״ד, ואילו בכל שאר עשרה המקומות בלא יו״ד.
(18) פ״א — א״פ: קרו ליה, פ״ב — א״פ ולי׳ וע׳: קרו לה, רש״י:

מִיקְרֵי[19] (ב״ב ל א) ר׳ מיקריא — Cf.

מִיקַּרְיָא[20] נִקְרֵאת — It (*f.*) is called

מַקְרִיב מַקְרִיב — He offers a sacrifice

לְמִקְרְיֵיהּ (מג׳ ד א ועוד) לִקְרֹא אוֹתוֹ — To read it (*f.* in *Megillah* but *m.* in *Gittin*)

מַקְרְיָין[21] (סוטה כא א) מַקְרִיאוֹת[22] — They (*f.*) make them read (they make an effort to bring their sons to school to learn Torah)

מִיקַּרְיָין (מג׳ קה א, כרי׳ טו א) נִקְרָאוֹת — They (*f.*) are called

מקריין (ר״ה יז א) מ׳ ואה״ת: ומיקרו

מקרין (סוטה כא א) ר׳ מקריין — Cf.

מַקְרֵינָא (תע׳ כד סע״א, ב״מ פה ב) אֲנִי מַקְרִיא (=מלמד קריאה) — I teach how to read Torah

מִיקְּרַע קָרוּעַ (מ) — Tearing

לְמִיקְרַע (מ״ק כה א 2, כו א) לִקְרֹעַ — To tear

מְקָרַע (כתו׳ עט א) מְקָרֵעַ — He tears

מִיקְּרַע נִקְרָע (ב) — Torn

לְמִיקְרַע(ה) (חול׳ קכג סע״א — מ׳) לִקְרֹעַ — To tear

לְמִקְרְעֵיהּ, לְמִיקְרְעֵיהּ (ב״מ טז ב 2, יח א 2) לִקְרֹעַ אוֹתוֹ — To tear it (*m.*)

לָא מְקָרְעִינַן (ב״ק קיג א) אֵין אָנוּ מְקָרְעִים — We do not tear

מְקַרְקַע, מְקַרְקְעָא קַרְקַע — Ground, real estate, immovable property

מְקַרְקְעֵי[23] קַרְקָעוֹת — Ground, real estate, immovable properties

מְקַרְקְרָן (חול׳ נג א-ב) מְקַרְקְרוֹת — They make noises (mow, bleat, croak, etc.)

מְקַרְקֵשׁ (כתו׳ פו א ועוד) מְקַשְׁקֵשׁ, מְצַלְצֵל — He rattles, rings

מקרקש (פס׳ קיב א) ע׳ ומ׳ גל׳: נקרקש

מְקַרְקְשָׁא (בר׳ סב א) מְקַשְׁקֶשֶׁת (=משמיעה קול) — It (*f.*) makes a noise

מְקַרְקְשֵׁי (ב״ב קנו א) מְקַשְׁקְשִׁים (=מצלצלים) — Rattle, ring

מִיקְשָׁא (יב׳ מ סע״א[24], ב״ב פ ב[25]) קָשֶׁה (מ) — Being hard

מַקְשָׁאָה[26] (ב״מ פז א, סנ׳ לט ב) מַקְשָׁן[27] — One who asks questions, raises objections (guards cucumbers)

מִקְשָׁה קָשֶׁה (מ) — Being hard

מקשה[28] (הור׳ יד א) ר׳ מקשי — Cf.

מקשה[29] (ב״ק לב א) ר׳ מקשא — Cf.

מַקְשׁוּ (ב״מ פד ב) מַקְשִׁים — They ask questions, raise an objections

מַקְשׁוּ[30] (זב׳ כג א) מַקִּישִׁים — They establish an analogy

מְקַשְּׁטָא (יב׳ סג ב כ״פ) מְקַשֶּׁטֶת — She adorns, embellishes

מִקַּשְּׁטָא (מ״ק ט ב) מִתְקַשֶּׁטֶת — She adorns, embellishes herself

מִיקַּשְּׁטָא (תע׳ כג ב) מְקֻשֶּׁטֶת — She is adorned

מַקְשֵׁי מַקִּישִׁים — They establish an analogy

מקשי (בכו׳ יג רע״א) מ׳: מקישי

מַקְשֵׁי מַקְשֶׁה — He asks a question

מקשי[31] (ב״ב פ ב) ר׳ מיקשא — Cf.

מקשי (בכו׳ יג א 2) מ׳: מקיש, מקישי

מקשי (זב׳ כג א) מ׳: מקשו

מַקַּשְׁיָא (נדה לז ב) מִתְקַשָּׁה — She menstruated while experiencing difficult labor before giving birth

מַקְשְׁיָין לַהֲדָדֵי[32] (כרי׳ יא א 2) מֻקְשׁוֹת זוֹ לָזוֹ — They are contradictory

---

קרי לה.

19) פ׳ א״פ ורש״י: דמיקריא, מ׳ ור׳: דקרו לה.

20) בכרי׳ טו רע״א (ג״פ!) — שמ״ק: מיתקריא.

21) ע״י, רש״י: מקריאן, אה״ת: מקריא, מ׳: מקרייא.

22) רש״י: שטורחות על בניהן להביאן לבית הספר לקרוא מקרא.

23) כמעט תמיד מקביל ל״מטלטלי״.

24) מ׳ ומיקש׳, רש״י: מיקשה, ד״ו: מקשה, ד״ח: מוקשא.

25) הגהתי, מ׳: מיקש׳, פ׳ לי׳, ד״ו: מקשיא, ד״ח: מקשי.

26) אפרים מקשאה תלמידו של ר״מ.

27) ״רש״י״ [בראשית רבה פה י]: מקשה הלכות ד״א שומר קשואין.

28) אה״ת וע״י: מקשי, מ׳: מקש׳.

29) ה׳: מקשא, רש״י: מקשי.

30) מ׳, ד׳: מקשי.

31) ד״ו: מקשיא, מ׳: מיקש׳, ה׳ לי׳.

מַקְשִׁינַן אָנוּ מַקִּישִׁים

We establish an analogy

מַקְשִׁינַן (חול׳ קלט ב) אָנוּ מַקְשִׁים

We ask a question, raise an objection

מַקְשֵׁית (נדה ג ב) אַתָּה מַקְשֶׁה

You ask a question, raise an objection

מְקַשְׁקְשִׁין (סוכה מד ב) מְקַשְׁקְשִׁים[33]

They (*m.*) hoe under the olive trees

מַקְּשַׁת (תע׳ כז א, קידו׳ סח א) אַתָּה מַקִּישׁ

You (*m.*) establish an analogy

מָר אֲדוֹן, רַב, אֲדוֹנִי, רַבִּי

Master, Rav, my master, my Rav

מר (**כפי אביי ורבא**) כנוי לרבה — Surname for Rabbah

מר... ומר... זֶה... וְזֶה... — One master (Rav) says... and the other master (Rav) says

בְּמַר (ב״ק קיג ב, חול׳ צו א) תַּחַת (=כאילו הוא)

As if it is, in exchange, instead of

מָרָא אֲדוֹנֶיהָ, בְּעָלֶיהָ — Her masters, owners

מָרָא מַר (=כלי חפירה) — Pickaxe, rake, hoe

מָרָא ד– בַּעַל ה- — Master of...

מִירְבָּא (בר׳ מ ב, נדר׳ נה ב) גָּדוֹל (מ) — Grows

מרבה (פס׳ מג ב כ״פ, צה ב, יב׳ מט א[34], תמו׳ ג ב[35]) ר׳ מרבי

מְרַבּוּ (מג׳ ו א[36], כתו׳ קיב א) מְגַדְּלִים — They raise

מְרַבּוּ (סנ׳ לד א-ב) מְרַבִּים — They include

מְרַבֵּי מְרַבֶּה — He includes

מְרַבֵּי (ב״ב קמז סע״א) מְגַדֵּל — It grows

מרבי[37] (עירו׳ כח רע״ב 2) ר׳ רבי — Cf.

מרבי (מג׳ ו א) מ׳: מרבו

מְרַבְּיָא (בר׳ סב א, ב״ב קמא א) מְגַדֶּלֶת — She raises

מְרַבִּינַן אָנוּ מְרַבִּים (לומדים ״ריבוי״)

We include (use the rule of *ribu'i, mi'ut, ribu'i* as opposed to *klal u'prat u'klal*)

מְרַבִּינְתֵּיהּ (קידו׳ לא ב) אוֹמַנְתּוֹ, מֵינִיקְתּוֹ

His nursemaid

מְרַבֵּית (סנ׳ צא א) אַתָּה מְרַבֶּה — You (*m.*) include

מְרַבֵּל (ב״מ כו ב) כּוֹבֵר (בכברה) — He sieves

מִירְבָּל הוּא דְרָבֵיל לֵיהּ (חול׳ מט א) מְנַעְנֵעַ אוֹתוֹ כְּמוֹ בִּכְבָרָה

It shakes it like in a sieve

מְרַבַּע (זב׳ סב ב) מְרֻבָּע — Square

מְרַבְּעָא (עירו׳ נה א) מְרֻבַּעַת — Square (*f.*)

מַרְבְּעָא (ע״ז כב ב) מַרְבִּיעָה

She copulates with an animal

מְרַבַּעְנָא (עירו׳ נז א) אֲנִי מְרַבֵּעַ — I square

בי מרבעתא/תיה ר׳ בי — Cf.

מַרְגְּזִין (נדר׳ כא ב) מַרְגִּיזִים — They anger

מִרְגָּל רְגִילִי (גט׳ מו ב) הֶרְגֵל רְגִילִים

They (*m.*) are accustomed

מְרַגַּל (גט׳ סט ב) מָרְגָּל — Accustomed

מַרְגְּלָא (יב׳ פה ב כ״פ) מַרְגִּילָה — She incites

מַרְגְּלָא בְּפוּמֵיהּ/בְּפוּמַיְיהוּ מָרְגֶּלֶת (=שגורה) בְּפִיו/בְּפִיהֶם

He/they was/were accustomed to say, lit. it was accustomed to be in his/their mouth/mouths

מַרְגָּלִיתָא (ב״ב קלג ב) מַרְגָּלִית — Pearl

מַרְגָּלְיָיתָא (נדר׳ נ רע״ב) מַרְגָּלִיּוֹת — Pearls

לְמִירְגְּמֵיהּ לִרְגֹּם אוֹתוֹ — To stone him

מַרְגָּנִיָּיתָא (ר״ה כג א) מַרְגָּלִיּוֹת — Pearls

מַרְגָּנִיתָא מַרְגָּלִית — Pearl

מִירַדְּדָן (נדר׳ סא סע״ב) מְרֻדָּדוֹת[38]

Thin (*f., p.*)(Aruch), dried out (Rashi, Tosefos)

מַרְדוּ, מַרְדָּא (חול׳ סב ב 3) שם עוף — Name of bird

מְרַדוּ (גט׳ נו א ועוד) מָרְדוּ — They (*m.*) rebelled

מָרְדוּ (ר״ה ד א ועוד) מוֹרְדִים — They (*m.*) rebel

מַרְדוּתֵיהּ (נדר׳ סה א) מַרְדּוּתוֹ — His rebellion

מָרַהּ אֲדוֹנֶיהָ, בְּעָלֶיהָ — Her masters

מרה (כתו׳ סד א) מ׳: מרא

מרהון[39] (נדר׳ סב א) ר׳ מרייהו — Cf.

לְמִרְהַט (בר׳ ו ב) לָרוּץ — To run

32) מ׳, ד׳: אהדדי, רש״י: איתקוש להדדי.

33) = עודרים תחת זיתים.

34) בכולם במ׳: מרבי.

35) שמ״ק: ומאי שנא (דקא מרבה) אכלתי ולא אכלתי (מאוכל ולא אוכל). כך היה גם לפני מ׳, ונשמטו התיבות ״ומאי שנא אכלתי ולא אכלתי״ ע״י שויון — סופות.

36) מ׳, ד׳: מרבי.

37) מ׳ וד״ש: רבי, א״פ: רביא.

38) ע׳: כשהן דקין העוקצין של אשכולות.

39) ״רש״י״: מרייהו, מ׳: מריה.

מְרַהֲטִי (סוכה כט רע״א) מְרִיצִים (חוזרים על תלמודם)
They reviewed their study, lit., they ran quickly through what they heard from their teacher)

מְרַהֵיט (ב״ב כב א) מֵרִיץ (חוזר על תלמודו)
He reviews his study (see above)

מְרָוָא חִיוָּרָא (שבת קט רע״ב) מָרְוָה לְבָנָה[40]
White sage (type of plant, salvia in Latin)

מְרַוַּוח (בר׳ נו א 2 ועוד) מַרְוִיחַ, גּוֹרֵם רֶוַח — Profitable

מְרַוּוח (שבת קנא סע״ב) מְרַוֵּחַ[41] — Strengthens eyesight

מְרַוַּוח (בכו׳ יז ב) מַרְחִיב
It (*m.*) widens out, spreads out

בֵּית הַשְׁחִיטָה מִירְוָוח רָוַוח (חול׳ ח א ועוד) בֵּית הַשְּׁחִיטָה[42] מִתְרַוֵּחַ
The cut on the throat where the animal is slaughtered widens

מַרְווּחִינַן (עירו׳ כב א) אָנוּ מַרְוִיחִים, נַרְוִיחַ
We gain, we will gain

מַרְוַוחְנָא (ב״מ עג א) אֲנִי מַרְוִיחַ, אַרְוִיחַ
I gain, I shall gain

מָרְוָותָא אֲדוֹנִים, בְּעָלִים — Masters

מָרְוָותֵיהּ (ב״ב ג ב) אֲדוֹנָיו — His masters

מָרְוָותֵיהּ דְּכִיתָּנָא (ב״ק קג א) בַּעֲלֵי הַפִּשְׁתָּן
Owners of flax

מָרְוָותַיְיהוּ (ב״ב קסח ב) בַּעֲלֵיהֶם — Their owners

מְרוּקָא[43] (ב״מ מז ב 2) גַּרְעִין תְּמָרָה — A pit of a date

מְרָ(ו)רָא (ע״ז לא ב — מ׳ וכ״י ספ׳) מְרִירוּת — Bitterness

מרוריה (פס׳ קטו ב) מ׳: מרריה

מַרְזְבֵי[44] **דְצִיפּוֹרִי**[45] (תע׳ כד ב ועוד) מַרְזְבֵי צִפּוֹרִי
The drainpipes (spouts) of Tzipori

מַרְזְבָנֵי (מג׳ ו ב) דֻּכָּסִים — Dukes

מַיָּא מַרְזוּ מַכָּה (יב׳ מז ב, קכ ב, קכא א) מַיִם מַקְשִׁים אֶת הַמַּכָּה
Water irritates the wound

מרזובלי[46] (סוכה כ א) ר׳ מזבלי — Cf.

מַרְזֵיבָא מַרְזֵב — Drainpipe, spout

מַרְזֵיחָא (כתו׳ סט א-ב כ״פ) מַרְזֵחַ (=אֵבֶל)[47] — Mourner

מַרְזַפְתָּא דְנַפָּחָא (בר׳ לד רע״א) קֻרְנָס שֶׁל נַפָּחִים[48]
Blacksmith's hammer

מרח (ע״ז נח ב) כ״י ספ׳: מורח

מָרַח (ב״ק קה סע״א) מָרַח — He spread

מְרָחָהּ (מנ׳ ע א) מָרַח אוֹתָהּ — He spread it (*f.*)

מְרַחִינְהוּ (בכו׳ יא ב) מָרַח אוֹתָם
He spread them (*m.*)

מרחיק[49] (חול׳ נט ב) ר׳ מרחק — Cf.

מַרְחִיקְנָא (מג׳ כט א) אֲנִי מַרְחִיק (פ״ע)
I distance myself

מרחיקנא (גט׳ נח א) מ׳: מרחקנא

מִרְחָם (כתו׳ קה ב) אָהוֹב (מ) — To love

מְרַחֵם (מ״ק כח א ועוד) מְרַחֵם — He pities, he has pity

מְרַחֲמָא מְרַחֶמֶת — She pities, she has pity

מְרַחֲמוּ (בר׳ נו ב) מְרַחֲמִים — They pity, they have pity

מְרַחֲמֵי (יומא סט ב ועוד) מְרַחֲמִים
They pity, they have pity

מְרַחֲמֵי (שבת לב רע״א) מְאַהֲבִים — Friends

מרחמין (כתו׳ קה ב) מ׳ אה״ת: רחמין

מְרַחֲמִינַן (שבת נד ב) אָנוּ מְרַחֲמִים
We pity, we have pity

מְרַחֲמָ(ת)א[50] (מכות כג ב 2) מְרַחֶמֶת — She has pity

להמְרַחַק מְרֻחָק, רָחוֹק — Faraway, far (*m.*)

מְרַחֲקָא מְרֻחֶקֶת, רְחוֹקָה — Faraway, far (*f.*)

מְרַחֲקָא (שבת קכה ב) מַרְחִיקָה
It (*f.*) estranges (alienates, keeps its young away)

מְרַחֲקֵי (ב״ק קטז ב, חול׳ טז סע״ב) מְרֻחָקִים — Faraway (*p.*)

מְרַחֲקֵי רְחוֹקִים — They are far (*p.*)

מְרַחֲקִין (סנ׳ יב סע״ב) מַרְחִיקִים
They cause (Pesach) to be faraway

---

40) צמח ריחני (שׁ£÷ : -£-£÷£).
41) = מחזק מאור העיניים.
42) = חתך השחיטה בצוארו של הנשחט.
43) פ״ב — ד׳: מוריקא.
44) מ׳ ב וכ״י קורוניל ואה״ת: מרזבני.
45) בתע׳ נוסח נכון בד״ש: דמחוזא.
46) מ׳ ב ור״ח (וממנו בערוך): מאי חוצלות (אמר רב אבדימי בר המדורי מרזובלי מאי מרזובלי) אמר ר׳ אבא מזבלי.
47) עי׳ ירמ׳ טז ה.
48) רש״י: ותשם את המקבת בידה (שופ׳ ד כא) מתרגמי׳ מרזפתא.
49) כ״י: מרחק, עי״: מרחוק, אה״ת: (כי הוה) מרחוק (= מַרְחִיק), ועי׳ ד״ס אות יו״ד.
50) מ׳ אה״ת, עי״: מרחמנא.

מַרַחֲקִינַן (ב״ב עג ב 2) אָנוּ מְרֻחָקִים, רְחוֹקִים
We are faraway

מְרַחֲקָן (מג׳ יד ב) רְחוֹקוֹת — Faraway (*f.*)

מְרַחֲקְנָא (גט׳ נח א) אֲנִי רָחוֹק — I am faraway

מְרַחֲשָׁ(י)ן[51] **שִׂפְוָותַיְיהוּ** (חגי׳ ג א) שִׂפְתֵיהֶם רוֹחֲשׁוֹת
Their lips move, vibrate

מְרַחֲשָׁן שִׂפְוָותֵיהּ (מג׳ כז ב ועוד) שְׂפָתָיו רוֹחֲשׁוֹת[52]
His lips move, vibrate

מְ[י]רְטָא[53] (שבת מט א 2) צֶמֶר נִמְרָט
Pulled out, plucked out wool

מִירְטַב (סוכה נג ב) נִרְטָב — Wet (*m.*)

מְרַטוּ (נדה כ א) מָרְטוּ
They (*m.*) are pulled out, plucked out

מַרְטְקָא[54] (חול׳ קכא א כ״פ) בָּשָׂר מֵת
Dead flesh, spine or neck tendon

מרטקא (יומא עז סע״א) כי״י וע׳: מטרקא

מָרֵי אֲדוֹנִי — My master

אַבָּא מָרֵי אֲדוֹנִי אָבִי — My master and father

מָרֵי אַרְעָא בַּעַל הַקַּרְקַע — Landowner

מָרֵי בֵיתָא (ב״מ פה ב) בַּעַל הַבַּיִת — Houseowner

מָרֵי דְבֵיתָא בַּעַל הַבַּיִת — Houseowner

מָרֵי דוּרָאִי (פס׳ כה ב ועוד) אֲדוֹנֵי כְּפָרִי (רש״י: מושל עירי)
Master (governor) of my village (city--*Rashi*)

מָרֵי דִיכֵי (ב״ק מט א וש״נ[55], ב״מ פו סע״א[56]) רִבּוֹן זֶה (=רבש״ע)
Pure (clean, guiltless) Master (Master of the World)

מרי דיכי (מג׳ י ב) כי״י: מירא דכיא

מָרֵי עָלְמָא אֲדוֹן־עוֹלָם — Master of the World

מָרֵי רָשׁוּתָךְ (ב״ק צב ב ועוד) בַּעַל חוֹבְךָ (האיש שחייב לך) — Your debtor

מָרֵי שְׁמַיָּא (מג׳ יא ב — מדני׳) אֲדוֹן שָׁמַיִם
Master of Heaven

מָרֵי (ע״ז טז א, בכו׳ ח א) מָרִים (=כלי חפירה) — Pick axes

מריגז (שבת סז א) מלת־כישוף — Incantation

מָרֵיד (ב״ב ג ב) מוֹרֵד — He rebels

מָרֵיד (בר׳ מד א) מוֹרֵד (=מִתְבַּלְבֵּל)
He becomes confused

מרידתא (חול׳ נט רע״א) כי״י: מרריתא

מָרֵיהּ אֲדוֹנָיו, רַבּוֹ — His master

מָרֵיהּ דְּבֵיתָא בַּעַל הַבַּיִת
Landlord, proprietor, householder

מָרֵיהּ דְּעוֹבָדָא (שבת לז ב[57], ביצה כט ב[58], חולין קי א) בַּעַל מַעֲשִׂים[59]
One who acts virtuously

מָרַיְיהוּ אֲדוֹנֵיהֶם — Their masters

מָרַיְיהוּ (ב״מ לו א 2) מָרֵיהֶם (=כלי חפירה)
Their pick-axes

מָרַיְיכוּ (בר׳ נז ב) אֲדוֹנֵיכֶם — Your (*p.*) masters

מָרִיךְ[60] (ב״ב עג סע״א) אֲדוֹנֶיךָ — Your (*s.*) master

מריעי ר׳ קצירי — Cf.

מְרִיר מַר — Bitter (*m.*)

מְרִירָא מָרָה (ת) — Bitter (*f.*)

מְרִירֵי (ע״ז לח ב) מָרִים — Bitter (*m., p.*)

מְרִירֵי לִבָּא (מ״ק ח א) מָרֵי־לֵב
Bitterer hearted, people with bitter hearts

מְרִירִין (פס׳ לט א) מָרִים — Bitter (*m., p.*)

מְרִירְתָא (ב״ב כ סע״א) מָרָה (ת) — Bitter (*f., s.*)

מרירתא (פס׳ לט א[61], חול׳ נט א 3[62]) ר׳ מרריתא — Cf.

מָרָךְ אֲדוֹנֶיךָ — Your masters

מירכבא (ב״ק פא א) ע׳ והרמ״ה: מירככא

מַרְכַּבְתְּ[63] (מג׳ כח סע״ב) אַתָּה מַרְכִּיב
You carry (somebody on your shoulders)

מַרְכַּבְתָּא דְנָשֵׁי (ב״ב עח א) מֶרְכָּבָה שֶׁל נָשִׁים
Carriage (chariot) for women

---

51) מ׳, עי״י: מרחשי בשפוותייהו.
52) ירושי׳ ברכות פ״ב, ד סע״ב.
53) ר״ח וע׳, מ׳: מימרטא, ממטרא.
54) מל״פ, ר׳ עה״ש ע׳ מלל.
55) בפי רב חסדא.
56) בפי ר׳ שמעון בן חלפתא.
57) מ׳ ד׳: מרי.
58) מ׳, ד״ו: מרה, ד״ח: מרא.
59) רש״י בביצה: מדקדק במעשיו, ובחולין: זהיר במעשים טובים.
60) כך גם מ׳ ה׳, רשב״ם: מרך, אה״ת: מארך.
61) מ׳ — ג״פ: מרריתא.
62) כי״י: מרריתא.
63) א״פ ל׳ ואה״ת, מ׳: ארבבת, ד׳: טענת.

מַרְכִּיב (כתו׳ יז א) מַרְכִּיב
He carries (somebody on his shoulders)

מִירְכְּבָא (ב״ק פא א) מִתְרַכֶּבֶת
It (*f.*) spreads and grows on the grass

מִירְכַּם (כתו׳ נו א ועוד) אָבֵד, יֹאבַד
He, it is lost, will be lost

מרמא[64] (ב״ב פח א) ר׳ חטפה
Cf.

לְמִירְמָא לְהָטִיל[65]
To point out an apparent contradiction between *Mishnayos* and Beraissos and between *Mishnayos* themselves

וְאִיכָּא דְרָמֵי... מִירְמָא (סוכה טז א) וְיֵשׁ שֶׁמֵּטִיל... הַטָּלָה[66]
Some find a contradiction (incongruity) between them

לְמִירְמָא אֵימְתָא (שבת קה ב) לְהָטִיל אֵימָה
To cast fear, to frighten

לְמִירְמָא[67] **מִנֵּיהּ** (יומא עז א) לְהַשְׁלִיךְ מִיָּדוֹ
To throw from his hand

לְמִירְמָא סַנְדְּלָא (יומא עח א) לִנְעֹל סַנְדָּל
To put on his shoe

מרמהין (גט׳ סט רע״ב) מין צמח ריחני
Aromatic plant

מְרַמְּזֵי מְרַמְּזִים
They (*m.*) allude to

מְרַמְּזָן (שבת סב ב) מְרַמְּזוֹת
They (*f.*) wink

לְמִירְמֵי (ע״ז לד ב) לְהָטִיל[68]
To cast (in it), usually referring to the posing of a contradiction

לְמִירְמֵי אַנַּפְשֵׁיהּ (ב״ק צט ב) לְהָטִיל עַל עַצְמוֹ
He should have thought about it

מַרְמֵי (ביצה ג סע״א[69], חגי׳ טו ב) מַשְׁלִיךְ
He points out an apparent contradiction, he throws, he will remove, take away

מַרְמְיָא לֵיהּ תִּיגְרֵי (יב׳ ס א) מְטִילָה לוֹ מְרִיבוֹת
She causes him to quarrel with others

לְמִירְמְיֵיהּ[70] (שבת סב סע״א) לַהֲטִילוֹ[71]
To put it (on her neck)

מַרְמֵינָא[72] (שבת קנו ב) אֲנִי מֵטִיל (=אוֹסֵף)
Lit., I throw, i.e., I gather

אִיכָּא לְמִירְמִינְהוּ (נדה ג ב) יֵשׁ לַהֲטִילָם[73]
Lit., one should pit them against each other, i.e., one should find the contradiction between them

הֲוָה מַרְמִינָן (שבת קנו ב) הָיִינוּ מְטִילִים
Lit., we would throw, i.e., we would gather

מַרְמְרָא שַׁיִשׁ
Marble

מָרָנָא אֲדוֹנֵינוּ
Our master

מְרַנְּנֵי מְרַנְּנִים (= מדברים בגנותו)
Gossiping maliciously

מָרַע (רעע)[74] מְרוֹעֵעַ
He shakes, harms, impairs

מרעא (ב״ב מט א 2) כי״: מרע

מָרְעֵי (ב״ב ז ב) מְרוֹעֲעִים
They shake, harm, impair

מרעי (סנ׳ קט א-ב) אה״ת ע״: נרעי

מָרְעֵי נַפְשַׁיְיהוּ (גט׳ י ב) מְרוֹעֲעִים עַצְמָם
They discredit, harm themselves

לְמַרְעֵי(ה) (סנ׳ קט סע״א — מ׳ אה״ת וע״י) לִרְעוֹת
To pasture (it)

מַרְעֵיהּ (ב״ב קנו ב) חָלְיוֹ
His sickness

מִירְעַיְיהוּ (תמו׳ יח א) מַרְעִיתָם
Their pasturing, grazing

מַרְעִין (שבת קנו א ועוד) חֳלָאִים
Diseases

מָרַעְנָא שְׁטָרָא (ב״ק קיב ב ועוד) אֲנִי מְרוֹעֵעַ (אֲרוֹעֵעַ) אֶת הַשְּׁטָר
I discredit, I will discredit the writ, document, contract

מָרַעַת (ב״ב ז א) אַתָּה מְרוֹעֵעַ, תְּרוֹעֵעַ
You harm, ruin, you will harm, ruin

מִירְפָּא רָפֵי (שבת עד ב) רַכֹּה רָפֶה
Weakens, softens

מירפא (ע״ז לג ב) ר׳ רפויי
Cf.

מרפה (מכות כג א) מ׳: מרפי

מרפויי (מ״ק ב ב) מ׳: קא מרפי

מַרְפֵּי (שבת קי א ועוד) מַרְפֶּה
It (*m.*) weakens, softens

מַרְפְּיָא (סוטה כ ב, נדה עא א) מַרְפָּה
It (*f.*) weakens, softens

---

64) מ׳: חטפה, ה׳: טרפה, ר׳: אנסיה, ד׳ לובלין: שמטא.
65) למצוא סתירה בין משניות ובריתות (גם בין שתי משניות).
66) כלומר: מוצא סתירה ביניהן.
67) א״פ ול׳ ואה״ת: למימרטה מניה. פי׳ רבי׳ אליקום: ליטלה ממנו ולמחקה.
68) ורגיל לסתירה בין שתי משניות.
69) סתירה בין שתי משניות.
70) מ׳: למיפק בה, א״פ: למיפק בהא ולמירמיה.
71) רש״י: להניח בצוארה.
72) א״פ אה״ת ורש״י, ד׳: ארמינא.
73) כלומר: יש למצוא סתירה ביניהם.
74) עם ״דיבוריה״, ״שטריה״ ו״חזקתיה״.

מרפיאן (ב״ב קמב א) ר׳ רפויי — Cf.

מַרְפֵּית (ב״ב יז ב) אַתָּה מַרְפֶּה
You (*m.*) weaken, soften

מְרַפְּסָן (קידו׳ סג ב) מְשַׁבְּרוֹת — They (*f.*) break

לְמִירְפַּק (ב״מ קג א) לַעֲדֹר — To hoe

אַרְצוּיֵי/מְרַצֵּה[75] (יב׳ צ א) הָרְצוֹת מְרַצֶּה — (The *tzitz* - the Cohen Gadol's golden forehead plate) makes (a sacrifice) favorably acceptable (to affect atonement)

מִירְצוּ (יומא סד א) נִרְצִים (=רצויים)
They (the sacrifices) are favorably acceptable (affect atonement)

מְרַצֵּי (פס׳ לד ב ועוד) מְרַצָּה — (The *tzitz* - the Cohen Gadol's golden forehead plate) makes (a sacrifice) favorably acceptable (to affect atonement)

מְ(י)רַצֵּי (זב׳ ה א — מ׳) מְרַצָּה — (The *asham* - guilt-offering) makes (a sacrifice) favorably acceptable

מִירַצֵּי (תע׳ כג ב 2) מִתְרַצֶּה, יִתְרַצֶּה
It (*m.*) appeases, it will appease

מְרַצְיָא אַרְצוּיֵי (נדר׳ כ סע״ב) מְרַצָּה הַרְצוֹת[76]
She hints to him through speech or behavior, she tries to please him, entices him

מרציף (זב׳ צה א) ר׳ רציף — Cf.

מרצף (שבת טז ב) ר׳ רצפינהו — Cf.

מַרְקָא[77] מָזוּג, פ״א: יַיִן חַי[78]
Diluted wine; pure (strong) wine

מַרְקְבֵי (ב״מ מה ב, שבו׳ מח א) מַרְקִיבִים
They make rot, spoil

מְרַקֵּיד מְרַקֵּד — He, it sieves

מְרָרַהּ (חול׳ קיא ב) מְרִירוּתָהּ — Its (*f.*) bitterness

מְרָרֵיהּ (פס׳ קטו ב[79], סנ׳ יט א) מְרִירוּתוֹ
Its (*m.*) bitterness

מְרָרַיְיהוּ (סנ׳ מח ב) מְרִירוּתָם — Their (*m.*) bitterness

מְרָרַיְיכוּ (זב׳ קא א) מְרִירוּתְכֶם — Your (*p.*) bitterness

מְרָרִיתָא מָרוֹר, מָרָה (ש) — Bitter herb, gall

מְרָרִיתָא דְאַגְמָא (סוכה יג א) מָרוֹר שֶׁל אֲגַם
(רש״י: חזרת של אגם) Bitter herb of marsh (pond)

מְרָרְתָא (כתו׳ נ א) מָרָה (ש) — Gall

מְרַשַּׁם (תע׳ כד ב) מְסֻמָּן — Marked, indicated

מִירְתַּח רְתַח כָּעוֹס כּוֹעֵס — He is angry

מְרַתַּח (בר׳ לז ב) מְרֻתָּח — Boiled

מַרְתַּח (פס׳ עו א) מַרְתִּיחַ
It (*m.*) causes to boil, it brings (it) to boil

מרתח (ע״ז יח סע״א) ע׳: מתרח, ור׳ מרתחנא — Cf.

מַרְתְּחָא (פס׳ עו א) מַרְתִּיחָה
It (*f.*) causes to boil, it brings (it) to boil

מַרְתְּחָא (תע׳ ד א) מַכְעִיסָה[80] — It makes him angry

מַרְתְּחֵי (פס׳ נו א) מַרְתִּיחִים — They (*m.*) boil

מַרְתְּחִינַן[81] (מנ׳ מב ב) אָנוּ מַרְתִּיחִים — We boil

מָרְתֵיהּ (גט׳ יב א) אֲדוֹנָתוֹ, גְּבִרְתּוֹ
His mistress, i.e., his woman owner

מַרְתְּכָא (גט׳ סט ב, פו א) סִיגֵי כֶסֶף — Silver dross

מַרְתַּע (עירו׳ סז א) מַרְתִּיעַ (פ״ע) — He trembles

מַרְתְּעָן (שם) מַרְתִּיעוֹת (פ״ע) — They (*f.*) shake, vibrate

מִירְתַּת פּוֹחֵד, רוֹעֵד — He is afraid, he trembles

מירתת (מג׳ טז א) צ״ל: אירתת[82]

מִירְתְּתָא (ב״מ עא א ועוד) פּוֹחֶדֶת — She is afraid

מִירְתְּתֵי פּוֹחֲדִים — They (*m.*) are afraid

מְשָׁא רָחַץ (ידים) — He washes (his hands)

מִישְׁאָב שָׁאוֹב (מ) — Pumping, drawing

מְשַׁאי (שבת סב ב) רָחַצְתִּי (ידים) — I washed (my hands)

מְשַׁאֵיל מְשַׁאֵל, שׁוֹאֵל — He asks

משאיל (יב׳ קט ב) מ׳: למישאל

מְשָׁאכָא (ב״ב עג ב) אֹרֶךְ — Length

מְשְׁאַל (בר׳ יג ב, תע׳ ד ב 2) שָׁאוֹל (מ) — Asking

לְמִישְׁאַל לִשְׁאֹל — To ask

משאלי (ב״מ כז ב) כ״י ור״ח: מושלי

לְמִשְׁאֲלֵיהּ (כתו׳ סב ב) לִשְׁאֹל אוֹתוֹ — To ask him

מֵשָׁ[א]רָא (בכו׳ ח ב 2 — מ׳) עֲרוּגָה — Garden bed

---

75) צורה עברית בהיקש ל״הציץ מרצה״.
76) ״רש״י״: מראה לו מתוך דבריה. הרא״ש: משדלתו בדברים.
77) רק עם חמרא ושיכרא: חמרא מרקא, שיכרא מרקא.
78) מל״ר ש-£- - (לפי ר״ב).
79) מ׳, ד׳: מרוריה.
80) = גורמת לו לכעוס.
81) כל כ״י וד״י ל״, ונוסף בד״ח מן הרי״ף.
82) אבל כל המשפט ל״י בכל כ״י ובאה״ת ובע״י.

מְשָׁארֵי עֲרוּגוֹת Garden beds

מַשְׁבַּח מַשְׁבִּיחַ (פ"ע, פ"י) He upgrades it

מְשַׁבַּח (סנ׳ מב סע"א) מְשַׁבֵּחַ He praises

משבח (ב"ק מ א[83], חול׳ קכד ב[84]) ר׳ משתבח Cf.

מַשְׁבְּחָא (עירו׳ כה א) מַשְׁבִּיחָה (פ"ע)

It (*f.*) improves, upgrades it

מַשְׁבְּחָא (כתו׳ קד סע"ב) מַשְׁבִּיחָה (פ"י)

She improves it, upgrades it

מַשְׁבְּחִינַן (כתו׳ סז א 2) אָנוּ מַשְׁבִּיחִים

We improve, we upgrade it

מְשַׁבְּחִיתוּ (כתו׳ קיב א) אַתֶּם מְשַׁבְּחִים You (*p.*) praise

מַשְׁבְּחָן (קיד׳ יז א) מַשְׁבִּיחוֹת (פ"ע)

They (*f.*) improve, upgrade it

מַשְׁבַּע (מג׳ יא א) מַשְׁבִּיעַ He makes him swear, adjures

מַשְׂבְּעָא (יומא עט ב) מַשְׂבִּיעָה It (*f.*) satisfies

מַשְׁבְּעֵי (שבו׳ מט ב) מַשְׁבִּיעִים

They make (someone) swear, adjure

מַשְׁבְּעִינַן (מ"ק טז א) אָנוּ מַשְׁבִּיעִים

We make (someone) swear, adjure

מַשְׂבְּעָן (כתו׳ י ב, גט׳ ע א) מַשְׂבִּיעוֹת They (*f.*) satisfy

לָא מַשְׁבְּעַת לִי (כתו׳ פז א 2) לֹא תַשְׁבִּיעֵנִי

You should not make me swear, adjure me

לְמִישְׁבַּק (יומא יב א) לְהָנִיחַ To leave, forsake

מְשַׁבֵּשׁ (יב׳ קח ב 2 ועוד) מַטְעֶה He misleads

מְשַׁבֵּישׁ לֵיהּ (יומא פד ב) מְפַתֵּהוּ (רש"י)

He incites, tempts him

מְשַׁבֵּשׁ וְתָנֵי (ביצה כו ב) מְשַׁבֵּשׁ וְשׁוֹנֶה

He teaches erroneously

[מְ]שַׁבְּשֵׁי שִׁבְשָׁא (ב"מ עג א — ה׳) זוֹמְרֵי זְמוֹרוֹת

He prunes, cuts off branches

מְשַׁבְּשַׁת קְרָאֵי (יומא עא א) אַתָּה מְשַׁבֵּשׁ כְּתוּבִים[85]

You claim the verses are inaccurate, erroneous

מְשַׁבַּשְׁתָּא מְשֻׁבֶּשֶׁת

It (*f.*) is inaccurate, erroneous

לָא מַשְׁגַּח בּ־ אֵינוֹ מַשְׁגִּיחַ ב-[86]

He doesn't pay attention to

לָא מַשְׁגְּחָה בּ־ (סוכה ב ב) אֵינָהּ מַשְׁגִּיחָה ב־

She doesn't pay attention to

לָא מַשְׁגְּחִי (עירו׳ סח א) אֵינָם מַשְׁגִּיחִים

They are disinterested

לָא מַשְׁגְּחִינַן בּ־ (יב׳ צב א[87] ועוד) אֵין אָנוּ מַשְׁגִּיחִים ב־

We do not take them into consideration

משגרינן (יב׳ ק א) מ׳: משדרינן

מְשַׁגֵּשׁ (ב"ב ט ב) מְשַׁבֵּשׁ He perverts

מִישְׁדָא הַשְׁלֵךְ (מ), הָטֵל (מ) Throw, cast (*imp.*)

לְמִישְׁדָא לְהַשְׁלִיךְ, לְהָטִיל Throwing, casting

לְמִישְׁדֵי (ב"מ סו א) לְהָטִיל To throw, cast

גִּירֵי קָא מְשַׁדְיָא (ר"ה כד רע"א) חִצִּים הִיא יוֹרָה

She shoots arrows

לְמִישְׁדְיֵיהּ לְהַשְׁלִיכוֹ, לַהֲטִילוֹ To throw it, to cast it

לְמִישְׁדְיִיהוּ (ערכ׳ טז ב) לְהַשְׁלִיךְ אוֹתָם

To throw, cast them

מְשַׁדֵּלְנָא[88] לֵיהּ (תע׳ כד סע"א) אֲנִי מְשַׁדֵּל אוֹתוֹ

I coach him

מְשַׁדַּר מְשַׁגֵּר, שׁוֹלֵחַ He sends

מְשַׁדְּרָא (זב׳ סא ב) שׁוֹלַחַת She sends

מְשַׁדְּרוּ[89] (פס׳ קיב ב) שׁוֹפְכִים (?) They pour

מְשַׁדְּרִי שׁוֹלְחִים, מְשַׁגְּרִים They send

משדרין[90] (מ"ק טז רע"א) ר׳ משדרינן Cf.

מְשַׁדְּרִינַן (מ"ק טז רע"א[91], גט׳ מה א[92]) אָנוּ שׁוֹלְחִים

We send

מְשַׁדְּרִינַן[93] (יב׳ ק א) אָנוּ מְשַׁגְּרִים We send away

מְשַׁדַּרְנָא אֲנִי שׁוֹלֵחַ, אֶשְׁלַח I send, I shall send

משדרנא (גט׳ מה א) מ׳ א׳ ו׳: משדרינן

מִישְׁהָא (שבו׳ מ א ועוד) (ל)שְׁהוֹת (To) wait

(83) מ׳ ה׳: משתבח.

(84) ר׳: משתבח, וכן בהקי׳ (ביצה כא א).

(85) אתה אומר, שהכתובים משובשים הם.

(86) = אינו שם לב ל-

(87) ד׳: להו, מ׳: בהו.

(88) ע"י, אה"ת: משתדילנא, מ׳ ב מ׳ משדרנא, ד׳: מסדרינן.

(89) א"פ ורשב"ם: שדא, שאר כ"י לי.

(90) מ׳: שדרינן.

(91) מ׳: שדרינן, ד׳: משדרין.

(92) מ׳ א׳ ו׳, ד׳: משדרנא.

מַשְׁהוּ מַשְׁהִים — They wait, linger, delay

מַשְׁהֵי מַשְׁהֵא — He waits, lingers, delays

מַשְׁהִינַן אָנוּ מַשְׁהִים — We wait, linger, delay

לָא מַשְׁהִינַן (יב׳ לט א, ב[94], מז ב[94]) אֵין אָנוּ מַשְׁהִים

We do not wait, linger, delay

מְשׁוֹ רָחֲצוּ (ידים), רַחֲצוּ (ידיכם)

They wash (their hands), wash (your hands) (*imp.*)

מָשׁוֹ רוֹחֲצִים (ידים) — They wash (their hands)

מִשְׁוָוא (ב״מ סה א) שָׁוֶה (מ) — Evaluating its worth

מְשַׁוּוּ (גט׳ ל א, סו א) עוֹשִׂים — They make, i.e., appoint

מַשְׁוַרְתָּא דְפוּרְיָא (סנ׳ סד ב) מַקְפֵּצָה שֶׁל פּוּרִים[95]

A stirrup over a bonfire on Purim *(Aruch)*, the children's jumping over a bonfire on Purim *(Rashi)*

מְשׁוֹחָאָה הַמָּשׁוֹחַ (=המודד)[96] — The measurer

מַשְׁוֵי גוּמוֹת (שבת קמ ב) מַשְׁוֶה (=מְיַשֵּׁר) גוּמוֹת

He levels out the holes

מַשְׁוֵי (ב״מ פ ב) מוֹזִיל — He reduces the price

לָא מְשַׁוֵּי אֱינִישׁ [נַפְשֵׁיהּ — מ׳] (ב״ק נא ב)

אֵין אָדָם עוֹשֶׂה עַצְמוֹ — A person does not pretend

מְשַׁוֵּי (לְ–) עוֹשֶׂה (אֶת-) — He makes (that)

מְשַׁוְיָא עוֹשָׂה — She does

משוויה (יב׳ נט רע״א) מ׳: משווא (=משויא)

משוין (מעי׳ ה ב) מ׳ ורש״י: משוו

מְשַׁוֵּינַן אָנוּ עוֹשִׂים — We do

מְשַׁוֵּית אַתָּה עוֹשֶׂה, תַּעֲשֶׂה — You so, you will do

מְשׁוּךְ (גט׳ נב א) מָשְׁכוּ — They pulled

משוך (ב״מ עב ב) ה׳ פ׳: משיך

מְשַׁ(ו)מַּת (שבת סז א[97], מ״ק יד ב[98]) מְנֻדֶּה

Excommunicated

מְשׁוּנִיתָא (ב״מ קח ב ועוד) מְשֻׁנִּית[99]

Sloping rock projection (that cannot be cultivated)

מְשַׁח (כרי׳ ה ב) מָשַׁח — He anointed

מְשַׁח שֶׁמֶן — Oil

מְשַׁח מָדַד — He measured

קָא מָשַׁח (שבת קנז ב) מוֹדֵד — He measures

מְשַׁח אוּדְנֵיהּ (שבת קנה ב) מִדַּת אָזְנוֹ

The size of his ear

מִשְׁחָא שֶׁמֶן — Oil

מִשְׁחָא (שבת יט א) מִדָּה — Measure

מִשְׁחָא דַחֲפִיפוּתָא (כתו׳ יז ב) שֶׁמֶן חֲפִיפָה[1]

Perfumed oil used under the wedding canopy

מִשְׁחָא דְקָאזָא[2] (שבת כא א) שֶׁמֶן שֶׁל כֻּתְנָה

Cottonseed oil

מְשַׁחֲדָא (גט׳ פד סע״א) מְשַׁחֶדֶת — She bribes

משחדינא (תע׳ כד סע״א) ר׳ משחידנא — Cf.

מְשַׁחוּ (בכו׳ ח ב) מִדּוּ, מִדְדוּ (צ) — Measure! (*imp.*)

מִשְׁחַט שָׁחוֹט (מ) — Slaughtering

לְמִשְׁחַט (בר׳ לא ב ועוד) לִשְׁחֹט — To slaughter

לְמִשְׁחֲטֵיהּ (כתו׳ ז א) לִשְׁחֹט אוֹתוֹ — To slaughter it (*m.*)

מְשַׁחֵידְנָא[3] (תע׳ כד סע״א) אֲנִי מְשַׁחֵד (=מפייס)

I pacify, appease

מַשְׁחֵיהּ (ב״ב קו ב) מָדַד אוֹתוֹ — He measured it (*m.*)

מָשְׁחִינַן אָנוּ מוֹדְדִים — We measure

מישחל[4] (יומא עח א) ר׳ שחלי — Cf.

כְּמִשְׁחַל בִּנִיתָא מֵחֲלָבָא (בר׳ ח א[5], מ״ק כח א[6])

כִּמְשִׁיכַת שַׂעֲרָה מִתּוֹךְ הֶחָלָב

Like removing a hair from milk

עֵצִים דְּמִשְׁחַן (סוכה מ א, ב״ק קא ב) עֵצִים שֶׁל חִמּוּם[7]

93) מ׳, ד׳: משגרינן.

94) מ׳, ד׳: שהינן.

95) ערוך (ע׳ שור): ״מנהג בבבל ובעולם הבחורים עושים צורה בדמות המן ותולין אותה על גגותיהן ד׳ וה׳ ימים, ובימי הפורים עושין מדורה ומשליכין אותה צורה לתוכה ועומדים סביבה ומזמרין, ויש להן טבעת תלויה בתוך האש שנתלין וקופצין מצד האש לצד האש ואותה טבעת נקראת משוורתא כלומר בית קפיצה. וכן נמי הטבעת שתולין בחמור ובסוס, שהרוכב בה מניח רגלו וקופץ באחרת ועולה על גבי בהמה נקראת משוורתא״. ועי׳ גם רש״י.

96) וברבים: משׁוֹחוֹת (משנה עירוי׳ ספ״ד).

97) הגהתי.

98) ר״ח, מ׳: מישמת.

99) תל עפר, שאינו ראוי לזריעה.

1) ע׳: מישחא דחפופתא ... פי׳ שמן של בשמים שמתוקן לחופות.

2) = זיהוי ״שמן קיק״ שבמשנה.

3) אה״ת ועי״ ויל׳, מ׳ וד׳: משחדינא.

4) ד׳ וע׳: דמישחל שחיל, מ׳ ומ׳ ב: דשחיל, ר״ח: דשחלי.

5) מ׳ וע׳, ד׳: בניתא.

6) מ׳, ד׳: בניתא.

7) ר״ח בסוכה: עצים שעושים בהם מדורה להתחמם.

Wood for illumination *(Rashi)*, wood for heating *(Rach)*

מְשַׁחֲנָן (כתו׳ י ב, גט׳ ע א) מְחַמְּמוֹת — They (*f.*) warm

מִשְׁחָק (ע״ז כח ב) (ל)שְׁחֹק, (ל)כְתּשׁ

(To) grind, (to) crush

משחר (מנ׳ פח סע״ב) ר׳ אשחורי — Cf.

מַשְׁחֲרֵי מָאנֵיהּ (יומא נב רע״א) מַשְׁחִירִים (פ״ע) כֵּלָיו (=בגדיו) — They blacken his clothing

מַשְׁחֲרֵי כוּתְלֵי (יומא כח ב) מַשְׁחִירִים כְּתָלִים[8]

The (western) walls darken (because the sun is now in the zenith and does not illuminate them as from sunset)

מְשַׁחֲרֵי לָךְ (בר׳ נו רע״א) מְעַבְּדִים אוֹתְךָ

They enslave you

מַשְׁחֲרָן (בר׳ כח א) מַשְׁחִירוֹת (פ״ע) — They (*f.*) blacken

מְשַׁחְרֵר (ב״ב קנה ב) מְשַׁחְרֵר — He frees

מִישְׁחֲתָא מְדִידָה — Measure

מִשְׁטָח(א)[9] פֵּירֵי (ב״ב כט ב) (ל)שְׁטֹחַ פֵּרוֹת

(To) spread out fruit

לְמִישְׁטַח(א)[10] פֵּירֵי (ב״מ קו א) לִשְׁטֹחַ פֵּרוֹת

To spread out fruit

לְמִשְׁטְחִינְהוּ (ביצה יא רע״ב) לִשְׁטֹחַ אוֹתָם (=את העורות) — To spread them (the skins)

למשטפא (סוכה נג סע״א 2, מכות יא סע״א) מ׳ אה״ת וע״י: למשטפיה

לְמִשְׁטְפֵיהּ (שם ושם) לִשְׁטֹף אוֹתוֹ — To flood it (*m.*)

מישטר ר׳ שטר, שטרי, אשטר — Cf.

מָשֵׁי, מָאשֵׁי (שבת עז ב) רוֹחֵץ (ידים)

He washes (his hands)

מְשִׁי (בר׳ מג א, מו ב) רְחַץ — Wash (*s., imp.*)

מַשְׁיָא רוֹחֶצֶת — She washes herself

מְשִׁיחָא הַמָּשִׁיחַ — The Messiah

מְשַׁיֵּיל[11] (ב״ק צב ב) שׁוֹאֵל — He asks

משייל (ביצה כז רע״ב) מ׳: משאיל

מְשַׁיֵּיל (מג׳ כב א[12], תמיד לב א[13]) שׁוֹאֵל — He asks

מַשְׁיְילָא[14] (תע׳ כא ב) מַשְׁאִילָה — She lends

מְשַׁיְילֵי (ב״ק לז א) שׁוֹאֲלִים — They (*m.*) ask

משיילי (תע׳ כא ב) מ׳ ע״י: משיילא

משייליה (הור׳ ד א) מ׳: נישייליה

מְשַׁיֵּילְנָא לְכוּ (תמיד לב א) אֲנִי שׁוֹאֵל אֶתְכֶם

I ask you (*p.*)

לימשיימיה (ב״ק פד סע״א) מ׳ ה׳: למישיימיה

מְשַׁיֵּיר מְשַׁיֵּר — He leaves over

מְשַׁיְּירָא מְשַׁיֶּרֶת — She leaves over

לָא מְשַׁיְּירִינַן (מ״ק ט א) אֵין אָנוּ מְשָׁאִירִים

We do not leave over

מָשֵׁיךְ מוֹשֵׁךְ — He pulls

מְשִׁיךְ מָשׁוּךְ — Pulled

משיכותא[15] (חול׳ מז ב) ר׳ משיכלתא — Cf.

מָשֵׁינָא (ב״מ פה ב, חול׳ קז ב) אֲנִי רוֹחֵץ, אֶרְחַץ

I wash, I shall wash

משירייתי (סנ׳ צה א) מ׳ ואה״ת: משרייתי

משירייתך (סנ׳ כו רע״ב) ע״י ורש״י: משרייתך

מְשֵׁית (חול׳ קז ב) רָחַצְתָּ (ידיך)

You washed (your hands)

מָשֵׁית (שם) אַתָּה רוֹחֵץ — You wash

מְשׁךְ (מג׳ לא א, ב״ק צג רע״א) מְשֹׁךְ (צ) — Pull (*imp.*)

דמשך (ב״מ מח סע״א) מ׳: דמשיך[16]

מָשְׁכָא (פס׳ ד א ועוד) מוֹשֶׁכֶת — She pulls

מָשְׁכָא (כרי׳ ה ב) מוֹשֶׁכֶת, נִשְׁלֶמֶת — Lit., it (*f.*) is extended, i.e., he will live to the end of the year

מִשְׁכָא/ה (פס׳ קיב ב, סוכה יט א ועוד) נִמְשֶׁכֶת

It (*f.*) extends, protrudes

מִשְׁכָא (עירו׳ יט א, ע״ז לו ב) מְשׁוּכָה[17], נִמְשֶׁכֶת

It (*f.*) is pulled

מִשְׁכָא (סוכה ב ב, זב׳ קיג ב) אֹרֶךְ — Length

מַשְׁכָּא עוֹר — Skin

מַשְׁכַּאי (חול׳ נט א) עוֹרִי — My skin

מִשְׁכְּבָךְ (בר׳ נה ב) מִשְׁכָּבְךָ — Your bed

מָשְׁכוּ (פס׳ קיב ב) מוֹשְׁכִים, יִמְשְׁכוּ

They pull, they will pull

מַשְׁכוּהּ (יומא נט א) מְשָׁכוּהוּ — They pulled him

(8) מתחילים להצל, ועי׳ ע׳ ורש״י.
(9) ה׳ ס׳ המקח הרי״ף ועוד.
(10) מ׳ ה׳ ושמ״ק.
(11) אה״ת, ד׳: מטייל (ועי׳ ח״ג שם).
(12) מ׳, ד׳: שייל.
(13) שמ״ק, ד׳: שייל.
(14) מ׳ ע״י, ד׳: משיילי.
(15) ד׳ שונ׳: משיכלתא, ר׳ ב: משכילתא, ה׳: משיכלא.
(16) ה׳: עד שימשוך, ונכון (סיום הבר׳ הוא!)
(17) השוה: משוך (מ׳, ד׳: מושך) בערלתו (סנ׳ לח ב, מד א).

מַשְׁכּוּנָא (שבת קמח ב) מַשְׁכּוֹן — Pawned item, security

מַשְׁכּוֹנַהּ (מג׳ כז ב) (ל)מַשְׁכֵּן אוֹתָהּ

(To) pawn it (*f.*), leave it as security

מַשְׁכּוֹנֵי (ב״ק קו א, ב״מ קיג א) (ל)מַשְׁכֵּן

(To) pledge (to replace him), to serve as security instead of him *Bava Kamma*, to seize as security - *Bava Metzia*

מַשְׁכּוֹנֵיה (ב״ק מ א 3) (ל)מַשְׁכֵּן אוֹתוֹ

(To) seize it (*m.*) as security

מַשְׁכַּ(ו)נְתָּא (ב״ב לב סע״ב — כי״י) מַשְׁכַּנְתָּה — Security

מִשַׁכַּח (ע״ז יט א) מְשַׁכֵּחַ — He keeps on forgetting

מַשְׁכַּח מוֹצֵא — He finds

מִשְׁכַּח שְׁכִיחָא (כתו׳ צז א) מָצוֹא מְצוּיָה

It (*f.*) is frequent, common

מִישְׁכַּח שְׁכִיחֵי מָצוֹא מְצוּיִים

They are frequent, common

מַשְׁכְּחָא (ב״ב יח ב, זב׳ פז א, נדה יט רע״ב[18]) מוֹצֵאת

It (*f.*) is found

משכחו (פס׳ קיב ב) מ׳ מ׳ ב אה״ת ויל׳: משכחי

מַשְׁכְּחִי מוֹצְאִים — They (*m.*) find

מַשְׁכְּחִינַן אָנוּ מוֹצְאִים, נִמְצָא

We find, it will be found

מַשְׁכַּחְנָא אֲנִי מוֹצֵא, אֶמְצָא — I find, I shall find

מַשְׁכַּחַתְּ אַתָּה, מוֹצֵא, תִּמְצָא

You find, you shall find, it can possibly happen

משכחת (נדה יט רע״ב) מ׳: משכח׳ (=משכחא)

מָשְׁכִי (כרי׳ ו א) נִמְשָׁכִים

Flows (*m., p.*), runs continuously

מָשְׁכִי (ע״ז ב ב, זב׳ קיג ב) מַאֲרִיכִים

They continue, persist

משכי (זב׳ קיט ב) ר׳ משכינהו — Cf.

מַשְׁכֵי עוֹרוֹת — Skins

מָשְׁכִי שִׁינֵּיה (בר׳ נד ב) נִמְשְׁכוּ שִׁנָּיו (=נשתרבבו)

His teeth lengthened

מַשְׁכֵיה מָשַׁךְ אוֹתוֹ — He pulled it, him

מַשְׁכֵּיה עוֹרוֹ — His skin

מִשְׁכֵיה (עירו׳ ג א, חול׳ נט ב) אָרְכּוֹ — Its (*m.*) length

מְשִׁיכְלָא סֵפֶל — Cup

מְשִׁיכְלֵי סְפָלִים — Cups

מְשִׁיכְלְתָא (שבת עז ב[19], ע״ז נא ב[20], חול׳ מז ב[21])

סְפְלוֹן (=ספל קטן) — Nice small cup

משכילתא (שבת עז ב, ע״ז נא ב) ר׳ משיכלתא — Cf.

מַשְׁכֵּין (כתו׳ צה ב[22], ב״מ עב א ועוד) מְשַׁכֵּן

He gave as security

מַשְׁכִינְהוּ (ע״ז יא א, זב׳ קיט ב[23]) מָשַׁךְ אוֹתָם

He pulled them, seduced them (*Avodah Zarah*)

מָשְׁכָן (הור׳ יב סע״א 2) מוֹשְׁכוֹת

They (*f.*) flow, run continually

מַשְׁכֵּן (ב״מ סח א ועוד) מִשְׁכֵּן — He gave as security

דמישכן (כתו׳ צה ב) מ׳: משכן

ומשכן (שבו׳ מג ב) מ׳ פ׳ ורי״ף: ואנח

מַשְׁכְּנֵיה מִשְׁכֵּן אוֹתוֹ — He gave it as security

מַשְׁכְּנֵיה וְסִיכֵּיה[24] (פס׳ פ א) אָהֳלוֹ וִיתֵדוֹתָיו

His tent and its stakes

מַשְׁכַּנְתָּא מַשְׁכַּנְתָּה[25] — His immovable property that was given as security for repayment of loan

מַשְׁכַּנְתֵּיה (מג׳ כז ב) מִשְׁכַּנְתִּי אוֹתוֹ

I gave it (*m.*) as security

מַשְׁכְתֵּיה מָשְׁכָה אוֹתוֹ — She pulled it, him

מִשְׁלְהֵי (מ״ק ב א — מת״א) עָיֵף — Tired

מַשְׁלַח (שבו׳ מא א) מַפְשִׁיט

He strips, takes off, takes away (a person's coat)

למישלחא (תמו׳ יד רע״ב) ר׳ למישלחה — Cf.

לְמִישְׁלְחַהּ[26] (תמו׳ יד ב) לְשַׁלֵּחַ אוֹתָהּ — To send it (*f.*)

מַשְׁלְחִי מַפְשִׁיטִים — They strip, take off

מְשַׁלְחֵיף כְּלַפֵּי רֵישֵׁיהּ (נדה כו א) מְשֻׁלְחָף (=צמוד)

(18) מ׳: משכחי, ד׳: משכחת.

(19) מ׳ א״פ וד״י, ד״ח: משכילתא.

(20) ד״פ ורש״י בד״י, ד״ח: משכילתא.

(21) ד׳ שוני, ר׳ ב: משכילתא, ה׳: משיכלא, ד״ח: משיכותא.

(22) מ׳, ד׳: דמושכן, שבו׳ מג ב — ד׳: ומשכן, אבל מ׳ ופ׳ ורי״ף: ואנח (כמו בב״מ פב א).

(23) כי״י, ד׳: משכי.

(24) כך הסדר בא״פ רש״י ותוס׳, ד׳: סיכיה ומשכניה.

(25) משכון נכסי דלא ניידי על הלואה.

(26) מ׳, ד׳: למישלחא.

כְּלַפֵּי רֵאשׁוֹ[27] Overlaps its (the embryo's) head

מְשַׁלְּחָן (כתו׳ נא ב) מְשַׁלְּחוֹת[28]

They prepare and stretch out

מְשַׁלחפי ר׳ שלחופי Cf.

מַשְׁלַחַת (בר׳ נו ב) אַתָּה מַפְשִׁיט You strip

מִשְׁלַט (סוכה ב ב) שָׁלוֹט (מ) Dominating

מְשַׁלְּטֵי (קידו׳ עג רע״ב) גְּדוֹלִים[29] Large (*m., p.*)

מַשְׁלֵי (ב״מ צב ב) שׁוֹלֶה He draws out (to fill)

מִשְׁלֵי (שם) שָׁלוּי Drawn out

מַשְׁלִים[30] (שבת קיט א) מוֹסֵר He hands over

מַשְׁלִימְנָא (חגי׳ ה א) אֲנִי מוֹסֵר I hand over

לָא מְשַׁלֵּימְנָא (ב״ק נז ב) אֵינִי מְשַׁלֵּם I do not pay

מְשַׁלֵּיף (ב״ק צג ב) מְנַתֵּק He severs, pulls apart

מַשְׁלֵיף (ב״מ פט א) עוֹקֵר He uproots

לְמִישְׁלַל קְרָעַיְיהוּ (מ״ק כה סע״א) לִשְׁלֹל קְרָעֵיהֶם[31]

To loosely sew up, to baste (where he tore his garment)

מִישְׁלַם (כתו׳ נ א ועוד) נִגְמָר It terminates

מְשַׁלֵּם מְשַׁלֵּם He pays

מִשְׁלַם (תע׳ כה א, מג׳ כג א) שָׁלֵם, מְשֻׁלָּם

Whole, complete

מִישְׁלַם (נזיר יד ב) תֹּם, סִיּוּם End, finish, completion

בְּמִישְׁלַם (ב״מ סז ב ועוד) בְּתֹם, בְּהִגָּמֵר

At the end, when it has terminated

לְמִישְׁלַם (נדר׳ נ א) לְסוֹף־ At the end of...

מְשַׁלְּמָא (ב״ק מח א) מְשַׁלֶּמֶת It (*f.*) pays

מְשַׁלְּמִי מְשַׁלְּמִים They pay

מִשְׁלְמִי (סנ׳ יד ב) נִגְמָרִים Finished (*m., p.*)

לָא [מְ]שַׁלְּמִיתוּן[32] (סנ׳ ל א) אֵינְכֶם מְשַׁלְּמִים, לֹא תְשַׁלְּמוּ

You do not pay, you will not pay

מְשַׁלְּמַת (ב״ק יג סע״ב) אַתָּה מְשַׁלֵּם You pay

מִישְׁלַף (שבת קיב א) שָׁלוּף (מ) Taking off, removing

מִישְׁלַף (יב׳ קב ב) חָלוּץ (נעל)

Taking off, removing (shoe)

לְמִישְׁלַף (תע׳ כד ב) לַחֲלֹץ To take off, remove shoe

מְ[י]שַׁלְּפָא (שבת נט ב — מ׳) מִתְפָּרֶקֶת[33]

She takes off, removes, divests herself

מִישַׁלְּפָא (שבת פג ב) מְפָרֶקֶת

Taken apart, removed

למשלפא (גט׳ נו ב) מ׳ וד״י: למשלפיה

לְמִישְׁלְפַהּ (גט׳ לג ב) לַעֲקֹר אוֹתָהּ, לְבַטְּלָהּ

To uproot it (*f.*), to annul it (*f.*)

משלפו (שבת קמ רע״ב) מ׳: מישלפיה

לְמִשְׁלְפֵ[י]הּ[34] (בר׳ נד ב) לְהוֹצִיאוֹ, לְשָׁלְפוֹ

To take it (*m.*) off, to remove it (*m.*)

לְמִשְׁלְפֵיהּ[35] (גט׳ נו ב) לַחֲלֹץ אוֹתוֹ

To take off (his shoe)

מִישְׁלְפֵיהּ[36] (שבת קמ רע״ב) לְשָׁלְפוֹ

To remove it, to take it off

מְשַׁלְשֵׁל (שבת קו א) מְשַׁלְשֵׁל

It causes abdominal secretions, diarrhea

מְשַׁלְשְׁלָן (כתו׳ י ב, גט׳ ע א) מְשַׁלְשְׁלוֹת[37]

They cause abdominal secretions, diarrhea

מַשְׁמוּטָא (ע״ז טו סע״ב) מַשְׁמוּט[38]

A thief who stealthily snatches money and runs away

מַשְׁמוּשֵׁי (ב״מ כא ב) (לְ)מַשְׁמֵשׁ (To) feel, touch

לְמַשְׁמוּשֵׁי (עירו׳ מא ב) לְהָכִין, לְהַתְקִין To prepare

מְשַׂמַּח (בר׳ לה ב) מְשַׂמֵּחַ

He gladdens, makes happy, causes joy

מִשְׁמָט (ב״ב כח ב) שָׁמוּט (מ)

Plucking (and eating) stealthily

מְשַׁמְּטָא (גט׳ לו א-ב) מְשַׁמֶּטֶת It (*f.*) annuls the debts

לְ[מְ]שַׁמְטֵיהּ (ב״ב עד רע״ב — מ׳) לְשַׁמֵּט אוֹתוֹ

To remove it *(Rashi)*

מַשְׁמִישׁוּ[39] (חול׳ נ א) מְשַׁמְשׁוּ They touch, feel

(27) ע׳: פי׳ דאביק ליה (= שצמוד לו) עד מתניו ומשם ולמעלה כלפי ראשו.

(28) רש״י: מזמנות ומושיטות.

(29) ע״פ הערוך (ושם: גדולות). רש״י: איבריו מתוקנים וישנים. ר״ח גורס: משלבי — משולבים.

(30) מ׳ ורי״ף: משלם. ופי׳ רש״י: היה מזמן להם מעותיהם.

(31) = לחבר את הקרעים בתפירה גסה.

(32) השלמתי ע״פ מ׳ ופי׳: משלמתון.

(33) מלשון ״ויתפרקו כל העם את נזמי הזהב וגו׳״ (שמ׳ לב ג).

(34) מ׳ אה״ת וע״י.

(35) מ׳ ד״ו וע״י, ד׳: למשלפא.

(36) מ׳, ד׳: משלפו, וע׳ ח״ג שם.

(37) = גורמות שלשול.

(38) ע׳: גזלן בעלמא שעומד במקום צנוע ושומט בגדים מבני אדם ובורח.

(39) כ״י, ד׳: ממשמשו.

מְשַׁמֵּית (מ״ק יז א, נדר׳ ז ב) מְנַדֶּה He excommunicates

מַשְׁמָע שָׁמוּעַ (מ) Hearing

בַּר־מִישְׁמָע (נדר׳ עג א) בֶּן־שְׁמִיעָה[40] Possesses faculty of hearing

לְמִשְׁמַע לִשְׁמֹעַ, לִלְמֹד To listen, to learn

מִשְׁמַע לָא שְׁמִיעַ לִי/לָךְ (כתו׳ נג ב) שָׁמוֹעַ לֹא שָׁמַעְתִּי/שָׁמַעְתָּ I didn't/you didn't hear

מְשַׁמַּע (בר׳ מז ב, מ״ק כה א) מְשַׁמֵּשׁ He serves

מְשַׁמַּע לֵי(ה) (מ׳) קַמֵּיהּ (מ״ק כה סע״א) הָיִיתִי מְשַׁמֵּשׁ לְפָנָיו (הב״ח) I would serve before him

מַשְׁמַע מַשְׁמִיעַ It lets hear, it implies, it causes to understand

קָא מַשְׁמַע לָן מַשְׁמִיעֵנוּ, מְלַמְּדֵנוּ It lets us hear, it teaches us

מַשְׁמַע מוּבָן Understood

מַשְׁמַע לֵיהּ (הור׳ ט א) מוּבָן לוֹ[41] He understands it

לָא מַשְׁמַע לְהוּ אֵינָם לְמֵדִים They do not want to draw a deduction, to accept the reasoning

משמע (עירו׳ סה א) כ״י: משתמעי

משמעתיה (נדה כ א) מ׳: שמעתי׳

מִשְׁמַרְתֵּיהּ (מ״ק יז ב) מִשְׁמַרְתּוֹ His guard

מְשַׁמֵּשׁ מְשַׁמֵּשׁ He serves

מַשְׁמֵשׁ (בר׳ סב סע״א, חול׳ נ א — כ״י) מְשְׁמֵשׁ He searches for, he feels, he touches

מְשַׁמֵּשׁ (יומא עג א[42], פס׳ קיא א[43], ב״ב קכז ב[44], ע״ז י ב[45]) מְשַׁמֵּשׁ He serves, he engages in intercourse

משמש (שבת קנד ב, קנה א) מ׳: משתמש

מְשַׁמְשָׁא (פס׳ קיא א[46], כתו׳ ס ב 2) מְשַׁמֶּשֶׁת (תשמיש המטה) She engage in intercourse

מְשַׁמְשִׁי (בר׳ נט ב) מְשַׁמְּשִׁים (כנ״ל) They engage in intercourse

מְשַׁמְשִׁי שַׁמּוּשֵׁי (בכו׳ ח ב) מְשַׁמְּשִׁים תַּשְׁמִישׁ They engage in intercourse

מְשַׁמְשִׁי עַרְסַיְיהוּ (גט׳ נח א) מְשַׁמְּשִׁים מִטּוֹתֵיהֶם They engage in intercourse

משמשי (סוכה מו א) מ׳: ממשמשי

משמתינא[47] (סנ׳ כו סע״ב) ר׳ משמתינן Cf.

מְשַׁמְּתִינַן אָנוּ מְנַדִּים We excommunicate

מְשַׁמַּתְנָא (נדר׳ ז סע״א-רע״ב 4) אֲנִי מְנֻדֶּה I am excommunicated

מְשַׁנּוּ בְּדִבּוּרַיְיהוּ[48] (ב״מ כג סע״ב) מְשַׁנִּים בְּדִבּוּרָם[49] Lit., they change their words, they don't answer the question correctly

מְשַׁנֵּה מְשַׁנֶּה He changes

למשני (סנ׳ נט א) מ׳ פ׳: למיכתב

מְשַׁנֵּי מְתָרֵץ He answers, resolves difficulty

מְשַׁנְיוּתָא (בכו׳ מד א) מְשֻׁנּוֹת Lit., dissimilar, i.e., strabismus, lack of alignment of the eyes

משנייא (כתו׳ ב רע״ב) מ׳: משניין

למשנייה[50] (פס׳ קיג ב) ר׳ למסנייה Cf.

מְשַׁנְיָין (שבת קמח א, ביצה ל א, כתו׳ ב רע״ב[51]) מְשַׁנּוֹת They (*f., p.*) change

לָא מְשַׁנֵּינָא (ב״ק מג א) אֵינִי מְתָרֵץ I do not answer, resolve difficulty

מְשַׁנֵּינַן אָנוּ מְתָרְצִים, נְתָרֵץ We answer, resolve, we will answer, resolve

מְשַׁנֵּינַן אָנוּ מְשַׁנִּים We change

מְשַׁנֵּית (חול׳ יז א, נדה לג ב) אַתָּה מְתָרֵץ, תְּתָרֵץ You answer, resolve, you will answer, resolve

מְשַׁסּוּ[52] (ב״ק כד ב) מְשַׁסִּים They set (the dog) on

משסי (שם) כ״י: משסו

מְשַׁעְבֵּיד נַפְשֵׁיהּ מְשַׁעְבֵּד עַצְמוֹ He undertakes an obligation

אע״ג דמשעבד ליה[53] (ע״ז סג ב) ר׳ משתעבדי Cf.

---

(40) = שומע (בניגוד לחרש).

(41) כלומר: הוא לומד ממנו.

(42) בבית המקדש.

(43) תשמיש המטה.

(44) ה׳: דמשמע.

(45) ד״י וכ״י ספ׳: משמע.

(46) מ׳, ד׳: משמשה.

(47) מ׳: משמתינן, ד״ו: משמתינ׳.

(48) כל כ״י ואה״ת ועוד, ד׳: במילייהו.

(49) = אינם עונים תשובה נכונה לאותה שאלה.

(50) ילי כ״י: למסנייה, מ׳ ב: דליסנייה, א״פ וע״י: ומסנייה, מ׳ לי׳.

(51) מ׳, ד׳: משנייא.

(52) כ״י, ד׳: משסי.

(53) מ׳: אע״ג דמשתעבדי ליה נכסי לשלומי.

מְשַׁעְבַּד (נד׳ כד א כ״פ ועוד) מְשֻׁעְבָּד, מִשְׁתַּעְבֵּד — He is subjugated, obligated, he subjugates (obligates) himself

מְשַׁעְבְּדָא (קידו׳ ז רע״א, נדר׳ טו ב[54]) מִשְׁתַּעְבֶּדֶת, מְשֻׁעְבֶּדֶת — She is subjugated (obligated), she subjugates (obligates) herself

מְשַׁעְבְּדֵי מְשֻׁעְבָּדִים — Subjugated, mortgaged (*m., p.*)

מְשַׁעְבְּדִי (יב׳ מו א, ב״מ עג ב, סנ׳ קו א) מְשַׁעְבְּדִים — They subjugate, obligate

מְשַׁעְבְּדָן (נדר׳ פה ב, ערכ׳ ח א) מְשֻׁעְבָּדוֹת — They (*f.*) are subjugated, under obligation

[מְ]שַׁעְבַּדְנָא (גט׳ יג ב — כי״י ורש״י) אֲנִי מְשֻׁעְבָּד — I am subjugated, under obligation

משעבדת (נדר׳ טו ב) ר׳ משעבדא — Cf.

לְמִשְׁעֲיֵיהּ (ב״ב ד א) לְצַפּוֹתוֹ — To plate it

למשעיין[55] (סוכה נא ב) ר׳ למשעייה — Cf.

מְשַׁעֵר (קיד׳ יב א ועוד) מְשַׁעֵר — He evaluates, estimates

מְשַׁעֲרִינַן אָנוּ מְשַׁעֲרִים — We evaluate, estimate

מְשַׁפּוּ נִכְסֵיהּ (ב״מ ע א) נְכָסָיו שְׁפוּיִים[56] — Lit., his property is at peace, i.e. his property rights are uncontested

מְשַׁפֵּי (מנ׳ קא א) מַקְצִיעַ — He planes, smoothes

משפיא (ב״ב ג א 3) כי״י וראשונים: משפיין

מִשְׁפְּיֵיהּ (חול׳ קיב ב) (ל)עָרוֹתוֹ — (To) pour it

מְשַׁפְיָין (ב״ב ג א, סט א כ״פ) מְשֻׁפּוֹת[57] — Polished, smoothed (*f., p.*)

לָא מְשַׁפְיָין (גט׳ נב א) אֵינָן מְשֻׁפּוֹת[58] — Lit., they are not at peace, i.e. their ownership is contested

מַשְׁפִּילְנָא מִינַּיְיהוּ[59] (ע״ז כו א) אֲנִי מַשְׁפִּילָה (=הוֹרֶגֶת) מֵהֶם — Lit., I lower them, i.e., I kill them

מְשַׁפַּע (סוטה כב ב, ב״מ כו א) מְשֻׁפָּע — Inclined

מְשַׁפְשֵׁף (שבת קנד ב) מְשַׁפְשֵׁף — He rubs

משקדי (ע״ז כח ב) מ׳ וע׳: משקרי

מַשְׁקוּ מַשְׁקִים (ב) — They give to drink

מַשְׁקֵי מַשְׁקֶה (ב) — He gives to drink

מַשְׁקֵי בֵי מַדְבְּחַיָּא (פס׳ יז א) מַשְׁקִים שֶׁל הַמִּזְבֵּחַ[60] — Altar liquids (oil and wine of the libations)

מַשְׁקֵי בֵית מִטְבְּחַיָּא (פס׳ יז א) מַשְׁקֵה בֵית הַמִּטְבָּחַיִם (דם ומים) — Slaughterhouse liquids (blood and water)

משקיל (שבת כב ב) מ׳: משקל

אֲנָא מַשְׁקֵינָא (גט׳ ס ב) אֲנִי אַשְׁקֶה — Lit., I shall give (you to) drink, i.e., I shall teach you Torah

מַשְׁקֵינַן (סנ׳ כ א) אָנוּ מַשְׁקִים — We give him to drink

מְשַׁקַ(י)ף (ע״ז כח ב — מ׳ וד״י ורש״י) חָבוּט — Beaten

מִישְׁקַל, לְמִישְׁקַל לִיטוֹל, לָקַחַת — To take

למשקל ומיטרח (סוטה ז ב, ב״ק צב א) ר׳ מיטרא — Cf.

למשקל עצה (ב״ב ג סע״ב) אה״ת: למיסב עצה

למשקלא (שבת קכג א) מ׳: למישקל

מַשְׁקְלָא (ב״מ כג ב) מִשְׁקָל — Weight

משקלי (ערכ׳ יח ב) ר׳ שקולי — Cf.

מִשְׁקְלֵיהּ (ע״ז יב סע״א) לִיטוֹל אוֹתוֹ — To take it (*m.*)

לְמִשְׁקְלֵיהּ (ב״מ כז ב) לִיטוֹל אוֹתוֹ — To take it (*m.*)

מְשַׁקַּע (זב׳ כא ב ועוד) מְשַׁקֵּעַ — He immerses

מְשַׁקְּעָא (יומא לז א) מְשַׁקַּעַת — It (*f.*) immerses

מְשַׁקְּעֵי (פס׳ קטו רע״ב) מְשַׁקְּעִים (=מְטַבְּלִים עָמֹק) — They immerse (in *mikveh*)

מְשַׁקַּר מְשַׁקֵּר — He lies

מְשַׁקְּרָא[61] מְשַׁקֶּרֶת — She lies

משקרה (נדר׳ צא א) ר׳ משקרא — Cf.

מְשַׁקְּרֵי מְשַׁקְּרִים — They lie

מְשַׁקְּרֵי[62] **חֶלְזָ(ו)נֵי** (ע״ז כח ב — מ׳) נַרְתִּיקֵי חֶלְזוֹנוֹת[63], צְדָפִים — Snail shells

מְשַׁקְּרִיתוּ (גט׳ נז א) אַתֶּם מְשַׁקְּרִים — You (*p.*) lie

מְשַׁקְּרַת (סנ׳ צד א) אַתָּה מְשַׁקֵּר — You (*s.*) lie

מִישָּׁרָא (כלאים ב ו) עֲרוּגָה, מֵשָׁר — Garden bed

מֵשָׁרָא (בכו׳ ח ב 2) עֲרוּגָה — Garden bed

מִישְׁרָא (ל)הַתִּיר (קשר)(איסור) — To undo, permit

54) ד׳ משעבדת, מ׳: משעבד׳.

55) מ׳ מ׳ ב ע״י וד׳ פיזרו: למשעייה, ד״י: למשעי׳.

56) = נכסיו שקטים, שאין עליהם ערעור.

57) נעשו חלקות ע״י סיתות.

58) רש״י: לא יהו משוקטות אצלו, שמא יצא עליו ערעור.

59) ״דמא״ לי׳ במ׳.

60) שמן ויין של נסכים.

61) נדר׳ צא א — פ״א — ד״ח: דמשקרה, מ׳: דמשקר׳, ד״ו: דמשקרא.

62) מ׳ וע׳, ד׳: משקדי.

63) עה״ש (חלזון ג׳): אדומים שבחלזונות.

לְמִישְׁרָא לְהַתִּיר To undo, permit

לְמִישְׁרָא (גט׳ סט ב) לְהַתִּיר (עצירת מעיים)

To terminate constipation

לְמִישְׁרָא (ב)תִיגְרֵיה (שבו׳ ל סע״א — מ׳ פ׳ ור״ח)

לְהַתִּיר רִיבוֹ[64] To decide his judgment

לְמִישְׁרָא (סנ׳ קב ב) לִבְצֹעַ (בסעודה)

To slice the bread

מְשַׁרְבְּטִי נַפְשַׁיְיהוּ (שבת צב א) מְשַׁרְבְּטִים אֶת־עַצְמָם[65] They drop themselves in order to escape from those carrying them (Rashi), they do not let themselves be carried (*Rach*)

מְשָׁרוּ (פס׳ קיא ב, כתו׳ יז א) שָׁרִים They (*m.*) sing

מְשָׁרוּ (שרר) מַזְיָיא (נדה סו ב) מַקְשִׁים הַשֵּׂעָר

They (*m.*) harden the hair

מַשְׁרֵי (קידו׳ עו ב) מַשְׁרֶה, מְאָרֵחַ

He hosts, provides shelter for

מֵישָׁרֵי (שבת קי׳ ב) עֲרוּגוֹת Garden beds

לְמִישְׁרֵי לְהַתִּיר To undo, permit

לְמִשְׁרֵי (בר׳ מו א) לִבְצֹעַ (בסעודה) To slice the bread

מישרי (כרי׳ ח ב) מ׳: משתרי

לְמִישְׁרְיֵיה לְהַתִּירוֹ To undo, permit it, him

מְשָׁרְיָין (כתו׳ יז א[66], סנ׳ יד א) שָׁרוֹת They (*f.*) sing

מַשְׁ(י)רְיָיתִי[67] (סנ׳ צה א) צְבָאִי My army

מַשְׁרְיָיתֵיהּ (סנ׳ כו סע״א) צְבָאוֹ His army

מַשְׁ(י)רְיָיתָךְ[68] (סנ׳ כו רע״ב) צְבָאֲךָ Your army

משריין (כתו׳ יז א) ר׳ משריין Cf.

משריק (ב״ב ד רע״ב) כי״י: דשריק

מַשְׁרִיק[69] (חול׳ נב סע״א) מַחֲלִיק (=גּוֹרֵם לְהַחְלָקָה)

It makes it slippery

מִשְׁרַף (נדה ד א) שָׂרוּף Burning

לְמִשְׁרַף (שבת מח ב, ב״מ עד א) לִשְׂרֹף To burn

מִישְׁרַף (נז׳ לו ב) גָּמוּעַ Swallowing

מִישְׁרַף (כרי׳ כב א) שָׁאוּב To draw

מַשְׁרְקִי (ב״ק ל ב) מַחֲלִיקִים (=גורמים החלקה)

They cause to slip

למחפר ולמשרש[70] (ב״ב פב א) מ׳ ה׳ ר׳ (עב׳):

דלחפור ולשרש To dig (it) up and uproot (it)

מְשָׁרְשׁוּ (מ״ק יב א) מַרְוִיחִים They gain

מְשָׁשָׁא מַמָּשׁ A matter of substance

מִישְׁתָּא, לְמִישְׁתָּא לִשְׁתּוֹת To drink

מִשְׁתַּבַּח מִשְׁתַּבֵּחַ He prides himself

מִשְׁתַּבַּח לֵיהּ... בְּ... (ביצה כא א ועוד) מִשְׁתַּבֵּחַ לוֹ ... בְּ- (=מְשַׁבֵּחַ אֶת-)

Lit., he praises himself in..., i.e. he speaks with pride about, commends..., he lauds (someone) as being

מִשְׁתַּבְּחִין לֵיהּ רַבָּנָן... (בר׳ לח סע״א) מִשְׁתַּבְּחִים חֲכָמִים בְּ- Lit., the Sages praise themselves in..., i.e. they speak with pride about, commend..., they laud (someone) as being

מִשְׁתְּבַע נִשְׁבָּע (ב) He swears, takes an oath

מִשְׁתַּבְעָא (ב״מ מב א) נִשְׁבַּעַת

She swears, takes an oath

מִשְׁתַּבְעִי (קידו׳ מג ב ועוד) נִשְׁבָּעִים

They swear, take an oath

הֲוָה מִשְׁתְּבַעְנָא (שבו׳ לב ב) הָיִיתִי נִשְׁבָּע

I would swear, take an oath

כִּי מִשְׁתַּבַעְנָא (כתו׳ פה א) כְּשֶׁאֶשָּׁבַע

When I shall swear, take an oath

לָא מִשְׁתַּבֵּשׁ אֵינוֹ טוֹעֶה He is not mistaken

מִשְׁתַּדְּפָא (ב״מ קו א) נִשְׁדֶּפֶת

It was blasted (struck by violent gust of wind)

משתדפו (ב״מ קו א) ר׳ א ב: נשתדפו[71] (בעברית)

מִשְׁתַּדְּפָ(י)ן[72] (גט׳ נב א) נִשְׁדָּפוֹת, יִשְׁתַּדְּפוּ

They (*f.*) are blasted (struck by violent gust of wind), they will be blasted

משתה (ב״מ פו סע״א) כי״י: מישתא

משתהא (יב׳ פ ב) מ׳: משתהי (כמו בסמוך)

(64) = לגמור את דינו.

(65) ר״ח: מתרשלין ואין נושאין את עצמן. ועי׳ רש״י.

(66) מ׳, ד׳: משרין.

(67) מ׳ ואה״ת, ע״י: משריתי.

(68) ע״י ורש״י, מ׳: משרתי׳, אה״ת: סיעתך.

(69) מ׳: מישרק, רש״י מישתריק, ה׳: משתריג.

(70) כך בכמה ד״ח, ד״ו: ולשרש.

(71) מ׳: נשדפו, בד: מ= ני.

(72) ד״ו, מ׳: משתרפן.

מִישְׁתַּהֵי (שם) מִשְׁתַּהֵא — He is late, delayed

אִי מִשְׁתַּהֵינָא (גט׳ עו ב 2) אִם אֶשְׁתַּהֵא — If I am late, delayed

מַשְׁתּוּקָא (מג׳ יח א) שְׁתִיקָה — Silence

מִשְׁתֵּי (שבת קט ב[73]) שָׁתֹה — Drinking

לְמִישְׁתֵּי לִשְׁתּוֹת — To drink

מִשְׁתְּיָא שְׁתִיָּה — Drink

מִשְׁתְּיָ[א][74] (שבת קנב א) שְׁתִיָּה — Drink

מִשְׁתְּיָא[75] (מג׳ יג א) מִשְׁתֶּה — Feast, banquet

מישתיה (חול׳ קה ב) ד״ו ואה״ת: מישתייה

מִישְׁתְּיֵיהּ (שם) שְׁתִיָּתוֹ — Drinking it

מִשְׁתְּיָ[י]ךְ[76] (פס׳ קיד א) שְׁתִיָּתְךָ — Your (*m., s.*) drinking

מִישְׁתַּיְירִי (סוכה לז ב) נִשְׁאָרִים — They remain

דְּלָא מַשְׁתִּים[77] (שבת קלד א 2) שֶׁאֵינוֹ מַשְׁתִּין[78] — He cannot urinate

מַשְׁתֵּיק (חול׳ סו א 3) מְשַׁתֵּק — He silences

מִישְׁתְּיַר נִשְׁאַר (ב) — He, it remains

מַשְׁתִּיתָא (נדה נח א) מַסֶּכֶת (לאריגה) — Web

מִשְׁתְּכַח נִמְצָא (ב) — He, it is found

מִשְׁתַּכְחָא נִמְצֵאת — She, it is found

מִשְׁתַּכְחָא (פס׳ נא א) נִשְׁכַּחַת, תִּשָּׁכַח — It (*f.*) is forgotten, it will be forgotten

לָא מִשְׁתַּכְחָא (עירו׳ עג ב, כתו׳ קג ב) לֹא תִשָּׁכַח — It (*f.*) will not be forgotten

מִשְׁתַּכְחִי נִמְצָאִים, יִמָּצְאוּ — They (*m.*) are found, they will be found

מִשְׁתַּכְחִין (סנ׳ קיא א) נִמְצָאִים — They are found

מִשְׁתַּכְחִין (תמו׳ כב א) יִמָּצְאוּ — They (*m.*) will be found

משתכחת (יב׳ קכב א) מ׳: משכחת

משתכחת[79] (שבת קי ב) ר׳ משתכח — Cf.

מְשַׁתְּכִי[80] (שבת קב ב, ב״ב יט א) מַחֲלִידִים — They (*m.*) become rusty

מִישְׁתְּלַח (חול׳ נט א) (עור) נִפְשָׁט — The skin comes off

מִשְׁתְּלֵי שׁוֹכֵחַ אוֹ שׁוֹגֶה — He forgets or he errs

מִשְׁתַּלֵּים (פס׳ כח א) מִשְׁתַּלֵּם (=מקבל תשלום) — He receives payment

מִשְׁתְּלֵינָא (נז׳ יב ב) אֲנִי שׁוֹכֵחַ, אֶשְׁכַּח, אֶשְׁגֶּה — I forget, I shall forget, I shall err

מִשְׁתְּלִיתוּ (ע״ז עב ב) אַתֶּם שׁוֹכְחִים, תִּשְׁכְּחוּ, תִּשְׁגּוּ — You (*m., p.*) forget, you will forget, you will err

מִשְׁתַּלְמָא (ב״ק יג א) מִשְׁתַּלֶּמֶת (=מקבלת תשלום) — It (*f.*) is paid

מִשְׁתַּלְמִי (ב״ק מ ב) מִשְׁתַּלְּמִים (=מקבלים תשלום) — They are paid

מִשְׁתַּלֵּימְנָא (ב״ק ט א, יג א[52], לד א) אֶשְׁתַּלֵּם (=אקבל תשלום) — I shall be paid

מִשְׁתַּלְפִי (שבת צט א, חגי׳ יב א) מִתְפָּרְקִים — They separate, pull apart, slide apart

מִשְׁתַּלְפִי (פס׳ נא א[82], חול׳ צג א) נִשְׁלָפִים — They become detached, fall off

משתלפין (פס׳ נא א) כי״י: מישתלפי

מִשְׁתַּמְטָא (ב״ק נח א, חול׳ נג א) נִשְׁמֶטֶת — It (*f.*) slips away, breaks loose

משתמטא (שבת פב רע״א) מ׳: משתמטי

מִשְׁתַּמְטִי[83] (שם) נִשְׁמָטִים — They slip away

מִשְׁתַּמֵּיט מִשְׁתַּמֵּט, נִשְׁמָט — He slips away

מָצֵי מִשְׁתַּמֵּיט יָכוֹל לְהִשְׁתַּמֵּט — He can escape, he can present an excuse

מִשְׁתַּמַע (עירו׳ קד א, זב׳ כא ב) נִשְׁמָע (ב) — It is heard

מִשְׁתַּמְעִי (ר״ה כז א) נִשְׁמָעִים — They (*m.*) are heard

(73) מ׳: ומישתא. הנוכל אפוא לקבוע כלל: בלא למ״ד — באל״ף (מישתא), בלמ״ד — ביו״ד (למשתי).

(74) אה״ת, מ׳: מישתיא.

(75) אה״ת: משתייא.

(76) מ׳, אה״ת ליי.

(77) ע׳ (ע׳ שתם), ד״ח: מנשתיה (ור׳ ח״ג שם), מ׳: מנשתין, לינשתין.

(78) ע׳: שאינו יכול להשתין.

(79) מ׳ רש״י: משתכח, ד״ו: משתכחי.

(80) בדפוסים יש פועל זה גם בעברית: תע׳ ח א: שהשמים משתכין כנחשת. אבל במ׳ ואה״ת ויל׳: משתנין, ועי׳ תוס׳ שם וד״ס אות ה׳.

(81) בפ״ב — ד׳: משתלימנא, רש״י: משתלמנא, מ׳: מישתלי, ה׳ לי׳ ״מאי ... אבלי״.

(82) כי״י, ד׳: משתלפין.

(83) מ׳ (והנושא הוא ר׳: שיני), ד״ו: מישתמטי, ד״ח: משתמטא.

מִשְׁתַּמְעִי[84] (עירו' סה א) נִשְׁמָעִים, מוּבָנִים[85]
They (*m.*) mean, they imply, they teach

מִשְׁתַּמְעָן (שבת כג ב) נִשְׁמָעוֹת — They (*f.*) are heard

מִשְׁתַּמֵּשׁ מִשְׁתַּמֵּשׁ — He uses

לָא מִשְׁתַּמֵּשׁ לֵיהּ (עירו' עח א) אֵינוֹ יָכוֹל לְהִשְׁתַּמֵּשׁ בּוֹ
He cannot use it (*m.*)

מִשְׁתַּמְּשָׁא (עירו' נט ב, סז א, עה ב) מִשְׁתַּמֶּשֶׁת
It (*f.*) serves (people make use of it)

מִשְׁתַּמְּשִׁי (עירו' עז א) מִשְׁתַּמְּשִׁים — They (*m.*) use

כּוּלְּהוּ מִשְׁתַּנּוּ[86] (בכו' כח ב) כֻּלָּם מִשְׁתַּנִּים
They (*m.*) all change

מִשְׁתַּנֵּי (בכו' יז א) מִשְׁתַּנֶּה — It (*m.*) changes

מִשְׁתַנִּי (שם) מ': משתנו

מִשְׁתַּנְּיָא (גט' יד א) מִשְׁתַּנָּה — It (*f.*) changes

מִשְׁתְּסֵי (ב"ק כד ב) מְשֻׁסֶּה
It (*m.*) can be incited, set on

מִשְׁתַּעְבֵּד מִשְׁתַּעְבֵּד
It becomes subjugated, mortgaged

משתעבד (נדר' טו ב, נז' כד א) מ': משעבד

משתעבד (גט' לח א) מ': אשתעבד

מְשַׁ(ת)עְבֵּד[87] **נַפְשֵׁיהּ** (ב"ב קעג ב) מְשַׁעְבֵּד עַצְמוֹ
He subjugates himself

מִשְׁתַּעְבְּדָא (כתו' קז ב, ב"ב מד ב, בכו' מח ב) מְשֻׁעְבֶּדֶת
It (*f.*) is subjugated, under obligation

מִשְׁתַּעְבְּדִי[88] (ע"ז סג ב) מְשֻׁעְבָּדִים — They are subjugated

מִשְׁתַּעְבְּדְנָא (פס' לא א, ב"ק מ ב) אֲנִי מְשֻׁעְבָּד
I (*m.*) am subjugated

מִשְׁתַּעוּ[89] (נדר' י ב) מְדַבְּרִים — They speak, converse

מִשְׁתַּעֵי מְדַבֵּר, מְסַפֵּר — He speaks, tells, converses

מִשְׁתַּעֵי דִּינָא (ב"ק ע א) מְדַבֵּר דִּין, טוֹעֵן בְּדִין
He advances an argument during a trial, he sues

משתעי (נדר' י ב) מ': משתעו

לְמִשְׁתְּעֵי[90] (ב"מ פז א) לְדַבֵּר — To speak, converse

מִשְׁתַּעְיָא (עירו' נג ב) מְדַבֶּרֶת — She speaks, converses

לָא מִשְׁתַּעֲיָנָא (נדר' ה א) אֵינִי מְדַבֵּר
I do not speak, converse

מִשְׁתַּעֲיָנָא דִּינָא (ב"מ לה ב) אֲדַבֵּר דִּין, אֶעֱמֹד בְּדִין
Lit., I shall talk about the law (with), i.e. I shall sue; I shall conduct a court case

מִשְׁתַּעֵית (בר' מד ב) אַתָּה מְדַבֵּר — You (*m.*) speak

לָא מִשְׁתַּעַר לַהּ (ב"מ כח א) אֵינָהּ מִשְׁתַּעֶרֶת[91]
It (*f.*) cannot be evaluated

מִשְׁתְּפִיךְ (פס' סח א, יומא נו ב) נִשְׁפָּךְ, יִשָּׁפֵךְ
It (*m.*) is spilled, it shall be spilled

מִשְׁתַּפְכִין (זב' לה א) נִשְׁפָּכִים — They (*m.*) spill out

מִישְׁתָּק שָׁתוּק (מ) — Being silent

משתקה[92] (קידו' יג רע"א) ר' מישתק — Cf.

משתקו (פס' קיז סע"ב) ד"ו: משתקי

מְשַׁתְּקִי (פס' קיז סע"ב[93]) מְשַׁתְּקִים — They (*m.*) silence

מִשְׁתְּקִיד (סנ' יד א, ל ב) שׁוֹקֵד, מִשְׁתַּדֵּל
He makes an effort

לָא מִשְׁתְּקִיל (שבת קמב ב) אֵינוֹ נִטָּל[94]
It is impossible to take it (*m.*)

לָא הֲוָה מִשְׁתְּקִיל לֵיהּ (ב"ק לז א) לֹא הָיָה נִטָּל לוֹ[95]
People would not accept it (*m.*)

מְשַׁתְּקִינַן (בר' לג ב) אָנוּ מְשַׁתְּקִים — We (*m.*) silence

מִשְׁתַּקְלָא (שבת צד ב) נִטֶּלֶת — It (*f.*) is taken

מִשְׁתַּקְלִי (שבת קכז א) נִטָּלִים, נִלְקָחִים — They are taken

מִשְׁתַּקְעָא[96] (שבת נד רע"א) שׁוֹקַעַת — It (*f.*) sinks

מִשְׁתַּקְעָן (גט' מז ב) מִשְׁתַּקְּעוֹת — They (*f.*) sink

משתרגא[97] (שבת נד א) ר' משתקעא — Cf.

מִישְׁתְּרוּ מֻתָּרִים — Permitted (*m., p.*)

(84) כיי"י ועוד, ר"ח: משמעי, ד': משמע.
(85) = אפשר ללמוד מהם.
(86) מ', ד': משתני.
(87) כיי"י ועוד.
(88) מ', ד': משעבד.
(89) מ', ד': משתעי.
(90) כל הקטע "מאן דהוה בעי למשתעי בהדי אברהם משתעי בהדי יצחק, בהדי יצחק משתעי בהדי אברהם" אין במ' ה' ר' ב אה"ת וילי, וכנראה שגליון הוא, ולפענ"ד לא היה גם לפני רש"י.
(91) אי אפשר לשער אותה (= את המדה).
(92) מ': מישתק, ד"ו: משתק', רש"י: מישתקי (= מישתקי' = מישתקא).
(93) פ"ב — ד"ו, ד"ח: משתקו.
(94) = אי אפשר לקחתו.
(95) לא קבלוהו ממנו.
(96) ע' וילי, ד': משתרגא.
(97) ע' וילי: משתקעא, מ' ואי"פ: משתכנא.

מִשְׁתְּרֵי מֻתָּר — Permitted (*m.*, *s.*)

מִישתרי (חול׳ סז ב) מ׳ ר׳ א ויל׳: מישתרו

מִשְׁתַּרְיָא מֻתֶּרֶת — Permitted (*f.*, *s.*)

מִשתרש (זב׳ פ סע״א) ר׳ ורש״י: נישתרש

מִשְׁתָּרְשִׁי (ב״ב יט רע״ב) מַשְׁרִישִׁים

They spread their roots (to the side)

מִשְׁתַּרְשִׁי לִי (ב״מ סה א) אֲנִי מַרְוִיחַ — I (*m.*) gain

מִשְׁתַּרְשִׁי לֵיהּ (כתו׳ קח א ועוד) הוּא מַרְוִיחַ

He gains

מִשְׁתְּתֵי (שבת קט א) נִשְׁתֶּה (ב)[98] — Drinkable

מְשַׁ(ת)תֵּף (סוכה מה ב — מ׳ מ׳ ב וע״י) מְשַׁתֵּף

He combines

מִשְׁתַּתְּפִי (חול׳ קלב ב) מִשְׁתַּתְּפִים

They join (him), become partners (with him)

[הֲוָה][99] מִשְׁתַּתְּפְנָא (שבת כג א) הָיִיתִי מִשְׁתַּתֵּף

I would join (him), would become a partner (with him)

אִי מִשְׁתַּתְּפַת (ב״מ סט א) אִם תִּשְׁתַּתֵּף

If you (*m.*) join

מָתָא עִיר — City

בְּמָתָא (שבת קמה סע״ב) בְּעִירִי — In my city

מִתְאַבֵּל (שבת קלו א ועוד) מִתְאַבֵּל — He mourns

מִתְאָכֵיל (שבו׳ כב ב) נֶאֱכָל — It (*m.*) is eaten

מִיתְאָכְלָא נֶאֱכֶלֶת — It (*f.*) is eaten

מִתְאָכְלָ[א][1] (נדר׳ מט א) נֶאֱכֶלֶת — It (*f.*) is eaten

מִתְאָכְלִי נֶאֱכָלִים — They are eaten

מִתְאָכְלִי[2] (בכו׳ טז א) נֶאֱכָלִים — They are eaten

מתאכלי דתומי (ב״ב פו א) ר׳ מסאבלי — Cf.

מִיתְאָכְלָן (מנ׳ פד ב) נֶאֱכָלוֹת — They (*f.*) are eaten

מיתאכלן (בכו׳ טז א) מ׳: מתאכלי

מִיתְאַמְרָא[3] נֶאֱמֶרֶת — It (*f.*) is said

מְתָאָרָא (חגי׳ ד סע״ב) אוּד — Poking iron

מִיתְּבִיד (=מיתאביד) (פס׳ ה ב) אוֹבֵד — It (*m.*) is lost

מִתְבְּנֵי (ב״ב ד א) נִבְנֶה (ב) — It (*m.*) is built

לְמִיתְבְּעַהּ לִתְבֹּעַ אוֹתָהּ — To demand it (*f.*)

מִתְבָּעוּ (בעי) (ב״ב נח ב) מִתְבַּקְשִׁים, נִדְרָשִׁים (=נְחוּצִים) — They (*m.*) are necessary, essential

מִתְבָּעֵי (סוכה נג א 2, מ״ק כח א, נדר׳ נ ב) מִתְבַּקֵּשׁ

It (*m.*) is necessary, essential

לְמִיתְבְּעֵיהּ לִתְבֹּעַ אוֹתוֹ — To demand it (*m.*)

מִתְבָּעִין[4] (ב״ב נח ב) נִדְרָשִׁים

They (*m.*) are necessary, indispensable

מִתְבָּעֵינָא (חגי׳ ד ב) אֲנִי נִדְרָשׁ

I am being summoned (to the Heavenly Court)

מִתַּבַּר (בר׳ נט א ועוד) מְשַׁבֵּר — It (*m.*) breaks

לְמִיתְּבַר (יומא פד א) לִשְׁבֹּר — To break

מִיתְּבַר (ב״ק י ב 2) נִשְׁבָּר (ב) — It (*m.*) is broken

מִיתַּבְרָא (ב״מ צד ב) נִשְׁבֶּרֶת — It (*f.*) is broken

מִתַּבְרָא (שבת פג ב 2, ע״ז מט סע״ב[5]) מְשֻׁבֶּרֶת

Broken (*f.*, *s.*)

מתברו (ע״ז לב א) כ״י ספ׳: תברי

מִתַּבְרִי (יומא עח ב) מְשַׁבְּרִים — They break

מִתַּבְרִי (ע״ז נה א) מְשֻׁבָּרִים — Broken (*m.*, *p.*)

מִיתַּבְרִי (קידו׳ יג א, זב׳ צה ב) נִשְׁבָּרִים, יִשָּׁבְרוּ

They (*m.*) are broken, they will be broken

מיתברי (ע״ז מט סע״ב) ר׳ מתברא — Cf.

מִתְבָּרֵיךְ (נדר׳ מ סע״א) מִתְבָּרֵךְ — It (*m.*) is blessed

מִתְגַּלְגֵּל (בר׳ נח סע״ב[6], ב״ק כ א) מִתְגַּלְגֵּל — It (*m.*) rolls

מִיתְּגַר (אגר) (ב״מ עו א 2[7], קיב ב[8]) נִשְׂכָּר — He is hired

מִיתַּגְרָא (ב״מ סה א) נִשְׂכֶּרֶת — It (*f.*) is rented

מִיתַּגְרִי (ב״מ עו א) נִשְׂכָּרִים — They (*m.*) are hired

מִיתַּגְרִין (ב״ב צא ב — בפי ר׳ יוחנן) נִשְׂכָּרִים

They (*m.*) are hired

98) = ראוי לשתותו.

99) הגהתי, מ׳ א״פ וד׳ שונ׳: הואי.

1) ״רש״י״ ור״ן, מ׳: מתבשיל!.

2) מ׳, ד׳: מיתאכלן.

3) מתאמרת (ב״ב יב סע״א) ט״ד בד״ח, ד״ו: מתאמרא.

4) א״פ ה׳ ואה״ת, רשב״ם: מתבען, מ׳: מתבעי, ד׳: מתבעו.

5) מ׳: מתברי, ד״י וכ״י ספ׳: מיתברא, ד״ח: מיתברי.

6) ע׳ (ע׳ ויל), מ׳ ד׳: מגלגל.

7) פ״א — כל כ״י והב״ח, ד׳: מיגר.

8) כל כ״י ורש״י, ד׳: איתגר.

[הֲוָה][9] טָרְחִינַן וּמִיתַּגְרִינַן (ב״מ עו א) הָיִינוּ טוֹרְחִים וְנִשְׂכָּרִים
We would make an effort to be hired

מִתְדְנָא (ר״ה טז א) נִדּוֹנֵית
It (*f.*) is judged

מִתְדַר לֵיהּ (מכות יב א ועוד) יָכוֹל לָדוּר
He can live

מִיתַּדְשֵׁי (ב״ב קא א) נִדָּשִׁים (=דורכים בהם)
They are trampled on

מִיתְהַנֵי נֶהֱנֶה
He enjoys

מִתְהַנְיָא נֶהֱנֵית
She enjoys

מִיתְהֲנֵינָא אֲנִי נֶהֱנֶה
I enjoy

מִיתְהֲנֵית (נדר׳ כד א) אַתָּה נֶהֱנֶה
You enjoy

מִיתהפכי (מג׳ ד ב) ר׳ מתהפכין
Cf.

מִתְהַפְּכִין (מג׳ ד ב[10], מנ׳ לה א) נֶהֱפָכִים
They turn over

מִתַּוּוּם[11] (ב״ק יח רע״א) מְלֻכְלָךְ
Dirty (*m., s.*)

מִיתַּוּוּסָאן[12] (שבת מו סע״א) מְלֻכְלָכוֹת
Dirty (*f., p.*)

מִתַּוְּסִי (פס׳ סה ב, זב׳ לה א) מִתְלַכְלְכִים
They become dirty

מִיתַּוּוּס[י]ן[13] (שבת קיג רע״ב) מִתְלַכְלְכִים, מִתְרַטְּבִים
They (*m.*) become dirty, wet

מִתַּוְּוסָן (יומא נג סע״א) מִתְלַכְלְכוֹת
They (*f.*) become dirty

מְתָוָותָא (עירו׳ כא א, גט׳ ז א 2) עָרִים
Cities

מִיתּוֹטְבָא[14] (מנ׳ פח ב) מוּטֶבֶת[15]
Made tidy (lamps)

מְתוּכִילְתָא (שבת עז ב[16], פס׳ מג א[17]) לִפְתָּן
Dessert

מִתוּן[18] (יב׳ סג א) ר׳ אמתין
Cf.

מִתוּנָא ר׳ מתונתא
Cf.

מְתוּנְתָא (פס׳ מז א, ב״ב יח א, יט א-ב כ״פ[19]) רְטִיבוּת
Dampness, humidity

מִיתּוֹסַף (נדר׳ יז א) נוֹסָף
Added, additional

מִיתוספא (יב׳ נז א 2) מ׳: איתוספא

מַתוֹקֵי (ב״מ פט ב) (ל)מַתֵּק
(To) sweeten

לְמַתּוֹקֵי (בר׳ לט א 2, ע״ז לח ב) לְמַתֵּק
To sweeten

בְּפָרָה לָא מִתּוֹקַם (קום) (יומא ב א) אֵינוֹ מְעֻמָּד בְּפָרָה (=אִי אֶפְשָׁר לְפָרֵשׁ אֶת הַפָּסוּק בְּפָרָה אֲדֻמָּה)
It is impossible to attribute this verse to the *Parah Adumah* (Red Heifer)

מתוקם (תע׳ יח רע״א) כי״י וד״י: לתוקם

לָא מִיתּוֹקְמָא מַתְנִיתִין (גט׳ יג רע״ב ועוד) מִשְׁנָתֵנוּ אֵינָהּ מְעֻמֶּדֶת (=אִי אֶפְשָׁר לְפָרֵשׁ אֶת־מִשְׁנָתֵנוּ לְפִי פֵּרוּשׁ זֶה)
Our *Mishnah* cannot be explained according to this interpretation

מתוקמא קרא[20] (ב״ב קיב סע״א) ר׳ מתוקמי
Cf.

הני במאי מתוקמא[21] (נדה יח רע״א) ר׳ מיתוקמן
Cf.

מִתּוֹקְמִי קְרָאֵי[22] (ב״ב קיב סע״א) מְעֻמָּדִים הַמִּקְרָאוֹת (=אפשר לפרש את המקראות)
One can explain the verses

מִיתּוֹקְמָן[23] (נדה יח רע״א) מְעֻמָּדוֹת (=אפשר להעמידן)
One can interpret them

מְתוּרְגְּמָנֵיהּ מְתֻרְגְּמָנוֹ
His translator, interpreter

מתזוטרא (נדר׳ נ ב) ר׳ מיזדוטרא
Cf.

מִיתַּזִיל (סוטה מז ב) מְזֻדַּלְזֵל
He is disgraced

מִיתַּזְלָא (גט׳ לח א) מְזֻדַּלְזֶלֶת
She is disgraced

מִיתַּזְמֵי (ב״ק עג א 2) (עדים) מוּזַמִּים
Witnesses proven false since they were not at the site of the act they testified about

מִיתַּזְנָא נִזּוֹנֶת
She is nourished

מִתַּזְנָה (נדר׳ פג ב) נִזּוֹנֶת
She is nourished

מִיתַּזְנֵי (כתו׳ מט ב) נִזּוֹנִים, יִזּוֹנוּ
They are nourished, they will be nourished

מִיתַּזְקָה (ב״ק צא א) נִזֶּקֶת
It (*f.*) is damaged

מִיתַּזְקֵי נִזָּקִים
They (*m.*) are damaged

מתחבל[24] (ב״ק פז א) ר׳ מיחבל
Cf.

קא מתחדדי (כתו׳ סה ב) מ׳: מחדדן

מִתְחֲזֵי נִרְאֶה (ב), נִגְלֶה (ב)
He, it appears, reveals

מִתְחַזְיָא נִרְאֵית
She, it appears

(9) כי״י ועוד.

(10) מ׳, ד׳: מיתהפכי.

(11) פ׳ וע׳, מ׳: מאואס, ד״י: מאווס, ד״ח: מאוס.

(12) א״פ, מ׳ ד׳: מאיסן.

(13) הגהתי ע״פ מ׳ (ושם: מיתיסין = מיתוסין), אה״ת: מתאוסן.

(14) ד׳: מטייבא (ור׳ ח״ג שם).

(15) = היו מיטיבים את נרותיה.

(16) ע׳ ורש״י, א״פ: מתוכליתא, ד׳: מתכוליתא.

(17) ע׳ ומ׳, ד׳: מתכילתא, א״פ ורש״י ד״י: מאכולתא.

(18) מ׳: מתי׳, וצ״ל: אמתי׳ (א נבלעה ב״ארעא״ שלפניה).

(19) נמצא גם: מתונא, אבל כי״ר ואחרים: מתונתא.

(20) ה׳: מתוקמי קראי, מ׳ ר׳: מתקיימי תרי קראי.

(21) מ׳: הני תנאי מיתוקמן.

(22) ה׳, ד׳: מתוקמא קרא.

(23) ר׳ הע׳ 21.

(24) ד״ו: מחבל, מ׳ ה׳: מיחבל.

מִתְחַזְיָין (מנ׳ לז ב) נִרְאוֹת — They were seen

מִתְחַזְיָין (תמו׳ כב סע״א) נִרְאִים (=נהיים ראויים) — They become fit

מִיתְחַזְנָא (נדר׳ י ב) כינוי לנדר נזירות — A word expressing a vow to accept *nazirus* (Naziritehood) upon oneself

מַתְחֵיהּ (שבת יט א) מָתַח אוֹתוֹ — He stretches it

מִתְחַיַּיבְנָא (קידו׳ יג א) אֲנִי מִתְחַיֵּב, אֶתְחַיֵּב — I am responsible, I shall be responsible

מִיתַּחִיל שְׁמָא דִשְׁמַיָּא (מ״ק יז רע״א) מִתְחַלֵּל שֵׁם שָׁמַיִם — Heaven's name is profaned

מַתְחִיל[25] (פס׳ נח א) מַתְחִיל — It begins, commences

מָתְחִין (סנ׳ קט ב) מוֹתְחִים — They (*m.*) stretch

מִתְחַכֵּךְ (ב״ק מד סע״א) מִתְחַכֵּךְ — It (*m.*) scratches itself

מִיתַּחַל (בכו׳ כז א) מִתְחַלֵּל — Lit. it loses its sanctified status, i.e. it becomes redeemed

מִתַּחֲלָא מִתְחַלֶּלֶת — It, she becomes profaned, redeemed

מַתְחֲלָא (פס׳ קח א, כתו׳ סב א, סנ׳ מז ב[26]) מַתְחִילָה — It (*f.*) begins, commences

מַתַּחְלָא (כתו׳ עז ב) קְלִפַּת הַתְּמָרָה — The external skin around date in early stage

מתחלו (קידו׳ ז ב) מ׳: נתחלו

מַתְחֲלִי (בר׳ יד ב, סנ׳ לו א) מַתְחִילִים — They (*m.*) begin, commence

מַתַּחְלֵי (בר׳ לו ב, פס׳ כב סע״ב) קְלִיפּוֹת תְּמָרִים — External skins around dates in early stage

מַתְחֲלִינַן (בר׳ יד ב) אָנוּ מַתְחִילִים — We (*m.*) begin

מתחלן (ב״מ טז א) כי״י: מטיין

קא מתחלת[27] (סנ׳ מז ב) ר׳ מתחלא — Cf.

דְלָא מִיתְחֲמֵי לְכוֹן (חול׳ נד ב — בפי זעירי) שֶׁלֹּא רְאִיתֶם — That you (*m., p.*) did not see

מִתַּחְתָּא דִמְגִילְתָא (גט׳ פח רע״א) מְתִיחַת הַמְּגִילָּה — (Where) parchment is stretched

מֵתֵי[28] (בר׳ יח ב) מֵתִים — Dead people

מִ[י]תַיָּא (ר״ה כ א כ״פ[29], סנ׳ צח סע״ב[30]) הַמֵּתִים — Dead people

מַתְיָא מְבִיאָה — She, it brings

מֵתְיָא[31] (כתו׳ ב ב וש״נ) בִּיאָה — Coming

מֵתִיב מֵשִׁיב (=מַקְשֶׁה) — He asks, raises an objection

מְתִיבְתָּא יְשִׁיבָה — Yeshiva, talmudic academy

מְתִיבָתָא (בר׳ כ א, תע׳ כד ב) יְשִׁיבוֹת — Yeshivos, talmudic academies

מְתִיבְתָּא דְאַרְעָא (גט׳ סח א) יְשִׁיבָה שֶׁל מַטָּה — Lit., yeshiva of below, i.e., terrestrial yeshiva, academy

מְתִיבְתָּא דִרְקִיעָא יְשִׁיבָה שֶׁל מַעְלָה — Lit., yeshiva of above, i.e., Heavenly yeshiva, academy

מְתִיבְתָּךְ (סנ׳ קי א) יְשִׁיבָתְךָ — Your yeshiva, talmudic academy

מָתֵיהּ עִירוֹ — His city

מְתִיחַ (חול׳ נא ב) מָתוּחַ — Stretched (*m.*)

מְתִיחָא (סוכה כג סע״א) מְתוּחָה — Stretched (*f.*)

מִתְיְדַע נוֹדָע — Known

מָתַיְיהוּ (ב״מ פד ב) עִירָם — Their city

מֵתְיָךְ (כתו׳ יז א, סנ׳ יד א) בּוֹאֲךָ (פ״א:[32] מְבִיאֲךָ= הקב״ה) — Your coming (Rashi); the One Who will bring you, *HaKadosh Baruch Hu* - the Holy One blessed be He (Ritva)

מַתְיָין (סוטה מח ב — מתרג׳, ב״מ קו א, כרי׳ ז ב) מְבִיאוֹת — They (*f.*) bring

מתייקרו (חול׳ מה רע״א) מ׳: מייקרי

מִתְיַיקְּרֵי (מג׳ כח א, סנ׳ מו ב) מִתְכַּבְּדִים — They (*m.*) are honored

מתיכלתא[33] (חול׳ מו ב) ר׳ משיכלתא — Cf.

---

25) תלי׳: מעידנא דמתחיל שמשא למערב. מ׳ ב: מכי מתחיל למערב. מ׳ חסר דפים אלו. ר״ח (תרגום?): משעה שמתחיל היום להערב.

26) ד״ו, מ׳: קמתחלי, ד״ח: קא מתחלת.

27) ד״ו: מתחלא, מ׳: קמתחלי.

28) ״מתי״ (ולא מיתי), כך גם מ׳ ואה״ת וע״י. צורה קרובה לעברית בהיקש ל״בני איש חי״.

29) ר״ח, מ׳ ד׳: מתיא.

30) מ׳ (מיתי׳), ד׳: מתיא.

31) למתיא (נז׳ סו א) — מ׳: למיתי, ״רש״י: דאתיא.

32) [״ולפ״ז צריך להיות מייתיך לשלם בשני יודין קודם התי״ו״ (עץ יוסף)]

33) מ׳ וד״ש: משיכלתא, ה׳ ר׳ א ב ג: משיכלא.

מְתִיל מָשׁוּל (=נמשל)
Compared (*m.*)

מְתִילָא (גט׳ מה א) מְשׁוּלָה
Compared (*f.*)

מִתְיַלְדָא (בר׳ נג א, ביצה ב ב) נוֹלֶדֶת
It (*f.*) is born

מִתְיַילְדִי (נדר׳ ל ב[34], גט׳ פח א) נוֹלָדִים
They (*m.*) are born

מִתְיַלְדָן (ביצה ב ב, נדר׳ ל ב[35]) נוֹלָדוֹת
They (*f.*) are born

מִתְיַלְדַת (תע׳ כה א) אַתָּה נוֹלָד, תִּוָּלֵד
You (*m., s.*) are born, you will be born

מְתִילִי (בר׳ נג ב) מְשׁוּלִים
They are compared

מִתְיְלִיד נוֹלָד
He, it is born

מְתִיקִי (מג׳ ו א) מְתוּקִים
Sweet (*m., p.*)

מִתְכַּבֵּד (נדה נו רע״א) מִתְכַּבֵּד (=מִתְנַקֶּה)
It (*m.*) is being cleaned

מִתְכַּבְּדָא (שם רע״ב) מִתְכַּבֶּדֶת (=מִתְנַקָּה)
It (*f.*) is being cleaned

מִתְכַּוֵּין מִתְכַּוֵּן
He intends

מתכוליתא (שבת עז ב) ר׳ מתוכילתא
Cf.

מִתְכַּחֲשִׁי (ב״ק עד א) מֻכְחָשִׁים
Contradictory (*m., p.*)

מִיתָּכִיל (=מיתאכיל) (שבת קט א) נֶאֱכָל
It (*m.*) is eaten

מתכילתא (פס׳ מג א) ר׳ מתוכילתא
Cf.

מִיתָּכְלִי (בכו׳ טז א) נֶאֱכָלִים
They (*m.*) are eaten

מתכסי (שבת י א) אה״ת: מיכסי

מִתְכַּפְּרִי מִתְכַּפְּרִים
They (*m.*) are atoned

מִתְכַּשַּׁר (ב״ב קסא א 2, מנ׳ קט א) מֻכְשָׁר (=נהיה כשר)
It becomes fit for affecting a divorce, he becomes fit to finish his term of *nezirus*

מתכשר (סוכה לג רע״א) מ׳: נתכשר

מִתְכַּשְּׁרָא מֻכְשֶׁרֶת
She, it is valid, legitimate, fitting

מִתְכַּשְּׁרִי מֻכְשָׁרִים (לקבל טומאה)
They (*m.*) are suitable (to receive spiritual impurity)

מַתְלָא (פס׳ קיד א, כתו׳ סו ב) מָשָׁל
Parable

מֵיתְלָא תָּלֹה (מ)
Hanging, suspending

לְמֵיתְלָא (ב״ב נט ב[36], ע״ז טו ב 2[37]) לִתְלוֹת
To ascribe to acceptable reason

לְמֵיתְלְ[יַ]הּ[38] (קידו׳ עה א) לִתְלוֹתָהּ
To ascribe it (*m.*) to acceptable reason

מִתְלֵי[39] (ביצה ז א) נִתְלִים
They rely on

מִיתְּלֵי (מנ׳ לה א-ב) נֶאֱחָז
It (*m.*) is held

מִתְלִי(ן) (ביצה ז א — מ׳) נִתְלִים
They (*m.*) hang

לְמֵיתְלֵי[40] (ע״ז טו ב) לִתְלוֹת
To ascribe to acceptable reason

מַתְלֵי (סנ׳ לח ב) מְשָׁלִים
Parables

לְמִיתְלְיֵיהּ (ב״מ נב א, ע״ז נג ב, בכו׳ לח א) לְתָלוֹתוֹ
To make it (*m.*) dependent upon

מַתְלִין (פס׳ קיד א, כתו׳ סו ב) מוֹשְׁלִים (מָשָׁל)
They tell, draw parables

מַתְלֵית לְהוּ (מנ׳ לה ב) מְשַׁלְשֵׁל (רש״י)
He would lower them

מַתְלַע (סנ׳ קח ב) מַתְלִיעַ
It (*m.*) becomes worm-eaten

מַתְלְעֵי (מ״ק י ב) מַתְלִיעִים
They (*m.*) become worm-eaten

מתמה (פס׳ יז א ועוד) ר׳ אתמוהי
Cf.

חַלָּא מַתְמְהָא[41] (פס׳ עד סע״ב) חֹמֶץ מַתְמִיהַּ[42] (=חלש)
Weak vinegar

מִתְמוֹטְטִי(ן)[43] (ב״מ עא א) מִתְמוֹטְטִים
They collapse

מִתְמַח (בכו׳ מה א) נִמּוֹחַ
It (*m.*) dissolves

מִיתְמַחֵי (עירו׳ צז א) מִתְמַחֶה (=נעשה מומחה)
He is an expert

מִתְמַלְכִין (ב״ב ד א) נִמְלָכִים (=נועצים)
They seek advice, they consult

מִיתְמַנּוּ (פס׳ פט א, גט׳ כה א) נִמְנִים (על קרבן)
They (*m.*) are counted (as participants in the offering)

34) מ׳, ד׳: מתיילדן.
35) הב״ח, ד׳: איתיילדן, פ״א — מ׳: מתיילדי.
36) ר״ג: למיתלי, רשב״ם: למתלי.
37) פ״א, ופ״ב — למיתלי, וכן כ״י ספ׳: ר״ח (ב״פ): למיתלא, רש״י (ב״פ): למיתלי, מ׳: למיתלי, למתלי.
38) ע״פ מ׳: למיתליה.
39) מ׳, ד׳: תליא.
40) עי׳ ח״ג ״למיתלא״.
41) מ׳: אתמהא, מ׳ ב וד״ו ור״ח כ״י: מתמחא, ר״ח ד׳: תמרא.
42) ערוך (ע׳ תל כא): פי׳ תמד שלא החמיץ כל צרכו וכל מידי דבטיל וקאים קרי ליה ארמית מתמהא. (= וכל דבר שבטל ועומד קורא לו בארמית אתמהא).
43) ר׳ א ב אה״ת ומנוה״מ, מ׳: וקמתמעטי (וכן גם בסמוך).

דְלָא מִיתְּמַר (=מיתאמר) **לֵיהּ** (חול׳ קלט סע״א) שֶׁאֵינוֹ נֶאֱמָר לוֹ (=שאינו יכול לומר)

It cannot be said to him

מִיתָּן, לְמִיתַּן (נתן) לָתֵת — To give

מַתְנָא חֶבֶל — String

מַתְנָא[44] (פס׳ קיא ב) רְטֵבָה — Wet (*f.*)

מִיתְנָא (ב״ב פו סע״א) חֶבֶל — Bag

מיתנא (יב׳ קב א, ב״מ קיב ב) מ׳: מתנא

מִיתְנָא (כרי׳ יז ב ועוד) שָׁנֹה (משנה)

To teach (a *Mishnah*)

בָּעֵי מִיתְנָא (נז׳ כא א) רוֹצֶה לִשְׁנוֹת

He wants to teach

לְמִיתְנָא לִשְׁנוֹת — To teach

מִיהֲדַר וּמִיתְנָא בַּהּ (סנ׳ נט רע״ב) לַחֲזֹר וְלִשְׁנוֹת (=לומר שנית) בָּהּ

To repeat it (the teaching/statement)

מִתְנַבְּאִי (סנ׳ צו ב) מִתְנַבְּאִים — They prophesize

מִתְנַבֵּי (מג׳ יד ב) מִתְנַבֵּא — He prophesizes

מִתְנַבְּיָא (סנ׳ צו ב) מִתְנַבֵּאת — She prophesizes

מִתְנַדְּבִי (פס׳ נ א) מִתְנַדְּבִים

They volunteer (wood offerings)

מַתְנוּ לוֹמְדִים, מַשְׁנִים — They study, they teach

וְהוּא דִתְנוּ הִלְכָתָא אֲבָל מַתְנוּ וְלָא תָנוּ לָא (נדר׳ ח א) וְהוּא שֶׁשּׁוֹנִים הֲלָכוֹת אֲבָל מַשְׁנִים וְלֹא שׁוֹנִים לֹא

This, provided that they study the law, i.e., teach to others; this provided that they study the *Gemara*, but if (only) *Mishnah*, then no

וְאִי לֵיכָּא דִתְנוּ הִלְכָתָא אֲפִילוּ מַתְנוּ וְלָא תָנוּ[45] (שם) וְאִם אֵין שֶׁשּׁוֹנִים הֲלָכוֹת אֲפִילוּ מַשְׁנִים וְלֹא שׁוֹנִים

But, if those who study the law ,i.e., teach to others, are not available, then even those who do not teach; but if those who study the *Gemara* are not available, then those who only study the *Mishnah* suffice

מַתְנוּ רַבָּנָן[46] (סנ׳ פו א) מַשְׁנֵי חֲכָמִים[47]

They teach *Mishnah* to the Sages

מִתְנָח (ב״ב יד ב 2, חול׳ מה א) מֻנָּח — It (*m.*) is lying

מִתַּנְחִי לְהוּ (עירו׳ נג א 2) מֻנָּחִים לָהֶם, מַנִּיחִים

They make (signs), they place (signs)

מִתְנַחַת (אנח) (בר׳ נח ב) אַתָּה נֶאֱנָח — You (*m.*) sigh

מַתְנֵי (תמיד לב א) חֲבָלִים — Strings

מָתְנֵי (חול׳ נה רע״ב, צג רע״א) מָתְנַיִם — Hips

מַתְנֵי מַשְׁנֶה (פ״י)[48], לוֹמֵד (פ״ע)[49]

He teaches, he studies

מתני (כרי׳ ז ב 2) מ׳: מתניין

מתני (בר׳ נ א, סוכה יט א, סנ׳ כד ב, חול׳ לז ב) מ׳ בכולם: מתנו

מַתְנֵי (נז׳ ס א ועוד) מַתְנֶה — He stipulates

לְמִיתְנֵי לִשְׁנוֹת — To teach

בָּעֵי לְמִיתְנֵי מְבַקֵּשׁ לִשְׁנוֹת — He should have taught

לָא מִיתְנֵי לֵיהּ (נדר׳ טו ב, זב׳ יט א, בכו׳ מט רע״א) אֵינָהּ נִשְׁנֵית לוֹ (=אינו יכול לשנותה במלים אחרות)

He does not think it can be stated (he cannot state it in other words)

לְמִיתְנֵי בֵיהּ קְרָא (ב״ק פה ב) לִשְׁנוֹת בּוֹ הַכָּתוּב (=לכתוב אותו שנית)

Let the verse state it (in a different way)

מתניא (תמו׳ י ב) מ׳ שמ״ק ותוס׳: תניא

לְמִיתְנְיֵיהּ (ב״ק טז ב ועוד) לִשְׁנוֹת אוֹתוֹ

To teach it (*m.*), to state it

מָתְנַיְיהוּ (חול׳ נא א) מָתְנֵיהֶם — Their hips

מַתְנְיָין (סוטה כא א) מַשְׁנוֹת[50]

They (*f.*) bring them to study

מַתְנְיָ[ין] (כרי׳ ז ב 2 — מ׳) מַתְנוֹת — They (*f.*) stipulate

(44) רש״י, מ׳: מיתינא, ד׳: מייתניה, מ׳ ב ר״ח ואה״ת: רטיבא.

(45) מ׳: והוא דמתני הלכתא אבל לא מתני לא. ואי ליכא דמתנו הלכאתא אפילו תנו ולא מתנו. ר״נ: והוא דמתנו הלכתא כלומר דמתנן לאחרים, אבל תני בלחוד לא, דלא חשיבי כולי האי. ואיכא דגרסי דתנו הלכתא כלומר גמרא אבל מתנו כלומר משנה בלחוד לא.

(46) אחרי ״מקרי (כצ״ל, מ׳ וד׳: מיקרי) דרדקי״.

(47) מלמדים משנה לחכמים (= לתלמידי חכמים).

(48) למשל: מתני ליה רבי לר׳ שמעון בריה (ב״מ מד א), אבין שטיא מתני שטותא לבריה (מ׳, ד׳: לבניה) (שבת כא ב)(= אבין השוטה משנה שטות לבנו).

(49) למשל: בר׳ סב א, שבת כג א.

(50) כלומר: מוליכות אותם (״את בניהן״) לביהמ״ד. זווג ל״מקריין״ — מקריאות (כלומר: מוליכות אותם לבית

מַתְנְיָיתָא (בר׳ כה ב ועוד) מִשְׁנָיוֹת (=ברייתות)
Beraithos (outside teaching)

מתנייתא (ב״מ פה ב) כל כי״י: מתניתא

מַתְנֵינָא (ב״מ פה ב) אֲנִי לוֹמֵד, אֲלַמֵּד
I shall teach, I study

מַתְנֵינָא (כתו׳ כג א) אֲנִי מַשְׁנֶה
I teach

מַתְנִינַן (בר׳ כ א ועוד) אָנוּ מַשְׁנִים, אָנוּ לוֹמְדִים
We teach, we study

מִיתְּנִים (=מיתאנים) (ב״ב קמח ב) נֶאֱנָס (=קורה לו אונס)
It is taken away by force

לָא מַתְנֵית (כרי׳ כה רע״ב) אֵינְךָ מַשְׁנֶה[51]
You do not study (to attain clarity)

מַתְנִיתָא[52] מִשְׁנָה (חיצונית) (=ברייתא)
A *Beraitha* (outside teaching)

מתניתא[53] (נדה סח רע״ב) ר׳ מתניתיה
Cf.

מַתְנִיתִין וּמַתְנִיתָא (ביצה כח ב ועוד) מִשְׁנָתֵנוּ וּמִשְׁנָה (חיצונית)
(Our) *Mishnah* and *Beraitha*

מתניתא (קידו׳ עט ב, ב״ק יד א) מ׳: מתנייתא

מַתְנִיתוּ (ב״מ לו ב ועוד) אַתֶּם מַשְׁנִים, לוֹמְדִים
You (*m., p.*) teach, you study

מַתְנִיתוּן[54] (שבת קמה א) אַתֶּם לוֹמְדִים
You (*m., p.*) study

וְכֵן תָּנֵי לֵוִי בְּמַתְנִיתֵיהּ (יומא כד א ועוד[55]) וְכֵן שׁוֹנֶה לֵוִי בְּמִשְׁנָתוֹ[56]
And this is the way Levi teaches in his Mishnah

מַתְנִיתִין[57] מִשְׁנָתֵנוּ
Our *Mishnah*

מַתְנִיתִין יְחִידָאָה הִיא (שבת קמ א ועוד) מִשְׁנָתֵנוּ (דעת יָחִיד הִיא
Our *Mishnah* follows the opinion of a single Tanna

מַתְנִיתִין מַנִּי מִשְׁנָתֵנוּ (כדעת) מִי הִיא?
Whose opinion does our *Mishnah* follow

לֵיתָא לְמַתְנִיתִין (עירו׳ לו ב ועוד) אֵין (הֲלָכָה כְּ)מִשְׁנָתֵנוּ[58]
The *halachah* is not like our *Mishnah*

תְּתַרְגֵּם מַתְנִיתָךְ (ב״ק צא ב ועוד) תְּפָרֵשׁ מִשְׁנָתְךָ[59]
Interpret your *Beraitha*

מיתנגהו[60] (בכו׳ יא ב) ר׳ מיתבינהו
Cf.

מִיתְנַסְבָא (נדר׳ פט א) נִשֵּׂאת
She married

מִיתְנַצְּלָן (נדר׳ כח ב) נִצָּלוֹת
They (*f.*) are saved

מַתַּנְתָּא מַתָּנָה
A present

מַתְּנָתָא מַתָּנוֹת[61]
(Primarily priestly) gifts

מַתְּנָתַאי (חול׳ קלב א) מַתְּנוֹתַי[62]
My (priestly) gifts

מִיתַּסֵּי (אסי) נִרְפָּא, מִתְרַפֵּא
He is healed, he is healing, he is being healed

מִיתַּסֵּינַן (ע״ז כז א) אָנוּ מִתְרַפְּאִים
We are being healed

מִיתְּסַר (=מיתאסר) נֶאֱסָר
He, it is prohibited

מִיתַּסְרָא נֶאֱסֶרֶת
She, it is prohibited

מיתסרו (חול׳ קיד ב) מ׳: מיתסרי

מִיתַּסְרֵי נֶאֱסָרִים
They are prohibited, they become prohibited

מִתְעַבְדָא נַעֲשֵׂית
It (*f.*) is done, comes into being

מִתְעַבְדִין נַעֲשִׂים
They are done, come into being

מִיתְעֲבֵיד, מִתְעֲבֵד נַעֲשֶׂה (ב)
It (*m.*) is being done, is coming into being

מִתְעַוְּרָא (שבת עז ב 2) מִתְעַוֶּרֶת, נִסְמֵית
She becomes blind

מתעונא (נדר׳ י ב) כינוי לקבלת נזירות
An alternate expression for acceptance of Nazirite status

לָא מִתְעַיֵּיל לֵיהּ[63] (יומא נא סע״ב) אֵינוֹ נִכְנָס (=אי אפשר להכניסו)
It does not enter, it does not fit

מִתְעַכַּל(א)[64] **אִתְעַכּוּלֵי** (חול׳ נד ב) הִתְעַכֵּל מִתְעַכֵּל
It (*m.*) decays

מיתעני (ב״ק ע א) ר׳ מיתענית
Cf.

מִיתְעַנֵּית[65] (שם) אַתָּה מִתְעַנֶּה, תִּתְעַנֶּה
You fast, fast (*imp.*)

ספר).

51) רש״י: אינך שונה משנה על בורייה.
52) = קיצור של "מתניתא ברייתא" = משנה חיצונית.
53) מ׳: במתנית׳.
54) מ׳ שט׳: מתנית׳, ד״ו: מתניתו׳.
55) נדה סח רע״ב — ד׳: במתניתא, מ׳: במתנית׳.
56) = בקובץ הברייתות שלו.
57) בדפוסי התלמוד מציינים את המשנה ב"מתני׳".

58) בלשון חכמים אומרים: אינה משנה (שבת קו א ועוד).
59) = הברייתא שאתה שונה אותה.
60) מ׳ ורש״י: מיתבינהו, וכן הוא בסמוך.
61) ביחוד: מתנות זרוע לחיים וקיבה (שבת י ב ועוד).
62) = זרוע לחיים וקיבה.
63) מ׳ ב: ולא מסתגי ליה = אינו יכול ללכת.
64) מ׳ ורש״י (ומפרש: נרקב).
65) כי״י, ד׳: מיתעני.

מִיתְעֲקַר (שבת קלב ב ועוד, ביצה ח ב[66]) נֶעֱקָר
It (*m.*) is uprooted (transgressed)

מִתְעַקְרָא נֶעֱקֶרֶת, נִשְׁכַּחַת
It (*f.*) is uprooted, forgotten

מִתְעַקְרָא לְכוּ שְׁרָגָא (פס׳ קא א) יִכְבֶּה לָכֶם הַנֵּר
The lamp will go out

כִּי מִתְּעַר (בר׳ ס ב) כְּשֶׁמִּתְעוֹרֵר, כְּשֶׁיִּתְעוֹרֵר
When he wakes up, when he will wake up

מִיתַּעֲרָא (נדה ג א) מִתְעוֹרֶרֶת She wakes up

מִיתְעָרְבִי (שבת פה ב) מִתְעָרְבִים
They become mixed in

מִתְעַתְּרִי (פס׳ נ א) מִתְעַשְּׁרִים, יִתְעַשְּׁרוּ
They become rich, they will become rich

מִיתְפָּח (יב׳ קכא א) תָּפוּחַ (מ) Swelling

מִיתְפַּח (סנ׳ קז ב) מַבְרִיא He becomes well

אִי מִיתְפַּח (בר׳ מו א) אִם יַבְרִיא
If he will become well

קָא מִיתְפַּח (ב״מ ל ב, בכו׳ ח ב[67]) נוֹפֵשׁ, נָח He rests

מִתְפַּחִי (ב״ק כ א) נָחִים, נוֹפְשִׁים
They stop to rest *(Rashi)*

מַ(י)תְפִּיס[68] (נדר׳ מח ב, נז׳ כא א כ״פ, שבו׳ כ א כ״פ)
He seizes on, projects מַתְפִּיס

מִיתְפִּיסְנָא (שבת לב א) אֲנִי נִתְפָּס, אֶתָּפֵס
I get caught (punished), I will get caught (punished)

מַתְפִּיסַת[69] (מנ׳ פב א) אַתָּה מַתְפִּיס You let it be seized

מתפליג (זב׳ נד ב) כל הנוס׳: אתפליג ליה

לְמִיתְפַּס לִתְפֹּס To seize

מִתַּפְסִי, מִיתַּפְסִי (שבת נד סע״ב[70], נז׳ כא א) נִתְפָּסִים
They (*m.*) are punished, they (*m.*) are seized

מִיתַּפְסִין (נדר׳ כז ב) נִתְפָּסִים
(The entitlements) are impounded, seized

מיתפסן[71] (שם) ר׳ אתפיס Cf.

מִתְפְּסַת (בר׳ נו א) אַתָּה נִתְפָּס, תִּתָּפֵס
You (*m., s.*) are apprehended (as a thief), you will be apprehended (as a thief)

מיתפסת (מנ׳ פב א) ר׳ מתפיסת Cf.

מִתְפַּקַר (מ״ק טז א, יב׳ נב א[72]) מִתְחַצֵּף
He behaves insolently

לְמִיתְפְּרֵיה[73] (מנ׳ לה ב) לִתְפֹּר אוֹתוֹ To sew it (*m.*)

מִתְּצְדִי (נדה מה א 3) נִצּוֹדִים, נִטָּלִים
They are caught, are removed

מִתְּצִיל (גט׳ ע ב) מִצְטַלֵּל[74] It (*m.*) becomes lucid

מִתְּצְלַת (ע״ז יח א) אַתָּה נִצָּל, תִּנָּצֵל You (*m.*) are rescued, saved, you will be rescued, saved

מִיתְּצַר (יומא פה א, סוטה מה ב) נוֹצָר It (*m.*) is created

מִתַּק (ע״ז יח ב) מָצַץ He sucked

מַתְקוּלְתָּא (פס׳ נ ב) מִשְׁקֶלֶת[75]
Weight (for weighing on a scale) (*Aruch*); a woman who weighs merchandise and when doing so raises her hands and shows them to men which is an act of immodesty *(Rashi)*

מתקטלא[76] (פס׳ קיא א) ר׳ מתקטלן Cf.

מִתְקַטְלָן[77] (שם) נֶהֱרָגוֹת They (*f.*) are killed

מִתְקְטַר (מנ׳ יג ב) מֻקְטָר It (*m.*) is offered as incense

מִתְקַטְרִי[78] (פס׳ נט ב) מֻקְטָרִים
They (*m.*) were offered as incense

מַתְקִיל (גט׳ ס סע״ב) מַכְשִׁיל (=גורם למכשולים)
It (*m.*) creates obstacles

מַתְקִיל [מַיָּא][79] (ב״מ כד ב) מַכְשִׁיל[80] הַמַּיִם?
It (*m.*) obstructs

(66) מ׳, ד׳: מעקר.
(67) אה״ת, מ׳ וד׳ בלא יו״ד.
(68) מ׳ בכולם בלא יו״ד.
(69) ק׳, מ׳: מתפי׳, רש״י ד״י: מדפיס, ד׳: מיתפסת.
(70) מ׳ א״פ, אה״ת: מתפשי, ד׳: נתפסו.
(71) ״רש״י: אתפיס זכותי׳, מ׳: דמיתפס זכותי׳ אתפיס.
(72) רש״י (ועי׳ תוס׳), ד׳: פקיר, מ׳ חסר הקטע.
(73) שרש זה בא בארמית רק כאן ובמכות יא א ובשני המקומות — בתפילין.
(74) = דעתו נהיית צלולה.
(75) ערוך (צף א): משקל המטוה שיטוה בכל יום ... פי״א חנוונית ששוקלת המשקל, ופריצות היא שמגבהת זרועותיה ומראה אציליה לבני אדם.
(76) מ׳: מיתקטלן, רש״י: מתקטלי, רשב״ם: מתקטלין.
(77) מ׳, ד׳: מתקטלא.
(78) רש״י: מקטרי.
(79) כ״י (ועי׳ ד״ס).
(80) = הסדין, שבו היו צרורים המעות.

מתקיל (מ״ק י ב) ע׳: תקיל תיקלא

מְתַקְּינְנָא לְהוּ (בכו׳ לז א) אֲנִי מְתַקֵּן אוֹתָם[81] I make them suitable (I deduct the *trumos* and *ma'asros* from the produce to make it suitable for use)

מַתְקִיף מַתְקִיף[82] He refutes (by reasoning)

מתקיף (יב׳ סג ב) מ׳: מיתקף

מִיתְּקַל (ב״ק נג א) נִכְשָׁל He stumbles

מַתְקֵל[83] **מַתְקְלֵיה** (כתו׳ קיב סע״א) שׁוֹקֵל מִשְׁקָלוֹ[84] He fixes the roads by removing stumbling objects (*Rashi*); weighs the stones to find the heavy ones which are indicative that he is in the Holy Land (*Aruch*)

מַתְקָל (שבת קי א ועוד) מִשְׁקָל An item of specified weight used in weighing other articles

מַתְקָלָא (חול׳ מד ב 2) מִשְׁקָל An item of specified weight used in weighing other articles

מתקלי[85] (גט׳ נח א) ר׳ מתקל Cf.

מַתְקָלֵי (ב״ב פט א) מִשְׁקָלוֹת Items of specified weight used in weighing other articles

מַתְקָלֵי (בכו׳ נ א) מִשְׁקָלִים (=שְׁקָלִים) Weighing (the weight of a zuz)

במתקלי (שם) רש״י: במתקלא (מ׳ חסר)

מַתְקָלֵיה (שבת סו ב, תמיד לב ב) מִשְׁקָלוֹ Its (*m.*) weight

מיתקן (מנ׳ כט סע״ב) מ׳: מתקין

מְתַקֵּן מְתַקֵּן He fixes, he repairs

מְתַקֵּין (ב״ב ג ב, מנ׳ כט סע״ב[86]) מְתַקֵּן He fixes (i.e., he may fix)

מְתַקֵּן[87] (כתו׳ קיב סע״א) מְתַקֵּן He fixes the roads by removing stumbling objects (Rashi); weighs the stones to find the heavy ones which are indicative that he is in the Holy Land (Aruch)

מִתַּקַּן[88] (בר׳ נא ב ועוד) מְתֻקָּן It is proper

מתקן (זב׳ קב ב) ר׳ א: איתקן

מִתַּקְנָא (שבת קמו ב 2) מְתֻקֶּנֶת It (*m.*) is fixed

מִתַּקְנָא (נדר׳ לו ב, נדה יב ב) מִתַּקֶּנֶת She, it becomes suitable (for her/its intended purpose)

מִיתַּקְנָא (ב״ק פב א) מְתֻקֶּנֶת It (*f.*) was instituted

מְתַקְּנָה (שבת קיב ב) מְתַקֶּנֶת It (*f.*) repairs (it restores its status)

מְתַקְּנֵי (פס׳ קט ב ועוד) מְתַקְּנִים They (*m.*) institute

מְתַקְּנִינַן (יומא פג א ועוד) אָנוּ מְתַקְּנִים We (*m.*) fix it (by deducing the requisite *trumos* and *ma'asros*)

מִתַּקְּנָן (נזיר יב א[89], ב״ב סט א כ״פ) מְתֻקָּנוֹת They (*f.*) are fixed, prepared

מיתקנן (נזיר יב א) ר׳ מתקנן Cf.

מִתַּקַּנְתָּא (יומא ע א, כרי׳ כח א) (הברייתא) מְתֻקֶּנֶת It (*f.*) is in proper order

מִיתְקַף תְּקִיפָא (יב׳ סג ב[90], סנ׳ כב רע״ב) כָּעוֹס כּוֹעֶסֶת She is (very) angry

לְמִיתְקְפַהּ (ב״מ לו ב) לִתְקֹף אוֹתָהּ[91] To overpower it (*f.*)

מִתְקְרֵי נִקְרָא (ב) It (*m.*) is called

מִיתַּקְרְיָא (קידו׳ נט א, כרי׳ טו רע״א 3[92]) נִקְרֵאת It (*f.*) is called

מִתְקַרְיָין[93] (ב״ב סא סע״ב) נִקְרָאוֹת They (*f.*) are called

מִתְקַרְיַית (הור׳ ה ב) אַתָּה נִקְרָא, תִּקָּרֵא You are called, call

מתקרין (ב״ב סא סע״ב) ר׳ מתקריין Cf.

מַתְּרָא (נתר) (נזיר מב א) מַשֶּׁרֶת She causes to fall out

מִיתְרַבֵּי (כתו׳ לג א) מִתְרַבֶּה It (*m.*) is included

מִתְרַבְיָא (יב׳ פז א) מִתְרַבָּה It (*f.*) is included

81) = מפריש תרומות ומעשרות מן הטבלים.
82) מקשה בכח ההגיון, ועי׳ עה״ש ע׳ תקף.
83) ע׳ ותוס׳, נוס׳: מתקן.
84) ע׳: ״פי׳ היה שוקל האבנים והיה מוצאן קלות, כיון ששקל ונמצאו כבדות אמר נכנסתי בגבול ארץ ישראל״. ומעין זה בתוס׳.
85) ד׳: תרתי מתקלי איסתירא, מ׳ ואה״ת: מתקל תרי (מ׳: תרתי) איסתירי (וכך גרסו תוס׳ ע״ז יא ב ד״ה מתקל).
86) מ׳, ד׳: מיתקן.
87) ועי׳ ״מתקלי״ (נוסח ע׳ ותוס׳).
88) פסי׳ קי ב וזב׳ קיח ב — ד׳: מיתקן.
89) רש״י ותוס׳, מ׳ ד׳: מיתקנן.
90) מ׳ ד׳: מתקיף.
91) = להתגבר עליה.
92) מ׳ שמ״ק, ד׳: מיקריא.
93) הגהתי, ד׳: מתקרין, מ׳ ה׳: מקריין.

כְּדִמְתַרְגֵּם רַב יוֹסֵף[94] (בר׳ כח א ועוד) כְּמוֹ שֶׁמְּתַרְגֵּם רַב יוֹסֵף
As interpreted by Rav Yossef

א״ר יוֹחָנָן מַאן דִּמְתַרְגֵּם לִי (עירו׳ כז ב, ב״מ מא א, סנ׳ סב ב) מִי שֶׁמְּפָרֵשׁ לִי
Whoever will interpret me

מתרגם (ב״ק לח א) מ׳ ה׳: מתרגמינן

מְתַרְגְּמִינַן אָנוּ מְתַרְגְּמִים — We translate, we interpret

מַתְרוּ (ב״מ לא א, מכות י ב) מַתְרִים (התראה)
They (*m.*) warn

מִתְרְחִיץ (ב״ב צא ב) בּוֹטֵחַ — He confides, trusts

מִתְרְחִישׁ נִיסָא נַעֲשָׂה (ב) נֵס, יֵעָשֶׂה נֵס
A miracle occurs, a miracle will occur

מִתַּרְחֲנָא[95] **מִתְרַח**[96] (ע״ז יח סע״א) אֲנִי מַמְתִּין, הַמְתֵּן אַמְתִּין
I am waiting, I shall wait

נִיסֵּי מִתְרַחֲשֵׁי לָךְ (בר׳ נו סע״א) נִסִּים נַעֲשִׂים לְךָ, יֵעָשׂוּ לְךָ נִסִּים
Miracles occur to you, miracles will occur to you

מַתְרֵי מַתְרֶה (התראה) — He warns

מַתְרִינַן אָנוּ מַתְרִים — We (*m.*) warn

מתריץ (בר׳ מו ב) ר׳ תרוצי — Cf.

מְתָרֵיץ (יב׳ נו א) מְתָרֵץ, מְיַשֵּׁר
He resolves, straightens (the matter) out

מְתָרֵיץ דִּבּוּרֵיהּ (כרי׳ יב א 2) מְתַקֵּן דִּבּוּרוֹ
He interprets his statement

מְתָרֵיץ לְטַעֲמֵיהּ (בר׳ מו א ועוד) מְתָרֵץ (וּמְפָרֵשׁ) לְשִׁיטָתוֹ
He explains according to his opinion

מְתָרֵיצְנָא (שבת קכא ב, ב״ק קיא ב[97], ב״מ סג רע״א[98]) אֲנִי מְיַשֵּׁר, מְתָרֵץ
He resolves, straightens (the matter) out

מיתרמא (ב״ב קב ב) מ׳ ה׳: מיתרמי

מִתְרְמוּ (ב״ב ה א, שבו׳ מא ב) מִזְדַּמְּנִים
They will happen to have, they will happen to meet

מִיתְרְמֵי מִזְדַּמֵּן
He happens to have, he happens to meet

מִיתְרַמְיָא מִזְדַּמֶּנֶת — She will be available

כִּי מִתְרַע [בֵּיהּ]... מִילְּתָא (ר״ה לד סע״א — כי״י) כְּשֶׁיֵּאָרַע לוֹ... דָּבָר (=כשיארע לו אבל)
When he will be in mourning

מִיתְּרַע (פס׳ קי א ועוד) מוּרָע — He becomes sick

מִיתְּרַע מַזָּלֵיהּ (הור׳ יב א ועוד) יוּרַע מַזָּלוֹ
His luck deteriorates, lessens

מִיתָּרַע (ב״ב ו ב) מִתְרוֹעֵעַ (=נעשה רעוע)
It (*m.*) weakens, it becomes weaker

מִיתָּרְצָא (ב״ק י ב, ב״ב קע רע״א) מִתְרֶצֶת, מִתְיַשֶּׁרֶת
It (*f.*) becomes resolved, straightened out

כדמתרצא[99] (ב״ב קע רע״א) ר׳ תרצא — Cf.

דמיתרצון כולהו (תע׳ יד א) ר׳ דמיתרצן כולהו — Cf.

מִתָּרְצֵי (בר׳ ד ב) מְיַשְּׁבִים — They (*m.*) resolve

מְתָרְצִינַן (סוכה מד א ועוד) אָנוּ מְתָרְצִים
We (*m.*) resolve

מתרצינן (נדה סט ב) מ׳: קמתרצ׳

(דמיתרצן[1] **כולהו)**[2] (תע׳ יד א) שֶׁמִּתְיַשְּׁבוֹת כֻּלָּן
Everything becomes resolved

מתריצנא (ב״מ סג רע״א) ר׳ מתרימנא — Cf.

לָאו תָּרוּצֵי (קָ)מְתָרְצַת תָּרֵיץ... (מג׳ יט א ועוד) לֹא יַשֵּׁר אַתָּה מְיַשֵּׁר? ! יַשֵּׁר...
You are anyway (forced to) provide an interpretation, so interpret it this way

מִתָּרַצְתָּא[3] (שבת קכא ב ועוד) מְתֹרֶצֶת, נְכוֹנָה
It (*f.*) is correct

מִיתְּשִׁיל נִשְׁאַל (על נדר) — He asked to annul (his vow)

מִתְּשִׁיל[4] (פס׳ מו ב) נִשְׁאָל — He asks to annul (*m.*)

94) י״ב פעמים. בסוטה מח סע״ב — רב ששת, מ׳: רב יוסף: בע״ז מד א — כדמתרגם רב יוסף תזרם ורוח תשאם (ומתרגמינן — לי׳ מ׳ כ״י ספ׳ וע׳).
95) ע׳: מתרהנא, מ׳: מיתרחנא.
96) ע׳, מ׳ לי׳, ד׳: מרתח (ועי׳ ד״ס) בכ״י ספ׳ נשמט כל המשפט.
97) מ׳ ה׳ ר׳, ד׳: תריצנא.
98) מ׳ ה׳, ד׳: מתרצנא.
99) ד״ו: כי דתרצא. כל כ״י לי׳ ״הכי ... מר״, ועי׳ ד״ס.
1) ד״ו, ד״ח: דמיתרצון.
2) לי׳ מ׳ ומ׳ ב וכ״י קורוניל ותוס׳.
3) עפ״ר בניגוד ל״משבשתא״.
4) ר״ח רש״י ותוס׳, מ׳ ד׳: איתשיל.

מִיתַשְׁלִי[5] (נדר׳ סה א) נִשְׁאָלִים They ask to annul

מִתשלין (שם) ר׳ מיתשלי Cf.

מיתתאי (פס׳ ח א) מ׳: מתתיא

מתתאי[6] (ב״ק פ א) ר׳ מיתתי Cf.

מִיתַתֵּי[7] (מנ׳ צט רע״א, חול׳ עו א) מַנְמִיךְ, מוֹרִיד He lowers, puts in a lower place

מִיתַּתֵּי (שבת צז א*, קמט א, עירו׳ פה ב[9]) מֻנְמָךְ, נָמוֹךְ Lowered, low (*m.*)

מִתַּתְיָא[10] (פס׳ ח א) מֻנְמֶכֶת, נְמוּכָה Lowered, low (*f.*)

5) מי, אה״ת: מתשיל, ד׳: מתשלין.
6) ה׳: מיתתי, ר׳: מתתי.
7) כי״י: מתתאי.
8) מי, ד׳: מתתי.
9) ר״ח ורש״י, מי ד׳: מתתי.
10) מי, ד׳: מיתתאי.

– נ –

נְאַבְדֵיהּ (ב״ב עג א) נְאַבְּדֶנּוּ We shall destroy it (*m.*)

נאגני (קידו׳ סא א) מ׳: נגאני

נָאדֵי (נדר׳ טז א) נוֹדֵד, מִתְרַחֵק He wanders, he distances himself

נָאדֵי (סוטה מה ב) מִתְנוֹעֵעַ It moves

נָאֵים יָשֵׁן (ב) He sleeps

נֵאכוּל[1] (עירו׳ כה סע״ב) נֹאכַל We shall eat

נָלָא[2] (סנ׳ נט סע״ב, בכו׳ מה ב[3]) מְיַלֵּל, שׁוֹטֶה (רש״י) He howls, laments, an insane one

נָאנָא(י)[4] (סוטה מב ב) אֵם[5] Mother

נָאקְתָא (שבת נא ב) נָאקָא (=גְּמַלָּה) Female camel

נָאתָא כַּרְבִיתָא[6] (ב״ק פה א) בָּשָׂר מֵת (שבגוף אדם חי) Dead meat (in a human body)

נִיבָא[7] (תמו׳ לא סע״ב) נְבִיָּה[8] Dead branches that fall from a tree

נבארא (שבת צ ב ועוד) ר׳ נברא Cf.

נַבְגָּא[9] (בר׳ נא ב) כּוֹס גְּדוֹלָה Cup

נַבְגָּא (פס׳ עד א) חֹטֶר A planting, a sprout

נָבְגֵי[10] **מַיָּא** (סוכה נג רע״ב) נוֹבְעִים מַיִם Spouting water

נִבְדּוֹק (פס׳ ד א 2, יב׳ יג א, כתו׳ י ב) יִבְדֹּק Let him check

נִ[י]בַּדּוּר (יב׳ עב א — מ׳) יִתְפַּזְּרוּ They (*m.*) will scatter

נִבְדְּקַהּ (יב׳ מב א) נִבְדֹּק אוֹתָהּ Let us check her

נִיבְדְּקֵיהּ (חול׳ כח רע״ב 3) נִבְדֹּק אוֹתוֹ Let us check him

נְבַדְּרִינְהוּ (יומא פד א) יְפַזְּרֵם Let us spread them out

נְבוּאָתֵיהּ (ב״ב יד ב) נְבוּאָתוֹ His prophecy

נבוג (סנ׳ פב א) מ׳ ויל׳: נביג

נַבּוֹחֵי מְנַבַּח (ביצה יד א) מַשְׁמִיעַ קוֹל צָרוּד (היפך צָלוּל) He gives out a hoarse sound

נִיבַּזֵּי (קידו׳ נ א) יִתְבַּזֶּה He will be disgraced

נְבַח נָבַח He, it barked

נָבַח נוֹבֵחַ He, it barks

נַבַּחִי בַּהּ נַבּוֹחֵי (בר׳ נז א) הִשְׁמַעְתִּי בָּהּ קוֹלוֹת I made sounds there

נָבְחִין (שבת קנב א) נוֹבְחִים Lit., they bark (within the context of: my dogs do not bark, i.e., my voice is weak)

נִיבְחֲשֵׁיהּ (גט׳ סט ב) יִבְחָשֶׁנּוּ He should stir it

נְבַט (תע׳ ד א, מ״ק יח ב) נָבַט, צָמַח It germinated, it sprouted

נִיבַטֵּיל (עירו׳ סו ב) יְבַטֵּל He should rescind his ownership (in favor of the neighbors)

נִיבַטְלַהּ[11] (פס׳ ו ב) יְבַטְּלֶנָּה He should annul it (*f.*)

נִיבַטְלוּ[12] (זב׳ קי א) יְבַטְּלוּ Let them (*m.*) lose their independent status

נִיבַּטְלוּ (זב׳ עב א) יִתְבַּטְּלוּ They rescind their independent status by becoming a part of a larger or more important entity

נְבַטְּלֵיהּ (פס׳ ו ב) יְבַטְּלֶנּוּ Let him annul it

נְבִיאוּתַיְיהוּ (ב״ב טו ב) נְבוּאָתָם Their (*m.*) prophecy

1) ד״ש: ניכול, מ׳ לי׳, ר״ח: דניכרוך ביה ריפתא.
2) מלשון פרסית.
3) רוח קצרית... מאי ניהו [נאלא] (מ׳ וע׳ ורש״י ושמ״ק).
4) מ׳, אה״ת: נאני.
5) לפענ״ד, רש״י: אב, ע׳ (בן ג׳): כלב.
6) כ״י וע׳, ד׳: כריכתא. = זיהוי של ״גרגותני״ שבבר׳.
7) רש״י: נבייה, מ׳: גבייה!
8) = עלים יבשים הנושרים מן העץ.
9) מלשון פרסית, ועי׳ ״אנבג״.
10) ע׳, אה״ת: ונבעי, ד׳: ונפקי, מ׳: ואשכח׳.
11) מ׳, ד׳: ליבטליה.
12) מ׳, ד׳: ליבטלי.

נְבִיאֵי נְבִיאִים — Prophets

נְבִיג[13] (סנ׳ פב א) בִּצְבֵּץ — It (*m.*) resurfaced

נְבִיָּיא (גט׳ נז ב) נָבִיא — Prophet (*m.*)

נְבֵילְתָא נְבֵלָה

Animal not ritually slaughtered, a carrion

נִבְלוּתָא[14] (שבת לב ב) נִבְלוּת (הַפֶּה)

Obscenity (see note below)

נִבְלְעִינְהוּ (בר׳ מד ב) יִבְלָעֵם

Let him swallow them (*m.*)

נִבְנְיֵיהּ (ב״ב ו ב, שבו׳ טו ב) נִבְנֶה אוֹתוֹ

Let us build it (*m.*)

נִיבְעֵי (סנ׳ סד א) נְבַקֵּשׁ — Should we ask

נִיבְעֵי (פס׳ עו א ועוד) יְהֵא צָרִיךְ — It will be necessary

נִיבְעֵי (תמו׳ טז ב ועוד) יִשְׁאַל

He should ask, he should inquire

נִיבְעֵי (בכו׳ ח ב) נִשְׁאַל

We shall ask, we shall inquire

נִבְעֵי רַחֲמֵי נְבַקֵּשׁ רַחֲמִים

Let us ask for Heavenly mercy (i.e., pray)

נָבְעֵי (ע״ז מז א) נוֹבְעִים — They gush

נבעיא (סוכה ט א) כי״י: וד״י: בעינן

נִבְצַר[15] (ע״ז ט א-ב) יִפְחֹת — Let us deduct

נִבְרָא (חול׳ נא ב) עִיקַּר הַדֶּקֶל — Shroud of palm tree

דִּיקְלָא דְּחַד נִבְרָא (שבת צ ב ועוד) דֶּקֶל בֶּן־גֶּזַע אֶחָד

Singly-shrouded palm tree

נַבְרָא בַּר קוֹרָא (שבת ל ב) סִיב שֶׁעַל הֶעָנָף הָעֶלְיוֹן[16]

Shroud over newly sprouted palm-tree branch

נִבְרוֹר (יומא נה ב) יִבְרֹר — Let us pick out

נְבָרֵיךְ נְבָרֵךְ — Let us bless (pronounce a benediction)

נְבָרְכֵיהּ (ערכ׳ טז א) יְבָרְכֵהוּ — Let Him bless (him)

נְגָאנֵי דְּאַרְעָא (קידו׳ סא א, ב״ק סא רע״ב[17], ב״ב קג א[18], ערכ׳ כה א) נְקָעִים[19] (=חֲרִיצִים) שֶׁל קַרְקַע

Furrows in the soil

נַגְבְּהֵהּ (ב״ק נא א) יַגְבִּיהֵהוּ

Let us move him higher (the person sentenced to *sekilah* before shoving him off the roof)

נִיגְבּוּ (ב״מ עב א) יִגְבּוּ — Let them collect

נִיגְבּוֹל (גט׳ סט א-ב) יְגַבֵּל (=יָלוּשׁ) — Let him knead

נִיגְבְּלִינְהוּ (גט׳ ע א) יְגַבְּלֵם (=ילוש אותם)

Let him knead them

נְגַד[20] (בר׳ נח רע״ב) נֶאֱנַק — He sighed, groaned

דנגד (זב׳ פז ב) מ׳ (ורש״י?): דגריר

נִגְדָּא (בר׳ נה סע״א, יומא כג א, תע׳ כד ב) הַלְקָאָה — Lashing

נגדא (ב״ק נב א) מ׳ ה׳ וע׳: נגודא

ניגדבל (גט׳ סט א) ר׳ ניגרבל — Cf.

נְגַדוּ (בכו׳ מד ב) פָּרְסוּ — They (*m.*) spread

נַגְּדוּהּ (כתו׳ לג ב 2) הִלְקוּהוּ — They (*m.*) lashed him

נִיגְדּוֹל (גט׳ סט א) יִשְׁזֹר, יַעֲשֶׂה

Let him pleat, let him make

נָגְדֵי (ב״מ פד ב, ב״ב עג ב) מוֹשְׁכִים

They draw (from under him)

נָגְדֵי (סוטה מח א, ב״מ קז ב) מוֹשְׁכִים (ספינה)[21]

They pull (the boat)

נַגְּדֵיהּ הִלְקָהוּ, הַלְקֵהוּ — He lashed him, lash him (*imp.*)

נִגְדֵּיהּ (שבו׳ מא א) הַלְקָאָתוֹ — His lashing

נָגְדִין (סנ׳ צד ב — מתר׳) מוֹשְׁכִים

They (*m.*) flow, they pull

נַגְּדִינְהוּ (עירו׳ מד ב) הִלְקָה אוֹתָם — He flogged them

נגדינן (שבו׳ מא א) צ״ל: מנגדינן

נִגְדְּתָא (פס׳ נב רע״א) הַלְקָאָה — Lashing

נַגַּדְתֵּיהּ (בר׳ נח א) הִלְקִיתָ אוֹתוֹ — You have lashed him (you have sentenced him to lashing)

---

13) מ׳ וילי, ד׳: נבוג, אה״ת: נבגה.

14) בתוך סימן למאמר, ורומז למאמר על נבלות הפה.

15) מ׳: ניבצר, נבצר, כ״י ספ׳: ניבצר, ליבצור, ד׳: נבצר, ניבצר.

16) וז״ל הערוך (ע׳ נבר): פי׳ דקל בראש ענף שלו יש בו חריות סביביו בין חריות לחריות יש לו סביב כמו בגד עבה ודומה לארג וקרוב לשתי וערב ועושין מהן מוסרות לשוורים. למעלה מהן כל נברא שקרוב ללבו של דקל מתעלה יותר מחברו עד שמגיע לקורא... ונברא הוא קליפתו של קורא וכרוך עליו, והעליונים שבהם רכים כקורא משום הכי קרו ליה בר קורא ודומיא דיליה כלי מילת (=משום כך קוראין אותו "בר קוראי", ודומה לכלי מילת). זה פי׳ בתשובות.

17) ד״ח: באגני.

18) מ׳: חריצי דארעא, ר׳: נאגני, ר״ג: כאגנו.

19) עירו׳ טו א: נקע שהוא עמוק וכו׳.

20) אולי גם כאן היה "אינגד", ו"אי" נשמטה בדרך הפלוגרפי׳ של "חנולאי".

21) "כשאין רוח להוליך הספינות קושרים חבלים בקצה הספינה ויוצאין המלחים על שפת הנהר מפה ומפה

נְגַהּ אֲחַר, נִתְעַכֵּב, הִמְתִּין

He was late, he was delayed, he waited

נגה (מ"ק טז ב) ד"ו: נגיהא

נגהא (כתו' סז ב) מ': נגה

נַגְהֵי– (פס' ב א ועוד) אוֹר לְ-, לֵילֵי -

The eve of..., the night before...

I was late נְגַהְנָא (תע' כד א) נִתְאַחַרְתִּי

נְגָהֲקַיְהוּ[22] (ב"ב סח ב) מַבָּטָם[23], פְּתִיחָתָם

Their view, their opening

נְגָ[ו]דָא[24] (ב"ק נב א) נָגוֹד, מַשְׁכּוֹכִית[25]

Animal that leads the herd

נַגּוֹדֵי (כתו' כח א, ב"מ פו א) (ל)הַלְקוֹת

To lash, to sentence to lashing

Cup of vinegar נְגוֹטָא דְחַלָּא (ע"ז לח ב) כּוֹס שֶׁל חֹמֶץ

We shall decree (it to be prohibited) נִיגְזוֹר נִגְזֹר

He gored נְגַח נָגַח

It (*m.*) gores נָגַח נוֹגֵחַ

It (*f.*) gored נְגַחָה נָגְחָה

It (*f.*) gores נָגְחָה נוֹגַחַת

It (*m.*) gored him/it נַגְחֵיהּ נְגָחוֹ

He dried, he wiped נַגֵּיב (שבת קלג ב, ב"מ כד א) נִגֵּב

He pulls נָגֵיד (חגי' יג ב[26], ב"ב צא ב 2, זב' פז ב[27]) מוֹשֵׁךְ

He moaned נְגֵיד (שבת קנב א, כתו' סב א) נֶאֱנָק

It (*f.*) is spread נְגִידָא[28] (שבת קלח סע"א) פְּרוּסָה

נְגִידָא (פס' נב א[29], מו"ק יז א[30], נד' נט א[31]) הַלְקָאָה

Lashing

נְגִידָא (שבת קנב ב, גט' נו ב, נז א) אוֹב וְיִדְּעוֹנִי

Divination

נגידו (שבת קלח סע"א) מ': נגידא

They spread נְגִידוּ (עירו' צד א) פִּרְסוּ

Draw away (your hands from) נְגִידוּ (גט' סח ב) מִשְׁכוּ

נגידי (פס' נב רע"א) מ': נגודי

Their opening נְגִיהַּ קַאיְהוּ[32] (ב"ב סח ב) פְּתִיחָתָם

לָא נְגִיהָא[33] לִי (מ"ק טז ב) לֹא הִשְׁגַּחְתָּ בִּי[34]

Isn't this enough for you? (*Rashi*), you didn't pay me any attention (*Aruch*)

נגיחותיה (חול' נא ב) ה' ר' ב רש"י ועוד: גניחותיה

It (*m.*) was touched נְגִיעַ (מנ' כד א) נָגוּעַ (=נָגְעוּ בּוֹ)

נְגִיעֵי (חול' עג א) נְגוּעִים (=נָגְעוּ בָּהֶם)

They (*m.*) were touched

Let him scroll נִגְלוֹל (יומא ע א) יִגְלֹל

He will discover נִ(י)גַלֵּי[35] (ע"ז טו סע"א) יְגַלֶּה

נגמור (שבת קלא ב) מ' גל': ניגמרו

Let us derive, let him study נִיגְמַר נִלְמַד, יִלְמַד

Let us derive נִגְמַר(ם)[36] (מכות יג ב) נִלְמַד

They are completed נִגְמְרוּ (קידו' ז ב) יִגָּמְרוּ

נִיגְמְרוּ (שבת קלא ב[37], כתו' סא ב, קידו' מא ב) יִלְמְדוּ

Let us derive, let them derive

נִגְמְרֵיהּ (סנ' לה א, שבו' טו ב) נִגְמְרֶנּוּ

Let us complete it (*m.*)

Let him roll נִיגַנְדֵּר (ע"ז כח סע"א) יְגַלְגֵּל

Let him roll it (*m.*) נִיגַנְדְּרֵיהּ (גט' סט ב) יְגַלְגְּלֶנּוּ

ומושכים אותה בתוך הנהר" (פי' לב"מ).

(22) ע', פי' ר' ור"ג: נגהקייהו, רשב"ם: נגה קייהו, מ': נגיח קאיהו, ד'; נגיח קאיהי.

(23) מלשון פרסית = נגהק.

(24) מ' ה' וע'.

(25) = תיש ההולך בראש העדר.

(26) מדני' ז י.

(27) הגהתי, ד': נגד.

(28) מ', ד': נגידו.

(29) ר"ח: נגדא, ד"ו: ניגדא, מ': נגודא.

(30) מ': נגודא, ד"ו: נגדא.

(31) מ' וד"ו: נגדא.

(32) מ', ה' ורשב"ם: קייהו, ד': קאיהי, ע': נגהקייהו.

(33) ד"ו, מ': נהגא, ד"ח: נגה.

(34) בעל עה"ש ע' נגהקיהו.

(35) מ', כ"י ספ': לוגלי, רש"י: מגלי.

(36) ע"פ ד"ו: נגמ'.

(37) מ' גל, ד': נגמור.

נִיגְנֵי (שבת קו א, קכט א[38]) יִשְׁכַּב He should lie down
נְגַע נָגַע He touched
נָגַע נוֹגֵעַ He touches
נָגְעָה נוֹגַעַת She touches
נִגְעַהּ (נדה לז א) נִגְעָהּ Her leprosy
נְגַעוּ נָגְעוּ They touched
נָגְעֵי נוֹגְעִים They touch
נִגְעֵיה (סוטה טו א, שבו׳ ח א) נִגְעוֹ His leprosy
נִיגְעַר (קידו׳ פא רע״ב) יִגְעַר Let (Hashem) rebuke
נָגְעַת (גט׳ סב א ועוד) אַתָּה נוֹגֵעַ, תִּגַּע
You touch, you will touch
נַגַּר טוּרָא (גט׳ סח ב — תר׳ של) דוּכִיפַת
A kind of bird
וְלֵית נַגַּר וְלָא בַּר נַגַּר[39] (ע״ז נ ב כ״פ) וְאֵין נַגָּר וְלֹא בֶּן נַגָּר[40]
There is no carpenter or son of carpenter (that can take it apart, i.e., solve it)
נִיגְרָא (ב״ב יב ב ועוד) תְּעָלָה (להשקאה)
(An irrigation) ditch
נִיגְרָא בָּרַיְיתָא (ב״ק נז א, ב״ב פח א) רֶגֶל חִיצוֹנִית (=הֶרְגֵל לָצֵאת הַחוּצָה)
Outer foot (habit of going outside)
נַגָּרָא נַגָּר Carpenter
בַּר נַגָּרָא בֶּן נַגָּר (=נגר רגיל) Lit., a carpenter's son, i.e., an ordinary carpenter (*Rashi*)
נִיגַרְבַּל[41] (גט׳ סט א) יְגַלְגֵּל, יִכְבֹּר (בכברה)
Let him sieve
נִיגְרְדֵיה[42] (בר׳ לה ב, פס׳ קז ב) יְגָרְדֶנּוּ (=יְעוֹרֵר תַּאֲבוֹנוֹ)
He should excite his appetite
נִגְרוֹד[43] (חול׳ פג ב) יְגָרֵד He should scrape (off)
נִגְרוֹס (בר׳ כ סע״ב) יַעֲסֹק, יֶהֱגֶה
Let him study, let him delve into
נִגְרְ(ו)סִינְהוּ (סנ׳ יג סע״ב — מ׳) יִלְמְדוּם, יְשַׁנְּנוּם
Let them teach them, let them review

נגרור (חול׳ פג ב) ע׳: נגרוד
נַגָּרֵי נַגָּרִים Carpenters
נִיגְרֵי רַגְלַיִם Feet
נִיגְרֵי (ב״ב יב ב) תְּעָלוֹת Ditches
נִיגְרֵי בָּרַיְיתָא (ב״ק קיח ב) רַגְלַיִם חִיצוֹנוֹת (=הֶרְגֵּל לצאת החוצה) Outer feet (habit of going outside)
נִגְרְרוּ (בר׳ סג ב) יִגָּרְרוּ, יִמָּשְׁכוּ
They should follow
ניגרריה (בר׳ לה ב, פס׳ קז ב) ר׳ ניגרדיה Cf.
נִגְרְשַׁהּ (כתו׳ סב ב, ב״ב קעד ב) יְגָרְשֶׁנָּה
Let him divorce her
נָד (שבת סג ב, סוטה לח ב, ב״ק פג א) נָד, נָע
It (*m.*) moved
נדא (ע״ז כח ב) ע׳: נרא
נִדְבָּךְ (ר״ה ד א — מעז׳) נִדְבָּךְ Layer, tier, row
נִדְבָּכִין (שם) נִדְבָּכִים Layers, tiers, rows
נִידְבַּר (ב״ב קסח א) יִנְהַג (=יקח) He should take
נָדָה (ב״ב עה ב 2) נָדָה, נָעָה It (*f.*) moves
נִידּוּיָא (נדר׳ ז ב) נִדּוּי Excommunication
נִידוּן (ב״ב נח סע״א) יָדוּן Let him judge
נְדוּנְיָא נְדֻנְיָה[44] Dowry
נִידוּקִינְהוּ (גט׳ ע א) יִכְתְּשֵׁם Let him crush them
נדור (נדר׳ כא ב) מ׳: נדר[45]
נִדּוּתָהּ נִדָּתָהּ, נִדּוּתָהּ[46] Her menstrual impurity
נִדּוּתַיְיהוּ (גט׳ סח ב) נִדָּתָן, נִדּוּתָן
Their menstrual impurity
נִדְחוּ (סוכה מג סע״ב) יִדְחוּ
Let them supersede, push aside the prohibition
נדחה (כתו׳ מ רע״א) מ׳: לִידְחֵי = יִדְחֶה
Let it move aside the prohibition
נִידְחֵי יִדְחֶה Let it move aside the prohibition
נִידְּחֵי (פס׳ צ ב) יִדָּחֶה
The prohibition should be moved aside

(38) כצ״ל גם בגט׳ ע א; מ׳ ד׳: ניגניה, ו׳: מגני (= ניגני).
(39) צורה ספרותית במקום: ולית נגר בר נגר.
(40) = ואין נגר בן נגר.
(41) מ׳ וע׳, ד׳: ניגדבל, כי״י: ניגנדר.
(42) ד׳: ניגרריה.
(43) ע׳, נוס׳: נגרור.
(44) בגדים, תכשיטים ומעות, שנותן אב לבתו לנישואיה.
(45) וכפי׳ הר״ן: רוצה אתה עד עכשיו בנדרך... וכיו״ב הרא״ש.
(46) השוה ״נדותך״ (שבת יג רע״ב).

נָדְיָא (קיד׳ מט א) רוֹכֶלֶת (=הולכת רכיל) — She asperses, slanders, besmirches

נָדְיָא (שבת עז ב) נוֹדֶדֶת (מתנועעת) — It (*f.*) shifts away

נְדִיחַ (חול׳ ח ב) יָדִיחַ — Let him rinse

נְדַיְינוּ (ב״מ מב א-ב) יָדוּנוּ — They (*m.*) will judge

נִידַיְינוּהּ (ב״ב לד א) יְדוּנוּהוּ, יָדוּנוּ אוֹתוֹ — They will judge him

נִידַיְינֵיהּ יְדוּנֶנּוּ, יָדוּן אוֹתוֹ — Judge him, let him judge him

נִידַיְינִינְהוּ (קידו׳ עד א) יְדוּנֵם, יָדוּן אוֹתָם — Let him judge

נְדִינָא (נדר׳ ז א) נָדוּי אֲנִי (=מֻרְחָק) — I am distanced

נִידְּכַר (ערכ׳ כא ב) יִזָּכֵר — He should remind himself

נִידֶל לְהוּ מִידֶל (שבת קכח ב) הַגְבֵּהַּ יַגְבִּיהֵם — Let him lift it up

נִדְלוֹג (מג׳ כב א) יִדְלֹג — Let him skip

נַדְלִיק (פס׳ נט א) יַדְלִיק — Let him light, ignite

נדמייה (כתו׳ יא ב — ורבנן...) מ׳: לידמיוה

נִידַמְּיֵיהּ יְדַמֵּהוּ — Let him compare it

נֵדַע (חול׳ יט ב) נֵדַע — So that we should know

נִידַע (כרי׳ ה ב ועוד) יֵדַע — He will know

נִידְעוּ[47] (שבת קיד ב 2) יֵדְעוּ — They should know

נְדַר נָדַר — He vowed

נָדַר נוֹדֵר — He vows

נִידְרָא נֶדֶר — Vow

נִדְרַאי (כתו׳ סג א) נִדְרִי — My vow

נַדְרָה נָדְרָה — She vowed

נִדְרוֹשׁ (בר׳ כח א) יִדְרֹשׁ (=יאמר דרש בציבור) — Let him give a public discourse

נַדְרִי (נדר׳ כב ב ועוד) נָדַרְתִּי — I vowed

נִדְרֵי נְדָרִים — Vows

נִדְרֵיהּ נִדְרוֹ — His vow

הֲוָה נָדְרִיתוּן (נז׳ לב ב) הֱיִיתֶם נוֹדְרִים — You (*p.*) would vow

נָדַרְנָא (נדר׳ ט א) אֲנִי נוֹדֵר — I make a vow

נִידְרְשִׁינְהוּ (קידו׳ כ א) יִדְרְשֵׁם (מל׳ מדרש) — Let us interpret them

נדרשיר (כתו׳ סא ב) ע׳: נרדשיר

נְדַרַת (גט׳ לה א) נָדְרָה — She vowed

נְדַרְתְּ (כתו׳ סג א) נָדַרְתְּ — You (*s.*) vowed

נָהֲגָא נוֹהֶגֶת — It (*f.*) applies, is in practice

נָהֲגֵי נוֹהֲגִים — They are accustomed, conduct themselves, they practice

נְהַדְמֵיהּ (עירו׳ ל א) יְנַתְּחֵהוּ — Should they cut him up (into pieces)

נִיהַדֵּק (שבת קלט ב) יְהַדֵּק — He should force in

נְהַדַר (בר׳ מה ב, יומא פז ב) יַחֲזֹר — ???????

נְהַדַר[48] יַחֲזִיר — He should return (it)

נֶיהְדַר יַחֲזֹר — He should return

נְהַדַר אַפּוּרְיָא (בר׳ ו א) יַקִּיף אֶת־הַמִּטָּה — He should surround the bed

נֶיהְדַר דִּינָא יַחֲזֹר הַדִּין — Let us revert to the source of the law

נהדר תלמודאי (כתו׳ עז ב) ר׳ מהדר — Cf.

נַהַדְרַהּ[49] יַחֲזִירֶנָּה — He should return it/her

ניהדרה (ערכ׳ כט ב) ר׳ נהדרה — Cf.

נֶיהְדְּרוּ (עירו׳ סח ב) יַחְזְרוּ — They should act likewise

נַהַדְרוּ[50] יַחֲזִירוּ — Let them return

נֶהְדְּרוּ בְּהוּ (ב״ב ג א) יַחְזְרוּ בָּהֶם — Let them retract

נַהַדְרֵיהּ[51] יַחֲזִירֶנּוּ — Let him return it

נַהַדְרֵיהּ מְהַדָּר[52] (ב״ק פא ב) יְחַזְּרֵהוּ (=יוליכנו סביב) חָזוֹר — Let him bring him around

נַהַדְרִינְהוּ (ב״מ טז ב, זב׳ צו א) יַחֲזִירֵם — Return (*m.*, *imp.*) them, let us return them (*m.*)

נַהוּג נָהֲגוּ — They were accustomed

נְהוּג[53] (ע״ז יד סע״ב 4) נָהֲגוּ — They are accustomed

נְהוֹגִי (מ״ק טז ב) נָהֲגִי (צ) — Conduct (*imp.*) yourself as being...

47) ר״ח, מ׳ ד׳: לידעי.
48) בכמה מקומות: ניהדר.
49) ערכ׳ כט ב: ניהדרה, מ׳: ליהדרה.
50) בכמה מקומות: ניהדרו.
51) בכמה מקומות: ניהדריה.
52) כ״י, ד׳: נהדר.
53) כ״י ספ׳: היכא דנהוג איסורא נהוג, היכא דנהוג התירא נהוג. ר״ח: היכא דנהוג... שרי והיכא דלא נהוג אסור. מ׳: היכא דנהג נהג היכא דלא נהג לא נהג. ד״ו: דנהיג... נהוג... נהוג... נהוג.

ניהוה[54] (סוטה מו סע״ב) יל׳: מיהוה

נֶיהֱווֹ יִהְיוּ — Let them be

נֶיהֱוֵי יִהְיֶה — Let it be, let him have

ניהוי (קיד׳ פא א) מ׳: ניהוו

נְהוֹם־כְּרֵיסֵיהּ (גט׳ יב א ועוד) לֶחֶם (להשׂביע) כְּרֵסוֹ — Bread (to satiate) his stomach

נְהוֹר[55] (שבת קטז ב) הָאֵר (צ) — Let it light (*imp.*)

נַהוֹר (תע׳ י א) אֹרוּ (ע) — When it is clear

סגי נהור ר׳ סגי — Cf.

נְהוֹרָא אוֹר (=נְהָרָה, איוב ג ד) — Light

נְהוֹרָא בָּרִיא (קיד׳ כד סע״ב) אוֹר בָּרִיא (=ראִייה טובה) — Healthy light (i.e., good vision)

נְהוֹרָא כְּחִישָׁא (שם) אוֹר כָּחוּשׁ (=ראייה חלשה) — Weak light (i.e., poor vision)

נְהוֹרֵי (בר׳ נב ב) אוֹרוֹת — Lights

נְהוֹרֵיהּ אוֹרוֹ — His light

נְהוֹרָיךְ (שבת קטז ב) אוֹרְךָ — Your (*m., s.*) light

נְהוֹרִיתָא (ב״מ עח ב[56]) אוֹרִית (=אוֹר קטן) — Glaucoma (eye infection)

נְהִי[57] יְהִי — Let it be, granted, assuming that

נָהֵיג נוֹהֵג — It (*m.*) is applicable, it is done

נהיגו (ב״מ עד א[58], קג ב[59]) ר׳ נהוג — Cf.

נְהִיגֵי (נְהוּגִים) נוֹהֲגִים — They are accustomed

נְהִילָא (תע׳ ט ב) גֶּשֶׁם דַּק — Drizzle

קִיטְמָא נְהִילָא (בר׳ ו א, חול׳ נא ב) אֵפֶר מְנֻפֶּה — Sieved ashes

נְהֵים[60] (חול׳ נט ב 2) נָהַם, שָׁאַג — It (*f.*) growled, roared

נָהֵים (ע״ז ע א) נוֹהֵם, שׁוֹאֵג — It (*f.*) growls, roars

נָהִיר (שבת נו א) זַכְרָן — Person with good memory

נְהִירָא לֵיהּ (חול׳ נד א) הוּא זוֹכֵר — He remembers

נְהִירִין (בר׳ נח ב) בְּרוּרִים — Clear (*m., p.*)

נְהִירָן (תע׳ כג א) בְּרוּרוֹת — Clear (*f., p.*)

נְהִירְנָא[61] זְכוּרַנִי — I remember

נהירנא (ר״ה לד ב) כי״י: נחירנא

נָהֲלָא (ביצה כט ב, כתו׳ סב ב) מְנַפָּה — She sieves

ניהם (חול׳ נט ב 2) כי״י: נהים

נַהֲמָא לֶחֶם — Bread

נָהֲמִי (סנ׳ נט ב) נוֹהֲמִים, שׁוֹאֲגִים — They growl, they roar

נְהֵימְנֵיהּ (אמן) (ב״מ לה א) יַאֲמִינוֹ, יַאֲמִין לוֹ — Let him believe

נְהַר אוֹר (ע), הֵאִיר (פ״ע) — It (*m.*) is lit up, it illuminated

נַהֲרָא נָהָר, הַיְאוֹר — River, the Nile

נְהַרְדְּעָא[ה][62] (ב״מ לה א) נְהַרְדָּעִי, בֶּן־נְהַרְדְּעָא — Inhabitant of Neharde'a

נְהַרְדָּעֵי (פס׳ סח ב) נְהַרְדָּעִים, בְּנֵי־נְהַרְדְּעָא — Inhabitants of Neharde'a

נַהֲרָוָתָא (תע׳ כה א) נְהָרוֹת — Rivers

נַהֲרִין (גט׳ ס סע״ב) נְהָרֵנוּ (=נהר שלנו) — Our river

ניוּוּלָא (נדר׳ פ א) נִוּוּל — Unsightliness

נְוּוֹלָא (ב״ב יג ב) אֲרִיגָה — Weaving

נָוְולָא (גט׳ לד א) אוֹרֶגֶת — She weaves

נָוְולָא[63] (סוטה מז סע״ב) מִתְנַוֶּלֶת — She uglifies herself

נָוּולָא (ב״מ סז א 2) הוּא, הִיא — He, she

נוולה[64] (מעי׳ יח א) ר׳ טולא — Cf.

נַוּוֹלֵי (סוטה ח ב) (ל)נַוֵּל — To uglify

נוֹכַח (ב״מ פו א 2) יוֹכִיחַ — He will prove

נוּכְרָא (פס׳ פט ב) זָר — Stranger (*m.*)

נוּכְרָאָה (שבת סה ב, ב״מ טו ב) זָרָה — Stranger (*f.*)

נוּכְרָאֵי (חול׳ פ ב 4) זָרִים[65] — Strangers (not a father and a son)

נוּכְרָאִין (קידו׳ עב ב — מת״י) זָרִים — Strangers

(54) ד׳: ודילמא בזרעיהו ניהוה הוה. מ׳ ע״י: ודילמ׳ בזרעיהו היה חזי (ע״י לי׳), אה״ת: ודלמא מנהון לא מבניהון אין.

(55) בא בבנין קל לזווג ל״נהוריך״.

(56) פירוש ל״הבריקה״ שבמשנה.

(57) מלת פתיחה להנחה. למשל: נהי נמי דאיתיה לתקנת אושא ולא מציא מזבין לגמרי תזבין לנכסי מלוג (ב״ק פט א) = יהי כן, שישנה לתקנת אושא, שאינה יכולה למכור לגמרי תמכור את נכסי מלוג.

(58) כל כי״י: ד(נהיגו למי)קני.

(59) מ׳ ה׳: נהוג.

(60) כי״י, ד׳: ניהם.

(61) בפי ר׳ יוחנן (כ״פ) ור׳ אלעזר (פ״א).

(62) כי״י ורי״ף, ד׳: מנהרדעא.

(63) ע׳ וע״י, ד׳ ואה״ת: נולא, מ׳: אזלי ואזלא.

(64) מ׳: נוולא, ע׳ (ע׳ טל ב): טולא.

(65) = שאינם ״אותו ואת בנו״.

נוּכְרִיתָא[66] (יב' קיא רע"א) נָכְרִית (=לא יבמתו!)
Strange woman (not subject to his levirate marriage)

נולא[67] (סוטה מז סע"ב) ר' נוולא — Cf.

נוּנָא דָּג — Fish

נוֹסִיף (כרי' כז ב 2) יוֹסִיף — Let him add

נוקבא (שבת צ א) מ': נקבא, ור' ניקבא — Cf.

בְּנָן נוּקְבָן (כתו' נג ב, ב"ב קלא א) בָּנוֹת נְקֵבוֹת
Female children, girls

נוּקְבְתָא (פס' נו א) (דקל) נְקֵבָה — Female palm tree

נוֹקִי[68] (פס' קכ ב) נַעֲמִיד — Let us set it up

נוקי[69] (גט' סט ב) ר' ליקום — Cf.

נוֹקִים (בר' כז ב) נַעֲמִיד — Let us set it up

נוֹקִים (כתו' עו ב, קט ב, ע"ז לה ב[70]) יַעֲמִיד — Let him retain ownership, let him appoint, let us cause it to curd

נוֹקְמַהּ יַעֲמִידֶנָּה — Let us set it (*f.*) up

נוֹקְמֵיהּ יַעֲמִידֶנּוּ — Let us set it (*m.*) up

נוֹקְמֵיהּ (בר' כז ב 3) נַעֲמִידֶנּוּ — Let us appoint him

נוֹקְמִינְהוּ (ב"מ לט ב) נַעֲמִידֵם
Let us place in their (*m.*) possession

נוּר (סנ' צג ב — מדני') אֵשׁ — Fire

זִיקוּקִין דְּנוּר (חול' קלז ב) נִיצוֹצוֹת אֵשׁ (לַפִּידִים?)
Sparks of fire (torches?)

נוּרָא אֵשׁ — Fire

נוֹתְבַהּ (יתב) (גט' סט ב) יַנִּיחֶנָּה
Let him lie it (*f.*) down

נותבה[71] (מג' כז סע"א) ר' ליתביה — Cf.

נוֹתְבֵיהּ (גט' סט א[72], ב"מ פד א, חול' נט א) יַנִּיחֵהוּ
Let him put it (*m.*) down, let him put it into

נִיזְבָא[73] (מנ' סט ב) מִדָּה (טפח?) — A unit of length (one *tefach* with the thumb extended - *Rashi*)

נִיזְבּוּן (ערכ' כג ב) יִקְנֶה — He should buy

נִיזְבּוּן[74] (ע"ז כב ב) נִקְנֶה — Let us buy

ניזבון (בר' נג א) כי"י: נזבנו

נִיזַבֵּין (קידו' כ א) יִמְכֹּר — One should sell

נְזַבֵּין (ב"מ לח א) יִמְכֹּר — One should sell

נִזְבְּנוּ[75] (בר' נג א) יִקְנוּ — They should buy

נְזַבְּנִינְהוּ (ב"מ לח א 3) יִמְכְּרֵם — Let him sell them

נִיזַבְּנִינְהוּ[76] (פס' מ ב) יִמְכְּרֵם — Let him sell them

נִיזְדַּבֵּן (ב"ב סח א) יִמָּכֵר — Let him be sold

נזדבן (מכות ב ב) מ': מזדבן, רש"י: הוה מזדבן

נִזְדְּהַר יִזָּהֵר — He should be careful

נִיזְהָא (פס' קיב א 4) גְּעָרָה
Incantation (against being gored by an ox) (*Rashi*)

נְזָהֵיהּ (שבת מח א 2) גָּעַר בּוֹ — He reprimanded him

נזיאתא (סוכה כ ב) מ' ורש"י: נזייתא

נְזִיהוּתֵיהּ (סנ' מא ב) הַקְפָּדָתוֹ, גְּעָרָתוֹ
His discontent, his reprimand

נַזְיֵי[77] (מ"ק יב ב) גַּרְעִינִים (של שומשמין)
Sesame grains

נַזְיְיתָא חָבִית, מְגוּפָה — Barrel, plug, cover, lid

נַזְיָיתָא, נזיאתָא חָבִיּוֹת, מְגוּפוֹת
Barrels, plugs, covers, lids

נְזִיפוּתָא (מ"ק טז סע"א-ב כ"פ) נְזִיפָה — Reprimand

נְזִיקִין מַסֶּכֶת נְזִיקִין[78] (שלש הבבות)
The tractate of *Nezikin*, i.e., damages (consisting of Bava Kama, Bava Metsia and Bava Bathra)

נְזִיקִין דְּבֵי קַרְנָא (מַסֶּכֶת) נְזִיקִין שֶׁל בֵּית (מִדְרָשׁוֹ שֶׁל) קַרְנָא[79]
The tractate of *Nezikin* (consisting of *Bava Kama, Bava Metzia* and *Bava Basra*) i.e., damages of Karna's school

מִילֵּי דִנְזִיקִין (ב"ק ל א) הֲלָכוֹת שֶׁ(בְּמַסֶּכֶת) נְזִיקִין
Laws presented in the tractate of *Nezikin*

נְזִירָא נָזִיר — A *Nazir* (Nazarite)

נְזִירוּתָא (נז' יד ב) נְזִירוּת
The state of *nezirus*, (nazariteship)

(66) לעיל באותו עמוד: נכרית.
(67) ע' ועי': נוולא, מ': אזלי ואזלא.
(68) מ' ב, ד': אוקים.
(69) א': ליקום, מ': ניקו.
(70) מ' וכי"י ספי גלי, ד': ניקום.
(71) מ': ניהבי ליה, מ' ב: ליתבניה (טי"ד וצי"ל: ליתביה?)
(72) מ', ד': נתביה.
(73) כי"י, ד': כיזבא.
(74) כך גם כי"י ספי, מ': מבזין (= ניזבין).
(75) פ' וב"נ, מ': ניזבני, ד': ניזבון.
(76) מ' א"פ, ד': לזבינהו.
(77) בעל עה"ש מביא גם נוס': נויי, והוא מקבלו (עי"ש).
(78) ולא סדר נזיקין. בשבת לא א מפורש: סדר נזיקין.
(79) ע': מסכתא דנזיקין משנה חיצונה שהיה שונה אותה קרנא.

נְזִירוּתֵיהּ (עיר׳ ל ב, נז׳ ג א, יז ב) נְזִירוּתוֹ
His state of *nezirus* (nazariteship)

ניזכו[80] (עירו׳ נד סע״ב) ר׳ אזכי — Cf.

נִיזַכִּינְהוּ (קיד׳ כו ב) יְזַכֵּם
Let them transfer the property to him

נְזַלְזְלוּ (בר׳ מה ב) יְזַלְזְלוּ — They should belittle

נִזְקָא נֶזֶק — Damage

נִזְקֵיהּ (ב״ק פד א) נִזְקוֹ — His damage

נְזַר נָזַר (=נדר בנזיר)
He made a vow of *nezirus* (nazariteship)

נָזַר נוֹזֵר (=נודר בנזיר)
He makes a vow of *nezirus* (nazariteship)

נָח נָח (ע) — He rested

נָח נַפְשָׁהּ (כתו׳ סב ב) נִפְטְרָה, מֵתָה
She passed away, died

נָח נַפְשֵׁיהּ נִפְטַר, מֵת — He passed away, died

לֵימְרוּ דְּנָח נַפְשָׁךְ (גט׳ נו א) יֹאמְרוּ שֶׁמַּתָּ
They will say that you died

נִיחְווֹ (כתו׳ כא ב, פה א) יַגִּידוּ, יָעִידוּ
They will relate, they will testify

נִיחֲוַור (ב״ק סט א) יַלְבִּין (פ״ע) — It should whiten

נִיחַוְּורֵיהּ (שבת קמ ב) יְכַבְּסֵהוּ
Let him launder it (*m.*) it

לְנַחוּמֵי (כתו׳ ח ב, ב״ב טז ב) לְנַחֵם — To console

נְחוֹר (חול׳ פה ב — פו א כ״פ) נְחַר[81]
Pierce the animal's throat (*imp.*)

נִיחוּשׁ נַחֲשֹׁשׁ — Let us beware (of)

נַחוּת יָרְדוּ — They descended

נֵיחוּת (חול׳ נא א) יֵרֵד — He will descend

נָחוֹתֵי (סוכה מג ב, חול׳ קא ב, קכד א) הַיּוֹרְדִים[82]
Those who descend (from the Holy Land to Babylonia)

נָחוֹתֵי יַמָּא יוֹרְדֵי הַיָּם — Seafarers

ניחות (פס׳ פד ב) מ׳ א״פ: מנח

נִיחֱזֵי נִרְאֶה (ע) — It was seen

נַ(י)חֲזֵי[83] (ב״ב קסז א) יַרְאֶה — Show (me) (*imp.*)

נחזייה[84] (עירו׳ מ סע״ב) ר׳ ניחזי — Cf.

נֶיחֱזִינְהוּ (ב״ק עט ב[85]) יִרְאוּ אוֹתָם
They (*m.*) should see them (*m.*)

וְלָא נַחֲזִיק טִיבוּתָא לְנַפְשִׁין (תע׳ כג ב) וְלֹא נַחֲזִיק טוֹבָה לְעַצְמֵנוּ
We should not take credit for the beneficial event

נחי (ב״ק קיב א) צ״ל: ניחי

נִיחַיֵּיב יִתְחַיֵּב, יְהֵא חַיָּב
He should become obligated, he should be obligated

(נְחַיְּבֵיהּ)*[85] **[ניחייביה]** (ב״ק קו ב, ב״מ ה א) נְחַיְּבֶנּוּ
Let us obligate him

נְחַיְּבִינְהוּ (בר׳ כ ב) נְחַיְּבֵם — Let us obligate them (*m.*)

נַחֵיל[86] (ב״מ מ א) יִמְחֹל — He should forfeit

נַחֵיל (ב״מ נג א — כי״) יְחַלֵּל — Let him redeem (it)

נַחֵיל[87] (יומא מט א, פד ב) נְחַלֵּל — We shall redeem (it)

נַחֵים (עירו׳ סח א) יְחַמֵּם — Let him warm up

נְחִירָא (גט׳ סט א) נְחִיר — Nostril

נְחִירֵיהּ נְחִירָיו — His nostrils

כִּי נָחֵירְנָא[88] (ר״ה לד ב) כְּשֶׁאֶנְחַר
I shall emit a sound (*Rashi*)

נַחֵישׁ (חול׳ צה ב) נִחֵשׁ — He engaged in soothsaying

נחית (יב׳ סג א) אה״ת: חות

נחית (שבת סז א) מלת לחש — Incantation

נְחֵית יָרַד — He descended

נָחֵית יוֹרֵד — He descends

לא נחית (ב״ק נה א) כי״: נחתא

נְחַ(י)תָא (מנ׳ סט ב — מ׳) יָרְדָה — It (*f.*) descended

נְחִיתוּ (פס׳ קיח ב ועוד) יָרְדוּ — They (*m.*) descended

נחיתי (ב״ב קו ב 2) מ׳: נחות

נָחֵיתְנָא (ב״מ קט א, ערכ׳ לא ב) אֲנִי יוֹרֵד — I descend

נָחֵיתַת (ערכ׳ לא ב) אַתָּה יוֹרֵד — You descend

80) אה״ת: אזכי, מ׳: איזכי, ע״י: אזכה.
81) הרוג את הבהמה ע״י דקירה בצואר (ולא בשחיטה).
82) בשלושת המקומות: כי אתא רבין וכל נחותי. רש״י (בסוכה): כל הסיעה שירדו מא״י לבבל ושעלו מבבל לא״י.
83) ע״פ מ׳: לחזי, ה׳ ור׳: ניחוי.
84) מ׳: נחזי, ד״ש וא״פ: ליחזי בה.

85) בב״ב מו סע״א — כי״: דאיחזייה, דליחזיי.
*85) [ניחייביה: כ״ה בב״ק, וכ״ה בב״מ בכי״]
86) ה׳, מ׳: מחיל, ד׳: ליחיל.
87) מ׳, ד׳: ניחול.
88) כי״ וע׳ ועוד, ד׳: נהירנא.

נַ(י)חְכִּים (תע׳ כג סע״ב — מ׳) נַחְכִּים
We should become highly learned
ניחל (יומא מט א 2, פד ב[89], ב״מ נג א[90]) ר׳ נחיל — Cf.
נחלוץ (יב׳ לא ב, מד א) יַחֲלֹץ — Let her give *chalitzah*
נַחֲלֵי דִמְשְׁחָא (ב״ב עג ב) נַחֲלֵי שֶׁמֶן — Streams of oil
נַחֲלִינוּן (כרי׳ כז ב) יְחַלְּלֵם — He should redeem them
נחלל[91] (ב״מ נג א 2) ר׳ נחיל — Cf.
נִיחְלְפוּ (פס׳ קיא א) יַעַבְרוּ — Let them pass
נחלצה (פס׳ פג ב) כי״י: לישקליה
נַחְמִיר עֲלֵיהּ (קידו׳ כ א-ב, ערכ׳ ל ב) נַחֲמִיר עָלָיו
Let us be stringent with her
נֶחָמְתָא נֶחָמָה — Consolation
נְחַר (חול׳ פ ב) נוֹחֵר[92] — He pierces the animal's throat
נְחַר (בר׳ סב ב, גט׳ סח א ועוד) נָחַר (=השמיע קול)
He emitted a sound
נַחֲרוּ בֵיהּ (קידו׳ פא ב) גָּעֲרוּ בוֹ[93]
They reprimanded him
נַחֲשָׁא (סנ׳ יט א) נַחַשׁ (=קסם)
The practice of soothsaying
נְחָשָׁא (ב״מ ע א ועוד) נְחֹשֶׁת — Copper
נִיחְשְׁבַהּ (קידו׳ נב א) יִמְנֶה אוֹתָהּ — Let him count it (*f.*)
נִחְשְׁדִינְהוּ (ב״מ נח א) יַחְשְׁדוּם (=יחשדו אותם)
They will suspect them (*m.*)
נִחְשׁוּב יַחֲשֹׁב, יִמְנֶה — Let us mention, let us count
נִחְשׁוּבִינְהוּ (ע״ז ט ב) יַחְשְׁבֵם — Let him count them (*m.*)
נַחֲשֵׁי (נדר׳ כה א) נְחָשִׁים — Snakes
ניחשיב (ערכ׳ כג ב) מ׳ ורש״י: ליחשוב
נְחַת יָרַד — He descended
נָחֲתָא יוֹרֶדֶת — She descends
נְחַתוּ (סוכה מט רע״ב) יָרְדוּ — They descended
נָחֲתֵי יוֹרְדִים — They descend

נַחֲתַ(י)הּ[94] (יומא מז א 2) יָשִׂים אוֹתָהּ
Let him place it (*f.*)
דְנָחֲתִין[95] **לְתַתָּא** (עירו׳ ק א, ב״ק כג ב, קיג ב, ב״ב מח א)
הַיּוֹרְדִים לְמַטָּן — Those who descend
נְחַתַת (קידו׳ לא ב) יָרְדָה — She descended
נַטְבִּילְנָךְ (יב׳ מו ב) נַטְבִּילֵךְ
We shall immerse you (*f.*) in a *mikvah*
נַטְבְּלִינַהּ (נדה סט א) נַטְבִּילֶנָּה
We shall immerse her in a *mikvah*
נִיטְוְויֵיהּ (טוי) (גט׳ סט ב) יִצְלֵהוּ — Let him roast it (*m.*)
נִיטְוְינְהוּ (גט׳ סט א) יִצְלֶה אוֹתָם — Let him roast them
נְטוּלֵי (חול׳ נד רע״ב) נְטוּלִים (=חסרי אבר)
Missing (an organ)
נְטוּ[וֹ]ךְ עֵינָיךְ (כתו׳ ס א — מ׳ ורש״י) שְׂאִי עֵינַיִךְ
Raise your (*f.*) eyes
נִיטוּפְתָּא (ב״ב עג רע״ב) נֹטֶפֶת (=טִפָּה) — Drop
נִיטוּפְיָּתָא (גט׳ סט ב 3) נְטָפוֹת (=טיפות) — Drops
לְנַטוּרַהּ (ב״ק נח א) לִשְׁמֹר אוֹתָהּ — To guard her
נטורו (ב״מ פא א) ר׳ נטרו — Cf.
נַטוּרֵי (סוטה כז א, ב״ק מא א[96]) (ל)שְׁמֹר — (To) watch
לְנַטוּרֵי לִשְׁמֹר — To watch
נָטוּרֵי (כתו׳ כג א, ע״ז לד ב) שׁוֹמְרִים — Guards
נטורי (ב״מ פא ב 2) כל כי״י: נטירותא, ור׳ בר נטירותא, בת נטירותא — Cf.
לְנַטוּרִינְהוּ (בר׳ כד א) לִשְׁמֹר אוֹתָם
To guard them
נטוש[97] (ב״ב קי א) ר׳ נשוט — Cf.
נטחיא (טחי) (גט׳ סט ב) מ׳ ורש״י: ניטחייה
נִיטְחֲיֵיהּ (גט׳ סט ב 2) יְטִיחֶנּוּ
Let him bang it (*m.*), let him whack it (*m.*)
נָטְיָה (ב״ב טז א[98], סנ׳ כו א) נוֹטָה — It (*f.*) is inclined

(89) מ׳ בשלשתם: נחיל.
(90) ה׳: נחליה, מ׳ לי׳.
(91) פ״א — מ׳ ה׳: נחיל, פ״ב — מ׳: נחיל, ה׳: נחליה.
(92) הורג בהמה ע״י דקירה בצואר.
(93) השוה ״בני אמי נחרו בי״ (שיר א׳ ו׳).
(94) מ׳, מ׳ ב: ננחה.
(95) בנו״ן רק במטבע זה.
(96) כי״י: לנטורי.
(97) ע׳ וה״ג: נשוט, כי״י ואה״ת ורמ״ה: פשוט.
(98) מ׳: נטיא, ה׳: נטייה, אה״ת: נטי.

נָטְיָיה[99] (יומא סט ב) נוֹטָה — It (*f.*) is inclined

ניטַיְיפֵיה (גט' סט ב) יְצִיפֶנּוּ — He should spread it (*m.*)

נָטֵיל (ב"ב צא ב) נוֹטֵל — He takes

נָטֵיל (כתו' עז ב) שׁוֹפֵךְ — He pours

נְטִילוּתָא (בר' כב א) נְטִילָה — The (ritual) washing of hands

נָטֵיף (כתו' קיא סע"ב) נוֹטֵף — It (*m.*) drips

נטיר (פס' קיב ב) מ': מנטר

נְטִירָא (ב"ק כ ב) שְׁמִירָה — Guarding

אֲגַר נְטִירָא (ב"ב ד ב 2) שְׂכַר שְׁמִירָה — Payment for guarding

נטירה (ב"מ צד ב) כל כי"י: נטירותא

נְטִירוּתָא שְׁמִירָה — Guarding

נְטִירוּתֵיהּ (עיר' כז ב) שְׁמִירָתוֹ — His guarding

נַטְלָא נַטְלָה[1] — Jug

נִיטַלְטֵל יְטַלְטֵל — Let him carry, let him move

נַטְלֵי (בר' נא א) נְטָלוֹת (ר' של נַטְלָה, ור' נטלא) — Jugs

נָטְלֵי נוֹטְלִים — They take

נְטַמֵּא (כר' יג ב) יְטַמֵּא — He will render ritually impure

נְטַמְּאוּ (פס' יח רע"א) יְטַמְּאוּ — They will render ritually impure

ניטַמּוּ[2] (זב' קה א) יְטַמְּאוּ — They will render ritually impure

ניטַמֵּי (בר' נב א 2) יְטַמֵּא — It (*m.*) will render ritually impure (something else)

ניטַמְּיֵיה יְטַמְּאֶנּוּ — He will render it (*m.*) ritually impure

ניטְמִישׁ (גט' סט א) יִטְבֹּל — Let him immerse

נְטַע נָטַע — He planted

נָטַע נוֹטֵעַ — He plants

נִטְעוּם (שבו' כב ב) נִטְעַם — Let us taste, let us have a bite

נְטַעִי (ב"מ קא א 3) נָטַעְתִּי — I planted

נָטְעֵי נוֹטְעִים — They plant

נְטַעַתְּ (ב"מ קא א 2) נָטַעְתָּ — You planted

נטף (כתו' ס א) מ': נטוף

נַטְפָא (גט' סט ב) נָטָף (בושם) — Scent (balm)

נָטְפָא (ב"ב עג ב) נוֹטֶפֶת — It (*f.*) drips

נטפא (ע"ז כח רע"ב) מ': ניפט'

נָטְפִי (ב"ב ו א כ"פ) נוֹטְפִין[3] — They drip

ניטְפֵי (טפי) (ע"ז ט א-ב) יוֹסִיף — He should add

נטפיק (גט' פו רע"א) מ' ו' ד"י ואצה"ג: נפטא

נְטַר (ב"מ צג ב) שָׁמַר — He guarded

נְטַר שְׁמֹר (צ) — Guard (*imp.*)

נְטַר (יב' יח ב ועוד) שָׁמַר = הִמְתִּין[4] — He waited

נְטַר (קיד' ע א, ב"ב עד א) שְׁמֹר = הַמְתֵּן — Wait (*imp.*)

נָטַר (ב"מ עג א) שׁוֹמֵר = מַמְתִּין — He waits

נָטַר בֵּי דָרֵי (ב"ק נט ב) שׁוֹמֵר הַגְּרָנוֹת — Aðrn guard

נָטַר מָתָא (ב"מ צד ב) שׁוֹמֵר הָעִיר — Aáty guard

נָטְרָא (יב' קיד ב) שׁוֹמֶרֶת = מַמְתִּינָה — She waits

ניטְרְדוּ (סוטה לה א) יִטְרְדוּ (=יהו טרודים) — They (*m.*) should be preoccupied

ניטְרְדֵיה (ב"מ פה א) יִטְרְדֶנּוּ (=יבלבל אותו) — It (*m.*) should disturb, bother, confuse him

נְטַרַהּ (ע"ז לד ב) שְׁמָרָהּ — He watched it (*f.*)

נְטַרוּ (ב"מ פא א [5]2) שִׁמְרוּ — Guard (*p., imp.*)

נְטַרוּ[6] לִי (ב"מ פ סע"א) שִׁמְרוּ לִי — Wait for me (*imp.*)

ניטרוד (ע"ז נח רע"א) מ': ליטרוד

נִטְרוֹק (עירו' קב א) יִסְגֹּר — (It) (*m.*) will close

נִטְרַח יִטְרַח — He will make an effort

נִטְרְחוּ יִטְרְחוּ — They will make an effort

נטרחך (פס' פט ב) מ' ב: טרחת

נְטַרִי (ב"מ צג ב) שָׁמַרְתִּי — I guarded

נָטְרִי (שם צג רע"ב) שׁוֹמְרִים — They guard

---

99) מ' ומ' ב, ד': מטייא.

1) כלי לשאיבת מים ויין מן החבית (ולנטילת ידים).

2) כי"י (מ': ליטמו), רש"י, ניטמאו, ד': ליטמא.

3) מי גשמים הנוטפים מגגו של ראובן לחצרו של שמעון.

4) השוה "שמרה עומדת על פתח חצרה" (ב"ק ח ו).

5) פ"ב — ד': נטורו.

6) מ', ד': אנטרו.

נָטְרִי (ב״ק ז ב, חול׳ פו א) מַמְתִּינִים — They wait

נַטְרֵיהּ שָׁמַר אוֹתוֹ — He guarded it/him

נָטְרִין (בכו׳ לד ב) מַמְתִּינִים — They wait

נַטְרִינְהוּ (כתו׳ כג א) שָׁמַר אוֹתָם — He guarded them (*m.*)

נָטְרִינַן (מ״ק ט א ועוד) אָנוּ מַמְתִּינִים — We (*m.*) wait

נַטְרָךְ (קיד׳ לט ב) שָׁמַר אוֹתְךָ — He guarded you

נָטְרָן (בר׳ יז א, סוטה כא א) מַמְתִּינוֹת — They (*f.*) wait

נטרן (חגי׳ ה א 2) מ׳ ורש״י: מינטרן

נָטַרְנָא (ב״מ עג א, ב״ב כב סע״א[7]) אֲנִי מַמְתִּין — I wait

נִיטְרְפוּ (גט׳ סט רע״א) יְקַשְׁקְשׁוּ (רש״י) — They should rattle (*Rashi*)

נִיבֵי (חול׳ נט א 2) שִׁנַּיִם — Teeth

נִיבֵיהּ (שבת סג ב, מ״ק כג ב, פג א) שִׁנָּיו — His teeth

נִיבֵיהּ (חול׳ נד ב) גִּידוֹ — His sinew

נֵיגַר[8] (אגר) (ב״מ צב א) יִשְׂכֹּר — He should hire

נִיהוּ -הוּא — He

אִיהוּ נִיהוּ (פס׳ י ב, ב״מ עא ב 2) הוּא הוּא — It is he

הִיא נִיהִי (יב׳ צד א) הִיא הִיא — It is she

נִיהֲלַהּ לָהּ — To her

נִיהֲלִי[9] לִי — To me

נִיהֲלֵיהּ לוֹ — To him

נִיהֲלַיְיהוּ לָהֶם — To them

נִיהֲלַיְיכוּ (חול׳ קכד א) לָכֶם — To you (*p.*)

נִיהֲלִיךְ (גט׳ כד א) לָךְ — To you (*f., s.*)

נִיהֲלָךְ לְךָ — To you (*m., s.*)

נִיהֲלָן לָנוּ — To us

ניזוף (ב״ק קיב ב) מ׳ ה׳: למיזף

נֵיזִיל (אזל) נֵלֵךְ, יֵלֵךְ[10] — Let us go, he will go

נֵיזִיף (יזף) (קיד׳ כ א) יִלְוֶה — (He) should borrow

נֵיזְלוּ (קיד׳ עב ב) יֵלְכוּ — They should go

נִיחָא (תע׳ ג ב, יט ב כ״פ) בְּנַחַת — Peacefully, calmly, in moderation, softly

נִיחָא נוֹחָה — Facile, easy

נִיחָא ל– נוֹחַ ל- — Facile to, easy to

הָא נִיחָא, הָנִיחָא זוֹ נוֹחָה — This is alright, this is appropriate

נִיחָא (סנ׳ לט א 2) נוֹחָה (בינוני פעול) = נוֹחָה — It rests upon

נִיחָא נַפְשַׁהּ (גט׳ נו א) נִפְטֶרֶת, מֵתָה (ב) — She passes away, dies

נִיחָא נַפְשֵׁיהּ נִפְטַר, מֵת — He passed away, died

נִיחָא דְגוּפֵיהּ (סנ׳ מה א 2) נַחַת גּוּפוֹ — Body comfort

נִיחוֹחִין (ר״ה ד א — מעו׳) נִיחוֹחִים — Agreeable offerings

ניחול (יומא מט א, פד ב) מ׳: נחיל

נִיחוּתָא נוחוּת, נַחַת — Comfort, satisfaction

נֵיחֵי יִחְיֶה — He should live

ניחל (ב״מ נג א) כי״י: נחיל

נְיַיבֵּם (יב׳ לא ב, מד א) יְיַבֵּם — Let him enter into levirate marriage

נְיַיבַּשׁ (גט׳ סט ב) יִתְיַבֵּשׁ — Let it (*m.*) dry out

נְיַיבְּשֵׁיהּ (שם סט רע״א) יְיַבְּשֵׁהוּ — He should dry it (*m.*)

נְיַיבְּשִׁינְהוּ (שם סט ב) יְיַבְּשֵׁם — He should dry them (*m.*)

נָיֵיד נָע (ב) — He moves

נָיְידָא נָעָה (ב) — She moves

נָיְידִי נָעִים (ב) — They (*m.*) move

ניידי (זב׳ עג רע״ב) רש״י: ניניידו

בִּנְיָיח (סנ׳ צד ב) בְּנַחַת — Peacefully, calmly, in moderation, softly

נְיָיח (ד)נַפְשָׁא (ב״ק קה ב — כל כי״י) נַחַת רוּחַ — Satisfaction

נְיָיח נַפְשַׁאי (ב״מ לד ב) נַחַת רוּחִי — My satisfaction

נְיָיח נַפְשֵׁיהּ (שם, גט׳ סח ב[11]) נַחַת רוּחוֹ — His satisfaction

נָיֵיחַ נָח (ב) — He rests

נָיְיחָא נָחָה (ב) — She rests

נְיַיחֵד (כתו׳ נד ב, פא ב) נְיַחֵד — Let us reserve, let us specify

7) כל כי״י ועוד, ד׳: מנטרא.

8) מ׳, ה׳: נוגר, ד׳: לאוגר.

9) כשיש במשפט שתי יחסות. למשל: מזבין לה ניהלי (= מוכר אותה לי). אתיוה ניהלי (הביאוהו לי).

10) למשל ברכות כז ב, כח א.

11) מ׳, ד׳: ניחא, אה״ת: ניח.

נְיִיחִי (שבת ה ב, ב"ק ו א, חול' קיב ב[12]) נָחִים — They rest

נָיְיחָן (שבת כא א) נָחוֹת — They (*f.*) lie

נָיֵים יָשֵׁן (ב) — He sleeps

נָיְימָא (כתו' כז א, סנ' ז א) יְשֵׁנָה — She sleeps

נְיִימִי (תע' כג א) יָשַׁנְתִּי — I slept

נָיְיפָן (יב' סג א) מִתְנוֹפְפוֹת — They flutter, toss about in the wind

אי נייפת[13] (שם) ר' תנופו — Cf.

נַיְירָא נְיָר — Sheet of paper

נַיְיתוּ, נַיְתוּ (אתא) יָבִיאוּ — They will bring

נַיְיתֵי, נַיְתֵי יָבִיא — He will bring

נייתי (פס' פד ב) מ': מייתי

דנייתי[14] (בר' מה ב) ר' ניתיב — Cf.

ניכול נֹאכַל, יֹאכַל — Let us eat, he will eat

ניכוף (סוכה ז ב) יִכְפֹּף — He should bend

נֵיכְלַהּ (פס' נ ב, נא א 2, יומא עה רע"ב[15]) יֹאכְלֶנָּה — He should eat it (*f.*)

נֵיכְלוּ (סוכה נו סע"א, מ"ק ט א) יֹאכְלוּ — They should eat

נִיכְלוּ (כלי) (ב"מ ע א) יִכְלוּ — They will run out, they will be exhausted

נֵיכְלוּהָ(וּ) (יומא ט א — מ') יֹאכְלוּהוּ — Let eat it (*m.*)

נֵיכְלֵיה יֹאכְלֵהוּ — Let him eat it (*m.*)

נֵיכְלִינְהוּ נֹאכְלֵם, יֹאכְלֵם — Let them eat them, let him eat them

נֵילַף (ילף) נִלְמַד, יִלְמַד — Let us study, let us derive, let him study, derive

נֵילְפוּ (שבת קלא ב) יִלְמְדוּ — Let them derive

נִים[16] יָשֵׁן (ע) — He slept

נִים וְלָא נִים מְנַמְנֵם — He naps

נֵימָא (אמר) נֹאמַר, יֹאמַר — Let us say, let him say

נֵימָא כְּתַנָּאֵי נֹאמַר כַּתַּנָּאִים?[17] — Shall we say that is the subject of controversy between two *Tannaim*

נֵימָא קְרָא יֹאמַר הַכָּתוּב — Let the (Biblical) verse say

נִימְהוֹן (נז' לט רע"ב) שְׂעָרָם — Their hair

נִימִין (ערכ' יג ב) נִימִים (של כנור) — Strings (of a string instrument)

נֵימַר (אמר) נֹאמַר — Let us say, let him say

נֵימְרַהּ (בר' כט א 2) יֹאמְרֶנָּה — Let him say it (*f.*)

נֵימְרוּ יֹאמְרוּ — Let them say

נֵימְרִינְהוּ יֹאמְרֵם (=יֹאמַר אוֹתָם) — Let him say them

נִינְהוּ -הֵם — They (*m.*)

נִינְהִי (בר' לד א — מ') -הֵן — They (*f.*)

נֵינוּם (עירו' סה א) נִישַׁן — We shall sleep

נֵינַח (יומא כ ב) יָנוּחַ — Take a rest (*imp.*)

נִינְיָא[18] (שבת קכח א ועוד) מִינְטָה (צמח) — Mint

נִיסָאנֵי[19] (עירו' כח ב 2, פס' נג א) (תמרים) נִיסָנִיִּים[20] — Male-palm-tree dates that ripen in the month of Nissan

ניסחני[21] (שם ושם) ר' ניסאני — Cf.

נֵיסַר (אסר) (גט' סט א) יִקְשֹׁר — He shall tie

נִיפָארָא[22] (ע"ז יא א) נוֹשֵׂא מְנוֹרָה — Torch bearer (*Rashi*)

ניפיורא[23] (שם) ר' ניפארא — Cf.

נִיפְיוֹרָא[24] (ע"ז יא רע"א) שלטון מדרגה נמוכה — Low-rank official

נֵיפוּךְ (הפך) (ב"ק צו ב) יַחֲלִיף — Let him reverse

נֵיפוּךְ מֵיפָךְ (שבו' ח ב) הַחֲלֵף נַחֲלִיף — Let us switch them around

נֵיפְכֵיהּ (גט' סט ב) יַהֲפֹךְ אוֹתוֹ — He should turn it (*m.*) over

נַ(י)קְבֵיל[25] **אַפֵּיהּ** (חגי' ה ב) נְקַבֵּל פָּנָיו — Let us welcome him

---

(12) כ"י לי' (עי' ד"ס), ד': ניח.

(13) מ': איתנופי' = אי תנופו, רש"י: אי תניפנו = אי תניפו כו'.

(14) מ': דניתיב, רש"י: דאתי גבייהו, ור' ד"ס אות ק'.

(15) מ' ב, מ': ניכליה, ד': לאכלי.

(16) בתע' כג א: פ"א — אה"ת: נאים, ילי': ניים: פ"ב — אה"ת: נם, ילי': נאיים, מ': ניים. כה א—ד: ונים, אה"ת אשכחוה דנאים.

(17) כלום חולקים אמוראים אלו באותה המחלוקת, שחלקו בה התנאים?

(18) = אמיטא (בברייתא).

(19) ע' וד"ש, ד"ח: ניסחני.

(20) = תמרים, שגמר בישולם בחדש ניסן.

(21) ע' (ע' ניסן) וד"ש: ניסאני, ועי' ד"ס עירו' שם אות מ'.

(22) מ', ד': ניפיורא. לדעת יסטרוב: שיבוש של יונית (= נושא מנורה).

(23) מ': ניפאר', אה"ת: נופרא, כ"י ספ': אניפרא, ילי' שלוי': אנפורא.

(24) אה"ת: נופרא, ע': ניפרא, ילי' שלוי': אנפירא.

(25) מ' ב, מ' נשמט מן "אמריי" עד "אמריי" (ובעל ד"ס לא הרגיש בכך).

נ(י)קַבְּלַה (פס׳ מח א — מ׳) נְקַבְּלֶנָּה
We shall accept it (*f.*)

נֵיקוּ (קום) נַעֲמֹד — Let us stand up

נֵיקוּם נַעֲמֹד, יַעֲמֹד — Let us stand up, let him stand

ניקום (כתו׳ כח א, ע״ז לה ב 2) מ׳: נוקים

ניקום (פס׳ כז א) כי״י ורש״י: תיקו

נ(י)קֵיל[26] (קיד׳ יב ב) נָקֵל (עתיד) — We should be lenient

ניקם (כרי׳ יג סע״ב) מ׳: לוקים

נִירָא (ב״ב לו ב) נִיר (=חָרִישׁ) — Plowed field

נִירָא (שבת קה א) נִיר (באריג) — Warp heddle

נִירָא בִּרְקָא (שבת סו ב, ע״ז כח ב ועוד) חֶבֶל מִשֵּׂעָר שֶׁל בְּהֵמָה — Warp heddle, animal-hair rope

נֵירְחוּ (בר׳ נג א) יָרִיחוּ — They should smell

נֵישׁוּף (גט׳ ע א) יִמְרַח (שמן) — Let him smear (oil)

ניתב (ב״מ קיב ב 3) מ׳: ניתין

נֵיתְבַהּ (קיד׳ נט א) יִתְּנֶנָּה — He should give it (*f.*)

נֵיתְבוּ (תע׳ כה א, ב״ב קמג א) יִתְּנוּ — Let them give

ניתבי[27] (תע׳ כה סע״א) ר׳ ניתיב — Cf.

נֵ[י]תְבֵיהּ (ב״ק לו ב 2, לט רע״א - מ׳) יִתְּנֵהוּ (=יתן אותו)
He should give it (*m.*)

נֵיתְבִינְהוּ (ב״ב י א) נִתְּנֵם — That we should give them

נֵיתְבִינְהוּ (כתו׳ סה רע״ב) יִתְּנֵם — We should give them

נֵיתְבִינֵיהּ (גט׳ כט ב) נִתְּנֵהוּ (=ניתן אותו)
We shall give it (*m.*)

נֵיתוּ (אתא) יָבוֹאוּ — They should come

ניתו (תע׳ כה סע״א) צ״ל: ניתי[28]

ניתו (ב״ב נח סע״א) כי״י: אתיוה

ניתוב[29] (יב׳ עא א) ר׳ ניתיב — Cf.

נֵיתֵי יָבוֹא — He should come

נֵיתֵי (קיד׳ כה רע״א) נָבוֹא — We should come

נֵיתִיב[30] יִתֵּן, נִתֵּן — He shall give, we shall give

נֵיתֵיב (יתב) (פס׳ פו ב 2) יֵשֵׁב — (Please) sit

נִיתֵּיב[31] (תע׳ ח ב) נֵשֵׁב
We shall sit (in a fast, i.e., we shall fast)

נֵ[י]תִיב[32] (יב׳ עו ב) נָשִׁיב (=נַקְשֶׁה)
We shall raise an objection

נִיתֵּין[33] (ב״מ קיב ב 3) יִתֵּן — Let him give

נִכְבֵּב[34] (עיר׳ כט סע״ב) יִצְלֶה — Let him roast

וניכביה (שם) ע׳: נכבב

נִיכְבְּשִׁינְהוּ (זב׳ עג רע״ב) יִכְבְּשֵׁם (=יִלְחָצֵם)
Let him force them (to move)

נִיכַוֵּין (יומא לט א) יְכַוֵּן
He will figure it out

נִיכַוֵּין (תע׳ כה א) נְכַוֵּן — We will direct our minds, do with intention, prepare our minds

נִכְחוּשׁ (ב״ק צז א, חול׳ עח א) יִכְחַשׁ (=יֶחֱלַשׁ)
That he will weaken

נַכֵּי (ב״מ קו ב, ע״ז סה א) נַכֵּה (צ) — Deduct (*imp.*)

נְכֵי פָּחוֹת, חָסֵר, למשל: — Less, for example:

חַמְשִׁין נְכֵי חֲדָא (ב״מ צט ב) חֲמִישִּׁים חָסֵר אַחַת (49)[35]
Fifty less one (farty nine) (49)

נַכְיוּתָא[36] (ב״מ סב א, סז ב כ״פ) נִכָּיוֹן, הַפְחָתָה
Deduction, reduction

נָכֵים שׁוֹחֵט — He slaughters, let him slaughter

נְכִים שָׁחוּט — Slaughtered

נַכֵּישׁ (ב״מ קג ב) נִכֵּשׁ — He weeded

נַכֵּישְׁנָא (שם) נִכַּשְׁתִּי — I weeded

נָכֵית (יומא פד א 2, ב״מ ס ב) נוֹשֵׁךְ — It (*m.*) bites

נֵיכַלֵּינְהוּ[37] (מגי׳ יג ב) נְכַלֵּם (=נכלה אותם)
Let us destroy them (*m.*)

נִכְלְלַהּ מִכְלָל (בר׳ כט א 2) יִכְלְלֶנָּה כָּלוּל
Let us include it

ניכנוף (תע׳ כג ב) מ׳: ליכנוף

נכסא (כתו׳ צד ב 2) מ׳: נכסי, נכסיה

(26) ע״פ מ׳ (נקל).
(27) צ״ל: ניתיב (= נִתֵּן), מ׳: נשדי, מ׳ ב ואה״ת: ניזל ונשדי (ובכולם ״מטרא״ ת׳ ״מיא״).
(28) בכי״י ואה״ת נ״א.
(29) ד״ו: ניתו׳, מ׳: ניתין.
(30) יומא טו סע״א — מ׳ א״פ ויל׳, ד׳: וליתן.
(31) מ׳ אה״ת, ד׳: ליתביה.
(32) מ׳, ושם נוסף: ... לא נסיב (מ׳: נשא) מידי [לישנא אחרינא ממאן] דכתיב ביה מן הגוים... לאהבה [ניקו וניגמר מיניה].
(33) מ׳, ד׳: ניתב.
(34) ע׳ ורש״י (בזב׳ מו ב) (והוא מלשון פרסית = צלי), ד׳: וניכביה, מ׳ משובש.
(35) השוה ״ארבעים חסר אחת״ (שבת פ״ז מ״ב).
(36) רגיל במטבע ״משכנתא בלא נכייתא״, ופירש רש״י: מלוה מעות על הכרם ואוכל את הפירות ואינו פוסק לנכות לו מן החוב כלום בשביל אכילתו ואוכל בתורת רבית.
(37) מ׳: ליכלינהו, אה״ת וע״י נ״א, ועי׳ ד״ס. קשה לומר, שיש לקרוא נֵיכְלִינְהוּ (= נֹאכְלֵם)!

נִכְסַאי (ב״ב קלא א ועוד) נְכָסַי My property

נִכְסַהּ נְכָסֶיהָ Her property

נִכְסוֹהִי (בכו׳ מח ב) נְכָסָיו His property

נִכַסֵּי (חול׳ פג סע״ב) יְכַסֶּה Let him cover

נִכְסֵי נְכָסִים Property

נִכְסַיָּא (כתו׳ פז א) הַנְּכָסִים The property

נִכְסֵיהּ נְכָסָיו His property

מנכסיהון (גט׳ לח ב) מ׳: מנכסיהן, אה״ת: מנכסיהם

נכסיהן דרשיעיא (פס׳ סח א) מ׳ ואה״ת: נכסי רשיעיא

נִכַסְּיֵיהּ (שבת קמח רע״ב) יְכַסֶּנּוּ Let him cover it (*m.*)

נִיכַסְ[יַ]הּ (כתו׳ נב ב — מ׳) יְכַסֶּנָּה

They should drape it (*f.*)

נִכְסַיְיהוּ נִכְסֵיהֶם Their property

נִיכְסָךְ (ב״ב מ סע״ב) נְכָסֶיךָ Your property

נִכְסִין (מו״ק טז א[38], נדר׳ מח ב[39], ב״ב קמה ב[40]) נְכָסִים

The property

נַכְסִינְהוּ (נדה סט א) שְׁחָטָם He slaughtered them

נִיכַסּוֹף (סוטה לט ב) יִתְבַּיֵּשׁ

He should be embarrassed

נִכְסְתָא (ב״ק מו א, ב״ב צב א) שְׁחִיטָה (Ritual) slaughter

נִכְפֵּי (כתו׳ ס סע״ב) נִכְפִּים[41] Epileptics

נִכְפְּיֵיהּ (ע״ז יז רע״ב) נָכֹף אוֹתוֹ

Let us subjugate (our evil inclination)

נִיכְפִּינְהוּ (יב׳ לט סע״א[42], לט ב[43]) נִכְפֵּם (=נִכְפֶּה אוֹתָם)

Let us force them

נִכַפֵּר (שבו׳ ח ב) יְכַפֵּר Let it atone

נִיכַפֵּר (שם ועוד) יְכַפֵּר Let it atone

נִכַּפַּר (סוטה לב ב) יִתְכַּפֵּר

That his transgression should be atoned

נִיכַפְּרוּ יְכַפְּרוּ They will atone

בָּעֵי דְנִיכַפְּרֵיהּ (גט׳ נא ב[44], ב״ק קז א, ב״מ ג א) רוֹצֶה לְכַפֵּר בּוֹ, בִּקֵּשׁ לְכַפֵּר בּוֹ

He wants to deny it, he wanted to deny it

נִיכְרוֹךְ (פס׳ קטו א) יִכְרֹךְ (=יעשה ״כורך״)

He should make a *koreich* portion

נִיכְּרוֹךְ (גט׳ ע א) יִתְעַטֵּף He should wrap himself

נַכְרִינְהוּ (שבת פב רע״ב) נַכְּרֵם (=עשה אותם נכרים)

Treat them as strangers

נָכְתָא[45] (בר׳ סא א) נוֹשֶׁכֶת It (*f.*) bites

דניכתב[46] (כתו׳ כא ב) ר׳ מיכתבא Cf.

נִכְתְּבוּ יִכְתְּבוּ Let them write

נִכְתְּבֵיהּ יִכְתְּבֶנּוּ Let him write it (*m.*)

נִיכְתְּבִינְהוּ (פס׳ יח א) יִכְתְּבֵם Let him write them (*m.*)

נִכְתּוֹב יִכְתֹּב Let him write

נִכְתּוֹב קְרָא יֹאמַר הַכָּתוּב

Let the (Biblical) verse write

נִכְתּוֹב רַחֲמָנָא תֹּאמַר הַתּוֹרָה Let the Torah say

נַכְתֵּיהּ (גט׳ סז ב) נְשָׁכוֹ (=הִזִּיקוֹ)

It (*m.*) bit him, i.e., it damaged him

נִכְתְּמָא מִכְסֶה לְכַד A pitcher cover

נַלְבְּשַׁהּ (כתו׳ נב ב[47]) יַלְבִּישֶׁנָּה He should dress her

נִילוּשֵׁיהּ (מנ׳ נג ב) יְלוּשֶׁנּוּ Let us knead it (*m.*)

נִלְטְיֵיהּ (לוט) (ב״ב ד א, סנ׳ ע א) יְקַלְלֶנּוּ Curse him

נִלְעֲסֵיהּ (בר׳ מד ב) יִלְעָסֶנּוּ One should chew it (*m.*)

נִלְקוּט (ב״מ יב רע״ב) יִלְקְטוּ They should glean

נִילְקֵי יִלְקֶה He should be lashed

נִלְתּוֹת[48] (פס׳ לו א) יִלְתֹּת[49]

Let him wet the grain prior to grinding

נִימְהֲלֵיהּ (שבת קלו א, יב׳ עא א) יָמוּל אוֹתוֹ

Let us circumcise him

נִמְחֲלֵיהּ (ב״ק קט א) יִמְחָלֶנּוּ

Let him renounce ownership

(38) מספר עז׳ ז כו.

(39) מ׳: נכסי.

(40) במטבע ״עתיר נכסין״ בברייתא.

(41) = חולים במחלת הנפילה.

(42) מ׳: ניכייפינהו, ד׳: לכפייה.

(43) מ׳: ניכייפינהו, ד׳: לכפייהו.

(44) מ׳ [ורש״י ד״ה], ד׳: למכפריה.

(45) פ׳ ובי״נ וערוך (ע׳ נכת), ד׳: נשכא.

(46) רש״י: דניכתבא, מ׳: דכתיבא, וצ״ל: מיכתבא (כמו בהקבלות להלן פ א וגט׳ כו ב).

(47) וכצ״ל בקידושין ל ב, ד׳: לבשייה, מ׳ ליי.

(48) א״פ, ד׳: לתית.

(49) ירטיב את החטים לפני שיטחן אותם.

נִמְטָא גַּמְדָא (יומא סט א וש"נ) לֶבֶד מְכֻוָּץ — Hard felt

נִימְטוֹ (מטי) (תע' כה א) יַגִּיעוּ — Let them reach

נִימְטֵי (בר' מו ב) יַגִּיעַ — It (*m.*) arrives

נַמְטֵי (ב"ק צג ב ועוד) לְבָדִים (ר' של לֶבֶד) — Felt sheets

נִמְטְיֵיה (מטי) (ב"מ קט ב, קיט א) יַגִּיעוֹ — It will arrive to him

נִמְטְיַיהּ (יב' מד א) יַגִּיעֶהָ — It will arrive to her

נִימְטְיַין (הור' ג ב 2) יַגִּיעֵנוּ — That it should come to us (i.e., we should be culpable for)

נַמִי[50] גַּם — Also

אִי נמי ר' אִי — Cf.

נְמֵילָא דְעַכּוֹ (ע"ז לד ב, יומא לח א) נְמֵלָה שֶׁל עַכּוֹ — The port of Acco

נְמַלְיֵיה (ב"מ פד א) יְמַלְאֶנּוּ — Let him fill it up with

נִימְנוֹ (ר"ה ב ב, סוטה מא א) יִמְנוּ — They should count. it should be counted

נִימְנוֹ (פס' פד ב) יִמָּנוּ — Let them be counted

נַמְנוּמֵי[51] (פס' קכ ב) (לְ)נַמְנֵם — (To) nap

נִימְנֵי (כרי' י א) נִמְנֶה — Let us count

נִימְנְיַ[יהּ] (סנ' קד א - אה"ת וע"י) נִמְנֵהוּ (=נמנה אותו) — Let us count him

נִימְנִינְהוּ (יומא כב א, כרי' ח ב) נִמְנֶה אוֹתָם — Let us count them (*m.*)

נַמְנֵם (קיד' לא ב ועוד) נִמְנֵם — He napped

קָא נַמְנֵם (פס' קכ ב) צ"ל: קא מנמנם[52]

נִמְעוֹל (פס' כז ב) יִמְעַל — He should commit sacrilege

נִימְעֲלוּ (ב"מ צו ב) יִמְעֲלוּ — They should commit sacrilege

נִימְצְיֵיה (סוכה יג ב) יִמְצֶה אוֹתוֹ — He should suck it (*m.*)

נִימְרְסֵיהּ (גט' סט א) יִמְרְסֶנּוּ (=ימעך אותו) — He should trample it (*m.*)

נִמְשׁוֹךְ (זב' עג א 2) יִמְשׁוֹךְ — Let him pull

נִימְשֵׁי (שבת קמ ב) יִרְחַץ (ידים) — Let him wash (his hands)

נִמְתִּיק (בר' לט א) יִמְתַּק — It should sweeten, improve

נִנְהוֹג (חול' קלח ב) יִנְהַג (מל' מנהג) — Let us practice

נִינַוּוּל (ב"ב קלט א) יִתְנַוֵּל — He will be unsightly

נִינַוְּלֵיה[53] (חול' יא ב) נְנַוֵּל אוֹתוֹ — We shall make him unsightly

נִינַח (יומא כ ב) יָנוּחַ — Take a rest, sit down

נַנַּח יַנִּיחַ — Let him put down

נִינְחוּ (תע' סו סע"ב) יַנִּיחוּ — Let them put down

נִנְחֵיה (גט' סז ב) יַנִּיחֶנּוּ — Let them put it (*m.*) down

נִינְחֵיה (מ"ק כה א) נַנִּיחֶנּוּ — We will put him to (eternal) rest

נִינַחֲמֵיה (ב"ק לח א) נְנַחֵם אוֹתוֹ — We will offer our condolences to him

נִינְטַר (יב' לט א-ב כ"פ) נִשְׁמֹר = נַמְתִּין — We shall watch (I.e., wait)

נִינְטְרֵיה (כתו' מא א) יִשְׁמְרֶנּוּ (=ישמור אותו) — He should guard it (better than previously, Rashi)

נִנְטְרַן (בר' כג ב 2) יִשְׁמְרֵנוּ (=ישמור אותנו) — He will guard us

נִינַיְידוּ[54] (זב' עג רע"ב) יָנוּעוּ — They will move

נִינְסְבַן (סנ' כב א) יִשָּׂאֵנִי — Marry me (*imp.*)

נִינְסֵיב (כתו' סב ב) יִשָּׂא (אשה) — He should marry

נִנְסְרִינְהוּ (ע"ז נב ב) נְנַסְּרֵם — Let us cut them (*m.*) up

נִנְעֲרֵיה[55] (ע"ז יב ב) יְנַעֲרֶנּוּ (=יעורר אותו) — He should wake him up

נִינְקוֹט (גט' סט א 2-ב) יִתְפֹּשׂ — Let him grasp, let him hold

נִינְקְטוּ (פס' קיא א) יִתְפְּשׂוּ — Let them grasp, let them hold

נִינְקְטִינְהוּ (סוטה טז ב) יִתְפְּשֵׂם — Let him hold them

נִינְקְטִינְהוּ (שבת קמב א) יְלַקְּטֵם — Let him pull them out

נִיסָּא נֵס — Miracle

נְסַב נָשָׂא (אשה) — He married

נְסַב (נדר' כה א) נָטַל — He took

נִיסֵּיב (כתו' יב רע"ב) נִשָּׂא (אשה) (עתיד) — Let us marry

(50) תמיד אחרי השם המוסף, למשל: חשד נמי (= גם חשד).
(51) א"פ, מ' ה': מינם, ד': מינומי.
(52) בכ"י לי' (ר' ד"ס).
(53) מ' שט': נינבליה.
(54) רש"י, כ"י ותוס': נינוידן, ד': ניידי.
(55) כ"י ספ', מ': ליתערי, ד': ליתרייה (צ"ל: ליתייריה, ועי' הע' ל"יתייריה").

נְסַבַהּ/בא נְשָׂאָהּ, נְטָלָהּ
He married her, he took her

כדי נסבה ר׳ כדי
Cf.

נִיסְבּוֹל (תע׳ ח ב) נִסְבֹּל
We shall suffer, we shall endure

נָסְבִי נוֹשְׂאִים (נשים) — They marry (women)

נָסְבִי מִינַּן (מג׳ יג סע״ב) נוֹשְׂאִים (נשים) מִמֶּנּוּ
Marry (women) from us

נַסְבֵּיהּ (זב׳ צט ב) נְטָלוֹ — He takes it, i.e. it is mentioned

נסביה (ב״ב קמד א) ה׳ ורי״ף: אנסביה

נַסְבֵּיהּ עֵצָה (ב״ב קעד ב, ערכ׳ כג א[56]) יַשִּׂיאֶנּוּ עֵצָה
He should advise him

נָסְבִין חַבְרַיָּא לְמֵימַר (חול׳ יד רע״א ועוד) נוֹטְלִים הַחֲבֵרִים לוֹמַר[*56]
The *yeshiva* students thought to say

נָסְבִינַן (כתו׳ יב ב) אָנוּ נוֹשְׂאִים, נִשָּׂא
We marry, we shall marry

נְסַבְתְּ (בר׳ נו ב) נָשָׂאתָ — You married

נָסְבַתְּ (פס׳ קיג א, קיד׳ כט ב) אַתָּה נוֹשֵׂא, תִּשָּׂא
You marry, you should marry

נסוּב נָשְׂאוּ (נשים) — They married (women)

לְנַסּוּיֵיהּ (תע׳ ט א) לְנַסּוֹתוֹ — To test Him

לְנַסּוּיֵינְכוּ[57] (סנ׳ קא ב) לְנַסּוֹתְכֶם
To test you (*m.*, *p.*)

נַסּוּכֵי[58] (ע״ז כט סע״ב) (ל)נַסֵּךְ — (To) offer a libation

לְנַסּוּכֵי (נדה יג א) לְנַסֵּךְ — To offer a libation

נַ(י)סַּח[59] **דַּעְתֵּיהּ** (בר׳ נא ב) יַסִּיחַ דַּעְתּוֹ
He should distract his attention

נִסְחוּט (זב׳ עו א 2) יִסְחַט — He should squeeze (out)

נַסֵּי[60] (סנ׳ צו ב) נְנַסֶּה — Let us test

נַסֵּי (תע׳ ט א, סנ׳ קז ב) נַסֵּה (צ) — Test (*m.*, *imp.*)

נִיסֵּי נִסִּים — Miracles

נְסֵיב (יב׳ י א ועוד) נָשָׂא (אשה)
He married (a woman)

נָסֵיב נוֹטֵל, תּוֹפֵס[61], נוֹשֵׂא (אשה)
He takes, he grabs, he marries (a woman)

נִיסַּ(י)ב (כתו׳ יב ב — מ׳) נִשָּׂא (נשים) (עתיד)
Let us marry (women)

נְסֵיב שָׂא (אשה) — Marry (*m.*, *imp.*)

נְסִיבָא נְשׂוּאָה — Married (woman)

נְסִבִי (שבת כג א, סנ׳ צז א) נָשָׂאתִי (אשה)
I (*m.*) married (a woman)

נסיבי (יב׳ קי א, נדה יג ב) מ׳: נסבי

נְסִיבָן נְשׂוּאוֹת — Married (women)

נָסֵיבְנָא אֲנִי נוֹשֵׂא, אֶשָּׂא — I marry, I shall marry

נָסֵיבְנָא (נדר׳ נא א) אֲנִי נוֹטֵל — I take

נְסֵיבְנָא (פס׳ מט א 2, קיד׳ כט ב) נָשָׂאתִי — I married

לָא נְסִיבְנָא (קיד׳ כט ב) אֵינִי נָשׂוּי
I (*m.*) am not married

אִי לָא נָסֵיבְנָא (גט׳ לד א 2) אִם לֹא אֶשָּׂא[*61]
If I will not marry (you)

הֲוָה נָסֵיבְנָא (קיד׳ כט ב) הָיִיתִי נוֹשֵׂא
If I would have married

נְסִיבַת (סנ׳ קז א) אַתָּה נָשׂוּי, נָשָׂאתָ
You are married, you married

נְסִיּוּבֵי דַחֲלָבָא (פס׳ מב א, ב״מ סח ב, ע״ז לה ב) נַסְיוּבֵי הֶחָלָב[62]
Whey

נִסְיוֹנֵי (ע״ז טו א 3) נִסְיוֹנוֹת — Test runs

נַסְּיֵיהּ (ע״ז טו א) נַסֵּהוּ — Test (*m.*, *s.*, *imp.*) him

נִסְכָּא נֶסֶךְ־כֶּסֶף (=חתיכת כסף) — Lump of silver

---

56) ד׳: דנסבי, מ׳: דליסברה (= דליסביה).

*56) רש״י: בני הישיבה עלה על דעתם לומר.

57) אה״ת וילי כ״י, ד׳: למינסינהו.

58) מ׳, ד׳: אינסוכי.

59) הגהתי, מ׳ שט׳: אסח.

60) כ״י, אה״ת: אינסי, ד׳: כסו.

61) כלומר: משתמש בלשון זה, למשל: איידי דנסיב רישא ילדה נסיב סיפא נמי ילדה (ב״ק צה ב) = איידי דתנא רישא כזית תנא סיפא פחות מכזית (בר׳ מז ב). והא קרא נסיב לה (נדר׳ מט א) = והא קרא קאמר (חול׳ טז א).

*61) [דע דנפל טעות ברש״י בדפוס וילנא שם, ובמקום ״שאם לא יכנסי״ צ״ל ״שאם לא יכנוסי״]

62) = מי החלב הנשאר מעשיית גבינה.

נִיסְכָּא (שבת נט ב כ״פ) נִסְכָּה[63]

Belt of gold threads and jewelry

נִיסְכָּא בַּתְרָא (שבת צו ב) נְסִיכָה[64] אַחֲרוֹנָה

The last thread (of a looming operation)

נַסְכֵיהּ (ע״ז נח רע״ב 2, נט ב) נְסָכוֹ

He offered it as a libation

נִסְכְּרִינוּן (שבת קט ב) יִסְתְּמֵם — He should close them

נִסְמוֹךְ נִסְמֹךְ — We should depend, let us depend

נִ[י]סְמוֹךְ עִילָוֵהּ (כתו׳ עב א — מ׳) יִסְמֹךְ עָלֶיהָ

Let him depend on her

נִיסְמוֹךְ (יב׳ צא סע״ב[65], ב״ב קלה א) נִסְמֹךְ

We should depend

נִסְפְּדֵיהּ (מג׳ כח ב) נַסְפִּידֶנּוּ — We should eulogize him

נִיסְפּוּ לֵיהּ (גט׳ ע א) יַאֲכִילוּהוּ — They should feed him

נִיסְפְּרֵיהּ (נדה לג א) נִסְפְּרֶנּוּ — Let us count it (*m.*)

נִיסַּק (סלק) (תע׳ כג ב) נַעֲלֶה — Let us ascend

נִיסַּק (גט׳ סט ב) יַעֲלֶה — It will rise

נִ[י]סְקוּ (יומא ט א — מ׳) יַעֲלוּ

Let them carry (it) up (to Jerusalem)

נַסְּקִינְהוּ (זב׳ פה סע״א) יַעֲלֶה אוֹתָם

He should carry them up

נִיסְרָא (שבת צח ב) נֶסֶר (=לוח עץ) — Plate of wood

נַסַּרוּהּ (יב׳ מט ב) נְסָרוּהוּ — They sawed it (*m.*)

נסריה[66] (בכו׳ לו א) אה״ת: נסרי׳

נִסְתּוֹר (נז׳ ו ב 2 ועוד) יִסְתֹּר

Let him annul (i.e., let him regard as invalid)

נִיסְתַּכַּל (תע׳ כא ב) יִסְתַּכֵּל — He should look at

נִסְתְּרֵי (סרי) (ב״מ סה רע״א) יִתְעַצֵּל — He will be idle

נַעַבְדַהּ (יומא לט א) נַעֲשֶׂהָ — Let us make it

נֶיעְבְּדוּ יַעֲשׂוּ — Let them make

נֶיעֶבְדֵיהּ (פס׳ נח ב 2) נַעֲשֶׂנּוּ — Let us make it (*m.*)

נַעַבְדָן[67] (עירו׳ נד א) נַעֲשֶׂה אוֹתָן — Let us make them (*f.*)

מַאי נִיעְבוּד (שבו׳ מא ב) מ׳ פ׳ וחי׳ הר״ן: אנן אמאן ניסמוך[68]

נעבוד[69] (ב״ק צו א) ר׳ נעביד — Cf.

נַעֲבֵיד נַעֲשֶׂה (עתיד), יַעֲשֶׂה

Let us make, we shall make

נֶיעֱבֵיד נַעֲשֶׂה (עתיד), יַעֲשֶׂה

Let us make, we shall make

נִיעַבַּר (כתו׳ טז ב 2) נַעֲבִיר — Let us carry past

נְ(י)עַבְּרַהּ[70] (סנ׳ קט ב) יְעַבְּרֶנָּה (את האשה)

He will make her pregnant

נְעַבְּרֵיהּ (ר״ה כ א) נְעַבְּרֶנּוּ (את החודש)

Let us intercalate it (the month)

נַעַבְרֵיהּ (בר׳ כז ב, ר״ה לד א ועוד) נַעֲבִירֶנּוּ

Let us remove him

נַעַבְרִינְהוּ (יב׳ ס ב) נַעֲבִירֵם — They should pass them

נַעֲוָה (ע״ז עד ב) יֶקֶב — Winery

נֵיעוּל יִכָּנֵס — Let him enter

וְלִינַעַרִינְהוּ נַעוֹרֵי (שבת קמב א) וִינַעֲרֵם נַעֵר

Let him shake them (*m.*)

נַעְיֵיל (יומא מז א) יַכְנִיס — Let him bring in

נִיעַיְּילוּ[71] (תמיד כו סע״ב) יַכְנִיסוּ — Let them bring

נַעְיְּילוּהּ (בר׳ יח ב) יַכְנִיסוּהוּ — Let them enter him (Levi)

נַעְיְּילֵיהּ (ב״מ נג א-ב) יַכְנִיסֶנּוּ — Let him bring it (*m.*) in

נִיעַיְּילִינְהוּ (הור׳ יג ב) נַכְנִיסֵם — Let us bring them in

נַעַיֵּין (גט׳ סט ב) יְחַפֵּשׂ, יִבְדֹּק — Let him examine

נַעַיֵּין[72] (שבת ל ב) נְעַיֵּן, נִתְבּוֹנֵן

We shall give it our attention

נְ(י)עַיֵּין (קידו׳ לא ב - מ׳) נְחַפֵּשׂ — We will search

(63) מין חגורה עשויה מחוטים משובצים בזהב ומרגליות.

(64) זריקת הבוכיאר, שעליו חוטי הערב, רש״י: בחוט אחרון של קנה.

(65) מ׳, ד׳: ליסמוך.

(66) מ׳: דנסרים.

(67) אולי צ״ל: נעבדו! בכ״י — נוסח אחר.

(68) = אנו על מי נסמוך!

(69) ה׳ וד״ו: נעביד, מ׳ לי׳.

(70) הגהתי ע״פ אה״ת (ושם: נעבריניה), מ׳: מעברי׳ (ונ״ל ש״מ״ הוא תיקון מן ״ני״).

(71) מ׳ ורש״י, ד׳: לעיילי.

(72) מ׳, ד׳: לעיינן, אה״ת: ליעיי׳.

נעיץ[73] (עירו׳ ח א) ר׳ נקיט — Cf.

נְ(י)עַכְּבֵיהּ (ע״ז י רע״א - מ׳) נְעַכֵּב אוֹתוֹ

We should delay it (*m.*) (the collection)

ניעל (בר׳ מז רע״א) מ׳: ניעול

נַעֲמִיתָא (שבת קי ב) נַעֲמִית, יַעֲנָה — Ostrich

בַּת נַעֲמִיתָא (מ״ק כו א) בַּת הַיַּעֲנָה — Ostrich

בִּיעֲתָא דְנַעֲמִיתָא (שבת קי ב) בֵּיצַת הַיַּעֲנָה

Ostrich egg

נַעֲנֵי (בר׳ לא א) נַעֲנֶה — We should respond

נַעַקְרָא (שבו׳ מח ב) נַעֲקֹר אוֹתָהּ

Let us abolish, uproot it (*f.*)

נֶיעֶקְרֵיהּ (כתו׳ ג ב) נַעֲקֹר אוֹתוֹ

Let us abolish, uproot it (*m.*)

נְעַרְבְּבִינְהוּ (ע״ז כט א) יְעַרְבְּבֵם

Let him mix them together

נִיעַרְבִינְהוּ[74] **וְנִיכְתְּבִינְהוּ** (פס׳ יח א) יְעָרְבֵם וְיִכְתְּבֵם

Let us combine them and write them

נְעַרְבִינְהוּ וְנִיתְנִינְהוּ (קיד׳ כג א, ב״ק עז ב) יְעָרְבֵם וְיִשְׁנֶה אוֹתָם

Let us combine them and study them

נְעָר(ו)ב[75] (סוטה כא סע״א) נְעָרֵב — Let us combine

נַעֲרוּתֵיהּ (יב׳ קכ ב) נְעִירָתוֹ, חִרְחוּרוֹ — Its braying

נֶיעֶרְקוּ (ב״ק עט ב) יִבְרְחוּ — They will run away

נִיעַשְׂיֵיהּ (תע׳ כד ב) יְעַשְּׂנוּ (״רש״י״), יְשַׁדֵּל אוֹתוֹ

He will induce him

נִיפְגּוֹם[76] (ב״ב קעב א 2) יִפְגֹּם

It (*m.*) should be impaired

ניפגם[77] (שם) ר׳ ליפגום — Cf.

נַפְוָותָא (סוכה כ ב, תע׳ ג ב, ב״מ עד א) נָפוֹת, כְּבָרוֹת

Sieves, screens, winnowing shovels (Rashi)

נַפְוָותָא (שבת קלד א) מְנִיפָה — Winnowing shovel

נַפוּל נָפְלוּ — They fell

נִיפּוֹל (סנ׳ צה א, בכו׳ סא א) יִפֹּל

Let us fall (upon it), it will fall

נַפּוּץ (ב״ב עד א) נִתְּזוּ — They sprayed forth

נְפוֹץ (שבת קמז א) נַעֵר (הבגד) — Shake (*m., s., imp.*)

נְפוֹצוּ[78] (שם) נַעֲרוּ — Shake (*p., imp.*)

נַפּוֹצֵי (ב״ק צג ב) (ל)נַפֵּץ

To card (wool or flax), to cleanse, disentangle, and collect (wool or flax) together (as fibers) by the use of a card preparatory to spinning

נַפּוֹצֵי (ע״ז עב ב) (ל)נַפֵּץ (=לשפוך את היין למרחוק)

To pour wine from a distance (horizontally)

נפוצי (שבת קמז א) מ׳: נפוצו

נַפּוּק יָצְאוּ — They left

נִיפּוֹק יֵצֵא — He will leave

נִיפּוֹק (גט׳ נו א 2) נֵצֵא — Let us leave

ניפוש (פס׳ עה א) רש״י: נפיש

נָפַח (סנ׳ צו א, ק ב) נוֹפֵחַ — He blows

נִפְחָא (ב״ק מז א, ב״מ פ א) נֶפַח — (An increase in) volume

בַּר נִפְחָא (חול׳ סב ב) שם עוף — Name of bird

נַפָּחָא נַפָּח — Blacksmith

בֵּי נַפָּחָא (גט׳ נו ב 2, סט ב 2) בֵּית הַנַּפָּח

Blacksmith shop, forge, smithy

נַפָּחָא (סנ׳ צו א) = ר׳ יצחק נפחא

R' Yitzchak Naphcha

בַּר נַפָּחָא (כתו׳ כה ב, ב״מ פה ב) כִּנּוּיוֹ של ר׳ יוחנן

R' Yochanan's surname

נפחה (מנ׳ צד סע״א) כי״י: תפחא

נַפָּחֵי (מ״ק יא א) נַפָּחִים — Blacksmiths

שְׁוּלְיָא דְנַפָּחֵי (ב״ק לב ב 2) תַּלְמִיד שֶׁל נַפָּחִים

Blacksmith apprentice

נִיפְחֵיהּ (ע״ז לד ב, תמו׳ ל ב) נִפְחוֹ

(Increase in) his volume

נפחינא (חול׳ מו ב) ר׳ נפחינן — Cf.

נָפְחִינַן[79] (שם) אָנוּ נוֹפְחִים — We blow

נַפְטָא נֵפְט — Kerosene

נִיפְטָא (גט׳ פו רע״א[80], ע״ז כח רע״ב[81]) נֶפֶט — Kerosene

נַפְטוֹיֵי (נדר׳ צא ב) מוֹכְרֵי נֵפְט — Kerosene vendors

(73) מ׳ א״פ וד״י ועוד: נקיט, ד׳ שלוי: נקיש.

(74) וכן ביו״ד גם במ׳, ונראה, שיש כאן זווג ל״ניכתבינהו״ (אבל מ׳ בלא יו״ד!).

(75) אה״ת, מ׳ לי׳.

(76) פ״א — מ׳ ה׳: לפגום, רשב״ם: ליפגום.

(77) פ״ב — מ׳ ה׳ רשב״ם: ליפגום, ד׳: ניפגם.

(78) מ׳ ה׳: לפגום, ר״ג ורשב״ם: ליפגום.

(79) מ׳, ד׳: נפוצי.

(80) כי״י, ד״ו: ונפחני, ד״ח: ונפחינא.

(81) מ׳ ו׳, ד״ח: נטפיק.

נפטר (יב׳ כב סע״א) מ׳: פטיר

נִפְטְרֵיהּ (בר׳ מא סע״ב) יִפְטֹר אוֹתוֹ — Let it (*m.*) exempt him

נִפְטְרֵיהּ (כתו׳ לח א, שבו׳ מז א) נִפְטֹר אוֹתוֹ — Let us acquit him

נִיפְּטַר יִפָּטֵר — He is exempt

נַפְיָא נָפָה, כְּבָרָה — Sieve, screen

נְפִיחָא[82] (חול׳ מז רע״ב) נְפוּחָה — Swollen (*f.*)

נְפִיחֵי כַּפָּן[83] (שבת לג א, תע׳ יט ב, ב״ב צא ב) נְפוּחֵי רָעָב — Swollen from hunger

נִיפַּיֵּיס (כתו׳ עה-עו כ״פ) נִתְפַּיֵּס — He became reconciled

נִיפַּיְּיסוּ (יומא כב א) יָפִיסוּ (=יטילו גורל) — They should cast the lot

נְפַיְּיסִינְהוּ (יב׳ עט רע״א) יְפַיְּסֵם — Let us pacify, appease them

נפיך (ערכ׳ כט א) מ׳: ליפוך

נָפֵיל נוֹפֵל — He falls

נפילא (כתו׳ סט ב) ר׳ נפילנא — Cf.

נָפֵילְנָא (תע׳ כא א, כתו׳ סט ב[84]) אֲנִי נוֹפֵל, אֶפֹּל — I fall, I shall fall

נְפִיץ (שבת כ ב ועוד) מְנֻפָּץ — It (*m.*) is carded

נָפֵיץ (סנ׳ סז ב) נוֹפֵץ (=מְנַעֵר)[85] — He shakes (out)

נַפִּיצוּ[86] (ע״ז עב ב) נַפְּצוּ (=שִׁפְכוּ את היין מרחוק) — Pour (*p.*) wine from a distance (horizontally)

נָפֵיק[87] יוֹצֵא — He leaves, he departs

נָפֵיקְנָא אֲנִי יוֹצֵא — I leave, I depart

נְפִישׁ מְרֻבֶּה — A large number, a large quantity

נַפִּישׁ (נפש) (פס׳ עה א[88], סוטה כו א[89]) נַרְבֶּה — Let us increase (the quantity)

נְפִישָׁא מְרֻבָּה — Plentiful

נְפִישָׁא דְמַיָּא (עירו׳ פח סע״ב) רִבּוּי הַמַּיִם — Abundance of water

נְפִישֵׁי, נְפִישִׁין מְרֻבִּים — Numerous (*m.*)

נְפִישָׁן מְרֻבּוֹת — Numerous (*f.*)

חֲזַנְהוּ לְטוּפְרֵי[ה] דַּהֲווֹ נְפִישָׁן (מ״ק יח רע״א) רָאָה אֶת־צִפָּרְנָיו שֶׁהֵן גְּדוֹלוֹת — He noticed that his nails are large

נְפַל נָפַל — He fell

נִפְלְגוּ (כתו׳ נט ב, ב״ק צה ב) יַחְלְקוּ — Let them disagree

נִיפְלְגֵי (קיד׳ ס ב 2) יַחְלְקוּ — Let them disagree

נִיפַלְגֵי[90] (שבת קטז רע״ב) יְחַלְּקוּ — They give me a part

ניפלגי (נדר׳ מב א) מ׳: ליפלגו

נִיפְלְגֵיהּ (ב״מ סט א) נְחַלְּקֶנּוּ — Let us divide it up

נְפַלָה נָפְלָה — She fell

נָפְלָא/ה נוֹפֶלֶת — She falls

נְפַלוּ נָפְלוּ — They fell

נִפְלוֹג נַחֲלֹק — Let us differentiate, let us divide

נִיפְלוֹג יַחֲלוֹק — Let him differentiate, let him disagree

נִפְלוֹג (ביצה ב ב[91], ב״ק מה א) יַחְלְקוּ — Let them differentiate, let them disagree

נִיפְלְחוּ לֵיהּ (סנ׳ לח ב) יַעַבְדוּהוּ — Let them worship him

נִיפְלְחֵיהּ (גט׳ יב ב) יַעֲבֹד לוֹ — He will worship him

נִיפְלֵי נְפָלִים — Stillborns

בַּר נַפְלֵי (סנ׳ צו ב 3) בֶּן־נְפָלִים[92] — Surname of *Mashiach*

נָפְלֵי נוֹפְלִים — They (*m.*) fall

ניפליגן (קיד׳ מב ב) מ׳ ורש״י: נפלוג

נָפְלִין (ב״מ פה סע״א — ספור א״י) נוֹפְלִים, יִפְּלוּ — They (*m.*) fall, they will fall

נָפְלָן (שבת נד ב) נוֹפְלוֹת — They (*f.*) fall

נְפַלְתְּ (ע״ז לט א) נָפַלְתָּ — You fell

נְפַלַת נָפְלָה — She fell

נַפָּסָא (כתו׳ עה א) שׁוֹמֵר צְנוֹנוֹת[93] — Vegetable-garden guard *(Aruch)*, flax pounder *(Rashi)*

---

(82) מ׳, ד׳: נטפא.

(83) מ׳ ורש״י, ד׳: נפיחה.

(84) = ת״א ל״מזי רעב״ (דב׳ לב כד).

(85) ד״ח: נפילא.

(86) ר׳ משנה בכורים א׳ ח׳.

(87) מ׳, ד׳: נפצי.

(88) בכמה מקומות בא בד׳ ״נפיק״ גם לעבר, אבל בכי״ (ולפעמים גם בד״ו) בכולם: נפק. בקידושין פא א — ד׳: דינפק, מ׳: נפיק.

(89) רש״י, ד׳: ניפוש, מ׳: נקיף.

(90) גניזה, ד׳: ליפוש (ועי׳ ח״ג שם).

(91) כך גם מ׳, ע״י: נפלגי.

(92) מ׳, ד׳: ולפלוגי, ואולי צ״ל: נפלגו!

(93) = כינוי למשיח.

נִיפְסְדִינְהוּ (כתו׳ פ א) יַפְסִידֵם

He should cause them damage

נַפְסְדִינְהוּ (זב׳ עב א) נַפְסִידֵם

We should cause them damage

נִיפְסוֹג (ב״ק פא ב) יְפַסֵּג[94]

He will trim branches that block his way

נִיפְסוֹל[95] (סוכה יז א) יִפְסֹל

It (*m.*) should be disqualified

Let him stop, let him terminate נִפְסוֹק (מג׳ כב א) יִפְסֹק

He should lose נִפְסִיד (ב״ק נג א) יַפְסִיד

Let us stop נַפְסִיק (פס׳ קיא א 3) יַפְסִיק

We should disqualify him נִפְסְלִינֵיהּ (גט׳ ו א) נִפְסְלֶנּוּ

He should step נִפְסַע (גט׳ סט א) יִפְסַע

Let them cut off נִיפַסְקוּ (פס׳ נז ב) יַחְתְּכוּ

Flour remaining in sieve נְפָפִיתָא (יב׳ קיד ב) נָפָפִית[96]

He shook נְפַץ (ב״מ קיד ב) נָפַץ (=נִעֵר)

(Wool or flax) pounder נַפָּצָא (יב׳ קיח סע״ב) נַפָּץ[97]

סַמָּא דְנָפְצָא (נדה ל ב) סַם הַנּוֹפֵץ[98]

Semen-scattering medication

They pound (flax) נָפְצִי (ב״ב כו א) מְנַפְּצִים

נָפְצִי (כתו׳ קו א) נוֹפְצִים (=מנערים בגדיהם)

They shake out (their garments)

נפצי (ע״ז עב ב) מ׳: נפיצו

His pounding (of flax) נַפְּצֵיהּ (ב״ק צג ב) נִפְּצוֹ

נַפְּצֵיהּ (חול׳ עו ב) נְפָצוֹ (=הִפְרִידוֹ)[99]

He separated, disentangled it (*m.*)

He went out, he left נְפַק יָצָא

She went out, she left נַפְקָא יָצְאָה

She goes out, she leaves נָפְקָא יוֹצֵאת

(What) comes out of it, נָפְקָא מִינַּהּ[1] יוֹצֵאת מִמֶּנָּה

i.e., what is the practical of halachic difference

Excretion נ[י]פְקָא[2] (גט׳ סט רע״ב 2) צוֹאָה

נפקה (פס׳ פד ב) מ׳ ב: ונפקיה

They went out, they left נְפַקוּ יָצְאוּ

נִיפְקוּ (בר׳ נ א, מנ׳ מ א, עט ב) יֵצְאוּ

Let them discharge their obligation, let them be divested of their holy status

ונפקוה (פס׳ פד ב) מ׳: ונפקיה

My expenses נַפְקוּת יְדַי (ב״מ קה א) תּוֹצְאַת יָדַי

Expenses, outlay נַפְקוּתָא (נדר׳ ז א) הוֹצָאָה

I went out, I left נַפְקִי יָצָאתִי

They (*m.*) go out, they leave נָפְקִי יוֹצְאִים

נפקי מיא (סוכה נג רע״ב) ע׳: נבגי מיא

נפקי (זב׳ קה א 2) מ׳: נפקו

Cf. נפקי (גט׳ סט רע״ב) ר׳ ניפקא

נִיפְקֵי (עירו׳ פז ב) גְּפוּפִים (ר״ח ורש״י: מוצאות)

Projections

נַפְקֵיהּ (עירו׳ ל א[3], פס׳ פד ב 2[4], ב״מ ג א) נוֹצִיאֶנּוּ

Let us take him out, let us take out, let us remove it (*m.*)

They (*m.*) go out, they leave נָפְקִין יוֹצְאִים

Let us divest them of their holy status, let us take them out נַפְקִינְהוּ (פס׳ יג ב, יומא פד א) נוֹצִיאֵם

We go forth נָפְקִינַן (מ״ק ו א 2) אָנוּ יוֹצְאִים

לָא נָפְקִיתוּ (פס׳ קא א) אֵינְכֶם יוֹצְאִים (ידי חובה)

You do not discharge your obligation

They (*f.*) come forth נָפְקָן (כתו׳ יז א) יוֹצְאוֹת

נִפְקַע (ב״מ קיב ב[5], שבו׳ מח ב) יִפָּקַע[6]

He should be absolved

נְפַקַת (כתו׳ קג ב[7], נדר׳ מט סע״ב 2, סנ׳ פב א) יָצְאָה

She went out

Expenses נִפְקְתָא (ר״ה ד א — מעזרא) הוֹצָאָה

Let him dispute נִיפְרוֹךְ (פס׳ כה א) יִשְׁבֹּר, יַקְשֶׁה

He should spread נִפְרוֹס (שבת קמח ב, ביצה ל א) יִפְרֹשׂ

94) עי׳ ערוך ועי׳ נפצא.

95) = יְפַסֵּק: יַחְתֹּךְ עֲנָפִים הַחוֹסְמִים אֶת־דַּרְכּוֹ.

96) מ׳, ד׳: ליפסיל.

97) = מעט קמח, שנשאר בנפה.

98) = מנפץ צמר או פשתן.

99) מפזר הזרע, השוה ״שתמלא ונופצת״ (כתו׳ עב א) ״ממלאה ונופצת״ (נדה סו א).

99) ר׳ משנת בכורים א׳ ח׳.

1) ורגילה השאלה: למאי נפקא מינה.

2) פ״א — מ׳: ניפקי, ע׳: נפקא, ד״ו: נפקי, ו׳: נפחא, ד״ח: נפק. פ״ב — מ׳ לי׳, ד׳: נפקא.

3) ד״י, ״ונשמט בשגגה בד״ו״ (ד״ס).

4) פ״א — מ׳ ב, ד׳: נפקוה, מ׳ לי׳. פ״ב — מ׳, ד׳: נפקה.

5) ד״ו ור׳ א, ד״ח: ויפקע, כל שאר כי״י לי׳.

6) = יצא, יהא פטור.

7) מ׳, ד׳: נפקא.

נִפְרוֹשׁ (יב׳ מז ב, כתו׳ עב א 3) יִפְרֹשׁ Let him withdraw

נפרוש (פס׳ ע ב) כי״י: נדרוש

נַפְרָזָא (ב״ק טז א 2) צָבוֹעַ Hyena

נַפְרְחֵהּ[8] (ע״ז י סע״א) יַפְרִיחֶנָּה

He will cause to fly, release (a captive bird)

נִיפְרִישׁ[9] (שבו׳ יח ב) ר׳ לפרוש Cf.

נִיפַרְסְמַהּ[10] (מנ׳ מ א) יְפַרְסֵם אוֹתָהּ

Let him publicize it (*f.*)

נִיפְרְקוּ (ב״ב עב ב) יִפְדּוּ Let him redeem them

נִפְרְקֵיהּ (ב״מ נג א-ב) יִפְדֵּהוּ Let him redeem it

נִיפְרְקִינְהוּ (פס׳ יג ב) יִפְדֵּם Let him redeem them

נִפְרְשׁוּ (יומא מד ב) יִפְרְשׁוּ We should go away from

נַפְרְשׁוּ (יומא ט א) יַפְרִישׁוּ Let them separate

נַפְשָׁא נֶפֶשׁ Soul

בְּאַפֵּי נַפְשָׁא (ב״ב צה א) בִּפְנֵי עַצְמָהּ On its (*f.*) own

נְיָיח (ד)נַפְשָׁא (ב״ק קה ב — כל כי״י) נַחַת רוּחַ

Satisfaction

נַפְשַׁאי נַפְשִׁי My soul

לְנַפְשַׁאי לְעַצְמִי For myself

רְמָאִי אַנַּפְשַׁאי (כתו׳ כ ב) הֵטַלְתִּי עַל עַצְמִי

I took it upon myself (I made an effort) (התאמצתי)

לָא מְצָאִי לְאוֹקוּמֵי[11] **אַנַּפְשַׁאי** (ב״מ פה ב) לֹא יָכֹלְתִּי לְהַעֲמִיד אֶת עַצְמִי, לֹא יָכֹלְתִּי לְהִתְאַפֵּק

I could not restrain myself

אֲקַיֵּים[12] **בְּנַפְשַׁאי** (תע׳ כא א) אֲקַיֵּם בְּעַצְמִי

I shall fulfill it in regard for myself, I shall carry out on my own person

קִים לִי בְּנַפְשַׁאי (סנ׳ כה רע״ב) בָּקִי אֲנִי בְּעַצְמִי

I am sure of myself, I am certain

נַפְשַׁהּ נַפְשָׁהּ, עַצְמָהּ Her soul, herself

לְנַפְשַׁהּ לְעַצְמָהּ, אֶת־עַצְמָהּ

For herself, for itself (*f.*), herself, itself (*f.*)

נִפְשׁוֹט נִפְשֹׁט (בעיא)

Let us resolve, solve,, deduce, derive

וְנִפְשׁוֹט לְהוּ (יומא מח ב) וְיִפְשׁוֹט לָהֶם

Let us resolve, solve (it) for them

נִיפַּשְׁטוּ (קיד׳ ז סע״א) יִתְפַּשְּׁטוּ

Let it (*Kiddushin*, a plural concept in Hebrew) spread

נַפְשֵׁיהּ נַפְשׁוֹ, עַצְמוֹ

For himself, for itself (*m.*), himself, itself (*m.*)

אַנַּפְשֵׁיהּ אֶת־עַצְמוֹ, עַל עַצְמוֹ

Himself, itself (*m.*), on himself, on itself (*m.*)

בְּאַפֵּי[13] **נַפְשֵׁיהּ** בִּפְנֵי עַצְמוֹ

Independently, by himself, itself (*m.*)

בְּאַנְפֵּי נַפְשֵׁיהּ (חול׳ קכא א) בִּפְנֵי עַצְמוֹ

Independently, by himself, itself (*m.*)

אַדַּעְתָּא[14] **דְנַפְשֵׁיהּ** עַל דַּעַת עַצְמוֹ Acts on his own, of his own accord, on his own initiative

בָּרֵיךְ אֱינִישׁ [אֱינִישׁ][15] **לְנַפְשֵׁיהּ** (בר׳ מה סע״ב) בֵּרֵךְ אִישׁ אִישׁ לְעַצְמוֹ Each one recites the *Birkas HaMazon* (Grace After Meals) for himself

נַפְשַׁיְיהוּ נַפְשָׁם, עַצְמָם

For themselves (*m.*), themselves (*m.*)

אַנַּפְשַׁיְיהוּ עַל עַצְמָם, אֶת־עַצְמָם

On themselves (*m.*), themselves (*m.*)

נַפְשַׁייכוּ (פס׳ סט ב, גט׳ ס ב, נדה סא א*[15]) עַצְמְכֶם

Yourselves, you (*m.*)

נַפְשִׁיךְ (מ״ק טז ב ועוד) נַפְשֵׁךְ, עַצְמֵךְ Yourself (*f., s.*)

נַפְשִׁין נַפְשֵׁנוּ, עַצְמֵנוּ Ourselves

נַפְשָׁךְ נַפְשְׁךָ, עַצְמְךָ Yourself (*m., s.*)

---

(8) מ׳, ד׳: למפרח.

(9) מ׳: שלא לפרוש מיד מניין — עב׳ (תי׳ ״דלא ניפריש מיד מנלן״ שבד׳).

(10) ק׳, ר׳ א: ניפרסמא, רש״י: נפרסמה, מ׳ לי׳, ד׳: מפרסמא.

(11) מ׳ ה׳, ד׳; לאוקמא.

(12) מ׳ מ׳ ב, ד׳: אוקי.

(13) סוכה מה סע״ב — ד׳: באפיה.

(14) בכמה מקומות בד׳: אדעתיה.

(15) פי׳ ב״נ והב״ח.

*15) [יבמות לז ב: מה נפשייכו, ובכמה כ״י וראשונים: נפשך]

אכנפשך[16] (מג׳ לא ב) ר׳ נפשך Cf.

נִפְתַּח (פס׳ קיא א 3) יִפְתַּח He should start, open with

נִפְתַּח (פס׳ קב ב 2) נִפְתַּח Let us begin (from)

נֵץ דרמונא (בר׳ לו ב) מ׳ שט׳: ניצה

נְצָא (מ״ק י ב, ב״ב נד א כ״פ) נָעִיץ (=חָרִיץ)

Furrow, groove

נַצָּא בַּר נַצָּא (שבת נו ב) אִישׁ־רִיב בֶּן אִישׁ־רִיב

Quarreler (Mefiboshes) the son of a quarreler (Shaul)

נְצַאי (עיר׳ צ א) רַבְתִּי I quarreled

נִיצָה[17] **דְּרִמּוֹנָא** (בר׳ לו ב) נֵץ הָרִמּוֹן

Sprouting, blossom, bud on pomegranate

נִצוּיֵי (מג׳ כד א-ב) מְרִיבוֹת Quarrels, bickering

נָצַח (תמיד לב א) נוֹצֵחַ He triumphs over, defeats

נַצְחוּ (סוטה לג א) נָצְחוּ They triumphed over, defeated

נִצְטַעַר (תע׳ כה א) נִצְטַעֵר We will suffer

נִצְטַעַר (חגי׳ ה ב, סנ׳ יד א) יִצְטַעֵר He suffers

נִצְטְרוּ (ע״ז סה ב) יִבָּקְעוּ They will burst

נִצְטָרֵף (הור׳ יא א) יִצְטָרֵף We will add

נִצְטָרֵף(ינהו)[18] (ב״מ נג א) יִצְטָרֵף We will add them

נִיצַיְירֵיהּ (גט׳ סט ב) יִצְרְרֶנּוּ, יִקְשְׁרֶנּוּ Let them tie it

נָצֵינָן (מ״ק טז א) אָנוּ רָבִים (=מריבה) We quarrel

נַצֵּית[19] (ב״מ לב א) יִשְׁמַע ל-, יַאֲזִין

He should listen to, hear out

לָא נַצֵּית[20] (קיד׳ פ ב) לֹא יִשְׁמַע ל-, לֹא יַאֲזִין

He should not listen (to him), hear him out

נִצַלְחֵיהּ (ב״מ עט א) יְבַקְּעֶנּוּ He should split it

רַחֲמָנָא נִיצְּלָן הָרַחֲמָן יַצִּילֵנוּ

May the All-Merciful One (Hashem) save us

נִצְרְכַהּ (יב׳ מא ב) נַצְרִיכֶנָּה Let us require it (*f.*)

נצרפו... עם (פס׳ פ רע״ב) כל כי״י: הגדילו... על

נְקָא (חגי׳ יד א — מדני׳) טָלֶה Lamb, clean (*Daniel* 7:9)

נְקַב (חול׳ יז ב) נָקַב It (*m.*) pierced

נִיקְבָא (שבת צ א[21], מנ׳ כט ב 2) נֶקֶב Hole

נַקְבוּהּ (בר׳ נד ב) נְקָבוּהוּ (=נקבו אותו)

They pierced it (*m.*)

נִיקְבֵי (שבת קח א, נדה סב א) נְקָבִים Holes

נְקַבֵּיל (חגי׳ כב א, תמו׳ ז א) נְקַבֵּל We will receive

נְקַבֵּיל (ב״ב ד א) יְקַבֵּל

It will have place to put (plaster)

נִיקַבִיל (חגי׳ ה ב) ע״י: נקבל

נִקְבִין (שבת קט ב) נְקָבִים, נְחִירַיִם Holes, nostrils

נַקְבִינְהוּ (חול׳ ט א) נָקַב אוֹתָם It (*m.*) pierced them

נְקַבֵּל (ע״ז יז ב) נְקַבֵּל We will receive

נְקַבֵּל[22] **אַפֵּיהּ** (חגי׳ ה ב) נְקַבִּיל פָּנָיו Let us greet

him, welcome him, pay our respects to him

נְקַבְּלֵיהּ (תע׳ ח ב) נְקַבְּלֶנּוּ Let us accept it (*m.*)

on ourselves, obligate ourselves to do it (to fast)

נִיקְבְעֵיהּ (פס׳ קה א) נִקְבָּעֶנּוּ

We will establish it (*m.*) as being

נִקְדּוֹם (יומא לג ב) יְקַדֵּם It should precede

נַקְדִּים (סוכה נב א) נַשְׁכִּים

Let us get up early in the morning

נַקְדִינְהוּ[23] (חול׳ ז רע״ב) נִקּוּ אוֹתָם

They (*m.*) cleaned them (*m.*)

נַקְדְּמַהּ (קיד׳ כה א) יַקְדִּימֶנָּה

His *halachah* (of Ben Azai) should be placed first

נִקְדְּמוּ (פס׳ נט א, יומא לג ב) יַקְדְּמוּ Let them precede

נִקְדְּמֵיהּ[24] (יומא לג ב 2) יַקְדְּמֶנּוּ It should precede

נַקְדְּמֵיהּ (שם 3) נַקְדִּימֶנּוּ We should do first

נַקְדָּנֵי[25] **דְהוּצָל** (נדר׳ מט רע״ב) נַקְדָּנִים[26] (בר׳ נ רע״א) שֶׁל הוּצָל

The connoisseurs of food from Hutzal, gourmets

נִקְדְּשַׁהּ (יומא לט א) יְקַדְּשֶׁנָּה

Let us sanctify it (*f.*)

נַקְדְּשׁוּ (כתו׳ נט ב, קיד׳ סא א) יִתְקַדְּשׁוּ

Let us sanctify them (*m.*)

(16) מ׳ ל׳: מה נפשך, רש״י כ״י: אם נפשך.

(17) מ׳ שט׳, ד׳: נץ.

(18) פ׳ ר׳ ב, רש״י: ונצרף, ה׳: ונצריף, מ׳: ונצרוף.

(19) כ״י, ד׳: צייתא.

(20) מ׳, ד׳: אימא צייתי.

(21) מ׳: נקבא, ד׳: נוקבא.

(22) ע״י, ד׳: ניקביל. אה״ת לא הביא מעשה זה. מ׳ נשמט משפט זה ע״י הדומות.

(23) נוס׳: נקרינהו, ועי׳ עה״ש ע׳ נקד ב׳.

(24) מ׳, ד׳: ליקדמי.

(25) ר״ן: שאוכלים בנקיות, לשון אחר נקדני שמדקדקים באכילתן.

(26) ע׳ (ע׳ נקר): והנוקדנין תופסין אותו על כך פי׳ המדקדקים שלא בדבר צורך. ובל׳ ערבי קורין אותו אלמנאקר (המקפיד

נְקַדְּשֵׁיהּ (ר״ה כ א, שבו׳ טו ב כ״פ) נְקַדְּשֶׁנּוּ

We should sanctify it (*m.*)

נִיקַדְּשֵׁיהּ (ר״ה כה סע״ב) יְקַדְּשֶׁנּוּ

He should sanctify it (*m.*)

נְקוּבֵי[27] (חול׳ מב ב, נא א, נד ב) נְקוּבִים

(*Treifos* caused by) holes

נַקּוֹבֵי (חול׳ מה ב 3) (ל)נַקֵּב

To make a hole, (to) pierce

נְקוּדֵי (מנ׳ פז ב) נְקוּדּוֹת (שעל אותיות בס״ת)

Dots (in Torah scroll above letters)

נְקוֹט (נדר׳ כה א) תְּפֹשׂ

Hold

נקוט (ב״מ סה סע״א) ה׳ פ׳ רש״י ותוס׳: נקטי

נְקוֹט לִי זִימְנָא (חול׳ פז א) תֵּן לִי זְמַן

Give me time (*imp.*)

נְקוֹט נַפְשָׁךְ (גט׳ נו א) תְּפֹשׂ עַצְמְךָ (=עשׂה עצמך)

Pretend, feign (*imp.*)

נְקוֹט בִּידָךְ (רגיל) תְּפֹשׂ (הלכה זו) בְּיָדְךָ

Take (this *halachah*) in your hand (*imp.*), i.e., conduct yourself according to it

נְקוֹט[28] **לֵיהּ שׁוּקָא** (ב״ב כב א) תְּפֹשׂ לוֹ הַשּׁוּק[29]

Lit., grab the marketplace for him, i.e., reserve the marketplace for him (*imp.*)

נְקוֹטָאֵי (ב״מ פג ב) לְקוּטוֹת[30]

Gleaned from several places (*p.*, *m.*)

נְקוֹטוּ (סנ׳ צ ב ועוד) תִּפְשׂוּ

Hold, seize, take (*p.*, *imp.*)

לְנַקּוֹטֵי (ב״מ י ב, מנ׳ סט א) לְלַקֵּט

To glean

לְנַקּוֹטִינְהוּ (קיד׳ יג א) לְלַקְּטָם

To glean them (*m.*)

נִיקוּץ (ב״מ קז ב — פ״א) יִכְרֹת

You should cut (*imp.*)

ניקוץ (ב״מ קז ב — פ״ב) כי״י: איקוץ

נְקוּץ (ב״מ צב ב — צג א) יָקֹץ (=יקבע, יקצוץ)

Let us assign, fix

נְקוּרֵי[31] (חול׳ נז רע״א) חֲתוּכֵי־רַגְלַיִם

Chickens whose legs are broken; black birds that have white specks on forehead with broken legs

נִיקוּרֵי (ע״ז ל ב[32], חול׳ נט א) נִקּוּרִים

Holes indicating a snake's bite

לְנַקוּשֵׁי (סנ׳ כה רע״ב) כי״י: נקישנא

נְקַט אָחַז, תָּפַשׂ

He held, seized

הוה נקט (ב״מ נא א) מ׳ ה׳: הוה נקיט

הוה נקט (זב׳ סא ב) כל כי״י: נקיטא

נְקָטָהּ (מנ׳ מא א) אֲחָזָהּ

He fastened it (*f.*) (with...)

נָקְטָה (שבת קי ב, נדה לט ב) אוֹחֶזֶת

She holds, seizes

נקטה[33] (ביצה לו ב) ר׳ נקטוה

Cf.

נְקַטוּ (ב״ב כב א) תָּפְסוּ

Lit., they grabbed, i.e., the market was reserved for them

נקטו (כתו׳ קיב רע״א) מ׳ אה״ת: נקטיה

נַקְטוּהּ (ב״ב כב א) תְּפָשׂוּהוּ

They held him

נִקְטוּהּ (ביצה לו ב[34], ע״ז נט ב) תִּפְשׂוּהוּ

Grab it (*imp.*, *p.*)

נִיקְטוֹל (פס׳ יב א, סנ׳ פב ב) נַהֲרֹג

We will kill

נָקְטֵי (ע״ז יא א ועוד) תּוֹפְסִים

They are taking, holding

נְקַטִי[35] (בר׳ נו ב) תָּפַסְתִּי

I held

נַקְטֵיהּ אֲחָזוֹ

He held, seized him, it

נקטיה (חגי׳ טו ב) מ׳ ב ואה״ת: אינקטיה

(ל)נָקְטֵיהּ (ב״מ קא ב — כי״י ורש״י) תּוֹפְסוֹ

He grabs him

נַקְטִינְהוּ (עיר׳ כו א, מנ׳ סט א, חול׳ קי א) לְקָטָם

They gathered them (*m.*)

נַקְטִינְהוּ (ב״ב י א) תְּפָסוּם

He held them

נָקְטִינַן אָנוּ תוֹפְסִים, נִתְפֹּס, נִקַּח

We grab, we will grab, we will take

נַקְטִיר (פס׳ נט א) יַקְטִיר

We will offer incense

נִקְטַל (סנ׳ צה א) יֵהָרֵג

He will be killed

נִיקְטְלַהּ[36] (סנ׳ נה א) נַהַרְגֶנָּה

We will kill it (*f.*)

נִיקְטְלֵיהּ[37] (סנ׳ מג א) יַהַרְגֻנוּ

We will kill him

נִקְטְלֵיהּ (יומא סט ב) נַהַרְגֶנּוּ

We will kill it (*m.*)

נִקְטְלִינְהוּ (תע׳ כא א) נַהַרְגֵם (=נהרוג אותם)

Let us kill them (*m.*)

נִקְטְלִינוּן (בר׳ נד רע״ב) נַהַרְגֵם

We will kill them (*m.*)

על לא דבר) כגון: תרנגול המנקר באשפה.

27) בהשפעת הצורה העברית.

28) מ׳, ד׳: נקיט, אה״ת: נקיטו.

29) רש״י: הכרז שלא ימכור איש בעיר גרוגרות אלא הוא.

30) רש״י: שנתלקטו ממקומות הרבה.

31) ע׳, ד׳: אינקורי.

32) מ׳ ד״ו ורש״י, ד״ח: נקורי.

33) רי״ף ומאירי: נקטוהו(!), מ׳ וד׳ שלו׳: נקטיה.

34) ד׳: נקטה (ע׳ ההערה הקודמת).

35) מ׳, ד׳: נקיט.

36) מ׳ ק׳ ורש״י, ד׳: מקטלא.

37) ק׳, ד׳: מיקטליה.

נִקְטְלָךְ (יומא פב ב) יַהַרָגְךָ (=יהרוג אותך)
He should kill you

נַקְטָן (זב׳ צו ב) אָחַז בָּנוּ — He gripped us

נִיקְטְפֵיה (ב״מ צב א) יִבְצֹר אוֹתוֹ
He plucks it (m.), harvests it

נִקְטְרוּ (שבת קלג ב) יִקָּשְׁרוּ
The skin of his face will crack

נִקְטְרֵיה (יומא פז א) יִקְשְׁרֶנּוּ — Let us attach it (m.)

נְקַטַת (נדר׳ מט סע״ב) לָקְחָה (=קנתה) — She purchased

נקטת (תמיד לב א) מ׳: נקיטת

נַקִּי נַפְשָׁ[י]ךְ בִּשְׁבוּעֲתָא (כתו׳ פז א) נַקֵּי עַצְמְךָ בִּשְׁבוּעָה
Prove your innocence through a *shavu'ah* (vow)

נָקֵיב (קיד׳ לג א) נוֹקֵב — He bores, pierces

נַקֵּיב (חול׳ מח ב 3) נִקֵּב — It pierced a hole

נקיב (חול׳ מח א 2) כ״י: אינקיב

נָקֵיב מַרְגָּנִיתָא (קיד׳ לג א) נוֹקֵב מַרְגָּלִית
He bores, pierces, perforates pearls

נְקִיד (פס׳ קיא ב) טָהוֹר, נָקִי — Pure, clean

חַמְרָא נְקִידָא (גט׳ סט א-ב) יַיִן צָלוּל*37
Clear wine (not red - Rashi)

נְקִידֵי[38] (שבת קי ב) נְקִיִּים
Lit., pickers, type of small bird (Rashi)

נָקֵיט אוֹחֵז, תּוֹפֵס — He hold, seizes

נקיט (בר׳ נו ב) מ׳: נקטי

נקיט (ב״ב כב א) מ׳: נקוט

נַקֵּיט[39] (עיר׳ ח א) אָחַז — He stuck in

נְקִיטָא (ע״ז ל א) תְּפוּסָה — Caught (*f., s.*)

נקיטא (ב״ב קעג א) מ׳ ר׳: נקיט

נקיטא (ע״ז עא א) מ׳: קנקי׳ (=קנקיט)

נְקִיטָא לִי זִימְנָא (ע״ז כו סע״א) תָּפוּס לִי הַזְּמַן (=אני מוזמן)
Lit., my time is caught, i.e., I am invited, summoned

נקיטו (ב״ק קיב ב) מ׳: נקוטו

נקיטו (ע״ז עא סע״א) כ״י ספ׳: נקיטי

נְקִיטֵי תְּפוּסִים — Caught (*m., p.*)

לָא נְקִיטֵי[40] (ע״ז עא סע״א) אֵין לָהֶם
Lit., they don't hold, i.e., they don't have

נְקַ[י]טִין[41] (ע״ז י סע״ב) תְּפוּסִים
They were holding (him)

נְקִיטִינַן מְקֻבָּלִים אָנוּ — We have a tradition

נָקֵיטְנָא אֲנִי תּוֹפֵס, מַחֲזִיק — I hold, I am in possession

נקיטנא (סנ׳ קב רע״ב) מ׳: נקיטת

נָקֵיטַתְּ (ב״מ מט א, קג א, סנ׳ קב ב[42]) אַתָּה תּוֹפֵס, מַחֲזִיק
You hold, you are in possession

נָקְ[י]טַתְּ (תמיד לב א — מ׳) תִּתְפֹּס — You will hold, seize

נַקִּיף (פס׳ עה א, תע׳ כ ב) נַקִּיף — Let us surround it
(*Pesachim*), go around (*imp.*) (*Ta'anis*)

נַקִּיף (יומא נח ב) יַקִּיף — Let him go around

נְקִיר (קיד׳ פ ב) נָקוּר[43] — Pecked

נקירי (שבת קי ב) א״פ וע׳: נקידי

נַקֵּירְנָא[44] (ב״ב עד ב) נִקַּרְנוּ[45]
We have removed sinew of femoral vein

נְקָ[י]רְתָא (ע״ז י ב — מ׳ ואה״ת וע״י) נִקְרָה — Cave

נְקִירָתָא[46] (בר׳ נד רע״ב) נְקָרוֹת (ר׳ של נִקְרָה) — Caves

נָקֵישׁ (ב״מ נט א) דּוֹפֵק — He knocks

נַקִּישׁ יַקִּישׁ — He will knock

נָקֵישְׁנָא[47] (סנ׳ כה רע״ב) אֲנִי מַקִּישׁ (=דופק) — I knock

נקלה (פס׳ עה א) מ׳ ויל׳: ונקלייה

נקלה (פס׳ פד ב) מ׳ וא״פ: וקלי לה

נִיקְלוֹף (פס׳ פה א) יִקְלֹף — Let us peel

נִקְלְיֵיה[48] (פס׳ עה א) יִשְׂרְפֶנּוּ — Let him burn it (*m.*)

נִיקְלִינְהוּ (יומא פד א ועוד) יִשְׂרְפֵם
Let us burn them (*m.*)

נִקְמְצַהּ (יומא כט ב) יִקְמֹץ אוֹתָהּ
Let him take a *kometz* (handful of *minchah* taken through

*37) [רש״י ע״א: יין צלול יפה שאינו אדום, ע״ב: יין נקי]
38) א״פ וע׳, ד׳: נקירי, מ׳: בקירי.
39) מ׳ א״פ וד״י ועוד, ד״ח: נעיץ.
40) כ״י ספ׳, מ׳ ד׳: נקיטו.
41) אה״ת, מ׳: נקיטי (ד״ס ט״ד: נקיטו), כ״י ספ׳: כדנקטיניה.
42) מ׳, ד׳: נקיטנא.
43) = ניקרו בו תרנגולים.
44) מ׳ ה׳ אה״ת וע״י, ד׳: נקרינא, ד״ו לי׳.
45) חיטטנו והוצאנו את גיד הנשה.
46) מ׳: נהורתי׳ (= מנהרה?).
47) פ׳ וק׳, מ׳: נקיש׳, ד׳: לנקושי.
48) מ׳ ויל׳, ד׳: נקלה.

bending the three middle fingers over the hollow of the hand)

ניקְנוּ, נִקְנוּ (ב״מ י א-ב, מו א 2) יִקְנוּ
They should acquire

נִקְנוֹס (ב״ק לח ב) יִקְנֹס — Let us fine, penalize

ניקְנֵי נִקְנֶה, יִקְנֶה — We acquire, he should acquire

ניקְנִי (ב״ק סו א) כי״י: תיקני

ניקְנִי (תמו׳ כט ב 2) מ׳: ליקני

ניקְנִי[49] (ב״ב עז ב) ר׳ מיקני — Cf.

נַקְנֵי (עיר׳ סח א) יַקְנֶה
Let him transfer his possession (sell)

ניקְנִינְהוּ יִקְנֶה אוֹתָם — He should acquire them

נַ(י)קְנִינְהוּ[50] (קיד׳ כו ב 2) יַקְנֶה אוֹתָם
Let him transfer his possession (sell) of them

נַקְנִינְהוּ (ב״ק קד ב, ב״מ מו א) יַקְנֶה אוֹתָם
Transfer their possession, sell them (*imp.*)

נִקְנְסֵיה נִקְנֹס אוֹתוֹ — Let us fine him

ניקְנְסִינְהוּ (הור׳ יג ב) נִקְנֹס אוֹתָם — Let us fine them

נִקְפְּצוּ[51] (קיד׳ ל ב) יִקְפְּצוּ — They will jump

נַקְּפַת (עיר׳ נג ב) נָקְפָה, הִכְּתָה — She strikes

נִקְצְרֵיה מֵעֶרֶב־שַׁבָּת[52] (מנ׳ עב א) יִקְצְרֶנּוּ מֵעֶרֶב שַׁבָּת
Let us harvest it, reap it, from *erev Shabbos* (the day before Shabbos)

ניקְרָא (ע״ז כח א) סְמַרְטוּט[53] — Picking, scrap

ניקְרַב[54] (זב׳ עג א) יַקְרִיב — We should sacrifice

נִקְרַב (זב׳ עג ב, בכו׳ יד ב) יִקָּרֵב (קרבן)
It (*m.*) should be sacrificed

נִקְרְבוּ (שבו׳ יב א) יִקָּרְבוּ — They (*m.*) should be sacrificed

נַקְרְבִינְהוּ (זב׳ פה סע״א) יַקְרִיבֵם — Let us sacrifice them

ניקְרֵי (יומא ע רע״א 2) יִקְרָא — Let him read

ניקרי (מג׳ כא סע״ב 3) כי״י: ליקרו

נַקְרִיב יַקְרִיב — He should sacrifice

נִקְרְיוּהּ(ו) (ב״מ טז א) יִקְרָאוּהוּ — They should call him

נקריה (ב״מ טו ב, טז רע״א, עב ב) ר׳ ליקריוה — Cf.

נקרינא (ב״ב עד ב) מ׳ ה׳ אה״ת וע״י: נקרינא

נַקְרִינְהוּ (ב״ב ד רע״א) נִקְּרָם (את עיניו)
It poked them (his eyes) out

נקרינהו[55] (חול׳ ז רע״ב) ר׳ נקדינהו — Cf.

ניקְרִינְהוּ (יב׳ עט רע״א) יִקְרָאֵם — Let us call them

ניקָּרַע (יומא עב א) יִקָּרַע — It (*m.*) will be torn

נִקְרְעוּהּ (ב״ב ט א) יִקְרָעוּהוּ — They tore it up

נַקְרְקֵשׁ (פס׳ קיב א[56], ע״ז יב ב) יְקַשְׁקֵשׁ — Let him knock

נקרתא (ע״ז י ב) מ׳ אה״ת וע״י: נקירתא

נַקְשָׁא (סנ׳ כה רע״ב) הַקָּשָׁה (=דפיקה) — Knocking

ניקְשֵׁיו[הּ] (זב׳ מט ב — מ׳) נַקִּישֵׁהוּ (מל׳ ״היקש״)
Let us compare it (*m.*)

נָרָא (גט׳ יט ב, ע״ז כח ב[57]) רִמּוֹן[58] — Pomegranate
(*Rach* - liquid from bark of pomegranate tree)

נירַבֵּי (כרי׳ ה ב) יְגַדֵּל — Let us raise

נרבי (ב״ק עח רע״א) מ׳ ה׳: נרבייה

נַרְבְּיֵיה[59] (שם) נְרַבֵּהוּ — Let us include it (*m.*)

נַרְגָּא גַּרְזֶן — Hatchet, axe

נַרְגֵי (יומא לז רע״ב[60], ביצה לג ב) גַּרְזִינִים — Hatchets, axes

נַרְגִּילָא (עיר׳ נח א 3) עֵץ אֱגוֹז הֹדוּ
Indian nut tree (coconut palm tree)

נַרְדְּשִׁיר[61] (כתו׳ סא ב) מִשְׂחַק לוּחַ (שחמט?)
Board game (chess?)

נירְהוּט[62] (יומא פד רע״א) יָרוּץ — We will let him run

נַרְוַוח (ב״מ קה א) נַרְוִיחַ — Let us gain

נַרְמֵז (כתו׳ לג א) יִרְמֹז — Let us hint

(49 ד׳: דלא ניקני בחליפין ואגב ארעא ניקני. רי״ף: דלא מיקני בחליפין על גב ארעא מיקני. מ׳: דלא נקנ׳... מיקני. ה׳: בחליפין לא קני אגב קני. ר׳: אין נקנין.

(50 מ׳: נקניי, ניקנינהי.

(51 גיר׳ ר״ן, ד׳: קפצו.

(52 מי ליי גת״א.

(53 ע׳: כתיתין והן סמרטוטין.

(54 רש״י (ה״ג): נקריב.

(55 ע׳ עה״ש ע׳ נקד ד׳.

(56 ע׳ ומ׳ גל׳, ד׳: מקרקש.

(57 ערוך, ד׳: נדא.

(58 מלשון פרסית. ע׳ (נר ד׳ — מר״ח): מי קליפת רמון.

(59 מ׳ ה׳, ד׳: נרבי.

(60 נרגי וחציני — רש״י: קרדומות ומגלות.

(61 ע׳, מ׳: נרדשיד, ד׳: נדרשיר.

(62 ד״ו, מ׳: נירהט, ד״ח: נירהיט.

נִירְמֵי (תע׳ ז א) נָטִיל — We should cast

נִרְעֵי[63] (סנ׳ קט סע״א-רע״ב) יִרְעֶה — He should pasture

נרקום[64] (בר׳ מב ב) ר׳ נרקיס — Cf.

נַרְקִים (שם) נַרְקִיס[65] (פרח)

Sort of flower, most likely narcissus

נְשָׁא (=נשב, תע׳ כד א) נָשַׁב — It (*m.*) blew

נָשָׁא נֶשֶׁם[66] (מש׳ נגע׳ י׳ י׳)

Medicine that causes depilation

בי נשא ר׳ בי — Cf.

נְשַׁב נָשַׁב — It (*m.*) blew

נְשַׁבָא/ה (ב״מ פה ב, פו א) נָשְׁבָה — It (*f.*) blew

נִשְׁבּוֹק (שבת קיט ב) נַנִּיחַ, נַשְׁאִיר — Let us leave

נִשְׁבֵּי (כתו׳ קג ב, ב״מ פה ב) נִשְׁבִּין (=רשת לציד)

Nets for hunting

נשבק[67] (ביצה יא א) ר׳ נשבוק — Cf.

נשבקה[68] (שבו׳ טו ב) ר׳ נשבקיה — Cf.

נִשְׁבְּקֵיהּ (שם) נַנִּיחֶנּוּ — Let us leave it (*m.*)

נִשְׁבְּקֵיהּ (שבו׳ מא א) יַעַזְבֶנּוּ

He should let it (*m.*) go, release it

נִישַׁדּוּר[69] (גט׳ סט א 2) אָמוֹנְיָאק — Ammoniac

נִישְׁדֵי (תע׳ כא א, סנ׳ צה א) נַשְׁלִיךְ — Let us throw

נִישְׁדֵי (פס׳ קיב א ועוד) יַשְׁלִיךְ — Let him throw

נשדיה (סוכה נג ב) אה״ת: מישדא

נִישְׁדְּיֵיהּ יַשְׁלִיכֶנּוּ, יְטִילֵהוּ

He should throw, cast it (*m.*)

נשדייה (שבת קי א) א״פ: תשדי

נִשְׁדְּינְהוּ (פס׳ פג א ועוד) יַשְׁלִיכֵם

Let him throw them (*m.*) away

נְשַׁדַּר (סנ׳ קט א 2) נִשְׁלַח — We shall send

נְשַׁדַּר (בר׳ נא ב, קיד׳ ע א) יִשְׁלַח — He should send

נִישְׁהֵי (מג׳ כח ב) יִשְׁהֶה — He should wait

נַ(י)שְׁהֵי[70] (פס׳ קטו ב) יַשְׁהֶה — He should let stand

נַשְׁהֲיֵיהּ[71] (ב״ב קסד א) יַשְׁהֶנּוּ — He should leave it (*m.*)

נַשְׁהֲיַיהּ (ב״ב כב א) יַשְׁהֶנָּה

He should not let it (the punishment) (*f.*) wait

נִישַׁוְּויָךְ (קיד׳ ע רע״ב) יַעֲשֶׂה אוֹתְךָ

They will make (consider) you (*m.*)

נְשָׁוְרָא[72] (פס׳ קיא סע״ב, חול׳ קה ב 2[73]) פֵּרוּרִים — Crumbs

נְשׁוֹט נְבֵילְתָא (פס׳ קיג רע״א[74], ב״ב קי א[75]) פְּשֹׁט נְבֵלָה

Strip skin, flay (*imp.*)

נָשׁוּק (מ״ק כה ב 2) נָשְׁקוּ — They touched

נִשְׁחוֹט (פס׳ יג ב 2, סט א[76]) יִשְׁחַט — Let us slaughter

נִשְׁחוֹק (גט׳ סט א) יִשְׁחַק, יִכְתֹּשׁ — Let us grind, crush

נשחט (פס׳ סט א) ר׳ נשחוט — Cf.

נִשְׁחֲטֵיהּ (יומא כח ב ועוד) נִשְׁחָטֶנּוּ

Let us slaughter it (*m.*)

נִשְׁחֲטֵיהּ (ביצה כו א) יִשְׁחָטֶנּוּ

He should slaughter it (*m.*)

נִישְׁטְרִינְהוּ (גט׳ סט ב) יְמָרְחֵם (רש״י: יִשְׁרֶה אוֹתָם)

We should smear them (*m.*), we should soak them (*Rashi*)

נְשֵׁי נָשִׁים — Women

נְשַׁיָּא (תמיד לב א) הַנָּשִׁים — The women

נְשִׂיאָה[77] הַנָּשִׂיא — The Nasi (lit., the Prince), sometimes referring to the Reish Gelusa

בֵּי נְשִׂיאָה בֵּית הַנָּשִׂיא

The Nasi's house (lit., the Prince's house)

נְשִׂיוּתֵיהּ (הור׳ י א) נְשִׂיאוּתוֹ

Lit., his presidency, his office of being Nasi

נָשֵׁיב נוֹשֵׁב — It (*m.*) blows

(63) אה״ת וע״י, ד׳ מ׳ פ׳ ק׳: מרעי (= נירעי).
(64) ע׳: נרקיס, מ׳: כרכום.
(65) מלשון פרסית.
(66) = סם מַשִּׁיר שֵׂעָר.
(67) במ׳ — נ״א, וצ״ל: נשבוק (!).
(68) ד״ו: נישבקיה, רש״י: נשבקיה, מ׳: נשבקי נהו (נהו — נוסף ע״י בסוף שורה).
(69) מלשון פרסית.
(70) הגהתי ע״פ מ׳ (לשהי), ואולי כך גם מ׳ ב וא״פ!
(71) מ׳, ה׳ ד׳: לישהייה.
(72) מש׳ ״נשרי״, וכן בערבת.
(73) מ׳ ה׳ אה״ת וע״י, ד׳ פ״א: נשווראה.
(74) ע׳, ד׳: נטוש, כ״י ואה״ת: פשוט
(75) ע׳, שה״ג: פשוט.
(76) רש״י, מ׳: לשחוט, ד׳: נשחט.
(77) לפעמים הכוונה לראש הגולה, למשל: מ״ק כב סע״ב.

נַשָׁיֵיה (חול׳ צא א) נְשָׁהוּ[78]
He injured the sinew of his femoral vein

נַשַׁיְיהוּ (סנ׳ פב א) נְשֵׁיהֶם — Their women, wives

נַשַׁיְיכוּ (ב״מ נט א) נְשֵׁיכֶם — Your women, wives

נִישַׁיְילַהּ[79] (עיר׳ סח א) נִשְׁאַל אוֹתָהּ, יִשְׁאַל אוֹתָהּ
Let us ask it (the question)

נִישַׁיְילֵיה[80] (הור׳ ד א) יִשְׁאָלֶנּוּ
He should ask it (*m.*) (the question)

נַשַׁיְילֵיה (חול׳ ב ב, כרי׳ כח ב) נִשְׁאַל אוֹתוֹ
We could ask him

נַשַׁיְילֵיה (ע״ז ט א-ב) יִשְׁאָלֶנּוּ
Let us ask him (the question)

נִישַׁיְילִינְהוּ (ערכ׳ כא ב) נִשְׁאַל אוֹתָם
Let us ask them (*m.*) (the question)

נַשַׁיְימוּ (ב״ק צו ב) יָשׁוּמוּ — Evaluate (*imp.*)

נַשַׁיִּיר (שבו׳ טו ב) נַשְׁאִיר — We will leave over

נַשְׁכָא[81] (בר׳ סא א) נוֹשֶׁכֶת — It (*f.*) bites

נַשְׁכַּח (ע״ז י ב 3) נִמְצָא (עתיד) — We will find

נִשְׁלוֹט (ב״מ פה א) יִשְׁלֹט
It (*f.*) will have control over (him)

נִישְׁלוֹק (שבת קי ב 2) יִשְׁלֹק — Boil it thoroughly (*imp.*)

נִישְׁלוֹקִינְהוּ (שבת קט ב, גט׳ סט א-ב, ע א[82]) יִשְׁלְקֵם
Let him boil them

נִשְׁלַח (יב׳ קכא א) נִשְׁלַח — Let us send (to him)

נַ(י)שְׁלַח (יומא פד רע״א — מ׳ ורש״י) יִפְשֹׁט
He should remove (his clothing)

נַשְׁלְחִינְהוּ (יומא פד א) יַפְשִׁטֵם (את בגדיו)
We will remove them (his clothing)

נישליקינהו (גט׳ ע א) ר׳ נישלוקינהו — Cf.

נְשַׁלֵּם יְשַׁלֵּם — He should pay

נישמוט (תמו׳ ל רע״ב) מ׳ ור״ג: לישתמיט

נִשְׁמֵי (סוכה כו ב 2) נְשִׁימוֹת — Breaths, puffs

נִשְׁמַע נִשְׁמַע, נִלְמַד — We will hear, we will learn

נַשַׁמְעִינָךְ (בר׳ מא ב) נְשַׁמֵּשׁ אוֹתְךָ
We will serve you (*m., s.*)

נַשְׁמְעִינַן יַשְׁמִיעֵנוּ, יְלַמְּדֵנוּ
Let us let it (*m.*) be heard, let us teach it

נִשְׁמָתָא (גט׳ נז ב) נְשָׁמוֹת — Souls

נִשְׁמָתֵיה נִשְׁמָתוֹ — His soul

נַשְׁמְתֵיה (יב׳ קכא א, קיד׳ לט א 2) נְנַדֵּהוּ
Excommunicate (*imp.*) him

נַשְׁמְתֵיה (פס׳ נב א) יְנַדֵּהוּ
He should excommunicate him

נִשְׁמָתַיְיהוּ (מג׳ טז ב) נִשְׁמוֹתֵיהֶם — Their souls

נִישַׁנֵּי (כרי׳ ג ב) יְתָרֵץ — Resolve (*imp.*)

נִישַׁנְּיֵיה (שבת קיט א) נְשַׁנֵּהוּ — We will make it (*m.*) different, we will differentiate between it and...

נִשְׁעֲיֵיה (ב״ב ד רע״ב) יָטוּחַ אוֹתוֹ
We should plaster it (*m.*) over

נַשַׁף (בר׳ ג ב) מָשׁ (=זָז)
It (*m.*) moved, jumped (Rashi)

נִישְׁפּוֹךְ[83] (זב׳ ס א) נִשְׁפֹּךְ — Let us pour

נִשְׁפֵי (בר׳ ג ב) נְשָׁפִים — Twilights (lit., displacements, i.e., the periods when the night is displaced by the day and the day is displaced by the night)

נַ[י]שְׁפְּיֵיה (כתו׳ נ א — מ׳) יִמְרָחֶנּוּ
Let us smear it (*m.*)

נשפיך (זב׳ ס א) מ׳: נישפוך

נִישְׁקוֹל יִטֹּל, יִקַּח — Let him take, let us take

נָשְׁקִי (ב״ב עד א) נוֹשְׁקִים — They (*m.*) touch, interface

נַשְׁקִי (בר׳ נו ב) נָשַׁקְתִּי — I kissed

נִשְׁקִי (גט׳ מג ב 2) אֶצְעָדָה[84] — Seal indicating slavery (*Rashi*), weapons hung on slave (*Aruch*)

נַשְׁקֵיה נְשָׁקוֹ — He kissed him, it

נשקיה (גט׳ ע א) מ׳: נשקיוה

נַשְׁקְיוּהּ[85] (שם) יַשְׁקוּהוּ — He should be given to drink

נַשְׁקְיֵיה (שבת קי רע״ב 2, כתו׳ נ א 2) יַשְׁקֵהוּ
He should give him to drink

78) = פגע בגיד הנשה שלו.

79) מ׳: לישיילו לה, ר״ח: ישאלו.

80) מ׳, ד׳: משייליה.

81) פ׳ וב״נ וע׳ (ע׳ נכת): נכתא, אה״ת: דאטזא פי׳ שמזקת.

82) מ׳, ד״ו: נישלקינהי, ד״ח: נישליקינהו.

83) מ׳, ד׳: נשפיך.

84) כדעת בעל עה״ש — מלשון רומית -£. ערוך: שתלה לו אדונו כלי זין על שום לקנותו כמו על פיך ישק כל עמי (בר׳ מא מ).

85) מ׳, ד״ו: נשקיי, ד״ח: נשקיה.

נַשְׁקָ(י)ךְ (חול׳ קכז א — מ׳) נְשָׁקְךָ — He kissed you

נִשְׁקְלוּ (תע׳ טו ב) יִטְּלוּ, יִקְחוּ — Let them take

נִישְׁקְלֵיהּ יִטְּלֶנּוּ — Let them take it (*m.*)

נִשְׁקְלִינְהוּ (תע׳ כב א) יִטְּלֵם, יִקָּחֵם — He will take them

נשקלינהו (תע׳ כה א) מ׳: לישקלוה

נָשְׁקָן (בר׳ נו ב) נוֹשְׁקוֹת

Lit., they (*f.*) kiss, i.e., they meet

נַשְׁרָא (בר׳ ח א) הָעֵשֶׂב שֶׁבֵּין הַקּוֹצִים (ע׳)

They are pulled out and thrown (*Rashi*), grass between thorns (*Aruch*)

נִשְׁרוֹף (פס׳ כח א) יִגְמָע

It will burn, he should swallow

נִישְׁרַיָּא (עיר׳ נג ב) הַנְּשָׁרִים (עופות)

Eagles, meaning students

נִשְׁרִין (נז׳ ג א — מדני׳) נְשָׁרִים — Eagles

נִשְׁרְפֵיהּ (פס׳ פג א) יִשְׂרְפֶנּוּ — Let us burn it (*m.*)

נִשְׁתְּוָן (סנ׳ כב רע״א — מעז׳) אִגֶּרֶת — Letter, document

נִשְׁתּוֹק יִשְׁתֹּק — He will be silent

נִישְׁתֵּי יִשְׁתֶּה — He will drink

נִישְׁתֵּי (פס׳ קג ב) נִשְׁתֶּה — We will drink

נשתיה (גט׳ סט ב) מ׳: נישתי

נַשְׁתִּין (שם) יַשְׁתִּין — He should urinate

נִשְׁתַּלֵּם (ב״ק צא א) יִשְׁתַּלֵּם (=יקבל תשלום)

He should receive payment

נִשְׁתַּלְמוּ (ב״ק קח א) יִשְׁתַּלְּמוּ — They should be paid

נִשְׁתַּמִּיט (כרי׳ כה א) יִשְׁתַּמֵּט — He shirked

נשתרוף[86] (פס׳ פב סע״ב) ר׳ אשתרוף — Cf.

נִישְׁתְּרוּפֵי (שבת קי ב) נוֹטְפוֹת[87] — They (*f.*) drip

נִשְׁתְּרֵי (עיר׳ יב ב, ב״ק מא ב, ע״ז מט ב) יֻתַּר (=יהא מותר)

Let us permit

נישתרי (ע״ז נג ב) כ״י ספ׳: לישתרו

נִשְׁתַּרְקוּ (זב׳ סב א) יַחֲלִיקוּ — They should slip

נִישְׁתְּרֵשׁ[88] (זב׳ פ סע״א) יַרְוִיחַ — He will gain

נִתְאֲכִיל (זב׳ נו א) יֵאָכֵל — It should be eaten

נִתְבוּ[89] (ב״מ יט ב[90]) יִתְּנוּ — Let them give

נתביה (גט׳ סט א) מ׳: נותביה

נִתְבְּרֵיהּ (פס׳ פד ב, פה א) יִשְׁבְּרֶנּוּ — Let him break it (*m.*)

נִתְבְּרִינְהוּ (ע״ז נב ב) נִשְׁבְּרֵם

We should break them (*m.*)

נִתְבְּרִינְהוּ (פס׳ פג א) יִשְׁבְּרֵם — Let us break them (*m.*)

נִיתַּגְרוּ (אגר)[91] (שבו׳ מה סע״א) יִשָּׂכְרוּ

They will be hired

נִיתַּוּוּסוּ[92] (יומא נט א) יִתְלַכְלְכוּ

They should become dirty

לְנַתּוֹחָהּ (שבת נב א) לִשְׁמֹט אוֹתָהּ

To remove it (*f.*), to sever it

נַתּוֹחֵי (ב״מ קיג א 2) (ל)שְׁמֹט (מידי-)

He detaches (from him, removes from him)

לְנַתּוֹקֵי (ב״ק ט ב, מכות טו א) לְנַתֵּק — To detach

נַתּוּר נָשְׁרוּ — They fell

לְנַתּוֹרֵי (ב״ק ט ב) לִפֹּל — To fall

נָתְזָן (סוטה מח ב — מת״א) נוֹתְזוֹת, מַתִּיזוֹת

They (*f.*) gush, they spray

נִתַּחִיל (קיד׳ נג ב 2) יִתְחַלֵּל — It (*m.*) should be profaned

נַתְחִיל (פס׳ נה א) יַתְחִיל — Let us begin

נַתְחֲלוּ[93] (קיד׳ ז ב) יַתְחִילוּ — They begin, start

נתיב (יב׳ עו ב) מ׳: ניתיב

ניתייריה (גט׳ סט ב) מ׳: ניתרייה

נְתִינָאֵי (קיד׳ ע ב) נְתִינִים — Nesinim, descendants of the Gibeonites (Yehoshua 9:27)

נְתִינֵי נְתִינִים — Nesinim, descendants of the Gibeonites (Yehoshua 9:27)

נַתֵּיק[94] (נדה סא ב 2) נִתַּק — It became detached

נִתְכַּפַּר (שבו׳ ח ב) יִתְכַּפֵּר — Let him be atoned

נִתְכַּשַּׁר (סוכה לג רע״א) יָכְשַׁר, יְהֵא כָשֵׁר

Let it (*m.*) become fit to receive *tumah*

(86) מ׳ ב וד״י: אשתריף, ד״ו רפ״ח: ישתרוף.

(87) רש״י: שעוה הצפה ונוטפת מכוורת שנתמלאה ועודפת.

(88) ר׳, ד׳: משתרש (ור׳ ח״ג שם).

(89) צ״ל: ניתבו, מ׳ יהבו, ה׳: כתבוה.

(90) בתוך קטע מלשון רב יהודאי גאון.

(91) מ׳, רש״י: ליתגרו, ד׳: איתגרון.

(92) מ׳: ניתוסו, ד׳: ניתוסן.

(93) מ׳, ד׳: מתחלו.

נתכשר (כרי׳ יג א) מ׳ ודש״י: איתכשר

ניתְלֵי (שבו׳ ח ב) יִתְלֶה

It (*m.*) reprieves, delays punishment

נ(י)תְלֵי[95] (הור׳ יב א, כרי׳ ה סע״ב) יַדְלִיק — He should light

ניתֵּן (סנ׳ צו רע״א) נִתֵּן — We will give

ניתֵּן (קידו׳ ל ב) יִתֵּן — He should give

ניתנהו (כרי׳ ג א) מ׳: ליתני

ניתְנֵי יִשְׁנֶה — He should teach

ניתְנֵי (שבת סו א) נִשְׁנֶה (במשנה)

Let us teach (in a Mishnah)

ניפְלוֹג וְניתְנֵי בְּדִידַהּ (יב׳ פב א ועוד) יַחֲלֹק וְיִשְׁנֶה בָּהּ[96]

Let us incorporate the distinction in it (in the Mishnah itself)

נ(י)תְנֵי[97] (פס׳ פח סע״ב) יַתְנֶה

He should stipulate a condition

ניתְנְיַיהּ (כתו׳ עב ב ועוד) יִשְׁנֶה אוֹתָהּ — Let us teach it

ניתְנְייה[98] (פס׳ סב ב) נִשְׁנֵהוּ (=נלמד אותו)

Teach him (*imp.*)

נְעָרְבִינְהוּ וְנִיתְנִינְהוּ (קיד׳ כג א, ב״ק עז ב) יְעָרְבֵם וְיִשְׁנֵם[99]

Let us combine together both details in the Mishnah

ניתְּסַר (אסר) יֵאָסֵר — It should be prohibited

ניתַּסְרוּ (תמו׳ ל א) יֵאָסְרוּ — They should be prohibited

ניתסרו (ע״ז נג ב) מ׳ וכ״י ספ׳: ליתסר

נִתַעֲרֵיהּ (פס׳ קיב א) יְעוֹרְרֶנּוּ, יְקִיצֶנּוּ

He should wake him up

נתפסו (שבת נד ב) כ״י: מתפסי

נַתְקַהּ (יומא מו ב 2) נִתֵּק אוֹתָהּ — He detached it (*f.*)

נַתְקֵיהּ (נדה סא ב 2) נִתְּקוֹ, נִתֵּק אוֹתוֹ

He detached it (*m.*)

נְתַקֵּין (יומא כה ב, הור׳ יג ב) נְתַקֵּן — Let us institute

ניתַקֵּן (חול׳ ח ב) יְתַקֵּן — Let us prepare

נְתַר נָשַׁר — It (*m.*) fell

נָתַר נוֹשֵׁר — It (*m.*) falls

נָתְרָא (ב״מ כא ב) נוֹשֶׁרֶת — It (*f.*) falls

נתרו (שבת לג ב) ר׳ נתרן — Cf.

נַתְרַח (ב״ק פ ב 2) יַמְתִּין — He should wait

נָתְרֵי נוֹשְׁרִים — They (*m.*) fall, shed

נ(י)תְרֵי (כתו׳ לג א 5 — מ׳) נַתְרֶה — Let us warn

ניתְרְייֵהּ[1] (תרי) (גט׳ סט ב) יִשְׁרֶה אוֹתוֹ

Let him soak it (*m.*)

נָתְרִין (ב״מ כא ב) נוֹשְׁרִים — They (*m.*) fall

ניתְרְמֵי (יומא ח ב) יָחוּל (יום) — It (the day) will fall on

נָתְרָן (שבת לג ב[2], סוטה יג א ועוד) נוֹשְׁרוֹת

They (*f.*) fall out

ניתְשִׁיל (נדר׳ צ א 2, צב ב 4) יִשָּׁאֵל (על נדר)

Let him ask for the vow to be annulled

ניתַתֵּי[3] (זב׳ נד ב 2) נַנְמִיךְ — Let us make (it) lower

94) ואולי צ״ל: נְתִיק = נָתוּק?

95) הור׳ — מ׳: מתלי, אה״ת: לתלי. כרי׳ — הגהתי.

96) כלומר: במקום להביא פרט אחר, ילמדנו חילוק באותו פרט.

97) הגהתי, מ׳: ניתנו.

98) א״פ ועוד: ליתני לי מר.

99) כלומר: יצרף יחד את שני הפרטים שבמשנה.

1) מ׳, ע׳ (תר ו׳): נתרייה, ד׳: ניתייריה.

2) ד״ח: נתרו.

3) גם מ׳: ניתתי.

– ס –

סָאבֵי דִיהוּדָאֵי (ב״ב נח ב 2) זִקְנֵי הַיְּהוּדִים
Jewish elders

סָאוֵי (בר׳ מד א ועוד) סְאִין (ר׳ של סאה)
Plural of *se'ah* (measure of volume)

סאיב (תע׳ יא סע״א) מ׳ וע׳: מסאיב

סָאסָא דְשׁוּבְלְתָא[1] (סוטה ה א 3) שְׂעַר הַשִּׁבֹּלֶת
Lit., beard of ear of grain, i.e., slender bristles terminating glumes of the spikelet in ears of grain

סָאסָא(ה)[2] (חול׳ יז ב) זְקַן הַשִּׁבֳּלִים (רש״י)
Lit., beard of ear of grain, i.e., slender bristles terminating glumes of the spikelet in ears of grain

סַב (נסב) (סנ׳ ק ב) טֹל (צ), קַח — Take (*imp.*)

סָבָא זָקֵן (ש) (ת) — Old man (*noun*), old (*adj.*)

סַבוֹאָתָא (ע״ז עא א[3], עב ב[4]) מוֹכְרֵי יַיִן
Wine sellers, retailers

לְסַבּוֹיֵיה (ב״ב צח א) לְמָכְרוֹ מָזוּג (על־יד על־יד)
To sell diluted (gradually, little by little)

סבויתא (ע״ז עא א) מ׳: סבואתא

סַבּוֹלָאָה (ב״מ צג ב) הַסַּבָּל — Porter, load carrier

סַבוּר סָבְרוּ, חָשְׁבוּ — They thought, reflected

סבור (שבת עג רע״א 2, ב״מ פ ב) כ״י: כסבור

סַבוּר וְקַבּוּל[5] (ב״מ עו א 2) הִסְכִּימוּ (=חשבו) וְקִבְּלוּ
They thought about it and (afterward) agreed

סיבורא (ע״ז כט רע״א) ר׳ סיבורי — Cf.

סִיבּוּרֵי (גט׳ סז ב[6], ע״ז כט רע״א[7]) הֲקָזַת דָּם — Bloodletting

סָבֵי זְקֵנִים — Old people, elders

סָבַיָּא (מג׳ ה ב, נז׳ לט א) הַזְּקֵנִים
Elders (*Megillah*), old people (*Nazir*)

סְבִיךְ (חול׳ מח א כ״פ) סָבוּךְ, מְסֻבָּךְ
Entangled, grown together

סָבֵיל אֲחוּהּ (עירו׳ נא רע״א) סוֹבֵל אָחִיו[8]
It bears, tolerates its brother (another tree leans on it)

סָבֵיל מַרְעִין (שבת קנו א) סוֹבֵל מַחֲלוֹת, בַּעַל חֳלָאִים
Suffers from diseases, in bad health

גְמִיר וּסְבִיר (הור׳ ב רע״ב כ״פ) לָמֵד וּמֵבִין
He is learned and can think logically

סְבִירָא לִי אֲנִי סָבוּר — I think, it is my opinion

סְבִירָא לְהוּ[9] הֵם סְבוּרִים
They think, they are of the opinion

כּוּלְהוּ סְבִירָא לְהוּ כֻּלָּם סְבוּרִים
Everyone thinks, they are all of the opinion

סְבִירָא לֵיהּ[10] הוּא סָבוּר
He thinks, he is of the opinion

סְבִירָא לָן אָנוּ סְבוּרִים
We think, we are of the opinion

גְּמִירְנָא וּסְבִירְנָא (סנ׳ ה א) לָמַדְתִּי וַאֲנִי מֵבִין
I studied and can think logically

סביתא (ע״ז עב ב) מ׳: סבואתא

סַבְּכְתָּא (ב״ב קמו א) סְבָכָה[11] — Hairnet

סִיבְסוּךְ[12] (סנ׳ צט ב) דּוּדָאִים — Mandrake flowers

סְבַר סָבַר, חָשַׁב — He thought

סָבַר סוֹבֵר, חוֹשֵׁב, מֵבִין
He thinks, he reflects, he comprehends

סְבָרָא/ה חָשְׁבָה — She thought

סְבָרָא סְבָרָה, הֲבָנָה, דֵּעָה
Reasoning, comprehension, opinion

סְבָרָא... קְרָא הֲבָנָה... כָּתוּב — (It can be understood) logically....(or also as taught to us by a) verse

1) מ׳, אה״ת וע״י: שבלתא, ד׳: שיבלתא, שבולתא.
2) מ׳ ר׳ א ד׳ שונ׳ ור״ג ורי״ף, ע׳: ססא.
3) מ׳, ד׳: סבויתא.
4) מ׳, ד׳: סביתא.
5) מ׳ פ״ב, ד׳: וקביל.
6) מ׳, ד׳: סיכורי.
7) מ׳ וכ״י ספ׳. ד׳ - ב״פ: סבורא.
8) רש״י: אילן אחר היה נשען עליו.
9) בנזיר נז ב נשמט בדפוס: להו.
10) ביב׳ קיג א נשמט בדפוס: ליה.
11) = צעיף כעין רשת לתת בו את שער הראש.
12) מ׳: סכסוך, אה״ת: סכסך, ק׳ ה״ג: סביסך (וכ״ה ברש״י)

גְּמָרָא... סְבָרָא תַּלְמוּד ... הֲבָנָה

(It can be understood through a) tradition...(or through) logic

סְבָרָא דְנַפְשֵׁיהּ (כתו׳ ב סע״ב) דַּעְתּוֹ שֶׁלּוֹ

His own reasoning

סְבָרָהּ (יב׳ עב ב) הֵבִין אוֹתָהּ — He understood it (*f.*)

סְבַרוּ (תע׳ כא ב) חָשְׁבוּ — They thought

סְבַרוּהּ סְבָרוּהוּ — They thought about it (*m.*)

סָבְרִי סוֹבְרִים, חוֹשְׁבִים — They think, they reflect

לָא הֲווֹ סָבְרִי (סנ׳ קו ב) לֹא הָיוּ מְבִינִים

They didn't understand

סְבַרִי חָשַׁבְתִּי — I thought

לִגְמָרֵיהּ... וְלִסְבָרֵיהּ (סנ׳ לו ב, בכו׳ כ א-ב)

לְתַלְמוּדוֹ... וְלַהֲבָנָתוֹ (=להסברו) — According to his teaching...and his understanding (his explanations)

סָבְרִינַן (ב״ב עג ב) אָנוּ חוֹשְׁבִים, חָשַׁבְנוּ

We think, we thought

סָבְרִיתוּ (בר׳ מז א) אַתֶּם סְבוּרִים, חוֹשְׁבִים — You think

סְבַרְתְּ וְקַבֵּילְתְּ (כתו׳ צג א ועוד) הִסְכַּמְתָּ (=חָשַׁבְתָּ) וְקִבַּלְתָּ — You thought and (afterward) accepted

קָסָבְרַתְּ (יב׳ כו ב) אַתָּה סוֹבֵר — You think

סְבַרְתַּהּ (יב׳ כא ב) הֲבַנְתִּיהָ — I understood it (*f.*)

סַבְתָּא זְקֵנָה — An old woman

סגא (סנ׳ צה א) מ׳: סגי

סַגָּאֵי[13] (ב״ב עג ב) הָלְכָה — It (*f.*) went

סָגְדִי (ע״ז נח ב) מִשְׁתַּחֲוִים — They (*m.*) bow, prostrate

לְסַגּוֹיֵי לֵילֵךְ, לְהַלֵּךְ — To go, to walk

לְסַגּוֹיֵיהּ*[13] (סנ׳ צה א) לָלֶכֶת בּוֹ — To travel

סַגֵּי הָלַךְ — He walked

סָגֵי מְהַלֵּךְ — He walks

סְגֵי (סַגֵּי) (בכו׳ ח ב) לֵךְ

Walk and go before me (*Rashi*) (*imp.*)

סַגִּי, סַגְיָא דַּי — Enough

סַגֵּי לֵיהּ[14] דַּיּוֹ

Lit., they go in it, i.e., they are accepted currency (Rashi)

לָא סַגִּי, לָא סַגְיָא לֹא דַי, אִי אֶפְשָׁר

Insufficient, impossible

סָגֵי וּמַסְגֵּי (יומא פח סע״א) רָבֶה וּמַרְבֶּה

He will have many descendants

סַגֵּי נְהוֹר (בר׳ נח א) רַב־אוֹר[15] — Who has much light, (an euphemism for a blind person)

סַגֵּי נְהוֹרֵי (בר׳ נו א) רַבֵּי־אוֹר

Who have much light, (an euphemism for blind people)

סַגְיָא מְהַלֶּכֶת — She, it walks, goes

סַגִּיאִין (יומא סו ב, תע׳ י א*[16]) רַבִּים — Many

זִימְנִין סַגִּיאִין פְּעָמִים הַרְבֵּה — Many times

עָקָן סַגִּיאָן (סוטה מח ב[16], סנ׳ יא א) צָרוֹת רַבּוֹת

Much suffering, mishaps

סְגִיד הִשְׁתַּחֲוָה — He bowed, prostrated

סָגֵיד מִשְׁתַּחֲוֶה — He bows, prostrates

סְגֵיד (מג׳ טז ב 2) הִשְׁתַּחֲוֵה (צ)

Bow, prostrate (*m., s., imp.*)

סגיי (ב״מ מד ב) ר׳ סגיין — Cf.

סַגְיֵיהּ[17] (סנ׳ צה א) הָלַךְ בּוֹ — He traveled

סגיין (תע׳ י א) ר׳ סגיאין — Cf.

סָגְיָין (ב״מ מד ב[18], מה א) מְהַלְּכוֹת — They (*f.*) go, circulate

לָא סָגֵינָא (שבת קיח ב) אֵינִי מְהַלֵּךְ — I don't walk

סָגֵינַן (שבת פח ב) אָנוּ הוֹלְכִים

We went along (*Rashi*)

חוּרְבְּתָא סְגִירְתָא (סנ׳ עא א) חֻרְבָּה מֻגְּעַת[19]

A place called Debris of *Tzara'as* (leprous), a ruin put in *hesger* (closed up dependent upon certain pertinent *halachos*) because it became infected with *tzara'as*

ד׳ שוני: סביסקי, ע׳: סביס (והגיה בעל עה״ש: סביסק).

13) ״דסגאי״ בתע׳ כד א לי׳ במ׳ ואה״ת, והנוסח שונה.

14) [כ״ה באוצר לשון התלמוד, כ״י וד׳: לסגויי]

15) רש״י (ב״מ מו סע״ב): לשון הילוך.

16) כינוי לעוור, וכן בעב׳: מאור-עינים.

17) מ׳ ורש״י, מ׳ ב: סגן, ד׳: סגיין.

18) מ׳ ואה״ת, ד׳: סגיאין.

19) אה״ת, מ׳: סגי, ד׳: סגא.

לָא סַגִּית[20] (שבת קיח ב) לֹא הָלַכְתִּי I didn't walk, go
סִיגְלֵי (בר׳ מג ב, שבת נ ב, סנ׳ צט ב[21]) סְגָלִים[22] Violets
סָגַן (שבת פח רע״ב) הוֹלְכִים They (*m.*) walk, go
סְגָנֵי וְשַׁלִּיטֵי[23] (סנ׳ קו סע״א) סְגָנִים וְשַׁלִּיטִים
Viceroys and officials
סְגָנֵי דְכָהֲנָא[24] (סנ׳ קי רע״א) סְגָנֵי כְהֻנָּה
Adjutant High Priests
סְגָנַיָּא (סנ׳ צב ב 2 — מדני׳) הַסְּגָנִים Nobles, officials
סַדָּאָה[25] **בְּסַדְיֵהּ**[26] **יָתֵיב** (פס׳ כח רע״א) עוֹשֶׂה סַדִּים בְּסַדּוֹ יוֹשֵׁב The carpenter sits in his own stocks
סִידּוּרָא[27] **דְיוֹמָא** (מג׳ כג א) סֵדֶר הַיּוֹם
The day's agenda
סִידּוּרָא דְיוֹמֵי (מג׳ ד ב 2) סֵדֶר הַיָּמִים
Listing according to days of the week
סִידּוּרָא דְיַרְחָא (מג׳ ד ב) סִדּוּרוֹ שֶׁל חֹדֶשׁ (=סדר ימות החודש) Listing according to days of the month
סִידּוּרָא דְפַת (שבת עד ב) סִדּוּרוֹ שֶׁל פַּת (סדר עשייתו) The process of making bread
סַדּוֹרֵי (ב״מ קיג ב 2) (ל)סַדֵּר
(To) assess a debtor's wealth to arrange his repayment of debt so that his basic needs will remain (Rashi)
סַדְיֵיהּ (ר״ה ד א 2) סָדוֹ (=טָח אוֹתוֹ)
He plastered it (*m.*)
סְדִינָא סָדִין Sheet
סְדִינַאי (סנ׳ כו א) סְדִינִי My sheet
סְדִינֵי (גט׳ ע ב) סְדִינִים Sheets
סְדִינֵיהּ סְדִינוֹ His sheet
סְדִיקָא (בכו׳ מה א 2) סְדוּקָה[28] Spread-apart fingers
סְדִיקָן (בכו׳ מ א) סְדוּקוֹת Split (*f.*, *p.*)
סדנא בסדניה (פס׳ כח רע״א) ר׳ סדאה בסדיה Cf.
סַדְנָא דְאַרְעָא חַד הוּא (קידו׳ כז ב ועוד) סַדַּן הָאָרֶץ[29] אֶחָד הוּא The land is one unit

(since all different parts are connected - Rashi)
סָדַר (שבו׳ ל ב) סוֹדֵר He arranges, prepares
סֵדֶר יוֹמָא (יומא יד ב, סנ׳ מט ב) סֵדֶר הַיּוֹם (=מסכת יומא) The agenda of the day (the tractate *Yoma*)
סִידְרָא סֵדֶר, פָּרָשָׁה Order, section
רֵישׁ סִדְרָא (חול׳ קלז ב) רֹאשׁ יְשִׁיבָה Head of yeshiva
קְ[י]דוּשָּׁא[30] **דְסִידְרָא** (סוטה מט א) סֵדֶר קְדֻשָּׁה (רש״י)
The prayer of *kedushah* contained in *Uva Lezion*
סִדְרֵי סְדָרִים (של משנה)
The orders (sections) of the *Mishnah*
שִׁיתָּא סִדְרֵי (בר׳ כ א, כתו׳ קג ב, ב״מ פה ב) שִׁשָּׁה סְדָרִים
The six orders (sections) of the *Mishnah*
שִׁיתָּא סִדְרִין (תע׳ כד רע״ב) שִׁשָּׁה סְדָרִים
The six orders (sections) of the *Mishnah*
סִידְרֵיהּ (כתו׳ קו א) סִדְרוֹ His sequence (of study)
סִידְרָךְ (כתו׳ קג ב) סִדְרְךָ[31]
Your order (section of the *Mishnah* that you studied)
סָדְרָן (גט׳ מה סע״א) סוֹדְרוֹת[32] They (*f.*) confer together
סַדְרָנָא (פס׳ קה א) סִדַּרְתִּי
I arranged (the statements of the rabbis)
סָהֲדָא עֵד Witness
סָהֲדוּתָא עֵדוּת Testimony
סָהֲדוּתֵיהּ (כתו׳ יט ב ועוד) עֵדוּתוֹ His testimony
סָהֲדוּתַיְיהוּ (שם) עֵדוּתָם Their (*m.*) testimony
סָהֲדֵי עֵדִים Witnesses
סִיהֲרָא יָרֵחַ Moon
סִיהֲרֵי (ב״ב עד א) יְרֵחִים Moons
סָוְאָרָא[33] (נז׳ כו ב) סָוָאר[34] (של קורות)
Pile of beams
סוּבַר (ב״ב ד ב) מ׳: סב׳ (=סבר) He thinks
לְתָרוּצֵי סוּגְיָא (שבת סו ב) לְיַשֵּׁר הֲלִיכָה
To straighten out the way he walks

(20) כל כ״י ור״ח ושמ״ק, ד׳: סגיי.
(21) בית נגוע בצרעת, והסגירו הכהן.
(22) אה״ת, מ׳ וע״י: מסגינא, ד׳: סגינא.
(23) האמורא לוי מזהה בו ״דוראים״.
(24) צמח נוי.
(25) ע׳ אה״ת וע״י, מ׳ ד׳: ושילטי.
(26) מ׳ ק׳: כהנים, פ׳ אה״ת ילי כ״י: כהונה.
(27) מ׳ ב, מ׳ ד׳: סדנא, ע׳ ד״י ור״ח: נגרא.
(28) מ׳ ב, שה״ג: בסדניה.
(29) מ׳: סידרא (יומא יד ב כ״פ: סדר יומא).
(30) = אצבעות נפרדות.
(31) = גוף הקרקע (ע׳).
(32) אה״ת וע״י ורש״י, מ׳ וד״ו: אקדושי.
(33) = סדר המשנה שלמדת.
(34) רש״י: נועצות.

סוּגְיָא דִשְׁמַעְתָּא (סנ׳ לג א, נא ב) הֲלִיכַת הַשְׁמוּעָה (=ההלכה)
Lit., course (or trend) of the (Talmudic) discussion i.e,. *Halachah*

וְסוּגְיָא[35] דִשְׁמַעְתָּא[36] כְּחַד מִינַּיְיהוּ (סנ׳ ו א)
וַהֲלִיכַת הַשְׁמוּעָה כְּאֶחָד מֵהֶם[37] The course (or trend) of the (Talmudic) discussion is like one of them

סַ(וּ)גְיָינֵי[38] דַעֲרַבְתָּא (עירו׳ כט סע״ב) עָלִין שֶׁל עֵץ עֲרָבָה[39] Twigs of a willow

סוּדָנָא (פס׳ קיג א) שֵׁכָר, עוֹשֵׂה־שֵׁכָר Beer, brewer

בֵּי סוּדָנָא (שם) בֵּית מְבַשֵּׁל שֵׁכָר, כַּד לַעֲשִׂיַּית שֵׁכָר
Brewery, jug in which beer is produced

סוּדָנִי (בר׳ מד ב, מנ׳ עא א, נדה יב ב) עוֹשֵׂה שֵׁכָר[40]
Brewer (*Rashi* in *Berachos*), Torah scholar (*Rashi* in *Menachos, Niddah*), G-d fearing person (*Aruch*)

סוּדָרָא סוּדָר (רש״י: מעפורת) Scarf

סוּדָרֵיהּ סוּדָרוֹ His scarf

סוּורא (נד׳ כו ב) מ׳: סואראּ

סַוֵּי (כתו׳ סב ב) הִבִּיט It (her heart) (*s.*) saw

סַוֵּי לִבַּהּ (כתו׳ סב ב) הִבִּיט לִבָּהּ[41]
Her heart saw, i.e., it seemed to her

סוּכְלְתָנוּתָךְ (שבת ל א) תְּבוּנָתְךָ Your intelligence

סוּכְרֵי[42] (שבת סז רע״א) קְבָרִים[43] Graves, door sockets

סוּלְמָא[44] דִפְרָת (סוכה נג ב) סֻלָּמוֹ שֶׁל פְּרָת
The ladder of Euphrates, i.e., the source (upper part, promontory) of the Euphrates River

סוּלְמָא דְצוֹר (עירו׳ כב ב ועוד) סֻלָּמָהּ שֶׁל צוֹר[45]
The ladder of Tyre, i.e., the source (upper .part, promontory) of the Tyre River

סוּלְמֵי[46] דִפְרָת (בכו׳ נה ב) סֻלָּמוֹת שֶׁל פְּרָת
The ladders of Euphrates, i.e., the sources (upper parts, promontories) of the Euphrates River, going underneath the land and on the mountains like a ladder (*Rashi*)

סוּלְתָּא סֹלֶת Fine flour

סוּלְתֵּיהּ (הור׳ י א) סָלְתּוֹ Its (*m.*) fine flour

סוּמְכָא עֳבִי Width

סוּמְכֵיהּ (חול׳ נה ב) עָבְיוֹ Its (*m.*) width

סוּמָק, סוּמָקָא אָדֹם Red (*m., s.*)

סוּמָקֵי אֲדֻמִּים Red (*m., p.*)

שִׁבְעָה סוּמָקֵי (גט׳ סט א) שִׁבְעָה טְחוֹלִים[47]
Seven spleens (*Rashi*), seven pieces of lean meat (*Aruch*)

סוּמָקָן (יומא מט א) אֲדֻמּוֹת Red (*f., p.*)

סוּמַקְתָּא (מ״ק כג א) אֲדֻמָּה Red (*f., s.*)

סוּמַקְתָּא (נד׳ לח א 2) אֲדֻמּוֹת Red (*f., p.*)

סוּמַקְתִּי (ב״ב פד א) אֲדֻמָּה Red (*f., s.*)

סוּסְבָל[48] (ע״ז לז א-ב) מִין חָגָב[49] Type of locust

סוּסָוָתַיְיהוּ (תע׳ כג ב) סוּסֵיהֶם Their horses

סוּסְיָא סוּס Horse

סוּסְיָא בָּרְקָא (סנ׳ צח א) סוּס מְשֻׁבָּח
Choice horse, a combed and beautiful horse (Rashi)

סוּסֵיהּ (מג׳ טז א) סוּסוֹ His horse

סוּסְכִינְתָּא (יב׳ סד ב) עֲצִירַת־שֶׁתֶן[50]
Retaining of urine that causes infertility

סוּפֵיהּ[51] (ב״ב יד ב 2) סוֹפוֹ Its (*f.*) end

סוּפְלֵי גַּרְעִינֵי תְמָרִים Date pits

סוּפֵר מַתָא (ב״ב כא א) ר׳ ספר מתא Cf.

סוּרָאָה (גט׳ לא סע״ב) בֶּן־סוּרָא
Inhabitant, resident of Sura

(35) מ׳, ד׳: סוורא.
(36) = ערמת קורות המוכנות לבנין.
(37) ע׳ מ׳ ורש״י, ד׳: סוגיין.
(38) ע׳ ומ׳, מ׳ וד״י נוסף: דעלמא, ד״ח: בעלמא.
(39) = מבני המחלוקת. ״כלומר מקשין ומפרקין אליבא דחד מינייהו״ (ערוך מפי ר״ח).
(40) ע׳, א״פ: סגני, מ׳: סוגיתני.
(41) ע׳, רש״י: קיסמין של ערבה.
(42) פ״א ירא שמים (ע׳), בכולם פניית רבא לרב פפא.
(43) כלומר: נדמה ללבה (רש״י).
(44) ע׳ ועוד, ד׳: סנרי.
(45) ערוך. והוסיף: ס״א סוכרי דבבא (וכ״ה בכ״י א״פ) פי׳ מקום שהציר סובב ויש בו עפר. פ״א נקב שנוקבין בכותל במקום שמנעל של דלת נכנס לתוכו ושמו של אותו נקב סיכרא.
(46) מ׳: סולמי, מ׳ ב: סולמות.
(47) בעברית: סולמות של צור (שבת כו א).
(48) אולי צ״ל: סולמיה?
(49) ע׳: פי׳ המורה של מגנצא ז׳ חתיכות בשר כחוש ... פ״א טחלי.
(50) ע׳ (מלשון פרסית = בעל כנפים ארוכים, עה״ש), מ׳ ד׳: סוסביל.
(51) הנקרא ״איל קמצא״ (עדיות פ״ח מ״ד).

סוּרְיְיקֵי סוּמָקֵי (סנ׳ קה ב, ע״ז ד ב) חוּטֵי גִידִים אֲדֻמִּים
Red ligaments

סְחָא (חול׳ נח ב) רָחַץ (גופו) — He washed (his body)

סְחוֹפֵי כָּסָא א׳ (שבת סו ב, ביצה כג א) הָפוֹךְ כּוֹס עַל־
Inverting a glass on...

בְּסִיחוּפֵיהּ (ע״ז טז א, חול׳ נב ב 2) בְּאֶצְבְּעוֹתָיו
With his forefoot

בְּדָרָא דְסִיחוּפֵיהּ (חול׳ נג א) בְּשׁוּרַת אֶצְבְּעוֹתָיו
In the row of his fingers

סְחוֹר סְחוֹר (שבת יג א ועוד) סָבִיב
(Go) around and around

סְחַט גְּלִימָא רֵיחָא (ב״מ קיד ב) סָחֲטָה (=קָלְטָה) טַלִּיתוֹ רֵיחַ
His garment absorbed, sucked up, became imbued with the smell

סָחֵי (יומא ט ב ועוד) רוֹחֵץ (גופו) — He washes (his body)

לְכִי סָחֵיט לְהוֹ (פס׳ לג ב 2) לִכְשֶׁיִּסְחַט אוֹתָם
When he will squeeze them (*m.*)

סָחֵיף (ע״ז עד ב) כּוֹפֶה — He turns upside down

סְחִיפָא (פס׳ מ א, ע״ז נא ב) כְּפוּיָה, מֻטָּה
Turned upside down (*f.*)

סְחִיפוּ עִילָוֵיהּ (שבת קכא סע״ב) כְּפוּ עָלָיו
Turn it over (*p.*, *imp.*)

סְחִיפֵי אַהֲדָדֵי (חגי׳ טו א) הֲפוּכִים (ומונחים) זֶה עַל זֶה
Turned over (and placed) one on the other

סְחַף אַרֵישֵׁיהּ (סנ׳ קד א) כָּפָה עַל רֹאשׁוֹ
He turned over (and placed) on his head

סְחַר (ב״ק פז ב) סוֹבֵב (צ), חֲזוֹר עַל הַפְּתָחִים
Go around (*imp.*), go around from door to door asking for food

סחרוני (שבת קנב א) ר׳ סחרנוהי — Cf.

סַחֲרָנוֹהִי[52] (שבת קנב א) סְבִיבוֹתָיו — Its surroundings

סִיטוּמְתָא (ב״מ עד רע״א) **חוֹתָם**[53] — Seal, placing the seal on barrels of wine shows that they are sold (Rashi)

סְטָכַת[54] (שבת פ ב) נֶשֶׁם[55] (מין סם)
Medical ointment, balm, a depilatory

סטכתא (מנ׳ פו א) ר׳ סטכת — Cf.

סָטָנָא (סוכה לח א, תמיד לב א) הַשָּׂטָן — The Satan

סִטְרָא צַד — Side

סִיטְרָאֵי נִינְהוּ (כתו׳ פה א) (חובות) צְדָדִיִּים הֵם[56]
Money to settle other debts

סָטַת (שבת קד ב, סנ׳ סז א) סָטְתָה — She(*f.*) deviated

סיאנא (שבת קלח ב 2) מ׳ וא״פ: סיינא

סיאר (ב״ב מא ב) רוב כי״י: סייר

סיארא (ב״ב כא ב) ר׳ סיירא — Cf.

סִיב (תע׳ ה ב) זָקֵן (עבר) — He became old

סֵיבוּ (יב׳ סה ב) שֵׂיבָה, זִקְנָה — Old age

סֵ[י]בוּתָא (שבת קנב א — אה״ת) הַזִּקְנָה — The old age

סֵיבוּתֵיהּ (תע׳ כ ב) זִקְנוּתוֹ — His old age

סיכטא (סנ׳ קיב סע״א) כי״י וע׳: סיכתא

סִידָא סִיד (=טִיחַ) — Lime, plaster

סִיוָאָה[57] (נדה כ א) שָׁחוֹר[58]
Name of place where they make black garments (*Rashi*)

סִיוּטָא (יומא כב ב) פַּחַד, סִיּוּט — Fright, terror

סִיוּמָא (ב״ב כב א) סִיּוּם (הדרשה) — Final discourse

לְסַיּוּמִינְהוּ (כרי׳ ג א) לְסַיְּמָם — To terminate the listing

סַיּוֹעֵי, לְסַיּוֹעֵי לְסַיֵּעַ — To aid

סַיּוֹעֵי[59] (ב״ק לב א) (ל)סַיֵּעַ — (To) aid

לְסַיּוֹעֵיהּ לְסַיְּעוֹ — To aid him

סַיְיחָא (יומא עז ב) שַׁיִט — Sailing

סָיֵים נוֹעֵל (נעלים) — He puts on (shoes)

סַיֵּים סִיֵּם — He, it finished

סַיֵּים (נדה כד ב) סַיֵּם (צ) — Finish (*imp.*)

סַיְּימוּהּ סִיְּמוּהוּ — They finished it (*m.*)

סָיְימִי (תע׳ יב ב[60], מ״ק כד א) נוֹעֲלִים (נעלים)
They (*m.*) put on (shoes)

סַיֵּימְתְּ (נדה י ב) סִיַּמְתָּ — You (*m.*, *s.*) finished

---

52) רש״י: חולי מעוצר השתן, ואדם נעקר ממנו. בעל עה״ש גוזרו מלשון פרסית = עוקר שתן.

53) מ׳ ואה״ת, ד׳: סיפיה.

54) ע״י, וכן בתרגומים, ד׳: סחרונהי, אה״ת: סוחרנוהי, מ׳: סחרנהי.

55) רש״י: שרושמין החנוונים על החביות של יין שלוקחים וכו׳.

56) במג׳ פו רע״א — ד׳: סטכתא מלשון יונית.

57) להשיר שער, התלי מזהה בו את ״שמן המור״ במגלת אסתר.

58) ואין עליהם שטר.

59) כך גם מ׳.

60) מלשון פרסית, ערוך (ע׳ סיינא): פי׳ לבושא אוכמא זה פי׳ ר״ח ז״ל וזה גמרא שלו, וגמרא שלנו סייבא, (ע׳ סייבא): ס״א סיוהא פי׳ של אותו מקום שהוא כחרת (מפי׳ ר״ג).

סָיְימַת[61] (תע׳ כב א) אַתָּה נוֹעֵל (נעלים)
You put on (shoes)

סַיְימְתִינְהוּ (בר׳ לג ב, מג׳ כה א) סִיַּמְתָּ אוֹתָם
You (*m.*, *s.*) have finished (saying) them (*m.*)

סְיָינָא (שבת קלח ב, עירו׳ קב רע״ב) כּוֹבַע (בעל שוליים)
Rimmed felt hat

סְיָינֵיה (שבת קיט א) כּוֹבָעוֹ
His felt hat

סַיְיעַ (מ״ק יב א, ב״ב מא א) סִיַּע
He helped

סַיְיעַ (סנ׳ צה א) סַיַּע (צ)
Help (*m.*, *s.*, *imp.*)

לסייע (ע״ז עב ב) כ״י ספ׳: לסיועי

סייעי (כ״ק לב א) מ׳ ה׳: סיועי

סַיְיעֵיה (ב״ק כ ב, ע״ז כב א) סִיְּעוֹ
He helped him

סַיְיעִינְהוּ (שבת כא א) סַיְּעֵם
Bring them a proof (*imp.*)

סַיְיעַן (גט׳ יד ב) סִיְּעָנִי
He helped me

סִיַיעְתָּא סִיּוּעַ
Aid, assistance

סִיַיעְתָּא דִשְׁמַיָּא (כתו׳ סג ב, ב״ב נה א) עֶזְרַת שָׁמַיִם
Divine assistance

סִיַיעְתָּא מִן שְׁמַיָּא (מג׳ ו ב 2) עֶזְרָה מִן הַשָּׁמַיִם
Help from Heaven

סַיְיפָא (ע״ז יז ב) סַיָּף, אוֹחֵז חֶרֶב
Sword bearer, swordsman

שְׁלִיפֵי סַיְיפָא (גט׳ נז א) שְׁלוּפֵי חֶרֶב
People with drawn swords

סַיְיפֵ(ה)[62] (תע׳ כא סע״א) חֲרָבוֹת
Swords

סָיֵיר בּוֹדֵק, מְבַקֵּר (נכסיו)
He examines, inspects (his possessions)

סַיְירָא (ב״מ עו ב 4) בִּקְּרָה, בָּדְקָה
He examined it (*f.*), inspected it

סְיָירָא[63] (ב״ב כא ב) סִימָן בִּקּוּר[64]
Fish mark places of food (*Rach*)

סַיְירוּהּ[65] (ערכ׳ כא ב) בְּדָקוּהוּ
Examine, inspect (*m.*, *p.*) it (*f.*)

סָיְירִי (גט׳ לח ב) מְבַקְּרִים
They (*m.*) examine, inspect

סַיְירֵיה[66] (ביצה לב ב) בְּדָקוֹ
He marked it (*m.*)

סָיְירְנָא (חול׳ קה א) אֲנִי מְבַקֵּר
I examine, inspect

סִיכֵּי יְתֵדוֹת
Stacks, pegs

סִיכֵּי דִיקְנָא (יב׳ פ סע״ב) יִתְדוֹת זָקָן[67]
Lit., stacks (pegs) of the beard, i.e., his beard was composed of several separate clumps of hair (*Rashi*)

סִיכֵּיה (פס׳ פ א) יְתֵדוֹתָיו
His stacks, pegs

סִיכְּתָא (ערכ׳ ז ב, סנ׳ קיב סע״א[68]) יָתֵד
Stack, peg

סִיכְּתָא (ב״ק צט ב) טְבִיעָה (מטבע)
Engraved stamp (for coining money)

סִיכְּתֵיה (ב״ק צט ב — פ״ב[69]) טְבִיעָתוֹ (מטבע)
His engraved stamp (for coining money)

סִילְוָא (יב׳ עה ב ועוד) קוֹץ[70]
Thorn

סִילְוָא דְלָא מַבַּע דְמָא (ע״ז כח ב, חול׳ טז א) קוֹץ שֶׁאֵינוֹ מוֹצִיא דָם (=כינוי לחרם)
Thorn that causes pain without apparent running of blood, allegorical designation of excommunication

סילואתא (גט׳ פד א) ר׳ סילוותא
Cf.

סִילְוָותָא[71] (גט׳ פד א) קוֹצִים
Thorn (*Rashi*)

סִילְוֵי (שבת סז א) קוֹצִים
Thorns, small grapes (*Rashi*)

סִילְוֵיה (פס׳ קיא ב 2) קוֹצוֹ, עֲנָפוֹ
His thorn, branch

סִילוֹנַיְיהוּ (שבת לט ב) סִילוֹנוֹתֵיהֶם[72]
Their pipes, ducts, tubes, gutters

סִילְיְיתָא (בר׳ ו א[73], שבת קלד א 2[74], בכו׳ ח ב 2[75]) שִׁלְיָה
Placenta, after-birth

סִילְתָא (ב״ק כב ב) קֵיסָם (להבערה)
Twig (to make a fire)

סִילְתָא (יב׳ סג ב) קוֹץ
Thorn

סילתא (שבת קלד א 2[76], בכו׳ ח ב 2[77]) ר׳ סילייתא
Cf.

(61) מ׳ וה׳, ד׳: סייעי.
(62) מ׳, ד׳: מסיימי.
(63) כ״י ואה״ת, ד׳: רמית.
(64) ע״י, מ׳ ואה״ת — נ״א.
(65) כ״י וע׳, ד׳: סיארא.
(66) ר״ח: נותנין הדגים ביניהם סימן ומודיעים, שיש בזה המקום מרעה ומתקבצין כולן שם.
(67) ע׳ ורש״י, ד׳: סיירו לה.
(68) מ׳, ד׳: צייריה, ועי׳ ד״ס אות ק׳.
(69) רש״י, ופירש: כלומר דכמה מקומות הויא לו שער בזקנו.
(70) כ״י וע׳, ד׳: סיבטא.
(71) ה׳ ר׳ וה״ג, ד׳: סיכתא.
(72) ביחוד של עלי הלולב.
(73) מ׳, ד׳: סילואתא.
(74) מלשון יונית. ע׳: צינור מרזב וסילון אחד הן.
(75) ע׳, מ׳: שילייתא, ד׳: שליית׳.
(76) ע׳, מ׳: סילתא, ד׳: סליתא, סלתא.
(77) מ׳: שילית׳, שיליא.

סִילְתָא סַל Basket

סִילְתָאִי (ב״ב עד א) סַלִּי My basket

סִילְתַּהּ[78] (יב׳ סג ב[79]) קוֹצָהּ (=קוֹץ שֶׁלָּהּ) Her thorn

סִילְתֵי (שבת כ ב ועוד) קַסְמִים Twigs

סִילְתֵיה (גט׳ סו א) סַלּוֹ His basket

סִימָא (ערכ׳ יט א) מַטְמוֹן Treasure

סִימוֹנָא[80] **דְאַגְמָא** (חול׳ טז ב) סִימוֹן שֶׁל אֲגַם[81]

Sedge (plant), a reed that grows in marshland

סִימְטָא (שבת סז א, ע״ז כח ב) סַפַּחַת[82] Abscess, carbuncle

סִימָנָא סִימָן Sign

סִימָנֵי סִימָנִים Signs

סִימָנֵיהוֹן (נדה ל ב) סִימָנֵיהֶם Their signs

סִימָנַיְיהוּ (גט׳ לו א, ב״מ פה ב) סִימָנֵיהֶם Their signs

סִימָנָיךְ, סִימָנָךְ סִימָנְךָ Your (*m.*, *s.*) sign

סֵינֵיה (יב׳ לט ב) נַעֲלוֹ His shoe

סִיסָא[83] (מנ׳ מא ב) פְּקַעַת Ball of threads, tuft

סִיסָאנֵי (שבת קי א, ב״מ סז ב 2) חוֹתָלוֹת (סל לתמרים)

Date baskets made out of twigs

סִיסְיָא[84] (ע״ז ד א) זַעַם Anger, wrath

סִיסְנָא (גט׳ סט סע״ב) סְנֶה Bush

סִיסְנֵי (פס׳ מב ב — מל״ס) סַנְסַנִּים Palm branches

סיסני (ב״מ סז ב 2) ר׳ סיסאני Cf.

סיסני (פס׳ ד א) ר׳ אסיסנא Cf.

סֵיפָא[85] סוֹף End

סֵיפָא דִקְרָא (כרי׳ ב ב) סוֹפוֹ שֶׁל הַפָּסוּק

End of the verse

סֵיפָא דְמַתְנִיתִין (ב״ק לב א ועוד) סוֹפָהּ שֶׁל מִשְׁנָתֵנוּ

End of our *Mishnah*

סֵיפֵיהּ סוֹפוֹ His end

סֵיפֵיהּ דִקְרָא סוֹפוֹ שֶׁל הַפָּסוּק End of the verse

סָךְ (ב״ב כא א, סנ׳ צה ב) חֶשְׁבּוֹן, סְכוּם Amount, sum

סָךְ (ע״ז יא ב) חֶשְׁבּוֹן[86]

Amount (*Rashi*), brother, friend (*Aruch*)

לְסַכּוֹנֵיה (שבת קטז א, חול׳ צא ב) לְסַכְּנוֹ To endanger him

סיכורי (גט׳ סז ב) ר׳ סיבורי Cf.

סכיא (נז׳ נא ב) ר׳ סכייה Cf.

סכיה (נז׳ סא א) ר׳ סכייה Cf.

סַכְיֵיה (נז׳ נא ב[87], סא א[88]) סָךְ אוֹתוֹ He rubbed it (*m.*)

סַכִּינָא סַכִּין Knife

סַכִּינָא דְאַשְׁכַּבְתָּא (שבת קכג ב, ב״מ קטז א) סַכִּין שֶׁל קַצָּבִים[89]

Butcher knife (*Rashi*), slaughtering knife (*Tosefos*)

סַכִּינֵי סַכִּינִים Knifes

סַכִּינֵיה (חול׳ יח א, עז א) סַכִּינוֹ His knife

סַכֵּנְתִּין[90] (קידו׳ כט ב) סִכַּנְתֶּם אוֹתִי

You (*m.*, *p.*) put me in danger

סַכִּים[91] (סנ׳ ק ב) שׁוֹטֶה Idiot, imbecile

סְכָכָא (סנ׳ ד ב 2) סְכָךְ (של סוכה)

Schach of sukkah (foliage put on top of sukkah)

סככה (סוכה ה ב 3 ועוד) ר׳ סככא Cf.

בּוּכְרָא סַכְלָא (ב״ב קכו ב 2) בְּכוֹר שׁוֹטֶה

Idiotic first-born

סַכְלֵי (קידו׳ לו א) סְכָלִים, שׁוֹטִים

Idiots, stupid people, half-wits

סַכַּנְתָּא סַכָּנָה Danger

סַכַּנְתּוּן (בר׳ כה ב) סִכַּנְתֶּם

You (*m.*, *p.*) were in danger

סַכַּנְתִּיךְ (פס׳ קיב ב 2) סִכַּנְתִּיךָ

I would have put you (*m.*, *s.*)in danger

סִיכְסָא (ב״ב עד א 2) שׁוֹטֶה Idiot, nonsense

(78) פ״א — ד׳: סליתא, ע׳: סיליתא.

(79) מ׳: שיליתי, שיליא.

(80) מ׳, ד׳: סילתא.

(81) בעל הערוך הביא לפני כן גם חולי צה רע״ב: אייתי סילתא. אבל שם מתאים יותר: סל, כפירש״י.

(82) ע׳: סימוניא, וכן רש״י כ״י, מ׳: בסימני׳, ועי׳ ד״ס.

(83) רש״י: ״עשב הגדל באגמי מים וקרוי לישקא (£÷•), וכשהוא יבש חדוד וחותך ואין קיסמין נבדלים הימנו״. ועי׳ עה״ש.

(84) השבעים תרגמו ?????? = ??????

(85) עה״ש: ״נ״ל מלשון יונית, אשר על ידה העתיקו ע׳ זקנים ״לא תקיפו״ (ויק׳ יט כז).

(86) מ׳ וילי ד״ש: סוסיא, שאילי כי תשא ואה״ת: סוסיא בישא, ועי׳ עה״ש.

(87) על משקל ״רישא״, בכ״י: סופא, ובנוסחאות שלנו: סיפא בהשואה לרישא.

(88) פי׳ אחר: אח, רע, עי׳ ערוך. ובעל עה״ש מציע לגזור אותו מלשון פרסית: מורד במלכות.

(89) מ׳ ורש״י, ד׳: סכיא.

(90) מ׳, ד׳: סכיה.

(91) [רש״י שבת: סכין של בית המקולין שהקצבין מקצבין בו בשר. רש״י ב״מ: של בית המטבחים שמקצבים בו בשר. תוס׳ שבת: וי״מ סכין ששוחטין בה]

סכסן (סנ׳ ק ב) כי״י וד״י: סכיס

סְכַר (ב״ב עג ב ועוד) סָגַר He dammed

סָכַר (ב״ק ס ב ועוד) סוֹגֵר He closes

סְכַר (גט׳ ס ב) סְכֹר (עֲשֵׂה סכר)
Dam (it) (*imp.*) (make a dam)

סִיכְרָא (מג׳ כט רע״א, כתו׳ יז א) קֶבֶר
Grave, burial place, graveyard (*Rashi*)

סִיכְרָא (מנ׳ סד ב) סֶגֶר[92], סֶכֶר[93]
Door socket (Rashi), dam, dike (*Tosefos*)

סָכְרוּ (ב״מ כד ב 2) סוֹכְרִים (=עושים סכר)
They (*m.*) make a dam, dike

סַכְרוּהּ (חול׳ קה א) סְכָרוּהוּ (=עשו לו סכר)
They dammed it (*m.*)

סָכַרְנָא (ב״ב ז א) אֲנִי סוֹכֵר, אֲנִי סוֹתֵם I dam, close

סַלָּא סַל Basket

סַלוּק (תע׳ כג ב, כתו׳ כה ב, נדה מז א) עָלוּ
They ascended

לְסַלוּקָהּ (כתו׳ סט א 3) לְסַלֵּק אוֹתָהּ
To make her forgo her claim

סַלוּקֵי (עירו׳ פט ב ועוד) (ל)סַלֵּק (To) remove themselves

לְסַלוּקֵי לְסַלֵּק To remove oneself, to go away

לְסַלוּקִי[94] (ב״מ עג ב) לְסַלֵּק אוֹתִי
To remove me, to expel me

לְסַלוּקֵיהּ[95] (נז׳ ח א) לְסַלֵּק אוֹתוֹ To remove himself

סַלוּתֵי (ביצה יט ב) (ל)חַתֵּךְ (קְסָמִים) To chop (twigs)

סַלֵּי (בר׳ כז ב) סַלִּים Baskets

סליק (בר׳ לג א, ב״מ קטז ב) כי״י: סק

סָלֵיק עוֹלֶה He ascends, goes up

סְלִיק עָלָה He ascended, went up

סָלֵיק... הָיְיא (שבת קלד ב, ב״ב פד א) עוֹלֶה
It becomes cured...quickly (=מתרפא)...מְהֵרָה

סליק (ב״ק פה ב) עָלָה (=נִתְרַפָּא) It becomes cured

סַלֵּיק (כתו׳ מא ב) סַלֵּק (צ) Remove (*m.*, *s.*, *imp.*)

סַלֵּיק לְהוּ (גט׳ סג סע״ב) סַלֵּק אוֹתָם
He dismissed them

סַלֵּיק נַפְשֵׁיהּ (כרי׳ כד ב 2) סִלֵּק עַצְמוֹ
He removes himself

וּלְמַאי דְסָלִיק אַדַּעְתִּין (עירו׳ ח רע״א ועוד)
Lit., and according to what וּלְמַה־שֶּׁעָלָה עַל דַּעְתֵּנוּ arose in your mind, i.e., and according to what you thought, according to the idea that you entertained

סְלִיקוּ עָלוּ They ascended, went up

סַלִּיקוּ (ערכ׳ כד א) הֶעֱלוּ They take away, remove

סַלִּיקוּ נַפְשַׁיְיכוּ (גט׳ ס ב) סַלְּקוּ אֶת עַצְמְכֶם
Remove yourselves

סַלִּיקוּ תַּכָּא (בר׳ מב א) סִלְּקוּ אֶת־הַשֻּׁלְחָן
They removed the table

סַלִּיקוּ תְּפִילַּיְיהוּ (נדה נא ב) הֵסִירוּ אֶת הַתְּפִילִּין שֶׁלָּהֶם
They removed their *tefillin*

סָלִיקוֹסְתָּא (שבת נ ב) אֲגֻדַּת נַרְקִיס (ע׳)
Beautiful fragrant herb (*Rashi*)

סליקוסתא (ב״ק לא רע״א) ר׳ חליקוסתא Cf.

סְלִיקִי (בר׳ נז א[96], גט׳ עד א, קידו׳ ס ב — מ׳) עָלִיתִי
I ascended, went up

סַלֵּיקִי נַפְשַׁאי (כתו׳ פג ב) סִלַּקְתִּי אֶת עַצְמִי
I disinvolved, disengaged myself

סְלֵיקִית (סוכה נד ב) עָלִיתִי I ascended, went up

סליקנא (שבת קיד ב) א״פ: סליקי

סַלֵּיקְנָא [לָךְ] (כתו׳ סט א — מ׳) סִלַּקְנוּ אוֹתְךָ
We dismissed you (with payment)

כִּי הֲוָה סָלֵיקְנָא (ב״מ פד ב ועוד) כְּשֶׁהָיִיתִי עוֹלֶה
When I would go up

סְלֵיקְתְּ (בר׳ יח ב, תמיד כז ב) עָלִיתָ You (*m.*, *s.*) went up

סַלֵּיקְתְּ נַפְשָׁךְ (כתו׳ פג ב) סִלַּקְתָּ אֶת־עַצְמְךָ
You (*m.*) rescinded your rights

סליקת (ע״ז טז ב) מ׳: סלקי

סַלֵּית סִילְתֵי (שבת עד ב) חִתֵּךְ קְסָמִים
He chopped twigs

סליתא (שבת קלד א) מ׳: סילתא, ור׳ סילייתא Cf.

סִלְקָא, סִילְקָא[97] סֶלֶק Beet

(92 כך גם מ׳, ע״י: סכנתין.

(93 ד׳: סכסן.

(94 רש״י: חור שבמזוזת הדלת, שבו תוחבים הבריח לנעול.

(95 תוס׳: ועוד יש לפרש סכר הנהר.

(96 כצ״ל, ד׳: לסלקי (ור׳ ח״ג שם).

(97 מ׳ ורש״י: לסלקיה, תוס׳: לסלוקי.

סְלְקָא (פס׳ נז סע״א, קידו׳ ע ב[98]) עָלְתָה
What was his reward (*Rashi*)
She, it ascends, goes up **סָלְקָא** עוֹלָה
סָלְקָא דַעְתֵּיהּ (=סלקא אדעתיה) עוֹלָה עַל דַּעְתּוֹ
Lit., it would rise in his mind, i.e., he thought, he entertained an idea
Lit., it would rise **סָלְקָא דַעְתִּין** עוֹלָה עַל דַּעְתֵּנוּ
in our mind, i.e., we thought, we entertained an idea
סָלְקָא דַעְתָּךְ עוֹלָה/תַּעֲלֶה עַל דַּעְתְּךָ
Lit., it would rise in your mind, i.e., you thought, you entertained an idea
סָלְקָא דַעְתָּךְ אָמֵינָא עוֹלָה עַל דַּעְתְּךָ (שֶׁ)אֹמַר
Lit., it would rise in your mind that I might say, i.e., you thought that I might say, you entertained an idea that I might say
Cf. **סלקו**[99] (סוטה לה א) ר׳ סלקי
סַלְקוּהּ (כתו׳ צא ב) סִלְּקוּהוּ
They dismissed (with payment)
לסלקי[1] (ב״מ עג ב) צ״ל: לסלוקי
בי סלקי (ב״מ פד א) ע׳: בי סקלי
סְלַקִי (בר׳ נז א, ע״ז טז ב[2]) עָלִיתִי
I ascended, went up (traveled)
They (*m.*) ascend, go up **סָלְקִי** עוֹלִים
סלקי (ע״ז ע א) מ׳: סליקו
סלקי (בר׳ יז א, קידו׳ ס ב) מ׳: סליקי
Cf. **מיא דסילקי**[3] (שבו׳ כג א) ר׳ סילקא
דכולהו סילקי (שם) מ׳: שלקי
He removed him, took him away **סַלְקֵיהּ** סִלְּקוֹ
They (*m.*) ascend, go up **סָלְקִין** עוֹלִים
סְלֵקִינַן (ב״ב עג ב) עָלִינוּ
We ascended, went up (onto the fish)
We ascend, **סָלְקִינַן** (פס׳ פז ב) אָנוּ עוֹלִים, נַעֲלֶה
we will ascend (we are always thinking about it)

סלקית (בר׳ נז א) מ׳: סלקי
סָלְקָן (בר׳ כ א, ב״מ פד א) עוֹלוֹת
They (*f.*) ascend, climb up
סָלְקַת (פס׳ קיג א) אַתָּה עוֹלֶה
You ascend, go up (you start traveling - *Rashi*)
כִּי סָלְקַת לְהָתָם (פס׳ ג ב ועוד) כְּשֶׁתַּעֲלֶה לְשָׁם (=לארץ ישראל)
When you ascend (travel) to there (to Eretz Yisrael)
You finish **סָלְקַת** (יומא יא ב) אַתָּה מְסַיֵּם
סַלֵּקְתְּ נַפְשָׁךְ (כתו׳ צג א) סִלַּקְתָּ אֶת־עַצְמְךָ
You disengaged yourself
Medicine, drug **סַמָּא** (מג׳ יח א, ב״מ קז ב) סַם
Blind people **סַמְוָותָא**[4] (ב״ק לא ב) סוּמִים, עִוְרִים
סְמוֹךְ סְמֹךְ (צ)
Lean on, support yourself on (*s.*, *m.*, *imp.*)
לסמוך (שבת סו רע״ב) מ׳: למיסמך
Cf. **סמוך** (סנ׳ יח סע״ב 2[5], כו א[6]) ר׳ סמכו
סמוך (כרי׳ כד א) מ׳: סמיך
סמוכי (גט׳ כט ב 2) כי״י: סמכי
They ordained **סְמוֹכוּ** (כתו׳ יז א, סנ׳ יד א) סָמְכוּ
לְסַמּוֹכֵיהּ (פס׳ קטז א 2) לְסַמְּכוֹ (=לעשותו סמיך, עבה)
To make it thick
Cf. **סמותא** (ב״ק נב א) ר׳ סמייתא
סַמֵּי עֵינֵיהּ דְּדֵין (ר״ה כד ב, ע״ז מג ב) סַמֵּא עֵינָיו שֶׁל זֶה[7]
Blind its eyes (*imp.*)
סַמֵּי מְחַק (אחד הפרטים שבברייתא[8])
Delete (one of the details in the *Beraissa*)
Blind person **סַמְיָא** עִוֵּר, סוּמָא
Fine flour **סַמִידָא** סֹלֶת
His medicine **סַמֵּיהּ** (גט׳ ע ב 2) סַם (=תרופה) שֶׁלּוֹ
סמיותא (ב״ק לא ב) כי״י: סמוותא
Blind one (*f.*) **סַמְיְיתָא**[9] (ב״ק נב א) סוּמָאת, עִוֶּרֶת
He leans, supports **סָמֵיךְ** סוֹמֵךְ

98) מ׳, ד׳: סלקי.
99) בשבועות כג רע״א — ד׳: סילקי.
1) כל הקטע ״דלא אישתיור...״ לי׳ במ׳, ונ״ל, שגם לפני רש״י לא היה.
2) מ׳ ואה״ת: סלקי ויתבי (ד׳: סלקו יתבי).
3) כל כי״י ורי״ף ותוס׳ לי׳ ״אי בעי נכרי לסלקי״.

4) מ׳, ד׳: סליקת.
5) רש״י: דסילקא, מ׳: דסילק׳.
6) מ׳ ר׳, ה׳: סמותא, ד׳: סמיותא.
7) מ׳: סמכו.
8) מ׳: סמי׳.
9) השחת צורת הפרצוף שבטבעת, ובע״ז (לי׳ א׳) על נחש, שבא

סְמִיךְ סָמוּךְ
Near (*m., s.*)

סְמִיךְ (שבת עז א 2, סוכה מח ב) סָמִיךְ, עָבֶה
Thick (*m., s.*)

כיון דסמיך סמיך (סנ׳ ל ב) כי״י: כיון דאסתמיך אסתמיך

סְמִיכָא סְמוּכָה
Near (*f., s.*)

סְמִיכָא (זב׳ טו א) סְמִיכָה, עָבָה
Thick (*f., s.*)

סְמִיכֵי סְמוּכִים
Nearby

בְּנֵי סְמִיכֵי (פס׳ מט א, קידו׳ לא רע״ב[10]) בָּנִים סְמוּכִים (=בעלי סמיכה)
Ordained rabbis

סְמִיכִין (נז׳ נ ב 3) סְמִיכִים, עָבִים
Thick (*m., p.*)

סָמֵיכְנָא אֲנִי סוֹמֵךְ
I rely on, lean on, I put my hands on someone's head to ordain him, I put my hands on the head of the sacrifice

סְמִיכְתָא לְמָתָא[11] (קידו׳ עג ב) סְמוּכָה לָעִיר
Near the city

סְמִיכְתָא[12] סְמִיכָה, עָבָה
Thick (*f., s.*)

סַמְיְהוּ לְעֵינֵיהּ (ב״מ פה ב) סִמְאוּ (=עִוְּרוּ) אֶת־עֵינָיו
They blinded his eyes

סְמַךְ סָמַךְ
He relied on, leaned on, he put his hands on someone's head to ordain him, he put his hands on the head of a sacrifice

קא סמך (בר׳ ד ב) מ׳ שט׳: קסמיך

אַבִין דְּסַמְכָא (יב׳ סד ב) אַבִין שֶׁל סֶמֶךְ[13]
Abin is reliable

בַּר סַמְכָא (יב׳ סד ב[14], גט׳ ו ב, קידו׳ מד ב) בֶּן־סֶמֶךְ[13]
He is reliable

סָמְכָה/א סוֹמֶכֶת
She relies on, leans on, she puts her hands on the head of a sacrifice

סְמַכוּ סָמְכוּ
They relied on, leaned on, they put their hands on someone's hand to ordains him, they put their hands on the head of a sacrifice

סָמְכוּ (ב״מ קט א) סוֹמְכִים
They (*m.*) live near close by

סַמְכוּהּ (סנ׳ יד א 2) סְמָכוּהוּ
They ordained him

סַמְכוּהּ(וּ)[15] (כתו׳ קיב א) סְמָכוּהוּ
They ordained him

סָמְכִי סוֹמְכִים, תּוֹמְכִים
They rely on, lean on, put their hands on someone's head to ordain him, they put their hands on the head of a sacrifice, they support

א— סָמְכִי (כתו׳ יב א, נז׳ ו סע״א) עַל — סָמַכְתִּי
I rely on...

סְמַכִי (בר׳ מט א) סָמַכְתִּי (גאולה לתפלה)
I recited (the prayer in *birkos Shma* that ends in He contiguously with *Shemoneh Esreih*) redeems Yisrael

סמכי (ב״מ מט א) ה׳: סמכא

בני סמכי (קיד׳ לא ב) מ׳: בני סמיכי

סַמְכֵיהּ סָמַךְ אוֹתוֹ
He ordained him

סמכין (סנ׳ יג סע״ב 2) מ׳ ורש״י: סמכי

סָמְכִינַן אָנוּ סוֹמְכִים
We rely on, lean on, we put our hands on someone's head to ordain him, we put our hands on the head of a sacrifice

אַמַּאי סָמְכִיתוּ (עירו׳ כא א) עַל מָה אַתֶּם סוֹמְכִים
On what do you rely?

סָמְכַתְּ אַתָּה סוֹמֵךְ
You (*m., s.*) rely on, lean on, you put your hands on someone's head to ordain him, you put your hands on the head of a sacrifice

סִמְלָק (בר׳ מג ב) יַסְמִין[16]
Jasmine

סַמָּנַאי (ב״ק קא א) סַמְּמָנֵי (=צְבָעִים שֶׁלִּי)
My coloring pigments

סַמָּנֵי (ב״מ פה סע״ב) סַמָּנִין, סַמִּים
Medicines

סִמְפּוֹנָא סִמְפּוֹן (בריאה ובכבד)
Bronchi (of lung and liver)

סִימְפּוֹנָהָא (סוכה לו א) סִמְפּוֹנוֹתֶיהָ (של הריאה)
Its bronchi (divisions of the trachea that lead into the right and left lung)

סָמְקָא (ב״ב פד א 2) מַאֲדִימָה (פ״ע)
It (*f.*) reddens

סְמַרְטוּטֵי (בר׳ נא ב) סְמַרְטוּטִים
Rags

לשתות מן היין: הרתיעהו!

(10) למשל: סמי מכאן טבול יום (שבת יד ב). סמי קילתא מקמי חמירתא (=מחק את הקלה מפני החמורה) (פס׳ מה רע״ב).

(11) אה״ת, ה״ג וגאוני 246: סמיתא, ד׳: סמותא, ה׳ ה״ג: סמיותא, מ׳: סמוותא.

(12) מ׳ ואה״ת, ד׳: סמכי.

(13) בת״א לי׳ מ׳, וגליון הוא מיד מאוחרת, והיה צ״ל: סמיך (״ושכיחי ביה רבים״).

(14) חולין קיב א — כי״י, ד׳: אסמכיה.

(15) = יש לסמוך על דבריו.

(16) מ׳, ד׳: לאו בר סמכא.

סַמְתָּרֵי (יב׳ קיד ב, ב״מ קז ב[17], ב״ב עד ב) סוּמְתָּר[18]
Bandage (Rashi), medicine, herb used for healing purposes

דִּסְנ(א)י[19] שׁוּמְעָנֵיה (מג׳ כה סע״ב) שֶׁשְּׁמוּעָתוֹ רָעָה[20]
He has a reputation of being an adulterer

סָנְאֵיה (חול׳ מג ב) שׂוֹנְאוֹ — His enemy

סָנְאָךְ (גט׳ נו ב) שׂוֹנַאֲךָ — Your (*m.*, *s.*) enemy

סַנְדְּלָא סַנְדָּל — Sandal

זוּגָא דְּסַנְדְּלֵי (שבת קיב א, תע׳ כד א) זוּג שֶׁל סַנְדָּלִים
Pair of sandals

סַנְדְּלֵיהּ (בכו׳ ח ב) סַנְדָּלוֹ — His sandal

סַנְדְּלָךְ (יב׳ קג ב) סַנְדָּלְךָ — Your sandal

סָנוּ שׂוֹנְאִים (ב) — They hate

סְנוּ (תע׳ ז ב, מ״ק יז א, נדר׳ נ ב) מְכֹעָרִים — Ugly (*p.*, *m.*)

סַנְוָרְתָּא (שבת סב רע״א) קַסְדָּא[21]
Helmet, leather hat under metal hat *(Rashi)*

סָנְוָתִי (שבת יב א) שׂוֹנְאַי — My enemies

סִינוּפֵי (ב״ב ד ב) סְנוּפִים[22] — Additions to a main part

סְנוּק (שבת סז ב — בין מלות לחש) עֲיֵפוּת
Tiredness, exhaustion, fatigue

סָנֵי שׂוֹנֵא — He hates

סְנֵי שָׂנוּא — Hated

סָנְיָא שׂוֹנֵאת — She, it hates

סַנְיָא (קיד׳ ע א, בכו׳ מה ב) שְׂנוּאָה — Hated (*f.*, *s.*)

סַנְיָא (ב״ב קכב א) רָעָה — Bad (*f.*, *s.*)

סַנְיָא בִּי מִילְּתָא (פס׳ קיג א) מָאוּס לִי הַדָּבָר
I hate doing it, it disgusts me

סַנְיָא דֵּיבֵי (חול׳ נ ב ועוד) הַכֶּרֶס הַפְּנִימִית
Lit., dislike by wolves, i.e., part of the intestines, caecum, blind gut

סָנְיָא(ה) (שבת כו רע״א — מ׳ וא״פ) שׂוֹנֵאת — She hates

סַנְיוּת מִילְּתָא (נדר׳ סב א) כְּעוּר הַדָּבָר (ר״ן: רוֹעַ לֵב)
He dislikes it (*Ran*: evil-heartedness)

סַנְיָין שְׁמָהַיְיהוּ (מג׳ יד ב) שְׁמוֹתֵיהֶן מְאוּסִים, מְכֹעָרִים
Their names are unbearable, obnoxious, offensive

סָנֵינָא (יומא ט ב) אֲנִי שׂוֹנֵא — I hate

סנרי[23] (שבת סז רע״א) ר׳ סוכרי — Cf.

סַסְגּוֹנָא[24] (שבת כח א) ת״א לתַּחַשׁ
A multi-colored animal, Aramaic for *tachash* mentioned in *Shemos* 25:5

סַסְגּוֹנִיתָא[25] (יב׳ סד ב) סַסְגּוֹנִי[26]
Suppression of urination that causes infertility (Rashi), disease that causes multi-coloration of skin (Aruch)

סַסְמָגוֹר (יומא ט ב) אֲכוּל-תּוֹלַעַת[27] — Worm-eaten

סְעוּד[28] (תע׳ ה ב) סָעֲדוּ — They dined

סְעוֹדְתָּא סְעֻדָּה — Meal

סְעוֹדָתָא (עיר׳ פב סע״ב) סְעֻדּוֹת — Meals

סְעוֹדְתֵיהּ סְעֻדָּתוֹ — His meal

סְעוֹדָתַיְיהוּ סְעֻדָּתָם — Their (*m.*) meal

סְעוֹדְתִיךְ (גט׳ נו א 2, נדר׳ כד א) סְעֻדָּתֵךְ — Your (*f.*) meal

סָעֵיד סוֹעֵד — He eats a meal, he dines

סְפָא (ב״מ קיד ב) לָקַט — He picked

סָפָא (ב״ב ד א[29] ועוד) נִדְבָּךְ — Row

סְפָא לִי (חול׳ צה א) הַאֲכִילֵנִי — Feed me (*m.*, *s.*, *imp.*)

סִיפָּא סַף, מִפְתָּן — Threshold

אַסִּיפָּא דְּבֵיתֵיהּ (ב״ק קד ב ועוד) עַל סַף בֵּיתוֹ
On the threshold of his house

סְפַד (מ״ק כח ב ועוד) סָפַד, הִסְפִּיד — He eulogized

סְפַדוּ (תע׳ ה ב) הִסְפִּידוּ — They (*m.*) eulogized

---

(17) הגהתי (ע״פ ״אותבוהי״ במ׳ ואה״ת), מ׳ ואה״ת ליי.
(18) ערוך ע׳ כספן, ועי׳ עה״ש.
(19) כל כי״י ועי׳ ואה״ת, ד׳: סמא.
(20) סם מרפא העשוי ממיץ עשבים.
(21) מ׳ רש״י וד׳ פיזרו.
(22) רש״י: שיוצאות עליו שמועות רעות ושנואות, שהוא נואף.
(23) ע׳: כובע של ברזל.
(24) = הוספה לדבר עיקרי.
(25) ע׳ א״פ וד׳ שוני: סוכרי, מ׳: סיכרי.
(26) מלשון פרסית = יָפֶה — צבע (עה״ש).
(27) ע׳, מ׳ ד׳: סוסכינתא.
(28) = ריבוי גוונים בעור (מחמת חולי). ע׳: שנצטייר בשרו גוונים מן החולי.
(29) לדעת בעל עה״ש מן לשון ערבית = מנוקר.

סַפְדוּהַ(וּ)[30] (ב״מ פו א) הִסְפִּידוּהוּ They (*m.*) eulogized him

סַפְדֵי סוֹפְדִים, מַסְפִּידִים They (*m.*) eulogize

סִפְדִי (יב׳ קטז ב) סִפְדִי Eulogize (*f., s., imp.*)

סַפְדֵיהּ (מג׳ כח ב 2, מ״ק כז ב) הִסְפִּידוֹ He eulogized him

ספדין (כתו׳ קג ב) מ׳ ואה״ת: ספדו

סַפְדָנָא סַפְדָּן Eulogizer

סַפְדָנֵי (יב׳ קכא ב) סַפְדָנִים Eulogizers

סַפְדָנַיָּיא (תע׳ ה ב) הַסַּפְדָּנִים Eulogizers

סַפּוּ (פס׳ ג ב, כתו׳ נז ב) מַאֲכִילִים They feed him

סַפּוּ לִי (פס׳ ג ב 2) הַאֲכִילוּנִי Feed me (*p., imp.*)

סַפּוֹנָא (בכו׳ ח ב) סַפָּן Captain of ship

סַפּוֹנָאֵי (נדר׳ נ א-ב, ב״מ פד ב) סַפָּנִים

Captains of ships, sailors (*Rashi*)

סִיפּוּ[סְ]קָא[31] (גט׳ נו ב) סֻבִּין

Coarse bran mixed with flour (*Rashi*)

סיפוקא (שם) ר׳ סיפוסקא Cf.

לְסַפּוֹקַהּ (מנ׳ קה סע״א, קו א) לְהִסְתַּפֵּק (=להיות בספק) בָּהּ

To be in doubt about it (*f.*)

לספוקא (נז׳ ב ב) מ׳: לספוקי

סַפּוֹקֵי, לְסַפּוֹקֵי לְהִסְתַּפֵּק (=להיות בספק)

To be in doubt

מְסַפְּקוּ סַפּוֹקֵי לַהֲדָדֵי (קידו׳ לט רע״א) מְלַקְּטִים זֶה לָזֶה[32] סְפֵק (עָרְלָה)

They would pick for each other fruits that might be *orlah*

סִיפְטָא (תע׳ כא א, ב״מ עג ב[33]) אַרְגָּז קָטָן, שַׂק קָטָן[34]

Box, crate, small sack

סִיפְטֵיהּ (תע׳ כא א 2, סנ׳ קט רע״א) אַרְגָּזוֹ His box, crate

סִפְטַיְיהוּ[35] (תע׳ כא א) אַרְגְּזֵיהֶם Their boxes, crates

סְפֵי (ב״מ קיד ב) לְקֹט Pick (*m., s., imp.*)

סָפֵי[36] לֵיהּ (תמו׳ כט א) מַאֲכִילוֹ He fed him

סְפֵי לֵיהּ (כתו׳ נ א) הַאֲכֵל אוֹתוֹ Feed him (*m., imp.*)

סִיפֵי בָבָא (יב׳ קיח ב, כתו׳ עה א) סִפֵּי הַפֶּתַח

Horizontal beam of door frame

סָפֵיד (שבת צ ב) סוֹפֵד, מַסְפִּיד He eulogizes

סְפִיחֵי (פס׳ נא ב) סְפִיחִים

Vegetables spontaneously sprouted during *Shmita* year

ספיי (חול׳ צה רע״א) מ׳ ה׳: הוה ספינא

סְפִין (מ״ק כח א) סָפוּן (=חָשׁוּב) Hidden (important)

סָפֵינָא (חול׳ קז ב) אֲנִי מַאֲכִיל I feed

הֲוָה סָפֵינָא[37] (חול׳ צה א) הָיִיתִי מַאֲכִיל I would feed

ספינא (ב״מ ע א) פ׳ ר׳ א: ספינן

סָפְינַן (יומא פג סע״א[38], ב״מ ע א[39], חול׳ לד ב)

אָנוּ מַאֲכִילִים We feed

סְפִינְתָא סְפִינָה Ship, boat

סְפִינְתֵיהּ (ע״ז סט ב) סְפִינָתוֹ His ship, boat

סְפִינְתָךְ (בכו׳ ח ב) סְפִינָתְךָ Your (*s.*) ship, boat

סָפֵיק (גט׳ יב א) מַסְפִּיק It is enough, sufficient

סְפֵיקָא סָפֵק Doubt

סְפֵק סְפֵיקָא סְפֵק־סָפֵק Doubt whether a doubt exists

סְפֵיקֵי סְפֵקוֹת Doubts

סְפֵיקַיְיהוּ (חול׳ סב ב) סְפֵקָם Their doubt

קָא סָפֵית (חול׳ קז ב) אַתָּה מַאֲכִיל You (*m., s.*) feed

סְפֵית[40] (חול׳ צו א) הֶאֱכַלְתָּ You (*m., s.*) fed

סְפִיתָא (ב״מ פט ב כ״פ) סְפִיתָה[41] Dipping into salt

ספיתא (חול׳ צו א) ד״ו: ספית

סְפִיתוּ (חול׳ צה ב) אַתֶּם מַאֲכִילִים, הֶאֱכַלְתֶּם

You (*m., p.*) feed, you (*m., p.*) fed

סָפְנָא מֵאַרְעָא (ביצה ז א כ״פ) (מִתְעַפֶּרֶת וּ)מִתְחַמֶּמֶת מִן הָאֲדָמָה[42]

It (*f.*) rolls on the ground and warms itself (fecundates itself)

30) בכמה ד״ח: סעיד.

31) אה״ת, מ׳: שפי, ד׳: שפה (ור׳ ח״ג שם).

32) ד״ו: ספדו׳ (= ספדוה).

33) מ׳ ו׳ ועי, אה״ת: סיפוסתקא. מלשון פרסית.

34) זה שלא בפני זה.

35) ה׳ פ׳ ועי (וכצ״ל ביב׳ מו א), ד׳: טפסא.

36) ע׳: קמטרא בלשון משנה (כלים פט״ז מ״ז).

37) מ׳ ואה״ת, ד׳: ספטיה.

38) מ׳ ד׳: שפי.

39) מ׳ וה׳, ד׳: ספיי.

40) א״פ ור״ח, ד׳: מספינן.

140) פ׳ ר׳ א, ד׳: ספינא.

41) ד״ו, מ׳: ספת, ד״ח: ספיתא.

סַפְנָא דְתֵיבוּתָא (סנה׳ קח סע״ב) קַרְקָעִית הַתֵּבָה
(Its) compartment in the ark (*Rashi*)

סַפְסִירָא חֶרֶב[43], סַרְסוּר[44]
Sword, middleman

סַפְסִירוּתֵיהּ (ב״מ סג ב) תִּוּוּכוֹ, סַרְסָרוּתוֹ
His brokerage

סַפְסָלָא (שבת כט ב 2) סַפְסָל
Bench

סַפְסָלֵי סַפְסָלִים
Benches

סַפֵּק (גט׳ יב א, זב׳ סא ב 3[45]) (הִסְפִּיק) [מַסְפִּיק (רש״י גטין)]
It is enough, sufficient

סַפֵּק (קיד׳ לט רע״א) סַפֵּק (=עֲשֵׂה סָפֵק[46])
(Pick when I don't see) so I will be doubtful (if it is *orlah*)

לא ספק (ב״מ סח ב) מ׳ וה׳ לי׳

לָא הֲוָה סָפֵיק (חול׳ ד סע״ב) לֹא הָיָה מַסְפִּיק
He couldn't manage (to do it alone)

סַפְּקָה (כתו׳ ע ב, קז א[47] ועוד) הִסְפִּיקָה
It (*f.*) satisfied, sufficed

סָפַר מָתָא (ב״מ קט ב, ב״ב כא א-ב[48]) סוֹפֵר הָעִיר
City scribe

סָפְרָא סוֹפֵר
Scribe

סָפְרָא רַבָּה (סוטה יג ב) הַסּוֹפֵר הַגָּדוֹל[49]
The great scribe (referring to Moshe Rabbeinu)

סִפְרָא סֵפֶר, סֵפֶר תּוֹרָה, מדרש: תּוֹרַת כֹּהֲנִים
Book, Torah scroll, *Midrash Toras Cohanim*

סִפְרָא דְאַגַּדְתָּא סֵפֶר אַגָּדָה
Book of *aggados*

סִפְרָא דְבֵי רַב (בר׳ יא ב, יח ב) סִפְרָא (= תּוֹרַת כֹּהֲנִים)
Sifra (*Midrash Toras Cohanim*)

סָפְרֵי סוֹפְרִים
Scribes

סָפְרֵי דְבֵי דִינָא (סנ׳ כט ב) סוֹפְרֵי בֵית דִּין
Scribes of *beis din* (rabbinical court)

סָפְרֵי דְדַיָּינֵי (גט׳ ב ב[50]) סוֹפְרֵי הַדַּיָּנִים
Scribes of the *dayanim* (rabbinical judges)

סָפְרֵי דַוְוקָנֵי (סנ׳ כט ב) סוֹפְרִים דַּיְקָנִים
Precise, accurate, careful, exact scribes

סִפְרֵי סְפָרִים, סִפְרֵי תוֹרָה, מדרש: סִפְרֵי
Books, Torah scrolls, *Midrash Sifrei*

סִפְרֵי דְאוֹרַיְיתָא (ב״ב יד א) סִפְרֵי־תוֹרָה
Torah scrolls

סִפְרֵי דְבֵי רַב (יומא עד א, ב״ב קכד ב 2) (המדרשים:) "סִפְרֵי"
Midrash Sifrei

סָפְרַיָּא (סוכה לח ב, סוטה מט א 2) הַסּוֹפְרִים (=מְלַמְּדֵי תִינוֹקוֹת)
Teachers of small children

סָפְרֵיהּ סוֹפְרוֹ
His scribe

סִפְרֵיהּ (ב״ק קטו א 2, מנ׳ כט ב) סִפְרוֹ
His book

סְפַת[51] (חול׳ צו א) הֶאֱכַלְתָּ
You fed

סיפתא[52] (סנ׳ קד א) ד׳ סיפטא
Cf.

חַלָּא סִיפְתְּקָא[53] (ב״ב צו א) חֹמֶץ חָזָק
Strong vinegar

סַק עֲלֵה
Go up, ascend (*m., s., imp.*)

סַק[54] (בר׳ לג א, פס׳ קיב ב, ב״מ קטז ב) עֲלֵה (צ)
Go up, ascend (*m., s., imp.*)

סַקָּא שַׂק
Sack

סַקָאָה (ב״ק קטז ב — ת״א) צְלָצַל
Chirping locust, crickets

סִקְבָא דְשַׁתָּא רִיגְלָא (קיד׳ פא א) חַבּוּרַת הַשָּׁנָה — הָרֶגֶל[55]
The feebleness (weak spot) of the whole year that can cause breaches in chastity is during the *regalim* (festivals) since men and women meet (*Rashi*)

סְקָבָנֵי[56] (סנ׳ צח סע״א) בַּעֲלֵי חַבּוּרוֹת
Poor, disease stricken people

סַקוּ (תע׳ כג ב) עָלוּ
They ascended, went up

סַקְלֵיהּ מִיסְקָל (קיד׳ נו ב, ב״ק מא א) סָקוֹל סְקָלוֹ
Sekilah (lit., stoned) was done to him

(42) = טיבול במלח.
(43) "יוולדת ביצים ואותן ביצים אין מגדלות אפרוחים" (רש"י ועי' ערוך).
(44) מלשון פרסית.
(45) מלשון פרסית.
(46) שמ"ק: ספיק.
(47) רש"י: לקוט ("פירות ערלה") שלא בפני שיהיה ספק אצלי.
(48) מ', ד' פ"א — סיפקה.
(49) כ"י, ד': סופר, ה': ספרא דמתא.
(50) = כינוי למשה רבנו.
(51) וכן בגט' יט ב כ"פ במ', ד': דייני, ובב"מ טז ב ברוב כ"י: (מן) ספר(י) דייני.
(52) מ', ד': ספית.
(53) מ': בסיפטי, אה"ת: בספטא, ק': בשיפתא, והוגה: בטפסא.
(54) מלשון פרסית.
(55) כ"י, ד': סליק.
(56) ע': חבורה של כל השנה — הרגל. כלומר: כיון שאוכלין ושותין ובטלין ממלאכתן מתייחדין ובאין לידי עבירה.

סְקַרְתָּא סִקְרָא (=צבע אדום) — Red paint

סָר[57] **סַכִּינָא** (עירו׳ סג א, חול׳ יח א 2) בָּדַק סַכִּין (של שחיטה) — He checked the slaughtering knife

סַרְבָּלָא (ב״מ פא ב) סַרְבָּל[58] — Large and long cloak

סַרְבָּלָא דְכָרָתֵי (גט׳ לא ב) טַלִּית (בצבע) כְּרָתֵי
Karasei - colored cloak (a color similar to *techeles* (*Rashi*)

סַרְבָּלָא (ד)צְרִיפָא (סנ׳ מד א — ע׳) טַלִּית נָקִי לָבָן (ר״ח)
Cloak colored with alum (*Rashi*),
clean and white cloak (*Rach*)

סַרְבָּלַאי (ב״ב מו א) סַרְבָּלִי — My cloak

סַרְבָּלֵי (שבת נח א, גט׳ יד א) סַרְבָּלִים — Cloaks

סַרְבָּלֵיהּ (ב״מ פא ב) סַרְבָּלוֹ — His cloak

סַרְבָּלֵיהוֹן (סנ׳ סב ב — מדני׳) סַרְבָּלֵיהֶם — Their cloaks

סרוחי (סוכה לו א) מ׳ גל׳: אסרוחי

לְסָרוֹכֵי (ב״ק כ רע״א) לְטַפֵּס — To climb

סָרוֹכֵי סָרוּךְ (ביצה יא א) דַּדֵּה דִּדּוּ — They hopped up

לְסָרוֹסֵי (חגי׳ יד ב) לְסָרֵס — To castrate, neuter

לְסָרוֹקֵי (מ״ק י רע״ב) לִסְרֹק — To comb

סָרוֹקִיתָא[59] (נדר׳ נ סע״א) אֹרְחַת יִשְׁמְעֵאלִים
A group of Ishmaelites

סְרַח (סוכה לו א) הִסְרִיחַ — It (*m.*) spoiled

סִירְחָא (ב״ק פב ב) טְפוּיִים[60] (שבת קז ב)
Small mosquitoes

סִירְחָא דְגַרְגִישְׁתָּא (סוכה כו א) טְפוּיֵי הֶעָפָר — Stench
caused by the white sand put on floor of sukkah

סָרְטֵיהּ (ב״ק כג ב) סֵרְטוֹ — He scratched him

סְרִי (נדר׳ נ ב) נִתְקַלְקֵל, הֶחֱמִיץ
It spoiled, became vinegar, became sour

סָרֵי מִתְקַלְקֵל, מַסְרִיחַ
It spoils, becomes vinegar, becomes sour

סָרֵי רֵיחַיְיהוּ (סוכה יג רע״א) מַבְאִישׁ רֵיחָם (רש״י)
They become offensive, nauseating

סַרְיָא[61] מַבְאִישׁ, מְקֻלְקָל — They smell, are spoiled

סָרְיָא (בכו׳ ח ב) מִתְקַלְקֶלֶת — It (*f.*) spoils

סְרִיחַ סָרוּחַ — Rotten (*s.*, *m.*)

סְרִיחַ (יומא עט רע״ב) עוֹדֵף[62] — Excess, surplus

סָרֵיךְ (ב״ק כ רע״א) טִפֵּס — It (*f.*) climbed

סְרִיךְ (נדר׳ נ א) נִדְבָּק — It (*m.*) clung

סְרִיךְ (גט׳ סח ב) נֶאֱחָז — He held on to, clung to

סְרִיךְ (גט׳ סט א) דָּבוּק — It (*m.*) is attached to

סְרִיךְ (שבת קנו ב) נִגְרָר — It (*m.*) drags

סְרִיכָא (ב״ק כב א) אֲחִיזָה (בצפרנים לטפס)
Clutching, clinging to (with its fingernails to climb)

סְרִיכָן (חול׳ מו ב, מח א) דְּבוּקוֹת
Clinging (*f.*, *p.*), adhering to each other

סָרִיסֵי[63] (יב׳ קיט א) סָרִיסִים — Impotent men, eunuchs

סָרֵיק (פס׳ קיא ב) סוֹרֵק — It (*m.*) combs

גּוּפָא סְרִיקָא (יב׳ פז ב 2, נדה מד א 2) גּוּף רֵיק[64]
Empty body, non-pregnant

סְרִיקוּתָא (נדה כ ב) מַסְרֵק — Comb

בוקי סריקי ר׳ בוקי — Cf.

סָרֵיקְנָא (גט׳ נז ב[65], סנ׳ צו ב) אֲנִי סוֹרֵק — I comb

סִירְכָא (ב״מ ו א, סנ׳ נא ב) אֲחִיזָה
Holding on to, clinging to

סִירְכָא דְגַבְרָא (ע״ז ל סע״א) הֶרְגֵּל בַּעְלָהּ
She clings to her husband's behavior

סִירְכָא דְמַשְׁכָּא (ביצה מ א) דְּבֵקוּת הָעוֹר
Clinging of the skin

סרכא (ב״ב פו ב) כי״י ועוד: מסרכא

סָרְכִי[66] **מִילְּתָא** (פס׳ נא רע״א) גּוֹרְרִים הַדָּבָר[67]
Lit., they drag over, i.e., they apply a properly pronounced leniency to another case for which no leniency was issued

סִרְכֵיהּ (בר׳ טז א) הֶרְגֵּלוֹ — His standard way of behavior

(57) נוס׳ הערוך. בנוס׳ שלנו: עניי סובלי חלאים.

(58) = סער = תר׳ של ״פקדי״.

(59) מכנסים רחבים וארוכים.

(60) מ׳ אה״ת וע״י לי׳ ״דמן דסרוקיתא״, ולא היה לפני המפרשים.

(61) = יתושים קטנים, המצויים בגנים.

(62) בכו׳ ח ב (פ״ב) — מ, ד׳: סרי, אה״ת: מסריח (!).

(63) רש״י: כמו תסרח על אחורי המשכן (שמות כו יב).

(64) מ׳: סריסים (כמו בהק׳).

(65) בניגוד ל״מעוברת״. השוה דברי נעמי: אני מלאה הלכתי וריקם השיבני ה׳ (רות א כא).

(66) מ׳ ו׳, ד׳: מסרקינא.

(67) מ׳: סריכי, מ׳ ב: מסרבי, ד׳: מסרכי.

סַרְמִיטִין... סַרְמִיסִין[68]... (כתו׳ יז רע״א, סנ׳ יד א)
פְּסֹלֶת... מַה שֶּׁמְּטַאטְאִים לְאַשְׁפָּה
Detritus, debris...what is swept up to the garbage

סַרְנָא דְפֶחָרָא (חול׳ טז רע״א) סֶרֶן שֶׁל הַקַּדָּר[69]
Potter's wheel

סַרְנָא דְמַיָּא (שם) סֶרֶן הַמַּיִם[70] — Water-driven wheel

סַרְסְיָא (קידו׳ נב ב, ב״מ מב ב2[72], בכו׳ לא ב[73]) עוֹשֵׂה שֵׁכָר[73]
Beer maker, household manager, servant

סַרְסְיָא[74] (בכו׳ מט סע״ב) סוּרִי (מן סוריא)
Syrian, old *sela'im* (type of coin) - *Rashi*

סרסיה (ב״מ מב ב 2, בכו׳ לא ב) ר׳ סרסיא — Cf.

סַרְקֵיהּ סָרוּקֵי (ב״ק צג ב) סָרוֹק סְרָקוֹ
He combed it (*m.*)

סַרְקִינְהוּ (תע׳ כא א — נו׳ הערוך) הֱרִיקוּם
He emptied them

סְרָרוּתָא (קיד׳ עו ב) שְׂרָרָה — Position, authority, power

סְרָרוּתֵיהּ (פס׳ קד ב) שְׂרָרוּתוֹ
His position, authority, power

סִיתְוָוא חֹרֶף — Winter

בֵּי סִיתְוָוא (ב״ב ג ב) בֵּית הַחֹרֶף — Winter house

סְתוֹם (קיד׳ לט א) סְתֹם[75] — Keep it secret

סְתוֹם סְפֵיקָא (קיד׳ לט א) סְתֹם הַסָּפֵק[76]
Teach this *halachah* secretly, not publicly

סַתּוֹמֵי (סוכה מד ב 2, מ״ק ג א 2) סָתוֹם (מ)
Covering (by spreading soil over them)

תַּנָּא קָא מְסַתֵּים סַתּוֹמֵי[77] (נדר׳ כג ב) הַתַּנָּא סָתוּם סוֹתֵם[78]
The Tanna of the Mishnah concealed (the correct *halachah*, wrote it vaguely)

לְסַתּוֹמֵי (ע״ז נ ב) לִסְתֹּם
To cover (by spreading soil over them)

סתומתאה (מג׳ כו א) ר׳ סְתִימתאה — Cf.

סָתְרֵי (יומא י א) סוֹתְרִים, הוֹרְסִים
They (*m., p.*) demolish, destroy

סָתֵים (חול׳ מט ב 2, נ א) סוֹתֵם — It (*m., s.*) seals

קָא סָתֵים[79] לָן תַּנָּא (יב׳ מד א, כתו׳ מג ב) הַתַּנָּא סוֹתֵם לָנוּ
The Tanna writes the Mishnah anonymously (without revealing its authorship)

סְתִימֵי (שבת קלא א) סְתוּמִים — Closed up (*m., p.*)

סְתִימְתָּאָה[80] הַסָּתוּם[81]
Anonymous, unnamed authority

סָתֵיר (שבת קנו א 2) סוֹתֵר, הוֹרֵס
He demolishes, destroys

סְתַם סָתַם[82]
He wrote the *halachah* anonymously

סְתָמָא סְתָם — Unknown, undefined, unspecified

סְתָמָא דְמִילְּתָא סְתָמוֹ שֶׁל דָּבָר
Generally, ordinarily

סַתְמַהּ (שבו׳ ד א 2) סָתַם אוֹתָהּ — He wrote it (*f., s.*) anonymously as an indication that this is the *halachah*

סתמה[83] (חול׳ מט ב) ר׳ סתמיה — Cf.

סְתָמֵי סְתָמוֹת — Generalities (*f.*)

סְתָמֵיהּ סְתָמוֹ — He closed it (*m.*)

סְתְמַ(י)הּ (ביצה ב ב — מ׳) סְתָמָהּ[84]
He wrote it (*f.*)(the Mishnah) anonymously

---

(68) רש״י: של קולא ומזלזלין יותר. ר״ח: אומרין הלא דבר פלוני היינו נוהגין בו איסור והיה מותר כן גם דבר זה מותר הוא ויבואו להתיר האיסור.
(69) לדעת עה״ש — מלשון יונית.
(70) מסובבו בידיו.
(71) = מסתובב ע״י זרם המים.
(72) כ״י ור״ח ורא״ש, ד׳: סרסיה.
(73) ערוך (סרסיא דבי ר״ש), מ׳ נשתבש: סיסיא.
(74) ע׳: שַׁמָּשׁ.
(75) כך גם מ׳, רש״י: סוסריתא, תוס׳: ססורייא.
(76) רש״י: כלומר ספיקו מותר ... סתמיהו להורות בהצנעה ולא לדרשן ברבים.
(77) לַמֵּד דין זה בהצנע (ע״פ רש״י).
(78) רש״י בקידושין לט רע״א מביא: תנא סתים לה סתימי.
(79) כלומר: אינו אומר במפורש.
(80) וכן בבכו׳ מא רע״א, וכצ״ל גם בב״ב קכב ב, סנ׳ כז ב.
(81) במג׳ כו א בד׳: סתומתאה.
(82) כלומר: הביאו את דבריו במשנה או בברייתא בסתם (בלא הזכרת שמו).
(83) = שנה הלכה בלא שם אומרה.
(84) מ׳ ר׳: סתמיה, ד״י: סתמי.

סַתְמֵיהּ (גט׳ סח סע״א) סְתָמוֹ[85]
He closed it (*m.*) (the chain around his neck so he could not escape - *Rashi*)

סַתְמֵיהּ[86] (חול׳ מט ב) סְתָמוֹ
He closed it (*m.*) up

סַתְמִינְהוּ (גט׳ סח סע״א) סָתַם אוֹתָם
He closed them (*m.*) up, shut them up

סְתָר (יב׳ צז ב) (חידה) קָשָׁה (רש״י: סתומה)
Hidden (*Rashi*), difficult puzzle

סָתַר סוֹתֵר, הוֹרֵס
He demolishes, destroys

סָתַר (חול׳ ס א) סוֹתֵר[87]
He unwinds coils of thread

סְתַר (מנ׳ מב א) נִסְתַּר וְנִרְחַב (הנקב) (רש״י)
It (the opening) was reopened and enlarged (*Rashi*)

סָתְרָא (קיד׳ ה ב) סוֹתֶרֶת
It (*f.*) contradicts

סָתְרָה (נדה לג ב 2, לז ב) סוֹתֶרֶת
It (*f.*) annuls

סָתְרָה (חול׳ ס א) סוֹתֶרֶת
She unwinds coils of thread

סְתַרוּ (תע׳ כא א) סָתְרוּ, הָרְסוּ
They demolished, destroyed

סִיתְרוּהּ (בכו׳ ח סע״ב) סְתָרוּהוּ, הֲרָסוּהוּ
They demolished it (*m.*), destroyed it

סָתְרִי סוֹתְרִים
They demolish, destroy

סָתְרִי אַהֲדָדֵי (עיר׳ ז א 3) סוֹתְרִים זֶה אֶת־זֶה[88]
Self-contradictory

סְתָרִי מַזְיֵיךְ (יב׳ קטז ב) סִתְרִי שַׂעֲרֵךְ
Undo (*f., s., imp.*) your hair

סַתְרֵיהּ (ב״ב ג ב) סְתָרוֹ, הֲרָסוֹ
He demolished it (*m.*), destroyed it

סָתַר(י)ת[89] (ב״ב ד א) אַתָּה סוֹתֵר, הוֹרֵס
You (*m., s.*) demolish, destroy

סָתַרְנָא (ב״ב ז א 3) אֲנִי סוֹתֵר, אֶסְתֹּר
I demolish, will demolish, destroy, will destroy

סְתַרְתַּהּ לְמַזְיַהּ (סנ׳ קי רע״א) סָתְרָה אֶת־שַׂעֲרָהּ
She undid her hair

85) הביא את המשנה כסתם.
86) רש״י: סגר השלשלת סביב צוארו שלא יוכל ראשו לצאת.
87) מ׳ ר׳, ד״י: סתמי.
88) מעביר/רה את החוטים הנטווים לקנה הפלך.
89) = יש סתירה ביניהם.
90) ילי שלוי שופי ר׳ תתקי״ג וע״י, מ׳: סתר׳, ד״ו: סתרי (= סתרי), אה״ת לי׳.

– ע –

עָאל (ב"ב מא ב ועוד) נִכְנַס — He has entered

עֲבַד[1] עָשָׂה — He, it did

די הוה עבד (בר' לא א) מ': דהוה עביד

מכבלא דלא עבד (שבת נד א) ר' עבדא — Cf.

עבד גביה (ב"מ לב ב) כל כי"י: ליעבד

עַבְדָּא עֶבֶד — Slave

עֲבַדָא/ה עָשְׂתָה — She, it did

עָבְדָא/ה עוֹשָׂה — She, it does

עבדא (חול' מד א) ד"י: עבדה

עבדא[2] (חול' נג סע"א) ר' עבידא — Cf.

עבדא (ב"מ קטז א) מ' ה': עביד

עַבְדַהּ (שבת צז ב, קה ב, יב' לט א, כתו' פב ב, חול' מד א[3])

עֲשָׂאָהּ — He did it (*f.*)

עבדה (עירו' כה רע"ב) מ' רש"י ותוס': עביד

עֲבַדוּ עָשׂוּ — They did

עַבְדוּ (גט' פו א) עַבְדוּת — Slavery, bondage

עַבְדוּהּ עֲשָׂאוּהוּ — They did it (*m.*)

עָבְדִי עוֹשִׂים — They (*m.*) do

עֲבַדִי עָשִׂיתִי — I did

(אמר)[4] עָבְדִי (פס' סח ב) עוֹשִׂים

Make (for me) (*m., p., imp.*)

עבדי (שבת סו סע"א) מ' א"פ ותוס': עביד

עַבְדֵי עֲבָדִים — Slaves

עַבְדֵיהּ עַבְדּוֹ — His slave

עבדיה[5] (תע' כד א) ר' עבדי — Cf.

עַבְדֵיהּ עֲשָׂאוֹ — He did it (*m.*)

עַבְדֵיהּ (ב"ב ו ב) עֲשֵׂהוּ (=עֲשֵׂה אוֹתוֹ)

Do (*imp.*) it (*m, s.*)

עַבְדַיְיהוּ (גט' לח ב) עַבְדֵיהֶם — Their slaves

עַבְדִין (קידו' עב ב) עֲבָדֵינוּ — Our slaves

עָבְדִין עוֹשִׂים — They (*m.*) do

אתון עבדין (כתו' נ ב) מ': אתון עבדיתו

עבדינא (בר' מח א) מ' וע"י: עבידנא

וקא עבדינא (ב"ק פז א) ה': ועבידנא

עַבְדִינְהוּ עֲשָׂאָם — He made them (*m.*)

עַבְדִינְהוּ (יומא עב א) עֲשֵׂה אוֹתָם

Make (*imp.*) them (*m.*)

עָבְדִינַן אָנוּ עוֹשִׂים, נַעֲשֶׂה

We do, make, we will do, make

עֲבַדִי(ת) (שבת קמה ב — מ') עָשִׂיתִי — I made

עַבְדִיתוּ עֲשִׂיתֶם — You (*m., p.*) did, made

עָבְדִיתוּ אַתֶּם עוֹשִׂים, תַּעֲשׂוּ

You (*p.*) do, make, you (*p.*) will do, make

עָבְדִיתוּן (נדר' כה א[6], סה א[7], ב"מ עג א[8])

אַתֶּם עוֹשִׂים, תַּעֲשׂוּ

You (*m., p.*) did, you (*m., p.*) will do

עַבְדָּךְ (סנ' יט א, ע"ז יז ב) עַבְדְּךָ — Your (*m., s.*) slave

עָבְדָן עוֹשׂוֹת — They (*f.*) do, make

עֲבַדְתְּ עָשִׂיתָ, עָשִׂית — You (*m. or f., s.*) did, made

עָבְדַת אַתָּה עוֹשֶׂה, תַּעֲשֶׂה

You (*m., s.*) do, make, will do, will make

עֲבַדְתַּהּ (עירו' נד ב[9], ע"ז יט א[10]) עֲשִׂיתִיהָ — I did, made it (*f.*)

עֲבוּד עָשׂוּ — They (*m.*) did

עֲבוּר עָבְרוּ — They (*m.*) passed

עִיבּוּר (כתו' קיב א) עֲבוּר, תְּבוּאָה

Produce, crop, harvest, grain

עִיבּוּרָא (תע' כג ב) עֲבוּר, תְּבוּאָה

Produce, crop, harvest, grain

1) בדי כ"פ: עביד.
2) וכן מ', רש"י: עבידא, שאר כי"י: חיישינן (במקום "עבדא דמשתמטא").
3) ד"י, מ': עבדוה, ה' ר': עבד.
4) לי' כל כי"י וד"י.
5) מ' מ' ב: עבדי, רש"י: עבדי דריש גלותא. (וברש"י שבע"י: עבדי דבי נשיאה).
6) מ', ד': עבידתון.
7) מ': עבדיתו, אה"ת לי'.
8) כל כי"י: עבדיתו.
9) אה"ת: עברתה (עי' תוס' בע"ז), מ': בדידי הוה עובדא.
10) אה"ת, ד': עבידתה, מ': עבדית.

עִיבּוּרָא (ערכ׳ לא ב) חֹדֶשׁ הָעִבּוּר
The added month (second Adar)

עִבּוּרָא (נדה מ א) עִבּוּר
Gestation, pregnancy

עִיבּוּרָא דְיַרְחָא (סנ׳ סט א) עִבּוּר הַחֹדֶשׁ
Adding another day to the month, intercalation

עִיבּוּרָא דִשְׁתִּין שְׁנֵי (חול׳ צה ב) (חשבון) הָעִבּוּר שֶׁל שִׁשִּׁים שָׁנָה
Sixty year calculation of intercalation (when to add another day to the months)

עִיבּוּרָא דְמָתָא (נדר׳ נו ב) עִבּוּרָהּ שֶׁל עִיר
Outskirts of city, extension of city for calculating an *eruv techumin*

עֲיבּוּרָא[11] דְדָשָׁא (סוכה נב סע״א) בְּרִיחַ הַדֶּלֶת
Door bolt, bar

דָשָׁא וְעֵיבּוּרָא[12] (כתו׳ י א) דֶּלֶת וּבְרִיחַ
Door and bolt, bar

לְעַבְּ[וֹ]רַהּ[13] (כתו׳ עה א) לְהַעֲבִירָהּ
To remove it (*f.*)

עַבּוֹרֵי, לְעַבּוֹרֵי לְהַעֲבִיר
To make disappear, remove

עִיבּוּרֵי (סנ׳ סט ב, נדה מ א) עִבּוּרִים (=הֶרְיוֹנוֹת)
Gestations, pregnancies

עַבּוֹרֵי אַחְסַנְתָּא (כתו׳ נג רע״א, ב״ב קלג ב) הַעֲבָרַת נַחֲלָה
Transferal of inheritance, disinheriting

עַבּוֹרֵי דְרָעָא (יומא לג ב) הַעֲבָרַת זְרוֹעַ
Passing over (putting the *tefillin* on arm before that of the head)

עַבּוֹרֵי שֵׂעָר (נז׳ מ א, סא א[14]) הַעֲבָרַת שֵׂעָר
Removing hair

עַבּוֹרֵי עַבְּרוּהּ (שבת פז ב) עַבֵּר עִבְּרוּהוּ (את אייר)
They added another day (to the month Iyar)

וְלָא מָצֵי עַבּוֹרֵיהּ (פס׳ קיט ב) וְאֵינוֹ יָכוֹל לְהַעֲבִירוֹ
He cannot remove it (*m.*)

לְעַבּוֹרִינְהוּ (גט׳ עג א) לְהַעֲבִירָם
To transport them (*m.*) over

עֲבֵי קָלַהּ (חול׳ לח א) קוֹלָהּ עָבֶה
Her voice is deep

עֲבֵי קָלֵיהּ (חול׳ עט א) קוֹלוֹ עָבֶה
His voice is deep

עֲבֵי קָלָךְ (מג׳ כד ב) קוֹלְךָ עָבֶה
Your (*m.*, *s.*) voice is deep

עָבֵיד עוֹשֶׂה[15]
He does, makes

כדעביד (כתו׳ סב ב, פא ב) מ׳: כדעבד

עֲבִיד עָשׂוּי
Done (*m.*, *s.*)

עֲבֵיד עֲשֵׂה
Do (*m.*, *s.*, *imp.*)

עֲ(י)בֵיד[16] (נדר׳ נא א 2) עֲשֵׂה
Do (*m.*, *s.*, *imp.*)

לָא עֲבִיד אֱינִישׁ דִּמְסַלֵּק נַפְשֵׁיהּ (עירו׳ כו ב)
אָדָם אֵינוֹ עָשׂוּי לְסַלֵּק עַצְמוֹ
A person isn't accustomed to remove himself (withdraw from there)

מאי עביד להו (בר׳ יא רע״א) כי״י: הכתיב

הָא עֲבִיד לֵיהּ אִיסּוּרָא (בר׳ לה סע״א) הֲרֵי עָשָׂה אִסּוּר
Behold, he sinned

עֲבִידָא עֲשׂוּיָה
Done (*f*, *s.*)

עבידא (נדה ט ב) מ׳: עבד׳ (=עבדא)

בר עבידא[17] (שבת נ סע״א) ר׳ מעבד
Cf.

עֲבִידוּ עֲשׂוּ
Done (*m*, *s.*)

עֲבִידֵי עֲשִׂי, עֲשׂוּיִים
Do (*f*, *s.*, *imp.*), done (*m.*, *p.*)

לָא עֲבִידֵי אֱינָשֵׁי דְדָיְירִי (עירו׳ כו ב) בְּנֵי אָדָם אֵינָם עֲשׂוּיִים לָדוּר
People aren't accustomed to live (like that)

עבידי (שבת קמ א) מ׳ וא״פ: עבדי

עבידי[18] (פס׳ סט ב) = עבידו

עֲבִ(י)דִיתוּ (סנ׳ קח ב — אה״ת) עֲשִׂיתֶם
You (*m*, *p.*) did

עָבֵידְנָא אֲנִי עוֹשֶׂה, אֶעֱשֶׂה
I do, make, I shall do, make

עבידת (יב׳ ד סע״ב) מ׳: עבדת

עֲבִידַת (מג׳ יא ב, ערכ׳ יג א — מן ס׳ עזרא) מְלֶאכֶת
Work of...

עבידתה (ע״ז יט א) אה״ת: עבדתה

עֲבִידְתָּא (סוטה לג א) עֲבוֹדָה[19]
Military campaign

עֲבִידְתַּהּ (גט׳ נב א) מַעֲשֶׂהָ
(What is) her work (who appointed her--Rashi)

(11) כך גם באה״ת, ערוך (ע׳ עבר): עברא.
(12) מ׳, ד׳: ועברא.
(13) רש״י ד״ו, מ׳: לעכירה (!).
(14) מ׳ ורש״י ד׳: אעבירי שער.
(15) ד׳ כ״פ: עבד.
(16) אה״ת, מ׳: עיבד.
(17) מ׳ גל׳: בר מעבד, א״פ: בר מיעבד, רש״י: דבר מעביד (= מיעבד) מעשה שבן מעשה הוא.
(18) מ׳ וא״פ לי׳ ״נפשייכו ועבידי פסחא״, ונ״ל שגם לפני רש״י לא היה.
(19) רש״י: ח״ל לשון העביד את חילו עבודה גדולה (יחז׳ כט יח).

מַאי עֲבִידְתַּהּ מַה־מַּעֲשֶׂהָ
Lit., what is it doing, i.e., what is its pertinence in our case

עבידתון (נדר׳ כה א) מ׳: עבדיתון

עֲבִידְתֵּיהּ מְלַאכְתּוֹ
His/its doing, i.e., his/its pertinence in our case; his profession, work, doing

עֲבִידְתַּיְיהוּ (ב״מ עו א, צז א) מְלַאכְתָּם
Their work, performance

מַאי עֲבִידְתַּיְיהוּ מַה־מַּעֲשֵׂיהֶם
What are they doing, i.e., what is their pertinence in our case

מַאי עֲבִידְתָּיךְ מַה־מַּעֲשֶׂיךְ
What are you (*s.*) doing (here), i.e., what do you want

עֲבִיטָךְ (ב״ק קטו א) עֲבוֹטְךָ, מַשְׁכּוֹנְךָ
Your pawn, security

עֲבַר עָבַר
He, it passed

עָבַר עוֹבֵר
He, it passes

דָּשָׁא וְעָבְרָא (כתו׳ י א) דֶּלֶת וּבְרִיחַ
Door and latch

עֲבַרָא (ביצה ז ב, נדר׳ כג א[20]) עָבְרָה
It (*f.*) passed, crossed

עָבְרָא עוֹבֶרֶת
It (*f.*) passes, crosses

עֵיבְרָא (גט׳ פח א 2) בְּרִיחַ
Latch

עֵיבְרָא דְדָשָׁא (שבת י א, עירו׳ קב א, פס׳ סח ב, ביצה מ א 2, חגי׳ טו ב, גט׳ לב ב) בְּרִיחַ הַדֶּלֶת
Door latch

עַבְּרוּ קַמַּאי (כתו׳ טז סע״ב) הֶעֱבִירוּ לְפָנַי
They passed (it) in front of me

דְּעַבְּרַהּ בְּמַיָּא (ב״ק כט א) מ׳ ה׳: שהעבירה

עַבְּרַהּ (ר״ה כא א) עַבְּרַהּ (צ) (את השנה)
Intercalate it (*f.*) (the year by adding a second Adar)

לעברה (כתו׳ עה א) רש״י ד״ו: לעבורה

עַבְּרוּהָ (סנ׳ יח סע״ב) עִבְּרוּהָ (את השנה)
They intercalated it (*f.*) (the year by adding a second Adar)

עַבְרוּהּ (יומא עח א) עֲבָרוּהוּ
They passed it (*m.*), the river)

עַבְּרוּהּ(ו) (ב״ב קסד ב[21], סנ׳ יא ב[22]) הֶעֱבִירוּהוּ
They removed him (from his position)

עַבְּרוּהּ לֶאֱלוּל (ר״ה לב א) עִבְּרוּ אֶת אֱלוּל
They intercalated the month of Ellul (by adding a day)

עָבְרִי עוֹבְרִים
They (*m.*) pass

עֲבַרִי עָבַרְתִּי
I passed

תְּרֵי עִיבְרֵי נַהֲרָא[23] (מ״ק ו סע״ב ועוד) שְׁנֵי עֶבְרֵי הַנָּהָר
Two opposite riverbanks

עַבְרֵיהּ (חול׳ קמא א) עֲבָרוֹ (=עבר אותו)
He transgressed it (*m.*)

עַבְרֵיהּ לְלָאו (שם 2) עָבַר עַל הַלָּאו
He transgressed a negative commandment

עבריה לירדן (זב׳ קיח ב) מ׳: עברו הירדן
They crossed the Jordan (River)

ועבריה (שבו׳ לד א) = סימן ״לשעבר״ (=בשורת מלים לזכרון)
"In the past' (a mnemonic memory device)

עַבְּרֵיהּ (ב״ב צז ב, סנ׳ כה א, חול׳ יח א) הֶעֱבִירוֹ
He removed him (from his position)

עֲבַרְיָינָא (שבת מ א) עֲבַרְיָן
Transgressor

עָבְרִינַן (ב״ק קיג ב) אָנוּ עוֹבְרִים
We cross

עברינן (שבת קלג ב) מ׳ וא״פ: מעברינן

עברינן (נדר׳ כב רע״ב) יל׳: עברנא

וַעֲבַרִית (ע״ז י סע״ב) וְעָבַרְתִּי
And I passed, crossed

עֲבַרְנָא[24] (נדר׳ כב רע״ב) עָבַרְנוּ
We passed over (the Jordan River)

עברת (נדר׳ כג א) מ׳: עבר׳ (=עברא)

עֲבַרְתְּ עָבַרְתָּ
You (*m, s.*) passed

עִיגּוּלָא עִגּוּל
Circle

עיגולתא (עירו׳ נז א) מ׳ ור״ח: עגילתא

עִיגּוּנָא (יב׳ פח א) עִגּוּן (=היות עגונה)
Lit., tied up (*f, s.*), a married woman whose husband's whereabouts are unknown or refuses to divorce her

עֲגִיל (זב׳ עד ב ועוד) עָגֹל
Round

עֲגִיל מְעַגֵּל (זב׳ סב ב, מנ׳ צד ב) עוֹגֵל עִגּוּל (=עושה עיגול)
He draws a circle

עֲגִילָן עֲגֻלּוֹת
Round ones (*f.*)

עֲגִילְתָּא[25] (עירו׳ נז א) עֲגֻלָּה
Round one (*f.*)

(20) מ׳: עבר׳, ד׳: עברת.
(21) ד״ו ה׳, מ׳: עברו׳.
(22) כתב-יד מינכן.

(23) וכן בסנה׳ (עב סע״ב) במ׳ ורש״י, ד׳: דנהרא.
(24) יל׳, ור׳ עברינו.
(25) מ׳ ור״ח, ד׳: עיגולתא, רש״י: עגולתא.

לַעֲגָל (בר׳ יח ב, סנ׳ נב א) מְהֵרָה — Rapidly

בַּעֲגָל(א)[26] (פס׳ עה סע״א) מְהֵרָה — Rapidly

עִגְלָא עֵגֶל — Calf

עִיגְלָא תִילְתָא עֵגֶל שְׁלָשִׁי (=בן שלש)[26*]
Triple calf (a three-years old calf)

עִיגְלֵי עֲגָלִים — Calves

עֲגַלְתָא (סוטה לה א) עֲגָלָה — Carriage

עַד עַד — Until, up to

עַד אֵימַת עַד מָתַי — Until when

עַד הֵיכָא עַד הֵיכָן — Until where

עַד הָכָא עַד כָּאן — Up to here

עַד הָכִי עַד כַּךְ — Up to this point

עַד הַשְׁתָא עַד עַכְשָׁיו — Up to now

עֲדָא (פס׳ נג ב, מכות כא ב) זֹאת — This (*f.*)

עֲדָא אָמְרָה זֹאת אוֹמֶרֶת — This (*f.*) means

עֲדוֹ (ר״ה טז א, קידו׳ לג א) עָבְרוּ
They happened, they have passed over

עֲדוּיֵי חֲשׁוּכָא[27] (ביצה לב רע״ב[28]) לְהָסִיר הַחֹשֶׁךְ[29]
To disperse the darkness (to remove the carbon on the wick)

עֲדִי (בר׳ מב רע״א, גט׳ לא סע״ב) זֶה — This (*m.*)

עֲדֵי (גט׳ מה א, מנ׳ לד א) אֵלּוּ — These (*m.*)

עדי אחריני (סנ׳ י א) מ׳: עדי׳ אחרי׳

עֲדִיף עָדוּף — Preferable, preferred, superior, better than (*m., s.*)

עֲדִיפָא עֲדוּפָה — Preferable, preferred, superior, better than (*f., m.*)

אנא עדיפא (קידו׳ כט ב) מ׳: עדיפנ׳

עֲדִיפֵי עֲדוּפִים, טוֹבִים יוֹתֵר
Preferable, preferred, superior, better than (*p., m.*)

עֲדִיפִינַן (תע׳ כד א, בכו׳ ה ב) אָנוּ עֲדוּפִים, טוֹבִים יוֹתֵר
We (*m., p.*) are preferable, preferred, superior, better than

עֲדִיפָן לִי מ (ב״ב קמא א) עֲדוּפוֹת לִי מ, טוֹבוֹת לִי יוֹתֵר מ — They (*f.*) are preferable, preferred, superior, better for me than

עֲדִיפְנָא מ אֲנִי עָדוּף, אֲנִי טוֹב יוֹתֵר מ־ — I (*m.*) am preferable, preferred, superior, better for me than

עֲדִיפַת מ אַתָּה עָדוּף מ — You (*m.*) are preferable, preferred, superior, better for me than

עִידָּן עֵת, זְמַן, שָׁעָה — Season, time, hour

עִידָּנָא זְמַן, זְמַן קָבוּעַ לְלִמּוּד
Time, time scheduled for study

עִידָּנֵי זְמַנִּים — Times

עִידָּנֵיהּ (שבת לג סע״א ועוד) זְמַנּוֹ (הקבוע ללמוד)
His time (scheduled for study)

עִידָּנִין (סנ׳ צז ב — מדני״) עִדָּנִים, זְמַנִּים — Epochs, times

עֶדְרָא עֵדֶר — Flock, herd

עֶדְרֵיהּ עֶדְרוֹ — His flock, herd

לָא עֲדַת (סנ׳ צג ב — מדני״) לֹא עָבְרָה
It (*f.*) did not enter, pass into

עוֹבָדָא מַעֲשֶׂה — Case, occurrence, event

מריה דעובדא ר׳ מריה — Cf.

עוֹבָדֵי[30] (כתו׳ סג א 2) מַעֲשֵׂי־
The actions of, the behavior of

עוֹבָדֵיהּ מַעֲשָׂיו — His actions

מַאי עוֹבָדַיְיכוּ (תע׳ כב א, מג׳ טז א) מַה־מַּעֲשֵׂיכֶם (=מַה אַתֶּם עוֹשִׂים?)
What are your actions (what are you doing?)

עוֹבָדִין דְחוֹל (פס׳ פב ב[31], ביצה כח א, בכו׳ לב ב) מַעֲשִׂים שֶׁל חוֹל — Weekday (non-Shabbos) activities

עוֹבָדָךְ מַעֲשֶׂיךָ — Your actions

עוּבָּרָא (שבת קט סע״ב) עֻבָּר — Fetus

עוּבָּרָה (יומא כד ב, פב ב) עֻבָּרָה (=הָרָה)
Pregnant woman

עוֹד עוֹד — More, in addition, additional, again, still

עוֹדְפָא (עירו׳ פג א 3) עֹדֶף — Excess

עוֹדְפַּיְיהוּ (ב״ב פח ב) עָדְפָם (=עודף שלהם)
Their greater severity

---

26) מ׳, א״פ: לעגל, מ׳ ב ור״ח: הייא.

26*) [ראה ערוך ע׳ תלת, רש״י שבת יא א, ערובין סג א, מגילה ז א, סנהדרין סה ב, תוס׳ גטין נו א, בכורות יט א, תוס׳ הרא״ש וריטב״א שבת יא א]

27) מ׳ וע׳ (ע׳ הט), ד׳: חושכא.

28) פי׳ ״מוחטין״ (ע׳: מוהטין).

29) = הפחם שבראש הפתילה.

30) מ׳: כעובדי אימה עבדא ברתא (= כמעשי האם — עושה הבת).

31) א״פ ורש״י: מעשה, מ׳ (ט״ס): ונעשה (ונ= מ).

עוּותֵי (נדה נג ב) (ל)עַוֵּת (To) distort

לְעַוּוּתֵי לְעַוֵּת To distort

עַוֵּי עַוֵּי (יומא עז א[32]) צָעַק וְצָעַק He yelled a lot

עַוֵּיר[33] (ב"ק פד א) עִוֵּר (פ) He blinded him

עַוִּירָא (ב"ק פה א) עִוֶּרֶת Blind (eye) (*f.*)

עַוִּירָא (גט' סט א) הָעִוֵּר The blind man

עֲוִירָא (נדר' פא רע"א) עִוָּרוֹן Blindness

עַוֵּית (בר' יד ב) עִוֵּת He distorted, he acted improperly

וַעֲוָיָתָךְ (סוטה כ סע"ב — מדני") וַעֲוֹנוֹתֶיךָ And your sins

עוּכְלָא (סוטה ח ב ועוד) עֹכֶל[34]

Small measure of capacity and weight

עוּכְלָא (כתו' נג א[35], ב"ב פה ב[36]) פַּטִּישׁ Hammer

עוּכְלֵי (שם ושם) מַכּוֹת Blows

עוּל נִכְנְסוּ, הִכָּנֵס (צ) They entered, enter (*imp.*)

עוּלְבָּנָא (גט' לו ב) עֶלְבּוֹן An insult

עוּלוּ הִכָּנְסוּ Enter (*p., imp.*)

עוּלֵם (מ"ק ב א, כתו' עב ב, סנ' צה א[37]) עֶלֶם Young man

עוּלְמֵי (זב' קטז ב) עֲלָמִים (=בחורים) Young men

בֵּי(ת) עוּלְמֵיהּ (ב"ב קנג סע"א — מ' ור') בֵּית עוֹלָמוֹ

(Place) of eternal rest, Cf. תע' יא א) ור' בית עלמין

עוּלֵמְתָּא[38] (מ"ק ב א, מת"י לישע' סה ב) עַלְמָה Young girl

עוּמְקָא עֹמֶק Depth

עוּמְקָא דְדִינָא (ב"ק לט סע"א[39], נג א, ב"מ קיז ב)

עֹמֶק הַדִּין The profundity of judgment

עומקיה דדינא (ב"ק שם) מ' וה': עומקא

עוּמְרֵי שׁוּבְלַיָּיא[40] (סנ' יא ב) עָמְרֵי הַשִּׁבֳּלִים

Sheaf of grain ears

ר' מאיר קרי לה און גליון (=אונגליון)

יוחנן קרי לה עון גליון (שבת קטז ב — בכי"י ובד"י) עי' ד"ס

Gospels, evangels

עוּנְקָא (בר' מד ב) בְּשַׂר צַוָּאר[41] The neck

עוּף וּמְעוֹפֵף[42] (חול' נא ב) ר' עיף ומיעף Cf.

עוּפָא עוֹף A bird

עוּצְבָא דְלִבָּךְ (בר' נו א) עֹצֶב לִבְּךָ Your heart's sorrow

עוּקְצָא דְעַקְרַבָּא (בר' נח סע"ב) עֹקֶץ שֶׁל עַקְרָב (מן המזלות)

The tail of the Scorpion (a sign of the Zodiac)

עוּקְצֵי עֳקָצִים Tails, stalks

עוּקְצֵי עוּקְצֵי (ביצה כד א) זָוִיּוֹת (רש"י)

Nooks, recesses, corners

עִיוְרָא (שבת קנא סע"ב) עִוָּרוֹן Blindness

עוֹרְבָא עוֹרֵב Raven

עוֹרְבֵי עוֹרְבִים Ravens

עוֹרַבְתָּא (שבת סז ב) עוֹרְבָה (עורב נ') Female raven

דְּבֵי עוֹרַבְתִּי (קידו' ע ב) שֶׁל בֵּית עוֹרְבָה (עורב נ')

The house (family) of the female raven

עוּרוּ פִּילֵי[43] (תע' ד ב) הִתְעוֹרְרוּ בְּקָעִים (ר"ח)

Awake (those in) cracks (*Rach*); they awake and make grow (those in) cracks (*Tosfos*)

עוּרְלְתֵיהּ (ע"ז י סע"ב) עָרְלָתוֹ

His prepuce, uncircumcised membrum

עוּרְמָא[44] (שבת קכט א) עָרְמָה Cunning

עוּרְפִּילָא[45] (תע' ד רע"א) גֶּשֶׁם דַּק Drizzle

עורקמא (יומא עח א 2, מג' כח סע"ב, קיד' עא רע"ב)

ר' ערקומא Cf.

עוּשׂוּ בַהֲדֵי הֲדָדֵי (ב"ב ט א) עֲשׂוּ זֶה עִם זֶה (=עִזְרוּ זֶה לָזֶה)

Do with one another (help one another)

32) בד"ח הושמט הקטע בידי הצנזור.

33) ה': דניעור, ילי כ"י: דעורינן, ר': דעקר, פ': קרעה (=עקרה?).

34) מדת נפח: ביצה וחומש ביצה.

35) מחו לה מאה עוכלי בעוכלא = היכו אותה מאה מכות-פטיש בפטיש.

36) ע' (מר"ג): "כמה מדות מדדו כאן כלו' תמהו עליה ותרצו בה תירוצין הרבה".

37) מ': עולים, אה"ת: עולם, ד': עלם.

38) מ', ד': בתולתא, וכן בתרגום.

39) ד': לעומקיה.

40) ד"ו, ד"ח: שיבליא, מ': שבילא.

41) מל' ערבי = צואר, ומשרש זה "והענק תעניק" (דב' טו יד) ו"ענקים לגרגרותיך" (מש' א ט).

41) ע' ור' ב: עוף ומיעף, מ' ור"ף: עייף ומיעפף, ר' א: עף מיעף, ר' ג: עוף מיעף.

43) = מדרש השם "עורפילא".

44) ד"ו, מ': ערמא, ד"ח: ערמה.

עוּתְרֵיהּ (מ״ק כח א) עָשְׁרוֹ — His riches

עִיזָא עֵז — Goat

עִיזָא כַּרְכּוּז (חול׳ נט ב 2) עֵז כַּרְכּוּז[46]

Karkuz (name of location) goat

עִיזָא דִימָּא (ב״ב עד א) עֵז הַיָּם — Sea goat

עִיזָא דְקוּרְקְתָא[47] (ע״ז כד רע״ב) מוֹרַג

Threshing sledge

עֲזוּבָה דָא (ב״מ פה א) עֲזוּבָה זוֹ

This (*f, s.*) is abandoned

עִיזֵי עִיזִּים — Goats

עִיזֵי דְבָאלָא (חול׳ פ א) עִזֵּי יַעַר (ע׳: הַיַּעַר בָּאלָא)

Forest goats, Lebanon goats, goats from Bala forest (*Aruch*)

מִילִּין דַעֲזִיבָה (נדר׳ כב רע״א) דִּבְרֵי עֲזִיבָה[48]

Lit., things that should be shunned, i.e., euphemism for promiscuity

עֲזִיזָא (סנ׳ ז א) עַזָּה (ת) — Strong (*f, s.*)

עִזְקְתָא (גט׳ סח א, ב) טַבַּעַת — Ring

עִיזְקְתֵיהּ (גט׳ סח ב) טַבַּעְתּוֹ — His ring

עִיזְקְתָךְ (שם) טַבַּעְתְּךָ — Your (*s.*) ring

עֲזָרְתָא (סנ׳ צה א — מת״י לישע׳ י לב) הָעֲזָרוֹת — Courtyards

עיטדא (ב״מ לט ב) ר׳ ב וע׳: עיטרא

עֲטוּף (מ״ק כח ב) עִטְּפוּ*[48]

Wrap (*p.*), wrapped, darkness (*Rashi*)

עֲטִיר (גט׳ פו א) מְסֻלָּק — Distanced, removed

עטלוזא[49] (ע״ז יא סע״ב) ר׳ עטליזה — Cf.

עַטְלִיזָהּ שֶׁל עַזָּה (שם) אִטְלִיזָהּ*[49] שֶׁל עַזָּה

The Aza animal market

עִיטְרָא (ב״מ לט רע״ב[50], ב״ב יט ב) שְׁטַר חֲלֻקָּה, שׁוּתָּפוּת

Document of dissolution, splitting up of partnership

עַ[י]טְרָנָא (שבת כ סע״ב — מ׳) עִטְרָן — Tar

עֵיבָא עָב (=עָנָן) — Cloud

יוֹמָא דְעֵיבָא יוֹם מְעֻנָּן — Cloudy day

כוביתא דעיבא (ר״ה כד א) ר׳ כוכיתא — Cf.

לְעַיּוּלַהּ (ב״מ לג ב, סנ׳ כו ב) לְהַכְנִיסָהּ

To bring it in, to bring her (into the married state, i.e., to testify that she is married)

עַיּוּלֵי, לְעַיּוּלֵי לְהַכְנִיס — To bring in

עַיּוּלֵי וְאַפּוּקֵי (מכות כא ב ועוד) (לְ)הַכְנִיס וּ(לְ)הוֹצִיא

(To) bring in and take out

עַיֵּיל עַיּוּלֵי[51] (זב׳ לו א) הַכְנֵס הִכְנִיס — He brought it in

עַיּוּלֵי יוֹמָא (בר׳ נב א) הַכְנָסַת הַיּוֹם, כְּנִיסַת יוֹם (השבת)

The start of the day (*Shabbos*)

עַיּוּלִינְהוּ[52] (עירו׳ מד ב) (לְ)הַכְנִיסָם — (To) bring them in

עַיּוּנֵי, לְעַיּוּנֵי לְעַיֵּן, לְהִתְבּוֹנֵן, לְחַפֵּשׂ, לִבְדֹּק

To consider, to study, to search, to examine

עַיָּיא[53] (מ״ק טז ב, כרי׳ ח א) = חִיָּיא

Disrespectful salutation of R' Chiya

עַיּוּל[54] (ב״ב קכא ב) נִכְנְסוּ

They entered (the Holy Land)

עָיֵיל נִכְנָס, נִכְנַס — He enters, he entered

עֲיַיל[55] נִכְנַס — He entered

עייל (ב״ב קכא ב) מ׳ ואה״ת: עייול

עייל (קידו׳ מד סע״א) מ׳: עיילי

עייל (פס׳ צד ב) מ׳ ב א״פ ר״ח: עול

עַיֵּיל הִכְנִיס, הַכְנֵס (צ) — He brought in, bring in (*imp.*)

ועייל (סנ׳ נו סע״ב) מ׳: ומעייל

עֲיַילָא (תע׳ כג ב, כה רע״א) נִכְנְסָה

She entered, she went up

עָיְילָא נִכְנֶסֶת — She enters

45) השוה ״ערפלי״ בעברית.

46) שם מקום, ועי׳ עה״ש ע׳ כרבין.

47) כך זיהו בתלמוד ״מוריגים״ (ש״ב כד כב), ערוך (ע׳ טרבן): כמין עז של ברזל שדשין בו התבואה, ועי׳ עה״ש שם. רש״י: דף גדול ועב מאד ורחב וטרוף בפגימות הרבה לרוחבו עמוקות תכופות זו אצל זו ודשין בו תבואה, שמעבירין עליו הבהמות והפגימות נכנסות בדייש והתבואה נחבטת.

48) כינוי ל״דבר זימה״ (ע׳).

*48) [ר״ח: התעטפו]

49) מ׳: עטלוז׳, ד״י: עטלוזה, ע׳ וכ״י ספ׳: עטליזה.

*49) [רש״י: שוק של בהמה]

50) ר׳ ב, מ׳: איטרא, ד׳: עיטדא.

51) כצ״ל, ד׳: עיילי עיילא, ור׳ ח״ג ב״עיילא״.

52) הגהתי, ד׳: עיילינהו, מ׳ ורי״ף כ״י וס׳ העתים לי׳, ד״ש: למיעבד הכי, ד״י לי׳ בעו.

53) פניית גנאי לר׳ חייא.

54) מ׳ ואה״ת, ד׳: עייל.

55) ברוב המקומות שהכוונה היא לעבר נמצא בכ״י: על או עאל, ולפעמים אין בכ״י. (למשל פס׳ ט סע״ב: הי להאי

עיילא (בכו׳ ח ב) מ׳ ואה״ת: עייליה

עיילי עיילא[56] (זב׳ לו סע״א) ר׳ עיולי — Cf.

עַיְּילָא[57] הִכְנִיסָה — She brought in

עַיְּילָהּ הִכְנִיסָהּ — She brought it, her in

עַיְּילָהּ (חול׳ מז א) הַכְנֵס אוֹתָהּ — Bring (*imp.*) it

עֲיַילוּ נִכְנְסוּ — They entered

עיילו (בר׳ ח א) כל נוס׳ לי׳

עַיְּילוּ הִכְנִיסוּ — They brought in

עַיְּילוּהּ[58] הִכְנִיסוּהוּ — They brought it (*m.*) in

עַיְּילוּהָ (ע״ז לח ב) הִכְנִיסוּהָ — They brought it (*f.*) in

עיילוהו ר׳ עיילוה — Cf.

עָיְילִי[59] נִכְנָסִים, נִכְנְסוּ — They enter, they entered

עיילי (כתו׳ כג א) מ׳: עיילא

עיילי[60] (מכות כ רע״א) ר׳ עייליה — Cf.

עיילי[61] (זב׳ לו סע״א) ר׳ עיולי — Cf.

עָיְילִי[62] (פס׳ קיג רע״ב) נִכְנָסִים — They enter

דעיילי[63] (מכות כ רע״א) ר׳ עייליה — Cf.

עֲיַילִי (תע׳ כה א, קידו׳ מד סע״א[64]) נִכְנַסְתִּי — I entered

עַיְּילֵיהּ הִכְנִיסוֹ

He brought him in, he asked him to come in

עַיְּילֵיהּ (ביצה לו ב, חול׳ צט רע״ב, בכו׳ ח ב[65]) הַכְנֵס אוֹתוֹ

Bring in (*imp.*), bring it in, I will bring it in

עייליה (מנ׳ לה רע״ב) מ׳: עיולי

עָיְילִין (נז׳ יט ב, קידו׳ לט ב, ע״ז לח ב) נִכְנָסִים — They enter

עיילינא[66] (שבת קמ סע״א) ר׳ עיילן — Cf.

עַיְּילִינְהוּ הִכְנִיסָם — He brought them in

עיילינהו (עירו׳ מד ב) ר׳ עיולינהו — Cf.

עֲיַילִינַן (תע׳ כג ב, מג׳ כח ב) נִכְנַסְנוּ — We entered

עָיְילִינַן אָנוּ נִכְנָסִים, נִכָּנֵס — We enter, we shall enter

עֲיַילִית (בר׳ נז א) נִכְנַסְתִּי — I entered

עַיְּילִית (כתו׳ סא א 3) הִכְנַסְתִּי — I brought in

עֲיַילִיתוּ (כתו׳ קיב א) נִכְנַסְתֶּם — You entered

כִּי עָיְילִיתוּ (בר׳ סב ב, זב׳ קיד א, קיז ב) כְּשֶׁתִּכָּנְסוּ

When you (*p.*) will enter

עָיְילָן (חול׳ נ ב) נִכְנָסוֹת — They (*f.*) enter

עַיְּילַן[67] (שבת קמ סע״א) הַכְנִיסֵנִי — Bring me in (*imp.*)

עָיְילְנָא (מג׳ טז א ועוד) אֲנִי נִכְנָס, אֶכָּנֵס

I enter, I shall enter

עָיְילְנָא וְנָפֵיקְנָא (תע׳ כב א) אֲנִי נִכְנָס וְיוֹצֵא

I enter and leave (i.e., I go in and out)

עֲיַילְתְּ (בר׳ סב ב) נִכְנַסְתָּ — You (*m, s.*) entered

עָיְילַתְּ אַתָּה נִכְנָס, תִּכָּנֵס — You enter, you will enter

עַיְּילְתֵּיהּ (פס׳ סח א) הִכְנַסְתָּ אוֹתוֹ — You brought him in

עַיְּילַתֵּיהּ (ב״ב לו א) הִכְנִיסָה אוֹתוֹ — She brought him in

עַיֵּין עַיֵּן, עַיֵּן (צ), הִתְבּוֹנֵן (ע, צ)

He contemplated, contemplate (*imp.*)

עַיְּינוּ (גט׳ פט א, רע״ב, סע״ב[68]) עִיְּנוּ

They examined, analyzed

עַיְּנוּ (יב׳ פ ב) עַיְּנוּ, הִתְבּוֹנְנוּ, הִסְתַּכְּלוּ

They examined, explored, looked (into)

עייני (גט׳ פט סע״ב) מ׳: עיינו

עַיְינִין עֵינֵינוּ — Our eyes

עַיְּינִינַן (שבת ל סע״ב) עִיַּנּוּ, הִתְבּוֹנַנּוּ

We have examined, we have analyzed

עַיֵּיף (שבת קלד א, מנ׳ מב א) כּוֹפֵל, מְקַפֵּל

He folds, he doubles (up)

עַיְּיפִי (מג׳ כו ב) מְקַפְּלִים — They fold

עַיְּיפִינְהוּ (עירו׳ צו ב, כתו׳ סז ב) כְּפָלָם

He interweaved them, he doubled them

עָיֵיץ (קידו׳ פ ב) יוֹעֵץ — He advises, he shall advise

עייל — מי ב: האי להיכא על.

(56) מ׳: דעייליה עייליה, ר״א: דעיילי עיולי, ר׳ ב ק׳: דעיולי עיילה, וצ״ל: דעייל עיולי — בניגוד ל״חשיב חשובי״ שאחריו.

(57) שבת קטז רע״ב — מ׳ ואי״פ, ד׳: אעיילא.

(58) בכמה מקומות בד״ח: עיילוהו.

(59) במקומות שמדובר בעבר צ״ל: עיילו.

(60) ד״ו: עיילי, רש״י: עייליה.

(61) ר׳ אב וק׳: עיולי, מ׳: עייליה.

(62) במ׳: ועיילי (ומסיימי) להו= ונכנסים ומנעילים אותם.

(63) מ׳: דעיילי, הב״ח: דעיילה.

(64) מ׳, ד׳: עייל.

(65) מ׳ ואה״ת, ד׳: עיילא.

(66) ד״י: עיילינן, אי״פ רי״ף ורא״ש: עיילן, מ׳: עילי (?)

(67) אי״פ רי״ף ועוד, ד׳: עייליני, ד״ח: עיילינא.

(68) מ׳, ד׳: עייני.

עָיְיצִי (יב' קז א) יוֹעֲצִים — They advise, they shall advise

עַיְּיק[69] לַהּ חַרְצֵיהּ (גט' עח א) הֵצַר לָהּ מָתְנָיו — He twisted his waist (*Rashi*)

לְעֵיל לְמַעְלָה — Above

מִלְּעֵיל מִלְמַעְלָה — From above

עילא (חול' נד ב) כי"י: לעיל

עילא (שבת קב ב) מ' א"פ ורש"י: עילאה

עִילָא בַּר חֲמָרָא (שבת קי ב) עַיִר בֶּן־חֲמוֹר — Donkey-foal

לְעֵילָּא לְמַעְלָה — Above

לְעֵילָּא מִ (שבת כט ב ועוד) לְמַעְלָה מ־ (=לפני) — Above so and so (before)

עִילָּאָה עֶלְיוֹן — The one above (superior)

עִילָּאֵי עֶלְיוֹנִים — Those above (superiors)

עילאי (שבת קב ב) מ': עילאה

מֵעִילָּאֵי מִלְמַעְלָה — From above

עִילָוַאי עָלַי — Atop of me

עִילָוַהּ, עִילָוַהּ עָלֶיהָ — Atop of her

עִילָוָן עָלֵינוּ — Atop of us

עִילָוֵי עַל — On

עילוי (נדר' סה א) מ': עלי

עִילָוֵיהּ, עִילָוֵיהּ עָלָיו — Atop of him

עִילָוַיְיהוּ עֲלֵיהֶם — Atop of them

עִילָוָ(י)ךְ[70] (ב"מ פד ב) עָלֶיךָ — Atop of you

עִילֵי זוּטְרֵי (שבת קנה אב) עֲיָרִים קְטַנִּים — Small donkey foals

עִילָּיָתָא (ב"מ קטז ב[71], חול' קיט ב 2[72]) עֶלְיוֹנוֹת — The top ones (*f.*)

עִילִּיתָא (קיד' עא ב, חול' קיט ב) עֶלְיוֹנָה — The top one (*f.*)

עִילִּיתָא (שבת כט ב ועוד) עֲלִיָּה — Top floor, floor above the ground floor

עִילִּיתַאי (ב"מ פד ב) עֲלִיָּתִי — My top floor (apartment)

עִילִּיתֵיהּ (בר' לד ב[73], ב"מ פד ב 2, הור' יג ב) עֲלִיָּתוֹ — His top floor (apartment)

כְּעֵין כְּעֵין (=בדומה ל), מֵעֵין — Similar to, like

עֵינָא עַיִן, מַעְיָן — Eye, (water) spring

עֵינָא בִישָׁא עַיִן הָרַע — Evil eye

עֵינָא דְמַיָּא מַעְיַן מַיִם — Water spring

טְבִיעוּת עֵינָא טְבִיעוּת הָעַיִן — Ability to identify

בְּעֵינָא בְּעֵינָהּ (=כמות שהיא) — As is (*f.*), existent

עֵינָא[74] רַבְּתִי (סנ' קח א) הַמַּעְיָן הַגָּדוֹל — The large (water) spring

בת עינא (מ"ק י א) ר' בת — Cf.

עינא (נדר' נ א) מ' ועוד: ענא

עֵינַהּ עֵינָהּ, עֵינֶיהָ — Her eye, her eyes

עיניא[75] רבתי (סנ' קח א) ר' עינא — Cf.

עֵינֵיהּ עֵינָיו — His eyes

בְּעֵינֵיהּ בְּעֵינוֹ (=כְּמוֹת שֶׁהוּא) — As is (*m.*), existent

עיניהון[76] (סנ' פח ב) ר' עינייהו — Cf.

בְּעֵינֵיהוֹן (כרי' ה א) בְּעֵינָם (=בלא שינוי) — As they are, existent

עֵינַיְיהוּ עֵינֵיהֶם — Their eyes

בְּעֵינַיְיהוּ בְּעֵינָם (=בלא שינוי) — As they are, existent

עֵינַיְיכוּ (בר' ה ב) עֵינֵיכֶם — Your eyes

עיניך בך עינך בך (שבת סז ב) מלות לחש — Incantation term

עֵינָנֵי (כתו' סא א) עֵינָנִים[77] — Their eyes are large

עֵינָתָא (בכו' נה רע"ב) עֲיָנוֹת — (Water) springs

עִיף (בר' נו א) כָּפוּל — Doubled

עִיף וּמְיָעַף[78] (חול' נא ב) כָּפוּל וּמְכֻפָּל — Redoubled

עירובי עירב (עירו' עה סע"ב) מ': ערובי ערוב

בהדי מאן עירב (עירו' ע א) מ': מערב

עִירֵי (סנ' כט ב) עֵרִים — (People who are) awake

עִירִין (פס' לג א, סנ' לח ב — מדני') צִירִים (=שלוחים) — Emissaries

עַכְּבֵיהּ (ב"ב יב ב, נדה ס ב) עִכְּבוֹ — He detained it (*Baba Basra*), it blocked it (*Niddah*)

עַכְּבִינְהוּ (גט' נב א) עִכֵּב אוֹתָם — He detained them

69) ד': ערק (ועי' ח"ג שם).

70) ה' אה"ת, מ': עלוך, ר' ב: עלך.

71) ד': עלייתא, ה': עיליתא, מ': עליתי.

72) ד': עיליתא, מ': עילייתא, עילאתא.

73) [מדניאל ו יא: וְכַוִּין פְּתִיחָן לֵהּ בְּעִלִּיתֵהּ]

74) כי"י ואה"ת, ד"ו: עינה, ד"ח: עיניא.

75) ד"ו: עינה, כי"י ואה"ת: עינא.

76) ד"ח, ד"ו: עינוהי, מ' (ביה"ש) ואה"ת: עינייהו.

77) = עיניהם גדולות, ור' שיננא.

78) ע' ור' ב, ד': עוף ומעופף.

עכברא עַכְבָּר — Mouse

עכברי (ב״מ צז א) עַכְבָּרִים — Mice

עכברתא (ביצה לו ב) מ׳: עכברא[79]

עיכובא עִכּוּב — Absolute necessity, indispensable

עכובי (מנ׳ לח רע״ב) (ל)עַכֵּב — (To) hinder (the absence of one component hinders the performance of another component)

לעכובי (זב׳ כג א) לְעַכֵּב — To be an absolutely necessity (preventing its being offered)

עכירא דעתיה (מנ׳ נג ב) דַּעְתּוֹ עֲכוּרָה (רש״י: צעור) — His mind is troubled

עכירי עֲכוּרִים — Troubled

עכנא (ב״ק קיז ב, ב״מ פד ב, פה א) עֶכֶן[80] — Kind of snake

עכר (נדה כ א) עוֹכֵר — He makes turbid

עכרי (כתו׳ ס סע״ב) עוֹכְרִים — They (*m.*) make turbid

על נִכְנַס — He entered

עילא (ע״ז כו ב) עִלָּה, סִבָּה — A pretext, a cause

עלה עָלֶיהָ — Upon her

עלו נִכְנְסוּ — They entered

עלוהי (שבת קנו א 2) עָלָיו — Upon him (because of him)

עלוי (קידו׳ נ א 2) מ׳: עילואי

עילויא עִלּוּי — Rise, improved

עילויא (ב״מ עו א) מֵירַב (מקסימום) — The highest, the most

עלויי (ל)עֲלוֹת — To rise

לעלויי (מג׳ כז א) לַעֲלוֹת — To rise

עלויי עלייה (ב״ק יא ב ועוד) עִלּוּי עִלָּהוּ — He improved, he brought to a higher level

עלולי (גט׳ פו רע״א) עֲלִילוֹת — False charge

אי משום (אי)עלומי [עיניה] הא לא (אי)עלים (חול׳ צה ב — מ׳ ר׳ אב) אִם מִשּׁוּם הֶעְלֵם עֵינָיו הֲרֵי לֹא הֶעְלִים — If (he acted so) because he diverted his eyes, he did not divert (them)

עלון (ר״ה ד א — מס׳ עז׳) עוֹלוֹת (=קורבנות עולה) — *Olah* sacrifices

לעלופי (חול׳ ג ב) לְעַלָּפוֹן — Fainting

על(ו)קה[81] (ע״ז יב ב 2) עֲלוּקָה — Leech

עלי עָלַי — On me, upon me

עליא[82] (חול׳ צב א) הֶעָלִים — Leaves

עליאתא (ב״ב קלג ב) ר׳ עיליתא — Cf.

עליה עָלָיו — On him, upon him

עליהון עֲלֵיהֶם — On them, upon them

עלייהו (קיד׳ ח ב) מ׳: עליהו

עלייהו עֲלֵיהֶם — On them, upon them

עלייכו עֲלֵיכֶם — On you (*p.*), upon you

עליתא (ב״מ קטז ב) ר׳ עילייתא — Cf.

בעלילותא (שבת פח רע״ב) בַּעֲלִילָה[83] — On false charges

עלים עיניה (חול׳ צה ב 2) הֶעְלִים עֵינָיו — He diverted his eyes, he ignored

עלית (שבת קא א) נִכְנַסְתִּי — I entered

עיליתא דדינרי (ב״ב קלג ב) עֶלֶת, אַנְטָל[84] שֶׁל דִּינָרִים — Small pouch (full) of dinars

עיליתא דדינרי (שבת קיט א, ב״ב קלג ב[85]) עֲלוֹת, אַנְטָלִים שֶׁל דִּינָרִים — Small pouches (full) of dinars

עלך עָלֶיךָ — On you (*m, s.*)

עלך עָלַיִךְ — On you (*f, s.*)

עללא (חגי׳ ה א) תְּבוּאָה — Grain harvest

עללתא (נדר׳ נה א כ״פ) יְבוּל, הַכְנָסָה — Crop, income

עלם (סנ׳ צה א) ר׳ עולם — Cf.

עלם עוֹלָם — World

עלמא עוֹלָם[86] — World, in general

עלמא דאתי הָעוֹלָם הַבָּא — The World to Come

דרי עלמא דורות עוֹלָם — Lit., the generations of the world, forever

האי עלמא הָעוֹלָם הַזֶּה — This world

הדין עלמא הָעוֹלָם הַזֶּה — This world

---

79) וכ״ה בהקי׳ (שבת קכא ב).

80) מין נחש, הנזכר תמיד כשומר פתחי מערות-קבורה של צדיקים.

81) מ׳ וד״י, ע׳: ערקא.

82) בלשון א״י: שלחו מתם, אה״ת: עלייא.

83) = לא ביושר, ניגוד של ״שלימותא״ = תמימות.

84) = כלי קטן, ״שמעלה בו יין״ (ע׳) מן החבית.

85) מ׳ ואה״ת, ה׳: עליתא, ד׳: עליאתא.

86) בא גם בהוראת דבר לא מסוים, למשל: סוכה דעלמא — סוכה דמצוה (סוכה לי ב׳), יוה״כ קמא — יוה״כ דעלמא... (יומא ד׳ א׳), בעלמא — בשדה דבעה״ב (ב״מ י׳ ב׳). והשוה חולי קלח א: שם אבנט בעולם (רש״י לי׳).

כּוּלֵּי עָלְמָא כָּל הָעוֹלָם (במחלוקת: כל החולקים)
Everybody (in the case of disagreement between Tannaim or Amoraim)
מָרֵי עָלְמָא רִבּוֹן הָעוֹלָם The Lord of the World
בְּעָלְמָא הָדֵין (קידו׳ פא א) בָּעוֹלָם הַזֶּה In this world
תְּרֵי עָלְמֵי (הור׳ י ב) שְׁנֵי עוֹלָמוֹת Two (both) worlds
בֵּית עָלְמִין (סנ׳ יט א) בֵּית קְבָרוֹת[87] Cemetery
עֲלַן עָלֵינוּ On us, upon us
עִלְעִין (קיד׳ עב א — מדני׳) צְלָעוֹת Ribs
עַלְקָא (בכו׳ מד ב) עֲלוּקָה A leech
עָלַת (תע׳ כג ב, ב״ק פג א, בכו כז א) נִכְנְסָה She entered
עָלַת (עירו׳ נג ב) אַנְטָל[88] Pitcher
עַם תְּלִיתָאֵי (שבת פח א) עַם שְׁלִשִׁי
People (made up of) three (parts)
עַמָּא עַם People
עַמָּא פְּזִיזָא (פְּזִיזָא) (שבת פח א) עַם פּוֹחֵז
Impulsive people
עַמַּהּ עִמָּהּ With her
עַמּוּדָא עַמּוּד Column
עַמּוּדָא דְנוּרָא עַמּוּד הָאֵשׁ Column of fire
עַמּוּדֵי עַמּוּדִים Columns
בֵּינֵי עַמּוּדֵי בֵּין הָעַמּוּדִים Between the columns
עַמּוּדֵיהּ (ע״ז עג א) עַמּוּדוֹ (=קילוחו) His jet
עַמּוֹנָאֵי (קיד׳ עב סע״א) עַמּוֹנִים Ammonites
עַמּוֹרָאֵי (ב״ב כב א) צַמָּרִים (=מוכרי צמר)
Wool merchants
עֲמֵי קָלַהּ (חול׳ לח א) קוֹלָהּ עָמוּם
Her voice is faint
עַמְיָא (ב״ק ט ב) עוֹמֶמֶת (=דועכת)
It (*f.*) is growing faint, is dying
עַמֵּיהּ עַמּוֹ His people
עַמֵּיהּ עִמּוֹ With him
עָמֵיץ וּפָתַח (ביצה כב סע״א) עוֹמֵץ (=עוצם עין) וּפוֹתֵחַ
He closes (his eye) and opens (it)
עֲמִיקָא (ב״ק נא ב[89] 2) עֲמֻקָּה It (*f.*) is deep
עֲמִיקְתָא (תע׳ כג ב, חגי׳ ה ב) עֲמֻקָּה
(Abysmally) deep, profound (*f, s.*)
עֲמִיקְתָא (חגי׳ יב ב — מדני׳) עֲמֻקּוֹת
The profound, the deep (*f, p.*)
עַמְלָא דְבָתֵּי (כתו׳ סט א, ב״ב סז א) שְׂכַר בָּתִּים
Rent for housing
עַמְלִי (ב״מ קה א) עֲמָלִי My effort
עַמְלֵיהוֹן (ב״מ טו א) שְׂכָרָם (של נכסים)
The profits (of the property)
עַמְמֵי (ר״ה כ א) עֲמָמִין (=נכרים) Non-Jews
עַמְמַיָּא (מג׳ יא ב — מעו׳, סנ׳ צה א — מת״י) הָעֲמָמִים
The non-Jews
עַמְמִין עֲמָמִין (=נכרים) Non-Jews
בְּנֵי עַמְמִין (יומא עא ב) בְּנֵי נָכְרִים[90] Sons of non-Jews
עמקא (ב״ק נא ב) מ׳ ה׳: עמיקא
עֲמַר צֶמֶר Wool
עֲמַר גּוּפְנָא צֶמֶר גֶּפֶן Cotton
עֲמַר נְקָא (חגי׳ יד א — מדני׳) צֶמֶר טָלֶה Sheep wool
עַמְרָא צֶמֶר Wool
עַמְרֵיהּ (יומא כ ב) צַמְרוֹ His wool
עַמְרָנִיתָא (שבת כ ב) צַמְרִית[91]
Wooly substance between the tree and its bark
עָנָא (ב״ק נב א) צֹאן Sheep and goats, small cattle
עָנָא[92] (נדר׳ נ א) צֹאן[93] Ram (figure-head)
עִינְבֵי עֲנָבִים Grapes
עִינְבֵי [דְ]תָאלָא (גט׳ ע רע״א — מ׳) עֲנָבִים שֶׁל (גֶּפֶן עַל) דֶּקֶל
Grapes supported by a palm tree
עִינְבְתָא (ע״ז כח א) עֲנָבָה (גם שֵׁם למורסא בעין)
Grape (also an eye infection)
עָנֵה (סנ׳ צג א — מדני׳ ג כה) עוֹנֶה
He responds (he exclaims)

ור׳ ״מילתא בעלמא״.
87) בעברית: בית עולמו, אבל ״בית עולמים״ הוא המקדש.
88) ע׳, והוא ״כלי שמעלה בו היין״ מן החבית.
89) פ״א — מ׳, ד׳: דעמיק, ה׳: עומקא. פ״ב — מ׳ ה׳, ד׳: עמקא.
90) כינוי גנאי בפי כה״ג כלפי שמעי׳ ואבטליון, שהיו בני גרים.
91) = חומר רך, שבין האילן וקליפתו.
92) מ׳ ע״י ופי׳ הרא״ש, ד׳: עינא, אה״ת (ט״ד): עצא.
93) ״צורת איל זהב לנוי״ (פי׳ באה״ת) שעושים בכל אניה.

עָנוּ[94] (סוטה מח סע״א) עוֹנִים — They (*m.*) respond

עִינּוּיָא (נדר׳ פ ב) עִנּוּי — Suffering

עִינוּנִיתָא דְוַרְדָא (חול׳ מז סע״א) אוּנִית הַוֶּרֶד[95]

Lit., little rose lobe, i.e., minor lobe of lung

עִינְוְתָנָא, עִנְוְתָנָא עָנָו — A humble person (*m.*)

עִינְוְתָנֵי (סנ׳ יא רע״ב) עֲנָוִים — Humble persons

עִנְוְתָנוּתָא (נדה כ ב) עֲנָוָה — Humility

עִנְוְתָנוּתֵיהּ (מ״ק כח א, סוטה מ א) עַנְוְתָנוּתוֹ

His humility

עָנִי בַר טוֹבִים (בר׳ נח ב) עָנִי בֶּן־טוֹבִים

Poor person from a good family

עָנֵי עוֹנֶה — He responds

עֲנֵי עֲנֵה (צ) — Respond (*m, s., imp.*)

עני נשי (סוטה מח סע״א) ע״י ורש״י: ענין

עני גברי (שם) ע״י: ענו

עַנְיָא עָנִי — Poor person

עָנֵיב (עירו׳ צז א) עוֹנֵב (=קוֹשֵׁר)

He ties, he makes a bow

עַנִיוּתָא עֲנִיּוּת — Poverty

עַנִיוּתִי (שבת קמ ב) עֲנִיּוּתִי — In my poverty

עַנִיֵּי עֲנִיִּים — The poor

עַנִיֵּי דְמָתָא (ב״ב ח ב) עֲנִיֵּי הָעִיר — The poor of the city

עַנִיֵּי דְעָלְמָא (שם) עֲנִיֵּי הָעוֹלָם[96]

The poor from outside the city

עַנִיֵּי מָאתִין (מג׳ כז א) עֲנִיֵּי עִירֵנוּ — The poor of our city

עַנְיִין (סוטה כ ב — מדני׳ ד כד) עֲנִיִּים — The poor

עָנְיָן[97] **נָשֵׁי** (סוטה מח סע״א) נָשִׁים עוֹנוֹת

The women respond

עִנְיָנָא עִנְיָן — The matter, the case

תְּרֵי עִנְיָנֵי (פס׳ ו ב) שְׁנֵי עִנְיָנוֹת

Two matters, two subjects, two sections

מֵעִנְיָנֵיהּ דִקְרָא מֵעִנְיָנוֹ שֶׁל כָּתוּב

Of the context of the verse

עָנֵישׁ עוֹנֵשׁ — He punishes

עֲנַ(י)שְׁתֵּיהּ[98] (ב״ב כב א כ״פ) עֲנַשְׁתִּיו

I punished him (I caused him to be punished)

לָא עָנֵךְ (ב״ק צב ב) אֵינוֹ עוֹנֶה לְךָ

He does not respond to you

עֲנָנָא עָנָן — A cloud

עֲנָנֵי עֲנָנִים — Clouds

עַנְפוֹהִי (שבת כא א, חול׳ קמ רע״א — מדניאל ד ט) עֲנָפָיו

Its branches

עַנְפֵיהּ (פס׳ קיא ב, ב״מ קח א) עֲנָפוֹ — Its branch

עֲנַשׁ (סנ׳ נט א, סח ב) עָנַשׁ — He punished it (*m.*)

עֲנָשׁ נִכְסִין (מ״ק טז א — מעז׳ ז) עֹנֶשׁ נְכָסִים

Punishment of property

עַנְשֵׁיהּ (ב״ב כב א, מעי׳ יז ב) עֲנָשׁוֹ — His punishment

עָנְשִׁינַן (מנ׳ מא א) אָנוּ עוֹנְשִׁים — We punish

עָנְשִׁיתוּ (שם) אַתֶּם עוֹנְשִׁים — You (*m, p.*) punish

לָא עָנְשַׁתְּ (שבת פט ב) אֵינְךָ עוֹנֵשׁ — You do not punish

עִיסְבֵּי דְדַבְרָא (פס׳ קיח א) עִשְׂבֵי הַשָּׂדֶה

Grass of the field

עָסֵיק עוֹסֵק — He is occupied

עֲסִיק עָסוּק — He is occupied with

עֲסִיקִינַן[99] אָנוּ עֲסוּקִים

We are occupied with, we are concerned with

עֲסִיקִיתוּ[1] (תע׳ כד א, מג׳ טז א, יב׳ קה ב) אַתֶּם עֲסוּקִים

You (*m, p.*) are occupied, you are concerned with

עֲסִיקָן עֲסוּקוֹת — Occupied (*f, p.*)

עסיקנא (שבת ל רע״א) מ׳ א״פ וד׳ שונ׳: עסקינן

עֲסַק עָסַק — He was occupied, he was concerned with

עֲסַק בִּישׁ (ב״ק צט ב) עֵסֶק רַע — Nasty business, mess

עִיסְקָא עֵסֶק — Business

עָסְקִי עוֹסְקִים

(They (*m.*) are) occupied

עִיסְקֵי עֲסָקִים — Businesses

עִיסְקֵיהּ (בר׳ נז א) עִסְקוֹ — His business

עִיסְקַיְיהוּ (מנ׳ מג א) עִסְקָם — Their business

94) עי״, מ׳: עניא, ד׳: עני.

95) כך נקראת האונה הקטנה הוורודה, הנמצאת בין האונות הגדולות.

96) עניים ממקומות אחרים, שאינם בני העיר.

97) עי״ ורש״י, ד׳: עני, מ׳: עניא.

98) ה׳ ואה״ת ותוס׳ ד״ו.

99) בדפוסים רגיל יותר: עסקינן.

1) מ׳, ד׳ בכולם: עסקיתו.

עַסְקִינַן אָנוּ עוֹסְקִים
We are occupied with, we are concerned with

עַסְקִיתוּ[2] (גט׳ לא ב) אַתֶּם עוֹסְקִים
You are occupied with, you are concerned with

עִסְקָךְ עִסְקְךָ
Your business, your concern

קָא עָסְקַת (ע״ז יז ב) אַתָּה עוֹסֵק
You are occupied (you study the Torah)

עֲסַר עֶשֶׂר
Ten (*f.*)

חַד עֲסַר (חגי׳ ט ב, נד א) אַחַד עָשָׂר
Eleven (*m.*)

עַסְרָא עֲשָׂרָה
Ten (*m.*)

עִיפּוּשָׁא (פס׳ מ א) עִפּוּשׁ
Dampness

עפיץ ר׳ אפיץ
Cf.

עַפְצֵי (שבו׳ מב רע״א) עֲפָצִים (לעיבוד עורות)
Gall-nuts (for tanning hides)

עַפְרָא עָפָר
Dust (*s.*)

עַפְרֵי (שבת סז סע״א) עֲפָרִים (ר׳ של עָפָר)
Dust (*p.*)

עַפְרֵיהּ (ב״ב קעא ב) עֲפָרוֹ
His dust

עַפְרַיְיהוּ עֲפָרָם
Their dust

תוּבִי[3] לְעַפְרָיךְ (סנ׳ סה סע״ב) שׁוּב לַעֲפָרְךָ
Return to your (*m, s.*) dust

תוּבִי[4] לְעַפְרִיךְ (תע׳ כד א) שׁוּבִי לַעֲפָרֵךְ
Return to your (*f, s.*) dust

עפשא (פס׳ ז א) מ׳ וא״פ: עיפשה[5]

עֲצוֹרֵי (ב״ב כה ב) מְיַצְּרֵי שֶׁמֶן
Those who express (squeeze out by pressure) oil (oil producers)

עִיצוּרִין (נז׳ לט א — מת״א) זַגִּים (של ענבים)
Grape skins

עֲצִיב עָצוּב
Sorrowful (*m, s.*)

עֲצִיבָא (תע׳ כה א) עֲצוּבָה
Sorrowful (*f, s.*)

עֲצִיבוּתֵיהּ (בר׳ נה א) עֲצִיבוּתוֹ
His sorrow

עֲצִיבֵי (תע׳ כב א) עֲצוּבִים
Sorrowful (*p.*)

אַמַּאי עֲצִיבַת לָמָה אַתָּה עָצוּב?
Why are you (*m.s.*) sorrowful?

אַמַּאי[6] עֲצִיבַת (תע׳ כה א) לָמָה אַתְּ עֲצוּבָה?
Why are you (*f, s.*) sorrowful

עציצא ר׳ אציצא
Cf.

עצרא (ב״ק כז ב) כי״י ורש״י: עצרי

עַצְרֵי (ב״ק כז ב[7], ב״מ פו ב[8]) גִּתּוֹת, בָּתֵּי בַד
Wine presses

עֲצַרְתָּא עֲצֶרֶת (=חג השבועות)
Shavuos holiday

עֲצַת חֶטְאִין[9] (ע״ז יז רע״ב — מת״א) עֲצַת חֲטָאִים
Sinful advice

דָּא עָקָא (סנ׳ כו א) זוֹ צָרָה
This is the misfortune

עִיקְּבָא דְבִינְתָא (נז׳ לט א 2) עִיקַּר הַשֵּׂעָר (רש״י: סָמוּךְ לַבָּשָׂר)
Principal part of the hair (close to the skull, *Rashi*)

עקבות משיחא (סוטה מט ב) מ׳ רש״י אה״ת וע״י: המשיח[10]
Epoch of the Messiah

עִיקְּבֵי דְגַפֵּי (חול׳ נב א) עִיקָּרֵי הַכְּנָפַיִם[11]
Principal part of the wings (close to the body)

עִיקְּבֵי נִימְהוֹן (נז׳ לט ב) עִיקָּרֵי שְׂעָרָם
Principal part of their hair (close to the skull)

עִיקּוּלֵי (כתו׳ צז א) עִיקּוּלִים
Deviations, branching off (of river)

עִיקּוּלֵי וּפְשׁוֹרֵי (ב״ב כד א, ע״ז לד ב) פִּתּוּלִים (של הנהר) וְהַפְשָׁרוֹת (השלג)
River bends, melted snow

עֲקוֹר עֲקֹר (צ)
Uproot, pull out (*m, s., imp.*)

עֲקוֹר עָקְרוּ, תָּלְשׁוּ
They uprooted, pulled out

עֲקַ(י)ץ (בכו׳ לא ב — מ׳ ורש״י) עָקַץ
He stung (he was sarcastic)

עֲקִיר (כתו׳ ז רע״א) עָקוּר
It (*m.*) is detached

קא עקיר (מנ׳ מט א) מ׳: קעקר, ור׳ עקר
Cf.

עַקְמוּמִיתֵיהּ (עיר׳ ח א) עַקְמוּמִיתוֹ
Its curvature, its bend

עַקְמוּמִיתָךְ[12] (סנ׳ צא א) עַקְמוּמִיתְךָ
Your crookedness (of the mind)

עקמותך (שם) ר׳ עקמומיתך
Cf.

2) ור׳ גם עסיקיתו.
3) ילי׳ ויד רמי״ה, שה״ג: הדר.
4) מ׳ ב ואה״ת, מ׳ ד׳: שובי.
5) צורה עברית שם בדברי רבה בר רב הונא: הפת שעיפשה.
6) מ׳ מ׳ ב ואה״ת וד״ו, ד״ח: למאי.
7) כי״י ורש״י, ד׳: עצרא.
8) ה׳ ורש״י: בי עצורי, אה״ת: ביני עצורי.
9) תר׳ של ״זמה״, ועי׳ רש״י.
10) המטבע אפוא בעברית ע״פ תה׳ פט נב: עקבות משיחך.
11) רש״י: ראש הכנף מקום שתותכין הכנף מן האווז.
12) מ׳ ק׳ מנה״מ וע״י, אה״ת: עקמימותך, ד׳: עקמותך.

עֲקָן סַגִּיאָן (סוטה מח ב, סנ׳ יא א) צָרוֹת רַבּוֹת
Many calamities

עֲקַר עָקַר
He uprooted, detached

עָקַר עוֹקֵר
He uproots, detaches

עִיקָּרָא עִקָּר, שֹׁרֶשׁ
Essence, root

מֵעִיקָּרָא תְּחִלָּה, מִתְּחִלָּה, בָּרִאשׁוֹנָה, לִפְנֵי כֵן, לְפָנִים[13]
Originally, firstly, first, before, prior

כִּדְמֵעִיקָּרָא כְּבַתְּחִלָּה
As before

עיקרא (שבת קנב א) ע׳: איקא

עִיקָּרָא דְדִיקְלָא (סוכה לא א, לו ב, לז א) עִיקַּר הַדֶּקֶל[14]
The bark of the palm

עַקְרַבָּא עַקְרָב
Scorpion

עַקְרַבֵּי (סנ׳ סז ב) עַקְרַבִּים
Scorpions

עָקְרָא/ה (קיד׳ סד ב ועוד) עוֹקֶרֶת
It (*f.*) abrogates, invalidates

עֲקָרָה (ב״ב עה ב) עָקְרָה
It (*f.*) moves from its place

עַקְרוּהָ (ב״מ קיב ב, שבו׳ מה א) עָקְרוּ אוֹתָהּ
They removed it (*f.*)

עָקְרִי עוֹקְרִים
They uproot, invalidate

עַקְרֵיהּ עֲקָרוֹ
He uprooted it (*m.*)

עקריין[15] (הור׳ ד ב כ״פ) ר׳ עקרינן
Cf.

עַקְרִינְהוּ (יב׳ יב א, חול׳ קה ב) עָקַר אוֹתָם
It (*m.*) uprooted, invalidated them

עַקְרִינְהוּ (ב״ק צב א) עֲקֹר אוֹתָם (צ)
Uproot them (*imp.*)

עָקְרִינַן[16] (הור׳ ד ב כ״פ) אָנוּ עוֹקְרִים
We abolish, we abrogate (the Torah law)

לָא עָקְרִינַן (כתו׳ ג ב) אֵין אָנוּ עוֹקְרִים (=מבטלים)
We do not abolish, we do not abrogate

עָקְרִיתוּ (ב״ב כב א) אַתֶּם עוֹקְרִים, תַּעַקְרוּ (=תִּגְבּוּ חובות)
You (*m, p.*) annul, you will annul (collect that is due to you)

עָקַרְנָא אֲנִי עוֹקֵר
I uproot, I castrate

עֲקַרְתְּ (כתו׳ י א) עֲקַרְתָּ
You (*m, s.*) have uprooted, removed

עֲקַרְתָּא (יב׳ סה רע״ב[17], סע״ב) עֲקָרָה
Barren (*f, s.*)

עֲקַרְתֵּיהּ (נדה סד א) עָקְרָה אוֹתוֹ
She uprooted it (*m.*)

עֲרָא(ה)[18] (גט׳ סט ב) דַּפְנָה[19]
Laurel

ערב (עירו׳ ס א) מ׳: עריב

עַרְבָּא עֵרֶב (של אריג)
Woof (as compared to warp)

עַרְבָא עָרֵב (=אחראי)
Guarantor

עַרְבָא דְעַרְבָא (סוטה לז ב) עָרֵב שֶׁל עָרֵב
Guarantor of a guarantor

עַרְבָא שִׁמְשָׁא (בר׳ ב ב ועוד) שׁוֹקַעַת הַחַמָּה
The day grows dark, the sun sets

עֲרָבָאָה (ב״ב נו א, חול׳ מט א) עַרְבִי
Arab

עַרְבָאֵי (ב״ב קסח ב) עַרְבִיִּים
Arabs

אַחְרָאִין וְעַרְבָאִין (כתו׳ פב א, גט׳ לז א) אַחְרָאִים וַעֲרֵבִים
Responsible and guarantors

עָרְבָהּ (יב׳ לג רע״ב) עֵרַב אוֹתָהּ
He mixed it (*f.*) together/up

עָרְבַהּ (עירו׳ נט ב) עֵרַב לָהּ (=עשה לה עירוב)
He made an *eiruv* for it (*f.*)

עָרְבָה[20] (נדה כב א 2) עֶרְבָּה (מְעֹרֶבֶת ?)
It (*f.*) mixes, is mixed in

עִירְבּוּבָא (שבת קלט סע״א) כִּלְאַיִם
Kelayim (mixing of two species)

עַרְבּוּבְיָא (ע״ז ב ב) עִרְבּוּבְיָא
Mixed crowd

עַרְבּוּבִיתָא (נדר׳ פא רע״א 4[21], סע״א) עַרְבּוּבִית[22]
Muddle, being unkempt

עַרְבּוֹנָא (שבת קה ב, מ״ק כה א) עֵרָבוֹן
Pawn

הָדְרִי וְעָרְבִי (חול׳ נח ב ועוד) חוֹזְרִים וּמִתְעָרְבִים
They rejoin

והדר ערבי (חול׳ קלה רע״ב) מ׳ ר׳ ב ורש״י: עריב
Cf.

דערבי (עירו׳ מח א) מ׳: דעירבו

(13) בניגוד ל״השתא״ (למשל מ״ק יד א-ב כ״פ).
(14) עי׳ רש״י בל״ו ב׳.
(15) ד״ו בכולם: עקרן, מ׳: דקעקרינן, עקרי, קעקרי, דקעקרינן.
(16) מ׳, ד׳: עקריין.
(17) מ׳ וד״ו: עקרת׳, ד״ח: עקרתה.
(18) כ״י מינכן וערוך.
(19) ר״ב מוספיא: האילן זה נקרא דפני.
(20) מ׳ לי׳ כל המשפט ״צחצוחי זיבה...״
(21) פעם רביעית — בתוך משפט עברי, ובמ׳ כנכון: בערבוביא.
(22) = לכלוך מחמת חוסר נקיון של הגוף או של הבגדים.

עַרְבִיָא[23] (כתו׳ עב ב) עַרְבִיָּה — Arab woman

עָרְבֵיה עֵרַב אוֹתוֹ — He mixed it (*m.*)

עָרְבָךְ עָרְבָא צָרִיךְ (סוכה כו סע״א, גט׳ כח רע״ב)[24] עֲרֵבְךָ צָרִיךְ עָרֵב[25]
Your guarantor needs a guarantor (he is unreliable)

עָרְבִין בֵּיהּ (סוכה נג א, ב״ב קעד א[26], בכו׳ מח א) עֲרֵבִים בּוֹ[27] (=אחראים לו)
They make an *eiruv* using it (*m.*) (*Sukkah*), they are his guarantors (*Bava Basra* and *Bechoros*)

עָרְבִינְהוּ עֵרַב אוֹתָם
He mixed them, he joined them together

עָרְבִינַן (עירו׳ סז ב) עֵרַבְנוּ (=עשינו עירוב)
We made an *eiruv*

עֲרִיבִיתוּ[28] **בַּהֲדָן** (סנ׳ לט סע״א) אַתֶּם מְעֹרָבִים עִמָּנוּ
You are mixed together with us (we are together in this matter)

עָרְבְתְּ (ב״מ מ ב 3[29]) עֵרַבְתָּ — You stirred in

עַרְבְתָא עֲרָבָה (עץ) — Willow tree

עַרְבָתָא[30] (שבת כ ב) עֲצֵי עֲרָבָה — Willow trees

עָרוּבֵי עָרוּב[31] (עירו׳ עה סע״ב) עָרֵב עֵרְבוּ (=עשו עירוב)
They made an *eiruv*

עֵרוּבָא, עֵירוּבָא (בר׳ לט ב, שבת קיז ב) עֵרוּב — *Eiruv*

ערובה (בכו׳ לו א) מ׳ אה״ת ע״י לי׳[32]

עָרוּבֵי, לְעָרוּבֵי[33] לְעָרֵב — To mix

עָרוּבֵי[34] (עירו׳ עה ב) (ל)עָרֵב — (To) make an *eiruv*

לְעָרוּבֵי[35] (מנ׳ פט ב) לְעָרֵב — To mix

לְעָרוּבֵי[36] (עירו׳ מט סע״א) לְעָרֵב (=לעשות עירוב)
To make an *eiruv*

עֵירוּבֵיהּ (עירו׳ עג א) עֵרוּבוֹ (=עירוב שלו) — His *eiruv*

עֵרוּבַיְיהוּ, עֵירוּבַיְיהוּ (עירו׳ סא ב, סו ב) עֵרוּבָם (=עירוב שלהם) — Their *eiruv*

לְעָרוּבִינְהוּ[37] (בכו׳ נד ב) לְעָרֵב אוֹתָם
To mix them together

עָרוֹדֵי (ב״ב לו א 2, ע״ז טז ב) עֲרוֹדוֹת (בע״ח)
Wild donkeys

בר עירוכי (נז׳ סב א) ר׳ בר — Cf.

עֲרוֹק (ב״מ פד א) בְּרַח — He ran away, fled

עָרוֹקָאֵי (חול׳ מו א) בָּרוֹחוֹת (=בורחים)
Escapees (those who escape), runaways

עֲרוֹקוּ (ב״ב ח א 2) בִּרְחוּ — Escape (*p., imp.*)

עֵירוֹקֵיהּ (יב׳ לז א 2) בְּרִיחָתוֹ — His escape

ערוקינן (ב״ב ח א) ה׳ רי״ף ור״ג: ערקינן

עָרוֹרֵי (גט׳ פו א) עַרְעוּרִים — Protestations, legal claims

עַרְטִילָאֵי (ב״מ מו א) עָרֹם (=בלא בגדים)
Naked (*m, s.*)

שְׁלִיחַ [וְ]עַרְטִ[י]לָ(אִי)[38] (כתו׳ סה רע״ב) מְפֻשָּׁט וְעָרֹם (רש״י) — Undressed and naked

שְׁלִיחַ עַרְטִיל (סוטה ח ב) מְפֻשָּׁט עָרֹם
Undressed naked

עָרֵי (ר״ה כג א, ב״ב פא א) עֲרוֹנִים[39] — Species of cedar

עָרֵיב עֵרַב — He became a guarantor, he made an *eiruv*

קעריב (תמו׳ לד סע״א) רש״י: עריב

קא עריב (מנ׳ ע ב) מ׳: עריב

עָרֵיב[40] **לְהוּ** (עירו׳ ס א) עֵרֵב לָהֶם[41]
He made (repaired) the *eiruv* for them

עָרִיבוּ (פס׳ פט ב) עֵרְבוּ — They combined

עריבו[42] (בכו׳ ג סע״א) ר׳ עריב — Cf.

עָרְבִי (ב״מ מ ב) עֵרַבְתִּי — I stirred in

(23) גם בעברית (להלן עה ב) — באל״ף.
(24) ובשניהם: מתקיף לה רב משרשיא.
(25) כלומר: אין לסמוך על הערב שאתה מציע.
(26) מ׳ ה׳ ורשב״ם, ד׳: מערבין יתיה.
(27) השוה בעברית: שכל ישראל (ד׳: שכולן) ערבים זה בזה (סנ׳ כז ב וש״נ).
(28) הגהתי. ד׳: ערביתו, מ׳: ערביתון.
(29) פ״א — מ׳: עריבת, פ״ב — ד׳: ערבית.
(30) מ׳ וא״פ, ד׳: ארבתא.
(31) מ׳, ד׳: עירובי עירב.
(32) מ׳: בסלא דנסרים של ערבה קלופה, אה״ת וס״א בשמ״ק: בסלי נסרי׳ של ערבה קלופה, ע״י: בסלי נסרים כיילי ערבה קלופה, ד׳ (ע״פ הרא״ש): בסלי [נסריה כיילי ערובה ערבה קלופה].
(33) בד׳ בכמה מקומות: לעירובי.
(34) מ׳, ד׳: עירובי.
(35) מ׳, ד׳: לאירובי, רש״י: לעירובי.
(36) כצ״ל, ד׳: לאירובי, מ׳: מערב.
(37) רש״י, מ׳: לערובן, ד׳: לערבו.
(38) מ׳, ונ״ל שכך היה גם לפני רש״י.
(39) ממשפחת הארזים.
(40) מ׳, ד׳: ערב.
(41) = תקן את עירובם.
(42) ר״ג: עריב, מ׳: ערבי בהו חולי, ד׳: עריבו בהן חולין.

עֲרִיבִי (עירו׳ פו א כ״פ ועוד) מְעֹרָבִים They are mixed in

דעריך (מנ׳ נו סע״א 2) מ׳ ורש״י בעב׳: דערך

עָרֵיק (גט׳ יב סע״ב) בּוֹרֵחַ He runs away

עֲרַ(י)קַת[43] (שבת סז א) בָּרְחָה It (*f.*) ran away

עָרָךְ (שבו׳ לה ב — מדני׳) שׂוֹנַאֲךָ[44] Your enemy

ערמה (שבת קכט א) ד״ו: עורמא

עַרְסָא מִטָּה Bed

עַרְסָא (גט׳ ו א) שְׁכוּנָה, שׁוּרַת בָּתִּים Row of houses

עַרְסָא דְגַדָּא (מ״ק כז א ועוד) עֶרֶשׂ הַמַּזָּל[45] Good luck bed

עַרְסָא דִצְלָא[46] (שם) מִטָּה שֶׁל עוֹר Leather bed

עַרְסַהּ (שבת קכט א) מִטָּתָהּ Her bed

עַרְסֵיהּ מִטָּתוֹ His bed

עַרְסַיְיהוּ (כתו׳ קג א) מִטָּתָם Their bed (their funeral)

מְשַׁמְשֵׁי עַרְסַיְיהוּ (גט׳ נח א) מְשַׁמְּשִׁים מִטּוֹתֵיהֶם They were engaged in sexual relationships

ערסייתא (עירו׳ כו א[47], ס א[48]) ר׳ ערסתא Cf.

עַרְסָתָא (עירו׳ כו א[49], ס א[50]) שְׁכוּנוֹת, שׁוּרוֹת בָּתִּים Neighborhoods, rows of buildings

עַרְעוֹרֵי (גט׳ ה א 2) (ל)עַרְעֵר (To) contest, to protest

עָרְעִיתָא (שבת פ ב) צִרְעָה Wasp

עַרְעֲרָא[51] (כתו׳ צא ב) עִרְעֲרָה She contested, she protested

עֲרַף מִיעְרָף (זב׳ ע ב) עָרוֹף עָרַף He broke the neck (of the heifer)

עַרְפֵיהּ מִיעְרָף (בכו׳ י א) עָרוֹף עֲרָפוֹ He broke its neck

לָא עָרְפִינַן (סוטה מו א) אֵין אָנוּ עוֹרְפִים We do not break its neck

עֲרַק בָּרַח He escaped

ערק[52] **לה חרציה** (גט׳ עח א) ר׳ עייק Cf.

עָרְקָא (ב״ב כ א) בּוֹרַחַת She escapes

עֲרַקוּ בָּרְחוּ They escaped

עַרְקוּמָא (חול׳ עו א, בכו׳ ו יא) עַרְקוֹב[53] Ankle bone (?)

עַרְקוּמָא דְמַיָּא (יומא עח א 2[54], מג׳ טו א[55], כח סע״ב[56], קיד׳ עא רע״ב[57]) שְׁלוּלִית מַיִם Puddle

עָרְקִי (ע״ז סז א) בּוֹרְחִים They escape

ערקין, דערקין (סנ׳ יא סע״א, ב) ר׳ דעדקין Cf.

עָרְקִינַן[58] (ב״ב ח א) אָנוּ בּוֹרְחִים, נִבְרַח We escape, we shall escape

עַרְקְתָא דִמְסָאנָא (ב״ב כא א, סנ׳ עד ב) רְצוּעָה שֶׁל נַעַל Shoe strap

עשאוה (ערכ׳ כא ב) מ׳: עשיוה

עִישְׂבָּא (ב״ב עד ב) עֵשֶׂב Grass

עִשְׂבֵּי (שם) עֲשָׂבִים Grasses

עִשְׂבֵּי טוּרָא (סוטה מח ב) עִשְׂבֵּי הָהָר Mountain grasses

בְּנֵי עַשּׂוֹיֵי (גט׳ פח ב) אֶפְשַׁר לָכֹף אוֹתָם They can compel

עַשּׂוֹיֵיהּ[59] (כתו׳ נג רע״א) (ל)עַשּׂוֹתוֹ, לָכֹף אוֹתוֹ To compel him, to induce him

עִישּׂוּרָא עִשּׂוּר, מַעֲשֵׂר The tithing, the tithe

עַשּׂוֹרֵי, לְעַשּׂוֹרֵי לְעַשֵּׂר To tithe

לָאו בַּר עַשּׂוֹרֵי אֵינוֹ חַיָּב בְּמַעֲשֵׂר It (*m.*) is not subject to tithing

בְּנֵי עַשּׂוֹרֵי נִינְהוּ (ביצה לה א) חַיָּבִים בְּמַעֲשֵׂר They are subject to tithing

בְּעִישּׂוּרְיָיתָא (ב״מ סד א) בְּ(מִנְיַן) עֲשָׂרוֹת[60] (Counting) by tens

---

43) הגהתי ע״פ מ׳ (ערקא).

44) וכן במקרא: ויהי עָרֶךָ (ש״א כח טז).

45) פי׳ מטה עשויה לכבוד שר (= שד?) הבית ואין אדם ישן עליו (ערוך גד א׳). [וראה רש״י מו״ק כז א, סנהדרין כ א, תוס׳ ור״ן נדרים נו א].

46) = זיהוי ״דרגש״ שבמשנה.

47) מ׳: ערסא, ע׳: ערסתא.

48) ע׳ מ׳ ור״ח: ערסיתא.

49) ע׳, מ׳: ערסא, ד׳: ערסייתא.

50) ע׳ ומ׳, ד׳: ערסייתא.

51) הגהתי, ד׳: איערערא, מ׳ (באשגרה מן הסמוך): מערערא.

52) ר״ב מוספיא: עדק, ערוך ע׳ שלף ב׳: עייק, ובע׳ עויק: עויק.

53) ע׳: בלי׳ ישמעאל קורין לסובך של רגל ערקוב והוא למעלה מן העקב.

54) ד׳: עורקומא, עורקמא, מ׳ גל׳ פ״א: עורקמא, מ׳ ב: ערקימא, ערקומא, ל׳ פ״ב: עורקמא.

55) ד׳ פ׳ א״פ מ׳ ב גל׳: ערקומא, ע׳: ערקמא, מ׳: עורקמא.

56) ע׳ א״פ ואה״ת: ערקומא, ד׳: עורקמא.

57) ד׳ מ׳: עורקמא, ע׳: ערקומא.

58) ה׳ רי״ף ור״ג, ד׳: ערוקינן.

59) הגהתי ע״פ מ׳: עסוייה, ד׳: עשייה.

60) שדרכם למנות עשר עשר.

עִישׁוּרְיָיתָא דְבֵי רַבִּי (נדר׳ לט ב) עִשּׂוּרִים שֶׁל בֵּית רַבִּי[61]
Like the one tenth in the house of Rebe

עֲשִׁיוּהַ[62] (ערכ׳ כא ב) כָּפוּהוּ
They impelled him, they forced him

עֲשְׁיֵיהּ (תע׳ כד ב) שִׁדְּלוֹ
He induced him, he persuaded him

עֲשְׁיֵיהּ (כתו׳ נג רע״א) עֲשֵׂהוּ, כֹּף אוֹתוֹ
Induce him, impel him (*m, s., imp.*)

עַשִׁינְהוּ (כתו׳ נ א, ב״ב י א) שִׁדְּלָם
He induced them, persuaded them

עֲשִׁיק (ב״מ נב א, עד א) יָקָר
Expensive (*m, s.*)

עָשֵׁיק (בר׳ נו א) מִתְיַקֵּר
It will become more valuable

עֲשִׂירָאָה (בר׳ ה ב ועוד) עֲשִׂירִי
The tenth

עֲשִׁירֵי (עירו׳ נב א) מ׳ וד״ש: עשירים

עֲשִׁית (פס׳ קיג סע״ב — מדני׳) עָשַׁת (=חשב)
He thought (he intended)

עֲשִׁיתִינְהוּ (כתו׳ נ רע״א) כָּפִיתִי אוֹתָם
I have impelled them

עַשַּׂר (יב׳ צג א ועוד) עִשֵּׂר
He tithed

עֲשַׂר (בר׳ נד ב) עֶשֶׂר
Ten (*f.*)

עַשְׂרָה (סנ׳ צד א ועוד) עֲשָׂרָה
Ten (*m.*)

עֶשְׂרִין עֶשְׂרִים
Twenty

עַשְׂרִינְהוּ עִשֵּׂר אוֹתָם
He tithed them

עֲתִידֵי עֲתִידִים
They (*m.*) are destined

עֲתִידִיתוּ (סוכה מח ב) אַתֶּם עֲתִידִים
You (*m, p.*) are destined

עֲתִידָן (סנ׳ יא א) עֲתִידוֹת
They (*f.*) are destined

עֲתִיק (גט׳ פו א) יָשָׁן
Old (*m, s.*)

עֲתִיק יוֹמַיָּא (ב״ב צא ב) עַתִּיק הַיָּמִים[63]
The Ancient of Days (the Almighty)

עֲתִיק יוֹמִין עַתִּיק יָמִים
The Ancient of Days (the Almighty)

עֲתִיק עַתִּיקֵי (פס׳ מב רע״ב) יָשָׁן נוֹשָׁן
Very old (wine), wine that is three years old (Rashi)

עַתִּיקָא יָשָׁן
Old, ancient (*m, s.*)

גַּזְלָנָא עַתִּיקָא (ב״ק צו ב) גַּזְלָן וָתִיק
Veteran thief

עַתִּיקֵי, עַתִּיקִין יְשָׁנִים
Old, ancient (*m, p.*)

עַתִּיקְתָּא יְשָׁנָה
Old, ancient (*f, s.*)

עַתִּיקָתָא יְשָׁנוֹת
Old ancient (*f, p.*)

עֲתִיר עָשִׁיר
Rich (*m, s.*)

עֲתִירָה (תע׳ י א) עֲשִׁירָה
Rich (*f, s.*)

עֲתִיר כְּמָס (ב״ב קמה ב) עָשִׁיר כָּמוּס[64]
Rich man with hidden resources

עֲתִיר מְשַׁח (שם) עָשִׁיר מִדָּה[65]
Rich man with measured (finite) resources

עֲתִיר נִכְסִין עֲתִיר פּוּמְבֵּי (שם) עָשִׁיר נְכָסִים — עָשִׁיר צֶמֶר גֶּפֶן[66]
Rich man with publicly known resources

עֲתִיר סִלְעִין[67] — **עֲתִיר תָּקוּעַ** (שם) עָשִׁיר סְלָעִים — עָשִׁיר תָּקוּעַ[68]
Rich man with coins - established rich man (money changer that has a continuous income), rich man who profits from houses

עֲתִירוּתִי (שבת קמ ב) עֲשִׁירוּתִי
My riches

עֲתִירֵי עֲשִׁירִים
The rich (*m, p.*)

עֲתִירְתָּא (גט׳ נו א) עֲשִׁירָה
Rich woman

61) מונח לקוח מעשור נכסים שנותנים לכל בת יתומה לנישואיה, וכל אחת מהן לוקחת עישור ממה שהשאירה זו שלפניה.

62) מ׳, ד׳: עשאוה.

63) כינוי להקב״ה (דני׳ ז יג, כב) = קדמונו של עולם.

64) עשרו-בגנזיו, ואינו משתכר בו.

65) יש לו רכוש נמדד (תבואה וכיו״ב).

66) מלשון פרסית (ק׳: פַּמְבָּה) = צמר גפן, וכך כותב הערוך: פי׳ עשיר בסחורות שיש בהן נפח כגון צמר גפן וכיו״ב.

67) מ׳, אה״ת: סילעי׳, ד׳: סלעים.

68) מי שיש לו סלעים — עשרו תקוע באוצרו.

– פ –

פָּאחָא (ערכ׳ יט רע״א) פַּח, מוֹקֵשׁ[0]
Broken piece (*Rashi*), trap (*Rabbenu Gershom*)
פָּאיִים[1] (שבת פא א) רֶגֶב עָפָר[2] — Lump of soil
פָּארֵי סֻבִּין — Bran
פָּארֵי (ב״ב יח ב, יט א) צוֹמֵחַ, גָּדֵל
It (*m.*) sprouts, it grows
פארי (שבת נט ב) ר׳ מנקטא — Cf.
פִּיגּוּלָא (מנ׳ נט א-ב) פִּגּוּל
Disqualified sacrifice (see *Vayikra* 7:18)
פיגולי (זב׳ מב א 2) מ׳: פגולי
פַּגּוּלֵי (זב׳ מב א 2, מנ׳ טז א 2) (ל)פַגֵּל
(To) disqualify a sacrifice
פִּיגּוּלֵיה (כרי׳ יד א) פִּגּוּלוֹ — Its (*m.*) disqualification
פַּגֵּי דְפַרְזְלָא (שבת נא ב) רֶסֶן שֶׁל בַּרְזֶל — Iron bridle
פַּגֵּיל פִּגֵּל — He disqualified
פָּגֵים פּוֹגֵם — He causes a flaw
פְּגִימָא (פס׳ קו א, ע״ז נג ב) פָּגוּם — Flawed (*m., s.*)
פְּגִימְתָּא (פס׳ קו א) פְּגוּמָה — Flawed (*f., s.*)
פיגל (מנ׳ קב א 3) מ׳: פגיל
פְּגַם פָּגַם — He flawed (it)
פִּגְמָא פְּגָם — A flaw
פָּגְמָה פּוֹגֶמֶת — She flaws (it)
פִּיגְמַהּ (סנ׳ עג ב) פְּגָמָהּ (=פגם שלה) — Her flaw
פִּיגְמָה זוּטָא (שם) פְּגָם קָטָן — Minor flaw
פִּיגְמָה רַבָּה (שם) פְּגָם גָּדוֹל — Major flaw
פִּיגְמַיְיהוּ (סנ׳ עג ב) פְּגָמָם (=פגם שלהם) — Their flaw
פְּגַע פָּגַע — He stroke
פָּגַע פּוֹגֵעַ — He strikes

פְּגַעָה (פס׳ קיב ב) פָּגְעָה — She met
פָּגְעָה (יב׳ קיט א) פּוֹגַעַת — She meets
פְּגַעוּ פָּגְעוּ — They met, they encountered
פָּגְעִי (עירו׳ סז א) פּוֹגְעִים, נִפְגָּשִׁים
They meet, they encounter
פַּגְרָא (ב״מ סט ב — ע א) שֶׁבֶר, הֶרֶס
Collapse, breakdown
פְּדָאמֵי[3] (שבת סו ב) מַסֵּכָה, מַסְוֶה[4] — Mask, disguise
פדגרא (סוטה י א 2) ר׳ פודגרא — Cf.
פדויהי[5] (סנ׳ קט ב 2) מ׳: פדעוה, פדעיה
פִּדְיוֹנֵיה (זב׳ מט א) פִּדְיוֹנוֹ — Its redemption (money)
בְּנֵי פְדִיָּה (בכו׳ טו ב) אֶפְשָׁר לִפְדּוֹתָם
They are redeemable
בַּר פְּדִיָּיה (מכות יט ב) אֶפְשָׁר לִפְדוֹתוֹ
It (*m.*) is redeemable
פַּדָּנָא דְתוֹרֵי (ב״ק צו ב) צֶמֶד בָּקָר — Team of oxen
פְּדַע (סנ׳ קט ב) פָּצַע — He wounded
פָּדַע פּוֹצֵעַ — He wounds
פַּדְעוּהּ[5] (סנ׳ קט ב 2) פְּצָעוּהוּ — They wounded him
פַּדְעֵיהּ[6] (שם) פְּצָעוֹ — He wounded him
פַּדְעֲתָא (ע״ז כח א) פֶּצַע — A wound
פֵּה (שבת צ א 2) תּוֹלַעַת (של תאנה) — (Fig) worm
פּוּגְלָא צְנוֹן — Radish
פּוֹדַגְרָא (סוטה י א 2[7], סנ׳ מח ב) חוֹלִי רַגְלַיִם[8]
Podagra, gout of feet
אַפּוּדְרָא[9] (נדה כח א) עַל זֶבֶל[10] פ״א: עַל אַבְנֵי שַׁיִשׁ[11]
On trampled manure (*Aruch*); on a marble slab (*Rashi*)
פוזמוקייכו (שבו׳ לא א) ר׳ פוזמקייכו — Cf.

0) [ר״ג, רש״י: שבר]
1) ע׳ א״פ ורי״ף ורא״ש: פייס, מ׳: פיאס.
2) ע׳: פי׳ פייס חתיכי אדמה שמשתברות ... פי׳ גאון אחר ... צרורות ... פי׳ אחר טיט שיבש ונעשה כאבן.
3) ע׳, ד׳: פרמי.
4) פ״א חתיכה של בגד, שקושרים לזקנים על פיהם למען רירם (ע׳ אנקטמין).
5) פ״א — מ׳ (ו׳ תלויה), ע״י: פדעוהו, ד׳: פדיוהו. פ״ב — מ׳ (ו׳ תלויה), ע״י: פדעוהו, אה״ת — נ״א (ושם: פרעיה), ד׳: פדיוהי.
6) מ׳ (י׳— תלויה) ע״י, פ׳: פדיוה, אה״ת: פרעיה, ד׳: פדיוהי.
7) רש״י ומ׳ וע״י, אה״ת לי׳ ב״פ, ד׳: פדגרא.
8) מלשון יונית.

פּוּזְמָקֵי (שבת י א, סב א[12]) מַגָּפַיִם[13]
Fine cloth shoes (*Shabbos* 10a), soldiers' leg armor (*Shabbos* 62a)

פּוּזְמָקַיְיכוּ[14] (שבו׳ לא א) מַגָּפֵיכֶם — Fine cloth shoes

פּוּטַנְקָ[15] (שבת קט ב) יוֹעֶזֶר (צמח) — Type of mint

פּוּלְמוּסָא[16] צְבָא מִלְחָמָה — Military force

פּוּלְסָא[17] (שבת סה א, ב״מ מז ב) אֲסִימוֹן — Coin blank

פּוּלְסֵי דְנוּרָא (יומא עז א ועוד) צְלִיפוֹת (=מכות) שֶׁל אֵשׁ — Wisps of fire

פּוּם (עירו׳ נג ב) פֶּה — Mouth

לְפוּם לְפִי — According (to)

לְפוּם (סנ׳ כה ב) עַל פִּי — In front of

עַל פּוּם גּוּבָא (נדה סט ב — מדני׳ ו יח) עַל פִּי הַבּוֹר — On opening of pit

עַל פּוּם דָּנֵי (בר׳ נו א 2, נט א) עַל פִּי חָבִיּוֹת — On opening of barrels

עַל פּוּם חָנוּתָא (שבת כא א) לִפְנֵי הֶחָנוּת — In front of the store

לְפוּם חוּרְפָא שַׁבְשְׁתָא (ב״מ צו ב, נדה לג ב) לְפִי הַחֲרִיפוּת — הַשִּׁבּוּשׁ — According to acuity - the error (the error is commensurable with the acuity)

פּוּמָא פֶּה — Mouth

אַפּוּמָא דְבִירָא (ב״ב קעה סע״ב, ערכ׳ ז א) עַל פִּי הַבּוֹר — On opening of pit

פּוּמְבְּיָינֵי (קיד׳ לב א) שְׂפַת הַבֶּגֶד — In the location of the seam that is found on bottom of garment

פּוּמַהּ (עיר׳ פז ב, סוטה מז א, קיד׳ עב א) פִּיהָ — Her mouth

פּוּמֵיהּ פִּיו — His mouth

פומיה דלחייא (שבת קמא א) ר׳ לחייא — Cf.

פּוּמַייהוּ פִּיהֶם — Their mouths

פּוּמַייכוּ פִּיכֶם — Your (*p.*) mouths

פּוּמָךְ[18] פִּיךָ — Your (*s.*) mouth

פּוּמִין (מ״ק כה א) פִּינוּ — Our mouth

פּוּנְדְקָא (חול׳ ו א) פּוּנְדָּק — Inn

פּוּסְתָּא[19] (גט׳ נח א) דַּף — Page

פּוּעֲלַיָא (ב״ב צא ב, בפי ר׳ יוחנן) הַפּוֹעֲלִים — The workers

פּוּץ (נפץ) (יומא כ ב) נַפֵּץ — Card (wool or cotton) (*imp.*)

פּוּץ (נפץ) (נדה לא א) נַעֵר[20] — Shake off

פּוּק (נפק) צֵא — Go out (*s.*)

פּוּק חֲזֵי מַאי עַמָּא דָבַר (בר׳ מה רע״א וש״נ) צֵא וּרְאֵה מַה נּוֹהֵג הָעָם[21] — Go out and see what people do

פּוּקוּ (נפק) צְאוּ — Go out (*p., imp.*)

בֵּי פּוּקְרַיי[ה] (יב׳ עו א — ח׳) פִּי הַטַּבַּעַת שֶׁלּוֹ — His anus ring

פּוּרָא (שבת קמט ב) פּוּר, גּוֹרָל — Lot

פורטיתא (סנ׳ צו ב) ע׳ וק׳: פירטא

פּוּרַיָּא פּוּרִים — Purim

פּוּרְיָא מִטָּה[22] — Bed

פּוּרְיָיאִי[23] (תע׳ כב א) מִטָּתִי — My bed

פּוּרְיֵיהּ מִטָּתוֹ — His bed

פּוּרַיְיהוּ (גט׳ נח א) מִטָּתָם — Their bed

פּוּרְיָיתָא (שבת קכא רע״ב) מִטּוֹת — Beds

פּוּרְיָיתָא (סנ׳ קט ב) מִטָּה (קטנה ?) — Bed (specifically, the bed in Sedom)

9) מ׳ (ולי׳ ״עלגבי״, שנוסי׳ בנוסחאות באשגרה מדברי אביי), עי׳: ע״ג פידרא, רש״י: אפידרא, ד׳: אפודרים.

10) מלי סורי: פדרא = פרש (עה״ש), וזה לשון הערוך: פי׳ בתשובות מקום שמעמידין בו צאן בימות הגשמים ומטילות זבל הרבה שם ונופלין עליו גשמים ומימי רגליהם ודשות אותו יום אחר יום והוא נדבק ונעשה עבה ומתמלאת כל החצר ממנו וכיון שבא קיץ מחתכין ממנו במרא ובקרדומות בב׳ אמות על ב׳ אמות ומכסין בו תנור וכירה ודבר שהוא רחב מן התנור ואין נימוח בימות הגשמים ומטלטל בכלי וקורין אותו בלי׳ ארמי פדרא. ונראין דברי הגאון שאמר ששורפו ע״ג פררא ברש״י ואין שם באפידרא. פ״א אפודרא שלחן של שיש.

11) וכן ברש״י.

12) מ׳: פומקי שוקיים, ד׳: פזמקי.

13) עי׳ עה״ש ע׳ מגפים.

14) כצ״ל, מ׳: פומקייכי, ד״ו: פזמקייכן, ד״ח: פוזמוקייכו.

15) מ׳ א״פ וד׳ שונ׳, ד״ח: פותנק.

16) מלשון יונית = מלחמה.

17) השוה ״פילסי״ בת״י ליחז׳ ד׳ י׳ (= שקל), ויש משנים לו - - בלשון רומית (עי׳ עה״ש).

18) כי״י ועוד — בלא יו״ד.

19) מלשון פרסית = עור.

20) השוה בכורים פ״א מ״ח: נטמאו בעזרה נופץ וכו׳ (רע״ב: כלומר מנער וכו׳).

21) רש״י: היאך נוהגים.

22) גם מטה (= ארון) של מת.

23) מ׳ וד״ח, ד״ו: פורייא, אה״ת וע״י: פוריא.

פּוּרְנָא (כתו׳ נד סע״א) עֲלִיַּת עֵרֶךְ הַמֹּהַר
The profit (accruing from the fact that less money has to be spent on something else)

פּוּרְסָא דִדְמָא (שבת קכט ב 2) מְגִבָּלַת (הקזת) דָּם
The time (day of the week) for bloodletting, the time between bloodlettings

פּוּרְסָא דְמִילְּתָא (גט׳ לז א) תַּקָּנַת הַדָּבָר
The remedy of the matter

פּוּרְסֵי (יומא ט א, יב׳ מה ב[24]) מְמֻנֶּה, שׁוֹטֵר[25]
Government official

פּוּרְסֵישְׁנְגַג[26] (גט׳ כח ב) כְּתָב חֲקִירָה
Court decision (*Rashi*), investigation paper

פּוּרְעָנוּתָא פֻּרְעָנוּת — Calamity, punishment

פּוּרְעָנוּתָא[27] (מ״ק כב ב) פֵּרָעוֹן[28] — Repayment

מַאי פּוּרְעָנוּתַיְיהוּ[29] (שבת סב ב) מַה־פּוּרְעָנוּיוֹתֵיהֶם — What is their punishment

פּוּרצמא (ב״ב צה סע״ב) ע׳ וכי״י: פרצומא

פּוּרְצָנֵי חַרְצַנִּים — Pits

פּוּרְצָנִין (נז׳ לט א — מת״א) חַרְצַנִּים
Pits (specifically of grapes)

פּוּרְתָא מְעַט — Little

פּוּשׁ (ב״ב י א) מ׳ ה׳ אה״ת ע״י רש״י והב״ח: פש

פּוּשְׁכֵי טְפָחִים — *Tefachim*, (handbreadths, a measure equal to the width of four fingers)

פּוּשקנצא (ב״ב עג ב) ע׳ ה׳ ואה״ת: פשקצא

פּוּתָא (שבת סו ב) פּוּאָה[30]
Remedy using the *pu'ah* plant

פּוּתְיָא רֹחַב — Width

פּוּתְיַהּ (בר׳ נד ב) רָחְבָּהּ
Its (*f.*) width (i.e., its thickness)

פּוּתְיֵיהּ (ע״ז ס ב) רָחְבּוֹ — Its (*m.*) width

פּוּתַיְיהוּ (שבת צח א-ב) רָחְבָּם — Their width

פּוּתנק[31] (שבת קט ב) ר׳ פּוּטנק — Cf.

פִּיזָא פָּז — Gold

פְּזִיזָא (שבת פח א, כתו׳ קיב א) פָּזִיז, נִמְהָר
Impulsive, hasty

פְּזִיזוּתַיְיכוּ (כתו׳ קיב א) פְּזִיזוּתְכֶם
Your (*p.*) impulsiveness, your hastiness

פַּזְרָא (ב״ק כח א 2, ב״ב צט ב) שֵׁבֶט, מַקֵּל
Stick, pole

פַּחְדָא פַּחַד, דְּאָגָה — Fear, concern

פַּחְדֵיהּ (תע׳ יג ב, ב״מ צו ב) פַּחְדוֹ, דַּאֲגָתוֹ
His fear, his trepidation

פַּחְדָךְ (בר׳ נו א) פַּחְדְּךָ, דַּאֲגָתְךָ
Your (*s.*) fear, your trepidation

פַּחֲוָתָא (סנ׳ צב ב — מדני׳) הַפַּחוֹת (ר׳ של פֶּחָה)
Pachas (*p.* of pacha, i.e. governor, high official)

פְּחוֹת (פס׳ קיד א) פְּחֹת (צ), הַמְעֵט
Reduce, decrease (*m.*, *s.*, *imp.*)

פַּחְזוּתַיְיכוּ (שבת פח א) פַּחֲזוּתְכֶם
Your (*p.*) impulsiveness, your hastiness

בֵּיעֵי דְפַחְיָא (ביצה ז א) בֵּיצִים שֶׁל מְקַרְקֶרֶת[32]
Eggs of the croaking one (of a live hen)

פְּחִיזָא[33] (חול׳ מז רע״ב) קַלָּה (ע׳, רש״י: קָשָׁה)
Light (*Aruch*), hard (*Rashi*)

פָּחֵית פּוֹחֵת — He reduces, decreases

פחית (ב״מ נב ב) מ׳ ר׳ ב רש״י: פחתה

פַּחְרָא חֶרֶס — Clay

מָאנֵי דְפַחְרָא כְּלֵי חֶרֶס — Clay utensils

סַרְנָא דְפֶחָרָא (חול׳ טז רע״א) גַּלְגַּל שֶׁל יוֹצֵר[34]
Clay artisan's wheel

(24) ומשם הועבר לשבת קנד ב (כ״י לי, ד׳: פורסיה, רש״י: פורסי).
(25) ר״ב: פי׳ אפורוס, נגיד ומצוה ושר העצה בל״י.
(26) כצ״ל במלה אחת, והוא מלשון פרסית, ע׳: פסישמנג.
(27) ד״ו: פורענא, רש״י שם: פורענותא, בכמה ד״ח: פורענתא.
(28) = משלם לחבירו סעודות שעשה לו.
(29) מ׳, אה״ת: פורענותיהו, ע״י: פורענותהון, ד׳: פורענותיהם.
(30) רפואה העשויה מצמח זה.
(31) מ׳ א״פ וד״י שונ׳: פוטנק, רש״י בד״י: פוטנוק, ע׳: פוטנג.
(32) ע׳: פי׳ חייה כדכתיב ויפח באפיו נשמת חיים (בראשית ב׳ ז׳) ופחי בהרגים (יחז׳ לז ט). ר״ב: פי׳ פעיא שהתרנגולת בהוליד הביצים פועה וצועקת.
(33) רש״י באיוב מ יז מביא: דחפיזא.
(34) = עושה כלי חרס (השוה ירמי׳ יח ב׳ ואילך).

פְּחָתָא (ב״מ ע א) פְּחָת Depreciation (stemming from reduction in the amount of copper)

פָּחֲתָא (פס׳ קיא ב) פּוֹחֶתֶת (פ״ע), פְּחוּתָה It (*f.*) depreciates, it is less

פָּחֲתָה (כתו׳ נו ב) פּוֹחֶתֶת (פ״י) She reduces

פְּחָתָה (ב״מ נב ב 2[35]) פָּחֲתָה It (*f.*)devaluated

פָּחֲתִי (כתו׳ נו ב, סז א) פּוֹחֲתִים They depreciate

בַּר פַּחְתֵי[36] בֶּן־פַּחוֹת (=שָׂרִים) Son of governors

פְּחָתֵיה (ב״מ סט ב 2[37]) פְּחָתוֹ (=פחת שלו) Its (*m.*) reduction in value

פְּחָתַיְיהוּ פְּחָתָם (=פחת שלהם) Their reduction in value

פָּחֲתָן (נדר׳ נה א) פּוֹחֲתוֹת They become used up, worn out

פָּטוֹמָא (ב״מ סט א) פַּטָּם The one who fattens (livestock)

דְּפִטּוּמָא (ב״מ כח ב) שֶׁל פִּטּוּם (In the case) of fattening (of livestock)

לְפַטּוּמָא (נדר׳ לח סע״ב) לְפִטּוּם To be fattened

לְפַטּוֹמַהּ (בכו׳ ב ב 2, ג ב) לְפַטֵּם אוֹתָהּ To fatten it (*f.*, livestock)

פַּטּוֹמֵי (ב״ק לד א, ע״ז נ ב) (לְ)פַטֵּם (To) fatten (livestock)

פִּטּוּמֵי מִילֵּי בְעָלְמָא (ב״מ סו א כ״פ) פִּטּוּמֵי דְבָרִים בָּעוֹלָם[38] Merely meant to cheer up (the neighbor, not as a binding promise)

פְּטוֹרָא פְּטוֹר Dispensation, exemption

פְּטוֹרֵי פְּטוֹרִים Dispensations, exemptions

פִּיטוֹרֵי בְּפִי וֶשֶׁט (בר׳ ח א, מ״ק כט א) זֶרֶם בְּסֶכֶר[39] Ropes stuck tightly in loop-holes of ship-boards (*Rashi*), gushing water at the entrance of a channel, in general, something stuck in or passing a tight spot

פטימנא (ב״ק סה א) ה׳ ותוס׳: מפטימנא

פָּטֵיר[40] (יב׳ כב סע״א) פּוֹטֵר He dispenses, he releases from the obligation

פְּטִיר (הור׳ ט א) פָּטוּר He is exempted, he is released from the obligation

פְּטִיר (גט׳ פו א) פָּרוּשׁ (רש״י) He is separated

פְּטִירָה (ב״ק נז סע״ב) פְּטוּרָה It (*f.*) is released, it is absolved

פְּטִירֵי פְּטוּרִים They are exempted, they are released

פְּטִירַת אַתָּה פָּטוּר You (*m.*, *s.*) are exempted, you are released

פְּטִירְתָא (גט׳ סט א) פִּטְרַת (רֶחֶם) (=בְּכוֹרָה) (Intestinal fat) of first-born animal

פִּיטְמָא (ב״ק מז א) פֶּטֶם (=שׁוּמָן) Fattening

פַּטְמַהּ (ב״ק לד א) פִּטֵּם אוֹתָהּ He fattened it (*f.*)

פְּטַר פָּטַר He exempted, he released from obligation

פָּטַר פּוֹטֵר He exempts, he releases from obligation

פִּיטְרָא (שבת קח רע״א) פִּטְרִיָּה Mushroom

פָּטְרָה פּוֹטֶרֶת She exempts, she releases from obligation

פַּטְרוּזָא (בכו׳ יא א) שֶׂה כְחוּשָׁה[41] A lean sheep, a sheep born today

פָּטְרִי פּוֹטְרִים They exempt, they release from obligation

פַּטְרֵיהּ פָּטַר אוֹתוֹ He exempted him, he released him from obligation

פַּטְרִינְהוּ (חול׳ קלא א) פָּטַר אוֹתָם (The Torah) exempted them

פַּטְרֵ(יְנ)יהּ (ב״ק קיז א — כל כי״י) פָּטַר אוֹתוֹ He absolved him

פָּטְרִינַן אָנוּ פּוֹטְרִים, נִפְטֹר We exempt, we release from obligation, we will release from obligation

פְּטַרִית (יב׳ קטו ב, קטז א) פָּטַרְתִּי (=גֵּרַשְׁתִּי) I released (divorced)

פַּטְרַן (חול׳ קלב ב) פָּטַר אוֹתִי He exempted me

פַּטַרְנָא (קידו׳ סד א) אֲנִי פּוֹטֵר, אֶפְטֹר (=אגרש) I shall release you (divorce you)

35) פ״א — מ׳ ר׳ ב רש״י, ד׳: פחית, פ״ב — ה׳ ר״א: פחת, פ׳: פיחת, מ׳ ר׳ ב: חסרה, ד׳: אפחות.

36) מיוחד לר׳ חייא בפנותו לרב, ועי׳ בר.

37) פ״ב — כי״י: פחתייהו.

38) = דברי ניחומים בלבד.

39) עי׳ יסטרוב. ע׳: פיטורי... פי׳ כאדם שרוצה להוציא חבל, שיש בו קשר בחור של תורן, ויש בו טורח גדול (ועי׳ עה״ש).

40) מ׳, ד׳: נפטר.

41) רש״י ור״ג, ע׳: כבש, עה״ש (ע״פ ל״פ): כבש בן יומו.

פְּטָרַת[42] (חול׳ קלב ב) אַתָּה פּוֹטֵר, תִּפְטֹר
You exempt, you will exempt

פְּטַרְתּוּן (בר׳ נד ב) פְּטַרְתֶּם
You have released, you have exempted

פְּטַרְתֵּיה (חול׳ ע א) פָּטְרָה אוֹתוֹ
It (*f.*) broke through it (*m.*)

פְּטַרְתַּן (פס׳ קטו ב, קטז א) פְּטַרְתַּנִי
You have exempted me

פְּטַרְתִּינוּן (בר׳ נו ב) פְּטַרְתָּן (=גרשת אותן)
You have sent them (*f.*) away, divorced them

פַּטְשֵׁיהוֹן (סנ׳ צב ב — מדני׳ ג כא) מִכְנְסֵיהֶם (?)
Their pants (?)

מפי דגברא רבה (ב״ק מב ב) כי״י: מפירקיה...

לְפִי[43] **שַׁעְתָּא** (ע״ז מד סע״ב) לְפִי שָׁעָה — Temporarily

לְפַיּוֹסַהּ (נדה סז ב) לְפַיְּסָהּ
To appease her, to placate her

פַּיּוֹסֵי, לְפַיּוֹסֵי לְפַיֵּס — To appease, to placate

לְפַיּוֹסֵיה (נדר׳ סב א) לְפַיְּסוֹ
To appease him, to placate him

פיוסיה (ב״ב כג סע״א) מ׳ ה׳: פיוסי

פַּיְיגָא[44] (מג׳ כה ב) נֶחֱלֶשֶׁת, תֶּחֱלַשׁ
It (*f.*) is weakened, it will be weakened

פַּיֵּים פִּיֵּס, רִצָּה — He appeased, he placated

פיים (בר׳ כח א) אה״ת וע״י: איפייס

פְּיָיסָא (נדה לז רע״א) פִּיּוּס — Reconciliation

פַּיְיסָא פַּיִס — Lottery

פַּיְיסַהּ (גט׳ ל א) פִּיְּסָהּ — He appeased her

פַּיְיסוּהָ(ו) (ב״מ עז א — מ׳ ה׳) פִּיְּסוּהוּ
(They) implored him

פַּיְיסוּהָ(ו) (הור׳ יג סע״ב — מ׳ אה״ת וע״י) פַּיְּסוּהוּ
Appease him (*p., imp.*)

פַּיְיסֵיה פִּיְּסוֹ, פַּיְּסוֹ (צ)
He appeased him, appease (*imp.*) him

פַּיְיסִינְהוּ (יב׳ עט א, ב״מ עז א) פִּיְּסָם
He appeased them, he implored them

פַּיְיסִינְהוּ (ב״ק כא א) פַּיְּסֵם (צ) — Appease them (*imp.*)

פַּיְיסִינְהוּ (כתו׳ צא סע״א) פַּיְּסוּ אוֹתָם
Appease them (*p., imp.*)

פייסנא (גט׳ ל רע״א) כי״י: מפייסנא

פייסת (ב״ב ו א) רש״י ומ׳: מפייס׳

כִּי פַּיֵּיסְתְּ לַן[45] (ב״מ עז א) כְּשֶׁפִּיַּסְתָּ אוֹתָנוּ
When you implored us

(הוות)[46] **פַּיְיסְתְּ** (חול׳ צה רע״א) פִּיַּסְתְּ[47] — (Had you) appeased me (if you were at peace with me)

פֵּיישׁ נִשְׁאַר — He/it remained

פְּיִישׁי נִשְׁאֲרִים — They (*m.*) remained

פְּיִישָׁן נִשְׁאָרוֹת — They (*f.*) remained

פִּילָא פִּיל — Elephant

פִּילָא (ע״ז עד א) סֶדֶק, גּוּמָה — Crack, hole

פִּילָא (כתו׳ עז ב) מין עשב לרפואה — Medicinal herb

פִּילָא דְאַרְעָא (עירו׳ כה א) בֶּקַע בְּשָׂדֶה
Crevice in field

פילון (שבת סב א, גט׳ סט סע״ב) ר׳ חומרתא — Cf.

פִילוֹסוֹפָא (שבת קטז סע״א) פִּילוֹסוֹף
Philosopher (heretic, *Rashi*)

פִּילֵי (שבת קנה ב) פִּילִים — Elephants

פִּילֵי בְּקָעִים, גּוּמוֹת — Cracks, holes

בֵּי פִּילֵי דְאַרְעָא (ב״ב נד רע״א) בִּבְקָעִים עַל הַשָּׂדֶה
In the crevices of a field

פִּיסָא צְרוֹר אֶבֶן אוֹ רֶגֶב — A clump of soil

פיפיורא (ע״ז יא רע״א) ר׳ אפיפיורא — Cf.

פִּיקָא[48] (שבת קמז סע״ב) טְבִיעָה בְּטִיט[49]
Causes one to slip (*Rashi*), drowning in mud (*Rach*)

פִּירָא (קידו׳ עב א) חֲפִירָה, בְּרֵכָה
Pit (filled with water)

פִּירָא דְבֵי תוֹרֵי (עירו׳ כו א, ס א) חֲפִירָה לְמִרְבַּץ בָּקָר
Resting pit for farm animals (oxen and cows)

פִּירָא דְכַוְורֵי (תע׳ כד א, כתו׳ עט א) בְּרֵכַת דָּגִים
Fish pond

פִּירָא דְסוּפְלֵי (קידו׳ עג ב, ב״ב יא א) חֲפִירָה לְגַרְעִינֵי תְמָרִים
Pit for date kernels

פֵּירָא פְּרִי — Fruit

42) כי״י ועוד, ד׳: מפטרי, ור׳ חי״ג שם.
43) כך גם כי״י ספי, מ׳: לפו (!) = לפום (!).
44) השוה ״ויפג לבו״ (בראשית מה כו).
45) מ׳ פי, ד׳: מפייסינן.
46) מ׳ פי, ועי׳ ד״ס.
47) רש״י: היית שלם עמי.
48) א״פ: בוקא, ר״ח ועי׳ (ע׳ פלס): ביקא.
49) עי׳ פי׳ ר״ח ופי׳ רש״י.

פירא (מג׳ ו רע״א) כ״י: פירהא

פֵּירָהָא (מג׳ ו רע״א) פֵּירוֹתֶיהָ — Their fruits

פִּירוּז אַנְדַּרְפִּטָא (חול׳ סב ב) שם עוף טמא — Name of impure bird

פֵּירֵי פֵּרוֹת, תְּבוּאָה — Fruits, produce

פֵּירֵיהּ (ביצה מ א) פֵּירוֹתָיו — His fruits

פֵּירִין (גט׳ ס סע״ב) חֲפִירוֹתֵינוּ, חֲרִיצֵינוּ — Our ditches

פֵּירָךְ (ב״ק כא ב) פֵּרוֹתֶיךָ — Your fruits

מִפִּי[רְקֵיהּ] דְּגַבְרָא רַבָּא (ב״ק מב ב — כ״י) מִפִּרְקוֹ (=דרשתו) שֶׁל אָדָם גָּדוֹל (=ת״ח) — From a presentation by a noted person (major Rabbinical authority)

פישקנצא (ב״ב עד ב) ה׳: פשקצא

לְפַכּוּחֵי פַּחְדֵיהּ/פַּחְדָּךְ (בר׳ נו א, תע׳ יג ב, ב״מ סו ב) לְהָפִיג פַּחְדּוֹ/פַּחְדְּךָ — To dissipate his/your fear

וּמִפְכָּה הוּא דְּקָא (מ)פָּכַה[50] (נדה כ סע״ב) וְדָהֹה הוּא דוֹהֶה — It fades, it keeps on fading

פַּכְחוּתָא דִּדְיוֹתָא (נדה כ א) קְלִישׁוּת הַדְּיוֹ — Faintness of the ink

פָּכַר יְדֵיהּ (שבת י א 2) מְשַׁלֵּב יָדָיו — To combine, to cross (lit., to plait) his hands

פְּלָאגֵי[51] (יומא פג ב) פְּרוּסוֹת — Portions

פְּלַג חָלַק, חִלֵּק — He divided, he distributed

פלג (פס׳ פט ב) מ׳: פלוג

פְּלַג עִידָּן (סנ׳ צז ב — מדני׳) חֲצִי זְמַן — Half a time

פַּלְגָּא חֲצִי — One half

פלגא (קידו׳ נח א) מ׳: פלגאה

פַּלְגָּאָה חוֹלְקָן, בַּעַל מַחֲלֹקֶת — Opponent, contender, quarreler

פָּלְגָאן[52] (סוטה כא א) חוֹלְקוֹת (=נוטלות חלק) — They (*f.*) share

פַּלְגוּ— חֲצִי— — Half a --

פַּלְגוּ (זב׳ קיט רע״ב) חִלְּקוּ — They apportioned

פלגו (ב״מ קח ב) כ״י ורש״י: פלגי

פלגו (ב״ב יב ב) מ׳ ה׳: פלגי

פַּלְגוּהָ (בר׳ נ רע״ב) חִלְּקוּהָ — They divided it (*f.*) (into parts)

פַּלְגֵי חוֹלְקִים — They disagree, they are divided

פַּלְגִי (ב״ב ז א) חִלַּקְתִּי — I divided (the property)

פַּלְגֵּי חֲצָאִים — Halves

פַּלְגֵּיהּ חֶצְיוֹ — His half

פַּלְגֵיהּ חֲלָקוֹ, חִלְּקוֹ — He divided it (*m.*), he distributed it (*m.*)

פלגיהון (ב״ב ח א) ה׳ ואה״ת: פלגא

פַּלְגַּיְיהוּ (עירו׳ ו ב) חֶצְיָם — Half of them

פָּלְגִי(ן) (ב״ב יג רע״א — מ׳ ה׳ ורש״י) מְחַלְּקִים — They divide

פַּלְגִינְהוּ חָלַק אוֹתָם, חִלֵּק אוֹתָם — He apportioned them, he distributed them

פָּלְגִינַן אָנוּ מְחַלְּקִים — We apportion, divide

פלגינן (עירו׳ י סע״ב 2) מ׳: פליגינן

פלגיתו[53] (חול׳ כא א 2, ערכ׳ יח ב) ד׳: פליגיתו — Cf.

פַּלְגָּךְ (סנ׳ לט א 2) חֶצְיְךָ — One half of you

פָּלְגַת (ב״מ ז א-ב, קז א) אַתָּה מְחַלֵּק — You divide

פַּלְגַתְּ (ב״ב ז א) חִלַּקְתָּ — You divided, you distributed

פַּלּוּג חָלְקוּ, חִלְּקוּ — They divided, they distributed, they apportioned

פְּלַ[וֹ]ג לִי (פס׳ פט ב — מ׳) חֲלֹק לִי (=תן לי חלק) — Give (*s.*, imp.) me a part

פלוגו[54] **לִי** (ב״ב יב ב) חִלְקוּ לִי (=תנו לי חלק) — Give (*p.*, *imp.*) me a part

לְפַלּוֹגֵי לְחַלֵּק — To differentiate (between)

פלוגי (מג׳ ז ב) כל כ״י: פלגי

פְּלוּגְתָּא מַחֲלֹקֶת — Difference of opinion, controversy, disagreement

וּבִפְלוּגְתָּא (כרי׳ ז א) וּבְמַחֲלֹקֶת (של אמוראים) — And in the difference of opinion (of the *Amoraim*)

(50) הגהתי ע״פ מ׳ (ושם: ומפקח הוא דקפח), ע׳: ופכוחי הוא דפכח.

(51) מ׳ ורבי׳ אליקום, מ׳ ב וע׳: פלוגי, ד׳: בלגי.

(52) ד״ו: פלגא, ה׳: פלג׳, אה״ת: פלגי, ע״י: מפלגי.

(53) מ׳ בכולם: פליגיתו, פ״א — גם רש״י, וכן בסמוך: פליגינן.

(54) ה׳, מ׳: פלגו, ד׳: פליגו.

וּבִפְלוּגְתָא דְהָנֵי תַנָּאֵי ו(חולקים) בְּמַחֲלֹקֶת שֶׁל תַּנָּאִים אֵלּוּ
And in the difference of opinion (of these *Tannaim*)

פְּלוּגְתָא (כ״ב ב ב — ג א כ״פ) חֲלֻקָּה
Division, parceling

פְּלוּגְתָא (פס׳ מו רע״א, מ״ק יד רע״ב, קידו׳ ג א) חִלּוּק
Distinction

פְּלוּגְתָא נִינְהוּ (מ״ק כב סע״א) מַחְלְקוֹת הֵן
They are subject to controversy

בַּר פְּלוּגְתֵּיהּ (ב״מ לו ב) בֶּן־מַחֲלָקְתּוֹ
His opponent, his disputant

פְּלוּגְתַּיְיהוּ מַחֲלָקְתָּם — Their disagreement

לפלוחי (בר׳ כז סע״ב) פ׳: מיפלח

פְּלוֹט (נדר׳ מט ב) פְּלוֹט
Expel, vomit, spit out, discharge (*imp.*)

פְּלוֹיֵי (נדה כא ב 3) (ל)בַקֵּעַ — Lesions

פְּלוֹנִי בַּר פְּלוֹנִי פְּלוֹנִי בֶּן־פְּלוֹנִי
So-and-so, son of so-and-so (*m.*)

פְּלוֹנִי בַּר פְּלוֹנִית (שבת סז א) פְּלוֹנִי בֶּן־פְּלוֹנִית
So-and-so, son of so-and-so (*f.*)

פלוניתא (גט׳ לה סע״א, פה סע״ב) מ׳: פלנית׳

לְפַלּוֹסֵי (ב״ק יט ב) לְלָעֹס — To chew

פְּלַח לע״ז (גט׳ נז ב כ״פ) עֲבֹד ע״ז
Worship idols (*m.*, *s.*, *imp.*)

פְּלַח (ע״ז יח סע״א) עֲבֹד[55] — Worship (hint at bribing)

פְּלַח עָבַד (ע״ז) — He worshipped idols

פָּלַח עוֹבֵד (ע״ז) — He worships idols

פָּלַח (גט׳ יב ב) עוֹבֵד, עוֹשֶׂה מְלָאכָה
He forces him to work

פְּלַחַהּ עָבַד אוֹתָהּ — He worshipped it (*f.*)

פְּלַחוּ עָבְדוּ (ע״ז) — They worshipped (idols)

פָּלְחִי עוֹבְדִים (ע״ז) — They worship (idols)

פַּלְחֵיהּ עֲבָדוֹ — He served him, it

פָּלְחִיתוּ לע״ז (סנ׳ קב רע״ב) אַתֶּם עוֹבְדִים ע״ז
You (*p.*) worship idols

פְּלַט (חול׳ קח ב) פָּלַט — It discharged

מפלט לא פלט[56] (חול׳ קח ב 2) ר׳ פליט — Cf.

פְּלַטִי (כתו׳ קיב סע״א 3) נִצַּלְתִּי — I was saved

פַּלְטֵיהּ (נדר׳ נא ב, סנ׳ קא א) פָּלַט אוֹתוֹ
He disgorged it (*m.*)

לָא פְּלַטִינַן (פס׳ קיח א) לֹא נִצַּלְנוּ — We were not saved

פָּלֵי מְבַקֵּעַ, פּוֹלֵחַ (פרי) — He splits, cracks open

פַּלְיָא בִּיאָרִי[57] (שבת צ ב) מין צפור (ר״ח: ממיני החגבים)
A bird species; a grasshopper *(Rach)*

פָּלֵיג חוֹלֵק — He disagrees, disputes

פְּלִיג חָלוּק — In disagreement

פָּלֵיג יְקָרָא (כ״ב קיט ב) חוֹלֵק כָּבוֹד — He honors

פְּלִיגָא חֲלוּקָה — In disagreement

פְּלִיגָא דר׳ פלוני[58] חֲלוּקָה (על זו) של ר׳ פלוני
And this (statement) disagrees with (that) of Rabbi so-and so

פליגו (מ״ק ד ב, כו ב, חגי׳ יד א, ע״ז נד ב, הור׳ יד א) מ׳: פליגי

פליגו (כ״ב יב ב) ה׳: פלוגו

פְּלִיגֵי חֲלוּקִים (=חולקים) — They disagree, dispute

פליגי (קידו׳ סה ב) מ׳: פלוג

פליגין[59] (עירו׳ י ב) ר׳ פליגינן — Cf.

פליגין (הור׳ ז ב 2) מ׳: פליגי

פְּלִיגִינַן אָנוּ חֲלוּקִים, נֶחֱלַקְנוּ
We disagree, we disagreed

פְּלִיגִיתוּ אַתֶּם חֲלוּקִים — You (*p.*) disagree, you dispute

פָּלֵיגְנָא (כתו׳ פא ב, פב א) אֶחְלֹק (=אתן חלק)
I will divide (i.e., share) them (with you)

פְּלִיגְנָא אֲנִי חָלוּק (עַל —) — I disagree (with), dispute

פְּלִיגַת (גט׳ פד א) אַתָּה חָלוּק
You (*s.*) disagree, dispute

פליגת (נדה מח א) מ׳: פליגיתו

פָּלֵיט (יב׳ קיד ב) פָּלִיט, נִצָּל — He escaped, survived

---

55) = רמז לנתינת שוחד.

56) מ׳ פ״א: פליט, וכן בתוך דברי התוס׳.

57) תלי: מאי צפורת כרמים (במשנה)? אמר רב פליא ביארי (ע׳: פלייה בארי, א״פ: פוליא בייארי, רש״י: פיילי ביירי) ואמר אביי [ומיקריא ציפרתא דדיקלא] (נוס׳ הערוך, ובנוס׳ שלנו לי״).

58) תמיד על דברי אמורא. רק במקום אחד באגדה (ברכ׳ ז א) על דברי תנא: ופליגא דר׳ מאיר.

59) מ׳ לי״, ד׳ שו׳ ופיזרו: פלגינן (ונ״ל שיש ט״ד, וצ״ל: פליגינן).

פְּלֵיט (גט׳ יט ב ועוד) פּוֹלֵט
It makes (letters) appear

מִיפְלַט לָא פָּלֵיט (חול׳ קח ב 2) פָּלוֹט אֵינוֹ פּוֹלֵט
It does not discharge

פָּלְ(י)טִי (חול׳ קיב ב — ר׳ א) פּוֹלְטִים — They discharge

פַּלְיֵיהּ (ב״ב קס ב, קסד ב) פָּתַח קְשָׁרָיו — He untied

פַּלֵּים (ב״ק יט ב) לָעַס — He chewed

פִּלַּךְ (כתו׳ עב ב, סנ׳ צה א) פֶּלֶךְ — A spindle

פִּילְכָא (מג׳ יד ב, ב״ב יג ב) פֶּלֶךְ (לטוות)
A spindle (for spinning)

פִּילְכַהּ (כתו׳ עב ב, פו ב, סנ׳ צה א) פִּלְכָּהּ — Her spindle

פַּלְמוּדָא (ע״ז מ א) פַּלְמוּדָה[60] — Pelamyd (a young tuna)

פְּלָן פְּלוֹנִי — So-and-so (*m.*)

פְּלָנְיָא פְּלוֹנִי — So-and-so (*m.*)

פְּלָנְיָא בַּר פְּלָנְיָא (גט׳ פה ב) פְּלוֹנִי בֶּן פְּלוֹנִי
So-and-so, son of so-and-so (*m.*)

פְּלָנִיתָא פְּלוֹנִית — So-and-so (*f.*)

פְּלָנְיָא בַּר פְּלָנִיתָא (שבת סו ב ועוד) פְּלוֹנִי בֶּן פְּלוֹנִית
So-and-so, son of so-and-so (*f.*)

פְּלוֹנִי בַּר פְּלָנִיתָא (גט׳ סט א ועוד) פְּלוֹנִי בֶּן פְּלוֹנִית
So-and-so, son of so-and-so (*f.*)

בר פלנתא[61] (פס׳ קיב א 2) ר׳ פלניתא — Cf.

פַּלַסְטֵר[62] (ע״ז יא ב) זַיְּפָן — Counterfeiter, falsifier

פַּלְסֵיהּ (ב״ק יט ב) לָעַס אוֹתוֹ — He chewed it (*m.*)

פלסתר (ע״ז יא ב) מ׳: פלסטר

פִּילְפּוּלָא (נדר׳ לח א) פִּלְפּוּל — Erudite argumentation

פִּילְפּוּלִי (ב״מ פה ב) פִּלְפּוּלִי — My erudite argumentation

פִּלְפּוּלֵיהּ (עירו׳ סז א) פִּלְפּוּלוֹ
His erudite argumentation

פילפלא (כתו׳ עה א) מ׳: פילפלתא

פִּלְפְּלֵי פִּלְפְּלִים — Grains of pepper

פִּלְפְּלֵי אֲרִיכָתָא (פס׳ מב ב, גט׳ סט ב) פִּלְפְּלִים אֲרֻכִּים
Long peppers

פִּלְפַּלְתָּא פִּלְפֶּלֶת — Grain of pepper (*Rashi*)

פַּנְדָא (שבת סז א) שם של שד (בלחש), ע׳ רש״י
Name of demon (as part of incantation) (*Rashi*)

פַּנְדָא דְמָרָא (ב״ק כז ב כ״פ) קַת שֶׁל מָר (=כלי)
Hoe handle

פַּנְדֵי (ב״ק כז ב) מַכּוֹת (בְּקַת) — Blows with hoe handle

פַּנּוּ פַּנּוּ — Clear, remove (*p.*, *imp.*)

לְפַנּוּיֵיהּ (תע׳ כ ב) לְפַנּוֹתוֹ — To remove it (*m.*)

לְפַנּוֹקֵי (כתו׳ סז ב) לְעַנֵּג, לְפַנֵּק — To pamper, to please

פַּנְחַיָּא (יב׳ קטו ב[63], ב״ק קג א[64]) מַחְסֶה[65]
Protection, shelter

פַּנְיָא עֶרֶב — Evening

בַּהֲדֵי פַּנְיָא עִם עֶרֶב, לִפְנוֹת עֶרֶב
Toward the evening

בְּפַנְיָא בָּעֶרֶב — In the evening

אַפַּנְיָא דְמַעֲלֵי שַׁבְּתָא / יוֹמָא טָבָא
לִפְנוֹת עֶרֶב שֶׁל עֶרֶב שַׁבָּת / יוֹם טוֹב
Friday afternoon, the afternoon before Yom Tov

פַּנְיוּהּ (עירו׳ ו ב) פַּנּוּהוּ — Remove (*s.*, *imp.*) it (*m.*)

פַּנְיֵיהּ (תע׳ כ ב, סנ׳ מח א) פִּנָּהוּ — He removed it (*m.*)

פַּנִּינְהוּ פִּנָּה אוֹתָם, פִּנּוּ אוֹתָם
He removed them, they removed them (*m.*)

פִּינְכָּא[66] קְעָרָה גְדוֹלָה
Spoonful (*Taanis*), a large bowl (*Chulin*)

פִּינְכֵי[67] (פס׳ מט א) קְעָרוֹת — Bowls

פִּינְקְסָא (מנ׳ ע א) פִּנְקָס — Writing tablet, board

פִּנְקָסִי (ב״ק צט ב) פִּנְקָסִי — My writing tablet, board

פִּנְקָסֵיהּ פִּנְקָסוֹ — His writing tablet, board

פִּינְקָסָךְ (נדר׳ כב א) פִּנְקָסְךָ — Your (*s.*) writing tablet, board

פַּנְתָּא[68] (בר׳ מג ב, יב׳ קב א) פֶּנֶת (עוֹר הָעֶלְיוֹן שֶׁל הַנַּעַל)
Light shoe, soft shoe, vamp, upper part of shoe

פַּסַּאי פַּסּוּיֵי[69] (ב״ק כג ב) בּוֹסֵס בּוֹסְסָה[70] (=רמסה אותם)
She squashed them

60) ר״ב בע׳: פי׳ בלי״ ורו׳ מין דג כמו אטונס בהיותו קטן קודם שנתו נקרא כן. מלשון יונית.

61) ע״י וע״ז יב ב: בר פלניתא, מ׳: בר פלניא, א״פ לי׳, אה״ת: פלניא פלניא.

62) מ׳, אה״ת: פלסטרי, ד׳: פלסתר, ע׳ בכולם: פלסטר.

63) מ׳: לפנוחי.

64) מ׳: פנחייה, ע׳: לפנחיה (צ״ל: לפנוחיה?).

65) מלשון פרסית.

66) ע׳: נ״א פינקא.

67) ע׳: פינקי ס״א פינכי.

68) ור׳ אפנתא.

69) ל״א ברש״י, ד׳: פסעי פסועי.

70) ע׳ פיה״ג 136.

פְּסְדָא/ה (פס׳ נה ב) מִתְקַלְקֶלֶת, נִפְסֶדֶת
It (*f.*) becomes spoiled, worthless

פְּסְדִי (מ״ק יא א, פס׳ יג רע״ב[71]) מִתְקַלְקְלִים, נִפְסָדִים
They become spoiled, worthless

פסדתיך (ב״מ קט א) כי״י: פסידך

פְּסוּלָא פְּסוּל — Disqualification

פְּסוּלֵי פְּסוּלִים — Disqualified (*p.*)

פְּסוּלְתָא (שבת כ ב) פְּסֹלֶת — Offal, residue

פסולתא[72] (קידו׳ עא סע״ב) ר׳ פסילי — Cf.

פסועי (ב״ק כג ב) ר׳ פסאי — Cf.

פְּסוּק (גט׳ סז ב) חָתְכוּ — They cut off

פְּסוּק לִי (כתו׳ סה א כ״פ) פְּסֹק לִי (=קבע לי קצבה)
Fix my sustenance (allowance) (*m., s., imp.*)

פְּסוֹק לִי פְּסוּקָךְ (חגי׳ טו א ועוד) פְּסוֹק לִי פְּסוּקְךָ[73]
Cite your (Biblical verse) to me (*m., s., imp.*)

פְּסוּקָא פָּסוּק — (Biblical) verse

פְּסוּקֵי פְּסוּקִים — (Biblical) verses

פְּסוּקֵי (חול׳ מב סע״ב, נד רע״ב) פְּסוּקִים (פסוקת הגרגרת וכיו״ב)
Cut (*p.*) (the windpipe of an animal was cut)

פְּסוּקֵי[74] **מְפַסְקֵי גִּירֵיהּ** (ב״ק כו סע״ב) חִצָּיו הַפֶּסֶק מְפֻסָּקִים
His arrows are interrupted

פַּסּוּקֵי תְקִיעָתָא מֵהֲדָדֵי לָא פָּסְקִינַן (ר״ה כז א, כח א) לְהַפְרִיד תְּקִיעוֹת זוֹ מִזּוֹ אֵין אָנוּ מַפְרִידִים
We do not separate *tekiyos* (sounds from *shofar*) from one another

פְּסוּקָךְ פְּסוּקֶיךָ — Your (*s.*) (Biblical) verses

פְּסוּקָךְ פְּסוּקְךָ — Your (*s.*) (Biblical) verse

פִּיסְחָא פֶּסַח — Paschal lamb

פִּסְחָא זְעֵירָא (ערכ׳ טז ב) פֶּסַח קָטָן (=פסח שני)
Small *Pessach* (*Pessach Sheini*)

פָּסְיָא[75] (ב״מ פו ב) פּוֹסַעַת — She steps

פְּסִיד (ב״ב כב א) נִתְקַלְקֵל — It became spoiled

פָּסֵיד מִתְקַלְקֵל — It becomes spoiled

פַּסֵּיד (ב״מ קה א) הִפְסִיד (גרם הפסד)
He lost, he incurred a loss

פְּסֵידָא הֶפְסֵד — Loss, spoilage

פסידי (פס׳ יג רע״ב) כל כי״י וד״י: פסדי

פסידי (פס׳ נה ב) א״פ: פסדה

פְּסֵידֵיהּ (מ״ק יב א 3) הֶפְסֵדוֹ — Its (*m.*) loss

פְּסֵידַיְיהוּ הֶפְסֵדָם — Their loss

פְּסֵידָךְ[76] (ב״מ קט א) הֶפְסֵדְךָ — Your loss

פָּסֵידְנָא (שם) אֲנִי מַפְסִיד, אַפְסִיד — I lose, I shall lose

פָּסֵיל פּוֹסֵל — He disqualifies

פסיל (יב׳ מה ב) מ׳: פסל

פְּסִילֵי פְּסוּלִים — Disqualified (*p.*)

פְּסִילְנָא אֲנִי פָּסוּל — I am disqualified

פָּסֵיק פּוֹסֵק — He interrupts, he cuts off

לָא הֲוָה פָּסֵ[י]ק[77] (שבת ל ב) לֹא הָיָה פּוֹסֵק
It did not interrupt

פְּסִיק (שבת קנו ב, יומא כג א) חָתוּךְ
Severed, truncated (*m., s.*)

פְּסִיק רֵישֵׁיהּ וְלָא יְמוּת (שבת עה א) חָתוּךְ רֹאשׁוֹ וְלֹא יָמוּת
Severe his head and he will not die, it is inevitable

פסיק (בר׳ ט ב[78], כתו׳ עז א[79]) ר׳ פסק — Cf.

פסיק (סוכה לח א) מ׳: אפסיק

פָּסֵיק סִידְרָא (שבת קנב א ועוד) פּוֹסֵק הַסֵּדֶר[80]
He reads a series of verses

פְּסִיקָא (ב״ב סב ב, סג א, ערכ׳ יט ב) חֲתוּכָה
It is severed, cut off (*f., s.*)

פְּסִיקָא לֵיהּ (עירו׳ יח א) פְּסוּקָה לוֹ (=ההלכה קבועה)
It (*f., s.*) is clear-cut to him, it is evident to him

71) ד״י וכי״י, ד״ח: פסידי.
72) מ׳: דפסילי.
73) תמיד לתינוק, והפסוק שיאמר יהיה לו סימן לשואל.
74) מ׳ וד״ח, ד״ו: פסוקיה, ה׳: מפסק פסיקי.
75) ה׳ אה״ת: למיפסע, מה״ג: פסעא.
76) ר׳ אב, ה׳: פסידיך, ד׳: פסדתיך.
77) אה״ת, בכי״י נ״א (עי׳ ד״ס).
78) מ׳: פסק.
79) רש״י: פסק.
80) = קורא מקרא לפני רבו ללמוד פשוטו או לקרוא בציבור.

ורגיל יותר:

לָא פְּסִיקָא לֵיהּ אֵינָהּ פְּסוּקָה לוֹ[81]

More frequently:

It (*f., s.*) is not clear-cut to him, it is not evident to him

מִיפְסַק פְּסִיקֵי גִּירֵיהּ (סנ׳ עז ב) פָּסוֹק פְּסוּקִים (=אינם פועלים) חִצָּיו

His arrows are interrupted (ineffective)

הלכתא פסיקתא (ב״ק קב א, ע״ז ז א) ר׳ הלכתא — Cf.

שטרי פסיקתא ר׳ שטרי — Cf.

פסיקתיה (כתו׳ עב ב) מ׳: פסקתיה

פְּסַל[82] (יב׳ מה ב) פָּסַל

He disqualified (declared to be illegitimate)

פִּיסְלָא יָתֵד[83] (של עץ) — A stake (of wood)

פָּסְלָה פּוֹסֶלֶת — He/she disqualifies

פַּסְלוּהּ (יומא עד א, שבו׳ לא א) פְּסָלוּהוּ

They disqualified him

פָּסְלֵי פּוֹסְלִים — They disqualify

פַּסְלֵיהּ פְּסָלוֹ — He disqualified him, it

פַּסְלִינְהוּ (סנ׳ כו ב) פְּסָלָם — He disqualified them

פַּסְלִינְהוּ (סנ׳ כה ב ועוד) פָּסְלוּ אוֹתָם

They disqualified them

פְּסַלְתְּ (מג׳ כח סע״ב) פָּסַלְתָּ, חָצַבְתָּ

You have sculpted, you have carved (out)

פְּסַלְתּוּהּ (זב׳ קא א) פְּסַלְתֶּם אוֹתוֹ

You have disqualified it

פָּסַע[84] (פס׳ קיא רע״ב) פּוֹסֵעַ — He steps, he walks

פָּסְעָה (נדה נח א) פּוֹסַעַת — She steps, she walks

פָּסְעֵי פּוֹסְעִים — They step, they walk

פסעי (פס׳ קיא רע״ב) ר׳ פסע — Cf.

פסעי פסועי[85] (ב״ק כג ב) ר׳ פסאי פסואי — Cf.

פַּסְפּוּסֵי מְפַסְפְּסִינַן (שבת קנה א) פַּסְפֵּס מְפַסְפְּסִים אָנוּ[86]

We separate (the ears of grain attached to sheaves)

פְּסַק (חול׳ ח ב, סד ב, סה א) פָּסַק, חָתַךְ, חִלֵּק

He severed, he sliced, he distributed

פְּסַק (יומא נג ב ועוד) פָּסַק, חָדַל — He ceased, stopped

פָּסְקָא (ב״מ כג ב) חֲתֹךְ — Cut

פָּסְקָא (ביצה כח ב) חוֹתֶכֶת — She slices

פַּסְקָא (שבת קח א 2) פָּסְקָה — It (*f.*) stopped

פָּסְקָא (שבת קי ב 2, מ״ק ד א) פּוֹסֶקֶת

It (*f.*) ceases (flowing)

מַאי פָּסְקָא מַה־פּוֹסֵק

What is the basis for this difference?

ויש קוראים

מַאי פָּסְקָא מַה־פָּסַק הוּא[87] — What is your criterion (for establishing different *halochos* for these two cases)

פָּסְקָא דְדִינָא (ב״ב קל ב) פְּסַק דִּין — Verdict

פַּסְקַהּ/קָא פָּסַק אוֹתָהּ — He cut it (*f., s.*)

פַּסְקַהּ (בר׳ יב ב) פְּסָקָהּ, חִלְּקָהּ — He cut it (*f., s.*)

פְּסַקָה (נדה לה ב 2) פָּסְקָה — Her flow has ceased

פסקה (ב״ק סט רע״א) ה׳ הב״ח: פסקוה

פְּסַקָה לְאוֹרְחָא (ב״ק לא ב) פָּסְקָה (=חתכה) אֶת הַדֶּרֶךְ

It cut (blocked) the road

פְּסַקָה מִינֵּיהּ פָּסְקָה מִמֶּנּוּ (נִתְּקָה מִמֶּנּוּ)

It became detached from him

פַּסְקוּ לֵיהּ (כתו׳ סב ב, סג א) פָּסְקוּ לוֹ — They set for him

פַּסְקוּ לֵיהּ (חגי׳ טו ב) פָּסְקוּ לוֹ (פָּסוּק)[88]

They recited (to) him a (Biblical) verse

פַּסְקוּ לְרֵישֵׁיהּ (ב״ב נח א) חָתְכוּ אֶת־רֹאשׁוֹ

They beheaded him

פַּסְקוּהּ (נז׳ מג ב, חול׳ נג א) חֲתָכוּהוּ — They severed it (*m.*)

פַּסְקוּהּ[89] **לְדִינָא** (ב״ק עד א) פָּסְקוּ אֶת־הַדִּין

They rendered a verdict

(81) = ההלכה אינה קבועה או אינה ברורה.

(82) מ׳, ד׳: פסיל.

(83) כך תירגמו השבעים (בפרשת המשכן).

(84) אה״ת, ד׳: פסעי, מ׳ וא״פ: מיפסע.

(85) ל״א ברש״י: דפסאי פסואי, ל״א בר׳: דפסייה פסוייה, מ׳: דפצע פצועי.

(86) מפרידים דברים, שהיו קשורים בחבילה.

(87) כלומר: על פי מה אתה קובע הלכות שונות בשני הפרטים. ורש״י מפרש (בכו׳ טז ב): כלומר פסקא (= פסקה) למילתא.

(88) ר׳ הע׳ ל״פסוק ליפסוקך״ (הע׳ 73).

(89) ה׳, מ׳: פסקינהו, ד׳: פסקיניה.

פַּסְקוּהָ לְמִילְּתָא[90] (ב״ק סט רע״א) פָּסְקוּ אֶת־הַדָּבָר (=את הדין)

A judgment was rendered, they issued a verdict

פַּסְקוּהָ[91] **לְמִילְּתֵיהּ** (ב״ק קו ב) פָּסְקוּ אֶת־עִנְיָנוֹ (=את דינו)

A judgment was rendered in his matter, they issued a verdict in his matter

פָּסְקִי (קיד׳ ל א) פּוֹסְקִים, מְחַלְּקִים They subdivide

פָּסְקִי (תמיד לב א) מַפְסִיקִים They obstruct

פָּסְקִי (ב״ב עד א) חָתַכְתִּי I cut

פָּסְקִי סִידְרָא (שבת קטז ב) פּוֹסְקִים הַסֵּדֶר[92]

They read the verses (of *kesuvim*)

פָּסְקִי סִידְרָא (ע״ז יט א) פּוֹסְקִים הַסֵּדֶר[93]

They read the verses (learn the Bible from their teacher)

פִּיסְקֵי דְאַרְזָא (עירו׳ ג א 3) כְּלוּנְסָאוֹת שֶׁל אֶרֶז (רש״י)

Cedar (-wood) poles

פִּסְקֵי בָּאגֵי (ב״ב סח ב) פִּסְקֵי בְקָעוֹת (חֲלָקוֹת קְטַנּוֹת)

Parcels of large valley

פִּיסְקֵי דְשִׁירָאֵי (ב״ב קמג ב) חֲתִיכוֹת שֶׁל שִׁירָאִין

Pieces of silk fabric

פִּיסְקֵי פִּיסְקֵי[94] (ר״ה כו ב, מג׳ יח א) חֲלָקִים חֲלָקִים, לְסֵרוּגִין

Singly, separately, occasionally

פַּסְקֵיהּ חֲתָכוֹ, (הכתוב) חִלְּקוֹ He split it (the verse)

פַּסְקֵיהּ (בר׳ כז סע״א) הִפְסִיקוֹ (רש״י)

He interrupted between him (and the wall)

פסקיה (ב״ק קו ב) מ׳ ר׳: פסקוה

בֵּי פָּסְקֵיהּ (פס׳ עד א 2, חול׳ קיב א) מְקוֹם חִתּוּכוֹ

The place of his cut

מיפסק פיסקיה (סנ׳ עז ב) מ׳ פ׳: פסיקי

פָּסְקִין (נדר׳ לח רע״א) פּוֹסְקִים, מְחַלְּקִים

They separate, they divide

פַּסְקִינְהוּ (פס׳ קיא א 2, חול׳ קו א 2) הִפְסִיקָם

He separated them

פסקיניה (ב״ק עד א) ה׳: פסקוה

פָּסְקִינַן (ב״ק עד א) אָנוּ פּוֹסְקִים We render the decision

פָּסְקִינַן אָנוּ מַפְסִיקִים, מְחַלְּקִים

We separate, we divide

פִּסְקִית[95] (חול׳ נא א) פִּסְקִית[96] Across width of back

פָּסְקַתְּ (ב״ב כא ב 2) אַתָּה חוֹתֵךְ You cut off

פְּסַקְתְּ (ב״מ עד ב) פָּסַקְתָּ He fixed (the price)

מאי פסקת (ב״מ לב ב) כל כי״י: פסקא

פִּסְקְתָא דְפַרְדֵיסָא (ב״ב קנא א) חֶלְקַת כֶּרֶם

A small part of an orchard

פסקתא (סנ׳ צה א) ר׳ פסקתיה Cf.

פִּסְקְתֵיהּ לְפִילְכַהּ (כתו׳ עב ב[97], סנ׳ צה א[98]) נִתְּקָה אֶת פִּילְכָּהּ

She detached her spindle

פְּסַק[תִּ]ינְהוּ (פס׳ קיא א 2 — מ׳) הִפְסִיקָתָם

They were separated by

פִּיסְתָא דִידָא (יב׳ קטו א) פַּסַּת הַיָּד Palm of hand

פִּיסְתְּקָא[99] (גט׳ נט א 2, סט א) בָּטְנָה

Acorn (*Rashi*), pistachio

פְּעוֹרֵי [קָא][1] **מִפַּעֲרִי(ן)**[2] **קַמֵּיהּ** (ע״ז נא ב) פָּעוֹר פּוֹעֲרִים[3] לְפָנָיו

They defecate in front of it

פָּעֵי (בכו׳ לה א) פּוֹעֶה It (*m.*) bleats

פָּעֵי (לאדם) (עירו׳ עה ב ועוד) פּוֹתֵחַ פִּיו (=אינו שותק)

He opens his mouth (he does not remain quiet)

פָּעְיָא (חול׳ מג א) פּוֹעָה It (*f.*) bleats

פַּעִיתָא (סוכה לא א) קוֹלָנִית (רש״י: צעקנית)

Loudmouthed, vociferous

פַּ(י)עְפּוּעֵי בִּיעֵי (שבת קט א — מ׳ ור״ח) טָרוֹף בֵּיצִים

To beat, to stir together (raw) eggs

בַּר מְאָה פָּ[א]פֵי[4] **וַחֲדָא**[5] **נָאנָא(י)**[6] (סוטה מב ב)

(90) ה׳ הב״ח, מ׳: פסיק׳, ד׳: פסקה מילתא.

(91) מ׳ ר׳, ד׳: פסקיה.

(92) = קוראים בצבור.

(93) = לומדים מקרא לפני רבם.

(94) מ׳, ד׳: פסקי פסקי.

(95) ע׳, כל כי״י: אפסקית, ד״ו: אפסקי׳, ד״ח: אפסקיה.

(96) ע׳: פי׳ אם הכה הבהמה ... לרחבה של בהמה עומד בצדה ומכה באמצעה, וזו היא מכה פסקית, בפי״א בנגעי׳ (מ״ח) היתה פסיקות ... פי׳ חתיכות.

(97) מ׳, ד׳: פסיקתיה.

(98) מ׳ אה״ת וע״י, ד׳: פסקתה.

(99) מלשון פרסית ויונית.

1) כתב יד מינכן.

2) מ׳ וכ״י ספי.

3) עושים צרכיהם (עי׳ משנה סנהדרין פ״ז מ״ו).

4) מ׳ ורש״י, אה״ת: אפי.

5) מ׳ ואה״ת: וחד.

6) מ׳, אה״ת: נאני.

בֶּן־מְאָה אָבוֹת וְאֵם אַחַת

Son of a hundred fathers and one mother

פַּצּוֹחֵי עֵינָא (ביצה כב א, ע״ז כח סע״ב) פָּקוֹחַ הָעַיִן (=לחזק את הראייה)

To open the eye (to strengthen the vision)

פְּצֵי (ע״ז יז סע״א) פָּתוּחַ — Open (toward)

פַּצִּימָא[7] (מנ׳ לד א) פַּצִּים[8] — Door post

פצימו (שם) ר׳ פצימי — Cf.

פַּצִּימֵי (מנ׳ לג ב, לד א[9]) פַּצִּימִים — Doorposts

פַּקְדוּךְ (יומא עז א) צִוּוּ אוֹתְךָ

They commanded you

פַּקְדֵיה (פס׳ ב א 2) צִוָּהוּ — He commanded it (*m.*)

פַּקְדִינַן (מג׳ טז א) צִוָּנוּ — He commanded us

שְׁטָר פַּקַדְתָּא (גט׳ נ ב) שְׁטָר צַוָּאָה — Written will

פַּקּוֹדֵי (סוטה כא א) (לְ)צַוּוֹת — (To) command

פקודי (שם) מ׳ ואה״ת: אפקודי

פְּקוּלֵי (נדה יז א) פְּקוּלִין[10] — Clumps of cotton

פִּיקּוּסַיְיהוּ (ב״מ פח ב) פִּיקָס[11] שֶׁלָּהֶם

Their (gourds) fuzz (that fall off when ripe)

מָאנֵי דְפַקּוּסְנָא[12] (ע״ז לג ב) כֵּלִים שֶׁל גְּלָלִים[13]

Vessels made out of cattle feces (*Rashi*), vessels made out of clay and cattle feces (*Aruch*)

פַּקַּחִין (יומא עו ב, סנ׳ ע א ועוד) פִּקְחוּנִי (=עשאוני פיקח, רש״י בסנ׳)

Lit, they opened my eyes, i.e., they made me perceptive

פִּקְטָ[י]ךְ[14] (ב״מ מ ב) פִּקְטֶיךָ[15] — Your residue of olive pits that float on top of oil (*Rashi*), your turbid (clouded) oil above the lees (*Aruch*)

פַּקֵּיד צִוָּה — He commanded, ordered, i.e., made a will

שְׁכִיב וְלָא פַּקֵּיד (כתו׳ פה ב ועוד) נִפְטַר וְלֹא צִוָּה

He died without ordering (i.e., making out a will)

פְּקִיד (שבת קכג ב) כָּנוּס — It (*m.*) is stored

דָּם מִיפְקָד פְּקִיד (שבת קלג ב ועוד) דָּם כָּנוּס כָּנוּס

The blood is stored

מַשְׁקִין מִיפְקָד פְּקִידִי (פס׳ לג ב) מַשְׁקִין כָּנוּס כְּנוּסִים

The liquids are stored

פְּקִיעַ שְׁמַיְיהוּ[16] (יב׳ לז ב) שְׁמָם מְפֻרְסָם

Their names are well-known, famous

פקיק (שבת סז א) מלת לחש — Incantation term

פְּקִיר (יב׳ נב א) רש״י: מִתְפַּקֵּר

Who talks insolently, disrespectfully, irreverently

פְּקַע פָּקַע, בָּטֵל (ע), נִבְקַע, נִשְׁבַּר

Burst, cancel (*Aruch*), split, broken, expired

פְּקַע[17] **עֵינֵיהּ** (ע״ז סה א) נִתְעַוֵּר — He became blind

פָּקַע פּוֹקֵעַ, בָּטֵל (ב)

It (*m.*) bursts, it cancels, it expires

פָּקַע אִיגָּרָא (פס׳ פה ב) בּוֹקֵעַ הַגַּג — The roof splits

פְּקָעָא עֵינָא (ע״ז כח סע״ב) נִתְעַוְּרָה — She became blind

פָּקְעָא פּוֹקַעַת, בְּטֵלָה, נִבְקַעַת

It (*f.*) bursts, is cancelled, splits

פִּיקְעָא (ע״ז כח רע״ב) פִּי הַטַּבַּעַת — Anus ring,

פִּיקְעָא (שם) סֶדֶק — Split

פְּקָעָה נִבְקְעָה — It (*f.*) split

פָּקְעָה נִבְקַעַת, פּוֹקַעַת, בְּטֵלָה

It (*f.*) splits, bursts, is canceled

פְּקָעָה וָמֵיתָה (נדר׳ נ ב) הִתְמוֹטְטָה וָמֵתָה

She collapsed and died

פָּקְעָה מֵעַ״ג הַמִּזְבֵּחַ (מעי׳ ט ב) פּוֹקַעַת (=נופלת) מֵעַ״ג הַמִּזְבֵּחַ — It falls off the altar

פְּקַעוּ (ע״ז לג ב) נִבְקְעוּ — They split (past tense)

פָּקְעֵי (שבת מב ב, מג א) נִבְקָעִים

They split (present tense)

7) מ׳ ור׳ אב, ד״ו: פצימיא, ד״ח: פצים א׳.

8) = נסר עומד בגדר — עצים (ר׳ שבת ספ״ח).

9) ד׳: פצימי.

10) מלשון יונית = אגודה. ״פשתן נקי״ (ע׳). ר״ב מוסיף: ״והפשתה גבעול (שמות ט לא) — ת״י: ״וכיתונא עבד פיקולין״.

11) מלשון יונית, והוא שיער כמו נוצה הצומח בקשואים ובדלועים, וכשנגמר בשולם הוא נושר, ואותה נשירה נקראת ״פיקס״.

12) ע׳: פקיסנא, כ״י ספ׳: פקסונא, מ׳: פוקסמין.

13) מלשון רומית - - - = בקר. רש״י: צפיעי בקר. ע׳: כלים עשויים מאדמה ומצפיעי בקר. ר״ח: יש מי שאומר כלי עץ ארז והן תאשור ויש מי שאומר כלים מדובקים בפקסנא, ובלי ערב אלך (= מיץ של צמח לך שצובעים בו כלים — עה״ש).

14) הגהתי.

15) מלשון יונית = שמן עכור שהוא למעלה מן השמרים (ע׳). רש״י: פסולת הגרעינים הצפים על פני השמן.

16) מ׳: דבקיאי בשמייהו, וכן בגט׳ עג א.

17) אה״ת ע״י ולי׳ ד״ש: פקעי.

פְּקְעִי קִידּוּשֵׁי – (קיד' נט ב) פּוֹקְעִים (=בְּטֵלִים) קִדּוּשֵׁי-
The *kiddushin* (first stage of marriage) is annulled

פְּקַע(יה)[18] **כְּרֵסֵיהּ** (חול' נו סע"ב) נִבְקַע כְּרֵסוֹ
His stomach split open

פְּקַעְתַּהּ (כתו' מז א, תמו' כט ב) הַפְקָעָתָהּ, בְּטֵלוּתָהּ (רש"י)
Her compensation for time lost by not allowing her to work

לְפַקְפּוּקֵי (סוכה מג ב) לְפַקְפֵּק, לְזַלְזֵל
To question, to slight

פְּקַר (סנ' מד א) פָּקַר
His religiousness has declined

פָּקַר (סנ' לח ב) פּוֹקֵר
His religiousness declines

פַּקְתָּא (בר' לד ב[19], חול' לא א[20]) בִּקְעָה
Valley

פַּקְתָּא דַעֲרָבוֹת (בר' נד א ועוד) בִּקְעַת עֲרָבוֹת[21]
Valley of *aravos* (a remote arid place)

פִּרְדֵיהּ (סנ' צה א) פִּרְדּוֹ
His mule

פַּרְדֵּיסָא כֶּרֶם, פַּרְדֵּס
Vineyard, orchard

פַּרְדֵּיסֵי כְּרָמִים, פַּרְדֵּסִים
Vineyards, orchards

פַּרְדֵּיסֵיהּ פַּרְדֵּסוֹ, כַּרְמוֹ
His vineyard, his orchard

פַּרְדֵּיסַיְיהוּ כַּרְמֵיהֶם
Their vineyards, orchards

פַּרְדִּיסְקֵי[22] (ע"ז סה ב) כַּדִּים רֵיקִים[23]
Empty jugs

פַּרְדַּכְשָׁא (שבת צד סע"א[24], מג' יב ב[25]) פָּקִיד[26], סַרְדִּיוֹט[27]
Officer, official

פַּרְדָּכְתְּ (ב"ב נה א) בַּטְלָן, פָּנוּי מִמְּלָאכָה
Unemployed, idle person

פרדשכא (שבת צד סע"א[28], מג' יב ב[29]) ר' פרדכשא
Cf.

פַּרְדֶּשְׁנָא (סנ' צד ב) דּוֹרוֹן[30]
Gift

פַּרְדֶּשְׁנֵי (מג' יג א, ע"ז עא א) מַתָּנוֹת
Gifts

לָא פָּרָה וְלָא רָבָה[31] (שבת סז א) אֵינָהּ פָּרָה וְאֵינָהּ רָבָה
Non-reproductive

פַּרְהַגְבְּנָא (עיר' לו ב, ב"ק קיז א[32], ב"מ פג ב[33])
פָּקִיד, שׁוֹטֵר[34]
Royal law-enforcement official, policeman

פרהגונא (ב"מ פג ב) כל כי"י: פרהגבנא

פרהגנא (ב"ק קיז א) מ' פ' ועוד: פרהגבנא

פַּרְהַנְגְּ[35] (גט' מד א כ"פ) מֵצִיק
Oppressor

פַּרְוָא (חול' סב סע"ב) שם עוף טמא
Name of unclean bird

פְּרוּגִיתָא[35*] (שבת קמז ב) פריגיא (באסיה הקטנה)
Phrygia (country in Asia Minor), a country that produces high- quality wine

לְפָרוּדַהּ (מנ' מב רע"א) לְהַפְרִידָהּ
To separate it (*f.*)

פרוודהא (כתו' נד א 4[36], מכות י א[37]) ר' פרוורהא
Cf.

פַּרְוַולְקָא[38] שָׁלִיחַ
Messenger, forerunner

פַּרְוָורְהָא (כתו' נד א 4[39], ב"ב קכב ב, מכות י א[39]) פַּרְוָרֶיהָ
Its villages and fields in outskirts of city, suburbs

פִּרְוְתָא (ב"מ עג ב ועוד) נָמֵל
Port

פִּרְוָתָא (ר"ה כג א ועוד) נְמֵלִים
Ports

פרוזבוטי[40] (מג' טו רע"ב) ר' פרוסבוטי
Cf.

פרוזבולי[41] (מג' טו סע"א) ר' פרוסבולי
Cf.

פָּרוֹחֵי (נדה יז רע"א) יַתּוּשִׁים
Mosquitoes

כליא פרוחי (שבת נז ב) ר' כליא
Cf.

לְפָרוֹכֵי (ביצה יב סע"ב) לְפָרֵךְ[42]
To shell, to husk

(18) כל כי"י, מ': פקעי.
(19) ע' מ' ועוד, ד': בקתא.
(20) ע' ועוד, ד': פתקא, ועי' הגרי"ב.
(21) ע': ארץ ציה רחוקה מן הישוב.
(22) מ' וריטב"א ותוס' בד"י, ד': פריסדקי.
(23) מלשון פרסית (עה"ש).
(24) ע', ד': פרדשכא.
(25) ע' ופ', ד': פרדשכא.
(26) רש"י במג': פקיד ונגיד.
(27) רש"י בשבת. בעל עה"ש גוזרו מלשון פרסית.
(28) ע': פרדכשא, מ': פרשדכא.
(29) ע' ופ': פרדכשא, מ': פרדנשא, ד': פרשדכא.
(30) מלשון פרסית (ור"ב גוזרו מלשון יונית = מתנה).
(31) מ', ד': רביא, א"פ: פרי, רבי.
(32) ע' מ' פ' ועוד, ד': פרהגנא.
(33) כל כי"י (חוץ מן ה'), ד': פרהגונא.
(34) מלשון פרסית = שומר אוצר או שוטר (עה"ש).
(35) מלשון פרסית = שופט (עה"ש). בע': אפרהנג (וכן כ"י א' הגהה).
(35*) [כי"י וד"י, ד"ח: פרוגייתא]
(36) ע': פרוורהא, מ': פרואה (א, ג, ד), פרואתה (ב).
(37) מ': פרוארה'.
(38) מלשון פרסית = בריה (הנקראת שחור האוזן) ההולכת לפני הארי (עה"ש).
(39) ע', ד' — בְּדל"ת.
(40) מ': בפרוס בוסי, ע"י ולי' כ"י: פרוס בוטי, ע' ואה"ת ומ"ב וא"פ: בפרסבוטי.
(41) מ': בפרוס בולי, ע"י ולי' כ"י: פרוס בולי, ע' ואה"ת ומ"ב ופ': פרס בולי.
(42) למולל קטניות (או חרדל) ולהוציאן משרביטיהן.

פְּרוּמָא[43] **דְשִׁיכְרָא** (קיד׳ נב ב) כְּלִי מָלֵא שֵׁכָר
A utensil full of some intoxicating beverage (e.g., beer)

פְּרוּמָאֵי (ב״מ מב ב) פָּרוּמוֹת (=שוברי תִקְרוֹת)
Breakers of ceilings (burglars)

פרונקא (שבת קלט סע״ב, ע״ז ל א) ע׳: פרנקא

פְּרוֹס בּוּלֵי (גט׳ לו סע״ב) אֶל הַמּוֹעֵצָה (למסירת שטרי חוב לבית דין בשנת השמטה)
Before the Assembly (to transfer the promissory notes to *beis din* before the Shmita year), for the rich (*Rashi*)

פְּרוּס (מ״ק כה א) שָׁבְרוּ — They broke

פרוס (בכו׳ מ סע״א) מ׳: פריס

פְּרוֹס (בכו׳ נח רע״א) חֵלֶק — Part

פְּרוֹסְבּוּטֵי[44] (מג׳ טו רע״ב) זְקֵנָה[45]
Claim of poverty (*Rashi*), pleading for rebuilding the Temple

פְּרוֹסְבּוּלֵי[46] (מג׳ טו סע״א) מוֹעֵצָה[47]
Claim of richness (*Rashi*), legislative assembly

פְּרוֹסְבְּלָא (גט׳ לו ב) פְּרוֹזְבּוֹל
Pruzball (before the Shmita year the creditor transfers collection of all his debts to *beis din* to avoid their being absolved)

פְּרוּק (יב׳ מה א) פָּדוּ — They redeemed

פְּרוֹק (סוטה כ ב ועוד מדני׳) פְּדֵה
Redeem (*m., s., imp.*)

פֵּירוּקָא (ב״ק יד א) תֵּרוּץ, פֵּרוּק — Reply, solution

פֵּירוּקֵי פֵּרוּקִים, תֵּרוּצִים — Replies, solutions

פֵּרוּקֵי מְ(י)פָּרְקָא (חול׳ צג א 2 — מ׳) פֶּרֶק מְפָרֶקֶת
(Limbs and hips of a live animal's body) move back and forth

לְפָרוּקֵיה (ב״מ פג ב) לְהַצִּילוֹ — To release him

לְפָרוּקִינְהוּ (בר׳ נו א) לְפָרְקָם, לְהַפְרִיד בֵּינֵיהֶם (=בין הניצים)
To separate between the two people fighting

פְּרוּרָא דְאוּשְׁכָפֵי (פס׳ מב ב כ״פ) קוֹלָן (=דֶּבֶק) שֶׁל רַצְעָנִים[48]
Shoemaker's glue

פְּרוּשׁ (יומא פד ב 2, נדה נב א) פָּרְשׁוּ
They separated, departed, parted, went away

פֵּירוּשָׁא פֵּרוּשׁ — Explanation

פֵּירוּשָׁא (מג׳ כז א) פֵּרוּשָׁהּ — Its (*f.*) explanation

לְפָרוּשַׁהּ (ב״ק קו א, ב״ב קכא ב) לְפָרְשָׁהּ (=לפרש אותה)
To explain it (*f.*)

פָּרוּשֵׁי[49] (ל)פָרֵשׁ — (To) explain

לְפָרוּשֵׁי לְפָרֵשׁ — To explain

פַּרְזוּמָא (סוכה יא א[50], מנ׳ מג א[51]) טַלִּית[52]
Type of garment

פְּ(י)רְזוּמָא (פס׳ קז א[53], קידו׳ נב ב[54]) שֵׁכָר מִפְּסֹלֶת[55]
Intoxicating beverage made from residue of dates, or from barley (*Rashi*)

פרזינא (תע׳ כד ב) ע׳: ארזינא

פַּרְזְלָא בַּרְזֶל — Iron

פַּרְזְלַיְיהוּ (פס׳ ל ב) בַּרְזִלָּם — Their iron

פְּרַח (כתו׳ קה ב) פָּרַח, עָף (ע) — It (*m.*) flew away

פְּרַח מ– (בר׳ נ א ועוד) נִסְתַּלֵּק מ-, בָּטֵל
It departed from..., it is annulled

פָּרַח (ב״ב כ א ועוד) פּוֹרֵחַ, עָף (ב) — It (*m.*) flies

עוֹרְבָא פָּרַח[56] (ביצה כא א, חול׳ קכד ב) עוֹרֵב פּוֹרֵחַ
Lit., a raven flies in the air, i.e., he tries to evade answering

פרח (פס׳ קי א) מלת לחש — Incantation term

(43) נ״א: פרזומא, ור׳ שם.
(44) עי׳ וילי, ד׳: פרוזבוטי.
(45) מלשון יונית.
(46) עי׳ וילי, ד׳: פרוזבולי.
(47) מלשון יונית.
(48) וגם הסופרים מדביקים בו את ניירותיהם, לפיכך נקרא במשי: קולן של סופרים.
(49) במטבע הרגיל ״פרושי קא מפרש״ נוספה בד׳ בטעות יו״ד בכמה מקומות: פירושי.
(50) מ׳: פרזימא, מ׳ ב: פרוזמא, רש״י מעתיק מכאן בשבת קכה רע״א: פירזמא.
(51) מ׳ ר׳ אב: פרזימא, רש״י: פורזימא. גם בעברית יש ח״ג: ד׳ בשבת קכה א: פרוזמיות (ד״ח), פרזומיות (ד״י), פרזמיות (מ׳ וד״ו ר״צ ורש״י בד״י).
(52) מלשון ערבית ויונית.
(53) ע׳, מ׳: פורזימא, מ׳ ב וא״פ: פורזמא.
(54) ע׳, מ׳: פרזימא, רש״י: פרוזמא, ד׳: פרומא.
(55) פסולת של תמרים, שכבר הוציאו מהן שכר ראשון. ועי׳ עה״ש, שמשוה אותו ליונית (= פסולת שעורים לעשית מהם שכר).
(56) בשני המקומות בפי רב הונא לרב אויא סבא להשיאו לדבר אחר מאין לו מענה לשאלתו באותה שעה.

פָּרַח לִיבֵּיהּ (נדר' נד ב, גט' סט ב) נֶחֱלַשׁ לִבּוֹ
He fainted, felt faint, lost consciousness

פָּרְחָא (סנ' קז ב) (צרעת) פּוֹרַחַת
The *tza'raas* spreads

גַּמְלָא פָּרְחָא (מכ' ה א) גָּמָל הַפּוֹרֵחַ בָּאֲוִיר
Lit., a flying camel, i.e., a fast camel

פרחא (נדה לז רע"א) מ' ורש"י: פרח

פָּרְחָא[57] זִיקָא (פס' קי רע"ב) הִפְרִיחָה הָרוּחַ
The wind blew

פִּרְחָא דְלִיבָּא (גט' סט ב) חֻלְשַׁת הַלֵּב[58]
Fainting, feeling faint, losing consciousness

פִּרְחָא (פס' קיא רע"ב) צָלָף
Common caper bush

פִּרְחָא (בר' לו א-ב) פְּרִי הַצָּלָף
Caper

פָּרְחָה (כתו' סא ב[59], זב' צד א) (צרעת) פּוֹרַחַת
(The *tza'raas*) spreads

פְּרַחוּ (ב"ב עד ב) פָּרְחוּ
They flew away

פירחי[60] (פס' קיא ב) ר' פרחין
Cf.

פרחי (כתו' סא א, סד ב) ר' ארחי
Cf.

בי פרחי (פס' קיא ב) ר' בי
Cf.

פרח פרחייכי (פס' קי א) מלות לחש
Incantation term

פִּרְחִין[61] (פס' קיא ב) פִּרְחִי
Fly away (*f, s., imp.*)

פָּרְחָן (בר' נו א-ב, חול' נג ב[62]) פּוֹרְחוֹת, עָפוֹת
They (*f, p.*) fly

פְּרָטָא פְּרָט
Detail, unit, item, particular

פְּרָטָא זוּטָא (בכו' ה א) פְּרָט קָטָן
Insignificant detail, unit, item, particular

פְּרָטָא רַבָּא (שם) פְּרָט גָּדוֹל
Significant detail, unit, item, particular

פִּירְטָא (גט' נז ב[63], סנ' צו ב[64]) צַוָּאָה
Written will (in which he indicates how his property should be disposed after he becomes a proselyte)

פְּרָטֵי פְּרָטִים
Details, units, items, particulars

פְּרָטֵיהּ פְּרָטָיו
(His, its) details, units, items, particulars

פַּרְטֵיהּ (ביצה כז ב, ב"ק קיז סע"א[65]) סָדַק אוֹתוֹ
It split it (*Beitzah*), it was split (*Bava Kamma*)

פַּרְטֵיהּ לְהוּצָא (נדר' צא ב) פָּרַץ אֶת־(גֶּדֶר) הַהוּצִים[66]
He broke through the (fence of) hedges

פָּרְטִינַן חֲטָאֵיהּ (מ"ק טז א) אָנוּ פּוֹרְטִים (=מפרטים) חֲטָאָיו
We enumerate our sins

פרטתא (גט' נז ב) ע': פירטא

פָּרֵי (בר' נז א) פָּרֶה
It is fruitful, increases, multiplies

פָּרֵי וְרָבֵי (שם) פָּרֶה וְרָבֶה
It is fruitful and multiplies

לָא פָּרֵי וְלָא רָבֵי[67] (שבת סז א) אֵינוֹ פָּרֶה וְאֵינוֹ רָבֶה
It is not fruitful and doesn't multiply, i.e., it doesn't reproduce

פְּרִידָא (גט' סט א) מין עשב[68]
Type of herb, morelle cherry (tree)

פְּרִיטָא שִׂפְוָותֵיהּ (תע' כה ב[69], ב"ק קיז סע"א[70])
שְׂפָתָיו סדוקות
His lips are split, harelip ?

פְּרִיטֵי פְּרוּטוֹת
Perutos, coins of low value

פְּרִיטַיָּא (סוכה מד ב) הַפְּרוּטוֹת
Perutos, coins of low value

פָּרֵיךְ פּוֹרֵךְ, שׁוֹבֵר, מַקְשֶׁה
He refutes, breaks, raises an objection

פריך (נדה נה א) מ': איפרך

מִפְרָךְ פְּרִיכָא (פס' סח ב) פָּרוֹךְ נִפְרֶכֶת
It (*f.*) crumbles

דהבא פריכא (כתו' סז א ועוד) ר' דהבא
Cf.

ק"ו פְּרִיכָא ק"ו שָׁבוּר
Refuted argument based on inferring from the weaker or minor to the stronger or major

(57) מ' ורש"י ורשב"ם: פרחיה.
(58) ע' גדול ורבוי.
(59) מ': מפרחא, אה"ת: ד(קא) פרחה.
(60) מ': פרחין לך, אה"ת: פרחין נפש(י)ך.
(61) מ' ואה"ת, ד': פירחי.
(62) ה' ג' כ"י ר', ד': מפרחן.
(63) ע', ד': פרטתא.
(64) ע' וק', ד': פורטיתא.
(65) ועי' "פריטא".
(66) = עלים שבכפות התמרים.
(67) א"פ, מ': פרה, רבה: ד': פרה, רביא.
(68) רש"י, לפי ר"ב: שיזפין.
(69) מ' ב ועי' וד' פיז', ד': פריסא.
(70) אה"ת ד"י, מ': פריט', ר' ע': פריטן, ד"ח: פרטיה.

פְּרֵים (שבת עד ב, קיט א) קוֹנֵב[71]
He cuts in thin pieces, minces

פְּרִימָא (בר׳ לט א) קְנִיבָה, חֲתִיכָה
Piece

פָּרֵים (ב״מ מ סע״א) מְחַלֵּק (ומוכר)
He divides (and sells)

פָּרֵים (סנ׳ מט סע״א) מְחַלֵּק (ונותן)
He divides (and gives), distributes

פְּרִים (גט׳ לא ב ועוד) פָּרוּשׂ
(It) was spread over

פְּרִים[72] (בכור׳ מ סע״א) פָּרוּס[73]
Upper lip and jaw extend over the lower ones

פָּרֵים יְדֵיהּ (מג׳ כד ב 2) נוֹשֵׂא כַּפָּיו (לברכת כהנים)
He spreads his hands (for the benediction of the Cohanim)

פָּרֵים סוּדָרָא (בר׳ נא א ועוד) פּוֹרֵשׂ סוּדָר (=מתעטף)
He wraps himself with a shawl

פְּרִיסָא (פס׳ לז ב, מנ׳ עח ב) פְּרוּסָה (=חתוכה)
Sliced

פְּרִיסָא (מג׳ כו ב 2) וִילוֹן[74]
Curtain (enveloping the Ark from the inside - *Rashi*)

פריסא[75] (תע׳ כה ב) ר׳ פריטא
Cf.

פריסדקי (ע״ז סה ב) ר׳ פרדיסקי[76]
Cf.

פְּרִיסִי (חגי׳ טו א) פְּרוּשִׂים
Stretched out, spread out (*p.*)

פְּרִיסַת מַלְכוּתָךְ (סנ׳ כב א — מדני׳) חֲלוּקָה מַלְכוּתְךָ
Your kingdom is divided

לָא פָּרֵיסַת סוּדָרָא (קיד׳ כט סע״ב) אֵינְךָ פּוֹרֵשׂ סוּדָר (=אינך מתעטף)
You are not wrapping yourself (covering your head - *Rashi*) with a scarf

פְּרִיסְתְּקָא (בר׳ נח א) שָׁלִיחַ[77]
Courier, messenger

פְּרִיסְתְּקֵי (מג׳ ז סע״א) שְׁלוּחִים
Couriers, messengers

פְּרִיעַ (שטר) פָּרוּעַ
Paid up promissory note

שְׁטָרָא פְּרִיעָא (כתו׳ פה א, שבו׳ מא א[78]) שְׁטָר פָּרוּעַ
Paid up promissory note

פְּרִיץ (ב״מ עא א) פָּרוּץ[79]
Immodest (*m, s.*)

פְּרִיצָא[80] (גט׳ יג א) פְּרוּצָה[81]
Immodest (*f, s.*)

גַּמְלָא פְּרִיצָא (בר׳ נד א) גָּמָל נַשְׁכָן
Camel in the habit of biting

פריצה (גט׳ יג א) ר׳ פריצא
Cf.

פְּרִיצוּתָא פְּרִיצוּת
Immorality, immodesty

פְּרִיצ[וּ]תָא[82] (מג׳ יב ב) פְּרִיצוּת
Immoral (*f, s.*)

פְּרִיצֵי (בר׳ ג ב, יומא עה א 2) פְּרוּצִים (בעריות)
Immoral (*m, p.*)

פְּרִיצֵי (יומא עח א) פְּרוּצִים (בעלי תאווה)
Immoral

פְּרִיצִין[83] (תע׳ כד ב) פְּרוּצִים[84]
Acting with disrespect (toward bread)

פָּרֵיק פּוֹדֶה, גּוֹאֵל
He redeems, liberates

פְּרִיקָה[85] (מנ׳ יא ב) פְּרוּקָה
Unloaded (*f, s.*)

פריקנא[86] (ע״ז נ רע״ב) ר׳ מפריקנא
Cf.

פָּרֵישׁ פּוֹרֵשׁ, פֵּרֵשׁ
He explains, he explained

אִיכָּא דְפָרֵישׁ[87] (ב״ק נו ב) יֵשׁ שֶׁפֵּרֵשׁ
Some explain

פריש (קיד׳ פא ב, ע״ז כו א) מ׳: פרש

פריש (ערכ׳ כא סע״א) רש״י: אפריש

פָּרְכָא (זב׳ צו ב) פּוֹרֶכֶת, שׁוֹבֶרֶת, סוֹתֶרֶת
Lit. it crumbles, breaks, i.e. it refutes

פִּרְכָא קֻשְׁיָה, שְׁבִירָה (ק״ו וכיו״ב)
Objection, refutation (of a *kal vechomer* (an inference from the weaker to the stronger or the minor to the major), 4and the like)

פַּרְכַהּ (כתו׳ כא ב, נדר׳ נא א) שָׁבַר אוֹתָהּ, הִקְשָׁה עָלֶיהָ
He broke it, he asked a question on it

(71) = חותך (ירקות וכיו״ב) לחתיכות קטנות.
(72) מ׳, ד׳: פרוס.
(73) רש״י: ששפה עליונה ולחיים העליונות עודפות על התחתונה.
(74) ע׳: שפורסין לפני התיבה... פ״א מטפחת שמכסין בה ס״ת.
(75) מ׳ ב וד׳ פיז׳: פריטא, מ׳: פירקא, ד׳: פריסא.
(76) כך הנוס׳ במ׳ וריטב״א ותוס׳ בד״י.
(77) מלשון פרסית.
(78) מ׳, ד׳: שטרא פרוע.
(79) = היפך מצנוע.
(80) ד״ו, כ״י: פריצ׳, ד״ח: פריצה.
(81) = ההיפך מצנועה.
(82) מ׳, אה״ת: פירצותא.
(83) מ׳ ב ואה״ת, מ׳: דפרצי, ד׳: דהוו קא פרצי.
(84) משחקים (בלחם) דרך זלזול.
(85) כך גם מ׳, ד״ו: פריקי׳.
(86) כ״י ספ׳: מפרקיני, מ׳: יפרקיני.
(87) כל כ״י, ד׳: דמפרשי.

פַּרְכוּהָ (פס׳ סו א, סוטה ז א) שָׁבְרוּ אוֹתוֹ (את הק״ו)
They broke, refuted it (f.) (the *kal vechomer* - an inference from the weaker to the stronger or the minor to the major)

פִּירְכּוּסֵי פִּרְכּוּסִים — Spasms

פָּרְכִי (סוכה יג ב) מִתְפּוֹרְרִים — They are crumbling

פָּרְכִי (נדה לד ב 2) שׁוֹבְרִים, מַקְשִׁים
Lit., they break, i.e., they raise an objection

הַדּוֹרֵי אַפִּירְכֵי לָמָּה לָךְ (חול׳ עו ב, נדה סה ב[88]) לָמָּה לְךָ לְחַזֵּר עַל קוּשְׁיוֹת[89]
Why are you seeking refutations, why are you looking around to ask questions?

פַּרְכֵיהּ (פס׳ סט א, סוטה ל א) שְׁבָרוֹ, הִקְשָׁה עָלָיו
He broke it (*m.*), he asked a question on it (*m.*)

פָּרְכִינַן אָנוּ שׁוֹבְרִים (ק״ו וכיו״ב), אָנוּ מַקְשִׁים עַל-
Lit., we break, i.e., we refute (a *kal vechomer* (an inference from the weaker to the stronger or the minor to the major), and the like), we are raising a question about...

פַּרְכֵּים פִּרְכֵּס — He jerked, moved spasmodically

פָּרְכַת אַתָּה שׁוֹבֵר (ק״ו וכיו״ב), אַתָּה סוֹתֵר
Lit., you break, i.e., you refute (a *kal vechomer* (an inference from the weaker to the stronger or the minor to the major), and the like)

פִּירְמָא (גט׳ סט א 2) קְנִיבָה (=חיתוך ירקות)
Lit., hashing, mincing, choping (vegetables), i.e., (the) hashed, minced, chopped (vegetables)

פִּירְמָא (חול׳ קכ א) קִיפָּה[90] (במשנה) — Cooked-meat
residue adhering to the bottom of the pot (*Rashi*)

גַּבְרֵי דְפַרְמוּזְקָא[91] (ב״מ צג ב) אַנְשֵׁי הַשִּׁלְטוֹן
Representatives of authority

פרמי (שבת סו רע״ב) ע׳: פדאמי

פַּרְמִינְהוּ (בר׳ לט א) קְנָבָם, חֲתָכָם (את הירקות)
He cut them, he chopped them (the vegetables)

פַּרְנָא (כתו׳ סז א) מֹהַר[92] — Marriage contract payment

שירא פרנדא (שבת כ ב) ר׳ שירא — Cf.

פַּרְנְסֵיהּ (ב״ב ח א) פִּרְנְסוֹ
He supported him, provided for him, sustained him

פְּרַנְקָא[93] (שבת קלט סע״ב, ע״ז ל א) מַטְלִית[94]
Piece of cloth spread over a wine cask

פְּרַס (שבת מח א) פָּרַשׂ — He spread

פַּרְסָא פַּרְסָה (מדת אורך)
Parasang (measure of length)

פרסא (קיד׳ עב א[95], ב״ק נה א[96]) ר׳ פרסאה — Cf.

בְּלִיתָא דִפְרָסָא (חול׳ ח ב) בְּלוֹא־מָסָךְ (=חתיכה בלויה של מסך) — Worn out piece of curtain

פַּרְסָאָה פַּרְסִי — Persian (*s., m.*)

פַּרְסָאֵי פַּרְסִיִּים — Persians

פָּרְסוּ (ב״מ פה א) פּוֹרְשִׂים — They spread (present tense)

פַּרְסוּהּ (יב׳ סו ב) פְּרָשׂוּהוּ — They spread (past tense) it

לְפַרְסוּמֵי מִילְּתָא (יב׳ קא סע״ב[97] ועוד) לְפַרְסֵם הַדָּבָר
To publicize it, make it known

פַּרְסוּמֵי נִיסָּא (בר׳ יד א ועוד) (ל)פַרְסֵם הַנֵּס
To publicize the miracle, make the miracle known

פַּרְסֵי פַּרְסָאוֹת — Parasangs (measure of length)

---

88) מ׳, ד׳: אפירכא... לי.

89) בשני המקומות רבה לרב חסדא.

90) = בשר מצומק שנמחה בקדירה.

91) מלשון פרסית = לצוות. ע׳: פימוסקא, ועי׳ ח״ג בד״ס.

92) = ?????? בתר׳ השבעים.

93) ע׳, ד׳: פרונקא. ״אולי מלשון פרסית, בלשון יונית = חתיכת בגד״ (עה״ש).

94) ר״ח בשבת: פראנקא פי׳ כסוי בפי הקנקן ויש בו נקבים קטנים קטנים לסנן בו היין כאשר יציקוהו (= ייצקוהו) בקנקן וכו׳ וי״א פרונקא מטלית של בגד שעשאו לכסוי כובא. ובע״ז הוא כותב: והביא פראנקא שהוא סמרטוט וצררו בראש הכובא ... פי׳ פרונקא שליח ופי׳ פרנקא סמרטוט.

95) מ׳: פרסאי (= פרסא׳), ע״י: פרסי.

96) כ״י: פרסאה.

97) מ׳ ורש״י, ד׳: לפרסם.

פְּרְסֵי (סוכה כ ב) וִילָאוֹת (רש״י, ע׳: נפה) — Curtains

פְּרְסֵי יְדַיְיהוּ (בר׳ נה ב, כתו׳ כד ב) פּוֹרְשִׂים כַּפֵּיהֶם (לברכת כהנים) — They spread their hands (to perform the blessing of the Cohanim)

פְּרְסֵיה לִגְלִימֵיה (חול׳ נז ב) פָּרַשׂ טַלִּיתוֹ — He spread (past tense) his cloak, garment

פַּרְסְיָיאתָא (שבת כט א) (תמרים) פַּרְסִיּוֹת — Persian (dates)

פַּרְסְיָיתָא (בר׳ מד ב, שבת קי ב, קמג א) פַּרְסִיּוֹת — Persian (*p., f.*)

פַּרְסִין (נדר׳ מט ב) פַּרְסָאוֹת — Parasangs (measure of length)

פְּרְסִין (סנ׳ כב א — מדני׳) חֲתִיכוֹת, חֲלָקִים — Broken up into pieces, parts

פַּרְסִכְנָא[98] (שבת קנד ב) עָנָף[99] — Branch

פְּרַס(ת)קִי (חול׳ קמא ב — ע׳ מ׳ ור״ג) מְצוּדָה — Traps

פְּרַע (נדר׳ כב א) פְּרַע (צ) (=גַּלֵּה) — Reveal, uncover (*m, s., imp.*)

פְּרַע (נדר׳ כה א[1]) פְּרַע (חוב) (צ) — Pay (a debt) (*m, s., imp.*)

פָּרַע (עירו׳ סז א ועוד) פּוֹרֵעַ (חוב) — He pays (a debt)

פרע (שבת עט רע״א) א״פ: פרענא

פָּרַע קִינֵיה (סנ׳ קב ב) פּוֹרֵעַ קִנְאָתוֹ (=נוֹקֵם נִקְמָתוֹ — He takes revenge

פָּרְעָא (ב״ב צא א) פּוֹרַעַת, גּוֹמֶלֶת — It (*f.*) pays, pays back, recompenses

פַּרְעַהּ (כתו׳ פז ב) פָּרַע אוֹתָהּ — He paid it (*f.*)

פרעו (ע״ז סב ב) מ׳ רש״י: פרעי

פָּרְעֵי פּוֹרְעִים (חוב) — They pay (a debt)

הֵיכָא דְפָרְעֵי טַבָּחֵי (חול׳ נב א, עו א, צג ב) מָקוֹם שֶׁפּוֹרְעִים (=מְגַלִּים) הַטַּבָּחִים[2] — Where butchers open the animal's body (to remove its innards)

פַּרְעֵיה פְּרָעוֹ — He paid it, him

פַּרְעֵיה (כתו׳ פט א) פְּרָעֵהוּ (צ) — Pay him (*m, s., imp.*)

פְּרַע(י)ן[3] (שבו׳ מא ב 2) פְּרָעֵנִי — Pay me (*m, s., imp.*)

פַּרְעִינְהוּ (כתו׳ פה א, ב״ב קמט א) פְּרָעָם — He paid them

פָּרְעְנָא אֲנִי פּוֹרֵעַ, אֶפְרַע — I pay, I shall pay

הֲוָה פָּרְעְנָא (ע״ז כ ב) הָיִיתִי פּוֹרֵעַ[4] — I would reveal, uncover

פָּרְעָנָא[5] (שבת עט רע״א) פּוֹרְעָן[6] — Person who pays back his debts

לָא פְּרַעְנָא (שבו מב א 3) לֹא נִפְרַעְתִּי[7] — I was not paid

פְּרַעְנֵיה (קידו׳ מג ב 2) פְּרַעֲנוּהוּ — We paid him

פָּרְעַתְּ (שבו׳ מא ב) אַתָּה פּוֹרֵעַ, תִּפְרַע — You pay, you will pay

פְּרַעְתַּהּ (ב״מ יח א) פְּרַעְתָּהּ — You paid it (*f.*)

פַּרְעְתֵּיה (ב״מ יז א-ב כ״פ) פְּרַעְתִּיו — I paid him

פְּרַעְתֵּיה (מג׳ טו ב) גְּמַלְתִּיו — I rewarded him

פְּרַעְתֵּיה (נדר׳ כה א) פָּרַעְתָּ אוֹתוֹ — You paid him

פָּרְעַת(ין) (שבו׳ מא ב — מ׳ פ׳) אַתָּה פּוֹרֵעַ, תִּפְרַע — You pay, you will pay

פְּרַעְתִּינְהוּ (כתו׳ פה א) פָּרַעְתָּ אוֹתָם — You paid them

פַּרְפְּחִינֵיה (ר״ה כו ב, מג׳ יח סע״א[8]) חֲלַגְלוֹגִיו[9] (צמח) — His purslane, portulaca (plant)

פַּרְפִּיסָא (שבת פא ב) עָצִיץ (נָקוּב)[10] — (Perforated) flowerpot

פִּרְצוּמָא[11] (ב״ב צה סע״ב) יַיִן גָּרוּעַ[12] — Low-quality wine

פַּרְצוּפָא (ע״ז יח ב) פַּרְצוּף — Face

פַּרְצוּפֵיה (ב״מ פו א) פַּרְצוּפוֹ — His face

פרצי (תע׳ כד ב) מ׳ ב ואה״ת: פריצין

פִּירְצֵי פִּירְצֵי (שבת קח א) נְקָבִים נְקָבִים — Perforated throughout

---

98) ע׳ (ע׳ גז האחרון) ואי״פ: פרסיכנא, ד״ש: פרסבנא.
99) ע׳: נטיעים שטוחים אילך ואילך פרוסים כעין דלת.
1) מ׳: פרע לי, ד׳: לי.
2) מקום שפותחים בו הבהמה להוציא את קרביה.
3) מ׳, פ׳: פרעת.
4) = מגלה את בית השחיטה.
5) א״פ, מ׳ ד׳: פרע.
6) = פורע את חובותיו כסדרם.
7) = לא פרעת לי את החוב. ואולי צ״ל: לא אי פרענא?
8) מ׳ מ׳ ב (הג׳), א״פ ול׳: פרפחניה, מ׳ ב: פרפיני, ד׳: פרפחיני.
9) מלשון פרסית (עה״ש).
10) או חותלות המשמשות כעציץ (רש״י). ועי׳ עה״ש.
11) מ׳ ועי׳ וגלי ה׳, ד׳: פורצמא.
12) שהחמיץ בחרצנין (עי׳ ערוך).

Pit	**פַּרְצִידָא** גַּרְעִין
Its pits	**פַּרְצִידוֹהִי** (שבת כא א) גַּרְעִינָיו
	פרק (ערכ׳ לג סע״א) מ׳ ור״ג: פריק
The wall fell	**פְּרַק אֲשִׁיתָא** (ב״מ פו א) נָפַל הַכֹּתֶל
He redeemed her	**פַּרְקַא** (גט׳ מה א) פָּדָה אוֹתָהּ
She redeems	**פָּרְקָא** (בכו׳ ט ב) פּוֹדָה
Chapter, a public discourse	**פִּירְקָא** פֶּרֶק; דְּרָשָׁה בְּצִבּוּר
Cf.	**פרקה**[13] (ב״מ עט ב) ר׳ פרקיה
He redeemed her	**פַּרְקַהּ** (גט׳ לח א) פָּדָה אוֹתָהּ
He resolved it (*f.*) (the question)	**פָּ(י)רְקַהּ** (כתו׳ מב ב — מ׳, ב״ק סו ב[14]) פֵּרְקָהּ (=יִשֵּׁב את הקושיא)
It (*f.*) was slanted	**פַּרְקוֹדֵי** (הוה)[15] **מְפַרְקְדָא**[16] (מג׳ צו רע״ב) שִׁפּוּעַ מְשֻׁפַּעַת
They redeemed her	**פַּרְקוּהָ** (גט׳ לח א) פָּדוּ אוֹתָהּ
They redeem	**פָּרְקֵי** פּוֹדִים
Chapters	**פִּירְקֵי** (ע״ז יד ב) פְּרָקִים
Yeshiva students (in their city)	**בְּנֵי פִּירְקֵי**[17] (כתו׳ סב א 2) בְּנֵי יְשִׁיבָה (בְּעִירָם)[18]
He delivers a public discourse	**מוֹתִיב פִּירְקֵי** (עירו׳ לו ב) דּוֹרֵשׁ בָּרַבִּים[19]
His chapter, his discourse	**פִּירְקֵיהּ** פִּרְקוֹ, דְּרָשָׁתוֹ
His time (to sell)	**פִּירְקֵיהּ** (גט׳ לא ב) זְמַנּוֹ
He redeemed him	**פַּרְקֵיהּ** (גט׳ לז ב, קידו׳ כט א) פָּדָה אוֹתוֹ
He unloaded his burden	**פַּרְקֵיהּ**[20] **לְטוֹעֲנֵיהּ** (ב״מ עט ב) פָּרַק אֶת־מַשָּׂאוֹ
Our chapter	**פִּירְקִין** פִּרְקֵנוּ
He redeemed them	**פַּרְקִינְהוּ** (קיד׳ יג ב) פָּדָה אוֹתָם
We redeem, save	**פָּרְקִינַן** אָנוּ פּוֹדִים, אָנוּ גּוֹאֲלִים
Redeem me (*m, s., imp.*)	**פִּירְקַן**[21] (גט׳ מז רע״א) פְּדֵנִי
The Cohanim spread their hands (to bless others)	**פָּרְשֵׂי כָּהֲנֵי יְדַיְיהוּ** (תע׳ כו ב 3) כֹּהֲנִים פּוֹרְשִׂים כַּפֵּיהֶם
He separated, went away, departed	**פְּרַשׁ** (ע״ז כו א[22], קידו׳ פא ב[23]) פָּרַשׁ
Cavalryman, horseman	**פָּרָשָׁא** פָּרָשׁ
Spur (of ox)	**פַּרְשָׁא** (ב״מ פ א) מַלְמַד (הַבָּקָר)
Excrement	**פִּירְשָׁא** פֶּרֶשׁ
	פרשאה (כ״ב ח א) ה׳ ועוד: פרשא
He explained it (*f.*)	**פָּרְשַׁהּ** (חול׳ ס ב) פֵּרֵשׁ אוֹתָהּ
Cavalrymen, horsemen	**פָּרָשֵׁי** (ב״מ פו א, תמיד לב א) פָּרָשִׁים
They separate, go away, depart	**פָּרְשֵׁי** פּוֹרְשִׁים
They explained, i.e., they studied	**פָּרְשֵׁי**[24] (עירו׳ טו א) פֵּרְשׁוּ
Explain (*s., m., imp.*) it	**פָּרְשֵׁיהּ** (נדר׳ נא א) פָּרֵשׁ אוֹתוֹ
Their excrements	**פִּירְשַׁיְיהוּ** (ע״ז לה א 2) פִּרְשָׁם
Weekly Torah sections	**פָּרְשְׁיָיתָא** (בר׳ ח רע״ב) פָּרָשִׁיּוֹת
	פרשין (כתו׳ יב רע״ב) מ׳: פרשי
Cavalrymen, horsemen	**פָּרָשִׁין** (מ״ק כו א — מת״י למ״ב ב יב) פָּרָשִׁים
The weekly Torah section	**פָּרַשְׁתָּא** (מג׳ כט ב) פָּרָשָׁה
	פרשתיבנא (נדה כה רע״א) ע׳: פשתיבנא
Excrement	**פִּרְתָא** פֶּרֶשׁ[25]
Their excrements	**פִּרְתַּיְיהוּ** (זב׳ פה סע״א) פִּרְשָׁם
Strip (its skin), skin (it) (*m, s., imp.*)	**פְּשׁוֹט** (פס׳ קיג א, ב״מ קיד ב) פְּשֹׁט
Solve (a problem)	**פְּשׁוֹט** פְּשֹׁט (בעיא)
It (*m., s.*) remains	**פָּשׁ** נִשְׁאַר
It (*f., s.*) remains	**פָּשָׁא** נִשְׁאֲרָה

(13) מי פי: אפרקיה, הי: אפרקה.
(14) מי וד״ו ביוי״ד, הי: ושנאה.
(15) רי ורש״י, עי: הות.
(16) רש״י: מיפרקדא, ק: מפרקיד.
(17) בפ״א במי: בני פירקא.
(18) תוסי: תלמידים הלומדים בעירם.
(19) ע״פ רש״י, עי: יושב וקובע פרק ומלמד תורה.
(20) ע״פ מי פי: אפרקיה, די: פרקה.
(21) מי: ליפרקן = יפדני.
(22) מי, אה״ת וע״י: פירש, די: פריש.
(23) מי, די: פריש.
(24) הפתגם הוא: ״דמי האי מרבנן כמאן דלא פרשי אינשי שמעתא״ (= דומה אדם זה כאנשים שלא למדו הלכות). בכל המקומות האחרים (גט׳ לט א, ב״מ יא ב, ב״ב פד ב וחול׳ ה ב) בא במקום ״פרשי״ — ״גמירי״.
(25) [רש״י גטין נו א וסנהדרין סז ב וחולין יח א, ר״ג חולין שם: טינא (וראה עוד פי׳ יונתן דברים כא ח, אבל סותר א״ע מבמדבר יד לז)]

פַּשׁוּ לְהוּ נִשְׁאֲרוּ They remain

פָּשׁוֹרֵי פּוֹשְׁרִים Tepid, lukewarm

פָּשׁוֹרֵי (קיד׳ עג ב[26], ב״ב כד א, ע״ז לד ב) פָּשׁוֹרוֹת[27]

Rills formed by melted snow

פַּשַּׁח (מ״ק י ב, ב״ב נד א) פּוֹשֵׁחַ[28]

He (cuts off shoots), prunes

פַּשַּׁט פָּשַׁט (=בֵּאֵר, בֵּרַר) He explained, clarified

פַּשַּׁט יְדָא[29] (שבת נו סע״ב) פָּשַׁט הַיָּד

He stretched (his) hand

פָּשְׁטָא (מנ׳ יז א) פּוֹשֶׁטֶת (=מתפשטת)

It stretches out, extends

פָּשְׁטָא/טָה (מ״ק טז ב, חול׳ מג א) פּוֹשֶׁטֶת (=מוֹתַחַת)

She stretches

פַּשְׁטָא/טַהּ[30] פָּשַׁט אוֹתָהּ (את הבעיא)

He resolved it (the question)

פַּשְׁטַהּ פָּשַׁט אוֹתָהּ[31] He stretched it (*f.*)

פְּשׁוֹטַהּ[32] (עירו׳ קב א) פְּרֹשׂ אוֹתָהּ Stretch (*m, s., imp.*) it

פַּשְׁטוּ (ב״ב נח א) פָּשְׁטוּ (עור)

They stripped (the skin), they skinned (it)

פַּשְׁטוּ פָּשְׁטוּ (בעיא) They solved (a problem)

פַּשְׁטוּה (בכו׳ ח ב) פְּשָׁטוּהוּ (=פרשו אותו)

They stretched it (*m.*)

פַּשְׁטוּה (גט׳ ס א, קידו׳ נ א, ב״ק לו ב, ע״ז עב א[33]) פְּשָׁטוּהוּ (את הדין)

They deduced it (the *halachah*)

פַּשְׁטִי לְהוּ (ב״מ צא א-ב) פָּשַׁטְתִּי לָהֶם (את הבעיא)

I solved (the problem) for them

פִּשְׁטֵיה (גט׳ ס ב, חול׳ יח ב, נז א) מַהֲלָכוֹ (של נהר)

Its (of a river) course

פְּשָׁטֵיה פְּשָׁטוֹ, פְּשׁוּטוֹ Its simple meaning

פְּשָׁטֵיה דִּקְרָא פְּשׁוּטוֹ שֶׁל כָּתוּב

The simple meaning of the verse

פשטיה (ע״ז עב א) מ׳: פשטוה

פשטינא[34] (שבת קי רע״ב) ר׳ פשיטנא Cf.

פשטינא (מנ׳ צב א) כל הנוס׳: אמרינן

פַּשְׁטִינְהוּ (ב״ק קיז ב) פָּשַׁט אוֹתָם[35] He solved them

פשטינן (יב׳ כא סע״ב) מ׳: פשטנא

פַּשַׁטְנָא (יב׳ כא סע״ב[36], ב״ק צה ב, חול׳ עז א) פָּשַׁטְנוּ (את הבעיא)

We solved (the problem)

פָּשְׁטַת (עירו׳ כא א) אַתָּה פּוֹשֵׁט, תִּפְשֹׁט (=תִּפְרֹשׂ)

You stretch (it), you will stretch (it)

כִּי פָּשְׁטַת (עירו׳ כא א) כְּשֶׁתִּפְרֹשׂ

When you will spread (it) out

פְּשִׁיחָא דְדִיקְלָא (שבת קט ב) פְּשִׁיחַת הַדֶּקֶל[37]

Lit., stripping of the palm tree (the place where it is stripped, torn off)

פָּשֵׁיט פּוֹשֵׁט (בעיא), מְבָרֵר

He resolves (a problem), clarifies

פָּשֵׁיט (יומא לב א) פּוֹשֵׁט (בגד) He undresses

פָּשֵׁיט (בכו׳ ח ב) פּוֹשֵׁט (עור) He skins

פָּשֵׁיט (ב״ק ד א) פּוֹשֵׁט (רגל) He stretches out (his foot)

פָּשֵׁיט (מנ׳ לה ב) פּוֹשֵׁט (=מְיַשֵּׁר) He straightens out

פָּשֵׁיט (ר״ה כו סע״ב) פָּשׁוּט (בניגוד לכפוף)

Straightens out (his mind, in contrast to being bent, i.e., being humble)

פְּשִׁיט אִיסּוּרֵיהּ (חול׳ צא ב, צו ב) פָּשׁוּט (=נתפשט) אִסּוּרוֹ

(The prohibition) is spread (located throughout the foot)

פָּשֵׁיט כַּנְפֵיהּ (שבת ה א) פּוֹרֵשׂ כְּנַף בִּגְדוֹ

He spreads out the coat-tail of his garment

פְּשִׁיטָא לִי...[38] פְּשׁוּטָה לִי

Surely this is self-evident, obvious, clear-cut in my opinion...(declares the assumption on which the question is based as self-evident in that case but in another case lies a difficulty)

(26) מ׳, ד׳: פשרי.

(27) = הפשרות שלגים הנקוים אצל הנהר ועומדים שם (ע״פ רש״י).

(28) = קוצץ ענפים.

(29) מ׳ וא״פ, ד׳: קא פשט ידיה.

(30) הרגיל: בתר דבעיא הדר פשטה.

(31) פשט את הבעיא, מצא פתרון לשאלה.

(32) מ׳: פשיט הא, רש״י פישטהא.

(33) מ׳, ד׳: פשטיה.

(34) מ׳ וד״י פשיטנא, ע׳: פשישנא.

(35) = פתר לו את כל הספקות.

(36) מ׳, ד׳ פשטינן.

(37) מקום קציצת הדקל.

(38) פתיחה להנחה שעליה עומדת הבעיא, למשל: אר״פ פשיטא לי מיא דפילקא כסילקא ... בעי ר״פ מיא דשיבתא מאי... ורגיל לרבא (9) ולרב פפא (6).

פְּשִׁיטָא פְּשׁוּטָה (הבעיא)
(The question can be simply) answered
פְּשִׁיטָא! בָּרוּר הַדָּבָר (ומה הוא בא לחדש?)
It is self-evident, obvious, clear-cut (and what new point is involved?)
פְּשִׁיטָא (ב״מ סט ב) פָּשׁוּט (=מטבע)[39]
Small coin, a *zuz medina* which is a half of a dinar
פְּשִׁיטוּתָא (סוטה יג א) פְּשׁוּטוֹת[40]
The regular part a son inherits (single share in comparison to the first-born's double share)
פְּשִׁיטֵי (בר׳ כג ב ועוד) מָעוֹת קְטַנּוֹת — Small coins
פְּשִׁיטֵי פְּשִׁיטֵי (גט׳ סז ב) בֶּהָרוֹת בֶּהָרוֹת
Round patches, blisters
פְּשֵׁיטְנָא (סנ׳ צא א) אֲנִי מְיַשֵּׁר — I straighten out
פשיטנא (כתו׳ סא א) מ׳: פשטנא
פְּשִׁיטְנָא[41] (שבת קי רע״ב) מין צמח מטפס
Low, spreading plant
וְלָא פָּשֵׁיטְנָא (תע׳ כא א, כתו׳ סט ב, קידו׳ כה א) וְאֵינִי פּוֹשֵׁט (את בעייתו)
And I do not resolve (his question)
פְּשִׁיעוּתָא פְּשִׁיעָה, עַצְלוּת, רַשְׁלָנוּת
Negligence, laziness, neglect, carelessness
פֵּשַׁלְיָא[42] (ע״ז לח ב) שְׁעוּעִית — Type of bean
פְּשַׁע פָּשַׁע, הִתְרַשֵּׁל — He was negligent, he was careless
פָּשַׁע פּוֹשֵׁעַ, מִתְעַצֵּל, מִתְרַשֵּׁל
He is negligent, he is careless
פָּשַׁע בִינוּקֵי (גט׳ לו א ועוד) מַכֶּה אֶת־הַתִּינוֹקוֹת (יותר מדי)
He hits the small children (too much)
פְּשַׁעוּ (ב״מ פא א, צז א 2) פָּשְׁעוּ, נִתְרַשְּׁלוּ
They were negligent, they were careless
פָּשְׁעֵי פּוֹשְׁעִים, מִתְרַשְּׁלִים
They are negligent, they are careless
פְּשַׁעַתְּ (ב״ק פה א) אַתָּה פּוֹשֵׁעַ, תִּפְשַׁע, תִּתְרַשֵּׁל
You (*s.*) are negligent, you will be negligent, you will be careless
פְּשַׁעְתּוּ (זב׳ קא א) פְּשַׁעְתֶּם, נִתְרַשַּׁלְתֶּם
You (*p.*) were negligent, you were careless
פַּשְׁקֵי[43] (שבת כא א) בִּצּוֹת — Marshes, swamps
פישקנצא (ב״ב עד ב) ר׳ פשקצא — Cf.
פִּשְׁקְצָא[44] (ב״ב עג ב, עד ב) עוֹרֵב נְקֵבָה[45] — Female raven
פְּשַׁר (סנ׳ סז ב) נָמַס[46]
It (*m.*) melted (the sorcery was annulled)
פִּשְׁרָא (סנ׳ כב א — מדני׳) פִּתְרוֹן (חלום) — Interpretation
פַּשְׁרָה (סנ׳ סז ב) הֵמַסָּה[47]
It (*f.*) melted (the sorcery was annulled)
פִּשְׁרֵהּ (שבו׳ לה ב — מדני׳) פִּתְרוֹנוֹ (של חלום)
Its (the dream's) interpretation
פשרי (קיד׳ עג ב) מ׳: פשורי
פַּשְׁתִּיבְנָא[48] (נדה כה רע״א) מָגֵן (העיר)[49]
Defender (of the city), name of man (*Rashi*), official title (*Tosefos*)
פִּיתָא פַּת — Bread
פִּתְגָּמָא (פס׳ לג א, סנ׳ לח ב — מדני׳) פִּתְגָּם (=צו)
Command, decree
דוּכְרָן פִּתְגָּמֵי (ב״ב קלו א, סנ׳ כט ב) זִכְרוֹן דְּבָרִים
Written memorandum
פַּתְוָותָא[50] (ע״ז לג ב) כְּלֵי חֶרֶס — Earthenware
פְּתוּחָ[51] (ע״ז ע רע״ב) פָּתְחוּ — They opened
לפתוחי מיפתח[52] (שבת קמו א) ר׳ לפתחה — Cf.
פתוחי מפתח[53] (חול׳ צד א) ר׳ פתח — Cf.
פְּתוֹרָא שֻׁלְחָן — Table
פתורא (נדה כ א) ע׳ ומ׳: פתירי

(39) מטבע קטן. לפי רש״י: זוז מדינה = 1/2 דינר.
(40) חלקו של הפשוט (= שאינו בכור).
(41) כ״י, ד׳: פשטינא, ע׳: פשישנא עשב שאינו גס אלא רחב.
(42) מ׳: פסליא, ע׳: פסיליא, מלשון יונית (עה״ש).
(43) ע׳: דבשקי (ד׳ שרשית, ועי׳ עה״ש בערכו).
(44) ע׳ וכ״י, ד׳: פושקנצא, פישקנצא.
(45) ע׳ ורש״י.
(46) = הכשוף בטל.
(47) ביטלה את הכשוף.
(48) ע׳ (מלשון פרסית — עה״ש), ד׳: פרשתבינא.
(49) עי׳ תוס׳, ע׳ ורש״י: שם פרטי.
(50) ע׳: פתיאתא, מ׳: חצבי, ד״י: כלי חרס פתוותא, וגליון היה ונכנס בפנים.
(51) מ׳ וכ״י ספ׳, ד׳: פתחו.
(52) מ׳: לפתחי מיפתחה.
(53) כ״י: מפתח פתח.
(54) ע׳, מ׳: דיינס, ד״י: דיונס, ד״ח: דיונה.

פְּתוֹרָא דְיֵינוּס[54] (שבת קכט א) שֻׁלְחָן שֶׁל עֲצֵי בְרוֹשִׁים (ע׳)[55] — Table of cypress wood

פְּתוֹרָאָה (חול׳ נד ב) שֻׁלְחָנִי — Money changer

פְּתוֹרָךְ (מ״ק ט ב) שֻׁלְחָנְךָ — Your table

פְּתוֹרְתָּא (שבת לו א, סוכה לד א) שֻׁלְחָן קָטָן — Small table

פְּתַח פָּתַח, פְּתַח; פָּקַח, פְּקַח

He opened, open (*m, s., imp.*), he opened his eyes, open your eyes (*m, s., imp.*)

פָּתַח פּוֹתֵחַ, פּוֹקֵחַ — He opens, he opens his eyes

פְּתַחָא (ב״מ פה א) פָּתְחָה — She opened

פִּיתְחָא פֶּתַח — Opening

פִּיתְחָא[56] (ב״ק קיב ב ועוד) פְּתִיחָה, שְׁטָר נִדּוּי (רש״י: שטר שמתא)

Opening, excommunication document (*Rashi*)

פְּתַחוּ פָּתְחוּ — They opened

פָּתְחִי (ע״ז ע סע״א) פּוֹתְחִים — They open

פיתחי שמאי ר׳ שימאי — Cf.

פָּתְחִין (נדר׳ כב א) פּוֹתְחִים — They open

פַּתְחִינְהוּ לְעֵינֵיהּ (סוטה יג א) פָּקַח אֶת־עֵינָיו

He opened his eyes

פָּתְחִינַן (נדר׳) אָנוּ פּוֹתְחִים (פתח להתרת נדר)

We open (i.e., the rationale for annulling the vow)

פְּתַחְנָא (ב״ב עד ב) פָּתַחְנוּ — We opened

פָּתְחַתְּ (יומא יא ב, נדה י ב) אַתָּה פּוֹתֵחַ

You (*m, s.*) open

בִּפְתֵי (חול׳ קלט ב) בְּרֹחַב — In the width

פַּתְיָא (סנ׳ קי ב) נַעַר[57] — Lad

פַּתְיָא (ב״מ קח א, ב״ב ח א) ר׳ כריא — Cf.

פַּתְיָא אוּכָּמָא (בר׳ נ א ועוד) כְּלִי חֶרֶס שָׁחוֹר

Black earthenware vessel

פִּיתֵּיהּ (הור׳ י א) פִּתּוֹ — His bread

פְּתִיחַ (עיר׳ כד ב, מג׳ כו ב) פָּתוּחַ — Open (*m, s.*)

פְּתִיחַ לְהוּ בְ– (סנ׳ מט א) פָּתְחוּ בְ-

They opened with...

פְּתִיחָא[58] (גט׳ סט א) פִּקֵּחַ[59] — A person with good eyesight (in contrast to blind person)

פתיחא (ב״ק קיב ב ועוד) מ׳ בכל מקום: פיתחא

פְּתִיחֵי (עירו׳ ס א) פְּתוּחִים — Open (*m, p.*)

פְּתִיחִין (בר׳ נח ב) פְּתוּחִים — Open (*m, p.*)

פְּתִיחָן (בר׳ לא א, לד ב — מדני׳) פְּתוּחוֹת — Open (*f, p.*)

פְּתִיכָא (נדה ז א) פְּתוּכָה, מְעֹרֶבֶת

Blended, mixed in (*f, s.*)

פְּתִיכֵי (פס׳ סג א) פְּתוּכִים, מְעֹרָבִים

Blended, mixed it (*m, p.*)

פְּתִילְתָּא פְּתִילָה — Wick

פְּתִילָתָא פְּתִילוֹת — Wicks

פְּתִירֵי[60] (נדה כ א) לְבוּשִׁים שֶׁאֵינָם תְּפוּרִים (כמפה וסדין) — Drappings

פְּתַךְ (חול׳ קיב א) עֵרֵב — He mixed

פִּיתְכָא דְאוּפֵי (ב״מ ל ב, חול׳ קה א) חֲבִילַת חֲרָיוֹת הַדֶּקֶל

Bundle of twigs

פַּתַכְיָיתָא[61] (קיד׳ ט רע״א) מַחֲרוֹזוֹת[62] — Strings of beads

פְּתַק זָרַק — He threw

פִּיתְקָא פֶּתֶק, כְּתָב — Note, list, inscription

פִּיתְקָא דְהַזְמָנָה (קיד׳ ע א) פֶּתֶק הַזְמָנָה — Summons

פתקא[63] (חול׳ לא רע״א) ר׳ פתקא — Cf.

פַּתְקַהּ (סנ׳ קז א) פָּתַח אוֹתָהּ — He opened it (*f.*)

פַּתְקֵיהּ זְרָקוֹ — He threw it (*m.*)

פַּתְקֵיהּ (ב״ק לה א) פְּתָחוֹ — He opened it (*m.*)

פָּתַר (יב׳ צז ב) פּוֹתֵר — He resolves

(55) בעל עה״ש מזהה עם ״הָבְנִים״ (יחז׳ כז טו), ע״ש.

(56) מ׳ — בכל מקום, ד׳: פתיחא.

(57) מלשון ערבית.

(58) בניגוד ל״עוירא״.

(59) בניגוד ל״עִוֵּר״.

(60) ע׳ ומ׳, רש״י: פתורי, ד׳: פתורא.

(61) מ׳: פתכי (בסוף שורה), ולפענ״ד נשמטו האותיות ״יאתא״ ע״י שויון ל״אתאי״, לפי רש״י ״פתכייתא״ הוא נ״א ל״חומרי״.

(62) ע׳: מיני סדקית (ועי׳ עה״ש ע׳ חמר טו), רש״י: טבעות דקות של זכוכית.

(63) ר׳ אב וד״י ועוד: פקתא, מ׳: פיתקא, והוגה: פיקתא.

פתר (תמד לב א) אה"ת וע"י: פתרי

פָּתְרִי (עיר׳ לב ב, יב׳ נז א, תמיד לב א[64]) פּוֹתְרִים

They resolve (*Eruvin*), people capable of resolving (*Yevamos*), person capable of resolving (*Tamid*)

פָּתְרִיתוּ (עירו׳ לב ב) אַתֶּם פּוֹתְרִים — You (*p.*) resolve

פְּתַרְנָא (תמיד לב א) פָּתַרְנוּ — We resolved

64) אה"ת וע"י, מ׳ ד׳: פתר.

– צ –

צָאוֵי (פס׳ נו א) מִתְבַּיֵּשׁ
He is embarrassed

צָאֵית שׁוֹמֵעַ ל־
He listens to (someone), obeys

צְבָא[1] (סנ׳ קז ב) חָפֵץ (ע)
He wanted

צְבָאתָא[2] (שבת קלט סע״ב) קְסָמִים[3]
Twigs

צָבוּ (ב״מ סט ב) חֲפֵצִים
They want

צְבוּ בֵּיתֵיהּ (יומא פו ב, פז א) רְצוֹן בֵּיתוֹ
His family's desire

צְבוּ נַפְשֵׁיהּ (יומא פו ב, פז א) רְצוֹן עַצְמוֹ
His own free will

צִיבּוּרָא צִבּוּר
Community

שְׁלִיחָא דְצִבּוּרָא[4] שְׁלִיחַ צִבּוּר
A community's emissary (to lead them in prayer)

צָבֵי (ב״מ טו א, ב״ב קיא רע״ב, סנ׳ סה ב 2) חָפֵץ (ב)
He wants, desires

צבי (סנ׳ קז ב) מ׳ שט׳ אה״ת: צבא

צִבְיָיתָא (סוכה כט רע״א[5], חול׳ סז א) קְסָמִין
Twigs, chips

לָא צָבֵינָא בֵּיהּ (יב׳ קז ב) אֵינִי חֲפֵצָה בּוֹ
I don't want him

צְבִיעַ(א) (שבת יט א — מ׳) צָבוּעַ
Colored (*adj.*)

צְבֵית (תע׳ כט א) חָפַצְתָּ
You wanted

צָבֵית (יב׳ לט ב) אַתָּה חָפֵץ
You (*m.*, *s.*) want

לָא צָבֵית (מ״ק כז ב) אֵינֵךְ חֲפֵצָה
You (*f.*, *s.*) don't want

צְבֵית (חול׳ ס א) הַתְקֵן (סעודה)
Prepare (a meal) (*imp.*)

צְבֵית לִי זְוָודְתָא (נדה לז רע״א) הַתְקִינִי לִי צֵידָה (=תכריכין)
Prepare provisions for me (burial shrouds)

צבית (מ״ק כז ב) כי״י וע׳: תימוש

צְבִיתָה לֵיהּ זְוָודְתָא (נדה לז רע״א) הִתְקִינָה לוֹ צֵידָה (=תכריכין)
She prepared provisions (burial shrouds) for him

צְבִיתוּ לֵיהּ זְוָודְתָא (ר״ה יז סע״א) הַתְקִינוּ לוֹ צֵידָה (=תכריכין)
Prepare (*m.*, *p.*, *imp.*) provisions (burial shrouds) for him

צְבֵיתִי (כתו׳ מג ב — מלשון הכתובה) חָפַצְתִּי
I wanted

צְבַע בְּהוּ[6] (ב״ק קא א) צָבַע בָּהֶם
He painted with them

צִיבְעָא צֶבַע
Paint

צַבָּעָא (גט׳ נב ב) צַבָּע
Painter

צָבְעֵי (פס׳ מב ב, נז׳ לט א) צוֹבְעִים
They paint

צִיבְעֵיהּ (שבת עה א) צִבְעוֹ
Its color

צַבְעֵיהּ (יב׳ ד סע״א) צְבָעוֹ
He painted it (*m.*)

צַבְעֵיהּ (יב׳ ד סע״ב) צְבַע אוֹתוֹ
Paint (*m.*, *s.*, *imp.*) it

צַבְעִינְהוּ (עירו׳ צו ב) צָבַע אוֹתָם
He painted them

צָבְעִיתוּ (מנ׳ מב ב) אַתֶּם צוֹבְעִים
You (*p.*) paint

צְבָתָא (פס׳ נד א ועוד) צְבָת
Tongs

צַבְתָא (ע״ז עה רע״ב, תמיד ל רע״א) גֶּמִי, סִיב שֶׁל דֶּקֶל
Gum, fiber of palm tree

צְבָתָא דְחֵרֵשׁ (ב״ק ט ב) חֶבְרַת הַחֵרֵשׁ
The deaf person's company, the deaf person's holding on

צָדוּ (קיד׳ עב סע״א) צָדוּ
They hunted, caught

צַדּוֹדֵי (שבת קב ב) בַּסֵּס
To set it in place, to hold it in place

צדידי (ע״ז ס א) ר׳ מצדד
Cf.

צַדִּיקָא (סנ׳ צג א) צַדִּיק
Virtuous, righteous, pious man

צַדִּיקָא רַבָּא (סנ׳ קב א) צַדִּיק גָּדוֹל
A great virtuous, righteous, pious man

1) מ׳ אה״ת, ד׳: צבי.
2) א״פ, ר״ח וע׳: צבתא, מ׳: ציבתא, ד׳: צינייתא, וע׳ ד״ס.
3) ע׳: מוך חדש... וי״א ליף (= סיב) של דקל.
4) פסחים קיז ב: שלוחא דצבורא — מ׳: שליח צבור. בר׳ ז׳ סע״ב: לשלוחא דצבורא — מ׳ לי׳, אה״ת: לשליחא.
5) מ׳, ד׳: ציבותא, מ׳ ב: ציוותא, מ׳ ב: ציוותא, ד״י: ציבי.
6) ה׳, ד׳: בהן.

צַדִּיקֵי, צַדִּיקַיָּא צַדִּיקִים

Virtuous, righteous, pious men

צַדִּיקֵי גְּמוּרֵי[7] (בר׳ סא ב) צַדִּיקִים גְּמוּרִים

Complete virtuous, righteous, pious men

צִידְעָא (שבת פ ב) צֶדַע, רַקָּה — Temple (of forehead)

בת צידעא ר׳ בת — Cf.

צִידְעֵיה (שבת קכט א) צִדְעוֹ, רַקָּתוֹ — His temple

צִדְקְתָא (בר׳ ו ב) צְדָקָה — Charity

צדרויי (ב״מ נא סע״ב) כי״י וד״י: צרדויי

צדרייתא (ב״מ נא א) כי״י וד״י: צרדייתא

צִיהֲרָא (קידו׳ מח ב) יִצְהָר, שֶׁמֶן — Oil

צִיהֲרָא[8] (נדה כג א) אָדֹם

Red (*Rach*), eye socket, slit where eye rests (*Rashi*)

צַהֲרֵיהּ (ביצה יד ב) צָהֳרוֹ (רש״י: צוהר מראיתו)

His radiance (brightness, shininess of face)

לָא צַהֲרִיתוּ (קידו׳ לט א) לֹא נִתְבָּרְרָה (הַשְּׁמוּעָה) לָכֶם כַּצָּהֳרַיִם (ע׳)

Lit., (the *halachos*) do not shine (for you) like midday; you do not understand the *halachos* clearly

צַוַּאר מְחוֹזָא (ב״ב לו א) עִבּוּרָהּ שֶׁל מְחוֹזָא

Lit., the neck of Mechuza, i.e., the outskirts of Mechuza, valley of Mechuza (*Rashi*)

צַוַּארֵי (חול׳ לא א) צַוָּארִים — Necks

צַוַּארֵיהּ צַוָּארוֹ — His neck

צַוַּארֵיהוֹן (תמיד לב א) צַוְּארֵיהֶם — Their necks

צַוַּארַיְיהוּ (שבת לג ב) צַוְּארֵיהֶם — Their necks

צוּד[9] (מ״ק יא א) צָדוּ — They hunted, captured

צוּדְנְיָיתָא (שבת קלו סע״א[10], מ״ק כ ב[11]) סְעֻדַּת אֲבֵלִים

Mourners' meal

צווֹ (פס׳ קיא א) יָבְשׁוּ — They dried up

צְוָוא[12] (פס׳ קי ב, קיא ב) יָבֵשׁ (ש) — It dried up

צְוַוח צָוַח, צָעַק — He cried out, screamed

צָוֵוח צוֹוֵחַ, צוֹעֵק — He cries out, screams

צווח (פס׳ קי ב, קיא ב) ר׳ צווא — Cf.

צְוַוחָה/חא צָעֲקָה — She cried out, screamed

צָוְוחָה/חא צוֹעֶקֶת — She cries out, screams

צַוַוחוּ (ב״מ צג ב) צָוְחוּ, צָעֲקוּ

They cried out, screamed

צָוְוחִי (ב״ב קיח א) צוֹעֲקִים — They (*m.*) cry out, scream

צָוְוחִי[13] (ב״ק פו א) מַכְאִיבִים — They cause pain

צָוְחִינַן אָנוּ צוֹעֲקִים — We cry out, scream

צָווֹחָן (ב״ב קיח א) צוֹעֲקוֹת — They (*f.*) cry out, scream

צוורוניתא (שבת קלו סע״א) ע׳: צודנייתא

צַוְרָנֵי[14] (קיד׳ עב סע״ב ב״פ) חֲיָלוֹת (גייסות)

Bands, groups (of warriors)

צַוְתָּא חֶבְרָה, הִתְחַבְּרוּת

Company, being joined together

צַוְתִין (סוכה נב א) חֶבְרָתֵנוּ

Our company, (to go) together

צָיֵיץ (ב״מ כט ב, חול׳ פד ב[15]) רָתַח

It boils (*Bava Metzia*), it boiled (*Chulin*)

צְוֵיץ (נדה מב ב) צָעַק, פָּעָה

He cried out, screamed, wailed

צוניתא (כתו׳ צג ב) מ׳: ציניתא

צוּנְמָא סֶלַע קָשֶׁה — Hard rock

צוציינו (חול׳ סב רע״ב) ר׳ כופשני — Cf.

צוּצִיתָא (קיד׳ פא ב) אָמִיר[16]

Small branch on top of palm tree

צוּצִיתָא דַאֲרַמָּאֵי (מנ׳ מב א) בְּלוֹרִית שֶׁל נָכְרִי

Forelock of idol worshiper

צוּצִיתָא דְנוּרָא[17] (תע׳ כה א, ב״ב עג א) צִיצִית[18] שֶׁל אֵשׁ

Spark of fire

---

(7) כך גם במ׳, ע״י: צדיקים גמורים.

(8) ר״ח, מ׳ ד׳: ציריא.

(9) אותו ענין בקידו׳ עב סע״א במ׳: וציר (= וצוד).

(10) ע׳, ד׳: צוורוניתא, מ׳ ורש״י כ״י: צורנייתא, רש״י ד״ש: צווארנוייתא.

(11) וכן ע׳ ומ׳ ב, מ׳: צודניאתא.

(12) א״פ ומ׳ ב, ע׳: צוא, מ׳: צוה, ד׳: צווח.

(13) מ׳: צווח = צועק, רש״י: מצווחי = מזעיקים.

(14) מ׳ (רק פ״א): צורני, ור׳ הע׳ לייקולרין״.

(15) ד׳: ציץ, ר״ב: צויץ, מ׳: צווץ, רש״י כ״י ה׳ גל׳: צייץ.

(16) = ענף עליון של אילן.

(17) השוה גם ״נתן דצוציתא״ (ע״ז מג א), ועי׳ מ״ש מו״ר פרופ׳ י״נ אפשטיין, מחקרים בספרות התלמוד... ח״א עמ׳ 25 ואילך.

(18) מענין ״ויאחזני בציצית ראשי״ (יחזקאל ח׳ ג׳). ע׳: ניצוצין דנור.

צוֹצִיתֵיהּ (שבת קכא ב, ביצה לו ב[19]) זְנָבוֹ[20] His tail

צוֹצָלָא[21] (ב"ב עה א) צוֹצָל[22] Young turtle dove

צוֹצַלְתָּא (שבת פ סע"ב, ב"ב עה א, סנ׳ ק א) צוֹצֶלֶת

Young female turtle dove

צוּרְבָא מֵרַבָּנָן[23] צֹרֶב בַּחֲכָמִים, חָרִיף בַּחֲכָמִים (=ת"ח צעיר)

Lit., someone who caught fire from the rabbis, i.e., a young Torah student, sharp-minded wise Torah student

חבלי דצורי (ע"ז עה סע"א) ר׳ חבלי

צוּרְכֵּיהּ (פס׳ י ב 2) צָרְכּוֹ His need

צוּרְכִּין (שבת קנ ב) צָרְכֵּנוּ Our need

צוּרְתָא צוּרָה Form

צְחָא (בר׳ נד א) צָמֵא (ע) He was thirsty

צְחוּתָא (מ"ק ב א) צַחוּת, יֹבֶשׁ Dryness

צָחֵי צָמֵא (ב) He is thirsty

צָחֵינָא אֲנִי צָמֵא I am thirsty

צָחֵית (בר׳ סב ב) אַתָּה צָמֵא You are thirsty

צַחֲנָתָא צַחֲנָה[24] Small pickled fish

ציבותא (סוכה כט רע"א) מ׳: צבייתא

צִיבֵי עֵצִים (להסקה), קִסָּמִים Fire wood, twigs

בֵּי צִיבֵי (פס׳ ח א ועוד) בֵּית הָעֵצִים

Warehouse of wood

צִיבְיָא (ב"מ כט סע"ב) עֲצֵי בְשָׂמִים[25]

Spice wood that adds flavor in beverages

צִיבְתָּא (חול׳ קה סע"ב) קַשׁ Straw

לְצַיּוֹנֵי מְעָרָתָא (ב"ב נח א) לְצַיֵּן מְעָרוֹת (קברים)

To mark caves (graves)

צָיֵיד (יומא פד ב) צָד (ב) He hunts, captures

צַיָּידָא צַיָּד, דַּיָּג Hunter, fisher

צַיָּידֵי (תע׳ כב א) צַיָּדִים Hunters

צָיֵידְנָא (כתו׳ קג ב, ב"מ פה ב) אֲנִי צָד I hunt, capture

צָיֵיל[26] (פס׳ קי ב 2) צָלוּל Lucid, limpid, clear (*m.*, *s.*)

צַיְינוּהָ (מ"ק ה סע"ב) צִיְּנוּהָ (=עשו לה ציון)

They signified it (*f.*), indicated it

צַיְינֵיהּ (שבת לד א) צִיְּנוֹ (=עשה לו ציון)

They marked it *m.*

צָיֵיר צוֹרֵר (=קוֹשֵׁר), צָר (=מצייר)

He ties, he draws

צָיֵיר (קידו׳ מח סע"ב, ע"ז לא א, חול׳ קה ב) צָרוּר

Wrapped up (*m.*, *s.*)

צְיִירָא (חול׳ צה ב) צְרוּרָה, קְשׁוּרָה Wrapped up (*f.*, *s.*)

צְיִירֵי[27] צְרוּרִים, קְשׁוּרִים Wrapped up (*m.*, *p.*)

צָיְירֵי (ע"ז מב ב) צָרִים (=מציירים) They draw

צייריה (ביצה לב ב) מ׳: סייריה

צַיְירֵיהּ[28] (מנ׳ לז ב) צְרָרוֹ[29]

He tied it, fastened it

צָיֵירְנָא (ע"ז נו ב) אֲנִי קוֹשֵׁר I tie

צָיֵית שׁוֹמֵעַ ל־, מְצַיֵּת

He listens to (someone), he obeys

צַיֵּית שְׁמַע ל־, הַקְשֵׁב

Listen to, listen (*m.*, *s.*, *imp.*)

דציית (ב"ק עב ב, כרי׳ כד א) מ׳: צייתת

צייתא[30] (סנ׳ ח רע"א 2) ר׳ צייתת Cf.

צייתא (ב"מ לב א) כי"י: נצית

צָיְיתֵי (חול׳ סו א 2) מַקְשִׁיבִים They listen

צָיְיתֵי לַהֲדָדֵי (ב"ב קו ב) שׁוֹמְעִים זֶה לָזֶה

They listen to each other

אימא צייתי ליה[31] (קיד׳ פ ב) ר׳ נצית Cf.

צְיִיתִיתוּ (סנ׳ כט א) אַתֶּם שׁוֹמְעִים ל־, מְצַיְּתִים

If you would listen to me You (*m.*, *p.*) listen to (something, the judgment), you obey (something, the judgment)

אִי לְדִידִי צָיְיתִיתוּן (סנ׳ ל א) אִם אַתֶּם שׁוֹמְעִים לִי

If you would listen to me

(19) ד׳: עכברתא, צוציתה, אבל מ׳: עכברא, צוצית׳.

(20) ע׳: בשערו, רש"י כ"י (ד"ס) [בשיערו שעל שפתו שהן ארוכין או] בזנבו.

(21) ע׳, ד׳: ציצלא.

(22) = עוף קטן בתורים וביצתו קטנה (ע׳ אברמ׳ בב"ב).

(23) בכמה מקומות נמצא בד׳: מדרבנן, אבל בכולם במ׳: מרבנן (פס׳ נב א — מ׳, מגי כח א — מ׳, גט׳ כז ב — מ׳ ו׳, קידי עו ב — מ׳, ב"מ יט א — מ׳ ה׳, סז ב — מ׳ ה׳). וביבי קכא א: ד׳: מרבנן, מ׳: דרבנן.

(24) = דגים כבושים קטנים (ע׳).

(25) ליתן טעם במים רתוחים כעין תה בימינו.

(26) מ׳ ב: ציל.

(27) נדה יז א — מ׳, ד׳: מציירי.

(28) ר׳ ב ורש"י כ"י (לח א): צדייה.

(29) רש"י: שהיתה טליתו ארוכה וכפלה... אע"ג שצררה ודיבקה...

(30) ד"ו: צייתי, מ׳ פי אה"ת וע"י: צייתת.

(31) מ: (אימא) לא נצית.

צַיְיתְנָא אֲנִי שׁוֹמֵעַ ל־ — I listen to (someone)

צַיְיתַת (סנ׳ ח רע״א[32] ועוד) אַתָּה שׁוֹמֵעַ ל־, תִּשְׁמַע ל־ — You obey..., you will obey...

צַיְיתַת (מ״ק כז ב) תִּשְׁמְעִי ל־ — You obey...

צִיל[33] (שבת סו ב) צָלוּל — Limpid, lucid, clear (*m.*, *s.*)

צִילָא (עירו׳ סד א, ב״מ מ ב) צְלוּלָה — Limpid, lucid, clear (*f.*, *s.*)

צִילוּתָא צְלִילוּת (הדעת) — Lucidity, clarity of mind

צִילחתא (שבת צ א) ר׳ צלחתא — Cf.

צִילֵי (חול׳ נה ב) צְלוּלִים — Limpid, lucid, clear (*m.*, *p.*)

צִילצלא (שבת פ סע״ב, סנ׳ ק א) ע׳: צוצלתא

צִינייתא (שבת קלט סע״ב) א״פ: צבאתא

צִינִין[34] (ב״ב סט ב) דְּקָלִים קְטַנִּים (ע׳) — Small palm trees

צִינִיתָא[35] (כתו׳ צג ב) צִינִית[36] — Coin taken out of circulation and used for putting on callus (*tzinis*)

צִיפָּא (חול׳ נ ב 2) צֶפָּה[37] — Residue of fruit remaining around the pit

צִיפֵּי (בר׳ כה א ועוד) מַחְצָלוֹת — Straw mats

ציפיתא (גט׳ סח א) מ׳: ציפתא

צִיפְּתָא מַחְצֶלֶת — Straw mat

צִיפְּתָא דְאַסָּא (קיד׳ יב ב) מַחְצֶלֶת שֶׁל הֲדַס — Myrtle mat

צִיץ (חול׳ פד ב) ר׳ ב: צויץ

צִיצִי (בר׳ מב א) צלילים של ברכת המוציא — Vocal imitations of sound associated with the reciting of the *HaMotzei berachah*

צִיצִי (מנ׳ מב א) צלילים של ברכת ציצית — Vocal imitations of sound associated with the reciting of the *berachah* on *tzitzis*

צִיצִין[38] (ב״ב סט ב) ר׳ צינין — Cf.

צִיצלא (ב״ב עה א) ע׳: צוצלא

צִיצלא (שם) ע׳: צוצלתא

צִירְיָא (פס׳ מ רע״א, ע״א) סֶדֶק — Crack, slit

צִירְיָא (מנ׳ לז ב) קֶרַע (בבגד) — Tear (in a garment)

צִירְיָא (נדה כג א) חָרִיץ (של העין) — Eye socket, slit where eye rests

צִירַיְיהוּ (ע״ז סה ב) חֲרִיצָם — Their crack

צַלָּא (פס׳ קיב ב, נדר׳ נה ב, סנ׳ כ א) עוֹר — Skin, hide

אַרְבְּעֵי לְצַלָּא אַרְבְּעֵי לְצִלְלָא (ב״ב ה א) אַרְבָּעָה (זוזים) לְעוֹר גָּדוֹל אַרְבָּעָה (זוזים) לְעוֹר קָטָן[39] — Four (zuz) for a large skin (hide), four (zuz) for a small skin (hide)

צַלּוֹ (בר׳ ל ב) הִתְפַּלְּלוּ — They prayed

צְלוֹ (תע׳ יב א) תְּפִלָּה — Prayer

צַלּוֹיֵי (שבת פט ב, סוכה מא ב) (ל)הִתְפַּלֵּל, תְּפִלָּה — (To) pray, prayer

לְצַלּוֹיֵי לְהִתְפַּלֵּל — To pray

צְלוֹלִיבָא (שבת כא א) קִיקָיוֹן[40] — Ricinus tree

לְצַלּוֹמֵי (ב״מ ס ב) לְצַיֵּר — To draw

צְלוֹפְחָא (ע״ז לט א) צְלוֹפָּח — Eel

צְלוֹתָא תְּפִלָּה — Prayer

צְלוֹתָא דְמוּסְפֵי (ע״ז ד ב) תְּפִלַּת הַמּוּסָפִין — Mussaf prayer

צְלוֹתֵיהּ תְּפִלָּתוֹ — His prayer

צְלוֹתָךְ (סנ׳ צה א) תְּפִלָּתְךָ — Your (*m.*, *s.*) prayer

לְצַלָּחָא (ב״ק קיג ב) לְבַקֵּעַ[41] — To hack

צַלְּחוּ (שבת קכט א 3) בִּקְּעוּ (עצים) — They hacked (wood)

צִלְחָתָא (שבת צ א[42], גט׳ סח סע״ב[43]) צִלְחָה, כְּאֵב חֲצִי הָרֹאשׁ[44] — Pain in half of head, migraine pains

צַלִּי הִתְפַּלֵּל — He prayed

צַלִּי לִי (בר׳ ל רע״ב) הִתְפַּלַּלְתִּי — I prayed

32) כיי׳ ועוד, ד״ח: צייתא.

33) רש״י: דצייל — שהולך ונעשה צלול כל שעה.

34) ע׳ ועוד, ד׳: ציצין.

35) מ׳, ד׳: צוניתא.

36) מקום קשה בכף הרגל.

37) שיירי פרי הנשאר על הגרעין.

38) ע׳ ר׳ הג׳: צינין, ה׳ ורי״ף ד״ק לי׳, א״פ: וציצין וצינין.

39) לפי פי׳ הערוך (ע׳ צלא) צ״ל: לְצַלָּא, לְצַלְלָא — מעבד עורות עשיר, מעבד עורות עני.

40) וז״ל הערוך: פי׳ בתשובות אילן סרק יש במקומינו ועושה גרעינין ועושין מהן שמן ומין סממנין, וכל מי שיש בו צנה הרבה שותה משמנו, ושמו בל׳ ערבי אלכרוע ושמנו קורין דהן כרוע.

41) השוה ״וצלחו הירדן״ (ש״ב יט יח).

42) ע׳, ד׳: צילחתא, מ׳: צליחתא.

43) ע׳, ו׳: לצלחא, א״פ: לצילחתא, ד׳: לצליחתא.

44) ע׳: פי׳ צערא דנקיט בחד גיסא דרישיה ושמו בל״ע (צ״ל: בל״ס): צלחתא. פ״א מי שיש לו כאב באמצע

דִּצְלִי (נדר׳ נא ב) שֶׁצָּלוּי — That is grilled

צְלִי (סנ׳ לג ב, ק ב) צְלֵה — Grill (*m.*, *s.*, *imp.*)

צליחתא (גט׳ סח סע״ב) ר׳ צלחתא — Cf.

צְלִיל (שבת כג א, ביצה יד א) צָלוּל — Limpid, lucid, clear (*m.*, *s.*)

צללא (ב״ב ה א) ר׳ צלא — Cf.

צְלַלְתָּא דִדְמָא (חול׳ פז ב) צְלֶלֶת הַדָּם[45] — Clear liquid that forms around blood after it congeals

צַלְמָא צֶלֶם — Image

צַלְמֵי (ב״ק כג ב ועוד) צְלָמִים, צורות — Images, forms

צַלְמָנַיָּא (מ״ק כה סע״ב) פְּסִילִים — Statues

צַלָּעֵי (נדר׳ נו ב) מוֹכְרֵי עורות — Sellers of skins, hides

צַלְקֵיה מִצְלָק (חול׳ קכד א) פָּצוֹעַ פְּצָעוֹ — He split it (*m.*)

צַלְתָּא (בכו׳ כא ב) מְטַנֶּפֶת, מַסְרִיחָה — It (*f.*) makes dirty, reeks

צְמַד (ב״ב נג סע״א) צָמַד (=חיבר) — Lit., attached (contained the water within it), i.e., he dammed the water

צִימְדָּא (ב״ב עז ב כ״פ) צֶמֶד (בקר) — Pair of oxen, yoke of oxen

לְצַמּוֹחֵי (מ״ק ב ב) לְהַצְמִיחַ — To make grow

צמותי (פס׳ מא א) מ׳ ומ׳ ב: מוצמת

צְמַח צָמַח — It (*m.*) grew

צִימְחֵי (סנ׳ קא א, חול׳ מח א) צְמָחִים (=אבעבועות) — Inflamed elevations of skin containing pus, blisters

צִימְחֵי (ע״ז לט א) קַשְׂקַשִּׂים — Fine scales

צָמֵיד (סנ׳ סה סע״א) צוֹמֵד (=מְחַבֵּר) — He joins, attaches

צְמִיק (חול׳ נה ב) צָמוּק[46] — Dried, withered, shrunk

צַמִּירְתָּא (גט׳ סט ב, ב״מ פה א) צַמֶּרֶת[47] — Stones in urinary track, kidney stones

אִישָּׁתָא צְמִירְתָּא (שבת סז א, פס׳ כה ב, ע״ז כח א) אֵשׁ קַדַּחַת — Fever

צָמֵית צוֹמֵת (=מְכַוֵּץ) — It (*m.*) contracts, shrinks

צַמְצְמָא[48] (סנ׳ עו סע״ב) צִמְצְמָה (=דחקה וכבשה) — He constrained it (*f.*) to remain in one place, confined it

צַמְצְמוּ (יב׳ מו א 2) צִמְצְמוּ, הִדְּקוּ — They tightened

צִימְרָא חֹם, קַדַּחַת — Fever

צִימְרָא בָרָא (גט׳ סט סע״ב) קַדַּחַת חיצונית[49] — External fever

צִימְרָא גַּוָּו(נ)א[50] (שם) קַדַּחַת פְּנִימִית[51] — Internal fever

צַמְרַהּ צַמּוֹרֵי (ב״ק ס א) חִמֵּם חִמְּמָהּ — He heated it (*f.*)

צָמְתִי (יב׳ קכא א, חול׳ צג ב) צוֹמְתִים (=מְכַוְּצִים) — They contract, shrink)

צִינָא (ע״ז כח סע״ב) ר״ח וע׳: זיקא

צַנָּא טֶנֶא (=סַל קָלוּעַ) — Woven basket

צִינּוֹרָא[52] צִנּוֹר — Pipe

צִינּוֹרָא דְדָשָׁא (בר׳ יח ב ועוד) צִנּוֹר[53] הַדֶּלֶת[54] — Door-hinge socket

צַנֵּי (מג׳ ז א, ע״ז לח ב) טְנָאִים (=סלים קלועים) — Woven baskets

צַנְיָיתָא (ב״מ כד ב) דְּקָלִים — Palm trees

צִינְיָיתָא דְבָבֶל (בר׳ לא א, סוטה מו ב) דְּקָלִים שֶׁל בָּבֶל — Babylonian palm trees

ציניתא (שבת קלט סע״ב) א״פ: צבאתא

צְנִיעַ צָנוּעַ — Modest (*m.*, *s.*)

צְנִיעָא (תע׳ כא ב, כג ב, מנ׳ מג א) הַצָּנוּעַ — Concealed (*Ta'anis*), modest (*Menachos*)

צְנִיעוּתָא צְנִיעוּת — Decency, chastity, moral restraint

לָא צְנִיעַת (ב״ב נח א) אֵין אַתְּ צְנוּעָה[55] — You are not discrete (i.e., do not conceal your immoral behavior)

צְנִיעָ(ת)ן[56] (שבת קמ ב) צְנוּעוֹת — Reserved, discrete

צָנֵיף (פס׳ קיג ב, חול׳ עט א) (סוּס) צוֹנֵף, צוֹהֵל — (A horse) neighs

---

ראשו כמו ויבקע עצי עולה (בראשית כב ג) וצלח.

(45) כשהדם נקרש יש סביבותיו צלול כמים (ע״פ רש״י).

(46) רש״י: ״ושדים צומקים״ (הושע ט יד) מתרגמינן דדין יבשין.

(47) = אבנים בדרכי השתן.

(48) הגהתי, מ׳: צימצי, ילי׳: צמצמיה, ד׳: מצמצמא.

(49) ע׳: ששורף אותו מבחוץ.

(50) מ׳, ע׳: גוא.

(51) ע׳: ששורף אותו מבפנים.

(52) בצורה ארמית זו בא גם בעברית בהוראה מושאלת: רוק נתז מפי גוי (למשל יומא מז א) או עם הארץ, שאינו זהיר בענייני טומאה וטהרה (למשל חגי׳ כג א).

(53) משנה מ״ק פ״א מ״י.

(54) רש״י בברכות: חור מפתן הבית, שהדלת סובבת בו.

(55) = אינך עושה את מעשיך בסתר.

(56) א״פ, מ׳: צנעתין.

צְנָנָא[57] (נז' כב ב) צוֹנְנוֹת
Cooled down, i.e., after a time lapse

צִינְעָא צֶנַע, צְנִעָה — Discretion, modesty

צַנְעֵיהּ (נדה לו סע"ב) צַנְּעֵהוּ[58]
Hide (*m.*, *s.*, *imp.*) it (*s.*)

צַנְעִינְהוּ (קיד' כה רע"א) צַנְּעֵם[59] — (Tell them) to remain closed up (at home), an expression connoting excommunication that is used for a Torah scholar

צִינְתָּא (עירו' סג א) דֶּקֶל — Palm tree

צָעָא קְעָרָה — Plate

לְצַעוֹרָהּ לְצַעֵר אוֹתָהּ
To make her suffer, to cause her pain

צַעוֹרֵי, לְצַעוֹרֵי לְצַעֵר — To make suffer, to cause pain

לְצַעוֹרֵיהּ לְצַעֵר אוֹתוֹ
To make him suffer, to cause him pain

לְצַעוֹרַן לְצַעֵר אוֹתָנוּ
To make us suffer, to cause us pain

צעורן[60] (מ"ק ט ב) ר' צערו — Cf.

צָעֵי (מג' ז ב ועוד) קְעָרוֹת — Plates

צָעֵי חַקְלְיָיתָא[61] (ביצה לב א) קְעָרוֹת כַּפְרִיּוֹת
Dining plates of people living in small-town

צַעֲרָא צַעַר — Suffering

צַעֲרוּ לִי[62] (מ"ק ט ב) צִעֲרוּנִי
They made me suffer, they caused me pain

צַעֲרוּ[63] לַהּ (כתו' סא ב) צִעֲרוּהָ
They made him suffer, they cause him pain

צַעֲרוּ[64] לִיךְ (שם) צִעֲרוּךְ
They made you (*s.*) suffer, they cause you pain

צַעֲרוּהּ (פס' פח א, תע' ט ב) צִעֲרוּהוּ
They made him suffer, they caused him pain

לצערי[65] (כתו' סא ב 2) ר' צערו — Cf.

צערי (ערכ' יג ב) מ': צוערי (=לשון המשנה!)
Those who inflict pain (upon the Levites) (word in *Mishnah*!)

צַעֲרֵיהּ צִעֲרוֹ, צַעֲרוֹ
He made him suffer, his suffering

צַעֲרַיְיהוּ (ב"מ צב ב) צַעֲרָם — Their suffering

צַעֲרִינְהוּ (סנ' צט ב) צִעֲרָם
He made them suffer, he caused them pain

צַעֲרִינְהוּ (נז' כג סע"ב[66], הור' יא א) צַעֵר אוֹתָם
Make them suffer (*m.*, *s.*, *imp.*)

צערינן (נז' שם) ר' צערינהו — Cf.

צַעֲרַן (בר' יג ב) צַעֵר אוֹתִי (=אַל תִּתֵּן לִי מְנוּחָה)
Make me suffer (do not let me remain in peace) (*s.*, *m.*, *imp.*)

צַעֲרַן (מג' כח א) צִעֵר אוֹתִי — He made me suffer

לָא צַעֲרְתִּיךְ (קיד' מ א) לֹא צִעַרְתִּיךָ (=לא הייתי מצער אותך) — I wouldn't have made you suffer

צַעֲרְתַּן (בר' נו א, קיד' מ א) צִעַרְתַּנִי
You made me suffer

צַפְדִּינָא (יומא פד א[67], ב"מ פה רע"א[68], ע"ז כח א)
צַפְדִּין[69], כְּאֵב שִׁנַּיִם (ע') — Scurvy, toothache, thrush

צִיפּוּנָא (יומא לב ב — מת"י) צָפוֹן — North

צִיפְּ(ו)רָא (שבו' כט א — מ') צִפּוֹר — Bird

צִיפּוֹרָאָה בֶּן הָעִיר צִפּוֹרִי
Inhabitant of Tzipori

צִיפְּ(ו)רֵי (ב"ב כו א — מ', גט' מה א[70]) צִפֳּרִים — Birds

צִיפַּ(ו)רְתָּא (יומא עה ב[71], פ א[72], תמו' לד א 2[73])
צִפֹּרֶת (=צפור קטנה) — Small bird

צְפִירָא (יומא סו ב) שָׂעִיר (עִזִּים)[74] — He-goat

(57) רש"י: צִיננא, ע': בצנפא בענף, ומביא את נוסחנו כ"ס"א", והוא מפרש: כדבר שהוא חם לכתחלה כלומר חם ואסור ומצטנן ומותר.
(58) רש"י: הסתר אותו דבר. ע': מונעהו.
(59) רש"י: אמור אליהם ליסגר ולישב בבית. ע': מונעם.
(60) ע"י: צערו לי, מ': צערון, אה"ת, קא מצערי' לי.
(61) פי' ל"אלפסין חרניות (ערניות)" שבבבלי.
(62) ע"י, ד': צעורן.
(63) אה"ת, מ': צערא, ד': צערי.
(64) מ', אה"ת: צערן, ד': צערי.
(65) מ': צערא, צערו. אה"ת: צערו, צערן.
(66) ע"י, מ' ואה"ת: צערי, הב"ח: צעריה, ד': צערינן.
(67) כל כי"י, ד': צפידנא.
(68) כי"י, ד': צפרנא.
(69) מחלת שיניים וחניכיים, הבאה מחוסר ויטמין .
(70) מ' ה' ר"ח ורמ"ה.
(71) אה"ת, מ': צפרתא.
(72) רש"י, מ': צפרתא.
(73) מ': כצפור (וכן צ"ל גם בפי"ב).
(74) ובעב' צפיר (בדניאל ועז' ח לה ודה"ב כט כא).

צְפִירְתָּא[75] שְׂעִירַת (עִזִּים) — She-goat

צְפִירְתָּא דְּלָא אִיפְּתַח (פס' מב ב, גט' סט ב, ע"ז כח ב) עֵז שֶׁלֹּא נִפְתְּחָה (=שֶׁלֹּא יָלְדָה)
Goat that never gave birth

צְפַר, צַפְרָא בֹּקֶר — Morning

צִיפְּרָא צִפּוֹר — Bird

צִיפְּרֵי צִפֳּרִים — Birds

צִפְּרֵי שְׁמַיָּא (חול' קמ א — מדני' ד ט) צִפּוֹר שָׁמַיִם[76]
Birds of heaven

צִפְּרִין (נד' ג א ועוד מדני') צִפֳּרִים — Birds

צפרנא (ב"מ פה א) כי"י: צפדינא

צַפְרָנֵי (גט' ע א) בְּקָרִים (ר' של בוקר) — Mornings

צִיפַּרְתָּא (שבת פ ב ועוד) צִפֹּרֶת (=צפור קטנה)
Small bird

ציפרתא (גט' סט ב) ר' צפירתא — Cf.

צַר (גט' נו א) צָר (=שם מצור) — He besieged

צַר (בר' כג ב ועוד) צָרַר (=קָשַׁר)
He tied (in it), wrapped (in it)

צְרָדָא (מ"ק כז ב, כתו' ח סע"ב) בֶּגֶד קַנְבּוֹס
Garment of hemp

צְרָדָא[77] (חול' סב ב) צֶרֶד[78] — Name of permitted bird

צַרְדּוֹיֵי[79] (ב"מ נא סע"ב) מוֹכְרֵי בִּגְדֵי קַנְבּוֹס
Sellers of hemp garments

צַרְדֵּי (ב"מ ס ב) בִּגְדֵי קַנְבּוֹס
Garments of hemp

צַרְדְּיָיתָא[80] (ב"מ נא א) בִּגְדֵי קַנְבּוֹס
Garments of hemp

צַרוּ (שבת נא ב) צָרְרוּ (=קשרו) — They tied

צַרוּנְהִי (ע"ז ל א) קְשָׁרוּהוּ — They tied it (*m.*)

לְצָרוֹפֵי (מעי' יח א) לְצָרֵף — To add on, combine

צִירְחָא דְּלִבָּא[81] (בר' מ א[82], גט' סט ב[83]) כְּאֵב לֵב
Heartache

צָרֵי (ע"ז ל א) בּוֹקֵעַ (המים) — It splits (the water)

צָרֵי (חול' קכג ב) סוֹדֵק (רש"י) — He splits

צְרִיכָן (ביצה ז א) קָשׁוֹת וַחֲזָקוֹת (ע'), מְבֻשָּׁלוֹת כָּל-צָרְכָּן (רש"י)
Hard and strong, well-done, well-cooked (*f.*, *p.*)

צְרִידָתָא (סנ' צו ב) יְבֵשׁוֹת[84] — Dry (*f.*, *p.*)

צְרִיךְ צָרִיךְ — He,it needs

צְרִיךְ לְהוּ (גט' לא ב) צָרִיךְ לָהֶם — He needs them

כָּל־דִּצְרִיךְ (תע' כ ב) כָּל-הַצָּרִיךְ
Any person who needs

כָּל־מָאן דִּצְרִיךְ (בר' נח ב ועוד) כָּל-מִי שֶׁצָּרִיךְ
Any person who needs

צְרִיכָא צְרִיכָה — She needs

צְרִיכָא (במסקנת משפט) צְרִיכָה (לְהֵאָמֵר)[85]
It should be (said)

צְרִיכֵי צְרִיכִים — They need

לָא צְרִיכֵי אֵינָם צְרִיכִים — They don't need

צְרִיכִיתוּ אַתֶּם צְרִיכִים — You (*m.*, *p.*) need

לָא צְרִיכִיתוּ אֵינְכֶם צְרִיכִים — You (*m.*, *p.*) don't need

צְרִיכְנָא אֲנִי צָרִיךְ — I need

לָא צְרִיכְנָא אֵינִי צָרִיךְ — I don't need

צְרִיכַת אַתָּה צָרִיךְ — You (*m.*, *s.*) need

לָא צְרִיכַת אֵינְךָ צָרִיךְ — You (*m.*, *s.*) don't need

צריכתו (שבת קכא סע"ב) מ' שט': צריכיתו

צְרִיפָא (מנ' סד ב) צְרִיף
Cabin, shack, hut (built like cone-shaped tent - *Rashi*)

צְרִיפָא דְאוּרְבָנֵי צְרִיף שֶׁל עֲרָבוֹת
Cabin, shack, hut of willows

סַרְבְּלָא דִצְרִיפָא (סנ' מד א) ר' סרבלא — Cf.

צְרִיפֵי דְאוּרְבָנֵי (סוכה יג רע"ב) צְרִיפִים שֶׁל עַנְפֵי עֲרָבָה
Cabins, shacks, huts of willows

צְרָרֵי צְרוֹרוֹת (של מעות) — Bundles (of money)

מְצַתֵּת צִתּוּתֵי (שבת קיט א) מַצִּית הָאֵשׁ (בעצים דקים)
Kindles the fire (with twigs)

צִתְרִי (שבת קכח א) סִיאָה[86]
Savory, mint plant (*Rashi*)

(75) גט' סט ב — ד': ציפרתא, מ': צפירתי.
(76) תהי' ח' ט', והמתרגם הארמי תירגם ברבים: צפרי שמיא.
(77) ע' צראדא, ר"א: צירדא, רש"י כ"י מנוקד: צַרְדָּא.
(78) מין עוף טהור.
(79) כ"י ודי"ו, ד"ח: צדרויי.
(80) כ"י ודי"ו, ד"ח: צדרייתא.
(81) וכצ"ל בת"י לדב' כח כב (נוס': צירתא), עה"ש.
(82) ע', ד': חולשא, מ': חולי, והוגה: חולשא.
(83) א', ד': צרחא, מ' 11: חולש'.
(84) השוה "צריד של מנחות" (פס' כ' א').
(85) ולפעמים בא בפתיחה "וצריכא", ולפעמים בא גם בפתיחה וגם בחתימה: וצריכא ... צריכא.
(86) צמח מאכל, שזהותו אינה ברורה.

– ק –

קָא קצור של קאים ובא לפני בינוני לחזוק ולפעמים נצמדת לבינוני אות ק בלבד: קא תני, קא אמר — קתני, קאמר
Abbreviation of the participle "ka'im' (it stands, it applies to) and comes in the present tense to denote emphasis. Sometimes only the letter "kof' is prefixed to the verb

קָאזָא (שבת כא א) ר׳ משחא — Cf.

קָאֵי (=קאים) עוֹמֵד — It stands, it refers

קָאֵיהִי (ב״ב סח ב) ר׳ נגיח — Cf.

קָאֵים עוֹמֵד — He stands, he rises, it stands, it refers

קָאֵימְנָא אֲנִי עוֹמֵד — I stand

הֲוָה קָאֵימְנָא הָיִיתִי עוֹמֵד — I would stand, I used to stand

קָאֵייץ (קצץ) (ב״ב כו א, כז ב[1]) קוֹצֵץ, כּוֹרֵת — He cuts

קָאלוֹס[2] (שבת קח סע״א) יָפֶה — Very well

קָאקֵי חִיוָּרֵי (בר׳ כ א ועוד) אֲוָזִים לְבָנִים — White geese

קָארוּ (ב״ב קכו ב, קכז ב) קוֹרְאִים — They call

קָארֵי קוֹרֵא — He, it calls

קָארֵי (שבת קטו א, ב״ב פח א) דְלוּעִים
Gourds, vines of the family Cucurbitaceae that bear fruits with hard rinds

בֵּי קָארֵי (סוטה י א) בֵּין דְלוּעִים
Between the curcurbitacae vines

קארי = קא ארי ר׳ ארי — Cf.

קָאֵי עֵסְקָךְ (בר׳ נו א) קוֹהֶה (=נחלש) עֵסְקְךָ
Your business is collapsing, has become weaker

קַב רְשׁוּ (סנ׳ כט ב) קַב חוֹבוֹת (=נוֹשִׁים בּוֹ הַרְבֵּה)
Lit., a *kav* of promissory notes, a large number of promissory notes (*Rashi*)

קַבָּא קַב (מדה) — *Kav*, a measure of volume

קַבָּא זוּטָא, קַבָּא רַבָּה (יב׳ יז א, קיד׳ עט ב) קַב קָטָן, קַב גָּדוֹל[3] — Small *kav*, large *kav*

קַבָּא מְלוֹגְנָאָה (פס׳ מח סע״א) קַב מְלוֹגְנִי[4] (=על שם המקום) — A *kav* of Melogna'a (name of place)

קַבּוּל[5] (חול׳ ו א 2) קִבְּלוּ — They accepted

קבול (סנ׳ מח ב) מ׳ וע״י: קביל

קַבּוֹלֵי, לְקַבּוֹלֵי לְקַבֵּל — To accept, to receive

קִבּוֹלֵי[6] **טוּמְאָה** (שבת נב א, זב׳ צד א 2, מנ׳ צו ב, בכו׳ כב א, לח א) קִבּוּלֵי טוּמְאָה — Receiving spiritual impurity

לְקַבּוֹלִינְהוּ (בר׳ ס ב) לְקַבְּלָם — To accept them

קיבועא דירחא (סוכה מג א[7], ב[8]) ר׳ קביעא דירחא — Cf.

קבועין (כתו׳ ג סע״א) מ׳: קביעי

קבוץ (בר׳ סג א) פ׳ וע׳: קפוץ

קַבּוּר (סנ׳ כו ב) קָבְרוּ — They buried

קִיבּוּרָא (ב״מ כד סע״ב[9], חול׳ צה ב) פְּקַעַת — Coil of wool

קִיבּוּרָא (שבת קנו ב) אֶשְׁכּוֹל (של תמרים) — Cluster (of dates)

קִיבּוּרָא דַאֲהִינֵי (ב״ב ה א, סנ׳ כו ב) אֶשְׁכּוֹל שֶׁל תְּמָרִים (שֶׁלֹּא בָשְׁלוּ) — Cluster of unripe dates

קַבּוּרָאֵי (סנ׳ כו ב) קַבְּרָנִים — Gravediggers

קַבֵּי קַבִּים (מדה)
More than one *kav*, measure of volume, a quantity of coins called *kav*

קביותא[10] **דדשא** (מ״ק יא א) ר׳ כוותא — Cf.

קַבֵּיל קִבֵּל, קַבֵּל (צ) — He accepted, received, accept, receive (*m.. s.*, *imp.*)

קָבֵיל (בכו׳ ל א) קוֹבֵל (=מִתְרַעֵם) — He complains

קַבִּילוּ קִבְּלוּ — They accepted, received

קַבִּילִי קִבַּלְתִּי — I accepted, received

קַבֵּילִית (יב׳ נב א, ב״ק ע א) קִבַּלְתִּי — I accepted

---

1) מ׳ ה׳, ד׳: קייץ.
2) — בברייתא והוא מלשון יונית.
3) משל הוא: חכמה מועטה, חכמה רבה.
4) קב גדול = חמשה רבעים.
5) מ׳, ד׳: קבלו.
6) ואולי מקור הוא: קִבּוֹלֵי!
7) מ׳ ר״ח ורש״י ותוס׳: בקביעא.
8) ר״ת ורש״י: בקביעא.
9) ר׳ א ורש״י: קיבורי, מ׳: קיבורי׳.
10) ע׳ (ע׳ כו ב) ורש״י כ״י: כוותא, ע׳ (ע׳ קוותא): קוותא,

קַבֵּילְ(י)תְ[11] (ב"מ קיז א) קִבַּלְתָּ — You accepted
קַבֵּילְנָא[12] (בר' ה ב) אֲנִי מְקַבֵּל — I accept
קַבֵּילְנָא (תע' כד א) קִבַּלְנוּ — We accepted
קַבֵּילְנֵיהּ (סנ' לח ב) קִבַּלְנוּהוּ — We accepted him
קַבֵּילְנָךְ (פס' פט ב כ"פ) קִבַּלְנוּךָ — We accepted you (*s.*)
קַבֵּילַת (גט' לה א 2) קִבְּלָה — She received
קַבֵּילְתְּ[13] קִבַּלְתְּ — You received
קַבֵּילְתּוּן (פס' פט ב כ"פ) קִבַּלְתֶּם — You (*p.*) received
קַבֵּילְתֵּיהּ (פס' פו ב[14], שבו' מג ב) קִבַּלְתָּ אוֹתוֹ
You accepted it
קְבִיעַ קָבוּעַ — Fixed, permanent (*m.. s.*)
קְבִיעָא קְבוּעָה — Fixed, permanent (*f.. s.*)
קביעה (ב"ב ב סע"ב) ד"ו וכי"י: קביעא
קְבִיעָא דְיַרְחָא קְבִיעַת הַחֹדֶשׁ
The proclamation of the month (either starting on the thirtieth or thirty-first day from previous new moon)
קְבִיעוּתָא*[14] קְבִיעוּת — Permanence, certainty
קְבִיעֵי קְבוּעִים — Fixed, permanent (*m.. p.*)
קְבִיר קָבוּר — Buried (*m.. s.*)
קְבַל (סנ' לא ב) קָבַל (=התרעם) — He complained
הֲוֵי קָבֵל (סנ' יד א, צב א) הֲוֵי חָשׁוּךְ (=צָנוּעַ)
Being obscure
קַבֵּל (סנ' לז א, חול' יג ב ועוד) קַבֵּל (צ)
Accept, receive (*m.. s., imp.*)
קַבֵּל (מג' יא ב — מדני') קִבֵּל — He received
בְּחֵיק קָבֵל (פס' קיא א) בְּחִצִּים[15] — With arrows
כָּל קֳבֵל דִּי (פס' קיג ב — מדני') כִּלְעֻמַּת שֶׁ־
Because of the
כָּל קֳבֵל דִּיכִי (ב"מ קד א) כְּנֶגֶד זֶה — Against this
כָּל קֳבֵ(י)ל (כתו' ח ב — מ') כְּלַפֵּי
Referring to (what happened)
לְקֳבֵל (מג' יב ב, סוטה מ א, בכו' נז ב) כְּנֶגֶד — In front of

קִיבְלָא[16] (בר' סב ב 3) קָמִיעַ[17] — Talisman, amulet
קַבְּלַהּ קִבְּלָהּ — He accepted it (*f.*)
קיבלה (שבת נו א) מ' אה"ת ורש"י: קביל
קבלה (בר' סב ב 3) ע' ופ': קיבלא
קַבְּלוּהּ קִבְּלוּהוּ — They accepted him, it
לְקִבְלִי (חול' קכב א) מוּלִי — Opposite me
לְקִבְלִי (ב"ב קיא א, תמיד לב א) נֶגְדִּי — Against me
קַבְּלֵיהּ קִבְּלוֹ — He accepted him, it
קַבְלֵיהּ (קיד' נט א) קָבַל (=התרעם עליו)
He complained about him
לְקִיבְלֵיהּ (מג' טז א, סנ' יח ב) לִקְרָאתוֹ — Toward it (*m.*)
לְקִיבְלָנָא (ב"ב קיא א) לִקְרָאתֵנוּ — Toward us
קַבְּלִינְהוּ (ב"ב י ב 2, סנ' עב א) קִבְּלָם — He accepted them
קבלינך (פס' פט רע"ב) מ': קבילנך
קבלינן (סוכה יד ב) מ': קבילנא
קבליתו (שבת פח סע"א 2[18], סנ' קא סע"ב[19])
Cf. ר' מקבליתו
קַבְּלָנוּתָא קַבְּלָנוּת
Performing specific work for a fixed price
קבלת (פס' פו ב) מ': קבילתיה
קַבֵּלְתַּ(ו)ן (פס' פט ב — מ') קִבַּלְתַּנִי — You accepted me
קַבֵּלְתִּינְהוּ (שבו' מא ב) קִבַּלְתִּי אוֹתָם — I accepted them
קְבַסְתַּן (קיד' כו ב, סנ' נה א) הִכְעַסְתַּנִי, הִגְעַלְתַּנִי[20] — You annoyed me, you made me angry, you disgusted me
קְבַע קָבַע — He (it) fixed, set, appointed, made permanent, designated, established, instituted
קְבַע (מנ' לג א) קְבַע (צ)
Fix, attach permanently (*m.. s., imp.*)
קָבַע קוֹבֵעַ — He (it) fixes, sets, appoints, makes permanent, designates, establishes, institutes
קָבְעָה קוֹבַעַת — She (it) fixes, sets, appoints, makes permanent, designates, establishes, institutes

מ' ראי"ש ד"ו: קבוותא.
11) ה', מ': קבי'.
12) מ' שט': קבילי = קבלתי.
13) בכמה מקומות בד' — בלא יו"ד.
*14) מ', ד': קבלת.
14) בזב' קי רע"א בד': קביעות מנא, אבל במ': קביעות' דמנא (במנא — גם ברש"י). אין אפוא בתל' "קביעות" בעברית.
15) רשב"ם בשם ר"ג (ע"פ "ומחי קָבָלוֹ", יחז' כו ט).
16) ע' ופ', מ': קבלא, ד': קבלה.
17) ע"פ הערוך: קמיעתו שיצילנו, קמיעתו המצילתו.
18) מ': מקבליתו.
19) ע"י, כי"י וד"ו לי' "אי מקבליתו למימריה". והוסיפו מפירוש רש"י מע"י, ושם: מקבליתו.

קַבְעָהּ (קיד׳ כה א, בכו׳ לו רע״ב[21]) קְבָעָהּ[22]
He inserted it (the version of the text in the *Mishnah*) *Kiddushin*, he taught it - *Bechoros*

קִיבְעָא (פס׳ קא ב, זב׳ ו א, ז ב) קְבִיעָה
(First) fixed place (for the meal) - *Pesachim*, set, fixed, permanent (*adj.*) - *Zevachim*

קִבְעוּ (ב״ק טו ב) קִבְעוּ (צ) — Set, designate (*p.*, *imp.*)

קַבְעוּהּ (בר׳ ט ב ועוד) קְבָעוּהוּ — They set it (*s.*), i.e., they designated it to be part of the prayer

קָבְעֵי קוֹבְעִים — They fix, appoint, make permanent, designate, establish, institute

קָבְעֵי (ב״ק קיט א) קוֹבְעִים (=גּוֹזְלִים) — They steal

קַבְעֵיהּ (ר״ה לב א) קְבָעוֹ
He set it, i.e., the Rav declared (the *talmid*'s opinion) as a valid *takanah* (in the *talmid*'s name)

קַבְעִינְהוּ (זב׳ קט סע״ב) קְבָעָם — He set them

קָבְעִינַן אָנוּ קוֹבְעִים — We fix, set, appoint, make permanent, designate, establish, institute

קָבְעִיתוּ (עירו׳ לב ב) אַתֶּם קוֹבְעִים, תִּקְבְּעוּ
You (*p.*) set, you will set

קַבְעָךְ (ר״ה כו ב) קְבָעֲךָ (=גְּזֵלָךְ) — Your theft

קַבְעַן (שם) קְבָעַנִי (גְּזָלַנִי) — He stole from me

קַבְעֲתָא דִכְשׁוּרֵי (ב״ב ו א) מִקְבַּע הַקּוֹרוֹת[23]
Beam housing

קַבְעַתֵּיהּ (פס׳ צח א ועוד) קָבְעָה אוֹתוֹ — It (*f.*) set it (*m.*)

קַבַעְתֵּיהּ[24] (בכו׳ לו ב) קָבַעְתִּי אוֹתוֹ[25] — I taught it (*m.*)

קְבַר קָבַר — He buried

קָבַר קוֹבֵר — He buries

קְבַר (כתו׳ נג א) קְבֹר (צ) — Bury (*m.*, *s.*, *imp.*)

קִבְרָא קֶבֶר — Grave

קַבְרַהּ (סוטה יג א ועוד) קְבָרָהּ — He buried her

קְבַרוּ (תע׳ ה ב) קָבְרוּ — They buried

קברו (כתו׳ כ ב) מ׳: קברי

(קברו קברייא) (תע׳ ה ב) לי׳ כי״י ואה״ת ורש״י
(קברו הקוברים) — The gravediggers buried

קָבְרֵי קוֹבְרִים — They bury

בֵּי קִבְרֵי בֵּית קְבָרוֹת — Cemetery, graveyard

קִבְרֵיהּ קִבְרוֹ — His grave

קַבְרֵיהּ (סנ׳ לט א, מו ב) קְבָרוֹ — He buried him

בי קבריה[26] (יומא פג סע״ב) ר׳ קברא — Cf.

קַבְרִינְהוּ (ב״מ מב א) קְבָרָם — He buried them

קַבְרִינְהוּ (ע״ז סב ב) קְבֹר אוֹתָם — Bury (*imp.*) them

קְדַ[וּ]מָא (פס׳ ח ב[27], צד א[28]) הַשְׁכָּמָה
Arising early in the morning

קדומי (ב״ק עד א) מ׳ ה׳ ורש״י: אקדומי

קַדוּשׁ (סוטה ו ב כ״פ, זב׳ כ א, בכו׳ ד ב כ״פ) קֻדְּשׁוּ
They become sanctified

קִידּוּשָׁא קִדּוּשׁ[29]
The benediction of *Kiddush* or the sanctification of the Cohen through washing his hands and feet before beginning the service in the Holy Temple

קִידּוּשָׁא דְבֵי שִׁמְשֵׁי (בר׳ מג ב, שבת קיג ב) קִדּוּשׁ שֶׁל בֵּין הַשְּׁמָשׁוֹת (=לֵיל שַׁבָּת)
Kiddush of twilight (of Friday night)

קִידּוּשָׁא רַבָּה (פס׳ קו א 2) כְּהַקִּדּוּשׁ הַגָּדוֹל[30]
Great *Kiddush* (of the morning)

קַדּוֹשֵׁי, לְקַדּוֹשֵׁי לְקַדֵּשׁ — To sanctify

קִידּוּשֵׁי[31] קִדּוּשִׁין (=של אשה)
Sanctification of a woman (first stage of marriage)

קִידּוּשֵׁי (יומא לא ב) קִדּוּשִׁים[32] — The sanctifications (of the Cohen) before he begins his service

קִידּוּשֵׁיהּ (ב״ב מח ב) קִדּוּשָׁיו — His act of sanctifying (performing the first stage of marriage with a woman)

לְקַדּוֹשִׁינְהוּ (זב׳ לד ב, ערכ׳ לב ב) לְקַדְּשָׁם
To sanctify them

קְדוּשְׁתָא (נז׳ ג סע״ב) קְדֻשָּׁה (=קִדּוּשׁ) — The *Kiddush*

(20 = גרמת לי להקיא (עי׳ ערוך).
(21 מ׳ ורש״י, ד׳: קבע.
(22 = שנה אותה במשנתו. רש״י בבכו׳: שנאה.
(23 ע׳ (ע׳ לפתא): ״כמו חלונות להכניס בהן ראשי הקורות״.
(24 רש״י: קבעתה.
(25 רש״י: אני שניתיה (במשנתי).
(26 ע״י: בקברא, בכ״י — נוסח אחר.
(27 מ׳ ואו״פ וד׳ לובלין.
(28 הגהתי, מ׳, קמא (!), ד׳ קדמא.
(29 א) קידוש על יין. ב) רחיצת ידיו ורגליו של כהן.
(30 כך קראו בני מחוזא לקידוש ביום השבת.
(31 בכמה מקומות נדפס בנו״ן בסוף כמו בעברית, למשל: דקביל בה אבוה קידושי (= מ׳, ד׳: אביה קידושין).
(32 = רחיצת ידים ורגלים של כהן.

קְדוּשְׁתָא קַמַּיְתָא[33] (תמו׳ ט סע״א) קְדֻשָּׁה רִאשׁוֹנָה
The first holiness

קְדוּשָּׁתַהּ קְדֻשָּׁתָהּ — Her, its sanctity

קְדוּשָּׁתֵיהּ קְדֻשָּׁתוֹ — His sanctity

קְדוּשָּׁתַיְיהוּ קְדֻשָּׁתָם — Their sanctity

קְדַח (ב״ב עג ב) צָמַח — It (*m.*) grew

קָדְחָא (סנ׳ קט ב) צוֹמַחַת, תִּצְמַח (=תִּגְדַּל)
It (*f.*) grows, it will grow

קִידְחָא (ביצה כב א[34], ע״ז כח סע״ב) קַדַּחַת — Fever

קְדַחָא (ע״ז כח ב) קָדְחָה[35] — He contracted an eye disease

קְדָחָה (חגי׳ ה א) נִשְׂרְפָה, נִכְוְתָה
She was burnt, scalded

קָדְחוּ (ר״ה כז ב) קוֹדְחִים (=נוֹקְבִים) — They bore

קְדַחוּ (ב״מ קט א ועוד) צָמְחוּ — They grew

קָדְחִי (בר׳ נו א ועוד) צוֹמְחִים — They grow

קדחתא (ביצה כב א) מ׳: קדחא

קָדְיָא[36] (בר׳ נז ב, נדה כג א כ״פ) כּוֹס (עוֹף)
A bird that screams at night with face similar to a cat and eyes in its front (*Rashi*), an owl (?)

קָדֵ(י)חַ (ב״ב כח ב 2 — כ״י וע׳) צוֹמֵחַ — It (*m.*) grows

קְדִים (ב״ק צב ב, קיג ב[37]) הַקְדֵּם (צ)
(Say it) first (*m.. s., imp.*)

קדים (ב״מ פג ב) רש״י: אקדים

קָדֵים קוֹדֵם, מַקְדִּים, מַשְׁכִּים — He precedes,
he advances, he arises early in the morning

קַדֵּים (תמיד כז ב) הַשְׁכֵּם (צ)
Arise early in the morning (*m.. s., imp.*)

קַדִּימוּ (בר׳ ח א, ב״מ פו סע״א) הַשְׁכִּימוּ
Arise early in the morning (*m.. p., imp.*)

קדימי (תמיד כח ב) מ׳ ורש״י: קדמי

קדיר (מנ׳ פג א) מ׳ ר׳: קריר

קַדִּישׁ קָדוֹשׁ — Holy

קַדֵּישׁ קִדֵּשׁ, קַדֵּשׁ (צ)
He sanctified, sanctify (*m.. s., imp.*)

קדיש (קיד׳ ח ב[38], יח ב[38], מה א[39]) ר׳ קדשה — Cf.

קַדִּישָׁא קְדוֹשָׁה, הַקָּדוֹשׁ — Holy (*f.*), the holy person

קַדִּישֵׁי קְדוֹשִׁים — Holy people

קַדִּישִׁין (פס׳ לג א, סנ׳ לח ב — מדני׳) קְדוֹשִׁים, מַלְאָכִים
Saintly creatures, angels

קַדִּישְׁתָא (סנ׳ קט ב) קְדוֹשָׁה — Saintly, holy (*f.. s.*)

קְדָלֵי[40] **דַחֲזִירֵי** (מג׳ יג א) עֹרֶף חֲזִירִים[41] — Bacon

קְדַם (נדה כה ב) קָדַם — He did earlier

קדם (ב״ק קיג ב — ד״ח) מ׳ וד״ו: קדים

קֳדָם (שבת קנו א 2[42], מג׳ יא ב — מדני׳) לִפְנֵי- — Before

לְקֳדָם[43] (חול׳ צה ב) לִפְנֵי, לִקְרַאת — Before, toward

מִן קֳדָם (תע׳ ח ב — מדני׳) מִלִּפְנֵי — From before

מִן קֳדָם דְּנָא (גט׳ פה ב) מִלִּפְנֵי כֵן — Previously

קדמא (פס׳ צד א) ר׳ קדומא — Cf.

קַדְמָאָה רִאשׁוֹן — First (*m.. s.*)

קַדְמָאֵי רִאשׁוֹנִים — First (*m.. p.*)

קָדְמָה (בר׳ ו א) קוֹדֶמֶת, מַקְדִּימָה — It (*f.*) precedes

קָדְמוּ[44] (ב״ק לג ב) קוֹדְמִים — They precede

קֳדָמוֹהִי לְפָנָיו — Before him

כְּבָר קַדְמוּךְ רַבָּנָן (שבת יט א, ב״ב קסז א, חול׳ קה א)
כְּבָר קְדָמוּךָ חֲכָמִים (וְלִימְּדוּנוּ בְּעִנְיָן זֶה) — The Sages
already preceded you (and taught this subject)

בְּקַדְמוּתָא (בכו׳ לא ב) בְּהַשְׁכָּמָה[45]
Early in the morning

קַדְמוּתֵיהּ (בכו׳ לא א) קַדְמוּתוֹ — His previous state

קָדְמִי קוֹדְמִים — They precede

קַמָּאי (ב״ב סא ב 2) לְפָנַי, לְעַצְמִי — Before me, for myself

קַדְמֵיהּ קְדָמוֹ, הִקְדִּימוֹ — He preceded him

(33) ר״ג, מ׳ ד׳: קדושה ראשונה דהקדש.
(34) מ׳, ד׳: קדחתא.
(35) = חלתה בדלקת עינים.
(36) מ׳ וע׳, ד׳: קריא.
(37) מ׳ וד״ו, ד״ח: קדם.
(38) גם מ׳: קדיש.
(39) מ׳: קדשי.
(40) כל כ״י ואה״ת וע״י: כתלי.
(41) ועיי ערוך ע׳ קתל.
(42) אמרית קדם רבי (אפינקסיה דזעירי, אפנקסיה דלוי).
(43) לפני שמו של הנמען במכתבו של ר׳ יוחנן.
(44) מקביל ל״קָדֵים״ = קוֹדֵם

קַדְמַיְיתָא (פס׳ קט א, כרי׳ י א 2, כה סע״ב) רִאשׁוֹנָה
First (*f.. s.*)

קַדְמַיְיתָא (נדר׳ מ א 2, נז׳ יד א) רִאשׁוֹנוֹת — First (*f.. p.*)

קֳדָמֵיכוֹן לִפְנֵיכֶם — Before you (*m.. p.*)

קְדִמִינַן (פס׳ נח א, מג׳ כט ב 2) אָנוּ מַקְדִּימִים
We (sacrifice it) earlier

קַדְמִיתוּ (שבת פח סע״א, כתו׳ קיב סע״א) הִקְדַּמְתֶּם, ור׳ קדים
You advance, do earlier

קֳדָמָךְ לְפָנֶיךָ — Before you (*s.*)

קֳדָמָנָא לְפָנֵינוּ — Before us

מִן קַדְמַת דְּנָא מִלִּפְנֵי כֵן — Previously

בְּקַדְמָתָא (ב״מ ל סע״ב) בְּהַשְׁכָּמָה
In the early morning

קַדְמְתִיךְ[46] (קידו׳ סט א) קְדַמְתִּיךְ[47]
I knew you before (you married)

קַדְקְדָא[48] **דְבִישְׂרָא** (בכו׳ מג ב) תִּלְתּוּל שֶׁל בָּשָׂר (=חתיכת בשר תלויה בגוף)
Piece of meat hanging on body

קְדָר (שבת לג א[49]) כינוי לרעי
Euphemism for excrements (body wastes)

קִידְרָא קְדֵרָה — Pot, casserole

קְדֵירָה בַּת יוֹמָא[50] ר׳ יומא — Cf.

קִדְרָךְ[51] (בר׳ סב ב) נְקָבֶיךָ
Lit., your pot, i.e., your urine

קֶדֶשׁ נוּנָא (ע״ז לט א) שֵׁם דג — Name of sea fish (*Rashi*)

קַדִּשָׁה קְדוֹשָׁה (ב), תְּקַדֵּשׁ
Saintly, holy (*f.. s.*), she will sanctity

קַדְּשָׁה קִדְּשָׁה — She, it sanctified

קַדְּשַׁהּ קִדֵּשׁ אוֹתָהּ — He sanctified her, it

קַדְּשׁוּהָ לְיַרְחָא (ר״ה כב ב) קִדְּשׁוּ אֶת־הַחֹדֶשׁ
They sanctified the new moon (they proclaimed the new month)

קַדִּשֵׁי קְדוֹשִׁים (ב), יְקַדְּשׁוּ
Holy, saintly (*p.*), they will sanctify

קַדְּשֵׁיה (ר״ה כה א) קַדְּשֵׁהוּ
Sanctify (*m.. s., imp.*) it (*m.*)

קַדְּשִׁינְהוּ (בר׳ מט א 2) קִדְּשָׁם — He sanctified them

קַדִּישְׁתֵּיה (סוטה יד ב) קִדְּשָׁה אוֹתוֹ
It (*f.*) sanctified it (*m.*)

קַדְּשְׁתִּינְהוּ (מג׳ כז ב) קִדַּשְׁתָּ אוֹתָם
You (*m.. s.*) sanctified them

לְקַהוּיֵיה (פס׳ קטז א 2) לְהַקְהוֹתוֹ (= לעשותו חמצמץ)
To sour it

קְהֵי[52] **אֲזוּזֵי** (ב״מ נב ב) מַקְפִּיד עַל מָעוֹת
Exacting about money

קְהָלָא קַדִּישָׁא דְבִירוּשְׁלֵם (בר׳ ט ב ועוד) הַקָּהָל הַקָּדוֹשׁ שֶׁבִּירוּשָׁלַיִם
The holy assembly of Yerushalayim

קְהָלֵי (קידו׳ עב ב ועוד) קְהָלִים — Communities

קַהַרְמָנָא[53] (עירו׳ נט א, ב״ב מו ב) שִׁלְטוֹן, אֶפִּיטְרוֹפּוֹס
Ruler, guardian

קוּאֵי (חול׳ סג א) קוּאִים (שם עוף טמא)
Name of impure bird

קוּבֵי (קידו׳ ח א[54], סנ׳ צה א[55]) שם מקום — Name of place

קוּבְנָאָה[56] (ב״ב עג סע״א) עַמּוּד[57] — Column

קוּבְּתָא בֵּי וַרְדֵי[58] (ב״ב צח ב) קֻבָּה בֵּין וְרָדִים[59]
Cabin surrounded by roses

קוּדְשָׁא (מעי׳ יד ב 2) קֹדֶשׁ — Holiness

קוּדְשָׁא בְּרִיךְ הוּא הַקָּדוֹשׁ בָּרוּךְ הוּא
The Holy One Blessed Be He

קְוו (פס׳ מב א ועוד) נִקְוִים[60]
Concentrated, gathered together, collected

קְוָואקֵי (סנ׳ עד ב) מַחְתָּה לִקְטֹרֶת[61] — Censer

---

45) רש״י: בהשכמת הבוקר.
46) מ׳, רש״י: קידמתיך, ד׳: אקדמתך.
47) רש״י: הייתי מכירך קודם.
48) ע׳, מ׳ ד׳: קרקורא.
49) קטילי קדר — ע׳: שמשהין עצמן ואין נפנין.
50) כך בה״א בכ״י (ר׳ ח״ג ב״יומא״). א״כ מטבע עברי.
51) עד דרתחא קדרך שפוך — רש״י: משל הוא זה: כשאתה צריך לנקביך שפוך ואל תשהא אותם.
52) ע׳, ד׳: מוקים, רש״י: מוקי.
53) ע׳ (מלשון פרסית), ד׳: הרמנא, הרמניא.
54) כנראה קרוב לסורא.
55) בגבול ארץ פלישתים.
56) ע׳ וה׳, ד׳: קופיא, מ׳: קופ׳.
57) ע׳: ״עמוד בל׳ פרסי. פ״א אקובאות וכיפאות של חומה״. ועי׳ גם ע׳ אקובנאה.
58) זיהוי ״טרקלין״ שבמשנה.
59) = מוקפת בוורדים.
60) מל׳ ״יקוו המים״.

קוּטמא (ב"ק לה א) כל כי"י: קיטמא, קיטמיה Cf.

קוּטְנָא (שבת קלד א) הַקּטֶן (=הַצַּד הַדַּק) The thin side

קוּטְרָא עָשָׁן Smoke

קוּלָא קַל, קֻלָּה Voice, leniency

קוּלְבַּא[י][62] (סנ' קג א) נָבָל, ע': הֶדְיוֹט

Flute of shepherd (*Rashi*), ignoramus (*Aruch*)

קוּלְחָא קֶלַח Stalk

קוּלֵּי קֻלּוֹת, קֻלֵּי Leniencies

קוּלֵּיה (עירו' ז א 2) קֻלּוֹ His leniency

קוּליהוּן (עיר' ו סע"ב) מ' בעב': קוליהן

קוּלְמוּסָא (גט' ו א, מנ' לה א) קוּלְמוּס Quill pen

קוּלְסָא[ה][63] (יב' קיח סע"ב[64], כתו' עה א[65])

שׁוֹמֵר קַלְחֵי כְּרוּב[66] Cabbage grower,

family with *pesul* (dishonorable family - *Rashi*)

קוּלְפָא[67] (מנ' לה א) קְלָף Parchment

קוּלְפָא[68] (בר' נח א, שבת סג א[69]) אַלָּה Stick, club

קוּלְפֵי מַכּוֹת (בשוט או באלה)

Being struck many times (with whip or club)

קוּלְפֵי[70] (סנ' קי א) מַנְעוּלִים Locks

קוּלְפֵי דְשִׁידָא (כתו' סה א) מַנְעוּלֵי הַשִּׁדָּה

Locks of chest

קוּלְרִין [קוּלָרִין][71] (קיד' עב ב) חֲבוּרוֹת חֲבוּרוֹת

Groups

קוּלְשֵׁיה (חול' נה רע"ב) צִדּוֹ הַדַּק Its thin side

קוּלְתֵיה (סנ' קג א, ב"מ פד ב) כַּדּוֹ

His pitcher, his (the shepherd's) bag (also used for sleeping) - *Rashi*

קוּלְתִ[י]ךְ (כתו' סב ב — מ') כַּדֵּךְ Your (*f.. s.*) pitcher

קוּם קוּם, עֲמֹד Get-up, stand up (*m.. s., imp.*)

קוּם בַּהֲדַאי (חגי' ד ב) עֲמֹד עִמָּדִי Stay with me

קוּם (קיד' יב א) עָמְדוּ They stood up

קוּם (שבת קי ב כ"פ, כתו' ס א) קוּמִי, עִמְדִי

Get up, stand up (*f.. s., imp.*)

קוּמָא (נדר' נב ב 3) קוּם (ש)[72] Curd

קוּמָא (שבת כד ב ועוד) קוֹמוֹס (שרף) Gum, sap of tree

קוּמָא[73] (ע"ז יא א 2) נָסִיךְ[74] Member of royalty

קוּמָנִיתָא דְאוּמָא (פס' מב סע"א) עִפּוּשׁ הַלֶּחֶם

Bread becoming moldy

קוּמְצָא דְקִימְחָא[75] (מג' טז א-ב) קֹמֶץ קֶמַח

Handful of flour

קוּמצי (שם) ר' קומצא Cf.

קוּמציה (שם) ר' קומצא

קוּמְקוּמָא (שבת מח א, ב"ב עג ב) קֻמְקוּם Kettle

קוּמָתֵיה (גט' סח רע"ב) קוֹמָתוֹ His height

קוּנְיָא קוּנְיָה[76] Enamel vessel

מָאנֵי דְקוּנְיָא (פס' ל ב ועוד) כְּלֵי קוּנְיָה Enamel vessels

צָעָא דְקוּנְיָא (חול' מז ב) קַעֲרַת קוּנְיָה An enamel plate

קוּסָא[77] (תע' כד א) כְּפָר (Remote) village

קוסטא[78] (שם) ר' קוסא

קוֹעֵיה צַוָּארוֹ His neck

קוֹעָיךְ (ע"ז כט א) צַוָּארְךָ Your (*m.. s.*) neck

קוּפָא (נדר' נ רע"ב) קוֹף (חיה) Monkey

קוּפָא[79] (ב"ק קא א) ר' קופה (ע': קוֹף) Cf.

קוּפָא קוֹף (=חוֹר הַמַּחַט) Hole of needle

קוּפָא (סנ' צו ב) מ' ואה"ת: קופיה

קוּפָא (ב"מ קט ב) גֶּפֶן Grapevine

(61) ע': "פי' מיני מחתות שמוציאין בהן אש... פי"א קווק כלי של שיט ודומה לעציץ... כופה אותו על הגחלים כדי שלא תצת אש בבית".

(62) מ' וד"ו וע', בב"מ פד ב: כולבא.

(63) הגהתי.

(64) מ: קולסה, ד': קולסא.

(65) מ: קולסה, ד': קלסא.

(66) עי' ערוך ע' נפס א'.

(67) מ' ורש"י ד"ו, ד': קילפא, ע': קליפא.

(68) מלשון יונית, ע': ס"א קלא.

(69) מאי באלה קולפא.

(70) מ', אה"ת: קופלי, ד': קילפי.

(71) רש"י, ולפי רש"י הוא ל"א ל"צוורני צוורני". מ' רק פ"א: צורני. והיחיד "קולר" בבר' יב' קכב א, ונוסח הערוך: מעשה בקולר של שני בני אדם.

(72) = חלב חמוץ.

(73) מלשון רומית -.

(74) ע': כלומ' הוא על כל השרים.

(75) מ' אה"ת ועוד (ר' ד"ס), ד': קומציה דסולתא, קומצי קמחא.

(76) = כלי חרס מצופה זכוכית. "תחילתו חרס וסופו טחין אותו בזכוכית" (ע' ע"פ ע"ז עה א). השבעים תירגמו שיד (דב' כז ב, עמוס ב' א).

(77) מ' ב ועוד, ד': קוסטא.

(78) מ' ב רש"י כ"י ילי' ומנה"מ: קוסא, אה"ת: קוצא.

(79) כל כ"י: קופה, ועי' רש"י.

בי קופאי (ב״ב כד סע״א) ר׳ בי — Cf.

קוּפָּה[80] (ב״ק קא א) קוּפָּה, סַל
Monkey, box, basket (*Rashi*)

קוּפְיָא (יומא נ ב, זב׳ ו א, ז רע״ב) הַקָּפָה[81]. פ״א: הַצּוּפָה[82]
When people collect on Yom Kippur to listen to the *vidu'i* (confession) - *Aruch*, floating (on top of the atonement of *Cohen Gadol*) - *Rashi*

קופיא (ב״ב עג סע״א) ע׳ וה׳: קובנאה

קוּפֵיה[83] (סנ׳ צו ב) קוּפּוֹ[84] — Part of utensil where handle is inserted, back of utensil (*Rashi*)

קַנְיָא בְקוּפֵיה (חול׳ קיא רע״א) הַקָּנֶה (אבר) עִם הַמְחֻבָּר לוֹ[85] — The trachea (windpipe) with all that is attached to it (lungs, heart, liver)

קוּפִינָא דְמָרָא (שבת קב ב 2, גט׳ לב רע״א, ב״ק כז ב)
קוּף הַמָּר (=כלי לחפירה) — Part of hoe where handle is inserted (*Shabbos, Gittin*), the iron itself near the hole of shovel (*Bava Kamma - Rashi*)

קוּפְלֵי דְגִילְדָא (פס׳ קיט א[86], סנ׳ קי א[87]) מַנְעוּלִים שֶׁל (מרצופי) עוֹר — Leather bag locks

קוּץ קְצֹץ, כְּרֹת — Cut (*m.. s., imp.*)

קוּץ (ב״ב ס ב) ה׳ וראשונים: קיץ

קוּצוּ קֻצּוּ (צ), כִּרְתוּ — Cut (*p., imp.*)

קוּצֵי קוֹצִים — Thorns

קוּקְ(י)אנֵי[88] (בר׳ לו א, שבת קט ב, חול׳ סז ב 3)
תּוֹלָעִים (בבני מעיים) — Worms (in intestines)

קוּקְרֵי (שבת יח א, גט׳ סא א) מְצוּדָה לְדָגִים[89] — Fish net, fish trap

קוּרָא (בר׳ לו א) קוֹר[90] — Soft top of palm tree (*Aruch*)

קוּרָא (גט׳ ע סע״ב) קֹר — Coldness

קוּרָאמֵי[91] (עירו׳ כב רע״א) קְרָמִים[92] — A plant, the seeds of which can be used for making bread

קוּרְבָא (יב׳ ג א, ב״ב כג ב, סנ׳ נח ב) קֻרְבָה — Relationship

לקורבה (קיד׳ נ א, ס רע״ב) מ׳: לקרובה

קוּרְבֵי קוּרְבֵי (יב׳ ג א) קֻרְבֵי קְרֵבוֹת[93] — The first of kin

קוּרְבָּנָא (גט׳ נו א, זב׳ קטז ב) קָרְבָּן — Sacrifice

קוּרְבָּנָא (ע״ז סד ב, סה א) מִנְחָה (לבשר ודם), תִּקְרֹבֶת — Gift, an offering

קוּרְבָּנַיְיהוּ (סוטה ח א) קָרְבָּנָם — Their sacrifice

דִּינָרָא קוּרְדִינָאָה (חול׳ נד ב 2) דִּינָר קוּרְדִינִי (על שם מקומו) — Dinar (type of coin) of Kurdistan

קוּרְדִינְיָיתָא[94] (פס׳ ז רע״א, כא ב) קוּרְדִינִיּוֹת
(Wheat of) Kurdistan (extremely hard wheat)

קורדניתא (פס׳ ז רע״א, כא ב) ר׳ קורדינייתא — Cf.

קוּרְטָא קֹרֶט — Small particle

קוּרְטַ(ו)בְלָא[95] (שבת עט סע״א) שֻׁלְחָן[96]
Hide (leather) that serves as a table

קוּרְטֵי דְמָא (חול׳ מג ב, נב ב) קָרְטֵי דָם — Drops of blood

קוּרְטִיתָא (חול׳ עז א) קָרְטִית[97] — Small piece

קוּרְטְמֵי (בר׳ לח א ועוד) מִין כַּרְכּוֹם — Type of saffron

קוּרְטָסָא[98] (גט׳ סט א) ״נְיַר שֶׁל עֵשֶׂב״ (ע׳)
Paper made of lint (*Rashi*), "paper of grass' (*Aruch*)

קוּרְיָיטֵי (בר׳ נ ב, ע״ז יד ב) קוּרְיָטִין[99] — Beverage made out of wine and dates (serves as medical potion - *Rashi*)

קורמי[100] עירו׳ כב רע״א) ר׳ קוראמי — Cf.

קוּרְנִיתָא (שבת קכח א) קוֹרָנִית (צמח) — Thyme

קוּרְנָסָא (ב״ק צח א) קוּרְנָס — Anvil, hammer

(80) כל כי״י, ד׳: קופא, ועי׳ רש״י.
(81) ע׳: שעת הקפת הוידוי וכשמתקבצין ביוה״כ להאזין הוידוי.
(82) על משקל ״בשובה ונחת״ (ישעי׳ ל׳ יא). רש״י ביומא: כדבר הצף על פני המים... ויצף הברזל (מ״ב ו ו) מתרגמא וקפא ברזלא.
(83) מ׳ אה״ת, ד׳: קופא.
(84) כלים פי״ג מ״ג, פיה״ג: מקום שנכנס בו הקתא.
(85) רש״י, והוא מוסיף: הריאה הלב והכבד, וכן בערוך.
(86) ד׳: קליפא.
(87) ד׳: קפלי, והוא מלשון פרסית.
(88) כי״י בחולין, מ׳ ה׳: קוקני.
(89) עי׳ ערוך ורש״י.
(90) ע׳: ראש הדקל כשהוא רך.
(91) ד׳: קורמי (ר׳ ח״ג שם).
(92) ר״ב בערוך: מין עשב אשר מזרעיו עושים פת.
(93) = הקרובים ביותר (עי׳ רש״י).
(94) מ׳ בדף ז׳, רש״י: קורדנייתא, ד׳: קורדניתא. בדף כא — מ׳: קורדנייתא, ד׳ ורש״י: קורדניתא.
(95) מ׳ א״פ ורש״י, ע׳: קרטבלא.
(96) = עור המשמש שלחן (שים לב: גם ״שלחן״ בא מן ״שלח״ = עור). ור״ח מפרש: והוא בלי׳ ישמעאל ספארה.
(97) קורט קטן, חתיכה קטנטנה.
(98) מלשון יונית ורומית •££.
(99) מין משקה העשוי מיין, תמרים ועוד.
(100) מ׳: קירמי, א״פ וד׳ שונ׳ ורש״י כ״י: קוראמי, אה״ת:

קורנסא[1] (נדר׳ י ב) מכינויי שבועה
Expression connoting an oath (*shavu'ah*)

קוּרְנָסֵיהּ (חול׳ נח ב) קוּרְנָסוֹ
His sledge hammer, maul, anvil

קוּרְפְּדַאי (בר׳ נז ב[2], חול׳ סג א[3]) קוּרְפָּד[4]
A frog species, a bird species, a mole (*Rashi*)

קורפראי (בר׳ נז ב) ר׳ קורפדאי
Cf.

אֲכַלוּ בֵיהּ קוּרְצָא[5] (ב״מ פו א ועוד) הִלְשִׁינוּ
They informed (on him to the authorities)

קוּרְקָא[6] (יב׳ קב ב) מין מנעל[7]
Type of shoe

קוּרְקְבָנֵיהּ (חול׳ סב ב) קֻרְקְבָנוֹ
His gizzard

קוּרְקוּר (ב״ב כג א) כִּנּוּי לְעוֹרְבִים (על שם קרקורם)
Vocal imitations of sound associated with the crowing of ravens

קוּרְקָנֵי[8] (נדר׳ נא א) מְזִיגָה, (פ״א: קִרְקוּר וְרִקּוּד)
Diluting wine (*Rashi*), croaking and singing (*Ran*)

קורקסא (ע״ז כד רע״ב ועוד) ר׳ עיזא
Cf.

קוּשְׁטָא אֱמֶת
The truth

קוּשְׁיָא קֹשִׁי, קֻשְׁיָה
A difficulty (in reasoning), a question

כִּי קוּשְׁיֵיהּ (חול׳ נ ב) כְּקֻשְׁיָתוֹ
In keeping with his question

כִּי קוּשְׁיַין (פס׳ נט א) כְּקֻשְׁיָתֵנוּ
In keeping with our question

הֲדַר קוּשְׁיַין לְדוּכְתֵּיהּ[9] (פס׳ פ א ועוד) חָזְרָה קוּשְׁיָתֵנוּ לִמְקוֹמָהּ
Our question, our difficulty in reasoning returned to its place (was not resolved)

קוּשְׁיָיתָא (יב׳ עז א ועוד) קֻשְׁיוֹת
Difficulties (in reasoning), questions

קוּשְׁיָיתִין (יומא ג ב) קֻשְׁיוֹתֵינוּ
Our difficulties (in reasoning), questions

קוּשְׁקֵי[10] (שבת יא א) מִגְדָּלִים
Turrets

קִטְבֵי (פס׳ קיא ב) קְטָבִים[11]
Demons

קַטוּל (מכות ח א 2, נדה סא סע״א) הָרְגוּ
They killed

קטול[12] (כתו׳ לג א) ר׳ קטלי
Cf.

קְטוֹל (ע״ז י א) הֲרֹג
Kill (*m.. s., imp.*)

קְטוֹל (יב׳ קכא ב, סנ׳ עד ב) קְצוֹץ, חֲתֹךְ (צ)
Cut, slice (*m.. s., imp.*)

קטולין[13] (שבת יב סע״א) ר׳ קטולן
Cf.

קָטוֹלִין (יומא לב ב — מת״י לירמ׳ מו כ) הוֹרְגִים
They kill

קְטוֹלָן[14] (שבת יב סע״א) הֲרֹגְנָה
Kill (*f.. p., imp.*)

קטום (סוכה לד ב) מ׳ וד״ו: קטים

קטומי (שם) ד״ו: קטימי

קטופי (ע״ז עב ב) ר׳ קטיפו
Cf.

קִיטוּפֵי (כתו׳ קיב א 2, ב״ק קיג ב) אֶשְׁכּוֹלוֹת
Clusters (as of grapes)

קְטוּרָא (ביצה כג א 3) קֶשׁוּר אוֹ קִטּוּר (ר׳ בתלמוד)
Tying or burning of incense (see the Gemara)

קִיטוּרָא בִידָא[15] (מ״ק י ב) קִטּוּר בַּיָּד[16]
To smooth out sleeves by rolling them over a smooth surface, to make (decorative) folds in a garment (*Rashi*); to produce smell from the sleeve of a garment by placing it on a hot utensil (*Aruch*)

קְטֵיל הָרַג
He killed

קְטִיל (ע״ז י ב 2) הָרוּג
Person who was killed

קְטִיל (שבו׳ מו א) קָצוּץ, כָּרוּת
Chopped off, uprooted

קְטִיל (פס׳ קיא רע״ב) נֶהֱרַג, יֵהָרֵג
He was killed, he will be killed

קְטִיל (מג׳ יא ב, נדר׳ סא ב — מדני׳) נֶהֱרַג
He was killed, slain

קָטֵיל הוֹרֵג, קוֹצֵץ (עץ)
He kills, he chops off (a tree)

קָטֵיל קְנֵי בְּאַגְמָא הֲוָה (שבת צה א) קוֹצֵץ קָנִים בָּאֲגַם

קראמי, ע׳: קרמי.

1) מ׳ וע׳, ד׳: קרינשא.
2) מ׳: קופדאי, ד׳: קורפראי.
3) ע׳: קרפדאי.
4) מין צפרדע. פ״א: מין עוף.
5) בר׳ נח א: קורצי, מ׳: קורציה.
6) מ׳ ע׳ ורש״י, ד׳: קרקא.
7) ע׳: מנעול של עור והוא עב, ופעמים יעשנו מן שני עורות מדובקין בקולן ומלמטה עור עב.
8) ע׳, מ׳: קרקני, ד׳: קירקני.
9) וכן במ׳ גם ביומא יג א, ד׳: הדרא קושיין לדוכתא.
10) ע׳ עה״ש ע׳ אברוארי.
11) ר׳ של ״קטב ישוד צהרים״ (תה׳ צא ו).
12) מ׳: (בעו) קטלי, רש״י: ה״ג... בעי למקטל.
13) ד״ו: קטולן, מ׳ א״פ: קטלן.
14) ד״ו, מ׳ א״פ: קטלן, ד״ח: קטולין.
15) ע׳, ד׳: בירי (נ״א: בידי).
16) ע׳: פי׳ לקטר את הבושם מבית־יד של חלוק כשהוא

Did he chop off sticks in the pond? הָיָה ?[17]
(i.e., was he an ignoramus?)

לָא קְטִיל לְכוּ כִּינָּא (שבת פב רע״א, חול׳ קה ב)
You (*p.*) do not kill a lice — אֵינְכֶם הוֹרְגִים כִּנָּה

גַּבְרָא קְטִילָא (פס׳ קי ב ועוד) אָדָם הָרוּג (=עוֹמֵד לֵיהָרֵג)
A slain person (a person who will be slain)

עַמָּא קְטִילָא (סנ׳ צו ב) עַם הָרוּג — A slain nation
(a nation that Heaven sentenced to death (i.e., the Jews before the destruction of the *Beis Hamikdosh*))

קְטִילֵי (שבת לג סע״א) הֲרוּגֵי־ — Those killed by ...

קְטֵילִינּוּן[18] (נז׳ ד סע״ב) הֲרָגָם — He killed them

קָטֵילְנָא אֲנִי הוֹרֵג, אֶהֱרֹג — I kill, I shall kill

קטילנא (תמיד לב סע״א) מ׳: קטלינן

כדקטילנא (יב׳ קכא סע״ב) מ׳ ליתא[19]

קָטֵילְנָא לָךְ כִּדְקְטֵילְנָא לִפְלוֹנִי (שם) אֶהֱרֹג אוֹתְךָ כְּמוֹ שֶׁהָרַגְתִּי אֶת־פְּלוֹנִי
I shall kill you as I killed so-and-so

קְטֵילְתֵּיה (יב׳ קכא סע״ב) הֲרַגְתִּיו — I killed him

קְטִים (שבת קמו ב, סוכה לד ב[20]) קָטוּם
Cut off, broken off (adj.)

קְטִימֵי (סוכה לד ב) קְטוּמִים — Cut off (*p.*)

קטימי (שבת סז רע״א) ר׳ קיטמי — Cf.

קַטִּין (שבת קלד א, ב״ק נה א, ערכ׳ יג ב) דַּק — Thin (*m.. s.*)

קַטִּין (ב״ק נ ב 2, ב״ב קח א) צַר — Narrow (*m.. s.*)

אֲרִיךְ וְקַטִּין (עיר׳ כב א ועוד) אָרֹךְ וָצַר
Long and narrow (*m.. s.*)

קטין חריך שקיה (ב״מ פה סע״א) ר׳ קטינא חריך שקוה

קַטִּינָא (בכו׳ מ ב) דַּקָּה — Thin (*f.. s.*)

אֲרִיכָא וְקַטִּינָא (עיר׳ נה א) אֲרֻכָּה וְצָרָה
Long and narrow (*f.. s.*)

קַטִּינָא (גט׳ ל ב) חֶלְקַת (אדמה) — Piece (of land)

קַטִּינָא דְאַרְעָא (כתו׳ צא ב, ב״ק נט א, ב״מ עה ב, הור׳ י ב)
חֶלְקַת אֲדָמָה — Piece of land

(ארעא) קַטִּינָא (כתו׳ צא ב 2 — מ׳) חֶלְקַת (אֲדָמָה)
Piece (of land)

קַטִּינָא חֲרִיךְ שָׁקְיֵה (בר׳ מו רע״א, ב״מ פה סע״א[21], סנ׳ לז א[22])
קָטָן חָרוּךְ שׁוֹקָיו[23]
The short one with burned thighs

קַטִּינוּתָא[24] (גט׳ כט ב) נְעוּרִים[25] — Of his youth

קַטִּינֵי דַּקִּים — Thin (*m.. p.*)

קַטִּינֵי (כתו׳ צט ב) חֲלָקוֹת (של שדה) — Parcels (of a field)

אֲרִיכֵי וְקַטִּינֵי (עיר׳ סה א) אֲרֻכִּים וְדַקִּים
Long and thin (*m.. p.*)

קַטִּינֵי (דְאַרְעָא) (כתו׳ צא ב — מ׳) חֲלָקוֹת (של שדה)
Parcels (of a field)

קַטִּינְתָּא (יב׳ מג א, חול׳ מח ב) דַּקָּה — Thin (*f.. s.*)

רֵישׁ קְטִיעָא[26] (סוטה לה א) רֹאשׁ קָטוּעַ, קְטוּעַ רֹאשׁ
Detached head, decapitated (person)

קטיעה (שם) ר׳ קטיעא — Cf.

קטיעה (קידו׳ סו ב) מ׳: קטוע׳

מלכותא קטיעה (ע״ז י ב) ר׳ קטיעתא — Cf.

מַלְכוּתָא קְטִיעֲתָא (פס׳ פז ב, ע״ז י ב[27]) מַלְכוּת קְטוּעָה
Mutilated kingdom, kingdom that mutilates

קְטִיף לִי כּוֹכְבָא (בר׳ נו רע״ב) עָקַרְתִּי כּוֹכָב (רש״י)
I uprooted a star

קְטִיפוּ[28] **קַטּוֹפֵי** (ע״ז עב ב) קָטוֹעַ קִטְעוּ[29]
Interrupt (*imp.*) (the flow)

קטיפתא (שבת נז ב) ר׳ חומרתא — Cf.

קְטִיר (עירו׳ לה א, יומא מא ב, תע׳ ו א[30]) קָשׁוּר
Attached (*m.*)

מונח על הכלי.
17) רש״י: חותך קנים מן האגם היה — לא ידע לפרש משנה.
18) מ׳ (ו׳ תלויה), ד׳: קטלינן.
19) במקום ״כדקטילנא לפלוני בר ישראל״ בא רק ״כפלניא״.
20) מ׳ וד״ו, ד״ח: קטום.
21) ה׳ פי אה״ת, ד׳: קטין חריך שקיה.
22) ע״י ילי כ״י, שה״ג: חריכא (מ׳: חירכי) קטין שקיה.
23) כינוי לר׳ זירא על שם המאורע המסופר בב״מ (שם).
24) ע׳ ואי, מ׳ ו׳: קיטוניתי, ד׳: קטנותא.
25) ע׳: הא דאבא קטינותא היא... פ״א בימי קטנותו אמרה.
26) אה״ת וע״י, מ׳: קטיע׳, ד׳: קטיעה.
27) אה״ת, מ׳: קטיע׳, ד׳: קטיעה.
28) כ״י ספ׳, מ׳: קטופו, ד׳: קטפי.
29) את הנצוק מכלי לכלי.

קְטִיר (יב׳ סא א) קֶשֶׁר (שֶׁל רשעים, רש״י)
Scheme, collusion (of wicked people)

קְטִיר (בכו׳ לא א) רש״י: קטר

קָטֵיר (עיר׳ קב א) קוֹשֵׁר — He attaches

קְטִירֵי תָגָא (מג׳ ו ב) קְשׁוּרֵי כֶּתֶר[31] — Crown wearers

קְטִירֵי[32] (תמיד כט ב כ״פ) קְשׁוּרִים[33] — Knotted (*m., p.*)

קְטַל הָרַג, קָצַץ (עצים או צמחים)
He killed, he chopped off (trees or plants)

קְטַל אַסְפַּסְתָּא (שבת עג ב) חָתַךְ אַסְפֶּסֶת
He cut alfalfa

קְטָלָא הֲרִיגָה, מִיתָה — Killing, slaying, death

קטלא (מ״ק ט סע״ב) מ׳ וד״ו: קטלה

בַּר קְטָלָא חַיָּב מִיתָה — He is to be punished by death

בְּנֵי קְטָלָא (בכו׳ מא א) חַיָּבֵי מִיתָה
(They) are to be punished by death

קָטְלָה/לָא הוֹרֶגֶת — She kills, slays

קַטְלַהּ (מג׳ יב ב) הֲרֹג אוֹתָהּ — Kill (*s., imp.*) her

קַטְלַהּ הֲרָגָהּ — He killed her

קְטַלוּ הָרְגוּ — They killed, slayed

קַטְלוּ (ב״ק קיג ב 2) כִּרְתוּ, כָּרְתוּ
Sever (*imp.*), they severed

קָטְלוּ (ב״מ לא א, פו א) הוֹרְגִים — They kill, slay

קַטְלוּהּ[34] הֲרָגוּהוּ — They killed, slayed him

קַטְלוּהָ (ב״ק מ סע״ב) הֲרָגוּהָ — They killed it (*f.*), her

קַטְלוּנְהוּ[35] (בכו׳ ח ב) הֲרָגוּם — They killed them

קָטְלֵי הוֹרְגִים, קוֹצְצִים — They kill, cut

קָטְלֵי (בכו׳ ח ב) קוֹצְרִים — They reap, harvest

קטלי להו (בכו׳ ח ב 2) מ׳: קטלונהו

קָא קָטְלֵי לֵיהּ (בר׳ נח סע״א) הוֹרְגִים
(=עוֹמְדִים לַהֲרֹג) אוֹתוֹ — They (intended to) kill him

קְטָלִי (מ״ק כו א) הָרַגְתִּי — I killed

קְטָלֵי (סנ׳ נד א, פא ב) מִיתוֹת — Types of death (sentences)

קְטָלֵיהּ מִיתָתוֹ — His death

קַטְלֵיהּ הֲרָגוֹ — He killed him

קטליה (ברכ׳ יב ב) מ׳: קטל

קְטָלַיְיהוּ (סנ׳ נז א) מִיתָתָם — Their death

קָטְלִין הוֹרְגִים — They kill, slay

קַטְלִינְהוּ הֲרָגָם — He killed them

קַטְלִינוּן (בר׳ נד רע״ב) הֲרָגוּם — They killed them

קַטְלִינוּן[36] (נז׳ ד סע״ב) הֲרָגָם — He killed, slayed them

קָטְלִינַן אָנוּ הוֹרְגִים — We kill, slay

קָטְלִינַן (עירו׳ כח ב) אָנוּ קוֹצְצִים
We cut (things that grow)

קטלינן (נז׳ ד סע״ב) ר׳ קטלינון — Cf.

קַטְלִינַן לֵיהּ (גט׳ נז רע״ב) הֲרַגְנוּהוּ — We killed him

קטלית (סנ׳ מח ב) אה״ת: קטלת

קְטַלְתְּ הָרַגְתָּ — You (*m., s.*) killed, slayed

קְטַלְתְּ (כתו׳ סה א) הָרַגְתְּ — You (*f., s.*) killed

קָטְלַתְּ (סנ׳ נד א, פא ב) אַתָּה הוֹרֵג, תַּהֲרֹג
You (*m., s.*) kill, you will kill

קְטַלְתֵּיהּ הָרַגְתָּ אוֹתוֹ — You (*m., s.*) killed him

קְטַלְתִּינְהוּ (סנ׳ צה ב) הָרַגְתָּ אוֹתָם
You (*m., s.*) killed them

קִיטְמָא אֵפֶר — Ashes

קָטְמִי[37] (תמיד כט ב כ״פ) נַעֲשִׂים אֵפֶר
They turned into ashes

קִיטְמֵי[38] (שבת סז רע״א) אֲפָרִים (=מִינֵי אֵפֶר)
Kinds of ashes

קִיטְמֵיהּ אֶפְרוֹ — His ash

קטנותא (גט׳ כט ב) ע׳: קטינותא

קיטניתא (כתו׳ פא ב) ע׳ ומ׳: קסנייתא

קְטַע (ב״ק פד א, ב״מ ק ב) קָטַע — It severed it (i.e., bit off) (*Bava Kamma*), he amputated (*Bava Metzia*)

קַטְעַהּ (ב״מ ק ב, ע״ז י ב) קָטַע אוֹתָהּ
He amputated, he cut it (*f.*) off

קַטְעֵיהּ (ב״ק פ ב) קָטַע אוֹתוֹ
It severed it (*m.*) (i.e., bit off)

קַטְפָא (נדה ח א כ״פ ועוד) קֶטָף, שְׂרַף הָעֵץ — Resin of tree

(30) רש״י: קטר, וכן בברי׳ נט א.
(31) = נושאי כתר מְלוּכָה.
(32) רש״י, ד׳: קטרי, מ׳: קטמי.
(33) = יש בעצים קְשָׁרִים.
(34) בכמה מקומות בד׳: קטלוהו, אבל במ׳ בכולם: קטלוה.
(35) מ׳, ד׳: קטלי להו.
(36) כצ״ל, ד״ו: קטלינין, מ׳: קטלינון (הוי״ו נוסי׳ עי״א), ד״ח: קטלינן.

קְטַפֵי (ע״ז עב ב) כ״י ספ׳: קטיפו

קַטְפֵיהּ (מ״ק יב ב) בָּצַר אוֹתוֹ (את הכרם)

He gathered grapes (from a vineyard)

קַטְפֵיהּ[39] (בר׳ מח א) קְטָפוֹ (=קטף שלו = שׂרף שלו)

Its resin

קְטַר קָשַׁר — He attached, tied

קָטַר קוֹשֵׁר — He attaches, ties

קטרא (שבת עז ב) ר׳ קיטרא — Cf.

קִיטְרָא (שבת עז ב[40], סנ׳ קי סע״א[41]) עָשָׁן — Smoke

קִיטְרָא קֶשֶׁר — Knot

קִטְרוּ (עירו׳ צד א) קִשְׁרוּ — Attach (*p.*, *imp.*), tie (*p.*, *imp.*)

קָטְרִי קוֹשְׁרִים — They attach, tie

קטרי (תמיד כט ב כ״פ) רש״י: קטירי

קִיטְרֵי קְשָׁרִים — Knots

חַיְיתָא דְקִיטְרֵי (כתו׳ צג א ועוד) שַׂק שֶׁל קְשָׁרִים

Tied sack full of air (sack full of unknown content)

קִיטְרֵי (ר״ה ז ב) קִשְׁרֵי (עָבִים)[42] — Rain clouds

קִטְרַיְיהוּ (ביצה יא א) קִשְׁרָם (קשר שלהם) — Their knot

קָטְרִין[43] (בר׳ טז א) קוֹשְׁרִים — They attach

קָטְרִינַן (יב׳ קב א) אָנוּ קוֹשְׁרִים — We attach

קִיוּהָא (שבת קיא א ועוד) קֵהוּת, חֲמַצְמַצוּת — Souring

לקיומא[44] (גט׳ עו א) ר׳ לקיומי — Cf.

לְקַיּוֹמַהּ (כתו׳ לג א 3) לְקַיְּמָהּ

Applicable to it (to the case of)

קַיּוֹמֵי, לְקַיּוֹמֵי לְקַיֵּם — To fulfill, to validate

קיומיה (גט׳ פד א) מ׳: לקיומי

לְקַיּוֹמֵיהּ לְקַיְּמוֹ — To fulfill (*m.*) it, to accomplish it

קִיּוּמֵיהּ (ב״מ כ ב) קִיּוּמוֹ[45]

His verification (of the signature of witnesses)

קִיּוּמֵיהוֹן (ב״ב קסא ב) קִיּוּמָם — Their verification

לְקַיּוֹמִינְהוּ (גט׳ נו ב, ב״מ כ ב 2) לְקַיֵּם אוֹתָם

To verify them

קִיטוֹנָא דְבֵי רַב (שבת סו א, נדר׳ עז ב) קִיטוֹן (=חדר[46]) שֶׁל בֵּית הַמִּדְרָשׁ — Room of *beis medrash*

קַיְטָא קַיִץ — Summer

בֵּי קַיְטָא (ב״ב ג ב) בֵּית הַקַּיִץ — Summer synagogue

קַיְטֵי (בכו׳ נז סע״ב) קֵיצִיִּים[47]

Those (animals) that are born in the summer

קַיֵּים (ב״ב פח א ועוד) קִיֵּם

He fulfilled (the demand of the verse)

קָיְימָא עוֹמֶדֶת — She, it stands, exists, lasts, endures

בְּדִידֵיהּ קָיְימָא (גט׳ פד א ועוד) בּוֹ עוֹמֶדֶת[48]

It stands upon him (it depends on him)

בְּדִידַהּ קָיְימָא (שם) בָּהּ עוֹמֶדֶת[49]

It stands upon her (it depends on her)

בְּדִידָךְ קָיְימָא (בר׳ נו סע״א) בְּךָ עוֹמֶדֶת[50]

It stands upon you (it depends on you)

קָיְימָא לִי שַׁעְתָּא (תע׳ כא א, ב״ב יב ב) עוֹמֶדֶת לִי הַשָּׁעָה[51]

The time stands to me (this is the time of my opportunity)

קיימא לה (יב׳ סה סע״א) מ׳ ורי״ף: קים לה

קָיְימָא לָן אָנוּ עוֹמְדִים (בדבר), מְקֻבָּל בְּיָדֵינוּ

We stand (concerning this) (we have a tradition)

קָיְימוּ, קָיְימִי עוֹמְדִים — Standing, are present

קַיֵּימִי (יב׳ סד ב, ערכ׳ טז א) קִיַּמְתִּי — I fulfilled (the demand of the verse, the commandment of the Rabbis)

קַיְּימֵיהּ (ר״ה ו א ועוד) קִיְּמוֹ

He fulfilled (carried out) it (*m.*)

קָיְימִין עוֹמְדִים

They (*m.*) stand, they (*m.*) are present

---

37) מ׳ ויל׳, רש״י: קטירי, ד׳: קטרי.

38) מ׳ וד״ו, ד״ח: קטימי.

39) רש״י: מקיניה, מקן שלו מקטנותו, ואית דגרסי מקטפיה וקטף הוא שרף האילן כלומר בשעה שהוא חונט ויוצא מתוך השרף. ערוך (ע׳ בצין א׳): מקיניה... פי׳ כשיוצאין הקשואין נראין לאלתר אי שפירי הווי אי לא.

40) א״פ ומ׳, ד׳: קטרא (בלא יו״ד).

41) אה״ת ויל׳ שלו׳: קוטרא.

42) רש״י: ״עבים מתקשרים וגשמים יורדים״. והשוה ״נתקשרו שמים בעבים״ (תענית כ א).

43) כ״י מינכן: מקטרין.

44) דפוס ויניציא: לקיומה, כ״י מינכן: לקיומי.

45) שטר שאושרו חתימות עדיו בבית דין.

46) השבעים מתרגמים ״חדר״ ב־ ????????.

47) = היולדות בקיץ (בין עצרת לחג).

48) = בידו תלוי הדבר.

49) = בידה תלוי הדבר.

50) בידך תלוי הדבר.

51) תהיה לי הצלחה.

קיימין[52] (סוטה ח א) ר׳ קיימן
Cf.

קיימין (ב״ק י ב) מ׳ ה׳: קיימינן

קיימינא[53] (זב׳ כג סע״א) מ׳: קיימינן

קָיְימִינַן אָנוּ עוֹמְדִים
We stand, we are present, we exist

קָיְימִית (שבת קיח ב כ״פ) קִיַּמְתִּי
I fulfilled

קָיְימִיתוּ אַתֶּם עוֹמְדִים
You stand, you are present

קָיְימָן עוֹמְדוֹת
They (*f.*) stand, they (*f.*) are present

קַיְּימְנוּהוּ[54] (כתו׳ כא א — בנוסח שטר) קִיַּמְנוּהוּ
We have validated it (*m.*)

קַיְּימְנוּהִי (שם) ר׳ קיימנוהו
Cf.

קַיְּימְתְּ[55] (ערכ׳ טז א) קִיַּמְתָּ
You fulfilled

קָיְימַתְּ (בר׳ ו ב, ר״ה כה א, ב״ב נט א) אַתָּה עוֹמֵד
You stand

קָיְימַתְּ[56] (ב״מ סו א) אַתָּה קָם, תָּקוּם (מֵחָלְיְךָ)
You get up, you will get up (from your sick bed)

קיימת (פס׳ קיא ב) ר׳ קיימא
Cf.

קַיְּימְתַּהּ (ערכ׳ טז א) קִיַּמְתִּיהָ
I would have fulfilled it (*f.*)

קַיְּימְתֵּיהּ (כתו׳ עז ב ועוד) קִיַּמְתִּיו
I fulfilled it (*m.*)

קַיְּימְתִּ(י)הּ (חגי׳ ד ב — מ׳) קִיַּמְתִּיהָ
I fulfilled it (*f.*)

קָיְיסֵי[57] (בר׳ מד ב) מִדּוֹת
Measuring vessels

קייץ (ב״ב כז ב) מ׳ ה׳: קאיץ

קייץ[58] (ב״מ קח רע״א) ר׳ קיץ
Cf.

קייץ (כתו׳ נט א 2) מ׳: קיץ

קייצא (גט׳ נא א) מ׳: קיצ׳ (=קיצא)

קָיְיצוּ (גט׳ נז סע״א, ב״מ קז סע״ב[59]) קוֹצְצִים, כּוֹרְתִים
They cut, uproot

קָיְיצֵי (גט׳ נז סע״א) כּוֹרְתִים
They fell (the trees)

קייצי (קידו׳ ח א 2) מ׳: קיצי

קָיְיצְנָא (ב״מ קז ב) אֶכְרֹת
I will cut, uproot

לָא קָיְיצְנָא (ב״ב כו א) אֵינִי קוֹצֵץ, אֵינִי כּוֹרֵת
I do not cut, I do not uproot

קָיְירֵי (ע״ז לח ב) קָרִים (ב)
They cool

קִיל קַל
Light (*m.*)

קִילָּא קַלָּה
Light (*f.*)

קילופא (ב״ב ד רע״ב 2) מ׳ וע׳ ועוד: קיפולא

קִילֵּי קַלִּים
Light ones (*m.*)

קילפא (מנ׳ לה א) מ׳ ורש״י: קולפא

קילפי (סוכה יח סע״א) מ׳: קלפי

קילפי (סנ׳ קי א) מ׳: קולפי, אה״ת: קופלי

קילקי (כרי׳ ו א) ע׳ ומ׳: קיקלי

קילקלי[60] (הור׳ יב א) ר׳ קיקלי
Cf.

קילקליתא[61] (שבת קנו סע״ב) ר׳ קיקלי
Cf.

קילקלתא (ב״ק כא א[62], ע״ז כח א[63]) ר׳ קיקלי
Cf.

קִילְּתָא הַקַּלָּה
The lighter case

קִים לַהּ בָּרוּר לָהּ
She is certain

קִים לְהוּ טְפֵי (ע״ז עב א) יוֹדְעִים בַּדָּבָר יוֹתֵר
They are more knowledgeable in this matter

קִים לְהוּ לְרַבָּנָן חֲכָמִים עָמְדוּ (בדבר), מְקֻבָּל בִּידֵי חֲכָמִים, בָּרוּר לָהֶם לַחֲכָמִים
The Sages ascertained it, the Sages have received a tradition, the matter is clear to the Sages

קִים לִי בְּגַוַּיְיהוּ (כתו׳ ח א) אֲנִי יוֹדֵעַ בָּהֶם
I am certain about them

קִים לִי בְּנַפְשַׁאי (סנ׳ כה ב) יוֹדֵעַ אֲנִי בְּעַצְמִי
I am certain about myself

קִים[64] **לֵיהּ בִּדְרַבָּה מִינֵּיהּ** (גט׳ נג א 4) הוּא עוֹמֵד בְּ(עונש) גָּדוֹל מִמֶּנּוּ[65]
He is subject to the more severe punishment

(52) מ׳: קוימן = וקימן.

(53) כ״י מינכן: קיימינן, דפוס וינציא: קיימיני״.

(54) מ׳, ד׳: קיימנוהי.

(55) מ׳, ד׳: מקיימת.

(56) דפוס וניציא: קיימי׳, כתבי יד והגדות התלמוד: קיימא.

(57) מלשון ערבית ופרסית.

(58) צ״ל: קיץ, אבל כל כ״י לי׳ ״אשכחיה דקיץ״.

(59) כ״י מינכן: קייצי.

(60) מ׳: קילקלו, וצ״ל: קיקלי.

(61) רש״י: קלקליתא, מ׳: קילקלתא, א״פ: קיקליתא, ד״י: קיקלית, וצ״ל: קיקלי.

(62) ה׳: קילקלתא, וצ״ל: קיקלי.

(63) מ׳: קילקילתא, וצ״ל: קיקלי.

(64) במ׳ בכולם: קלב״ם, ועי׳ ״קם״.

(65) למשל: ״ישורו שהדליק את הגדיש בשבת חייב״ בעל־השור לשלם את הנזק, ״והוא (= האדם) שהדליק את הגדיש בשבת פטור״ מתשלום הנזק ״מפני שהוא מתחייב בנפשו״ על חילול שבת.

לָא קִים לְכוּ (שבת לה ב) אֵינְכֶם בְּקִיאִים
You (*p.*) are not knowledgeable

קִימְנוּהִי (כתו׳ כא א) מ׳: קיימנוהו

קִינָא (ב״ק נח ב, צב ב) גֶּזַע
(In) a row, empty (without fruit)

קִינָא (סוכה לב סע״ב, לג רע״א) עֹקֶץ[66]
Place of attachment of the leaf to the branch

קִינָא דְשׁוּמְשְׁמָנֵי (נדר׳ כד ב, חול׳ נז ב) קַן נְמָלִים
Anthill

קִינָא דְתַרְנְגוֹלָא בָרָא (גט׳ סח ב) קִנּוֹ שֶׁל תַּרְנְגוֹל הַבָּר
Nest of undomesticated chicken

[**אֲמַר**][67] **קינה מַאי** (נדר׳ י ב) אָמַר ״קינה״ מַהוּ[68]
What did he mean by the word "kinah'

קִינֵּי[69] (עיר׳ ג א 2) קִנִּים[70] — Nests

קִינֵּיהּ (ביצה יא א ועוד) קִנּוֹ — Its nest

קִינֵּיהּ[71] (סנ׳ קב ב) קִנְאָתוֹ — His jealousy

קיניה (בר׳ מח א — ע׳ רש״י ור׳) ר׳ קטפיה — Cf.

קִינֵּיהוֹן (עיר׳ נג ב) קִנֵּיהֶם — Their nests

קִינְמָא (נדר׳ י ב) קוֹנָם? קִנָּמוֹן?
Vow or cinnamon (see Gemara)

קִינְסָא קִיסָם — Splinter

קִינְסֵי (עיר׳ ק ב) קְסָמִים — Splinters

קִיסְטָא[72] (פס׳ קט א ועוד) מִדַּת לֹג
A *lug* (a measure of volume)

קִיסְמָא דְרִיתְמָא (שבת נד ב) קֵיסָם שֶׁל רֹתֶם
A broom-plant splinter

קיסרא (ע״ז י ב) מ׳ כ״י ספ׳ ואה״ת: קיסר

דִּינָרָא קֵיסְרְנָאָה[73] (ע״ז ו ב) דִּינָר קֵיסָרִי
Cesarean *dinar* (a coin)

קיסתא (פס׳ קט א ועוד) ע׳: קיסטא

קִיפּוּלָא (ב״ב ד ב 2) קִלּוּף — Peeling

קִיץ[74] (ב״ב ס ב) קָצוּץ, כָּרוּת — Cut off, sliced off

קִיץ קָצוּץ, קָצוּב (דמים וכיו״ב) — Set, fixed (*m.*)

קִיצָא[75] (גט׳ נא רע״א) קְצוּצָה — Set, fixed (*f.*)

קִיצוּתָא (ב״ב ח ב - ט א) קִצְבָּה, קִיצָּה
Part (of what they said)

קִיצֵי קְצוּצִים (=קְבוּעִים) — Fixed (*p.*)

קִיקְלֵי[76] אַשְׁפָּתוֹת — Garbage dumps

קִירָא שַׁעֲוָה — Wax

קִירָאָה (ב״מ סג ב) מוֹכֵר שַׁעֲוָה — Wax merchant

קִירָאֵי (ב״מ סט ב) מוֹכְרֵי שַׁעֲוָה — Wax merchants

קִירָאֵי[77] (ע״ז מ א) אֲדוֹנִים[78] — Masters

קִירוּתָא (שבת כ ב) שַׁעֲוָה[79] — Wax

בֵּי קִירֵי (פס׳ ח א) בֵּית הַשַּׁעֲוָה[80]
Wax-candles storage room

קִירִי (ע״ז יא ב, חול׳ קלט ב 3) אָדוֹן[81] — Master

קִירְיָיא[82] (מ״ק כה סע״א) קֶרִי
Nocturnal pollution

קירקני (נדר׳ נא א)ע׳: קורקני

קִישׁ (כתו׳ צה ב) זָקֵן (ב) — Elderly person

קִישׁ קִישׁ (ב״מ פה ב) קִישׁ קִישׁ[83] — Vocal imitation of sound associated with the clicking of coins in a vessel

קָל, קָלָא קוֹל — Voice

קָלָא (פס׳ פח ב ועוד) רֶגֶב עָפָר — Lump of soil

קְלָאִי (ב״ק לג ב, צח א) שָׂרַפְתִּי — I burned

קַלְבָּא (שבת קלג ב, ב״ק פד א) מִין זֶפֶת — Kind of tar

קָלַהּ (כתו׳ נד א, חול׳ לח א 2) קוֹלָהּ — Her voice

(66) מקום חבור העלה לענף.

(67) כ״י מינכן: א׳.

(68) השאלה היא: אם התכוון לקינה (=קרקורים) של תרנגולין, או התכוון ל״קונם״.

(69) התלמוד מזהה ״אמלתרא״.

(70) בראשית ו יד לפי פי׳ של מהרי״ן אפשטיין (מחקרים בספרות התלמוד, ח״א, עמ׳ 13).

(71) פ׳ וע׳: קנאיה, ובע׳ (קו ד׳) יש במשל לשון נופל על לשון: מאן דפרע קנאיה מחריב קיניה, פי׳ מי שפורע קנאתו וחמתו מחריב ביתו.

(72) ע׳, ד׳: קיסתא. והוא מלשון יונית, ובלשון רומית ÷£ ובה תירגמו השבעים ״לוג״ (ויק׳ יד י׳).

(73) כך גם כ״י ספ׳, מ׳: דקיסר.

(74) ה׳ וראשונים, ד׳: קוץ.

(75) מ׳, ד׳: קייצא.

(76) כצ״ל בכל המקומות (שבת קנו סע״ב, גט׳ סט א, ב״ק כא א, ע״ז כח א, הור׳ יב א, כרי׳ ו א).

(77) ע׳ (קר ט״ו), מ׳ ד׳: קראי.

(78) רבים של ״קירי״, מלשון יונית.

(79) תל׳: שעוה קירותא פסולתא דדובשא.

(80) = אוצר נרות שעוה.

(81) מלשון יונית = אדון.

(82) מ׳, ד׳: קרי.

(83) = קול מטבעות נוקשות בכלי ריק: אסתירא בלגינא קיש

קָלוּ (פס׳ מב ב, גט׳ נז א) **שׁוֹרְפִים** They burn

קְלוֹנְהוּ[84] (גט׳ נו א) שְׂרָפוּם They burned them

קלוניתא (יומא יח א) ר׳ קלניתא Cf.

קְלוֹשׁ (עירו׳ ג א) דַּלֵּל (צ) Thin out (*m.*, *s.*, *imp.*)

קלושי מיקלש (זב׳ קי סע״א) מ׳ ר׳ ק׳ רש״י ושמ״ק:
אקלושי מקליש

קִלְחֵי כְּרָבָא (גט׳ סט רע״ב) קִלְחֵי כְּרוּב Cabbage stalks

קִילְחֵי דְלִיפְתָּא (חול׳ קיב א) קִלְחֵי לֶפֶת Turnip stalks

דאי קלט (מעי׳ יא סע״ב 2) ע׳ והב״ח: איקלט

קָלְטָה קוֹלֶטֶת It (*f.*) absorbs

קַלְטֵיהּ (זב׳ כז ב) קְלָטוֹ It (*m.*) captured it (*m.*)

קַלְטִינְהוּ (פס׳ נב א) קְלָטָם It absorbed, captured them

קָלְטָן (ב״מ נג ב) קוֹלְטוֹת
They (*f.*) embrace, envelop, accept

קָלֵי קוֹלוֹת Voices

קָלֵי שׂוֹרֵף He, it burns

וְקָלֵי לַהּ[85] (פס׳ פד ב) וְשׂוֹרֵף אוֹתָהּ Let us burn it (*f.*)

קְלִי (ביצה ד ב) שָׂרוּף Burned (*m.*, *s.*)

קַלִּי[86] מְעַט A little

קַלִּי קַלִּי (עיר׳ נא רע״א) לְאַט לְאַט Slowly

קַלְיָא (סנ׳ צו ב) שָׂרוּף Burned (*m.*, *s.*)

קליא (סנ׳ סד רע״א) מ׳ ויל׳ שלו׳: קלייה

קְלִיבוּסְתָא (חול׳ צג א) קְלִיבֹּסֶת[87] Femur

קָלֵיהּ קוֹלוֹ His voice

קליה (יומא סט ב) מ׳ אה״ת וע״י: קלייה

קַלְיֵיהּ שְׂרָפוֹ He burned it (*m.*)

מִיקְלָא [קַלְיֵיהּ לְ]אִיסּוּרֵיהּ[88] (ע״ז כו ב) שָׂרוֹף שָׂרַף אֶת־אִסּוּרוֹ
Its prohibitive property is burned, destroyed

קָלַיְיהוּ קוֹלָם Their voice

קְלִיל קַל Light (*m.*, *s.*)

קַלִּיל (זב׳ נד ב) מְעַט Little (*m.*, *s.*)

קַלִּיל[89] **עַפְרָא** (תמיד לב ב) מְעַט עָפָר Little soil

אִיסּוּרָא קַלִּילָא (עירו׳ לב ה) אִסּוּר קַל Minor prohibition

לִישָּׁנָא קַלִּילָא (ב״ק ו ב) לָשׁוֹן קַלָּה
Concise language

קַלִּילֵי (יב׳ קה ב) קַלִּים Light ones (*m.*)

דְּמֵי קַלִּילֵי (ב״ב קלג ב) דָּמִים (=כסף) מוּעָטִים
Small amount of money

קלילי עפרא (תמיד לב ב) ר׳ קליל Cf.

קלילי[90] (כתו׳ סז ב) ר׳ קלילא Cf.

קְלִינְהוּ (יומא פד א, ע״ז כח א, סב ב) שְׂרָף אוֹתָם
He burned them (*m.*)

קָלֵינַן (מנ׳ מב ב) אָנוּ שׂוֹרְפִים We burn

קליעתא (בר׳ סא א) ר׳ קלעיתא Cf.

קָלֵיף (ב״ב ד רע״ב) קוֹלֵף He peels, scrapes off

קְלִיף (ביצה יד ב) קָלוּף Peeled (*m.*, *s.*)

קליפי[91] (פס׳ קיט א) ר׳ קופלי Cf.

קָלֵיפְנָא (בר׳ נו ב) אֲנִי קוֹלֵף I peel, scrape off

קְלֵירוֹם[92] (יומא פד א) מלת לחש[93] Incantation term

קָלֵישׁ (ע״ז ל ב) נֶחֱלָשׁ He weakened

מִקְלַשׁ קָלֵישׁ (נדר׳ סח א 2, סט א, זב׳ קי סע״א 2)
הַחֲלֵשׁ מַחֲלִישׁ He, it weakens

קְלִישׁ (שבת עז א 2, סוכה מח ב) קָלוּשׁ (בניגוד לסמיך)
Dilute, thin (*s.*)

קְלִישׁ (נדה כא רע״א) דַּק Thin (*m.*, *s.*)

קְלִישָׁא (תע׳ ט ב) דַּקָּה Thin (*f.*, *s.*)

קלישא (זב׳ יז סע״א) מ׳ ר׳ א וק׳: קלשא

קְלִישִׁי (יומא נח סע״א) קְלוּשִׁים (בניגוד לסמיכים)
Dilute, thin (*p.*)

דַּעְתָּא קְלִישָׁא (יב׳ קיג א-ב) דֵּעָה דַקָּה (=מוּעֶטֶת)
Low intelligence

קְלִישְׁתָּא (חול׳ קיב א) קְלוּשָׁה, צְלוּלָה Lucid (*s.*)

קְלֵית שָׂרַפְתָּ You burned

קָלָךְ קוֹלְךָ Your voice

קלנהו (גט׳ נו א) מ׳: קלונהו

קְלָנְיָא[94] (ב״ב ד א) עֶבֶד מְשֻׁחְרָר (A) freed (slave)

קיש קריא. משל למי שהתחיל ללמוד ומתפאר בתלמודו.

(84) מ׳, שה״ג: קלנהו.

(85) מ׳ ואי״פ, ד׳: ונקלה.

(86) = קיצור של ״קליל״.

(87) = עצם הירך שלראשה צורת כדור (אבן שושן).

(88) כ״י ספ׳, מ׳: דיקלי.

(89) אה״ת ע״י, ד׳: קלילי, מ׳ לי׳.

(90) ד׳: זוודאי קלילי, מ׳ ואה״ת: זוודין קלילא.

(91) אה״ת רש״י ורשב״ם: קולפי, מ׳ ב א״פ וע״י א׳: קופלי.

(92) מלשון יונית, = נחלה, גורל.

(93) ועי׳ עה״ש ע׳ קנדי.

(94) מלשון רומית -, = עבד משוחרר (עי׳ עה״ש).

קַלַנְיָא[95] (ע״ז י א 2) פְּטוּרָה מִמַּס — Tax-, duty-free

קְלָנִיתָא (ב״ב כ א, חול׳ קב ב) קְלָנִית[96] — Lean bird

נְחוֹשֶׁת קַלָנִיתָא[97] (יומא לח א) נְחֹשֶׁת קָלָל

Highly-refined copper

קַלְסַהּ (כתו׳ כא ב) קִלְּסָהּ, שִׁבְּחָהּ

Her glorification, her praise

קַלְסוּהּ (גט׳ כ א 2, עז א 2) קִלְּסוּהוּ, שִׁבְּחוּהוּ

They glorified him, they praised him

קַלְסֵיהּ (בר׳ לו א ועוד) קִלְּסוֹ, שִׁבְּחוֹ

His glorification, his praise

קַלְסָךְ (יב׳ צב ב, מכות כא ב[98]) קִלֶּסְךָ, שִׁבַּחֲךָ

Your glorification, your praise

קִילְעָא כִּלָּה, חֶדֶר, אֹהֶל, קִילְעָא (עיר׳ סג ב)

Antechamber, entrance hall, bedroom

קַלְעִיתָא (בר׳ סא א[99], שבת צה רע״א, עירו׳ יח סע״א, נדה מה ב)

Plaiting of hair — קְלִיעָה (של שערות)

קִילְעָךְ (נדר׳ כב ב) חֶדְרְךָ — Your entrance hall

קְלַף (שבת כ ב) קָלַף — He peeled (the bark)

קְלָפֵי דִקְנֵי (סנ׳ פב ב) קְלִפֵּי קָנִים — Peels of reeds

קַלְפֵי (סוכה יח סע״א[1], ע״ז לט א, מ א) קַשְׂקַשִּׂים

Scales (of fish)

קָלְפַת (עירו׳ כא א) אַתָּה קוֹלֵף, תִּקְלֹף

You peel it apart, you will peel it apart

קִלְקוּלָא קִלְקוּל

Deterioration, impairment, breakdown

קלקולה (יב׳ קיח א) מ׳: קילקולא

קלקולי (גט׳ סט א) ע׳: קיקלי

קִלְקוּלֵיהּ (נז׳ יז א) קִלְקוּלוֹ — His disgraceful behavior

(that caused he would be punished with *malkos*

לקלקלא (יב׳ קכ א) מ׳: לקלקלה

קְלַשׁ (יב׳ צח ב) נֶחֱלַשׁ — It (*m.*) weakened

קְלַשָׁ[א] (מעי׳ ח ב — מ׳) נֶחֶלְשָׁה — It (*f.*) weakened

קְלַ(י)שָׁא (זב׳ יז סע״א — מ׳ ר׳ א וק׳) נֶחֶלְשָׁה

It (*f.*) weakened

קָלְשַׁת (עיר׳ ג א) אַתָּה מֵדֵק (עושה דק) — You thin out

קְלָתַהּ (סנ׳ פב א, קד א) שָׂרְפָה אוֹתָהּ — She burned her

קְלָתֵיהּ (סנ׳ לא א-ב 3) שָׂרְפָה אוֹתוֹ — She burned him

קָם עָמַד, קָם — He stood up, rose

קָם אַכַּרְעֵיהּ (ב״ק קיז סע״א) עָמַד עַל רַגְלָיו

He stood up on his feet

קָם לֵיהּ בִּדְרַבָּה מִינֵּיהּ (כתו׳ לג סע״ב, ב״ק כ ב, מג ב, עא א, מכות טז א[2], חול׳ פא ב[3]) עָמַד לוֹ בְּ(עונש) גָּדוֹל מִמֶּנּוּ[4]

He is subject to the more severe punishment

קַמָּא (=קדמא) רִאשׁוֹן — First

יוֹמָא טָבָא קַמָּא (סוכה מו ב) יוֹם טוֹב רִאשׁוֹן

First holiday day

לִישָּׁנָא קַמָּא לָשׁוֹן רִאשׁוֹן — First version

תַּנָּא קַמָּא תַּנָּא רִאשׁוֹן[5] — First-quoted Tanna

קמא (פס׳ קי סע״ב) כי״י: מקמי

מִקַּמָּא[6] **דִידָךְ** (ערכ׳ לא ב) מִלְּפָנֶיךָ — Before you

קמא (שבו׳ לד סע״ב) מ׳: קמ׳ (=קמה)

מַאי דְקַמָּא (=דקמאי) (כתו׳ סז ב, סוטה ב ב, הור׳ יג ב)

מַה-לְּפָנַי[7]

What happened now (that did not happen before)

קַמַּאי לְפָנַי — In front of me, before me

קַמָּאֵי רִאשׁוֹנִים

The first ones (those who preceded us)

קַמָּאֵי דְקַמָּךְ (ב״ב מו ב ועוד) רִאשׁוֹנִים שֶׁלְּפָנֶיךָ

Those that were before you

לְקַמַּהּ (נדה כ ב) לְפָנֶיהָ — In front of her, before her

מִקַּמַּהּ לְפָנֶיהָ, מִפָּנֶיהָ

In front of her, before her, because of her

קָמָה עָמְדָה, קָמָה (ע) — She stood up, rose, came alive

קָמוּ עָמְדוּ, קָמוּ — They (*m.*) stood up, rose, came alive

95) מלשון רומית -÷,£, = מושבה רומית הפטורה ממס.

96) ע׳: עוף שכולו עצמות, ואין בו אלא בשר מועט.

97) כי״י ועוד, אה״ת: קלונית, ד׳: קלוניתא, הלשון — בברי׳, ונראה יותר שהיא עברית ולא ארמית.

98) מ׳, ד׳: קילסך.

99) מ׳: קלעתא, ד׳: קליעתא.

1) מ׳, ד׳: קילפי.

2) מ׳: קלב״ים.

3) מ׳: קאים בדרבה מיניה.

4) ור׳ לעיל ב״קים״ (הע׳ 65).

5) דבריו הובאו בתחילת המשנה או הברייתא בלא הזכרת שמו.

6) ר״ג: מקמי.

7) רש״י בכתו׳: מה דבר זה שאירע לפני עתה, ובסוטה: מה יש לפנינו, מה אירע עכשיו, ועי׳ ערוך ע׳ קמא.

קָמוֹנְיָא[8] חֲלִילָא (ע״ז י ב) חֲפִירָה חֲלוּלָה[9]

Ditch full of fine sand, house full of fine sand (*Rashi*), (another explanation: furnace)

קְמוֹץ (חול׳ נ א) קְמֹץ[10] — (Give me) a handful (*imp.*)

קִמְחָא קֶמַח — Flour

קִמְחָא דַאֲבִישׁוּנָא[11] (פס׳ לט סע״ב — מ רע״א, מג׳ ז ב)

קֶמַח שֶׁל שְׂעוֹרִים קְלוּיוֹת — Flour of roasted barley

קִמְחָא דְחִיטֵי (בר׳ לו א) קֶמַח חִטִּים — Wheat flour

קִמְחָא דְסְמִידָא (תע׳ כד ב) קֶמַח סֹלֶת — Fine flour

קִמְחָא[12] דְשַׂעֲרֵי (בר׳ לו א ועוד) קֶמַח שְׂעוֹרִים

Barley flour

קִמְחֵיהּ קִמְחוֹ — His flour

קָמְטָא (נד׳ לט א) מְהַדֶּקֶת — She clamps, tightens

קַמְטֵיהּ (סנ׳ צה א) קְשָׁרוֹ (רש״י: הִכְנִיעוֹ) — He tied him, he shoved him (under the oil-press beam) (*Rashi*)

קַמְטִינְהוּ (גט׳ מז א) קְשָׁרָם — He tied them

קַמְטְרָא[13] (בר׳ כו רע״א) אַרְגָּז[14] — Box (containing books)

קַמְטְרֵי (מג׳ כו ב) אַרְגָּזִים — Boxes

קַמֵּי לִפְנֵי — In front of, before

מִקַּמֵּי לִפְנֵי, מִלִּפְנֵי — In front of, before

כְּמִיקַּמֵּי (נזיר כב ב) כְּמִלִּפְנֵי — Like before

קַמֵּיהּ לְפָנָיו — Before him

קַמֵּיהּ ד– לִפְנֵי — Before -

דְקַמֵּיהּ שֶׁלְּפָנָיו — Of the previous one

לְקַמֵּיהּ לְפָנָיו — Before him

לְקַמֵּיהּ ד– לִפְנֵי — Before -

מִקַּמֵּיהּ מִלְּפָנָיו — Before him

מִקַּמֵּי(ה) ד–[15] מִלִּפְנֵי — Before - in front of

דִלְקַמֵּיהּ[16] שֶׁלְּפָנָיו (שֶׁלְּהַבָּא)

Of the future, later, subsequently

וּלְקַמֵּיהּ (כתו׳ נט א) וּלְפָנָיו (=וּלְהַבָּא)

Later, subsequently

קְמִיחַ (שבת עט א) קָמוּחַ[17] — Soaked in flour and water

קָמֵיט (שבת עד ב, קי א, פס׳ מב ב[18]) מַקְשֶׁה — It hardens

קָמֵיט (שבת קי א, פס׳ מב ב) עָצוּר[19] — Constipated

קָמֵיט (יב׳ סד ב) נֶעֱצָר — Stops (flowing)

קָמְטִי (חול׳ קיב ב) קָשִׁים[20]

Constrains (the rate of flow)

קַמַּיְיהוּ לִפְנֵיהֶם — In front of them, before them

לְקַמַּיְיהוּ[21] לִפְנֵיהֶם — In front of them, before them

מִקַּמַּיְיהוּ מִלִּפְנֵיהֶם, מִפְּנֵיהֶם

From before them, from their presence, on account of their presence, in their honor, because of them

קַמַּיְיכוּ (סוכה לא א, ב״ב קל ב) לִפְנֵיכֶם

In front of you (*p.*), before you

קַמַּיְיתָא רִאשׁוֹנָה — The first one (*f.*)

קַמָּיְיתָא רִאשׁוֹנוֹת — The first ones (*f.*)

קְמִינַן (גט׳ נז ב) אה״ת: קמנא

קְמִיעָא קָמִיעַ — Talisman

קְמִיעֵי (שבת סב ב 3) קְמִיעִים — Talismans

קָמֵיץ קוֹמֵץ — He takes a handful

קָמֵיצְנָא (מנ׳ קה ב 3) אֲנִי קוֹמֵץ — I take a handful

קַמָּךְ לְפָנֶיךָ — In front of you, before you

קַמָּאֵי דְקַמָּךְ (ב״מ צג ב ועוד) רִאשׁוֹנִים שֶׁלְּפָנֶיךָ

Those who were before you

כִּי אָתְיָא הָא אִיתְּתָא לְקַמָּךְ (כתו׳ סט א 2, ב״ב סו סע״ב 2) כְּשֶׁתָּבוֹא אִשָּׁה זוֹ לְפָנֶיךָ

When this woman will appear in front of you

מקמך (קידו׳ עב ב) מ׳ וע״י: קמך

קַמָּן לְפָנֵינוּ, לְהָלָן

Before us, henceforth, further on

דקמן (סנ׳ קיג ב) מ׳ ק׳: קמן

לְקַמָּן[22] לְפָנֵינוּ, לְהָלָן

Before us, henceforth, further on

(8) מלשון רומית ---÷£.
(9) ע׳: חפירה מלאה אפר מנופה, שמשליכין בו חייבי מיתה. פ״א לכבשן האש (מלשון יונית).
(10) = תן לי מעט בקומץ.
(11) כך במ׳ בכל המקומות, ע׳: אבשונא, ד׳: אבישנא (פס׳), אבשונא (מג׳).
(12) ביומא פג ב — ד״ח: קמחי.
(13) לגזרון המלה ר׳ פיה״ג לכלים פט״ז מ״ז (עמ׳ 47).
(14) לספרים, ועי׳ רש״י.
(15) כך בכל מקום במ׳ וה׳.
(16) בניגוד ל״השתא״ ול״מעיקרא״ (נדה לט ב).
(17) = נשרה בקמח ומים.
(18) כל כי״י ורש״י, ד׳: מקמיט.
(19) = קיבה עצורה.
(20) רש״י: צומתין, כלומר: אין ממהרין לפלוט.
(21) תמיד אחרי הפעל ״אתא״.
(22) עם הפועל ״אתא״. בכתו׳ כ א (מ׳), קידו׳ עב ב (מ׳ ואה״ת) ובי״מ קיג א (כל כי״י ורש״י) (בלי ״אתאי״): קמן.

דִּלְקַמָּן (עירו׳ כז ב) שֶׁלְּפָנֵינוּ, הַבָּאִים

That are in front of us, the subsequent

מַאי דְּקַמָּן (מג׳ טו סע״ב) מַהוּ שֶׁלְּפָנֵינוּ[23]

What is this (new) thing mean?

מאי לקמן[24] (מ״ק יז א) ר׳ מאי דקמא — Cf.

קַמְנָא[25] (גט׳ נז ב) עֲמַדְנוּ

We set on him (we attacked him)

קִמְעָא[26] מְעַט — A little

קְמִיץ קָמַץ — He took a fistful

קמיץ (מנ׳ קה ב) מ׳: קמיץ

קַמְצָא (שבת עז ב, יב׳ קכא ב) חָגָב — Grasshopper

אייל קמצא ר׳ אייל — Cf.

קְמַצוּ (חול׳ נ א) קָמְצוּ[27] — They took a fistful

קָמְצֵי קוֹמְצִים — They take a fistful

קַמְצֵי (בר׳ נד ב) נְמָלִים — Ants

קַמְצֵי (סוטה לה א) חֲגָבִים — Grasshoppers

מוּנִינֵי דְּקַמְצֵי (שבת קי ב 2) צִיר חֲגָבִים

Grasshopper sauce

קַמְרָא (שבת נט ב 2) חֲגוֹרָה — Belt

קַמְרָא (הור׳ יג ב) אַבְנֵט — Sash

קַמְתְּ (חגי׳ טו א) עָמַדְתָּ — You (*m.*) got up, stood up

קָמַת (נדר׳ נ א, נז׳ י ב כ״פ) עָמְדָה — She got up, stood up

קַן קוּלְמוּסָא וְקַן מְגִלְּתָא (גט׳ ו א 2) קוֹל הַקּוּלְמוֹס וְקוֹל הַמְּגִלָּה[28]

The screeching of the pen and the voice of the parchment

קנא[29] (חול׳ עז א 2) דקנא משכח ריריה[30]

The skin supports it (*Rashi*), when its mucus flows in the bone

דקנא גרמא ריריה[31]

It supports itself (*Rashi*), when it secretes its mucus

לקנאויי (בר׳ כח א) מ׳: לאיקנויי

קַנַּאי (סוטה ב ב) קִנֵּאתִי — I was jealous

דִּקְנַאי וּדְקָנֵינָא (כתו׳ פב ב 2) שֶׁקָּנִיתִי וְשֶׁאֶקְנֶה

That I purchased and that I shall purchase

קנבא (ביצה כב א) ע׳: קניבא

קנה (קידו׳ פא א) מ׳: קני

קנה (חול׳ עז א 2) כ״י ורש״י: קנא

קְנָה יָתְהוֹן (נדר׳ פח א) קָנָה אוֹתָם — He acquired them

קְנוֹ קָנוּ[32] — They acquired

קְנוֹ[33] (ב״מ קד ב 2) קָנוּ — They acquired

קִינוּ[יְ]יהּ (סוטה כה א 2 — מ׳) קִנּוּיוֹ (של בעל לאשתו)

Suspicion (of the husband concerning his wife, i.e., that she secreted herself with another man)

קַנּוֹיֵי מְקַנֵּא (סוטה כד א, כה א 2) קַנֹּא מְקַנֵּא

He (can) state his suspicion (that his wife has secreted herself with another man)

לקנויי[34] (ב״מ מז ב) ר׳ לאקנויי — Cf.

קִינְטְרָא (ב״מ פז א, בכו׳ נ א) קִינְטָר[35] — Ten thousand dinar

קְ[י]נְטָרֵי[36] (ב״מ פז א) קִינְטָרִים

A weight of one hundred units, a large weight (*Rashi*)

קָנֵי קוֹנֶה — He acquires

קָנֵי (חול׳ מה ב) קָנִים (באיברים) — Arteries

קְנִי קְנִי (צ) — Acquire (*f.*, *s.*, *imp.*)

קְנֵי לְ– קָנוּי לְ- — It (*m.*) has become the property of -, it was acquired for...

קְנֵי קְנֵה (צ) — Acquire (*m.*, *s.*, *imp.*)

קַנֵּי קִנֵּא — He stated his suspicion (that his wife has secreted herself with another man)

קני (ב״מ קד ב 2) מ׳ ה׳: קנו

קני (ב״מ עג א) ר׳ א ב: תיקני

קני (פס׳ לא א) מ׳ ב ור״ח: זבני

קָנְיָא קוֹנָה — She acquires

קְנְיָא לְ– קְנוּיָה לְ- — It (*f.*) has become the property of -, it (*f.*) was acquired for...

קַנְיָא קָנֶה (צמח) — A reed

(23) רש״י: מה זאת הבאה לפני עכשיו דבר חדש כזה.
(24) מ׳: מאי דקמא, רש״י: דקמן, כלומר היכי מתרמי.
(25) אה״ת, מ׳: קמנן, ד׳: קמינן.
(26) תמיד — במשפט עברי.
(27) לקחו מעט בקומץ.
(28) ועי׳ ערוך ע׳ קן א׳.
(29) כי״י ורש״י, ד׳: קנה, ר״ג: קניא.
(30) ע׳ (ע׳ רר): פי׳ במקום שנמשך בעצם ריר.
(31) ע׳ (ע׳ קד): והוא הקנה אותו העצם ריריה והוא לחלוחית...
(32) ראוי להביא כאן הערת רש״י (בכו׳ נו ב) לשורש זה בלשון חכמים: ״והאי קנו לא לקח במעות אלא קנו שנפלה להם בהמה (שט״מ: בהמות) מאביהם״.
(33) מ׳ ה׳, ד׳: קני.
(34) פ׳ ר׳ א ב וכל הראשונים: לאקנויי.
(35) מלשון רומית -£÷£ (= מאה אלף ÷) = עשרת אלפים דינר (= כ־40 ק״כ כסף).
(36) מ׳ ה׳ ר׳ א, אה״ת: קנטירי, ע׳: קינטרא.

קַנְיָא (חול׳ קיא א) קָנֶה (מאיברי הגוף)

Windpipe, trachea

קָנֵיב (שבת עג ב) קוֹנֵב (=חוֹתֵךְ יְרָקוֹת)

He minces (cuts into small pieces)

קְנִ[י]בָא[37] (ביצה כב א) חִתּוּךְ[38]

Cutting off (the top of the wick)

קַנְיֵיהּ קְנָאוֹ — He acquired it (*m.*)

קַנְיַיהּ קְנָאָהּ — He acquired it (*f.*)

קְנֵי[יַ]הּ (סנ׳ כח ב — רש״י) קְנֵה אוֹתָהּ

Acquire (*m.*, *s.*, *imp.*) it (*f.*)

קִנְיָנָא (סוטה לד ב) מִקְנֶה (צאן)

Sheep and goats, small cattle

קִנְיָנֵיהּ (יב׳ נז א, עה א) קִנְיָנוֹ — His marital rights in

קְנִין[39] (שבת קנה א) קָנִים — Sticks, reeds

קָנֵינָא אֲנִי קוֹנֶה, אֶקְנֶה — I acquire, I shall acquire

קְנֵינָא קָנִינוּ — We have acquired

קנינהו (ב״ק קא א[40], ב״ב קלח א[41]) ר׳ קננהו — Cf.

[**קנינהו** (חול׳ קמא סע״ב) קְנֵה אוֹתָם]

Acquire (*m.*, *s.*, *imp.*) them

קָנֵים קוֹנֵס — He penalizes

קנים (מ״ק יג רע״א 2) מ׳ ורש״י: קנסו

קְנַ(י)סְנָא (נז׳ כ רע״ב 2 — מ׳) קָנַסְנוּ — We have penalized

קְנִישְׁקָנִין (שבת סב ב ועוד) קְנִישְׁקָנִין[42]

Gold, silver or glass vessel with several drinking tubes

קְנֵית (יב׳ סב ב ועוד) קָנִיתָ — You (*m.*, *s.*) acquired

קָנֵית (בר׳ נו א) אַתָּה קוֹנֶה, תִּקְנֶה

You (*m.*, *s.*) acquire, you shall acquire

קְנִיתוּ (ב״ב קעב רע״א) קְנִיתֶם[43]

You have acquired rights to the property

קַנְנְהוּ קָנָה אוֹתָם — He acquired them (*m.*)

קננהי (כתו׳ עט א 2) מ׳: קננהו

קְנַס (גט׳ נג ב) קָנַס — He penalized

קְנָסָא קְנָס — Penalty

קְנַסוּ (גט׳ מד ב, זב׳ פ א) קָנְסוּ — They have penalized

קַנְסוּהּ(ו)[44] קְנָסוּהוּ — They have penalized him

קַנְסוּהָ קָנְסוּ אוֹתָהּ — They have penalized her

קָנְסִי (יב׳ צא א) קוֹנְסִים — They penalize

קַנְסֵיהּ קָנַס אוֹתוֹ — He penalized him

קַנְסִינְהוּ קָנַס אוֹתָם — He penalized them (*m.*)

קַנְסִינְהוּ (ע״ז נב ב) קָנְסוּ אוֹתָם

They have penalized them (*m.*)

קָנְסִינַן אָנוּ קוֹנְסִים, נִקְנֹס

We penalize, we shall penalize

קַנְקָנֵיהּ[45] (שבת קח א, ב״ב כב א) קַנְקַנּוֹ

His jug, his vessel

קַנְקָנָךְ (ב״ב צח א) קַנְקַנֶּיךָ — Your (*s.*) jugs

קָסֵים (גט׳ סח ב) קוֹסֵם (ב) — He performs magic

קַסָּמָא (שם) קוֹסֵם (ש) — A magician

קַסְנְיָיתָא[46] (כתו׳ סא ב) כְּלָבִים(?)[47] — Miniature dogs

קָפָא (פס׳ קטו ב - קטז א כ״פ) תּוֹלַעַת שֶׁבַּיָּרָק[48]

Vegetable worm, vegetable poison

קפא קפא (פס׳ קטז א) מלות לחש — Incantation term

קַפָּא (בר׳ נו ב) כַּפָּה[49] — Kappa (Greek)

קְפָא (סוכה נג א ועוד) צָף (ע) — Welled up, rose

37) ע׳, רש״י כ״י: קינבא, כ״י: קינסא (עי׳ ד״ס אות ל׳).

38) רש״י: למחוט ראש הפתילה, ע׳: פי׳ לחתוך ראש הפתילה שנעשית גחלת.

39) מ׳: קנים, רש״י: קניא.

40) מ׳: קננהו, ה׳: קְנֵינְהוּ (ונמחקה היו״ד).

41) מ׳: קננהי, וצ״ל: קננהו, כמו בהקי׳ (חולי׳ לט ב).

42) ע׳: כוס של זהב וי״א של זכוכית או של כסף, ויוצאין ממנו כשני קנים דקים משני צדי הכוס, וחלולין הן ושואבים בו שנים כל היין שבכוס.

43) = קבלתם קנין. מ׳ ור׳ ורשב״ם: אקניתון, תוס׳: אקניתו.

44) כך בכל המקומות בכ״י ובד״ו.

45) בשבת: תהי אקנקניה, וכן בב״ב (בכ״י ועוד, ד׳: תהי ליה בקנקניה) ופרש״י: הריח, כלומר: עמד על טיבו.

46) עי׳ מ׳, ד׳: קיטנייתא.

47) עי׳ הערת בעל ערוך השלם ע׳ גר יא.

48) ערוך בשם אביו ור״ח, ר״ג: ארס שבירקות. רה״ג: בלי׳ ארמית מלשון קיפוי כגון נפיחה, והרוח שאוחזת במעים מן המאכלות נקראת קפא מפני שמנפחת.

49) אות ££ ביונית = 20. ועי׳ ערוך ע׳ דיקא וע׳ כפא.

קפדא[50] (שבת נז א) ר' קפדן — Cf.

קפדו (ב"ק קיז א) מ' ה': קפדי

קָפְדִי מַקְפִּידִים — (They) (*m.*) are particular, fastidious

קָפְדִינַן אָנוּ מַקְפִּידִים — We are particular, fastidious

קָפְדִיתוּ (ב"מ לז א, חול' קז א) אַתֶּם מַקְפִּידִים — You are particular, fastidious

קָפְדָן (שבת נז א 2[51], קיד' יא א) מַקְפִּידוֹת — They (*f.*) are particular, fastidious

קַפְּדָנָא (ב"ק פז ב 2) קַפְּדָן — Particular, fastidious

קַפּוֹטְקָאָה (חול' כז ב) קַפּוֹטְקִי — Cappadocian

קִיפּוּלָא[52] (ב"ב ד רע"ב) קִלּוּף — Peeling off, scraping off

קַפּוּלָאֵי (שבת קנב ב) חוֹפְרִים (בקרקע) — Diggers, excavators

קִיפּוּפָא (בר' נז ב, נדה כג א כ"פ) (ת"א:) יַנְשׁוּף — Owl

קְפוֹץ (יב' סג א) קְפֹץ (צ), הִזְדָּרֵז — Jump (*m.*, *s.*, *imp.*), make it fast

קַפְּחֵיהּ (יומא פג ב) קִפְּחוֹ — He overpowered him

קַפְּחִינְהוּ (גט' כט ב 3) קִפְּחָם — He disabled them (refuted their argument)

קָפֵי (שבת קכט א ועוד) צָף (ב) — It floats

קפי (חול' צג ב) ר' מיקפא — Cf.

קָפֵיד מַקְפִּיד — He is particular, fastidious

קְפִידָא הַקְפָּדָה — Meticulousness

קְפִידֵיהּ (כתו' עב ב 2, גט' עד ב) הַקְפָּדָתוֹ — His sensitiveness

קָפֵידְנָא (ב"מ לו א) אֲנִי מַקְפִּיד, אַקְפִּיד — I am particular, fastidious, I shall be particular, fastidious

קְפִיזָא מִדָּה קְטַנָּה[53] — A small measure of volume (3 *lugs*)

קְפִיזֵי מִדּוֹת קְטַנּוֹת — Small measures of volume

קַפִּילָא[54] טַבָּח (=מבשל, ע') — Chef

קָפֵיץ (עירו' כט ב ועוד) קוֹפֵץ — He jumps

קְפֵיץ[55] (נדה ח ב 2) קָפְצָה — She jumped

קְפַלִי (שבת קנב ב) חוֹפְרִים — They (*m.*) dug

קפלי[56] (סנ' קי א) ר' קופלי — Cf.

לְקַפְּצָא[57] (ב"ק לח א) לְקַפֵּץ — To jump

קָפְצָה (ב"ב כב ב ועוד) קוֹפֶצֶת — She jumps

קְפַצָה לֵיהּ אַרְעָא (סנ' צה א ועוד) קָפְצָה לוֹ הָאָרֶץ — The ground has jumped for him (the distance was (miraculously) shortened)

קָפְצוּ (קיד' ל ב) קוֹפְצִים, יִקְפְּצוּ — They (*m.*) jump, they will jump

קָפְצִי (כתו' נב ב, ב"ק כא ב) קוֹפְצִים, יִקְפְּצוּ — They (*m.*) jump, they will jump

קָץ (סנ' צד ב — מת"י) קָץ, מָאַס — It *(m.)* despises it *(m.)*, detests

קָץ קָצַץ: א) חָתַךְ, ב) קָבַע סְכוּם — He cut, he decided upon an amount

קַצָּבַיָּא (ביצה כה ב) הַקַּצָּבִים — Butchers, slaughterers

קַצּוּ (גט' נז א) קָצְצוּ, כָּרְתוּ — They cut, they felled (a tree)

קְצוּצֵי (בר' טז רע"א) סָרִיסִים (=שומרים) — Eunuchs (policemen)

קְצוּצְיָיתָא (ב"ק צו א) קְצָצוֹת (=נסרים) — Boards

קַצְיוּהָ (כרי' כח ב) קְטָעוּהָ — They severed it (*f.*), amputated it

קַצְיֵיהּ (ב"מ קח א, ב"ב ס ב 2) קְצָצוֹ — He cut it (*m.*)

וְלָא מָצֵי קָצֵיץ (ב"מ צג א) וְאֵינוֹ יָכוֹל לִקְצֹץ (לְהַתְנוֹת) — He cannot specify (he cannot fix conditions)

קְצִיצְתָא (ב"ק סז א) קְצִיצָה[58] — Log of wood

קְצִיר (ב"ב קנג א, קנד א — בנוסח שטר) חוֹלֶה — Sick (*s.*)

קְצִירָא (נדר' מ א, ב"ב טז ב) חוֹלֶה — Sick (*s.*)

קְצִירֵי חוֹלִים — Sick (*p.*)

קְצִירֵי וּמְרִיעֵי (נדר' מט ב ועוד) חוֹלִים וּתְשׁוּשִׁים — Sick and frail

קַצַּצְתִּינוּן (מעי' ז ב) קִצַּצְתִּים — I have cut them (his feet) off, i.e., I disproved his argument

קַצָּרָא כּוֹבֵס (ש) — Launderer

(50) מי: קפידן.

(51) פ"ב — מי: קפידן, ד': קפדא.

(52) ע' ומ', ד': קילפא.

(53) לפי רש"י: מחזקת ג' לוגין, ועי' ע' ועה"ש.

(54) מלשון יונית, השבעים תרגמו "סבאך" (ישעי' א כב).

(55) כך גם מי.

(56) פי אה"ת: קופלי, וכן בערוך ע' קלד. "ירש"י": קולפי (אבל בד' שונ': קופלי).

(57) ת"א של "לְנַתֵּר" (ויקי' יא כא).

(58) = פסקי בקעת (פיה"ג 118) = גזירי עצים.

קַצָּרֵי דְּבֵי רַב (תע' כט ב) כּוֹבְסִים שֶׁל בֵּית הַמִּדְרָשׁ
Launderers of the *beis hamidrash* (house of study)

לִקְצַת יַרְחִין (סוטה כא א, ב"ב ד א — מדני') לְקֵץ חֳדָשִׁים
At the end of (twelve) months

מִקְצָתַהּ מִקְצָתָהּ — A part of it (*f.*)

מִקְצָתְהוֹן (תע' יז ב, מנ' סה א — ממג"ת) מִקְצָתָם
A part of them (*m.*)

מִקְצָתַיְיהוּ (יומא פד ב, גט' סז ב) מִקְצָתָם
A part of them (*m.*)

קָקוּאֵי[59] (חול' סג א) קָקוּאִים (שם עוף טמא)
Name of impure bird

קָקוּאַתָא[60] (שם) קָקוּאָה (שם עוף) — Name of a bird

קָקוּלֵי[61] (פס' קיד א) מין ירק[62] — Kind of vegetable

קר (שבת קלד א) ר' מיקר — Cf.

קְרָא דְּלַעַת — Pumpkin

קְרָא קָרָא — He called, he applied, he cited, he read

קְרָא הַכָּתוּב, מִקְרָא, ור' מאי קראה
The (Biblical) verse

אֲמַר קְרָא אָמַר הַכָּתוּב — The (Biblical) verse stated

קרא[63] (מג' ל ב) ר' קרו — Cf.

קרא[64] (חול' קלט ב) ר' קריא — Cf.

קְרָא קָרָא (ש)[65] — He is versant in (Biblical) verses

קרא (כתו' ס סע"ב) מ' ורש"י ורי"ף: קורא

קרא[66] (בר' ל רע"ב) ר' קרי — Cf.

מדקראו (סנ' נח ב) מ' ק': מדקרו

קְרַאי (פס' סח ב) קָרָאתִי — I read, i.e., I studied Torah

קְרָאֵי[67] כְּתוּבִים (=פסוקים) — (Biblical) verses

תְּרֵי קְרָאֵי שְׁנֵי מִקְרָאוֹת — Two (Biblical) verses

קְרָאֵי (פס' קיז א, ע"ז מ א[68]) קָרָאִים[69]
Persons well versed in the Biblical text

קְרָ(א)נְהוּ[70] (סוכה לח ב) קְרָאָם — He called them (*m.*)

קְרָאת[71] (כתו' קג סע"א) קָרְאָה — She called

קְרַב (שבו' מז ב) קְרַב, גֹּשׁ
Come closer (*m., s., imp.*), approach

קְרֵבָא (יומא כה ב) קְרֵבָה (ב) — It (*f.*) is sacrificed

קְרֵבָה (תמו' טו ב, יז א) קְרֵבָה (ב) — It (*f.*) is sacrificed

קְרָבָא קְרָב, מִלְחָמָה — Battle, war

לְאַגָּחָא קְרָבָא (סוטה לג א) לְהִלָּחֵם — To wage a battle

נַעֲבֵיד קְרָבָא (גט' נו א) נַעֲשֶׂה מִלְחָמָה
We shall make war

לְמֶעְבַּד קְרָבָא (תמיד לב א) לַעֲשׂוֹת מִלְחָמָה
To wage war

קְרָבֵי (ע"ז ח ב) מִלְחָמוֹת — Wars

קְרֵבֵי קְרֵבִים (ב) — They are sacrificed

קְרֵבִינְהוּ[72] (זב' קיט ב 2) הִקְרִיבוּם — They sacrificed them

קְרֵבָן[73] (תמו' כ א) קְרֵבוֹת (ב) — They (*f.*) are sacrificed

קַרְדּוּיֵי (יב' טז סע"א) קַרְדּוּיִים (על שם מקומם)
Inhabitants of Corduene

קָרוּ[74] קוֹרְאִים — They call, they read

קָרוּב (בכו' ד ב 3) קָרְבוּ (קרבנות)
They (*f.*) were sacrificed

לְקָרוּבַהּ (קיד' נ א[75], ס רע"ב[76] ועוד) לְקָרֵב אוֹתָהּ
To bring her closer

קרובותיך (כתו' כג סע"א) מ': קריבתיך

קָרוּבֵי (שבת נג ב, שבו' יז ב, ע"ז לח א, זב' פו א, סנ' פא ב)
(ל)קָרֵב — To bring closer

(59) ע': קוקאי, ר"ג: קקנאי.

(60) מ': קקאותא, ע': קוקיתא, ה': קוקייתתא, ר"ג: מקקניאתא, ר' ב: ירקרקתא.

(61) ע': קקוליא, מ': קילקולא, מ' ב וא"פ וע"י א': בקקולי (ת' אקקולי).

(62) ר"ב: "מין ירק בל"י ורו' ונקרא פעפועין, ירוש' דפיאה פ' מאימתי כל אדם (פ"ח כא רע"א) פעפועין... קוקלין". ובעל עה"ש משיב עליו (ע"ש).

(63) מ': קרו, הב"ח: קרינן בספרא.

(64) אה"ת: קריא, שונ': קריא', ד"ו: קרי, מ' ר' א ורש"י: ואמרן.

(65) = קורא מקרא ובקי בו.

(66) מ': פוק קרי קרייך, כמו בהקי' (יב' מ א וכתו' נו א).

(67) בכרי' יא רע"א — רש"י וס"א בשמ"ק: בקריאה.

(68) ערוך (קר טו): קיראי, פי' אדונים.

(69) = בעלי מקרא, חכמים גדולים. רש"י בע"ז: חכמים גדולים שהם כדיי לסמוך עליהם כבעל מקרא.

(70) מ', ע"י: קרינהו.

(71) אה"ת, מ': קרא, ע"י: קא קרי, ד': קריה.

(72) ע' ד"ס.

(73) מ', ד': מקרבן.

(74) בכמה מקומות בד': קרי, אבל בכולם — מ' ושאר כ"י: קרו.

(75) מ', ד': לקורבה.

(76) מ': לקרובי'.

לְקָרוֹבֵי (מג׳ יב א, סנ׳ קי א) לְקָרֵב	To bring closer
קרובי מיקרבי[77] (תמו׳ יד סע״א) ר׳ קרבי	Cf.
לקרובי (ב״ק קי א) כל כי״י: לאקרובי	
קָרוֹבֵי קָרְבַהּ (זב׳ קיג א) קָרֵב קִרְבָהּ	He brings it (*f.*) closer
לְקָרוֹבֵיהּ (ב״ב קסח א) לְקָרְבוֹ	To bring it (*m.*) closer
לְקָרוֹבֵיהּ (גט׳ נו א) לְהַקְרִיבוֹ (קרבן)	To sacrifice it (the sacrifice)
קרוביה (יב׳ קז א[78], ב״ב קנה ב 2[79]) ר׳ קריביה	Cf.
קָרוֹיָא[80] (שבת מה ב, ב״ב קכג א) קָרָא (=בעל מקרא) פ״א: בֶּן־כְּפָר	Person well-versed in Torah, an inhabitant of a village
קרוקיתא (נדר׳ מא א) מ׳ אה״ת ע״י ויל׳ ליתא	
לְקָרוֹרֵי נַפְשַׁיְיהוּ (שבת ח ב) לְקָרֵר עַצְמָם	To cool themselves off
קרח קרחייכי (פס׳ קי א) מלות כשוף	Incantation term
קַרְחָא קֵרֵחַ	Bald person
קרחה (מג׳ יב ב) מ׳ ואה״ת: קרחא	
בֵּינֵי קַרְחֵי (תע׳ ג סע״ב) בֵּין הַקָּרָחוֹת (עי׳ רש״י)	Between bold spots
קַרְחִינָא (שבת קנב א) שם מקום[81]	Name of place
קרחנני (פס׳ קי ב) מלת כשוף	Incantation term
קַרְטוּפְנֵי (ב״ק פו א 2) בְּקָעִים (בעור), חֲטָטִים	Cracks (in the skin), papules
קַרְטוּפְנֵי (פס׳ ל ב, כתו׳ קז ב, ע״ז לג ב) סְדָקִים (בכלים)	Cracks (in utensils)
קַרְטָלִיתָא (ב״מ מב א ועוד) קַרְטָלִית[82]	Small basket
קָרֵי דְּלוּעִים	Pumpkins
קָרֵי[83] **קַרְקוּזָאֵי** (נדר׳ נא א) דְּלוּעִין עֲגֻלִּים (ע׳)[84]	Round pumpkins
קָרֵי[85] קוֹרֵא	He calls, he reads
קְרֵי (זב׳ לה א) קָרוּי	(It) is called
קְרֵי, קְרִי קְרָא	He reads, calls, read (*m.*, *imp.*), call
קרי (מ״ק כה סע״א) מ׳: קיריא	
בֵּי קָרֵי (מג׳ יב סע״א[86], סוטה י א[87]) בֵּין דְּלוּעִים	Between the pumpkins
קריא (בר׳ נז ב, נדה כג א כ״פ) מ׳ וע׳: קדיא	
קָרְיָא (בר׳ סב ב ועוד) קוֹרֵאת	It (*f.*) calls out
קַרְיָא לְשׁוּמְשְׁמָא (סוטה ג ב) תּוֹלַעַת לְשֻׁמְשׁוּם	Sesame worm
לָאו בְּנֵי קְרִיאָה נִינְהוּ (יב׳ קד ב) אֵינָם בְּנֵי קְרִיאָה (=אֵינָם יְכוֹלִים לִקְרֹא)	They are unable to read
קָרֵיב (בקרבנות) קָרֵב (ב)	It is sacrificed
קָרֵיב (עירו׳ סה א) הַגֵּשׁ	Bring (*m.*, *imp.*) me, serve me
קָרֵיב (מג׳ יב א) קֵרֵב	He brought closer
קְרִיב (ב״ב לג א) קָרוֹב	A relative (*m.*)
קְרִיבָא קְרוֹבָה (ב)	It (*f.*) is near
בְּקָרִיבָא[88] (סנ׳ צו ב) בְּקָרוֹב	Soon
קָרִיבַאי (נדר׳ כג א[89], קיד׳ מה ב[90]) קְרוֹבִי	My relative (*m.*)
קְרִיבָה[91] (ב״ק נח א) קְרוֹבָה (ת)	She is near (the time)
קָרִיבַהּ קְרוֹבָהּ	Her relative (*m.*)
קָרִיבוּ (פס׳ מג א, פו א) הַגִּישׁוּ	Bring (*p.*, *imp.*), serve
קָרִיבוּ לְ– הִגִּישׁוּ ל-	They brought to, the served -
קָרִיבוּ תַּכָּא קָרְבוּ שֻׁלְחָן	Bring the table (*p.*, *imp.*), they brought a table

(77) מ׳ ורש״י: מיקרב נמי קרבי.

(78) מ׳: קריבים (= קריבי׳ =קריביה).

(79) פ״א — מ׳: קריבי׳, ה׳: קרובים. פ״ב לי׳ מ׳ ה׳.

(80) עי׳ הערת ש׳ אברמסון בב״ב.

(81) והזכירו אותו המין לר׳ יהושע בן קרחה לרמוז לשמו לגנות.

(82) = סל קטן (מן ״קרטלי״, תוס׳ שבת פ״ד ה, והוא מלשון יונית — סל, והשבעים תרגמו בה ״את דודים״ במ״ב י ז).

(83) מ׳ וע׳, ד׳: קרא.

(84) בעל עה״ש מגיה (ע״פ גירסת כ״י אחד: קרכוז): קרבוז מלשון פרסית.

(85) בכמה מקומות שהנושא הוא רבים — הנוסי׳ בכי״י: קרו.

(86) מ׳ ואה״ת, ד׳: בקרי.

(87) אה״ת: בקרי, מ׳: בקארי.

(88) אה״ת: בקרובא, מ׳: בקרובי׳, פ׳ ויל׳: בקרוב.

(89) מ׳: קריבי׳.

(90) מ׳: קריבי׳.

(91) ה׳: מקרבה (והוגה: מקרבא).

קְרִיבַי (יב׳ נח א) קְרוֹבִים (ב) — Relatives

קְרִיבֵיהּ קְרוֹבוֹ, קְרוֹבָיו — His relative, his relatives

קְרִיבַיי (ב״מ סז א) קְרוֹבַי — My relatives

קַרִיבִית נַפְשַׁאי (שבת פט ב) הִקְרַבְתִּי אֶת־עַצְמִי

I sacrificed myself

קְרִיבָךְ (בר׳ נו א) קְרוֹבְךָ — Your (*m.*) relative

קְרִיבִךְ (נדר׳ כג א) קְרוֹבֵךְ — Your (*f.*) relative

קריבתה (יומא סט ב) ר׳ קריבתיה — Cf.

קָרְ(י)בָן (תמו׳ כא רע״א — מ׳) קְרֵבוֹת (ב)

They are suitable for sacrifice

קְרִיבְנָא (ב״ב לג א) אֲנִי קָרוֹב — I am a relative

קָרִיבְתֵּיהּ (יומא סט ב[92], כתו׳ פה ב, סנ׳ סד א[93]) קְרוֹבָתוֹ

His relative (*f.*)

קְרִיבָתָיךְ[94] (כתו׳ כג סע״א) קְרוֹבוֹתֶיךָ

Your (*m.*) relatives (*f.*)

קריה[95] (כתו׳ קג סע״א) ר׳ קראת — Cf.

קַרְיוּהּ קְרָאוּהוּ — They called him

קַרְיוּהָ(וּ) (תע׳ ז סע״א[96], ב״ב נח סע״א[97]) קְרָאוּהוּ

They called him

קַרְיֵיהּ קְרָאוֹ — He called him

קרייה (חול׳ צו א) כי״י: קרי ליה

קרייה[98] (הור׳ י סע״ב, יא רע״א) ר׳ קריתיה — Cf.

קַרְיָיךְ (ב״ק צב ב) קְרָאֲךָ — (He) called you

קְרָיָיךְ פְּסוּקְךָ — Your (Biblical) verse

קַרְיָין וְלָא כְּתִיבָן (נדר׳ לז ב) נִקְרָאוֹת וְאֵינָן כְּתוּבוֹת

They are read but are not written

קַרְיָינָא (קידו׳ מט א 2) קַרְיָן[99] — Public Torah reader

קַרְיָינָא דְּאִגַּרְתָּא (ב״מ פג ב ועוד) קוֹרֵא הָאִגֶּרֶת

The reader of the letter

קִרְיָיתָא כְּפָרִים — Villages

קִרְיָיתִי (ב״מ פה א) כְּפָרִי — My village

קְרִים (סנ׳ קב ב) קוֹרֵם (פני הלחם) — Crust forms

קָרֵינָא[1] אֲנִי קוֹרֵא — I am capable of reading the Bible

קְרִינְהוּ קְרָאָם — He called them (*m.*)

קָרֵינַן אָנוּ קוֹרְאִים — We (*m.*) call

קרישנא (נדר׳ י ב) ע׳ מ׳: קורנסא

קְרִיעַ (קידו׳ עד א) קָרוּעַ — Torn (*m.*)

קריעה (בר׳ מג רע״א) מ׳: קירעא

קָרִיר (זב׳ עט ב, צח א, מנ׳ פג א[2]) סוֹפֵג, בּוֹלֵעַ

Penetrates, absorbs

קְרִיר קַר (ת) — Cold (*m.*, *s.*)

קְרִירָא קָרָה (ת) — Cold (*f.*, *s.*)

קְרִירֵי קָרִים — Cold (*m.*, *p.*)

קְרִישׁ (חול׳ קכ א 3, נדה כב ב) נִקְרַשׁ — It coagulates

קְרֵית קָרָאתָ — You called

קָרֵית אַתָּה קוֹרֵא, תִּקְרָא — You call, you will call

קְרִיתָא[3] (כתו׳ יז רע״ב) קָרוֹן (ע׳), צָעִיף (רש״י)

A carriage (*Aruch*), a shawl (*Rashi*)

קְרִיתֵיהּ (נז׳ כג א) קָרְאָה אוֹתוֹ — She called him

קָרָךְ (סנ׳ לג ב) דְּלַעְתְּךָ — Your pumpkin

קְרָמָא קְרוּם — Crust, membrane

קְרָמֵי (חול׳ צג א) קְרוּמִים — Crusts, membranes

קִירְמֵי (מ״ק י ב, ב״מ ס ב[4]) קְרָמִים[5]

Embroidered (clothing)

קְרָמַיְיהוּ (חול׳ קיב ב) קְרוּמָם (=עוֹרָם)

Their covering substance (skin)

קַרְמָנָאֵי (שבת קלה א ועוד) קַרְמָנִים[6]

Residents of (the city of) Kerman (in Persia)

קַרְנָא קֶרֶן, קֶרֶן זָוִית, פִּנָּה — Horn, corner

קַרְנָא דְּאוּמָנָא (מכות טז ב) קֶרֶן הָאוּמָן[7]

Bloodletter's horn (or cup formed like a horn) used to suck the blood

92) אה״ית, מ׳: קרובתי, ד׳: קריבתה.

93) כצ״ל, ד׳: קרובתיה, מ׳: קרובתי.

94) מ׳, ד׳: קרובותיך.

95) הגדות התלמוד: קראת, כ״י מינכן: קרא, עין יעקב: קא קרי.

96) מ׳ ב, מ׳ לי׳.

97) הגהתי, בכ״י ואה״ית נ״א.

98) ד״ו: קריתיה (וכן בהק׳, נזיר כג ב), מ׳ חסר כל המאמר.

99) = קורא בספר תורה בצבור.

1) גם במג׳ כח ב — הוא בינוני, ועונה בדרך ענוה. וכן בתשובה הבאה: תנינא: אני שונה.

2) מ׳ ר׳ א, ד׳: קדיר.

3) רשב״ם (ב״ב צב ב) מביא כאן: הינומא קלתא.

4) מ׳, ה׳: קירמא, ד׳: קרמי.

5) = בגדי צבעונים דקים כקרום ביצה.

6) בני קרמאן בפרס.

7) קרן (או כוס העשויה כמין קרן), שמקיז הדם מוצץ בה את הדם.

קַרְנָא דְאַרְעָא (מנ׳ פה ב) חֶלְקַת שָׂדֶה Piece of a field

קַרְנָא דְגְלִימֵיהּ (כתו׳ עז ב, מנ׳ מב א[8]) כְּנַף טַלִּיתוֹ

Flap of his frock (outer garment)

קַרְנָא דְחוּטֵיהּ (מנ׳ לז סע״ב) קְצֵה חוּטוֹ (של ציצית)

Tip of the (Tsitsis) fringe

קַרְנָא דְעַצְרָא (ב״ק כז ב) קֶרֶן בֵּית הַבַּד[9]

Corner of the oil-press (building)

קַרְנָא דְפַרְדֵּיסָא (מנ׳ פז א) חֲתִיכַת כֶּרֶם

Piece of a vineyard

קַרְנָא דְשֵׁיזָבְתָא (כתו׳ קיא א) קֶרֶן הַפְּלֵיטָה

Corner of rescue

קַרְנָא דִתְכֵלְתָא (ב״ב עד ב) קְצֵה תְכֵלֶת (של הטלית)

Corner (of garment where) *tcheiles* fringes are inserted

קרנא זול (ב״ב יג רע״א) ד״י וכי״י: קרנזול

קַרְנוּנָא (קיד׳ כה א) (=קַר נוּנָא) דָּג קַר[10] Cold fish

קַרְנְזוֹל (ב״מ קח סע״ב[11], ב״ב יג רע״א[12]) אֲלַכְסוֹן Diagonal

קרנזיל (ב״מ קח סע״ב) כי״י: קרנזול

קַרְנֵי (ב״ב עד א, סנ׳ קו א) קַרְנַיִם Horns

קַרְנֵי[13] דְאוּמָּנֵי (שבת קנד ב) קַרְנֵי הָאוּמָּנִים[14]

Bloodletter's horns (or cups formed like a horn) used to suck the blood

קַרְנֵיהּ (שבת עז ב) קַרְנָיו Its horns

קַרְנַיְיהוּ (תע׳ כה א 3, ב״מ קו א) קַרְנֵיהֶם Their horns

קַרְנָתָא (ב״ב צה סע״ב) קְרָנוֹת (של רחובות)

Corners (of streets)

בֵּי קַרְנָתָא[15] (פס׳ יב ב) בֵּין הַקְּרָנוֹת[16]

Between the (east and west) corners i.e., in zenith

תְּלָת קַרְנָתָא (ביצה כח א ועוד) שָׁלֹשׁ קְרָנוֹת (=משולש)

Three corners (a triangle)

בקרנתא (פס׳ יב ב) מ׳ ב: בי קרנתא

קַרְסוּלֵיהּ (בר׳ נו ב) קַרְסֻלָּיו His ankles

קְרַע קָרַע He tore

קְרַע (חול׳ קט ב) קְרַע (צ) Tear (*m.*, *s.*, *imp.*)

קָרַע (ב״מ טז ב ועוד) קוֹרֵעַ He tears

קִירְעָא[17] (בר׳ מג רע״א) קֶרַע A tear

קַרְעַהּ (ב״ב קלג ב) קְרָעָהּ, חֲתָכָהּ

He tore it (*f.*), he cut it (*f.*)

קרעו (ב״מ פג סע״ב) ר׳ קרעוה Cf.

קַרְעוּהּ (ב״מ פג סע״ב[18], מעי׳ יז ב, נדה ל ב[19]) קְרָעוּהוּ

They (*m.*) tore it (*m.*)

קרעוהו (נדה ל ב) ר׳ קרעוה Cf.

קְרְעִי (יב׳ קטז ב) קִרְעִי Tear (*f.*, *s.*, *imp.*)

קַרְעֵיהּ קְרָעוֹ, חֲתָכוֹ, נְתָחוֹ

He tore it (*m.*), he cut, slit it (*m.*)

קִרְעֵיהּ (בר׳ מג רע״א ועוד) קִרְעוֹ (=קרע שלו) His tear

קִרְעַיְיהוּ (מ״ק כה א) קִרְעֵיהֶם Their tears

קַרְעִינְהוּ (שבת קי א, קלג סע״ב) קְרָעוּם They tore them

קָרְעִינַן אָנוּ קוֹרְעִים We tear

קָרְעְנָא (כתו׳ פה א 2) אֲנִי קוֹרֵעַ I tear

הֲוָה קָרַעְנָא (חגי׳ טו ב) הָיִיתִי קוֹרֵעַ I would tear

קרענוהו (ב״מ יח א) ה׳: קרענוהי

קְרַעְנוּהִי (כתו׳ פט ב, ב״מ יח א[20]) קְרַעְנוּהוּ

We tore it (*m.*)

קְרַעְנֵיהּ (ב״ב קסט א כ״פ) קְרַעְנוּהוּ We tore it (*m.*)

קַרְעָתֵיהּ (יב׳ קב א) קָרְעָה אוֹתוֹ She tore it (*m.*)

קַרְפִּיטָא[21] (קיד׳ ע א) אִצְטַבָּא, סַפְסָל Shelf, bench

קַרְצוּלֵיהּ (ב״ב עג ב) קַרְצֻלָּיו His ankles

קְרַצְתַן (עירו׳ סה א) עֲקָצַתְנִי It stung me

קרקא (יב׳ קב ב) ע׳ מ׳ ורש״י: קורקא

קרקוזאי (נדר׳ נא א) ר׳ קרי Cf.

---

8) מ׳, ד׳: לקרניה.

9) זוית הסמוכה לבית הבד.

10) בנגוד לשמו של רב המנונא = חם נונא.

11) כי״י ועוד, ד׳: קרנזיל.

12) כי״י וד״י, ד״ח: קרנא זול.

13) מ׳, ד׳: דאומנא.

14) ר׳ הע׳ 7 ל״קרנא דאומנא״.

15) מ׳ ב, ד׳ מ׳: בקרנתא.

16) = באמצע הרקיע.

17) מ׳, ד׳: קריעה.

18) ה׳ ר׳ ב, ד׳: קרעו.

19) רש״י, מ׳: קרע, ד׳: קרעוהו.

20) ה׳, מ׳: קרעינהו, ד׳: קרענוהו.

21) מלשון יונית.

קרקורא (בכו׳ מג ב) ע׳: קדקדא

קַרְקוֹשֵׁי זוּזֵי (ערכ׳ כט ב) קַשְׁקֵשׁ מָעוֹת — To rattle money

קַרְקַף (ב״ב נה א, קכא ב) רֹאשׁ — Head

קרקפי (שבת סז א) ע׳: קרקף

קַרְקַפְנָא[22] (עירו׳ כב רע״ב, יב׳ עח סע״א) אָדָם גָּדוֹל, פ״א: בַּעַל גֻּלְגֹּלֶת גְּדוֹלָה (ע׳) — Important person, a major figure; a person with a large skull (*Aruch*)

קַרְקַפְתָּא (ר״ה יז א) גֻּלְגֹּלֶת, רֹאשׁ — Skull, head

קַרְקַשְׁתָּא[23] (ב״ק נב רע״א) זוֹג, פַּעֲמוֹן — Bell

קְרַשׁ (נד׳ נ א כ״פ) קָרַשׁ, קָפָא — It coagulated, solidified

קַרְתָּא עִיר — City

קַרְתּוּיֵי (יב׳ טז א) קַרְתּוּיִים (על שם מקומם) — Inhabitants of Kartou, (of Kurdistan)

קַשׁ הִזְקִין — He aged

קַשׁ דִּינָא (סנ׳ מב א 3) נִתְיַשֵּׁן הַדִּין — Lit., the law is old, i.e., it is profound

קשא (ב״ב קסז סע״ב) ר׳ מיקש — Cf.

בר קשא ר׳ בר — Cf.

לָא קַשָּׁאי (חגי׳ יג א) לֹא זָקַנְתִּי, אֵינִי זָקֵן — I did not age, I am not (an) old (man)

קְשַׁאי[24] (כתו׳ מב ב) הִקְשִׁיתִי — (They) found the matter difficult

קַשְׁבָּא (ב״ק נח ב, ע״ז יד ב[25]) דֶּקֶל — Palm tree, sugar cane (*Aruch*)

קשבא[26] (מג׳ ז רע״ב) ר׳ קשבי — Cf.

קַשְׁבֵּי[27] (מג׳ ז רע״ב) תְּמָרִים — Dates

קשה בה (נדה נב סע״א) מ׳: קשי בה

קְשׁוֹ קָשִׁים — They are difficult

קְשׁוֹ בָהּ הִקְשׁוּ — They found it difficult, they asked concerning it

קִישׁוּרֵי[28] (שבת סו ב) קְשׁוּרִים[29] — Stilts

קַשְׁטָה נַפְשָׁהּ (קיד׳ פא ב) קִשְּׁטָה עַצְמָהּ — She dressed herself up, she beautified herself

קְשֵׁי קָשֶׁה — It is difficult

קְשֵׁי בָהּ הִקְשָׁה[30] — He asked

קשי (ב״ק סו ב) מ׳: קשו

קַשְׁיָא קָשָׁה — It is difficult

קַשְׁיָין אַהֲדָדֵי (בר׳ כה ב ועוד) קָשׁוֹת זוֹ עַל זוֹ — They are mutually contradictory

קַשְׁיָיתָא גַּרְעִינִים (של תמרים) — (Date) pits

קַשְׁיָיתָא דְזֵיתֵי[31] (יומא פד א) גַּרְעִינֵי זֵיתִים — Olive pits

דאנן קשינן (בכו׳ ח ב) מ׳ אה״ת וע״י: דאנן קשישי

קשירי (שבת סו ב) מ׳ וע׳: קישורי

קְשִׁישׁ זָקֵן, גָּדוֹל (בשנים) — Elder, elderly person

קְשִׁישָׁא גְּדוֹלָה, הַגָּדוֹל — Older one, the older one (*f.*)

קַשִׁישׁוּתָא (ב״ב קמב ב) זִקְנָה — (Advanced) age, old age

קְשִׁישֵׁי זְקֵנִים, גְּדוֹלִים, (בשנים) — Elderly

קְשִׁישְׁנָא (ב״ק צב ב, ב״ב קמב ב) זָקַנּוּ — We aged

קְשִׁיתָא (חול׳ מט א) גַּרְעִין — Pit, seed

קְשִׁיתָא דַאֲסָנָא (ע״ז כח רע״ב) גַּרְעִין שֶׁל סְנֶה — Thorn-bush seed

קְשִׁיתֵיהּ[32] (שבת קמו א ועוד) קָשְׁתָה לוֹ (=היתה קשה לו) — He found it difficult

קַשְׁקוּשֵׁי (סוכה מד ב ועוד) קִשְׁקוּשִׁים[33] — Hoeing

לְקַשְׁקוּשֵׁי (שם) לְקַשְׁקֵשׁ — To hoe

קַשְׁקוּשֵׁי (שבת יא רע״א) בִּירָנִיּוֹת — Turrets

קַשְׁתָּא (בר׳ נט ב) קֶשֶׁת (בשמים) — Rainbow

אַקַּשְׁתָּא (חול׳ נ א) עַל הַקֶּשֶׁת[34] — On the round side of the stomach

קַשְׁתּוּיֵי (יב׳ טז ב) קַשָּׁתִים — Archers

---

22) בשני המקומות — פניית כבוד של רב דימי לאביי.

23) נ״א: כרכשתא (ור׳ שם).

24) וצ״ל קשאי בה [בי — מ׳] רבה..., אבל במ׳ ונוסח: איקשיא ליה (צ״ל: ליז!) בי רבה.

25) ערוך (ע׳ חצב ה): פירוש קנה שעושין ממנו הסוכר והוא מתוק.

26) מ׳: קשבי (ונו׳ מן הגליון: תמרי), וכן מובא ברש״י ע״ז יד ב ד״ה קשבא, אה״ת: קישבי.

27) מ׳, אה״ת: קישבי, ד׳: קשבא.

28) מ׳ וע׳ (ע׳ אנקטמן), ד׳: קשירי.

29) ע׳ (שבת שם): ופי׳ מביאין ב׳ עצים ארוכים דקים ה׳ אמות ויש בהן בד׳ אמות מקום הרגלים ואמה העליונה אגודה עם שוקין ועומד עליהן למעלה ומהלך בהן ומרקד בהן.

30) רש״י (מנ׳ לא סע״א): קשי — פריך.

31) רש״י, מ׳ וד׳: דזיתא.

32) במטבע הקבוע: אמר רבא מתניתין קשיתיה.

33) = עדירה תחת עצי הזית.

34) על צידה העגול של הקיבה.

קָתָא קַת (לסכין וכדומה) . Handle (of knife, etc.)

קתא (זב׳ פו א) כל כי״י: קתתא

קָתָאתֵי (שבו׳ מג ב 2) קָתוֹת Handles (of knife, etc.)

קָתֵיהּ (ב״מ קג א 2) קָתוֹ Its handle

קָתַיְיהוּ קָתֵיהֶם Their handles

קָתָתָא ד– (יומא לז ב, ביצה לג ב, זב׳ פו א[35])

קָתוֹת שֶׁל-, יָדוֹת שֶׁל- Handles of -

35) כל כי״י, ד׳: קתא.

– ר –

רַב גּוּבְרֵיהּ (ע״ז ח רע״א ועוד) כּוֹחוֹ גָּדוֹל
(He) is powerful, capable

רַב טַבָּחַיָּא (חול׳ נח ב) כי״י ועוד: ריש טבחיא

מַעֲשֶׂה רַב (שבת כא א ועוד) מַעֲשֶׂה גָּדוֹל
Lit., instructive act, halachic decision as inferred from the Rabbi's action

רבה מיניה (בר׳ לא ב) כי״י: עדיף מיניה

אֱלָהָא רַבָּא (סנ׳ צו א) הָאֵ־ל הַגָּדוֹל — The Great G-d

גַּבְרָא רַבָּא אָדָם גָּדוֹל[1] — Lit., a great man, i.e., major Rabbinical authority

שֵׁם רַבָּא (סנ׳ קח ב) שֵׁם הַגָּדוֹל (=שם בן נח)
The great Shem (son of Noach)

שֵׁם רַבָּה (סנ׳ ס א) הַשֵּׁם הַמְיֻחָד (=שם ה׳)
The Great Name (of G-d)

בֵּית מוֹתְבָא רַבָּא (בכור׳ ה ב) הַיְשִׁיבָה הַגְּדוֹלָה
The large/great yeshiva

יוֹמָא רַבָּה/א (ר״ה כא א) הַיּוֹם הַגָּדוֹל (=יוה״כ)
The Great Day (Yom Kippur)

כָּהֲנָא רַבָּא (ב״ב קלה א, סנ׳ קי א) כֹּהֵן גָּדוֹל
The High Priest

קִידּוּשָׁא רַבָּה (פס׳ קו א 2) הַקִּדּוּשׁ הַגָּדוֹל[2]
The grand kiddush
kiddush (the *kiddush* made on Shabbos morning)

שְׁמֵיהּ רַבָּא (בר׳ נז א) שְׁמוֹ הַגָּדוֹל
His Great Name

רַבַּאי (קידו׳ לג ב, חול׳ קז ב) רַבִּי — My master

רַבַּאי (ב״מ קט א) גִּדַּלְתִּי (=הָיִיתִי מְגַדֵּל)
I would have cultivated

רַבַּאי (זב׳ עז א) רִבֵּיתִי — I have included, added

רִבְבָן (ע״ז טז א 3, חגי׳ יג ב 2) רְבָבוֹת — Myriads

רִבְבָתָא (בר׳ ו א) רְבָבוֹת — Myriads

רִיבְדָא דְכוּסִילְתָא שְׂרִיטָה שֶׁל הַקָּזָה
Bloodletter's knife scratch

רִבְדֵי דְכוּסִילְתָא (נדה סז ב) שְׂרִיטוֹת שֶׁל הַקָּזָה
Bloodletter's knife scratches

רְבָה (נז׳ ג א — מדני׳ ג ל) גָּדֵל — It grew (multiplied)

רַבָּה הָרַב, הַגָּדוֹל[3] — Rav, the Great

רַבָּה (נדר׳ נ ב, חול׳ עט א) גְּדוֹלָה — (Its tail is) large

אִסּוּרָא רַבָּה אִסּוּר חָמוּר — Grave transgression

בֵּי דִינָא רַבָּה בֵּית דִּין הַגָּדוֹל (=בית דין של מעלה)
The High Court (the Heavenly Court)

צַדִּיקָא רַבָּה (סנ׳ קב ב) צַדִּיק גָּדוֹל — Very pious person

רְבוּ (שבת קנ רע״א — מדני׳ ד) גְּדֻלָּה — Grandeur

רָבוּ גְּדֵלִים — Growing (larger)

רִבּוֹ רִבְבָן (חגי׳ יג ב 2 — מדני׳ ז יב) רִבּוֹא רְבָבוֹת
Myriads of myriads

רִבּוֹא רִבּוֹא — Myriad

רִבְוָון רְבָבוֹת — Myriads

רִבְוָותָא הָרְבָבוֹת — The myriads

רַבְוָותָא (פס׳ סב ב) חֲכָמִים — Sages

רַבְוָותָא (שבת טו א) רַבּוֹתֵיהֶם — Their teachers

רַבְוָותָא (סנ׳ קב ב) רַבּוֹתֵינוּ — Our teachers

רִבְוָותָא (סנ׳ כו א) רְבָבוֹת — Myriads

רַבְוָותֵיהּ (שבת נא א) רַבּוֹתָיו — His teachers

רִיבְוָותָא (גט׳ נז א) רְבָבוֹת — Myriads

רִיבּוּיָא רִבּוּי — Inclusion

רִיבּוּיָא (נז׳ ג א) גִּדּוּל — Letting grow (hair)

ריבויא (סנ׳ צה ב) ט״ד[4]

רִבּוּיֵי, רִיבּוּיֵי רִבּוּיִים — Inclusions

רִבּוּיֵי וּמִיעוּטֵי רִבּוּיִים וּמִעוּטִים[5] — Inclusions and exclusions (in rules of derivation from the Torah)

רַבּוּיֵי (מג׳ יג א) (לְ)גַדֵּל — (To) rear (children)

1) תואר כבוד לחכם בתורה.
2) כך קראו בני מחוזא לקדוש של יום השבת.
3) למשל: ר׳ חיא רבה = ר׳ חייא הגדול.
4) כי״י ואה״ת לי׳ ״חסר חד ריבויא או״, והוסיפו מהרש״ל (עי׳ ד״ס אות ג׳).
5) ממדות שהתורה נדרשת בהם.

רַבּוּיֵי (יב׳ סט רע״א) (ל)רַבּוֹת (To) include
לְרַבּוּיֵי לְרַבּוֹת To include
לרבויי (שבת קו ב, ביצה כד א) כי״י: לדבויי
לְרַבּוּיֵיהּ (שבת קח א 2, סוטה כה א) לְרַבּוֹתוֹ
To include it (*m.*)
לְרַבּוּיִינְהוּ (תמו׳ לב ב 2) לְרַבּוֹתָם To include them
רִיבּוֹן טָב (תע׳ כד ב) רִבּוֹן טוֹב Good master
רִיבּוֹנֵיהּ דְעָלְמָא כוּלֵּיהּ (גט׳ נז א) רִבּוֹן כָּל-הָעוֹלָם[6]
Lord of the Universe
רִיבּוּעָא רִבּוּעַ Square
רַבּוֹעֵי (עירו׳ נז א, זב׳ סב ב) (ל)רַבֵּעַ (=לעשות מרובע)
To square
רְבוּתָא גְּדֻלָּה, יִתְרוֹן[7] Grandeur, superiority
רְבוּתֵיהּ גְּדֻלָּתוֹ, יִתְרוֹנוֹ, חֲשִׁיבוּתוֹ
His grandeur, his superiority, his importance
רְבוּתַיְיהוּ (ע״ז מד סע״א[8]) גְּדֻלָּתָם, יִתְרוֹנָם
Their grandeur, their superiority
רְבוּתַיְיכוּ (גט׳ סח ב, סנ׳ לט סע״א[9]) יִתְרוֹנְכֶם
Your (*p.*) superiority
רָבֵי גָּדֵל, ור׳ פרי It grows and Cf.
רָבֵי (עירו׳ כח רע״ב) גָּדֵל It grows
רַבֵּי (סנ׳ כה א) גִּדֵּל He let grow (his hair)
רַבֵּי (סוטה מט א, חול׳ קמא ב) גַּדֵּל (צ)
Rear (a child) (*m, s., imp.*)
רַבֵּי (חול׳ נג א) גְּדוֹלִים Larger (than)
רָבְיָא (סוכה ה ב, חגי׳ יג ב) תִּינוֹק Baby
רָבְיָא (תמו׳ לא א) גְּדֵלָה It develops
רביא (שבת פז א) מ׳ — בעברית: רבה, ור׳ פרי And cf.
רַבֵּיהּ רַבּוֹ, אֲדוֹנָיו His master
רַחֲמָנָא רַבְּיֵהּ הַתּוֹרָה רִבְּתָה אוֹתוֹ
The Torah included it (*m.*)
רַבְּיֵהּ קְרָא (תמו׳ ב ב) רִבָּהוּ הַכָּתוּב
The (Biblical) verse included it (*m.*)

רַבַּיְיהוּ (חגי׳ יא ב) רַבָּם Their teacher
רַבַּיְיכוּ (הור׳ יב א 2) רַבְּכֶם Your teacher
לרביינהו (תמו׳ לב ב) מ׳ ורש״י: לרבויינהו
רביל (חול׳ מט א) ר׳ מירבל Cf.
רַבִּינְהוּ קְרָא (זב׳ לד א) רִבָּה אוֹתָם הַכָּתוּב
The (Biblical) verse included them (*m.*)
רַחֲמָנָא רַבִּינְהוּ, רַבִּינְהוּ רַחֲמָנָא (זב׳ פג ב, בכו׳ נז א)
הַתּוֹרָה רִבְּתָה אוֹתָם Lit., the Merciful One
included them, i.e., the Torah included them
רְבִיעַ רָבוּץ Crouching (*m.*)
רְבִיעָא (נז׳ י ב) רְבוּצָה Crouching (*f.*)
רְבִיעָאָה (שבת קט ב) רְבִיעִי Fourth one
רְבִיעִיתָא דְמַיָּא (בר׳ כה ב) רְבִיעִית (של לוג) מַיִם
Quarter (of a *lug*) of water
רְבִיעָתָא רְבִיעִית (1/4) Quarter (of a *lug*)
רָבִיתָא רִיבָה, תִּינוֹקֶת Young girl
רְבִיתָא (זב׳ יט א, חול׳ מח א) גְּדֵלָה Natural state
רִיבִּיתָא רִבִּית Interest
רְבִיתֵיהּ גִּדּוּלוֹ Its natural state
רַבִּיתֵיהּ (מג׳ יג א) גִּדְּלָה אוֹתוֹ She raised him
רְבִיתַיְיהוּ (יומא עח ב, חול׳ מו ב) גִּדּוּלָם
Their development
רַבָּךְ רַבְּךָ, מְלַמֶּדְךָ Your (*s.*) teacher
רַבְּכוֹן (כרי׳ ו א 3) רַבְּכֶם Your (*p.*) teacher
רַבָּנָן רַבּוֹתֵינוּ, חֲכָמִים, תַּלְמִידֵי הַיְשִׁיבָה[10]
Our teachers, Sages, yeshiva students
מִדְּרַבָּנָן מִשֶּׁל חֲכָמִים[11] Of the Sages, rabbinical
הַהוּא מִדְּרַבָּנָן אַחַד הַחֲכָמִים One of the Sages
רַבָּנָן בָּתְרָאֵי (גט׳ ד ב 2, ב״ק פה א, בכו׳ מב ב) חֲכָמִים
אַחֲרוֹנִים[12] The latter Sages
רַבָּנָן דְּבֵי רַב[13] (ביצה יט ב ועוד) חַכְמֵי בֵּית הַמִּדְרָשׁ[14]
Sages of the house of study, yeshiva students (*Rashi*)
הַאי מֵרַבָּנָן (בר׳ מז א ועוד) חָכָם זֶה[15] This Sage

(6) בעברית טוב יותר לומר: רבון כל העולמים (בר׳ ס ב).
(7) ערוך (ע׳ רב ג) מביא מיב׳ (עו א, בנוס׳ שלנו ליי!): מקום רבותא פי׳ רבועתא ע׳ מובלעת... (א״ב: ענין רביצה).
(8) סני לט סע״א — ר׳ רבותייכו.
(9) אה״ת, מ׳ לי׳, ד׳: רבותייהו.
(10) רש״י (חול׳ צח א): רבנן — תלמידים.
(11) בנגוד ל״מדאורייתא״ = מן התורה.
(12) = ״חכמים״ במקביל ל״תנא קמא״.
(13) לפעמים בא ״רבנן״ בלבד.
(14) רש״י: תלמידים שבבית המדרש.
(15) בזלזול, השוה ״כי זה משה האיש״ (שמ׳ לב כג), או ״מה יושיענו זה״ (ש״א י כז).

הַהוּא מֵרַבָּנָן אַחַד הַחֲכָמִים — One of the Sages

תָּנוּ[16] רַבָּנָן שָׁנוּ חֲכָמִים — The Sages taught

רָבַע[17] (פס׳ מט סע״א) רוֹבֵץ — It (*m.*) crouches

רְבַע (כרי׳ כד א) רָבַע — He copulated with an animal

רִיבְעָא רֶבַע — Quarter

רִיבְעָא דְרִיבְעָא דְפוּמְבָּדִיתָא (שבת עט א ועוד[18])
רְבִיעִית הָרֹבַע (1/16) שֶׁל פּוּמְבְּדִיתָא — One quarter of one quarter (one sixteenth) of Pompedita

רָבְעָה (סוכה כג סע״א, ב״ק לב א) רוֹבֶצֶת — It (*f.*) crouches

רַבְעוּהָ (ע״ז כד א 2) רָבְעוּ אוֹתָהּ
They copulated with it (*f.*) (an animal)

רַ(י)בְּעוּהָ[19] (עיר׳ כג ב) רִבְּעוּהוּ[20] — They squared it (*m.*)

ריבעוה (עירו׳ נז א) ד״ש: רבענהא

רבעי (ע״ז כד א) כ״י ספ׳: רבעוה

רִבְעֵי (עיר׳ כט ב) רְבָעִים (=לוֹגִים) — Quarters (of a *log*)

רִיבְעֵי (שבת לד סע״ב 2) רְבָעִים — Quarters

רַבַּעְנָהָא[21] (עיר׳ נז א) רִבַּעְנוּהָ[22]
We have squared it (*f.*)

רַבְרְבֵי גְּדוֹלִים — Large ones (*m.*)

רַבְרְבִין (סנ׳ צב ב — מדני׳) גְּדוֹלִים — Large ones (*m.*)

גַּבְרֵי רַבְרְבֵי בְּנֵי אָדָם גְּדוֹלִים (=חכמים)
Important people (Sages)

כָּהֲנֵי רַבְרְבֵי (יומא יח א, יב׳ סא א) כֹּהֲנִים גְּדוֹלִים
High Priests

רַבְרְבָן (חול׳ עט א) גְּדוֹלוֹת — Large ones (*f.*)

רַבְרְבָנוֹהִי (מג׳ טז א) שָׂרָיו — His ministers

רַבְרְבָנוּתֵיהּ (פס׳ קד ב) גַּדְלוּתוֹ, יְהִירוּתוֹ
His grandeur, his pride

רַבְרְבָנָיךְ (ר״ה ד א — מדני׳ ה כג) שָׂרֶיךָ — Your nobles

בְּרַבְרַבְתָּא (עיר׳ י ב) בִּגְדוֹלָה (רש״י: גודל)
With the large (finger), with the thumb

רַבְרְבָתָא הַגְּדוֹלוֹת — Large ones (*f.*)

רבתא (נדר׳ סו ב) מ׳ וד״ו: רבת׳ (=רבתי ?)

רַבָּתִי גְּדוֹלָה[23] — Large one (*f.*)

רְגַז (נדר׳ כה א) רָגַז — He became angry

רגזונתא (קידו׳ מא רע״א) מ׳ ורש״י: רגזנותו

רְגְיָא (בכו׳ יא רע״א) פֶּלֶס[24]
Mean, medial amount, in the middle

רָגֵיז (ב״ק נב א) רוֹגֵז — He becomes angry

רְגִילָא (תע׳ כד ב) רְגִילָה
She was used to, she was in the habit

כדרגילא מילתא[25] (הור׳ יג ב) ר׳ רגילי — Cf.

רְגִילִי (פס׳ פו ב, גט׳ מו ב, הור׳ יג ב[26]) רְגִילִים
They are used to, they are in the habit

רְגִילִינַן (בר׳ מב א) אָנוּ רְגִילִים
We are used to, we are in the habit

רְגִילִיתוּ (שבת קיט א, חול׳ קו א) אַתֶּם רְגִילִים
You (*p.*) are used to, you (*p.*) are in the habit

רְגִילַת (מג׳ כח א) אַתָּה רָגִיל — You (*m, s.*) are used to, you (*s., m.*) are in the habit

רִגְלָא (שבת כא ב, יב׳ לט ב 2[27]) רֶגֶל — Foot

רִיגְלָא רֶגֶל (=חג) — Pilgrimage holiday

רגלא (ביצה ל א) ר׳ דגלא — Cf.

רַגָּלָא (ע״ז כב ב) מְרַגֵּל שֶׁל הַמֶּכֶס (ר״ח), הוֹלֵךְ רָכִיל (רש״י)
Customs spy (*Rach*), gossiper, talebearer (*Rashi*)

רִגְלוֹהִי[28] רַגְלָיו — His feet

תְּלָתָא רִיגְלֵי (יב׳ קכב א ועוד) שְׁלֹשָׁה רְגָלִים
(The) three pilgrimage holidays

---

16) נקוד בהשואה ל״שנו״ בעברית, ואולי יש לתרגם: שונים חכמים, כמו ״תני ר׳ פלוני״, והשוה הפתיחה ״שונין״ לבר׳: שבת צז רע״א (רש״י: התנאים שונין ברייתא), חגי׳ כה א, כתו׳ קד סע״א, חול׳ קכא א, נדה מט א).

17) בַּר מִןְּ רָבַע = בֶּן מֵצִיעַ (יָצוּעַ) וְרוֹבֵץ.

18) בכל המקומות — בפי אביי.

19) רש״י ותוס׳ בד״ו, כל כ״י לי׳ (ר׳ ד״ס אות ר׳).

20) = עשו אותו מרובע.

21) ד״ש, ד״ח: ריבעוה.

22) עשינו אותה מרובעת.

23) והשוה ״רבתי בגוים״ (איכה א א).

24) תרגום משלי טז יא. ר״ג: קרוב לזה וקרוב לזה.

25) מ׳ לי׳, אה״ת: כדרגילי.

26) אה״ת, ד׳: רגילא, ור׳ הע׳ שם.

27) פ״ב — מ׳, ד׳: רגליך.

28) ״רגלוהי״ ביב׳ לט ב = רגליה, ור׳ הע׳ שם.

רַגְלֵיהּ (מ״ק כח א[29]) רַגְלוֹ — His foot

רַגְלֵיהוֹן (ביצה כה ב 3) רַגְלֵיהֶם — Their feet

רגליך (יב׳ לט ב) מ׳: רגלא

רַגְמוּהּ(וּ) (קיד׳ עג א — מ׳) רְגָמוּהוּ — They stoned him

רְגַשׁ (ב״מ פה ב, ב״ב עד ב) רָגַשׁ — It trembled

רגש[30] (פס׳ פו סע״ב) ר׳ הדר — Cf.

רִיגְשָׁא (מג׳ כט א) רֶגֶשׁ, רַעַד — Trembling, quake

בי רדו (ב״ב יב א) ר׳ בי — Cf.

רַדּוֹדֵי רַדֵּיד (ב״מ פג ב) רַדֵּד רִדֵּד

He draws wire (*Rashi*) (pulls metal through narrow holes to produce needles and similar), (he flattens)

רִידְיָא, רִדְיָא חֲרִישָׁה — Plowing

רִידְיָא (יומא כא א, תע׳ כה ב) מַלְאָךְ הַמְּמֻנֶּה עַל הַהַשְׁקָאָה

Angel in charge of rains

רדיוני[31] (נדה סז רע״א) ר׳ דידיוני — Cf.

רְדֵיף (סנ׳ צה א) רוֹדֵף — He pursued

רְדִיפֵי מַיָּא מַיִם רְדוּפִים (=מְהִירִים בִּזְרְמָם)

Rapids (rapidly running waters)

רָדְפִי (סנ׳ עב ב) רוֹדְפִים — They pursue

רַהוּט רָצוּ (מן רוץ) — They ran

רְהוֹט (פס׳ קיג א) רוּץ (צ) — Run (*m, s., imp.*)

רְהוֹטוּ (בר׳ נז ב) רוּצוּ — Run (*m, p., imp.*)

רָהוֹטֵי רָצִים — They run

רָהוֹטֵי[32] **מִכְסָא**[33] (שבת עח ב) רָצֵי הַמֶּכֶס[34]

Officials charged with chasing customs evaders

רְהַט רָץ (ע) — He ran

רָהֲטָא רָצָה (ב) (מן רוץ) — She runs

רִיהֲטָא (בר׳ ו ב) רִיצָה — Running

רִיהֲטָא (בר׳ לז ב) רַהַט[35]

A food of oil, honey and flour made in a pot

רְהַטוּ רָצוּ (מן רוץ) — They (*m.*) ran

רָהֲטִי רָצִים — They (*m.*) run

ריהטן[36] (שבת לב א) ד״ו וע״י: רהטן

רָהֲטָן[37] (שם) רָצוֹת — They (*f.*) run

רָהֵיט רָץ (ב) — He runs

רָהֵיט וְאָזֵיל רָהֵיט וְאָתֵי (חול׳ עד ב) רָץ וְהוֹלֵךְ רָץ וָבָא — He runs back and forth (runs around)

רהיטא (שבת קל ב) א״פ: רהיט

רהיטא[38] (כתו׳ נד א) ר׳: רהטא — Cf.

רהיטי[39] (שבת עח ב) ר׳: רהוטי — Cf.

רוּבָּא רֹב — Majority

רוּבֵּי (כתו׳ טו א 2 ועוד) רֻבִּים, רֹב- — Majorities

רוּבְיָא רוּבְיָה[40] — Fenugreek (a pea-like vegetable)

גִּידֵי[41] **דְרוּבְיָא** (שבת קט ב) גִּידֵי רוּבְיָה[42] — Membranes of the pod of fenugreek (a pea-like vegetable)

רוּבֵּיהּ רֻבּוֹ — Most of it

רוּבַּיְיהוּ[43] (חול׳ צב סע״א) רֻבָּם — Most of them

רוּדְיָא[44] (כתו׳ סז א) **שם מקום בתחום סורא**

Name of locality within the city of Sura

רוה (גט׳ סח סע״א) מ׳ אה״ת: רווא

רְוָא[45] (שם) הִשְׁתַּכֵּר — He became intoxicated

רְוַח הִתְרַוֵּחַ — He benefited

רָוַח מִתְרַוֵּחַ — He benefits

רָוַח עָלְמָא (תע׳ כג סע״ב) הָעוֹלָם מִתְרַוֵּחַ[46]

The world will benefit (the cost of food will drop)

רְוַח[47] **לֵיהּ עָלְמָא** (ב״ב קסז א) מִתְרַוֵּחַ עוֹלָמוֹ[48]

Its world became spacious (there is so much space around the letter "vav" in the document)

(29) ביב׳ לט ב: רגלוהי בהשפעת ״אנפוהי״ בסמוך.

(30) מ׳ ב ור״ח (וע׳): דהדר, מ׳: דגש.

(31) כ״י מינכן: רידיוני, ערוך (ע׳ אדוותא): דידיוני.

(32) ע׳, ר״ח: רהטי, מ׳ א״פ וד׳: רהיטי.

(33) מ׳ וא״פ, ד׳: מוכסא.

(34) שמשי המוכס ״רצים לפניו ומחפשים מי נתן המכס...״ (ע׳).

(35) ״מאכל שעושין בקדירה משמן ודבש וקמח״ (ע׳).

(36) דפוס ונציא ועין יעקב: רהטן, רש״י: רהיטין, כ״י מינכן: מרהטין.

(37) ד״ו וע״י, מ׳: מרהטין, רש״י: רהיטין, ד״ח: ריהטן.

(38) כ״י מינכן: רהטא, רש״י: ריהטא.

(39) ערוך: רהוטי, רבנו חננאל: רהטי.

(40) מלשון ערבית.

(41) א״פ, מ׳ ד׳: גירי.

(42) הגידים שבתרמיל הרוביה.

(43) מ׳: רוביהו.

(44) ערוך (ע׳ אשל): אורדיא, וע׳ עה״ש.

(45) מ׳ אה״ת, ד׳: רוה.

(46) כלומר: יִפָּסֵק יוקר השערים.

(47) מ׳ ה׳, ד׳: רויח.

(48) כלומר: יש ריוח בינה לבין שאר האותיות.

רְוַוח (עִיסְקָא) (ב״מ קה א) הִתְרַוֵּחַ (=הֵבִיא רֶוַח)
It brought in profit

רְוַוח בֵּיתָא (כתו׳ סט א ועוד) הַרְוָחַת הַבַּיִת, רְוָחַת הַבַּיִת
Profit of the house

רְוָחָא דַעְתֵּיה (נדר׳ מ א) דַּעְתּוֹ מִתְרַחֶבֶת (=חָלְיוֹ קַל עָלָיו)
His spirits improve (he (the ill person) feels better)

רְוָחָא שְׁמַעְתָּא (ב״מ פד א) הַשְּׁמוּעָה רוֹוַחַת (ההלכה מתפרשת)
The subject of study profits
(becomes understandable)

רְוּוחָא רֶוַח Benefit, profit

רְוָוחָא רְוָחָה Contentment, ease

רווחא לבסימא שכיח ר׳ בסימא Cf.

רְוָחָא דְמִילְּתָא (ב״ק קטז א) רְוָחַת הָעִנְיָן
As a precaution, to simplify matters

רְוָוקָא (פס׳ מב ב) מְשַׁמֶּרֶת (כלי)
(Water is poured on wine sediment in) a strainer

רְוָוקֵי (ע״ז עה א) מְשַׁמְּרוֹת (Wine) strainers

רוז[49] פפא (ב״ב צ ב) ר׳ כוז Cf.

רוּזְגָר (יב׳ עט א[50], ב״ב קכב א[51]) שְׂכִיר יוֹם[52] Daily worker

רוּזִינְקָא[53] (מנ׳ סט ב) מְזוֹן יוֹם Daily ration

רוּחַ צִרְדָא (פס׳ קיא ב, חול׳ קה ב) צַהֶבֶת[54], פ״א: כְּאֵב חֲצִי הָרֹאשׁ[55]
Jaundice, pain in half the head
(Rashbam), fainting, shock, confusion (*Rashi*)

רוּחָא (גט׳ סז ב) רוּחַ A spirit

רוּחָא (ע״ז כט א) רוּחַ רָעָה[56] Bad spirit

רוּחֵי (פס׳ קי א ב) רוּחוֹת (רָעוֹת) Bad spirits

אַרְבַּע רוּחֵי דְעָלְמָא[57] (תע׳ ג רע״ב) אַרְבַּע רוּחוֹת הָעוֹלָם
The four corners of the world
(the four compass points)

רוּחֵיהּ (ב״ק פד א, בכו׳ ח ב) רוּחוֹ His breath

רוּחִין (ב״ב סב א) רוּחוֹת (=צְדָדִים) Sides

לְרוּחְצָן (קיד׳ עב ב — מת״י) לָבֶטַח Securely

רוּחָתָא (חול׳ יז ב כ״פ) הָרוּחוֹת (=הצדדים)
The sides

אַרְבַּע רוּחָתָא דְעָלְמָא (בר׳ נח ב) אַרְבַּע רוּחוֹת הָעוֹלָם
The four corners of the world
(the four compass points)

רָוֵי[58] (נדר׳ מט ב) מִשְׁתַּכֵּר He becomes intoxicated

לָא רָוֵי (מג׳ יב ב) אֵינוֹ מִשְׁתַּכֵּר
He does not become intoxicated

רָוְיָא (שבת לב א, גט׳ סח ב) שִׁכּוֹר Drunk

רֵוֵיהּ (סנ׳ צג סע״א, צה סע״ב — מדני׳ ג) תֹּאֳרוֹ (צורתו)
His appearance, his form

רְוִיחַ (עירו׳ ב סע״ב) רָחָב Wide

רוויח ליה עלמא (ב״ב קסז א) מ׳ ה׳: רווח

רְוִיחָא (סוכה ב ב, חול׳ ס א) מְרֻוַּחַת Wide, spacious (*f.*)

רְוִיחָא (ב״מ כה א) הָרָחָב The wide one

רויחא לה (שבת קיב רע״א) מ׳: רויח (לה)

רויחא (פס׳ ל סע״ב[59], ב״ק נ ב[60]) ר׳ רויחי Cf.

רְוִיחֵי[61] (שם ושם) מְרֻוָּחִים Wide (*m, p.*)

רוּכְּבֵיהּ (חול׳ נו א) רִכּוֹ, רַכּוּתוֹ Its softness

כִּי רוֹכְלָא (נז׳ כא א ועוד) כְּרוֹכֵל
As a hawker, as a peddler

רוּם[62] עָלְמָא (סוטה מח ב — מת״א) רוּם עוֹלָם
The heights of the world

רוּמָא (ב״ב עג ב) גֹּבַהּ Height

עוּמְקָא וְרוּמָא[63] עֹמֶק וָגֹבַהּ Depth and height

רוּמָאָה רוֹמִי (ת) Roman (*m.*) (of Rome)

רוּמָאֵי רוֹמִיִּים Romans (*m.*)

רוּמַהּ (בר׳ נד ב) גָּבְהָהּ Its (*f.*) height

רוּמְחָא רֹמַח Lance

---

49) מ׳: רז, ר׳: רד, ה׳ ושמ״ק: כוז.
50) מ׳: .וזגר (האות הראשונה מטושטשת).
51) מ׳ ה׳: דוזגר, ד׳: דוגזר.
52) מלשון פרסית.
53) עי׳ ח״ג ב״כיזבא״.
54) מלשון פרסית, ע״פ עה״ש.
55) ע״פ רשב״ם בפס׳.
56) ורש״י פירש: שחפת.
57) כ״י מינכן: עלמא.
58) כ״י מינכן: רווי.
59) מ׳: רויח, ר״ח: רויחי.
60) כל כ״י: דלא רויחי, ד׳: דלית בהו רויחא.
61) עי׳ שתי ההערות הקודמות.
62) מ׳, ד׳: רומי.
63) בנוסח שטר מכירה.

רוּמְחֵיהּ רָמְחוֹ — His lance

רוּמִי עַלְמָא (סוטה מח ב) מ׳: רום עלמא

רוּמְיָיתָא (ב״ב פג ב) רוֹמִיּוֹת — Romans (*f, p.*)

רוּמִיתָא (שבת קי ב) רוֹמִית (ת) — Roman (*f.*)

רוּמָּנָא (בר׳ נו א ועוד) רִמּוֹן — Pomegranate

רוּמָּנֵי (בר׳ מא ב[64], כתו׳ סא ב[65], ב״מ כב א[66], ב״ב כ ב[64]) רִמּוֹנִים — Pomegranates

רוּמָּנֵי דְאַפֵּי (ע״ז ל ב) רַקָּה[67], פ״א: רִמּוֹנֵי הַפָּנִים (שמתחת לעינים) — Temple, cheekbone

רוּנגר (יב׳ עט סע״א[68], ב״ב קכב א[69]) ר׳ רוזגר — Cf.

רוּפִילָא[70] (שבו׳ ו ב[71]) שַׂר־צָבָא — Commander-in-chief

רוּקָא רֹק — Saliva

רוּקֵיהּ (ב״ב קכו ב 2) רֻקּוֹ — His saliva

רוּקתא (שבת נט ב) ע׳: ארוקתא

רוּשְׁחָתָא (גט׳ סט ב) תַּחְתּוֹנִיּוֹת (רש״י), טְחוֹרִים (?) — Illness of the bottom part of the body (hemorrhoids?)

רוּשְׁמָא (פס׳ קי רע״א, גט׳ כ סע״א) חֲקִיקָה — Carving, engraving

רָזָא (תע׳ ח ב — מדני׳) סוֹד, רָז — Secret, mystery

רָזוֹהִי (שבת קנו א 2) סוֹדוֹתָיו, רָזָיו — His secrets, his mysteries

רַזְיָא (תע׳ ג ב ועוד) בְּכֹחַ — With force

גַּלֵּי רָזַיָּא (ב״מ פה ב, סנ׳ לא א) גִּלָּה סוֹדוֹת — He disclosed secrets, mysteries

רַחוֹמֵי (גט׳ יב א, בכו׳ כד א) (ל)רַחֵם — (To) have pity

לְרַחוֹמֵי[72] (בכו׳ כד א) לְרַחֲמִים — To have pity on it

לְרַחוֹקַהּ לְהַרְחִיקָהּ — To move it (*f.*), her away

רַחוֹקֵי (ב״ב יח ב) (ל)הַרְחִיק — To move it (*m.*) away

רַחוֹקֵי רַחְקַהּ (זב׳ קיג א) הַרְחֵק הִרְחִיקָהּ — He moved it (*f.*) far away

רַחוֹשֵׁי מְרַחֲשָׁן שִׂפְוָתֵיהּ (מג׳ כז ב, סנ׳ צ ב) רָחוֹשׁ מְרַחֲשׁוֹת (=מתנועעות) שְׂפָתָיו — His lips stir, vibrate

רְחֵילָא[73] (כתו׳ סג א 2) רָחֵל — An ewe

רַחֵים (בכו׳ כד א) רִחֵם — He had pity

רָחֵים אוֹהֵב — He loves

רַחֵימוּ (ב״ק צא א[74], קטז א) רִחֲמוּ — They had pity

רָחֵימְנָא (נד׳ יג א-ב, סנ׳ פט ב) אֲנִי אוֹהֵב — I love

רְחִימְתִּין (סנ׳ ז א 2) אַהֲבָתֵנוּ — Our love

רְחִיצְנָא (שם) בְּטוּחֲנִי, בָּטַחְתִּי — I trusted, I depended

בְּרַחִיק[75] (גט׳ נז א) בְּרָחוֹק — At a distance of

רַחִיק (מנ׳ מב א) רָחוֹק — Far

רַחִיקָא רְחוֹקָה, הָרָחוֹק — Far away, remote (*f.*)

רַחִיקֵי (מכות ז א) רְחוֹקִים — Distant (are not related)

רַחִיקָ(ת)א (כתו׳ סז סע״ב — מ׳ ואה״ת) רְחוֹקָה — Faraway, distant

רָחֲמָא (יב׳ צג ב, קיח ב) אוֹהֶבֶת — She likes

רָחֲמוּ (כתו׳ קה ב 3, קיד׳ נ א) אוֹהֲבִים (ב) — They like

רַחֲמֵי רַחֲמִים — Compassion, mercy, pity

רחמי (ב״ק צא א) כי״י: רחימו

רָחֲמֵיהּ (גט׳ נה ב, ע״ז ד א) אוֹהֲבוֹ — His lover

רַחֲמַיְיהוּ (ע״ז ה א) רַחֲמֵיהֶם — Their mercy, compassion

רָחֲמִין[76] (כתו׳ קה ב) אוֹהֲבִים (ב) — They like

רַחֲמִין (תע׳ ח ב — מדני׳) רַחֲמִים — Mercy

רַחֲמָנָא הָרַחֲמָן (כינוי להקב״ה) — The Holy One Blessed Be He

אֲמַר רַחֲמָנָא אָמְרָה הַתּוֹרָה — The Torah stated

כְּתַב רַחֲמָנָא כָּתְבָה הַתּוֹרָה — The Torah wrote

רְמָא[77] רַחֲמָנָא (ב״מ ג סע״א) הֵטִיל הַכָּתוּב — The (Biblical) verse imposed

רַחֲמָנָא לִיצְלָן/נִיצְלָן הָרַחֲמָן יַצִּילֵנוּ — May the Merciful One (HaKadosh Baruch Hu) save us

רַחֲמ(נ)וּתֵיהּ[78] (ב״ב טז א) אַהֲבָתוֹ — His love

---

(64) מ׳, ד׳: רמוני.

(65) מ׳ ואה״ת, ד׳: רימני.

(66) כי״י, ד׳: רימוני.

(67) השוה ״כפלח הרמון רקתך״ (שיר השירים ד ג).

(68) ד׳: דוגזר, מ׳: .וזגר (האות הראשונה מטושטשת).

(69) צ״ל: רוזגר, כנוס׳ ע׳ (ע״ש) ועי׳ ד״ס אות ת׳.

(70) מלשון רומית (לפי ר״ב), ובעל עה״ש גוזרו מלשון פרסית (=רואה פני המלך).

(71) ובשאר המקומות: פרזק רופילא.

(72) כך גם מ׳, ואולי צ״ל: לרחמו.

(73) מ׳ ואה״ת לי׳ ״רחילא בתר רחילא אזלא״.

(74) כי״י, ד׳: דרחמי.

(75) מ׳, ד׳: ברחוק, אה״ת: מרחוק, אבל עי׳ מכות יא א: ברחוק תלתא (אה״ת: שלשה) פרסי (מ׳, ד׳: פרסה).

(76) מ׳ אה״ת, ד׳: מרחמין.

(77) כל כי״י, ד׳: רמיא.

(78) אה״ת וא״פ, מ׳: רחמוהי, ה׳: רחמתיה.

לרחקה (קיד׳ ס רע״ב, סנ׳ צט ב) מ׳: לרחוק׳

רִיחֲשָׁא (שבת קמו ב) רֶמֶשׂ Reptile

רִיחֲשָׁא (ב״מ פד ב) רִמָּה, תּוֹלַעַת Worm

רְטִיבָא רָטֹב, לַח Wet, moist (*m, s.*)

רְטִיבָא (סנ׳ קה ב, ע״ז ד ב) אָחוּ Meadowland

רְטִיבְתָּא רְטֻבָּה, לַחָה Wet, moist (*f, s.*)

רְטִיטָא (סוטה יט ב 2) רֶטֶט Trembling, shaking

רָטֵין (סוטה כב א) רוֹטֵן (=ממלמל בלחש)
He whispers his incantations (*Rashi*)

מְרֵיחַ פִּיתָּא (ב״ב צא ב) מֵרֵיחַ הַפַּת
From the smell of bread

רֵיחָא רֵיחַ Smell

רֵיחַיָּא רֵיחַיִם (Grinding) mill

בֵּי רֵיחַיָּא בֵּית הָרֵחַיִם Mill (building)

רֵיחַיָּא דִידָא (פס׳ יא א ועוד) רֵחַיִם שֶׁל יָד Hand mill

רֵיחֵיהּ רֵיחוֹ His, its smell

רֵיחַיְיהוּ (סוכה יג א) רֵיחָם Their smell

רֵיחָנֵי בְּשָׂמִים Perfumes

רֵיחָתָנָא (שבת קי א, גט׳ ע א) (חִוְּתָן)[79] Good-smelling wine

רָיֵיק (שבת קמה ב) יוֹרֵק (מגיעול)
He spits (from repugnance)

רִיכְסָא (ב״ב ג א 2) רֶפֶשׁ Clay mixed with small stones

ריכשי ר׳ ארכביה Cf.

רֵימָא (זב׳ קיג ב 3) רְאֵם Ram

רימני (כתו׳ סא ב 2) מ׳ אה״ת: רומני

רִיסְפַּק (חול׳ עט א) מִין מֶרְכָּבָה
(An animal-pulled) carriage

שָׁקָא דְרִיסְפַּק (גט׳ נה ב ועוד) שׁוּק שֶׁל מֶרְכָּבָה
Side board of carriage

רִיסְקָא[80] (שבת נט סע״ב) חֲגוֹר שֶׁל עוֹר
Piece of garment (*Rashi*) ,leather belt (*Aruch*)

ריסקא[81] (ב״ב כ א 3) ר׳ דסקא Cf.

ריסתנא (בר׳ מב א, גט׳ סז סע״ב) מ׳ וע׳: דיסתנא

ריסתנאי (שבת קנו ב) מ׳ וע׳: דיסתנא

רִיסְתְּקָא דְמָחוֹזָא (בר׳ נד א ועוד) שׁוּק שֶׁל מָחוֹזָא
The marketplace of Mechuza

רִיעַ רָעוּעַ Shaky, unstable, poor, bad

שְׁטָרָא רִיעָא (כתו׳ לו ב) שְׁטָר רָעוּעַ[82]
Promissory note of doubtful credibility

רִיעוּתָא רָעוּעַ (=אי יציבות) Weakness, unsoundness

ריעותיה (ב״ב קסא א) כי״ וראשונים: ריעותא

רִיעֵי (ב״מ יב ב) רְעוּעִים
Promissory notes of doubtful credibility

רֵיעֲיָא[83] (עירו׳ כט ב 2) רְעִי, גְּלָלִים Excrements

רִיפֵי (יומא עה ב) כִּכָּרוֹת Loaves (of bread)

רִיפְתָּא כִּכָּר, לֶחֶם Loaf, bread

תַּרְתֵּי רִיפְתָּא (עיר׳ פב סע״ב) שְׁתֵּי כִּכָּרוֹת
Two loaves (of bread)

רִיפְתָּא דְעֵירוּבָא (בר׳ לט ב, שבת קיז ב) פַּת שֶׁל עֵרוּב
Bread used for an *eiruv*

רִיפֵ(ת)י[84] (בר׳ מב א) כִּכָּרוֹת Loaves (of bread)

רִיפְתֵּיה (שבת קיד א) לַחְמוֹ (=פרנסתו)
His bread (his sustenance)

ר[י]פְתָּךְ[85] (ב״ק כג ב) כִּכָּרְךָ, לַחְמְךָ
Your loaf of bread, your bread

אליבא ריקנא ר׳ ליבא Cf.

רִירָא רִיר Saliva

רִירֵי רִירִים Secretions of saliva, discharge

רִירֵיהּ[86] (חול׳ עז א 2) רִירוֹ His saliva

רֵישׁ רֹאשׁ, תְּחִלָּה Head, beginning, first thing

רֵישׁ גָּלוּתָא רֹאשׁ הַגּוֹלָה Exilarch, head of Exile,
highest position of Babylonian Jews

רֵישׁ גַּרְגּוּתָא רֹאשׁ הַבְּאֵר[87] Head of wells,
person in charge of supervising wells

רֵישׁ דוּכָנָא (ב״ב כא א) רֹאשׁ דּוּכָן (=עוזר למלמד)
Head of the dais, platform, assistant teacher in classes of forty

רֵישׁ דִּיקְלָא (קיד׳ פא א) רֹאשׁ הַדֶּקֶל Top of palm tree

79) רש״י: יין שיש לו רֵיחַ טוֹב מְאֹד.
80) ד׳: רסוקא, ר׳ הע׳ שם.
81) כי״ וד״י: דסקא, ר׳: דשקא, וע׳ ד״ס.
82) = אמינותו מפוקפקת.
83) מ׳ א״פ, ד׳: רעיתא.
84) מ׳ גלי ד״י ה״ג וע׳.
85) ה׳ — על גרד, מ׳: ריפתיך.
86) ע׳, שה״ג: דידיה, ור׳ קנא.
87) משגיח על התורנות בהשקאת השדות.

רֵישׁ דִּיקְלֵי[88] (שבת לה ב) רָאשֵׁי דְקָלִים
Tops of palm trees

רֵישׁ טַבָּחַיָּא (חול׳ נ ב, נח ב[89]) רֹאשׁ הַשּׁוֹחֲטִים
Chief of ritual slaughterers

רֵישׁ יַרְחָא רֹאשׁ חֹדֶשׁ
First day of the month

רֵישׁ כּוֹרֵי (קיד׳ עו ב) רֹאשׁ הַכּוֹרִים (=מפקח על המדות)
Lit., head of the Kors, i.e., person responsible to verify measurements

רֵישׁ כְּנִישְׁתָּא רֹאשׁ הַכְּנֶסֶת
Head of Assembly

רֵישׁ מְתִיבְתָּא רֹאשׁ יְשִׁיבָה
Head of Yeshiva

רֵישׁ נַהֲרָא (סנ׳ כה סע״ב 2) רֹאשׁ הַנָּהָר (=מוכס, ״רש״י״ תענית)
Lit., head of river, i.e., tax collector, mayor of city (*Rashi*)

רֵישׁ שַׁתָּא רֹאשׁ הַשָּׁנָה
New Year's Day

מֵרֵישׁ בָּרִאשׁוֹנָה, לְפָנִים
Formerly, from the beginning

רֵישָׁא רֹאשׁ (חלקה הראשון של משנה או ברייתא)
First part of *Mishnah* or *Beraissa*

בְּרֵישָׁא תְּחִלָּה, רִאשׁוֹנָה
In the past, in the beginning, initially

מֵרֵישָׁא מִתְּחִלָּה, בָּרִאשׁוֹנָה
Formerly, initially, from the beginning

רִישְׁבָּא צַיָּד עוֹפוֹת (=פורש נשבין)
Bird hunter, fowler (someone who sets up nets)

רישבא (ב״ב קכו ב) =ראש בית אב (ועי׳ עה״ש)
Head of family

רֵישָׁהּ (סנ׳ צז א) רֹאשָׁהּ
Her head

רֵישְׁוָותֵיהּ (קיד׳ כט ב) רָאשָׁיו
Its heads

רֵישִׁי רֹאשִׁי
My head

רֵישֵׁי נַהֲרֵי (תע׳ כ א) רָאשֵׁי נְהָרוֹת (=מוכסין, רש״י)
Lit, heads of rivers, i.e., tax collectors

רֵישֵׁיהּ רֹאשׁוֹ
His head

ברישיה[90] (חגי׳ יג ב) ר׳ בדוכתיה
Cf.

רֵישַׁיְיהוּ רָאשֵׁיהֶם
Their head

רֵישַׁיְיהוּ (מנ׳ כו א) תְּחִלָּתָם
Their (of the *Mishnah*) opening clause

רֵישִׁין (מ״ק כה א) רֹאשֵׁנוּ
Our head

רֵישִׁינָא[91] (שבת קלג סע״ב) שָׂרָף שֶׁל עֵץ
Sap of tree

רֵישָׁךְ רֹאשְׁךָ
Your head

רישנא[92] (סנ׳ צד ב) ר׳ דישנא
Cf.

רֵישְׁפֵי (פס׳ קיא ב) רְשָׁפִים[93]
Demons that reside on roofs

רֵישָׁתִינְהִי (פס׳ קי א) מַנְהִיגָתָן
Their leader

רִיתָא (מג׳ כז ב) חֶבֶל שֶׁל גֹּמִי
Rope made of reeds

לָא רַכָּא[94] וְלָא בַר רַכָּא (ב״ב ד א) לֹא מֶלֶךְ וְלֹא בֶּן־מֶלֶךְ
Neither a king nor a king's son

רכב (מג׳ טז א) ר׳ רכוב
Cf.

רִיכְבָּא דְדִיקְלָא (ב״מ קח סע״ב ועוד[95]) רֶכֶב שֶׁל דְּקָלִים[96]
Row of palm leaves bent over one another and woven together

רָכְבָא (מנ׳ קב א) רוֹכֶבֶת (רוֹבֶצֶת)
It (*f. s.*) rides over, hovers over

רַכְבַהּ (סנ׳ סז ב) רָכַב עָלֶיהָ
He rode on it (*f. s.*)

רַכְבֵיהּ (סנ׳ צה סע״א) רָכַב עָלָיו
He rode it (*m.*)

רְכִבְתְּ (סנ׳ קה רע״ב) רָכַבְתָּ
You (*m, s.*) rode

רכבתא[97] (ע״ז ד רע״ב) ר׳ רכיבת
Cf.

רְכוֹב (מג׳ טז א 2[98]) רְכַב
Ride (*m., s., imp.*)

לְרַכּוֹכֵי לְרַכֵּךְ
To soften

רָכֵיב רוֹכֵב
He rides

רְכִיב רָכוּב
Riding on horse

לָא רְכִיבַת (ע״ז ד רע״ב) אֵינְךָ רָכוּב
You are not riding a horse

רַכִּיךְ רַךְ
Soft (*m, s.*)

רַכִּיךְ וְטָב (ב״מ פו ב) רַךְ וָטוֹב (בר׳ יח ז)
Soft and good (*m, s.*)

88) במ׳ הוגה: רישי דדיקלי.
89) כ״י ועוד, ד׳: רב טבחיא.
90) מ׳ אה״ת וע״י: בדוכתיה, וכן הגיה הב״ח.
91) כ״י וע׳ לי׳ וגליון הוא מפירש״י, ועי׳ ד״ס אות צ׳.
92) מ׳: רשנא, ע׳ אה״ת ויל׳ ועוד: דישנא, ר׳ מ׳ הג׳: דשנא.
93) = שדים השוכנים בגגות.
94) - בלי״ר, ע׳: ריכא, בר ריכא.
95) וכן כתו׳ קט ב — מ׳ ורש״י, ד׳: דדיקלי.
96) = שורות דקלים קלועים זה בזה.
97) מ׳: רכיב׳, כ״י ספ׳: רכבת.
98) פ״ב — אה״ת, מ׳ ע״י: רכיב, ד׳: רכב.

רַכִּיכָא רַכָּה — Soft (*f, s.*)

רַכִּיכֵי רַכִּים — Soft (*m, p.*)

רַכִּיכִין (סנ׳ יא א-ב) רַכִּים — Soft (*m, p.*)

רַכְּכֵיהּ (ב״ק צט א) רִכְּכוֹ — He softened it (*m.*)

רְמָא הֵטִיל, הִשְׁלִיךְ — He threw, cast

רְמָא קָלָא צָעַק — He cried out, shouted

רמא[99] (כתו׳ ס סע״ב) ר׳ דמא — Cf.

רַמָּאָה רַמַּאי — Swindler, deceiver

רַמָּאוּתָא רַמָּאוּת — Swindling, deceiving

רַמָּאוּתֵיהּ רַמָּאוּתוֹ — His swindling, deceiving

רַמָּאֵי רַמָּאִים — Swindlers, deceivers

רְמַאי אַנַּפְשַׁאי (כתו׳ כ ב) הֵטַלְתִּי עַל עַצְמִי (=השתדלתי) — I tried hard, I made an effort

רְמַאי שִׁיכְרָא (פס׳ קיג א) עָשִׂיתִי שֵׁכָר — Lit. I threw (hops), i.e., I made beer, an intoxicating drink

רְמוֹ הֵטִילוּ, הִשְׁלִיכוּ — They threw, cast

רָמוּ[1] מְטִילִים — They throw

רְמוֹ (כתו׳ מח א, ב״מ לב א, סנ׳ מח ב) מוּטָלִים — Thrown, cast (*m, p.*)

רְמוֹ בֵּיהּ קָלָא (שבת קכד ב) גָּעֲרוּ בּוֹ — They shouted at him, rebuked him

רְמוֹז (כתו׳ קיא ב) רְמֹז — Winking

רִימּוּזָא[2] (סנ׳ פו ב 2) רְמִיזָה — Hinting, alluding to

רַמּוֹזֵי (ל)רַמֵּז — To hint to, to allude to

רִמּוֹנָא[3] רִמּוֹן — Pomegranate

רִמּוֹנֵי[4] (בר׳ מא ב, נ ב, ב״מ כא א 3, ב״ב כ ב) ר׳ רומני — Cf.

רְמוּת רוּחָא גַּסּוּת הָרוּחַ — Arrogance

בַּר רָמֵי וּבַר רַבְרְבֵי (מ״ק כח ב) בֶּן־גְּבוֹהִים וּבֶן־גְּדוֹלִים — Scion of a prominent and important family

בָּתֵּי רָמֵי (מ״ק יז ב) בָּתִּים גְּבוֹהִים — High houses

רָמֵי מֵטִיל[5], מַשְׁלִיךְ — He throws, he pits one *Mishnah* or *Beraissa* against another

רָמֵי חוּטֵי (חול׳ קי א) מֵטִיל חוּטִים (של ציצית) — Lit., he threw threads (of *tzitzis*), i.e., he put threads of *tzitzis* (into a *talis*)

רָמֵי[6] **מְסָאנֵי** (כתו׳ סה ב) נוֹעֵל נְעָלַיִם — He puts on shoes

רָמֵי פּוּזְמָקֵי (שבת י א) נוֹעֵל מַגָּפַיִם — He puts on cloth shoes, gaiters

רְמֵי מוּטָל, מֻשְׁלָךְ — Throw, cast (*m, s.*)

רְמֵי (זב׳ ה א) מוּטָל (=שוכב) — Rests (*adj., m, s.*)

רמי (עירו׳ ו ב) מ׳: רמו

דַּהֲוָה רָמֵי לִיבְנֵי[7] (סנ׳ קט ב) עוֹשֶׂה לְבֵנִים — He produces bricks

רְמֵי לֵיהּ (פס׳ טז א, פד א, יב׳ מב ב) הָטֵל לוֹ[8] — Ask him (*m, s., imp.*) about contradiction between two *halachos*

אִיכָּא דְּרָמֵי לְהוּ מִירְמָא (סוכה טז א) יֵשׁ שֶׁמֵּטִילִים אוֹתָם הֵטֵל[9] — Some pit one *Mishnah* or *Beraissa* against the other

רָמְיָא (נדה לט ב) מְטִילָה (ביצה) — It (*f.*) lays (an egg)

רְמְיָא מוּטֶלֶת — Thrown (*f, s.*)

רַמְיָא, רַמְיָיא (תע׳ ז א, נדר׳ נא א) הֵטִילָה — She poured

רַמְיָא קָלָא (קיד׳ ע ב) צָעֲקָה — She raised her voice, she screamed, she cried out

דרמיא רחמנא (יב׳ לט סע״א) מ׳: דאמ׳ רח׳

דרמיא רחמנא (ב״מ ג א) כל כי״י: דרמא רח׳

רמיה (שבת קיח סע״ב) ר׳ רמייה — Cf.

רְמִיו (חגי׳ יד א ועוד — מדני׳) הִשְׁלִיכוּ — They were set up, thrown down (*Daniel* 7:9, see Ibn Ezra)

רמיותא (מג׳ יג ב) מ׳ ועוד: רמאותא

רְמִיזָא רָמוּז — Hinted to, alluded to (*m, s.*)

רְמִיזָא (סנ׳ פו ב 2) רֶמֶז — Hinting

רְמִיזֵי רְמוּזִים — Hinted to, alluded to (*m, p.*)

רַמְיֵ[י]הּ[10] (שבת קיח סע״ב) הֱטִילוֹ — He placed it, inserted it (*m.*)

99) מ׳ ועי׳: דמא, ועי׳ הגרי״ב.

1) שבת קל א: דלא רמו — אה״ת: דלית.

2) מ׳, ד׳: רמיזא.

3) בכמה מקומות במ׳: רומנא.

4) מ׳ בכולם: רומני, סנ׳ קח ב ילי׳ שלו׳ ואה״ת.

5) גם בהוראה: מוצא סתירה בין שתי משניות ובריתות או שני כתובים.

6) בסוטה ח רע״ב: סיים.

7) כי״מ, ד׳: דהוה ליה תורא דלבני [וראה עוד ש״נ בז״ס].

8) כלומר: שאל אותו על סתירה בין שתי הלכות.

9) כלומר: לומד את הענין בדרך של ישוב סתירה בין המשנה והברייתא.

10) רש״י, מ׳: רמיא.

רַמְיֵיהּ (פס׳ נט ב) הֵטִילוֹ, הִקְשָׁהוּ
Lit., he threw it (*m.*), i.e., he raised that objection

רָמְיָין (מעי׳ יט א) מַשְׁלִיכוֹת — They (*f.*) throw (away)

רַמְיָין (יב׳ קטו ב) מֻשְׁלָכוֹת, מוּטָלוֹת
Put in, placed, thrown (*f, p.*)

רָמֵינָא עֲלֵיהּ (חול׳ מג ב) אֲנִי מֵטִיל עָלָיו
I impose upon him

רָמֵינָא פוּרְיַיאִי (תע׳ כב א) אֲנִי מַצִּיעַ מִטָּתִי
I place my bed

רָמֵינָא לִיךְ (נדר׳ נ א) אֶעֱשֶׂה לָךְ — I will make for you

ורמינהו ר׳ ורמינהי והע׳ 11 — Cf.

וּרְמִינְהִי[11] (=וּרְמֵי אִינְהִי) וְהָטֵל אוֹתָן[12]
Lit., and throw them (*m, s., imp.*), i.e., be conscious of the contradiction between them

רָמִינַן אָנוּ מְטִילִים, נָטִיל, נַשְׁלִיךְ
We throw, we will throw, we will cast

רָמִינַן אַנַּפְשִׁין (ע״ז ד א) אָנוּ מְטִילִים עַל עַצְמֵנוּ (משתדלים)
We impose upon ourselves, we make an effort

רָמֵית (גט׳ נב ב) אַתָּה מֵטִיל, תָּטִיל
Lit., you throw (upon him), i.,e., you force (upon him)

רָמֵית[13] (תע׳ יד ב ועוד) אַתָּה מֵטִיל, מַקְשֶׁה
You (*m, s.*) raise an objection, ask

רָמֵית (תע׳ כב א) כי״י ואה״ת: סיימת

(ק)רְמִית (ב״מ קיג סע״ב — כי״י ורש״י ותוס׳) אַתָּה מוּטָל
You are responsible

רְמִיתוּ (סנ׳ ל ב) אַתֶּם מַשְׁלִיכִים — You (*p.*) throw down

רַמְכֵי רַמְכֵי[14] (תע׳ כג א) עֲדָרִים עֲדָרִים
Herds, flocks

רַמְצָא דְפַרְזְלָא (שבת צ א ועוד) מַקְדֵּחַ בַּרְזֶל — Iron pick

רְמַת חַמְרָא (נדר׳ נ ב) הֵטִילָה הַיַּיִן — She poured wine

רסוקא (שבת נט סע״ב) מ׳ וד״ש: ריסקא

מִלְּרַע (=מלארע) (שבת צב א) מִלְּמַטָּה — From below

רַעַבְתָּנוּתָא (בר׳ לט ב ועוד) רַעַבְתָּנוּת
Gluttony, habitual eating to excess

רָעוּ[15] (בר׳ נו רע״א) רוֹעִים (ב) — They pasture

יְהֵא רַעֲוָא יְהִי רָצוֹן — May it be the will

רָעֲוָתָא רוֹעִים — Shepherds

כִּדְאָמְרִי רָעֲוָתָא[16] (בכו׳ כא ב) כְּמוֹ שֶׁאוֹמְרִים הָרוֹעִים
As the shepherds say

בִּרְעוּת נַפְשֵׁיהּ (סנ׳ ז ב) בִּרְצוֹן עַצְמוֹ
Of his own free will

רעותא (ביצה לד רע״א) מ׳: ריעותא

רעותא (בכו׳ כא ב) שמ״ק: רעוותא

רְעוּתָא דְמָרַיְיכוּ (בר׳ נז ב) רְצוֹן אֲדוֹנֵיכֶם (=הקב״ה)
The will of your master (The Holy One Blessed be He)

רְעוּתֵיהּ (כתו׳ עז ב 2) רְצוֹנוֹ — His will

רָעֵי רוֹעֶה (ב) — He pastures

רָעֲיָא (ב״ק פ א) רוֹעָה (ב) — She pastures

רָעֲיָא הָרוֹעֶה (ת) — The shepherd

רַעְיָא (סוטה לד ב, ב״מ סט א) מִרְעֶה — Pasture

רַעְיוֹנֵי לִבָּךְ (בר׳ נה סע״ב — מדני׳) מַחְשְׁבוֹת לִבְּךָ
Thoughts of your heart

רַעְיוֹנָךְ (שם) מַחְשְׁבוֹתֶיךָ — Your (*m, s.*) thoughts

רעיי (בר׳ נו רע״א) כי״י וע״י: רעו

רָעֵינָא[17] (חגי׳ ה רע״א) אֲנִי רוֹעֶה — I pasture, graze

לָא רָעֵינָא (יב׳ קז ב) אֵינִי חֲפֵצָה — I (*f.*) do not desire

רְעִיעָא (תע׳ כ ב, כא א) רָעוּעַ — Dilapidated (*m, s.*)

רְעִיעְתָא (שם) רְעוּעָה — Dilapidated (*f, s.*)

רעיתא (עירו׳ כט ב 2) מ׳ א״פ: ריעיא

רפאי מירפא[18] (ע״ז לג ב) ר׳ רפויי — Cf.

רָפוּ (ע״ז מ ב, חול׳ קיב ב) רָפִים
They are soft, they softened

רפוי מרפיאן (ב״ב קמב א) מ׳ פ׳ ר׳ ורשב״ם: רפויי מרפו

לְרַפּוֹיֵי (מ״ק ב ב) לְרַפּוֹת — To soften (soil)

רַפּוֹיֵי מְרַפּוּ[19] (ב״ב קמב א) רַפּוֹת מְרֻפִּים
They are uncertain

רַפּוֹיֵי מְרַפְּיָא (ע״ז לג ב) רַפּוֹת מְרַפָּה — It (*m.*) softens

רָפוֹקָא (סוטה י א) עוֹדֵר — The one who hoes, spades

(11) בכמה מקומות בד׳: ורמינהו (בוי״ו).
(12) = עמוד על הסתירה שביניהם.
(13) מ׳: קא רמית, כמו בכל המקומות.
(14) מלשון פרסית = עדר.
(15) פי׳ ב״נ וע״י, מ׳: רעי, ד׳: רעיי.

(16) שמ״ק, מ׳: דעותיי(!), ד׳: רעותא.
(17) מ׳ ב ויל׳, ד׳: דרעינא, אה״ת: דרינא.
(18) כ״י ספ׳: רָפוֹיֵי (כף מנוקד) מרפיא, מ׳ וה״ג: כיון דרפאי (מורפא).
(19) מ׳ פי׳ ר׳ ורשב״ם, ד׳: רפוי מרפיאן.

רְפֵי רָפֶה Soft (*m, s.*)

רְפְיָא רָפָה Soft (*f, s.*)

רַפְיָא רְפוּיָה Uncertain (*f, s.*)

אִין וְלָאו וְרַפְיָא בִּידֵיהּ (ב״מ יד ב ועוד) הֵן וְלָאו[20] וּרְפוּיָה בְּיָדוֹ Yes and no and it is uncertain

רָפֵיק עוֹדֵר (ב) He hoes, spades

רפיק (ב״ב נד א[21], ב[22], ב[23]) ר׳ רפק Cf.

רָפְסָא (עיר׳ מ סע״ב) רוֹמֶסֶת, דּוֹרֶכֶת She tramples on, she presses

רַפְסְתָא דִסְפִינְתָא (ב״מ עט ב) רֵעוּעַ הַסְּפִינָה, ועי׳ רש״י The wear and tear of the boat, the depreciation of the boat

רְפַק (עיר׳ כה א 2, ב״ב נד א) עָדַר He hoed, spaded

רפקא (ב״מ עו סע״ב) מ׳ ה׳: ריפקא

רִיפְקָא (ב״מ עו א ועוד) עֲדִירָה Hoeing, spading

לְרַצוֹיַהּ (חגי׳ ה ב) לְרַצּוֹתָהּ To induce her to engage in a marital relationship

ריצויי (זב׳ יא ב) מ׳ ר׳ אב: ארצויי

לְרַצוֹיֵיהּ (בר׳ לג ב) לְרַצּוֹתוֹ To appease him, to please him

רַצְיֵיהּ (ב״ב ב ב) רִצָּהוּ He persuaded him to comply with his wish

רְצִינָ[א]תָא (ב״ב צא ב — תה״ג הרכבי) תּוֹלָעִים Worm that rots wheat

רָצֵיף [לֵיהּ] מִירְצָף[24] (זב׳ צה א) חִבְּרוֹ וְחִזְּקוֹ He joined and strengthened it (through hammering on it)

רַצְעָנָא (שבת ס ב) רַצְעָן Shoemaker, cobbler

רַצְפִינְהוּ מִרְצָף (שבת טז א) רְצָפָם (=מָעַךְ אוֹתָם), שִׁבֵּר שְׁבָרָם He crushed them, he broke them

רַק לֵיהּ בְּאַפֵּיהּ (ב״ק פה ב) יָרַק לוֹ בְּפָנָיו He spat in his face

רִקְבָּא (נדה לו ב) רָקָב Rot, rust

רִיקוּדָא (נדר׳ נא א) רִקּוּד Dance

רְקוּעָתָא (ב״ק קיח ב) טְלוּאוֹת Spotted (*f, p.*)

מַאן רְקִיעַ (מ״ק כח א) מִי מִתְפַּשֵּׁט[25] Lit., who can spread out, i.e., who can control himself at the time of one's death throbs

רְקִיעָא רָקִיעַ Firmament, sky

גַּלְגְּלָא דִרְקִיעָא (ב״ב עד א ועוד) גַּלְגַּל הָרָקִיעַ Lit., the wheel of the firmament, i.e., the sphere of the zodiac which turns around

כַּוּוֹתָא דִרְקִיעָא (ב״ב עד א) חַלּוֹן הָרָקִיעַ[26] Window of firmament

מְתִיבְתָא דִרְקִיעָא יְשִׁיבָה שֶׁל מַעְלָה Celestial yeshivah

נְהוֹרָא דִרְקִיעָא (בר׳ נח ב) אוֹר הָרָקִיעַ The illumination of the firmament

סוּמְכָא דִרְקִיעָא (פס׳ צד א) עֳבִי הָרָקִיעַ Thickness of the firmament

רִיקְמֵי רִיקְמֵי (שבת קז ב) חֲבַרְבּוּרוֹת Striped, checkered

רקק (נדר׳ סו ב) מ׳: רקת

רָקַת (יב׳ לט ב[27], נדר׳ סו ב[28]) יָרְקָה She spat

רקתא (ב״ב כו א) כי״י ועוד: דקתא

רַקְתָא (דנהרא) שְׂפַת (הַנָּהָר) (River) bank

קַב רְשׁוּ (סנ׳ כט ב) קַב שֶׁל חוֹב (=הרבה חובות) Kav (full) of debts, i.e., many debts

רשוותך (ב״ק מו ב ועוד) ר׳ מרי Cf.

רְשׁוּם (גט׳ פו א) רֹשֶׁם Mark (of any owner)

רְשׁוּתָא רְשׁוּת Domain

רָשׁוּתָא (יומא פז ב) רָאשׁוּת Head

רְשׁוּתֵיהּ רְשׁוּתוֹ His domain

רְשׁוּתַיְיהוּ (עירו׳ סג ב, ב״ק נו ב) רְשׁוּתָם Their domain

רְשׁוּתַיְיכוּ רְשׁוּתְכֶם Your (*m, p.*) domain

רְשׁוּתָךְ רְשׁוּתְךָ Your (*m, s.*) domain

רָשֵׁינָא (נדר׳ נא א) אֲנִי נוֹשֶׁה I am a creditor

רַשִׁיעָא רָשָׁע Wicked person

רַשִׁיעָא בַּר רַשִׁיעָא רָשָׁע בֶּן־רָשָׁע Wicked person the son of a wicked person

(20) פעמים אומר: הן, ופעמים אומר: לא.

(21) ר״ג ורשב״ם: רפא, מ׳: דפיק.

(22) רשב״ם: רפק, מ׳: דפיק.

(23) מ׳: דפק (= רפק).

(24) כל כי״י ושמ״ק ורש״י, ד׳: מרציף.

(25) ע׳: מי יכול להתפשט (= להתאמץ) ולהתגבר באותה שעה (= בשעת הגסיסה).

(26) השוה ״ובוקע חלוני רקיע״ בברכת ״יוצר אור״.

(27) מ׳, ד׳: ירקת.

(28) מ׳, ד׳: רקק, הב״ח: רקקי.

רַשִׁיעֵי רְשָׁעִים — Wicked people

רַשִׁיעֵי גְּמוּרֵי[29] (בר׳ סא ב) רְשָׁעִים גְּמוּרִים — Completely wicked people

רַשִׁיעַיָּא הָרְשָׁעִים — Wicked people

רישקא ר׳ כורכמא — Cf.

רְתַח כָּעַס — He was angry

רָתַח (סנ׳ צו ב) רוֹתֵחַ — It boils

רָתַח (בר׳ ז א ועוד) כּוֹעֵס — He is angry

רָתְחָא (בר׳ סב ב) רוֹתַחַת — It boils

רִיתְחָא כַּעַס — Anger

רִיתְחֵיהּ כַּעְסוֹ — His anger

רָתַחְנָא (נז׳ יב ב) אֲנִי כּוֹעֵס, אֶכְעַס — I am angry, I shall be angry

רַתְחָנָא (פס׳ קי א, קידו׳ ח ב) רַתְחָן, כַּעְסָן — A person easily angered, quick-tempered

רְתִיחִי עֲלַי (ב״מ פד ב) כּוֹעֲסִים עָלַי — They are angry with me

רְתִיכִּין (מ״ק כו א — מת״י) רֶכֶב — Chariot

רתית (ב״ב קסז סע״א) ר׳: מירתת — Cf.

רִיתְמָא (שבת נד ב, ב״ב עד ב) רֹתֶם — Broom plant

ר[י]תְקָא[30] (ב״מ קז ב) גָּדֵר[31] — Fence (*Aruch*), public domain (*Rashi*)

ריתקא[32] (שבת קכד ב) ר׳ ריסתקא — Cf.

29) בהשפעת העברית, ואולי צ״ל: גמירי?

30) כל כ״י ואה״ת.

31) ע׳: סייג שעל החומה. ובעל עה״ש מציע גם ״שלשלת״ שבמקרא.

32) כל כ״י ה״ג רי״ף רש״י ד״ש: ריסתקא.

– שׁ –

שָׁאגָא (ר״ה כג א ועוד) תִּדְהָר (עֵץ)
Elm ?, fir tree ?, balsam tree ?(Rashi, *Bava Basra* 80b)

שָׁאדֵי (ב״ב עג ב) מַשְׁלִיךְ, יוֹרֶה (חֵץ)
He throws, thrusts, he shoots an arrow

שַׁאוּלוּ[1] (שבת ל א, מנ׳ קג ב[2]) שָׁאֲלוּ — They asked

שאול (ב״מ פג ב) ה׳ ואה״ת: שאיל

שאולי[3] (ב״מ כז ב) ר׳ שיילי — Cf.

שָׁאֵיב (פס׳ עד ב כ״פ, יומא סט ב) שׁוֹאֵב — It (*s.*) draws out

שאיבי (חול׳ צג ב) מ׳ ר״ג ורש״י: שייבי

שְׁאֵיל[4] שָׁאַל — He asked, he borrowed

שָׁאֵיל שׁוֹאֵל (שאלה, חפץ) — He asks, he borrows

שְׁאֵיל (בר׳ ט ב, ב״מ פג ב[5], צז א) שְׁאַל
Ask (*m.*, *s.*, *imp.*) (*Berachos*, *Bava Metzia* 83b), borrow (*m.*, *s.*, *imp.*)

שְׁאִיל (ב״מ צז א 2) שָׁאוּל — Borrowed (*m.*, *s.*)

שאיל (מנ׳ קג ב) מ׳: שאול

שְׁאִילָה[6] (תע׳ כג ב 2) שְׁאוּלָה — Borrowed (*f.*, *s.*)

שְׁאִילוּ (שבת קמה ב) שָׁאֲלוּ — They borrowed

שְׁאִילוּ (ב״ב קעו א ועוד) שָׁאֲלוּ (צ) — They asked

שְׁאִילוּ[7] (ב״מ צז א) שְׁאוּלִים — Borrowed (*m.*, *p.*)

שְׁאִילִי (ב״ק מ א 2) שָׁאַלְתִּי — I borrowed

שאילי (שבת צו ב) מ׳ שט׳: שיילי

שְׁאִילִי (כתו׳ סג א) שַׁאֲלִי — Borrow (*f.*, *s.*, *imp.*)

שְׁאִילִינְהוּ (עיר׳ נג ב[8], ב״ב קלו א[9], סנ׳ כט ב[10])
שְׁאָלוּם — They asked them (questions)

שְׁאֵילִית שָׁאַלְתִּי — I asked

שְׁאִילִיתוּ[11] (ב״מ צז א) אַתֶּם שְׁאוּלִים
You (*p.*) are borrowed (to work)

שָׁאֵילְנָא (שבת ל ב, מג׳ ה סע״ב) אֲנִי שׁוֹאֵל, שָׁאַלְתִּי
I ask, I asked

שאילנא (יב׳ קטז סע״א) מ׳: שיילינהו

שְׁאֵילְנֵיהּ (חול׳ נז ב) שָׁאַלְנוּ אוֹתוֹ — We asked him

שְׁאֵילְתָא (מג׳ כח ב ועוד) שְׁאֵלָה — Question

שְׁאִילְתָא (כתו׳ קה ב 2) שְׁאִילָה — Borrowing

שְׁאֵילְתַּהּ (ב״מ צו ב) שְׁאַלְתִּיהָ — I borrowed it (*f.*)

שאילתון (ב״מ צז א) ר׳ שאיליתו — Cf.

שְׁאֵילְתֵּיהּ שְׁאַלְתִּיו — I asked it (*m.*), I borrowed it (*m.*)

שְׁאֵילְתִּינְהוּ שָׁאַלְתִּי אוֹתָם
I borrowed them, I asked them

שאיף (שבת י ב 2) מ׳ ורש״י: שייף

שָׁאֵיף[12] (סנ׳ סד א) שׁוֹאֵף (=עוצר את הקול)
He stifles (his voice)

שָׁאֵיף (שבת קכט א) מֵרִיק (=מוציא) — It (*s.*) removes

שאלונהו (ב״ב קלו א) ה׳: שאילינהו

שאלי (מג׳ כח ב) מ׳: שיילי

שאלי (תע׳ כג ב 2) מ׳ ב ויל׳: שאילה לי

שָׁאֲלִינַן (חגי׳ כב ב 2) אָנוּ שׁוֹאֲלִים — We ask

שָׁאנֵי שָׁנֶה (ב), שׁוֹנֶה — It is different

שָׁאנֵי הָכָא שָׁנֶה כָּאן[13] — It is different here

שָׁאפוּ (שבת קלט סע״ב) שָׁפִים (=מריקים בנחת)
They empty slowly

בּוֹר שָׁאפֵי[14] (סנ׳ קט א) בּוֹר רֵיק[15] — Empty well

דְּשָׁאפַר לִישְׁפַּר וּדְלָא שָׁאפַר לֶיהֱוֵי לְצִיבֵי
(ב״ב קב ב) אֲשֶׁר יִיטַב יִיטַב וַאֲשֶׁר לֹא יִיטַב יְהִי לְעֵצִים[16]
The plant that grows will remain, and the one that doesn't I will uproot and use for firewood

1) פתיחה למשפט בעברית.
2) מ׳, ד׳: שאיל.
3) כ״י: שיילי, ד״ו: משאלי, ר״ח: מושל.
4) עפ״ר: אתא שאיל.
5) ה׳ אה״ת, מ׳: שאל, ד׳: שאול.
6) מ׳ ב ויל׳, ״רש״י״: שאלה, ד׳: שאלי.
7) מ׳: שיילי, ואולי צ״ל: שאילי?
8) ד״ש: שיילינהו, מ׳: שאילתא!
9) ה׳, מ׳: שאלתינהו, ד׳: שאלונהו.
10) מ׳: שאלתינהו, ר״ח: שאלו.
11) הגהתי, ה׳: שאליתו, ד׳: שאילתון, מ׳: שייליתו.
12) מ׳ ורש״י, ד׳: שייף.
13) ושני העניינים אינם שוים.
14) = מדרש השם של המקום ״בורסיף״.
15) רש״י: בור שנתרוקן ממימיו.
16) כלומר: גפן שתצמח יפה — תצמח, ושלא תצמח —

שְׁאָרָא שְׁאָר — The rest

אַשְׁאָרָא עַל הַשְּׁאָר

Lit., on the rest, i.e., pertaining to the rest

שָׁארְיָא[17] **מְשָׁארֵי** (ב"ק פא א 2) עֲשׂוּיָה עֲרוּגוֹת

Arranged in garden-beds

שאריה[18] (שם) ר' שאריא — Cf.

שַׁב שֶׁבַע — Seven (*f.*)

שַׁב עֲשְׂרֵה (ב"ב צא ב) שְׁבַע עֶשְׂרֵה — Seventeen (*f.*)

חַד בְּשַׁבָּא (שבת קנו א) אֶחָד בְּשַׁבָּת — Sunday

תְּרֵי בשׁ', תְּלָתָא בשׁ' (שם) שֵׁנִי בשׁ', שְׁלִישִׁי בְּשׁ'

Monday, Tuesday

אַרְבְּעָה בשׁ', חַמְשָׁה בשׁ' (שם) רְבִיעִי בשׁ',

חֲמִישִׁי בשׁ' — Wednesday, Thursday

שִׁיבָא (סנ' ז ב ועוד) קֵיסָם — Chip, sawdust, splinter

כל שיבא ושיבא (ב"ב לו ב) כי"י וע': כל שיבי

שִׁיבְבוּתַהּ (סוטה כב א) שְׁכֵנוּתָהּ — Her neighborhood

שִׁיבְבוּתֵיהּ שְׁכֵנוּתוֹ — His neighborhood

שיבבותיה (תע' כא ב) מ': שיבבתא

שיבבותיי (קיד' מט א) מ': שיבבתאי

שִׁיבְבוּת[י]ךְ (סוטה כב א — ע"י) שְׁכֵנוּתֵךְ[19]

Your (*f.*, *s.*) neighborhood

שִׁיבְבוּתַן (תע' כג ב) שְׁכֵנוּתֵנוּ — Our neighborhood

שִׁיבְבֵי (ב"ק קיב ב ועוד) שְׁכֵנִים — Neighbors

בֵּי שִׁיבְבֵי (שבת קט.ב) בֵּין הַשְּׁמָשׁוֹת, פ"א: בֵּין שְׁכֵנָיו[20]

The time between sunset and full night, twilight, in the house of one of his neighbors (*Rashi*)

שִׁיבַבְתָּא שְׁכֵנָה — Neighbor (*f.*)

שִׁיבַבָתָא (כתו' סג א) שְׁכֵנוֹת — Neighbors (*f.*)

שִׁיבַבָתַאי[21] (קיד' מט א) שְׁכֵנוֹתַי — My neighbors (*f.*)

שִׁיבַבְתַּהּ (סנ' צז א) שְׁכֶנְתָּהּ — Her neighbor (*f.*)

שִׁיבַבָתַהָא (סנ' פב א) שְׁכֵנוֹתֶיהָ — Her neighbors (*f.*)

שָׁבוּ לָךְ (כר' נו א) שׁוֹבִים/יִשְׁבּוּ אוֹתָךְ

They capture you, they will capture you (*m.*, *s.*)

שַׁבּוּחַ (ב"ב קמ א, קמו א 2) הִשְׁבִּיחוּ (פ"ע)

They increased in value

שַׁבּוֹחֵי (פס' ב א) (ל)שַׁבֵּחַ — (To) praise

לְשַׁבּוֹחֵי (פס' קטז א) לְשַׁבֵּחַ — To praise

לְשַׁבּוֹחֵיהּ (מג' כה ב) לְשַׁבְּחוֹ — To praise him

שִׁיבּוּטָא שִׁבּוּט (דג) — Name of fish

שָׁבוֹיְיהוּ (גט' מה א) שׁוֹבֵיהֶם — Their jailers

שָׁבוֹיי(נ)הוּ (כתו' כג א 2 — מ') שׁוֹבֵיהֶם — Their jailers

שְׁבוּיָיתָא (יב' מה א, כתו' כג א, קיד' פא א) שְׁבוּיוֹת

Captives (*f.*)

שבולי[22] (פס' מ רע"א) ר' שובלי — Cf.

שבולי תעלא (מנ' ע רע"ב) מ': שובלי תעלא

שַׁבּוֹעֵי (יומא עט ב) (ל)הַשְׂבִּיעַ

(To) satisfy one's hunger

שָׁבוּעֵי שָׁבוּעוֹת (ר' של שבוע) — Weeks

שבועיא ר' חגא — Cf.

שָׁבוּעִין (נדה ל א) שָׁבוּעוֹת — Weeks

שָׁבוּעֲתָא (נדה ל א) הַשָּׁבוּעַ — The week

שְׁבוּעֲתָא שְׁבוּעָה — Oath

שְׁבוּעֲתֵיהּ שְׁבוּעָתוֹ — His oath

שְׁבוּעֲתַיְיהוּ (שבו' כט ב) שְׁבוּעָתָם — Their oath

שְׁבוּקוּ (סנ' קי סע"ב — מדני') הַנִּיחוּ

Leave over (*p.*, *imp.*) (*Daniel* 4:12,20)

שְׁבוּקִין (גט' פה ב ועוד) עֲזִיבוֹת (=גירושין) — Divorces

אִגֶּרֶת שְׁבוּקִין (גט' פה ב ועוד) אִגֶּרֶת עֲזִיבוֹת (=גט)

Lit., letter of divorce, i.e., document of divorce

לְשַׁבּוֹשֵׁי (יב' עה ב) לְהַטְעוֹת — To mislead, deceive

שָׁבַח מַשְׁבִּיחַ (פ"ע)

It (*m.*) increases (its) value, improves

שָׁבְחָא (עירו' כה א[23], ב"ק לד א) מַשְׁבִּיחָה (פ"ע)

It (*f.*) increases (its) value, improves

תהיה לעצים להסקה.

(17) ד': שאריה, ור' ח"ג בהע' הסמוכה.

(18) ד"ו: שארי', שאריה; פ': שרייא, שריא; ה': שדיא, שריא; מ': שדיא.

(19) אה"ת מ': שכונתיך, ונוסחתם היא הנכונה, כי הדו־שיח בעברית.

(20) ע' (וכן ברש"י) ומוסיף: ס"א בי שיכבי פי' בבית הקברות.

(21) מ', ד': שיבבותי.

(22) מ' ור"ח: תרתי שבלי.

(23) ד"י: שבח, ועי' ד"ס.

שִׁבְחָא שֶׁבַח — Praise

שִׁבְחַאי שִׁבְחִי — My praise

שַׁבַּחוּ (גט׳ נו א) שִׁבְּחוּ — They praised

שִׁבְחַי[הּ] (בר׳ לג ב — מ׳) שְׁבָחָיו — His praises

שַׁבְּחֵיהּ שִׁבְּחוֹ — He praised him, it

שִׁבְחֵיהּ שִׁבְחוֹ — His, its praise

שִׁבְחֵיהוֹן (ב״מ טו א, בנוס׳ שטר) שִׁבְחֵיהֶם — Their praises

שִׁבְחַיְיהוּ (בר׳ לג ב ועוד, ע״ז כ ב 2) שִׁבְחָם

Lit., their praise, i.e., their advantage, benefit

שִׁבְחַייכוּ (ב״מ קט א) שִׁבְחֲכֶם — Your (*p.*) improvements

שִׁבְטָא שֵׁבֶט — Tribe, rod, staff

כָּל־שִׁיבֵי[24] (ב״ב לו ב) כֹּל הַקִּיסְמִים — All the twigs

שִׁיבֵי (פס׳ עד א) חֲרִיצִים[25] — Grooves

שַׁבֵּי (ע״ז כח ב) שַׁבָּתוֹת — Days of Sabbath

יוֹסֵף מוֹקִיר שַׁבֵּי (שבת קיט א) יוֹסֵף מְכַבֵּד שַׁבָּתוֹת

Yosef who honors the days of Sabbath

שְׁבִיבָא (זב׳ סא ב) נִיצוֹץ — Spark

שְׁבִיבִין דְנוּר (חגי׳ יד ב — מדני׳) נִיצוֹצוֹת אֵשׁ

Sparks of fire

שְׁבִיחַ (בכו׳ יח ב ועוד) מְשֻׁבָּח

Choice, best quality, preferable

שְׁבִיחָא (ל׳) מִילְּתָא (גט׳ פ ב ועוד, מנ׳ סג ב [בלי ל׳]) שֶׁבַח ל- הַדָּבָר

It is praiseworthy

שַׁבְיַיהּ (בר׳ ס סע״ב) שָׁבָה אוֹתָהּ — He captured it (*f.*)

חַד [בְּ]שַׁבָּךְ[26] (ביצה טז א) אֶחָד בְּשַׁבָּתְךָ — Your Sunday

שְׁבִילָא שְׁבִיל — Path, road, way

שְׁבִילֵי שְׁבִילִים — Paths, roads, ways

שבילי[27] תעלא (פס׳ לה א) ר׳ שובלי — Cf.

שְׁבִיעָאָה (נדה סז ב) שְׁבִיעִי — Seventh

שְׁבִיעֲתָא (סנ׳ לט א) שְׁבִיעִית (=שמיטה)

Seventh (year of the seven year cycle)

שְׁבֵיק מַנִּיחַ — He left alone, forsook, abandoned

לָא שָׁבֵיק לֹא הִנִּיחַ

He did not leave alone, forsake, abandon

לָא שָׁבֵיק אֵינוֹ מַנִּיחַ

He does not leave alone, forsake, abandon

שביק (כתו׳ קט סע״ב) מ׳: שבק

שְׁבִיק(א) לְהוּ (תע׳ ה א — מ׳ וע״י) מָחוּל לָהֶם

They are forgiven

שביקי (כתו׳ נג א) מ׳: שיירי

שביקי (סנ׳ קז א 3) מ׳: שביק

שְׁבִיקִין (גט׳ פה ב) עֲזוּבוֹת — Repudiated, forsaken

לָא שָׁבֵיקְנָא לֵיהּ (ב״ב יט ב) לֹא אַשְׁאִיר לוֹ

I will not leave it over

שָׁבֵישׁ (שבו׳ לח ב) טוֹעֶה — He makes a mistake

שַׁבֵּישׁ מַתְנִיתָא (יומא עא א) שַׁבֵּשׁ[28] הַבָּרַיְתָא

Declare the text of the *Beraissa* erroneous

שבישא (בר׳ ה ב) מ׳: שבישתא

שְׁבִישְׁתָּא (שבת קי ב) זְמוֹרָה — Branch, shoot, twig

שַׁבִּישָׁתָא (ב״ק קיט א, בר׳ ה ב ועוד) זְמוֹרוֹת

Branches, shoots, twigs

שְׁבֵישְׁתוּ בַּהּ (זב׳ ע ב) טְעִיתֶם בָּהּ

You were mistaken about it (that point)

שיבלי (יב׳ סג א) מ׳: שובלי

שיבליא (סנ׳ יא ב) ד״ו: שובליא

שַׁבְלִילְתָא (שבת קי ב) זֶרַע תִּלְתָּן

Fenugreek seed ?, clover ?, shamrock ?

שיבלתא (סוטה ה א כ״פ) מ׳: שובלתא

שַׁבְסַר (סוכה ח א ועוד) שִׁבְעָה עָשָׂר — Seventeen (*m.*)

שִׁיבְסַר (מג׳ ב א ועוד) שִׁבְעָה עָשָׂר — Seventeen (*m.*)

שִׁיבְסְרֵי (יב׳ כא סע״ב) שְׁבַע עֶשְׂרֵה — Seventeen (*f.*)

שַׁבְסְרֵי (בר׳ נה א) שְׁבַע עֶשְׂרֵה — Seventeen (*f.*)

שְׁבַע שֶׁבַע — Seven (*f.*)

בַּר שְׁבַע (ב״מ טז ב) בֶּן־שֶׁבַע — Seven years old

---

24) כי״י וע׳ ועוד, ד׳: כל שיבא ושיבא.

25) ע׳: חרותות כמו שורות שבעץ.

26) מ׳ שט׳, ר״ח: שבא.

27) מ׳ ב ורש״י כ״י: שובלי, ד׳ לובלין: שבלי.

28) = אמור שהיא משובשת.

ואוליד שבע בנין (יב׳ פג ב) מ׳ לי׳[29]

שְׂבַע (מנ׳ כד א-ב) שָׂבַע It is satisfied, satiated, full

שְׂבַע (סוכה מט ב ועוד) שָׂבֵעַ Satisfied, satiated

כִּי שָׂבַע (בר׳ נח ב) כְּשֶׁהוּא שָׂבֵעַ

When he is satisfied, satiated

שִׂבְעָא (בר׳ נה ב ועוד) שָׂבָע He is satisfied, satiated

שִׁבְעָא/ה שִׁבְעָה Seven (*m.*)

שִׁבְעִין שִׁבְעִים Seventy

הֲוָה שָׂבְעְנָא (מג׳ ז ב) הָיִיתִי שָׂבֵעַ

I was satisfied, satiated

לָא שָׂבַעַת (גט׳ סח ב) אֵינְךָ שָׂבֵעַ

You are not satisfied, satiated

לָא שָׂבַעַת (סנ׳ צו ב) לֹא תִשְׂבַּע

You will not be satisfied, satiated

שְׁבַק הִנִּיחַ He left (it), abandoned

שְׁבו[ו]ק[30] **לִי** (פס׳ קיב סע״ב) הַנַּח לִי

Leave me, let me alone (*m., s., imp.*)

שבקא (ב״ב נח א) לי׳ ג׳ כי״י

שְׁבְקַהּ (מג׳ יב ב) הַנַּח אוֹתָהּ Forgive (*m., s., imp.*) her

שְׁבְקַהּ הִנִּיחַ אוֹתָהּ, עָזַב אוֹתָהּ

He left it, he didn't disturb her, he forgave her

שַׁבְקָה (ב״ק כא א, ב״מ לט ב) הִנִּיחָה

It (*f.*) went away from it (*f.*), left (*Bava Kamma*), she left over (*Bava Metzia*)

שַׁבְקַהּ (יב׳ לח ב) הִנִּיחָהּ He left it (*f.*)

שַׁבְקַהּ[31] (בכו׳ ז א) הִנִּיחָהּ

It (the *Beraissa*) excluded it, discarded it (*f.*)

שבקה (סנ׳ טו א) כי״י וד״י: שבקת

לָא הֲוַת שָׁבְקָה לֵיהּ (ב״מ נט ב, פד ב) לֹא הָיְתָה מַנִּיחָה לוֹ

She would not let him, allow him

שְׁבַקוּ הִנִּיחוּ

They placed, left alone, abandoned, forgave

שַׁבְקוּהּ[32] הִנִּיחוּהוּ They left him, they didn't disturb him, abandon him, forgive him

שִׁיבְקוּהּ(וּ) הַנִּיחוּהוּ Leave him, don't disturb him, abandon him, forgive him (*p., imp.*)

שִׁבְקוּהָ (כתו׳ סג א) הַנִּיחוּהָ

Leave her, don't disturb her (*p., imp.*)

שִׁבְקוּהָ (גט׳ סה ב) עִזְבוּהָ (=גרשוה)

Divorce (*m., s., imp.*) her

שָׁבְקוּךְ (סוכה מח ב 2) עוֹזְבִים אוֹתְךָ

They abandon you (*s.*)

שבקי (כתו׳ עז ב) מ׳: שבקן

שְׁבְקִי לִי (בר׳ לא ב) הַנִּיחִי לִי

Allow (*f., s., imp.*) me, don't disturb me

לָא שָׁבְקִי לִי (גט׳ מז רע״א, סנ׳ כח ב) אֵינָם מַנִּיחִים אוֹתִי

They do not allow me

שָׁבְקִי לֵיהּ (בר׳ ס ב) יַעַזְבוּ אוֹתוֹ

They will abandon him

שָׁבְקִי לֵיהּ (יב׳ מד א) עוֹזְבִים אוֹתוֹ

They abandon him, leave him alone

שְׁבַקִי לְכוּ חֲדָא (שבת קלג סע״ב) הִשְׁאַרְתִּי לָכֶם אַחַת (שלא גליתי — רש״י)

I left one for you (*p.*) (that I didn't reveal)

שִׁבְקֵיהּ (שבת יב ב, פס׳ קו ב) הַנִּיחֵהוּ

Don't bother (*m., s., imp.*) him

שַׁבְקֵיהּ הִנִּיחוֹ, הִשְׁאִירוֹ He put it, he left it

שָׁבְקַיְיהוּ (ב״מ ע א ועוד) מַנִּיחָם (=מַשְׁאִירָם אַחֲרָיו)

After the one who abandoned them (their departed father)

שִׁבְקִינְהוּ (תע׳ כא א) הַנִּיחֵם

Don't bother (*m., s., imp.*) them

שַׁבְקִינְהוּ (גט׳ נז א) הִנִּיחָם They will leave him be

שִׁבְקִינְהוּ (גט׳ סט א, ב״מ פה א) הַנִּיחִי אוֹתָם

Leave (*f., s., imp.*) him alone, depart from him (*Gittin*), leave it alone (*Bava Metzia*)

שָׁבְקִינַן אָנוּ מַנִּיחִים, עוֹזְבִים

We put, we place, we abandon, we forgive

שָׁבְקִיתוּ לִי (ע״ז יט א) תַּעַזְבוּנִי, אַתֶּם עוֹזְבִים אוֹתִי

You will abandon me, you abandon me

29) וצ״ל: בְּנָן, או: שבעה בנין.

30) כצ״ל, מ׳ ד׳: שבק, ע״י: שביק, אה״ת: שבקי.

31) מ׳: דשבקה, רש״י: מדשבקה, ד׳: דקא שבקה.

32) בכמה מקומות בד׳: שבקוהו, ובכולם במ׳ בלא וי״ו

שְׁבְקָךְ[33] (נדר׳ נ א) הִנִּיחָךְ
He left you

לָא שְׁבְקַן (עירו׳ סז ב) לֹא הִנִּיחַנִי
He did not allow me

שְׁבְקַן (כתו׳ עז ב, גט׳ נה ב, ב״ק מ א) הַנִּיחֵנִי
Leave me alone, don't bother me

לָא שְׁבַקְנִי (חול׳ נד ב) לֹא הִנִּיחַנִי
He didn't allow me

שְׁבַקְתְּ עָזַבְתָּ, הִנַּחְתָּ
You put, placed, abandoned, forgave

שָׁבְקַת אַתָּה עוֹזֵב, תַּעֲזֹב
You put, place, abandon, forgive, you will ...

שְׁבַקְתֵּהּ (ב״ק כא א) הִנִּיחָה אוֹתָהּ
It (*f.*) went away from it (*f.*)

שְׁבַקְתַּהּ (ב״ק נו א) הִשְׁאַרְתָּ אוֹתָהּ
He left it (*f.*)

לָא שְׁבַקְתּוּן לִי (חול׳ פו ב) לֹא הִנַּחְתֶּם לִי
You did not allow me

לָא שְׁבַקְתֵּיהּ (שבת קנו ב) לֹא הִנִּיחָה לוֹ
She did not allow him

לָא שְׁבַקְתִּינְהוּ (ביצה כז א) לֹא הִנַּחְתָּם
He did not allow them

לָא שְׁבַקְתַּן (ב״מ יח א) לֹא הִנִּיחָה לִי
She didn't allow me

שְׁבְרָא (שבת כ ב) פְּתִילַת הַמִּדְבָּר (מין עשב)
Nettle?, mullein?, a plant used for wicks

שַׁבְרִירֵי סַנְוֵרִים
Blindness

שַׁבְרִירֵי דִימָמָא (גט׳ סט א) סַנְוֵרִים בַּיּוֹם
Blindness during the day

שַׁבְרִירֵי דְלֵילְיָא (שם) סַנְוֵרִים בַּלַּיְלָה
Nocturnal blindness

שַׁבְרִירֵי דְשִׁמְשָׁא (יומא כח ב) זַהֲרוּרֵי הַשֶּׁמֶשׁ (?)
Rays of sunlight emitting from breaks between clouds that cause temporary blindness

שבשא (יב׳ קח ב) מ׳: שבשה

שיבשא דגופנא (ב״ק קיג ב) ה׳: שיבשי דגופנא

שַׁבְּשָׁהּ[34] (יב׳ קח ב) הִטְעָה אוֹתָהּ
He misled her

שבשי (ב״מ עג א) ה׳: משבשי

שִׁיבְשֵׁי[35] דְגוּפְנָא (ב״ק קיג ב) זְמוֹרוֹת הַגֶּפֶן
Grapevine shoots

שַׁבְּשֵׁיהּ (נדר׳ פט ב) הִטְעָהוּ
He misled him

שַׁבֶּשְׁתָּא טָעוּת, שִׁבּוּשׁ
Mistake, error

שַׁבֶּשְׁתֵּיהּ (בר׳ לח ב) טָעוּתוֹ
His error

שַׁבְּתָא שַׁבָּת
Sabbath

אַפּוּקֵי שַׁבְּתָא מוֹצָאֵי שַׁבָּת
Motzei Sabbath, Saturday night

מַעֲלֵי שַׁבְּתָא עֶרֶב שַׁבָּת
Erev Sabbath, late Friday afternoon

שַׁבָּתָא[36] (בר׳ כח א) שַׁבָּתוֹת
Days of Sabbath

חֲדָא בְּשַׁבְּתָא (פס׳ קו א) אֶחָד בְּשַׁבָּת
Sunday

תְּרֵי בְשַׁבְּתָא (מכות ה א כ״פ) שֵׁנִי בשׁ׳
Monday

תְּלָתָא בשׁ׳ (חול׳ ס ב ועוד) שְׁלִישִׁי בשׁ׳
Tuesday

אַרְבְּעָה בשׁ׳ (ב״ק קיב ב) רְבִיעִי בשׁ׳
Wednesday

חַמְשָׁה בשׁ׳ (שבת סט ב ועוד) חֲמִישִׁי בשׁ׳
Thursday

שַׁבְּתָא דְרִגְלָא שַׁבַּת הָרֶגֶל[37]
The Sabbath during Pesach or Sukkos in which the Exilarch presents a discourse

שִׁיבְתָא (בר׳ לט א) שֶׁבֶת (מין ירק)
Dill, anise, a type of an aromatic plant

שִׁיבְתָא (יומא עז ב ועוד) שֶׁבֶת (רוח רעה)[38]
Name of evil spirit

שבתי[39] (בר׳ כח א) ר׳ שבתא
Cf.

שַׁבְּתָיךְ (ביצה טז א) שַׁבַּתְּךָ
Your Sabbath

שְׁגָא נְפַל (יב׳ סג ב) כָּפַף וְנָפַל
He bent over and fell

שִׁיגְדּוּנָא (גט׳ סט ב[40], חול׳ נא א 2[41]) שִׁגָּרוֹן
Cramps

דַּעְתָּא שְׁגִישְׁתָּא (גט׳ ע ב) דֵּעָה מְשֻׁבֶּשֶׁת
Troubled, confused mind

שִׁגְלָתָךְ (ר״ה ד א — מרגני׳ ה כג) שִׁגְלוֹנוֹתֶיךָ[42], נָשֶׁיךָ
Your (the king's) wives

שַׁגַּר (ב״מ פה א, ע״ז לח ב 3) הִסִּיק (תנור)
He lit, kindled (an oven)

בסוף.

33) ע״י, מ׳ ד׳ ואה״ת לי׳, הב״ח: שביק ליך.

34) מ׳, ד׳: שבשא.

35) ה׳, ד׳: שיבשא.

36) ד״ח: שבתי, ור׳ בח״ג שם.

37) רגל ראש הגולה בשבת ״לך לך״, שבה הוא הדורש.

38) ע׳ ערוך ע׳ שבשא.

39) מ׳ וע״י: שבתא, ד״ו: שבת׳ (ומזה נעשה בד״ח: שבתי), ב״נ: שבי.

40) ע׳, ד׳: שיגרונא.

41) כ״י וע׳ ור״ג, ד׳: שגרונא.

42) סנ׳ צה ב: ועמהן שגלונות וזונות.

שְׁגַרָא תַנּוּרָא (שבת קט ב, קיד׳ מ א[43], סנ׳ קד א) הִסִּיקָה תַנּוּר

She lit, kindled an oven

שָׁגְרָא (חגי׳ ד ב, קיד׳ פא ב) מַסִּיקָה

She lights, kindles (the oven)

שִׁיגְרָא דְתַמְרֵי (כתו׳ פ א) אֶשְׁכּוֹל תְּמָרִים

Cluster of dates

שיגרונא (גט׳ סט ב, חול׳ נא א) ר׳ **שיגדונא וח״ג שם** Cf.

שְׁגַרַת[44] (קיד׳ מ א) הִסִּיקָה — She lit, kindled the oven

שגרתא[45] (סנ׳ פב א) ר׳ **שגרתיה** Cf.

שְׁגַרְתֵיהּ[46] **לְתַנּוּרָא** (שם) הִסִּיקָה אֶת הַתַּנּוּר

She lit, kindled the oven

שְׁדָא הֵטִיל, הִשְׁלִיךְ, זָרַק — He cast, threw

שְׁדָא בֵיהּ נַרְגָּא (ר״ה ג סע״א) הֵטִיל בּוֹ גַּרְזֶן[47]

Lit., he swung an ax on it, i.e., he refuted it

שְׁדָא (עירו׳ כה א, ב״ב נד א, חול׳ ס ב[48]) שָׁתַל, זָרַע

He planted, sowed

שְׁדַאי הֵטַלְתִּי — I threw, cast

שְׁדִ(א)י (כתו׳ סא ב, מ׳) הַשְׁלִיכִי — Throw (*f.*, *s.*, *imp.*) away

שְׁדָאכָא (שבת פה ב[49], ב״מ צא ב[50]) עָלִים וּזְמוֹרוֹת מְשׁוּכִים

Leaves and long branches

שְׁדָאכֵי[51] (עיר׳ ק ב) זְמוֹרוֹת אֲרֻכּוֹת

Long-leafed grass (*Rashi*)

שְׁדוֹ הֵטִילוּ, הִשְׁלִיכוּ — They cast, they threw away

שְׁדוֹ (תע׳ כה א) הַשְׁלִיכוּ, הָרִיקוּ

Cast, throw away, empty (*m.*, *p.*, *imp.*)

שָׁדוּ מְטִילִים, מַשְׁלִיכִים, שׁוֹפְכִים

They cast, they throw away, they pour

שְׁדוּ (ב״מ כד ב) מֻשְׁלָכִים — Thrown away, cast off (*m.*, *p.*)

שִׁדּוּכֵי (יב׳ נב א, קיד׳ יב ב) שִׁדּוּכִים — Matchmaking

שְׁדוֹנְהוּ[52] (סנ׳ קט רע״א) הַשְׁלִיכוּם

Throw them away (*p.*, *imp.*)

שַׁדּוּר שָׁלְחוּ — They sent

שַׁדּוֹרֵי (שבת קח ב) (ל)שְׁלֹחַ — (To) send

לְשַׁדּוֹרֵי לִשְׁלֹחַ, לְשַׁגֵּר — To send, to dispatch

לשדוריה (ב״ק קד א) כל כי״י: **לשדורי**

שָׁדֵי[53] מֵטִיל, מַשְׁלִיךְ — He casts away, he throws away

שְׁדִי מֻשְׁלָךְ — Thrown away, cast away (*m.*, *s.*)

שְׁדִי (קידו׳ ל א) מוּטָל — Thrown away, cast away (*m.*, *s.*)

שְׁדֵי הָטֵל, הַשְׁלֵךְ, שְׁפֹךְ

Cast, throw away, pour (*m.*, *s.*, *imp.*)

שדי (חול׳ ס ב) מ׳: **שדא**

שָׁדֵי (מג׳ ה ב, גט׳ סח ב) זוֹרֵעַ — He sows

שדי (תמיד לב א) מ׳ ואה״ת: **שוי**

שְׁדֵי בְכִיסָךְ[54] (פס׳ קיג א) הָטֵל בְּכִיסְךָ

Cast, throw into your pocket (*m.*, *s.*, *imp.*)

שָׁדְיָא (כתו׳ מט ב ועוד) מְטִילָה, מַשְׁלִיכָה

She casts away, she throws away

שדיא (ב״מ פה א) אה״ת: **שדיין**

שדיא (ב״ק צו א) מ׳ ה׳: **שדייה**

שַׁדְיָא מֻשְׁלֶכֶת — Thrown away (*f.*, *s.*)

שַׁדְיָא (גט׳ לא ב) רוּחַ דְּרוֹמִית — Female demon

שדיה (שבת קנו רע״ב[55], ב״מ כד ב[56]) ר׳ **שדייה** Cf.

שַׁדְיוּהּ הִשְׁלִיכוּהוּ, הֱטִילוּהוּ

They threw him, it out, they cast him, it off

שַׁדְיוּהּ(ו) (ב״ב עג ב[57], קסח א[58])[59] הֱטִילוּהוּ

They threw it (*m.*)

שַׁדְיוּהּ(ו) (יומא פט ב, סנ׳ סד א) הַשְׁלִיכוּהוּ

Throw (*m.*, *p.*, *imp.*) it (*m.*)

שדייא (תע׳ כד סע״ב[60], מנ׳ סט א 3[61]) ר׳ **שדיא** Cf.

---

43) מ׳: שגר, ד״ו: שגר׳, ד״ח: שגרת.
44) ד״ו: שגר׳, מ׳ ואה״ת: שגר.
45) אה״ת: שיגרתי, ד״ו: שגרת׳.
46) ר׳ הע׳ 45.
47) ערוך: חתכו כחתיכת אילן בגרזן.
48) מ׳, ד׳: שדי.
49) ע׳ וא״פ וכו״פ, ד׳: שראכא.
50) ע׳, ר׳ א: בסרכא, ד׳: בשרכא.
51) ע׳ ואה״ת ותה״ג, ד׳: שרכא.
52) מ׳ וד״י, ד״ח: שרינהו.
53) בכמה מקומות בד׳: שדי, ובכי״י: שדי׳. (סוכה נג ב — כי״י ור״ח, סנ׳ צה א—מ׳ ואה״ת, מכות יא א — מ׳, אה״ת: שדא, ע״ז נז ב — מ׳, בכו׳ לו א — רש״י).
54) אה״ת וע״י, ונ״ל שכך היה גם לפני רש״י ורשב״ם, ד׳: שרי כיסיך.
55) אה״ת: שדייה.
56) ה׳: שדייה, מ׳: שדי׳.
57) מ׳, ה׳: שדייה.
58) מ׳ ה׳.
59) בב״ב ד א: דשדיוהו לגובא דארייוותא — בכי״י ואה״ת וע״י א׳: שהשליכוהו לגוב האריות (מ׳: לאריות).
60) מ׳ ואה״ת: שדיא.
61) מ׳: שדיא.

שַׁדְיֵיהּ הַטִּילוֹ, הָטֵל אוֹתוֹ

He cast him, it, cast him, it (*m., s., imp.*)

They (*f.*) threw — **שָׁדְיָין** (מג׳ כז סע״ב) מַשְׁלִיכוֹת

שַׁדְיָין (עירו׳ מד ב ועוד) מֻשְׁלָכוֹת

Thrown away, abandoned (*f., p.*)

שַׁדְיָין (בר׳ סא ב ועוד, ב״מ פה א[62]) מוּטָלוֹת

He (would) throw them (*Berachos*), they were lying around (*Bava Metzia*)

שדיין (עירו׳ כד ב) מ׳: שדו

Cf. — **שדיינא**[63] (כתו׳ קג ב) ר׳ שדינא

שַׁדֵּיךְ (קידו׳ יג א 4) שִׁדֵּךְ

He made matchmaking arrangements

שָׁדֵינָא אֲנִי מַשְׁלִיךְ, אַשְׁלִיךְ

I throw away, I shall throw away

I sow — **שָׁדֵינָא** (כתו׳ קג ב, ב״מ פה ב) אֲנִי זוֹרֵעַ

שַׁדְיִנְהוּ (חול׳ קי א ועוד) הִשְׁלִיכוּם

He threw them (to the dogs)

Cast (*imp.*) them — **שְׁדִינְהוּ** (יומא לג ב ועוד) הָטֵל אוֹתָם

שְׁדִינְהוּ[64] (עירו׳ צו ב) הֵטִיל אוֹתָם (=את הציציות)

He placed them (the *tzitzis*)

שדינהו (עירו׳ יא ב, ביצה כו ב, סנ׳ לט א, בכו׳ ט רע״א) מ׳: שדנהו

We throw, cast, place — **שָׁדִינַן** אָנוּ זוֹרְקִים, מְטִילִים

שדיפא (ב״ב צא ב) ה׳ בעברית: שדפה[65]

Blasted wheat

He sent — **שַׁדַּ(י)ר**[66] (מג׳ יב ב) שָׁלַח

שָׁדֵית אַתָּה מֵטִיל, מַשְׁלִיךְ

You (*m., s.*) cast (away), you throw (away)

שדיתא (נדה מא סע״ב) מ׳ וד״ו: שדית׳ (=שדיתה)

She threw it (*f.*) down — **שְׁדִיתַהּ**[67] (שם) הִפִּילָה אוֹתָהּ

It (*f.*) threw it (*f.*) — **שְׁדִיתַהּ** (ב״מ צג ב) הִשְׁלִיכָה אוֹתָהּ

She threw him, it — **שְׁדִיתֵיהּ** הִשְׁלִיכָה אוֹתוֹ, זָרְקָה אוֹתוֹ

שְׁדֵיתֵיהּ (מנ׳ לז סע״ב) הִשְׁלַכְתִּיו (=הֲסִירוֹתִיו מֵעָלַי)

I would have removed it

שדיתיה (תע׳ כד א) כי״י ואה״ת וע״י א׳: אסקיה

שְׁדִיתִינְהוּ (גט׳ מה ב, קיד׳ ח ב) הִשְׁלִיכָה אוֹתָם

She threw them

שְׁדֵיתִינְהוּ (גט׳ סא א) הִשְׁלַכְתִּי אוֹתָם

I threw them away

Jobless person — **שְׁדָכָא**[68] (ב״ב קלט א) בָּטֵל

Fruitless trees — **שְׁדָכֵי**[69] (ב״ק צב ב) בְּטֵלִים

שַׁדְנְהוּ הֲטִילֵם, הַשְׁלִיכֵם

He cast them, he threw them

שַׁדַּר שָׁלַח, שִׁגֵּר; שְׁלַח

He sent, he dispatched, send (*m., s., imp.*)

שדר (ב״ק קטז א) כל כי״י: שדו

שִׁדְרָא דְאַרְעָא (קיד׳ סא א) שִׁדְרַת הַקַּרְקַע

Lit., spine of the land, i.e., elevated land

Rope made up of animal's hair and the tail of a horse and cow — **שִׁדְרָא**[70] **בַּרְקָא** (גט׳ סט א) חֶבֶל שֶׁל שֵׂעָר

She dispatched, she sent — **שַׁדְּרָה** שִׁגְּרָה, שָׁלְחָה

He sent it (*f.*) — **שַׁדְּרָהּ** (חול׳ נו א) שָׁלַח אוֹתָהּ

They sent — **שַׁדּוּרוּ** שָׁלְחוּ

They sent him, it — **שַׁדְּרוּהַ** שְׁלָחוּהוּ

They sent him, it — **שַׁדְּרוּהָ** (גט׳ לח א, נט א, ע״ז יז ב) שְׁלָחוּהָ

שַׁדְּרוּהּ (גט׳ מה א, סנ׳ לא ב) שְׁלָחוּהוּ

Send him, it (*m., p., imp.*)

I sent — **שַׁדַּרִי** (מג׳ ז ב) שָׁלַחְתִּי

שדרי (תע׳ כג ב) מ׳ ע״י: שדרו

שִׁידְרֵי דְאַרְעָא (ב״ב קג א, ערכ׳ כה א) שִׁדְרָאוֹת הַקַּרְקַע (=במתי ארץ ?)

Lit., spines of the land, i.e., elevated lands

(62) אה״ת, ד׳: שדיא (ור׳ ח״ג שם).

(63) אה״ת: ושרינא = ושדינא (כמו בהקי׳ — ב״מ פה ב), מ׳ לי׳ כל הענין.

(64) ד״ש ואי״פ: ד״ח: טוינהו.

(65) מ׳: שריפ׳, ר׳ רשב״ם ד״ו ע״י א׳ ויל׳: שריפה, אה״ת: שריפא.

(66) ע״י, כי״י ואה״ת לי׳ ״מאי האי דשדיר לך״.

(67) מ׳ וד״ו: שדית׳, ד׳: שדיתא.

(68) מ׳, ד׳: שרכא.

(69) אה״ת מ׳, ד׳: שרכי.

(70) ערוך ע׳ ברקא ב׳, מ׳ ד׳: שודרא.

שְׁדְרַיָּא[71] (ב״מ מ ב) שְׁמָרִים — Dregs, lees

שְׁדְרֵיהּ (שבת קמה ב) שִׁדְרָתוֹ — His spinal column

שַׁדְּרֵיהּ שְׁלָחוֹ — He sent him

שַׁדְּרִינְהוּ שְׁלָחָם — He sent them

שדרינהו (ב״ב י סע״ב) כי״י ועוד: שדרתינהו

שַׁדְּרִינְהוּ (סנ׳ צג א) שִׁלְחִי אוֹתָם — Send (*f.*, *s.*, *imp.*) them

שַׁדַּר(י)תֵּיהּ (פס׳ קד ב — מ׳ ומ׳ ב) שְׁלַחְתִּיו — I sent him

שְׁדָרָן (חול׳ נא א) נִגְרָרוֹת (?) — Dragged (*f.*, *p.*)

שַׁדַּרְתְּ (קיד׳ עב ב) שִׁגַּרְתָּ — You sent

שַׁדַּרְתֵּיהּ (כתו׳ סב סע״ב[72], גט׳ נו א) שָׁלְחָה אוֹתוֹ — She sent him

שַׁדַּרְתִּיךְ שְׁלַחְתִּיךָ — I sent you

שַׁדַּרְתִּינְהוּ (סוכה נג א) שָׁלְחָה אוֹתָם — She sent them

שַׁדַּרְתִּינְהוּ (ב״ב י סע״ב[73], סנ׳ צג א[74]) שָׁלְחָה אוֹתָם — She sent them

שדרתנהו (סנ׳ צג א) ר׳ שדרתינהו — Cf.

שִׁידָּתָא (גט׳ סח א) שִׁדּוֹת (=מרכבות לנשים) — Coaches for women and ministers

שְׁדָתֵיהּ (גט׳ סט ב, סנ׳ צה א) הִשְׁלִיכָה אוֹתוֹ — It (*f.*) threw it (*m.*) away (*Gittin*), she threw it (*Sanhedrin*)

שדתינהו (גט׳ מה ב) מ׳: שדיתינהו

שְׁהָא שָׁהָה — He waited, tarried

שְׁהַאי (ב״מ נא א) שָׁהִיתִי — I waited, tarried

שַׁהַאי[75] (שבת לז ב) הִשְׁהֵיתִי — I detained (it), let it remain

שהדותא (שבת קטו ב, מג׳ ט א) ר׳ יגר — Cf.

שַׁהוּ[76] (מ״ק יב סע״ב) הִשְׁהוּ — They let (it) remain

שַׁהוֹיֵי (יב׳ לט א ועוד) (ל)הַשְׁהוֹת — (To) delay

לְשַׁהוֹיֵי לְהַשְׁהוֹת — To delay, to let stand

לְשַׁהוֹיֵיהּ (קיד׳ נח ב, ב״ק כד ב[77], בכו׳ כה ב) לְהַשְׁהוֹתוֹ — To let it (*m.*) remain

לְשַׁהוֹיַיהּ (ע״ז טז א, זב׳ קא ב) לְהַשְׁהוֹתָהּ — To let it (*f.*) remain

שָׁהֵי שׁוֹהֶה — He waits, tarries

שְׁהֵי (יב׳ מו ב) שְׁהֵה — Remain (*f.*, *s.*, *imp.*)

שהיוה (מ״ק יב סע״ב) ר״ח: שהו

שַׁהְיָיא[78] (יב׳ קכא ב) הִשְׁהָה אוֹתָהּ — He made her wait

שַׁהְיֵיהּ הִשְׁהָה אוֹתוֹ — He made him wait

שהין (שבת לז ב) מ׳ א״פ: שהאי

שָׁהֵינָא (ב״מ סח א) אֲנִי שׁוֹהֶה, שָׁהִיתִי — I wait, I waited

שהינן (יב׳ לט ב) מ׳: משהינן

שהיתנא (יב׳ קכא סע״ב) מ׳: שהייא

שַׁוַּאי נַפְשַׁאי (שבת קנו ב) עָשִׂיתִי עַצְמִי — I made myself appear (as if)

שׁוּבְכָא (ב״ב קמד א) שׁוֹבָךְ — Cote

שׁוּבְכָא דְיוֹנֵי (שם) שׁוֹבָךְ שֶׁל יוֹנִים — Dovecote

שׁוּבְלֵי (ב״ב קכד א ועוד) שִׁבֳּלִים — Ears of grain

שׁוּבְלֵי תַעְלָא (פס׳ לה א[79], מנ׳ ע רע״ב[80]) שִׁבֹּלֶת שׁוּעָל — Oats

שׁוּבְלַיָּא[81] (סנ׳ יא ב) הַשִּׁבֳּלִים — The ears of grain

שַׁ(ו)בְלִילְתָא (גט׳ סט א — מ׳ ור׳) זֶרַע תִּלְתָּן — Fenugreek (used as a spice)

שׁוּבַּלְתָּא[82] (סוטה ה א כ״פ) שִׁבֹּלֶת — Ear of grain

שׁוּבְעָא (תע׳ כד ב) שֹׂבַע — Abundance

שׁוּדָא (גט׳ יד ב, טו א) שֹׁחַד[83] — According to the personal judgment of the emissary

שׁוּדָא דְדַיָּינֵי שֹׁחַד הַדַּיָּנִים[84] — According to the personal judgment of the judges or according to their tendency

שׁוּדְפָנָא (תע׳ ו ב) שִׁדָּפוֹן — Blight

שודרא ברקא (גט׳ סט רע״א) ע׳: שדרא

(71) כל כי״י וע׳ ועוד, ד׳: שמריא.
(72) ד״ו אה״ת וע״י, מ׳: שדר (=שדרה?!).
(73) מ׳ פ׳ ר׳ אה״ת וע״י, ד׳: שדרינהו.
(74) מ׳ אה״ת וע״י, ד׳: שדרתנהו.
(75) מ׳ א״פ, ד׳: שהין.
(76) ר״ח, ד׳: שהיוה, מ׳: שהייא(!).
(77) כל כי״י, ד׳: לאשהוייה.
(78) מ׳, ד׳: שהיתא.
(79) מ׳ ב ורש״י כ״י, ד׳: שביל.
(80) מ׳, ד׳: שבולי.
(81) ד״ו, ד״ח: שיבליא, מ׳: שביליא.
(82) מ׳, ד׳: שיבלתא.
(83) כלומר: כראות עיני השליח.
(84) כלומר: כראות עיניהם של הדיינים, או כנטיית דעתם.

שַׁוואר (ב״ב צו רע״א) קוֹפֵץ — It (*m.*) jumps

שָׁווּ שָׁוִים — Equal (*p.*)

שָׁווּ[85] לַהֲדָדֵי (חול׳ לו א) שָׁוִים זֶה לָזֶה
Equal to each other

שַׁוּוּ נַפְשַׁייהוּ[86] (קיד׳ ס א) עָשׂוּ עַצְמָם
They considered themselves

שַׁוּוּ שְׁלִיחַ (יב׳ לד א ועוד) עָשׂוּ שָׁלִיחַ
They appointed an emissary, envoy

שווי[87] (שבת קנה א כ״פ) = שוויי

שַׁוְויו[ו]ה (עיר׳ צה ב — מ׳) עֲשָׂוּהוּ
They gave it the status of

שַׁוּוֹיֵי, לְשַׁוּוֹיֵי לַעֲשׂוֹת — To do, to make

שַׁוּוֹיֵי[88] נַפְשָׁךְ (כתו׳ נג א) לַעֲשׂוֹת עַצְמְךָ
You obligated yourself

לְשַׁוּוֹיֵיהּ לַעֲשׂוֹתוֹ — To do it (*m.*)

לְשַׁוּוֹיֵיהּ (יב׳ כז א, נט סע״א[89]) לַעֲשׂוֹתָהּ — To make her

לְשַׁוּוֹיָיךְ[90] (הור׳ יג ב) לַעֲשׂוֹתְךָ — To make you (*m.*, *s.*)

לְשַׁוּוֹיִנְהוּ (ב״ב קלז א) לַעֲשׂוֹתָם
To cause them to become

שַׁוִּינְכוּ (פס׳ נא א) עָשָׂה אֶתְכֶם — He considered you

שַׁוִּיתֵיהּ שָׁלִיחַ עֲשָׂאַתּוּ שָׁלִיחַ
She appointed him to be an emissary, envoy

שָׁוְצְרֵי (סוכה יב סע״ב) שַׁוְצָרִים[91]
Wormwood, nag-wort, artemisia (plant); second explanation in Rashi: common flea-bane, pulicaria (plant)

שַׁוַּור (בר׳ נד ב ועוד) קָפַץ, דִּלֵּג — He jumped above

שַׁוַּור (סנ׳ צו ב) קְפֹץ, דַּלֵּג (צ) — Jump, skip (*m.*, *s.*, *imp.*)

שָׁוַור בַּר שָׁוַור (סנ׳ צו ב) מְדַלֵּג בֶּן מְדַלֵּג
Jumper (skipper) the son of a jumper (skipper)

שׁוּחֲדָא שֹׁחַד — Bribe

שׁוּטָא דְנוּרָא (מ״ק כח א) שׁוֹט שֶׁל אֵשׁ — Whip of fire

בְּשׁוֹטֵי (כתו׳ עז סע״א) בְּשׁוֹטִים (=במכות)
With whips (with hitting)

שׁוּטִיתָא[92] (שבת עז ב) בַּד (של הדס)
Branch (of myrtle tree)

שׁוּטִיתָא דְאַסָּא (קיד׳ יב ב) בַּד שֶׁל הֲדַס
Branch of myrtle tree

שׁוּטִיתֵיהּ (כתו׳ יז א) עֲנָפוֹ[93] — His whip from a myrtle tree that he would dance with (Rashi), his branch

שָׁוֵי שָׁוֶה — Equal

שְׁלָמָא שַׁוֵּי (חול׳ נג א) עָשָׂה שָׁלוֹם — It (*m.*) made peace

שַׁוֵּי נַפְשֵׁיהּ (מג׳ יט א) עָשָׂה עַצְמוֹ
He made himself to be

שַׁוִּי שָׁלִיחַ (גט׳ כד א) עֲשִׂי שָׁלִיחַ — Appoint (*f.*, *s.*, *imp.*) an emissary (to receive the divorce)

שָׁוְיָא שָׁוָה — She, it is worth

שויא (פס׳ מא א) מ׳ שט׳: אשווייה, וצ״ל: דשווייה

שויא (שבת קכה ב, נדר׳ פה א, ב״מ קי ב) כ״י: שויה

שויה (ב״ב קעב א) ה׳ ור״ח: שויוה

שַׁוְיֵהּ עֲשָׂאוֹ — He made him, it; he appointed him

שַׁוְיַהּ (שבת קכה ב, נדר׳ פה א, ב״מ קי ב) עֲשָׂאָהּ
He brought it (*f.*) into being

שַׁוְיָה (כתו׳ כב א, גט׳ סג ב) עָשְׂתָה
She caused it to be regarded as

שַׁוְיוּהּ עֲשָׂאוּהוּ
They made him, it, they appointed him

שַׁוְיוּהּ[94] (ב״ב קעב א) עֲשׂוּהוּ (צ)
Make it into (*m.*, *s.*, *imp.*)

שַׁוְּיוּהַ(ו) (ב״מ מה א[95], ב״ב קלט ב כ״פ[96]) עֲשָׂאוּהוּ
They regarded it (*m.*) as

שַׁוְיוּךְ (סוכה מח ב) עֲשָׂאוּךְ (יַעֲשׂוּךְ)
They transform you into being, they will transform you into being

---

85) כל כ״י וד׳ שוני, ד״ח: אשוו.
86) מ׳ ורש״י, ד׳: נפשיה.
87) כך גם מ׳, רק פ״א: שוויי.
88) מ׳, ד׳: שוויה.
89) מ׳, ד׳: לשוויה.
90) מ׳, ד׳: שויניך.
91) מין שיח, שריחו רע. עי׳ שושי.
92) ע׳: המשענת אשר בידו (שופ׳ ו כא) תרג׳ שוטיתא דבידיה.
93) של הדס. רש״י: שוט של הדס, שהיה מרקד בו.
94) ה׳ ור״ח, ד׳: שויה.
95) כ״י ור״ח.
96) מ׳ ה׳ וד״ו — בכולם.

שַׁוְיֵיה עֲשָׂאוֹ — He made it (*m.*)

שוייה (כתו׳ נג א) מ׳: שוויי

שַׁוְיַיהּ (יב׳ פד א 2) עֲשָׂאָהּ — He caused her to be

שוייה (כתו׳ כב א) מ׳: שויתה

שַׁוְיָין[97] (תמיד לב א) שָׁוִים — They are equal

שַׁוְיִנְהוּ (נז׳ ד סע״ב[98], סנ׳ קי א) עֲשָׂאָם

He caused them to be

שַׁוְיִנְהוּ עֲשָׂאוּם — They made them

שַׁוְיִנְהוּ (ב״ב קעב א) עֲשׂוּ אוֹתָם

Make them into, change them (*m., p., imp.*)

קא שוינהו[99] (בר׳ ס ב) ר׳ שוי — Cf.

לשוינהו[1] (ב״ב קלז א) ר׳ לשוויינהו — Cf.

שויניך (הור׳ יג סע״ב) מ׳: לשוייך (=לשווייך)

שוינן[2] (נז׳ ד סע״ב) ר׳ שוינהו — Cf.

שְׁוִיסְקֵי[3] (פס׳ צו רע״א) צָלִי

Meat roasted on spit

שְׁוִיסְקַאל[4] (קידו׳ ע א) אוֹכֵל צָלִי

Someone who eats roasted meat (a derogatory term)

שַׁוִית נַפְשָׁךְ (גט׳ יד א) עָשִׂיתָ עַצְמְךָ

You caused yourself to become

שַׁוִיתַהּ לְנַפְשַׁהּ (יב׳ סו א, כתו׳ כב א[5], כג ב) עָשְׂתָה אֶת־עַצְמָהּ

She caused herself to become

שַׁוִיתוּן [לִי][6] (יב׳ צב א) עֲשִׂיתֶם אוֹתִי

You gave me the status of

שַׁוִיתֵיהּ (חול׳ קכז א) עָשִׂיתָ אוֹתוֹ

You have given it (*m.*) the status of

שַׁוְיָתֵיהּ (גט׳ סב ב ועוד) עָשְׂתָה אוֹתוֹ — She appointed him

שַׁוִיתֵיהּ לִדְמָךְ (קידו׳ פא א 2) עָשִׂיתִי אֶת־דָּמְךָ

I would have made your blood

שַׁוִיתָ(י)ךְ (נדר׳ לו א — מ׳) עֲשִׂיתִיךָ

I appointed you (*m., s.*)

שויתין[7] (יב׳ צב א) ר׳ שויתון — Cf.

שַׁוֵּיתִינַן (פס׳ ג ב) עָשְׂתָה אוֹתָנוּ

You have made it (*f.*)

שׁוֹכָא (קיד׳ ט רע״א) מַחֲרֹזֶת — Necklace

שׁוֹכָא דְּאַרְזָא[8] (שבת כ ב 3) עֲנַף שֶׁל אֶרֶז

Branch of cedar tree

שׁוֹכֵי[9] ב״מ כד א) בַּדֵּי — Branches

שׁוּכְתָא (שבת סה א) חֲלוּדָה[10] — Rust

עֲבֵיד שׁוּלְטָן (יומא נג ב ועוד — מת״א) מוֹשֵׁל (ת״א ל״שבט״)

Ruler, governor

שׁוּלְטָנָא (בר׳ נח א) מֶמְשָׁלָה

Government, power of ruling

שְׁוּלְיָא דְנַגָּרֵי (פס׳ קח א ועוד) תַּלְמִיד שֶׁל נַגָּרִים

Carpenter apprentice

שְׁוּלְיָא[11] דְנַפָּחֵי (ב״ק לב ב 2) תַּלְמִיד שֶׁל נַפָּחִים

Blacksmith apprentice

שׁוּם (ב״מ קא א 3) שׁוּם (צ) — Evaluate (*m., s., imp.*)

מִשּׁוּם מִפְּנֵי־, מֵחֲמַת, מִטַּעַם

Because of, on account of

אִי מִשּׁוּם הָא אִם מִטַּעַם זֶה — If because of this reason

מִשּׁוּם הָכִי מִשּׁוּם כָּךְ — Because of this, consequently

שׁוּמָא שׁוּם (=הערכה) — Evaluation

שׁוּמָא דְּבֵי דִינָא שׁוּם שֶׁל בֵּית דִּין

Evaluation of the *beis din* (rabbinical court)

שׁוּמוּ (ב״ק פד א, צו ב) שׁוּמוּ (צ) — Evaluate (*m., p., imp.*)

שׁוּמְנָא שֻׁמָן — Fat

97) היה צ״ל: שוין! אבל במ׳ ורש״י ליי, ושם הנוסח: כולנא כחדא (שוויין דהא כל מילתא דאמרת לנא כחד) פתרנא לך.

98) רש״י ועוד, ד׳: שוינן.

99) מ׳: (קא) שויא, וצ״ל: שוי.

1) מ׳: לישוויינהו, ה׳: לישוינהו.

2) רש״י תוס׳ והרא״ש: שוינהו, מ׳: שוינון.

3) מלשון פרסית (עי׳ עה״ש).

4) שם גנאי מצלצל כ״יחזקאל״.

5) מ׳, ד׳: שוייה.

6) מ׳, ד״ו: שויתון, הב״ח: שויתוני, ד״ח: שויתין.

7) ד״ו: שויתון, מ׳: שויתון לי, הב״ח: שויתוני.

8) תלי: א״ר יוסף לכש — שוכא דארזא, ונדחה.

9) תלי: מאי בדי שוכי.

10) ע׳ (ע׳ בת ארעא) ורש״י, בעל עה״ש מפרש: כסף סיגים קשים מלשון פרסית

11) ע׳: שווליא, מ׳: שויליא, ר׳: שוילא, ר״ח: שולייא, ונמצא גם בעברית (שבת צו ב: לשוליהן — ע׳ וא״פ, מ׳: לשוליהן, ד׳: לשואליהם).

שוּמְנַיְיהוּ (ב״ב עג ב[12], ע״ז לד ב) שֻׁמְנָם (=שומן שלהם) — Their fat

שַׁפִּיר שׁוּמְעָנֵיהּ (מג׳ כה ב) שְׁמוּעָתוֹ נָאָה[13] — His good reputation

סְנוֹ שׁוּמְעָנֵיהּ (מג׳ כה ב[14], מ״ק יז א) שְׁמוּעָתוֹ רָעָה[15] — His bad reputation

שׁוּמְשׁוּמֵי שׁוּמְשְׁמִין — Sesame seeds

שׁוּמְשׁוּק (שבת קט ב) אֵזוֹב — Hyssop

שׁוּמְשְׁמָא (סוטה ג ב 2) שֻׁמְשׁוּם — Sesame

שׁוּמְשְׁמָנָא גַּמְלָא[16] (שבת סו סע״ב, יב׳ עו א[17]) נְמָלָה גְדוֹלָה, גַּמְלוֹנִית[18] — Large ant

שׁוּמְשְׁמָנָא (יב׳ קיח סע״ב, כתו׳ עה רע״א) גּוּץ כִּנְמָלָה — As diminutive as an ant

שׁוּמְשְׁמָנֵי (נדר׳ כד ב, כה א, חול׳ נז ב) נְמָלִים — Ants

שומשנא (יב׳ עו א) ר׳ שומשמנא — Cf.

שׁוּמַת (נדה סט ב, מדני׳ ו יח) הוּשְׂמָה — It (*f.*) was placed

שונאנה[19] (שבת צ א) ר׳ שלגא — Cf.

שׁוּנָרָא חָתוּל — Cat (*m.*)

שׁוּנָרֵי (שבת קי א, סנ׳ יט ב) חֲתוּלִים — Cats (*m.*)

שׁוּנַרְתָּא (בר׳ ו א) חֲתוּלָה — Cat (*f.*)

שׁוּף (ב״ב ז א) שְׁהֵה (=התכופף) — Lit., ensure that I am at ease, i.e., do not contest my ownership (*m., s., imp.*)

שׁוּף לִי (ב״ב קסט א) שְׁפֵה לִי[20] — Bend down (*m., s., imp.*)

שׁוּפְטָנֵי שׁוֹטִים — Fools, imbeciles

שׁוּפִינָא (ב״ק צח א) שׁוּפִין (=פצירה) — File

שׁוּפָרָא שׁוֹפָר — Shofar

שׁוּפְרָא יֹפִי — Beauty

שׁוּפְרַזִי[21] (כתו׳ סה א) גָּבִיעַ אָרֹךְ — Tall goblet

שׁוּפְרֵי שׁוּפְרֵי (פס׳ ג ב) מֻבְחָר שֶׁבַּמֻּבְחָר — Best quality

שׁוּפְרֵיהּ יָפְיוֹ — His, its beauty

שׁוּפְרָךְ (ב״מ פד א) יָפְיֵךְ — Your (*f., s.*) beauty

שׁוּפְתָּא (שבת קב ב ועוד) קַת-, יַד- — Wedge

שׁוּפְתָּא דְתוּמָא (שבת קמ א, ע״ז כח ב) יַד הַשּׁוּם (=אמצעיתו של שום) — Middle of garlic

שׁוּקָא[22] (יב׳ קג א) שׁוֹק — Thigh

שׁוּקָא שׁוּק — Market

שׁוּקָא דְבֵי דַיְסָא (ב״מ כד ב) שׁוּק שֶׁל גָּרוֹסוֹת[23] — Market where pounded wheat is sold

שׁוּקָא דְגִלְדָאֵי שׁוּק שֶׁל מוֹכְרֵי עוֹרוֹת, שׁוּק שֶׁל רַצְעָנִים — Market of sellers of skins, leather

שׁוּקָאֵי (ב״ב ל א) שׁוּק שֶׁלִּי — My market, i.e., my selling and buying merchandise

שׁוּקָאֵי דְסוּרָא (ב״מ קיא א) שׁוּקָאִים (=סוחרי השוק) שֶׁל סוּרָא — Merchants of the Sura market

שׁוּקֵי שְׁוָקִים — Markets

שׁוּקֵי בָּרָאֵי (שם) שְׁוָקִים חִיצוֹנִים[24] — Lit., external markets, i.e., faraway markets

שׁוּקֵיהּ (ב״מ לב ב) שׁוּקוֹ — His market

שׁוּקַיְיהוּ (גט׳ ו א) שׁוּקָם — Their market

שׁוּר אִיגַּר[25] (מג׳ ה ב, ערכ׳ לב א) חוֹמַת-גַּג — City wall made up of adjoining houses, rooftops

שׁוּרָא חוֹמָה — Wall

בַּר שׁוּרָא (פס׳ פו א[26]) בַּת חוֹמָה, חֵיל — Smaller wall within larger wall, fortification

אִיגַּר שׁוּרָא (סנ׳ קט ב) גַּג חוֹמָה — Roof of wall

שׁוּרְבִּינָא (ר״ה כג א ועוד) תְּאַשּׁוּר (עץ) — Box tree?, acacia?, cedar?, beech?

שׁוּרֵי שׁוּרֵי (יומא עו א) חוֹמוֹת חוֹמוֹת — (Like) walls

שׁוּרֵי (ב״ב נד רע״ב) כל כי״י ועוד: תורי

---

(12) ה׳, מ׳: שמנוניהו, ד׳: שמנייהו.

(13) מספרים בשבח מעשיו הטובים.

(14) מ׳ ורש״י וד׳ פיזרו: סני, ד׳: סנאי.

(15) רש״י במו״ק: שיצאו (כצ״ל) עליו שמועות רעות. כלומר: מספרים בגנות מעשיו.

(16) ע׳: גמלנא, ר״ב: פי׳ בל״י קוראים לגדול מגלון.

(17) ד׳: שומשנא, ע׳: שושמנא, מ׳: שומשאנא. ולפ״ד ט״ס, וצ״ל שומשמנא.

(18) ר׳ כלאים פ״ב מ״ח.

(19) ע׳: שלגא, מ׳ וא״פ: שולגא, ד״י: שונאגא.

(20) העמד נכס זה ברשותי בשופי (בלא ערעור).

(21) ע׳: שפר זייני פי׳ כוס של זכוכית ארוך שיעור טפח או יותר וקורין אותו ברזינא...

(22) מ׳: שוק (עב׳), בארי׳ צ״ל: שָׁקָא.

(23) = מוכרי חטים כתושות.

(24) = שווקים רחוקים, במדינת הים.

(25) בתוך ברייתא בעברית!

(26) ויאבל חל וחומה... שורא ובר שורא.

שׁוּרְיָינֵי דְעֵינָא (ע״ז כח ב) מְאוֹר הָעַיִן[27]
Eye vision (Rashi), muscles of the eye (Rashi)

שׁוּרְיָיקֵי (בר׳ ז א) גִּידִים וְחוּטִים[28]
Membranes and veins, stains *(Rashi)*

שׁוּרִינְקָא (חול׳ סג א) עוף ממשפחת הנץ — Type of hawk

שׁוּרָן (חול׳ קלז ב) שׁוּרוֹת — Rows

שׁוּרְתָא (מג׳ כח ב) הַשּׁוּרוֹת — The rows

שׁוֹשְׁבִינָא שׁוֹשְׁבִין, רֵעַ — Person who reciprocates the giving of wedding gifts, friend

שׁוֹשְׁבִינוּתָא (ב״מ קמה ב) שׁוֹשְׁבִינוּת
Reciprocating of giving wedding gifts

שׁוֹשְׁבִינֵי (יב׳ קכא א) שׁוֹשְׁבִינִים
Persons who reciprocate the giving of wedding gifts

שׁוֹשְׁבִינֵיה (מ״ק כח א ועוד) שׁוֹשְׁבִינוֹ, רֵעוֹ — His friend

שׁוֹשְׁבִינְתֵּיה (קיד׳ פא א) חֲבֶרְתּוֹ[29]
His kinswoman, intimate friend

שׁוּשֵׁי (סוכה יב סע״ב) שׁוּשִׁים[30]
Fern, licorice wood, shrubs that smell badly *(Rach)*

שׁוֹשִׁיבָא (שבת צ ב, ע״ז לז א) מין חגב[31] — Species of locust that has a long head *(Rashi)* and is *tahor*

שׁוֹשִׁילְתָא שַׁלְשֶׁלֶת — Lit., chain, i.e., dynasty

שׁוֹשִׁילְתָא[32] **דְרַבָּן גַּמְלִיאֵל** (גט׳ נו ב) שַׁלְשֶׁלֶת (הנשיאות) שֶׁל ר״ג — Lit., chain of Rabban Gamliel, i.e., dynasty of Rabban Gamliel

שׁוּתָא (=שעותא) (סוכה נו ב ועוד) שִׂיחָה, דִּבּוּר
Conversation, speech

שׁוּתָא (=שוחתא) (שבת קכד ב, ב״ק קיז א) מִכְמֹרֶת — Net

שׁוּתָא (בר׳ לו א) עָלִים וּפֵרוֹת (של הצלף)
Leaves and fruit of caper tree

יוֹמָא דְשׁוּתָא (שבת לב א ועוד) יוֹם קָדִים
Day in which the southern wind is dominant

שׁוּתָּפָא שֻׁתָּף — Partner

שׁוּתָּפוּתַאי (ב״ק נג א) שֻׁתָּפוּתִי — My partnership

שׁוּתָּפוּתֵיה (נדר׳ סז סע״ב) שֻׁתָּפוּתוֹ — His partnership

שׁוּתָּפֵי שֻׁתָּפִים — Partners

שֵׁיזְבֵיה (סנ׳ צו א) הִצִּילוֹ — He saved him

לְשֵׁיזָבֵיה (ב״מ פו ב) לְהַצִּילוֹ — To save him

שֵׁיזַבְתְּ (יב׳ קיד ב) הִצַּלְתָּ — You saved

קַרְנָא דְשֵׁיזָבְתָא (כתו׳ קיא א) קֶרֶן הַפְּלֵיטָה
Horn of safety, refuge

שֵׁזִיב (בר׳ ס סע״א) הִצִּיל — He saved

שָׁחוּ[33] (שבת מא א — פ״ב) שׁוֹחִים (=מתכופפים)
They bend down

שַׁחוֹדֵי שַׁחֲדֵיהּ בְּמִילֵּי (סנ׳ מג ב) שַׁחֵד שִׁחֲדוֹ (=פיתהו) בִּדְבָרִים
He persuaded him (by talking to him)

שַׁחְוָור (ב״ב מז א-ב) אַנְגַּרְיָא[34]
Obligation to king (work and confiscation of animals)

שׁיחוּמֵי (חול׳ נה ב) כי״י: שחימי

לְשַׁחוּפֵי נַהֲרָא (מ״ק ד סע״ב) לַעֲקֹר עַנְפֵי אִילָנוֹת הַגְּדֵלִים בַּנָּהָר (ע׳) — Lit. to bare the river, i.e., to prune off tree branches that extend into the river

שְׁחַט שָׁחַט — He slaughtered

קָא שחט (חול׳ מד א) מ׳: קשחיט, ר׳ שחיט — Cf.

שַׁחֲטַהּ שְׁחָטָהּ — He slaughtered it (*f.*)

שחטה (חול׳ עד סע״א) ר׳ שחטיה — Cf.

שְׁחַטוּ (ע״ז נה א) שָׁחֲטוּ — They slaughtered

שַׁחֲטוּ (שם) שַׁחֲטוּ (צ) — Slaughter (*p.*, *imp.*)

שַׁחֲטוּהָ (חול׳ כט ב) שְׁחָטוּהָ — They slaughtered it (*f.*)

שַׁחֲטֵיה שְׁחָטוֹ — He slaughtered it (*m.*)

שְׁחַטֵיה (חול׳ עה ב) שְׁחַט אוֹתוֹ
Slaughter (*m.*, *s.*, *imp.*) it (*m.*)

שָׁחֲטֵ[י]הּ (חול׳ עד סע״א — מ׳) שׁוֹחֲטוֹ
He slaughtered it (*m.*)

שַׁחֲטִינְהוּ שְׁחָטָם — He slaughtered them

שָׁחֲטִינַן אָנוּ שׁוֹחֲטִים, נִשְׁחַט
We slaughter, we will slaughter

שָׁחֵי (שבת מא א — פ״א) שׁוֹחֶה (=מתכופף)
He bends down

שחי (שם פ״ב) מ׳ ר״ח: שחו

---

27) לפי רש״י, לפי בעל עה״ש: גידים.
28) לפי ר״ב: רש״י: טיי״ש = כתמים.
29) רש״י: בעל ברית לו.
30) מין שיח שריחו רע. ר״ח: שמות עצי השדה שריחם רע.
31) התלי בע״ז מזהה אותו עם ״איל קמצא״ (עדיות ח ד).
32) מן הצורה הארמית נוצרה בעברית החדשה: שׁוֹשֶׁלֶת.
33) מ׳ ר״ח, ד׳: שחי.
34) =עבודת המלך בלא שכר (=״מס״ במובנו העיקרי במקרא).

שחיא (ביצה כד א) ר' שיחייא — Cf.

שָׁחֵיט שׁוֹחֵט — He slaughters

שְׁחִיטֵי (זב' צא א 2) שְׁחוּטִים — Slaughtered (*m.*, *p.*)

שָׁחֵיל (סוכה כט רע"א) דְּלִי עֵץ — Wooden pail

שחיל (יומא עח א) ר' שחלי — Cf.

שַׁחֲ(י)מֵי[35] (ב"ק צו ב) חוּמִים, שְׁחוֹרִים — Brown, black (*m.*, *p.*)

שְׁחִימֵי (ע"ז לג ב, לד רע"ב, חול' נה ב) חוּמִים, שְׁחוֹרִים — Brown, black (*m.*, *p.*)

שָׁחֵין (=מְשַׁחֵין) **נוּרָא** (ערכ' לא ב) מַסִּיק אֵשׁ — He kindles a fire

שחינא (שבת סז א) כ"י: שיחנין

שָׁחֵיק (ע"ז כט א) שׁוֹחֵק — He grinds

שְׁחִיקָא[36] (ביצה ו ב) שְׁחוּקָה — Grounded (*f.*, *s.*)

שְׁחִ[י]קֵי[37] (ע"ז כח ב) שְׁחוּקִים, כְּתוּשִׁים — Grounded, crushed (*m.*, *p.*)

שִׁיחְלָא (מג' טו ב) גַּרְעִין — Kernel

שִׁיחְלָא (ב"ק נה א, חול' נח א כ"פ) שְׁחִילָה, טְעִינָה (של ביצים) — Lit., charge, loading, i.e., fecundation

שיחלא (שבת סז א) ע' וא"פ: שחליא

שָׁחֲלֵי[38] (יומא עח א) שׁוֹאֲבִים — They discharge

שִׁחְלַיָא[39] (שבת סז א) דַּלֶּקֶת הָאֹזֶן — Ear inflammation, earache (*Rashi*)

שִׁיחְמָא (ב"ק מט א) חֲמִימוּת — Warmth

שִׁיחְמַיְיהוּ (ב"ק צו ב) שַׁחֲרוּתָם — Their blackness

שִׁיחְנָא (קידו' לט סע"ב, פא סע"א) שְׁחִין — Boils

שִׁיחְנָא (כתו' סז א, קד א, סוטה יג ב) טְעַן, מַשָּׂא — Burden, load

שיחני (נדר' פא רע"א) מ' ור"נ: שיחנא

שִׁיחְנִין[40] (שבת סז א) שְׁחִינִים (ר' של שחין) — Boils

שַׁחֲפֵי [דְקַנְיָא] (שבת קי א — ע' וא"פ) קְלִפּוֹת הַקָּנִים (ע') — Peels of reeds

שָׁחֲקוּ[41] (ב"ב קמו א) שָׁחֲקוּ, כָּתְשׁוּ — They crushed, grounded

שַׁחֲקֵי (נדה יז א) (בגדים) יְשָׁנִים — Worn-out clothing, rags

שחקי[42] (ע"ז כח ב) ר' שחיקי — Cf.

שחקי (ב"ב קמו א) כ"י ר': שחקו

שַׁחֲקֵי דְכִיתָּנָא (שבת קי ב ועוד) בְּלוֹיֵי פִּשְׁתָּן — Worn-out clothing, rags made of flax, linen

שַׁחֲקֵי דַעֲמַר גּוּפְנָא (שם) בְּלוֹיֵי צֶמֶר גֶּפֶן — Worn-out clothing, rags made of cotton

שַׁחֲקֵיהּ (שבו' ו ב) בְּלוֹיָיו — His worn-out clothing, rags

שַׁחְרוּרֵי (גט' פא ב) (ל)שַׁחְרֵר — (To) free

שַׁחֲרוּרִיתָא (ב"ק כ ב, ב"מ קיז ב) שַׁחֲרוּרִית — Blackness

שַׁחְרְרֵיהּ (גט' מ א, פא ב) שִׁחְרְרוֹ — He freed him

שַׁחֲתָה (נדה יז א) שָׁחֲתָה (=התכופפה) — She bent down

לשטוח(י)[43] **עורות** (יומא כח סע"ב) = עברית — To spread out skins (to dry them)

שְׁטוֹף (תמיד כז ב) שְׁטֹף (כוס) — Rinse (*m.*, *imp.*) (the cup)

שְׁטוּפֵי[44] **בְּזִמָּה** (יב' צח רע"א) שְׁטוּפִים בְּזִמָּה — Immersed in promiscuity

שְׁטוּתָא (שבת עז ב ועוד) שְׁטוּת — Stupidity

שְׁטוּתֵיהּ (כתו' יז א) שְׁטוּתוֹ — His stupidity

שַׁטְחַהּ[45] (סוכה י ב) שְׁטָחָהּ, פָּרַשׂ אוֹתָהּ — He spread it (*f.*)

שטחו[46] (ב"ב סח רע"א) ר' שטחי — Cf.

שָׁטְחִי[47] (שם) שׁוֹטְחִים — They spread

שַׁטְיָא שׁוֹטֶה — Imbecile

בַּר שַׁטְיָא[48] (יב' לא סע"א, כתו' כ רע"א) בֶּן־הַשּׁוֹטֶה — Imbecile (pertaining in these *gemaros* to one with alternating states of sanity and insanity)

---

(35) מ' ה' וד"ו.

(36) אמר עצ"ם: נ"ל שכדאי להביא כאן מטבע קללה שאינו בתל' בבלי, אבל שגור בפי הלומדים, והוא: אדרינוס שחיק טמיא (ויק"ר כ"ה ה) — אדריאנוס שחוק עצמות.

(37) מ' והג' בכ"י ספ'.

(38) ד': משחל שחיל, ור' ח"ג ב"משחלי".

(39) ע' וא"פ: ד': שיחלא.

(40) מ' א"פ, ד"ו: שחינין, ד"ח: שיחנא.

(41) ר', מ' ה' ד': שחקי, רשב"ם ד"ו: שחיקי.

(42) מ': שחיקי, וכן הוגה כ"י ספ'.

(43) רש"י, בארי היה צ"ל: למשטח.

(44) מצורה עברית: שטוף בזמה (שבת קנב א, ב"ב טו ב).

(45) מ' ב ור"ח, מ': אשטחה, ד': אשתטחא.

(46) מ' ד"ו: שטחי, ה' ר': דשטחי.

(47) ד"ח: שטחו.

(48) כינוהו כך, משום שלא היה שוטה גמור, אלא עתים חלים.

שָׂטָנָא (שבת לב א, מנ׳ סב א) הַשָּׂטָן — Satan

שיטפא (שבת קל סע״ב) מ׳ א״פ: שיטפאי

שִׁיטְפַאי (שבת קל ב, נדה נג ב) מְרוּצָתִי[49] — My swift study

שַׁטְפוּהּ (נז׳ לב ב[50], ב״מ פא ב) שְׁטָפוּהוּ — They swept away (his opinion) (*Nazir*), swept away (his sheet) (*Bava Metzia*)

שִׁיטְפָךְ (שבת קל סע״ב, נדה נג ב[51]) מְרוּצָתְךָ[52] — Your swift study

שְׁטַפְתֵּיהּ (ב״ב עג א) שְׁטַפְתּוֹ — You (*f.*, *s.*) swept away

מִשְׁטַר קָשָׁטַר (פס׳ מד א ועוד) טַבֵּל מְטַבֵּל (פת בכותח) — He dips (the bread in a sauce)

שְׁטַר זְבִינֵי (גט׳ פו א, קיד׳ ט א) שְׁטָר מְכִירָה — Bill of sale

שְׁטַר פִּקַּדְתָּא (גט׳ נ ב) שְׁטָר צַוָּאָה — Will, testament

שטר פרטתא (גט׳ נז ב) ר׳ פירטא — Cf.

שְׁטָרָא שְׁטָר — Document, bill, contract

שְׁטָרָא זַיְיפָא[53] (כתו׳ לו ב[54], ב״ב לב ב 2) שְׁטָר מְזֻיָּף — Forged document, bill, contract

שְׁטָרַאי שְׁטָרִי — My document, bill, contract

שטראי (ב״ב קנא א) ה׳: שטרי

שְׁטָרֵי שְׁטָרוֹת — Documents, bills, contracts

שְׁטָרֵי אַקְנָיָאתָא/אַקְנְיָיתָא (ב״מ יג א, טז ב, ב״ב קעב א ועוד) שְׁטָרֵי הַקְנָאָה[55] — Document in which one person mortgages his possessions to another

שְׁטָרֵי חַלְטָאתָא (ב״מ טז ב 2[56]) שְׁטָרֵי חֲלָטָה[57] — Document held by the creditor that transfers to him the possession of a certain land of the borrower on the basis of a court estimation

שְׁטָרֵי מְאוּחָרֵי (ב״ב קעא ב) שְׁטָרֵי חוֹב מְאֻחָרִים[58] — Postdated documents, bills, contracts

שְׁטָרֵי פְּסִיקָתָא (מ״ק יח ב ועוד) שְׁטָרֵי פְּסִיקוֹת[59] — Document written before marriage in which the financial obligations of the groom's father and bride's father are enumerated

מִישְׁתַּר שָׁטְרֵי (חול׳ קה א) מָרוּחַ מוּרְחִים[60] — Stick to the palate

שְׁטָרֵיהּ שְׁטָרוֹ — His document, bill, contract

שְׁטָרַיָּיא (ר״ה יח ב — ממג״ת) שְׁטָרוֹת — Documents, bills, contracts

שְׁטָרַיְיהוּ (ב״ב קנד ב) שְׁטָרָם — Their document, bill, contract

שְׁטָרַיְיכוּ (כתו׳ יט א) שְׁטַרְכֶם — Your (*m.*, *p.*) document, bill, contract

שְׁטָרָךְ שְׁטָרְךָ — Your (*m.*, *s.*) document, bill, contract

שִׁיטְתָא (זב׳ יב ב) שִׁטָּה — Point of view, line of reasoning, opinion, system, principle

שִׁיטְתֵיהּ שִׁטָּתוֹ — His point of view, line of reasoning, opinion, system, principle

שִׁיטְתַיְיהוּ (נז׳ לב ב) שִׁטָּתָם — Their point of view, line of reasoning, opinion, system, principle

שְׁיָאפָא[61] דַּחֲמִימְתָא (גט׳ סט ב) חֲרֵי יוֹנִים (=צוֹאת יונים, מ״ב ו כה) — Dove excrements, chicken excrements (Rashi)

שְׁיָאטֵיהּ (קיד׳ ע ב) שִׁיטוֹ[62] — His travel

שֵׁידָא שֵׁד — Demon

שידא (כתו׳ סה א) ר׳ קולפי — Cf.

שֵׁידָא(י) (שבת סז א — מ׳ וא״פ) שֵׁד — Demon

שֵׁידֵי שֵׁדִים — Demons (*m.*)

שֵׁידְתִין (גט׳ סח א כ״פ) שֵׁדוֹת — Demons (*f.*)

שִׁיוּטָא[63] (יומא עז ב) שְׂחִיָּה — Swimming

שְׁיוֹל (מ״ק כח ב) שְׁאוֹל (=קבר) — Grave

(49 = לימוד בשטף וברהיטות.

(50 ד״ח: שטפוהו.

(51 רש״י: ריהטך.

(52 = לימוד בשטף וברהיטות, רש״י (שבת): עם מרוצת גירסתך, בשני המקומות: בעא מיניה ר׳ זירא מר׳ אסי.

(53 = מזייפא (לפי״ד), הי״ג רמי״ה בב״ב: זיפא.

(54 מ׳, ד׳: דזייפא.

(55 = שטר, שבו משעבד ראובן את נכסיו לשמעון בין ילווה ממנו ובין לא ילווה ממנו.

(56 פי״ב — בד׳: שטר.

(57 ״שטר שנותנים ב״ד לבעל חוב על אחד מנכסי הלווה, וכתוב בו, שקרקע זו מוחלטת וקנויה לו ע״פ שומת בית דין״ (פי׳ ב״ק).

(58 = תאריך הרשום בשטר מאוחר מיום ההלואה.

(59 שטר שנכתב לפני האירוסין, ובו נרשמות התחייבויותיהם של אבי החתן ואבי הכלה לתת לזוג.

(60 כלומר: נדבקים בחיך.

(61 רש״י: שייפא.

(62 מל׳ ״לשוט בארץ״.

(63 תלי: מאי מי שחו (יחז׳ מז ה) שיוטא.

שַׁיּוּלֵי, לְשַׁיּוּלֵי לִשְׁאֹל — To ask, to borrow

לְשַׁיּוּלֵי בֵּיהּ לִשְׁאֹל בּוֹ, לְבַקְּרוֹ (חולה) — To visit a sick person

לשיוליה[64] (פס׳ ד סע״א) ר׳ לישייליה — Cf.

שיוסקי (ב״ב כא ב) כי״י: שיסקי

שִׁיּוּרָא שִׁיּוּר — Leftover

שַׁיּוּרֵי (ל)שַׁיֵּר — (To) leave over

לְשַׁיּוּרֵי (מ״ק ט א 2) לְשַׁיֵּר — To leave over

שִׁיחְיָא (גט׳ ע ב) שְׁחִיָּה, תְּנוּעַת רֹאשׁ — Nodding, bending of head

שִׁיחְיָיא[65] (שבת קו ב, ביצה כד א[66]) שְׁחִיָּה, כְּפִיפָה — Bending

שָׁיְטָן (סוטה מח ב — תר׳ לדב׳ א מד[67]) שָׁטוֹת — They fly

שייא שייא (שבת סז א) מלות לחש — Incantation term

שייאפא (בכו׳ נ סע״א) מ׳: שייפא

שָׁיְיבִי[68] (חול׳ צג ב) שׁוֹאֲבִים — They draw out

שַׁיָּיטָא הַשָּׁט, הַשּׁוֹחֶה — One who swims

שָׁיְיטִי שָׁטִים — They swim

שָׁיֵיךְ בְּגַוַּיְיהוּ (קיד׳ ג ב) קָשׁוּר בָּהֶם — Lit., he is connected to them, i.e., they are associated with him

שָׁיֵיךְ בְּגִיטִּין (קיד׳ כג ב) קָשׁוּר בְּגִטִּין — Lit., divorce is connected to him, i.e., divorce is relevant to him

שָׁיֵיךְ בֵּיהּ (כתו׳ מו א) קָשׁוּר בּוֹ — Lit., he is conned to it, i.e., it is relevant to him

שָׁיֵיךְ בְּכַרְגָּא (ב״ב כא ב) קָשׁוּר (=חַיָּב) בְּמַס — Lit., he is connected to taxation, i.e., taxation is relevant to him, he is obligated to pay taxes

שָׁיֵיךְ בְּמִצְוֹת (ב״ק טו א) קָשׁוּר (=חַיָּב) בְּמִצְוֹת — Lit., he is connected to *mitzvos*, i.e., they (*mitzvos*) are relevant to him, he is obligated to observe *mitzvos*

מישך שייך (נדה נג רע״ב) ר׳ מישך — Cf.

שָׁיְיכָא קְשׁוּרָה, שַׁיֶּכֶת — Tied, connected to (*f.*, *s.*), relevant

שָׁיְיכָא בְּמִצְוֹת (יב׳ כג א ועוד) קְשׁוּרָה (=חַיֶּבֶת) בְּמִצְוֹת — Lit. she is connected to *mitzvos*, i.e., they (*mitzvos*) are relevant to her, she is obligated to observe *mitzvos*

שָׁיְיכָא יְדַהּ בְּגַוַּיְיהוּ (ב״ק מט ב ועוד) קְשׁוּרָה יָדָהּ (=יש לה חלק) בָּהֶם — She has a part in them

שַׁיְיכָא[69] (ע״ז סט ב) נֶקֶב[70] — Small hole in barrel cover

שָׁיְיכִי (שבת קכז ב ועוד) קְשׁוּרִים, שַׁיָּכִים — Tied, connected to (*m.*, *p.*)

שייל (מג׳ כב א[71], תמיד לב א[72]) ר׳ משייל — Cf.

שייל[73] (תע׳ כא ב) ר׳ מושיל — Cf.

שָׁיְילָה (נדה ו ב) שׁוֹאֶלֶת — She asks

שַׁיְילַהּ (ב״מ לה ב) שָׁאַל אוֹתָהּ — He borrowed it (*f.*)

אֲתוֹ שַׁיְילוּ (עיר׳ סה ב 2) בָּאוּ שָׁאֲלוּ — They came and asked

שַׁיְילוּהּ[74] שָׁאֲלוּ אוֹתוֹ (ע) — They asked him

שַׁיְילוּהּ (בכו׳ כד ב) שַׁאֲלוּ אוֹתוֹ (צ) — Ask (*p.*, *imp.*) it (*m.*)

שָׁיְילִי שׁוֹאֲלִים (חפץ) — They borrow (something)

שָׁיְילִי[75] (מג׳ כח ב) שׁוֹאֲלִים — They ask

שָׁיְילִי[76] (שבת צו ב) שׁוֹאֲלִים — They borrow

שַׁיְילֵיהּ (ב״מ כט ב ועוד) שָׁאַל אוֹתוֹ — He borrowed it (*m.*)

שַׁיְילֵיהּ (סנ׳ צח א, נדה מב א) שְׁאַל אוֹתוֹ (צ) — Ask (*m.*, *s.*, *imp.*) it (*m.*), he asked

לשייליה (נדה ו ב) מ׳: לשיולי

שַׁיְילִנְהוּ (פס׳ קיא א, יב׳ קטז א[77], ב״מ לד א, נדה ו ב, מג ב) שְׁאָלָם — He borrowed them (*Pesachim*), we asked (*Yevamos*), they asked (*Bava Metzia*)

שָׁיְילִינַן (מ״ק כא ב, חגי׳ כב ב, ב״מ כא א) אָנוּ שׁוֹאֲלִים (שאלה או חפץ) — We ask, we borrow

שַׁיְימוּהּ (בר׳ כ א ועוד) שָׁמוּ אוֹתוֹ — They evaluated it (*m.*)

---

64) מ׳: לישייליה, רש״י: למישייליה.

65) ע׳: שיהיא פי׳ כגון ביצה אחת... (מפי׳ ר״ח לביצה).

66) מ׳: שייא, ד׳: שחיא.

67) בת״א שלנו — נוסח אחר.

68) מ׳ ר״ג ורש״י, ד׳: שאיבי.

69) ע׳: פ״א משום שיבא... מלשון שאיב מישאב, כ״י ספ׳: שיבי.

70) רש״י: ״נקב דק מאד, שהוא במגופת החבית להיות ריח היין יוצא״. ועי׳ בערוך ובתוס׳ ד״ה מ״ט.

71) מ׳: משייל, רש״י: משאיל.

72) שמ״ק: משייל, מ׳: משאילי.

73) מ׳ ב: מושיל, מ׳: משייל.

74) בכמה מקומות בד׳: שיילוהו.

75) מ׳, ד׳: שאלי.

76) מ׳, א״פ: שאלו, ד׳: שאילי.

77) מ׳, ד׳: שאילנא.

שַׁיְימוּהּ(ו)[78] (ב״ק פד א 2) שׁוּמוּ אוֹתוֹ

Evaluate (*m.*, *p.*, *imp.*) him

שַׁיְימִי (ע״ז עב א 3) שָׁמִים They evaluate

שַׁיְימִינַן אָנוּ שָׁמִים, נָשׁוּם

We evaluate, we will evaluate

שַׁיֵימְנָא (ב״ק מז א, ב״מ סז ב) אֲנִי שָׁם, אָשׁוּם

I evaluate, I shall evaluate

שׁי(י)עַ[79] (ע״ז מז ב) טוּחַ (=טחו אותו)

They plastered it (*m.*)

שָׁיַיע (מ״ק יב א 2) מוּגָּף (=יש לו מגופה)

Closed with a cover

שַׁיְיעֵיהּ (ע״ז מז ב) טָח אוֹתוֹ He covered it (*m.*)

שָׁיֵיף לֵיהּ[80] (פס׳ עה ב) מוֹרֵחַ אוֹתוֹ

He spreads it, he rubs it

שייף[81] (סנ׳ סד א) ר׳ שאיף Cf.

שָׁיֵיף (שבת י ב[82], ביצה לט ב ועוד) מוֹרֵחַ

He spreads, rubs

שָׁיֵיף (סנ׳ פח ב) שׁוֹחֶה He bends down

שְׁיָיפָא (חול׳ קיא ב 2) מִשְׁחָה Ointment

שְׁיָיפָא (ע״ז נב ב[83], בכו׳ נ רע״א וסע״א[84]) שְׁחוּקָה Worn-out (*f.*, *s.*)

שְׁיָיפָא (ע״ז נט ב) שׁוֹפָה[85]

He pours gently from one utensil to the other

שְׁיָיפָא (ע״ז כו א 3) מוֹשַׁחַת, מוֹרַחַת She spreads, rubs

שייפא (ב״ק צח א) מ׳: שפייה

שְׁיָיפֵי (ב״ב לב סע״ב) שְׁחוּקִים Worn-out (*m.*, *p.*)

שָׁיְיפִי (שבת סו ב ועוד) מוֹרְחִים They spread, rub

שַׁיְיפֵיהּ (ביצה לט א) מְרָחוֹ

He spread it (*m.*), he rubs it (*m.*)

שָׁיְיפִינַן (יב׳ עו א) אָנוּ מוֹרְחִים We spread, we rub

שייצי (ב״ב עג ב) ר׳ שיצי Cf.

שַׁיֵּיר שִׁיֵּר He left over

שַׁיְּירָא (יב׳ ל א[86], לב א[87]) הִשְׁאִירָהּ

He left it (*f.*) over, he put it aside

שַׁיְּירָא/רָהּ (כתו׳ פג ב) שִׁיֵּר אוֹתָהּ He left it (*f.*) over

שַׁיַּירַהּ/רָא שִׁיְּרָהּ He left it (*f.*) over

שַׁיַּירוּ[88] (סוכה לז א) שַׁיְּרוּ (צ) Leave it over (*p.*, *imp.*)

שיירי (שם) ר׳ שיירו Cf.

שַׁיַּירִי[89] (כתו׳ נג א) הִשְׁאַרְתִּי I left over

שַׁיַּירֵיהּ שִׁיְּרוֹ He left it (*m.*) over on the side

שַׁיְּרִינְהוּ (חגי׳ ח ב) שִׁיְּרָם

He left them over on the side

שַׁיַּירִית (ב״ב סא ב 3) שִׁיַּרְתִּי I left it over

שַׁיַּרְתָּא שַׁיָּרָה Caravan

שַׁיַּרְתָא שַׁיָּרוֹת Caravans

שימינהו (ב״ב מו רע״ב) כל כי״י: לישיימוה

שִׁיעַ (פס׳ עד א) חָלָק Smooth (*m.*, *s.*)

שִׁיעָא (ע״ז עד א ועוד) חֲלָקָה Smooth (*f.*, *s.*)

שִׁיעָא דְדַנָּא (שבת סו ב) מְגוּפַּת הֶחָבִית Barrel cover

שִׁיעֵי (פס׳ ל ב ועוד) חֲלָקִים Smooth (*m.*, *p.*)

שִׁיעֵי דְדַנָּא (שבת קי ב) מְגוּפוֹת חָבִית Barrel covers

שִׁיפָא (שבת נב ב) נְשׁוֹפֶת (בשופין) File

דְּחַד שִׁיפָא (עירו׳ קא א) (דלת) שֶׁל נֶסֶר אֶחָד

(Door) made out of single pane of wood

שִׁיפָא דְדִינָרֵי (קיד׳ מ א) כְּלִי שֶׁל דִּינָרִים

Utensil full of dinars (in this context of gold)

שיפא (ע״ז נב ב) כ״י ספ׳: שייפא

שִׁיפֵי[90] (יומא פד א) נְסָרִים[91] Planks, shavings (Rashi)

שִׁיצָא (ב״ב עג ב) סְנַפִּיר Fin

שִׁיצֵי[92] (שם) סְנַפִּירִים Fins

שִׁיצֵי (מ״ק כה ב) שִׁיצִין[93]

Poor quality dates (*Aruch*), thorns (*Rashi*)

(78) מ׳, ה׳: שימוה.

(79) מ׳ וב״י: ספ׳.

(80) מ׳ וא״פ, ד׳: שפייה.

(81) מ׳ ורש״י: שאיף, ד״ש: שייב, יומא (פט ב): שאיב.

(82) מ׳ ורש״י, ד׳: שאיף.

(83) כ״י ספ׳, מ׳: שיפי, ד׳: שיפא.

(84) מ׳ ואה״ת, ד׳: שייאפא.

(85) = מריקה מכלי לכלי בשופי (= בנחת).

(86) מ׳, ד׳: שריא.

(87) מ׳ והב״ח, ד׳: שריא.

(88) מ׳ מ׳ ב רי״ף ד״י, ד׳: שיירי.

(89) מ׳, ד׳: שביקי.

(90) ל׳: בשובי (ואולי כך היה גם במ׳ — עי׳ ד״ס), ר״ח: דשקל ליה בשופינא, מ׳ ב: עביד בשופי (= בשופינא).

(91) רש״י: נסרים שצריך להם. לישנא אחרינא בשיפי קיסמין להדלקה.

(92) מ׳ ה׳ אה״ת וע״י, ד׳: שייצי.

(93) = תמרים גרועים (עי׳ עה״ש ע׳ שץ א׳).

שֵׁיצִיא (ר"ה ג ב, ערכ' יג א — מעז' ו טו) כָּלָה
It was completed

שִׁירָא (שבת כ ב, כתו' סג ב) מֶשִׁי Silk cloak (*Rashi*)

שִׁירָא פְּרַנְדָּא[94] (שבת כ ב, סוטה מח ב) מֶשִׁי מֻבְחָר
Choice silk

שִׁירָאֵי, שִׁירָאִין בִּגְדֵי מֶשִׁי Silk garments

שֵׁירֵי (ב"ק קיט א) שֵׁרוֹת (=צמידים) Bracelets

שֵׁישָׁא שַׁיִשׁ Marble

שִׁישׁוּרָא (פס' פב א, ב"ק צו סע"א[*94]) שַׁרְשֶׁרֶת Rope

שִׁית שֵׁשׁ Six (*f.*)

שִׁית עֶשְׂרֵה (ב"ב צא ב) שֵׁשׁ עֶשְׂרֵה Sixteen (*f.*)

שִׁיתָּא שִׁשָּׁה Six (*m.*)

שִׁיתִּין שִׁשִּׁים Sixty

שִׁיתְּסַר (=שית עסר) שִׁשָּׁה עָשָׂר Sixteen (*m.*)

שִׁיתְּסְרֵי (=שית עשרי) שֵׁשׁ עֶשְׂרֵה Sixteen (*f.*)

שָׁכְבָא (בר' נז ב ועוד) הַמֵּת Corpse

שָׁכְבָא (בר' נו א) מֵתָה (ב), תָּמוּת She dies, she will die

שִׁיכְבָא[95] (נז' לט סע"א) שְׁכִיבָה Lying

שיכבא (ב"ב צא א) ה' אה"ת ע"י ויל': שכבא

שָׁכְבִי (סנ' כט רע"ב) יְשֵׁנִים They sleep

שָׁכְבִי (בר' נו ב ועוד) מֵתִים Dead people

אִיכּוּ שָׁכְבִי (ב"מ עג ב[*95], ע"ז נה א[96]) אִילוּ מֵתִי
If I would die

שִׁיכְבִי (כתו' קיב א[97], סוטה לד ב[98]) ר' שכבי Cf.

שָׁכְבָן (בר' נו א) מֵתוֹת (ב), תָּמֹתְנָה
They (*f.*) die, they will die

שְׁכוּנָה[99] **גַּבֵּיהּ** (ב"מ סח א, קח ב) שְׁקוּעָה אֶצְלוֹ
It is regarded as neighboring on him, i.e., as being adjacent to his property

שְׁכוּנֵי גַּוָּואֵי (ב"ב כט ב, קנט ב) שְׁכוּנוֹת פְּנִמִיּוֹת (=רחוקות), פ"א: חֲדָרִים פְּנִימִיִּים (רשב"ם) ·
Faraway lands (*Rif*), interior rooms (*Rashbam*)

שְׁכַ(ו)ר בָּזָאֵי[1] (סנ' צה א) צַיִד (בְּעֶזְרַת) בָּז
Hunting with a hawk

שְׁכַחִינַן (פס' קו רע"ב) שָׁכַחְנוּ We forgot

שכחנינהו (שם) ר' שכחינן Cf.

שְׁכַחְתַּהּ (כתו' כב א) שְׁכַחְתִּיהָ I forgot it (*f.*)

שכיב (ב"מ קיד ב 2[*1]) שכב (עב')

שְׁכֵיב מֵת (ע) He died

שָׁכֵיב מֵת (ב) He dies

שְׁכִיב מְרַע[2] חוֹלֶה אָנוּשׁ (נוֹטֶה לָמוּת)
He is mortally ill

שְׁכֵיבָא/ה[3] מֵתָה (ע) She died

שכיבא (ב"מ עג ב) ר' שכבי Cf.

שְׁכִיבוּ (סוכה נג א, סנ' צז א) מֵתוּ They died

שְׁכִיבֵי (שבו' לז רע"ב) מֵתִים They are dead

אִיכּוּ שְׁכֵיבִי (יב' מו א, שבת קנב ב[*3]) אִלּוּ מַתִּי
If I would die

שכיבן[4] (יב' קו א) ר' שכיבו Cf.

שכיבן[5] (סנ' ז א) ר' שכיבנן Cf.

כִּי שָׁכֵיבְנָא (ב"ק קיא ב, ב"מ סב ב) כְּשֶׁאָמוּת
When I will die

לָא שָׁכֵיבְנָא (ב"ק קיז ב) לֹא אָמוּת I will not die

שכיבנא (שבת קנב ב) א"פ: שכיבי,
ראה לעיל איכו שכיבי Cf.

שכיבנא (ע"ז נה א) מ' כ"י ספ' ואה"ת: שכיבי,
ר' לעיל איכו שכבי Cf.

שְׁכֵיבְנַן (סנ' ז א) שָׁכַבְנוּ We lied down

94) מלשון פרסית (עה"ש).
*94) מ' ה' וע', ד': שרשורא.
95) מ' נשמט מן "ת"ש מבלורית..." עד ת"ש.
*95) מ', ד': שכיבא, ועי' ח"ג שם.
96) אה"ת, מ': איהו שכבי, ע"י: איכו שכיבי, ד': אי הוי שכיבנא.
97) אה"ת ע"י: שכבי, ילי: שכיבי.
98) מ' ע"י: שכבי, אה"ת: שכיבי.
99) מ' (קח ב): שכיני, ואולי כך צ"ל בב' המקומות, ויש כאן היקש לעברית.
1) פ' ע"י ויל', וצ"ל במלה אחת: שכרבאזי (מלשון פרסית), ועי' עוד ח"ג בד"ס אות ר' ובעה"ש.
*1) פ"א — מ' ה': שכב, ר' א ה"ג ורי"ף: שכוב.
פ"ב — מ' ה' וד"י: שכב, ר' א ה"ג ורי"ף: שכוב.
2) תרגום של "חולה" (למשל בר' מח א — בכ"י רק: מרע). ונכנס בלשון חכמים כמונח משפטי. למשל: צוואת שכיב מרע.
3) בר' נו ב: דביתהו שכיבא — מ': איתתך מתה, ב"נ: איתתיה מיתה.
*3) א"פ, ד': איכא שכיבנא.
4) רש"י: ושכיבו, מ': ושכיב.
5) מ' שט': שכיבנן, אה"ת: קא יתבינן.

שְׁכִיחַ מָצוּי — Frequent (*m.*, *s.*)

שכיח (ר"ה ז ב) מ': שכיחי

שְׁכִיחָא מְצוּיָה — Frequent (*f.*, *s.*)

שכיחא*[5] (ב"מ יח ב) ר' שכיחן — Cf.

שְׁכִיחֵי מְצוּיִים — Frequent (*m.*, *p.*)

שְׁכִיחִי(ן) (ב"מ יח ב) מְצוּיִים — Frequent (*m.*,*p.*)

שְׁכִיחִינַן (ע"ז ד א) אָנוּ מְצוּיִים — We are frequently found

שְׁכִיחָן (יב' כו א ועוד) מְצוּיוֹת

They (*f.*) are easily available

אֲנָא שְׁכִיחְנָא (כתו' סז ב) אֲנִי מְצוּיָה

I (*f.*) am easily available

לָא שְׁכִיחַת (שבת פב א, פט א, סנ' ק סע"א) אֵינְךָ מָצוּי

You (*s.*) do not frequently attend (lectures)

שְׁכִינְתָא (סנ' לט א) הַשְּׁכִינָה — Divine Presence

שְׁכִינָתָא (שם) שְׁכִינוֹת — Divine Presences

שְׁכִינְתֵּיהּ (שבת סז א) שְׁכִינָתוֹ — His Divine Presence

שְׁכִירוּתֵיהּ (ב"מ לה ב) שְׂכִירוּתוֹ — His renting

שָׁכֵן (חול' קיא רע"ב) שׁוֹקֵעַ — It (*m.*) sinks

שָׁכְנָא (ר"ה כג א) שׁוֹקַעַת[6] — It (*f.*) sinks

שָׁכְנִי (חול' כו ב) שׁוֹקְעִים — They (*m.*) sink

שִׁיכְרָא שֵׁכָר — Intoxicating beverage

שִׁכְרַאי (ב"מ סה סע"א) שִׁכְרִי (=שֵׁכָר שֶׁלִּי)

My intoxicating beverage

שַׁכְשִׁיכִי (זב' צד א-ב 4) שִׁכְשַׁכְתִּי — I shook

שַׁ(י)כְשֵׁךְ (ע"ז נז ב — מ' וע') שִׁכְשֵׁךְ — He shook

שְׁלָאבָא[7] (שבת קיב סע"ב) דָּד (לכלי), זַרְבּוּבִית

Spout of utensil

שלאכא[8] (שם) ר' שלאבא — Cf.

שַׁלְגָּא[9] (שבת צ א) אֶשְׁלָג — Mineral used as soap

(*Aruch*), usually translated as potassium

שְׁלְדָּא (ב"ק לא ב, לב א) שֶׁלֶד — Carcass *(Rashi)*

שָׁלְהֵי (בר' ו א) עֲיֵפִים (ב) — Tired, weary (*m.*, *p.*)

שִׁילְהֵי סוֹף — End

שִׁילְהֵי גוּפְנֵי (בר' מ סע"ב) סוֹף גְּפָנִים, (רש"י: עֲנָבִים סִתְוָנִיּוֹת) — End-of-season grapes (Autumn grapes)

שִׁילְהֵי הִילּוּלֵיהּ (יב' קטו א, כתו' סב ב) סוֹף חֲתֻנָּתוֹ

End of his wedding

שִׁילְהֵי נַהֲרָא (גט' ס ב) קְצֵה הַנָּהָר — End of river

שִׁילְהֵי פִּרְקֵיהּ (עירו' סה ב) סוֹף פִּרְקוֹ (=דרשתו)

End of his discourse

דִּי לָא שָׁלוּ (ר"ה ד א — מעז') בְּלֹא שְׁגָגָה (בלי להחסיר)

Without fail (*Ezra* 6:9)

שלוחא[10] ר' שליחא — Cf.

שְׁלוּחַהּ[11] (גט' נז א) שְׁלוּחָהּ (=שליח שלה)

Her emissary, messenger, envoy

בָּעֵי שַׁלּוֹחֵהּ (ב"מ קב א) צָרִיךְ לְשַׁלְּחָהּ

He has to send it (*f.*)

שַׁלּוֹחֵי (תע' יז א) (ל)שַׁלֵּחַ — (To) send

לְשַׁלּוֹחֵי (חול' קמא ב) לְשַׁלֵּחַ — To send away

שְׁלוּחֵי דִידַן שְׁלוּחִים שֶׁלָּנוּ

Our emissaries, messengers, envoys, agents

שְׁלוּחֵי דְרַחֲמָנָא (יומא יט א, קידו' כג ב) שְׁלוּחֵי הַמָּקוֹם (=הקב"ה)

Emissaries, messengers, envoys, agents of Hashem

שְׁלוּחֵי דִשְׁמַיָּא (נדר' לה ב, לו א) שְׁלוּחֵי שָׁמַיִם

Emissaries, messengers, envoys, agents of Heaven

שְׁלוּחֵיהּ שְׁלוּחוֹ

His emissary, messenger, envoy, agent

שְׁלוּחַיְיהוּ (יב' לז ב) שְׁלוּחֵיהֶם

Their emissaries, messengers, envoys, agents

שלוכתי (עירו' נג ב) מלה משובשת בדיבור בחיתוך לא נכון — Badly articulated word

שַׁלּוֹמֵי, לְשַׁלּוֹמֵי לְשַׁלֵּם — To pay

שְׁלָ(ו)מְכוֹן (סנ' יא ב 3 — מ') שְׁלוֹמְכֶם — Your (*p.*) peace

שְׁלוֹף (עירו' יא ב) שְׁלֹף — Remove, take out, pull off (*m.*, *s.*, *imp.*)

שְׁלוֹף (תע' כד ב, קידו' כב ב) חֲלֹץ

Remove, pull off (shoe) (*m.*, *s.*, *imp.*)

---

*5) הי' ר"ח: שכיחן, ועי' ד"ס.

6) רש"י: שוליה שוכנים בקרקעית הים.

7) רש"י ד"ש, א"פ וע' שלבא, ד': שלאכא.

8) ע' וא"פ, רש"י ד"ש: שלאבא, עי' ד"ס אות י'.

9) ע', מ' וא"פ: שולגא, ד"י: שונאגא, ד"ח: שונאנא.

10) בכל המקומות במ': שליחא, ואילו בבר' יד סע"ב — מ' פ': שלוחיה, כתו' כח א — מ': שלוחי, ב"ק קיג ב — מ': שליח', ה': שלוחי מלכא, פס' קיז ב — מ' ור"ח: שליח צבור, בר' ז ב — מ' ופ' נוסח אחר.

11) אה"ת: לשליחה.

שְׁלוֹף[12] דּוּץ (יב׳ קט ב) נַתֵּק וּנְעַץ[13]
Sever yourself from the borrower and pin yourself on to the guarantor (*m., s., imp.*)
שְׁלוֹף דּוּץ[14] (שבת צ א, נדה סב א) שֵׁם עֵשֶׂב[15]
Type of a herb
Remove, take off (*m., p., imp.*) **שְׁלוֹפוּ** (שבו׳ לא א) חִלְצוּ
To uproot **שַׁלּוֹפֵי** (מ״ק ד ב) עָקוֹר (מ)
שַׁלּוֹפֵי (יב׳ קב ב) חַלֵּץ (לצבא)
Draft (*m., s., imp.*) (for army service)
Unripe dates **שְׁלוֹפְפֵי[16]** (ב״ב קכד סע״א) כַּפְנִיּוֹת[17]
שְׁלֵוָתָךְ (סוטה כא א ועוד — מדני׳) שַׁלְוָתְךָ
Your tranquility (*Daniel* 4:24)
He sent, send (*m., s., imp.*) **שְׁלַח** שָׁלַח, שְׁלַח (צ)
He sends **שָׁלַח** שׁוֹלֵחַ
He sent **שַׁלַּח** (ב״ק ג א) שִׁלַּח
שְׁלַח (בר׳ כח א, כתו׳ נד א) פָּשַׁט (בגד)
Remove, take off (garment) (*m., s., imp.*)
Tanner (*Rashi*)[18] **שַׁלָּחָא** (שבת מט ב) שַׁלָּח, פּוֹשֵׁט עוֹרוֹת
She sent **שְׁלַחָה** שָׁלְחָה
He sent her, it **שַׁלְחַהּ** שְׁלָחָהּ
He sent it (*f.*) **שַׁלְּחַהּ** (ב״ק ג א ועוד) שִׁלְּחָהּ
Send (*m., s., imp.*) it (*f.*) **שַׁלְּחַהּ** (חול׳ קמא ב) שַׁלְּחָהּ (צ)
They sent **שְׁלַחוּ** שָׁלְחוּ
Send (*p., imp.*) **שִׁלְחוּ** שִׁלְחוּ (צ)
They (*m.*) send **שָׁלְחוּ[19]** (ב״ק כ ב) שׁוֹלְחִים
שְׁלַחוּ מִתָּם (יב׳ קטו ב[20] ועוד) שָׁלְחוּ מִשָּׁם (=מארץ ישראל)
They sent from there (Eretz Yisrael)
They sent him, it **שַׁלְחוּהּ** שְׁלָחוּהוּ
שַׁלְּחוּהָ (גט׳ סה ב) שַׁלְּחוּהָ (=תנו לה גט)
Lit., send her away, i.e., divorce her (*m., s., imp.*)
שַׁלְחוּפֵי מְשַׁלְחֲפֵי (שבת צו ב[21], ב״מ כה א[22], ב״ב צט א[23])
Sitting in disorderly manner שַׁחְלֵף מְשֻׁחְלָפוֹת
They send **שָׁלְחִי** (סנ׳ כט ב, שבו׳ מח א) שׁוֹלְחִים
I sent **שְׁלְחִי** (מ״ק טז ב, תמו׳ יד א) שָׁלַחְתִּי
He sent him **שַׁלְחֵיהּ** (ב״ק לו ב) שְׁלָחוֹ
שַׁלְחֵינְהוּ (יומא פד א) פְּשָׁטָם (את בגדיו)
He removed, took off (their clothing)
We send **שָׁלְחִינַן[24]** (שבו׳ מח א) אָנוּ שׁוֹלְחִים
שָׁלְחָן (מג׳ כז סע״ב) פּוֹשְׁטוֹת (את בגדיהן)
They (*f.*) remove, take off (their clothing)
We sent **שְׁלַחְנָא** (ב״ק כ ב) שָׁלַחְנוּ
She controls, rules **שָׁלְטָא** שׁוֹלֶטֶת
שִׁלְטוֹנֵי– (סנ׳ צב ב — מדני׳) שִׁלְטוֹנוֹת-, מוֹשְׁלֵי-
Provincial officials of (*Daniel* 3:3)
Rulers **שִׁילְטֵי** (סנ׳ קו סע״א) שַׁלִּיטִים
Government **שָׁלְטָן** (תמיד לב א 3) מֶמְשָׁלָה
שָׁלְטָנֵיהּ (סנ׳ צב ב — מדני׳) מֶמְשַׁלְתּוֹ
His government, his reign
שְׁלִיחַ עַרְטִיל (כתו׳ סה ב[25], סוטה ח ב) מֻפְשָׁט (=פשט בגדיו) עָרֹם
Undressed, naked messenger
Emissary, messenger, envoy, agent **שְׁלִיחָא** שָׁלִיחַ
שְׁלִיחָא דְאִיגַּרְתָּא (ב״ק צט א) שְׁלִיחַ הָאִגֶּרֶת
Emissary of the letter
שְׁלִיחָא[26] דְבֵי דִינָא שְׁלִיחַ בֵּית דִּין
Emissary of *beis din* (rabbinical court)
שְׁלִיחָא דְצִבּוּרָא שְׁלִיחַ צִבּוּר
Emissary of the public, prayer leader
שְׁלִיחָא דְרַבָּנָן (יב׳ נב א) שְׁלִיחַ הַחֲכָמִים
Emissary of the sages
Mission, agency, commission **שְׁלִיחוּתָא** שְׁלִיחוּת
My mission **שְׁלִיחוּתַאי** (קיד׳ ח ב) שְׁלִיחוּתִי
Her mission **שְׁלִיחוּתַהּ** (עירו׳ מח ב, כתו׳ צד א) שְׁלִיחוּתָהּ

(12) מ׳: שלוח יד.
(13) פי׳ הנתק מזה והנעץ לזה, כלומר: עזוב את הלוה ותפוש את הערב.
(14) קמוניא (או קמוליא שבמשי׳ לפי רב יהודה).
(15) ״שמיבשין אותו וטוחנין אותו ורוחצין בו את ידיהם והוא מוציא הזוהמא״ (ערוך מפי׳ הגאונים לטהרות).
(16) מ׳: שלפפי, ה׳: שלפופאי, ר״ג: שלפופי, ר׳: שלחופי.
(17) = סמדר, תמרים שלא בשלו.
(18) ר״ח, רש״י: אומן לעבד עורות, ולפענ״ד: מוכר עורות.
(19) בשבו׳ מח א: שלחי.
(20) מ׳ (כמו בכל המקומות), ד׳ כאן: מהתם.
(21) ר״ח: זה יושב באחורי זה באלכסון ממנו או זה יריעתו מתוחה למערב או זה יריעתו מתוחה לצפון.
(22) ר״ח: שאינן (״המעות״) מיושבות זו ע״ג זו אלא מקצתה עליה ומקצתה אינה עליה ויוצאה מעליה.
(23) ״כנפו של זה על גבי כנפו של זה״ (פי׳ ב״ב).
(24) מ׳: שלחן (= שלחנא, כמו בב״ק כ ב).
(25) מ׳ (ושם: וערטול), ד׳: ערטלאי.
(26) יב׳ קד א — ד׳: שלוחא.

שְׁלִיחוּתֵיהּ שְׁלִיחוּתוֹ — His mission

שְׁלִיחוּתַיְיהוּ שְׁלִיחוּתָם — Their mission

שָׁלֵיט שׁוֹלֵט — He controls, rules

שַׁלִּיטֵי[27] (סנ׳ קו סע״א) שַׁלִּיטִים — Rulers

שִׁלְיְיתָא (בר׳ ו א) שִׁלְיָה — Placenta

שַׁלֵּים (ב״ק פה ב, קח א[28], ב״מ לה א[29]) שִׁלֵּם — He paid

שַׁלֵּים שַׁלֵּם (צ) — Pay (*m.*, *s.*, *imp.*)

שְׁלִים נִגְמַר — Finished (*m.*, *s.*)

קָא[30] שְׁלִים (ע״ז עו א) נִגְמָר — It (*m.*) has finished

שְׁלִימָא נִגְמְרָה — It (*f.*) has finished

שְׁלִימוּ נִגְמְרוּ — They have finished

שְׁלֵימוּתָא (שבת פח ב) שְׁלֵמוּת, תְּמִימוּת — Perfection

שַׁלִּימִי (ב״מ מב רע״ב) שַׁלְּמִי — Pay (*f.*, *s.*, *imp.*)

שַׁלֵּימְתִּינְהוּ (שבת קכא ב) כִּלִּיתָ אוֹתָם — You finished them

שָׁלֵיף שׁוֹלֵף, חוֹלֵץ (נעל) — He removes (a shoe)

לָא שְׁלִיף לְכוּ (שבת פב א) אֵינְכֶם שׁוֹלְפִים — You are not removing

שְׁלִיפָא מְסָאנָא (גט׳ נו א) חֲלוּצַת הַנַּעַל — The one (*f.*) whose shoe was removed

שְׁלִיפָא (שבת קנב א) סָרִיס[31] — Eunuch, castrated

שְׁלִיפֵי (שבת קנד ב, ב״ב פו ב) שְׁלִיפִים (=משאות) — Bags, loads

שְׁלִיפֵי סַיְיפָא (גט׳ נז א) שְׁלוּפֵי חֶרֶב — People with drawn swords

שָׁלֵיק (כתו׳ עז ב) שׁוֹלֵק — He cooks well

שְׁלִיק (נדר׳ נא ב) שָׁלוּק — Cooked well (*m.*, *s.*)

שְׁלִיקָא (ע״ז לח ב, חול׳ קיא א) הַשָּׁלוּק — Cooked well

שְׁלִיקֵי (ע״ז לח ב) שְׁלוּקִים — Cooked well (*m.*, *p.*)

שְׁלִיקְתָא (פס׳ לד א) שְׁלוּקָה — Cooked well (*f.*, *s.*)

[**שְׁלִיקָתָא**][32] (בר׳ מד א) שְׁלוּקוֹת — Cooked well (*f.*, *p.*)

שילם (ב״ק קח א, ב״מ לה א) ר׳ שלים — Cf.

שְׁלָם, שְׁלָמָא שָׁלוֹם — Peace

בִּשְׁלָמָא בְּשָׁלוֹם[33] — Lit., at peace, i.e., it is all right if you say, it is reasonable (a term specifying what is appropriate concerning case or opinion)

שַׁלְמָאָה (ב״ב נו א) קַדְמוֹנִי[34] (אחד מעמי כנען) — Kadmoni (a Canaanic people)

שָׁלְמִי (ע״ז יח א, בכו׳ נח א) נִגְמָרִים, יִגָּמְרוּ — They are finished, they will finish

שָׁלְמִין (נז׳ יג ב, כרי׳ י א) נִגְמָרִים, יִגָּמְרוּ — They are finished, they will finish

שלמיתנן (סנ׳ ל א) מ׳ ופ׳: משלמתון, ר׳ משלמיתון — Cf.

שְׁלָמְכוֹן (מג׳ יא ב — מדני׳, סנ׳ יא ב 3[35]) שְׁלוֹמְכֶם — Your peace

שְׁלָמָנָא (סנ׳ ז א) שְׁלוֹמָן (=רודף שלום) — One who pursues peace

שְׁלַף (בר׳ ז ב) שָׁלַף (חרב) — He drew (his sword)

שְׁלַף (עיר׳ יא ב) עָקַר — He uprooted

שְׁלַף (תע׳ כד ב) חָלַץ (מנעל) — He removed, took off (a shoe)

שָׁלְפָא שׁוֹלֶפֶת — She removes, takes away

שַׁלְפַהּ (שבת נ ב) שְׁלָפָהּ — He dug it (*f.*) out

קשלפה (שבת פג ב) א״פ: מישלפא

שְׁלַפוּ (ב״ק קיז א) שָׁלְפוּ, הוֹצִיאוּ — They removed, they took out

שַׁלְפוּהּ (סנ׳ כו א) שְׁלָפוּהוּ, הוֹצִיאוּהוּ — They removed it (*m.*), they took it out

שִׁילְפּוּחָא[36] (ע״ז מ ב) שַׁלְפּוּחִית (במעי הדג) — Bladder of fish

שַׁלְפּוּפֵי (בכו׳ נב רע״ב) כַּפְנִיּוֹת[37] — Small dates (*Rabbeinu Gershom*), undeveloped dates (*Rashi*)

שלפי (ב״ק קיז א) מ׳: שלפו

---

27) אה״ת ועי״, מ׳ ד׳: שילטי.

28) ה׳, מ׳ חסר, ד׳: שילם.

29) מ׳ פ׳, ד׳: שילם.

30) רש״י לי׳, מ׳ יש השמטה, כ״י ספ׳ כמו ד׳.

31) כינוי גנאי לסריס, ״שנשלפו ונתקו ביציו״ (ע׳).

32) מ׳, ועי׳ ד״ס.

33) זו נוחה לפרט זה או לדעתו של חכם זה, קשה לפרט השני, או לדעתו של חכם אחר. השוה ״על מקומו יבא בשלום״ (שמות יח כג).

34) כך זיהה ר״מ, אבל בת״א: שלמאה = קיני.

35) מ׳, ד׳: שלומכון.

36) כ״י ספ׳ וד׳, מ׳: שלפוחי.

37) = תמרים קטנים (ר״ג), סמדר (רש״י).

שַׁלְפִינְהוּ (עירו׳ כו רע״א, סוכה יא ב) עֲקָרָם

He uprooted them

שַׁלְפִינְהוּ שַׁלּוּפֵי (סוכה יא ב) שָׁלַף שִׁלְפָם (ור׳ רש״י)

He pulled them out

Uprooting שַׁלּוּפֵי (מ״ק ד ב) עָקוֹר (מ)

שַׁלּוּפֵי (יב׳ קב ב) חֲלֵץ (לצבא)

Draft (*m.*, *s.*, *imp.*) (for army service)

אִי שָׁלְפַת (תע׳ כד ב) אִם תַּחֲלֹץ (נעל)

If you will take off the shoe

She removed it (*m.*) שְׁלַפְתֵּיהּ (יב׳ קב א) חָלְצָה אוֹתוֹ

שְׁלַפְתֵּיהּ (גט׳ עח א) שָׁלְפָה אוֹתוֹ

She pulled it (to herself)

Cooked, boiled well שְׁלָקָא (חול׳ נו ב[38]) שְׁלִיקָה

She cooked, boiled well שְׁלַקָה (שבת קט ב) שָׁלְקָה

I cooked, boiled well שְׁלַקִי (חול׳ קי ב) שָׁלַקְתִּי

They cook, boil well שָׁלְקִי שׁוֹלְקִים

שְׁלְקֵי[39] (בר׳ לו א ועוד) שְׁלָקוֹת (=ירקות שלוקים)

Thoroughly cooked, boiled vegetables

שִׁילְקֵי (בכו׳ ט ב, יא א) שְׁלָקוֹת

Thoroughly cooked, boiled grass

To lover from above לְשַׁלְשׁוּלֵי (מ״ק כה א) לְשַׁלְשֵׁל[40]

He evaluated שָׁם (כתו׳ צה א 2) שָׁם (=העריך)

Name שְׁמָא שֵׁם

My name שְׁמַאי (שבת קמה ב ועוד) שְׁמִי

פִּתְחֵי שִׁימָאֵי (עירו׳ יא א, מנ׳ לג ב) פִּתְחֵי אֶרֶץ יִשְׂרָאֵל[41]

Doors of Eretz Yisroel *(Rach)*, wasted doors, ruined doors *(Rashi)*, either without ceiling or according to another opinion without posts

Left שְׂמָאלָא שְׂמֹאל

His left שְׂמָאלֵיהּ שְׂמֹאלוֹ

Strong (vinegar) שַׁמְגָּז (גט׳ ע רע״א[42], ע״ז יב ב) חָזָק

Name of demon שַׁמְגָּז (שבת סז א) שם שד

Religious persecution שְׁמָדָא (ב״מ פו א, חול׳ קא ב) שְׁמָד

שָׁמַהּ (כתו׳ צח א, ב״מ לה א) שָׁם אוֹתָהּ (מל׳ שומה)

He evaluated it (*f.*)

Names שְׁמָהָתָא (גט׳ יא ב) שֵׁמוֹת

Their names שְׁמָהָתַיְיהוּ (שם) שְׁמוֹתָם

They evaluated שָׁמוּ (ב״ק נט א ועוד) שָׁמוּ (מל׳ שומה)

שָׁמוּהּ (ב״ב מו ב, קלג ב, תמו׳ כז ב[43]) שָׁמוּהוּ

They evaluated it (*m.*)

They evaluated it (*f.*) שָׁמוּהָ (ע״ז עב א) שָׁמוּהָ

(To) make happy שַׁמּוּחֵי (בר׳ לה ב) (ל)שַׂמֵּחַ

They dropped שְׁמוּט[44] (בכו׳ ט רע״א) שָׁמְטוּ

Long and thin (*s.*) שָׁמוֹט (בכו׳ מג ב) אָרֹךְ וָדַק

שָׁמוֹטֵי (כתו׳ ס סע״ב) אֲרֻכִּים וְדַקִּים

Long-necked and thin (*p.*)

לְשַׁמּוֹטֵי(ה) נַפְשֵׁיה (תע׳ יב א — מ׳) לְהִשְׁתַּמֵּט

To wriggle out

Cf. שמוי[45] (תמו׳ כז ב 2) ר׳ שמוה

שְׁמוּעֲתָא (מנ׳ מג א) שְׁמוּעוֹת (=הלכות)

Lit., hearing, i.e., *halachos*, laws, decisions

Cf. שמושי (בכו׳ ח ב 2) ר׳ משמשי

שַׁמּוּתִי (שבת קל ב, נדה ז ב) מִבֵּית שַׁמַּאי[46]

From the school of Shammai (*Aruch*), excommunicated, banned (*Rashi*)

(To) excommunicate, (to) ban שַׁמּוּתֵי (ל)נַדּוֹת

לְשַׁמּוּתֵיהּ (נדר׳ ח א) לְנַדּוֹתוֹ

To excommunicate him, to ban him

שמזג (גט׳ ע רע״א) ע׳: שמגז

שמטו (ב״ב קעג א 3) מ׳: שמטי

They shed שַׁמְטֵי (פס׳ קיג א, ב״ב עג ב) שׁוֹמְטִים

שַׁמְטֵיהּ (בר׳ סב ב ועוד) שְׁמָטוֹ

It felled, caused to fall off, removed

לשמטיה (ב״ב עד רע״ב) מ׳: למשמטיה

Names שְׁמֵי (גט׳ לד ב ועוד) שֵׁמוֹת

Ceiling שְׁמֵי טְלָלָא (בר׳ מח א) שְׁמֵי קוֹרָה[47]

Heavens שְׁמַיָּא שָׁמַיִם

אֵימְתָא דִשְׁמַיָּא (שבת קנו ב) מוֹרָא שָׁמַיִם

Fear of Heavens

The G-d in Heaven אֱלָהּ שְׁמַיָּא (מדני׳) אֱלֹקֵי הַשָּׁמַיִם

(38) בפס׳ פד א — בתוך משפט עברי.
(39) בשבו׳ כג רע״א — מ׳: דכולהו שלקי, ד׳: סילקי.
(40) = להוריד מלמעלה למטה.
(41) ר״ח (ועי׳ ערוך), ועי׳ פירש״י.
(42) ע׳, ד׳: שמזג.
(43) רש״י, ד׳: שמוי, ור׳ הע׳ שם.
(44) רש״י וע״י, מ׳ ד׳: שמיט.
(45) גם מ׳: שמוי (= שמוי׳ = שמוה), רש״י: שמוה, שיימוה.
(46) כפי הערוך (ע׳ שמם).
(47) רגיל בעברית, תרגום מדויק: שמי תקרה.

כּוֹכְבֵי שְׁמַיָּא (פס׳ קיח ב) כּוֹכְבֵי שָׁמַיִם
The stars in heaven
Heavenly matters **מִילֵּי דִשְׁמַיָּא** עִנְיָנֵי שָׁמַיִם
Heavenly assistance **סִייַעְתָּא דִשְׁמַיָּא** עֶזְרַת ה׳
שְׁמָא דִשְׁמַיָּא (מ״ק יז א, נדר׳ סה א) שֵׁם שָׁמַיִם
The Heavenly Name
His name **שְׁמֵיהּ** שְׁמוֹ
מִשְּׁמֵיהּ ד– מִשְּׁמוֹ שֶׁל, מִשּׁוּם-
In the name of -, on behalf of -
He fells, causes to fall off, removes **שָׁמֵיט** שׁוֹמֵט
שמיט (בכו׳ ט רע״א) רש״י וע״י: שמוט
Lit., detached, i.e., being **שְׁמִיטָה** (בכו׳ מה ב) אָרֹךְ וְדַק tall and slender, he is bent over giving the appearance that the vertebra of the spinal column have become detached
Their name **שְׁמַיְיהוּ** שְׁמָם
שָׁמֵין (הור׳ יב א, כרי׳ ה ב) שָׁמֵן (ב), יִשְׁמַן
It is fat, it fattens, it becomes fatter
It is fatter **שְׁמִינָא** (ביצה יא א[48], מג׳ ג א, סנ׳ צד א) שְׁמֵנָה
Fat meat **בִּשְׂרָא שַׁמִּינָא** בָּשָׂר שָׁמֵן
Cf. **שמינה** (ביצה יא א) ר׳ שמינא
Fat ones (*m.*) **שַׁמִּינֵי** (שבת נג סע״ב[49] ועוד) שְׁמֵנִים
Fat ones (*f.*) **שַׁמִּינָן** (שבת נג סע״ב[50], ביצה ז א) שְׁמֵנוֹת
It was heard **שְׁמִיעַ לְ–** שָׁמַע
I heard **שְׁמִיעַ לִי, שְׁמִיעָא לִי** שָׁמַעְתִּי
You heard **שְׁמִיעַ לָךְ** שָׁמַעְתָּ
We heard **שְׁמִיעַ לַן...** שָׁמַעְנוּ
שמיע עלי (בר׳ ה ב) אה״ת: שמע, וער׳ ד״ס
לָא שְׁמִיעַ לְכוּ (פס׳ לד ב) לֹא שְׁמַעְתֶּם
You (*p.*) have not heard
לָא שְׁמִיעָא לִי הָא שְׁמַעְתָּא (עירו׳ מא א ועוד) לֹא שָׁמַעְתִּי הֲלָכָה זוֹ (בְּפִי רַב יוֹסֵף)
I have not heard (Rav Yosef's (halachic)) statement
Worm that cracks stones **שְׁמִירָא** (גט׳ סח א-ב) שָׁמִיר[51]
שַׁמֵּית (כתו׳ סט סע״א 2) נִדָּה (נידוי)
He excommunicated, he banned
שַׁמִּיתוּ (מ״ק טז א 4) נִדּוּ
They excommunicated, they banned
I excommunicated, banned **שַׁמִּיתִי** (מ״ק יז א) נִדִּיתִי
Your (*m., s.*) name **שְׁמָךְ** שִׁמְךָ
Your (*f., s.*) name **שְׁמֵךְ** (בר׳ כ א, תע׳ כה א) שְׁמֵךְ
By your name **אַשְׁמָ(י)ךְ**[52] (חול׳ ס ב) עַל שִׁמְךָ[53]
Onion **שַׁמְכָא**[54] (כתו׳ ס סע״ב) בָּצָל
Onions **שַׁמְכֵי** (סנ׳ קט ב ועוד) בְּצָלִים
Cf. **שמנא**[55] **דבישרא**[56] (יומא כה סע״ב) ר׳ שומנא
Cf. **בשרא שמנא/ה** (שבת קט ב 2, קי א) ר׳ שמינא
Fatty, greasy substance **שַׁמְנוּנִיתָא** (ע״ז לט א) שַׁמְנוּנִית
שמני (שבת נג סע״ב) מ׳: שמיני, שמינן
בֵּית שַׁמְנַיָּא[57] (יומא טז א) בֵּית הַשְּׁמָנִים
Chamber of oils
Cf. **שמניהון**[58] (זב׳ קטז א) ר׳ שמיני
שמנייהו (ב״ב עג ב) ה׳: שומנייהו
He heard, listen (*m., s., imp.*) **שְׁמַע** שָׁמַע, שְׁמַע (צ)
He hears, listens **שָׁמַע** שׁוֹמֵעַ
שְׁמַע מִינַּהּ שְׁמַע מִמֶּנָּה, לְמַד מִמֶּנָּה
Deduce from it (*m., s., imp.*)
שמע מיניה (ב״מ לט סע״א) ה׳: שמע מינה, מ׳ וד״ו: ש״מ
Come and listen (a statement **תָּא שְׁמַע** בּוֹא וּשְׁמַע that introduces a quote intended as a proof, solution, or difficulty)
Attendant **שַׁמָּעָא** שַׁמָּשׁ

(48) מ׳: דשמיני, ד׳: דשמינה.
(49) מ׳ שט׳, ד׳: שמני.
(50) מ׳ א״פ, ד׳: שמני.
(51) = תולעת הבוקעת אבנים (עי׳ סוטה מח ב וחולי סג א).
(52) מ׳, ד׳: בשמיך.
(53) כך בכי״י ואה״ת.
(54) ע׳,ד׳: כמכא, מ׳ — ב׳ הנוס׳: כמכא שמכי.
(55) מ׳: שומנא, ר״ח: שומנה.
(56) לי׳ א״פ ולי׳ וד״ש ור״ח.
(57) לשכה בביהמ״ק, שבה היו נותנין יין ושמן.
(58) מ׳ ק׳ ועוד (עי׳ ד״ס): משמיני דידהו.

שְׁמַעָה שָׁמְעָה

She heard

שְׁמַעָהּ שְׁמָעָהּ — He heard it (*f.*)

שָׁמְעָה (ביצה ז ב, ע״ז טו א) שׁוֹמַעַת — She hears

מִכִּי שְׁמַעָה (בר׳ לא א) מִשֶּׁשְּׁמָעָהּ

From the time he heard it (*f.*)

שמעה (ערכ׳ ה א) שמ״ק: שמעתה

שְׁמַעוּ שָׁמְעוּ — They heard

שְׁמַעוּ שִׁמְעוּ — Listen (*p.*, *imp.*)

שמעו (בכור׳ כט ב) מ׳ ורש״י: שמעי

שַׁמְעוּהָ שְׁמָעוּהָ — They heard him, it (*f.*)

שַׁמְעוּהָ(ו) (סנ׳ לא סע״א — מ׳ וד״ו) שְׁמָעוּהוּ

They heard him

שָׁמְעִי שׁוֹמְעִים — They hear

שְׁמַעִי שָׁמַעְתִּי — I heard

שמעי (בר׳ נו סע״א) מ׳ פ׳ ב״נ: אישתמע

שמעי (סוטה לה א) מ׳: שמעינהו

שמעי (ב״ב יב ב) מ׳ ה׳: שמעו

שְׁמַעֵיה שְׁמָעוֹ — He heard him, it

שַׁמָּעֵיה שַׁמָּשׁוֹ — His attendant

שַׁמָּעֵיה (כתו׳ סג א) שַׁמָּשָׁיו (?) — His attendants

שָׁמְעִין (ערכ׳ טז א, מעי׳ טו א) שׁוֹמְעִים

They hear (about it)

שמעינא (כתו׳ י א) מ׳: שמעינן

שְׁמַעִינְהוּ שְׁמָעָם — He heard them

שַׁמְעִינְהוּ (סנ׳ יח ב, צו ב) שְׁמָעוּם

They heard them

שְׁמַעִינֵיה (ב״ק סח ב ועוד) שְׁמַעֲנוּהוּ, שׁוֹמְעִים אוֹתוֹ

We heard him, they heard him

שָׁמְעִינַן אָנוּ שׁוֹמְעִים, שָׁמַעְנוּ — We hear, we heard

שָׁמְעִינַן מִינַּהּ (כתו׳ כא ב, מעי׳ טו סע״א[59]) אָנוּ שׁוֹמְעִים מִמֶּנָּה, אָנוּ לְמֵדִים מִמֶּנָּה — We deduce from it

שְׁמַעִית שָׁמַעְתִּי — I heard

שְׁמַעִיתָא (גט׳ כו ב, קיד׳ לא א) שְׁמַעְתִּיהָ — I heard it (*f.*)

שְׁמַעְנָא שָׁמַעְנוּ, שָׁמַעְתִּי — We heard, I heard

שָׁמַעְנָא אֲנִי שׁוֹמֵעַ — I hear

לְכִי שָׁמַעְנָא (נדר׳ עב ב — עג א) לִכְשֶׁאֶשְׁמַע

When I shall hear

שְׁמַעְנֵיה (גט׳ נד ב 2) שְׁמַעְנוּהוּ — We heard (from him)

שְׁמַעְתְּ שָׁמַעְתָּ — You (*m.*, *s.*) heard

שָׁמְעַתְּ אַתָּה שׁוֹמֵעַ, תִּשְׁמַע

You (*m.*, *s.*) hear, you shall hear

שְׁמַעַתְּ (מ״ק טז ב) (אַתְּ) שָׁמַעַתְּ — You (*f.*, *s.*) heard

שמעת (שבת קנב א) מ׳: את שמע

שָׁמְעַתְּ מִינַּהּ אַתָּה לוֹמֵד מִמֶּנָּה

You deduct from it (*f.*)

שְׁמַעְתָּא שְׁמוּעָה (=הלכה של אמורא)

A teaching (law promulgated by an *Amora*)

מָרָא דִשְׁמַעְתָּא (סוכה מז א) בַּעַל הַשְּׁמוּעָה (=ההלכה)

Author of the teaching

שמעתא דסבי (עיר׳ יב ב) מ׳: שמעתתיה דרב

שמעתא (עיר׳ מג א, כתו׳ סב ב, גט׳ מא א) מ׳: שמעתתא

שְׁמַעְתָּא[60] (ב״ב פג א) שְׁמַעְתִּיהָ — I heard it

שְׁמַעְתַּהּ[61] (ערכ׳ ה א) שְׁמַעְתִּיהָ — I heard it

שְׁמַעְתֵּיה (גט׳ סח ב) שָׁמַעְתָּ אוֹתוֹ — You (*m.*) heard him

שְׁמַעְתֵּיה שְׁמוּעָתוֹ (=ההלכה שבפיו)

His teaching (the law that he states)

שמעתיה (שבת פב א, כתו׳ סב ב, גט׳ מא א, קיד׳ כט ב) מ׳: שמעתתיה

טְרִיד בִּשְׁמַעְתֵּיה (ביצה מ א) טָרוּד בְּתַלְמוּדוֹ

He is occupied with his study

שְׁמַעְתַּיְיהוּ (סוכה י ב, מ״ק כד א, חול׳ מח ב) שְׁמוּעָתָם

Their teachings (the laws that they state)(=הלכותיהם)

שְׁמַעְתָּךְ (שבת מג ב ועוד) שְׁמוּעָתְךָ (=ההלכה שבפיך)

Your (*s.*) teaching (the law that you state)

שְׁמַעְתַּיְכוּ[62] (כרי׳ ו א) שְׁמוּעַתְכֶם (=ההלכה שתלמדו)

Your (*p.*) teaching (the law that you teach)

שְׁמַעְתִּין

שְׁמוּעָתֵנוּ (=ההלכה שבפינו)

Our teaching (the law that we state)

59) מ׳, ד׳: שמעין.

60) ואולי צ״ל: שמעיתא — כרגיל!

61) שמ״ק, מ׳: שמעית, ד׳: שמעה.

62) מ׳, ד׳: שמעתכון. הור׳ יב א: שמעתתייכו.

שְׁמַעְתִּינְהוּ (קיד׳ פא רע״ב) שְׁמָעָתַם (=את הדברים)
She heard these (words)

שְׁמַעְתִּינְהוּ (חול׳ צו א) שְׁמַעְתִּים
I heard these (teachings)

שמעתך (עירו׳ סה א) מ׳: **שמעתתך**

שמעתכון (כרי׳ ו א) מ׳: **שמעתיכו**

שְׁמַעְתָּתָא[63] שְׁמוּעוֹת (=הלכות של אמוראים)
Teachings (the laws they state) of the *Amoraim*

שמעתתא (נז׳ נו ב) מ׳: **מילתא**

שמעתתא (נדה לט א) מ׳: **מתנית׳**

שְׁמַעְתָּתֵיהּ שְׁמוּעוֹתָיו (=הלכותיו)
His teachings (the laws he states)

שמעתתיה (נדה כו ב) מ׳ ור״ג: **שמעתיה**

שמעתתיה[64] (חול׳ נז א) ר׳ **שמעתיה** — Cf.

שְׁמַעְתָּתַיְיכוּ (הור׳ יב א) שְׁמוּעוֹתֵיכֶם (=הלכות שלכם)
Your (*p.*) teachings (the laws that you teach)

שְׁמַעְ(ת)תָיךְ (ב״ב קלג א — מ׳ ה׳) שְׁמוּעָתְךָ (=ההלכה שבידך)
Your (*s.*) teaching (the law that you have)

שְׁמַעְתָּתִין (תע׳ כג א) שְׁמוּעוֹתֵינוּ (=ההלכות שבידינו)
Our teachings (the laws that we have)

שְׁמַעְתָּתָךְ (בר׳ נו א ועוד) שְׁמוּעוֹתֶיךָ (=הלכותיך)
Your teachings (the laws you state)

שִׁימְצָא (ע״ז לא ב) חֲשָׁשׁ (של מגע גוי ביין)
Danger, suspicion (that a gentile touched the wine)

שִׁימְצָא דְשִׁימְצָא (שם) חֲשָׁשׁ שֶׁל חֲשָׁשׁ[65]
Lit., slight suspicion (prohibition on drinking beer brewed by a gentile because of the possibility that this will bring one to drink wine touched by a gentile)

שמריא (ב״מ מ ב) כל כי״י וע׳ ועוד: **שדריא**

שִׁמְשָׁא, שִׁימְשָׁא שֶׁמֶשׁ — Sun

שִׁמְשָׁא (גט׳ סז ב 3) קַדַּחַת — Fever

שַׁמָּשֵׁי (סנ׳ לט א, חול׳ ס א) מְשָׁרְתִים (של ה׳)
Servants (of the Creator)

בי שמשי ר׳ **בי** — Cf.

ביני שמשי (שבת פו רע״ב 2) מ׳ וא״פ ורש״י: **בי שמשי**

שַׁמְּשֵׁיהּ (ע״ז י סע״ב 2) שִׁמְּשׁוֹ (=שימש אותו)
He served him

שְׁמָתָא נִדּוּי — Excommunication, ban

שַׁמְּתַהּ (נדר׳ ז ב) נִדָּה אוֹתָהּ
He excommunicated him, banned him

שַׁמְּתוּ (מ״ק יז א) נִדּוּ — They excommunicated, banned

שַׁמְּתוּהּ[66] נִדּוּהוּ
They excommunicated him, banned him

שמתוהו ר׳ **שמתוה** — Cf.

שְׁמָתֵיהּ נִדּוּיוֹ — His excommunication, ban

שַׁמְּתֵיהּ נִדָּהוּ
He excommunicated him, he banned him

שַׁמְּתֵיהּ (מ״ק יז א) נַדֵּהוּ
Excommunicate (*m.*, *s.*, *imp.*) him, ban him

שְׁמָתַיְיהוּ (ע״ז כו א) נִדּוּיָם
Their excommunication, their ban

שַׁמְּתִינְהוּ (קיד׳ עב א, סנ׳ כו ב) נִדָּה אוֹתָם
He excommunicated them, banned them

שְׁנָא שָׁנָה (=היה שונה) — He, it was different

לָא שְׁנָא לֹא שָׁנָה (מל׳ שינוי)
It is indifferent, it makes no difference

מַאי שְׁנָא מַה־שָּׁנָה (מל׳ שינוי)
What is the difference

שִׁינָּא (שבת קיט א) שֵׁן (הַפִּיל) — Ivory (of elephant)

שִׁינָא דְטוּרָא (גט׳ סח ב ועוד) שֵׁן הָהָר
Peak of a mountain

שָׂנְאָה (סוטה לג א) הַשּׂוֹנֵא — The foe

שנאותיה (שבו׳ לה ב) ר״ח: **שנואתיה**

שַׁנַּאי מָנָא (יב׳ סה סע״ב) שִׁנְּתָה כֵּלֶיהָ[67]
She changed her clothing

שַׁנַּאי (ב״ק יז רע״ב) תֵּרַצְתִּי — I explained, I resolved

---

(63) בהרבה מקומות — הכוונה ליחידה, ובמ׳ — רק בתי אחת (למשל: שבת קמב ב, עירו׳ ח ב, פס׳ נב ב, פח א, ב״ק ס ב 3, צב א, קיז א 4, בכו׳ לז ב), במטבע: הא שמעתא (בר׳ יד ב, עירו׳ י א, יב׳ כד ב, צא א, קידו׳ לו ב, נט ב, נדה כט א).

(64) בע״ב: שמעתיה, מ׳ כאן: שמועתיה.

(65) ע׳: גזרה שכר אטו יין.

(66) בכמה מקומות בד׳: שמתוהו.

(67) = החליפה את בגדיה.

שָׂנְאֵיהוֹן (בר׳ כח סע״א[68], ביצה כה ב[69]) שׂוֹנְאֵיהֶם
Their enemies

שָׂנְאָךְ (שבו׳ לה ב — מדני׳) שׂוֹנַאֲךָ — Your (*m.*, *s.*) enemy

שָׂנְאָתֵיה[70] (שבו׳ לה ב) שׂוֹנְאָיו
His enemies

שִׁינּוּיָא תֵּרוּץ — Answer (to a difficult question), a resolution of a difficulty

שִׁינּוּיָא[71] (כרי׳ יא א) שִׁנּוּי (רש״י: שנשתנית מברייתה)
Change, she changed *(Rashi)*

שנויי (כרי׳ יא א) מ׳: שִׁינוּי, ר׳ שינויא

לְשַׁנּוּיֵי לְשַׁנּוֹת, לְתָרֵץ, לְיַשֵּׁב (קושיא)
To answer (a difficult question), to resolve a difficulty

שַׁנּוּיֵי שַׁנְּיֵיהּ (חגי׳ יא א) שַׁנּוֹת שִׁנָּהוּ — He modified it

שִׁינּוּיֵי (כתו׳ מב ב ועוד) תֵּרוּצִים — Answers (to a difficult question), resolutions of a difficulty

שינויי (פס׳ יב סע״ב) מ׳ ורש״י: שינויא

שְׁ[י]נּוּיִין (יומא נז סע״ב — מ׳) תֵּרוּצֵנוּ — Our answer (to the question), our resolution of the difficulty

שְׁנֵי שָׁנִים — Years

שְׁנֵי– שְׁנוֹת- — Years of -

בִּשְׁנֵי דר׳ יוֹחָנָן בִּימֵי ר׳ יוֹחָנָן
In the days of R' Yochanan

שני (ע״ז כו א) מ׳: שניה

שָׁנֵי שׁוֹנֶה, שָׁנָה — He changes, he changed

שַׁנֵּי שִׁנָּה, שַׁנֵּה (צ); תֵּרֵץ, יִשֵּׁב (קושיא)
He changed, change (*m.*, *s.*, *imp.*), he answered (the question), he resolved the difficulty

שַׁנֵּי (ב״ק יז א) תָּרֵץ (צ) — Answer (*m.*, *s.*, *imp.*) (the difficult question), resolve (*m.*, *s.*, *imp.*) the difficulty

שִׁינֵּי שִׁנַּיִם — Teeth

שַׁנֵּי נַפְשָׁךְ (סנ׳ צו א) הִתְחַפֵּשׂ, הִתְנַכֵּר[72]
Disguise yourself (*m.*, *s.*, *imp.*)

שַׁנְיָא שׁוֹנֶה, מְשֻׁנֶּה — Different, strange

שַׁנְיָא לֵיהּ יְדֵיהּ (שבת קמח א) שָׁנְתָה (=נָקְעָה) יָדוֹ
His hand became dislocated

שִׁינֵּיה שִׁנָּיו — His teeth

שְׁנֵיה שָׁנָיו, שְׁנוֹתָיו — His years

שַׁנְיוּהּ (בר׳ נט ב) שִׁנּוּהוּ — They changed it (*m.*)

שַׁנְיוּהָ[73] (ערכ׳ ו ב — פ״ג) שִׁנּוּהָ — They modified it (*f.*)

ושניי (ביצה כב סע״א) מ׳ ועוד: ואמרי

שַׁנְיַיהּ (חגי׳ יא רע״א, ערכ׳ ו ב 2) שִׁנָּה אוֹתָהּ
He modified it (*f.*)

שנייה (ערכ׳ ו ב — פ״ג) מ׳: שניוה

שַׁנְיַיהּ (חגי׳ יח ב, בכו׳ לא ב) תֵּרְצָהּ, יִשְּׁבָהּ
He answered it (*f.*) (the difficult question), he resolved it (*f.*) (the difficulty)

כּוּלֵּי שְׁנַיְיהוּ (עירו׳ טו א) כָּל-שְׁנוֹתֵיהֶם
All their years (all their lives)

כדשניין (ר״ה ד א, מ״ק יג ב) ר׳ כדשנין — Cf.

שִׁינָּךְ (כתו׳ קיא ב, סנ׳ לט א) שִׁנֶּיךָ — Your (*s.*) teeth

שְׁנִין שָׁנִים — Years

כִּדְשַׁנִּינַן[74] כְּמוֹ שֶׁתֵּרַצְנוּ — As we answered (the difficult question), as we resolved the difficulty

שַׁנִּינְהוּ (פס׳ כג ב ועוד) תֵּרַצְנוּם — We answered them (the difficult questions), we resolved them (the difficulties)

שַׁנִּינַן תֵּרַצְנוּ — We answered (the difficult question), we resolved the difficulty

שַׁנֵּית (יב׳ צ ב ועוד) תֵּרַצְתָּ — You (*s.*) answered (the difficult question), you resolved the difficulty

שנמג (גט׳ כח ב) ר׳ פורסישנמג — Cf.

שִׁינָּנָא[75] (בר׳ לו א ועוד) שַׁנָּן (=בעל שניים גדולות)
The one with large teeth

שִׁנְצֵיהּ (ב״מ כו רע״א) שְׁנָצוֹ[76] — His fold into which a strap is inserted (Aruch), his strap (Rashi)

שִׁינְצִין (יב׳ קב א) שְׁנָצִים (=רצועות) — Straps

(68) שנאיהון דבית ישראל — מתי׳׳ לצפי׳ ג יח.
(69) שנאיהון דבית (אה״ת, מי׳ ד׳: של) ישראל.
(70) ר״ח, ד׳: שנאותיה
(71) הגהתי, ד׳: שנויי, מ׳: שינוי (= שינויי).
(72) מ״א יד ה: והיא מתנכרה.
(73) מ׳, ד׳: שנייה.
(74) בר״ה ד א ומ״ק יג ב: כד שניין, אבל במ׳: כדשנין.
(75) כינוי חיבה בפי שמואל לתלמידו הותיק רב יהודה.
(76) קיפול העור שבראש הכיס ומכניסים בו בשנץ חוט של משיחה (או רצועה) וכשמותח את החוט נקשר הכיס או

שִׁינְצִין (שבת צב רע״א) שְׁנָצִים[77] Straps

שִׁינָרָא[78] (בר׳ נו א) חָתוּל Cat

שִׁינְתָא שֵׁנָה Sleep

שִׁינְתֵיהּ שְׁנָתוֹ (=שֵׁנָה שֶׁלּוֹ) His sleep

שִׁיסְקֵי (ב״מ ס סע״א, ב״ב כא ב[79]) שְׁקֵדִים[80] (ע׳)

Almonds, peaches

שִׁיסְתַג (גט׳ סט ב) חֲתִיכַת בֶּגֶד Piece of garment

שעבדה משעביד נפשיה (ערכ׳ כג ב) ר׳ שעבודי משעבד נפשיה Cf.

שַׁעְבְּדֵיהּ (ב״ק נו ב) שִׁעְבְּדוֹ He encumbered it (*m.*)

שַׁעְבְּדָן[81] (ע״ז ב ב) שִׁעְבַּדְנוּ We encumbered

שעבדנא (גט׳ יג ב) כי״י ורש״י: משעבדנא

שעבדנו (ע״ז ב ב) מ׳: שעבדן

שִׁעְבּוּדָא שִׁעְבּוּד

Subjugation, obligation, encumbrance, lien

שִׁ(י)עְבּוּדַהּ (כתו׳ ע א — מ׳) שִׁעְבּוּדָהּ

His obligation to her

שַׁעְבּוּדֵי מְשַׁעְבֵּד נַפְשֵׁיהּ (גט׳ מט ב, ב״ב קעד ב, ערכ׳ כג רע״ב[82]) שַׁעְבֵּד מְשַׁעְבֵּד אֶת־עַצְמוֹ

He obligates himself

מְשַׁעְבְּדִי שַׁ(י)עְבּוּדֵי (סנ׳ קו א — מ׳ ואה״ת) שַׁעְבֵּד מְשַׁעְבְּדִים They subjugate

שַׁעְבּוּדֵי מְשַׁעְבְּדָא לֵיהּ (נדר׳ טו ב) שַׁעְבֵּד מְשֻׁעְבֶּדֶת לוֹ She is obligated to him

שַׁ(י)עְבּוּדֵי (סנ׳ קו א) (ל)שַׁעְבֵּד (To) subjugate

שִׁעְבּוּדֵיהּ שִׁעְבּוּדוֹ His obligation, encumbrance, lien

שַׁעְבֵּיד שִׁעְבֵּד He subjugated, encumbered

כְּשָׁעָה חֲדָא[83] (שבת מז א — מדני׳ ד טז) כְּרֶגַע אֶחָד

In a short time period, in one moment

שִׁיעוּרָא שִׁעוּר Measure

לְשַׁעוּרֵי (ע״ז סט א, חול׳ נד ב[84]) לְשַׁעֵר To measure

לְשַׁעוּרֵיהּ (חול׳ צח א) לְשַׁעֵר אוֹתוֹ To measure it (*m.*)

שִׁיעוּרֵיהּ שִׁעוּרוֹ His measure

שִׁיעוּרַיְיהוּ שִׁעוּרֵיהֶם Their measures

שָׁעֵי שָׁעוֹת Hours

תַּרְתֵּי[85] **שָׁעֵי** שְׁתֵּי שָׁעוֹת Two hours

שְׁעִיתָא[86] (ע״ז לח ב) שְׁעוּעִית Bean

שַׁעֲמוּמִיתָא (נדר׳ פא רע״א) שַׁעֲמוּמִית (מחלה)

Stupefaction

שָׁ(י)עַר[87] (ע״ז סט א 2) שִׁעֵר He measured

שַׁעֵר (מנ׳ פח א) שַׁעֵר (צ) Measure (s., m., imp.)

שַׂעְרָא (נז׳ ג א) שֵׂעָר Hair

שְׂעָרֵי שְׂעוֹרִים Barley

לשערי (חול׳ נד ב) מ׳ ר׳ ג וד״ו: לשעורי

שַׂעְרֵיהּ (ר״ה כו ב, נז׳ ג א — מדני׳) שְׂעָרוֹ His hair

שַׂעְרֵיהוֹן (נדר׳ נ ב) שַׂעֲרוֹתֵיהֶם Their (*m.*) hair

שערין (כתו׳ עז א) מ׳: שערי

שְׂעָרְתָּא[88] שְׂעוֹרָה Grain of barley

שַׁעְתָּא שָׁעָה Hour, a time period

פַּלְגָא דְשַׁעְתָּא (פס׳ יא ב) מַחֲצִית הַשָּׁעָה

Half an hour

כָּל שַׁעְתָּא וְשַׁעְתָּא כָּל־שָׁעָה וְשָׁעָה

Lit., every hour, i.e., every time, any time

שיעתא (ע״ז לח ב) מ׳ כ״י ספ׳ וע׳: שעיתא

בְּשַׁעְתֵּיהּ בְּשַׁעְתּוֹ, בִּזְמַנּוֹ

At that time, at its proper time

תִּרְמִינָךְ שַׁעְתָּךְ (ע״ז לד ב) תְּרִימְךָ שַׁעְתְּךָ[89]

May your luck be enhanced (*Rashi*), bear this hour and be silent (*Rach*)

שָׁף (סנ׳ קא א) מָשַׁח (שמן) He smeared (oil)

שָׁף דַּעְתֵּיהּ[89*] (ב״מ פד סע״א) יָצָא מִדַּעְתּוֹ

He lost his senses

נפתח. ועי׳ ערוך.

77) בעברית בבר׳ בנדה יג ב.

78) בהחלפת השורוק לחירק (השוה חורם — חירם, פנואל — פניאל) והתל׳ מביא את שתי הצורות: הרואה חתול בחלום באתרא דקרו ליה שונרא... שינרא...

79) כי״י, ד׳: שיוסקי.

80) פ״א אפרסקים (ע׳).

81) מ׳, ד׳: שעבדנו, אה״ת: משתעבדין.

82) ד׳: שעבדה.

83) כך תירגם אונ׳ ״רגע אחד״ (שמ׳ לג ה) שעא חדא.

84) כי״י וד״ו, ד״ח: לשערי.

85) ב״ק י ב: בתרי, אבל מ׳: בתרתי.

86) מ׳ כ״י ספ׳ וע׳, ד׳: שיעתא.

87) מ׳, אבל גם כ״י ספ׳ ביו״ד (כמו בעברית).

88) כדאי לציין, שבתרגומים — בסמ״ך.

89) ר״ח: תשא אותך שעתך ודום. רש״י: ירום מזלך.

89*) ע״י נוסף: מיניה, אה״ת — לשון נקיה: ולא הוה מיתבא דעתיה.

שָׁף מִדּוּכְתֵּיהּ (חול׳ מב ב ועוד) נָשָׁה (=זז) מִמְּקוֹמוֹ
It dislocated from its place

שָׁף צַלְמֵי (ב״ק כג ב) שִׁפְשֵׁף (=השחית) צוּרוֹת
He effaced (the images)

שָׁפָא (סוטה ז ב ועוד) אֲרוֹן — Closet

שפא (ב״ב ה ב, ו א) ע׳ ותה״ג: ספא

שְׁפָאי עִידִית (גט׳ נ א) נִשְׁחֲתָה עִדִּית
The high-quality field (soil) was damaged

שַׁפְדֵיהּ (פס׳ עד ב) שְׁפָדוֹ (=נתן בשפוד לצלותו)
He skewered (placed on a skewer)

שפה (סוכה נא ב, ב״ב ד א) אה״ת: ספא

שפוד (תמיד כט ב) שמ״ק: שפיר, מ׳ לי׳

שְׁפוּדָא שְׁפוּד — Skewer

שִׁפְווֹתַהּ (סנ׳ סז ב) שְׂפָתֶיהָ — Her lips

שִׁפְווֹתֵיהּ שְׂפָתוֹתָיו — His lips

שִׁפְווֹתַיְיהוּ (חגי׳ ג א) שִׂפְתוֹתֵיהֶם — Their (*m.*) lips

שְׁ[י]פּוּיֵי (תמו׳ לא ב — מ׳) שְׁפָאִים[90] — Chips, shavings

שַׁפּוּךְ (תע׳ כד ב) שָׁפְכוּ — They spilled

שְׁפוֹךְ (בר׳ סב ב) שְׁפֹךְ[91] (צ)
Spill (*m.*, *s.*, *imp.*) (an euphemism for urinating)

שָׁפוֹכָאֵי (ב״ב כד ב, ע״ז עב ב) שָׁפוֹכוֹת[92]
Those who pour (wine into smaller containers)

שִׁיפּוּלָא (ב״מ עג ב) מוֹרָד — Descent

שִׁיפּוּלָא (ערכ׳ יד ב) שִׁפּוּלֵי־, תַּחְתִּית — Bottom

בְּשִׁיפּוּלַהּ (תע׳ כב א) בְּשׁוּלֶיהָ[93], בְּשִׁפּוּלֶיהָ[94]
Its (the garment's) edge

שִׁיפּוּלֵי גְּלִימָא (סנ׳ קב ב) שׁוּלֵי הַטַּלִּית — Edge of coat

שִׁיפּוּלֵי גְּלִימֵיהּ (תע׳ כג ב) שׁוּלֵי טַלִּיתוֹ
Edge of his coat

שִׁפּוּלֵיהּ (ב״ב לז ב) שִׁפּוּלוֹ, תַּחְתִּיתוֹ
Its (*m.*) edge, bottom

שפוץ (יב׳ כג א) ר׳ שפיץ — Cf.

שִׁיפּוּרָא (סוכה לד א, ב״מ נט ב) שׁוֹפָר, קוֹל שׁוֹפָר
Shofar, the sound of the shofar

שִׁיפּוּרָא (גט׳ ס ב) שׁוֹפָר (=קופה) — Box

שִׁיפּוּרֵי שׁוֹפָרוֹת — Shofars, the sound of shofars

שָׁפֵי לְהוּ (שבת צח ב) מַקְצִיעַ אוֹתָם — He smoothes them

שָׁפֵי לֵיהּ (ב״ק קטו ב) שׁוֹפֶה אוֹתוֹ[95]
He empties out slowly

שַׁפֵּי לֵיהּ (גט׳ עג א) הַשְׁקֵט לוֹ[96] — Smooth (*m.*, *s.*, *imp.*) it out for him (i.e., ensure that no one will contest it)

שפי ליה (תמו׳ כט א) מ׳: דספי ליה

שָׁפֵיד (חול׳ קיא רע״ב) שׁוֹפֵד[97] — He skewers

שְׁפִיד (בכו׳ מ א) שָׁפוּד[98] — Narrowing down like a skewer

שְׁפִיוּהָ (סנ׳ קט ב) מְרָחוּהָ — They smeared her

שַׁפְיֵיהּ[99] (ב״ק צח א) שִׁפְשְׁפוֹ — He filed

שַׁפְיֵיהּ (פס׳ עה ב, ביצה לט א[1]) מְרָחוֹ (בשמן)
He smeared it (*m.*)

שפייה (פס׳ עה ב) מ׳ וא״פ: שייף ליה

שַׁפְיֵיהּ (יב׳ עה ב) הִקְצִיעוֹ (=חָתַךְ מִסָּבִיב)
He pared it (*m.*) down

שָׁפֵיךְ (חגי׳ יג ב) שׁוֹפֵךְ — He pours

בִּשְׁפִיכוּתָא (תע׳ יט ב, ב״ב כה ב) בִּשְׁפִיכוּת[2] — Torrentially

שפיכי (ב״ב ג ב) כי״י ורש״י: שפכי

שָׁפֵיל וְאָזֵיל (מג׳ יד ב, ב״ק צב ב) שָׁפֵל[3] וְהוֹלֵךְ
It bends its head down while walking and its eyes look all around (humility should not prevent a person from asking assistance in Torah study and in gaining his livelihood) (*Rashi*)

שְׁפִיל (סנ׳ ז א) שָׁפָל — It (*f.*) drops, sinks

שַׁפֵּיל לְסֵיפֵיהּ דִּקְרָא (בר׳ י א ועוד) רֵד לְסוֹפוֹ (=קרא סופו) שֶׁל מִקְרָא
Move down to the end of the verse

שְׁפִילֵי (ב״ב כט א) שְׁפָלִים — Abject (*p.*)

שַׁפִּילִית לְסֵיפֵיהּ דִּקְרָא (שבת קטז ב) יָרַדְתִּי לְסוֹפוֹ שֶׁל

90) = שבבים הנופלים בהקצעת הלוחות והנסרים.
91) לשון נקיה: עֲשֵׂה צְרָכֶיךָ, וְאַל תתאפק.
92) השופכים יין מן החבית לנאדות.
93) = בשולי בגדיה ("רש״י"). השוה "טומאתה בשוליה" (איכה א ט).
94) שבת צח ב: ושפוליה מהלכין אחריה.
95) = מריק בנחת (שהארס יהי שוקע).
96) כלומר: דאג שלא יהו מערערים.
97) = נותן בשפוד לצלות.
98) = הולך ומִתְחַדֵּד כשפוד.
99) מ׳, ה׳: שאפיה, ד׳: שייפא.
1) מ׳, ד׳: שייפיה.
2) = יורד בזעף (בניגוד ל"ניחותא").
3) מלי׳ "וְשָׁפֵל רום אנשים" (ישעי׳ ב יז).

מִקְרָא — I moved down to the end of the verse

שְׁפִינְהוּ לְמַיָּא (גט׳ סח א) הֵרִיק אֶת־הַמַּיִם — He emptied out the water

שַׁפֵּיץ[4] (יב׳ סג א) שַׁפֵּץ (צ) — Plaster (*m., s., imp.*)

שַׁפִּיר יָפֶה — Well (adv.)

שַׁפִּיר דָּמֵי מוּתָּר — It is permitted, it is proper

שַׁפִּיר קָאָמַר יָפֶה הוּא אוֹמֵר — Lit., he is saying well, i.e., he is right

שפיר[5] (ב״ב קב ב) ר׳ שאפר — Cf.

שפיר ליה (סנ׳ צו א) אה״ת וע״י: שפר

שַׁפִּירָא יָפָה — Beautiful (*f.*)

שְׁפִירָא (נדה כה א-ב) שָׁפִיר (=עור העובר) — Fetal sac

שַׁפִּירֵי יָפִים — Beautiful (*m., p.*)

שַׁפִּירִין (נדר׳ נ ב) יָפִים — Beautiful (*m., p.*)

שַׁפִּירָן יָפוֹת — Beautiful (*f., p.*)

שַׁפִּירְתָּא (ב״מ עו א ועוד) הַיָּפָה — Good quality

שַׁפִּירָתָא (ב״מ כב א) הַיָּפוֹת — Good-quality ones

שְׁפַךְ (שבת פב א) שָׁפַךְ — He poured out, he discharged

שְׁפְכֵי (ב״ב ו סע״א כ״פ) מַרְזְבִים — Drainpipes

שָׁפְכִי (בר׳ נט א) שׁוֹפְכִים — They pour, they discharge

שַׁפְכֵיה[6] **לְחַמְרָא** (גט׳ סח א) שָׁפַךְ אֶת־הַיַּיִן — He spilled the wine

שפכינהו[7] (שם) ר׳ שפכיה — Cf.

שָׁפְכִינַן (חול׳ מז ב) אָנוּ שׁוֹפְכִים — We pour

כִּי שָׁפְכִיתוּ (ע״ז עב ב) כְּשֶׁאַתֶּם שׁוֹפְכִים — When you pour

שָׁפְכָן (חול׳ מז א, נח ב) שׁוֹפְכוֹת — They (*f.*) discharge, flow (into one another)

שְׁפֵלְתָּא (נדר׳ לח א — מת״י) הַשְּׁפֵלָה — Valley, plain

שְׁפָמֵי (שבת קכט ב) שְׂפָמִים[8] — Mustaches (here in the sense of an animal face)

שְׁפָמֵיהּ (יומא פג ב) שְׂפָמוֹ — His mustache

שָׁפְעָה (נז׳ טו א, נדה סג א) שׁוֹפַעַת — She discharges

שְׁפַעוּ (מ״ק כה ב, סנ׳ קט סע״א[9]) שָׁפְעוּ — They discharged

שפעי[10] (סנ׳ קט סע״א) ר׳ שפעו — Cf.

שִׁיפְּצָא[11] (כתו׳ קג א) שִׁפּוּץ — Renovation

שיפצה[12] (שם) ר׳ שיפצא — Cf.

שַׁפְּצִינְהוּ (מג׳ ד א) שִׁפְּצָם — He renovated them

שְׁפַר (ב״מ יד א — בנוסח שטר) עִדִּית — First quality land

שְׁפַר (מגי׳ יא ב — מדני׳) טוֹב (ע) — It pleased (him), it was good (in his eyes)

שְׁפַר לֵיהּ[13] (סנ׳ צו א) טוֹב לוֹ — It is good for him

שְׁפַר נוּנָא[14] (ע״ז לט א) שם דג — Name of fish

שפרא[15] (סנ׳ יא ב) ר׳ שפרת — Cf.

שְׁפַרְנוּנָא[16] (ע״ז לט א) שְׁפַרְנוּן (מין דג) — Kind of fish

שְׁפַרַת (סנ׳ יא א-ב[17]) טוֹבָה (ע) — It pleased

שִׂיפְתָא שָׂפָה (של בגד או כלי) — Border, edge (of a garment or utensil)

שִׂיפְתֵיהּ שְׂפָתוֹ — His border, edge

שֵׁיצְנִיתָא (פס׳ לה א) קֻרְמִית[18] — Darnel (a weed found in grain fields that has edible kernels)

שְׁקָא (=שְׁקַל) וּמִית (קיד׳ פא רע״ב) נָטַל וָמֵת[19] — He took (it) and died (made the appearance of being dead)

שָׁקָא (ערכ׳ יט ב) שׁוֹק — Thigh (there is a difference of opinion concerning its halachic location)

שַׂקָּא שַׂק — Sack

---

4) ד״ו, ד״ח: שפוץ, מ׳: תשפיץ.

5) מ׳ ה׳: דשאפר לישפר ודלא שאפר ליהוי לציבי.

6) מ׳ ואה״ת, ד׳: שפכינהו.

7) מ׳: שפכי, אה״ת: שפכיה, ונכון, כי חמרא ל״י.

8) ור׳ הע׳ ל״יומא דשפמי״.

9) אה״ת וע״י, מ׳ ד׳: שפעי.

10) מ׳ ד׳ (בהשפעת ״מרזבי״), אה״ת ע״י: שפעו.

11) ד׳ מ׳: שיפצה, וע׳ תוס׳.

12) תוס׳: ה״ג שיפצא מאי, ושם. דבר הוא כלומר מהו שתשפץ. וכן פי׳ ר״ח.

13) ע״י, אה״ת: שפר, ״ירש״י״: שפר באפיה.

14) במ׳ בשתי תיבות גם בפ״ב.

15) מ׳ ד״ו: שפרי= שפרת (כמו בע״א).

16) פ״א — מ׳ וד׳ בשתי תיבות, פ״ב — כ״י ספ׳ בשתי תיבות.

17) ד׳: שפרא, מ׳ ד״ו: שפרי.

18) מין עשב בר, שטחנוהו ועשו ממנו לחם, ולדעת ר״י בן נורי קרמית חייבת בחלה.

19) התחזה כמת.

שַׁקוּל (ב״מ מב ב ועוד) נָטְלוּ — They took

שְׁקוֹל טֹל, קַח — Take (*s., m., imp.*)

שקול (ב״ק ז ב) מ׳ ה׳: שקולי

שָׁקוֹלָאֵי (ב״מ פג א ועוד) סַבָּלִים — Porters

שְׁקוֹלוּ טְלוּ, קְחוּ — Take (*p., imp.*)

שקולי (ב״ק פג א) כי״י: שקילי

שקולי (קידו׳ פא א) מ׳ ורש״י: שקולו

שְׁקוֹלִי קְחִי, טְלִי — Take (*s., f., imp.*)

שַׁקּוּלֵי מַשְׁקְלֵי קְרָאֵי (ערכ׳ יח ב) הַכְּתוּבִים שַׁקֵּל מְשֻׁקָּלִים (וקשה להכריע ביניהם)

The verses (derivations) are equivalent (and there is no textual way in which the matter can be decided)

שַׁקוּעֵי (מנ׳ צו א, חול׳ קה ב) (ל)שַׁקֵּעַ

(To) insert (*Menachos*), (to) sink (*Chullin*)

לְשַׁקוּעֵיהּ (פס׳ קטו ב ועוד) לְשַׁקְּעוֹ — To dip it *(m.), Pesachim*), to abandon it (*m., Avodah Zarah*)

שקופי (מנ׳ לג ב) מ׳: שיקפי

שַׁקוּרֵי (ל)שַׁקֵּר — (To) lie

שַׂקֵּי (כתו׳ סז א) שַׂקִּים — Sacks

שָׁקֵי (חול׳ סג א) שׁוֹקַיִם — Thighs (there is a difference of opinion concerning its halachic location)

חֲרִיךְ שָׁקֵי (בר׳ מו א) חָרוּךְ שׁוֹקַיִם[20]

The one with scorched (singed) thighs (Rab. Ketina)

שָׁקְיָא[21] (ב״ק צב ב) מַשְׁקֶה (ב)

One who serves drinks, a butler

שָׁקֵיהּ שׁוֹקוֹ — His thigh (there is a difference of opinion concerning its halachic location)

אַשָּׁקֵיהּ (ע״ז כח א) עַל שׁוֹקוֹ — On his thigh (there is a difference of opinion concerning its halachic location)

שַׁקְיוּתֵיהּ (פס׳ קז א) שִׁקּוּיוֹ — His beverage, his drink

שקייה (ב״ק צב ב) מ׳ ה׳: שקיא

שַׁקְיָינֵי (שבת עח א) מַשְׁקָאוֹת — Beverages

שַׂקָּךְ (בר׳ נט א ועוד) שַׂקְּךָ, שַׂקֶּיךָ — Your (*m., s.*) sack, your sacks

שָׁקֵיל[22] נוֹטֵל, לוֹקֵחַ — He takes

שָׁקֵיל וְאָזֵיל נוֹשֵׂא וְהוֹלֵךְ — He walks away

שָׁקֵיל וְטָרֵי (חגי׳ יא ב ועוד) נוֹשֵׂא וְנוֹתֵן — He discusses, he negotiates

שְׁקִיל (בכו׳ מג ב) נָטוּל, לָקוּחַ — Taken (*s., m.*)

שקיל (ב״מ עד רע״ב 2) ה׳: שקול

שְׁקִילָא (בר׳ לח ב) נְטוּלָה — Taken (*s., f.*)

שקילו (חול׳ מט א) מ׳: שקולו

שקילו (ע״ז עא א) מ׳: שקלו

שקילי (שבת קנו ב) מ׳ אה״ת: שקלי

שקילי (ב״ק פג א) ה׳: שקילא

שְׁקִילֵי (שבת סג ב) נְטוּלִים — Taken (*p., m.*)

שְׁקִילָ[י] (כתו׳ קד ב — מ׳) טְלִי, קְחִי — Take (*f., s., imp.*)

שקילי (מ״ק יז סע״א) מ׳: שקול

שְׁקִילָ(י)ן (שבת סג ב — מ׳) נְטוּלוֹת — Taken (*f., p.*)

שָׁקֵילְנָא אֲנִי לוֹקֵחַ, אֶקַּח — I take, I shall take

שקילתו (סנ׳ קי א) מ׳: שקליתו

שקילתו (ע״ז עא א) מ׳ וכ״י ספ׳: שקליתו

שקילתינהו (יב׳ קטו רע״ב) מ׳ ורש״י: שקלתינהו

שָׁקָךְ (ב״ק פא ב) שׁוֹקֶיךָ — Your thighs (there is a difference of opinion concerning its halachic location)

שְׁקַל[23] נָטַל — He took

שקלא (ב״ב כ סע״א) כי״י: שקיל לה

שְׁקַלָא/ה נָטְלָה, לָקְחָה — She took

שָׁקְלָא/ה נוֹטֶלֶת, לוֹקַחַת — She takes

שַׁקְלַהּ נְטָלָהּ — He took it (*f.*)

שְׁקַלַהּ (ע״ז נא א) קָחֶהָ — Take (*m., s., imp.*) it (*f.*)

שְׁקַלוּ נָטְלוּ — They took

שקלו (ע״ז עא א) מ׳ וכ״י ספ׳: שקולו

שָׁקְלוּ וְטָרוּ (חגי׳ יא ב) נוֹשְׂאִים וְנוֹתְנִים — They discuss, they negotiate

שַׁקְלוּהּ נְטָלוּהוּ — They took it (*m.*)

---

(20) ור׳ קטינא.

(21) מ׳ ה׳, ד׳: שקייה.

(22) בכמה מקומות בדפוסים שיבוש של ״שקלי״.

(23) בכמה מקומות נשתבש בדפוסים ל״שקילי״.

שְׁקַלוּהּ (תע׳ כד א) טְלוּהוּ — Take (*s., m., imp.*) it (*m.*)

שַׁקְלוּהָ נְטָלוּהָ — They took it (*f.*)

שַׁקְלוּהּ(ו)[24] (תע׳ כה א) נְטָלוּהוּ — They took it (*m.*)

שקלונהו (תע׳ כד א) אה״ת: שקלוה

שָׁקְלִי נוֹטְלִים, לוֹקְחִים — They take

שְׁקַלִי נָטַלְתִּי — I took

דשקלי (ערכ׳ יט א) מ׳: דתקלי, ר׳ תקלי — Cf.

שקלי אינהו (סנ׳ קט א) מ׳: שקלו

שקלי (תמיד לב ב) מ׳: שקלו

שקלי (ב״ק ז ב) מ׳ ה׳: שקולי

שָׁקְלִי וְאָזְלִי נוֹשְׂאִים וְהוֹלְכִים — They walk

שְׁקַלִי לְהוּ[25] (תע׳ כב רע״א) לְקַחְתִּים, קְנִיתִים

We took them, they were taken (according to Melamed's girsa: I acquired them, I bought them)

שַׁקְלֵיהּ נְטָלוֹ — He took it (*m.*)

שְׁקַלֵיהּ קָחֵהוּ — Take (*s., m., imp.*) it (*m.*)

שְׁקַלִיהּ (גט׳ כד א, ע״ז סג סע״א) קָחִיהוּ (=קחי אותו)

Take (*s., f., imp.*) it (*m.*)

שקלינא (מנ׳ מב ב) כי״י וד״י: שקלינן

שַׁקְלִינְהוּ נְטָלָם, נְטָלוּם

He took them, they took them

שָׁקְלִינְהוּ (ב״ב י א) נוֹטְלִים אוֹתָם, יִטְּלוּם

They took them, they will take them

שְׁקַלִינְהוּ (בר׳ יח ב, ב״ק קא א) קָחֵם

Take (*s., m., imp.*) them

שקלינהו (תע׳ כב רע״א) מ׳ וע״י: שקלי

שָׁקְלִינַן (גט׳ נו ב) אָנוּ נוֹטְלִים, נִטֹּל

We take, we will take

שְׁקַלִית[26] (שבת קנו ב) נָטַלְתִּי — I took

שְׁקַלְ(י)תְּ (ב״מ מט א[27], תמיד לב ב[28]) נָטַלְתָּ — You (*m.*) took

שָׁקְלִיתוּ אַתֶּם לוֹקְחִים, תִּקְחוּ

You (*p.*) take, take (*p., imp.*)

שָׁקְלָן (פס׳ נז א, ביצה ל א) נוֹטְלוֹת — They (*f.*) take

שקלנא (ב״ק קח ב) כל כי״י: שקלינן

שְׁקַלְתְּ נָטַלְתָּ, לָקַחְתָּ — You (*m.*) took

שָׁקְלַת אַתָּה לוֹקֵחַ, תִּקַּח

You (*s., m.*) take, take (*s., m., imp.*)

שְׁקַלְתָּא[29] (ב״ב עד ב) לְקַחְתִּיהָ — I took it (*f.*)

שְׁקַלְתָּא נָטְלָה אוֹתָהּ — She took her, it

שקלתי (שבת קנו ב) אה״ת: שקלית

שְׁקַלְתֵּיהּ (ב״מ כו ב 3) לָקַחְתָּ אוֹתוֹ; לָקַחְתִּי אוֹתוֹ

You took him, I took him

שְׁקַלְתֵּיהּ נָטְלָה אוֹתוֹ — She took him

שְׁקַלְתִּינְהוּ (סנ׳ כו א) לְקַחְתִּים — I took them

שְׁקַלְתִּינְהוּ[30] לָקַחְתָּ אוֹתָם — You took them

[**שַׁקְנַאי** (חול׳ סג א) **שם עוף מים**] — Pelican

שַׁקְעֵיהּ (ר״ה ד א 2) שִׁקְּעוֹ — It (*m.*) sunk it

שִׁיקְעָ(ת)א[31] (ע״ז לז ב) שֶׁקַע — Depression

שִׁיקְפֵי (עירו׳ יא א[32], מנ׳ לג ב[33]) מַשְׁקוֹפִים

Lintels, door posts

שִׁקְצֵי[34] (בר׳ נו א) שְׁקָצִים — Reptiles

(**קָא**) **שַׁקַּר בִּי** (סנ׳ צח סע״א — כי״י) שִׁקֵּר לִי

He lied to me

שִׁיקְרָא שֶׁקֶר — Lie

שיקרא (גט׳ מה סע״א) ר׳ שקרא — Cf.

שַׁקָּרָא (שבת קנב א, גט׳ מה סע״א[35]) שַׁקְרָן

Liar

שקראי ושקרוראי (סנ׳ קט ב) **שמות דייני סדום**

Names of Sodom's judges (meaning ""Habitual Liar", ""Liar")

שַׁקַּר(אי)[36] (יב׳ נה ב) שִׁקֵּר — He lied

שַׁקַּרִי (שם) שִׁקַּרְתִּי — I lied

שַׁקָּרֵי שַׁקְרָנִים — Liars

שִׁקְרֵיהּ (בכו׳ לו ב) שִׁקְרוֹ (=שקר שלו) — His lie

(24) מ׳ ואה״ת, ביומא פג ב כל הספור אין במ׳, ובכי״י אחרים — נוסח שונה.

(25) מ׳, ע״י: שקלי לה, ד׳: שקלינהו.

(26) אה״ת, מ׳ א״פ: שקלת, ד׳: שקלתי (= שקלתיה?!).

(27) כצ״ל. מ׳: שקל (= שקלת).

(28) מ׳ אה״ת.

(29) כך באלף גם במ׳ ואה״ת.

(30) וכן ביב׳ קטו רע״ב במ׳ ורש״י. ד׳: שקילתינהו.

(31) כ״י ספ׳ (ולי ״דבנהרא״) מ׳ ור״ח לי׳. ונראה שבד׳ — שלוב ב׳ נוסחאות.

(32) מ׳, ד׳: שקפי.

(33) מ׳, ר׳ א ורש״י: שקפי, ד׳: שקופי.

(34) מ׳ ופ׳: חזירי, וכינו המדפיסים. והמטבע ״רועה חזירים״ מצוי.

(35) מ׳, ד׳: שיקרא.

(36) הגהתי. האותיות ״אי״ הן דיטוגרפיה של ״אי״

שִׁיקְרַיְיהוּ (גט׳ כח ב, כט א) שִׁקְרָם (=שקר שלהם)
Their lie

שְׁרָא (שבת ט ב) הִתִּיר (קשר)
He untied

שְׁרָא הִתִּיר (דבר או מעשה)
He permitted

שְׁרָא (מ״ק יג ב) שָׁרָה (במים)
He soaked

שְׁרָא לְהוּ (בר׳ מו א) בָּצַע לָהֶם (בסעודה)
He sliced for them (during the meal)

שְׁרָא לֵיהּ מָרֵיהּ (בר׳ כה א ועוד) מָחַל לוֹ רִבּוֹנוֹ
May his Master forgive him

שרא (ב״מ כב ב) רוב כי״י: שריא

שָׂרָא דְיַמָּא (גט׳ סח ב ועוד) שָׂרוֹ שֶׁל יָם
Prince (guardian angel) of the sea

שָׂרָא דַעֲנִיוּתָא (חול׳ מא ב) שַׂר שֶׁל עֲנִיּוּת
Prince (guardian angel) of poverty

שָׂרָא דְפַרְסָאֵי (יומא עז א) שַׂר (=מלאך) שֶׁל פַּרְסִיִּים
Prince (guardian angel) of the Persians

שְׁרַאי[37] (שבת פז א) שָׁרְתָה
It (the *Shechinah*) dwelled

שְׁרַאי (מג׳ יט ב, ע״ז לז א) הִתַּרְתִּי
I permitted

שראכא (שבת פה ב) ר׳ שדאכא
Cf.

שַׁרְבֵּיב (שבת קלח ב, עירו׳ קב ב) שִׁרְבֵּב, הוֹרִיד
He extended, he made something protrude (past something)

שַׁרְבִּיבוּ (שבת קמז ב) שַׁרְבְּבוּ, הוֹרִידוּ (צ)
Extend, lower (*p.*, *imp.*)

שְׁרָגָא נֵר
Light, lamp

שְׁרָגָא דַחֲנוּכְּתָא (שבת מה א) נֵר שֶׁל חֲנֻכָּה
Chanukah lantern

שְׁרָגָא דְלִיבְנֵי (קידו׳ ס א, סנ׳ סד ב) שׁוּרָה שֶׁל לְבֵנִים
Row of bricks

שַׁרְגּוּשֵׁי (עיר׳ כט ב) מִין מדה[38]
Kind of liquid measure (a ladleful)

שְׁרָגֵי נֵרוֹת
Lamps. lights, lanterns

שַׁרְגִּינְהוּ (שבת קכד ב, ביצה לא ב) סִדְּרָן זוֹ עַל זוֹ (רש״י)
Placed one on top of the other

שְׁרוֹ הִתִּירוּ (=אמרו: מותר)
They permitted

שְׁרוֹ (מ״ק יז א) הַתִּירוּ (את הנידוי)
Annull (*p.*, *imp.*) (the ban)

שָׁרוֹ (סוטה מט א) הִתְחִילוּ
(They) started

שָׁרוֹ (שבת קיז ב) בּוֹצְעִים
Lit., they slice the bread, i.e., they start the meal

שָׁרוֹ מַתִּירִים (בניגוד ל״אוסרים״)
They permit, (declare it to be permitted)

שָׁרוֹ (סנ׳ צח א) מַתִּירִים (תחבושות)
They remove, they unwound (bandages)

שָׁרוֹ (ב״מ קח ב) מֻתָּרִים (בניגוד ל״צרורים״)
Loose (as opposed to bundled)

שְׁרוֹ[39] מֻתָּרִים
Permitted (*m.*, *p.*)

שְׁרוֹ לְחַבְלָא (בר׳ נו ב) הִתִּירוּ אֶת־הַחֶבֶל
They untied the rope

שְׁרוֹ לַהּ תִּיגְרָא (יב׳ קיב א) הַתִּירוּ לָהּ רִיבָהּ
Lit., resolve (*p.*, *imp.*) her strife, i.e., resolve (*p.*, *imp.*) her case

שְׁרוֹ לִי תִיגְרַאי (נדר׳ סב א) הַתִּירוּ לִי אֶת־רִיבִי (=גִמרו את דיני)
Lit., resolve (*p.*, *imp.*) my strife, i.e., resolve (*p.*, *imp.*) my case

שָׁרוֹ (כתו׳ יז א, סנ׳ יד א) שָׁרוּ (שיר)
They sang

שָׁרוֹ עִילָוֵיהּ (פס׳ קיא ב) שׁוֹרִים עָלָיו (=שוכנים)
They dwell on him

שָׁרוֹגֵי (נז׳ לט א) (ל)הַחֲלִיק
It (*f.*) slides down

אתא לשרויה שמתיה (ע״ז כו א) מ׳: אתי שרו שמתיה[40]

שְׁרוֹנְהוּ (בר׳ כג א-ב) הִתִּירוּם
They permitted (taking) them

לְשָׁרוֹרֵי (שבת עד ב, ע״ז לח א) לְחַזֵּק
To strengthen

לְשְׁרוֹשֵׁי (מ״ק טז א — מעז׳) לַעֲקִירָה
Lit. to uproot him (*Ezra* 7:26), i.e., to put him into a three- stage ban

שֵׁירוּתָא (בר׳ לט ב) סְעֻדָּה
Meal (slice of bread sufficient for the entire meal)

שלאחריהן. במ׳ נשמט קטע ע״י שוויון־סופות.

37) מ׳ ור״ח, ד׳: שריא, ור׳ ח״ג שם.

38) מדה ידועה שהיתה בפומבדיתא (ע׳) אולי מלשון פרסית (בעלת ארבע זויות), ע׳ עה״ש, רש״י: תרוודין.

39) פס׳ כט רע״א: מישרא קא שרו, מ׳ ורש״י לי׳ קא. [ד׳ וילנא: ״שרי״ במקום ״שרו״, וכצ״ל (ע. ל.)]

40) כ״י ספ׳: דלא תבע שמתיה. ר״ח ואה״ת לי׳ ״לשרויה שמתיה״.

שֵׁירוּתֵיהּ (שבת קיז ב, תע׳ יא ב) סְעֻדָּתוֹ
His meal (slice of bread sufficient for his entire meal)

שֵׁירוּתָךְ (פס׳ קיג א) סְעֻדָּתְךָ — Your meal (slice of bread sufficient for your entire meal)

שָׁרֵי מַתִּיר (בשתי ההוראות)
He permits, he declares it permitted

שְׁרֵי מֻתָּר (בניגוד ל״אסור״)
Permitted (*m.*, *s.*) (in contrast to forbidden)

שרי (ב״מ קח ב) כ״י ועוד: שרו

שְׁרֵי (שבת קנב א ועוד) הַתֵּר — Untie, remove (*imp.*)

שרי כיסיך (פס׳ קיג א) אה״ת וע״י: שדי בכיסך

שְׁרֵי לֵיהּ [וּמְחִיל לֵיהּ][41] (מג׳ כח א) מֻתָּר לוֹ [וּמָחוּל לוֹ]
Lit., it is released and it is forgiven, i.e., I release and forgive (anyone who sinned against me)

שָׁרֵי שַׁמְתֵּיהּ[42] (ע״ז כו א) הַתֵּר נִדּוּיוֹ
Annul (*m.*, *s.*, *imp.*) his ban, excommunication

שָׁרֵי (פס׳ קז א) מַתְחִיל — He starts

שָׁרֵי (חגי׳ יב ב — מדני׳, סנ׳ צה א) שׁוֹרֶה (=שוכן)
He dwells

שרי (שבת סו ב) ד״ש: תרי

שְׁרֵי לַהּ תִּיגְרָא (יב׳ קה א) הַתֵּר לָהּ רִיבָהּ (=גמור את דינה) (*s.*, *m.*, *imp.*)
Resolve (*m.*, *s.*, *imp.*) her strife,) i.e., resolve her case

שְׁרֵי לֵיהּ תִּיגְרֵיהּ (קיד׳ ע א) הַתֵּר לוֹ רִיבוֹ (=גמור את דינו)
Resolve (*s.*, *m.*, *imp.*) his strife, i.e., resolve (s., m., imp.) his case

שָׁרְיָא שׁוֹרָה (=שוכנת) — She dwells

שריא (שבת פז א[43], יב׳ כח א[44], סב א[45], ב״ב טו ב[46])
Cf. ר׳ שראי

שַׁרְיָא מֻתֶּרֶת (בניגוד ל״אסורה״)
Permitted (*s.*, *f.*) (in contrast to forbidden)

שָׁרְיָא (שבת נז א, קיב א) מַתִּירָה (את הקשר) — She unties

שָׁרְיָא מַתִּירָה (את האיסור)
She permits, declares permitted (the prohibition)

שריא (פס׳ מ רע״ב) מ׳ ב׳: שרייה

שריא (ב״ב כד א, כתו׳ נא ב, חול׳ צט ב) מ׳: שרייה

שריא (יב׳ ל א, לב א) מ׳: שיירא

שָׁרֵיג (נז׳ לט א[47], ב״מ צג א) הֶחֱלִיק — It slipped

שריגא (נז׳ לט א) מ׳: שריג

שְׁרִיגֵי לִיבְנֵי (ב״ב ג ב) לְבֵנִים סְדוּרוֹת
Orderly arranged bricks

שַׁרְיוּהָ (חול׳ קה ב) הִתִּירוּהָ (מן הקשר)
They released it, freed it (from the spell)

שַׁרְיוּהָ (ביצה ה ב) הִתִּירוּהָ (לאכילה)
They permitted (eating) it

שַׁרְיוּהּ (נדר׳ כג א) הִתִּירוּהוּ (מנדרו)
They permitted (i.e., annulled) his vow

שַׁרְיוּהָא (שבת פא סע״ב) הִתִּירוּהָ (את הסירה)
They released it, freed it (the boat)

שַׁרְיוּתָא (עירו׳ סט סע״ב, ע רע״א) הֶיתֵּר — Permission

שַׁרְיֵיהּ (מנ׳ לז ב) הִתִּירוֹ (את הקשר)
He unstitched it (*f.*, *s.*)

שַׁרְיֵיהּ הִתִּירוֹ (את האסור)
He permitted it (*s.*) (the forbidden act)

שָׁרְיָין (מנ׳ מו ב) מַתִּירוֹת (לאכילה)
They permit (*f.*) (to eat)

שַׁרְיָין מֻתָּרוֹת — Permitted (*f.*, *p.*)

שָׁרַיִן (סנ׳ צג א — מדני׳) מֻתָּרִים (=לא קשורים)
Unbound (*m.*, *p.*)

שָׁרֵינָא[48] אֲנִי מַתִּיר — I permit, I declare to be permitted

שָׁרֵינָא תִּיגְרָא (יב׳ ק א) אֲנִי מַתִּיר רִיב (אני גומר דין של)
I resolve the fight (I resolve the case of -)

שְׁרִינְהוּ (סנ׳ קט רע״א) הִתִּירוּם (=פתחום)
They opened them

41) כיי א״פ ולי ופי ואה״ת ועוד, מ׳: שרי להו מחיל (= שרי ליה ומחיל, טעות שמיעה).
42) מ׳, ור׳ הע׳ 40.
43) מ׳ ור״ח: שראי, אה״ת: שרא.
44) מ׳: שרא.
45) מ׳: שראי.
46) ד״י: שראי, ה׳ פי ואי״פ: שרא. מ׳: שרי.
47) מ׳, ד׳: שריגא, ״רש״י״: משתרגא.
48) ע״ז נז רע״א — ד׳: אישרייה, מ׳ וכ״י ספ׳: שרינא ליה.

שרינהו (כתו׳ כג א, ב״מ נז רע״א, מנ׳ סט א) מ׳: **שרנהו**

שָׁרֵינַן אָנוּ מַתִּירִים

We permit, we declare it to be permitted

שָׂרֵיף שׂוֹרֵף

He burns

שָׁרֵיף (פס׳ מד א ועוד) גּוֹמֵעַ, יִגְמַע

He swallows, he will swallow

שָׁרֵיף (כרי׳ כב א) שׁוֹאֵב

He draws

שָׁרֵיק (חול׳ סג א) שׁוֹרֵק

It whistles

שָׁרֵיק (ב״מ צב ב) טָח (את המגופה)

He seals (the barrel cover with clay)

שְׁרִיק (שבת יח ב ועוד) טוּחַ (ב), סָתוּם

Sealed (*m.*, *s.*) (with clay), closed

שָׁרֵיק (נדה כו א) מַחֲלִיק

He smoothes

שְׁרִיקָא (ע״ז לא א) טוּחָה, סְתוּמָה

Sealed (*f.*, *s.*) (with clay), closed

שריקא (שבת קט א) מ׳: שירקא

שְׁרִיקִי (שבת סז ב) שִׁרְקִי

Whistle (*f.*, *s.*, *imp.*)

שָׁרִיר (שבת קמה ב, פס׳ עד ב) חָזָק

Strong (*m.*, *s.*)

שָׁרִיר וְקַיָּים (ב״ב קס ב, קסא א — בנוס׳ שטר) חָזָק וְקַיָּם

Valid and in force

שְׁרִירֵי (פס׳ מ א, זב׳ פו ב) קָשִׁים

Hard (*m.*, *p.*)

שָׁרֵית אַתָּה מַתִּיר, תַּתִּיר

You permit, you will permit; you declare it permitted, you should declare it permitted

שְׁרִיתָא (עירו׳ קב א) קוֹרָה

Beam

שריתו[49] (יב׳ לז רע״א) ר׳ שריתוה

Cf.

קָשָׁרִיתוּ (נדה ח א) אַתֶּם מַתִּירִים

You (*m.*, *p.*) permit, you (*m.*, *p.*) declare it permitted

שְׁרִיתוּהָ (שב קלו ב, יב׳ לז רע״א[50]) הִתַּרְתֶּם אוֹתָהּ

You permitted her, you declared her permitted

שְׁרִיתוּהּ (גט׳ עו ב, ע״ז לז א) הִתַּרְתֶּם אוֹתוֹ

You permitted him, you declared him permitted

שְׁרִיתִינְהוּ (זב׳ פו א) הִתִּירָה אוֹתָם

It (*f.*) permitted them

שרכא (ב״ב קלט ב) ע׳: שדכא

שרכי ר׳ שדאכי

Cf.

שַׁרְכָּפָא[51] (חול׳ נג ב) קֵן (של צפרים)

Basket (holding fowl) *(Rashi)*, (bird) nest *(Tosofos)*

שְׁרָנְהוּ (כתו׳ כג א[52], ב״מ נז רע״א[53], מנ׳ סט א[52]) הִתִּירָם

He permitted them (both *m.* and *fem*)

שְׁרַעְתָּא דְנַהֲרָא (ב״ק כט א) שְׁרִיעַת הַנָּהָר[54]

Spreading, flooding of the river

שְׁרַף (תע׳ כד ב) גָּמַע

He swallowed

שרפיה (חול׳ ל א 2) כ״י וד״י: שרפינן

Cf.

שָׂרְפִינַן אָנוּ שׂוֹרְפִים

We burn

שִׁרְצָא חָרְצָא (ב״ק פ א) חֻלְדַּת הַסְּנָאִים[55] (=בין שיחי הסנאים)

Squirrel?

שְׁרַק (חול׳ סג א) שָׁרַק

He whistled

שָׁרָק (כתו׳ יז א, סנ׳ יד א) סָרָק, אֹדֶם

Rouge

שִׁירְקָא (פס׳ סח א ועוד) לֵחָה (של מעי הבהמה)

Slime (from an animal's intestines)

שִׁירְקָא טַוְיָא (שבת קט א) תַּמְצִית מֵעֵי אֲבַטִּיחַ[56]

Smoothing and basting (*Rashi*), watermelon extract (*Aruch*)

שָׁרְקִי (נדה ג סע״ב) מַחֲלִיקִים

They smooth

שִׁירְקֵיהּ (ב״ק פא ב) טוּחַ אוֹתוֹ

(To) plaster it over

שַׁרְקֵיהּ טִינָא (נדר׳ צ רע״א) טָחוֹ בְטִיט

He smeared it with plaster

שָׁרְקִין (ביצה לב ב) טָחִים[57]

They seal it (with clay)

שרקפא[58] (חול׳ נג ב) ר׳ שרכפא

Cf.

וְעָבֵיד שְׁרַקְרַק[59] (חול׳ סג א) וְעוֹשֶׂה שרקרק

And it whistles

(49) מ׳ והקב׳ (שבת קלו ב): שריתוה.

(50) מ׳, ד׳: שריתו.

(51) ע׳, ד׳: שרקפא, מ׳: שירקפא.

(52) מ׳, ד׳: שרינהו.

(53) מ׳ ה׳, ד׳: שרינהו.

(54) התפשטות הנהר על גדותיו.

(55) בדיוק שֶׁרֶץ חוֹרֵץ (= דר בחריצים).

(56) וז״ל הערוך (שרך ג׳): פי׳ מים של מעי אבטיח שמוציאין אותו במשמרת ושותין אותן לבדן, ויפין לשלשול (=ר״ח). פי״א מותר לשרוק (=לטוח) בשר צלי בשמן בשבת... (כך פי׳ רש״י).

(57) סותמים את פי התנור, לשמור על החום.

(58) ע׳: שרכפא, מ׳: שירקפא, ה׳: סרקפא. ודע: בשום מלון (עה״ש, יסטרוב ודלמן) לא הובאה הצורה שבכל הדפוסים!

(59) אה״ת וילי כ״י: רקרק, מ׳ ור׳ וילי שלוי ורש״י כ״י: שריקריק. ע׳: ושריק רקרק. ר״ב מוסיף בערוך: תרג׳

Authority **שְׁרָרוּתָא** (ב״ב ח ב) שְׂרָרוּת

Its roots **שַׁרְשׁוֹהִי** (סנ׳ קי ב — מדני׳) שָׁרָשָׁיו

Sustenance **שַׁרְשׁוֹיֵי** (מ״ק יב א) הַרְוָחָה

שרשורא (ב״ק צו סע״א) מ׳ ה׳ וע׳: שישורא

Stool **שַׁרְשִׁיפָא** שְׁרַפְרָף[60]

שְׁרַת (יב׳ לט ב) הִתִּירָה (קשר)

She loosened it (*f.*) (the tie)

שרתה (קידו׳ יג ב) רש״י: שרי לה

Year **שַׁתָּא** שָׁנָה

Year-old (*m.*) **בַּר שַׁתָּא** בֶּן־שָׁנָה

Year-old (*f.*) **בַּת שַׁתָּא** בַּת־שָׁנָה

תְּרֵיסַר יַרְחֵי שַׁתָּא שְׁנֵים עָשָׂר חָדְשֵׁי שָׁנָה

Twelve months of the year

She drank **שְׁתַאי** (סוטה ו א) שָׁתְתָה

I drank **שְׁתַאי** (סנ׳ סז ב) שָׁתִיתִי

They drink **שָׁתוּ**[61] שׁוֹתִים

Drink (*p.*, *imp.*) **שְׁתוֹ** (סנ׳ סז ב) שְׁתוּ

שְׁתוּמָא (ע״ז סט סע״ב) שְׁתִימָה (=פתיחה)[62]

Boring a hole

Silence (*s.*, *m.*, *imp.*) **שַׁתּוֹקִי** (בר׳ לג ב ועוד) שַׁתֵּק (מ)

Silence (*f.*, *s.*, *imp.*) **שְׁתוֹקִי**[63] (כתו׳ קג סע״א) שִׁתְקִי

שתוקי (שבת כט ב) מ׳: שתיקי

One sixth **שְׁתוּתָא** שְׁתוּת, שִׁשִּׁית (1/6)

Sixths **שְׁתוּתֵי** (ב״מ מ ב) שִׁשִּׁיּוֹת

He drinks **שָׁתֵי** שׁוֹתֶה

שְׁתֵי (בר׳ סב ב, שבת קמ א, תמיד כז ב[64]) שְׁתֵה

Drink (*s.*, *m.*, *imp.*)

שתי (חול׳ קה ב) מ׳ ר׳ אב ואה״ת: שתו

שתי (קיד׳ מה ב, סנ׳ כב ב) מ׳: שתו

She drinks **שָׁתְיָא** שׁוֹתָה

Warp **שִׁתְיָא** (ע״ז יז ב 3) שְׁתִי (באריגה)

He drank it (*m.*) **שַׁתְיֵיה** שָׁתָהוּ

Rusty (*m.*, *s.*) **שְׁתֵיךְ** (ב״מ כו א) חָלוּד

He plants **שָׁתֵיל** (ב״ב עא ב) שׁוֹתֵל

Plants **שְׁתִילֵי** (ע״ז כב א) שְׁתִילִים

I plant **שָׁתֵילְנָא**[65] (תע׳ כג א) אֲנִי שׁוֹתֵל

They drink **שָׁתֵין** (ר״ה ד א — מדני׳, נדר׳ לז ב) שׁוֹתִים

I drink, I shall drink **שָׁתֵינָא** אֲנִי שׁוֹתֶה, אֶשְׁתֶּה

לָא שָׁתֵינַן (שבת פ ב, מ״ק ט ב) אֵין אָנוּ שׁוֹתִים

We do not drink

He was silent, he kept quiet **שְׁתֵיק** שָׁתַק

He is silent, he keeps quiet **שָׁתֵיק** שׁוֹתֵק

They kept quiet **שְׁתִיקוּ** (שבת כט ב) שָׁתְקוּ

שתיקו (קיד׳ ע ב 2) מ׳: שתקיתו

שתיקו (כתו׳ קג סע״א) אה״ת: שתוקי

Silence **שְׁתִיקוּתָא** שְׁתִיקָה

His silence **שְׁתִיקוּתֵיהּ** שְׁתִיקָתוֹ

שְׁתִיקוּתִיךְ (יב׳ סה א, גט׳ מו ב) שְׁתִיקָתֵךְ

Your (*f.*) silence

שְׁתִיקִי (שבת כט ב[66], ב״מ לז ב) שָׁתַקְתִּי

I was silent, I did not reply

You drank **שְׁתֵית** (ב״ק צב ב) שָׁתִיתָ

שָׁתֵית (בר׳ נו א) אַתָּה שׁוֹתֶה, תִּשְׁתֶּה

You (*m.*, *s.*) drank, you will drank

שַׁתִּיתָא (בר׳ לח א ועוד) שַׁתִּית[67]

Cereal (of roasted flour and honey)

Cf. **שתיתאה**[68] (ע״ז לח ב 2) ר׳ שתיתא

He planted **שְׁתַל** (ב״מ לט ב) שָׁתַל

Planter (of trees) **שַׁתָּלָא** שַׁתָּל (=גנן השותל עצים)

They planted **שְׁתַלוּ** שָׁתְלוּ

הירוי ואת הקאת ואת הרחם (ויקי׳ יא יח) וית קקא וית שרקרקא.

(60) עי׳ (עי׳ שרפרף): ספסל קטן, רש״י (בר׳ כד רע״א): ספסל.

(61) בכמה מקומות בד׳: שתי.

(62) כפי׳ ״שְׁתֻם העין״ (במ׳ כד ג) = גלוי עינים (שם טז).

(63) אה״ת, מ׳: שתוק, ד׳: שתיקו.

(64) מ׳: שתה (שים לב: ההמשך בעברית).

(65) מ׳, ד׳: שתלי, אה״ת ומ׳ ב: אשתול.

(66) מ׳, ד׳: שתוקי.

(67) = דייסא מקמח קליות ודבש (= שתות, שבברי׳ הסמוכה).

(68) פ״א: כ״י ספי ור״ח: שתיתא, מ׳: שתית׳. פ״ב: כ״י ספי ור״ח ורש״י: שתיתא, מ׳: שתית׳.

שָׁתְלִי (גט׳ נז א) שׁוֹתְלִים They plant

דשתלי[69] (תע׳ כג א) ר׳ שתלו Cf.

שתלי(שם) מ׳: אנא שתילנא

שַׁתְלִינְהוּ (מנ׳ ע א) שְׁתָלָם He planted them

שְׁתַלְתֵּיהּ (תע׳ כג א) שְׁתַלְתּוֹ You planted it (*m.*)

שַׁתְּפִינְהוּ (ע״ז ח ב) שִׁתְּפוּם They entered them into a partnership

לָא שַׁתְּפִינַן[70] (עירו׳ סז ב) לֹא שִׁתַּפְנוּ[71] We did not set up an *eiruv* in the alley (*mavu'i* (that would permit carrying)

שַׁ(י)תַּפְתִּיךְ (עירו׳ עה ב — מ׳) שִׁתַּפְתִּיךָ I set up with you an *eiruv* in the alley (*mavu'i* (that would permit carrying)

שְׁתַק (מ״ק כח א, ב״ק כ ב, כרי׳ יא ב) שָׁתַק He fell silent (stopped his studies) (*Moed Katan*), he was silent (did not respond)

שָׁתְקָא (בר׳ נח א, יב׳ סה א) שׁוֹתֶקֶת It (*f.*) was silent (*Berachos*), she was silent (*Yevamos*)

שַׁתְּקוּ (גט׳ פד ב) שַׁתְּקוּ (צ) Be (*p.*, *imp.*) silent

שָׁתְקִי שׁוֹתְקִים They are silent

שָׁתְקִינַן (יב׳ סה א) אָנוּ שׁוֹתְקִים, נִשְׁתֹּק We are silent, we shall be silent

אִי שָׁתְקִיתוּ (קיד׳ ע ב 2[72], ב״ק ח א) אִם אַתֶּם שׁוֹתְקִים, אִם תִּשְׁתְּקוּ If you are silent, if you will be silent

שָׁתְקַת אַתָּה שׁוֹתֵק, תִּשְׁתֹּק You (*m.*, *s.*) are silent, you (*m.*, *s.*) will be silent

69) אה״ת: דשתלי, מ׳: דשתילו.

70) א״פ ועוד: שתיפו, ר״ח: לית לן שיתופי.

71) = אין לנו שיתופי מבואות.

72) מ׳, ד׳: שתיקו (ב״פ).

– ת –

תָּא בּוֹא — Come (*m.*, *s.*, *imp.*) (here)

תָּא חֲזֵי בּוֹא וּרְאֵה — Come (*m.*, *s.*, *imp.*) (here) and see

תָּא שְׁמַע בּוֹא וּשְׁמַע — Come (*m.*, *s.*, *imp.*) (here) and listen

תָּאגָא כֶּתֶר — Crown

תָּאגֵיהּ כִּתְרוֹ — His crown

תָּאִי (עירו׳ נג ב) בּוֹאִי — Come (*s.*, *f.*, *imp.*)

תְּאֵינֵי תְּאֵנִים — Figs

תְּאֵינֵי חִיוָּרָתָא (בר׳ מ ב ועוד) תְּאֵנִים לְבָנוֹת (="בְּנוֹת שׁוּחַ") — White figs

תְּאֵינְתָא (תע׳ כד א ועוד) תְּאֵנָה — Fig

עִנְבֵי תָאלָא (גט׳ ע רע״א) עִנְבֵי תָאלִ[1] (ור׳ תאלי) — Grapes from grapevine hanging from palm tree

תָּאלֵי (ב״ק צב רע״א) תָּאלִים[2] — Young palms

תָּאלִין (ב״ב סט ב) תָּאלִים — Young palms

תָּאלְתָא (כתו׳ קיב א[3]) תָּאלָה[4] — Low palms

תאנא ר׳ תנא — Cf.

תָּאנֵי שׁוֹנֶה (=לומד) — He studies

תאני[5] (ב״ב צח רע״ב) ר׳ תנא — Cf.

תָּאנֵי (פס׳ עד ב) שׁוֹנֶה (=עושה שנית) — He repeats

תְּאַשֵּׁר (גט׳ ל רע״ב) תְּחַזֵּק (=תאמין) — You should approve (i.e., believe)

תִּבַּגְּרָן (כתו׳ נג ב) תִּתְבַּגַּרְנָה — They (*f.*) will reach adulthood

תִּיבְדּוֹק (קיד׳ עו א, נדה יא ב ועוד) תִּבְדֹּק — Let her check

תְּבַדְּחַן (נדר׳ נ סע״ב[6], נא רע״א) תַּצְחִיקֵנִי — Make (*f.*, *s.*, *imp.*) me laugh

תבור (שבת סז א) מ׳: תביר

תַּבּוֹרֵי (יומא עח ב, ע״ז מט סע״ב) (לְ)שַׁבֵּר — (To) break

תְּבַזֵּי[7] (סנ׳ צד א) תְּבַזֶּה — You will humiliate

תִּבַּטֵּל תִּתְבַּטֵּל — Let it become annulled

תְּבִיר (שבת סז א[8], קיד׳ פ ב) שָׁבוּר — Broken (*m.*, *s.*)

מָנָא תְּבִירָא (ב״ק יז ב, כו ב) כְּלִי שָׁבוּר — Broken object

תְּבִירָא (כתו׳ ח ב) שְׁבוּרָה — Broken (*f.*, *s.*)

לִתְבִירָא קָיְימָא (ביצה יא א) לִשְׁבִירָה עוֹמֶדֶת — It (*f.*) is intended for breaking

תְּבִירֵי (שבת קח ב) שְׁבוּרִים — Broken (*m.*, *p.*)

תַּבְלוּנַיְיכִי (פס׳ קי רע״ב) תְּבָלִין שֶׁלָּכֶם — Your condiments, seasonings

תַּבְלֵי (פס׳ עו א, הור׳ קה ב) תְּבָלִין — Condiments, seasonings

[**תבלי** (חול׳ קה ב) מְתַבְּלִים] — They season

תִּיבְנָא תֶּבֶן — Straw, hay

תִּיבְנָא סַרְיָא (ביצה ל סע״א) תֶּבֶן סָרוּחַ[9] — Rotten hay

בֵּי תִיבְנָא (עיר׳ ס א, נדר׳ נ א) בֵּית הַתֶּבֶן, אוֹצַר הַתֶּבֶן — Hay storage house

תִּיבְנֵי (יב׳ סג א) תִּבְנֶה — You (*m.*, *s.*) should build

תְּבַע תָּבַע — He demanded

תָּבַע תּוֹבֵעַ — He demands

קָתָבְעָה (כתו׳ נד א, צח א, ב״ק ע ב) תּוֹבַעַת — She demands

תָּבְעָה (ב״ק ע ב ועוד) תָּבְעָה — She demanded

תַּבְעוּהּ (כתו׳ פה א) תְּבָעוּהוּ — They demanded (sued for) it (*m.*)

תַּבְעוּהּ(וּ) (ב״ב קמד א[10], סנ׳ כט ב[11], לא א[12]) תְּבָעוּהוּ — They sued him

תָּבְעֵי תּוֹבְעִים — They demand, they sue

תִּיבָּעֵי (בר׳ כד א ועוד) תְּהֵא צְרִיכָה, תִּצְטָרֵךְ — It should require

תִּיבְעֵי (מ״ק יח ב) תְּבַקֵּשׁ — Ask (for), implore, request

1) רש״י: ענבי גפן המודלה בדקל.
2) = דקלים צעירים.
3) ב״ק נח ב — לי׳ כ״י.
4) מין דקל נמוך.
5) ד״ו: תאנא, ה׳: תנא, מ׳: תני.
6) מ׳, ד׳: תבדיחן.
7) ד״ח: תבזה.
8) מ׳, ד׳: תבור.
9) רש״י: נרקב ומסריח.
10) ה׳ וד״ו, מ׳: תבעו׳.
11) ר״ח, ד״ו: תבעיה, מ׳: תבעו׳.
12) ד״ו ור״ח, מ׳: תבעו׳.

תִּיבָּעֵי (עירו׳ סה ב, סוטה כח א, בכו׳ יא א) תִּשָּׁאֵל
It can be asked, let it be a question

תִּיבָּעֵי (במסכתות המיוחדות) — במקום ״תיקו״
It remains unresolved, written in certain tractates instead of !!!!

...לָא תִיבָּעֵי לָךְ... כִּי תִיבָּעֵי לָךְ...
לֹא תִּשָּׁאֵל לְךָ... כְּשֶׁתִּשָּׁאֵל לְךָ...[13]
You should not ask... (but) should (rather) ask

תִּיבְעֵי רַחֲמֵי (מ״ק יח ב) תְּבַקֵּשׁ רַחֲמִים
Ask for (Heavenly) mercy)

תיבעיא (נז׳ כג א — ט״ד, וצ״ל:) תיבעי

תִּיבָּעֵי ל– תִּשָּׁאֵל (השאלה) ל(דעתו של)-[14]
You should ask (according to), this is a question (only according to)

תִּיבָּעֵי לְהוּ (תע׳ כב ב, בכו׳ ז א) תִּשָּׁאֵל לָהֶם
You should ask them

מַאי תִּיבָּעֵי לֵיהּ (שבת כח א ועוד) מַה תִּשָּׁאֵל לוֹ
What is he asking, (=מַה־שְּׁאֵלָתוֹ)
what are his doubts that he is asking

וְתִיבָּעֵי לָךְ (שבת קטו ב) וְתִשָּׁאֵל לְךָ
You should ask about, why are you not concerned with...?

תִּיבָּעֵי לְכוּ (גט׳ כט ב כ״פ) תִּשָּׁאֵל לָכֶם
You should ask them (the question)

מַאי תִּיבָּעֵי לְכוּ (ע״ז לח ב) מַה תִּשָּׁאֵל לָכֶם
What are you (*p.*) asking, what are your (*p.*) doubts that you are asking

תַּבְעֵיהּ תְּבָעוֹ
He demanded from him

תַּבְעִינְהוּ (סנ׳ כט ב 2) תְּבָעוּם
They sued them

תָּבַעְנָא לֵיהּ (גט׳ נה ב, ב״ב לט א) אֶתְבָּעֶנּוּ
I shall sue him

תַּבַעְתִּינְהוּ[15] (כתו׳ לו ב) תָּבְעָה אוֹתָם
She made advances to them

תבעתנהו (שם) מ׳: תבעתינהו

תַּבַעְתֵּיהּ (כתו׳ קד ב ועוד) תָּבְעָה אוֹתוֹ
She sued him

תְּבַצַּר (חול׳ קלז ב) תְּפַחֵת, תְּמַעֵט
You should reduce, make smaller

תְּבַר שָׁבַר
He broke

תָּבַר שׁוֹבֵר
He breaks

יוֹם תְּבַר מַגָּל (תע׳ לא א, ב״ב קכא ב) יוֹם שֶׁבֶר מַגָּל[16]
The day of saw breaking (i.e., when the cutting of wood for the Temple altar is stopped)

תְּבַר מָנָא (ב״ק יז ב) שֶׁבֶר כְּלִי
Broken utensil

תְּבַרָא (בר׳ נא ב) שָׁבְרָה
She broke

תַּבְרָא (בר׳ כח א 2 ועוד) שֶׁבֶר
Fragment, broken piece

תָּבְרָא שׁוֹבָר[17]
Lit., a breaker, i.e., a receipt that annuls a part or all of a debtor's bill

תָּבְרָא (בר׳ מד ב) שׁוֹבֶרֶת (=מחלישה את חריפותו)
Lit., she breaks, i.e., she weakens its sharpness

תַּבְרָא[18] (שבת צב ב) שֶׁבֶר[19]
It is broken, i.e., it is composed of two incompatible parts

תָּבְרָא גַּרְמֵי (ביצה יא א) שׁוֹבֶרֶת עֲצָמוֹת, קוֹפִיץ
Lit., breaks bones, i.e., meat-cutting slab (Rashi)

תַּבְרַהּ (ב״מ פג א[20]) שְׁבָרָהּ
He broke it (*f.*)

מְצִידָהּ תַּבְרַהּ (קיד׳ עד ב) מִצִּדָּהּ שׁוֹבְרָהּ[21]
It (*f.*) has a ready-made answer

בְּצִידָהּ תַּבְרַהּ*[21] (זב׳ יג ב) בְּצִדָּהּ שׁוֹבְרָהּ[22]
It (*f.*) has a ready-made answer

תַּבְרוּ (ב״מ פג א, צט ב) שָׁבְרוּ
They broke

תַּבְרִחִינְהוּ (כתו׳ עח ב) תַּבְרִיחֵם
(To) conceal them

תָּבְרֵי (תע׳ כה א, מ״ק יז ב) שׁוֹבְרִים
They break

תְּבַרִי (נדר׳ סו ב) שִׁבְרִי (צ)
Break (*s., f., imp.)*

תַּבְרֵי (ב״ב קעא ב) שׁוֹבָרוֹת
Lit., breakers, i.e. receipts that annul a part or all of a debtor's bill

תַּבְרֵיהּ שִׁבְרוֹ (שבר שלו)
His, its fragment

(13) למשל שבת פג ב: היכא דהדיוט יכול להחזירה לא תיבעי לך... כי תיבעי לך היכא דאין הדיוט יכול להחזירה.

(14) למשל עירו׳ לו א: תיבעי לר״מ תיבעי לר׳ יוסי.

(15) מ׳, ד׳: תבעתנהי.

(16) כלומר: ביום זה מפסיקים לבקע עצים למזבח.

(17) קבלה המבטלת את השטר (כולו או בחלקו).

(18) במ׳ עפ״ר בה״א, וכן בד״ו ב״מ פב ב.

(19) ברייתא זו שבורה היא: שני תנאים שנו אותה, לפיכך יש סתירה בין שני חלקיה. ויש מנקדים: תַּבְרָהּ = שְׁבָר אוֹתָהּ, כלומר: הפרד בין שני חלקיה, ו״מי ששנה זו לא שנה זו״.

(20) נדר׳ כה א—מ׳: תבריה.

(21) רש״י: תשובתו מוכנת לצידו.

(21*) [בגמרא ורש״י לפנינו ״מצדה תברא״ (ע. ל.)]

(22) רש״י: תשובתה בצדה.

תַּבְרֵ[י]הּ (נדר׳ כה א — מ׳) שְׁבָרוֹ (שבר אותו)
He broke it (*m.*)

תָּבְרֵיה[23] (כתו׳ נו א) שׁוֹבְרוֹ Lit., his breaker, i.e. his receipt that annuls a part or all of his debtor's bill

תַּבְרִינְהוּ (שבת לט ב) שְׁבָרוּם They broke them

תָּבְרִינַן (בר׳ מד ב) אָנוּ שׁוֹבְרִים*[23]
Lit., we break, i.e., we dilute the strength

תָּבְרִיתוּ (שם) אַתֶּם שׁוֹבְרִים Lit. you (*p.*) break, i.e., you (*p.*) dilute the strength

תְּבַרַת (נדר׳ סו ב) שָׁבְרָה She broke

תברתא (כתו׳ נו א) מ׳: תבריה

תְּבַרְתְּהוֹן (ע״ז ב ב) שִׁבְרָם Their undoing, their ruin

תַּבְשִׁילָא תַּבְשִׁיל Dish

תָּגָא כֶּתֶר Crown

תִּיגְבֵּי תִּגְבֶּה Let her collect, she should collect (what is due to her)

תִּיגְדָּא[24] (ב״מ כא ב) מִשְׁעֶנֶת Support, walking stick

תיגדא (בכו׳ ט רע״א) מ׳ ואה״ת: תיגרא

תְּגוּזִינָהּ (גוז) (יומא עז סע״ב — כדמתרגם רב יוסף)
You (*m., s.*) will cross it (*f.*) תַּעֲבִירֶנָּה

תִּגְזְזוּ[25] (סוכה ל א) תִּקְצְצוּ You should cut

תָּגֵיהּ (שבת קד א) תָּגוֹ (של אות)
Its crownlet (embellishment of a letter)

תְּ(י)גְלוֹ (נדר׳ מ א — מ׳) תְּגַלּוּ Disclose (*m., s., imp.*)

תִּיגַּלֵּי מִילְּתָא יִתְגַּלֶּה הַדָּבָר
The matter will become public knowledge

תִּיגְמַר (פס׳ מה א, שבו׳ לד ב) תִּלְמַד Derive (*m., s., imp.*)

תִּגְמְרוּ (ב״ב קל ב, קלא א) תִּלְמְדוּ
Derive (*m., p., imp.*)

תְּ(י)גְמְרֵיהּ[26] (נז׳ כט ב) תְּלַמְּדֵהוּ You teach him

תִּיגְנוּ (בר׳ ח ב) תִּשְׁכְּבוּ
Lie (*p., m., imp.*) down, i.e., go to sleep

תִּיגְנֵי (פס׳ קיב ב) תִּשְׁכַּב
Lie (*s., m., imp.*) down, i.e., go to sleep

תִּיגְרָא[27] (בכו׳ ט רע״א) חָבִית Vessel, barrel

תִּיגְרָא רִיב, מִשְׁפָּט Dispute, litigation

תיגרא (ב״מ כא ב) ע׳ ה׳ ור׳ ג: תיגדא

תַּגָּרָא תַּגָּר, סוֹחֵר Merchant, businessman

תִּיגְרַאי (נדר׳ סב א) רִיבִי, מִשְׁפָּטִי
My dispute, my litigation

תַּגָּרֵי (מ״ק כח ב) תַּגָּרִים, סוֹחֲרִים
Merchants, businessmen

תִּיגְרֵי (יב׳ סג א) מְרִיבוֹת Disputes

תִּיגְרֵיהּ (קידו׳ ע ב, שבו׳ ל ב) רִיבוֹ, מִשְׁפָּטוֹ
His dispute, his litigation

תִּיגְּרַע (קיד׳ יא ב) תִּגָּרַע She should reduce

תִּיגָּרֵשׁ (גט׳ סג א 4) תִּתְגָּרֵשׁ She should be divorced

אִי תגרת (יומא כ ב) ר׳ איתגרת Cf.

תִּידוּק (כתו׳ פז ב) תְּדַקְדֵּק She should be precise, she should express herself exactly

תְּדוּר (פס׳ קיג א) תָּדוּר You (*m., s.*) should live

תדורא (ב״ק קה ב) מ׳ וע׳: תררא

תִּדְחֵי (פס׳ סט א, עו ב) תִּדְחֶה You (*s.*) should push aside

תִּידְחֲיֵיהּ (ב״ק.עב א — מ׳, ב, עט א) תִּדְחֶנּוּ
Let it push it aside

תִּדְחַל (סנ׳ לב ב) תִּפְחַד Be (*m., s., imp.*) afraid, fear

תִּדְחֲלוּן (ב״ב י א — בספור א״י) תִּפְחֲדוּ
Be (*m., p., imp.*) afraid, fear

תִּידְחֲלִי (שבת סג ב) תִּפְחֲדִי Be (*f., s., imp.*) afraid, fear

תִּידְחֲלִין (ב״מ פד ב — בספור א״י) תִּפְחֲדִי
Be (*f., s., imp.*) afraid

תְּדִירָא (ב״מ כה ב, זב׳ פט א) תְּדִירָה Frequent (*f., s.*)

תְּדִירָא (סנ׳ פח ב, ע״ז יא ב) תָּמִיד (תה״פ)
Always, at all times, continually

בִּתְדִירָא (מג׳ טו א — מדני׳ ו כא) תָּמִיד (תה״פ)
Always, at all times, continually

23) מ׳, ד׳: תברתא.
*23) כלומר: מחלישים את חריפותו.
24) ע׳ ה׳ ור׳ ג, מ׳ וד׳: תיגרא. שבטך (תה׳ כג ד) תר׳: תיגדאך.

25) ד״ו רפ״ו: תגזו.
26) הגהתי ע״פ מ׳ (תגמר).
27) מ׳ ואה״ת, ע״י: תינרא, ד׳: תיגדא. רש״י: ל״א תינארא (= תיגארא).

תְּדִירֵי (פס׳ ל ב, זב׳ פט א, צ א) תְּדִירִים — Frequent (*m.*, *p.*)

תִּדְרְשׁוּן (ביצה כח א, כתו׳ סח סע״א[28]) תִּדְרְשׁוּ
You should ask from

תְּהֵא (שבת קו ב ועוד) תְּהֶיֶה — Let it be, let it refer to

תֶּיהְדַּר תַּחֲזֹר (נ) — She will return

תֶּיהְדַּר בַּהּ (סוטה כה א) תַּחֲזֹר בָּהּ — She will retract

לָא תֶּהְדַּר בָּךְ (חול׳ יט א) לֹא תַחֲזֹר בְּךָ
Do not retract (*m.*, *s.*, *imp.*)

תָּהוּ (עירו׳ סו א, פס׳ נ ב) תּוֹהִים, תְּמֵהִים
They wonder, are astonished

תֶּיהֱוֵי תִּהְיֶה — Let it be, may it be

תֶּהֶוְיִין (גט׳ פה ב) תִּהְיִי — You (*f.*, *s.*) should be

דִיתֶיהֶוְיִין (גט׳ פה ב — בנוס׳ הגט) שֶׁתִּהְיִי
That you (*f.*, *s.*) should be

תְּהוֹמָא תְּהוֹם — Abyss

תָּהֵי (כתו׳ קה א) טוֹעֵם, פ״א: מֵרִיחַ (ביין)
He tastes, smells (wine)

תְּהֵי בְקַנְקַנֵּיהּ (שבת קח א[29], ב״ב כב א[30]) טְעוֹם בְּקַנְקַנּוֹ[31]
Lit., smell (*m.*, *s.*, *imp.*) his jug, i.e., test his knowledge

תָּהֵי[32] (ברכ׳ לח ב ועוד) תּוֹהֶה, תָּמֵהַּ
He wonders, he is astonished

תְּהְיָיא[33] (עיר׳ סו א 2) תְּהִיָּה, תְּמִיהָה
Wonderment, astonishment

תָּהֵית (נדר׳ כא ב) אַתָּה תוֹהֵא (=מִתְחָרֵט) — You regret

תְּהַנֵּי, תִּיהַנֵּי (נדה כא רע״ב) תּוֹעִיל
It should help, it should be useful

תּוּ (=אתו) (ב״ב כב א) בּוֹאוּ — Come (*m.*, *p.*, *imp.*)

תּוּ (=תוב) שׁוּב, שֵׁנִית, עוֹד — Again, more

וְתוּ לֵיכָּא? וְאֵין כָּאן עוֹד? — Is there no more

תּוּב (יומא עד ב 2, סנ׳ קט ב, תמיד כז ב) מ׳ בכולם: תיב

תּוּב אַת[34] (קיד׳ כט ב) ר׳ תיב — Cf.

תּוּבְלְיָא (נדר׳ פט ב, ב״ב לג ב, לו א) חֶבֶל אָרֹךְ[35]
(Date collection) mat, a long cord

תַּוְונֵי דְלִבָּא (נדה כ ב) חַדְרֵי הַלֵּב[36] — Chambers of heart

תַּוְורָא[37] **דְתוֹרֵי** (ב״ב נד רע״ב) נוֹהֵג שְׁוָרִים
Team of oxen (*Rashbam*)

תּוּחְלָא (חגי׳ טו ב[38], גט׳ פט א) שַׁחְלָה[39] — Unripe date,
dates beginning to ripen, early ripe or half-ripe date

תּוּחְלָנֵי (מ״ק י ב, ב״מ פט א) שַׁחְלָנִים[39] — Unripe dates,
dates beginning to ripen, early ripe or half-ripe dates

עָבֵיד תּוּךְ תּוּךְ (בר׳ לט א, עיר׳ כט א) עוֹשֶׂה תּוּךְ תּוּךְ
Lit., is making the sound of boiling, (=רוֹתֵחַ)
i.e., it is boiling

תּוֹכְלִיךְ (עירו׳ נג ב) שבוש של "תאי דאוכליך" = בּוֹאִי שֶׁאֲאַכִילֵךְ
Come and I shall give you (*f.*) to eat

תּוּלאנא ר׳ אהלא תולענא — Cf.

תֵּ(ו)לִיד[40] (בכור׳ כ סע״ב 2) תֵּלֵד — Let it (*f.*) give birth

[**תולנא** ר׳ אהלא תולענא] — Cf.

תּוֹלַעְתָּא (סנ׳ קח ב) תּוֹלַעַת — Worm

תּוּמָא שׁוּם — Garlic

בְּרָא דְתוּמָא (שבת קלט ב ועוד) צֶלַע שֶׁל שׁוּם (רש״י)
Garlic clove

שׁוּפְתָּא דְתוּמָא (שבת קמ א ועוד) אֶמְצָעוֹ שֶׁל שׁוּם
Middle of a garlic bulb

---

28) מ׳, ד׳: תדרשו.

29) ר״ח וא״פ ואה״ת, ד׳: ליה אקנקניה.

30) ע׳ וד׳, שאר הנוסחאות: אקנקניה.

31) ר״ח בשבת: פי׳ כגון טעום יין שבזה הקנקן מלשון קרנא הוה תהי בחמרא (כתו׳ קה) כלומר חזי גמריה.

32) עפ״ר על אמוראי א״י.

33) מ׳: תיהייא, ד״ש: תהייה, ד״ו: תהיא, תהייא.

34) מ׳: תב אית = תיב את.

35) ע׳: פ״א כלי גודרי תמרים... פ״א... בגד שפורשין תחת הדקל כדי שיפלו עליה תמרים ולא יטנפו בעפר. פ״א מן חכמי מגנצא... מביאין מגל ארוך ומשימין תובליא שהוא סל בראש עץ ארוך ומגביהין הסל כנגד התמרים וחותכין אותן במגל ונופלין בסל כדי שלא יפלו התמרים לארץ ויתבקעו ויתפלחו.

36) ת״א ל"מחדירים" (דב׳ לב כה) "מִתְוָנַיָּא".

37) מ׳ פ׳, רמב״ן: תוארא, ד׳: תיירא.

38) מ׳ ב ע״י א, אה״ת: תוכלא(!), מ׳ ד׳: תחלא, ע׳ ור״ח: תוחלנא.

39) תמרים שלא בשלו כל צרכם.

40) כ״י מינכן. כדאי לציין שגם בעב׳ נמצא "תולידי" לאשה — פס׳ פז סע״א: ותוליד לך. כך גם במ׳ ואה״ת וע״י, אבל ילי׳ שלו׳: ותלד.

41) אמריות מחוטי משי מסביב ללבוש לִיפּוּתוֹ.

42) מ׳, אה״ת: שדיא, שדאי.

תּוּמֵי שׁוּמִים Garlic bulbs

תּוּמֵי (ב"מ ס ב) תְּיוֹמוֹת[41] Fringes, hem tassels

תּוּנְבָּא (עירו' סה א ועוד) קֵהוּת הַהַרְגָּשָׁה (עי' עה"ש)
Loss of sensation, stupor

תּוּסְפָאָה (ע"ז ט א-ב) תּוֹסְפָן (=מוֹסִיף)

The *Tanna* who counts the letters that are pronounced although not written (as opposed to the Tanna who only counts the letters as they are written in the Torah)

תּוֹסֶפְתָּא תּוֹסֶפְתָּא The *Tosefta* (collection of *Mishnayos* redacted by Rab. Chiya and Rab. Oyshye)

תּוֹסֶפְתָּא דְהֶתֵּירָא (בר' נג א) תּוֹסֶפֶת הֶתֵּר
Increment of permissible action

תּוֹסֶפְתֵּיהּ (ע"ז מח א) תּוֹסַפְתּוֹ His addition

תּוּף שְׁדֵ(א)י[42] (כתו' סא ב 2) רִקְקִי וְהַשְׁלִיכִי
Spit and throw (*f.*, *s.*, *imp.*) away

תּוֹקְמַהּ (קיד' יג ב, ב"ק נ א, זב' קד א) תַּעֲמִידֶנָּה
Set it (*f.*, *s.*, *imp.*) up, leave it as is

הֵיכִי תָּ(ו)קַע (חול' כו ב — כי"י) כֵּיצַד תּוֹקֵעַ
How does one blow (the shofar)?

תּוּקְפָּא (סוטה ג ב, ערכ' יז א) כַּעַס Anger

תּוֹר (סנ' יח ב[43]) שׁוֹר Ox

תּוֹרָא שׁוֹר Ox

בַּר תּוֹרָא (ע"ז טז א) שׁוֹר שֶׁל פַּטָּם Fattened ox

תּוֹרָא דְיַמָּא (ע"ז לט א) שׁוֹר הַיָּם[44]
Sea ox (non-kosher fish)

תּוֹרָא בָּרָא דְעֵינָא (בכו' לח ב) שׁוּרָה שֶׁחוּץ מִן הָעַיִן (ע')
Row external to the eye

תּוֹרָא בָּרָא דְשִׂפְוָותֵיהּ[45] (בכו' לט א) עוֹר הַחִיצוֹן (ע') שֶׁל שְׂפָתָיו
Exterior skin of its lips

תורא דלבני[46] (סנ' קט ב) ר' רמי Cf.

תּוֹרָאָה (גט' יט א) סַפְסָר שֶׁל שְׁוָרִים (רש"י) Ox merchant

תּוֹרַאי שׁוֹרִי My ox

תּוֹרַאי (מנ' קח ב) שְׁוָרַי My oxen

תּוֹרְבְּלָא (חול' פ א — מת"א לדב' יד ה) תְּאוֹ Type of ox

תּוֹרֵי שְׁוָרִים Oxen

בַּקְרָא דְתוֹרֵי (ב"מ פד א) צֶמֶד בָּקָר[47] Oxen team

פַּדְנָא דְתוֹרֵי (ב"ק צו ב) צֶמֶד בָּקָר Oxen team

תַּיָּירָא דְתוֹרֵי (ב"ב נד רע"ב) נוֹהֵג בָּקָר
Carter, oxen driver

תַּוָּרֵי[48] (ב"מ ל א, עג א, חול' פד ב) שַׁוָּרִים[49]
Oxen (esp. when plowing orchards)

תּוֹרֵי דֶקֶל (שבת צ ב) תּוֹרֵי דֶקֶל[50] Palm-tree fibers

תּוֹרֵיהּ שׁוֹרוֹ His ox

תּוֹרִיךְ (ארך) חַיֵּי (עירו' נד א) תַּאֲרִיךְ יָמִים[51]
May you live long

תּוֹרִיתָא דְנַהֲמָא (בר' לז ב, מנ' עה ב) צוּרַת לֶחֶם
Semblance (appearance) of bread

תּוֹרָךְ שׁוֹרְךָ Your (*s.*) ox

תּוֹרְכוֹ (ארך) חַיֵּי (בר' ח א) תַּאֲרִיכוּ יָמִים
You (*p.*) shall live long

תּוֹרְנִיתָא (ר"ה כג א ועוד) (עֵץ) שִׁטָּה Pine tree

תּוֹרְפֵּיהּ (נז' י ב כ"פ) חָזְקוֹ (=עיקר רצונו)
His principal intention

בְּתוֹרַת אַגְרָא (כתו' קה א) בְּתוֹרַת (=משום) שָׂכָר, כְּשָׂכָר
In the form of salary

בְּתוֹרַת זְבִינֵי (ב"מ סב רע"ב) בְּתוֹרַת (=משום) מֶכֶר, כְּמֶכֶר
In the form of a purchase

בְּתוֹרַת טַעֲמָא (בר' כג ב) מִשּׁוּם טַעַם...
For a (good) reason

בְּתוֹרַת קְנָסָא (יב' פו ב) מִטַּעַם קְנָס As a penalty

בְּתוֹרַת רִיבִּיתָא (ב"מ סה א ועוד) כְּרִבִּית
In the form of interest

תּוֹרְתָא (גט' נב א) פָּרָה Cow

תּוּתְבַאי (שבת קמה ב) שִׂמְלָתִי My garment

---

43) בב"מ פו ב: מביאין תור (ה' ואה"ת: שור) ממרעיתו.

44) מין דג האסור באכילה.

45) ע', ד': דשיפתיה, מ': דשפתיה.

46) ד': דהוה ליה תורא דלבני, מ' פ' ילי' כ"י: דהוה רמי ליבני.

47) ולולי דמסתפינא הייתי מתרגם: עדר בקר, שכן "בקרי" תר' של "עדרי".

48) ר"ח: תוורי.

49) = ההולכים אחרי הבקר החורש.

50) פי': בדקל "למטה יש בו כמין גידין ותופרין בהן" (ע').

51) כך המטבע בלשון חכמים. בארי: חיים, וכן בברי' ח א.

לָא תוּתְבוּ (תוב) מִינַּהּ (חול׳ קמא ב) אַל תְּשִׁיבוּ (=תַּקְשׁוּ) מִמֶּנָּה
Do not refute on its basis

תּוּתְבֵי (כתו׳ סז א) שְׂמָלוֹת
Garments

תּוּתְבֵיהּ (יב׳ קי ב, זב׳ עו א) תְּשִׁיבֵהוּ (=תַּקשה עליו)
Refute him (*m.*, *s.*, *imp.*)

תּוּתָהּ (תע׳ כ ב ועוד) תַּחְתֶּיהָ
Beneath it (*f.*)

מִתּוּתָהּ (ב״מ טו ב) מִתַּחְתֶּיהָ
From beneath it (*f.*)

תּוּתֵי (=תחותי) תַּחַת-
Beneath ...

תּוּתֵיהּ תַּחְתָּיו
Beneath him, it

תּוּתַיְיהוּ (ב״ב כג א) תַּחְתֵּיהֶם
Beneath them

מִתּוּתַיְיהוּ (ב״ב עג ב) מִתַּחְתֵּיהֶם
From beneath them

תּוּתָךְ (ב״ב נט א) תַּחְתֶּיךָ
Beneath you (*s.*)

מִתּוּתָךְ (בר׳ לג א, פס׳ קיב ב) מִתַּחְתֶּיךָ
From beneath you

תּוּתָרֵי (ב״מ סח ב) נְשָׂרִים[52]
Residues (of wool caused by washing and combing of sheep)

תּוּתָרֵי (שבת כג ב[53]) קְשׁוּרִים[54]
A couple of animals tied together (Rashi)

תִּזְבֵּין (יב׳ סג א, ב״מ קז א) תִּקְנֶה
Purchase (*m.*, *s.*, *imp.*)

תְּזַבֵּין (ב״ק פט א 4) תִּמְכֹּר
Sell (*m.*, *s.*, *imp.*)

תִּזְבְּנַהּ (ב״ק פט ב) תִּמְכְּרֶנָּה
You should sell it (*f.*)

תְּזַבְּנִינַהּ (שם) תִּמְכְּרֶנָּה
She should sell it (*f.*)

תֵּיזוּל (יב׳ סג א) תַּעֲנִי (=תבוא לידי עניות[55])
You will become impoverished

תִּיזְכּוּ (עירו׳ נד ב) תִּזְכּוּ
You should merit

לָא תְזַלְזֵל אַל תְּזַלְזֵל
Do not slight

תְּזָרִינוּן (ע״ז מד א — מתרג׳) תְּזָרֵם
You should scatter them in the wind, winnow them

תִּזְרַע תִּזְרַע
You (*m.*, *s.*) will sow

תַּחְוֵי (ב״ק קיז א) תַּרְאֶה
Show (*m.*, *s.*, *imp.*)

תַּחְוָותָא (חול׳ סג א) תַּחְוָה[56]
Kind of fowl

תחוכו (גט׳ נה ב) ר׳ תחיכו
Cf.

תְּחוּמָא תְּחוּם
Territory

תְּחוּמָא (ב״ק כ א, ב״ב נא א, זב׳ ב ב) בֵּית הַמִּדְרָשׁ[57]
House of study

תחוש (ר״ה כא א) מ׳: תיחוש

תְּחוֹתַי (ע״ז י א) תַּחְתַּי
In my place, instead of me

תְּחוֹתֵיהּ (נדר׳ עט ב) תַּחְתָּיו
In his place, instead of him

תְּחוֹתַיְיהוּ (ב״מ קא א) תַּחְתֵּיהֶם
In their place, instead of them

תֶּחֱזוֹ (בר׳ סב ב) תִּרְאוּ
You (*p.*) should look

תחזו[58] (סנ׳ ק רע״א 2) ר׳ חזו
Cf.

תֶּיחֱזֵי (מ״ק ט ב) תִּרְאֶה
You should see

תַּחֲזֵי (נדה יג ב) תַּרְאֶה
She should show

תַּחֲזִיק (גט׳ עו ב, ב״מ קג א[59]) תַּחֲזִיק (מל׳ חזקה)
She should take possession

תחזק (ב״מ קג א) ה׳: תחזיק

תַּחְזְקוּ (ב״ב כט ב) תַּחֲזִיקוּ (=תהי לכם חזקה)
You should effect proof of ownership by virtue of three-years' occupation

תֶּחְטֵי (בר׳ כט סע״ב 2) תֶּחֱטָא
You will sin

תִּיחַיֵּיב תִּתְחַיֵּב (נ), תְּהֵא חַיֶּבֶת
Let it (*f.*) become subject (to ...)

תַּחַיְיבֵיהּ (ב״ק קח א) תְּחַיְּבֵנוּ
Obligate (*m.*, *s.*, *imp.*) him

תְּחִיכוּ[60] (חוך) תִּשְׂחֲקוּ
Laugh (*m.*, *p.*, *imp.*)

תַּחִיל (כתו׳ נו ב) תִּמְחַל
She should forfeit

לָא תחים ולא תחתים (בר׳ סב א) מלות כישוף
An incantation

תיחלה (כתו׳ פו רע״א) צ״ל: תַּחִילַהּ = תִּמְחָלֶנָּה
She should forfeit it (*f.*)

תַּחֲלוֹץ (יב׳ קה ב ועוד) תַּחֲלֹץ
Let her carry out the *chalitzah* procedure

תַּחְלֵי שַׁחֲלַיִם (צמר בר)
Garden cress

(52 = צמר הנושר בשעת מריטה ושטיפה. ע׳ (תתר ב׳ — מר״ח): הצמר שעל הירכים שגללי הצאן מסתבכין בו בשעה שיוצא הרעי מן החלחולת, והרועין תמיד גוזזין אותו הצמר כדי שלא יהו הגללין נתלין בו.

(53 תלי׳: מאי לבובין א״ר הונא תותרי.

(54 ע׳ (ע׳ תר׳ א׳): פי׳ רב האי ז״ל תותרי אמרו שעושין לו חבלים וקושרין אל רגליו זו מזו כדי שיתקרבו פסיעותיו זו לזו ויתרחקו ויבא לידי ריצה. פ״א: (= ר״ח) סמרטוטין של רקמה ושל משי שמייפין בה את הבהמה.

(55 רש״י. תוס׳ (מר״ח): תֶּאֱרוֹג. וע׳ (ע׳ דל ו׳) גורס: תדויל. ״ולפי דעתו יהיה הפי׳ קנה בגד עשוי ואל תתקן הפשתן לארגו״ (עה״ש).

(56 שם עוף בפי בני א״י, ואסור. בבבל קראו לו קקואתא, ומותר.

(57 ע׳: בבית המדרש, שהוא תחומה של תורה.

(58 אה״ת ומנוה״מ: חזו, מ׳ וק׳: תוֹ חזוֹ.

(59 ה׳, ד׳: תחזק.

(60 כצ״ל גם בגט׳ נה ב, ד׳: תחוכו, מ׳ וא׳: (לא) ליחכו.

לָא תַחֲלִיף (בר׳ יז ב ועוד) אַל תַּחֲלִיף
You (*s.*) should not switch

לָא תַחֲלִיף (יומא יח א) לֹא תַעֲבֹר[61]
Do not walk past (him)

לָא תְחַלְּלוּנֵיהּ (שבת קיט רע״ב) אַל תְּחַלְּלוּהוּ
Do (*p.*) not desecrate it (*m.*)

תֵּיחַלַּף (בכור׳ ו א) תִּתְחַלֵּף You (*s.*) should mix up

תֶּחְמִינֵיהּ (שבת סז א - בהשבעה) תַּרְאֵהוּ
You should show him

תֶּחְצַד (מ״ק ט ב 2) תִּקְצֹר You (*s.*) shall reap

תֶּחְרַט (פס׳ קיג א 2) תִּתְחָרֵט You (*s.*) shall regret

לתחתאה[62] (ב״ק כג ב) ר׳ לתתא Cf.

לא תחתים (בר׳ סב א) מלות כשוף
Incantation term

תִּיטְבּוֹל (מג׳ כ א) תִּטְבֹּל She should immerse herself

תִּיטּוּם (טמם) (מג׳ כז סע״ב) תִּתְכַּסֶּה
You (*s.*) should be covered

תְּטַלְטְלִינוּן (ע״ז מד א — מת״י) תְּטַלְטְלֵם
You (*s.*) shall transport them

תִּיטַּמּוּ (יב׳ קיד סע״א) תִּטַּמְּאוּ Do not make yourself (ritually) impure (by touching a ritually impure object)

תִּטְרְדוּ (בר׳ לה ב) תִּטְרְדוּ (=תהיו טרודים)
You (*m., p.*) will be occupied

תִּיטְרוֹד (מ״ק כה א) תִּטְרֹד You (*s.*) should bother

תִּטְרוֹף (כתו׳ צז א) תִּטְרֹף[63] She should collect

תִּיב (יתב) שֵׁב Sit (*m., s., imp.*) down

תִּיבוּ (הור׳ יב א 2[64]) שְׁבוּ Sit (*m., p., imp.*) down

תֵּיבוּתָא (כתו׳ קו א) תֵּבָה Box

תֵּיבוּתָא דְנֹחַ (סנ׳ צו א, קח ב[65]) תֵּבַת נֹחַ Noach's ark

תֵּיבוּתָא (מג׳ כו ב) תֵּבָה (בביהכ״נ)
The holy ark (in a synagogue)

בַּת תִּיהָא (ע״ז סו רע״ב) בַּת רֵיחַ[66] Hole in barrel cover to smell wine to determine its quality

תִּיהָ(י)א[67] (שבת קכט א) רֵיחַ (היין) Smell (of wine)

תְּיוּבְתָא תְּשׁוּבָה[68] Refutation, contradiction

תְּיוּבְתָא וְהִלְכְתָא (עירו׳ י א וש״נ) תְּשׁוּבָה וַהֲלָכָה[69]
Refutation and valid opinion? (this is impossible!)

תְּיוּבְתָא (סנ׳ לז א[70]) תְּשׁוּבָה (מעונות) Repentance

תְּיוּבְתֵיהּ (בר׳ כו ב ועוד) תְּשׁוּבָתוֹ[71] His refutation

תְּיוּבְתַיְיהוּ (עיר׳ ל א) תְּשׁוּבָתָם Their refutation

תְּיוּבְתָךְ (נדר׳ עו א) תְּשׁוּבָתְךָ Your (*s.*) refutation (i.e., refutation of your argument)

תְּיוּהָא (ב״מ עג א, ב״ב ג ב 3) קִלְקוּל, רִיעוּעַ
Weakening, deterioration

תיזול[72] (ב״מ פא ב) ר׳ תיזיל Cf.

תֵּיזִיל (אזל) תֵּלֵךְ You (*m., s.*) should go

תיזל (ע״ז טו א) מ׳: תיזיל

תיזלא (כרי׳ יז ב) מ׳: תיזלו

תֵּיזְלוּ (כתו׳ מח ב ועוד) תֵּלְכוּ You (*p.*) should go

תֵּיזְלִי (כתו׳ נד א) תֵּלְכִי
You (*f., s.*) should go (to the court)

תֵּיחַד (אחד) (עירו׳ עה ב) תִּסְגֹּר
You should close (the door)

תֵּיחוֹד (אחד) (גט׳ עז ב) תִּסְגֹּר Let her close

תֵּיחוּל (חול) תָּחוּל Let it go in effect

תֵּיחוּל (חלל) (ערכ׳ יד סע״א) תִּתְחַלֵּל Let it be redeemed

תֵּיחוּץ (חצץ) (ב״ב כ רע״א וסע״א) תָּחֹץ
Let it separate between

תֵּיחוּשׁ (ר״ה כא א[73], קיד׳ לג ב) תַּחֲשֹׁשׁ
Follow the opinion (*m., s., imp.*) (*Rosh Hashanah*), be concerned (*Kiddushin*)

תֵּיחוּת (נחת) (ע״ז כו ב, תמו׳ יא ב, יט ב) תֵּרֵד
Descend (*s., imp.*)

(61) ועי׳ ד״ס אות ז׳.
(62) ה׳: לתתא, מ׳: לתתאה, רש״י: לתחתא.
(63) ר׳ הע׳ ל״טריף״.
(64) מ׳ לי׳ פ״ב, וכצ״ל.
(65) כאן אין ״נח״, כי הענין מדובר בו.
(66) נקב שעושים במגופת החבית להריח את היין לידע טיבו.
(67) מ׳ ולי׳ כ״י, א״פ לי׳.
(68) קושיא מפסוק או ממשנה ובריתא על דברי אמורא.
(69) לאחר שהשבת על דבריו אתה פוסק הלכה כמותו!?
(70) המעשה העבר גם לתע׳ כג ב, ובכ״י ועוד ליתא.
(71) = קושיא על דבריו.
(72) מ׳: תיזל, ה׳: תזיל, וצ״ל: תיזיל.

תֵּיחוּתוּ (ב״ב עג ב) תֵּרְדוּ — Descend (*p.*, *imp.*)

תֵּיחֵי (חול׳ לח א-ב) תִּחְיֶה — You (*s.*) should live

תָּיְיכְמִי (תמם) (עירו׳ פח א-ב) כָּלִים — They end, they terminate

תֵּיַיקַר (ב״ק קה א) תִּתְיַקֵּר — It will increase in price

תיירא (ב״ב נד רע״ב) מ׳ פ׳: תוורא

תֵּיְירֵיהּ[74] (ב״ק קיז ב) עוֹרְרוֹ — He woke him up

תַּיְיתֵי, תַּיְתֵי (אתא) תָּבִיא (ז׳ ונ׳) — You (*m.*) should bring, he should bring

תֵּיכוּל תֹּאכַל (ז׳ ונ׳) — You should eat, she should eat

תֵּיכוּל (כול) תְּמַדֵּד — You should measure

לְכִי תֵיכוּל עֲלֵיהּ כּוֹרָא דְמִילְחָא[75] לִכְשֶׁתְּמַדֵּד עָלָיו כּוֹר שֶׁל מֶלַח — When you will measure on it a kor (a measure) of salt

תִּיכְחוּשׁ[76] (ב״מ קד ב) תִּכְחַשׁ (=תהי כחושה) — Let it (*f.*) deteriorate (in quality)

תֵּיכֵי (ב״ק קיט ב ועוד) שַׁרְשְׁרוֹת — Chains

תֵּיכְלוּן[77] (שבת קמ ב 3) תֹּאכְלוּ — You (*p.*) should eat

תְּ(י)כָלֵי (מ״ק כח א — מ׳ וע״י) שְׁכוּלִים (ר׳ של שְׁכוֹל) — Bereaved ones

תֵּיכְלֵיהּ (מנ׳ נג א) תֹּאכְלֵהוּ — Let it consume him

תיכלין (שבת קמ ב) מ׳ וד״ו: תיכלון

תֵּילֵי (פס׳ קיז א 2) ס׳ תְּהִלִּים — The book of Psalms

תֵּילִיד (מכות יז ב) תֵּלֵד — She should give birth

תֵּילִיף[78] (ילף) (יומא לז א) תִּלְמַד — You should derive

תֵּילַף (ילף) (כרי׳ ו ב) תִּלְמַד — You should derive

תֵּימָא (=תימר, אמר) תֹּאמַר (ז׳ ונ׳) — Let him/her say

וְכִי תֵּימָא (בר׳ ב ב ועוד) וּכְשֶׁתֹּאמַר, וְאִם תֹּאמַר — And should you say

דְּאִי לָא תֵימָא הָכִי שֶׁאִם אִי אַתָּה אוֹמֵר כֵּן — Should you not say so

מַהוּ דְתֵימָא (בר׳ ו א ועוד) מַהוּ שֶׁתֹּאמַר[79] — Maybe you will think of saying

תֵּימָא[80] (חול׳ קמא ב) תְּאֵם[81] — Variety of a kosher fowl

תימה (שם) כי״י: תימא

מְנָא תֵימְרָא (אמר) מִנַּיִן תֹּאמְרֶנָּה — Whence can you derive it, from where would you say it

תֵּימְרוּ (אמר) תֹּאמְרוּ — You will say

תֵּימְרוּן (שבת קמ ב) תֹּאמְרוּ — You will say

תֵּינַח תְּהִי נוֹחָה — All very well, it would be appropriate (according to ...)

הָא תֵינַח זוֹ תְּהִי נוֹחָה — This is all very well, this would be appropriate

תֵּינַח נַפְשֵׁיהּ דְּהַהוּא גַּבְרָא (ב״מ פו א) יִפָּטֵר/יָמוּת אוֹתוֹ הָאִישׁ[82] — May this man go to rest (euphemism for saying ""I shall die")

תֵּיפוּךְ תַּהֲפֹךְ, תַּחֲלִיף — Turn over, change (*m.*, *s.*, *imp.*)

תֵּיקוּ (=תיקום, קום) תַּעֲמֹד[83] — Let it stand (without resolution of the question)

תֵּיקוּם[84] (ב״ב לב ב) תַּעֲמֹד — Let it stay (i.e., remain)

תיקון (פס׳ קטז סע״ב) מ׳: תקון

תְּ[י]קוּץ[85] (ב״מ קח א) תִּכָּרֵת — It (*f.*) should be severed

תֵּיר (עירו׳ קד א) עֵר — Awake

נִים וְלָא נִים תֵּיר וְלָא תֵּיר (פס׳ קכ ב ועוד) יָשֵׁן וְלֹא יָשֵׁן, עֵר וְלֹא עֵר[86] — He sleeps and does not sleep, he is awake and he is not awake (he drowses)

תֵּירוּק (יב׳ קה א 2) תָּרֹק (רוק) — Let her spit

תֵּירוּת תִּירַשׁ — She should inherit

תֵּירְתַהּ (כתו׳ פה ב) תִּירָשֶׁנָּה — Let her inherit it (*f.*)

---

(73) מ׳, ד׳: תחוש.

(74) כל כי״י ואה״ת לי׳ ״תיריה ואוקמיה״.

(75) בפי רב נחמן לשואלו (שבת ד׳ רע״א, עירו׳ לו סע״א, חול׳ יב א, קיב א).

(76) כל כי״י ונוס׳, ד׳: כחשא.

(77) פ״ג — ד״ח: תיכלין.

(78) כך ביו״ד גם במ׳ וד״ר.

(79) כלומר: שמא תעלה על דעתך לומר.

(80) כי״י, ד׳: תימה, ע׳: תמא.

(81) = עוף טהור.

(82) כינוי הוא במקום ״אָמוּת״.

(83) ורגיל — בחתימת בעיא שלא נפתרה.

(84) מ׳, ד׳: לוקמי.

(85) מ׳ ורש״י, ה׳: ליקוץ ענפיה (לשון זכר).

תֵּירְתוּן (יומא עב ב) תִּירְשׁוּ You (*p.*) should inherit

תֵּיתֵב (מג׳ עא רע״א) תֵּשֵׁב You (*s.*) shall sit

תֵּיתְבַה[87] (ב״מ יט ב) תִּתֵּן אוֹתָהּ S. You will give it (*f.*)

תֵּיתְבוּ (ב״ב מ ב) תֵּשְׁבוּ Sit (*p.*, *imp.*)

תֵּיתְבֵיה (גט׳ כט א) תִּתְּנֵהוּ You should give it (*m.*)

תֵּיתוֹ (אתא) (שבת צו ב) תָּבוֹאוּ You bring in

דְּתִיתוֹתַב[88] **דַּעְתֵּיה** (שבת נב רע״א) שֶׁתְּיֻשַּׁב דַּעְתּוֹ, שֶׁתָּנוּחַ דַּעְתּוֹ That his mind would be put at ease

תֵּיתֵי תָּבוֹא (נ) She will come, she should come

תֵּיתֵי (ב״מ קה א) תָּבוֹא (ז) You will come

תֵּיתֵי לִי תָּבוֹא לִי (ברכה או קללה)
It should come to me (a blessing or a curse)

תַּיְתֵי (ב״מ יט א) תָּבִיא Bring (*m.*, *s.*, *imp.*)

תֵּיתֵיב תֵּשֵׁב She should sit

תֵּיתֵיב (קיד׳ נב ב) תִּתֵּן You (*m.*, *s.*) should give

תַּכָּא[89] שֻׁלְחָן Table

תִּיכְחוֹשׁ[90] (ב״מ קד ב) תִּכְחַשׁ (=תהיה כחושה)
She will deteriorate (in quality)

תכטקי[91] (כתו׳ עז ב) ר׳ תכתקי Cf.

תְּכֵילְתָּא (בר׳ יח ב) תְּכֵלֶת, צִיצִית
Lit., azure (?), *tzitzis*

תְּכֵילְתָּא (קידו׳ עב א 4) מְיֻחָס Of good lineage

תְּכָךְ דְּשִׁירָאֵי (שבת צ א) תּוֹלַעַת שֶׁל שִׁירָאִים
Worm in silk

תִּכְלָא (שבת קנא סע״ב) שְׁכוֹל (ש) Bereavement

אָבִין[92] **תַּכְלָא** (פס׳ ע סע״ב, חול׳ קי א) אָבִין הַשַּׁכּוּל
The bereaved Abin

תִּכְלָא (בר׳ נו א 3) תִּכְלָה (=כְּלָיָה, קִלְקוּל)
Damage, deterioration

שְׁדָא תִּכְלָא (חול׳ סב ב) נִתְפַּשֵּׁט הַקִּלְקוּל (רש״י)
The deterioration spread

תִּיכְלֵי (מ״ק כח א, כתו׳ סב א) שְׁכוּלִים (ר׳ של שְׁכוֹל)
Bereaved (*m.*, *p.*)

תִּיכְלֵי (ב״ק צב ב) כְּאֵבִים Bereavements and distress

תְּיכַלִּינַן (פס׳ פז ב) תְּכַלֵּנוּ You will kill, exterminate

תְּכַסְיֵיה (ביצה ל א) תְּכַסֵּהוּ You should cover it (*m.*)

תֵּיכַסְפוּ (קיד׳ פא א) תִּתְבַּיְשׁוּ
You (*m.*, *p.*) will be ashamed of, be embarrassed by

תְּכַפֵּר[93] (זב׳ ה ב) תְּכַפֵּר It atones (According to Melamed's girsa: You will be atoned)

תַּכְתְּקָא[94] (שבת קיט א) כִּסֵּא Folding chair

תַּכְתָּקֵי[95] (כתו׳ עז ב, בכו׳ לא א) כִּסְאוֹת (Folding) chairs

תְּלָא[96] תָּלָה It hangs, it is suspended, it depends

תְּלָא (בכו׳ ח ב) תָּלָה (עַצְמוֹ)[97] He suspended himself

תִּילָּא (בר׳ נח ב, מג׳ כו ב) תֵּל (=חורבה) Ruin

תְּלַאי (בר׳ נז א) תָּלִיתִי I hung

תלאי[98] (שבת קי א) ר׳ תאלי Cf.

תְּלָא(י)[99] [**לַחְמָא**][1] **בְּבֵיתָא** (פס׳ קיא סע״ב) תָּלָה לֶחֶם בַּבַּיִת He hung bread in the house

תְּלַג, תַּלְגָּא שֶׁלֶג Snow

תלה[2] (בר׳ מג ב) ר׳ תלי Cf.

תְּלַהּ[3] (מג׳ צד ב) מִתְפָּרֵק It falls apart

אִיתַּלַּהּ[4] **וּנְפַל תִּילְהֵי תִּילְהֵי**[5] (חול׳ נט א) נִתְפָּרֵק וְנָפַל חֲתִיכוֹת חֲתִיכוֹת It fell apart and its pieces fell one after the other

מִיתַּלְהָא וְנָפְלָה תִּילְהֵי תִּילְהֵי (חול׳ נג סע״ב[6])
מִתְנַתַּחַת וְנוֹפֶלֶת אֵיבָרִים אֵיבָרִים
It crumbled and fell piece by piece

(86) כך מגדיר רב אשי "מתנמנם" שבמשנה.
(87) מ׳: דתיתבה, ה׳: דתיתביה, ד׳: דתתבה.
(88) א״פ ורש״י ד״ו, ד׳: דאיתותב, מ׳: דתייב.
(89) ר״ב: פי׳ בלשון יונית מושב וכסא — עה״ש: כיון ל
(90) כל כי״י ונוס׳, ד׳: כחשא.
(91) מ׳: טכסקי, ע׳: טכטכי.
(92) ד׳ חול׳: רבין.
(93) מ׳ ר׳ א וב, ד׳: מיכפר.
(94) מלשון פרסית, ועי׳ עה״ש.
(95) שמ״ק: ס״א טפטקי ס״א תכתכי.
(96) בכל המקומות שבד׳: תלה (בה״א), במ׳: תלא או תלי.
(97) [ר״ג: ותלא נפשיה,] אה״ת: נתלה, שמ״ק: איתליה גרמיה.
(98) מ׳: תילתא, א״פ: דיקלתא, וצ״ל: תאלי.
(99) א״פ וע׳ ורש״י.
1) ע׳ ואה״ת.
2) אה״ת וע״י: תלי, מ׳: תלו.
3) מ׳ וע׳, ד׳: תלח.
4) ע׳, ר׳ ב ורי״ף: איתלח, ד׳ ושאר כי״י לי׳.
5) ע׳, ד׳: תילחי תילחי.

תְּלוֹ תָּלוּ They hung

תְּלוֹ תּוֹלִים They hang (v.)

תְּלוֹ (יב׳ קט ב, נזיר מז ב, סוטה ו ב[7], ע״ז כח סע״ב, חול׳ יח א)

תְּלוּיִים Dependent upon, (her marital status) s suspended, held in abeyance (*Yevamos*)

תְּלוּשׁוּ (פס׳ לו א 2) תָּלוּשׁוּ You (*p.*) should knead

תלח (מנ׳ צד ב[8], חול׳ נט א[9]) ר׳ תלה Cf.

תלחה (חול׳ נג סע״ב) ר׳ תילהי לעיל Cf.

תְּלְחוּשׁ (ב״מ נט א) תִּלְחַשׁ Whisper (*m., s., imp.*)

תילחי (חול׳ נג ב, נט א) ע׳: תילהי

תְּלִי (בר׳ מג ב[10], גט׳ לז ב ועוד) תְּלֵה Hang (*m., s., imp.*) (him up)

תָּלֵי תּוֹלֶה He hangs

תְּלֵי תָּלוּי Hung (*m., s.*)

תָּלְיָא תּוֹלָה She, it hangs

תְּלְיָא תְּלוּיָה Hung (*f., s.*)

תַּלְיָא מִילְּתָא הַדָּבָר תָּלוּי The matter depends

תליא (ביצה ז א) ר׳ מתלי Cf.

תליא (ב״מ פה א) ה׳ ואה״ת: תלייה

תְּלָ(י)א[11] דְּבִשְׂרָא (שבת קמ ב) תְּלִי שֶׁל בָּשָׂר[12] String or stake on which meat is hung

תְּלָיָא דְּלִיבֵּיה (חול׳ נט א) קָנֶה שֶׁל לִבּוֹ Cord on which his heart hangs (the pericardium)

תליה (ב״ב עד ב) כי״י: תלי

תְּלְיוּהַ(ו)[13] תָּלוּהוּ They hung him

תְּלְיֵיה (פס׳ עד ב, ב״מ פה א[14], חול׳ צב ב, כרי׳ כא א[15]) תָּלָהוּ He hung it (*m.*)

תְּלְיָין (בכו׳ לט ב) תְּלוּיוֹת Hung (*f., p.*)

תְּלֵינָא (ב״ב נט ב) אֲנִי תוֹלֶה, אֶתְלֶה I am hanging (v.), I shall hang (v.)

תלינהו (פס׳ עד ב[16], ר״ה ו א[17], יח ב[18], כתו׳ עא ב[19]) ר׳ תלנהו Cf.

תְּלֵינַן אָנוּ תוֹלִים We hang (v.)

תְּלֵיסַר שְׁלֹשָׁה עָשָׂר Thirteen (*m.*)

תְּלֵיסְרֵי שְׁלֹשׁ עֶשְׂרֵה Thirteen (*f.*)

תְּלֵישׁ (מנ׳ ע א) תּוֹלֵשׁ He plucks, he detaches

תְּלִישׁ (בכו׳ כו א) תָּלוּשׁ Detached/plucked (from a plant or from the ground) (*m., s.*)

תְּלִישָׁא (זב׳ כד א) תְּלוּשָׁה Detached/plucked (from the ground or plant) (*s., f.*)

תְּלֵית (ביצה מ א) תָּלִיתָ You hung (it)

תְּלִיתָא (חגי׳ ה א) תְּלִיָּה Waste and destruction

תְּלִיתַאי (ערכ׳ טו ב) שְׁלָשִׁית Tripartite (i.e., made up of three parts)

תְּלִיתַאי (בר׳ נח א) שְׁלִישִׁי Third (*m.*)

בְּרִיךְ רַחֲמָנָא דִּיהַב אוּרְיָאן תְּלִיתַאי לְעַם תְּלִיתַאי עַל יְדֵי תְלִיתַאי בְּיוֹם תְּלִיתַאי בְּיַרְחָ תְּלִיתַאי (שבת פח א) בָּרוּךְ הָרַחֲמָן שֶׁנָּתַן תּוֹרָה שְׁלָשִׁית לְעַם שְׁלָשִׁי עַל יְדֵי שְׁלָשִׁים בְּיוֹם שְׁלִישִׁי בַּחֹדֶשׁ הַשְּׁלִישִׁי Blessed be the Merciful who gave the tripartite Torah (Torah, Prophets, Writings), to the tripartite nation (Cohanim, Leviyim, Yisroel), by the third one (Moshe who was after Aharon and Miriam), on the third day (of abstaining from marital relations), on the third month (Sivan)

תַּלְמוּדָא תַּלְמוּד Talmud, study

מַאי תַּלְמוּדָא מַה הַתַּלְמוּד (=הלימוד)?[20] From where do we derive?, what makes you think that this is so?

תַּלְמוּדַאי תַּלְמוּדִי My teaching, study

תַּלְמוּדֵיהּ תַּלְמוּדוֹ His teaching, study

תַּלְמוּדַיְיהוּ (בר׳ יח ב) תַּלְמוּדָם Their Talmudic knowledge

תַּלְמִידָא תַּלְמִיד Student

(6) ע׳, ד׳: הוה תלחא.

(7) מ׳, ד׳: תלי לה.

(8) מ׳ וע׳: תלה.

(9) מ׳ ור׳ א, ר׳ ב ורי״ף: איתלח, ושאר כי״י לי׳.

(10) אה״ת וע״י, מ׳: תלו, ד׳: תלה.

(11) מ׳ ע׳ ה״ג רש״י כי״י ותוס׳.

(12) ר״ח: יתד של עץ עשוי לתלות בו בשר.

(13) ב״ב מז ב ועוד.

(14) ה׳ אה״ת, ד׳: תליא.

(15) רש״י, מ׳ ד׳: תליה.

(16) ר״ח: תלנהו, כי״י לי׳ כל המשפט.

(17) ד״ו: תלנהו, כי״י לי׳ כל המשפט.

(18) מ׳: תלנהו.

(19) מ׳: תלתנהו.

Students תַּלְמִידֵי תַּלְמִידִים

His student תַּלְמִידֵיהּ תַּלְמִידוֹ

His students תַּלְמִידֵיהּ (ב"מ קז א, חול' טו א) תַּלְמִידָיו

Their students תַּלְמִידֵהוֹן (שבת סז ב) תַּלְמִידֵיהֶם

Their students תַּלְמִידַיְיהוּ (שבת יד ב, יז א) תַּלְמִידֵיהֶם

Your students תַּלְמִידָךְ, תַּלְמִידָיךְ תַּלְמִידֶיךָ

Cf. מחטא דתלמיותא (בר' סג א, קיד' פב ב) ר' מחטא

He hung them תְּלַנְהוּ (זב' פח א) תְּלָאָם (=תָּלָה אוֹתָם)

קְהָן לְגוּבְרִין[21] (כתו' נג ב, ב"ב קלא א) תִּלָּקַחְנָה[22] לַאֲנָשִׁים

They (*f.*) will be taken to men, i.e., they will get married

תִּילְקֵי (כרי' יא א, תמו' ט א) תִּלְקֶה

She should be punished by lashing (*Kerisus*), he should be punished by lashing (*Temurah*)

תְּלַשׁ (שבת קז ב ועוד) תָּלַשׁ

He detached, tore out (from the ground or a body)

He detached them תַּלְשִׁינְהוּ (ע"ז נט א) תְּלָשָׁם

We tear out תָּלְשִׁינַן (מ"ק טז א) אָנוּ תוֹלְשִׁים

Three (*f.*) תְּלָת שָׁלֹשׁ

Thirteen (*f.*) תְּלָת סְרֵי (בר' נה ב, סנ' קו ב) שְׁלֹשׁ עֶשְׂרֵה

Thirteen (*f.*) תְּלָת עַסְרֵי (נדר' מא א) שְׁלֹשׁ עֶשְׂרֵה

תלת עשר (כתו' עז ב) מ': תליסר

תלת עשרה (תע' יד רע"ב) מ' ורש"י: תליסר

Three (*m.*) תְּלָתָא שְׁלֹשָׁה

Three pilgrimage festivals תְּלָתָא רִיגְלֵי שְׁלֹשָׁה רְגָלִים

One third תִּילְתָּא שְׁלִישׁ

One third תִּלְתָּא (חול' עו רע"ב) שְׁלִישׁ

Thirds תִּילְתֵּי שְׁלִישִׁים

His third תִּלְתֵּיהּ (סוכה ה ב) שְׁלִישׁוֹ

Thirty תְּלָתִין שְׁלֹשִׁים

תְּלָתַנְהוּ[23] (כתו' עא ב) תְּלָתָה אוֹתָם

She conditioned them (her relations with her husband)

There (referring to the Land of Israel) תַּם שָׁם[24]

תְּמַהּ (ר' יוחנן) (בר' ח א) תָּמַהּ (ר"י)

He (Rebbe Yochanan) wondered

[הֲוָה][25] קָא תָמַהּ ר' יוֹחָנָן (נדר' כב סע"א) הָיָה תָמֵהַּ ר"י

Rebbe Yochanan was wondering

He is tired תָּמַהּ (תמיד כז ב 2) עָיֵף

His wonders תִּמְהוֹהִי (סנ' צב ב — מדני') נִפְלְאוֹתָיו

You (*p.*) are tired תְּמְהִיתוּ (סנ' צה א) אַתֶּם עֲיֵפִים

תַּמּוּ (ב"ק ל א ועוד) כָּלוּ, תַּמּוּ

It (water, in Hebrew p.) became depleted

תִּימוּשׁ (מ"ק כז ב) תְּמַשֵּׁשׁ, פ"א: תַּתְקִין

You (*s.*) should feel, you should prepare

תְּמוּת (פס' עה א, מ"ק יח ב, סנ' קח סע"ב) תָּמוּת

She should die

You shall whip, hit תִּימְחֵי (ב"ב כא א) תַּכֶּה

Let her rescind it תִּמְחֲלֵהּ (ב"ק פט א) תִּמְחָלֶנָּה

(*f.*) (her marital contract rights)

תִּימַחְתָּא (חול' נא ב) עָלִים (ר"ח), פ"א: סִיב הַגָּדֵל סָבִיב לָעֵץ (ר"ג)

Leaves (Rach), fiber that grows around the tree (Rabbeinu Gershom)

Bring (*m., s., imp.*) him תַּמְטְיֵיהּ (ב"ב קלג ב) תְּבִיאֵהוּ

תְּמִידָא (פס' נז ב, תע' יז ב — יח א[26], כרי' כח ב)

Daily sacrifice (קרבן) תָּמִיד

Strange (*f., s.*) תְּמִיהָא (תע' כג ב, חול' עה ב) תְּמוּהָה

Strange (*m., p.*) תְּמִיהֵי (חול' עה ב) תְּמוּהִים

תַּמַכְתָּא (פס' לט א) תַּמְכָא[27]

Kind of bitter vegetable

תְּמַלוּ (סוכה מח ב) תְּמַלְאוּ, תִּשְׁאֲבוּ

Fill (*m., p., imp.*), draw (*m., p., imp.*)

תְּמַלֵי (ביצה ל א 2) תְּמַלֵּא, תִּשְׁאַב

Fill (*m., s., imp.*), draw (*m., s., imp.*)

There (in the Land of Israel) תַּמָּן[28] שָׁם

Count (*m., s., imp.*) תִּימְנֵי (ערכ' ח ב) תִּמְנֶה

Eight (*f.*) תַּמְנֵי שְׁמֹנֶה

Eighteen (*f.*) תַּמְנֵי סְרֵי שְׁמֹנֶה עֶשְׂרֵה

Eight (*m.*) תְּמָנְיָא שְׁמֹנָה

(20) כלומר: כיצד לומדים דבר זה מן הכתוב?

(21) בנוסח הכתובה.

(22) = תנשאנה (השוה "כי יקח איש אשה", דב' כב יג).

(23) מ', ד': תלינהו.

(24) רגיל במטבע: "שלחו מתם" (ור' שלחו).

(25) אה"ת, "רש"י" ליתא "קא".

(26) בציטטים ממגילת תענית.

(27) מין ירק מר.

(28) בפתגמים (בר' סג א 2, סוכה נג א 2, ב"מ פד ב, פו ב, ב"ב נח ב, סנ' קג א) בספורים מא"י (סוטה יג א, הור'

תְּמָנְיָא אַפִּין (בר׳ ד ב) שְׁמֹנָה פָּנִים (שמנה אלפין ? =מזמור קיט)
Lit., eight versions, i.e., the 119th Psalm in which each eight verses start with the consecutive letters of the alphabet

תְּמַנְייתָא (פס׳ קט א) שְׁמִינִית[29]
Eighth (a unit of measure in use in Tiberius)

תמנין[30] (נז׳ יד רע״א) ר׳ תמנן
Cf.

תְּמָנֵיסַר שְׁמֹנָה עָשָׂר
Eighteen (*m.*)

תְּמָנָן שְׁמוֹנִים
Eighty

תְּמַסְרֵיהּ תְּמַסְרֶנּוּ
Hand (*m., s., imp.*) him over

תַּמְרָא תָּמָר
Date

תַּמְרָא דַהֲנוּנִיתָא (כתו׳ סא סע״א) תְּמָרָה רֵיחָנִית (בְּשׂוּמָה)
Fragrant date

תִּימָרָא (שבת עז ב) שְׁמוּרַת הָעַיִן (=עַפְעַף)
Eye protector, i.e., eyelid

תַּמְרֵי תְּמָרִים
Dates

תַּמְרֵי אוּכָּמָתָא (שבת קט ב, קכט א) תְּמָרִים שְׁחוֹרוֹת
Black dates

תַּמְרֵי אֲרַמְיָיתָא (שבת קמג א, וע״ש כט א) תְּמָרִים אֲרַמִּיּוֹת
Aramaic dates, (bad dates)

תַּמְרֵי דְזִיקָא תְּמָרִים שֶׁהָרוּחַ (הִשִּׁירָה אוֹתָן)
Wind (plucked) dates

תַּמְרֵי חִיוָּרָתָא (שבת קט ב) תְּמָרִים לְבָנוֹת
White dates

תמרי דכדא[31] (חול׳ נח ר״ב) ר׳ כרום
Cf.

תִּמְשְׁחִ[י]נְהוּ (ב״מ קז ב — מ׳ ה׳) תְּמַדְּדֵם
You should measure them

תְּנָא, תָּאנָא שָׁנָה (פתיחה לברייתא — על פי רוב קצרה)
It was studied (an introduction to a *Beraissa*)

תְּנָא דְבֵי ר׳... שָׁנָה (ברייתא) שֶׁל בֵּית ר׳...
It was studied at (the Rabbinical school) of ...

תְּנָא שָׁנָה (פ)
He studied, he stated, one who studied, one who stated

תַּנָּא[32] תַּנָּא, הַשּׁוֹנֶה
The *Tanna,* i.e., the author of the *Mishnah* or *Beraissa*

תַּנָּא בָּרָא (ר״ה לג ב) הַתַּנָּא הַחִיצוֹן[33]
The "external' *Tanna,* the Tanna of the *Beraissa*

תַּנָּא דִידַן הַתַּנָּא שֶׁלָּנוּ[34]
Our *Tanna*, i.e., the Tanna of the *Mishnah*

תַּנָּא דִילַן (נדר׳ מט א) הַתַּנָּא שֶׁלָּנוּ
Our *Tanna*, i.e., the *Tanna* of the *Mishnah*

תְּנָא (גט׳ לד א) שָׁנָה (=עשה שנית)
He repeated

תְּנָא בֵיהּ קְרָא (ב״ק פה א ועוד) שָׁנָה בּוֹ הַכָּתוּב (=הזכירו שנית)
The (Biblical) verse repeated it

וְתַנָּא תוּנָא (יב׳ נו ב) וְהַתַּנָּא שׁוֹנֶה[35]
Our *Tanna taught*

תְּנָאָה תְּנַאי
Condition

תַּנָּאֵי תַּנָּאִים
Tannaim, i.e., authors of the *Mishnah* or *Beraissa*

תְּנַאי (עירו׳ סה א, פס׳ סח ב) שָׁנִיתִי (=למדתי)
I studied

תְּנָאֵי (גט׳ עו ב 2, פג א) תְּנָאִים
Conditions

תַּנָּאֵי הִיא (מַחֲלֹקֶת) תַּנָּאִים הִיא[36]
Lit., *Tannaim,* i.e., there is a controversy between Tannaim concerning this matter

כְּתַנָּאֵי (בר׳ לט ב ועוד) כַּתַּנָּאִים[37]
Lit., like the *Tannaim,* i.e., this difference of opinion is the same as that between *Tannaim*

לֵימָא כְתַנָּאֵי (בר׳ כה א ועוד) נֹאמַר כַּתַּנָּאִים ?[38]
Lit., is it like the controversy of the *Tannaim?*, i.e., is this controversy the same as that between the *Tannaim?*

תנאי (ע״ז ד א) כ״י ספ׳ ואה״ת: תנויי

תְּנָאֵיהּ תְּנָאוֹ (=תנאי שלו)
His condition

תְּנָאֵיכוֹ (כתו׳ יט ב) תְּנָאֵיכֶם
Your (*p.*) conditions

תְּנוֹ (מ״ק ט א) שָׁנוּ
They studied

יד א) ובמסי נדרים (נא א, צא א).

29) מדה קדומה שהיתה בטבריה.

30) מ׳: תמני.

31) רשב״ם בתוס׳ ד״ה הני: דכרים, וצ״ל: דכרום (ע״ש).

32) מחכמי המשנה, או אמורא שונה משניות ובריתות. למשל בר׳ יד א: בעא מיניה (= שאל אותו) אשיאן תנא דבי ר׳ אמי מר׳ אמי. בעא מיניה אחי תנא דבי ר׳ חייא מר׳ חייא.

33) = התנא ששנה את הברייתא.

34) = התנא ששנה את משנתנו.

35) = עי׳ מ״ש מהרי״ן אפשטיין (מבוא לנוסח המשנה, עמ׳ 878).

36) ורב יוסף רגיל להקדים: תנאי שקלת מעלמא? תנאי היא (שבת נג ב ועוד). כלומר: מחלוקת תנאים היא.

37) בהלכה זו של אמורא או במחלוקת זו של אמוראים, כבר חלקו תנאים.

38) כלום חולקים אמוראים באותה מחלוקת שחלקו התנאים.

תְּנוּ (עיר׳ ע ב ועוד, ב״ב ח א[39]) שׁוֹנִים They study, state

תְּנוּ רַבָּנָן שׁוֹנִים חֲכָמִים[40]

The Sages teach (in a *Beraissa*)

תִּיתְּנַוֵּל (כתו׳ מח א, קו ב) תִּתְנַוֵּל She will look repulsive

תנויה[41] (שבת קיד א) ר׳ תנויי Cf.

לְתַנּוֹיֵי (בר׳ יא ב ועוד) לִלְמֹד, לְשַׁנֵּן (?)

To learn, to teach (?)

תַּנּוֹיֵי (בר׳ כ א ועוד) לִמּוּד, שִׁנּוּן (?)

Learning, reviewing (?)

תַּנוֹיֵ[י תַּלְמוּדָא][42] (סוכה כח סע״ב) שִׁנּוּן תַּלְמוּד

Studying Talmud

תְּנוּפוּ[43] (יב׳ סג א) תִּתְנוֹפְפוּ

You (*p.*) are blown by the wind

תַּנּוּרָא תַּנּוּר Oven

תַּנּוּרָא דְאַסָּא (כתו׳ יז ב) חֻפָּה שֶׁל הֲדַס[44]

Round canopy made out of myrtle branches

תַּנּוּרָא שְׁגִירָא (יומא כט א) תַּנּוּר מֻסָּק Heated oven

תַּנּוּרָאָה[45] (מ״ק יא רע״א) עוֹשֵׂה תַנּוּרִים Oven maker

תַּנּוּרֵי תַּנּוּרִים Ovens

תֵּינַח, הָא תֵּינַח[46] תְּהֵא נוֹחָה, זוֹ תְּהֵא נוֹחָה

All is very well, it would be acceptable, appropriate

תֵּינַח נַפְשֵׁיהּ (ב״מ פו א) יִפָּטֵר, יָמוּת

Let him depart, die

תִּינְטְרֵיהּ (גט׳ עח ב, מנ׳ לג ב) תִּשְׁמְרֶנּוּ

She will guard it (the *get*) (*Gittin*), it (*the mezuzah* will guard it (the house) (*Menachos*)

תנטושׁ (סנ׳ ק ב) ע׳: תנשוט

תָּנֵי ר׳ פלוני שׁוֹנֶה ר׳ פלוני Rabbi so-and-so teaches

הוּא תָּנֵי לַהּ וְהוּא אָמַר לַהּ (שבת כא א ועוד)

הוּא שׁוֹנֶה אוֹתָהּ וְהוּא מְפָרֵשׁ אוֹתָהּ

He teaches it (*f.*) and he explains it (*f.*)

חָלֵיף וְתָנֵי (שבת כג ב, יומא פז א) עוֹבֵר וְשׁוֹנֶה

He would repeatedly pass by (=עובר שנית)

תָּנֵי וְקָרֵי (מנ׳ ל א 2) חוֹזֵר וְקוֹרֵא He rereads

כָּרֵיב וְתָנֵי (ב״מ קז א 2, ב״ב יב א) חוֹרֵשׁ וְשׁוֹנֶה[47]

He plows a second time

וְתָנֵי לֵיהּ/לַהּ (בר׳ לג ב, מג׳ כה א) וְכוֹפְלוֹ/לָהּ

He repeats it (*m.*, *f.*)

הֲוָה קָתָנֵי לַהּ (חול׳ קכב א) הָיָה שׁוֹנֶה אוֹתָהּ[48]

He would teach it again (Rashi)

תְּנִי שְׁנֵה (צ) Teach (*m.*, *s.*; *imp.*)

פּוּק תְּנִי לְבָרָא צֵא וּשְׁנֵה בַּחוּץ[49]

Go out and teach it outside (publicly)

קָתָנֵי = קָא תָנֵי הוּא שׁוֹנֶה (משנה או ברייתא)

He teaches (in the *Mishnah* or *Beraissa*)

הָתָם קָתָנֵי... וְהָכָא קָתָנֵי... (עירו׳ עא א) לְהַלָּן הוּא שׁוֹנֶה... וְכַאן הוּא שׁוֹנֶה...

There he teaches...and here he teaches...

תָּנֵי תַנָּא קַמֵּיהּ דר׳... שׁוֹנֶה תַנָּא לִפְנֵי ר׳...

The Tanna would teach before R'...

תַּנְיָ[א] (סוכה יט ב[50], יב׳ מט ב[51], כתו׳ קא ב, הור׳ ג ב[52], נדה מז ב, סח ב) שְׁנוּיָה

It (*f.*, *s.*) is taught (in a *Beraissa*)

תָּנֵי חֲדָא... וְתַנְיָא אִידָךְ... שׁוֹנֶה אַחַת... וּשְׁנוּיָה אַחֶרֶת...[52]

He teaches in one way...and another differently

אַדְּתָנֵי... לִיתְנֵי... (שבת סח א) עַד שֶׁהוּא שׁוֹנֶה... יִשְׁנֶה...

Instead of teaching (like this)...he should teach...

39) בדרשה לכתוב ״גם כי יתנו בגוים עתה אקבצם״ (הושע ח י).

40) ואולי ״תְּנוּ״ = שָׁנוּ: פתיחה לברייתא שאינה פותחת בשם חכם.

41) ד״ו: תנייה. נוס׳ לי׳ ״אי בכולי תנייה״ (עי׳ ד״ס). מ׳ גל׳: בכולא תלמודא.

42) מ׳ ואו״ז, וכן ברש״י ד״ו (שם: תנוי).

43) הגהתי ע״פ מ׳: איתנופי׳ = אי תנופו, ד׳: נייפת.

44) וז״ל שמ״ק (מובא גם בעה״ש ע׳ הנמא): פי׳ כמו קובה שעושין אותה מן ההדס ומושיבין בה הכלה בשעה שמוליכין אותה לבית בעלה והיא כמות זו שקורין אותה בל״ע עמארייא [פי׳ כר הגמל] לפי שקורין אותה תנורא הוא מפני שהקובה דומה לתנור שהרי התנור רחב הוא מלמטה וצר מלמעלה עד כאצבע. ר״י ן׳ מיגש עכ״ל.

45) ד״ח: תנורא.

46) ואחריה — שאלה: ״מאי״ ״מאי איכא למימר״ ״מנא לן״

47) חורש שנית אחרי הזריעה.

48) רש״י: חוזר ושונה פעם שניה.

49) רגיל בפי ר׳ יוחנן לתנא שלפניו (שבת קו א, עירו׳ ט א, יומא מג ב, ביצה יב ב) כעין השגה על הבר׳.

50) מ׳ ורש״י כ״י.

51) כ״י מינכן.

52) ד״ו ורש״י.

תָּנֵי חֲדָא... וְתַנְיָא אַחֲרִיתִי... (הור׳ יב א) שׁוֹנֶה אַחַת וּשְׁנוּיָה אַחֶרֶת...[53]

He teaches one way...and another is taught differently

תַּנְיָא שְׁנוּיָה (עפ״ר ברייתא)

It (*f.*, *s.*) is taught (in a *Beraissa*)

אִי תַּנְיָא — תַּנְיָא (שבת קטו ב וש״נ) אִם שְׁנוּיָה — שְׁנוּיָה[54]

If it (*f.*) is taught...it is taught

ותניא (נז׳ לט סע״א) מ׳: ותני[55]

וְהָתַנְיָא וַהֲרֵי שְׁנוּיָה (פתיחה לקושיה)

And behold it is taught in a *Beraissa* (an introductory statement before presenting a difficulty)

וְהָתַנְיָא[56] (=וְהָא תַנְיָא) וְזוֹ שְׁנוּיָה

And this is already taught in a *Beraissa* (presenting a proof to previous statement)

וְתַנְיָא אַחֲרִיתִי (בר׳ כד א, הור׳ יב א, כרי׳ ה ב, טז ב)

וּשְׁנוּיָה (ברייתא) אַחֶרֶת

And another *Beraissa* teaches

תַּנְיָא אִידָךְ שְׁנוּיָה (ברייתא) אַחֶרֶת

Another *Beraissa* teaches

תַּנְיָא בְּהֶדְיָא (יב׳ עא ב ועוד) שְׁנוּיָה בְּפֵרוּשׁ

It (*f.*) is explicitly taught

תַּנְיָא דִּמְסַיַּיע[57] **לָךְ** (שבת קמו ב ועוד) שְׁנוּיָה (ברייתא) הַמְסַיַּעַת לָךְ

What is written in a *Beraissa* is a proof to what you taught

תַּנְיָא כְּוָותֵיהּ ד— שְׁנוּיָה כ—

A *Beraissa* confirms (the words of...)

תַּנְיָא נַמִּי הָכִי אַף שְׁנוּיָה כַּךְ

Also a *Beraissa* teaches likewise

כִּדְתַנְיָא כְּמוֹת שֶׁשְּׁנוּיָה

As it (*f.*) is taught in the *Beraissa*

תַּנְיֵיה (יב׳ עב ב, זב׳ מז ב) שְׁנָאוֹ — He taught it (*m.*)

דתנייה[58] (פס׳ סב ב) ר׳ גמרה — Cf.

חָלְפָה וְתָנְיָיה קַמֵּיהּ (קידו׳ פא רע״ב) עוֹבֶרֶת וְשׁוֹנָה לְפָנָיו[59]

She passed several times in front of him

תניין (ב״מ לד סע״א, צב סע״א) כי״י: תניא[60]

תְּ(י)נְיָין (נדר׳ סג א — מ׳) שֵׁנִי — Second (*m.*)

תִּנְיָינָא (בר׳ נח א) שֵׁנִי — Second (*f.*)

תָּנֵינָא אֲנִי שׁוֹנֶה — I teach

תְּנֵינָא שָׁנִינוּ — We taught

תַּנִּינָא (קיד׳ כט ב ועוד) תַּנִּין — Crocodile

תנינהו (שבו׳ יח א) ר׳ תננהי — Cf.

תנינהו[61] (חול׳ ט א) ר׳ תננהי — Cf.

תְּנִינַן[62] שָׁנִינוּ — We taught

תְּנִינַן וְיַהֲבִינַן לֵיהּ (ב״ב עג סע״ב) חָזַרְנוּ וְנָתַנּוּ לוֹ

We gave it (*m.*) again to him

תְּנֵית (ר״ה כב א ועוד) שָׁנִיתָ — You (*s.*) taught

תְּנֵית[63] (ב״ב סה א) שָׁנִיתִי (=למדתי) — I learned

תָּנֵית(א)[64] (שבו׳ יח א) אַתָּה שׁוֹנֶה — You (*s.*) teach

תְּנִיתָהּ (ב״ב סה א, שבו׳ יח א, כרי׳ כה ב) שְׁנִיתִיהָ (=שָׁנִיתִי את המשנה)

I taught it (*f.*) (the *Mishnah*)

תָּנִיתוּ (ב״ק צו ב, ערכ׳ כט א) אַתֶּם שׁוֹנִים — You (*p.*) teach

תְּנִיתוּהָ שְׁנִיתֶם אוֹתָהּ (את הברייתא)

You (*p.*) taught it (*f.*) (the *Beraissa*)

תְּנַן[65] שָׁנִינוּ — We learned (in a *Mishnah*)

(53) ציונים לברייתות חולקות.

(54) רש״י (חגי׳ יט ב): נלך אחריה וחוזר אני בי. ובנדה (כג ב) הוא מפרש: שמעתי מרב מה שאמרתי, אבל אתם הואיל ויש בידכם משנה לכו אחריה, ר״נ (נדר׳ יט ב): ולא ידענא לפרוקא... ותרי תנאי אליבא דר׳ יהודה. (= ואיני יודע לתרץ... ושני תנאים — לדעת ר״י).

(55) ולא ידעתי לפרשו, ועי׳ ״רש״י״.

(56) בניחותא — כמסייע.

(57) רק בב׳ מקומות: דמסייעא: ב״מ פד א (אבל מ׳: דמסייע, ובסמוך ד׳: דמסייע, ה׳ אה״ת: דמסייעא, מ׳: דמסייי) וע״ז נד א (גם כ״י ספ׳, מ׳: דמסייע׳).

(58) א״פ וע״י ולי: דהוות גמרה (מ׳ חסר דפים אלו).

(59) אה״ת: פי׳ עוברת ושבה.

(60) וכ״ה בכל המקומות (שבת יח א, עירו׳ כ ב וגטי׳ סד א) שבהם בא לשון זה: מידי גבי הדדי תניא. כלום שנויות הן זו אצל זו.

(61) מ׳: תננהי, רש״י: תנן, והגיה בעל שמ״ק: תננהי, וכצ״ל גם בשבו׳ יח א (מ׳ וד׳: תנינהו).

(62) לשון ירושלמי (ובאוצר לשון התלמוד מובא משקלים), ובבבלי נמצא בכמה מקומות, והם מסופקים: עירו׳ מח א — א״פ: ותנינא, חגי׳ יג א. — רש״י: תנינא, כ״י קורוניל ואה״ת: ליגמור מר, מכות כג ב — מ׳: תנינא, חול׳ עו ב — רש״י ד״ו: תניני, ר׳ ג: מתנינן, נדה נה א — מ׳: ותנן.

(63) כ״י, ה׳: תנית לה, ד׳: תניתה.

(64) פ׳ ורש״י, מ׳ שט׳: תני (= תני׳ = תנית).

וְהָא תְנַן, וְהָתְנַן וַהֲרֵי שָׁנִינוּ
But we have learned in a *Mishnah*

הָדְתְנַן זוֹ שֶׁשָּׁנִינוּ
This is what we have learned

תְּנַנְהִי (שבת לז ב ועוד) שָׁנִינוּ אוֹתָן
We taught them

תְּנְסְבוּ (בר׳ ח ב) תִּשְּׂאוּ (נשים)
You (*m.*, *p.*) should marry

תִּינְסַב, תִּינְסֵיב תִּשָּׂא
You (*m.*, *s.*) will marry

תִּנְסִיב (גט׳ פג א, קידו׳ סט א) תִּנָּשֵׂא
She will marry

תִּינַּקֵּר[66] (ב״מ קג ב) תְּנֻקֶּה
It (*f.*) will be cleaned

לָא תִינְקְטוּ בְּדַעְתַּיְיכוּ (תע׳ כד א) אַל תִּתְפְּשׂוּ בְדַעְתְּכֶם[67]
Lit., you shouldn't think, i.e.,
you should not be angry at me

תינקר (ב״מ קג ב) ע׳: תינקד

תִנְשׁוֹט[68] (סנ׳ ק ב) תִּפְשֹׁט (עוֹר)
You should strip (the skin, hide)

תִּסְבְּרָא[69] תִּסְבְּרָה (=תסבור כך) ?
Do you think like that?

וְאַתּוּן לָא תִּסְבְּרוּהָ (כתו׳ ס ב) וְאַתֶּם אֵינְכֶם סְבוּרִים כָּךְ ?
And you (*p.*) do not think like that?

תִּיסְגֵּי יְהֵי דַי
It should be sufficient

תִּיסְגֵּי לֵיהּ יְהֵא דַיוֹ
It should be sufficient for him

לָא תִיסְגֵּי לַהּ (כתו׳ פב א) לֹא יְהֵא דַי לָהּ
It should not be sufficient for her

תִּיסְגֵּי לָךְ (גט׳ יב ב) יְהֵי דַיֶּךָ
It should be sufficient for you (*s.*)

תסייעו (ב״מ לא א) ר׳ תסייען
Cf.

תְּסַיְיעֵיהּ (ב״מ ו ב) תְּסַיְּעוֹ
You (*s.*) will assist him

תְּסַיְיעַן (ב״מ לא א[70], שבו׳ לז א, ע״ז נד א) תְּסַיְּעֵנִי
You (*s.*) will assist me

תיסלק (ר״ה כז א, כח א) מ׳ מ׳ ב וא״פ: ליסליק

תִּיסְמ[וֹ]ךְ (מנ׳ צג ב — מ׳) תִּסְמֹךְ
You (*s.*) will lean your hands (on it)

תִּסְפְּדוּהּ (סנ׳ מו ב) תַּסְפִּידוּהוּ
You (*p.*) will eulogize him

תִּסְפּוֹרְתָּא (נדר׳ נא א, סנ׳ כב ב) תִּסְפֹּרֶת
Haircut

תִּיסַּק (סלק) אַדַּעְתִּין (חול׳ לז א) תַּעֲלֶה עַל דַּעְתֵּנוּ
You will think

תִּסְתַּיֵּים ד... הוּא דְאָמַר תִּסְתַּיֵּם (=תתברר) שֶׁ... הוּא שֶׁאָמַר[71]
You will conclude that ...he is the one who said...

מִינַּי וּמִינָּךְ תִּסְתַּיֵּים שְׁמַעְתְּתָא (פס׳ פח א וש״נ) מִמֶּנִּי וּמִמְּךָ תִּסְתַּיֵּם הַשְּׁמוּעָה[72]
With both what
you and I say the *halachah* will be clarified

תִּיסְתַּכֵּי (סנ׳ צז ב) תְּצַפֶּה
You await, look forward for

לָא תִסְתַּכַּל (ב״מ פה ב) אַל תִּסְתַּכֵּל
You should look

לָא תִסְתְּפִי (ב״ק פג א, סנ׳ צד ב) אַל תִּפְחֲדִי
Do not be afraid (*f.*, *s.*, *imp.*)

תיסתרי (סוטה ב ב) תִּסְתְּרֶנּוּ, תַּהַרְסֶנּוּ
It (*m.*) will be destroyed

תִּיסַתַּ[תְּ]רִי (סוטה ב ב — מ׳) תִּסְתַּתְּרִי
You should be alone with...

תיעבד (גט׳ יד ב) כי״י: עבדת

תיעבד (כתו׳ סא ב) רש״י: תעביד

תַּעַבְדוּ (פס׳ פז ב, ב״ב י א) תַּעֲשׂוּ
You (*p.*) should do

תַּעַבְדִי תַּעֲשִׂי
You (*f.*, *s.*) will do

תַּעֲבֵיד תַּעֲשֶׂה
You (*m.*, *s.*) will do,
she will do, she should do

דתעביד (ע״ז י סע״א) אה״ת: דלעביד

תַּעַבְ(י)דוּ[ן][73] (ב״ב קל ב) תַּעֲשׂוּ
You (*p.*) will do

תעגין (ב״מ יט א) ר׳ תיעגן
Cf.

---

65) פתיחה למשנה, ונמצא גם לברייתא.
66) ע׳, שה״ג: תינקר.
67) = אל תכעסו עלי.
68) ע׳, ד׳: תנטוש.
69) תמיד בתמיהה: ותסברא! ואת לא תסברא!
70) ה׳ פי ר׳ א, ד׳: תסייעי.
71) כשמובאת מחלוקת בין שני אמוראים בלא לקבוע מי מהם אמר כך ומי מהם אמר כך, ולאחר מו״מ קובע התלמוד זהותו של האומר כך. ואם לא נדחה מסיים לפעמים ב״תסתיים״ פ״ב.
72) כלומר: מדברַי ומדבריך תתברר ההלכה.
73) מ׳, ה׳ לי ״לא תעבידו״.

תְּיַעַגַּן[74] (ב״מ יט א) תִּתְעַגֵּן (=תשאר עגונה)
She will remain an *agunah* (unable to remarry)

תֵּיעוּל (סנ׳ צא ב) תִּכָּנֵס Let it (the sun) enter

תְּעַיֵּיל תַּכְנִיס Bring in

תַּעֵיל (סנ׳ ק ב — מבן סירא) תַּכְנִיס
Lit., enter, i.e., allow to enter

תְּיַעַכַּב (יב׳ פה א) תִּתְעַכֵּב She will delay leaving

תַּעְלָא שׁוּעָל Fox

תַּעְלֵי בְּנֵי תַעְלֵי[75] (חגי׳ יד א) שׁוּעָלִים בְּנֵי שׁוּעָלִים
Foxes the sons of foxes

תַּעֲנוֹשׁ[76] (חגי׳ ה סע״ב) תַּעֲנֹשׁ Punish (*m.*, *s.*, *imp.*)

תעניש (שם) ר׳ תענוש Cf.

תַּעֲנִיתָא תַּעֲנִית Fast

תַּעֲנְיָתָא תַּעֲנִיּוֹת Fasts

תַּעֲנִיתַיְיכוּ (תע׳ כד ב) תַּעֲנִיתְכֶם Your (*p.*) fast

תַּעַקְצֵיה[77] (בכו׳ לא ב) תַּעַקְצֶנּוּ Let him be bitten

תֶּעְקַר (פס׳ קיג א) תַּעֲקֹר You (*m.*, *s.*) should extract

תֵּ[י]עַקַר (סוטה מח א — מ׳) תֵּעָקֵר
It (*f.*) should be uprooted

תַּעַקְרִינְהוּ (יב׳ קז ב, קח ב) תַּעַקְרֵם
She will annul, invalidate it (lit., them)

תֵּיעֲרוֹק (שבת סז א) תִּבְרַח It (*f.*) should flee

תְּעַשְׂיֵיה[78] (כתו׳ נג רע״א) תְּעַשֵּׂהוּ, תִּכְפֵּהוּ
You (*s.*) should force him

תְּיַעַשְׂרָה (בכו׳ נו ב) תְּעַשְּׂרֶנָּה You should tithe it (*f.*)

תַּף בְּהוּ רוּקָא (פס׳ קיא א 2) רָקַק בָּהֶם רֹק
He spat on them

תִּפּוֹל (כתו׳ ב ב, ג א) תִּפֹּל She will fall

תִּיפּוֹל (ב״מ קב א) תִּפֹּל It (*f.*) will fall

תַּפּוּס (כתו׳ פד ב ועוד) תָּפְסוּ They seized

תֵּיפּוּק (נפק) תֵּצֵא
You (*s.*) should leave, deduce, she will leave

תֵּיפּוּק (מ״ק ט ב 4[79], חול׳ מג רע״א[80]) ר׳ תפיק Cf.

תְּפַח (יומא עה ב, יב׳ קכא א) תּוֹפֵחַ It (*m.*) swells up

תְּפָחָא[81] (מנ׳ צד סע״א) תּוֹפַחַת It (*f.*) swells up

תְּפַטְרֵיה תִּפְטְרֶנּוּ You should acquit him

תְּפִיחָא[82] (שבת יב ב) חוֹלֶה Sick person (*m.*)

תִּיפַּיֵּים (גט׳ יח רע״א) תִּתְפַּיֵּס She will be appeased

תְּפִלֵּי (גט׳ מה ב, מנ׳ לה ב) תְּפִלִּין
Tefillin (Phylacteries)

תְּפִילַּיְיהוּ (בר׳ מה ב, נדה נא סע״ב) תְּפִלֵּיהֶם
(=תפילין שלהם) Their *tefillin*

תָּפֵיס תּוֹפֵס He seizes

תְּפִיסָא (כתו׳ סג ב) תְּפוּסָה Seized (*f.*, *s.*)

תפיסו (ב״מ ו א) כי״י: תפסי

תְּפִיסוּתָא (נדה עה רע״ב) תְּפִיסָה (=אחיזה)
Holding on to (referring to vows)

תְּפִיסֵי (ב״מ ז א) תְּפוּסִים Seized, held (*p.*)

תְּפֵיסְנָא (כתו׳ פד ב — פה א כ״פ) תָּפַסְתִּי I seized

תְּפֵיסְנָא (?) (כתו׳ פה א) תָּפַסְנוּ We seized

תָּפֵיסְנָא (ב״מ ה ב) אֲנִי תּוֹפֵס, אֶתְפֹּס
I seize (apprehend), I shall seize

תָּפֵיסַת (ב״ב מו ב) אַתָּה תּוֹפֵס You catch

תַּפִּיק (נפק) תּוֹצִיא You will withdraw

תַּפִּיקוּ (שבת צו ב) תּוֹצִיאוּ
You (*p.*) should take (carry) out, remove

תַּפִּישׁ (נפש) (שבת לב רע״א) תַּרְבֶּה She will (sin) more

לָא תַּפִּישׁ לְמִדְרַשׁ (סנ׳ קו ב) אַל תַּרְבֶּה לִדְרֹשׁ
Do not offer many interpretations

תְּפִירֵי[83] (מכות יא א) תְּפוּרִים Sewn (*p.*)

תְּפִישָׁא[84] (שבו׳ לב ב) תְּפוּסָה Seized (*f.*, *s.*)

תָּפִיתוּ (שבת צט ב, נדה מה א) אַתֶּם רוֹקְקִים You (*p.*) spit

תפלא (עירו׳ נג ב) היגוי משובש של ״טבלא״
A bad pronunciation of טבלי

תִּיפְלוּג (ב״ק מג א) תַּחֲלֹק (=תטול חלק)
She should receive a part

74) ה׳, ד׳: תעגין, מ׳: תתעגן.

75) מדרש השם ״תעלולים״ (ישי׳ ג ד).

76) אה״ת וילי (ואולי גם מ׳?), ד׳: תעניש.

77) רש״י, מ׳: עקצתיה, ד׳: ליעקציה.

78) מ׳ — בסמ״ך.

79) מ׳ ואה״ת בכולם: תפיק.

80) מ׳ ותוס׳: תפיק.

81) מ׳ ק׳, ד׳: נפחה.

82) מ׳ ואה״ת, ד׳: תפיחה.

83) שרש ״תפר״ בא בארמית רק כאן ובמנחות לה ב, ובשניהם — בתפילין.

84) ר״ח: תפיסא לה, מ׳: דאתפסי.

תִּיפְלוֹג עַל— תַּחֲלֹק עַל—
You (*m., s.*) should disagree with...
תִּפְלוֹט (נדר׳ מט ב, תמיד כז ב) תִּפְלֹט
You (*m., s.*) will discharge
תִּיפַּנּוּן (שבת קמ ב) תִּפָּנוּ (=תעשו צרכיכם)
You (*p.*) should attend to your natural needs
תְּפַס (כתו׳ מא ב ועוד) תָּפַס He seized, grabbed
תְּפַסָהּ (כתו׳ פד סע״ב ועוד) תְּפֹס אוֹתָהּ
Seize, grab (*m., s., imp.*) it (*f.*)
תַּפְסָהּ (כתו׳ סד א) תְּפָסָהּ He seized, grabbed it (*f.*)
תְּפָסָה תָּפְסָה She, it seized, grabbed
תָּפְסָה (כתו׳ טז ב ועוד) תּוֹפֶסֶת She seizes, grabs
תְּפַסוּ (יב׳ צ א) מ׳: תפסי
תַּפְסוּהּ (יומא סט ב, כתו׳ פה א) תְּפָסוּהוּ
They seized, grabbed it (*m.*)
תִּיפְסוּהּ (ב״ב לד ב) תִּפְסוּהוּ
Seize, grab (*m., p., imp.*) it (*m.*)
תְּפְסוּהּ(וּ) (ב״מ פג ב — מ׳ וה׳) תִּפְסוּהוּ
Seize, grab, apprehend (*m., s., imp.*) him
תַּפְסוּהּ(וּ) (שם) תְּפָסוּהוּ
They seized, grabbed, apprehended him
תפסול[85] (יומא כט ב) ר׳ תיפסל Cf.
תָּפְסִי (גט׳ לז א ועוד) תּוֹפְסִים They seize, grab
תְּפַסֵיהּ (ב״מ פג ב) תְּפֹס אוֹתוֹ Seize (*m., s., imp.*) him
תַּפְסֵיהּ (כתו׳ פד ב ועוד) תְּפָסוֹ He seized, grabbed it (*m.*)
תַּפְסִינְהוּ (ב״ב לו א) תְּפָסָם He seized them
תָּפְסִינַן (ב״ב לד ב 3) אָנוּ תּוֹפְסִים, נִתְפֹּס
We seize, grab, we will seize, grab
תִּיפַּסֵל[86] (יומא כט ב) תִּפָּסֵל
It (*f.*) will become *pasul* (disqualified)
תָּפְסָן (ערכ׳ ח א) תּוֹפְסוֹת
They (*f.*) are holding on to (referring to vows)
תְּפַסְתּוּהָ (כתו׳ פד ב) תְּפַסְתֶּם אוֹתָהּ You (*p.*) seized it (*f.*)
תְּפַסְתִּינְהוּ (תמו׳ כה א) תָּפְסָה אוֹתָם
It (*f.*) caught them
תַּפְּקַהּ (נפק) (חגי׳ יא א, קיד׳ סו א, זב׳ ד א) תּוֹצִיאֶנָּה
Take (*m., s., imp.*) it (*f.*) out, remove it
עֵינָא... תִּיפְקַע (ע״ז סה א) עַיִן... תִּבָּקַע (=תִּתְעַוֵּר)
The eye...should burst (the person should become blind)
תִּיפְרַהּ (עירו׳ פא א 2) תִּפְרָהּ (=תפר שלה) Its seam
תִּפְרוֹס (ביצה ל א) תִּפְרֹשׂ You should spread over (it a)
תִּפְרוֹק (כתו׳ מז א) תִּפְדֶּה (ן) She should redeem
תִּפְרוֹק (ערכ׳ כו א—ב כ״פ[87]) תִּפָּדֶה
It (*f.*) should be redeemed
תִּפְשׁוֹט תִּפְשֹׁט (בעיא)
You should resolve (the problem)
תִּפְשׁוֹט (ערכ׳ ד ב) תִּתְפַּשֵּׁט It (*f.*) should spread
תִּפְשִׁי (יב׳ כג רע״א) מ׳: תפסי
תָּפְשִׁי[88] (בר׳ נו א) תּוֹפְסִים They seize, grab
ת(פְ)שֵׁיהּ[89] (ב״ב נח א 2) תְּפָסוֹ He seized, grabbed him
תַּפְשִׁיחָא (ב״ב נד א) תַּפְשִׁיחַ[90]
Trimming the palm tree's branches
תִּיפְּשִׁיט (שבצ קמ סע״א) תִּפָּשֵׁט (תפָטר הבעיא)
(The problem) should be solved
תִּפְתַּח (גט׳ עז ב) תִּפְתַּח She should open
תִּפְתָּיֵא (סנ׳ צב ב — מדני׳) שָׂרֵי נָפוֹת (?)
Policemen (*Daniel* 3:2.3)
תַּפְתִּיחָא (ב״ב לו א) תַּפְתִּיחַ[91] Broken unfruitful earth
(*Rashi*), un-plowed field but rain, winds and sun created grooves in it (*Rabbeinu Chananel*)
תִּצְבִּיין (גט׳ פה ב) תַּחְפְּצִי You (*f., s.*) will wish
תִּיצְטַוְתָ(א) (ב״ב פ א — מ׳ ה׳ו) תִּתְחַבֵּר
It (*f.*) will serve as company
תִּצְטַעַר (סנ׳ צה א) תִּצְטַעֵר
(Do not) not suffer (*m., s., imp.*)
תְּצַ(ט)עֲרַן[92] (יב׳ קיז רע״א) תְּצַעֲרֵנִי
You (*s.*) will make me suffer

85) רש״י: תיפסל, מ׳: תפסל.
86) רש״י: מ׳: תפסל, ד׳: תפסול.
87) כלום שימוש בבנין קל מיוחד לערכין?
88) מ׳: תפסין, ואולי צ״ל: תפשו?
89) גם מ׳ ואה״ת — בשי״ן, ה׳: תפסיה.
90) = קציצת ענפים של הדקל.
91) = חרישה ראשונה, שאינה עמוקה.
92) הגהתי, מ׳: ליצערן, רש״י: לטרדן.

לָא תְּצִיתוּ לֵיהּ/לְהוּ אַל תִּשְׁמְעוּ לוֹ/לָהֶם

Do not pay attention (*s.*, *imp.*) to him, to them

לא תציתינהו (כתו' כא סע"א, ס רע"א) מ': לא תציתו

לא תצערינן כלל[93] (נד' כג סע"ב)

צ"ל: לָא תְּצַעֲרִינְהוּ כְּלָל אַל תְּצַעֲרֵם כְּלָל

Do not cause them to suffer (*s.*, *imp.*) at all

לָא תְּצַעֲרַן (בר' יג א) אַל תְּצַעֲרֵנִי

Do not cause (*s.*, *imp.*) me to suffer

תִּצַפְּנֵיהּ (סוטה יב א) תְּצַפְּנֵהוּ — Let her hide him

תְּקַבֵּה (כתו' נ א, ב"ב כא א) תְּקַבֵּל — You should receive

תִּקְבְּרֵיהּ אִימֵּיהּ (תע' לא א, ב"ב קכא ב) תִּקְבְּרֶנּוּ אִמּוֹ

He should bury his mother

תִּקְבְּרִינּוּן (נד' נז ב) תִּקְבְּרֵם — She should bury them

תִּיקְדּוּם (מג' ל א ועוד) תְּקַדֵּם — It (*f.*) should precede

תיקדים (זב' פט ב) מ' ושמ"ק: תיקדום

תִּיקְדּוּשׁ תִּקְדַּשׁ — It (*f.*) should become sacred

תִּיקַּדֵּשׁ[94] (קיד' יב ב) תִּתְקַדֵּשׁ

She should become betrothed (through *kiddushin*)

תְּקַדֵּישׁ (כתו' מו ב[95], קיד' ג ב) תְּקַדֵּשׁ

She should make herself betrothed (through *kiddushin*)

תַּקְדְּמֵיהּ (סנ' כה א) תַּקְדִּימֶנּוּ — It (*f.*) will precede it

תקולי (ב"מ סט רע"ב[96], קח ב[97]) ר' תקילי — Cf.

תְּקוּמוּ (ר"ה יז א, חול' פו ב[98]) תַּעַמְדוּ

Lit., you (*p.*) should be particular, i.e., strict (with him) (Rashi in *Rosh HaShannah*), you should stand (outside - *Chulin*)

תַּקּוּן[99] תִּקְּנוּ — They were established, instituted

לְתַקּוֹנַהּ (זב' טו א ועוד) לְתַקְּנָהּ — To rectify it (*f.*), transform it from being *pasul* to being *kasher*)

תַּקּוֹנֵי, לְתַקּוֹנֵי[1] לְתַקֵּן

To establish, fix, prepare, arrange

תקוני (שבת כד ב) מ': תקינו

לְתַקּוֹנֵיהּ (עירו' כ ב ועוד) לְתַקְּנוֹ — To fix it (*m.*)

תָּקוֹעָיָא (ר"ה ל א 2) תָּקוֹעוֹת (=התוקעים)

Blowers (of the Shofar)

תְּקוֹף יְדִי (סנ' צה א — מת"י) חֹזֶק יָדִי

My hand's strength

תְּקוּפָ(ו)תָא[2] (חול' ס ב) תְּקוּפוֹת

Solstices, cycles (astronomy)

לָא תְקוּץ (ב"ב ס ב) אַל תָּקֹץ, אַל תִּכְרֹת

Do not cut (*m.*, *s.*, *imp.*)

תִּקוּץ (ב"מ קח א) תִּכָּרֵת — Let it (*f.*) be cut off

תִּיקְטוֹל (פס' בה ב ועוד) תַּהֲרֹג — Kill (*m.*, *s.*, *imp.*)

תִּקְטְלֵיהּ (ב"ק פג ב) תַּהַרְגֵהוּ — Kill (*m.*, *s.*, *imp.*) him

תִּקְטְרֵיהּ (ביצה ל א) תִּקְשְׁרֶנּוּ (J) — She would tie it (*m.*)

תְּקֵיל (סנ' קב א — מדני") שָׁקַל — He weighed (*Daniel* 5:25)

תָּקֵל (ב"ק קיט א, ב"מ ע א, ערכ' יט א[3]) שׁוֹקֵל — He weighs

תְּקִילָא (בר' כד ב, מנ' יז א) שְׁקוּלָה

Lit., it (*f.*) is as heavy as, i.e., I value it

תַּקֵּיל[4] **תִּיקְלָא**[5] (מ"ק י ב, ב"ב נד א) סַקֵּל מִכְשׁוֹל[6]

He removes obstacles (and levels off the land)

תְּקִילֵי (ב"מ סט רע"ב[7], קח ב[8]) שְׁקוּלִים (=בעלי משקל)

Heavy (coins)

תְּקִילִין (ב"מ מד ב) שְׁקוּלִים (=בעלי משקל)

Heavy (coins)

תְּקִילְתָּא (סנ' כב א — מדניאל) נִשְׁקַלְתָּ

You (*s.*) have been weighed (*Daniel* 5:27)

תקימו (חול' פו ב) מ': תקומו

תַּקֵּין תִּקֵּן — He instituted

תַּקֵּין נַפְשָׁךְ (תמיד כז ב 2) תַּקֵּן עַצְמְךָ[9]

Make it a habit (*m.*, *s.*, *imp.*) (to relieve yourselves at fixed times)

93) מ' אה"ת וע"י לי' בת"א.
94) הגהתי, מ' ד': תקדוש.
95) מ', ד': תקדש.
96) ה': תקילי.
97) כי"י: תקילי.
98) מ', ד': תקימו.
99) בפס' קטז סע"ב 2: ד': תיקון, מ': תקון.
1) פס' פט ב 2 — ד': לתיקוני.
2) מ' וד"ו ואה"ת, ה' ר' א ורש"י: תקופות.
3) מ', ד': תקל.
4) ב"ב — כי"י וע', ד': אתקיל. מ"ק — ע', נוס': מתקיל.
5) מ"ק — ע' ור"ח ו"רש"י", ד': ארעא.
6) ע': חופר בקרקע ומשוה פניה.
7) ה': נוס': תקולי.
8) כי"י, ד': תקולי.
9) כלומר: הרגל עצמך ליפנות בשעות קבועות (ע' רש"י)

תַּקִּינוּ[10] תִּקְּנוּ — They instituted

תַּקִּינִי (ב״ב צ ב) תִּקַּנְתִּי — I instituted

תקיני (ב״ב קעב רע״א) מ׳ ה׳: תקינו

תְּקִיעֲתָא (ר״ה כז א ועוד) תְּקִיעוֹת — Sounds of the Shofar

תָּקֵיף (ב״מ סד ב ועוד) תּוֹקֵף — He overpowers

תְּקֵיף (ב״מ קו ב ועוד) הֶחֱמִיץ — It (*m.*) soured

תְּקֵיף גְּזֵירְתָא (שבת לג ב) נִתְחַזְּקָה הַגְּזֵרָה

The decree became reinforced

תַּקִּיף (מ״ק כא א, סנ׳ יח ב) תַּקִּיף, חָזָק — Strong (*m.*)

תַּקִּיפָא (ב״מ סד א) תַּקִּיף — Strong, powerful (*m.*, *s.*)

תַּקִּיפָא (בר׳ נט א) חָזָק — Strong, mighty (*m.*, *s.*)

תַּקִּיפָא (כתו׳ סב א) חֲזָקָה (ת)

Strong, extremely important (*f.*, *s.*)

תקיפאי קדמאי[11] (סנ׳ יא רע״ב) ד׳ תקיפי — Cf.

תְּקִיפוּ (בר׳ ה ב, ב״מ פג א) הֶחֱמִיצוּ — They soured

תְּקִיפִי (ב״מ פג א) חֲמוּצִים — Sour (*p.*)

תְּקִיפִי בְּמִצְוֹת (ר״ה יא א) חֲזָקִים בְּמִצְוֹת — Lit., strong in mitzvos, i.e., they possess a large number of *mitzvos*

תְּקִיפִי (גט׳ ס ב) קָשִׁים — Difficult (*p.*)

תַּקִּיפֵי (ר״ה יא א, תע׳ כג ב ועוד) תַּקִּיפִים — Mighty ones

תַּקִּיפֵי קַמָּאֵי[12] (סנ׳ יא ב) תַּקִּיפִים רִאשׁוֹנִים — Assertive (Rabbinical authorities) of previous generations

תַּקִּיפִין (סנ׳ צב ב — מדני׳) חֲזָקִים — Mighty (*p.*)

תַּקִּיפָ(י)ן (חול׳ כד א — מ׳) קָשׁוֹת — Difficult (*f.*, *p.*)

תְּקַל[13] (שבת סו ב) שָׁקַל — He weighed

תְּקַל(א) (תמיד לב ב — מ׳ ורש״י) שָׁקַל (פ״ע)

It (*m.*) weighed down

תִּקְלָא (חול׳ נט א) (משקל) שֶׁקֶל — Half a shekel's weight

תִּקְלָא (ב״מ פ א) מִשְׁקָל (=כובד) — Weight

תָּקְלָא[14] (ב״מ עט ב) שׁוֹקֶלֶת (פ״ע) — She weighs

תִּיקְלָא מ״ק י ב[15], ב״ב נד א) מִכְשׁוֹל, תַּקָּלָה — Obstacle

תִּיקְלָא (ב״מ פז א, בכו׳ נ א) שֶׁקֶל

Shekel as a monetary unit

תקלה (שם) מ׳ ה׳: תקלא

תִּלְתָא תִּיקְלֵי (שבת קמ א, חול׳ נט א) (משקל) שְׁלֹשָׁה שְׁקָלִים — Three half shekel's weights

תָּקְלֵי (ערכ׳ יט א[16]4) שׁוֹקְלִים — They weigh

תַּקְלֵיהּ (תמיד לב ב) שְׁקָלוֹ — He weighed it (*m.*)

תִּקְלִין[17] (יומא נה ב ועוד) שְׁקָלִים — ""Shekels"

תִּיקַלְקֵל (ר״ה יט ב) תִּתְקַלְקֵל — Lit., it will be ruined, i.e., it will not be celebrated on the correct day

תִּקְמוֹץ (סוטה יד סע״ב) תִּקָּמֵץ

It will be taken as a part of the *kometz*

תקן (בר׳ כב סע״א) מ׳ פ׳: אתקין

תִּיקְנֵי תִּקְנֶה — You (*m.*, *s.*) will acquire, she, it will acquire

תיקני (ע״ז עא ב) מ׳: ליקני

תִּיקָּנֵי (ב״ק ע ב ועוד, סו א[18]) תִּקָּנֶה

It (*f.*) should be acquired

תַּקְּנֵיהּ (שבת קמו ב ועוד) תִּקְּנוֹ — He arranged it (*m.*)

תַּקְּנִינְהוּ (בר׳ לג ב ועוד) תִּקְּנוּם

They have instituted them

תָּקְנָן (סוכה נא ב) טוֹבוֹת, נְכוֹנוֹת — Good, correct (*f.*, *p.*)

תַּקַּנְתָּא תַּקָּנָה — Enactment

תַּקַּנְתֵּיהּ תַּקָּנָתוֹ — His enactment

תַּקַּנְתַּיְיהוּ (כתו׳ קט ב) תַּקָּנָתָם — Their enactment

תַּקַּנְתִּין (גט׳ נ א) תַּקָּנָתֵנוּ — Our enactment

תְּקַע תָּקַע — He blew the shofar

תָּקַע תּוֹקֵעַ — He blows the shofar

תְּקַע (ר״ה כט א ועוד) תְּקַע (צ)

Blow the shofar (*m.*, *s.*, *imp.*)

תָּקְעָה (חול׳ פה א) תּוֹקַעַת — She blows the shofar

תָּקְעִינַן (ר״ה כט ב) אָנוּ תּוֹקְעִים — We blow the shofar

תְּקַף לֵיהּ עָלְמָא (גט׳ עז ב ועוד) תְּקָפוֹ הָעוֹלָם

(=גָּבַר חָלְיוֹ) — His health deteriorated

תָּקְפָּא (שבו׳ לה ב — מדני׳) תֹּקֶף — Might

---

(10) ברכ׳ כב רע״ב — התקינו — מ׳ פ׳: תקינו. שבת כב ב: תקוני — מ׳: תקינו. ב״ב קעב רע״א: תקיני, מ׳ ה׳: תקינו.

(11) מ׳ פ׳ ר״ח ורש״י: תקיפי קמאי.

(12) מ׳ פ׳ ר״ח ורש״י, ד׳: תקיפאי קדמאי.

(13) מ׳ א״פ ורש״י, ד׳: איתקל.

(14) מ׳ ה׳: ד׳: תקלה.

(15) כנוסח ע׳ ור״ח ו״רש״י״: דמתקיל תיקלא, ד׳: דמתקיל ארעא.

(16) פ״ד — מ׳, ד׳: דשקלי.

(17) כתוב על שנים מי״ג שופרות (= קופות) שהיו במקדש.

(18) כ״י, ד׳: ניקני.

תַּקְפַהּ (ב״מ ו א) תְּקָפָהּ — He grabbed it (*f.*)

אִי תָקְפָה (ב״מ סד א) אִם מַחְמֶצֶת, אִם תַּחְמִיץ — If it sours (turns into vinegar)

תָּקְפֵי בְּרַחֲמֵי (ב״מ פה ב) מִתְחַזְּקִים בְּרַחֲמִים — They strengthen themselves with mercy, i.e., pray profusely

תַּקְפֵיהּ (חגי׳ ה ב, טו א) תְּקָפוֹ, גָּבַר עָלָיו — He grabbed him, he overcame him

תִּקְרַב (שבת יג א ועוד) תִּקְרַב — You (*s.*) should come close to, approach

תִּיקְרֵי (יב׳ קיח ב, כתו׳ עה א[19]) תִּקְרָא — She will call

תיקרייה (כתו׳ עה א) מ׳: תיקרי

תקרעוהו (ב״ב קל ב 2) מ׳ ה׳: תקרעוניה

תִּקְרְעוּנֵיהּ (שם) תִּקְרָעֵוהוּ — You (*s.*) should tear it up

תקרעיניה (ב״ב קל סע״ב) כי״י: תקרעוניה

תקשה (גט׳ נג סע״ב) מ׳: תקשה (=תהא קשה)

תקשה (ב״ב קל סע״ב) מ׳ ורשב״ם: תיקשי

תִּקְשֵׁי תִּקְשֶׁה — A difficulty will arise

תַּקְשֵׁי (ב״ק קיז א) תַּקְשֶׁה (קושיא) — Pose (*m.*, *s.*, *imp.*) a question

תִּיקְשֵׁי תִּקְשֶׁה (=תהא קָשָׁה) — A difficulty will arise

תַּרְבָּא חֵלֶב — Tallow

לְתַרְבּוּצֵי (מ״ק ו ב) לְרַבֵּץ — To water

תַּרְבֵּי תְּגַדֵּל — Grow (*m.*, *s.*, *imp.*)

תַּרְבֵּיהּ (חול׳ קכז א) חֶלְבּוֹ — Its (*m.*) tallow

תַּרְבַּיְיהוּ (חול׳ פ א 2) חֶלְבָּם — Their tallow

תַּרְבְּצָא[20] (מ״ק ו ב ועוד) גִּנָּה (לפני הבית), חָצֵר — Garden (in front of the house), courtyard

תַּרְבִּיצָא (מנ׳ פב ב) חֲצַר הַיְשִׁיבָה — Lit., garden, i.e., Beis Medrash

תַּרְבִּיצֵי (תע׳ ו ב) חֲצֵרוֹת (ועי׳ ע׳) — Batei Medrash, gardens

תַּרְבֵּץ אַפַּדְנֵי (ב״ב ו ב 2, צח ב) חֲצַר אַפֶּדֶן (=חצר פלטין) — Manor court, manor garden

תַּרְגּוּם[21] (מג׳ ג א) תַּרְגּוּם — Aramaic translation

תַּרְגּוּמָא (מג׳ ג א, סנ׳ צד ב) תַּרְגּוּם — Aramaic translation

תַּרְגּוּמָא[22] (עיר׳ ל ב ועוד) פֵּרוּשׁ — It was interpreted to mean

תַּרְגּוּמָא[23] **נְהַרְדְּעָא** (עיר׳ מה א, ב״ב קמה א) פֵּרוּשׁ נְהַרְדְּעָא — It was interpreted to mean (as referring to) Naharde'a

תַּרְגּוּמֵיהּ (מ״ק כח ב) תַּרְגּוּמוֹ — Its (*m.*) Aramaic translation

הָכָא תַּרְגִּימוּ[24] כָּאן (=בבבל) פֵּרְשׁוּ — It was interpreted here (in Babylonia) (as)

תַּרְגֵּימְנָא פֵּרַשְׁנוּ — We interpreted

תַּרְגֵּמָנָא דְסָבֵי (שבת קלד ב) מְפָרֵשׁ שֶׁל הַזְּקֵנִים — Interpretation of the Elders

תרגימנוה (ב״ב פח א) כי״י: תרגימנא

תַּרְגְּמָא/מַהּ[25] פֵּרֵשׁ אוֹתָהּ — He interpreted it (*f.*)

תַּרְגְּמַהּ (בר׳ יח א ועוד) פָּרְשָׁהּ (=פֵּרֵשׁ אותה) — He interpreted (it) (*f.*)

תרגמו ר׳ תרגימו והע׳ שם — Cf.

תרדא (ב״מ כ רע״ב[26], כרי׳ יח ב[27]) ר׳ תררא — Cf.

תַּרְהֲ[י]הּ[28] **גַּבֵּיהּ** (גט׳ סח ב) עִכְּבוֹ אֶצְלוֹ — He detained it (Ashmedai)

תָּרוּ (עירו׳ קד ב ועוד) שׁוֹרִים — They soak

תַּרְוָודָא (גט׳ סט א, ע״ז כט א) תַּרְוָד — Soup ladle

---

(19) מ׳, ד׳: תיקרייה.

(20) יסטרוב גוזרו מן "רבץ", שהיו משקים את הגינה בהרבצה. בעל עה״ש גוזרו מפרסית = חצר.

(21) מ׳ ואה״ת, ד׳: תרגומא.

(22) בכמה מקומות בד׳: תרגומא, ובמ׳ בלא וי״ו: תרגמה: עיר׳ עו ב (מ׳), ב״מ כט ב (ה׳ ורש״י), סנ׳ מב א (מ׳), מג א (מ׳), זב׳ כה ב (מ׳ ורש״י).

(23) פסי׳ מב ב — מ׳: תרגימו, ד״ו, תרגומו. סנ׳ כה א — מ׳ ור״ח: תרגימו.

(24) בכמה מקומות בד׳: תרגמו, אבל בכולם במ׳ (וה׳): תרגימו.

(25) בכמה מקומות בא בד׳ "תרגומא": יומא לז א (מ׳ מ׳ ב ול׳: תרגמה), לז ב (מ׳: תרגמה), ביצה כז ב (ר״ח: תרגמא, מ׳: תרגמי׳), מנ׳ לז ב (מ׳: תרגמי׳), לח א (מ׳ ור׳

לָא תִרְוֵי (בר׳ כט ב) לֹא תִשְׁכַּר (=תשתכר)
Do not become intoxicated

תַּרְוַוייְהוּ שְׁנֵיהֶם
Both

תַּרְוַוייְהוּ תְּנַנְהִי (שבת לז ב ועוד) שְׁתֵּיהֶן (=שתי ההלכות) שָׁנִינוּ אוֹתָן
We have studied the laws of both cases

תַּרְוַוייְכוּ (בר׳ מח א ועוד) שְׁנֵיכֶם
Both of you

תַּרְוֵינַן (שבו׳ לז א) שְׁנֵינוּ
Both of us

תֵּירוּכִין (גט׳ פה ב) גֵּרוּשִׁים
Being sent away, divorce

תְּרוּם (יומא נג רע״ב) תָּרוּם
It (*m.*) should be elevated

תרום (ב״מ כב א פ״ג ופ״ד) ד״י וכי״י: תרים

תֵּירוּצָא (יומא יז ב) יִשּׁוּר, תֵּירוּץ
Reply, resolution (of a difficulty)

לְתָרוֹצַהּ (נדר׳ טז א) לְיַשְּׁרָהּ
To interpret it (*f.*)

לְתָרוֹצֵי סוּגְיָא עֲבִידָא (שבת סו רע״ב) לְיַשֵּׁר הֲלִיכָה עֲשׂוּיָה
It serves to straighten out his gait

מִתְרֵיץ תָּרוֹצֵי (בר׳ מו ב) מִזְדַּקֵּף, מִתְיַשֵּׁר
He straightens himself up, sits up upright

תרהיה (גט׳ סח ב) ר׳ תרהייה
Cf.

תרחק (תמיד כז ב) ר׳ תתרחק
Cf.

תְּרַחֲקוּהּ (סנ׳ צז א) תַּרְחִיקוּהוּ
Lit., move him away, i.e., delay his (Mashiach's) coming

תרטא (ביצה כט א) ר׳ תריטא
Cf.

תרטיא (ב״ק צז סע״ב) ר׳ תריטא
Cf.

תְּרֵי שְׁנַיִם
Two (*m.*)

תָּרֵי (שבת סז ב[29], מנ׳ מג א ועוד) שׁוֹרֶה
He soaks

תְּרִי (סוכה יב ב) שָׁרוּי
Soaked (*m.*)

תְּרֵי עֲשַׂר (ב״ב ד א — מדני׳, כרי׳ ו ב) שְׁנֵים עָשָׂר
Twelve, dozen (*m.*)

תְּרֵי אַלְפֵי (עירו׳ נו ב) אַלְפַּיִם
Two thousand

תְּרִיטָא[30] (ביצה כט רע״א[31], ב״ק צז סע״ב[32], חול׳ קכד א[33]) רֹבַע (הקב)
Quarter of a *kav* (measure)

תַּלְיָא בִּתְרִיטָא (ביצה כח רע״א) תָּלוּי בְּכַף מֹאזְנַיִם
Hung in a scale

תירייקה[34] (שבת קט ב) ר׳ תירייקי
Cf.

תִּירְיָיקְהָ[׳] (נדר׳ מא ב — מ׳) תִּירְיָיקֵי שֶׁלָּהּ
Her snake-poison antidote

תִּירְיָיקֵי[35] (שם) תְּרְיָקִי
Snake-poison antidote

תָּרֵיךְ (גט׳ פה ב) גֵּרַשׁ
He divorced

תְּרִיכִין (שם) גְּרוּשִׁים
Divorcees

תָּרֵים (בכו׳ ס סע״א ועוד) תּוֹרֵם
He tithes

תְּרֵין שְׁנַיִם
Two (*m.*)

תְּרֵיסַר שְׁנֵים עָשָׂר
Twelve, dozen (*m.*)

תריסר[36] (שבת לג ב) ר׳ תרתי סרי
Cf.

תְּרֵיסַר אַלְפֵי (ר״ה כג א ועוד) שְׁנֵים עָשָׂר אֶלֶף
Twelve thousand

תְּרֵיסַר יַרְחֵי שַׁתָּא שְׁנֵים עָשָׂר חָדְשֵׁי שָׁנָה
Twelve months of the year

תָּרֵיץ (ביצה יז א, יב׳ נו א) תֵּרֵץ, תִּקֵּן
He instituted (*Beitzah*), resolved (the difficulty) (*Yevamos*)

תָּרֵיץ (שבת קג ב ועוד) יַשֵּׁר, תָּרֵץ, תַּקֵּן
Resolve (the difficulty)

תְּרֵיץ (ברכ׳ ט ב, יב׳ סג ב) נִתְיַשֵּׁר
He straightened himself out

תְּרִיצֵי (חול׳ ח סע״ב) יְשָׁרִים[37]
Straight, properly (i.e., as they should), when lying on the board in their usual way (*Rashi*)

תָּרֵיצְנָא[38] (ב״ק קיא ב) אֲנִי מְיַשֵּׁב
I resolve (the difficulty)

תָּרֵכִית (יב׳ קטו ב, קטז א) גֵּרַשְׁתִּי
I divorced

תְּרַם תָּרַם
He tithed

תַּרְמוּדָאָה (גט׳ לח א) תַּרְמוּדִי (על שם מקומו)
Resident of Tarmoud

א: תרגמי), בכו׳ י ב (מ׳: תרגמיי).

(26) פ׳ ה׳ ע׳ ור״ח: תררא.

(27) ע׳: תררא.

(28) ע׳, ד׳: תרחיה.

(29) ד״ש, ד״ח: שרי, מ׳ א״פ: ליתרו.

(30) מלשון יונית = שלישית (= כנראה שם מדה, השוה ״וכל בשליש״, ישי׳ מ יב).

(31) ע׳, ד׳: תרטא ופלגו תרטא.

(32) מ׳ ה׳, ד׳: תרטיא, רש״י ד״ו: תרטא.

(33) ע׳, ד׳ מ׳: תרטא.

(34) ע׳: תיריקי, א״פ: תיריאקי, מ׳ לי׳.

(35) = ״רפואה מתוקנת מן בשר נחשים עם בשמים וסמים נגד סם המות״ (ר״ב).

(36) מ׳: תליסר, אה״ת: תרתי סרי (אבל נמצא גם ״תריסר שני״).

(37) רש״י: מונחים על הדף כדרכן.

(38) מ׳ ה׳ ר׳: מתריצנא, וכן ב״מ סג רע״א.

תַּרְמוֹדָאֵי (שבת כא ב) תַּרְמוֹדִיִּים[39]
Residents of Tarmoud, a tree species

תִּירְמֵי (ב״מ מב ב) תָּטִיל (ז)
You (*s.*) should throw in, toss in

תִּירְמֵי (נדר׳ נא א) תָּטִיל (=תִּמְזוֹג) (נ) — Pour (*f.*, *s.*, *imp.*)

תִּרְמְיֵיהּ תְּטִילֵהוּ — You (*s.*) should throw it (*m.*) in, toss it in

תִּ[י]רְמִינָךְ[40] **שַׁעְתָּךְ** (ע״ז לד ב) תְּטִילְךָ שַׁעְתְּךָ[41]
Let your fortune rise

תָּרְמִינַן (בכו׳ סא א) אָנוּ תוֹרְמִים — We tithe

תַּרְנְגוֹלָא תַּרְנְגֹל — Cock (adult male chicken, rooster)

תַּרְנְגוֹלָא[42] **בָּרָא** (גט׳ סח ב ועוד) תַּרְנְגֹל הַבָּר
Non-domesticated cock

תַּרְנְגוֹלָא דְאַגְמָא (חול׳ סב ב ועוד) תַּרְנְגֹל הָאֲגָם
Lake cock

תַּרְנְגוֹלֵי (כתו׳ מא ב) תַּרְנְגוֹלִים — Cocks

תַּרְנְגוֹלְתָא (שבת קמה ב) תַּרְנְגֹלֶת — Female chicken, hen

תַּרְנְגוֹלְתָ[א] בָּרָא (שבת קכח ב — מ׳) תַּרְנְגֹלֶת הַבָּר
Non-domesticated hen

תַּרְנְגוֹלְתָא דְאַגְמָא (חול׳ סב ב) תַּרְנְגֹלֶת הָאֲגָם
Lake hen

תְּרַנְהוּ (ב״ק קא א) שָׁרָה אוֹתָם — He soaked them

תְּרַע (עירו׳ עג א — מדני׳) שַׁעַר — Gate

תַּרְעָא (שבת לא ב ועוד) שַׁעַר[43] — Gate, price of commodity

תַּרְעָא אַפְלָא (ב״ב צ ב) שַׁעַר מְאֻחָר
Late (in season) market price, i.e., high price

תַּרְעָא זִילָא (ב״מ עד ב) שַׁעַר זוֹל — Low market price

תַּרְעָא חָרִיפָא (ב״מ סג ב) שַׁעַר מֻקְדָּם (רש״י: שער בכיר לפני הקציר)
Early (in season) market price, i.e., very low price

תַּרְעָא חָרְפָא (ב״ב צ ב 3) שַׁעַר מֻקְדָּם
Early (in season) market price, i.e., very low price

תַּרְעֵי (עירו׳ נח א) שְׁעָרִים (של בנין) — Doors, gates

תַּרְעֵי (ב״מ עד ב) שְׁעָרִים (של סחורה)
(Market) prices (of commodities)

תַּרְעֵיהּ (ב״מ עב ב) שַׁעֲרוֹ (=מחירו) — Its market price

תַּרְעַיְיהוּ (שם) שַׁעֲרֵיהֶם (=מחיריהם)
Their market prices

תָּרְצָא[44] (ב״ב קע) תֵּרְצָהּ, יִשְּׁרָהּ — He resolved it (*f.*)

תָּרְצַהּ (חול׳ סד ב) תִּקְּנָהּ, יִשְּׁבָהּ — He resolved it (*f.*)

תָּרְצַהּ (יב׳ פח ב ועוד) יַשֵּׁר אוֹתָהּ — You should resolve

תָּרְצוּהּ (גט׳ לה א) יִשְּׁרוּהוּ — They straightened it (*m.*)

תָּרְצִ[י]נְהוּ (בר׳ סא סע״ב — מ׳) יִשְּׁרָם
He arranged them properly

תָּרֵצְתְּ (שבת סב א ועוד) תֵּרַצְתָּ
You (*s.*) resolved the difficulty

תַּרְקָבָא (קיד׳ יא א) תַּרְקָב[45] — Three *kavs*

תְּרָרָא (ב״ק קה ב[46], ב״מ כ רע״ב[47], כרי׳ יח ב[48]) שׁוֹטֶה
Fool, lazy *(Rashi Kerisus)*

לָא תִרְתַּח (בר׳ כט ב) לֹא תִכְעַס
Do not be angry, do not lose your temper

תַּרְתֵּי שְׁתַּיִם — Two (*f.*)

תְּרֵ(ת)י[49] שְׁנַיִם — Two

תַּרְתֵּי סְרֵי (שבת ב סע״ב ועוד) שְׁתֵּים עֶשְׂרֵה
Twelve, dozen (*f.*)

תַּרְתֵּין[50] שְׁתַּיִם — Two (*f.*)

(תרתין) [תְּרֵי][51] שְׁנַיִם — Two (*m.*)

תרתין (נז׳ לה ב — גם מ׳, אבל בסמוך: תרין)

תִּירְתַּת (חול׳ צו א) תִּרְתַּת, תִּפְחַד
You should fear, be afraid

---

39) וז״ל הגאון בשערי תשובה סי׳ רל״ג (אוצה״ג עמ׳ 22): ״יש עצים כן (= כאן) ושמן תרמדי ומביאין עניים מיהן ומסיקין בהן ועולין מאיליהן ואין להם דמים. וכשאיכרין ועריסין פונין ממלאכתן לערבית עניים שבהן כיון ששוהין בשדה במלאכתן שיעור שעה או חצי שעה כל אחד מביא חבילה אחת על כתיפו מאותן תרמדי להיתחמם בה.

40) ר״ת וכ״י ספ׳, מ׳: תורמינך, ועי׳ ד״ס אות ז׳.

41) ר״ח: תשא אותך שעתך, רש״י: ירום מזלך.

42) שבת עח א — ד׳: תרנגולת, נדה נ ב — ד׳: תרנגול, גטין סח ב, סט רע״א — מ׳: תרנוגלי!

43) גם במובן המָשאל: שער המקח.

44) ד״ו: כי דתרצא, ד״ח: כדמתרצא, כ״י לי׳ ״הכי... מר״י.

45) = שלושה קבים, מיונית.

46) מ׳ וע׳, ה׳: תאראראו, והגה: תררא, ד׳: תדורא.

47) פ׳ ה׳ ע׳ ור״ח, שאר כ״י: תראדא, ד׳: תרדא.

48) ע׳, מ׳ לי׳, ד׳: תרדא.

49) שבת קיב סע״ב — מ׳ ורש״י, יומא עב ב — אה״ת, סוכה נג א — מ׳ מ׳ ב ואה״ת, ר״ה כז א — מ׳ א״פ ול׳, בכו׳ מא ב — מ׳.

50) מצוי בעיקר במסכתות המיוחדות (נדרים וחברותיה).

51) סנ׳ צז א 2 — מ׳ ואה״ת ועוד, כתו׳ סא סע״א — מ׳

לָא תִשְׁגְ(י)חוּן בַּהּ (נדר׳ צא ב — מ׳) אַל תַּשְׁגִּיחוּ בָהּ[52]
Do not pay attention to her

תִשְׁדֵּי[53] (שבת קי.א) תַּשְׁלִיךְ (נ) She should throw

לָא תִשְׁדֵּי (ב״ק צב ב) אַל תַּשְׁלִיךְ (ז)
You (*m.*) should not throw

תִשְׁדְּיֵיהּ (יב׳ סג א) תַּשְׁלִיכֵהוּ, תִּזְרָעֵהוּ
You (*s.*) will throw it (*m.*), you will sow it

תְשַׁדַּר (בר׳ יח ב) תִּשְׁלַח (נ) Send (*f.. s., imp.*) me

לָא תִשְׁוור (פס׳ קיג א) אַל תְּדַלֵּג Do not skip

לָא תְשַׁיְּילֵיהּ (שבת ג ב) אַל תִּשְׁאָלֶנּוּ Do not ask him

תְשַׁיְּימֵהּ (ב״ב קלג ב) תְּשׁוּמֶנָּה
You (*s.*) should evaluate it (*m.*)

תִשְׁכַּח (שבת קנב א) תִּמְצָא You (*m., s.*) will find

לְכִי תַשְׁכַּח (בר׳ יט א ועוד) לִכְשֶׁתִּמְצָא
When you (*m., s.*) will find

תַשְׁלוּמֵי[54] מְעַלְיָא (יב׳ צ א) תַּשְׁלוּמִין גְּמוּרִים
Proper payment

תַשְׁלוּמְתָּא (ב״מ קד א — בשטר) תַּשְׁלוּם Payment

תִשְׁלַח (שבת קי א) תִּפְשֹׁט
You (*s.*) should take off, remove

תַשְׁמֵט (גט׳ לו רע״ב 2) תַּשְׁמֵט
It (*Shmita*) should annul (debts)

תַשְׁמִישְׁתָּא[55] תַּשְׁמִישׁ, תַּשְׁמִישָׁה Use, its (*f.*) use

תַשְׁמִישְׁתֵּיהּ תַּשְׁמִישׁוֹ Its use, his use

תַשְׁמִישְׁתַּיְהוּ תַּשְׁמִישָׁם Their use

תְשַׁמֵּשׁ תְּשַׁמֵּשׁ You (*m., s.*) should use, she should use

תשמש (עיר׳ עה כ) מ׳ וד״ש: תשתמש

תְשַׁמְּתִינְהוּ (שבת קל א, חול׳ קטז א) תְּנַדֶּה אוֹתָם
Excommunicate (*m., s., imp.*) them

תְשַׁנֵּי (עירו׳ קג א) תְּתָרֵץ (Why) do you answer

תְשַׁסַר (נדה נד א) תִּשְׁעָה עָשָׂר Nineteen (*m.*)

תְשַׁסְרֵי (בר׳ כח ב ועוד) תְּשַׁע עֶשְׂרֵה Nineteen (*f.*)

תְשַׁע (עירו׳ פב ב ועוד) תֵּשַׁע Nine (*f.*)

תִשְׁעִין תִּשְׁעִים Ninety

תְשַׁפֵּיץ (יב׳ סג א) תְּשַׁפֵּץ You (*m., s.*) should renovate

תִשְׁקוֹל תִּקַּח, תִּטֹּל Take (*m., s., imp.*)

תַשְׁקִינַן (קידו׳ ע א) תַּשְׁקֵנוּ (תשקה אותנו)
(She) should give us to drink

תִשְׁרוֹ (שבת קלו ב) תַּתִּירוּ
You (*p.*) should declare as permitted

תַשְׁרֵי (ב״מ עא א, ע״ז כב ב) תַּשְׁרֶה (במחיצתה), תְּאָרֵחַ
He should dwell

תישרי (תמו׳ כט א) מ׳: תשתרי

תִישְׁתְּבַאי (כתו׳ נא ב) תִּשָּׁבִי (=תלקחי בשבי)
You (*f., s.*) will be captured (imprisoned)

תִישְׁתְּבַע (כתו׳ פה א) תִּשָּׁבַע (נ)
Let her swear (in court)

תִשְׁתּוֹן (שבת קמ ב) תִּשְׁתּוּ You(*p.*) should drink

תישתוק (זב׳ פט א) כל כי״: נשתוק

תִשְׁתֵּי פס׳ קיג א) תִּשְׁתֶּה (ז) You (*m.*) should drink

תִשְׁתֵּי (מ״ק ד א, סוטה ו א) תִּשְׁתֶּה (נ) She will drink

לָא תִשְׁתְּכַח (ב״מ פה ב 2, בכו׳ יח ב, כז א) לֹא תִשָּׁכַח
It (*f.*) should not be forgotten

תִשְׁתַּלֵּם (ב״מ עג א) תְּשֻׁלַּם It (*f.*) should be paid for

תִשְׁתַּמֵּשׁ[56] (עירו׳ עה ב) תִּשְׁתַּמֵּשׁ Let it be used

תִשְׁתַּעְבֵּיד (גט׳ לט ב) תִּשְׁתַּעְבֵּד
She will be indentured, enslaved

לָא תִשְׁתַּעוּ מִידִי בַּהֲדֵיהּ (ע״ז יא א) אַל תְּדַבְּרוּ עִמּוֹ דָּבָר
Do not talk to him about anything

לָא תִשְׁתַּעוּ בַּהֲדֵיהּ דְּאַיְבוּ[57] (ע״ז לה ב) אַל תְּדַבְּרוּ עִם אַיְבוּ
Do not speak with Aibou

---

52) כלומר: אל תשימו לב לדבריה.

53) א״פ, ד׳: נשדייה.

54) רש״י: תשלומין.

55) צורת נקבה, ובצורת הזכר (״תשמיש״) השתמש הארמי ואה״ת.

56) מ׳ וד״ש, ד״ח: תשמש.

57) כך הנוסח בד׳ ומ׳, בכ״י ספ׳: לא תשתעו — מיניה דאיבו, וכך כותב הב״ח, ומפרש: פי׳ לא תאמרו דבר שמועה בשמו. ור״ח גורס: לא תשתעו ליה לאיבו. לחיי אישות.

תִּישְׁ(תְ)רוּ[58] (יב׳ לז רע״א) תַּתִּירוּ
You (*p.*) should declare permitted

תִּשְׁתְּרֵי תֻּתַּר (תהא מותרת) Let it (*f.*) be permitted

תִּישְׁ[תְּ]רֵי (תמו׳ כט א — מ׳) תֻּתַּר
Let it (*f.*) be permitted

לְתַתָּא (ב״ק קיג ב, ב״ב מה א) לְמַטָּן Below (in Babylonia)

לְתַתָּא[59] (ב״ק כג ב) לְמַטָּה Below (in Babylonia)

מִתַּתָּא (שבת קמט א, מנ׳ כד א) מִלְּמַטָּה From below

מִתַּתָּא(ה)[60] (ב״ב ז א) מִלְּמַטָּה From below

תַּתָּאָה תַּחְתּוֹן The bottom one

תַּתָּאָ[ה] (שבת קב ב — מ׳ וא״פ) תַּחְתּוֹן The bottom one

תתאי (שבת ח רע״ב) מ׳: תתייה

תַּתַּאי (עירו׳ טז ב) לְמַטָּן Below them

לְתַתַּאי לְמַטָּן
To the bottom ones, to the bottom part

מִתַּתַּאי מִלְּמַטָּה
From the bottom, from the bottom ones

תַּתָּאֵי תַּחְתּוֹנִים The bottom ones

לְתַתַּאי(ה)[61] (קידו׳ עא סע״ב) לְמַטָּן Below them

מִתַּתַּאי(ה)[62] (ב״ב עג א) מִלְּמַטָּן From below it (*m.*)

תִּיתְאֲכִיל (בכו׳ טז א) תֵּאָכֵל Let it (*f.*) be eaten

דתתבה[63] (ב״מ יט ב) ר׳ תיתבה Cf.

תתבור (ב״מ קז א) ר׳ תיתבייר Cf.

תִּתְבַּזֵּי (כתו׳ צז ב) תִּתְבַּזֶּה She should not be disgraced

תִּיתְבַּיַּיר[64] (ב״מ קז א) תּוּבַר (=תשאר בורה)
It (*f.*) will remain waste, uncultivated

תִּתְבַּן (ב״מ קג רע״ב) תִּתַּבֵּן (=ישאר בה תבן)
Hay should remain in it (*f.*)

תִּיתְבְּעֵיה (יב׳ סה א) תִּתְבָּעֶנּוּ She should demand
from him (payment of her marital contract)

תִּיתְבְּעִינְהוּ[65] (יב׳ מב רע״ב) תִּתְבָּעֵם Let her sue them

תִּתְבָּרַךְ (בר׳ נא ב) תְּבֹרַךְ She should be blessed

תִּתְגְּנֵי (כתו׳ סה ב 3) תִּתְגַּנֶּה (מ׳ — ג״פ)
She will be disgraced

תִּיתְהֲנֵי[66] (סנ׳ קיב א) תּוֹעִיל
It (*f.*) should be effective

תִּיתוֹרָא (נדר׳ מא א, ב״ב כא א) גֶּשֶׁר Bridge

תִּיתוֹרָא דִתְפִילִין (מנ׳ לה א) גֶּשֶׁר שֶׁל תְּפִילִין
Bridge of *tefillin*

תִּיתוֹתַב[67] דַּעְתֵּיהּ (שבת נב רע״א) תִּתְיַשֵּׁב דַּעְתּוֹ
It (his mind) will be put at ease

תִּיתְזִיל (ב״מ סו ב) תּוּזַל Its value will depreciate

תִּיתַּזִּיל (כתו׳ נג ב 2) תִּזְדַּלְזֵל She will be disgraced

תִּתְחֲזוֹ (בר׳ לה ב) תֵּרָאוּ You (*p.*) will be seen

תתיא (ע״ז מו א) מ׳: תיתי

תְּתֵיב[68], תֵּיתֵיב תֵּשֵׁב (ז, נ)
You (*m.*) should sit down, she should sit down

תַּתְיֵיהּ (שבת ח רע״ב[69]) הוֹרִידוֹ, הִשְׁפִּילוֹ
He lowered it (*m.*)

תיתייה[70] (זב׳ יט רע״א) ר׳ תתייה Cf.

תַּתַּיְיתָא (קידו׳ עא ב) תַּחְתּוֹנָה Lower one (*f.*)

תַּתַּיָּיתָא (ב״מ קטז ב, חול׳ קיט ב 2[71]) תַּחְתּוֹנוֹת
Bottom ones (*f.*)

תַּתָּאֵי דְתַתָּיָיתָא (פס׳ ח סע״ב) תַּחְתּוֹנֵי הַתַּחְתּוֹנוֹת
The lowermost (*f.*)

תִּתְכַּשַּׁר תָּכְשַׁר (=תהא כשרה) Let it become kosher

לָא תִיתְלוֹ בֵיהּ בּוּקֵי סְרִיקֵי (ב״ב ז א ועוד) לֹא תִתְלוּ בוֹ בַּקְבּוּקִים רֵיקִים
Lit., do not suspend empty bottles from him, i.e., do not ascribe senseless statements to him

לָא תִיתְנֵי (סוטה כב ב, מט ב 2, תמו׳ ג ב[72], נדה לז סע״א[73])
לֹא תִשְׁנֶה (=תלמד) Do not teach, do not state

(58) הגהתי ע״פ שבת קלו ב. גם מ׳: תישתרו.
(59) ה׳, מ׳: לתתאה, ד׳: לתחתאה.
(60) הגהתי, בכל כ״י נוסח אחר (עי׳ ד״ס).
(61) הגהתי, מ׳ ל׳ ״לתתאיה הוה קאי״.
(62) ה׳ ואה״ת, מ׳: מתתאי.
(63) מ׳: דתיתבי, ה׳: דתיתביה.
(64) מ׳ ה׳, ד׳: תתבור.
(65) כצ״ל, מ׳: תתבעינהי, ד׳: ליתבעיניה.
(66) מ׳ ד׳, פלו׳: תיהני.

(67) א״פ ורש״י ד״ו, ד׳: איתותב, מ׳: דתייב.
(68) עירו׳ נד סע״א: תתיב — מ׳ אה״ת: תיתיב, סוטה יט א: לא תיתב — מ׳: תיתיב.
(69) מ׳, ד׳: תתאי.
(70) ר״ב בע׳, מ׳: תתי׳, אה״ת: תתיה, ד׳: תיתיה.
(71) ד׳: תתיתא, מ׳: תתאתא, תתייתא.
(72) ד׳: תתני.
(73) ד׳: תתני. מ׳ ל׳ ״ולא תתני ולא מלידתה״.

תיתנייא (קידו' לב א) מ': תיתנייה

תִּיתְנְיֵיהּ (קידו' לב א[74], סנ' פ ב) תְּשַׁנֵהוּ (=תלַמדהו)

Teach it (*m.*), state it

(ת)תִּסְחֵי (נדר' פ רע"ב – מ') תִּרְחַץ (הגוף)

Let her wash herself

תִּיתְּסַר (אסר) תֵּאָסֵר — Let it (*m.*) be prohibited

תִּיתְּסַר(א) (נדר' כג א – מ') תֵּאָסֵר

Let it (*m.*) be prohibited

תִּתְסַר[75] (נדר' פט ב) תֵּאָסֵר — Let it (*m.*) be prohibited

תִּתְעֲבֵיד (ע"ז י סע"א) תֵּעָשֶׂה — Let it (*f.*) become

(ת)תְּעַכֵּב (זב' מ א – כל כי"י) תְּעַכֵּב

It (*m.*) will not impede

תִּתְעַתְּרוּ (ב"מ נט א) תִּתְעַשְּׁרוּ

You (*p.*) should become rich

תִּתְקַבַּל (ביצה לח א) תִּתְקַבֵּל — It (*f.*) will be accepted

לָא תִיתְקוֹף (לָךְ)[76] (מנ' מב א) אַל תִּרְגַּז

Do not be upset

וְלָא תִתְקַטְּלוּן (כתו' יט א) וְאַל תֵּהָרְגוּ (מ')

And do not be killed

תתקיים[77] (עירו' נד רע"א) ר' יתקיים — Cf.

תתקיף (מנ' מב א) מ': תיתקוף

תִּיתְקְפִי (קפי) (עירו' נג ב) תְּהֵא צָפָה (רש"י)

It (*f.*) will float

תְּתַרְגֵּם מַתְנִיתָךְ (ב"ק צא ב ועוד) תְּפָרֵשׁ מִשְׁנָתְךָ[78]

Interpret your Mishnah

תְּתַרְגֵּם שְׁמָעֲתָיךְ (ב"מ עז סע"ב) תְּפָרֵשׁ שְׁמוּעָתְךָ[79]

Interpret your statement

תיתרגם (ב"ב עז ב) מ' ורשב"ם: תתרגם

[תִּ]תְרַחַק[80] (תמיד כז ב) תִּתְרַחֵק

You (*s.*) should go far

תִּיתְרַע (ב"ב נט רע"א) תִּתְרוֹעַע (=תיעשה רעועה)

It (*f.*) will become weakened

74) מ', ד': תיתנייא.
75) מ': דאי תתסר, ד': דאיתסר.
76) מ', ד': תתקיף.
77) ד': דתתקיים ביך ותוריך חיי, מ' אה"ת: דתוריך (אה"ת: דתאריך) חיי ויתקיים בידך.
78) = הברייתא שאתה שונה.
79) = הלכה של אמורא ששמעת.
80) אה"ת וע' (ע' חשך). מ': תדחק, וע' בברכות סב סע"א בבר' (וע' ערוך שם).

מבחר פתגמים ומשלי־הדיוטות*)
Selection of Proverbs and Popular Parables

1. אַגַּב אוֹרְחָךְ לִבְעֵל דְּבָבָךְ אִישְׁתְּמַע (סנ׳ צה ב — א״א, ר״פ)
בְּדַרְכְּךָ הִשָּׁמַע (הַשְׁמַע לְאוֹיִבְךָ את קולך). ״רש״י: כשתלך לדרכך לפי תומך — לשונאך התראה וְהַפְחִידוֹ״.

(Rav Papa) When on your way, let your enemy hear your voice. (Rashi: When you innocently go on your way show yourself before your enemy in order to frighten him).

2. אַגְרָא דְתַעֲנִיתָא — צִדְקָתָא (ברכות ו ב)
שְׂכַר הַתַּעֲנִית — הַצְּדָקָה. רש״י: ״שנותנין צדקה לערב לפרנסת העניים שהתענו היום״.

The reward of a fast is *tzedakah* (charity). (Rashi: Charity is distributed in the evening to provide for the poor who fasted today).

3. אִידְלֵי יוֹמָא — אִידְלֵי קְצִירָא (ב״ב טז ב — א״א, אביי)
הָגְבַּהּ הַיּוֹם (= השמש) — הָגְבַּהּ הַחוֹלֶה
רש״י: כשהחמה זורחת מיקל החולי.

(Abaye) When the day (the sun) rises, the person's sickness is lifted. (Rashi: When the sun shines, when it rises, the sickness is eased).

4. אוֹ חַבְרוּתָא, אוֹ מִיתוּתָא (תענית כג סע״א — א״א, רבא)
אוֹ חֲבֵרוּת אוֹ מִיתָה (כלומר: בדידות גרועה ממיתה).

(Rava) Either companionship or death (i.e., solitude is worse than death).

5. אוֹקִיר לְאָסְיָךְ עַד דְּלָא תִצְטָרֵיךְ לֵיהּ (ירוש׳ תענית פ״ג ה״י, ר׳ אלעזר)
כַּבֵּד רוֹפְאֲךָ עַד שֶׁלֹּא תִּצְטָרֵךְ לוֹ (=לפני שתצטרך לו).

(Rabbi Elazar) Honor your doctor before you need him.

---

*) נעזרתי ברשימה שבערוך השלם, ע׳ ״אמרי אינשי״.

These sayings of Chazal are listed according to the Hebrew Alphabetical order, and the Talmudic source of each saying is indicated in the Hebrew text

6. אוֹקִירוּ לִנְשַׁיְיכוּ כִּי הֵיכִי דְתִתְעַתְּרוּ (ב"מ נט סע"א, רבא לבני מחוזא)
כַּבְּדוּ אֶת־נְשׁוֹתֵיכֶם כְּדֵי שֶׁתִּתְעַשְּׁרוּ.
תל' (שם): שאין הברכה מצויה בתוך ביתו של אדם אלא בשביל אשתו.
(Rava to the inhabitants of Mechoza) Honor your wives so you will become rich (ibid.) A home is blessed only in the merit of the wife.

7. אוֹרְחִין רַחִיקָא וְצַוְותִּין בְּסִימָא (סוכה נב סע"א)
דַּרְכֵּנוּ רְחוֹקָה, וְחֶבְרָתֵנוּ נְעִימָה.
רש"י: "דרך רחוקה היא בין שני מקומותינו, ואילו היינו יכולים לילך בדרך אחת היה נעים צוות שלנו".
Our way is long (far apart), and our company is pleasant. (Rashi: Our destinations are far apart. If we could travel together, we would enjoy each other's company).

8. אִי דָלֵית דּוּרָא דָלֵינָא, וְאִי לָא [דָלֵית דּוּרָא] לָא דָלֵינָא (ב"ק צב סע"ב — א"א, רבא)
אִם תַּגְבִּיהַּ מַשָּׂא (עִמִּי) — אַגְבִּיהַּ, וְאִם לֹא תַגְבִּיהַּ מַשָּׂא — לֹא אַגְבִּיהַּ
ובערוך (ע' דל ג') נוסח אחר: אִי דָלֵית דָּלֵינָא וְאִי לָא דָלֵית — לָא דָלֵינָא, כלומר: אם תשאב מן הבאר אשאב עמך, ואם לאו לא אשאב לבדי.
רש"י: "משל הוא שאין אדם רוצה ליכנס בסכנת היזק ממון ותחת עול דבר אלא אם כן משתתף חבירו עמו".
If you will lift up the burden (with me) - I will also lift it up, but if not, I will not lift it up.
The Aruch's version is different: If you will draw water from the well I shall draw with you, but if not, I will I will draw by myself).
(Rashi: This parable teaches us that a person does not want to enter a financial risk or assume any responsibility unless another person joins him).

9. אִי בַר אֲחָתִיךְ דַּיָּילָא נֶהֱוֵי — חֲזֵי בְּשׁוּקָא קַמֵּיהּ לָא תַּחֲלִיף (יומא יח א — א"א, רבינא)
אִם בֶּן־אֲחוֹתְךָ מוֹכֵס יִהְיֶה — רְאֵה, אַל תַּעֲבֹר לְפָנָיו בַּשּׁוּק.
ר"ח: "פי' דיאלא כגון ממונה במכס ועל הנכנסין והיוצאין והנושאין והנותנין. ואם בא אדם קרובו להסתיר (כצ"ל, דפו': להסתיר קרובו) יודע בו ואינו יכול לגנוב דעתו".
(Ravina) If your sister's son (nephew) is a tax collector, do not pass before him in the market (Rashi: Since he is well aware of your wealth and your affairs you cannot hide anything from him and he can plot against you to confiscate your money).
Rabbeinu Chananel explains: Like the tax collector and someone supervising those entering and leaving (the country) and those doing business. If his close relative comes to hide something, he will know about it; he cannot fool him.

10. אִיהוּ — בְּקָרֵי, וְאִיהִי — בְּבוּצִינֵי (מגילה יג סע״א — א״א, רבא)
הוּא — בִּדְלוּעִין (גדולות), וְהִיא בְּקִשּׁוּאִים (קטנים).
רש״י: ״כלומר דבאותו מין עצמו זה נואף וזו נואפת״.
ובערוך (ע׳ קר ו) פירוש אחר, שמגלים אותו לצנועים.

(Rava) He deals with (large) gourds (pumpkins), and she with (small) gourds (pumpkins).
(Rashi: This means that each one has relationships with his own sex).
Aruch: See his explanation.

11. אַסָּא דְקָאֵי בֵּינֵי חִילְפֵי — אַסָּא שְׁמֵיהּ, וְאַסָּא קָרוּ לֵיהּ (סנה׳ מד רע״א — א״א, ר׳ אבא)
הֲדַס שֶׁעוֹמֵד בֵּין הַחֲלָפִים הֲדַס שְׁמוֹ, וַהֲדַס קוֹרְאִים לוֹ (ואולי יש לומר — בֵּין הסרפד, ע״פ ישע׳ נה יג; תחת ההדס יעלה סרפד).

(Rav Abba) Even among the willows the myrtle retains its name.

12. אָסְיָא דְמַגָּן (במגן) — מַגָּן שָׁוֵי (ב״ק פה א)
רוֹפֵא חִנָּם — חִנָּם שָׁוֶה. מכיון שאינו מקבל שכר — אינו דואג לחולה.

A doctor who is not paid is worthless (Since he is not paid he does not exert himself to consider the patient's physical condition and proper treatment - Rosh).

13. אָסְיָא רַחִיקָא — עֵינָא עֲוִירָא (שם)
רוֹפֵא (הבא ממקום) רָחוֹק — הָעַיִן (תהיה) עִוֶּרֶת, שהרופא עתיד לילך לדרכו, ואינו חושש אם גרם לעוורנו של החולה.

A doctor who comes from faraway, blinds the eye (Since the doctor goes back to his town after treating the patient, he does not care if he inadvertently blinds him).

14. אִסְתֵּירָא בְלָגִינָא — קִישׁ קִישׁ קָרְיָא (ב״מ פה א — א״א, עולא)
אִסְתֵּר (״מטבע״) בְּלָגִין קוֹרֵא קִישׁ קִישׁ.
כלומר: מטבע אחד בלגין משמיע קול, אבל לגין מלא מטבעות אין קולו נשמע. הנמשל: עם הארץ שלמד קצת מתהדר בתלמודו ומכריז עליו, אבל ת״ח — צנוע, ככתוב ״ואת צנועים חכמה״ (מש׳ יא ב).

(Ula) A *sela* in a jug makes noise (i.e., one coin in an empty jug makes noise, but were the jug full it would not make such noise.

The moral: an ignorant person who knows a little makes sure everyone hears what he knows, but a Talmud scholar is modest and does not divulge his knowledge, as is written, "With modest ones comes wisdom" (*Mishlei* 11:2)

15. אִיעָרַב שִׁמְשָׁא וּטְהַר יוֹמָא (ברכ׳ ב רע״ב — א״א)
הֶעֱרִיב הַשֶּׁמֶשׁ וְטָהֵר הַיּוֹם. כלומר; פנה היום (ירמ׳ ו ד).

The sun has declined and the day has passed (lit., is purified) (see *Yirmiyahu* 6:4), "For the day draws to a close."

16. אַרְבְּעִי לְצְלָא, אַרְבְּעִי לְצִלְלָא (ב״ב ה א).
אַרְבָּעָה (זוזים) לְעוֹר גָּדוֹל, אַרְבָּעָה (זוזים) לְעוֹר קָטָן.
ערוך (ע׳ צלא): ״פ״א (=ר״ג) כי היכי דצריכי לאושכף עשיר שהוא צלא ד׳ ככרות למזונותיו ואנשי ביתו, כך צריכין ד׳ לאושכף עני״. ולפי פירוש זה צריך לנקד: לְצַלָּא, לְצַלָּלָא.
Four *zuz* for a large skin and four *zuz* for a small skin. The Aruch explains as follows: Just like a rich tanner needs four *kikaros* (amount of money then in use) to support his family so does a poor tanner need four *kikaros.*

17. אִתַּגַּרְתְּ לֵיהּ — פּוּץ עַמְרֵיהּ (יומא כ ב — א״א, רב)
נִשְׂכַּרְתָּ לוֹ — נַפֵּץ צַמְרוֹ.
ר״ח: ״אמר פעם אחת נשכר עני בן טובים אצל בעל הבית שלא היה מכירו, ונתן לו צמר לנפצו, ונעצב הנשכר שהגיע לזו הפחיתה (=פחיתות כבוד), והרגיש בעה״ב, וא״ל הניחהו (=את נפוץ הצמר), והשיב לו (״הנשכר״) מאחר שנשכר (הנה) ינפץ הצמר.
(Rav) If you hired yourself out to him, comb his wool. Rabbeinu Chananel explains: Once a poor person from a good family was employed by an employer unfamiliar with him and gave him wool to comb. The employee became sad because he felt humiliated. The employer realized this and said to him: "Forget about combing the wool." The employee answered: "Since I hired myself out to you, I will comb the wool."

18. אִיתְּתָא — בַּהֲדֵי שׁוּתָא פִּילְכָּה (מג׳ יד ב — א״א, רב נחמן)
אִשָּׁה — עִם הַשִּׂיחָה (עוֹסֶקֶת גַּם בְּ)פִלְכָּהּ (כלומר: דואגת גם לענייניה).
(Rav Nachman) In the midst of talking, a woman works with her spindle (i.e., she is also occupied in her private affairs).

19. אִתְּתָךְ גּוּצָ[יָ]א גְּחֵין וְתִלְחוֹשׁ לַהּ (ב״מ נט א — א״א), ר״פ)
אִשְׁתְּךָ גּוּצָה — הִתְכּוֹפֵף וְתִלְחַשׁ לָהּ (כלומר: שאל בעצתה).
(Rav Papa) (Even) if your wife is short, bend over and whisper to her (i.e., ask her advice).

20. בַּאֲתַר דְּמָרִי (ביתא) תְּלָה [לֵיהּ] זַיְינֵיהּ — קוּלְבָּא רָעֲיָא קוּלְתֵיהּ תְּלָא (ב״מ פד ב — אלמנתו של ר״א בר״ש לרבי, ו״תמן אמרין״ = בבבל!)
בְּמָקוֹם שֶׁאֲדוֹנִי תָּלָא לוֹ כְּלֵי זֵינוֹ — רוֹעֶה הֶדְיוֹט תָּלָה כַּדוֹ.
(The widow of Rebbe Eliezer, the daughter of Rebbe Shimon, said to Rebbe) Where my master hung his arms, a simple shepherd now hangs his knapsack.

.21 בַּהֲדֵי הוּצָא לָקֵי כְּרָבָא (ב״ק צב א — א״א, רבא)
עִם הַחוּצִים (=לולבי הדקל) לוֹקֶה הַכְּרָב (=הענף העבה שבעיקר הדקל).
21 (Rava) When thorns are removed, the cabbage is sometimes (inadvertently) damaged.

.22 בּוּצִין בּוּצִין מִקַּטְפֵיהּ יְדִיעַ (בר׳ מח א — א״א, רבה)
קִשּׁוּת קִשּׁוּת מִשָּׁרְפוֹ נִכָּר.
נוסח הערוך: בּוּצִין בּוּצִין מִקִּינֵיהּ יְדִיעַ ״פי׳ כשיוצאין הקשואין נראין לאלתר אי שפירי הוו אי לא״.

(Rava) Small pumpkins, small pumpkins, one recognizes them from when they bud (The version cited in the Aruch is: "Small pumpkins, small pumpkins, one recognizes it from its stem." When the small pumpkins emerge, one immediately sees whether they are good or bad).

.23 אמר רבא אשה רעה וכתובתה מרובה — צרתה בצדה, דאמרי אינשי בַּחֲבֶרְתַּהּ וְלָא בְּסִילְתָא (יבמ׳ סג ב) — בַּחֲבֶרְתָּהּ וְלֹא בְּקוֹץ. כלומר: אשה רעה תשנה את דרכה כשבעלה נושא אשה אחרת עליה.
Raba said: If one has a bad wife but her *kesuvah* (marriage contract) is exorbitant, he should take a second wife (a rival). People are accustomed to saying: "Better another (woman) rather than a thorn." (A bad wife will change the way she behaves when he marries a second wife).

.24 בְּחַיַּיִךְ דִילַדְתְּ שִׁיתִּין, שִׁיתִּין לָמָּה לִיךְ? אִיכַּפַּל וְאוֹלִיד חַד דְּמִשִּׁיתִּין זָרִיז (ב״ב צא א — א״א, רב?)
בְּחַיַּיִךְ שֶׁיָּלַדְתְּ שִׁשִּׁים, שִׁשִּׁים לָמָּה לָךְ? טְרְחִי וְיִלְדִי אֶחָד, שֶׁזָּרִיז (יותר) מִשִּׁשִּׁים.
(Rav) If during your life you gave birth to sixty what good are they if they die? Exert yourself (take another wife) and give birth to one who will be more adroit than all sixty.

.25 בֵּירָא דְּשָׁתֵית מִינֵיהּ מַיָּא לָא תַשְׁדֵּי בֵיהּ קַלָּא (ב״ק צב ב — א״א, רבא)
בּוֹר שֶׁשָּׁתִיתָ מִמֶּנּוּ מַיִם אַל תַּשְׁלֵךְ בּוֹ רֶגֶב עָפָר.
כלומר: אל תזלזל באדם שעשה לך טובה, ואל תרע לו: אל תהיה ״משלם רעה תחת טובה״.
(Rav) Do not throw a clod of earth into a well from which you drank, i.e., do not belittle a person who once did you a favor. Do not harm him; don't pay with bad for the good.

.26 בְּכוֹ לֵיהּ לְמַר וְלָא יָדַע, חַיְּיכוּ לֵיהּ לְמַר וְלָא יָדַע, וַוי לֵיהּ לְמַר דְּלָא יָדַע בֵּין טָב לְבִישׁ (סנה׳ קג א — א״א, ר״פ).
בּוֹכִים לוֹ לָזֶה וְאֵינוֹ מַבְחִין, שׂוֹחֲקִים לוֹ לָזֶה וְאֵינוֹ מַבְחִין, אוֹי לוֹ לָזֶה, שֶׁאֵינוֹ מַבְחִין בֵּין טוֹב לָרַע.

(Rav Papa) People cry to the master, but he does not realize it. People smile at him but he does not realize it. Woe to a master who cannot discern between good and bad.

27. בְּמִפְתַּח בָּבֵי מִטְרָא — בַּר חַמָּרָא מוּךְ שָׁקִיךְ וּגְנֵי (תענ׳ ו ב — א״א, ר״פ)
בְּפְתֹחַ דְּלָתוֹת (בשחרית ויורד) מָטָר — בֶּן־הַחַמָּר הַצַּע שַׂקְּךָ וּשְׁכָב.
רש״י (ברכ׳ נ א): ״אם כשתפתח דלתך בבקר ירד לך מטר, לך אני אומר, חמר ההולך ממקום למקום להביא תבואה: מוך ·שקיק וגני — כפול שקך תחתיך ותישן עליו, ולא תלך אנה ואנה להביא תבואה, לפי שיהיו החטים בזול בשביל הגשם״.
(Rav Papa) When you open your door in the morning, and it is raining, donkey driver, fold up your you sack underneath you and lay down to sleep.
Rashi: "If when you open your door in the morning it rains, I tell the following to a donkey driver who travels from place to place to bring wheat: 'Fold up your sack underneath you and sleep on it and do not go here and there to bring wheat since wheat will be inexpensive because of the rain."

28. בְּמָתָא — שְׁמַאי, בְּלָא מָתָא — תּוֹתְבַאי (שבת קמה סע״ב — א״א, ר׳ יוחנן)
בְּעִירִי — שְׁמִי, לֹא בְעִירִי — שִׂמְלָתִי.
רש״י: ״בעירי איני צריך להתכבד אלא בשמי, שאני ניכר בה. במקום שאינה עירי — כבודי תלוי בשמלתי״.
(Rebbe Yochanan) In my city my name is sufficient; outside my city I depend upon my clothing.
Rashi: "In my city my name that people know me by honors me, but outside my city I am honored because of my clothing.'

29. בַּת שִׁיתִּין כְּבַת שִׁית לְקָל טַבְלָא רָהֲטָא (מ״ק ט ב — א״א, רב חסדא)
בַּת שִׁשִּׁים — כְּבַת שֵׁשׁ לְקוֹל הַתֹּף רָצָה.
״רש״י״: ״ר״ל מיני זמר בהילולא (=בית משתה של חופה), וכי היכי דרהטא ילדה בת שית לקל הילולא הכי עבדה לרהוט בת שיתין והכי נמי מקשטא״ ואפי׳ עומדת על קברה״ (תל׳) אוהבת להתקשט.
(Rav Chisda) A sixty-year old woman is like a six- year old girl. She too runs to the noise of a drum.
Rashi: "Like a girl of six, a woman of sixty runs to the music of a wedding, and she also adorns herself. She likes to adorn herself even when she is about to be buried.'

30. בָּת דִּינָא — בָּטֵל דִּינָא (סנה׳ צה א א״א, ר״פ)
לָן הַדִּין — בָּטֵל הַדִּין, כיון שנדחה נדחה.

(Rav Papa) If judgment is pushed off until tomorrow judgment is annulled. Since it was once pushed off, it will be pushed off permanently.

31. בָּתַר מָארֵי נִיכְסֵי צִיבֵי מְשׁוֹךְ (ב״ק צג רע״א — א״א, רבא)
אַחֲרֵי בַּעַל נְכָסִים — מְשֹׁךְ עֵצִים.
כלומר: התעסק עם בעל נכסים בסחורתו, ותהא משתכר על ידו.
(פסח׳ קיב סע״א): שבעה דברים צוה ר״ע את ר׳ יהושע בנו... והוי משתדל עם מי שהשעה משחקת לו אר״פ לא למיזבן מיניה ולא לזבוני ליה אלא למעבד שותפות בהדיה. והשתא דאמר רב שמואל בר יצחק מאי דכתיב מעשה ידיו ברכת (איוב א׳ י׳) כל הנוטל פרוטה מאיוב מתברך אפי׳ למיזבן מיניה ולזבוני ליה שפיר דמי.

You will draw wood if you follow a propertied person. (Do business with a man of means, and you will be rewarded by him).
Rebbe Akiva directed his son Rebbe Yehoshua: ..."Try to be together with someone for whom fortune shines" . Rav Papa said: "Neither buy nor sell him anything, but be a partner with him. And now that Rav Shmuel bar Yitzchak said: "What does the verse say: 'You have blessed his handicraft' (*Iyov* 1:10), meaning that anyone who takes a *perutah* (small coin) from Iyov will prosper, we learn that even buying from him and selling him something is rewarding".

32. בָּתַר עַנְיָא אָזְלָא עֲנִיּוּתָא (ב״ק צב א — א״א, רבא)
אַחֲרֵי הֶעָנִי — הוֹלֶכֶת הָעֲנִיּוּת.

(Rava) Poverty follows a poor person.

33. גַּבְרָא דִּרְחִיצְנָא עֲלֵיהּ אַדְיֵיהּ לְגְזִיזֵיהּ וְקָם (סנה׳ ז׳ א׳)
הָאִישׁ שֶׁאֲנִי בּוֹטֵחַ עָלָיו הֵרִים כְּלֵי זֵינוֹ (רש״י: אגרופו) וְקָם (עלי).

The man upon whom I relied has brandished his arms (Rashi: his fist) and has stood up (against me).

34. גַּבֵּיל לְתוֹרָא — גַּבֵּיל לְתוֹרֵי (ב״מ סט א)
גַּבֵּיל (=ערבב סובין ושעורים) לְשׁוֹר (אחד) — גַּבֵּל לְשְׁוָרִים
רש״י: באותו טורח שאתה מגבל סובין ושעורין לפני שור אחד אתה יכול לגבל לפני שנים.
When you mix (bran and barley) for (one) ox, mix for several oxen. (Rashi: Mixing bran and barley for two oxen is the same bother as for one).

35. גִּיוֹרָא עַד עֲשָׂרָה דָּרֵי לָא תִיבְזֵי אֲרַמָּאָה בְּאַפֵּיהּ (סנ׳ צד א — א״א, רב פפא)
גֵּר — עַד עֲשָׂרָה דוֹרוֹת לא תִבְזֶה גּוֹי בְּפָנָיו.

(Rav Papa) Do not disparage a non-Jew before a convert to Judaism until the tenth generation of his conversion.

36. גִּירָא — בְּעֵינֵיהּ דְּשָׂטָנָא (קיד׳ פ״א ב׳)
חֵץ — בְּעֵינֵי הַשָּׂטָן
כלומר: איני ירא מפני השטן הוא היצר הרע, ואתגבר על יצרי.
An arrow - in the eye of Satan! (I am not afraid of the Satan which is the *yetzer hara* (evil inclination) since I can overcome my *yetzer* (inclination).

37. גִּירָאָה — בְּגִירֵיהּ מִיקְטִיל, מְדְוִיל יְדֵיהּ מִשְׁתְּלֵים (פס׳ כח רע״א — א״א, רב יוסף)
עוֹשֵׂה הַחִצִּים — בְּחִצּוֹ נֶהֱרַג, מִפֹּעַל יָדָיו מִשְׁתַּלֵּם (=משלמים לו).
(Rav Yosef) When the arrow-maker is killed with his own arrows, he is punished through his handiwork.

38. גַּמְלָא אֲזַל לְמִבְעֵי קַרְנֵי — אוּנֵי דַהֲווֹ לֵיהּ גַּזְיוּהּ מִינֵּיהּ (סנ׳ קו סע״א — א״א, רב)
הַגָּמָל הָלַךְ לְבַקֵּשׁ קְרָנַיִם — אָזְנַיִם שֶׁהָיוּ לוֹ כָּרְתוּ מִמֶּנּוּ.
(Rav) The camel desired horns; instead they cut off his ears.

39. גַּנָּבָא אַפּוּם מַחְתַּרְתָּא — רַחֲמָנָא קָרֵי (ברכ׳ סג א — נוס׳ ע״י — א״א, ר״פ)
הַגַּנָּב — בְּפֶתַח הַמַּחְתֶּרֶת קוֹרֵא: הָרַחֲמָן! כלומר: מבקש עזרה מה׳.
(Rav Papa) At the entrance of his hidden tunnel (before carrying out his theft) the thief calls out: "The Merciful please help me!"

40. דוּק בְּכַכֵּי וְתַשְׁכַּח בְּנִיגְרֵי (שבת קנב א)
טְחַן בְּשִׁנַּיִם וְתִמְצָא בָּרַגְלַיִם (כלומר: הֲלִיכָה — בְּכֹחַ הָאֲכִילָה!)
Chew well with your teeth and you will find (the food) in your feet (Walking is powered through what one eats).

41. דִּזְקִיף לֵיהּ זְקִיפָא בְדִיוּתְקֵיהּ לָא לֵימָא לֵיהּ לְחַבְרֵיהּ זְקִיף בִּינִיתָא (ב״מ נט סע״ב — א״א)
מִי שֶׁנִּתְלָה לוֹ תָּלוּי בְּמִשְׁפַּחְתּוֹ לֹא יֹאמַר לוֹ לַחֲבֵרוֹ: תְּלֵה דָּג!
A person whose family member was hung, should not say to another person: "Hang up a fish." (Since the mere mentioning of hanging is a disgrace for him).

42. דְּכָאֵיב לֵיהּ כְּאֵיבָא [הוא] אָזֵיל לְבֵי אָסְיָא (ב״ק מו ב)
מִי שֶׁכּוֹאֵב לוֹ כְּאֵב הוּא הוֹלֵךְ לְבֵית רוֹפֵא
Someone in pain should go to a doctor.

43. דְּמַלְפָא תִכְלֵי לָא בָהֲתָא (כתו׳ סב א)
הָרְגִילָה בְשִׁכּוּלִים — אֵינָהּ תְּמֵהָה.
פי׳ הלמודה לקבור בניה אינה תמהה במות אחד מהם (אה״ת מרש״י).
A mother used to being bereaved is not overwhelmed with shock. (The emotions of someone used to burying his children are not jarred when one of them die).

44. דִּנְכִית לֵיהּ חִוְיָא — חַבְלָא מַדְחֵיל לֵיהּ (שהש״ר פ״א יד)
מִי שֶׁנְּשָׁכוֹ נָחָשׁ — חֶבֶל מַפְחִיד אוֹתוֹ.
מתנות כהונה: אפי׳ חבל עקום שדומה לנחש מפחידו ומתיירא הוא ממנו.
Someone bitten by a snake is frightened even by a rope. (*Matanos Kehunah*: Even a crooked rope that looks like a snake frightens him).

45. דְּנָפֵיק מִינָךְ — טַעְמָא מַלְפָךְ (יבמ׳ סג סע״א — א״א, רב)
הַיּוֹצֵא מִמְּךָ — מְלַמֶּדְךָ טַעַם. רש״י: פעמים שהבן מחכים את אביו.
(Rav) Your descendant will teach you logic. (Rashi: Sometimes one's child makes his father wiser).

46. דַּעֲלָךְ סְנִי — לְחַבְרָךְ אַל תַּעֲבֵד (שבת לא א — הלל)
הַשָּׂנוּא עָלֶיךָ — אַל תַּעֲשֶׂה לְחַבְרְךָ.
(Hillel) Do not do to another something that you would not want to be done to you.

47. דְּפָרַע קִינֵיהּ — מַחֲרִיב בֵּיתֵיהּ (סנה׳ קב ב — א״א, ר״פ):
הַפּוֹרֵעַ קִנְאָתוֹ — מַחֲרִיב בֵּיתוֹ.
ובנוסח הערוך יש במשל לשון נופל על לשון:
מַאן דְּפָרַע קִנְאֵיהּ מַחֲרִיב קִינֵיהּ.
״פי׳ מי שפורע קנאתו וחמתו מחריב ביתו.
(Rav Papa) Someone who takes revenge destroys his own house. (The Aruch has the following version: "The one who takes revenge and becomes angry destroys his own house", which, in Aramaic, is a play of words).

48. זְבוֹן וְזַבֵּין — תַּגָּרָא אִיקְרֵי (ב״מ מ׳ ב׳)
קְנֵה וּמְכֹר — תַּגָּר הִקָּרֵא (משל לאדם שאינו בקי במסחר, והוא קונה ומוכר בלא ריוח, ובלבד שיקרא תגר.).
Can one who buys and sells (without profit) be called a merchant? (This is a parable on a person lacking business sense. He buys and sells without gaining any profit so he can be called a merchant).

49. זְוָודִין קַלִּילָא וְאוֹרְחִין רַחִיקָא (כתו׳ סז סע״ד — בנוס׳ כי״מ ואה״ת)
צֵידָתֵנוּ קַלָּה וְדַרְכֵּנוּ רְחוֹקָה.
(בפי אדם הנוטה למות, ודואג שמעשיו הטובים מועטים הם).
Our provisions are meager and our trip is long! (This is said by a person about to die. He is worried that he has done too little good deeds during his lifetime).

50. זוּזָא לְעַלְלָא לָא שְׁכִיחָ(א), לְתִילוּתָא שְׁכִיחַ (חגי׳ ה׳ סע״א — א״א, רבא)
זוז לִתְבוּאָה אֵינוֹ מָצוּי, לְתְלִיָּה מָצוּי.
ערוך (ע׳ זוז): ״פי׳ הממציא מעות לעני בשעה שהנוגשים עליו ומלוה אותן לו, ונוגשים באים ולוקחין הממון, וכי מסתלקי, הוא בא ונושה אותו בכל יום. היינו דאמרי אינשי לקנות התבואה אינו מצוי ולמי שתולין אותו הנוגשים מצוי״.
(Rava) One does not have money to buy wheat, but has money to hang up in a basket. (The Aruch explains: "One lends money to a poor person in debt when his creditors demand repayment, and the creditors come and take the money. When they depart, he comes daily to demand his money back." About such an instance the following adage is said: "One does not find money to buy wheat, but one finds money for the many creditors who want to hang him").

51. זְרוֹק חוּטְרָא לַאֲוִירָא, וְעַל עִיקָּרֵיהּ הוּא קָאֵים (ב״ר ספנ״ג, 574)
זְרֹק מַטֶּה לָאֲוִיר, וְעַל שָׁרְשׁוֹ יַעֲמֹד.
Throw a stick in the air, and (after it lands) it will land on its.

52. חֲבָל עַל דְּאָבְדִין וְלָא מִשְׁתַּכְּחִין (סנה׳ קיא א)
חֲבָל עַל הָאוֹבְדִים וְאֵין נִמְצָאִים.
רש״י: ״הפסד גדול יש על גדולים שאבדו, ואיני יכול למצוא חסידים אחרים כמותם״.
It is a real pity that people equivalent to the departed cannot be found.
(Rashi: The departure of the great (rabbis) is a tremendous loss, and we cannot find other pious people comparable to them).

53. חַבְרָךְ חַבְרָא אִית לֵיהּ, וְחַבְרָא דְּחַבְרָךְ חַבְרָא אִית לֵיהּ (כתוב׳ קט ב)
חֲבֵרְךָ יֵשׁ לוֹ חָבֵר, וַחֲבֵרוֹ שֶׁל חֲבֵרְךָ יֵשׁ לוֹ חָבֵר (והדברים שתאמר יתפרסמו בדרך זו).
Your friend has a friend, and the friend of your friend has a friend (accordingly, what you said will become known).

54. חַבְרָךְ מִית — אַשֵּׁר, אִיתְעַתַּר — לָא תְּאַשֵּׁר (גטין ל׳ רע״ב — א״א, ר״פ)
חֲבֵרְךָ מֵת — הַאֲמֵן, הִתְעַשֵּׁר — אַל תַּאֲמֵן.
(Rav Papa) If you learn about the death of your friend, believe it, but if you learn about his becoming rich do not believe it.

55. חַבְרָךְ קַרְיָיךְ חֲמָרָא — אוּכָּפָא לְגַבָּךְ מוּשׁ (ב״ק צב ב — א״א, רבא)
חֲבֵרְךָ קְרָאֲךָ חֲמוֹר — אֻכַּף מַשְׁמֵשׁ (וְהָבֵא) עָלֶיךָ
כלומר: הודה לדבריו.
(Rava) If your friend called you a donkey, take a saddle off a donkey and put it on your back. (Rashi: Agree to what he says and do not answer him).

56. חוּצְפָּא אֲפִילוּ כְּלַפֵּי שְׁמַיָּא מְהַנֵּי (סנ׳ קה סע״א)
חֻצְפָּה אֲפִילוּ כְּלַפֵּי שָׁמַיִם מוֹעִילָה.

Audacity avails, even toward Heaven.

57. חַמְרָא — דְּמָרֵיהּ, וְטִיבוּתָא — דְּשָׁקְיָא (כ״ק צב ב — א״א, רבא)
הַיַּיִן — של בעליו, וְ(הַחֲזָקַת) הַטּוֹבָה שֶׁל הַמַּשְׁקֶה
כלומר: השותים מחזיקים טובה לאיש המשקה.

(Rava) The wine belongs to its owner, but the appreciation goes to the waiter.

58. חֲמָרָא — אֲפִילוּ בִּתְקוּפַת תַּמּוּז קְרִירָא לֵיהּ (שבת נג א — א״א, ר״פ)
חֲמוֹר — אֲפִילוּ בִּתְקוּפַת תַּמּוּז קַר לוֹ.

(Rav Papa) A donkey is cold even in the Tammuz (high summer) period.

59. טָבָא חֲדָא פִּלְפֶּלְתָּא חֲרִיפְתָּא מִמְּלֵי צַנָּא דְקָרֵי (יומא פה ב, מג׳ ז׳ סע״א, חגי׳ י׳ א׳, ובכולם הכוונה על שמואל)
טוֹבָה פִּלְפֶּלֶת אַחַת חֲרִיפָה מִמְּלֹא טֶנֶא דְלוּעִים.

(Rava) One pungent pepper is better than a full basket of pumpkins (refers to the sharp and incisive reasoning of Shmuel).

60. טָבָא לְבִישׁ לָא תַעֲבִיד, וּבִישָׁא לָא יִמְטֵי לָךְ (ב״ר פכ״ב ח׳, 214)
טוֹבָה לְ(אָדָם) רַע אַל תַּעֲשֶׂה, וְרָעָה לֹא תְבוֹאֶךָּ.
יאה עניותא — ר׳ להלן ״נאה״.

Do not do a favor to a wicked person, and no evil will befall you.

61. יַנְקוּתָא — כְּלִילָא דְוַרְדֵי, סִיבוּתָא — כְּלִילָא דְחִילְפֵי (שבת קנב א)
הַבַּחְרוּת — עֲטֶרֶת וְרָדִים, הַשֵּׂיבָה — עֲטֶרֶת חִלְפִים.

Youth is like a crown of roses, old age is like a crown of nettles.

62. יַצִּיבָא — בְּאַרְעָא, וְגִיּוֹרָא — בִּשְׁמֵי שְׁמַיָּא?! (עירו׳ ט א)
הָאֶזְרָח — בָּאָרֶץ, וְהַגֵּר — בִּשְׁמֵי הַשָּׁמַיִם?!
השוה בתוכחה: הגר אשר בקרבך יעלה עליך מעלה מעלה וגו׳ (דב׳ כח מג)

The citizen is on earth and the stranger in the heavens?! (euphemism for something which is just the opposite from what it should be).
Compare in the *Tochacha*: The stranger in your midst will rise on high, etc. (*Devarim* 28:43).

63. כַּד רָגֵיז רָעְיָא עַל עָנָא עָבֵיד לְנָגוֹדָא סַמְיוּתָא (ב״ק נב א)
כְּשֶׁכּוֹעֵס רוֹעֶה עַל הַצֹּאן עוֹשֶׂה אֶת הַנָּגוֹד (=המשכוכית) סַמְיוּת.
מפירושי לב״ק: והיא נכשלת ונופלת בבורות, והעדר אחריה. כך כשהקב״ה כועס על ישראל מעמיד עליהם פרנסים שאינם מהוגנים.

When the shepherd is angry at the flock, he causes the leading _sheep to be blind. From commentators on *Bava Kama*: It (the leading sheep) falls into holes and the flock after it. Similarly, when the A-mighty is angry at the Jews, he provides them with unworthy leaders.

64. כִּי הֲוֵינַן זוּטְרֵי — לְגַבְרֵי, הָשְׁתָּא דְקַשִּׁישְׁנַן — לְדַרְדְּקֵי (ב״ק צב סע״ב — א״א, רבא)
כְּשֶׁהָיִינוּ קְטַנִּים — לַאֲנָשִׁים, עַכְשָׁיו שֶׁזָּקַנּוּ — לְתִינוֹקוֹת.
כלומר: כשהיינו קטנים היו מכבדים אותנו כאנשים, עכשיו שזקנו מזולזלים בנו כתינוקות.
(Rava) When we were young, we were honored like grownups and now that we are old, we are scorned like babies.

65. כִּי קָאֵי רַבִּי בְּהָא מַסֶּכְתָּא לָא תְּשַׁיְילֵיהּ בְּמַסֶּכְתָּא אַחֲרִיתִי (שבת ג׳ רע״ב — ר׳ חייא לרב)
כְּשֶׁעוֹמֵד רַבִּי בְּמַסֶּכֶת זוֹ אַל תִּשְׁאָלֵהוּ בְּמַסֶּכֶת אַחֶרֶת.
(Rabbi Chiya to Rav) When Rav is engrossed in one tractate, do not inquire of him concerning another tractate.

66. כַּד הֲוָה רַחְמְתִּין עַזִּיזָא אַפּוּתְיָא דְסַפְסִירָא קָא יָתְבִינַן, הָשְׁתָּא דְּלָא עַזִּיזָא רַחְמְתִּין פּוּרְיָא דְשִׁיתִּין גַּרְמִידֵי לָא סַגֵּי לָן.(סנ׳ ז א)
כְּשֶׁהָיְתָה אַהֲבָתֵנוּ עַזָּה עַל רָחְבָּהּ שֶׁל חֶרֶב הָיִינוּ יוֹשְׁבִים, עַכְשָׁיו שֶׁאַהֲבָתֵנוּ אֵינָהּ עַזָּה — מִטָּה שֶׁל שִׁשִּׁים אַמָּה אֵינָהּ דַּיָּהּ לָנוּ.
When our love was intense, we could sit on the edge of a sword, now that our love is not intense, a sixty *amah* wide bed is not enough for us.

67. כֹּל דְּאַלִּים גָּבַר (ב״ב לד ב)
מִי שֶׁחָזָק גּוֹבֵר (מי שהכח בידו — ידו על העליונה). רשב״ם: ״בין בראיות בין בכח״.
The strongest wins (Rashbam: Be it by proof or by force).

68. כֹּל דְּעָבֵיד רַחֲמָנָא לְטָב עָבֵיד (ברכ׳ ס׳ סע״ב)
כֹּל מַה שֶּׁעוֹשֶׂה ה׳ — לְטוֹב הוּא עוֹשֶׂה.
Whatever the A-mighty does is for the good.

69. כָּל מִילְּתָא דְּלָא רַמְיָא עֲלֵיהּ דֶּאֱינַשׁ אָמַר/עָבֵיד לַהּ וְלָאו אַדַּעְתֵּיהּ (ב״ב לט א — אמר, שבוע׳ לד ב — עביד)
כָּל־דָּבָר שֶׁאֵינוֹ מֻטָּל עַל הָאָדָם אוֹמְרוֹ/עוֹשֵׂהוּ וְאֵינוֹ שָׂם לֵב (לפיכך אינו זוכרו).
Anything that a person is not obligated to do is not on his mind (and hence he does not remember or notice it).

70. כָּל־מִילְּתָא דַּעֲבִידָא לְאִיגַּלּוֹיֵי לָא מְשַׁקְּרֵי בַּהּ אֱנָשֵׁי (ר״ה כב ב)
כָּל־דָּבָר הֶעָשׂוּי לְהִגָּלוֹת — בְּנֵי אָדָם אֵינָם מְשַׁקְּרִים בּוֹ.
People do not lie about anything that will (in the end) become public knowledge.

71. כָּל מִילְּתָא דִתְמִיהָא מִדְכַּר דְּכִירֵי לַהּ אֱינָשֵׁי (חולין עה ב)
כָּל־דָּבָר תָּמוּהַּ זָכוּר זוֹכְרִים אוֹתָם בְּנֵי אָדָם.

Strange things are (usually) remembered.

72. כַּלְבָּא לְכַפְנֵיהּ גְּלָלֵי בָּלַע (ב״ק לב ב — א״א, רבא)
כֶּלֶב — לְרַעֲבוֹנוֹ גללים בּוֹלֵעַ.

(Rava) A hungry dog swallows feces.

*72. כַּפָּא דְּחַט(א) נַגָּרָא בְּגַוֵּהּ נִשְׁרוֹף חַרְדָּלָא (פסחים כח רע״א — א״א, רב יוסף)
הַכַּף שֶׁחָקַק הַנַּגָּר יִגְמַע בּוֹ חַרְדָּל.

(Rav Yosef) The carpenter will singe his tongue with the spoon that he made when he eats mustard with it.

73. כַּרְכּוּשְׁתָּא וְשׁוּנְרָא עֲבַדוּ הִילּוּלָא מִתַּרְבָּא דְבִישׁ גַּדָּא (סנה׳ קה א — א״א, ר״פ)
חֻלְדָּה וְחָתוּל עָשׂוּ מִשְׁתֶּה מֵחֶלְבּוֹ שֶׁל רַע־הַמַּזָּל.

(Rav Papa) A weasel and a cat made a feast of the fat of the unlucky one.

74. כְּשׁוּרָא בְמָתָא — בְּזוּזָא, כְּשׁוּרָא בְדַבְרָא — בְּזוּזָא (ב״ק י א — א״א, אביי) קוֹרָה בָּעִיר — בְּזוּז,
קוֹרָה בַּשָּׂדֶה — בְּזוּז (ואע״פ שמחוסר הבאה לעיר).

A beam in the city costs a zuz, a beam in the field costs a zuz (even though it has to be brought to the city).

75. לָאו עַכְבְּרָא גַּנָּב, אֶלָּא חוֹרָא גַּנָּב (גטין מה א, קידו׳ נו רע״ב)
לֹא הָעַכְבָּר גַּנָּב, אֶלָּא הַחוֹר גַּנָּב.
רש״י בגטין: ״חור הכותל שהעכבר נכנס לתוכו וניצול מפני רודפיו״. ובקידושין: ״אלמלא חור, שהעכבר מצניע גניבתו שם, לא היה גונב״.

It is not the mouse that is the thief, it is the hole (through which he enters or where he hides what he stole).

76. לִיבְעֵי אֱינִישׁ רַחֲמֵי אֲפִילוּ עַד זְבִילָא בַתְרַיְיתָא שְׁלָמָא (ברכ׳ ח א)
יְבַקֵּשׁ אָדָם רַחֲמִים אֲפִילוּ עַד הַמַּשְׁפֶּלֶת הָאַחֲרוֹנָה שָׁלוֹם.
רש״י: שיהיה לו שלום כל ימי חייו, ואף ביום קבורתו עד השלכת עפר האחרונה שבכיסוי קבורתו.

A person should plead for mercy even when the last lump of soil is deposited on his grave (Rashi: A person should pray for his well being even when his burial is being completed).

77. לְחַכִּימָא בְּרִמְיזָא, לְשַׁטְיָא, בְּכוּרְמִיזָא (מדרש משלי כב)
לְחָכָם — בְּרֶמֶז, לְשׁוֹטֶה — בְּאֶגְרֹף.

A hint to the wise suffices, the fool must be hit by the fist.

78. אמרי ליה יוחנא וממרא למשה: תֶּבֶן אַתָּה מַכְנִיס לְעָפְרַיִם?
רש״י: עפריים, שהיא מקום הרבה תבואה אתה מביא לשם תבואה למכור בתמיה. כך ארץ מצרים, שהיא מלאה כשפים אתה בא לשם לעסוק בכשפים.
אמר להו אמרי אינשי לְמָתָא יַרְקָא — יַרְקָא שְׁקוֹל (מנ׳ פה רע״?)
לְעִיר יָרָק — טוֹל יָרָק.
רש״י: לעיר שגדל שם ירק הרבה, הבא ירק שלך למכור, לפי שמתקבצין שם הכל לקנות.
Yochana and Mamrei said to Moshe: Are you bringing grain to Afraim? (Rashi: Afraim is a place where grain is abundant, so why do you bring grain there? By the same logic, why do you come to Egypt, a country full of sorcerers, to engage in sorcery?)
He answered them: One should bring vegetables to a place that grows an abundance of vegetables (Rashi: because people come there to make their purchases).

79. לְפוּם גַּמְלָא שִׁיחֲנָא (סוטה יג ב) לְפִי הַגָּמָל — הַמַּשׂאוּי
רש״י: לפי כח הגמל מרבין במשאו.
The burden is according to the camel (Rashi: A camel is loaded according to his strength).

80. לְפוּם צַעֲרָא אַגְרָא (אבות ספ״ה)
לְפִי הַצַּעַר — הַשָּׂכָר.
כלומר: שכר לימוד או עשיית מצוה — לפי המאמץ.
The remuneration is according to the effort (i.e., the remuneration for Torah study or performing a *mitzvah* is according to the effort invested in the act).

81. לְתַקּוּנֵי שַׁדַּרְתִּיךְ וְלָא לְעַוּוּתֵי (ב״מ קח סע״א)
לְתַקֵּן שְׁלַחְתִּיךְ וְלֹא לְקַלְקֵל (אומר אדם לשלוחו)
I sent you to improve things and not to make them worse.

82. מַאן דְּאִית לֵיהּ דִּינָא לִיקְרַב לְגַבֵּי דַּיָּנָא (סנ׳ ג רע״ב)
מִי שֶׁיֵּשׁ לוֹ דִין יִגַּשׁ אֶל הַדַּיָּין. (רש״י: אצל דיין הרגיל ולא אצל הדיוט)
A person in need of a judgment should approach a judge (Rashi: an experienced judge and not an ignoramus).

83. מַאן יָהֵיב לַן נַגְרֵי דְפַרְזְלָא וּנְשַׁמְּעִינָךְ (ברכות מא ב)
(תלמיד מעריץ אומר לרבו:) מִי יִתֵּן לָנוּ רַגְלֵי בַרְזֶל וּנְשַׁמֵּשׁ אוֹתְךָ?!
Who will give me iron feet so that I could serve you (statement of admiring student to his teacher)?

84. מָה שָׁהֵי צְפִירָא דֵין וְחוֹבֵי דָרָא סַגִּיאִין (יומא סו סע״ב)
מַה שׁוֹהֶה שָׂעִיר זֶה וַעֲוֹנוֹת הַדּוֹר מְרֻבִּים.
ר״ח — נ״א: מְשׁוֹךְ צְפִירָה זוּ זְעִיר וְחוֹבֵי דְדָרָא סַגִּיאִין, כלומר מַהֵר וָצֵא שָׂעִיר זֶה קָטָן וְחַטָּאוֹת הַדּוֹר מְרוּבִּין.

Why is this small goat delayed here, while the sins of the generation are many (and he should be sent on his way to attain atonement)? According to Rabbeinu Chananel: Speed up the departure of this small goat (because) the sins of the generation are many (and he should be sent on his way to attain atonement).

85. מַכְתְּבָא גְּלָלָא בָזַע, דַּגָּלָא בְחַבְרֵיהּ יָדַע (ע״ז כב ב — א״א, רבה)
מַכְתֵּב בּוֹקֵעַ (אבן) גָּלָל, שַׁקְרָן מַכִּיר בַּחֲבֵרוֹ.

(Raba) The marble is familiar with the engraving tool, so is a liar familiar with his friend.

86. מִילְתָא מִיגַּנְיָא דְאִית בָּךְ קַדִּים אִמְרַהּ (ב״ק צב ב — ע״?, רבא)
דָּבָר מְגֻנֶּה שֶׁיֵּשׁ בְּךָ — הַקְדֵּם וֶאֱמֹר אוֹתוֹ.

(Rava) Be the first to announce your shortcomings.

87. מִמָּארֵי רַשְׁוָותָךְ פָּארֵי אִיפָּרַע (ב״ק מו ב וש״נ — א״א)
מִבַּעַל נְשִׁיךְ — סֻבִּין הִפָּרַע (לפרעון חוב קבל מן החייב לך כל דבר).

From your debtor collect bran (i.e., receive any kind of payment for your debt).

88. מִינֵּיהּ וּבֵיהּ אָבָא נָזִיל בֵּיהּ נַרְגָּא (סנ׳ לט ב — א״א)
מִמֶּנּוּ וּבוֹ יֵלֵךְ בּוֹ הַגַּרְזֶן בַּיַּעַר.
רש״י: ״מעצמו של יער יכנס בתוך הגרזן להיות בית יד ויקצצו את היער״. ב״ר ספ״ה (עמ׳ 39): ״כיון שנברא הברזל התחילו אילנות מרתתים. אמר להם: מה לכם מרתתים? עץ מכם אל יכנס בי ואין אחד מכם נזוק״.

From the forest itself the ax moves in to chop down the forest (Rashi); *Medrash Bereishis Rabba*: When iron was created, the trees started complaining. So he said to them: "why are you complaining? Let no wood enter into me, and no one of you will be harmed".

89. מְסָאנָא דְּרַב מִכַּרְעַאי לָא בְעֵינָא (קיד׳ מט א)
נַעַל הַגְּדוֹלָה מֵרַגְלַי אֵינִי רוֹצָה.
(אשה המתקדשת אומרת, שאינה חפצה בגבר עשיר או מיוחס ממנה).

I am not interested in a shoe larger than my foot. (A woman about to get married states that she is not interested in a person of a standing higher than hers.)

90. מִסְּגָנֵי וְשַׁלִּיטֵי הֲוַאי לְגַבְרֵי נַגָּרֵי (סנ׳ קו סע״א — א״א, ר״פ)
מִסְגָנִים וְשַׁלִּיטִים הָיְתָה זוֹנָה לַאֲנָשִׁים נַגָּרִים.
(Rav Papa) From being a harlot to those in high position, she became one to plain people.

91. מְעַיְּילִין פִּילָא בְּקוֹפָא דְמַחֲטָא (ב״מ לח ב)
מַכְנִיסִים פִּיל בְּקוֹפָה (=בחור) שֶׁל מַחַט.
They thread an elephant through a needle eyehole.

92. מְשַׁיֵּיל וְאָזֵיל דִּיקְלָא בִּישָׁא [לְ]גַבֵּי קִינָּא דְשַׁדְכֵי (ב״ק צב ב — א״א, רבא)
שׁוֹאֵל וְהוֹלֵךְ דֶּקֶל רַע אֵצֶל גֶּזַע הַבְּטֵלִים.
פי׳: ״דרכו של דקל רע לגדול אצל אילני סרק״.
(Rava) A low-quality palm tree grows near trees that bear no fruit.

93. נָאָה [לְהוּ] עֲנִיוּתָא לְיִשְׂרָאֵל כְּבַרְזָא סוּמָקָא לְסוּסְיָא חִיוָּרָא (חגי׳ ט ב)
נָאָה לָהֶם עֲנִיוּת לְיִשְׂרָאֵל כִּרְצוּעָה אֲדֻמָּה לְסוּס לָבָן.
Poverty is suitable to the Jew like a red belt to a white horse.

94. נְבַח בָּךְ כַּלְבָּא — עוּל, נְבַחָ[א] בָּךְ גוּרִיתָא פּוּק (עיר׳ פו א)
נָבַח בְּךָ כֶּלֶב — הִכָּנֵס, נָבְחָה בְּךָ גוּרָה — צֵא (ערוך: ״פי׳ שאם מנבח כלב זר מעט שותק. נבחא בך גוריתא כלבתא פוק, שלעולם אינה שותקת. אף הוא אם שובת אצל בתו וכועס חתנו מתפייס, אבל אם שובת אצל בנו וכועסת כלתו אינה מתפייסת).
If a male dog barks at you - enter, if a female dog barks at you, leave (Aruch: If an unfamiliar male dog barks at you, he will stop barking, but if an unfamiliar bitch barks at you, it will not stop. So you, if you stay with your daughter and your son-in-law is angry with you, he will make up, but if you stay with your son and your daughter- in-law is angry with you, she will not make up.

95. נְפִישֵׁי גַמְלֵי סָבֵי דְטְעִינֵי מַשְׁכֵי דְהוּגְנֵי (סנה׳ נב סע״א — א״א, ר״פ)
״רַבִּים גְּמַלִּים זְקֵנִים נוֹשְׂאִים עוֹרוֹת שֶׁל גְּמַלִּים קְטַנִּים.
ב״ר פס״ז ח (764): ר׳ נחמי׳ אמר הרבה סייחים מתו ונעשו עורותיהם שטיחין על גבי אמותיהן.
(Rav Papa) There are many old camels that carry the hides of young camels. (*Medrash Bereishis Rabba*: Rav Nehemiah says: Many foals died and their hides serve as carpets on the mothers' backs.)

96. סָבָא בְּבֵיתָא — פָּאחָא בְּבֵיתָא, סַבְתָּא בְּבֵיתָא — סִימָּא בְּבֵיתָא (ערכ׳ ט רע״א — חזקי׳)
זָקֵן בַּבַּיִת — פַּח בַּבַּיִת (רש״י: שאינו אלא למשא). זְקֵנָה בַּבַּיִת — מַטְמוֹן בַּבַּיִת (רש״י: שיכולה לטרוח ולעשות מלאכה בזקנותה).

A grandfather at home is like a pitfall (Rashi: because he is only a burden), a grandmother at home is like a treasure (Rashi: because she is able to carry out tasks even in her old age).

97. סַדָּאָה בְּסָדֵיהּ יָתֵיב, מִדְּוִיל יְדֵיהּ מִשְׁתַּלֵּים (פסח׳ כח רע״א — א״א, אביי)
עוֹשֶׂה הַסָּד בְּסָדוֹ יוֹשֵׁב, מִפֹּעַל יָדָיו מִשְׁתַּלֵּם.
One who makes foot clamps (to prevent thieves from running away) will be held in these clamps (if caught stealing).

98. עַד דְּלָא שְׁכִיב שְׁכִיבָא קָיְימָא מְנוּ בַּיְיתֵיהּ (ב״ב צא א — א״א)
עַד שֶׁלֹּא מֵת הַמֵּת (=לפני שמת המת) עוֹמֶדֶת מְזֻמֶּנֶת־בֵּיתוֹ
(Even) before a person dies, the one to administer his house appears.

99. עַכְבְּרָא דְשָׁכֵיב אַדִּינָרֵי (סנה׳ כט ב)
עַכְבָּר הַשּׁוֹכֵב עַל דִּינָרִים (כך קוראים לעשיר קמצן, שאינו נהנה ואינו מהנה מנכסיו).
A mouse that lies on top of dinars (applies to a miser that does not make use of his wealth and does not let others use it).

100. עַלֵּת לְקַרְתָּא הַלֵּךְ בְּנִימוּסָהּ (ב״ר פמ״ח טו, 491)
נִכְנַסְתָּ לְעִיר — הַלֵּךְ בְּנִימוּסָהּ.
When you enter a city, follow its customs.

101. עַרְבָּךְ — עַרְבָּא צְרִיךְ (סוכה כו סע״א)
עֲרֵבְךָ — עָרֵב צָרִיךְ (כלומר: אין ערך לערבותו).
Your guarantor needs a guarantor (meaning that his guarantee is worthless).

102. עֲשִׁיק לְגַבָּךְ וְשָׁוֶה לְכְרֵיסָךְ (ב״מ נב א — א״א, אביי)
יָקָר לְגוּפְךָ וְשָׁוֶה לִכְרֵסְךָ.
ערוך: ״פי׳ כשאתה קונה מלבוש, אם תקנה ביוקר לא תחוש, אבל מאכל לא תקנה אלא בשוה״.
(Abaye) Expensive to your body (but) reasonable for your stomach (Aruch: Do not fret if you overspend on clothing, but food should be bought only at a reasonable price).

103. פּוּץ מִילְחָא וּשְׁדֵי (בישרא) לְכַלְבָּא (נדה לא א — א״א, ר״פ)
נַפֵּץ הַמֶּלַח וְהַשְׁלֵךְ (הבשר) לַכֶּלֶב (ערוך: ״פי׳ אם יסור המלח לא יצלח אלא לכלב״. רש״י: ״השלך המלח מן הבשר, ושוב אינו ראוי אלא לכלבים״).
Shatter the salt and throw (the meat) to the dogs (Aruch: If the salt is removed, it is only suitable for a dog. Rashi: Remove the salt from the meat, and it will become suitable only for dogs).

104. קִידְרָא דְבֵי שׁוּתָּפֵי לָא חֲמִימָא וְלָא קְרִירָא (עירו׳ ג׳ סע״א — אמרי אינשי, ב״ב כד ב — אמר רב כהנא)
קְדֵרָה שֶׁל שֻׁתָּפִים אֵינָהּ חַמָּה וְאֵינָהּ קָרָה (ערוך: ״פי׳ כל חד וחד סמיך אחבריה ולא התבשיל מתבשל ולא צונן ישאר״).
A partners' pot is neither cold nor hot (Aruch: Because each of them depends on the other and the food does not cook and does not remain cold).

105. קָמֵי דְשָׁתֵי חַמְרָא — חַמְרָא, קָמֵי רָפוּקָא — גְּרִינָא דְחִילְפֵי (סוטה י א - א״א, ר״פ)
לִפְנֵי שׁוֹתֵה־יַיִן — יַיִן, לִפְנֵי עוֹדֵר — מִדָּה שֶׁל חִלְפִים (ערוך: בפני חופרי שדות גדישי דשאים).
(Rav Papa) Before the wine drinker put wine, before the one who hoes - a measure of nettles. (Aruch: Before those who dig in fields are pieces of grass.)

106. קַרְיָנָא דְאִגַּרְתָּא אִיהוּ לֶהֱוֵי פַּרְוַנְקָא (ב״מ פג ב)
קוֹרֵא הָאִגֶּרֶת הוּא יִהְיֶה הַשָּׁלִיחַ (המציע הצעה הוא יהיה מבצעה)
The reader of the letter should be the envoy (whoever made a suggestion should carry it out).

107. קְרִיתֵיהּ לְבַר עֲמִיתָךְ וְלָא עָנָךְ, דְּחֵי גוּדָא רַבָּה שְׁדֵי עִילָוֵיהּ. (ב״ק צב ב — א״א, רבא)
קָרָאתָ לְבֶן־עֲמִיתְךָ וְלֹא עָנָה לְךָ, דְּחֵה גָּדֵר גְּדוֹלָה וְהַשְׁלֵךְ עָלָיו (כלומר: הוא התרחק ממך, אף אתה התרחק ממנו).
(Rava) If you called your friend and he did not respond, throw a large fence at him (i.e., if he distanced himself from you, you should distance yourself from him).

108. רַבֵּי, רַבֵּי, בַּר בְּרָתָךְ אֲנָא (סוטה מט א — א״א)
גַּדֵּל, גַּדֵּל, בֶּן־בִּתְּךָ אָנִי.
רש״י: גדל גדל אותי, ואעפ״כ איני בנך, בן בתך אני, ואין עלי לכבדך כבן.
Raise me, raise me, I am your daughter' son (Rashi: (Even though) you should raise me, I am not your son, but your daughter's son and I am not obligated to honor you as a son is obligated).

109. רָהֵיט וְנָפֵיל תּוֹרָא (ואזיל) שְׁדוֹ לֵיהּ סוּסְיָא בְּאוּרְיֵיהּ (סנ׳ צח ב — א״א, ר״פ)
רָץ וְנוֹפֵל הַשּׁוֹר הֵטִילוּ לוֹ סוּס בְּאֻרְוָתוֹ.
״רש״י: ״כשרץ השור ונפל מעמידין סוס במקומו באבוסו מה שלא היה רוצה לעשות קודם מפלתו של שור, שהיה חביב עליו שורו ביותר, וכשמתרפא השור היום או למחר ממפלתו, קשה לו להוציא סוסו מפני השור לאחר שהעמידו שם״.
The ox ran and fell and a horse was stationed in its stable (Rashi: When an ox runs and falls, a horse is stationed in his place at the manger, something that would not be done before the ox fell, since he extremely cherished his ox. When the ox

gets well a day or two after it fell, it is difficult to remove the horse after it was placed).

110. (רְחֵילָא בָּתַר רְחֵילָא אָזְלָא) כְּעוֹבְדֵי אִמָּא (כַּךְ) עוֹבָדֵי בְּרַתָּא (כתוב׳ סג א).
(רָחֵל אַחַר רָחֵל הוֹלֶכֶת) כְּמַעֲשֵׂי הָאֵם — מַעֲשֵׂי הַבַּת.

(An ewe follows an ewe) as the mother does (so) does the daughter.

111. רַחֲמֵי דְאַבָּא — אַבְּנֵי, רַחֲמֵי דִבְנֵי — אַבְּנֵי דַהֲווֹ לֵיהּ (סוטה מט א)
רַחֲמֵי הָאָב עַל בָּנִים, רַחֲמֵי בָּנִים עַל בָּנִים שֶׁיִּהְיוּ לָהֶם.

The father's compassion is upon his children, the children's compassion is upon their future children.

112. רָ[א]טֵין מְגוֹשָׁא וְלָא יָדַע מַאי רָאטִין, תָּנֵי תַּנָּא וְלָא יָדַע מַאי [קָ]אָמַר (סוטה כב א — דאמרי אינשי [מ׳ ואה״ת לי׳], רנב״י).
רוֹטֵן מְגוֹשׁ (=מכשף) וְאֵינוֹ יוֹדֵעַ מַהוּ רוֹטֵן, שׁוֹנֶה (=לוֹמֵד) תַּנָּא וְאֵינוֹ יוֹדֵעַ מַהוּ אוֹמֵר (ערוך (ע׳ רטן): ״פי׳ כמו דאמגושא רטין ולא ידע מאי רטין, כן תני תנא ולא ידע מאי אמר בשביל שלא שימש ת״ח ולא פירש תלמודו ולא סבר סברא״).

(Rav Nachman bar Yitzchak) The sorcerer is angry and does not know why, the Tanna teaches and does not know what he said. (Aruch: Because he did not serve under a Talmudic scholar and cannot reason properly).

113. שֵׁב שְׁנִין הֲוָה כַפְנָא וְאַבָּבָא [דְ]אוּמָנָא לָא חֲלֵיף (סנ׳ כט א)
שֶׁבַע שָׁנִים הָיָה רָעָב, וְעַל פִּתְחוֹ שֶׁל אוּמָּן לֹא עָבַר.
רש״י: ״על פתח מי שיודע אומנות ובעל מלאכה לא עבר הרעב״.

There was a hunger for seven years, but it did not pass at the door of the artisan.

114. שֵׁב שְׁנִין הֲוָה מוֹתָנָא, וְאֱנִישׁ בְּלָא שְׁנֵי[הּ] לָא אָזֵיל (יב׳ קיד סע״ב, סנ׳ כט א)
שֶׁבַע שָׁנִים הָיָה דֶבֶר, וְלֹא הָלַךְ אָדָם (לעולמו) בְּלֹא (שהשלים) שְׁנוֹתָיו.

There was a plague for seven years, but no one died before completing his (Heavenly decreed) years.

115. שַׁבְקֵיהּ לְרַוְיָא דְמִנַּפְשֵׁיהּ נָפֵיל (שבת לב א)
הַנַּח לַשִּׁכּוֹר, שֶׁמֵּאֵלָיו יִפֹּל.
רש״י: ״לְשִׁכּוֹר אינך צריך להפילו, שהוא יפול מאליו״.

Leave the drunkard alone, he will fall by himself (Rashi: You do not need push him, he will fall by himself).

116. שַׁבֶּשְׁתָּא כֵּיוָן דְעָל עָל (פסח׳ קיב סע״א, ב״ב כא א)
שִׁבּוּשׁ (=טעות) כֵּיוָן שֶׁנִּכְנַס נִכְנַס (וקשה לעקרו).

Once an error has set in, it is difficult to eliminate it.

117. שׁוּתָא דִינוּקָא בְשׁוּקָא — אוֹ דְאָבוּהּ אוֹ דְאִימֵּיהּ (סוכה נו ב)
שִׂיחַת הַתִּינוֹק בַּשּׁוּק — אוֹ שֶׁל אָבִיו אוֹ שֶׁל אִמּוֹ
רש״י: ״משל הדיוט הוא מה שהתינוק מדבר בשוק — מאביו או מאמו שמע״.

The talk of a child in the street is either of the father or of the mother (Rashi: Whatever a child says in the street, he heard either from his father or mother).

118. שָׁפֵיל וְאָזֵיל בַּר אַוְּזָא וְעֵינֵיהּ מְטַיְּיפֵי (ב״ק צב ב — א״א, רבא)
שָׁפֵל וְהוֹלֵךְ בֶּן־אַוָּז וְעֵינָיו צוֹפוֹת (=מביטות למרחוק לחפש מזונותיו).

The son of a goose bends its head down while walking and its eyes look all around (looking for food) (humility should not prevent a person from asking assistance in Torah study and in gaining his livelihood) (Rashi).

119. שְׁקִילָא טִיבוּתָךְ וְשַׁדְיָא אַחִיזְרֵי (ב״ק פג א וש״נ)
נְטוֹל חַסְדְּךָ וּמוּטָל עַל קוֹצִים (כלומר: אין בו תועלת).

Take your favor and through it on the thorns (i.e, it is of no benefit).

120. מַאי רְבוּתֵיהּ דִשְׁרָגָא בְטֵיהֲרָא (מַאי אַהֲנֵי) (חולין ס׳ ב׳)
מַה יִתְרוֹנוֹ שֶׁל נֵר בְּצָהֳרַיִם (מָה הוֹעִיל)

What is the benefit of a candle at midday?

121. שִׁיתִּין רָהוֹטֵי רַהוּט וְלָא מְטוֹ לְגַבְרָא דְמִצַּפְרָא כְרָךְ (ב״ק צב רע״ב — א״א, רבא)
שִׁשִּׁים רָצִים רָצוּ וְלֹא הִשִּׂיגוּ אֶת הָאִישׁ, שֶׁאָכַל (פַּת) שַׁחֲרִית

(Rava) Sixty runners ran, but could not catch up with the person who ate breakfast.

122. שִׁיתִּין תַּכְלֵי מְטִיוּהּ לְכַכָּא דְקָל חַבְרֵיהּ שְׁמַע וְלָא אֲכַל (ב״ק צב ב — א״א, רבא)
שִׁשִּׁים כְּאֵבִים הִגִּיעוּהָ לְשֵׁן, שֶׁשָּׁמְעָה קוֹל חֲבֶרְתָּהּ. וְ(הִיא) לֹא אָכְלָה.

(Rava) Sixty aches reached the tooth that heard the noise of its neighbor, but (it) did not eat.

123. תְּלוֹ לֵיהּ קוֹרָא לְ״דָבָר אַחֵר״, וְאִיהוּ — דִּידֵיהּ עָבֵיד (ברכ׳ מג ב)
תָּלוּ לוֹ קוֹר (=ראשו הרך של הדקל) ״לְ״דָבָר אַחֵר״ (=לחזיר), וְהוּא — אֶת שֶׁלּוֹ עוֹשֶׂה (רש״י — והוא יגלגלנו באשפה, שזו היא אומנתו).

Hang the soft part of a palm tree around a pig's throat and it will do its usual (it will dirty it in the mud).

124. תְּעָלָא בְּעִידָּנֵיהּ סְגֵיד לֵיהּ (מגלה טז ב)
שׁוּעָל בְּשַׁעְתּוֹ (רש״י: אם תראה שעתו מצלחת) הִשְׁתַּחֲוֵה לוֹ.

When a fox succeeds, prostrate yourself before it.

125. תְּרֵי אוּדֵי יַבִּישֵׁי וְחַד רְטִיבָא אוֹקִידוּ יַבִּישֵׁי לְרְטִיבָא (סנ׳ צג סע״א)
שְׁנֵי אוּדִים יְבֵשִׁים וְאֶחָד רָטֹב — שָׂרְפוּ הַיְבֵשִׁים אֶת הָרָטֹב.
יש פתגם בפרסית: עצים לחים ויבשים בוערים יחדיו.

If you possess two dry brands and a wet one; the dry ones burn the wet one. (A Persian proverb: Wet and dry logs of wood burn together).

126. תַּרְעָא דְלָא פְּתִיחַ לְמִצְוְתָא — פְּתִיחַ לְאָסְיָא (במד״ר פט יא)
שַׁעַר שֶׁאֵינוֹ פָּתוּחַ לְמִצְוָה (=לִצְדָקָה) — פָּתוּחַ לְרוֹפֵא.

A gate that is not opened for a *mitzvah* (giving charity) is opened for a doctor.

מדות שהתורה נדרשת בהן

א. קל וחומר

א) שני דברים דומים, שאחד מהם קל ואחד מהם חמור, למֵדים הם זה מזה: צד קל שיש בדבר החמור אפשר להטילו גם על הדבר הקל, וצד חמור שיש בדבר הקל אפשר להטילו גם על החמור. למשל, שבת ויום־טוב: שבת חמורה, שכל מלאכה אסורה בה (חוץ מפקוח נפש), ויום־טוב קל, שמלאכת אֹכל־נפש מותרת בו. ואם תמצא דבר שמותר לעשותו בשבת (למשל סחיטת למון [לא תפוז!]) תדון ותאמר: אם בשבת מותר לעשות מלאכה זו, קל וחומר ביו״ט. וזהו לימוד הקל מן החמור. ואם תמצא להֵפך דבר שאסור לעשותו ביום־טוב (למשל הפרשת תרומה) תדון ותאמר: אם ביו״ט אסור לעשות זאת, ק״ו בשבת. וזהו למוד החמור מן הקל.

ב) דיו

לפעמים מביאֵנו למוד הק״ו להחמיר על החמור יותר, וכדי להשוות את חומרתו לחומרת הדבר הקל משתמשים ב״דַיּוֹ״. למשל ״ואביה ירק ירק בפניה הלא תכלם שבעת ימים״, קל וחומר לשכינה ארבעה עשר יום, אלא דיו לבא מן הדין (=הלָמֵד) להיות כנִדון (=המלמד), ולכן ״תסגר שבעת ימים וגו׳״.

ג) פירכא

יש ששוברים את הק״ו על ידי כך שמראים שהקל אינו קל, שהרי יש בו צד חמור שאינו בדבר החמור, ועל כן אי אפשר ללמדו מן החמור השני, שהרי שניהם בדרגה אחת הם (שכל אחד מן הדברים יש בו צד חמור); או שמראים שהחמור אינו חמור, שהרי יש בו צד קל שאינו בדבר הקל. שבירה זו נקראת בלשון התלמוד ״פירכא״. (ובלשון התנאים: תשובה).

Methods by Which the Torah is Expounded

1) Kal Ve'chomer **(Inference from the weaker to the stronger, from the minor to the major, a minori ad majus)**

a) Two similar cases, one of which is weaker or minor and the other stronger or major, can be deduced one from the other. Accordingly, if the "stronger" case contains a certain "weaker" (lit., lighter) aspect (a *kula*) through the *kal ve'chomer* one can deduce that this *kula* reasonably exists in the weaker case too. Inversely, if in the weaker case one finds a "stronger" (lit., a stringency) aspect one can deduce by means of the *kal ve'chomer* that this *chumra* reasonably exists in the stronger case too.

For example: the prohibition not to do *melachos* (work) on Shabbos (in which all *melachos* are prohibited except for life- saving circumstances) is "stronger" (more of a *chumra*) than the prohibition of *melachos* during Yamim Tovim (Jewish festivals) in which *melachos* pertaining to preparing food eaten on Yom Tov are permitted. Accordingly, owing to the *kal ve'chomer*, a *melachah* permitted on Shabbos (the stronger case) can be assumed to be permitted on Yom Tov. Inversely, owing to the *kal ve'chomer* a *melachah* prohibited on Yom Tov (the weaker case) may be assumed to be prohibited on Shabbos.

b) It is enough that the deduced law be like the law from which we make this deduction (but not more stringent than it)

In certain cases when the Talmud is inclined, because of the application of a *kal ve'chomer*, to be more stringent in the "stronger" case than in the "weaker" one from which a certain law is derived, the rule *dai'yo* teaches us that we can only derive the same level of stringency as the "weaker" case and not more. It is enough (*dai'yo*) that we deduce (by means of the *kal ve'chomer*) that the newly- derived law is equal in severity to the *nidon* (the case on which this deduction is based), and not superior to it.

For example: In connection to Miriam, the Torah (*Bamidbar* 12:14) writes: "Were her father to spit in her face, would she not be in shame for seven days? (making it a *kal ve'chomer* that since Hashem is angry with her she should be humiliated for fourteen days. Nonetheless) Let her be quarantined outside the camp (only) for seven days, and then she may be brought in."

ד) אין מזהירין מן הדין

הק״ו מועיל ללמוד את האיסור או את החומרה; אבל ״אין מזהירין מן הדין״, כלומר אין האיסור הנלמד ע״י ק״ו נחשב כמו לאו מן התורה כדי ללקות עליו (שכן כל לאו שאין עונשו מפורש בתורה לוקין עליו); וכן ״אין עונשין מן הדין״, כלומר דבר שאיסורו מפורש בתורה, אבל אין עונשו מפורש בתורה אין לומדים את העונש ע״י קל וחומר.

ה) ארבעה קלין וחמורין (כך צורת הרבים של ״קל וחומר״!) במקרא, ואלו הם (בראשית רבה פצ״ב ז׳): בר׳ מד ח, שמות ו יב, במ׳ יב יד, דב׳ לא כז.

ו) לשונות הק״ו:

במקרא: הן (הנה)... אף כי...; הן... ואיך...

במשנה: ק״ו ומה... אינו דין...; ק״ו ומה... לא כל שכן; ק״ו ומה... על אחת כמה וכמה.

בארמית: השתא... מיבעיא (או: צריכא למימר).

ב. גזרה שוה והֶקש וסמוכין

א) **גזרה שוה.** שני ענינות שיש בהם מלות שוות (או משורש אחד, ולפעמים גם אם יש בהם רק פעלים נרדפים) יכול האחד ללמוד מן השני. למשל: נאמר בעבד עברי ״ורצע אדניו את **אזנו**״ (שמות כא ו), ונאמר במצורע ״ונתן הכהן אל תנוך **אזן** המטהר הימנית״ (ויקרא יד יד), מה במצורע אזן ימנית אף בנרצע אזן ימנית.

c) Disproof, refutation

It is possible to refute a *kal ve'chomer* through proving that the case considered to be "weaker" is not altogether weaker than the "stronger" case. Since the weaker case contains a certain aspect that is stronger than the other case, it causes both to be on the same level, with each one having some "strong" aspect. Another way of refuting a *kal ve'chomer* is by way of showing that the "stronger" case is not so strong since it contains a "weak" aspect that is not even in the "weaker" case. Such a type of disproof is called a *pircha* in the Talmud and a *teshuvah* in the Mishnah.

d) Although a *kal ve'chomer* helps to teach us a prohibition or severity, that derived prohibition or severity is not considered a negative commandment for which a person who contravenes it is punishable with *malkos* (flagging). A negative commandment without an explicit punishment in the Torah does not subject the transgressor to a *malkos* punishment.

אין עונשין מן הדין

Similarly אין עונשין מן הדין teaches us that when a prohibition is clearly expressed in the Torah but is without an explicit punishment, although its punishment can be derived from a *kal ve'chomer*, we nonetheless do not mete out the punishment.

e) The Torah itself writes a *kalvechomer* four times: *Bereishis* 44:8, *Shemos* 6:12, *Bamidbar* 12:14), and in *Devarim* 31:27.

2) An Analogy

a) If two subjects of the Torah are mentioned with identical terms (or one root, and sometimes even with only synonymous verbs) we can derive one from the other.

For example: The Torah (*Shemos* 21:6) writes concerning an *eved ivri* (Jewish slave), "His master shall bore through his ear with the awl" and the Torah (*Vayikra* 14:14) writes concerning a *metzora* (a leper), "The Cohen shall place it on the middle part of the right ear of the person being purified." Through the medium of a *hekesh* we derive that just like the ear mentioned concerning a *metzora* is his right one, so too the ear mentioned by an *eved ivri* is his right one.

ב) הֶקֵּשׁ. שני ענינות דומים או שהובאו בפסוק אחד, או — בשני פסוקים סמיכים, מקישים מזה על זה. למשל: כתוב בתורה "כי ימכר לך אחיך העברי או העבריה" (דב׳ טו יב) — מקיש עברי לעבריה ועבריה לעברי: מה אמה עבריה יוצאת בגרעון כסף, אף עבד עברי יוצא בגרעון כסף; ומה עבד עברי יוצא בשש וביובל, אף אמה עבריה יוצאת בשש וביובל (בלשון המשנה נקרא אף "הֶקש" בשם "גזרה שוה", ביצה פ"א מ"ו).

ג) אין אדם דן ג"ש מעצמו, אלא אם כן קִבְּלָהּ מרבו.

וקבלה זו בשני אופנים:

1) קבל מרבו שהלכה זו נלמדת בגזרה שוה.

2) קבל מרבו שמלים אלו משמשות לגזרה שוה; ולכן יש לפעמים מחלוקת, שחכם זה לומד את ההלכה מתֵּבה זו, וחכם שני — מתֵּבה אחרת.

אבל ק"ו דן אדם מעצמו, שאם אינו נכון אפשר לשברו.

ד) צריך שאותן המלים המשמשות לג"ש תהיינה יתירות בשני המקומות (כלומר אין צורך בהן לענין), וזה נקרא "מופנה משני צדדים". ואם במקום אחד יתֵרה מלה, ובמקום שני אינה יתֵרה, נקרא "מופנה מצד אחד"; ויש מחלוקת אם לומדים ג"ש ממופנה מצד אחד או אין לומדים.

ה) אם התורה יכלה להשתמש במלים אחרות, וכתבה מלים אלו הרי זה מופנה.

ו) אין ג"ש מוציאה מקרא מידי פשוטו לגמרי.

b) **Comparison** - On account of a *hekesh* it is possible to deduce one *halachah* from another because they are either mentioned in the same verse or in two juxtaposed verses.

For example: "If your brother, a Hebrew man or a Hebrew woman, will be sold to you" (*Devarim* 15:12). Thanks to the *hekesh* we compare the laws of a Hebrew male slave (*eved ivri) to that of a Hebrew female slave (amah ivriyah*): just like the female slave obtains her freedom through *geir'aon kesef*(deducting the value of the time she has worked from the money she originally received for her servitude and by means of paying the difference she becomes a free woman) so does a male slave. Inversely, just like the male slave obtains his freedom after working six years and at the Jubilee Year so does the female slave. (In the language of the *Mishnah*, *hekesh* is also termed as being a *gezeirah shavah*, cf. *Beitzah* 1:6).

c) A *gezeirah shavah* cannot be deduced on one's own initiative. Only if one has received in tradition of this *gezeirah shavah* from one's mentor can one use it to deduce *halachos*.

This tradition expresses itself in two ways:

(1) One received in tradition from one's mentor that this particular *halachah* is deduced from the *gezeirah shavah*.

(2) One received in tradition from one's mentor that these words are used for a *gezeirah shavah*. Accordingly, we sometimes find a difference of opinion in which one sage derives a *halachah* from a certain word but another sage derives it from another word.

Nonetheless, one can deduce a *kal ve'chomer* without any tradition, and if, it is incorrect, it can be disproved.

d) The two words forming a *gezeirah shavah* must be superfluous in both of the two verses (*mufneh mi'shenei tzedadim*). If the word is superfluous in one verse but not in the other it is called *mufneh mi'tzad echad*. A difference of opinion exists whether it is possible to deduce a law from a *gezeirah shavah* that is *mufneh mi'tzad echad*.

e) If the Torah could have used other words instead of those it wrote, this is considered *mufneh*.

f) One cannot modify the simple sense of the verse entirely by means of a *gezeirah shavah*.

ז) יש שלומדים דבר מדבר בג״ש לכל הפרטים (״דון מינה ומינה״), ויש שלומדים לפרט זה בלבד (״דון מינה ואוקי באתרה״).

ח) קרובה למדת ג״ש היא מדת הסמוכין. ״כל פרשה שהיא סמוכה לחברתה לְמִדָה הימנה״. למשל: נאמר ״מכשפה לא תחיה (שמ׳ כב יז), ונאמר ״כל שוכב עם בהמה מות יומת״ (שם יח), סמכו ענין לו, מה שוכב עם בהמה בסקילה אף מכשפה בסקילה. וכן: מנין ליבמה שנפלה לפני מוכה שחין שאין חוסמין אותה (״אין מכריחין אותה להתיבם, אלא תחלץ״)? שנאמר ״לא תחסם״ וסמוך לו ״כי ישבו אחים יחדו וגו׳״ (דב׳ כה ד־ה).

ומצוי באגדה. למשל: למה נסמכה פרשת נזיר לפרשת סוטה? לומר לך שכל הרואה סוטה בקלקולה יזיר עצמו מן היין.

ט) ר׳ יהודה אינו דורש סמוכין אלא בספר משנה תורה (=דברים) בלבד.

ג. בנין אב

א) שני ענינות הדומים בתכונתם או שוים בדבר אחד, ומצינו קל או חומר המפורש באחד מהם, נטיל אותו אף על השני; וזה נקרא ״מה מצינו״ (ויש קוראים לו ״בנין אב וכתוב אחד״): מה מצינו ב־**א** שהוא שוה ל־**ב** בדבר פלוני ויש לו חומר זה, אף **ב** השָוה ל־**א** בדבר פלוני יהא לו אותו חומר.

g) Certain sages of the Talmud derive by means of a *gezeirah shavah* all details from one case to the other (*dun minah u-minah*). Others derive only one detail by means of using the *gezeirah shavah and not all details (dun minah ve-ukei be'asrah*).

h) Juxtaposition

A somewhat similar method is called *semuchin*. "Every *parshah* that is juxtaposed to the other (placed side by side) is placed that way so it could be used to learn from it" (*Sifri, parshas Balak* 131).

For example: "You shall not allow a *machasheifah* (sorceress) live" (*Shemos* 22:17) is located adjacent to, "Anyone who lies with an animal shall surely be put to death" (*Shemos* 22:18). This juxtaposition teaches, "Just like someone who lies with an animal is punishable with *sekilah* (derived in *Sanhedrin* 54b from a *gezeirah shavah* - Rashi), so a *mechasheifah* is punishable with *sekilah*" (*Berachos* 21b).

Another example: The Gemara (*Yevamos* 4a) teaches us: "What is the source from which we learn that if a *yevamah* falls before someone afflicted with boils that she is not muzzled ("we do not block her arguments and force her to submit herself to perform *yibum* but instead force him to give her *chalitzah*" - Rashi)? 'You shall not muzzle an ox in its threshing' (*Devarim* 25:4) and next to it (v. 5) is written, 'When brothers dwell together...her *yavam* shall come to her, and take her to himself as a wife and perform *yibum*".

We find *semuchin* used in *Agados* too (*Berachos* 63a): "Why is the section of the Torah about a *nazir* (*Bamidbar* 5:11-31) written next to the section talking about a *sotah* (*Bamidbar* 6:1-21)? It teaches us that if someone sees a *sotah* in her downfall he should disassociate himself from wine".

i) Rebbe Yehudah only utilizes this rule (*semuchin*) in the *Mishneh Torah* (*Devarim*).

3) Binyan Av (literally meaning a father construction)

a) When two cases have a certain point in common, and the Torah explicitly states a certain stringency (*chumra*) in case A or leniency (*kula*) in case A, we can apply that *chumra* or *kula* to the second case. This is called by some a *mah metzinu* (lit., just as we find) and by others a *binyan av mi'kasuv echad* in which a prototype is formed from one verse. Just as "we find" A

ב) שני ענינות, שיש להם צד משותף, אך לכל אחד מהם יש סגולה מיוחדת או חומר מיוחד, ובשניהם נוהג דין מיוחד (חמור או קל), הם משמשים בנין אב לענינות אחרים שיש בהם אותו צד משותף שינהג בהם אותו דין. למשל, התורה אמרה "אלהים (=דיין) לא תקלל ונשיא בעמך לא תאר" (שמ' כב כז), ומפסוק זה לומד המדרש אזהרה לקללת אב, שענשה מפורש ("ומקלל אביו ואמו מות יומת", שמ' כא יז, וכן בויק' כ ט), בדרך בנין אב: "הרי אתה דן בנין אב משניהם לא ראי דיין כראי נשיא ולא ראי נשיא כראי דיין, לא ראי דיין שהרי דיין אתה מצווה על הוראתו כראי נשיא שאי אתה מצווה על הוראתו, ולא ראי נשיא שהרי נשיא אתה מצווה על המראתו כראי דיין שאי אתה מצווה על המראתו. הצד השווה שבהן שהם בעמך ואתה מוזהר על קללתן, אף אני אביא אביך שבעמך שאתה מוזהר על קללתו" (סנה' סו א). למוד זה נקרא "בנין אב וכתוב אחד" (ויש קוראים לו "בנין אב ושני כתובים"). ואם שני הענינות הנ"ל הם בשתי פרשיות נקרא "בנין אב ושני כתובים".

ג) שני ענינות שוים שאין לשום אחד מהם סגולה מיוחדת, ואלו כתבה התורה את הדין באחד מהם בלבד, יכול היה השני ללמדו ממנו, ואף על פי כן כתבה התורה אותו דין גם בענין השני, אין הם מלמדים על אחרים, "שני כתובים הבאים כאחד אין מלמדים"; משום שאלו רצתה התורה לקבוע כלל, היתה מסתפקת באחד מהם, ומאחר שכתבה את שניהם משמע שהתכונה לשני אלו בלבד.

ד) מלה הבאה בכמה מקומות, ובמקום אחד הגדיר אותה הכתוב, הרי בכל מקום שתמצא מלה זו תגדיר אותה כך. למשל בויק' (יג מז) מפורש: "והבגד

has a common denominator with B concerning one property and furthermore has a particular *chumra*, so also B will be equal to A in that *chumra* too.

b) When two cases have a common denominator, but each one has a special quality or special *chumra*, and in both cases is found a certain law (either a *chumra* or *kula*), they serve as a *binyan av* to other cases that possess the same common denominator.

For example: The Torah (*Shemos* 22:27) writes, "You shall not revile god (i.e., a *dayan*, a rabbinical judge), and you shall not curse a prince (*nasi*) among your people". The punishment for cursing one's father is explicit in the Torah (*Shemos* 21:17, *Vayikra* 20:9), "One who curses his father or mother shall surely be put to death." The Gemara (*Sanhedrin* 66b) derives a warning not to curse one's father from the two verses. "You learn a *binyan av* from them both. A *dayan* is not like a *nasi*, and a *nasi* is not like a *dayan*. A *dayan* is not like a *nasi* since you are commanded to follow the rulings of a *dayan* but not of a *nasi*. A *nasi* is different than a *dayan* since you are commanded not to rebel against a *nasi* but you are not commanded not to rebel against a *dayan*. Their common denominator is that both are 'among your people' and you are warned not to curse them, so therefore I will also include your father who is 'among your people' to teach you that you are forbidden to curse him". This method of expounding is called a *binyan av mi'kasuv echad* (but others call it a *binyan av mi'shnei kesuvim*). If the two cases are in two *parshiyos* this method is called a *binyan av mi'shnei kesuvim.*

c) There is a restriction called *shnei kesuvim ha'ba'im beyachad ein melamdim* (Two *pesukim* from the Torah with the same point cannot teach about other cases)
When two similar cases exist without anyone having any particular special property and had the Torah written the law in one of them it would have been possible to derive the law for the second case, but nevertheless the Torah wrote the law in both of them, this comes to teach us that they cannot teach about other cases. If the Torah had wanted to establish a generalization, it would have been sufficient to write only one of them, but since it nevertheless wrote both of them, it seems that this law applies only in these two cases.

d) If a word appears in several places and in one place the Torah defines it in a certain way, whenever we find that word it should be defined in the same way.

כי יהיה בו נגע צרעת **בבגד צמר או בבגד פשתים**". וזה בנה אב כל מקום שנאמר "בגד" הוא בגד צמר ופשתים. ולהיפך: כל מקום שנאמר בתורה "עד" הכונה לשנים (עד = עדות, וכן לא תענה ברעך עד שקר, פרושו: עדות שקר, וכן יגר־שׂהדותא = גַלְעֵד (=גַל־עֵד, בר׳ לא מז) עד שיפרט לך הכתוב "עד אחד".

וכן באגדה: על כל דבור ודבור היה (הקב"ה) קורא: "משה, משה!" ומשה אומר "הנני!". בנין אב לכולם "ויקרא אליו אלקים מתוך הסנה ויאמר משה משה ויאמר הנני" (שמ׳ ג ד).

ד. כלל ופרט

א) אם התורה כותבת קודם ביטוי כולל, ואחר כך מוסיפה פרט אחד או פרטים אחדים, הרי שכונת התורה לצמצם את הכלל ולהעמידו על פרטים אלו בלבד. למשל בתחלת ויקרא: "אדם כי יקריב מכם קרבן לה׳ מן הבהמה מן הבקר ומן הצאן תקריבו את קרבנכם". מן הבהמה כלל ("אף חיה בכלל בהמה"), מן הבקר ומן הצאן פרט — אין בכלל אלא מה שבפרט. נמצינו למדים שאין מקריבים קרבנות בהמה (וחיה) אלא מבקר וצאן. ואם תשאל א"כ למה כתבה התורה את הכלל, אשיבך: אלמלא הכלל יכולנו לרבות בהמות אחרות בק"ו או ב"מה מצינו" או במדה אחרת, בא הכלל ושלל מאתנו כל דרך של רבוי.

ב) אם התורה כתבה פרט או פרטים ואח"כ הביאה ביטוי כולל, בא אותו ביטוי כולל לכלול כל דבר.

למשל: כי יתן איש אל רעהו חמור או שור או שה — פרט, וכל בהמה — כלל, נעשה כלל מוסיף על הפרט.

For example: The Torah (*Vayikra* 13:47) writes, If there shall be a *tzaraas* affliction in a garment (*beged*), in a woolen garment or a linen garment. This is a *binyan av* teaching us that wherever the Torah writes *beged* it means it is made out of wool or linen.

Another example (*Sifri* 161): Wherever the Torah writes *eid* (meaning witness) like in, "You shall not bear false witness against your fellow" (*Shemos* 20:13) it means two witnesses. Similarly, "Lavan called it Yagar-shadusa but Yaakov called it Galeid" (*Bereishis* 31:47) the word *eid* in Galeid means two witnesses. Wherever the Torah writes *eid* it means two witnesses testify unless it specifically writes "one witness".

The same rule applies in Agadah (*Bamidbar Rabba* 14): "Every time *HaKadosh Baruch Hu* would call out to Moshe, He would call out Moshe, Moshe! and Moshe would answer, "Here I am!" The *binyan av* that teaches us this is, "G-d called out to him from amid the bush and said, 'Moshe, Moshe,' and he replied, 'Here I am' (*Shemos* 3:4)".

4) General Term followed by a Particular Term

a) If the Torah first uses a general expression and then adds one or several details, the intention of the Torah is to limit the generalization and have it apply only to the details. For example, in the beginning of *Vayikra* (1:2): "A person of you that offers a sacrifice to Hashem from animals, from the cattle and from the flock you should offer your sacrifice." The term "animal" is a general one ("includes also non-domestic animals") the cattle and from the flock is a particular term, and the general term does not contain anything more than the particular term. We derive from this that sacrifices are not to be brought from any animals, but only from cattle and from flock. Should then the question arise, why did the Torah use a general term, the answer is as follows. If not for the general term we could have included other animals by means of a inference from a minor to a major premise or by a "what is found" (here that is not found there) or by means of some other rules of derivation. The general term was hence used to prevent us from using any such rule.

b) If the Torah wrote one or several particular terms and then followed this by a general term, then the general term comes to include everything.

For example: "If one gives his neighbor a donkey or an ox, or a sheep" - (*Shemos* 22:9) all these are particular terms, "or any animal," is a general term, and the general term adds to the particular terms.

ג) יש והתורה פותחת בכלל ואח״כ מביאה פרטים ומסיימת בכלל שני, והרי לפנינו הרכבה של שתי המדות הקודמות: כלל ופרט + פרט וכלל, לפיכך אנו עושים פשרה ואומרים שמרבים כל דבר הדומה לפרט וממעטים כל מה שאינו דומה. למשל במצורע (ויק׳ יד ט): ״והיה ביום השביעי יגלח את כל שערו״ — כְּלל, ״את ראשו ואת זקנו ואת גבות עיניו — פְּרט, ״ואת כל שערו יגלח״ — חזר וכָלל; כלל ופרט וכלל אי אתה דן אלא כעין הפרט: מה הפרט מפורש מקום כנוס שער ונראה, אף כל מקום כנוס שער ונראה.

וכן בפדיון מעשר שני (דב׳ יד כו): ״ונתת הכסף בכל אשר תאוה נפשך״ — כלל, ״בבקר ובצאן וביין ובשכר״ — פרט, ״ובכל אשר תשאלך נפשך״ חזר וכלל; כלל ופרט וכלל אי אתה דן אלא כעין הפרט: מה הפרט מפורש פרי מפרי וגדולי קרקע, אף כל פרי מפרי וגדולי קרקע.

ד) וכן אם הכלל בא בין הפרטים, ולפנינו ״פרט וכלל ופרט״ (= פרט וכלל + כלל ופרט), השוה ל״כלל ופרט וכלל״, אין בכלל אלא מעין הפרטים הסמוכים לו, לפניו ולאחריו. למשל בנזיר (במ׳ ו ג־ד): ״מיין ושכר יזיר״ — פרט, ״מכל אשר יעשה מגפן היין״ — כלל, ״מחרצנים ועד זג״ — חזר ופרט; פרט וכלל ופרט אי אתה דן אלא כעין הפרט: מה הפרט מפורש פרי ופסולת פרי, אף כל פרי ופסולת פרי.

וההבדל ביניהם הוא, שבכלל ופרט וכלל מוסיפים כל פרט הדומה לפרט שבכתוב אפילו בצד אחד, ובפרט וכלל ופרט אין מוסיפים אלא אם כן דומה הוא לפרט בשני צדדים.

c) In other cases when the Torah lists a general term, it is followed by particular terms and terminates the statement by another general term. We hence have a combination of the two previous rules: general term followed by a particular term and a particular term followed by one that is general. Here we make a compromise and say that all that is similar to the particular term is included and all that is not similar to it is excluded. For example, in the case of a *metzorah* (*Vayikra* 14:9) "And it will be on the seventh day he will shave off all his hair," which is a general term, "his head, his beard, and his eyebrows," which is a particular term, and "all of his hair he should shave off," which is again a general term. In the case of a general term followed by a particular term and then again by a general term, you should derive only what is similar to the particular term: just as the particular term pertains to a location where hair is collected and seen, so does the general term apply to a location where hair is collected and seen.

Similarly in the redemption of *maaser sheini* (*Devarim* 14:26): "And you should give the money into everything that you lust," which is a general term, "into cattle and flock, wine..." which is a particular term, "and into everything that you desire," which is again a general term. We have here a general term followed by a particular term and then again by a general term and we should derive only what is similar to the particular term: just as the particular term pertains to fruit and what grows from the soil, so everything else is also fruit and what grows from the soil.

d) Similarly, if the general term is included between particular terms and we have a particular term followed by a general term and again by a particular term, the general term only includes particular terms that are similar to those immediately preceding or following it. For example in the case of a *nazir* (*Bamidbar* 6:3-4) "from wine and from *shechar* he should refrain", is a particular term, "from all that is made from the vine," is a general term and "from kernels to skins" is again a particular term. In the case of a particular term followed by a general term and again by a particular term one only derives items that are similar to the particular term: just like the particular term pertains only to fruit and its waste, so only fruit and its waste are included.

The difference between the two is that in the case of a general term followed by a particular term and then by a general term we add any particular term that is similar to the written particular term even in one aspect, whereas in the case of a particular term followed by a general term and again by

ה) ויש שהכלל והפרט תלויים זה בזה ואין האחד מתפרש בלא השני, וזהו "כלל הצריך לפרט ופרט הצריך לכלל". למשל ב"וכסהו בעפר" (ויק׳ יז יג) לא תוכל לומר "וכסהו" — כלל, "בעפר" — פרט, ואין בכלל אלא מה שבפרט; משום שלפנינו כלל הצריך לפרט, ש"וכסהו" משמע אף כפית כלי, ורק על ידי "בעפר" נבין שכיסוי זה הוא על ידי צבירת עפר עליו. וכן כל הבכור אשר יולד בקרבך ובצאנך הזכר" (דב׳ טו יט). אלו נאמר הכלל "כל הבכור" הייתי אומר אף נקבה במשמע; ואלו נאמר הפרט "הזכר" הייתי אומר אף היוצא אחר נקבה. אם כן לפנינו כלל ופרט שאין אחד מהם מתפרש בפני עצמו.

ה. רבוי ומעוט

כל מה שמנינו בסעיף הקודם הוא לשיטת ר׳ ישמעאל; אבל לשיטת ר׳ עקיבא משתמשים במקום זה ברבוי ומעוט:

1) ריבה ומיעט — ריבה הכל (במקום "כלל ופרט").

2) מיעט וריבה — ריבה הכל (במקום "פרט וכלל").

3) ריבה ומיעט וריבה — ריבה הכל (במקום "כלל ופרט וכלל"). ובכל המקרים התלמוד נושא ונותן: מאי ריבה? ריבה כל מילי (=כל דבר), ומאי מיעט? מיעט וכו׳ (דבר שאינו דומה לפרט לגמרי).

כמובן שאין כאן הבדל בדרך הלמוד בלבד, אלא אף מחלוקת בהלכה. וכאן כדאי להזכיר את שני הכללים:

1) אין ריבוי אחר ריבוי אלא למעט.

2) אין מיעוט אחר מיעוט אלא לרבות.

ודע: מלות הרבוי הן: אף, גם, את, כל.

מלות המעוט הן: רק, אך, מן.

a particular term one only adds a particular term that is similar to the written one in both aspects.

e) It may happen that the general and the particular terms are mutually dependent and one cannot be interpreted without the second. This is known as "a general term that needs the particular term and a particular term that needs the general term". For example, in "and he will cover it with earth" (*Vayikra* 17:13) it cannot be stated that "and he will cover" is a general term and "with earth" is particular term and the general term contains only what is in the particular term. This is because we are dealing with a general term that "needs" the particular term, since "and he will cover" may mean by a means of a vessel. It is only by means of the term "with earth" do we understand that the covering is by means of piling earth on it. This is also the case with "each firstborn that will be born among you and in your minor cattle that is male" (*Devarim* 15:19). Had it been only stated "each firstborn", I would have said that this applies also to females and had it been stated "that is male" I would have included one that is born following the birth of a female. We are hence dealing with a general and a particular term that one cannot be interpreted without the other.

5) Inclusions and Limitations

All the above is according to Rav Yishmael, but according to Rav Akiva one uses inclusions and limitations instead, thus:

1) Included and limited - everything is included (instead of general and particular terms)

2) Limited and included - everything is included (instead of particular and general terms).

3) Included, limited and included - everything is included (instead of general, particular and general terms). In all cases the Talmud discusses: what was included - everything was included. What was limited - that and the other (items not fully similar to the particular item).

Of course, the difference is not only in the manner of derivation, but also in the *halachah*. Two rules should be mentioned here:

1) One inclusion that follows another comes to limit.

2) One limitation that follows another comes to include.

ו. דבר שהיה בכלל...

יש שהתורה כותבת מצוה באופן כולל ואחר כך היא חוזרת ומצוה על פרט אחד של אותה מצוה. אנו אומרים שדבר זה שהיה כלול בכלל ויצא מן הכלל, לא יצא אלא ללמד דבר חדש שלא ידענוהו מן הכלל, ודבר חדש זה הוא מלמד על הכלל כולו.

למשל: במצות השבת אומרת התורה "לא תעשה כל מלאכה", וכשהיא פורטת "לא תבערו אש וגו׳", הרי אף הבערה בכלל "כל מלאכה" היתה, ולמה יצאה? ללמדנו שהעושה מלאכות אחדות בשבת חייב על כל אב מלאכה ומלאכה.

וכן בדב׳ יב א,ב: עבודה זרה בכלל "אלה החקים והמשפטים וגו׳" היתה, ולמה יצאה? לומר לך: מה ע"ז שהיא חובת הגוף ("ולא חובת קרקע", מצות התלויה בארץ) נוהגת בין בארץ בין בחו"ל, אף כל שהיא חובת הגוף נוהגת בין בארץ בין בחו"ל.

ז. דבר הלמד מענינו ודבר הלמד מסופו

א) שני ענינות הסמוכים זה לזה בתורה, ואחד מהם סתום, שאין מפורש בו במה הכתוב מדבר, והענין הסמוך מפרש בו במה הוא מדבר, לומדים סתום מן המפורש.

למשל: בעשרת הדברות כתוב "לא תגנב", סָתם הכתוב ולא פירש אם גניבת ממון או גניבת נפשות. נלמד מן הדברות הסמוכים "לא תרצח" ו"לא תנאף", וכשם שאלו שני הלאוין יש בהן מיתת ב"ד ("למי שעובר עליהן") אף "לא תגנב" בגניבת נפשות הכתוב מדבר שחייב עליה מיתה (שמ׳ כא טז).

ב) ויש שסופו של אותו ענין מפרש את הסתום שבראשו. למשל: בנגעי בתים כתוב "ונתתי נגע צרעת בבית ארץ אחוזתכם" (ויק׳ יד לד). סָתם הכתוב

6) An Item that was Included ...

It happens that the Torah lists a *mitzvah* in a general manner and then it again commands about a detail of the same *mitzvah*. We say that the item that was initially excluded and then mentioned separately, was so mentioned only to teach us something new that we did not know from the general statement. This something new applies to the entire general statement.

For example: concerning the *mitzvah* of Shabbos the Torah states: "Do not do any *"melachah"* and details "do not light a fire, etc". Actually, however, lighting a fire was included in "any *melachah*", so why is it mentioned separately? This comes to teach us that a person who performs several *melachos* on Shabbos is culpable for each category of *melachah*.

Similarly, in *Devarim* 12:1-2, idol worship was included in the statement of "these decrees and laws", so why is it mentioned separately? This comes to teach us that just as the prohibition of idol worship which is a personal obligation (rather than "obligation upon the soil", which is a land associated *mitzvah*) is applicable both in the Holy Land and outside of it, so are also all *mitzvos* that are a personal obligation applicable both in the Holy Land and outside of it.

7) A Matter that is Explained from Its Context or from a Subsequent Statement

a) Two statements made in the Torah, one of which is unclear, that no explanation is given of the subject matter, that is adjacent to another statement that is explained, is interpreted on the basis of the statement the meaning of which is understood.

For example: in the Ten Commandments it is written "Do not steal", but no explanation is given whether it refers to stealing of property or to corporal theft (kidnapping). This question is resolved on the basis of the adjacent statements, meaning: "Do not murder" and "Do not commit adultery". Just as these two transgressions are penalized by a court-ordered death sentence, so is "Do not steal" so punished from which we infer that it refers to corporal theft, i.e., kidnapping (*Shemos* 21:16).

b) It may also happen that the final part of a statement interprets the first part that is unclear. For example: in the case of *negaim* of houses it is written

ולא פרש לנו איזה בית. של אבנים, של לבנים, או של עצים? בא סופו "ונתץ את הבית את אבניו ואת עציו ואת כל עפר הבית" (שם מ"ה) ולמְדָנו שרק בית הבנוי משלשת החמרים הללו מטמא בנגעים.

ח) שני כתובים המכחישים זה את זה עד שיבוא הכתוב השלישי ויכריע ביניהם.

למשל: כתוב אחד אומר "וזבחת פסח לה' אלקיך צאן ובקר" (דב' טז ב), וכתוב אחד אומר "מן הכבשים ומן העזים תקחו" (שמ' יב ה). כיצד יתקיימו שני מקראות הללו?... עד שיבוא הכתוב השלישי ויכריע ביניהם: תלמוד לומר "משכו וקחו לכם צאן למשפחותיכם ושחטו הפסח" (שמ' יב כא) — צאן לפסח ולא בקר לפסח (אלא לחגיגה).

ומכאן למדו רבותינו ז"ל, ובכל מקום שמצאו שני כתובים המכחישים זה את זה, הרחיקו את הסתירה ע"י הכרעה, או שהסבירו את הדברים והראו ששני הכתובים מדברים בתנאים שונים. למשל בויק' (יט יג) נאמר "לא תלין פעולת שכיר אתך עד בוקר" ובדב' (כד טו) נאמר "ביומו תתן שכרו ולא תבוא עליו השמש". הרי יש כאן סתירה, כי מהכתוב בויק' יוצא שצריך לתת לשכיר את שכרו לפני הבוקר, ומהכתוב בדב' יוצא שצריך לתתו לו לפני שקיעת החמה. חכמי התורה שבעל פה יִשבו סתירה זו ואמרו: הכתוב בויק' עוסק בשכיר יום, שגובה את שכרו כל הלילה שלאחר יום עבודתו עד הבוקר, והכתוב בדב' עוסק בשכיר לילה, שגובה את שכרו כל היום שלאחר ליל עבודתו, עד שקיעת החמה.

"And I shall give *nega tzaraas* in a house in the land of your residence" (*Vayikra* 14:34). The verse did not explain what kind of house is referred to, is it one made of stones, bricks or wood? The final part of the statement that reads: "and he will shatter the house, its stone, its wood and the soil of the house" (Ibid, 45) comes to teach us that only a house that is built of these three materials becomes afflicted by *negaim*.

8) Two Verses that are Mutually Contradictory and are Reconciled by a Third Verse

For example: one verse states: "and you should slaughter the *Pesach* sacrifice to ... (from) cattle and from flock" (*Devarim* 16:2) whereas another verse states: "from sheep and goats you should take" (*Shemos* 12:5). How does one reconcile these two verses? Then there comes a third verse and reconciles them. It is written: "Set aside and take to yourself flock to your families and slaughter the *Pesach* sacrifice" (*Shemos* 12:21) - flock for the *Pesach* sacrifice and not cattle (but the latter can be used for the *chagigah* sacrifice).

Our Sages derived from here that, whenever one finds two mutually contradictory verses, the contradiction is resolved by a resolution, or that the two verses apply to different conditions. For example, it is stated in *Vayikra* (19:13): "Do not keep the wages of a hired person with you till the morning", whereas in *Devarim* (24:15) it says: "Pay him the wages in his day and the sun should not set on them". This is a contradiction, because it appears from the verse in *Vayikra* that that the wages should be paid before the morning whereas from *Devarim* it seems that they should be paid before sunset. The Sages resolved this contradiction and said: the verse in *Vayikra* applies to a day worker that can be paid the entire night after his day's work till the morning, whereas the verse in *Devarim* pertains to a night worker that can be paid the entire day after his night's work, until the sunset.

Useful Abreviations ראשי־תיבות

א.

א״א	אברהם אבינו
	אי אפשר
	אי אמרת
	אשת איש
אא״א	אלא אי אמרת
אא״ב	אלא אי אמרת בשלמא
אא״כ	אלא אם כן
אאע״ה	אברהם אבינו עליו השלום
א״ב	איכא בינייהו
	אל״ף בי״ת
אב״א	אי בעית אימא
אב״ד	אב בית דין
אבה״ע	״אבן העזר״
א״ד	איכא דאמרי
	או דילמא
אדה״ר	אדם הראשון
אדמו״ר	אדוננו מורנו ורבנו
אד״ר	אדר ראשון
אדר״נ	״אבות דרבי נתן״
אד״ש	אדר שני
אה׳	אהלות
א״ה	אי הכי, אומות העולם
אה״נ	אין הכי נמי
אה״ק	ארץ הקדש
אה״ת	״הגדות התלמוד״
או״א	אב ואם
או״ה	אומות העולם
	איסור והיתר
אוה״ג	״אוצר הגאונים״
אוה״ע	אומות העולם
או״ז	״אור זרוע״
או״ח	״אור חיים״
א״ז	״אדרא זוטא״
	״אליהו זוטא״
א״ח	אסרו חג
אחב״י	אחינו בית (בני) ישראל
אחז״ל	אמרו חכמינו זכרונם לברכה
אח״כ	אחר כך
א״י	ארץ ישראל, אינו יהודי, אינו יודע
איבע״א	אי בעית אימא
אי״ה	אם ירצה השם
איכ״ר	״איכה רבה״
א״כ	אם כן
אכי״ר	אמן כן יהי רצון
אכמ״ל	אין כאן מקום להאריך
אכ״ע	אכולי עלמא
א״ל	אמר לו, אמר ליה
	אמרו לו, ליה
	אמר להם, להו
	אמרו להם
	אמרי להו
	איכא למימר
אל״א	אין לי אלא
א״מ	אבינו מלכנו
אמ״ה	אלקינו מלך העולם
אמ״ת	איוב, משלי, תהלים
א״נ	אי נמי, אי נימא
אנס״ו	אמן נצח סלה ועד
אס׳	אסתר
אסת״ר	״אסתר רבה״
א״ע	את עצמו, עצמה וכו׳
אע״ג	אף על גב
אע״פ(י)	אף על פי
אעפ״כ	אף על פי כן
אפ״ה	אפילו הכי

א״צ	אין (אינו) צריך
אצ״ל	אין צריך (צורך) לומר
א״ק	אמר קרא
אקב״ו	אשר קדשנו במצותיו וצונו
א״ר	אמר רבי, אמר רב
	״אדרא רבה״, ״אליהו רבה״
אר״א	אמר רבי אלעזר
	אמר רבי אליעזר
אר״ג	אמר רבן גמליאל
אר״ה	אמר רב הונא
אר״ז	אמר בי זירא
ארז״ל	אמרו רבותינו זכרונם לברכה
אר״ח	אמר רבי חייא
	אמר רבי חנינא
	אמר רב חסדא
אר״ט	אמר רבי טרפון
אר״י	אמר רבי יהושע
	אמר רבי יוחנן
	אמר רבי יוסי
	אמר רבי יוסף
	אמר רבנו יצחק (תוספות)
אריב״ז	אמר רבן יוחנן בן זכאי
אריב״ל	אמר רבי יהושע בן לוי
אריב״ק	אמר רבי יוחנן בן נורי
אר״כ	אמר רב כהנא
אר״ל	אמר ריש לקיש
אר״מ	אמר רבי מאיר
אר״נ	אמר רבי נחמיה
	אמר רב נחמן
	אמר רבי נתן
אר״ע	אמר רבי עקיבא
אר״פ	אמר רב פפא
אר״ש	אמר רבי שמעון
	אמר רב ששת
ארשב״ג	אמר רבן שמעון בן גמליאל
ארשב״י	אמר רבי שמעון בן יוחאי
ארשב״ל	אמר רבי שמעון בן לקיש
ארשב״נ	אמר רבי שמואל בר נחמני
אר״ת	אמר רבנו תם (בתוספות)
א״ש	אתי שפיר
אש״ל	אכילה, שתיה, לינה
א״ת	אי תימא, אל תקרי
	אם תאמר
את״ל	אם תִּמָּצא לומר

ב.

ב״א	(בן אדם), בני אדם
	ב׳ אלפים
באה״ט	״באר היטב״
בא״י	ברוך אתה י״י
	בארץ ישראל
ב״ב	בבא בתרא, במהרה בימינו,
	בן ברית, בני ביתו, בר בר
בב״א	במהרה בימינו אמן
בגוב״ר	בני גד ובני ראובן
ב״ד	בית דין, בעל דין
בד״א	במה דברים אמורים
בד״ה	בדבור המתחיל
בד״צ	בדבור המתחיל
ב״ה	בית הלל, רוך הוא,
	ברוך השם, בעזרת השם,
	בעל הבית, בית המקדש
בה״א	בית הלל אומרים
בה״ב	בעל הבית, שני חמישי ושני
ב״ה וב״ש	ברוך הוא וברוך שמו
בה״ג	״באר הגולה״
בהוב״ח	בהר ובחקותי
בה״ט	״באר היטב״
בהמ״ז	ברכת המזון
ב״ו	בשר ודם
ב״ז	בן זומא, בן זכאי
בזה״ז	בזמן הזה
ב״ח	בעל חוב, בני חורין, ״בית חדש״
בחדר״ג	בחרם דרבנו גרשום
ב״י	״בית יוסף״, בית ישראל
ביהכ״נ	בית הכנסת
ביה״כ	בית הכבוד, בית הכסא
ביהמ״ד	בית המדרש
ביהמ״ק	בית המקדש
ביה״ס	בית הספר

ביה"ש בין השמשות, בין השיטין
ביל"ו בית יעקב לכו ונלכה
ב"כ ברכת כהנים, בא(י) כוחו
בכו' בכורות, בכורים
בכ"ז בכל זאת
בכ"מ בכל מקום
בלא"ה בלאו הכי
בל"נ בלי (בלא) נדר
בל"ס בלי (בלא) ספק
במ' במדבר
ב"מ בבא מציעא, בר מינן
במ"מ בורא מיני מזונות
במד(ב)"ר "במדבר רבה"
במז"ט במזל טוב
ב"נ בן נח, בורא נפשות, ברכי נפשי
בנ"א בני אדם, בנוסח אחר
בנ"ט בנותן טעם
בנ"י בני ישראל
בס"ד בסייעתא דשמיא
בס"ט בסימן טוב
בסי' בסימן
בספ"י בסבר פנים יפות
בע"ד בעל דין
בע"ה בעזרת השם
בעה"ב בעל הבית
בעוה"ז בעולם הזה
בעוה"ב בעולם הבא
בעוה"ר בעוונותינו הרבים
בעזהי"ת בעזרת השם יתברך
בע"ח בעל חוב
בע"י ב"עין יעקב"
בע"כ בעל כרחו
בע"פ בעל פה, בערב פסח
בע"ש בערב שבת
בעש"ט בעל שם טוב
בעשי"ת בעשרת ימי תשובה
בעש"ק בערב שבת קודש
ב"פ ב' פעמים, בורא פרי
בפה"א בורא פרי האדמה

בפה"ג בורא פרי הגפן
בפה"ע בורא פרי העץ
בפי' בפירוש
בפ"י בן פורת יוסף
בפ"נ ובפ"נ בפני נכתב ובפני נחתם
בפ"ע בפני עצמו
בפ"ק בפרק קמא
ב"צ בן ציון
בצ"ע בצריך עיון (בתוספות)
ב"ק בר קפרא, בן קרחה, בת קול, בבא קמא
בק"ו בקל וחומר
בר' ברייתא, בראשית
ב"ר בן רבי, בר רב, "בראשית רבה"
ברא' בראשית
ברה"מ ברכת המזון
ברכ' ברכות
בר"ש ברבי שמעון
ב"ש בית שמאי
בש"א בית שמאי אומרים
בשטו"מ בשעה טובה ומוצלחת
בשכמל"ו ברוך שם כבוד מלכותו לעולם ועד
בש"ר בשם רב, בשם רבי

ג.

ג"א גירסא אחרינא
גז"ד גזר דין
ג"ח גמילות חסד(ים)
גח"ט גמר חתימה טובה
ג"ט ג' טפחים
גי' גירסא
ג"כ גם כן
גמ"ח גמילות חסד(ים)
ג"ע גן עדן, גילוי עריות
ג"פ ג' פעמים
גפ"ת גמרא, פירוש (רש"י), תוספות
ג(ז)"ש גזרה שוה

ד

ד״א	דבר אחר, ד׳ אמות, דרך ארץ, ד׳ אלפים
דא״א	דאמרי אינשי
דא״ז	״דרך ארץ זוטא״
דאלת״ה	דאי לא תימא הכי
דא״ר	״דרך ארץ רבה״
דב׳	דברים
ד״ב	דפוס ברלין
דב״ר	״דברים רבה״
ד״ה	דברי הכל, דיבור המתחיל
דה״א	דברי הימים א׳
דה״ב	דברי הימים ב׳
דה״י	דברי הימים
דה״כ	דברי הכל
דהע״ה	דוד המלך עליו השלום
ד״ו	דפוס ויניציא
דו״ד	דין ודברים
ד״ח	דפוסים חדשים
ד״ט	ד׳ טפחים
ד״י	דפוסים ישנים
דכ״ע	דכולי עלמא
ד״מ	דיני ממונות
דני׳	דניאל
ד״ס	דברי סופרים, ״דקדוקי סופרים״
ד״ק	דפוס קושטא
ד״ר	דברי רבי, דפוס ראשון, ״דברים רבה״
דר״א	דברי רבי אליעזר
דר״ט	דברי רבי טרפון
דר״י	דברי רבי יהודה וכו׳
דרי״ת	דבי רבי ישמעאל תנא
דר״מ	דברי רבי מאיר
דר״ע	דברי רבי עקיבא
דר״ש	דברי רבי שמעון
ד״ש	דרישת שלום דפוס שונצינו
ד״ת	דברי תורה

ה

ה״א	הוה אמינא, ה׳ אלפים
ה״א, ה״ב...	הלכה א׳, הלכה ב׳...
הב״ה	הקדוש ברוך הוא
הב״ע	הכא במאי עסיקינן
הבעל״ט	הבא עלינו לטובה
ה״ג	הכי גרסינן, ״הלכות גדולות
הגר״א	הגאון רבי אליהו (מוילנא)
ה״ד	היכי דמי
הה״ד	הוא הדין
הה״ד	הדא הוא דכתיב
הו״ל	הוה ליה
הול״ל	הוה ליה למימר
הו(ש)״ר	הושענא רבה
ה״ז	הרי זה, הרי זו
החו״מ	החותם מטה
הי״ד	השם יקם דמו
הי״ו	השם ישמרהו ויחיֵהו
הכ״מ	הריני כפרת משכבו
ה״ל	הוה ליה, הוה להו
הל׳	הלכה, הלכות
הל(מ)״מ	הלכה למשה מסיני
ה״מ	הני מילי, הוה מצי
המו״ל	המוציא לאור
המלבה״ד	המביא לבית הדפוס
המע״ה	המוציא מחברו עליו הראיה
ה״נ	הכי נמי, הכא נמי
הנה״ח	הנץ החמה
הנ״ל	הנזכר לעיל
הנ״מ	הכי נמי מסתברא
העוה״ב	העולם הבא
הק׳	הקבלה, הקבלות
ה״ק	הכי קאמר, הכי קתני
הקב״ה	הקדוש ברוך הוא
הקמ״ל	הא קמשמע לן
הרא״ש	הרב רבנו אשר
הרע״ב	הרב רבנו עובדיה (מ)ברטנורא
הרה״ג	הרב הגאון
הרי״ף	הרב רבי יצחק (אל)פסי
הש״י,השי״ת	השם יתברך

ו

וא"א ואי אפשר, ואי אמרת
וא"ת ואם תאמר
ואצ"ל ואין צריך לומר
ואת"ל ואם תמָּצֵא לומר
ובג"ד ובגין דא
ובג"כ ובגין כך
וגו' וגומר (רק לקצור פסוק מן המקרא!
וד"ל ודי למבין (במפרשים)
והא"ר והאמר רבי, והאמר רב
וז"ל וזה לשונו
וחכ"א וחכמים אומרים
וי"א ויש אומרים
וי"ג ויש גורסין
וי"ל ויש לומר, ויש ליישב, ויש לתרץ
וי"מ ויש מפרשים
ויק' ויקרא
ויקו"פ ויקהל פקודי
ויק"ר "ויקרא רבה"
וכ"ה וכן הוא
וכה"א וכן הוא אומר
וכו' וכוליה
וכיו"ב וכיוצא בו (בזה, בהם)
וכ"כ וכל כך, וכמו כן, וכך כתב
וכ"ש וכל שכן
וכ"ת וכי תימא
ול"נ ולי נראה
ול"פ ולא פליגי
ולפע(נ)"ד ולפי עניות דעתי
ונ"ל ונראה לי
ועי' ועיין
וע"ש ועיין שם
וצ"ע וצריך עיון
וצע"ג וצריך עיון גדול
וקי"ל וקיימא לן
וק"ל וקל להבין, וקשה לי
וש"נ ושם נסמן

ז

ז' זָכָר, שבעה, שבע
זא"ז זה את זה, זה אל זה
זב"ז זה בזה
זבח' זבחים
זבל"א זה בורר לו אחד
זו"נ זכר ונקבה
זכ', זכר' זכריה
ז"ל זכרונו לברכה, זכור לטוב
זל"ז זה לזה
זללה"ה זכרונו לברכה לחיי העולם הבא
זמ"ז זה מזה
זמ"ן נק"ט זרעים, מועד, נשים, נזיקין, קדשים, טהרות
ז"פ ז' פעמים
זצוק"ל זכר צדיק וקדוש לברכה
זצ"ל זכר צדיק לברכה
זש"ה זהו שאמר הכתוב

ח

ח"א חד אמר
ח"א, ח"ב חלק א', חלק ב'
חב', חבק' חבקוק
ח"ג חילופי גירסאות
חגי' חגיגה
חדר"ג חרם דרבנו גרשום
חד"ת חדושי תורה
ח"ו חס ושלום, חלילה וחס
חוה"מ חול המועד
חוהמ"ס חול המועד סוכות
חוהמ"פ חול המועד פסח
חו"ל חוצה לארץ
חו"מ "חשן משפט"
חו"ק חופה וקידושין
חז"ל חכמינו זכרונם לברכה
ח"י שמונה עשר
חכ"א חכמים אומרים
ח"מ חסורי מחסרא, "חשן משפט"
ח"נ חצי נזק
ח"ק חצי קדיש, חברא קדישא
חש"ו חרש שוטה וקטן

ט

ט״ב	ט׳ באב
ט״ד	טעות דפוס
טה׳	טהרות
ט״ו	חמשה עשר
טואה״ע	״טור אבן העזר״
טוא״ח	״טור אורח חיים״
טו״בי״ז	שבעה עשר
טוח״מ	״טור חושן משפט״
טויו״ד	״טור יורה דעה״
טו״מ	טענות ומענות
ט״ז	ששה עשר, ״טורי זהב״
ט״י	טבול יום
ט״מ	טעמא מאי
ט״ס	טעות סופר

י

י״א	יש אומרים
יב״ח	י״ב (שנים עשר) חדש
יבמ׳	יבמות
יב״נ	יהושע בן נון
י״ג	יונתן בן עוזיאל
י״ג	יש גורסין
יהו׳	יהושע
יה״ר	יהי רצון
יהר״מ	יהי רצון מלפניך
יהש״ר	יהא שמיה רבא
יו״ד	״יורה דעה״
יוה״כ	יום הכפורים
יו״ט	יום טוב
יו״כ	יום כפור
יוכ״ק	יום כפור קטן
יו״ל	יוצא לאור
י״ח	ידי חובה, (תפלת) שמנה עשרה
יחז׳	יחזקאל
י״ט	ימים טובים, י׳ טפחים
יי״נ	יין נסך
יי״ש	יין שרוף
י״ל	יש לומר, יש ליישב, יש להקשות
יל׳	״ילקוט (שמעוני)״
יל(ק)״ר	״ילקוט ראובני״
יל(ק)״ש	״ילקוט שמעוני״
י״מ	יש מפרשים
ימה״מ	ימות המשיח
י״נ	יאיר נרו, יש נוהגין
י״ס	יש ספרים
יפ״ת	יפת תואר
יצה״ט	יצר הטוב
יצה״ר	יצר הרע
יצ״ו	ישמרהו צורו ויחיהו
יצ״מ	יציאת מצרים
יקנה״ז	יין, קדוש, נר, הבדלה, זמן (ביו״ט שחל במוצ״ש)
י״ר	יהי רצון
ירו׳, ירוש׳	ירושלמי
ירושת״ו	ירושלים תבנה ותכונן
ירמ׳	ירמיה
יר״ש	ירא שמים
ישע׳	ישעיה
יש״ש	״ים של שלמה״
ית׳	יתברך

כ

כ״א	כל אחד, כי אם
כאו״א	כל אחד ואחד, כבוד אב ואם
כ״א, כ״ב	כרך א׳, כרך ב׳
כ״ג	כהן גדול, עשרים ושלשה
כד״א	כמה דאת אמר
כדא״א	כדאמרי אינשי
כ״ה	כן הוא, כולי האי
כה״ג	כנסת הגדולה, כהן גדול, כהאי גוונא
כה״י	כתב היד
כה״ק	כתבי הקדש
כוח״ט	כתיבה וחתימה טובה
כו״כ	כאן וכאן, כמה וכמה, כך וכך
כו״ע	כלל ועיקר, כולי עלמא
כו״פ	כלל ופרט

כ״ז	כל זמן, כל זה
כ״ח	כלי חרס
כ״י	כתב יד, כנסת ישראל, כן ירבו
בכ״י	בכל יום
כיו״ב	כיוצא בו (בזה)
כי״י	כתבי יד
כי״מ	כתב־יד מינכן
כ״כ	כל כך, כמו כן
כלו׳	כלומר
כל״ח	כי לעולם חסדו
כ״מ	כל מקום
כמ״ד	כמאן דאמר
כמוהר״ר	כבוד מורנו ורבנו הרב רבי
כמהר״ר	כבוד מעלת הרבני ר׳
כמ״ש	כמו שכתב (שכתוב)
כמש״ה	כמו שאמר הכתוב
כנה״ג	כנסת הגדולה
כנ״י	כנסת ישראל
כנ״ל	כנזכר לעיל, כן נראה לי
כ״ע	כולי עלמא, כל עיקר
כ״פ	כי פליגי
כ״ץ	כהן צדק
כצ״ל	כך צריך להיות
כרי׳	כריתות
כ״ש	כל שכן, כל שהוא
כ״ת	כי תימא, כתר תורה
כתו׳	כתובות
כתחז״ל	כתקנת חכמינו זכרונם לברכה

ל

ל׳	לשון, שלשים
ל״א	לשון אחר, לישנא אחרינא, לא אמרו
לאו״א	לאביו ו(ל)אמו
לב״ע	לבריאת עולם
ל״ג	לא גרסינן, שלשים ושלשה
לד״ה	לדברי הכל
לה״ד	למה הדבר דומה
להד״מ	לא היו דברים מעולם
להו״ל	להוציא לאור
לה״ק	לשון הקדש
לה״ר	לשון הרע
ל״ז	לשון זכר
לח״ז	לחדש זה
לי׳	ליתא (אין)
ל״י	ל׳ יום, לשון יחיד, לשון יונית
ליקבה״ו	לשם יחוד קודשא בריך הוא ושכינתיה
לכ״ש	לא כל שכן
ל״ל	למה לי
ל״מ	לא מיבעיא
למ״ד	למאן דאמר
למה״ד	למה הדבר דומה
ל״נ	לי נראה, לשון נקבה
לנע״ל	לשון נופל על לשון
ל״ע	לא עליכם
לע״ל,לעת״ל	לעתיד לבא
ל״פ	לא פליגי
לפ״ג	לפרט גדול (עם האלפים)
לפ״ד	לפי דעתי (דעתו)
לפ״ז	לפי זה
לפענ״ד	לפי עניות דעתי
לפ״ק	לפרט קטן (בלי האלפים)
ל״צ	לא צריך, לא צריכא
ל״ק	לא קשיא
לקה״ק	לקודש הקדשים
ל״ר	לשון רבים
ל״ש	לא שנו, לא שנא
לשה״ג	לשכת הגזית
ל״ת	לא תעשה, לא תימא

מ

מ״א	מלכים א׳, מדרש אגדה
מ״ב	מלכים ב׳
מ״א, מ״ב	משנה א׳, משנה ב׳...
מא״ל	מאי איכא למימר
מבע״י	מבעוד יום
מב״ת	מנשים באהל תבורך
מג׳	מגלה
מג״א	״מגן אברהם״

מג״ת — ״מגלת תענית״
מ״ד — מאן דאמר, מאי דכתיב, מהו דתימא
מד״ה(י) — מדינת הים
מדה״ג — ״מדרש הגדול״
מדה״ד — מדת הדין
מדה״ר — מדת הרחמים
מדר״י — ״מכילתא דרבי ישמעאל״
מדרשב״י — ״מכילתא דרבי שמעון בן יוחאי״
מד״ת — ״מדרש תנאים״
מ״ה — משום הכי
מה״מ דת״ר — מנא הני מילי דתנו רבנן
מה״מ — מלך המשיח, מלאך המות
מה״ת — מן התורה
מוכ״ז — מוסר כתב זה
מו״ל — מוציא לאור
מו״מ — משא ומתן, מקח וממכר
מו״נ — ״מורה נבוכים״
מוצ״ש — מוצאי שבת
מו(צ)ש״ק — מוצאי שבת קדש
מו״ק — מועד קטן
מו״ר — מורי ורבי
מ״ז — מוחק זה
מז״ט — מזל טוב
מ״ט — מאי טעמא, מה טעם
מטו״מ — מטות ומסעי
מט״ט — מטטרון
מ״כ — מנוחתו כבוד, מעלת כבוד, מצאתי כתוב
מכי׳ — ״מכילתא״
מ״ל — מנא לן
מל׳, מלא׳ — מלאכי
מלה״ד — משל למה הדבר דומה
מלה״ש — מלאכי השרת
מל״ת — מצות לא תעשה
מ״מ — מכל מקום, מראה מקום
ממ״ה הקב״ה — מלך מלכי המלכים הקדוש ברוך הוא
(מ)מ״נ — (מ)מה נפשך
מנה״מ — מנא הני מילי
מנוה״מ — ״מנורת המאור״
מנח׳ — מנחות
מנ״ל — מנא לן
מ״ס — מר סבר, מסכת סופרים
מסה״ש — מסורת הש״ס
מסה״ת — מסורת התלמוד
מסל״ת — מסיח לפי תומו
מ״ע — מצות עשה, מעשר עני
מע״ט — מעשים טובים
מעי׳ — מעילה
מעל״ד — מעבר לדף
מעל״ע — מעת לעת
מע״ר — מעשר ראשון
מעש׳ — מעשרות
מע״ש — מעשר שני, מערב שבת
מע״ש לע״ש — מערב שבת לערב שבת
מקו׳, מקוא׳ — מקואות
מקמ״ל — מאי קמשמע לן
מרע״ה — משה רבנו עליו השלום
מש׳ — משלי, משנה
מ״ש — מאי שנא, מה שנה, מה שכתב, מה שכתבתי, מעשר שני, מוצאי שבת
משא״כ — מה שאין כן
מש״ה — משום הכי
מ״ת — מתן תורה
מתני׳ — מתניתין, מתניתא

נ

נ׳ — נקבה, חמשים
נ״א — נוסח אחר, נוסחא אחרינא
נגע׳ — נגעים
נ״א — נביאים אחרונים, נפילת אפים
נדל״נ — נכסי דלא ניידי
נדר׳ — נדרים
נו׳ — נוסף, נוסח
נו״א — נוסח א׳
נו״ב — נוסח ב׳
נו״ט — נבילה וטריפה, נותן טעם
נו״כ — נביאים וכתובים

נ״ח	נר חנוכה
נח׳	נחום
נח׳, נחמ׳	נחמיה
נח״ש	נדוי, חרם, שמתא
נט״י	נטילת ידים
נ״י	נרו יאיר
נ״כ	נשיאת כפים, נביאים כתובים
נ״ל	נראה לי, נפקא לן
נלב״ע	נפטר לבית עולמו
נ״מ	נפקא מינה
נמק״י	״נמוקי יוסף״
נ״ע	נוחו עדן
נצו״י	נצבים וילך
נ״ר	נביאים ראשונים
נ״ש	נזק שלם

ס

ס״א	ספרים אחרים
סא״ז	״סדר אליהו זוטא״
סא״ר	״סדר אליהו רבה״
סג״ן	סגי נהור
ס״ד	סלקא דעתך
סד״א	סלקא דעתך אמינא
סד״ע	״סדר עולם״
ס״ה	סך הכל
סה״ד	״סדר הדורות״
סו״ס	סוף סוף
ס״ז	״ספרי זוטא״
ס״ט	סימן טוב
סט״א	סטרא אחרא
סי׳	סימן
ס״י	ספר ישן, ספרים ישנים
ס״ל	סבירא ליה
סמ״ג	״ספר מצות גדול״
סמ״ק	״ספר מצות קטן״
סנה׳	סנהדרין
ס״ס	סוף סוף
ס״ע	״סדר עולם״
סע״א	סוף עמוד א׳
סע״ב	סוף עמוד ב׳
סע״ז	״סדר עולם זוטא״
סע״ר	״סדר עולם רבה״
ספ״י	סבר פנים יפות
ס״ק	סעיף קטן
ס״ת	ספר תורה
סת״ם	ספרים, תפילין, מזוזות

ע

ע״א	ענין אחר, עמוד א׳, עבודת אלילים
עאכ״ו(כ)	על אחת כמה וכמה
ע״ב	עמוד ב׳
עבה״י	עבר הירדן
ע״ג	עמוד ג׳, על גב, על גבי, עבודת גלולים
ע״ד	על דברי, על דבר, עמוד ד׳
ע״ה	עליו השלום, עם הארץ
עה״י	עבר הירדן
עה״ר	עין הרע
עה״ש	עלות השחר
עו״א	עובד אלילים
עוב׳	עובדיה
עו״ג	עובד גלולים
עוה״ב	עולם הבא
עוה״ז	עולם הזה
עוק׳	עוקצין
עז׳	עזרא
ע״ז	על זה, עבודה זרה
ע״ח	על חטא, על חטאים
עט״ב	ערב ט׳ באב
ע״י	״עין יעקב״, על יד, על ידי
עי״א	על ידי אחר
עיה״ק	עיר הקדש
עיוה״כ	ערב יום הכפורים
עיו״ט	ערב יום טוב
עי״ע	על ידי עצמו
עירו׳	עירובין
ע״כ	על כרחו, עד כאן, על כן
עכאו״כ	על כל אחד ואחד
עכו״ם	עבודת כוכבים ומזלות, עובדי כוכבים ומזלות

עכ״ל עד כאן לשונו
ע״ל עיין לעיל, עיין להלן
ע״מ על מנת
עמ״י עש״ו עזרי מעם י״י עשה שמים וארץ
עמל״פ על מנת לקבל פרס
ע״ע עבד עברי
עע״ז עובד(י) עבודה זרה
ע״פ על פה, על פי, ערב פסח
עפ״י על פי
ער״ה ערב ראש השנה
ערו׳ ערובין
ער״ח ערב ראש חדש
ערכ׳ ערכין
ע״ש ערב שבת, עיין שם, על שם
עשי״ת עשרת ימי תשובה
עש״ק ערב שבת קדש

פ

פ״א פעם אחת, פרוש אחר
פא״פ פה אל פה, פנים אל פנים
פ״א, פ״ב פרק א׳, פרק ב׳
פ״א, פ״ב פרשה א׳, פרשה ב׳
פרד״א ״פרקי דר׳ אליעזר״
פה״י עי׳ שה״י
פ״ו(ר) פריה ורביה
פו״כ פרט וכלל
פי׳ פירוש, פיסקא
פיה״ג ״פירוש הגאונים״
פירש״י פירוש רש״י
פסח׳ פסחים
פסידר״כ ״פסיקתא דרב כהנא״
פסיק״ז ״פסיקתא זוטרתי״
פסיק״ר ״פסיקתא רבתי״
פע(י)ה״ק פה עיר הקודש
פ״ק פרק קמא
פרד״ס פשט, רמז, דרש, סוד
צה״כ צאת הכוכבים
צ״ל צריך לומר, צריכא למימר צריך להיות, צוה לחתום
צ״ע צריך עיון
צע״ג צריך עיון גדול
צפ׳, צפנ׳ צפניה

ק

קא״ל קא אמר ליה
קב״ה קודשא בריך הוא
קב״ו קדשנו במצוותיו וצונו
קה׳ קהלת
קה״ח קדוש החודש
קה״ק קדש הקדשים
קה״ר ״קהלת רבה״
קה״ת קריאת התורה
ק״ו קל וחומר
קוב״ה קודשא בריך הוא
ק״י קדיש יתום
קידו׳ קידושין
קי״ל קיימא לן
ק״ל קשה לי, קל להבין
קמ״ל קט משמע לן
קס״ד קא סלקא דעתך
ק״ק קצת קשה, קהל קדוש
קר״ק תקיעה, תרועה, תקיעה
ק״ש קריאת שמע, קדיש שלם
קש״ק תקיעה, שברים, תקיעה
קשר״ק תקיעה, שברים, תרועה, תקיעה
ק״ת קריאת תורה, קדיש תתקבל

ר

ר״א רבי אומר, רבי אליעזר, רבי אלעזר, רבי אבהו, רב אחא, רב אמי, רב אשי
רא״א רבי אליעזר אומר
ראב״ד ראש אב בית דין
ראב״י ר׳ אליעזר בן יעקב
ראב״ע ר׳ אליעזר בן עזריה, ר׳ אברהם בן עזרא
ראב״צ ר׳ אלעזר בן צדוק
ראבר״ש ר׳ אלעזר ברבי שמעון

רבב״ח	רבה בר בר חנה
רבש״ע	רבונו של עולם
ר״ג	רבן גמליאל, ריש גלותא
רגמ״ה	רבנו גרשום מאור הגולה
רד״ק	רבי דוד קמחי
ר״ה	ראש השנה, רב הונא, רב המנומא
רה״ג	ראש הגולה, רב האי גאון
רה״י	רשות היחיד
רה״ר	רשות הרבים
רוה״ק	רוח הקודש
רו״ר	״רות רבה״
רז״ל	רבותינו זכרונם לברכה
ר״ח	ראש חדש, רבי חייא, רבי חנינא, רבי חנניא, רב חסדא, רבנו חננאל
רחב״א	רב חייא בר אבא
רחב״ד	ר׳ חנינא בן דוסא
ר״ט	רבי טרפון
רט״א	ר׳ טרפון אומר
ר״י	רבי יהודה, רבי יהושע, רבי יוחנן, רבי יוסי, רב יוסף, רבי יעקב, רבי יצחק, רבי ישמעאל
רי״א	ר׳ יהודה אומר (וכן בכולם)
ריב״ב	ר׳ יהודה בן בבא
ריב״ב	ר׳ יהודה בן בתירא
ריב״ז	רבן יוחנן בן זכאי
ריב״ח	ר׳ יהושע בן חנניה
ריב״ל	ר׳ יהושע בן לוי
ריב״נ	ר׳ יוחנן בן נורי
ריב״ק	ר׳ יהושע בן קרחה
ריה״ג	ר׳ יוסי הגלילי
רי״ף	ר׳ יצחק (אל)פסי
ר״ל	ריש לקיש, ר׳ לוי, רחמנא ליצלן, רצונו לומר
רל״ב	רחמנא לבא בעי
רלב״ג	רבי לוי בן גרשום
ר״מ	רבי מאיר, ריש מתיבתא
רמ״א	רבי מאיר אומר, רבי משה איסרלש
רמבה״נ	ר׳ מאיר בעל הנס
רמב״ם	ר׳ משה בן מימון
רמב״ן	ר׳ משה בן נחמן

ר״נ	רבי נחמיה, רב נחמן, רבי נתן
ר״ן	רבנו נסים
רנב״י	רב נחמן בר יצחק
ר״ס	רב ספרא
רס״ג	רב סעדיה גאון
ר״ע	רבי עקיבא
רע״א	רבי עקיבא אומר, ראש עמוד א׳
רע״ב	ר׳ עובדיה (מ)ברטנורא, ראש עמוד ב׳
ר״פ	רב פפא, ר׳ פנחס, רבינו פרץ (תוספות)
רפ״א	ראש פרק א׳
רפ״ב...	ראש פרק ב׳...
ר״ש	רבי שמעון, רב ששת
רש״א	רבי שמעון אומר
רשב״א	רבי שמעון בן אלעזא
רשב״ג	רבן שמעון בן גמליאל
רשב״י	ר׳ שמעון בן יוחאי
רשב״ל	ר׳ שמעון בן לקיש
רשב״ם	ר׳ שמואל, בן מאיר
רשב״נ	ר׳ שמואל בר נחמני
רש״ג	רב שרירא גאון
רש״י	רבנו שלמה יצחקי
רשכבה״ג	רבן של כל בני הגולה
רש״ל	ר׳ שלמה לוריא
ר״ת	ראשי תיבות, רבנו תם (שמו: ר׳ יעקב בן מאיר)

ש

ש״א	שמואל א׳
שאיל׳	״שאילתות (דרב אחאי גאון)״
ש״ב	שמואל ב׳
שבו׳	שבועות
שבי׳	שביעית
שבע״פ	שבעל פה
ש״ד	שפיכות דמים, שפיר דמי
שד״ר	שלוחא דרבנן
שה״ג	שבת הגדול, שאר הגירסאות
שהז״ג	שהזמן גרמא
שה״י פה״י	שבת היום, פסח היום

שהנ״ב	שהכל נהיה בדברו
שהע״ה	שלמה המלך עליו השלום
שה״ש	שיר השירים
שהש״ר	״שיר השירים רבה״
שו״ב	שוחט ובודק
שו״ט	״שוחר טוב״
שו״ע	״שלחן ערוך״
שופ׳	שופטים
שו״ת	שאלות ותשובות
ש״ז	שכבת זרע, שנה זו
ש״ח	שומר חנם, שנאת חנם
ש״ט	שם טוב
בשטו״מ	בשעה טובה ומוצלחת
שט״ח	שטר חוב
ש״י	של יד
ש״ך	״שפתי כהן״
שכה״א	שכן הוא אומר
שכ״מ	שכיב מרע
ושכמ״ה	ושכרו כפול מן השמים
שלב״ל	שלא בא לעולם
של״ה	שני לוחות הברית״
שליט״א	שיחיה לארך ימים טובים אמן
שמ׳	שמות
ש״מ	שמע מינה, שמעת מינה, שכיב מרע
שמ״ע	שמיני עצרת, שחרית מנחה ערבית
שמו״ת	שנים מקרא ואחד תרגום
שמח״ת	שמחת תורה
שמ״ק	״שיטה מקובצת״
שמ״ר	״שמות רבה״
ש״נ	שינויי נוסחאות
שנ״ב	שהכל נברא בדברו
ש״ס	ששה סדרים, שיתא סדרי
ש״ע	שמונה עשרה
ש״פ	שוה פרוטה
ש״צ	שליח צבור
ש״ק	שבת קדש
שקה״ח	שקיעת החמה
שק׳, שקל׳	שקלים
ש״ר	של ראש
ש״ש	שם שמים, שומר שכר
ש״ת	שמחת תורה, שומע תפלה

ת

ת״א	תניא אידך, תרגום אונקלוס
תא״מ	תבות אלו מחוקות
ת״ב	תשעה באב
תג״ק	״תשובות גאונים קדמונים״
תד״א	״תנא דבי אליהו״
תדר״י	תנא דבי ר׳ ישמעאל
תה׳, תהל׳	תהלים
תה״ג	תשובות הגאונים
תה״מ	תחיית המתים
ת״ו	תם ונשלם
תו״א	תנאים ואמוראים
תובב״א	תבנה ותכונן במהרה בימינו אמן
תוה״ק	תורתנו הקדושה
תוי״ט	״תוספות יום טוב״
תו״כ	״תורת כהנים״
תו״מ	תרומות ומעשרות
תוס׳	תוספתא, תוספות
תוס׳ רי״ד	תוספות רבנו ישעיה דטראני
תוס׳ הר״ף	תוספות רבנו פרץ
תושב״כ	תורה שבכתב
תושבע״פ	תורה שבעל פה
תושלב״ע	תם ונשלם שבח לאל בורא עולם
תזו״מ	תזריע ומצורע
תז״מ	תבה זו מחוקה
ת״ח	תלמיד חכם, תלמידי חכמים, תענית חלום, תא חזי
תחז״ל	תקנת חכמינו זכרונם לברכה
ת״י	תרגום יהונתן, תרגום ירושלמי, תלמוד ירושלמי, ״תוספות ישנים״
ת״כ	״תורת כהנים״, תניא כוותיה
ת״ל	תלמוד לומר
תמ״א	תבורך מנשי אהל
תמו׳	תמורה
תנ״ה	תניא נמי הכי
תנ״ך	תורה נביאים כתובים
תנצב״ה	תהי נשמתו צרורה בצרור החיים
תע׳, תענ׳	תענית

תע״ב	תבוא עליו ברכה
ת״צ	תענית צבור
ת״ק	תנא קמא, חמש מאות
ת״ר	תנו רבנו, שש מאות
תרו׳	תרומות
תר״ת	תקיעה, תרועה, תקיעה
ת״ש	תא שמע, שבע מאות
תשב״ר	תינוקות של בית רבן
תש״י	תפלה של יד
תש״ר	תפלה של ראש
תשר״ת	תקיעה, שברים, תרועה, תקיעה
תש״ת	תקיעה, שברים, תקיעה
ת״ת	תלמוד תורה, תנא תונא

סדר הדורות
Chronology of Talmud Sages

א) הזוגות The Pairs

(הראשון — נשיא, והשני — אב בית דין)

1. יוסי בן יועזר ויוסי בן יוחנן (בימי גזרות אנטיוכוס).
2. יהושע בן פרחיה ונתאי הארבלי.
3. יהודה בן טבאי ושמעון בן שטח (אחי שלמציון המלכה, אח״כ — נשיא).
4. שמעיה ואבטליון.
5. הלל ומנחם (יצא מנחם ונכנס שמאי).

ב) הנשיאים (מבית הלל)
The Nesi'im

1. הלל הזקן
2. שמעון בנו
3. רבן גמליאל הזקן (הא׳)
4. רבן שמעון בן גמליאל (מהעומדים בראש המרד ברומאים)
5. רבן גמליאל דיבנה (הב׳)
6. רבן שמעון בן גמליאל (הב׳)
7. רבי יהודה הנשיא = רבנו הקדוש = רבי (מסדר המשנה)
8. רבן גמליאל בנו של רבי (=ברבי, סתם) (הג׳)
9. רבי יהודה נשיאה (הב׳)
10. רבן גמליאל הד׳
11. רבי יהודה נשיאה (הג׳)
12. הלל (שקבע את הלוח בשנת ד׳ קי״ט — 359 למנינם)

ג) ראשי דורות התנאים
The Tanna'im

1. ר״ג הזקן, עקביא בן מהללאל, ר׳ חנינא סגן הכהנים.
2. רשב״ג, רבן יוחנן בן זכאי, שמואל הקטן ר׳ צדוק, רבי אליעזר בן יעקב הא׳, ר׳ דוסא בן הרכינס, ר׳ חנינא בן דוסא.

3. ר״ג דיבנה, ר׳ יהודה בן בתירא, ר׳ יהודה בן בבא, אבא שאול. תלמידי ריב״ז: ר׳ אליעזר (בן הורקנוס), ר׳ יהושע (בן חנניה), ר׳ אלעזר בן ערך, ר׳ יוסי הכהן, ר׳ שמעון בן נתנאל.

4. ר׳ טרפון, ר׳ עקיבא (בן יוסף), ר׳ ישמעאל (בן אלישע), ר׳ אלעזר בן עזריה, ר׳ יוסי הגלילי, שמעון בן זומא, שמעון בן עזאי, ר׳ חנינא בן תרדיון (אביו של ברוריה, אשת ר׳ מאיר).
(בדור זה חי אלישע בן אבויה).

5. רשב״ג; תלמידי ר׳ עקיבא: ר׳ יוחנן הסנדלר, ר׳ מאיר, ר׳ יהודה (בן אלעאי), ר׳ שמעון (בן יוחאי), ר׳ יוסי (בן חלפתא), ר׳ אלעזר (בן שמוע), ר׳ נתן הבבלי (אב ב״ד), ר׳ אליעזר בן יעקב הב׳, ר׳ נחמיה.

6. ר׳ יהודה הנשיא (מסדר המשנה), סומכוס (בן יוסף), ר׳ שמעון בן אלעזר (שניהם תלמידי ר״מ), ר׳ פינחס בן יאיר (חתנו של רשב״י), איסי בן יהודה. בניהם של תלמידי ר׳ עקיבא: ר׳ אלעזר ברבי שמעון, ר׳ ישמעאל ברבי יוסי, ר׳ יוסי ברבי יהודה ואחרים.

7. רבן גמליאל ברבי, ר׳ חייא הגדול, ר׳ אושעיא, ר׳ יוחנן (בן יוסף), ר׳ אבא אריכא (=רב), ר׳ שמעון ברבי, לוי (בן סיסי), ר׳ אלעזר הקפר (=בר קפרא).

ד) ראשי אמוראי בבל
The Babylonian Amoraim

(שנת פטירתם — בסוגרים — ליצירה)

1. רב (שמו: ר׳ אבא אריכא, 4007), שמואל (ירחינאי) (4014), קרנא, רב שילא, מר עוקבא (ראש הגולה), רב אסי, רב כהנא הא׳.

2. רב הונא (4056), רב יהודה (בר יחזקאל) (4058), זעירי, רבה בר אבוה, רבה בר בר חנה.

3. רב חסדא (4068), רב נחמן (בר יעקב), רב המנונא, רב ששת, רבה בר רב הונא (4079), ר׳ זירא (=ר׳ זעירא), רבה (בר נחמני) (4079), רב יוסף (4082), עולא (בר ישמעאל).

4. אביי (שמו: נחמי) (4096), רבא (4111), רב נחמן בר יצחק (4115), רמי בר חמא, רב ספרא.

5. רב פפא (4134), רב פפי, רב חמא (4136), רב הונא בריה דרב יהושע, רב זביד (4144), רב משרשיא, רב דימי (4147), רפרם הא׳ (4154).

6. אמימר, מר זוטרא, רב כהנא (4173), רב אשי (מסדר התלמוד) (4186), רבינא הא׳, רב יימר (4191), רב כהנא בר תחליפא.

7. מרימר, רפרם הב׳ (4202), רב אידי בר אבין (4211), מר בר רב אשי (שמו: רב טביומי) (4227), רבינא הב׳ (4260).

ה) ראשי אמוראי ארץ־ישראל
The Amoraim of Eretz Yisrael

1. ר׳ חנינא בר חמא, ר׳ ינאי, ר׳ הושעיא, ר׳ יהודה נשיאה, הלל, ר׳ יהושע בן לוי, יהודה וחזקיה (בניו של ר׳ חייא).
2. ר׳ יוחנן (בר נפחא) (4047), ר׳ שמעון בן לקיש (=ריש לקיש), ר׳ אלעזר (בן פדת) (4048), ר׳ יוסי בן חנינא, ר׳ אבא בר ממל.
3. ר׳ אבהו, ר׳ חייא בר אבא, ר׳ שמואל בר נחמני, ר׳ שמעון בר אבא, ר׳ יעקב בר אידי, ר׳ אמי, ר׳ אסי.
4. ר׳ ירמיה, ר׳ אבין (=רבין), רב דימי, הלל (שקבע את הלוח).
5. ר׳ יונה, ר׳ יוסי בר זבדא, ר׳ תנחומא בר אבא (מחבר ״מדרש תנחומא״ הקדום).

ו) חכמים הנזכרים תמיד בשמם הפרטי בלבד
The Sages who are mentioned by their first name

ר׳ אליעזר = ר׳ אליעזר בן הורקנוס = ר׳ אליעזר הגדול.

ר׳ אלעזר (התנא) = ר׳ אלעזר בן שמוע.

ר׳ אלעזר (האמורא) = ר׳ אלעזר בן פדת. (ועי׳ רש״י שבת יט רע״ב)

ר׳ יהודה (התנא) = ר׳ יהודה בן אלעאי

(אבל ר׳ יהודה הנשיא נקרא במשנה ובברייתות בשם ״רבי״).

רב יהודה (האמורא) = רב יהודה בר יחזקאל.

רבי יהושע = רבי יהושע בן חנניה.

ר׳ יוחנן = ר׳ יוחנן בר נפחא (בן הנפח).

ר׳ יוסי = ר׳ יוסי בן חלפתא.

ר׳ ישמעאל = ר׳ ישמעאל בן אלישע.

רב נחמן = רב נחמן בר יעקב.

עולא = עולא בר ישמעאל.

ר׳ עקיבא = ר׳ עקיבא בן יוסף.

רבא = רבא בר רב יוסף בר חמא; רבה = רבה בר נחמני.

ר׳ שמעון = ר׳ שמעון בן יוחאי.

ז) ראשי הישיבות בבבל
The Babylonian Roshei Yeshivos

סורא ומתא מחסיא	נהרדעא	פומבדיתא
רב (תקל-תקנח, 4007)	שמואל (לפני תקל-תקסה, 4014)	
	רב נחמן (תקסה-תקע, 4019)	
רב הונא (תקסח-תרח, 4056)		
		רב יהודה (תרח-תרי, 4058)
רב חסדא (תרי-תרכ, 4068)		
		רבה (תרי-תרלא, 4079)
רבה בר רב הונא (תרכ-תרלא, 4079)		
		רב יוסף (תרלב-תרלד, 4082)
		אביי (תרלו-תרמח, 4096)

מחוזא

רבא

(תרמט-תרסג, 4111)

סורא ומתא מחסיא	נרש	פומבדיתא
		רב נחמן בר יצחק (תרסה-תרסז, 4115)
	רב פפא (תרסג-תרפב, 4130)	
		רב חמא (תרסח-תרפח, 4136)

*) This list was arranged according to the *Igeres Rav Shrira Gaon.* Within the parenthesis first apprears (in Hebrew letters) the dates of when the different Sages served according to the counting from the *minyan hashetaros* (era of documents) starting from the year 3449, and the last figure (in Arabic numerals) indicates the sage's date of death.

רב זביד

(תרפט-תרצו, 4144)

רב דימי

(תרצז-תרצט, 4147)

רפרם א׳

(תרצט-תשו, 4154)

רב כהנא

(תשז-תשכה, 4173)

רב אחא בריה דרבא

(תשכו-תשל, 4178)

רב גביהא מבי כתיל

(תשלא-תשמד, 4192)

רפרם ב׳

(תשמה-תשנד, 4202)

רב רחומאי

(תשנה-תשס, 4208)

רב סמא בריה דרבא

(תשסא-תשפז, 4235)

רב יוסי

(תשפז-?)

רב אשי

(תרפב-תשלח, 4186)

רב יימר

(תשלט-תשמג, 4191)

רב אידי בר אבין

(תשמד-תשסג, 4211)

רב נחמן בר רב הונא

(תשסד-תשסו, 4214)

רב טביומי

(מר בר רב אשי)

(תשסז-תשעט, 4227)

רבה תוספאה

(תשפ-תשפה, 4233)

רבינא הב׳

(?)